國 家 圖 書 館
敦煌研究資料叢刊

國家圖書館善本特藏部　編

英藏法藏
敦煌遺書研究按號索引

（三）

申國美　李德範　編

國家圖書館出版社

P. 2928

哈密頓　851—1001 年于闐王世系　《敦煌學輯刊》1982 年第 3 期　p. 165

張廣達　榮新江　關於唐末宋初于闐國的國號、年號及其王家世系問題　敦煌吐魯番文獻研究論集
　　中華書局　1982　p. 191、200　又見：于闐史叢考　上海書店　1993　p. 33

熊本裕　コータン語文獻　敦煌胡語文獻（講座敦煌 6）　（東京）大東出版社　1985　p. 128

張廣達　榮新江　巴黎國立圖書館所藏敦煌于闐語寫卷目錄初編　敦煌吐魯番文獻研究論集（第四
　　輯）　北京大學出版社　1987　p. 115

高田時雄　コータン文書中の漢語語彙　漢語史の諸問題（別冊）　京都大學人文科學研究所
　　1988　p. 73

張廣達　榮新江　關於敦煌出土于闐文獻的年代及其相關問題　紀念陳寅恪先生誕辰百年學術論文
　　集　北京大學出版社　1989　p. 298

孟凡人　五代宋初于闐王統考　《中國邊疆史地研究》1992 年第 3 期　p. 107

陳國燦　天壽　敦煌學大辭典　上海辭書出版社　1998　p. 463

段晴　幾件與冊封于闐有關的于闐文書　伊朗學在中國論文集（二）　北京大學出版社　1998
　　p. 10

榮新江　東方語言與文化　東方出版中心　2002　p. 369

高田時雄著　鍾翀等譯　于闐文書中的漢語語彙　敦煌・民族・語言　中華書局　2005　p. 224

P. 2929

張廣達　榮新江　巴黎國立圖書館所藏敦煌于闐語寫卷目錄初編　敦煌吐魯番文獻研究論集（第四
　　輯）　北京大學出版社　1987　p. 115

郝春文　敦煌寫本社邑文書年代彙考（三）　《社科縱橫》1993 年第 5 期　p. 12

鄭炳林　敦煌碑銘讚輯釋　甘肅教育出版社　1997　p. 95 注 10

P. 2930

孫修身　敦煌三界寺　甘肅省史學會論文集　甘肅省歷史學會編印　1982　p. 173　又見：中國敦煌
　　學百年文庫・宗教卷（一）　甘肅文化出版社　1999　p. 58

孫修身　敦煌石窟《臘八燃燈分配窟龕名數》寫作年代考　絲路訪古　甘肅人民出版社　1983
　　p. 212

姜亮夫　敦煌經卷壁畫中所見釋氏僧名錄　敦煌學論文集　上海古籍出版社　1987　p. 1039

姜亮夫　敦煌經卷壁畫中所見寺觀錄　敦煌學論文集　上海古籍出版社　1987　p. 1073

池田溫　中國古代寫本識語集錄　（東京）大藏出版株式會社　1990　p. 523

唐耕耦　陸宏基　敦煌社會經濟文獻真迹釋錄（三、四）　全國圖書館文獻縮微複製中心　1990
　　p. 237；149

姜伯勤　敦煌吐魯番與香藥之路　季羨林教授八十華誕紀念論文集（下）　江西人民出版社　1991
　　p. 845

伯 2641 號背莫高窟再修功德記撰寫人探微　《敦煌學輯刊》1991 年第 2 期　p. 51

姜亮夫校訂　敦煌經卷壁畫中所見釋氏名錄　敦煌碎金　浙江古籍出版社　1992

敦煌經卷所見寺名錄　敦煌碎金　浙江古籍出版社　1992　p. 103

業初探　《西北史地》1994 年第 1 期　p. 33

1995　p. 140

唐耕耦　敦煌寺院會計文書研究　（臺北）新文豐出版公司　1997　p. 29

張廣達　“歟佛”與“歟齋”　慶祝鄧廣銘教授九十華誕論文集　河北教育出版社　1997　p. 60

鄭炳林　唐五代敦煌的粟特人與佛教　敦煌歸義軍史專題研究　蘭州大學出版社　1997　p. 445

鄭炳林　晚唐五代敦煌貿易市場的物價　敦煌歸義軍史專題研究　蘭州大學出版社　1997　p. 301

鄭炳林　晚唐五代敦煌園圃經濟研究　敦煌歸義軍史專題研究　蘭州大學出版社　1997　p. 325

鄭炳林　馮培紅　唐五代歸義軍政權對外關係中的使頭一職　敦煌歸義軍史專題研究　蘭州大學出版社　1997　p. 53

郝春文　唐後期五代宋初敦煌僧尼的社會生活　中國社會科學出版社　1998　p. 167、172

郝春文　唐後期五代宋初敦煌僧尼遺産的處理與喪事的操辦　《敦煌研究》1998 年第 3 期　p. 38、43

徐俊　敦煌詩集殘卷輯考　中華書局　2000　p. 114

林聰明　敦煌吐魯番文書解詁指例　（臺北）新文豐出版公司　2001　p. 153

劉屹　《玄妙內篇》考　敦煌文獻論集：紀念藏經洞發現一百周年國際學術研討會論文集　遼寧人民出版社　2001　p. 628

高啓安　唐五代敦煌飲食文化研究　民族出版社　2004　p. 325

李正宇　晚唐至北宋敦煌僧尼普聽飲酒　《敦煌研究》2005 年第 3 期　p. 70

汪受寬　河西古酒考論　《敦煌學輯刊》2005 年第 2 期　p. 272

P. 2931

周一良　讀唐代俗講考　魏晉南北朝史論集　中華書局　1963　p. 381

金岡照光　敦煌文學のさまざま　敦煌の文學　（東京）大藏出版株式會社　1971　p. 104

金岡照光　敦煌民衆の宗教と生活　敦煌の民衆——その生活と思想　（東京）評論社　1972　p. 106

加地哲定　增補中國佛教文學研究　（東京）同朋舍　1979　p. 120、159

閻文儒　經變的起源種類和所反映佛教上宗派的關係　《社會科學戰綫》1979 年第 4 期　又見：中國敦煌學百年文庫・宗教卷（四）　甘肅文化出版社　1999　p. 92

楊家駱　敦煌變文　（臺北）世界書局　1980　p. 459

金岡照光　敦煌の繪物語　（東京）東方書店　1981　p. 54

王重民　敦煌變文研究　敦煌變文論輯　（臺北）石門圖書公司　1981　p. 188　又見：敦煌變文論文錄　上海古籍出版社　1982　p. 274；敦煌遺書論文集　中華書局　1984　p. 176、194

張鴻勳　敦煌講唱文學韻律初探　《敦煌研究》1982 年試刊第 2 期　p. 129

川口久雄　敦煌出土阿彌陀經講經文と我が國淨土文學　于闐國和尚阿彌陀經講經文（敦煌資料と日本文學　4）　（東京）大東文化大學東洋研究所　1984　p. 18

潘重規　敦煌變文集新書（上）　（臺北）“中國文化大學”中文研究所　1984　p. 143

王重民　佛說阿彌陀經講經文　敦煌變文集　人民文學出版社　1984　p. 459

楊雄　《佛說阿彌陀經講經文》補校　《敦煌學輯刊》1987 年第 1 期　p. 70

周紹良　唐代變文及其它　敦煌文學作品選　中華書局　1987　p. 12

韓建瓴　敦煌寫本《古賢集》研究　敦煌語言文學研究　北京大學出版社　1988　p. 171

袁賓　變文詞語考釋錄　敦煌語言文學論文集　浙江古籍出版社　1988　p. 154

張鴻勳　講經文　敦煌文學　甘肅人民出版社　1989　p. 261

郭在貽　張涌泉　黃征　敦煌變文集校議　岳麓書社　1990　p. 250

加地哲定著　劉衛星譯　中國佛教文學　今日中國出版社　1990　p. 104、136

李明偉　《長興四年中興殿應聖節講經文》研究　絲綢之路貿易史研究　甘肅人民出版社　1991

　　　p. 349

金岡照光　講唱體類　敦煌の文學文獻(講座敦煌9)　(東京)大東出版社　1992　p. 37

金岡照光　押座文　敦煌の文學文獻(講座敦煌9)　(東京)大東出版社　1992　p. 386

邵文實　唐代後期河西地區的民族遷徙及其後果　《敦煌學輯刊》1992年第1、2期　p. 28

周紹良　敦煌文學芻議及其它　(臺北)新文豐出版公司　1992　p. 77

楊雄　講經文名實說　(香港)《九州學刊》(敦煌學專輯)1993年第5卷第4期　p. 141

張鴻勳　敦煌說唱文學概論　(臺北)新文豐出版公司　1993　p. 102

姜伯勤　變文的南方源頭與敦煌的唱導法匠　華學(第一輯)　中山大學出版社　1995　p. 161

曲金良　敦煌佛教文学研究　(臺北)文津出版社　1995　p. 39

楊雄　佛說阿彌陀經講經文　敦煌論稿　甘肅文化出版社　1995　p. 330

姜伯勤　敦煌戒壇與大乘佛教　華學(第二輯)　中山大學出版社　1996　p. 324

姜伯勤　敦煌藝術宗教與禮樂文明　中國社會科學出版社　1996　p. 350、417

張涌泉　敦煌俗字研究導論　(臺北)新文豐出版公司　1996　p. 116、263

周一良著　錢文忠譯　唐代密宗　上海遠東出版社　1996　p. 166

方一新　敦煌變文詞語校釋　敦煌文學論集　四川人民出版社　1997　p. 304

伏俊璉　關於變文體裁的一點探索　敦煌文學論集　四川人民出版社　1997　p. 118

黃征　張涌泉　敦煌變文校注　中華書局　1997　p. 119、664、774

張涌泉　敦煌地理文書輯錄著作三種校議　古典文獻與文化論叢　中華書局　1997　p. 89

海客　佛說阿彌陀經講經文　敦煌學大辭典　上海辭書出版社　1998　p. 579

周紹良　張涌泉　黃征　敦煌變文講經文因緣輯校(上)　江蘇古籍出版社　1998　p. 196

寧可　寧可史學論集　中國社會科學出版社　1999　p. 447注2

湛如　敦煌布薩文與布薩次第新探　《敦煌研究》1999年第1期　p. 126

張涌泉　《補全唐詩》兩種補校　舊學新知　浙江大學出版社　1999　p. 299

張涌泉　俗字研究與敦煌文獻的校理　舊學新知　浙江大學出版社　1999　p. 72

鄭炳潤　敦煌佛教故事類講唱文學所見淨土宗與禪宗　《敦煌研究》1999年第2期　p. 149

劉長東　晉唐彌陀淨土信仰研究　巴蜀書社　2000　p. 287、487

張錫厚　敦煌文學源流　作家出版社　2000　p. 365

陳秀蘭　敦煌俗文學語彙溯源　岳麓書社　2001　p. 64

李小榮　變文講唱與華梵宗教藝術　上海三聯書店　2002　p. 56

湛如　敦煌佛教律儀制度研究　中華書局　2003　p. 208

P. 2932

那波利貞　敦煌發見文書に拠る中晚唐時代の佛教寺院の錢穀布帛類貸付營利事業運營の實況
　　『支那學』(10卷3號)　(京都)支那學社　1941　p. 159

北原薰　晚唐・五代の敦煌寺院経済──収支決算報告を中心に　敦煌の社會(講座敦煌3)　(東
　　京)大東出版社　1980　p. 394

堀敏一　敦煌社會の変質──中國社會全般の発展とも関連して　敦煌の社會(講座敦煌3)　(東
　　京)大東出版社　1980　p. 171

池田溫　敦煌の便穀曆　日野開三郎博士頌壽記念論集・中國社會・制度・文化史の諸問題
　　(福岡)中國書店　1987　p. 357、372

姜伯勤　唐五代敦煌寺戶制度　中華書局　1987　p. 225、313

王永興　隋唐五代經濟史料彙編校注・第一編(下)　中華書局　1987　p. 889

郭鋒　慕容歸盈與瓜沙曹氏　《敦煌學輯刊》1989 年第 1 期　p. 100

唐耕耦　敦煌寫本便物曆初探　敦煌吐魯番文獻研究論集（第五輯）　北京大學出版社　1990
　　p. 156

唐耕耦　陸宏基　敦煌社會經濟文獻真迹釋録（二）　全國圖書館文獻縮微複製中心　1990　p. 232

郝春文　敦煌寫本社邑文書年代彙考（三）　《社科縱横》1993 年第 5 期　p. 9

劉進寶　試談歸義軍時期敦煌縣鄉的建置　《敦煌研究》1994 年第 3 期　p. 80

李正宇　敦煌歷史地理導論　（臺北）新文豐出版公司　1997　p. 59

唐耕耦　敦煌寺院會計文書研究　（臺北）新文豐出版公司　1997　p. 365

鄭炳林　敦煌碑銘讚輯釋　甘肅教育出版社　1997　p. 347 注 3

鄭炳林　唐五代敦煌的粟特人與佛教　敦煌歸義軍史專題研究　蘭州大學出版社　1997　p. 458

鄭炳林　唐五代敦煌的粟特人與歸義軍政權　敦煌歸義軍史專題研究　蘭州大學出版社　1997
　　p. 407

鄭炳林　馮培紅　晚唐五代宋初歸義軍政權中都頭一職考辨　敦煌歸義軍史專題研究　蘭州大學出
　　版社　1997　p. 83

李冬梅　唐五代歸義軍與周邊民族關係綜論　《敦煌學輯刊》1998 年第 2 期　p. 52

李正宇　村莊　敦煌學大辭典　上海辭書出版社　1998　p. 304

童丕　10 世紀敦煌的借貸人　法國漢學（第 3 輯）　中華書局　1998　p. 71、94

陳海濤　敦煌歸義軍時期從化鄉消失原因初探　中國社會歷史評論（第二卷）　天津古籍出版社
　　2000　p. 436

馮培紅　歸義軍時期敦煌縣諸鄉置廢申論　《敦煌研究》2000 年第 3 期　p. 98

高啓安　崇高與卑賤：敦煌的佛教信仰賤名再探　'98 法門寺唐文化國際學術討論會論文集　陝西
　　人民出版社　2000　p. 250

劉進寶　敦煌歷史文化　甘肅人民出版社　2000　p. 125

劉進寶　敦煌文書與唐史研究　（臺北）新文豐出版公司　2000　p. 136

羅彤華　從便物曆論敦煌寺院的放貸　敦煌文獻論集：紀念藏經洞發現一百周年國際學術研討會論
　　文集　遼寧人民出版社　2001　p. 469

楊惠玲　敦煌契約文書中的保人、見人、口承人、同便人、同取人　《敦煌研究》2002 年第 6 期　p. 45

鄭炳林　晚唐五代敦煌村莊聚落輯考　2000 年敦煌學國際學術討論會文集・歷史文化卷（上）　甘
　　肅民族出版社　2003　p. 132

黑維强　吐魯番出土文書詞語例釋（二）　《敦煌學輯刊》2005 年第 2 期　p. 185

鄭炳林　晚唐五代河西地區的居民結構研究　《蘭州大學學報》2006 年第 2 期　p. 11

P. 2933

熊本裕　コ-タン語文獻　敦煌胡語文獻（講座敦煌 6）　（東京）大東出版社　1985　p. 128

張廣達　榮新江　巴黎國立圖書館所藏敦煌于闐語寫卷目録初編　敦煌吐魯番文獻研究論集（第四
　　輯）　北京大學出版社　1987　p. 115

唐耕耦　敦煌寫本便物曆初探　敦煌吐魯番文獻研究論集（第五輯）　北京大學出版社　1990
　　p. 176

P. 2935

李正宇　敦煌文學概論　甘肅人民出版社　1993　p. 101

P. 2936

熊本裕　コータン語文獻　敦煌胡語文獻(講座敦煌6)　(東京)大東出版社　1985　p. 128

張廣達　榮新江　巴黎國立圖書館所藏敦煌于闐語寫卷目録初編　敦煌吐魯番文獻研究論集(第四輯)　北京大學出版社　1987　p. 116

劉瑞明　所謂唐代兩件戲劇資料辨析　中華戲曲(第11輯)　山西人民出版社　1991　p. 169

P. 2937

高國藩　敦煌寫本《太公家教》初探　《敦煌學輯刊》1984年第1期　p. 64

王重民　跋太公家教　敦煌遺書論文集　中華書局　1984　p. 136

雷僑雲　敦煌兒童文學　(臺北)學生書局　1985　p. 82注5

高明士　唐代敦煌的教育　漢學研究(敦煌學國際研討會論文專號)　(臺北)漢學研究資料及服務中心　1986　p. 248

汪泛舟　《太公家教》考　《敦煌研究》1986年第1期　p. 48

周鳳五　敦煌寫本太公家教研究　(臺北)明文書局　1986　p. 155

朱鳳玉　太公家教研究　漢學研究(敦煌學國際研討會論文專號)　(臺北)漢學研究資料及服務中心　1986　p. 393

李正宇　敦煌學郎題記輯注　《敦煌學輯刊》1987年第1期　p. 29

高國藩　敦煌民俗學　上海文藝出版社　1989　p. 112

鄭阿財　敦煌寫卷新集文詞九經抄研究　(臺北)文史哲出版社　1989　p. 128注1

鄭阿財　敦煌蒙書析論　第二屆敦煌學國際研討會論文集　(臺北)漢學研究中心　1990　p. 226

林聰明　敦煌文書學　(臺北)新文豐出版公司　1991　p. 173

姜伯勤　敦煌社會文書導論　(臺北)新文豐出版公司　1992　p. 85

邵文實　唐代後期河西地區的民族遷徙及其後果　《敦煌學輯刊》1992年第1、2期　p. 28

高田時雄　評:池田溫編『敦煌漢文文獻』(講座敦煌5)　『東洋史研究』(52卷1號)　(東京)東洋史研究會　1993　p. 125

榮新江　甘州回鶻成立史論　《歷史研究》1993年第5期　p. 57

鄭阿財　敦煌文獻與文學　(臺北)新文豐出版公司　1993　p. 260

鄭阿財　學日益齋敦煌學劄記　周一良先生八十生日紀念論文集　中國社會科學出版社　1993　p. 193

榮新江　敦煌邈真讚所見歸義軍與東西回鶻的關係　敦煌邈真讚校録並研究　(臺北)新文豐出版公司　1994　p. 65

徐俊　敦煌學郎詩作者問題考略　《文獻》1994年第2期　p. 18

鄭炳林　敦煌本《張淮深變文》研究　《西北民族研究》1994年第1期　p. 152

榮新江　歸義軍史研究　上海古籍出版社　1996　p. 10

盛朝暉　"細供"考　《敦煌學輯刊》1996年第2期　p. 101

黃征　張涌泉　敦煌變文校注　中華書局　1997　p. 146

顏廷亮　關於《晏子賦》寫本的抄寫年代問題　《敦煌研究》1997年第2期　p. 136

榮新江　歸義軍大事紀年初稿　出土文獻研究(第三輯)　文物出版社　1998　p. 239

楊秀清　敦煌西漢金山國史　甘肅人民出版社　1999　p. 110

汪泛舟　敦煌古代兒童課本　甘肅人民出版社　2000　p. 213、222

徐俊　敦煌詩集殘卷輯考　中華書局　2000　p. 774

顏廷亮　敦煌文化　光明日報出版社　2000　p. 186

鄭阿財　敦煌童蒙讀物的分類與總說　敦煌文獻論集：紀念藏經洞發現一百周年國際學術研討會論
　　文集　遼寧人民出版社　2001　p. 202

徐俊　敦煌寫本詩歌續考　《敦煌研究》2002 年第 5 期　p. 71

鄭阿財　朱鳳玉　敦煌蒙書研究　甘肅教育出版社　2002　p. 358

李軍　晚唐五代肅州相關史實考述　《敦煌學輯刊》2005 年第 3 期　p. 94

P. 2938

陳祚龍　關於研究李唐三藏法師玄奘的"作爲"及其影響之敦煌古抄參考資料　中華佛教文化史散
　　策（初集）　（臺北）新文豐出版公司　1978　p. 371

唐耕耦　陸宏基　敦煌社會經濟文獻真迹釋録（五）　全國圖書館文獻縮微複製中心　1990　p. 29

榮新江　歸義軍史研究　上海古籍出版社　1996　p. 33

榮新江　歸義軍大事紀年初稿　出土文獻研究（第三輯）　文物出版社　1998　p. 253

P. 2939

陳祚龍　敦煌古抄内典尾記彙校初、二、三編合刊　敦煌學要籥　（臺北）新文豐出版公司　1982
　　p. 184

陳祚龍　關於中世敦煌流行的某些"偈"或"偈子"　中華佛教文化史散策（四集）　（臺北）新文豐出
　　版公司　1986　p. 155

李正宇　唐宋時代的敦煌學校　《敦煌研究》1986 年第 1 期　p. 46 注 12

汪泛舟　偈·頌　敦煌文學　甘肅人民出版社　1989　p. 90

池田溫　中國古代寫本識語集録　（東京）大藏出版株式會社　1990　p. 443

李正宇　敦煌史地新論　（臺北）新文豐出版公司　1996　p. 192 注 12

汪娟　敦煌寫本《觀音禮》初探　慶祝吳其昱先生八秩華誕敦煌學特刊　（臺北）文津出版社　2000
　　p. 307、334

林聰明　敦煌吐魯番文書解詁指例　（臺北）新文豐出版公司　2001　p. 130

林仁昱　論敦煌佛教歌曲特質與"弘法"的關係　敦煌學（第 23 輯）　（臺北）樂學書局有限公司
　　2002　p. 64

林仁昱　論敦煌佛教歌曲向通俗傳播的内容　中國俗文化研究（第一輯）　巴蜀書社　2003　p. 188

P. 2940

那波利貞　佛教信仰に基きて組織せられたる中晚唐五代時代の社邑に就きて（上）　『史林』（24
　　卷 3 號）　京都大學文學部史學研究會　1939　p. 56　又見：唐代社會文化史研究·第六編
　　（東京）創文社　1974　p. 623

陳祚龍　新校重訂《齋琬文》　敦煌學海探珠（下冊）　（臺北）商務印書館　1979　p. 322

傅芸子　敦煌俗文學之發見及其展開　敦煌變文論文録　上海古籍出版社　1982　p. 143

郝春文　敦煌寫本齋文及其樣式的分類與定名　《北京師範學院學報》1990 年第 3 期　p. 92

梅弘理著　耿昇譯　根據 P. 2547 號寫本對《齋琬文》的復原和斷代　《敦煌研究》1990 年第 2 期
　　p. 51

王三慶　談齋論文——敦煌寫卷齋願文研究　第四屆唐代文化學術研討會論文集　（臺南）成功大
　　學　1991　p. 284

姜伯勤　敦煌社會文書導論　（臺北）新文豐出版公司　1992　p. 233

高國藩　敦煌民俗資料導論　（臺北）新文豐出版公司　1993　p. 173

譚禪雪　敦煌歲時掇瑣　（香港）《九州學刊》（敦煌學專輯）1993 年第 5 卷第 4 期　p. 95

黃征　敦煌願文散校　《敦煌研究》1994 年第 3 期　p. 128　又見：敦煌語文叢說　（臺北）新文豐出版公司　1997　p. 568、583

黃征　吳偉　敦煌願文集　岳麓書社　1995　p. 70

土肥義和　唐・北宋間の「社」の組織形態に関する一考察　中國古代の國家と民衆（堀敏一先生古稀記念）　（東京）汲古書院　1995　p. 703

張涌泉　陳祚龍校錄敦煌卷子失誤例釋　學術集林（卷六）　上海遠東出版社　1995　p. 316

榮新江　評《俄藏敦煌文獻》第 1 – 5 冊　敦煌吐魯番研究（第一卷）　北京大學出版社　1996　p. 372

張涌泉　敦煌俗字研究導論　（臺北）新文豐出版公司　1996　p. 144

張涌泉　敦煌文獻校讀釋例　文史（第四十一輯）　中華書局　1996　p. 193　又見：舊學新知　浙江大學出版社　1999　p. 202

黃征　曾良　洪玉雙　敦煌願文研究　敦煌文學論集　四川人民出版社　1997　p. 376

寧可　郝春文　敦煌社邑文書輯校　江蘇古籍出版社　1997　p. 771

王書慶　敦煌文獻中的《齋琬文》　《敦煌研究》1997 年第 1 期　p. 143

楊寶玉　P. 2094《持誦金剛經靈驗功德記》校考　周紹良先生欣開九秩慶壽文集　中華書局　1997　p. 280

張廣達　“歡佛”與“歡齋”　慶祝鄧廣銘教授九十華誕論文集　河北教育出版社　1997　p. 61

郝春文　唐後期五代宋初敦煌僧尼的社會生活　中國社會科學出版社　1998　p. 231

郝春文　齋琬文　敦煌學大辭典　上海辭書出版社　1998　p. 459

譚蟬雪　敦煌歲時文化導論　（臺北）新文豐出版公司　1998　p. 76、93、149

黃征　程惠新　劫塵遺珠：敦煌遺書　甘肅教育出版社　1999　p. 55

寧可　寧可史學論集　中國社會科學出版社　1999　p. 446 注 11

饒宗頤　談佛教的發願文　敦煌吐魯番研究（第四卷）　北京大學出版社　1999　p. 486

宋家鈺　佛教齋文源流與敦煌本“齋文”書的復原　《中國史研究》1999 年第 2 期　p. 71　又見：英國收藏敦煌漢藏文獻研究　中國社會科學出版社　2000　p. 300

郝春文　唐後期五代宋初敦煌的春秋官齋、十二月轉經、水則道場與佛教節日　慶祝吳其昱先生八秩華誕敦煌學特刊　（臺北）文津出版社　2000　p. 262

王微　春祭：二月八日節的佛教儀式　法國漢學（敦煌學專號）　中華書局　2000　p. 119

徐俊　敦煌詩集殘卷輯考　中華書局　2000　p. 8

譚蟬雪　唐宋敦煌歲時佛俗　《敦煌研究》2001 年第 1 期　p. 93

王三慶　光道大師撰《諸雜齋文》下卷研究　敦煌文獻論集：紀念藏經洞發現一百周年國際學術研討會論文集　遼寧人民出版社　2001　p. 560

曾良　敦煌文獻字義通釋　廈門大學出版社　2001　p. 103

余欣　禁忌、儀式與法術　唐代宗教信仰與社會　上海辭書出版社　2003　p. 343

曾良　俗字與古籍整理舉隅　《中國典籍與文化》2003 年第 2 期

湛如　敦煌佛教律儀制度研究　中華書局　2003　p. 337

張承東　試論敦煌寫本齋文的駢文特色　《敦煌學輯刊》2003 年第 1 期　p. 93、99

陳曉紅　試論敦煌佛教願文的類型　《敦煌學輯刊》2004 年第 1 期　p. 101

高啓安　唐五代敦煌飲食文化研究　民族出版社　2004　p. 294

汪泛舟　敦煌俗別字新考（上）　《敦煌研究》2006 年第 1 期　p. 105

P. 2941

王重民　金山國墜事零拾　《國立北平圖書館館刊》1936 年第 9 卷第 6 號　又見：敦煌學文選（上）
　　蘭州大學歷史系敦煌學研究室等　1983　p. 70 ；中國敦煌學百年文庫・歷史卷（一）　甘肅文
　　化出版社　1999　p. 31

高國藩　敦煌民俗學　上海文藝出版社　1989　p. 330

黃盛璋　敦煌于闐文幾篇使臣奏稿及其相關問題綜論　《敦煌研究》1989 年第 2 期　p. 58

張錫厚　賦　敦煌文學　甘肅人民出版社　1989　p. 135

蕭登福　從敦煌寫卷中看道教星斗崇拜對佛經之影響　第二屆敦煌學國際研討會論文集　（臺北）
　　漢學研究中心　1990　p. 349

菅原信海　占筮書　敦煌漢文文獻（講座敦煌 5）　（東京）大東出版社　1992　p. 453

金岡照光　講唱體類　敦煌の文學文獻（講座敦煌 9）　（東京）大東出版社　1992　p. 107

晒麟　金山國名稱來源　《敦煌學輯刊》1993 年第 1 期　p. 52

蕭登福　道教星斗符印與佛教密宗　（臺北）新文豐出版公司　1993　p. 32

伏俊璉　敦煌賦校注　甘肅人民出版社　1994　p. 2

金賢珠　唐五代敦煌民歌　（臺北）文史哲出版社　1994　p. 73

黃征　魏晉南北朝俗語詞考釋　敦煌語文叢說　（臺北）新文豐出版公司　1997　p. 92

柴劍虹　道真題壁詩　敦煌學大辭典　上海辭書出版社　1998　p. 553

黃征　《變文字義待質錄》考辨　中古近代漢語研究（第一輯）　上海教育出版社　2000　p. 209　又
　　見：2000 年敦煌學國際學術討論會文集・歷史文化卷（下）　甘肅民族出版社　2003　p. 424

黃正建　敦煌占卜文書與唐五代占卜研究　學苑出版社　2001　p. 47

汪泛舟　敦煌俗別字補正　《敦煌研究》2001 年第 4 期　p. 157

鄧文寬　劉樂賢　敦煌天文氣象占寫本概述　敦煌吐魯番研究（第九卷）　中華書局　2006　p. 411

P. 2942

池田溫　敦煌の流通経済　敦煌の社會（講座敦煌 3）　（東京）大東出版社　1980　p. 337　又見：敦
　　煌文書の世界　（東京）名著刊行會　2003　p. 172

菊池英夫　隋唐王朝支配期の河西と敦煌　敦煌の歷史（講座敦煌 2）　（東京）大東出版社　1980
　　p. 182

唐長孺　敦煌吐魯番史料中有關伊、西、北庭節度使留後問題　《中國史研究》1980 年第 3 期　又見：
　　絲綢之路文獻叙錄　蘭州大學出版社　1989　p. 29 ；中國敦煌學百年文庫・歷史卷（一）　甘
　　肅文化出版社　1999　p. 372

安家瑤　唐永泰元年（765）——大曆元年（766）河西巡撫使判集（伯二九四二）研究　敦煌吐魯番文
　　獻研究論集　中華書局　1982　p. 232、250

薄小瑩　馬小紅　唐開元廿四年岐州郿縣縣尉判集（敦煌文書伯二九七九號）研究：兼論唐代勾征制
　　敦煌吐魯番文獻研究論集　中華書局　1982　p. 635

陳守忠　西元八世紀後期至十一世紀前期河西歷史述論　《西北師院學報》1983 年第 4 期　p. 49

史葦湘　莫高窟佛教史迹故事畫介紹（四）　《敦煌研究》1983 年創刊號　p. 119

馬德　關於 P. 2942 寫卷的幾個問題　《敦煌學研究》（西北師院學報）1984 年增刊　p. 63

饒宗頤　敦煌書法叢刊（第十九卷）・碎金（二）　（東京）二玄社　1984　p. 103

饒宗頤　敦煌書法叢刊（第二四卷）・寫經（五）　（東京）二玄社　1984　p. 54

楊際平　鄭學檬　兩本《敦煌吐魯番文獻研究論集》評介　《中國社會經濟史研究》1984 年第 1 期
　　p. 120

馬德　沙州陷蕃年代再探　《敦煌研究》1985 年第 3 期　p. 100

沙嘯　1984 年敦煌吐魯番學研究概況　《蘭州學刊》1985 年第 5 期　p. 81

熊本裕　コータン語文獻　敦煌胡語文獻（講座敦煌 6）　（東京）大東出版社　1985　p. 129

黃盛璋　于闐文《使河西記》的歷史地理研究　《敦煌學輯刊》1986 年第 2 期　p. 14

李正宇　敦煌方音止遇二攝混同及其校勘學意義　《敦煌研究》1986 年第 4 期　p. 52

姜伯勤　唐五代敦煌寺戶制度　中華書局　1987　p. 291

王堯　陳踐　歸義軍曹氏與于闐之關係補證　《西北史地》1987 年第 2 期　p. 60

張廣達　榮新江　巴黎國立圖書館所藏敦煌于闐語寫卷目錄初編　敦煌吐魯番文獻研究論集（第四
　輯）　北京大學出版社　1987　p. 116

孫繼民　唐西州張無價及其相關文書　魏晉南北朝隋唐史資料（第 9、10 輯）　武漢大學出版社
　1988　p. 86

姜伯勤　敦煌新疆文書所記的唐代"行客"　出土文獻研究續集　文物出版社　1989　p. 285

李并成　唐代前期河西走廊農田開墾面積估算　《檔案》1989 年第 6 期　p. 39

齊陳俊　河西史研究　甘肅教育出版社　1989　p. 223

唐長孺　唐肅代期間的伊西北庭節度使及留後　山居存稿　中華書局　1989　p. 421

陳國燦　唐五代瓜沙歸義軍軍鎮的演變　敦煌吐魯番文書初探（二編）　武漢大學出版社　1990
　p. 579 注 12

黃盛璋　敦煌于闐文書中河西部族考證　《敦煌學輯刊》1990 年第 1 期　p. 59

榮新江　《唐刺史考》補遺　《文獻》1990 年第 2 期　p. 83　又見：敦煌學新論　甘肅教育出版社
　2002　p. 262

唐耕耦　陸宏基　敦煌社會經濟文獻真迹釋錄（二）　全國圖書館文獻縮微複製中心　1990　p. 620

王小甫　安史之亂後西域形勢及唐軍的堅守　《敦煌研究》1990 年第 4 期　p. 60

陸慶夫　略論敦煌民族史料的價值　《敦煌學輯刊》1991 年第 1 期　p. 36

張國剛　唐代的健兒制　《魏晉南北朝隋唐史》1991 年第 1 期　p. 60

暨遠志　張議潮出行圖研究（續）　《敦煌研究》1992 年第 4 期　p. 80

姜伯勤　敦煌社會文書導論　（臺北）新文豐出版公司　1992　p. 123

馬德　吐蕃佔領敦煌前後沙州史事系年　敦煌學（第 19 輯）　（臺北）新文豐出版公司　1992　p. 69

王小甫　唐吐蕃大食政治關係史　北京大學出版社　1992　p. 203

陳守忠　河隴史地考述　蘭州大學出版社　1993　p. 60

李正宇　敦煌遺書中的檔案資料及其價值意義　《魏晉南北朝隋唐史》1993 年第 5 期　p. 65

譚禪雪　敦煌歲時掇瑣　（香港）《九州學刊》（敦煌學專輯）1993 年第 5 卷第 4 期　p. 92

王震亞　趙熒　敦煌殘卷爭訟文牒集釋　甘肅人民出版社　1993　p. 189

陸慶夫　敦煌民族文獻與河西古代民族　《敦煌學輯刊》1994 年第 2 期　p. 85

陸慶夫　思結請糧文書與思結歸唐史事考　《敦煌研究》1994 年第 4 期　p. 55

寧可　郝春文　敦煌寫本社邑文書述略　《首都師範大學學報》1994 年第 4 期　p. 14

齊陳駿　有關遺產繼承的幾件敦煌遺書　《敦煌學輯刊》1994 年第 2 期　p. 51

邵文實　敦煌俗文學作品中的駈儺之風　《敦煌學輯刊》1994 年第 2 期　p. 43

王永興　敦煌經濟文書導論　（臺北）新文豐出版公司　1994　p. 77

薛宗正　安史亂後的安西與北庭　西域考察與研究　新疆人民出版　1994　p. 313

胡戟　傅玫　敦煌史話　中華書局　1995　p. 157

李錦繡　唐代財政史稿・上卷（第三分冊）　北京大學出版社　1995　p. 932

樓勁　漢唐對絲路上一般中外交往的管理　敦煌吐魯番文獻研究　蘭州大學出版社　1995　p. 429

土肥義和　唐・北宋間の「社」の組織形態に関する一考察　中國古代の國家と民衆（堀敏一先生古稀記念）　（東京）汲古書院　1995　p. 693

薛宗正　安西與北庭　黑龍江教育出版社　1995　p. 270

陳國燦　安史亂後的唐二庭四鎮　唐研究（第二卷）　北京大學出版社　1996　p. 422、433

船越泰次　唐代兩稅法研究　（東京）汲古書院　1996　p. 152

凍國棟　旅順博物館藏《唐建中五年孔目司帖》管見　魏晉南北朝隋唐史資料（第14輯）　武漢大學出版社　1996　p. 123

堀敏一　中國古代の家と集落　（東京）汲古書院　1996　p. 424

李并成　李春元　瓜沙史地研究　甘肅文化出版社　1996　p. 193

劉安志　唐朝吐蕃佔領沙州時期的敦煌大族　《中國史研究》1996年第3期　p. 83

張國剛　隋唐五代史研究概要　天津教育出版社　1996　p. 725

陳國燦　劉健明　《全唐文》職官叢考　武漢大學出版社　1997　p. 413

李并成　西北民族歷史地理研究芻議　《甘肅民族研究》1997年第1期　p. 23

寧可　郝春文　敦煌社邑文書輯校　江蘇古籍出版社　1997　p. 742

鄭炳林　敦煌碑銘讚輯釋　甘肅教育出版社　1997　p. 17 注3

陳國燦　甘州　敦煌學大辭典　上海辭書出版社　1998　p. 297

段晴　幾件與冊封于闐有關的于闐文書　伊朗學在中國論文集（二）　北京大學出版社　1998　p. 9

李正宇　敦煌遺書標點符號　敦煌學大辭典　上海辭書出版社　1998　p. 519

李正宇　敦煌遺書檔案資料　敦煌學大辭典　上海辭書出版社　1998　p. 391

馬德　尚書曹仁貴史事鈎沈　《敦煌學輯刊》1998年第2期　p. 11

沙知　博易契　敦煌學大辭典　上海辭書出版社　1998　p. 387

沙知　鄉原　敦煌學大辭典　上海辭書出版社　1998　p. 390

宋家鈺　地子　敦煌學大辭典　上海辭書出版社　1998　p. 412

唐耕耦　唐河西巡撫使判集　敦煌學大辭典　上海辭書出版社　1998　p. 369

陳國燦　唐代的經濟社會　（臺北）文津出版社　1999　p. 95

蘇金花　唐、五代敦煌地區的商品貨幣形態　《敦煌研究》1999年第2期　p. 98

謝桃坊　敦煌文化尋繹　四川人民出版社　1999　p. 189

鄭炳林　晚唐五代敦煌地區種植棉花研究　《中國史研究》1999年第3期　p. 87

陳守忠　唐代前期的河隴經濟　1994年敦煌學國際研討會文集・宗教文史卷（下）　甘肅民族出版社　2000　p. 191

陳永勝　敦煌法制文書研究回顧與展望　《敦煌研究》2000年第2期　p. 103

陳永勝　敦煌吐魯番法制文書研究　甘肅人民出版社　2000　p. 2、11、110

高明士　唐代敦煌官方的祭祀禮儀　1994年敦煌學國際研討會文集・宗教文史卷（上）　甘肅民族出版社　2000　p. 50

堀敏一著　張宇譯　中唐以後敦煌地區的稅制　《敦煌研究》2000年第3期　p. 149

孫繼民　敦煌吐魯番所出唐代軍事文書初探　中國社會科學出版社　2000　p. 92、282

顏廷亮　敦煌文化　光明日報出版社　2000　p. 431、449

顏廷亮　敦煌文化的靈魂論綱　《甘肅社會科學》2000年第4期　p. 33

程喜霖　20世紀敦煌文獻與古史研究　敦煌文獻論集:紀念藏經洞發現一百周年國際學術研討會論文集　遼寧人民出版社　2001　p. 58

山本達郎等　補(IV)社・VI 諸種文書　『NUN－HUANG AND TURFAN DOCUMENTS CONCERNING SOCIAL AND ECONOMIC HISTORY』(Sup. p. lemrnts)　（東京）東洋文庫　2001　p. 91

朱海　從判文看唐代的執法以情　魏晉南北朝隋唐史資料(第 18 輯)　武漢大學出版社　2001
　　p. 75 注 2

陳國燦　敦煌學史事新證　甘肅教育出版社　2002　p. 289、454

郝春文　《唐末五代宋初敦煌社邑的幾個問題》商榷　國際敦煌學學術史研討會論文集　研討會籌
　　備組　2002　p. 199

沙武田　莫高窟盛唐未完工中唐補繪洞窟之初探　《敦煌研究》2002 年第 3 期　p. 15

史葦湘　敦煌歷史與莫高窟藝術研究　甘肅教育出版社　2002　p. 137、536

鄭炳林　晚唐五代敦煌歸義軍行政區劃制度研究(之二)　《敦煌研究》2002 年第 3 期　p. 69

李并成　盛唐時期河西走廊的區位特點與開發　唐代地域結構與運作空間　上海辭書出版社　2003
　　p. 87

黑維强　吐魯番出土文書詞語例釋(二)　《敦煌學輯刊》2005 年第 2 期　p. 187、191

賈志剛　唐肅代之際河西軍費問題試析　《敦煌研究》2005 年第 2 期　p. 58

李并成　《河西節度使判集》(P. 2942)有關問題考　《敦煌學輯刊》2005 年第 3 期　p. 71

齊陳駿　隋唐西北的屯田　枳室史稿　甘肅文化出版社　2005　p. 202

陸離　也談敦煌文書中的唐五代"地子"、"地稅"　《歷史研究》2006 年第 4 期　p. 169

余欣　神祇的"碎化":唐宋敦煌社祭變遷研究　《歷史研究》2006 年第 3 期　p. 60

P. 2943

王重民　說《十二時》　《申報・文史》1948 年第 22 期　又見:敦煌遺書論文集　中華書局　1984
　　p. 158 ；中國敦煌學百年文庫・文學卷(一)　甘肅文化出版社　1999　p. 479

芳村修基　土橋秀高　井ノ口泰淳　敦煌佛教史年表　西域文化研究(第一)・敦煌佛教資料
　　(京都)法藏館　1958　p. 281

川崎ミチコ　修道偈Ⅱ——定格聯章　敦煌仏典と禪(講座敦煌 8)　(東京)大東出版社　1980
　　p. 272

土肥義和　はじめに——歸義軍節度使の敦煌支配　敦煌の歷史(講座敦煌 2)　(東京)大東出版
　　社　1980　p. 242

鄭阿財　敦煌孝道文學研究　(臺北)石門圖書公司　1982　p. 533、614

冷鵬飛　唐末沙州歸義軍時期有關百姓受田和賦稅的幾個問題　《敦煌學輯刊》1984 年第 1 期
　　p. 36

土肥義和著　李永寧譯　歸義軍時期(晚唐、五代、宋)的敦煌(一)　《敦煌研究》1986 年第 4 期
　　p. 85

任半塘　敦煌歌辭總編　上海古籍出版社　1987　p. 1388

郭鋒　慕容歸盈與瓜沙曹氏　《敦煌學輯刊》1989 年第 1 期　p. 97

劉進寶　俚曲小調　敦煌文學　甘肅人民出版社　1989　p. 222

任半塘　王昆吾　隋唐五代燕樂雜言歌辭集　巴蜀書社　1990　p. 881

榮新江　沙州歸義軍歷任節度使稱號研究　敦煌吐魯番學研究論文集　漢語大詞典出版社　1990
　　p. 804

唐耕耦　陸宏基　敦煌社會經濟文獻真迹釋録(五)　全國圖書館文獻縮微複製中心　1990　p. 25

周紹良　敦煌文學芻議及其它　(臺北)新文豐出版公司　1992　p. 37

譚蟬雪　敦煌祈賽風俗　《敦煌研究》1993 年第 4 期　p. 64

鄭阿財　敦煌文獻與文學　(臺北)新文豐出版公司　1993　p. 122、136

鄭炳林　《索勳紀德碑》研究　《敦煌學輯刊》1994 年第 2 期　p. 72

王書慶　敦煌佛學・佛事篇　甘肅民族出版社　1995　p. 230
鄧文寬　評《敦煌新本六祖壇經》　敦煌吐魯番研究(第一卷)　北京大學出版社　1996　p. 402
劉進寶　P. 3236 號《壬申年官布籍》時代考　《西北師大學報》(社會科學版)1996 年第 5 期　p. 43
劉進寶　P. 3236 號《壬申年官布籍》研究　慶祝潘石禪先生九秩華誕敦煌學特刊　(臺北)文津出版
　　社　1996　p. 358
榮新江　歸義軍史研究　上海古籍出版社　1996　p. 30
王昆吾　隋唐五代燕樂雜言歌辭研究　中華書局　1996　p. 421
張涌泉　敦煌俗字研究導論　(臺北)新文豐出版公司　1996　p. 71、178
郝春文　歸義軍政權與敦煌佛教之關係新探　周紹良先生欣開九秩慶壽文集　中華書局　1997
　　p. 166
李正宇　敦煌歷史地理導論　(臺北)新文豐出版公司　1997　p. 155
鄭炳林　敦煌碑銘讚輯釋　甘肅教育出版社　1997　p. 347 注 3
鄭炳林　唐末五代敦煌都河水系研究　敦煌歸義軍史專題研究　蘭州大學出版社　1997　p. 184
鄭炳林　馮培紅　晚唐五代宋初歸義軍政權中都頭一職考辨　敦煌歸義軍史專題研究　蘭州大學出
　　版社　1997　p. 74、86
柴劍虹　學道十二時　敦煌學大辭典　上海辭書出版社　1998　p. 538
郝春文　唐後期五代宋初敦煌僧尼的社會生活　中國社會科學出版社　1998　p. 397
榮新江　歸義軍大事紀年初稿　出土文獻研究(第三輯)　文物出版社　1998　p. 251
劉進寶　敦煌文書與唐史研究　(臺北)新文豐出版公司　2000　p. 229
張錫厚　敦煌文學源流　作家出版社　2000　p. 337
鄭炳林　晚唐五代敦煌歸義軍行政區劃制度研究(之二)　《敦煌研究》2002 年第 3 期　p. 72
陸慶夫　歸義軍政權與蕃兵蕃將　2000 年敦煌學國際學術討論會文集・歷史文化卷(上)　甘肅民
　　族出版社　2003　p. 119
王小盾　從敦煌本共住修道故事看唐代佛教詩歌文體的來源　中國俗文化研究(第一輯)　巴蜀書
　　社　2003　p. 29
張子開　敦煌文獻中的白話禪詩　《敦煌學輯刊》2003 年第 1 期　p. 87
高啓安　趙紅　敦煌"玉女"考屑　敦煌學國際研討會論文集　北京圖書館出版社　2005　p. 226
鄭炳林　晚唐五代河西地區的居民結構研究　《蘭州大學學報》2006 年第 2 期　p. 10

P. 2944

姜亮夫　敦煌經卷壁畫中所見寺觀錄　敦煌學論文集　上海古籍出版社　1987　p. 1074、1081
唐耕耦　陸宏基　敦煌社會經濟文獻真迹釋錄(四)　全國圖書館文獻縮微複製中心　1990　p. 251
陶秋英輯錄　姜亮夫校訂　敦煌經卷所見寺名錄　敦煌碎金　浙江古籍出版社　1992　p. 123
姜伯勤　敦煌戒壇與大乘佛教　華學(第二輯)　中山大學出版社　1996　p. 327
鄭炳林　唐五代敦煌的粟特人與佛教　敦煌歸義軍史專題研究　蘭州大學出版社　1997　p. 449
郝春文　唐後期五代宋初敦煌僧尼的社會生活　中國社會科學出版社　1998　p. 129
郝春文　唐後期五代宋初敦煌寺院常住什物的數量及與僧人的關係　《敦煌研究》1998 年第 2 期
　　p. 119
馬德　散藏美國的五件敦煌絹畫　《敦煌研究》1999 年第 2 期　p. 173
楊森　從敦煌文獻看中國古代從左向右的書寫格式　《敦煌研究》2001 年第 2 期　p. 107
徐曉麗　唐五代敦煌大族出嫁女性初探　麥積山石窟藝術文化論文集(下)　蘭州大學出版社
　　2004　p. 273

P. 2945

那波利貞　俗講と變文(中)　『佛教史學』(1 卷 3 號)　(京都)平樂寺書店　1950　p. 88　又見:唐
　　代社會文化史研究‧第四編　(東京)創文社　1974　p. 424

周紹良　敦煌所出變文現存目録　敦煌變文彙録　上海出版公司　1955　p. 3

劉銘恕　再記英國倫敦所藏的敦煌經卷　《中國科學院圖書館通訊》1957 年第 7 期　又見:中國敦煌
　　學百年文庫‧綜述卷(二)　甘肅文化出版社　1999　p. 135

金岡照光　敦煌漢文文學文獻の文學形態上の種類とその分類　敦煌出土文學文獻分類目録‧附解
　　說　(東京)東洋文庫　1971　p. 203

金岡照光　敦煌文學のさまざま　敦煌の文學　(東京)大蔵出版株式會社　1971　p. 108

加地哲定　增補中國佛教文學研究　(東京)同朋舍　1979　p. 169

楊家駱　敦煌變文　(臺北)世界書局　1980　p. 801

金岡照光　敦煌の繪物語　(東京)東方書店　1981　p. 69

潘重規　敦煌變文新論　敦煌變文論輯　(臺北)石門圖書公司　1981　p. 169

鄭阿財　敦煌孝道文學研究　(臺北)石門圖書公司　1982　p. 76

周紹良　談唐代民間文學——讀《中國文學史》中“變文”節書後關於唐代民間文學研究的幾點意見
　　敦煌變文論文録　上海古籍出版社　1982　p. 412　又見:紹良叢稿　齊魯書社　1984　p. 54

潘重規　敦煌變文集新書(下)　(臺北)“中國文化大學”中文研究所　1984　p. 785

王重民　醜女緣起　敦煌變文集　人民文學出版社　1984　p. 801

簡濤　敦煌本《燕子賦》考論　《敦煌研究》1986 年第 3 期　p. 36

姜亮夫　海外敦煌卷子經眼録　敦煌學論文集　上海古籍出版社　1987　p. 39　又見:姜亮夫全集
　　(十三)　雲南人民出版社　2002　p. 33

周紹良　唐代變文及其它　敦煌文學作品選　中華書局　1987　p. 4、18

蕭登福　唐世佛家之講經與敦煌變文　敦煌俗文學論叢　(臺北)商務印書館　1988　p. 70

柴劍虹　因緣　敦煌文學　甘肅人民出版社　1989　p. 273

郭在貽　張涌泉　黃征　敦煌變文集校議　岳麓書社　1990　p. 405

加地哲定著　劉衛星譯　中國佛教文學　今日中國出版社　1990　p. 143

李正宇　曹仁貴名實論:曹氏歸義軍創始及歸奉後梁史探　第二屆敦煌學國際研討會論文集　(臺
　　北)漢學研究中心　1990　p. 557、560、567

唐耕耦　陸宏基　敦煌社會經濟文獻真迹釋録(五)　全國圖書館文獻縮微複製中心　1990　p. 326

項楚　敦煌變文選注　巴蜀書社　1990　p. 723

柴劍虹　敦煌文學中的“因緣”與“詩話”　西域文史論稿　(臺北)國文天地雜誌社　1991　p. 515

李正宇　曹仁貴歸奉後的一組新資料　魏晉南北朝隋唐史資料(第 11 輯)　武漢大學出版社　1991
　　p. 274

張廣達　唐末五代宋初西北地區的般次和使次　季羨林教授八十華誕紀念論文集(下)　江西人民
　　出版社　1991　p. 969

郭在貽　郭在貽敦煌學論集　江西人民出版社　1992　p. 250

郭在貽　郭在貽語言文學論稿　浙江古籍出版社　1992　p. 51

金岡照光　講唱體類　敦煌の文學文獻(講座敦煌 9)　(東京)大東出版社　1992　p. 77、106

林家平　寧强　羅華慶　中國敦煌學史　北京語言學院出版社　1992　p. 337

鄭雨　莫高窟第九十八窟的歷史背景與時代精神　(香港)《九州學刊》(敦煌學專輯)1992 年第 4 卷
　　第 4 期　p. 37

周紹良　敦煌文學芻議及其它　(臺北)新文豐出版公司　1992　p. 68

昀麟　曹仁貴即曹議金　《敦煌學輯刊》1993 年第 2 期　p. 89

榮新江　關於曹氏歸義軍首任節度使的幾個問題　《敦煌研究》1993 年第 2 期　p. 46、50

榮新江　甘州回鶻與曹氏歸義軍　《中國古代史》(先秦至隋唐)1994 年第 3 期　p. 101

王繼如　《醜女緣起》校釋補正　俗語言研究(第二期)　(京都)禪文化研究所　1995　p. 52

楊森　金山國與各教的疏密關係　敦煌佛教文獻研究　敦煌研究院文獻研究所　1995　p. 60

張廣達　西域史地叢稿初編　上海古籍出版社　1995　p. 336

李正宇　敦煌史地新論　(臺北)新文豐出版公司　1996　p. 317

榮新江　歸義軍史研究　上海古籍出版社　1996　p. 15

張涌泉　敦煌俗字研究導論　(臺北)新文豐出版公司　1996　p. 139

黃征　《敦煌歌辭總編》評議　敦煌語文叢說　(臺北)新文豐出版公司　1997　p. 477

黃征　張涌泉　敦煌變文校注　中華書局　1997　p. 1109

劉子瑜　敦煌變文和王梵志詩　大象出版社　1997　p. 38

趙和平　敦煌表狀箋啓書儀輯校　江蘇古籍出版社　1997　p. 342

趙和平　晚唐五代靈武節度使與沙州歸義軍關係試論　第三屆中國唐代文化學術研討會論文集
　　(臺北)政治大學中國文學系　1997　p. 547

鄭炳林　敦煌碑銘讚輯釋　甘肅教育出版社　1997　p. 307 注 9

海客　醜女緣起　敦煌學大辭典　上海辭書出版社　1998　p. 580

李正宇　歸義軍公文集　敦煌學大辭典　上海辭書出版社　1998　p. 374

榮新江　歸義軍大事紀年初稿　出土文獻研究(第三輯)　文物出版社　1998　p. 242

楊秀清　曹議金執政臆談　《敦煌研究》1998 年第 3 期　p. 119、124

趙和平　歸義軍狀稿　敦煌學大辭典　上海辭書出版社　1998　p. 425

周紹良　張涌泉　黃征　敦煌變文講經文因緣輯校(下)　江蘇古籍出版社　1998　p. 965

陳靜　"別紙"考釋　《敦煌學輯刊》1999 年第 1 期　p. 108

高國藩　敦煌俗文化學　上海三聯書店　1999　p. 482

陸慶夫　金山國與甘州回鶻關係考論　《敦煌學輯刊》1999 年第 1 期　p. 57

梅維恒著　楊繼東　陳引馳譯　唐代變文(上)　(香港)中國佛教文化出版公司　1999　p. 84

謝桃坊　敦煌文化尋繹　四川人民出版社　1999　p. 210

楊秀清　敦煌西漢金山國史　甘肅人民出版社　1999　p. 159、166

張錫厚　敦煌文學源流　作家出版社　2000　p. 417

王繼如　敦煌俗字研究法　訓詁問學叢稿　江蘇古籍出版社　2001　p. 233　又見：2000 年敦煌學
　　國際學術討論會文集·歷史文化卷(下)　甘肅民族出版社　2003　p. 458

吳麗娛　關於 S. 078v 和 S. 1725v 兩件敦煌寫本書儀的一些看法　敦煌學與中國史研究論集　甘肅
　　人民出版社　2001　p. 175

曾良　敦煌文獻字義通釋　廈門大學出版社　2001　p. 6、84

吳麗娛　唐禮摭遺：中古書儀研究　商務印書館　2002　p. 150、167、297

吳麗娛　再論複書與別紙　燕京學報(新第 13 期)　北京大學出版社　2002　p. 117

吳麗娛　再析 P. 2945 書儀的年代與曹氏歸義軍通使中原　《敦煌研究》2002 年第 3 期　p. 74

葉貴良　《敦煌文獻字義通釋》釋義商榷舉例　《敦煌研究》2002 年第 3 期　p. 49

張鴻勳　敦煌俗文學研究　甘肅人民出版社　2002　p. 8

王繼如　敦煌變文研究尚有可爲　漢語史學報專輯(第三輯)　上海教育出版社　2003　p. 362

王豔明　瓜州曹氏與甘州回鶻的兩次和親始末　《敦煌研究》2003 年第 1 期　p. 71

張子開　敦煌文獻中的白話禪詩　《敦煌學輯刊》2003 年第 1 期　p. 82

趙貞　敦煌所出靈州道文書述略　《敦煌研究》2003 年第 4 期　p. 54

陳炳應　盧冬　古代民族　敦煌文藝出版社　2004　p. 225

吳麗娛　關於別紙和重疊別紙　浙江與敦煌學：常書鴻先生誕辰一百周年紀念文集　浙江古籍出版
社　2004　p. 414

吳麗娛　楊寶玉　P. 3197v《曹氏歸義軍時期甘州使人書狀》考試　《敦煌學輯刊》2005 年第 4 期
p. 21

P. 2946

李正宇　敦煌方音止遇二攝混同及其校勘學意義　《敦煌研究》1986 年第 4 期　p. 49

高田時雄　評：池田溫編『敦煌漢文文獻』（講座敦煌 5）　『東洋史研究』（52 卷 1 號）　（東京）東洋
史研究會　1993　p. 125

P. 2947

陳祚龍　敦煌古抄內典尾記彙校初、二、三編合刊　敦煌學要籥　（臺北）新文豐出版公司　1982
p. 184

高國藩　敦煌民俗學　上海文藝出版社　1989　p. 518

池田溫　中國古代寫本識語集錄　（東京）大藏出版株式會社　1990　p. 341

施萍婷著　池田溫譯　敦煌研究院、上海圖書館及び天津藝術博物館所藏の敦煌遺書をめぐって
『東洋學報』（72 卷 1・2 號）　（東京）東洋文庫　1990　p. 105

高田時雄　評：池田溫編『敦煌漢文文獻』（講座敦煌 5）　『東洋史研究』（52 卷 1 號）　（東京）東洋
史研究會　1993　p. 125

李正宇　中國唐宋硬筆書法　上海文化出版社　1993　p. 55

金賢珠　唐五代敦煌民歌　（臺北）文史哲出版社　1994　p. 75

齊陳駿　有關遺產繼承的幾件敦煌遺書　《敦煌學輯刊》1994 年第 2 期　p. 59

高國藩　敦煌數字與俗文化　慶祝潘石禪先生九秩華誕敦煌學特刊　（臺北）文津出版社　1996
p. 179

徐俊　敦煌寫本唐人詩歌存佚互見綜考　敦煌吐魯番研究（第一卷）　北京大學出版社　1996
p. 124

唐耕耦　敦煌寺院會計文書研究　（臺北）新文豐出版公司　1997　p. 462

郝春文　齋琬文　敦煌學大辭典　上海辭書出版社　1998　p. 459

楊富學　李吉和　敦煌漢文吐蕃史料輯校（第一輯）　甘肅人民出版社　1999　p. 280

徐俊　敦煌詩集殘卷輯考　中華書局　2000　p. 785、791

P. 2948

許端容　可洪《新集藏經音義隨函錄》敦煌寫卷考　第二屆敦煌學國際研討會論文集　（臺北）漢學
研究中心　1990　p. 237

鄭阿財　敦煌蒙書析論　第二屆敦煌學國際研討會論文集　（臺北）漢學研究中心　1990　p. 215 注
14

高田時雄　可洪隨函錄と行瑫隨函音疏　中國語の資料と方法　京都大學人文科學研究所　1994
p. 120

沃興華　敦煌書法藝術　上海人民出版社　1994　p. 128

胡戟　傅玫　敦煌史話　中華書局　1995　p. 182

張金泉　許建平　敦煌音義彙考　杭州大學出版社　1996　p. 1006
周紹良　敦煌本《六祖壇經》是慧能的原本:《敦博本禪籍校録》序　敦煌吐魯番研究(第一卷)　北
　　京大學出版社　1996　p. 302
張金泉　敦煌佛經音義寫卷述要　《敦煌研究》1997 年第 2 期　p. 114
鄧文寬　榮新江　敦博本禪籍録校　江蘇古籍出版社　1998　p. 187
張金泉　新集藏經印義隨函録　敦煌學大辭典　上海辭書出版社　1998　p. 518
汪泛舟　敦煌古代兒童課本　甘肅人民出版社　2000　p. 2
張錫厚　敦煌文學源流　作家出版社　2000　p. 153
張錫厚　敦煌文概說　2000 年敦煌學國際學術討論會文集·歷史文化卷(下)　甘肅民族出版社
　　2003　p. 211
高田時雄著 鍾翀等譯　可洪《隨函録》與行瑫《隨函音疏》　敦煌·民族·語言　中華書局　2005
　　p. 402

P. 2949

張廣達　榮新江　巴黎國立圖書館所藏敦煌于闐語寫卷目録初編　敦煌吐魯番文獻研究論集(第四
　　輯)　北京大學出版社　1987　p. 116
黃振華　敦煌所出于闐文千佛名校釋　敦煌吐魯番學文集　敦煌吐魯番學北京資料中心　1988
　　p. 109
井ノ口泰淳　敦煌本『仏名經』の諸系統　中央アジアの言語と仏教　(京都)法藏館　1995　p. 327
榮新江　賢劫經于闐語譯本　敦煌學大辭典　上海辭書出版社　1998　p. 501
譚蟬雪　唐宋敦煌歲時佛俗　《敦煌研究》2001 年第 1 期　p. 98

P. 2950

土橋秀高　敦煌の律藏　敦煌と中國仏教(講座敦煌 7)　(東京)大東出版社　1984　p. 261
陳祚龍　善用敦煌古抄殘全卷冊　中華佛教文化史散策(四集)　(臺北)新文豐出版公司　1986
　　p. 253
姜伯勤　敦煌戒壇與大乘佛教　華學(第二輯)　中山大學出版社　1996　p. 325
姜伯勤　敦煌藝術宗教與禮樂文明　中國社會科學出版社　1996　p. 353
湛如　敦煌佛教律儀制度研究　中華書局　2003　p. 156

P. 2951

方廣錩　十一面神咒心經　敦煌學大辭典　上海辭書出版社　1998　p. 699

P. 2952

川崎ミチコ　修道偈Ⅱ——定格聯章　敦煌仏典と禪(講座敦煌 8)　(東京)大東出版社　1980
　　p. 272
鄭阿財　敦煌孝道文學研究　(臺北)石門圖書公司　1982　p. 533
周丕顯　敦煌俗曲分時聯章歌體再議　《敦煌學輯刊》1983 年創刊號　p. 18
周丕顯　敦煌俗曲中的分時聯章體歌辭　關隴文學論叢　甘肅人民出版社　1983　p. 7
任半塘　敦煌歌辭總編　上海古籍出版社　1987　p. 510、1024、1389、1556
劉進寶　俚曲小調　敦煌文學　甘肅人民出版社　1989　p. 222
任半塘　王昆吾　隋唐五代燕樂雜言歌辭集　巴蜀書社　1990　p. 842、883

周紹良　敦煌文學芻議及其它　（臺北）新文豐出版公司　1992　p. 37

孫其芳　顔廷亮　敦煌文學概論　甘肅人民出版社　1993　p. 449

鄭阿財　敦煌文獻與文學　（臺北）新文豐出版公司　1993　p. 122、135

項楚　敦煌歌辭總編匡補　（臺北）新文豐出版公司　1995　p. 270

王昆吾　隋唐五代燕樂雜言歌辭研究　中華書局　1996　p. 421

張涌泉　敦煌俗字研究導論　（臺北）新文豐出版公司　1996　p. 225

黃征　張涌泉　敦煌變文校注　中華書局　1997　p. 538

柴劍虹　勸學求宦十二時　敦煌學大辭典　上海辭書出版社　1998　p. 538

楊秀清　淺談唐、宋時期敦煌地區的學生生活　《敦煌研究》1999年第4期　p. 140

徐俊　敦煌詩集殘卷輯考　中華書局　2000　p. 8

楊秀清　華戎交會的都市：敦煌與絲綢之路　甘肅人民出版社　2000　p. 100

魏迎春　敦煌菩薩漫談　民族出版社　2004　p. 81

P. 2953

北原薰　晚唐・五代の敦煌寺院経済——収支決算報告を中心に　敦煌の社會（講座敦煌3）　（東京）大東出版社　1980　p. 395

姜伯勤　論敦煌寺院的"常住百姓"　《敦煌研究》1981年試刊第1期　p. 44　又見：五十年來漢唐佛教寺院經濟研究　北京師範大學出版社　1986　p. 186、199

張弓　南北朝隋唐寺觀戶階層述略　五十年來漢唐佛教寺院經濟研究　北京師範大學出版社　1986　p. 321

姜伯勤　唐五代敦煌寺戶制度　中華書局　1987　p. 148、170

山本達郎等　敦煌・III 轉貼　『NUN－HUANG AND TURFAN DOCUMENTS CONCERNING SOCIAL AND ECONOMIC HISTORY』(IV)　（東京）東洋文庫　1989　p. 29

唐耕耦　敦煌寫本便物曆初探　敦煌吐魯番文獻研究論集（第五輯）　北京大學出版社　1990　p. 174、176

唐耕耦　陸宏基　敦煌社會經濟文獻真迹釋録（二）　全國圖書館文獻縮微複製中心　1990　p. 246

劉進寶　試談歸義軍時期敦煌縣鄉的建置　《敦煌研究》1994年第3期　p. 80

鄭炳林　羊萍　敦煌本夢書　甘肅文化出版社　1995　p. 329

馮培紅　晚唐五代宋初歸義軍武職軍將研究　敦煌歸義軍史專題研究　蘭州大學出版社　1997　p. 141

馬德　敦煌工匠史料　甘肅人民出版社　1997　p. 60

齊陳俊　馮培紅　晚唐五代宋初歸義軍政權中"十將"及下屬諸職考　敦煌歸義軍史專題研究　蘭州大學出版社　1997　p. 30

孫曉林　敦煌遺書所見唐宋間令狐氏在敦煌的分佈　唐代的歷史與社會　武漢大學出版社　1997　p. 530

唐耕耦　敦煌寺院會計文書研究　（臺北）新文豐出版公司　1997　p. 394

鄭炳林　敦煌碑銘讚及其有關問題　敦煌碑銘讚輯釋　甘肅教育出版社　1997　p. 17

鄭炳林　唐五代敦煌金山國征伐樓蘭史事考　敦煌歸義軍史專題研究　蘭州大學出版社　1997　p. 22

方廣錩　新菩薩經　敦煌學大辭典　上海辭書出版社　1998　p. 739

童丕　10世紀敦煌的借貸人　法國漢學（第3輯）　中華書局　1998　p. 89

高啓安　崇高與卑賤：敦煌的佛教信仰賤名再探　'98法門寺唐文化國際學術討論會論文集　陝西

　　　人民出版社　2000　p. 250

劉進寶　敦煌歷史文化　甘肅人民出版社　2000　p. 125

劉進寶　敦煌文書與唐史研究　（臺北）新文豐出版公司　2000　p. 135

張錫厚　敦煌文學源流　作家出版社　2000　p. 110

羅彤華　從便物曆論敦煌寺院的放貸　敦煌文獻論集：紀念藏經洞發現一百周年國際學術研討會論文集　遼寧人民出版社　2001　p. 466

劉進寶　敦煌學通論　甘肅教育出版社　2002　p. 82

鄭炳林　晚唐五代敦煌村莊聚落輯考　2000 年敦煌學國際學術討論會文集·歷史文化卷（上）　甘肅民族出版社　2003　p. 134

謝和耐著　耿昇譯　中國 5—10 世紀的寺院經濟　上海古籍出版社　2004　p. 180 注 4

李永寧　程亮　整理王重民敦煌遺書手稿所得（三）　《敦煌研究》2005 年第 2 期　p. 65

鄭炳林　敦煌寫本解夢書校錄研究　民族出版社　2005　p. 22

鄭炳林　晚唐五代河西地區的居民結構研究　《蘭州大學學報》2006 年第 2 期　p. 11

P. 2954

金岡照光　高僧傳因緣　敦煌の文學文獻（講座敦煌 9）　（東京）大東出版社　1992　p. 598

晌麟　金山國名稱來源　《敦煌學輯刊》1993 年第 1 期　p. 52

劉銘恕　敦煌遺書劄記八篇　敦煌學國際研討會文集·史地語文編　遼寧美術出版社　1995　p. 390

陸慶夫　唐宋之際的涼州嗢末　《敦煌學輯刊》1997 年第 2 期　p. 42

李冬梅　唐五代歸義軍與周邊民族關係綜論　《敦煌學輯刊》1998 年第 2 期　p. 47

P. 2955

關德棟　談"變文"　《覺群周報》1946 年第 12 期　又見：敦煌變文論文錄　上海古籍出版社　1982　p. 201、225；中國敦煌學百年文庫·文學卷（一）　甘肅文化出版社　1999　p. 389

向達　唐代俗講考　《國學季刊》1946 年第 6 卷第 4 號　p. 42　又見：唐代長安與西域文明　三聯書店　1957　p. 335；敦煌變文論輯　（臺北）石門圖書公司　1981　p. 41；敦煌變文論文錄　上海古籍出版社　1982　p. 69；關隴文學論叢　甘肅人民出版社　1983　p. 181

那波利貞　中晚唐五代の佛教寺院の俗講の座に於ける變文の演出方法に就きて　甲南大學論集（2）　（神戶）甲南大學　1955　p. 23、44

周紹良　敦煌所出變文現存目錄　敦煌變文彙錄　上海出版公司　1955　p. 5

周一良　讀唐代俗講考　魏晉南北朝史論集　中華書局　1963　p. 378

金岡照光　敦煌文學のさまざま　敦煌の文學　（東京）大藏出版株式會社　1971　p. 104

金岡照光　敦煌民衆の宗教と生活　敦煌の民衆——その生活と思想　（東京）評論社　1972　p. 106

邱鎮京　敦煌變文述論　（臺北）商務印書館　1974　p. 1859

加地哲定　增補中國佛教文學研究　（東京）同朋舍　1979　p. 160

楊家駱　敦煌變文　（臺北）世界書局　1980　p. 481

金岡照光　敦煌の繪物語　（東京）東方書店　1981　p. 54

王重民　敦煌變文研究　敦煌變文論文錄　上海古籍出版社　1982　p. 291

張鴻勳　敦煌講唱伎藝搬演考略　《敦煌學輯刊》1982 年第 3 期　p. 69

張鴻勳　敦煌講唱文學韻律初探　《敦煌研究》1982 年試刊第 2 期　p. 129

川口久雄　敦煌出土阿彌陀經講經文と我が國淨土文學　于闐國和尚阿彌陀經講經文（敦煌資料と日本文學　4）　（東京）大東文化大學東洋研究所　1984　p. 18

川口久雄　圖版解說　于闐國和尚阿彌陀經講經文（敦煌資料と日本文學　4）　（東京）大東文化大學東洋研究所　1984　p. 4

廣川堯敏　淨土三部經　敦煌と中國仏教（講座敦煌7）　（東京）大東出版社　1984　p. 109

潘重規　敦煌變文集新書（上）　（臺北）"中國文化大學"中文研究所　1984　p. 174

平野顯照　講經文の組織內容　敦煌と中國仏教（講座敦煌7）　（東京）大東出版社　1984　p. 325

王慶菽　佛說阿彌陀經講經文　敦煌變文集　人民文學出版社　1984　p. 481

高國藩　論敦煌民間變文　敦煌學論集　甘肅人民出版社　1985　p. 188

劉復　敦煌掇瑣　敦煌叢刊初集（十五）　（臺北）新文豐出版公司　1985　p. 135

平野顯照著　張桐生譯　唐代的文學與佛教　（臺北）業强出版社　1987　p. 219

楊雄　《佛說阿彌陀經講經文》補校　《敦煌學輯刊》1987 年第 1 期　p. 70

周紹良　唐代變文及其它　敦煌文學作品選　中華書局　1987　p. 12

張鴻勳　講經文　敦煌文學　甘肅人民出版社　1989　p. 260

郭在貽　張涌泉　黃征　敦煌變文集校議　岳麓書社　1990　p. 268

加地哲定著　劉衛星譯　中國佛教文學　今日中國出版社　1990　p. 115、136

金岡照光　講唱體類　敦煌の文學文獻（講座敦煌9）　（東京）大東出版社　1992　p. 37

金岡照光　押座文　敦煌の文學文獻（講座敦煌9）　（東京）大東出版社　1992　p. 387

李正宇　敦煌俗講僧保宣及其《講經通難致語》　程千帆先生八十壽辰紀念文集　江蘇古籍出版社　1992　p. 218

林家平　寧强　羅華慶　中國敦煌學史　北京語言學院出版社　1992　p. 16

周紹良　敦煌文學芻議及其它　（臺北）新文豐出版公司　1992　p. 51

項楚　敦煌詩歌導論　（臺北）新文豐出版公司　1993　p. 69

楊雄　講經文名實說　（香港）《九州學刊》（敦煌學專輯）1993 年第 5 卷第 4 期　p. 141

張鴻勳　敦煌說唱文學概論　（臺北）新文豐出版公司　1993　p. 102

汪泛舟　敦煌韻文辨正舉隅　《敦煌研究》1994 年第 2 期　p. 142

胡戟　傅玫　敦煌史話　中華書局　1995　p. 175

曲金良　敦煌佛教文學研究　（臺北）文津出版社　1995　p. 39

楊雄　佛說阿彌陀經講經文　敦煌論稿　甘肅文化出版社　1995　p. 341

徐俊　敦煌寫本唐人詩歌存佚互見綜考　敦煌吐魯番研究（第一卷）　北京大學出版社　1996　p. 123

黃征　張涌泉　敦煌變文校注　中華書局　1997　p. 704、788

汪泛舟　敦煌詩詞補正與考源　《敦煌研究》1997 年第 3 期　p. 109

海客　佛說阿彌陀經講經文　敦煌學大辭典　上海辭書出版社　1998　p. 579

周紹良　張涌泉　黃征　敦煌變文講經文因緣輯校（上）　江蘇古籍出版社　1998　p. 16、199

鄭炳潤　敦煌佛教故事類講唱文學所見淨土宗與禪宗　《敦煌研究》1999 年第 2 期　p. 149

劉長東　晉唐彌陀淨土信仰研究　巴蜀書社　2000　p. 287、487

徐俊　敦煌詩集殘卷輯考　中華書局　2000　p. 786

張錫厚　敦煌文學源流　作家出版社　2000　p. 372

聖凱　論唐代的講經儀軌　《敦煌學輯刊》2001 年第 2 期　p. 39

鄭阿財　《盂蘭盆經疏》與《盂蘭盆經講經文》　冉雲華先生八秩華誕壽慶論文集　（臺北）法光出版社　2003　p. 442

汪泛舟　敦煌俗別字新考(上)　《敦煌研究》2006 年第 1 期　p. 107

P. 2956

張廣達　榮新江　和田、敦煌發現的中古于闐史料概述　《新疆社會科學》1983 年第 4 期　p. 81
　　又見：于闐史叢考　1993　上海書店　p. 16
張廣達　榮新江　巴黎國立圖書館所藏敦煌于闐語寫卷目録初編　敦煌吐魯番文獻研究論集(第四
　　輯)　北京大學出版社　1987　p. 96、116
榮新江　于闐語抒情詩　敦煌學大辭典　上海辭書出版社　1998　p. 503

P. 2957

熊本裕　コ－タン語文獻　敦煌胡語文獻(講座敦煌 6)　(東京)大東出版社　1985　p118
岩松淺夫　敦煌のコ－タン語仏教文獻　敦煌胡語文獻(講座敦煌 6)　(東京)大東出版社　1985
　　p. 180
張廣達　榮新江　巴黎國立圖書館所藏敦煌于闐語寫卷目録初編　敦煌吐魯番文獻研究論集(第四
　　輯)　北京大學出版社　1987　p. 97、117
張廣達　榮新江　關於敦煌出土于闐文獻的年代及其相關問題　紀念陳寅恪先生誕辰百年學術論文
　　集　北京大學出版社　1989　p. 290
胡戟　傅玫　敦煌史話　中華書局　1995　p. 202
井ノ口泰淳　トカラ語及びウテン語の仏典　中央アジアの言語と仏教　(京都)法藏館　1995
　　p. 115
榮新江　于闐語善財譬喻經　敦煌學大辭典　上海辭書出版社　1998　p. 502
楊森　五代宋時期于闐皇太子在敦煌的太子莊　《敦煌研究》2003 年第 4 期　p. 42

P. 2958

哈密頓　851—1001 年于闐王世系　《敦煌學輯刊》1982 年第 3 期　p. 165
張廣達　榮新江　關於唐末宋初于闐國的國號、年號及其王家世系問題　敦煌吐魯番文獻研究論集
　　1982　中華書局　p. 183、185、191、192、204 注 4　又見：于闐史叢考　上海書店　1993　p. 33
張廣達　榮新江　和田、敦煌發現的中古于闐史料概述　《新疆社會科學》1983 年第 4 期　p. 80
　　又見：于闐史叢考　上海書店　1993　p. 16
黃盛璋　于闐文《使河西記》的歷史地理研究　《敦煌學輯刊》1986 年第 2 期　p. 15
錢伯泉　甘州回鶻的淵源及其建國初期的史實　《甘肅民族研究》1987 年第 1－2 期　p. 6
張廣達　榮新江　巴黎國立圖書館所藏敦煌于闐語寫卷目録初編　敦煌吐魯番文獻研究論集(第四
　　輯)　北京大學出版社　1987　p. 107、117
張廣達　榮新江　關於敦煌出土于闐文獻的年代及其相關問題　紀念陳寅恪先生誕辰百年學術論文
　　集　北京大學出版社　1989　p. 285、299
馬雍　薩曼王朝與中國的交往　西域史地文物叢考　文物出版社　1990　p. 178
錢伯泉　甘州回鶻國的"國際"關係及其在絲綢之路的歷史地位　《甘肅民族研究》1990 年第 2 期
　　p. 12
孟凡人　五代宋初于闐王統考　《中國邊疆史地研究》1992 年第 3 期　p. 107
黃盛璋　敦煌寫卷于闐文《克什米爾行程》歷史地理研究　《新疆文物》1994 年第 4 期　又見：中國
　　敦煌學百年文庫·地理卷(二)　甘肅文化出版社　1999　p. 16
張先堂　敦煌文學與周邊民族文學、域外文學關係述論　《敦煌研究》1994 年第 1 期　p. 56　又見：

敦煌吐魯番學研究論集　書目文獻出版社　1996　p. 428

胡戟　傅玫　敦煌史話　中華書局　1995　p. 202

薛宗正　中國新疆古代社會生活史　新疆人民出版社　1997　p. 289

段晴　幾件與冊封于闐有關的于闐文書　伊朗學在中國論文集(二)　北京大學出版社　1998
　　p. 11

羅豐　五代、宋初靈州與絲綢之路　《西北民族研究》1998 年第 1 期　p. 18

榮新江　于闐使文書雜纂卷　敦煌學大辭典　上海辭書出版社　1998　p. 504

榮新江　于闐語阿育王譬喻經　敦煌學大辭典　上海辭書出版社　1998　p. 502

黃振華　于闐文研究概述　中國敦煌學百年文庫・民族卷(一)　甘肅文化出版社　1999　p. 191

林梅村　從考古發現看隋末唐初于闐與中原的關係　《西域研究》1999 年第 2 期　p. 15

林梅村　古道西風:考古新發現所見中西文化交流　三聯書店　2000　p. 254

楊秀清　華戎交會的都市:敦煌與絲綢之路　甘肅人民出版社　2000　p. 67

于淑健　《浙藏敦煌文獻》疑難雜字輯考　南京棲霞山石窟藝術與敦煌學　中國美術學院出版社
　　2002　p. 260

賈應逸　藏經洞遺書與和闐佛教遺址　2000 年敦煌學國際學術討論會文集・歷史文化卷(上)　甘
　　肅民族出版社　2003　p. 92

羅豐　胡漢之間:"絲綢之路"與西北歷史考古　文物出版社　2004　p. 343

高田時雄著　鍾翀等譯　于闐文書中的漢語語彙　敦煌・民族・語言　中華書局　2005　p. 219

P. 2959

李豐楙　唐代《洞淵神咒經》寫卷與李弘:兼論神咒類道經的功德觀　第二屆敦煌學國際研討會論文
　　集　(臺北)漢學研究中心　1990　p. 481

馬承玉　從敦煌寫本看《洞淵神咒經》在北方的傳播　道家文化研究(第十三輯)　三聯書店　1998
　　p. 200

王卡　太上洞淵神咒經　敦煌學大辭典　上海辭書出版社　1998　p. 762

王卡　敦煌道教文獻研究　中國社會科學出版社　2004　p. 142

王卡　中國國家圖書館藏敦煌道教遺書研究報告　敦煌吐魯番研究(第七卷)　北京大學出版社
　　2004　p. 359

P. 2960

陳祚龍　新考重訂《朝英集》　敦煌資料考屑(上冊)　(臺北)商務印書館　1979　p. 187

P. 2961

耿昇　敦煌回鶻文寫本的概況　《敦煌研究》1988 年第 1 期　p. 102

林聰明　敦煌文書學　(臺北)新文豐出版公司　1991　p. 67

牛汝極　楊富學　敦煌回鶻文書法藝術　《甘肅民族研究》1995 年第 1 期　p. 100

鄭炳林　唐五代敦煌畜牧區域研究　敦煌歸義軍史專題研究　蘭州大學出版社　1997　p. 222

楊富學　佛教與敦煌回鶻文書法藝術　西域敦煌宗教論稿　甘肅文化出版社　1998　p. 138

楊富學　敦煌吐魯番出土回鶻文佛教願文研究　文史(第七十五輯)　中華書局　2006　p. 50

P. 2962

孫楷第　敦煌寫本《張議潮變文》跋　《圖書季刊》1936 年第 3 期　又見:敦煌學文選(上)　蘭州大

學歷史系敦煌學研究室等　1983　p. 195；中國敦煌學百年文庫·文學卷(一)甘肅文化出版社　1999　p. 186

傅芸子　俗講新考　《新思潮月刊》1945 年第 1 卷第 2 期　又見：敦煌變文論文録　上海古籍出版社　1982　p. 151

那波利貞　俗講と變文(下)　『佛教史學』(1 卷 4 號)　(京都)平樂寺書店　1950　p. 58　又見：唐代社會文化史研究·第四編　(東京)創文社　1974　p. 446、452

周紹良　敦煌所出變文現存目録　敦煌變文彙録　上海出版公司　1955　p. 11

那波利貞　千佛岩莫高窟と敦煌文書　西域文化研究(第二)·敦煌吐魯番社會經濟資料(上)　(京都)法藏館　1959　p. 49

竺沙雅章　敦煌の寺戸について　『史林』(44 卷 5 號)　京都大學文學部史學研究會　1961　p72

蘇瑩輝　論敦煌本史傳變文與中國俗文學　(臺中)《東海大學圖書館學報》1964 年第 6 期　又見：敦煌論集　(臺北)學生書局　1983　p. 128；中國敦煌學百年文庫·文學卷(五)　甘肅文化出版社　1999　p. 20

長澤和俊　敦煌　(東京)築摩書房　1965　p181

金岡照光　敦煌文學のさまざま　敦煌の文學　(東京)大藏出版株式會社　1971　p. 109、193

那波利貞　唐代社會文化史研究·第四編：俗講と變文(1949 年)　(東京)創文社　1974　p. 446、452

姜亮夫　唐五代瓜沙張曹兩世家考　中華文史論叢(總 11 輯)　上海古籍出版社　1979　又見：中國敦煌學百年文庫·歷史卷(一)　甘肅文化出版社　1999　p. 352

王重民　敦煌古籍叙録　中華書局　1979　p. 362

森安孝夫　ウイグルと敦煌敦煌の歷史(講座敦煌 2)　(東京)大東出版社　1980　p. 299

楊家駱　敦煌變文　(臺北)世界書局　1980　p. 119

蘇瑩輝　敦煌學概要　(臺北)編譯館"中華叢書編委會"　1981　p. 140、146

傅芸子　敦煌俗文學之發見及其展開　敦煌變文論文録　上海古籍出版社　1982　p. 138

周紹良　談唐代民間文學——讀《中國文學史》中"變文"節書後關於唐代民間文學研究的幾點意見敦煌變文論文録　上海古籍出版社　1982　p. 413　又見：紹良叢稿　齊魯書社　1984　p. 55

高田時雄　チベット文字轉寫阿彌陀經の奥書　『人文研究』(第 65 輯)　(小樽市)小樽商科大學　1983　p. 7

高自厚　敦煌文獻中的河西回鶻　《西北民族學院學報》1983 年第 3 期　又見：中國敦煌學百年文庫·民族卷(三)　甘肅文化出版社　1999　p. 236

蘇瑩輝　敦煌卷子對近五十年來中國文學史家之貢獻　敦煌論集續編　(臺北)學生書局　1983　p. 112 注 14

蘇瑩輝　論張義潮收復河隴州郡之年代　敦煌論集續編　(臺北)學生書局　1983　p. 18

湯開建　馬明達　對五代宋初河西若干民族問題的探討　《敦煌學輯刊》1983 年創刊號　p. 77

冷鵬飛　唐末沙州歸義軍時期有關百姓受田和賦稅的幾個問題　《敦煌學輯刊》1984 年第 1 期　p. 31

森安孝夫著　高然譯　回鶻與敦煌　《西北史地》1984 年第 1 期　p. 107

王重民　張議潮變文　敦煌變文集　人民文學出版社　1984　p. 119

劉復　敦煌掇瑣　敦煌叢刊初集(十五)　(臺北)新文豐出版公司　1985　p. 101

榮新江　歸義軍及其與周邊民族的關係初探　《敦煌學輯刊》1986 年第 2 期　p. 33　又見：中國人文社會科學博士碩士文庫·歷史學卷　浙江教育出版社　1998　p. 662

王重民原編　黄永武新編　敦煌古籍叙録新編(第九册)　(臺北)新文豐出版公司　1986　p. 163

王重民原編　黄永武新編　敦煌古籍叙録新編(第十八册)　(臺北)新文豐出版公司　1986　p. 39

閻文儒　敦煌兩個陷蕃人殘詩集校釋　向達先生紀念論文集　新疆人民出版社　1986　p. 181

錢伯泉　甘州回鶻的淵源及其建國初期的史實　《甘肅民族研究》1987 年第 1－2 期　p. 6

蘇北海　周美娟　甘州回鶻世系考辨　《敦煌學輯刊》1987 年第 2 期　p. 70

張鴻勳　敦煌講唱文學作品選注　甘肅人民出版社　1987　p. 220

周紹良　唐代變文及其它　敦煌文學作品選　中華書局　1987　p. 7

孫昌武　佛教與中國文學　上海人民出版社　1988　p. 306

李正宇　《敦煌廿詠》探微　古文獻研究　浙江古籍出版社　1989　p. 238

郭在貽　張涌泉　黄征　敦煌變文集校議　岳麓書社　1990　p. 352

齊東方　敦煌文書及敦煌石窟題名中所見的吐谷渾餘部　敦煌吐魯番文獻研究論集(第五輯)　北京大學出版社　1990　p. 268

榮新江　沙州歸義軍歷任節度使稱號研究　敦煌吐魯番學研究論文集　漢語大詞典出版社　1990　p. 773

項楚　敦煌變文選注　巴蜀書社　1990　p. 239

李正宇　敦煌名勝古迹導論　《陽關》1991 年第 4 期　p. 52

林聰明　敦煌文書學　(臺北)新文豐出版公司　1991　p. 259

菅原信海　占筮書　敦煌漢文文獻(講座敦煌 5)　(東京)大東出版社　1992　p. 449、453

金岡照光　講史譚・時事変文等――「王陵」「李陵」「張議潮」変文を中心に　敦煌の文學文獻(講座敦煌 9)　(東京)大東出版社　1992　p. 548

林家平　寧强　羅華慶　中國敦煌學史　北京語言學院出版社　1992　p. 16、164、337

陸慶夫　河西達怛考述　《敦煌學輯刊》1992 年第 1、2 合期　p. 12

張涌泉　敦煌寫卷俗字類型及其考辨的方法　(香港)《九州學刊》(敦煌學專輯)1992 年第 4 卷第 4 期　p. 72

周紹良　敦煌文學芻議及其它　(臺北)新文豐出版公司　1992　p. 71

李正宇　敦煌文學概論　甘肅人民出版社　1993　p. 117

前田正名　河西歷史地理學研究　中國藏學出版社　1993　p. 290

榮新江　甘州回鶻成立史論　《歷史研究》1993 年第 5 期　p. 33

蕭登福　道教與密宗　(臺北)新文豐出版公司　1993　p. 442

鄭炳林　敦煌碑銘讚抄本概述　《蘭州大學學報》1993 年第 4 期　p. 142

劉戈　漢文高昌回鶻史料述要　《喀什師範學院學報》1994 年第 2 期　p. 33

榮新江　敦煌邈真讚所見歸義軍與東西回鶻的關係　敦煌邈真讚校録並研究　(臺北)新文豐出版公司　1994　p. 58、76

鄭炳林　敦煌本《張淮深變文》研究　《西北民族研究》1994 年第 1 期　p. 153

鄭炳林　《索勳紀德碑》研究　《敦煌學輯刊》1994 年第 2 期　p. 67

鄭炳林　張淮深改建北大像和開鑿 94 窟年代再探　《敦煌研究》1994 年第 3 期　p. 40

周偉洲　吐谷渾在西域的活動及定居　西域考察與研究　新疆人民出版　1994　p. 274 注 35

陳國燦　唐五代敦煌四出道路考　敦煌學國際研討會文集・史地語文編　遼寧美術出版社　1995　p. 226

胡戟　傅玫　敦煌史話　中華書局　1995　p. 146、176

李并成　唐代瓜、沙二州間驛站考　敦煌學國際研討會文集・史地語文編　遼寧美術出版社　1995　p. 201　又見:《歷史地理》1996 年第 13 輯;中國敦煌學百年文庫・地理卷(二)　甘肅文化出

版社　1999　p. 161

榮新江　張氏歸義軍與西州回鶻的關係　敦煌學國際研討會文集・史地語文編　遼寧美術出版社
　1995　p. 122

張涌泉　敦煌文書類化字研究　《敦煌研究》1995 年第 4 期　p. 71

張涌泉　漢語俗字研究　岳麓書社　1995　p. 52

鄭炳林　敦煌漢文吐蕃史料綜述：兼論吐蕃控制河西時期的職官與統治政策　敦煌吐魯番文獻研究
　蘭州大學出版社　1995　p. 93

鄭炳林　羊萍　敦煌本夢書　甘肅文化出版社　1995　p. 302

李并成　李春元　瓜沙史地研究　甘肅文化出版社　1996　p. 131

馬德　敦煌莫高窟史研究　甘肅教育出版社　1996　p. 131、236

榮新江　歸義軍史研究　上海古籍出版社　1996　p. 4

張涌泉　敦煌俗字研究導論　（臺北）新文豐出版公司　1996　p. 112、194、217

張涌泉　敦煌文獻校讀釋例　文史（第四十一輯）　中華書局　1996　p. 199　又見：舊學新知　浙
　江大學出版社　1999　p. 213

張涌泉　敦煌寫卷俗字類釋　敦煌吐魯番學研究論集　書目文獻出版社　1996　p. 480

陳國燦　敦煌五十九首佚名氏詩歷史背景新探　敦煌吐魯番研究（第二卷）北京大學出版社　1997
　p. 91

馮培紅　晚唐五代宋初歸義軍武職軍將研究　敦煌歸義軍史專題研究　蘭州大學出版社　1997
　p. 134

黃征　敦煌文學《兒郎偉》輯錄校注　敦煌語文叢說　（臺北）新文豐出版公司　1997　p. 710

黃征　張涌泉　敦煌變文校注　中華書局　1997　p. 182、951

劉子瑜　敦煌變文和王梵志詩　大象出版社　1997　p. 38

陸慶夫　從焉耆龍王到河西龍家——龍部落遷徙考　敦煌歸義軍史專題研究　蘭州大學出版社
　1997　p. 488

鄭炳林　敦煌碑銘讚及其有關問題　敦煌碑銘讚輯釋　甘肅教育出版社　1997　p. 16

鄭炳林　敦煌碑銘讚輯釋　甘肅教育出版社　1997　p. 81 注 5

鄭炳林　唐五代敦煌金山國征伐樓蘭史事考　敦煌歸義軍史專題研究　蘭州大學出版社　1997
　p. 19

鄭炳林　唐五代敦煌畜牧區域研究　敦煌歸義軍史專題研究　蘭州大學出版社　1997　p. 222

鄭炳林　唐五代敦煌種植林業研究　敦煌歸義軍史專題研究　蘭州大學出版社　1997　p. 203

陳國燦　榮新江　西桐　敦煌學大辭典　上海辭書出版社　1998　p. 306

海客　張議潮變文　敦煌學大辭典　上海辭書出版社　1998　p. 577

李并成　"西桐"地望考　《西北民族研究》1998 年第 1 期　p. 45

李重申　武術　敦煌學大辭典　上海辭書出版社　1998　p. 600

李冬梅　唐五代歸義軍與周邊民族關係綜論　《敦煌學輯刊》1998 年第 2 期　p. 51

李正宇　南山道　敦煌學大辭典　上海辭書出版社　1998　p. 308

李正宇　沙州玉錢　敦煌學大辭典　上海辭書出版社　1998　p. 331

李正宇　索允鐘　敦煌學大辭典　上海辭書出版社　1998　p. 330

榮新江　歸義軍大事紀年初稿　出土文獻研究（第三輯）　文物出版社　1998　p. 235

汪泛舟　王瑞章　敦煌學大辭典　上海辭書出版社　1998　p. 350

楊森　張議潮　敦煌學大辭典　上海辭書出版社　1998　p. 352

周紹良　張涌泉　黃征　敦煌變文講經文因緣輯校（上）　江蘇古籍出版社　1998　p. 141

馮培紅　客司與歸義軍的外交活動　《敦煌學輯刊》1999 年第 1 期　p. 74

黃征　程惠新　劫塵遺珠：敦煌遺書　甘肅教育出版社　1999　p. 151

金啓綜　唐末沙州（敦煌）張議潮的起義　中國敦煌學百年文庫・歷史卷（一）　甘肅文化出版社　1999　p. 118

陸慶夫　金山國與甘州回鶻關係考論　《敦煌學輯刊》1999 年第 1 期　p. 51

梅維恒著　楊繼東　陳引馳譯　唐代變文（上）　（香港）中國佛教文化出版公司　1999　p. 58、67

謝桃坊　敦煌文化尋繹　四川人民出版社　1999　p. 39

顏廷亮　關於敦煌文學發展的歷史進程　《甘肅社會科學》1999 年第 4 期　p. 46

楊秀清　敦煌西漢金山國史　甘肅人民出版社　1999　p. 107、128

華濤　西域歷史研究（8—10 世紀）　上海古籍出版社　2000　p. 44、73 注 11

劉玉權　沙州回鶻史探微　1994 年敦煌學國際研討會文集・宗教文史卷（下）　甘肅民族出版社　2000　p. 17

顏廷亮　敦煌文化的靈魂論綱　《甘肅社會科學》2000 年第 4 期　p. 33

楊寶玉　敦煌史話　中國大百科全書出版社　2000　p. 160

張鴻勳　說唱藝術奇葩：敦煌變文選評　甘肅人民出版社　2000　p. 153

黃正建　敦煌占卜文書與唐五代占卜研究　學苑出版社　2001　p. 73

李正宇　沙州歸義軍樂營及其職事　敦煌吐魯番研究（第五卷）　北京大學出版社　2001　p. 218

陶敏　李一飛　隋唐五代文學史料學　中華書局　2001　p. 352

田衛疆　高昌回鶻歷史分期芻議　吐魯番學研究 2001 年第 2 期　p. 89

陳國燦　敦煌學史事新證　甘肅教育出版社　2002　p. 26、434、503

姜亮夫　敦煌莫高窟年表　姜亮夫全集（十一）　雲南人民出版社　2002　p. 394

姜亮夫　羅振玉補唐書張議潮傳訂補　姜亮夫全集（十四）雲南人民出版社　2002　p. 317

勞心　從敦煌文獻看 9 世紀的西州　《敦煌研究》2002 年第 1 期　p. 82

李小榮　變文講唱與華梵宗教藝術　上海三聯書店　2002　p. 167

楊寶玉　敦煌滄桑　長江文藝出版社　2002　p. 244

鄭炳林　晚唐五代敦煌歸義軍行政區劃制度研究（之一）　《敦煌研究》2002 年第 2 期　p. 17

王啓濤　中古及近代法制文書語言研究　巴蜀書社　2003　p. 202

王繼光　鄭炳林　敦煌漢文吐蕃史料綜述　中國西部民族文化研究（2003 年卷）　民族出版社　2003　p. 245

趙貞　敦煌所出靈州道文書述略　《敦煌研究》2003 年第 4 期　p. 52

柳洪亮　遷居吐魯番盆地的吐谷渾人　《吐魯番學研究》2004 年第 2 期　p. 118

吳越　敦煌歷史人物　民族出版社　2004　p. 157

鄭炳林　徐曉莉　晚唐五代敦煌歸義軍政權的婚姻關係研究　敦煌學（第 25 輯）　（臺北）樂學書局有限公司　2004　p. 581

黃征　敦煌俗字典　上海教育出版社　2005　p. 5、47、95

李軍　晚唐五代肅州相關史實考述　《敦煌學輯刊》2005 年第 3 期　p. 92

徐曉卉　S. 5640 願文中"司徒"人物定名考釋　敦煌學國際研討會論文集　北京圖書館出版社　2005　p. 87

楊森　跋甘肅武山拉梢寺北周造大佛像發願文石刻碑　《敦煌學輯刊》2005 年第 2 期　p. 233

鄭炳林　晚唐五代河西地區的居民結構研究　《蘭州大學學報》2006 年第 2 期　p. 17

P. 2963

王重民　說《五更轉》　《申報·文史周刊》1947 年第 3 期　又見:冷廬文藪　上海古籍出版社　1992
　　　p. 45；中國敦煌學百年文庫·文學卷(一)　甘肅文化出版社　1999　p. 453

芳村修基　土橋秀高　井ノ口泰淳　敦煌佛教史年表　西域文化研究(第一)·敦煌佛教資料
　　　(京都)法藏館　1958　p. 279

邵榮芬　敦煌俗文學中的別字異文和唐五代西北方音　《中國語文》1963 年第 3 期　又見:中國敦煌
　　　學百年文庫·語言文字卷(一)　甘肅文化出版社　1999　p. 124

金岡照光　敦煌漢文文學文獻の文學形態上の種類とその分類　敦煌出土文學文獻分類目録·附解
　　　說　(東京)東洋文庫　1971　p. 229

金岡照光　敦煌文學のこころ　敦煌の文學　(東京)大藏出版株式會社　1971　p. 283

金岡照光　敦煌文學のさまざま　敦煌の文學　(東京)大藏出版株式會社　1971　p. 131、151

陳祚龍　敦煌古抄内典尾記彙校二編　敦煌文物隨筆　(臺北)商務印書館　1979　p. 173

陳祚龍　新校重訂敦煌寫本《十空讚》表隱　敦煌資料考屑(上冊)　(臺北)商務印書館　1979
　　　p. 126 注 14

加地哲定　增補中國佛教文學研究　(東京)同朋舍　1979　p188、210

川崎ミチコ　修道偈II——定格聯章　敦煌仏典と禪(講座敦煌 8)　(東京)大東出版社　1980
　　　p. 269

矢吹慶輝　鳴沙餘韻·解說篇(第二部)　(京都)臨川書店　1980　p. 90

田中良昭　念仏禪と後期北宗禪　敦煌仏典と禪(講座敦煌 8)　(東京)大東出版社　1980　p. 241

土肥義和　莫高窟千佛洞と大寺と蘭若と　敦煌の社會(講座敦煌 3)　(東京)大東出版社　1980
　　　p. 349

土肥義和　はじめに——歸義軍節度使の敦煌支配　敦煌の歷史(講座敦煌 2)　(東京)大東出版
　　　社　1980　p. 288

潘重規　敦煌詞話　(臺北)石門圖書公司　1981　p. 94

蘇瑩輝　敦煌學概要　(臺北)編譯館"中華叢書編委會"　1981　p. 73

陳祚龍　敦煌古抄内典尾記彙校初、二、三編合刊　敦煌學要籥　(臺北)新文豐出版公司　1982
　　　p. 78

傅芸子　敦煌俗文學之發見及其展開　敦煌變文論文録　上海古籍出版社　1982　p. 139

鄭阿財　敦煌孝道文學研究　(臺北)石門圖書公司　1982　p. 532

蘇瑩輝　"敦煌曲"評介　敦煌論集續編　(臺北)學生書局　1983　p. 311

田中良昭　敦煌禪宗文獻の研究　(東京)大東出版社　1983　p. 236

周丕顯　敦煌俗曲分時聯章歌體再議　《敦煌學輯刊》1983 年創刊號　p. 14

周丕顯　敦煌俗曲中的分時聯章體歌辭　關隴文學論叢　甘肅人民出版社　1983　p. 3

廣川堯敏　禮讚　敦煌と中國仏教(講座敦煌 7)　(東京)大東出版社　1984　p. 434

饒宗頤　敦煌書法叢刊(第十九卷)·碎金(二)　(東京)二玄社　1984　p. 102

戴密微著　耿昇譯　列寧格勒所藏敦煌漢文寫本簡介　敦煌譯叢(第一輯)　甘肅人民出版社
　　　1985　p. 123 注 4

劉復　敦煌掇瑣　敦煌叢刊初集(十五)　(臺北)新文豐出版公司　1985　p. 209

陳祚龍　古往世上流行之中華佛教男女信士立誓發願文章的抽樣　中華佛教文化史散策(四集)
　　　(臺北)新文豐出版公司　1986　p. 392

姜亮夫　敦煌經卷壁畫中所見寺觀録　敦煌學論文集　上海古籍出版社　1987　p. 1077

馬德　《莫高窟記》淺議　《敦煌學輯刊》1987 年第 2 期　p. 130

任半塘　敦煌歌辭總編　上海古籍出版社　1987　p. 1429、1577

蘇瑩輝　國際敦煌學研究近貌　敦煌文史藝術論叢　（臺北）新文豐出版公司　1987　p. 186

柴劍虹　徐俊　敦煌詞輯校四談　《敦煌學輯刊》1988 年第 1、2 期　p. 56　又見：西域文史論稿
　　　（臺北）國文天地雜誌社　1991　p. 505

李正宇　敦煌地區古代祠廟寺觀簡志　《敦煌學輯刊》1988 年第 1、2 期　p. 76

劉進寶　俚曲小調　敦煌文學　甘肅人民出版社　1989　p. 218

馬德　靈圖寺、靈圖寺窟及其它　《敦煌研究》1989 年第 2 期　p. 3

施萍婷　敦煌遺書《阿彌陀經》校勘記　《敦煌研究》1989 年第 3 期　p. 59

孫其芳　詞　敦煌文學　甘肅人民出版社　1989　p. 214

池田溫　中國古代寫本識語集錄　（東京）大藏出版株式會社　1990　p491

加地哲定著　劉衛星譯　中國佛教文學　今日中國出版社　1990　p. 160

任半塘　王昆吾　隋唐五代燕樂雜言歌辭集　巴蜀書社　1990　p. 261、872

上山大峻　敦煌佛教の研究　（京都）法藏館　1990　p. 419

辛夷　讀敦煌俗曲雜識　《社科縱橫》1990 年第 6 期　p. 29

林聰明　敦煌文書出處略考　季羨林教授八十華誕紀念論文集（下）　江西人民出版社　1991
　　　p. 855

林聰明　敦煌文書學　（臺北）新文豐出版公司　1991　p. 372、382

林家平　寧強　羅華慶　中國敦煌學史　北京語言學院出版社　1992　p. 16、626

陶秋英輯錄　姜亮夫校訂　敦煌經卷所見寺名錄　敦煌碎金　浙江古籍出版社　1992　p. 111

周紹良　敦煌文學芻議及其它　（臺北）新文豐出版公司　1992　p. 33

高田時雄　チベット文字書寫「長卷」の研究（本文編）　『東方學報』（第 65 號）　京都大學人文科
　　　學研究所　1993　p. 372

李正宇　敦煌文學概論　甘肅人民出版社　1993　p. 107

孫其芳　顏廷亮　敦煌文學概論　甘肅人民出版社　1993　p. 445

劉尊明　唐五代詞的文化觀照　（臺北）文津出版社　1994　p. 513

榮新江　歸義軍改元考　文史（第三十八輯）　中華書局　1994　p. 51

施萍婷　法照與敦煌文學　《社科縱橫》1994 年第 4 期　p. 13

索仁森著　李吉和譯　敦煌漢文禪籍特徵概觀　《敦煌研究》1994 年第 1 期　p. 111

曲金良　敦煌佛教文學研究　（臺北）文津出版社　1995　p. 236

王書慶　敦煌佛學·佛事篇　甘肅民族出版社　1995　p. 232

鄧文寬　評《敦煌新本六祖壇經》　敦煌吐魯番研究（第一卷）　北京大學出版社　1996　p. 400

姜伯勤　敦煌藝術宗教與禮樂文明　中國社會科學出版社　1996　p. 268

李正宇　敦煌史地新論　（臺北）新文豐出版公司　1996　p. 67

馬德　莫高窟與敦煌佛教教團　敦煌吐魯番研究（第一卷）　北京大學出版社　1996　p. 175 注

饒宗頤　"法曲子"論　敦煌曲續論　（臺北）新文豐出版公司　1996　p. 87

王昆吾　隋唐五代燕樂雜言歌辭研究　中華書局　1996　p. 403、421

張先堂　敦煌本唐代淨土五會讚文與佛教文學　《敦煌研究》1996 年第 4 期　p. 72

鄧文寬　大梵寺佛音：敦煌莫高窟壇經讀本　（臺北）如聞出版社　1997　p. 45

劉長東　法照生卒、籍貫新考　敦煌文學論集　四川人民出版社　1997　p. 433

孫昌武　禪思與詩情　中華書局　1997　p. 330 注 21

王惠民　《董保德功德記》與隋代敦煌崇教寺舍利塔　《敦煌研究》1997 年第 3 期　p. 72

張弓　漢唐佛寺文化史　中國社會科學出版社　1997　p. 840

鄭炳林　敦煌碑銘讚輯釋　甘肅教育出版社　1997　p. 66 注 5

柴劍虹　高聲念佛讚　敦煌學大辭典　上海辭書出版社　1998　p. 546

柴劍虹　南宗五更轉　敦煌學大辭典　上海辭書出版社　1998　p. 549

方廣錩　淨土五會念佛誦經觀行儀　敦煌學大辭典　上海辭書出版社　1998　p. 723

姜伯勤　道釋相激:道教在敦煌　道家文化研究(第十三輯)　三聯書店　1998　p. 27

李正宇　仙岩寺　敦煌學大辭典　上海辭書出版社　1998　p. 627

孫其芳　歸去來　敦煌學大辭典　上海辭書出版社　1998　p. 535

張先堂　晚唐至宋初淨土五會念佛法門在敦煌的流傳　《敦煌研究》1998 年第 1 期　p. 49、61

劉長東　晉唐彌陀淨土信仰研究　巴蜀書社　2000　p. 381

聖凱　善導禮讚儀新探　法源(第 18 期)　中國佛學院　2000　p. 174

顏廷亮　敦煌文化　光明日報出版社　2000　p. 271

楊秀清　華戎交會的都市:敦煌與絲綢之路　甘肅人民出版社　2000　p. 71

張錫厚　敦煌文學源流　作家出版社　2000　p. 330

湛如　敦煌淨土教讚文考辨　華林(第一卷)　中華書局　2001　p. 187

湛如　論淨眾禪門與法照淨土思想的關聯　敦煌文獻論集:紀念藏經洞發現一百周年國際學術研討
　　會論文集　遼寧人民出版社　2001　p. 509

姜亮夫　敦煌莫高窟年表　姜亮夫全集(十一)　雲南人民出版社　2002　p. 532

林仁昱　論敦煌佛教歌曲特質與"弘法"的關係　敦煌學(第 23 輯)　(臺北)樂學書局有限公司
　　2002　p. 57、68

馬德　莫高窟新發現的窟龕與墓塔遺迹　敦煌佛教藝術文化國際學術研討會論文集　蘭州大學出版
　　社　2002　p. 158

池田溫　敦煌の歷史的背景　敦煌文書の世界　(東京)名著刊行會　2003　p. 114

林仁昱　論敦煌佛教歌曲向通俗傳播的内容　中國俗文化研究(第一輯)　巴蜀書社　2003　p. 186

王小盾　從敦煌本共住修道故事看唐代佛教詩歌文體的來源　中國俗文化研究(第一輯)　巴蜀書
　　社　2003　p. 28

湛如　敦煌佛教律儀制度研究　中華書局　2003　p. 258

張先堂　唐代淨土教宗師法照與五臺山、並州關係新探　《敦煌研究》2003 年第 3 期　p. 66

張先堂　唐宋敦煌世俗佛教信仰的類型、特徵　寺院財富與世俗供養　上海書畫出版社　2003
　　p. 303

張子開　敦煌文獻中的白話禪詩　《敦煌學輯刊》2003 年第 1 期　p. 87

土肥義和著　王平先譯　論莫高窟藏經洞的性質　2004 年石窟研究國際學術會議論文提要集　敦
　　煌研究院　2004　p. 50

汪泛舟　敦煌俗別字新考(上)　《敦煌研究》2006 年第 1 期　p. 104

P. 2964

那波利貞　敦煌發見文書に拠る中晚唐時代の佛教寺院の錢穀布帛類貸付營利事業運營の實況
　　『支那學』(10 卷 3 號)　(京都)支那學社　1941　p. 109

陳炳應　敦煌所出宋開寶八年"鄭醜撻賣地舍契"定誤考釋　《西北史地》1983 年第 4 期　p. 87

唐耕耦　唐五代時期的高利貸:敦煌吐魯番出土借貸文書初探(一)　《敦煌學輯刊》1985 年第 2 期
　　p. 13

唐耕耦　唐五代時期的高利貸:敦煌吐魯番出土借貸文書初探(二)　《敦煌學輯刊》1986 年第 1 期
　　p. 142

姜伯勤　唐五代敦煌寺戶制度　中華書局　1987　p. 314

王永興　隋唐五代經濟史料彙編校注·第一編（下）　中華書局　1987　p. 933、946

唐耕耦　陸宏基　敦煌社會經濟文獻真迹釋錄（二）　全國圖書館文獻縮微複製中心　1990　p. 94

仁井田陞　補訂中國法制史研究：土地法·交易法　東京大學出版會　1991　p. 749

菅原信海　占筮書　敦煌漢文文獻（講座敦煌 5）　（東京）大東出版社　1992　p. 453

張傳璽　中國歷代契約會編考釋（上）　北京大學出版社　1995　p. 407 注 1

鄭炳林　吐蕃統治下的敦煌粟特人　敦煌歸義軍史專題研究　蘭州大學出版社　1997　p. 377

沙知　便刈價麥契　敦煌學大辭典　上海辭書出版社　1998　p. 388

沙知　敦煌契約文書輯校　江蘇古籍出版社　1998　p. 146

鄭炳林　《康秀華寫經施入疏》與《炫和尚貨賣胡粉曆》研究　敦煌吐魯番研究（第三卷）　北京大學
　　出版社　1998　p. 207 注

陳國燦　唐代的經濟社會　（臺北）文津出版社　1999　p. 219 注 59

黃正建　敦煌占卜文書與唐五代占卜研究　學苑出版社　2001　p. 80

楊惠玲　敦煌契約文書中的保人、見人、口承人、同便人、同取人　《敦煌研究》2002 年第 6 期　p. 41

童丕　敦煌的借貸：中國中古時代的物質生活與社會　中華書局　2003　p. 47、58、134、143

王啓濤　中古及近代法制文書語言研究　巴蜀書社　2003　p. 209

鄭顯文　唐代律令制研究　北京大學出版社　2004　p. 218

P. 2965

芳村修基　土橋秀高　井ノ口泰淳　敦煌佛教史年表　西域文化研究（第一）·敦煌佛教資料
　　（京都）法藏館　1958　p. 256

左景權　敦煌古圖書蠹側　《香港中文大學學報》1979 年第 10 卷　又見：中國敦煌學百年文庫·文
　　獻卷（二）　甘肅文化出版社　1999　p. 513

陳祚龍　敦煌古抄內典尾記彙校初、二、三編合刊　敦煌學要籥　（臺北）新文豐出版公司　1982
　　p. 184

饒宗頤　敦煌書法叢刊（第二二卷）·寫經（三）　（東京）二玄社　1983　p. 31、66

左景權著　福井文雅　平木真快譯　敦煌本『生經』をめぐって　敦煌と中國仏教（講座敦煌 7）
　　（東京）大東出版社　1984　p. 276

耿昇　八十年代的法國敦煌學論著簡介　《敦煌研究》1986 年第 3 期　p. 80

黃征　敦煌陳寫本晉竺法護譯《佛說生經》殘卷 P. 2965 校釋　敦煌語言文學論文集　浙江古籍出版
　　社　1988　p. 276

池田溫　中國古代寫本識語集錄　（東京）大藏出版株式會社　1990　p. 138

林聰明　從敦煌文書看佛教徒的造經祈福　第二屆敦煌學國際研討會論文集　（臺北）漢學研究中
　　心　1990　p. 527、534

陳祚龍　敦煌學識小　敦煌學津雜誌　（臺北）文津出版社　1991　p. 171

伊藤伸　中國書法史上から見た敦煌漢文寫本　敦煌漢文文獻（講座敦煌 5）　（東京）大東出版社
　　1992　p. 191

梅弘理　敦煌的宗教活動和斷代寫本　法國學者敦煌學論文選萃　中華書局　1993　p. 567

楊森　淺談北朝經生體楷筆的演化　《社科縱橫》1994 年第 4 期　p. 61

趙聲良　南朝寫本《佛說生經》　敦煌書法庫（第二輯）　甘肅人民美術出版社　1994　p. 174

趙聲良　隋代敦煌寫本的書法藝術　敦煌書法庫（第三輯）　甘肅人民美術出版社　1994　p. 3　又
　　見：《敦煌研究》1995 年第 4 期　p. 135

趙聲良　早期敦煌寫本書法的時代分期和類型　敦煌書法庫(第二輯)　甘肅人民美術出版社
　　　1994　p. 7

黃征　吳偉　敦煌願文集　岳麓書社　1995　p. 846

王書慶　從敦煌文獻看敦煌佛教文化與中原佛教文化的交流　敦煌佛教文獻研究　敦煌研究院文獻
　　　研究所　1995　p. 26

伊藤伸著　趙聲良譯　從中國書法史看敦煌漢文文書(二)　《敦煌研究》1996年第2期　p. 136

黃征　《搜神記》釋詞　敦煌語文叢說　(臺北)新文豐出版公司　1997　p. 118

張弓　漢唐佛寺文化史　中國社會科學出版社　1997　p. 879

趙聲良　敦煌寫卷書法(上)　《文史知識》1997年第3期　p. 75

劉濤　生經第一　敦煌學大辭典　上海辭書出版社　1998　p. 283

孫繼民　太建八年慧湛寫佛說生經記　敦煌學大辭典　上海辭書出版社　1998　p. 455

黃征　程惠新　劫塵遺珠:敦煌遺書　甘肅教育出版社　1999　p. 215、224

施謝捷　敦煌文獻語詞校釋叢劄　《敦煌研究》1999年第4期　p. 24

金岡照光　敦煌文獻と中國文學　(東京)五曜書房　2000　p. 432

趙聲良　早期敦煌寫本書法的分期研究　1994年敦煌學國際研討會文集・石窟藝術卷　甘肅民族
　　　出版社　2000　p. 277

竺家寧　敦煌卷子P. 2965的訓詁與語法問題　慶祝吳其昱先生八秩華誕敦煌學特刊　(臺北)文津
　　　出版社　2000　p. 117

馬德　敦煌寫經題記的社會意義　法源(第19期)　中國佛學院　2001　p. 85

黃征　敦煌語言文字學研究　甘肅教育出版社　2002　p. 111

姜亮夫　敦煌莫高窟年表　姜亮夫全集(十一)　雲南人民出版社　2002　p. 159

梁銀景　莫高窟隋代經變畫與南朝、兩京地區　《敦煌研究》2004年第5期　p. 34

梁銀景　隋代佛教窟龕研究　文物出版社　2004　p. 179

張弓　敦煌四部籍與中古後期社會的文化情境　敦煌學(第25輯)　(臺北)樂學書局有限公司
　　　2004　p. 334

黃征　敦煌俗字典　上海教育出版社　2005　p. 前言6、68

黃征　敦煌俗字種類考辨　敦煌學・日本學:石塚晴通教授退職紀念論文集　上海辭書出版社
　　　2005　p. 112

汪泛舟　敦煌俗別字新考(上)　《敦煌研究》2006年第1期　p. 107

P. 2966

小島祐馬　巴黎國立圖書館藏敦煌遺書所見錄(九)　『支那學』(8卷1號)　(京都)支那學社
　　　1935　p. 127

王重民　敦煌古籍叙錄　中華書局　1979　p. 212

王重民　敦煌寫本跋文(王重民遺稿)　敦煌吐魯番文獻研究論集　中華書局　1982　p. 4

饒宗頤　敦煌書法叢刊(第十九卷)・碎金(二)　(東京)二玄社　1984　p. 99

王三慶　敦煌本古類書《語對》研究　(臺北)文史哲出版社　1985　p. 18、82

王重民　巴黎敦煌殘卷叙錄(第一輯)　敦煌叢刊初集(九)　(臺北)新文豐出版公司　1985　p. 164

王重民原編　黃永武新編　敦煌古籍叙錄新編(第十一冊)　(臺北)新文豐出版公司　1986　p. 95

王三慶著　池田溫譯　類書　敦煌漢文文獻(講座敦煌5)　(東京)大東出版社　1992　p. 374

胡戟　傅玫　敦煌史話　中華書局　1995　p. 190

鄭炳林　敦煌碑銘讚輯釋　甘肅教育出版社　1997　p. 248 注22

P. 2967

任半塘　王昆吾　隋唐五代燕樂雜言歌辭集　巴蜀書社　1990　p. 878

姜伯勤　敦煌社會文書導論　（臺北）新文豐出版公司　1992　p. 22

張錫厚　敦煌本唐集研究　（臺北）新文豐出版公司　1995　p. 411

吳麗娛　敦煌所出杜佑喪服制度圖與鄭餘慶元和書儀　敦煌吐魯番研究（第五卷）　北京大學出版
　　社　2001　p. 195

吳麗娛　唐禮撖遺：中古書儀研究　商務印書館　2002　p. 53、373

吳麗娛　敦煌的禮書　敦煌與絲路文化學術講座（第一輯）　北京圖書館出版社　2003　p. 201

P. 2968

陳祚龍　瓜沙印録　（臺北）《大陸雜誌》1962 年第 4 期　又見：敦煌學概要　（臺北）編譯館"中華叢
　　書編委會"　1981　p. 267

陳祚龍　古代敦煌及其他地區流行之公私印章圖記文字録　敦煌學要籥　（臺北）新文豐出版公司
　　1982　p. 329

周一良　敦煌寫本書儀考（之二）　敦煌吐魯番文獻研究論集（第四輯）　北京大學出版社　1987
　　p. 33、34　又見：唐五代書儀研究　中國社會科學出版社　1995　p. 88

華濤　高昌回鶻與阿薩蘭回鶻：兼論其與遼、宋的關係　吐魯番學研究專輯　敦煌吐魯番學新疆研究
　　資料中心　1990　p. 122 注 12

周一良　唐代書儀の類型　敦煌漢文文獻（講座敦煌 5）　（東京）大東出版社　1992　p. 703

Л. N. チュグイェフスキ – 著　荒川正晴譯注　ソ連邦科學アカデミ – 東洋學研究所所藏、敦煌寫本
　　における官印と寺印　『吐魯番出土文物研究會會報』(98、99 號)　（東京）吐魯番出土文物研
　　究會　1994　p. 6

趙和平　敦煌表狀箋啓書儀輯校　江蘇古籍出版社　1997　p. 299

沙知　瓜沙等州觀察使新印　敦煌學大辭典　上海辭書出版社　1998　p. 291

丘古耶夫斯基著　魏迎春譯　俄藏敦煌漢文寫卷中的官印及寺院印章　《敦煌學輯刊》1999 年第 1
　　期　p. 144

華濤　高昌回鶻與契丹的交往　《西域研究》2000 年第 1 期　p. 26

華濤　西域歷史研究（8—10 世紀）　上海古籍出版社　2000　p. 96

王豔明　瓜沙州大王印考　《敦煌學輯刊》2000 年第 2 期　p. 44

周一良　魏晉南北朝史論集續編　北京大學出版社　2001　p. 241

吳麗娛　唐禮撖遺：中古書儀研究　商務印書館　2002　p. 143

森安孝夫著　梁曉鵬摘譯　河西歸義軍節度使官印及其編年　《敦煌學輯刊》2003 年第 1 期　p. 142

P. 2969

王堯　陳踐　敦煌吐蕃文獻選　四川民族出版社　1983　p. 206

森安孝夫　ウイグル語文獻　敦煌胡語文獻（講座敦煌 6）　（東京）大東出版社　1985　p. 22

耿昇　敦煌回鶻文寫本的概況　《敦煌研究》1988 年第 1 期　p. 103

楊富學　敦煌出土回鶻語諺語　《社科縱橫》1994 年第 4 期　又見：中國敦煌學百年文庫·文學卷
　　（五）　甘肅文化出版社　1999　p. 478

牛汝極　楊富學　敦煌回鶻文書法藝術　《甘肅民族研究》1995 年第 1 期　p. 101

汪泛舟　論敦煌文明的多民族貢獻　《敦煌研究》1995 年第 2 期　p. 191

楊富學　牛汝極　沙州回鶻及其文獻　甘肅文化出版社　1995　p. 62

鄭炳林　敦煌碑銘讚輯釋　甘肅教育出版社　1997　p. 105 注 2
楊富學　佛教與敦煌回鶻文書法藝術　西域敦煌宗教論稿　甘肅文化出版社　1998　p. 140
楊富學　回鶻文獻與回鶻文化　民族出版社　2002　p. 308
陳炳應　盧冬　古代民族　敦煌文藝出版社　2004　p. 229

P. 2970

陳祚龍　敦煌古抄碑銘五種　敦煌文物隨筆　（臺北）商務印書館　1979　p. 78
饒宗頤　敦煌書法叢刊（第十九卷）・碎金（二）　（東京）二玄社　1984　p. 100
柴劍虹　敦煌題畫詩漫語　《敦煌學輯刊》1986 年第 1 期　p. 154　又見：西域文史論稿　（臺北）國
　　文天地雜誌社　1991　p. 361
榮新江　歸義軍及其與周邊民族的關係初探　《敦煌學輯刊》1986 年第 2 期　p. 32　又見：中國人文
　　社會科學博士碩士文庫・歷史學卷　浙江教育出版社　1998　p. 661
姜亮夫　敦煌經卷題名録　敦煌學論文集　上海古籍出版社　1987　p. 1068
孫修身　瓜沙曹氏卒立世次考　《鄭州大學學報》1988 年第 4 期　又見：《魏晉南北朝隋唐史》1988
　　年第 10 期　p. 28；中國敦煌學百年文庫・歷史卷（二）　甘肅文化出版社　1999　p. 233
李正宇　邈真讚　敦煌文學　甘肅人民出版社　1989　p. 184
榮新江　沙州歸義軍歷任節度使稱號研究　敦煌吐魯番學研究論文集　漢語大詞典出版社　1990
　　p. 795
李并成　一批珍貴的歷史人物檔案：敦煌遺書中的邈真讚　《檔案》1991 年第 5 期　p. 33
榮新江　曹議金征甘州回鶻史事表微　《敦煌研究》1991 年第 2 期　p. 2
孫修身　伯 3718《李府君邈真讚》有關問題考　《魏晉南北朝隋唐史》1991 年第 4 期　p. 44
姜伯勤　敦煌社會文書導論　（臺北）新文豐出版公司　1992　p. 50
陸慶夫　河西達怛考述　《敦煌學輯刊》1992 年第 1、2 期　p. 12
陶秋英輯録　姜亮夫校訂　敦煌經卷題名録　敦煌碎金　浙江古籍出版社　1992　p. 89
周紹良　敦煌文學芻議及其它　（臺北）新文豐出版公司　1992　p. 30
李正宇　敦煌文學概論　甘肅人民出版社　1993　p. 102
鄭炳林　敦煌碑銘讚部分文書拼接復原　《敦煌研究》1993 年第 1 期　p. 57
鄭炳林　敦煌碑銘讚抄本概述　《蘭州大學學報》1993 年第 4 期　p. 138
姜伯勤　敦煌邈真讚與敦煌望族　敦煌邈真讚校録並研究　（臺北）新文豐出版公司　1994　p. 22
姜伯勤　項楚　榮新江　敦煌邈真讚校録並研究　（臺北）新文豐出版公司　1994　p. 301
榮新江　敦煌邈真讚年代考　敦煌邈真讚校録並研究　（臺北）新文豐出版公司　1994　p. 365
榮新江　敦煌邈真讚所見歸義軍與東西回鶻的關係　敦煌邈真讚校録並研究　（臺北）新文豐出版
　　公司　1994　p. 90
杜斗城　北涼譯經論　甘肅文化出版社　1995　p. 44
孫修身　試論瓜沙曹氏與甘州回鶻之關係　敦煌學國際研討會文集・史地語文編　遼寧美術出版
　　社　1995　p. 102
凍國棟　旅順博物館藏《唐建中五年孔目司帖》管見　魏晉南北朝隋唐史資料（第 14 輯）　武漢大學
　　出版社　1996　p. 131
榮新江　歸義軍史研究　上海古籍出版社　1996　p. 106
張涌泉　評《敦煌邈真讚校録並研究》　敦煌吐魯番研究（第一卷）　北京大學出版社　1996　p. 431
鄭炳林　敦煌碑銘讚及其有關問題　敦煌碑銘讚輯釋　甘肅教育出版社　1997　p. 1
鄭炳林　敦煌碑銘讚輯釋　甘肅教育出版社　1997　p. 475

鄭炳林　馮培紅　唐五代歸義軍政權對外關係中的使頭一職　敦煌歸義軍史專題研究　蘭州大學出版社　1997　p. 53

鄭炳林　馮培紅　晚唐五代宋初歸義軍政權中都頭一職考辨　敦煌歸義軍史專題研究　蘭州大學出版社　1997　p. 75

李冬梅　唐五代歸義軍與周邊民族關係綜論　《敦煌學輯刊》1998 年第 2 期　p. 50

杜琪　敦煌詩賦作品要目分類題注　《甘肅社會科學》2000 年第 1 期　p. 64

譚蟬雪　《君者者狀》辨析：河西達怛國的一份書狀　1994 年敦煌學國際研討會文集·宗教文史卷（下）　甘肅民族出版社　2000　p. 104

趙貞　歸義軍押衙兼知他官略考　《敦煌研究》2001 年第 2 期　p. 93

鄭炳林　晚唐五代敦煌歸義軍行政區劃制度研究（之二）　《敦煌研究》2002 年第 3 期　p. 70

王豔明　瓜州曹氏與甘州回鶻的兩次和親始末　《敦煌研究》2003 年第 1 期　p. 72

徐曉麗　唐五代敦煌大族出嫁女性初探　麥積山石窟藝術文化論文集（下）　蘭州大學出版社　2004　p. 272

李軍　晚唐五代肅州相關史實考述　《敦煌學輯刊》2005 年第 3 期　p. 96

屈直敏　從《勵忠節抄》看歸義軍政權道德秩序的重建　《敦煌學輯刊》2005 年第 3 期　p. 87

P. 2971

那波利貞　佛教信仰に基きて組織せられたる中晚唐五代時代の社邑に就きて（上）　『史林』（24 卷 3 號）　京都大學文學部文學研究會　1939　p. 29

陳祚龍　莫高窟壁畫表隱　敦煌資料考屑（下冊）　（臺北）商務印書館　1979　p. 288

田中良昭　禪宗燈史の発展　敦煌仏典と禪（講座敦煌 8）　（東京）大東出版社　1980　p. 116

田中良昭　敦煌禪宗文獻の研究　（東京）大東出版社　1983　p. 88、641

施萍婷　敦煌隨筆之二　《敦煌研究》1987 年第 1 期　p. 44

姜伯勤　論禪宗在敦煌僧俗中的流傳　（香港）《九州學刊》（敦煌學專輯）1992 年第 4 卷第 4 期　p. 16　又見：中國敦煌學百年文庫·宗教卷（一）　甘肅文化出版社　1999　p. 229

姜伯勤　敦煌藝術宗教與禮樂文明　中國社會科學出版社　1996　p. 376

田中良昭　《禪籍解題（一）·敦煌禪籍》補遺　俗語言研究（第三期）　（京都）禪文化研究所　1996　p. 214

沙武田　敦煌壁畫榜題寫本研究　《敦煌研究》2004 年第 3 期　p. 104

王惠民　敦煌經變畫的研究成果與研究方法　《敦煌學輯刊》2004 年第 2 期　p. 69

P. 2972

邵榮芬　敦煌俗文學中的別字異文和唐五代西北方音　《中國語文》1963 年第 3 期　又見：中國敦煌學百年文庫·語言文字卷（一）　甘肅文化出版社　1999　p. 136

金岡照光　敦煌漢文文學文獻の文學形態上の種類とその分類　敦煌出土文學文獻分類目録·附解說　（東京）東洋文庫　1971　p. 218

金岡照光　敦煌文學のさまざま　敦煌の文學　（東京）大藏出版株式會社　1971　p. 113

楊家駱　敦煌變文　（臺北）世界書局　1980　p. 270

土肥義和　莫高窟千佛洞と大寺と蘭若と　敦煌の社會（講座敦煌 3）　（東京）大東出版社　1980　p. 362

陳祚龍　古代敦煌及其他地區流行之公私印章圖記文字録　敦煌學要籥　（臺北）新文豐出版公司　1982　p. 345

潘重規　敦煌變文集新書(下)　(臺北)"中國文化大學"中文研究所　1984　p. 1172

王重民　茶酒論　敦煌變文集　人民文學出版社　1984　p. 270

朗吉　敦煌漢文卷子《茶酒論》與藏文《茶酒仙女》　《敦煌學輯刊》1986 年第 1 期　p. 68 注 3

張鴻勳　敦煌講唱文學作品選注　甘肅人民出版社　1987　p. 101

山本達郎等　敦煌・IV 納贈曆・納色物曆等　『NUN‐HUANG AND TURFAN DOCUMENTS CON-
　　CERNING SOCIAL AND ECONOMIC HISTORY』(IV)　(東京)東洋文庫　1989　p. 100

周丕顯　題跋　敦煌文學　甘肅人民出版社　1989　p. 81

暨遠志　敦煌寫本《茶酒論》研究之一　敦煌學國際學術討論會論文縮寫文(1990)　敦煌研究院
　　1990　p. 93

江藍生　近代漢語語法資料彙編(唐五代卷)　商務印書館　1990　p. 334

項楚　敦煌變文選注　巴蜀書社　1990　p. 432

趙逵夫　唐代的一個俳優戲腳本:敦煌石窟發現《茶酒論》考述　中國文化(3)　(香港)中華書局
　　1990　p. 158、163 注 1　又見:中國敦煌學百年文庫・藝術卷(四)　甘肅文化出版社　1999
　　p. 286

金岡照光　散文體類　敦煌の文學文獻(講座敦煌 9)　(東京)大東出版社　1992　p. 177

張鴻勳　敦煌話本詞文俗賦導論　(臺北)新文豐出版公司　1993　p. 204

蔣禮鴻　敦煌文獻語言詞典　杭州大學出版社　1994　p. 41、65、176

黃征　輯注本《啓顏錄》匡補　俗語言研究(第二期)　(京都)禪文化研究所　1995　p. 90　又見:敦
　　煌語文叢說　(臺北)新文豐出版公司　1997　p. 504

張涌泉　漢語俗字研究　岳麓書社　1995　p. 135

王小盾　潘建國　敦煌論議考　中國古籍研究(第一卷)　上海古籍出版社　1996　p. 187

黃征　張涌泉　敦煌變文校注　中華書局　1997　p. 84、425

鄭炳林　敦煌碑銘讚輯釋　甘肅教育出版社　1997　p. 356 注 2

張鴻勳　茶酒論　敦煌學大辭典　上海辭書出版社　1998　p. 586

高國藩　敦煌俗文化學　上海三聯書店　1999　p. 291

黃征　《變文字義待質錄》考辨　中古近代漢語研究(第一輯)　上海教育出版社　2000　p. 205　又
　　見:2000 年敦煌學國際學術討論會文集・歷史文化卷(下)　甘肅民族出版社　2003　p. 420

徐俊　敦煌詩集殘卷輯考　中華書局　2000　p. 435

張鴻勳　說唱藝術奇葩:敦煌變文選評　甘肅人民出版社　2000　p. 114

張錫厚　敦煌文學源流　作家出版社　2000　p. 149

黃征　敦煌語言文字學研究　甘肅教育出版社　2002　p. 8、60、309

黃征　敦煌語言文字學研究要論　漢語史學報(第二輯)　上海教育出版社　2002　p. 3

張鴻勳　敦煌俗文學研究　甘肅人民出版社　2002　p. 193

胡素馨　佛教藝術的經濟制度:雜物曆、儲藏室和畫行　寺院財富與世俗供養　上海書畫出版社
　　2003　p. 289 注 26

王昆吾　從敦煌學到域外漢文學　商務印書館　2003　p. 26

P. 2973

王重民　敦煌古籍叙錄　中華書局　1979　p. 82

雷僑雲　敦煌兒童文學　(臺北)學生書局　1985　p. 159

王重民　巴黎敦煌殘卷叙錄(第二輯)　敦煌叢刊初集(九)　(臺北)新文豐出版公司　1985　p. 217

王重民原編　黃永武新編　敦煌古籍叙錄新編(第五、八、十六冊)　(臺北)新文豐出版公司　1986

p. 102；234；283

高國藩　敦煌民俗學　上海文藝出版社　1989　p. 296

黃盛璋　敦煌于闐文書與漢文書中關於甘州回鶻史實異同及回鶻進佔甘州的年代問題　《西北史地》1989 年第 1 期　p. 3

張錫厚　敦煌詩歌考論　《敦煌學輯刊》1989 年第 2 期　p. 31

高國藩　敦煌古俗與民俗流變　河海大學出版社　1990　p. 406

尾崎康　史籍　敦煌漢文文獻（講座敦煌 5）　（東京）大東出版社　1992　p. 307

周紹良　敦煌文學芻議及其它　（臺北）新文豐出版公司　1992　p. 28

高國藩　敦煌民俗資料導論　（臺北）新文豐出版公司　1993　p. 176

高田時雄　評：池田溫編『敦煌漢文文獻』（講座敦煌 5）『東洋史研究』（52 卷 1 號）　（東京）東洋史研究會　1993　p. 123

項楚　敦煌詩歌導論　（臺北）新文豐出版公司　1993　p. 65

胡戟　傅玫　敦煌史話　中華書局　1995　p. 143

黃盛璋　敦煌漢文與于闐文書中之龍家及其相關問題　全國敦煌學研討會論文集　（臺北）中正大學中國文學系所　1995　p. 75　又見：《西域研究》1996 年第 1 期　p. 38

鄧文寬　敦煌天文曆法文獻輯校　江蘇古籍出版社　1996　p. 331

白化文　漢書　敦煌學大辭典　上海辭書出版社　1998　p. 775

柴劍虹　詠月詩　敦煌學大辭典　上海辭書出版社　1998　p. 568

鄧文寬　光化三年庚申歲具注曆日　敦煌學大辭典　上海辭書出版社　1998　p. 607

鄧文寬　日遊　敦煌學大辭典　上海辭書出版社　1998　p. 612

孫其芳　大漠遺歌：敦煌詩歌選評　甘肅人民出版社　2000　p. 209

徐俊　敦煌詩集殘卷輯考　中華書局　2000　p. 180

張錫厚　敦煌文學源流　作家出版社　2000　p. 86

馬繼興　當前世界各地收藏的中國出土卷子本古醫藥文獻備考　敦煌吐魯番研究（第六卷）　北京大學出版社　2002　p. 149

許建平　殘卷定名正補　2000 年敦煌學國際學術討論會文集・歷史文化卷（上）　甘肅民族出版社　2003　p. 302

李索　敦煌寫卷《春秋經傳集解》校證　中國社會科學出版社　2005　p. 226

余欣　唐宋時代敦煌的鎮宅術　敦煌吐魯番研究（第九卷）　中華書局　2006　p. 362

P. 2974

山口瑞鳳　吐蕃の敦煌支配期間　敦煌の歷史（講座敦煌 2）　（東京）大東出版社　1980　p. 222

嚴紹璗　狩野直喜和中國俗文學的研究　學林漫錄（七集）　中華書局　1983　p. 152 注 6

山口瑞鳳著　樸寬哲譯　吐蕃在敦煌統治形態的變遷　《甘肅民族研究》1985 年第 1 期　p. 93

閆文儒　敦煌兩個陷蕃人殘詩集校釋　向達先生紀念論文集　新疆人民出版社　1986　p. 218

謝和耐著　耿昇譯　中國 5—10 世紀的寺院經濟　甘肅人民出版社　1987　p. 237 注 1　又見：上海古籍出版社　2004　p. 195 注 1

唐耕耦　關於敦煌寺院水磑研究中的幾個問題　《文獻》1988 年第 1 期　p. 178

唐耕耦　陸宏基　敦煌社會經濟文獻真迹釋錄（三）　全國圖書館文獻縮微複製中心　1990　p. 335

高田時雄　レニングラードにあるチベット文字轉寫法華經普門品（續）　內陸アジア言語の研究 VII　（神戶）外國語大學外國學研究所　1991　p. 22

馬德　KHROM 詞義考　《中國藏學》1992 年第 2 期　p. 100

周紹良　敦煌文學芻議及其它　（臺北）新文豐出版公司　1992　p. 15

鄭炳林　《索崇恩和尚修功德記》考釋　《敦煌研究》1993 年第 2 期　p. 59

黃征　吳偉　敦煌願文集　岳麓書社　1995　p. 679

汪泛舟　論敦煌文明的多民族貢獻　《敦煌研究》1995 年第 2 期　p. 187

郝春文　唐後期五代宋初沙州僧尼的宗教收入（三）：大衆倉試探　《敦煌學輯刊》1996 年第 2 期
　　p. 2

唐耕耦　敦煌寺院會計文書研究　（臺北）新文豐出版公司　1997　p. 41

鄭炳林　敦煌碑銘讚輯釋　甘肅教育出版社　1997　p. 190 注 12

郝春文　唐後期五代宋初敦煌僧尼的社會生活　中國社會科學出版社　1998　p. 323

唐耕耦　入破曆算會牒　敦煌學大辭典　上海辭書出版社　1998　p. 647

楊富學　李吉和　敦煌漢文吐蕃史料輯校（第一輯）　甘肅人民出版社　1999　p. 269

高啓安　唐五代至宋敦煌的量器及量制　《敦煌學輯刊》1999 年第 1 期　p. 65

姜亮夫　敦煌莫高窟年表　姜亮夫全集（十一）　雲南人民出版社　2002　p. 449

陳明　沙門黃散：唐代佛教醫事與社會生活　唐代宗教信仰與社會　上海辭書出版社　2003　p. 281

高啓安　唐五代敦煌飲食文化研究　民族出版社　2004　p. 25

P. 2975

那波利貞　佛教信仰に基きて組織せられたる中晚唐五代時代の社邑に就きて（下）『史林』（24
　　卷 4 號）　京都大學文學部史學研究會　1939　p. 81　又見：唐代社會文化史研究・第六編
　　（東京）創文社　1974　p. 637

那波利貞　千佛岩莫高窟と敦煌文書　西域文化研究（第二）・敦煌吐魯番社會經濟資料（上）　（京
　　都）法藏館　1959　p. 51

那波利貞　唐代の社邑に就きて（1938 年）　唐代社會文化史研究・第五編　（東京）創文社　1974
　　p. 482、556

唐耕耦　陸宏基　敦煌社會經濟文獻真迹釋録（一）　書目文獻出版社　1986　p. 346

謝和耐著　耿昇譯　中國 5—10 世紀的寺院經濟　甘肅人民出版社　1987　p. 325 注 1

山本達郎等　敦煌・III 轉貼　『NUN－HUANG AND TURFAN DOCUMENTS CONCERNING SOCIAL
　　AND ECONOMIC HISTORY』（IV）　（東京）東洋文庫　1989　p. 58

暨遠志　敦煌寫本《茶酒論》研究之一　敦煌學國際學術討論會論文縮寫文（1990）　敦煌研究院
　　1990　p. 93

姜伯勤　敦煌社會文書導論　（臺北）新文豐出版公司　1992　p. 242

石田勇作　敦煌「社文書」研究序說　中國古代的國家と民衆（堀敏一先生古稀記念）　（東京）汲古
　　書院　1995　p. 684

王書慶　敦煌佛學・佛事篇　甘肅民族出版社　1995　p. 104

寧可　郝春文　敦煌社邑文書輯校　江蘇古籍出版社　1997　p. 218

梅維恒著　楊繼東　陳引馳譯　唐代變文（下）　（香港）中國佛教文化出版公司　1999　p. 168

湛如　評《敦煌禮懺文研究》　敦煌吐魯番研究（第四卷）　北京大學出版社　1999　p. 620

達照　《金剛經》相關的懺法初探　法源（第 18 期）　中國佛學院　2000　p. 215

達照　金剛五禮　藏外佛教文獻（第七輯）　宗教文化出版社　2000　p. 55

山本達郎等　補（III）契・敦煌發現契　『NUN－HUANG AND TURFAN DOCUMENTS CONCERNING
　　SOCIAL AND ECONOMIC HISTORY』（Sup. p. lemrnts）　（東京）東洋文庫　2001　p. 59

P. 2976

左補闕　《敦煌遺書總目索引》簡評　文史（第一輯）　中華書局　1962　p. 86

三木榮　西域出土醫藥關係文獻綜合解說目錄　『東洋學報』（47 卷 1 號）　（東京）東洋學術協會　1964　p. 15

金岡照光　敦煌漢文文學文獻の文學形態上の種類とその分類　敦煌出土文學文獻分類目錄・附解說　（東京）東洋文庫　1971　p. 218

金岡照光　敦煌文學のさまざま　敦煌の文學　（東京）大藏出版株式會社　1971　p. 127、163

楊家駱　敦煌變文　（臺北）世界書局　1980　p. 278

蘇瑩輝　敦煌學概要　（臺北）編譯館“中華叢書編委會”　1981　p. 73

周丕顯　敦煌科技書卷叢談　《敦煌學輯刊》1981 年第 2 期　p. 56

蘇瑩輝　“敦煌曲”評介　敦煌論集續編　（臺北）學生書局　1983　p. 311

潘重規　敦煌變文集新書（下）　（臺北）“中國文化大學”中文研究所　1984　p. 1184

王重民　下女“夫”詞　敦煌變文集　人民文學出版社　1984　p. 278

張錫厚　略論敦煌賦集及其選錄標準　《敦煌學輯刊》1986 年第 1 期　p. 19

李正宇　晚唐敦煌本《釋迦因緣劇本》試探　《敦煌研究》1987 年第 1 期　p. 66

李正宇　《下女夫詞》研究　《敦煌研究》1987 年第 2 期　p. 45

任半塘　敦煌歌辭總編　上海古籍出版社　1987　p. 1566、1784

蘇瑩輝　國際敦煌學研究近貌　敦煌文史藝術論叢　（臺北）新文豐出版公司　1987　p. 186

顏廷亮　關於敦煌遺書中的甘肅文學作品　1983 年全國敦煌學術討論會文集・文史遺書編（下）　甘肅人民出版社　1987　p. 227

張鴻勳　敦煌寫本《下女夫詞》新探　1983 年全國敦煌學術討論會文集・文史遺書編（下）　甘肅人民出版社　1987　p. 163

張錫厚　關於《敦煌賦集》整理的幾個問題　《敦煌學輯刊》1987 年第 1 期　p. 46　又見：敦煌語言文學論文集　浙江古籍出版社　1988　p. 225、232

馬繼興　敦煌古醫籍考釋　江西科學技術出版社　1988　p. 8

楊寶玉　《敦煌變文集》未入校的兩個《下女夫詞》殘卷校錄　敦煌語言文學研究　北京大學出版社　1988　p. 270

張金泉　變文詞義釋例初探　敦煌語言文學論文集　浙江古籍出版社　1988　p. 305

張錫厚　伯 2488、伯 5037 敦煌賦卷初考　敦煌語言文學研究　北京大學出版社　1988　p. 204

黃永武　施淑婷　敦煌的唐詩續編　（臺北）文史哲出版社　1989　p. 20

劉瑞明　詞文　敦煌文學　甘肅人民出版社　1989　p. 307

張錫厚　賦　敦煌文學　甘肅人民出版社　1989　p. 134

張錫厚　詩歌　敦煌文學　甘肅人民出版社　1989　p. 182 注 11

周紹良　白化文　李鼎霞　敦煌變文集補編　北京大學出版社　1989　p. 118

郭在貽　張涌泉　黃征　敦煌變文集校議　岳麓書社　1990　p. 40

周純一　敦煌古劇質疑　第二屆敦煌學國際研討會論文集　（臺北）漢學研究中心　1990　p. 460

杜愛英　敦煌遺書中俗體字的諸種類型　《敦煌研究》1992 年第 3 期　p. 120

姜伯勤　敦煌社會文書導論　（臺北）新文豐出版公司　1992　p. 18

金岡照光　散文體類　敦煌の文學文獻（講座敦煌 9）　（東京）大東出版社　1992　p. 177

饒宗頤　敦煌舞譜論文集序　《舞蹈藝術》1992 年第 2 期　p. 111

任光偉　敦煌石室古劇鈎沈　西域戲劇與戲劇的發生　新疆人民出版社　1992　p. 77

楊聯陞　書評：饒宗頤、戴密微合著《敦煌曲》　楊聯陞論文集　中國社會科學出版社　1992　p. 243

張涌泉　《敦煌歌辭總編》校議　《語言研究》1992 年第 1 期　p. 60

周紹良　敦煌文學芻議及其它　（臺北）新文豐出版公司　1992　p. 20

伏俊璉　敦煌賦校補（三）　《江西師範大學學報》1993 年第 26 卷第 4 期　p. 113

高國藩　敦煌民俗資料導論　（臺北）新文豐出版公司　1993　p. 58

榮新江　英倫所見三種敦煌俗文學作品跋　（香港）《九州學刊》（敦煌學專輯）1993 年第 5 卷第 4 期
　　p. 133 注 4

譚蟬雪　敦煌婚姻文化　甘肅人民出版社　1993　p. 40、56

張鴻勳　敦煌話本詞文俗賦導論　（臺北）新文豐出版公司　1993　p. 164

張錫厚　敦煌文學概論　甘肅人民出版社　1993　p. 394

伏俊璉　敦煌賦校注　甘肅人民出版社　1994　p. 1

蔣禮鴻　敦煌文獻語言詞典　杭州大學出版社　1994　p. 31、54、138、359、391

王進玉　敦煌石窟探秘　四川教育出版社　1994　p. 92

胡戟　傅玫　敦煌史話　中華書局　1995　p. 168、173、180

黃征　吳偉　敦煌願文集　岳麓書社　1995　p. 398

劉進寶　敦煌學論述　（臺北）洪葉文化事業有限公司　1995　p. 291

張錫厚　敦煌本唐集研究　（臺北）新文豐出版公司　1995　p. 188、414

王昆吾　隋唐五代燕樂雜言歌辭研究　中華書局　1996　p. 421

徐俊　評《敦煌本唐集研究》唐研究（第二卷）　北京大學出版社　1996　p. 484

張錫厚　敦煌本《高適詩集》考述　《敦煌研究》1996 年第 1 期　p. 84

張錫厚　敦煌賦彙　（臺北）新文豐出版公司　1996　p. 225

張錫厚　評《敦煌賦校注》　敦煌吐魯番研究（第一卷）　北京大學出版社　1996　p. 421

張錫厚　探幽發微　佚篇薈萃：讀《敦煌賦校注》　《西北師大學報》（社會科學版）1996 年第 2 期
　　p. 73

張涌泉　敦煌俗字研究導論　（臺北）新文豐出版公司　1996　p. 73

高啓安　敦煌五更詞與甘肅五更詞比較研究　《敦煌研究》1997 年第 3 期　p. 115、121

黃征　敦煌俗語詞輯釋　敦煌語文叢說　（臺北）新文豐出版公司　1997　p. 63

黃征　敦煌願文考論　敦煌語文叢說　（臺北）新文豐出版公司　1997　p. 580

黃征　曾良　洪玉雙　敦煌願文研究　敦煌文學論集　四川人民出版社　1997　p. 380

黃征　張涌泉　敦煌變文校注　中華書局　1997　p. 33、78、135、385

劉子瑜　敦煌變文和王梵志詩　大象出版社　1997　p. 77

柴劍虹　高興歌　敦煌學大辭典　上海辭書出版社　1998　p. 552

伏俊璉　《駕幸溫泉賦》補正　敦煌吐魯番研究（第三卷）　北京大學出版社　1998　p. 57

馬德　咒願　敦煌學大辭典　上海辭書出版社　1998　p. 440

馬繼興　敦煌醫藥文獻　敦煌學大辭典　上海辭書出版社　1998　p. 615

張鴻勳　下女夫詞　敦煌學大辭典　上海辭書出版社　1998　p. 582

張錫厚　駕行溫湯賦　敦煌學大辭典　上海辭書出版社　1998　p. 588

高國藩　敦煌俗文化學　上海三聯書店　1999　p. 15

伏俊璉　俗情雅韻：敦煌賦選析　甘肅人民出版社　2000　p. 22

徐俊　敦煌詩集殘卷輯考　中華書局　2000　p. 92、183、267、394

張錫厚　敦煌文學源流　作家出版社　2000　p. 67、199、211、551

黃征　敦煌願文考辯　敦煌文獻論集：紀念藏經洞發現一百周年國際學術研討會論文集　遼寧人民
　　出版社　2001　p. 553

陶敏　李一飛　隋唐五代文學史料學　中華書局　2001　p. 354
曾良　敦煌文獻字義通釋　廈門大學出版社　2001　p. 201
姜亮夫　敦煌莫高窟年表　姜亮夫全集（十一）　雲南人民出版社　2002　p. 319
馬繼興　當前世界各地收藏的中國出土卷子本古醫藥文獻備考　敦煌吐魯番研究（第六卷）　北京大學出版社　2002　p. 149
林仁昱　論敦煌佛教歌曲向通俗傳播的內容　中國俗文化研究（第一輯）　巴蜀書社　2003　p. 196
王小盾　從敦煌本共住修道故事看唐代佛教詩歌文體的來源　中國俗文化研究（第一輯）　巴蜀書社　2003　p. 27
趙紅　《駕幸溫泉賦校注》補校　《敦煌研究》2003 年第 4 期　p. 92
高啓安　唐五代敦煌飲食文化研究　民族出版社　2004　p. 278
劉安志　吐魯番出土《駕幸溫泉賦》殘卷考釋　《吐魯番學研究》2004 年第 1 期　p. 67

P. 2977

田中良昭　敦煌禪宗文獻の研究　（東京）大東出版社　1983　p. 116
鄭炳林　敦煌地理文書彙輯校注　甘肅教育出版社　1989　p. 263
杜斗城　敦煌五臺山文獻校錄研究　山西人民出版社　1991　p. 220
竇俠父　敦煌學發凡　新疆大學出版社　1992　p. 41
李并成　敦煌遺書中地理書卷的學術價值　《地理研究》1992 年第 3 期　p. 43
李并成　一批珍貴的古代地理文書：敦煌遺書中的地理書卷　《中國科技史料》1992 年第 13 卷第 4 期　p. 93
鄭炳林　敦煌碑銘讚輯釋　甘肅教育出版社　1997　p. 419 注 9
黃征　程惠新　劫塵遺珠：敦煌遺書　甘肅教育出版社　1999　p. 185
徐俊　敦煌詩集殘卷輯考　中華書局　2000　p. 492、499
榮新江　敦煌學十八講　北京大學出版社　2001　p. 272
黎薔　五臺山佛教樂舞戲曲文化鉤沈　《敦煌研究》2002 年第 2 期　p. 88
榮新江　敦煌地理文獻的價值與研究　敦煌學新論　甘肅教育出版社　2002　p. 256
董志翹　敦煌寫本《諸山聖迹志》校理　《敦煌研究》2003 年第 3 期　p. 69

P. 2978

潘重規　巴黎倫敦所藏敦煌詩經卷子題記　（香港）《新亞書院學術年刊》1969 年第 11 期　又見：中國敦煌學百年文庫·文獻卷（二）　甘肅文化出版社　1999　p. 387
潘重規　敦煌詩經卷子研究　（臺北）《華岡學報》1970 年第 6 期　又見：中國敦煌學百年文庫·文獻卷（二）　甘肅文化出版社　1999　p. 432
黃瑞雲　敦煌古寫本《詩經》校釋劄記（三）　《敦煌研究》1987 年第 1 期　p. 83
姜亮夫　敦煌本毛詩傳箋校錄　敦煌學論文集　上海古籍出版社　1987　p. 57、94　又見：姜亮夫全集（十三）　雲南人民出版社　2002　p. 48
劉操南　敦煌本毛詩傳箋校錄疏證　《敦煌研究》1990 年第 1 期　p. 102
石塚晴通　敦煌の加點本　敦煌漢文文獻（講座敦煌 5）　（東京）大東出版社　1992　p. 253
土田健次郎　儒教典籍　敦煌漢文文獻（講座敦煌 5）　（東京）大東出版社　1992　p. 268
白化文　詩經　敦煌學大辭典　上海辭書出版社　1998　p. 773
姜亮夫　敦煌：偉大的文化寶藏　雲南人民出版社　1999　p. 97
黃正建　敦煌占卜文書與唐五代占卜研究　學苑出版社　2001　p. 140

許建平　殘卷定名正補　2000年敦煌學國際學術討論會文集・歷史文化卷(上)　甘肅民族出版社　2003　p. 302

伏俊璉　敦煌《詩經》殘卷的文獻價值　《敦煌研究》2004年第4期　p. 41

張弓　敦煌四部籍與中古後期社會的文化情境　敦煌學(第25輯)　(臺北)樂學書局有限公司　2004　p. 313

石塚晴通　敦煌的加點本　敦煌學・日本學:石塚晴通教授退職紀念論文集　上海辭書出版社　2005　p. 17

P. 2979

池田溫　中國古代籍帳研究:概觀・録文　東京大學東洋文化研究所　1979　p. 270

菊池英夫　唐代敦煌社會の外貌　敦煌の社會(講座敦煌3)　(東京)大東出版社　1980　p. 117

薄小瑩　馬小紅　唐開元廿四年岐州郿縣縣尉判集(敦煌文書伯二九七九號)研究:兼論唐代勾征制　敦煌吐魯番文獻研究論集　中華書局　1982　p. 615、620 注1

董作賓　敦煌紀年　敦煌學文選(上)　蘭州大學歷史系敦煌學研究室等　1983　p. 24

王永興　試論勾官:唐代官制研究之一　敦煌吐魯番文獻研究論集(第二輯)　北京大學出版社　1983　p. 314

劉復　敦煌掇瑣　敦煌叢刊初集(十五)　(臺北)新文豐出版公司　1985　p. 301

唐長孺　敦煌所出郿縣尉判集中所見的唐代防丁　山居存稿　中華書局　1989　p. 399 注1

張廣達　論唐代的吏　《北京大學學報》1989年第2期　p. 7

李錦繡　唐開元二十二年秋季沙州會計歷考釋　敦煌吐魯番學研究論文集　漢語大詞典出版社　1990　p. 921

唐耕耦　陸宏基　敦煌社會經濟文獻真迹釋録(二)　全國圖書館文獻縮微複製中心　1990　p. 616

王永興　唐勾檢制研究　上海古籍出版社　1991　p. 77

姜伯勤　敦煌社會文書導論　(臺北)新文豐出版公司　1992　p. 122

林家平　寧強　羅華慶　中國敦煌學史　北京語言學院出版社　1992　p. 18

王永興　讀吐魯番出土唐代軍事文書劄記　紀念李埏教授從事學術活動五十周年史學論文集　雲南大學出版社　1992　p. 262

王震亞　趙熒　敦煌殘卷爭訟文牒集釋　甘肅人民出版社　1993　p. 178

胡戟　傅玫　敦煌史話　中華書局　1995　p. 157

李錦繡　唐代財政史稿・上卷(第一、二分冊)　北京大學出版社　1995　p. 107、、119、251;498、513

胡如雷　隋唐五代社會經濟史論稿　中國社會科學出版社　1996　p. 1

堀敏一　中國古代の家と集落　(東京)汲古書院　1996　p. 451

宋家鈺　地稅　敦煌學大辭典　上海辭書出版社　1998　p. 412

宋家鈺　防人　敦煌學大辭典　上海辭書出版社　1998　p. 405

唐耕耦　開元二十四年九月歧州郿縣尉□勳牒狀判集　敦煌學大辭典　上海辭書出版社　1998　p. 368

陳永勝　敦煌法制文書研究回顧與展望　《敦煌研究》2000年第2期　p. 103

陳永勝　敦煌吐魯番法制文書研究　甘肅人民出版社　2000　p. 2、11

李方　唐西州行政體制考論　黑龍江教育出版社　2000　p. 62

李方　唐前期地方長官與判官在公文運作中的作用及相關問題　唐研究(第七卷)　北京大學出版社　2001　p. 348

李方　西州諸縣及敦煌縣縣屬機構"司"(曹)探討　敦煌文獻論集:紀念藏經洞發現一百周年國際學

術研討會論文集　遼寧人民出版社　2001　p. 162

姜亮夫　敦煌莫高窟年表　姜亮夫全集(十一)　雲南人民出版社　2002　p. 311

池田溫　敦煌遺文　敦煌文書の世界　(東京)名著刊行會　2003　p. 39

胡素馨　佛教藝術的經濟制度:雜物曆、儲藏室和畫行　寺院財富與世俗供養　上海書畫出版社　2003　p. 289 注 26

劉進寶　關於歸義軍時期稅草的兩個問題　2000 年敦煌學國際學術討論會文集・歷史文化卷(上)　甘肅民族出版社　2003　p. 164

潘春輝　P. 2979《唐開元二十四年岐州郿縣縣尉牒判集》研究　《敦煌研究》2003 年第 5 期　p. 77

王啓濤　中古及近代法制文書語言研究　巴蜀書社　2003　p. 219

黃建寧　《雙恩記》補校　《敦煌研究》2004 年第 6 期　p. 90

P. 2980

陳鐵凡　敦煌本尚書述略　(臺北)《大陸雜誌》1961 年第 8 期　又見:中國敦煌學百年文庫・文獻卷(一)　甘肅文化出版社　1999　p. 442

陳鐵凡　敦煌本尚書十四殘卷綴合記　(新加坡)《新社學報》1969 年第 3 期　又見:中國敦煌學百年文庫・文獻卷(二)　甘肅文化出版社　1999　p. 412

王重民　敦煌本尚書六跋　《青海民族學院學報》1979 年第 4 卷　又見:中國敦煌學百年文庫・文獻卷(二)　甘肅文化出版社　1999　p. 556

王重民　敦煌古籍叙錄　中華書局　1979　p. 20

王堯　陳踐　敦煌吐蕃文獻選　四川民族出版社　1983　p. 67

王重民　巴黎敦煌殘卷叙錄(第一、二輯)　敦煌叢刊初集(九)　(臺北)新文豐出版公司　1985　p. 110;209

王重民原編　黃永武新編　敦煌古籍叙錄新編(第一冊)　(臺北)新文豐出版公司　1986　p. 329

姜亮夫　敦煌本尚書校錄　敦煌學論文集　上海古籍出版社　1987　p. 152、159、160、236　又見:姜亮夫全集(十三)　雲南人民出版社　2002　p. 132

姜亮夫　敦煌經卷在中國文化學術上的價值　敦煌學論文集　上海古籍出版社　1987　p. 9

姜亮夫　海外敦煌卷子經眼錄　敦煌學論文集　上海古籍出版社　1987　p. 36　又見:姜亮夫全集(十三)　雲南人民出版社　2002　p. 34

孫啓治　唐寫本俗別字變化類型舉例　敦煌吐魯番文獻研究論集(第五輯)　北京大學出版社　1990　p. 126、128、130

土田健次郎　儒教典籍　敦煌漢文文獻(講座敦煌 5)　(東京)大東出版社　1992　p. 268

吳其昱著　伊藤美重子譯　敦煌漢文寫本概觀　敦煌漢文文獻(講座敦煌 5)　(東京)大東出版社　1992　p. 96

王三慶　敦煌本《勵忠節抄》研究　(香港)《九州學刊》(敦煌學專輯)1992 年第 4 卷第 4 期　p. 87

王三慶著　池田溫譯　類書　敦煌漢文文獻(講座敦煌 5)　(東京)大東出版社　1992　p. 368

汪泛舟　論敦煌文明的多民族貢獻　《敦煌研究》1995 年第 2 期　p. 191

王堯　吐蕃時期藏譯漢籍名著及故事　中國古籍研究(第一卷)　上海古籍出版社　1996　p. 539

陳公柔　評介《尚書文字合編》　燕京學報(新第 4 期)　北京大學出版社　1998　p. 294

姜亮夫　敦煌:偉大的文化寶藏　雲南人民出版社　1999　p. 100

何華珍　金春梅　敦煌本《勵忠節抄》王校補正　中古近代漢語研究(第一輯)　上海教育出版社　2000　p. 281

顏廷亮　敦煌文化　光明日報出版社　2000　p. 201

林聰明　敦煌吐魯番文書解詁指例　（臺北）新文豐出版公司　2001　p. 220

許建平　敦煌本《尚書》叙錄　敦煌文獻論集：紀念藏經洞發現一百周年國際學術研討會論文集　遼寧人民出版社　2001　p. 388

姜亮夫　敦煌莫高窟年表　姜亮夫全集（十一）　雲南人民出版社　2002　p. 161

林仁昱　論敦煌佛教歌曲特質與"弘法"的關係　敦煌學（第23輯）　（臺北）樂學書局有限公司　2002　p. 71

徐俊　敦煌先唐詩考　2000年敦煌學國際學術討論會文集・歷史文化卷（下）　甘肅民族出版社　2003　p. 303

許建平　《俄藏敦煌文獻》儒家經典類寫本的定名與綴合　漢語史學報專輯（第三輯）　上海教育出版社　2003　p. 304

張涌泉　試論敦煌寫本類書的校勘價值：以《勵忠節抄》爲例　《敦煌研究》2003年第2期　p. 69

屈直敏　《敦煌類書・勵忠節抄》校注商補（續）　《敦煌學輯刊》2004年第1期　p. 26

屈直敏　敦煌寫本類書《勵忠節抄》引《史記》異文考證　《敦煌學輯刊》2004年第2期　p. 6 注2

許建平　敦煌出土《尚書》寫卷研究的過去與未來　敦煌吐魯番研究（第七卷）　北京大學出版社　2004　p. 226

中村威也　ДХ10698『尚書費誓』とДХ10698v「史書」について　『西北出土文獻研究』（創刊號）　（新潟）西北出土文獻研究會　2004　p. 42

屈直敏　從《勵忠節抄》看歸義軍政權道德秩序的重建　《敦煌學輯刊》2005年第3期　p. 78

屈直敏　敦煌本類書《勵忠節抄》寫卷研究　敦煌學國際研討會論文集　北京圖書館出版社　2005　p. 92

屈直敏　從敦煌寫本類書《勵忠節抄》看唐代的知識、道德與政治秩序　《蘭州大學學報》2006年第2期　p. 23

P. 2981

高國藩　敦煌寫本《太公家教》初探　《敦煌學輯刊》1984年第1期　p. 64

王重民　跋太公家教　敦煌遺書論文集　中華書局　1984　p. 136

雷僑雲　敦煌兒童文學　（臺北）學生書局　1985　p. 82 注5

饒宗頤　敦煌書法叢刊（第八卷）・經史（六）　（東京）二玄社　1986　p. 76

周鳳五　敦煌寫本太公家教研究　（臺北）明文書局　1986　p. 155

姜亮夫　海外敦煌卷子經眼錄　敦煌學論文集　上海古籍出版社　1987　p. 32　又見：姜亮夫全集（十三）　雲南人民出版社　2002　p. 27

鄭阿財　敦煌蒙書析論　第二屆敦煌學國際研討會論文集　（臺北）漢學研究中心　1990　p. 226

土田健次郎　儒教典籍　敦煌漢文文獻（講座敦煌5）　（東京）大東出版社　1992　p. 268

鄭阿財　敦煌文獻與文學　（臺北）新文豐出版公司　1993　p. 260

黃征　張涌泉　敦煌變文校注　中華書局　1997　p. 237

白化文　春秋經傳集解　敦煌學大辭典　上海辭書出版社　1998　p. 774

姜亮夫　敦煌：偉大的文化寶藏　雲南人民出版社　1999　p. 103

汪泛舟　敦煌古代兒童課本　甘肅人民出版社　2000　p. 222

姜亮夫　敦煌莫高窟年表　姜亮夫全集（十一）　雲南人民出版社　2002　p. 272

鄭阿財　朱鳳玉　敦煌蒙書研究　甘肅教育出版社　2002　p. 378

李索　敦煌寫卷《春秋經傳集解》校證　中國社會科學出版社　2005　p. 370

P. 2982

陳祚龍　簡記敦煌古抄方志　敦煌文物隨筆　（臺北）商務印書館　1979　p. 61

菊池英夫　唐代敦煌社會の外貌　敦煌の社會（講座敦煌3）　（東京）大東出版社　1980　p. 106

陳祚龍　《簡記敦煌古抄方志》及其"後語"　敦煌學要籥　（臺北）新文豐出版公司　1982　p. 230

賀世哲　孫修身　瓜沙曹氏與敦煌莫高窟　敦煌研究文集　甘肅人民出版社　1982　p. 251

董作賓　敦煌紀年　敦煌學文選（上）　蘭州大學歷史系敦煌學研究室等　1983　p. 34

賀世哲　孫修身　《瓜沙曹氏年表補正》之補正　敦煌學文選（上）　蘭州大學歷史系敦煌學研究室
　　　等　1983　p. 163 注 28

姜亮夫　瓜沙曹氏年表補正　敦煌學文選（上）　蘭州大學歷史系敦煌學研究室等　1983　p. 130
　　　又見：敦煌學論文集　上海古籍出版社　1987　p. 936；姜亮夫全集（十四）　雲南人民出版社
　　　2002　p. 357

蘇瑩輝　瓜沙史事叢考　（臺北）商務印書館　1983　p. 112

劉復　敦煌掇瑣　敦煌叢刊初集（十五）　（臺北）新文豐出版公司　1985　p. 363

饒宗頤　敦煌書法叢刊（第十五卷）·牒狀（二）　（東京）二玄社　1985　p. 86

賀世哲　從供養人題記看莫高窟部分洞窟的營建年代　敦煌莫高窟供養人題記　文物出版社　1986
　　　p. 227

姜伯勤　唐五代敦煌寺戶制度　中華書局　1987　p. 144

唐耕耦　陸宏基　敦煌社會經濟文獻真迹釋錄（三）　全國圖書館文獻縮微複製中心　1990　p. 96

姜伯勤　敦煌社會文書導論　（臺北）新文豐出版公司　1992　p. 73

林家平　寧强　羅華慶　中國敦煌學史　北京語言學院出版社　1992　p. 18、508

竺沙雅章　寺院文書　敦煌漢文文獻（講座敦煌5）　（東京）大東出版社　1992　p. 644

高國藩　敦煌民俗資料導論　（臺北）新文豐出版公司　1993　p. 100

馬德　敦煌莫高窟史研究　甘肅教育出版社　1996　p. 139

郝春文　關於唐後期五代宋初沙州僧俗的施捨問題　唐研究（第三卷）　北京大學出版社　1997
　　　p. 26

李并成　古代河西走廊桑蠶絲織業考　《敦煌學輯刊》1997 年第 2 期　p. 64

寧可　郝春文　敦煌社邑文書輯校　江蘇古籍出版社　1997　p. 678

鄭炳林　敦煌碑銘讚輯釋　甘肅教育出版社　1997　p. 60 注 9

郝春文　唐後期五代宋初敦煌僧尼的社會生活　中國社會科學出版社　1998　p. 250

寧可　燃燈社　敦煌學大辭典　上海辭書出版社　1998　p. 428

郝春文　關於唐後期五代宋初沙州僧團的"出唱"活動　首都師範大學史學研究(1)　首都師範大學
　　　出版社　1999　p. 111

馬德　敦煌寫本《營窟稿文範》箋證　1994 年敦煌學國際研討會文集·石窟考古卷　甘肅民族出版
　　　社　2000　p. 216

姜亮夫　敦煌莫高窟年表　姜亮夫全集（十一）　雲南人民出版社　2002　p. 538

馬茜　歸義軍時期敦煌地區庶民佛教的發展　甘肅民族研究論叢　甘肅人民出版社　2002　p. 446

張錫厚　敦煌文概說　2000 年敦煌學國際學術討論會文集·歷史文化卷（下）　甘肅民族出版社
　　　2003　p. 215

陳菊霞　敦煌翟氏郡望和族源新探　《敦煌研究》2004 年第 2 期　p. 66

鄭炳林　徐曉莉　晚唐五代敦煌歸義軍政權的婚姻關係研究　敦煌學（第25輯）　（臺北）樂學書局
　　　有限公司　2004　p. 582

P. 2983

金岡照光　敦煌漢文文學文獻の文學形態上の種類とその分類　敦煌出土文學文獻分類目錄・附解　　說　（東京）東洋文庫　1971　p. 236

金岡照光　敦煌文學のさまざま　敦煌の文學　（東京）大蔵出版株式會社　1971　p. 160

陳祚龍　新考重訂《朝英集》　敦煌資料考屑（上冊）　（臺北）商務印書館　1979　p. 187

土肥義和　莫高窟千佛洞と大寺と蘭若と　敦煌の社會（講座敦煌3）　（東京）大東出版社　1980　　　p. 368

饒宗頤　穆護歌考　選堂集林・史林　（香港）中華書局　1982　p. 509 注 24　又見：饒宗頤史學論　　　著選　上海古籍出版社　1993　p. 441 注 22

馬德　《敦煌二十詠》寫作年代初探　《敦煌研究》1983 年創刊號　p. 179

孫修身　敦煌石窟《臘八燃燈分配窟龕名數》寫作年代考　絲路訪古　甘肅人民出版社　1983　　　p. 213

王重民　劉修業　《補全唐詩》拾遺　敦煌遺書論文集　中華書局　1984　p. 26、51

劉銘恕　敦煌遺書雜記四篇　敦煌學論集　甘肅人民出版社　1985　p. 52

李鼎文　讀佚名《敦煌二十詠》　甘肅文史叢稿　甘肅人民出版社　1986　p. 93

張錫厚　敦煌詩歌考論　《敦煌學輯刊》1989 年第 2 期　p. 11

張錫厚　詩歌　敦煌文學　甘肅人民出版社　1989　p. 157

高國藩　敦煌古俗與民俗流變　河海大學出版社　1990　p. 479

柴劍虹　列寧格勒藏敦煌《長安詞》寫卷分析　西域文史論稿　（臺北）國文天地雜誌社　1991　　　p. 325

周紹良　敦煌文學芻議及其它　（臺北）新文豐出版公司　1992　p. 22

項楚　敦煌詩歌導論　（臺北）新文豐出版公司　1993　p. 268

劉子瑜　敦煌變文和王梵志詩　大象出版社　1997　p. 76

胡大浚　王志鵬　敦煌邊塞詩歌校注　甘肅人民出版社　1999　p. 261

徐俊　敦煌詩集殘卷輯考　中華書局　2000　p. 159

張錫厚　敦煌文學源流　作家出版社　2000　p. 41

P. 2984

川崎ミチコ　修道偈Ⅱ──定格聯章　敦煌仏典と禪（講座敦煌8）　（東京）大東出版社　1980　　　p. 264

鄭阿財　敦煌孝道文學研究　（臺北）石門圖書公司　1982　p. 532

任半塘　敦煌歌辭總編　上海古籍出版社　1987　p. 1429

任半塘　王昆吾　隋唐五代燕樂雜言歌辭集　巴蜀書社　1990　p. 872

上山大峻　敦煌佛教の研究　（京都）法藏館　1990　p. 419

柳田聖山　禪籍解題（一）・敦煌禪籍　俗語言研究（第二期）　（京都）禪文化研究所　1995　p. 146

孫昌武　禪思與詩情　中華書局　1997　p. 330 注 21

張弓　漢唐佛寺文化史　中國社會科學出版社　1997　p. 840

鄭炳林　敦煌碑銘讚輯釋　甘肅教育出版社　1997　p. 527 注 12

柴劍虹　南宗五更轉　敦煌學大辭典　上海辭書出版社　1998　p. 549

張錫厚　敦煌文學源流　作家出版社　2000　p. 331

P. 2985

陳祚龍　瓜沙印録　（臺北）《大陸雜誌》1962 年第 4 期　又見：（臺北）編譯館"中華叢書編委會"
　　　1981　p. 269；中國敦煌學百年文庫・考古卷（一）　甘肅文化出版社　1999　p. 192

陳國燦　敦煌所出諸借契年代考　魏晉南北朝隋唐史資料（第 4 輯）　武漢大學出版社　1982
　　　p. 13

陳祚龍　古代敦煌及其他地區流行之公私印章圖記文字録　敦煌學要籥　（臺北）新文豐出版公司
　　　1982　p. 343

蔣禮鴻　敦煌變文字義通釋　敦煌叢刊初集　（十四）　（臺北）新文豐出版公司　1985　p. 440

榮新江　沙州歸義軍歷任節度使稱號研究　敦煌吐魯番學研究論文集　漢語大詞典出版社　1990
　　　p. 804

唐耕耦　陸宏基　敦煌社會經濟文獻真迹釋録（三、四）　全國圖書館文獻縮微複製中心　1990
　　　p. 568；513

姜伯勤　敦煌社會文書導論　（臺北）新文豐出版公司　1992　p. 135、139、159

譚禪雪　敦煌歲時掇瑣　（香港）《九州學刊》（敦煌學專輯）1993 年第 5 卷第 4 期　p. 89

劉惠琴　從敦煌文書中看沙州紡織業　《敦煌學輯刊》1995 年第 2 期　p. 52

郝春文　評榮新江《英國圖書館藏敦煌漢文非佛教文獻殘卷目録（S. 6981－13624）》　敦煌吐魯番研
　　　究（第一卷）　北京大學出版社　1996　p. 364

雷紹鋒　論曹氏歸義軍時期官府之"牧子"　《敦煌學輯刊》1996 年第 1 期　p. 41

劉進寶　P. 3236 號《壬申年官布籍》時代考　《西北師大學報》（社會科學版）1996 年第 5 期　p. 43

劉進寶　P. 3236 號《壬申年官布籍》研究　慶祝潘石禪先生九秩華誕敦煌學特刊　（臺北）文津出版
　　　社　1996　p. 358

馮培紅　晚唐五代宋初歸義軍武職軍將研究　敦煌歸義軍史專題研究　蘭州大學出版社　1997
　　　p. 110、144

高啓安　唐宋時期敦煌人名探析　《敦煌研究》1997 年第 4 期　p. 123

鄭炳林　敦煌碑銘讚輯釋　甘肅教育出版社　1997　p. 556 注 8

鄭炳林　唐五代敦煌手工業研究　敦煌歸義軍史專題研究　蘭州大學出版社　1997　p. 261

鄭炳林　馮培紅　晚唐五代宋初歸義軍政權中都頭一職考辨　敦煌歸義軍史專題研究　蘭州大學出
　　　版社　1997　p. 85

黃正建　敦煌文書所見唐宋之際敦煌民眾住房面積考略　敦煌吐魯番研究（第三卷）　北京大學出
　　　版社　1998　p. 209

劉安志　唐五代押牙（衙）考略　魏晉南北朝隋唐史資料（第 16 輯）　武漢大學出版社　1998　p. 69

沙知　敦煌契約文書輯校　江蘇古籍出版社　1998　p. 446

沙知　右衙都知兵馬使　敦煌學大辭典　上海辭書出版社　1998　p. 292

譚蟬雪　敦煌歲時文化導論　（臺北）新文豐出版公司　1998　p. 78

楊富學　李吉和　敦煌漢文吐蕃史料輯校（第一輯）　甘肅人民出版社　1999　p. 245

池田溫　李盛鐸舊藏敦煌歸義軍後期社會經濟文書簡介　慶祝吳其昱先生八秩華誕敦煌學特刊
　　　（臺北）文津出版社　2000　p. 50

雷紹鋒　歸義軍賦役制度初探　（臺北）洪葉文化事業有限公司　2000　p. 181

劉進寶　敦煌文書與唐史研究　（臺北）新文豐出版公司　2000　p. 229

陸離　俄法所藏敦煌文獻中一件歸義軍時期土地糾紛案卷殘卷淺識　《敦煌學輯刊》2000 年第 2 期
　　　p. 61

乜小紅　唐五代敦煌牧羊業述論　《敦煌研究》2001 年第 1 期　p. 136

山本達郎等　補（Ⅲ）契・敦煌發現契　『NUN－HUANG AND TURFAN DOCUMENTS CONCERNING SOCIAL AND ECONOMIC HISTORY』（Sup. p. lemrnts）　（東京）東洋文庫　2001　p. 60

譚蟬雪　唐宋敦煌歲時佛俗　《敦煌研究》2001 年第 1 期　p. 94

陳國燦　敦煌學史事新證　甘肅教育出版社　2002　p. 337

姜亮夫　敦煌莫高窟年表　姜亮夫全集（十一）　雲南人民出版社　2002　p. 556

榮新江　唐五代歸義軍武職軍將考　敦煌學新論　甘肅教育出版社　2002　p. 60

森安孝夫著　梁曉鵬摘譯　河西歸義軍節度使官印及其編年　《敦煌學輯刊》2003 年第 1 期　p. 143

盛會蓮　從敦煌吐魯番文書看隋至宋初的宅舍交易　中國中古史論集　天津古籍出版社　2003　p. 76

高啓安　唐五代敦煌飲食文化研究　民族出版社　2004　p. 188

P. 2986

王堯　陳踐　敦煌吐蕃文獻選　四川民族出版社　1983　p. 206

彭海　敦煌寫本《古文尚書》與漢代孔府壁本《尚書》淵源辨析　《敦煌研究》2003 年第 2 期　p. 49

P. 2987

陳祚龍　敦煌古抄中世詩歌一續　敦煌學海探珠（上冊）　（臺北）商務印書館　1979　p. 188

劉復　敦煌掇瑣　敦煌叢刊初集（十五）　（臺北）新文豐出版公司　1985　p. 425

方廣錩　讀敦煌佛典經錄劄記　《敦煌學輯刊》1986 年第 1 期　p. 108

方廣錩　佛教大藏經史（八—十世紀）　中國社會科學出版社　1991　p. 198、247

林家平　寧强　羅華慶　中國敦煌學史　北京語言學院出版社　1992　p. 19

張錫厚　敦煌釋氏詩歌創作論　慶祝潘石禪先生九秩華誕敦煌學特刊　（臺北）文津出版社　1996　p. 206

方廣錩　敦煌佛教經錄輯校　江蘇古籍出版社　1997　p. 280

鄭炳林　敦煌碑銘讚輯釋　甘肅教育出版社　1997　p. 552 注 4

方廣錩　敦煌遺書中所存的全國性佛教經錄　敦煌學佛教學論叢（上）　中國佛教文化研究所　1998　p. 311

方廣錩　西天大小乘經律論並在唐都數目錄　敦煌學大辭典　上海辭書出版社　1998　p. 747

徐俊　敦煌詩集殘卷輯考　中華書局　2000　p. 786

李正宇　唐宋時期敦煌佛經性質功能的變化　戒幢佛學（第二卷）　岳麓書社　2002　p. 17　又見：中日敦煌佛教學術會議論文集　中國社會科學院研究所　2002　p. 15

P. 2988

森安孝夫　ウイグル語文獻　敦煌胡語文獻（講座敦煌 6）　（東京）大東出版社　1985　p. 22

耿昇　敦煌回鶻文寫本的概況　《敦煌研究》1988 年第 1 期　p. 103

黃盛璋　敦煌于闐文書中河西部族考證　《敦煌學輯刊》1990 年第 1 期　p. 67

李經緯　敦煌回鶻文遺書四種　吐魯番學研究專輯　敦煌吐魯番學新疆研究資料中心　1990　p. 334

榮新江　西元十世紀沙州歸義軍與西州回鶻的文化交往　第二屆敦煌學國際研討會論文集　（臺北）漢學研究中心　1990　p. 591

孫修身　跋伯 3931 號卷甘州回鶻致中原王朝兩《表本》　《西北民族研究》1991 年第 2 期　p. 28

李經緯　五件敦煌回鶻文遺書譯注　《西北民族研究》1992 年第 2 期　p. 10

姜伯勤　敦煌吐魯番文書與絲綢之路　文物出版社　1994　p. 268

楊富學　敦煌出土回鶻語諺語　《社科縱橫》1994 年第 4 期　又見：中國敦煌學百年文庫‧文學卷
　　（五）　甘肅文化出版社　1999　p. 476

楊富學　9—12 世紀的沙州回鶻文化　《敦煌學輯刊》1994 年第 2 期　p. 93

牛汝極　楊富學　敦煌回鶻文書法藝術　《甘肅民族研究》1995 年第 1 期　p. 100

汪泛舟　論敦煌文明的多民族貢獻　《敦煌研究》1995 年第 2 期　p. 191

楊富學　牛汝極　沙州回鶻及其文獻　甘肅文化出版社　1995　p. 52、62208

鄭炳林　敦煌碑銘讚輯釋　甘肅教育出版社　1997　p. 95 注 10

楊富學　佛教與敦煌回鶻文書法藝術　西域敦煌宗教論稿　甘肅文化出版社　1998　p. 138

楊富學　回鶻景教研究百年回顧　《敦煌研究》2001 年第 2 期　p. 168

陳炳應　盧冬　古代民族　敦煌文藝出版社　2004　p. 212、229

黃盛璋　"吐魯番"的胡漢名稱與語源新探　《吐魯番學研究》2005 年第 1 期　p. 1

P. 2989

石井昌子　靈寶經類　敦煌と中國道教（講座敦煌 4）　（東京）大東出版社　1983　p. 153

朱越利　道經總論　遼寧教育出版社　1992　p. 273

戴仁　敦煌和吐魯番寫本的斷代研究　法國學者敦煌學論文選萃　中華書局　1993　p. 540

王卡　靈寶自然齋儀　敦煌學大辭典　上海辭書出版社　1998　p. 764

顏廷亮　敦煌文化中的道教及文化　《敦煌研究》1999 年第 1 期　p. 139

顏廷亮　敦煌文化　光明日報出版社　2000　p. 240

王卡　敦煌道教文獻研究　中國社會科學出版社　2004　p. 40、109

P. 2990

梅弘理著　耿昇譯　根據 P. 2547 號寫本對《齋琬文》的復原和斷代　《敦煌研究》1990 年第 2 期
　　p. 54

陶秋英輯録　姜亮夫校訂　敦煌所見道教佚經録　敦煌碎金　浙江古籍出版社　1992　p. 316

姜伯勤　《本際經》與敦煌道教　《敦煌研究》1994 年第 3 期　p. 9

黃征　吳偉　敦煌願文集　岳麓書社　1995　p. 71

萬毅　敦煌本《昇玄內教經》試探　唐研究（第一卷）　北京大學出版社　1995　p. 67

姜伯勤　敦煌藝術宗教與禮樂文明　中國社會科學出版社　1996　p. 240

萬毅　敦煌本《昇玄內教經》解說　道家文化研究（第十三輯）　三聯書店　1998　p. 268

王卡　太上洞玄靈寶昇玄內教經　敦煌學大辭典　上海辭書出版社　1998　p. 760

山田俊　唐初道教思想史研究‧論述篇　（京都）平樂寺書店　1999　p. 60、155、236、345、456

山田俊　唐初道教思想史研究‧資料篇　（京都）平樂寺書店　1999　p. 182、274

劉屹　評《唐初道教思想史研究》　唐研究（第六卷）　北京大學出版社　2000　p. 457

萬毅　敦煌本道教《昇玄內教經》的文本順序　《敦煌研究》2000 年第 4 期　p. 135　又見：敦煌文獻
　　論集：紀念藏經洞發現一百周年國際學術研討會論文集　遼寧人民出版社　2001　p. 598

王卡　敦煌道經殘卷綴合與考訂三則　敦煌文獻論集：紀念藏經洞發現一百周年國際學術研討會論
　　文集　遼寧人民出版社　2001　p. 591

劉屹　論《昇玄經》的文本差異問題　文津學志（第一輯）　北京圖書館出版社　2003　p. 199

劉屹　敦煌本《昇玄經》經錄傳授儀式研究　敦煌學（第 25 輯）　（臺北）樂學書局有限公司　2004
　　p. 475

王卡　敦煌道教文獻研究　中國社會科學出版社　2004　p. 121

王卡　中國國家圖書館藏敦煌道教遺書研究報告　敦煌吐魯番研究（第七卷）　北京大學出版社　2004　p. 354

王卡　敦煌本《昇玄內教經》殘卷校讀記　敦煌吐魯番研究（第九卷）　中華書局　2006　p. 66、79

P. 2991

那波利貞　佛教信仰に基きて組織せられたる中晚唐五代時代の社邑に就きて（上、下）『史林』（24 卷 3、4 號）　京都大學文學部史學研究會　1939　p. 28、94　又見：唐代社會文化史研究・第六編　（東京）創文社　1974　p. 589、598、648

竺沙雅章　敦煌出土「社」文書の研究　『東方學報』（第 35 號）　京都大學人文科學研究所　1964　p. 269、278

陳祚龍　敦煌學新記　敦煌文物隨筆　（臺北）商務印書館　1979　p. 275

陳祚龍　簡記敦煌古抄方志　敦煌文物隨筆　（臺北）商務印書館　1979　p. 61

菊池英夫　唐代敦煌社會の外貌　敦煌の社會（講座敦煌 3）　（東京）大東出版社　1980　p. 106

堀敏一　敦煌社會の變質──中國社會全般の発展とも関連して　敦煌の社會（講座敦煌 3）　（東京）大東出版社　1980　p. 194

土肥義和　はじめに──歸義軍節度使の敦煌支配　敦煌の歷史（講座敦煌 2）　（東京）大東出版社　1980　p. 285

陳祚龍　《簡記敦煌古抄方志》及其"後語"　敦煌學要籥　（臺北）新文豐出版公司　1982　p. 230

史葦湘　絲綢之路上的敦煌與莫高窟　敦煌研究文集　甘肅人民出版社　1982　p. 119 注 116

榮新江　敦煌卷子劄記四則　敦煌吐魯番文獻研究論集（第二輯）　北京大學出版社　1983　p. 633

陳祚龍　新校重訂敦煌古抄名僧真讚小集　中華佛教文化史散策（四集）　（臺北）新文豐出版公司　1986　p. 275

唐耕耦　陸宏基　敦煌社會經濟文獻真迹釋錄（一）　書目文獻出版社　1986　p. 387

姜伯勤　敦煌的"畫行"與"畫院"　1983 年全國敦煌學術討論會文集・石窟藝術編（下）　甘肅人民出版社　1987　p. 179

姜伯勤　唐五代敦煌寺戶制度　中華書局　1987　p. 144

李正宇　敦煌文學雜考二題　敦煌語言文學研究　北京大學出版社　1988　p. 97

韓建瓴　雜記　敦煌文學　甘肅人民出版社　1989　p. 68

李正宇　邈真讚　敦煌文學　甘肅人民出版社　1989　p. 184

李正宇　唐宋時代敦煌縣河渠泉澤簡志（二）　《敦煌研究》1989 年第 1 期　p. 60

山本達郎等　敦煌・Ⅵ 諸種文書　『NUN‒HUANG AND TURFAN DOCUMENTS CONCERNING SOCIAL AND ECONOMIC HISTORY』（Ⅳ）　（東京）東洋文庫　1989　p. 134

馬德　敦煌遺書莫高窟營建史料淺論　敦煌學國際學術討論會論文縮寫文（1990）　敦煌研究院　1990　p. 46　又見：敦煌學國際研討會文集・石窟考古編　遼寧美術出版社　1995　p. 144

梅弘理著　耿昇譯　根據 P. 2547 號寫本對《齋琬文》的復原和斷代　《敦煌研究》1990 年第 2 期　p. 55

姜伯勤　敦煌社會文書導論　（臺北）新文豐出版公司　1992　p. 227、234、250

馬德　KHROM 詞義考　《中國藏學》1992 年第 2 期　p. 99

梅林　吐蕃和歸義軍時期敦煌禪僧寺籍考辨　《敦煌研究》1992 年第 3 期　p. 101

晒麟　南朝小考　《敦煌學輯刊》1993 年第 1 期　p. 71

高國藩　敦煌民俗資料導論　（臺北）新文豐出版公司　1993　p. 10

李明偉　敦煌文學概論　甘肅人民出版社　1993　p. 498

李正宇　敦煌文學概論　甘肅人民出版社　1993　p. 99

鄭炳林　讀敦煌文書 P. 3859《後唐清泰三年六月沙州儭司教授福集等狀》劄記　《西北史地》1993 年第 4 期　p. 50　又見：敦煌吐魯番文獻研究　蘭州大學出版社　1995　p. 618

鄭炳林　敦煌碑銘讚部分文書拼接復原　《敦煌研究》1993 年第 1 期　p. 54

鄭炳林　敦煌碑銘讚抄本概述　《蘭州大學學報》1993 年第 4 期　p. 139

郝春文　《上海博物館藏敦煌吐魯番文獻》讀後　《敦煌學輯刊》1994 年第 2 期　p. 122

姜伯勤　敦煌邈真讚與敦煌望族　敦煌邈真讚校錄並研究　（臺北）新文豐出版公司　1994　p. 8

姜伯勤　項楚　榮新江　敦煌邈真讚校錄並研究　（臺北）新文豐出版公司　1994　p. 298

榮新江　敦煌邈真讚年代考　敦煌邈真讚校錄並研究　（臺北）新文豐出版公司　1994　p. 354

汪娟　敦煌禮懺文研究　（臺北）法鼓文化公司　1994　p. 14、152

王進玉　敦煌石窟探秘　四川教育出版社　1994　p. 135

楊銘　一件有關敦煌陷蕃時間的藏文文書　《敦煌研究》1994 年第 3 期　p. 85

鄭炳林　馮培紅　讀《中國古代寫本識語集錄》劄記　《西北史地》1994 年第 4 期　p. 48

胡戟　傅玫　敦煌史話　中華書局　1995　p. 164

黃征　吳偉　敦煌願文集　岳麓書社　1995　p. 71

馬德　敦煌莫高窟吐蕃、歸義軍時代營建概況　（香港）《九州學刊》1995 年第 6 卷第 4 期　p. 59

馬德　敦煌庶民與莫高窟的營造　華學（第一輯）　中山大學出版社　1995　p. 182

土肥義和　唐・北宋間の「社」の組織形態に関する一考察　中國古代の國家と民衆（堀敏一先生古稀記念）　（東京）汲古書院　1995　p. 703

王書慶　敦煌佛學・佛事篇　甘肅民族出版社　1995　p. 211

顏廷亮　敦煌文學概說　（臺北）新文豐出版公司　1995　p. 169

顏廷亮　敦煌西漢金山國文學文獻三題新校並序　《社科縱橫》1995 年第 1 期　p. 39

楊銘　吐蕃時期河隴軍政機構設置考　中亞學刊（第四輯）　北京大學出版社　1995　p. 113

李正宇　敦煌史地新論　（臺北）新文豐出版公司　1996　p. 142

馬德　敦煌莫高窟史研究　甘肅教育出版社　1996　p. 93、111、228、258

馬德　莫高窟與敦煌佛教教團　敦煌吐魯番研究（第一卷）　北京大學出版社　1996　p. 176 注

榮新江　歸義軍史研究　上海古籍出版社　1996　p. 14

顏廷亮　敦煌西漢金山國檔案文獻考略　《甘肅社會科學》1996 年第 5 期　p. 93

張涌泉　敦煌俗字研究導論　（臺北）新文豐出版公司　1996　p. 69、140、184、210

張涌泉　敦煌文獻校讀釋例　文史（第四十一輯）　中華書局　1996　p. 191、197、201　又見：舊學新知　浙江大學出版社　1999　p. 199、216

黃征　《敦煌碑銘讚輯釋》評介　敦煌語文叢說　（臺北）新文豐出版公司　1997　p. 812

黃征　敦煌願文考論　敦煌語文叢說　（臺北）新文豐出版公司　1997　p. 587

李正宇　敦煌歷史地理導論　（臺北）新文豐出版公司　1997　p. 183

馬德　敦煌工匠史料　甘肅人民出版社　1997　p. 46

寧可　郝春文　敦煌社邑文書輯校　江蘇古籍出版社　1997　p. 659

榮新江　敦煌藏經洞的性質及其封閉原因　敦煌吐魯番研究（第二卷）　北京大學出版社　1997　p. 37

顏廷亮　《金山國諸雜齋文範》校錄及其他　敦煌文學論集　四川人民出版社　1997　p. 347

楊銘　吐蕃統治敦煌研究　（臺北）新文豐出版公司　1997　p. 2、105

張廣達　"歎佛"與"歎齋"　慶祝鄧廣銘教授九十華誕論文集　河北教育出版社　1997　p. 61

鄭炳林　敦煌碑銘讚及其有關問題　敦煌碑銘讚輯釋　甘肅教育出版社　1997　p. 1

鄭炳林　敦煌碑銘讚輯釋　甘肅教育出版社　1997　p. 323

鄭炳林　吐蕃統治下的敦煌粟特人　敦煌歸義軍史專題研究　蘭州大學出版社　1997　p. 389 注7

柴劍虹　報恩吉祥窟記　敦煌學大辭典　上海辭書出版社　1998　p. 589

馮培紅　P. 3249 背《軍籍殘卷》與歸義軍初期的僧兵武裝　《敦煌研究》1998 年第 2 期　p. 144

李正宇　宕泉　敦煌學大辭典　上海辭書出版社　1998　p. 321

李正宇　平詘子等宕泉建窟功德記　敦煌學大辭典　上海辭書出版社　1998　p. 334

劉銘恕　頭廳　敦煌學大辭典　上海辭書出版社　1998　p. 381

寧可　官品社　敦煌學大辭典　上海辭書出版社　1998　p. 427

寧可　社司功德記　敦煌學大辭典　上海辭書出版社　1998　p. 431

榮新江　歸義軍大事紀年初稿　出土文獻研究（第三輯）　文物出版社　1998　p. 242

楊秀清　試論金山國的有關政治制度　《敦煌學輯刊》1998 年第 2 期　p. 36

馬德　敦煌莫高窟"報恩吉祥窟"考　《敦煌研究》1999 年第 4 期　p. 56

寧可　寧可史學論集　中國社會科學出版社　1999　p. 446 注

楊富學　李吉和　敦煌漢文吐蕃史料輯校（第一輯）　甘肅人民出版社　1999　p. 228

楊秀清　敦煌西漢金山國史　甘肅人民出版社　1999　p. 72、92、114、139、148

馬德　敦煌寫本《營窟稿文範》箋證　1994 年敦煌學國際研討會文集·石窟考古卷　甘肅民族出版
　　社　2000　p. 216

萬毅　敦煌本道教《昇玄內教經》的文本順序　《敦煌研究》2000 年第 4 期　p. 135

徐俊　敦煌詩集殘卷輯考　中華書局　2000　p. 320、809

顏廷亮　敦煌文化　光明日報出版社　2000　p. 395、435、484

顏廷亮　敦煌文化的靈魂論綱　《甘肅社會科學》2000 年第 4 期　p. 33

顏廷亮　敦煌西漢金山國之文學考論　1994 年敦煌學國際研討會文集·宗教文史卷（上）　甘肅民
　　族出版社　2000　p. 207

袁德領　歸義軍時期莫高窟與敦煌寺院的關係　《敦煌研究》2000 年第 3 期　p. 175

張錫厚　敦煌文學源流　作家出版社　2000　p. 144

郝春文　《唐末五代宋初敦煌社邑的幾個問題》商榷　國際敦煌學學術史研討會論文集　研討會籌
　　備組　2002　p. 203

金瀅坤　吐蕃瓜州節度使初探　《敦煌研究》2002 年第 2 期　p. 22

呂鍾　重修敦煌縣誌　甘肅人民出版社　2002　p. 578

釋覺旻　從"三教大法師"看晚唐五代敦煌社會的三教融合　敦煌佛教藝術文化國際學術研討會論
　　文集　蘭州大學出版社　2002　p. 410

黑維強　敦煌變文詞語校釋　《敦煌學輯刊》2003 年第 1 期　p. 103

湛如　敦煌佛教律儀制度研究　中華書局　2003　p. 336

張錫厚　敦煌文概說　2000 年敦煌學國際學術討論會文集·歷史文化卷（下）　甘肅民族出版社
　　2003　p. 204

胡同慶　宋琪　試探麥積山石窟摩崖龕的功能和意義　麥積山石窟藝術文化論文集（上）　蘭州大
　　學出版社　2004　p. 226

賴鵬舉　唐代敦煌以華嚴經思想爲中心的北傳密法尊像開展　2004 年石窟研究國際學術會議論文
　　提要集　敦煌研究院　2004　p. 43

屈直敏　敦煌高僧　民族出版社　2004　p. 22、112

葉貴良　《敦煌社邑文書輯校》拾補　《吐魯番學研究》2004 年第 1 期　p. 108

余欣　信仰與政治：唐宋敦煌祠廟營建與戰爭動員關係小考　浙江與敦煌學：常書鴻先生誕辰一百周
　　年紀念文集　浙江古籍出版社　2004　p. 259

趙曉星　敦煌落蕃舊事　民族出版社　2004　p. 184

鄭炳林　王晶波　敦煌寫本相書校録研究　民族出版社　2004　p. 235

屈直敏　從《勵忠節抄》看歸義軍政權道德秩序的重建　《敦煌學輯刊》2005 年第 3 期　p. 83

王志鵬　試論敦煌佛教歌辭中儒釋思想的調合　《敦煌學輯刊》2005 年第 3 期　p. 147

鄭炳林　晚唐五代歸義軍政權與佛教教團關係研究　《敦煌學輯刊》2005 年第 1 期　p. 8

白天佑　沙武田　莫高窟第 231 窟陰伯倫夫婦供養像解析　文史（第七十五輯）　中華書局　2006
　　p. 10

郝春文　唐後期五代宋初敦煌私社的教育與教化功能　敦煌吐魯番研究（第九卷）　中華書局
　　2006　p. 312

汪泛舟　敦煌俗別字新考（上）　《敦煌研究》2006 年第 1 期　p. 102

鄭炳林　晚唐五代河西地區的居民結構研究　《蘭州大學學報》2006 年第 2 期　p. 12

P. 2992

王重民　金山國墜事零拾　《國立北平圖書館館刊》1936 年第 9 卷第 6 號　又見：敦煌學文選（上）
　　蘭州大學歷史系敦煌學研究室等　1983　p. 79 ；敦煌遺書論文集　中華書局　1984　p. 105 ；
　　中國敦煌學百年文庫・歷史卷（一）　甘肅文化出版社　1999　p. 37

賀世哲　孫修身　《瓜沙曹氏年表補正》之補正　《甘肅師大學報》1980 年第 3 期　又見：敦煌學文
　　選（上）　蘭州大學歷史系敦煌學研究室等　1983　p. 149、154 注 11 ；中國敦煌學百年文庫・
　　歷史卷（一）　甘肅文化出版社　1999　p. 491

梅村坦　住民の種族構成——敦煌をめぐる諸民族の動向　敦煌の社會（講座敦煌 3）　（東京）大
　　東出版社　1980　p. 210

森安孝夫　ウイグルと敦煌敦煌の歷史（講座敦煌 2）　（東京）大東出版社　1980　p. 316

土肥義和　はじめに——歸義軍節度使の敦煌支配　敦煌の歷史（講座敦煌 2）　（東京）大東出版
　　社　1980　p. 238

賀世哲　孫修身　瓜沙曹氏與敦煌莫高窟　敦煌研究文集　甘肅人民出版社　1982　p. 222、270 注
　　24

蘇瑩輝　瓜沙史事叢考　（臺北）商務印書館　1983　p. 110

湯開建　馬明達　對五代宋初河西若干民族問題的探討　《敦煌學輯刊》1983 年創刊號　p. 72

向達　唐代俗講考　關隴文學論叢　甘肅人民出版社　1983　p. 166 注 25

陳祚龍　竭誠做好知己知彼，悉力做到精益求精：敦煌學散策之四　敦煌學（第 8 輯）　（臺北）"中國
　　文化大學"中國文學研究所敦煌學會　1984　p. 16　又見：敦煌學林劄記　（臺北）商務印書館
　　1987　p. 207

森安孝夫著　高然譯　回鶻與敦煌　《西北史地》1984 年第 1 期　p. 114

孫修身　敦煌遺書 P. 2992 號卷《沙州上甘州回鶻可汗狀》有關問題考　《西北史地》1985 年第 4 期
　　p. 80　又見：絲綢之路文獻叙録　蘭州大學出版社　1989　p. 52

賀世哲　從供養人題記看莫高窟部分洞窟的營建年代　敦煌莫高窟供養人題記　文物出版社　1986
　　p. 216

李正宇　敦煌方音止遇二攝混同及其校勘學意義　《敦煌研究》1986 年第 4 期　p. 48

榮新江　歸義軍及其與周邊民族的關係初探　《敦煌學輯刊》1986 年第 2 期　p. 37　又見：中國人文
　　社會科學博士碩士文庫・歷史學卷　浙江教育出版社　1998　p. 669

蘇瑩輝　從幾種敦煌資料論張承奉、曹議金之稱"帝"稱"王"　敦煌學(第 11 輯)　(臺北)新文豐出
　　版公司　1986　p.68　又見:敦煌文史藝術論叢　(臺北)新文豐出版公司　1987　p.146

蘇瑩輝　瓜沙史事述要　漢學研究(敦煌學國際研討會論文專號)　(臺北)漢學研究資料及服務中
　　心　1986　p.472　又見:敦煌文史藝術論叢　(臺北)新文豐出版公司　1987　p.82

土肥義和著　李永寧譯　歸義軍時期(晚唐、五代、宋)的敦煌(一)　《敦煌研究》1986 年第 4 期
　　p.83

萬庚育　珍貴的歷史資料:莫高窟供養人畫像題記　敦煌莫高窟供養人題記　文物出版社　1986
　　p.188

曲金良　敦煌寫本變文、講經文作品創作時間彙考　《敦煌學輯刊》1987 年第 1 期　p.63

蘇瑩輝　巴黎藏敦煌寫本歸義軍節度使曹議金道場四疏箋正　敦煌文史藝術論叢　(臺北)新文豐
　　出版公司　1987　p.124

蘇瑩輝　繼張氏任歸義軍節度使者爲曹仁貴論　敦煌文史藝術論叢　(臺北)新文豐出版公司
　　1987　p.23

周一良　敦煌寫本書儀考(之二)　敦煌吐魯番文獻研究論集(第四輯)　北京大學出版社　1987
　　p.37 注 10

孫修身　跋敦煌遺書伯 2992 號卷背幾件文書　《新疆文物》1988 年第 4 期　又見:中國敦煌學百年
　　文庫・民族卷(四)　甘肅文化出版社　1999　p.30

孫修身　敦煌遺書伯 3016 號卷背第二件文書有關問題考　《敦煌學輯刊》1988 年第 1、2 期　p.42

孫修身　瓜沙曹氏卒立世次考　《魏晉南北朝隋唐史》1988 年第 10 期　p.26　又見:中國敦煌學百
　　年文庫・歷史卷(二)　甘肅文化出版社　1999　p.231

李明偉　狀・牒・帖　敦煌文學　甘肅人民出版社　1989　p.38

蘇瑩輝　巴黎藏石室本歸義軍節度使曹議金四疏箋證　《敦煌研究》1989 年第 4 期　p.60

孫修身　五代時期甘州回鶻和中原王朝的交通　《敦煌研究》1989 年第 3 期　p.54　又見:《敦煌研
　　究》1990 年第 1 期　p.67

王進玉　趙豐　敦煌文物中的紡織技藝　《敦煌研究》1989 年第 4 期　p.102

張廣達　榮新江　有關西州回鶻的一篇敦煌漢文文獻　《北京大學學報》1989 年第 2 期　p.26

李正宇　曹仁貴名實論:曹氏歸義軍創始及歸奉後梁史探　第二屆敦煌學國際研討會論文集　(臺
　　北)漢學研究中心　1990　p.554

榮新江　敦煌學研究揭開晚唐五代宋初西北史的新篇章　中國文化(2)　(香港)中華書局　1990
　　p.8

榮新江　沙州歸義軍歷任節度使稱號研究　敦煌吐魯番學研究論文集　漢語大詞典出版社　1990
　　p.794

蘇北海　丁谷山　瓜沙曹氏政權與甘州回鶻于闐回鶻的關係　《敦煌研究》1990 年第 3 期　p.34

蘇哲　伯二九九二號文書三通五代狀文的研究　敦煌吐魯番文獻研究論集(第五輯)　北京大學出
　　版社　1990　p.437、439、442、444、456、465

孫修身　五代時期甘州回鶻可汗世系考　《敦煌研究》1990 年第 3 期　p.43

唐耕耦　陸宏基　敦煌社會經濟文獻真迹釋録(四)　全國圖書館文獻縮微複製中心　1990　p.391

周丕顯　敦煌詩詩考　敦煌學國際學術討論會論文縮寫文(1990)　敦煌研究院　1990　p.83

李正宇　曹仁貴歸奉後的一組新資料　魏晉南北朝隋唐史資料(第 11 輯)　武漢大學出版社　1991
　　p.280

陸慶夫　略論敦煌民族史料的價值　《敦煌學輯刊》1991 年第 1 期　p.31

森安孝夫著　楊富學譯　敦煌出土元代回鶻文佛教徒書簡　《敦煌研究》1991 年第 2 期　p.41

汪泛舟　敦煌文學寫本辨正舉隅　《敦煌研究》1991 年第 1 期　p. 93

張廣達　唐末五代宋初西北地區的般次和使次　季羨林教授八十華誕紀念論文集（下）　江西人民出版社　1991　p. 970

李并成　五代宋初的玉門關及其相關問題考　《敦煌研究》1992 年第 2 期　p. 93

陳守忠　河隴史地考述　蘭州大學出版社　1993　p. 89

前田正名　河西歷史地理學研究　中國藏學出版社　1993　p. 308

榮新江　關於曹氏歸義軍首任節度使的幾個問題　《敦煌研究》1993 年第 2 期　p. 47

鄭炳林　讀敦煌文書 P. 3859《後唐清泰三年六月沙州儭司教授福集等狀》劄記　《西北史地》1993 年第 4 期　p. 46

蔣禮鴻　敦煌文獻語言詞典　杭州大學出版社　1994　p. 44

榮新江　敦煌邈真讚所見歸義軍與東西回鶻的關係　敦煌邈真讚校錄並研究　（臺北）新文豐出版公司　1994　p. 101

榮新江　甘州回鶻與曹氏歸義軍　《中國古代史》（先秦至隋唐）1994 年第 3 期　p. 102、104、106

陳守忠　論河西回鶻　敦煌學國際研討會文集・史地語文編　遼寧美術出版社　1995　p. 141

劉進寶　敦煌學論述　（臺北）洪葉文化事業有限公司　1995　p. 111 注 151、270

劉惠琴　從敦煌文書中看沙州紡織業　《敦煌學輯刊》1995 年第 2 期　p. 51

陸慶夫　甘州回鶻可汗世次辨析　《敦煌學輯刊》1995 年第 2 期　p. 34　又見：敦煌歸義軍史專題研究　蘭州大學出版社　1997　p. 474

曲金良　敦煌佛教文學研究　（臺北）文津出版社　1995　p. 217

蘇瑩輝　張承奉稱帝稱王與曹仁貴節度沙州歸義軍顛末考　敦煌學國際研討會文集・史地語文編　遼寧美術出版社　1995　p. 56

孫修身　試論瓜沙曹氏與甘州回鶻之關係　敦煌學國際研討會文集・史地語文編　遼寧美術出版社　1995　p. 107

王三慶　敦煌書儀載錄之節日活動與民俗　全國敦煌學研討會論文集　（臺北）中正大學中國文學系所　1995　p. 26 注 44

楊秀清　八十年代以來金山國史研究綜述　《敦煌研究》1995 年第 4 期　p. 188

張廣達　西域史地叢稿初編　上海古籍出版社　1995　p. 224、336

張涌泉　陳祚龍校錄敦煌卷子失誤例釋　學術集林（卷六）　上海遠東出版社　1995　p. 296　又見：舊學新知　浙江大學出版社　1999　p. 273

李并成　李春元　瓜沙史地研究　甘肅文化出版社　1996　p. 160

李正宇　敦煌史地新論　（臺北）新文豐出版公司　1996　p. 312

榮新江　歸義軍史研究　上海古籍出版社　1996　p. 19

馮培紅　唐五代歸義軍政權中隊職問題辨析　敦煌歸義軍史專題研究　蘭州大學出版社　1997　p. 47 注 22

馮培紅　晚唐五代宋初歸義軍武職軍將研究　敦煌歸義軍史專題研究　蘭州大學出版社　1997　p. 129

齊陳俊　馮培紅　晚唐五代宋初歸義軍對外商業貿易　敦煌歸義軍史專題研究　蘭州大學出版社　1997　p. 346

鄭炳林　敦煌碑銘讚輯釋　甘肅教育出版社　1997　p. 390 注 3

鄭炳林　馮培紅　唐五代歸義軍政權對外關係中的使頭一職　敦煌歸義軍史專題研究　蘭州大學出版社　1997　p. 57

鄭炳林　馮培紅　晚唐五代宋初歸義軍政權中都頭一職考辨　敦煌歸義軍史專題研究　蘭州大學出

版社　1997　p. 81

鄭炳林　楊富學　敦煌西域出土回鶻文文獻所載 qunbu 與漢文文獻所見官布研究　《敦煌學輯刊》1997 年第 2 期　p. 24

陳國燦　甘州回鶻　敦煌學大辭典　上海辭書出版社　1998　p. 461

陳國燦　沙州大王致回鶻順化可汗書　敦煌學大辭典　上海辭書出版社　1998　p. 374

李正宇　古本敦煌鄉土志八種箋證　（臺北）新文豐出版公司　1998　p. 384

陸慶夫　黨項的崛起與對河西的爭奪　《敦煌研究》1998 年第 3 期　p. 111

陸慶夫　歸義軍與遼及甘州回鶻關係考　《蘭州大學學報》1998 年第 3 期　p. 79 注 26

羅豐　五代、宋初靈州與絲綢之路　《西北民族研究》1998 年第 1 期　p. 19

榮新江　歸義軍大事紀年初稿　出土文獻研究（第三輯）　文物出版社　1998　p. 245

榮新江　五代時期的回鶻　敦煌學大辭典　上海辭書出版社　1998　p. 816

孫修身　曹元德　敦煌學大辭典　上海辭書出版社　1998　p. 360

楊森　晚唐五代兩件《女人社》文書劄記　《敦煌研究》1998 年第 1 期　p. 69

楊森　張承奉　敦煌學大辭典　上海辭書出版社　1998　p. 356

張亞萍　唐五代歸義軍政府牧馬業研究　《敦煌學輯刊》1998 年第 2 期　p. 59

馮培紅　客司與歸義軍的外交活動　《敦煌學輯刊》1999 年第 1 期　p. 83

土肥義和　敦煌莫高窟供養人圖像題記について　東アジア史における國家と地域　（東京）刀水書房　1999　p. 371

鄭炳林　晚唐五代敦煌地區種植棉花研究　《中國史研究》1999 年第 3 期　p. 87

北京大學　敦煌《經卷》、《照片》及《圖書》目錄　中國敦煌學百年文庫·綜述卷（一）　甘肅文化出版社　1999　p. 317

劉進寶　敦煌文書與唐史研究　（臺北）新文豐出版公司　2000　p. 13

楊寶玉　敦煌史話　中國大百科全書出版社　2000　p. 159

鄭炳林　晚唐五代敦煌貿易市場的外來商品輯考　中華文史論叢（總 63 輯）　上海古籍出版社　2000　p. 60、70

李正宇　安徽省博物館藏敦煌遺書《二娘子家書》　《敦煌研究》2001 年第 3 期　p. 92

曾良　敦煌文獻字義通釋　廈門大學出版社　2001　p. 6、26、129

周一良　魏晉南北朝史論集續編　北京大學出版社　2001　p. 242 注 1

陳國燦　敦煌學史事新證　甘肅教育出版社　2002　p. 25

馮培紅　姚桂蘭　歸義軍時期敦煌與周邊地區之間的僧使交往　敦煌佛教藝術文化國際學術研討會論文集　蘭州大學出版社　2002　p. 459

黃盛璋　敦煌寫本《西天路竟》歷史地理研究　中外交通與交流史研究　安徽教育出版社　2002　p. 95

姜亮夫　敦煌莫高窟年表　姜亮夫全集（十一）　雲南人民出版社　2002　p. 450

劉進寶　敦煌學通論　甘肅教育出版社　2002　p. 295

吳麗娛　唐禮摭遺:中古書儀研究　商務印書館　2002　p. 175

吳麗娛　再析 P. 2945 書儀的年代與曹氏歸義軍通使中原　《敦煌研究》2002 年第 3 期　p. 79

徐曉麗　敦煌石窟所見天公主考辨　《敦煌學輯刊》2002 年第 2 期　p. 80

董志翹　敦煌社會經濟文書詞語散釋　中國俗文化研究（第一輯）　巴蜀書社　2003　p. 131

童丕　據敦煌寫本談紅藍花——植物的使用　寺院財富與世俗供養　上海書畫出版社　2003　p. 263

王啓濤　中古及近代法制文書語言研究　巴蜀書社　2003　p. 147

王豔明　瓜州曹氏與甘州回鶻的兩次和親始末　《敦煌研究》2003 年第 1 期　p. 71

趙貞　敦煌所出靈州道文書述略　《敦煌研究》2003 年第 4 期　p. 54

董志翹　敦煌社會經濟文獻詞語略考　浙江與敦煌學:常書鴻先生誕辰一百周年紀念文集　浙江古籍出版社　2004　p. 494

陳炳應　盧冬　古代民族　敦煌文藝出版社　2004　p. 215

馮培紅　關於歸義軍節度使官制的幾個問題　麥積山石窟藝術文化論文集(下)　蘭州大學出版社　2004　p. 231

羅豐　胡漢之間:"絲綢之路"與西北歷史考古　文物出版社　2004　p. 332

張小豔　試論敦煌書儀的語料價值　浙江與敦煌學:常書鴻先生誕辰一百周年紀念文集　浙江古籍出版社　2004　p. 540

鄭炳林　晚唐五代敦煌商業貿易市場研究　《敦煌學輯刊》2004 年第 1 期　p. 104

吳麗娛　楊寶玉　P. 3197v《曹氏歸義軍時期甘州使人書狀》考試　《敦煌學輯刊》2005 年第 4 期　p. 18

P. 2994

陳祚龍　校訂宋初沙州戒牒三式　敦煌學海探珠(下冊)　(臺北)商務印書館　1979　p. 379

孫修身　敦煌三界寺　甘肅省史學會論文集　甘肅省歷史學會編印　1982　p. 173　又見:中國敦煌學百年文庫・宗教卷(一)　甘肅文化出版社　1999　p. 56

陳祚龍　中世敦煌婦女出家、入道、受戒、弘法之一斑　敦煌簡策訂存　(臺北)商務印書館　1983　p. 40

孫修身　敦煌石窟《臘八燃燈分配窟龕名數》寫作年代考　絲路訪古　甘肅人民出版社　1983　p. 211

姜亮夫　敦煌經卷壁畫中所見釋氏僧名錄　敦煌學論文集　上海古籍出版社　1987　p. 1039

姜亮夫　敦煌經卷壁畫中所見寺觀錄　敦煌學論文集　上海古籍出版社　1987　p. 1073

高國藩　敦煌曲子詞欣賞　南京大學出版社　1989　p. 8

唐耕耦　陸宏基　敦煌社會經濟文獻真迹釋錄(四)　全國圖書館文獻縮微複製中心　1990　p. 69

鄭炳林　伯 2641 號背莫高窟再修功德記撰寫人探微　《敦煌學輯刊》1991 年第 2 期　p. 47

李正宇　敦煌遺書宋人詩輯校　《敦煌研究》1992 年第 2 期　p. 39

陶秋英輯錄　姜亮夫校訂　敦煌經卷壁畫中所見釋氏名錄　敦煌碎金　浙江古籍出版社　1992　p. 30

陶秋英輯錄　姜亮夫校訂　敦煌經卷所見寺名錄　敦煌碎金　浙江古籍出版社　1992　p. 103、105

竺沙雅章　寺院文書　敦煌漢文文獻(講座敦煌 5)　(東京)大東出版社　1992　p. 600

李正宇　敦煌文學概論　甘肅人民出版社　1993　p. 104

王書慶　敦煌佛學・佛事篇　甘肅民族出版社　1995　p. 247

李玉昆　敦煌遺書《泉州千佛新著諸祖師頌》研究　《敦煌學輯刊》1995 年第 1 期　p. 31

姜伯勤　敦煌藝術宗教與禮樂文明　中國社會科學出版社　1996　p. 357

鄭炳林　敦煌碑銘讚輯釋　甘肅教育出版社　1997　p. 518 注 8

李正宇　古本敦煌鄉土志八種箋證　(臺北)新文豐出版公司　1998　p. 306

唐耕耦　戒牒　敦煌學大辭典　上海辭書出版社　1998　p. 641

李德龍　沙州三界寺《授戒牒》初探　甘肅民族研究論叢　甘肅人民出版社　2002　p. 390、401

施安昌　故宮藏有關轄戛斯的敦煌酒帳初探　善本碑帖論集　紫禁城出版社　2002　p. 341

湛如　敦煌佛教律儀制度研究　中華書局　2003　p. 143

邰惠莉 敦煌版畫敘錄 《敦煌研究》2005 年第 2 期 p. 8
吳榮鑒 關於敦煌版畫製作的幾個問題 《敦煌研究》2005 年第 2 期 p. 29

P. 2995

王仲犖 敦煌石室出殘姓氏書五種考釋 敦煌吐魯番文獻研究論集（第三輯） 北京大學出版社
　　1986 p. 18 又見：嶧華山館叢稿 中華書局 1987 p. 459
蕭登福 唐世佛家之講經與敦煌變文 敦煌俗文學論叢 （臺北）商務印書館 1988 p. 46
盧向前 唐代胡化婚姻關係試論 敦煌吐魯番文書論稿 江西人民出版社 1992 p. 32
邵文實 唐代後期河西地區的民族遷徙及其後果 《敦煌學輯刊》1992 年第 1、2 期 p. 32
高國藩 敦煌民俗資料導論 （臺北）新文豐出版公司 1993 p. 3
胡戟 傅玫 敦煌史話 中華書局 1995 p. 183
李并成 李春元 瓜沙史地研究 甘肅文化出版社 1996 p. 186
柴劍虹 嘲沙彌詩 敦煌學大辭典 上海辭書出版社 1998 p. 575
陳海濤 敦煌歸義軍時期從化鄉消失原因初探 中國社會歷史評論（第二卷） 天津古籍出版社
　　2000 p. 437
汪泛舟 敦煌古代兒童課本 甘肅人民出版社 2000 p. 5
徐俊 敦煌詩集殘卷輯考 中華書局 2000 p. 787

P. 2996

趙和平 敦煌表狀箋啓書儀輯校 江蘇古籍出版社 1997 p. 378
楊寶玉 籯金 敦煌學大辭典 上海辭書出版社 1998 p. 779
趙和平 《敦煌寫本書儀研究》訂補 敦煌吐魯番研究（第三卷） 北京大學出版社 1998 p. 251
趙和平 書儀 敦煌學大辭典 上海辭書出版社 1998 p. 422

P. 2997

川崎ミチコ 通俗詩類・雜詩文類 敦煌仏典と禪（講座敦煌 8） （東京）大東出版社 1980
　　p. 330
陳祚龍 敦煌古抄《梁朝傅大士頌金剛經》之考證和校訂 敦煌簡策訂存 （臺北）商務印書館
　　1983 p. 204
項楚 敦煌詩歌導論 （臺北）新文豐出版公司 1993 p. 106
井ノ口泰淳 『金剛般若經』傳承の一形式 中央アジアの言語と仏教 （京都）法藏館 1995
　　p. 377
柳田聖山 禪籍解題（一）・敦煌禪籍 俗語言研究（第二期） （京都）禪文化研究所 1995 p. 147
張勇 《梁朝傅大士頌金剛經》版本源流考述 敦煌文學論集 四川人民出版社 1997 p. 404
方廣錩 敦煌遺書中的《金剛經》及其注疏 敦煌學佛教學論叢（上） 中國佛教文化研究所 1998
　　p. 380
方廣錩 梁朝傅大士頌金剛經 敦煌學大辭典 上海辭書出版社 1998 p. 731
平井宥慶 敦煌文書における金剛經疏 金剛般若經の思想的研究 （東京）春秋社 1999 p. 263
張勇 傅大士研究 巴蜀書社 2000 p. 260
達照 金剛經讚研究 宗教文化出版社 2002 p. 4、75
達照 金剛經讚集 藏外佛教文獻（第九輯） 宗教文化出版社 2003 p. 41
張鐵山 莫高窟北區出土三件珍貴的回鶻文佛經殘片研究 《敦煌研究》2004 年第 1 期 p. 81

P. 2998

張廣達　榮新江　關於唐末宋初于闐國的國號、年號及其王家世系問題　敦煌吐魯番文獻研究論集
中華書局　1982　p. 181　又見：于闐史叢考　上海書店　1993　p. 33

森安孝夫　ウイグル語文獻　敦煌胡語文獻（講座敦煌 6）　（東京）大東出版社　1985　p. 22

耿昇　敦煌回鶻文寫本的概況　《敦煌研究》1988 年第 1 期　p. 103

張廣達　榮新江　關於敦煌出土于闐文獻的年代及其相關問題　紀念陳寅恪先生誕辰百年學術論文
集　北京大學出版社　1989　p. 285、295

李經緯　五件敦煌回鶻文遺書譯注　《西北民族研究》1992 年第 2 期　p. 4

榮新江　于闐王國與瓜沙曹氏　《敦煌研究》1994 年第 2 期　p. 113

楊富學　9—12 世紀的沙州回鶻文化　《敦煌學輯刊》1994 年第 2 期　p. 90

牛汝極　楊富學　敦煌回鶻文書法藝術　《甘肅民族研究》1995 年第 1 期　p. 101

楊富學　牛汝極　沙州回鶻及其文獻　甘肅文化出版社　1995　p. 58

榮新江　歸義軍史研究　上海古籍出版社　1996　p. 32

牛汝極　回鶻文馬年金國使節向沙州王請婚記　敦煌學大辭典　上海辭書出版社　1998　p. 499

榮新江　歸義軍大事紀年初稿　出土文獻研究（第三輯）　文物出版社　1998　p. 253

楊富學　佛教與敦煌回鶻文書法藝術　西域敦煌宗教論稿　甘肅文化出版社　1998　p. 138

榮新江　略談于闐對敦煌石窟的貢獻　2000 年敦煌學國際學術討論會文集·歷史文化卷（上）　甘
肅民族出版社　2003　p. 73

陳炳應　盧冬　古代民族　敦煌文藝出版社　2004　p. 228

P. 2999

周紹良　敦煌所出變文現存目録　敦煌變文彙録　上海出版公司　1955　p. 5

邵榮芬　敦煌俗文學中的別字異文和唐五代西北方音　《中國語文》1963 年第 3 期　又見：中國敦煌
學百年文庫·語言文字卷（一）　甘肅文化出版社　1999　p. 125

金岡照光　敦煌漢文文學文獻の文學形態上の種類とその分類　敦煌出土文學文獻分類目録·附解
說　（東京）東洋文庫　1971　p. 203

金岡照光　敦煌文學のさまざま　敦煌の文學　（東京）大藏出版株式會社　1971　p. 108

金岡照光　敦煌民衆の宗教と生活　敦煌の民衆——その生活と思想　（東京）評論社　1972
p. 126

加地哲定　增補中國佛教文學研究　（東京）同朋舍　1979　p. 130、165

楊家駱　敦煌變文　（臺北）世界書局　1980　p. 300

蔣禮鴻　敦煌變文字義通釋　上海古籍出版社　1981　p. 432　又見：敦煌叢刊初集（十四）　（臺
北）新文豐出版公司　1985　p. 432

金岡照光　敦煌の繪物語　（東京）東方書店　1981　p. 68、98

鄭阿財　敦煌孝道文學研究　（臺北）石門圖書公司　1982　p. 75

川口久雄　「王子と餓えた母虎」解說　敦煌壁畫繪解き銘文集（敦煌資料と日本文學　3）　（東
京）大東文化大學東洋研究所　1983　p. 30

潘重規　敦煌變文集新書（上）　（臺北）"中國文化大學"中文研究所　1984　p. 512

平野顯照　講經文の組織內容　敦煌と中國仏教（講座敦煌 7）　（東京）大東出版社　1984　p. 349

王慶菽　太子成道經　敦煌變文集　人民文學出版社　1984　p. 301

白化文　對可補入《敦煌變文集》中的幾則錄文的討論　《敦煌學輯刊》1986 年第 1 期　p. 46

李正宇　敦煌方音止遇二攝混同及其校勘學意義　《敦煌研究》1986 年第 4 期　p. 53

曲金良　"變文"名實新辨　《敦煌研究》1986年第2期　p. 49

周紹良　《敦煌變文集》中幾個卷子定名之商榷　敦煌吐魯番文獻研究論集(第三輯)　北京大學出版社　1986　p. 22、26

李正宇　晚唐敦煌本《釋迦因緣劇本》試探　《敦煌研究》1987年第1期　p. 70

平野顯照著　張桐生譯　唐代的文學與佛教　(臺北)業強出版社　1987　p. 281

項楚　敦煌文學雜考　1983年全國敦煌學術討論會文集·文史遺書編(下)　甘肅人民出版社　1987　p. 122

周紹良　敦煌文學作品選　中華書局　1987　p. 106

周紹良　唐代變文及其它　敦煌文學作品選　中華書局　1987　p. 18

周紹良　《悉達太子修道因緣》校注並跋　1983年全國敦煌學術討論會文集·文史遺書編(下)　甘肅人民出版社　1987　p. 15、16注

程毅中　唐代俗講文體制補說　敦煌語言文學研究　北京大學出版社　1988　p. 74

郭在貽　張涌泉　黃征　蘇聯所藏押座文及說唱佛經故事五種補校　《古籍整理研究學刊》1988年第3期　p. 13

蕭登福　唐世佛家之講經與敦煌變文　敦煌俗文學論叢　(臺北)商務印書館　1988　p. 74

張涌泉　敦煌變文校勘平議　《敦煌研究》1988年第4期　p. 85

柴劍虹　因緣　敦煌文學　甘肅人民出版社　1989　p. 273

高國藩　敦煌民俗學　上海文藝出版社　1989　p. 166、304

郭在貽　張涌泉　黃征　"押座文"八種補校　《寧波師院學報》1989年第1期　p. 73

張鴻勳　講經文　敦煌文學　甘肅人民出版社　1989　p. 269

周紹良　白化文　李鼎霞　敦煌變文集補編　北京大學出版社　1989　p. 100

高國藩　敦煌古俗與民俗流變　河海大學出版社　1990　p. 380

郭在貽　張涌泉　黃征　敦煌變文集校議　岳麓書社　1990　p. 189、421

郭在貽　張涌泉　黃征　敦煌寫本書寫特例發微　敦煌吐魯番學研究論文集　漢語大詞典出版社　1990　p. 316

加地哲定著　劉衛星譯　中國佛教文學　今日中國出版社　1990　p. 112、140

劉瑞明　S. 2440(7)號文書以"劇本"定性擬名之質疑　《敦煌學輯刊》1990年第1期　p. 97

楊雄　《敦煌變文集》校勘拾遺　《敦煌研究》1990年第4期　p. 76

楊雄　太子成道變文補校　《古籍整理研究學刊》1990年第4期　p. 5

張涌泉　《王梵志詩校注》獻疑　《敦煌研究》1990年第2期　p. 80

柴劍虹　敦煌文學中的"因緣"與"詩話"　西域文史論稿　(臺北)國文天地雜誌社　1991　p. 514

項楚　敦煌文學叢考　上海古籍出版社　1991　p. 2

項楚　王梵志詩校注　上海古籍出版社　1991　p. 890

郭在貽　郭在貽語言文學論稿　浙江古籍出版社　1992　p. 144

金岡照光　講唱體類　敦煌の文學文獻(講座敦煌9)　(東京)大東出版社　1992　p. 76、107、163

金岡照光　押座文　敦煌の文學文獻(講座敦煌9)　(東京)大東出版社　1992　p. 368

林家平　寧強　羅華慶　中國敦煌學史　北京語言學院出版社　1992　p. 657

汪泛舟　敦煌講唱文學語言審美追求　《敦煌研究》1992年第2期　p. 49

張涌泉　敦煌寫卷俗字類型及其考辨的方法　(香港)《九州學刊》(敦煌學專輯)1992年第4卷第4期　p. 74

周紹良　敦煌文學芻議及其它　(臺北)新文豐出版公司　1992　p. 53、136

高國藩　敦煌民俗資料導論　(臺北)新文豐出版公司　1993　p. 42、89、175

郭在貽　郭在貽敦煌學論集　江西人民出版社　1993　p. 197

楊雄　講經文名實說　（香港）《九州學刊》（敦煌學專輯）1993 年第 5 卷第 4 期　p. 144

蔣禮鴻　敦煌文獻語言詞典　杭州大學出版社　1994　p. 44、367

黃征　唐代俗語詞輯釋　唐研究（第一卷）　北京大學出版社　1995　p. 195

梁尉英　敦煌佛傳概觀及其中國化之特點　敦煌學國際研討會文集・石窟藝術編　遼寧美術出版社
　　1995　p. 340

曲金良　敦煌佛教文學研究　（臺北）文津出版社　1995　p. 41、98

王慶雲　佛太子與賈寶玉：從敦煌寫本《八相變》看佛教文學對《紅樓夢》的影響　敦煌佛教文學研究
　　（臺北）文津出版社　1995　p. 300

張涌泉　陳祚龍校錄敦煌卷子失誤例釋　學術集林（卷六）　上海遠東出版社　1995　p. 315　又
　　見：舊學新知　浙江大學出版社　1999　p. 290

張涌泉　敦煌文書類化字研究　《敦煌研究》1995 年第 4 期　p. 77

張涌泉　漢語俗字研究　岳麓書社　1995　p. 80

鄧文寬　評《敦煌新本六祖壇經》　敦煌吐魯番研究（第一卷）　北京大學出版社　1996　p. 402

黃征　敦煌俗語法研究之一：句法篇　敦煌吐魯番研究（第一卷）　北京大學出版社　1996　p. 66

李重申　敦煌古代的博弈文化　敦煌佛教文化研究　社科縱橫編輯部　1996　p. 188

饒宗頤　"法曲子"論　敦煌曲續論　（臺北）新文豐出版公司　1996　p. 79

張涌泉　敦煌俗字研究導論　（臺北）新文豐出版公司　1996　p. 197

張涌泉　敦煌寫卷俗字類釋　敦煌吐魯番學研究論集　書目文獻出版社　1996　p. 483

伏俊璉　關於變文體裁的一點探索　敦煌文學論集　四川人民出版社　1997　p. 130

黃征　敦煌寫本異文綜析　敦煌語文叢說　（臺北）新文豐出版公司　1997　p. 22

黃征　張涌泉　敦煌變文校注　中華書局　1997　p. 137、442、788、988

陸淑綺　李重申　敦煌古代戲曲文化史料綜述　《敦煌研究》1997 年第 2 期　p. 66

海客　太子成道經　敦煌學大辭典　上海辭書出版社　1998　p. 576

譚蟬雪　敦煌歲時文化導論　（臺北）新文豐出版公司　1998　p. 76

周紹良　張涌泉　黃征　敦煌變文講經文因緣輯校（上、下）　江蘇古籍出版社　1998　p. 19、709

伏俊璉　論變文與講經文的關係　《敦煌研究》1999 年第 3 期　p. 102

高國藩　敦煌俗文化學　上海三聯書店　1999　p. 40、343

柳存仁　敦煌變文與中國文學　道家與道術　上海古籍出版社　1999　p. 205

梅維恒著　楊繼東　陳引馳譯　唐代變文（上）　（香港）中國佛教文化出版公司　1999　p. 79 注 1

張涌泉　敦煌寫本書寫特例發微　舊學新知　浙江大學出版社　1999　p. 227

金岡照光　敦煌文獻と中國文學　（東京）五曜書房　2000　p. 151、474

李重申　敦煌古代體育文化　甘肅人民出版社　2000　p. 87

謝生保　成佛之路：敦煌壁畫佛傳故事　甘肅人民出版社　2000　p. 181

徐俊　敦煌詩集殘卷輯考　中華書局　2000　p. 888

張錫厚　敦煌文學源流　作家出版社　2000　p. 383

張涌泉　漢語俗字叢考　中華書局　2000　p. 18、1141

周紹良　敦煌文學叢考　英國收藏敦煌漢藏文獻研究　中國社會科學出版社　2000　p. 260

李小榮　敦煌變文"平"、"側"、"斷"諸音聲符號探析　《敦煌學輯刊》2001 年第 2 期　p. 9

陶敏　李一飛　隋唐五代文學史料學　中華書局　2001　p. 363

張錫厚　讀敦煌緣起類作品及其他　敦煌學與中國史研究論集　甘肅人民出版社　2001　p. 147

黃征　敦煌語言文字學研究　甘肅教育出版社　2002　p. 42、133、229

李小榮　變文講唱與華梵宗教藝術　上海三聯書店　2002　p. 62、204

李正宇　唐宋時期敦煌佛經性質功能的變化　戒幢佛學（第二卷）　岳麓書社　2002　p. 25

張鴻勳　敦煌俗文學研究　甘肅人民出版社　2002　p. 8、111

王小盾　潘重規先生"變文外衣"理論疏說　敦煌學（第25輯）　（臺北）樂學書局有限公司　2004
　　p. 90

張涌泉　敦煌文獻字詞例釋　敦煌學（第25輯）　（臺北）樂學書局有限公司　2004　p. 356

荒見泰史　從敦煌寫本中變文的改寫情況來探討五代講唱文學的演變　敦煌學國際研討會論文集
　　北京圖書館出版社　2005　p. 178

黃征　敦煌俗字典　上海教育出版社　2005　p. 13、41

黃征　敦煌俗字要論　《敦煌研究》2005年第1期　p. 86

黃征　敦煌俗字種類考辨　敦煌學・日本學：石塚晴通教授退職紀念論文集　上海辭書出版社
　　2005　p. 120

蘭州理工大學絲綢之路文史研究所編　絲綢之路體育文化論集　中華書局　2005　p. 214

趙鑫曄　瀝血哀集　蔚然可觀：讀《敦煌俗字典》　《敦煌研究》2006年第1期　p. 114

P. 3000

那波利貞　俗講と變文（中）　『佛教史學』（1卷3號）　（京都）平樂寺書店　1950　p. 75　又見：唐
　　代社會文化史研究・第四編　（東京）創文社　1974　p. 410

那波利貞　中晚唐五代の佛教寺院の俗講の座に於ける變文の演出方法に就きて　甲南大學論集
　　（2）　（神戶）甲南大學　1955　p. 6

那波利貞　唐寫本雜抄考——唐代庶民教育史研究の一資料　唐代社會文化史研究・第二編　（東
　　京）創文社　1974　p. 264

王繼如　《醜女緣起》校釋補正　俗語言研究（第二期）　（京都）禪文化研究所　1995　p. 54

方廣錩　雜寶藏經　敦煌學大辭典　上海辭書出版社　1998　p. 709

梁麗玲　《雜寶藏經》及其故事研究　（臺北）法鼓文化公司　1998　p. 26

王繼如　敦煌通讀字研究芻議　訓詁問學叢稿　江蘇古籍出版社　2001　p. 259　又見：文史（第五
　　十六輯）　中華書局　2003　p. 225

荒見泰史　敦煌本夢書雜識　漢語史學報專輯（第三輯）　上海教育出版社　2003　p. 327

王小盾　從敦煌本共住修道故事看唐代佛教詩歌文體的來源　中國俗文化研究（第一輯）　巴蜀書
　　社　2003　p. 21

荒見泰史　漢文譬喻經典及其綱要本的作用　佛經文學研究論集　復旦大學出版社　2004　p. 281

P. 3001

大淵忍爾　敦煌殘卷三則　福井博士頌壽記念東洋思想論集　（東京）論文集刊行會　1960　p. 117

饒宗頤　老子想爾注考略　選堂集林・史林　（香港）中華書局　1982　p. 343

柳存仁　《想爾注》與道教　和風堂新文集（上）　（臺北）新文豐出版公司　1997　p. 285

大淵忍爾　論古靈寶經　道家文化研究（第十三輯）　三聯書店　1998　p. 486

王卡　通門論　敦煌學大辭典　上海辭書出版社　1998　p. 766

蘇遠鳴　中國避諱略述　法國漢學（敦煌學專號）　中華書局　2000　p. 54

王承文　敦煌古靈寶經與晉唐道教　中華書局　2002　p. 450

王卡　敦煌道教文獻研究　中國社會科學出版社　2004　p. 116

P. 3002

上山大峻　敦煌佛教の研究　（京都）法藏館　1990　p. 19

P. 3003

芳村修基　土橋秀高　井ノ口泰淳　敦煌佛教史年表　西域文化研究（第一）・敦煌佛教資料
　　（京都）法藏館　1958　p. 268

上山大峻　敦煌佛教の研究　（京都）法藏館　1990　p. 19

高國藩　敦煌民俗資料導論　（臺北）新文豐出版公司　1993　p. 4

姜亮夫　敦煌莫高窟年表　姜亮夫全集（十一）　雲南人民出版社　2002　p. 351

P. 3004

那波利貞　敦煌發見文書に拠る中晩唐時代の佛教寺院の錢穀布帛類貸付營利事業運營の實況
　　『支那學』（10 卷 3 號）　（京都）支那學社　1941　p. 143

陳國燦　敦煌所出諸借契年代考　魏晉南北朝隋唐史資料（第 4 輯）　武漢大學出版社　1982
　　p. 13　又見:《敦煌學輯刊》1984 年第 1 期　p. 6

劉復　敦煌掇瑣　敦煌叢刊初集（十五）　（臺北）新文豐出版公司　1985　p. 245

唐耕耦　唐五代時期的高利貸——敦煌吐魯番出土借貸文書初探（一）　《敦煌學輯刊》1985 年第 2
　　期　p. 12、19

唐耕耦　唐五代時期的高利貸——敦煌吐魯番出土借貸文書初探（二）《敦煌學輯刊》1986 年第 1
　　期　p. 142

姜亮夫　敦煌經卷壁畫中所見釋氏僧名錄　敦煌學論文集　上海古籍出版社　1987　p. 1035

姜亮夫　敦煌經卷壁畫中所見寺觀錄　敦煌學論文集　上海古籍出版社　1987　p. 1082

姜亮夫　敦煌經卷題名錄　敦煌學論文集　上海古籍出版社　1987　p. 1060

王永興　隋唐五代經濟史料彙編校注・第一編（下）　中華書局　1987　p. 937

謝和耐著　耿昇譯　中國 5—10 世紀的寺院經濟　甘肅人民出版社　1987　p. 228 注 1　又見:上海
　　古籍出版社　2004　p. 187 注 1

郭在貽　張涌泉　黃征　敦煌寫本書寫特例發微　敦煌吐魯番學研究論文集　漢語大詞典出版社
　　1990　p. 326

唐耕耦　陸宏基　敦煌社會經濟文獻真迹釋錄（二）　全國圖書館文獻縮微複製中心　1990　p. 122

林家平　寧强　羅華慶　中國敦煌學史　北京語言學院出版社　1992　p. 17

陶秋英輯錄　姜亮夫校訂　敦煌經卷壁畫中所見釋氏名錄　敦煌碎金　浙江古籍出版社　1992
　　p. 22

陶秋英輯錄　姜亮夫校訂　敦煌經卷所見寺名錄　敦煌碎金　浙江古籍出版社　1992　p. 127

陶秋英輯錄　姜亮夫校訂　敦煌經卷題名錄　敦煌碎金　浙江古籍出版社　1992　p. 74、77

張傳璽　中國歷代契約會編考釋（上）　北京大學出版社　1995　p. 393 注 1

鄭阿財　《龍興寺毗沙門天王靈驗記》與敦煌地區的毗沙門信仰　周紹良先生欣開九秩慶壽文集
　　中華書局　1997　p. 253

鄭炳林　晚唐五代敦煌貿易市場的物價　敦煌歸義軍史專題研究　蘭州大學出版社　1997　p. 279

沙知　敦煌契約文書輯校　江蘇古籍出版社　1998　p. 211

陳國燦　唐代的經濟社會　（臺北）文津出版社　1999　p. 218 注 51

張涌泉　敦煌變文校讀釋例　舊學新知　浙江大學出版社　1999　p. 175

張涌泉　敦煌寫本書寫特例發微　舊學新知　浙江大學出版社　1999　p. 237

丘古耶夫斯基　敦煌漢文文書　上海古籍出版社　2000　p. 139

謝重光　漢唐佛教社會史論　（臺北）國際文化事業有限公司　2001　p. 253 注 63

楊際平　論唐末五代宋初敦煌地權的集中與分散　敦煌學與中國史研究論集　甘肅人民出版社　2001　p. 193

楊森　關於敦煌文獻中的"平章"一詞　敦煌學與中國史研究論集　甘肅人民出版社　2001　p. 231

陳國燦　敦煌學史事新證　甘肅教育出版社　2002　p. 338

董志翹　敦煌社會經濟文書詞語散釋　中國俗文化研究（第一輯）　巴蜀書社　2003　p. 132

童丕　敦煌的借貸：中國中古時代的物質生活與社會　中華書局　2003　p. 112

王啓濤　中古及近代法制文書語言研究　巴蜀書社　2003　p. 292

董志翹　敦煌社會經濟文獻詞語略考　浙江與敦煌學：常書鴻先生誕辰一百周年紀念文集　浙江古籍出版社　2004　p. 496

鄭炳林　晚唐五代敦煌商業貿易市場研究　《敦煌學輯刊》2004 年第 1 期　p. 110

P. 3005

那波利貞　梁戶考　唐代社會文化史研究·第三編　（東京）創文社　1974　p. 292

姜伯勤　敦煌寺院碾磑經營的兩種形式　歷史論叢（第三輯）　齊魯書社　1983　p. 183　又見：五十年來漢唐佛教寺院經濟研究　北京師範大學出版社　1986　p. 230

艾麗白著　耿昇譯　敦煌漢文寫本中的鳥形押　敦煌譯叢（第一輯）　甘肅人民出版社　1985　p. 197 注 2

謝和耐著　耿昇譯　敦煌的墾戶與梁戶　敦煌譯叢（第一輯）　甘肅人民出版社　1985　p. 170 注 37

姜伯勤　唐五代敦煌寺戶制度　中華書局　1987　p. 239、248

謝和耐著　耿昇譯　中國 5—10 世紀的寺院經濟　甘肅人民出版社　1987　p. 182 注 3

譚蟬雪　敦煌祈賽風俗　《敦煌研究》1993 年第 4 期　p. 64

鄭炳林　董念清　唐五代敦煌私營釀酒業初探　《社科縱橫》1994 年第 4 期　p. 65

鄭炳林　高偉　唐五代敦煌釀酒業初探　《西北史地》1994 年第 1 期　p. 31

田德新　敦煌寺院中的都師　《敦煌學輯刊》1997 年第 2 期　p. 126

楊森　晚唐五代兩件《女人社》文書劄記　《敦煌研究》1998 年第 1 期　p. 71

高啓安　唐五代敦煌飲食文化研究　民族出版社　2004　p. 60、79、419

P. 3006

蘇遠鳴　敦煌漢文寫本的斷代　法國學者敦煌學論文選萃　中華書局　1993　p. 555、560

楊森　敦研 0010 號《佛說祝毒經》書法風格：從北朝經生體書法談起　《敦煌研究》1995 年第 1 期　p. 169

鄭阿財　洪藝芳　1996—1997 年臺灣地區唐代學術研究概況：敦煌學　"中國唐代學會"會刊（第八期）　（臺北）"中國唐代學會"　1997　p. 67

姜亮夫　敦煌莫高窟年表　姜亮夫全集（十一）　雲南人民出版社　2002　p. 104

竺家寧　敦煌卷子 P. 3006 辭彙研究　新世紀敦煌學論集　巴蜀書社　2003　p. 486

劉安志　吐魯番出土的幾件佛典注疏殘片　敦煌吐魯番研究（第九卷）　中華書局　2006　p. 24

P. 3007

上山大峻　敦煌佛教の研究　（京都）法藏館　1990　p. 90、187

方廣錩　敦煌文獻中的《金剛經》及其注疏　《新疆文物》1995 年第 1 期　p. 47　又見：敦煌學佛教
　　學論叢(上)　中國佛教文化研究所　1998　p. 377

方廣錩　大乘四法經釋　敦煌學大辭典　上海辭書出版社　1998　p. 696

方廣錩　金剛般若論　敦煌學大辭典　上海辭書出版社　1998　p. 683

楊富學　李吉和　敦煌漢文吐蕃史料輯校(第一輯)　甘肅人民出版社　1999　p. 101

P. 3008

田中良昭　敦煌禪宗文獻の研究　(東京)大東出版社　1983　p. 350

梅弘理　敦煌本佛教教理問答書　法國學者敦煌學論文選萃　中華書局　1993　p. 140

P. 3009

田中良昭　敦煌禪宗文獻の研究　(東京)大東出版社　1983　p. 350

姜亮夫　敦煌經卷題名録　敦煌學論文集　上海古籍出版社　1987　p. 1056

陶秋英輯録　姜亮夫校訂　敦煌經卷題名録　敦煌碎金　浙江古籍出版社　1992　p. 67

梅弘理　敦煌本佛教教理問答書　法國學者敦煌學論文選萃　中華書局　1993　p. 140

P. 3010

方廣錩　讀敦煌佛典經録劄記　《敦煌學輯刊》1986 年第 1 期　p. 114

方廣錩　漢文大藏經帙號探源　《世界宗教研究》1990 年第 1 期　p. 137

方廣錩　吐蕃統治時期敦煌流行的偈頌帙號法　《敦煌學輯刊》1990 年第 1 期　p. 79

方廣錩　佛教大藏經史(八一十世紀)　中國社會科學出版社　1991　p. 115、299、312

方廣錩　敦煌佛教經録輯校　江蘇古籍出版社　1997　p. 855

白化文　經帙　敦煌學大辭典　上海辭書出版社　1998　p. 595

方廣錩　龍興寺歷年配補藏經録　敦煌學大辭典　上海辭書出版社　1998　p. 755

侯旭東　如來在金棺囑累清淨莊嚴敬福經　藏外佛教文獻(第四輯)　宗教文化出版社　1998
　　p. 390

方廣錩　敦煌寺院所藏大藏經　中日敦煌佛教學術會議論文集　中國社會科學院研究所　2002
　　p. 40

郭俊葉　敦煌研究院藏絲質經帙標簽及其相關問題　《敦煌研究》2005 年第 6 期　p. 89

P. 3011

廣川堯敏　禮讚　敦煌と中國仏教(講座敦煌 7)　(東京)大東出版社　1984　p. 448

任半塘　敦煌歌辭總編　上海古籍出版社　1987　p. 1072

汪泛舟　讚・箴　敦煌文學　甘肅人民出版社　1989　p. 100

姜伯勤　敦煌社會文書導論　(臺北)新文豐出版公司　1992　p. 159

高田時雄　チベット文字書寫「長卷」の研究(本文編)　『東方學報』(第 65 號)　京都大學人文科
　　學研究所　1993　p. 372

蘇遠鳴　敦煌寫本中的地藏十齋日　法國學者敦煌學論文選萃　中華書局　1993　p. 394

張涌泉　敦煌俗字研究導論　(臺北)新文豐出版公司　1996　p. 195

方廣錩　地藏菩薩十齋日　敦煌學大辭典　上海辭書出版社　1998　p. 730

金岡照光　敦煌文獻と中國文學　(東京)五曜書房　2000　p. 183、416

張總　地藏菩薩十齋日　藏外佛教文獻(第七輯)　宗教文化出版社　2000　p. 350

P. 3013

池田溫　評『ペリオ將來敦煌漢文文獻目録』第一卷（P. 2001 – 2500）　『東洋學報』（54卷4號）
　　（東京）東洋學術協會　1972　p. 67

P. 3014

方廣錩　觀無量壽佛經　敦煌學大辭典　上海辭書出版社　1998　p. 660

P. 3015

陳鐵凡　敦煌本尚書述略　（臺北）《大陸雜誌》1961年第8期　又見：中國敦煌學百年文庫·文獻
　　卷（一）　甘肅文化出版社　1999　p. 442

陳鐵凡　敦煌本虞夏商書校證補遺　（臺北）《大陸雜誌》1969年第2期　又見：中國敦煌學百年文
　　庫·文獻卷（二）　甘肅文化出版社　1999　p. 419

那波利貞　開元末期以と前天寶初期以後との唐の時世の差異に就きて　唐代社會文化史研究·
　　第一編　（東京）創文社　1974　p. 140

王重民　敦煌本尚書六跋　《青海民族學院學報》1979年第4卷　又見：中國敦煌學百年文庫·文獻
　　卷（二）　甘肅文化出版社　1999　p. 556

王重民　敦煌古籍叙録　中華書局　1979　p. 22

王堯　陳踐　敦煌吐蕃文獻選　四川民族出版社　1983　p. 67

饒宗頤　敦煌書法叢刊（第五卷）·經史（三）　（東京）二玄社　1985　p. 48

王重民　巴黎敦煌殘卷叙録（第一輯）　敦煌叢刊初集（九）　（臺北）新文豐出版公司　1985　p. 111

王重民原編　黃永武新編　敦煌古籍叙録新編（第二冊）　（臺北）新文豐出版公司　1986　p. 82

姜亮夫　敦煌本尚書校録　敦煌學論文集　上海古籍出版社　1987　p. 152、164　又見：姜亮夫全集
　　（十三）　雲南人民出版社　2002　p. 133

姜亮夫　敦煌經卷在中國文化學術上的價值　敦煌學論文集　上海古籍出版社　1987　p. 9

蘇瑩輝　國際敦煌學研究近貌　敦煌文史藝術論叢　（臺北）新文豐出版公司　1987　p. 180

孫啓治　唐寫本俗別字變化類型舉例　敦煌吐魯番文獻研究論集（第五輯）　北京大學出版社
　　1990　p. 130、132

李正宇　楊森　《味青齋敦煌秘笈佚卷存目》撿對記　《敦煌研究》1991年第4期　p. 68

土田健次郎　儒教典籍　敦煌漢文文獻（講座敦煌5）　（東京）大東出版社　1992　p. 268

吳福熙　敦煌殘卷古文尚書校注　甘肅人民出版社　1992　p. 2

顧吉辰　唐代敦煌文獻寫本書手考述　《敦煌學輯刊》1993年第1期　p. 30

王堯　吐蕃時期藏譯漢籍名著及故事　中國古籍研究（第一卷）　上海古籍出版社　1996　p. 539

馮培紅　晚唐五代宋初歸義軍武職軍將研究　敦煌歸義軍史專題研究　蘭州大學出版社　1997
　　p. 129

陳公柔　評介《尚書文字合編》　燕京學報（新第4期）　北京大學出版社　1998　p. 289

郝春文　唐後期五代宋初敦煌僧尼的社會生活　中國社會科學出版社　1998　p. 21、198

黃征　程惠新　劫塵遺珠：敦煌遺書　甘肅教育出版社　1999　p. 193

姜亮夫　敦煌：偉大的文化寶藏　雲南人民出版社　1999　p. 98

許建平　敦煌本《尚書》叙録　敦煌文獻論集：紀念藏經洞發現一百周年國際學術研討會論文集　遼
　　寧人民出版社　2001　p. 388

姜亮夫　敦煌莫高窟年表　姜亮夫全集（十一）　雲南人民出版社　2002　p. 324

彭海　敦煌寫本《古文尚書》與漢代孔府壁本《尚書》淵源辨析　《敦煌研究》2003年第2期　p. 49

許建平　敦煌出土《尚書》寫卷研究的過去與未來　敦煌吐魯番研究（第七卷）　北京大學出版社
　　2004　p. 226

張弓　敦煌四部籍與中古後期社會的文化情境　敦煌學（第 25 輯）　（臺北）樂學書局有限公司
　　2004　p. 318

中村威也　ДХ10698『尚書費誓』とДХ10698v「史書」について　『西北出土文獻研究』（創刊號）
　　（新潟）西北出土文獻研究會　2004　p. 42

P. 3016

那波利貞　千佛岩莫高窟と敦煌文書　西域文化研究（第二）・敦煌吐魯番社會經濟資料（上）　（京
　　都）法藏館　1959　p. 62

長澤和俊　敦煌　（東京）築摩書房　1965　p. 198

那波利貞　開元末期以前と天寶初期以後との唐の時世の差異に就きて　唐代社會文化史研究・第
　　一編　（東京）創文社　1974　p. 37

那波利貞　梁戶考　唐代社會文化史研究・第三編　（東京）創文社　1974　p. 270

梅村坦　住民の種族構成——敦煌をめぐる諸民族の動向　敦煌の社會（講座敦煌 3）　（東京）大
　　東出版社　1980　p. 207

陳祚龍　古代敦煌及其他地區流行之公私印章圖記文字錄　敦煌學要籥　（臺北）新文豐出版公司
　　1982　p. 324

哈密頓　851—1001 年于闐王世系　《敦煌學輯刊》1982 年第 3 期　p. 165

饒宗頤　巴黎藏最早之敦煌寫卷金光明經（P. 4506）　選堂集林・史林　（香港）中華書局　1982
　　p. 416

張廣達　榮新江　關於唐末宋初于闐國的國號、年號及其王家世系問題　敦煌吐魯番文獻研究論集
　　中華書局　1982　p. 185、190、193、194、208 注 50　又見：于闐史叢考　上海書店　1993　p. 33

周祖謨　唐五代韻書集存　中華書局　1983　p. 789、953

饒宗頤　敦煌書法叢刊（第十五卷）・牒狀（二）　（東京）二玄社　1985　p. 67、93

李正宇　關於金山國和敦煌國建國的幾個問題　《西北史地》1987 年第 2 期　p. 71

張廣達　榮新江　敦煌文書 P. 3510（于闐文）《從德太子發願文》（擬）及其年代　1983 年全國敦煌學
　　術討論會文集・文史遺書編（上）　甘肅人民出版社　1987　p. 168

孫修身　敦煌遺書伯 3016 號卷背第二件文書有關問題考　《敦煌學輯刊》1988 年第 1、2 期　p. 25、
　　33

孫修身　五代時期甘州回鶻和中原王朝的交通（一）　《敦煌研究》1989 年第 3 期　p. 54

張廣達　榮新江　關於敦煌出土于闐文獻的年代及其相關問題　紀念陳寅恪先生誕辰百年學術論文
　　集　北京大學出版社　1989　p. 286

劉銘恕　敦煌遺書叢識之四　敦煌吐魯番學研究論文集　漢語大詞典出版社　1990　p. 39

榮新江　敦煌學研究揭開晚唐五代宋初西北史的新篇章　中國文化（2）　（香港）中華書局　1990
　　p. 8

榮新江　小月氏考　中亞學刊（第三輯）　中華書局　1990　p. 53

孫修身　五代時期甘州回鶻和中原王朝的交通（三）　《敦煌研究》1990 年第 1 期　p. 67

孫修身　五代時期甘州回鶻可汗世系考　《敦煌研究》1990 年第 3 期　p. 41

唐耕耦　陸宏基　敦煌社會經濟文獻真迹釋錄（四）　全國圖書館文獻縮微複製中心　1990
　　p. 300、404

林聰明　敦煌文書學　（臺北）新文豐出版公司　1991　p. 71

榮新江　曹議金征甘州回鶻史事表微　《敦煌研究》1991 年第 2 期　p.4

孫修身　伯 2155《曹元忠致甘州回鶻可汗狀》時代考　《敦煌研究》1991 年第 2 期　p.29

張廣達　唐末五代宋初西北地區的般次和使次　季羨林教授八十華誕紀念論文集（下）　江西人民
　　出版社　1991　p.971

中村裕一　唐代官文書研究　（京都）中文出版社　1991　p.497、507

姜伯勤　敦煌社會文書導論　（臺北）新文豐出版公司　1992　p.129、134、137

孟凡人　五代宋初于闐王統考　《中國邊疆史地研究》1992 年第 3 期　p.104

邵文實　唐代後期河西地區的民族遷徙及其後果　《敦煌學輯刊》1992 年第 1、2 期　p.28

鄭炳林　梁志勝　《梁幸德邈真讚》與梁願請《莫高窟功德記》　《敦煌研究》1992 年第 2 期　p.62
　　又見：敦煌吐魯番文獻研究　蘭州大學出版社　1995　p.255

榮新江　關於曹氏歸義軍首任節度使的幾個問題　《敦煌研究》1993 年第 2 期　p.47

張廣達　榮新江　和田、敦煌發現的中古于闐史料概述　于闐史叢考　上海書店　1993　p.16

鄭炳林　讀敦煌文書 P.3859《後唐清泰三年六月沙州儭司教授福集等狀》劄記　《西北史地》1993 年
　　第 4 期　p.46　又見：敦煌吐魯番文獻研究　蘭州大學出版社　1995　p.612

姜伯勤　敦煌吐魯番文書與絲綢之路　文物出版社　1994　p.268

榮新江　敦煌邈真讚所見歸義軍與東西回鶻的關係　敦煌邈真讚校録並研究　（臺北）新文豐出版
　　公司　1994　p.92

榮新江　于闐王國與瓜沙曹氏　《敦煌研究》1994 年第 2 期　p.113

陸慶夫　甘州回鶻可汗世次辨析　《敦煌學輯刊》1995 年第 2 期　p.36　又見：敦煌歸義軍史專題研
　　究　蘭州大學出版社　1997　p.477

孫修身　試論瓜沙曹氏與甘州回鶻之關係　敦煌學國際研討會文集·史地語文編　遼寧美術出版社
　　1995　p.112

張廣達　西域史地叢稿初編　上海古籍出版社　1995　p.339

榮新江　歸義軍史研究　上海古籍出版社　1996　p.119

張金泉　許建平　敦煌音義彙考　杭州大學出版社　1996　p.504

馮培紅　晚唐五代宋初歸義軍武職軍將研究　敦煌歸義軍史專題研究　蘭州大學出版社　1997
　　p.112、134

張金泉　關於《時要字樣》等八件敦煌寫卷的考辨　古典文獻與文化論叢　中華書局　1997　p.95

鄭炳林　敦煌碑銘讚輯釋　甘肅教育出版社　1997　p.420 注 15

鄭炳林　唐五代敦煌的醫事研究　敦煌歸義軍史專題研究　蘭州大學出版社　1997　p.521

鄭炳林　唐五代敦煌金山國征伐樓蘭史事考　敦煌歸義軍史專題研究　蘭州大學出版社　1997
　　p.14

鄭炳林　馮培紅　唐五代歸義軍政權對外關係中的使頭一職　敦煌歸義軍史專題研究　蘭州大學出
　　版社　1997　p.54、61

鄭炳林　馮培紅　晚唐五代宋初歸義軍政權中都頭一職考辨　敦煌歸義軍史專題研究　蘭州大學出
　　版社　1997　p.74、87

陳國燦　致沙州大王令公書　敦煌學大辭典　上海辭書出版社　1998　p.375

李冬梅　唐五代歸義軍與周邊民族關係綜論　《敦煌學輯刊》1998 年第 2 期　p.49

李正宇　古本敦煌鄉土志八種箋證　（臺北）新文豐出版公司　1998　p.384

羅豐　五代、宋初靈州與絲綢之路　《西北民族研究》1998 年第 1 期　p.14

榮新江　歸義軍大事紀年初稿　出土文獻研究（第三輯）　文物出版社　1998　p.249

沙知　壽昌縣印　敦煌學大辭典　上海辭書出版社　1998　p.293

張金泉　唐韻摘字　敦煌學大辭典　上海辭書出版社　1998　p. 514

馮培紅　客司與歸義軍的外交活動　《敦煌學輯刊》1999 年第 1 期　p. 83

雷紹鋒　歸義軍賦役制度初探　（臺北）洪葉文化事業有限公司　2000　p. 169

顏廷亮　敦煌文化　光明日報出版社　2000　p. 89

曾良　敦煌文獻字義通釋　廈門大學出版社　2001　p. 6、34

郭鋒　略論歸義軍時期仲雲人族屬諸問題　唐史與敦煌文獻論稿　中國社會科學出版社　2002
　　p. 311、317

姜亮夫　敦煌莫高窟年表　姜亮夫全集（十一）　雲南人民出版社　2002　p. 57、517

榮新江　唐五代歸義軍武職軍將考　敦煌學新論　甘肅教育出版社　2002　p. 59

徐曉麗　敦煌石窟所見天公主考辨　《敦煌學輯刊》2002 年第 2 期　p. 81

陳國燦　敦煌藏經洞魏晉寫經系年訂補　漢語史學報專輯（第三輯）　上海教育出版社　2003
　　p. 49

董志翹　敦煌社會經濟文書詞語散釋　中國俗文化研究（第一輯）　巴蜀書社　2003　p. 131

榮新江　略談于闐對敦煌石窟的貢獻　2000 年敦煌學國際學術討論會文集・歷史文化卷（上）　甘
　　肅民族出版社　2003　p. 74

森安孝夫著　梁曉鵬摘譯　河西歸義軍節度使官印及其編年　《敦煌學輯刊》2003 年第 1 期　p. 143

董志翹　敦煌社會經濟文獻詞語略考　浙江與敦煌學：常書鴻先生誕辰一百周年紀念文集　浙江古
　　籍出版社　2004　p. 494

羅豐　胡漢之間："絲綢之路"與西北歷史考古　文物出版社　2004　p. 335

王雲路　從"蒙免""鞭恥"說起　浙江與敦煌學：常書鴻先生誕辰一百周年紀念文集　浙江古籍出版
　　社　2004　p. 514

李軍　晚唐五代肅州相關史實考述　《敦煌學輯刊》2005 年第 3 期　p. 92

吳麗娛　楊寶玉　P. 3197v《曹氏歸義軍時期甘州使人書狀》考試　《敦煌學輯刊》2005 年第 4 期
　　p. 18

沙武田　敦煌寫真邈真讚畫稿研究：兼論敦煌畫之寫真肖像藝術　《敦煌學輯刊》2006 年第 1 期
　　p. 54

P. 3017

李正宇　試論敦煌所藏《禪師衛士遇逢因緣》　《文學遺產》1989 年第 3 期　p. 51

方廣錩　敦煌藏經洞封閉原因之我見　敦煌學佛教學論叢（上）　中國佛教文化研究所　1998
　　p. 32

伏俊璉　論講經文與變文的關係　中國典籍與文化論叢（第五輯）　中華書局　2000　p. 115

土肥義和著　王平先譯　論莫高窟藏經洞的性質　2004 年石窟研究國際學術會議論文提要集　敦
　　煌研究院　2004　p. 51

P. 3018

西村元佑　唐代敦煌差科簿の研究　西域文化研究（第三）・敦煌吐魯番社會經濟資料（下）　（京
　　都）法藏館　1960　p. 377、438

內藤乾吉　西域発見唐代官文書の研究　中國法制史考證　（東京）有斐閣　1963　p. 345

池田溫　中國古代籍帳研究：概観・錄文　東京大學東洋文化研究所　1979　p. 99、263

菊池英夫　隋唐王朝支配期の河西と敦煌敦煌の歷史（講座敦煌 2）　（東京）大東出版社　1980
　　p. 157

梅村坦　住民の種族構成——敦煌をめぐる諸民族の動向　敦煌の社會(講座敦煌3)　(東京)大東出版社　1980　p. 202

中川孝　楞伽宗と東山法門　敦煌仏典と禪(講座敦煌8)　(東京)大東出版社　1980　p. 131

佐藤武敏　敦煌の水利　敦煌の社會(講座敦煌3)　(東京)大東出版社　1980　p. 281

陳祚龍　古代敦煌及其他地區流行之公私印章圖記文字録　敦煌學要籥　(臺北)新文豐出版公司　1982　p. 339

王永興　唐天寶敦煌差科簿研究:兼論唐代色役制和其他問題　敦煌吐魯番文獻研究論集　中華書局　1982　p. 63、64、66、95

田中良昭　敦煌禪宗文獻の研究　(東京)大東出版社　1983　p. 170、183、398

池田溫　中國古代籍帳研究　中華書局　1984　p. 281

楊際平　鄭學檬　兩本《敦煌吐魯番文獻研究論集》評介　《中國社會經濟史研究》1984年第1期　p. 119

西村元佑著　姜鎮慶譯　通過唐代敦煌差科簿看唐代均田制時代的徭役制度　敦煌學譯文集　甘肅人民出版社　1985　p. 979、1006、1038、1057、1104、1145、1151、1153、1223、1233補注

唐耕耦　陸宏基　敦煌社會經濟文獻真迹釋録(一)　書目文獻出版社　1986　p. 208

楊際平　關於唐天寶敦煌差科簿的幾個問題　敦煌吐魯番出土經濟文書研究　廈門大學出版社　1986　p. 129

楊際平　鄭學檬　關於西魏大統十三年敦煌計帳戶籍文書的幾個問題　魏晉南北朝史研究　湖北人民出版社　1986　p. 416

王永興　隋唐五代經濟史料彙編校注·第一編(下)　中華書局　1987　p. 567

楊曾文　日本學者對中國禪宗文獻的研究和整理　《世界宗教研究》1987年第1期　p. 116

宋家鈺　唐朝戶籍法與均田制研究　中州古籍出版社　1988　p. 232

唐長孺　吐魯番文書中所見高昌郡縣行政制度　山居存稿　中華書局　1989　p. 356注1

上山大峻　敦煌佛教の研究　(京都)法藏館　1990　p. 403

楊際平　均田制新探　廈門大學出版社　1991　p. 265注1

林家平　寧強　羅華慶　中國敦煌學史　北京語言學院出版社　1992　p. 550

吳其昱著　伊藤美重子譯　敦煌漢文寫本概観　敦煌漢文文獻(講座敦煌5)　(東京)大東出版社　1992　p. 57

前田正名　河西歷史地理學研究　中國藏學出版社　1993　p. 244

冉雲華　敦煌遺書與中國禪宗歷史研究　"中國唐代學會"會刊(第四期)　(臺北)"中國唐代學會"　1993　p. 53

王永興　關於唐代門蔭制的一些史料校釋　陳門問學叢稿　江西人民出版社　1993　p. 384

王永興　唐天寶敦煌差科簿研究——兼論唐代色役制和其他問題　陳門問學叢稿　江西人民出版社　1993　p. 45

索仁森著　李吉和譯　敦煌漢文禪籍特徵概觀　《敦煌研究》1994年第1期　p. 117

田中良昭　敦煌の禪籍　禪學研究入門　(東京)大東出版社　1994　p. 56

王永興　敦煌經濟文書導論　(臺北)新文豐出版公司　1994　p. 204、397

Л. N. チュグイェフスキー著　荒川正晴譯注　ソ連邦科學アカデミー東洋學研究所所藏、敦煌寫本における官印と寺印　『吐魯番出土文物研究會會報』(98、99號)　(東京)吐魯番出土文物研究會　1994　p. 3

胡戟　傅玫　敦煌史話　中華書局　1995　p. 131、161

李錦繡　唐代財政史稿·上卷(第二分冊)　北京大學出版社　1995　p. 546注1

柳田聖山　禪籍解題(一)·敦煌禪籍　俗語言研究(第二期)　(京都)禪文化研究所　1995　p. 134

馮培紅　唐五代敦煌的河渠水利與水司管理機構初探　《敦煌學輯刊》1997 年第 2 期　p. 81

黃征　張涌泉　敦煌變文校注　中華書局　1997　p. 402

孫繼民　《唐大曆三年曹忠敏牒爲請免差充子弟事》書後　敦煌吐魯番研究(第二卷)　北京大學出版社　1997　p. 232

方廣錩　二入四行論　敦煌學大辭典　上海辭書出版社　1998　p. 725

龔方震　晏可佳　祆教史　上海社會科學院出版社　1998　p. 242

沙知　敦煌縣之印　敦煌學大辭典　上海辭書出版社　1998　p. 292

宋家鈺　計帳　敦煌學大辭典　上海辭書出版社　1998　p. 404

宋家鈺　健兒　敦煌學大辭典　上海辭書出版社　1998　p. 404

池田溫　八世紀中葉敦煌的粟特人聚落　唐研究論文選集　中國社會科學出版社　1999　p. 7、56 注 32

丘古耶夫斯基著　魏迎春譯　俄藏敦煌漢文寫卷中的官印及寺院印章　《敦煌學輯刊》1999 年第 1 期　p. 143

丘古耶夫斯基　敦煌漢文文書　上海古籍出版社　2000　p. 20、85

孫繼民　敦煌吐魯番所出唐代軍事文書初探　中國社會科學出版社　2000　p. 102

徐俊　敦煌詩集殘卷輯考　中華書局　2000　p. 862

陳國燦　敦煌學史事新證　甘肅教育出版社　2002　p. 19

鄧文寬　敦煌吐魯番天文曆法研究　甘肅教育出版社　2002　p. 308

王素　敦煌吐魯番文獻　文物出版社　2002　p. 176

陸離　吐蕃統治敦煌時期的官府勞役　魏晉南北朝隋唐史資料(第 22 輯)　武漢大學出版社　2005　p. 181

馮培紅　歸義軍鎮制考　敦煌吐魯番研究(第九卷)　中華書局　2006　p. 274

劉再聰　從吐魯番文書看唐代西州縣以下行政建制　《西域研究》2006 年第 3 期　p. 47

張錫厚　《詠臥輪禪師看心法四首》補正與敦煌本《菩提達摩論》定名　《敦煌研究》2006 年第 1 期　p. 94

P. 3019

劉屹　評《北京大學藏敦煌文獻》　敦煌吐魯番研究(第三卷)　北京大學出版社　1998　p. 373

P. 3020

陳祚龍　關於道家"本際經"及其"要略妙義"與"疏"的敦煌古抄　敦煌文物隨筆　(臺北)商務印書館　1979　p. 215

石井昌子　靈寶經類　敦煌と中國道教(講座敦煌 4)　(東京)大東出版社　1983　p. 160

山田俊　唐初道教思想史研究·資料篇　(京都)平樂寺書店　1999　p. 91、164

王卡　敦煌道教文獻研究　中國社會科學出版社　2004　p. 203

王卡　中國國家圖書館藏敦煌道教遺書研究報告　敦煌吐魯番研究(第七卷)　北京大學出版社　2004　p. 370

P. 3021

川崎ミチコ　通俗詩類·雜詩文類　敦煌仏典と禪(講座敦煌 8)　(東京)大東出版社　1980　p. 320

張錫厚　王梵志詩校輯　中華書局　1983　p. 4

陳祚龍　關於敦煌古抄《神仙傳》中之"壺公傳"　《中國國學》1986 年第 14 期　又見：敦煌學散策新
　　集　（臺北）新文豐出版公司　1989　p. 173；中國敦煌學百年文庫·文學卷（五）　甘肅文化出
　　版社　1999　p. 375

朱鳳玉　王梵志詩研究（上、下）　（臺北）學生書局　1986　p. 37、339

項楚　王梵志詩校注　敦煌吐魯番文獻研究論集（第四輯）　北京大學出版社　1987　p. 574　又
　　見：上海古籍出版社　1991　p. 728、913

項楚　敦煌遺書中有關王梵志三條材料的校訂與解說　敦煌吐魯番文獻研究論集（第五輯）　北京
　　大學出版社　1990　p. 60　又見：敦煌文學叢考　上海古籍出版社　1991　p. 450

林家平　寧強　羅華慶　中國敦煌學史　北京語言學院出版社　1992　p. 600

周紹良　敦煌文學芻議及其它　（臺北）新文豐出版公司　1992　p. 59

張錫厚　敦煌本唐集研究　（臺北）新文豐出版公司　1995　p. 62

汪泛舟　王錫　敦煌學大辭典　上海辭書出版社　1998　p. 347

謝桃坊　敦煌文化尋繹　四川人民出版社　1999　p. 123

王卡　敦煌道教文獻研究　中國社會科學出版社　2004　p. 233

李永寧　程亮　整理王重民敦煌遺書手稿所得（二）：王梵志詩輯錄　《敦煌研究》2005 年第 1 期
　　p. 10

P. 3022

陳祚龍　九想觀詩　敦煌簡策訂存　（臺北）商務印書館　1983　p. 72

石井昌子　靈寶經類　敦煌と中國道教（講座敦煌 4）　（東京）大東出版社　1983　p. 150

姜亮夫　敦煌所見道教佚經考　敦煌學論文集　上海古籍出版社　1987　p. 316

陳祚龍　敦煌學新簡　敦煌學（第 14 輯）　（臺北）新文豐出版公司　1989　p. 63　又見：敦煌文物
　　散論　（臺北）新文豐出版公司　1993　p. 227

蕭登福　從敦煌寫卷中看道教星斗崇拜對佛經之影響　第二屆敦煌學國際研討會論文集　（臺北）
　　漢學研究中心　1990　p. 332

張錫厚　敦煌詩歌研究二題　敦煌學國際學術討論會論文縮寫文（1990）　敦煌研究院　1990
　　p. 86

林聰明　敦煌文書學　（臺北）新文豐出版公司　1991　p. 275

陶秋英輯錄　姜亮夫校訂　敦煌所見道教佚經錄　敦煌碎金　浙江古籍出版社　1992　p. 322

周紹良　敦煌文學芻議及其它　（臺北）新文豐出版公司　1992　p. 23

蕭登福　道教星斗符印與佛教密宗　（臺北）新文豐出版公司　1993　p. 65、235

張錫厚　敦煌文學概論　甘肅人民出版社　1993　p. 360

汪泛舟　敦煌《九想觀詩》地域時代及其他　《社科縱橫》1994 年第 4 期　p. 15

蕭登福　道教術儀與密教典籍　（臺北）新文豐出版公司　1994　p. 436

張錫厚　敦煌釋氏詩歌創作論　慶祝潘石禪先生九秩華誕敦煌學特刊　（臺北）文津出版社　1996
　　p. 200

鄭阿財　敦煌寫本《九想觀》詩歌初探　敦煌文學論集　四川人民出版社　1997　p. 27

大淵忍爾　論古靈寶經　道家文化研究（第十三輯）　三聯書店　1998　p. 500

方廣錩　救拔焰口餓鬼陀羅尼經　敦煌學大辭典　上海辭書出版社　1998　p. 699

方廣錩　七千佛神符經　敦煌學大辭典　上海辭書出版社　1998　p. 738

李正宇　九想觀詩　敦煌學大辭典　上海辭書出版社　1998　p. 566

王卡　太上洞玄靈寶真文度人本行妙經　敦煌學大辭典　上海辭書出版社　1998　p. 767

山田俊　唐初道教思想史研究・論述篇　（京都）平樂寺書店　1999　p. 142

劉長東　晉唐彌陀淨土信仰研究　巴蜀書社　2000　p. 443

徐俊　敦煌詩集殘卷輯考　中華書局　2000　p. 787

張錫厚　敦煌文學源流　作家出版社　2000　p. 53

陳自力　從陸機《百年歌》到敦煌《九想觀》詩　《敦煌研究》2001 年第 3 期　p. 130

鄭阿財　敦煌寫本《九想觀》詩歌新探　敦煌佛教藝術文化國際學術研討會論文集　蘭州大學出版社　2002　p. 517

王卡　敦煌道教文獻研究　中國社會科學出版社　2004　p. 97、251

汪泛舟　敦煌俗別字新考（上）　《敦煌研究》2006 年第 1 期　p. 108

P. 3023

土肥義和　はじめに——歸義軍節度使の敦煌支配　敦煌の歷史（講座敦煌 2）（東京）大東出版社　1980　p. 270

陳祚龍　敦煌古抄內典尾記彙校初、二、三編合刊　敦煌學要籥　（臺北）新文豐出版公司　1982　p. 185

土肥義和著　李永寧譯　歸義軍時期（晚唐、五代、宋）的敦煌（續）　《敦煌研究》1987 年第 1 期　p. 95

池田溫　中國古代寫本識語集錄　（東京）大藏出版株式會社　1990　p. 512

榮新江　歸義軍史研究　上海古籍出版社　1996　p. 29

鄭炳林　敦煌碑銘讚輯釋　甘肅教育出版社　1997　p. 552 注 4

楊秀清　華戎交會的都市：敦煌與絲綢之路　甘肅人民出版社　2000　p. 88

王丁　吐魯番安伽勒克出土北涼寫本《金光明經》及其題記研究　敦煌吐魯番研究（第九卷）　中華書局　2006　p. 40

P. 3024

芳村修基　土橋秀高　井ノ口泰淳　敦煌佛教史年表　西域文化研究（第一）・敦煌佛教資料　（京都）法藏館　1958　p. 268

舒學　敦煌漢文遺書中雕版印刷資料綜叙　敦煌語言文學研究　北京大學出版社　1988　p. 292

上山大峻　敦煌佛教の研究　（京都）法藏館　1990　p. 341

蘇遠鳴　敦煌佛教肖像劄記　法國學者敦煌學論文選萃　中華書局　1993　p. 190

方廣錩　佛說金剛經纂　藏外佛教文獻（第一輯）　宗教文化出版社　1995　p. 354

張涌泉　漢語俗字研究　岳麓書社　1995　p. 106

榮新江　評《藏外佛教文獻》第一輯　唐研究（第二卷）　北京大學出版社　1996　p. 466

方廣錩　敦煌藏經洞封閉原因之我見：兼論敦煌遺書與藏經洞遺書之界定　敦煌學佛教學論叢（上）　中國佛教文化研究所　1998　p. 58

方廣錩　金剛經纂　敦煌學大辭典　上海辭書出版社　1998　p. 743

平井宥慶　敦煌文書における金剛經疏　金剛般若經の思想的研究　（東京）春秋社　1999　p. 269

張總　地藏菩薩十齋日　藏外佛教文獻（第七輯）　宗教文化出版社　2000　p. 349

姜亮夫　敦煌莫高窟年表　姜亮夫全集（十一）　雲南人民出版社　2002　p. 346

李正宇　唐宋時期敦煌佛經性質功能的變化　戒幢佛學（第二卷）　岳麓書社　2002　p. 12　又見：中日敦煌佛教學術會議論文集　中國社會科學院研究所　2002　p. 11

杜正乾　唐代的《金剛經》信仰　《敦煌研究》2004 年第 5 期　p. 55
邰惠莉　敦煌版畫叙録　《敦煌研究》2005 年第 2 期　p. 8
吳榮鑒　關於敦煌版畫製作的幾個問題　《敦煌研究》2005 年第 2 期　p. 29

P. 3025

土橋秀高　敦煌の律藏　敦煌と中國仏教（講座敦煌 7）　（東京）大東出版社　1984　p. 261
陳祚龍　善用敦煌古抄殘全卷册　中華佛教文化史散策（四集）　（臺北）新文豐出版公司　1986
　　p. 253
姜伯勤　敦煌藝術宗教與禮樂文明　中國社會科學出版社　1996　p. 353
張金泉　許建平　敦煌音義彙考　杭州大學出版社　1996　p. 1031
張涌泉　敦煌俗字彙考　敦煌俗字研究　上海教育出版社　1996　p. 6
張金泉　敦煌佛經音義寫卷述要　《敦煌研究》1997 年第 2 期　p. 116
張金泉　大般涅槃經音　敦煌學大辭典　上海辭書出版社　1998　p. 518
張涌泉　大型字典編纂中與俗字相關的若干問題　舊學新知　浙江大學出版社　1999　p. 33
張涌泉　前言　漢語俗字叢考　中華書局　2000　p. 13
劉永明　散見敦煌曆朔閏輯考　《敦煌研究》2002 年第 6 期　p. 17
湛如　敦煌佛教律儀制度研究　中華書局　2003　p. 156
趙曉星　敦煌落蕃舊事　民族出版社　2004　p. 183

P. 3026

石井昌子　靈寶經類　敦煌と中國道教（講座敦煌 4）　（東京）大東出版社　1983　p. 155
姜亮夫　敦煌所見道教佚經考　敦煌學論文集　上海古籍出版社　1987　p. 319
鄭阿財　敦煌蒙書析論　第二屆敦煌學國際研討會論文集　（臺北）漢學研究中心　1990　p. 216
陶秋英輯録　姜亮夫校訂　敦煌所見道教佚經録　敦煌碎金　浙江古籍出版社　1992　p. 328
王卡　太上業報因緣經　敦煌學大辭典　上海辭書出版社　1998　p. 764
王卡　敦煌道教文獻研究　中國社會科學出版社　2004　p. 127
王卡　中國國家圖書館藏敦煌道教遺書研究報告　敦煌吐魯番研究（第七卷）　北京大學出版社
　　2004　p. 354

P. 3027

陳祚龍　關於道家"本際經"及其"要略妙義"與"疏"的敦煌古抄　敦煌文物隨筆　（臺北）商務印書
　　館　1979　p. 217
石井昌子　靈寶經類　敦煌と中國道教（講座敦煌 4）　（東京）大東出版社　1983　p. 160
榮新江　沙州歸義軍歷任節度使稱號研究　敦煌吐魯番學研究論文集　漢語大詞典出版社　1990
　　p. 804
山田俊　唐初道教思想史研究・論述篇　（京都）平樂寺書店　1999　p. 193
山田俊　唐初道教思想史研究・資料篇　（京都）平樂寺書店　1999　p. 29、162
王卡　敦煌道教文獻研究　中國社會科學出版社　2004　p. 210

P. 3028

王重民　敦煌本曆日之研究　《東方雜誌》1937 年第 34 卷　又見：中國敦煌學百年文庫・科技卷
　　甘肅文化出版社　1999　p. 34

北原薫　晚唐・五代の敦煌寺院経済——収支決算報告を中心に　敦煌の社會（講座敦煌3）　（東京）大東出版社　1980　p. 404

唐耕耦　陸宏基　敦煌社會經濟文獻真迹釋録（三）　全國圖書館文獻縮微複製中心　1990　p. 580

蕭登福　從敦煌寫卷中看道教星斗崇拜對佛經之影響　第二屆敦煌學國際研討會論文集　（臺北）漢學研究中心　1990　p. 348

菅原信海　占筮書　敦煌漢文文獻（講座敦煌5）　（東京）大東出版社　1992　p. 453

蕭登福　道教星斗符印與佛教密宗　（臺北）新文豐出版公司　1993　p. 195

劉惠琴　從敦煌文書中看沙州紡織業　《敦煌學輯刊》1995年第2期　p. 53

鄭炳林　唐五代敦煌粟特人與歸義軍政權　《敦煌研究》1996年第4期　p. 92　又見：敦煌歸義軍史專題研究　蘭州大學出版社　1997　p. 424

唐耕耦　郝春文　官府牧羊算會曆狀　敦煌學大辭典　上海辭書出版社　1998　p. 410

金瀅坤　吐蕃統治敦煌的財政職官體系　《敦煌研究》1999年第2期　p. 88

張涌泉　試論審辨敦煌寫本俗字的方法　舊學新知　浙江大學出版社　1999　p. 82

黃正建　敦煌占卜文書與唐五代占卜研究　學苑出版社　2001　p. 150

乜小紅　唐五代敦煌牧羊業述論　《敦煌研究》2001年第1期　p. 135、139

劉永明　敦煌道教的世俗化之路：道教向具注曆日的滲透　《敦煌學輯刊》2005年第2期　p. 207

陸離　吐蕃統治河隴西域時期職官四題　《西北民族研究》2006年第2期　p. 22

P. 3029

那波利貞　唐寫本雜抄考——唐代庶民教育史研究の一資料　唐代社會文化史研究・第二編　（東京）創文社　1974　p. 254

雷僑雲　敦煌兒童文學　（臺北）學生書局　1985　p. 44

高國藩　敦煌民俗學　上海文藝出版社　1989　p. 109

鄭阿財　敦煌蒙書析論　第二屆敦煌學國際研討會論文集　（臺北）漢學研究中心　1990　p. 217

鄭阿財　敦煌文獻與文學　（臺北）新文豐出版公司　1993　p. 246

沃興華　敦煌書法藝術　上海人民出版社　1994　p. 249

鄭炳林　敦煌碑銘讚輯釋　甘肅教育出版社　1997　p. 472 注3

汪泛舟　《開蒙要訓》初探　《敦煌研究》1999年第2期　p. 139

汪泛舟　敦煌古代兒童課本　甘肅人民出版社　2000　p. 52

鄭阿財　朱鳳玉　敦煌蒙書研究　甘肅教育出版社　2002　p. 55

P. 3030

陳祚龍　敦煌古抄內典尾記彙校初、二、三編合刊　敦煌學要籥　（臺北）新文豐出版公司　1982　p. 185

饒宗頤　敦煌書法叢刊（第二四卷）・寫經（五）　（東京）二玄社　1984　p. 17、53

池田溫　中國古代寫本識語集録　（東京）大藏出版株式會社　1990　p. 296

林聰明　敦煌文書出處略考　季羨林教授八十華誕紀念論文集（下）　江西人民出版社　1991　p. 863

林聰明　敦煌文書學　（臺北）新文豐出版公司　1991　p. 402、426

王三慶　敦煌寫卷中武后新字之調查研究　唐代研究論集（第三輯）　（臺北）新文豐出版公司　1992　p. 97

林聰明　敦煌文書年代考探略述　敦煌學國際研討會文集・史地語文編　遼寧美術出版社　1995

p. 555

劉濤　評《法藏敦煌書苑精華》　敦煌吐魯番研究(第一卷)　北京大學出版社　1996　p. 380

金岡照光　敦煌文獻と中國文學　（東京)五曜書房　2000　p. 432

鄭汝中　敦煌寫卷行草書法集　甘肅人民美術出版社　2000　p. 55

林聰明　敦煌吐魯番文書解詁指例　（臺北)新文豐出版公司　2001　p. 131. 259

姜亮夫　敦煌莫高窟年表　姜亮夫全集(十一)　雲南人民出版社　2002　p. 313

蕭默　敦煌建築研究　機械工業出版社　2003　p. 18

竇懷永　許建平　敦煌寫本的避諱特點及其對傳統寫本抄寫時代判定的參考價值　《敦煌研究》
　　2004 年第 4 期　p. 53

P. 3031

陳祚龍　敦煌古抄內典尾記彙校初、二、三編合刊　敦煌學要籥　（臺北)新文豐出版公司　1982
　　p. 185

池田溫　中國古代寫本識語集錄　（東京)大藏出版株式會社　1990　p. 283

林聰明　敦煌文書學　（臺北)新文豐出版公司　1991　p. 323

榮新江　于闐使臣上于闐朝廷書　敦煌學大辭典　上海辭書出版社　1998　p. 504

金岡照光　敦煌文獻と中國文學　（東京)五曜書房　2000　p. 432

林聰明　敦煌吐魯番文書解詁指例　（臺北)新文豐出版公司　2001　p. 171

姜亮夫　敦煌莫高窟年表　姜亮夫全集(十一)　雲南人民出版社　2002　p. 289

釋永有　敦煌遺書中的金剛經　敦煌佛教藝術文化國際學術研討會論文集　蘭州大學出版社　2002
　　p. 42

杜正乾　唐代的《金剛經》信仰　《敦煌研究》2004 年第 5 期　p. 53

P. 3032

矢吹慶輝　鳴沙餘韻・解說篇(第一部)　（京都)臨川書店　1980　p. 195

唐耕耦　唐五代時期的高利貸：敦煌吐魯番出土借貸文書初探　《敦煌學輯刊》1986 年第 1 期
　　p. 144

殷光明　從敦煌漢晉長城、古城及屯戍遺址之變遷簡析保護生態平衡的重要性　《敦煌學輯刊》1994
　　年第 1 期　p. 57

P. 3033

長澤和俊　敦煌　（東京)築摩書房　1965　p. 189

陳祚龍　莫高窟壁畫表隱　敦煌資料考屑(下冊)　（臺北)商務印書館　1979　p. 292

王冀青　有關金山國史的幾個問題　《敦煌學輯刊》1982 年第 3 期　p. 47

王重民　金山國墜事零拾　敦煌學文選(上)　蘭州大學歷史系敦煌學研究室等　1983　《p. 73

盧向前　關於歸義軍時期一份布紙破用曆的研究：試釋伯四六四〇背面文書　敦煌吐魯番文獻研究
　　論集(第三輯)　北京大學出版社　1986　p. 430

張廣達　榮新江　敦煌"瑞像記"、瑞像圖及其反映的于闐　敦煌吐魯番文獻研究論集(第三輯)　北
　　京大學出版社　1986　p. 69　又見：于闐史叢考　上海書店　1993　p. 214

耿昇　中法學者友好合作的成果　《敦煌研究》1987 年第 1 期　p. 107

蘇哲　伯二九九二號文書三通五代狀文的研究　敦煌吐魯番文獻研究論集(第五輯)　北京大學出
　　版社　1990　p. 441

鄭炳林　梁志勝　《梁幸德邈真讚》與梁願請《莫高窟功德記》　《敦煌研究》1992 年第 2 期　p. 65
　　又見：敦煌吐魯番文獻研究　蘭州大學出版社　1995　p. 261
前田正名　河西歷史地理學研究　中國藏學出版社　1993　p. 228
蘇遠鳴　敦煌石窟中的瑞像圖　法國學者敦煌學論文選萃　中華書局　1993　p. 158
蘇遠鳴　敦煌寫本中的某些壁畫題識　法國學者敦煌學論文選萃　中華書局　1993　p. 232
鄭炳林　敦煌碑銘讚抄本概述　《蘭州大學學報》1993 年第 4 期　p. 143
劉戈　漢文高昌回鶻史料述要　《喀什師範學院學報》1994 年第 2 期　p. 34
陸慶夫　敦煌民族文獻與河西古代民族　《敦煌學輯刊》1994 年第 2 期　p. 84
鄭炳林　高偉　唐五代敦煌釀酒業初探　《西北史地》1994 年第 1 期　p. 36
劉進寶　敦煌學論述　（臺北）洪葉文化事業有限公司　1995　p. 270
鄭炳林　敦煌碑銘讚及其有關問題　敦煌碑銘讚輯釋　甘肅教育出版社　1997　p. 18
鄭炳林　敦煌碑銘讚輯釋　甘肅教育出版社　1997　p. 82 注 7、360 注 9
陳國燦　甘州回鶻　敦煌學大辭典　上海辭書出版社　1998　p. 461
楊森　張承奉　敦煌學大辭典　上海辭書出版社　1998　p. 356
李明偉　敦煌文學中敦煌文的分類及評價　1994 年敦煌學國際研討會文集·宗教文史卷（上）　甘
　　肅民族出版社　2000　p. 297
劉進寶　敦煌文書與唐史研究　（臺北）新文豐出版公司　2000　p. 13
陳國燦　敦煌學史事新證　甘肅教育出版社　2002　p. 25
劉進寶　敦煌學通論　甘肅教育出版社　2002　p. 295
孫修身　敦煌與中西交通研究　甘肅教育出版社　2002　p. 132、186
古正美　于闐與敦煌的毗沙門天王信仰　2000 年敦煌學國際學術討論會文集·歷史文化卷（上）
　　甘肅民族出版社　2003　p. 48
賈應逸　藏經洞遺書與和闐佛教遺址　2000 年敦煌學國際學術討論會文集·歷史文化卷（上）　甘
　　肅民族出版社　2003　p. 98
樊錦詩　玄奘譯經和敦煌壁畫　《敦煌研究》2004 年第 2 期　p. 11
沙武田　敦煌壁畫榜題寫本研究　《敦煌研究》2004 年第 3 期　p. 104
王惠民　敦煌經變畫的研究成果與研究方法　《敦煌學輯刊》2004 年第 2 期　p. 69

P. 3034

那波利貞　佛教信仰に基きて組織せられたる中晚唐五代時代の社邑に就きて　唐代社會文化史研
　　究·第六編　（東京）創文社　1974　p. 661
池田溫　敦煌の流通經濟　敦煌の社會（講座敦煌 3）　（東京）大東出版社 1980　p. 336　又見：敦
　　煌文書の世界　（東京）名著刊行會　2003　p. 171
唐耕耦　8 至 10 世紀敦煌的物價　紀念陳寅恪教授國際學術討論會文集　中山大學出版社　1989
　　p. 536
唐耕耦　陸宏基　敦煌社會經濟文獻真迹釋錄（四）　全國圖書館文獻縮微複製中心　1990　p. 1
姜伯勤　敦煌吐魯番與香藥之路　季羡林教授八十華誕紀念論文集（下）　江西人民出版社　1991
　　p. 845
王三慶　敦煌寫卷中武后新字之調查研究　唐代研究論集（第三輯）　（臺北）新文豐出版公司
　　1992　p. 97
尹偉先　從敦煌文書看唐代河西地區的貨幣流通　《社科縱橫》1992 年第 6 期　又見：中國敦煌學百
　　年文庫·歷史卷（二）　甘肅文化出版社　1999　p. 338

李明偉　隋唐絲綢之路　甘肅人民出版社　1994　p. 260、270

劉惠琴　從敦煌文書中看沙州紡織業　《敦煌學輯刊》1995 年第 2 期　p. 52

張亞萍　娜閣　唐五代敦煌的計量單位與價格換算　《敦煌學輯刊》1996 年第 2 期　p. 41

唐耕耦　敦煌寺院會計文書研究　（臺北）新文豐出版公司　1997　p. 426、449

金瀅坤　從敦煌文書看晚唐五代敦煌地區布紡織業　《敦煌研究》1998 年第 2 期　p. 134

鄭炳林　索恪　敦煌學大辭典　上海辭書出版社　1998　p. 347

蘇金花　唐、五代敦煌地區的商品貨幣形態　《敦煌研究》1999 年第 2 期　p. 93

鄭學檬　唐代物價散論　2000 年敦煌學國際學術討論會文集・歷史文化卷（上）　甘肅民族出版社　2003　p. 6

高啓安　唐五代敦煌飲食文化研究　民族出版社　2004　p. 51

P. 3035

陳祚龍　關於中世敦煌流行的某些“偈”或“偈子”　中華佛教文化史散策（四集）　（臺北）新文豐出版公司　1986　p. 177

韓建瓴　傳記　敦煌文學　甘肅人民出版社　1989　p. 64

汪泛舟　偈・頌　敦煌文學　甘肅人民出版社　1989　p. 88

李明偉　敦煌文學概論　甘肅人民出版社　1993　p. 478

茅甘　敦煌寫本中的鳥鳴占吉凶書　法國學者敦煌學論文選萃　中華書局　1993　p. 367

汪泛舟　敦煌文學概論　甘肅人民出版社　1993　p. 549

西本照真　三階教文獻綜述　藏外佛教文獻（第九輯）　宗教文化出版社　1993　p. 382

索仁森著　李吉和譯　敦煌漢文禪籍特徵概觀　《敦煌研究》1994 年第 1 期　p. 111

P. 3036

芳村修基　土橋秀高　井ノ口泰淳　敦煌佛教史年表　西域文化研究（第一）・敦煌佛教資料　（京都）法藏館　1958　p. 270

三木榮　西域出土醫藥關係文獻綜合解說目錄　『東洋學報』（47 卷 1 號）　（東京）東洋學術協會　1964　p. 13

陳祚龍　敦煌古抄內典尾記彙校初、二、三編合刊　敦煌學要籥　（臺北）新文豐出版公司　1982　p. 185

馬繼興　敦煌古醫籍考釋　江西科學技術出版社　1988　p. 501

池田溫　中國古代寫本識語集錄　（東京）大藏出版株式會社　1990　p. 479

李正宇　敦煌俗講僧保宣及其《講經通難致語》　程千帆先生八十壽辰紀念文集　江蘇古籍出版社　1992　p. 211

圓空　《新菩薩經》《勸善經》《救諸衆生苦難經》校錄及其流傳背景之探討　《敦煌研究》1992 年第 1 期　p. 53

叢春雨　敦煌中醫藥全書　中醫古籍出版社　1994　p. 42、738

馬繼興　敦煌醫藥文獻輯校　江蘇古籍出版社　1998　p. 771

盖建民　從敦煌遺書看佛教醫學思想及其影響　佛學研究（第八期）　中國佛教文化研究所　1999　p. 266

叢春雨　敦煌中醫藥精萃發微　中醫古籍出版社　2000　p. 172、385

顏廷亮　敦煌文化　光明日報出版社　2000　p. 270

姜亮夫　敦煌莫高窟年表　姜亮夫全集（十一）　雲南人民出版社　2002　p. 501

馬繼興　當前世界各地收藏的中國出土卷子本古醫藥文獻備考　敦煌吐魯番研究（第六卷）　北京
　　大學出版社　2002　p. 149

施安昌　論漢字演變的分期：兼談敦煌古韻書的書寫時間　善本碑帖論集　紫禁城出版社　2002
　　p. 323

P. 3037

那波利貞　佛教信仰に基きて組織せられたる中晚唐五代時代の社邑に就きて（上）　『史林』（24
　　卷3號）　京都大學文學部史學研究會　1939　p. 68、100　又見：唐代社會文化史研究・第六編
　　（東京）創文社　1974　p. 633、653

那波利貞　千佛岩莫高窟と敦煌文書　西域文化研究（第二）・敦煌吐魯番社會經濟資料（上）　（京
　　都）法藏館　1959　p. 51

藤枝晃　敦煌の僧尼籍　『東方學報』（第35號）　京都大學人文科學研究所　1964　p. 289

那波利貞　唐代の社邑に就きて（1938年）　唐代社會文化史研究・第五編　（東京）創文社　1974
　　p. 482、517、550

蘇瑩輝　敦煌學概要　（臺北）編譯館"中華叢書編委會"　1981　p. 181

郭鋒　敦煌的"社"及其活動　《敦煌學輯刊》1983年創刊號　p. 83

盧善煥　《敦煌曲校錄》略校　《敦煌學輯刊》1986年第2期　p. 95

唐耕耦　陸宏基　敦煌社會經濟文獻真迹釋錄（一）　書目文獻出版社　1986　p. 327

姜伯勤　唐五代敦煌寺戶制度　中華書局　1987　p. 144

謝和耐著　耿昇譯　中國5—10世紀的寺院經濟　甘肅人民出版社　1987　p. 328注1　又見：上海
　　古籍出版社　2004　p. 272注1

李正宇　敦煌地區古代祠廟寺觀簡志　《敦煌學輯刊》1988年第1、2期　p. 82

山本達郎等　敦煌・III 轉貼　『NUN – HUANG AND TURFAN DOCUMENTS CONCERNING SOCIAL
　　AND ECONOMIC HISTORY』（IV）　（東京）東洋文庫　1989　p. 48

林聰明　敦煌文書學　（臺北）新文豐出版公司　1991　p. 266

姜伯勤　敦煌社會文書導論　（臺北）新文豐出版公司　1992　p. 242

高國藩　敦煌民俗資料導論　（臺北）新文豐出版公司　1993　p. 3

郝春文　敦煌寫本社邑文書年代彙考（二）　《首都師範大學學報》1993年第5期　p. 79

張涌泉　試論審辨敦煌寫本俗字的方法　《敦煌研究》1994年第2期　p. 151

鄭炳林　高偉　唐五代敦煌釀酒業初探　《西北史地》1994年第1期　p. 33

石田勇作　敦煌「社文書」研究序說　中國古代の國家と民衆（堀敏一先生古稀記念）　（東京）汲古
　　書院　1995　p. 679

土肥義和　唐・北宋間の「社」の組織形態に関する一考察　中國古代の國家と民衆（堀敏一先生古
　　稀記念）　（東京）汲古書院　1995　p. 716

張涌泉　漢語俗字研究　岳麓書社　1995　p. 201

李正宇　敦煌史地新論　（臺北）新文豐出版公司　1996　p. 89

馮培紅　晚唐五代宋初歸義軍武職軍將研究　敦煌歸義軍史專題研究　蘭州大學出版社　1997
　　p. 101

寧可　郝春文　敦煌社邑文書輯校　江蘇古籍出版社　1997　p. 249

鄭炳林　敦煌碑銘讚輯釋　甘肅教育出版社　1997　p. 61注9

鄭炳林　唐五代敦煌的粟特人與佛教　敦煌歸義軍史專題研究　蘭州大學出版社　1997　p. 448

鄭炳林　唐五代敦煌畜牧區域研究　敦煌歸義軍史專題研究　蘭州大學出版社　1997　p. 227

李正宇　大悲寺　敦煌學大辭典　上海辭書出版社　1998　p. 632

寧可　寧可史學論集　中國社會科學出版社　1999　p. 450 注 5

楊森　敦煌社司文書畫押符號及其相關問題　《敦煌學輯刊》1999 年第 1 期　p. 88

丘古耶夫斯基　敦煌漢文文書　上海古籍出版社　2000　p. 171

孟憲實　敦煌社邑的分佈　敦煌文獻論集：紀念藏經洞發現一百周年國際學術研討會論文集　遼寧
　　人民出版社　2001　p. 432

山本達郎等　補（IV）社・VI 諸種文書　『NUN‐HUANG AND TURFAN DOCUMENTS CONCERNING
　　SOCIAL AND ECONOMIC HISTORY』(Sup. p. lemrnts)　（東京）東洋文庫　2001　p. 93

劉進寶　關於歸義軍時期稅草的兩個問題　2000 年敦煌學國際學術討論會文集・歷史文化卷（上）
　　甘肅民族出版社　2003　p. 171

沙武田　趙曉星　歸義軍時期敦煌文獻中的太子　《敦煌研究》2003 年第 4 期　p. 50

楊森　五代宋時期于闐皇太子在敦煌的太子莊　《敦煌研究》2003 年第 4 期　p. 43

鄭炳林　魏迎春　晚唐五代敦煌佛教教團的科罰制度研究　《敦煌研究》2004 年第 2 期　p. 56

李正宇　晚唐至北宋敦煌僧尼普聽飲酒　《敦煌研究》2005 年第 3 期　p. 75

趙曉星　寇甲　西魏：歸義軍時期敦煌地區的史姓　《敦煌學輯刊》2005 年第 2 期　p. 135

P. 3038

廣川堯敏　禮讚　敦煌と中國仏教（講座敦煌 7）　（東京）大東出版社　1984　p. 437

國家文物局教育處　佛教石窟考古概要　文物出版社　1993　p. 428

汪娟　敦煌禮懺文研究　（臺北）法鼓文化公司　1994　p. 152

聖凱　善導禮讚儀新探　法源（第 18 期）　中國佛學院　2000　p. 178

陳明　沙門黃散：唐代佛教醫事與社會生活　唐代宗教信仰與社會　上海辭書出版社　2003　p. 275

P. 3039

李正宇　敦煌文學概論　甘肅人民出版社　1993　p. 151

楊雄　講經文名實說　（香港）《九州學刊》（敦煌學專輯）1993 年第 5 卷第 4 期　p. 142

王淑民　敦煌石窟秘藏醫方　北京醫科大學中國協和醫科大學聯合出版社　1999　p. 131

P. 3040

陳祚龍　敦煌寫本《登樓賦》校證　（臺北）《大陸雜誌》1960 年第 5 期　又見：中國敦煌學百年文
　　庫・文獻卷（一）　甘肅文化出版社　1999　p. 416

金岡照光　敦煌漢文文學文獻の文學形態上の種類とその分類　敦煌出土文學文獻分類目錄・附解
　　說　（東京）東洋文庫　1971　p. 236

陳祚龍　敦煌寫本《登樓賦》斠證　敦煌學海探珠（上冊）　（臺北）商務印書館　1979　p. 1

饒宗頤　敦煌書法叢刊（第十九卷）・碎金（二）　（東京）二玄社　1984　p. 18

姜亮夫　敦煌經卷壁畫中所見釋氏僧名錄　敦煌學論文集　上海古籍出版社　1987　p. 1044

方廣錩　佛教大藏經史（八―十世紀）　中國社會科學出版社　1991　p. 242

金岡照光　韻文體類――長篇叙事詩・短篇歌詠　敦煌の文學文獻（講座敦煌 9）　（東京）大東出
　　版社　1992　p. 264

陶秋英輯錄　姜亮夫校訂　敦煌經卷壁畫中所見釋氏名錄　敦煌碎金　浙江古籍出版社　1992
　　p. 40

姜伯勤　敦煌吐魯番文書與絲綢之路　文物出版社　1994　p. 132

P. 3041

唐耕耦　陸宏基　敦煌社會經濟文獻真迹釋録(五)　全國圖書館文獻縮微複製中心　1990　p. 451

周一良　趙和平　敦煌表狀箋啓書儀略論　唐五代書儀研究　中國社會科學出版社　1995　p. 50
　　又見：敦煌吐魯番學研究論集　書目文獻出版社　1996　p. 201

趙和平　敦煌寫本書儀中的口頭用語問題初探　慶祝潘石禪先生九秩華誕敦煌學特刊　（臺北）文
　　津出版社　1996　p. 241

趙和平　敦煌表狀箋啓書儀輯校　江蘇古籍出版社　1997　p. 331

趙和平　雜相謝賀　敦煌學大辭典　上海辭書出版社　1998　p. 425

吳麗娛　唐禮摭遺：中古書儀研究　商務印書館　2002　p. 145、591

P. 3043

三木榮　西域出土醫藥關係文獻綜合解說目録　『東洋學報』(47 卷 1 號)　（東京）東洋學術協會
　　1964　p. 14

馬繼興　敦煌古醫籍考釋　江西科學技術出版社　1988　p. 468

唐耕耦　陸宏基　敦煌社會經濟文獻真迹釋録(二、四)　全國圖書館文獻縮微複製中心　1990
　　p. 401；429

姜伯勤　敦煌吐魯番與香藥之路　季羨林教授八十華誕紀念論文集(下)　江西人民出版社　1991
　　p. 837

梅林　吐蕃和歸義軍時期敦煌禪僧寺籍考辨　《敦煌研究》1992 年第 3 期　p. 99

丛春雨　敦煌中醫藥全書　中醫古籍出版社　1994　p. 671

饒宗頤　論古代香藥之路　敦煌吐魯番學研究論集　書目文獻出版社　1996　p. 373

馬繼興　敦煌醫藥文獻　敦煌學大辭典　上海辭書出版社　1998　p. 615

馬繼興　敦煌醫藥文獻輯校　江蘇古籍出版社　1998　p. 704

王淑民　辟谷諸方　敦煌學大辭典　上海辭書出版社　1998　p. 620

馬繼興　當前世界各地收藏的中國出土卷子本古醫藥文獻備考　敦煌吐魯番研究(第六卷)　北京
　　大學出版社　2002　p. 149

王卡　敦煌道教文獻研究　中國社會科學出版社　2004　p. 49、216

P. 3044

楊森　晚唐五代兩件《女人社》文書劄記　《敦煌研究》1998 年第 1 期　p. 70

P. 3045

芳村修基　土橋秀高　井ノ口泰淳　敦煌佛教史年表　西域文化研究(第一)・敦煌佛教資料
　　（京都）法藏館　1958　p. 278

陳祚龍　敦煌古抄内典尾記彙校初、二、三編合刊　敦煌學要籥　（臺北）新文豐出版公司　1982
　　p. 185

姜亮夫　瓜沙曹氏年表補正　敦煌學文選(上)　蘭州大學歷史系敦煌學研究室等　1983　p. 119
　　又見：敦煌學論文集　上海古籍出版社　1987　p. 925；姜亮夫全集(十四)　雲南人民出版社
　　2002　p. 348

福井文雅　般若心經　敦煌と中國仏教(講座敦煌7)　（東京）大東出版社　1984　p. 40

池田溫　中國古代寫本識語集録　（東京）大藏出版株式會社　1990　p. 481

譚禪雪　敦煌歲時掇瑣　（香港）《九州學刊》(敦煌學專輯)1993 年第 5 卷第 4 期　p. 84

鄭炳林　董念清　唐五代敦煌私營釀酒業初探　《社科縱橫》1994 年第 4 期　p. 66

黃征　吳偉　敦煌願文集　岳麓書社　1995　p. 928

顏廷亮　敦煌文學概說　（臺北）新文豐出版公司　1995　p. 168

方廣錩　般若波羅蜜多心經　敦煌學大辭典　上海辭書出版社　1998　p. 686

方廣錩　《般若心經譯注集成》前言　敦煌學佛教學論叢（下）　中國佛教文化研究所　1998　p. 11

金岡照光　敦煌文獻と中國文學　（東京）五曜書房　2000　p. 432

顏廷亮　敦煌文化　光明日報出版社　2000　p. 270

顏廷亮　敦煌西漢金山國之文學考論　1994 年敦煌學國際研討會文集・宗教文史卷（上）　甘肅民
　　族出版社　2000　p. 206

馬德　敦煌寫經題記的社會意義　法源（第 19 期）　中國佛學院　2001　p. 82

姜亮夫　敦煌莫高窟年表　姜亮夫全集（十一）　雲南人民出版社　2002　p. 506

P. 3046

森安孝夫　ウイグル語文獻　敦煌胡語文獻（講座敦煌6）　（東京）大東出版社　1985　p. 23

耿昇　敦煌回鶻文寫本的概況　《敦煌研究》1988 年第 1 期　p. 105

李經緯　敦煌回鶻文遺書四種　吐魯番學研究專輯　敦煌吐魯番學新疆研究資料中心　1990
　　p. 355

李經緯　五件敦煌回鶻文遺書譯注　《西北民族研究》1992 年第 2 期　p. 16

姜伯勤　敦煌吐魯番文書與絲綢之路　文物出版社　1994　p. 267

沃興華　敦煌書法藝術　上海人民出版社　1994　p. 73

楊富學　9—12 世紀的沙州回鶻文化　《敦煌學輯刊》1994 年第 2 期　p. 90

牛汝極　楊富學　敦煌回鶻文書法藝術　《甘肅民族研究》1995 年第 1 期　p. 101

楊富學　牛汝極　沙州回鶻及其文獻　甘肅文化出版社　1995　p. 32

楊富學　回鶻文獻與回鶻文化　民族出版社　2002　p. 325

P. 3047

篠原壽雄　北宗禪と南宗禪　敦煌仏典と禪（講座敦煌8）　（東京）大東出版社　1980　p. 181、193

田中良昭　敦煌禪宗文獻の研究　（東京）大東出版社　1983　p. 480、520

王重民　記敦煌寫本的佛經　敦煌吐魯番文獻研究論集（第二輯）　北京大學出版社　1983　p. 21
　　又見：敦煌遺書論文集　中華書局　1984　p. 305

姜亮夫　敦煌經卷在中國文化學術上的價值　敦煌學論文集　上海古籍出版社　1987　p. 6

謝和耐著　耿昇譯　中國 5—10 世紀的寺院經濟　甘肅人民出版社　1987　p. 295 注 4

楊曾文　日本學者對中國禪宗文獻的研究和整理　《世界宗教研究》1987 年第 1 期　p. 121

楊曾文　中日的敦煌禪籍研究和敦博本《壇經》、《南宗定是非論》等文獻的學術價值　《世界宗教研
　　究》1988 年第 1 期　又見：中國敦煌學百年文庫・宗教卷（二）　甘肅文化出版社　1999　p. 189

李正宇　釋"耶沒忽"：敦煌遺書王梵志詩俗詞語研究之一　王梵志詩研究彙錄（上）　上海古籍出版
　　社　1990　p. 266

上山大峻　敦煌佛教の研究　（京都）法藏館　1990　p. 411

唐耕耦　陸宏基　敦煌社會經濟文獻真迹釋錄（二、四）　全國圖書館文獻縮微複製中心　1990
　　p. 402；75

李學勤　禪宗早期文物的重要發現　《文物》1992 年第 3 期　p. 71

吳其昱著　伊藤美重子譯　敦煌漢文寫本概觀　敦煌漢文文獻（講座敦煌5）　（東京）大東出版社

1992　p. 58

冉雲華　敦煌遺書與中國禪宗歷史研究　"中國唐代學會"會刊(第四期)　(臺北)"中國唐代學會"
　　1993　p. 57

蕭登福　道教星斗符印與佛教密宗　(臺北)新文豐出版公司　1993　p. 13、237

蕭登福　道教與密宗　(臺北)新文豐出版公司　1993　p. 188

姜伯勤　敦煌吐魯番文書與絲綢之路　文物出版社　1994　p. 69

榮新江　鄧文寬　有關敦博本禪籍的幾個問題　《敦煌學輯刊》1994 年第 2 期　p. 7、13

田中良昭　敦煌の禪籍　禪學研究入門　(東京)大東出版社　1994　p. 48

劉惠琴　從敦煌文書中看沙州紡織業　《敦煌學輯刊》1995 年第 2 期　p. 53

柳田聖山　禪籍解題(一)・敦煌禪籍　俗語言研究(第二期)　(京都)禪文化研究所　1995　p. 145

蕭登福　道教與佛教　(臺北)東大圖書公司　1995　p. 52

李正宇　敦煌史地新論　(臺北)新文豐出版公司　1996　p. 305

劉再聰　陳正桃　胡適與敦煌學　《敦煌學輯刊》1996 年第 1 期　p. 61

楊曾文　神會和尚禪語録　中華書局　1996　p. 15、193

張亞萍　娜閣　唐五代敦煌的計量單位與價格換算　《敦煌學輯刊》1996 年第 2 期　p. 39

周紹良　敦煌本《六祖壇經》是慧能的原本:《敦博本禪籍校録》序　敦煌吐魯番研究(第一卷)　北
　　京大學出版社　1996　p. 301

郝春文　關於唐後期五代宋初沙州僧俗的施捨問題　唐研究(第三卷)　北京大學出版社　1997
　　p. 24、31

姜伯勤　普寂與北宗禪風西旋　敦煌佛教與中國傳統文化　宗教文化出版社　1997　p. 487

李并成　古代河西走廊桑蠶絲織業考　《敦煌學輯刊》1997 年第 2 期　p. 64

唐耕耦　敦煌寺院會計文書研究　(臺北)新文豐出版公司　1997　p. 457

鄭炳林　唐五代敦煌的粟特人與佛教　敦煌歸義軍史專題研究　蘭州大學出版社　1997　p. 438

鄭炳林　吐蕃統治下的敦煌粟特人　敦煌歸義軍史專題研究　蘭州大學出版社　1997　p. 382

鄧文寬　榮新江　敦博本禪籍録校　江蘇古籍出版社　1998　p. 8、3、27

方廣錩　南陽和上頓教解脱禪門直了性壇語　敦煌學大辭典　上海辭書出版社　1998　p. 726

方廣錩　菩提達磨南宗定是非論　敦煌學大辭典　上海辭書出版社　1998　p. 727

郝春文　唐後期五代宋初敦煌僧尼的社會生活　中國社會科學出版社　1998　p. 246

金瀅坤　從敦煌文書看晚唐五代敦煌地區布紡織業　《敦煌研究》1998 年第 2 期　p. 138

牛汝極　回鶻文摩尼教殘片　敦煌學大辭典　上海辭書出版社　1998　p. 496

譚蟬雪　敦煌歲時文化導論　(臺北)新文豐出版公司　1998　p. 88

鄭炳林　《康秀華寫經施入疏》與《炫和尚貨賣胡粉曆》研究　敦煌吐魯番研究(第三卷)　北京大學
　　出版社　1998　p. 204

胡適　新校定的敦煌寫本神會和尚遺著兩種　中國敦煌學百年文庫・宗教卷(四)　甘肅文化出版
　　社　1999　p. 39

姜亮夫　敦煌:偉大的文化寶藏　雲南人民出版社　1999　p. 81

吳麗娛　敦煌寫本書儀中的行第之稱:兼論行第普及的庶民影響　敦煌吐魯番研究(第四卷)　北京
　　大學出版社　1999　p. 548

北京大學　敦煌《經卷》、《照片》及《圖書》目録　中國敦煌學百年文庫・綜述卷(一)　甘肅文化出
　　版社　1999　p. 320

陳海濤　敦煌歸義軍時期從化鄉消失原因初探　中國社會歷史評論(第二卷)　天津古籍出版社
　　2000　p. 433

高啓安　崇高與卑賤：敦煌的佛教信仰賤名再探　'98 法門寺唐文化國際學術討論會論文集　陝西
　　人民出版社　2000　p. 251

鄭炳林　晚唐五代敦煌貿易市場的外來商品輯考　中華文史論叢（總 63 輯）　上海古籍出版社
　　2000　p. 76

譚蟬雪　唐宋敦煌歲時佛俗　《敦煌研究》2001 年第 1 期　p. 95

陳海濤　唐代入華粟特人的佛教信仰及其原因　華林（第二卷）　中華書局　2002　p. 88

陳麗萍　敦煌女性寫經題記及反映的婦女問題　敦煌佛教藝術文化國際學術研討會論文集　蘭州大
　　學出版社　2002　p. 442

乜小紅　唐宋敦煌毛紡織業述略　敦煌學（第 23 輯）　（臺北）樂學書局有限公司　2002　p. 116

榮新江　驚沙撼大漠：向達的敦煌考察及其學術意義　國際敦煌學學術史研討會論文集　研討會籌
　　備組　2002　p. 78　又見：敦煌吐魯番研究（第七卷）　北京大學出版社　2004　p. 117

田中良昭　敦煌的禪宗燈史　戒幢佛學（第二卷）　岳麓書社　2002　p. 149　又見：中日敦煌佛教
　　學術會議論文集　中國社會科學院研究所　2002　p. 108

徐曉麗　鄭炳林　晚唐五代敦煌吐谷渾與吐蕃移民婦女研究　《敦煌學輯刊》2002 年第 2 期　p. 8

洪藝芳　敦煌社會經濟文書中的唐五代新興量詞研究　敦煌學（第 24 輯）　（臺北）樂學書局有限公
　　司　2003　p. 95、106

榮新江　于闐花氈與粟特銀盤：九、十世紀敦煌寺院的外來供養　寺院財富與世俗供養　上海書畫出
　　版社　2003　p. 251

童丕　據敦煌寫本談紅藍花——植物的使用　寺院財富與世俗供養　上海書畫出版社　2003
　　p. 265

楊曾文　慧能弟子神會及其禪法理論　敦煌與絲路文化學術講座（第二輯）　北京圖書館出版社
　　2005　p. 359

趙曉星　寇甲　西魏：歸義軍時期敦煌地區的史姓　《敦煌學輯刊》2005 年第 2 期　p. 130

P. 3048

那波利貞　俗講と變文（中）　『佛教史學』（1 卷 3 號）　（京都）平樂寺書店　1950　p. 45　又見：唐
　　代社會文化史研究・第四編　（東京）創文社　1974　p. 424

那波利貞　中晚唐五代の佛教寺院の俗講の座に於ける變文の演出方法に就きて　甲南大學論集
　　（2）　（神户）甲南大學　1955　p. 6

王慶菽　試談變文的產生和影響　《新建設》1957 年第 3、8 期　又見：敦煌變文論文錄　上海古籍出
　　版社　1982　p. 259

邵榮芬　敦煌俗文學中的別字異文和唐五代西北方音　《中國語文》1963 年第 3 期　又見：中國敦煌
　　學百年文庫・語言文字卷（一）　甘肅文化出版社　1999　p. 137

金岡照光　敦煌漢文文學文獻の文學形態上の種類とその分類　敦煌出土文學文獻分類目錄・附解
　　說　（東京）東洋文庫　1971　p. 189

金岡照光　敦煌民眾の宗教と生活　敦煌の民眾——その生活と思想　（東京）評論社　1972
　　p. 142

邱鎮京　敦煌變文述論　（臺北）商務印書館　1974　p. 1865

加地哲定　增補中國佛教文學研究　（東京）同朋舍　1979　p. 169、182

王重民　敦煌古籍叙錄　中華書局　1979　p. 381

楊家駱　敦煌變文　（臺北）世界書局　1980　p. 801

金岡照光　敦煌の繪物語　（東京）東方書店　1981　p. 69

潘重規　敦煌變文新論　敦煌變文論輯　（臺北）石門圖書公司　1981　p. 161

蘇瑩輝　敦煌學概要　（臺北）編譯館"中華叢書編委會"　1981　p. 84

白化文　什麼是變文　敦煌變文論文録　上海古籍出版社　1982　p. 432

羅宗濤　敦煌變文中詩歌形式之探討　漢學論文集　（臺北）文史哲出版社　1982　又見：中國敦煌
　　學百年文庫・文學卷（四）　甘肅文化出版社　1999　p. 61

周紹良　談唐代民間文學──讀《中國文學史》中"變文"節書後關於唐代民間文學研究的幾點意見
　　敦煌變文論文録　上海古籍出版社　1982　p. 412　又見：紹良叢稿　齊魯書社　1984　p. 54

潘重規　敦煌變文集新書（下）　（臺北）"中國文化大學"中文研究所　1984　p. 785

平野顯照　講經文の組織内容　敦煌と中國仏教（講座敦煌7）　（東京）大東出版社　1984　p. 356

王重民　醜女緣起　敦煌變文集　人民文學出版社　1984　p. 801

曲金良　"變文"名實新辨　《敦煌研究》1986年第2期　p. 48

王重民原編　黃永武新編　敦煌古籍叙録新編（第十八冊）　（臺北）新文豐出版公司　1986　p. 277

高國藩　敦煌文學作品選　中華書局　1987　p. 65注7

周紹良　唐代變文及其它　敦煌文學作品選　中華書局　1987　p. 4、18

蕭登福　唐世佛家之講經與敦煌變文　敦煌俗文學論叢　（臺北）商務印書館　1988　p. 70

柴劍虹　因緣　敦煌文學　甘肅人民出版社　1989　p. 273

高國藩　敦煌曲子詞欣賞　南京大學出版社　1989　p. 45

郭在貽　張涌泉　黃征　敦煌變文集校議　岳麓書社　1990　p. 364、405

加地哲定著　劉衛星譯　中國佛教文學　今日中國出版社　1990　p. 143、154

江藍生　近代漢語語法資料彙編（唐五代卷）　商務印書館　1990　p. 433

項楚　敦煌變文選注　巴蜀書社　1990　p. 723

柴劍虹　敦煌文學中的"因緣"與"詩話"　西域文史論稿　（臺北）國文天地雜誌社　1991　p. 515

金岡照光　高僧傳因緣　敦煌の文學文獻（講座敦煌9）　（東京）大東出版社　1992　p. 599

金岡照光　講唱體類　敦煌の文學文獻（講座敦煌9）　（東京）大東出版社　1992　p. 77、106、118

金岡照光　總説『敦煌文學の諸形態』　敦煌の文學文獻（講座敦煌9）　（東京）大東出版社　1992
　　p. 9

林家平　寧强　羅華慶　中國敦煌學史　北京語言學院出版社　1992　p. 337

周紹良　敦煌文學芻議及其它　（臺北）新文豐出版公司　1992　p. 43

郭在貽　郭在貽敦煌學論集　江西人民出版社　1993　p. 204

蔣禮鴻　敦煌文獻語言詞典　杭州大學出版社　1994　p. 153、224、353

姜伯勤　變文的南方源頭與敦煌的唱導法匠　華學（第一輯）　中山大學出版社　1995　p. 157

曲金良　敦煌佛教文學研究　（臺北）文津出版社　1995　p. 99

王繼如　《醜女緣起》校釋補正　俗語言研究（第二期）　（京都）禪文化研究所　1995　p. 52

張涌泉　陳祚龍校録敦煌卷子失誤例釋　學術集林（卷六）　上海遠東出版社　1995　p. 298　又
　　見：舊學新知　浙江大學出版社　1999　p. 274

張涌泉　敦煌文書類化字研究　《敦煌研究》1995年第4期　p. 73

張涌泉　漢語俗字研究　岳麓書社　1995　p. 135

姜伯勤　敦煌藝術宗教與禮樂文明　中國社會科學出版社　1996　p. 410

張涌泉　敦煌俗字研究導論　（臺北）新文豐出版公司　1996　p. 195、250

黃征　張涌泉　敦煌變文校注　中華書局　1997　p. 78、665、712、991、1109

劉子瑜　敦煌變文和王梵志詩　大象出版社　1997　p. 38

海客　醜女緣起　敦煌學大辭典　上海辭書出版社　1998　p. 580

潘重規　敦煌《雲謠集》新書　雲謠集研究彙錄　上海古籍出版社　1998　p. 215

周紹良　張涌泉　黃征　敦煌變文講經文因緣輯校(上、下)　江蘇古籍出版社　1998　p. 6、965

高國藩　敦煌俗文化學　上海三聯書店　1999　p. 481

梅維恒著　楊繼東　陳引馳譯　唐代變文(上)　(香港)中國佛教文化出版公司　1999　p. 84

施謝捷　敦煌文獻語詞校釋叢劄　《敦煌研究》1999年第4期　p. 29

張錫厚　敦煌文學源流　作家出版社　2000　p. 417

張涌泉　漢語俗字叢考　中華書局　2000　p. 634

陶敏　李一飛　隋唐五代文學史料學　中華書局　2001　p. 353

王繼如　敦煌俗字研究法　訓詁問學叢稿　江蘇古籍出版社　2001　p. 233　又見：2000年敦煌學
　　國際學術討論會文集·歷史文化卷(下)　甘肅民族出版社　2003　p. 458

張鴻勳　敦煌俗文學研究　甘肅人民出版社　2002　p. 8、99

荒見泰史　敦煌變文研究概述以及新觀點　華林(第三卷)　中華書局　2004　p. 394

王小盾　潘重規先生"變文外衣"理論疏說　敦煌學(第25輯)　(臺北)樂學書局有限公司　2004
　　p. 84

葉貴良　《敦煌社邑文書輯校》拾補　《吐魯番學研究》2004年第1期　p. 107

P. 3049

森安孝夫　ウイグル語文獻　敦煌胡語文獻(講座敦煌6)　(東京)大東出版社　1985　p. 23

耿昇　敦煌回鶻文寫本的概況　《敦煌研究》1988年第1期　p. 102

高國藩　敦煌民俗學　上海文藝出版社　1989　p. 62

林聰明　敦煌文書學　(臺北)新文豐出版公司　1991　p. 66、85

項楚　王梵志詩校注　上海古籍出版社　1991　p. 878

李正宇　敦煌文學概論　甘肅人民出版社　1993　p. 159

楊富學　9—12世紀的沙州回鶻文化　《敦煌學輯刊》1994年第2期　p. 98

牛汝極　楊富學　敦煌回鶻文書法藝術　《甘肅民族研究》1995年第1期　p. 100

汪泛舟　論敦煌文明的多民族貢獻　《敦煌研究》1995年第2期　p. 191

楊富學　牛汝極　沙州回鶻及其文獻　甘肅文化出版社　1995　p. 61、218、261

張廣達　西域史地叢稿初編　上海古籍出版社　1995　p. 344

牛汝極　回鶻文摩尼教殘片　敦煌學大辭典　上海辭書出版社　1998　p. 496

楊富學　佛教與敦煌回鶻文書法藝術　西域敦煌宗教論稿　甘肅文化出版社　1998　p. 137

張錫厚　敦煌文學源流　作家出版社　2000　p. 330

楊富學　回鶻文獻與回鶻文化　民族出版社　2002　p. 227

茨默著　桂林　楊富學譯　吐魯番摩尼教題跋中的"國王"　《敦煌學輯刊》2003年第1期　p. 150

陳炳應　盧冬　古代民族　敦煌文藝出版社　2004　p. 216

P. 3050

石井昌子　靈寶經類　敦煌と中國道教(講座敦煌4)　(東京)大東出版社　1983　p. 155

王卡　太上業報因緣經　敦煌學大辭典　上海辭書出版社　1998　p. 764

王卡　敦煌道教文獻研究　中國社會科學出版社　2004　p. 126

王卡　中國國家圖書館藏敦煌道教遺書研究報告　敦煌吐魯番研究(第七卷)　北京大學出版社
　　2004　p. 354

P. 3051

那波利貞　敦煌發見文書に拠る中晚唐時代の佛教寺院の錢穀布帛類貸付營利事業運營の實況
　　『支那學』（10 卷 3 號）　（京都）支那學社　1941　p. 136

羅福頤　敦煌石室文物對於學術上的貢獻　《歷史教學》1951 年第 5 期　又見：中國敦煌學百年文
　　庫・考古卷（四）　甘肅文化出版社　1999　p. 12

周紹良　敦煌所出變文現存目録　敦煌變文彙録　上海出版公司　1955　p. 7

金岡照光　敦煌文學のさまざま　敦煌の文學　（東京）大藏出版株式會社　1971　p. 108、134

金岡照光　敦煌民衆の宗教と生活　敦煌の民衆——その生活と思想　（東京）評論社　1972
　　p. 165

邱鎮京　敦煌變文述論　（臺北）商務印書館　1974　p. 1885

加地哲定　增補中國佛教文學研究　（東京）同朋舍　1979　p. 137

池田溫　敦煌の流通経済　敦煌の社會（講座敦煌 3）　（東京）大東出版社　1980　p. 339

楊家駱　敦煌變文　（臺北）世界書局　1980　p. 769

陳國燦　敦煌所出諸借契年代考　魏晉南北朝隋唐史資料（第 4 輯）　武漢大學出版社　1982
　　p. 15　又見：《敦煌學輯刊》1984 年第 1 期　p. 7

陳祚龍　敦煌古抄内典尾記彙校初、二、三編合刊　敦煌學要籥　（臺北）新文豐出版公司　1982
　　p. 185

孫修身　敦煌三界寺　甘肅省史學會論文集　甘肅省歷史學會編印　1982　p. 173　又見：中國敦煌
　　學百年文庫・宗教卷（一）　甘肅文化出版社　1999　p. 56

周紹良　談唐代民間文學——讀《中國文學史》中"變文"節書後關於唐代民間文學研究的幾點意見
　　敦煌變文論文録　上海古籍出版社　1982　p. 412　又見：紹良叢稿　齊魯書社　1984　p. 54

潘重規　敦煌變文集新書（上）　（臺北）"中國文化大學"中文研究所　1984　p. 601、750

王重民　頻婆娑羅王后宮綵女功德意供養塔生天因緣变　敦煌變文集　人民文學出版社　1984
　　p. 769

唐耕耦　唐五代時期的高利貸　《敦煌學輯刊》1985 年第 2 期　p. 19

謝重光　關於唐後期至五代間沙州寺院經濟的幾個問題　敦煌吐魯番出土經濟文書研究　廈門大學
　　出版社　1986　p. 467

森安孝夫　敦煌と西ウイグル王國　『東方學』（第 74 輯）　（東京）東方學會　1987　p. 67

森安孝夫著　陳俊謀譯　敦煌與西回鶻王國　《西北史地》1987 年第 3 期　p. 125

王永興　隋唐五代經濟史料彙編校注・第一編（下）　中華書局　1987　p. 916

謝和耐著　耿昇譯　中國 5—10 世紀的寺院經濟　甘肅人民出版社　1987　p. 229 注 4　又見：上海
　　古籍出版社　2004　p. 189 注 1

周紹良　唐代變文及其它　敦煌文學作品選　中華書局　1987　p. 4

池田溫　中國古代寫本識語集録　（東京）大藏出版株式會社　1990　p. 491

葛承雍　唐代國庫制度　三秦出版社　1990　p. 74

郭在貽　張涌泉　黃征　敦煌變文集校議　岳麓書社　1990　p. 397

加地哲定著　劉衛星譯　中國佛教文學　今日中國出版社　1990　p. 118

龍晦　敦煌與五代兩蜀文化　《敦煌研究》1990 年第 2 期　p. 101

榮新江　沙州歸義軍歷任節度使稱號研究　敦煌吐魯番學研究論文集　漢語大詞典出版社　1990
　　p. 802

唐耕耦　陸宏基　敦煌社會經濟文獻真迹釋録（二）　全國圖書館文獻縮微複製中心　1990　p. 125

項楚　敦煌變文選注　巴蜀書社　1990　p. 452

林聰明　敦煌文書出處略考　季羨林教授八十華誕紀念論文集（下）　江西人民出版社　1991
　　p. 858

林聰明　敦煌文書學　（臺北）新文豐出版公司　1991　p. 183、351 注 14、389、415

金岡照光　講唱體類　敦煌の文學文獻（講座敦煌 9）　（東京）大東出版社　1992　p. 116

金岡照光　押座文　敦煌の文學文獻（講座敦煌 9）　（東京）大東出版社　1992　p. 372

李正宇　敦煌俗講僧保宣及其《講經通難致語》　程千帆先生八十壽辰紀念文集　江蘇古籍出版社
　　1992　p. 210

林家平　寧强　羅華慶　中國敦煌學史　北京語言學院出版社　1992　p. 337

周紹良　敦煌文學芻議及其它　（臺北）新文豐出版公司　1992　p. 68

李正宇　敦煌文學概論　甘肅人民出版社　1993　p. 102

前田正名　河西歷史地理學研究　中國藏學出版社　1993　p. 292

楊雄　講經文名實說　（香港）《九州學刊》（敦煌學專輯）1993 年第 5 卷第 4 期　p. 145

張鴻勳　敦煌文學概論　甘肅人民出版社　1993　p. 238

姜伯勤　敦煌吐魯番文書與絲綢之路　文物出版社　1994　p. 270

李明偉　隋唐絲綢之路　甘肅人民出版社　1994　p. 312

鄭炳林　唐五代敦煌新開道考　《敦煌學輯刊》1994 年第 1 期　p. 48

張傳璽　中國歷代契約會編考釋（上）　北京大學出版社　1995　p. 395 注 1

榮新江　歸義軍史研究　上海古籍出版社　1996　p. 25

伏俊璉　關於變文體裁的一點探索　敦煌文學論集　四川人民出版社　1997　p. 121

黃征　李丹禾　敦煌變文中的願文　敦煌文學論集　四川人民出版社　1997　p. 367

黃征　張涌泉　敦煌變文校注　中華書局　1997　p. 1084

雷紹鋒　唐末宋初歸義軍時期之"地子"、"地稅"淺論　魏晉南北朝隋唐史資料（第 15 輯）　武漢大
　　學出版社　1997　p. 139

劉子瑜　敦煌變文和王梵志詩　大象出版社　1997　p. 38

齊陳俊　馮培紅　晚唐五代宋初歸義軍對外商業貿易　敦煌歸義軍史專題研究　蘭州大學出版社
　　1997　p. 346

沙知　般次零拾　周紹良先生欣開九秩慶壽文集　中華書局　1997　p. 147

顏廷亮　關於《晏子賦》寫本的抄寫年代問題　《敦煌研究》1997 年第 2 期　p. 138

鄭炳林　敦煌碑銘讚輯釋　甘肅教育出版社　1997　p. 551 注 3

鄭炳林　晚唐五代敦煌貿易市場的物價　敦煌歸義軍史專題研究　蘭州大學出版社　1997　p. 280

鄭炳林　馮培紅　唐五代歸義軍政權對外關係中的使頭一職　敦煌歸義軍史專題研究　蘭州大學出
　　版社　1997　p. 50

陳國燦　西州回鶻　敦煌學大辭典　上海辭書出版社　1998　p. 461

海客　頻婆娑羅王后宮綵女公德意供養塔生天因緣變　敦煌學大辭典　上海辭書出版社　1998
　　p. 581

郝春文　唐後期五代宋初敦煌僧尼的社會生活　中國社會科學出版社　1998　p. 105

郝春文　唐後期五代宋初敦煌僧人的稅役負擔　《敦煌學輯刊》1998 年第 2 期　p. 3

金瀅坤　從敦煌文書看晚唐五代敦煌地區布紡織業　《敦煌研究》1998 年第 2 期　p. 136

沙知　敦煌契約文書輯校　江蘇古籍出版社　1998　p. 217

周紹良　張涌泉　黃征　敦煌變文講經文因緣輯校（下）　江蘇古籍出版社　1998　p. 924

馮培紅　客司與歸義軍的外交活動　《敦煌學輯刊》1999 年第 1 期　p. 82

羅宗濤　讀《敦煌所出現的佛教講唱文》　中國敦煌學百年文庫·文學卷（二）　甘肅文化出版社

1999　p. 373

梅維恒著　楊繼東　陳引馳譯　唐代變文（上）　（香港）中國佛教文化出版公司　1999　p. 70、261

顏廷亮　關於敦煌文學發展的歷史進程　《甘肅社會科學》1999 年第 4 期　p. 47

鄭炳林　晚唐五代敦煌地區種植棉花研究　《中國史研究》1999 年第 3 期　p. 86

北京大學　敦煌《經卷》、《照片》及《圖書》目録　中國敦煌學百年文庫・綜述卷（一）　甘肅文化出
　　版社　1999　p. 318

堀敏一著　張宇譯　中唐以後敦煌地區的税制　《敦煌研究》2000 年第 3 期　p. 149

雷紹鋒　歸義軍賦役制度初探　（臺北）洪葉文化事業有限公司　2000　p. 109

蘇金花　試論晚唐五代敦煌僧侶免賦特權的進一步喪失　《敦煌研究》2000 年第 3 期　p. 158

徐俊　敦煌詩集殘卷輯考　中華書局　2000　p. 795

顏廷亮　敦煌文化　光明日報出版社　2000　p. 275、323

鄭炳林　晚唐五代敦煌貿易市場的外來商品輯考　中華文史論叢（總 63 輯）　上海古籍出版社
　　2000　p. 59

謝重光　漢唐佛教社會史論　（臺北）國際文化事業有限公司　2001　p. 215

楊森　關於敦煌文獻中的"平章"一詞　敦煌學與中國史研究論集　甘肅人民出版社　2001　p. 231

陳國燦　敦煌學史事新證　甘肅教育出版社　2002　p. 340

姜亮夫　敦煌莫高窟年表　姜亮夫全集（十一）　雲南人民出版社　2002　p. 534

李正宇　唐宋時期敦煌佛經性質功能的變化　戒幢佛學（第二卷）　岳麓書社　2002　p. 27

馬茜　歸義軍時期敦煌地區庶民佛教的發展　甘肅民族研究論叢　甘肅人民出版社　2002　p. 450

楊惠玲　敦煌契約文書中的保人、見人、口承人、同便人、同取人　《敦煌研究》2002 年第 6 期　p. 43

池田溫　敦煌の流通經濟　敦煌文書の世界　（東京）名著刊行會　2003　p. 176

童丕　敦煌的借貸：中國中古時代的物質生活與社會　中華書局　2003　p. 140

鄭炳林　晚唐五代敦煌商業貿易市場研究　《敦煌學輯刊》2004 年第 1 期　p. 110

P. 3052

陳祚龍　敦煌古抄中世詩歌　敦煌學海探珠（上冊）　（臺北）商務印書館　1979　p. 141

張錫厚　詩歌　敦煌文學　甘肅人民出版社　1989　p. 159

李正宇　敦煌文學概論　甘肅人民出版社　1993　p. 93、127

汪娟　敦煌禮懺文研究　（臺北）法鼓文化公司　1994　p. 225

柴劍虹　俄藏敦煌詩詞寫卷經眼録　敦煌吐魯番研究（第一卷）　北京大學出版社　1996　p. 103
　　又見：敦煌吐魯番學論稿　浙江教育出版社　2000　p. 218

張錫厚　敦煌釋氏詩歌創作論　慶祝潘石禪先生九秩華誕敦煌學特刊　（臺北）文津出版社　1996
　　p. 207

鄭炳林　敦煌碑銘讚輯釋　甘肅教育出版社　1997　p. 217 注 3

柴劍虹　良牧詩　敦煌學大辭典　上海辭書出版社　1998　p. 574

柴劍虹　僧金髻詩　敦煌學大辭典　上海辭書出版社　1998　p. 560

郝春文　金髻　敦煌學大辭典　上海辭書出版社　1998　p. 348

李正宇　利濟　敦煌學大辭典　上海辭書出版社　1998　p. 349

顏廷亮　關於敦煌文學發展的歷史進程　《甘肅社會科學》1999 年第 4 期　p. 46

徐俊　敦煌詩集殘卷輯考　中華書局　2000　p. 187、666、905

顏廷亮　敦煌文化　光明日報出版社　2000　p. 319

劉瑞明　集遺珠以彙詩海　復原貌而觀萬象：評《敦煌詩集殘卷輯考》　《敦煌研究》2001 年第 4 期

　　　p. 170

屈直敏　敦煌高僧　民族出版社　2004　p. 91

趙曉星　敦煌落蕃舊事　民族出版社　2004　p. 184

P. 3053

王重民　敦煌古籍叙録　中華書局　1979　p. 190

王重民　巴黎敦煌殘卷叙録(第二輯)　敦煌叢刊初集(九)　(臺北)新文豐出版公司　1985　p. 241

王重民原編　黃永武新編　敦煌古籍叙録新編(第十冊)　(臺北)新文豐出版公司　1986　p. 92

鄧文寬　跋敦煌寫本《百行章》　1983年全國敦煌學術討論會文集‧文史遺書編(下)　甘肅人民出
　　　版社　1987　p. 104

胡平生　《敦煌〈百行章〉校釋》補正　敦煌吐魯番文獻研究論集(第五輯)　北京大學出版社　1990
　　　p. 279

胡戟　傅玫　敦煌史話　中華書局　1995　p. 184

白化文　百行章　敦煌學大辭典　上海辭書出版社　1998　p. 782

汪泛舟　敦煌古代兒童課本　甘肅人民出版社　2000　p. 156

林聰明　敦煌吐魯番文書解詁指例　(臺北)新文豐出版公司　2001　p. 74

姜亮夫　敦煌莫高窟年表　姜亮夫全集(十一)　雲南人民出版社　2002　p. 226

鄭阿財　朱鳳玉　敦煌蒙書研究　甘肅教育出版社　2002　p. 323

P. 3054

那波利貞　唐寫本雜抄考──唐代庶民教育史研究の一資料　唐代社會文化史研究‧第二編　(東
　　　京)創文社　1974　p. 254

饒宗頤　敦煌書法叢刊(第十八卷)‧碎金(一)　(東京)二玄社　1983　p. 98

雷僑雲　敦煌兒童文學　(臺北)學生書局　1985　p. 44

周祖謨　敦煌唐本字書叙録　敦煌語言文學研究　北京大學出版社　1988　p. 43

高國藩　敦煌民俗學　上海文藝出版社　1989　p. 109

池田溫　中國古代寫本識語集録　(東京)大藏出版株式會社　1990　p. 479

鄭阿財　敦煌蒙書析論　第二屆敦煌學國際研討會論文集　(臺北)漢學研究中心　1990　p. 217

朱鳳玉　敦煌寫本字書緒論　(臺北)《華岡文科學報》1991年第18期　p. 94

李正宇　敦煌文學概論　甘肅人民出版社　1993　p. 95

齊陳駿　寒沁　河西都僧統唐悟真作品和見載文獻系年　《敦煌學輯刊》1993年第2期　p. 11

鄭阿財　敦煌文獻與文學　(臺北)新文豐出版公司　1993　p. 246

沃興華　敦煌書法藝術　上海人民出版社　1994　p. 249

鄧文寬　敦煌天文曆法文獻輯校　江蘇古籍出版社　1996　p. 668

楊秀清　金山國立國年代補證　《敦煌研究》1997年第4期　p. 131

鄭炳林　敦煌碑銘讚輯釋　甘肅教育出版社　1997　p. 128注2

鄧文寬　年次未詳具注曆日　敦煌學大辭典　上海辭書出版社　1998　p. 610

李正宇　悟真詩　敦煌學大辭典　上海辭書出版社　1998　p. 558

施萍婷　評《敦煌天文曆法文獻輯校》　敦煌吐魯番研究(第三卷)　北京大學出版社　1998　p. 396

王繼如　敦煌文獻跋語二則　敦煌問學叢稿　甘肅文化出版社　1999　p. 299

汪泛舟　《開蒙要訓》初探　《敦煌研究》1999年第2期　p. 143

楊秀清　敦煌西漢金山國史　甘肅人民出版社　1999　p. 62

李正宇　歸義軍樂營的結構與配置　《敦煌研究》2000 年第 3 期　p. 78

汪泛舟　敦煌古代兒童課本　甘肅人民出版社　2000　p. 52

徐俊　敦煌詩集殘卷輯考　中華書局　2000　p. 155、788

邵文實　敦煌佛教文學與邊塞文學　《敦煌學輯刊》2001 年第 2 期　p. 29

姜亮夫　敦煌莫高窟年表　姜亮夫全集(十一)　雲南人民出版社　2002　p. 500

鄭阿財　朱鳳玉　敦煌蒙書研究　甘肅教育出版社　2002　p. 55

朱鳳玉　敦煌寫本《開蒙要訓》與臺灣《四言雜字》　中國俗文化研究(第一輯)　巴蜀書社　2003
　　p. 121

劉進寶　歸義軍時期的"音聲人"　《敦煌研究》2006 年第 1 期　p. 69

P. 3055

吳其昱著　福井文雅　樋口勝譯　大蕃國大德・三藏法師・法成傳考　敦煌と中國仏教(講座敦煌
　　7)　(東京)大東出版社　1984　p. 393

李正宇　中國唐宋硬筆書法　上海文化出版社　1993　p. 43

鄧文寬　劉樂賢　敦煌天文氣象占寫本概述　敦煌吐魯番研究(第九卷)　中華書局　2006　p. 411

P. 3056

陳祚龍　新校重訂敦煌古抄《佛曲》的歎讚四種　中華佛教文化史散策(四集)　(臺北)新文豐出版
　　公司　1986　p. 241

任半塘　王昆吾　隋唐五代燕樂雜言歌辭集　巴蜀書社　1990　p. 850

項楚　王梵志詩校注　上海古籍出版社　1991　p. 818

李正宇　敦煌文學概論　甘肅人民出版社　1993　p. 105

張錫厚　敦煌文學概論　甘肅人民出版社　1993　p. 390

陳祚龍　敦煌古抄禪淨詩歌小集　中華佛教文化史散策六集　(臺北)新文豐出版公司　1996
　　p. 191

饒宗頤　"法曲子"論　敦煌曲續論　(臺北)新文豐出版公司　1996　p. 87

王昆吾　隋唐五代燕樂雜言歌辭研究　中華書局　1996　p. 413

張錫厚　敦煌釋氏詩歌創作論　慶祝潘石禪先生九秩華誕敦煌學特刊　(臺北)文津出版社　1996
　　p. 202

張錫厚　佛家詩曲總集　敦煌學大辭典　上海辭書出版社　1998　p. 544

顏廷亮　西陲文學遺珍：敦煌文學通俗談　甘肅人民出版社　2000　p. 109

林仁昱　論敦煌佛教歌曲特質與"弘法"的關係　敦煌學(第 23 輯)　(臺北)樂學書局有限公司
　　2002　p. 66

林仁昱　論敦煌佛教歌曲向通俗傳播的內容　中國俗文化研究(第一輯)　巴蜀書社　2003　p. 187

P. 3057

郝春文　唐後期五代宋初敦煌寺院常住什物的數量及與僧人的關係　《敦煌研究》1998 年第 2 期
　　p. 130

P. 3058

李正宇　敦煌俗講僧保宣及其《講經通難致語》　程千帆先生八十壽辰紀念文集　江蘇古籍出版社
　　1992　p. 211

譚蟬雪　敦煌歲時文化導論　（臺北）新文豐出版公司　1998　p. 379
譚蟬雪　年終難巷　敦煌學大辭典　上海辭書出版社　1998　p. 436
譚蟬雪　唐宋敦煌歲時佛俗：八月至十二月　《敦煌研究》2001 年第 2 期　p. 78

P. 3059
戴密微著　耿昇譯　敦煌學近作　敦煌譯叢（第一輯）　甘肅人民出版社　1985　p. 58

P. 3060
岡部和雄　敦煌藏經目録　敦煌と中國仏教（講座敦煌7）　（東京）大東出版社　1984　p. 307
方廣錩　敦煌佛教經録輯校　江蘇古籍出版社　1997　p. 521、836、843
方廣錩　轉經雜録　敦煌學大辭典　上海辭書出版社　1998　p. 755
鄭炳林　晚唐五代敦煌地區《大般若經》的流傳與信仰　麥積山石窟藝術文化論文集（下）　蘭州大
　　學出版社　2004　p. 115

P. 3061
鄭阿財　敦煌孝道文學研究　（臺北）石門圖書公司　1982　p. 529
周丕顯　敦煌俗曲分時聯章歌體再議　《敦煌學輯刊》1983 年創刊號　p. 14
周丕顯　敦煌俗曲中的分時聯章體歌辭　關隴文學論叢　甘肅人民出版社　1983　p. 3
龍晦　論敦煌詞曲所見之禪宗與淨土宗　《世界宗教研究》1986 年第 3 期　p. 63
任半塘　敦煌歌辭總編　上海古籍出版社　1987　p. 1458
劉進寶　俚曲小調　敦煌文學　甘肅人民出版社　1989　p. 218
汪泛舟　讚・箴　敦煌文學　甘肅人民出版社　1989　p. 98
任半塘　王昆吾　隋唐五代燕樂雜言歌辭集　巴蜀書社　1990　p. 865
林家平　寧強　羅華慶　中國敦煌學史　北京語言學院出版社　1992　p. 625
曲金良　敦煌佛教文學研究　（臺北）文津出版社　1995　p. 236
王書慶　敦煌佛學・佛事篇　甘肅民族出版社　1995　p. 231
張涌泉　漢語俗字研究　岳麓書社　1995　p. 141、181
張涌泉　試論敦煌寫卷俗文字研究之意義　敦煌學國際研討會文集・史地語文編　遼寧美術出版社
　　1995　p. 361
姜伯勤　敦煌藝術宗教與禮樂文明　中國社會科學出版社　1996　p. 313
柴劍虹　太子入山修道五更轉　敦煌學大辭典　上海辭書出版社　1998　p. 549
張錫厚　敦煌文學源流　作家出版社　2000　p. 330
張涌泉　漢語俗字叢考　中華書局　2000　p. 472
王小盾　從敦煌本共住修道故事看唐代佛教詩歌文體的來源　中國俗文化研究（第一輯）　巴蜀書
　　社　2003　p. 28
荒見泰史　從敦煌寫本中變文的改寫情況來探討五代講唱文學的演變　敦煌學國際研討會論文集
　　北京圖書館出版社　2005　p. 176

P. 3062
那波利貞　唐寫本雜抄考──唐代庶民教育史研究の一資料　唐代社會文化史研究・第二編　（東
　　京）創文社　1974　p. 258
高國藩　敦煌民俗學　上海文藝出版社　1989　p. 104

鄭阿財　朱鳳玉　敦煌蒙書研究　甘肅教育出版社　2002　p. 14

P. 3063

方廣錩　佛說月燈三昧經　敦煌學大辭典　上海辭書出版社　1998　p. 664

P. 3064

川崎ミチコ　修道偈Ⅱ——定格聯章　敦煌仏典と禪（講座敦煌8）　（東京）大東出版社　1980
　　p. 271

菅原信海　占筮書　敦煌漢文文獻（講座敦煌5）　（東京）大東出版社　1992　p. 453

楊富學　沙州回鶻及其政權組織　敦煌學國際研討會文集·史地語文編　遼寧美術出版社　1995
　　p. 194

黃正建　敦煌占卜文書與唐五代占卜研究　學苑出版社　2001　p. 38、105

P. 3065

王重民　說《五更轉》　《申報·文史周刊》1947年第3期　又見：冷廬文藪　上海古籍出版社　1992
　　p. 45 ；中國敦煌學百年文庫·文學卷（一）　甘肅文化出版社　1999　p. 453

邵榮芬　敦煌俗文學中的別字異文和唐五代西北方音　《中國語文》1963年第3期　又見：中國敦煌
　　學百年文庫·語言文字卷（一）　甘肅文化出版社　1999　p. 128

金岡照光　敦煌漢文文學文獻の文學形態上の種類とその分類　敦煌出土文學文獻分類目録·附解
　　說　（東京）東洋文庫　1971　p. 229

金岡照光　敦煌文學のさまざま　敦煌の文學　（東京）大蔵出版株式會社　1971　p. 151

金岡照光　敦煌民衆の宗教と生活　敦煌の民衆——その生活と思想　（東京）評論社　1972
　　p. 234

加地哲定　增補中國佛教文學研究　（東京）同朋舍　1979　p. 188

川崎ミチコ　修道偈Ⅱ——定格聯章　敦煌仏典と禪（講座敦煌8）　（東京）大東出版社　1980
　　p. 264

潘重規　敦煌詞話　（臺北）石門圖書公司　1981　p. 97

傅芸子　敦煌俗文學之發見及其展開　敦煌變文論文録　上海古籍出版社　1982　p. 139

饒宗頤　京都藤井氏有鄰館藏敦煌殘卷記略　選堂集林·史林　（香港）中華書局　1982　p. 1006

鄭阿財　敦煌孝道文學研究　（臺北）石門圖書公司　1982　p. 529

蘇瑩輝　"敦煌曲"評介　敦煌論集續編　（臺北）學生書局　1983　p. 311

周丕顯　敦煌俗曲分時聯章歌體再議　《敦煌學輯刊》1983年創刊號　p. 14

周丕顯　敦煌俗曲中的分時聯章體歌辭　關隴文學論叢　甘肅人民出版社　1983　p. 3

劉復　敦煌掇瑣　敦煌叢刊初集（十五）　（臺北）新文豐出版公司　1985　p. 207

龍晦　論敦煌詞曲所見之禪宗與淨土宗　《世界宗教研究》1986年第3期　p. 63

任半塘　敦煌歌辭總編　上海古籍出版社　1987　p. 1013、1458、1577

蘇瑩輝　國際敦煌學研究近貌　敦煌文史藝術論叢　（臺北）新文豐出版公司　1987　p. 186

劉進寶　俚曲小調　敦煌文學　甘肅人民出版社　1989　p. 218

汪泛舟　讚·箴　敦煌文學　甘肅人民出版社　1989　p. 98

加地哲定著　劉衛星譯　中國佛教文學　今日中國出版社　1990　p. 160

任半塘　王昆吾　隋唐五代燕樂雜言歌辭集　巴蜀書社　1990　p. 865

姜伯勤　論禪宗在敦煌僧俗中的流傳　（香港）《九州學刊》（敦煌學專輯）1992年第4卷第4期

p. 12　又見:中國敦煌學百年文庫·宗教卷(一)　甘肅文化出版社　1999　p. 225

林家平　寧強　羅華慶　中國敦煌學史　北京語言學院出版社　1992　p. 16、625

周紹良　敦煌文學芻議及其它　(臺北)新文豐出版公司　1992　p. 37

汪泛舟　敦煌文學概論　甘肅人民出版社　1993　p. 552

曲金良　敦煌佛教文學研究　(臺北)文津出版社　1995　p. 236

張涌泉　漢語俗字研究　岳麓書社　1995　p. 140、162

張涌泉　試論敦煌寫卷俗文字研究之意義　敦煌學國際研討會文集·史地語文編　遼寧美術出版社　1995　p. 361

姜伯勤　敦煌藝術宗教與禮樂文明　中國社會科學出版社　1996　p. 370

饒宗頤　敦煌曲與樂舞及龜茲樂　敦煌曲續論　(臺北)新文豐出版公司　1996　p. 71

王昆吾　隋唐五代燕樂雜言歌辭研究　中華書局　1996　p. 413

張涌泉　敦煌俗字研究導論　(臺北)新文豐出版公司　1996　p. 147、182

高啓安　敦煌五更詞與甘肅五更詞比較研究　《敦煌研究》1997 年第 3 期　p. 115

孫昌武　禪思與詩情　中華書局　1997　p. 330 注 22

柴劍虹　太子入山修道五更轉　敦煌學大辭典　上海辭書出版社　1998　p. 549

孫其芳　五更轉　敦煌學大辭典　上海辭書出版社　1998　p. 535

周菁葆　邱陵　絲綢之路宗教文化　新疆人民出版社　1998　p. 374

張涌泉　敦煌文獻校讀釋例　舊學新知　浙江大學出版社　1999　p. 204

張錫厚　敦煌文學源流　作家出版社　2000　p. 330

張涌泉　漢語俗字叢考　中華書局　2000　p. 472

李正宇　唐宋時期敦煌佛經性質功能的變化　戒幢佛學(第二卷)　岳麓書社　2002　p. 25　又見:
中日敦煌佛教學術會議論文集　中國社會科學院研究所　2002　p. 20

馬茜　歸義軍時期敦煌地區庶民佛教的發展　甘肅民族研究論叢　甘肅人民出版社　2002　p. 467

王小盾　從敦煌本共住修道故事看唐代佛教詩歌文體的來源　中國俗文化研究(第一輯)　巴蜀書社　2003　p. 28

張子開　敦煌文獻中的白話禪詩　《敦煌學輯刊》2003 年第 1 期　p. 87

荒見泰史　從敦煌寫本中變文的改寫情況來探討五代講唱文學的演變　敦煌學國際研討會論文集
北京圖書館出版社　2005　p. 176

王志鵬　從敦煌歌辭看唐代敦煌地區禪宗的流傳與發展　《敦煌研究》2005 年第 6 期　p. 98

P. 3066

黃正建　敦煌祿命類文書述略　中國社會科學院歷史研究所學刊(第一集)　學刊編委會　2001
p. 253

黃正建　敦煌占卜文書與唐五代占卜研究　學苑出版社　2001　p. 124

P. 3067

唐耕耦　陸宏基　敦煌社會經濟文獻真迹釋錄(三)　全國圖書館文獻縮微複製中心　1990　p. 32

郝春文　敦煌寫本社邑文書年代彙考(一)　《首都師範大學學報》1993 年第 4 期　p. 33

項楚　敦煌詩歌導論　(臺北)新文豐出版公司　1993　p. 242

郝春文　唐後期五代宋初沙州的方等道場與方等道場司　唐研究(第二卷)　北京大學出版社
1996　p. 70

唐耕耦　敦煌寺院會計文書研究　(臺北)新文豐出版公司　1997　p. 293

鄭炳林　敦煌碑銘讚輯釋　甘肅教育出版社　1997　p. 31 注 3

鄭炳林　楊富學　晚唐五代金銀在敦煌的使用與流通　《甘肅金融》1997 年第 8 期　又見：中國敦煌
　　學百年文庫·歷史卷（二）　甘肅文化出版社　1999　p. 581

郝春文　唐後期五代宋初敦煌僧尼的社會生活　中國社會科學出版社　1998　p. 34、129

郝春文　唐後期五代宋初敦煌寺院常住什物的數量及與僧人的關係　《敦煌研究》1998 年第 2 期
　　p. 118、126

唐耕耦　常住什物交割點檢曆　敦煌學大辭典　上海辭書出版社　1998　p. 648

土肥義和　唐·北宋の間：敦煌の杜家親情社追補社條（S. 8160rv）について　唐代史研究（創刊號）
　　（東京）唐代史研究會　1998　p. 19

郝春文　英藏敦煌文獻年代叢考　英國收藏敦煌漢藏文獻研究　中國社會科學出版社　2000
　　p. 376

郝春文　英藏敦煌社會歷史文獻釋錄（第一卷）　科學出版社　2001　p. 429

鄭炳林　晚唐五代敦煌諸寺藏經與管理　新世紀敦煌學論集　巴蜀書社　2003　p. 339

高啓安　唐五代敦煌飲食文化研究　民族出版社　2004　p. 64、73

馮培紅　歸義軍鎮制考　敦煌吐魯番研究（第九卷）　中華書局　2006　p. 265

金瀅坤　敦煌社會經濟文書定年拾遺　《首都師範大學學報》2006 年第 1 期　p. 10、14

金瀅坤　敦煌社會經濟文獻綴合拾遺　文史（第七十五輯）　中華書局　2006　p. 89

P. 3068

榮新江　沙州張淮深與唐中央朝廷之關係　《敦煌學輯刊》1990 年第 2 期　p. 9

張廣達　唐末五代宋初西北地區的般次和使次　季羨林教授八十華誕紀念論文集（下）　江西人民
　　出版社　1991　p. 969

周紹良　敦煌文學芻議及其它　（臺北）新文豐出版公司　1992　p. 9

張廣達　西域史地叢稿初編　上海古籍出版社　1995　p. 336

榮新江　歸義軍史研究　上海古籍出版社　1996　p. 10

榮新江　歸義軍大事紀年初稿　出土文獻研究（第三輯）　文物出版社　1998　p. 239

楊森　小議張淮深受旌節　《敦煌研究》1999 年第 1 期　p. 97

P. 3069

高國藩　敦煌寫本《太公家教》初探　《敦煌學輯刊》1984 年第 1 期　p. 64

王重民　跋太公家教　敦煌遺書論文集　中華書局　1984　p. 136

雷僑雲　敦煌兒童文學　（臺北）學生書局　1985　p. 82 注 5

周鳳五　敦煌寫本太公家教研究　（臺北）明文書局　1986　p. 155

李正宇　敦煌地區古代祠廟寺觀簡志　《敦煌學輯刊》1988 年第 1、2 期　p. 73

鄭阿財　敦煌寫卷新集文詞九經抄研究　（臺北）文史哲出版社　1989　p. 128 注 1

鄭阿財　敦煌蒙書析論　第二屆敦煌學國際研討會論文集　（臺北）漢學研究中心　1990　p. 226

姜伯勤　敦煌社會文書導論　（臺北）新文豐出版公司　1992　p. 225

鄭阿財　敦煌文獻與文學　（臺北）新文豐出版公司　1993　p. 260

鄭阿財　學日益齋敦煌學劄記　周一良先生八十生日紀念論文集　中國社會科學出版社　1993
　　p. 193

石泰安著　耿昇譯　兩卷敦煌藏文寫本中的儒教格言　國外藏學研究譯文集（第十一輯）　西藏人
　　民出版社　1994　p. 279 注 2

姜伯勤　敦煌藝術宗教與禮樂文明　中國社會科學出版社　1996　p. 298
姜伯勤　道釋相激：道教在敦煌　道家文化研究(第十三輯)　三聯書店　1998　p. 58
汪泛舟　敦煌古代兒童課本　甘肅人民出版社　2000　p. 222

P. 3070

那波利貞　千佛岩莫高窟と敦煌文書　西域文化研究(第二)・敦煌吐魯番社會經濟資料(上)　(京
　　都)法藏館　1959　p. 38
那波利貞　唐代の社邑に就きて(1938年)　唐代社會文化史研究・第五編　(東京)創文社　1974
　　p. 517
矢吹慶輝　鳴沙餘韻・解說篇(第一部)　(京都)臨川書店　1980　p. 181
唐耕耦　陸宏基　敦煌社會經濟文獻真迹釋録(一)　書目文獻出版社　1986　p. 411
謝和耐著　耿昇譯　中國5—10世紀的寺院經濟　甘肅人民出版社　1987　p. 319　又見：上海古籍
　　出版社　2004　p. 264
山本達郎等　敦煌・III 轉貼　『NUN－HUANG AND TURFAN DOCUMENTS CONCERNING SOCIAL
　　AND ECONOMIC HISTORY』(IV)　(東京)東洋文庫　1989　p. 26、74
蕭登福　從敦煌寫卷中看道教星斗崇拜對佛經之影響　第二屆敦煌學國際研討會論文集　(臺北)
　　漢學研究中心　1990　p. 323
暨遠志　張議潮出行圖研究(續)　《敦煌研究》1992年第4期　p. 79
姜伯勤　敦煌社會文書導論　(臺北)新文豐出版公司　1992　p. 172、182
郝春文　敦煌寫本社邑文書年代彙考(一)　《首都師範大學學報》1993年第4期　p. 35
蕭登福　道教星斗符印與佛教密宗　(臺北)新文豐出版公司　1993　p. 41
石田勇作　敦煌「社文書」研究序說　中國古代の國家と民衆(堀敏一先生古稀記念)　(東京)汲古
　　書院　1995　p. 675
陸慶夫　唐宋間敦煌粟特人之漢化　《歷史研究》1996年第6期　p. 30　又見：敦煌歸義軍史專題研
　　究　蘭州大學出版社　1997　p. 366
陸慶夫　鄭炳林　俄藏敦煌寫本中九件轉帖初探　《敦煌學輯刊》1996年第1期　p. 12
陸慶夫　鄭炳林　唐末五代敦煌的社與粟特人聚落　敦煌歸義軍史專題研究　蘭州大學出版社
　　1997　p. 397
寧可　郝春文　敦煌社邑文書輯校　江蘇古籍出版社　1997　p. 71
方廣錩　七祖法寶記　敦煌學大辭典　上海辭書出版社　1998　p. 723
李正宇　數字取名　敦煌學大辭典　上海辭書出版社　1998　p. 451
寧可　行人轉帖　敦煌學大辭典　上海辭書出版社　1998　p. 430
陳海濤　敦煌歸義軍時期從化鄉消失原因初探　中國社會歷史評論(第二卷)　天津古籍出版社
　　2000　p. 436
程存潔　略論唐王朝對西北邊城的經營　'98法門寺唐文化國際學術討論會論文集　陝西人民出版
　　社　2000　p. 417
雷紹鋒　歸義軍賦役制度初探　(臺北)洪葉文化事業有限公司　2000　p. 110
孟憲實　敦煌社邑的分佈　敦煌文獻論集：紀念藏經洞發現一百周年國際學術研討會論文集　遼寧
　　人民出版社　2001　p. 430

P. 3071

森安孝夫　ウイグル語文獻　敦煌胡語文獻(講座敦煌6)　(東京)大東出版社　1985　p. 23

唐耕耦　陸宏基　敦煌社會經濟文獻真迹釋錄(一)　書目文獻出版社　1986　p. 313

耿昇　敦煌回鶻文寫本的概況　《敦煌研究》1988 年第 1 期　p. 102

楊富學　沙州回鶻及其政權組織：沙州回鶻研究之一　敦煌學國際學術討論會論文縮寫文(1990)
敦煌研究院　1990　p. 69

林聰明　敦煌文書學　(臺北)新文豐出版公司　1991　p. 67

森安孝夫　ウイグル＝マニ教史の研究　大阪大學文學部紀要(第 31、32 合併號)　大阪大學
1991　p. 145

姜伯勤　敦煌社會文書導論　(臺北)新文豐出版公司　1992　p. 242

楊富學　9—12 世紀的沙州回鶻文化　《敦煌學輯刊》1994 年第 2 期　p. 97

牛汝極　楊富學　敦煌回鶻文書法藝術　《甘肅民族研究》1995 年第 1 期　p. 99

楊富學　牛汝極　沙州回鶻及其文獻　甘肅文化出版社　1995　p. 61、211

方廣錩　敦煌佛教經錄輯校　江蘇古籍出版社　1997　p. 779

牛汝極　回鶻文摩尼教殘片　敦煌學大辭典　上海辭書出版社　1998　p. 496

楊富學　佛教與敦煌回鶻文書法藝術　西域敦煌宗教論稿　甘肅文化出版社　1998　p. 136

楊富學　回鶻之佛教　新疆人民出版社　1998　p. 61

高啓安　崇高與卑賤：敦煌的佛教信仰賤名再探　'98 法門寺唐文化國際學術討論會論文集　陝西
人民出版社　2000　p. 252

劉永明　散見敦煌曆朔閏輯考　《敦煌研究》2002 年第 6 期　p. 15

楊富學　回鶻文獻與回鶻文化　民族出版社　2003　p. 226

陳炳應　盧冬　古代民族　敦煌文藝出版社　2004　p. 229

鄭炳林　晚唐五代敦煌地區《大般若經》的流傳與信仰　麥積山石窟藝術文化論文集(下)　蘭州大
學出版社　2004　p. 120

郭俊葉　敦煌研究院藏絲質經帙標簽及其相關問題　《敦煌研究》2005 年第 6 期　p. 89

P. 3072

陳祚龍　瓜沙印錄　(臺北)《大陸雜誌》1962 年第 4 期　又見：敦煌學概要　(臺北)編譯館"中華叢
書編委會"　1981　p. 266；中國敦煌學百年文庫·考古卷(一)　甘肅文化出版社　1999
p. 186

陳祚龍　古代敦煌及其他地區流行之公私印章圖記文字錄　敦煌學要籥　(臺北)新文豐出版公司
1982　p. 327

森安孝夫　ウイグル語文獻　敦煌胡語文獻(講座敦煌 6)　(東京)大東出版社　1985　p. 24

榮新江　歸義軍及其與周邊民族的關係初探　《敦煌學輯刊》1986 年第 2 期　p. 37　又見：中國人文
社會科學博士碩士文庫·歷史學卷　浙江教育出版社　1998　p. 670

池田溫　敦煌文獻について　『書道研究』(2 卷 2 號)　(東京)萱原書局　1988　p. 49　又見：敦
煌文書の世界　(東京)名著刊行會　2003　p. 52

耿昇　敦煌回鶻文寫本的概況　《敦煌研究》1988 年第 1 期　p. 102

李正宇　敦煌地區古代祠廟寺觀簡志　《敦煌學輯刊》1988 年第 1、2 期　p. 82

楊富學　9—12 世紀的沙州回鶻文化　《敦煌學輯刊》1994 年第 2 期　p. 98

黃征　吳偉　敦煌願文集　岳麓書社　1995　p. 49

牛汝極　楊富學　敦煌回鶻文書法藝術　《甘肅民族研究》1995 年第 1 期　p. 100

楊富學　牛汝極　沙州回鶻及其文獻　甘肅文化出版社　1995　p. 62、214、261

李正宇　敦煌史地新論　(臺北)新文豐出版公司　1996　p. 88

李正宇　乾明寺　敦煌學大辭典　上海辭書出版社　1998　p. 632
李正宇　乾明寺藏經印　敦煌學大辭典　上海辭書出版社　1998　p. 293
牛汝極　回鶻文摩尼教殘片　敦煌學大辭典　上海辭書出版社　1998　p. 496
楊富學　佛教與敦煌回鶻文書法藝術　西域敦煌宗教論稿　甘肅文化出版社　1998　p. 138
林聰明　敦煌吐魯番文書解詁指例　（臺北）新文豐出版公司　2001　p. 96

P. 3073

王堯　陳踐　敦煌吐蕃文獻選　四川民族出版社　1983　p. 207

P. 3074

宋紹年　近代漢語語法資料彙編（唐五代卷）　商務印書館　1990　p. 49
邰惠莉　敦煌遺書中的白描畫簡介　《社科縱橫》1994 年第 4 期　p. 51
劉惠琴　從敦煌文書中看沙州紡織業　《敦煌學輯刊》1995 年第 2 期　p. 53
馬德　敦煌莫高窟史研究　甘肅教育出版社　1996　p. 175
馬德　九、十世紀敦煌工匠史料述論　慶祝潘石禪先生九秩華誕敦煌學特刊　（臺北）文津出版社
　　1996　p. 310
馬德　敦煌工匠史料　甘肅人民出版社　1997　p. 75
李正宇　配圖寫經　敦煌學大辭典　上海辭書出版社　1998　p. 592
馬德　10 世紀敦煌寺曆所記三窟活動　《敦煌研究》1998 年第 2 期　p. 81
楊雄　白描迦樓羅天像　敦煌學大辭典　上海辭書出版社　1998　p. 241
董志翹　敦煌文書詞語瑣記　《敦煌研究》1999 年第 4 期　p. 31
李小榮　變文變相關係論　《敦煌研究》2000 年第 3 期　p. 60
譚蟬雪　唐宋敦煌歲時佛俗：正月　《敦煌研究》2000 年第 4 期　p. 71
李小榮　變文講唱與華梵宗教藝術　上海三聯書店　2002　p. 114
鄭炳林　魏迎春　晚唐五代敦煌佛教教團的科罰制度研究　《敦煌研究》2004 年第 2 期　p. 53

P. 3075

戴密微著　耿昇譯　達摩多羅考　國外藏學研究譯文集（第七輯）　西藏人民出版社　1990　p. 121
林家平　寧強　羅華慶　中國敦煌學史　北京語言學院出版社　1992　p. 676
鄧文寬　白描行腳胡僧像　敦煌學大辭典　上海辭書出版社　1998　p. 241

P. 3076

森安孝夫　ウイグル語文獻　敦煌胡語文獻（講座敦煌 6）　（東京）大東出版社　1985　p. 24
楊富學　9—12 世紀的沙州回鶻文化　《敦煌學輯刊》1994 年第 2 期　p. 98
牛汝極　楊富學　敦煌回鶻文書法藝術　《甘肅民族研究》1995 年第 1 期　p. 100
楊富學　牛汝極　沙州回鶻及其文獻　甘肅文化出版社　1995　p. 206
楊富學　佛教與敦煌回鶻文書法藝術　西域敦煌宗教論稿　甘肅文化出版社　1998　p. 138
楊富學　敦煌吐魯番出土回鶻文佛教願文研究　文史（第七十五輯）　中華書局　2006　p. 50

P. 3077

鄧文寬　跋敦煌寫本《百行章》　1983 年全國敦煌學術討論會文集·文史遺書編（下）　甘肅人民出
　　版社　1987　p. 105

胡平生　《敦煌〈百行章〉校釋》補正　敦煌吐魯番文獻研究論集(第五輯)　北京大學出版社　1990
　　p. 279

胡同慶　從敦煌結社活動探討人的群體性以及個體與集體的關係　《敦煌研究》1990 年第 4 期
　　p. 72　又見:敦煌學研究　甘肅人民美術出版社　1994　p. 173

鄭阿財　敦煌蒙書析論　第二屆敦煌學國際研討會論文集　（臺北)漢學研究中心　1990　p. 226

李明偉　敦煌文學概論　甘肅人民出版社　1993　p. 464

鄭阿財　敦煌文獻與文學　（臺北)新文豐出版公司　1993　p. 259

白化文　百行章　敦煌學大辭典　上海辭書出版社　1998　p. 782

汪泛舟　敦煌古代兒童課本　甘肅人民出版社　2000　p. 156

林聰明　敦煌吐魯番文書解詁指例　（臺北)新文豐出版公司　2001　p. 74

鄭阿財　朱鳳玉　敦煌蒙書研究　甘肅教育出版社　2002　p. 323

P. 3078

姜亮夫　敦煌經卷在中國學術文化上之價值　《說文月刊》1943 年第 3 卷第 10 期　又見:敦煌學論
　　文集　上海古籍出版社　1987　p. 16；中國敦煌學百年文庫·綜述卷(一)　甘肅文化出版社
　　1999　p. 90

那波利貞　千佛岩莫高窟と敦煌文書　西域文化研究(第二)·敦煌吐魯番社會經濟資料(上)　（京
　　都)法藏館　1959　p. 34

饒宗頤　敦煌書法叢刊(第十八卷)·碎金(一)　（東京)二玄社　1983　p. 71、99

王永興　試論勾官:唐代官制研究之一　敦煌吐魯番文獻研究論集(第二輯)　北京大學出版社
　　1983　p. 317

郭鋒　唐代流外官試探　《敦煌學輯刊》1986 年第 2 期　p. 45

王永興　隋唐五代經濟史料彙編校注·第一編(上)　中華書局　1987　p. 201

劉俊文　敦煌吐魯番唐代法制文書考釋　中華書局　1989　p. 246

張廣達　論唐代的吏　《北京大學學報》1989 年第 2 期　p. 6

池田溫　中國古代寫本識語集錄　（東京)大藏出版株式會社　1990　p. 266

李天石　敦煌吐魯番文書中的奴婢資料及其價值　《敦煌學輯刊》1990 年第 1 期　p. 3

劉俊文　論唐格:敦煌寫本唐格殘卷研究　敦煌吐魯番學研究論文集　漢語大詞典出版社　1990
　　p. 524

唐耕耦　陸宏基　敦煌社會經濟文獻真迹釋錄(二)　全國圖書館文獻縮微複製中心　1990　p. 562

仁井田陞　補訂中國法制史研究:法と慣習·法と道德　東京大學出版會　1991　p. 301

吳震　吐魯番出土法制文書概述　《西域研究》1992 年第 3 期　p. 71

韓國磐　傳世文獻中所見唐式輯存　《中國古代史》(先秦至隋唐)1994 年第 3 期　p. 82

蔣禮鴻　敦煌文獻語言詞典　杭州大學出版社　1994　p. 159

王永興　敦煌經濟文書導論　（臺北)新文豐出版公司　1994　p. 373

池田溫　唐朝開元後期土地政策の一考察　中國古代の國家と民眾(堀敏一先生古稀記念)　（東
　　京)汲古書院　1995　p. 397

胡戟　傅玫　敦煌史話　中華書局　1995　p. 154

李錦繡　唐代財政史稿·上卷(第一分冊)　北京大學出版社　1995　p. 20,613

張涌泉　《敦煌文獻語言辭典》補正　原學(第四輯)　中國廣播電視出版社　1995　p. 389

周一良　趙和平　敦煌寫本 P. 2481 號性質初探　唐五代書儀研究　中國社會科學出版社　1995
　　p. 279

中村裕一　唐代公文書研究　（東京）汲古書院　1996　p. 461
李錦繡　唐代制度史略論稿　中國政法大學出版社　1998　p. 271
唐耕耦　神龍散頒刑部格　敦煌學大辭典　上海辭書出版社　1998　p. 378
劉俊文　唐代法制研究　（臺北）文津出版社　1999　p. 128
謝桃坊　敦煌文化尋繹　四川人民出版社　1999　p. 186
張涌泉　敦煌文書疑難詞語辨釋　舊學新知　浙江大學出版社　1999　p. 259
陳永勝　敦煌法制文書研究回顧與展望　《敦煌研究》2000 年第 2 期　p. 101
陳永勝　敦煌吐魯番法制文書研究　甘肅人民出版社　2000　p. 7
董志翹　評《宋語言詞典》　中古文獻語言論集　巴蜀書社　2000　p. 248
榮新江　敦煌學十八講　北京大學出版社　2001　p. 199
陳國燦　敦煌學史事新證　甘肅教育出版社　2002　p. 15
王啟濤　中古及近代法制文書語言研究　巴蜀書社　2003　p. 112、123、157、193、282、380
李天石　中國中古良賤身份制度研究　南京師範大學出版社　2004　p. 26
劉後濱　唐代中書門下體制研究　齊魯書社　2004　p. 163
王冀青　斯坦因與日本敦煌學　甘肅教育出版社　2004　p. 306
張涌泉　敦煌文獻字詞例釋　敦煌學（第 25 輯）（臺北）樂學書局有限公司　2004　p. 348
鄭顯文　關於唐神龍年間《散頒刑部格》殘卷的文獻價值　中國古代法律文獻研究（第二輯）　政法
　大學出版社　2004　p. 124
鄭顯文　唐代律令制研究　北京大學出版社　2004　p. 42、287

P. 3079
周紹良　敦煌所出變文現存目録　敦煌變文彙録　上海出版公司　1955　p. 6
金岡照光　敦煌漢文文學文獻の文學形態上の種類とその分類　敦煌出土文學文獻分類目録・附解
　説　（東京）東洋文庫　1971　p. 191
金岡照光　敦煌文學のさまざま　敦煌の文學　（東京）大藏出版株式會社　1971　p. 104
金岡照光　敦煌民衆の宗教と生活　敦煌の民衆——その生活と思想　（東京）評論社　1972
　p. 105
北村茂樹　『維摩經講經文』の異本について　『印度學佛教學研究』（24 卷 2 號）（東京）日本印度
　學佛教學會　1976　p. 146
加地哲定　增補中國佛教文學研究　（東京）同朋舍　1979　p. 159、174
楊家駱　敦煌變文　（臺北）世界書局　1980　p. 633
鄭阿財　敦煌孝道文學研究　（臺北）石門圖書公司　1982　p. 108
潘重規　敦煌變文集新書（上）（臺北）"中國文化大學"中文研究所　1984　p. 356
平野顯照　講經文の組織內容　敦煌と中國仏教（講座敦煌 7）（東京）大東出版社　1984　p. 345
王重民　敦煌變文研究　敦煌遺書論文集　中華書局　1984　p. 177
向達　維摩詰經講經文　敦煌變文集　人民文學出版社　1984　p. 633
戴密微著　耿昇譯　列寧格勒所藏敦煌漢文寫本簡介　敦煌譯叢（第一輯）　甘肅人民出版社
　1985　p. 129
潘重規　王梵志詩校輯讀後記　敦煌學（第 9 輯）（臺北）新文豐出版公司　1985　p. 28
周紹良　唐代變文及其它　敦煌文學作品選　中華書局　1987　p. 14
郭在貽　張涌泉　黃征　敦煌變文整理校勘中的幾個問題　《古漢語研究》1988 年第 1 期　p. 77
張鴻勳　講經文　敦煌文學　甘肅人民出版社　1989　p. 262

張涌泉　《敦煌歌辭總編》誤校二十例　《古籍整理出版情況簡報》1989 年第 218 期　p. 20

郭在貽　張涌泉　黃征　敦煌變文集校議　岳麓書社　1990　p. 266、358、458

郭在貽　張涌泉　黃征　敦煌寫本書寫特例發微　敦煌吐魯番學研究論文集　漢語大詞典出版社
　　1990　p. 321、326、336

加地哲定著　劉衛星譯　中國佛教文學　今日中國出版社　1990　p. 135、147

黎薔　西域戲劇的緣起及敦煌佛教戲曲的形成　《敦煌研究》1990 年第 2 期　p. 106

項楚　敦煌變文選注　巴蜀書社　1990　p. 584

項楚　《維摩碎金》探索　敦煌文學叢考　上海古籍出版社　1991　p. 31

郭在貽　郭在貽語言文學論稿　浙江古籍出版社　1992　p. 46

金岡照光　講唱體類　敦煌の文學文獻(講座敦煌 9)　(東京)大東出版社　1992　p. 41

金岡照光　押座文　敦煌の文學文獻(講座敦煌 9)　(東京)大東出版社　1992　p. 386

黎薔　敦煌遺書與壁畫中的佛教戲曲　西域戲劇與戲劇的發生　新疆人民出版社　1992　p. 90

張涌泉　《敦煌歌辭總編》校議　《語言研究》1992 年第 1 期　p. 56

周紹良　敦煌文學芻議及其它　(臺北)新文豐出版公司　1992　p. 79

郭在貽　郭在貽敦煌學論集　江西人民出版社　1993　p. 152、174、245

楊雄　講經文名實說　(香港)《九州學刊》(敦煌學專輯)1993 年第 5 卷第 4 期　p. 139　又見：敦煌
　　論稿　甘肅文化出版社　1995　p. 251

張鴻勳　敦煌說唱文學概論　(臺北)新文豐出版公司　1993　p. 194

蔣禮鴻　敦煌文獻語言詞典　杭州大學出版社　1994　p. 32、60、155、219、257、318、413

胡戟　傅玫　敦煌史話　中華書局　1995　p. 175

曲金良　敦煌佛教文學研究　(臺北)文津出版社　1995　p. 48、98

張涌泉　敦煌文書類化字研究　《敦煌研究》1995 年第 4 期　p. 73

張涌泉　漢語俗字研究　岳麓書社　1995　p. 142

黃征　敦煌俗語法研究之一：句法篇　敦煌吐魯番研究(第一卷)　北京大學出版社　1996　p. 76

寧可　敦煌遺書散錄二則　敦煌吐魯番研究(第一卷)　北京大學出版社　1996　p. 319 注

王昆吾　隋唐五代燕樂雜言歌辭研究　中華書局　1996　p. 391

張涌泉　敦煌俗字研究導論　(臺北)新文豐出版公司　1996　p. 87、223、260

伏俊璉　關於變文體裁的一點探索　敦煌文學論集　四川人民出版社　1997　p. 129

黃征　張涌泉　敦煌變文校注　中華書局　1997　p. 114、416、672、771

海客　維摩詰經講經文　敦煌學大辭典　上海辭書出版社　1998　p. 578

周菁葆　邱陵　絲綢之路宗教文化　新疆人民出版社　1998　p. 252

周紹良　張涌泉　黃征　敦煌變文講經文因緣輯校(上)　江蘇古籍出版社　1998　p. 448

伏俊璉　論變文與講經文的關係　《敦煌研究》1999 年第 3 期　p. 101

高國藩　敦煌俗文化學　上海三聯書店　1999　p. 317

羅宗濤　讀《敦煌所出現的佛教講唱文》　中國敦煌學百年文庫・文學卷(二)　甘肅文化出版社
　　1999　p. 373

張涌泉　敦煌寫本書寫特例發微　舊學新知　浙江大學出版社　1999　p. 230、246

高啓安　崇高與卑賤：敦煌的佛教信仰賤名再探　'98 法門寺唐文化國際學術討論會論文集　陝西
　　人民出版社　2000　p. 251

張錫厚　敦煌文學源流　作家出版社　2000　p. 377

張涌泉　漢語俗字叢考　中華書局　2000　p. 15

陳秀蘭　敦煌俗文學語彙溯源　岳麓書社　2001　p. 96、122

陶敏　李一飛　隋唐五代文學史料學　中華書局　2001　p. 352

黃征　敦煌語言文字學研究　甘肅教育出版社　2002　p. 242

張鴻勳　敦煌俗文學研究　甘肅人民出版社　2002　p. 8

王昆吾　從敦煌學到域外漢文學　商務印書館　2003　p. 95、122

王小盾　從莫高窟第 61 窟維摩詰經變看經變畫和講經文的體制　2000 年敦煌學國際學術討論會文集·石窟考古卷　甘肅民族出版社　2003　p. 184、203

王小盾　潘重規先生"變文外衣"理論疏說　敦煌學(第 25 輯)　(臺北)樂學書局有限公司　2004　p. 78

P. 3080

黃征　敦煌文獻中有浙江文化史的資料　敦煌語文叢說　(臺北)新文豐出版公司　1997　p. 770

黃征　張涌泉　敦煌變文校注　中華書局　1997　p. 692

楊富學　敦煌寫本《天臺五義分門圖》校錄研究　西域敦煌宗教論稿　甘肅文化出版社　1998　p. 97

鄭汝中　敦煌曲譜　敦煌學大辭典　上海辭書出版社　1998　p. 245

平井宥慶　敦煌文書における金剛經疏　金剛般若經の思想的研究　(東京)春秋社　1999　p. 266

楊富學　王書慶　唐代長安與敦煌佛教文化之關係　'98 法門寺唐文化國際學術討論會論文集　陝西人民出版社　2000　p. 177

姜亮夫　敦煌莫高窟年表　姜亮夫全集(十一)　雲南人民出版社　2002　p. 346

杜正乾　唐代的《金剛經》信仰　《敦煌研究》2004 年第 5 期　p. 53

湯涒　敦煌曲子詞地域文化研究　上海古籍出版社　2004　p. 93、109

P. 3081

王重民　敦煌本曆日之研究　《東方雜誌》1937 年第 34 卷　又見:敦煌遺書論文集　中華書局　1984　p. 132 注 33；中國敦煌學百年文庫·科技卷　甘肅文化出版社　1999　p. 32

王重民　敦煌古籍敘錄　中華書局　1979　p. 177

饒宗頤　論七曜與十一曜:記敦煌開寶七年(九七四)康遵批命課　選堂集林·史林　(香港)中華書局　1982　p. 784、792　又見:饒宗頤史學論著選　上海古籍出版社　1993　p. 583、591；饒宗頤東方學論集　汕頭大學出版社　1999　p. 124、130

劉復　敦煌掇瑣　敦煌叢刊初集(十五)　(臺北)新文豐出版公司　1985　p. 415

王重民　巴黎敦煌殘卷敘錄(第二輯)　敦煌叢刊初集(九)　(臺北)新文豐出版公司　1985　p. 249

王重民原編　黃永武新編　敦煌古籍敘錄新編(第九冊)　(臺北)新文豐出版公司　1986　p. 170

高國藩　敦煌民俗學　上海文藝出版社　1989　p. 281、332

高國藩　敦煌古俗與民俗流變　河海大學出版社　1990　p. 307

菅原信海　占筮書　敦煌漢文文獻(講座敦煌 5)　(東京)大東出版社　1992　p. 452

姜伯勤　論禪宗在敦煌僧俗中的流傳　(香港)《九州學刊》(敦煌學專輯)1992 年第 4 卷第 4 期　p. 12　又見:中國敦煌學百年文庫·宗教卷(一)　甘肅文化出版社　1999　p. 225

林家平　寧強　羅華慶　中國敦煌學史　北京語言學院出版社　1992　p. 19

高國藩　論敦煌唐人九曜算命術　第二屆國際唐代學術會議論文集(上)　(臺北)文津出版社　1993　p. 788

姜伯勤　敦煌藝術宗教與禮樂文明　中國社會科學出版社　1996　p. 370

高國藩　敦煌俗文化學　上海三聯書店　1999　p. 62、186

施謝捷　敦煌文獻語詞校釋叢劄　《敦煌研究》1999 年第 4 期　p. 27

王進玉　從敦煌文物看中西文化交流　《西域研究》1999 年第 1 期　p. 59

黃正建　敦煌祿命類文書述略　中國社會科學院歷史研究所學刊(第一集)　學刊編委會　2001
　　p. 247

黃正建　敦煌占卜文書與唐五代占卜研究　學苑出版社　2001　p. 91、116、144

林聰明　敦煌吐魯番文書解詁指例　(臺北)新文豐出版公司　2001　p. 226

孫修身　敦煌與中西交通研究　甘肅教育出版社　2002　p. 187

孟嗣徽　五星圖像考源　2000 年敦煌學國際學術討論會文集・歷史文化卷(下)　甘肅民族出版社
　　2003　p. 159

余欣　禁忌、儀式與法術　唐代宗教信仰與社會　上海辭書出版社　2003　p. 311、321

張子開　敦煌文獻中的白話禪詩　《敦煌學輯刊》2003 年第 1 期　p. 86

趙貞　"九曜行年"略說　《敦煌學輯刊》2005 年第 3 期　p. 28

P. 3082

饒宗頤　論鳩摩羅什《通韻》　選堂集林・史林　(香港)中華書局　1982　p. 1446

任半塘　敦煌歌辭總編　上海古籍出版社　1987　p. 940

饒宗頤　梵文四流母音 R、R、L、L 與其對中國文學之影響:論鳩摩羅什《通韻》　西域與佛教文書論
　　集　(臺北)學生書局　1989　p. 204　又見:梵學集　上海古籍出版社　1993　p. 188；饒宗頤
　　史學論著選　上海古籍出版社　1993　p. 368

孫其芳　詞　敦煌文學　甘肅人民出版社　1989　p. 214

饒宗頤　《禪門悉曇章》作者辨　中印文化關係史論集・語文篇　香港中文大學中國文化研究所
　　三聯書店　1990　p. 138　又見:梵學集　上海古籍出版社　1993　p. 205

饒宗頤　論悉曇入華之年代與河西法朗之"肆曇"說　中印文化關係史論集・語文篇　香港中文大
　　學中國文化研究所　三聯書店　1990　p. 24

任半塘　王昆吾　隋唐五代燕樂雜言歌辭集　巴蜀書社　1990　p. 419

周紹良　敦煌文學芻議及其它　(臺北)新文豐出版公司　1992　p. 38

饒宗頤　論悉曇異譯作"肆曇"及其入華之年代　梵學集　上海古籍出版社　1993　p. 144

王邦維　鳩摩羅什《通韻》考疑暨敦煌寫卷 S. 1344 號相關問題　中國文化(7)　(香港)中華書局
　　1993　p. 75 注 1

張涌泉　試論審辨敦煌寫本俗字的方法　《敦煌研究》1994 年第 2 期　p. 150　又見:舊學新知　浙
　　江大學出版社　1999　p. 82

張涌泉　漢語俗字研究　岳麓書社　1995　p. 207

張涌泉　敦煌俗字研究導論　(臺北)新文豐出版公司　1996　p. 282

孫昌武　禪思與詩情　中華書局　1997　p. 330 注 19

張弓　漢唐佛寺文化史　中國社會科學出版社　1997　p. 836

柴劍虹　太子成佛五更轉　敦煌學大辭典　上海辭書出版社　1998　p. 549

方廣錩　佛說楞伽經禪門悉談章　敦煌學大辭典　上海辭書出版社　1998　p. 667

周廣榮　敦煌《悉曇章》歌辭源流考略　《敦煌研究》2001 年第 1 期　p. 141

饒宗頤　敦煌悉曇章與琴曲悉曇章　新世紀敦煌學論集　巴蜀書社　2003　p. 235

李小榮　論《大般涅槃經》卷八之《文字品》　佛經文學研究論集　復旦大學出版社　2004　p. 46

周廣榮　梵語《悉曇章》在中國的傳播與影響　宗教文化出版社　2004　p. 388

王志鵬　從敦煌歌辭看唐代敦煌地區禪宗的流傳與發展　《敦煌研究》2005 年第 6 期　p. 99

P. 3083

王重民　說《五更轉》　《申報·文史周刊》1947 年第 3 期　又見:冷廬文藪　上海古籍出版社　1992
　　p. 45 ；中國敦煌學百年文庫·文學卷(一) 甘肅文化出版社　1999　p. 453

金岡照光　敦煌文學のさまざま　敦煌の文學　(東京)大藏出版株式會社　1971　p. 151

蘇瑩輝　敦煌學概要　(臺北)編譯館"中華叢書編委會"　1981　p. 73

傅芸子　敦煌俗文學之發見及其展開　敦煌變文論文錄　上海古籍出版社　1982　p. 139

蘇瑩輝　"敦煌曲"評介　敦煌論集續編　(臺北)學生書局　1983　p. 311

周丕顯　敦煌俗曲分時聯章歌體再議　《敦煌學輯刊》1983 年創刊號　p. 14

周丕顯　敦煌俗曲中的分時聯章體歌辭　關隴文學論叢　甘肅人民出版社　1983　p. 3

盧善煥　《敦煌曲校錄》略校　《敦煌學輯刊》1986 年第 2 期　p. 93

任半塘　敦煌歌辭總編　上海古籍出版社　1987　p. 1473

蘇瑩輝　國際敦煌學研究近貌　敦煌文史藝術論叢　(臺北)新文豐出版公司　1987　p. 186

郭在貽　張涌泉　黃征　敦煌變文整理校勘中的幾個問題　《古漢語研究》1988 年第 1 期　p. 72

劉進寶　俚曲小調　敦煌文學　甘肅人民出版社　1989　p. 218

任半塘　王昆吾　隋唐五代燕樂雜言歌辭集　巴蜀書社　1990　p. 877

金岡照光　押座文　敦煌の文學文獻(講座敦煌 9)　(東京)大東出版社　1992　p. 386

周紹良　敦煌文學芻議及其它　(臺北)新文豐出版公司　1992　p. 37

郭在貽　郭在貽敦煌學論集　江西人民出版社　1993　p. 142

曲金良　敦煌佛教文學研究　(臺北)文津出版社　1995　p. 236

張涌泉　漢語俗字研究　岳麓書社　1995　p. 106

張涌泉　敦煌俗字研究導論　(臺北)新文豐出版公司　1996　p. 209

孫其芳　五更轉　敦煌學大辭典　上海辭書出版社　1998　p. 535

譚蟬雪　敦煌歲時文化導論　(臺北)新文豐出版公司　1998　p. 80

張錫厚　敦煌文學源流　作家出版社　2000　p. 330

王小盾　從敦煌本共住修道故事看唐代佛教詩歌文體的來源　中國俗文化研究(第一輯)　巴蜀書
　　社　2003　p. 28

荒見泰史　從敦煌寫本中變文的改寫情況來探討五代講唱文學的演變　敦煌學國際研討會論文集
　　北京圖書館出版社　2005　p. 177

P. 3084

潘重規　敦煌詞話　(臺北)石門圖書公司　1981　p. 42

李正宇　關於金山國和敦煌國建國的幾個問題　《西北史地》1987 年第 2 期　p. 70

黃征　敦煌願文散校　《敦煌研究》1994 年第 3 期　p. 130　又見:敦煌語文叢說　(臺北)新文豐出
　　版公司　1997　p. 570、590

黃征　吳偉　敦煌願文集　岳麓書社　1995　p. 45、246、471、483、465、503、651

顏廷亮　敦煌文學概說　(臺北)新文豐出版公司　1995　p. 169

黃征　敦煌俗語法研究之一:句法篇　敦煌吐魯番研究(第一卷)　北京大學出版社　1996　p. 75

李正宇　敦煌史地新論　(臺北)新文豐出版公司　1996　p. 208

顏廷亮　敦煌西漢金山國檔案文獻考略　《甘肅社會科學》1996 年第 5 期　p. 93

鄭炳林　敦煌碑銘讚輯釋　甘肅教育出版社　1997　p. 364 注 9

顏廷亮　敦煌西漢金山國之文學考論　1994 年敦煌學國際研討會文集·宗教文史卷(上)　甘肅民
　　族出版社　2000　p. 207

P. 3085

周紹良　敦煌文學芻議及其它　（臺北）新文豐出版公司　1992　p. 14

黃征　吳偉　敦煌願文集　岳麓書社　1995　p. 381

P. 3086

那波利貞　俗講と變文（中）　『佛教史學』（1卷3號）　（京都）平樂寺書店　1950　p. 81　又見：唐
　　代社會文化史研究・第四編　（東京）創文社　1974　p. 416

劉銘恕　再記英國倫敦所藏的敦煌經卷　《中國科學院圖書館通訊》1957年第7期　又見：中國敦煌
　　學百年文庫・綜述卷（二）　甘肅文化出版社　1999　p. 134

周一良　跋敦煌寫本法句經及法句譬喻經殘卷三種　魏晉南北朝史論集　中華書局　1963　p. 354

劉復　敦煌掇瑣　敦煌叢刊初集（十五）　（臺北）新文豐出版公司　1985　p. 131

王三慶　敦煌寫卷中武后新字之調查研究　漢學研究（敦煌學國際研討會論文專號）　（臺北）漢學
　　研究資料及服務中心　1986　p. 442　又見：唐代研究論集（第三輯）　（臺北）新文豐出版公司
　　1992　p. 64

任半塘　敦煌歌辭總編　上海古籍出版社　1987　p. 437、1746

林聰明　敦煌文書學　（臺北）新文豐出版公司　1991　p. 430、444注12

林家平　寧强　羅華慶　中國敦煌學史　北京語言學院出版社　1992　p. 16

林聰明　敦煌文書年代考探略述　敦煌學國際研討會文集・史地語文編　遼寧美術出版社　1995
　　p. 556

周一良著　錢文忠譯　唐代密宗　上海遠東出版社　1996　p. 226

徐俊　敦煌詩集殘卷輯考　中華書局　2000　p. 8

林聰明　敦煌吐魯番文書解詁指例　（臺北）新文豐出版公司　2001　p. 262

P. 3087

王重民　說《十二時》　《申報・文史》1948年第22期　又見：中國敦煌學百年文庫・文學卷（一）
　　甘肅文化出版社　1999　p. 479

邵榮芬　敦煌俗文學中的別字異文和唐五代西北方音　《中國語文》1963年第3期　又見：中國敦煌
　　學百年文庫・語言文字卷（一）　甘肅文化出版社　1999　p. 136

川崎ミチコ　修道偈Ⅱ——定格聯章　敦煌仏典と禪（講座敦煌8）　（東京）大東出版社　1980
　　p. 270

波多野太郎　敦煌曲子詞孟姜女に對する潘重規教授の見解　敦煌詞話　（臺北）石門圖書公司
　　1981　p. 12

潘重規　敦煌詞話　（臺北）石門圖書公司　1981　p. 6、98

鄭阿財　敦煌孝道文學研究　（臺北）石門圖書公司　1982　p. 532

周丕顯　敦煌俗曲分時聯章歌體再議　《敦煌學輯刊》1983年創刊號　p. 18

周丕顯　敦煌俗曲中的分時聯章體歌辭　關隴文學論叢　甘肅人民出版社　1983　p. 7

任半塘　敦煌歌辭總編　上海古籍出版社　1987　p. 1581

高國藩　敦煌曲子詞欣賞　南京大學出版社　1989　p. 57

劉進寶　俚曲小調　敦煌文學　甘肅人民出版社　1989　p. 222

任半塘　王昆吾　隋唐五代燕樂雜言歌辭集　巴蜀書社　1990　p. 425

金岡照光　講唱體類　敦煌の文學文獻（講座敦煌9）　（東京）大東出版社　1992　p. 148

金岡照光　總說『敦煌文學の諸形態』　敦煌の文學文獻（講座敦煌9）　（東京）大東出版社　1992

　　p. 28

張涌泉　《敦煌歌辭總編》校議　《語言研究》1992年第1期　p. 60

周紹良　敦煌文學芻議及其它　（臺北）新文豐出版公司　1992　p. 37

李正宇　敦煌文學概論　甘肅人民出版社　1993　p. 170

鄭阿財　敦煌文獻與文學　（臺北）新文豐出版公司　1993　p. 123、135

張涌泉　試論審辨敦煌寫本俗字的方法　《敦煌研究》1994年第2期　p. 151　又見：舊學新知　浙
　　江大學出版社　1999　p. 84

劉進寶　敦煌學論述　（臺北）洪葉文化事業有限公司　1995　p. 260

張涌泉　漢語俗字研究　岳麓書社　1995　p. 69

榮新江　評《上海博物館藏敦煌吐魯番文獻》　敦煌吐魯番研究（第一卷）　北京大學出版社　1996
　　p. 374

張涌泉　敦煌俗字研究導論　（臺北）新文豐出版公司　1996　p. 174

黃征　張涌泉　敦煌變文校注　中華書局　1997　p. 22

張弓　漢唐佛寺文化史　中國社會科學出版社　1997　p. 841

白化文　兩面抄　敦煌學大辭典　上海辭書出版社　1998　p. 592

孫其芳　普勸四眾依教修行十二時　敦煌學大辭典　上海辭書出版社　1998　p. 539

孫其芳　十二時　敦煌學大辭典　上海辭書出版社　1998　p. 537

高國藩　敦煌俗文化學　上海三聯書店　1999　p. 587

潘重規　敦煌寫本曲子孟姜女的震盪（下）　中國敦煌學百年文庫·文學卷（二）　甘肅文化出版社
　　1999　p. 358

金岡照光　敦煌文獻と中國文學　（東京）五曜書房　2000　p. 295

劉進寶　敦煌文書與唐史研究　（臺北）新文豐出版公司　2000　p. 2

曾良　敦煌文獻字義通釋　廈門大學出版社　2001　p. 184

張子開　敦煌文獻中的白話禪詩　《敦煌學輯刊》2003年第1期　p. 84

王義康　敦煌文獻所見唐代輕稅州　《敦煌研究》2004年第4期　p. 96

P. 3088

金岡照光　敦煌の寫本　敦煌の文學　（東京）大藏出版株式會社　1971　p. 68

P. 3090

羅宗濤　敦煌本《佛說觀彌勒菩薩上生兜率天經講經文》　第二屆敦煌學國際研討會論文集　（臺
　　北）漢學研究中心　1990　p. 151

蕭登福　從敦煌寫卷中看道教星斗崇拜對佛經之影響　第二屆敦煌學國際研討會論文集　（臺北）
　　漢學研究中心　1990　p. 337

蕭登福　道教星斗符印與佛教密宗　（臺北）新文豐出版公司　1993　p. 13

歐天發　隱語與說唱文學之關係研究　2000年敦煌學國際學術討論會文集·歷史文化卷（下）　甘
　　肅民族出版社　2003　p. 396

P. 3091

周紹良　敦煌文學芻議及其它　（臺北）新文豐出版公司　1992　p. 34

王卡　太上妙法本相經　敦煌學大辭典　上海辭書出版社　1998　p. 761

山田俊　唐初道教思想史研究·論述篇　（京都）平樂寺書店　1999　p. 502、526

山田俊　再論《太上妙法本相經》:以《東極真人問事品第九》爲主　敦煌吐魯番研究(第四卷)　北京大學出版社　1999　p.507 注

王卡　敦煌道教文獻研究　中國社會科學出版社　2004　p.119

P.3092

鄭炳林　梁志勝　《梁幸德邈真讚》與梁願請《莫高窟功德記》　《敦煌研究》1992 年第 2 期　p.68　又見:敦煌吐魯番文獻研究　蘭州大學出版社　1995　p.265

蘇遠鳴　敦煌寫本中的地藏十齋日　法國學者敦煌學論文選萃　中華書局　1993　p.426 注 31

鄭炳林　讀敦煌文書 P.3859《後唐清泰三年六月沙州儭司教授福集等狀》劄記　《西北史地》1993 年第 4 期　p.44　又見:敦煌吐魯番文獻研究　蘭州大學出版社　1995　p.610

李正宇　敦煌史地新論　(臺北)新文豐出版公司　1996　p.180

郝春文　唐後期五代宋初敦煌僧尼的社會生活　中國社會科學出版社　1998　p.193

李正宇　寺僧課讀案記　敦煌學大辭典　上海辭書出版社　1998　p.643

李正宇　寺學　敦煌學大辭典　上海辭書出版社　1998　p.596

林聰明　敦煌吐魯番文書解詁指例　(臺北)新文豐出版公司　2001　p.369

李正宇　唐宋時期的敦煌佛教　敦煌佛教藝術文化國際學術研討會論文集　蘭州大學出版社　2002　p.376

袁德領　歸義軍時期敦煌佛教的轉經活動　2000 年敦煌學國際學術討論會文集·歷史文化卷(下)　甘肅民族出版社　2003　p.195

P.3093

向達　唐代俗講考　《國學季刊》1946 年第 6 卷第 4 號　p.42　又見:唐代長安與西域文明　三聯書店　1957　p.335；敦煌變文論輯　(臺北)石門圖書公司　1981　p.41；敦煌變文論文録　上海古籍出版社　1982　p.69；關隴文學論叢　甘肅人民出版社　1983　p.181

王重民　敦煌曲子詞集　商務印書館　1950　p.19

周一良　讀唐代俗講考　魏晉南北朝史論集　中華書局　1963　p.381

三木榮　西域出土醫藥關係文獻綜合解說目録　『東洋學報』(47 卷 1 號)　(東京)東洋學術協會　1964　p.14

金岡照光　敦煌文學のさまざま　敦煌の文學　(東京)大藏出版株式會社　1971　p.104、144

金岡照光　敦煌民衆の宗教と生活　敦煌の民衆——その生活と思想　(東京)評論社　1972　p.106

加地哲定　增補中國佛教文學研究　(東京)同朋舍　1979　p.144、168

閻文儒　經變的起源種類和所反映佛教上宗派的關係　《社會科學戰線》1979 年第 4 期　又見:中國敦煌學百年文庫·宗教卷(四)　甘肅文化出版社　1999　p.92

金岡照光　敦煌寫本と民衆仏教　續シルクロードと仏教文化　(東京)東洋哲學研究所　1980　p.154

楊家駱　敦煌變文　(臺北)世界書局　1980　p.655

金岡照光　敦煌の繪物語　(東京)東方書店　1981　p.55

潘重規　敦煌卷子俗寫文字與俗文學之研究　敦煌變文論輯　(臺北)石門圖書公司　1981　p.291

鄭阿財　敦煌孝道文學研究　(臺北)石門圖書公司　1982　p.635

牛龍菲　中國散韻相間、兼說兼唱之文體的來源　《敦煌學輯刊》1983 年創刊號　p.35

蘇瑩輝　"敦煌曲"評介　敦煌論集續編　(臺北)學生書局　1983　p.305

遊佐昇　文學文獻より見た敦煌の道教　敦煌と中國道教(講座敦煌4)　(東京)大東出版社
　　1983　p. 290

金岡照光　敦煌文獻より見たる彌勒信仰の一側面　敦煌と中國仏教(講座敦煌7)　(東京)大東
　　出版社　1984　p. 552

潘重規　敦煌變文集新書(上)　(臺北)"中國文化大學"中文研究所　1984　p. 424

平野顯照　講經文の組織內容　敦煌と中國仏教(講座敦煌7)　(東京)大東出版社　1984　p. 325

土橋秀高　敦煌の律藏　敦煌と中國仏教(講座敦煌7)　(東京)大東出版社　1984　p. 262

王重民　佛說觀彌勒菩薩上生兜率天經講經文　敦煌變文集　人民文學出版社　1984　p. 655

林玫儀　敦煌曲在詞學研究上之價值　漢學研究(敦煌學國際研討會論文專號)　(臺北)漢學研究
　　資料及服務中心　1986　p. 181

盧善煥　《敦煌曲校錄》略校　《敦煌學輯刊》1986年第2期　p. 91

平野顯照著　張桐生譯　唐代的文學與佛教　(臺北)業強出版社　1987　p. 218

曲金良　敦煌寫本變文、講經文作品創作時間彙考(續)　《敦煌學輯刊》1987年第2期　p. 52

任半塘　敦煌歌辭總編　上海古籍出版社　1987　p. 615、1777、1787

周紹良　唐代變文及其它　敦煌文學作品選　中華書局　1987　p. 15

馬繼興　敦煌古醫籍考釋　江西科學技術出版社　1988　p. 489

蕭登福　唐世佛家之講經與敦煌變文　敦煌俗文學論叢　(臺北)商務印書館　1988　p. 48

楊雄　講經文四篇補校　《敦煌研究》1988年第1期　p. 32

張涌泉　敦煌變文校勘平議　《敦煌研究》1988年第4期　p. 87

張鴻勳　講經文　敦煌文學　甘肅人民出版社　1989　p. 262

郭在貽　張涌泉　黃征　敦煌變文集校議　岳麓書社　1990　p. 242、287、339

加地哲定著　劉衛星譯　中國佛教文學　今日中國出版社　1990　p. 136、142

饒宗頤　從敦煌所出"望江南""定風波"申論曲子詞之實用性　第二屆敦煌學國際研討會論文集
　　(臺北)漢學研究中心　1990　p. 399　又見:敦煌曲續論　(臺北)新文豐出版公司　1996
　　p. 156

任半塘　王昆吾　隋唐五代燕樂雜言歌辭集　巴蜀書社　1990　p. 832

譚真　敦煌隋唐時期醫事狀況　敦煌學國際學術討論會論文縮寫文(1990)　敦煌研究院　1990
　　p. 73　又見:敦煌學國際研討會文集·石窟考古編　遼寧美術出版社　1995　p. 408

金岡照光　講唱體類　敦煌の文學文獻(講座敦煌9)　(東京)大東出版社　1992　p. 38

金岡照光　曲子詞類　敦煌の文學文獻(講座敦煌9)　(東京)大東出版社　1992　p. 402

金岡照光　押座文　敦煌の文學文獻(講座敦煌9)　(東京)大東出版社　1992　p. 364

李正宇　敦煌俗講僧保宣及其《講經通難致語》　程千帆先生八十壽辰紀念文集　江蘇古籍出版社
　　1992　p. 218

汪泛舟　敦煌講唱文學語言審美追求　《敦煌研究》1992年第2期　p. 51

張涌泉　敦煌寫卷俗字類型及其考辨的方法　(香港)《九州學刊》(敦煌學專輯)1992年第4卷第4
　　期　p. 76

周紹良　敦煌文學芻議及其它　(臺北)新文豐出版公司　1992　p. 52

孫其芳　顏廷亮　敦煌文學概論　甘肅人民出版社　1993　p. 425

張鴻勳　敦煌話本詞文俗賦導論　(臺北)新文豐出版公司　1993　p. 170

叢春雨　敦煌中醫藥全書　中醫古籍出版社　1994　p. 682

金賢珠　唐五代敦煌民歌　(臺北)文史哲出版社　1994　p. 43、118、146

汪泛舟　敦煌韻文辨正舉隅　《敦煌研究》1994年第2期　p. 140

張涌泉　試論審辨敦煌寫本俗字的方法　《敦煌研究》1994 年第 2 期　p. 154　又見：舊學新知　浙江大學出版社　1999　p. 90

潘重規　敦煌卷子俗寫文字之研究　全國敦煌學研討會論文集　（臺北）中正大學中國文學系所　1995　p. 6

曲金良　敦煌佛教文學研究　（臺北）文津出版社　1995　p. 42

張涌泉　敦煌文書類化字研究　《敦煌研究》1995 年第 4 期　p. 75

張涌泉　漢語俗字研究　岳麓書社　1995　p. 76、106、154

姜伯勤　敦煌藝術宗教與禮樂文明　中國社會科學出版社　1996　p. 555

王昆吾　隋唐五代燕樂雜言歌辭研究　中華書局　1996　p. 60

張涌泉　敦煌俗字研究導論　（臺北）新文豐出版公司　1996　p. 158

張涌泉　敦煌寫卷俗字類釋　敦煌吐魯番學研究論集　書目文獻出版社　1996　p. 485

周一良著　錢文忠譯　唐代密宗　上海遠東出版社　1996　p. 166

伏俊璉　關於變文體裁的一點探索　敦煌文學論集　四川人民出版社　1997　p. 135

黃征　張涌泉　敦煌變文校注　中華書局　1997　p. 673、964

陸淑綺　李重申　敦煌古代戲曲文化史料綜述　《敦煌研究》1997 年第 2 期　p. 69

張涌泉　敦煌文獻校讀易誤字例釋　敦煌文學論集　四川人民出版社　1997　p. 264

方廣錩　觀彌勒菩薩上升兜率天經　敦煌學大辭典　上海辭書出版社　1998　p. 665

馬繼興　敦煌醫藥文獻　敦煌學大辭典　上海辭書出版社　1998　p. 615

馬繼興　敦煌醫藥文獻輯校　江蘇古籍出版社　1998　p. 738

孫其芳　定風波　敦煌學大辭典　上海辭書出版社　1998　p. 531

王淑民　雜方術　敦煌學大辭典　上海辭書出版社　1998　p. 620

周紹良　佛說觀彌勒菩薩上生兜率陀天經講經文　敦煌學大辭典　上海辭書出版社　1998　p. 578

周紹良　張涌泉　黃征　敦煌變文講經文因緣輯校（上）　江蘇古籍出版社　1998　p. 17、555

伏俊璉　論變文與講經文的關係　《敦煌研究》1999 年第 3 期　p. 105

高國藩　敦煌俗文化學　上海三聯書店　1999　p. 573

謝桃坊　敦煌文化尋繹　四川人民出版社　1999　p. 115

鄭炳潤　敦煌佛教故事類講唱文學所見淨土宗與禪宗　《敦煌研究》1999 年第 2 期　p. 147

伏俊璉　論講經文與變文的關係　中國典籍與文化論叢（第五輯）　中華書局　2000　p. 116

金岡照光　敦煌文獻と中國文學　（東京）五曜書房　2000　p. 21、356、401、446

張錫厚　敦煌文學源流　作家出版社　2000　p. 371

張涌泉　漢語俗字叢考　中華書局　2000　p. 792

林聰明　敦煌吐魯番文書解詁指例　（臺北）新文豐出版公司　2001　p. 378

李小榮　變文講唱與華梵宗教藝術　上海三聯書店　2002　p. 172

馬繼興　當前世界各地收藏的中國出土卷子本古醫藥文獻備考　敦煌吐魯番研究（第六卷）　北京大學出版社　2002　p. 149

李小榮　釋家變文原初意義之推考　《敦煌研究》2003 年第 3 期　p. 95

鄭阿財　《盂蘭盆經疏》與《盂蘭盆經講經文》　冉雲華先生八秩華誕壽慶論文集　（臺北）法光出版社　2003　p. 442

湯涒　敦煌曲子詞地域文化研究　上海古籍出版社　2004　p. 31、106

王卡　敦煌道教文獻研究　中國社會科學出版社　2004　p. 51、216

陳明　備急單驗：敦煌醫藥文獻中的單藥方　敦煌學國際研討會論文集　北京圖書館出版社　2005　p. 239

陳明　殊方異藥:出土文書與西域醫學　北京大學出版社　2005　p. 151

湯浻　敦煌曲子詞寫本叙略　敦煌學國際研討會論文集　北京圖書館出版社　2005　p. 199

P. 3094

那波利貞　佛教信仰に基きて組織せられたる中晚唐五代時代の社邑に就きて(下)　『史林』(24
　　卷4號)　京都大學文學部史學研究會　1939　p. 82　又見:唐代社會文化史研究・第六編
　　(東京)創文社　1974　p. 638

那波利貞　梁戶考　唐代社會文化史研究・第三編　(東京)創文社　1974　p. 273

那波利貞　唐代の社邑に就きて(1938年)　唐代社會文化史研究・第五編　(東京)創文社　1974
　　p. 483、556

川崎ミチコ　通俗詩類・雜詩文類　敦煌仏典と禪(講座敦煌8)　(東京)大東出版社　1980
　　p. 332

陳祚龍　敦煌古抄《梁朝傳大士頌金剛經》之考證和校訂　敦煌簡策訂存　(臺北)商務印書館
　　1983　p. 204

姜伯勤　敦煌寺院文書中"梁戶"的性質　五十年來漢唐佛教寺院經濟研究　北京師範大學出版社
　　1986　p. 136

唐耕耦　陸宏基　敦煌社會經濟文獻真迹釋録(一)　書目文獻出版社　1986　p. 345

姜伯勤　唐五代敦煌寺戶制度　中華書局　1987　p. 263、276

山本達郎等　敦煌・III 轉貼　『NUN – HUANG AND TURFAN DOCUMENTS CONCERNING SOCIAL
　　AND ECONOMIC HISTORY』(IV)　(東京)東洋文庫　1989　p. 60

唐耕耦　陸宏基　敦煌社會經濟文獻真迹釋録(二)　全國圖書館文獻縮微複製中心　1990　p. 73

仁井田陞　補訂中國法制史研究:土地法・交易法　東京大學出版會　1991　p. 740

姜伯勤　敦煌社會文書導論　(臺北)新文豐出版公司　1992　p. 242

項楚　敦煌詩歌導論　(臺北)新文豐出版公司　1993　p. 106

柳田聖山　禪籍解題(一)・敦煌禪籍　俗語言研究(第二期)　(京都)禪文化研究所　1995　p. 147

石田勇作　敦煌「社文書」研究序說　中國古代の國家と民衆(堀敏一先生古稀記念)　(東京)汲古
　　書院　1995　p. 684

張傳璽　中國歷代契約會編考釋(上)　北京大學出版社　1995　p. 660 注1

張涌泉　敦煌俗字研究導論　(臺北)新文豐出版公司　1996　p. 152

寧可　郝春文　敦煌社邑文書輯校　江蘇古籍出版社　1997　p. 232

張勇　《梁朝傳大士頌金剛經》版本源流考述　敦煌文學論集　四川人民出版社　1997　p. 404

鄭炳林　晚唐五代敦煌貿易市場的物價　敦煌歸義軍史專題研究　蘭州大學出版社　1997　p. 303

方廣錩　敦煌遺書中的《金剛經》及其注疏　敦煌學佛教學論叢(上)　中國佛教文化研究所　1998
　　p. 380

方廣錩　梁朝傳大士頌金剛經　敦煌學大辭典　上海辭書出版社　1998　p. 731

沙知　敦煌契約文書輯校　江蘇古籍出版社　1998　p. 289

平井宥慶　敦煌文書における金剛經疏　金剛般若經の思想的研究　(東京)春秋社　1999　p. 263

張勇　傅大士研究　巴蜀書社　2000　p. 260

山本達郎等　補(IV)社・III 轉貼　『NUN – HUANG AND TURFAN DOCUMENTS CONCERNING SO-
　　CIAL AND ECONOMIC HISTORY』(Sup. p. lemrnts)　(東京)東洋文庫　2001　p. 77

楊森　從敦煌文獻看中國古代從左向右的書寫格式　《敦煌研究》2001年第2期　p. 107

楊森　關於敦煌文獻中的"平章"一詞　敦煌學與中國史研究論集　甘肅人民出版社　2001　p. 232

達照　金剛經讚研究　宗教文化出版社　2002　p. 4
達照　金剛經讚集　藏外佛教文獻(第九輯)　宗教文化出版社　2003　p. 41
王啓濤　中古及近代法制文書語言研究　巴蜀書社　2003　p. 299
謝和耐著　耿昇譯　中國5—10世紀的寺院經濟　上海古籍出版社　2004　p. 134 注2
張鐵山　莫高窟北區出土三件珍貴的回鶻文佛經殘片研究　《敦煌研究》2004年第1期　p. 81
鄭顯文　唐代律令制研究　北京大學出版社　2004　p. 217

P. 3095

小島祐馬　巴黎國立圖書館藏敦煌遺書所見録(四)　『支那學』(6卷3號)　(京都)支那學社
　　　1932　p. 77
金岡照光　敦煌の寫本　敦煌の文學　(東京)大藏出版株式會社　1971　p. 84
姜亮夫　敦煌學概論　中華書局　1985　p. 62
林家平　寧強　羅華慶　中國敦煌學史　北京語言學院出版社　1992　p. 141
石塚晴通　玄應《一切經音義》的西域寫本　《敦煌研究》1992年第2期　p. 54
張金泉　玄應　敦煌學大辭典　上海辭書出版社　1998　p. 345
張金泉　一切經音義　敦煌學大辭典　上海辭書出版社　1998　p. 517

P. 3096

梁尉英　敦煌佛傳概觀及其中國化之特點　敦煌學國際研討會文集·石窟藝術編　遼寧美術出版社
　　　1995　p. 348
杜曉勤　隋唐五代文學研究　北京出版社　2001　p. 1248
荒見泰史　敦煌本夢書雜識　漢語史學報專輯(第三輯)　上海教育出版社　2003　p. 327、343

P. 3097

金岡照光　敦煌の繪物語　(東京)東方書店　1981　p. 55
王重民　敦煌變文研究　敦煌變文論輯　(臺北)石門圖書公司　1981　p. 189　又見：敦煌變文論
　　　文録　上海古籍出版社　1982　p. 275
汪泛舟　敦煌文學概論　甘肅人民出版社　1993　p. 563
張鴻勳　敦煌文學概論　甘肅人民出版社　1993　p. 218
姜伯勤　變文的南方源頭與敦煌的唱導法匠　華學(第一輯)　中山大學出版社　1995　p. 155
姜伯勤　敦煌藝術宗教與禮樂文明　中國社會科學出版社　1996　p. 407
鄭炳林　敦煌碑銘讚輯釋　甘肅教育出版社　1997　p. 385 注12
李重申　武術　敦煌學大辭典　上海辭書出版社　1998　p. 600
邵文實　敦煌佛教文學與邊塞文學　《敦煌學輯刊》2001年第2期　p. 24
李小榮　變文講唱與華梵宗教藝術　上海三聯書店　2002　p. 164
湯涒　敦煌曲子詞地域文化研究　上海古籍出版社　2004　p. 105

P. 3098

譚蟬雪　祭文　敦煌文學　甘肅人民出版社　1989　p. 126
汪泛舟　敦煌文學概論　甘肅人民出版社　1993　p. 563
黃徵　吳偉　敦煌願文集　岳麓書社　1995　p. 610
黃徵　敦煌願文考論　敦煌語文叢說　(臺北)新文豐出版公司　1997　p. 587

李小榮　敦煌密教文獻論稿　人民文學出版社　2003　p. 169

P. 3099

矢吹慶輝　鳴沙餘韻・解說篇(第二部)　(京都)臨川書店　1980　p. 504

饒宗頤　論鳩摩羅什《通韻》　選堂集林・史林　(香港)中華書局　1982　p. 1446

任半塘　敦煌歌辭總編　上海古籍出版社　1987　p. 940

饒宗頤　梵文四流母音 R、R、L、L 與其對中國文學之影響:論鳩摩羅什《通韻》　西域與佛教文書論
　　集　(臺北)學生書局　1989　p. 204　又見:饒宗頤史學論著選　上海古籍出版社　1989
　　p. 368；梵學集　上海古籍出版社　1993　p. 188

孫其芳　詞　敦煌文學　甘肅人民出版社　1989　p. 214

饒宗頤　《禪門悉曇章》作者辨　中印文化關係史論集・語文篇　香港中文大學中國文化研究所
　　三聯書店　1990　p. 138

饒宗頤　論悉曇入華之年代與河西法朗之"肆曇"說　中印文化關係史論集・語文篇　香港中文大
　　學中國文化研究所　三聯書店　1990　p. 24

任半塘　王昆吾　隋唐五代燕樂雜言歌辭集　巴蜀書社　1990　p. 419

上山大峻　敦煌佛教の研究　(京都)法藏館　1990　p. 421

周紹良　敦煌文學芻議及其它　(臺北)新文豐出版公司　1992　p. 38

饒宗頤　禪門悉曇章作者辨　梵學集　上海古籍出版社　1993　p. 205

饒宗頤　論悉曇異譯作"肆曇"及其入華之年代　梵學集　上海古籍出版社　1993　p. 144

王邦維　鳩摩羅什《通韻》考疑暨敦煌寫卷 S. 1344 號相關問題　中國文化(7)　(香港)中華書局
　　1993　p. 75 注 1

張涌泉　試論審辨敦煌寫本俗字的方法　《敦煌研究》1994 年第 2 期　p. 150　又見:舊學新知　浙
　　江大學出版社　1999　p. 82

張涌泉　漢語俗字研究　岳麓書社　1995　p. 106、207、362

張涌泉　敦煌俗字研究導論　(臺北)新文豐出版公司　1996　p. 73、210、282

孫昌武　禪思與詩情　中華書局　1997　p. 330 注 19

張弓　漢唐佛寺文化史　中國社會科學出版社　1997　p. 836

方廣錩　佛說楞伽經禪門悉談章　敦煌學大辭典　上海辭書出版社　1998　p. 667

周廣榮　敦煌《悉曇章》歌辭源流考略　《敦煌研究》2001 年第 1 期　p. 141

饒宗頤　敦煌悉曇章與琴曲悉曇章　新世紀敦煌學論集　巴蜀書社　2003　p. 235

張子開　敦煌文獻中的白話禪詩　《敦煌學輯刊》2003 年第 1 期　p. 86

李小榮　論《大般涅槃經》卷八之《文字品》　佛經文學研究論集　復旦大學出版社　2004　p. 46

周廣榮　梵語《悉曇章》在中國的傳播與影響　宗教文化出版社　2004　p. 388

王志鵬　從敦煌歌辭看唐代敦煌地區禪宗的流傳與發展　《敦煌研究》2005 年第 6 期　p. 99

P. 3100

芳村修基　土橋秀高　井ノ口泰淳　敦煌佛教史年表　西域文化研究(第一)・敦煌佛教資料
　　(京都)法藏館　1958　p. 273

仁井田陞　唐末五代の敦煌寺院佃戶關係文書　西域文化研究(第二)・敦煌吐魯番社會經濟資料
　　(上)　(京都)法藏館　1959　p. 74

竺沙雅章　敦煌の寺戶について　『史林』(44 卷 5 號)　京都大學文學部史學研究會　1961　p. 55

那波利貞　唐代の社邑に就きて(1938 年)　唐代社會文化史研究・第五編　(東京)創文社　1974

　　　p. 543

土肥義和　莫高窟千佛洞と大寺と蘭若と　敦煌の社會（講座敦煌3）　（東京）大東出版社　1980
　　　p. 358

姜伯勤　論敦煌寺院的"常住百姓"　《敦煌研究》1981 年試刊第 1 期　p. 44　又見：五十年來漢唐
　　　佛教寺院經濟研究　北京師範大學出版社　1986　p. 186

饒宗頤　敦煌書法叢刊（第十四卷）・牒狀（一）　（東京）二玄社　1985　p. 41、90

仁井田陞著　姜鎮慶譯　唐末五代的敦煌寺院佃戶關係文書　敦煌學譯文集　甘肅人民出版社
　　　1985　p. 826 注 1

謝重光　晉—唐僧官制度考略　《世界宗教研究》1986 年第 3 期　p. 42 注 10

何昌林　敦煌琵琶譜之考、解、譯（附《敦煌琵琶譯譜》）　1983 年全國敦煌學術討論會文集・石窟藝
　　　術編（下）　甘肅人民出版社　1987　p. 356

姜伯勤　唐五代敦煌寺戶制度　中華書局　1987　p. 54、94、148

凍國棟　吐魯番出土文書所見唐代前期西州的工匠　敦煌吐魯番文書初探（二編）　武漢大學出版
　　　社　1990　p. 332 注 40

譚蟬雪　敦煌歲時掇瑣：正月　《敦煌研究》1990 年第 1 期　p. 44

唐耕耦　陸宏基　敦煌社會經濟文獻真迹釋錄（四、五）　全國圖書館文獻縮微複製中心　1990
　　　p. 45；452

謝重光　白文固　中國僧官制度史　青海人民出版社　1990　p. 138

仁井田陞　補訂中國法制史研究：奴隷農奴法・家族村落法　東京大學出版會　1991　p. 51

謝重光　吐蕃佔領期與歸義軍時期的敦煌僧官制度　《敦煌研究》1991 年第 3 期　p. 56

鄭炳林　伯 2641 號背莫高窟再修功德記撰寫人探微　《敦煌學輯刊》1991 年第 2 期　p. 50

中村裕一　唐代官文書研究　（京都）中文出版社　1991　p. 20

姜伯勤　敦煌社會文書導論　（臺北）新文豐出版公司　1992　p. 200、220

中村裕一　官文書　敦煌漢文文獻（講座敦煌5）　（東京）大東出版社　1992　p. 579

竺沙雅章　寺院文書　敦煌漢文文獻（講座敦煌5）　（東京）大東出版社　1992　p. 623

李正宇　敦煌文學概論　甘肅人民出版社　1993　p. 96

齊陳駿　寒沁　河西都僧統唐悟真作品和見載文獻系年　《敦煌學輯刊》1993 年第 2 期　p. 13

榮新江　敦煌邈真讚年代考　敦煌邈真讚校錄並研究　（臺北）新文豐出版公司　1994　p. 362

王書慶　敦煌佛學・佛事篇　甘肅民族出版社　1995　p. 245

鄧文寬　敦煌文獻《唐貞觀八年高士廉等條舉氏族奏抄》辨證　敦煌吐魯番學耕耘錄　（臺北）新文
　　　豐出版公司　1996　p. 255

姜伯勤　敦煌戒壇與大乘佛教　華學（第二輯）　中山大學出版社　1996　p. 320

姜伯勤　敦煌藝術宗教與禮樂文明　中國社會科學出版社　1996　p. 342

榮新江　歸義軍史研究　上海古籍出版社　1996　p. 94

中村裕一　唐代公文書研究　（東京）汲古書院　1996　p. 105、145、163

趙和平　敦煌表狀箋啓書儀輯校　江蘇古籍出版社　1997　p. 389

鄭炳林　敦煌碑銘讚輯釋　甘肅教育出版社　1997　p. 134 注 2

鄭炳林　唐五代敦煌的粟特人與佛教　敦煌歸義軍史專題研究　蘭州大學出版社　1997　p. 445

郝春文　唐後期五代宋初敦煌僧尼的社會生活　中國社會科學出版社　1998　p. 163

郝春文　唐後期五代宋初敦煌寺院常住什物的數量及與僧人的關係　《敦煌研究》1998 年第 2 期
　　　p. 130

李正宇　十六寺　敦煌學大辭典　上海辭書出版社　1998　p. 627

譚蟬雪　敦煌歲時文化導論　（臺北）新文豐出版公司　1998　p. 185、339

唐耕耦　上座　敦煌學大辭典　上海辭書出版社　1998　p. 639

楊森　善才　敦煌學大辭典　上海辭書出版社　1998　p. 356

湛如　敦煌結夏安居考察　法源（第 16 期）　中國佛學院　1998　p. 73

趙和平　《敦煌寫本書儀研究》訂補　敦煌吐魯番研究（第三卷）　北京大學出版社　1998　p. 251

趙和平　書儀　敦煌學大辭典　上海辭書出版社　1998　p. 422

雷紹鋒　歸義軍賦役制度初探　（臺北）洪葉文化事業有限公司　2000　p. 168

丘古耶夫斯基　敦煌漢文文書　上海古籍出版社　2000　p. 119、202

李正宇　索勳、張承奉更叠之際史事考　敦煌文獻論集：紀念藏經洞發現一百周年國際學術研討會論文集　遼寧人民出版社　2001　p. 118

謝重光　漢唐佛教社會史論　（臺北）國際文化事業有限公司　2001　p. 291 注 73

曾良　敦煌文獻字義通釋　廈門大學出版社　2001　p. 118

姜亮夫　敦煌莫高窟年表　姜亮夫全集（十一）　雲南人民出版社　2002　p. 441

吳麗娛　唐禮摭遺：中古書儀研究　商務印書館　2002　p. 145

余欣　評《敦煌的借貸：中國中古時代的物質生活與社會》　敦煌吐魯番研究（第六卷）　北京大學出版社　2002　p. 416

童丕　敦煌的借貸：中國中古時代的物質生活與社會　中華書局　2003　p. 39、153

湛如　敦煌佛教律儀制度研究　中華書局　2003　p. 44、59、75、223

屈直敏　敦煌高僧　民族出版社　2004　p. 45

鄭顯文　唐代律令制研究　北京大學出版社　2004　p. 253

鄭炳林　晚唐五代歸義軍政權與佛教教團關係研究　《敦煌學輯刊》2005 年第 1 期　p. 7

P. 3101

陳祚龍　敦煌古抄《凡節度使新受旌節儀》殘卷校釋　（臺北）《大陸雜誌》1960 年第 10 期　又見：敦煌學海探珠（下冊）　（臺北）商務印書館　1979　p. 255；中國敦煌學百年文庫・文獻卷（一）甘肅文化出版社　1999　p. 435

唐耕耦　陸宏基　敦煌社會經濟文獻真迹釋錄（四）　全國圖書館文獻縮微複製中心　1990　p. 118

榮新江　敦煌邈真讚所見歸義軍與東西回鶻的關係　敦煌邈真讚校錄並研究　（臺北）新文豐出版公司　1994　p. 67

周一良　趙和平　敦煌表狀箋啓書儀略論　唐五代書儀研究　中國社會科學出版社　1995　p. 50　又見：敦煌吐魯番學研究論集　書目文獻出版社　1996　p. 201

周一良　趙和平　敦煌寫本書儀考（之二）　唐五代書儀研究　中國社會科學出版社　1995　p. 85

趙和平　敦煌寫本書儀中的口頭用語問題初探　慶祝潘石禪先生九秩華誕敦煌學特刊　（臺北）文津出版社　1996　p. 231

郝春文　歸義軍政權與敦煌佛教之關係新探　周紹良先生欣開九秩慶壽文集　中華書局　1997　p. 174

趙和平　敦煌表狀箋啓書儀輯校　江蘇古籍出版社　1997　p. 284

鄭炳林　敦煌碑銘讚輯釋　甘肅教育出版社　1997　p. 50 注 49

郝春文　唐後期五代宋初敦煌僧尼的社會生活　中國社會科學出版社　1998　p. 402

趙和平　沙州歸義軍書狀集　敦煌學大辭典　上海辭書出版社　1998　p. 424

姜亮夫　敦煌：偉大的文化寶藏　雲南人民出版社　1999　p. 113

周一良　魏晉南北朝史論集續編　北京大學出版社　2001　p. 238

姜亮夫　敦煌莫高窟年表　姜亮夫全集(十一)　雲南人民出版社　2002　p. 384

吳麗娛　唐禮摭遺:中古書儀研究　商務印書館　2002　p. 163

湯涒　敦煌曲子詞地域文化研究　上海古籍出版社　2004　p. 157

鄭炳林　魏迎春　晚唐五代敦煌佛教教團的戒律和清規　《敦煌學輯刊》2004 年第 2 期　p. 27

馮培紅　晚唐五代宋初沙州上佐考論　敦煌學國際研討會論文集　北京圖書館出版社　2005　p. 70

P. 3102

那波利貞　唐寫本雜抄考——唐代庶民教育史研究の一資料　唐代社會文化史研究・第二編　(東京)創文社　1974　p. 254

土肥義和　はじめに——歸義軍節度使の敦煌支配　敦煌の歷史(講座敦煌 2)　(東京)大東出版社　1980　p. 284

雷僑雲　敦煌兒童文學　(臺北)學生書局　1985　p. 44

唐耕耦　陸宏基　敦煌社會經濟文獻真迹釋錄(一)　書目文獻出版社　1986　p. 381

周祖謨　敦煌唐本字書敘錄　敦煌語言文學研究　北京大學出版社　1988　p. 44

高國藩　敦煌民俗學　上海文藝出版社　1989　p. 109

郝春文　敦煌私社的"義聚"　《中國社會經濟史研究》1989 年第 4 期　p. 28

山本達郎等　敦煌・Ⅳ 納贈曆・納色物曆等　『NUN－HUANG AND TURFAN DOCUMENTS CONCERNING SOCIAL AND ECONOMIC HISTORY』(Ⅳ)　(東京)東洋文庫　1989　p. 104

鄭阿財　敦煌蒙書析論　第二屆敦煌學國際研討會論文集　(臺北)漢學研究中心　1990　p. 217

中村裕一　唐代官文書研究　(京都)中文出版社　1991　p. 314

菅原信海　占筮書　敦煌漢文文獻(講座敦煌 5)　(東京)大東出版社　1992　p. 450

姜伯勤　敦煌社會文書導論　(臺北)新文豐出版公司　1992　p. 247

中村裕一　官文書　敦煌漢文文獻(講座敦煌 5)　(東京)大東出版社　1992　p. 576

鄭阿財　敦煌文獻與文學　(臺北)新文豐出版公司　1993　p. 246

王進玉　敦煌石窟探秘　四川教育出版社　1994　p. 107

中村裕一　唐代公文書研究　(東京)汲古書院　1996　p. 135

寧可　郝春文　敦煌社邑文書輯校　江蘇古籍出版社　1997　p. 487

寧可　社人便物曆　敦煌學大辭典　上海辭書出版社　1998　p. 430

高啓安　唐五代至宋敦煌的量器及量制　《敦煌學輯刊》1999 年第 1 期　p. 66

汪泛舟　《開蒙要訓》初探　《敦煌研究》1999 年第 2 期　p. 139

汪泛舟　敦煌古代兒童課本　甘肅人民出版社　2000　p. 53

鄭阿財　朱鳳玉　敦煌蒙書研究　甘肅教育出版社　2002　p. 55

郝春文　再論敦煌私社的"義聚"　敦煌學(第 25 輯)　(臺北)樂學書局有限公司　2004　p. 287

P. 3103

陳祚龍　古代敦煌及其他地區流行之公私印章圖記文字錄　敦煌學要籥　(臺北)新文豐出版公司　1982　p. 322

羅華慶　9 至 11 世紀敦煌的行像和浴佛活動　《敦煌研究》1988 年第 4 期　p. 102

譚禪雪　敦煌歲時掇瑣　(香港)《九州學刊》(敦煌學專輯)1993 年第 5 卷第 4 期　p. 106

汪泛舟　敦煌文學概論　甘肅人民出版社　1993　p. 565

姜伯勤　敦煌吐魯番文書與絲綢之路　文物出版社　1994　p. 131

黃征　吳偉　敦煌願文集　岳麓書社　1995　p. 379

沙知　河西節度使印　敦煌學大辭典　上海辭書出版社　1998　p. 290

譚蟬雪　敦煌歲時文化導論　（臺北）新文豐出版公司　1998　p. 367

王進玉　從敦煌文物看中西文化交流　《西域研究》1999 年第 1 期　p. 62

劉文鎖　尼雅浴佛會及浴佛齋禱文　《敦煌研究》2001 年第 3 期　p. 48

譚蟬雪　唐宋敦煌歲時佛俗：八月至十二月　《敦煌研究》2001 年第 2 期　p. 76

李小榮　變文講唱與華梵宗教藝術　上海三聯書店　2002　p. 144

森安孝夫著　梁曉鵬摘譯　河西歸義軍節度使官印及其編年　《敦煌學輯刊》2003 年第 1 期　p. 141

陳曉紅　試論敦煌佛教願文的類型　《敦煌學輯刊》2004 年第 1 期　p. 93

P. 3104

高國藩　敦煌寫本《太公家教》初探　《敦煌學輯刊》1984 年第 1 期　p. 65

王重民　跋太公家教　敦煌遺書論文集　中華書局　1984　p. 136

雷僑雲　敦煌兒童文學　（臺北）學生書局　1985　p. 82 注 5

周鳳五　敦煌寫本太公家教研究　（臺北）明文書局　1986　p. 155

鄭阿財　敦煌寫卷新集文詞九經抄研究　（臺北）文史哲出版社　1989　p. 128 注 1

鄭阿財　敦煌蒙書析論　第二屆敦煌學國際研討會論文集　（臺北）漢學研究中心　1990　p. 226

戴仁　敦煌的經折裝寫本　法國學者敦煌學論文選萃　中華書局　1993　p. 581、588 注 3

鄭阿財　敦煌文獻與文學　（臺北）新文豐出版公司　1993　p. 260

鄭阿財　學日益齋敦煌學劄記　周一良先生八十生日紀念論文集　中國社會科學出版社　1993　p. 193

沃興華　敦煌書法藝術　上海人民出版社　1994　p. 249

汪泛舟　敦煌古代兒童課本　甘肅人民出版社　2000　p. 222

P. 3105

饒宗頤　吳建衡二年索紞寫本道德經殘卷考證　（香港）《東方文化》1955 年第 2 卷第 1 期　p. 20 注 4

傅芸子　敦煌俗文學之發見及其展開　敦煌變文論文錄　上海古籍出版社　1982　p. 143

劉復　敦煌掇瑣　敦煌叢刊初集（十五）　（臺北）新文豐出版公司　1985　p. 413

耿昇　八十年代的法國敦煌學論著簡介　《敦煌研究》1986 年第 3 期　p. 81

高國藩　敦煌民俗學簡論　1983 年全國敦煌學術討論會文集・文史遺書編（下）　甘肅人民出版社　1987　p. 414

高國藩　敦煌民俗學　上海文藝出版社　1989　p. 286、299

劉文英　夢的迷信與夢的探索　中國社會科學出版社　1989　p. 92 注 5、109 注 1、121、128 注 8

高國藩　敦煌古俗與民俗流變　河海大學出版社　1990　p. 249

唐耕耦　陸宏基　敦煌社會經濟文獻真迹釋錄（二）　全國圖書館文獻縮微複製中心　1990　p. 315

菅原信海　占筮書　敦煌漢文文獻（講座敦煌 5）　（東京）大東出版社　1992　p. 450

林家平　寧強　羅華慶　中國敦煌學史　北京語言學院出版社　1992　p. 19

戴仁　敦煌寫本中的解夢書　法國學者敦煌學論文選萃　中華書局　1993　p. 313

王震亞　趙熒　敦煌殘卷爭訟文牒集釋　甘肅人民出版社　1993　p. 58

鄭炳林　敦煌寫本解夢書概述　《敦煌學輯刊》1995 年第 2 期　p. 11

鄭炳林　羊萍　敦煌本夢書　甘肅文化出版社　1995　p. 5、117

李并成　古代河西走廊桑蠶絲織業考　《敦煌學輯刊》1997 年第 2 期　p. 64

史睿　評《敦煌本夢書》　敦煌吐魯番研究(第三卷)　北京大學出版社　1998　p. 414

嚴敦傑　解夢書　敦煌學大辭典　上海辭書出版社　1998　p. 620

高國藩　敦煌俗文化學　上海三聯書店　1999　p. 41、185

黃正建　敦煌占卜文書與唐五代占卜研究　學苑出版社　2001　p. 67

關長龍　敦煌本夢書雜識　漢語史學報專輯(第三輯)　上海教育出版社　2003　p. 316

鄭炳林　敦煌文獻中的解夢書與相面書　敦煌與絲路文化學術講座(第一輯)　北京圖書館出版社
　　　2003　p. 157

鄭炳林　敦煌寫本解夢書校錄研究　民族出版社　2005　p. 6

P. 3106

高國藩　敦煌古俗與民俗流變　河海大學出版社　1990　p. 236

高國藩　敦煌民俗資料導論　(臺北)新文豐出版公司　1993　p. 352

張金泉　關於《時要字樣》等八件敦煌寫卷的考辨　古典文獻與文化論叢　中華書局　1997　p. 103

王政　敦煌遺書中生殖婚配喻象探討　《敦煌研究》1998年第3期　p. 93

汪泛舟　敦煌道教與齋醮諸考　1994年敦煌學國際研討會文集·宗教文史卷(上)　甘肅民族出版
　　　社　2000　p. 9

余欣　唐宋時代敦煌的鎮宅術　敦煌吐魯番研究(第九卷)　中華書局　2006　p. 371

P. 3107

向達　唐代俗講考　《國學季刊》1946年第6卷第4號　p. 42　又見:唐代長安與西域文明　三聯書
　　　店　1957　p. 332；敦煌變文論輯　(臺北)石門圖書公司　1981　p. 38；敦煌變文論文錄　上
　　　海古籍出版社　1982　p. 66；關隴文學論叢　甘肅人民出版社　1983　p. 179

那波利貞　俗講と變文(下)　『佛教史學』(1卷4號)　(京都)平樂寺書店　1950　p. 49　又見:唐
　　　代社會文化史研究·第四編　(東京)創文社　1974　p. 438

周紹良　敦煌所出變文現存目錄　敦煌變文彙錄　上海出版公司　1955　p. 7

周一良　跋觀音偈讚　魏晉南北朝史論集　中華書局　1963　p. 375

金岡照光　敦煌漢文文學文獻の文學形態上の種類とその分類　敦煌出土文學文獻分類目錄·附解
　　　說　(東京)東洋文庫　1971　p. 198

金岡照光　敦煌文學のこころ　敦煌の文學　(東京)大藏出版株式會社　1971　p. 250

金岡照光　敦煌文學のさまざま　敦煌の文學　(東京)大藏出版株式會社　1971　p. 107、186

金岡照光　敦煌民眾の宗教と生活　敦煌の民眾──その生活と思想　(東京)評論社　1972
　　　p. 133、191

饒宗頤　孝順觀念與敦煌佛曲　敦煌學(第1輯)　(香港)新亞研究所敦煌學會　1974　p. 73　又
　　　見:敦煌曲續論　(臺北)新文豐出版公司　1996　p. 12

加地哲定　增補中國佛教文學研究　(東京)同朋舍　1979　p. 167

楊家駱　敦煌變文　(臺北)世界書局　1980　p. 745

金岡照光　敦煌の繪物語　(東京)東方書店　1981　p. 57、173

白化文　什麼是變文　敦煌變文論文錄　上海古籍出版社　1982　p. 431

陳祚龍　敦煌古抄內典尾記彙校初、二、三編合刊　敦煌學要籥　(臺北)新文豐出版公司　1982
　　　p. 186

鄭阿財　敦煌孝道文學研究　(臺北)石門圖書公司　1982　p. 16、75、219

周紹良　談唐代民間文學──讀《中國文學史》中"變文"節書後關於唐代民間文學研究的幾點意見

　　　敦煌變文論文録　上海古籍出版社　1982　p. 412　又見:紹良叢稿　齊魯書社　1984　p. 54

遊佐昇　文學文獻より見た敦煌の道教　敦煌と中國道教(講座敦煌4)　(東京)大東出版社
　　　1983　p. 290

川口久雄　目連救母變文考　大目乾連冥間救母變文(敦煌資料と日本文學　3)　(東京)大東文化
　　　大學東洋研究所　1984　p. 45

道端良秀　敦煌文獻に見える死後の世界　敦煌と中國仏教(講座敦煌7)　(東京)大東出版社
　　　1984　p. 506

金岡照光　敦煌における地獄文獻——敦煌庶民信仰の一樣相　敦煌と中國仏教(講座敦煌7)
　　　(東京)大東出版社　1984　p. 582

潘重規　敦煌變文集新書(下)　(臺北)"中國文化大學"中文研究所　1984　p. 716

王慶菽　大目乾連冥間救母變文並圖一卷並序　敦煌變文集　人民文學出版社　1984　p. 745

劉復　敦煌掇瑣　敦煌叢刊初集(十五)　(臺北)新文豐出版公司　1985　p. 365

謝和耐著　耿昇譯　敦煌的壋戶與梁戶　敦煌譯叢(第一輯)　甘肅人民出版社　1985　p. 170 注
　　　35

曲金良　"變文"名實新辨　《敦煌研究》1986 年第 2 期　p. 49

謝和耐著　耿昇譯　中國 5—10 世紀的寺院經濟　甘肅人民出版社　1987　p. 182 注 1、254 注 1
　　　又見:上海古籍出版社　2004　p. 210

周紹良　唐代變文及其它　敦煌文學作品選　中華書局　1987　p. 4

陳觀勝　中國佛教中之孝道　西域與佛教文書論集　(臺北)學生書局　1989　p. 263 注 31

陳祚龍　看了敦煌古抄《佛說盂蘭盆經讚述》以後　敦煌學散策新集　(臺北)新文豐出版公司
　　　1989　p. 269

高國藩　敦煌民俗學　上海文藝出版社　1989　p. 428

郭在貽　張涌泉　黃征　《大目乾連冥間救母變文》校議　《安徽師大學報》1989 年第 1 期　p. 18

張鴻勳　變文　敦煌文學　甘肅人民出版社　1989　p. 241

池田溫　中國古代寫本識語集録　(東京)大藏出版株式會社　1990　p. 524

郭在貽　張涌泉　黃征　敦煌變文集校議　岳麓書社　1990　p. 371

加地哲定著　劉衛星譯　中國佛教文學　今日中國出版社　1990　p. 141

江藍生　近代漢語語法資料彙編(唐五代卷)　商務印書館　1990　p. 390

唐耕耦　陸宏基　敦煌社會經濟文獻真迹釋録(四)　全國圖書館文獻縮微複製中心　1990　p. 171

項楚　敦煌變文選注　巴蜀書社　1990　p. 646

西北師範大學古籍整理研究所　酒泉寶卷　甘肅人民出版社　1991　p. 5

段平　河西寶卷選(上)　(臺北)新文豐出版公司　1992　p. 7

岡野誠　敦煌資料と唐代法典研究——西域発見の唐律・律疏斷簡の再檢討　敦煌漢文文獻(講座
　　　敦煌5)　(東京)大東出版社　1992　p. 521

金岡照光　講唱體類　敦煌の文學文獻(講座敦煌9)　(東京)大東出版社　1992　p. 65、92、152

林家平　寧强　羅華慶　中國敦煌學史　北京語言學院出版社　1992　p. 18、337

周紹良　敦煌文學芻議及其它　(臺北)新文豐出版公司　1992　p. 42

竺沙雅章　寺院文書　敦煌漢文文獻(講座敦煌5)　(東京)大東出版社　1992　p. 647

郭在貽　郭在貽敦煌學論集　江西人民出版社　1993　p. 211

鄭阿財　從敦煌文獻看唐代的三教合一　第二屆國際唐代學術會議論文集(上)　(臺北)文津出版
　　　社　1993　p. 648

李明偉　隋唐絲綢之路　甘肅人民出版社　1994　p. 325

李明偉　唐代文學的嬗變與絲綢之路的影響　《敦煌研究》1994 年第 3 期　p. 140

顏廷亮　《大目乾連冥間救母變文並圖一卷並序》的一個未見著錄的節抄卷　《社科縱橫》1994 年第 4 期　p. 4

黃征　唐代俗語詞輯釋　唐研究（第一卷）　北京大學出版社　1995　p. 196

曲金良　敦煌佛教文學研究　（臺北）文津出版社　1995　p. 99

蕭登福　道教與佛教　（臺北）東大圖書公司　1995　p. 275

顏廷亮　敦煌文學概說　（臺北）新文豐出版公司　1995　p. 324

伏俊璉　關於變文體裁的一點探索　敦煌文學論集　四川人民出版社　1997　p. 134

黃征　張涌泉　敦煌變文校注　中華書局　1997　p. 1039

黃征　李丹禾　敦煌變文中的願文　敦煌文學論集　四川人民出版社　1997　p. 369

劉子瑜　敦煌變文和王梵志詩　大象出版社　1997　p. 38

海客　大目乾連冥間救母變文　敦煌學大辭典　上海辭書出版社　1998　p. 575

李重申　武術　敦煌學大辭典　上海辭書出版社　1998　p. 600

王繼如　別本《大目乾連冥間救母變文》研究　《敦煌研究》1998 年第 3 期　p. 142

周紹良　張涌泉　黃征　敦煌變文講經文因緣輯校（上、下）　江蘇古籍出版社　1998　p. 5、873

伏俊璉　論變文與講經文的關係　《敦煌研究》1999 年第 3 期　p. 104

金岡照光　關於敦煌變文與唐代佛教儀式之關係　敦煌文藪（上）　（臺北）新文豐出版公司　1999　p. 136

梅維恒著　楊繼東　陳引馳譯　唐代變文（上）　（香港）中國佛教文化出版公司　1999　p. 55、216

徐俊　敦煌詩集殘卷輯考　中華書局　2000　p. 764

黃征　敦煌語言文字學研究　甘肅教育出版社　2002　p. 134

張鴻勳　敦煌俗文學研究　甘肅人民出版社　2002　p. 8

湛如　敦煌佛教律儀制度研究　中華書局　2003　p. 359

鄭阿財　《盂蘭盆經疏》與《盂蘭盆經講經文》　冉雲華先生八秩華誕壽慶論文集　（臺北）法光出版社　2003　p. 446

荒見泰史　敦煌變文研究概述以及新觀點　華林（第三卷）　中華書局　2004　p. 393

汪娟　梁麗玲　潘重規先生與佛教研究　敦煌學（第 25 輯）　（臺北）樂學書局有限公司　2004　p. 224

黨燕妮　賓頭盧信仰及其在敦煌的流傳　《敦煌學輯刊》2005 年第 1 期　p. 68

黑維強　吐魯番出土文書詞語例釋（二）　《敦煌學輯刊》2005 年第 2 期　p. 191

劉正平　唐代俗講與佛教神變月齋戒　戒幢佛學（第三卷）　岳麓書社　2005　p. 264

P. 3108

那波利貞　唐寫本雜抄考——唐代庶民教育史研究の一資料　唐代社會文化史研究·第二編　（東京）創文社　1974　p. 258

姜亮夫　敦煌學概論　中華書局　1985　p. 61

黃家全　敦煌寫本《千字文》試論　1983 年全國敦煌學術討論會文集·文史遺書編（下）　甘肅人民出版社　1987　p. 334

周祖謨　敦煌唐本字書叙錄　敦煌語言文學研究　北京大學出版社　1988　p. 41

高國藩　敦煌民俗學　上海文藝出版社　1989　p. 104

郝春文　敦煌私社的"義聚"　《中國社會經濟史研究》1989 年第 4 期　p. 27

鄭阿財　敦煌蒙書析論　第二屆敦煌學國際研討會論文集　（臺北）漢學研究中心　1990　p. 216

沃興華　敦煌書法藝術　上海人民出版社　1994　p. 31

寧可　郝春文　敦煌社邑文書輯校　江蘇古籍出版社　1997　p. 493

白化文　千字文　敦煌學大辭典　上海辭書出版社　1998　p. 782

寧可　社人便物曆　敦煌學大辭典　上海辭書出版社　1998　p. 430

羅彤華　從便物曆論敦煌寺院的放貸　敦煌文獻論集：紀念藏經洞發現一百周年國際學術研討會論
文集　遼寧人民出版社　2001　p. 469

山本達郎等　補(IV)社・V 計會文書　『NUN‐HUANG AND TURFAN DOCUMENTS CONCERNING
SOCIAL AND ECONOMIC HISTORY』(Sup. p. lemrnts)　（東京）東洋文庫　2001　p. 87

張娜麗　《敦煌本〈六字千文〉初探》析疑（續）　《敦煌研究》2002 年第 1 期　p. 93

鄭阿財　朱鳳玉　敦煌蒙書研究　甘肅教育出版社　2002　p. 14

P. 3109

高田時雄　ウイグル字音考　『東方學』（第 70 輯）　（東京）東方學會　1985　p. 136

周祖謨　敦煌唐本字書叙錄　敦煌語言文學研究　北京大學出版社　1988　p. 55

鄭阿財　敦煌蒙書析論　第二屆敦煌學國際研討會論文集　（臺北）漢學研究中心　1990　p. 215 注
14

池田溫　中國古代寫本識語集錄　（東京）大藏出版株式會社　1990　p. 527

林聰明　敦煌文書學　（臺北）新文豐出版公司　1991　p. 74

沃興華　敦煌書法藝術　上海人民出版社　1994　p. 34、128

胡戟　傅玫　敦煌史話　中華書局　1995　p. 182

張金泉　許建平　敦煌音義彙考　杭州大學出版社　1996　p. 1272

張涌泉　敦煌俗字彙考　敦煌俗字研究　上海教育出版社　1996　p. 3

白化文　兩面抄　敦煌學大辭典　上海辭書出版社　1998　p. 592

張金泉　敦煌字書　敦煌學大辭典　上海辭書出版社　1998　p. 515

汪泛舟　敦煌古代兒童課本　甘肅人民出版社　2000　p. 2

汪泛舟　敦煌俗別字補正　《敦煌研究》2001 年第 4 期　p. 160

戴仁　十世紀敦煌的基礎教育教材與學校文化　法國漢學（第 8 輯）　中華書局　2003　p. 89

胡同慶　安忠義　佛教藝術　敦煌文藝出版社　2004　p. 298

P. 3110

竺沙雅章　敦煌の寺戶について　『史林』（44 卷 5 號）　京都大學文學部史學研究會　1961　p. 68

池田溫　中國古代寫本識語集錄　（東京）大藏出版株式會社　1990　p. 470

方廣錩　延壽命經　敦煌學大辭典　上海辭書出版社　1998　p. 734

張國剛　佛學與隋唐社會　河北人民出版社　2002　p. 195

P. 3111

艾麗白著　耿昇譯　敦煌漢文寫本中的鳥形押　敦煌譯叢（第一輯）　甘肅人民出版社　1985
p. 191

盧向前　關於歸義軍時期一份布紙破用曆的研究：試釋伯四六四〇背面文書　敦煌吐魯番文獻研究
論集（第三輯）　北京大學出版社　1986　p. 415 注 48　又見：敦煌吐魯番文書論稿　江西人民
出版社　1992　p. 122 注 48

譚蟬雪　曹元德曹元深卒年考　《敦煌研究》1988 年第 1 期　p. 53

張廣達　榮新江　關於敦煌出土于闐文獻的年代及其相關問題　紀念陳寅恪先生誕辰百年學術論文
　　集　北京大學出版社　1989　p. 292

唐耕耦　陸宏基　敦煌社會經濟文獻真迹釋録（三）　全國圖書館文獻縮微複製中心　1990　p. 99

譚禪雪　敦煌歲時掇瑣　（香港）《九州學刊》（敦煌學專輯）1993 年第 5 卷第 4 期　p. 101

榮新江　于闐王國與瓜沙曹氏　《敦煌研究》1994 年第 2 期　p. 113

汪泛舟　論敦煌文明的多民族貢獻　《敦煌研究》1995 年第 2 期　p. 186

王三慶　敦煌書儀載録之節日活動與民俗　全國敦煌學研討會論文集　（臺北）中正大學中國文學
　　系所　1995　p. 27 注 55

榮新江　歸義軍史研究　上海古籍出版社　1996　p. 27

榮新江　歸義軍大事紀年初稿　出土文獻研究（第三輯）　文物出版社　1998　p. 250

譚蟬雪　造花樹　敦煌學大辭典　上海辭書出版社　1998　p. 435

楊森　于闐公主　敦煌學大辭典　上海辭書出版社　1998　p. 366

譚蟬雪　《君者者狀》辨析：河西達怛國的一份書狀　1994 年敦煌學國際研討會文集・宗教文史卷
　　（下）　甘肅民族出版社　2000　p. 108

譚蟬雪　唐宋敦煌歲時佛俗　《敦煌研究》2001 年第 1 期　p. 103

姜亮夫　敦煌莫高窟年表　姜亮夫全集（十一）　雲南人民出版社　2002　p. 542

榮新江　略談于闐對敦煌石窟的貢獻　2000 年敦煌學國際學術討論會文集・歷史文化卷（上）　甘
　　肅民族出版社　2003　p. 74

楊森　五代宋時期于闐皇太子在敦煌的太子莊　《敦煌研究》2003 年第 4 期　p. 40

P. 3112

北原薰　晚唐・五代の敦煌寺院経済——収支決算報告を中心に　敦煌の社會（講座敦煌 3）　（東
　　京）大東出版社　1980　p. 395

唐耕耦　陸宏基　敦煌社會經濟文獻真迹釋録（二）　全國圖書館文獻縮微複製中心　1990　p. 252

郝春文　唐後期五代宋初敦煌僧尼的社會生活　中國社會科學出版社　1998　p. 187

金瀅坤　從敦煌文書看晚唐五代敦煌地區布紡織業　《敦煌研究》1998 年第 2 期　p. 134

童丕　10 世紀敦煌的借貸人　法國漢學（第 3 輯）　中華書局　1998　p. 77

羅彤華　從便物曆論敦煌寺院的放貸　敦煌文獻論集：紀念藏經洞發現一百周年國際學術研討會論
　　文集　遼寧人民出版社　2001　p. 470

P. 3113

王重民　讀《十二辰歌》　《申報・文史周刊》1947 年第 30 期　又見：敦煌遺書論文集　中華書局
　　1984　p. 156；中國敦煌學百年文庫・文學卷（一）　甘肅文化出版社　1999　p. 456

王重民　說《十二時》　《申報・文史》1948 年第 22 期　又見：敦煌遺書論文集　中華書局　1984
　　p. 158；中國敦煌學百年文庫・文學卷（一）　甘肅文化出版社　1999　p. 479

金岡照光　敦煌文學のさまざま　敦煌の文學　（東京）大藏出版株式會社　1971　p. 154

陳慶浩　古賢集校注　敦煌學（第 3 輯）　（香港）新亞研究所敦煌學會　1976　p. 64

陳祚龍　敦煌寫本《法體十二時》訂正　敦煌學海探珠（上冊）　（臺北）商務印書館　1979　p. 61

陳祚龍　敦煌學雜記　敦煌資料考屑（下冊）　（臺北）商務印書館　1979　p. 376

川崎ミチコ　修道偈Ⅱ——定格聯章　敦煌仏典と禪（講座敦煌 8）　（東京）大東出版社　1980
　　p. 271

波多野太郎　敦煌曲子詞孟姜女に對する潘重規教授の見解　敦煌詞話　（臺北）石門圖書公司

1981　p. 12

潘重規　敦煌詞話　（臺北）石門圖書公司　1981　p. 6、101

鄭阿財　孝道文學敦煌寫卷《十恩德讚》初探　（臺北）《華岡文科學報》1981 年第 13 期　p. 243

陳祚龍　敦煌古抄內典尾記彙校初、二、三編合刊　敦煌學要籥　（臺北）新文豐出版公司　1982
　　p. 186

鄭阿財　敦煌孝道文學研究　（臺北）石門圖書公司　1982　p. 532

周丕顯　敦煌俗曲分時聯章歌體再議　《敦煌學輯刊》1983 年創刊號　p. 18

周丕顯　敦煌俗曲中的分時聯章體歌辭　關隴文學論叢　甘肅人民出版社　1983　p. 7

雷僑雲　敦煌兒童文學　（臺北）學生書局　1985　p. 93

饒宗頤　敦煌書法叢刊（第十七卷）・雜詩文　（東京）二玄社　1985　p. 52

金岡照光　關於敦煌變文演出的二三個問題　漢學研究（敦煌學國際研討會論文專號）　（臺北）漢
　　學研究資料及服務中心　1986　p. 304

李正宇　敦煌方音止遇二攝混同及其校勘學意義　《敦煌研究》1986 年第 4 期　p. 51

盧善煥　《敦煌曲校録》略校　《敦煌學輯刊》1986 年第 2 期　p. 97

任半塘　敦煌歌辭總編　上海古籍出版社　1987　p. 1388

蘇瑩輝　從敦煌遺書的發現論中國古典文學和俗講作品對後世的影響　敦煌文史藝術論叢　（臺
　　北）新文豐出版公司　1987　p. 13

高國藩　驅儺風俗和敦煌民間歌謠《兒郎偉》　文史（第二十九輯）　中華書局　1988　p. 290

韓建瓴　敦煌寫本《古賢集》研究　敦煌語言文學研究　北京大學出版社　1988　p. 160

高國藩　敦煌民俗學　上海文藝出版社　1989　p. 493

劉進寶　俚曲小調　敦煌文學　甘肅人民出版社　1989　p. 222

張錫厚　詩歌　敦煌文學　甘肅人民出版社　1989　p. 180

池田溫　中國古代寫本識語集録　（東京）大藏出版株式會社　1990　p. 477

任半塘　王昆吾　隋唐五代燕樂雜言歌辭集　巴蜀書社　1990　p. 491

鄭阿財　敦煌蒙書析論　第二屆敦煌學國際研討會論文集　（臺北）漢學研究中心　1990　p. 222

金岡照光　講唱體類　敦煌の文學文獻（講座敦煌 9）　（東京）大東出版社　1992　p. 154

王三慶著　池田溫譯　類書　敦煌漢文文獻（講座敦煌 5）　（東京）大東出版社　1992　p. 385

周紹良　敦煌文學芻議及其它　（臺北）新文豐出版公司　1992　p. 28

高田時雄　チベット文字書寫「長卷」の研究（本文編）　『東方學報』（第 65 號）　京都大學人文科
　　學研究所　1993　p. 371

孫其芳　顏廷亮　敦煌文學概論　甘肅人民出版社　1993　p. 446

項楚　敦煌詩歌導論　（臺北）新文豐出版公司　1993　p. 191

鄭阿財　敦煌文獻與文學　（臺北）新文豐出版公司　1993　p. 42、123、135、255

劉進寶　敦煌學論述　（臺北）洪葉文化事業有限公司　1995　p. 332

王書慶　敦煌佛學・佛事篇　甘肅民族出版社　1995　p. 229

吳庚舜　董乃斌　唐代文學史（下）　人民文學出版社　1995　p. 613

朱鳳玉　敦煌文獻中的語文教材　（臺灣）《嘉義師院學報》1995 年第 9 期　p. 467

饒宗頤　從敦煌所出《望江南》《定風波》申論曲子詞之實用性　敦煌曲續論　（臺北）新文豐出版公
　　司　1996　p. 152

王昆吾　隋唐五代燕樂雜言歌辭研究　中華書局　1996　p. 421

白化文　古賢集　敦煌學大辭典　上海辭書出版社　1998　p. 780

柴劍虹　十根歌　敦煌學大辭典　上海辭書出版社　1998　p. 552

孫其芳　十二時　敦煌學大辭典　上海辭書出版社　1998　p. 537

潘重規　敦煌寫本曲子孟姜女的震蕩(下)　中國敦煌學百年文庫·文學卷(二)　甘肅文化出版社　1999　p. 358

徐俊　敦煌詩集殘卷輯考　中華書局　2000　p. 148、788

張錫厚　敦煌文學源流　作家出版社　2000　p. 64

馬德　敦煌寫經題記的社會意義　法源(第 19 期)　中國佛學院　2001　p. 82

姜亮夫　敦煌莫高窟年表　姜亮夫全集(十一)　雲南人民出版社　2002　p. 495

李正宇　唐宋時期的敦煌佛教　敦煌佛教藝術文化國際學術研討會論文集　蘭州大學出版社　2002　p. 376

李正宇　唐宋時期敦煌佛經性質功能的變化　戒幢佛學(第二卷)　岳麓書社　2002　p. 16　又見：中日敦煌佛教學術會議論文集　中國社會科學院研究所　2002　p. 14

鄭阿財　朱鳳玉　敦煌蒙書研究　甘肅教育出版社　2002　p. 254

林仁昱　論敦煌佛教歌曲向通俗傳播的內容　中國俗文化研究(第一輯)　巴蜀書社　2003　p. 196

P. 3114

那波利貞　唐寫本雜抄考——唐代庶民教育史研究の一資料　唐代社會文化史研究·第二編　(東京)創文社　1974　p. 258

高國藩　敦煌民俗學　上海文藝出版社　1989　p. 104

鄭阿財　敦煌蒙書析論　第二屆敦煌學國際研討會論文集　(臺北)漢學研究中心　1990　p. 216

林聰明　敦煌文書學　(臺北)新文豐出版公司　1991　p. 229

東野治之　敦煌と日本の『千字文』　遣唐使と正倉院　(東京)岩波書店　1992　p. 245

東野治之　訓蒙書　敦煌漢文文獻(講座敦煌 5)　(東京)大東出版社　1992　p. 413

林聰明　談敦煌文書的抄寫問題　紀念陳寅恪先生百年誕辰學術論文集　江西教育出版社　1994　p. 295

黃征　吳偉　敦煌願文集　岳麓書社　1995　p. 252

黃征　敦煌俗語法研究之一：句法篇　敦煌吐魯番研究(第一卷)　北京大學出版社　1996　p. 75

黃征　敦煌願文考論　敦煌語文叢說　(臺北)新文豐出版公司　1997　p. 592

林聰明　敦煌吐魯番文書解詁指例　(臺北)新文豐出版公司　2001　p. 46

黃征　敦煌語言文字學研究　甘肅教育出版社　2002　p. 240

鄭阿財　朱鳳玉　敦煌蒙書研究　甘肅教育出版社　2002　p. 15

P. 3115

北原薰　晚唐·五代の敦煌寺院経済——収支決算報告を中心に　敦煌の社會(講座敦煌 3)　(東京)大東出版社　1980　p. 451

陳祚龍　敦煌古抄內典尾記彙校初、二、三編合刊　敦煌學要籥　(臺北)新文豐出版公司　1982　p. 186

唐耕耦　關於唐代租佃制的若干問題：以吐魯番敦煌租佃契爲中心　歷史論叢(第五輯)　齊魯書社　1985　p. 102

池田溫　中國古代寫本識語集錄　(東京)大蔵出版株式會社　1990　p. 448

林聰明　敦煌文書學　(臺北)新文豐出版公司　1991　p. 319

榮新江　歸義軍改元考　文史(第三十八輯)　中華書局　1994　p. 49

榮新江　歸義軍史研究　上海古籍出版社　1996　p. 51

方廣錩　續命經　敦煌學大辭典　上海辭書出版社　1998　p. 735

金岡照光　敦煌文獻と中國文學　（東京）五曜書房　2000　p. 432、532

馬德　敦煌寫經題記的社會意義　法源（第 19 期）　中國佛學院　2001　p. 81

陳麗萍　敦煌女性寫經題記及反映的婦女問題　敦煌佛教藝術文化國際學術研討會論文集　蘭州大
　　學出版社　2002　p. 447

姜亮夫　敦煌莫高窟年表　姜亮夫全集（十一）　雲南人民出版社　2002　p. 451

李正宇　唐宋時期敦煌佛經性質功能的變化　戒幢佛學（第二卷）　岳麓書社　2002　p. 23　又見：
　　中日敦煌佛教學術會議論文集　中國社會科學院研究所　2002　p. 19

施安昌　論漢字演變的分期：兼談敦煌古韻書的書寫時間　善本碑帖論集　紫禁城出版社　2002
　　p. 327

張國剛　佛學與隋唐社會　河北人民出版社　2002　p. 195

P. 3116

王重民　說《十二時》　《申報·文史》1948 年第 22 期　又見：敦煌遺書論文集　中華書局　1984
　　p. 158；中國敦煌學百年文庫·文學卷（一）　甘肅文化出版社　1999　p. 479

川崎ミチコ　修道偈Ⅱ——定格聯章　敦煌仏典と禪（講座敦煌 8）　（東京）大東出版社　1980
　　p. 271

傅芸子　敦煌俗文學之發見及其展開　敦煌變文論文錄　上海古籍出版社　1982　p. 139

周丕顯　敦煌俗曲分時聯章歌體再議　《敦煌學輯刊》1983 年創刊號　p. 18

周丕顯　敦煌俗曲中的分時聯章體歌辭　關隴文學論叢　甘肅人民出版社　1983　p. 7

盧善煥　《敦煌曲校錄》略校　《敦煌學輯刊》1986 年第 2 期　p. 94

任半塘　敦煌歌辭總編　上海古籍出版社　1987　p. 1072、1375、1388

劉進寶　俚曲小調　敦煌文學　甘肅人民出版社　1989　p. 222

任半塘　王昆吾　隋唐五代燕樂雜言歌辭集　巴蜀書社　1990　p. 489

周紹良　敦煌文學芻議及其它　（臺北）新文豐出版公司　1992　p. 37

鄭阿財　敦煌文獻與文學　（臺北）新文豐出版公司　1993　p. 124、136

張涌泉　漢語俗字研究　岳麓書社　1995　p. 282

孫昌武　禪思與詩情　中華書局　1997　p. 330 注 17

張弓　漢唐佛寺文化史　中國社會科學出版社　1997　p. 840

鄭炳林　敦煌碑銘讚輯釋　甘肅教育出版社　1997　p. 448 注 4

柴劍虹　禪門十二時　敦煌學大辭典　上海辭書出版社　1998　p. 538

柴劍虹　出家讚　敦煌學大辭典　上海辭書出版社　1998　p. 544

林仁昱　論敦煌佛教歌曲特質與"弘法"的關係　敦煌學（第 23 輯）　（臺北）樂學書局有限公司
　　2002　p. 62

林仁昱　論敦煌佛教歌曲向通俗傳播的內容　中國俗文化研究（第一輯）　巴蜀書社　2003　p. 185

王小盾　從敦煌本共住修道故事看唐代佛教詩歌文體的來源　中國俗文化研究（第一輯）　巴蜀書
　　社　2003　p. 29

張子開　敦煌文獻中的白話禪詩　《敦煌學輯刊》2003 年第 1 期　p. 87

P. 3117

傅芸子　敦煌俗文學之發見及其展開　敦煌變文論文錄　上海古籍出版社　1982　p. 140

劉復　敦煌掇瑣　敦煌叢刊初集（十五）　（臺北）新文豐出版公司　1985　p. 223、227

林家平　寧强　羅華慶　中國敦煌學史　北京語言學院出版社　1992　p. 17

徐俊　敦煌詩集殘卷輯考　中華書局　2000　p. 900

P. 3118

廣川堯敏　禮讚　敦煌と中國仏教（講座敦煌 7）　（東京）大東出版社　1984　p. 453

盧善煥　《敦煌曲校録》略校　《敦煌學輯刊》1986 年第 2 期　p. 93

柴劍虹　高聲念佛讚　敦煌學大辭典　上海辭書出版社　1998　p. 546

張先堂　晚唐至宋初淨土五會念佛法門在敦煌的流傳　《敦煌研究》1998 年第 1 期　p. 51

張子開　敦煌文獻中的白話禪詩　《敦煌學輯刊》2003 年第 1 期　p. 88

P. 3120

陳祚龍　新校重訂中世敦煌流行的"讚"文十種　中華佛教文化史散策（三集）　（臺北）新文豐出版
公司　1981　p. 167

廣川堯敏　禮讚　敦煌と中國仏教（講座敦煌 7）　（東京）大東出版社　1984　p. 458

任半塘　敦煌歌辭總編　上海古籍出版社　1987　p. 922

汪泛舟　讚·箴　敦煌文學　甘肅人民出版社　1989　p. 100

汪泛舟　敦煌文學概論　甘肅人民出版社　1993　p. 553

張涌泉　漢語俗字研究　岳麓書社　1995　p. 144

砂岡和子　敦煌散花樂和聲曲輯考　敦煌佛教文化研究　社科縱橫編輯部　1996　p. 22

李正宇　送師讚　敦煌學大辭典　上海辭書出版社　1998　p. 546

張先堂　晚唐至宋初淨土五會念佛法門在敦煌的流傳　《敦煌研究》1998 年第 1 期　p. 53

林仁昱　論敦煌佛教歌曲特質與"弘法"的關係　敦煌學（第 23 輯）　（臺北）樂學書局有限公司
2002　p. 69

張子開　敦煌文獻中的白話禪詩　《敦煌學輯刊》2003 年第 1 期　p. 84

P. 3121

池田溫　中國古代の租佃契（中）　『東洋文化研究所紀要』（第 65 號）　東京大學東洋文化研究所
1975　p. 88

劉復　敦煌掇瑣　敦煌叢刊初集（十五）　（臺北）新文豐出版公司　1985　p. 237

姜伯勤　唐五代敦煌寺戶制度　中華書局　1987　p. 207

池田溫　吐魯番·敦煌文書にみえる地方城市の住居　中國都市の歷史的研究（唐代史研究會報告
第 Ⅵ 集）　（東京）刀水書房　1988　p. 188

唐耕耦　陸宏基　敦煌社會經濟文獻真迹釋録（二）　全國圖書館文獻縮微複製中心　1990　p. 487

林家平　寧强　羅華慶　中國敦煌學史　北京語言學院出版社　1992　p. 17

馮培紅　唐五代敦煌的河渠水利與水司管理機構初探　《敦煌學輯刊》1997 年第 2 期　p. 79

高啓安　唐宋時期敦煌人名探析　《敦煌研究》1997 年第 4 期　p. 126

鄭炳林　晚唐五代敦煌園囿經濟研究　敦煌歸義軍史專題研究　蘭州大學出版社　1997　p. 315

黃正建　敦煌文書所見唐宋之際敦煌民衆住房面積考略　敦煌吐魯番研究（第三卷）　北京大學出
版社　1998　p. 215

P. 3122

那波利貞　佛教信仰に基きて組織せられたる中晚唐五代時代の社邑に就きて（上）　『史林』（24

卷 3 號）　京都大學文學部史學研究會　1939　p. 54　又見：唐代社會文化史研究·第六編
（東京）創文社　1974　p. 620

郝春文　敦煌寫本齋文及其樣式的分類與定名　《北京師範學院學報》1990 年第 3 期　p. 95

黃征　吳偉　敦煌願文集　岳麓書社　1995　p. 913

黃征　敦煌願文考論　敦煌語文叢說　（臺北）新文豐出版公司　1997　p. 591

王三慶　北京大學圖書館藏本《諸文要集》一卷研究　慶祝吳其昱先生八秩華誕敦煌學特刊　（臺
北）文津出版社　2000　p. 174

孟憲實　敦煌社邑的分佈　敦煌文獻論集：紀念藏經洞發現一百周年國際學術研討會論文集　遼寧
人民出版社　2001　p. 422

郝春文　唐後期五代宋初敦煌私社的教育與教化功能　敦煌吐魯番研究（第九卷）　中華書局
2006　p. 312

P. 3123

金岡照光　敦煌文學のさまざま　敦煌の文學　（東京）大藏出版株式會社　1971　p. 149

潘重規　敦煌詞話　（臺北）石門圖書公司　1981　p. 96

劉復　敦煌掇瑣　敦煌叢刊初集（十五）　（臺北）新文豐出版公司　1985　p. 149

任半塘　敦煌歌辭總編　上海古籍出版社　1987　p. 388

高國藩　敦煌曲子詞中的詠花詞　《鹽城師專學報》1988 年第 3 期　p. 34

孫其芳　詞　敦煌文學　甘肅人民出版社　1989　p. 210

林家平　寧強　羅華慶　中國敦煌學史　北京語言學院出版社　1992　p. 16

楊聯陞　書評：饒宗頤、戴密微合著《敦煌曲》　楊聯陞論文集　中國社會科學出版社　1992　p. 243

孫其芳　顏廷亮　敦煌文學概論　甘肅人民出版社　1993　p. 424

金賢珠　唐五代敦煌民歌　（臺北）文史哲出版社　1994　p. 157

柴劍虹　秋夜長　敦煌學大辭典　上海辭書出版社　1998　p. 540

劉瑞明　敦煌文學藝術性先驅作用例說　《敦煌研究》2003 年第 4 期　p. 59

P. 3124

那波利貞　敦煌發見文書に拠る中晚唐時代の佛教寺院の錢穀布帛類貸付營利事業運營の實況
『支那學』（10 卷 3 號）　（京都）支那學社　1941　p. 136

陳國燦　敦煌所出諸借契年代考　魏晉南北朝隋唐史資料（第 4 輯）　武漢大學出版社　1982
p. 14　又見：《敦煌學輯刊》1984 年第 1 期　p. 7

池田溫　吐魯番、敦煌契券概觀　漢學研究（敦煌學國際研討會論文專號）　（臺北）漢學研究資料及
服務中心　1986　p. 23

謝和耐著　耿昇譯　中國 5—10 世紀的寺院經濟　甘肅人民出版社　1987　p. 228 注 3　又見：上海
古籍出版社　2004　p. 187 注 3

葛承雍　唐代國庫制度　三秦出版社　1990　p. 73

唐耕耦　陸宏基　敦煌社會經濟文獻真迹釋錄（二）　全國圖書館文獻縮微複製中心　1990　p. 109

張傳璽　中國歷代契約會編考釋（上）　北京大學出版社　1995　p. 386 注 1

沙知　敦煌契約文書輯校　江蘇古籍出版社　1998　p. 194、396

宋家鈺　英國收藏敦煌文獻叙錄　英國收藏敦煌漢藏文獻研究　中國社會科學出版社　2000
p. 167

楊森　關於敦煌文獻中的"平章"一詞　敦煌學與中國史研究論集　甘肅人民出版社　2001　p. 231

陳國燦　敦煌學史事新證　甘肅教育出版社　2002　p. 339

童丕　敦煌的借貸：中國中古時代的物質生活與社會　中華書局　2003　p. 15、113

王啓濤　中古及近代法制文書語言研究　巴蜀書社　2003　p. 239

P. 3125

金岡照光　敦煌文學のさまざま　敦煌の文學　（東京）大藏出版株式會社　1971　p. 160

劉復　敦煌掇瑣　敦煌叢刊初集（十五）　（臺北）新文豐出版公司　1985　p. 147

林家平　寧強　羅華慶　中國敦煌學史　北京語言學院出版社　1992　p. 16

楊聯陞　書評：饒宗頤、戴密微合著《敦煌曲》　楊聯陞論文集　中國社會科學出版社　1992　p. 243

張錫厚　敦煌文學概論　甘肅人民出版社　1993　p. 364

杜琪　敦煌詩賦作品要目分類題注　《甘肅社會科學》2000 年第 1 期　p. 63

徐俊　敦煌詩集殘卷輯考　中華書局　2000　p. 789

P. 3126

小島祐馬　巴黎國立圖書館藏敦煌遺書所見錄（六）　『支那學』（7 卷 1 號）　（京都）支那學社
　　1933　p. 107

羅福頤　敦煌石室文物對於學術上的貢獻　《歷史教學》1951 年第 5 期　又見：中國敦煌學百年文
　　庫·考古卷（四）　甘肅文化出版社　1999　p. 7

金岡照光　敦煌漢文文學文獻の文學形態上の種類とその分類　敦煌出土文學文獻分類目錄·附解
　　說　（東京）東洋文庫　1971　p. 215

王重民　敦煌古籍叙錄　中華書局　1979　p. 226

張鴻勳　試論敦煌文學的範圍、性質及特點　《社會科學》1983 年第 2 期　又見：中國敦煌學百年文
　　庫·文學卷（五）　甘肅文化出版社　1999　p. 253

王重民　巴黎敦煌殘卷叙錄（第一輯）　敦煌叢刊初集（九）　（臺北）新文豐出版公司　1985　p. 166

林聰明　敦煌漢文文書解讀要點試論　漢學研究（敦煌學國際研討會論文專號）　（臺北）漢學研究
　　資料及服務中心　1986　p. 431

王重民原編　黃永武新編　敦煌古籍叙錄新編（第十二冊）　（臺北）新文豐出版公司　1986　p. 51

陳祚龍　《太平廣記》析疑：看了《古典小說論評》以後　敦煌學散策新集　（臺北）新文豐出版公司
　　1989　p. 427

周紹良　小說　敦煌文學　甘肅人民出版社　1989　p. 286

池田溫　中國古代寫本識語集錄　（東京）大藏出版株式會社　1990　p. 434

榮新江　沙州歸義軍歷任節度使稱號研究　敦煌吐魯番學研究論文集　漢語大詞典出版社　1990
　　p. 783

姜伯勤　敦煌吐魯番與香藥之路　季羨林教授八十華誕紀念論文集（下）　江西人民出版社　1991
　　p. 840

林聰明　敦煌文書學　（臺北）新文豐出版公司　1991　p. 220、247、253

金岡照光　散文體類　敦煌の文學文獻（講座敦煌 9）　（東京）大東出版社　1992　p. 243

齊陳駿　寒沁　河西都僧統唐悟真作品和見載文獻系年　《敦煌學輯刊》1993 年第 2 期　p. 12

榮新江　敦煌寫本《敕河西節度兵部尚書張公德政之碑》校考　周一良先生八十生日紀念論文集
　　中國社會科學出版社　1993　p. 214

張先堂　敦煌文學概論　甘肅人民出版社　1993　p. 326

姜伯勤　敦煌吐魯番文書與絲綢之路　文物出版社　1994　p. 141

林聰明　談敦煌文書的抄寫問題　紀念陳寅恪先生百年誕辰學術論文集　江西教育出版社　1994
　　p. 301

沃興華　敦煌書法藝術　上海人民出版社　1994　p. 71

鄭炳林　敦煌本《張淮深變文》研究　《西北民族研究》1994 年第 1 期　p. 147

鄭炳林　張淮深改建北大像和開鑿 94 窟年代再探　《敦煌研究》1994 年第 3 期　p. 39

榮新江　歸義軍史研究　上海古籍出版社　1996　p. 9

張春燕　吳越　西衙考　《敦煌學輯刊》1997 年第 2 期　p. 121

鄭炳林　敦煌碑銘讚及其有關問題　敦煌碑銘讚輯釋　甘肅教育出版社　1997　p. 22

鄭炳林　敦煌碑銘讚輯釋　甘肅教育出版社　1997　p. 22 注 6

李麗　關於《張淮深墓誌銘》的兩個問題　《敦煌學輯刊》1998 年第 1 期　p. 145

榮新江　歸義軍大事紀年初稿　出土文獻研究(第三輯)　文物出版社　1998　p. 239

張鴻勳　還冤志　敦煌學大辭典　上海辭書出版社　1998　p. 584

北京大學　敦煌《經卷》、《照片》及《圖書》目録　中國敦煌學百年文庫·綜述卷(一)　甘肅文化出
　　版社　1999　p. 318

徐俊　敦煌詩集殘卷輯考　中華書局　2000　p. 172

鄭炳林　張紅麗　《張淮深變文》的年代問題　1994 年敦煌學國際研討會文集·宗教文史卷(上)
　　甘肅民族出版社　2000　p. 322

林聰明　敦煌吐魯番文書解詁指例　(臺北)新文豐出版公司　2001　p. 54、62 注 65

姜亮夫　敦煌莫高窟年表　姜亮夫全集(十一)　雲南人民出版社　2002　p. 75、420

張鴻勳　敦煌俗文學研究　甘肅人民出版社　2002　p. 63

鄭炳林　徐曉莉　晚唐五代敦煌歸義軍政權的婚姻關係研究　敦煌學(第 25 輯)　(臺北)樂學書局
　　有限公司　2004　p. 568

P. 3127

池田溫　中國古代寫本識語集録　(東京)大藏出版株式會社　1990　p. 186

沃興華　敦煌書法藝術　上海人民出版社　1994　p. 31

楊富學　王書慶　唐代長安與敦煌佛教文化之關係　'98 法門寺唐文化國際學術討論會論文集　陝
　　西人民出版社　2000　p. 178

P. 3128

那波利貞　佛教信仰に基きて組織せられたる中晚唐五代時代の社邑に就きて(上)　『史林』(24
　　卷 3 號)　京都大學文學部史學研究會　1939　p. 10、53、63、100　又見:唐代社會文化史研究·
　　第六編　(東京)創文社　1974　p. 582、620、624、636、653

王重民　敦煌曲子詞集　商務印書館　1950　p. 3

邵榮芬　敦煌俗文學中的別字異文和唐五代西北方音　《中國語文》1963 年第 3 期　又見:中國敦煌
　　學百年文庫·語言文字卷(一)　甘肅文化出版社　1999　p. 136

竺沙雅章　敦煌出土「社」文書の研究　『東方學報』(第 35 號)　京都大學人文科學研究所　1964
　　p. 263

長澤和俊　敦煌　(東京)築摩書房　1965　p. 170

金岡照光　敦煌文學のさまざま　敦煌の文學　(東京)大藏出版株式會社　1971　p. 109、140、144

蘇瑩輝　論敦煌本《望江南》雜曲四首之寫作時代　(新加坡)《新社學報》1973 年第 5 期　又見:敦
　　煌論集續編　(臺北)學生書局　1983　p. 116、119、125；中國敦煌學百年文庫·文學卷(三)

甘肅文化出版社　1999　p. 87

邱鎮京　敦煌變文述論　（臺北）商務印書館　1974　p. 1886

蘇瑩輝　"敦煌曲"評介　《香港中文大學學報》1974 年第 1 期　又見：敦煌論集續編　（臺北）學生
　　書局　1983　p. 305、307、313；中國敦煌學百年文庫·藝術卷（一）　甘肅文化出版社　1999
　　p. 370

曾錦漳　唐代俗講及其底本　《香港浸會學院學報》1978 年第 5 期　又見：中國敦煌學百年文庫·文
　　學卷（二）　甘肅文化出版社　1999　p. 313

長澤和俊　敦煌の庶民生活　敦煌の社會（講座敦煌 3）　（東京）大東出版社　1980　p. 482

堀敏一　敦煌社會の変質——中國社會全般の発展とも関連して　敦煌の社會（講座敦煌 3）　（東
　　京）大東出版社　1980　p. 184

楊家駱　敦煌變文　（臺北）世界書局　1980　p. 816

潘重規　敦煌詞話　（臺北）石門圖書公司　1981　p. 30、58、72、80

潘重規　敦煌卷子俗寫文字與俗文學之研究　敦煌變文論輯　（臺北）石門圖書公司　1981　p. 311

蘇瑩輝　敦煌學概要　（臺北）編譯館"中華叢書編委會"　1981　p. 162

白化文　什麼是變文　敦煌變文論文錄　上海古籍出版社　1982　p. 443

王冀青　有關金山國史的幾個問題　《敦煌學輯刊》1982 年第 3 期　p. 49

張鴻勳　敦煌講唱文學韻律初探　《敦煌研究》1982 年試刊第 2 期　p. 128

鄭阿財　敦煌孝道文學研究　（臺北）石門圖書公司　1982　p. 379

姜亮夫　瓜沙曹氏年表補正　敦煌學文選（上）　蘭州大學歷史系敦煌學研究室等　1983　p. 111
　　又見：敦煌學論文集　上海古籍出版社　1987　p. 916；姜亮夫全集（十四）　雲南人民出版社
　　2002　p. 340

潘重規　龍龕手鑒與寫本刻本之關係　敦煌學（第 6 輯）　（臺北）新文豐出版公司　1983　p. 95

席臻貫　《佛本行集經·憂波離品次》琵琶譜符號考　《音樂研究》1983 年第 3 期　又見：中國敦煌
　　學百年文庫·藝術卷（三）　甘肅文化出版社　1999　p. 233

潘重規　敦煌變文集新書（上）　（臺北）"中國文化大學"中文研究所　1984　p. 7、533、805

平野顯照　講經文の組織內容　敦煌と中國仏教（講座敦煌 7）　（東京）大東出版社　1984　p. 353

王慶菽　不知名變文　敦煌變文集　人民文學出版社　1984　p. 816

王重民　記敦煌新出的菩薩蠻　敦煌遺書論文集　中華書局　1984　p. 170

汪泛舟　敦煌曲子詞的地位特點和影響　《蘭州學刊》1985 年第 1 期　p. 72

白化文　對可補入《敦煌變文集》中的幾則錄文的討論　《敦煌學輯刊》1986 年第 1 期　p. 47

高國藩　敦煌民間詩詞中的府兵制與詞的起源問題　《魏晉南北朝隋唐史》1986 年第 4 期　p. 72

林玫儀　敦煌曲在詞學研究上之價值　漢學研究（敦煌學國際研討會論文專號）　（臺北）漢學研究
　　資料及服務中心　1986　p. 176

盧善煥　《敦煌曲校錄》略校　《敦煌學輯刊》1986 年第 2 期　p. 91

邱燮友　唐代敦煌曲的時代使命　漢學研究（敦煌學國際研討會論文專號）　（臺北）漢學研究資料
　　及服務中心　1986　p. 146

唐耕耦　陸宏基　敦煌社會經濟文獻真迹釋錄（一）　書目文獻出版社　1986　p. 388

周紹良　《敦煌變文集》中幾個卷子定名之商榷　敦煌吐魯番文獻研究論集（第三輯）　北京大學出
　　版社　1986　p. 25

白化文　"解講"和"解講辭"　俗文學論　黑龍江人民出版社　1987　p. 145

高國藩　敦煌文學作品選　中華書局　1987　p. 72 注 1

平野顯照著　張桐生譯　唐代的文學與佛教　（臺北）業強出版社　1987　p. 288

饒宗頤　王錫頓悟大乘政理決序說並校記　漢藏佛教研究彙編　（臺北）文殊出版社　1987　p. 323

任半塘　敦煌歌辭總編　上海古籍出版社　1987　p. 404、456、485、536、691

蘇瑩輝　繼張氏任歸義軍節度使者爲曹仁貴論　敦煌文史藝術論叢　（臺北）新文豐出版公司
　　1987　p. 25

汪泛舟　敦煌曲子詞方音習語及其他　《敦煌研究》1987 年第 4 期　p. 57

謝和耐著　耿昇譯　中國 5—10 世紀的寺院經濟　甘肅人民出版社　1987　p. 323 注 3

周紹良　唐代變文及其它　敦煌文學作品選　中華書局　1987　p. 23

周一良　敦煌寫本書儀考（之二）　敦煌吐魯番文獻研究論集（第四輯）　北京大學出版社　1987
　　p. 36 注 5

孫修身　瓜沙曹氏卒立世次考　《鄭州大學學報》1988 年第 4 期　又見:《魏晉南北朝隋唐史》1988
　　年第 10 期　p. 27；中國敦煌學百年文庫·歷史卷（二）　甘肅文化出版社　1999　p. 232

周紹良　讀變文劄記　敦煌語言文學研究　北京大學出版社　1988　p. 56

高國藩　敦煌曲子詞欣賞　南京大學出版社　1989　p. 29、62、136

郭在貽　張涌泉　黃征　《秋吟》和《不知名變文》三種補校　《溫州師範學院學報》1989 年第 2 期
　　p. 5

山本達郎等　敦煌·VII 尚饗文·諸齋文　『NUN – HUANG AND TURFAN DOCUMENTS CONCERN-
　　ING SOCIAL AND ECONOMIC HISTORY』(IV)　（東京）東洋文庫　1989　p. 139

孫其芳　詞　敦煌文學　甘肅人民出版社　1989　p. 207

張鴻勳　講經文　敦煌文學　甘肅人民出版社　1989　p. 270

郭在貽　張涌泉　黃征　敦煌變文集校議　岳麓書社　1990　p. 197

加地哲定著　劉衛星譯　中國佛教文學　今日中國出版社　1990　p. 145

林玫儀　研究敦煌曲子詞之省思　第二屆敦煌學國際研討會論文集　（臺北）漢學研究中心　1990
　　p. 307

任半塘　王昆吾　隋唐五代燕樂雜言歌辭集　巴蜀書社　1990　p. 233、354、486、805

李明偉　《長興四年中興殿應聖節講經文》研究　絲綢之路貿易史研究　甘肅人民出版社　1991
　　p. 353

劉瑞明　所謂唐代兩件戲劇資料辨析　中華戲曲（第 11 輯）　山西人民出版社　1991　p. 179

陸慶夫　略論敦煌民族史料的價值　《敦煌學輯刊》1991 年第 1 期　p. 37

項楚　王梵志詩校注　上海古籍出版社　1991　p. 856

張仲儀　試論敦煌曲子詞的審美特徵　《敦煌研究》1991 年第 2 期　p. 83

姜伯勤　敦煌社會文書導論　（臺北）新文豐出版公司　1992　p. 248

金岡照光　講史譚·時事変文等——「王陵」「李陵」「張議潮」変文を中心に　敦煌の文學文獻（講
　　座敦煌 9）　（東京）大東出版社　1992　p. 561

金岡照光　曲子詞類　敦煌の文學文獻（講座敦煌 9）　（東京）大東出版社　1992　p. 401

金岡照光　押座文　敦煌の文學文獻（講座敦煌 9）　（東京）大東出版社　1992　p. 348

李正宇　敦煌遺書宋人詩輯校　《敦煌研究》1992 年第 2 期　p. 44

林家平　寧強　羅華慶　中國敦煌學史　北京語言學院出版社　1992　p. 630

周紹良　敦煌文學芻議及其它　（臺北）新文豐出版公司　1992　p. 34、103、199

高國藩　敦煌民俗資料導論　（臺北）新文豐出版公司　1993　p. 58

郝春文　敦煌寫本社邑文書年代彙考（三）　《社科縱橫》1993 年第 5 期　p. 10

李正宇　敦煌文學概論　甘肅人民出版社　1993　p. 163

李正宇　論敦煌曲子　第二屆國際唐代學術會議論文集（上）　（臺北）文津出版社　1993　p. 758

孫其芳　顏廷亮　敦煌文學概論　甘肅人民出版社　1993　p. 413

張鴻勳　敦煌說唱文學概論　（臺北）新文豐出版公司　1993　p. 104

張鴻勳　敦煌文學概論　甘肅人民出版社　1993　p. 230

金賢珠　唐五代敦煌民歌　（臺北）文史哲出版社　1994　p. 3、41、62

李明偉　隋唐絲綢之路　甘肅人民出版社　1994　p. 323

李明偉　唐代文學的嬗變與絲綢之路的影響　《敦煌研究》1994年第3期　p. 139

劉尊明　唐五代詞的文化觀照　（臺北）文津出版社　1994　p. 265

黃征　吳偉　敦煌願文集　岳麓書社　1995　p. 631

劉進寶　敦煌學論述　（臺北）洪葉文化事業有限公司　1995　p. 108注106、338

曲金良　敦煌佛教文學研究　（臺北）文津出版社　1995　p. 276

孫修身　試論瓜沙曹氏與甘州回鶻之關係　敦煌學國際研討會文集·史地語文編　遼寧美術出版社
　　　1995　p. 107

王慶雲　佛太子與賈寶玉：從敦煌寫本《八相變》看佛教文學對《紅樓夢》的影響　敦煌佛教文學研究
　　　（臺北）文津出版社　1995　p. 300

項楚　敦煌歌辭總編匡補　（臺北）新文豐出版公司　1995　p. 61

楊森　金山國與各教的疏密關係　敦煌佛教文獻研究　敦煌研究院文獻研究所　1995　p. 53

楊雄　不知名變文　敦煌論稿　甘肅文化出版社　1995　p. 414

張涌泉　漢語俗字研究　岳麓書社　1995　p. 209

姜伯勤　敦煌悉磨遮爲蘇摩遮樂舞考　《敦煌研究》1996年第3期　p. 3

姜伯勤　敦煌藝術宗教與禮樂文明　中國社會科學出版社　1996　p. 531、541

李正宇　敦煌史地新論　（臺北）新文豐出版公司　1996　p. 185

饒宗頤　敦煌曲訂補　敦煌曲續論　（臺北）新文豐出版公司　1996　p. 47

饒宗頤　《雲謠集》一些問題的檢討　敦煌曲續論　（臺北）新文豐出版公司　1996　p. 102

王昆吾　隋唐五代燕樂雜言歌辭研究　中華書局　1996　p. 418

張涌泉　敦煌俗字研究導論　（臺北）新文豐出版公司　1996　p. 107、140

黃征　張涌泉　敦煌變文校注　中華書局　1997　p. 49、464、715、1192

李正宇　敦煌出土的四首特型詩及其破解　敦煌文學論集　四川人民出版社　1997　p. 15

陸淑綺　李重申　敦煌古代戲曲文化史料綜述　《敦煌研究》1997年第2期　p. 64

寧可　郝春文　敦煌社邑文書輯校　江蘇古籍出版社　1997　p. 514

齊陳俊　馮培紅　晚唐五代宋初歸義軍對外商業貿易　敦煌歸義軍史專題研究　蘭州大學出版社
　　　1997　p. 356

齊陳俊　馮培紅　晚唐五代宋初歸義軍政權中"十將"及下屬諸職考　敦煌歸義軍史專題研究　蘭
　　　州大學出版社　1997　p. 35注14

汪娟　敦煌本《大佛略懺》在佛教懺悔文中的地位　敦煌文學論集　四川人民出版社　1997　p. 389

鄭炳林　敦煌碑銘讚輯釋　甘肅教育出版社　1997　p. 545注3

鄭炳林　馮培紅　唐五代歸義軍政權對外關係中的使頭一職　敦煌歸義軍史專題研究　蘭州大學出
　　　版社　1997　p. 63

白化文　解座文　敦煌學大辭典　上海辭書出版社　1998　p. 524

李斌城　隋唐五代社會生活史　中國社會科學出版社　1998　p. 201

李正宇　六蕃　敦煌學大辭典　上海辭書出版社　1998　p. 463

李正宇　演曲子　敦煌學大辭典　上海辭書出版社　1998　p. 448

孫其芳　浣溪沙　敦煌學大辭典　上海辭書出版社　1998　p. 529

孫其芳　　浪淘沙　敦煌學大辭典　上海辭書出版社　1998　p.535

孫其芳　　望江南　敦煌學大辭典　上海辭書出版社　1998　p.531

張亞萍　　唐五代歸義軍政府牧馬業研究　《敦煌學輯刊》1998年第2期　p.59

周紹良　張涌泉　黃征　敦煌變文講經文因緣輯校(上、下)　江蘇古籍出版社　1998　p.24、1101

高國藩　　敦煌俗文化學　上海三聯書店　1999　p.545、567

黃征　程惠新　劫塵遺珠:敦煌遺書　甘肅教育出版社　1999　p.80

梅維恒著　楊繼東　陳引馳譯　唐代變文(上)　(香港)中國佛教文化出版公司　1999　p.79

寧可　　寧可史學論集　中國社會科學出版社　1999　p.446注11

施謝捷　　敦煌文獻語詞校釋叢劄　《敦煌研究》1999年第4期　p.28

謝桃坊　　敦煌文化尋繹　四川人民出版社　1999　p.35、48

顏廷亮　　關於敦煌文學發展的歷史進程　《甘肅社會科學》1999年第4期　p.45

楊秀清　　敦煌西漢金山國史　甘肅人民出版社　1999　p.14

張涌泉　　俗字研究與敦煌文獻的校理　舊學新知　浙江大學出版社　1999　p.55

鄭炳潤　　敦煌佛教故事類講唱文學所見淨土宗與禪宗　《敦煌研究》1999年第2期　p.150

金岡照光　敦煌文獻と中國文學　(東京)五曜書房　2000　p.148

劉尊明　　唐五代詞史論稿　文化藝術出版社　2000　p.339

孫其芳　　鳴沙遺音:敦煌詞選評　甘肅人民出版社　2000　p.83、122

徐俊　　敦煌詩集殘卷輯考　中華書局　2000　p.839

顏廷亮　　敦煌文化　光明日報出版社　2000　p.246、316、440、459

顏廷亮　　敦煌文化的靈魂論綱　《甘肅社會科學》2000年第4期　p.35

顏廷亮　　西陲文學遺珍:敦煌文學通俗談　甘肅人民出版社　2000　p.125

楊秀清　　華戎交會的都市:敦煌與絲綢之路　甘肅人民出版社　2000　p.85

張錫厚　　敦煌文學源流　作家出版社　2000　p.431

陳尚君　　評《敦煌詩集殘卷輯考》　敦煌吐魯番研究(第五卷)　北京大學出版社　2001　p.385

李正宇　　沙州歸義軍樂營及其職事　敦煌吐魯番研究(第五卷)　北京大學出版社　2001　p.221

徐曉麗　　曹議金與甘州回鶻天公主結親時間考　《敦煌研究》2001年第4期　p.113

張錫厚　　讀敦煌緣起類作品及其他　敦煌學與中國史研究論集　甘肅人民出版社　2001　p.154

周一良　　魏晉南北朝史論集續編　北京大學出版社　2001　p.236注1

姜亮夫　　敦煌莫高窟年表　姜亮夫全集(十一)　雲南人民出版社　2002　p.357、449、474

李小榮　　變文講唱與華梵宗教藝術　上海三聯書店　2002　p.234

劉進寶　　敦煌學通論　甘肅教育出版社　2002　p.385

黑維強　　敦煌變文詞語校釋　《敦煌學輯刊》2003年第1期　p.103

湛如　　敦煌佛教律儀制度研究　中華書局　2003　p.318、355

馮培紅　　關於歸義軍節度使官制的幾個問題　麥積山石窟藝術文化論文集(下)　蘭州大學出版社
　　2004　p.232

湯涒　　敦煌曲子詞地域文化研究　上海古籍出版社　2004　p.20、33、193

湯涒　　敦煌曲子詞與河西本土文化　中國俗文化研究(第二輯)　巴蜀書社　2004　p.192

張弓　　敦煌四部籍與中古後期社會的文化情境　敦煌學(第25輯)　(臺北)樂學書局有限公司
　　2004　p.320

湯涒　　敦煌曲子詞寫本敘略　敦煌學國際研討會論文集　北京圖書館出版社　2005　p.193、200

王青　　西域文化影響下的中古小說　中國社會科學出版社　2006　p.493

P. 3129

蘇瑩輝　敦煌學概要　（臺北）編譯館"中華叢書編委會"　1981　p. 180

譚蟬雪　祭文　敦煌文學　甘肅人民出版社　1989　p. 122

李明偉　敦煌文學概論　甘肅人民出版社　1993　p. 486

王書慶　從敦煌文獻看敦煌佛教文化與中原佛教文化的交流　敦煌佛教文獻研究　敦煌研究院文獻
　　研究所　1995　p. 22

黄征　敦煌願文雜考　文史(第四十六輯)　中華書局　1998　p. 251

宋家鈺　佛教齋文源流與敦煌本"齋文"書的復原　《中國史研究》1999 年第 2 期　p. 81　又見:英
　　國收藏敦煌漢藏文獻研究　中國社會科學出版社　2000　p. 316

楊富學　王書慶　唐代長安與敦煌佛教文化之關係　'98 法門寺唐文化國際學術討論會論文集　陝
　　西人民出版社　2000　p. 175

張錫厚　敦煌文學源流　作家出版社　2000　p. 155

王三慶　光道大師撰《諸雜齋文》下卷研究　敦煌文獻論集:紀念藏經洞發現一百周年國際學術研討
　　會論文集　遼寧人民出版社　2001　p. 556

黄征　敦煌語言文字學研究　甘肅教育出版社　2002　p. 189

張錫厚　敦煌文概說　2000 年敦煌學國際學術討論會文集・歷史文化卷(下)　甘肅民族出版社
　　2003　p. 213

P. 3130

汪泛舟　偈・頌　敦煌文學　甘肅人民出版社　1989　p. 88

李正宇　敦煌遺書宋人詩輯校　《敦煌研究》1992 年第 2 期　p. 46

石内德　敦煌文獻中被廢棄的殘經抄本　法國漢學(敦煌學專號)　中華書局　2000　p. 23

徐俊　敦煌詩集殘卷輯考　中華書局　2000　p. 192、623

P. 3131

北原薫　晩唐・五代の敦煌寺院経済——収支決算報告を中心に　敦煌の社會(講座敦煌 3)　（東
　　京)大東出版社　1980　p. 449

岡部和雄　經疏・要抄　敦煌仏典と禪(講座敦煌 8)　（東京)大東出版社　1980　p. 339

福井文雅　般若心經　敦煌と中國仏教(講座敦煌 7)　（東京)大東出版社　1984　p. 40

方廣錩　敦煌遺書中的《般若心經》譯注　《法音》1990 年第 7 期　p. 25

唐耕耦　陸宏基　敦煌社會經濟文獻真迹釋録(三)　全國圖書館文獻縮微複製中心　1990　p. 597

索仁森著　李吉和譯　敦煌漢文禪籍特徵概觀　《敦煌研究》1994 年第 1 期　p. 110

雷紹鋒　論曹氏歸義軍時期官府之"牧子"　《敦煌學輯刊》1996 年第 1 期　p. 39、44

譚蟬雪　敦煌馬文化　《敦煌研究》1996 年第 1 期　p. 117

張亞萍　晩唐五代歸義軍牧羊業管理機構:羊司　《敦煌學輯刊》1997 年第 2 期　p. 131

方廣錩　《般若心經譯注集成》前言　敦煌學佛教學論叢(下)　中國佛教文化研究所　1998　p. 50

張亞萍　唐五代敦煌地區的駱駝牧養業　《敦煌學輯刊》1998 年第 1 期　p. 57

張亞萍　唐五代歸義軍政府牧馬業研究　《敦煌學輯刊》1998 年第 2 期　p. 58

雷紹鋒　歸義軍賦役制度初探　（臺北)洪葉文化事業公司　2000　p. 94、175、186

劉進寶　P. 4525(8)《官布籍》所見歸義軍政權的賦稅免征　新世紀敦煌學論集　巴蜀書社　2003
　　p. 303

P. 3133

鄭阿財　敦煌孝道文學研究　（臺北）石門圖書公司　1982　p. 425

李正宇　敦煌俗講僧保宣及其《講經通難致語》　程千帆先生八十壽辰紀念文集　江蘇古籍出版社　1992　p. 218

汪娟　敦煌本《大佛略懺》在佛教懺悔文中的地位　敦煌文學論集　四川人民出版社　1997　p. 389

P. 3134

陳祚龍　敦煌古抄內典尾記彙校初、二、三編合刊　敦煌學要籥　（臺北）新文豐出版公司　1982　p. 186

森安孝夫　ウイグル語文獻　敦煌胡語文獻(講座敦煌6)　（東京）大東出版社　1985　p. 24

榮新江　西元十世紀沙州歸義軍與西州回鶻的文化交往　第二屆敦煌學國際研討會論文集　（臺北）漢學研究中心　1990　p. 591

郝春文　唐後期五代宋初沙州的方等道場與方等道場司　唐研究（第二卷）　北京大學出版社　1996　p. 71

榮新江　粟特回鶻雙語毛布入破曆　敦煌學大辭典　上海辭書出版社　1998　p. 508

邰惠莉　娜閣　甘肅省圖書館收藏敦煌文獻簡介　《敦煌學輯刊》1998年第2期　p. 74

汪泛舟　敦煌道教詩歌補論　《敦煌研究》1998年第4期　p. 93

P. 3135

陳祚龍　敦煌古抄內典尾記彙校初、二、三編合刊　敦煌學要籥　（臺北）新文豐出版公司　1982　p. 186

陳祚龍　中世敦煌釋門的布薩法事之一斑　敦煌簡策訂存　（臺北）商務印書館　1983　p. 161

劉復　敦煌掇瑣　敦煌叢刊初集(十五)　（臺北）新文豐出版公司　1985　p. 367

姜亮夫　敦煌經卷題名錄　敦煌學論文集　上海古籍出版社　1987　p. 1060

李正宇　敦煌學郎題記輯注　《敦煌學輯刊》1987年第1期　p. 33

李正宇　唐宋時代敦煌縣河渠泉澤簡志(一)　《敦煌研究》1988年第4期　p. 97

高國藩　敦煌民俗學　上海文藝出版社　1989　p. 314

池田溫　中國古代寫本識語集錄　（東京）大藏出版株式會社　1990　p. 437

陶秋英輯錄　姜亮夫校訂　敦煌經卷題名錄　敦煌碎金　浙江古籍出版社　1992　p. 75

陶秋英輯錄　姜亮夫校訂　敦煌所見道教佚經錄　敦煌碎金　浙江古籍出版社　1992　p. 314

林家平　寧強　羅華慶　中國敦煌學史　北京語言學院出版社　1992　p. 18

黃征　吳偉　敦煌願文集　岳麓書社　1995　p. 915

鄭炳林　楊富學　敦煌西域出土回鶻文文獻所載 qunbu 與漢文文獻所見官布研究　《敦煌學輯刊》1997年第2期　p. 22

鄭炳林　晚唐五代敦煌地區種植棉花研究　《中國史研究》1999年第3期　p. 83

金岡照光　敦煌文獻と中國文學　（東京）五曜書房　2000　p. 432

嚴耀中　敦煌文書中的"平等大王"和唐宋間的均平思潮　唐研究（第六卷）　北京大學出版社　2000　p. 19、22

林聰明　敦煌吐魯番文書解詁指例　（臺北）新文豐出版公司　2001　p. 161

馬德　敦煌寫經題記的社會意義　法源(第19期)　中國佛學院　2001　p. 83

謝重光　漢唐佛教社會史論　（臺北）國際文化事業有限公司　2001　p. 254注69

李正宇　唐宋時期的敦煌佛教　敦煌佛教藝術文化國際學術研討會論文集　蘭州大學出版社　2002

p. 374

李正宇 唐宋時期敦煌佛經性質功能的變化 戒幢佛學(第二卷) 岳麓書社 2002 p. 19、23 又見：中日敦煌佛教學術會議論文集 中國社會科學院研究所 2002 p. 16

劉永明 論敦煌佛教信仰中的佛道融合 《敦煌學輯刊》2005年第1期 p. 54

敏春芳 敦煌願文詞語例釋 《敦煌學輯刊》2005年第1期 p. 104

P. 3136

陳祚龍 敦煌古抄內典尾記彙校初、二、三編合刊 敦煌學要籥 (臺北)新文豐出版公司 1982 p. 186

福井文雅 般若心經 敦煌と中國仏教(講座敦煌7) (東京)大東出版社 1984 p. 69

池田温 中國古代寫本識語集錄 (東京)大藏出版株式會社 1990 p. 519、559

邰惠莉 敦煌遺書中的白描畫簡介 《社科縱橫》1994年第4期 p. 49

李際寧 佛母經 藏外佛教文獻(第一輯) 宗教文化出版社 1995 p. 375

方廣錩 般若波羅蜜多心經 敦煌學大辭典 上海辭書出版社 1998 p. 686

林聰明 敦煌吐魯番文書解詁指例 (臺北)新文豐出版公司 2001 p. 156

王蘭平 敦煌寫本ДХ6062歸義軍時期《大般若經》抄寫紙曆及其相關問題考釋 敦煌佛教藝術文化國際學術研討會論文集 蘭州大學出版社 2002 p. 72

P. 3137

姜亮夫 敦煌經卷在中國學術文化上之價值 《說文月刊》1943年第3卷第10期 又見：敦煌學論文集 上海古籍出版社 1987 p. 15；中國敦煌學百年文庫·綜述卷(一) 甘肅文化出版社 1999 p. 90

王重民 敦煌曲子詞集 商務印書館 1950 p. 28

金岡照光 敦煌文學のさまざま 敦煌の文學 (東京)大藏出版株式會社 1971 p. 144

饒宗頤 大英博物館藏S. 5540敦煌大冊之曲子詞 (香港)《新亞學報》1974年第11期 又見：中國敦煌學百年文庫·文學卷(二) 甘肅文化出版社 1999 p. 273

蘇瑩輝 "敦煌曲"評介 《香港中文大學學報》1974年第1期 又見：敦煌論集續編 (臺北)學生書局 1983 p. 305；中國敦煌學百年文庫·藝術卷(一) 甘肅文化出版社 1999 p. 376

潘重規 敦煌詞話 (臺北)石門圖書公司 1981 p. 79、84

陳祚龍 敦煌古抄文獻會最 (臺北)新文豐出版公司 1982 p. 570(圖版)

劉復 敦煌掇瑣 敦煌叢刊初集(十五) (臺北)新文豐出版公司 1985 p. 145、161

任半塘 敦煌歌辭總編 上海古籍出版社 1987 p. 350

汪泛舟 敦煌曲子詞方音習語及其他 《敦煌研究》1987年第4期 p. 58

姜亮夫 海外敦煌卷子經眼錄 敦煌學論文集 上海古籍出版社 1987 p. 46 又見：姜亮夫全集(十三) 雲南人民出版社 2002 p. 39

李正宇 晚唐敦煌本《釋迦因緣劇本》試探 《敦煌研究》1987年第1期 p. 71

柴劍虹 徐俊 敦煌詞輯校四談 《敦煌學輯刊》1988年第1、2期 p. 55 又見：西域文史論稿 (臺北)國文天地雜誌社 1991 p. 501、505

高國藩 敦煌曲子詞中的詠花詞 《鹽城師專學報》1988年第3期 p. 35

高國藩 敦煌民俗學 上海文藝出版社 1989 p. 432

高國藩 敦煌曲子詞欣賞 南京大學出版社 1989 p. 8

金岡照光 曲子詞類 敦煌の文學文獻(講座敦煌9) (東京)大東出版社 1992 p. 401

林家平　寧强　羅華慶　中國敦煌學史　北京語言學院出版社　1992　p. 16

周紹良　敦煌文學芻議及其它　（臺北）新文豐出版公司　1992　p. 34

高國藩　敦煌民俗資料導論　（臺北）新文豐出版公司　1993　p. 132

李正宇　敦煌文學概論　甘肅人民出版社　1993　p. 110

金賢珠　唐五代敦煌民歌　（臺北）文史哲出版社　1994　p. 45、61、18

劉進寶　敦煌學論述　（臺北）洪葉文化事業有限公司　1995　p. 160

饒宗頤　長安詞、山花子及其他　敦煌曲續論　（臺北）新文豐出版公司　1996　p. 28

張涌泉　敦煌俗字研究導論　（臺北）新文豐出版公司　1996　p. 196

張涌泉　《龍龕手鏡》讀法四題　慶祝潘石禪先生九秩華誕敦煌學特刊　（臺北）文津出版社　1996
　　　p. 278　　又見：舊學新知　浙江大學出版社　1999　p. 105

方廣錩　大辨邪正經　敦煌學大辭典　上海辭書出版社　1998　p. 741

潘重規　敦煌《雲謠集》新書　雲謠集研究彙錄　上海古籍出版社　1998　p. 190

孫其芳　南歌子　敦煌學大辭典　上海辭書出版社　1998　p. 534

高國藩　敦煌俗文化學　上海三聯書店　1999　p. 546、570

孫其芳　鳴沙遺音：敦煌詞選評　甘肅人民出版社　2000　p. 163

林聰明　敦煌吐魯番文書解詁指例　（臺北）新文豐出版公司　2001　p. 65

史葦湘　敦煌歷史與莫高窟藝術研究　甘肅教育出版社　2002　p. 649

湯湉　敦煌曲子詞地域文化研究　上海古籍出版社　2004　p. 37、216

湯湉　敦煌曲子詞寫本叙略　敦煌學國際研討會論文集　北京圖書館出版社　2005　p. 202

P. 3138

李正宇　敦煌史地新論　（臺北）新文豐出版公司　1996　p. 79

方廣錩　敦煌佛教經録輯校　江蘇古籍出版社　1997　p. 755

鄭炳林　敦煌碑銘讚輯釋　甘肅教育出版社　1997　p. 355 注 2

李正宇　禪定寺　敦煌學大辭典　上海辭書出版社　1998　p. 631

鄭炳林　晚唐五代敦煌地區《大般若經》的流傳與信仰　麥積山石窟藝術文化論文集（下）　蘭州大
　　　學出版社　2004　p. 116

郭俊葉　敦煌研究院藏絲質經帙標簽及其相關問題　《敦煌研究》2005 年第 6 期　p. 89

P. 3140

唐耕耦　陸宏基　敦煌社會經濟文獻真迹釋録（四）　全國圖書館文獻縮微複製中心　1990　p. 82

鄭炳林　伯 2641 號背莫高窟再修功德記撰寫人探微　《敦煌學輯刊》1991 年第 2 期　p. 48

竺沙雅章　寺院文書　敦煌漢文文獻（講座敦煌 5）　（東京）大東出版社　1992　p. 600

戴仁　敦煌的經折裝寫本　法國學者敦煌學論文選萃　中華書局　1993　p. 581

李正宇　敦煌文學概論　甘肅人民出版社　1993　p. 104

李玉昆　敦煌遺書《泉州千佛新著諸祖師頌》研究　《敦煌學輯刊》1995 年第 1 期　p. 31

姜伯勤　敦煌戒壇與大乘佛教　華學（第二輯）　中山大學出版社　1996　p. 328

姜伯勤　敦煌藝術宗教與禮樂文明　中國社會科學出版社　1996　p. 358

鄭炳林　敦煌碑銘讚輯釋　甘肅教育出版社　1997　p. 518 注 8

李正宇　古本敦煌鄉土志八種箋證　（臺北）新文豐出版公司　1998　p. 306

唐耕耦　戒牒　敦煌學大辭典　上海辭書出版社　1998　p. 641

姜亮夫　敦煌莫高窟年表　姜亮夫全集（十一）　雲南人民出版社　2002　p. 547

李德龍　沙州三界寺《授戒牒》初探　甘肅民族研究論叢　甘肅人民出版社　2002　p. 391、402

施安昌　故宮藏有關韃靼的敦煌酒帳初探　善本碑帖論集　紫禁城出版社　2002　p. 341

P. 3141

王重民　說《十二時》　《申報·文史》1948 年第 22 期　又見：敦煌遺書論文集　中華書局　1984
　　p. 159；中國敦煌學百年文庫·文學卷（一）　甘肅文化出版社　1999　p. 479

川崎ミチコ　修道偈Ⅱ——定格聯章　敦煌仏典と禪（講座敦煌 8）　（東京）大東出版社　1980
　　p. 272

鄭阿財　敦煌孝道文學研究　（臺北）石門圖書公司　1982　p. 532

山田利明　敦煌文書と仙伝類　敦煌と中國道教（講座敦煌 4）　（東京）大東出版社　1983　p. 246

周丕顯　敦煌俗曲分時聯章歌體再議　《敦煌學輯刊》1983 年創刊號　p. 15

周丕顯　敦煌俗曲中的分時聯章體歌辭　關隴文學論叢　甘肅人民出版社　1983　p. 3

姜伯勤　沙州道門親表部落釋證　《敦煌研究》1986 年第 3 期　p. 3

姜亮夫　敦煌所見道教佚經考　敦煌學論文集　上海古籍出版社　1987　p. 316

任半塘　敦煌歌辭總編　上海古籍出版社　1987　p. 1389、1486

龍晦　敦煌佛曲《五更轉兼十二時·維摩托疾》跋　《世界宗教研究》1988 年第 4 期　又見：中國敦
　　煌學百年文庫·文學卷（四）　甘肅文化出版社　1999　p. 325

劉進寶　俚曲小調　敦煌文學　甘肅人民出版社　1989　p. 220

池田溫　中國古代寫本識語集録　（東京）大藏出版株式會社　1990　p. 291

林聰明　敦煌文書學　（臺北）新文豐出版公司　1991　p. 193、357

姜伯勤　敦煌社會文書導論　（臺北）新文豐出版公司　1992　p. 225

林家平　寧强　羅華慶　中國敦煌學史　北京語言學院出版社　1992　p. 626

陶秋英輯録　姜亮夫校訂　敦煌所見道教佚經録　敦煌碎金　浙江古籍出版社　1992　p. 322

周紹良　敦煌文學芻議及其它　（臺北）新文豐出版公司　1992　p. 37

朱越利　道經總論　遼寧教育出版社　1992　p. 258、264

孫其芳　顏廷亮　敦煌文學概論　甘肅人民出版社　1993　p. 445

鄭阿財　敦煌文獻與文學　（臺北）新文豐出版公司　1993　p. 124、135

林聰明　談敦煌文書的抄寫問題　紀念陳寅恪先生百年誕辰學術論文集　江西教育出版社　1994
　　p. 291

胡戟　傅玫　敦煌史話　中華書局　1995　p. 134

王三慶　敦煌書儀載録之節日活動與民俗　全國敦煌學研討會論文集　（臺北）中正大學中國文學
　　系所　1995　p. 25 注 27

姜伯勤　敦煌藝術宗教與禮樂文明　中國社會科學出版社　1996　p. 298

李并成　李春元　瓜沙史地研究　甘肅文化出版社　1996　p. 133

邵文實　敦煌道教試述　《世界宗教研究》1996 年第 2 期　又見：中國敦煌學百年文庫·宗教卷
　　（三）　甘肅文化出版社　1999　p. 336

林仁昱　由唐代淨土讚歌看敦煌聯章俗曲歌謠套用曲調的原則　敦煌文學論集　四川人民出版社
　　1997　p. 160

鄭炳林　敦煌碑銘讚輯釋　甘肅教育出版社　1997　p. 250 注 28

柴劍虹　維摩十二時　敦煌學大辭典　上海辭書出版社　1998　p. 538

姜伯勤　道釋相激：道教在敦煌　道家文化研究（第十三輯）　三聯書店　1998　p. 59

馬德　敦煌文書《道家雜齋文範集》及有關問題述略　道家文化研究（第十三輯）　三聯書店　1998

p. 247

孫繼民　開元六年馬處幽等寫無上秘要經記　敦煌學大辭典　上海辭書出版社　1998　p. 456

王卡　無上秘要　敦煌學大辭典　上海辭書出版社　1998　p. 766

顏廷亮　敦煌文化中的道教及文化　《敦煌研究》1999 年第 1 期　p. 138

顏廷亮　關於敦煌文學發展的歷史進程　《甘肅社會科學》1999 年第 4 期　p. 45

周維平　從敦煌遺書看敦煌道教　《西北民族研究》1999 年第 2 期　p. 128

金岡照光　敦煌文獻と中國文學　（東京）五曜書房　2000　p. 432、517

顏廷亮　敦煌文化　光明日報出版社　2000　p. 238、316

林聰明　敦煌吐魯番文書解詁指例　（臺北）新文豐出版公司　2001　p. 43

林仁昱　論敦煌佛教歌曲特質與“弘法”的關係　敦煌學（第 23 輯）　（臺北）樂學書局有限公司
　　2002　p. 76

何劍平　敦煌維摩詰文學中的金粟如來　2000 年敦煌學國際學術討論會文集·歷史文化卷（下）
　　甘肅民族出版社　2003　p. 510

王小盾　從敦煌本共住修道故事看唐代佛教詩歌文體的來源　中國俗文化研究（第一輯）　巴蜀書
　　社　2003　p. 28

王卡　敦煌道教文獻研究　中國社會科學出版社　2004　p. 224

王卡　中國國家圖書館藏敦煌道教遺書研究報告　敦煌吐魯番研究（第七卷）　北京大學出版社
　　2004　p. 374

何劍平　作爲民間寫經和禮懺儀式的維摩詰信仰　《敦煌學輯刊》2005 年第 4 期　p. 60

P. 3142

陳祚龍　新集中世敦煌三寶感通錄　敦煌學海探珠（下冊）　（臺北）商務印書館　1979　p. 337

程毅中　唐代小說史話　文化藝術出版社　1990　p. 77

張先堂　敦煌文學概論　甘肅人民出版社　1993　p. 338

王書慶　敦煌佛學·佛事篇　甘肅民族出版社　1995　p. 291

張涌泉　敦煌俗字研究導論　（臺北）新文豐出版公司　1996　p. 61

顏廷亮　西陲文學遺珍:敦煌文學通俗談　甘肅人民出版社　2000　p. 76

姜亮夫　敦煌莫高窟年表　姜亮夫全集（十一）　雲南人民出版社　2002　p. 346

張鴻勳　敦煌俗文學研究　甘肅人民出版社　2002　p. 352

李小榮　敦煌密教文獻論稿　人民文學出版社　2003　p. 163

P. 3143

芳村修基　土橋秀高　井ノ口泰淳　敦煌佛教史年表　西域文化研究（第一）·敦煌佛教資料
　　（京都）法藏館　1958　p. 280

陳祚龍　校訂宋初沙州戒牒三式　敦煌學海探珠（下冊）　（臺北）商務印書館　1979　p. 379

陳祚龍　中世敦煌婦女出家、入道、受戒、弘法之一斑　敦煌簡策訂存　（臺北）商務印書館　1983
　　p. 40

池田溫　中國古代寫本識語集錄　（東京）大藏出版株式會社　1990　p. 389

唐耕耦　陸宏基　敦煌社會經濟文獻真迹釋錄（四）　全國圖書館文獻縮微複製中心　1990　p. 79

鄭炳林　伯 2641 號背莫高窟再修功德記撰寫人探微　《敦煌學輯刊》1991 年第 2 期　p. 47

竺沙雅章　寺院文書　敦煌漢文文獻（講座敦煌 5）　（東京）大東出版社　1992　p. 600

王書慶　敦煌佛學·佛事篇　甘肅民族出版社　1995　p. 249

王書慶　敦煌文獻中五代宋初戒牒研究　《敦煌研究》1997 年第 3 期　p. 35

鄭炳林　敦煌碑銘讚輯釋　甘肅教育出版社　1997　p. 518 注 8

郝春文　唐後期五代宋初敦煌僧尼的社會生活　中國社會科學出版社　1998　p. 35

唐耕耦　戒牒　敦煌學大辭典　上海辭書出版社　1998　p. 641

姜亮夫　敦煌莫高窟年表　姜亮夫全集(十一)　雲南人民出版社　2002　p. 546

李德龍　沙州三界寺《授戒牒》初探　甘肅民族研究論叢　甘肅人民出版社　2002　p. 402

徐曉卉　敦煌歸義軍時期的道場司探析　《敦煌研究》2002 年第 2 期　p. 26

P. 3144

三木榮　西域出土醫藥關係文獻綜合解說目錄　『東洋學報』(47 卷 1 號)　(東京)東洋學術協會
　　1964　p. 6

陳祚龍　關於道家"本際經"及其"要略妙義"與"疏"的敦煌古抄　敦煌文物隨筆　(臺北)商務印書
　　館　1979　p. 216

石井昌子　靈寶經類　敦煌と中國道教(講座敦煌 4)　(東京)大東出版社　1983　p. 161

馬繼興　敦煌古醫籍考釋　江西科學技術出版社　1988　p. 237

丛春雨　敦煌中醫藥全書　中醫古籍出版社　1994　p. 30、511

馬繼興　敦煌醫藥文獻輯校　江蘇古籍出版社　1998　p. 319

王淑民　不知名醫方第七種　敦煌學大辭典　上海辭書出版社　1998　p. 619

山田俊　唐初道教思想史研究・資料篇　(京都)平樂寺書店　1999　p. 131、165

王淑民　敦煌石窟秘藏醫方　北京醫科大學中國協和醫科大學聯合出版社　1999　p. 53、62、145

丛春雨　敦煌中醫藥精萃發微　中醫古籍出版社　2000　p. 225

馬繼興　當前世界各地收藏的中國出土卷子本古醫藥文獻備考　敦煌吐魯番研究(第六卷)　北京
　　大學出版社　2002　p. 150

王卡　敦煌道教文獻研究　中國社會科學出版社　2004　p. 208

王卡　中國國家圖書館藏敦煌道教遺書研究報告　敦煌吐魯番研究(第七卷)　北京大學出版社
　　2004　p. 371

陳明　備急單驗:敦煌醫藥文獻中的單藥方　敦煌學國際研討會論文集　北京圖書館出版社　2005
　　p. 239

陳明　殊方異藥:出土文書與西域醫學　北京大學出版社　2005　p. 81、151

P. 3145

那波利貞　佛教信仰に基きて組織せられたる中晚唐五代時代の社邑に就きて(下)　『史林』(24
　　卷 4 號)　京都大學文學部大學研究會　1939　p. 82　又見:唐代社會文化史研究・第六編
　　(東京)創文社　1974　p. 638、647、654

傅芸子　俗講新考　《新思潮月刊》1945 年第 1 卷第 2 期　又見:敦煌變文論文録　上海古籍出版社
　　1982　p. 150

竺沙雅章　敦煌出土「社」文書の研究　『東方學報』(第 35 號)　京都大學人文科學研究所　1964
　　p. 217

那波利貞　唐代の社邑に就きて(1938 年)　唐代社會文化史研究・第五編　(東京)創文社　1974
　　p. 483、517、556

長澤和俊　敦煌の庶民生活　敦煌の社會(講座敦煌 3)　(東京)大東出版社　1980　p. 474

傅芸子　敦煌俗文學之發見及其展開　敦煌變文論文録　上海古籍出版社　1982　p. 143

郭鋒　敦煌的"社"及其活動　《敦煌學輯刊》1983 年創刊號　p. 82

劉復　敦煌掇瑣　敦煌叢刊初集(十五)　(臺北)新文豐出版公司　1985　p. 355、435

唐耕耦　陸宏基　敦煌社會經濟文獻真迹釋録(一)　書目文獻出版社　1986　p. 337

謝和耐著　耿昇譯　中國 5—10 世紀的寺院經濟　甘肅人民出版社　1987　p. 319、324 注 3

郝春文　敦煌遺書中的"春秋座局席"考　《北京師範學院學報》1989 年第 4 期　p. 32

山本達郎等　敦煌·III 轉貼　『NUN－HUANG AND TURFAN DOCUMENTS CONCERNING SOCIAL AND ECONOMIC HISTORY』(IV)　(東京)東洋文庫　1989　p. 47

山本達郎等　敦煌·V 計會文書　『NUN－HUANG AND TURFAN DOCUMENTS CONCERNING SO-CIAL AND ECONOMIC HISTORY』(IV)　(東京)東洋文庫　1989　p. 127

鄭阿財　敦煌蒙書析論　第二屆敦煌學國際研討會論文集　(臺北)漢學研究中心　1990　p. 220

郭鋒　吐魯番文書《唐衆阿婆作齋社約》與唐代西州的民間結社活動　《西域研究》1991 年第 3 期　p. 76

姜伯勤　敦煌社會文書導論　(臺北)新文豐出版公司　1992　p. 242

林家平　寧强　羅華慶　中國敦煌學史　北京語言學院出版社　1992　p. 18

高國藩　敦煌民俗資料導論　(臺北)新文豐出版公司　1993　p. 3、12、42

郝春文　敦煌寫本社邑文書年代彙考(二)　《首都師範大學學報》1993 年第 5 期　p. 79

前田正名　河西歷史地理學研究　中國藏學出版社　1993　p. 250

鄭阿財　敦煌文獻與文學　(臺北)新文豐出版公司　1993　p. 251

石田勇作　敦煌「社文書」研究序說　中國古代の國家と民衆(堀敏一先生古稀記念)　(東京)汲古書院　1995　p. 684

張涌泉　敦煌俗字研究導論　(臺北)新文豐出版公司　1996　p. 152

寧可　郝春文　敦煌社邑文書輯校　江蘇古籍出版社　1997　p. 194

王利器　"上大人"備考　曉傳書齋集　華東師範大學出版社　1997　p. 499

鄭炳林　敦煌碑銘讚輯釋　甘肅教育出版社　1997　p. 426 注 2

李鼎霞　"上大夫"習字本　敦煌學大辭典　上海辭書出版社　1998　p. 782

李正宇　醜賤名　敦煌學大辭典　上海辭書出版社　1998　p. 451

寧可　座社　敦煌學大辭典　上海辭書出版社　1998　p. 431

楊寶玉　百家姓　敦煌學大辭典　上海辭書出版社　1998　p. 782

湛如　敦煌結夏安居考察　法源(第 16 期)　中國佛學院　1998　p. 81　又見:佛學研究(第七期)　中國佛教文化研究所　1998　p. 336

張鴻勳　講座　敦煌學大辭典　上海辭書出版社　1998　p. 525

楊秀清　淺談唐、宋時期敦煌地區的學生生活　《敦煌研究》1999 年第 4 期　p. 143

高啓安　崇高與卑賤:敦煌的佛教信仰賤名再探　'98 法門寺唐文化國際學術討論會論文集　陝西人民出版社　2000　p. 253

楊秀清　華戎交會的都市:敦煌與絲綢之路　甘肅人民出版社　2000　p. 105

郭鋒　吐魯番出土衆阿婆社約與唐代西州的民間結社活動　唐史與敦煌文獻論稿　中國社會科學出版社　2002　p. 233

劉永明　散見敦煌曆朔閏輯考　《敦煌研究》2002 年第 6 期　p. 18

鄭阿財　朱鳳玉　敦煌蒙書研究　甘肅教育出版社　2002　p. 140

湛如　敦煌佛教律儀制度研究　中華書局　2003　p. 240

鄭阿財　敦煌蒙書研究的回顧與前瞻　敦煌吐魯番研究(第七卷)　北京大學出版社　2004　p. 257

金瀅坤　敦煌社會經濟文書定年拾遺　《首都師範大學學報》2006 年第 1 期　p. 13

P. 3146

唐耕耦　陸宏基　敦煌社會經濟文獻真迹釋錄(二、四)　全國圖書館文獻縮微複製中心　1990
　　p. 200 ; 518

池田温　契　敦煌漢文文獻(講座敦煌5)　(東京)大東出版社　1992　p. 666　又見:敦煌文書の世
　　界　(東京)名著刊行會　2003　p. 196

姜伯勤　敦煌社會文書導論　(臺北)新文豐出版公司　1992　p. 139

姜伯勤　敦煌吐魯番文書與絲綢之路　文物出版社　1994　p. 197

鄭炳林　唐五代敦煌粟特人與歸義軍政權　《敦煌研究》1996年第4期　p. 93　又見:敦煌歸義軍史
　　專題研究　蘭州大學出版社　1997　p. 426

高啓安　唐宋時期敦煌人名探析　《敦煌研究》1997年第4期　p. 125

馮培紅　晚唐五代宋初歸義軍武職軍將研究　敦煌歸義軍史專題研究　蘭州大學出版社　1997
　　p. 145

沙知　敦煌契約文書輯校　江蘇古籍出版社　1998　p. 428

馮培紅　敦煌文獻中的職官史料與唐五代藩鎮官制研究　《敦煌研究》2001年第3期　p. 110

山本達郎等　補(III)契・敦煌發現契　『NUN – HUANG AND TURFAN DOCUMENTS CONCERNING
　　SOCIAL AND ECONOMIC HISTORY』(Sup. p. lemrnts)　(東京)東洋文庫　2001　p. 64

洪藝芳　敦煌社會經濟文書中的唐五代新興量詞研究　敦煌學(第24輯)　(臺北)樂學書局有限公
　　司　2003　p. 92

王啓濤　中古及近代法制文書語言研究　巴蜀書社　2003　p. 177

陳麗萍　敦煌文書所見唐五代婚變現象初探(一)　《敦煌學輯刊》2005年第2期　p. 167

趙曉星　寇甲　西魏:歸義軍時期敦煌地區的史姓　《敦煌學輯刊》2005年第2期　p. 138

金瀅坤　敦煌社會經濟文書定年拾遺　《首都師範大學學報》2006年第1期　p. 13

金瀅坤　敦煌社會經濟文獻綴合拾遺　文史(第七十五輯)　中華書局　2006　p. 87

鄭炳林　晚唐五代河西地區的居民結構研究　《蘭州大學學報》2006年第2期　p. 13

P. 3147

那波利貞　唐寫本雜抄考——唐代庶民教育史研究の一資料　唐代社會文化史研究・第二編　(東
　　京)創文社　1974　p. 254

雷僑雲　敦煌兒童文學　(臺北)學生書局　1985　p. 44

高國藩　敦煌民俗學　上海文藝出版社　1989　p. 109

鄭阿財　敦煌蒙書析論　第二屆敦煌學國際研討會論文集　(臺北)漢學研究中心　1990　p. 217

鄭阿財　敦煌文獻與文學　(臺北)新文豐出版公司　1993　p. 246

沃興華　敦煌書法藝術　上海人民出版社　1994　p. 249

汪泛舟　《開蒙要訓》初探　《敦煌研究》1999年第2期　p. 139

汪泛舟　敦煌古代兒童課本　甘肅人民出版社　2000　p. 53

鄭阿財　朱鳳玉　敦煌蒙書研究　甘肅教育出版社　2002　p. 55

張總　地藏信仰研究　宗教文化出版社　2003　p. 365

P. 3148

石井昌子　靈寶經類　敦煌と中國道教(講座敦煌4)　(東京)大東出版社　1983　p. 150

朱鳳玉　敦煌寫本《碎金》系字書初探　第二屆敦煌學國際研討會論文集　(臺北)漢學研究中心
　　1990　p. 507

林家平　寧强　羅華慶　中國敦煌學史　北京語言學院出版社　1992　p. 603
朱越利　道經總論　遼寧教育出版社　1992　p. 272
姜伯勤　敦煌藝術宗教與禮樂文明　中國社會科學出版社　1996　p. 291
姜伯勤　道釋相激:道教在敦煌　道家文化研究(第十三輯)　三聯書店　1998　p. 51
王卡　太上洞玄靈寶金籙簡文三元威儀自然真經　敦煌學大辭典　上海辭書出版社　1998　p. 768
雷紹鋒　歸義軍賦役制度初探　(臺北)洪葉文化事業有限公司　2000　p. 116
榮新江　驚沙撼大漠:向達的敦煌考察及其學術意義　國際敦煌學學術史研討會論文集　研討會籌
　　備組　2002　p. 74　又見:敦煌吐魯番研究(第七卷)　北京大學出版社　2004　p. 112
沙武田　趙曉星　歸義軍時期敦煌文獻中的太子　《敦煌研究》2003年第4期　p. 45
王卡　敦煌道教文獻研究　中國社會科學出版社　2004　p. 40、110
王卡　中國國家圖書館藏敦煌道教遺書研究報告　敦煌吐魯番研究(第七卷)　北京大學出版社
　　2004　p. 352
吳羽　敦煌道經及齋文所見道教事師之禮　《敦煌研究》2005年第1期　p. 26

P. 3149
譚蟬雪　敦煌歲時掇瑣　《敦煌研究》1990年第1期　p. 46　又見:(香港)《九州學刊》(敦煌學專
　　輯)1993年第5卷第4期　p. 84
高國藩　敦煌民俗資料導論　(臺北)新文豐出版公司　1993　p. 171
汪泛舟　敦煌文學概論　甘肅人民出版社　1993　p. 565
黃征　吳偉　敦煌願文集　岳麓書社　1995　p. 375、463、603
王書慶　敦煌佛學·佛事篇　甘肅民族出版社　1995　p. 16、55
黃征　敦煌願文考論　敦煌語文叢說　(臺北)新文豐出版公司　1997　p. 591
譚蟬雪　敦煌歲時文化導論　(臺北)新文豐出版公司　1998　p. 12
譚蟬雪　四門結壇　敦煌學大辭典　上海辭書出版社　1998　p. 433
譚蟬雪　唐宋敦煌歲時佛俗:正月　《敦煌研究》2000年第4期　p. 66
曾良　敦煌文獻字義通釋　廈門大學出版社　2001　p. 199
徐曉麗　回鶻天公主與敦煌佛教　敦煌佛教藝術文化國際學術研討會論文集　蘭州大學出版社
　　2002　p. 418
李小榮　敦煌密教文獻論稿　人民文學出版社　2003　p. 267
楊秀清　唐宋敦煌地區的世俗佛教信仰　新世紀敦煌學論集　巴蜀書社　2003　p. 708
曾良　敦煌文獻字義劄記　2000年敦煌學國際學術討論會文集·歷史文化卷(下)　甘肅民族出版
　　社　2003　p. 469
趙紅　高啓安　唐五代時期敦煌僧人飲食概述　麥積山石窟藝術文化論文集(下)　蘭州大學出版
　　社　2004　p. 296

P. 3150
仁井田陞　スタイン探險隊敦煌發見法律史料數種　『國家學會雜誌』(50卷6號)　(東京)國家學
　　會　1936　p. 102
羅福頤　敦煌石室文物對於學術上的貢獻　《歷史教學》1951年第5期　又見:中國敦煌學百年文
　　庫·考古卷(四)　甘肅文化出版社　1999　p. 12
仁井田陞　唐末五代の敦煌寺院佃戶關係文書　西域文化研究(第二)·敦煌吐魯番社會經濟資料
　　(上)　(京都)法藏館　1959　p. 72、83

那波利貞　梁戶考　唐代社會文化史研究·第三編　（東京）創文社　1974　p. 363

堀敏一　敦煌社會の変質——中國社會全般の発展とも関連して　敦煌の社會（講座敦煌 3）　（東京）大東出版社　1980　p. 178

陳國燦　唐代的民間借貸：吐魯番敦煌等地所出唐代借貸契券初探　敦煌吐魯番文書初探　武漢大學出版社　1983　p. 48

陳祚龍　晚唐至宋初敦煌通行典賣"奴婢"之一斑　敦煌簡策訂存　（臺北）商務印書館　1983　p. 97

吳其昱　有關唐代和十世紀奴婢的敦煌卷子　《敦煌學輯刊》1984 年第 2 期　p. 142

劉復　敦煌掇瑣　敦煌叢刊初集（十五）　（臺北）新文豐出版公司　1985　p. 251

仁井田陞著　姜鎮慶譯　唐末五代的敦煌寺院佃戶關係文書　敦煌學譯文集　甘肅人民出版社　1985　p. 821、849

楚古耶夫斯基著　桑林摘譯　八—十世紀的敦煌　國外中國學研究譯叢（1）　青海人民出版社　1986　p. 585

唐耕耦　唐五代時期的高利貸：敦煌吐魯番出土借貸文書初探　《敦煌學輯刊》1986 年第 1 期　p. 150

姜亮夫　敦煌經卷壁畫中所見寺觀録　敦煌學論文集　上海古籍出版社　1987　p. 1082

姜亮夫　敦煌經卷題名録　敦煌學論文集　上海古籍出版社　1987　p. 1055

王永興　隋唐五代經濟史料彙編校注·第一編（上）　中華書局　1987　p. 203

謝和耐著　耿昇譯　中國 5—10 世紀的寺院經濟　甘肅人民出版社　1987　p. 167 注 1　又見：上海古籍出版社　2004　p. 136 注 2、320 注 1

高國藩　敦煌民俗學　上海文藝出版社　1989　p. 45、74

唐耕耦　8 至 10 世紀敦煌的物價　紀念陳寅恪教授國際學術討論會文集　中山大學出版社　1989　p. 532

王公望　契約　敦煌文學　甘肅人民出版社　1989　p. 56

郝春文　唐後期五代宋初沙州僧尼的特點　敦煌吐魯番學研究論文集　漢語大詞典出版社　1990　p. 825

李天石　敦煌吐魯番文書中的奴婢資料及其價值　《敦煌學輯刊》1990 年第 1 期　p. 2、8

唐耕耦　陸宏基　敦煌社會經濟文獻真迹釋録（二）　全國圖書館文獻縮微複製中心　1990　p. 51

張涌泉　《王梵志詩校注》獻疑　《敦煌研究》1990 年第 2 期　p. 79

仁井田陞　補訂中國法制史研究：土地法·交易法　東京大學出版會　1991　p. 725

姜伯勤　敦煌社會文書導論　（臺北）新文豐出版公司　1992　p. 157

林家平　寧强　羅華慶　中國敦煌學史　北京語言學院出版社　1992　p. 17

陶秋英輯録　姜亮夫校訂　敦煌經卷所見寺名録　敦煌碎金　浙江古籍出版社　1992　p. 127

陶秋英輯録　姜亮夫校訂　敦煌經卷題名録　敦煌碎金　浙江古籍出版社　1992　p. 64

謝和耐　敦煌賣契與專賣制度　法國學者敦煌學論文選萃　中華書局　1993　p. 12、66 注 59

蔣禮鴻　敦煌文獻語言詞典　杭州大學出版社　1994　p. 407

張傳璽　中國歷代契約會編考釋（上）　北京大學出版社　1995　p. 271 注 1

方廣錩　敦煌佛教經録輯校　江蘇古籍出版社　1997　p. 380

唐耕耦　敦煌寺院會計文書研究　（臺北）新文豐出版公司　1997　p. 420

鄭阿財　《龍興寺毗沙門天王靈驗記》與敦煌地區的毗沙門信仰　周紹良先生欣開九秩慶壽文集　中華書局　1997　p. 253

鄭炳林　唐五代敦煌的粟特人與佛教　敦煌歸義軍史專題研究　蘭州大學出版社　1997　p. 449

方廣錩　大般涅槃經帙卷品及首尾經文録　敦煌學大辭典　上海辭書出版社　1998　p. 749

郝春文　唐後期五代宋初敦煌僧尼的社會生活　中國社會科學出版社　1998　p. 76

李天石　敦煌所出賣身、典身契約年代考　《敦煌學輯刊》1998 年第 1 期　p. 25

沙知　典身契　敦煌學大辭典　上海辭書出版社　1998　p. 389

沙知　敦煌契約文書輯校　江蘇古籍出版社　1998　p. 351

陳國燦　唐代的經濟社會　（臺北）文津出版社　1999　p. 197

高啓安　崇高與卑賤:敦煌的佛教信仰賤名再探　'98 法門寺唐文化國際學術討論會論文集　陝西
人民出版社　2000　p. 250

丘古耶夫斯基　敦煌漢文文書　上海古籍出版社　2000　p. 18

曾良　敦煌文獻字義通釋　廈門大學出版社　2001　p. 48

楊惠玲　敦煌契約文書中的保人、見人、口承人、同便人、同取人　《敦煌研究》2002 年第 6 期　p. 43

童丕　敦煌的借貸:中國中古時代的物質生活與社會　中華書局　2003　p. 50、67、81

王啓濤　中古及近代法制文書語言研究　巴蜀書社　2003　p. 164、191、239、290

李天石　中國中古良賤身份制度研究　南京師範大學出版社　2004　p. 23、415

鄭顯文　唐代律令制研究　北京大學出版社　2004　p. 215

P. 3151

張廣達　唐末五代宋初西北地區的般次和使次　季羨林教授八十華誕紀念論文集（下）　江西人民
出版社　1991　p. 970

張廣達　西域史地叢稿初編　上海古籍出版社　1995　p. 336

趙和平　敦煌表狀箋啓書儀輯校　江蘇古籍出版社　1997　p. 296

鄭炳林　敦煌碑銘讚輯釋　甘肅教育出版社　1997　p. 348 注 7

李正宇　敦煌遺書標點符號　敦煌學大辭典　上海辭書出版社　1998　p. 519

趙和平　沙州書狀稿　敦煌學大辭典　上海辭書出版社　1998　p. 424

吳麗娛　唐禮摭遺:中古書儀研究　商務印書館　2002　p. 141、175

吳麗娛　再析 P. 2945 書儀的年代與曹氏歸義軍通使中原　《敦煌研究》2002 年第 3 期　p. 79

P. 3152

芳村修基　土橋秀高　井ノ口泰淳　敦煌佛教史年表　西域文化研究（第一）·敦煌佛教資料
（京都）法藏館　1958　p. 282

謝和耐著　耿昇譯　中國 5—10 世紀的寺院經濟　甘肅人民出版社　1987　p. 253　又見:上海古籍
出版社　2004　p. 209

唐耕耦　陸宏基　敦煌社會經濟文獻真迹釋録（四）　全國圖書館文獻縮微複製中心　1990　p. 183

王惠民　古代印度賓頭盧信仰的産生及其東傳　《敦煌學輯刊》1995 年第 1 期　p. 77

郝春文　關於唐後期五代宋初沙州僧俗的施捨問題　唐研究（第三卷）　北京大學出版社　1997
p. 30

鄭炳林　敦煌碑銘讚輯釋　甘肅教育出版社　1997　p. 383 注 3

鄭炳林　唐五代敦煌的粟特人與佛教　敦煌歸義軍史專題研究　蘭州大學出版社　1997　p. 449

鄭炳林　馮培紅　晚唐五代宋初歸義軍政權中都頭一職考辨　敦煌歸義軍史專題研究　蘭州大學出
版社　1997　p. 74

郝春文　唐後期五代宋初敦煌僧尼的社會生活　中國社會科學出版社　1998　p. 255

姜亮夫　敦煌莫高窟年表　姜亮夫全集（十一）　雲南人民出版社　2002　p. 586

王蘭平　敦煌寫本 ДХ6062 歸義軍時期《大般若經》抄寫紙曆及其相關問題考釋　敦煌佛教藝術文化
　　國際學術研討會論文集　蘭州大學出版社　2002　p. 74

湛如　敦煌佛教喪葬律儀研究　中日敦煌佛教學術會議論文集　中國社會科學院研究所　2002
　　p. 91

湛如　敦煌佛教律儀制度研究　中華書局　2003　p. 367

黨燕妮　晚唐五代敦煌的十王信仰　麥積山石窟藝術文化論文集（下）　蘭州大學出版社　2004
　　p. 159

金瀅坤　敦煌社會經濟文書定年拾遺　《首都師範大學學報》2006 年第 1 期　p. 10

P. 3153

陳炳應　敦煌所出宋開寶八年《鄭醜撻賣地舍契》定誤考釋　《西北史地》1983 年第 4 期　p. 85

李正宇　敦煌方音止遇二攝混同及其校勘學意義　《敦煌研究》1986 年第 4 期　p. 48

楊際平　麴氏高昌與唐代西州、沙州租佃制研究　敦煌吐魯番出土經濟文書研究　廈門大學出版社
　　1986　p. 253

高國藩　敦煌民俗學簡論　1983 年全國敦煌學術討論會文集・文史遺書編（下）　甘肅人民出版社
　　1987　p. 419

李正宇　關於金山國和敦煌國建國的幾個問題　《西北史地》1987 年第 2 期　p. 64

王仲犖　《沙州都督府圖經》殘卷考釋　敦煌石室地志殘卷考釋　上海古籍出版社　1993　p. 115

鄭阿財　敦煌文獻與文學　（臺北）新文豐出版公司　1993　p. 254

胡戟　傅玫　敦煌史話　中華書局　1995　p. 163

黃永年　唐代史事考釋　（臺北）聯經出版公司　1998　p. 455

高國藩　敦煌俗文化學　上海三聯書店　1999　p. 191

丘古耶夫斯基　敦煌漢文文書　上海古籍出版社　2000　p. 236

姜亮夫　敦煌莫高窟年表　姜亮夫全集（十一）　雲南人民出版社　2002　p. 455

P. 3155

那波利貞　佛教信仰に基きて組織せられたる中晚唐五代時代の社邑に就きて（上）　『史林』（24
　　卷 3 號）　京都大學文學部史學研究會　1939　p. 51　又見:唐代社會文化史研究・第六編
　　（東京）創文社　1974　p. 619

周一良　敦煌寫本雜抄考　《燕京學報》1948 年第 35 卷　又見:中國敦煌學百年文庫・文獻卷（一）
　　甘肅文化出版社　1999　p. 279

芳村修基　土橋秀高　井ノ口泰淳　敦煌佛教史年表　西域文化研究（第一）・敦煌佛教資料
　　（京都）法藏館　1958　p. 273

那波利貞　千佛岩莫高窟と敦煌文書　西域文化研究（第二）・敦煌吐魯番社會經濟資料（上）　（京
　　都）法藏館　1959　p. 36

仁井田陞　唐末五代の敦煌寺院佃戶關係文書　西域文化研究（第二）・敦煌吐魯番社會經濟資料
　　（上）　（京都）法藏館　1959　p. 90

仁井田陞　吐魯番出土の唐代取引法關係文書　西域文化研究（第三）・敦煌吐魯番社會經濟資料
　　（下）　（京都）法藏館　1960　p. 198

藤枝晃　敦煌の僧尼籍　『東方學報』（第 35 號）　京都大學人文科學研究所　1964　p. 321

池田溫　中國古代の租佃契（上）　『東洋文化研究所紀要』（第 60 冊）　東京大學東洋文化研究所
　　1973　p. 31

堀敏一　敦煌社會の変質——中國社會全般の発展とも関連して　敦煌の社會（講座敦煌3）（東京）大東出版社　1980　p. 175

姜伯勤　敦煌寺院碾磑經營的兩種形式　歷史論叢（第三輯）　齊魯書社　1983　p. 182　又見：五十年來漢唐佛教寺院經濟研究　北京師範大學出版社　1986　p. 229

姜伯勤　上海藏本敦煌所出河西支度營田使文書研究　敦煌吐魯番文獻研究論集（第二輯）　北京大學出版社　1983　p. 343

冷鵬飛　唐末沙州歸義軍時期有關百姓受田和賦稅的幾個問題　《敦煌學輯刊》1984 年第 1 期　p. 34

仁井田陞著　姜鎮慶譯　唐末五代的敦煌寺院佃戶關係文書　敦煌學譯文集　甘肅人民出版社　1985　p. 869　注 25

謝和耐著　耿昇譯　敦煌寫本中的一項緩稅請狀　敦煌譯叢（第一輯）　甘肅人民出版社　1985　p. 173

耿昇　八十年代的法國敦煌學論著簡介　《敦煌研究》1986 年第 3 期　p. 79

盧向前　關於歸義軍時期一份布紙破用曆的研究：試釋伯四六四〇背面文書　敦煌吐魯番文獻研究論集（第三輯）　北京大學出版社　1986　p. 419　注 77　又見：敦煌吐魯番文書論稿　江西人民出版社　1992　p. 126　注 77

朱鳳玉　王梵志詩研究（下）　（臺北）學生書局　1986　p. 110

任半塘　敦煌歌辭總編　上海古籍出版社　1987　p. 499、535

謝和耐著　耿昇譯　中國5—10世紀的寺院經濟　甘肅人民出版社　1987　p. 231　注 3　又見：上海古籍出版社　2004　p. 322　注 1、363、373

謝重光　魏晉隋唐佛教特權的盛衰　《魏晉南北朝隋唐史》1988 年第 3 期　p. 15　注 6

李正宇　唐宋時代敦煌縣河渠泉澤簡志（二）　《敦煌研究》1989 年第 1 期　p. 54

郝春文　敦煌的渠人與渠社　《北京師範學院學報》1990 年第 1 期　p. 91

唐耕耦　陸宏基　敦煌社會經濟文獻真迹釋錄（二）　全國圖書館文獻縮微複製中心　1990　p. 26、293

鄭阿財　敦煌寫本《孔子備問書》　敦煌學國際學術討論會論文縮寫文（1990）　敦煌研究院　1990　p. 82

堀敏一著　林世田譯　唐代後期敦煌社會經濟之變化　《敦煌學輯刊》1991 年第 1 期　p. 98

仁井田陞　補訂中國法制史研究：法と慣習・法と道德　東京大學出版會　1991　p. 644

仁井田陞　補訂中國法制史研究：奴隸農奴法・家族村落法　東京大學出版會　1991　p. 90

仁井田陞　補訂中國法制史研究：土地法・交易法　東京大學出版會　1991　p. 719、733、756、784

鄭阿財　敦煌寫本《孔子備問書》初探　敦煌學（第 17 輯）　（臺北）新文豐出版公司　1991　p. 116

池田溫　中國古代の租佃契　『東洋文化研究所紀要』（第 117 冊）　東京大學東洋文化研究所　1992　p. 74

王三慶著　池田溫譯　類書　敦煌漢文文獻（講座敦煌5）　（東京）大東出版社　1992　p. 388

趙豐　唐代絲綢與絲綢之路　三秦出版社　1992　p. 202　注 3

王震亞　趙瑩　敦煌殘卷爭訟文牒集釋　甘肅人民出版社　1993　p. 23

謝和耐　敦煌賣契與專賣制度　法國學者敦煌學論文選萃　中華書局　1993　p. 58、67　注 64、70　注 85

鄭阿財　敦煌文獻與文學　（臺北）新文豐出版公司　1993　p. 335

王永興　敦煌經濟文書導論　（臺北）新文豐出版公司　1994　p. 408

鄭炳林　馮培紅　讀《中國古代寫本識語集録》劄記　《西北史地》1994 年第 4 期　p. 46

劉惠琴　從敦煌文書中看沙州紡織業　《敦煌學輯刊》1995 年第 2 期　p. 51

張傳璽　中國歷代契約會編考釋(上)　北京大學出版社　1995　p. 328 注 1

朱鳳玉　從傳統語文教育論敦煌本《雜抄》　全國敦煌學研討會論文集　（臺北）中正大學中國文學
　　系所　1995　p. 208

柴劍虹　俄藏敦煌詩詞寫卷經眼録(一)　敦煌吐魯番研究(第一卷)　北京大學出版社　1996
　　p. 108　又見:敦煌吐魯番學論稿　浙江教育出版社　2000　p. 225

船越泰次　唐代兩稅法研究　（東京）汲古書院　1996　p. 167

李正宇　敦煌史地新論　（臺北）新文豐出版公司　1996　p. 121

劉進寶　從敦煌文書談晚唐五代的“地子”　《歷史研究》1996 年第 3 期　p. 173

饒宗頤　敦煌曲訂補　敦煌曲續論　（臺北）新文豐出版公司　1996　p. 42

周一良著　錢文忠譯　唐代密宗　上海遠東出版社　1996　p. 221

馮培紅　唐五代敦煌的河渠水利與水司管理機構初探　《敦煌學輯刊》1997 年第 2 期　p. 81

馮培紅　晚唐五代宋初歸義軍武職軍將研究　敦煌歸義軍史專題研究　蘭州大學出版社　1997
　　p. 119

雷紹鋒　唐末宋初歸義軍時期之“地子”、“地稅”淺論　魏晉南北朝隋唐史資料(第 15 輯)　武漢大
　　學出版社　1997　p. 133

李正宇　敦煌歷史地理導論　（臺北）新文豐出版公司　1997　p. 252

劉進寶　晚唐五代“地子”考釋　唐代的歷史與社會　武漢大學出版社　1997　p. 295

孫曉林　敦煌遺書所見唐宋間令狐氏在敦煌的分佈　唐代的歷史與社會　武漢大學出版社　1997
　　p. 537

鄭炳林　敦煌碑銘讚輯釋　甘肅教育出版社　1997　p. 454 注 9

陳國燦　神州鄉令狐賢威請免賦役狀　敦煌學大辭典　上海辭書出版社　1998　p. 372

程喜霖　公驗　敦煌學大辭典　上海辭書出版社　1998　p. 387

郝春文　唐後期五代宋初敦煌僧尼的社會生活　中國社會科學出版社　1998　p. 102

郝春文　唐後期五代宋初敦煌僧人的稅役負擔　《敦煌學輯刊》1998 年第 2 期　p. 1

雷紹鋒　P. 3418v《唐沙州諸鄉欠枝夫人戶名目》研究　《敦煌研究》1998 年第 2 期　p. 107

沙知　敦煌契約文書輯校　江蘇古籍出版社　1998　p. 327

沙知　見人　敦煌學大辭典　上海辭書出版社　1998　p. 390

沙知　租佃契　敦煌學大辭典　上海辭書出版社　1998　p. 388

陳國燦　唐代的經濟社會　（臺北）文津出版社　1999　p. 95、162

堀敏一　中唐以後敦煌地域における稅制度　東アジア史における國家と地域　（東京）刀水書房
　　1999　p. 319

雷紹鋒　歸義軍賦役制度初探　（臺北）洪葉文化事業有限公司　1999　p. 9、23、80、191

鄭炳林　晚唐五代敦煌地區種植棉花研究　《中國史研究》1999 年第 3 期　p. 91

堀敏一著　張宇譯　中唐以後敦煌地區的稅制　《敦煌研究》2000 年第 3 期　p. 146

劉進寶　敦煌文書與唐史研究　（臺北）新文豐出版公司　2000　p. 179

丘古耶夫斯基　敦煌漢文文書　上海古籍出版社　2000　p. 232

蘇金花　試論晚唐五代敦煌僧侶免賦特權的進一步喪失　《敦煌研究》2000 年第 3 期　p. 154

孫其芳　鳴沙遺音:敦煌詞選評　甘肅人民出版社　2000　p. 96

徐俊　敦煌詩集殘卷輯考　中華書局　2000　p. 315

謝重光　漢唐佛教社會史論　（臺北）國際文化事業有限公司　2001　p. 38 注 95

楊森　關於敦煌文獻中的"平章"一詞　敦煌學與中國史研究論集　甘肅人民出版社　2001　p. 231

趙貞　歸義軍押衙兼知他官略考　《敦煌研究》2001 年第 2 期　p. 90

陳國燦　敦煌學史事新證　甘肅教育出版社　2002　p. 292、322

陳國燦　略論吐魯番出土的敦煌文書　《西域研究》2002 年第 3 期　p. 7　又見：新世紀敦煌學論集
　　巴蜀書社　2003　p. 59

姜亮夫　敦煌莫高窟年表　姜亮夫全集(十一)　雲南人民出版社　2002　p. 504

鄭阿財　朱鳳玉　敦煌蒙書研究　甘肅教育出版社　2002　p. 214

李正宇　敦煌遺書一宗後晉時期敦煌民事訴訟檔案　《敦煌研究》2003 年第 2 期　p. 44

劉進寶　關於歸義軍時期稅草的兩個問題　2000 年敦煌學國際學術討論會文集·歷史文化卷(上)
　　甘肅民族出版社　2003　p. 169

劉敬林　敦煌文牒詞語校釋　《敦煌學輯刊》2003 年第 1 期　p. 118

童丕　敦煌的借貸：中國中古時代的物質生活與社會　中華書局　2003　p. 9、160

王啓濤　中古及近代法制文書語言研究　巴蜀書社　2003　p. 192、240、289、374、401

鄭炳林　晚唐五代敦煌村莊聚落輯考　2000 年敦煌學國際學術討論會文集·歷史文化卷(上)　甘
　　肅民族出版社　2003　p. 128

孟憲實　論敦煌渠人社　周秦漢唐文化研究(第三輯)　三秦出版社　2004　p. 134

湯涒　敦煌曲子詞地域文化研究　上海古籍出版社　2004　p. 20、33、161、182、220

湯涒　敦煌曲子詞寫本敘略　敦煌學國際研討會論文集　北京圖書館出版社　2005　p. 193、200

陸離　也談敦煌文書中的唐五代"地子"、"地稅"　《歷史研究》2006 年第 4 期　p. 171

P. 3156

佐藤哲英　法照和尚念佛讚解說　西域文化研究(第一)·敦煌佛教資料　(京都)法藏館　1958
　　p. 211

廣川堯敏　禮讚　敦煌と中國仏教(講座敦煌 7)　(東京)大東出版社　1984　p. 463

任半塘　敦煌歌辭總編　上海古籍出版社　1987　p. 533、1018

森安孝夫　敦煌と西ウイグル王國　『東方學』(第 74 輯)　(東京)東方學會　1987　p. 67

森安孝夫著　陳俊謀譯　敦煌與西回鶻王國　《西北史地》1987 年第 3 期　p. 125

李正宇　唐宋時代敦煌縣河渠泉澤簡志(二)　《敦煌研究》1989 年第 1 期　p. 54

任半塘　王昆吾　隋唐五代燕樂雜言歌辭集　巴蜀書社　1990　p. 1713

榮新江　西元十世紀沙州歸義軍與西州回鶻的文化交往　第二屆敦煌學國際研討會論文集　(臺
　　北)漢學研究中心　1990　p. 590

唐耕耦　陸宏基　敦煌社會經濟文獻真迹釋錄(二)　全國圖書館文獻縮微複製中心　1990　p. 22

汪泛舟　敦煌文學概論　甘肅人民出版社　1993　p. 563

汪泛舟　敦煌韻文辨正舉隅　《敦煌研究》1994 年第 2 期　p. 144

劉惠琴　從敦煌文書中看沙州紡織業　《敦煌學輯刊》1995 年第 2 期　p. 51

砂岡和子　敦煌散花樂和聲曲輯考　敦煌佛教文化研究　社科縱橫編輯部　1996　p. 24

齊陳俊　馮培紅　晚唐五代宋初歸義軍對外商業貿易　敦煌歸義軍史專題研究　蘭州大學出版社
　　1997　p. 346、353

汪泛舟　敦煌詩詞補正與考源　《敦煌研究》1997 年第 3 期　p. 112

柴劍虹　般若波羅歌　敦煌學大辭典　上海辭書出版社　1998　p. 552

金瀅坤　從敦煌文書看晚唐五代敦煌地區布紡織業　《敦煌研究》1998 年第 2 期　p. 135

榮新江　歸義軍大事紀年初稿　出土文獻研究(第三輯)　文物出版社　1998　p. 253

沙知　敦煌契約文書輯校　江蘇古籍出版社　1998　p. 44、382

張先堂　晚唐至宋初淨土五會念佛法門在敦煌的流傳　《敦煌研究》1998 年第 1 期　p. 51

鄭炳林　晚唐五代敦煌地區種植棉花研究　《中國史研究》1999 年第 3 期　p. 87

徐俊　敦煌詩集殘卷輯考　中華書局　2000　p. 790

鄭炳林　晚唐五代敦煌貿易市場的外來商品輯考　中華文史論叢（總 63 輯）　上海古籍出版社
　　2000　p. 59

陳國燦　略論吐魯番出土的敦煌文書　《吐魯番學研究》2002 年第 1 期　p. 9　又見:《西域研究》
　　2002 年第 3 期　p. 9；新世紀敦煌學論集　巴蜀書社　2003　p. 61

林仁昱　論敦煌佛教歌曲特質與“弘法”的關係　敦煌學（第 23 輯）　（臺北）樂學書局有限公司
　　2002　p. 74

鄭炳林　晚唐五代敦煌村莊聚落輯考　2000 年敦煌學國際學術討論會文集·歷史文化卷（上）　甘
　　肅民族出版社　2003　p. 142、158

湯涒　敦煌曲子詞地域文化研究　上海古籍出版社　2004　p. 45

湯涒　敦煌曲子詞寫本敘略　敦煌學國際研討會論文集　北京圖書館出版社　2005　p. 209

王志鵬　從敦煌歌辭看唐代敦煌地區禪宗的流傳與發展　《敦煌研究》2005 年第 6 期　p. 101

P. 3157

羅宗濤　敦煌講經變文“古吟上下”探原　漢學研究（敦煌學國際研討會論文專號）　（臺北）漢學研
　　究資料及服務中心　又見:中國敦煌學百年文庫·文學卷（四）　甘肅文化出版社　1999
　　p. 172

林聰明　敦煌文書學　（臺北）新文豐出版公司　1991　p. 261

陶秋英輯録　姜亮夫校訂　敦煌經卷壁畫中所見釋氏名録　敦煌碎金　浙江古籍出版社　1992
　　p. 42

林聰明　談敦煌文書的抄寫問題　紀念陳寅恪先生百年誕辰學術論文集　江西教育出版社　1994
　　p. 303

林聰明　敦煌吐魯番文書解詁指例　（臺北）新文豐出版公司　2001　p. 89

荒見泰史　從敦煌寫本中變文的改寫情況來探討五代講唱文學的演變　敦煌學國際研討會論文集
　　北京圖書館出版社　2005　p. 179

P. 3160

艾麗白著　耿昇譯　敦煌漢文寫本中的鳥形押　敦煌譯叢（第一輯）　甘肅人民出版社　1985
　　p. 191、194

盧向前　關於歸義軍時期一份布紙破用曆的研究:試釋伯四六四〇背面文書　敦煌吐魯番文獻研究
　　論集（第三輯）　北京大學出版社　1986　p. 409 注 8、414 注 44　又見:敦煌吐魯番文書論稿
　　江西人民出版社　1992　p. 115 注 8、120 注 44

張廣達　榮新江　關於敦煌出土于闐文獻的年代及其相關問題　紀念陳寅恪先生誕辰百年學術論文
　　集　北京大學出版社　1989　p. 292

唐耕耦　陸宏基　敦煌社會經濟文獻真迹釋録（三）　全國圖書館文獻縮微複製中心　1990　p. 614

姜伯勤　敦煌社會文書導論　（臺北）新文豐出版公司　1992　p. 135、141

吳其昱著　伊藤美重子譯　敦煌漢文寫本概觀　敦煌漢文文獻（講座敦煌 5）　（東京）大東出版社
　　1992　p. 24

石奈德　敦煌本《普化大師五臺山巡禮記》初探　法國學者敦煌學論文選萃　中華書局　1993

　　　　p. 126、129 注 3

張鴻勳　敦煌說唱文學概論　（臺北）新文豐出版公司　1993　p. 11

榮新江　于闐王國與瓜沙曹氏　《敦煌研究》1994 年第 2 期　p. 113

王永興　敦煌經濟文書導論　（臺北）新文豐出版公司　1994　p. 447

黃盛璋　敦煌漢文與于闐文書中之龍家及其相關問題　全國敦煌學研討會論文集　（臺北）中正大
　　　學中國文學系所　1995　p. 67　又見:《西域研究》1996 年第 1 期　p. 30

榮新江　歸義軍史研究　上海古籍出版社　1996　p. 25

李并成　古代河西走廊桑蠶絲織業考　《敦煌學輯刊》1997 年第 2 期　p. 64

鄭炳林　唐五代敦煌金山國征伐樓蘭史事考　敦煌歸義軍史專題研究　蘭州大學出版社　1997
　　　p. 13

鄭炳林　唐五代敦煌手工業研究　敦煌歸義軍史專題研究　蘭州大學出版社　1997　p. 254、270

陳國燦　乙卯年押衙知柴場司安祐成狀　敦煌學大辭典　上海辭書出版社　1998　p. 417

李正宇　曹元忠鳥形押　敦煌學大辭典　上海辭書出版社　1998　p. 294

李正宇　司　敦煌學大辭典　上海辭書出版社　1998　p. 382

榮新江　歸義軍大事紀年初稿　出土文獻研究（第三輯）　文物出版社　1998　p. 248

唐耕耦　內宅司　敦煌學大辭典　上海辭書出版社　1998　p. 382

李正宇　歸義軍樂營的結構與配置　《敦煌研究》2000 年第 3 期　p. 74

李正宇　安徽省博物館藏敦煌遺書《二娘子家書》　《敦煌研究》2001 年第 3 期　p. 92

趙貞　歸義軍押衙兼知他官略考　《敦煌研究》2001 年第 2 期　p. 93

馮培紅　唐五代敦煌官府宴設機構考略　2000 年敦煌學國際學術討論會文集·歷史文化卷（上）
　　　甘肅民族出版社　2003　p. 176

李并成　敦煌文獻與西北生態環境變遷研究　漢語史學報專輯（第三輯）　上海教育出版社　2003
　　　p. 393

李并成　敦煌學與沙漠歷史地理研究　2000 年敦煌學國際學術討論會文集·歷史文化卷（上）　甘
　　　肅民族出版社　2003　p. 490

榮新江　略談于闐對敦煌石窟的貢獻　2000 年敦煌學國際學術討論會文集·歷史文化卷（上）　甘
　　　肅民族出版社　2003　p. 74

童丕　據敦煌寫本談紅藍花——植物的使用　寺院財富與世俗供養　上海書畫出版社　2003
　　　p. 265

高啓安　唐五代敦煌飲食文化研究　民族出版社　2004　p. 33

P. 3161

唐耕耦　陸宏基　敦煌社會經濟文獻真迹釋錄（三）　全國圖書館文獻縮微複製中心　1990　p. 39

姜伯勤　敦煌吐魯番與香藥之路　季羨林教授八十華誕紀念論文集（下）　江西人民出版社　1991
　　　p. 845

李正宇　敦煌遺書中的檔案資料及其價值意義　《魏晉南北朝隋唐史》1993 年第 5 期　p. 65

鄭炳林　唐五代敦煌粟特人與歸義軍政權　《敦煌研究》1996 年第 4 期　p. 89　又見:敦煌歸義軍史
　　　專題研究　蘭州大學出版社　1997　p. 419

馬德　敦煌工匠史料　甘肅人民出版社　1997　p. 99

唐耕耦　敦煌寺院會計文書研究　（臺北）新文豐出版公司　1997　p. 6、48

鄭炳林　楊富學　晚唐五代金銀在敦煌的使用與流通　《甘肅金融》1997 年第 8 期　又見:中國敦煌
　　　學百年文庫·歷史卷（二）　甘肅文化出版社　1999　p. 582

高啓安　索黛　敦煌古代僧人官齋飲食檢閱　《敦煌研究》1998 年第 3 期　p. 73
郝春文　唐後期五代宋初敦煌僧尼的社會生活　中國社會科學出版社　1998　p. 128、165
郝春文　唐後期五代宋初敦煌寺院常住什物的數量及與僧人的關係　《敦煌研究》1998 年第 2 期
　　p. 118
李正宇　敦煌遺書檔案資料　敦煌學大辭典　上海辭書出版社　1998　p. 391
唐耕耦　常住什物交割點檢曆　敦煌學大辭典　上海辭書出版社　1998　p. 648
張涌泉　敦煌文書疑難詞語辨釋　舊學新知　浙江大學出版社　1999　p. 265 注 2
高啓安　唐五代敦煌人的飲酒習俗述論　《敦煌研究》2000 年第 3 期　p. 85
鄭炳林　晚唐五代敦煌貿易市場的外來商品輯考　中華文史論叢（總 63 輯）　上海古籍出版社
　　2000　p. 65
洪藝芳　敦煌社會經濟文書中的唐五代新興量詞研究　敦煌學（第 24 輯）　（臺北）樂學書局有限公
　　司　2003　p. 108
榮新江　于闐花氈與粟特銀盤：九、十世紀敦煌寺院的外來供養　寺院財富與世俗供養　上海書畫出
　　版社　2003　p. 250
鄭炳林　徐曉麗　讀《俄藏敦煌文獻》第 12 冊幾件非佛經文獻劄記　《敦煌研究》2003 年第 4 期
　　p. 83
高啓安　唐五代敦煌飲食文化研究　民族出版社　2004　p. 58
楊森　敦煌壁畫中的胡床家具（一）　《敦煌研究》2005 年第 5 期　p. 30

P. 3162

王書慶　敦煌佛學·佛事篇　甘肅民族出版社　1995　p. 51
伏俊璉　伏麒鵬　石室齊諧：敦煌小說選析　甘肅人民出版社　2000　p. 208

P. 3163

譚蟬雪　祭文　敦煌文學　甘肅人民出版社　1989　p. 122
李明偉　敦煌文學概論　甘肅人民出版社　1993　p. 486
黃征　吳偉　敦煌願文集　岳麓書社　1995　p. 785
顏廷亮　關於《白雀歌》見在寫卷兼及敦煌佛道關係　敦煌佛教文化研究　社科縱橫編輯部　1996
　　p. 18
顏廷亮　敦煌文化中的道教及文化　《敦煌研究》1999 年第 1 期　p. 141
徐俊　敦煌詩集殘卷輯考　中華書局　2000　p. 790
顏廷亮　敦煌文化　光明日報出版社　2000　p. 247
張錫厚　敦煌文學源流　作家出版社　2000　p. 168
張承東　試論敦煌寫本齋文的駢文特色　《敦煌學輯刊》2003 年第 1 期　p. 93
張錫厚　敦煌文概說　2000 年敦煌學國際學術討論會文集·歷史文化卷（下）　甘肅民族出版社
　　2003　p. 225
黨燕妮　晚唐五代敦煌的十王信仰　麥積山石窟藝術文化論文集（下）　蘭州大學出版社　2004
　　p. 166

P. 3164

唐耕耦　陸宏基　敦煌社會經濟文獻真迹釋録（一）　書目文獻出版社　1986　p. 353
山本達郎等　敦煌·III 轉貼　『NUN–HUANG AND TURFAN DOCUMENTS CONCERNING SOCIAL

AND ECONOMIC HISTORY』(IV)　（東京）東洋文庫　1989　p. 64

姜伯勤　敦煌社會文書導論　（臺北）新文豐出版公司　1992　p. 233、243

林家平　寧强　羅華慶　中國敦煌學史　北京語言學院出版社　1992　p. 682

高國藩　敦煌民俗資料導論　（臺北）新文豐出版公司　1993　p. 3

郝春文　敦煌寫本社邑文書年代彙考（一）　《首都師範大學學報》1993 年第 4 期　p. 36

石田勇作　敦煌「社文書」研究序說　中國古代の國家と民衆(堀敏一先生古稀記念)　（東京）汲古書院　1995　p. 685

土肥義和　唐・北宋間の「社」の組織形態に関する一考察　中國古代の國家と民衆(堀敏一先生古稀記念)　（東京）汲古書院　1995　p. 711

寧可　郝春文　敦煌社邑文書輯校　江蘇古籍出版社　1997　p. 78

寧可　親情社　敦煌學大辭典　上海辭書出版社　1998　p. 428

楊富學　李吉和　敦煌漢文吐蕃史料輯校（第一輯）　甘肅人民出版社　1999　p. 101

孟憲實　敦煌社邑的分佈　敦煌文獻論集：紀念藏經洞發現一百周年國際學術研討會論文集　遼寧人民出版社　2001　p. 425

郝春文　再論敦煌私社的“義聚”　敦煌學(第 25 輯)　（臺北）樂學書局有限公司　2004　p. 281

陳大爲　敦煌淨土寺與敦煌地區胡姓居民關係探析　《敦煌學輯刊》2006 年第 1 期　p. 90

P. 3165

李正宇　談《白雀歌》尾部雜寫與金山國建國年月　《敦煌研究》1987 年第 3 期　p. 77

謝和耐著　耿昇譯　中國 5—10 世紀的寺院經濟　甘肅人民出版社　1987　p. 156 注 1　又見：上海古籍出版社　2004　p. 126

唐耕耦　陸宏基　敦煌社會經濟文獻真迹釋録(三)　全國圖書館文獻縮微複製中心　1990　p. 540

李正宇　敦煌俗講僧保宣及其《講經通難致語》　程千帆先生八十壽辰紀念文集　江蘇古籍出版社　1992　p. 214

李正宇　敦煌文學概論　甘肅人民出版社　1993　p. 102

張鴻勳　敦煌文學概論　甘肅人民出版社　1993　p. 237

馬德　敦煌莫高窟史研究　甘肅教育出版社　1996　p. 170、176

馬德　九、十世紀敦煌工匠史料述論　慶祝潘石禪先生九秩華誕敦煌學特刊　（臺北）文津出版社　1996　p. 305、313

馮培紅　唐五代敦煌的河渠水利與水司管理機構初探　《敦煌學輯刊》1997 年第 2 期　p. 77

李正宇　敦煌歷史地理導論　（臺北）新文豐出版公司　1997　p. 214

馬德　敦煌工匠史料　甘肅人民出版社　1997　p. 48、50、64、86

鄭炳林　敦煌碑銘讚輯釋　甘肅教育出版社　1997　p. 536 注 2

鄭炳林　唐五代敦煌畜牧區域研究　敦煌歸義軍史專題研究　蘭州大學出版社　1997　p. 224

徐俊　敦煌詩集殘卷輯考　中華書局　2000　p. 795

顏廷亮　敦煌文化　光明日報出版社　2000　p. 382

李正宇　唐宋時期敦煌佛經性質功能的變化　戒幢佛學(第二卷)　岳麓書社　2002　p. 27

鄭炳林　晚唐五代敦煌村莊聚落輯考　2000 年敦煌學國際學術討論會文集・歷史文化卷(上)　甘肅民族出版社　2003　p. 149

郭永利　晚唐五代敦煌佛教寺院的納贈　《敦煌學輯刊》2005 年第 4 期　p. 78

李正宇　晚唐至北宋敦煌僧尼普聽飲酒　《敦煌研究》2005 年第 3 期　p. 70

武學軍　敏春芳　敦煌願文婉詞試解(一)　《敦煌學輯刊》2006 年第 1 期　p. 131

P. 3166

雷僑雲　敦煌兒童文學　（臺北）學生書局　1985　p. 44

鄭阿財　敦煌文獻中《張騫乘槎》故事之探討　《法商學報》1986 年第 21 期　又見：中國敦煌學百年文庫·文學卷（五）　甘肅文化出版社　1999　p. 341

哈密頓著　耿昇譯　回鶻文尊號闍梨和都統考　《甘肅民族研究》1988 年第 3－4 期　p. 121 注 1

高國藩　敦煌民俗學　上海文藝出版社　1989　p. 109

鄭阿財　敦煌蒙書析論　第二屆敦煌學國際研討會論文集　（臺北）漢學研究中心　1990　p. 217

鄭阿財　試論敦煌寫本 P. 3910 對考察"張騫乘槎"故事之價值　唐代文化研討會論文集　（臺北）文史哲出版社　1991　p. 805

鄭阿財　敦煌文獻與文學　（臺北）新文豐出版公司　1993　p. 246、380

沃興華　敦煌書法藝術　上海人民出版社　1994　p. 249

汪泛舟　《開蒙要訓》初探　《敦煌研究》1999 年第 2 期　p. 139

汪泛舟　敦煌古代兒童課本　甘肅人民出版社　2000　p. 53

鄭阿財　朱鳳玉　敦煌蒙書研究　甘肅教育出版社　2002　p. 55

蔣宗福　敦煌禪宗文獻詞語劄記　新世紀敦煌學論集　巴蜀書社　2003　p. 472

P. 3167

那波利貞　敦煌發見文書に拠る中晚唐時代の佛教寺院の錢穀布帛類貸付營利事業運營の實況　『支那學』（10 卷 3 號）　（京都）支那學社　1941　p. 150

藤枝晃　敦煌の僧尼籍　『東方學報』（第 35 號）　京都大學人文科學研究所　1964　p. 319

那波利貞　梁戶考　唐代社會文化史研究·第三編　（東京）創文社　1974　p. 359

那波利貞　唐代の社邑に就きて（1938 年）　唐代社會文化史研究·第五編　（東京）創文社　1974　p. 543

陳祚龍　中世敦煌婦女出家、入道、受戒、弘法之一斑　《海潮音》1979 年第 60 卷第 8 期　又見：敦煌簡策訂存　（臺北）商務印書館　1983　p. 33；中國敦煌學百年文庫·宗教卷（四）　甘肅文化出版社　1999　p. 335

土肥義和　はじめに——歸義軍節度使の敦煌支配　敦煌の歷史（講座敦煌 2）　（東京）大東出版社　1980　p. 274

謝和耐著　耿昇譯　敦煌的墾戶與梁戶　敦煌譯叢（第一輯）　甘肅人民出版社　1985　p. 171 注 49

姜伯勤　唐五代敦煌寺戶制度　中華書局　1987　p. 145

謝和耐著　耿昇譯　中國 5—10 世紀的寺院經濟　甘肅人民出版社　1987　p. 23 注 6、185 注 2　又見：上海古籍出版社　2004　p. 151 注 2

謝重光　白文固　中國僧官制度史　青海人民出版社　1990　p. 135

姜伯勤　敦煌社會文書導論　（臺北）新文豐出版公司　1992　p. 203

竺沙雅章　寺院文書　敦煌漢文文獻（講座敦煌 5）　（東京）大東出版社　1992　p. 634

郝春文　敦煌寫本社邑文書年代彙考（二）　《首都師範大學學報》1993 年第 5 期　p. 78

郝春文　唐後期五代宋初沙州的方等道場與方等道場司　唐研究（第二卷）　北京大學出版社　1996　p. 63、97

李正宇　敦煌史地新論　（臺北）新文豐出版公司　1996　p. 80

榮新江　歸義軍史研究　上海古籍出版社　1996　p. 12

張涌泉　敦煌俗字研究導論　（臺北）新文豐出版公司　1996　p. 159

公維章　文讕　敦煌寺院中的會計:直歲　《敦煌學輯刊》1997 年第 2 期　p. 119

郝春文　歸義軍政權與敦煌佛教之關係新探　周紹良先生欣開九秩慶壽文集　中華書局　1997
　　p. 167

黃征　敦煌文學《兒郎偉》輯錄校注　敦煌語文叢說　（臺北）新文豐出版公司　1997　p. 700

鄭炳林　敦煌碑銘讚輯釋　甘肅教育出版社　1997　p. 50 注 49

鄭炳林　唐五代敦煌的粟特人與佛教　敦煌歸義軍史專題研究　蘭州大學出版社　1997　p. 457

郝春文　道場司　敦煌學大辭典　上海辭書出版社　1998　p. 634

郝春文　唐後期五代宋初敦煌僧尼的社會生活　中國社會科學出版社　1998　p. 26

李正宇　永康寺　敦煌學大辭典　上海辭書出版社　1998　p. 631

榮新江　歸義軍大事紀年初稿　出土文獻研究（第三輯）　文物出版社　1998　p. 240

唐耕耦　安國寺道場司常秘等狀　敦煌學大辭典　上海辭書出版社　1998　p. 640

丘古耶夫斯基著　魏迎春譯　俄藏敦煌漢文寫卷中的官印及寺院印章　《敦煌學輯刊》1999 年第 1 期
　　p. 145

郝春文　英藏敦煌文獻年代叢考　英國收藏敦煌漢藏文獻研究　中國社會科學出版社　2000
　　p. 371

丘古耶夫斯基　敦煌漢文文書　上海古籍出版社　2000　p. 127

山本達郎等　補(IV)社・V 計會文書　『NUN－HUANG AND TURFAN DOCUMENTS CONCERNING
　　SOCIAL AND ECONOMIC HISTORY』(Sup. p. lemrnts)　（東京）東洋文庫　2001　p. 87

楊森　《辛巳年六月十六日社人于燈司倉貸粟曆》文書之定年　《敦煌學輯刊》2001 年第 2 期　p. 18

姜亮夫　敦煌莫高窟年表　姜亮夫全集（十一）　雲南人民出版社　2002　p. 446

王蘭平　敦煌寫本 ДХ6062 歸義軍時期《大般若經》抄寫紙曆及其相關問題考釋　敦煌佛教藝術文化
　　國際學術研討會論文集　蘭州大學出版社　2002　p. 73

徐曉卉　敦煌歸義軍時期的道場司探析　《敦煌研究》2002 年第 2 期　p. 26

湛如　敦煌佛教律儀制度研究　中華書局　2003　p. 41

馮培紅　晚唐五代宋初沙州上佐考論　敦煌學國際研討會論文集　北京圖書館出版社　2005　p. 69

趙曉星　寇甲　西魏:歸義軍時期敦煌地區的史姓　《敦煌學輯刊》2005 年第 2 期　p. 135

鄭炳林　晚唐五代歸義軍政權與佛教教團關係研究　《敦煌學輯刊》2005 年第 1 期　p. 11

金瀅坤　敦煌社會經濟文書定年拾遺　《首都師範大學學報》2006 年第 1 期　p. 13

P. 3168

邵榮芬　敦煌俗文學中的別字異文和唐五代西北方音　《中國語文》1963 年第 3 期　又見:中國敦煌
　　學百年文庫・語言文字卷(一)　甘肅文化出版社　1999　p. 141

金岡照光　敦煌漢文文學文獻の寫本及び影印の收集保存、整理研究の現狀　敦煌出土文學文獻分
　　類目録・附解說　（東京）東洋文庫　1971　p. 174

金岡照光　敦煌文學のさまざま　敦煌の文學　（東京）大藏出版株式會社　1971　p. 156

加地哲定　增補中國佛教文學研究　（東京）同朋舍　1979　p. 193

潘重規　敦煌詞話　（臺北）石門圖書公司　1981　p. 103

傅芸子　敦煌俗文學之發見及其展開　敦煌變文論文録　上海古籍出版社　1982　p. 141

鄭阿財　敦煌孝道文學研究　（臺北）石門圖書公司　1982　p. 533

劉復　敦煌掇瑣　敦煌叢刊初集(十五)　（臺北）新文豐出版公司　1985　p. 143

任半塘　敦煌歌辭總編　上海古籍出版社　1987　p. 1315

鄭阿財　敦煌寫本定格聯章《百歲篇》研究　（臺北）《木鐸》1987 年第 11 期　又見:中國敦煌學百年

文庫・文學卷（四）　甘肅文化出版社　1999　p. 313

劉進寶　俚曲小調　敦煌文學　甘肅人民出版社　1989　p. 229

加地哲定著　劉衛星譯　中國佛教文學　今日中國出版社　1990　p. 166

任半塘　王昆吾　隋唐五代燕樂雜言歌辭集　巴蜀書社　1990　p. 1578

鄭阿財　敦煌蒙書析論　第二屆敦煌學國際研討會論文集　（臺北）漢學研究中心　1990　p. 216

東野治之　敦煌と日本の『千字文』　遺唐使と正倉院　（東京）岩波書店　1992　p. 245

東野治之　訓蒙書　敦煌漢文文獻（講座敦煌5）　（東京）大東出版社　1992　p. 413

金岡照光　總說『敦煌文學の諸形態』　敦煌の文學文獻（講座敦煌9）　（東京）大東出版社　1992
　　p. 11

林家平　寧强　羅華慶　中國敦煌學史　北京語言學院出版社　1992　p. 16

鄭阿財　敦煌文獻與文學　（臺北）新文豐出版公司　1993　p. 163

盛冬鈴　女人百歲篇　敦煌學大辭典　上海辭書出版社　1998　p. 544

高國藩　敦煌俗文化學　上海三聯書店　1999　p. 589

徐俊　敦煌詩集殘卷輯考　中華書局　2000　p. 629

張錫厚　敦煌文學源流　作家出版社　2000　p. 345

鄭阿財　朱鳳玉　敦煌蒙書研究　甘肅教育出版社　2002　p. 15

P. 3169

陳鐵凡　敦煌本尚書述略　（臺北）《大陸雜誌》1961 年第 8 期　又見：中國敦煌學百年文庫・文獻
　　卷（一）　甘肅文化出版社　1999　p. 444

陳鐵凡　敦煌本尚書十四殘卷綴合記　（新加坡）《新社學報》1969 年第 3 期　又見：中國敦煌學百
　　年文庫・文獻卷（二）　甘肅文化出版社　1999　p. 412

陳鐵凡　敦煌本虞夏商書校證補遺　（臺北）《大陸雜誌》1969 年第 2 期　又見：中國敦煌學百年文
　　庫・文獻卷（二）　甘肅文化出版社　1999　p. 419

王重民　敦煌古籍叙錄　中華書局　1979　p. 14

王堯　陳踐　敦煌吐蕃文獻選　四川民族出版社　1983　p. 67

王重民　巴黎敦煌殘卷叙錄（第二輯）　敦煌叢刊初集（九）　（臺北）新文豐出版公司　1985　p. 210

王重民原編　黃永武新編　敦煌古籍叙錄新編（第一冊）　（臺北）新文豐出版公司　1986　p. 227

周鳳五　敦煌寫本太公家教研究　（臺北）明文書局　1986　p. 155

朱鳳玉　太公家教研究　漢學研究（敦煌學國際研討會論文專號）　（臺北）漢學研究資料及服務中
　　心　1986　p. 403

姜亮夫　敦煌本尚書校錄　敦煌學論文集　上海古籍出版社　1987　p. 153　又見：姜亮夫全集（十
　　三）　雲南人民出版社　2002　p. 133

姜亮夫　敦煌經卷在中國文化學術上的價值　敦煌學論文集　上海古籍出版社　1987　p. 9

鄭阿財　敦煌寫卷《新集文詞九經抄》研究　（臺北）文史哲出版社　1989　p. 8　又見：唐代研究論
　　集（第四輯）　（臺北）新文豐出版公司　1992　p. 638

孫啓治　唐寫本俗別字變化類型舉例　敦煌吐魯番文獻研究論集（第五輯）　北京大學出版社
　　1990　p. 124、126、129

鄭阿財　敦煌蒙書析論　第二屆敦煌學國際研討會論文集　（臺北）漢學研究中心　1990　p. 224

王三慶著　池田溫譯　類書　敦煌漢文文獻（講座敦煌5）　（東京）大東出版社　1992　p. 366

土田健次郎　儒教典籍　敦煌漢文文獻（講座敦煌5）　（東京）大東出版社　1992　p. 268

吳福熙　敦煌殘卷古文尚書校注　甘肅人民出版社　1992　p. 7

吳其昱著　伊藤美重子譯　敦煌漢文寫本概觀　敦煌漢文文獻(講座敦煌5)　(東京)大東出版社
　　1992　p. 96

鄭阿財　敦煌文獻與文學　(臺北)新文豐出版公司　1993　p. 222、258

胡戟　傅玫　敦煌史話　中華書局　1995　p. 140

王堯　吐蕃時期藏譯漢籍名著及故事　中國古籍研究(第一卷)　上海古籍出版社　1996　p. 539

白化文　新集文詞九經抄　敦煌學大辭典　上海辭書出版社　1998　p. 781

陳公柔　評介《尚書文字合編》　燕京學報(新第4期)　北京大學出版社　1998　p. 290

姜亮夫　敦煌:偉大的文化寶藏　雲南人民出版社　1999　p. 98

許建平　敦煌本《尚書》叙錄　敦煌文獻論集:紀念藏經洞發現一百周年國際學術研討會論文集　遼
　　寧人民出版社　2001　p. 382、390

鄭阿財　朱鳳玉　敦煌蒙書研究　甘肅教育出版社　2002　p. 291、370

許建平　敦煌出土《尚書》寫卷研究的過去與未來　敦煌吐魯番研究(第七卷)　北京大學出版社
　　2004　p. 226

許建平　中國國家圖書館藏未刊敦煌寫本殘片四種的定名與綴合　浙江與敦煌學:常書鴻先生誕辰
　　一百周年紀念文集　浙江古籍出版社　2004　p. 315

中村威也　ДХ10698『尚書費誓』とДХ10698v「史書」について　『西北出土文獻研究』(創刊號)
　　(新潟)西北出土文獻研究會　2004　p. 42

P. 3170

羅福頤　敦煌石室文物對於學術上的貢獻　《歷史教學》1951年第5期　又見:中國敦煌學百年文
　　庫·考古卷(四)　甘肅文化出版社　1999　p. 12

李正宇　唐宋時代的敦煌學校　《敦煌研究》1986年第1期　p. 45

李正宇　敦煌學郎題記輯注　《敦煌學輯刊》1987年第1期　p. 40

高國藩　敦煌民俗學　上海文藝出版社　1989　p. 104

池田溫　中國古代寫本識語集錄　(東京)大藏出版株式會社　1990　p. 523

鄭阿財　敦煌蒙書析論　第二屆敦煌學國際研討會論文集　(臺北)漢學研究中心　1990　p. 216

朱鳳玉　敦煌寫本字書緒論　(臺北)《華岡文科學報》1991年第18期　p. 106

鄭阿財　敦煌文獻與文學　(臺北)新文豐出版公司　1993　p. 268

朱鳳玉　敦煌文獻中的語文教材　(臺灣)《嘉義師院學報》1995年第9期　p. 475

李正宇　敦煌史地新論　(臺北)新文豐出版公司　1996　p. 189

鄭阿財　敦煌童蒙讀物的分類與總說　敦煌文獻論集:紀念藏經洞發現一百周年國際學術研討會論
　　文集　遼寧人民出版社　2001　p. 202

張娜麗　《敦煌本〈六字千文〉初探》析疑(續)　《敦煌研究》2002年第1期　p. 93

鄭阿財　朱鳳玉　敦煌蒙書研究　甘肅教育出版社　2002　p. 15

P. 3172

陳祚龍　看了《佛光山春節平安燈會通告》以後　中華佛教文化史散策(四集)　(臺北)新文豐出版
　　公司　1986　p. 213

譚蟬雪　祭文　敦煌文學　甘肅人民出版社　1989　p. 123

高國藩　敦煌民俗資料導論　(臺北)新文豐出版公司　1993　p. 90

郝春文　敦煌寫本社邑文書年代彙考(三)　《社科縱橫》1993年第5期　p. 11

黃征　吳偉　敦煌願文集　岳麓書社　1995　p. 517、686、788

寧可　郝春文　敦煌社邑文書輯校　江蘇古籍出版社　1997　p. 637
馬德　敦煌遺書莫高窟歲首燃燈文輯識　《敦煌研究》1997 年第 3 期　p. 60
金瀅坤　吐蕃瓜州節度使初探　《敦煌研究》2002 年第 2 期　p. 23
黃征　曾良　洪玉雙　敦煌願文補校　新世紀敦煌學論集　巴蜀書社　2003　p. 626
敏春芳　敦煌願文詞語例釋　《敦煌學輯刊》2005 年第 1 期　p. 103
汪泛舟　敦煌俗別字新考（上）　《敦煌研究》2006 年第 1 期　p. 103

P. 3173
黃征　吳偉　敦煌願文集　岳麓書社　1995　p. 331

P. 3174
陳慶浩　古賢集校注　敦煌學（第 3 輯）　（香港）新亞研究所敦煌學會　1976　p. 65
陳祚龍　敦煌學雜記　敦煌資料考屑（下冊）　（臺北）商務印書館　1979　p. 376
鄭阿財　敦煌孝道文學研究　（臺北）石門圖書公司　1982　p. 425
雷僑雲　敦煌兒童文學　（臺北）學生書局　1985　p. 93
饒宗頤　敦煌書法叢刊（第十七卷）・雜詩文　（東京）二玄社　1985　p. 52
鄭阿財　敦煌蒙書析論　第二屆敦煌學國際研討會論文集　（臺北）漢學研究中心　1990　p. 222
王三慶著　池田溫譯　類書　敦煌漢文文獻（講座敦煌 5）　（東京）大東出版社　1992　p. 385
周紹良　敦煌文學芻議及其它　（臺北）新文豐出版公司　1992　p. 28
項楚　敦煌詩歌導論　（臺北）新文豐出版公司　1993　p. 191
張鴻勳　敦煌話本詞文俗賦導論　（臺北）新文豐出版公司　1993　p. 76
鄭阿財　敦煌文獻與文學　（臺北）新文豐出版公司　1993　p. 255
劉進寶　敦煌學論述　（臺北）洪葉文化事業有限公司　1995　p. 332
白化文　古賢集　敦煌學大辭典　上海辭書出版社　1998　p. 780
杜琪　敦煌詩賦作品要目分類題注　《甘肅社會科學》2000 年第 1 期　p. 63
徐俊　敦煌詩集殘卷輯考　中華書局　2000　p. 148
張錫厚　敦煌文學源流　作家出版社　2000　p. 64
劉進寶　敦煌學通論　甘肅教育出版社　2002　p. 343
鄭阿財　朱鳳玉　敦煌蒙書研究　甘肅教育出版社　2002　p. 254
張小豔　刪字符號卜與敦煌文獻的解讀　《敦煌研究》2003 年第 3 期　p. 72
陳逸平　唐宋時期敦煌大眾的歷史知識　文史（第七十五輯）　中華書局　2006　p. 98

P. 3175
池田溫　中國古代寫本識語集録　（東京）大藏出版株式會社　1990　p. 489
林聰明　敦煌文書學　（臺北）新文豐出版公司　1991　p. 190、226、385
菅原信海　占筮書　敦煌漢文文獻（講座敦煌 5）　（東京）大東出版社　1992　p. 453
林聰明　談敦煌文書的抄寫問題　紀念陳寅恪先生百年誕辰學術論文集　江西教育出版社　1994
　　p. 291、295
榮新江　歸義軍改元考　文史（第三十八輯）　中華書局　1994　p. 51
榮新江　歸義軍史研究　上海古籍出版社　1996　p. 54
白化文　兩面抄　敦煌學大辭典　上海辭書出版社　1998　p. 592
鄧文寬　納音甲子占人姓行法　敦煌學大辭典　上海辭書出版社　1998　p. 623

顏廷亮　敦煌文化中的道教及文化　《敦煌研究》1999 年第 1 期　p. 141

顏廷亮　敦煌文化　光明日報出版社　2000　p. 215、247

黃正建　敦煌祿命類文書述略　中國社會科學院歷史研究所學刊(第一集)　學刊編委會　2001
　　　p. 256

黃正建　敦煌占卜文書與唐五代占卜研究　學苑出版社　2001　p. 128

林聰明　敦煌吐魯番文書解詁指例　(臺北)新文豐出版公司　2001　p. 46

姜亮夫　敦煌莫高窟年表　姜亮夫全集(十一)　雲南人民出版社　2002　p. 530

趙貞　評《敦煌占卜文書與唐五代占卜研究》　唐研究(第八卷)　北京大學出版社　2002　p. 519

陳于柱　從敦煌占卜文書看晚唐五代敦煌占卜與佛教的對話交融　《敦煌學輯刊》2005 年第 2 期
　　　p. 30

P. 3176

王重民　敦煌古籍叙錄　中華書局　1979　p. 190

王重民　巴黎敦煌殘卷叙錄(第二輯)　敦煌叢刊初集(九)　(臺北)新文豐出版公司　1985　p. 241

王重民原編　黃永武新編　敦煌古籍叙錄新編(第十冊)　(臺北)新文豐出版公司　1986　p. 92

鄧文寬　跋敦煌寫本《百行章》　1983 年全國敦煌學術討論會文集·文史遺書編(下)　甘肅人民出
　　　版社　1987　p. 104

胡平生　《敦煌〈百行章〉校釋》補正　敦煌吐魯番文獻研究論集(第五輯)　北京大學出版社　1990
　　　p. 279

鄭阿財　敦煌蒙書析論　第二屆敦煌學國際研討會論文集　(臺北)漢學研究中心　1990　p. 226

鄭阿財　敦煌文獻與文學　(臺北)新文豐出版公司　1993　p. 259

胡戟　傅玫　敦煌史話　中華書局　1995　p. 184

白化文　百行章　敦煌學大辭典　上海辭書出版社　1998　p. 782

汪泛舟　敦煌古代兒童課本　甘肅人民出版社　2000　p. 156

林聰明　敦煌吐魯番文書解詁指例　(臺北)新文豐出版公司　2001　p. 74

鄭阿財　朱鳳玉　敦煌蒙書研究　甘肅教育出版社　2002　p. 323

汪泛舟　敦煌俗別字新考(上)　《敦煌研究》2006 年第 1 期　p. 103

P. 3177

陳祚龍　中世敦煌釋門的布薩法事之一斑　敦煌簡策訂存　(臺北)商務印書館　1983　p. 145

田中良昭　敦煌禪宗文獻の研究　(東京)大東出版社　1983　p. 535

土橋秀高　敦煌の律藏　敦煌と中國仏教(講座敦煌 7)　(東京)大東出版社　1984　p. 261

冉雲華　敦煌本《大乘布薩文》研究　第二屆敦煌學國際研討會論文集　(臺北)漢學研究中心
　　　1990　p. 414

王書慶　敦煌佛學·佛事篇　甘肅民族出版社　1995　p. 80

姜伯勤　敦煌戒壇與大乘佛教　華學(第二輯)　中山大學出版社　1996　p. 323

姜伯勤　敦煌藝術宗教與禮樂文明　中國社會科學出版社　1996　p. 349

衣川賢次　《敦煌新本六祖壇經》補校　俗語言研究(第三期)　(京都)禪文化研究所　1996　p. 76

郝春文　唐後期五代宋初敦煌僧尼的社會生活　中國社會科學出版社　1998　p. 198

湛如　布薩文研究　敦煌與絲路文化學術講座　北京圖書館出版社　2003　p. 508

湛如　敦煌佛教律儀制度研究　中華書局　2003　p. 50、156、203

P. 3178

鄭炳林　梁志勝　《梁幸德邈真讚》與梁願請《莫高窟功德記》　《敦煌研究》1992 年第 2 期　p. 70

P. 3179

陳祚龍　唐代敦煌佛寺講經之真象　第二屆國際唐代學術會議論文集（上）　（臺北）文津出版社
　　1993　p. 611

鄭炳林　敦煌碑銘讚輯釋　甘肅教育出版社　1997　p. 193 注 5

譚蟬雪　敦煌歲時文化導論　（臺北）新文豐出版公司　1998　p. 79

邵文實　敦煌佛教文學與邊塞文學　《敦煌學輯刊》2001 年第 2 期　p. 26

P. 3180

姜伯勤　道釋相激：道教在敦煌　道家文化研究（第十三輯）　三聯書店　1998　p. 51

王承文　古靈寶經對"黃赤道士"的批判與道教出家理論的發端　華林（第一卷）　中華書局　2001
　　p. 295

王承文　敦煌古靈寶經與晉唐道教　中華書局　2002　p. 59

王卡　敦煌道教文獻研究　中國社會科學出版社　2004　p. 123

王卡　中國國家圖書館藏敦煌道教遺書研究報告　敦煌吐魯番研究（第七卷）　北京大學出版社
　　2004　354

王卡　敦煌本《昇玄內教經》殘卷校讀記　敦煌吐魯番研究（第九卷）　中華書局　2006　p. 66、75

P. 3181

川崎ミチコ　通俗詩類・雜詩文類　敦煌仏典と禪（講座敦煌 8）　（東京）大東出版社　1980
　　p. 327

田中良昭　敦煌禪宗文獻の研究　（東京）大東出版社　1983　p. 512、535

上山大峻　敦煌佛教の研究　（京都）法藏館　1990　p. 421

P. 3183

陳祚龍　古往世上流行之中華佛教男女信士立誓發願文章的抽樣　中華佛教文化史散策（四集）
　　（臺北）新文豐出版公司　1986　p. 387

耿昇　八十年代的法國敦煌學論著簡介　《敦煌研究》1986 年第 3 期　p. 79

陳祚龍　敦煌學識小　敦煌學津雜誌　（臺北）文津出版社　1991　p. 170

汪泛舟　敦煌文學概論　甘肅人民出版社　1993　p. 558

黃征　吳偉　敦煌願文集　岳麓書社　1995　p. 291

黃征　敦煌文獻中有浙江文化史的資料　敦煌語文叢說　（臺北）新文豐出版公司　1997　p. 771

黃征　敦煌願文考論　敦煌語文叢說　（臺北）新文豐出版公司　1997　p. 580

黃征　曾良　洪玉雙　敦煌願文研究　敦煌文學論集　四川人民出版社　1997　p. 374

郝春文　發願文　敦煌學大辭典　上海辭書出版社　1998　p. 459

饒宗頤　談佛教的發願文　敦煌吐魯番研究（第四卷）　北京大學出版社　1999　p. 477

顏廷亮　關於敦煌文學發展的歷史進程　《甘肅社會科學》1999 年第 4 期　p. 45

劉長東　晉唐彌陀淨土信仰研究　巴蜀書社　2000　p. 196

顏廷亮　敦煌文化　光明日報出版社　2000　p. 315

湛如　敦煌佛教律儀制度研究　中華書局　2003　p. 324

P. 3184

陳祚龍　敦煌古抄內典尾記彙校初、二、三編合刊　敦煌學要籥　（臺北）新文豐出版公司　1982
　　p. 187

賀世哲　孫修身　瓜沙曹氏與敦煌莫高窟　敦煌研究文集　甘肅人民出版社　1982　p. 271 注 43

張廣達　榮新江　關於唐末宋初于闐國的國號、年號及其王家世系問題　敦煌吐魯番文獻研究論集
　　中華書局　1982　p. 185　又見:于闐史叢考　上海書店　1993　p. 33

賀世哲　孫修身　《瓜沙曹氏年表補正》之補正　敦煌學文選（上）　蘭州大學歷史系敦煌學研究室
　　等　1983　p. 162 注 25

施萍婷　本所藏《酒帳》研究　《敦煌研究》1983 年創刊號　p. 150

賀世哲　從供養人題記看莫高窟部分洞窟的營建年代　敦煌莫高窟供養人題記　文物出版社　1986
　　p. 236 注 67

孫修身　敦煌佛教藝術和古代于闐　《新疆社會科學》1986 年第 1 期　p. 59

張廣達　榮新江　關於敦煌出土于闐文獻的年代及其相關問題　紀念陳寅恪先生誕辰百年學術論文
　　集　北京大學出版社　1989　p. 290

池田溫　中國古代寫本識語集錄　（東京）大藏出版株式會社　1990　p. 445

黃盛璋　敦煌寫卷于闐文《克什米爾行程》歷史地理研究　《新疆文物》1994 年第 4 期　又見:中國
　　敦煌學百年文庫·地理卷（二）　甘肅文化出版社　1999　p. 13

榮新江　于闐王國與瓜沙曹氏　《敦煌研究》1994 年第 2 期　p. 113

汪泛舟　論敦煌文明的多民族貢獻　《敦煌研究》1995 年第 2 期　p. 186

榮新江　歸義軍史研究　上海古籍出版社　1996　p. 28

榮新江　歸義軍大事紀年初稿　出土文獻研究（第三輯）　文物出版社　1998　p. 250

楊森　德從　敦煌學大辭典　上海辭書出版社　1998　p. 364

楊森　敦煌社司文書畫押符號及其相關問題　《敦煌學輯刊》1999 年第 1 期　p. 89

曾良　敦煌文獻字義通釋　廈門大學出版社　2001　p. 44

王承文　敦煌古靈寶經與晉唐道教　中華書局　2002　p. 449

榮新江　略談于闐對敦煌石窟的貢獻　2000 年敦煌學國際學術討論會文集·歷史文化卷（上）　甘
　　肅民族出版社　2003　p. 75

王承文　敦煌本古靈寶經兩部佚經考證　《敦煌研究》2003 年第 1 期　p. 83

楊森　五代宋時期于闐皇太子在敦煌的太子莊　《敦煌研究》2003 年第 4 期　p. 41

P. 3185

土橋秀高　敦煌の律藏　敦煌と中國仏教（講座敦煌 7）　（東京）大東出版社　1984　p. 262

山本達郎等　敦煌·III 轉貼　『NUN－HUANG AND TURFAN DOCUMENTS CONCERNING SOCIAL
　　AND ECONOMIC HISTORY』(IV)　（東京）東洋文庫　1989　p. 60

湛如　敦煌佛教律儀制度研究　中華書局　2003　p. 157

P. 3186

董作賓　敦煌紀年　敦煌學文選（上）　蘭州大學歷史系敦煌學研究室等　1983　p. 37

姜亮夫　瓜沙曹氏年表補正　敦煌學文選（上）　蘭州大學歷史系敦煌學研究室等　1983　p. 145
　　又見:姜亮夫全集（十四）　雲南人民出版社　2002　p. 371

劉復　敦煌掇瑣　敦煌叢刊初集（十五）　（臺北）新文豐出版公司　1985　p. 279、281

耿昇　中法學者友好合作的成果　《敦煌研究》1987 年第 1 期　p. 109

李明偉　狀‧牒‧帖　敦煌文學　甘肅人民出版社　1989　p. 40

榮新江　沙州歸義軍歷任節度使稱號研究　敦煌吐魯番學研究論文集　漢語大詞典出版社　1990
　　　p. 808

唐耕耦　陸宏基　敦煌社會經濟文獻真迹釋録(二)　全國圖書館文獻縮微複製中心　1990　p. 306

林家平　寧強　羅華慶　中國敦煌學史　北京語言學院出版社　1992　p. 17

王三慶　敦煌寫卷中武后新字之調查研究　唐代研究論集(第三輯)　(臺北)新文豐出版公司
　　　1992　p. 64、97

王震亞　趙熒　敦煌殘卷爭訟文牒集釋　甘肅人民出版社　1993　p. 41

張涌泉　敦煌文書疑難詞語辨釋　舊學新知　浙江大學出版社　1999　p. 261

雷紹鋒　歸義軍賦役制度初探　(臺北)洪葉文化事業有限公司　2000　p. 244

王豔明　瓜沙州大王印考　《敦煌學輯刊》2000 年第 2 期　p. 44

姜亮夫　敦煌莫高窟年表　姜亮夫全集(十一)　雲南人民出版社　2002　p. 578

施安昌　唐武周時期的刻經與敦煌寫經　善本碑帖論集　紫禁城出版社　2002　p. 120

劉敬林　敦煌文牒詞語校釋　《敦煌學輯刊》2003 年第 1 期　p. 117

P. 3187

邱鎮京　敦煌變文述論　(臺北)商務印書館　1974　p. 1885

金岡照光　敦煌の繪物語　(東京)東方書店　1981　p. 113

孫修身　敦煌三界寺　甘肅省史學會論文集　甘肅省歷史學會編印　1982　p. 173　又見：中國敦煌
　　　學百年文庫‧宗教卷(一)　甘肅文化出版社　1999　p. 58

方廣錩　敦煌佛教經録輯校　江蘇古籍出版社　1997　p. 817

方廣錩　戊辰年九月一日轉藏諸雜經論數目　敦煌學大辭典　上海辭書出版社　1998　p. 755

郝春文　唐後期五代宋初敦煌僧尼的社會生活　中國社會科學出版社　1998　p. 216

郝春文　唐後期五代宋初敦煌的春秋官齋、十二月轉經、水則道場與佛教節日　慶祝吳其昱先生八秩
　　　華誕敦煌學特刊　(臺北)文津出版社　2000　p. 246

袁德領　歸義軍時期敦煌佛教的轉經活動　2000 年敦煌學國際學術討論會文集‧歷史文化卷(下)
　　　甘肅民族出版社　2003　p. 193

劉正平　唐代俗講與佛教神變月齋戒　戒幢佛學(第三卷)　岳麓書社　2005　p. 260

劉正平　王志鵬　唐代俗講與佛教八關齋戒之關係　《敦煌研究》2005 年第 2 期　p. 93

P. 3188

岡部和雄　敦煌藏經目録　敦煌と中國仏教(講座敦煌7)　(東京)大東出版社　1984　p. 307

方廣錩　佛教大藏經史(八一十世紀)　中國社會科學出版社　1991　p. 115

方廣錩　關於《大般涅槃經》的卷數　《南亞研究》1993 年第 3 期　p. 82

姜伯勤　敦煌毗尼藏主考　《敦煌研究》1993 年第 3 期　p. 5

姜伯勤　敦煌藝術宗教與禮樂文明　中國社會科學出版社　1996　p. 332

方廣錩　敦煌佛教經録輯校　江蘇古籍出版社　1997　p. 688

郝春文　關於唐後期五代宋初沙州僧俗的施捨問題　唐研究(第三卷)　北京大學出版社　1997
　　　p. 37

黃征　敦煌願文考論　敦煌語文叢說　(臺北)新文豐出版公司　1997　p. 583

鄭炳林　敦煌碑銘讚輯釋　甘肅教育出版社　1997　p. 208 注 5

方廣錩　乾元寺前經司交後經司狀　敦煌學大辭典　上海辭書出版社　1998　p. 754

郝春文　唐後期五代宋初敦煌僧尼的社會生活　中國社會科學出版社　1998　p. 265

謝重光　郝春文　經司　敦煌學大辭典　上海辭書出版社　1998　p. 634

楊森　《辛巳年六月十六日社人于燈司倉貸粟曆》文書之定年　《敦煌學輯刊》2001 年第 2 期　p. 18

郝春文　《勘尋永安寺法律願慶與老宿紹建相淨根由狀》及相關問題考　戒幢佛學（第二卷）　岳麓書社　2002　p. 83　又見：中日敦煌佛教學術會議論文集　中國社會科學院研究所　2002　p. 59

鄭炳林　晚唐五代敦煌諸寺藏經與管理　新世紀敦煌學論集　巴蜀書社　2003　p. 352

鄭炳林　晚唐五代敦煌地區《大般若經》的流傳與信仰　麥積山石窟藝術文化論文集（下）　蘭州大學出版社　2004　p. 112

P. 3189

那波利貞　佛教信仰に基きて組織せられたる中晚唐五代時代の社邑に就きて（上）　『史林』（24卷 3 號）　京都大學文學部史學研究會　1939　p. 33

那波利貞　唐寫本雜抄考──唐代庶民教育史研究の一資料　唐代社會文化史研究・第二編　（東京）創文社　1974　p. 207、254、257

雷僑雲　敦煌兒童文學　（臺北）學生書局　1985　p. 44

高明士　唐代敦煌的教育　漢學研究（敦煌學國際研討會論文專號）　（臺北）漢學研究資料及服務中心　1986　p. 257

李正宇　唐宋時代的敦煌學校　《敦煌研究》1986 年第 1 期　p. 45

姜亮夫　敦煌經卷壁畫中所見寺觀録　敦煌學論文集　上海古籍出版社　1987　p. 1073

姜亮夫　敦煌經卷題名録　敦煌學論文集　上海古籍出版社　1987　p. 1063

李正宇　敦煌學郎題記輯注　《敦煌學輯刊》1987 年第 1 期　p. 39

李正宇　敦煌地區古代祠廟寺觀簡志　《敦煌學輯刊》1988 年第 1、2 期　p. 80

高國藩　敦煌民俗學　上海文藝出版社　1989　p. 97、109

池田溫　中國古代寫本識語集録　（東京）大藏出版株式會社　1990　p. 524

鄭阿財　敦煌蒙書析論　第二屆敦煌學國際研討會論文集　（臺北）漢學研究中心　1990　p. 217

林聰明　敦煌文書出處略考　季羨林教授八十華誕紀念論文集（下）　江西人民出版社　1991　p. 858

林聰明　敦煌文書學　（臺北）新文豐出版公司　1991　p. 302、389

朱鳳玉　敦煌寫本字書緒論　（臺北）《華岡文科學報》1991 年第 18 期　p. 106

東野治之　敦煌と日本の『千字文』　遣唐使と正倉院　（東京）岩波書店　1992　p. 240

東野治之　訓蒙書　敦煌漢文文獻（講座敦煌 5）　（東京）大東出版社　1992　p. 404

姜伯勤　敦煌社會文書導論　（臺北）新文豐出版公司　1992　p. 93

榮新江著　青木茂　關尾史郎譯注　吐魯番の歷史と文化（VII）　『吐魯番出土文物研究會會報』（77 號）　（東京）吐魯番出土文物研究會　1992　p. 3

陶秋英輯録　姜亮夫校訂　敦煌經卷所見寺名録　敦煌碎金　浙江古籍出版社　1992　p. 103

陶秋英輯録　姜亮夫校訂　敦煌經卷題名録　敦煌碎金　浙江古籍出版社　1992　p. 80

嚴耕望　唐人習業山林寺院之風尚　唐代研究論集（第二輯）　（臺北）新文豐出版公司　1992　p. 9

鄭阿財　敦煌文獻與文學　（臺北）新文豐出版公司　1993　p. 246、268

沃興華　敦煌書法藝術　上海人民出版社　1994　p. 34、195、249

徐俊　敦煌學郎詩作者問題考略　《文獻》1994 年第 2 期　p. 16

鄭汝中　唐代書法藝術與敦煌寫卷　敦煌書法庫（第四輯）　甘肅人民美術出版社　1994　p. 10

又見:《敦煌研究》1996 年第 2 期　p. 126

朱鳳玉　敦煌文獻中的語文教材　（臺灣）《嘉義師院學報》1995 年第 9 期　p. 475

李正宇　敦煌史地新論　（臺北）新文豐出版公司　1996　p. 81、189

鄭炳林　敦煌碑銘讚輯釋　甘肅教育出版社　1997　p. 156 注 2

李正宇　三界寺　敦煌學大辭典　上海辭書出版社　1998　p. 631

梅維恒著　楊繼東　陳引馳譯　唐代變文（上）　（香港）中國佛教文化出版公司　1999　p. 264
　　注 5

汪泛舟　《開蒙要訓》初探　《敦煌研究》1999 年第 2 期　p. 139

汪泛舟　敦煌古代兒童課本　甘肅人民出版社　2000　p. 53

徐俊　敦煌詩集殘卷輯考　中華書局　2000　p. 791

林聰明　敦煌吐魯番文書解詁指例　（臺北）新文豐出版公司　2001　p. 130、204

鄭阿財　敦煌童蒙讀物的分類與總說　敦煌文獻論集:紀念藏經洞發現一百周年國際學術研討會論
　　文集　遼寧人民出版社　2001　p. 202

李春遠　關於敦煌遺書的書法化趨向　《敦煌學輯刊》2002 年第 1 期　p. 63

鄭阿財　朱鳳玉　敦煌蒙書研究　甘肅教育出版社　2002　p. 56

郝春文　唐後期五代宋初中印文化對敦煌寺院的影響　新世紀敦煌學論集　巴蜀書社　2003
　　p. 333

金瀅坤　唐五代童子科與兒童教育　中國中古史論集　天津古籍出版社　2003　p. 296

P. 3190

矢吹慶輝　鳴沙餘韻・解說篇（第二部）　（京都）臨川書店　1980　p. 90

周季文　道安法師念佛讚古藏文音譯本　敦煌學大辭典　上海辭書出版社　1998　p. 476

湛如　敦煌淨土教讚文考辨　華林（第一卷）　中華書局　2001　p. 183

湛如　敦煌佛教律儀制度研究　中華書局　2003　p. 251

P. 3191

唐耕耦　敦煌四件唐寫本姓望氏族譜（?）殘卷研究　敦煌吐魯番文獻研究論集（第二輯）　北京大學
　　出版社　1983　p. 211、221

唐耕耦　敦煌唐寫本天下姓望氏族譜殘卷的若干問題　魏晉隋唐史論集（第二輯）　中國社會科學
　　出版社　1983　p. 300

唐耕耦　陸宏基　敦煌社會經濟文獻真迹釋錄（一）　書目文獻出版社　1986　p. 89

王仲犖　敦煌石室出殘姓氏書五種考釋　敦煌吐魯番文獻研究論集（第三輯）　北京大學出版社
　　1986　p. 10　又見:𡺵華山館叢稿　中華書局　1987　p. 450

姜亮夫　敦煌小識六論　敦煌學論文集　上海古籍出版社　1987　p. 759

姜亮夫　海外敦煌卷子經眼錄　敦煌學論文集　上海古籍出版社　1987　p. 38　又見:姜亮夫全集
　　（十三）　雲南人民出版社　2002　p. 32

鄭炳林　敦煌地理文書彙輯校注　甘肅教育出版社　1989　p. 353

鄧文寬　歸義軍張氏家族的封爵與郡望　敦煌吐魯番學研究論文集　漢語大詞典出版社　1990
　　p. 607

仁井田陞　補訂中國法制史研究:奴隸農奴法・家族村落法　東京大學出版會　1991　p. 633

胡戟　傅玫　敦煌史話　中華書局　1995　p. 145、183

梁尉英　敦煌佛傳概觀及其中國化之特點　敦煌學國際研討會文集・石窟藝術編　遼寧美術出版社

1995　p. 342

鄭炳林　羊萍　敦煌本夢書　甘肅文化出版社　1995　p. 250

鄭炳林　敦煌碑銘讚輯釋　甘肅教育出版社　1997　p. 186 注 2

白化文　姓望氏族譜　敦煌學大辭典　上海辭書出版社　1998　p. 452

郭鋒　唐代士族個案研究　廈門大學出版社　1999　p. 185

榮新江　英國圖書館藏敦煌漢文非佛教文獻殘卷概述　敦煌文藪(下)　(臺北)新文豐出版公司
　　1999　p. 129

北京大學　敦煌《經卷》、《照片》及《圖書》目錄　中國敦煌學百年文庫·綜述卷(一)　甘肅文化出
　　版社　1999　p. 316

馬世長　《報父母恩重經》與相關變相圖　宿白先生八秩華誕紀念文集　文物出版社　2000　p. 523

榮新江　《英藏敦煌文獻》定名商補　文史(第五十二輯)　中華書局　2000　p. 123

汪泛舟　敦煌古代兒童課本　甘肅人民出版社　2000　p. 5

郭鋒　郡望向姓望轉化與士族政治社會運動的終結　中國社會歷史評論(第 3 卷)　中華書局
　　2001　p. 75

鄭炳林　敦煌寫本解夢書校錄研究　民族出版社　2005　p. 66

P. 3192

那波利貞　千佛岩莫高窟と敦煌文書　西域文化研究(第二)·敦煌吐魯番社會經濟資料(上)　(京
　　都)法藏館　1959　p. 39

竺沙雅章　敦煌出土「社」文書の研究　『東方學報』(第 35 號)　京都大學人文科學研究所　1964
　　p. 274

那波利貞　唐代の社邑に就きて(1938 年)　唐代社會文化史研究·第五編　(東京)創文社　1974
　　p. 516

陳國燦　對未刊敦煌借契的考察　魏晉南北朝隋唐史資料(第 5 輯)　武漢大學出版社　1983
　　p. 23

高明士　唐代敦煌的教育　漢學研究(敦煌學國際研討會論文專號)　(臺北)漢學研究資料及服務
　　中心　1986　p. 252

李正宇　唐宋時代的敦煌學校　《敦煌研究》1986 年第 1 期　p. 44

李正宇　敦煌學郎題記輯注　《敦煌學輯刊》1987 年第 1 期　p. 34

謝和耐著　耿昇譯　中國 5—10 世紀的寺院經濟　甘肅人民出版社　1987　p. 319　又見：上海古籍
　　出版社　2004　p. 264

李正宇　敦煌文學雜考二題　敦煌語言文學研究　北京大學出版社　1988　p. 94

山本達郎等　敦煌·III 轉貼　『NUN‐HUANG AND TURFAN DOCUMENTS CONCERNING SOCIAL
　　AND ECONOMIC HISTORY』(IV)　(東京)東洋文庫　1989　p. 24

張鴻勳　敦煌故事賦《茶酒論》與爭奇型小說　《敦煌研究》1989 年第 1 期　p. 68

池田溫　中國古代寫本識語集錄　(東京)大藏出版株式會社　1990　p. 414

唐耕耦　陸宏基　敦煌社會經濟文獻真迹釋錄(二)　全國圖書館文獻縮微複製中心　1990　p. 108

林聰明　敦煌文書學　(臺北)新文豐出版公司　1991　p. 332

王素　唐寫本《論語鄭氏注》校錄　唐寫本論語鄭氏注及其研究　文物出版社　1991　p. 137 注 3

姜伯勤　敦煌社會文書導論　(臺北)新文豐出版公司　1992　p. 103、242

土田健次郎　儒教典籍　敦煌漢文文獻(講座敦煌 5)　(東京)大東出版社　1992　p. 269

高國藩　敦煌民俗資料導論　(臺北)新文豐出版公司　1993　p. 3

高田時雄　評：池田溫編『敦煌漢文文獻』（講座敦煌 5）　『東洋史研究』（52 卷 1 號）　（東京）東洋
　　史研究會　1993　p. 125

李正宇　敦煌文學概論　甘肅人民出版社　1993　p. 100

項楚　敦煌詩歌導論　（臺北）新文豐出版公司　1993　p. 213

徐俊　敦煌學郎詩作者問題考略　《文獻》1994 年第 2 期　p. 20

石田勇作　敦煌「社文書」研究序說　中國古代の國家と民眾（堀敏一先生古稀記念）　（東京）汲古
　　書院　1995　p. 684

張傳璽　中國歷代契約會編考釋（上）　北京大學出版社　1995　p. 377 注 1

陳金木　唐寫本論語鄭氏注研究（上）　（臺北）文津出版社　1996　p. 80

李正宇　敦煌史地新論　（臺北）新文豐出版公司　1996　p. 186

寧可　郝春文　敦煌社邑文書輯校　江蘇古籍出版社　1997　p. 284

鄭炳林　敦煌碑銘讚輯釋　甘肅教育出版社　1997　p. 44 注 11

李方　敦煌《論語集解》校正　江蘇古籍出版社　1998　p. 831

李方　唐寫本《論語集解》校讀零拾　出土文獻研究（第三輯）　文物出版社　1998　p. 221

李正宇　古本敦煌鄉土志八種箋證　（臺北）新文豐出版公司　1998　p. 385

李正宇　禮生　敦煌學大辭典　上海辭書出版社　1998　p. 597

沙知　典物契　敦煌學大辭典　上海辭書出版社　1998　p. 389

沙知　敦煌契約文書輯校　江蘇古籍出版社　1998　p. 159

寧可　寧可史學論集　中國社會科學出版社　1999　p. 451 注 3

楊森　談敦煌社邑文書中"三官"及"錄事""虞侯"的若干問題　《敦煌研究》1999 年第 3 期　p. 81

楊秀清　淺談唐、宋時期敦煌地區的學生生活　《敦煌研究》1999 年第 4 期　p. 144

榮新江　《英藏敦煌文獻》定名商補　文史（第五十二輯）　中華書局　2000　p. 125

榮新江　《英國圖書館藏敦煌漢文非佛教文獻殘卷目錄》補正　英國收藏敦煌漢藏文獻研究　中國
　　社會科學出版社　2000　p. 381

顏廷亮　敦煌文化　光明日報出版社　2000　p. 185、213

鄭阿財　臺北"中研院"傅斯年圖書館藏敦煌卷子題記　慶祝吳其昱先生八秩華誕敦煌學特刊　（臺
　　北）文津出版社　2000　p. 382

林聰明　敦煌吐魯番文書解詁指例　（臺北）新文豐出版公司　2001　p. 202

孟憲實　敦煌社邑的分佈　敦煌文獻論集：紀念藏經洞發現一百周年國際學術研討會論文集　遼寧
　　人民出版社　2001　p. 433

姜亮夫　敦煌莫高窟年表　姜亮夫全集（十一）　雲南人民出版社　2002　p. 363

張鴻勳　敦煌俗文學研究　甘肅人民出版社　2002　p. 197

童丕　敦煌的借貸：中國中古時代的物質生活與社會　中華書局　2003　p. 8、126

P. 3193

邵榮芬　敦煌俗文學中的別字異文和唐五代西北方音　《中國語文》1963 年第 3 期　又見：中國敦煌
　　學百年文庫·語言文字卷（一）　甘肅文化出版社　1999　p. 137

李正宇　敦煌學郎題記輯注　《敦煌學輯刊》1987 年第 1 期　p. 28

唐耕耦　陸宏基　敦煌社會經濟文獻真迹釋錄（二）　全國圖書館文獻縮微複製中心　1990　p. 316

林聰明　敦煌文書學　（臺北）新文豐出版公司　1991　p. 169

土田健次郎　儒教典籍　敦煌漢文文獻（講座敦煌 5）　（東京）大東出版社　1992　p. 269

王震亞　趙熒　敦煌殘卷爭訟文牒集釋　甘肅人民出版社　1993　p. 59

林聰明　談敦煌文書的抄寫問題　紀念陳寅恪先生百年誕辰學術論文集　江西教育出版社　1994
　　p. 288

王永興　敦煌經濟文書導論　（臺北）新文豐出版公司　1994　p. 408

李正宇　敦煌歷史地理導論　（臺北）新文豐出版公司　1997　p. 58

李方　敦煌《論語集解》校正　江蘇古籍出版社　1998　p. 831

李方　唐寫本《論語集解》校讀零拾　出土文獻研究（第三輯）　文物出版社　1998　p. 218

林聰明　敦煌吐魯番文書解詁指例　（臺北）新文豐出版公司　2001　p. 37

許建平　評《敦煌〈論語集解〉校正》　敦煌吐魯番研究（第五卷）　北京大學出版社　2001　p. 339

P. 3194

饒宗頤　敦煌書法叢刊（第十八卷）‧碎金（一）　（東京）二玄社　1983　p. 89

王堯　陳踐　敦煌吐蕃文獻選　四川民族出版社　1983　p. 206

李正宇　唐宋時代敦煌縣河渠泉澤簡志（二）　《敦煌研究》1989年第1期　p. 59

王素　唐寫本《論語鄭氏注》校錄　唐寫本論語鄭氏注及其研究　文物出版社　1991　p. 84 注49

土田健次郎　儒教典籍　敦煌漢文文獻（講座敦煌5）　（東京）大東出版社　1992　p. 269

陳金木　唐寫本論語鄭氏注研究（上）　（臺北）文津出版社　1996　p. 70

李正宇　敦煌史地新論　（臺北）新文豐出版公司　1996　p. 140

李方　敦煌《論語集解》校正　江蘇古籍出版社　1998　p. 831

李方　唐寫本《論語集解》校讀零拾　出土文獻研究（第三輯）　文物出版社　1998　p. 219

劉濤　敦煌書法　敦煌學大辭典　上海辭書出版社　1998　p. 274

劉濤　王羲之蘭亭序　敦煌學大辭典　上海辭書出版社　1998　p. 278

許建平　《俄藏敦煌文獻》儒家經典類寫本的定名與綴合　漢語史學報專輯（第三輯）　上海教育出
　　版社　2003　p. 312

許建平　中國國家圖書館藏未刊敦煌寫本殘片四種的定名與綴合　浙江與敦煌學：常書鴻先生誕辰
　　一百周年紀念文集　浙江古籍出版社　2004　p. 320

P. 3195

金岡照光　敦煌文學のさまざま　敦煌の文學　（東京）大藏出版株式會社　1971　p. 164

陳祚龍　敦煌寫本《登樓賦》斠證　敦煌學海探珠（上冊）　（臺北）商務印書館　1979　p. 23 注32

廣川堯敏　禮讚　敦煌と中國仏教（講座敦煌7）　（東京）大東出版社　1984　p. 448

蔣禮鴻　《補全唐詩》校記　敦煌學論集　甘肅人民出版社　1985　p. 76

姜亮夫　海外敦煌卷子經眼錄　敦煌學論文集　上海古籍出版社　1987　p. 46　又見：姜亮夫全集
　　（十三）　雲南人民出版社　2002　p. 39

黃永武　施淑婷　敦煌的唐詩續編　（臺北）文史哲出版社　1989　p. 20

張涌泉　《補全唐詩》兩種補校　《敦煌學輯刊》1991年第2期　p. 16　又見：舊學新知　浙江大學
　　出版社　1999　p. 298

周紹良　敦煌文學芻議及其它　（臺北）新文豐出版公司　1992　p. 28

項楚　敦煌詩歌導論　（臺北）新文豐出版公司　1993　p. 11、26

蔣禮鴻　蔣禮鴻語言文字學論叢　浙江古籍出版社　1994　p. 427

胡戟　傅玫　敦煌史話　中華書局　1995　p. 168

張錫厚　敦煌本唐集研究　（臺北）新文豐出版公司　1995　p. 172

鄧文寬　敦煌吐魯番文獻重文符號釋讀舉隅　敦煌吐魯番學耕耘録　（臺北）新文豐出版公司

1996　p. 321

徐俊　敦煌寫本唐人詩歌存佚互見綜考　敦煌吐魯番研究（第一卷）　北京大學出版社　1996　p. 121

張錫厚　敦煌本《高適詩集》考述　《敦煌研究》1996 年第 1 期　p. 83

張涌泉　敦煌俗字研究導論　（臺北）新文豐出版公司　1996　p. 95

馬德　敦煌工匠史料　甘肅人民出版社　1997　p. 47

柴劍虹　長門怨　敦煌學大辭典　上海辭書出版社　1998　p. 557

柴劍虹　虞美人怨　敦煌學大辭典　上海辭書出版社　1998　p. 540

胡大浚　王志鵬　敦煌邊塞詩歌校注　甘肅人民出版社　1999　p. 96

黃征　程惠新　劫塵遺珠：敦煌遺書　甘肅教育出版社　1999　p. 212

張涌泉　俗字研究與敦煌文獻的校理　舊學新知　浙江大學出版社　1999　p. 51

榮新江　《英藏敦煌文獻》定名商補　文史（第五十二輯）　中華書局　2000　p. 128　又見：敦煌學新論　甘肅教育出版社　2002　p. 206

榮新江　《英國圖書館藏敦煌漢文非佛教文獻殘卷目錄》補正　英國收藏敦煌漢藏文獻研究　中國社會科學出版社　2000　p. 387

徐俊　敦煌詩集殘卷輯考　中華書局　2000　p. 155、222、399、785

張錫厚　敦煌文學源流　作家出版社　2000　p. 78、86

劉瑞明　集遺珠以彙詩海　復原貌而觀萬象：評《敦煌詩集殘卷輯考》　《敦煌研究》2001 年第 4 期　p. 170

陶敏　李一飛　隋唐五代文學史料學　中華書局　2001　p. 354

林平和　試論敦煌文獻之輯佚價值　新世紀敦煌學論集　巴蜀書社　2003　p. 738

P. 3196

石濱純太郎　敦煌古書雜考　『東洋學報』（15 卷 4 號）　（東京）東洋學術協會　1927　p. 89

張錫厚　敦煌詩歌考論　《敦煌學輯刊》1989 年第 2 期　p. 29

榮新江　評《藏外佛教文獻》第一輯　唐研究（第二卷）　北京大學出版社　1996　p. 464

P. 3197

小島祐馬　巴黎國立圖書館藏敦煌遺書所見錄（三）　『支那學』（6 卷 2 號）　（京都）支那學社　1932　p. 119

王重民　敦煌本《捉季布傳》　《國立北平圖書館館刊》1936 年第 10 卷第 1 號　又見：敦煌變文論文錄　上海古籍出版社　1982　p. 560；敦煌遺書論文集　中華書局　1984　p. 228、231

那波利貞　中晚唐五代の佛教寺院の俗講の座に於ける變文の演出方法に就きて　甲南大學論集（2）　（神戸）甲南大學　1955　p. 7

周紹良　敦煌所出變文現存目錄　敦煌變文彙錄　上海出版公司　1955　p. 9

左補闕　《敦煌遺書總目索引》簡評　文史（第一輯）　中華書局　1962　p. 86

蘇瑩輝　論敦煌本史傳變文與中國俗文學　（臺中）《東海大學圖書館學報》1964 年第 6 期　又見：敦煌論集　（臺北）學生書局　1983　p. 121；中國敦煌學百年文庫·文學卷（五）　甘肅文化出版社　1999　p. 16

金岡照光　敦煌漢文文學文獻の文學形態上の種類とその分類　敦煌出土文學文獻分類目錄·附解說　（東京）東洋文庫　1971　p. 221

金岡照光　敦煌文學のさまざま　敦煌の文學　（東京）大藏出版株式會社　1971　p. 123

潘重規　敦煌寫本衹園圖記新書　敦煌學(第3輯)　(香港)新亞研究所敦煌學會　1976　p. 108

王重民　敦煌古籍敘錄　中華書局　1979　p. 344

楊家駱　敦煌變文　(臺北)世界書局　1980　p. 71

張錫厚　敦煌文學　上海古籍出版社　1980　p. 114 注1

蘇瑩輝　敦煌學概要　(臺北)編譯館"中華叢書編委會"　1981　p. 89

傅芸子　敦煌俗文學之發見及其展開　敦煌變文論文錄　上海古籍出版社　1982　p. 137

潘重規　敦煌變文集新書(下)　(臺北)"中國文化大學"中文研究所　1984　p. 1010

王重民　捉季布傳文　敦煌變文集　人民文學出版社　1984　p. 71

王重民原編　黃永武新編　敦煌古籍敘錄新編(第十七冊)　(臺北)新文豐出版公司　1986　p. 102

李正宇　敦煌學郎題記輯注　《敦煌學輯刊》1987年第1期　p. 38

張鴻勳　敦煌講唱文學作品選注　甘肅人民出版社　1987　p. 19 注85

張鴻勳　敦煌文學作品選　中華書局　1987　p. 260 注18

張金泉　唐民間詩韻:論變文詩韻　1983年全國敦煌學術討論會文集·文史遺書編(下)　甘肅人民
　　出版社　1987　p. 253

林平和　羅振玉敦煌學析論　(臺北)文史哲出版社　1988　p. 75

郭在貽　張涌泉　黃征　敦煌變文集校議　岳麓書社　1990　p. 234

項楚　敦煌變文選注　巴蜀書社　1990　p. 142

金岡照光　講史譚·時事変文等——「王陵」「李陵」「張議潮」変文を中心に　敦煌の文學文獻(講
　　座敦煌9)　(東京)大東出版社　1992　p. 549

李正宇　敦煌名勝古迹導論　《陽關》1992年第1期　p. 44

趙逵夫　《敦煌變文集》第一卷六篇補校　《蘭州大學學報》1992年第2期　p. 128

鄭炳林　梁志勝　《梁幸德邈真讚》與梁願請《莫高窟功德記》　《敦煌研究》1992年第2期　p. 69
　　又見:敦煌吐魯番文獻研究　蘭州大學出版社　1995　p. 268

李正宇　敦煌文學概論　甘肅人民出版社　1993　p. 147

榮新江　英倫所見三種敦煌俗文學作品跋　(香港)《九州學刊》(敦煌學專輯)1993年第5卷第4期
　　p. 131

張鴻勳　敦煌話本詞文俗賦導論　(臺北)新文豐出版公司　1993　p. 79

張錫厚　敦煌文學概論　甘肅人民出版社　1993　p. 381

趙逵夫　《伍子胥變文》補校拾遺　唐代文學研究(第四輯)　廣西師範大學出版社　1993　p. 435

蔣禮鴻　敦煌文獻語言詞典　杭州大學出版社　1994　p. 89、237、335、394

蔣禮鴻　蔣禮鴻語言文字學論叢　浙江古籍出版社　1994　p. 425

陸慶夫　甘州回鶻可汗世次辨析　《敦煌學輯刊》1995年第2期　p. 36　又見:敦煌歸義軍史專題研
　　究　蘭州大學出版社　1997　p. 477

吳庚舜　董乃斌　唐代文學史(下)　人民文學出版社　1995　p. 618

張廣達　西域史地叢稿初編　上海古籍出版社　1995　p. 340

黃征　《壇經校釋》釋詞商補　敦煌語文叢說　(臺北)新文豐出版公司　1996　p. 85

李正宇　敦煌史地新論　(臺北)新文豐出版公司　1996　p. 19

黃征　敦煌文學《兒郎偉》輯錄校注　敦煌語文叢說　(臺北)新文豐出版公司　1997　p. 717

黃征　敦煌寫本異文綜析　敦煌語文叢說　(臺北)新文豐出版公司　1997　p. 19、33、38

黃征　魏晉南北朝俗語詞考釋　敦煌語文叢說　(臺北)新文豐出版公司　1997　p. 98

黃征　張涌泉　敦煌變文校注　中華書局　1997　p. 78、99、529、793

顏廷亮　關於《晏子賦》寫本的抄寫年代問題　《敦煌研究》1997年第2期　p. 138

鄭炳林　敦煌碑銘讚輯釋　甘肅教育出版社　1997　p. 348 注 7

柴劍虹　盧茂欽詩　敦煌學大辭典　上海辭書出版社　1998　p. 562

李正宇　禮生　敦煌學大辭典　上海辭書出版社　1998　p. 597

張鴻勳　大漢三年季布罵陣詞文　敦煌學大辭典　上海辭書出版社　1998　p. 582

邵榮芬　敦煌俗文學中的別字異文和唐五代西北方音　中國敦煌學百年文庫・語言文字卷（一）
　　　甘肅文化出版社　1999　p. 135

汪泛舟　敦煌詩述異　《敦煌研究》1999 年第 4 期　p. 19

顏廷亮　關於敦煌文學發展的歷史進程　《甘肅社會科學》1999 年第 4 期　p. 48

張涌泉　《補全唐詩》兩種補校　舊學新知　浙江大學出版社　1999　p. 308

金岡照光　敦煌文獻と中國文學　（東京）五曜書房　2000　p. 236

孫其芳　大漠遺歌：敦煌詩歌選評　甘肅人民出版社　2000　p. 147

徐俊　敦煌詩集殘卷輯考　中華書局　2000　p. 284、792

顏廷亮　敦煌文化　光明日報出版社　2000　p. 323

張鴻勳　說唱藝術奇葩：敦煌變文選評　甘肅人民出版社　2000　p. 41

張錫厚　敦煌文學源流　作家出版社　2000　p. 86、542

黃征　敦煌語言文字學研究　甘肅教育出版社　2002　p. 40、52

張鴻勳　敦煌俗文學研究　甘肅人民出版社　2002　p. 132

李正宇　李樹輝　絲綢之路與敦煌　敦煌陽關玉門關論文選萃　甘肅人民出版社　2003　p. 77

李正宇　莫高窟藝術精神境界的變化　2004 年石窟研究國際學術會議論文提要集　敦煌研究院
　　　2004　p. 148

吳麗娛　楊寶玉　P. 3197v《曹氏歸義軍時期甘州使人書狀》考試　《敦煌學輯刊》2005 年第 4 期
　　　p. 14

P. 3198

那波利貞　千佛岩莫高窟と敦煌文書　西域文化研究（第二）・敦煌吐魯番社會經濟資料（上）　（京
　　　都）法藏館　1959　p. 40

那波利貞　佛教信仰に基きて組織せられたる中晚唐五代時代の社邑に就きて　唐代社會文化史研
　　　究・第六編　（東京）創文社　1974　p. 602

那波利貞　唐代の社邑に就きて（1938 年）　唐代社會文化史研究・第五編　（東京）創文社　1974
　　　p. 523、556

唐耕耦　陸宏基　敦煌社會經濟文獻真迹釋録（一）　書目文獻出版社　1986　p. 296

山本達郎等　敦煌・Ⅱ牒・狀　『NUN－HUANG AND TURFAN DOCUMENTS CONCERNING SOCIAL
　　　AND ECONOMIC HISTORY』（Ⅳ）　（東京）東洋文庫　1989　p. 16

姜伯勤　敦煌社會文書導論　（臺北）新文豐出版公司　1992　p. 233、240

土肥義和　唐・北宋間の「社」の組織形態に関する一考察　中國古代の國家と民眾（堀敏一先生古
　　　稀記念）　（東京）汲古書院　1995　p. 703

寧可　郝春文　敦煌社邑文書輯校　江蘇古籍出版社　1997　p. 707

寧可　寧可史學論集　中國社會科學出版社　1999　p. 449 注 2

郝春文　唐後期五代宋初敦煌私社的教育與教化功能　敦煌吐魯番研究（第九卷）　中華書局
　　　2006　p. 306、313

P. 3199

潘重規　敦煌寫本祇園圖記新書　敦煌學(第3輯)　(香港)新亞研究所敦煌學會　1976　p. 107

潘重規　敦煌變文集新書(上)　(臺北)"中國文化大學"中文研究所　1984　p. 665

戴密微著　耿昇譯　敦煌學近作　敦煌譯叢(第一輯)　甘肅人民出版社　1985　p. 43

黃征　吳偉　敦煌願文集　岳麓書社　1995　p. 42

黃征　張涌泉　敦煌變文校注　中華書局　1997　p. 606

P. 3200

周紹良　敦煌文學芻議及其它　(臺北)新文豐出版公司　1992　p. 28

柴劍虹　塞上詩　敦煌學大辭典　上海辭書出版社　1998　p. 570

王卡　長樂經　敦煌學大辭典　上海辭書出版社　1998　p. 760

胡大浚　王志鵬　敦煌邊塞詩歌校注　甘肅人民出版社　1999　p. 123

徐俊　敦煌詩集殘卷輯考　中華書局　2000　p. 209、696

王卡　敦煌道教文獻研究　中國社會科學出版社　2004　p. 39、235

P. 3201

三木榮　西域出土醫藥關係文獻綜合解說目錄　『東洋學報』(47卷1號)　(東京)東洋學術協會　1964　p. 6

長澤和俊　敦煌　(東京)築摩書房　1965　p. 171

戴密微著　吳其昱選譯　吐蕃佛教會議(選譯)　敦煌學(第1輯)　(香港)新亞研究所敦煌學會　1974　p. 13

張廣達　唐代禪宗的傳入吐蕃及有關的敦煌文書　學林漫錄(三集)　中華書局　1981　p. 47

姜亮夫　敦煌經卷在中國文化學術上的價值　敦煌學論文集　上海古籍出版社　1987　p. 16

姜亮夫　海外敦煌卷子經眼錄　敦煌學論文集　上海古籍出版社　1987　p. 37　又見:姜亮夫全集(十三)　雲南人民出版社　2002　p. 31

周一良　敦煌寫本書儀考(之二)　敦煌吐魯番文獻研究論集(第四輯)　北京大學出版社　1987　p. 31

馬繼興　敦煌古醫籍考釋　江西科學技術出版社　1988　p. 239

唐耕耦　陸宏基　敦煌社會經濟文獻真迹釋錄(四)　全國圖書館文獻縮微複製中心　1990　p. 358

叢春雨　敦煌中醫藥全書　中醫古籍出版社　1994　p. 33、587

王書慶　敦煌佛學·佛事篇　甘肅民族出版社　1995　p. 254

張廣達　西域史地叢稿初編　上海古籍出版社　1995　p. 198

鄭炳林　唐五代敦煌的醫事研究　敦煌歸義軍史專題研究　蘭州大學出版社　1997　p. 519

馬繼興　敦煌醫藥文獻輯校　江蘇古籍出版社　1998　p. 324

榮新江　拉薩宗教會議　敦煌學大辭典　上海辭書出版社　1998　p. 814

王淑民　不知名醫方第八種　敦煌學大辭典　上海辭書出版社　1998　p. 619

王堯　《國外敦煌吐蕃文書研究選譯》前言　法藏敦煌藏文文獻解題目錄　民族出版社　1999　p. 299

王淑民　敦煌石窟秘藏醫方　北京醫科大學中國協和醫科大學聯合出版社　1999　p. 45、108

叢春雨　敦煌中醫藥精萃發微　中醫古籍出版社　2000　p. 226

顏廷亮　敦煌文化的靈魂論綱　《甘肅社會科學》2000年第4期　p. 33

陳明　醫理精華:印度古典醫學在敦煌的實例分析　敦煌吐魯番研究(第五卷)　北京大學出版社

2001 p. 255

陳明 印度梵文醫典醫理精華研究 中華書局 2002 p. 115

馬繼興 當前世界各地收藏的中國出土卷子本古醫藥文獻備考 敦煌吐魯番研究(第六卷) 北京大學出版社 2002 p. 150

楊森 談與敦煌和尚師子吼相關的幾個問題 2000 年敦煌學國際學術討論會文集・歷史文化卷(下) 甘肅民族出版社 2003 p. 137

陳明 備急單驗:敦煌醫藥文獻中的單藥方 敦煌學國際研討會論文集 北京圖書館出版社 2005 p. 239

陳明 殊方異藥:出土文書與西域醫學 北京大學出版社 2005 p. 151

邵文實 王錫與 S. 1438 文書中的沙州長官 《敦煌學輯刊》2005 年第 2 期 p. 151

P. 3202

矢吹慶輝 三階教之研究 (東京)岩波書店 1927 p. 181、192、788

岡部和雄 敦煌藏經目錄 敦煌と中國仏教(講座敦煌 7) (東京)大東出版社 1984 p. 297、306、315

方廣錩 讀敦煌佛典經錄劄記 《敦煌學輯刊》1986 年第 1 期 p. 108

方廣錩 朱明忠 敦煌遺書《沙州乞經狀》 隋唐佛教研究論文集 三秦出版社 1990 p. 275

上山大峻 敦煌佛教の研究 (京都)法藏館 1990 p. 78

方廣錩 佛教大藏經史(八一十世紀) 中國社會科學出版社 1991 p. 130、140、143

吳其昱著 伊藤美重子譯 敦煌漢文寫本概觀 敦煌漢文文獻(講座敦煌 5) (東京)大東出版社 1992 p. 73

方廣錩 敦煌佛教經錄輯校 江蘇古籍出版社 1997 p. 566

方廣錩 《進新譯大方廣佛花嚴經表》 藏外佛教文獻(第六輯) 宗教文化出版社 1998 p. 382

方廣錩 龍錄內無名經律論錄 敦煌學大辭典 上海辭書出版社 1998 p. 752

方廣錩 敦煌寺院所藏大藏經 中日敦煌佛教學術會議論文集 中國社會科學院研究所 2002 p. 42

西本照真 敦煌抄本中的三階教文獻 中日敦煌佛教學術會議論文集 中國社會科學院研究所 2002 p. 178

西本照真 三階教文獻綜述 藏外佛教文獻(第九輯) 宗教文化出版社 2003 p. 366

鄭炳林 晚唐五代敦煌諸寺藏經與管理 新世紀敦煌學論集 巴蜀書社 2003 p. 343

P. 3203

陳祚龍 校訂宋初沙州戒牒三式 敦煌學海探珠(下冊) (臺北)商務印書館 1979 p. 379

孫修身 敦煌石窟《臘八燃燈分配窟龕名數》寫作年代考 絲路訪古 甘肅人民出版社 1983 p. 212

唐耕耦 陸宏基 敦煌社會經濟文獻真迹釋錄(四) 全國圖書館文獻縮微複製中心 1990 p. 86

鄭炳林 伯 2641 號背莫高窟再修功德記撰寫人探微 《敦煌學輯刊》1991 年第 2 期 p. 48

竺沙雅章 寺院文書 敦煌漢文文獻(講座敦煌 5) (東京)大東出版社 1992 p. 600

李正宇 敦煌文學概論 甘肅人民出版社 1993 p. 104

魏普賢 敦煌寫本和石窟中的劉薩訶傳說 法國學者敦煌學論文選萃 中華書局 1993 p. 453 注 86

李玉昆 敦煌遺書《泉州千佛新著諸祖師頌》研究 《敦煌學輯刊》1995 年第 1 期 p. 31

鄭炳林　敦煌碑銘讚輯釋　甘肅教育出版社　1997　p. 518 注 8
李正宇　古本敦煌鄉土志八種箋證　（臺北）新文豐出版公司　1998　p. 306
唐耕耦　戒牒　敦煌學大辭典　上海辭書出版社　1998　p. 641
李德龍　沙州三界寺《授戒牒》初探　甘肅民族研究論叢　甘肅人民出版社　2002　p. 402
竇懷永　許建平　敦煌寫本的避諱特點及其對傳統寫本抄寫時代判定的參考價值　《敦煌研究》
　　2004 年第 4 期　p. 56

P. 3204

小島祐馬　巴黎國立圖書館藏敦煌遺書所見錄（九）　『支那學』（8 卷 1 號）　（京都）支那學社
　　1935　p. 93
寺岡龍含　敦煌本郭象注莊子南華真經輯影　福井漢文學會　1960　p. 5
寺岡龍含　敦煌本郭象注莊子南華真經研究總論　福井漢文學會　1966　p. 47、96
楠山春樹　道德經類　付『莊子』『列子』『文子』　敦煌と中國道教（講座敦煌 4）　（東京）大東出版
　　社　1983　p. 51
鄭炳林　敦煌碑銘讚輯釋　甘肅教育出版社　1997　p. 234 注 7
王卡　敦煌道教文獻研究　中國社會科學出版社　2004　p. 181
王卡　中國國家圖書館藏敦煌道教遺書研究報告　敦煌吐魯番研究（第七卷）　北京大學出版社
　　2004　p. 365

P. 3205

山本達郎等　敦煌・V 社會文書　『NUN－HUANG AND TURFAN DOCUMENTS CONCERNING SO-
　　CIAL AND ECONOMIC HISTORY』(IV)　（東京）東洋文庫　1989　p. 113
戴仁　敦煌和吐魯番寫本的斷代研究　法國學者敦煌學論文選萃　中華書局　1993　p. 542
高國藩　敦煌民俗資料導論　（臺北）新文豐出版公司　1993　p. 17
李正宇　敦煌文學概論　甘肅人民出版社　1993　p. 94
姜伯勤　敦煌戒壇與大乘佛教　華學（第二輯）　中山大學出版社　1996　p. 325
李正宇　李顥　敦煌學大辭典　上海辭書出版社　1998　p. 349
馬德　敦煌文書《諸寺付經歷》芻議　《敦煌學輯刊》1999 年第 1 期　p. 44

P. 3206

陳祚龍　校訂宋初沙州戒牒三式　敦煌學海探珠（下冊）　（臺北）商務印書館　1979　p. 379
孫修身　敦煌三界寺　甘肅省史學會論文集　甘肅省歷史學會編印　1982　p. 173　又見：中國敦煌
　　學百年文庫・宗教卷（一）　甘肅文化出版社　1999　p. 58
唐耕耦　陸宏基　敦煌社會經濟文獻真迹釋錄（四）　全國圖書館文獻縮微複製中心　1990　p. 92
鄭炳林　伯 2641 號背莫高窟再修功德記撰寫人探微　《敦煌學輯刊》1991 年第 2 期　p. 48
竺沙雅章　寺院文書　敦煌漢文文獻（講座敦煌 5）　（東京）大東出版社　1992　p. 600
王三慶　敦煌書儀載錄之節日活動與民俗　全國敦煌學研討會論文集　（臺北）中正大學中國文學
　　系所　1995　p. 25 注 20
王書慶　敦煌文獻中五代宋初戒牒研究　《敦煌研究》1997 年第 3 期　p. 35
鄭炳林　敦煌碑銘讚輯釋　甘肅教育出版社　1997　p. 230 注 11
唐耕耦　戒牒　敦煌學大辭典　上海辭書出版社　1998　p. 641
李德龍　沙州三界寺《授戒牒》初探　甘肅民族研究論叢　甘肅人民出版社　2002　p. 403

P. 3207

那波利貞　佛教信仰に基きて組織せられたる中晚唐五代時代の社邑に就きて(上)　『史林』(24
　　卷3號)　京都大學文學部史學研究會　1939　p. 39　又見:唐代社會文化史研究·第六編　(東
　　京)創文社　1974　p. 607、610

那波利貞　俗講と變文　『佛教史學』(1卷3號)　(京都)平樂寺書店　1950　p. 70　又見:唐代社
　　會文化史研究·第四編　(東京)創文社　1974　p. 405

那波利貞　千佛岩莫高窟と敦煌文書　西域文化研究(第二)·敦煌吐魯番社會經濟資料(上)　(京
　　都)法藏館　1959　p. 35

那波利貞　梁戶考　唐代社會文化史研究·第三編　(東京)創文社　1974　p. 289、300、333、389

董作賓　敦煌紀年　敦煌學文選(上)　蘭州大學歷史系敦煌學研究室等　1983　p. 36

姜伯勤　敦煌寺院碾磑經營的兩種形式　歷史論叢(第三輯)　齊魯書社　1983　p. 183、186、188、
　　193　又見:五十年來漢唐佛教寺院經濟研究　北京師範大學出版社　1986　p. 230

孫修身　敦煌石窟《臘八燃燈分配窟龕名數》寫作年代考　絲路訪古　甘肅人民出版社　1983
　　p. 212

劉復　敦煌掇瑣　敦煌叢刊初集(十五)　(臺北)新文豐出版公司　1985　p. 369

謝和耐著　耿昇譯　敦煌的墰戶與梁戶　敦煌譯叢(第一輯)　甘肅人民出版社　1985　p. 168 注7

姜伯勤　敦煌寺院文書中"梁戶"的性質　五十年來漢唐佛教寺院經濟研究　北京師範大學出版社
　　1986　p. 127、134

姜伯勤　唐五代敦煌寺戶制度　中華書局　1987　p. 182、240、260、277

謝和耐著　耿昇譯　中國5—10世紀的寺院經濟　甘肅人民出版社　1987　p. 176 注2、234 注3
　　又見:上海古籍出版社　2004　p. 143 注7、193 注4

李正宇　敦煌地區古代祠廟寺觀簡志　《敦煌學輯刊》1988年第1、2期　p. 79

高國藩　敦煌民俗學　上海文藝出版社　1989　p. 61

唐耕耦　陸宏基　敦煌社會經濟文獻真迹釋錄(四)　全國圖書館文獻縮微複製中心　1990　p. 87

鄭炳林　伯2641號背莫高窟再修功德記撰寫人探微　《敦煌學輯刊》1991年第2期　p. 48

姜伯勤　敦煌社會文書導論　(臺北)新文豐出版公司　1992　p. 213

林家平　寧强　羅華慶　中國敦煌學史　北京語言學院出版社　1992　p. 18

竺沙雅章　寺院文書　敦煌漢文文獻(講座敦煌5)　(東京)大東出版社　1992　p. 600、623

高國藩　敦煌民俗資料導論　(臺北)新文豐出版公司　1993　p. 99

李正宇　敦煌文學概論　甘肅人民出版社　1993　p. 104

魏普賢　敦煌寫本和石窟中的劉薩訶傳說　法國學者敦煌學論文選萃　中華書局　1993　p. 453 注
　　86

胡戟　傅玫　敦煌史話　中華書局　1995　p. 133

李玉昆　敦煌遺書《泉州千佛新著諸祖師頌》研究　《敦煌學輯刊》1995年第1期　p. 31

姜伯勤　敦煌戒壇與大乘佛教　華學(第二輯)　中山大學出版社　1996　p. 328

姜伯勤　敦煌藝術宗教與禮樂文明　中國社會科學出版社　1996　p. 358

王書慶　敦煌文獻中五代宋初戒牒研究　《敦煌研究》1997年第3期　p. 35

鄭炳林　敦煌碑銘讚輯釋　甘肅教育出版社　1997　p. 519 注8

李正宇　道真名章　敦煌學大辭典　上海辭書出版社　1998　p. 294

李正宇　古本敦煌鄉土志八種箋證　(臺北)新文豐出版公司　1998　p. 306

唐耕耦　戒牒　敦煌學大辭典　上海辭書出版社　1998　p. 641、645

楊森　跋《子年三月五日計料海濟受戒衣鉢具色——如後》帳及卷背《釋門教授帖》文書　《敦煌研

　　　究》1998 年第 4 期　　p. 103

馬德　敦煌文書《諸寺付經歷》芻議　《敦煌學輯刊》1999 年第 1 期　　p. 39

丘古耶夫斯基　敦煌漢文文書　上海古籍出版社　2000　p. 191

姜亮夫　敦煌莫高窟年表　姜亮夫全集(十一)　雲南人民出版社　2002　p. 576

李德龍　沙州三界寺《授戒牒》初探　甘肅民族研究論叢　甘肅人民出版社　2003　p. 387

P. 3208

姜伯勤　敦煌社會文書導論　(臺北)新文豐出版公司　1992　p. 159

P. 3209

土橋秀高　敦煌の律藏　敦煌と中國仏教(講座敦煌7)　(東京)大東出版社　1984　p. 261

黃征　吳偉　敦煌願文集　岳麓書社　1995　p. 369

楊自福　顧大勇　敦煌本《周公解夢書》殘卷初探　《敦煌學輯刊》1995 年第 2 期　　p. 71

鄭炳林　羊萍　敦煌本夢書　甘肅文化出版社　1995　p. 240

黃征　張涌泉　敦煌變文校注　中華書局　1997　p. 698、1162

鄭炳林　敦煌碑銘讚輯釋　甘肅教育出版社　1997　p. 163 注 4

楊富學　李吉和　敦煌漢文吐蕃史料輯校(第一輯)　甘肅人民出版社　1999　p. 201

湛如　敦煌佛教律儀制度研究　中華書局　2003　p. 156

鄭炳林　敦煌寫本解夢書校錄研究　民族出版社　2005　p. 55

P. 3210

關德棟　談變文　《覺群周報》1946 年 1 卷 1－12 期　又見:敦煌變文論文錄　上海古籍出版社
　　1982　p. 201

周紹良　敦煌所出變文現存目錄　敦煌變文彙錄　上海出版公司　1955　p. 2、5

邵榮芬　敦煌俗文學中的別字異文和唐五代西北方音　《中國語文》1963 年第 3 期　又見:中國敦煌
　　學百年文庫·語言文字卷(一)　甘肅文化出版社　1999　p. 127、156

金岡照光　敦煌漢文文學文獻の文學形態上の種類とその分類　敦煌出土文學文獻分類目錄·附解
　　說　(東京)東洋文庫　1971　p. 227

金岡照光　敦煌文學のさまざま　敦煌の文學　(東京)大藏出版株式會社　1971　p. 104、122

金岡照光　敦煌民衆の宗教と生活　敦煌の民衆——その生活と思想　(東京)評論社　1972
　　p. 106

北村茂樹　『維摩經講經文』の異本について　『印度學佛教學研究』(24 卷 2 號)　(東京)日本印度
　　學佛教學會　1976　p. 146

加地哲定　增補中國佛教文學研究　(東京)同朋舍　1979　p. 159、182

楊家駱　敦煌變文　(臺北)世界書局　1980　p. 486、831

金岡照光　敦煌の繪物語　(東京)東方書店　1981　p. 54

鄭阿財　敦煌孝道文學研究　(臺北)石門圖書公司　1982　p. 107

川口久雄　敦煌出土阿彌陀經講經文と我が國淨土文學　于闐國和尚阿彌陀經講經文(敦煌資料と
　　日本文學　4)　(東京)大東文化大學東洋研究所　1984　p. 18

廣川堯敏　淨土三部經　敦煌と中國仏教(講座敦煌7)　(東京)大東出版社　1984　p. 109

潘重規　敦煌變文集新書(上)　(臺北)"中國文化大學"中文研究所　1984　p. 13、179

平野顯照　講經文の組織內容　敦煌と中國仏教(講座敦煌7)　(東京)大東出版社　1984　p. 337

王慶菽　佛說阿彌陀經講經文　敦煌變文集　人民文學出版社　1984　p. 481

王重民　維摩經押座文　敦煌變文集　人民文學出版社　1984　p. 831

王重民　溫室經講唱押座文　敦煌變文集　人民文學出版社　1984　p. 834

任半塘　敦煌歌辭總編　上海古籍出版社　1987　p. 1099

周紹良　唐代變文及其它　敦煌文學作品選　中華書局　1987　p. 21

郭在貽　張涌泉　黃征　"押座文"八種補校　《寧波師院學報》1989 年第 1 期　p. 73

張鴻勳　講經文　敦煌文學　甘肅人民出版社　1989　p. 261

郭在貽　張涌泉　黃征　敦煌變文集校議　岳麓書社　1990　p. 260、427

加地哲定著　劉衛星譯　中國佛教文學　今日中國出版社　1990　p. 135、154

楊振良　由現存評彈"開篇"論押座文　第二屆敦煌學國際研討會論文集　（臺北）漢學研究中心
　　　1990　p. 471

金岡照光　講唱體類　敦煌の文學文獻（講座敦煌 9）　（東京）大東出版社　1992　p. 37

金岡照光　押座文　敦煌の文學文獻（講座敦煌 9）　（東京）大東出版社　1992　p. 345

周紹良　敦煌文學芻議及其它　（臺北）新文豐出版公司　1992　p. 87

郭在貽　郭在貽敦煌學論集　江西人民出版社　1993　p. 167

楊雄　講經文名實說　（香港）《九州學刊》（敦煌學專輯）1993 年第 5 卷第 4 期　p. 141

翟平　講經文稱"經"考　（香港）《九州學刊》（敦煌學專輯）1993 年第 5 卷第 4 期　p. 149 注 2

張鴻勳　敦煌文學概論　甘肅人民出版社　1993　p. 218

姜伯勤　變文的南方源頭與敦煌的唱導法匠　華學（第一輯）　中山大學出版社　1995　p. 156

曲金良　敦煌佛教文學研究　（臺北）文津出版社　1995　p. 42

王書慶　敦煌佛學·佛事篇　甘肅民族出版社　1995　p. 36

姜伯勤　敦煌藝術宗教與禮樂文明　中國社會科學出版社　1996　p. 409

伏俊璉　關於變文體裁的一點探索　敦煌文學論集　四川人民出版社　1997　p. 130

黃征　李丹禾　敦煌變文中的願文　敦煌文學論集　四川人民出版社　1997　p. 367

黃征　張涌泉　敦煌變文校注　中華書局　1997　p. 1152

顏廷亮　關於《晏子賦》寫本的抄寫年代問題　《敦煌研究》1997 年第 2 期　p. 138

張弓　漢唐佛寺文化史　中國社會科學出版社　1997　p. 838

柴劍虹　化生童子讚　敦煌學大辭典　上海辭書出版社　1998　p. 546

海客　佛說阿彌陀經講經文　敦煌學大辭典　上海辭書出版社　1998　p. 579

周紹良　張涌泉　黃征　敦煌變文講經文因緣輯校（下）　江蘇古籍出版社　1998　p. 1039

伏俊璉　論變文與講經文的關係　《敦煌研究》1999 年第 3 期　p. 102

梅維恒著　楊繼東　陳引馳譯　唐代變文（上）　（香港）中國佛教文化出版公司　1999　p. 257 注 2

伏俊璉　論講經文與變文的關係　中國典籍與文化論叢（第五輯）　中華書局　2000　p. 111

劉長東　晉唐彌陀淨土信仰研究　巴蜀書社　2000　p. 488

顏廷亮　敦煌文化　光明日報出版社　2000　p. 322

張錫厚　敦煌文學源流　作家出版社　2000　p. 373

陶敏　李一飛　隋唐五代文學史料學　中華書局　2001　p. 353

張鴻勳　敦煌俗文學研究　甘肅人民出版社　2002　p. 9

何劍平　敦煌維摩詰文學中的金粟如來　2000 年敦煌學國際學術討論會文集·歷史文化卷（下）
　　　甘肅民族出版社　2003　p. 527

張子開　敦煌文獻中的白話禪詩　《敦煌學輯刊》2003 年第 1 期　p. 83

荒見泰史　敦煌的講唱體文獻　敦煌學（第 25 輯）　（臺北）樂學書局有限公司　2004　p. 269

荒見泰史　關於《佛說阿彌陀經押座文》的一些問題　浙江與敦煌學：常書鴻先生誕辰一百周年紀念
　　文集　浙江古籍出版社　2004　p. 624

李正宇　晚唐至宋敦煌僧人聽食"淨肉"　敦煌學（第 25 輯）　（臺北）樂學書局有限公司　2004
　　p. 186

P. 3211

金岡照光　敦煌文學のさまざま　敦煌の文學　（東京）大藏出版株式會社　1971　p. 159

金岡照光　敦煌民眾の社會と生活　敦煌の民眾——その生活と思想　（東京）評論社　1972
　　p. 331

那波利貞　唐寫本雜抄考——唐代庶民教育史研究の一資料　唐代社會文化史研究・第二編　（東
　　京）創文社　1974　p. 258

遊佐昇　『王梵志詩』のもつ兩側面　大正大學大學院研究論集（第 2 號）　（東京）大正大學大學院
　　1978　p. 9

長澤和俊　敦煌の庶民生活　敦煌の社會（講座敦煌 3）　（東京）大東出版社　1980　p. 480

川崎ミチコ　通俗詩類・雜詩文類　敦煌仏典と禪（講座敦煌 8）　（東京）大東出版社　1980
　　p. 319

菊池英夫　唐代敦煌社會の外貌　敦煌の社會（講座敦煌 3）　（東京）大東出版社　1980　p. 140

張錫厚　敦煌文學　上海古籍出版社　1980　p. 47 注 2

趙和平　敦煌寫本王梵志詩校注（續）　《北京大學學報》1980 年第 6 期　p. 32

項楚　《敦煌寫本王梵志詩校注》補正　中華文史論叢（總 20 輯）　上海古籍出版社　1981　p. 91

張錫厚　敦煌文學的歷史貢獻　文學評論叢刊（第九輯）　中國社會科學出版社　1981　p. 212

傅芸子　敦煌俗文學之發見及其展開　敦煌變文論文錄　上海古籍出版社　1982　p. 140

王永興　唐天寶敦煌差科簿研究：兼論唐代色役制和其他問題　敦煌吐魯番文獻研究論集　中華書
　　局　1982　p. 113

張錫厚　關於敦煌寫本《王梵志詩》整理的若干問題　文史（第十五輯）　中華書局　1982　p. 185
　　又見：王梵志詩研究彙錄（上）　上海古籍出版社　1990　p. 72；中國敦煌學百年文庫・文學卷
　　（二）　甘肅文化出版社　1999　p. 488

高國藩　談敦煌五言白話詩　關隴文學論叢　甘肅人民出版社　1983　p. 59

張錫厚　關於王梵志思想評價的幾個問題　關隴文學論叢　甘肅人民出版社　1983　p. 32

張錫厚　王梵志詩校輯　中華書局　1983　p. 3

高國藩　論敦煌民間變文　敦煌學論集　甘肅人民出版社　1985　p. 185

劉復　敦煌掇瑣　敦煌叢刊初集（十五）　（臺北）新文豐出版公司　1985　p. 177

楚古耶夫斯基著　桑林摘譯　八—十世紀的敦煌　國外中國學研究譯叢（1）　青海人民出版社
　　1986　p. 585

高國藩　敦煌民間詩詞中的府兵制與詞的起源問題　《魏晉南北朝隋唐史》1986 年第 4 期　p. 72

立格夫斯基著　道奮譯　八至十世紀敦煌的經濟生活與經濟形態　《甘肅民族研究》1986 年第 4 期
　　p. 101

劉瑞明　王梵志詩校注補正　《敦煌學研究》（西北師院學報）1986 年增刊　p. 18

朱鳳玉　王梵志詩研究（上）　（臺北）學生書局　1986　p. 5、32

朱鳳玉　王梵志研究的兩本專著評介　敦煌學（第 11 輯）　（臺北）新文豐出版公司　1986　p. 85

陳慶浩　法忍抄本殘卷王梵志詩初校　敦煌學（第 12 輯）　（臺北）新文豐出版公司　1987　p. 92

高國藩　敦煌與俗文學　俗文學論　黑龍江人民出版社　1987　p. 120

李正宇　敦煌學郎題記輯注　《敦煌學輯刊》1987 年第 1 期　p. 29、40

劉銘恕　敦煌遺書叢識　1983 年全國敦煌學術討論會文集·文史遺書編（上）　甘肅人民出版社
　　1987　p. 428

任半塘　敦煌歌辭總編　上海古籍出版社　1987　p. 321

項楚　王梵志詩校注　敦煌吐魯番文獻研究論集（第四輯）　北京大學出版社　1987　p. 133

張錫厚　整理《王梵志詩集》的新收穫　《敦煌學輯刊》1987 年第 2 期　p. 34

菊池英夫著　朱鳳玉譯　王梵志詩集和山上憶良"貧窮問答歌"之研究　敦煌學（第 13 輯）　（臺北）
　　新文豐出版公司　1988　p. 133

李正宇　敦煌地區古代祠廟寺觀簡志　《敦煌學輯刊》1988 年第 1、2 期　p. 77

高國藩　敦煌民俗學　上海文藝出版社　1989　p. 74　104

蔣紹愚　《王梵志詩校輯》商榷　古籍點校疑誤彙錄（三）　中華書局　1989　p. 121

劉瑞明　王梵志詩校注辨正　古籍點校疑誤彙錄（三）　中華書局　1989　p. 115

張涌泉　《敦煌歌辭總編》誤校二十例　《古籍整理出版情況簡報》1989 年第 218 期　p. 18、23

高國藩　敦煌古俗與民俗流變　河海大學出版社　1990　p. 311

郭在貽　張涌泉　俗字研究與古籍整理　古籍整理與研究（第 5 期）　中華書局　1990　p. 237

郭在貽　張涌泉　黃征　敦煌變文集校議　岳麓書社　1990　p. 153、395

菊池英夫　中國古文書·古寫本學と日本　東アジア古文書の史的研究　（東京）刀水書房　1990
　　p. 180

李正宇　釋"耶沒忽"：敦煌遺書王梵志詩俗詞語研究之一　王梵志詩研究彙錄（上）　上海古籍出版
　　社　1990　p. 263

任半塘　《王梵志詩校輯》序　王梵志詩研究彙錄（上）　上海古籍出版社　1990　p. 51

沙知　跋唐開元十六年庭州金滿縣牒　敦煌吐魯番學研究論文集　漢語大詞典出版社　1990
　　p. 195 注 20

楊公驥　唐民歌二十八篇考釋後記　王梵志詩研究彙錄（上）　上海古籍出版社　1990　p. 28

張錫厚　敦煌寫本王梵志詩原卷真迹　王梵志詩研究彙錄（上）　上海古籍出版社　1990　圖版 5

張錫厚　論王梵志詩的口語化傾向　王梵志詩研究彙錄（上）　上海古籍出版社　1990　p. 127

趙和平　鄧文寬　敦煌寫本王梵志詩校注　王梵志詩研究彙錄（上）　上海古籍出版社　1990
　　p. 153

鄭阿財　敦煌蒙書析論　第二屆敦煌學國際研討會論文集　（臺北）漢學研究中心　1990　p. 216

林聰明　敦煌文書出處略考　季羨林教授八十華誕紀念論文集（下）　江西人民出版社　1991
　　p. 855

林聰明　敦煌文書學　（臺北）新文豐出版公司　1991　p. 384

項楚　王梵志詩論　敦煌文學叢考　上海古籍出版社　1991　p. 646

項楚　王梵志詩釋詞　敦煌文學叢考　上海古籍出版社　1991　p. 619

朱鳳玉　敦煌寫本字書緒論　（臺北）《華岡文科學報》1991 年第 18 期　p. 92

郭在貽　郭在貽語言文學論稿　浙江古籍出版社　1992　p. 144、269

黃征　王梵志詩校釋補議　中華文史論叢（總 50 輯）　上海古籍出版社　1992　p. 88　又見：敦煌
　　語文叢說　（臺北）新文豐出版公司　1997　p. 244

林家平　寧強　羅華慶　中國敦煌學史　北京語言學院出版社　1992　p. 16、595、601

吳其昱著　伊藤美重子譯　敦煌漢文寫本概觀　敦煌漢文文獻（講座敦煌 5）　（東京）大東出版社
　　1992　p. 116

張涌泉　《敦煌歌辭總編》校議　《語言研究》1992 年第 1 期　p. 58

張涌泉　敦煌寫卷俗字類型及其考辨的方法　（香港）《九州學刊》（敦煌學專輯）1992 年第 4 卷第 4 期　p. 80

周丕顯　敦煌佚詩雜考　《敦煌學輯刊》1992 年第 1、2 期　p. 54

高國藩　敦煌民俗資料導論　（臺北）新文豐出版公司　1993　p. 16、58、131

郝春文　敦煌寫本社邑文書年代彙考（一）　《首都師範大學學報》1993 年第 4 期　p. 36

項楚　敦煌詩歌導論　（臺北）新文豐出版公司　1993　p. 31、295

蔣禮鴻　敦煌文獻語言詞典　杭州大學出版社　1994　p. 20、45

張涌泉　試論審辨敦煌寫本俗字的方法　《敦煌研究》1994 年第 2 期　p. 150　又見：舊學新知　浙江大學出版社　1999　p. 82

喬象鍾　陳鐵民　唐代文學史（上）　人民文學出版社　1995　p. 170

張錫厚　敦煌本唐集研究　（臺北）新文豐出版公司　1995　p. 1

張涌泉　陳祚龍校錄敦煌卷子失誤例釋　學術集林（卷六）　上海遠東出版社　1995　p. 301　又見：舊學新知　浙江大學出版社　1999　p. 277

張涌泉　漢語俗字研究　岳麓書社　1995　p. 79、137、201

高國藩　敦煌數字與俗文化　慶祝潘石禪先生九秩華誕敦煌學特刊　（臺北）文津出版社　1996　p. 182

黃征　敦煌俗語法研究之一：句法篇　敦煌吐魯番研究（第一卷）　北京大學出版社　1996　p. 73

李正宇　敦煌史地新論　（臺北）新文豐出版公司　1996　p. 74

馬德　敦煌莫高窟史研究　甘肅教育出版社　1996　p. 182

深澤一幸　『步虛詞』考　中國古道教史研究（京都大學人文科學研究所研究報告）　（東京）同朋舍　1996　p. 416

王昆吾　隋唐五代燕樂雜言歌辭研究　中華書局　1996　p. 60

張涌泉　敦煌俗字研究導論　（臺北）新文豐出版公司　1996　p. 22、101、146、222

張涌泉　敦煌文獻校讀釋例　文史（第四十一輯）　中華書局　1996　p. 193　又見：舊學新知　浙江大學出版社　1999　p. 202

中原健二　評項楚著《王梵志詩校注》　俗語言研究（第三期）　（京都）禪文化研究所　1996　p. 119

黃征　敦煌俗音考辨　敦煌語文叢說　（臺北）新文豐出版公司　1997　p. 138

黃征　敦煌俗語詞輯釋　敦煌語文叢說　（臺北）新文豐出版公司　1997　p. 66

黃征　敦煌文學《兒郎偉》輯錄校注　敦煌語文叢說　（臺北）新文豐出版公司　1997　p. 730

黃征　《劉子集校》匡補　敦煌語文叢說　（臺北）新文豐出版公司　1997　p. 513

黃征　《王梵志詩校輯》商補　敦煌語文叢說　（臺北）新文豐出版公司　1997　p. 184

黃征　王梵志詩校釋續商補　敦煌語文叢說　（臺北）新文豐出版公司　1997　p. 213

黃征　王梵志詩校釋研究綜述　敦煌語文叢說　（臺北）新文豐出版公司　1997　p. 150

黃征　張涌泉　敦煌變文校注　中華書局　1997　p. 76、112、168

劉子瑜　敦煌變文和王梵志詩　大象出版社　1997　p. 86

陸淑綺　李重申　敦煌古代戲曲文化史料綜述　《敦煌研究》1997 年第 2 期　p. 69

馬德　敦煌工匠史料　甘肅人民出版社　1997　p. 33

寧可　郝春文　敦煌社邑文書輯校　江蘇古籍出版社　1997　p. 75

邰惠莉　敦煌本《六字千文》初探　《敦煌研究》1997 年第 1 期　p. 154

張弓　漢唐佛寺文化史　中國社會科學出版社　1997　p. 782

張涌泉　敦煌地理文書輯錄著作三種校議　古典文獻與文化論叢　中華書局　1997　p. 90

朱鳳玉　敦煌寫本碎金研究　（臺北）文津出版社　1997　p. 16

李正宇　靈圖寺　敦煌學大辭典　上海辭書出版社　1998　p. 629

沙知　敦煌契約文書輯校　江蘇古籍出版社　1998　p. 336

余欣　質疑問難　發明頗多:《敦煌語文叢說》評介　《敦煌研究》1998 年第 3 期　p. 173

張錫厚　柴劍虹　王梵志詩集　敦煌學大辭典　上海辭書出版社　1998　p. 562

高國藩　敦煌俗文化學　上海三聯書店　1999　p. 18、290、602

胡大浚　王志鵬　敦煌邊塞詩歌校注　甘肅人民出版社　1999　p. 12

張涌泉　俗字研究與敦煌文獻的校理　舊學新知　浙江大學出版社　1999　p. 64、68、70

徐俊　敦煌詩集殘卷輯考　中華書局　2000　p. 793

張錫厚　敦煌文學源流　作家出版社　2000　p. 76

張涌泉　漢語俗字叢考　中華書局　2000　p. 22

杜曉勤　隋唐五代文學研究　北京出版社　2001　p. 1273

山本達郎等　補(IV)社・III 轉貼　『NUN – HUANG AND TURFAN DOCUMENTS CONCERNING SO-
CIAL AND ECONOMIC HISTORY』(Sup. p. lemrnts)　(東京)東洋文庫　2001　p. 71

黃征　敦煌語言文字學研究　甘肅教育出版社　2002　p. 238、247、299

姜亮夫　敦煌莫高窟年表　姜亮夫全集(十一)　雲南人民出版社　2002　p. 447

張娜麗　《敦煌本〈六字千文〉初探》析疑(續)　《敦煌研究》2002 年第 1 期　p. 93

鄭阿財　朱鳳玉　敦煌蒙書研究　甘肅教育出版社　2002　p. 15

陳慶浩　朱鳳玉　王梵志詩之整理與研究　新世紀敦煌學論集　巴蜀書社　2003　p. 165

王啓濤　中古及近代法制文書語言研究　巴蜀書社　2003　p. 107、139、290

張總　地藏信仰研究　宗教文化出版社　2003　p. 362

吳蘊慧　《敦煌變文校注》校釋補正　《敦煌研究》2004 年第 5 期　p. 106

趙跟喜　敦煌唐宋時期的女子教育初探　文史(第七十五輯)　中華書局　2006　p. 94

P. 3212

芳村修基　土橋秀高　井ノ口泰淳　敦煌佛教史年表　西域文化研究(第一)・敦煌佛教資料　(京
都)法藏館　1958　p. 268

田中良昭　禪宗燈史の発展　敦煌仏典と禪(講座敦煌 8)　(東京)大東出版社　1980　p. 118

田中良昭　敦煌禪宗文獻の研究　(東京)大東出版社　1983　p. 103、150、595、642

李明偉　試論《伍子胥變文》在敦煌變文中的地位　《敦煌學研究》(西北師院學報)1984 年增刊
p. 14

李正宇　敦煌古城談往　《西北史地》1988 年第 2 期　p. 26

唐耕耦　陸宏基　敦煌社會經濟文獻真迹釋録(二)　全國圖書館文獻縮微複製中心　1990
p. 195、312

李明偉　試論《伍子胥變文》在敦煌變文中的作用　絲綢之路貿易史研究　甘肅人民出版社　1991
p. 330

林聰明　敦煌文書學　(臺北)新文豐出版公司　1991　p. 75

田中良昭著　朱悅梅譯　從 P. 3913 談唐代佛教諸派之關係　《敦煌學輯刊》1992 年第 1、2 期
p. 115

周紹良　敦煌文學芻議及其它　(臺北)新文豐出版公司　1992　p. 6

譚蟬雪　敦煌婚姻文化　甘肅人民出版社　1993　p. 74

王震亞　趙熒　敦煌殘卷爭訟文牒集釋　甘肅人民出版社　1993　p. 52

李明偉　隋唐絲綢之路　甘肅人民出版社　1994　p. 326

李明偉　唐代文學的嬗變與絲綢之路的影響　《敦煌研究》1994 年第 3 期　p. 141

鄭炳林　董念清　唐五代敦煌私營釀酒業初探　《社科縱橫》1994 年第 4 期　p. 65

鄭炳林　高偉　唐五代敦煌釀酒業初探　《西北史地》1994 年第 1 期　p. 31

張傳璽　中國歷代契約會編考釋(上)　北京大學出版社　1995　p. 489 注 1

陸慶夫　唐宋間敦煌粟特人之漢化　《歷史研究》1996 年第 6 期　p. 26　又見:敦煌歸義軍史專題研
　　究　蘭州大學出版社　1997　p. 360

田中良昭　《禪籍解題(一)·敦煌禪籍》補遺　俗語言研究(第三期)　(京都)禪文化研究所　1996
　　p. 214

齊陳俊　馮培紅　晚唐五代宋初歸義軍對外商業貿易　敦煌歸義軍史專題研究　蘭州大學出版社
　　1997　p. 346

鄭炳林　晚唐五代敦煌貿易市場的物價　敦煌歸義軍史專題研究　蘭州大學出版社　1997　p. 278

鄭炳林　馮培紅　唐五代歸義軍政權對外關係中的使頭一職　敦煌歸義軍史專題研究　蘭州大學出
　　版社　1997　p. 55

沙知　敦煌契約文書輯校　江蘇古籍出版社　1998　p. 489

鄭炳林　晚唐五代敦煌地區種植棉花研究　《中國史研究》1999 年第 3 期　p. 90

陳永勝　敦煌吐魯番法制文書研究　甘肅人民出版社　2000　p. 161、166

譚蟬雪　《君者者狀》辨析:河西達怛國的一份書狀　1994 年敦煌學國際研討會文集·宗教文史卷
　　(下)　甘肅民族出版社　2000　p. 102

姜亮夫　敦煌莫高窟年表　姜亮夫全集(十一)　雲南人民出版社　2002　p. 345

乜小紅　唐宋敦煌毛紡織業述略　敦煌學(第 23 輯)　(臺北)樂學書局有限公司　2002　p. 128

楊惠玲　敦煌契約文書中的保人、見人、口承人、同便人、同取人　《敦煌研究》2002 年第 6 期　p. 42

袁德領　莫高窟第 196 窟前室北壁上部內容考辨　《敦煌學輯刊》2002 年第 2 期　p. 88

劉敬林　敦煌文牒詞語校釋　《敦煌學輯刊》2003 年第 1 期　p. 118

王啓濤　中古及近代法制文書語言研究　巴蜀書社　2003　p. 170、289

高啓安　唐五代敦煌飲食文化研究　民族出版社　2004　p. 419

李正宇　晚唐至宋敦煌僧人聽食"淨肉"　敦煌學(第 25 輯)　(臺北)樂學書局有限公司　2004
　　p. 185

鄭炳林　晚唐五代敦煌商業貿易市場研究　《敦煌學輯刊》2004 年第 1 期　p. 112

鄭顯文　唐代律令制研究　北京大學出版社　2004　p. 188

趙跟喜　敦煌唐宋時期的女子教育初探　文史(第七十五輯)　中華書局　2006　p. 95

P. 3213

劉修業　敦煌本《伍子胥變文》之研究　《大公報·圖書副刊》1937 年 6 月 3 日第 184 期　又見:敦煌
　　變文論文錄　上海古籍出版社　1982　p. 527

關德棟　談變文　《覺群周報》1946 年 1 卷 1 – 12 期　又見:敦煌變文論文錄　上海古籍出版社
　　1982　p. 229

向達　唐代俗講考　《國學季刊》1946 年第 6 卷第 4 號　p. 42　又見:唐代長安與西域文明　三聯書
　　店　1957　p. 334；敦煌變文論輯　(臺北)石門圖書公司　1981　p. 40；敦煌變文論文錄　上
　　海古籍出版社　1982　p. 68；關隴文學論叢　甘肅人民出版社　1983　p. 180

周紹良　敦煌所出變文現存目錄　敦煌變文彙錄　上海出版公司　1955　p. 8

蘇瑩輝　論敦煌本史傳變文與中國俗文學　(臺中)《東海大學圖書館學報》1964 年第 6 期　又見:
　　敦煌論集　(臺北)學生書局　1983　p. 45；中國敦煌學百年文庫·文學卷(五)　甘肅文化出

版社 1999 p. 6

金岡照光 敦煌漢文文學文獻の文學形態上の種類とその分類 敦煌出土文學文獻分類目録・附解說 （東京）東洋文庫 1971 p. 203

金岡照光 敦煌文學のこころ 敦煌の文學 （東京）大藏出版株式會社 1971 p. 278

金岡照光 敦煌文學のさまざま 敦煌の文學 （東京）大藏出版株式會社 1971 p. 109

王重民 敦煌古籍叙録 中華書局 1979 p. 335

楊家駱 敦煌變文 （臺北）世界書局 1980 p. 28

金岡照光 敦煌の繪物語 （東京）東方書店 1981 p. 69

嚴紹璗 狩野直喜和中國俗文學的研究 學林漫録（七集） 中華書局 1983 p. 152 注 6

遊佐昇 文學文獻より見た敦煌の道教 敦煌と中國道教（講座敦煌4） （東京）大東出版社 1983 p. 290

潘重規 敦煌變文集新書（下） （臺北）"中國文化大學"中文研究所 1984 p. 858

王重民 伍子胥變文 敦煌變文集 人民文學出版社 1984 p. 28

劉復 敦煌掇瑣 敦煌叢刊初集（十五） （臺北）新文豐出版公司 1985 p. 81

潘重規 王梵志詩校輯讀後記 敦煌學（第 9 輯） （臺北）新文豐出版公司 1985 p. 24

陳祚龍 敦煌學劄記 敦煌學（第 11 輯） （臺北）新文豐出版公司 1986 p. 1 又見:敦煌學散策新集 （臺北）新文豐出版公司 1989 p. 3

王重民原編 黄永武新編 敦煌古籍叙録新編（第十七冊） （臺北）新文豐出版公司 1986 p. 1

曾錦漳 從小說藝術看敦煌史傳變文的成就 漢學研究（敦煌學國際研討會論文專號） （臺北）漢學研究資料及服務中心 1986 p. 343

張鴻勳 敦煌講唱文學作品選注 甘肅人民出版社 1987 p. 148

周紹良 唐代變文及其它 敦煌文學作品選 中華書局 1987 p. 6

馬繼興 敦煌古醫籍考釋 江西科學技術出版社 1988 p. 502

譚蟬雪 祭文 敦煌文學 甘肅人民出版社 1989 p. 122

郭在貽 張涌泉 黄征 敦煌變文集校議 岳麓書社 1990 p. 1

蔣紹愚 近代漢語語法資料彙編（唐五代卷） 商務印書館 1990 p. 211

項楚 敦煌變文選注 巴蜀書社 1990 p. 2

金岡照光 講唱體類 敦煌の文學文獻（講座敦煌9） （東京）大東出版社 1992 p. 77

金岡照光 講史譚・時事変文等——「王陵」「李陵」「張議潮」変文を中心に 敦煌の文學文獻（講座敦煌9） （東京）大東出版社 1992 p. 547

林家平 寧强 羅華慶 中國敦煌學史 北京語言學院出版社 1992 p. 15

周紹良 敦煌文學芻議及其它 （臺北）新文豐出版公司 1992 p. 18、70

高國藩 敦煌民俗資料導論 （臺北）新文豐出版公司 1993 p. 352

張鴻勳 敦煌說唱文學概論 （臺北）新文豐出版公司 1993 p. 165

張涌泉 俗字研究與大型字典的編纂 中國典籍與文化論叢（第一輯） 中華書局 1993 p. 462

蔣禮鴻 敦煌文獻語言詞典 杭州大學出版社 1994 p. 259

胡戟 傅玫 敦煌史話 中華書局 1995 p. 176

金榮華 《前漢劉家太子傳》情節試探 全國敦煌學研討會論文集 （臺北）中正大學中國文學系所 1995 p. 118 注 15

張涌泉 敦煌俗字研究導論 （臺北）新文豐出版公司 1996 p. 64

黄征 張涌泉 敦煌變文校注 中華書局 1997 p. 17

劉子瑜 敦煌變文和王梵志詩 大象出版社 1997 p. 38

海客　伍子胥變文　敦煌學大辭典　上海辭書出版社　1998　p. 577

周紹良　張涌泉　黃征　敦煌變文講經文因緣輯校(上)　江蘇古籍出版社　1998　p. 14、52

高國藩　敦煌俗文化學　上海三聯書店　1999　p. 339

梅維恒著　楊繼東　陳引馳譯　唐代變文(上)　(香港)中國佛教文化出版公司　1999　p. 77

王繼如　《伍子胥變文》校釋補正　敦煌問學叢稿　甘肅文化出版社　1999　p. 133

張錫厚　敦煌文學源流　作家出版社　2000　p. 465

張涌泉　漢語俗字叢考　中華書局　2000　p. 776

周紹良　敦煌文學叢考　英國收藏敦煌漢藏文獻研究　中國社會科學出版社　2000　p. 258

陶敏　李一飛　隋唐五代文學史料學　中華書局　2001　p. 352、365

李小榮　變文講唱與華梵宗教藝術　上海三聯書店　2002　p. 167

馬繼興　當前世界各地收藏的中國出土卷子本古醫藥文獻備考　敦煌吐魯番研究(第六卷)　北京
　　大學出版社　2002　p. 133、150

吳麗娛　唐禮摭遺:中古書儀研究　商務印書館　2002　p. 53

郝春文　唐後期五代宋初中印文化對敦煌寺院的影響　新世紀敦煌學論集　巴蜀書社　2003
　　p. 334

王冀青　斯坦因與日本敦煌學　甘肅教育出版社　2004　p. 132

P. 3214

韓國磐　根據敦煌和吐魯番發現的文件略談有關唐代田制的幾個問題　《歷史研究》1962 年第 4 – 6
　　期　又見:新疆考古三十年　新疆人民出版社　1983　p. 305；敦煌吐魯番文書研究　甘肅人民
　　出版社　1984　p. 195；中國敦煌學百年文庫·歷史卷(一)　甘肅文化出版社　1999　p. 227

孫達人　對唐至五代租佃契約經濟內容的分析　《歷史研究》1962 年第 6 期　又見:中國敦煌學百年
　　文庫·歷史卷(一)　甘肅文化出版社　1999　p. 202

池田溫　中國古代の租佃契(上)　『東洋文化研究所紀要』(第 60 冊)　東京大學東洋文化研究所
　　1973　p. 34　又見:『東洋文化研究所紀要』(第 117 冊)　東京大學東洋文化研究所　1992
　　p. 74

堀敏一　敦煌社會の変質——中國社會全般の發展とも關連して　敦煌の社會(講座敦煌 3)　(東
　　京)大東出版社　1980　p. 173

冷鵬飛　唐末沙州歸義軍時期有關百姓受田和賦稅的幾個問題　《敦煌學輯刊》1984 年第 1 期
　　p. 35

唐耕耦　關於唐代租佃制的若干問題:以吐魯番敦煌租佃契爲中心　歷史論叢(第五輯)　齊魯書社
　　1985　p. 110、121

謝重光　關於唐後期至五代間沙州寺院經濟的幾個問題　敦煌吐魯番出土經濟文書研究　廈門大學
　　出版社　1986　p. 512 注 158

姜伯勤　唐五代敦煌寺戶制度　中華書局　1987　p. 196

李正宇　關於金山國和敦煌國建國的幾個問題　《西北史地》1987 年第 2 期　p. 65、72

李正宇　談《白雀歌》尾部雜寫與金山國建國年月　《敦煌研究》1987 年第 3 期　p. 79 注 7

謝和耐著　耿昇譯　中國 5—10 世紀的寺院經濟　甘肅人民出版社　1987　p. 168 注 1　又見:上海
　　古籍出版社　2004　p. 137 注 1

謝重光　魏晉隋唐佛教特權的盛衰　《魏晉南北朝隋唐史》1988 年第 3 期　p. 15 注 6

譚蟬雪　祭文　敦煌文學　甘肅人民出版社　1989　p. 122

池田溫　敦煌における土地稅役制をめぐって　東アジア古文書の史的研究　(東京)刀水書房

　　　1990　p. 60

盧向前　金山國立國之我見　《敦煌學輯刊》1990 年第 2 期　p. 16、20　又見：敦煌吐魯番文書論稿
　　　江西人民出版社　1992　p. 177

唐耕耦　陸宏基　敦煌社會經濟文獻真迹釋録（二）　全國圖書館文獻縮微複製中心　1990　p. 27

榮新江　金山國史辨正　中華文史論叢（總 50 輯）　上海古籍出版社　1992　p. 75

王克孝　ДХ2168 號寫本初探　《敦煌學輯刊》1993 年第 2 期　p. 25　又見：　1994 年敦煌學國際研
　　　討會文集·宗教文史卷（下）　甘肅民族出版社　2000　p. 230

王震亞　趙熒　敦煌殘卷爭訟文牒集釋　甘肅人民出版社　1993　p. 233

謝和耐　敦煌賣契與專賣制度　法國學者敦煌學論文選萃　中華書局　1993　p. 70 注 85

榮新江　歸義軍改元考　文史（第三十八輯）　中華書局　1994　p. 49

王書慶　敦煌佛學·佛事篇　甘肅民族出版社　1995　p. 10

船越泰次　唐代兩稅法研究　（東京）汲古書院　1996　p. 167

李正宇　敦煌史地新論　（臺北）新文豐出版公司　1996　p. 198、210

劉進寶　從敦煌文書談晚唐五代的"地子"　《歷史研究》1996 年第 3 期　p. 172

榮新江　歸義軍史研究　上海古籍出版社　1996　p. 51

雷紹鋒　唐末宋初歸義軍時期之"地子"、"地稅"淺論　魏晉南北朝隋唐史資料（第 15 輯）　武漢大
　　　學出版社　1997　p. 134

劉進寶　晚唐五代"地子"考釋　唐代的歷史與社會　武漢大學出版社　1997　p. 297

鄭炳林　楊富學　敦煌西域出土回鶻文文獻所載 qunbu 與漢文文獻所見官布研究　《敦煌學輯刊》
　　　1997 年第 2 期　p. 22

郝春文　唐後期五代宋初敦煌僧尼的社會生活　中國社會科學出版社　1998　p. 102、387

郝春文　唐後期五代宋初敦煌僧尼遺産的處理與喪事的操辦　《敦煌研究》1998 年第 3 期　p. 43

郝春文　唐後期五代宋初敦煌僧人的稅役負擔　《敦煌學輯刊》1998 年第 2 期　p. 1

雷紹鋒　P. 3418v《唐沙州諸鄉欠枝夫人戶名目》研究　《敦煌研究》1998 年第 2 期　p. 109

沙知　敦煌契約文書輯校　江蘇古籍出版社　1998　p. 330

楊秀清　試論金山國的有關政治制度　《敦煌學輯刊》1998 年第 2 期　p. 40

陳國燦　唐代的經濟社會　（臺北）文津出版社　1999　p. 160

堀敏一　中唐以後敦煌地域における稅制度　東アジア史における國家と地域　（東京）刀水書房
　　　1999　p. 317

顏廷亮　敦煌文化中的道教及文化　《敦煌研究》1999 年第 1 期　p. 141

楊秀清　敦煌西漢金山國史　甘肅人民出版社　1999　p. 100

鄭炳林　晚唐五代敦煌地區種植棉花研究　《中國史研究》1999 年第 3 期　p. 83

陳永勝　敦煌吐魯番法制文書研究　甘肅人民出版社　2000　p. 115

堀敏一著　張宇譯　中唐以後敦煌地區的稅制　《敦煌研究》2000 年第 3 期　p. 146

雷紹鋒　歸義軍賦役制度初探　（臺北）洪葉文化事業有限公司　2000　p. 23、75、129

劉進寶　敦煌文書與唐史研究　（臺北）新文豐出版公司　2000　p. 178

蘇金花　試論晚唐五代敦煌僧侶免賦特權的進一步喪失　《敦煌研究》2000 年第 3 期　p. 155

顏廷亮　敦煌文化　光明日報出版社　2000　p. 246

謝重光　漢唐佛教社會史論　（臺北）國際文化事業有限公司　2001　p. 38 注 95、254 注 70

陳國燦　敦煌學史事新證　甘肅教育出版社　2002　p. 291

姜亮夫　敦煌莫高窟年表　姜亮夫全集（十一）　雲南人民出版社　2002　p. 457

劉永明　散見敦煌曆朔閏輯考　《敦煌研究》2002 年第 6 期　p. 12、16

吳麗娛　唐禮摭遺：中古書儀研究　商務印書館　2002　p. 53

郝春文　唐後期五代宋初中印文化對敦煌寺院的影響　新世紀敦煌學論集　巴蜀書社　2003
　　p. 334

劉進寶　關於歸義軍時期稅草的兩個問題　2000 年敦煌學國際學術討論會文集・歷史文化卷（上）
　　甘肅民族出版社　2003　p. 169

童丕　敦煌的借貸：中國中古時代的物質生活與社會　中華書局　2003　p. 9、64

王啓濤　中古及近代法制文書語言研究　巴蜀書社　2003　p. 218

鄭炳林　晚唐五代敦煌村莊聚落輯考　2000 年敦煌學國際學術討論會文集・歷史文化卷（上）　甘
　　肅民族出版社　2003　p. 142

P. 3215

田中良昭　敦煌禪宗文獻の研究　（東京）大東出版社　1983　p. 360

姜伯勤　論禪宗在敦煌僧俗中的流傳　（香港）《九州學刊》（敦煌學專輯）1992 年第 4 卷第 4 期
　　p. 8　又見：中國敦煌學百年文庫・宗教卷（一）　甘肅文化出版社　1999　p. 221

高田時雄　チベット文字書寫「長卷」の研究（本文編）　『東方學報』（第 65 號）　京都大學人文科
　　學研究所　1993　p. 376

梅弘理　敦煌本佛教教理問答書　法國學者敦煌學論文選萃　中華書局　1993　p. 140

金賢珠　唐五代敦煌民歌　（臺北）文史哲出版社　1994　p. 73

姜伯勤　敦煌藝術宗教與禮樂文明　中國社會科學出版社　1996　p. 364

P. 3216

那波利貞　佛教信仰に基きて組織せられたる中晚唐五代時代の社邑に就きて（上）　『史林』（24
　　卷 3 號）　京都大學文學部史學研究會　1939　p. 33　又見：唐代社會文化史研究・第六編
　　（東京）創文社　1974　p. 602

佐藤哲英　法照和尚念佛讚解說　西域文化研究（第一）・敦煌佛教資料　（京都）法藏館　1958
　　p. 211

那波利貞　千佛岩莫高窟と敦煌文書　西域文化研究（第二）・敦煌吐魯番社會經濟資料（上）　（京
　　都）法藏館　1959　p. 38

那波利貞　唐代の社邑に就きて（1938 年）　唐代社會文化史研究・第五編　（東京）創文社　1974
　　p. 496、522

矢吹慶輝　鳴沙餘韻・解說篇（第二部）　（京都）臨川書店　1980　p. 90

廣川堯敏　禮讚　敦煌と中國佛教（講座敦煌 7）　（東京）大東出版社　1984　p. 457

唐耕耦　陸宏基　敦煌社會經濟文獻真迹釋錄（一）　書目文獻出版社　1986　p. 291

謝和耐著　耿昇譯　中國 5—10 世紀的寺院經濟　甘肅人民出版社　1987　p. 322 注 1

山本達郎等　敦煌・II 牒・狀　『NUN–HUANG AND TURFAN DOCUMENTS CONCERNING SOCIAL
　　AND ECONOMIC HISTORY』（IV）　（東京）東洋文庫　1989　p. 14

姜伯勤　敦煌社會文書導論　（臺北）新文豐出版公司　1992　p. 240

高田時雄　チベット文字書寫「長卷」の研究（本文編）　『東方學報』（第 65 號）　京都大學人文科
　　學研究所　1993　p. 370

李正宇　敦煌文學概論　甘肅人民出版社　1993　p. 126

榮新江　歸義軍改元考　文史（第三十八輯）　中華書局　1994　p. 51

姜伯勤　敦煌悉磨遮爲蘇摩遮樂舞考　《敦煌研究》1996 年第 3 期　p. 11

姜伯勤　敦煌藝術宗教與禮樂文明　中國社會科學出版社　1996　p. 546

饒宗頤　敦煌曲與樂舞及龜茲樂　敦煌曲續論　（臺北）新文豐出版公司　1996　p. 72

榮新江　歸義軍史研究　上海古籍出版社　1996　p. 55

砂岡和子　敦煌散花樂和聲曲輯考　敦煌佛教文化研究　社科縱橫編輯部　1996　p. 23

徐俊　敦煌寫本唐人詩歌存佚互見綜考　敦煌吐魯番研究（第一卷）　北京大學出版社　1996　p. 123

張先堂　敦煌本唐代淨土五會讚文與佛教文學　《敦煌研究》1996 年第 4 期　p. 69

柴劍虹　俄藏敦煌詩詞寫卷經眼錄（二）　敦煌吐魯番研究（第二卷）　北京大學出版社　1997　p. 57　又見：敦煌吐魯番學論稿　浙江教育出版社　2000　p. 237

柴劍虹　"模糊"的"敦煌文學"　敦煌文學論集　四川人民出版社　1997　p. 6

林仁昱　由唐代淨土讚歌看敦煌聯章俗曲歌謠套用曲調的原則　敦煌文學論集　四川人民出版社　1997　p. 151

寧可　郝春文　敦煌社邑文書輯校　江蘇古籍出版社　1997　p. 702

汪泛舟　敦煌詩詞補正與考源　《敦煌研究》1997 年第 3 期　p. 111

汪泛舟　敦煌道教詩歌補論　《敦煌研究》1998 年第 4 期　p. 88、95

張先堂　晚唐至宋初淨土五會念佛法門在敦煌的流傳　《敦煌研究》1998 年第 1 期　p. 51、55

榮新江　徐俊　新見俄藏敦煌唐詩寫本三種考證及校錄　唐研究（第五卷）　北京大學出版社　1999　p. 62

楊森　談敦煌社邑文書中"三官"及"錄事""虞侯"的若干問題　《敦煌研究》1999 年第 3 期　p. 79

徐俊　敦煌詩集殘卷輯考　中華書局　2000　p. 212、676、944

陳尚君　評《敦煌詩集殘卷輯考》　敦煌吐魯番研究（第五卷）　北京大學出版社　2001　p. 386

李小榮　敦煌變文"平"、"側"、"斷"諸音聲符號探析　《敦煌學輯刊》2001 年第 2 期　p. 6

榮新江　徐俊　唐蔡省風編《瑤池新詠》重研　唐研究（第七卷）　北京大學出版社　2001　p. 128

李小榮　變文講唱與華梵宗教藝術　上海三聯書店　2002　p. 175、195、238

林仁昱　論敦煌佛教歌曲特質與"弘法"的關係　敦煌學（第 23 輯）　（臺北）樂學書局有限公司　2002　p. 58

林仁昱　論敦煌佛教歌曲向通俗傳播的內容　中國俗文化研究（第一輯）　巴蜀書社　2003　p. 193

朱鳳玉　《俄藏敦煌文獻》11－17 冊中之文學文獻敘錄　冉雲華先生八秩華誕壽慶論文集　（臺北）法光出版社　2003　p. 79

王卡　敦煌道教文獻研究　中國社會科學出版社　2004　p. 243

P. 3218

那波利貞　佛教信仰に基きて組織せられたる中晚唐五代時代の社邑に就きて（上）『史林』（24 卷 3 號）　京都大學文學部史學研究會　1939　p. 33　又見：唐代社會文化史研究・第六編（東京）創文社　1974　p. 603

藤枝晃　敦煌の僧尼籍　『東方學報』（第 35 號）　京都大學人文科學研究所　1964　p. 287、336

竺沙雅章　敦煌出土「社」文書の研究　『東方學報』（第 35 號）　京都大學人文科學研究所　1964　p. 276

那波利貞　唐代の社邑に就きて（1938 年）　唐代社會文化史研究・第五編　（東京）創文社　1974　p. 540、556

蘇瑩輝　"敦煌曲"評介　《香港中文大學學報》1974 年第 1 期　又見：中國敦煌學百年文庫・藝術卷（一）　甘肅文化出版社　1999　p. 371

堀敏一　敦煌社會の変質——中國社會全般の発展とも関連して　敦煌の社會（講座敦煌3）　（東京）大東出版社　1980　p. 194

土肥義和　莫高窟千佛洞と大寺と蘭若と　敦煌の社會（講座敦煌3）　（東京）大東出版社　1980　p. 361

張鴻勳　敦煌本《孔子項托相問書》研究　《敦煌研究》1985年第2期　p. 101

唐耕耦　陸宏基　敦煌社會經濟文獻真迹釋錄（一）　書目文獻出版社　1986　p. 356

姜伯勤　唐五代敦煌寺戶制度　中華書局　1987　p. 143

汪泛舟　敦煌曲子詞方音習語及其他　《敦煌研究》1987年第4期　p. 56

李正宇　敦煌地區古代祠廟寺觀簡志　《敦煌學輯刊》1988年第1、2期　p. 79

山本達郎等　敦煌・III 轉貼　『NUN－HUANG AND TURFAN DOCUMENTS CONCERNING SOCIAL AND ECONOMIC HISTORY』(IV)　（東京）東洋文庫　1989　p. 85

李正宇　敦煌名勝古迹導論　《陽關》1991年第4期　p. 50

姜伯勤　敦煌社會文書導論　（臺北）新文豐出版公司　1992　p. 204

項楚　敦煌詩歌導論　（臺北）新文豐出版公司　1993　p. 27

沙知　跋天寶十三載便麥契(P. 4053v)　紀念陳寅恪先生百年誕辰學術論文集　江西教育出版社　1994　p. 280 注11

劉進寶　敦煌學論述　（臺北）洪葉文化事業有限公司　1995　p. 340

石田勇作　敦煌「社文書」研究序說　中國古代の國家と民衆（堀敏一先生古稀記念）　（東京）汲古書院　1995　p. 677

土肥義和　唐・北宋間の「社」の組織形態に関する一考察　中國古代の國家と民衆（堀敏一先生古稀記念）　（東京）汲古書院　1995　p. 718

王書慶　敦煌佛學・佛事篇　甘肅民族出版社　1995　p. 260

鄭炳林　敦煌碑銘讚輯釋　甘肅教育出版社　1997　p. 61 注9

鄭炳林　唐五代敦煌的粟特人與佛教　敦煌歸義軍史專題研究　蘭州大學出版社　1997　p. 449

郝春文　唐後期五代宋初敦煌僧尼的社會生活　中國社會科學出版社　1998　p. 380

郝春文　唐後期五代宋初敦煌僧尼遺產的處理與喪事的操辦　《敦煌研究》1998年第3期　p. 40

李正宇　十二寺　敦煌學大辭典　上海辭書出版社　1998　p. 627

李正宇　十七寺　敦煌學大辭典　上海辭書出版社　1998　p. 627

寧可　僧人轉帖　敦煌學大辭典　上海辭書出版社　1998　p. 430

唐耕耦　阿闍梨　敦煌學大辭典　上海辭書出版社　1998　p. 640

張涌泉　敦煌文獻校讀釋例　舊學新知　浙江大學出版社　1999　p. 197

董志翹　《入唐求法巡禮行記》辭彙研究　中國社會科學出版社　2000　p. 37

丘古耶夫斯基　敦煌漢文文書　上海古籍出版社　2000　p. 125、135

劉進寶　敦煌學通論　甘肅教育出版社　2002　p. 387

蕭默　敦煌建築研究　機械工業出版社　2003　p. 16

湛如　敦煌佛教律儀制度研究　中華書局　2003　p. 40

湯涒　敦煌曲子詞地域文化研究　上海古籍出版社　2004　p. 155、171

鄭炳林　魏迎春　晚唐五代敦煌佛教教團的科罰制度研究　《敦煌研究》2004年第2期　p. 56

P. 3219

陳祚龍　唐代敦煌佛寺講經之真象　第二屆國際唐代學術會議論文集（上）　（臺北）文津出版社　1993　p. 609

李明偉　敦煌文學概論　甘肅人民出版社　1993　p. 489

譚禪雪　敦煌歲時掇瑣　（香港）《九州學刊》（敦煌學專輯）1993 年第 5 卷第 4 期　p. 89

鄭炳林　羊萍　敦煌本夢書　甘肅文化出版社　1995　p. 302

譚蟬雪　二月八盛節　敦煌學大辭典　上海辭書出版社　1998　p. 434

楊富學　李吉和　敦煌漢文吐蕃史料輯校（第一輯）　甘肅人民出版社　1999　p. 245

顏廷亮　西陲文學遺珍：敦煌文學通俗談　甘肅人民出版社　2000　p. 155

鄭炳林　敦煌寫本解夢書校錄研究　民族出版社　2005　p. 121

P. 3220

那波利貞　佛教信仰に基きて組織せられたる中晚唐五代時代の社邑に就きて（上）　『史林』（24 卷 3 號）　京都大學文學部史學研究會　1939　p. 33　又見：唐代社會文化史研究・第六編（東京）創文社　1974　p. 602

芳村修基　土橋秀高　井ノ口泰淳　敦煌佛教史年表　西域文化研究（第一）・敦煌佛教資料　（京都）法藏館　1958　p. 282

竺沙雅章　敦煌出土「社」文書の研究　『東方學報』（第 35 號）　京都大學人文科學研究所　1964　p. 232

那波利貞　唐代の社邑に就きて（1938 年）　唐代社會文化史研究・第五編　（東京）創文社　1974　p. 477、525、556

堀敏一　敦煌社會の変質——中國社會全般の発展とも関連して　敦煌の社會（講座敦煌 3）　（東京）大東出版社　1980　p. 184

仁井田陞　補訂中國法制史研究：奴隸農奴法・家族村落法　東京大學出版會　1991　p. 566、587

姜伯勤　敦煌社會文書導論　（臺北）新文豐出版公司　1992　p. 233

李玉昆　敦煌遺書《泉州千佛新著諸祖師頌》研究　《敦煌學輯刊》1995 年第 1 期　p. 31

張傳璽　中國歷代契約會編考釋（上）　北京大學出版社　1995　p. 690 注 1

堀敏一　中國古代の家と集落　（東京）汲古書院　1996　p. 471

沙知　敦煌契約文書輯校　江蘇古籍出版社　1998　p. 470

寧可　寧可史學論集　中國社會科學出版社　1999　p. 446 注 9

姜亮夫　敦煌莫高窟年表　姜亮夫全集（十一）　雲南人民出版社　2002　p. 552

王啓濤　中古及近代法制文書語言研究　巴蜀書社　2003　p. 117、163、349

P. 3221

陳祚龍　中世敦煌釋門的布薩法事之一斑　敦煌簡策訂存　（臺北）商務印書館　1983　p. 161

方廣錩　吐蕃統治時期敦煌流行的偈頌帙號法　《敦煌學輯刊》1990 年第 1 期　p. 81

冉雲華　敦煌本《大乘布薩文》研究　第二屆敦煌學國際研討會論文集　（臺北）漢學研究中心　1990　p. 414

方廣錩　佛教大藏經史（八—十世紀）　中國社會科學出版社　1991　p. 316

方廣錩　菩薩布薩文　敦煌學大辭典　上海辭書出版社　1998　p. 711

林仁昱　論敦煌佛教歌曲特質與"弘法"的關係　敦煌學（第 23 輯）　（臺北）樂學書局有限公司　2002　p. 58

林仁昱　論敦煌佛教歌曲向通俗傳播的內容　中國俗文化研究（第一輯）　巴蜀書社　2003　p. 191

汪泛舟　敦煌俗別字新考（上）　《敦煌研究》2006 年第 1 期　p. 106

P. 3223

陳國燦　敦煌所出諸借契年代考　魏晉南北朝隋唐史資料（第 4 輯）　武漢大學出版社　1982
　　p. 13　又見：《敦煌學輯刊》1984 年第 1 期　p. 6

唐耕耦　陸宏基　敦煌社會經濟文獻真迹釋録（二）　全國圖書館文獻縮微複製中心　1990　p. 310

王震亞　趙熒　敦煌殘卷爭訟文牒集釋　甘肅人民出版社　1993　p. 47

郝春文　關於唐後期五代宋初沙州僧俗的施捨問題　唐研究（第三卷）　北京大學出版社　1997
　　p. 37

鄭炳林　晚唐五代敦煌貿易市場的物價　敦煌歸義軍史專題研究　蘭州大學出版社　1997　p. 293

郝春文　倉司　敦煌學大辭典　上海辭書出版社　1998　p. 636

郝春文　唐後期五代宋初敦煌僧尼的社會生活　中國社會科學出版社　1998　p. 183、268

金岡照光　敦煌文獻と中國文學　（東京）五曜書房　2000　p. 515

雷紹鋒　歸義軍賦役制度初探　（臺北）洪葉文化事業有限公司　2000　p. 272

楊森　《辛巳年六月十六日社人于燈司倉貸粟曆》文書之定年　《敦煌學輯刊》2001 年第 2 期　p. 18

陳國燦　敦煌學史事新證　甘肅教育出版社　2002　p. 337

郝春文　《勘尋永安寺法律願慶與老宿紹建相諍根由狀》及相關問題考　戒幢佛學（第二卷）　岳麓
　　書社　2002　p. 80　又見：中日敦煌佛教學術會議論文集　中國社會科學院研究所　2002
　　p. 56

李正宇　敦煌遺書一宗後晉時期敦煌民事訴訟檔案　《敦煌研究》2003 年第 2 期　p. 45

黑維強　吐魯番出土文書詞語例釋（二）　《敦煌學輯刊》2005 年第 2 期　p. 190

P. 3224

黃盛璋　敦煌漢文與于闐文書中之龍家及其相關問題　《西域研究》1996 年第 1 期　p. 38

鄭炳林　敦煌碑銘讚輯釋　甘肅教育出版社　1997　p. 487 注 3

鄭炳林　晚唐五代敦煌地區種植棉花研究　《中國史研究》1999 年第 3 期　p. 88

P. 3225

李正宇　敦煌文學概論　甘肅人民出版社　1993　p. 113

王書慶　敦煌佛學·佛事篇　甘肅民族出版社　1995　p. 73

胡文和　仁壽縣壇神岩第 53 號"三寶"窟右壁"南竺觀記"中道藏經目研究　《世界宗教研究》1998
　　年第 2 期　p. 125

湛如　敦煌佛教律儀制度研究　中華書局　2003　p. 89

P. 3227

金岡照光　敦煌文學のさまざま　敦煌の文學　（東京）大藏出版株式會社　1971　p. 112

蔣禮鴻　敦煌文獻語言詞典　杭州大學出版社　1994　p. 376

P. 3228

陳祚龍　敦煌古抄内典尾記彙校初、二、三編合刊　敦煌學要籥　（臺北）新文豐出版公司　1982
　　p. 187

陳祚龍　中世敦煌釋門的布薩法事之一斑　敦煌簡策訂存　（臺北）商務印書館　1983　p. 161、168

土橋秀高　敦煌の律藏　敦煌と中國仏教（講座敦煌 7）　（東京）大東出版社　1984　p. 262

王書慶　敦煌佛學·佛事篇　甘肅民族出版社　1995　p. 74

湛如　敦煌布薩文與布薩次第新探　《敦煌研究》1999 年第 1 期　p. 121
金岡照光　敦煌文獻と中國文學　（東京）五曜書房　2000　p. 532
湛如　布薩文研究　敦煌與絲路文化學術講座　北京圖書館出版社　2003　p. 504
湛如　敦煌佛教律儀制度研究　中華書局　2003　p. 157、197

P. 3229

福井文雅　般若心經　敦煌と中國仏教（講座敦煌7）　（東京）大東出版社　1984　p. 40
柳田聖山　禪籍解題（一）・敦煌禪籍　俗語言研究（第二期）　（京都）禪文化研究所　1995　p. 149
方廣錩　般若波羅蜜多心經疏　敦煌學大辭典　上海辭書出版社　1998　p. 687

P. 3230

馬繼興　敦煌古醫籍考釋　江西科學技術出版社　1988　p. 25、493
姜伯勤　敦煌吐魯番與香藥之路　季羨林教授八十華誕紀念論文集（下）　江西人民出版社　1991
　　p. 841
姜伯勤　敦煌社會文書導論　（臺北）新文豐出版公司　1992　p. 188
丛春雨　敦煌中醫藥全書　中醫古籍出版社　1994　p. 694
姜伯勤　敦煌吐魯番文書與絲綢之路　文物出版社　1994　p. 131
王素　評《敦煌吐魯番文書與絲綢之路》　敦煌吐魯番研究（第二卷）　北京大學出版社　1997
　　p. 410
馬繼興　敦煌醫藥文獻輯校　江蘇古籍出版社　1998　p. 757
盖建民　從敦煌遺書看佛教醫學思想及其影響　佛學研究（第八期）　中國佛教文化研究所　1999
　　p. 265
王進玉　從敦煌文物看中西文化交流　《西域研究》1999 年第 1 期　p. 59
顏廷亮　敦煌文化　光明日報出版社　2000　p. 406
陳明　醫理精華：印度古典醫學在敦煌的實例分析　敦煌吐魯番研究（第五卷）　北京大學出版社
　　2001　p. 246
陳明　印度梵文醫典醫理精華研究　中華書局　2002　p. 102
陳明　備急單驗：敦煌醫藥文獻中的單藥方　敦煌學國際研討會論文集　北京圖書館出版社　2005
　　p. 239
陳明　殊方異藥：出土文書與西域醫學　北京大學出版社　2005　p. 151

P. 3231

姜伯勤　唐五代敦煌寺戶制度　中華書局　1987　p. 259
謝和耐著　耿昇譯　中國 5—10 世紀的寺院經濟　甘肅人民出版社　1987　p. 331 注 6
山本達郎等　敦煌・III 轉貼　『NUN – HUANG AND TURFAN DOCUMENTS CONCERNING SOCIAL
　　AND ECONOMIC HISTORY』（IV）　（東京）東洋文庫　1989　p. 29、44
山本達郎等　敦煌・IV 納贈曆・納色物曆等　『NUN – HUANG AND TURFAN DOCUMENTS CON-
　　CERNING SOCIAL AND ECONOMIC HISTORY』（IV）　（東京）東洋文庫　1989　p. 107
山本達郎等　敦煌・V 計會文書　『NUN – HUANG AND TURFAN DOCUMENTS CONCERNING SO-
　　CIAL AND ECONOMIC HISTORY』（IV）　（東京）東洋文庫　1989　p. 118
張廣達　榮新江　關於敦煌出土于闐文獻的年代及其相關問題　紀念陳寅恪先生誕辰百年學術論文
　　集　北京大學出版社　1989　p. 295

唐耕耦　陸宏基　敦煌社會經濟文獻真迹釋録(三)　全國圖書館文獻縮微複製中心　1990　p. 239

郝春文　敦煌寫本社邑文書年代彙考(一、二)　《首都師範大學學報》1993 年第 4、5 期　p. 37;81

郝春文　敦煌寫本社邑文書年代彙考(三)　《社科縱橫》1993 年第 5 期　p. 8

王永興　敦煌經濟文書導論　(臺北)新文豐出版公司　1994　p. 361

李錦繡　唐代財政史稿・上卷(第三分冊)　北京大學出版社　1995　p. 1134 注 1

馬德　論莫高窟佛教的社會性　敦煌佛教文獻研究　敦煌研究院文獻研究所　1995　p. 14

郝春文　評榮新江《英國圖書館藏敦煌漢文非佛教文獻殘卷目録(S. 6981 – 13624)》　敦煌吐魯番研
　　究(第一卷)　北京大學出版社　1996　p. 363

郝春文　唐後期五代宋初沙州僧尼的宗教收入(三):大衆倉試探　《敦煌學輯刊》1996 年第 2 期
　　p. 2

劉進寶　P. 3236 號《壬申年官布籍》時代考　《西北師大學報》(社會科學版)1996 年第 5 期　p. 44

劉進寶　P. 3236 號《壬申年官布籍》研究　慶祝潘石禪先生九秩華誕敦煌學特刊　(臺北)文津出版
　　社　1996　p. 360

馬德　敦煌莫高窟史研究　甘肅教育出版社　1996　p. 195

馮培紅　唐五代敦煌的河渠水利與水司管理機構初探　《敦煌學輯刊》1997 年第 2 期　p. 79

孫曉林　敦煌遺書所見唐宋間令狐氏在敦煌的分佈　唐代的歷史與社會　武漢大學出版社　1997
　　p. 531

張廣達　"歡佛"與"歡齋"　慶祝鄧廣銘教授九十華誕論文集　河北教育出版社　1997　p. 69

鄭炳林　敦煌碑銘讚輯釋　甘肅教育出版社　1997　p. 145 注 2

鄭炳林　唐五代敦煌的粟特人與佛教　敦煌歸義軍史專題研究　蘭州大學出版社　1997　p. 449

鄭炳林　晚唐五代敦煌貿易市場的物價　敦煌歸義軍史專題研究　蘭州大學出版社　1997　p. 300

高啓安　索黛　敦煌古代僧人官齋飲食檢閲　《敦煌研究》1998 年第 3 期　p. 60、70

高啓安　索黛　唐五代敦煌飲食中的餅淺探　《敦煌研究》1998 年第 4 期　p. 76、82

郝春文　唐後期五代宋初敦煌僧尼的社會生活　中國社會科學出版社　1998　p. 214

金瀅坤　從敦煌文書看晚唐五代敦煌地區布紡織業　《敦煌研究》1998 年第 2 期　p. 134

譚蟬雪　餺飥　敦煌學大辭典　上海辭書出版社　1998　p. 444

譚蟬雪　敦煌歲時文化導論　(臺北)新文豐出版公司　1998　p. 207

譚蟬雪　胡餅　敦煌學大辭典　上海辭書出版社　1998　p. 444

譚蟬雪　餾餅　敦煌學大辭典　上海辭書出版社　1998　p. 445

高啓安　王瓔玉　唐五代敦煌人的飲食品種研究　《敦煌研究》1999 年第 2 期　p. 65

高啓安　崇高與卑賤:敦煌的佛教信仰賤名再探　'98 法門寺唐文化國際學術討論會論文集　陝西
　　人民出版社　2000・p. 253

郝春文　《敦煌社邑文書輯校》補遺(二)　《首都師範大學學報》2000 年第 2 期　p. 10

郝春文　唐後期五代宋初敦煌的春秋官齋、十二月轉經、水則道場與佛教節日　慶祝吳其昱先生八秩
　　華誕敦煌學特刊　(臺北)文津出版社　2000　p. 245

郝春文　英藏敦煌文獻年代叢考　英國收藏敦煌漢藏文獻研究　中國社會科學出版社　2000
　　p. 372

雷紹鋒　歸義軍賦役制度初探　(臺北)洪葉文化事業有限公司　2000　p. 57、68

劉進寶　敦煌文書與唐史研究　(臺北)新文豐出版公司　2000　p. 202

童丕　從寺院的帳簿看敦煌二月八日節　法國漢學(敦煌學專號)　中華書局　2000　p. 94

徐俊　敦煌詩集殘卷輯考　中華書局　2000　p. 254

山本達郎等　補(IV)社・III 轉貼　『NUN – HUANG AND TURFAN DOCUMENTS CONCERNING SO-

CIAL AND ECONOMIC HISTORY』(Sup. p. lemrnts) （東京）東洋文庫　2001　p. 75、80

王蘭平　敦煌寫本 ДX6062 歸義軍時期《大般若經》抄寫紙曆及其相關問題考釋　敦煌佛教藝術文化
　　國際學術研討會論文集　蘭州大學出版社　2002　p. 64

劉進寶　P. 4525(8)《官布籍》所見歸義軍政權的賦稅免征　新世紀敦煌學論集　巴蜀書社　2003
　　p. 303

高啓安　唐五代敦煌飲食文化研究　民族出版社　2004　p. 10、29、121、213、395

李正宇　晚唐至宋敦煌僧人聽食"淨肉"　敦煌學(第 25 輯)　（臺北）樂學書局有限公司　2004
　　p. 180

趙紅　高啓安　唐五代時期敦煌僧人飲食概述　麥積山石窟藝術文化論文集(下)　蘭州大學出版
　　社　2004　p. 283、300

黑維強　吐魯番出土文書詞語例釋(二)　《敦煌學輯刊》2005 年第 2 期　p. 185

劉正平　唐代俗講與佛教神變月齋戒　戒幢佛學(第三卷)　岳麓書社　2005　p. 260

劉正平　王志鵬　唐代俗講與佛教八關齋戒之關係　《敦煌研究》2005 年第 2 期　p. 93

陸離　吐蕃統治敦煌時期的官府勞役　魏晉南北朝隋唐史資料(第 22 輯)　武漢大學出版社　2005
　　p. 186

金瀅坤　敦煌社會經濟文書定年拾遺　《首都師範大學學報》2006 年第 1 期　p. 9、12

P. 3232

王書慶　敦煌佛學·佛事篇　甘肅民族出版社　1995　p. 103

鄭炳林　敦煌碑銘讚輯釋　甘肅教育出版社　1997　p. 527 注 12

P. 3233

寺岡龍含　敦煌本郭象注莊子南華真經研究總論　福井漢文學會　1966　p. 190

陳祚龍　敦煌道經後記彙錄　敦煌文物隨筆　（臺北）商務印書館　1979　p. 18

陳祚龍　新校重訂《敦煌道經後記彙錄》　敦煌學要籥　（臺北）新文豐出版公司　1982　p. 209

宮川尚志　唐以前の河西における宗教·思想的狀況　敦煌と中國道教(講座敦煌 4)　（東京）大
　　東出版社　1983　p. 309

楠山春樹　道德經類 付『莊子』『列子』『文子』　敦煌と中國道教(講座敦煌 4)　（東京）大東出版
　　社　1983　p. 4

尾崎正治　洞淵神呪經　敦煌と中國道教(講座敦煌 4)　（東京）大東出版社　1983　p. 178

耿昇　中法學者友好合作的成果　《敦煌研究》1987 年第 1 期　p. 109

姜亮夫　敦煌所見道教佚經考　敦煌學論文集　上海古籍出版社　1987　p. 319

李斌城　敦煌寫本唐玄宗《道德經》注疏殘卷研究　《世界宗教研究》1987 年第 1 期　p. 55

池田溫　中國古代寫本識語集錄　（東京）大藏出版株式會社　1990　p. 209

高國藩　敦煌古俗與民俗流變　河海大學出版社　1990　p. 429

李豐楙　唐代《洞淵神呪經》寫卷與李弘：兼論神呪類道經的功德觀　第二屆敦煌學國際研討會論文
　　集　（臺北）漢學研究中心　1990　p. 481

林聰明　敦煌文書出處略考　季羡林教授八十華誕紀念論文集(下)　江西人民出版社　1991
　　p. 853

林聰明　敦煌文書學　（臺北）新文豐出版公司　1991　p. 194、216、378

陶秋英輯錄　姜亮夫校訂　敦煌所見道教佚經錄　敦煌碎金　浙江古籍出版社　1992　p. 328

朱越利　道經總論　遼寧教育出版社　1992　p. 257、263、310

顧吉辰　唐代敦煌文獻寫本書手考述　《敦煌學輯刊》1993 年第 1 期　p. 29

張澤洪　敦煌文書中的唐代道經　《敦煌學輯刊》1993 年第 2 期　p. 61

林聰明　談敦煌文書的抄寫問題　紀念陳寅恪先生百年誕辰學術論文集　江西教育出版社　1994
　　p. 294

沃興華　敦煌書法藝術　上海人民出版社　1994　p. 65

胡戟　傅玫　敦煌史話　中華書局　1995　p. 134

李豐楙　敦煌道經寫卷與道教寫經的供養功德觀　全國敦煌學研討會論文集　（臺北）中正大學中
　　國文學系所　1995　p. 121

邵文實　敦煌道教試述　《世界宗教研究》1996 年第 2 期　又見：中國敦煌學百年文庫·宗教卷
　　（三）　甘肅文化出版社　1999　p. 341

顧吉辰　敦煌文獻職官結銜考釋　《敦煌學輯刊》1998 年第 2 期　p. 24

馬承玉　從敦煌寫本看《洞淵神咒經》在北方的傳播　道家文化研究（第十三輯）　三聯書店　1998
　　p. 200

孫繼民　麟德元年敕寫洞淵神咒經記　敦煌學大辭典　上海辭書出版社　1998　p. 455

譚蟬雪　敦煌道經題記綜述　道家文化研究（第十三輯）　三聯書店　1998　p. 11

王卡　敦煌道經　敦煌學大辭典　上海辭書出版社　1998　p. 758

王卡　太上洞淵神咒經　敦煌學大辭典　上海辭書出版社　1998　p. 762

顏廷亮　敦煌文化中的道教及文化　《敦煌研究》1999 年第 1 期　p. 137

周維平　從敦煌遺書看敦煌道教　《西北民族研究》1999 年第 2 期　p. 129 注 3、134

金岡照光　敦煌文獻と中國文學　（東京）五曜書房　2000　p. 528

顏廷亮　敦煌文化　光明日報出版社　2000　p. 238

張澤洪　論唐代道教的寫經　《敦煌研究》2000 年第 3 期　p. 130

林聰明　敦煌吐魯番文書解詁指例　（臺北）新文豐出版公司　2001　p. 45

姜亮夫　敦煌莫高窟年表　姜亮夫全集（十一）　雲南人民出版社　2002　p. 234

葉貴良　《英藏敦煌社會歷史文獻釋錄·斯 63 號太上洞玄靈寶無量度人上品妙經》校正　《敦煌學
　　輯刊》2002 年第 2 期　p. 146

王卡　敦煌道教文獻研究　中國社會科學出版社　2004　p. 9、35、141

王卡　中國國家圖書館藏敦煌道教遺書研究報告　敦煌吐魯番研究（第七卷）　北京大學出版社
　　2004　p. 358

王卡　敦煌道教綜述　敦煌與絲路文化學術講座（第二輯）　北京圖書館出版社　2005　p. 378

P. 3234

那波利貞　佛教信仰に基きて組織せられたる中晚唐五代時代の社邑に就きて（上、下）　『史林』
　　（24 卷 3、4 號）　京都大學文學部史學研究會　1939　p. 39、90　又見：唐代社會文化史研究·
　　第六編　（東京）創文社　1974　p. 607、615、644、663

竺沙雅章　敦煌出土「社」文書の研究　『東方學報』（第 35 號）　京都大學人文科學研究所　1964
　　p. 268

那波利貞　梁戶考　唐代社會文化史研究·第三編　（東京）創文社　1974　p. 301、314、367、
　　373

那波利貞　唐代の社邑に就きて（1938 年）　唐代社會文化史研究·第五編　（東京）創文社　1974
　　p. 492

北原薰　晚唐·五代の敦煌寺院經濟——收支決算報告を中心に　敦煌の社會（講座敦煌 3）　（東

京）大東出版社　1980　p. 389、434

堀敏一　敦煌社會の変質——中國社會全般の発展とも関連して　敦煌の社會（講座敦煌 3）　（東京）大東出版社　1980　p. 193

姜伯勤　論敦煌寺院的"常住百姓"　《敦煌研究》1981 年試刊第 1 期　p. 52

姜伯勤　敦煌寺院碾磑經營的兩種形式　歷史論叢（第三輯）　齊魯書社　1983　p. 179　又見：五十年來漢唐佛教寺院經濟研究　北京師範大學出版社　1986　p. 228

張弓　唐五代敦煌寺院的牧羊人　《蘭州學刊》1984 年第 2 期　p. 60

謝和耐著　耿昇譯　敦煌的塏戶與梁戶　敦煌譯叢（第一輯）　甘肅人民出版社　1985　p. 170 注 30

池田溫　吐魯番、敦煌契券概觀　漢學研究（敦煌學國際研討會論文專號）　（臺北）漢學研究資料及服務中心　1986　p. 23

姜伯勤　敦煌寺院文書中"梁戶"的性質　五十年來漢唐佛教寺院經濟研究　北京師範大學出版社　1986　p. 132

謝重光　關於唐後期至五代間沙州寺院經濟的幾個問題　敦煌吐魯番出土經濟文書研究　廈門大學出版社　1986　p. 510 注 123

池田溫　敦煌の便穀曆　日野開三郎博士頌壽記念論集・中國社會・制度・文化史の諸問題　（福岡）中國書店　1987　p. 357

姜伯勤　敦煌的"畫行"與"畫院"　1983 年全國敦煌學術討論會文集・石窟藝術編（下）　甘肅人民出版社　1987　p. 177

姜伯勤　唐五代敦煌寺戶制度　中華書局　1987　p. 160、187、247、265、278、291

李正宇　敦煌學郎題記輯注　《敦煌學輯刊》1987 年第 1 期　p. 32

王永興　隋唐五代經濟史料彙編校注・第一編（下）　中華書局　1987　p. 889

謝和耐著　耿昇譯　中國 5—10 世紀的寺院經濟　甘肅人民出版社　1987　p. 156 注 1、172、186 注 1、220 注 1、252 注 2　又見：上海古籍出版社　2004　p. 127、140 注 2、180 注 4

李正宇　敦煌地區古代祠廟寺觀簡志　《敦煌學輯刊》1988 年第 1、2 期　p. 78

李正宇　唐宋時代敦煌縣河渠泉澤簡志（一）　《敦煌研究》1988 年第 4 期　p. 96

羅華慶　9 至 11 世紀敦煌的行像和浴佛活動　《敦煌研究》1988 年第 4 期　p. 100

唐耕耦　伯 2032 號甲辰年淨土寺諸色入破曆計會稿殘卷試釋　敦煌吐魯番學文集　敦煌吐魯番學北京資料中心　1988　p. 15

高國藩　敦煌民俗學　上海文藝出版社　1989　p. 61

山本達郎等　敦煌・III 轉貼　『NUN – HUANG AND TURFAN DOCUMENTS CONCERNING SOCIAL AND ECONOMIC HISTORY』（IV）　（東京）東洋文庫　1989　p. 35、88

山本達郎等　敦煌・IV 納贈曆・納色物曆等　『NUN – HUANG AND TURFAN DOCUMENTS CONCERNING SOCIAL AND ECONOMIC HISTORY』（IV）　（東京）東洋文庫　1989　p. 104

張廣達　榮新江　關於敦煌出土于闐文獻的年代及其相關問題　紀念陳寅恪先生誕辰百年學術論文集　北京大學出版社　1989　p. 292

高國藩　敦煌古俗與民俗流變　河海大學出版社　1990　p. 368

郝春文　敦煌五代宋初佛社與寺院的關係　《敦煌學輯刊》1990 年第 1 期　p. 17

唐耕耦　敦煌寫本便物曆初探　敦煌吐魯番文獻研究論集（第五輯）　北京大學出版社　1990　p. 144、159 注 3、178、186

唐耕耦　乙巳年（公元九四五年）淨土寺諸色入破算會牒稿殘卷試釋　敦煌吐魯番學研究論文集　漢語大詞典出版社　1990　p. 250

唐耕耦　陸宏基　敦煌社會經濟文獻眞迹釋録(二、三)　全國圖書館文獻縮微複製中心　1990
　　p. 212；438、577

李正宇　敦煌名勝古迹導論　《陽關》1991 年第 4 期　p. 51

土肥義和　九・十世紀の敦煌莫高窟を支えた人々　中國の都市と農村　(東京)汲古書院　1992
　　p. 442

尹偉先　從敦煌文書看唐代河西地區的貨幣流通　《社科縱橫》1992 年第 6 期　又見：中國敦煌學百
　　年文庫・歷史卷(二)　甘肅文化出版社　1999　p. 344

高國藩　敦煌民俗資料導論　(臺北)新文豐出版公司　1993　p. 16

郝春文　敦煌寫本社邑文書年代彙考(二)　《首都師範大學學報》1993 年第 5 期　p. 80

前田正名　河西歷史地理學研究　中國藏學出版社　1993　p. 249、257

譚禪雪　敦煌歲時掇瑣　(香港)《九州學刊》(敦煌學專輯)1993 年第 5 卷第 4 期　p. 94

張鴻勳　敦煌說唱文學概論　(臺北)新文豐出版公司　1993　p. 7

鄭炳林　董念清　唐五代敦煌私營釀酒業初探　《社科縱橫》1994 年第 4 期　p. 66

鄭炳林　高偉　唐五代敦煌釀酒業初探　《西北史地》1994 年第 1 期　p. 30

胡戟　傅玫　敦煌史話　中華書局　1995　p. 164

劉惠琴　從敦煌文書中看沙州紡織業　《敦煌學輯刊》1995 年第 2 期　p. 52

土肥義和　唐・北宋間の「社」の組織形態に関する一考察　中國古代の國家と民衆(堀敏一先生古
　　稀記念)　(東京)汲古書院　1995　p. 731

王三慶　敦煌書儀載録之節日活動與民俗　全國敦煌學研討會論文集　(臺北)中正大學中國文學
　　系所　1995　p. 25 注 12

張弓　敦煌秋冬節俗初探　敦煌學國際研討會文集・史地語文編　遼寧美術出版社　1995　p. 592

郝春文　唐後期五代宋初沙州的方等道場與方等道場司　唐研究(第二卷)　北京大學出版社
　　1996　p. 69

姜伯勤　敦煌藝術宗教與禮樂文明　中國社會科學出版社　1996　p. 17

李正宇　敦煌史地新論　(臺北)新文豐出版公司　1996　p. 78、110

陸慶夫　鄭炳林　俄藏敦煌寫本中九件轉帖初探　《敦煌學輯刊》1996 年第 1 期　p. 9

馬德　敦煌莫高窟史研究　甘肅教育出版社　1996　p. 175

馬德　九、十世紀敦煌工匠史料述論　慶祝潘石禪先生九秩華誕敦煌學特刊　(臺北)文津出版社
　　1996　p. 312

馬德　莫高窟與敦煌佛教教團　敦煌吐魯番研究(第一卷)　北京大學出版社　1996　p. 170

田德新　敦煌寺院中的"都頭"　《敦煌學輯刊》1996 年第 2 期　p. 99

鄭炳林　唐五代敦煌粟特人與歸義軍政權　《敦煌研究》1996 年第 4 期　p. 82、91　又見：敦煌歸義
　　軍史專題研究　蘭州大學出版社　1997　p. 403、423

馮培紅　唐五代敦煌的河渠水利與水司管理機構初探　《敦煌學輯刊》1997 年第 2 期　p. 77

馮培紅　晚唐五代宋初歸義軍武職軍將研究　敦煌歸義軍史專題研究　蘭州大學出版社　1997
　　p. 115

李正宇　敦煌歷史地理導論　(臺北)新文豐出版公司　1997　p. 60

劉進寶　歸義軍土地制度初探　《敦煌研究》1997 年第 2 期　p. 49

劉雯　吐蕃及歸義軍時期敦煌索氏家族研究　《敦煌學輯刊》1997 年第 2 期　p. 90

陸慶夫　鄭炳林　唐末五代敦煌的社與粟特人聚落　敦煌歸義軍史專題研究　蘭州大學出版社
　　1997　p. 392

馬德　敦煌工匠史料　甘肅人民出版社　1997　p. 52、87

馬德　敦煌遺書莫高窟歲首燃燈文輯識　《敦煌研究》1997 年第 3 期　　p. 60

寧可　郝春文　敦煌社邑文書輯校　江蘇古籍出版社　1997　p. 774

齊陳俊　馮培紅　晚唐五代宋初歸義軍政權中"十將"及下屬諸職考　敦煌歸義軍史專題研究　蘭州大學出版社　1997　p. 30

唐耕耦　敦煌淨土寺六件諸色入破曆算會稿綴合　敦煌吐魯番研究(第二卷)　北京大學出版社　1997　p. 259

唐耕耦　敦煌寺院會計文書研究　(臺北)新文豐出版公司　1997　p. 11、31、67、347、399、477

唐耕耦　四柱式諸色入破曆算會牒的解剖　周紹良先生欣開九秩慶壽文集　中華書局　1997　p. 126

張弓　漢唐佛寺文化史　中國社會科學出版社　1997　p. 942、1036

鄭炳林　敦煌碑銘讚輯釋　甘肅教育出版社　1997　p. 105 注 2

鄭炳林　唐五代敦煌的粟特人與佛教　敦煌歸義軍史專題研究　蘭州大學出版社　1997　p. 458

鄭炳林　唐五代敦煌金山國征伐樓蘭史事考　敦煌歸義軍史專題研究　蘭州大學出版社　1997　p. 14

鄭炳林　唐五代敦煌手工業研究　敦煌歸義軍史專題研究　蘭州大學出版社　1997　p. 241、272

鄭炳林　唐五代敦煌畜牧區域研究　敦煌歸義軍史專題研究　蘭州大學出版社　1997　p. 221

鄭炳林　晚唐五代敦煌貿易市場的物價　敦煌歸義軍史專題研究　蘭州大學出版社　1997　p. 282

鄭炳林　晚唐五代敦煌園圃經濟研究　敦煌歸義軍史專題研究　蘭州大學出版社　1997　p. 313

鄭炳林　馮培紅　唐五代歸義軍政權對外關係中的使頭一職　敦煌歸義軍史專題研究　蘭州大學出版社　1997　p. 66

鄭炳林　楊富學　敦煌西域出土回鶻文文獻所載 qunbu 與漢文文獻所見官布研究　《敦煌學輯刊》1997 年第 2 期　　p. 23

高啓安　索黛　敦煌古代僧人官齋飲食檢閱　《敦煌研究》1998 年第 3 期　　p. 70

高啓安　索黛　唐五代敦煌飲食中的餅淺探　《敦煌研究》1998 年第 4 期　　p. 78

郝春文　唐後期五代宋初敦煌僧尼的社會生活　中國社會科學出版社　1998　p. 33

金瀅坤　從敦煌文書看晚唐五代敦煌地區布紡織業　《敦煌研究》1998 年第 2 期　　p. 134

李正宇　淨土寺　敦煌學大辭典　上海辭書出版社　1998　p. 631

李正宇　蓮台寺　敦煌學大辭典　上海辭書出版社　1998　p. 629

馬德　10 世紀敦煌寺曆所記三窟活動　《敦煌研究》1998 年第 2 期　　p. 81、84

寧可　行像社　敦煌學大辭典　上海辭書出版社　1998　p. 428

沙知　敦煌契約文書輯校　江蘇古籍出版社　1998　p. 376

譚蟬雪　敦煌藏時文化導論　(臺北)新文豐出版公司　1998　p. 43、88、132、259、346、387

譚蟬雪　寒食設座　敦煌學大辭典　上海辭書出版社　1998　p. 435

唐耕耦　敦煌會計文書　敦煌學大辭典　上海辭書出版社　1998　p. 647

唐耕耦　入破曆算會牒　敦煌學大辭典　上海辭書出版社　1998　p. 647

童丕　10 世紀敦煌的借貸人　法國漢學(第 3 輯)　中華書局　1998　p. 65、80

謝重光　酒戶　敦煌學大辭典　上海辭書出版社　1998　p. 652

謝重光　行像　敦煌學大辭典　上海辭書出版社　1998　p. 644

楊森　晚唐五代兩件《女人社》文書剳記　《敦煌研究》1998 年第 1 期　　p. 70

高國藩　敦煌俗文化學　上海三聯書店　1999　p. 82

寧可　寧可史學論集　中國社會科學出版社　1999　p. 447

土肥義和　敦煌莫高窟供養人圖像題記について　東アジア史における國家と地域　(東京)刀水

書房　1999　p. 371

鄭炳林　晚唐五代敦煌地區種植棉花研究　《中國史研究》1999 年第 3 期　p. 84、92

董志翹　《太平廣記》詞語輯釋　中古近代漢語研究（第一輯）　上海教育出版社　2000　p. 235

高啓安　崇高與卑賤：敦煌的佛教信仰賤名再探　'98 法門寺唐文化國際學術討論會論文集　陝西人民出版社　2000　p. 252

郝春文　唐後期五代宋初敦煌的春秋官齋、十二月轉經、水則道場與佛教節日　慶祝吳其昱先生八秩華誕敦煌學特刊　（臺北）文津出版社　2000　p. 244

雷紹鋒　歸義軍賦役制度初探　（臺北）洪葉文化事業有限公司　2000　p. 195、287

劉進寶　敦煌歷史文化　甘肅人民出版社　2000　p. 125

劉進寶　敦煌文書與唐史研究　（臺北）新文豐出版公司　2000　p. 135、200

劉玉權　沙州回鶻史探微　1994 年敦煌學國際研討會文集·宗教文史卷（下）　甘肅民族出版社　2000　p. 24

童丕　從寺院的帳簿看敦煌二月八日節　法國漢學（敦煌學專號）　中華書局　2000　p. 60

王克孝　ДХ2168 寫本初探　1994 年敦煌學國際研討會文集·宗教文史卷（下）　甘肅民族出版社　2000　p. 230

張涌泉　漢語俗字叢考　中華書局　2000　p. 450、1150

劉文鎖　尼雅浴佛會及浴佛齋禱文　《敦煌研究》2001 年第 3 期　p. 47

羅彤華　從便物曆論敦煌寺院的放貸　敦煌文獻論集：紀念藏經洞發現一百周年國際學術研討會論文集　遼寧人民出版社　2001　p. 467

山本達郎等　補（III）契·敦煌發現契　『NUN－HUANG AND TURFAN DOCUMENTS CONCERNING SOCIAL AND ECONOMIC HISTORY』(Sup. p. lemrnts)　（東京）東洋文庫　2001　p. 49、61

譚蟬雪　唐宋敦煌歲時佛俗：二月至七月　《敦煌研究》2001 年第 1 期　p. 95、102

譚蟬雪　唐宋敦煌歲時佛俗：八月至十二月　《敦煌研究》2001 年第 2 期　p. 75

謝重光　漢唐佛教社會史論　（臺北）國際文化事業有限公司　2001　p. 251 注 36

曾良　敦煌文獻字義通釋　廈門大學出版社　2001　p. 97

馮培紅　姚桂蘭　歸義軍時期敦煌與周邊地區之間的僧使交往　敦煌佛教藝術文化國際學術研討會論文集　蘭州大學出版社　2002　p. 461

高啓安　晚唐五代敦煌僧人飲食戒律初探　敦煌佛教藝術文化國際學術研討會論文集　蘭州大學出版社　2002　p. 390

李斌城　唐代文化　中國社會科學出版社　2002　p. 1074、1135

楊惠玲　敦煌契約文書中的保人、見人、口承人、同便人、同取人　《敦煌研究》2002 年第 6 期　p. 44

胡素馨　佛教藝術的經濟制度：雜物曆、儲藏室和畫行　寺院財富與世俗供養　上海書畫出版社　2003　p. 288 注 22

王啓濤　中古及近代法制文書語言研究　巴蜀書社　2003　p. 302

湛如　敦煌佛教律儀制度研究　中華書局　2003　p. 54

鄭炳林　晚唐五代敦煌村莊聚落輯考　2000 年敦煌學國際學術討論會文集·歷史文化卷（上）　甘肅民族出版社　2003　p. 124、135

陳大爲　歸義軍時期敦煌淨土寺與都司及諸寺的經濟交往　《敦煌學輯刊》2004 年第 1 期　p. 120、123

高啓安　唐五代敦煌飲食文化研究　民族出版社　2004　p. 10

李正宇　晚唐至宋敦煌僧人聽食"淨肉"　敦煌學（第 25 輯）　（臺北）樂學書局有限公司　2004　p. 183

徐曉卉　唐五代宋初敦煌地區麻的種植品種試析　《敦煌研究》2004 年第 2 期　p. 89

趙紅　高啓安　唐五代時期敦煌僧人飲食概述　麥積山石窟藝術文化論文集（下）　蘭州大學出版社　2004　p. 284、294

鄭炳林　徐曉莉　晚唐五代敦煌歸義軍政權的婚姻關係研究　敦煌學（第 25 輯）　（臺北）樂學書局有限公司　2004　p. 561

郭永利　晚唐五代敦煌佛教寺院的納贈　《敦煌學輯刊》2005 年第 4 期　p. 78

李正宇　晚唐至北宋敦煌僧尼普聽飲酒　《敦煌研究》2005 年第 3 期　p. 70

趙曉星　寇甲　西魏:歸義軍時期敦煌地區的史姓　《敦煌學輯刊》2005 年第 2 期　p. 135

鄭炳林　晚唐五代敦煌地區的胡姓居民與聚落　法國漢學（第 10 輯）（粟特人在中國:歷史、考古、語言的新探索）　中華書局　2005　p. 180、186

陳大爲　敦煌淨土寺與敦煌地區胡姓居民關係探析　《敦煌學輯刊》2006 年第 1 期　p. 90

陳大爲　敦煌文獻 P. 4958 背(3)《當寺轉帖》小考　《文獻》2006 年第 1 期　p. 94

金瀅坤　敦煌社會經濟文獻綴合拾遺　文史（第七十五輯）　中華書局　2006　p. 87

李正宇　晚唐至宋敦煌聽許僧人娶妻生子　敦煌吐魯番研究（第九卷）　中華書局　2006　p. 341

P. 3235

陳祚龍　敦煌道經後記彙錄　敦煌文物隨筆　（臺北）商務印書館　1979　p. 9

陳祚龍　關於道家"本際經"及其"要略妙義"與"疏"的敦煌古抄　敦煌文物隨筆　（臺北）商務印書館　1979　p. 212

鄭良樹　敦煌老子寫本考異　（臺北）《大陸雜誌》1981 年第 2 期　又見:中國敦煌學百年文庫・宗教卷（三）　甘肅文化出版社　1999　p. 66

陳祚龍　新校重訂《敦煌道經後記彙錄》　敦煌學要籥　（臺北）新文豐出版公司　1982　p. 203

楠山春樹　道德經類　付『莊子』『列子』『文子』　敦煌と中國道教（講座敦煌 4）　（東京）大東出版社　1983　p. 30

石井昌子　靈寶經類　敦煌と中國道教（講座敦煌 4）　（東京）大東出版社　1983　p. 160

饒宗頤　敦煌書法叢刊（第二八卷）・道書（二）　（東京）二玄社　1984　p. 91

土橋秀高　敦煌の律藏　敦煌と中國仏教（講座敦煌 7）　（東京）大東出版社　1984　p. 262

戴密微著　耿昇譯　列寧格勒所藏敦煌漢文寫本簡介　敦煌譯叢（第一輯）　甘肅人民出版社　1985　p. 125 注 3

姜亮夫　敦煌所見道教佚經考　敦煌學論文集　上海古籍出版社　1987　p. 310

池田溫　中國古代寫本識語集錄　（東京）大藏出版株式會社　1990　p. 257

林聰明　敦煌文書學　（臺北）新文豐出版公司　1991　p. 277

陶秋英輯錄　姜亮夫校訂　敦煌所見道教佚經錄　敦煌碎金　浙江古籍出版社　1992　p. 314

王震亞　趙熒　敦煌殘卷爭訟文牒集釋　甘肅人民出版社　1993　p. 235

張澤洪　敦煌文書中的唐代道經　《敦煌學輯刊》1993 年第 2 期　p. 62

邵文實　敦煌道教試述　《世界宗教研究》1996 年第 2 期　又見:中國敦煌學百年文庫・宗教卷（三）　甘肅文化出版社　1999　p. 339

譚蟬雪　敦煌道經題記綜述　道家文化研究（第十三輯）　三聯書店　1998　p. 16

山田俊　唐初道教思想史研究・論述篇　（京都）平樂寺書店　1999　p. 29、47

山田俊　唐初道教思想史研究・資料篇　（京都）平樂寺書店　1999　p. 162

周維平　從敦煌遺書看敦煌道教　《西北民族研究》1999 年第 2 期　p. 131

汪泛舟　敦煌道教與齋醮諸考　1994 年敦煌學國際研討會文集・宗教文史卷（上）　甘肅民族出版

社　2000　p. 3

張澤洪　論唐代道教的寫經　《敦煌研究》2000 年第 3 期　p. 132

王卡　敦煌道教文獻研究　中國社會科學出版社　2004　p. 37、167、198

王卡　中國國家圖書館藏敦煌道教遺書研究報告　敦煌吐魯番研究(第七卷)　北京大學出版社
　　2004　p. 368

P. 3236

池田溫　中國古代の租佃契(上)　『東洋文化研究所紀要』(第 60 冊)　東京大學東洋文化研究所
　　1973　p. 110

池田溫　中國古代籍帳研究：概観・録文　東京大學東洋文化研究所　1979　p. 615

冷鵬飛　唐末沙州歸義軍時期有關百姓受田和賦稅的幾個問題　《敦煌學輯刊》1984 年第 1 期
　　p. 35

盧向前　關於歸義軍時期一份布紙破用曆的研究：試釋伯四六四〇背面文書　敦煌吐魯番文獻研究
　　論集(第三輯)　北京大學出版社　1986　p. 422 注 105　又見：敦煌吐魯番文書論稿　江西人
　　民出版社　1992　p. 130 注 105

王永興　隋唐五代經濟史料彙編校注・第一編(下)　中華書局　1987　p. 730

山本達郎等　敦煌・III 轉貼　『NUN‐HUANG AND TURFAN DOCUMENTS CONCERNING SOCIAL
　　AND ECONOMIC HISTORY』(IV)　(東京)東洋文庫　1989　p. 36

山本達郎等　敦煌・IV 納贈曆・納色物曆等　『NUN‐HUANG AND TURFAN DOCUMENTS CON-
　　CERNING SOCIAL AND ECONOMIC HISTORY』(IV)　(東京)東洋文庫　1989　p. 93、107

山本達郎等　敦煌・V 計會文書　『NUN‐HUANG AND TURFAN DOCUMENTS CONCERNING SO-
　　CIAL AND ECONOMIC HISTORY』(IV)　(東京)東洋文庫　1989　p. 116

張廣達　榮新江　關於敦煌出土于闐文獻的年代及其相關問題　紀念陳寅恪先生誕辰百年學術論文
　　集　北京大學出版社　1989　p. 292

池田溫　敦煌における土地稅役制をめぐって　東アジア古文書の史的研究　(東京)刀水書房
　　1990　p. 60

唐耕耦　陸宏基　敦煌社會經濟文獻真迹釋録(二)　全國圖書館文獻縮微複製中心　1990　p. 452

堀敏一著　林世田譯　唐代後期敦煌社會經濟之變化　《敦煌學輯刊》1991 年第 1 期　p. 99

池田溫　關於敦煌發現的唐大曆四年手實殘卷　唐代均田制研究選譯　甘肅教育出版社　1992
　　p. 154

姜伯勤　敦煌社會文書導論　(臺北)新文豐出版公司　1992　p. 190

王永興　敦煌經濟文書導論　(臺北)新文豐出版公司　1994　p. 360、408

堀敏一　中國古代の家と集落　(東京)汲古書院　1996　p. 474

雷紹鋒　論曹氏歸義軍時期官府之"牧子"　《敦煌學輯刊》1996 年第 1 期　p. 40

劉進寶　P. 3236 號《壬申年官布籍》時代考　《西北師大學報》(社會科學版)1996 年第 5 期　p. 41

劉進寶　P. 3236 號《壬申年官布籍》研究　慶祝潘石禪先生九秩華誕敦煌學特刊　(臺北)文津出版
　　社　1996　p. 353

鄭阿財　洪藝芳　1995—1996 年臺灣地區唐代學術研究概況：敦煌學　"中國唐代學會"會刊(第七
　　期)　(臺北)"中國唐代學會"　1996　p. 105

劉進寶　歸義軍土地制度初探　《敦煌研究》1997 年第 2 期　p. 52

劉永連　1996—1997 年大陸地區唐代學術研究概況：敦煌學　"中國唐代學會"會刊(第八期)　(臺
　　北)"中國唐代學會"　1997　p. 115

孫曉林　敦煌遺書所見唐宋間令狐氏在敦煌的分佈　唐代的歷史與社會　武漢大學出版社　1997　p. 526

楊際平　郭鋒　張和平　五—十世紀敦煌的家庭與家族關係　岳麓書社　1997　p. 148

鄭炳林　楊富學　敦煌西域出土回鶻文文獻所載 qunbu 與漢文文獻所見官布研究　《敦煌學輯刊》1997 年第 2 期　p. 23

金瀅坤　從敦煌文書看晚唐五代敦煌地區布紡織業　《敦煌研究》1998 年第 2 期　p. 137

雷紹鋒　P. 3418v《唐沙州諸鄉欠枝夫人戶名目》研究　《敦煌研究》1998 年第 2 期　p. 110

李正宇　醜賤名　敦煌學大辭典　上海辭書出版社　1998　p. 451

李正宇　數字取名　敦煌學大辭典　上海辭書出版社　1998　p. 451

沙知　納布　敦煌學大辭典　上海辭書出版社　1998　p. 408

宋家鈺　官布籍　敦煌學大辭典　上海辭書出版社　1998　p. 412

土肥義和　唐・北宋の間:敦煌の杜家親情社追補社條(S. 8160rv)について　唐代史研究(創刊號)（東京）唐代史研究會　1998　p. 19

楊秀清　曹議金執政臆談　《敦煌研究》1998 年第 3 期　p. 124

陳國燦　唐代的經濟社會　（臺北）文津出版社　1999　p. 164

堀敏一　中唐以後敦煌地域における稅制度　東アジア史における國家と地域　（東京）刀水書房　1999　p. 320

楊秀清　敦煌西漢金山國史　甘肅人民出版社　1999　p. 166

鄭阿財　敦煌寫本《佛頂心觀世音菩薩救難神驗經》研究　新國學(第一卷)　巴蜀書社　1999　p. 315

鄭炳林　晚唐五代敦煌地區種植棉花研究　《中國史研究》1999 年第 3 期　p. 84

池田溫　李盛鐸舊藏敦煌歸義軍後期社會經濟文書簡介　慶祝吳其昱先生八秩華誕敦煌學特刊　（臺北）文津出版社　2000　p. 40

高啓安　崇高與卑賤:敦煌的佛教信仰賤名再探　'98 法門寺唐文化國際學術討論會論文集　陝西人民出版社　2000　p. 253

堀敏一著　張宇譯　中唐以後敦煌地區的稅制　《敦煌研究》2000 年第 3 期　p. 146

雷紹鋒　歸義軍賦役制度初探　（臺北）洪葉文化事業有限公司　2000　p. 24、48、179、209

劉進寶　敦煌歷史文化　甘肅人民出版社　2000　p. 129

劉進寶　敦煌文書與唐史研究　（臺北）新文豐出版公司　2000　p. 214

丘古耶夫斯基　敦煌漢文文書　上海古籍出版社　2000　p. 169

楊寶玉　敦煌史話　中國大百科全書出版社　2000　p. 159

余欣　吐魯番出土上烽契詞語輯釋　文史(第五十三輯)　中華書局　2000　p. 140 注 19

山本達郎等　補(IV)社・III 轉貼　『NUN–HUANG AND TURFAN DOCUMENTS CONCERNING SOCIAL AND ECONOMIC HISTORY』(Sup. p. lemrnts)　（東京）東洋文庫　2001　p. 81

陳國燦　敦煌學史事新證　甘肅教育出版社　2002　p. 26、295

劉進寶　敦煌學通論　甘肅教育出版社　2002　p. 85

楊寶玉　敦煌滄桑　長江文藝出版社　2002　p. 244

荒見泰史　敦煌本夢書雜識　漢語史學報專輯(第三輯)　上海教育出版社　2003　p. 336

劉進寶　P. 4525(8)《官布籍》所見歸義軍政權的賦稅免征　新世紀敦煌學論集　巴蜀書社　2003　p. 296

鄭阿財　敦煌寫本《佛頂心觀世音菩薩大陀羅尼經》研究　敦煌學(第 23 輯)　（臺北）樂學書局有限公司　2003　p. 22　又見:2000 年敦煌學國際學術討論會文集・歷史文化卷(下)　甘肅民族出

版社　2003　p. 6

荒見泰史　漢文譬喻經典及其綱要本的作用　佛經文學研究論集　復旦大學出版社　2004　p. 284

劉進寶　評《敦煌的借貸：中國中古時代的物質生活與社會》　敦煌吐魯番研究（第七卷）　北京大學出版社　2004　p. 495

趙曉星　寇甲　西魏：歸義軍時期敦煌地區的史姓　《敦煌學輯刊》2005 年第 2 期　p. 137

鄭炳林　晚唐五代敦煌地區的胡姓居民與聚落　法國漢學（第 10 輯）（粟特人在中國：歷史、考古、語言的新探索）　中華書局　2005　p. 185

劉進寶　歸義軍時期的"音聲人"　《敦煌研究》2006 年第 1 期　p. 67

鄭炳林　晚唐五代河西地區的居民結構研究　《蘭州大學學報》2006 年第 2 期　p. 11

P. 3237

小島祐馬　巴黎國立圖書館藏敦煌遺書所見錄（八）　『支那學』（7 卷 3 號）　（京都）支那學社　1934　p. 117

王重民　敦煌古籍叙錄　中華書局　1979　p. 242

蘇瑩輝　敦煌學概要　（臺北）編譯館"中華叢書編委會"　1981　p. 49

鄭良樹　敦煌老子寫本考異　（臺北）《大陸雜誌》1981 年第 2 期　又見：中國敦煌學百年文庫·宗教卷（三）　甘肅文化出版社　1999　p. 67

楠山春樹　道德經類　付『莊子』『列子』『文子』　敦煌と中國道教（講座敦煌 4）　（東京）大東出版社　1983　p. 39

蘇瑩輝　中外敦煌古寫本纂要　敦煌論集　（臺北）學生書局　1983　p. 325

王重民　巴黎敦煌殘卷叙錄（第二輯）　敦煌叢刊初集（九）　（臺北）新文豐出版公司　1985　p. 273

王重民原編　黃永武新編　敦煌古籍叙錄新編（第十三冊）　（臺北）新文豐出版公司　1986　p. 1

姜亮夫　巴黎所藏敦煌寫本道德經殘卷綜合研究　敦煌學論文集　上海古籍出版社　1987　p. 278

龍晦　大足石刻父母恩重經變像與敦煌音樂文學的關係　敦煌歌辭總編　上海古籍出版社　1987　p. 1835

陳祚龍　看了敦煌古抄《報恩寺開溫室浴僧記》以後　敦煌學散策新集　（臺北）新文豐出版公司　1989　p. 213

郝春文　敦煌寫本社邑文書年代彙考（三）　《社科縱橫》1993 年第 5 期　p. 11

胡戟　傅玫　敦煌史話　中華書局　1995　p. 134

姜伯勤　敦煌藝術宗教與禮樂文明　中國社會科學出版社　1996　p. 303

顏廷亮　關於《白雀歌》見在寫卷兼及敦煌佛道關係　敦煌佛教文化研究　社科縱橫編輯部　1996　p. 12

楊秀清　金山國立國年代補證　《敦煌研究》1997 年第 4 期　p. 129

白化文　老子道德經李榮注　敦煌學大辭典　上海辭書出版社　1998　p. 777

程存潔　敦煌本《太上靈寶洗浴身心經》研究　道家文化研究（第十三輯）　三聯書店　1998　p. 296

姜伯勤　道釋相激：道教在敦煌　道家文化研究（第十三輯）　三聯書店　1998　p. 64

楊秀清　敦煌西漢金山國史　甘肅人民出版社　1999　p. 57、74

徐俊　敦煌詩集殘卷輯考　中華書局　2000　p. 772

顏廷亮　敦煌文化　光明日報出版社　2000　p. 209

孫昌武　道教與唐代文學　人民文學出版社　2001　p. 453

黨燕妮　晚唐五代敦煌的十王信仰　麥積山石窟藝術文化論文集（下）　蘭州大學出版社　2004　p. 166

郝春文　再論敦煌私社的"義聚"　敦煌學(第25輯)　(臺北)樂學書局有限公司　2004　p. 289

王卡　敦煌道教文獻研究　中國社會科學出版社　2004　p. 28、174

朱大星　敦煌寫卷李榮《老子注》及相關問題　浙江與敦煌學:常書鴻先生誕辰一百周年紀念文集
　　　浙江古籍出版社　2004　p. 373

P. 3238

陳祚龍　校訂宋初沙州戒牒三式　敦煌學海探珠(下冊)　(臺北)商務印書館　1979　p. 379

孫修身　敦煌三界寺　甘肅省史學會論文集　甘肅省歷史學會編印　1982　p. 173　又見:中國敦煌
　　　學百年文庫·宗教卷(一)　甘肅文化出版社　1999　p. 57

陳祚龍　中世敦煌婦女出家、入道、受戒、弘法之一斑　敦煌簡策訂存　(臺北)商務印書館　1983
　　　p. 40

孫修身　敦煌石窟《臘八燃燈分配窟龕名數》寫作年代考　絲路訪古　甘肅人民出版社　1983
　　　p. 211

唐耕耦　陸宏基　敦煌社會經濟文獻真迹釋錄(四)　全國圖書館文獻縮微複製中心　1990　p. 75

鄭炳林　伯2641號背莫高窟再修功德記撰寫人探微　《敦煌學輯刊》1991年第2期　p. 47

竺沙雅章　寺院文書　敦煌漢文文獻(講座敦煌5)　(東京)大東出版社　1992　p. 600

李正宇　敦煌文學概論　甘肅人民出版社　1993　p. 104

魏普賢　敦煌寫本和石窟中的劉薩訶傳說　法國學者敦煌學論文選萃　中華書局　1993　p. 453注
　　　86

榮新江　敦煌邈真讚年代考　敦煌邈真讚校錄並研究　(臺北)新文豐出版公司　1994　p. 360

李玉昆　敦煌遺書《泉州千佛新著諸祖師頌》研究　《敦煌學輯刊》1995年第1期　p. 31

王書慶　敦煌文獻中五代宋初戒牒研究　《敦煌研究》1997年第3期　p. 35

李正宇　古本敦煌鄉土志八種箋證　(臺北)新文豐出版公司　1998　p. 306

唐耕耦　戒牒　敦煌學大辭典　上海辭書出版社　1998　p. 641

姜亮夫　敦煌莫高窟年表　姜亮夫全集(十一)　雲南人民出版社　2002　p. 545

李德龍　沙州三界寺《授戒牒》初探　甘肅民族研究論叢　甘肅人民出版社　2002　p. 401

P. 3239

賀世哲　孫修身　《瓜沙曹氏年表補正》之補正　《甘肅師大學報》1980年第3期　又見:敦煌學文
　　　選(上)　蘭州大學歷史系敦煌學研究室等　1983　p. 149；中國敦煌學百年文庫·歷史卷(一)
　　　甘肅文化出版社　1999　p. 490

陳祚龍　古代敦煌及其他地區流行之公私印章圖記文字錄　敦煌學要籥　(臺北)新文豐出版公司
　　　1982　p. 322、345

賀世哲　孫修身　瓜沙曹氏與敦煌莫高窟　敦煌研究文集　甘肅人民出版社　1982　p. 221

陳守忠　西元八世紀後期至十一世紀前期河西歷史述論　《西北師院學報》1983年第4期　p. 58

艾麗白著　耿昇譯　敦煌漢文寫本中的鳥形押　敦煌譯叢(第一輯)　甘肅人民出版社　1985
　　　p. 199注2、206注3

饒宗頤　敦煌書法叢刊(第十五卷)·牒狀(二)　(東京)二玄社　1985　p. 14、82

賀世哲　從供養人題記看莫高窟部分洞窟的營建年代　敦煌莫高窟供養人題記　文物出版社　1986
　　　p. 216

榮新江　歸義軍及其與周邊民族的關係初探　《敦煌學輯刊》1986年第2期　p. 35　又見:中國人文
　　　社會科學博士碩士文庫·歷史學卷　浙江教育出版社　1998　p. 666

蘇瑩輝　從幾種敦煌資料論張承奉、曹議金之稱"帝"稱"王"　敦煌學(第 11 輯)　(臺北)新文豐出版公司　1986　p. 67　又見:敦煌文史藝術論叢　(臺北)新文豐出版公司　1987　p. 147

蘇瑩輝　瓜沙史事述要　漢學研究(敦煌學國際研討會論文專號)　(臺北)漢學研究資料及服務中心　1986　p. 474

何昌林　敦煌琵琶譜之考、解、譯(附《敦煌琵琶譯譜》)　1983 年全國敦煌學術討論會文集·石窟藝術編(下)　甘肅人民出版社　1987　p. 358

李正宇　關於金山國和敦煌國建國的幾個問題　《西北史地》1987 年第 2 期　p. 73

蘇瑩輝　巴黎藏敦煌寫本歸義軍節度使曹議金道場四疏箋正　敦煌文史藝術論叢　(臺北)新文豐出版公司　1987　p. 121

蘇瑩輝　曹元德、元深、元忠事迹考略　敦煌文史藝術論叢　(臺北)新文豐出版公司　1987　p. 165

蘇瑩輝　瓜沙史事述要　敦煌文史藝術論叢　(臺北)新文豐出版公司　1987　p. 85

蘇瑩輝　繼張氏任歸義軍節度使者爲曹仁貴論　敦煌文史藝術論叢　(臺北)新文豐出版公司　1987　p. 23

唐耕耦　曹仁貴節度沙州歸義軍始末　《敦煌研究》1987 年第 2 期　p. 15

孫修身　瓜沙曹氏卒立世次考　《鄭州大學學報》1988 年第 4 期　又見:《魏晉南北朝隋唐史》1988 年第 10 期　p. 25；中國敦煌學百年文庫·歷史卷(二)　甘肅文化出版社　1999　p. 229

郭鋒　慕容歸盈與瓜沙曹氏　《敦煌學輯刊》1989 年第 1 期　p. 91

榮新江　關於沙州歸義軍都僧統年代的幾個問題　《敦煌研究》1989 年第 4 期　p. 73

蘇瑩輝　巴黎藏石室本歸義軍節度使曹議金四疏箋證　《敦煌研究》1989 年第 4 期　p. 60

賀世哲　試論曹仁貴即曹議金　《魏晉南北朝隋唐史》1990 年第 8 期　p. 64

李正宇　曹仁貴名實論:曹氏歸義軍創始及歸奉後梁史探　第二屆敦煌學國際研討會論文集　(臺北)漢學研究中心　1990　p. 551、555

榮新江　沙州歸義軍歷任節度使稱號研究　敦煌吐魯番學研究論文集　漢語大詞典出版社　1990　p. 791

蘇哲　伯二九九二號文書三通五代狀文的研究　敦煌吐魯番文獻研究論集(第五輯)　北京大學出版社　1990　p. 442

唐耕耦　陸宏基　敦煌社會經濟文獻真迹釋錄(四)　全國圖書館文獻縮微複製中心　1990　p. 293

李正宇　曹仁貴歸奉後的一組新資料　魏晉南北朝隋唐史資料(第 11 輯)　武漢大學出版社　1991　p. 279

中村裕一　唐代官文書研究　(京都)中文出版社　1991　p. 284

黃盛璋　關於沙州曹氏和于闐交往的諸藏文文書及相關問題　《敦煌研究》1992 年第 1 期　p. 41

姜伯勤　敦煌社會文書導論　(臺北)新文豐出版公司　1992　p. 126、137

吳其昱著　伊藤美重子譯　敦煌漢文寫本概觀　敦煌漢文文獻(講座敦煌 5)　(東京)大東出版社　1992　p. 24

鄭雨　莫高窟第九十八窟的歷史背景與時代精神　(香港)《九州學刊》(敦煌學專輯)1992 年第 4 卷第 4 期　p. 37 注 4

中村裕一　官文書　敦煌漢文文獻(講座敦煌 5)　(東京)大東出版社　1992　p. 576

陳守忠　河隴史地考述　蘭州大學出版社　1993　p. 74

暨遠志　論唐代打馬球　《敦煌研究》1993 年第 2 期　p. 33

王震亞　趙熒　敦煌殘卷爭訟文牒集釋　甘肅人民出版社　1993　p. 233

李重申　敦煌馬毬史料探析　《敦煌研究》1994 年第 4 期　p. 171

蘇瑩輝　張承奉稱帝稱王與曹仁貴節度沙州歸義軍顛末考　敦煌學國際研討會文集·史地語文編

　　　遼寧美術出版社　1995　p. 58

楊秀清　八十年代以來金山國史研究綜述　《敦煌研究》1995 年第 4 期　p. 188

馮培紅　唐五代歸義軍政權中隊職問題辨析　《敦煌學輯刊》1996 年第 2 期　p. 28　又見：敦煌歸義軍史專題研究　蘭州大學出版社　1997　p. 41

李正宇　敦煌史地新論　（臺北）新文豐出版公司　1996　p. 215

榮新江　歸義軍史研究　上海古籍出版社　1996　p. 15

王惠民　《敦煌邈真讚校録並研究》評介　《敦煌研究》1996 年第 2 期　p. 153

中村裕一　唐代公文書研究　（東京）汲古書院　1996　p. 136、163

馮培紅　晚唐五代宋初歸義軍武職軍將研究　敦煌歸義軍史專題研究　蘭州大學出版社　1997　p. 112、141

齊陳俊　馮培紅　晚唐五代宋初歸義軍政權中“十將”及下屬諸職考　敦煌歸義軍史專題研究　蘭州大學出版社　1997　p. 30

鄭炳林　敦煌碑銘讚輯釋　甘肅教育出版社　1997　p. 360 注 9

鄭炳林　唐五代敦煌的醫事研究　敦煌歸義軍史專題研究　蘭州大學出版社　1997　p. 521

李重申　毬場　敦煌學大辭典　上海辭書出版社　1998　p. 600

馬德　尚書曹仁貴史事鈎沈　《敦煌學輯刊》1998 年第 2 期　p. 12

榮新江　歸義軍大事紀年初稿　出土文獻研究（第三輯）　文物出版社　1998　p. 242

沙知　沙州觀察處置使之印　敦煌學大辭典　上海辭書出版社　1998　p. 291

楊秀清　試論金山國的有關政治制度　《敦煌學輯刊》1998 年第 2 期　p. 41

陳祚龍　迎頭趕上，此其時也：敦煌學散策之二　中國敦煌學百年文庫·綜述卷（三）　甘肅文化出版社　1999　p. 49

黃征　程惠新　劫塵遺珠：敦煌遺書　甘肅教育出版社　1999　p. 164

陸慶夫　金山國與甘州回鶻關係考論　《敦煌學輯刊》1999 年第 1 期　p. 57

楊秀清　敦煌西漢金山國史　甘肅人民出版社　1999　p. 103、156

董志翹　《入唐求法巡禮行記》辭彙研究　中國社會科學出版社　2000　p. 274

李重申　敦煌古代體育文化　甘肅人民出版社　2000　p. 61

王艷明　瓜沙州大王印考　《敦煌學輯刊》2000 年第 2 期　p. 43

馮培紅　敦煌文獻中的職官史料與唐五代藩鎮官制研究　《敦煌研究》2001 年第 3 期　p. 110

李金梅　李重申　敦煌文獻與體育史研究之關係　《敦煌研究》2002 年第 2 期　p. 45

榮新江　唐五代歸義軍武職軍將考　敦煌學新論　甘肅教育出版社　2002　p. 61

森安孝夫著　梁曉鵬摘譯　河西歸義軍節度使官印及其編年　《敦煌學輯刊》2003 年第 1 期　p. 141

王艷明　瓜州曹氏與甘州回鶻的兩次和親始末　《敦煌研究》2003 年第 1 期　p. 69

馮培紅　關於歸義軍節度使官制的幾個問題　麥積山石窟藝術文化論文集（下）　蘭州大學出版社　2004　p. 212

屈直敏　從《勵忠節抄》看歸義軍政權道德秩序的重建　《敦煌學輯刊》2005 年第 3 期　p. 85

蘭州理工大學絲綢之路文史研究所編　絲綢之路體育文化論集　中華書局　2005　p. 248、257

P. 3240

土肥義和　はじめに——歸義軍節度使の敦煌支配　敦煌の歷史（講座敦煌 2）　（東京）大東出版社　1980　p. 294

方廣錩　敦煌佛教經録輯校　江蘇古籍出版社　1997　p. 971

鄭炳林　敦煌碑銘讚輯釋　甘肅教育出版社　1997　p. 31 注 3

方廣錩　諸寺抄經録　敦煌學大辭典　上海辭書出版社　1998　p. 757
楊森　晚唐五代兩件《女人社》文書劄記　《敦煌研究》1998 年第 1 期　p. 71
石内德　敦煌文獻中被廢棄的殘經抄本　法國漢學（敦煌學專號）　中華書局　2000　p. 24、29
王蘭平　敦煌寫本 ДХ6062 歸義軍時期《大般若經》抄寫紙曆及其相關問題考釋　敦煌佛教藝術文化
　　國際學術研討會論文集　蘭州大學出版社　2002　p. 71
方廣錩　敦煌寺院所藏大藏經概貌　藏外佛教文獻（第八輯）　宗教文化出版社　2003　p. 392
鄭炳林　晚唐五代敦煌諸寺藏經與管理　新世紀敦煌學論集　巴蜀書社　2003　p. 344
王蘭平　P. 3240、P. 4779、S. 4117 等三件敦煌文書的年代　麥積山石窟藝術文化論文集（下）　蘭州
　　大學出版社　2004　p. 197

P. 3241

陳祚龍　敦煌古抄内典尾記彙校初、二、三編合刊　敦煌學要籥　（臺北）新文豐出版公司　1982
　　p. 187
任半塘　敦煌歌辭總編　上海古籍出版社　1987　p. 1089
周紹良　敦煌文學芻議及其它　（臺北）新文豐出版公司　1992　p. 23
鄭炳林　唐五代敦煌金鞍山異名考　《敦煌研究》1995 年第 2 期　p. 133
楊際平　郭鋒　張和平　五—十世紀敦煌的家庭與家族關係　岳麓書社　1997　p. 239
柴劍虹　佛家勸善歌　敦煌學大辭典　上海辭書出版社　1998　p. 545
柴劍虹　和菩薩戒文　敦煌學大辭典　上海辭書出版社　1998　p. 546
金岡照光　敦煌文獻と中國文學　（東京）五曜書房　2000　p. 532
姜亮夫　敦煌莫高窟年表　姜亮夫全集（十一）　雲南人民出版社　2002　p. 446

P. 3242

張先堂　晚唐至宋初淨土五會念佛法門在敦煌的流傳　《敦煌研究》1998 年第 1 期　p. 53

P. 3243

那波利貞　唐寫本雜抄考——唐代庶民教育史研究の一資料　唐代社會文化史研究・第二編　（東
　　京）創文社　1974　p. 254
王堯　陳踐　敦煌吐蕃文獻選　四川民族出版社　1983　p. 206
雷僑雲　敦煌兒童文學　（臺北）學生書局　1985　p. 44
李正宇　敦煌學郎題記輯注　《敦煌學輯刊》1987 年第 1 期　p. 38
高國藩　敦煌民俗學　上海文藝出版社　1989　p. 109
鄭阿財　敦煌蒙書析論　第二屆敦煌學國際研討會論文集　（臺北）漢學研究中心　1990　p. 217
鄭阿財　敦煌文獻與文學　（臺北）新文豐出版公司　1993　p. 246
沃興華　敦煌書法藝術　上海人民出版社　1994　p. 249
汪泛舟　《開蒙要訓》初探　《敦煌研究》1999 年第 2 期　p. 139
汪泛舟　敦煌古代兒童課本　甘肅人民出版社　2000　p. 42、53
顏廷亮　敦煌文化　光明日報出版社　2000　p. 488
乜小紅　唐宋敦煌毛紡織業述略　敦煌學（第 23 輯）　（臺北）樂學書局有限公司　2002　p. 128
鄭阿財　朱鳳玉　敦煌蒙書研究　甘肅教育出版社　2002　p. 56、67
朱鳳玉　敦煌寫本《開蒙要訓》與臺灣《四言雜字》　中國俗文化研究（第一輯）　巴蜀書社　2003
　　p. 122

P. 3244

三木榮　西域出土醫藥關係文獻綜合解說目録　『東洋學報』(47 卷 1 號)　(東京)東洋學術協會 1964　p. 13

陳祚龍　關於敦煌古抄"服防修行人迷犯當'斷'外中内'五辛'之法藥義理文"　中華佛教文化史散策(四集)　(臺北)新文豐出版公司　1986　p. 467

施萍婷　敦煌曆日研究　1983 年全國敦煌學術討論會文集・文史遺書編(上)　甘肅人民出版社 1987　p. 313

馬繼興　敦煌古醫籍考釋　江西科學技術出版社　1988　p. 507

姜伯勤　敦煌吐魯番與香藥之路　季羨林教授八十華誕紀念論文集(下)　江西人民出版社　1991 p. 845

李正宇　敦煌文學概論　甘肅人民出版社　1993　p. 135

丛春雨　敦煌中醫藥全書　中醫古籍出版社　1994　p. 40、697

姜伯勤　敦煌吐魯番文書與絲綢之路　文物出版社　1994　p. 133

丛春雨　試述敦煌遺書中"道醫"、"佛醫"的理論與實踐　敦煌佛教文化研究　社科縱横編輯部 1996　p. 171

黃霞　五辛文書　敦煌學大辭典　上海辭書出版社　1998　p. 729

盖建民　從敦煌遺書看佛教醫學思想及其影響　佛學研究(第八期)　中國佛教文化研究所　1999 p. 265

馬繼興　當前世界各地收藏的中國出土卷子本古醫藥文獻備考　敦煌吐魯番研究(第六卷)　北京大學出版社　2002　p. 150

陳明　沙門黃散:唐代佛教醫事與社會生活　唐代宗教信仰與社會　上海辭書出版社　2003　p. 259

P. 3245

陳祚龍　簡記敦煌古抄方志　敦煌文物隨筆　(臺北)商務印書館　1979　p. 61

菊池英夫　唐代敦煌社會の外貌　敦煌の社會(講座敦煌 3)　(東京)大東出版社　1980　p. 106

陳祚龍　《簡記敦煌古抄方志》及其"後語"　敦煌學要籥　(臺北)新文豐出版公司　1982　p. 230

姜伯勤　唐五代敦煌寺戶制度　中華書局　1987　p. 144

韓建瓴　雜記　敦煌文學　甘肅人民出版社　1989　p. 68

李正宇　敦煌史地新論　(臺北)新文豐出版公司　1996　p. 98

楊秀清　張議潮出走與張淮深之死　《敦煌研究》1996 年第 4 期　p. 77

李正宇　敦煌歷史地理導論　(臺北)新文豐出版公司　1997　p. 59

鄭炳林　敦煌碑銘讚輯釋　甘肅教育出版社　1997　p. 547

李正宇　村莊　敦煌學大辭典　上海辭書出版社　1998　p. 304

李正宇　佛堂　敦煌學大辭典　上海辭書出版社　1998　p. 627

馬茜　歸義軍時期敦煌地區庶民佛教的發展　甘肅民族研究論叢　甘肅人民出版社　2002　p. 454

陳于柱　從敦煌占卜文書看晚唐五代敦煌占卜與佛教的對話交融　《敦煌學輯刊》2005 年第 2 期 p. 25

P. 3246

那波利貞　千佛岩莫高窟と敦煌文書　西域文化研究(第二)・敦煌吐魯番社會經濟資料(上)　(京都)法藏館　1959　p. 56

那波利貞　開元末期以前と天寶初期以後との唐の時世の差異に就きて　唐代社會文化史研究・第

一編　（東京）創文社　1974　p. 66

王重民　敦煌古籍叙録　中華書局　1979　p. 225、226

蘇瑩輝　敦煌藝文略　敦煌論集　（臺北）學生書局　1983　p. 383

饒宗頤　敦煌書法叢刊（第十三卷）·書儀　（東京）二玄社　1986　p. 73

王重民原編　黄永武新編　敦煌古籍叙録新編（第十二冊）　（臺北）新文豐出版公司　1986　p. 1

李正宇　《下女夫詞》研究　《敦煌研究》1987 年第 2 期　p. 41

周一良　敦煌寫本書儀考（之二）　敦煌吐魯番文獻研究論集（第四輯）　北京大學出版社　1987
　　p. 28　又見：唐五代書儀研究　中國社會科學出版社　1995　p. 82

唐耕耦　關於敦煌寺院水磑研究中的幾個問題　《文獻》1988 年第 1 期　p. 179

唐耕耦　陸宏基　敦煌社會經濟文獻真迹釋録（三）　全國圖書館文獻縮微複製中心　1990
　　p. 131、579

中村裕一　唐代官文書研究　（京都）中文出版社　1991　p. 501

姜伯勤　敦煌社會文書導論　（臺北）新文豐出版公司　1992　p. 16

周一良　唐代書儀の類型　敦煌漢文文獻（講座敦煌 5）　（東京）大東出版社　1992　p. 708

李正宇　敦煌文學概論　甘肅人民出版社　1993　p. 123 注 9

胡戟　傅玫　敦煌史話　中華書局　1995　p. 188

鄭炳林　羊萍　敦煌本夢書　甘肅文化出版社　1995　p. 250

周一良　趙和平　晚唐五代時的三種吉凶書儀寫卷研究　唐五代書儀研究　中國社會科學出版社
　　1995　p. 201

唐耕耦　敦煌寺院會計文書研究　（臺北）新文豐出版公司　1997　p. 463

張亞萍　晚唐五代歸義軍牧羊業管理機構：羊司　《敦煌學輯刊》1997 年第 2 期　p. 131

柴劍虹　詩句雜抄　敦煌學大辭典　上海辭書出版社　1998　p. 566

唐耕耦　磑課　敦煌學大辭典　上海辭書出版社　1998　p. 645

謝桃坊　敦煌文化尋繹　四川人民出版社　1999　p. 102

高啓安　唐五代敦煌人的飲酒習俗述論　《敦煌研究》2000 年第 3 期　p. 84

徐俊　敦煌詩集殘卷輯考　中華書局　2000　p. 793

周一良　王梵志詩的幾條補注　魏晉南北朝史論集續編　北京大學出版社　2001　p. 293

高啓安　唐五代敦煌飲食文化研究　民族出版社　2004　p. 95

李正宇　晚唐至宋敦煌僧人聽食"淨肉"　敦煌學（第 25 輯）　（臺北）樂學書局有限公司　2004
　　p. 184

張弓　敦煌四部籍與中古後期社會的文化情境　敦煌學（第 25 輯）　（臺北）樂學書局有限公司
　　2004　p. 332

吳麗娛　關於敦煌 S. 5566 書儀的研究　敦煌學國際研討會論文集　北京圖書館出版社　2005
　　p. 73

鄭炳林　敦煌寫本解夢書校録研究　民族出版社　2005　p. 66

孫猛　《日本國見在書目録》（經部、史部、集部）失考書考　域外漢籍研究集刊（第二輯）　中華書局
　　2006　p. 229

P. 3247

小島保祐馬　巴黎國立圖書館藏敦煌遺書所見録（一）　『支那學』（5 卷 4 號）　（京都）支那學社
　　1929　p. 124

王重民　敦煌本曆日之研究　《東方雜誌》1937 年第 34 卷　又見：敦煌遺書論文集　中華書局

1984　p. 117；中國敦煌學百年文庫·科技卷　甘肅文化出版社　1999　p. 24

王重民　敦煌古籍叙録　中華書局　1979　p. 161

蘇瑩輝　敦煌學概要　（臺北）編譯館"中華叢書編委會"　1981　p. 44、174、214

周丕顯　敦煌科技書卷叢談　《敦煌學輯刊》1981 年第 2 期　p. 53

饒宗頤　論七曜與十一曜：記敦煌開寶七年（九七四）康遵批命課　選堂集林·史林　（香港）中華書局　1982　p. 786、792　又見：饒宗頤史學論著選　上海古籍出版社　1993　p. 586；饒宗頤東方學論集　汕頭大學出版社　1999　p. 126、130

董作賓　敦煌紀年　敦煌學文選（上）　蘭州大學歷史系敦煌學研究室等　1983　p. 31

蘇瑩輝　敦煌藝文略　敦煌論集　（臺北）學生書局　1983　p. 380

蘇瑩輝　瓜沙史事叢考　（臺北）商務印書館　1983　p. 72

蘇瑩輝　中外敦煌古寫本纂要　敦煌論集　（臺北）學生書局　1983　p. 320

土橋秀高　敦煌の律藏　敦煌と中國仏教（講座敦煌7）　（東京）大東出版社　1984　p. 250

劉復　敦煌掇瑣　敦煌叢刊初集（十五）　（臺北）新文豐出版公司　1985　p. 371

王重民原編　黃永武新編　敦煌古籍叙録新編（第七冊）　（臺北）新文豐出版公司　1986　p. 15、200

高國藩　敦煌民俗學簡論　1983 年全國敦煌學術討論會文集·文史遺書編（下）　甘肅人民出版社　1987　p. 415、417

姜亮夫　敦煌經卷題名録　敦煌學論文集　上海古籍出版社　1987　p. 1069

施萍婷　敦煌曆日研究　1983 年全國敦煌學術討論會文集·文史遺書編（上）　甘肅人民出版社　1987　p. 306、311、339

劉操南　敦煌問世曆日辨析　敦煌語言文學論文集　浙江古籍出版社　1988　p. 56

馬繼興　敦煌古醫籍考釋　江西科學技術出版社　1988　p. 12

舒學　敦煌漢文遺書中雕版印刷資料綜叙　敦煌語言文學研究　北京大學出版社　1988　p. 298

高國藩　敦煌民俗學　上海文藝出版社　1989　p. 243

池田溫　中國古代寫本識語集録　（東京）大藏出版株式會社　1990　p. 468

高國藩　敦煌古俗與民俗流變　河海大學出版社　1990　p. 310、379

譚蟬雪　敦煌歲時掇瑣　《敦煌研究》1990 年第 1 期　p. 49　又見：（香港）《九州學刊》（敦煌學專輯）1993 年第 5 卷第 4 期　p. 90

林聰明　敦煌文書學　（臺北）新文豐出版公司　1991　p. 359、380、410 注 4

姜伯勤　敦煌社會文書導論　（臺北）新文豐出版公司　1992　p. 103

林家平　寧强　羅華慶　中國敦煌學史　北京語言學院出版社　1992　p. 18、103

陶秋英輯録　姜亮夫校訂　敦煌經卷題名録　敦煌碎金　浙江古籍出版社　1992　p. 93

鄧文寬　關於敦煌曆日研究的幾點意見　《敦煌研究》1993 年第 1 期　p. 69

高國藩　敦煌民俗資料導論　（臺北）新文豐出版公司　1993　p. 88、174、238

李正宇　敦煌文學概論　甘肅人民出版社　1993　p. 100

叢春雨　敦煌中醫藥全書　中醫古籍出版社　1994　p. 220

王進玉　敦煌石窟探秘　四川教育出版社　1994　p. 75

土肥義和　唐·北宋間の「社」の組織形態に関する一考察　中國古代の國家と民衆（堀敏一先生古稀記念）　（東京）汲古書院　1995　p. 720

鄧文寬　敦煌天文曆法文獻輯校　江蘇古籍出版社　1996　p. 387

段小强　敦煌文書所反映的古代喪禮　《敦煌學輯刊》1996 年第 2 期　p. 44

高國藩　敦煌數字與俗文化　慶祝潘石禪先生九秩華誕敦煌學特刊　（臺北）文津出版社　1996

　　p. 192

榮新江　歸義軍史研究　上海古籍出版社　1996　p. 27

施萍婷　敦煌遺書編目雜記二則　敦煌吐魯番研究（第一卷）　北京大學出版社　1996　p. 327

鄭炳林　敦煌碑銘讚輯釋　甘肅教育出版社　1997　p. 59 注 9

鄭炳林　唐末五代敦煌都河水系研究　敦煌歸義軍史專題研究　蘭州大學出版社　1997　p. 181

鄧文寬　人神　敦煌學大辭典　上海辭書出版社　1998　p. 611

鄧文寬　同光四年丙戌歲具注曆日並序　敦煌學大辭典　上海辭書出版社　1998　p. 608

李正宇　翟奉達　敦煌學大辭典　上海辭書出版社　1998　p. 363

馬繼興　敦煌醫藥文獻　敦煌學大辭典　上海辭書出版社　1998　p. 615

馬繼興　敦煌醫藥文獻輯校　江蘇古籍出版社　1998　p. 533

榮新江　歸義軍大事紀年初稿　出土文獻研究（第三輯）　文物出版社　1998　p. 249

譚蟬雪　敦煌歲時文化導論　（臺北）新文豐出版公司　1998　p. 45、96、134、295

高國藩　敦煌俗文化學　上海三聯書店　1999　p. 29、187

姜亮夫　敦煌：偉大的文化寶藏　雲南人民出版社　1999　p. 147

妹尾達彥　唐代長安東市の印刷業　東アジア史における國家と地域　（東京）刀水書房　1999
　　p. 220

寧可　寧可史學論集　中國社會科學出版社　1999　p. 446

王淑民　敦煌石窟秘藏醫方　北京醫科大學中國協和醫科大學聯合出版社　1999　p. 4

北京大學　敦煌《經卷》、《照片》及《圖書》目録　中國敦煌學百年文庫·綜述卷（一）　甘肅文化出
　　版社　1999　p. 317

叢春雨　敦煌中醫藥精萃發微　中醫古籍出版社　2000　p. 85

高明士　唐代敦煌官方的祭祀禮儀　1994 年敦煌學國際研討會文集·宗教文史卷（上）　甘肅民族
　　出版社　2000　p. 45、58

閻國權　敦煌二千一百年　新華出版社　2000　p. 243

顏廷亮　敦煌文化　光明日報出版社　2000　p. 407

姜伯勤　唐敦煌城市的禮儀空間　文史（第五十五輯）　中華書局　2001　p. 236

林聰明　敦煌吐魯番文書解詁指例　（臺北）新文豐出版公司　2001　p. 197

榮新江　評《中國歷史博物館藏書法大觀》第十一、十二卷　敦煌吐魯番研究（第五卷）　北京大學出
　　版社　2001　p. 337

張儂　敦煌遺書中的針灸文獻　《敦煌研究》2001 年第 2 期　p. 152

黃一農　嫁娶宜忌：選擇術中的"亥不行嫁"與"陰陽不將"考辨　法制與禮俗　（臺北）"中央研究
　　院"歷史語言研究所　2002　p. 291

姜亮夫　敦煌莫高窟年表　姜亮夫全集（十一）　雲南人民出版社　2002　p. 477

馬繼興　當前世界各地收藏的中國出土卷子本古醫藥文獻備考　敦煌吐魯番研究（第六卷）　北京
　　大學出版社　2002　p. 150

高國藩　敦煌學百年史述要　（臺北）商務印書館　2003　p. 98

余欣　禁忌、儀式與法術　唐代宗教信仰與社會　上海辭書出版社　2003　p. 315

鄧文寬　敦煌曆日文獻研究的歷史追憶　敦煌吐魯番研究（第七卷）　北京大學出版社　2004
　　p. 291

馬若安　敦煌曆日"沒日"和"滅日"安排初探　敦煌吐魯番研究（第七卷）　北京大學出版社　2004
　　p. 429

劉屹　上博本《曹元深祭神文》的幾個問題　敦煌學國際研討會論文集　北京圖書館出版社　2005

p. 156

P. 3248

王重民　敦煌本曆日之研究　《東方雜誌》1937 年第 34 卷　又見:中國敦煌學百年文庫·科技卷
　　甘肅文化出版社　1999　p. 26

傅芸子　《醜女緣起》與《賢愚經·金剛品》　《藝文》1943 年第 3 卷第 3 期　又見:敦煌變文論文録
　　上海古籍出版社　1982　p. 509；中國敦煌學百年文庫·宗教卷(四)　甘肅文化出版社　1999
　　p. 12

關德棟　談變文　《覺群周報》1946 年 1 卷 1 - 12 期　又見:敦煌變文論文録　上海古籍出版社
　　1982　p. 228

曾錦漳　唐代俗講及其底本　《香港浸會學院學報》1978 年第 5 期　又見:中國敦煌學百年文庫·文
　　學卷(二)　甘肅文化出版社　1999　p. 313

鄭阿財　敦煌孝道文學研究　(臺北)石門圖書公司　1982　p. 76

高國藩　敦煌寫本《太公家教》初探　《敦煌學輯刊》1984 年第 1 期　p. 65

王重民　跋太公家教　敦煌遺書論文集　中華書局　1984　p. 136

雷僑雲　敦煌兒童文學　(臺北)學生書局　1985　p. 82 注 5

劉復　敦煌掇瑣　敦煌叢刊初集(十五)　(臺北)新文豐出版公司　1985　p. 67

周鳳五　敦煌寫本太公家教研究　(臺北)明文書局　1986　p. 155

施萍婷　敦煌曆日研究　1983 年全國敦煌學術討論會文集·文史遺書編(上)　甘肅人民出版社
　　1987　p. 311、327、356

鄭振鐸　中國俗文學史(上)　上海書店　1987　p. 187、247

鄭阿財　敦煌寫卷新集文詞九經抄研究　(臺北)文史哲出版社　1989　p. 128 注 1

鄭阿財　敦煌蒙書析論　第二屆敦煌學國際研討會論文集　(臺北)漢學研究中心　1990　p. 226

林家平　寧强　羅華慶　中國敦煌學史　北京語言學院出版社　1992　p. 15、116

鄭阿財　敦煌文獻與文學　(臺北)新文豐出版公司　1993　p. 260

鄭阿財　學日益齋敦煌學劄記　周一良先生八十生日紀念論文集　中國社會科學出版社　1993
　　p. 193

鄧文寬　敦煌天文曆法文獻輯校　江蘇古籍出版社　1996　p. 317

唐耕耦　敦煌寺院會計文書研究　(臺北)新文豐出版公司　1997　p. 412

鄧文寬　乾甯四年丁巳歲具注曆日　敦煌學大辭典　上海辭書出版社　1998　p. 607

汪泛舟　敦煌古代兒童課本　甘肅人民出版社　2000　p. 223

馬繼興　當前世界各地收藏的中國出土卷子本古醫藥文獻備考　敦煌吐魯番研究(第六卷)　北京
　　大學出版社　2002　p. 150

華瀾　略論敦煌曆書的社會與宗教背景　敦煌與絲路文化學術講座　北京圖書館出版社　2003
　　p. 175

鄧文寬　兩篇敦煌具注曆日補釋與新校　出土文獻研究(第六輯)　上海古籍出版社　2004　p. 265

余欣　敦煌竈神信仰稽考　《敦煌學輯刊》2005 年第 3 期　p. 158

P. 3249

那波利貞　千佛岩莫高窟と敦煌文書　西域文化研究(第二)·敦煌吐魯番社會經濟資料(上)　(京
　　都)法藏館　1959　p. 56

那波利貞　開元末期以前と天寶初期以後との唐の時世の差異に就きて　唐代社會文化史研究·第

一編　（東京）創文社　1974　p. 66

王重民　敦煌古籍叙録　中華書局　1979　p. 225、226

蘇瑩輝　敦煌藝文略　敦煌論集　（臺北）學生書局　1983　p. 383

饒宗頤　敦煌書法叢刊（第十三卷）·書儀解說　（東京）二玄社　1986　p. 73

王重民原編　黃永武新編　敦煌古籍叙録新編（第十二册）　（臺北）新文豐出版公司　1986　p. 1

姜亮夫　海外敦煌卷子經眼録　敦煌學論文集　上海古籍出版社　1987　p. 40　又見：姜亮夫全集
　　（十三）　雲南人民出版社　2002　p. 33

李正宇　《下女夫詞》研究　《敦煌研究》1987 年第 2 期　p. 41

周一良　敦煌寫本書儀考（之二）　敦煌吐魯番文獻研究論集（第四輯）　北京大學出版社　1987
　　p. 28　又見：唐五代書儀研究　中國社會科學出版社　1995　p. 82

唐耕耦　陸宏基　敦煌社會經濟文獻真迹釋録（四、五）　全國圖書館文獻縮微複製中心　1990
　　p. 521；312

中村裕一　唐代官文書研究　（京都）中文出版社　1991　p. 501

姜伯勤　敦煌社會文書導論　（臺北）新文豐出版公司　1992　p. 17

姜伯勤　唐貞元、元和間禮的變遷　隋唐史論集　（香港）香港大學亞洲研究中心　1993　又見：敦
　　煌藝術宗教與禮樂文明　中國社會科學出版社　1996　p. 442

李正宇　敦煌文學概論　甘肅人民出版社　1993　p. 123 注 9

李冬梅　唐五代敦煌學校部分教學檔案簡介　《敦煌學輯刊》1995 年第 2 期　p. 66

鄭炳林　羊萍　敦煌本夢書　甘肅文化出版社　1995　p. 250

周一良　趙和平　晚唐五代時的三種吉凶書儀寫卷研究　唐五代書儀研究　中國社會科學出版社
　　1995　p. 201

馮培紅　唐五代歸義軍政權中隊職問題辨析　《敦煌學輯刊》1996 年第 2 期　p. 26　又見：敦煌歸義
　　軍史專題研究　蘭州大學出版社　1997　p. 37

馮培紅　晚唐五代宋初歸義軍武職軍將研究　敦煌歸義軍史專題研究　蘭州大學出版社　1997
　　p. 142

高啓安　唐宋時期敦煌人名探析　《敦煌研究》1997 年第 4 期　p. 125

孫曉林　敦煌遺書所見唐宋間令狐氏在敦煌的分佈　唐代的歷史與社會　武漢大學出版社　1997
　　p. 529

馮培紅　P. 3249 背《軍籍殘卷》與歸義軍初期的僧兵武裝　《敦煌研究》1998 年第 2 期　p. 141

郝春文　唐後期五代宋初敦煌僧尼的社會生活　中國社會科學出版社　1998　p. 104

郝春文　唐後期五代宋初敦煌僧人的稅役負擔　《敦煌學輯刊》1998 年第 2 期　p. 2

李正宇　歸義軍兵名簿　敦煌學大辭典　上海辭書出版社　1998　p. 398

楊富學　劉永連　丁曉瑜　1997—1998 年大陸地區唐代學術研究概況：敦煌學　"中國唐代學會" 會
　　刊（第九期）　（臺北）"中國唐代學會"　1998　p. 72

趙和平　新集吉凶書儀、吉儀卷上　敦煌學大辭典　上海辭書出版社　1998　p. 420

姜伯勤　唐貞元、元和間禮的變遷　中國敦煌學百年文庫·歷史卷（二）　甘肅文化出版社　1999
　　p. 362

謝桃坊　敦煌文化尋繹　四川人民出版社　1999　p. 102

高啓安　崇高與卑賤：敦煌的佛教信仰賤名再探　'98 法門寺唐文化國際學術討論會論文集　陝西
　　人民出版社　2000　p. 251

雷紹鋒　歸義軍賦役制度初探　（臺北）洪葉文化事業有限公司　2000　p. 286

陸離　俄法所藏敦煌文獻中一件歸義軍時期土地糾紛案卷殘卷淺識　《敦煌學輯刊》2000 年第 2 期

p. 61

蘇金花　試論晚唐五代敦煌僧侶免賦特權的進一步喪失　《敦煌研究》2000 年第 3 期　p. 157

榮新江　敦煌學十八講　北京大學出版社　2001　p. 219

李正宇　唐宋時期的敦煌佛教　敦煌佛教藝術文化國際學術研討會論文集　蘭州大學出版社　2002
　　p. 381

吳麗娛　唐禮摭遺：中古書儀研究　商務印書館　2002　p. 50

陸慶夫　歸義軍政權與蕃兵蕃將　2000 年敦煌學國際學術討論會文集·歷史文化卷（上）　甘肅民
　　族出版社　2003　p. 105

高啓安　唐五代敦煌飲食文化研究　民族出版社　2004　p. 156

張弓　敦煌四部籍與中古後期社會的文化情境　敦煌學（第 25 輯）　（臺北）樂學書局有限公司
　　2004　p. 332

彭建兵　歸義軍首任河西都僧統吳洪晉生平事迹述評　《敦煌學輯刊》2005 年第 2 期　p. 160

吳麗娛　關於敦煌 S. 5566 書儀的研究　敦煌學國際研討會論文集　北京圖書館出版社　2005
　　p. 73

趙曉星　寇甲　西魏：歸義軍時期敦煌地區的史姓　《敦煌學輯刊》2005 年第 2 期　p. 135

鄭炳林　敦煌寫本解夢書校錄研究　民族出版社　2005　p. 66

孫猛　《日本國見在書目錄》（經部、史部、集部）失考書考　域外漢籍研究集刊（第二輯）　中華書局
　　2006　p. 229

鄭炳林　晚唐五代河西地區的居民結構研究　《蘭州大學學報》2006 年第 2 期　p. 13

P. 3250

唐耕耦　陸宏基　敦煌社會經濟文獻真迹釋錄（一）　書目文獻出版社　1986　p. 372

山本達郎等　敦煌·I 社條　『NUN – HUANG AND TURFAN DOCUMENTS CONCERNING SOCIAL
　　AND ECONOMIC HISTORY』（IV）　（東京）東洋文庫　1989　p. 8

山本達郎等　敦煌·IV 納贈曆·納色物曆等　『NUN – HUANG AND TURFAN DOCUMENTS CON-
　　CERNING SOCIAL AND ECONOMIC HISTORY』（IV）　（東京）東洋文庫　1989　p. 92

王進玉　趙豐　敦煌文物中的紡織技藝　《敦煌研究》1989 年第 4 期　p. 100

齊陳俊　馮培紅　晚唐五代宋初歸義軍對外商業貿易　敦煌歸義軍史專題研究　蘭州大學出版社
　　1997　p. 346

楊森　敦煌社司文書畫押符號及其相關問題　《敦煌學輯刊》1999 年第 1 期　p. 86

P. 3251

王重民　敦煌曲子詞集　商務印書館　1950　p. 1、53

金岡照光　敦煌文學のさまざま　敦煌の文學　（東京）大藏出版株式會社　1971　p. 140

潘重規　敦煌雲謠集新書　（臺北）石門圖書公司　1977　p. 198（圖版）　又見：雲謠集研究彙錄
　　上海古籍出版社　1998　p. 193

潘重規　敦煌詞話　（臺北）石門圖書公司　1981　p. 36、67、74

沈英名　孟玉　敦煌雲謠集新校訂　正中書局　1982　p. 14（圖版）

王重民　記敦煌新出的菩薩蠻　敦煌遺書論文集　中華書局　1984　p. 169、172

高國藩　敦煌民間詩詞中的府兵制與詞的起源問題　《魏晉南北朝隋唐史》1986 年第 4 期　p. 72

潘重規　讀《雲謠集考釋》　敦煌學（第 11 輯）　（臺北）新文豐出版公司　1986　p. 66

王重民原編　黃永武新編　敦煌古籍叙錄新編（第十六冊）　（臺北）新文豐出版公司　1986　p. 315

朱鳳玉　王梵志詩研究(下)　（臺北）學生書局　1986　p. 130

高國藩　敦煌文學作品選　中華書局　1987　p. 66 注 2、70 注 1、97 注 4

姜亮夫　海外敦煌卷子經眼録　敦煌學論文集　上海古籍出版社　1987　p. 47　又見：姜亮夫全集（十三）　雲南人民出版社　2002　p. 40

任半塘　敦煌歌辭總編　上海古籍出版社　1987　p. 357、393、635

汪泛舟　敦煌曲子詞方音習語及其他　《敦煌研究》1987 年第 4 期　p. 58

高國藩　敦煌曲子詞中的詠花詞　《鹽城師專學報》1988 年第 3 期　p. 35

高國藩　敦煌民俗學　上海文藝出版社　1989　p. 277

高國藩　敦煌曲子詞欣賞　南京大學出版社　1989　p. 14、39、91、177

劉瑞明　王梵志詩校注辨正　古籍點校疑誤彙録　三中華書局　1989　p. 116

孫其芳　詞　敦煌文學　甘肅人民出版社　1989　p. 211

車柱環　雲謠集的性格問題　第二屆敦煌學國際研討會論文集　（臺北）漢學研究中心　1990　p. 408

任半塘　王昆吾　隋唐五代燕樂雜言歌辭集　巴蜀書社　1990　p. 237、811

張仲儀　試論敦煌曲子詞的審美特徵　《敦煌研究》1991 年第 2 期　p. 82

金岡照光　曲子詞類　敦煌の文學文獻(講座敦煌 9)　（東京）大東出版社　1992　p. 398

潘重規著　遊佐昇譯　中國で最初の「詞の総集」——敦煌雲謠集の発見と整理　敦煌の文學文獻（講座敦煌 9）　（東京）大東出版社　1992　p. 416

吳其昱著　伊藤美重子譯　敦煌漢文寫本概観　敦煌漢文文獻(講座敦煌 5)　（東京）大東出版社　1992　p. 111

周紹良　敦煌文學芻議及其它　（臺北）新文豐出版公司　1992　p. 34

高國藩　敦煌民俗資料導論　（臺北）新文豐出版公司　1993　p. 352

孫其芳　顏廷亮　敦煌文學概論　甘肅人民出版社　1993　p. 419

張錫厚　敦煌本《雲謠集》的整理和時代考　（香港）《九州學刊》(敦煌學專輯)1993 年第 5 卷第 4 期　p. 31

蔣禮鴻　敦煌文獻語言詞典　杭州大學出版社　1994　p. 173

金賢珠　唐五代敦煌民歌　（臺北）文史哲出版社　1994　p. 45、61、131

張錫厚　敦煌本唐集研究　（臺北）新文豐出版公司　1995　p. 317

饒宗頤　後周整理樂章與宋初詞學有關諸問題　敦煌曲續論　（臺北）新文豐出版公司　1996　p. 190

饒宗頤　《雲謠集》的性質及其與歌筵樂舞的聯繫　敦煌曲續論　（臺北）新文豐出版公司　1996　p. 115

劉尊明　《雲謠集》整理與研究綜述　《文史知識》1997 年第 8 期　p. 111

張鴻勳　敦煌寫本《清明日登張女郎神》詩釋證　敦煌吐魯番研究(第二卷)　北京大學出版社　1997　p. 67

潘重規　中國第一部"詞的總集"：敦煌《雲謠集》之發現與整理　雲謠集研究彙録　上海古籍出版社　1998　p. 261

舍之　歷代詞選集叙録　雲謠集研究彙録　上海古籍出版社　1998　p. 303

孫其芳　傾杯樂　敦煌學大辭典　上海辭書出版社　1998　p. 529

孫其芳　雲謠集雜曲子校注　雲謠集研究彙録　上海古籍出版社　1998　p. 291

王重民　雲謠集雜曲子　雲謠集研究彙録　上海古籍出版社　1998　p. 92

高國藩　敦煌俗文化學　上海三聯書店　1999　p. 36

潘重規　敦煌詞不可輕改　中國敦煌學百年文庫・文學卷(二)甘肅文化出版社　1999　p. 359

劉尊明　唐五代詞史論稿　文化藝術出版社　2000　p. 338

孫其芳　鳴沙遺音：敦煌詞選評　甘肅人民出版社　2000　p. 74

張錫厚　敦煌文學源流　作家出版社　2000　p. 290

杜曉勤　隋唐五代文學研究　北京出版社　2001　p. 1331

徐俊　唐詞、唐曲子及其相關問題　國際敦煌學學術史研討會論文集　研討會籌備組　2002　p. 375

張鴻勳　敦煌俗文學研究　甘肅人民出版社　2002　p. 316

高國藩　敦煌學百年史述要　（臺北）商務印書館　2003　p. 153

湯涒　敦煌曲子詞地域文化研究　上海古籍出版社　2004　p. 32、133

金開誠　葛兆光　古詩文要籍叙録　中華書局　2005　p. 105

湯涒　敦煌曲子詞寫本叙略　敦煌學國際研討會論文集　北京圖書館出版社　2005　p. 199

P. 3252

内藤乾吉　敦煌發見唐職制戶婚廐庫律斷簡　中國法制史考證　（東京）有斐閣　1963　p. 182

王重民　敦煌古籍叙録　中華書局　1979　p. 140

劉俊文　敦煌吐魯番發現唐寫本律及律疏殘卷研究　敦煌吐魯番文獻研究論集　中華書局　1982
　　p. 528、535、549、550

王堯　陳踐　敦煌吐蕃文獻選　四川民族出版社　1983　p. 2

王重民　巴黎敦煌殘卷叙録（第一、二輯）　敦煌叢刊初集（九）　（臺北）新文豐出版公司　1985
　　p. 141、237

王重民　敦煌古籍叙録新編（第七冊）　（臺北）新文豐出版公司　1986　p. 188、192

陳踐　王堯　敦煌本《吐蕃法制文書》譯釋　1983年全國敦煌學術討論會文集・文史遺書編（上）
　　甘肅人民出版社　1987　p. 241

姜亮夫　海外敦煌卷子經眼録　敦煌學論文集　上海古籍出版社　1987　p. 46　又見：姜亮夫全集
　　（十三）　雲南人民出版社　2002　p. 39

高國藩　敦煌民俗學　上海文藝出版社　1989　p. 197

劉俊文　敦煌吐魯番唐代法制文書考釋　中華書局　1989　p. 41

張錫厚　敦煌詩歌考論　《敦煌學輯刊》1989年第2期　p. 23

張錫厚　詩歌　敦煌文學　甘肅人民出版社　1989　p. 170

岡野誠　唐戶婚律立嫡違法條について　東アジア古文書の史的研究　（東京）刀水書房　1990
　　p. 108

李天石　敦煌吐魯番文書中的奴婢資料及其價值　《敦煌學輯刊》1990年第1期　p. 3、14

唐耕耦　陸宏基　敦煌社會經濟文獻真迹釋録(二)　全國圖書館文獻縮微複製中心　1990　p. 491

林聰明　敦煌文書學　（臺北）新文豐出版公司　1991　p. 263

仁井田陞　補訂中國法制史研究：法と慣習・法と道德　東京大學出版會　1991　p. 305

仁井田陞　補訂中國法制史研究：奴隸農奴法・家族村落法　東京大學出版會　1991　p. 22

中村裕一　唐代官文書研究　（京都）中文出版社　1991　p. 526

岡野誠　敦煌資料と唐代法典研究——西域発見の唐律・律疏斷簡の再檢討　敦煌漢文文獻（講座
　　敦煌5）　（東京）大東出版社　1992　p. 511

林家平　寧强　羅華慶　中國敦煌學史　北京語言學院出版社　1992　p. 71、166

王三慶　敦煌寫卷中武后新字之調查研究　唐代研究論集（第三輯）　（臺北）新文豐出版公司
　　1992　p. 97

周紹良　敦煌文學芻議及其它　（臺北）新文豐出版公司　1992　p. 22

高國藩　敦煌民俗資料導論　（臺北）新文豐出版公司　1993　p. 58

辻正博　最近五年來（1989—1993）唐代學術研究概況：日本地區史學部分　"中國唐代學會"會刊
　　（第四期）　（臺北）"中國唐代學會"　1993　p. 199

譚蟬雪　敦煌婚姻文化　甘肅人民出版社　1993　p. 57

項楚　敦煌詩歌導論　（臺北）新文豐出版公司　1993　p. 208

胡戟　傅玫　敦煌史話　中華書局　1995　p. 152

吳庚舜　董乃斌　唐代文學史（下）　人民文學出版社　1995　p. 617

周一良　趙和平　敦煌寫本書儀中所見的唐代婚喪禮俗　唐五代書儀研究　中國社會科學出版社
　　1995　p. 289　又見：魏晉南北朝史論集續編　北京大學出版社　2001　p. 249

藏中進　則天文字の研究　（東京）翰林書房　1995　p. 6、33、261

鄧文寬　敦煌吐魯番文獻重文符號釋讀舉隅　敦煌吐魯番學耕耘錄　（臺北）新文豐出版公司
　　1996　p. 321

高國藩　敦煌數字與俗文化　慶祝潘石禪先生九秩華誕敦煌學特刊　（臺北）文津出版社　1996
　　p. 178

池田溫　律令法　魏晉南北朝隋唐時代史の基本問題　（東京）汲古書院　1997　p. 283

仁井田陞　ペリオ敦煌發見唐令の再吟味　唐令拾遺補　東京大學出版會　1997　p. 255

董志翹　敦煌文書詞語考釋　《敦煌研究》1998 年第 1 期　p. 135

唐耕耦　國忌　敦煌學大辭典　上海辭書出版社　1998　p. 377

高國藩　敦煌俗文化學　上海三聯書店　1999　p. 15、38

黃征　程惠新　劫塵遺珠：敦煌遺書　甘肅教育出版社　1999　p. 201

陳永勝　敦煌法制文書研究回顧與展望　《敦煌研究》2000 年第 2 期　p. 101

陳永勝　敦煌吐魯番法制文書研究　甘肅人民出版社　2000　p. 7、34

董志翹　《入唐求法巡禮行記》辭彙研究　中國社會科學出版社　2000　p. 291

杜琪　敦煌詩賦作品要目分類題注　《甘肅社會科學》2000 年第 1 期　p. 63

孫其芳　大漠遺歌：敦煌詩歌選評　甘肅人民出版社　2000　p. 207

徐俊　敦煌詩集殘卷輯考　中華書局　2000　p. 208、465

張錫厚　敦煌文學源流　作家出版社　2000　p. 68

趙雲旗　唐代土地買賣研究　中國財政經濟出版社　2000　p. 57

劉瑞明　集遺珠以彙詩海　復原貌而觀萬象：評《敦煌詩集殘卷輯考》　《敦煌研究》2001 年第 4 期
　　p. 170

王素　敦煌吐魯番文獻　文物出版社　2002　p. 141

王啓濤　中古及近代法制文書語言研究　巴蜀書社　2003　p. 65、190

李天石　中國中古良賤身份制度研究　南京師範大學出版社　2004　p. 26

王冀青　斯坦因與日本敦煌學　甘肅教育出版社　2004　p. 306

P. 3254

芳村修基　土橋秀高　井ノ口泰淳　敦煌佛教史年表　西域文化研究（第一）·敦煌佛教資料　（京
　　都）法藏館　1958　p. 271

池田溫　中國古代籍帳研究：概觀·錄文　東京大學東洋文化研究所　1979　p. 569

宋家鈺　唐代手實初探　魏晉隋唐史論集（第一輯）　中國社會科學出版社　1981　p. 221

冷鵬飛　唐末沙州歸義軍時期有關百姓受田和賦稅的幾個問題　《敦煌學輯刊》1984 年第 1 期

p. 28

唐剛卯　唐代請田制度初探　《敦煌學輯刊》1985 年第 2 期　p. 60

寧欣　唐代敦煌地區農業水利問題初探　敦煌吐魯番文獻研究論集（第三輯）　北京大學出版社
　1986　p. 502 注 13、529

宋家鈺　唐朝戶籍法與均田制研究　中州古籍出版社　1988　p. 84

李正宇　唐宋時代敦煌縣河渠泉澤簡志（二）　《敦煌研究》1989 年第 1 期　p. 54

唐耕耦　陸宏基　敦煌社會經濟文獻真迹釋錄（二）　全國圖書館文獻縮微複製中心　1990　p. 464

佐竹靖彦　唐宋變革の地域的研究　（東京）同朋舍　1990　p. 150

土田健次郎　儒教典籍　敦煌漢文文獻（講座敦煌 5）　（東京）大東出版社　1992　p. 269

郝春文　敦煌寫本社邑文書年代彙考（二）　《首都師範大學學報》1993 年第 5 期　p. 80

王克孝　評丘古耶夫斯基對敦煌所出某些籍帳文書的考釋　魏晉南北朝隋唐史資料（第 12 輯）　武
　漢大學出版社　1993　p. 125

榮新江　歸義軍史研究　上海古籍出版社　1996　p. 3

孫曉林　敦煌遺書所見唐宋間令狐氏在敦煌的分佈　唐代的歷史與社會　武漢大學出版社　1997
　p. 534

鄭炳林　唐五代敦煌畜牧區域研究　敦煌歸義軍史專題研究　蘭州大學出版社　1997　p. 220

李方　敦煌《論語集解》校正　江蘇古籍出版社　1998　p. 831

李方　唐寫本《論語集解》校讀零拾　出土文獻研究（第三輯）　文物出版社　1998　p. 222

榮新江　歸義軍大事紀年初稿　出土文獻研究（第三輯）　文物出版社　1998　p. 235

宋家鈺　手實　敦煌學大辭典　上海辭書出版社　1998　p. 403

池田溫　李盛鐸舊藏敦煌歸義軍後期社會經濟文書簡介　慶祝吳其昱先生八秩華誕敦煌學特刊
　（臺北）文津出版社　2000　p. 39

郝春文　英藏敦煌文獻年代叢考　英國收藏敦煌漢藏文獻研究　中國社會科學出版社　2000
　p. 372

雷紹鋒　歸義軍賦役制度初探　（臺北）洪葉文化事業有限公司　2000　p. 15、120 注 19

宋家鈺　英國收藏敦煌文獻敘錄　英國收藏敦煌漢藏文獻研究　中國社會科學出版社　2000
　p. 172

許建平　英倫法京所藏敦煌寫本殘片八種之定名並校錄　敦煌學（第 24 輯）　（臺北）樂學書局有限
　公司　2003　p. 123

劉進寶　歸義軍政權初期的人口調查和土地調整　《敦煌研究》2004 年第 2 期　p. 60

P. 3255

金岡照光　敦煌漢文文學文獻の文學形態上の種類とその分類　敦煌出土文學文獻分類目錄·附解
　說　（東京）東洋文庫　1971　p. 218

金岡照光　敦煌文學のさまざま　敦煌の文學　（東京）大藏出版株式會社　1971　p. 115

馮燕　敦煌藏文本《孔丘項托相問書》考　《青海民族學院學報》1979 年第 4 卷　又見：中國敦煌學
　百年文庫·文獻卷（二）　甘肅文化出版社　1999　p. 529

楊家駱　敦煌變文　（臺北）世界書局　1980　p. 235

潘重規　敦煌變文集新書（下）　（臺北）"中國文化大學"中文研究所　1984　p. 1123

王重民　孔子項托相問書　敦煌變文集　人民文學出版社　1984　p. 235

張鴻勳　《唐寫本孔子與子羽對語雜抄》考略　《敦煌學輯刊》1984 年第 1 期　p. 57

雷僑雲　敦煌兒童文學　（臺北）學生書局　1985　p. 165

張鴻勳　敦煌本《孔子項託相問書》研究　《敦煌研究》1985 年第 2 期　p. 101

張鴻勳　《孔子項托相問書》傳承研究　《民間文學論壇》1986 年第 6 期　p. 38

張鴻勳　敦煌講唱文學作品選注　甘肅人民出版社　1987　p. 89

張鴻勳　從《孔子項托相問書》談敦煌文學的研究　敦煌語言文學論文集　浙江古籍出版社　1988
　　p. 247

張先堂　話本　敦煌文學　甘肅人民出版社　1989　p. 291

項楚　敦煌變文選注　巴蜀書社　1990　p. 364

鄭阿財　敦煌寫本《孔子項托相問書》初探　《法學商報》1990 年第 24 期　又見:中國敦煌學百年文
　　庫·文學卷(五)　甘肅文化出版社　1999　p. 49

金岡照光　散文體類　敦煌の文學文獻(講座敦煌 9)　(東京)大東出版社　1992　p. 175

張鴻勳　敦煌話本詞文俗賦導論　(臺北)新文豐出版公司　1993　p. 197

鄭阿財　敦煌文獻與文學　(臺北)新文豐出版公司　1993　p. 399

黃征　敦煌俗音考辨　敦煌語文叢說　(臺北)新文豐出版公司　1997　p. 141

黃征　張涌泉　敦煌變文校注　中華書局　1997　p. 359

柴劍虹　孔子項托相問書　敦煌學大辭典　上海辭書出版社　1998　p. 585

黃征　敦煌語言文字學研究　甘肅教育出版社　2002　p. 249

盧善煥　敦煌本《孔子項托相問書》研究　古史文存　社會科學文獻出版社　2002　p. 193

張鴻勳　敦煌俗文學研究　甘肅人民出版社　2002　p. 229

王昆吾　從敦煌學到域外漢文學　商務印書館　2003　p. 30

P. 3256

陳祚龍　新校重訂唐代吐蕃統治瓜沙期間當地釋衆事佛的幾種藝文　敦煌學海探珠(下冊)　(臺
　　北)商務印書館　1979　p. 361

李正宇　北京圖書館藏《敦煌金石文字存佚考略》　(香港)《九州學刊》(敦煌學專輯)1992 年第 4 卷
　　第 4 期　p. 130 注 7

邵文實　沙州節兒考及其引申出來的幾個問題　《西北師大學報》(社會科學版)1992 年第 5 期
　　p. 64

李正宇　敦煌文學概論　甘肅人民出版社　1993　p. 164

鄭炳林　《索崇恩和尚修功德記》考釋　《敦煌研究》1993 年第 2 期　p. 59

楊銘　一件有關敦煌陷蕃時間的藏文文書　《敦煌研究》1994 年第 3 期　p. 85

鄭炳林　《索勳紀德碑》研究　《敦煌學輯刊》1994 年第 2 期　p. 66、73

王書慶　敦煌佛學·佛事篇　甘肅民族出版社　1995　p. 27

鄭炳林　敦煌漢文吐蕃史料綜述:兼論吐蕃控制河西時期的職官與統治政策　敦煌吐魯番文獻研究
　　蘭州大學出版社　1995　p. 97

楊銘　吐蕃統治敦煌研究　(臺北)新文豐出版公司　1997　p. 105

鄭炳林　敦煌碑銘讚輯釋　甘肅教育出版社　1997　p. 22 注 6

李正宇　古本敦煌鄉土志八種箋證　(臺北)新文豐出版公司　1998　p. 310

李正宇　索允鐘　敦煌學大辭典　上海辭書出版社　1998　p. 330

金瀅坤　吐蕃沙州都督考　《敦煌研究》1999 年第 3 期　p. 89

楊富學　李吉和　敦煌漢文吐蕃史料輯校(第一輯)　甘肅人民出版社　1999　p. 199

顏廷亮　敦煌文化的靈魂論綱　《甘肅社會科學》2000 年第 4 期　p. 33

陸離　有關吐蕃太子的文書研究　《敦煌學輯刊》2003 年第 1 期　p. 29

王繼光　鄭炳林　敦煌漢文吐蕃史料綜述　中國西部民族文化研究（2003 年卷）　民族出版社
　　2003　p. 248

鄭炳林　徐曉莉　晚唐五代敦煌歸義軍政權的婚姻關係研究　敦煌學（第 25 輯）　（臺北）樂學書局
　　有限公司　2004　p. 565

陸離　吐蕃統治時期敦煌僧官的幾個問題　《敦煌研究》2005 年第 3 期　p. 95

P. 3257

羅福頤　敦煌石室文物對於學術上的貢獻　《歷史教學》1951 年第 5 期　又見：中國敦煌學百年文
　　庫・考古卷（四）　甘肅文化出版社　1999　p. 11

池田溫　中國古代の租佃契（上）　『東洋文化研究所紀要』（第 60 冊）　東京大學東洋文化研究所
　　1973　p. 36

池田溫　中國古代籍帳研究：概観・録文　東京大學東洋文化研究所　1979　p. 652

池田溫　敦煌の流通経済　敦煌の社會（講座敦煌 3）　（東京）大東出版社　1980　p. 339　又見：敦
　　煌文書の世界　（東京）名著刊行會　2003　p. 175

陳國燦　敦煌所出諸借契年代考　魏晉南北朝隋唐史資料（第 4 輯）　武漢大學出版社　1982
　　p. 14　又見：《敦煌學輯刊》1984 年第 1 期　p. 6

董作賓　敦煌紀年　敦煌學文選（上）　蘭州大學歷史系敦煌學研究室等　1983　p. 33

施萍婷　本所藏《酒帳》研究　《敦煌研究》1983 年創刊號　p. 153

艾麗白著　耿昇譯　敦煌漢文寫本中的鳥形押　敦煌譯叢（第一輯）　甘肅人民出版社　1985
　　p. 204

劉復　敦煌掇瑣　敦煌叢刊初集（十五）　（臺北）新文豐出版公司　1985　p. 269

唐耕耦　關於唐代租佃制的若干問題：以吐魯番敦煌租佃契爲中心　歷史論叢（第五輯）　齊魯書社
　　1985　p. 112

楊際平　麴氏高昌與唐代西州、沙州租佃制研究　敦煌吐魯番出土經濟文書研究　廈門大學出版社
　　1986　p. 253、271

姜亮夫　海外敦煌卷子經眼録　敦煌學論文集　上海古籍出版社　1987　p. 50　又見：姜亮夫全集
　　（十三）　雲南人民出版社　2002　p. 42

李正宇　唐宋時代敦煌縣河渠泉澤簡志（一）　《敦煌研究》1988 年第 4 期　p. 92

李明偉　狀・牒・帖　敦煌文學　甘肅人民出版社　1989　p. 37

池田溫　敦煌における土地税役制をめぐって　東アジア古文書の史的研究　（東京）刀水書房
　　1990　p. 69

郝春文　敦煌的渠人與渠社　《北京師範學院學報》1990 年第 1 期　p. 91

榮新江　沙州歸義軍歷任節度使稱號研究　敦煌吐魯番學研究論文集　漢語大詞典出版社　1990
　　p. 795、801

唐耕耦　陸宏基　敦煌社會經濟文獻真迹釋録（二）　全國圖書館文獻縮微複製中心　1990　p. 29、
　　295

仁井田陞　補訂中國法制史研究：土地法・交易法　東京大學出版會　1991　p. 674

姜伯勤　敦煌社會文書導論　（臺北）新文豐出版公司　1992　p. 140

林家平　寧強　羅華慶　中國敦煌學史　北京語言學院出版社　1992　p. 17、541

邵文實　唐代後期河西地區的民族遷徙及其後果　《敦煌學輯刊》1992 年第 1、2 期　p. 34

吳其昱著　伊藤美重子譯　敦煌漢文寫本概観　敦煌漢文文獻（講座敦煌 5）　（東京）大東出版社
　　1992　p. 24

李正宇　敦煌文學概論　甘肅人民出版社　1993　p. 102

王震亞　趙燮　敦煌殘卷爭訟文牒集釋　甘肅人民出版社　1993　p. 25

楊銘　敦煌遺書中的 Lho bal 與南波　《敦煌研究》1993 年第 3 期　p. 13　又見：敦煌吐魯番學研究
　　論集　書目文獻出版社　1996　p. 357

楊銘　關於敦煌藏文文書《吐蕃官吏呈請狀》的研究　馬長壽紀念文集　西北大學出版社　1993
　　p. 363　又見：中國敦煌學百年文庫·民族卷(三)　甘肅文化出版社　1999　p. 13

齊陳駿　有關遺產繼承的幾件敦煌遺書　《敦煌學輯刊》1994 年第 2 期　p. 51

榮新江　敦煌邈真讚所見歸義軍與東西回鶻的關係　敦煌邈真讚校録並研究　(臺北)新文豐出版
　　公司　1994　p. 112

榮新江　歸義軍改元考　文史(第三十八輯)　中華書局　1994　p. 50

王永興　敦煌經濟文書導論　(臺北)新文豐出版公司　1994　p. 408

馬雅倫　關於南山問題的討論　《敦煌學輯刊》1995 年第 2 期　p. 48

榮新江　龍家考　中亞學刊(第四輯)　北京大學出版社　1995　p. 154

張傳璽　中國歷代契約會編考釋(上)　北京大學出版社　1995　p. 513 注 1

李正宇　敦煌史地新論　(臺北)新文豐出版公司　1996　p. 110

榮新江　歸義軍史研究　上海古籍出版社　1996　p. 24

馮培紅　晚唐五代宋初歸義軍武職軍將研究　敦煌歸義軍史專題研究　蘭州大學出版社　1997
　　p. 103

雷紹鋒　唐末宋初歸義軍時期之"地子"、"地稅"淺論　魏晉南北朝隋唐史資料(第 15 輯)　武漢大
　　學出版社　1997　p. 137

劉進寶　歸義軍土地制度初探　《敦煌研究》1997 年第 2 期　p. 53

劉進寶　晚唐五代"地子"考釋　唐代的歷史與社會　武漢大學出版社　1997　p. 296

楊銘　吐蕃統治敦煌研究　(臺北)新文豐出版公司　1997　p. 132、256

鄭炳林　敦煌碑銘讚及其有關問題　敦煌碑銘讚輯釋　甘肅教育出版社　1997　p. 17

鄭炳林　敦煌碑銘讚輯釋　甘肅教育出版社　1997　p. 349 注 8

鄭炳林　唐五代敦煌金山國征伐樓蘭史事考　敦煌歸義軍史專題研究　蘭州大學出版社　1997
　　p. 22

鄭炳林　唐五代敦煌畜牧區域研究　敦煌歸義軍史專題研究　蘭州大學出版社　1997　p. 228

鄭炳林　晚唐五代敦煌貿易市場的物價　敦煌歸義軍史專題研究　蘭州大學出版社　1997　p. 297

鄭炳林　楊富學　敦煌西域出土回鶻文文獻所載 qunbu 與漢文文獻所見官布研究　《敦煌學輯刊》
　　1997 年第 2 期　p. 23

程喜霖　公驗　敦煌學大辭典　上海辭書出版社　1998　p. 387

雷紹鋒　P. 3418v《唐沙州諸鄉欠枝夫人戶名目》研究　《敦煌研究》1998 年第 2 期　p. 110

李正宇　古本敦煌鄉土志八種箋證　(臺北)新文豐出版公司　1998　p. 384

榮新江　歸義軍大事紀年初稿　出土文獻研究(第三輯)　文物出版社　1998　p. 248

沙知　代佃契　敦煌學大辭典　上海辭書出版社　1998　p. 388

沙知　敦煌契約文書輯校　江蘇古籍出版社　1998　p. 337

沙知　書契人　敦煌學大辭典　上海辭書出版社　1998　p. 390

宋家鈺　地水　敦煌學大辭典　上海辭書出版社　1998　p. 414

宋家鈺　口分田　敦煌學大辭典　上海辭書出版社　1998　p. 413

宋家鈺　請田　敦煌學大辭典　上海辭書出版社　1998　p. 413

堀敏一　中唐以後敦煌地域における稅制度　東アジア史における國家と地域　(東京)刀水書房

1999　p. 318

劉瑞明　吐魯番出土文書釋詞　《西域研究》1999 年第 4 期　p. 59

鄭炳林　晚唐五代敦煌地區種植棉花研究　《中國史研究》1999 年第 3 期　p. 83、90

陳永勝　敦煌吐魯番法制文書研究　甘肅人民出版社　2000　p. 207

高啓安　崇高與卑賤:敦煌的佛教信仰賤名再探　'98 法門寺唐文化國際學術討論會論文集　陝西人民出版社　2000　p. 250

韓森　均田制的廢弛對日常生活的影響　1994 年敦煌學國際研討會文集·宗教文史卷(下)　甘肅民族出版社　2000　p. 208

堀敏一著　張宇譯　中唐以後敦煌地區的稅制　《敦煌研究》2000 年第 3 期　p. 146

雷紹鋒　歸義軍賦役制度初探　(臺北)洪葉文化事業有限公司　2000　p. 9、36、83、104、129、169、199

劉進寶　敦煌文書與唐史研究　(臺北)新文豐出版公司　2000　p. 165

陸離　俄法所藏敦煌文獻中一件歸義軍時期土地糾紛案卷殘卷淺識　《敦煌學輯刊》2000 年第 2 期　p. 62

錢伯泉　南山部族與阿薩蘭回鶻研究　1994 年敦煌學國際研討會文集·宗教文史卷(下)　甘肅民族出版社　2000　p. 41

丘古耶夫斯基　敦煌漢文文書　上海古籍出版社　2000　p. 179

余欣　吐魯番出土上烽契詞語輯釋　文史(第五十三輯)　中華書局　2000　p. 134

楊森　關於敦煌文獻中的"平章"一詞　敦煌學與中國史研究論集　甘肅人民出版社　2001　p. 231

趙貞　歸義軍押衙兼知他官略考　《敦煌研究》2001 年第 2 期　p. 90

陳國燦　敦煌學史事新證　甘肅教育出版社　2002　p. 338

陳國燦　略論吐魯番出土的敦煌文書　《西域研究》2002 年第 3 期　p. 7　又見:新世紀敦煌學論集　巴蜀書社　2003　p. 59

姜亮夫　敦煌莫高窟年表　姜亮夫全集(十一)　雲南人民出版社　2002　p. 516

徐曉麗　鄭炳林　晚唐五代敦煌吐谷渾與吐蕃移民婦女研究　《敦煌學輯刊》2002 年第 2 期　p. 4

董志翹　敦煌社會經濟文書詞語散釋　中國俗文化研究(第一輯)　巴蜀書社　2003　p. 129

李正宇　敦煌遺書一宗後晉時期敦煌民事訴訟檔案　《敦煌研究》2003 年第 2 期　p. 42

劉敬林　敦煌文牒詞語校釋　《敦煌學輯刊》2003 年第 1 期　p. 116

王繼光　鄭炳林　敦煌漢文吐蕃史料綜述　中國西部民族文化研究(2003 年卷)　民族出版社　2003　p. 243

王啓濤　中古及近代法制文書語言研究　巴蜀書社　2003　p. 181、218、318

董志翹　敦煌社會經濟文獻詞語略考　浙江與敦煌學:常書鴻先生誕辰一百周年紀念文集　浙江古籍出版社　2004　p. 490

高啓安　唐五代敦煌飲食文化研究　民族出版社　2004　p. 183

黑維强　吐魯番出土文書詞語例釋(一)　《敦煌學輯刊》2004 年第 2 期　p. 118

湯涒　敦煌曲子詞地域文化研究　上海古籍出版社　2004　p. 171

鄭顯文　唐代律令制研究　北京大學出版社　2004　p. 131

陳麗萍　敦煌文書所見唐五代婚變現象初探(一)　《敦煌學輯刊》2005 年第 2 期　p. 170

黑維强　吐魯番出土文書詞語例釋(二)　《敦煌學輯刊》2005 年第 2 期　p. 185

陸離　吐蕃統治河隴時期司法制度初探　《中國藏學》2006 年第 1 期　p. 32

P. 3258

姜亮夫　敦煌經卷在中國文化學術上的價值　敦煌學論文集　上海古籍出版社　1987　p. 5

竺沙雅章　敦煌吐蕃期的僧官制度　第二屆敦煌學國際研討會論文集　（臺北）漢學研究中心
　　1990　p. 146

鄭炳林　敦煌碑銘讚三篇證誤與考釋　《敦煌學輯刊》1992 年第 1、2 期　p. 100

齊陳駿　寒沁　河西都僧統唐悟真作品和見載文獻系年　《敦煌學輯刊》1993 年第 2 期　p. 6、14

汪泛舟　敦煌文學概論　甘肅人民出版社　1993　p. 558

黃征　吳偉　敦煌願文集　岳麓書社　1995　p. 25

鄭炳林　敦煌漢文吐蕃史料綜述：兼論吐蕃控制河西時期的職官與統治政策　敦煌吐魯番文獻研究
　　蘭州大學出版社　1995　p. 97

鄭炳林　唐五代敦煌粟特人與歸義軍政權　《敦煌研究》1996 年第 4 期　p. 85　又見：敦煌歸義軍史
　　專題研究　蘭州大學出版社　1997　p. 411

黃征　《敦煌碑銘讚輯釋》評介　敦煌語文叢說　（臺北）新文豐出版公司　1997　p. 813

鄭炳林　敦煌碑銘讚輯釋　甘肅教育出版社　1997　p. 106 注 3、119 注 2

鄭炳林　吐蕃統治下的敦煌粟特人　敦煌歸義軍史專題研究　蘭州大學出版社　1997　p. 386

鄭炳林　法鏡　敦煌學大辭典　上海辭書出版社　1998　p. 353

鄭炳林　康使君　敦煌學大辭典　上海辭書出版社　1998　p. 353

鄭炳林　《康秀華寫經施入疏》與《炫和尚貨賣胡粉曆》研究　敦煌吐魯番研究（第三卷）　北京大學
　　出版社　1998　p. 205

金瀅坤　吐蕃沙州都督考　《敦煌研究》1999 年第 3 期　p. 88

楊富學　李吉和　敦煌漢文吐蕃史料輯校（第一輯）　甘肅人民出版社　1999　p. 189

陳海濤　敦煌歸義軍時期從化鄉消失原因初探　中國社會歷史評論（第二卷）　天津古籍出版社
　　2000　p. 435

劉進寶　敦煌歷史文化　甘肅人民出版社　2000　p. 86

劉進寶　敦煌文書與唐史研究　（臺北）新文豐出版公司　2000　p. 110

鄭炳林　張紅麗　《張淮深變文》的年代問題　1994 年敦煌學國際研討會文集·宗教文史卷（上）
　　甘肅民族出版社　2000　p. 328

邵文實　敦煌佛教文學與邊塞文學　《敦煌學輯刊》2001 年第 2 期　p. 30

劉進寶　敦煌學通論　甘肅教育出版社　2002　p. 53

馬茜　歸義軍時期敦煌地區庶民佛教的發展　甘肅民族研究論叢　甘肅民族出版社　2002　p. 455

陳明　耆婆的形象演變及其在敦煌吐魯番地區的影響　文津學志（第一輯）　北京圖書館出版社
　　2003　p. 152

陸離　有關吐蕃太子的文書研究　《敦煌學輯刊》2003 年第 1 期　p. 31

王繼光　鄭炳林　敦煌漢文吐蕃史料綜述　中國西部民族文化研究（2003 年卷）　民族出版社
　　2003　p. 249

趙曉星　敦煌落蕃舊事　民族出版社　2004　p. 185

敏春芳　敦煌願文詞語例釋　《敦煌學輯刊》2005 年第 1 期　p. 97、103

P. 3260

榮新江　歸義軍及其與周邊民族的關係初探　《敦煌學輯刊》1986 年第 2 期　p. 36　又見：中國人文
　　社會科學博士碩士文庫·歷史學卷　浙江教育出版社　1998　p. 668

李明偉　狀·牒·帖　敦煌文學　甘肅人民出版社　1989　p. 37

榮新江　沙州歸義軍歷任節度使稱號研究　敦煌吐魯番學研究論文集　漢語大詞典出版社　1990
　　p. 796

唐耕耦　陸宏基　敦煌社會經濟文獻真迹釋録(四)　全國圖書館文獻縮微複製中心　1990　p. 390

黃盛璋　關於沙州曹氏和于闐交往的諸藏文文書及相關問題　《敦煌研究》1992 年第 1 期　p. 41

汪泛舟　敦煌文學概論　甘肅人民出版社　1993　p. 560

劉惠琴　從敦煌文書中看沙州紡織業　《敦煌學輯刊》1995 年第 2 期　p. 51

鄭炳林　敦煌碑銘讚輯釋　甘肅教育出版社　1997　p. 484 注 8

金瀅坤　從敦煌文書看晚唐五代敦煌地區布紡織業　《敦煌研究》1998 年第 2 期　p. 136

沙知　歸義軍印　敦煌學大辭典　上海辭書出版社　1998　p. 292

鄭炳林　晚唐五代敦煌貿易市場的外來商品輯考　中華文史論叢(總 63 輯)　上海古籍出版社
　　2000　p. 61

森安孝夫著　梁曉鵬摘譯　河西歸義軍節度使官印及其編年　《敦煌學輯刊》2003 年第 1 期　p. 141

馮培紅　關於歸義軍節度使官制的幾個問題　麥積山石窟藝術文化論文集(下)　蘭州大學出版社
　　2004　p. 214、231

P. 3261

鄭炳林　伯 2641 號背莫高窟再修功德記撰寫人探微　《敦煌學輯刊》1991 年第 2 期　p. 51

郝春文　唐後期五代宋初敦煌僧尼的社會生活　中國社會科學出版社　1998　p. 58

P. 3262

賀世哲　試論曹仁貴即曹議金　《魏晉南北朝隋唐史》1990 年第 8 期　p. 61

李正宇　曹仁貴名實論：曹氏歸義軍創始及歸奉後梁史探　第二屆敦煌學國際研討會論文集　(臺
　　北)漢學研究中心　1990　p. 564

馬德　曹氏三大窟營建的社會背景　《敦煌研究》1991 年第 1 期　p. 19

黃征　吳偉　《敦煌願文集》輯校中的一些問題　《敦煌研究》1992 年第 1 期　p. 65

鄭雨　莫高窟第九十八窟的歷史背景與時代精神　(香港)《九州學刊》(敦煌學專輯)1992 年第 4 卷
　　第 4 期　p. 39

晒麟　曹仁貴即曹議金　《敦煌學輯刊》1993 年第 2 期　p. 89

賀世哲　莫高窟第 192 窟《發願功德讚文》重録及有關問題　《敦煌研究》1993 年第 2 期　p. 1

榮新江　關於曹氏歸義軍首任節度使的幾個問題　《敦煌研究》1993 年第 2 期　p. 46

蘇遠鳴　敦煌佛教肖像劄記　法國學者敦煌學論文選萃　中華書局　1993　p. 197

蘇遠鳴　敦煌漢文寫本的斷代　法國學者敦煌學論文選萃　中華書局　1993　p. 552

汪泛舟　敦煌文學概論　甘肅人民出版社　1993　p. 558

鄭炳林　讀敦煌文書 P. 3859《後唐清泰三年六月沙州儭司教授福集等狀》劄記　《西北史地》1993 年
　　第 4 期　p. 47　又見：敦煌吐魯番文獻研究　蘭州大學出版社　1995　p. 615

黃征　敦煌願文散校　《敦煌研究》1994 年第 3 期　p. 128　又見：敦煌語文叢說　(臺北)新文豐出
　　版公司　1997　p. 567

榮新江　敦煌邈真讚所見歸義軍與東西回鶻的關係　敦煌邈真讚校録並研究　(臺北)新文豐出版
　　公司　1994　p. 86

榮新江　甘州回鶻與曹氏歸義軍　《中國古代史》(先秦至隋唐)1994 年第 3 期　p. 101

王進玉　敦煌石窟探秘　四川教育出版社　1994　p. 118

胡戟　傅玫　敦煌史話　中華書局　1995　p. 92

黃征　吳偉　敦煌願文集　岳麓書社　1995　p. 430、910

馬德　論莫高窟佛教的社會性　敦煌佛教文獻研究　敦煌研究院文獻研究所　1995　p. 15

鄭炳林　唐五代敦煌金鞍山異名考　《敦煌研究》1995 年第 2 期　p. 133

李正宇　敦煌史地新論　（臺北）新文豐出版公司　1996　p. 329

馬德　敦煌莫高窟史研究　甘肅教育出版社　1996　p. 178、196

馬德　九、十世紀敦煌工匠史料述論　慶祝潘石禪先生九秩華誕敦煌學特刊　（臺北）文津出版社
　　1996　p. 317

馬德　莫高窟張都衙窟及有關問題　《敦煌研究》1996 年第 2 期　p. 31

榮新江　歸義軍史研究　上海古籍出版社　1996　p. 15

黃征　《敦煌願文集》輯校中的一些問題　敦煌語文叢說　（臺北）新文豐出版公司　1997　p. 549

馬德　敦煌工匠史料　甘肅人民出版社　1997　p. 45

馬德　敦煌遺書莫高窟歲首燃燈文輯識　《敦煌研究》1997 年第 3 期　p. 60

楊際平　郭鋒　張和平　五—十世紀敦煌的家庭與家族關係　岳麓書社　1997　p. 239

鄭炳林　敦煌碑銘讚輯釋　甘肅教育出版社　1997　p. 226 注 2

榮新江　歸義軍大事紀年初稿　出土文獻研究（第三輯）　文物出版社　1998　p. 242

楊秀清　曹議金執政臆談　《敦煌研究》1998 年第 3 期　p. 119

黃征　程惠新　劫塵遺珠：敦煌遺書　甘肅教育出版社　1999　p. 166

陸慶夫　金山國與甘州回鶻關係考論　《敦煌學輯刊》1999 年第 1 期　p. 57

楊秀清　敦煌西漢金山國史　甘肅人民出版社　1999　p. 159

馬德　敦煌寫本《營窟稿文範》箋證　1994 年敦煌學國際研討會文集·石窟考古卷　甘肅民族出版
　　社　2000　p. 218

陳明　沙武田　莫高窟第 98 窟及其對曹氏歸義軍時期大窟營建之影響　敦煌佛教藝術文化國際學
　　術研討會論文集　蘭州大學出版社　2002　p. 171

徐曉麗　回鶻天公主與敦煌佛教　敦煌佛教藝術文化國際學術研討會論文集　蘭州大學出版社
　　2002　p. 418

王三慶　敦煌文獻《諸雜齋文一本》研究　敦煌學（第 24 輯）　（臺北）樂學書局有限公司　2003
　　p. 6　又見：2000 年敦煌學國際學術討論會文集·歷史文化卷（下）　甘肅民族出版社　2003
　　p. 541

王豔明　瓜州曹氏與甘州回鶻的兩次和親始末　《敦煌研究》2003 年第 1 期　p. 72

馮培紅　關於歸義軍節度使官制的幾個問題　麥積山石窟藝術文化論文集（下）　蘭州大學出版社
　　2004　p. 210

馮培紅　論晚唐五代的沙州（歸義軍）與涼州（河西）節度使　浙江與敦煌學：常書鴻先生誕辰一百周
　　年紀念文集　浙江古籍出版社　2004　p. 249

胡戟　胡戟文存（2）　隋唐歷史與敦煌卷　中國社會科學出版社　2004　p. 156

賴比星　對樂僔"忽見金光，狀有千佛"的考證　《敦煌研究》2004 年第 4 期　p. 83

P. 3263

林聰明　敦煌文書學　（臺北）新文豐出版公司　1991　p. 125

汪泛舟　敦煌文學概論　甘肅人民出版社　1993　p. 558

馬德　敦煌遺書莫高窟歲首燃燈文輯識　《敦煌研究》1997 年第 3 期　p. 60

鄭炳林　敦煌碑銘讚輯釋　甘肅教育出版社　1997　p. 53 注 67

沙知　敦煌別稱　敦煌學大辭典　上海辭書出版社　1998　p. 306

P. 3264

唐耕耦　陸宏基　敦煌社會經濟文獻眞迹釋録(三)　全國圖書館文獻縮微複製中心　1990　p. 177

鄭炳林　伯2641號背莫高窟再修功德記撰寫人探微　《敦煌學輯刊》1991年第2期　p. 47

鄭炳林　敦煌碑銘讚輯釋　甘肅教育出版社　1997　p. 315注6

P. 3265

陳祚龍　看了敦煌古抄《報恩寺開溫室浴僧記》以後　漢學研究(敦煌學國際研討會論文專號)　(臺
　北)漢學研究資料及服務中心　1986　p. 199　又見：敦煌學散策新集　(臺北)新文豐出版公司
　1989　p. 182

姜亮夫　敦煌經卷壁畫中所見寺觀録　敦煌學論文集　上海古籍出版社　1987　p. 1080

李正宇　敦煌地區古代祠廟寺觀簡志　《敦煌學輯刊》1988年第1、2期　p. 78

韓建瓴　雜記　敦煌文學　甘肅人民出版社　1989　p. 70

姜伯勤　敦煌吐魯番與香藥之路　季羨林教授八十華誕紀念論文集(下)　江西人民出版社　1991
　p. 845

陶秋英輯録　姜亮夫校訂　敦煌經卷所見寺名録　敦煌碎金　浙江古籍出版社　1992　p. 121

李正宇　敦煌史地新論　(臺北)新文豐出版公司　1996　p. 75

馮培紅　唐五代敦煌的河渠水利與水司管理機構初探　《敦煌學輯刊》1997年第2期　p. 74

鄭炳林　敦煌碑銘讚輯釋　甘肅教育出版社　1997　p. 105注2

李正宇　報恩寺　敦煌學大辭典　上海辭書出版社　1998　p. 629

沙知　敦煌吐魯番文獻所見唐軍府名掇拾　《敦煌學輯刊》1998年第1期　p. 9

沙知　雙池府　敦煌學大辭典　上海辭書出版社　1998　p. 395

譚蟬雪　敦煌歲時文化導論　(臺北)新文豐出版公司　1998　p. 369

楊森　淺談敦煌文獻中唐代墓誌銘抄本　《敦煌研究》2000年第3期　p. 137

馮培紅　敦煌文獻中的職官史料與唐五代藩鎮官制研究　《敦煌研究》2001年第3期　p. 108

譚蟬雪　唐宋敦煌歲時佛俗：八月至十二月　《敦煌研究》2001年第2期　p. 76

陳明　耆婆的形象演變及其在敦煌吐魯番地區的影響　文津學志(第一輯)　北京圖書館出版社
　2003　p. 150

P. 3266

那波利貞　佛教信仰に基きて組織せられたる中晚唐五代時代の社邑に就きて(上)　『史林』(24
　卷3號)　京都大學文學部史學研究會　1939　p. 33 又見：唐代社會文化史研究・第六編　(東
　京)創文社　1974　p. 602

那波利貞　千佛岩莫高窟と敦煌文書　西域文化研究(第二)・敦煌吐魯番社會經濟資料(上)　(京
　都)法藏館　1959　p. 38

邵榮芬　敦煌俗文學中的別字異文和唐五代西北方音　《中國語文》1963年第3期　又見：中國敦煌
　學百年文庫・語言文字卷(一)　甘肅文化出版社　1999　p. 138

金岡照光　敦煌文學のさまざま　敦煌の文學　(東京)大藏出版株式會社　1971　p. 159

那波利貞　唐代の社邑に就きて(1938年)　唐代社會文化史研究・第五編　(東京)創文社　1974
　p. 497、523

遊佐昇　『王梵志詩』のもつ兩側面　大正大學大學院研究論集(第2號)　(東京)大正大學大學院
　1978　p. 10

加地哲定　增補中國佛教文學研究　(東京)同朋舍　1979　p. 79

王重民　敦煌古籍叙録　中華書局　1979　p. 283

川崎ミチコ　通俗詩類・雜詩文類　敦煌仏典と禪（講座敦煌8）　（東京）大東出版社　1980　p. 319

菊池英夫　唐代敦煌社會の外貌　敦煌の社會（講座敦煌3）　（東京）大東出版社　1980　p. 140

堀敏一　敦煌社會の変質──中國社會全般の発展とも関連して　敦煌の社會（講座敦煌3）　（東京）大東出版社　1980　p. 184

矢吹慶輝　鳴沙餘韻・解説篇（第一部）　（京都）臨川書店　1980　p. 251

萬曼　唐集叙録　中華書局　1980　p. 12

張錫厚　敦煌文學　上海古籍出版社　1980　p. 58 注1

張錫厚　王梵志詩校輯　中華書局　1983　p. 3

唐耕耦　陸宏基　敦煌社會經濟文獻真迹釋録（一）　書目文獻出版社　1986　p. 294

王重民原編　黄永武新編　敦煌古籍叙録新編（第十五冊）　（臺北）新文豐出版公司　1986　p. 21

朱鳳玉　王梵志詩研究（上、下）　（臺北）學生書局　1986　p. 5、117、267

劉銘恕　敦煌遺書叢識　1983年全國敦煌學術討論會文集・文史遺書編（上）　甘肅人民出版社　1987　p. 428

項楚　王梵志詩校注　敦煌吐魯番文獻研究論集（第四輯）　北京大學出版社　1987　p. 136

謝和耐著　耿昇譯　中國5─10世紀的寺院經濟　甘肅人民出版社　1987　p. 322 注1

高國藩　敦煌民俗學　上海文藝出版社　1989　p. 54、102、124、509

山本達郎等　敦煌・II牒・狀『NUN－HUANG AND TURFAN DOCUMENTS CONCERNING SOCIAL AND ECONOMIC HISTORY』(IV)　（東京）東洋文庫　1989　p. 16

郭在貽　張涌泉　黄征　敦煌變文集校議　岳麓書社　1990　p. 38、184

菊池英夫　中國古文書・古寫本學と日本　東アジア古文書の史的研究　（東京）刀水書房　1990　p. 181

張錫厚　敦煌寫本王梵志詩原卷真迹　王梵志詩研究彙録（上）　上海古籍出版社　1990　圖版16

張錫厚　關於敦煌寫本王梵志詩整理的若干問題　王梵志詩研究彙録（上）　上海古籍出版社　1990　p. 62

鄭阿財　敦煌蒙書析論　第二屆敦煌學國際研討會論文集　（臺北）漢學研究中心　1990　p. 228

項楚　敦煌本句道興《搜神記》補校　敦煌文學叢考　上海古籍出版社　1991　p. 362

姜伯勤　敦煌社會文書導論　（臺北）新文豐出版公司　1992　p. 233、240

林家平　寧強　羅華慶　中國敦煌學史　北京語言學院出版社　1992　p. 595、600

吳其昱著　伊藤美重子譯　敦煌漢文寫本概観　敦煌漢文文獻（講座敦煌5）　（東京）大東出版社　1992　p. 116

高國藩　敦煌民俗資料導論　（臺北）新文豐出版公司　1993　p. 16、58

項楚　敦煌詩歌導論　（臺北）新文豐出版公司　1993　p. 296

鄭阿財　敦煌文獻與文學　（臺北）新文豐出版公司　1993　p. 263

蔣禮鴻　敦煌文獻語言詞典　杭州大學出版社　1994　p. 311

喬象鍾　陳鐵民　唐代文學史（上）　人民文學出版社　1995　p. 169

曲金良　敦煌佛教文學研究　（臺北）文津出版社　1995　p. 249

土肥義和　唐・北宋間の「社」の組織形態に関する一考察　中國古代の國家と民衆（堀敏一先生古稀記念）　（東京）汲古書院　1995　p. 703

張錫厚　敦煌本唐集研究　（臺北）新文豐出版公司　1995　p. 58

張涌泉　陳祚龍校録敦煌卷子失誤例釋　學術集林（卷六）　上海遠東出版社　1995　p. 311　又

　　見：舊學新知　浙江大學出版社　1999　p. 286

堀敏一　中國古代の家と集落　（東京）汲古書院　1996　p. 472

李重申　敦煌古代的博弈文化　敦煌佛教文化研究　社科縱橫編輯部　1996　p. 187

寧可　郝春文　敦煌社邑文書輯校　江蘇古籍出版社　1997　p. 706

寧可　三官　敦煌學大辭典　上海辭書出版社　1998　p. 426

土肥義和　唐・北宋の間：敦煌の杜家親情社追補社條（S. 8160rv）について　唐代史研究（創刊號）
　　（東京）唐代史研究會　1998　p. 25

寧可　寧可史學論集　中國社會科學出版社　1999　p. 449 注 2

李重申　敦煌古代體育文化　甘肅人民出版社　2000　p. 86

張錫厚　敦煌文學源流　作家出版社　2000　p. 76

杜曉勤　隋唐五代文學研究　北京出版社　2001　p. 1272

姜亮夫　敦煌莫高窟年表　姜亮夫全集（十一）　雲南人民出版社　2002　p. 198

孟憲實　論唐宋時期敦煌民間結社的組織形態　《敦煌研究》2002 年第 1 期　p. 61

齊文榜　《王梵志詩校注》指瑕　文史（第五十九輯）　中華書局　2002　p. 164

張鴻勳　敦煌俗文學研究　甘肅人民出版社　2002　p. 408

葉貴良　敦煌社邑文書詞語選釋　《敦煌研究》2004 年第 5 期　p. 80

蘭州理工大學絲綢之路文史研究所編　絲綢之路體育文化論集　中華書局　2005　p. 212

P. 3267

仁井田陞　唐末五代の敦煌寺院佃戶關係文書　西域文化研究（第二）・敦煌吐魯番社會經濟資料
　　（上）　（京都）法藏館　1959　p. 90

仁井田陞著　姜鎮慶譯　唐末五代的敦煌寺院佃戶關係文書　敦煌學譯文集　甘肅人民出版社
　　1985　p. 869 注 25

仁井田陞　補訂中國法制史研究：奴隸農奴法・家族村落法　東京大學出版會　1991　p. 90

黃征　敦煌寫本異文綜析　敦煌語文叢說　（臺北）新文豐出版公司　1997　p. 37

黃征　敦煌語言文字學研究　甘肅教育出版社　2002　p. 55

P. 3268

陳祚龍　簡記敦煌古抄方志　敦煌文物隨筆　（臺北）商務印書館　1979　p. 61

菊池英夫　唐代敦煌社會の外貌　敦煌の社會（講座敦煌 3）　（東京）大東出版社　1980　p. 106

陳祚龍　《簡記敦煌古抄方志》及其“後語”　敦煌學要籥　（臺北）新文豐出版公司　1982　p. 230

姜伯勤　唐五代敦煌寺戶制度　中華書局　1987　p. 145

李正宇　邈真讚　敦煌文學　甘肅人民出版社　1989　S. 184

韓建瓴　雜記　敦煌文學　甘肅人民出版社　1989　p. 68

鄭炳林　敦煌碑銘讚部分文書拼接復原　《敦煌研究》1993 年第 1 期　p. 57

鄭炳林　敦煌碑銘讚抄本概述　《蘭州大學學報》1993 年第 4 期　p. 138

姜伯勤　項楚　榮新江　敦煌邈真讚校錄並研究　（臺北）新文豐出版公司　1994　p. 332

榮新江　敦煌邈真讚年代考　敦煌邈真讚校錄並研究　（臺北）新文豐出版公司　1994　p. 367

馮培紅　晚唐五代宋初歸義軍武職軍將研究　敦煌歸義軍史專題研究　蘭州大學出版社　1997
　　p. 110

李正宇　敦煌歷史地理導論　（臺北）新文豐出版公司　1997　p. 60

鄭炳林　敦煌碑銘讚及其有關問題　敦煌碑銘讚輯釋　甘肅教育出版社　1997　p. 4

鄭炳林　敦煌碑銘讚輯釋　甘肅教育出版社　1997　p. 502
鄭炳林　馮培紅　晚唐五代宋初歸義軍政權中都頭一職考辨　敦煌歸義軍史專題研究　蘭州大學出
　　版社　1997　p. 74
李正宇　村莊　敦煌學大辭典　上海辭書出版社　1998　p. 304
李正宇　蘭若　敦煌學大辭典　上海辭書出版社　1998　p. 627

P. 3269

那波利貞　佛教信仰に基きて組織せられたる中晚唐五代時代の社邑に就きて（下）『史林』（24
　　卷 4 號）　京都大學文學部史學研究會　1939　p. 112 又見：唐代社會文化史研究・第六編
　　（東京）創文社　1974　p. 664
榮新江　沙州歸義軍歷任節度使稱號研究　敦煌吐魯番學研究論文集　漢語大詞典出版社　1990
　　p. 799
黄征　吳偉　敦煌願文集　岳麓書社　1995　p. 526
鄭炳林　羊萍　敦煌本夢書　甘肅文化出版社　1995　p. 302
馬德　敦煌莫高窟史研究　甘肅教育出版社　1996　p. 132
榮新江　歸義軍史研究　上海古籍出版社　1996　p. 113
方廣錩　評《敦煌願文集》　敦煌吐魯番研究（第二卷）　北京大學出版社　1997　p. 388
鄭炳林　敦煌碑銘讚輯釋　甘肅教育出版社　1997　p. 504 注 6
馬德　尚書曹仁貴史事鈎沈　《敦煌學輯刊》1998 年第 2 期　p. 14
王豔明　瓜州曹氏與甘州回鶻的兩次和親始末　《敦煌研究》2003 年第 1 期　p. 71
鄭炳林　敦煌寫本解夢書校錄研究　民族出版社　2005　p. 121
謝生保　謝靜　敦煌文獻與水陸法會　文史（第七十五輯）　中華書局　2006　p. 44

P. 3270

那波利貞　中晚唐五代の佛教寺院の俗講の座に於ける變文の演出方法に就きて　甲南大學論集
　　（2）　（神户）甲南大學　1955　p. 11
金岡照光　敦煌文學のさまざま　敦煌の文學　（東京）大藏出版株式會社　1971　p. 164
饒宗頤　敦煌書法叢刊（第十九卷）・碎金（二）　（東京）二玄社　1984　p. 104
高田時雄　ウイグル字音考　『東方學』（第 70 輯）　（東京）東方學會　1985　p. 136
周紹良　敦煌文學《兒郎偉》並跋　出土文獻研究　文物出版社　1985　p. 177
鄧文寬　張淮深平定甘州回鶻史事鈎沈　《魏晉南北朝隋唐史》1986 年第 11 期　p. 63
鄧文寬　《涼州節院使押衙劉少晏狀》新探　《敦煌學輯刊》1987 年第 2 期　p. 63
高國藩　驅儺風俗和敦煌民間歌謠《兒郎偉》　文史（第二十九輯）　中華書局　1988　p. 291
高國藩　敦煌民俗學　上海文藝出版社　1989　p. 494
黄盛璋　敦煌于闐文書與漢文書中關於甘州回鶻史實異同及回鶻進佔甘州的年代問題　《西北史
　　地》1989 年第 1 期　p. 4
劉進寶　俚曲小調　敦煌文學　甘肅人民出版社　1989　p. 233
錢伯泉　張淮深對甘州回鶻國的顛覆行動　《甘肅民族研究》1989 年第 1 期　p. 26 注 9
郭在貽　張涌泉　黄征　敦煌變文集校議　岳麓書社　1990　p. 403
黄征　《敦煌歌辭總編》校釋商榷　《敦煌研究》1990 年第 2 期　p. 71
榮新江　沙州歸義軍歷任節度使稱號研究　敦煌吐魯番學研究論文集　漢語大詞典出版社　1990
　　p. 775、792

謝重光　白文固　中國僧官制度史　青海人民出版社　1990　p. 145 注 1

周純一　敦煌古劇質疑　第二屆敦煌學國際研討會論文集　（臺北）漢學研究中心　1990　p. 465

陸慶夫　略論敦煌民族史料的價值　《敦煌學輯刊》1991 年第 1 期　p. 37

榮新江　曹議金征甘州回鶻史事表微　《敦煌研究》1991 年第 2 期　p. 6

黃征　王梵志詩校釋補議　中華文史論叢（總 50 輯）　上海古籍出版社　1992　p. 97　又見：敦煌
　　語文叢說　（臺北）新文豐出版公司　1997　p. 255

姜伯勤　敦煌社會文書導論　（臺北）新文豐出版公司　1992　p. 10

蔣禮鴻　讀變枝談　《敦煌研究》1992 年第 3 期　p. 102

李正宇　敦煌歌舞三劄　《敦煌研究》1992 年第 4 期　p. 51

周紹良　敦煌文學芻議及其它　（臺北）新文豐出版公司　1992　p. 39、169

艾麗白　敦煌寫本中的"大儺"儀禮　法國學者敦煌學論文選萃　中華書局　1993　p. 258

艾麗白　敦煌寫本中的《兒郎偉》　法國學者敦煌學論文選萃　中華書局　1993　p. 238

高國藩　敦煌民俗資料導論　（臺北）新文豐出版公司　1993　p. 177

黃征　敦煌願文《兒郎偉》輯考　（香港）《九州學刊》（敦煌學專輯）1993 年第 5 卷第 4 期　p. 51

李正宇　敦煌儺散論　《敦煌研究》1993 年第 2 期　p. 111

孫其芳　顏廷亮　敦煌文學概論　甘肅人民出版社　1993　p. 451

譚禪雪　敦煌歲時掇瑣　（香港）《九州學刊》（敦煌學專輯）1993 年第 5 卷第 4 期　p. 109

汪泛舟　敦煌文學概論　甘肅人民出版社　1993　p. 181

鄭炳林　敦煌碑銘讚抄本概述　《蘭州大學學報》1993 年第 4 期　p. 143

黃征　敦煌願文散校　《敦煌研究》1994 年第 3 期　p. 131　又見：敦煌語文叢說　（臺北）新文豐出
　　版公司　1997　p. 573

蔣禮鴻　敦煌文獻語言詞典　杭州大學出版社　1994　p. 46、297

蔣禮鴻　蔣禮鴻語言文字學論叢　浙江古籍出版社　1994　p. 209

勁草　《敦煌文學概論》證誤糾謬　《敦煌學輯刊》1994 年第 1 期　p. 84

榮新江　敦煌邈真讚所見歸義軍與東西回鶻的關係　敦煌邈真讚校錄並研究　（臺北）新文豐出版
　　公司　1994　p. 95

鄭炳林　高偉　唐五代敦煌釀酒業初探　《西北史地》1994 年第 1 期　p. 36

鄧文寬　張淮深改建莫高窟北大像和開鑿第 94 窟年代考　敦煌學國際研討會文集·石窟考古編
　　遼寧美術出版社　1995　p. 124

黃盛璋　敦煌漢文與于闐文書中之龍家及其相關問題　全國敦煌學研討會論文集　（臺北）中正大
　　學中國文學系所　1995　p. 74　又見：《西域研究》1996 年第 1 期　p. 34

黃征　吳偉　敦煌願文集　岳麓書社　1995　p. 579、950

李金梅　敦煌傳統文化與武術　《敦煌研究》1995 年第 2 期　p. 195

姜伯勤　敦煌藝術宗教與禮樂文明　中國社會科學出版社　1996　p. 462

姜伯勤　沙州儺禮考　敦煌藝術宗教與禮樂文明　中國社會科學出版社　1996　p. 459　又見：中國
　　敦煌學百年文庫·歷史卷(二)　甘肅文化出版社　1999　p. 440

黎薔　西域敦煌儺戲考　《敦煌研究》1996 年第 2 期　p. 162

張國剛　隋唐五代史研究概要　天津教育出版社　1996　p. 743

張金泉　許建平　敦煌音義彙考　杭州大學出版社　1996　p. 1272

黃征　敦煌歌謠《兒郎偉》的價值　敦煌語文叢說　（臺北）新文豐出版公司　1997　p. 601、611、
　　630、651

黃征　敦煌文學《兒郎偉》輯錄校注　敦煌語文叢說　（臺北）新文豐出版公司　1997　p. 682

黃征　敦煌願文《兒郎偉》考論　敦煌語文叢說　（臺北）新文豐出版公司　1997　p. 606

黃征　王梵志詩校釋續商補　敦煌語文叢說　（臺北）新文豐出版公司　1997　p. 222

黃征　張涌泉　敦煌變文校注　中華書局　1997　p. 18、184、275、396

陸淑綺　李重申　敦煌古代戲曲文化史料綜述　《敦煌研究》1997 年第 2 期　p. 59

楊際平　郭鋒　張和平　五—十世紀敦煌的家庭與家族關係　岳麓書社　1997　p. 103

鄭炳林　敦煌碑銘讚及其有關問題　敦煌碑銘讚輯釋　甘肅教育出版社　1997　p. 20

鄭炳林　敦煌碑銘讚輯釋　甘肅教育出版社　1997　p. 47 注 22

鄭炳林　楊富學　晚唐五代金銀在敦煌的使用與流通　《甘肅金融》1997 年第 8 期　又見：中國敦煌
　　學百年文庫·歷史卷（二）　甘肅文化出版社　1999　p. 584

龔方震　晏可佳　祆教史　上海社會科學院出版社　1998　p. 244

譚蟬雪　敦煌歲時文化導論　（臺北）新文豐出版公司　1998　p. 402

譚蟬雪　儺舞　敦煌學大辭典　上海辭書出版社　1998　p. 271

高國藩　敦煌俗文化學　上海三聯書店　1999　p. 226

黃征　程惠新　劫塵遺珠：敦煌遺書　甘肅教育出版社　1999　p. 135、154

任愛君　對敦煌遺書"樓上"一詞的釋義　《敦煌研究》1999 年第 1 期　p. 90

雷紹鋒　歸義軍賦役制度初探　（臺北）洪葉文化事業有限公司　2000　p. 241

李重申　陸淑綺　敦煌目連變文與戲曲研究　《敦煌研究》2000 年第 3 期　p. 54

顏廷亮　敦煌文化　光明日報出版社　2000　p. 438

顏廷亮　敦煌文化的靈魂論綱　《甘肅社會科學》2000 年第 4 期　p. 35

顏廷亮　西陲文學遺珍：敦煌文學通俗談　甘肅人民出版社　2000　p. 143

李正宇　沙州歸義軍樂營及其職事　敦煌吐魯番研究（第五卷）　北京大學出版社　2001　p. 221

曾良　敦煌文獻字義通釋　廈門大學出版社　2001　p. 191

黃征　敦煌語言文字學研究　甘肅教育出版社　2002　p. 306

施安昌　故宮藏有關轒轀的敦煌酒帳初探　善本碑帖論集　紫禁城出版社　2002　p. 341

王豔明　瓜州曹氏與甘州回鶻的兩次和親始末　《敦煌研究》2003 年第 1 期　p. 72

楊挺　不存在兒郎偉文體和兒郎偉曲調　《敦煌研究》2003 年第 1 期　p. 47

張總　地藏信仰研究　宗教文化出版社　2003　p. 377

高啓安　唐五代敦煌飲食文化研究　民族出版社　2004　p. 206、221

湯涒　敦煌曲子詞地域文化研究　上海古籍出版社　2004　p. 168

P. 3271

王重民　敦煌曲子詞集叙錄　商務印書館　1950　p. 4、61

金岡照光　敦煌漢文文學文獻の文學形態上の種類とその分類　敦煌出土文學文獻分類目錄·附解
　　說　（東京）東洋文庫　1971　p. 234

金岡照光　敦煌文學のさまざま　敦煌の文學　（東京）大藏出版株式會社　1971　p. 146

潘重規　敦煌詞話　（臺北）石門圖書公司　1981　p. 87、105

任半塘　敦煌歌辭研究在國外　文學評論叢刊（第九輯）　中國社會科學出版社　1981　p. 179

蘇瑩輝　"敦煌曲"評介　敦煌論集續編　（臺北）學生書局　1983　p. 305

王重民　《敦煌曲子詞集》叙錄　敦煌遺書論文集　中華書局　1984　p. 55

柴劍虹　《敦煌唐人詩集殘卷（伯 2555）》初探　敦煌學論集　甘肅人民出版社　1985　p. 184 注 7
　　又見：西域文史論稿　（臺北）國文天地雜誌社　1991　p. 239 注 7

汪泛舟　敦煌曲子詞的地位特點和影響　《蘭州學刊》1985 年第 1 期　p. 70

林玫儀　敦煌曲在詞學研究上之價值　漢學研究（敦煌學國際研討會論文專號）　（臺北）漢學研究資料及服務中心　1986　p. 197

邱燮友　唐代敦煌曲的時代使命　漢學研究（敦煌學國際研討會論文專號）　（臺北）漢學研究資料及服務中心　1986　p. 148

陳文成　關於泛龍舟　敦煌歌辭總編　上海古籍出版社　1987　p. 1853

高國藩　敦煌文學作品選　中華書局　1987　p. 82 注 1

任半塘　敦煌歌辭總編　上海古籍出版社　1987　p. 379、490、1671

汪泛舟　敦煌曲子詞方音習語及其他　《敦煌研究》1987 年第 4 期　p. 59

柴劍虹　徐俊　敦煌詞輯校四談　《敦煌學輯刊》1988 年第 1、2 期　p. 59

高國藩　敦煌曲子詞中的詠花詞　《鹽城師專學報》1988 年第 3 期　p. 35

高國藩　古敦煌民間遊戲　學林漫録（十二集）　中華書局　1988　p. 76

高國藩　敦煌民俗學　上海文藝出版社　1989　p. 514

高國藩　敦煌曲子詞欣賞　南京大學出版社　1989　p. 33

孫其芳　詞　敦煌文學　甘肅人民出版社　1989　p. 210

池田溫　中國古代寫本識語集録　（東京）大藏出版株式會社　1990　p. 431

黃永武　敦煌曲《鬥百草詞》試釋　第二屆敦煌學國際研討會論文集　（臺北）漢學研究中心　1990　p. 429

任半塘　王昆吾　隋唐五代燕樂雜言歌辭集　巴蜀書社　1990　p. 244、471、1354、1442

唐耕耦　陸宏基　敦煌社會經濟文獻真迹釋録（二）　全國圖書館文獻縮微複製中心　1990　p. 230

王素　唐寫本《論語鄭氏注》校録　唐寫本論語鄭氏注及其研究　文物出版社　1991　p. 115 注 38

金岡照光　曲子詞類　敦煌の文學文獻（講座敦煌 9）　（東京）大東出版社　1992　p. 401

林家平　寧強　羅華慶　中國敦煌學史　北京語言學院出版社　1992　p. 297

土田健次郎　儒教典籍　敦煌漢文文獻（講座敦煌 5）　（東京）大東出版社　1992　p. 269

張涌泉　《敦煌歌辭總編》校議　《語言研究》1992 年第 1 期　p. 53

周紹良　敦煌文學芻議及其它　（臺北）新文豐出版公司　1992　p. 33

孫其芳　顏廷亮　敦煌文學概論　甘肅人民出版社　1993　p. 424

李方　伯希和 3271 號寫本《論語集解》的性質及意義　《敦煌研究》1995 年第 4 期　p. 93

邵文實　敦煌邊塞文學之《征婦怨》作品述論　《敦煌學輯刊》1995 年第 2 期　p. 56

史雙元　唐五代詞紀事會評　黃山書社　1995　p. 360

王忠林　敦煌歌辭與民俗活動　全國敦煌學研討會論文集　（臺北）中正大學中國文學系所　1995　p. 174

王昆吾　隋唐五代燕樂雜言歌辭研究　中華書局　1996　p. 190、451

徐俊　敦煌寫本唐人詩歌存佚互見綜考　敦煌吐魯番研究（第一卷）　北京大學出版社　1996　p. 128

龍晦　敦煌大曲　敦煌文學論集　四川人民出版社　1997　p. 240

鄭炳林　敦煌碑銘讚輯釋　甘肅教育出版社　1997　p. 350 注 8、448 注 4

李方　敦煌《論語集解》校正　江蘇古籍出版社　1998　p. 831

李方　唐寫本《論語集解》校讀零拾　出土文獻研究（第三輯）　文物出版社　1998　p. 218

舍之　歷代詞選集叙録　雲謠集研究彙録　上海古籍出版社　1998　p. 302

孫其芳　鄭朗子　敦煌學大辭典　上海辭書出版社　1998　p. 533

高國藩　敦煌俗文化學　上海三聯書店　1999　p. 239、655

葛曉音　戶倉英美　從古樂譜看樂調和曲辭的關係　《中國社會科學》1999 年第 1 期　p. 156

李重申　敦煌古代體育文化　甘肅人民出版社　2000　p. 73

孫其芳　鳴沙遺音:敦煌詞選評　甘肅人民出版社　2000　p. 179、197

徐俊　敦煌詩集殘卷輯考　中華書局　2000　p. 902

顏廷亮　敦煌文化　光明日報出版社　2000　p. 187

張錫厚　敦煌文學源流　作家出版社　2000　p. 353

姜亮夫　敦煌莫高窟年表　姜亮夫全集(十一)　雲南人民出版社　2002　p. 416

陳明　耆婆的形象演變及其在敦煌吐魯番地區的影響　文津學志(第一輯)　北京圖書館出版社　　2003　p. 158

許建平　《俄藏敦煌文獻》儒家經典類寫本的定名與綴合　漢語史學報專輯(第三輯)　上海教育出　　版社　2003　p. 312

湯涒　敦煌曲子詞地域文化研究　上海古籍出版社　2004　p. 27

湯涒　敦煌曲子詞寫本叙略　敦煌學國際研討會論文集　北京圖書館出版社　2005　p. 197

P. 3272

陳祚龍　敦煌學新記　敦煌文物隨筆　(臺北)商務印書館　1979　p. 277

土肥義和　はじめに——歸義軍節度使の敦煌支配　敦煌の歷史(講座敦煌2)　(東京)大東出版　　社　1980　p. 266

艾麗白著　耿昇譯　敦煌漢文寫本中的鳥形押　敦煌譯叢(第一輯)　甘肅人民出版社　1985　　p. 191、193

土肥義和著　李永寧譯　歸義軍時期(晚唐、五代、宋)的敦煌(續)　《敦煌研究》1987年第1期　　p. 92

孫修身　敦煌遺書伯3016號卷背第二件文書有關問題考　《敦煌學輯刊》1988年第1、2期　　p. 33

李明偉　狀·牒·帖　敦煌文學　甘肅人民出版社　1989　p. 38

張廣達　榮新江　有關西州回鶻的一篇敦煌漢文文獻　《北京大學學報》1989年第2期　p. 29

華濤　高昌回鶻與阿薩蘭回鶻:兼論其與遼、宋的關係　吐魯番學研究專輯　敦煌吐魯番學新疆研究　　資料中心　1990　p. 122 注12

榮新江　西元十世紀沙州歸義軍與西州回鶻的文化交往　第二屆敦煌學國際研討會論文集　(臺　　北)漢學研究中心　1990　p. 588

孫修身　五代時期甘州回鶻和中原王朝的交通　《敦煌研究》1990年第1期　p. 67

譚蟬雪　敦煌歲時掇瑣:正月　《敦煌研究》1990年第1期　p. 45　又見:(香港)《九州學刊》(敦煌　　學專輯)1993年第5卷第4期　p. 84

唐耕耦　陸宏基　敦煌社會經濟文獻真迹釋録(三、四)　全國圖書館文獻縮微複製中心　1990　　p. 598;411

郝春文　隋唐五代宋初傳統私社與寺院的關係　《魏晉南北朝隋唐史》1991年第6期　p. 65

張廣達　唐末五代宋初西北地區的駞次和使次　季羨林教授八十華誕紀念論文集(下)　江西人民　　出版社　1991　p. 972

李正宇　敦煌歌舞三剳　《敦煌研究》1992年第4期　p. 18

高國藩　敦煌民俗資料導論　(臺北)新文豐出版公司　1993　p. 171

李明偉　敦煌文學概論　甘肅人民出版社　1993　p. 464

李正宇　敦煌文學概論　甘肅人民出版社　1993　p. 115

張鴻勳　敦煌文學概論　甘肅人民出版社　1993　p. 238

榮新江　敦煌邈真讚所見歸義軍與東西回鶻的關係　敦煌邈真讚校録並研究　（臺北）新文豐出版
　　公司　1994　p. 116

榮新江　甘州回鶻與曹氏歸義軍　《中國古代史》（先秦至隋唐）1994 年第 3 期　p. 110

汪泛舟　論敦煌文明的多民族貢獻　《敦煌研究》1995 年第 2 期　p. 186

張廣達　西域史地叢稿初編　上海古籍出版社　1995　p. 231、341

姜伯勤　敦煌悉磨遮爲蘇摩遮樂舞考　《敦煌研究》1996 年第 3 期　p. 2

姜伯勤　敦煌藝術宗教與禮樂文明　中國社會科學出版社　1996　p. 530

雷紹鋒　論曹氏歸義軍時期官府之"牧子"　《敦煌學輯刊》1996 年第 1 期　p. 41

榮新江　歸義軍史研究　上海古籍出版社　1996　p. 28

寧可　郝春文　敦煌社邑文書輯校　江蘇古籍出版社　1997　p. 492、760

鄭炳林　敦煌碑銘讚輯釋　甘肅教育出版社　1997　p. 413 注 4

鄭炳林　唐五代敦煌手工業研究　敦煌歸義軍史專題研究　蘭州大學出版社　1997　p. 268

鄭炳林　馮培紅　唐五代歸義軍政權對外關係中的使頭一職　敦煌歸義軍史專題研究　蘭州大學出
　　版社　1997　p. 53、61

金瀅坤　從敦煌文書看晚唐五代敦煌地區布紡織業　《敦煌研究》1998 年第 2 期　p. 134

李冬梅　唐五代歸義軍與周邊民族關係綜論　《敦煌學輯刊》1998 年第 2 期　p. 46

陸慶夫　黨項的崛起與對河西的爭奪　《敦煌研究》1998 年第 3 期　p. 111

陸慶夫　歸義軍晚期的回鶻化與沙州回鶻政權　《敦煌學輯刊》1998 年第 1 期　p. 19

陸慶夫　歸義軍與遼及甘州回鶻關係考　《蘭州大學學報》1998 年第 3 期　p. 76

榮新江　歸義軍大事紀年初稿　出土文獻研究（第三輯）　文物出版社　1998　p. 250

譚蟬雪　敦煌歲時文化導論　（臺北）新文豐出版公司　1998　p. 8

馮培紅　客司與歸義軍的外交活動　《敦煌學輯刊》1999 年第 1 期　p. 82

郝春文　《敦煌社邑文書輯校》補遺（一）　《首都師範大學學報》1999 年第 4 期　p. 26

梅維恒著　楊繼東　陳引馳譯　唐代變文（上）　（香港）中國佛教文化出版公司　1999　p. 253

池田溫　李盛鐸舊藏敦煌歸義軍後期社會經濟文書簡介　慶祝吳其昱先生八秩華誕敦煌學特刊
　　（臺北）文津出版社　2000　p. 51

華濤　高昌回鶻與契丹的交往　《西域研究》2000 年第 1 期　p. 26

華濤　西域歷史研究（8—10 世紀）　上海古籍出版社　2000　p. 96

雷紹鋒　歸義軍賦役制度初探　（臺北）洪葉文化事業有限公司　2000　p. 172

童丕　從寺院的帳簿看敦煌二月八日節　法國漢學（敦煌學專號）　中華書局　2000　p. 92

乜小紅　唐五代敦煌牧羊業述論　《敦煌研究》2001 年第 1 期　p. 139

山本達郎等　補（IV）社・II 牒、狀　『NUN‑HUANG AND TURFAN DOCUMENTS CONCERNING SO-
　　CIAL AND ECONOMIC HISTORY』（Sup. p. lemrnts）　（東京）東洋文庫　2001　p. 69

曾良　敦煌文獻字義通釋　廈門大學出版社　2001　p. 37

姜亮夫　敦煌莫高窟年表　姜亮夫全集（十一）　雲南人民出版社　2002　p. 361

高啓安　唐五代敦煌飲食文化研究　民族出版社　2004　p. 45

湯涒　敦煌曲子詞地域文化研究　上海古籍出版社　2004　p. 108

李軍　晚唐五代肅州相關史實考述　《敦煌學輯刊》2005 年第 3 期　p. 97

P. 3273

池田溫　敦煌の便穀曆　日野開三郎博士頌壽記念論集・中國社會・制度・文化史の諸問題　（福
　　岡）中國書店　1987　p. 376

山本達郎等　敦煌・III 轉貼　『NUN – HUANG AND TURFAN DOCUMENTS CONCERNING SOCIAL AND ECONOMIC HISTORY』(IV)　（東京）東洋文庫　1989　p. 40

山本達郎等　敦煌・V 計會文書　『NUN – HUANG AND TURFAN DOCUMENTS CONCERNING SOCIAL AND ECONOMIC HISTORY』(IV)　（東京）東洋文庫　1989　p. 126

唐耕耦　敦煌寫本便物曆初探　敦煌吐魯番文獻研究論集（第五輯）　北京大學出版社　1990　p. 160

唐耕耦　陸宏基　敦煌社會經濟文獻真迹釋錄（二）　全國圖書館文獻縮微複製中心　1990　p. 257

姜伯勤　敦煌社會文書導論　（臺北）新文豐出版公司　1992　p. 159

郝春文　敦煌寫本社邑文書年代彙考（二）　《首都師範大學學報》1993 年第 5 期　p. 79

鄭炳林　唐五代敦煌新開道考　《敦煌學輯刊》1994 年第 1 期　p. 48

唐耕耦　敦煌寺院會計文書研究　（臺北）新文豐出版公司　1997　p. 370

鄭炳林　敦煌碑銘讚輯釋　甘肅教育出版社　1997　p. 448 注 4

寧可　社人便物曆　敦煌學大辭典　上海辭書出版社　1998　p. 430

童丕　10 世紀敦煌的借貸人　法國漢學（第 3 輯）　中華書局　1998　p. 78

羅彤華　從便物曆論敦煌寺院的放貸　敦煌文獻論集：紀念藏經洞發現一百周年國際學術研討會論文集　遼寧人民出版社　2001　p. 468

山本達郎等　補(IV)社・V 計會文書　『NUN – HUANG AND TURFAN DOCUMENTS CONCERNING SOCIAL AND ECONOMIC HISTORY』(Sup. p. lemrnts)　（東京）東洋文庫　2001　p. 88

P. 3274

陳祚龍　瓜沙印錄　（臺北）《大陸雜誌》1962 年第 4 期　又見：敦煌學概要　（臺北）編譯館"中華叢書編委會"　1981　p. 268；中國敦煌學百年文庫・考古卷（一）　甘肅文化出版社　1999　p. 189

長澤和俊　敦煌　（東京）築摩書房　1965　p. 149

金岡照光　敦煌の寫本　敦煌の文學　（東京）大藏出版株式會社　1971　p. 82

陳鐵凡　敦煌本孝經考略　（臺中）《東海學報》1978 年第 19 卷　又見：中國敦煌學百年文庫・文獻卷（二）　甘肅文化出版社　1999　p. 501

陳祚龍　唐史散策　敦煌資料考屑（下冊）　（臺北）商務印書館　1979　p. 461

王重民　敦煌古籍敘錄　中華書局　1979　p. 64

蘇瑩輝　敦煌學概要　（臺北）編譯館"中華叢書編委會"　1981　p. 36

陳祚龍　古代敦煌及其他地區流行之公私印章圖記文字錄　敦煌學要籥　（臺北）新文豐出版公司　1982　p. 338

蘇瑩輝　中外敦煌古寫本纂要　敦煌論集　（臺北）學生書局　1983　p. 313

饒宗頤　敦煌書法叢刊（第二四卷）・寫經（五）　（東京）二玄社　1984　p. 54

王重民　巴黎敦煌殘卷敘錄（第二輯）　敦煌叢刊初集（九）　（臺北）新文豐出版公司　1985　p. 212

李正宇　唐宋時代的敦煌學校　《敦煌研究》1986 年第 1 期　p. 39

王重民原編　黃永武新編　敦煌古籍敘錄新編（第四冊）　（臺北）新文豐出版公司　1986　p. 48

李正宇　敦煌學郎題記輯注　《敦煌學輯刊》1987 年第 1 期　p. 27

任半塘　敦煌歌辭總編　上海古籍出版社　1987　p. 736

黃征　敦煌陳寫本晉竺法護譯《佛說生經》殘卷 P. 2965 校釋　敦煌語言文學論文集　浙江古籍出版社　1988　p. 280 注 21　又見：敦煌語文叢說　（臺北）新文豐出版公司　1997　p. 735

高國藩　敦煌民俗學　上海文藝出版社　1989　p. 97

池田溫　中國古代寫本識語集録　（東京）大藏出版株式會社　1990　p. 298

李德超　敦煌本孝經校讎　第二屆敦煌學國際研討會論文集　（臺北）漢學研究中心　1990　p. 102

唐耕耦　陸宏基　敦煌社會經濟文獻真迹釋録（四）　全國圖書館文獻縮微複製中心　1990　p. 451

林聰明　敦煌文書學　（臺北）新文豐出版公司　1991　p. 330

土田健次郎　儒教典籍　敦煌漢文文獻（講座敦煌 5）　（東京）大東出版社　1992　p. 269、272、295

黃正建　敦煌文書與唐代軍隊衣裝　《敦煌學輯刊》1993 年第 1 期　p. 11

梅弘理　敦煌的宗教活動和斷代寫本　法國學者敦煌學論文選萃　中華書局　1993　p. 569

譚禪雪　敦煌歲時掇瑣　（香港）《九州學刊》（敦煌學專輯）1993 年第 5 卷第 4 期　p. 86

李錦繡　1993—1994 年大陸地區唐代學術研究概況：史學　“中國唐代學會”會刊（第五期）　（臺北）“中國唐代學會”　1994　p. 96

王永興　敦煌經濟文書導論　（臺北）新文豐出版公司　1994　p. 441

李錦繡　唐代財政史稿·上卷（第三分冊）　北京大學出版社　1995　p. 1251

張國剛　隋唐五代史研究概要　天津教育出版社　1996　p. 214

唐耕耦　敦煌寺院會計文書研究　（臺北）新文豐出版公司　1997　p. 433

張亞萍　晚唐五代歸義軍牧羊業管理機構：羊司　《敦煌學輯刊》1997 年第 2 期　p. 131

白化文　孝經　敦煌學大辭典　上海辭書出版社　1998　p. 774

沙知　豆盧軍之印　敦煌學大辭典　上海辭書出版社　1998　p. 292

孫繼民　《唐天寶年間豆盧軍某營衣裝勘檢曆》雜識之一　敦煌吐魯番研究（第三卷）　北京大學出版社　1998　p. 161

謝桃坊　敦煌文化尋繹　四川人民出版社　1999　p. 100

柴劍虹　讀敦煌學士郎張宗之詩抄劄記　敦煌吐魯番學論稿　浙江教育出版社　2000　p. 250

黃正建　S. 964v 號文書與唐代兵士的春冬衣　英國收藏敦煌漢藏文獻研究　中國社會科學出版社　2000　p. 241

龍晦　敦煌文獻所見唐玄宗的宗教活動　1994 年敦煌學國際研討會文集·宗教文史卷（上）　甘肅民族出版社　2000　p. 21

孫繼民　敦煌吐魯番所出唐代軍事文書初探　中國社會科學出版社　2000　p. 80

顏廷亮　敦煌文化　光明日報出版社　2000　p. 180、378

林聰明　敦煌吐魯番文書解詁指例　（臺北）新文豐出版公司　2001　p. 201、344

P. 3276

那波利貞　佛教信仰に基きて組織せられたる中晚唐五代時代の社邑に就きて（上）　『史林』（24 卷 3 號）　京都大學文學部史學研究會　1939　p. 21　又見：唐代社會文化史研究·第六編　（東京）創文社　1974　p. 592

竺沙雅章　敦煌出土「社」文書の研究　『東方學報』（第 35 號）　京都大學人文科學研究所　1964　p. 269、278

陳祚龍　新校重訂敦煌古抄事佛崇法文獻小集　《東方雜誌》1978 年第 6 期　又見：中國敦煌學百年文庫·宗教卷（二）　甘肅文化出版社　1999　p. 51

耿昇　八十年代的法國敦煌學論著簡介　《敦煌研究》1986 年第 3 期　p. 84

韓建瓴　雜記　敦煌文學　甘肅人民出版社　1989　p. 68

譚蟬雪　印沙·脫佛·脫塔　《敦煌研究》1989 年第 1 期　p. 19

郝春文　敦煌寫本齋文及其樣式的分類與定名　《北京師範學院學報》1990 年第 3 期　p. 94

榮新江　沙州歸義軍歷任節度使稱號研究　敦煌吐魯番學研究論文集　漢語大詞典出版社　1990

p. 795

郝春文　隋唐五代宋初傳統私社與寺院的關係　《魏晉南北朝隋唐史》1991 年第 6 期　p. 65

姜伯勤　敦煌社會文書導論　（臺北）新文豐出版公司　1992　p. 250

郝春文　敦煌寫本社邑文書年代彙考（三）《社科縱橫》1993 年第 5 期　p. 11

侯錦郎　敦煌寫本中的"印沙佛"儀軌　法國學者敦煌學論文選萃　中華書局　1993　p. 272

譚禪雪　敦煌歲時掇瑣　（香港）《九州學刊》（敦煌學專輯）1993 年第 5 卷第 4 期　p. 85

郝春文　中古時期儒佛文化對民間結社的影響及其變化　唐文化研究論文集　上海人民出版社　1994　p. 208

黃征　吳偉　敦煌願文集　岳麓書社　1995　p. 788

馬德　敦煌莫高窟吐蕃、歸義軍時代營建概況　（香港）《九州學刊》1995 年第 6 卷第 4 期　p. 67

馬德　敦煌庶民與莫高窟的營造　華學（第一輯）　中山大學出版社　1995　p. 183

土肥義和　唐・北宋間の「社」の組織形態に関する一考察　中國古代の國家と民衆（堀敏一先生古稀記念）（東京）汲古書院　1995　p. 705

馬德　敦煌莫高窟史研究　甘肅教育出版社　1996　p. 126

馬德　九、十世紀敦煌工匠史料述論　慶祝潘石禪先生九秩華誕敦煌學特刊　（臺北）文津出版社　1996　p. 317

榮新江　歸義軍史研究　上海古籍出版社　1996　p. 21

馬德　敦煌工匠史料　甘肅人民出版社　1997　p. 45

寧可　郝春文　敦煌社邑文書輯校　江蘇古籍出版社　1997　p. 528、616、672

王惠民　《董保德功德記》與隋代敦煌崇教寺舍利塔　《敦煌研究》1997 年第 3 期　p. 70

鄭炳林　敦煌碑銘讚輯釋　甘肅教育出版社　1997　p. 328 注 7

榮新江　歸義軍大事紀年初稿　出土文獻研究（第三輯）　文物出版社　1998　p. 246

譚蟬雪　敦煌歲時文化導論　（臺北）新文豐出版公司　1998　p. 28

譚蟬雪　脫佛脫塔　敦煌學大辭典　上海辭書出版社　1998　p. 434

楊森　晚唐五代兩件《女人社》文書劄記　《敦煌研究》1998 年第 1 期　p. 67

譚蟬雪　唐宋敦煌歲時佛俗：正月　《敦煌研究》2000 年第 4 期　p. 69

王蘭平　敦煌寫本 ДХ6062 歸義軍時期《大般若經》抄寫紙曆及其相關問題考釋　敦煌佛教藝術文化國際學術研討會論文集　蘭州大學出版社　2002　p. 74

鄭阿財　敦煌寫本《九想觀》詩歌新探　敦煌佛教藝術文化國際學術研討會論文集　蘭州大學出版社　2002　p. 523

王志鵬　敦煌僧人彥熙平創作考論　《敦煌研究》2004 年第 1 期　p. 67

葉貴良　敦煌社邑文書詞語選釋　《敦煌研究》2004 年第 5 期　p. 83

郝春文　唐後期五代宋初敦煌私社的教育與教化功能　敦煌吐魯番研究（第九卷）　中華書局　2006　p. 308、312

P. 3277

小島祐馬　巴黎國立圖書館藏敦煌遺書所見錄（八）『支那學』（7 卷 3 號）（京都）支那學社　1934　p. 117

饒宗頤　吳建衡二年索紞寫本道德經殘卷考證　（香港）《東方文化》1955 年第 2 卷第 1 期　p. 18

嚴靈峰　老子《想爾注》寫本殘卷質疑　（臺北）《大陸雜誌》1965 年第 6 期　又見：中國敦煌學百年文庫・文獻卷（一）　甘肅文化出版社　1999　p. 496

王重民　敦煌古籍叙錄　中華書局　1979　p. 242

蘇瑩輝　敦煌學概要　（臺北）編譯館"中華叢書編委會"　1981　p. 49

鄭良樹　敦煌老子寫本考異　（臺北）《大陸雜誌》1981 年第 2 期　又見：中國敦煌學百年文庫·宗教卷（三）　甘肅文化出版社　1999　p. 67

楠山春樹　道德經類 付『莊子』『列子』『文子』　敦煌と中國道教（講座敦煌 4）　（東京）大東出版社　1983　p. 35

蘇瑩輝　中外敦煌古寫本纂要　敦煌論集　（臺北）學生書局　1983　p. 325

陳人之　八十年來我國之敦煌學　敦煌學論集　甘肅人民出版社　1985　p. 10

王重民　巴黎敦煌殘卷叙錄（第二輯）　敦煌叢刊初集（九）　（臺北）新文豐出版公司　1985　p. 273

王重民原編 黄永武新編　敦煌古籍叙錄新編（第十三冊）　（臺北）新文豐出版公司　1986　p. 1

姜亮夫　巴黎所藏敦煌寫本道德經殘卷綜合研究　敦煌學論文集　上海古籍出版社　1987　p. 247

姜亮夫　敦煌經卷在中國文化學術上的價值　敦煌學論文集　上海古籍出版社　1987　p. 8

李正宇　談《白雀歌》尾部雜寫與金山國建國年月　《敦煌研究》1987 年第 3 期　p. 75

龍晦　大足石刻父母恩重經變像與敦煌音樂文學的關係　敦煌歌辭總編　上海古籍出版社　1987　p. 1835

唐耕耦 陸宏基　敦煌社會經濟文獻真迹釋錄（二）　全國圖書館文獻縮微複製中心　1990　p. 32

仁井田陞　補訂中國法制史研究：土地法·交易法　東京大學出版會　1991　p. 733

池田溫　中國古代の租佃契　『東洋文化研究所紀要』（第 117 冊）　東京大學東洋文化研究所　1992　p. 74

王震亞 趙熒　敦煌殘卷爭訟文牒集釋　甘肅人民出版社　1993　p. 236

張傳璽　中國歷代契約會編考釋（上）　北京大學出版社　1995　p. 640 注 1

姜伯勤　敦煌藝術宗教與禮樂文明　中國社會科學出版社　1996　p. 303

楊秀清　金山國立國年代補證　《敦煌研究》1997 年第 4 期　p. 129

白化文　老子道德經李榮注　敦煌學大辭典　上海辭書出版社　1998　p. 777

姜伯勤　道釋相激：道教在敦煌　道家文化研究（第十三輯）　三聯書店　1998　p. 64

沙知　敦煌契約文書輯校　江蘇古籍出版社　1998　p. 341

沙知　合種地契　敦煌學大辭典　上海辭書出版社　1998　p. 388

姜亮夫　敦煌：偉大的文化寶藏　雲南人民出版社　1999　p. 88

山田俊　唐初道教思想史研究·論述篇　（京都）平樂寺書店　1999　p. 283

楊秀清　敦煌西漢金山國史　甘肅人民出版社　1999　p. 57、74

徐俊　敦煌詩集殘卷輯考　中華書局　2000　p. 772

顏廷亮　敦煌文化　光明日報出版社　2000　p. 209

黄正建　敦煌占卜文書與唐五代占卜研究　學苑出版社　2001　p. 172

孫昌武　道教與唐代文學　人民文學出版社　2001　p. 453

楊森　關於敦煌文獻中的"平章"一詞　敦煌學與中國史研究論集　甘肅人民出版社　2001　p. 231

王啓濤　中古及近代法制文書語言研究　巴蜀書社　2003　p. 289

孟憲實　論敦煌渠人社　周秦漢唐文化研究（第三輯）　三秦出版社　2004　p. 134

王卡　敦煌道教文獻研究　中國社會科學出版社　2004　p. 28、174

朱大星　敦煌寫卷李榮《老子注》及相關問題　浙江與敦煌學：常書鴻先生誕辰一百周年紀念文集　浙江古籍出版社　2004　p. 373

朱大星　從出土文獻看《老子》的分章：以《道經》三十六章、《德經》四十五章的分章形式爲中心　文史（第七十五輯）　中華書局　2006　p. 113

P. 3278

三木榮　西域出土醫藥關係文獻綜合解說目録　『東洋學報』(47 卷 1 號)　(東京)東洋學術協會　1964　p. 9

陳祚龍　敦煌古抄内典尾記彙校初、二、三編合刊　敦煌學要籥　(臺北)新文豐出版公司　1982　p. 187

饒宗頤　敦煌書法叢刊(第二三卷)・寫經(四)　(東京)二玄社　1983　p. 31、49

池田溫　中國古代寫本識語集録　(東京)大藏出版株式會社　1990　p. 227

高國藩　敦煌古俗與民俗流變　河海大學出版社　1990　p. 428

林聰明　從敦煌文書看佛教徒的造經祈福　第二屆敦煌學國際研討會論文集　(臺北)漢學研究中心　1990　p. 524

方廣錩　佛教大藏經史(八─十世紀)　中國社會科學出版社　1991　p. 62

林聰明　敦煌文書出處略考　季羨林教授八十華誕紀念論文集(下)　江西人民出版社　1991　p. 852

林聰明　敦煌文書學　(臺北)新文豐出版公司　1991　p. 108、376

丛春雨　敦煌中醫藥全書　中醫古籍出版社　1994　p. 221

方廣錩　敦煌文獻中的《金剛經》及其注疏　《新疆文物》1995 年第 1 期　p. 46　又見：敦煌學佛教學論叢(上)　中國佛教文化研究所　1998　p. 374

方廣錩　敦煌遺書中的佛教文獻及其價值　《西域研究》1996 年第 1 期　p. 43

劉濤　評《法藏敦煌書苑精華》　敦煌吐魯番研究(第一卷)　北京大學出版社　1996　p. 379

方廣錩　敦煌佛教經録輯校　江蘇古籍出版社　1997　p. 328

方廣錩　大般若經會卷品對照録　敦煌學大辭典　上海辭書出版社　1998　p. 748

方廣錩　敦煌經帙　敦煌學佛教學論叢(上)　中國佛教文化研究所　1998　p. 242

方廣錩　金剛般若波羅蜜經　敦煌學大辭典　上海辭書出版社　1998　p. 682

劉濤　金剛般若經殘卷　敦煌學大辭典　上海辭書出版社　1998　p. 284

楊富學　王書慶　唐代長安與敦煌佛教文化之關係　'98 法門寺唐文化國際學術討論會論文集　陝西人民出版社　2000　p. 178

蔡忠霖　敦煌漢文寫卷俗字及其現象　(臺北)文津出版社　2002　p. 32

姜亮夫　敦煌莫高窟年表　姜亮夫全集(十一)　雲南人民出版社　2002　p. 244

釋永有　敦煌遺書中的金剛經　敦煌佛教藝術文化國際學術研討會論文集　蘭州大學出版社　2002　p. 40

衣川賢次　唐玄宗《御注金剛般若經》的復原與研究　新世紀敦煌學論集　巴蜀書社　2003　p. 115

杜正乾　唐代的《金剛經》信仰　《敦煌研究》2004 年第 5 期　p. 53

赤尾榮慶　關於敦煌寫本的真偽和修復問題　敦煌學國際研討會論文集　北京圖書館出版社　2005　p. 329

P. 3280

陳祚龍　關於道家"本際經"及其"要略妙義"與"疏"的敦煌古抄　敦煌文物隨筆　(臺北)商務印書館　1979　p. 216

石井昌子　靈寶經類　敦煌と中國道教(講座敦煌 4)　(東京)大東出版社　1983　p. 161

姜亮夫　敦煌所見道教佚經考　敦煌學論文集　上海古籍出版社　1987　p. 311

陶秋英輯録　姜亮夫校訂　敦煌所見道教佚經録　敦煌碎金　浙江古籍出版社　1992　p. 315

姜伯勤　《本際經》與敦煌道教　《敦煌研究》1994 年第 3 期　p. 5

姜伯勤　論敦煌本《本際經》的道性論　道家文化研究（第七輯）　上海古籍出版社　1995　p. 226

萬毅　日本天理圖書館藏卷敦煌本《本際經》論略　華學（第一輯）　中山大學出版社　1995　p. 168

姜伯勤　敦煌藝術宗教與禮樂文明　中國社會科學出版社　1996　p. 203、234

胡文和　仁壽縣壇神岩第 53 號"三寶"窟右壁"南竺觀記"中道藏經目研究　《世界宗教研究》1998
　　年第 2 期　p. 125

萬毅　敦煌道教文獻《本際經》錄文及解說　道家文化研究（第十三輯）　三聯書店　1998　p. 458

王卡　太玄真一本際經　敦煌學大辭典　上海辭書出版社　1998　p. 765

山田俊　唐初道教思想史研究·論述篇　（京都）平樂寺書店　1999　p. 47

山田俊　唐初道教思想史研究·資料篇　（京都）平樂寺書店　1999　p. 129、164

王卡　中國國家圖書館藏敦煌道教遺書研究報告　國際敦煌學學術史研討會論文集　研討會籌備組
　　2002　p. 276　又見：敦煌吐魯番研究（第七卷）　北京大學出版社　2004　p. 371

王卡　敦煌道教文獻研究　中國社會科學出版社　2004　p. 207

P. 3281

耿昇　八十年代的法國敦煌學論著簡介　《敦煌研究》1986 年第 3 期　p. 84

耿昇　中法學者友好合作的成果　《敦煌研究》1987 年第 1 期　p. 112

李正宇　敦煌學郎題記輯注　《敦煌學輯刊》1987 年第 1 期　p. 28

高國藩　敦煌民俗學　上海文藝出版社　1989　p. 299

郭鋒　慕容歸盈與瓜沙曹氏　《敦煌學輯刊》1989 年第 1 期　p. 96

劉文英　夢的迷信與夢的探索　中國社會科學出版社　1989　p. 96 注 1、110 注 2、121、128 注 7、144
　　注 1

高田時雄　五姓說在敦煌藏族　敦煌吐魯番學研究論文集　漢語大詞典出版社　1990　p. 757

郝春文　唐後期五代宋初沙州僧尼的特點　敦煌吐魯番學研究論文集　漢語大詞典出版社　1990
　　p. 853 注 19

榮新江　沙州歸義軍歷任節度使稱號研究　敦煌吐魯番學研究論文集　漢語大詞典出版社　1990
　　p. 772

唐耕耦　陸宏基　敦煌社會經濟文獻真迹釋錄（四）　全國圖書館文獻縮微複製中心　1990　p. 375

高田時雄　五姓を說く敦煌資料　『國立民族學博物館研究報告別冊』（14 號）　（吹田）國立民族學
　　博物館　1991　p. 252

暨遠志　張議潮出行圖研究（續）　《敦煌研究》1992 年第 4 期　p. 81

菅原信海　占筮書　敦煌漢文文獻（講座敦煌 5）　（東京）大東出版社　1992　p. 449、460

姜伯勤　敦煌社會文書導論　（臺北）新文豐出版公司　1992　p. 133

鄭炳林　敦煌碑銘讚三篇證誤與考釋　《敦煌學輯刊》1992 年第 1、2 期　p. 101

戴仁　敦煌寫本中的解夢書　法國學者敦煌學論文選萃　中華書局　1993　p. 313

高國藩　敦煌民俗資料導論　（臺北）新文豐出版公司　1993　p. 130

茅甘　敦煌寫本中的"五姓堪輿"法　法國學者敦煌學論文選萃　中華書局　1993　p. 250

楊自福　顧大勇　敦煌本《周公解夢書》殘卷初探　《敦煌學輯刊》1995 年第 2 期　p. 69

鄭炳林　敦煌寫本解夢書概述　《敦煌學輯刊》1995 年第 2 期　p. 9

鄭炳林　羊萍　敦煌本夢書　甘肅文化出版社　1995　p. 28、251

榮新江　歸義軍史研究　上海古籍出版社　1996　p. 65

楊繼東　評榮新江著《歸義軍史研究：唐宋時代敦煌歷史考索》　學術集林（卷十二）　上海遠東出版
　　社　1997　p. 373

鄭炳林　敦煌碑銘讚輯釋　甘肅教育出版社　1997　p. 162 注 4、165 注 9

鄧文寬　五姓　敦煌學大辭典　上海辭書出版社　1998　p. 625

郝春文　唐後期五代宋初敦煌僧尼的社會生活　中國社會科學出版社　1998　p. 87、376

郝春文　唐後期五代宋初敦煌僧尼遺產的處理與喪事的操辦　《敦煌研究》1998 年第 3 期　p. 36

史睿　評《敦煌本夢書》　敦煌吐魯番研究(第三卷)　北京大學出版社　1998　p. 415

嚴敦傑　解夢書　敦煌學大辭典　上海辭書出版社　1998　p. 620

董志翹　《入唐求法巡禮行記》辭彙研究　中國社會科學出版社　2000　p. 97

董志翹　《太平廣記》詞語輯釋　中古近代漢語研究(第一輯)　上海教育出版社　2000　p. 230

雷紹鋒　歸義軍賦役制度初探　(臺北)洪葉文化事業有限公司　2000　p. 242

黃正建　敦煌占卜文書與唐五代占卜研究　學苑出版社　2001　p. 64、92

陳于柱　魏萬斗　唐宋陰陽相宅宗初探：以敦煌寫本宅經爲考索　《敦煌學輯刊》2002 年第 2 期　p. 45

盛會蓮　唐五代百姓房舍的分配及相關問題之試析　《敦煌研究》2002 年第 6 期　p. 30

關長龍　敦煌本夢書雜識　漢語史學報專輯(第三輯)　上海教育出版社　2003　p. 316

盛會蓮　從敦煌吐魯番文書看隋至宋初的宅舍交易　中國中古史論集　天津古籍出版社　2003　p. 79

趙貞　敦煌所出靈州道文書述略　《敦煌研究》2003 年第 4 期　p. 52

鄭炳林　敦煌文獻中的解夢書與相面書　敦煌與絲路文化學術講座(第一輯)　北京圖書館出版社　2003　p. 157

余欣　敦煌的入宅與暖房禮俗　中華文史論叢(總 78 輯)　上海古籍出版社　2004　p. 98

鄭炳林　晚唐五代敦煌商業貿易市場研究　《敦煌學輯刊》2004 年第 1 期　p. 109

高田時雄著　鍾翀等譯　五姓說之敦煌資料　敦煌·民族·語言　中華書局　2005　p. 330

鄭炳林　敦煌寫本解夢書校錄研究　民族出版社　2005　p. 5

華瀾　9 至 10 世紀敦煌曆日中的選擇術與醫學活動　敦煌吐魯番研究(第九卷)　中華書局　2006　p. 428

余欣　唐宋時代敦煌的鎮宅術　敦煌吐魯番研究(第九卷)　中華書局　2006　p. 370

P. 3282

那波利貞　佛教信仰に基きて組織せられたる中晚唐五代時代の社邑に就きて(下)　『史林』(24 卷 4 號)　京都大學文學部史學研究會　1939　p. 112　又見：唐代社會文化史研究·第六編 (東京)創文社　1974　p. 664

那波利貞　梁戶考　唐代社會文化史研究·第三編　(東京)創文社　1974　p. 313

石井昌子　靈寶經類　敦煌と中國道教(講座敦煌 4)　(東京)大東出版社　1983　p. 154

高國藩　敦煌古俗與民俗流變　河海大學出版社　1990　p. 370

朱越利　道經總論　遼寧教育出版社　1992　p. 273

高國藩　敦煌民俗資料導論　(臺北)新文豐出版公司　1993　p. 172

黃征　吳偉　敦煌願文集　岳麓書社　1995　p. 514

邵文實　敦煌道教試述　《世界宗教研究》1996 年第 2 期　又見：中國敦煌學百年文庫·宗教卷 (三)　甘肅文化出版社　1999　p. 340

寧可　郝春文　敦煌社邑文書輯校　江蘇古籍出版社　1997　p. 652

鄭炳林　敦煌碑銘讚輯釋　甘肅教育出版社　1997　p. 413 注 4

姜伯勤　道釋相激：道教在敦煌　道家文化研究(第十三輯)　三聯書店　1998　p. 50

王卡　中國國家圖書館藏敦煌道教遺書研究報告　國際敦煌學學術史研討會論文集　研討會籌備組
　　2002　p. 248　又見:敦煌吐魯番研究(第七卷)　北京大學出版社　2004　p. 352

周西波　敦煌寫本《靈寶自然齋儀》考論　敦煌學(第24輯)　(臺北)樂學書局有限公司　2003
　　p. 30

王卡　敦煌道教文獻研究　中國社會科學出版社　2004　p. 12、40、45、112

王卡　敦煌道教綜述　敦煌與絲路文化學術講座(第二輯)　北京圖書館出版社　2005　p. 381

P. 3283

陳祚龍　關於道家"本際經"及其"要略妙義"與"疏"的敦煌古抄　敦煌文物隨筆　(臺北)商務印書
　　館　1979　p. 212

石井昌子　靈寶經類　敦煌と中國道教(講座敦煌4)　(東京)大東出版社　1983　p. 160

山田俊　唐初道教思想史研究・資料篇　(京都)平樂寺書店　1999　p. 32、162

王卡　敦煌道教文獻研究　中國社會科學出版社　2004　p. 196

王卡　中國國家圖書館藏敦煌道教遺書研究報告　敦煌吐魯番研究(第七卷)　北京大學出版社
　　2004　p. 368

P. 3284

那波利貞　千佛岩莫高窟と敦煌文書　西域文化研究(第二)・敦煌吐魯番社會經濟資料(上)　(京
　　都)法藏館　1959　p. 56

趙守儼　唐代婚姻禮俗考略　文史(第三輯)　中華書局　1963　p. 185注1

金岡照光　敦煌民衆の社會と生活　敦煌の民衆——その生活と思想　(東京)評論社　1972
　　p. 319

那波利貞　開元末期以前と天寶初期以後との唐の時世の差異に就きて　唐代社會文化史研究・第
　　一編　(東京)創文社　1974　p. 66

劉復　敦煌掇瑣　敦煌叢刊初集(十五)　(臺北)新文豐出版公司　1985　p. 317、351、353

施萍婷　敦煌曆日研究　1983年全國敦煌學術討論會文集・文史遺書編(上)　甘肅人民出版社
　　1987　p. 311、324、350

張鴻勳　敦煌寫本《下女夫詞》新探　1983年全國敦煌學術討論會文集・文史遺書編(下)　甘肅人
　　民出版社　1987　p. 166

周一良　敦煌寫本書儀考(之二)　敦煌吐魯番文獻研究論集(第四輯)　北京大學出版社　1987
　　p. 28　又見:唐五代書儀研究　中國社會科學出版社　1995　p. 82

高國藩　敦煌民俗學　上海文藝出版社　1989　p. 143

蔡偉堂　關於敦煌壁畫《婚禮圖》的幾個問題　《敦煌研究》1990年第1期　p. 56

高國藩　敦煌古俗與民俗流變　河海大學出版社　1990　p. 386

譚蟬雪　敦煌歲時掇瑣:正月　《敦煌研究》1990年第1期　p. 44　又見:(香港)《九州學刊》(敦煌
　　學專輯)1993年第5卷第4期　p. 90

周純一　敦煌古劇質疑　第二屆敦煌學國際研討會論文集　(臺北)漢學研究中心　1990　p. 461

宮島一彥　曆書・算書　敦煌漢文文獻(講座敦煌5)　(東京)大東出版社　1992　p. 473

林家平　寧強　羅華慶　中國敦煌學史　北京語言學院出版社　1992　p. 18

高國藩　敦煌民俗資料導論　(臺北)新文豐出版公司　1993　p. 58、67、238

譚蟬雪　敦煌婚姻文化　甘肅人民出版社　1993　p. 12

王克孝　評丘古耶夫斯基對敦煌所出某些籍帳文書的考釋　魏晉南北朝隋唐史資料(第12輯)　武

漢大學出版社　1993　p. 127

索仁森著　李吉和譯　敦煌漢文禪籍特徵概觀　《敦煌研究》1994 年第 1 期　p. 113

譚蟬雪　敦煌婚嫁詩詞　《社科縱橫》1994 年第 4 期　又見：中國敦煌學百年文庫·文學卷（三）
　　甘肅文化出版社　1999　p. 437

胡戟　傅玫　敦煌史話　中華書局　1995　p. 188

譚蟬雪　敦煌婚俗的特點　敦煌學國際研討會文集·史地語文編　遼寧美術出版社　1995　p. 601

周一良　趙和平　晚唐五代時的三種吉凶書儀寫卷研究　唐五代書儀研究　中國社會科學出版社
　　1995　p. 201

鄧文寬　敦煌天文曆法文獻輯校　江蘇古籍出版社　1996　p. 180

高國藩　敦煌數字與俗文化　慶祝潘石禪先生九秩華誕敦煌學特刊　（臺北）文津出版社　1996
　　p. 179

寧可　郝春文　敦煌社邑文書輯校　江蘇古籍出版社　1997　p. 505

鄧文寬　建除十二客　敦煌學大辭典　上海辭書出版社　1998　p. 613

鄧文寬　咸通五年甲申歲具注曆日　敦煌學大辭典　上海辭書出版社　1998　p. 606

李正宇　通婚書　敦煌學大辭典　上海辭書出版社　1998　p. 437

譚蟬雪　敦煌歲時文化導論　（臺北）新文豐出版公司　1998　p. 45、96

謝生保　敦煌壁畫中的民俗資料概述　《敦煌研究》1998 年第 3 期　p. 103

高國藩　敦煌俗文化學　上海三聯書店　1999　p. 15、36、342

高啓安　王璽玉　唐五代敦煌人的飲食品種研究　《敦煌研究》1999 年第 2 期　p. 70

饒宗頤　馬王堆《陰陽五行》之天一圖：漢初天一家遺說考　燕京學報（新第 7 期）　北京大學出版社
　　1999　p. 72

史成禮　史葆光　敦煌性文化　廣州出版社　1999　p. 78

高明士　唐代敦煌官方的祭祀禮儀　1994 年敦煌學國際研討會文集·宗教文史卷（上）　甘肅民族
　　出版社　2000　p. 65

李永寧　蔡偉堂　敦煌壁畫中的彌勒經變　敦煌研究文集·敦煌石窟經變篇　甘肅民族出版社
　　2000　p. 307

姜伯勤　唐敦煌城市的禮儀空間　文史（第五十五輯）　中華書局　2001　p. 236

譚蟬雪　喪祭與齋忌　敦煌學與中國史研究論集　甘肅人民出版社　2001　p. 228

吳玉貴　中國風俗通史（隋唐五代卷）　上海文藝出版社　2001　p. 397

吳麗娛　唐禮摭遺：中古書儀研究　商務印書館　2002　p. 357

張鴻勳　敦煌俗文學研究　甘肅人民出版社　2002　p. 440

張艷雲　從敦煌的婚書程式看唐代許婚制度　《敦煌研究》2002 年第 6 期　p. 37

吳麗娛　唐代婚儀的再檢討　燕京學報（新第 15 期）　北京大學出版社　2003　p. 49

陳麗萍　中古時期敦煌地區財婚風氣略論　麥積山石窟藝術文化論文集（下）　蘭州大學出版社
　　2004　p. 262

鄧文寬　敦煌具注曆日與《四時纂要》的比較研究　《敦煌研究》2004 年第 1 期　p. 63

樊錦詩　彭金章　敦煌莫高窟北區 B228 窟出土河西大涼國安樂三年（619）郭方隨葬衣物疏初探
　　敦煌學（第 25 輯）　（臺北）樂學書局有限公司　2004　p. 526

高啓安　唐五代敦煌飲食文化研究　民族出版社　2004　p. 47、277

馬若安　敦煌曆日"沒日"和"滅日"安排初探　敦煌吐魯番研究（第七卷）　北京大學出版社　2004
　　p. 429

張國剛　唐代婚姻禮俗與禮法文化　唐研究（第十卷）　北京大學出版社　2004　p. 366

張小豔　試論敦煌書儀的語料價值　浙江與敦煌學：常書鴻先生誕辰一百周年紀念文集　浙江古籍出版社　2004　p. 540

金身佳　敦煌寫本宅經中的陰陽宅修造吉日　文史（第七十五輯）　中華書局　2006　p. 68

孫猛　《日本國見在書目錄》（經部、史部、集部）失考書考　域外漢籍研究集刊（第二輯）　中華書局　2006　p. 229

P. 3285

陳祚龍　關於道家"本際經"及其"要略妙義"與"疏"的敦煌古抄　敦煌文物隨筆　（臺北）商務印書館　1979　p. 215

石井昌子　靈寶經類　敦煌と中國道教（講座敦煌4）　（東京）大東出版社　1983　p. 161

姜亮夫　敦煌所見道教佚經考　敦煌學論文集　上海古籍出版社　1987　p. 311

陶秋英輯錄　姜亮夫校訂　敦煌所見道教佚經錄　敦煌碎金　浙江古籍出版社　1992　p. 314

胡文和　仁壽縣壇神岩第53號"三寶"窟右壁"南竺觀記"中道藏經目研究　《世界宗教研究》1998年第2期　p. 125

山田俊　唐初道教思想史研究・資料篇　（京都）平樂寺書店　1999　p. 47、114、164

王卡　敦煌道教文獻研究　中國社會科學出版社　2004　p. 206

王卡　中國國家圖書館藏敦煌道教遺書研究報告　敦煌吐魯番研究（第七卷）　北京大學出版社　2004　p. 371

P. 3286

那波利貞　佛教信仰に基きて組織せられたる中晚唐五代時代の社邑に就きて（下）　『史林』（24卷4號）　京都大學文學部史學研究會　1939　p. 84、87、101　又見：唐代社會文化史研究・第六編　（東京）創文社　1974　p. 639、642、654

傅芸子　俗講新考　《新思潮月刊》1945年第1卷第2期　又見：敦煌變文論文錄　上海古籍出版社　1982　p. 150

王重民　說《十二時》　《申報・文史》1948年第22期　又見：敦煌遺書論文集　中華書局　1984　p. 159；中國敦煌學百年文庫・文學卷（一）　甘肅文化出版社　1999　p. 479

邵榮芬　敦煌俗文學中的別字異文和唐五代西北方音　《中國語文》1963年第3期　中國敦煌學百年文庫・語言文字卷（一）　甘肅文化出版社　1999　p. 136

那波利貞　唐代の社邑に就きて（1938年）　唐代社會文化史研究・第五編　（東京）創文社　1974　p. 517、556

川崎ミチコ　修道偈Ⅱ——定格聯章　敦煌仏典と禪（講座敦煌8）　（東京）大東出版社　1980　p. 270

潘重規　敦煌詞話　（臺北）石門圖書公司　1981　p. 69、98

潘重規　敦煌卷子俗寫文字與俗文學之研究　敦煌變文論輯　（臺北）石門圖書公司　1981　p. 320

鄭阿財　敦煌孝道文學研究　（臺北）石門圖書公司　1982　p. 532

周丕顯　敦煌俗曲分時聯章歌體再議　《敦煌學輯刊》1983年創刊號　p. 18

周丕顯　敦煌俗曲中的分時聯章體歌辭　關隴文學論叢　甘肅人民出版社　1983　p. 7

唐耕耦　陸宏基　敦煌社會經濟文獻真迹釋錄（一）　書目文獻出版社　1986　p. 325

任半塘　敦煌歌辭總編　上海古籍出版社　1987　p. 1581

謝和耐著　耿昇譯　中國5—10世紀的寺院經濟　甘肅人民出版社　1987　p. 325 注1

郝春文　敦煌遺書中的"春秋座局席"考　《北京師範學院學報》1989年第4期　p. 32

劉進寶　俚曲小調　敦煌文學　甘肅人民出版社　1989　p. 222

山本達郎等　敦煌・III 轉貼　『NUN – HUANG AND TURFAN DOCUMENTS CONCERNING SOCIAL AND ECONOMIC HISTORY』(IV)　(東京)東洋文庫　1989　p. 35

任半塘　王昆吾　隋唐五代燕樂雜言歌辭集　巴蜀書社　1990　p. 425

姜伯勤　敦煌社會文書導論　(臺北)新文豐出版公司　1992　p. 242

金岡照光　講唱體類　敦煌の文學文獻(講座敦煌9)　(東京)大東出版社　1992　p. 148

金岡照光　總說『敦煌文學の諸形態』　敦煌の文學文獻(講座敦煌9)　(東京)大東出版社　1992　p. 28

潘重規著　遊佐昇譯　中國で最初の「詞の總集」――敦煌雲謠集の発見と整理　敦煌の文學文獻(講座敦煌9)　(東京)大東出版社　1992　p. 420

周紹良　敦煌文學芻議及其它　(臺北)新文豐出版公司　1992　p. 37

郝春文　敦煌寫本社邑文書年代彙考(一)　《首都師範大學學報》1993 年第 4 期　p. 39

李正宇　敦煌文學概論　甘肅人民出版社　1993　p. 170

茅甘　敦煌寫本中的烏鳴占吉凶書　法國學者敦煌學論文選萃　中華書局　1993　p. 389 注 25

鄭阿財　敦煌文獻與文學　(臺北)新文豐出版公司　1993　p. 125

史雙元　唐五代詞紀事會評　黃山書社　1995　p. 366

張涌泉　敦煌文書類化字研究　《敦煌研究》1995 年第 4 期　p. 74

張涌泉　漢語俗字研究　岳麓書社　1995　p. 69、147

榮新江　評《上海博物館藏敦煌吐魯番文獻》　敦煌吐魯番研究(第一卷)　北京大學出版社　1996　p. 374

張涌泉　敦煌俗字研究導論　(臺北)新文豐出版公司　1996　p. 71、140、227

張涌泉　敦煌文獻校讀釋例　文史(第四十一輯)　中華書局　1996　p. 190、194　又見:舊學新知　浙江大學出版社　1999　p. 197、204

黃征　張涌泉　敦煌變文校注　中華書局　1997　p. 22

寧可　郝春文　敦煌社邑文書輯校　江蘇古籍出版社　1997　p. 135

張弓　漢唐佛寺文化史　中國社會科學出版社　1997　p. 841

潘重規　中國第一部"詞的總集":敦煌《雲謠集》之發現與整理　雲謠集研究彙錄　上海古籍出版社　1998　p. 265

孫其芳　普勸四衆依教修行十二時　敦煌學大辭典　上海辭書出版社　1998　p. 539

張鴻勳　講座　敦煌學大辭典　上海辭書出版社　1998　p. 525

高國藩　敦煌俗文化學　上海三聯書店　1999　p. 587

何華珍　金春梅　敦煌本《勵忠節抄》王校補正　中古近代漢語研究(第一輯)　上海教育出版社　2000　p. 285

金岡照光　敦煌文獻と中國文學　(東京)五曜書房　2000　p. 295

王小盾　從敦煌本共住修道故事看唐代佛教詩歌文體的來源　中國俗文化研究(第一輯)　巴蜀書社　2003　p. 30

張子開　敦煌文獻中的白話禪詩　《敦煌學輯刊》2003 年第 1 期　p. 84

張涌泉　燦爛的敦煌文化　浙江與敦煌學:常書鴻先生誕辰一百周年紀念文集　浙江古籍出版社　2004　p. 638

P. 3287

山口瑞鳳　吐蕃の敦煌支配期間　敦煌の歷史(講座敦煌2)　(東京)大東出版社　1980　p. 220

趙健雄　敦煌石窟醫學史料輯要　《敦煌學輯刊》1985 年第 2 期　p. 117

周篤文　敦煌古《脈經》殘卷考略　敦煌學論集　甘肅人民出版社　1985　p. 213

馬繼興　敦煌古醫籍考釋　江西科學技術出版社　1988　p. 1、15、18、113

甘肅中醫學院圖書館　敦煌中醫藥學集錦　甘肅中醫學院圖書館　1990　p. 11

張儂　敦煌《脈經》七方考　《敦煌研究》1991 年第 4 期　p. 96

趙健雄　敦煌遺書醫學卷考析　《敦煌研究》1991 年第 4 期　p. 99

陳澤奎　試論唐人寫經題記的原始著作權意義　《敦煌研究》1994 年第 3 期　p. 122

丛春雨　敦煌中醫藥全書　中醫古籍出版社　1994　p. 23、96、253、324

王進玉　敦煌石窟探秘　四川教育出版社　1994　p. 71

張儂　中國存世最早的針灸圖　《社科縱橫》1994 年第 4 期　p. 41

劉進寶　敦煌學論述　（臺北）洪葉文化事業有限公司　1995　p. 298

張儂　敦煌石窟秘方與灸經圖　甘肅文化出版社　1995　p. 18

張弓　漢唐佛寺文化史　中國社會科學出版社　1997　p. 928

馬繼興　敦煌醫藥文獻　敦煌學大辭典　上海辭書出版社　1998　p. 615

馬繼興　敦煌醫藥文獻輯校　江蘇古籍出版社　1998　p. 7

王淑民　三部九候論　敦煌學大辭典　上海辭書出版社　1998　p. 615

王淑民　傷寒論　敦煌學大辭典　上海辭書出版社　1998　p. 616

王淑民　亡名氏脈經　敦煌學大辭典　上海辭書出版社　1998　p. 616

王淑民　敦煌石窟秘藏醫方　北京醫科大學中國協和醫科大學聯合出版社　1999　p. 4

丛春雨　敦煌中醫藥精萃發微　中醫古籍出版社　2000　p. 1、52

馬繼興　敦煌殘卷中的《內經》古診法佚文及其復原　英國收藏敦煌漢藏文獻研究　中國社會科學
　　出版社　2000　p. 360

丘古耶夫斯基　敦煌漢文文書　上海古籍出版社　2000　p. 64

顏廷亮　敦煌文化　光明日報出版社　2000　p. 207

榮新江　敦煌學十八講　北京大學出版社　2001　p. 297

張儂　敦煌遺書中的針灸文獻　《敦煌研究》2001 年第 2 期　p. 147

陳明　印度梵文醫典醫理精華研究　中華書局　2002　p. 98

劉進寶　敦煌學通論　甘肅教育出版社　2002　p. 415

馬繼興　當前世界各地收藏的中國出土卷子本古醫藥文獻備考　敦煌吐魯番研究（第六卷）　北京
　　大學出版社　2002　p. 150

張涌泉　敦煌卷子辨僞研究：基於字形分析角度的考察　文史（第六十五輯）　中華書局　2003
　　p. 236

李應存　敦煌卷子《張仲景五臟論》中"四色神丹"考　《敦煌學輯刊》2005 年第 2 期　p. 47

王杏林　敦煌本《傷寒論》校證　《敦煌學輯刊》2006 年第 1 期　p. 13

P. 3288

王重民　金山國墜事零拾　《國立北平圖書館館刊》1936 年第 9 卷第 6 號　又見：敦煌學文選（上）
　　蘭州大學歷史系敦煌學研究室等　1983　p. 70；中國敦煌學百年文庫·歷史卷（一）　甘肅文
　　化出版社　1999　p. 31

饒宗頤　敦煌書法叢刊（第十八卷）·碎金（一）　（東京）二玄社　1983　p. 100

王堯　陳踐　敦煌吐蕃文獻選　四川民族出版社　1983　p. 206

李正宇　邈真讚　敦煌文學　甘肅人民出版社　1989　p. 184

山本達郎等　敦煌·Ⅲ 轉貼 『NUN‒HUANG AND TURFAN DOCUMENTS CONCERNING SOCIAL
　　AND ECONOMIC HISTORY』(Ⅳ)　（東京）東洋文庫　1989　p. 41、81

山本達郎等　敦煌·Ⅴ 計會文書 『NUN‒HUANG AND TURFAN DOCUMENTS CONCERNING SO-
　　CIAL AND ECONOMIC HISTORY』(Ⅳ)　（東京）東洋文庫　1989　p. 127

汪泛舟　讚·箴　敦煌文學　甘肅人民出版社　1989　p. 100

姜伯勤　敦煌社會文書導論　（臺北）新文豐出版公司　1992　p. 63

晒麟　金山國名稱來源　《敦煌學輯刊》1993 年第 1 期　p. 52

郝春文　敦煌寫本社邑文書年代彙考(一)　《首都師範大學學報》1993 年第 4 期　p. 36

郝春文　敦煌寫本社邑文書年代彙考(三)　《社科縱橫》1993 年第 5 期　p. 10

李正宇　敦煌文學概論　甘肅人民出版社　1993　p. 96

姜伯勤　敦煌邈真讚與敦煌望族　敦煌邈真讚校錄並研究　（臺北）新文豐出版公司　1994　p. 2

姜伯勤　項楚　榮新江　敦煌邈真讚校錄並研究　（臺北）新文豐出版公司　1994　p. 209

鄭炳林　《索勳紀德碑》研究　《敦煌學輯刊》1994 年第 2 期　p. 74

石田勇作　敦煌「社文書」研究序說　中國古代の國家と民眾（堀敏一先生古稀記念）　（東京）汲古
　　書院　1995　p. 684

土肥義和　唐·北宋間の「社」の組織形態に関する一考察　中國古代の國家と民眾（堀敏一先生古
　　稀記念）　（東京）汲古書院　1995　p. 709

顏廷亮　張球著作系年與生平管窺　敦煌學國際研討會文集·史地語文編　遼寧美術出版社　1995
　　p. 258

劉進寶　P. 3236 號《壬申年官布籍》時代考　《西北師大學報》(社會科學版)1996 年第 5 期　p. 43
　　又見：慶祝潘石禪先生九秩華誕敦煌學特刊　（臺北）文津出版社　1996　p. 360

馮培紅　晚唐五代宋初歸義軍武職軍將研究　敦煌歸義軍史專題研究　蘭州大學出版社　1997
　　p. 118

寧可　郝春文　敦煌社邑文書輯校　江蘇古籍出版社　1997　p. 89

鄭炳林　敦煌碑銘讚輯釋　甘肅教育出版社　1997　p. 280、295 注 3

鄭炳林　論晚唐敦煌文士張球即張景球　文史(第四十三輯)　中華書局　1997　p. 112

雷紹鋒　P. 3418v《唐沙州諸鄉欠枝夫人戶名目》研究　《敦煌研究》1998 年第 2 期　p. 108

李麗　關於《張淮深墓誌銘》的兩個問題　《敦煌學輯刊》1998 年第 1 期　p. 143

李正宇　張球　敦煌學大辭典　上海辭書出版社　1998　p. 356

李并成　"鏡"類文獻識略　《敦煌研究》1999 年第 1 期　p. 53

雷紹鋒　歸義軍賦役制度初探　（臺北）洪葉文化事業有限公司　2000　p. 80

劉進寶　敦煌文書與唐史研究　（臺北）新文豐出版公司　2000　p. 231

徐俊　敦煌詩集殘卷輯考　中華書局　2000　p. 283

黃正建　敦煌占卜文書與唐五代占卜研究　學苑出版社　2001　p. 41、148

榮新江　唐五代歸義軍武職軍將考　敦煌學新論　甘肅教育出版社　2002　p. 58

顏廷亮　有關張球生平及其著作的一件新見文獻　《敦煌研究》2002 年第 5 期　p. 103

趙貞　評《敦煌占卜文書與唐五代占卜研究》　唐研究(第八卷)　北京大學出版社　2002　p. 523

黃正建　敦煌占婚嫁文書與唐五代的占婚嫁　新世紀敦煌學論集　巴蜀書社　2003　p. 283

余欣　禁忌、儀式與法術　唐代宗教信仰與社會　上海辭書出版社　2003　p. 339

鄧文寬　劉樂賢　敦煌天文氣象占寫本概述　敦煌吐魯番研究(第九卷)　中華書局　2006　p. 411

王丁　吐魯番安伽勒克出土北涼寫本《金光明經》及其題記研究　敦煌吐魯番研究(第九卷)　中華
　　書局　2006　p. 43

P. 3289

金岡照光　敦煌の寫本　敦煌の文學　（東京）大藏出版株式會社　1971　p. 68

劉文英　夢的迷信與夢的探索　中國社會科學出版社　1989　p. 124、128 注 12

索仁森著　李吉和譯　敦煌漢文禪籍特徵概觀　《敦煌研究》1994 年第 1 期　p. 114

李小榮　敦煌密教文獻論稿　人民文學出版社　2003　p. 88

李小榮　論密教中的千手觀音　文史(第五十六輯)　中華書局　2003　p. 158

P. 3290

玉井是博　敦煌戶籍殘卷再考　唐代文獻叢考　商務印書館　1947　p. 32

那波利貞　千佛岩莫高窟と敦煌文書　西域文化研究(第二)・敦煌吐魯番社會經濟資料(上)　（京都）法藏館　1959　p. 62

那波利貞　梁戶考　唐代社會文化史研究・第三編　（東京）創文社　1974　p. 270、375

菊池英夫　唐代敦煌社會の外貌　敦煌の社會(講座敦煌 3)　（東京）大東出版社　1980　p. 147

宋家鈺　唐代手實初探　魏晉隋唐史論集(第一輯)　中國社會科學出版社　1981　p. 224

馬世長　敦煌縣博物館藏地志殘卷：敦博第五八號卷子研究之一　敦煌吐魯番文獻研究論集　中華書局　1982　p. 423

寧欣　唐代敦煌地區農業水利問題初探　敦煌吐魯番文獻研究論集(第三輯)　北京大學出版社　1986　p. 502 注 13、503、505、506、525

高國藩　敦煌民俗學簡論　1983 年全國敦煌學術討論會文集・文史遺書編(下)　甘肅人民出版社　1987　p. 390

宋家鈺　唐朝戶籍法與均田制研究　中州古籍出版社　1988　p. 87

楊際平　唐末宋初敦煌土地制度初探　《敦煌學輯刊》1988 年第 1、2 期　p. 12

高國藩　敦煌民俗學　上海文藝出版社　1989　p. 93

李正宇　唐宋時代敦煌縣河渠泉澤簡志(二)　《敦煌研究》1989 年第 1 期　p. 54

山本達郎等　敦煌・I 社條　『NUN – HUANG AND TURFAN DOCUMENTS CONCERNING SOCIAL AND ECONOMIC HISTORY』(IV)　（東京）東洋文庫　1989　p. 10

山本達郎等　敦煌・III 轉貼　『NUN – HUANG AND TURFAN DOCUMENTS CONCERNING SOCIAL AND ECONOMIC HISTORY』(IV)　（東京）東洋文庫　1989　p. 84

唐耕耦　陸宏基　敦煌社會經濟文獻真迹釋錄(二、、三、四)　全國圖書館文獻縮微複製中心　1990　p. 483；539；302

佐竹靖彦　唐宋變革の地域的研究　（東京）同朋舍　1990　p. 151、200

中村裕一　唐代官文書研究　（京都）中文出版社　1991　p. 11、24

姜伯勤　敦煌社會文書導論　（臺北）新文豐出版公司　1992　p. 129

王仲犖　敦煌石室出《沙州都督府圖經》殘卷考釋　《中國歷史地理論叢》1992 年第 1 輯　又見：中國敦煌學百年文庫・地理卷(二)　甘肅文化出版社　1999　p. 354

中村裕一　官文書　敦煌漢文文獻(講座敦煌 5)　（東京）大東出版社　1992　p. 576

佐竹靖彦　唐末宋初敦煌地區戶籍制度的演變　唐代均田制研究選譯　甘肅教育出版社　1992　p. 167

高國藩　敦煌民俗資料導論　（臺北）新文豐出版公司　1993　p. 42

郝春文　敦煌寫本社邑文書年代彙考(一)　《首都師範大學學報》1993 年第 4 期　p. 33

王克孝　評丘古耶夫斯基對敦煌所出某些籍帳文書的考釋　魏晉南北朝隋唐史資料(第 12 輯)　武漢大學出版社　1993　p. 127

王仲犖　《沙州都督府圖經》殘卷考釋　敦煌石室地志殘卷考釋　上海古籍出版社　1993　p. 112

榮新江　歸義軍改元考　文史(第三十八輯)　中華書局　1994　p. 52

王三慶　敦煌書儀載録之節日活動與民俗　全國敦煌學研討會論文集　(臺北)中正大學中國文學
　　系所　1995　p. 25 注 13

李正宇　敦煌史地新論　(臺北)新文豐出版公司　1996　p. 135

榮新江　歸義軍史研究　上海古籍出版社　1996　p. 56

鄭炳林　唐五代敦煌粟特人與歸義軍政權　《敦煌研究》1996 年第 4 期　p. 83　又見:敦煌歸義軍史
　　專題研究　蘭州大學出版社　1997　p. 405

中村裕一　唐代公文書研究　(東京)汲古書院　1996　p. 136

李正宇　敦煌歷史地理導論　(臺北)新文豐出版公司　1997　p. 266

劉進寶　歸義軍土地制度初探　《敦煌研究》1997 年第 2 期　p. 48、53

孫繼民　《唐大曆三年曹忠敏牒爲請免差充子弟事》書後　敦煌吐魯番研究(第二卷)　北京大學出
　　版社　1997　p. 236

田德新　敦煌寺院中的都師　《敦煌學輯刊》1997 年第 2 期　p. 127

郝春文　唐後期五代宋初敦煌僧尼的社會生活　中國社會科學出版社　1998　p. 128、178

郝春文　唐後期五代宋初敦煌寺院常住什物的數量及與僧人的關係　《敦煌研究》1998 年第 2 期
　　p. 118

沙知　敦煌契約文書輯校　江蘇古籍出版社　1998　p. 408

宋家鈺　籍帳　敦煌學大辭典　上海辭書出版社　1998　p. 402

陳國燦　唐代的經濟社會　(臺北)文津出版社　1999　p. 84

高國藩　敦煌俗文化學　上海三聯書店　1999　p. 162

池田溫　李盛鐸舊藏敦煌歸義軍後期社會經濟文書簡介　慶祝吳其昱先生八秩華誕敦煌學特刊
　　(臺北)文津出版社　2000　p. 39

郝春文　英藏敦煌文獻年代叢考　英國收藏敦煌漢藏文獻研究　中國社會科學出版社　2000
　　p. 376

雷紹鋒　歸義軍賦役制度初探　(臺北)洪葉文化事業有限公司　2000　p. 9、65、131

劉進寶　敦煌文書與唐史研究　(臺北)新文豐出版公司　2000　p. 151、203

丘古耶夫斯基　敦煌漢文文書　上海古籍出版社　2000　p. 65、172、214

宋家鈺　英國收藏敦煌文獻叙録　英國收藏敦煌漢藏文獻研究　中國社會科學出版社　2000
　　p. 173

孫繼民　敦煌吐魯番所出唐代軍事文書初探　中國社會科學出版社　2000　p. 107

陳國燦　敦煌學史事新證　甘肅教育出版社　2002　p. 311

郝春文　《勘尋永安寺法律願慶與老宿紹建相諍根由狀》及相關問題考　戒幢佛學(第二卷)　岳麓
　　書社　2002　p. 81　又見:中日敦煌佛教學術會議論文集　中國社會科學院研究所　2002
　　p. 57

姜亮夫　敦煌莫高窟年表　姜亮夫全集(十一)　雲南人民出版社　2002　p. 589

王啓濤　中古及近代法制文書語言研究　巴蜀書社　2003　p. 155

楊際平　北朝隋唐均田制新探　岳麓書社　2003　p. 421

趙曉星　寇甲　西魏:歸義軍時期敦煌地區的史姓　《敦煌學輯刊》2005 年第 2 期　p. 138

金瀅坤　敦煌社會經濟文書定年拾遺　《首都師範大學學報》2006 年第 1 期　p. 10、14

P. 3291

姜亮夫　敦煌經卷壁畫中所見釋氏僧名録　敦煌學論文集　上海古籍出版社　1987　p. 1041

池田溫　中國古代寫本識語集録　（東京）大蔵出版株式會社　1990　p. 167

陶秋英輯録　姜亮夫校訂　敦煌經卷壁畫中所見釋氏名録　敦煌碎金　浙江古籍出版社　1992　p. 35

P. 3292

項楚　敦煌詩歌導論　（臺北）新文豐出版公司　1993　p. 155

P. 3294

中川孝　楞伽宗と東山法門　敦煌仏典と禪（講座敦煌8）　（東京）大東出版社　1980　p. 144

椎名宏雄　北宗燈史の成立　敦煌仏典と禪（講座敦煌8）　（東京）大東出版社　1980　p. 57

田中良昭　敦煌禪宗文獻の研究　（東京）大東出版社　1983　p. 24

王重民　記敦煌寫本的佛經　敦煌吐魯番文獻研究論集（第二輯）　北京大學出版社　1983　p. 22
　　又見：敦煌遺書論文集　中華書局　1984　p. 306

戴密微著　耿昇譯　敦煌學近作　敦煌譯叢（第一輯）　甘肅人民出版社　1985　p. 101

楊曾文　日本學者對中國禪宗文獻的研究和整理　《世界宗教研究》1987年第1期　p. 119

上山大峻　敦煌佛教の研究　（京都）法藏館　1990　p. 414

吳其昱著　伊藤美重子譯　敦煌漢文寫本概観　敦煌漢文文獻（講座敦煌5）　（東京）大東出版社　1992　p. 59

趙益　敦煌卷子中三種禪宗文獻考辨　古典文獻研究　南京大學出版社　1992　又見：中國敦煌學
　　百年文庫·宗教卷（二）　甘肅文化出版社　1999　p. 327

索仁森著　李吉和譯　敦煌漢文禪籍特徵概觀　《敦煌研究》1994年第1期　p. 111

田中良昭　敦煌の禪籍　禪學研究入門　（東京）大東出版社　1994　p. 47

胡戟　傅玫　敦煌史話　中華書局　1995　p. 131

柳田聖山　禪籍解題（一）·敦煌禪籍　俗語言研究（第二期）　（京都）禪文化研究所　1995　p. 139

榮新江著　衣川賢次譯　ロシア所藏の景德傳燈録　『禪文化』（161號）　（京都）禪文化研究所　1996　p. 142

榮新江　敦煌本禪宗燈史殘卷拾遺　周紹良先生欣開九秩慶壽文集　中華書局　1997　p. 233

鄭炳林　唐五代敦煌的粟特人與歸義軍政權　敦煌歸義軍史專題研究　蘭州大學出版社　1997　p. 421

方廣錩　楞伽師資記　敦煌學大辭典　上海辭書出版社　1998　p. 725

劉方　初期的禪史I　敦煌學大辭典　上海辭書出版社　1998　p. 827

榮新江　敦煌學十八講　北京大學出版社　2001　p. 252

袁德領　法如神秀與北宗禪的肇始　《敦煌研究》2001年第1期　p. 73

田中良昭　敦煌の禪宗燈史　中日敦煌佛教學術會議論文集　中國社會科學院研究所　2002　p. 107

P. 3295

陳祚龍　敦煌古抄内典尾記彙校初、二、三編合刊　敦煌學要籥　（臺北）新文豐出版公司　1982　p. 188

陳祚龍　關於日本龍谷大學所藏的敦煌本《佛說齋法清淨經》　《海潮音》1984年第65卷第4期　又

見:中國敦煌學百年文庫・宗教卷(二)　甘肅文化出版社　1999　p. 145

池田溫　中國古代寫本識語集錄　(東京)大藏出版株式會社　1990　p. 519

方廣錩　齋法清淨經　敦煌學大辭典　上海辭書出版社　1998　p. 738

金岡照光　敦煌文獻と中國文學　(東京)五曜書房　2000　p. 432

王蘭平　敦煌寫本ДХ6062歸義軍時期《大般若經》抄寫紙曆及其相關問題考釋　敦煌佛教藝術文化
　　國際學術研討會論文集　蘭州大學出版社　2002　p. 72

P. 3297

大淵忍爾　論古靈寶經　道家文化研究(第十三輯)　三聯書店　1998　p. 504

王卡　道要靈祇神鬼品經　敦煌學大辭典　上海辭書出版社　1998　p. 759

王卡　敦煌道教文獻研究　中國社會科學出版社　2004　p. 226

王卡　中國國家圖書館藏敦煌道教遺書研究報告　敦煌吐魯番研究(第七卷)　北京大學出版社
　　2004　p. 374

P. 3298

唐耕耦　陸宏基　敦煌社會經濟文獻真迹釋錄(四)　全國圖書館文獻縮微複製中心　1990　p. 303

中村裕一　官文書　敦煌漢文文獻(講座敦煌5)　(東京)大東出版社　1992　p. 576

中村裕一　唐代公文書研究　(東京)汲古書院　1996　p. 136

馮培紅　晚唐五代宋初歸義軍武職軍將研究　敦煌歸義軍史專題研究　蘭州大學出版社　1997
　　p. 112

沙知　朔方軍節度使之印　敦煌學大辭典　上海辭書出版社　1998　p. 290

P. 3299

嚴靈峰　老子《想爾注》寫本殘卷質疑　(臺北)《大陸雜誌》1965年第6期　又見:中國敦煌學百年
　　文庫・文獻卷(一)　甘肅文化出版社　1999　p. 488

姜亮夫　敦煌所見道教佚經考　敦煌學論文集　上海古籍出版社　1987　p. 314　又見:敦煌碎金
　　浙江古籍出版社　1992　p. 319

山田俊　唐初道教思想史研究・資料篇　(京都)平樂寺書店　1999　p. 228、275

王卡　敦煌道教文獻研究　中國社會科學出版社　2004　p. 227

王卡　中國國家圖書館藏敦煌道教遺書研究報告　敦煌吐魯番研究(第七卷)　北京大學出版社
　　2004　p. 375

P. 3300

陳祚龍　關於道家"本際經"及其"要略妙義"與"疏"的敦煌古抄　敦煌文物隨筆　(臺北)商務印書
　　館　1979　p. 214

石井昌子　靈寶經類　敦煌と中國道教(講座敦煌4)　(東京)大東出版社　1983　p. 160

姜亮夫　敦煌所見道教佚經考　敦煌學論文集　上海古籍出版社　1987　p. 311

陶秋英輯錄　姜亮夫校訂　敦煌所見道教佚經錄　敦煌碎金　浙江古籍出版社　1992　p. 314

胡文和　仁壽縣壇神岩第53號"三寶"窟右壁"南竺觀記"中道藏經目研究　《世界宗教研究》1998
　　年第2期　p. 125

山田俊　唐初道教思想史研究・論述篇　(京都)平樂寺書店　1999　p. 47

山田俊　唐初道教思想史研究・資料篇　(京都)平樂寺書店　1999　p. 87、163

王卡　敦煌道教文獻研究　中國社會科學出版社　2004　p. 202

王卡　中國國家圖書館藏敦煌道教遺書研究報告　敦煌吐魯番研究(第七卷)　北京大學出版社
　　2004　p. 369

P. 3301

王堯　藏族翻譯家管・法成對民族文化交流的貢獻　《文物》1980 年第 7 期　又見:中國敦煌學百年
　　文庫・民族卷(三)　甘肅文化出版社　1999　p. 37

陳慶英　《斯坦因劫經錄》、《伯希和劫經錄》所收漢文寫卷中夾存的藏文寫卷情況調查　《敦煌學輯
　　刊》1981 年第 2 期　p. 116

王堯　吐蕃文獻敘錄　中國民族古文字研究　中國社會科學出版社　1984　p. 123

吳其昱著　福井文雅　樋口勝譯　大蕃國大德・三藏法師・法成傳考　敦煌と中國仏教(講座敦煌
　　7)　(東京)大東出版社　1984　p. 388

戴密微著　耿昇譯　敦煌學近作　敦煌譯叢(第一輯)　甘肅人民出版社　1985　p. 67

上山大峻　敦煌佛教の研究　(京都)法藏館　1990　p. 238

鄭炳林　敦煌碑銘讚三篇證誤與考釋　《敦煌學輯刊》1992 年第 1、2 期　p. 100

晒麟　南朝小考　《敦煌學輯刊》1993 年第 1 期　p. 71

鄭炳林　敦煌碑銘讚部分文書拼接復原　《敦煌研究》1993 年第 1 期　p. 54

鄭炳林　敦煌碑銘讚抄本概述　《蘭州大學學報》1993 年第 4 期　p. 140

王堯　西藏文史考信集　中國藏學出版社　1994　p. 32、304

汪泛舟　論敦煌文明的多民族貢獻　《敦煌研究》1995 年第 2 期　p. 191

柴劍虹　俄藏敦煌詩詞寫卷經眼錄(一)　敦煌吐魯番研究(第一卷)　北京大學出版社　1996
　　p. 110 注

黃征　《敦煌碑銘讚輯釋》評介　敦煌語文叢說　(臺北)新文豐出版公司　1997　p. 812

鄭炳林　敦煌碑銘讚及其有關問題　敦煌碑銘讚輯釋　甘肅教育出版社　1997　p. 12

鄭炳林　敦煌碑銘讚輯釋　甘肅教育出版社　1997　p. 31 注 5、89 注 5

鄭炳林　唐五代敦煌的粟特人與佛教　敦煌歸義軍史專題研究　蘭州大學出版社　1997　p. 440

邰惠莉　娜閣　甘肅省圖書館收藏敦煌文獻簡介　《敦煌學輯刊》1998 年第 2 期　p. 75

鄭炳林　法鏡　敦煌學大辭典　上海辭書出版社　1998　p. 353

馬德　敦煌莫高窟"報恩吉祥窟"考　《敦煌研究》1999 年第 4 期　p. 58

饒宗頤　劉薩訶事迹與瑞像圖　饒宗頤東方學論集　汕頭大學出版社　1999　p. 269

樊錦詩　玄奘譯經和敦煌壁畫　《敦煌研究》2004 年第 2 期　p. 7

趙曉星　敦煌落蕃舊事　民族出版社　2004　p. 185

P. 3302

那波利貞　佛教信仰に基きて組織せられたる中晚唐五代時代の社邑に就きて(上)　『史林』(24
　　卷 3 號)　京都大學文學部史學研究會　1939　p. 19　又見:唐代社會文化史研究・第六編
　　(東京)創文社　1974　p. 590

陳祚龍　簡記敦煌古抄方志　敦煌文物隨筆　(臺北)商務印書館　1979　p. 61

菊池英夫　唐代敦煌社會の外貌　敦煌の社會(講座敦煌 3)　(東京)大東出版社　1980　p. 106

陳祚龍　《簡記敦煌古抄方志》及其"後語"　敦煌學要籥　(臺北)新文豐出版公司　1982　p. 230

陳祚龍　百尺竿頭,更進一步:敦煌學散策之三　敦煌學(第 7 輯)　(臺北)新文豐出版公司　1984
　　p. 67　又見:敦煌學散策之三　敦煌學林劄記　(臺北)商務印書館　1987　p. 72

饒宗頤　敦煌書法叢刊(第十九卷)·碎金(二)　(東京)二玄社　1984　p. 85、104

周紹良　敦煌文學《兒郎偉》並跋　出土文獻研究　文物出版社　1985　p. 175

耿昇　八十年代的法國敦煌學論著簡介　《敦煌研究》1986 年第 3 期　p. 82

簡濤　敦煌本《燕子賦》考論　《敦煌研究》1986 年第 3 期　p. 29

姜伯勤　唐五代敦煌寺戶制度　中華書局　1987　p. 144

高國藩　敦煌民俗學　上海文藝出版社　1989　p. 433

韓建瓴　雜記　敦煌文學　甘肅人民出版社　1989　p. 68

李正宇　唐宋時代敦煌縣河渠泉澤簡志(二)　《敦煌研究》1989 年第 1 期　p. 60

劉進寶　俚曲小調　敦煌文學　甘肅人民出版社　1989　p. 232

馬德　都僧統之"家窟"及其營建《臘八燃燈分配窟龕名數》叢識之三　《敦煌研究》1989 年第 4 期
　　p. 57

榮新江　關於沙州歸義軍都僧統年代的幾個問題　《敦煌研究》1989 年第 4 期　p. 74

黃征　語辭輯釋　《古漢語研究》1992 年第 1 期　p. 60

黃征　吳偉　《敦煌願文集》輯校中的一些問題　《敦煌研究》1992 年第 1 期　p. 66　又見:敦煌語
　　文叢說　(臺北)新文豐出版公司　1997　p. 546

周紹良　敦煌文學芻議及其它　(臺北)新文豐出版公司　1992　p. 39/、165

艾麗白　敦煌寫本中的《兒郎偉》　法國學者敦煌學論文選萃　中華書局　1993　p. 239

高國藩　敦煌民俗資料導論　(臺北)新文豐出版公司　1993　p. 156

黃征　敦煌願文《兒郎偉》輯考　(香港)《九州學刊》(敦煌學專輯)1993 年第 5 卷第 4 期　p. 52　又
　　見:敦煌語文叢說　(臺北)新文豐出版公司　1997　p. 644

李正宇　敦煌文學概論　甘肅人民出版社　1993　p. 115

馬德　九州大學文學部藏敦煌文書《新大德造窟籌計料》探微　《敦煌研究》1993 年第 3 期　p. 61

孫其芳　顏廷亮　敦煌文學概論　甘肅人民出版社　1993　p. 450

魏普賢　敦煌寫本和石窟中的劉薩訶傳說　法國學者敦煌學論文選萃　中華書局　1993　p. 462 注
　　111

姜伯勤　敦煌邈真讚與敦煌望族　敦煌邈真讚校錄並研究　(臺北)新文豐出版公司　1994　p. 35

蔣禮鴻　敦煌文獻語言詞典　杭州大學出版社　1994　p. 311

馬德　三件莫高窟洞窟營造文書述略　《敦煌研究》1994 年第 4 期　p. 156

王進玉　敦煌石窟探秘　四川教育出版社　1994　p. 135

黃征　吳偉　敦煌願文集　岳麓書社　1995　p. 965

李正宇　俄藏《端拱二年八月十九日往西天取菩薩戒僧智堅手記》決疑　敦煌佛教文獻研究　敦煌
　　研究院文獻研究所　1995　p. 3

馬德　敦煌莫高窟吐蕃、歸義軍時代營建概況　(香港)《九州學刊》1995 年第 6 卷第 4 期　p. 67

馬德　敦煌遺書莫高窟營建史料淺論　敦煌學國際研討會文集·石窟考古編　遼寧美術出版社
　　1995　p. 148

張涌泉　漢語俗字研究　岳麓書社　1995　p. 136

馬德　敦煌莫高窟史研究　甘肅教育出版社　1996　p. 38、119、178

馬德　九、十世紀敦煌工匠史料述論　慶祝潘石禪先生九秩華誕敦煌學特刊　(臺北)文津出版社
　　1996　p. 315

榮新江　歸義軍史研究　上海古籍出版社　1996　p. 286

方廣錩　敦煌佛教經錄輯校　江蘇古籍出版社　1997　p. 312、330、343

黃征　《敦煌碑銘讚輯釋》評介　敦煌語文叢說　(臺北)新文豐出版公司　1997　p. 814

黄征　敦煌歌謠《兒郎偉》的價值　敦煌語文叢説　（臺北）新文豐出版公司　1997　p. 600

黄征　敦煌俗語詞輯釋　敦煌語文叢説　（臺北）新文豐出版公司　1997　p. 71、75

黄征　敦煌文學《兒郎偉》輯録校注　敦煌語文叢説　（臺北）新文豐出版公司　1997　p. 691

黄征　張涌泉　敦煌變文校注　中華書局　1997　p. 108

李正宇　敦煌歷史地理導論　（臺北）新文豐出版公司　1997　p. 60

馬德　敦煌工匠史料　甘肅人民出版社　1997　p. 14、69

鄭炳林　唐五代敦煌的粟特人與佛教　敦煌歸義軍史專題研究　蘭州大學出版社　1997　p. 454

鄭炳林　唐五代敦煌手工業研究　敦煌歸義軍史專題研究　蘭州大學出版社　1997　p. 249

鄭炳林　楊富學　晚唐五代金銀在敦煌的使用與流通　《甘肅金融》1997 年第 8 期　又見：中國敦煌
　　學百年文庫・歷史卷（二）　甘肅文化出版社　1999　p. 584

柴劍虹　兒郎偉　敦煌學大辭典　上海辭書出版社　1998　p. 541

方廣錩　大般若經會品卷開闔録　敦煌學大辭典　上海辭書出版社　1998　p. 748

龔方震　晏可佳　祆教史　上海社會科學院出版社　1998　p. 245

黄征　唐代俗語詞輯釋　唐研究（第四卷）　北京大學出版社　1998　p. 145

李正宇　村莊　敦煌學大辭典　上海辭書出版社　1998　p. 304

李正宇　宕泉　敦煌學大辭典　上海辭書出版社　1998　p. 321

李正宇　都僧統建龕上梁文　敦煌學大辭典　上海辭書出版社　1998　p. 334

譚蟬雪　餺飥　敦煌學大辭典　上海辭書出版社　1998　p. 444

譚蟬雪　敦煌歲時文化導論　（臺北）新文豐出版公司　1998　p. 127

譚蟬雪　上梁　敦煌學大辭典　上海辭書出版社　1998　p. 446

譚蟬雪　蒸餅　敦煌學大辭典　上海辭書出版社　1998　p. 445

高國藩　敦煌俗文化學　上海三聯書店　1999　p. 213、224

高啓安　王璽玉　唐五代敦煌人的飲食品種研究　《敦煌研究》1999 年第 2 期　p. 60

黄征　程惠新　劫塵遺珠：敦煌遺書　甘肅教育出版社　1999　p. 133

姜亮夫　敦煌：偉大的文化寶藏　雲南人民出版社　1999　p. 113

馬德　敦煌寫本《營窟稿文範》箋證　1994 年敦煌學國際研討會文集・石窟考古卷　甘肅民族出版
　　社　2000　p. 217

徐俊　敦煌詩集殘卷輯考　中華書局　2000　p. 890

顔廷亮　敦煌文化　光明日報出版社　2000　p. 438

黄征　敦煌語言文字學研究　甘肅教育出版社　2002　p. 157

姜亮夫　敦煌莫高窟年表　姜亮夫全集（十一）　雲南人民出版社　2002　p. 485

史葦湘　敦煌歷史與莫高窟藝術研究　甘肅教育出版社　2002　p. 348

徐曉麗　回鶻天公主與敦煌佛教　敦煌佛教藝術文化國際學術研討會論文集　蘭州大學出版社
　　2002　p. 426

王國良　《劉薩訶和尚因緣記》探究　新世紀敦煌學論集　巴蜀書社　2003　p. 596

楊挺　不存在兒郎偉文體和兒郎偉曲調　《敦煌研究》2003 年第 1 期　p. 45

高啓安　唐五代敦煌飲食文化研究　民族出版社　2004　p. 207

陸離　吐蕃統治河隴西域時期的市券研究　敦煌吐魯番研究（第九卷）　中華書局　2006　p. 240

P. 3303

三木榮　西域出土醫藥關係文獻綜合解説目録　『東洋學報』(47 卷 1 號)　（東京）東洋學術協會
　　1964　p. 16

馬繼興　敦煌古醫籍考釋　江西科學技術出版社　1988　p. 8

唐耕耦　陸宏基　敦煌社會經濟文獻真迹釋錄(五)　全國圖書館文獻縮微複製中心　1990　p. 453

周偉洲　西北民族與光輝燦爛的唐代文化　西北歷史研究(1989年號)　西北大學出版社　1991　p. 38

季羨林　唐代的甘蔗種植與製糖術　選堂文史論苑　上海古籍出版社　1994　p. 173

王進玉　敦煌石窟探秘　四川教育出版社　1994　p. 102

李正宇　敦煌史地新論　(臺北)新文豐出版公司　1996　p. 10

張涌泉　敦煌文獻校讀易誤字例釋　敦煌文學論集　四川人民出版社　1997　p. 274

馬繼興　敦煌醫藥文獻　敦煌學大辭典　上海辭書出版社　1998　p. 615

王繼如　出土文獻通讀字研究　敦煌問學叢稿　甘肅文化出版社　1999　p. 125

王繼如　P. 3303號印度製糖法的釋讀　《敦煌研究》2000年第4期　p. 127

顏廷亮　敦煌文化　光明日報出版社　2000　p. 405

楊秀清　華戎交會的都市：敦煌與絲綢之路　甘肅人民出版社　2000　p. 137

鄭炳林　晚唐五代敦煌貿易市場的外來商品輯考　中華文史論叢(總63輯)　上海古籍出版社　2000　p. 86

陳明　醫理精華：印度古典醫學在敦煌的實例分析　敦煌吐魯番研究(第五卷)　北京大學出版社　2001　p. 241

榮新江　敦煌學十八講　北京大學出版社　2001　p. 46

王繼如　敦煌通讀字研究芻議　訓詁問學叢稿　江蘇古籍出版社　2001　p. 247　又見：文史(第五十六輯)　中華書局　2003　p. 217

陳明　印度梵文醫典醫理精華研究　中華書局　2002　p. 93

馬繼興　當前世界各地收藏的中國出土卷子本古醫藥文獻備考　敦煌吐魯番研究(第六卷)　北京大學出版社　2002　p. 151

高啓安　唐五代敦煌飲食文化研究　民族出版社　2004　p. 50

P. 3304

陳祚龍　關於道家"本際經"及其"要略妙義"與"疏"的敦煌古抄　敦煌文物隨筆　(臺北)商務印書館　1979　p. 213

史葦湘　絲綢之路上的敦煌與莫高窟　敦煌研究文集　甘肅人民出版社　1982　p. 118 注108

石井昌子　靈寶經類　敦煌と中國道教(講座敦煌4)　(東京)大東出版社　1983　p. 160

耿昇　八十年代的法國敦煌學論著簡介　《敦煌研究》1986年第3期　p. 81

耿昇　中法學者友好合作的成果　《敦煌研究》1987年第1期　p. 107

蕭登福　從敦煌寫卷中看道教星斗崇拜對佛經之影響　第二屆敦煌學國際研討會論文集　(臺北)漢學研究中心　1990　p. 336

陳祚龍　敦煌學識小　敦煌學津雜誌　(臺北)文津出版社　1991　p. 171

陶秋英輯錄　姜亮夫校訂　敦煌所見道教佚經錄　敦煌碎金　浙江古籍出版社　1992　p. 314

蘇遠鳴　敦煌寫本中的壁畫題識集　法國學者敦煌學論文選萃　中華書局　1993　p. 200

蘇遠鳴　敦煌寫本中的某些壁畫題識　法國學者敦煌學論文選萃　中華書局　1993　p. 230

胡戟　傅玫　敦煌史話　中華書局　1995　p. 134

王惠民　敦煌遺書中的藥師經變榜題底稿校錄　《敦煌研究》1998年第4期　p. 16

楊森　張議潮　敦煌學大辭典　上海辭書出版社　1998　p. 352

山田俊　唐初道教思想史研究・論述篇　(京都)平樂寺書店　1999　p. 47

山田俊　唐初道教思想史研究・資料篇　（京都）平樂寺書店　1999　p. 62、163

王惠民　《敦煌遺書中的藥師經變榜題底稿校録》補遺　《敦煌研究》1999 年第 4 期　p. 161

孫修身　敦煌壁畫中的涅槃經變　敦煌研究文集・敦煌石窟經變篇　甘肅民族出版社　2000　p. 94

王惠民　敦煌隋至唐前期藥師圖像考察　藝術史研究（2）　中山大學出版社　2000　p. 294

張總　《閻羅王授記經》綴補研考　敦煌吐魯番研究（第五卷）　北京大學出版社　2001　p. 92

王惠民　敦煌遺書的觀無量壽經變榜題底稿校録　《敦煌研究》2002 年第 5 期　p. 57

池田溫　敦煌の歷史的背景　敦煌文書の世界　（東京）名著刊行會　2003　p. 114

李小榮　敦煌密教文獻論稿　人民文學出版社　2003　p. 203

王昆吾　從敦煌學到域外漢文學　商務印書館　2003　p. 115

王小盾　從莫高窟第 61 窟維摩詰經變看經變畫和講經文的體制　2000 年敦煌學國際學術討論會文集・石窟考古卷　甘肅民族出版社　2003　p. 199

黨燕妮　晚唐五代敦煌的十王信仰　麥積山石窟藝術文化論文集（下）　蘭州大學出版社　2004　p. 153

樊錦詩　玄奘譯經和敦煌壁畫　《敦煌研究》2004 年第 2 期　p. 2

沙武田　敦煌壁畫榜題寫本研究　《敦煌研究》2004 年第 3 期　p. 104

王惠民　敦煌經變畫的研究成果與研究方法　《敦煌學輯刊》2004 年第 2 期　p. 69

王卡　敦煌道教文獻研究　中國社會科學出版社　2004　p. 200

王卡　中國國家圖書館藏敦煌道教遺書研究報告　敦煌吐魯番研究（第七卷）　北京大學出版社　2004　p. 369

P. 3305

王堯　陳踐　敦煌吐蕃文獻選　四川民族出版社　1983　p. 206

山本達郎等　敦煌・III 轉貼　『NUN－HUANG AND TURFAN DOCUMENTS CONCERNING SOCIAL AND ECONOMIC HISTORY』（IV）　（東京）東洋文庫　1989　p. 25

王素　唐寫本《論語鄭氏注》校録　唐寫本論語鄭氏注及其研究　文物出版社　1991　p. 109 注 2

土田健次郎　儒教典籍　敦煌漢文文獻（講座敦煌 5）　（東京）大東出版社　1992　p. 269

高田時雄　評：池田溫編『敦煌漢文文獻』（講座敦煌 5）　『東洋史研究』（52 卷 1 號）　（東京）東洋史研究會　1993　p. 125

郝春文　敦煌寫本社邑文書年代彙考（一）　《首都師範大學學報》1993 年第 4 期　p. 39

郝春文　敦煌寫本社邑文書年代彙考（二）　《首都師範大學學報》1993 年第 5 期　p. 76

項楚　敦煌詩歌導論　（臺北）新文豐出版公司　1993　p. 212

李方　伯希和 3271 號寫本《論語集解》的性質及意義　《敦煌研究》1995 年第 4 期　p. 93

石田勇作　敦煌「社文書」研究序說　中國古代の國家と民衆（堀敏一先生古稀記念）　（東京）汲古書院　1995　p. 684

陳金木　唐寫本論語鄭氏注研究（上）　（臺北）文津出版社　1996　p. 70

李正宇　敦煌史地新論　（臺北）新文豐出版公司　1996　p. 83

黃征　張涌泉　敦煌變文校注　中華書局　1997　p. 418

寧可　郝春文　敦煌社邑文書輯校　江蘇古籍出版社　1997　p. 285

鄭炳林　敦煌碑銘讚輯釋　甘肅教育出版社　1997　p. 164 注 9

李方　敦煌《論語集解》校正　江蘇古籍出版社　1998　p. 831

李方　唐寫本《論語集解》校讀零拾　出土文獻研究（第三輯）　文物出版社　1998　p. 218

土肥義和　唐・北宋の間：敦煌の杜家親情社追補社條（S. 8160rv）について　唐代史研究（創刊號）

姜亮夫　敦煌莫高窟年表　姜亮夫全集(十一)　雲南人民出版社　2002　p. 337

王繼如　敦煌俗字研究法　2000 年敦煌學國際學術討論會文集·歷史文化卷(下)　甘肅民族出版社　2003　p. 459

P. 3308

芳村修基　土橋秀高　井ノ口泰淳　敦煌佛教史年表　西域文化研究(第一)·敦煌佛教資料　(京都)法藏館　1958　p. 255

饒宗頤　敦煌書法叢刊(第二一、二二卷)·寫經(二、三)　(東京)二玄社　1983　p. 42;69、74

田中良昭　敦煌禪宗文獻の研究　(東京)大東出版社　1983　p. 258

陳祚龍　看了敦煌古抄《報恩寺開溫室浴僧記》以後　漢學研究(敦煌學國際研討會論文專號)　(臺北)漢學研究資料及服務中心　1986　p. 205　又見:敦煌學散策新集　(臺北)新文豐出版公司　1989　p. 191

池田溫　中國古代寫本識語集錄　(東京)大藏出版株式會社　1990　p. 120

趙聲良　敦煌南北朝寫本的書法藝術　《敦煌研究》1991 年第 4 期　p. 45

李偉國　上海博物館藏敦煌吐魯番文獻綜論　中華文史論叢(總 50 輯)　上海古籍出版社　1992　p. 38

趙聲良　南北朝寫經書法藝術　敦煌書法庫(第一輯)　甘肅人民美術出版社　1994　p. 19

趙聲良　隋代敦煌寫本的書法藝術　敦煌書法庫(第三輯)　甘肅人民美術出版社　1994　p. 4　又見:《敦煌研究》1995 年第 4 期　p. 135

趙聲良　西魏寫本《法華經義記》　敦煌書法庫(第二輯)　甘肅人民美術出版社　1994　p. 140

趙聲良　早期敦煌寫本書法的時代分期和類型　敦煌書法庫(第二輯)　甘肅人民美術出版社　1994　p. 7

杜斗城　北涼譯經論　甘肅文化出版社　1995　p. 18

趙聲良　榮新江　饒宗頤編《法藏敦煌書苑精華》評介　《敦煌研究》1995 年第 1 期　p. 173

方廣錩　敦煌遺書中的《法華經》注疏　《世界宗教研究》1998 年第 2 期　p. 76

方廣錩　敦煌遺書中的《妙法蓮華經》及有關文獻　敦煌學佛教學論叢(下)　中國佛教文化研究所　1998　p. 88　又見:法源(第 16 期)　中國佛學院　1998　p. 48

方廣錩　法華經義記　敦煌學大辭典　上海辭書出版社　1998　p. 692

高國藩　敦煌俗文化學　上海三聯書店　1999　p. 186

趙聲良　早期敦煌寫本書法的分期研究　1994 年敦煌學國際研討會文集·石窟藝術卷　甘肅民族出版社　2000　p. 276

鄭阿財　臺北"中研院"傅斯年圖書館藏敦煌卷子題記　慶祝吳其昱先生八秩華誕敦煌學特刊　(臺北)文津出版社　2000　p. 380

姜亮夫　敦煌莫高窟年表　姜亮夫全集(十一)　雲南人民出版社　2002　p. 135

石井公成　敦煌發現之地論宗諸文獻與電腦自動異本處理　戒幢佛學(第二卷)　岳麓書社　2002　p. 180

陳明　耆婆的形象演變及其在敦煌吐魯番地區的影響　文津學志(第一輯)　北京圖書館出版社　2003　p. 148

陳明　漢唐西域胡語醫學文獻中的宗教因素　中國學術(第一輯)　商務印書館　2004　p. 168

陳明　殊方異藥:出土文書與西域醫學　北京大學出版社　2005　p. 65

P. 3309

姜亮夫　敦煌所見道教佚經考　敦煌學論文集　上海古籍出版社　1987　p. 319

李豐楙　唐代《洞淵神咒經》寫卷與李弘：兼論神咒類道經的功德觀　第二屆敦煌學國際研討會論文
集　（臺北）漢學研究中心　1990　p. 482

陶秋英輯錄　姜亮夫校訂　敦煌所見道教佚經錄　敦煌碎金　浙江古籍出版社　1992　p. 328

馬承玉　從敦煌寫本看《洞淵神咒經》在北方的傳播　道家文化研究（第十三輯）　三聯書店　1998
p. 200

王卡　太上洞淵神咒經　敦煌學大辭典　上海辭書出版社　1998　p. 762

王卡　中國國家圖書館藏敦煌道教遺書研究報告　敦煌吐魯番研究（第七卷）　北京大學出版社
2004　p. 359

P. 3310

陳祚龍　關於道家"本際經"及其"要略妙義"與"疏"的敦煌古抄　敦煌文物隨筆　（臺北）商務印書
館　1979　p. 215

石井昌子　靈寶經類　敦煌と中國道教（講座敦煌4）　（東京）大東出版社　1983　p. 161

山本達郎等　敦煌・Ⅶ 尚饗文・諸齋文　『NUN‒HUANG AND TURFAN DOCUMENTS CONCERN-
ING SOCIAL AND ECONOMIC HISTORY』（Ⅳ）　（東京）東洋文庫　1989　p. 139

郝春文　敦煌寫本社邑文書年代彙考（三）　《社科縱橫》1993 年第 5 期　p. 12

姜伯勤　《本際經》與敦煌道教　《敦煌研究》1994 年第 3 期　p. 14

土肥義和　唐・北宋間の「社」の組織形態に関する一考察　中國古代の國家と民衆（堀敏一先生古
稀記念）　（東京）汲古書院　1995　p. 703

寧可　郝春文　敦煌社邑文書輯校　江蘇古籍出版社　1997　p. 685

寧可　社祭文　敦煌學大辭典　上海辭書出版社　1998　p. 431

萬毅　敦煌道教文獻《本際經》錄文及解說　道家文化研究（第十三輯）　三聯書店　1998　p. 441

王卡　太玄真一本際經　敦煌學大辭典　上海辭書出版社　1998　p. 765

山田俊　唐初道教思想史研究・資料篇　（京都）平樂寺書店　1999　p. 102、164

劉永明　散見敦煌曆朔閏輯考　《敦煌研究》2002 年第 6 期　p. 13

王卡　敦煌道教文獻研究　中國社會科學出版社　2004　p. 204

王卡　中國國家圖書館藏敦煌道教遺書研究報告　敦煌吐魯番研究（第七卷）　北京大學出版社
2004　p. 371

P. 3311

小島祐馬　巴黎國立圖書館藏敦煌遺書所見錄（三）　『支那學』（6 卷 2 號）　（京都）支那學社
1932　p. 106

芳村修基　土橋秀高　井ノ口泰淳　敦煌佛教史年表　西域文化研究（第一）・敦煌佛教資料　（京
都）法藏館　1958　p. 261

那波利貞　唐寫本雜抄考——唐代庶民教育史研究の一資料　唐代社會文化史研究・第二編　（東
京）創文社　1974　p. 254

饒宗頤　敦煌書法叢刊（第十八卷）・碎金（一）　（東京）二玄社　1983　p. 20、66、90

蘇瑩輝　略論五經正義的原本格式及其標記"經"、"傳"、"注"文起訖情形　敦煌論集續編　（臺北）
學生書局　1983　p. 57

蘇瑩輝　論巴黎藏石室寫本衛名殘葉之價值　敦煌論集續編　（臺北）學生書局　1983　p. 257

蘇瑩輝　上五經正義表之版本及其相關問題　敦煌論集續編　（臺北）學生書局　1983　p. 251

雷僑雲　敦煌兒童文學　（臺北）學生書局　1985　p. 44

劉復　敦煌掇瑣　敦煌叢刊初集（十五）　（臺北）新文豐出版公司　1985　p. 429

姜亮夫　敦煌本尚書校錄　敦煌學論文集　上海古籍出版社　1987　p. 162　又見：姜亮夫全集
　　（十三）　雲南人民出版社　2002　p. 140

高國藩　敦煌民俗學　上海文藝出版社　1989　p. 109

馬德　靈圖寺、靈圖寺窟及其它　《敦煌研究》1989 年第 2 期　p. 1

池田溫　中國古代寫本識語集錄　（東京）大藏出版株式會社　1990　p. 198

高國藩　敦煌古俗與民俗流變　河海大學出版社　1990　p. 428

鄭阿財　敦煌蒙書析論　第二屆敦煌學國際研討會論文集　（臺北）漢學研究中心　1990　p. 217

李正宇　敦煌俗講僧保宣及其《講經通難致語》　程千帆先生八十壽辰紀念文集　江蘇古籍出版社
　　1992　p. 212

林家平　寧強　羅華慶　中國敦煌學史　北京語言學院出版社　1992　p. 19

土田健次郎　儒教典籍　敦煌漢文文獻（講座敦煌 5）　（東京）大東出版社　1992　p. 269、272、295

李正宇　敦煌文學概論　甘肅人民出版社　1993　p. 102

鄭阿財　敦煌文獻與文學　（臺北）新文豐出版公司　1993　p. 246

沃興華　敦煌書法藝術　上海人民出版社　1994　p. 128、249

劉濤　評《法藏敦煌書苑精華》　敦煌吐魯番研究（第一卷）　北京大學出版社　1996　p. 378

鄭炳林　敦煌碑銘讚輯釋　甘肅教育出版社　1997　p. 355 注 2

顧吉辰　敦煌文獻職官結銜考釋　《敦煌學輯刊》1998 年第 2 期　p. 22

汪泛舟　《開蒙要訓》初探　《敦煌研究》1999 年第 2 期　p. 139

汪泛舟　敦煌古代兒童課本　甘肅人民出版社　2000　p. 53

徐俊　敦煌詩集殘卷輯考　中華書局　2000　p. 795

姜亮夫　敦煌莫高窟年表　姜亮夫全集（十一）　雲南人民出版社　2002　p. 224

鄭阿財　朱鳳玉　敦煌蒙書研究　甘肅教育出版社　2002　p. 56

許建平　敦煌出土《尚書》寫卷研究的過去與未來　敦煌吐魯番研究（第七卷）　北京大學出版社
　　2004　p. 226

P. 3312

池田溫　八世紀初における敦煌の氏族　『東洋史研究』（24 卷 3 號）　（東京）東洋史研究會　1969
　　p. 52

陳祚龍　後魏元榮坐鎮瓜州事佛之一斑　《古今談》1973 年第 103 期　又見：中華佛教文化史散策
　　（初集）　（臺北）新文豐出版公司　1978　p. 95；中國敦煌學百年文庫・宗教卷（一）　甘肅文
　　化出版社　1999　p. 15

陳祚龍　敦煌古抄內典尾記彙校初、二、三編合刊　敦煌學要籥　（臺北）新文豐出版公司　1982
　　p. 188

饒宗頤　北魏馮熙（？—495）與敦煌寫經：魏太和寫雜阿毘曇心經跋　選堂集林・史林　（香港）中
　　華書局　1982　p. 425

宿白　東陽王與建平公　向達先生紀念論文集　新疆人民出版社　1986　p. 161

秦明智　關於甘肅省博物館藏敦煌遺書之淺考和目錄　1983 年全國敦煌學術討論會文集・文史遺
　　書編（上）　甘肅人民出版社　1987　p. 499

宿白　東陽王與建平公（二稿）　敦煌吐魯番文獻研究論集（第四輯）　北京大學出版社　1987

p. 42

池田溫　中國古代寫本識語集錄　（東京）大藏出版株式會社　1990　p. 123

王堯　敦煌本藏文《賢愚經》及譯者考述　（香港）《九州學刊》（敦煌學專輯）1992 年第 4 卷第 4 期
　　p. 98

饒宗頤　北魏馮熙與敦煌寫經　饒宗頤史學論著選　上海古籍出版社　1993　p. 486

王堯　西藏文史考信集　中國藏學出版社　1994　p. 184

趙聲良　早期敦煌寫本書法的時代分期和類型　敦煌書法庫（第二輯）　甘肅人民美術出版社
　　1994　p. 7

梁梁　敦煌壁畫故事（第四輯）　江蘇古籍出版社　1995　p. 3

宿白　兩漢魏晉南北朝時期的敦煌　中國石窟寺考古　文物出版社　1996　p. 248

杜琪　敦煌詩賦作品要目分類題注　《甘肅社會科學》2000 年第 1 期　p. 63

趙聲良　早期敦煌寫本書法的分期研究　1994 年敦煌學國際研討會文集·石窟藝術卷　甘肅民族
　　出版社　2000　p. 274

劉永增　《賢愚經》的集成年代與敦煌莫高窟第 275 窟的開鑿　《敦煌研究》2001 年第 4 期　p. 71

陳麗萍　敦煌女性寫經題記及反映的婦女問題　敦煌佛教藝術文化國際學術研討會論文集　蘭州大
　　學出版社　2002　p. 435

姜亮夫　敦煌莫高窟年表　姜亮夫全集（十一）　雲南人民出版社　2002　p. 182

P. 3313

岡部和雄　敦煌藏經目錄　敦煌と中國仏教（講座敦煌 7）　（東京）大東出版社　1984　p. 307

方廣錩　佛教大藏經史（八—十世紀）　中國社會科學出版社　1991　p. 142、344、416

方廣錩　敦煌佛教經錄輯校　江蘇古籍出版社　1997　p. 215

方廣錩　敦煌遺書中所存的全國性佛教經錄　敦煌學佛教學論叢（上）　中國佛教文化研究所
　　1998　p. 297

方廣錩　開元釋教錄簡目　敦煌學大辭典　上海辭書出版社　1998　p. 746

方廣錩　敦煌寺院所藏大藏經概貌　藏外佛教文獻（第八輯）　宗教文化出版社　2003　p. 388

P. 3315

陳鐵凡　敦煌本尚書述略　（臺北）《大陸雜誌》1961 年第 8 期　又見：中國敦煌學百年文庫·文獻
　　卷（一）　甘肅文化出版社　1999　p. 446

金岡照光　敦煌の寫本　敦煌の文學　（東京）大藏出版株式會社　1971　p. 82

王重民　敦煌古籍叙錄　中華書局　1979　p. 23

蘇瑩輝　敦煌學概要　（臺北）編譯館"中華叢書編委會"　1981　p. 35

蘇瑩輝　中外敦煌古寫本纂要　敦煌論集　（臺北）學生書局　1983　p. 310

王堯　陳踐　敦煌吐蕃文獻選　四川民族出版社　1983　p. 67

潘重規　龍龕手鑒及其引用古文之研究　敦煌學（第 7 輯）　（臺北）新文豐出版公司　1984　p. 90

王重民原編　黃永武新編　敦煌古籍叙錄新編（第二冊）　（臺北）新文豐出版公司　1986　p. 33

姜亮夫　敦煌本尚書校錄　敦煌學論文集　上海古籍出版社　1987　p. 161　又見：姜亮夫全集（十
　　三）　雲南人民出版社　2002　p. 140

姜亮夫　敦煌經卷在中國文化學術上的價值　敦煌學論文集　上海古籍出版社　1987　p. 10

林平和　羅振玉敦煌學析論　（臺北）文史哲出版社　1988　p. 214

林家平　寧强　羅華慶　中國敦煌學史　北京語言學院出版社　1992　p. 36、138

土田健次郎　儒教典籍　敦煌漢文文獻（講座敦煌 5）　（東京）大東出版社　1992　p. 267、301

吳福熙　敦煌殘卷古文尚書校注　甘肅人民出版社　1992　p. 59

吳其昱著　伊藤美重子譯　敦煌漢文寫本概觀　敦煌漢文文獻（講座敦煌 5）　（東京）大東出版社
　　1992　p. 96

陳金木　唐寫本論語鄭氏注研究（上）　（臺北）文津出版社　1996　p. 96

王堯　吐蕃時期藏譯漢籍名著及故事　中國古籍研究（第一卷）　上海古籍出版社　1996　p. 539

張金泉　許建平　敦煌音義彙考　杭州大學出版社　1996　p. 60

白化文　尚書經典釋文　敦煌學大辭典　上海辭書出版社　1998　p. 773

陳公柔　評介《尚書文字合編》　燕京學報（新第 4 期）　北京大學出版社　1998　p. 289

黃征　程惠新　劫塵遺珠：敦煌遺書　甘肅教育出版社　1999　p. 192

姜亮夫　敦煌：偉大的文化寶藏　雲南人民出版社　1999　p. 98

李劍虹　論敦煌失寶及葉昌熾《緣督廬日記抄》　《敦煌研究》2000 年第 2 期　p. 38

顏廷亮　敦煌文化　光明日報出版社　2000　p. 214

許建平　敦煌本《尚書》叙錄　敦煌文獻論集：紀念藏經洞發現一百周年國際學術研討會論文集　遼
　　寧人民出版社　2001　p. 390

姜亮夫　敦煌莫高窟年表　姜亮夫全集（十一）　雲南人民出版社　2002　p. 205

許建平　北敦 14681 號《尚書》殘卷的抄寫時代及其版本來源：與王熙華先生商榷　《敦煌學輯刊》
　　2002 年第 2 期　p. 36

許建平　BD09523《禮記音義》殘卷跋　《敦煌研究》2003 年第 2 期　p. 75

許建平　BD14681《尚書》殘卷考辨　新世紀敦煌學論集　巴蜀書社　2003　p. 77

許建平　伯三六〇二殘卷作者考　雪泥鴻爪：浙江大學古籍研究所建所二十周年紀念文集　中華書
　　局　2003　p. 69

王冀青　斯坦因與日本敦煌學　甘肅教育出版社　2004　p. 131

許建平　敦煌出土《尚書》寫卷研究的過去與未來　敦煌吐魯番研究（第七卷）　北京大學出版社
　　2004　p. 224

鄭賢章　龍龕手鏡研究　湖南師範大學出版社　2004　p. 47

中村威也　ДХ10698『尚書費誓』とДХ10698v「史書」について　『西北出土文獻研究』（創刊號）
　　（新潟）西北出土文獻研究會　2004　p. 42

P. 3316

方廣錩　敦煌遺書中的《法華經》注疏　《世界宗教研究》1998 年第 2 期　p. 77

方廣錩　敦煌遺書中的《妙法蓮華經》及有關文獻　法源（第 16 期）　中國佛學院　1998　p. 49

P. 3317

方廣錩　敦煌佛教經錄輯校　江蘇古籍出版社　1997　p. 429

方廣錩　佛本行集經第三卷已下緣起簡子目號　敦煌學大辭典　上海辭書出版社　1998　p. 750

梅維恒著　楊繼東　陳引馳譯　唐代變文（上）　（香港）中國佛教文化出版公司　1999　p. 172

荒見泰史　敦煌本夢書雜識　漢語史學報專輯（第三輯）　上海教育出版社　2003　p. 337

樊錦詩　關於莫高窟第 61 窟佛傳故事畫的幾個問題　2004 年石窟研究國際學術會議論文提要集
　　敦煌研究院　2004　p. 79

荒見泰史　漢文譬喻經典及其綱要本的作用　佛經文學研究論集　復旦大學出版社　2004　p. 285

荒見泰史　從敦煌寫本中變文的改寫情況來探討五代講唱文學的演變　敦煌學國際研討會論文集

北京圖書館出版社　2005　p. 176、182

P. 3318

芳村修基　土橋秀高　井ノ口泰淳　敦煌佛教史年表　西域文化研究(第一)・敦煌佛教資料　（京都）法藏館　1958　p. 261

陸慶夫　甘州回鶻可汗世次辨析　《敦煌學輯刊》1995 年第 2 期　p. 36　又見：敦煌歸義軍史專題研究　蘭州大學出版社　1997　p. 476

陸慶夫　黨項的崛起與對河西的爭奪　《敦煌研究》1998 年第 3 期　p. 111

姜亮夫　敦煌莫高窟年表　姜亮夫全集(十一)　雲南人民出版社　2002　p. 218

P. 3319

王重民　敦煌曲子詞集　商務印書館　1950　p. 29

邵榮芬　敦煌俗文學中的別字異文和唐五代西北方音　《中國語文》1963 年第 3 期　又見：中國敦煌學百年文庫・語言文字卷(一)　甘肅文化出版社　1999　p. 148

金岡照光　敦煌文學のさまざま　敦煌の文學　（東京）大藏出版株式會社　1971　p. 145

那波利貞　佛教信仰に基きて組織せられたる中晚唐五代時代の社邑に就きて　唐代社會文化史研究・第六編　（東京）創文社　1974　p. 648

那波利貞　唐代の社邑に就きて(1938 年)　唐代社會文化史研究・第五編　（東京）創文社　1974　p. 485、556

潘重規　敦煌詞話　（臺北）石門圖書公司　1981　p. 86

蘇瑩輝　“敦煌曲”評介　敦煌論集續編　（臺北）學生書局　1983　p. 305

汪泛舟　敦煌曲子詞的地位特點和影響　《蘭州學刊》1985 年第 1 期　p. 72

高國藩　敦煌民間詩詞中的府兵制與詞的起源問題　《魏晉南北朝隋唐史》1986 年第 4 期　p. 72

邱燮友　唐代敦煌曲的時代使命　漢學研究(敦煌學國際研討會論文專號)　（臺北）漢學研究資料及服務中心　1986　p. 144

唐耕耦　陸宏基　敦煌社會經濟文獻真迹釋録(一)　書目文獻出版社　1986　p. 348

高國藩　論敦煌寫本中孟姜女故事的形成和價值　1983 年全國敦煌學術討論會文集・文史遺書編（下）　甘肅人民出版社　1987　p. 181、193

任半塘　敦煌歌辭總編　上海古籍出版社　1987　p. 496、549

高國藩　敦煌曲子詞欣賞　南京大學出版社　1989　p. 53、177

郭在貽　張涌泉　黃征　《敦煌變文集新書》讀後　《杭州師範學院學報》1989 年第 5 期　p. 116

山本達郎等　敦煌・III 轉貼　『NUN－HUANG AND TURFAN DOCUMENTS CONCERNING SOCIAL AND ECONOMIC HISTORY』(IV)　（東京）東洋文庫　1989　p. 58

孫其芳　詞　敦煌文學　甘肅人民出版社　1989　p. 201

鄭阿財　敦煌寫卷新集文詞九經抄研究　（臺北）文史哲出版社　1989　p. 179

郭在貽　張涌泉　黃征　敦煌變文集校議　岳麓書社　1990　p. 31

林玫儀　研究敦煌曲子詞之省思　第二屆敦煌學國際研討會論文集　（臺北）漢學研究中心　1990　p. 313 注 20

金岡照光　曲子詞類　敦煌の文學文獻(講座敦煌 9)　（東京）大東出版社　1992　p. 398

周紹良　敦煌文學芻議及其它　（臺北）新文豐出版公司　1992　p. 35

郭在貽　郭在貽敦煌學論集　江西人民出版社　1993　p. 171

郝春文　敦煌寫本社邑文書年代彙考(二)　《首都師範大學學報》1993 年第 5 期　p. 76

石田勇作　敦煌「社文書」研究序説　中國古代の國家と民衆(堀敏一先生古稀記念)　(東京)汲古書院　1995　p. 684

寧可　敦煌遺書散錄二則　敦煌吐魯番研究(第一卷)　北京大學出版社　1996　p. 316

王昆吾　隋唐五代燕樂雜言歌辭研究　中華書局　1996　p. 373、414

寧可　郝春文　敦煌社邑文書輯校　江蘇古籍出版社　1997　p. 144

孫其芳　搗練子　敦煌學大辭典　上海辭書出版社　1998　p. 533

柴劍虹　讀敦煌學士郎張宗之詩抄劄記　敦煌吐魯番學論稿　浙江教育出版社　2000　p. 248

蔣禮鴻　中國俗文字學研究導言　中古近代漢語研究(第一輯)　上海教育出版社　2000　p. 72

孫其芳　鳴沙遺音:敦煌詞選評　甘肅人民出版社　2000　p. 174

徐俊　敦煌詩集殘卷輯考　中華書局　2000　p. 879

湯涒　敦煌曲子詞地域文化研究　上海古籍出版社　2004　p. 35

湯涒　敦煌曲子詞寫本叙略　敦煌學國際研討會論文集　北京圖書館出版社　2005　p. 201

P. 3320

傅芸子　敦煌本《溫室經講唱押座文》跋　『支那佛教史學』(第 10 卷第 1 號)　(東京)第一書房　1943　p. 2　又見:敦煌變文論文錄　上海古籍出版社　1982　p. 487

芳村修基　土橋秀高　井ノ口泰淳　敦煌佛教史年表　西域文化研究(第一)‧敦煌佛教資料　(京都)法藏館　1958　p. 280

那波利貞　千佛岩莫高窟と敦煌文書　西域文化研究(第二)‧敦煌吐魯番社會經濟資料(上)　(京都)法藏館　1959　p. 25

孫修身　敦煌三界寺　甘肅省史學會論文集　甘肅省歷史學會編印　1982　p. 173

孫修身　敦煌石窟《臘八燃燈分配窟龕名數》寫作年代考　絲路訪古　甘肅人民出版社　1983　p. 211

唐耕耦　陸宏基　敦煌社會經濟文獻真迹釋錄(四)　全國圖書館文獻縮微複製中心　1990　p. 76

鄭炳林　伯 2641 號背莫高窟再修功德記撰寫人探微　《敦煌學輯刊》1991 年第 2 期　p. 47

金岡照光　邈真讚　敦煌の文學文獻(講座敦煌 9)　(東京)大東出版社　1992　p. 606

李正宇　敦煌文學概論　甘肅人民出版社　1993　p. 104

王書慶　敦煌佛學‧佛事篇　甘肅民族出版社　1995　p. 248

王書慶　敦煌文獻中五代宋初戒牒研究　《敦煌研究》1997 年第 3 期　p. 35

鄭炳林　敦煌碑銘讚輯釋　甘肅教育出版社　1997　p. 518 注 8

李正宇　古本敦煌鄉土志八種箋證　(臺北)新文豐出版公司　1998　p. 306

唐耕耦　戒牒　敦煌學大辭典　上海辭書出版社　1998　p. 641

徐俊　敦煌詩集殘卷輯考　中華書局　2000　p. 115

姜亮夫　敦煌莫高窟年表　姜亮夫全集(十一)　雲南人民出版社　2002　p. 545

李德龍　沙州三界寺《授戒牒》初探　甘肅民族研究論叢　甘肅人民出版社　2002　p. 391

P. 3322

高明士　唐代敦煌的教育　漢學研究(敦煌學國際研討會論文專號)　(臺北)漢學研究資料及服務中心　1986　p. 250

李正宇　敦煌學郎題記輯注　《敦煌學輯刊》1987 年第 1 期　p. 34

李正宇　敦煌文學雜考二題　敦煌語言文學研究　北京大學出版社　1988　p. 93

池田溫　中國古代寫本識語集錄　(東京)大藏出版株式會社　1990　p. 423

林聰明　敦煌文書學　（臺北）新文豐出版公司　1991　p. 360

東野治之　敦煌と日本の「千字文」　遺唐使と正倉院　（東京）岩波書店　1992　p. 240

東野治之　訓蒙書　敦煌漢文文獻（講座敦煌5）　（東京）大東出版社　1992　p. 404

高田時雄　評：池田溫編『敦煌漢文文獻』（講座敦煌5）　『東洋史研究』（52 卷 1 號）　（東京）東洋
　史研究會　1993　p. 125

項楚　敦煌詩歌導論　（臺北）新文豐出版公司　1993　p. 213

鄭炳林　羊萍　敦煌本夢書　甘肅文化出版社　1995　p. 326

黄盛璋　敦煌漢文與于闐文書中之龍家及其相關問題　《西域研究》1996 年第 1 期　p. 34

徐俊　敦煌寫本唐人詩歌存佚互見綜考　敦煌吐魯番研究（第一卷）　北京大學出版社　1996
　p. 112

柴劍虹　"模糊"的"敦煌文學"　敦煌文學論集　四川人民出版社　1997　p. 5

黄征　敦煌俗語詞輯釋　敦煌語文叢說　（臺北）新文豐出版公司　1997　p. 61

黄征　張涌泉　敦煌變文校注　中華書局　1997　p. 279、589

李正宇　古本敦煌鄉土志八種箋證　（臺北）新文豐出版公司　1998　p. 249

嚴敦傑　推産婦何時産法　敦煌學大辭典　上海辭書出版社　1998　p. 623

黄征　程惠新　劫塵遺珠：敦煌遺書　甘肅教育出版社　1999　p. 102

楊秀清　淺談唐、宋時期敦煌地區的學生生活　《敦煌研究》1999 年第 4 期　p. 144

徐俊　敦煌詩集殘卷輯考　中華書局　2000　p. 785、901

楊秀清　華戎交會的都市：敦煌與絲綢之路　甘肅人民出版社　2000　p. 107

鄭阿財　臺北"中研院"傅斯年圖書館藏敦煌卷子題記　慶祝吳其昱先生八秩華誕敦煌學特刊　（臺
　北）文津出版社　2000　p. 382

鄭炳林　敦煌寫本解夢書校録研究　民族出版社　2005　p. 19

P. 3323

王啓濤　中古及近代法制文書語言研究　巴蜀書社　2003　p. 343

P. 3324

芳村修基　土橋秀高　井ノ口泰淳　敦煌佛教史年表　西域文化研究（第一）・敦煌佛教資料　（京
　都）法藏館　1958　p. 273

冷鵬飛　唐末沙州歸義軍時期有關百姓受田和賦稅的幾個問題　《敦煌學輯刊》1984 年第 1 期
　p. 31、36

盧向前　關於歸義軍時期一份布紙破用曆的研究：試釋伯四六四〇背面文書　敦煌吐魯番文獻研究
　論集（第三輯）　北京大學出版社　1986　p. 422 注 105　又見：敦煌吐魯番文書論稿　江西人
　民出版社　1992　p. 129 注 105

李正宇　關於金山國和敦煌國建國的幾個問題　《西北史地》1987 年第 2 期　p. 64

張廣達　榮新江　關於敦煌出土于闐文獻的年代及其相關問題　紀念陳寅恪先生誕辰百年學術論文
　集　北京大學出版社　1989　p. 300

盧向前　金山國立國之我見　《敦煌學輯刊》1990 年第 2 期　p. 19

榮新江　沙州歸義軍歷任節度使稱號研究　敦煌吐魯番學研究論文集　漢語大詞典出版社　1990
　p. 790

唐耕耦　陸宏基　敦煌社會經濟文獻真迹釋録（二）　全國圖書館文獻縮微複製中心　1990　p. 450

江素雲　維摩詰所說經敦煌寫本綜合目録　（臺北）東初出版社　1991　p. 85

姜伯勤　敦煌社會文書導論　（臺北）新文豐出版公司　1992　p. 132

王震亞　趙熒　敦煌殘卷爭訟文牒集釋　甘肅人民出版社　1993　p. 239

雷紹鋒　論曹氏歸義軍時期官府之"牧子"　《敦煌學輯刊》1996 年第 1 期　p. 40

李正宇　敦煌史地新論　（臺北）新文豐出版公司　1996　p. 196

劉進寶　從敦煌文書談晚唐五代的"地子"　《歷史研究》1996 年第 3 期　p. 172

榮新江　歸義軍史研究　上海古籍出版社　1996　p. 94

馮培紅　晚唐五代宋初歸義軍武職軍將研究　敦煌歸義軍史專題研究　蘭州大學出版社　1997
　　p. 104

雷紹鋒　唐末宋初歸義軍時期之"地子"、"地稅"淺論　魏晉南北朝隋唐史資料（第 15 輯）　武漢大
　　學出版社　1997　p. 133

孫繼民　《唐大曆三年曹忠敏牒爲請免差充子弟事》書後　敦煌吐魯番研究（第二卷）　北京大學出
　　版社　1997　p. 237

鄭炳林　敦煌碑銘讚輯釋　甘肅教育出版社　1997　p. 31 注 3、360 注 9

鄭炳林　楊富學　敦煌西域出土回鶻文文獻所載 qunbu 與漢文文獻所見官布研究　《敦煌學輯刊》
　　1997 年第 2 期　p. 22

顧吉辰　敦煌文獻職官結銜考釋　《敦煌學輯刊》1998 年第 2 期　p. 33

郝春文　鄉司　敦煌學大辭典　上海辭書出版社　1998　p. 383

金瀅坤　從敦煌文書看晚唐五代敦煌地區布紡織業　《敦煌研究》1998 年第 2 期　p. 136

雷紹鋒　P. 3418v《唐沙州諸鄉欠枝夫人戶名目》研究　《敦煌研究》1998 年第 2 期　p. 113

李正宇　司　敦煌學大辭典　上海辭書出版社　1998　p. 382

沙知　納布　敦煌學大辭典　上海辭書出版社　1998　p. 408

堀敏一　中唐以後敦煌地域における稅制度　東アジア史における國家と地域　（東京）刀水書房
　　1999　p. 318

鄭炳林　晚唐五代敦煌地區種植棉花研究　《中國史研究》1999 年第 3 期　p. 83

堀敏一著　張宇譯　中唐以後敦煌地區的稅制　《敦煌研究》2000 年第 3 期　p. 146

雷紹鋒　歸義軍賦役制度初探　（臺北）洪葉文化事業有限公司　2000　p. 39、217、250

劉進寶　敦煌文書與唐史研究　（臺北）新文豐出版公司　2000　p. 179

蘇金花　試論晚唐五代敦煌僧侶免賦特權的進一步喪失　《敦煌研究》2000 年第 3 期　p. 155

孫繼民　敦煌吐魯番所出唐代軍事文書初探　中國社會科學出版社　2000　p. 108

余欣　吐魯番出土上烽契詞語輯釋　文史（第五十三輯）　中華書局　2000　p. 134

李正宇　索勳、張承奉更叠之際史事考　敦煌文獻論集：紀念藏經洞發現一百周年國際學術研討會論
　　文集　遼寧人民出版社　2001　p. 119

陳國燦　略論吐魯番出土的敦煌文書　《西域研究》2002 年第 3 期　p. 7　又見：新世紀敦煌學論集
　　巴蜀書社　2003　p. 59

姜亮夫　敦煌莫高窟年表　姜亮夫全集（十一）　雲南人民出版社　2002　p. 454

劉敬林　敦煌文牒詞語校釋　《敦煌學輯刊》2003 年第 1 期　p. 120

劉進寶　唐五代的"單身"及其賦役免征　中華文史論叢（總 79 輯）　上海古籍出版社　2005
　　p. 236

楊秀清　光化三年（900）張承奉領節事鈎沈　《敦煌研究》2005 年第 1 期　p. 11

P. 3325

芳村修基　土橋秀高　井ノ口泰淳　敦煌佛教史年表　西域文化研究（第一）・敦煌佛教資料　（京

都)法藏館　1958　p. 279

川崎ミチコ　通俗詩類・雜詩文類　敦煌仏典と禪(講座敦煌8)　(東京)大東出版社　1980
　　p. 331

陳祚龍　敦煌古抄內典尾記彙校初、二、三編合刊　敦煌學要籥　(臺北)新文豐出版公司　1982
　　p. 188

陳祚龍　敦煌古抄《梁朝傅大士頌金剛經》之考證和校訂　敦煌簡策訂存　(臺北)商務印書館
　　1983　p. 204

池田溫　中國古代寫本識語集錄　(東京)大藏出版株式會社　1990　p. 492

項楚　敦煌詩歌導論　(臺北)新文豐出版公司　1993　p. 106

井ノ口泰淳　『金剛般若經』傳承の一形式　中央アジアの言語と仏教　(京都)法藏館　1995
　　p. 367

張勇　《梁朝傅大士頌金剛經》版本源流考述　敦煌文學論集　四川人民出版社　1997　p. 404

方廣錩　敦煌遺書中的《金剛經》及其注疏　敦煌學佛教學論叢(上)　中國佛教文化研究所　1998
　　p. 380

方廣錩　梁朝傅大士頌金剛經　敦煌學大辭典　上海辭書出版社　1998　p. 731

平井宥慶　敦煌文書における金剛經疏　金剛般若經の思想的研究　(東京)春秋社　1999　p. 263

顏廷亮　敦煌文化　光明日報出版社　2000　p. 271

張勇　傅大士研究　巴蜀書社　2000　p. 260

達照　金剛經讚研究　宗教文化出版社　2002　p. 4、61

姜亮夫　敦煌莫高窟年表　姜亮夫全集(十一)　雲南人民出版社　2002　p. 535

達照　金剛經讚集　藏外佛教文獻(第九輯)　宗教文化出版社　2003　p. 41

張鐵山　莫高窟北區出土三件珍貴的回鶻文佛經殘片研究　《敦煌研究》2004年第1期　p. 81

張勇　俄藏ДХ0201А號殘卷考:兼評達照《金剛經讚研究》及其《序》　敦煌學(第25輯)　(臺北)
　　樂學書局有限公司　2004　p. 339

P. 3326

鄭炳林　讀敦煌文書P. 3859《後唐清泰三年六月沙州儭司教授福集等狀》劄記　《西北史地》1993年
　　第4期　p. 48　又見:敦煌吐魯番文獻研究　蘭州大學出版社　1995　p. 616

鄭炳林　敦煌碑銘讚輯釋　甘肅教育出版社　1997　p. 228 注10

P. 3327

尾崎正治　道教の類書　敦煌と中國道教(講座敦煌4)　(東京)大東出版社　1983　p. 190

姜亮夫　敦煌所見道教佚經考　敦煌學論文集　上海古籍出版社　1987　p. 315

陶秋英輯錄　姜亮夫校訂　敦煌所見道教佚經錄　敦煌碎金　浙江古籍出版社　1992　p. 321

劉進寶　敦煌學論述　(臺北)洪葉文化事業有限公司　1995　p. 278

姜伯勤　道釋相激:道教在敦煌　道家文化研究(第十三輯)　三聯書店　1998　p. 54

孫繼民　開元六年馬處幽等寫無上秘要經記　敦煌學大辭典　上海辭書出版社　1998　p. 456

王卡　無上秘要　敦煌學大辭典　上海辭書出版社　1998　p. 766

顏廷亮　敦煌文化中的道教及文化　《敦煌研究》1999年第1期　p. 141

顏廷亮　敦煌文化　光明日報出版社　2000　p. 246

姜亮夫　敦煌莫高窟年表　姜亮夫全集(十一)　雲南人民出版社　2002　p. 457

湛如　敦煌佛教律儀制度研究　中華書局　2003　p. 327

王卡　敦煌道教文獻研究　中國社會科學出版社　2004　p. 29、223
王卡　中國國家圖書館藏敦煌道教遺書研究報告　敦煌吐魯番研究(第七卷)　北京大學出版社
　　2004　p. 374

P. 3328
張錫厚　詩歌　敦煌文學　甘肅人民出版社　1989　p. 155
周紹良　敦煌文學芻議及其它　(臺北)新文豐出版公司　1992　p. 23
張錫厚　敦煌文學概論　甘肅人民出版社　1993　p. 358
黃征　敦煌文獻中有浙江文化史的資料　敦煌語文叢說　(臺北)新文豐出版公司　1997　p. 770
陸慶夫　從焉耆龍王到河西龍家——龍部落遷徙考　敦煌歸義軍史專題研究　蘭州大學出版社
　　1997　p. 486
柴劍虹　上焉祇王詩　敦煌學大辭典　上海辭書出版社　1998　p. 570
楊富學　敦煌寫本《天臺五義分門圖》校錄研究　西域敦煌宗教論稿　甘肅文化出版社　1998
　　p. 97
張鴻勳　柴劍虹　唱導　敦煌學大辭典　上海辭書出版社　1998　p. 526
胡大浚　王志鵬　敦煌邊塞詩歌校注　甘肅人民出版社　1999　p. 156
杜琪　敦煌詩賦作品要目分類題注　《甘肅社會科學》2000年第1期　p. 62
徐俊　敦煌詩集殘卷輯考　中華書局　2000　p. 389、797
楊富學　王書慶　唐代長安與敦煌佛教文化之關係　'98法門寺唐文化國際學術討論會論文集　陝
　　西人民出版社　2000　p. 177

P. 3329
劉進寶　敦煌學論述　(臺北)洪葉文化事業有限公司　1995　p. 109注116
馬德　敦煌遺書莫高窟營建史料淺論　敦煌學國際研討會文集·石窟考古編　遼寧美術出版社
　　1995　p. 139
黃盛璋　敦煌漢文與于闐文書中之龍家及其相關問題　《西域研究》1996年第1期　p. 34
榮新江　唐五代歸義軍武職軍將考　敦煌學新論　甘肅教育出版社　2002　p. 59

P. 3330
潘重規　敦煌詩經卷子研究　(臺北)《華岡學報》1970年第6期　又見:中國敦煌學百年文庫·文
　　獻卷(二)　甘肅文化出版社　1999　p. 444
陳祚龍　敦煌古抄內典尾記彙校初、二、三編合刊　敦煌學要籥　(臺北)新文豐出版公司　1982
　　p. 188
傅芸子　敦煌俗文學之發見及其展開　敦煌變文論文錄　上海古籍出版社　1982　p. 143
饒宗頤　京都藤井氏有鄰館藏敦煌殘卷記略　選堂集林·史林　(香港)中華書局　1982　p. 1005
鄭阿財　敦煌孝道文學研究　(臺北)石門圖書公司　1982　p. 92
陳祚龍　中世敦煌釋門的布薩法事之一斑　敦煌簡策訂存　(臺北)商務印書館　1983　p. 161、166
土橋秀高　敦煌の律藏　敦煌と中國仏教(講座敦煌7)　(東京)大東出版社　1984　p. 262
姜伯勤　變文的南方源頭與敦煌的唱導法匠　華學(第一輯)　中山大學出版社　1995　p. 160
姜伯勤　敦煌藝術宗教與禮樂文明　中國社會科學出版社　1996　p. 416
伏俊璉　關於變文體裁的一點探索　敦煌文學論集　四川人民出版社　1997　p. 117
張鴻勳　柴劍虹　唱導　敦煌學大辭典　上海辭書出版社　1998　p. 526

李小榮　變文與唱導關係之探討　《敦煌研究》1999 年第 4 期　p. 6
李小榮　變文講唱與華梵宗教藝術　上海三聯書店　2002　p. 50
湛如　敦煌佛教律儀制度研究　中華書局　2003　p. 157

P. 3331

仁井田陞　スタイン探險隊敦煌發見法律史料數種　『國家學會雜誌』(50 卷 6 號)　(東京)國家學
　　會　1936　p. 101

羅福頤　敦煌石室文物對於學術上的貢獻　《歷史教學》1951 年第 5 期　又見：中國敦煌學百年文
　　庫・考古卷(四)　甘肅文化出版社　1999　p. 12

陳炳應　敦煌所出宋開寶八年《鄭醜撻賣地舍契》定誤考釋　《西北史地》1983 年第 4 期　p. 88

劉復　敦煌掇瑣　敦煌叢刊初集(十五)　(臺北)新文豐出版公司　1985　p. 261

王永興　隋唐五代經濟史料彙編校注・第一編(下)　中華書局　1987　p. 969

池田溫　吐魯番・敦煌文書にみえる地方城市の住居　中國都市の歷史的研究(唐代史研究會報告
　　第 VI 集)　(東京)刀水書房　1988　p. 181

高國藩　敦煌民俗學　上海文藝出版社　1989　p. 42

王公望　契約　敦煌文學　甘肅人民出版社　1989　p. 55

唐耕耦　陸宏基　敦煌社會經濟文獻真迹釋録(二)　全國圖書館文獻縮微複製中心　1990　p. 4

仁井田陞　補訂中國法制史研究：土地法・交易法　東京大學出版會　1991　p. 756

林家平　寧强　羅華慶　中國敦煌學史　北京語言學院出版社　1992　p. 17

謝和耐　敦煌賣契與專賣制度　法國學者敦煌學論文選萃　中華書局　1993　p. 51

蔣禮鴻　敦煌文獻語言詞典　杭州大學出版社　1994　p. 418

張傳璽　中國歷代契約會編考釋(上)　北京大學出版社　1995　p. 242 注 1

劉進寶　歸義軍土地制度初探　《敦煌研究》1997 年第 2 期　p. 55

鄭炳林　敦煌碑銘讚輯釋　甘肅教育出版社　1997　p. 187 注 2

鄭炳林　晚唐五代敦煌貿易市場的物價　敦煌歸義軍史專題研究　蘭州大學出版社　1997　p. 295

鄭炳林　楊富學　晚唐五代金銀在敦煌的使用與流通　《甘肅金融》1997 年第 8 期　又見：中國敦煌
　　學百年文庫・歷史卷(二)　甘肅文化出版社　1999　p. 585

沙知　敦煌契約文書輯校　江蘇古籍出版社　1998　p. 26

趙雲旗　從敦煌吐魯番文書看唐代土地買賣的管理機制　《敦煌研究》1998 年第 3 期　p. 55

蘇金花　唐、五代敦煌地區的商品貨幣形態　《敦煌研究》1999 年第 2 期　p. 96

劉進寶　敦煌歷史文化　甘肅人民出版社　2000　p. 131

劉進寶　敦煌文書與唐史研究　(臺北)新文豐出版公司　2000　p. 171

趙雲旗　唐代土地買賣研究　中國財政經濟出版社　2000　p. 247

楊森　關於敦煌文獻中的"平章"一詞　敦煌學與中國史研究論集　甘肅人民出版社　2001　p. 231

劉進寶　敦煌學通論　甘肅教育出版社　2002　p. 88

盛會蓮　從敦煌吐魯番文書看隋至宋初的宅舍交易　中國中古史論集　天津古籍出版社　2003
　　p. 85

王啓濤　中古及近代法制文書語言研究　巴蜀書社　2003　p. 231、253、343

P. 3332

福井文雅　般若心經　敦煌と中國仏教(講座敦煌 7)　(東京)大東出版社　1984　p. 40

黃征　吳偉　敦煌願文集　岳麓書社　1995　p. 360

王書慶　敦煌佛學・佛事篇　甘肅民族出版社　1995　p. 54
黃征　敦煌願文考論　敦煌語文叢說　（臺北）新文豐出版公司　1997　p. 580
黃征　曾良　洪玉雙　敦煌願文研究　敦煌文學論集　四川人民出版社　1997　p. 379
方廣錩　般若波羅蜜多心經　敦煌學大辭典　上海辭書出版社　1998　p. 686

P. 3333

王重民　敦煌曲子詞集　商務印書館　1950　p. 3、17
金岡照光　敦煌文學のさまざま　敦煌の文學　（東京）大藏出版株式會社　1971　p. 140
潘重規　敦煌詞話　（臺北）石門圖書公司　1981　p. 74、82
蘇瑩輝　"敦煌曲"評介　敦煌論集續編　（臺北）學生書局　1983　p. 305
王重民　記敦煌新出的菩薩蠻　敦煌遺書論文集　中華書局　1984　p. 170
饒宗頤　敦煌書法叢刊(第十六卷)・詩詞　（東京）二玄社　1985　p. 65、77
汪泛舟　敦煌曲子詞的地位特點和影響　《蘭州學刊》1985 年第 1 期　p. 70
任半塘　敦煌歌辭總編　上海古籍出版社　1987　p. 517、636
汪泛舟　敦煌曲子詞方音習語及其他　《敦煌研究》1987 年第 4 期　p. 60
高國藩　敦煌民俗學　上海文藝出版社　1989　p. 532
高國藩　敦煌曲子詞欣賞　南京大學出版社　1989　p. 111
任半塘　王昆吾　隋唐五代燕樂雜言歌辭集　巴蜀書社　1990　p. 230
柴劍虹　《敦煌遺書總目索引》重印記　西域文史論稿　（臺北）國文天地雜誌社　1991　p. 493
柴劍虹　列寧格勒藏敦煌《長安詞》寫卷分析　西域文史論稿　（臺北）國文天地雜誌社　1991
　　p. 326 注 6
金岡照光　曲子詞類　敦煌の文學文獻(講座敦煌 9)　（東京）大東出版社　1992　p. 398
周紹良　敦煌文學芻議及其它　（臺北）新文豐出版公司　1992　p. 34
高國藩　敦煌民俗資料導論　（臺北）新文豐出版公司　1993　p. 173
孫其芳　顏廷亮　敦煌文學概論　甘肅人民出版社　1993　p. 423
金賢珠　唐五代敦煌民歌　（臺北）文史哲出版社　1994　p. 41、87
劉尊明　唐五代詞的文化觀照　（臺北）文津出版社　1994　p. 516
汪泛舟　敦煌僧詩補論　《敦煌研究》1994 年第 3 期　p. 146
史雙元　唐五代詞紀事會評　黃山書社　1995　p. 382
張涌泉　漢語俗字研究　岳麓書社　1995　p. 210
劉濤　評《法藏敦煌書苑精華》　敦煌吐魯番研究(第一卷)　北京大學出版社　1996　p. 378
饒宗頤　法藏敦煌曲子詞四種解說　敦煌曲續論　（臺北）新文豐出版公司　1996　p. 224
孫其芳　謁金門　敦煌學大辭典　上海辭書出版社　1998　p. 532
孫其芳　鳴沙遺音:敦煌詞選評　甘肅人民出版社　2000　p. 76、129
湯涒　敦煌曲子詞地域文化研究　上海古籍出版社　2004　p. 23、37、182
湯涒　敦煌曲子詞與河西本土文化　中國俗文化研究(第二輯)　巴蜀書社　2004　p. 192
湯涒　敦煌曲子詞寫本敘略　敦煌學國際研討會論文集　北京圖書館出版社　2005　p. 195、202

P. 3334

傅芸子　敦煌俗文學之發見及其展開　敦煌變文論文錄　上海古籍出版社　1982　p. 143
饒宗頤　京都藤井氏有鄰館藏敦煌殘卷記略　選堂集林・史林　（香港）中華書局　1982　p. 1005
鄭阿財　敦煌孝道文學研究　（臺北）石門圖書公司　1982　p. 92

陳祚龍　中世敦煌釋門的布薩法事之一斑　敦煌簡策訂存　（臺北）商務印書館　1983　p. 161、165

土橋秀高　敦煌の律藏　敦煌と中國仏教（講座敦煌7）　（東京）大東出版社　1984　p. 262

李小榮　變文與唱導關係之探討　《敦煌研究》1999 年第 4 期　p. 6

梅維恒著　楊繼東　陳引馳譯　唐代變文(下)　（香港）中國佛教文化出版公司　1999　p. 23

李小榮　變文講唱與華梵宗教藝術　上海三聯書店　2002　p. 50

P. 3335

高國藩　敦煌民俗資料導論　（臺北）新文豐出版公司　1993　p. 91

P. 3336

慶谷壽信　敦煌出土の音韻資料(中)——『首楞嚴經音』の文獻學的考察　『人文學報』（第 98 號）京都大學人文科學研究所　1973　p. 5

那波利貞　開元末期以前と天寶初期以後との唐の時世の差異に就きて　唐代社會文化史研究・第一編　（東京）創文社　1974　p. 45

北原薫　晚唐・五代の敦煌寺院経済——収支決算報告を中心に　敦煌の社會（講座敦煌3）　（東京）大東出版社　1980　p. 450

土肥義和　莫高窟千佛洞と大寺と蘭若と　敦煌の社會（講座敦煌3）　（東京）大東出版社　1980　p. 357

閻文儒　莫高窟研究　《科技史文集》1981 年第 6 期　又見：中國敦煌學百年文庫・綜述卷（二）甘肅文化出版社　1999　p. 340

閻文儒　敦煌兩個陷蕃人殘詩集校釋　向達先生紀念論文集　新疆人民出版社　1986　p. 218

姜亮夫　敦煌經卷壁畫中所見寺觀錄　敦煌學論文集　上海古籍出版社　1987　p. 1073

姜亮夫　敦煌經卷題名錄　敦煌學論文集　上海古籍出版社　1987　p. 1050

謝和耐著　耿昇譯　中國 5—10 世紀的寺院經濟　甘肅人民出版社　1987　p. 253 注 1　又見：上海古籍出版社　2004　p. 208 注 6

李正宇　敦煌地區古代祠廟寺觀簡志　《敦煌學輯刊》1988 年第 1、2 期　p. 80

姜伯勤　敦煌社會文書導論　（臺北）新文豐出版公司　1992　p. 93

陶秋英輯錄　姜亮夫校訂　敦煌經卷所見寺名錄　敦煌碎金　浙江古籍出版社　1992　p. 103

陶秋英輯錄　姜亮夫校訂　敦煌經卷題名錄　敦煌碎金　浙江古籍出版社　1992　p. 54

竺沙雅章　寺院文書　敦煌漢文文獻(講座敦煌5)　（東京）大東出版社　1992　p. 637

李正宇　中國唐宋硬筆書法　上海文化出版社　1993　p. 51、57

王克孝　ДХ2168 號寫本初探　《敦煌學輯刊》1993 年第 2 期　p. 25　又見：1994 年敦煌學國際研討會文集・宗教文史卷（下）　甘肅民族出版社　2000　p. 229

汪泛舟　論敦煌文明的多民族貢獻　《敦煌研究》1995 年第 2 期　p. 187

李正宇　敦煌史地新論　（臺北）新文豐出版公司　1996　p. 81

馬德　莫高窟與敦煌佛教教團　敦煌吐魯番研究(第一卷)　北京大學出版社　1996　p. 166

方廣錩　敦煌佛教經録輯校　江蘇古籍出版社　1997　p. 810

鄭炳林　敦煌碑銘讚輯釋　甘肅教育出版社　1997　p. 192 注 2

方廣錩　諸寺轉《大般若經》録　敦煌學大辭典　上海辭書出版社　1998　p. 754

郝春文　唐後期五代宋初敦煌僧尼的社會生活　中國社會科學出版社　1998　p. 216

姜亮夫　敦煌：偉大的文化寶藏　雲南人民出版社　1999　p. 79

馬德　敦煌文書《諸寺付經歷》芻議　《敦煌學輯刊》1999 年第 1 期　p. 44

郝春文　唐後期五代宋初敦煌的春秋官齋、十二月轉經、水則道場與佛教節日　慶祝吳其昱先生八秩
　　華誕敦煌學特刊　（臺北）文津出版社　2000　p. 246
丘古耶夫斯基　敦煌漢文文書　上海古籍出版社　2000　p. 193
徐曉麗　鄭炳林　晚唐五代敦煌吐谷渾與吐蕃移民婦女研究　《敦煌學輯刊》2002 年第 2 期　p. 7
湛如　敦煌佛教律儀制度研究　中華書局　2003　p. 49
鄭炳林　晚唐五代敦煌地區《大般若經》的流傳與信仰　麥積山石窟藝術文化論文集（下）　蘭州大
　　學出版社　2004　p. 117

P. 3337

那波利貞　開元末期以前と天寶初期以後との唐の時世の差異に就きて　唐代社會文化史研究・第
　　一編　（東京）創文社　1974　p. 45
岡部和雄　敦煌藏經目錄　敦煌と中國仏教（講座敦煌 7）　（東京）大東出版社　1984　p. 307
姜亮夫　敦煌經卷壁畫中所見寺觀錄　敦煌學論文集　上海古籍出版社　1987　p. 1073
陶秋英輯錄　姜亮夫校訂　敦煌經卷所見寺名錄　敦煌碎金　浙江古籍出版社　1992　p. 103
方廣錩　敦煌佛教經錄輯校　江蘇古籍出版社　1997　p. 752

P. 3340

林聰明　敦煌文書學　（臺北）新文豐出版公司　1991　p. 426
王三慶　敦煌寫卷中武后新字之調查研究　唐代研究論集（第三輯）　（臺北）新文豐出版公司
　　1992　p. 97
方廣錩　四分律　敦煌學大辭典　上海辭書出版社　1998　p. 711
蘇遠鳴　中國避諱略述　法國漢學（敦煌學專號）　中華書局　2000　p. 54

P. 3341

石井昌子　靈寶經類　敦煌と中國道教（講座敦煌 4）　（東京）大東出版社　1983　p. 158
姜亮夫　敦煌所見道教佚經考　敦煌學論文集　上海古籍出版社　1987　p. 312
杜愛英　敦煌遺書中俗體字的諸種類型　《敦煌研究》1992 年第 3 期　p. 118
陶秋英輯錄　姜亮夫校訂　敦煌所見道教佚經錄　敦煌碎金　浙江古籍出版社　1992　p. 316
郝春文　中古時期儒佛文化對民間結社的影響及其變化　唐文化研究論文集　上海人民出版社
　　1994　p. 208
姜伯勤　論敦煌本《本際經》的道性論　道家文化研究（第七輯）　上海古籍出版社　1995　p. 236
萬毅　敦煌本《昇玄內教經》試探　唐研究（第一卷）　北京大學出版社　1995　p. 67
姜伯勤　敦煌藝術宗教與禮樂文明　中國社會科學出版社　1996　p. 215
胡文和　仁壽縣壇神岩第 53 號"三寶"窟右壁"南竺觀記"中道藏經目研究　《世界宗教研究》1998
　　第 2 期　p. 124
萬毅　敦煌本《昇玄內教經》解說　道家文化研究（第十三輯）　三聯書店　1998　p. 268
王卡　太上洞玄靈寶昇玄內教經　敦煌學大辭典　上海辭書出版社　1998　p. 760
山田俊　唐初道教思想史研究・論述篇　（京都）平樂寺書店　1999　p. 155
山田俊　唐初道教思想史研究・資料篇　（京都）平樂寺書店　1999　p. 193、274
萬毅　敦煌本道教《昇玄內教經》的文本順序　《敦煌研究》2000 年第 4 期　p. 135　又見：敦煌文獻
　　論集：紀念藏經洞發現一百周年國際學術研討會論文集　遼寧人民出版社　2001　p. 598
張錫厚　敦煌文學源流　作家出版社　2000　p. 334

王卡　敦煌道教文獻研究　中國社會科學出版社　2004　p. 121
王卡　中國國家圖書館藏敦煌道教遺書研究報告　敦煌吐魯番研究（第七卷）　北京大學出版社
　　2004　p. 354

P. 3342

土肥義和　莫高窟千佛洞と大寺と蘭若と　敦煌の社會（講座敦煌 3）（東京）大東出版社　1980
　　p. 364
陳祚龍　敦煌古抄內典尾記彙校初、二、三編合刊　敦煌學要籥　（臺北）新文豐出版公司　1982
　　p. 188
姜亮夫　敦煌經卷壁畫中所見釋氏僧名錄　敦煌學論文集　上海古籍出版社　1987　p. 1042
池田溫　中國古代寫本識語集錄　（東京）大蔵出版株式會社　1990　p. 318
林聰明　敦煌文書學　（臺北）新文豐出版公司　1991　p. 341
陶秋英輯錄　姜亮夫校訂　敦煌經卷壁畫中所見釋氏名錄　敦煌碎金　浙江古籍出版社　1992
　　p. 37
陶秋英輯錄　姜亮夫校訂　敦煌經卷所見寺名錄　敦煌碎金　浙江古籍出版社　1992　p. 132
李正宇　敦煌史地新論　（臺北）新文豐出版公司　1996　p. 97
方廣錩　大乘入道次第　敦煌學大辭典　上海辭書出版社　1998　p. 723
馮培紅　P. 3249 背《軍籍殘卷》與歸義軍初期的僧兵武裝　《敦煌研究》1998 年第 2 期　p. 146
李正宇　蘭若　敦煌學大辭典　上海辭書出版社　1998　p. 627
楊富學　李吉和　敦煌漢文吐蕃史料輯校（第一輯）　甘肅人民出版社　1999　p. 277
林聰明　敦煌吐魯番文書解詁指例　（臺北）新文豐出版公司　2001　p. 221

P. 3343

湛如　敦煌佛教律儀制度研究　中華書局　2003　p. 63

P. 3344

王卡　老子十方像名經　敦煌學大辭典　上海辭書出版社　1998　p. 761
葉貴良　《英藏敦煌社會歷史文獻釋錄·斯 63 號太上洞玄靈寶無量度人上品妙經》校正　《敦煌學
　　輯刊》2002 年第 2 期　p. 146
王卡　敦煌道教文獻研究　中國社會科學出版社　2004　p. 192

P. 3345

饒宗頤　敦煌本文選斠證（一）　（香港）《新亞學報》1957 年第 3 卷第 1 期　p. 336
金岡照光　敦煌漢文文學文獻の文學形態上の種類とその分類　敦煌出土文學文獻分類目錄·附解
　　說　（東京）東洋文庫　1971　p. 236
陳祚龍　敦煌寫本《登樓賦》斠證　敦煌學海探珠（上冊）　（臺北）商務印書館　1979　p. 21 注 9
王重民　敦煌古籍叙錄　中華書局　1979　p. 319、320
蘇瑩輝　中外敦煌古寫本纂要　敦煌論集　（臺北）學生書局　1983　p. 337
饒宗頤　敦煌書法叢刊（第十七卷）·雜詩文　（東京）二玄社　1985　p. 3、51
王重民　巴黎敦煌殘卷叙錄（第二輯）　敦煌叢刊初集（九）　（臺北）新文豐出版公司　1985　p. 311
王重民原編　黃永武新編　敦煌古籍叙錄新編（第十六冊）　（臺北）新文豐出版公司　1986　p. 148
林聰明　敦煌文書學　（臺北）新文豐出版公司　1991　p. 358

金岡照光　講唱體類　敦煌の文學文獻（講座敦煌9）　（東京）大東出版社　1992　p. 150

金岡照光　韻文體類——長篇叙事詩・短篇歌詠　敦煌の文學文獻（講座敦煌9）　（東京）大東出版社　1992　p. 264

遊志誠　敦煌古抄本文選五臣注研究　全國敦煌學研討會論文集　（臺北）中正大學中國文學系所　1995　p. 148

遊志誠　昭明文選學術論考　（臺北）學生書局　1996　p. 36

白化文　敦煌遺書中《文選》殘卷綜述　中外學者文選學論集（上）　中華書局　1998　p. 379

白化文　文選　敦煌學大辭典　上海辭書出版社　1998　p. 783

傅剛　《文選》版本叙錄　國學研究（第五卷）　北京大學出版社　1998　p. 173

羅國威　敦煌本《昭明文選》研究　黑龍江教育出版社　1999　p. 263

饒宗頤　敦煌本文選校證（一）　中國敦煌學百年文庫・文學卷（二）　甘肅文化出版社　1999　p. 2

傅剛　文選版本研究　北京大學出版社　2000　p. 114、314

饒宗頤　敦煌吐魯番本文選　中華書局　2000　p. 98（圖版）

顏廷亮　敦煌文化　光明日報出版社　2000　p. 202

徐俊　評《敦煌吐魯番本文選》、《敦煌本〈昭明文選〉研究》、《敦煌本〈文選注〉箋證》、《文選版本研究》　敦煌吐魯番研究（第五卷）　北京大學出版社　2001　p. 379

P. 3346

林聰明　敦煌漢文文書解讀要點試論　漢學研究（敦煌學國際研討會論文專號）　（臺北）漢學研究資料及服務中心　1986　p. 427

譚禪雪　敦煌歲時掇瑣　（香港）《九州學刊》（敦煌學專輯）1993年第5卷第4期　p. 110

汪泛舟　敦煌文學概論　甘肅人民出版社　1993　p. 565

李錦繡　唐代財政史稿・上卷（第一分冊）　北京大學出版社　1995　p. 271

王三慶　敦煌書儀載錄之節日活動與民俗　全國敦煌學研討會論文集　（臺北）中正大學中國文學系所　1995　p. 25 注26

王書慶　敦煌佛學・佛事篇　甘肅民族出版社　1995　p. 227

黃征　敦煌願文考論　敦煌語文叢說　（臺北）新文豐出版公司　1997　p. 583

柴劍虹　悟空詩　敦煌學大辭典　上海辭書出版社　1998　p. 558

譚蟬雪　敦煌歲時文化導論　（臺北）新文豐出版公司　1998　p. 253

徐俊　敦煌詩集殘卷輯考　中華書局　2000　p. 797

林聰明　敦煌吐魯番文書解詁指例　（臺北）新文豐出版公司　2001　p. 53

P. 3347

陳祚龍　敦煌寫本《右軍衛十將使孔公浮圖功德銘並序》之我見　敦煌資料考屑（上冊）　（臺北）商務印書館　1979　p. 2、14 注12

土肥義和　はじめに——歸義軍節度使の敦煌支配　敦煌の歷史（講座敦煌2）　（東京）大東出版社　1980　p. 237

施萍婷　敦煌與莫高窟　《敦煌研究》1981年試刊第1期　p. 162

陳祚龍　古代敦煌及其他地區流行之公私印章圖記文字錄　敦煌學要籥　（臺北）新文豐出版公司　1982　p. 330

陳祚龍　竭誠做好知己知彼，悉力做到精益求精：敦煌學散策之四（上）　敦煌學（第8輯）　（臺北）"中國文化大學"中國文學研究所敦煌學會　1984　p. 18　又見：敦煌學林劄記　（臺北）商務印

　　書館　1987　p. 211

馬繼興　敦煌古醫籍考釋　江西科學技術出版社　1988　p. 16

孫修身　敦煌遺書伯3016號卷背第二件文書有關問題考　《敦煌學輯刊》1988年第1、2期　p. 32

榮新江　沙州歸義軍歷任節度使稱號研究　敦煌吐魯番學研究論文集　漢語大詞典出版社　1990
　　p. 796

唐耕耦　陸宏基　敦煌社會經濟文獻真迹釋録(四)　全國圖書館文獻縮微複製中心　1990　p. 297

暨遠志　張議潮出行圖研究　《敦煌研究》1991年第3期　p. 32

林聰明　敦煌文書學　(臺北)新文豐出版公司　1991　p. 119

中村裕一　唐代官文書研究　(京都)中文出版社　1991　p. 291

姜伯勤　敦煌社會文書導論　(臺北)新文豐出版公司　1992　p. 129

中村裕一　官文書　敦煌漢文文獻(講座敦煌5)　(東京)大東出版社　1992　p. 576

竺沙雅章　寺院文書　敦煌漢文文獻(講座敦煌5)　(東京)大東出版社　1992　p. 593

鄭炳林　讀敦煌文書P. 3859《後唐清泰三年六月沙州儭司教授福集等狀》劄記　《西北史地》1993年
　　第4期　p. 48　又見:敦煌吐魯番文獻研究　蘭州大學出版社　1995　p. 617

Л. N. チュグイェフスキ-著　荒川正晴譯注　ソ連邦科學アカデミ-東洋學研究所所藏、敦煌寫本
　　における官印と寺印　『吐魯番出土文物研究會會報』(98、99號)　(東京)吐魯番出土文物研
　　究會　1994　p. 4

馮培紅　唐五代歸義軍政權中隊職問題辨析　《敦煌學輯刊》1996年第2期　p. 26　又見:敦煌歸義
　　軍史專題研究　蘭州大學出版社　1997　p. 37、42

中村裕一　唐代公文書研究　(東京)汲古書院　1996　p. 136

馮培紅　晚唐五代宋初歸義軍武職軍將研究　敦煌歸義軍史專題研究　蘭州大學出版社　1997
　　p. 139

齊陳俊　馮培紅　晚唐五代宋初歸義軍政權中"十將"及下屬諸職考　敦煌歸義軍史專題研究　蘭
　　州大學出版社　1997　p. 26

鄭炳林　敦煌碑銘讚輯釋　甘肅教育出版社　1997　p. 230注11

鄭炳林　唐五代敦煌手工業研究　敦煌歸義軍史專題研究　蘭州大學出版社　1997　p. 271

沙知　歸義軍印　敦煌學大辭典　上海辭書出版社　1998　p. 292

林聰明　敦煌吐魯番文書解詁指例　(臺北)新文豐出版公司　2001　p. 98

姜亮夫　敦煌莫高窟年表　姜亮夫全集(十一)　雲南人民出版社　2002　p. 500

榮新江　唐五代歸義軍武職軍將考　敦煌學新論　甘肅教育出版社　2002　p. 62

森安孝夫著　梁曉鵬摘譯　河西歸義軍節度使官印及其編年　《敦煌學輯刊》2003年第1期　p. 141

吳麗娛　楊寶玉　P. 3197v《曹氏歸義軍時期甘州使人書狀》考試　《敦煌學輯刊》2005年第4期
　　p. 22注11

P. 3348

仁井田陞　吐魯番出土の唐代取引法關係文書　西域文化研究(第三)・敦煌吐魯番社會經濟資料
　　(下)　(京都)法藏館　1960　p. 191、208

小笠原宣秀　西村元佑　唐代役制關係文書考　西域文化研究(第三)・敦煌吐魯番社會經濟資料
　　(下)　(京都)法藏館　1960　p. 164

長澤和俊　敦煌　(東京)築摩書房　1965　p. 150

池田溫　中國古代籍帳研究:概觀・録文　東京大學東洋文化研究所　1979　p. 467、470

長澤和俊　敦煌の庶民生活　敦煌の社會(講座敦煌3)　(東京)大東出版社　1980　p. 485

池田溫　敦煌の流通経済　敦煌の社會（講座敦煌3）　（東京）大東出版社　1980　p. 337、340　又
　　見：敦煌文書の世界　（東京）名著刊行會　2003　p. 172、177

唐耕耦　唐前期的戶等與租庸調的關係　魏晉隋唐史論集（第一輯）　中國社會科學出版社　1981
　　p. 208

陳祚龍　古代敦煌及其他地區流行之公私印章圖記文字錄　敦煌學要籥　（臺北）新文豐出版公司
　　1982　p. 338

陳國燦　唐代的民間借貸：吐魯番敦煌等地所出唐代借貸契券初探　敦煌吐魯番文書初探　武漢大
　　學出版社　1983　p. 272 注 57

董作賓　敦煌紀年　敦煌學文選（上）　蘭州大學歷史系敦煌學研究室等　1983　p. 25

劉復　敦煌掇瑣　敦煌叢刊初集（十五）　（臺北）新文豐出版公司　1985　p. 285

仁井田陞著　那向芹譯　吐魯番出土的唐代交易法文書　敦煌學譯文集　甘肅人民出版社　1985
　　p. 713 注 9

盧向前　牒式及其處理程式的探討：唐公式文研究　敦煌吐魯番文獻研究論集（第三輯）　北京大學
　　出版社　1986　p. 362

唐耕耦　唐五代時期的高利貸：敦煌吐魯番出土借貸文書初探　《敦煌學輯刊》1986 年第 1 期
　　p. 142

唐耕耦　陸宏基　敦煌社會經濟文獻真迹釋錄（一）　書目文獻出版社　1986　p. 426

楊際平　隋唐均田、租庸調制下的逃戶問題　《魏晉南北朝隋唐史》1986 年第 12 期　p. 34 注 2

張弓　唐朝倉廩制度初探　中華書局　1986　p. 24 注 37、101 注 34

謝和耐著　耿昇譯　中國 5—10 世紀的寺院經濟　甘肅人民出版社　1987　p. 237 注 3　又見：上海
　　古籍出版社　2004　p. 196 注 2、346

張國剛　關於唐代兵募制度的幾個問題　《魏晉南北朝隋唐史》1988 年第 4 期　p. 44

陳祚龍　李唐開天時代于闐僧侶的物質生活之一斑　敦煌學散策新集　（臺北）新文豐出版公司
　　1989　p. 105

高國藩　敦煌民俗學　上海文藝出版社　1989　p. 12

姜伯勤　敦煌新疆文書所記的唐代"行客"　出土文獻研究續集　文物出版社　1989　p. 279

李并成　從敦煌文牒檔案看盛唐時期河西農戶對國家的糧食貢獻　《檔案》1989 年第 4 期　p. 43

唐耕耦　8 至 10 世紀敦煌的物價　紀念陳寅恪教授國際學術討論會文集　中山大學出版社　1989
　　p. 526、534、538

王進玉　趙豐　敦煌文物中的紡織技藝　《敦煌研究》1989 年第 4 期　p. 100

李并成　唐代前期河西走廊的農業開發　《中國農史》1990 年第 1 期　p. 17

李錦繡　唐開元二十二年秋季沙州會計曆考釋　敦煌吐魯番學研究論文集　漢語大詞典出版社
　　1990　p. 917

劉俊文　論唐格：敦煌寫本唐格殘卷研究　敦煌吐魯番學研究論文集　漢語大詞典出版社　1990
　　p. 546

盧向前　從敦煌吐魯番出土的幾件文書看唐前期和糴的一些特點　敦煌吐魯番文獻研究論集（第五
　　輯）　北京大學出版社　1990　p. 314、316、321、332

盧向前　唐代前期市估法研究　敦煌吐魯番學研究論文集　漢語大詞典出版社　1990　p. 700、713
　　注 38

王永興　伯三三四八背文書研究　敦煌吐魯番學研究論文集　漢語大詞典出版社　1990　p. 157

王仲犖　唐西陲物價考　敦煌吐魯番文獻研究論集（第五輯）　北京大學出版社　1990　p. 1

李錦繡　唐前期公廨本錢的管理制度　《魏晉南北朝隋唐史》1991 年第 12 期　p. 24

林聰明　敦煌文書出處略考　季羨林教授八十華誕紀念論文集（下）　江西人民出版社　1991　p. 859

林聰明　敦煌文書學　（臺北）新文豐出版公司　1991　p. 122、393、399

仁井田陞　補訂中國法制史研究：法と慣習・法と道德　東京大學出版會　1991　p. 243、299

仁井田陞　補訂中國法制史研究：土地法・交易法　東京大學出版會　1991　p. 807

孫曉林　關於唐前期西州設"館"的考察　魏晉南北朝隋唐史資料（第 11 輯）　武漢大學出版社　1991　p. 262 注 42

中村裕一　唐代官文書研究　（京都）中文出版社　1991　p. 478

荒川正晴　唐の對西域布帛輸送と客商の活動について　『東洋學報』（73 卷 3・4 號）　（東京）東洋學術協會　1992　p. 38、62

李錦繡　典在唐前期財務行政中的作用　學人（第三輯）　江蘇文藝出版社　1992　p. 350

林家平　寧强　羅華慶　中國敦煌學史　北京語言學院出版社　1992　p. 18

楊際平　鄭學檬　天寶四載河西豆盧軍和糴會計文書研究　《中國社會經濟史研究》1992 年第 3 期　p. 1

尹偉先　從敦煌文書看唐代河西地區的貨幣流通　《社科縱橫》1992 年第 6 期　又見：中國敦煌學百年文庫・歷史卷（二）　甘肅文化出版社　1999　p. 338

中村裕一　官文書　敦煌漢文文獻（講座敦煌 5）　（東京）大東出版社　1992　p. 571

侯錦郎　敦煌龍興寺的器物曆　法國學者敦煌學論文選萃　中華書局　1993　p. 90

荒川正晴著　王忻譯　唐政府對西域布帛的運送及客商的活動　《敦煌學輯刊》1993 年第 2 期　p. 110

李正宇　敦煌遺書中的檔案資料及其價值意義　《魏晉南北朝隋唐史》1993 年第 5 期　p. 66

王永興　吐魯番出土唐西州某縣事目文書研究　國學研究（第一卷）　北京大學出版社　1993　p. 383

王永曾　唐前期河西和糴論　《魏晉南北朝隋唐史》1993 年第 8 期　p. 37

王震亞　趙熒　敦煌殘卷爭訟文牒集釋　甘肅人民出版社　1993　p. 237

謝和耐　敦煌賣契與專賣制度　法國學者敦煌學論文選萃　中華書局　1993　p. 36

李明偉　隋唐絲綢之路　甘肅人民出版社　1994　p. 154、265

王永興　敦煌經濟文書導論　（臺北）新文豐出版公司　1994　p. 313、427

王永興　唐代前期西北軍事研究　中國社會科學出版社　1994　p. 400

胡戟　傅玫　敦煌史話　中華書局　1995　p. 162

李錦繡　唐代財政史稿・上卷（第一、二分冊）　北京大學出版社　1995　p. 40、94、185、202、257；745 注 2

林聰明　談敦煌學研究上的一些障礙問題　全國敦煌學研討會論文集　（臺北）中正大學中國文學系所　1995　p. 246

程喜霖　吐魯番與敦煌所出唐代正副過所　敦煌吐魯番學研究論集　書目文獻出版社　1996　p. 263

凍國棟　旅順博物館藏《唐建中五年孔目司帖》管見　魏晉南北朝隋唐史資料（第 14 輯）　武漢大學出版社　1996　p. 130

李幷成　李春元　瓜沙史地研究　甘肅文化出版社　1996　p. 197

王仲犖　金泥玉屑叢考　中華書局　1996　p. 190

小田義久　大谷文書の研究　（京都）法藏館　1996　p. 74

張國剛　隋唐五代史研究概要　天津教育出版社　1996　p. 715

中村裕一　唐代公文書研究　（東京）汲古書院　1996　p.131

唐耕耦　敦煌寺院會計文書研究　（臺北）新文豐出版公司　1997　p.413、422

陳國燦　豆盧軍　敦煌學大辭典　上海辭書出版社　1998　p.392

陳國燦　天寶四載豆盧軍和糴會計牒　敦煌學大辭典　上海辭書出版社　1998　p.416

荒川正晴　關於唐向西域輸送布帛與客商的關係　魏晉南北朝隋唐史資料（第16輯）　武漢大學出版社　1998　p.344

沙知　豆盧軍印　敦煌學大辭典　上海辭書出版社　1998　p.292

池田溫　中國古代物價初探　唐研究論文選集　中國社會科學出版社　1999　p.175注16

劉俊文　唐代法制研究　（臺北）文津出版社　1999　p.143

陳守忠　唐代前期的河隴經濟　1994年敦煌學國際研討會文集·宗教文史卷（下）　甘肅民族出版社　2000　p.196

李方　唐西州行政體制考論　黑龍江教育出版社　2000　p.21、108

劉進寶　敦煌歷史文化　甘肅人民出版社　2000　p.69

孫繼民　敦煌所出伯希和文書4648號的寫作年代　'98法門寺唐文化國際學術討論會論文集　陝西人民出版社　2000　p.160

陳國燦　莫高窟北區第47窟新出唐《貸錢折糧還納帳》的性質　《敦煌研究》2001年第4期　p.101

馮培紅　敦煌文獻中的職官史料與唐五代藩鎮官制研究　《敦煌研究》2001年第3期　p.108

林聰明　敦煌吐魯番文書解詁指例　（臺北）新文豐出版公司　2001　p.98

陳國燦　敦煌學史事新證　甘肅教育出版社　2002　p.235

姜亮夫　敦煌莫高窟年表　姜亮夫全集（十一）　雲南人民出版社　2002　p.325

李并成　盛唐時期河西走廊的區位特點與開發　唐代地域結構與運作空間　上海辭書出版社　2003　p.90

童丕　敦煌的借貸：中國中古時代的物質生活與社會　中華書局　2003　p.39、101、138

鄭學檬　唐代物價散論　2000年敦煌學國際學術討論會文集·歷史文化卷（上）　甘肅民族出版社　2003　p.3

高啓安　唐五代敦煌飲食文化研究　民族出版社　2004　p.18

礪波護著　韓昇　劉建英譯　隋唐佛教文化　上海古籍出版社　2004　p.196

劉安志　關於唐代沙州陞爲都督府的時間問題　《敦煌學輯刊》2004年第2期　p.61

徐曉卉　唐五代宋初敦煌地區麻的種植品種試析　《敦煌研究》2004年第2期　p.87

賈志剛　唐肅代之際河西軍費問題試析　《敦煌研究》2005年第2期　p.59

P.3349

李儼　敦煌石室"算經一卷並序"　《國立北平圖書館館刊》1935年第9卷第1號　又見：中國敦煌學百年文庫·科技卷　甘肅文化出版社　1999　p.18

那波利貞　千佛岩莫高窟と敦煌文書　西域文化研究（第二）·敦煌吐魯番社會經濟資料（上）　（京都）法藏館　1959　p.47

王重民　敦煌古籍叙錄　中華書局　1979　p.157、159

蘇瑩輝　敦煌學概要　（臺北）編譯館"中華叢書編委會"　1981　p.44

蘇瑩輝　中外敦煌古寫本纂要　敦煌論集　（臺北）學生書局　1983　p.320

劉復　敦煌掇瑣　敦煌叢刊初集（十五）　（臺北）新文豐出版公司　1985　p.341

王重民原編　黃永武新編　敦煌古籍叙錄新編（第八冊）　（臺北）新文豐出版公司　1986　p.158、

187

趙承澤　敦煌學和科技史　1983 年全國敦煌學術討論會文集·文史遺書編(上)　甘肅人民出版社
　　1987　p. 409

高國藩　敦煌民俗學　上海文藝出版社　1989　p. 326

高國藩　敦煌曲子詞欣賞　南京大學出版社　1989　p. 99

許康　敦煌算書透露的科學與社會信息　《敦煌研究》1989 年第 1 期　p. 96

李并成　從敦煌算經看我國唐宋時代的初級數學教育　《數學教學研究》1991 年第 1 期　p. 39

宮島一彥　曆書·算書　敦煌漢文文獻(講座敦煌5)　(東京)大東出版社　1992　p. 477

林家平　寧强　羅華慶　中國敦煌學史　北京語言學院出版社　1992　p. 18、157

金賢珠　唐五代敦煌民歌　(臺北)文史哲出版社　1994　p. 73

王進玉　敦煌石窟探秘　四川教育出版社　1994　p. 106

胡戟　傅玫　敦煌史話　中華書局　1995　p. 197

楊際平　唐代尺步、畝制、畝産小議　《中國社會經濟史研究》1996 年第 2 期　p. 36

鄧文寬　敦煌算書　敦煌學大辭典　上海辭書出版社　1998　p. 600

鄧文寬　圭抄撮　敦煌學大辭典　上海辭書出版社　1998　p. 603

劉鈍　算經　敦煌學大辭典　上海辭書出版社　1998　p. 601

陳國燦　唐代的經濟社會　(臺北)文津出版社　1999　p. 240

徐俊　敦煌詩集殘卷輯考　中華書局　2000　p. 3

徐俊　關於"禪門秘要訣":敦煌釋氏歌偈寫本三種合校　慶祝吳其昱先生八秩華誕敦煌學特刊
　　(臺北)文津出版社　2000　p. 223

楊秀清　華戎交會的都市:敦煌與絲綢之路　甘肅人民出版社　2000　p. 134

郝春文　英藏敦煌社會歷史文獻釋録(第一卷)　科學出版社　2001　p. 21

榮新江　敦煌學十八講　北京大學出版社　2001　p. 297

郭正忠　一部失落的北朝算書寫本:《甲種敦煌算書》研究　數學典籍索引:秦漢至宋社會經濟史料
　　遼寧教育出版社　2003　p. 547

P. 3350

那波利貞　千佛岩莫高窟と敦煌文書　西域文化研究(第二)·敦煌吐魯番社會經濟資料(上)　(京
　　都)法藏館　1959　p. 38

邵榮芬　敦煌俗文學中的別字異文和唐五代西北方音　《中國語文》1963 年第 3 期　又見:中國敦煌
　　學百年文庫·語言文字卷(一)　甘肅文化出版社　1999　p. 125

金岡照光　敦煌漢文文學文獻の文學形態上の種類とその分類　敦煌出土文學文獻分類目録·附解
　　說　(東京)東洋文庫　1971　p. 218

金岡照光　敦煌文學のさまざま　敦煌の文學　(東京)大藏出版株式會社　1971　p. 127

那波利貞　唐代の社邑に就きて(1938 年)　唐代社會文化史研究·第五編　(東京)創文社　1974
　　p. 517

楊家駱　敦煌變文　(臺北)世界書局　1980　p. 277

傅芸子　敦煌俗文學之發見及其展開　敦煌變文論文録　上海古籍出版社　1982　p. 142

鄭阿財　敦煌孝道文學研究　(臺北)石門圖書公司　1982　p. 77

潘重規　敦煌變文集新書(下)　(臺北)"中國文化大學"中文研究所　1984　p. 1183

王重民　下女"夫"詞　敦煌變文集　人民文學出版社　1984　p. 277

劉復　敦煌掇瑣　敦煌叢刊初集(十五)　(臺北)新文豐出版公司　1985　p. 323

李正宇　敦煌方音止遇二攝混同及其校勘學意義　《敦煌研究》1986 年第 4 期　p. 50

李正宇　《下女夫詞》研究　《敦煌研究》1987 年第 2 期　p. 45

張鴻勳　敦煌寫本《下女夫詞》新探　1983 年全國敦煌學術討論會文集・文史遺書編（下）　甘肅人民出版社　1987　p. 163

周紹良　唐代變文及其它　敦煌文學作品選　中華書局　1987　p. 24

楊寶玉　《敦煌變文集》未入校的兩個《下女夫詞》殘卷校錄　敦煌語言文學研究　北京大學出版社　1988　p. 269

周紹良　讀變文劄記　敦煌語言文學研究　北京大學出版社　1988　p. 58

高國藩　敦煌民俗學　上海文藝出版社　1989　p. 117、149

高國藩　敦煌曲子詞欣賞　南京大學出版社　1989　p. 144

劉瑞明　詞文　敦煌文學　甘肅人民出版社　1989　p. 307

周紹良　白化文　李鼎霞　敦煌變文集補編　北京大學出版社　1989　p. 145

郭在貽　張涌泉　黃征　敦煌變文集校議　岳麓書社　1990　p. 184

李天石　敦煌吐魯番文書中的奴婢資料及其價值　《敦煌學輯刊》1990 年第 1 期　p. 3

周純一　敦煌古劇質疑　第二屆敦煌學國際研討會論文集　（臺北）漢學研究中心　1990　p. 461

姜伯勤　敦煌社會文書導論　（臺北）新文豐出版公司　1992　p. 18、157

金岡照光　講唱體類　敦煌の文學文獻（講座敦煌 9）　（東京）大東出版社　1992　p. 107

金岡照光　散文體類　敦煌の文學文獻（講座敦煌 9）　（東京）大東出版社　1992　p. 177

金岡照光　韻文體類——長篇叙事詩・短篇歌詠　敦煌の文學文獻（講座敦煌 9）　（東京）大東出版社　1992　p. 261

林家平　寧強　羅華慶　中國敦煌學史　北京語言學院出版社　1992　p. 18

張涌泉　敦煌寫卷俗字類型及其考辨的方法　（香港）《九州學刊》（敦煌學專輯）1992 年第 4 卷第 4 期　p. 75

周紹良　敦煌文學芻議及其它　（臺北）新文豐出版公司　1992　p. 62、201

高國藩　敦煌民俗資料導論　（臺北）新文豐出版公司　1993　p. 58

榮新江　英倫所見三種敦煌俗文學作品跋　（香港）《九州學刊》（敦煌學專輯）1993 年第 5 卷第 4 期　p. 133 注 4

譚蟬雪　敦煌婚姻文化　甘肅人民出版社　1993　p. 34、44、58

張錫厚　敦煌文學概論　甘肅人民出版社　1993　p. 362

蔣禮鴻　敦煌文獻語言詞典　杭州大學出版社　1994　p. 150

胡戟　傅玫　敦煌史話　中華書局　1995　p. 173

黃征　吳偉　敦煌願文集　岳麓書社　1995　p. 399

譚蟬雪　敦煌婚俗的特點　敦煌學國際研討會文集・史地語文編　遼寧美術出版社　1995　p. 613

吳庚舜　董乃斌　唐代文學史（下）　人民文學出版社　1995　p. 617

張涌泉　漢語俗字研究　岳麓書社　1995　p. 70

高國藩　敦煌數字與俗文化　慶祝潘石禪先生九秩華誕敦煌學特刊　（臺北）文津出版社　1996　p. 177

張涌泉　敦煌俗字研究導論　（臺北）新文豐出版公司　1996　p. 148

張涌泉　敦煌文獻校讀釋例　文史（第四十一輯）　中華書局　1996　p. 195　又見：舊學新知　浙江大學出版社　1999　p. 207

張涌泉　敦煌寫卷俗字類釋　敦煌吐魯番學研究論集　書目文獻出版社　1996　p. 484

黃征　敦煌俗音考辨　敦煌語文叢說　（臺北）新文豐出版公司　1997　p. 143

黃征　敦煌寫本異文綜析　敦煌語文叢說　（臺北）新文豐出版公司　1997　p. 34

黃征　王梵志詩校釋續商補　敦煌語文叢說　（臺北）新文豐出版公司　1997　p. 226

黃征　《伍子胥變文》校補　敦煌語文叢說　（臺北）新文豐出版公司　1997　p. 290

黃征　《中國古代寫本識語輯錄》匡補　敦煌語文叢說　（臺北）新文豐出版公司　1997　p. 527

黃征　張涌泉　敦煌變文校注　中華書局　1997　p. 19、136、365、1148

黃征　唐代俗語詞輯釋　唐研究（第四卷）　北京大學出版社　1998　p. 137

譚蟬雪　下馬酒　敦煌學大辭典　上海辭書出版社　1998　p. 438

楊森　晚唐五代兩件《女人社》文書劄記　《敦煌研究》1998 年第 1 期　p. 70

高國藩　敦煌俗文化學　上海三聯書店　1999　p. 14、37、342、462

黃征　程惠新　劫塵遺珠：敦煌遺書　甘肅教育出版社　1999　p. 141

史成禮　史葆光　敦煌性文化　廣州出版社　1999　p. 104

謝桃坊　敦煌文化尋繹　四川人民出版社　1999　p. 153

楊秀清　淺談唐、宋時期敦煌地區的學生生活　《敦煌研究》1999 年第 4 期　p. 140

杜琪　敦煌詩賦作品要目分類題注　《甘肅社會科學》2000 年第 1 期　p. 63

徐俊　敦煌詩集殘卷輯考　中華書局　2000　p. 216

楊秀清　華戎交會的都市：敦煌與絲綢之路　甘肅人民出版社　2000　p. 98

吳玉貴　中國風俗通史（隋唐五代卷）　上海文藝出版社　2001　p. 400

黃征　敦煌語言文字學研究　甘肅教育出版社　2002　p. 53、147、170、247、309

張鴻勳　敦煌俗文學研究　甘肅人民出版社　2002　p. 7、407

王豔明　瓜州曹氏與甘州回鶻的兩次和親始末　《敦煌研究》2003 年第 1 期　p. 71

楊挺　不存在兒郎偉文體和兒郎偉曲調　《敦煌研究》2003 年第 1 期　p. 47

李天石　中國中古良賤身份制度研究　南京師範大學出版社　2004　p. 27

張國剛　貞觀之治和盛唐的人文精神　唐研究（第十卷）　北京大學出版社　2004　p. 216

黃征　敦煌俗字典　上海教育出版社　2005　p. 349

趙跟喜　敦煌唐宋時期的女子教育初探　文史（第七十五輯）　中華書局　2006　p. 95

P. 3351

芳村修基　土橋秀高　井ノ口泰淳　敦煌佛教史年表　西域文化研究（第一）・敦煌佛教資料　（京都）法藏館　1958　p. 269

陳祚龍　敦煌古抄內典尾記彙校初、二、三編合刊　敦煌學要籥　（臺北）新文豐出版公司　1982　p. 189

福井文雅撰　郭自得譯　般若心經觀在中國的變遷　敦煌學（第 6 輯）　（臺北）新文豐出版公司　1983　p. 19

福井文雅　般若心經　敦煌と中國仏教（講座敦煌 7）　（東京）大東出版社　1984　p. 40

池田溫　中國古代寫本識語集錄　（東京）大藏出版株式會社　1990　p. 508

李正宇　敦煌遺書宋人詩輯校　《敦煌研究》1992 年第 2 期　p. 42

李正宇　敦煌文學概論　甘肅人民出版社　1993　p. 162

張錫厚　敦煌文學概論　甘肅人民出版社　1993　p. 358

李正宇　《敦煌十字圖詩》解讀　《社科縱橫》1994 年第 4 期　p. 7

王書慶　敦煌佛學・佛事篇　甘肅民族出版社　1995　p. 43

榮新江　歸義軍史研究　上海古籍出版社　1996　p. 278

方廣錩　般若波羅蜜多心經　敦煌學大辭典　上海辭書出版社　1998　p. 686

方廣錩　敦煌遺書中的《妙法蓮華經》及有關文獻　敦煌學佛教學論叢（下）　中國佛教文化研究所　1998　p. 94

金岡照光　敦煌文獻と中國文學　（東京）五曜書房　2000　p. 433

徐俊　敦煌詩集殘卷輯考　中華書局　2000　p. 798、897

顏廷亮　敦煌文化　光明日報出版社　2000　p. 271

姜亮夫　敦煌莫高窟年表　姜亮夫全集（十一）　雲南人民出版社　2002　p. 558

P. 3352

那波利貞　佛教信仰に基きて組織せられたる中晚唐五代時代の社邑に就きて（上）　『史林』（24卷3號）　京都大學文學部史學研究會　1939　p. 39　又見：唐代社會文化史研究・第六編　（東京）創文社　1974　p. 610

那波利貞　梁戶考　唐代社會文化史研究・第三編　（東京）創文社　1974　p. 279、292、298、333

土肥義和　はじめに──歸義軍節度使の敦煌支配　敦煌の歷史（講座敦煌2）　（東京）大東出版社　1980　p. 274

孫修身　敦煌三界寺　甘肅省史學會論文集　甘肅省歷史學會編印　1982　p. 173　又見：中國敦煌學百年文庫・宗教卷（一）　甘肅文化出版社　1999　p. 58

姜伯勤　敦煌寺院碾磑經營的兩種形式　五十年來漢唐佛教寺院經濟研究　北京師範大學出版社　1986　p. 231

姜伯勤　敦煌寺院文書中"梁戶"的性質　五十年來漢唐佛教寺院經濟研究　北京師範大學出版社　1986　p. 127

張廣達　榮新江　敦煌"瑞像記"、瑞像圖及其反映的于闐　敦煌吐魯番文獻研究論集（第三輯）　北京大學出版社　1986　p. 69、116　又見：于闐史叢考　上海書店　1993　p. 214

姜伯勤　唐五代敦煌寺戶制度　中華書局　1987　p. 146、251

施萍婷　敦煌隨筆之四　《敦煌研究》1987年第4期　p. 28

謝和耐著　耿昇譯　中國5—10世紀的寺院經濟　甘肅人民出版社　1987　p. 233注3　又見：上海古籍出版社　2004　p. 192注3

唐耕耦　關於敦煌寺院水磑研究中的幾個問題　《文獻》1988年第1期　p. 180

黎薔　西域戲劇的緣起及敦煌佛教戲曲的形成　《敦煌研究》1990年第2期　p. 106

榮新江　通頰考　文史（第三十三輯）　中華書局　1990　p. 137　又見：二十世紀中國文史考據文錄　雲南人民出版社　2001　p. 2118

唐耕耦　陸宏基　敦煌社會經濟文獻真迹釋錄（三）　全國圖書館文獻縮微複製中心　1990　p. 333

謝重光　白文固　中國僧官制度史　青海人民出版社　1990　p. 135

前田正名　河西歷史地理學研究　中國藏學出版社　1993　p. 257

蘇遠鳴　敦煌佛教肖像劄記　法國學者敦煌學論文選萃　中華書局　1993　p. 181、196

魏普賢　敦煌寫本和石窟中的劉薩訶傳說　法國學者敦煌學論文選萃　中華書局　1993　p. 453注97

王惠民　敦煌千手千眼觀音像　《敦煌學輯刊》1994年第1期　p. 68

王惠民　關於《天請問經》和天請問經變的幾個問題　《敦煌研究》1994年第4期　p. 182

劉惠琴　從敦煌文書中看沙州紡織業　《敦煌學輯刊》1995年第2期　p. 51

劉銘恕　敦煌遺書劄記八篇　敦煌學國際研討會文集・史地語文編　遼寧美術出版社　1995　p. 387

王三慶　敦煌書儀載錄之節日活動與民俗　全國敦煌學研討會論文集　（臺北）中正大學中國文學

系所　1995　p. 25 注 12

唐耕耦　敦煌寺院會計文書研究　（臺北）新文豐出版公司　1997　p. 41、465

鄭阿財　論敦煌寫本《龍興寺毗沙門天王靈驗記》與唐代的毗沙門信仰　第三屆中國唐代文化學術
　　研討會論文集　（臺北）政治大學中國文學系　1997　p. 437

郝春文　招提司　敦煌學大辭典　上海辭書出版社　1998　p. 635

李正宇　司　敦煌學大辭典　上海辭書出版社　1998　p. 382

唐耕耦　敦煌會計文書　敦煌學大辭典　上海辭書出版社　1998　p. 646

唐耕耦　梁課　敦煌學大辭典　上海辭書出版社　1998　p. 645

唐耕耦　入破曆算會牒　敦煌學大辭典　上海辭書出版社　1998　p. 647

高啓安　唐五代敦煌僧人飲食的幾個名詞解釋　《敦煌研究》1999 年第 4 期　p. 134

饒宗頤　劉薩訶事迹與瑞像圖　饒宗頤東方學論集　汕頭大學出版社　1999　p. 271

鄭炳林　晚唐五代敦煌地區種植棉花研究　《中國史研究》1999 年第 3 期　p. 92

孫修身　敦煌石窟中的觀無量壽經變相　敦煌研究文集・敦煌石窟經變篇　甘肅民族出版社　2000
　　p. 278

榮新江　中古中國與外來文明　三聯書店　2001　p. 328

楊森　《辛巳年六月十六日社人于燈司倉貸粟曆》文書之定年　《敦煌學輯刊》2001 年第 2 期　p. 18

郝春文　《勘尋永安寺法律願慶與老宿紹建相諍根由狀》及相關問題考　戒幢佛學（第二卷）　岳麓
　　書社　2002　p. 81　又見:中日敦煌佛教學術會議論文集　中國社會科學院研究所　2002
　　p. 57

榮新江　《釋迦降伏外道像》中的祆神密斯拉和祖爾萬　華林（第二卷）　中華書局　2002　p. 202

王惠民　敦煌遺書的觀無量壽經變榜題底稿校錄　《敦煌研究》2002 年第 5 期　p. 57

張總　說不盡的觀世音　上海辭書出版社　2002　p. 175

古正美　于闐與敦煌的毗沙門天王信仰　2000 年敦煌學國際學術討論會文集・歷史文化卷（上）
　　甘肅民族出版社　2003　p. 50

賈應逸　藏經洞遺書與和闐佛教遺址　2000 年敦煌學國際學術討論會文集・歷史文化卷（上）　甘
　　肅民族出版社　2003　p. 98

李小榮　敦煌密教文獻論稿　人民文學出版社　2003　p. 162

湛如　敦煌佛教律儀制度研究　中華書局　2003　p. 41

樊錦詩　玄奘譯經和敦煌壁畫　《敦煌研究》2004 年第 2 期　p. 2、11

高啓安　唐五代敦煌飲食文化研究　民族出版社　2004　p. 17

公維章　涅槃、淨土的殿堂:敦煌莫高窟第 148 窟研究　民族出版社　2004　p. 15

沙武田　敦煌壁畫榜題寫本研究　《敦煌研究》2004 年第 3 期　p. 104

王惠民　敦煌經變畫的研究成果與研究方法　《敦煌學輯刊》2004 年第 2 期　p. 69

黨燕妮　毗沙門天王信仰在敦煌的流傳　《敦煌研究》2005 年第 3 期　p. 101

黑維強　吐魯番出土文書詞語例釋(二)　《敦煌學輯刊》2005 年第 2 期　p. 192

張小剛　敦煌瑞像圖中的于闐護國神王　《敦煌研究》2005 年第 1 期　p. 50

P. 3353

那波利貞　佛教信仰に基きて組織せられたる中晚唐五代時代の社邑に就きて(上)　『史林』(24
　　卷 3 號)　京都大學文學部史學研究會　1939　p. 62　又見:唐代社會文化史研究・第六編
　　（東京）創文社　1974　p. 627

那波利貞　唐代の社邑に就きて(1938 年)　唐代社會文化史研究・第五編　（東京）創文社　1974

　　p. 553

石井昌子　靈寶經類　敦煌と中國道教(講座敦煌4)　(東京)大東出版社　1983　p. 154

耿昇　中法學者友好合作的成果　《敦煌研究》1987 年第 1 期　p. 107

唐耕耦　陸宏基　敦煌社會經濟文獻真迹釋錄(三)　全國圖書館文獻縮微複製中心　1990　p. 107

姜伯勤　敦煌吐魯番與香藥之路　季羨林教授八十華誕紀念論文集(下)　江西人民出版社　1991
　　p. 840

周紹良　敦煌文學芻議及其它　(臺北)新文豐出版公司　1992　p. 28

蘇遠鳴　敦煌石窟中的瑞像圖　法國學者敦煌學論文選萃　中華書局　1993　p. 156

蘇遠鳴　敦煌寫本中的某些壁畫題識　法國學者敦煌學論文選萃　中華書局　1993　p. 232

郝春文　關於唐後期五代宋初沙州僧俗的施捨問題　唐研究(第三卷)　北京大學出版社　1997
　　p. 27

李并成　古代河西走廊桑蠶絲織業考　《敦煌學輯刊》1997 年第 2 期　p. 64

鄭炳林　唐五代敦煌的醫事研究　敦煌歸義軍史專題研究　蘭州大學出版社　1997　p. 526

郝春文　唐後期五代宋初敦煌僧尼的社會生活　中國社會科學出版社　1998　p. 251

王卡　太上業報因緣經　敦煌學大辭典　上海辭書出版社　1998　p. 764

劉俊文　唐代法制研究　(臺北)文津出版社　1999　p. 36

金岡照光　敦煌文獻と中國文學　(東京)五曜書房　2000　p. 532

徐俊　敦煌詩集殘卷輯考　中華書局　2000　p. 224

陳明　醫理精華：印度古典醫學在敦煌的實例分析　敦煌吐魯番研究(第五卷)　北京大學出版社
　　2001　p. 237

陳明　印度梵文醫典醫理精華研究　中華書局　2002　p. 83

榮新江　于闐花氈與粟特銀盤：九、十世紀敦煌寺院的外來供養　寺院財富與世俗供養　上海書畫出
　　版社　2003　p. 251

余欣　禁忌、儀式與法術　唐代宗教信仰與社會　上海辭書出版社　2003　p. 341

王卡　敦煌道教文獻研究　中國社會科學出版社　2004　p. 125

王卡　中國國家圖書館藏敦煌道教遺書研究報告　敦煌吐魯番研究(第七卷)　北京大學出版社
　　2004　p. 354

P. 3354

玉井是博　敦煌戶籍殘簡考　唐代文獻叢考　商務印書館　1947　p. 1

那波利貞　千佛岩莫高窟と敦煌文書　西域文化研究(第二)・敦煌吐魯番社會經濟資料(上)　(京
　　都)法藏館　1959　p. 32

西村元佑　唐代敦煌差科簿の研究　西域文化研究(第三)・敦煌吐魯番社會經濟資料(下)　(京
　　都)法藏館　1960　p. 419、437

陳祚龍　瓜沙印錄　(臺北)《大陸雜誌》1962 年第 4 期　又見：敦煌學概要　(臺北)編譯館"中華叢
　　書編委會"　1981　p. 268；中國敦煌學百年文庫・考古卷(一)　甘肅文化出版社　1999
　　p. 189

唐耕耦　關於吐魯番文件中的唐代永業田退田問題　《山東大學學報》1964 年第 2 期　p. 46

長澤和俊　敦煌　(東京)築摩書房　1965　p. 137

土肥義和　唐令よりみたる現存唐代戶籍の基礎的研究(上)　『東洋學報』(52 卷 1 號)　(東京)東
　　洋學術協會　1969　p. 94

那波利貞　唐代の社邑に就きて(1938 年)　唐代社會文化史研究・第五編　(東京)創文社　1974

p.508

蘇瑩輝　"敦煌曲"評介　《香港中文大學學報》1974年第1期　又見：中國敦煌學百年文庫・藝術卷(一)　甘肅文化出版社　1999　p.378

池田溫　中國古代籍帳研究：概観・録文　東京大學東洋文化研究所　1979　p.89、192

長澤和俊　敦煌の庶民生活　敦煌の社會(講座敦煌3)　(東京)大東出版社　1980　p.459

杉山佳男　敦煌の土地制度——均田制施行を中心として　敦煌の社會(講座敦煌3)　(東京)大東出版社　1980　p.252

佐藤武敏　敦煌の水利　敦煌の社會(講座敦煌3)　(東京)大東出版社　1980　p.277

唐耕耦　唐前期的戶等與租庸調的關係　魏晉隋唐史論集(第一輯)　中國社會科學出版社　1981　p.187、198

周丕顯　敦煌科技書卷叢談　《敦煌學輯刊》1981年第2期　p.55

陳祚龍　古代敦煌及其他地區流行之公私印章圖記文字録　敦煌學要籥　(臺北)新文豐出版公司　1982　p.339

楊際平　鄭學檬　從唐代敦煌戶籍資料看均田制下私田的存在　《廈門大學學報》1982年第4期　p.41

蘇瑩輝　瓜沙史事系年　敦煌論集　(臺北)學生書局　1983　p.273

池田溫　中國古代籍帳研究　中華書局　1984　p.250

山本達郎　敦煌發見の唐代籍帳にみえる已受田の增減　東方學(第70輯)　(東京)東方學會　1985　p.2

西村元佑著　姜鎮慶譯　唐代均田制下授田的實際情況　敦煌學譯文集　甘肅人民出版社　1985　p.475

西村元佑著　姜鎮慶譯　通過唐代敦煌差科簿看唐代均田制時代的徭役制度　敦煌學譯文集　甘肅人民出版社　1985　p.1104、1145、1151

寧欣　唐代敦煌地區農業水利問題初探　敦煌吐魯番文獻研究論集(第三輯)　北京大學出版社　1986　p.501注13、506、523、531注7

唐耕耦　陸宏基　敦煌社會經濟文獻真迹釋録(一)　書目文獻出版社　1986　p.161

高國藩　敦煌民俗學簡論　1983年全國敦煌學術討論會文集・文史遺書編(下)　甘肅人民出版社　1987　p.391

李正宇　唐宋時代敦煌縣河渠泉澤簡志(一)　《敦煌研究》1988年第4期　p.93

陳國燦　唐五代敦煌縣鄉里制的演變　《敦煌研究》1989年第3期　p.41、48

高國藩　敦煌民俗學　上海文藝出版社　1989　p.11、26、93、222

李并成　唐代前期河西走廊農田開墾面積估算　《檔案》1989年第6期　p.38

陳國燦　武周時期的勘田檢籍活動　敦煌吐魯番文書初探(二編)　武漢大學出版社　1990　p.388

鄧文寬　敦煌吐魯番文書與唐代均田制研究　中國文化(2)　(香港)中華書局　1990　p.10

郝春文　唐後期五代宋初沙州僧尼的特點　敦煌吐魯番學研究論文集　漢語大詞典出版社　1990　p.857注51

梅弘理著　耿昇譯　根據P.2547號寫本對《齋琬文》的復原和斷代　《敦煌研究》1990年第2期　p.54

土肥義和　唐代敦煌均田制の田土給授文書について　東アジア古文書の史的研究　(東京)刀水書房　1990　p.303

李正宇　敦煌名勝古迹導論　《陽關》1991年第4期　p.49

楊際平　均田制新探　廈門大學出版社　1991　p.193

池田溫　關於敦煌發現的唐大曆四年手實殘卷　唐代均田制研究選譯　甘肅教育出版社　1992　p. 134 注 1

林天蔚　敦煌戶籍卷中所見唐代田制之新探　唐代研究論集（第二輯）　（臺北）新文豐出版公司　1992　p. 99

鈴木俊　山本達郎　唐代的均田制度與敦煌戶籍　唐代均田制研究選譯　甘肅教育出版社　1992　p. 21

劉進寶　敦煌遺書與歷史研究　《魏晉南北朝隋唐史》1992 年第 9 期　p. 70

盧向前　唐代六品以下職散官受永業田質疑　文史（第三十三輯）　中華書局　1992　p. 121　又見：敦煌吐魯番文書論稿　江西人民出版社　1992　p. 4

高國藩　敦煌民俗資料導論　（臺北）新文豐出版公司　1993　p. 42、59

王克孝　《唐開元二十三年甘州張掖縣歸政鄉籍》殘卷的文獻史料價值　歷史教學與研究　蘭州大學出版社　1993　p. 159

王克孝　ДХ2168 號寫本初探　《敦煌學輯刊》1993 年第 2 期　p. 25　又見：1994 年敦煌學國際研討會文集·宗教文史卷（下）　甘肅民族出版社　2000　p. 228

王永興　關於唐代均田制中給田問題的探討——讀大谷欠田、退田、給田文書劄記　陳門問學叢稿　江西人民出版社　1993　p. 238

王永興　介紹敦煌文書西魏大統十三年（547 年）的計帳戶籍殘卷　陳門問學叢稿　江西人民出版社　1993　p. 265

王永興　唐天寶敦煌差科簿研究——兼論唐代色役制和其他問題　陳門問學叢稿　江西人民出版社　1993　p. 92

盧向前　唐代胡化婚姻關係試論　紀念陳寅恪先生百年誕辰學術論文集　江西教育出版社　1994　p. 522

王永興　敦煌經濟文書導論　（臺北）新文豐出版公司　1994　p. 7、61、176、204

王永興　敦煌吐魯番出土唐官府文書縫背縫表記事押署鈐印問題初探　文史（第四十輯）　中華書局　1994　p. 91

Л. N. チュグイェフスキ－著　荒川正晴譯注　ソ連邦科學アカデミ－東洋學研究所所藏、敦煌寫本における官印と寺印　『吐魯番出土文物研究會會報』（98、99 號）　（東京）吐魯番出土文物研究會　1994　p. 3

胡戟　傅玫　敦煌史話　中華書局　1995　p. 160

李正宇　《沙州都督府圖經卷第三》劄記（二）　《敦煌研究》1995 年第 4 期　p. 106

劉進寶　敦煌學論述　（臺北）洪葉文化事業有限公司　1995　p. 263

譚蟬雪　敦煌婚俗的特點　敦煌學國際研討會文集·史地語文編　遼寧美術出版社　1995　p. 607

馮培紅　唐五代歸義軍政權中隊職問題辨析　《敦煌學輯刊》1996 年第 2 期　p. 27　又見：敦煌歸義軍史專題研究　蘭州大學出版社　1997　p. 39

胡如雷　隋唐五代社會經濟史論稿　中國社會科學出版社　1996　p. 1

李正宇　敦煌史地新論　（臺北）新文豐出版公司　1996　p. 111

高啟安　唐宋時期敦煌人名探析　《敦煌研究》1997 年第 4 期　p. 122

李并成　古代河西走廊桑蠶絲織業考　《敦煌學輯刊》1997 年第 2 期　p. 63

李正宇　敦煌歷史地理導論　（臺北）新文豐出版公司　1997　p. 57、245、267、324

孫曉林　敦煌遺書所見唐宋間令狐氏在敦煌的分佈　唐代的歷史與社會　武漢大學出版社　1997　p. 533

鄭炳林　敦煌碑銘讚輯釋　甘肅教育出版社　1997　p. 97 注 21

黃永年　唐代史事考釋　（臺北）聯經出版公司　1998　p.465

李正宇　河北渠　敦煌學大辭典　上海辭書出版社　1998　p.313

沙知　敦煌縣之印　敦煌學大辭典　上海辭書出版社　1998　p.292

宋家鈺　退田　敦煌學大辭典　上海辭書出版社　1998　p.414

宋家鈺　衛士　敦煌學大辭典　上海辭書出版社　1998　p.404

宋家鈺　自田　敦煌學大辭典　上海辭書出版社　1998　p.413

譚蟬雪　多嫡制　敦煌學大辭典　上海辭書出版社　1998　p.437

陳國燦　唐代的經濟社會　（臺北）文津出版社　1999　p.15

池田溫　八世紀中葉敦煌的粟特人聚落　唐研究論文選集　中國社會科學出版社　1999　p.57 注 39

鄧小南　六至八世紀的吐魯番婦女:特別是她們在家庭以外的活動　敦煌吐魯番研究(第四卷)　北京大學出版社　1999　p.221

高國藩　敦煌俗文化學　上海三聯書店　1999　p.163

氣賀澤保規　府兵制の研究——府兵兵士とその社會　（東京）同朋舍　1999　p.110

丘古耶夫斯基著　魏迎春譯　俄藏敦煌漢文寫卷中的官印及寺院印章　《敦煌學輯刊》1999 年第 1 期　p.143

陳永勝　敦煌吐魯番法制文書研究　甘肅人民出版社　2000　p.163

段塔麗　唐代婦女地位研究　人民出版社　2000　p.272

金岡照光　敦煌文獻と中國文學　（東京）五曜書房　2000　p.533

劉進寶　敦煌文書與唐史研究　（臺北）新文豐出版公司　2000　p.6

丘古耶夫斯基　敦煌漢文文書　上海古籍出版社　2000　p.56、180、190

趙雲旗　唐代土地買賣研究　中國財政經濟出版社　2000　p.44

陳國燦　敦煌學史事新證　甘肅教育出版社　2002　p.112、366

姜亮夫　敦煌莫高窟年表　姜亮夫全集(十一)　雲南人民出版社　2002　p.328

王啓濤　中古及近代法制文書語言研究　巴蜀書社　2003　p.102

邢鐵　從三組敦煌戶籍說唐代均田制下的繼承問題　中國中古史論集　天津古籍出版社　2003　p.63

楊際平　北朝隋唐均田制新探　岳麓書社　2003　p.186

劉安志　關於唐代沙州陞爲都督府的時間問題　《敦煌學輯刊》2004 年第 2 期　p.63

陳麗萍　敦煌文書所見唐五代婚變現象初探(一)　《敦煌學輯刊》2005 年第 2 期　p.170

趙曉星　寇甲　西魏:歸義軍時期敦煌地區的史姓　《敦煌學輯刊》2005 年第 2 期　p.128

陳麗萍　敦煌籍帳中夫妻年歲差距過大現象初探　《首都師範大學學報》2006 年第 2 期　p.8

P. 3355

田中良昭　禪宗燈史の發展　敦煌仏典と禪(講座敦煌 8)　（東京）大東出版社　1980　p.117

田中良昭　敦煌禪宗文獻の研究　（東京）大東出版社　1983　p.89、105、642

田中良昭　《禪籍解題(一)・敦煌禪籍》補遺　俗語言研究(第三期)　（京都）禪文化研究所　1996　p.214

王惠民　敦煌經變畫的研究成果與研究方法　《敦煌學輯刊》2004 年第 2 期　p.69

P. 3356

李重申　敦煌馬毬史料探析　《敦煌研究》1994 年第 4 期　p.171

王卡　道要靈祇神鬼品經　敦煌學大辭典　上海辭書出版社　1998　p. 759

李重申　敦煌古代體育文化　甘肅人民出版社　2000　p. 60

王卡　敦煌道教文獻研究　中國社會科學出版社　2004　p. 226

王卡　中國國家圖書館藏敦煌道教遺書研究報告　敦煌吐魯番研究(第七卷)　北京大學出版社
　　2004　p. 374

蘭州理工大學絲綢之路文史研究所編　絲綢之路體育文化論集　中華書局　2005　p. 250

P. 3357

金岡照光　敦煌文學のさまざま　敦煌の文學　(東京)大藏出版株式會社　1971　p. 108

陳祚龍　古代敦煌及其他地區流行之公私印章圖記文字錄　敦煌學要籥　(臺北)新文豐出版公司
　　1982　p. 339

田中良昭　敦煌禪宗文獻の研究　(東京)大東出版社　1983　p. 346

土橋秀高　敦煌の律藏　敦煌と中國仏教(講座敦煌7)　(東京)大東出版社　1984　p. 250

耿昇　八十年代的法國敦煌學論著簡介　《敦煌研究》1986年第3期　p. 85

耿昇　中法學者友好合作的成果　《敦煌研究》1987年第1期　p. 111

上山大峻　敦煌佛教の研究　(京都)法藏館　1990　p. 433

陳祚龍　敦煌學識小　敦煌學津雜誌　(臺北)文津出版社　1991　p. 173

高田時雄　チベット文字書寫「長卷」の研究(本文編)　『東方學報』(第65號)　京都大學人文科
　　學研究所　1993　p. 376

梅弘理　敦煌本佛教教理問答書　法國學者敦煌學論文選萃　中華書局　1993　p. 137

P. 3358

小川陽一　道教說話　敦煌と中國道教(講座敦煌4)　(東京)大東出版社　1983　p. 300

劉復　敦煌掇瑣　敦煌叢刊初集(十五)　(臺北)新文豐出版公司　1985　p. 422

高國藩　敦煌民俗學　上海文藝出版社　1989　p. 276

高國藩　敦煌古俗與民俗流變　河海大學出版社　1990　p. 73

高國潘　敦煌巫術形態:兼與中外巫術之比較　第二屆敦煌學國際研討會論文集　(臺北)漢學研究
　　中心　1990　p. 631

林家平　寧强　羅華慶　中國敦煌學史　北京語言學院出版社　1992　p. 19

高國藩　敦煌民俗資料導論　(臺北)新文豐出版公司　1993　p. 131、261、305

蕭登福　道教星斗符印與佛教密宗　(臺北)新文豐出版公司　1993　p. 239

段小强　敦煌文書所反映的古代喪禮　《敦煌學輯刊》1996年第2期　p. 45

譚蟬雪　桃板鎮宅　敦煌學大辭典　上海辭書出版社　1998　p. 447

嚴敦傑　護宅神曆卷　敦煌學大辭典　上海辭書出版社　1998　p. 625

高國藩　敦煌俗文化學　上海三聯書店　1999　p. 186

黃正建　敦煌占卜文書與唐五代占卜研究　學苑出版社　2001　p. 167

趙貞　評《敦煌占卜文書與唐五代占卜研究》　唐研究(第八卷)　北京大學出版社　2002　p. 519

楊君　淺論敦煌符籙中的"善鬼護身"觀念　《敦煌學輯刊》2003年第1期　p. 77

王卡　敦煌道教文獻研究　中國社會科學出版社　2004　p. 13、45、156

黃正建　敦煌資料與唐五代人的衣食住行　敦煌與絲路文化學術講座(第二輯)　北京圖書館出版
　　社　2005　p. 120

王卡　敦煌道教綜述　敦煌與絲路文化學術講座(第二輯)　北京圖書館出版社　2005　p. 382

余欣　唐宋時代敦煌的鎮宅術　敦煌吐魯番研究（第九卷）　中華書局　2006　p. 361、371

P. 3359

陳祚龍　古代敦煌及其他地區流行之公私印章圖記文字録　敦煌學要籥　（臺北）新文豐出版公司
　　1982　p. 339

田中良昭　敦煌禪宗文獻の研究　（東京）大東出版社　1983　p. 190

唐耕耦　陸宏基　敦煌社會經濟文獻真迹釋録（一）　書目文獻出版社　1986　p. 463

白須淨真著　陳俊謀譯　唐代西州武城城之前城主與沙州壽昌城主　《西北史地》1989 年第 3 期
　　p. 34

唐耕耦　8 至 10 世紀敦煌的物價　紀念陳寅恪教授國際學術討論會文集　中山大學出版社　1989
　　p. 548

李錦繡　典在唐前期財務行政中的作用　學人（第三輯）　江蘇文藝出版社　1992　p. 349

林家平　寧强　羅華慶　中國敦煌學史　北京語言學院出版社　1992　p. 550

土田健次郎　儒教典籍　敦煌漢文文獻（講座敦煌 5）　（東京）大東出版社　1992　p. 269

李明偉　隋唐絲綢之路　甘肅人民出版社　1994　p. 253

王永興　敦煌經濟文書導論　（臺北）新文豐出版公司　1994　p. 204、409

李錦繡　唐代財政史稿・上卷（第一分冊）　北京大學出版社　1995　p. 196

李正宇　敦煌歷史地理導論　（臺北）新文豐出版公司　1997　p. 224

唐耕耦　敦煌寺院會計文書研究　（臺北）新文豐出版公司　1997　p. 452

李方　敦煌《論語集解》校正　江蘇古籍出版社　1998　p. 831

李方　唐寫本《論語集解》校讀零拾　出土文獻研究（第三輯）　文物出版社　1998　p. 221

李正宇　數字取名　敦煌學大辭典　上海辭書出版社　1998　p. 451

張亞萍　唐五代歸義軍政府牧馬業研究　《敦煌學輯刊》1998 年第 2 期　p. 55

高啓安　唐五代至宋敦煌的量器及量制　《敦煌學輯刊》1999 年第 1 期　p. 61、66

黑維强　《吐魯番出土文書》詞語釋　《敦煌學輯刊》2004 年第 1 期　p. 63

P. 3360

王重民　敦煌曲子詞集叙録　商務印書館　1950　p. 6、21

陰法魯　敦煌曲子詞集序　敦煌曲子詞集　商務印書館　1950　p. 5

那波利貞　中晚唐五代の佛教寺院の俗講の座に於ける變文の演出方法に就きて　甲南大學論集
　　（2）　（神户）甲南大學　1955　p. 15

邵榮芬　敦煌俗文學中的別字異文和唐五代西北方音　《中國語文》1963 年第 3 期　又見：中國敦煌
　　學百年文庫・語言文字卷（一）　甘肅文化出版社　1999　p. 128

金岡照光　敦煌漢文文學文獻の文學形態上の種類とその分類　敦煌出土文學文獻分類目録・附解
　　說　（東京）東洋文庫　1971　p. 234

金岡照光　敦煌文學のさまざま　敦煌の文學　（東京）大藏出版株式會社　1971　p. 149

那波利貞　開元末期以前と天寶初期以後との唐の時世の差異に就きて　唐代社會文化史研究・第
　　一編　（東京）創文社　1974　p. 154

蘇瑩輝　"敦煌曲"評介　《香港中文大學學報》1974 年第 1 期　又見：敦煌論集續編　（臺北）學生
　　書局　1983　p. 305、307、314；中國敦煌學百年文庫・藝術卷（一）　甘肅文化出版社　1999
　　p. 371

陳祚龍　中古敦煌仕女心目中的五臺山　中華佛教文化史散策（初集）　（臺北）新文豐出版公司

1978　p. 38

長澤和俊　敦煌の庶民生活　敦煌の社會(講座敦煌3)　(東京)大東出版社　1980　p. 481

賀世哲　孫修身　《瓜沙曹氏年表補正》之補正　《甘肅師大學報》1980 年第 3 期　又見:敦煌學文
　　選(上)　蘭州大學歷史系敦煌學研究室等　1983　p. 165；中國敦煌學百年文庫·歷史卷(一)
　　甘肅文化出版社　1999　p. 500

任半塘　敦煌歌辭研究在國外　文學評論叢刊(第九輯)　中國社會科學出版社　1981　p. 166

傅芸子　敦煌俗文學之發見及其展開　敦煌變文論文錄　上海古籍出版社　1982　p. 141

賀世哲　孫修身　瓜沙曹氏與敦煌莫高窟　敦煌研究文集　甘肅人民出版社　1982　p. 259

吳其昱　臥輪禪師出家安心十功德蕃本試釋　敦煌學(第 5 輯)　(臺北)新文豐出版公司　1982
　　p. 42

蘇瑩輝　瓜沙史事叢考　(臺北)商務印書館　1983　p. 113

福井文雅　般若心經　敦煌と中國仏教(講座敦煌7)　(東京)大東出版社　1984　p. 40

廣川堯敏　禮讚　敦煌と中國仏教(講座敦煌7)　(東京)大東出版社　1984　p. 470

劉復　敦煌掇瑣　敦煌叢刊初集(十五)　(臺北)新文豐出版公司　1985　p. 163

杜斗城　關於敦煌本《五臺山讚》與《五臺山曲子》的創作年代問題　《敦煌學輯刊》1987 年第 1 期
　　p. 51

任半塘　敦煌歌辭總編　上海古籍出版社　1987　p. 319、782、1239、1711、1743

柴劍虹　徐俊　敦煌詞輯校四談　《敦煌學輯刊》1988 年第 1、2 期　p. 57　又見:西域文史論稿
　　(臺北)國文天地雜誌社　1991　p. 507

高國藩　敦煌曲子詞中的詠花詞　《鹽城師專學報》1988 年第 3 期　p. 34

李正宇　唐宋時代敦煌縣河渠泉澤簡志(一)　《敦煌研究》1988 年第 4 期　p. 94

孫其芳　詞　敦煌文學　甘肅人民出版社　1989　p. 201

姜伯勤　敦煌與波斯　《敦煌研究》1990 年第 3 期　p. 13

任半塘　王昆吾　隋唐五代燕樂雜言歌辭集　巴蜀書社　1990　p. 37、229

杜斗城　敦煌五臺山文獻校錄研究　山西人民出版社　1991　p. 84

金岡照光　曲子詞類　敦煌の文學文獻(講座敦煌9)　(東京)大東出版社　1992　p. 410

黎薔　敦煌遺書與壁畫中的佛教戲曲　西域戲劇與戲劇的發生　新疆人民出版社　1992　p. 91

林家平　寧强　羅華慶　中國敦煌學史　北京語言學院出版社　1992　p. 16

周紹良　敦煌文學芻議及其它　(臺北)新文豐出版公司　1992　p. 36

李正宇　論敦煌曲子　第二屆國際唐代學術會議論文集(上)　(臺北)文津出版社　1993　p. 760

孫其芳　顏廷亮　敦煌文學概論　甘肅人民出版社　1993　p. 414

蔣禮鴻　敦煌文獻語言詞典　杭州大學出版社　1994　p. 202

金賢珠　唐五代敦煌民歌　(臺北)文史哲出版社　1994　p. 58、94、131

索仁森著　李吉和譯　敦煌漢文禪籍特徵概觀　《敦煌研究》1994 年第 1 期　p. 117

張涌泉　試論審辨敦煌寫本俗字的方法　《敦煌研究》1994 年第 2 期　p. 147　又見:舊學新知　浙
　　江大學出版社　1999　p. 76

黎薔　論波斯諸教對敦煌樂舞之影響　敦煌學國際研討會文集·石窟藝術編　遼寧美術出版社
　　1995　p. 220

王書慶　敦煌佛學·佛事篇　甘肅民族出版社　1995　p. 218

張涌泉　漢語俗字研究　岳麓書社　1995　p. 193

姜伯勤　敦煌悉磨遮爲蘇摩遮樂舞考　《敦煌研究》1996 年第 3 期　p. 9

姜伯勤　敦煌藝術宗教與禮樂文明　中國社會科學出版社　1996　p. 527、541

饒宗頤　"法曲子"論　敦煌曲續論　（臺北）新文豐出版公司　1996　p. 87

饒宗頤　《雲謠集》一些問題的檢討　敦煌曲續論　（臺北）新文豐出版公司　1996　p. 102

榮新江　敦煌文獻和繪畫反映的五代宋初中原與西北地區的文化交往　敦煌曲續論　（臺北）新文豐出版公司　1996　p. 35

榮新江　歸義軍史研究　上海古籍出版社　1996　p. 250

王昆吾　隋唐五代燕樂雜言歌辭研究　中華書局　1996　p. 191

徐俊　敦煌寫本唐人詩歌存佚互見綜考　敦煌吐魯番研究（第一卷）　北京大學出版社　1996　p. 123

張錫厚　敦煌釋氏詩歌創作論　慶祝潘石禪先生九秩華誕敦煌學特刊　（臺北）文津出版社　1996　p. 209

張涌泉　敦煌俗字研究導論　（臺北）新文豐出版公司　1996　p. 208

黃征　張涌泉　敦煌變文校注　中華書局　1997　p. 1053

李并成　古代河西走廊桑蠶絲織業考　《敦煌學輯刊》1997 年第 2 期　p. 63

龍晦　敦煌大曲　敦煌文學論集　四川人民出版社　1997　p. 240

陸淑綺　李重申　絲綢之路上的舞蹈與音樂　周紹良先生欣開九秩慶壽文集　中華書局　1997　p. 435

張弓　漢唐佛寺文化史　中國社會科學出版社　1997　p. 842

鄭炳林　敦煌碑銘讚輯釋　甘肅教育出版社　1997　p. 252 注 35

柴劍虹　上戰場詞　敦煌學大辭典　上海辭書出版社　1998　p. 540

孫其芳　蘇幕遮　敦煌學大辭典　上海辭書出版社　1998　p. 532

張錫厚　五臺山曲子　敦煌學大辭典　上海辭書出版社　1998　p. 542

高國藩　敦煌俗文化學　上海三聯書店　1999　p. 545

孫其芳　鳴沙遺音：敦煌詞選評　甘肅人民出版社　2000　p. 237

徐俊　敦煌詩集殘卷輯考　中華書局　2000　p. 5、15、227、545、907

徐俊　關於"禪門秘要訣"：敦煌釋氏歌偈寫本三種合校　慶祝吳其昱先生八秩華誕敦煌學特刊　（臺北）文津出版社　2000　p. 225

顏廷亮　西陲文學遺珍：敦煌文學通俗談　甘肅人民出版社　2000　p. 121

林仁昱　論敦煌佛教歌曲特質與"弘法"的關係　敦煌學（第 23 輯）　（臺北）樂學書局有限公司　2002　p. 65、71

鄭炳林　徐曉麗　敦煌寫本 P. 3973《往五臺山行記》殘卷研究　《敦煌學輯刊》2002 年第 1 期　p. 11

林仁昱　論敦煌佛教歌曲向通俗傳播的內容　中國俗文化研究（第一輯）　巴蜀書社　2003　p. 189

湯涒　敦煌曲子詞地域文化研究　上海古籍出版社　2004　p. 27、109、130、169、190

湯涒　敦煌曲子詞與河西本土文化　中國俗文化研究（第二輯）　巴蜀書社　2004　p. 193

湯涒　敦煌曲子詞寫本叙略　敦煌學國際研討會論文集　北京圖書館出版社　2005　p. 197

王志鵬　從敦煌歌辭看唐代敦煌地區禪宗的流傳與發展　《敦煌研究》2005 年第 6 期　p. 100

P. 3361

那波利貞　俗講と變文（下）　『佛教史學』（1 卷 4 號）　（京都）平樂寺書店　1950　p. 48

羅福頤　敦煌石室文物對於學術上的貢獻　《歷史教學》1951 年第 5 期　又見：中國敦煌學百年文庫·考古卷（四）　甘肅文化出版社　1999　p. 8

那波利貞　中晚唐五代の佛教寺院の俗講の座に於ける變文の演出方法に就きて　甲南大學論集（2）　（神戶）甲南大學　1955　p. 7

周紹良　敦煌所出變文現存目録　敦煌變文彙録　上海出版公司　1955　p. 2

邵榮芬　敦煌俗文學中的別字異文和唐五代西北方音　《中國語文》1963 年第 3 期　又見：中國敦煌學百年文庫・語言文字卷(一)　甘肅文化出版社　1999　p. 119

菊池英夫　西域出土文書を通じてみたる唐玄宗時代における府兵制の運用(下)　『東洋學報』(52 卷 4 號)　(東京)東洋學術協會　1970　p. 92

金岡照光　敦煌文學のさまざま　敦煌の文學　(東京)大藏出版株式會社　1971　p. 122

金岡照光　敦煌民衆の宗教と生活　敦煌の民衆——その生活と思想　(東京)評論社　1972　p. 114、166、212

那波利貞　俗講と變文　唐代社會文化史研究・第四編　(東京)創文社　1974　p. 437

饒宗頤　孝順觀念與敦煌佛曲　敦煌學(第 1 輯)　(香港)新亞研究所敦煌學會　1974　p. 73

陳祚龍　敦煌古抄中世詩歌一續　敦煌學海探珠(上冊)　(臺北)商務印書館　1979　p. 182

金岡照光　敦煌寫本と民衆仏教　続シルクロードと仏教文化　(東京)東洋哲學研究所　1980　p. 153

楊家駱　敦煌變文　(臺北)世界書局　1980　p. 839

鄭阿財　敦煌孝道文學研究　(臺北)石門圖書公司　1982　p. 16、458、533

蘇瑩輝　"敦煌曲"評介　敦煌論集續編　(臺北)學生書局　1983　p. 310

金岡照光　敦煌文獻より見たる彌勒信仰の一側面　敦煌と中國仏教(講座敦煌 7)　(東京)大東出版社　1984　p. 553

潘重規　敦煌變文集新書(上)　(臺北)"中國文化大學"中文研究所　1984　p. 25

平野顯照　講經文の組織内容　敦煌と中國仏教(講座敦煌 7)　(東京)大東出版社　1984　p. 343

王重民　故圓鑒大師二十四孝押座文　敦煌變文集　人民文學出版社　1984　p. 839

周紹良　讀變文劄記　紹良叢稿　齊魯書社　1984　p. 105、108

雷僑雲　敦煌兒童文學　(臺北)學生書局　1985　p. 86

朱鳳玉　王梵志詩研究(下)　(臺北)學生書局　1986　p. 338

任半塘　敦煌歌辭總編　上海古籍出版社　1987　p. 1324

鄭阿財　敦煌寫本定格聯章《百歲篇》研究　(臺北)《木鐸》1987 年第 11 期　又見：中國敦煌學百年文庫・文學卷(四)　甘肅文化出版社　1999　p. 313

周紹良　唐代變文及其它　敦煌文學作品選　中華書局　1987　p. 21

李正宇　中國佛教中的孝　《敦煌學輯刊》1988 年第 1、2 期　p. 135

舒學　敦煌漢文遺書中雕版印刷資料綜叙　敦煌語言文學研究　北京大學出版社　1988　p. 288

郭在貽　張涌泉　黃征　"押座文"八種補校　《寧波師院學報》1989 年第 1 期　p. 75

張鴻勳　講經文　敦煌文學　甘肅人民出版社　1989　p. 268

郭在貽　張涌泉　黃征　敦煌變文集校議　岳麓書社　1990　p. 430

郭在貽　張涌泉　黃征　敦煌寫本書寫特例發微　敦煌吐魯番學研究論文集　漢語大詞典出版社　1990　p. 324

任半塘　王昆吾　隋唐五代燕樂雜言歌辭集　巴蜀書社　1990　p. 885

項楚　敦煌變文選注　巴蜀書社　1990　p. 761

楊振良　由現存評彈"開篇"論押座文　第二屆敦煌學國際研討會論文集　(臺北)漢學研究中心　1990　p. 471

林聰明　敦煌文書學　(臺北)新文豐出版公司　1991　p. 36

程毅中　敦煌本《孝子傳》與睒子故事　中國文化(5)　(香港)中華書局　1992　p. 151

金岡照光　孝行譚——『舜子変』と『董永傳』　敦煌の文學文獻(講座敦煌 9)　(東京)大東出版社

1992　p. 498

金岡照光　押座文　敦煌の文學文獻(講座敦煌9)　（東京）大東出版社　1992　p. 346

金岡照光　韻文體類——長篇叙事詩・短篇歌詠　敦煌の文學文獻(講座敦煌9)　（東京）大東出
版社　1992　p. 256

汪泛舟　敦煌講唱文學語言審美追求　《敦煌研究》1992年第2期　p. 51

楊聯陞　書評:饒宗頤、戴密微合著《敦煌曲》　楊聯陞論文集　中國社會科學出版社　1992　p. 243

周紹良　敦煌文學芻議及其它　（臺北）新文豐出版公司　1992　p. 56、213

李正宇　敦煌文學概論　甘肅人民出版社　1993　p. 121

孫其芳　顏廷亮　敦煌文學概論　甘肅人民出版社　1993　p. 444

鄭阿財　從敦煌文獻看唐代的三教合一　第二屆國際唐代學術會議論文集(上)　（臺北）文津出版
社　1993　p. 649

鄭阿財　敦煌文獻與文學　（臺北）新文豐出版公司　1993　p. 163

曲金良　敦煌佛教文學研究　（臺北）文津出版社　1995　p. 60

張涌泉　漢語俗字研究　岳麓書社　1995　p. 156

姜伯勤　敦煌藝術宗教與禮樂文明　中國社會科學出版社　1996　p. 310

饒宗頤　敦煌曲訂補　敦煌曲續論　（臺北）新文豐出版公司　1996　p. 50

黃征　張涌泉　敦煌變文校注　中華書局　1997　p. 817、1155

張弓　漢唐佛寺文化史　中國社會科學出版社　1997　p. 771

海客　故圓鑒大師二十四孝押座文　敦煌學大辭典　上海辭書出版社　1998　p. 580

姜伯勤　道釋相激:道教在敦煌　道家文化研究(第十三輯)　三聯書店　1998　p. 71

周紹良　張涌泉　黃征　敦煌變文講經文因緣輯校(上)　江蘇古籍出版社　1998　p. 22

梅維恒著　楊繼東　陳引馳譯　唐代變文(上)　（香港）中國佛教文化出版公司　1999　p. 255

張涌泉　敦煌寫本書寫特例發微　舊學新知　浙江大學出版社　1999　p. 235

金岡照光　敦煌文獻と中國文學　（東京）五曜書房　2000　p. 19、84、358

徐俊　敦煌詩集殘卷輯考　中華書局　2000　p. 605

張錫厚　敦煌文學源流　作家出版社　2000　p. 425

張涌泉　漢語俗字叢考　中華書局　2000　p. 645

荒見泰史　敦煌變文研究概述以及新觀點　華林(第三卷)　中華書局　2004　p. 407

王志鵬　試論敦煌佛教歌辭中儒釋思想的調合　《敦煌學輯刊》2005年第3期　p. 151

P. 3362

郝春文　敦煌寫本齋文及其樣式的分類與定名　《北京師範學院學報》1990年第3期　p. 96

寧可　郝春文　敦煌社邑文書輯校　江蘇古籍出版社　1997　p. 599

郝春文　齋琬文　敦煌學大辭典　上海辭書出版社　1998　p. 459

王三慶　北京大學圖書館藏本《諸文要集》一卷研究　慶祝吳其昱先生八秩華誕敦煌學特刊　（臺
北）文津出版社　2000　p. 173

王卡　敦煌道教文獻研究　中國社會科學出版社　2004　p. 120

葉貴良　敦煌社邑文書詞語選釋　《敦煌研究》2004年第5期　p. 83

P. 3363

小島祐馬　巴黎國立圖書館藏敦煌遺書所見録(九)　『支那學』(8卷1號)　（京都）支那學社
1935　p. 126

王重民　敦煌古籍敘錄　中華書局　1979　p. 213

王重民　敦煌寫本跋文(王重民遺稿)　敦煌吐魯番文獻研究論集　中華書局　1982　p. 4

饒宗頤　敦煌書法叢刊(第十九卷)・碎金(二)　(東京)二玄社　1984　p. 99

姜亮夫　敦煌學概論　中華書局　1985　p. 62

王三慶　敦煌本古類書《語對》研究　(臺北)文史哲出版社　1985　p. 18、82

王重民　巴黎敦煌殘卷敘錄(第一輯)　敦煌叢刊初集(九)　(臺北)新文豐出版公司　1985　p. 165

王重民原編　黃永武新編　敦煌古籍敘錄新編(第十一冊)　(臺北)新文豐出版公司　1986　p. 100

王三慶著　池田溫譯　類書　敦煌漢文文獻(講座敦煌 5)　(東京)大東出版社　1992　p. 374

胡戟　傅玫　敦煌史話　中華書局　1995　p. 190

鄭炳林　敦煌碑銘讚輯釋　甘肅教育出版社　1997　p. 248 注 22

李正宇　敦煌歷史地理導論　(臺北)新文豐出版公司　1997　p. 58

楊寶玉　籯金　敦煌學大辭典　上海辭書出版社　1998　p. 779

郝春文　《敦煌寫本社邑文書輯校》補遺(四)　漢語史學報專輯(第三輯)　上海教育出版社　2003　p. 383

湯涒　敦煌曲子詞地域文化研究　上海古籍出版社　2004　p. 157

P. 3364

郝春文　敦煌寫本社邑文書年代彙考(二)　《首都師範大學學報》1993 年第 5 期　p. 77

王惠民　敦煌經變畫的研究成果與研究方法　《敦煌學輯刊》2004 年第 2 期　p. 70

P. 3365

孫修身　敦煌石窟《臘八燃燈分配窟龕名數》寫作年代考　絲路訪古　甘肅人民出版社　1983　p. 215 注 7

姜亮夫　敦煌經卷壁畫中所見寺觀錄　敦煌學論文集　上海古籍出版社　1987　p. 1073

孫修身　瓜沙曹氏卒立世次考　《魏晉南北朝隋唐史》1988 年第 10 期　p. 29

榮新江　沙州歸義軍歷任節度使稱號研究　敦煌吐魯番學研究論文集　漢語大詞典出版社　1990　p. 804

方廣錩　佛教大藏經史(八—十世紀)　中國社會科學出版社　1991　p. 115

陶秋英輯錄　姜亮夫校訂　敦煌經卷所見寺名錄　敦煌碎金　浙江古籍出版社　1992　p. 103

竺沙雅章　寺院文書　敦煌漢文文獻(講座敦煌 5)　(東京)大東出版社　1992　p. 639

張金泉　許建平　敦煌音義彙考　杭州大學出版社　1996　p. 1272

方廣錩　敦煌佛教經錄輯校　江蘇古籍出版社　1997　p. 692

鄭炳林　敦煌碑銘讚輯釋　甘肅教育出版社　1997　p. 552 注 4

方廣錩　甲戌年五月十日爲府主大王小患付經歷　敦煌學大辭典　上海辭書出版社　1998　p. 754

袁德領　歸義軍時期敦煌佛教的轉經活動　2000 年敦煌學國際學術討論會文集・歷史文化卷(下)　甘肅民族出版社　2003　p. 191

鄭炳林　晚唐五代敦煌地區《大般若經》的流傳與信仰　麥積山石窟藝術文化論文集(下)　蘭州大學出版社　2004　p. 119

P. 3366

李德超　敦煌本孝經校讎　第二屆敦煌學國際研討會論文集　(臺北)漢學研究中心　1990　p. 109

P. 3367

謝和耐著　耿昇譯　中國 5—10 世紀的寺院經濟　甘肅人民出版社　1987　p. 253　又見：上海古籍
　　出版社　2004　p. 209

唐耕耦　陸宏基　敦煌社會經濟文獻真迹釋錄(四)　全國圖書館文獻縮微複製中心　1990　p. 179

譚蟬雪　三教融合的敦煌喪俗　《敦煌研究》1991 年第 3 期　p. 79

竺沙雅章　寺院文書　敦煌漢文文獻(講座敦煌 5)　(東京)大東出版社　1992　p. 647

郝春文　關於唐後期五代宋初沙州僧俗的施捨問題　唐研究(第三卷)　北京大學出版社　1997
　　p. 30

鄭炳林　敦煌碑銘讚輯釋　甘肅教育出版社　1997　p. 31 注 3

郝春文　唐後期五代宋初敦煌僧尼的社會生活　中國社會科學出版社　1998　p. 254

譚蟬雪　喪祭與齋忌　敦煌學與中國史研究論集　甘肅人民出版社　2001　p. 228

王蘭平　敦煌寫本 ДХ6062 歸義軍時期《大般若經》抄寫紙曆及其相關問題考釋　敦煌佛教藝術文化
　　國際學術研討會論文集　蘭州大學出版社　2002　p. 74

湛如　敦煌佛教律儀制度研究　中華書局　2003　p. 360

高啓安　唐五代敦煌飲食文化研究　民族出版社　2004　p. 285

鄭炳林　徐曉莉　晚唐五代敦煌歸義軍政權的婚姻關係研究　敦煌學(第 25 輯)　(臺北)樂學書局
　　有限公司　2004　p. 561

P. 3368

周鳳五　敦煌寫本太公家教研究　(臺北)明文書局　1986　p. 155

周鳳五　太公家教重探　漢學研究(敦煌學國際研討會論文專號)　(臺北)漢學研究資料及服務中
　　心　1986　p. 365

朱鳳玉　太公家教研究　漢學研究(敦煌學國際研討會論文專號)　(臺北)漢學研究資料及服務中
　　心　1986　p. 402

鄭阿財　敦煌寫本《新集文詞九經抄》校錄　敦煌學(第 12 輯)　(臺北)新文豐出版公司　1987
　　p. 117

鄭阿財　敦煌寫卷新集文詞九經抄研究　(臺北)文史哲出版社　1989　p. 8、138　又見：唐代研究
　　論集　(第四輯)　(臺北)新文豐出版公司　1992　p. 638

鄭阿財　敦煌蒙書析論　第二屆敦煌學國際研討會論文集　(臺北)漢學研究中心　1990　p. 225

王三慶著　池田溫譯　類書　敦煌漢文文獻(講座敦煌 5)　(東京)大東出版社　1992　p. 366

鄭阿財　敦煌文獻與文學　(臺北)新文豐出版公司　1993　p. 222、258

沃興華　敦煌書法藝術　上海人民出版社　1994　p. 54

鄭炳林　敦煌碑銘讚輯釋　甘肅教育出版社　1997　p. 427 注 11

白化文　新集文詞九經抄　敦煌學大辭典　上海辭書出版社　1998　p. 781

李正宇　龍泉寺　敦煌學大辭典　上海辭書出版社　1998　p. 628

黃正建　敦煌占卜文書與唐五代占卜研究　學苑出版社　2001　p. 176

鄭阿財　朱鳳玉　敦煌蒙書研究　甘肅教育出版社　2002　p. 291、368

鄭炳林　晚唐五代敦煌占卜中的行爲決定論　《敦煌學輯刊》2003 年第 1 期　p. 10

屈直敏　《敦煌類書·勵忠節抄》校注商補(續)　《敦煌學輯刊》2004 年第 1 期　p. 33

鄭炳林　王晶波　敦煌寫本相書校錄研究　民族出版社　2004　p. 212

鄭炳林　敦煌寫本許負相書殘卷研究　敦煌學國際研討會論文集　北京圖書館出版社　2005
　　p. 163

屈直敏　從敦煌寫本類書《勵忠節抄》看唐代的知識、道德與政治秩序　《蘭州大學學報》2006 年第 2 期　p. 29

P. 3369

芳村修基　土橋秀高　井ノ口泰淳　敦煌佛教史年表　西域文化研究（第一）・敦煌佛教資料　（京都）法藏館　1958　p. 272

陳鐵凡　敦煌本尚書十四殘卷綴合記　（新加坡）《新社學報》1969 年第 3 期　又見：中國敦煌學百年文庫・文獻卷（二）　甘肅文化出版社　1999　p. 418

陳鐵凡　敦煌本孝經考略　（臺中）《東海學報》1978 年第 19 卷　又見：中國敦煌學百年文庫・文獻卷（二）　甘肅文化出版社　1999　p. 492

王堯　陳踐　敦煌吐蕃文献选　四川民族出版社　1983　p. 206

高明士　唐代敦煌的教育　漢學研究（敦煌學國際研討會論文專號）　（臺北）漢學研究資料及服務中心　1986　p. 250

李正宇　敦煌學郎題記輯注　《敦煌學輯刊》1987 年第 1 期　p. 28

鄭阿財　敦煌寫卷新集文詞九經抄研究　（臺北）文史哲出版社　1989　p. 174　又見：唐代研究論集　第四輯　（臺北）新文豐出版公司　1992　p. 666

池田溫　中國古代寫本識語集錄　（東京）大藏出版株式會社　1990　p. 430

李德超　敦煌本孝經校讎　第二屆敦煌學國際研討會論文集　（臺北）漢學研究中心　1990　p. 101

鄭阿財　敦煌蒙書析論　第二屆敦煌學國際研討會論文集　（臺北）漢學研究中心　1990　p. 233

林聰明　敦煌文書學　（臺北）新文豐出版公司　1991　p. 168

東野治之　敦煌と日本の『千字文』　遣唐使と正倉院　（東京）岩波書店　1992　p. 241

東野治之　訓蒙書　敦煌漢文文獻（講座敦煌 5）　（東京）大東出版社　1992　p. 405

鄭阿財　敦煌文獻與文學　（臺北）新文豐出版公司　1993　p. 272

鄭炳林　唐五代敦煌手工業研究　敦煌歸義軍史專題研究　蘭州大學出版社　1997　p. 270

白化文　孝經　敦煌學大辭典　上海辭書出版社　1998　p. 774

顏廷亮　敦煌文化　光明日報出版社　2000　p. 214、491

姜亮夫　敦煌莫高窟年表　姜亮夫全集（十一）　雲南人民出版社　2002　p. 414

李小榮　變文講唱與華梵宗教藝術　上海三聯書店　2002　p. 274

許建平　英倫法京所藏敦煌寫本殘片八種之定名並校録　敦煌學（第 24 輯）　（臺北）樂學書局有限公司　2003　p. 126

P. 3370

那波利貞　敦煌發見文書に拠る中晚唐時代の佛教寺院の錢穀布帛類貸付營利事業運營の實況　『支那學』（10 卷 3 號）　（京都）支那學社　1941　p. 156

唐耕耦　唐五代時期的高利貸　《敦煌學輯刊》1985 年第 2 期　p. 15

池田溫　敦煌の便穀曆　日野開三郎博士頌壽記念論集・中國社會・制度・文化史の諸問題　（福岡）中國書店　1987　p. 355

唐耕耦　敦煌寫本便物曆初探　敦煌吐魯番文獻研究論集（第五輯）　北京大學出版社　1990　p. 139、176

唐耕耦　陸宏基　敦煌社會經濟文獻真迹釋録（二）　全國圖書館文獻縮微複製中心　1990　p. 207

盧向前　關於歸義軍時期一份布紙破用曆的研究：試釋伯四六四○背面文書　敦煌吐魯番文書論稿　江西人民出版社　1992　p. 118 注 30

前田正名　河西歷史地理學研究　中國藏學出版社　1993　p. 244

黃征　吳偉　敦煌願文集　岳麓書社　1995　p. 952

唐耕耦　敦煌寺院會計文書研究　（臺北）新文豐出版公司　1997　p. 340

郝春文　唐後期五代宋初敦煌僧尼的社會生活　中國社會科學出版社　1998　p. 326

童丕　10 世紀敦煌的借貸人　法國漢學（第 3 輯）　中華書局　1998　p. 65、73

姜亮夫　敦煌：偉大的文化寶藏　雲南人民出版社　1999　p. 115

劉玉權　沙州回鶻史探微　1994 年敦煌學國際研討會文集·宗教文史卷（下）　甘肅民族出版社
　　2000　p. 24

丘古耶夫斯基　敦煌漢文文書　上海古籍出版社　2000　p. 143

羅彤華　從便物曆論敦煌寺院的放貸　敦煌文獻論集：紀念藏經洞發現一百周年國際學術研討會論
　　文集　遼寧人民出版社　2001　p. 467

楊惠玲　敦煌契約文書中的保人、見人、口承人、同便人、同取人　《敦煌研究》2002 年第 6 期　p. 44

P. 3371

石井昌子　靈寶經類　敦煌と中國道教（講座敦煌 4）　（東京）大東出版社　1983　p. 159

姜亮夫　敦煌所見道教佚經考　敦煌學論文集　上海古籍出版社　1987　p. 311

陶秋英輯錄　姜亮夫校訂　敦煌所見道教佚經錄　敦煌碎金　浙江古籍出版社　1992　p. 315

姜伯勤　《本際經》與敦煌道教　《敦煌研究》1994 年第 3 期　p. 2

姜伯勤　論敦煌本《本際經》的道性論　道家文化研究（第七輯）　上海古籍出版社　1995　p. 226

萬毅　日本天理圖書館藏卷敦煌本《本際經》論略　華學（第一輯）　中山大學出版社　1995　p. 168

姜伯勤　敦煌藝術宗教與禮樂文明　中國社會科學出版社　1996　p. 204、227

蘇晉仁　敦煌道教逸書略說　道家文化研究（第十三輯）　三聯書店　1998　p. 6

萬毅　敦煌道教文獻《本際經》錄文及解說　道家文化研究（第十三輯）　三聯書店　1998　p. 383

山田俊　唐初道教思想史研究·資料篇　（京都）平樂寺書店　1999　p. 23、161

張澤洪　論唐代道教的寫經　《敦煌研究》2000 年第 3 期　p. 131

王卡　中國國家圖書館藏敦煌道教遺書研究報告　國際敦煌學學術史研討會論文集　研討會籌備組
　　2002　p. 270　又見：敦煌吐魯番研究（第七卷）　北京大學出版社　2004　p. 367

王卡　敦煌道教文獻研究　中國社會科學出版社　2004　p. 194

P. 3372

那波利貞　佛教信仰に基きて組織せられたる中晚唐五代時代の社邑に就きて（上、下）　『史林』
　　（24 卷 3、4 號）　京都大學文學部史學研究會　1939　p. 35、69、100　又見：唐代社會文化史研
　　究·第六編　（東京）創文社　1974　p. 604、634、653

那波利貞　千佛岩莫高窟と敦煌文書　西域文化研究（第二）·敦煌吐魯番社會經濟資料（上）　（京
　　都）法藏館　1959　p. 39

那波利貞　唐代の社邑に就きて（1938 年）　唐代社會文化史研究·第五編　（東京）創文社　1974
　　p. 513、521、548、556

陳鐵凡　敦煌本孝經考略　（臺中）《東海學報》1978 年第 19 卷　又見：中國敦煌學百年文庫·文獻
　　卷（二）　甘肅文化出版社　1999　p. 496

唐耕耦　陸宏基　敦煌社會經濟文獻真迹釋錄（一）　書目文獻出版社　1986　p. 334

李正宇　唐宋時代敦煌的用筆與製筆　《絲路論壇》1987 年第 2 期　p. 54

李正宇　敦煌地區古代祠廟寺觀簡志　《敦煌學輯刊》1988 年第 1、2 期　p. 81

山本達郎等　敦煌・III 轉貼　『NUN – HUANG AND TURFAN DOCUMENTS CONCERNING SOCIAL AND ECONOMIC HISTORY』(IV)　（東京）東洋文庫　1989　p. 45

李德超　敦煌本孝經校讎　第二屆敦煌學國際研討會論文集　（臺北）漢學研究中心　1990　p. 101

姜伯勤　敦煌社會文書導論　（臺北）新文豐出版公司　1992　p. 242、251

土田健次郎　儒教典籍　敦煌漢文文獻(講座敦煌 5)　（東京）大東出版社　1992　p. 269

高國藩　敦煌民俗資料導論　（臺北）新文豐出版公司　1993　p. 3

郝春文　敦煌寫本社邑文書年代彙考(一、二)　《首都師範大學學報》1993 年第 4、5 期　p. 36；79

郝春文　敦煌寫本社邑文書年代彙考(三)　《社科縱橫》1993 年第 5 期　p. 9

前田正名　河西歷史地理學研究　中國藏學出版社　1993　p. 250

石田勇作　敦煌「社文書」研究序說　中國古代の國家と民衆(堀敏一先生古稀記念)　（東京）汲古書院　1995　p. 684

土肥義和　唐・北宋間の「社」の組織形態に関する一考察　中國古代の國家と民衆(堀敏一先生古稀記念)　（東京）汲古書院　1995　p. 721

李正宇　敦煌史地新論　（臺北）新文豐出版公司　1996　p. 89

陸慶夫　鄭炳林　俄藏敦煌寫本中九件轉帖初探　《敦煌學輯刊》1996 年第 1 期　p. 11

馮培紅　唐五代敦煌的河渠水利與水司管理機構初探　《敦煌學輯刊》1997 年第 2 期　p. 79

高啓安　唐宋時期敦煌人名探析　《敦煌研究》1997 年第 4 期　p. 126

陸慶夫　鄭炳林　唐末五代敦煌的社與粟特人聚落　敦煌歸義軍史專題研究　蘭州大學出版社　1997　p. 394

寧可　郝春文　敦煌社邑文書輯校　江蘇古籍出版社　1997　p. 264

李正宇　端嚴寺　敦煌學大辭典　上海辭書出版社　1998　p. 632

李正宇　同心契　敦煌學大辭典　上海辭書出版社　1998　p. 451

寧可　三官　敦煌學大辭典　上海辭書出版社　1998　p. 426

寧可　寧可史學論集　中國社會科學出版社　1999　p. 450 注 3

楊森　談敦煌社邑文書中"三官"及"録事""虞侯"的若干問題　《敦煌研究》1999 年第 3 期　p. 79

丘古耶夫斯基　敦煌漢文文書　上海古籍出版社　2000　p. 126

孟憲實　敦煌社邑的分佈　敦煌文獻論集：紀念藏經洞發現一百周年國際學術研討會論文集　遼寧人民出版社　2001　p. 432

許建平　英倫法京所藏敦煌寫本殘片八種之定名並校録　敦煌學(第 24 輯)　（臺北）樂學書局有限公司　2003　p. 126

湛如　敦煌佛教律儀制度研究　中華書局　2003　p. 357

趙曉星　寇甲　西魏：歸義軍時期敦煌地區的史姓　《敦煌學輯刊》2005 年第 2 期　p. 137

金瀅坤　敦煌社會經濟文書定年拾遺　《首都師範大學學報》2006 年第 1 期　p. 12

P. 3373

田中良昭　敦煌禪宗文獻の研究　（東京）大東出版社　1983　p. 360

廣川堯敏　禮讚　敦煌と中國仏教(講座敦煌 7)　（東京）大東出版社　1984　p. 453

任半塘　敦煌歌辭總編　上海古籍出版社　1987　p. 1066

汪泛舟　讚・箴　敦煌文學　甘肅人民出版社　1989　p. 102

姜伯勤　論禪宗在敦煌僧俗中的流傳　（香港）《九州學刊》(敦煌學專輯)1992 年第 4 卷第 4 期　p. 8　又見：中國敦煌學百年文庫・宗教卷(一)　甘肅文化出版社　1999　p. 221

高田時雄　チベット文字書寫「長卷」の研究(本文編)　『東方學報』(第 65 號)　京都大學人文科

　　　　學研究所　1993　p. 376

梅弘理　敦煌本佛教教理問答書　法國學者敦煌學論文選萃　中華書局　1993　p. 140

姜伯勤　敦煌藝術宗教與禮樂文明　中國社會科學出版社　1996　p. 364

饒宗頤　"法曲子"論　敦煌曲續論　（臺北）新文豐出版公司　1996　p. 87

張涌泉　敦煌俗字研究導論　（臺北）新文豐出版公司　1996　p. 231、260

張弓　漢唐佛寺文化史　中國社會科學出版社　1997　p. 832

方廣錩　淨土五會念佛誦經觀行儀　敦煌學大辭典　上海辭書出版社　1998　p. 723

張先堂　晚唐至宋初淨土五會念佛法門在敦煌的流傳　《敦煌研究》1998 年第 1 期　p. 51

P. 3374

王三慶　敦煌寫卷中武后新字之調查研究　唐代研究論集（第三輯）　（臺北）新文豐出版公司　1992　p. 97

北京大學　敦煌《經卷》、《照片》及《圖書》目録　中國敦煌學百年文庫・綜述卷（一）　甘肅文化出版社　1999　p. 313

施安昌　唐武周時期的刻經與敦煌寫經　善本碑帖論集　紫禁城出版社　2002　p. 120

西本照真　三階教文獻綜述　藏外佛教文獻（第九輯）　宗教文化出版社　2003　p. 381

P. 3375

周紹良　敦煌所出變文現存目録　敦煌變文彙録　上海出版公司　1955　p. 4

王慶菽　試談變文的産生和影響　《新建設》1957 年第 3、8 期　又見：敦煌變文論文録　上海古籍出版社　1982　p. 259；中國敦煌學百年文庫・文學卷（一）　甘肅文化出版社　1999　p. 546

那波利貞　千佛岩莫高窟と敦煌文書　西域文化研究（第二）・敦煌吐魯番社會經濟資料（上）　（京都）法藏館　1959　p. 56

邵榮芬　敦煌俗文學中的別字異文和唐五代西北方音　《中國語文》1963 年第 3 期　又見：中國敦煌學百年文庫・語言文字卷（一）　甘肅文化出版社　1999　p. 122

金岡照光　敦煌漢文文學文獻の文學形態上の種類とその分類　敦煌出土文學文獻分類目録・附解説　（東京）東洋文庫　1971　p. 190

金岡照光　敦煌民衆の宗教と生活　敦煌の民衆——その生活と思想　（東京）評論社　1972　p. 166

那波利貞　開元末期以前と天寶初期以後との唐の時世の差異に就きて　唐代社會文化史研究・第一編　（東京）創文社　1974　p. 66

邱鎮京　敦煌變文述論　（臺北）商務印書館　1974　p. 1885

加地哲定　增補中國佛教文學研究　（東京）同朋舍　1979　p. 168、181

王重民　敦煌古籍叙録　中華書局　1979　p. 375

楊家駱　敦煌變文　（臺北）世界書局　1980　p. 781

潘重規　敦煌變文新論　敦煌變文論輯　（臺北）石門圖書公司　1981　p. 172

蘇瑩輝　敦煌學概要　（臺北）編譯館"中華叢書編委會"　1981　p. 85

鄭阿財　敦煌孝道文學研究　（臺北）石門圖書公司　1982　p. 76

牛龍菲　中國散韻相間、兼說兼唱之文體的來源　《敦煌學輯刊》1983 年創刊號　p. 33

潘重規　敦煌變文集新書（下）　（臺北）"中國文化大學"中文研究所　1984　p. 764

郭長城　敦煌寫本朋友書儀試論　漢學研究（敦煌學國際研討會論文專號）　（臺北）漢學研究資料及服務中心　1986　p. 296

王重民原編　黃永武新編　敦煌古籍叙録新編（第十一、十八冊）　（臺北）新文豐出版公司　1986
　　p. 360；223

趙和平　敦煌寫本《朋友書儀》殘卷整理及研究　《敦煌研究》1987 年第 4 期　p. 44

周紹良　唐代變文及其它　敦煌文學作品選　中華書局　1987　p. 18

周紹良　趙和平　書儀　《敦煌語言文學研究通訊》1987 年第 4 期　p. 1　又見：敦煌文學　甘肅人
　　民出版社　1989　p. 46

周一良　敦煌寫本書儀考（之二）　敦煌吐魯番文獻研究論集（第四輯）　北京大學出版社　1987
　　p. 21　又見：唐五代書儀研究　中國社會科學出版社　1995　p. 72

柴劍虹　因緣　敦煌文學　甘肅人民出版社　1989　p. 273

高國藩　敦煌古俗與民俗流變　河海大學出版社　1990　p. 321

郭在貽　張涌泉　黃征　敦煌變文集校議　岳麓書社　1990　p. 381、401

郭在貽　張涌泉　黃征　敦煌寫本書寫特例發微　敦煌吐魯番學研究論文集　漢語大詞典出版社
　　1990　p. 315

加地哲定著　劉衛星譯　中國佛教文學　今日中國出版社　1990　p. 142、153

蔣紹愚　近代漢語語法資料彙編（唐五代卷）　商務印書館　1990　p. 422

趙和平　敦煌寫本書儀略論　敦煌吐魯番學研究論文集　漢語大詞典出版社　1990　p. 562　又見：
　　唐五代書儀研究　中國社會科學出版社　1995　p. 2

柴劍虹　敦煌文學中的“因緣”與“詩話”　西域文史論稿　（臺北）國文天地雜誌社　1991　p. 515

汪泛舟　敦煌文學寫本辨正舉隅　《敦煌研究》1991 年第 1 期　p. 94

金岡照光　講唱體類　敦煌の文學文獻（講座敦煌 9）　（東京）大東出版社　1992　p. 106

金岡照光　總説『敦煌文學の諸形態』　敦煌の文學文獻（講座敦煌 9）　（東京）大東出版社　1992
　　p. 25

張涌泉　《敦煌歌辭總編》校議　《語言研究》1992 年第 1 期　p. 56

張涌泉　敦煌寫卷俗字類型及其考辨的方法　（香港）《九州學刊》（敦煌學專輯）1992 年第 4 卷第 4
　　期　p. 71

周紹良　敦煌文學芻議及其它　（臺北）新文豐出版公司　1992　p. 53

周一良　唐代書儀的類型　敦煌漢文文獻（講座敦煌 5）　（東京）大東出版社　1992　p. 695

杜琦　敦煌文學概論　甘肅人民出版社　1993　p. 509

高國藩　敦煌民俗資料導論　（臺北）新文豐出版公司　1993　p. 88

楊雄　講經文名實説　（香港）《九州學刊》（敦煌學專輯）1993 年第 5 卷第 4 期　p. 144

趙和平　敦煌寫本書儀研究　（臺北）新文豐出版公司　1993　p. 11、113

陳海濤　敦煌變文新論　《敦煌研究》1994 年第 1 期　p. 66

胡戟　中國古代禮儀　陝西人民出版社　1994　p. 187

胡戟　傅玫　敦煌史話　中華書局　1995　p. 186

曲金良　敦煌佛教文學研究　（臺北）文津出版社　1995　p. 99

楊雄　歡喜國王緣　敦煌論稿　甘肅文化出版社　1995　p. 496

張涌泉　漢語俗字研究　岳麓書社　1995　p. 51、166

周一良　趙和平　敦煌寫本《朋友書儀》殘卷整理及研究　唐五代書儀研究　中國社會科學出版社
　　1995　p. 109

霍旭初　克孜爾《優陀羡王緣》壁畫與敦煌《歡喜國王緣》變文　《藝術學》1996 年第 15 期　又見：中
　　國敦煌學百年文庫・考古卷（三）　甘肅文化出版社　1999　p. 369；1994 年敦煌學國際研討會
　　文集・石窟考古卷　甘肅民族出版社　2000　p. 275；考證與辯析：西域佛教文化論稿　新疆美

術攝影出版社　2002　p. 24

張涌泉　敦煌俗字研究導論　（臺北）新文豐出版公司　1996　p. 153、221、263

張涌泉　敦煌文獻校讀釋例　文史（第四十一輯）　中華書局　1996　p. 198　又見：舊學新知　浙江大学出版社　1999　p. 210

張涌泉　敦煌寫卷俗字類釋　敦煌吐魯番學研究論集　書目文獻出版社　1996　p. 479

黃征　張涌泉　敦煌變文校注　中華書局　1997　p. 665、1093

陸淑綺　李重申　敦煌古代戲曲文化史料綜述　《敦煌研究》1997 年第 2 期　p. 65

張涌泉　敦煌地理文書輯錄著作三種校議　古典文獻與文化論叢　中華書局　1997　p. 89

海客　歡喜國王緣　敦煌學大辭典　上海辭書出版社　1998　p. 580

趙和平　朋友書儀　敦煌學大辭典　上海辭書出版社　1998　p. 417

周紹良　張涌泉　黃征　敦煌變文講經文因緣輯校（上、下）　江蘇古籍出版社　1998　p. 19、940

段小強　敦煌文書中所見的古代喪儀　《西北民族研究》1999 年第 1 期　p. 212、215

梅維恒著　楊繼東　陳引馳譯　唐代變文（上）　（香港）中國佛教文化出版公司　1999　p. 82、262

張涌泉　敦煌寫本書寫特例發微　舊學新知　浙江大學出版社　1999　p. 226

張涌泉　論吳任臣的《字彙補》　舊學新知　浙江大學出版社　1999　p. 152

北京大學　敦煌《經卷》、《照片》及《圖書》目錄　中國敦煌學百年文庫·綜述卷（一）　甘肅文化出版社　1999　p. 312

顏廷亮　敦煌文化　光明日報出版社　2000　p. 275

張錫厚　敦煌文學源流　作家出版社　2000　p. 154、421

李小榮　敦煌變文"平"、"側"、"斷"諸音聲符號探析　《敦煌學輯刊》2001 年第 2 期　p. 8

周一良　魏晉南北朝史論集續編　北京大學出版社　2001　p. 225

姜亮夫　敦煌莫高窟年表　姜亮夫全集（十一）　雲南人民出版社　2002　p. 536

李小榮　變文講唱與華梵宗教藝術　上海三聯書店　2002　p. 201

張鴻勛　敦煌俗文學研究　甘肅人民出版社　2002　p. 8、99

何廣棪　陳寅恪教授與中國俗文學研究　中國俗文化研究（第一輯）　巴蜀書社　2003　p. 2

荒見泰史　敦煌的講唱體文獻　敦煌學（第 25 輯）　（臺北）樂學書局有限公司　2004　p. 275

榮新江　評《上海圖書館藏敦煌吐魯番文獻》　歷史文獻（第七輯）　上海古籍出版社　2004　p. 324

王三慶　黃亮文　《朋友書儀》一卷研究　敦煌學（第 25 輯）　（臺北）新文豐出版公司　2004　p. 22

王小盾　潘重規先生"變文外衣"理論疏說　敦煌學（第 25 輯）　（臺北）樂學書局有限公司　2004　p. 87

P. 3376

芳村修基　土橋秀高　井ノ口泰淳　敦煌佛教史年表　西域文化研究（第一）·敦煌佛教資料　（京都）法藏館　1958　p. 259

陳慶浩　古賢集校注　敦煌學（第 3 輯）　（香港）新亞研究所敦煌學會　1976　p. 86

雷僑雲　敦煌兒童文學　（臺北）學生書局　1985　p. 127

姜伯勤　敦煌藝術宗教與禮樂文明　中國社會科學出版社　1996　p. 315

田中良昭　《禪籍解題（一）·敦煌禪籍》補遺　俗語言研究（第三期）　（京都）禪文化研究所　1996　p. 213

李正宇　敦煌歷史地理導論　（臺北）新文豐出版公司　1997　p. 59

姜伯勤　道釋相激：道教在敦煌　道家文化研究（第十三輯）　三聯書店　1998　p. 76

殷光明　從《祇園精舍圖》到《勞度叉鬥聖變》的主題轉變與佛道之爭　《敦煌研究》2001 年第 2 期

p. 11

姜亮夫　敦煌莫高窟年表　姜亮夫全集(十一)　雲南人民出版社　2002　p. 201

史葦湘　敦煌歷史與莫高窟藝術研究　甘肅教育出版社　2002　p. 197

P. 3377

陳祚龍　關於道家"本際經"及其"要略妙義"與"疏"的敦煌古抄　敦煌文物隨筆　(臺北)商務印書
　　　館　1979　p. 211

金岡照光　敦煌文獻と中國文學　(東京)五曜書房　2000　p. 532

P. 3378

三木榮　西域出土醫藥關係文獻綜合解說目錄　『東洋學報』(47卷1號)　(東京)東洋學術協會
　　　1964　p. 6

陳鐵凡　敦煌本孝經考略　(臺中)《東海學報》1978年第19卷　又見:中國敦煌學百年文庫・文獻
　　　卷(二)　甘肅文化出版社　1999　p. 503

潘重規　敦煌變文與儒生解經　《靜宜學報》1981年第4集　又見:中國敦煌學百年文庫・文學卷
　　　(四)　甘肅文化出版社　1999　p. 55

鄭阿財　敦煌孝道文學研究　(臺北)石門圖書公司　1982　p. 729

馬繼興　敦煌古醫籍考釋　江西科學技術出版社　1988　p. 144

李德超　敦煌本孝經校讎　第二屆敦煌學國際研討會論文集　(臺北)漢學研究中心　1990　p. 101

張弘强　杜文傑　敦煌石窟氣功:一分鐘臍密功　甘肅科學技術出版社　1990　p. 89

趙健雄　敦煌遺書醫學卷考析　《敦煌研究》1991年第4期　p. 101

土田健次郎　儒教典籍　敦煌漢文文獻(講座敦煌5)　(東京)大東出版社　1992　p. 295

李正宇　中國唐宋硬筆書法　上海文化出版社　1993　p. 85

丛春雨　敦煌中醫藥全書　中醫古籍出版社　1994　p. 30、594

鄭阿財　潘重規教授與敦煌學研究　"中國唐代學會"會刊(第七期)　(臺北)"中國唐代學會"
　　　1996　p. 30

白化文　孝經　敦煌學大辭典　上海辭書出版社　1998　p. 775

馬繼興　敦煌醫藥文獻輯校　江蘇古籍出版社　1998　p. 207

王淑民　雜療醫藥方　敦煌學大辭典　上海辭書出版社　1998　p. 618

王進玉　從敦煌文物看中西文化交流　《西域研究》1999年第1期　p. 60

王淑民　敦煌石窟秘藏醫方　北京醫科大學中國協和醫科大學聯合出版社　1999　p. 4、43、60、92

丛春雨　敦煌中醫藥精萃發微　中醫古籍出版社　2000　p. 183、261、287

榮新江　《英藏敦煌文獻》定名商補　文史(第五十二輯)　中華書局　2000　p. 124

鄭阿財　潘重規先生敦煌學研究成果與貢獻　《敦煌研究》2000年第2期　p. 114

陳明　醫理精華:印度古典醫學在敦煌的實例分析　敦煌吐魯番研究(第五卷)　北京大學出版社
　　　2001　p. 233

丛春雨　論醋在敦煌遺書、馬王堆竹簡古醫方的臨床應用　《敦煌研究》2001年第2期　p. 145

張儂　敦煌遺書中的針灸文獻　《敦煌研究》2001年第2期　p. 150

馬繼興　當前世界各地收藏的中國出土卷子本古醫藥文獻備考　敦煌吐魯番研究(第六卷)　北京
　　　大學出版社　2002　p. 151

陳明　備急單驗:敦煌醫藥文獻中的單藥方　敦煌學國際研討會論文集　北京圖書館出版社　2005
　　　p. 239

陳明　殊方異藥：出土文書與西域醫學　北京大學出版社　2005　p. 151

P. 3379

仁井田陞　許氏『敦煌雜録』と所収の法律史料——附説『敦煌石室寫經題記』　『東洋學報』（26 卷 1 號）　（東京）東洋學術協會　1938　p. 170

陳祚龍　瓜沙印録　中國敦煌　（臺北）《大陸雜誌》1962 年第 4 期　又見：敦煌學概要　（臺北）編譯館"中華叢書編委會"　1981　p. 267 ；中國敦煌學百年文庫・考古卷（一）　甘肅文化出版社　1999　p. 186

竺沙雅章　敦煌出土「社」文書の研究　『東方學報』（第 35 號）　京都大學人文科學研究所　1964　p. 279

池田溫　中國古代籍帳研究：概観・録文　東京大學東洋文化研究所　1979　p. 658

王重民　敦煌古籍叙録　中華書局　1979　p. 147

堀敏一　敦煌社會の変質——中國社會全般の發展とも関連して　敦煌の社會（講座敦煌 3）　（東京）大東出版社　1980　p. 186

陳國燦　敦煌所出諸借契年代考　魏晉南北朝隋唐史資料（第 4 輯）　武漢大學出版社　1982　p. 14　又見：《敦煌學輯刊》1984 年第 1 期　p. 6

蘇瑩輝　瓜沙史事系年　敦煌論集　（臺北）學生書局　1983　p. 272

王堯　陳踐　敦煌吐蕃文獻選　四川民族出版社　1983　p. 2

艾麗白著　耿昇譯　敦煌漢文寫本中的鳥形押　敦煌譯叢（第一輯）　甘肅人民出版社　1985　p. 193

仁井田陞著　姜鎮慶譯　唐末五代的敦煌寺院佃戶關係文書　敦煌學譯文集　甘肅人民出版社　1985　p. 834

王重民　巴黎敦煌殘卷叙録（第二輯）　敦煌叢刊初集（九）　（臺北）新文豐出版公司　1985　p. 239

楚古耶夫斯基著　桑林摘譯　八一十世紀的敦煌　國外中國學研究譯叢（1）　青海人民出版社　1986　p. 590

王重民原編　黃永武新編　敦煌古籍叙録新編（第七冊）　（臺北）新文豐出版公司　1986　p. 255

陳踐　王堯　敦煌本《吐蕃法制文書》譯釋　1983 年全國敦煌學術討論會文集・文史遺書編（上）　甘肅人民出版社　1987　p. 241

王永興　隋唐五代經濟史料彙編校注・第一編（下）　中華書局　1987　p. 1061

山本達郎等　敦煌・II 牒・狀　『NUN－HUANG AND TURFAN DOCUMENTS CONCERNING SOCIAL AND ECONOMIC HISTORY』（IV）　（東京）東洋文庫　1989　p. 19

佐竹靖彦　唐宋變革の地域的研究　（東京）同朋舍　1990　p. 29

林聰明　敦煌文書學　（臺北）新文豐出版公司　1991　p. 117、394

仁井田陞　補訂中國法制史研究：奴隷農奴法・家族村落法　東京大學出版會　1991　p. 63

仁井田陞　補訂中國法制史研究：土地法・交易法　東京大學出版會　1991　p. 674、828

林家平　寧強　羅華慶　中國敦煌學史　北京語言學院出版社　1992　p. 166

王震亞　趙熒　敦煌殘卷爭訟文牒集釋　甘肅人民出版社　1993　p. 237

寧可　郝春文　敦煌寫本社邑文書述略　《首都師範大學學報》1994 年第 4 期　p. 14

Л. N. チュグイェフスキー著　荒川正晴譯注　ソ連邦科學アカデミー東洋學研究所所藏、敦煌寫本における官印と寺印　『吐魯番出土文物研究會會報』（98、99 號）　（東京）吐魯番出土文物研究會　1994　p. 5

土肥義和　唐・北宋間の「社」の組織形態に関する一考察　中國古代の國家と民衆（堀敏一先生古

稀記念）　（東京）汲古書院　1995　p. 720

堀敏一　中國古代の家と集落　（東京）汲古書院　1996　p. 473

劉進寶　P. 3236 號《壬申年官布籍》時代考　《西北師大學報》(社會科學版)1996 年第 5 期　p. 46

馮培紅　晚唐五代宋初歸義軍武職軍將研究　敦煌歸義軍史專題研究　蘭州大學出版社　1997　p. 130

高啓安　唐宋時期敦煌人名探析　《敦煌研究》1997 年第 4 期　p. 125

寧可　郝春文　敦煌社邑文書輯校　江蘇古籍出版社　1997　p. 743

孫曉林　敦煌遺書所見唐宋間令狐氏在敦煌的分佈　唐代的歷史與社會　武漢大學出版社　1997　p. 534

鄭炳林　馮培紅　晚唐五代宋初歸義軍政權中都頭一職考辨　敦煌歸義軍史專題研究　蘭州大學出版社　1997　p. 89

陳國燦　顯德五年沙州陰保山等三人團保牒　敦煌學大辭典　上海辭書出版社　1998　p. 432

顧吉辰　敦煌文獻職官結銜考釋　《敦煌學輯刊》1998 年第 2 期　p. 34

李正宇　敦煌遺書標點符號　敦煌學大辭典　上海辭書出版社　1998　p. 520

寧可　社邑牒狀　敦煌學大辭典　上海辭書出版社　1998　p. 432

沙知　瓜沙等州觀察使新印　敦煌學大辭典　上海辭書出版社　1998　p. 291

楊森　晚唐五代兩件《女人社》文書劄記　《敦煌研究》1998 年第 1 期　p. 69

寧可　寧可史學論集　中國社會科學出版社　1999　p. 446 注 2

丘古耶夫斯基著　魏迎春譯　俄藏敦煌漢文寫卷中的官印及寺院印章　《敦煌學輯刊》1999 年第 1 期　p. 144

高啓安　崇高與卑賤:敦煌的佛教信仰賤名再探　'98 法門寺唐文化國際學術討論會論文集　陝西人民出版社　2000　p. 252

堀敏一著　張宇譯　中唐以後敦煌地區的稅制　《敦煌研究》2000 年第 3 期　p. 150

丘古耶夫斯基　敦煌漢文文書　上海古籍出版社　2000　p. 109

林聰明　敦煌吐魯番文書解詁指例　（臺北）新文豐出版公司　2001　p. 97

山本達郎等　補(IV)社・III 轉貼　『NUN－HUANG AND TURFAN DOCUMENTS CONCERNING SO-CIAL AND ECONOMIC HISTORY』(Sup. p. lemrnts)　（東京）東洋文庫　2001　p. 73、81

陳國燦　敦煌學史事新證　甘肅教育出版社　2002　p. 338

郝春文　《唐末五代宋初敦煌社邑的幾個問題》商榷　國際敦煌學學術史研討會論文集　研討會籌備組　2002　p. 200

姜亮夫　敦煌莫高窟年表　姜亮夫全集(十一)　雲南人民出版社　2002　p. 539

郝春文　評《唐末五代變革期的政治與經濟》　唐研究(第九卷)　北京大學出版社　2003　p. 546

李正宇　敦煌遺書一宗後晉時期敦煌民事訴訟檔案　《敦煌研究》2003 年第 2 期　p. 45

森安孝夫著　梁曉鵬摘譯　河西歸義軍節度使官印及其編年　《敦煌學輯刊》2003 年第 1 期　p. 142

劉進寶　唐五代的"單身"及其賦役免征　中華文史論叢(總 79 輯)　上海古籍出版社　2005　p. 239

金瀅坤　敦煌社會經濟文書定年拾遺　《首都師範大學學報》2006 年第 1 期　p. 12

P. 3380

王重民　敦煌古籍叙錄　中華書局　1979　p. 47

王重民　巴黎敦煌殘卷叙錄(第一輯)　敦煌叢刊初集(九)　（臺北）新文豐出版公司　1985　p. 120

王重民原編　黃永武新編　敦煌古籍叙錄新編(第三冊)　（臺北）新文豐出版公司　1986　p. 23

杜愛英　敦煌遺書中俗體字的諸種類型　《敦煌研究》1992 年第 3 期　p. 120

土田健次郎　儒教典籍　敦煌漢文文獻（講座敦煌 5）　（東京）大東出版社　1992　p. 268

胡戟　傅玫　敦煌史話　中華書局　1995　p. 143

白化文　禮記鄭玄注　敦煌學大辭典　上海辭書出版社　1998　p. 773

姜亮夫　敦煌:偉大的文化寶藏　雲南人民出版社　1999　p. 102

王冀青　斯坦因與日本敦煌學　甘肅教育出版社　2004　p. 306

P. 3381

芳村修基　土橋秀高　井ノ口泰淳　敦煌佛教史年表　西域文化研究（第一）・敦煌佛教資料　（京都）法藏館　1958　p. 273

金岡照光　敦煌漢文文學文獻の文學形態上の種類とその分類　敦煌出土文學文獻分類目録・附解說　（東京）東洋文庫　1971　p. 236

金岡照光　敦煌文學のさまざま　敦煌の文學　（東京）大藏出版株式會社　1971　p. 160

池田溫　中國古代の租佃契（上）　『東洋文化研究所紀要』（第 60 冊）　東京大學東洋文化研究所　1973　p. 93

那波利貞　唐寫本雜抄考——唐代庶民教育史研究の一資料　唐代社會文化史研究・第二編　（東京）創文社　1974　p. 208

王重民　敦煌古籍叙録　中華書局　1979　p. 304、308

張錫厚　敦煌文學　上海古籍出版社　1980　p. 43 注 3

張錫厚　敦煌文學的歷史貢獻　文學評論叢刊（第九輯）　中國社會科學出版社　1981　p. 203

傅芸子　敦煌俗文學之發見及其展開　敦煌變文論文録　上海古籍出版社　1982　p. 140

鄭阿財　敦煌孝道文學研究　（臺北）石門圖書公司　1982　p. 303

劉修業　王重民　《秦婦吟》校勘續記　敦煌遺書論文集　中華書局　1984　p. 142、153 注 4　又見:秦婦吟研究彙録　上海古籍出版社　1990　p. 126

潘重規　敦煌寫本秦婦吟新書　敦煌學（第 8 輯）　（臺北）“中國文化大學”中國文學研究所敦煌學會　1984　p. 19

蔣禮鴻　《補全唐詩》校記　敦煌學論集　甘肅人民出版社　1985　p. 79

蕭登福　敦煌寫卷《唐太宗入冥記》之撰寫年代及其影響　（臺北）《中國文化復興月刊》1985 年第 5－6 期　又見:中國敦煌學百年文庫・文學卷（五）　甘肅文化出版社　1999　p. 276

高明士　唐代敦煌的教育　漢學研究（敦煌學國際研討會論文專號）　（臺北）漢學研究資料及服務中心　1986　p. 258

簡濤　敦煌本《燕子賦》考論　《敦煌研究》1986 年第 3 期　p. 32

李正宇　唐宋時代的敦煌學校　《敦煌研究》1986 年第 1 期　p. 45

王重民原編　黄永武新編　敦煌古籍叙録新編（第十五冊）　（臺北）新文豐出版公司　1986　p. 261

姜亮夫　敦煌經卷壁畫中所見寺觀録　敦煌學論文集　上海古籍出版社　1987　p. 1077

李正宇　敦煌學郎題記輯注　《敦煌學輯刊》1987 年第 1 期　p. 30

林平和　羅振玉敦煌學析論　（臺北）文史哲出版社　1988　p. 73

高國藩　敦煌民俗學　上海文藝出版社　1989　p. 99

張錫厚　詩歌　敦煌文學　甘肅人民出版社　1989　p. 178

柴劍虹　《秦婦吟》敦煌寫卷的新發現　秦婦吟研究彙録　上海古籍出版社　1990　p. 171　又見:西域文史論稿　（臺北）國文天地雜誌社　1991　p. 307

池田溫　中國古代寫本識語集録　（東京）大藏出版株式會社　1990　p. 450

龍晦　敦煌與五代兩蜀文化　《敦煌研究》1990 年第 2 期　p. 96

盧向前　金山國立國之我見　《敦煌學輯刊》1990 年第 2 期　p. 15、20　又見:敦煌吐魯番文書論稿
　　江西人民出版社　1992　p. 177

顏廷亮　趙以武　秦婦吟研究彙錄　上海古籍出版社　1990　p. 1(圖版)

張錫厚　淺談敦煌寫本《秦婦吟》　秦婦吟研究彙錄　上海古籍出版社　1990　p. 259

Lionel Giles 撰　張蔭麟譯　《秦婦吟》之考證與校釋　秦婦吟研究彙錄　上海古籍出版社　1990
　　p. 24

林聰明　敦煌文書出處略考　季羨林教授八十華誕紀念論文集(下)　江西人民出版社　1991
　　p. 856

林聰明　敦煌文書學　(臺北)新文豐出版公司　1991　p. 172、386

張高評　韋莊《秦婦吟》與唐宋詩風之嬗變──以敘事、詩史、破體爲例　第四屆唐代文化學術研討
　　會論文集　(臺南)成功大學　1991　p. 385 注 2

東野治之　敦煌と日本の『千字文』　遣唐使と正倉院　(東京)岩波書店　1992　p. 240

東野治之　訓蒙書　敦煌漢文文獻(講座敦煌 5)　(東京)大東出版社　1992　p. 405

姜伯勤　敦煌社會文書導論　(臺北)新文豐出版公司　1992　p. 90

饒宗頤　敦煌寫卷之書法　唐代研究論集(第三輯)　(臺北)新文豐出版公司　1992　p. 22

榮新江　金山國史辨正　中華文史論叢(總 50 輯)　上海古籍出版社　1992　p. 75

陶秋英輯錄　姜亮夫校訂　敦煌經卷所見寺名錄　敦煌碎金　浙江古籍出版社　1992　p. 113

嚴耕望　唐人習業山林寺院之風尚　唐代研究論集(第二輯)　(臺北)新文豐出版公司　1992　p. 9

周丕顯　敦煌佚詩雜考　《敦煌學輯刊》1992 年第 1、2 期　p. 49

周紹良　敦煌文學芻議及其它　(臺北)新文豐出版公司　1992　p. 27

項楚　敦煌詩歌導論　(臺北)新文豐出版公司　1993　p. 33

張錫厚　敦煌文學概論　甘肅人民出版社　1993　p. 357

蔣禮鴻　蔣禮鴻語言文字學論叢　浙江古籍出版社　1994　p. 424

林聰明　談敦煌文書的抄寫問題　紀念陳寅恪先生百年誕辰學術論文集　江西教育出版社　1994
　　p. 289

胡戟　傅玫　敦煌史話　中華書局　1995　p. 168

劉進寶　敦煌學論述　(臺北)洪葉文化事業有限公司　1995　p. 331

顏廷亮　敦煌文學概說　(臺北)新文豐出版公司　1995　p. 98

張涌泉　陳祚龍校錄敦煌卷子失誤例釋　學術集林(卷六)　上海遠東出版社　1995　p. 303　又
　　見:舊學新知　浙江大学出版社　1999　p. 279

李正宇　敦煌史地新論　(臺北)新文豐出版公司　1996　p. 189

榮新江　歸義軍史研究　上海古籍出版社　1996　p. 217

張涌泉　敦煌寫本《秦婦吟》彙校　中國典籍與文化論叢(第四輯)　中華書局　1997　p. 313

鄭炳林　敦煌碑銘讚輯釋　甘肅教育出版社　1997　p. 374 注 3

李正宇　學士　敦煌學大辭典　上海辭書出版社　1998　p. 597

高國藩　敦煌俗文化學　上海三聯書店　1999　p. 512

梅維恒著　楊繼東　陳引馳譯　唐代變文(上)　(香港)中國佛教文化出版公司　1999　p. 264 注 5

孫其芳　大漠遺歌:敦煌詩歌選評　甘肅人民出版社　2000　p. 159

徐俊　敦煌詩集殘卷輯考　中華書局　2000　p. 140、230、440

張錫厚　敦煌文學源流　作家出版社　2000　p. 7、110

林聰明　敦煌吐魯番文書解詁指例　(臺北)新文豐出版公司　2001　p. 37、205

姜亮夫　敦煌莫高窟年表　姜亮夫全集(十一)　雲南人民出版社　2002　p. 455
金瀅坤　唐五代童子科與兒童教育　中國中古史論集　天津古籍出版社　2003　p. 296
張涌泉　燦爛的敦煌文化　浙江與敦煌學:常書鴻先生誕辰一百周年紀念文集　浙江古籍出版社
　　2004　p. 635

P. 3382

金岡照光　敦煌の寫本　敦煌の文學　(東京)大藏出版株式會社　1971　p. 85
陳鐵凡　敦煌本孝經考略　(臺中)《東海學報》1978 年第 19 卷　又見:中國敦煌學百年文庫·文獻
　　卷(二)　甘肅文化出版社　1999　p. 504
陳祚龍　敦煌道經後記彙錄　敦煌文物隨筆　(臺北)商務印書館　1979　p. 23
潘重規　敦煌變文與儒生解經　《靜宜學報》1981 年第 4 集　又見:中國敦煌學百年文庫·文學卷
　　(四)　甘肅文化出版社　1999　p. 56
陳祚龍　新校重訂《敦煌道經後記彙錄》　敦煌學要籥　(臺北)新文豐出版公司　1982　p. 213 注 3
鄭阿財　敦煌孝道文學研究　(臺北)石門圖書公司　1982　p. 729
王重民原編　黃永武新編　敦煌古籍叙錄新編(第四冊)　(臺北)新文豐出版公司　1986　p. 91
李德超　敦煌本孝經校讎　第二屆敦煌學國際研討會論文集　(臺北)漢學研究中心　1990　p. 108
孫啓治　唐寫本俗別字變化類型舉例　敦煌吐魯番文獻研究論集(第五輯)　北京大學出版社
　　1990　p. 132
土田健次郎　儒教典籍　敦煌漢文文獻(講座敦煌 5)　(東京)大東出版社　1992　p. 269、284、295
鄭阿財　從敦煌文獻看唐代的三教合一　第二屆國際唐代學術會議論文集(上)　(臺北)文津出版
　　社　1993　p. 654
姜亮夫　敦煌:偉大的文化寶藏　雲南人民出版社　1999　p. 136

P. 3383

小島祐馬　巴黎國立圖書館藏敦煌遺書所見錄(四)　『支那學』(6 卷 3 號)　(京都)支那學社
　　1932　p. 83
周祖謨　唐本《毛詩音》撰人考　漢語音韻論文集　商務印書館　1957　又見:中國敦煌學百年文
　　庫·語言文字卷(一)　甘肅文化出版社　1999　p. 232
潘重規　巴黎倫敦所藏敦煌詩經卷子題記　(香港)《新亞書院學術年刊》1969 年第 11 期　又見:中
　　國敦煌學百年文庫·文獻卷(二)　甘肅文化出版社　1999　p. 388
潘重規　王重民題敦煌卷子徐邈毛詩音新考　(香港)《新亞學報》1969 年第 1 期　又見:中國敦煌
　　學百年文庫·文獻卷(一)　甘肅文化出版社　1999　p. 544
潘重規　敦煌詩經卷子研究　(臺北)《華岡學報》1970 年第 6 期　又見:中國敦煌學百年文庫·文
　　獻卷(二)　甘肅文化出版社　1999　p. 436
王重民　敦煌古籍叙錄　中華書局　1979　p. 36
戴密微著　耿昇譯　敦煌學近作　敦煌譯叢(第一輯)　甘肅人民出版社　1985　p. 104
王重民原編　黃永武新編　敦煌古籍叙錄新編(第二冊)　(臺北)新文豐出版公司　1986　p. 283
蘇瑩輝　國際敦煌學研究近貌　敦煌文史藝術論叢　(臺北)新文豐出版公司　1987　p. 181
榮新江　話說敦煌　山東教育出版社　1991　p. 82
土田健次郎　儒教典籍　敦煌漢文文獻(講座敦煌 5)　(東京)大東出版社　1992　p. 268、284
林家平　寧強　羅華慶　中國敦煌學史　北京語言學院出版社　1992　p. 37、139
胡戟　傅玫　敦煌史話　中華書局　1995　p. 142

張金泉　許建平　敦煌音義彙考　杭州大學出版社　1996　p. 185

張涌泉　敦煌俗字彙考　敦煌俗字研究　上海教育出版社　1996　p. 5

許建平　讀卷校經劄記　古典文獻與文化論叢　中華書局　1997　p. 79

白化文　毛詩音　敦煌學大辭典　上海辭書出版社　1998　p. 773

白化文　詩經　敦煌學大辭典　上海辭書出版社　1998　p. 773

黃征　程惠新　劫塵遺珠：敦煌遺書　甘肅教育出版社　1999　p. 193

姜亮夫　敦煌：偉大的文化寶藏　雲南人民出版社　1999　p. 98

謝桃坊　敦煌文化尋繹　四川人民出版社　1999　p. 101

鄭阿財　臺北"中研院"傅斯年圖書館藏敦煌卷子題記　慶祝吳其昱先生八秩華誕敦煌學特刊　（臺
　　北）文津出版社　2000　p. 377

榮新江　敦煌學十八講　北京大學出版社　2001　p. 265

姜亮夫　敦煌莫高窟年表　姜亮夫全集（十一）　雲南人民出版社　2002　p. 271

伏俊璉　敦煌《詩經》殘卷的文獻價值　《敦煌研究》2004 年第 4 期　p. 43

洪藝芳　潘重規先生在敦煌音韻整理研究上的貢獻　敦煌學（第 25 輯）　（臺北）樂學書局有限公司
　　2004　p. 241

許建平　法藏敦煌《毛詩音》"又音"考　中國俗文化研究（第二輯）　巴蜀書社　2004　p. 96

許建平　潘重規先生對《詩經》研究的貢獻　敦煌學（第 25 輯）　（臺北）樂學書局有限公司　2004
　　p. 403

張弓　敦煌四部籍與中古後期社會的文化情境　敦煌學（第 25 輯）　（臺北）樂學書局有限公司
　　2004　p. 313

P. 3384

陳祚龍　瓜沙印錄　（臺北）《大陸雜誌》1962 年第 4 期　又見：敦煌學概要　（臺北）編譯館"中華叢
　　書編委會"　1981　p. 265；中國敦煌學百年文庫・考古卷（一）　甘肅文化出版社　1999
　　p. 183

藤枝晃　敦煌の僧尼籍　『東方學報』（第 35 號）　京都大學人文科學研究所　1964　p. 337

蘇瑩輝　論索勳、張承奉節度沙州歸義軍之起訖年　敦煌學（第 1 輯）　（香港）新亞研究所敦煌學會
　　1974　p. 93 注 17

宋家鈺　唐代手實初探　魏晉隋唐史論集（第一輯）　中國社會科學出版社　1981　p. 222 注 2

陳國燦　敦煌所出諸借契年代考　《敦煌學輯刊》1984 年第 1 期　p. 5

冷鵬飛　唐末沙州歸義軍時期有關百姓受田和賦稅的幾個問題　《敦煌學輯刊》1984 年第 1 期
　　p. 29

劉復　敦煌掇瑣　敦煌叢刊初集（十五）　（臺北）新文豐出版公司　1985　p. 239

寧欣　唐代敦煌地區農業水利問題初探　敦煌吐魯番文獻研究論集（第三輯）　北京大學出版社
　　1986　p. 502 注 13、515、529

高國藩　敦煌民俗學簡論　1983 年全國敦煌學術討論會文集・文史遺書編（下）　甘肅人民出版社
　　1987　p. 390

姜亮夫　敦煌經卷題名錄　敦煌學論文集　上海古籍出版社　1987　p. 1064

李正宇　關於金山國和敦煌國建國的幾個問題　《西北史地》1987 年第 2 期　p. 73

李正宇　《吐蕃子年（西元 808 年）沙州百姓氾履倩等戶籍手實殘卷》研究　1983 年全國敦煌學術討
　　論會文集・文史遺書編（上）　甘肅人民出版社　1987　p. 194

宋家鈺　唐朝戶籍法與均田制研究　中州古籍出版社　1988　p. 85 注 2

高國藩　敦煌民俗學　上海文藝出版社　1989　p. 93

李正宇　唐宋時代敦煌縣河渠泉澤簡志(二)　《敦煌研究》1989 年第 1 期　p. 54

山本達郎等　敦煌・IV 納贈曆・納色物曆等　『NUN – HUANG AND TURFAN DOCUMENTS CON-
CERNING SOCIAL AND ECONOMIC HISTORY』(IV)　(東京)東洋文庫　1989　p. 91

唐耕耦　陸宏基　敦煌社會經濟文獻真迹釋錄(二)　全國圖書館文獻縮微複製中心　1990　p. 474

佐竹靖彦　唐宋變革の地域的研究　(東京)同朋舍　1990　p. 150

林家平　寧強　羅華慶　中國敦煌學史　北京語言學院出版社　1992　p. 17

陶秋英輯錄　姜亮夫校訂　敦煌經卷題名錄　敦煌碎金　浙江古籍出版社　1992　p. 82

王仲犖　敦煌石室出《沙州都督府圖經》殘卷考釋　《中國歷史地理論叢》1992 年第 1 輯　又見：中
國敦煌學百年文庫・地理卷(二)　甘肅文化出版社　1999　p. 356

佐竹靖彦　唐末宋初敦煌地區戶籍制度的演變　唐代均田制研究選譯　甘肅教育出版社　1992
p. 167

高國藩　敦煌民俗資料導論　(臺北)新文豐出版公司　1993　p. 42

王震亞　趙熒　敦煌殘卷爭訟文牒集釋　甘肅人民出版社　1993　p. 238

王仲犖　《沙州都督府圖經》殘卷考釋　敦煌石室地志殘卷考釋　上海古籍出版社　1993　p. 116

榮新江　歸義軍改元考　文史(第三十八輯)　中華書局　1994　p. 48

劉惠琴　從敦煌文書中看沙州紡織業　《敦煌學輯刊》1995 年第 2 期　p. 50

王三慶　敦煌書儀載錄之節日活動與民俗　全國敦煌學研討會論文集　(臺北)中正大學中國文學
系所　1995　p. 25 注 13

李正宇　敦煌史地新論　(臺北)新文豐出版公司　1996　p. 117

榮新江　歸義軍史研究　上海古籍出版社　1996　p. 48

李并成　古代河西走廊桑蠶絲織業考　《敦煌學輯刊》1997 年第 2 期　p. 62

李正宇　敦煌歷史地理導論　(臺北)新文豐出版公司　1997　p. 256、269

劉進寶　歸義軍土地制度初探　《敦煌研究》1997 年第 2 期　p. 47

鄭炳林　敦煌碑銘讚輯釋　甘肅教育出版社　1997　p. 32 注 10

鄭炳林　唐末五代敦煌都河水系研究　敦煌歸義軍史專題研究　蘭州大學出版社　1997　p. 180

鄭炳林　晚唐五代敦煌園囿經濟研究　敦煌歸義軍史專題研究　蘭州大學出版社　1997　p. 315

伏俊璉　《駕幸溫泉賦》補正　敦煌吐魯番研究(第三卷)　北京大學出版社　1998　p. 60

雷紹鋒　P. 3418v《唐沙州諸鄉欠枝夫人戶名目》研究　《敦煌研究》1998 年第 2 期　p. 107

李正宇　數字取名　敦煌學大辭典　上海辭書出版社　1998　p. 451

沙知　沙州觀察處置使之印　敦煌學大辭典　上海辭書出版社　1998　p. 291

宋家鈺　口分田　敦煌學大辭典　上海辭書出版社　1998　p. 413

宋家鈺　受田　敦煌學大辭典　上海辭書出版社　1998　p. 413

陳國燦　唐代的經濟社會　(臺北)文津出版社　1999　p. 84

高國藩　敦煌俗文化學　上海三聯書店　1999　p. 162

池田溫　李盛鐸舊藏敦煌歸義軍後期社會經濟文書簡介　慶祝吳其昱先生八秩華誕敦煌學特刊
(臺北)文津出版社　2000　p. 39

雷紹鋒　歸義軍賦役制度初探　(臺北)洪葉文化事業有限公司　2000　p. 18、79

劉進寶　敦煌文書與唐史研究　(臺北)新文豐出版公司　2000　p. 148

丘古耶夫斯基　敦煌漢文文書　上海古籍出版社　2000　p. 65、214

宋家鈺　英國收藏敦煌文獻叙錄　英國收藏敦煌漢藏文獻研究　中國社會科學出版社　2000
p. 172

楊寶玉　敦煌史話　中國大百科全書出版社　2000　p. 159

陳國燦　敦煌學史事新證　甘肅教育出版社　2002　p. 311、335

姜亮夫　敦煌莫高窟年表　姜亮夫全集(十一)　雲南人民出版社　2002　p. 432

楊寶玉　敦煌滄桑　長江文藝出版社　2002　p. 244

森安孝夫著　梁曉鵬摘譯　河西歸義軍節度使官印及其編年　《敦煌學輯刊》2003 年第 1 期　p. 141

鄭炳林　晚唐五代敦煌村莊聚落輯考　2000 年敦煌學國際學術討論會文集・歷史文化卷(上)　甘
　　肅民族出版社　2003　p. 141

黑維強　吐魯番出土文書詞語例釋(一)　《敦煌學輯刊》2004 年第 2 期　p. 117

陳麗萍　敦煌文書所見唐五代婚變現象初探(一)　《敦煌學輯刊》2005 年第 2 期　p. 171

陳麗萍　敦煌籍帳中夫妻年歲差距過大現象初探　《首都師範大學學報》2006 年第 2 期　p. 9

P. 3385

李正宇　敦煌文學概論　甘肅人民出版社　1993　p. 113

P. 3386

王重民　敦煌本《捉季布傳文》　《國立北平圖書館館刊》1936 年第 10 卷第 1 號　又見：敦煌變文論
　　文録　上海古籍出版社　1982　p. 557；敦煌遺書論文集　中華書局　1984　p. 228、230

陳祚龍　敦煌學零策　《歷史教學》1951 年第 5 期　又見：中國敦煌學百年文庫・考古卷(四)　甘
　　肅文化出版社　1999　p. 51

那波利貞　中晚唐五代の佛教寺院の俗講の座に於ける變文の演出方法に就きて　甲南大學論集
　　(2)　(神戶)甲南大學　1955　p. 7

周紹良　敦煌所出變文現存目録　敦煌變文彙録　上海出版公司　1955　p. 9

左補闕　《敦煌遺書總目索引》簡評　文史(第一輯)　中華書局　1962　p. 86

邵榮芬　敦煌俗文學中的別字異文和唐五代西北方音　《中國語文》1963 年第 3 期　又見：中國敦煌
　　學百年文庫・語言文字卷(一)　甘肅文化出版社　1999　p. 137

蘇瑩輝　論敦煌本史傳變文與中國俗文學　(臺中)《東海大學圖書館學報》1964 年第 6 期　又見：
　　敦煌論集　(臺北)學生書局　p. 121；中國敦煌學百年文庫・文學卷(五)　甘肅文化出版社
　　1999　p. 16

金岡照光　敦煌文學のさまざま　敦煌の文學　(東京)大藏出版株式會社　1971　p. 123

饒宗頤　孝順觀念與敦煌佛曲　敦煌學(第 1 輯)　(香港)新亞研究所敦煌學會　1974　p. 74　又
　　見：敦煌曲續論　(臺北)新文豐出版公司　1996　p. 14

蘇瑩輝　"敦煌曲"評介　《香港中文大學學報》1974 年第 1 期　又見：敦煌論集續編　(臺北)學生
　　書局　p. 312、319；中國敦煌學百年文庫・藝術卷(一)　甘肅文化出版社　1999　p. 373

陳祚龍　關於敦煌古抄楊滿山的《詠孝經》　敦煌學海探珠(上冊)　(臺北)商務印書館　1979
　　p. 49

王重民　敦煌古籍叙録　中華書局　1979　p. 344

楊家駱　敦煌變文　(臺北)世界書局　1980　p. 71

張錫厚　敦煌文學　上海古籍出版社　1980　p. 114 注 1

蘇瑩輝　敦煌學概要　(臺北)編譯館"中華叢書編委會"　1981　p. 73、89

傅芸子　敦煌俗文學之發見及其展開　敦煌變文論文録　上海古籍出版社　1982　p. 137

鄭阿財　敦煌孝道文學研究　(臺北)石門圖書公司　1982　p. 16、76、380、425、548

潘重規　敦煌變文集新書(下)　(臺北)"中國文化大學"中文研究所　1984　p. 1009

王重民　捉季布傳文　敦煌變文集　人民文學出版社　1984　p. 71

雷僑雲　敦煌兒童文學　（臺北）學生書局　1985　p. 90 注 5

李明偉　《捉季布傳文》藝術簡論　《敦煌學輯刊》1985 年第 1 期　p. 69　又見：絲綢之路貿易史研究　甘肅人民出版社　1991　p. 357

劉復　敦煌掇瑣　敦煌叢刊初集（十五）　（臺北）新文豐出版公司　1985　p. 65

李正宇　唐宋時代的敦煌學校　《敦煌研究》1986 年第 1 期　p. 45

王重民原編　黄永武新編　敦煌古籍叙錄新編（第十七冊）　（臺北）新文豐出版公司　1986　p. 102

李正宇　敦煌學郎題記輯注　《敦煌學輯刊》1987 年第 1 期　p. 32

蘇瑩輝　國際敦煌學研究近貌　敦煌文史藝術論叢　（臺北）新文豐出版公司　1987　p. 186

張鴻勳　敦煌講唱文學作品選注　甘肅人民出版社　1987　p. 22

張金泉　唐民間詩韻：論變文詩韻　1983 年全國敦煌學術討論會文集・文史遺書編（下）　甘肅人民出版社　1987　p. 253

張錫厚　敦煌文學作品選　中華書局　1987　p. 49

鄭振鐸　中國俗文學史（上）　上海書店　1987　p. 158

李正宇　敦煌地區古代祠廟寺觀簡志　《敦煌學輯刊》1988 年第 1、2 期　p. 80

蕭登福　唐世佛家之講經與敦煌變文　敦煌俗文學論叢　（臺北）商務印書館　1988　p. 70

劉瑞明　詞文　敦煌文學　甘肅人民出版社　1989　p. 306

汪泛舟　讚・箴　敦煌文學　甘肅人民出版社　1989　p. 103

張錫厚　詩歌　敦煌文學　甘肅人民出版社　1989　p. 172

項楚　敦煌變文選注　巴蜀書社　1990　p. 142

林聰明　敦煌文書學　（臺北）新文豐出版公司　1991　p. 354

張涌泉　《補全唐詩》兩種補校　《敦煌學輯刊》1991 年第 2 期　p. 20　又見：舊學新知　浙江大學出版社　1999　p. 305

東野治之　敦煌と日本の『千字文』　遣唐使と正倉院　（東京）岩波書店　1992　p. 241

東野治之　訓蒙書　敦煌漢文文獻（講座敦煌 5）　（東京）大東出版社　1992　p. 405

金岡照光　講唱體類　敦煌の文學文獻（講座敦煌 9）　（東京）大東出版社　1992　p. 107

金岡照光　講史譚・時事変文等——「王陵」「李陵」「張議潮」変文を中心に　敦煌の文學文獻（講座敦煌 9）　（東京）大東出版社　1992　p. 549

金岡照光　韻文體類——長篇叙事詩・短篇歌詠　敦煌の文學文獻（講座敦煌 9）　（東京）大東出版社　1992　p. 254

林家平　寧強　羅華慶　中國敦煌學史　北京語言學院出版社　1992　p. 15

趙逵夫　《敦煌變文集》第一卷六篇補校　《蘭州大學學報》1992 年第 2 期　p. 128

榮新江　英倫所見三種敦煌俗文學作品跋　（香港）《九州學刊》（敦煌學專輯）1993 年第 5 卷第 4 期　p. 131

項楚　敦煌詩歌導論　（臺北）新文豐出版公司　1993　p. 185

張鴻勳　敦煌話本詞文俗賦導論　（臺北）新文豐出版公司　1993　p. 79、93

張錫厚　敦煌文學概論　甘肅人民出版社　1993　p. 363

劉進寶　敦煌學論述　（臺北）洪葉文化事業有限公司　1995　p. 328

吳庚舜　董乃斌　唐代文學史（下）　人民文學出版社　1995　p. 614

李正宇　敦煌史地新論　（臺北）新文豐出版公司　1996　p. 81、189

黄征　張涌泉　敦煌變文校注　中華書局　1997　p. 99

顏廷亮　關於《晏子賦》寫本的抄寫年代問題　《敦煌研究》1997 年第 2 期　p. 138

柴劍虹　學士郎寫文書詩　敦煌學大辭典　上海辭書出版社　1998　p. 558

李正宇　三界寺　敦煌學大辭典　上海辭書出版社　1998　p. 631

徐俊　詠孝經詩　敦煌學大辭典　上海辭書出版社　1998　p. 575

張鴻勳　大漢三年季布罵陣詞文　敦煌學大辭典　上海辭書出版社　1998　p. 582

高國藩　敦煌俗文化學　上海三聯書店　1999　p. 337

梅維恒著　楊繼東　陳引馳譯　唐代變文(上)　(香港)中國佛教文化出版公司　1999　p. 78

榮新江　英國圖書館藏敦煌漢文非佛教文獻殘卷概述　敦煌文藪(下)　(臺北)新文豐出版公司　1999　p. 128

顏廷亮　關於敦煌文學發展的歷史進程　《甘肅社會科學》1999 年第 4 期　p. 48

杜琪　敦煌詩賦作品要目分類題注　《甘肅社會科學》2000 年第 1 期　p. 64

金岡照光　敦煌文獻と中國文學　(東京)五曜書房　2000　p. 236

徐俊　敦煌詩集殘卷輯考　中華書局　2000　p. 253、433、799

顏廷亮　敦煌文化　光明日報出版社　2000　p. 323

張鴻勳　說唱藝術奇葩:敦煌變文選評　甘肅人民出版社　2000　p. 41

張錫厚　敦煌文學源流　作家出版社　2000　p. 62、71

林聰明　敦煌吐魯番文書解詁指例　(臺北)新文豐出版公司　2001　p. 66

劉進寶　敦煌學通論　甘肅教育出版社　2002　p. 374

張鴻勳　敦煌俗文學研究　甘肅人民出版社　2002　p. 5、132

張錫厚　敦煌本《詠孝經十八章》補校　《敦煌研究》2005 年第 2 期　p. 88

鍾書林　《禪門秘要訣》校補　《敦煌學輯刊》2006 年第 1 期　p. 137

P. 3387

方廣錩　敦煌遺書中的《法華經》注疏　《世界宗教研究》1998 年第 2 期　p. 77

方廣錩　敦煌遺書中的《妙法蓮華經》及有關文獻　法源(第 16 期)　中國佛學院　1998　p. 49

王淑民　敦煌石窟秘藏醫方　北京醫科大學中國協和醫科大學聯合出版社　1999　p. 75

P. 3388

陳祚龍　瓜沙印錄　(臺北)《大陸雜誌》1962 年第 4 期　又見:敦煌學概要　(臺北)編譯館"中華叢書編委會"　1981　p. 266；中國敦煌學百年文庫·考古卷(一)　甘肅文化出版社　1999　p. 184

陳祚龍　中世瓜沙僧俗通用之"疏"帖　敦煌學海探珠(下冊)　(臺北)商務印書館　1979　p. 376

賀世哲　孫修身　《瓜沙曹氏年表補正》之補正　《甘肅師大學報》1980 年第 3 期　又見:敦煌學文選(上)　蘭州大學歷史系敦煌學研究室等　1983　p. 159、160 注 18；中國敦煌學百年文庫·歷史卷(一)　甘肅文化出版社　1999　p. 497

土肥義和　莫高窟千佛洞と大寺と蘭若と　敦煌の社會(講座敦煌 3)　(東京)大東出版社　1980　p. 360

陳祚龍　古代敦煌及其他地區流行之公私印章圖記文字錄　敦煌學要籥　(臺北)新文豐出版公司　1982　p. 322

賀世哲　孫修身　瓜沙曹氏與敦煌莫高窟　敦煌研究文集　甘肅人民出版社　1982　p. 271 注 40

姜亮夫　瓜沙曹氏年表補正　敦煌學文選(上)　蘭州大學歷史系敦煌學研究室等　1983　p. 122　又見:敦煌學論文集　上海古籍出版社　1987　p. 929；姜亮夫全集(十四)　雲南人民出版社　2002　p. 351

蘇瑩輝　瓜沙史事叢考　（臺北）商務印書館　1983　p. 111

蘇瑩輝　瓜沙史事系年　敦煌論集　（臺北）學生書局　1983　p. 272

孫修身　敦煌石窟《臘八燃燈分配窟龕名數》寫作年代考　絲路訪古　甘肅人民出版社　1983　p. 213

艾麗白著　耿昇譯　敦煌漢文寫本中的鳥形押　敦煌譯叢（第一輯）　甘肅人民出版社　1985　p. 204 注 3

賀世哲　從供養人題記看莫高窟部分洞窟的營建年代　敦煌莫高窟供養人題記　文物出版社　1986　p. 226、235 注 64

蘇瑩輝　曹元德、元深、元忠事迹考略　敦煌文史藝術論叢　（臺北）新文豐出版公司　1987　p. 160

哈密頓著　耿昇譯　回鶻文尊號闍梨和都統考　《甘肅民族研究》1988 年第 3－4 期　p. 121 注 1

孫修身　瓜沙曹氏卒立世次考　《鄭州大學學報》1988 年第 4 期　又見:《魏晉南北朝隋唐史》1988 年第 10 期　p. 28；中國敦煌學百年文庫·歷史卷（二）　甘肅文化出版社　1999　p. 234

譚蟬雪　曹元德曹元深卒年考　《敦煌研究》1988 年第 1 期　p. 55

榮新江　沙州歸義軍歷任節度使稱號研究　敦煌吐魯番學研究論文集　漢語大詞典出版社　1990　p. 798

唐耕耦　陸宏基　敦煌社會經濟文獻真迹釋錄（四）　全國圖書館文獻縮微複製中心　1990　p. 173

林聰明　敦煌文書出處略考　季羨林教授八十華誕紀念論文集（下）　江西人民出版社　1991　p. 859

林聰明　敦煌文書學　（臺北）新文豐出版公司　1991　p. 114、380、392

黃盛璋　關於沙州曹氏和于闐交往的諸藏文文書及相關問題　《敦煌研究》1992 年第 1 期　p. 41

姜伯勤　敦煌社會文書導論　（臺北）新文豐出版公司　1992　p. 92

周紹良　敦煌文學芻議及其它　（臺北）新文豐出版公司　1992　p. 6

竺沙雅章　寺院文書　敦煌漢文文獻（講座敦煌 5）　（東京）大東出版社　1992　p. 645

Л. N. チュグイェフスキー著　荒川正晴譯注　ソ連邦科學アカデミー東洋學研究所所藏、敦煌寫本における官印と寺印　『吐魯番出土文物研究會會報』（98、99 號）　（東京）吐魯番出土文物研究會　1994　p. 4

曲金良　敦煌佛教文學研究　（臺北）文津出版社　1995　p. 110

李正宇　敦煌史地新論　（臺北）新文豐出版公司　1996　p. 77

馬德　敦煌莫高窟史研究　甘肅教育出版社　1996　p. 210

馬德　莫高窟與敦煌佛教教團　敦煌吐魯番研究（第一卷）　北京大學出版社　1996　p. 167

榮新江　歸義軍史研究　上海古籍出版社　1996　p. 23、112

鄭炳林　唐五代敦煌粟特人與歸義軍政權　《敦煌研究》1996 年第 4 期　p. 83　又見:敦煌歸義軍史專題研究　蘭州大學出版社　1997　p. 405

郝春文　關於唐後期五代宋初沙州僧俗的施捨問題　唐研究（第三卷）　北京大學出版社　1997　p. 29

楊際平　郭鋒　張和平　五—十世紀敦煌的家庭與家族關係　岳麓書社　1997　p. 229

鄭炳林　敦煌碑銘讚輯釋　甘肅教育出版社　1997　p. 31 注 3

郝春文　唐後期五代宋初敦煌僧尼的社會生活　中國社會科學出版社　1998　p. 35、253

李正宇　金光明寺　敦煌學大辭典　上海辭書出版社　1998　p. 630

榮新江　歸義軍大事紀年初稿　出土文獻研究（第三輯）　文物出版社　1998　p. 247

沙知　沙州節度使印　敦煌學大辭典　上海辭書出版社　1998　p. 291

孫修身　曹元忠　敦煌學大辭典　上海辭書出版社　1998　p. 364

陳祚龍　迎頭趕上，此其時也：敦煌學散策之二　中國敦煌學百年文庫・綜述卷（三）　甘肅文化出版社　1999　p. 51

王冀明　瓜沙州大王印考　《敦煌學輯刊》2000 年第 2 期　p. 43

姜亮夫　敦煌莫高窟年表　姜亮夫全集（十一）　雲南人民出版社　2002　p. 525

馬茜　歸義軍時期敦煌地區庶民佛教的發展　甘肅民族研究論叢　甘肅人民出版社　2002　p. 446

森安孝夫著　梁曉鵬摘譯　河西歸義軍節度使官印及其編年　《敦煌學輯刊》2003 年第 1 期　p. 141

湛如　敦煌佛教律儀制度研究　中華書局　2003　p. 360

黨燕妮　晚唐五代敦煌的十王信仰　麥積山石窟藝術文化論文集（下）　蘭州大學出版社　2004　p. 158

湯涒　敦煌曲子詞地域文化研究　上海古籍出版社　2004　p. 171

P. 3389

陳祚龍　古代敦煌及其他地區流行之公私印章圖記文字錄　敦煌學要籥　（臺北）新文豐出版公司　1982　p. 322

黃征　吳偉　敦煌願文集　岳麓書社　1995　p. 530

邵文實　敦煌佛教文學與邊塞文學　《敦煌學輯刊》2001 年第 2 期　p. 26

P. 3390

芳村修基　土橋秀高　井ノ口泰淳　敦煌佛教史年表　西域文化研究（第一）・敦煌佛教資料　（京都）法藏館　1958　p. 279

陳祚龍　新校重訂敦煌古抄事佛崇法文獻小集　《東方雜誌》1978 年第 6 期　又見：中國敦煌學百年文庫・宗教卷（二）　甘肅文化出版社　1999　p. 50

陳祚龍　簡記敦煌古抄方志　敦煌文物隨筆　（臺北）商務印書館　1979　p. 61

陳祚龍　相學國手袁天綱　敦煌資料考屑（下冊）　（臺北）商務印書館　1979　p. 270

菊池英夫　唐代敦煌社會の外貌　敦煌の社會（講座敦煌 3）　（東京）大東出版社　1980　p. 106

陳祚龍　《簡記敦煌古抄方志》及其"後語"　敦煌學要籥　（臺北）新文豐出版公司　1982　p. 230

耿昇　八十年代的法國敦煌學論著簡介　《敦煌研究》1986 年第 3 期　p. 79

王重民原編　黃永武新編　敦煌古籍敘錄新編（第九冊）　（臺北）新文豐出版公司　1986　p. 210、281

李正宇　敦煌學郎題記輯注　《敦煌學輯刊》1987 年第 1 期　p. 36

陳祚龍　從敦煌古抄"葉淨能詩"談到淩濛初的"唐明皇好道集奇人"與"武惠妃崇禪鬥異法"　敦煌學（第 13 輯）　（臺北）新文豐出版公司　1988　p. 3　又見：敦煌文物散論　（臺北）新文豐出版公司　1993　p. 8

黃正建　敦煌文書中《相書》殘卷與唐代的相面　《敦煌學輯刊》1988 年第 1、2 期　p. 115

馬繼興　敦煌古醫籍考釋　江西科學技術出版社　1988　p. 8

李正宇　邈真讚　敦煌文學　甘肅人民出版社　1989　p. 184

山本達郎等　敦煌・Ⅰ 社條　『NUN – HUANG AND TURFAN DOCUMENTS CONCERNING SOCIAL AND ECONOMIC HISTORY』(Ⅳ)　（東京）東洋文庫　1989　p. 12

池田溫　中國古代寫本識語集錄　（東京）大藏出版株式會社　1990　p. 485、490

高國藩　敦煌古俗與民俗流變　河海大學出版社　1990　p. 28

榮新江　沙州歸義軍歷任節度使稱號研究　敦煌吐魯番學研究論文集　漢語大詞典出版社　1990　p. 802

陳祚龍　敦煌學識小　敦煌學津雜誌　（臺北）文津出版社　1991　p. 169
姜伯勤　敦煌社會文書導論　（臺北）新文豐出版公司　1992　p. 63
李正宇　敦煌俗講僧保宣及其《講經通難致語》　程千帆先生八十壽辰紀念文集　江蘇古籍出版社
　　1992　p. 213
高國藩　敦煌民俗資料導論　（臺北）新文豐出版公司　1993　p. 323
侯錦郎　敦煌寫本中的唐代相書　法國學者敦煌學論文選萃　中華書局　1993　p. 352
李正宇　敦煌文學概論　甘肅人民出版社　1993　p. 102
鄭阿財　敦煌文獻與文學　（臺北）新文豐出版公司　1993　p. 228
姜伯勤　敦煌邈真讚與敦煌望族　敦煌邈真讚校錄並研究　（臺北）新文豐出版公司　1994　p. 3
姜伯勤　項楚　榮新江　敦煌邈真讚校錄並研究　（臺北）新文豐出版公司　1994　p. 323
榮新江　敦煌邈真讚年代考　敦煌邈真讚校錄並研究　（臺北）新文豐出版公司　1994　p. 366
高國藩　敦煌數字與俗文化　慶祝潘石禪先生九秩華誕敦煌學特刊　（臺北）文津出版社　1996
　　p. 184
姜伯勤　敦煌藝術宗教與禮樂文明　中國社會科學出版社　1996　p. 33
李正宇　敦煌史地新論　（臺北）新文豐出版公司　1996　p. 98
榮新江　歸義軍史研究　上海古籍出版社　1996　p. 24、117
張涌泉　敦煌俗字研究導論　（臺北）新文豐出版公司　1996　p. 194
馮培紅　晚唐五代宋初歸義軍武職軍將研究　敦煌歸義軍史專題研究　蘭州大學出版社　1997
　　p. 125
李正宇　敦煌歷史地理導論　（臺北）新文豐出版公司　1997　p. 60
鄭炳林　敦煌碑銘讚輯釋　甘肅教育出版社　1997　p. 534
鄧文寬　相書　敦煌學大辭典　上海辭書出版社　1998　p. 621
李正宇　村莊　敦煌學大辭典　上海辭書出版社　1998　p. 304
李正宇　佛堂　敦煌學大辭典　上海辭書出版社　1998　p. 627
李正宇　古本敦煌鄉土志八種箋證　（臺北）新文豐出版公司　1998　p. 384
李正宇　蘭若　敦煌學大辭典　上海辭書出版社　1998　p. 627
李正宇　孟授上祖莊浮圖公德記　敦煌學大辭典　上海辭書出版社　1998　p. 336
榮新江　歸義軍大事紀年初稿　出土文獻研究（第三輯）　文物出版社　1998　p. 248
高國藩　敦煌俗文化學　上海三聯書店　1999　p. 20
顏廷亮　敦煌文化中的道教及文化　《敦煌研究》1999 年第 1 期　p. 141
徐俊　敦煌詩集殘卷輯考　中華書局　2000　p. 855
顏廷亮　敦煌文化　光明日報出版社　2000　p. 247
黃正建　敦煌占卜文書與唐五代占卜研究　學苑出版社　2001　p. 60
林聰明　敦煌吐魯番文書解詁指例　（臺北）新文豐出版公司　2001　p. 19 注 19
姜亮夫　敦煌莫高窟年表　姜亮夫全集（十一）　雲南人民出版社　2002　p. 515
李斌城　唐代文化　中國社會科學出版社　2002　p. 1613
馬繼興　當前世界各地收藏的中國出土卷子本古醫藥文獻備考　敦煌吐魯番研究（第六卷）　北京
　　大學出版社　2002　p. 151
王晶波　敦煌相術與佛教占相內容異同論　《敦煌學輯刊》2003 年第 1 期　p. 71
鄭炳林　敦煌文獻中的解夢書與相面書　敦煌與絲路文化學術講座（第一輯）　北京圖書館出版社
　　2003　p. 165
鄭炳林　晚唐五代敦煌村莊聚落輯考　2000 年敦煌學國際學術討論會文集·歷史文化卷（上）　甘

　　蕭民族出版社　2003　p. 127
鄭炳林　晚唐五代敦煌占卜中的行爲決定論　《敦煌學輯刊》2003 年第 1 期　p. 9
鄭炳林　王晶波　敦煌寫本相書概述　《敦煌學國際聯絡委員會通訊》2003 年第 1 期　p. 46
王晶波　敦煌相書殘卷 P. 3390 號研究　《敦煌學輯刊》2004 年第 2 期　p. 7
葉貴良　《敦煌社邑文書輯校》拾補　《吐魯番學研究》2004 年第 1 期　p. 107
鄭炳林　王晶波　敦煌寫本相書校錄研究　民族出版社　2004　p. 3、181
陳逸平　亦波　論天人感應思想對敦煌相書的影響　《敦煌研究》2005 年第 2 期　p. 82
陳于柱　從敦煌占卜文書看晚唐五代敦煌占卜與佛教的對話交融　《敦煌學輯刊》2005 年第 2 期
　　p. 25
屈直敏　從《勵忠節抄》看歸義軍政權道德秩序的重建　《敦煌學輯刊》2005 年第 3 期　p. 83
王晶波　論敦煌相書中的陰陽五行觀念　《敦煌學輯刊》2005 年第 2 期　p. 44
鄭炳林　敦煌寫本解夢書校錄研究　民族出版社　2005　p. 162

P. 3391

那波利貞　佛教信仰に基きて組織せられたる中晚唐五代時代の社邑に就きて（下）　『史林』（24
　　卷 4 號）　京都大學文學部史學研究會　1939　p. 84、100　又見：唐代社會文化史研究・第六編
　　（東京）創文社　1974　p. 639、654
那波利貞　俗講と變文　『佛教史學』（1 卷 3 號）　（京都）平樂寺書店　1950　p. 68　又見：唐代
　　社會文化史研究・第四編　（東京）創文社　1974　p. 403
仁井田陞　唐末五代の敦煌寺院佃戶關係文書　西域文化研究（第二）・敦煌吐魯番社會經濟資料
　　（上）　（京都）法藏館　1959　p. 88
那波利貞　梁戶考　唐代社會文化史研究・第三編　（東京）創文社　1974　p. 338
那波利貞　唐代の社邑に就きて（1938 年）　唐代社會文化史研究・第五編　（東京）創文社　1974
　　p. 485、517、556
那波利貞　唐寫本雜抄考——唐代庶民教育史研究の一資料　唐代社會文化史研究・第二編　（東
　　京）創文社　1974　p. 258
北原薰　晚唐・五代の敦煌寺院經濟——收支決算報告を中心に　敦煌の社會（講座敦煌 3）　（東
　　京）大東出版社　1980　p. 444
堀敏一　敦煌社會の變質——中國社會全般の發展とも關連して　敦煌の社會（講座敦煌 3）　（東
　　京）大東出版社　1980　p. 168
姜伯勤　敦煌寺院碾磑經營的兩種形式　歷史論叢（第三輯）　齊魯書社　1983　p. 185　又見：五
　　十年來漢唐佛教寺院經濟研究　北京師範大學出版社　1986　p. 230
姜伯勤　敦煌寺院文書中"梁戶"的性質　敦煌吐魯番文書研究　甘肅人民出版社　1984　p. 337
　　又見：五十年來漢唐佛教寺院經濟研究　北京師範大學出版社　1986　p. 121、124、138
仁井田陞著　姜鎮慶譯　唐末五代的敦煌寺院佃戶關係文書　敦煌學譯文集　甘肅人民出版社
　　1985　p. 864 注 18
謝和耐著　耿昇譯　敦煌的墾戶與梁戶　敦煌譯叢（第一輯）　甘肅人民出版社　1985　p. 171 注
　　54
唐耕耦　陸宏基　敦煌社會經濟文獻真迹釋錄（一）　書目文獻出版社　1986　p. 329
姜伯勤　唐五代敦煌寺戶制度　中華書局　1987　p. 239、250、264
姜亮夫　敦煌經卷在中國文化學術上的價值　敦煌學論文集　上海古籍出版社　1987　p. 5
王永興　隋唐五代經濟史料彙編校注・第一編（上）　中華書局　1987　p. 321

謝和耐著　耿昇譯　中國 5—10 世紀的寺院經濟　甘肅人民出版社　1987　p. 187 注 1　又見：上海
　　古籍出版社　2004　p. 152 注 4

周祖謨　敦煌唐本字書叙録　敦煌語言文學研究　北京大學出版社　1988　p. 51

高國藩　敦煌民俗學　上海文藝出版社　1989　p. 60

郝春文　敦煌遺書中的"春秋座局席"考　《北京師範學院學報》1989 年第 4 期　p. 32

山本達郎等　敦煌・I 社條　『NUN – HUANG AND TURFAN DOCUMENTS CONCERNING SOCIAL
　　AND ECONOMIC HISTORY』（IV）　（東京）東洋文庫　1989　p. 7

山本達郎等　敦煌・III 轉貼　『NUN – HUANG AND TURFAN DOCUMENTS CONCERNING SOCIAL
　　AND ECONOMIC HISTORY』（IV）　（東京）東洋文庫　1989　p. 39、51

郝春文　唐後期五代宋初沙州僧尼的特點　敦煌吐魯番學研究論文集　漢語大詞典出版社　1990
　　p. 852 注 2

唐耕耦　陸宏基　敦煌社會經濟文獻真迹釋録（二）　全國圖書館文獻縮微複製中心　1990　p. 31

鄭阿財　敦煌蒙書析論　第二屆敦煌學國際研討會論文集　（臺北）漢學研究中心　1990　p. 216

堀敏一著　林世田譯　唐代後期敦煌社會經濟之變化　《敦煌學輯刊》1991 年第 1 期　p. 96

仁井田陞　補訂中國法制史研究：奴隷農奴法・家族村落法　東京大學出版會　1991　p. 86

中村裕一　唐代官文書研究　（京都）中文出版社　1991　p. 501

姜伯勤　敦煌社會文書導論　（臺北）新文豐出版公司　1992　p. 242

高國藩　敦煌民俗資料導論　（臺北）新文豐出版公司　1993　p. 3、17

郝春文　敦煌寫本社邑文書年代彙考（一、二）　《首都師範大學學報》1993 年第 4、5 期　p. 36；76

郝春文　敦煌寫本社邑文書年代彙考（三）　《社科縱橫》1993 年第 5 期　p. 9

汪泛舟　敦煌文學概論　甘肅人民出版社　1993　p. 565

鄭炳林　高偉　唐五代敦煌釀酒業初探　《西北史地》1994 年第 1 期　p. 33

石田勇作　敦煌「社文書」研究序說　中國古代の國家と民衆（堀敏一先生古稀記念）　（東京）汲古
　　書院　1995　p. 684

土肥義和　唐・北宋間の「社」の組織形態に関する一考察　中國古代の國家と民衆（堀敏一先生古
　　稀記念）　（東京）汲古書院　1995　p. 716

王三慶　敦煌書儀載録之節日活動與民俗　全國敦煌學研討會論文集　（臺北）中正大學中國文學
　　系所　1995　p. 25 注 22

陸慶夫　鄭炳林　俄藏敦煌寫本中九件轉帖初探　《敦煌學輯刊》1996 年第 1 期　p. 11

張金泉　許建平　敦煌音義彙考　杭州大學出版社　1996　p. 745

陸慶夫　鄭炳林　唐末五代敦煌的社與粟特人聚落　敦煌歸義軍史專題研究　蘭州大學出版社
　　1997　p. 396

寧可　郝春文　敦煌社邑文書輯校　江蘇古籍出版社　1997　p. 148

齊陳俊　馮培紅　晚唐五代宋初歸義軍政權中"十將"及下屬諸職考　敦煌歸義軍史專題研究　蘭
　　州大學出版社　1997　p. 29

張弓　漢唐佛寺文化史　中國社會科學出版社　1997　p. 317

鄭炳林　敦煌碑銘讚輯釋　甘肅教育出版社　1997　p. 354 注 2

鄭炳林　唐五代敦煌的粟特人與佛教　敦煌歸義軍史專題研究　蘭州大學出版社　1997　p. 448

郝春文　唐後期五代宋初敦煌僧尼的社會生活　中國社會科學出版社　1998　p. 119、309

李正宇　醜賤名　敦煌學大辭典　上海辭書出版社　1998　p. 451

沙知　敦煌契約文書輯校　江蘇古籍出版社　1998　p. 346、541

唐耕耦　磑課　敦煌學大辭典　上海辭書出版社　1998　p. 645

楊秀清　淺談唐、宋時期敦煌地區的學生生活　《敦煌研究》1999 年第 4 期　p. 143

陳海濤　敦煌歸義軍時期從化鄉消失原因初探　中國社會歷史評論(第二卷)　天津古籍出版社　2000　p. 436

陳永勝　敦煌吐魯番法制文書研究　甘肅人民出版社　2000　p. 127

池田溫　李盛鐸舊藏敦煌歸義軍後期社會經濟文書簡介　慶祝吳其昱先生八秩華誕敦煌學特刊　(臺北)文津出版社　2000　p. 40

高啓安　崇高與卑賤:敦煌的佛教信仰賤名再探　'98 法門寺唐文化國際學術討論會論文集　陝西人民出版社　2000　p. 252

郝春文　英藏敦煌文獻年代叢考　英國收藏敦煌漢藏文獻研究　中國社會科學出版社　2000　p. 371

金岡照光　敦煌文獻と中國文學　(東京)五曜書房　2000　p. 532

孟憲實　敦煌社邑的分佈　敦煌文獻論集:紀念藏經洞發現一百周年國際學術研討會論文集　遼寧人民出版社　2001　p. 433

楊森　關於敦煌文獻中的"平章"一詞　敦煌學與中國史研究論集　甘肅人民出版社　2001　p. 231

鄭阿財　朱鳳玉　敦煌蒙書研究　甘肅教育出版社　2002　p. 16

王啓濤　中古及近代法制文書語言研究　巴蜀書社　2003　p. 107、401

高啓安　唐五代敦煌飲食文化研究　民族出版社　2004　p. 57

鄭炳林　魏迎春　晚唐五代敦煌佛教教團的科罰制度研究　《敦煌研究》2004 年第 2 期　p. 56

趙曉星　寇甲　西魏:歸義軍時期敦煌地區的史姓　《敦煌學輯刊》2005 年第 2 期　p. 137

金瀅坤　敦煌社會經濟文書定年拾遺　《首都師範大學學報》2006 年第 1 期　p. 12

金瀅坤　敦煌社會經濟文獻綴合拾遺　文史(第七十五輯)　中華書局　2006　p. 87

P. 3392

陳祚龍　校訂宋初沙州戒牒三式　敦煌學海探珠(下冊)　(臺北)商務印書館　1979　p. 379

孫修身　敦煌三界寺　甘肅省史學會論文集　甘肅省歷史學會編印　1982　p. 173　又見:中國敦煌學百年文庫·宗教卷(一)　甘肅文化出版社　1999　p. 56

董作賓　敦煌紀年　敦煌學文選(上)　蘭州大學歷史系敦煌學研究室等　1983　p. 25

孫修身　敦煌石窟《臘八燃燈分配窟龕名數》寫作年代考　絲路訪古　甘肅人民出版社　1983　p. 211

姜亮夫　敦煌經卷壁畫中所見釋氏僧名錄　敦煌學論文集　上海古籍出版社　1987　p. 1039

姜亮夫　敦煌經卷壁畫中所見寺觀錄　敦煌學論文集　上海古籍出版社　1987　p. 1073

唐耕耦　陸宏基　敦煌社會經濟文獻真迹釋錄(四)　全國圖書館文獻縮微複製中心　1990　p. 70

鄭炳林　伯 2641 號背莫高窟再修功德記撰寫人探微　《敦煌學輯刊》1991 年第 2 期　p. 47

陶秋英輯録　姜亮夫校訂　敦煌經卷壁畫中所見釋氏名録　敦煌碎金　浙江古籍出版社　1992　p. 30

陶秋英輯録　姜亮夫校訂　敦煌經卷所見寺名録　敦煌碎金　浙江古籍出版社　1992　p. 103

竺沙雅章　寺院文書　敦煌漢文文獻(講座敦煌 5)　(東京)大東出版社　1992　p. 600

李正宇　敦煌文學概論　甘肅人民出版社　1993　p. 104

李玉昆　敦煌遺書《泉州千佛新著諸祖師頌》研究　《敦煌學輯刊》1995 年第 1 期　p. 31

鄭炳林　敦煌碑銘讚輯釋　甘肅教育出版社　1997　p. 518 注 8

李正宇　古本敦煌鄉土志八種箋證　(臺北)新文豐出版公司　1998　p. 306

唐耕耦　戒牒　敦煌學大辭典　上海辭書出版社　1998　p. 641

李德龍　沙州三界寺《授戒牒》初探　甘肅民族研究論叢　甘肅人民出版社　2002　p. 401
邰惠莉　敦煌版畫叙録　《敦煌研究》2005 年第 2 期　p. 8

P. 3393

那波利貞　唐寫本雜抄考——唐代庶民教育史研究の一資料　唐代社會文化史研究・第二編　（東京）創文社　1974　p. 208、221
高田時雄　雜抄と九九乘法表——敦煌におけるチベット文字使用の一面　『均社論叢』（第 14 號）京都大學　1983　p. 2
高明士　唐代敦煌的教育　漢學研究（敦煌學國際研討會論文專號）　（臺北）漢學研究資料及服務中心　1986　p. 257
李正宇　唐宋時代的敦煌學校　《敦煌研究》1986 年第 1 期　p. 45
李正宇　敦煌學郎題記輯注　《敦煌學輯刊》1987 年第 1 期　p. 35
張錫厚　關於《敦煌賦集》整理的幾個問題　《敦煌學輯刊》1987 年第 1 期　p. 48
李正宇　敦煌地區古代祠廟寺觀簡志　《敦煌學輯刊》1988 年第 1、2 期　p. 80
鄭阿財　敦煌蒙書析論　第二屆敦煌學國際研討會論文集　（臺北）漢學研究中心　1990　p. 221
周丕顯　巴黎藏伯字第二七二一號《雜抄・書目》初探　敦煌吐魯番學研究論文集　漢語大詞典出版社　1990　p. 415
鄭阿財　敦煌寫本《孔子備問書》初探　敦煌學（第 17 輯）　（臺北）新文豐出版公司　1991　p. 118
姜伯勤　敦煌社會文書導論　（臺北）新文豐出版公司　1992　p. 92
王三慶著　池田溫譯　類書　敦煌漢文文獻（講座敦煌 5）　（東京）大東出版社　1992　p. 387
嚴耕望　唐人習業山林寺院之風尚　唐代研究論集（第二輯）　（臺北）新文豐出版公司　1992　p. 9
鄭阿財　敦煌文獻與文學　（臺北）新文豐出版公司　1993　p. 252、340
朱鳳玉　從傳統語文教育論敦煌本《雜抄》　全國敦煌學研討會論文集　（臺北）中正大學中國文學系所　1995　p. 203
朱鳳玉　敦煌文獻中的語文教材　（臺灣）《嘉義師院學報》1995 年第 9 期　p. 467
李正宇　敦煌史地新論　（臺北）新文豐出版公司　1996　p. 81、189
鄭炳林　敦煌碑銘讚輯釋　甘肅教育出版社　1997　p. 448 注 4
白化文　雜抄　敦煌學大辭典　上海辭書出版社　1998　p. 782
李正宇　三界寺　敦煌學大辭典　上海辭書出版社　1998　p. 631
梅維恒著　楊繼東　陳引馳譯　唐代變文（上）　（香港）中國佛教文化出版公司　1999　p. 264 注 5
鄭阿財　朱鳳玉　敦煌蒙書研究　甘肅教育出版社　2002　p. 178
張涌泉　試論敦煌寫本類書的校勘價值：以《勵忠節抄》爲例　《敦煌研究》2003 年第 2 期　p. 69
高田時雄著　鍾翀等譯　《雜抄》與九九乘法表：敦煌藏文字使用的一個側面　敦煌・民族・語言　中華書局　2005　p. 82
趙跟喜　敦煌唐宋時期的女子教育初探　文史（第七十五輯）　中華書局　2006　p. 94

P. 3394

羅福頤　敦煌石室文物對於學術上的貢獻　《歷史教學》1951 年第 5 期　又見：中國敦煌學百年文庫・考古卷（四）　甘肅文化出版社　1999　p. 12
竺沙雅章　敦煌の寺戸について　『史林』（44 卷 5 號）　京都大學文學部史學研究會　1961　p. 65
池田溫　中國古代籍帳研究：概觀・録文　東京大學東洋文化研究所　1979　p. 567
馬世長　敦煌縣博物館藏地志殘卷：敦博第五八號卷子研究之一　敦煌吐魯番文獻研究論集　中華

書局 1982 p. 423

陳炳應 敦煌所出宋開寶八年《鄭醜撻賣地舍契》定誤考釋 《西北史地》1983 年第 4 期 p. 86

冷鵬飛 唐末沙州歸義軍時期有關百姓受田和賦稅的幾個問題 《敦煌學輯刊》1984 年第 1 期 p. 33

寧欣 唐代敦煌地區農業水利問題初探 敦煌吐魯番文獻研究論集(第三輯) 北京大學出版社 1986 p. 502 注 13、534 注 28

池田溫 吐魯番・敦煌文書にみえる地方城市の住居 中國都市の歷史的研究(唐代史研究會報告 第 VI 集) (東京)刀水書房 1988 p. 188

李正宇 唐宋時代敦煌縣河渠泉澤簡志(一) 《敦煌研究》1988 年第 4 期 p. 92

堀敏一 中唐以後敦煌稅法的變化 《魏晉南北朝隋唐史》1990 年第 6 期 p. 65

劉戈 回鶻文契約文書初探 (臺北)五南圖書出版公司 1990 p. 97

仁井田陞 補訂中國法制史研究:法と慣習・法と道德 東京大學出版會 1991 p. 643

盧向前 唐代六品以下職散官受永業田質疑 文史(第三十三輯) 中華書局 1992 p. 124

王仲犖 敦煌石室出《沙州都督府圖經》殘卷考釋 《中國歷史地理論叢》1992 年第 1 輯 又見:中國敦煌學百年文庫・地理卷(二) 甘肅文化出版社 1999 p. 355

高田時雄 評:池田溫編『敦煌漢文文獻』(講座敦煌 5) 『東洋史研究』(52 卷 1 號) (東京)東洋史研究會 1993 p. 119

李正宇 中國唐宋硬筆書法 上海文化出版社 1993 p. 78

王永興 從田令和敦煌文書看唐代土地制度中幾個問題 陳門問學叢稿 江西人民出版社 1993 p. 189

王仲犖 《沙州都督府圖經》殘卷考釋 敦煌石室地志殘卷考釋 上海古籍出版社 1993 p. 114

謝和耐 敦煌賣契與專賣制度 法國學者敦煌學論文選萃 中華書局 1993 p. 57

蔣禮鴻 敦煌文獻語言詞典 杭州大學出版社 1994 p. 142、418

張傳璽 中國歷代契約會編考釋(上) 北京大學出版社 1995 p. 223

李正宇 敦煌史地新論 (臺北)新文豐出版公司 1996 p. 110

榮新江 歸義軍史研究 上海古籍出版社 1996 p. 3

李正宇 敦煌歷史地理導論 (臺北)新文豐出版公司 1997 p. 247

劉進寶 歸義軍土地制度初探 《敦煌研究》1997 年第 2 期 p. 55

鄭炳林 敦煌碑銘讚輯釋 甘肅教育出版社 1997 p. 536 注 2

郝春文 唐後期五代宋初敦煌僧尼的社會生活 中國社會科學出版社 1998 p. 78

黃永年 唐代史事考釋 (臺北)聯經出版公司 1998 p. 455

李正宇 敦煌遺書檔案資料 敦煌學大辭典 上海辭書出版社 1998 p. 391

榮新江 歸義軍大事紀年初稿 出土文獻研究(第三輯) 文物出版社 1998 p. 235

沙知 博易契 敦煌學大辭典 上海辭書出版社 1998 p. 387

沙知 敦煌契約文書輯校 江蘇古籍出版社 1998 p. 4

沙知 見人 敦煌學大辭典 上海辭書出版社 1998 p. 390

沙知 入官措案 敦煌學大辭典 上海辭書出版社 1998 p. 390

趙雲旗 從敦煌吐魯番文書看唐代土地買賣的管理機制 《敦煌研究》1998 年第 3 期 p. 56

蘇金花 唐、五代敦煌地區的商品貨幣形態 《敦煌研究》1999 年第 2 期 p. 97

陳永勝 敦煌吐魯番法制文書研究 甘肅人民出版社 2000 p. 60

高啓安 崇高與卑賤:敦煌的佛教信仰賤名再探 '98 法門寺唐文化國際學術討論會論文集 陝西人民出版社 2000 p. 250

雷紹鋒　歸義軍賦役制度初探　（臺北）洪葉文化事業有限公司　2000　p. 21、281

劉進寶　敦煌歷史文化　甘肅人民出版社　2000　p. 132

丘古耶夫斯基　敦煌漢文文書　上海古籍出版社　2000　p. 214

趙雲旗　唐代土地買賣研究　中國財政經濟出版社　2000　p. 249

郝春文　營造寄託：中國六至十世紀造寺功德的探討　佛教與歷史文化　宗教文化出版社　2001　p. 419

謝重光　漢唐佛教社會史論　（臺北）國際文化事業有限公司　2001　p. 253 注 64

楊森　關於敦煌文獻中的"平章"一詞　敦煌學與中國史研究論集　甘肅人民出版社　2001　p. 231

姜亮夫　敦煌莫高窟年表　姜亮夫全集（十一）　雲南人民出版社　2002　p. 388

李德龍　沙州三界寺《授戒牒》初探　甘肅民族研究論叢　甘肅人民出版社　2002　p. 415

李正宇　唐宋時期的敦煌佛教　敦煌佛教藝術文化國際學術研討會論文集　蘭州大學出版社　2002　p. 382

劉進寶　敦煌學通論　甘肅教育出版社　2002　p. 88

楊惠玲　敦煌契約文書中的保人、見人、口承人、同便人、同取人　《敦煌研究》2002 年第 6 期　p. 40

郝春文　唐後期五代宋初敦煌僧尼的生活方式　寺院財富與世俗供養　上海書畫出版社　2003　p. 133

洪藝芳　敦煌社會經濟文書中的唐五代新興量詞研究　敦煌學（第 24 輯）（臺北）樂學書局有限公司　2003　p. 95

彭金章　有關敦煌莫高窟北區瘞窟的幾個問題　寺院財富與世俗供養　上海書畫出版社　2003　p. 366

童丕　敦煌的借貸：中國中古時代的物質生活與社會　中華書局　2003　p. 161

王啓濤　中古及近代法制文書語言研究　巴蜀書社　2003　p. 172、229、236、289、343

鄭炳林　晚唐五代敦煌村莊聚落輯考　2000 年敦煌學國際學術討論會文集·歷史文化卷（上）　甘肅民族出版社　2003　p. 126

劉進寶　歸義軍政權初期的人口調查和土地調整　《敦煌研究》2004 年第 2 期　p. 60

劉進寶　評《敦煌的借貸：中國中古時代的物質生活與社會》　敦煌吐魯番研究（第七卷）　北京大學出版社　2004　p. 494

孟憲實　論敦煌渠人社　周秦漢唐文化研究（第三輯）　三秦出版社　2004　p. 133

謝和耐著　耿昇譯　中國 5—10 世紀的寺院經濟　上海古籍出版社　2004　p. 362

鄭顯文　唐代律令制研究　北京大學出版社　2004　p. 126、150、285

黑維強　吐魯番出土文書詞語例釋（二）　《敦煌學輯刊》2005 年第 2 期　p. 189

李正宇　晚唐至宋敦煌聽許僧人娶妻生子　敦煌吐魯番研究（第九卷）　中華書局　2006　p. 340

陸離　吐蕃統治河隴西域時期的市券研究　敦煌吐魯番研究（第九卷）　中華書局　2006　p. 241

P. 3395

山口瑞鳳　吐蕃の敦煌支配期間　敦煌の歷史（講座敦煌 2）（東京）大東出版社　1980　p. 222

山口瑞鳳著　樸寬哲譯　吐蕃在敦煌統治形態的變遷　《甘肅民族研究》1985 年第 1 期　p. 93

謝和耐著　耿昇譯　敦煌的堨戶與梁戶　敦煌譯叢（第一輯）　甘肅人民出版社　1985　p. 171 注 46

閻文儒　敦煌兩個陷蕃人殘詩集校釋　向達先生紀念論文集　新疆人民出版社　1986　p. 218

謝和耐著　耿昇譯　中國 5—10 世紀的寺院經濟　甘肅人民出版社　1987　p. 184 注 3、237 注 1
　　又見：上海古籍出版社　2004　p. 195 注 1

郭在貽　張涌泉　黃征　敦煌寫本書寫特例發微　敦煌吐魯番學研究論文集　漢語大詞典出版社　1990　p. 317

林聰明　敦煌文書學　（臺北）新文豐出版公司　1991　p. 399

馬德　KHROM 詞義考　《中國藏學》1992 年第 2 期　p. 100

楊銘　敦煌遺書中的 Lho bal 與南波　《敦煌研究》1993 年第 3 期　p. 14　又見：敦煌吐魯番學研究論集　書目文獻出版社　1996　p. 357

楊銘　吐蕃時期河隴軍政機構設置考　中亞學刊（第四輯）　北京大學出版社　1995　p. 118

楊銘　吐蕃統治敦煌研究　（臺北）新文豐出版公司　1997　p. 13

張涌泉　敦煌寫本書寫特例發微　舊學新知　浙江大學出版社　1999　p. 227

許建平　《日藏宋本莊子音義》校證　中古近代漢語研究（第一輯）　上海教育出版社　2000　p. 54

張弓　英國收藏敦煌文獻叙錄　英國收藏敦煌漢藏文獻研究　中國社會科學出版社　2000　p. 132

P. 3396

王重民　敦煌本《捉季布傳文》　《國立北平圖書館館刊》1936 年第 10 卷第 1 號　又見：敦煌變文論文錄　上海古籍出版社　1982　p. 560

池田溫　中國古代籍帳研究：概観・録文　東京大學東洋文化研究所　1979　p. 655、657

北原薰　晚唐・五代の敦煌寺院経済——収支決算報告を中心に　敦煌の社會（講座敦煌 3）　（東京）大東出版社　1980　p. 379

馬世長　敦煌縣博物館藏地志殘卷：敦博第五八號卷子研究之一　敦煌吐魯番文獻研究論集　中華書局　1982　p. 423

寧欣　唐代敦煌地區農業水利問題初探　敦煌吐魯番文獻研究論集（第三輯）　北京大學出版社　1986　p. 474 注 8、502 注 13、503、505、506、510、516、527、531 注 10

謝重光　關於唐後期至五代間沙州寺院經濟的幾個問題　敦煌吐魯番出土經濟文書研究　廈門大學出版社　1986　p. 511 注 141

姜伯勤　唐五代敦煌寺戶制度　中華書局　1987　p. 303

李正宇　唐宋時代敦煌縣河渠泉澤簡志（一）　《敦煌研究》1988 年第 4 期　p. 91

李正宇　唐宋時代敦煌縣河渠泉澤簡志（二）　《敦煌研究》1989 年第 1 期　p. 54

唐耕耦　陸宏基　敦煌社會經濟文獻真迹釋録（二）　全國圖書館文獻縮微複製中心　1990　p. 460

竺沙雅章　寺院文書　敦煌漢文文獻（講座敦煌 5）　（東京）大東出版社　1992　p. 596

李并成　李春元　瓜沙史地研究　甘肅文化出版社　1996　p. 148

李正宇　敦煌史地新論　（臺北）新文豐出版公司　1996　p. 108、133

鄭炳林　唐五代敦煌粟特人與歸義軍政權　《敦煌研究》1996 年第 4 期　p. 83　又見：敦煌歸義軍史專題研究　蘭州大學出版社　1997　p. 405、425

馮培紅　唐五代敦煌的河渠水利與水司管理機構初探　《敦煌學輯刊》1997 年第 2 期　p. 73

李正宇　敦煌歷史地理導論　（臺北）新文豐出版公司　1997　p. 58、253、268

湛如　敦煌菩薩戒儀與菩薩戒牒之研究　《敦煌研究》1997 年第 2 期　p. 80

鄭炳林　敦煌碑銘讚輯釋　甘肅教育出版社　1997　p. 105 注 2

鄭炳林　唐五代敦煌的粟特人與佛教　敦煌歸義軍史專題研究　蘭州大學出版社　1997　p. 448

鄭炳林　晚唐五代敦煌園囿經濟研究　敦煌歸義軍史專題研究　蘭州大學出版社　1997　p. 320

李正宇　河母　敦煌學大辭典　上海辭書出版社　1998　p. 313

雷紹鋒　歸義軍賦役制度初探　（臺北）洪葉文化事業有限公司　2000　p. 101

蘇金花　試論晚唐五代敦煌僧侶免賦特權的進一步喪失　《敦煌研究》2000 年第 3 期　　p. 156
謝重光　漢唐佛教社會史論　（臺北）國際文化事業有限公司　2001　p. 252 注 52、53
湛如　敦煌佛教律儀制度研究　中華書局　2003　p. 166
鄭炳林　晚唐五代敦煌村莊聚落輯考　2000 年敦煌學國際學術討論會文集・歷史文化卷（上）　甘
　　肅民族出版社　2003　p. 125、137
高啓安　唐五代敦煌飲食文化研究　民族出版社　2004　p. 37
鄭炳林　晚唐五代敦煌地區的胡姓居民與聚落　法國漢學（第 10 輯）（粟特人在中國：歷史、考古、語
　　言的新探索）　中華書局　2005　p. 182、186
馮培紅　歸義軍鎮制考　敦煌吐魯番研究（第九卷）　中華書局　2006　p. 275
金瀅坤　敦煌社會經濟文書定年拾遺　《首都師範大學學報》2006 年第 1 期　p. 12
鄭炳林　晚唐五代河西地區的居民結構研究　《蘭州大學學報》2006 年第 2 期　p. 10

P. 3397

陳祚龍　古代敦煌及其他地區流行之公私印章圖記文字錄　敦煌學要籥　（臺北）新文豐出版公司
　　1982　p. 329
黃征　吳偉　敦煌願文集　岳麓書社　1995　p. 612
李小榮　敦煌密教文獻論稿　人民文學出版社　2003　p. 172

P. 3398

陳祚龍　敦煌寫本《九諫書》校詁（上）　（臺北）《大陸雜誌》1962 年第 8 期　又見：敦煌學海探珠（下
　　冊）（臺北）商務印書館　1979　p. 201；中國敦煌學百年文庫・文獻卷（一）　甘肅文化出版
　　社　1999　p. 451
陳祚龍　中世敦煌與成都之間的交通路線：敦煌學散策之一　敦煌學（第 1 輯）（香港）新亞研究所
　　敦煌學會　1974　p. 81　又見：敦煌資料考屑（下冊）（臺北）商務印書館　1979　p. 335；唐
　　代研究論集（第三輯）（臺北）新文豐出版公司　1992　p. 436
王重民　敦煌古籍叙錄　中華書局　1979　p. 190
蘇瑩輝　敦煌學概要　（臺北）編譯館“中華叢書編委會”　1981　p. 47
陳祚龍　敦煌古抄內典尾記彙校初、二、三編合刊　敦煌學要籥　（臺北）新文豐出版公司　1982
　　p. 189
蘇瑩輝　近三十年國際研究“敦煌學”之回顧與前瞻　《書目季刊》1982 年第 60 卷第 2 期　又見：中
　　國敦煌學百年文庫・綜述卷（三）　甘肅文化出版社　1999　p. 15
龍晦　唐五代西北方音與卜天壽《論語》寫本　新疆考古三十年　新疆人民出版社　1983　p. 376
蘇瑩輝　中外敦煌古寫本纂要　敦煌論集　（臺北）學生書局　1983　p. 323
王重民　巴黎敦煌殘卷叙錄（第二輯）　敦煌叢刊初集（九）（臺北）新文豐出版公司　1985
　　p. 244、251
高明士　唐代敦煌的教育　漢學研究（敦煌學國際研討會論文專號）（臺北）漢學研究資料及服務
　　中心　1986　p. 251
王重民原編　黃永武新編　敦煌古籍叙錄新編（第十冊）（臺北）新文豐出版公司　1986　p. 60
姜亮夫　敦煌經卷題名錄　敦煌學論文集　上海古籍出版社　1987　p. 1063
李正宇　敦煌學郎題記輯注　《敦煌學輯刊》1987 年第 1 期　p. 32
龍晦　大足石刻父母恩重經變像與敦煌音樂文學的關係　敦煌歌辭總編　上海古籍出版社　1987
　　p. 1835

平野顯照著　張桐生譯　唐代的文學與佛教　（臺北）業强出版社　1987　p. 256

舒學　敦煌漢文遺書中雕版印刷資料綜叙　敦煌語言文學研究　北京大學出版社　1988　p. 297

鄭阿財　敦煌寫卷《新集文詞九經抄》研究　（臺北）文史哲出版社　1989　p. 40　又見：唐代研究論
　　集　第四輯　（臺北）新文豐出版公司　1992　p. 666

池田溫　中國古代寫本識語集錄　（東京）大藏出版株式會社　1990　p. 484

高國藩　敦煌古俗與民俗流變　河海大學出版社　1990　p. 1、227

高國潘　敦煌巫術形態：兼與中外巫術之比較　第二屆敦煌學國際研討會論文集　（臺北）漢學研究
　　中心　1990　p. 623

龍晦　敦煌與五代兩蜀文化　《敦煌研究》1990 年第 2 期　p. 100

唐耕耦　陸宏基　敦煌社會經濟文獻真迹釋錄(四)　全國圖書館文獻縮微複製中心　1990　p. 307

文初　讀敦煌卷子劄記二則　《敦煌語言文學研究通訊》1990 年第 2－3 期　p. 8

鄭阿財　敦煌蒙書析論　第二屆敦煌學國際研討會論文集　（臺北）漢學研究中心　1990　p. 233

林聰明　敦煌文書學　（臺北）新文豐出版公司　1991　p. 24、339

東野治之　敦煌と日本の『千字文』　遣唐使と正倉院　（東京）岩波書店　1992　p. 241、255

東野治之　訓蒙書　敦煌漢文文獻（講座敦煌 5）　（東京）大東出版社　1992　p. 405

陶秋英輯錄　姜亮夫校訂　敦煌經卷題名錄　敦煌碎金　浙江古籍出版社　1992　p. 79

中村裕一　官文書　敦煌漢文文獻（講座敦煌 5）　（東京）大東出版社　1992　p. 562

高國藩　敦煌民俗資料導論　（臺北）新文豐出版公司　1993　p. 260、343

高國藩　敦煌巫術與巫術流變　河海大學出版社　1993　p. 260

高國藩　論敦煌唐人九曜算命術　第二屆國際唐代學術會議論文集(上)　（臺北）文津出版社
　　1993　p. 778

蘇遠鳴　敦煌佛教肖像劄記　法國學者敦煌學論文選萃　中華書局　1993　p. 198 注 11

鄭阿財　敦煌文獻與文學　（臺北）新文豐出版公司　1993　p. 272

周丕顯　敦煌"童蒙"、"家訓"寫本之考察　《敦煌學輯刊》1993 年第 1 期　p. 20

方廣錩　敦煌文獻中的《金剛經》及其注疏　《新疆文物》1995 年第 1 期　p. 46　又見：敦煌學佛教
　　學論叢(上)　中國佛教文化研究所　1998　p. 375

顏廷亮　敦煌文學概說　（臺北）新文豐出版公司　1995　p. 227

張涌泉　陳祚龍校錄敦煌卷子失誤例釋　學術集林(卷六)　上海遠東出版社　1995　p. 305

鄭阿財　敦煌寫卷《持誦金剛經靈驗功德記》研究　全國敦煌學研討會論文集　（臺北）中正大學中
　　國文學系所　1995　p. 269

張涌泉　敦煌俗字研究導論　（臺北）新文豐出版公司　1996　p. 162

張涌泉　敦煌文獻校讀釋例　文史(第四十一輯)　中華書局　1996　p. 200　又見：舊學新知　浙
　　江大學出版社　1999　p. 214

中村裕一　唐代公文書研究　（東京）汲古書院　1996　p. 99

楊際平　郭鋒　張和平　五—十世紀敦煌的家庭與家族關係　岳麓書社　1997　p. 310

鄭阿財　敦煌靈應小說的佛教史學價值　唐研究國際學術會議論文彙編　中國社會科學院歷史所等
　　1997　p. 192　又見：唐研究(第四卷)　北京大學出版社　1998　p. 41

鄭炳林　敦煌碑銘讚輯釋　甘肅教育出版社　1997　p. 463 注 10

白化文　九諫書　敦煌學大辭典　上海辭書出版社　1998　p. 779

白化文　西川過家真印本　敦煌學大辭典　上海辭書出版社　1998　p. 590

方廣錩　金剛般若波羅蜜經　敦煌學大辭典　上海辭書出版社　1998　p. 682

顧吉辰　敦煌文獻職官結銜考釋　《敦煌學輯刊》1998 年第 2 期　p. 25

嚴敦傑　推十二時人命相屬法　敦煌學大辭典　上海辭書出版社　1998　p. 623

嚴敦傑　周公卜法　敦煌學大辭典　上海辭書出版社　1998　p. 621

高國藩　敦煌俗文化學　上海三聯書店　1999　p. 52

妹尾達彥　唐代長安東市の印刷業　東アジア史における國家と地域　（東京）刀水書房　1999　p. 230

楊秀清　淺談唐、宋時期敦煌地區的學生生活　《敦煌研究》1999 年第 4 期　p. 142

馬克　敦煌數占小考　法國漢學（敦煌學專號）　中華書局　2000　p. 195

顏廷亮　敦煌文化　光明日報出版社　2000　p. 270

楊秀清　華戎交會的都市：敦煌與絲綢之路　甘肅人民出版社　2000　p. 102

黃正建　敦煌祿命類文書述略　中國社會科學院歷史研究所學刊（第一集）　學刊編委會　2001　p. 242

黃正建　敦煌占卜文書與唐五代占卜研究　學苑出版社　2001　p. 27、109、162

林聰明　敦煌吐魯番文書解詁指例　（臺北）新文豐出版公司　2001　p. 158

鄭阿財　敦煌童蒙讀物的分類與總說　敦煌文獻論集：紀念藏經洞發現一百周年國際學術研討會論文集　遼寧人民出版社　2001　p. 202

蔡忠霖　敦煌漢文寫卷俗字及其現象　（臺北）文津出版社　2002　p. 30

姜亮夫　敦煌莫高窟年表　姜亮夫全集（十一）　雲南人民出版社　2002　p. 264、513

李正宇　唐宋時期敦煌佛經性質功能的變化　戒幢佛學（第二卷）　岳麓書社　2002　p. 20　又見：中日敦煌佛教學術會議論文集　中國社會科學院研究所　2002　p. 17

釋永有　敦煌遺書中的金剛經　敦煌佛教藝術文化國際學術研討會論文集　蘭州大學出版社　2002　p. 37

陳于柱　從敦煌占卜文書看晚唐五代敦煌占卜與佛教的對話交融　《敦煌學輯刊》2005 年第 2 期　p. 28

劉永明　敦煌道教的世俗化之路：敦煌《發病書》研究　《敦煌學輯刊》2006 年第 1 期　p. 73

趙貞　敦煌文書中的"七星人命屬法"釋證　文史（第七十五輯）　中華書局　2006　p. 76

P. 3400

鄭炳林　敦煌碑銘讚輯釋　甘肅教育出版社　1997　p. 157 注 2

楊秀清　金山國立國年代補證　《敦煌研究》1997 年第 4 期　p. 132

楊秀清　敦煌西漢金山國史　甘肅人民出版社　1999　p. 62

姜亮夫　敦煌莫高窟年表　姜亮夫全集（十一）　雲南人民出版社　2002　p. 535

P. 3401

姜亮夫　敦煌所見道教佚經考　敦煌學論文集　上海古籍出版社　1987　p. 313

陶秋英輯録　姜亮夫校訂　敦煌經卷所見寺名録　敦煌碎金　浙江古籍出版社　1992　p. 114

P. 3402

池田溫　中國古代寫本識語集録　（東京）大藏出版株式會社　1990　p. 446

王素　唐寫本《論語鄭氏注》校録　唐寫本論語鄭氏注及其研究　文物出版社　1991　p. 137 注 10

土田健次郎　儒教典籍　敦煌漢文文獻（講座敦煌 5）　（東京）大東出版社　1992　p. 269

李正宇　中國唐宋硬筆書法　上海文化出版社　1993　p. 45

李方　敦煌《論語集解》校正　江蘇古籍出版社　1998　p. 831

李方　唐寫本《論語集解》校讀零拾　出土文獻研究(第三輯)　文物出版社　1998　p. 221

蔡忠霖　敦煌漢文寫卷俗字及其現象　（臺北)文津出版社　2002　p. 39

許建平　英倫法京所藏敦煌寫本殘片八種之定名並校錄　敦煌學(第24輯)　（臺北)樂學書局有限公司　2003　p. 123

劉永明　敦煌占卜與道教初探　《敦煌學輯刊》2004年第2期　p. 24

劉永明　敦煌道教的世俗化之路：道教向具注曆日的滲透　《敦煌學輯刊》2005年第2期　p. 207

劉永明　敦煌道教的世俗化之路：敦煌《發病書》研究　《敦煌學輯刊》2006年第1期　p. 71

P. 3403

王重民　敦煌本曆日之研究　《東方雜誌》1937年第34卷　又見：敦煌遺書論文集　1984　中華書局　p. 117；中國敦煌學百年文庫·科技卷　甘肅文化出版社　1999　p. 25

羅福頤　敦煌石室文物對於學術上的貢獻　《歷史教學》1951年第5期　又見：中國敦煌學百年文庫·考古卷(四)　甘肅文化出版社　1999　p. 13

周丕顯　敦煌科技書卷叢談　《敦煌學輯刊》1981年第2期　p. 53

饒宗頤　論七曜與十一曜：記敦煌開寶七年(九七四)康遵批命課　選堂集林·史林　（香港)中華書局　1982　p. 785　又見：饒宗頤史學論著選　上海古籍出版社　1993　p. 585；饒宗頤東方學論集　汕頭大學出版社　1999　p. 125

董作賓　敦煌紀年　敦煌學文選(上)　蘭州大學歷史系敦煌學研究室等　1983　p. 37

劉復　敦煌掇瑣　敦煌叢刊初集(十五)　（臺北)新文豐出版公司　1985　p. 393

李正宇　唐宋時代的敦煌學校　《敦煌研究》1986年第1期　p. 45

高國藩　敦煌民俗學簡論　1983年全國敦煌學術討論會文集·文史遺書編(下)　甘肅人民出版社　1987　p. 416

施萍婷　敦煌曆日研究　1983年全國敦煌學術討論會文集·文史遺書編(上)　甘肅人民出版社　1987　p. 307、318、344、365注11

鄧文寬　敦煌文獻S. 2620號《唐年神方點陣圖》試釋　《文物》1988年第2期　p. 67　又見：敦煌吐魯番學耕耘錄　（臺北)新文豐出版公司　1996　p. 81

劉操南　敦煌問世曆日辨析　敦煌語言文學論文集　浙江古籍出版社　1988　p. 56

陳治文　敦煌變文釋詞商兌　《語言研究》1989年第1期　又見：中國敦煌學百年文庫·語言文字卷(二)　甘肅文化出版社　1999　p. 11

鄧文寬　敦煌古曆叢識　《敦煌學輯刊》1989年第1期　p. 108、115

高國藩　敦煌民俗學　上海文藝出版社　1989　p. 290

池田溫　中國古代寫本識語集錄　（東京)大藏出版株式會社　1990　p. 528

高國藩　敦煌古俗與民俗流變　河海大學出版社　1990　p. 307

高田時雄　五姓說在敦煌藏族　敦煌吐魯番學研究論文集　漢語大詞典出版社　1990　p. 758

譚蟬雪　敦煌歲時掇瑣：正月　《敦煌研究》1990年第1期　p. 50　又見：（香港)《九州學刊》(敦煌學專輯)1993年第5卷第4期　p. 94

李正宇　敦煌遺書宋人詩輯校　《敦煌研究》1992年第2期　p. 43

林家平　寧強　羅華慶　中國敦煌學史　北京語言學院出版社　1992　p. 18

高國藩　敦煌民俗資料導論　（臺北)新文豐出版公司　1993　p. 88

高國藩　論敦煌唐人九曜算命術　第二屆國際唐代學術會議論文集(上)　（臺北)文津出版社　1993　p. 788

茅甘　敦煌寫本中的"九宮圖"　法國學者敦煌學論文選萃　中華書局　1993　p. 302

茅甘　敦煌寫本中的"五姓堪輿"法　法國學者敦煌學論文選萃　中華書局　1993　p. 250

王進玉　敦煌石窟探秘　四川教育出版社　1994　p. 86

劉進寶　敦煌學論述　（臺北）洪葉文化事業有限公司　1995　p. 287

饒宗頤　跋：從"河圖"、"洛書"、"陰陽五行"、"八卦"在西藏看古代哲學思想的交流　華學（第一輯）
　　中山大學出版社　1995　p. 257

殷光明　從敦煌漢簡曆譜看太初曆的科學性和進步性　《敦煌學輯刊》1995 年第 2 期　p. 101

鄧文寬　敦煌天文曆法文獻輯校　江蘇古籍出版社　1996　p. 588

鄧文寬　敦煌吐魯番曆日略論　敦煌吐魯番學耕耘錄　（臺北）新文豐出版公司　1996　p. 10

鄧文寬　敦煌寫本《燕子賦》"將軍"釋詞　敦煌吐魯番學耕耘錄　（臺北）新文豐出版公司　1996
　　p. 302

李正宇　敦煌史地新論　（臺北）新文豐出版公司　1996　p. 188

黃征　張涌泉　敦煌變文校注　中華書局　1997　p. 381

鄧文寬　四大吉時　敦煌學大辭典　上海辭書出版社　1998　p. 611

鄧文寬　雍熙三年丙戌歲具注曆日並序　敦煌學大辭典　上海辭書出版社　1998　p. 609

施萍婷　評《敦煌天文曆法文獻輯校》　敦煌吐魯番研究（第三卷）　北京大學出版社　1998　p. 393

譚蟬雪　敦煌歲時文化導論　（臺北）新文豐出版公司　1998　p. 96、122、134、295

高國藩　敦煌俗文化學　上海三聯書店　1999　p. 62、185

黃征　程惠新　劫塵遺珠：敦煌遺書　甘肅教育出版社　1999　p. 244

寧可　寧可史學論集　中國社會科學出版社　1999　p. 446

高明士　唐代敦煌官方的祭祀禮儀　1994 年敦煌學國際研討會文集·宗教文史卷（上）　甘肅民族
　　出版社　2000　p. 60

徐俊　敦煌詩集殘卷輯考　中華書局　2000　p. 860

閻國權　敦煌二千一百年　新華出版社　2000　p. 243

顏廷亮　敦煌文化　光明日報出版社　2000　p. 407

鄧文寬　敦煌吐魯番天文曆法研究　甘肅教育出版社　2002　p. 3、52、107、167

黃一農　嫁娶宜忌：選擇術中的"亥不行嫁"與"陰陽不將"考辨　法制與禮俗　（臺北）"中央研究
　　院"歷史語言研究所　2002　p. 291

姜亮夫　敦煌莫高窟年表　姜亮夫全集（十一）　雲南人民出版社　2002　p. 580

李斌城　唐代文化　中國社會科學出版社　2002　p. 1600

馬繼興　當前世界各地收藏的中國出土卷子本古醫藥文獻備考　敦煌吐魯番研究（第六卷）　北京
　　大學出版社　2002　p. 151

鄧文寬　敦煌曆日與戰國秦漢《日書》的文化關係　漢語史學報專輯（第三輯）　上海教育出版社
　　2003　p. 295

余欣　禁忌、儀式與法術　唐代宗教信仰與社會　上海辭書出版社　2003　p. 314

鄧文寬　敦煌具注曆日與《四時纂要》的比較研究　《敦煌研究》2004 年第 1 期　p. 63

馬若安　敦煌曆日"沒日"和"滅日"安排初探　敦煌吐魯番研究（第七卷）　北京大學出版社　2004
　　p. 429

劉屹　上博本《曹元深祭神文》的幾個問題　敦煌學國際研討會論文集　北京圖書館出版社　2005
　　p. 156

趙貞　"九曜行年"略說　《敦煌學輯刊》2005 年第 3 期　p. 28

金身佳　敦煌寫本宅經中的陰陽宅修造吉日　文史（第七十五輯）　中華書局　2006　p. 68

P. 3404

蘇瑩輝　敦煌學概要　（臺北）編譯館“中華叢書編委會”　1981　p. 54

楠山春樹　道德經類　付『莊子』『列子』『文子』　敦煌と中國道教（講座敦煌4）　（東京）大東出版
　　社　1983　p. 4

山田利明　老子化胡經類　敦煌と中國道教（講座敦煌4）　（東京）大東出版社　1983　p. 99

蘇瑩輝　敦煌石室真迹録題記訂補之續　敦煌論集續編　（臺北）學生書局　1983　p. 215

蘇瑩輝　中外敦煌古寫本纂要　敦煌論集　（臺北）學生書局　1983　p. 330

王重民原編　黃永武新編　敦煌古籍叙録新編（第十四冊）　（臺北）新文豐出版公司　1986　p. 71

陳祚龍　看了敦煌古抄《報恩寺開溫室浴僧記》以後　敦煌學散策新集　（臺北）新文豐出版公司
　　1989　p. 206

孫啓治　唐寫本俗別字變化類型舉例　敦煌吐魯番文獻研究論集（第五輯）　北京大學出版社
　　1990　p. 124

方廣錩　佛教大藏經史（八一十世紀）　中國社會科學出版社　1991　p. 136

榮新江　話說敦煌　山東教育出版社　1991　p. 78

陶秋英輯録　姜亮夫校訂　敦煌所見道教佚經録　敦煌碎金　浙江古籍出版社　1992　p. 318

饒宗頤　論七曜與十一曜　饒宗頤史學論著選　上海古籍出版社　1993　p. 591　又見：饒宗頤東方
　　學論集　汕頭大學出版社　1999　p. 130

胡戟　傅玫　敦煌史話　中華書局　1995　p. 134

劉進寶　敦煌學論述　（臺北）洪葉文化事業有限公司　1995　p. 277

劉屹　敦煌十卷本《老子化胡經》殘卷新探　唐研究（第二卷）　北京大學出版社　1996　p. 102

項楚　《老子化胡經·玄歌》補校　敦煌文學論集　四川人民出版社　1997　p. 210

劉屹　試論《化胡經》産生的年代　道家文化研究（第十三輯）　三聯書店　1998　p. 95

王卡　老子化胡經　敦煌學大辭典　上海辭書出版社　1998　p. 761

姜亮夫　敦煌莫高窟年表　姜亮夫全集（十一）　雲南人民出版社　2002　p. 13

林平和　試論敦煌文獻之輯佚價值　新世紀敦煌學論集　巴蜀書社　2003　p. 733

劉屹　唐代道教的“化胡”經說與“道本論”　唐代宗教信仰與社會　上海辭書出版社　2003　p. 104

王卡　敦煌道教文獻研究　中國社會科學出版社　2004　p. 27、188

P. 3405

那波利貞　佛教信仰に基きて組織せられたる中晚唐五代時代の社邑に就きて（下）　『史林』（24
　　卷4號）　京都大學文學部史學研究會　1939　p. 112　又見：唐代社會文化史研究·第六編
　　（東京）創文社　1974　p. 664

陳祚龍　新校重訂《齋琬文》　敦煌學海探珠（下冊）　（臺北）商務印書館　1979　p. 322

陳祚龍　中世敦煌釋門弘法文獻之一斑　敦煌學海探珠（下冊）　（臺北）商務印書館　1979　p. 372

陳祚龍　看了“佛光山春節平安燈會通告”以後　中華佛教文化史散策（四集）　（臺北）新文豐出版
　　公司　1986　p. 212

李正宇　關於金山國和敦煌國建國的幾個問題　《西北史地》1987年第2期　p. 70

姜伯勤　敦煌音聲人略論　《敦煌研究》1988年第4期　p. 3

李正宇　敦煌文學雜考二題　敦煌語言文學研究　北京大學出版社　1988　p. 98

譚蟬雪　敦煌歲時掇瑣：正月　《敦煌研究》1990年第1期　p. 48　又見：（香港）《九州學刊》（敦煌
　　學專輯）1993年第5卷第4期　p. 86

杜琦　敦煌文學概論　甘肅人民出版社　1993　p. 526

高國藩　敦煌民俗資料導論　（臺北）新文豐出版公司　1993　p. 171

李正宇　敦煌文學概論　甘肅人民出版社　1993　p. 99

汪泛舟　敦煌文學概論　甘肅人民出版社　1993　p. 565

張鴻勳　敦煌說唱文學概論　（臺北）新文豐出版公司　1993　p. 9

黃征　吳偉　敦煌願文集　岳麓書社　1995　p. 37

土肥義和　唐・北宋間の「社」の組織形態に關する一考察　中國古代の國家と民衆（堀敏一先生古
　　稀記念）　（東京）汲古書院　1995　p. 705

楊秀清　《金山國諸雜齋文範》(11 篇)劄記　敦煌佛教文獻研究　敦煌研究院文獻研究所　1995
　　p. 47

張涌泉　陳祚龍校錄敦煌卷子失誤例釋　學術集林(卷六)　上海遠東出版社　1995　p. 306　又
　　見：舊學新知　浙江大學出版社　1999　p. 281

姜伯勤　敦煌藝術宗教與禮樂文明　中國社會科學出版社　1996　p. 514

李正宇　敦煌史地新論　（臺北）新文豐出版公司　1996　p. 208

馬德　敦煌莫高窟史研究　甘肅教育出版社　1996　p. 199

顏廷亮　敦煌西漢金山國檔案文獻考略　《甘肅社會科學》1996 年第 5 期　p. 93

張涌泉　敦煌俗字研究導論　（臺北）新文豐出版公司　1996　p. 141

張涌泉　敦煌文獻校讀釋例　文史(第四十一輯)　中華書局　1996　p. 192　又見：舊學新知　浙
　　江大學出版社　1999　p. 200

黃征　《敦煌願文集》輯校中的一些問題　敦煌語文叢說　（臺北）新文豐出版公司　1997　p. 549

黃征　敦煌願文考論　敦煌語文叢說　（臺北）新文豐出版公司　1997　p. 587

馬德　敦煌工匠史料　甘肅人民出版社　1997　p. 16

馬德　敦煌遺書莫高窟歲首燃燈文輯識　《敦煌研究》1997 年第 3 期　p. 59

顏廷亮　《金山國諸雜齋文範》校錄及其他　敦煌文學論集　四川人民出版社　1997　p. 330

鄭炳林　敦煌碑銘讚輯釋　甘肅教育出版社　1997　p. 439 注 3

李正宇　張文徹　敦煌學大辭典　上海辭書出版社　1998　p. 357

譚蟬雪　敦煌歲時文化導論　（臺北）新文豐出版公司　1998　p. 17、41

楊秀清　曹議金執政臆談　《敦煌研究》1998 年第 3 期　p. 119

楊秀清　試論金山國的有關政治制度　《敦煌學輯刊》1998 年第 2 期　p. 37

楊森　敦煌社司文書畫押符號及其相關問題　《敦煌學輯刊》1999 年第 1 期　p. 89

楊秀清　敦煌西漢金山國史　甘肅人民出版社　1999　p. 95、138、148、160

劉長東　晉唐彌陀淨土信仰研究　巴蜀書社　2000　p. 493

馬德　敦煌寫本《營窟稿文範》箋證　1994 年敦煌學國際研討會文集・石窟考古卷　甘肅民族出版
　　社　2000　p. 215

譚蟬雪　唐宋敦煌歲時佛俗：正月　《敦煌研究》2000 年第 4 期　p. 67

王微　春祭：二月八日節的佛教儀式　法國漢學(敦煌學專號)　中華書局　2000　p. 111

徐俊　敦煌詩集殘卷輯考　中華書局　2000　p. 809

顏廷亮　敦煌文化　光明日報出版社　2000　p. 135

邵文實　敦煌佛教文學與邊塞文學　《敦煌學輯刊》2001 年第 2 期　p. 26

徐曉麗　曹議金與甘州回鶻天公主結親時間考　《敦煌研究》2001 年第 4 期　p. 117

沙武田　趙曉星　歸義軍時期敦煌文獻中的太子　《敦煌研究》2003 年第 4 期　p. 51

王豔明　瓜州曹氏與甘州回鶻的兩次和親始末　《敦煌研究》2003 年第 1 期　p. 70

P. 3406

楊銘　重慶市博物館藏敦煌吐魯番寫經目録　《敦煌研究》1996 年第 1 期　p. 122

張金泉　許建平　敦煌音義彙考　杭州大學出版社　1996　p. 1187

張金泉　敦煌佛經音義寫卷述要　《敦煌研究》1997 年第 2 期　p. 117

高啓安　崇高與卑賤:敦煌的佛教信仰賤名再探　'98 法門寺唐文化國際學術討論會論文集　陝西人民出版社　2000　p. 253

P. 3407

篠原壽雄　北宗禪と南宗禪　敦煌仏典と禪(講座敦煌 8)　(東京)大東出版社　1980　p. 193

森安孝夫　ウイグル語文獻　敦煌胡語文獻(講座敦煌 6)　(東京)大東出版社　1985　p. 24

耿昇　敦煌回鶻文寫本的概況　《敦煌研究》1988 年第 1 期　p. 102

林聰明　敦煌文書學　(臺北)新文豐出版公司　1991　p. 67

楊富學　9—12 世紀的沙州回鶻文化　《敦煌學輯刊》1994 年第 2 期　p. 98

牛汝極　楊富學　敦煌回鶻文書法藝術　《甘肅民族研究》1995 年第 1 期　p. 100

楊富學　牛汝極　沙州回鶻及其文獻　甘肅文化出版社　1995　p. 61、217

李正宇　敦煌史地新論　(臺北)新文豐出版公司　1996　p. 11

楊富學　佛教與敦煌回鶻文書法藝術　西域敦煌宗教論稿　甘肅文化出版社　1998　p. 137

P. 3408

王重民　敦煌寫本跋文(王重民遺稿)　敦煌吐魯番文獻研究論集　中華書局　1982　p. 3

雷僑雲　敦煌兒童文學　(臺北)學生書局　1985　p. 44

高國藩　敦煌民俗學　上海文藝出版社　1989　p. 109

鄭阿財　敦煌蒙書析論　第二屆敦煌學國際研討會論文集　(臺北)漢學研究中心　1990　p. 217

鄭阿財　敦煌文獻與文學　(臺北)新文豐出版公司　1993　p. 246

沃興華　敦煌書法藝術　上海人民出版社　1994　p. 249

陸淑綺　李重申　敦煌古代戲曲文化史料綜述　《敦煌研究》1997 年第 2 期　p. 65

汪泛舟　《開蒙要訓》初探　《敦煌研究》1999 年第 2 期　p. 139

汪泛舟　敦煌古代兒童課本　甘肅人民出版社　2000　p. 14、40、53

鄭阿財　朱鳳玉　敦煌蒙書研究　甘肅教育出版社　2002　p. 56

P. 3409

王重民　敦煌本尚書六跋　《青海民族學院學報》1979 年第 4 卷　又見:中國敦煌學百年文庫・文獻卷(二)　甘肅文化出版社　1999　p. 555

川崎ミチコ　修道偈Ⅱ——定格聯章　敦煌仏典と禪(講座敦煌 8)　(東京)大東出版社　1980　p. 276

任半塘　敦煌歌辭研究在國外　文學評論叢刊(第九輯)　中國社會科學出版社　1981　p. 193

陳祚龍著　福井文雅　平木真快譯　釈亡名と善慧大士の詩歌について　敦煌と中國仏教(講座敦煌 7)　(東京)大東出版社　1984　p. 489

白化文　對可補入《敦煌變文集》中的幾則録文的討論　《敦煌學輯刊》1986 年第 1 期　p. 42

龍晦　論敦煌詞曲所見之禪宗與淨土宗　《世界宗教研究》1986 年第 3 期　p. 63

龍晦　大足石刻父母恩重經變像與敦煌音樂文學的關係　敦煌歌辭總編　上海古籍出版社　1987　p. 1844

任半塘　敦煌歌辭總編　上海古籍出版社　1987　p. 513、987、1412

李正宇　試論敦煌所藏《禪師衛士遇逢因緣》《文學遺產》1989 年第 3 期　p. 51　又見：西域戲劇
　　與戲劇的發生　新疆人民出版社　1992　p. 55

劉進寶　俚曲小調　敦煌文學　甘肅人民出版社　1989　p. 219

孫其芳　詞　敦煌文學　甘肅人民出版社　1989　p. 214

汪泛舟　偈·頌　敦煌文學　甘肅人民出版社　1989　p. 90

任半塘　王昆吾　隋唐五代燕樂雜言歌辭集　巴蜀書社　1990　p. 843、1310、1719

上山大峻　敦煌佛教の研究　（京都）法藏館　1990　p. 416

柴劍虹　敦煌詞輯校四談　西域文史論稿　（臺北）國文天地雜誌社　1991　p. 504

楊聯陞　書評：饒宗頤、戴密微合著《敦煌曲》　楊聯陞論文集　中國社會科學出版社　1992　p. 243

張涌泉　《敦煌歌辭總編》校議　《語言研究》1992 年第 1 期　p. 57

周紹良　敦煌文學芻議及其它　（臺北）新文豐出版公司　1992　p. 37

李正宇　敦煌文學概論　甘肅人民出版社　1993　p. 107、153

汪泛舟　敦煌文學概論　甘肅人民出版社　1993　p. 549

項楚　敦煌詩歌導論　（臺北）新文豐出版公司　1993　p. 122

張涌泉　語詞辨析七則　《古漢語研究》1993 年第 1 期　p. 44

蔣禮鴻　敦煌文獻語言詞典　杭州大學出版社　1994　p. 142

柳田聖山　禪籍解題（一）·敦煌禪籍　俗語言研究（第二期）　（京都）禪文化研究所　1995　p. 151

王書慶　敦煌佛學·佛事篇　甘肅民族出版社　1995　p. 220

楊富學　牛汝極　沙州回鶻及其文獻　甘肅文化出版社　1995　p. 217

張涌泉　漢語俗字研究　岳麓書社　1995　p. 291

高啓安　敦煌五更詞與甘肅五更詞比較研究　《敦煌研究》1997 年第 3 期　p. 116

陸淑綺　李重申　敦煌古代戲曲文化史料綜述　《敦煌研究》1997 年第 2 期　p. 65

孫昌武　禪思與詩情　中華書局　1997　p. 330 注 18、331 注 24

柴劍虹　行路難詩　敦煌學大辭典　上海辭書出版社　1998　p. 549

李正宇　禪師衛士遇逢因緣　敦煌學大辭典　上海辭書出版社　1998　p. 582

張涌泉　敦煌文書疑難詞語辨釋　舊學新知　浙江大學出版社　1999　p. 269

張涌泉　論"音隨形變"　舊學新知　浙江大學出版社　1999　p. 94 注 1

張涌泉　試論漢語俗字研究的意義　舊學新知　浙江大學出版社　1999　p. 11

張勇　傅大士研究　巴蜀書社　2000　p. 210

李正宇　唐宋時期敦煌佛經性質功能的變化　戒幢佛學（第二卷）　岳麓書社　2002　p. 25　又見：
　　中日敦煌佛教學術會議論文集　中國社會科學院研究所　2002　p. 20

林仁昱　論敦煌佛教歌曲特質與"弘法"的關係　敦煌學（第 23 輯）　（臺北）樂學書局有限公司
　　2002　p. 58

馬茜　歸義軍時期敦煌地區庶民佛教的發展　甘肅民族研究論叢　甘肅人民出版社　2002　p. 467

林仁昱　論敦煌佛教歌曲向通俗傳播的內容　中國俗文化研究（第一輯）　巴蜀書社　2003　p. 187

王小盾　從敦煌本共住修道故事看唐代佛教詩歌文體的來源　中國俗文化研究（第一輯）　巴蜀書
　　社　2003　p. 22

張子開　敦煌文獻中的白話禪詩　《敦煌學輯刊》2003 年第 1 期　p. 87

王志鵬　從敦煌歌辭看唐代敦煌地區禪宗的流傳與發展　《敦煌研究》2005 年第 6 期　p. 99

P. 3410

竺沙雅章　敦煌の寺戸について　『史林』(44 卷 5 號)　京都大學文學部史學研究會　1961　p. 64

池田溫　中國古代籍帳研究：概觀・録文　東京大學東洋文化研究所　1979　p. 558

北原薫　晚唐・五代の敦煌寺院経済——収支決算報告を中心に　敦煌の社會(講座敦煌 3)　(東京)大東出版社　1980　p. 451

姜伯勤　論敦煌寺院的"常住百姓"　《敦煌研究》1981 年試刊第 1 期　p. 54 注 18

蘇瑩輝　敦煌學概要　(臺北)編譯館"中華叢書編委會"　1981　p. 81

段文傑　敦煌壁畫中的衣冠服飾　敦煌研究文集　甘肅人民出版社　1982　p. 186 注 29

馬世長　敦煌縣博物館藏地志殘卷：敦博第五八號卷子研究之一　敦煌吐魯番文獻研究論集　中華書局　1982　p. 423

孫修身　敦煌三界寺　甘肅省史學會論文集　甘肅省歷史學會編印　1982　p. 173　又見：中國敦煌學百年文庫・宗教卷(一)　甘肅文化出版社　1999　p. 57

陳祚龍　晚唐至宋初敦煌通行典賣"奴婢"之一斑　敦煌簡策訂存　(臺北)商務印書館　1983　p. 104

姜伯勤　敦煌寺院碨磑經營的兩種形式　歷史論叢(第三輯)　齊魯書社　1983　p. 175　又見：五十年來漢唐佛教寺院經濟研究　北京師範大學出版社　1986　p. 222

王堯　陳踐　敦煌吐蕃文獻選　四川民族出版社　1983　p. 60 注 1

姜伯勤　突地考　《敦煌學輯刊》1984 年第 1 期　p. 12

劉復　敦煌掇瑣　敦煌叢刊初集(十五)　(臺北)新文豐出版公司　1985　p. 263

寧欣　唐代敦煌地區農業水利問題初探　敦煌吐魯番文獻研究論集(第三輯)　北京大學出版社　1986　p. 510

謝重光　關於唐後期至五代間沙州寺院經濟的幾個問題　敦煌吐魯番出土經濟文書研究　廈門大學出版社　1986　p. 488

楊際平　吐蕃時期沙州社會經濟研究　敦煌吐魯番出土經濟文書研究　廈門大學出版社　1986　p. 368

姜伯勤　唐五代敦煌寺戶制度　中華書局　1987　p. 13、68、195

姜亮夫　敦煌經卷壁畫中所見釋氏僧名録　敦煌學論文集　上海古籍出版社　1987　p. 1035

姜亮夫　敦煌經卷壁畫中所見寺觀録　敦煌學論文集　上海古籍出版社　1987　p. 1077、1080

姜亮夫　敦煌經卷題名録　敦煌學論文集　上海古籍出版社　1987　p. 1062

王堯　新疆藏文簡牘考述及釋例　1983 年全國敦煌學術討論會文集・文史遺書編(上)　甘肅人民出版社　1987　p. 227

王永興　隋唐五代經濟史料彙編校注・第一編(上)　中華書局　1987　p. 192

謝和耐著　耿昇譯　中國 5—10 世紀的寺院經濟　甘肅人民出版社　1987　p. 106 注 2

張鴻勳　敦煌寫本《下女夫詞》新探　1983 年全國敦煌學術討論會文集・文史遺書編(下)　甘肅人民出版社　1987　p. 163

李正宇　敦煌地區古代祠廟寺觀簡志　《敦煌學輯刊》1988 年第 1、2 期　p. 81

高國藩　敦煌民俗學　上海文藝出版社　1989　p. 36

王公望　契約　敦煌文學　甘肅人民出版社　1989　p. 58

郝春文　敦煌的渠人與渠社　《北京師範學院學報》1990 年第 1 期　p. 92

郝春文　唐後期五代宋初沙州僧尼的特點　敦煌吐魯番學研究論文集　漢語大詞典出版社　1990　p. 825

李天石　敦煌吐魯番文書中的奴婢資料及其價值　《敦煌學輯刊》1990 年第 1 期　p. 3

榮新江　沙州歸義軍歷任節度使稱號研究　敦煌吐魯番學研究論文集　漢語大詞典出版社　1990
　　p. 772

唐耕耦　陸宏基　敦煌社會經濟文獻真迹釋錄(二)　全國圖書館文獻縮微複製中心　1990　p. 150

謝重光　白文固　中國僧官制度史　青海人民出版社　1990　p. 151

竺沙雅章　敦煌吐蕃期的僧官制度　第二屆敦煌學國際研討會論文集　（臺北）漢學研究中心
　　1990　p. 150

仁井田陞　補訂中國法制史研究：奴隸農奴法・家族村落法　東京大學出版會　1991　p. 567

譚蟬雪　三教融合的敦煌喪俗　《敦煌研究》1991 年第 3 期　p. 73

謝重光　吐蕃佔領期與歸義軍時期的敦煌僧官制度　《敦煌研究》1991 年第 3 期　p. 59

姜伯勤　敦煌本乘恩帖考證　中山大學史學集刊(第一輯)　廣東人民出版社　1992　又見：中國敦
　　煌學百年文庫・宗教卷(二)　甘肅文化出版社　1999　p. 320

姜伯勤　敦煌社會文書導論　（臺北）新文豐出版公司　1992　p. 89、221

林家平　寧強　羅華慶　中國敦煌學史　北京語言學院出版社　1992　p. 17

劉進寶　敦煌遺書與歷史研究　《魏晉南北朝隋唐史》1992 年第 9 期　p. 71

陶秋英輯錄　姜亮夫校訂　敦煌經卷壁畫中所見釋氏名錄　敦煌碎金　浙江古籍出版社　1992
　　p. 21

陶秋英輯錄　姜亮夫校訂　敦煌經卷所見寺名錄　敦煌碎金　浙江古籍出版社　1992　p. 121

陶秋英輯錄　姜亮夫校訂　敦煌經卷題名錄　敦煌碎金　浙江古籍出版社　1992　p. 77

鄭炳林　敦煌碑銘讚三篇證誤與考釋　《敦煌學輯刊》1992 年第 1、2 期　p. 100

侯錦郎　敦煌龍興寺的器物曆　法國學者敦煌學論文選萃　中華書局　1993　p. 89

齊陳駿　寒沁　河西都僧統唐悟真作品和見載文獻系年　《敦煌學輯刊》1993 年第 2 期　p. 9

王永興　從田令和敦煌文書看唐代土地制度中幾個問題　陳門問學叢稿　江西人民出版社　1993
　　p. 157

鄭炳林　讀敦煌文書 P. 3859《後唐清泰三年六月沙州儭司教授福集等狀》劄記　《西北史地》1993 年
　　第 4 期　p. 49

鄭炳林　敦煌碑銘讚部分文書拼接復原　《敦煌研究》1993 年第 1 期　p. 56

鄭炳林　敦煌碑銘讚抄本概述　《蘭州大學學報》1993 年第 4 期　p. 140

鄭炳林　《索崇恩和尚修功德記》考釋　《敦煌研究》1993 年第 2 期　p. 54

姜伯勤　敦煌邈真讚與敦煌望族　敦煌邈真讚校錄並研究　（臺北）新文豐出版公司　1994
　　p. 27

齊陳駿　有關遺產繼承的幾件敦煌遺書　《敦煌學輯刊》1994 年第 2 期　p. 51

王進玉　敦煌石窟探秘　四川教育出版社　1994　p. 19、58

鄭炳林　《索勳紀德碑》研究　《敦煌學輯刊》1994 年第 2 期　p. 66

林聰明　談敦煌學研究上的一些障礙問題　全國敦煌學研討會論文集　（臺北）中正大學中國文學
　　系所　1995　p. 244

劉惠琴　從敦煌文書中看沙州紡織業　《敦煌學輯刊》1995 年第 2 期　p. 53

劉進寶　敦煌學論述　（臺北）洪葉文化事業有限公司　1995　p. 269

楊自福　顧大勇　敦煌本《周公解夢書》殘卷初探　《敦煌學輯刊》1995 年第 2 期　p. 71

張傳璽　中國歷代契約會編考釋(上)　北京大學出版社　1995　p. 495 注 1

鄭炳林　羊萍　敦煌本夢書　甘肅文化出版社　1995　p. 240

郝春文　唐後期五代宋初沙州僧尼的宗教收入(一)　慶祝潘石禪先生九秩華誕敦煌學特刊　（臺
　　北)文津出版社　1996　p. 292

姜伯勤　敦煌藝術宗教與禮樂文明　中國社會科學出版社　1996　p. 390

李正宇　敦煌史地新論　（臺北）新文豐出版公司　1996　p. 82

劉進寶　吐蕃對河西的統治與經營　敦煌吐魯番學研究論集　書目文獻出版社　1996　p. 327

馬子海　吐蕃統治下的河西走廊　《西北師大學報》（社會科學版）1996 年第 2 期　p. 104

榮新江　歸義軍史研究　上海古籍出版社　1996　p. 65

張涌泉　敦煌俗字研究導論　（臺北）新文豐出版公司　1996　p. 240

馮培紅　晚唐五代宋初歸義軍武職軍將研究　敦煌歸義軍史專題研究　蘭州大學出版社　1997
　　p. 132

黃征　《敦煌碑銘讚輯釋》評介　敦煌語文叢說　（臺北）新文豐出版公司　1997　p. 812

鄭炳林　敦煌碑銘讚及其有關問題　敦煌碑銘讚輯釋　甘肅教育出版社　1997　p. 12

鄭炳林　敦煌碑銘讚輯釋　甘肅教育出版社　1997　p. 161 注 1

鄭炳林　唐五代敦煌的醫事研究　敦煌歸義軍史專題研究　蘭州大學出版社　1997　p. 517

鄭炳林　晚唐五代敦煌貿易市場的物價　敦煌歸義軍史專題研究　蘭州大學出版社　1997　p. 285

鄭炳林　楊富學　晚唐五代金銀在敦煌的使用與流通　《甘肅金融》1997 年第 8 期　又見：中國敦煌
　　學百年文庫·歷史卷（二）　甘肅文化出版社　1999　p. 584

郝春文　崇恩　敦煌學大辭典　上海辭書出版社　1998　p. 351

郝春文　唐後期五代宋初敦煌僧尼的社會生活　中國社會科學出版社　1998　p. 76、164

郝春文　唐後期五代宋初敦煌僧尼遺產的處理與喪事的操辦　《敦煌研究》1998 年第 3 期　p. 34

郝春文　唐後期五代宋初敦煌僧人的稅役負擔　《敦煌學輯刊》1998 年第 2 期　p. 6

李斌城　隋唐五代社會生活史　中國社會科學出版社　1998　p. 213 注 12

李正宇　淨土寺　敦煌學大辭典　上海辭書出版社　1998　p. 631

沙知　敦煌契約文書輯校　江蘇古籍出版社　1998　p. 508

譚蟬雪　覆面　敦煌學大辭典　上海辭書出版社　1998　p. 442

譚蟬雪　僧人養女蓄婢　敦煌學大辭典　上海辭書出版社　1998　p. 452

謝重光　沙州僧崇恩析產遺囑　敦煌學大辭典　上海辭書出版社　1998　p. 643

謝重光　莊田　敦煌學大辭典　上海辭書出版社　1998　p. 415

段小強　敦煌文書中所見的古代喪儀　《西北民族研究》1999 年第 1 期　p. 215

陳永勝　敦煌吐魯番法制文書研究　甘肅人民出版社　2000　p. 109、171

董志翹　《入唐求法巡禮行記》辭彙研究　中國社會科學出版社　2000　p. 131

高啓安　唐五代敦煌人的飲酒習俗述論　《敦煌研究》2000 年第 3 期　p. 85

雷紹鋒　歸義軍賦役制度初探　（臺北）洪葉文化事業有限公司　2000　p. 280

劉進寶　敦煌歷史文化　甘肅人民出版社　2000　p. 95

劉進寶　敦煌文書與唐史研究　（臺北）新文豐出版公司　2000　p. 12、97、251

丘古耶夫斯基　敦煌漢文文書　上海古籍出版社　2000　p. 18

張先堂　唐宋時期敦煌天王堂寺、天王堂考　'98 法門寺唐文化國際學術討論會論文集　陝西人民
　　出版社　2000　p. 191

鄭炳林　晚唐五代敦煌貿易市場的外來商品輯考　中華文史論叢（總 63 輯）　上海古籍出版社
　　2000　p. 68

郝春文　營造寄託：中國六至十世紀造寺功德的探討　佛教與歷史文化　宗教文化出版社　2001
　　p. 419

林聰明　敦煌吐魯番文書解詁指例　（臺北）新文豐出版公司　2001　p. 313

謝重光　漢唐佛教社會史論　（臺北）國際文化事業有限公司　2001　p. 136 注 48、228

姜亮夫　敦煌莫高窟年表　姜亮夫全集(十一)　雲南人民出版社　2002　p. 405

李正宇　唐宋時期的敦煌佛教　敦煌佛教藝術文化國際學術研討會論文集　蘭州大學出版社　2002
　　p. 378

劉進寶　敦煌學通論　甘肅教育出版社　2002　p. 60、294

湛如　敦煌佛教喪葬律儀研究　中日敦煌佛教學術會議論文集　中國社會科學院研究所　2002
　　p. 87

鄭炳林　晚唐五代敦煌歸義軍行政區劃制度研究(之一)　《敦煌研究》2002年第2期　p. 12

郝春文　唐後期五代宋初敦煌僧尼的生活方式　寺院財富與世俗供養　上海書畫出版社　2003
　　p. 134

洪藝芳　敦煌社會經濟文書中的唐五代新興量詞研究　敦煌學(第24輯)　(臺北)樂學書局有限公
　　司　2003　p. 87、105

高啓安　唐五代敦煌飲食文化研究　民族出版社　2004　p. 50、96

李天石　中國中古良賤身份制度研究　南京師範大學出版社　2004　p. 26

李正宇　晚唐至宋敦煌僧人聽食"淨肉"　敦煌學(第25輯)　(臺北)樂學書局有限公司　2004
　　p. 186

鄭炳林　魏迎春　晚唐五代敦煌佛教教團的戒律和清規　《敦煌學輯刊》2004年第2期　p. 37

鄭炳林　徐曉莉　晚唐五代敦煌歸義軍政權的婚姻關係研究　敦煌學(第25輯)　(臺北)樂學書局
　　有限公司　2004　p. 565

鄭顯文　唐代律令制研究　北京大學出版社　2004　p. 136

鄭炳林　敦煌寫本解夢書校錄研究　民族出版社　2005　p. 54

李正宇　晚唐至宋敦煌聽許僧人娶妻生子　敦煌吐魯番研究(第九卷)　中華書局　2006　p. 344

P. 3411

饒宗頤　孝順觀念與敦煌佛曲　敦煌學(第1輯)　(香港)新亞研究所敦煌學會　1974　p. 76

項楚　《敦煌寫本王梵志詩校注》補正　中華文史論叢(總20輯)　上海古籍出版社　1981　p. 89

鄭阿財　孝道文學敦煌寫卷《十恩德讚》初探　(臺北)《華岡文科學報》1981年第13期　p. 232

鄭阿財　敦煌孝道文學研究　(臺北)石門圖書公司　1982　p. 16、533、640

龍晦　大足石刻父母恩重經變像與敦煌音樂文學的關係　敦煌歌辭總編　上海古籍出版社　1987
　　p. 1843

任半塘　敦煌歌辭總編　上海古籍出版社　1987　p. 748

劉進寶　俚曲小調　敦煌文學　甘肅人民出版社　1989　p. 230

郭在貽　郭在貽語言文學論稿　浙江古籍出版社　1992　p. 48

胡文和　大足寶頂《父母恩重經變》研究　《敦煌研究》1992年第2期　p. 14

鄭炳林　梁志勝　《梁幸德邈真讚》與梁願請《莫高窟功德記》　《敦煌研究》1992年第2期　p. 68
　　又見：敦煌吐魯番文獻研究　蘭州大學出版社　1995　p. 265

周紹良　敦煌文學芻議及其它　(臺北)新文豐出版公司　1992　p. 37

郭在貽　郭在貽敦煌學論集　江西人民出版社　1993　p. 247

鄭阿財　從敦煌文獻看唐代的三教合一　第二屆國際唐代學術會議論文集(上)　(臺北)文津出版
　　社　1993　p. 651

鄭阿財　敦煌文獻與文學　(臺北)新文豐出版公司　1993　p. 22

張涌泉　《敦煌文獻語言辭典》補正　原學(第四輯)　中國廣播電視出版社　1995　p. 392

饒宗頤　孝順觀念與敦煌佛曲　敦煌曲續論　(臺北)新文豐出版公司　1996　p. 17

張錫厚　評《敦煌文獻與文學》　敦煌吐魯番研究（第二卷）　北京大學出版社　1997　p. 390

鄭炳林　敦煌碑銘讚輯釋　甘肅教育出版社　1997　p. 471 注 3

孫其芳　十恩德　敦煌學大辭典　上海辭書出版社　1998　p. 535

郝春文　英藏敦煌社會歷史文獻釋錄（第一卷）　科學出版社　2001　p. 436

李正宇　唐宋時期敦煌佛經性質功能的變化　戒幢佛學（第二卷）　岳麓書社　2002　p. 25　又見：
　　中日敦煌佛教學術會議論文集　中國社會科學院研究所　2002　p. 20

林仁昱　論敦煌佛教歌曲特質與“弘法”的關係　敦煌學（第 23 輯）　（臺北）樂學書局有限公司
　　2002　p. 63

馬茜　歸義軍時期敦煌地區庶民佛教的發展　甘肅民族研究論叢　甘肅人民出版社　2002　p. 467

P. 3412

那波利貞　千佛岩莫高窟と敦煌文書　西域文化研究（第二）・敦煌吐魯番社會經濟資料（上）　（京
　　都）法藏館　1959　p. 38

長澤和俊　敦煌　（東京）築摩書房　1965　p. 202

佐藤武敏　敦煌の水利　敦煌の社會（講座敦煌 3）　（東京）大東出版社　1980　p. 285

賀世哲　孫修身　瓜沙曹氏與敦煌莫高窟　敦煌研究文集　甘肅人民出版社　1982　p. 272 注 57

賀世哲　孫修身　《瓜沙曹氏年表補正》之補正　敦煌學文選（上）　蘭州大學歷史系敦煌學研究室
　　等　1983　p. 166 注 32

姜亮夫　瓜沙曹氏年表補正　敦煌學文選（上）　蘭州大學歷史系敦煌學研究室等　1983　p. 143
　　又見：敦煌學論文集　上海古籍出版社　1987　p. 950 ；姜亮夫全集（十四）　雲南人民出版社
　　2002　p. 370

湯開建　馬明達　對五代宋初河西若干民族問題的探討　《敦煌學輯刊》1983 年創刊號　p. 75

饒宗頤　敦煌書法叢刊（第十五卷）・牒狀（二）　（東京）二玄社　1985　p. 64、90

唐耕耦　陸宏基　敦煌社會經濟文獻真迹釋錄（一）　書目文獻出版社　1986　p. 408

姜伯勤　唐五代敦煌寺戶制度　中華書局　1987　p. 195、203

杜琪　表・疏　敦煌文學　甘肅人民出版社　1989　p. 25 注 6

李正宇　唐宋時代敦煌縣河渠泉澤簡志（二）　《敦煌研究》1989 年第 1 期　p. 54

山本達郎等　敦煌・III 轉貼　『NUN – HUANG AND TURFAN DOCUMENTS CONCERNING SOCIAL
　　AND ECONOMIC HISTORY』(IV)　（東京）東洋文庫　1989　p. 69

郝春文　敦煌的渠人與渠社　《北京師範學院學報》1990 年第 1 期　p. 90

蘇北海　丁谷山　瓜沙曹氏政權與甘州回鶻于闐回鶻的關係　《敦煌研究》1990 年第 3 期　p. 34

唐耕耦　陸宏基　敦煌社會經濟文獻真迹釋錄（四）　全國圖書館文獻縮微複製中心　1990　p. 517

周偉洲　吐蕃對河隴的統治及歸義軍前期的河西諸族　《甘肅民族研究》1990 年第 2 期　p. 10 注 61

陸慶夫　略論敦煌民族史料的價值　《敦煌學輯刊》1991 年第 1 期　p. 32、38

姜伯勤　敦煌社會文書導論　（臺北）新文豐出版公司　1992　p. 191

陸慶夫　河西達怛考述　《敦煌學輯刊》1992 年第 1、2 期　p. 12

吳其昱著　伊藤美重子譯　敦煌漢文寫本概観　敦煌漢文文獻（講座敦煌 5）　（東京）大東出版社
　　1992　p. 73

周紹良　敦煌文學芻議及其它　（臺北）新文豐出版公司　1992　p. 9

戴仁　敦煌寫本紙張的顏色　法國學者敦煌學論文選萃　中華書局　1993　p. 591

張涌泉　試論審辨敦煌寫本俗字的方法　《敦煌研究》1994 年第 2 期　p. 148　又見：舊學新知　浙
　　江大學出版社　1999　p. 79

劉進寶　敦煌學論述　（臺北）洪葉文化事業有限公司　1995　p. 111 注 159

石田勇作　敦煌「社文書」研究序說　中國古代の國家と民眾（堀敏一先生古稀記念）　（東京）汲古
　　書院　1995　p. 683

土肥義和　唐・北宋間の「社」の組織形態に関する一考察　中國古代の國家と民眾（堀敏一先生古
　　稀記念）（東京）汲古書院　1995　p. 714

張廣達　西域史地叢稿初編　上海古籍出版社　1995　p. 342

趙聲良　榮新江　饒宗頤編《法藏敦煌書苑精華》評介　《敦煌研究》1995 年第 1 期　p. 174

李正宇　敦煌史地新論　（臺北）新文豐出版公司　1996　p. 115

榮新江　歸義軍史研究　上海古籍出版社　1996　p. 32

張涌泉　敦煌俗字研究導論　（臺北）新文豐出版公司　1996　p. 236

鄭炳林　唐五代敦煌粟特人與歸義軍政權　《敦煌研究》1996 年第 4 期　p. 93　又見：敦煌歸義軍史
　　專題研究　蘭州大學出版社　1997　p. 425

陸慶夫　從焉耆龍王到河西龍家——龍部落遷徙考　敦煌歸義軍史專題研究　蘭州大學出版社
　　1997　p. 501

鄭炳林　敦煌碑銘讚輯釋　甘肅教育出版社　1997　p. 105 注 2

鄭炳林　唐末五代敦煌都河水系研究　敦煌歸義軍史專題研究　蘭州大學出版社　1997　p. 180

李冬梅　唐五代歸義軍與周邊民族關係綜論　《敦煌學輯刊》1998 年第 2 期　p. 48

陸慶夫　歸義軍晚期的回鶻化與沙州回鶻政權　《敦煌學輯刊》1998 年第 1 期　p. 20

陸慶夫　歸義軍與遼及甘州回鶻關係考　《蘭州大學學報》1998 年第 3 期　p. 77

榮新江　歸義軍大事紀年初稿　出土文獻研究（第三輯）　文物出版社　1998　p. 252

謝重光　莊田　敦煌學大辭典　上海辭書出版社　1998　p. 415

董志翹　敦煌文書詞語瑣記　《敦煌研究》1999 年第 4 期　p. 34

寧可　寧可史學論集　中國社會科學出版社　1999　p. 448 注 7

陳永勝　敦煌吐魯番法制文書研究　甘肅人民出版社　2000　p. 120

雷紹鋒　歸義軍賦役制度初探　（臺北）洪葉文化事業有限公司　2000　p. 195

譚蟬雪　《君者者狀》辨析：河西達怛國的一份書狀　1994 年敦煌學國際研討會文集・宗教文史卷
　　（下）　甘肅民族出版社　2000　p. 109

孟憲實　敦煌社邑的分佈　敦煌文獻論集：紀念藏經洞發現一百周年國際學術研討會論文集　遼寧
　　人民出版社　2001　p. 434

曾良　敦煌文獻字義通釋　廈門大學出版社　2001　p. 79

姜亮夫　敦煌莫高窟年表　姜亮夫全集（十一）　雲南人民出版社　2002　p. 574

曾良　敦煌文獻字義劄記　2000 年敦煌學國際學術討論會文集・歷史文化卷（下）　甘肅民族出版
　　社　2003　p. 466

孟憲實　論敦煌渠人社　周秦漢唐文化研究（第三輯）　三秦出版社　2004　p. 127

李軍　晚唐五代肅州相關史實考述　《敦煌學輯刊》2005 年第 3 期　p. 97

敏春芳　敦煌社邑文書量詞"事"、"笙"辨考　《敦煌學輯刊》2005 年第 2 期　p. 180

金瀅坤　敦煌社會經濟文書定年拾遺　《首都師範大學學報》2006 年第 1 期　p. 13

鄭炳林　晚唐五代河西地區的居民結構研究　《蘭州大學學報》2006 年第 2 期　p. 15、18

P. 3413

矢吹慶輝　三階教之研究　（東京）岩波書店　1927　p. 788

孫修身　敦煌三界寺　甘肅省史學會論文集　甘肅省歷史學會編印　1982　p. 173　又見：中國敦煌

學百年文庫·宗教卷(一)　甘肅文化出版社　1999　p. 57

西本照真　敦煌抄本中的三階教文獻　中日敦煌佛教學術會議論文集　中國社會科學院研究所
　　2002　p. 178

西本照真　三階教文獻綜述　藏外佛教文獻(第九輯)　宗教文化出版社　2003　p. 366、381

P. 3414

陳祚龍　校訂宋初沙州戒牒三式　敦煌學海探珠(下冊)　(臺北)商務印書館　1979　p. 379

孫修身　敦煌三界寺　甘肅省史學會論文集　甘肅省歷史學會編印　1982　p. 173　又見:中國敦煌
　　學百年文庫·宗教卷(一)　甘肅文化出版社　1999　p. 56

陳祚龍　中世敦煌婦女出家、入道、受戒、弘法之一斑　敦煌簡策訂存　(臺北)商務印書館　1983
　　p. 40

孫修身　敦煌石窟《臘八燃燈分配窟龕名數》寫作年代考　絲路訪古　甘肅人民出版社　1983
　　p. 211

姜亮夫　敦煌經卷壁畫中所見釋氏僧名錄　敦煌學論文集　上海古籍出版社　1987　p. 1039

姜亮夫　敦煌經卷壁畫中所見寺觀錄　敦煌學論文集　上海古籍出版社　1987　p. 1073

唐耕耦　陸宏基　敦煌社會經濟文獻真迹釋錄(四)　全國圖書館文獻縮微複製中心　1990　p. 71

鄭炳林　伯2641號背莫高窟再修功德記撰寫人探微　《敦煌學輯刊》1991年第2期　p. 47

陶秋英輯錄　姜亮夫校訂　敦煌經卷壁畫中所見釋氏名錄　敦煌碎金　浙江古籍出版社　1992
　　p. 30

陶秋英輯錄　姜亮夫校訂　敦煌經卷所見寺名錄　敦煌碎金　浙江古籍出版社　1992　p. 103

李正宇　敦煌文學概論　甘肅人民出版社　1993　p. 104

李玉崑　敦煌遺書《泉州千佛新著諸祖師頌》研究　《敦煌學輯刊》1995年第1期　p. 31

王書慶　敦煌文獻中五代宋初戒牒研究　《敦煌研究》1997年第3期　p. 35

鄭炳林　敦煌碑銘讚輯釋　甘肅教育出版社　1997　p. 163 注5

李正宇　古本敦煌鄉土志八種箋證　(臺北)新文豐出版公司　1998　p. 306

唐耕耦　戒牒　敦煌學大辭典　上海辭書出版社　1998　p. 641

李德龍　沙州三界寺《授戒牒》初探　甘肅民族研究論叢　甘肅人民出版社　2002　p. 401

施安昌　故宮藏有關轄瞎的敦煌酒帳初探　善本碑帖論集　紫禁城出版社　2002　p. 341

湛如　敦煌佛教律儀制度研究　中華書局　2003　p. 143

P. 3415

邵文實　唐代後期河西地區的民族遷徙及其後果　《敦煌學輯刊》1992年第1、2期　p. 32

張金泉　許建平　敦煌音義彙考　杭州大學出版社　1996　p. 1031

張金泉　敦煌佛經音義寫卷述要　《敦煌研究》1997年第2期　p. 116

張金泉　大般涅槃經音　敦煌學大辭典　上海辭書出版社　1998　p. 518

湛如　敦煌佛教律儀制度研究　中華書局　2003　p. 354

P. 3416

那波利貞　唐寫本雜抄考──唐代庶民教育史研究の一資料　唐代社會文化史研究·第二編　(東
　　京)創文社　1974　p. 258

陳鐵凡　敦煌本孝經考略　(臺中)《東海學報》1978年第19卷　又見:中國敦煌學百年文庫·文獻
　　卷(二)　甘肅文化出版社　1999　p. 498

周祖謨　敦煌唐本字書叙録　敦煌語言文學研究　北京大學出版社　1988　p. 41

高國藩　敦煌民俗學　上海文藝出版社　1989　p. 104

山本達郎等　敦煌・IV 納贈曆・納色物曆等　『NUN－HUANG AND TURFAN DOCUMENTS CON-CERNING SOCIAL AND ECONOMIC HISTORY』(IV)　(東京)東洋文庫　1989　p. 108

李德超　敦煌本孝經校讎　第二屆敦煌學國際研討會論文集　(臺北)漢學研究中心　1990　p. 101

唐耕耦　陸宏基　敦煌社會經濟文獻真迹釋録(四)　全國圖書館文獻縮微複製中心　1990　p. 23

鄭阿財　敦煌蒙書析論　第二屆敦煌學國際研討會論文集　(臺北)漢學研究中心　1990　p. 216

東野治之　訓蒙書　敦煌漢文文獻(講座敦煌5)　(東京)大東出版社　1992　p. 413

土田健次郎　儒教典籍　敦煌漢文文獻(講座敦煌5)　(東京)大東出版社　1992　p. 269

郝春文　敦煌寫本社邑文書年代彙考(三)　《社科縱橫》1993年第5期　p. 9

寧可　郝春文　敦煌社邑文書輯校　江蘇古籍出版社　1997　p. 410

劉安志　唐五代押牙(衙)考略　魏晉南北朝隋唐史資料(第16輯)　武漢大學出版社　1998　p. 69

楊森　談敦煌社邑文書中"三官"及"録事""虞侯"的若干問題　《敦煌研究》1999年第3期　p. 84

山本達郎等　補(IV)社・IV 納贈曆・納色物曆　『NUN－HUANG AND TURFAN DOCUMENTS CONCERNING SOCIAL AND ECONOMIC HISTORY』(Sup. p. lemrnts)　(東京)東洋文庫　2001　p. 82

張娜麗　《敦煌本〈六字千文〉初探》析疑(續)　《敦煌研究》2002年第1期　p. 93

鄭阿財　朱鳳玉　敦煌蒙書研究　甘肅教育出版社　2002　p. 16

許建平　英倫法京所藏敦煌寫本殘片八種之定名並校録　敦煌學(第24輯)　(臺北)樂學書局有限公司　2003　p. 126

鄭炳林　晚唐五代敦煌商業貿易市場研究　《敦煌學輯刊》2004年第1期　p. 107

許建平　跋大谷文書中四件未經定名的儒家經籍殘片　《敦煌學輯刊》2005年第4期　p. 11

金瀅坤　敦煌社會經濟文書定年拾遺　《首都師範大學學報》2006年第1期　p. 12

金瀅坤　敦煌社會經濟文獻綴合拾遺　文史(第七十五輯)　中華書局　2006　p. 86

P. 3417

石井昌子　靈寶經類　敦煌と中國道教(講座敦煌4)　(東京)大東出版社　1983　p. 156

クリストファー・シッペール著　福井文雅訳　敦煌文書に見える道士の法位階梯について　敦煌と中國道教(講座敦煌4)　(東京)大東出版社　1983　p. 334

姜亮夫　敦煌經卷題名録　敦煌學論文集　上海古籍出版社　1987　p. 1052

池田溫　中國古代寫本識語集録　(東京)大藏出版株式會社　1990　p. 283

陶秋英輯録　姜亮夫校訂　敦煌經卷題名録　敦煌碎金　浙江古籍出版社　1992　p. 57

朱越利　道經總論　遼寧教育出版社　1992　p. 264、282

邵文實　敦煌道教試述　《世界宗教研究》1996年第2期　又見:中國敦煌學百年文庫・宗教卷(三)　甘肅文化出版社　1999　p. 339

譚蟬雪　敦煌道經題記綜述　道家文化研究(第十三輯)　三聯書店　1998　p. 13

王卡　十戒經　敦煌學大辭典　上海辭書出版社　1998　p. 765

金岡照光　敦煌文獻と中國文學　(東京)五曜書房　2000　p. 528

顏廷亮　敦煌文化　光明日報出版社　2000　p. 238

楊森　武則天至玄宗時代敦煌的三洞法師中嶽先生述略　《敦煌研究》2003年第3期　p. 44

王卡　敦煌道教文獻研究　中國社會科學出版社　2004　p. 9、134

王卡　中國國家圖書館藏敦煌道教遺書研究報告　敦煌吐魯番研究(第七卷)　北京大學出版社

2004　p. 357

王卡　敦煌道教綜述　敦煌與絲路文化學術講座(第二輯)　北京圖書館出版社　2005　p. 378

P. 3418

遊佐昇　『王梵志詩』のもつ兩側面　大正大學大學院研究論集(第 2 號)　(東京)大正大學大學院
　　　1978　p. 10

池田溫　中國古代籍帳研究：概觀・錄文　東京大學東洋文化研究所　1979　p. 599

川崎ミチコ　通俗詩類・雜詩文類　敦煌仏典と禪(講座敦煌 8)　(東京)大東出版社　1980
　　　p. 319

菊池英夫　唐代敦煌社會の外貌　敦煌の社會(講座敦煌 3)　(東京)大東出版社　1980　p. 140

張錫厚　敦煌文學　上海古籍出版社　1980　p. 47 注 2

趙和平　敦煌寫本王梵志詩校注(續)　《北京大學學報》1980 年第 6 期　p. 32

項楚　《敦煌寫本王梵志詩校注》補正　中華文史論叢(總 20 輯)　上海古籍出版社　1981　p. 89

張錫厚　敦煌文學的歷史貢獻　文學評論叢刊(第九輯)　中國社會科學出版社　1981　p. 212

傅芸子　敦煌俗文學之發見及其展開　敦煌變文論文錄　上海古籍出版社　1982　p. 140

王永興　唐天寶敦煌差科簿研究：兼論唐代色役制和其他問題　敦煌吐魯番文獻研究論集　中華書
　　　局　1982　p. 113

高國藩　談敦煌五言白話詩　關隴文學論叢　甘肅人民出版社　1983　p. 58

遊佐昇　文學文獻より見た敦煌の道教　敦煌と中國道教(講座敦煌 4)　(東京)大東出版社
　　　1983　p. 288

張錫厚　關於王梵志思想評價的幾個問題　關隴文學論叢　甘肅人民出版社　1983　p. 33

張錫厚　王梵志詩校輯　中華書局　1983　p. 4

高國藩　論敦煌民間變文　敦煌學論集　甘肅人民出版社　1985　p. 185

劉復　敦煌掇瑣　敦煌叢刊初集(十五)　(臺北)新文豐出版公司　1985　p. 165

高國藩　敦煌民間詩詞中的府兵制與詞的起源問題　《魏晉南北朝隋唐史》1986 第 4 期　p. 72

劉瑞明　王梵志詩校注補正　《敦煌學研究》(西北師院學報)1986 年增刊　p. 16

朱鳳玉　王梵志詩研究(上、下)　(臺北)學生書局　1986　p. 2、33、53、193

朱鳳玉　王梵志研究的兩本專著評介　敦煌學(第 11 輯)　(臺北)新文豐出版公司　1986　p. 85

高國藩　敦煌與俗文學　俗文學論　黑龍江人民出版社　1987　p. 120

項楚　王梵志詩校注　敦煌吐魯番文獻研究論集(第四輯)　北京大學出版社　1987　p. 133、137

張涌泉　敦煌變文校讀釋例　《敦煌學輯刊》1987 年第 2 期　p. 21　又見：舊學新知　浙江大學出版
　　　社　1999　p. 162、198、216

項楚　《敦煌變文集》校記散錄　敦煌語言文學論文集　浙江古籍出版社　1988　p. 78

高國藩　敦煌民俗學　上海文藝出版社　1989　p. 39、287

高國藩　敦煌曲子詞欣賞　南京大學出版社　1989　p. 144

蔣紹愚　《王梵志詩校輯》商榷　古籍點校疑誤彙錄(三)　中華書局　1989　p. 121

劉瑞明　王梵志詩校注辨正　古籍點校疑誤彙錄(三)　中華書局　1989　p. 115

山本達郎等　敦煌・III 轉貼　『NUN – HUANG AND TURFAN DOCUMENTS CONCERNING SOCIAL
　　　AND ECONOMIC HISTORY』(IV)　(東京)東洋文庫　1989　p. 20

山本達郎等　敦煌・IV 納贈曆・納色物曆等　『NUN – HUANG AND TURFAN DOCUMENTS CON-
　　　CERNING SOCIAL AND ECONOMIC HISTORY』(IV)　(東京)東洋文庫　1989　p. 105

山本達郎等　敦煌・VI 諸種文書　『NUN – HUANG AND TURFAN DOCUMENTS CONCERNING SO-

CIAL AND ECONOMIC HISTORY』(Ⅳ)　（東京）東洋文庫　1989　p. 129

池田溫　敦煌における土地稅役制をめぐって　東アジア古文書の史的研究　（東京）刀水書房 1990　p. 65

高國藩　敦煌古俗與民俗流變　河海大學出版社　1990　p. 319

郭在貽　張涌泉　俗字研究與古籍整理　古籍整理與研究(第5期)　中華書局　1990　p. 240

郭在貽　張涌泉　黃征　敦煌變文集校議　岳麓書社　1990　p. 300、363

郭在貽　張涌泉　黃征　敦煌寫本書寫特例發微　敦煌吐魯番學研究論文集　漢語大詞典出版社 1990　p. 333

郝春文　唐後期五代宋初沙州僧尼的特點　敦煌吐魯番學研究論文集　漢語大詞典出版社　1990 p. 842

菊池英夫　中國古文書・古寫本學と日本　東アジア古文書の史的研究　（東京）刀水書房　1990 p. 181

李正宇　釋“耶沒忽”:敦煌遺書王梵志詩俗詞語研究之一　王梵志詩研究彙錄(上)　上海古籍出版 社　1990　p. 261

任半塘　《王梵志詩校輯》序　王梵志詩研究彙錄(上)　上海古籍出版社　1990　p. 51

唐耕耦　陸宏基　敦煌社會經濟文獻真迹釋錄(二)　全國圖書館文獻縮微複製中心　1990　p. 427

楊公驥　唐民歌二十八篇考釋後記　王梵志詩研究彙錄(上)　上海古籍出版社　1990　p. 28

張錫厚　敦煌寫本王梵志詩原卷真迹　王梵志詩研究彙錄(上)　上海古籍出版社　1990　圖版23

張錫厚　關於敦煌寫本王梵志詩整理的若干問題　王梵志詩研究彙錄(上)　上海古籍出版社 1990　p. 59

張錫厚　論王梵志詩的口語化傾向　王梵志詩研究彙錄(上)　上海古籍出版社　1990　p. 127

張錫厚　蘇藏敦煌寫本王梵志詩補正　王梵志詩研究彙錄(上)　上海古籍出版社　1990　p. 241

趙和平　鄧文寬　敦煌寫本王梵志詩校注　王梵志詩研究彙錄(上)　上海古籍出版社　1990 p. 153

佐竹靖彦　唐宋變革の地域的研究　（東京）同朋舍　1990　p. 169

郭鋒　略論慕容歸盈出任歸義軍瓜州刺史前的身世　《敦煌研究》1991年第4期　p. 89

堀敏一著　林世田譯　唐代後期敦煌社會經濟之變化　《敦煌學輯刊》1991年第1期　p. 101

項楚　王梵志詩論　敦煌文學叢考　上海古籍出版社　1991　p. 646

東野治之　上代文學と敦煌文獻　遣唐使と正倉院　（東京）岩波書店　1992　p. 233

郭在貽　郭在貽語言文學論稿　浙江古籍出版社　1992　p. 145、275

黃征　王梵志詩校釋補議　中華文史論叢(總50輯)　上海古籍出版社　1992　p. 101

黃征　語辭輯釋　《古漢語研究》1992年第1期　p. 61

林家平　寧强　羅華慶　中國敦煌學史　北京語言學院出版社　1992　p. 16、595、600、603、606

吳其昱著　伊藤美重子譯　敦煌漢文寫本概觀　敦煌漢文文獻(講座敦煌5)　（東京）大東出版社 1992　p. 116

張涌泉　《敦煌歌辭總編》校議　《語言研究》1992年第1期　p. 57

周丕顯　敦煌佚詩雜考　《敦煌學輯刊》1992年第1、2期　p. 53

佐竹靖彦　唐末宋初敦煌地區戶籍制度的演變　唐代均田制研究選譯　甘肅教育出版社　1992 p. 180

王永興　從田令和敦煌文書看唐代土地制度中幾個問題　陳門問學叢稿　江西人民出版社　1993 p. 157

項楚　敦煌詩歌導論　（臺北）新文豐出版公司　1993　p. 196、296

蔣禮鴻　敦煌文獻語言詞典　杭州大學出版社　1994　p. 113、251

王永興　敦煌經濟文書導論　（臺北）新文豐出版公司　1994　p. 407

項楚　《敦煌歌辭總編》匡補（五）　文史（第三十八輯）　中華書局　1994　p. 231

張涌泉　試論審辨敦煌寫本俗字的方法　《敦煌研究》1994 年第 2 期　p. 150　又見：舊學新知　浙江大學出版社　1999　p. 82

喬象鍾　陳鐵民　唐代文學史（上）　人民文學出版社　1995　p. 170

曲金良　敦煌佛教文學研究　（臺北）文津出版社　1995　p. 250

項楚　敦煌歌辭總編匡補　（臺北）新文豐出版公司　1995　p. 277

張錫厚　敦煌本唐集研究　（臺北）新文豐出版公司　1995　p. 1

張涌泉　敦煌文書類化字研究　《敦煌研究》1995 年第 4 期　p. 74

張涌泉　漢語俗字研究　岳麓書社　1995　p. 69、202

鄧小南　課績與考察　唐研究（第二卷）　北京大學出版社　1996　p. 321 注 21

高國藩　敦煌數字與俗文化　慶祝潘石禪先生九秩華誕敦煌學特刊　（臺北）文津出版社　1996　p. 179

堀敏一　中國古代の家と集落　（東京）汲古書院　1996　p. 416、474

深澤一幸　「步虛詞」考　中國古道教史研究（京都大學人文科學研究所研究報告）　（東京）同朋舍　1996　p. 416

項楚　王梵志詩中的他人作品　敦煌吐魯番研究（第一卷）　北京大學出版社　1996　p. 91

張涌泉　敦煌俗字研究導論　（臺北）新文豐出版公司　1996　p. 48、106、156、166

張涌泉　敦煌文獻校讀釋例　文史（第四十一輯）　中華書局　1996　p. 190、202　又見：舊學新知　浙江大學出版社　1999　p. 198、216

鄭炳林　唐五代敦煌粟特人與歸義軍政權　《敦煌研究》1996 年第 4 期　p. 84、92　又見：敦煌歸義軍史專題研究　蘭州大學出版社　1997　p. 407

中原健二　評項楚著《王梵志詩校注》　俗語言研究（第三期）　（京都）禪文化研究所　1996　p. 119

鄧小南　課績・資格・考察——唐宋文官考核制度側談　大象出版社　1997　p. 38 注 7

高啓安　唐宋時期敦煌人名探析　《敦煌研究》1997 年第 4 期　p. 125

黃征　王梵志詩校釋補議　敦煌語文叢說　（臺北）新文豐出版公司　1997　p. 260

黃征　王梵志詩校釋續商補　敦煌語文叢說　（臺北）新文豐出版公司　1997　p. 226

黃征　王梵志詩校釋研究綜述　敦煌語文叢說　（臺北）新文豐出版公司　1997　p. 150

黃征　張涌泉　敦煌變文校注　中華書局　1997　p. 161、387、585

李正宇　敦煌歷史地理導論　（臺北）新文豐出版公司　1997　p. 227

劉子瑜　敦煌變文和王梵志詩　大象出版社　1997　p. 86

孫曉林　敦煌遺書所見唐宋間令狐氏在敦煌的分佈　唐代的歷史與社會　武漢大學出版社　1997　p. 530

楊際平　郭鋒　張和平　五—十世紀敦煌的家庭與家族關係　岳麓書社　1997　p. 149

鄭炳林　敦煌碑銘讚輯釋　甘肅教育出版社　1997　p. 280 注 2

鄭炳林　唐五代敦煌的粟特人與佛教　敦煌歸義軍史專題研究　蘭州大學出版社　1997　p. 448

郝春文　唐後期五代宋初敦煌僧尼的社會生活　中國社會科學出版社　1998　p. 103

雷紹鋒　P. 3418v《唐沙州諸鄉欠枝夫人戶名目》研究　《敦煌研究》1998 年第 2 期　p. 107

李正宇　醜賤名　敦煌學大辭典　上海辭書出版社　1998　p. 451

李正宇　數字取名　敦煌學大辭典　上海辭書出版社　1998　p. 451

宋家鈺　戶役　敦煌學大辭典　上海辭書出版社　1998　p. 411

張錫厚　柴劍虹　王梵志詩集　敦煌學大辭典　上海辭書出版社　1998　p. 562

陳國燦　唐代的經濟社會　（臺北）文津出版社　1999　p. 165

高國藩　敦煌俗文化學　上海三聯書店　1999　p. 15、602

胡大浚　王志鵬　敦煌邊塞詩歌校注　甘肅人民出版社　1999　p. 9

堀敏一　中唐以後敦煌地域における稅制度　東アジア史における國家と地域　（東京）刀水書房　1999　p. 330

張涌泉　敦煌寫本書寫特例發微　舊學新知　浙江大學出版社　1999　p. 244

張涌泉　俗字研究與敦煌文獻的校理　舊學新知　浙江大學出版社　1999　p. 64、71

陳海濤　敦煌歸義軍時期從化鄉消失原因初探　中國社會歷史評論（第二卷）　天津古籍出版社　2000　p. 436

高啓安　崇高與卑賤:敦煌的佛教信仰賤名再探　’98 法門寺唐文化國際學術討論會論文集　陝西人民出版社　2000　p. 250

堀敏一著　張宇譯　中唐以後敦煌地區的稅制　《敦煌研究》2000 年第 3 期　p. 150

雷紹鋒　歸義軍賦役制度初探　（臺北）洪葉文化事業有限公司　2000　p. 78、217、283

羅豐　流寓中國的中亞史國人　國學研究（第七卷）　北京大學出版社　2000　p. 256

蘇金花　試論晚唐五代敦煌僧侶免賦特權的進一步喪失　《敦煌研究》2000 年第 3 期　p. 156

張錫厚　敦煌文學源流　作家出版社　2000　p. 76

山本達郎等　補(IV)社・V　計會文書　『NUN－HUANG AND TURFAN DOCUMENTS CONCERNING SOCIAL AND ECONOMIC HISTORY』(Sup. p. lemrnts)　（東京）東洋文庫　2001　p. 88

謝重光　漢唐佛教社會史論　（臺北）國際文化事業有限公司　2001　p. 254 注 71

陳國燦　敦煌學史事新證　甘肅教育出版社　2002　p. 26、295

郝春文　《唐末五代宋初敦煌社邑的幾個問題》商榷　國際敦煌學學術史研討會論文集　研討會籌備組　2002　p. 201

黃征　敦煌語言文字學研究　甘肅教育出版社　2002　p. 310

李小榮　變文講唱與華梵宗教藝術　上海三聯書店　2002　p. 275

齊文榜　《王梵志詩校注》指瑕　文史（第五十九輯）　中華書局　2002　p. 168

史葦湘　敦煌歷史與莫高窟藝術研究　甘肅教育出版社　2002　p. 541

徐曉麗　鄭炳林　晚唐五代敦煌吐谷渾與吐蕃移民婦女研究　《敦煌學輯刊》2002 年第 2 期　p. 3

鄭炳林　晚唐五代敦煌歸義軍行政區劃制度研究（之一）　《敦煌研究》2002 年第 2 期　p. 13

陳慶浩　朱鳳玉　王梵志詩之整理與研究　新世紀敦煌學論集　巴蜀書社　2003　p. 166

池田溫　敦煌文學と日本上代文學　敦煌文書の世界　（東京）名著刊行會　2003　p. 276

李并成　敦煌文獻與西北生態環境變遷研究　漢語史學報專輯（第三輯）　上海教育出版社　2003　p. 393

李并成　敦煌學與沙漠歷史地理研究　2000 年敦煌學國際學術討論會文集・歷史文化卷（上）　甘肅民族出版社　2003　p. 490

項楚　王梵志詩中的他人作品　柱馬屋存稿　商務印書館　2003　p. 31

羅豐　胡漢之間:“絲綢之路”與西北歷史考古　文物出版社　2004　p. 230

吳越　敦煌歷史人物　民族出版社　2004　p. 203

鄭炳林　魏迎春　晚唐五代敦煌佛教教團的戒律和清規　《敦煌學輯刊》2004 年第 2 期　p. 36

馮培紅　晚唐五代宋初沙州上佐考論　敦煌學國際研討會論文集　北京圖書館出版社　2005　p. 69

黃征　敦煌俗字典　上海教育出版社　2005　p. 21

黃征　敦煌俗字種類考辨　敦煌學・日本學:石塚晴通教授退職紀念論文集　上海辭書出版社

2005　p. 113

趙曉星　寇甲　西魏：歸義軍時期敦煌地區的史姓　《敦煌學輯刊》2005 年第 2 期　p. 135

鄭炳林　晚唐五代敦煌地區的胡姓居民與聚落　法國漢學（第 10 輯）（粟特人在中國：歷史、考古、語言的新探索）　中華書局　2005　p. 180、185

鄭炳林　晚唐五代河西地區的居民結構研究　《蘭州大學學報》2006 年第 2 期　p. 11

P. 3419

梅村坦　住民の種族構成──敦煌をめぐる諸民族の動向　敦煌の社會（講座敦煌 3）　（東京）大東出版社　1980　p. 208

姜亮夫　敦煌學概論　中華書局　1985　p. 61

高國藩　敦煌民俗學　上海文藝出版社　1989　p. 104

高田時雄　雜抄と九九乘法表──敦煌におけるチベット文字使用の一面　『均社論叢』（第 14 號）京都大學　1990　p. 3

鄭阿財　敦煌蒙書析論　第二屆敦煌學國際研討會論文集　（臺北）漢學研究中心　1990　p. 216

朱鳳玉　敦煌寫本字書緒論　（臺北）《華岡文科學報》1991 年第 18 期　p. 92

東野治之　敦煌と日本の『千字文』　遣唐使と正倉院　（東京）岩波書店　1992　p. 255

東野治之　訓蒙書　敦煌漢文文獻（講座敦煌 5）　（東京）大東出版社　1992　p. 424

柴劍虹　敦煌文學概論　甘肅人民出版社　1993　p. 544

榮新江　鄧文寬　有關敦博本禪籍的幾個問題　《敦煌學輯刊》1994 年第 2 期　p. 11

朱鳳玉　敦煌寫本碎金研究　（臺北）文津出版社　1997　p. 150

白化文　千字文　敦煌學大辭典　上海辭書出版社　1998　p. 782

汪泛舟　《開蒙要訓》初探　《敦煌研究》1999 年第 2 期　p. 142

楊曉靄　翰海駝鈴──絲綢之路的人物往來與文化交流　甘肅教育出版社　1999　p. 132

姜亮夫　敦煌莫高窟年表　姜亮夫全集（十一）　雲南人民出版社　2002　p. 382

鄭阿財　朱鳳玉　敦煌蒙書研究　甘肅教育出版社　2002　p. 16

高田時雄著　鍾翀等譯　《雜抄》與九九乘法表：敦煌藏文字使用的一個側面　敦煌・民族・語言　中華書局　2005　p. 82

P. 3420

那波利貞　千佛岩莫高窟と敦煌文書　西域文化研究（第二）・敦煌吐魯番社會經濟資料（上）　（京都）法藏館　1959　p. 56

那波利貞　開元末期以前と天寶初期以後との唐の時世の差異に就きて　唐代社會文化史研究・第一編　（東京）創文社　1974　p. 66

郭長城　敦煌寫本朋友書儀試論　漢學研究（敦煌學國際研討會論文專號）　（臺北）漢學研究資料及服務中心　1986　p. 296

趙和平　敦煌寫本《朋友書儀》殘卷整理及研究　《敦煌研究》1987 年第 4 期　p. 44　又見：唐五代書儀研究　中國社會科學出版社　1995　p. 109

周紹良　趙和平　書儀　《敦煌語言文學研究通訊》1987 第 4 期　p. 1　又見：敦煌文學　甘肅人民出版社　1989　p. 46

劉進寶　俚曲小調　敦煌文學　甘肅人民出版社　1989　p. 226

趙和平　敦煌寫本書儀略論　敦煌吐魯番學研究論文集　漢語大詞典出版社　1990　p. 562　又見：唐五代書儀研究　中國社會科學出版社　1995　p. 2

中村裕一　唐代官文書研究　（京都）中文出版社　1991　p. 501

趙和平　敦煌寫本書儀研究　（臺北）新文豐出版公司　1993　p. 11

王三慶　黃亮文　《朋友書儀》一卷研究　敦煌學（第 25 輯）　（臺北）新文豐出版公司　2004　p. 23

張小豔　試論敦煌書儀的語料價值　浙江與敦煌學：常書鴻先生誕辰一百周年紀念文集　浙江古籍
　　出版社　2004　p. 546

P. 3421

唐耕耦　敦煌四件唐寫本姓望氏族譜（？）殘卷研究　敦煌吐魯番文獻研究論集（第二輯）　北京大學
　　出版社　1983　p. 211、232

唐耕耦　陸宏基　敦煌社會經濟文獻真迹釋錄（一）　書目文獻出版社　1986　p. 98

王仲犖　敦煌石室出殘姓氏書五種考釋　敦煌吐魯番文獻研究論集（第三輯）　北京大學出版社
　　1986　p. 14　又見：𡺲華山館叢稿　中華書局　1987　p. 455

姜亮夫　敦煌小識六論　敦煌學論文集　上海古籍出版社　1987　p. 758

姜亮夫　海外敦煌卷子經眼錄　敦煌學論文集　上海古籍出版社　1987　p. 38　又見：姜亮夫全集
　　（十三）　雲南人民出版社　2002　p. 32

鄭炳林　敦煌地理文書彙輯校注　甘肅教育出版社　1989　p. 361

鄧文寬　歸義軍張氏家族的封爵與郡望　敦煌吐魯番學研究論文集　漢語大詞典出版社　1990
　　p. 607

姜伯勤　敦煌社會文書導論　（臺北）新文豐出版公司　1992　p. 38

姜伯勤　敦煌邈真讚與敦煌望族　敦煌邈真讚校錄並研究　（臺北）新文豐出版公司　1994　p. 31

鄭炳林　董念清　唐五代敦煌私營釀酒業初探　《社科縱橫》1994 年第 4 期　p. 65

胡戟　傅玫　敦煌史話　中華書局　1995　p. 145

鄭炳林　敦煌碑銘讚輯釋　甘肅教育出版社　1997　p. 108 注 2

白化文　姓望氏族譜　敦煌學大辭典　上海辭書出版社　1998　p. 452

北京大學　敦煌《經卷》、《照片》及《圖書》目錄　中國敦煌學百年文庫‧綜述卷（一）　甘肅文化出
　　版社　1999　p. 317

褚良才　敦煌學簡明教程　中華書局　2001　p. 42

郭鋒　郡望向姓望轉化與士族政治社會運動的終結　中國社會歷史評論（第 3 卷）　中華書局
　　2001　p. 75

施安昌　故宮藏有關轅輞的敦煌酒帳初探　善本碑帖論集　紫禁城出版社　2002　p. 340

P. 3422

那波利貞　敦煌發見文書に拠る中晚唐時代の佛教寺院の錢穀布帛類貸付營利事業運營の實況
　　『支那學』（10 卷 3 號）　（京都）支那學社　1941　p. 112、124

仁井田陞　唐末五代の敦煌寺院佃戶關係文書　西域文化研究（第二）‧敦煌吐魯番社會經濟資料
　　（上）　（京都）法藏館　1959　p. 82

堀敏一　敦煌社會の変質——中國社會全般の発展とも関連して　敦煌の社會（講座敦煌 3）　（東
　　京）大東出版社　1980　p. 171

陳國燦　對未刊敦煌借契的考察　魏晉南北朝隋唐史資料（第 5 輯）　武漢大學出版社　1983
　　p. 20

王堯　陳踐　從一張借契看宗教的社會作用：P. T. 1297 號敦煌吐蕃文書譯解　《世界宗教研究》1986
　　年第 4 期　p. 69

王永興　隋唐五代經濟史料彙編校注・第一編(下)　中華書局　1987　p. 945

唐耕耦　陸宏基　敦煌社會經濟文獻真迹釋録(二)　全國圖書館文獻縮微複製中心　1990　p. 93

仁井田陞　補訂中國法制史研究:奴隸農奴法・家族村落法　東京大學出版會　1991　p. 63、71

仁井田陞　補訂中國法制史研究:土地法・交易法　東京大學出版會　1991　p. 724

張傳璽　中國歷代契約會編考釋(上)　北京大學出版社　1995　p. 373 注 1

張澤咸　唐代階級結構研究　中州古籍出版社　1996　p. 368 注 2

黄征　《龍龕手鏡》名義考　敦煌語文叢説　(臺北)新文豐出版公司　1997　p. 786

楊銘　吐蕃統治敦煌研究　(臺北)新文豐出版公司　1997　p. 23

鄭炳林　敦煌碑銘讚輯釋　甘肅教育出版社　1997　p. 354 注 2

陳國燦　悉董薩部落　敦煌學大辭典　上海辭書出版社　1998　p. 301

沙知　敦煌契約文書輯校　江蘇古籍出版社　1998　p. 139

沙知　領六　敦煌學大辭典　上海辭書出版社　1998　p. 390

楊富學　李吉和　敦煌漢文吐蕃史料輯校(第一輯)　甘肅人民出版社　1999　p. 135

金岡照光　敦煌文獻と中國文學　(東京)五曜書房　2000　p. 532

楊森　關於敦煌文獻中的"平章"一詞　敦煌學與中國史研究論集　甘肅人民出版社　2001　p. 231

楊惠玲　敦煌契約文書中的保人、見人、口承人、同便人、同取人　《敦煌研究》2002 年第 6 期　p. 41

童丕　敦煌的借貸:中國中古時代的物質生活與社會　中華書局　2003　p. 22、153

王啓濤　中古及近代法制文書語言研究　巴蜀書社　2003　p. 393

楊銘　四件英藏敦煌藏文文書考釋　2000 年敦煌學國際學術討論會文集・歷史文化卷(上)　甘肅民族出版社　2003　p. 297

劉進寶　評《敦煌的借貸:中國中古時代的物質生活與社會》　敦煌吐魯番研究(第七卷)　北京大學出版社　2004　p. 489

鄭顯文　唐代律令制研究　北京大學出版社　2004　p. 219

P. 3423

李正宇　敦煌地區古代祠廟寺觀簡志　《敦煌學輯刊》1988 年第 1、2 期　p. 79

山本達郎等　敦煌・III 轉貼　『NUN‒HUANG AND TURFAN DOCUMENTS CONCERNING SOCIAL AND ECONOMIC HISTORY』(IV)　(東京)東洋文庫　1989　p. 82

唐耕耦　陸宏基　敦煌社會經濟文獻真迹釋録(四)　全國圖書館文獻縮微複製中心　1990　p. 103

郝春文　唐後期五代宋初沙州的方等道場與方等道場司　唐研究(第二卷)　北京大學出版社　1996　p. 68、88

李正宇　敦煌史地新論　(臺北)新文豐出版公司　1996　p. 79

馬德　敦煌莫高窟史研究　甘肅教育出版社　1996　p. 209

馬德　莫高窟與敦煌佛教教團　敦煌吐魯番研究(第一卷)　北京大學出版社　1996　p. 166

湛如　戒壇流變史之研究　華學(第二輯)　中山大學出版社　1996　p. 344

鄭炳林　敦煌碑銘讚輯釋　甘肅教育出版社　1997　p. 207 注 5

郝春文　唐後期五代宋初敦煌僧尼的社會生活　中國社會科學出版社　1998　p. 31

唐耕耦　丙戌年五月七日乾元寺新登戒僧次第曆　敦煌學大辭典　上海辭書出版社　1998　p. 640

馬德　敦煌文書《諸寺付經歷》芻議　《敦煌學輯刊》1999 年第 1 期　p. 38

李小榮　敦煌密教文獻論稿　人民文學出版社　2003　p. 162

王啓濤　中古及近代法制文書語言研究　巴蜀書社　2003　p. 212

湛如　敦煌佛教律儀制度研究　中華書局　2003　p. 118

P. 3424

謝和耐著　耿昇譯　敦煌的塼戶與梁戶　敦煌譯叢（第一輯）甘肅人民出版社　1985　p. 170 注 42

姜伯勤　唐五代敦煌寺戶制度　中華書局　1987　p. 231

謝和耐著　耿昇譯　中國 5—10 世紀的寺院經濟　甘肅人民出版社　1987　p. 183 注 3　又見：上海古籍出版社　2004　p. 149 注 5

唐耕耦　關於敦煌寺院水磑研究中的幾個問題　《文獻》1988 年第 1 期　p. 190

唐耕耦　陸宏基　敦煌社會經濟文獻真迹釋録(三)　全國圖書館文獻縮微複製中心　1990　p. 129

唐耕耦　敦煌寺院會計文書研究　（臺北）新文豐出版公司　1997　p. 478

鄭炳林　敦煌碑銘讚輯釋　甘肅教育出版社　1997　p. 159 注 4

高啓安　唐五代至宋敦煌的量器及量制　《敦煌學輯刊》1999 年第 1 期　p. 66

高啓安　唐五代敦煌飲食文化研究　民族出版社　2004　p. 14

鄭炳林　晚唐五代敦煌地區的胡姓居民與聚落　法國漢學（第 10 輯）（粟特人在中國：歷史、考古、語言的新探索）中華書局　2005　p. 179

金瀅坤　敦煌社會經濟文書定年拾遺　《首都師範大學學報》2006 年第 1 期　p. 12

P. 3425

陳祚龍　敦煌寫本《瓜沙古事系年並序》箋正　（臺北）《大陸雜誌》1960 年第 12 期　又見：敦煌資料考屑(上冊)　（臺北）商務印書館　1979　p. 23

金岡照光　敦煌漢文文學文獻の文學形態上の種類とその分類　敦煌出土文學文獻分類目録・附解說　（東京）東洋文庫　1971　p. 199

那波利貞　俗講と變文　唐代社會文化史研究・第四編　（東京）創文社　1974　p. 434

陳祚龍　新校重訂敦煌古抄事佛崇法文獻小集　《東方雜誌》1978 年第 6 期

陳祚龍　簡記敦煌古抄方志　敦煌文物隨筆　（臺北）商務印書館　1979　p. 61

菊池英夫　唐代敦煌社會の外貌　敦煌の社會(講座敦煌 3)　（東京）大東出版社　1980　p. 106

金岡照光　敦煌の繪物語　（東京）東方書店　1981　p. 60

陳祚龍　《簡記敦煌古抄方志》及其“後語”　敦煌學要籥　（臺北）新文豐出版公司　1982　p. 230

榮新江　敦煌卷子劄記四則　敦煌吐魯番文獻研究論集(第二輯)　北京大學出版社　1983　p. 646、648

李正宇　唐宋時代的敦煌學校　《敦煌研究》1986 年第 1 期　p. 46 注 13

姜伯勤　唐五代敦煌寺戶制度　中華書局　1987　p. 144

李正宇　敦煌學郎題記輯注　《敦煌學輯刊》1987 年第 1 期　p. 29

汪泛舟　讚・篋　敦煌文學　甘肅人民出版社　1989　p. 102

池田溫　中國古代寫本識語集録　（東京）大藏出版株式會社　1990　p. 447

榮新江　沙州歸義軍歷任節度使稱號研究　敦煌吐魯番學研究論文集　漢語大詞典出版社　1990　p. 780

榮新江　沙州張淮深與唐中央朝廷之關係　《敦煌學輯刊》1990 年第 2 期　p. 8

榮新江　《唐刺史考》補遺　《文獻》1990 年第 2 期　p. 88　又見：敦煌學新論　甘肅教育出版社　2002　p. 267

林聰明　敦煌文書學　（臺北）新文豐出版公司　1991　p. 170

金岡照光　講唱體類　敦煌の文學文獻(講座敦煌 9)　(東京)大東出版社　1992　p. 69

王三慶著　池田溫譯　類書　敦煌漢文文獻(講座敦煌 5)　(東京)大東出版社　1992　p. 377

李正宇　敦煌文學概論　甘肅人民出版社　1993　p. 94

榮新江　初期沙州歸義軍與唐中央朝廷之關係　隋唐史論集　(香港)香港大學亞洲研究中心　1993　p. 113

榮新江　歸義軍改元考　文史(第三十八輯)　中華書局　1994　p. 48

鄭炳林　《索勳紀德碑》研究　《敦煌學輯刊》1994 年第 2 期　p. 74

馮培紅　有關敦煌文書的兩則讀書劄記　《敦煌學輯刊》1995 年第 2 期　p. 130

胡戟　傅玫　敦煌史話　中華書局　1995　p. 188

王三慶　敦煌書儀載錄之節日活動與民俗　全國敦煌學研討會論文集　(臺北)中正大學中國文學系所　1995　p. 25 注 20

顏廷亮　敦煌文學概說　(臺北)新文豐出版公司　1995　p. 121

顏廷亮　張球著作系年與生平管窺　敦煌學國際研討會文集·史地語文編　遼寧美術出版社　1995　p. 253

周一良　趙和平　晚唐五代時的三種吉凶書儀寫卷研究　唐五代書儀研究　中國社會科學出版社　1995　p. 206

李正宇　敦煌史地新論　(臺北)新文豐出版公司　1996　p. 98、192 注 13

榮新江　歸義軍史研究　上海古籍出版社　1996　p. 6、49、184

郭鋒　補唐末沙州節度判官掌書記張球事一則　敦煌吐魯番研究(第二卷)　北京大學出版社　1997　p. 352

李正宇　吐蕃論董勃藏修伽藍功德記兩殘卷的發現、綴合及考證　敦煌吐魯番研究(第二卷)　北京大學出版社　1997　p. 257 注

鄭炳林　敦煌碑銘讚輯釋　甘肅教育出版社　1997　p. 146 注 2

鄭炳林　論晚唐敦煌文士張球即張景球　文史(第四十三輯)　中華書局　1997　p. 112

李正宇　佛堂　敦煌學大辭典　上海辭書出版社　1998　p. 627

李正宇　古本敦煌鄉土志八種箋證　(臺北)新文豐出版公司　1998　p. 322

李正宇　張淮深造金光明變相銘　敦煌學大辭典　上海辭書出版社　1998　p. 333

榮新江　歸義軍大事紀年初稿　出土文獻研究(第三輯)　文物出版社　1998　p. 237

汪泛舟　竇良驥　敦煌學大辭典　上海辭書出版社　1998　p. 349

趙和平　新集書儀　敦煌學大辭典　上海辭書出版社　1998　p. 421

陳祚龍　敦煌寫本《瓜沙古事系年並序》箋正　中國敦煌學百年文庫·歷史卷(一)　甘肅文化出版社　1999　p. 178

陳祚龍　新校重訂敦煌古抄事佛崇法文獻小集　中國敦煌學百年文庫·宗教卷(二)　甘肅文化出版社　1999　p. 45

楊森　小議張淮深受旌節　《敦煌研究》1999 年第 1 期　p. 98

楊秀清　敦煌西漢金山國史　甘肅人民出版社　1999　p. 39

梅維恒著　王邦維　榮新江　錢文忠譯　繪畫與表演　北京燕山出版社　2000　p. 62

徐俊　敦煌詩集殘卷輯考　中華書局　2000　p. 834

楊森　淺談敦煌文獻中唐代墓誌銘抄本　《敦煌研究》2000 年第 3 期　p. 138

邵文實　敦煌佛教文學與邊塞文學　《敦煌學輯刊》2001 年第 2 期　p. 26

姜亮夫　敦煌莫高窟年表　姜亮夫全集(十一)　雲南人民出版社　2002　p. 441

顏廷亮　有關張球生平及其著作的一件新見文獻　《敦煌研究》2002 年第 5 期　p. 103

鄭炳林　晚唐五代敦煌歸義軍行政區劃制度研究（之一）　《敦煌研究》2002 年第 2 期　p. 12

馮培紅　關於歸義軍節度使官制的幾個問題　麥積山石窟藝術文化論文集（下）　蘭州大學出版社
　　2004　p. 212

荒見泰史　敦煌變文研究概述以及新觀點　華林（第三卷）　中華書局　2004　p. 404

屈直敏　敦煌高僧　民族出版社　2004　p. 134

余欣　敦煌的入宅與暖房禮俗　中華文史論叢（總 78 輯）　上海古籍出版社　2004　p. 106

趙紅　高啓安　張孝嵩斬龍傳說歷史背景研究　《敦煌研究》2004 年第 2 期　p. 64

陳于柱　從敦煌占卜文書看晚唐五代敦煌占卜與佛教的對話交融　《敦煌學輯刊》2005 年第 2 期
　　p. 25

P. 3426

劉再聰　陳正桃　胡適與敦煌學　《敦煌學輯刊》1996 年第 1 期　p. 62

荒見泰史　敦煌本夢書雜識　漢語史學報專輯（第三輯）　上海教育出版社　2003　p. 332

荒見泰史　敦煌文學與日本說話文學：新發現北京本《衆經要集金藏論》的價值　敦煌與絲路文化學
　　術講座（第一輯）　北京圖書館出版社　2003　p. 225　又見：佛經文學研究論集　復旦大學出
　　版社　2004　p. 611

荒見泰史　漢文譬喻經典及其綱要本的作用　佛經文學研究論集　復旦大學出版社　2004　p. 282

P. 3428

金岡照光　敦煌の寫本　敦煌の文學　（東京）大藏出版株式會社　1971　p. 84

陳鐵凡　敦煌本孝經考略　（臺中）《東海學報》1978 年第 19 卷　又見：中國敦煌學百年文庫·文獻
　　卷（二）　甘肅文化出版社　1999　p. 499

李德超　敦煌本孝經校讎　第二屆敦煌學國際研討會論文集　（臺北）漢學研究中心　1990　p. 102

林家平　寧強　羅華慶　中國敦煌學史　北京語言學院出版社　1992　p. 141

土田健次郎　儒教典籍　敦煌漢文文獻（講座敦煌 5）　（東京）大東出版社　1992　p. 269

孫其芳　顏廷亮　敦煌文學概論　甘肅人民出版社　1993　p. 419

許建平　英倫法京所藏敦煌寫本殘片八種之定名並校錄　敦煌學（第 24 輯）　（臺北）樂學書局有限
　　公司　2003　p. 121

許建平　跋大谷文書中四件未經定名的儒家經籍殘片　《敦煌學輯刊》2005 年第 4 期　p. 10

P. 3429

張金泉　許建平　敦煌音義彙考　杭州大學出版社　1996　p. 1110

張金泉　敦煌佛經音義寫卷述要　《敦煌研究》1997 年第 2 期　p. 117

P. 3430

高國藩　敦煌寫本《太公家教》初探　《敦煌學輯刊》1984 年第 1 期　p. 65

王重民　跋太公家教　敦煌遺書論文集　中華書局　1984　p. 136

雷僑雲　敦煌兒童文學　（臺北）學生書局　1985　p. 82 注 5

周鳳五　敦煌寫本太公家教研究　（臺北）明文書局　1986　p. 155

高國藩　敦煌民俗學　上海文藝出版社　1989　p. 286

鄭阿財　敦煌寫卷新集文詞九經抄研究　（臺北）文史哲出版社　1989　p. 128 注 1

鄭阿財　敦煌蒙書析論　第二屆敦煌學國際研討會論文集　（臺北）漢學研究中心　1990　p. 226

鄭阿財　敦煌文獻與文學　（臺北）新文豐出版公司　1993　p. 260

鄭阿財　學日益齋敦煌學劄記　周一良先生八十生日紀念論文集　中國社會科學出版社　1993
　　p. 193

汪泛舟　敦煌古代兒童課本　甘肅人民出版社　2000　p. 223

P. 3431

姜亮夫　唐五代瓜沙張曹兩世家考　中華文史論叢（總 11 輯）　上海古籍出版社　1979　又見:中
　　國敦煌學百年文庫·歷史卷(一)　甘肅文化出版社　1999　p. 356

姜亮夫　羅振玉《補唐書張義潮傳》訂補　向達先生紀念論文集　新疆人民出版社　1986　p. 82
　　又見:敦煌學論文集　上海古籍出版社　1987　p. 894；姜亮夫全集(十四)　雲南人民出版社
　　2002　p. 322

山本達郎等　敦煌·III 轉貼　『NUN – HUANG AND TURFAN DOCUMENTS CONCERNING SOCIAL
　　AND ECONOMIC HISTORY』(IV)　（東京）東洋文庫　1989　p. 82

唐耕耦　陸宏基　敦煌社會經濟文獻真迹釋録(四)　全國圖書館文獻縮微複製中心　1990　p. 105

唐耕耦　丙戌年五月七日乾元寺新登戒僧次第曆　敦煌學大辭典　上海辭書出版社　1998　p. 640

P. 3432

池田溫　中國古代籍帳研究:概観·録文　東京大學東洋文化研究所　1979　p. 514

姜伯勤　敦煌寺院碾磑經營的兩種形式　歷史論叢（第三輯）　齊魯書社　1983　p. 182　又見:五
　　十年來漢唐佛教寺院經濟研究　北京師範大學出版社　1986　p. 229

耿昇　八十年代的法國敦煌學論著簡介　《敦煌研究》1986 年第 3 期　p. 81

姜伯勤　唐五代敦煌寺戶制度　中華書局　1987　p. 51

方廣錩　漢文大藏經帙號探源　《世界宗教研究》1990 年第 1 期　p. 134

謝重光　白文固　中國僧官制度史　青海人民出版社　1990　p. 129 注 2

方廣錩　佛教大藏經史（八—十世紀）　中國社會科學出版社　1991　p. 96、109、130、158、294

姜伯勤　敦煌社會文書導論　（臺北）新文豐出版公司　1992　p. 221

侯錦郎　敦煌龍興寺的器物曆　法國學者敦煌學論文選萃　中華書局　1993　p. 87

侯錦郎　敦煌寫本中的"印沙佛"儀軌　法國學者敦煌學論文選萃　中華書局　1993　p. 288

姜伯勤　敦煌毗尼藏主考　《敦煌研究》1993 年第 3 期　p. 5

方廣錩　四川大足寶頂山小佛灣大藏塔考　佛學研究（第三期）　中國佛教文化研究所　1994
　　p. 176

姜伯勤　敦煌吐魯番文書與絲綢之路　文物出版社　1994　p. 9、207

李明偉　隋唐絲綢之路　甘肅人民出版社　1994　p. 61

姜伯勤　敦煌文書所見胡錦番錦考　敦煌學國際研討會文集·石窟考古編　遼寧美術出版社　1995
　　p. 280

劉惠琴　從敦煌文書中看沙州紡織業　《敦煌學輯刊》1995 年第 2 期　p. 50

李正宇　敦煌史地新論　（臺北）新文豐出版公司　1996　p. 98

方廣錩　敦煌佛教經録輯校　江蘇古籍出版社　1997　p. 480

公維章　文闡　敦煌寺院中的會計:直歲　《敦煌學輯刊》1997 年第 2 期　p. 119

榮新江　敦煌藏經洞的性質及其封閉原因　敦煌吐魯番研究(第二卷)　北京大學出版社　1997
　　p. 31

唐耕耦　敦煌寺院會計文書研究　（臺北）新文豐出版公司　1997　p. 7

鄭炳林　敦煌碑銘讚輯釋　甘肅教育出版社　1997　p. 178 注 9

鄭炳林　唐五代敦煌的粟特人與佛教　敦煌歸義軍史專題研究　蘭州大學出版社　1997　p. 452

鄭炳林　唐五代敦煌手工業研究　敦煌歸義軍史專題研究　蘭州大學出版社　1997　p. 251

鄭炳林　楊富學　晚唐五代金銀在敦煌的使用與流通　《甘肅金融》1997 年第 8 期　又見：中國敦煌學百年文庫・歷史卷（二）　甘肅文化出版社　1999　p. 580

方廣錩　龍興寺藏經目錄　敦煌學大辭典　上海辭書出版社　1998　p. 750

方廣錩　龍興寺供養佛經目錄　敦煌學大辭典　上海辭書出版社　1998　p. 751

郝春文　唐後期五代宋初敦煌僧尼的社會生活　中國社會科學出版社　1998　p. 124

郝春文　唐後期五代宋初敦煌寺院常住什物的數量及與僧人的關係　《敦煌研究》1998 年第 2 期　p. 116

李正宇　佛堂　敦煌學大辭典　上海辭書出版社　1998　p. 627

鄭炳林　《康秀華寫經施入疏》與《炫和尚貨賣胡粉曆》研究　敦煌吐魯番研究（第三卷）　北京大學出版社　1998　p. 201

方廣錩　略談大藏經的三種功能形態　法源（第 18 期）　中國佛學院　2000　p. 50

童丕　從寺院的帳簿看敦煌二月八日節　法國漢學（敦煌學專號）　中華書局　2000　p. 85

王惠民　敦煌隋至唐前期藥師圖像考察　藝術史研究（2）　中山大學出版社　2000　p. 294

顏廷亮　敦煌文化　光明日報出版社　2000　p. 403

鄭炳林　晚唐五代敦煌貿易市場的外來商品輯考　中華文史論叢（總 63 輯）　上海古籍出版社　2000　p. 63

郭俊葉　敦煌火珠圖像探微　《敦煌研究》2001 年第 4 期　p. 43

榮新江　敦煌學十八講　北京大學出版社　2001　p. 83

方廣錩　敦煌寺院所藏大藏經　中日敦煌佛教學術會議論文集　中國社會科學院研究所　2002　p. 40

李斌城　唐代文化　中國社會科學出版社　2002　p. 1743

文正義　敦煌藏經洞封閉原因新探　戒幢佛學（第二卷）　岳麓書社　2002　p. 243

池田溫　敦煌の歷史的背景　敦煌文書の世界　（東京）名著刊行會　2003　p. 114

方廣錩　敦煌寺院所藏大藏經概貌　藏外佛教文獻（第八輯）　宗教文化出版社　2003　p. 373

洪藝芳　敦煌社會經濟文書中的唐五代新興量詞研究　敦煌學（第 24 輯）　（臺北）樂學書局有限公司　2003　p. 97、106

榮新江　于闐花氈與粟特銀盤：九、十世紀敦煌寺院的外來供養　寺院財富與世俗供養　上海書畫出版社　2003　p. 248

湛如　敦煌佛教律儀制度研究　中華書局　2003　p. 41

鄭炳林　晚唐五代敦煌諸寺藏經與管理　新世紀敦煌學論集　巴蜀書社　2003　p. 341

鄭炳林　晚唐五代敦煌地區《大般若經》的流傳與信仰　麥積山石窟藝術文化論文集（下）　蘭州大學出版社　2004　p. 111

陳于柱　從敦煌占卜文書看晚唐五代敦煌占卜與佛教的對話交融　《敦煌學輯刊》2005 年第 2 期　p. 25

郭俊葉　敦煌研究院藏絲質經帙標籤及其相關問題　《敦煌研究》2005 年第 6 期　p. 89

魏郭輝　唐代河隴朝鮮人之研究　《敦煌學輯刊》2005 年第 2 期　p. 285

P. 3433

池田溫　中國古代寫本識語集錄　（東京）大藏出版株式會社　1990　p. 402

土田健次郎　儒教典籍　敦煌漢文文獻(講座敦煌 5)　(東京)大東出版社　1992　p. 269

黄征　敦煌俗語詞輯釋　敦煌語文叢說　(臺北)新文豐出版公司　1997　p. 61

李方　敦煌《論語集解》校正　江蘇古籍出版社　1998　p. 831

李方　唐寫本《論語集解》校讀零拾　出土文獻研究(第三輯)　文物出版社　1998　p. 219

王明珠　定西地區博物館藏長柄銅香爐　《敦煌研究》2001 年第 1 期　p. 29

許建平　《俄藏敦煌文獻》儒家經典類寫本的定名與綴合　漢語史學報專輯(第三輯)　上海教育出版社　2003　p. 311

P. 3434

那波利貞　佛教信仰に基きて組織せられたる中晩唐五代時代の社邑に就きて(下)　『史林』(24卷 4 號)　京都大學文學部史學研究會　1939　p. 86　又見:唐代社會文化史研究・第六編　(東京)創文社　1974　p. 641、655、663

久野芳隆　北宗禪——燉煌本發見によりて明瞭になれる神秀の思想　『大正學報』(30、31 合併號)　(東京)大正大學院　1940　p. 140

芳村修基　土橋秀高　井ノ口泰淳　敦煌佛教史年表　西域文化研究(第一)・敦煌佛教資料　(京都)法藏館　1958　p. 273

竺沙雅章　敦煌出土「社」文書の研究　『東方學報』(第 35 號)　京都大學人文科學研究所　1964　p. 263

饒宗頤　神會門下摩訶衍之入藏兼論禪門南北宗之調和問題　香港大學五十周年紀念論文集　香港大學　1968　又見:唐代研究論集(第四輯)　(臺北)新文豐出版公司　1992　p. 350;中國敦煌學百年文庫・民族卷(二)　甘肅文化出版社　1999　p. 92

柳田聖山　敦煌の禪籍と矢吹慶輝　敦煌仏典と禪(講座敦煌 8)　(東京)大東出版社　1980　p. 12

田中良昭　修道偈Ⅰ　敦煌仏典と禪(講座敦煌 8)　(東京)大東出版社　1980　p. 259

土肥義和　莫高窟千佛洞と大寺と蘭若と　敦煌の社會(講座敦煌 3)　(東京)大東出版社　1980　p. 364

中川孝　楞伽宗と東山法門　敦煌仏典と禪(講座敦煌 8)　(東京)大東出版社　1980　p. 141

陳祚龍　關於敦煌古抄"了性句並序"　敦煌學(第 5 輯)　(臺北)新文豐出版公司　1982　p. 29

饒宗頤　論敦煌陷於吐蕃之年代　選堂集林・史林　(香港)中華書局　1982　p. 706

田中良昭　敦煌禪宗文獻の研究　(東京)大東出版社　1983　p. 54、507

王重民　記敦煌寫本的佛經　敦煌吐魯番文獻研究論集(第二輯)　北京大學出版社　1983　p. 21　又見:敦煌遺書論文集　中華書局　1984　p. 305

陳祚龍　新校重訂敦煌古抄《澄心論》　中華佛教文化史散策(四集)　(臺北)新文豐出版公司　1986　p. 235

唐耕耦　陸宏基　敦煌社會經濟文獻真迹釋録(一)　書目文獻出版社　1986　p. 345

施萍婷　敦煌曆日研究　1983 年全國敦煌學術討論會文集・文史遺書編(上)　甘肅人民出版社　1987　p. 331

楊曾文　日本學者對中國禪宗文獻的研究和整理　《世界宗教研究》1987 年第 1 期　p. 117

山本達郎等　敦煌・Ⅲ 轉貼　『NUN – HUANG AND TURFAN DOCUMENTS CONCERNING SOCIAL AND ECONOMIC HISTORY』(Ⅳ)　(東京)東洋文庫　1989　p. 28

上山大峻　敦煌佛教の研究　(京都)法藏館　1990　p. 413

郝春文　隋唐五代宋初傳統私社與寺院的關係　《魏晉南北朝隋唐史》1991 年第 6 期　p. 69

姜伯勤　敦煌社會文書導論　（臺北）新文豐出版公司　1992　p. 249
吳其昱著　伊藤美重子譯　敦煌漢文寫本概觀　敦煌漢文文獻（講座敦煌5）　（東京）大東出版社　1992　p. 57
高國藩　敦煌民俗資料導論　（臺北）新文豐出版公司　1993　p. 172
冉雲華　敦煌遺書與中國禪宗歷史研究　"中國唐代學會"會刊（第四期）　（臺北）"中國唐代學會"　1993　p. 56
李尚全　敦煌本《修心要論》芻議　佛教論譯集　甘肅民族出版社　1994　p. 82
田中良昭　敦煌の禪籍　禪學研究入門　（東京）大東出版社　1994　p. 57
柳田聖山　禪籍解題（一）・敦煌禪籍　俗語言研究（第二期）　（京都）禪文化研究所　1995　p. 135、151
石田勇作　敦煌「社文書」研究序說　中國古代の國家と民衆（堀敏一先生古稀記念）　（東京）汲古書院　1995　p. 684
土肥義和　唐・北宋間の「社」の組織形態に関する一考察　中國古代の國家と民衆（堀敏一先生古稀記念）　（東京）汲古書院　1995　p. 705
鄧文寬　敦煌天文曆法文獻輯校　江蘇古籍出版社　1996　p. 687
李正宇　敦煌史地新論　（臺北）新文豐出版公司　1996　p. 97
榮新江　歸義軍史研究　上海古籍出版社　1996　p. 49
寧可　郝春文　敦煌社邑文書輯校　江蘇古籍出版社　1997　p. 278
方廣錩　澄心論　敦煌學大辭典　上海辭書出版社　1998　p. 727
李正宇　蘭若　敦煌學大辭典　上海辭書出版社　1998　p. 627
寧可　燃燈社　敦煌學大辭典　上海辭書出版社　1998　p. 428
寧可　寧可史學論集　中國社會科學出版社　1999　p. 451 注3
孟憲實　敦煌社邑的分佈　敦煌文獻論集：紀念藏經洞發現一百周年國際學術研討會論文集　遼寧人民出版社　2001　p. 430
姜亮夫　敦煌莫高窟年表　姜亮夫全集（十一）　雲南人民出版社　2002　p. 441
湛如　敦煌佛教律儀制度研究　中華書局　2003　p. 68

P. 3435

尾崎正治　上清經類　敦煌と中國道教（講座敦煌4）　（東京）大東出版社　1983　p. 140
饒宗頤　敦煌書法叢刊（第二九卷）・道書（三）　（東京）二玄社　1984　p. 57、70
林家平　寧强　羅華慶　中國敦煌學史　北京語言學院出版社　1992　p. 517
朱越利　道經總論　遼寧教育出版社　1992　p. 310
王卡　上清元始變化寶真上經九靈太妙龜山玄籙　敦煌學大辭典　上海辭書出版社　1998　p. 762
顏廷亮　敦煌文化中的道教及文化　《敦煌研究》1999年第1期　p. 136
顏廷亮　敦煌文化　光明日報出版社　2000　p. 234
姜亮夫　敦煌莫高窟年表　姜亮夫全集（十一）　雲南人民出版社　2002　p. 182
劉屹　唐代道教的"化胡"經說與"道本論"　唐代宗教信仰與社會　上海辭書出版社　2003　p. 100
王卡　敦煌道教文獻研究　中國社會科學出版社　2004　p. 87

P. 3436

中川孝　楞伽宗と東山法門　敦煌仏典と禪（講座敦煌8）　（東京）大東出版社　1980　p. 144
椎名宏雄　北宗燈史の成立　敦煌仏典と禪（講座敦煌8）　（東京）大東出版社　1980　p. 57

田中良昭　敦煌禪宗文獻の研究　（東京）大東出版社　1983　p. 24

王重民　記敦煌寫本的佛經　敦煌吐魯番文獻研究論集（第二輯）　北京大學出版社　1983　p. 22
　　又見：敦煌遺書論文集　中華書局　1984　p. 306

楊曾文　日本學者對中國禪宗文獻的研究和整理　《世界宗教研究》1987 年第 1 期　p. 119

上山大峻　敦煌佛教の研究　（京都）法藏館　1990　p. 420

吳其昱著　伊藤美重子譯　敦煌漢文寫本概觀　敦煌漢文文獻（講座敦煌 5）　（東京）大東出版社
　　1992　p. 59

王克孝　ДХ2168 號寫本初探　《敦煌學輯刊》1993 年第 2 期　p. 29　又見：1994 年敦煌學國際研討
　　會文集・宗教文史卷（下）　甘肅民族出版社　2000　p. 237

索仁森著　李吉和譯　敦煌漢文禪籍特徵概觀　《敦煌研究》1994 年第 1 期　p. 113

田中良昭　敦煌の禪籍　禪學研究入門　（東京）大東出版社　1994　p. 47

柳田聖山　禪籍解題（一）・敦煌禪籍　俗語言研究（第二期）　（京都）禪文化研究所　1995　p. 139

榮新江著　衣川賢次譯　ロシア所藏の景德傳燈録　『禪文化』（161 號）　（京都）禪文化研究所
　　1996　p. 142

榮新江　敦煌本禪宗燈史殘卷拾遺　周紹良先生欣開九秩慶壽文集　中華書局　1997　p. 233

方廣錩　楞伽師資記　敦煌學大辭典　上海辭書出版社　1998　p. 725

方廣錩　日本對敦煌佛教文獻之研究　敦煌學佛教學論叢（下）　中國佛教文化研究所　1998
　　p. 376

劉方　初期的禪史　敦煌學大辭典　上海辭書出版社　1998　p. 827

姜亮夫　敦煌：偉大的文化寶藏　雲南人民出版社　1999　p. 79

田中良昭　敦煌の禪宗燈史　中日敦煌佛教學術會議論文集　中國社會科學院研究所　2002
　　p. 107　又見：戒幢佛學（第二卷）　岳麓書社　2002　p. 146

P. 3437

平井宥慶　千手千眼陀羅尼經　敦煌と中國仏教（講座敦煌 7）　（東京）大東出版社　1984　p. 143

呂建福　中國密教史　中國社會科學出版社　1995　p. 480

鄭炳林　馮培紅　唐五代歸義軍政權對外關係中的使頭一職　敦煌歸義軍史專題研究　蘭州大學出
　　版社　1997　p. 67

P. 3438

唐耕耦　陸宏基　敦煌社會經濟文獻真迹釋録（五）　全國圖書館文獻縮微複製中心　1990　p. 44

姜伯勤　敦煌社會文書導論　（臺北）新文豐出版公司　1992　p. 126

侯錦郎　敦煌龍興寺的器物曆　法國學者敦煌學論文選萃　中華書局　1993　p. 90

張金泉　許建平　敦煌音義彙考　杭州大學出版社　1996　p. 1031

張金泉　敦煌佛經音義寫卷述要　《敦煌研究》1997 年第 2 期　p. 116

張涌泉　敦煌文獻校讀易誤字例釋　敦煌文學論集　四川人民出版社　1997　p. 267

張金泉　大般涅槃經音　敦煌學大辭典　上海辭書出版社　1998　p. 518

謝桃坊　敦煌文化尋繹　四川人民出版社　1999　p. 210

鄭炳林　晚唐五代敦煌貿易市場的外來商品輯考　中華文史論叢（總 63 輯）　上海古籍出版社
　　2000　p. 70

鄭賢章　敦煌音義寫卷若干字重考　《敦煌研究》2003 年第 1 期　p. 51

高啓安　唐五代敦煌飲食文化研究　民族出版社　2004　p. 312

P. 3439

孫修身　敦煌三界寺　甘肅省史學會論文集　甘肅省歷史學會編印　1982　p. 173　又見：中國敦煌
　　學百年文庫·宗教卷（一）　甘肅文化出版社　1999　p. 57

孫修身　敦煌石窟《臘八燃燈分配窟龕名數》寫作年代考　絲路訪古　甘肅人民出版社　1983
　　p. 212

唐耕耦　陸宏基　敦煌社會經濟文獻真迹釋録（四）　全國圖書館文獻縮微複製中心　1990　p. 88

鄭炳林　伯2641號背莫高窟再修功德記撰寫人探微　《敦煌學輯刊》1991年第2期　p. 48

竺沙雅章　寺院文書　敦煌漢文文獻（講座敦煌5）　（東京）大東出版社　1992　p. 600

李正宇　敦煌文學概論　甘肅人民出版社　1993　p. 104

李玉昆　敦煌遺書《泉州千佛新著諸祖師頌》研究　《敦煌學輯刊》1995年第1期　p. 31

鄭炳林　敦煌碑銘讚輯釋　甘肅教育出版社　1997　p. 519注8

李正宇　古本敦煌鄉土志八種箋證　（臺北）新文豐出版公司　1998　p. 306

唐耕耦　戒牒　敦煌學大辭典　上海辭書出版社　1998　p. 641

姜亮夫　敦煌莫高窟年表　姜亮夫全集（十一）　雲南人民出版社　2002　p. 576

李德龍　沙州三界寺《授戒牒》初探　甘肅民族研究論叢　甘肅人民出版社　2002　p. 402

沙武田　梁紅　敦煌千佛變畫稿刺孔研究　《敦煌學輯刊》2005年第2期　p. 69

邰惠莉　敦煌版畫敘録　《敦煌研究》2005年第2期　p. 8

吳榮鑒　關於敦煌版畫製作的幾個問題　《敦煌研究》2005年第2期　p. 27

P. 3440

山本達郎等　敦煌·IV納贈曆·納色物曆等　『NUN–HUANG AND TURFAN DOCUMENTS CON-
CERNING SOCIAL AND ECONOMIC HISTORY』(IV)　（東京）東洋文庫　1989　p. 99、103

山本達郎等　敦煌·VI諸種文書　『NUN–HUANG AND TURFAN DOCUMENTS CONCERNING SO-
CIAL AND ECONOMIC HISTORY』(IV)　（東京）東洋文庫　1989　p. 134

葛承雍　唐代國庫制度　三秦出版社　1990　p. 97注1

唐耕耦　陸宏基　敦煌社會經濟文獻真迹釋録（四）　全國圖書館文獻縮微複製中心　1990　p. 16

土肥義和　九·十世紀の敦煌莫高窟を支えた人々　中國の都市と農村　（東京）汲古書院　1992
　　p. 438

榮新江　歸義軍史研究　上海古籍出版社　1996　p. 291

鄭炳林　唐五代敦煌粟特人與歸義軍政權　《敦煌研究》1996年第4期　p. 91　又見：敦煌歸義軍史
　　專題研究　蘭州大學出版社　1997　p. 422

馮培紅　唐五代歸義軍政權中隊職問題辨析　敦煌歸義軍史專題研究　蘭州大學出版社　1997
　　p. 40

馮培紅　晚唐五代宋初歸義軍武職軍將研究　敦煌歸義軍史專題研究　蘭州大學出版社　1997
　　p. 115

劉雯　吐蕃及歸義軍時期敦煌索氏家族研究　《敦煌學輯刊》1997年第2期　p. 87

張亞萍　晚唐五代歸義軍牧羊業管理機構：羊司　《敦煌學輯刊》1997年第2期　p. 128

鄭炳林　敦煌碑銘讚輯釋　甘肅教育出版社　1997　p. 426注2

鄭炳林　唐五代敦煌手工業研究　敦煌歸義軍史專題研究　蘭州大學出版社　1997　p. 271

鄭炳林　唐五代敦煌畜牧區域研究　敦煌歸義軍史專題研究　蘭州大學出版社　1997　p. 227

鄭炳林　晚唐五代敦煌貿易市場的物價　敦煌歸義軍史專題研究　蘭州大學出版社　1997　p. 305

馮培紅　唐五代歸義軍軍資庫司初探　《敦煌學輯刊》1998年第1期　p. 36

唐耕耦　僧録　敦煌學大辭典　上海辭書出版社　1998　p. 638

張總　《閻羅王授記經》綴補研考　敦煌吐魯番研究（第五卷）　北京大學出版社　2001　p. 111 注

劉進寶　關於歸義軍時期稅草的兩個問題　2000 年敦煌學國際學術討論會文集・歷史文化卷（上）
　　甘肅民族出版社　2003　p. 171

沙武田　趙曉星　歸義軍時期敦煌文獻中的太子　《敦煌研究》2003 年第 4 期　p. 48

鄭炳林　晚唐五代敦煌商業貿易市場研究　《敦煌學輯刊》2004 年第 1 期　p. 106

鄭炳林　魏迎春　晚唐五代敦煌佛教教團的戒律和清規　《敦煌學輯刊》2004 年第 2 期　p. 38

鄭炳林　晚唐五代敦煌地區的胡姓居民與聚落　法國漢學（第 10 輯）（粟特人在中國：歷史、考古、語
　　言的新探索）　中華書局　2005　p. 180

馮培紅　歸義軍鎮制考　敦煌吐魯番研究（第九卷）　中華書局　2006　p. 271

金瀅坤　敦煌社會經濟文書定年拾遺　《首都師範大學學報》2006 年第 1 期　p. 10

P. 3441

那波利貞　梁戶考　唐代社會文化史研究・第三編　（東京）創文社　1974　p. 274

那波利貞　唐代の社邑に就きて（1938 年）　唐代社會文化史研究・第五編　（東京）創文社　1974
　　p. 538、556、569

張弓　唐五代敦煌寺院的牧羊人　《蘭州學刊》1984 年第 2 期　p. 59

高明士　唐代敦煌的教育　漢學研究（敦煌學國際研討會論文專號）　（臺北）漢學研究資料及服務
　　中心　1986　p. 251

李正宇　唐宋時代的敦煌學校　《敦煌研究》1986 年第 1 期　p. 46 注 11

唐耕耦　陸宏基　敦煌社會經濟文獻真迹釋録（一）　書目文獻出版社　1986　p. 341

姜伯勤　唐五代敦煌寺戶制度　中華書局　1987　p. 273

李正宇　敦煌學郎題記輯注　《敦煌學輯刊》1987 年第 1 期　p. 27

山本達郎等　敦煌・III 轉貼　『NUN – HUANG AND TURFAN DOCUMENTS CONCERNING SOCIAL
　　AND ECONOMIC HISTORY』（IV）　（東京）東洋文庫　1989　p. 49

池田溫　中國古代寫本識語集録　（東京）大藏出版株式會社　1990　p. 404

唐耕耦　陸宏基　敦煌社會經濟文獻真迹釋録（二、三）　全國圖書館文獻縮微複製中心　1990
　　p. 66；529

仁井田陞　補訂中國法制史研究：土地法・交易法　東京大學出版會　1991　p. 658、739

王素　唐寫本《論語鄭氏注》校録　唐寫本論語鄭氏注及其研究　文物出版社　1991　p. 137 注 10

東野治之　敦煌と日本の『千字文』　遣唐使と正倉院　（東京）岩波書店　1992　p. 240

東野治之　訓蒙書　敦煌漢文文獻（講座敦煌 5）　（東京）大東出版社　1992　p. 404

姜伯勤　敦煌社會文書導論　（臺北）新文豐出版公司　1992　p. 242

土田健次郎　儒教典籍　敦煌漢文文獻（講座敦煌 5）　（東京）大東出版社　1992　p. 269

郝春文　敦煌寫本社邑文書年代彙考（二）　《首都師範大學學報》1993 年第 5 期　p. 77

徐俊　敦煌學郎詩作者問題考略　《文獻》1994 年第 2 期　p. 19

石田勇作　敦煌「社文書」研究序說　中國古代の國家と民眾（堀敏一先生古稀記念）　（東京）汲古
　　書院　1995　p. 684

張傳璽　中國歷代契約會編考釋（上）　北京大學出版社　1995　p. 661 注 1

陳金木　唐寫本論語鄭氏注研究（上）　（臺北）文津出版社　1996　p. 80

李正宇　敦煌史地新論　（臺北）新文豐出版公司　1996　p. 192 注 11

陸慶夫　鄭炳林　俄藏敦煌寫本中九件轉帖初探　《敦煌學輯刊》1996 年第 1 期　p. 12

陸慶夫　鄭炳林　唐末五代敦煌的社與粟特人聚落　敦煌歸義軍史專題研究　蘭州大學出版社
　　1997　p. 396

寧可　郝春文　敦煌社邑文書輯校　江蘇古籍出版社　1997　p. 164

唐耕耦　敦煌寺院會計文書研究　（臺北）新文豐出版公司　1997　p. 52

田德新　敦煌寺院中的都師　《敦煌學輯刊》1997 年第 2 期　p. 124

李方　敦煌《論語集解》校正　江蘇古籍出版社　1998　p. 831

李方　唐寫本《論語集解》校讀零拾　出土文獻研究（第三輯）　文物出版社　1998　p. 221

沙知　敦煌契約文書輯校　江蘇古籍出版社　1998　p. 296

唐耕耦　入破曆算會牒　敦煌學大辭典　上海辭書出版社　1998　p. 647

寧可　寧可史學論集　中國社會科學出版社　1999　p. 448 注 2

陳海濤　敦煌歸義軍時期從化鄉消失原因初探　中國社會歷史評論（第二卷）　天津古籍出版社
　　2000　p. 436

陳永勝　敦煌吐魯番法制文書研究　甘肅人民出版社　2000　p. 50

徐俊　敦煌詩集殘卷輯考　中華書局　2000　p. 778

孟憲實　敦煌社邑的分佈　敦煌文獻論集：紀念藏經洞發現一百周年國際學術研討會論文集　遼寧
　　人民出版社　2001　p. 433

楊森　關於敦煌文獻中的"平章"一詞　敦煌學與中國史研究論集　甘肅人民出版社　2001　p. 231

姜亮夫　敦煌莫高窟年表　姜亮夫全集（十一）　雲南人民出版社　2002　p. 388

王克孝　顏廷亮　敦煌吐魯番契約中的契約形式與契約制度　2000 年敦煌學國際學術討論會文
　　集·歷史文化卷（上）　甘肅民族出版社　2003　p. 225

許建平　英倫法京所藏敦煌寫本殘片八種之定名並校錄　敦煌學（第 24 輯）　（臺北）樂學書局有限
　　公司　2003　p. 123

柴劍虹　敦煌與西部開發　敦煌與絲路文化學術講座（第二輯）　北京圖書館出版社　2005　p. 410

P. 3442

那波利貞　千佛岩莫高窟と敦煌文書　西域文化研究（第二）·敦煌吐魯番社會經濟資料（上）　（京
　　都）法藏館　1959　p. 61

金岡照光　敦煌民衆の社會と生活　敦煌の民衆——その生活と思想　（東京）評論社　1972
　　p. 317

那波利貞　開元末期以前と天寶初期以後との唐の時世の差異に就きて　唐代社會文化史研究·第
　　一編　（東京）創文社　1974　p. 65

王重民　敦煌古籍敘錄　中華書局　1979　p. 225

饒宗頤　敦煌書法叢刊（第十三卷）·書儀解說　（東京）二玄社　1986　p. 66

王重民原編　黃永武新編　敦煌古籍敘錄新編（第十一冊）　（臺北）新文豐出版公司　1986　p. 300

曲金良　敦煌寫本變文、講經文作品創作時間彙考（續）　《敦煌學輯刊》1987 年第 2 期　p. 50

周紹良　趙和平　書儀　《敦煌語言文學研究通訊》1987 年第 4 期　p. 2　又見：敦煌文學　甘肅人
　　民出版社　1989　p. 47

周一良　"賜無畏"及其他：讀《敦煌變文集》劄記　1983 年全國敦煌學術討論會文集·文史遺書編
　　（下）　甘肅人民出版社　1987　p. 245　又見：魏晉南北朝史論集續編　北京大學出版社
　　2001　p. 282

周一良　敦煌寫本書儀考（之二）　敦煌吐魯番文獻研究論集（第四輯）　北京大學出版社　1987
　　p. 23、24　又見：唐五代書儀研究　中國社會科學出版社　1995　p. 76

唐耕耦　陸宏基　敦煌社會經濟文獻真迹釋録(三)　全國圖書館文獻縮微複製中心　1990　p. 2

趙和平　杜友晉《吉凶書儀》及《書儀鏡》成書年代考　《敦煌學輯刊》1990年第2期　p. 68　又見：
　　唐五代書儀研究　中國社會科學出版社　1995　p. 137、142

趙和平　敦煌寫本書儀略論　敦煌吐魯番學研究論文集　漢語大詞典出版社　1990　p. 564、585
　　又見：唐五代書儀研究　中國社會科學出版社　1995　p. 3、23

中村裕一　唐代制勅研究　(東京)汲古書院　1991　p. 434

姜伯勤　敦煌社會文書導論　(臺北)新文豐出版公司　1992　p. 25

周紹良　敦煌文學芻議及其它　(臺北)新文豐出版公司　1992　p. 9

周一良　唐代書儀の類型　敦煌漢文文獻(講座敦煌5)　(東京)大東出版社　1992　p. 697

姜伯勤　唐貞元、元和間禮的變遷　隋唐史論集　(香港)香港大學亞洲研究中心　1993　又見：中
　　國敦煌學百年文庫·歷史卷(二)　甘肅文化出版社　1999　p. 362

趙和平　敦煌寫本書儀研究　(臺北)新文豐出版公司　1993　p. 14、46

胡戟　中國古代禮儀　陝西人民出版社　1994　p. 186

胡戟　傅玫　敦煌史話　中華書局　1995　p. 187

謝海平　從應用文教學觀點看伯三四四二杜友晉《吉凶書儀》　全國敦煌學研討會論文集　(臺北)
　　中正大學中國文學系所　1995　p. 277

趙和平　敦煌寫本書儀中所看到的部分唐代社會文化生活　敦煌學國際研討會文集·史地語文編
　　遼寧美術出版社　1995　p. 568　又見：唐五代書儀研究　中國社會科學出版社　1995　p. 308

周一良　趙和平　敦煌寫本書儀中所見的唐代婚喪禮俗　唐五代書儀研究　中國社會科學出版社
　　1995　p. 290、297　又見：魏晉南北朝史論集續編　北京大學出版社　2001　p. 250

鄧文寬　敦煌吐魯番文獻重文符號釋讀舉隅　敦煌吐魯番學耕耘録　(臺北)新文豐出版公司
　　1996　p. 329

姜伯勤　敦煌藝術宗教與禮樂文明　中國社會科學出版社　1996　p. 427

榮新江　敦煌本《書儀鏡》爲安西書儀考　慶祝潘石禪先生九秩華誕敦煌學特刊　(臺北)文津出版
　　社　1996　p. 268

鄧文寬　大梵寺佛音：敦煌莫高窟壇經讀本　(臺北)如聞出版社　1997　p. 6

沙知　典物契　敦煌學大辭典　上海辭書出版社　1998　p. 389

趙和平　《敦煌寫本書儀研究》訂補　敦煌吐魯番研究(第三卷)　北京大學出版社　1998　p. 251

趙和平　吉凶書儀　敦煌學大辭典　上海辭書出版社　1998　p. 418

董志翹　敦煌文書詞語瑣記　《敦煌研究》1999年第4期　p. 35

姜伯勤　唐禮與敦煌發現的書儀　敦煌文藪(下)　(臺北)新文豐出版公司　1999　p. 2

李并成　"鏡"類文獻識略　《敦煌研究》1999年第1期　p. 57

吳麗娛　敦煌寫本書儀中的行第之稱：兼論行第普及的庶民影響　敦煌吐魯番研究(第四卷)　北京
　　大學出版社　1999　p. 529

董志翹　《入唐求法巡禮行記》辭彙研究　中國社會科學出版社　2000　p. 174、210

吳麗娛　唐代書儀中單、複書形式簡析　英國收藏敦煌漢藏文獻研究　中國社會科學出版社　2000
　　p. 264

吳麗娛　從敦煌書儀中的表狀箋啓看唐五代官場禮儀的轉移變遷　中國社會歷史評論(第3卷)
　　中華書局　2001　p. 356

吳麗娛　關於S.078v和S.1725v兩件敦煌寫本書儀的一些看法　敦煌學與中國史研究論集　甘肅
　　人民出版社　2001　p. 172

周一良　魏晉南北朝史論集續編　北京大學出版社　2001　p. 228

吳麗娛　唐禮摭遺：中古書儀研究　商務印書館　2002　p. 12、38、55、238、259、315、534

王啓濤　中古及近代法制文書語言研究　巴蜀書社　2003　p. 29、180

吳麗娛　敦煌的禮書　敦煌與絲路文化學術講座（第一輯）　北京圖書館出版社　2003　p. 202

吳麗娛　唐代婚儀的再檢討　燕京學報（新第 15 期）　北京大學出版社　2003　p. 48

高啓安　唐五代敦煌飲食文化研究　民族出版社　2004　p. 155

施新榮　《高昌書儀》初探　《吐魯番學研究》2004 年第 1 期　p. 99

王曉平　敦煌書儀與《萬葉集》書狀的比較研究　《敦煌研究》2004 年第 6 期　p. 78

王雲路　從“蒙免”“鞭恥”說起　浙江與敦煌學：常書鴻先生誕辰一百周年紀念文集　浙江古籍出版社　2004　p. 514

吳麗娛　關於別紙和重疊別紙　浙江與敦煌學：常書鴻先生誕辰一百周年紀念文集　浙江古籍出版社　2004　p. 410

張小豔　試論敦煌書儀的語料價值　浙江與敦煌學：常書鴻先生誕辰一百周年紀念文集　浙江古籍出版社　2004　p. 529

鄭顯文　唐代律令制研究　北京大學出版社　2004　p. 178 注 1

鄭學檬　貞觀之治和盛唐的人文精神　唐研究（第十卷）　北京大學出版社　2004　p. 216

吳麗娛　關於敦煌 S. 5566 書儀的研究　敦煌學國際研討會論文集　北京圖書館出版社　2005　p. 73

吳麗娛　正禮與時俗：論民間書儀與唐朝禮制的同期互動　敦煌吐魯番研究（第九卷）　中華書局　2006　p. 174

P. 3443

羅福頤　敦煌石室文物對於學術上的貢獻　《歷史教學》1951 年第 5 期　又見：中國敦煌學百年文庫·考古卷（四）　甘肅文化出版社　1999　p. 12

池田溫　中國古代の租佃契（上）　『東洋文化研究所紀要』（第 60 冊）　東京大學東洋文化研究所　1973　p. 107

池田溫　吐魯番、敦煌契券概觀　漢學研究（敦煌學國際研討會論文專號）　（臺北）漢學研究資料及服務中心　1986　p. 36

唐耕耦　陸宏基　敦煌社會經濟文獻真迹釋録（二）　全國圖書館文獻縮微複製中心　1990　p. 155

仁井田陞　補訂中國法制史研究：奴隸農奴法·家族村落法　東京大學出版會　1991　p. 567、584

譚蟬雪　敦煌婚姻文化　甘肅人民出版社　1993　p. 70

齊陳駿　有關遺產繼承的幾件敦煌遺書　《敦煌學輯刊》1994 年第 2 期　p. 51、59

沙知　敦煌契約文書輯校　江蘇古籍出版社　1998　p. 357

楊富學　李吉和　敦煌漢文吐蕃史料輯校（第一輯）　甘肅人民出版社　1999　p. 219

北京大學　敦煌《經卷》、《照片》及《圖書》目録　中國敦煌學百年文庫·綜述卷（一）　甘肅文化出版社　1999　p. 317

陳永勝　敦煌吐魯番法制文書研究　甘肅人民出版社　2000　p. 179

楊惠玲　敦煌契約文書中的保人、見人、口承人、同便人、同取人　《敦煌研究》2002 年第 6 期　p. 41

王啓濤　中古及近代法制文書語言研究　巴蜀書社　2003　p. 127、164、288、350

金瀅坤　敦煌社會經濟文書定年拾遺　《首都師範大學學報》2006 年第 1 期　p. 14

沙武田　《金光明最勝王經變》在敦煌吐蕃時期洞窟首次出現的原因　《蘭州大學學報》2006 年第 3 期　p. 36

P. 3444

陳國燦　對未刊敦煌借契的考察　魏晉南北朝隋唐史資料（第 5 輯）　武漢大學出版社　1983
　　p. 21

王堯　陳踐　從一張借契看宗教的社會作用：P. T. 1297 號敦煌吐蕃文書譯解　《世界宗教研究》1986
　　年第 4 期　p. 70

楊銘　吐蕃時期敦煌部落設置考　《西北史地》1987 年第 2 期　p. 35

山本達郎等　敦煌・Ⅴ計會文書　『NUN – HUANG AND TURFAN DOCUMENTS CONCERNING SO-
CIAL AND ECONOMIC HISTORY』（Ⅳ）　（東京）東洋文庫　1989　p. 113

唐耕耦　陸宏基　敦煌社會經濟文獻真迹釋錄（二）　全國圖書館文獻縮微複製中心　1990　p. 80

王三慶　談齋論文——敦煌寫卷齋願文研究　第四屆唐代文化學術研討會論文集　（臺南）成功大
　　學　1991　p. 283

張傳璽　中國歷代契約會編考釋（上）　北京大學出版社　1995　p. 369 注 1、370 注 1

方廣錩　敦煌佛教經錄輯校　江蘇古籍出版社　1997　p. 950

黃征　敦煌願文考論　敦煌語文叢說　（臺北）新文豐出版公司　1997　p. 587

楊銘　吐蕃統治敦煌研究　（臺北）新文豐出版公司　1997　p. 23

陳國燦　上部落　敦煌學大辭典　上海辭書出版社　1998　p. 300

方廣錩　大寶積經　敦煌學大辭典　上海辭書出版社　1998　p. 657

方廣錩　諸寺抄經錄　敦煌學大辭典　上海辭書出版社　1998　p. 757

金瀅坤　吐蕃統治敦煌的社會基層組織　《中國邊疆史地研究》1998 年第 4 期　p. 30

沙知　敦煌契約文書輯校　江蘇古籍出版社　1998　p. 131

宋家鈺　佛教齋文源流與敦煌本"齋文"書的復原　《中國史研究》1999 年第 2 期　p. 71　又見：英
　　國收藏敦煌漢藏文獻研究　中國社會科學出版社　2000　p. 299

楊森　關於敦煌文獻中的"平章"一詞　敦煌學與中國史研究論集　甘肅人民出版社　2001　p. 230

楊惠玲　敦煌契約文書中的保人、見人、口承人、同便人、同取人　《敦煌研究》2002 年第 6 期　p. 40

童丕　敦煌的借貸：中國中古時代的物質生活與社會　中華書局　2003　p. 48、80

王啓濤　中古及近代法制文書語言研究　巴蜀書社　2003　p. 210、393

P. 3445

王重民　劉修業　《補全唐詩》拾遺　敦煌遺書論文集　中華書局　1984　p. 26、46

陳祚龍　看了"法門寺出土唐中宗下發入塔銘"以後　敦煌學林劄記　（臺北）商務印書館　1987
　　p. 154

高國藩　敦煌與俗文學　俗文學論　黑龍江人民出版社　1987　p. 121

暨遠志　敦煌寫本《偈法門寺真身五十韻》考論　《敦煌研究》1992 年第 2 期　p. 71

項楚　S. 5588 號寫本之再探索：《敦煌歌辭總編》"求因果"匡補　（香港）《九州學刊》（敦煌學專輯）
　　1992 年第 4 卷第 4 期　p. 143

周紹良　敦煌文學芻議及其它　（臺北）新文豐出版公司　1992　p. 23

項楚　敦煌詩歌導論　（臺北）新文豐出版公司　1993　p. 164

汪泛舟　敦煌韻文辨正舉隅　《敦煌研究》1994 年第 2 期　p. 144

王書慶　敦煌佛學・佛事篇　甘肅民族出版社　1995　p. 277

項楚　敦煌歌辭總編匡補　（臺北）新文豐出版公司　1995　p. 120

柴劍虹　謁法門寺真身五十韻　敦煌學大辭典　上海辭書出版社　1998　p. 571

李正宇　李懃兒受戒牒　敦煌學大辭典　上海辭書出版社　1998　p. 642

項楚　《敦煌歌辭總編》佛教歌辭匡補舉例　敦煌文藪(下)　(臺北)新文豐出版公司　1999　p. 52

張涌泉　《補全唐詩》兩種補校　舊學新知　浙江大學出版社　1999　p. 314

杜琪　敦煌詩賦作品要目分類題注　《甘肅社會科學》2000 年第 1 期　p. 64

榮新江　法門寺與敦煌　'98 法門寺唐文化國際學術討論會論文集　陝西人民出版社　2000　p. 70
　　又見：敦煌學新論　甘肅教育出版社　2002　p. 39

徐俊　敦煌詩集殘卷輯考　中華書局　2000　p. 800

楊富學　王書慶　唐代長安與敦煌佛教文化之關係　'98 法門寺唐文化國際學術討論會論文集　陝
　　西人民出版社　2000　p. 177

杜曉勤　隋唐五代文學研究　北京出版社　2001　p. 1262

P. 3446

陳祚龍　古代敦煌及其他地區流行之公私印章圖記文字錄　敦煌學要籥　(臺北)新文豐出版公司
　　1982　p. 345

王永興　試論勾官：唐代官制研究之一　敦煌吐魯番文獻研究論集(第二輯)　北京大學出版社
　　1983　p. 324

韓國磐　也談四柱結帳法　敦煌吐魯番出土經濟文書研究　廈門大學出版社　1986　p. 198 注 5

唐耕耦　陸宏基　敦煌社會經濟文獻真迹釋錄(一)　書目文獻出版社　1986　p. 493

楊際平　現存我國四柱結算法的最早實例——吐蕃時期沙州倉曹狀上勾覆所牒研究　敦煌吐魯番出
　　土經濟文書研究　廈門大學出版社　1986　p. 169

王永興　敦煌吐魯番文書中有關唐代勾檢制資料試析：兼整理伯二七六三背、伯二六五四背、伯三四
　　四六背文書　敦煌吐魯番文獻研究論集(第四輯)　北京大學出版社　1987　p. 58

上山大峻　敦煌佛教の研究　(京都)法藏館　1990　p. 409

王永興　唐勾檢制研究　上海古籍出版社　1991　p. 95

楊際平　四柱結算法在漢唐的應用　《中國經濟問題》1991 年第 2 期　p. 62

尹偉先　從敦煌文書看唐代河西地區的貨幣流通　《社科縱橫》1992 年第 6 期　又見：中國敦煌學百
　　年文庫・歷史卷(二)　甘肅文化出版社　1999　p. 343

周一良　唐代書儀の類型　敦煌漢文文獻(講座敦煌 5)　(東京)大東出版社　1992　p. 709

李正宇　敦煌遺書中的檔案資料及其價值意義　《魏晉南北朝隋唐史》1993 年第 5 期　p. 65

王永興　敦煌經濟文書導論　(臺北)新文豐出版公司　1994　p. 344

李錦繡　唐代財政史稿　上卷(第一分冊)　北京大學出版社　1995　p. 191、202、236

田中良昭　《禪籍解題(一)・敦煌禪籍》補遺　俗語言研究(第三期)　(京都)禪文化研究所　1996
　　p. 213

李正宇　敦煌遺書檔案資料　敦煌學大辭典　上海辭書出版社　1998　p. 391

張亞萍　唐五代歸義軍政府牧馬業研究　《敦煌學輯刊》1998 年第 2 期　p. 56

高啓安　王璽玉　唐五代敦煌人的飲食品種研究　《敦煌研究》1999 年第 2 期　p. 62

高啓安　敦煌文獻中的"草子"爲"沙米"考　《敦煌學輯刊》2002 年第 2 期　p. 43

史葦湘　敦煌歷史與莫高窟藝術研究　甘肅教育出版社　2002　p. 196

李并成　敦煌文獻與西北生態環境變遷研究　漢語史學報專輯(第三輯)　上海教育出版社　2003
　　p. 392

高啓安　唐五代敦煌飲食文化研究　民族出版社　2004　p. 14、23、42、141

P. 3447

高國藩　敦煌民俗學簡論　1983年全國敦煌學術討論會文集·文史遺書編(下)　甘肅人民出版社　1987　p. 418

高國藩　敦煌民俗學　上海文藝出版社　1989　p. 289

P. 3448

陳祚龍　敦煌古抄內典尾記彙校初、二、三編合刊　敦煌學要籥　(臺北)新文豐出版公司　1982　p. 189

福井文雅撰　郭自得譯　般若心經觀在中國的變遷　敦煌學(第6輯)　(臺北)新文豐出版公司　1983　p. 26

福井文雅　般若心經　敦煌と中國仏教(講座敦煌7)　(東京)大東出版社　1984　p. 40

池田溫　吐魯番、敦煌契券概觀　漢學研究(敦煌學國際研討會論文專號)　(臺北)漢學研究資料及服務中心　1986　p. 34

王永興　隋唐五代經濟史料彙編校注·第一編(下)　中華書局　1987　p. 701

唐耕耦　8至10世紀敦煌的物價　紀念陳寅恪教授國際學術討論會文集　中山大學出版社　1989　p. 533、550

池田溫　中國古代寫本識語集錄　(東京)大藏出版株式會社　1990　p. 440

高國藩　敦煌古俗與民俗流變　河海大學出版社　1990　p. 424

唐耕耦　陸宏基　敦煌社會經濟文獻真迹釋錄(二)　全國圖書館文獻縮微複製中心　1990　p. 39

仁井田陞　補訂中國法制史研究：土地法·交易法　東京大學出版會　1991　p. 656、734

謝和耐　敦煌賣契與專賣制度　法國學者敦煌學論文選萃　中華書局　1993　p. 70注80

謝和耐　敦煌寫本中的租駱駝旅行契　法國學者敦煌學論文選萃　中華書局　1993　p. 99注1

姜伯勤　敦煌吐魯番文書與絲綢之路　文物出版社　1994　p. 36

李明偉　隋唐絲綢之路　甘肅人民出版社　1994　p. 258

榮新江　甘州回鶻與曹氏歸義軍　《中國古代史》(先秦至隋唐)1994年第3期　p. 103

張傳璽　中國歷代契約會編考釋(上)　北京大學出版社　1995　p. 445注1

榮新江　歸義軍史研究　上海古籍出版社　1996　p. 19

施謝捷　敦煌變文語詞校釋劄記　敦煌吐魯番研究(第一卷)　北京大學出版社　1996　p. 56

沙知　般次零拾　周紹良先生欣開九秩慶壽文集　中華書局　1997　p. 146

鄭炳林　晚唐五代敦煌貿易市場的物價　敦煌歸義軍史專題研究　蘭州大學出版社　1997　p. 303

方廣錩　般若波羅蜜多心經　敦煌學大辭典　上海辭書出版社　1998　p. 686

榮新江　歸義軍大事紀年初稿　出土文獻研究(第三輯)　文物出版社　1998　p. 245

沙知　敦煌契約文書輯校　江蘇古籍出版社　1998　p. 312

張亞萍　唐五代敦煌地區的駱駝牧養業　《敦煌學輯刊》1998年第1期　p. 58

馮培紅　客司與歸義軍的外交活動　《敦煌學輯刊》1999年第1期　p. 83

蘇金花　唐、五代敦煌地區的商品貨幣形態　《敦煌研究》1999年第2期　p. 97

林聰明　敦煌吐魯番文書解詁指例　(臺北)新文豐出版公司　2001　p. 173

楊森　關於敦煌文獻中的"平章"一詞　敦煌學與中國史研究論集　甘肅人民出版社　2001　p. 231

曾良　敦煌文獻字義通釋　廈門大學出版社　2001　p. 82

李正宇　唐宋時期敦煌佛經性質功能的變化　戒幢佛學(第二卷)　岳麓書社　2002　p. 24　又見：中日敦煌佛教學術會議論文集　中國社會科學院研究所　2002　p. 20

池田溫　敦煌の流通經濟　敦煌文書の世界　(東京)名著刊行會　2003　p. 175

王啓濤　中古及近代法制文書語言研究　巴蜀書社　2003　p. 181、290

曾良　敦煌文獻字義劄記　2000 年敦煌學國際學術討論會文集・歷史文化卷(下)　甘肅民族出版
　　社　2003　p. 472

鄭學檬　唐代物價散論　2000 年敦煌學國際學術討論會文集・歷史文化卷(上)　甘肅民族出版社
　　2003　p. 6

謝和耐著　耿昇譯　中國 5—10 世紀的寺院經濟　上海古籍出版社　2004　p. 327 注 4、367

鄭炳林　晚唐五代敦煌商業貿易市場研究　《敦煌學輯刊》2004 年第 1 期　p. 110

趙曉星　寇甲　西魏：歸義軍時期敦煌地區的史姓　《敦煌學輯刊》2005 年第 2 期　p. 136

P. 3449

周一良　敦煌寫本書儀考(之一)　敦煌吐魯番文獻研究論集　中華書局　1982　p. 17、22、38

陳祚龍　看了周作《敦煌寫本書儀考》(之一)以後　敦煌學(第 6 輯)　(臺北)新文豐出版公司
　　1983　p. 31

饒宗頤　敦煌書法叢刊(第十三卷)・書儀　(東京)二玄社　1986　p. 66

周一良　敦煌寫本書儀考(之二)　敦煌吐魯番文獻研究論集(第四輯)　北京大學出版社　1987
　　p. 20、30、37 附記

唐耕耦　陸宏基　敦煌社會經濟文獻真迹釋錄(五)　全國圖書館文獻縮微複製中心　1990　p. 355

中村裕一　唐代官文書研究　(京都)中文出版社　1991　p. 492

周一良　唐代書儀の類型　敦煌漢文文獻(講座敦煌 5)　(東京)大東出版社　1992　p. 695

杜琦　敦煌文學概論　甘肅人民出版社　1993　p. 510、529

趙和平　後唐時代甘州回鶻表本及相關漢文文獻的初步研究　(香港)《九州學刊》1995 年第 6 卷第
　　4 期　p. 97　又見：唐五代書儀研究　中國社會科學出版社　1995　p. 242

周一良　趙和平　敦煌表狀箋啓書儀略論　唐五代書儀研究　中國社會科學出版社　1995　p. 42
　　又見：敦煌吐魯番學研究論集　書目文獻出版社　1996　p. 193

周一良　趙和平　後唐時代刺史專用書儀　唐五代書儀研究　中國社會科學出版社　1995　p. 222

周一良　趙和平　《新集雜別紙》的初步研究　唐五代書儀研究　中國社會科學出版社　1995
　　p. 262

張涌泉　敦煌俗字研究導論　(臺北)新文豐出版公司　1996　p. 143、266

趙和平　敦煌寫本書儀中的口頭用語問題初探　慶祝潘石禪先生九秩華誕敦煌學特刊　(臺北)文
　　津出版社　1996　p. 229

張涌泉　敦煌文獻校讀易誤字例釋　敦煌文學論集　四川人民出版社　1997　p. 263

趙和平　晚唐五代靈武節度使與沙州歸義軍關係試論　第三屆中國唐代文化學術研討會論文集
　　(臺北)政治大學中國文學系　1997　p. 550

趙和平　刺史書儀　敦煌學大辭典　上海辭書出版社　1998　p. 423

趙和平　《敦煌寫本書儀研究》訂補　敦煌吐魯番研究(第三卷)　北京大學出版社　1998　p. 231

陳靜　"別紙"考釋　《敦煌學輯刊》1999 年第 1 期　p. 108

孫繼民　敦煌吐魯番所出唐代軍事文書初探　中國社會科學出版社　2000　p. 310

趙和平　敦煌本《甘棠集》研究　(臺北)新文豐出版公司　2000　p. 17

林聰明　敦煌吐魯番文書解詁指例　(臺北)新文豐出版公司　2001　p. 27 注 6

吳麗娛　從敦煌書儀中的表狀箋啓看唐五代官場禮儀的轉移變遷　中國社會歷史評論(第 3 卷)
　　中華書局　2001　p. 364

吳麗娛　關於 S. 078v 和 S. 1725v 兩件敦煌寫本書儀的一些看法　敦煌學與中國史研究論集　甘肅

　　人民出版社　2001　p. 175

周一良　魏晉南北朝史論集續編　北京大學出版社　2001　p. 207

石曉軍　日本園城寺(三井寺)藏唐人詩文尺牘校證　唐研究(第八卷)　北京大學出版社　2002　p. 130

吳麗娛　唐禮摭遺：中古書儀研究　商務印書館　2002　p. 145、631

張小豔　試論敦煌書儀的語料價值　浙江與敦煌學：常書鴻先生誕辰一百周年紀念文集　浙江古籍　出版社　2004　p. 541

黑維強　吐魯番出土文書詞語例釋(二)　《敦煌學輯刊》2005年第2期　p. 189

吳麗娛　關於敦煌S. 5566書儀的研究　敦煌學國際研討會論文集　北京圖書館出版社　2005　p. 73

P. 3450

陳祚龍　敦煌古抄内典尾記彙校初、二、三編合刊　敦煌學要籥　(臺北)新文豐出版公司　1982　p. 189

田中良昭　敦煌禪宗文獻の研究　(東京)大東出版社　1983　p. 346

池田溫　中國古代寫本識語集録　(東京)大藏出版株式會社　1990　p. 449

林聰明　敦煌文書出處略考　季羨林教授八十華誕紀念論文集(下)　江西人民出版社　1991　p. 864

林聰明　敦煌文書學　(臺北)新文豐出版公司　1991　p. 402

梅弘理　敦煌本佛教教理問答書　法國學者敦煌學論文選萃　中華書局　1993　p. 139

林聰明　敦煌吐魯番文書解詁指例　(臺北)新文豐出版公司　2001　p. 129

P. 3451

向達　唐代俗講考　《國學季刊》1946年第6卷第4號　p. 42　又見：唐代長安與西域文明　三聯書店　1957　p. 333；敦煌變文論輯　(臺北)石門圖書公司　1981　p. 39；敦煌變文論文錄　上海古籍出版社　1982　p. 67；關隴文學論叢　甘肅人民出版社　1983　p. 180

那波利貞　俗講と變文(下)　『佛教史學』(1卷4號)　(京都)平樂寺書店　1950　p. 58、60　又見：唐代社會文化史研究・第四編　(東京)創文社　1974　p. 449

周紹良　敦煌所出變文現存目録　敦煌變文彙録　上海出版公司　1955　p. 11

竺沙雅章　敦煌の寺戸について　『史林』(44卷5號)　京都大學文學部史學研究會　1961　p. 72

蘇瑩輝　補唐書張淮深傳　(臺北)《大陸雜誌》1963年第5期　又見：敦煌論集　(臺北)學生書局　1983　p. 245；中國敦煌學百年文庫・歷史卷(一)　甘肅文化出版社　1999　p. 266

蘇瑩輝　論敦煌本史傳變文與中國俗文學　(臺中)《東海大學圖書館學報》1964年第6期　又見：敦煌論集　(臺北)學生書局　1983　p. 131、133；中國敦煌學百年文庫・文學卷(五)　甘肅文化出版社　1999　p. 23

蘇瑩輝　論敦煌資料中的三位河西都僧統　(臺北)《幼獅學志》1966年第1期　又見：敦煌論集　(臺北)學生書局　1983　p. 423；中國敦煌學百年文庫・宗教卷(一)　甘肅文化出版社　1999　p. 6

蘇瑩輝　論敦煌縣在河西諸州中陷蕃最晚的原因　(臺北)《大陸雜誌》1970年第9期　又見：敦煌論集續編　(臺北)學生書局　1983　p. 175；中國敦煌學百年文庫・歷史卷(一)　甘肅文化出版社　1999　p. 286

金岡照光　敦煌文學のこころ　敦煌の文學　(東京)大藏出版株式會社　1971　p. 283

金岡照光　敦煌文學のさまざま　敦煌の文學　（東京）大蔵出版株式會社　1971　p. 109、193

金岡照光　敦煌民衆の宗教と生活　敦煌の民衆——その生活と思想　（東京）評論社　1972　p. 142、346

蘇瑩輝　論索勳、張承奉節度沙州歸義軍之起訖年　敦煌學（第1輯）　（香港）新亞研究所敦煌學會　1974　p. 93 注12

蘇瑩輝　唐僖宗光啓年求授旌節者爲索勳論　（臺北）《大陸雜誌》1978年第3期　又見：中國敦煌學百年文庫・歷史卷（一）　甘肅文化出版社　1999　p. 333

王重民　敦煌古籍叙録　中華書局　1979　p. 363

森安孝夫　ウイグルと敦煌　敦煌の歷史（講座敦煌2）　（東京）大東出版社　1980　p. 302

楊家駱　敦煌變文　（臺北）世界書局　1980　p. 128

金岡照光　敦煌の繪物語　（東京）東方書店　1981　p. 68

潘重規　敦煌詞話　（臺北）石門圖書公司　1981　p. 56

蘇瑩輝　敦煌學概要　（臺北）編譯館"中華叢書編委會"　1981　p. 145、376

傅芸子　敦煌俗文學之發見及其展開　敦煌變文論文録　上海古籍出版社　1982　p. 138

史葦湘　絲綢之路上的敦煌與莫高窟　敦煌研究文集　甘肅人民出版社　1982　p. 118 注103

孫楷第　敦煌寫本《張淮深變文》跋　敦煌變文論文録　上海古籍出版社　1982　p. 723　又見：敦煌學文選（上）　蘭州大學歷史系敦煌學研究室等　1983　p. 205

王冀青　有關金山國史的幾個問題　《敦煌學輯刊》1982年第3期　p. 47

周紹良　談唐代民間文學——讀《中國文學史》中"變文"節書後關於唐代民間文學研究的幾點意見　敦煌變文論文録　上海古籍出版社　1982　p. 413　又見：紹良叢稿　齊魯書社　1984　p. 55

高田時雄　チベット文字轉寫阿彌陀經の奧書　『人文研究』（第65輯）　（小樽市）小樽商科大學　1983　p. 7

蘇瑩輝　瓜沙史事叢考　（臺北）商務印書館　1983　p. 6、53

蘇瑩輝　略論唐代河西五州之陷蕃及其光復時期　敦煌論集續編　（臺北）學生書局　1983　p. 162

湯開建　馬明達　對五代宋初河西若干民族問題的探討　《敦煌學輯刊》1983年創刊號　p. 68

唐長孺　關於歸義軍節度使的幾種資料跋　敦煌學文選（上）　蘭州大學歷史系敦煌學研究室等　1983　p. 192 注26　又見：敦煌吐魯番文書研究　甘肅人民出版社　1984　p. 177 注1；山居存稿　中華書局　1989　p. 446 注2

張鴻勳　試論敦煌文學的範圍、性質及特點　《社會科學》1983年第2期　又見：中國敦煌學百年文庫・文學卷（五）　甘肅文化出版社　1999　p. 254

潘重規　敦煌變文集新書（下）　（臺北）"中國文化大學"中文研究所　1984　p. 947

饒宗頤　敦煌書法叢刊（第十九卷）・碎金（二）解說　（東京）二玄社　1984　p. 98

森安孝夫著　高然譯　回鶻與敦煌　《西北史地》1984年第1期　p. 108

王重民　張淮深變文　敦煌變文集　人民文學出版社　1984　p. 128

吳其昱著　福井文雅　樋口勝譯　大蕃國大德・三藏法師・法成傳考　敦煌と中國仏教（講座敦煌7）　（東京）大東出版社　1984　p. 387

盧向前　關於歸義軍時期一份布紙破用曆的研究：試釋伯四六四〇背面文書　敦煌吐魯番文獻研究論集（第三輯）　北京大學出版社　1986　p. 413 注36　又見：敦煌吐魯番文書論稿　江西人民出版社　1992　p. 119 注36

王重民原編　黃永武新編　敦煌古籍叙録新編（第十八冊）　（臺北）新文豐出版公司　1986　p. 53

姜亮夫　海外敦煌卷子經眼録　敦煌學論文集　上海古籍出版社　1987　p. 48　又見：姜亮夫全集（十三）　雲南人民出版社　2002　p. 40

蘇瑩輝　晚唐時歸義軍節度使暨涼州、瓜沙兩節度領州數述異　敦煌文史藝術論叢　（臺北）新文豐
　　　出版公司　1987　p. 61

王堯　陳踐　歸義軍曹氏與于闐之關係補證　《西北史地》1987 年第 2 期　p. 61

張鴻勳　敦煌講唱文學作品選注　甘肅人民出版社　1987　p. 232

周紹良　唐代變文及其它　敦煌文學作品選　中華書局　1987　p. 7

高國藩　古敦煌民間遊戲　學林漫録（十二集）　中華書局　1988　p. 75

李正宇　敦煌地區古代祠廟寺觀簡志　《敦煌學輯刊》1988 年第 1、2 期　p. 77

高國藩　敦煌民俗學　上海文藝出版社　1989　p. 513、529

高國藩　敦煌曲子詞欣賞　南京大學出版社　1989　p. 146

錢伯泉　張淮深對甘州回鶻國的顛覆行動　《甘肅民族研究》1989 年第 1 期　p. 26 注 4

蔡偉堂　關於敦煌壁畫《婚禮圖》的幾個問題　《敦煌研究》1990 年第 1 期　p. 59

榮新江　沙州歸義軍歷任節度使稱號研究　敦煌吐魯番學研究論文集　漢語大詞典出版社　1990
　　　p. 775、781

榮新江　沙州張淮深與唐中央朝廷之關係　《敦煌學輯刊》1990 年第 2 期　p. 8

蘇哲　伯二九九二號文書三通五代狀文的研究　敦煌吐魯番文獻研究論集（第五輯）　北京大學出
　　　版社　1990　p. 461

唐耕耦　陸宏基　敦煌社會經濟文獻真迹釋録（二）　全國圖書館文獻縮微複製中心　1990　p. 320

陸慶夫　略論敦煌民族史料的價值　《敦煌學輯刊》1991 年第 1 期　p. 31、38

金岡照光　講唱體類　敦煌の文學文獻（講座敦煌 9）　（東京）大東出版社　1992　p. 76

金岡照光　講史譚・時事變文等——「王陵」「李陵」「張議潮」變文を中心に　敦煌の文學文獻（講
　　　座敦煌 9）　（東京）大東出版社　1992　p. 548

林家平　寧强　羅華慶　中國敦煌學史　北京語言學院出版社　1992　p. 164、337

日比野丈夫　地理書　敦煌漢文文獻（講座敦煌 5）　（東京）大東出版社　1992　p. 348

周紹良　敦煌文學芻議及其它　（臺北）新文豐出版公司　1992　p. 71

黃征　敦煌寫本整理應遵循的原則　《敦煌研究》1993 年第 2 期　p. 106　又見：敦煌語文叢說　（臺
　　　北）新文豐出版公司　1997　p. 12

齊陳駿　寒沁　河西都僧統唐悟真作品和見載文獻系年　《敦煌學輯刊》1993 年第 2 期　p. 12

榮新江　甘州回鶻成立史論　《歷史研究》1993 年第 5 期

王震亞　趙熒　敦煌殘卷爭訟文牒集釋　甘肅人民出版社　1993　p. 63

樊錦詩　趙青蘭　吐蕃佔領時期莫高窟洞窟的分期研究　《敦煌研究》1994 年第 4 期　p. 83

劉戈　漢文高昌回鶻史料述要　《喀什師範學院學報》1994 年第 2 期　p. 33

榮新江　敦煌邈真讚所見歸義軍與東西回鶻的關係　敦煌邈真讚校録並研究　（臺北）新文豐出版
　　　公司　1994　p. 58、78

鄭炳林　敦煌本《張淮深變文》研究　《西北民族研究》1994 年第 1 期　p. 142

鄭炳林　唐五代敦煌新開道考　《敦煌學輯刊》1994 年第 1 期　p. 47

胡戟　傅玫　敦煌史話　中華書局　1995　p. 146

黎薔　論波斯諸教對敦煌樂舞之影響　敦煌學國際研討會文集・石窟藝術編　遼寧美術出版社
　　　1995　p. 224

李重申　敦煌體育史料考析　敦煌學國際研討會文集・石窟考古編　遼寧美術出版社　1995
　　　p. 386

榮新江　龍家考　中亞學刊（第四輯）　北京大學出版社　1995　p. 151

榮新江　張氏歸義軍與西州回鶻的關係　敦煌學國際研討會文集・史地語文編　遼寧美術出版社

　　1995　p. 124

張涌泉　漢語俗字研究　岳麓書社　1995　p. 140

鄭炳林　敦煌漢文吐蕃史料綜述:兼論吐蕃控制河西時期的職官與統治政策　敦煌吐魯番文獻研究　蘭州大學出版社　1995　p. 93

鄭炳林　羊萍　敦煌本夢書　甘肅文化出版社　1995　p. 302

周一良　趙和平　敦煌表狀箋啓書儀略論　唐五代書儀研究　中國社會科學出版社　1995　p. 41
　　又見:敦煌吐魯番學研究論集　書目文獻出版社　1996　p. 192

李正宇　敦煌史地新論　(臺北)新文豐出版公司　1996　p. 75

劉進寶　從敦煌文書談晚唐五代的"地子"　《歷史研究》1996年第3期　p. 173

陸慶夫　鄭炳林　俄藏敦煌寫本中九件轉帖初探　《敦煌學輯刊》1996年第1期　p. 11

榮新江　歸義軍史研究　上海古籍出版社　1996　p. 7、184、257

楊秀清　晚唐歸義軍與中央關係述論　《甘肅社會科學》1996年第2期　p. 70

張涌泉　敦煌文獻校讀釋例　文史(第四十一輯)　中華書局　1996　p. 197　又見:舊學新知　浙江大學出版社　1999　p. 209

馮培紅　晚唐五代宋初歸義軍武職軍將研究　敦煌歸義軍史專題研究　蘭州大學出版社　1997　p. 121

黄征　敦煌文學《兒郎偉》輯録校注　敦煌語文叢說　(臺北)新文豐出版公司　1997　p. 695

黄征　敦煌願文《兒郎偉》考論　敦煌語文叢說　(臺北)新文豐出版公司　1997　p. 606

黄征　張涌泉　敦煌變文校注　中華書局　1997　p. 194

雷紹鋒　唐末宋初歸義軍時期之"地子"、"地稅"淺論　魏晉南北朝隋唐史資料(第15輯)　武漢大學出版社　1997　p. 137

李正宇　西同考　《敦煌研究》1997年第4期　p. 111

劉進寶　晚唐五代"地子"考釋　唐代的歷史與社會　武漢大學出版社　1997　p. 295

劉子瑜　敦煌變文和王梵志詩　大象出版社　1997　p. 38

陸慶夫　從焉耆龍王到河西龍家——龍部落遷徙考　敦煌歸義軍史專題研究　蘭州大學出版社　1997　p. 489

陸慶夫　鄭炳林　唐末五代敦煌的社與粟特人聚落　敦煌歸義軍史專題研究　蘭州大學出版社　1997　p. 396

張先堂　S. 4654晚唐《莫高窟紀遊詩》新探　《敦煌研究》1997年第3期　p. 130

趙和平　晚唐五代靈武節度使與沙州歸義軍關係試論　第三屆中國唐代文化學術研討會論文集　(臺北)政治大學中國文學系　1997　p. 549

鄭炳林　敦煌碑銘讚及其有關問題　敦煌碑銘讚輯釋　甘肅教育出版社　1997　p. 21

鄭炳林　敦煌碑銘讚輯釋　甘肅教育出版社　1997　p. 164注7

鄭炳林　論晚唐敦煌文士張球即張景球　文史(第四十三輯)　中華書局　1997　p. 119注19

鄭炳林　唐五代敦煌的醫事研究　敦煌歸義軍史專題研究　蘭州大學出版社　1997　p. 522

鄭炳林　唐五代敦煌金山國征伐樓蘭史事考　敦煌歸義軍史專題研究　蘭州大學出版社　1997　p. 20

鄭炳林　馮培紅　唐五代歸義軍政權對外關係中的使頭一職　敦煌歸義軍史專題研究　蘭州大學出版社　1997　p. 50

陳國燦　榮新江　西桐　敦煌學大辭典　上海辭書出版社　1998　p. 306

顧吉辰　敦煌文獻職官結銜考釋　《敦煌學輯刊》1998年第2期　p. 31

海客　張淮深變文　敦煌學大辭典　上海辭書出版社　1998　p. 577

李并成　"西桐"地望考　《西北民族研究》1998 年第 1 期　p. 46

李正宇　古本敦煌鄉土志八種箋證　（臺北）新文豐出版公司　1998　p. 249

李正宇　開元寺　敦煌學大辭典　上海辭書出版社　1998　p. 629

李正宇　南山道　敦煌學大辭典　上海辭書出版社　1998　p. 308

李重申　毬場　敦煌學大辭典　上海辭書出版社　1998　p. 600

陸慶夫　歸義軍晚期的回鶻化與沙州回鶻政權　《敦煌學輯刊》1998 年第 1 期　p. 21

榮新江　歸義軍大事紀年初稿　出土文獻研究（第三輯）　文物出版社　1998　p. 237

沙知　天使　敦煌學大辭典　上海辭書出版社　1998　p. 385

楊森　張淮深　敦煌學大辭典　上海辭書出版社　1998　p. 353

趙和平　記室備要　敦煌學大辭典　上海辭書出版社　1998　p. 422

周紹良　張涌泉　黃征　敦煌變文講經文因緣輯校（上）　江蘇古籍出版社　1998　p. 151

陳國燦　唐代的經濟社會　（臺北）文津出版社　1999　p. 162

高國藩　敦煌俗文化學　上海三聯書店　1999　p. 239

黃征　程惠新　劫塵遺珠：敦煌遺書　甘肅教育出版社　1999　p. 156

陸慶夫　金山國與甘州回鶻關係考論　《敦煌學輯刊》1999 年第 1 期　p. 51

馬德　敦煌文書《諸寺付經歷》芻議　《敦煌學輯刊》1999 年第 1 期　p. 39

梅維恒著　楊繼東　陳引馳譯　唐代變文（上）　（香港）中國佛教文化出版公司　1999　p. 58、68

潘重規　敦煌愛國詞　中國敦煌學百年文庫·文學卷（二）　甘肅文化出版社　1999　p. 368

謝桃坊　敦煌文化尋繹　四川人民出版社　1999　p. 45

顏廷亮　關於敦煌文學發展的歷史進程　《甘肅社會科學》1999 年第 4 期　p. 46

楊森　小議張淮深受旌節　《敦煌研究》1999 年第 1 期　p. 97

楊秀清　敦煌西漢金山國史　甘肅人民出版社　1999　p. 20、107

張涌泉　大型字典編纂中與俗字相關的若干問題　舊學新知　浙江大學出版社　1999　p. 31、43

華濤　西域歷史研究（8—10 世紀）　上海古籍出版社　2000　p. 90

堀敏一著　張宇譯　中唐以後敦煌地區的稅制　《敦煌研究》2000 年第 3 期　p. 149

雷紹鋒　歸義軍賦役制度初探　（臺北）洪葉文化事業有限公司　2000　p. 103

李永寧　蔡偉堂　敦煌壁畫中的彌勒經變　敦煌研究文集·敦煌石窟經變篇　甘肅民族出版社
　　2000　p. 306

李重申　敦煌古代體育文化　甘肅人民出版社　2000　p. 24、62

劉進寶　敦煌文書與唐史研究　（臺北）新文豐出版公司　2000　p. 182

徐俊　敦煌詩集殘卷輯考　中華書局　2000　p. 801

顏廷亮　敦煌文化　光明日報出版社　2000　p. 124、452

顏廷亮　敦煌文化的靈魂論綱　《甘肅社會科學》2000 年第 4 期　p. 33

顏廷亮　西陲文學遺珍：敦煌文學通俗談　甘肅人民出版社　2000　p. 14

楊寶玉　敦煌史話　中國大百科全書出版社　2000　p. 160

楊森　淺談敦煌文獻中唐代墓誌銘抄本　《敦煌研究》2000 年第 3 期　p. 139

張涌泉　漢語俗字叢考　中華書局　2000　p. 11

趙和平　敦煌本《甘棠集》研究　（臺北）新文豐出版公司　2000　p. 17

鄭炳林　張紅麗　《張淮深變文》的年代問題　1994 年敦煌學國際研討會文集·宗教文史卷（上）
　　甘肅民族出版社　2000　p. 319

李金梅　敦煌角抵考　敦煌學與中國史研究論集　甘肅人民出版社　2001　p. 66

李正宇　安徽省博物館藏敦煌遺書《二娘子家書》　《敦煌研究》2001 年第 3 期　p. 92

榮新江　敦煌學十八講　北京大學出版社　2001　p. 198

陶敏　李一飛　隋唐五代文學史料學　中華書局　2001　p. 352

陳國燦　敦煌學史事新證　甘肅教育出版社　2002　p. 26、293

姜亮夫　敦煌莫高窟年表　姜亮夫全集（十一）　雲南人民出版社　2002　p. 417

李金梅　李重申　敦煌文獻與體育史研究之關係　《敦煌研究》2002 年第 2 期　p. 45

乜小紅　試論唐五代宋初敦煌畜牧區域的分佈　《敦煌研究》2002 年第 2 期　p. 42

榮新江　唐五代歸義軍武職軍將考　敦煌學新論　甘肅教育出版社　2002　p. 60

沙武田　莫高窟盛唐未完工中唐補繪洞窟之初探　《敦煌研究》2002 年第 3 期　p. 18

楊寶玉　敦煌滄桑　長江文藝出版社　2002　p. 244

鄭炳林　晚唐五代敦煌歸義軍行政區劃制度研究（之二）　《敦煌研究》2002 年第 3 期　p. 70

馮培紅　唐五代敦煌官府宴設機構考略　2000 年敦煌學國際學術討論會文集・歷史文化卷（上）
　　甘肅民族出版社　2003　p. 184

李金梅　路志俊　敦煌古代的弓箭文化與現代射箭運動　2000 年敦煌學國際學術討論會文集・歷
　　史文化卷（下）　甘肅民族出版社　2003　p. 182

劉敬林　敦煌文牒詞語校釋　《敦煌學輯刊》2003 年第 1 期　p. 118

王繼光　鄭炳林　敦煌漢文吐蕃史料綜述　中國西部民族文化研究（2003 年卷）　民族出版社
　　2003　p. 245

蕭默　敦煌建築研究　機械工業出版社　2003　p. 16

趙貞　敦煌所出靈州道文書述略　《敦煌研究》2003 年第 4 期　p. 53

陳炳應　盧冬　古代民族　敦煌文藝出版社　2004　p. 162

馮培紅　關於歸義軍節度使官制的幾個問題　麥積山石窟藝術文化論文集（下）　蘭州大學出版社
　　2004　p. 207

馮培紅　論晚唐五代的沙州（歸義軍）與涼州（河西）節度使　浙江與敦煌學：常書鴻先生誕辰一百周
　　年紀念文集　浙江古籍出版社　2004　p. 243

湯涒　敦煌曲子詞地域文化研究　上海古籍出版社　2004　p. 107

吳越　敦煌歷史人物　民族出版社　2004　p. 167

馮培紅　晚唐五代宋初沙州上佐考論　敦煌學國際研討會論文集　北京圖書館出版社　2005　p. 66

黃征　敦煌俗字典　上海教育出版社　2005　p. 15

屈直敏　從《勵忠節抄》看歸義軍政權道德秩序的重建　《敦煌學輯刊》2005 年第 3 期　p. 84

鄭炳林　敦煌寫本解夢書校錄研究　民族出版社　2005　p. 121

蘭州理工大學絲綢之路文史研究所編　絲綢之路體育文化論集　中華書局　2005　p. 99、203、250

白天佑　沙武田　莫高窟第 231 窟陰伯倫夫婦供養像解析　文史（第七十五輯）　中華書局　2006
　　p. 9

陸離　也談敦煌文書中的唐五代"地子"、"地稅"　《歷史研究》2006 年第 4 期　p. 171

沙武田　敦煌寫真邈真讚畫稿研究：兼論敦煌畫之寫真肖像藝術　《敦煌學輯刊》2006 年第 1 期
　　p. 49

P. 3452

姜伯勤　敦煌社會文書導論　（臺北）新文豐出版公司　1992　p. 101

嚴敦傑　五兆經法要決　敦煌學大辭典　上海辭書出版社　1998　p. 622

P. 3453

那波利貞　敦煌發見文書に拠る中晚唐時代の佛教寺院の錢穀布帛類貸付營利事業運營の實況
　　『支那學』(10 卷 3 號)　(京都)支那學社　1941　p. 142

池田溫　敦煌の流通経済　敦煌の社會(講座敦煌 3)　(東京)大東出版社　1980　p. 339　又見:敦
　　煌文書の世界　(東京)名著刊行會　2003　p. 176

陳炳應　敦煌所出宋開寶八年"鄭醜撻賣地舍契"定誤考釋　《西北史地》1983 年第 4 期　p. 88

陳國燦　唐代的民間借貸:吐魯番敦煌等地所出唐代借貸契券初探　敦煌吐魯番文書初探　武漢大
　　學出版社　1983　p. 271 注 49

陳國燦　敦煌所出諸借契年代考　《敦煌學輯刊》1984 年第 1 期　p. 6

謝重光　關於唐後期至五代間沙州寺院經濟的幾個問題　敦煌吐魯番出土經濟文書研究　廈門大學
　　出版社　1986　p. 476

姜伯勤　唐五代敦煌寺戶制度　中華書局　1987　p. 314

姜亮夫　敦煌經卷壁畫中所見寺觀錄　敦煌學論文集　上海古籍出版社　1987　p. 1083、1086

森安孝夫　敦煌と西ウイグル王國　『東方學』(第 74 輯)　(東京)東方學會　1987　p. 67

森安孝夫著　陳俊謀譯　敦煌與西回鶻王國　《西北史地》1987 年第 3 期　p. 125

王永興　隋唐五代經濟史料彙編校注・第一編(下)　中華書局　1987　p. 915

謝和耐著　耿昇譯　中國 5—10 世紀的寺院經濟　甘肅人民出版社　1987　p. 229 注 1　又見:上海
　　古籍出版社　2004　p. 188 注 2、354

王進玉　趙豐　敦煌文物中的紡織技藝　《敦煌研究》1989 年第 4 期　p. 101

葛承雍　唐代國庫制度　三秦出版社　1990　p. 74

榮新江　西元十世紀沙州歸義軍與西州回鶻的文化交往　第二屆敦煌學國際研討會論文集　(臺
　　北)漢學研究中心　1990　p. 586

陶秋英輯錄　姜亮夫校訂　敦煌經卷所見寺名錄　敦煌碎金　浙江古籍出版社　1992　p. 129、135

前田正名　河西歷史地理學研究　中國藏學出版社　1993　p. 292

謝和耐　敦煌賣契與專賣制度　法國學者敦煌學論文選萃　中華書局　1993　p. 46

姜伯勤　敦煌吐魯番文書與絲綢之路　文物出版社　1994　p. 270

土肥義和　唐・北宋間の「社」の組織形態に関する一考察　中國古代の國家と民衆(堀敏一先生古
　　稀記念)　(東京)汲古書院　1995　p. 703

張傳璽　中國歷代契約會編考釋(上)　北京大學出版社　1995　p. 391 注 1

齊陳俊　馮培紅　晚唐五代宋初歸義軍對外商業貿易　敦煌歸義軍史專題研究　蘭州大學出版社
　　1997　p. 349

沙知　般次零拾　周紹良先生欣開九秩慶壽文集　中華書局　1997　p. 145

鄭炳林　馮培紅　唐五代歸義軍政權對外關係中的使頭一職　敦煌歸義軍史專題研究　蘭州大學出
　　版社　1997　p. 50

陳國燦　西州回鶻　敦煌學大辭典　上海辭書出版社　1998　p. 461

金瀅坤　從敦煌文書看晚唐五代敦煌地區布紡織業　《敦煌研究》1998 年第 2 期　p. 136

榮新江　歸義軍大事紀年初稿　出土文獻研究(第三輯)　文物出版社　1998　p. 247

沙知　敦煌契約文書輯校　江蘇古籍出版社　1998　p. 205

陳國燦　唐代的經濟社會　(臺北)文津出版社　1999　p. 218 注 49

馮培紅　客司與歸義軍的外交活動　《敦煌學輯刊》1999 年第 1 期　p. 82

鄭炳林　晚唐五代敦煌地區種植棉花研究　《中國史研究》1999 年第 3 期　p. 86

宋家鈺　英國收藏敦煌文獻叙錄　英國收藏敦煌漢藏文獻研究　中國社會科學出版社　2000

p. 167

鄭炳林　晚唐五代敦煌貿易市場的外來商品輯考　中華文史論叢（總 63 輯）　上海古籍出版社
　　2000　p. 59

謝重光　漢唐佛教社會史論　（臺北）國際文化事業有限公司　2001　p. 215

曾良　敦煌文獻字義通釋　廈門大學出版社　2001　p. 7

陳國燦　敦煌學史事新證　甘肅教育出版社　2002　p. 337

楊惠玲　敦煌契約文書中的保人、見人、口承人、同便人、同取人　《敦煌研究》2002 年第 6 期　p. 43

董志翹　敦煌社會經濟文書詞語散釋　中國俗文化研究（第一輯）　巴蜀書社　2003　p. 131

童丕　敦煌的借貸：中國中古時代的物質生活與社會　中華書局　2003　p. 102

王啓濤　中古及近代法制文書語言研究　巴蜀書社　2003　p. 107 注 2

董志翹　敦煌社會經濟文獻詞語略考　浙江與敦煌學：常書鴻先生誕辰一百周年紀念文集　浙江古
　　籍出版社　2004　p. 494

鄭炳林　晚唐五代敦煌商業貿易市場研究　《敦煌學輯刊》2004 年第 1 期　p. 109

P. 3454

王重民　敦煌古籍敘錄　中華書局　1979　p. 150

王繼光　敦煌唐寫本《六韜》殘卷校釋　《敦煌學輯刊》1984 年第 2 期　p. 25

戴密微著　廖伯元譯　戴密微著《王梵志詩附太公家教》引言　敦煌學（第 9 輯）　（臺北）新文豐出
　　版公司　1985　p. 116

唐耕耦　唐五代時期的高利貸　《敦煌學輯刊》1985 年第 2 期　p. 19

王重民　巴黎敦煌殘卷敘錄（第二輯）　敦煌叢刊初集（九）　（臺北）新文豐出版公司　1985　p. 245

王重民原編　黃永武新編　敦煌古籍敘錄新編（第八冊）　（臺北）新文豐出版公司　1986　p. 12

周鳳五　太公家教重探　漢學研究（敦煌學國際研討會論文專號）　（臺北）漢學研究資料及服務中
　　心　1986　p. 372

白化文　太公六韜　敦煌學大辭典　上海辭書出版社　1998　p. 778

黃征　程惠新　劫塵遺珠：敦煌遺書　甘肅教育出版社　1999　p. 207

張錫厚　敦煌文學源流　作家出版社　2000　p. 331

榮新江　敦煌學十八講　北京大學出版社　2001　p. 273

P. 3455

陳祚龍　校訂宋初沙州戒牒三式　敦煌學海探珠（下冊）　（臺北）商務印書館　1979　p. 379

孫修身　敦煌三界寺　甘肅省史學會論文集　甘肅省歷史學會編印　1982　p. 173　又見：中國敦煌
　　學百年文庫・宗教卷（一）　甘肅文化出版社　1999　p. 57

陳祚龍　中世敦煌婦女出家、入道、受戒、弘法之一斑　敦煌簡策訂存　（臺北）商務印書館　1983
　　p. 40

孫修身　敦煌石窟《臘八燃燈分配窟龕名數》寫作年代考　絲路訪古　甘肅人民出版社　1983
　　p. 211

唐耕耦　陸宏基　敦煌社會經濟文獻真迹釋錄（四）　全國圖書館文獻縮微複製中心　1990　p. 78

鄭炳林　伯 2641 號背莫高窟再修功德記撰寫人探微　《敦煌學輯刊》1991 年第 2 期　p. 47

竺沙雅章　寺院文書　敦煌漢文文獻（講座敦煌 5）　（東京）大東出版社　1992　p. 600

李正宇　敦煌文學概論　甘肅人民出版社　1993　p. 104

魏普賢　敦煌寫本和石窟中的劉薩訶傳說　法國學者敦煌學論文選萃　中華書局　1993　p. 453 注

86

李玉昆　敦煌遺書《泉州千佛新著諸祖師頌》研究　《敦煌學輯刊》1995 年第 1 期　p. 31

王三慶　敦煌書儀載錄之節日活動與民俗　全國敦煌學研討會論文集　（臺北）中正大學中國文學系所　1995　p. 25 注 20

王書慶　敦煌文獻中五代宋初戒牒研究　《敦煌研究》1997 年第 3 期　p. 35

鄭炳林　敦煌碑銘讚輯釋　甘肅教育出版社　1997　p. 518 注 8

李正宇　古本敦煌鄉土志八種箋證　（臺北）新文豐出版公司　1998　p. 306

唐耕耦　戒牒　敦煌學大辭典　上海辭書出版社　1998　p. 641

姜亮夫　敦煌莫高窟年表　姜亮夫全集（十一）　雲南人民出版社　2002　p. 546

李德龍　沙州三界寺《授戒牒》初探　甘肅民族研究論叢　甘肅人民出版社　2002　p. 402、417

施安昌　故宮藏有關韃靼的敦煌酒帳初探　善本碑帖論集　紫禁城出版社　2002　p. 341

P. 3456

鄭炳林　敦煌碑銘讚輯釋　甘肅教育出版社　1997　p. 471 注 2

P. 3457

高國藩　敦煌古俗與民俗流變　河海大學出版社　1990　p. 416

馬德　曹氏三大窟營建的社會背景　《敦煌研究》1991 年第 1 期　p. 23

黃征　吳偉　《敦煌願文集》輯校中的一些問題　《敦煌研究》1992 年第 1 期　p. 65　又見：敦煌語文叢說　（臺北）新文豐出版公司　1997　p. 549

鄭炳林　讀敦煌文書 P. 3859《後唐清泰三年六月沙州儭司教授福集等狀》劄記　《西北史地》1993 年第 4 期　p. 48　又見：敦煌吐魯番文獻研究　蘭州大學出版社　1995　p. 617

賀世哲　再談曹元深功德窟　《敦煌研究》1994 年第 3 期　p. 35

胡同慶　莫高窟第 154、231 窟經變畫研究　敦煌學研究　甘肅人民美術出版社　1994　p. 148

王進玉　敦煌石窟探秘　四川教育出版社　1994　p. 129

黃征　吳偉　敦煌願文集　岳麓書社　1995　p. 395

馬德　敦煌莫高窟吐蕃、歸義軍時代營建概況　（香港）《九州學刊》1995 年第 6 卷第 4 期　p. 68

馬德　敦煌遺書莫高窟營建史料淺論　敦煌學國際研討會文集·石窟考古編　遼寧美術出版社　1995　p. 142、151

馬德　論莫高窟佛教的社會性　敦煌佛教文獻研究　敦煌研究院文獻研究所　1995　p. 15

王惠民　曹元德功德窟考　《敦煌研究》1995 年第 4 期　p. 166

鄭炳林　羊萍　敦煌本夢書　甘肅文化出版社　1995　p. 302

馬德　敦煌莫高窟史研究　甘肅教育出版社　1996　p. 130、178、196、236

馬德　九、十世紀敦煌工匠史料述論　慶祝潘石禪先生九秩華誕敦煌學特刊　（臺北）文津出版社　1996　p. 317

黃征　張涌泉　敦煌變文校注　中華書局　1997　p. 123

馬德　敦煌工匠史料　甘肅人民出版社　1997　p. 46

馬德　敦煌文書《某使君造龕設齋讚文》的有關問題　《敦煌研究》1997 年第 2 期　p. 124

馬德　敦煌遺書莫高窟歲首燃燈文輯識　《敦煌研究》1997 年第 3 期　p. 60

鄭炳林　敦煌碑銘讚輯釋　甘肅教育出版社　1997　p. 228 注 10

馬德　尚書曹仁貴史事鈎沈　《敦煌學輯刊》1998 年第 2 期　p. 14

榮新江　歸義軍大事紀年初稿　出土文獻研究（第三輯）　文物出版社　1998　p. 238

郭俊葉　莫高窟第 454 窟窟主再議　《敦煌研究》1999 年第 2 期　p. 23

徐俊　敦煌詩集殘卷輯考　中華書局　2000　p. 802

馬德　敦煌寫本《營窟稿文範》箋證　1994 年敦煌學國際研討會文集·石窟考古卷　甘肅民族出版社　2000　p. 216

榮新江　再論敦煌藏經洞的寶藏：三界寺與藏經洞　敦煌佛教藝術文化國際學術研討會論文集　蘭州大學出版社　2002　p. 21

馬德　以史論窟　以窟證史　2000 年敦煌學國際學術討論會文集·歷史文化卷（上）　甘肅民族出版社　2003　p. 496

王艷明　瓜州曹氏與甘州回鶻的兩次和親始末　《敦煌研究》2003 年第 1 期　p. 71

沙武田　梁紅　敦煌千佛變畫稿刺孔研究　《敦煌學輯刊》2005 年第 2 期　p. 62

鄭炳林　敦煌寫本解夢書校錄研究　民族出版社　2005　p. 121

P. 3458

那波利貞　敦煌發見文書に拠る中晚唐時代の佛教寺院の錢穀布帛類貸付營利事業運營の實況　『支那學』（10 卷 3 號）　（京都）支那學社　1941　p. 137

陳國燦　唐代的民間借貸：吐魯番敦煌等地所出唐代借貸契券初探　敦煌吐魯番文書初探　武漢大學出版社　1983　p. 271 注 44

唐耕耦　唐五代時期的高利貸　《敦煌學輯刊》1985 年第 2 期　p. 12、19

王永興　隋唐五代經濟史料彙編校注·第一編（下）　中華書局　1987　p. 916

項楚　王梵志詩校注　敦煌吐魯番文獻研究論集（第四輯）　北京大學出版社　1987　p. 416 注 1

葛承雍　唐代國庫制度　三秦出版社　1990　p. 74

廖名春　吐魯番出土文書新興量詞考　《敦煌研究》1990 年第 2 期　p. 86

唐耕耦　陸宏基　敦煌社會經濟文獻真迹釋錄（二）　全國圖書館文獻縮微複製中心　1990　p. 119

張涌泉　《王梵志詩校注》獻疑　《敦煌研究》1990 年第 2 期　p. 79

張傳璽　中國歷代契約會編考釋（上）　北京大學出版社　1995　p. 389 注 1

陸慶夫　唐宋間敦煌粟特人之漢化　《歷史研究》1996 年第 6 期　p. 27　又見：敦煌歸義軍史專題研究　蘭州大學出版社　1997　p. 362

鄭炳林　唐五代敦煌粟特人與歸義軍政權　《敦煌研究》1996 年第 4 期　p. 92　又見：敦煌歸義軍史專題研究　蘭州大學出版社　1997　p. 424

齊陳俊　馮培紅　晚唐五代宋初歸義軍對外商業貿易　敦煌歸義軍史專題研究　蘭州大學出版社　1997　p. 352

鄭炳林　敦煌碑銘讚輯釋　甘肅教育出版社　1997　p. 484 注 8

沙知　敦煌契約文書輯校　江蘇古籍出版社　1998　p. 203

陳國燦　唐代的經濟社會　（臺北）文津出版社　1999　p. 218 注 44

馮培紅　客司與歸義軍的外交活動　《敦煌學輯刊》1999 年第 1 期　p. 83

楊森　關於敦煌文獻中的“平章”一詞　敦煌學與中國史研究論集　甘肅人民出版社　2001　p. 231

周一良　王梵志詩的幾條補注　魏晉南北朝史論集續編　北京大學出版社　2001　p. 291

洪藝芳　吐魯番文書在中古漢語量詞研究上的價值　敦煌學（第 23 輯）　（臺北）樂學書局有限公司　2002　p. 153

楊惠玲　敦煌契約文書中的保人、見人、口承人、同便人、同取人　《敦煌研究》2002 年第 6 期　p. 41

池田溫　敦煌の流通經濟　敦煌文書の世界　（東京）名著刊行會　2003　p. 176

童丕　敦煌的借貸：中國中古時代的物質生活與社會　中華書局　2003　p. 140

王啓濤　中古及近代法制文書語言研究　巴蜀書社　2003　p. 107 注 2

劉進寶　評《敦煌的借貸：中國中古時代的物質生活與社會》　敦煌吐魯番研究（第七卷）　北京大學出版社　2004　p. 494

鄭炳林　晚唐五代敦煌商業貿易市場研究　《敦煌學輯刊》2004 年第 1 期　p. 110

P. 3459

方廣錩　敦煌佛教經録輯校　江蘇古籍出版社　1997　p. 637

方廣錩　張九林　某寺點《大般若》經函帙曆　敦煌學大辭典　上海辭書出版社　1998　p. 753

P. 3460

金岡照光　敦煌漢文文學文獻の文學形態上の種類とその分類　敦煌出土文學文獻分類目録・附解說　（東京）東洋文庫　1971　p. 218

金岡照光　敦煌文學のさまざま　敦煌の文學　（東京）大藏出版株式會社　1971　p. 113

楊家駱　敦煌變文　（臺北）世界書局　1980　p. 245

鄭阿財　敦煌孝道文學研究　（臺北）石門圖書公司　1982　p. 78

潘重規　敦煌變文集新書（下）　（臺北）“中國文化大學”中文研究所　1984　p. 1137

王重民　晏子賦　敦煌變文集　人民文學出版社　1984　p. 245

張鴻勳　敦煌講唱文學作品選注　甘肅人民出版社　1987　p. 74

張錫厚　關於整理《敦煌賦集》的幾個問題　敦煌語言文學論文集　浙江古籍出版社　1988　p. 226

張錫厚　賦　敦煌文學　甘肅人民出版社　1989　p. 135

金岡照光　講唱體類　敦煌の文學文獻（講座敦煌 9）　（東京）大東出版社　1992　p. 107

金岡照光　散文體類　敦煌の文學文獻（講座敦煌 9）　（東京）大東出版社　1992　p. 192

周紹良　敦煌文學芻議及其它　（臺北）新文豐出版公司　1992　p. 20

張鴻勳　敦煌話本詞文俗賦導論　（臺北）新文豐出版公司　1993　p. 193

伏俊璉　敦煌賦校注　甘肅人民出版社　1994　p. 2

胡戟　傅玫　敦煌史話　中華書局　1995　p. 178

張錫厚　敦煌本唐集研究　（臺北）新文豐出版公司　1995　p. 412

王小盾　潘建國　敦煌論議考　中國古籍研究（第一卷）　上海古籍出版社　1996　p. 189

張錫厚　敦煌賦彙　（臺北）新文豐出版公司　1996　p. 8、340

黃征　敦煌寫本整理應遵循的原則　敦煌語文叢說　（臺北）新文豐出版公司　1997　p. 11

黃征　魏晉南北朝俗語詞輯釋　敦煌語文叢說　（臺北）新文豐出版公司　1997　p. 106

黃征　張涌泉　敦煌變文校注　中華書局　1997　p. 371

顏廷亮　關於《晏子賦》寫本的抄寫年代問題　《敦煌研究》1997 年第 2 期　p. 134

程毅中　柴劍虹　晏子賦　敦煌學大辭典　上海辭書出版社　1998　p. 589

潘重規　敦煌《雲謠集》新書　雲謠集研究彙録　上海古籍出版社　1998　p. 190

高國藩　敦煌俗文化學　上海三聯書店　1999　p. 449

張錫厚　敦煌文學源流　作家出版社　2000　p. 200、251

張鴻勳　敦煌俗文學研究　甘肅人民出版社　2002　p. 6

王昆吾　從敦煌學到域外漢文學　商務印書館　2003　p. 28

李文潔　敦煌寫本《晏子賦》的同卷書寫情況　《文獻》2006 年第 1 期　p. 55

P. 3461

陳祚龍　看了"佛光山春節平安燈會通告"以後　中華佛教文化史散策(四集)　(臺北)新文豐出版公司　1986　p. 213

譚蟬雪　敦煌歲時掇瑣:正月　《敦煌研究》1990年第1期　p. 48　又見:(香港)《九州學刊》(敦煌學專輯)1993年第5卷第4期　p. 86

汪泛舟　敦煌文學概論　甘肅人民出版社　1993　p. 572

鄭炳林　讀敦煌文書P. 3859《後唐清泰三年六月沙州儭司教授福集等狀》劄記　《西北史地》1993年第4期　p. 47　又見:敦煌吐魯番文獻研究　蘭州大學出版社　1995　p. 614

馮培紅　晚唐五代宋初歸義軍武職軍將研究　敦煌歸義軍史專題研究　蘭州大學出版社　1997　p. 115

馬德　敦煌遺書莫高窟歲首燃燈文輯識　《敦煌研究》1997年第3期　p. 59

張弓　漢唐佛寺文化史　中國社會科學出版社　1997　p. 943

鄭炳林　敦煌碑銘讚輯釋　甘肅教育出版社　1997　p. 228 注10

馬德　尚書曹仁貴史事鈎沈　《敦煌學輯刊》1998年第2期　p. 12

譚蟬雪　敦煌歲時文化導論　(臺北)新文豐出版公司　1998　p. 42

譚蟬雪　唐宋敦煌歲時佛俗:正月　《敦煌研究》2000年第4期　p. 70

李斌城　唐代文化　中國社會科學出版社　2002　p. 1075

徐曉麗　回鶻天公主與敦煌佛教　敦煌佛教藝術文化國際學術研討會論文集　蘭州大學出版社　2002　p. 418

P. 3462

芳村修基　土橋秀高　井ノ口泰淳　敦煌佛教史年表　西域文化研究(第一)‧敦煌佛教資料　(京都)法藏館　1958　p. 270

饒宗頤　京都藤井氏有鄰館藏敦煌殘卷記略　選堂集林‧史林　(香港)中華書局　1982　p. 1005

戴密微著　耿昇譯　敦煌學近作　敦煌譯叢(第一輯)　甘肅人民出版社　1985　p. 101

圓空　《新菩薩經》《勸善經》《救諸衆生苦難經》校錄及其流傳背景之探討　《敦煌研究》1992年第1期　p. 53

陳公柔　評介《尚書文字合編》　燕京學報(新第4期)　北京大學出版社　1998　p. 290

許建平　敦煌本《尚書》叙錄　敦煌文獻論集:紀念藏經洞發現一百周年國際學術研討會論文集　遼寧人民出版社　2001　p. 391

中村威也　ДХ10698『尚書費誓』とДХ10698v「史書」について　『西北出土文獻研究』(創刊號)　(新潟)西北出土文獻研究會　2004　p. 42

P. 3464

周維平　從敦煌遺書看敦煌道教　《西北民族研究》1999年第2期　p. 134

P. 3465

那波利貞　千佛岩莫高窟と敦煌文書　西域文化研究(第二)‧敦煌吐魯番社會經濟資料(上)　(京都)法藏館　1959　p. 56、59

那波利貞　開元末期以前と天寶初期以後との唐の時世の差異に就きて　唐代社會文化史研究‧第一編　(東京)創文社　1974　p. 66

那波利貞　俗講と變文　唐代社會文化史研究‧第四編　(東京)創文社　1974　p. 452

那波利貞　唐寫本雜抄考——唐代庶民教育史研究の一資料　唐代社會文化史研究・第二編　（東京）創文社　1974　p. 208

高明士　唐代敦煌的教育　漢學研究（敦煌學國際研討會論文專號）　（臺北）漢學研究資料及服務中心　1986　p. 258

郭長城　敦煌寫本朋友書儀試論　漢學研究（敦煌學國際研討會論文專號）　（臺北）漢學研究資料及服務中心　1986　p. 296

趙和平　敦煌寫本《朋友書儀》殘卷整理及研究　《敦煌研究》1987年第4期　p. 44　又見：唐五代書儀研究　中國社會科學出版社　1995　p. 109

周紹良　趙和平　書儀　《敦煌語言文學研究通訊》1987年第4期　p. 1　又見：敦煌文學　甘肅人民出版社　1989　p. 46

劉進寶　俚曲小調　敦煌文學　甘肅人民出版社　1989　p. 226

趙和平　敦煌寫本書儀略論　敦煌吐魯番學研究論文集　漢語大詞典出版社　1990　p. 562　又見：唐五代書儀研究　中國社會科學出版社　1995　p. 2

姜伯勤　敦煌社會文書導論　（臺北）新文豐出版公司　1992　p. 90、97

嚴耕望　唐人習業山林寺院之風尚　唐代研究論集（第二輯）　（臺北）新文豐出版公司　1992　p. 9

周一良　唐代書儀の類型　敦煌漢文文獻（講座敦煌5）　（東京）大東出版社　1992　p. 706

戴仁　敦煌的經折裝寫本　法國學者敦煌學論文選萃　中華書局　1993　p. 581

李正宇　敦煌文學概論　甘肅人民出版社　1993　p. 101

趙和平　敦煌寫本書儀研究　（臺北）新文豐出版公司　1993　p. 11、118

梅維恒著　楊繼東　陳引馳譯　唐代變文（上）　（香港）中國佛教文化出版公司　1999　p. 264 注5

徐俊　敦煌詩集殘卷輯考　中華書局　2000　p. 802

王三慶　黃亮文　《朋友書儀》一卷研究　敦煌學（第25輯）　（臺北）新文豐出版公司　2004　p. 23

陸離　吐蕃統治河隴西域時期職官四題　《西北民族研究》2006年第2期　p. 21

P. 3467

土田健次郎　儒教典籍　敦煌漢文文獻（講座敦煌5）　（東京）大東出版社　1992　p. 269

李方　敦煌《論語集解》校正　江蘇古籍出版社　1998　p. 831

P. 3468

周紹良　敦煌文學《兒郎偉》並跋　出土文獻研究　文物出版社　1985　p. 176

耿昇　八十年代的法國敦煌學論著簡介　《敦煌研究》1986年第3期　p. 82

耿昇　中法學者友好合作的成果　《敦煌研究》1987年第1期　p. 108

黃征　敦煌陳寫本晉竺法護譯《佛說生經》殘卷 P. 2965 校釋　敦煌語言文學論文集　浙江古籍出版社　1988　p. 283 注36　又見：敦煌語文叢說　（臺北）新文豐出版公司　1997　p. 739

張鴻勳　敦煌《燕子賦》（甲本）研究　敦煌語言文學研究　北京大學出版社　1988　p. 182

劉進寶　俚曲小調　敦煌文學　甘肅人民出版社　1989　p. 232

高國藩　敦煌古俗與民俗流變　河海大學出版社　1990　p. 346

郭在貽　張涌泉　黃征　敦煌變文集校議　岳麓書社　1990　p. 18

項楚　王梵志詩校注　上海古籍出版社　1991　p. 414

黃征　王梵志詩校釋補議　中華文史論叢（總50輯）　上海古籍出版社　1992　p. 93

姜伯勤　敦煌社會文書導論　（臺北）新文豐出版公司　1992　p. 9

周紹良　敦煌文學芻議及其它　（臺北）新文豐出版公司　1992　p. 39、167

艾麗白　敦煌寫本中的"大儺"儀禮　法國學者敦煌學論文選萃　中華書局　1993　p. 258

艾麗白　敦煌寫本中的"兒郎偉"　法國學者敦煌學論文選萃　中華書局　1993　p. 241

高國藩　敦煌民俗資料導論　（臺北）新文豐出版公司　1993　p. 178

黃征　敦煌願文《兒郎偉》輯考　（香港）《九州學刊》（敦煌學專輯）1993 年第 5 卷第 4 期　p. 52

孫其芳　顏廷亮　敦煌文學概論　甘肅人民出版社　1993　p. 451

譚禪雪　敦煌歲時掇瑣　（香港）《九州學刊》（敦煌學專輯）1993 年第 5 卷第 4 期　p. 109

黃征　敦煌願文散校　《敦煌研究》1994 年第 3 期　p. 131

蔣禮鴻　敦煌文獻語言詞典　杭州大學出版社　1994　p. 103

邵文實　敦煌俗文學作品中的駢儷文風　《敦煌學輯刊》1994 年第 2 期　p. 44

鄭炳林　董念清　唐五代敦煌私營釀酒業初探　《社科縱橫》1994 年第 4 期　p. 64

黃征　吳偉　敦煌願文集　岳麓書社　1995　p. 953

李金梅　敦煌傳統文化與武術　《敦煌研究》1995 年第 2 期　p. 195

高國藩　敦煌數字與俗文化　慶祝潘石禪先生九秩華誕敦煌學特刊　（臺北）文津出版社　1996
　　　p. 184

姜伯勤　敦煌藝術宗教與禮樂文明　中國社會科學出版社　1996　p. 462

姜伯勤　沙州儺禮考　敦煌藝術宗教與禮樂文明　中國社會科學出版社　1996　p. 459　又見：中國
　　　敦煌學百年文庫·歷史卷(二)　甘肅文化出版社　1999　p. 443

黎薔　西域敦煌儺戲考　《敦煌研究》1996 年第 2 期　p. 162

鄭炳林　唐五代敦煌粟特人與歸義軍政權　《敦煌研究》1996 年第 4 期　p. 82

黃征　敦煌歌謠《兒郎偉》的價值　敦煌語文叢說　（臺北）新文豐出版公司　1997　p. 602、634

黃征　敦煌俗語詞輯釋　敦煌語文叢說　（臺北）新文豐出版公司　1997　p. 60

黃征　敦煌文學《兒郎偉》輯錄校注　敦煌語文叢說　（臺北）新文豐出版公司　1997　p. 711

黃征　敦煌寫本異文綜析　敦煌語文叢說　（臺北）新文豐出版公司　1997　p. 23

黃征　《廬山遠公話》補校　敦煌語文叢說　（臺北）新文豐出版公司　1997　p. 393

黃征　王梵志詩校釋補議　敦煌語文叢說　（臺北）新文豐出版公司　1997　p. 251

黃征　王梵志詩校釋續商補　敦煌語文叢說　（臺北）新文豐出版公司　1997　p. 235、241

黃征　張涌泉　敦煌變文校注　中華書局　1997　p. 109、135、384

陸淑綺　李重申　敦煌古代戲曲文化史料綜述　《敦煌研究》1997 年第 2 期　p. 59

柴劍虹　進夜胡詞　敦煌學大辭典　上海辭書出版社　1998　p. 541

龔方震　晏可佳　祆教史　上海社會科學院出版社　1998　p. 244

譚蟬雪　敦煌歲時文化導論　（臺北）新文豐出版公司　1998　p. 399

譚蟬雪　儺舞　敦煌學大辭典　上海辭書出版社　1998　p. 271

楊森　晚唐五代兩件《女人社》文書劄記　《敦煌研究》1998 年第 1 期　p. 70

高國藩　敦煌俗文化學　上海三聯書店　1999　p. 20、222

黃征　程惠新　劫塵遺珠：敦煌遺書　甘肅教育出版社　1999　p. 132

陳永勝　敦煌吐魯番法制文書研究　甘肅人民出版社　2000　p. 147

杜建錄　西夏酒的生產與征権　《寧夏社會科學》2002 年第 2 期　p. 84

高啓安　晚唐五代敦煌僧人飲食戒律初探　敦煌佛教藝術文化國際學術研討會論文集　蘭州大學出
　　　版社　2002　p. 391

黃征　敦煌語言文字學研究　甘肅教育出版社　2002　p. 44、317

楊挺　不存在兒郎偉文體和兒郎偉曲調　《敦煌研究》2003 年第 1 期　p. 46

高啓安　唐五代敦煌飲食文化研究　民族出版社　2004　p. 35、47、206、364

鄭炳林　晚唐五代敦煌商業貿易市場研究　《敦煌學輯刊》2004 年第 1 期　p. 105
魏郭輝　唐代河隴朝鮮人之研究　《敦煌學輯刊》2005 年第 2 期　p. 286

P. 3469

陳鐵凡　敦煌本尚書述略　（臺北）《大陸雜誌》1961 年第 8 期　又見：中國敦煌學百年文庫・文獻
　　卷（一）　甘肅文化出版社　1999　p. 444

陳鐵凡　敦煌本尚書十四殘卷綴合記　（新加坡）《新社學報》1969 年第 3 期　又見：中國敦煌學百
　　年文庫・文獻卷（二）　甘肅文化出版社　1999　p. 412

王重民　敦煌古籍叙録　中華書局　1979　p. 14

王堯　陳踐　敦煌吐蕃文獻選　四川民族出版社　1983　p. 67

王重民　巴黎敦煌殘卷叙録（第一、二輯）　敦煌叢刊初集（九）　（臺北）新文豐出版公司　1985
　　p. 109 ; 210

王重民原編　黃永武新編　敦煌古籍叙録新編（第一冊）　（臺北）新文豐出版公司　1986　p. 227

周鳳五　敦煌寫本太公家教研究　（臺北）明文書局　1986　p. 155

姜亮夫　敦煌本尚書校録　敦煌學論文集　上海古籍出版社　1987　p. 153、167

姜亮夫　敦煌經卷在中國文化學術上的價值　敦煌學論文集　上海古籍出版社　1987　p. 9

鄭阿財　敦煌寫卷《新集文詞九經抄》研究　（臺北）文史哲出版社　1989　p. 9、179　又見：唐代研
　　究論集　（第四輯）　（臺北）新文豐出版公司　1992　p. 638

孫啓治　唐寫本俗別字變化類型舉例　敦煌吐魯番文獻研究論集（第五輯）　北京大學出版社
　　1990　p. 124、127

鄭阿財　敦煌蒙書析論　第二屆敦煌學國際研討會論文集　（臺北）漢學研究中心　1990　p. 225

王三慶著　池田溫譯　類書　敦煌漢文文獻（講座敦煌 5）　（東京）大東出版社　1992　p. 366

吳福熙　敦煌殘卷古文尚書校注　甘肅人民出版社　1992　p. 5

吳其昱著　伊藤美重子譯　敦煌漢文寫本概観　敦煌漢文文獻（講座敦煌 5）　（東京）大東出版社
　　1992　p. 96

鄭阿財　敦煌文獻與文學　（臺北）新文豐出版公司　1993　p. 222、258

胡戟　傅玫　敦煌史話　中華書局　1995　p. 140

王堯　吐蕃時期藏譯漢籍名著及故事　中國古籍研究（第一卷）　上海古籍出版社　1996　p. 540

白化文　新集文詞九經抄　敦煌學大辭典　上海辭書出版社　1998　p. 781

陳公柔　評介《尚書文字合編》　燕京學報（新第 4 期）　北京大學出版社　1998　p. 290

姜亮夫　敦煌：偉大的文化寶藏　雲南人民出版社　1999　p. 99

林聰明　敦煌吐魯番文書解詁指例　（臺北）新文豐出版公司　2001　p. 346

許建平　敦煌本《尚書》叙録　敦煌文獻論集：紀念藏經洞發現一百周年國際學術研討會論文集　遼
　　寧人民出版社　2001　p. 382

鄭阿財　朱鳳玉　敦煌蒙書研究　甘肅教育出版社　2002　p. 291

許建平　敦煌出土《尚書》寫卷研究的過去與未來　敦煌吐魯番研究（第七卷）　北京大學出版社
　　2004　p. 226

鄭阿財　敦煌蒙書研究的回顧與前瞻　敦煌吐魯番研究（第七卷）　北京大學出版社　2004　p. 267

中村威也　ДХ10698『尚書費誓』とДХ10698v「史書」について　『西北出土文獻研究』（創刊號）
　　（新潟）西北出土文獻研究會　2004　p. 42

P. 3470

林仁昱　論敦煌佛教歌曲特質與"弘法"的關係　敦煌學（第 23 輯）　（臺北）樂學書局有限公司
　　2002　p. 79

P. 3471

芳村修基　土橋秀高　井ノ口泰淳　敦煌佛教史年表　西域文化研究（第一）‧敦煌佛教資料　（京
　　都）法藏館　1958　p. 256
饒宗頤　敦煌書法叢刊（第二二卷）‧寫經（三）　（東京）二玄社　1983　p. 30、64
池田溫　中國古代寫本識語集錄　（東京）大藏出版株式會社　1990　p. 134
趙聲良　敦煌南北朝寫本的書法藝術　《敦煌研究》1991 年第 4 期　p. 44
榮新江　饒宗頤教授與敦煌學研究　"中國唐代學會"會刊（第四期）　（臺北）"中國唐代學會"
　　1993　p. 47　又見：選堂文史論苑　上海古籍出版社　1994　p. 272；中國敦煌學百年文庫‧
　　綜述卷（三）　甘肅文化出版社　1999　p. 372
趙聲良　南北朝寫經書法藝術　敦煌書法庫（第一輯）　甘肅人民美術出版社　1994　p. 16
鄭汝中　唐代書法藝術與敦煌寫卷　敦煌書法庫（第四輯）　甘肅人民美術出版社　1994　p. 10
　　又見：《敦煌研究》1996 年第 2 期　p. 127
方廣錩　勝天王般若波羅蜜經　敦煌學大辭典　上海辭書出版社　1998　p. 681
張涌泉　陳祚龍校錄敦煌卷子失誤例釋　舊學新知　浙江大學出版社　1999　p. 291
姜亮夫　敦煌莫高窟年表　姜亮夫全集（十一）　雲南人民出版社　2002　p. 153

P. 3472

那波利貞　敦煌發見文書に拠る中晚唐時代の佛教寺院の錢穀布帛類貸付營利事業運營の實況
　　『支那學』（10 卷 3 號）　（京都）支那學社　1941　p. 145
池田溫　敦煌の流通經濟　敦煌の社會（講座敦煌 3）　（東京）大東出版社　1980　p. 339　又見：敦
　　煌文書の世界　（東京）名著刊行會　2003　p. 176
陳國燦　敦煌所出諸借契年代考　魏晉南北朝隋唐史資料（第 4 輯）　武漢大學出版社　1982
　　p. 14　又見：《敦煌學輯刊》1984 年第 1 期　p. 7
唐耕耦　唐五代時期的高利貸　《敦煌學輯刊》1985 年第 2 期　p. 13
李正宇　敦煌學郎題記輯注　《敦煌學輯刊》1987 年第 1 期　p. 40
森安孝夫　敦煌と西ウイグル王國　『東方學』（第 74 輯）　（東京）東方學會　1987　p. 67
森安孝夫著　陳俊謀譯　敦煌與西回鶻王國　《西北史地》1987 年第 3 期　p. 125
王永興　隋唐五代經濟史料彙編校注‧第一編（下）　中華書局　1987　p. 937
謝和耐著　耿昇譯　中國 5—10 世紀的寺院經濟　甘肅人民出版社　1987　p. 228 注 1　又見：上海
　　古籍出版社　2004　p. 187 注 1
榮新江　西元十世紀沙州歸義軍與西州回鶻的文化交往　第二屆敦煌學國際研討會論文集　（臺
　　北）漢學研究中心　1990　p. 587
唐耕耦　陸宏基　敦煌社會經濟文獻真迹釋錄（二）　全國圖書館文獻縮微複製中心　1990　p. 123
張廣達　唐末五代宋初西北地區的般次和使次　季羨林教授八十華誕紀念論文集（下）　江西人民
　　出版社　1991　p. 971
土田健次郎　儒教典籍　敦煌漢文文獻（講座敦煌 5）　（東京）大東出版社　1992　p. 269
高國藩　敦煌民俗資料導論　（臺北）新文豐出版公司　1993　p. 91
姜伯勤　敦煌吐魯番文書與絲綢之路　文物出版社　1994　p. 270

鄭炳林　唐五代敦煌新開道考　《敦煌學輯刊》1994 年第 1 期　p. 48

張傳璽　中國歷代契約會編考釋(上)　北京大學出版社　1995　p. 394 注 1

張廣達　西域史地叢稿初編　上海古籍出版社　1995　p. 340

榮新江　歸義軍史研究　上海古籍出版社　1996　p. 24

黃征　敦煌願文考論　敦煌語文叢說　(臺北)新文豐出版公司　1997　p. 592

齊陳俊　馮培紅　晚唐五代宋初歸義軍對外商業貿易　敦煌歸義軍史專題研究　蘭州大學出版社　1997　p. 352

沙知　般次零拾　周紹良先生欣開九秩慶壽文集　中華書局　1997　p. 145

陳國燦　西州回鶻　敦煌學大辭典　上海辭書出版社　1998　p. 461

李方　敦煌《論語集解》校正　江蘇古籍出版社　1998　p. 831

榮新江　歸義軍大事紀年初稿　出土文獻研究(第三輯)　文物出版社　1998　p. 248

沙知　敦煌契約文書輯校　江蘇古籍出版社　1998　p. 213

馮培紅　客司與歸義軍的外交活動　《敦煌學輯刊》1999 年第 1 期　p. 82

王承文　早期靈寶經與漢魏天師道　《敦煌研究》1999 年第 3 期　p. 38

丘古耶夫斯基　敦煌漢文文書　上海古籍出版社　2000　p. 139

楊森　關於敦煌文獻中的"平章"一詞　敦煌學與中國史研究論集　甘肅人民出版社　2001　p. 231

陳國燦　敦煌學史事新證　甘肅教育出版社　2002　p. 338

楊惠玲　敦煌契約文書中的保人、見人、口承人、同便人、同取人　《敦煌研究》2002 年第 6 期　p. 41

余欣　評《敦煌的借貸:中國中古時代的物質生活與社會》　敦煌吐魯番研究(第六卷)　北京大學出版社　2002　p. 414

董志翹　敦煌社會經濟文書詞語散釋　中國俗文化研究(第一輯)　巴蜀書社　2003　p. 132

王啓濤　中古及近代法制文書語言研究　巴蜀書社　2003　p. 242

許建平　英倫法京所藏敦煌寫本殘片八種之定名並校錄　敦煌學(第 24 輯)　(臺北)樂學書局有限公司　2003　p. 122

董志翹　敦煌社會經濟文獻詞語略考　浙江與敦煌學:常書鴻先生誕辰一百周年紀念文集　浙江古籍出版社　2004　p. 496

鄭炳林　晚唐五代敦煌商業貿易市場研究　《敦煌學輯刊》2004 年第 1 期　p. 110

P. 3475

王重民　敦煌本曆日之研究　《東方雜誌》1937 年第 34 卷　又見:敦煌遺書論文集　中華書局　1984　p. 119；中國敦煌學百年文庫·科技卷　甘肅文化出版社　1999　p. 26

陳祚龍　竭誠做好知己知彼,悉力做到精益求精:敦煌學散策之四(下)　敦煌學(第 9 輯)　(臺北)新文豐出版公司　1985　p. 48　又見:敦煌學林劄記　(臺北)商務印書館　1987　p. 246

施萍婷　敦煌曆日研究　1983 年全國敦煌學術討論會文集·文史遺書編(上)　甘肅人民出版社　1987　p. 306、326、354

孫修身　從一份資料談藏經洞的封閉　《敦煌研究》1988 年第 4 期　p. 38

池田溫　中國古代寫本識語集錄　(東京)大藏出版株式會社　1990　p. 437

林聰明　敦煌文書學　(臺北)新文豐出版公司　1991　p. 77、342

宮島一彥　曆書·算書　敦煌漢文文獻(講座敦煌 5)　(東京)大東出版社　1992　p. 472

段小強　讀《瓜沙史事概述》劄記　《敦煌學輯刊》1995 年第 2 期　p. 126

殷光明　從敦煌漢簡曆譜看太初曆的科學性和進步性　《敦煌學輯刊》1995 年第 2 期　p. 102

鄭炳林　羊萍　敦煌本夢書　甘肅文化出版社　1995　p. 326

鄧文寬　敦煌天文曆法文獻輯校　江蘇古籍出版社　1996　p. 255

榮新江　歸義軍史研究　上海古籍出版社　1996　p. 208

田中良昭　《禪籍解題(一)・敦煌禪籍》補遺　俗語言研究(第三期)　(京都)禪文化研究所　1996
　　p. 213

鄭炳林　敦煌碑銘讚輯釋　甘肅教育出版社　1997　p. 360 注 9

鄧文寬　景福二年癸丑歲具注曆日　敦煌學大辭典　上海辭書出版社　1998　p. 607

譚蟬雪　敦煌歲時文化導論　(臺北)新文豐出版公司　1998　p. 122

顏廷亮　敦煌文化中的道教及文化　《敦煌研究》1999 年第 1 期　p. 141

楊秀清　敦煌西漢金山國史　甘肅人民出版社　1999　p. 141

顏廷亮　敦煌文化　光明日報出版社　2000　p. 246

姜亮夫　敦煌莫高窟年表　姜亮夫全集(十一)　雲南人民出版社　2002　p. 447

馬繼興　當前世界各地收藏的中國出土卷子本古醫藥文獻備考　敦煌吐魯番研究(第六卷)　北京
　　大學出版社　2002　p. 151

余欣　禁忌、儀式與法術　唐代宗教信仰與社會　上海辭書出版社　2003　p. 313

劉永明　敦煌占卜與道教初探　《敦煌學輯刊》2004 年第 2 期　p. 19

馬若安　敦煌曆日"沒日"和"滅日"安排初探　敦煌吐魯番研究(第七卷)　北京大學出版社　2004
　　p. 429

王卡　敦煌道教文獻研究　中國社會科學出版社　2004　p. 59

鄭炳林　敦煌寫本解夢書校錄研究　民族出版社　2005　p. 19

P. 3476

陳于柱　從敦煌占卜文書看晚唐五代敦煌占卜與佛教的對話交融　《敦煌學輯刊》2005 年第 2 期
　　p. 30

P. 3477

三木榮　西域出土醫藥關係文獻綜合解說目録　『東洋學報』(47 卷 1 號)　(東京)東洋學術協會
　　1964　p. 9

趙健雄　敦煌石窟醫學史料輯要　《敦煌學輯刊》1985 年第 2 期　p. 118

甘肅中醫學院圖書館　敦煌中醫藥學集錦　甘肅中醫學院圖書館　1990　p. 47

趙健雄　敦煌遺書醫學卷考析　《敦煌研究》1991 年第 4 期　p. 99

宮下三郎　敦煌本の本草醫書　敦煌漢文文獻(講座敦煌 5)　(東京)大東出版社　1992　p. 502

叢春雨　敦煌中醫藥全書　中醫古籍出版社　1994　p. 22、296

胡戟　傅玫　敦煌史話　中華書局　1995　p. 191

劉進寶　敦煌學論述　(臺北)洪葉文化事業有限公司　1995　p. 299

張弓　漢唐佛寺文化史　中國社會科學出版社　1997　p. 928

馬繼興　敦煌醫藥文獻　敦煌學大辭典　上海辭書出版社　1998　p. 615

馬繼興　敦煌醫藥文獻輯校　江蘇古籍出版社　1998　p. 151

王淑民　玄感脈經　敦煌學大辭典　上海辭書出版社　1998　p. 616

姜亮夫　敦煌:偉大的文化寶藏　雲南人民出版社　1999　p. 145

王淑民　敦煌石窟秘藏醫方　北京醫科大學中國協和醫科大學聯合出版社　1999　p. 4

叢春雨　敦煌中醫藥精萃發微　中醫古籍出版社　2000　p. 52

汪泛舟　敦煌道教與齋醮諸考　1994 年敦煌學國際研討會文集・宗教文史卷(上)　甘肅民族出版

社　2000　p. 5

楊秀清　華戎交會的都市：敦煌與絲綢之路　甘肅人民出版社　2000　p. 130

劉進寶　敦煌學通論　甘肅教育出版社　2002　p. 416

馬繼興　當前世界各地收藏的中國出土卷子本古醫藥文獻備考　敦煌吐魯番研究(第六卷)　北京
大學出版社　2002　p. 151

陳懷宇　道宣與孫思邈醫學交流之一證蠡測　敦煌吐魯番研究(第九卷)　中華書局　2006　p. 405

P. 3478

土肥義和　莫高窟千佛洞と大寺と蘭若と　敦煌の社會(講座敦煌3)　(東京)大東出版社　1980
p. 354

姜伯勤　唐五代敦煌寺戶制度　中華書局　1987　p. 180

馬德　敦煌莫高窟史研究　甘肅教育出版社　1996　p. 215

馬德　莫高窟與敦煌佛教教團　敦煌吐魯番研究(第一卷)　北京大學出版社　1996　p. 171

郝春文　關於唐後期五代宋初沙州僧俗的施捨問題　唐研究(第三卷)　北京大學出版社　1997
p. 27

李并成　古代河西走廊桑蠶絲織業考　《敦煌學輯刊》1997 年第 2 期　p. 64

郝春文　唐後期五代宋初敦煌僧尼的社會生活　中國社會科學出版社　1998　p. 251

郝春文　關於唐後期五代宋初沙州僧團的"出唱"活動　首都師範大學史學研究(1)　首都師範大學
出版社　1999　p. 111

張涌泉　敦煌文書疑難詞語辨釋　舊學新知　浙江大學出版社　1999　p. 261

袁德領　歸義軍時期莫高窟與敦煌寺院的關係　《敦煌研究》2000 年第 3 期　p. 171

高啓安　從莫高窟壁畫看唐五代敦煌人的坐具和飲食坐姿(上)　《敦煌研究》2001 年第 3 期　p. 25

高啓安　晚唐五代敦煌僧人飲食戒律初探　敦煌佛教藝術文化國際學術研討會論文集　蘭州大學出
版社　2002　p. 392

高啓安　唐五代敦煌飲食文化研究　民族出版社　2004　p. 230、243

李正宇　晚唐至宋敦煌僧人聽食"淨肉"　敦煌學(第 25 輯)　(臺北)樂學書局有限公司　2004
p. 188

鄭顯文　唐代律令制研究　北京大學出版社　2004　p. 275

P. 3479

高國藩　敦煌民俗學　上海文藝出版社　1989　p. 334

矛甘著　金昌文譯　敦煌漢藏文寫本中烏鳴占凶吉書　國外藏學研究譯文集(第八輯)　西藏人民
出版社　1992　p. 253

高國藩　敦煌民俗資料導論　(臺北)新文豐出版公司　1993　p. 352

茅甘　敦煌寫本中的烏鳴占吉凶書　法國學者敦煌學論文選萃　中華書局　1993　p. 367

金賢珠　唐五代敦煌民歌　(臺北)文史哲出版社　1994　p. 73

鄧文寬　烏鳴占　敦煌學大辭典　上海辭書出版社　1998　p. 623

沙知　敦煌吐魯番文獻所見唐軍府名搜拾　《敦煌學輯刊》1998 年第 1 期　p. 6

黄正建　敦煌占卜文書與唐五代占卜研究　學苑出版社　2001　p. 163

P. 3480

饒宗頤　敦煌本文選斠證(一)　(香港)《新亞學報》1957 年第 1 期　p. 333

饒宗頤　敦煌本文選斠證(二)　(香港)《新亞學報》1958 年第 2 期　p. 323

陳祚龍　敦煌寫本《夜燒篇》、《汴河柳》合校　(臺北)《大陸雜誌》1961 年第 8 期　又見:敦煌學海探珠(上冊)　(臺北)商務印書館　1979　p. 28；中國敦煌學百年文庫·文學卷(二)　甘肅文化出版社　1999　p. 160

金岡照光　敦煌文學のさまざま　敦煌の文學　(東京)大藏出版株式會社　1971　p. 163

朱鳳玉　王梵志詩研究(下)　(臺北)學生書局　1986　p. 354

張錫厚　敦煌賦集校理　《敦煌研究》1987 年第 4 期　p. 31

張錫厚　關於整理《敦煌賦集》的幾個問題　敦煌語言文學論文集　浙江古籍出版社　1988　p. 224

張錫厚　賦　敦煌文學　甘肅人民出版社　1989　p. 133

伏俊璉　敦煌賦校補(一)　《社科縱橫》1993 年第 3 期　p. 45

張鴻勳　敦煌話本詞文俗賦導論　(臺北)新文豐出版公司　1993　p. 135

張錫厚　敦煌文學概論　甘肅人民出版社　1993　p. 393

伏俊璉　敦煌賦校注　甘肅人民出版社　1994　p. 1

遊志誠　敦煌古抄本文選五臣注研究　全國敦煌學研討會論文集　(臺北)中正大學中國文學系所　1995　p. 149

張錫厚　敦煌本唐集研究　(臺北)新文豐出版公司　1995　p. 409

徐俊　敦煌寫本唐人詩歌存佚互見綜考　敦煌吐魯番研究(第一卷)　北京大學出版社　1996　p. 114

遊志誠　昭明文選學術論考　(臺北)學生書局　1996　p. 37

張錫厚　敦煌賦彙　(臺北)新文豐出版公司　1996　p. 2、97

張錫厚　評《敦煌賦校注》　敦煌吐魯番研究(第一卷)　北京大學出版社　1996　p. 421

張錫厚　探幽發微　佚篇薈萃:讀《敦煌賦校注》　《西北師大學報》(社會科學版)1996 年第 2 期　p. 73

柴劍虹　樊鑄詠物詩　敦煌學大辭典　上海辭書出版社　1998　p. 555

柴劍虹　虞美人怨　敦煌學大辭典　上海辭書出版社　1998　p. 540

傅剛　《文選》版本敘錄　國學研究(第五卷)　北京大學出版社　1998　p. 173

羅國威　敦煌本《昭明文選》研究　黑龍江教育出版社　1999　p. 118

饒宗頤　敦煌本文選校證(一)　中國敦煌學百年文庫·文學卷(二)　甘肅文化出版社　1999　p. 1

榮新江　徐俊　新見俄藏敦煌唐詩寫本三種考證及校錄　唐研究(第五卷)　北京大學出版社　1999　p. 74

傅剛　文選版本研究　北京大學出版社　2000　p. 131

饒宗頤　敦煌吐魯番本文選　中華書局　2000　p. 112(圖版)

徐俊　敦煌詩集殘卷輯考　中華書局　2000　p. 183、300、688

張錫厚　敦煌文學源流　作家出版社　2000　p. 197

林平和　試論敦煌文獻之輯佚價值　新世紀敦煌學論集　巴蜀書社　2003　p. 740

P. 3481

三木榮　西域出土醫藥關係文獻綜合解說目錄　『東洋學報』(47 卷 1 號)　(東京)東洋學術協會　1964　p. 9

王重民　敦煌古籍敘錄　中華書局　1979　p. 83

高田時雄　チベット文字轉寫阿彌陀經の奧書　『人文研究』(第 65 輯)　(小樽市)小樽商科大學　1983　p. 8

王重民　巴黎敦煌殘卷敘錄(第二輯)　敦煌叢刊初集(九)　(臺北)新文豐出版公司　1985　p. 218

趙健雄　敦煌石窟醫學史料輯要　《敦煌學輯刊》1985 年第 2 期　p. 117

王重民原編　黃永武新編　敦煌古籍敘錄新編(第五冊)　(臺北)新文豐出版公司　1986　p. 108

馬繼興　敦煌古醫籍考釋　江西科學技術出版社　1988　p. 7、16

甘肅中醫學院圖書館　敦煌中醫藥學集錦　甘肅中醫學院圖書館　1990　p. 2

趙健雄　敦煌遺書醫學卷考析　《敦煌研究》1991 年第 4 期　p. 99

宮下三郎　敦煌本の本草醫書　敦煌漢文文獻(講座敦煌 5)　(東京)大東出版社　1992　p. 501

土肥義和　九・十世紀の敦煌莫高窟を支えた人々　中國の都市と農村　(東京)汲古書院　1992
　　p. 438

尾崎康　史籍　敦煌漢文文獻(講座敦煌 5)　(東京)大東出版社　1992　p. 307

鄭炳林　敦煌碑銘讚三篇證誤與考釋　《敦煌學輯刊》1992 年第 1、2 期　p. 101

汪泛舟　敦煌文學概論　甘肅人民出版社　1993　p. 565

叢春雨　敦煌中醫藥全書　中醫古籍出版社　1994　p. 230

劉進寶　關於吐蕃統治經營河西地區的若干問題　《中國邊疆史地研究》1994 年第 1 期　p. 20

鄭炳林　敦煌本《張淮深變文》研究　《西北民族研究》1994 年第 1 期　p. 153

胡戟　傅玫　敦煌史話　中華書局　1995　p. 143

劉進寶　敦煌學論述　(臺北)洪葉文化事業有限公司　1995　p. 298

劉安志　唐朝吐蕃佔領沙州時期的敦煌大族　《中國史研究》1996 年第 3 期　p. 89

劉進寶　吐蕃對河西的統治與經營　敦煌吐魯番學研究論集　書目文獻出版社　1996　p. 333

馬子海　吐蕃統治下的河西走廊　《西北師大學報》1996 年第 2 期　p. 104

黃征　《敦煌碑銘讚輯釋》評介　敦煌語文叢說　(臺北)新文豐出版公司　1997　p. 812

張弓　漢唐佛寺文化史　中國社會科學出版社　1997　p. 928

鄭炳林　敦煌碑銘讚及其有關問題　敦煌碑銘讚輯釋　甘肅教育出版社　1997　p. 12

鄭炳林　敦煌碑銘讚輯釋　甘肅教育出版社　1997　p. 160 注 1

鄭炳林　唐五代敦煌的醫事研究　敦煌歸義軍史專題研究　蘭州大學出版社　1997　p. 523

白化文　晉書　敦煌學大辭典　上海辭書出版社　1998　p. 776

陳國燦　閏朝　敦煌學大辭典　上海辭書出版社　1998　p. 346

馬繼興　敦煌醫藥文獻輯校　江蘇古籍出版社　1998　p. 3

王淑民　病形脈診　敦煌學大辭典　上海辭書出版社　1998　p. 615

黃征　程惠新　劫塵遺珠:敦煌遺書　甘肅教育出版社　1999　p. 197

王淑民　敦煌石窟秘藏醫方　北京醫科大學中國協和醫科大學聯合出版社　1999　p. 4

楊富學　李吉和　敦煌漢文吐蕃史料輯校(第一輯)　甘肅人民出版社　1999　p. 190

叢春雨　敦煌中醫藥精萃發微　中醫古籍出版社　2000　p. 52

劉進寶　敦煌歷史文化　甘肅人民出版社　2000　p. 86

劉進寶　敦煌文書與唐史研究　(臺北)新文豐出版公司　2000　p. 109

劉進寶　敦煌學通論　甘肅教育出版社　2002　p. 53、415

馬繼興　當前世界各地收藏的中國出土卷子本古醫藥文獻備考　敦煌吐魯番研究(第六卷)　北京
　　大學出版社　2002　p. 151

高田時雄著　鍾翀等譯　藏文書寫阿彌陀經的跋文　敦煌・民族・語言　中華書局　2005　p. 69

陸離　吐蕃統治河隴西域時期職官四題　《西北民族研究》2006 年第 2 期　p. 27

P. 3482

陳祚龍　校訂宋初沙州戒牒三式　敦煌學海探珠（下冊）　（臺北）商務印書館　1979　p. 379

孫修身　敦煌三界寺　甘肅省史學會論文集　甘肅省歷史學會編印　1982　p. 173　又見：中國敦煌
　　學百年文庫·宗教卷（一）　甘肅文化出版社　1999　p. 56

陳祚龍　中世敦煌婦女出家、入道、受戒、弘法之一斑　敦煌簡策訂存　（臺北）商務印書館　1983
　　p. 40

孫修身　敦煌石窟《臘八燃燈分配窟龕名數》寫作年代考　絲路訪古　甘肅人民出版社　1983
　　p. 211

唐耕耦　陸宏基　敦煌社會經濟文獻真迹釋錄（四）　全國圖書館文獻縮微複製中心　1990　p. 74

竺沙雅章　寺院文書　敦煌漢文文獻（講座敦煌5）　（東京）大東出版社　1992　p. 600

李正宇　敦煌文學概論　甘肅人民出版社　1993　p. 104

李玉昆　敦煌遺書《泉州千佛新著諸祖師頌》研究　《敦煌學輯刊》1995年第1期　p. 31

鄭炳林　敦煌碑銘讚輯釋　甘肅教育出版社　1997　p. 518　注8

李正宇　古本敦煌鄉土志八種箋證　（臺北）新文豐出版公司　1998　p. 306

唐耕耦　戒牒　敦煌學大辭典　上海辭書出版社　1998　p. 641

李德龍　沙州三界寺《授戒牒》初探　甘肅民族研究論叢　甘肅人民出版社　2002　p. 390

P. 3483

陳祚龍　校訂宋初沙州戒牒三式　敦煌學海探珠（下冊）　（臺北）商務印書館　1979　p. 379

孫修身　敦煌三界寺　甘肅省史學會論文集　甘肅省歷史學會編印　1982　p. 173　又見：中國敦煌
　　學百年文庫·宗教卷（一）　甘肅文化出版社　1999　p. 57

孫修身　敦煌石窟《臘八燃燈分配窟龕名數》寫作年代考　絲路訪古　甘肅人民出版社　1983
　　p. 212

唐耕耦　陸宏基　敦煌社會經濟文獻真迹釋錄（四）　全國圖書館文獻縮微複製中心　1990　p. 98

鄭炳林　伯2641號背莫高窟再修功德記撰寫人探微　《敦煌學輯刊》1991年第2期　p. 48

竺沙雅章　寺院文書　敦煌漢文文獻（講座敦煌5）　（東京）大東出版社　1992　p. 600

李正宇　敦煌文學概論　甘肅人民出版社　1993　p. 104

李玉昆　敦煌遺書《泉州千佛新著諸祖師頌》研究　《敦煌學輯刊》1995年第1期　p. 31

王書慶　敦煌文獻中五代宋初戒牒研究　《敦煌研究》1997年第3期　p. 35

李正宇　古本敦煌鄉土志八種箋證　（臺北）新文豐出版公司　1998　p. 306

唐耕耦　戒牒　敦煌學大辭典　上海辭書出版社　1998　p. 641

姜亮夫　敦煌莫高窟年表　姜亮夫全集（十一）　雲南人民出版社　2002　p. 580

李德龍　沙州三界寺《授戒牒》初探　甘肅民族研究論叢　甘肅人民出版社　2002　p. 403

P. 3484

池田溫　中國古代寫本識語集錄　（東京）大藏出版株式會社　1990　p. 282

朱越利　道經總論　遼寧教育出版社　1992　p. 264

李豐楙　敦煌道經寫卷與道教寫經的供養功德觀　全國敦煌學研討會論文集　（臺北）中正大學中
　　國文學系所　1995　p. 125

邵文實　敦煌道教試述　《世界宗教研究》1996年第2期　又見：中國敦煌學百年文庫·宗教卷
　　（三）　甘肅文化出版社　1999　p. 336

王卡　上啓文例　敦煌學大辭典　上海辭書出版社　1998　p. 759

顏廷亮　敦煌文化中的道教及文化　《敦煌研究》1999 年第 1 期　p. 138

周維平　從敦煌遺書看敦煌道教　《西北民族研究》1999 年第 2 期　p. 128

汪泛舟　敦煌道教與齋醮諸考　1994 年敦煌學國際研討會文集・宗教文史卷(上)　甘肅民族出版
　　社　2000　p. 4、10

顏廷亮　敦煌文化　光明日報出版社　2000　p. 238

王卡　中國國家圖書館藏敦煌道教遺書研究報告　國際敦煌學學術史研討會論文集　研討會籌備組
　　2002　p. 248

周西波　敦煌寫本《靈寶自然齋儀》考論　敦煌學(第 24 輯)　(臺北)樂學書局有限公司　2003
　　p. 44

王卡　敦煌道教文獻研究　中國社會科學出版社　2004　p. 8、114

王卡　敦煌道教綜述　敦煌與絲路文化學術講座(第二輯)　北京圖書館出版社　2005　p. 377

P. 3485

那波利貞　俗講と變文(下)　『佛教史學』(1 卷 4 號)　(京都)平樂寺書店　1950　p. 49　又見：唐
　　代社會文化史研究・第四編　(東京)創文社　1974　p. 438

周紹良　敦煌所出變文現存目錄　敦煌變文彙錄　上海出版公司　1955　p. 7

金岡照光　敦煌漢文文學文獻の文學形態上の種類とその分類　敦煌出土文學文獻分類目錄・附解
　　說　(東京)東洋文庫　1971　p. 198

金岡照光　敦煌文學のこころ　敦煌の文學　(東京)大藏出版株式會社　1971　p. 250

金岡照光　敦煌文學のさまざま　敦煌の文學　(東京)大藏出版株式會社　1971　p. 107、186

金岡照光　敦煌民衆の宗教と生活　敦煌の民衆——その生活と思想　(東京)評論社　1972
　　p. 134、191

加地哲定　增補中國佛教文學研究　(東京)同朋舍　1979　p. 167

楊家駱　敦煌變文　(臺北)世界書局　1980　p. 745

金岡照光　敦煌の繪物語　(東京)東方書店　1981　p. 173

白化文　什麼是變文　敦煌變文論文錄　上海古籍出版社　1982　p. 431

陳祚龍　敦煌古抄內典尾記彙校初、二、三編合刊　敦煌學要籥　(臺北)新文豐出版公司　1982
　　p. 189

鄭阿財　敦煌孝道文學研究　(臺北)石門圖書公司　1982　p. 75、219

周紹良　談唐代民間文學——讀《中國文學史》中"變文"節書後關於唐代民間文學研究的幾點意見
　　敦煌變文論文錄　上海古籍出版社　1982　p. 412　又見：紹良叢稿　齊魯書社　1984　p. 54

遊佐昇　文學文獻より見た敦煌の道教　敦煌と中國道教(講座敦煌 4)　(東京)大東出版社
　　1983　p. 290

川口久雄　目連救母變文考　大目乾連冥間救母變文(敦煌資料と日本文學　3)　(東京)大東文化
　　大學東洋研究所　1984　p. 45

道端良秀　敦煌文獻に見える死後の世界　敦煌と中國仏教(講座敦煌 7)　(東京)大東出版社
　　1984　p. 510

金岡照光　敦煌における地獄文獻——敦煌庶民信仰の一樣相　敦煌と中國仏教(講座敦煌 7)
　　(東京)大東出版社　1984　　p. 582

潘重規　敦煌變文集新書(下)　(臺北)"中國文化大學"中文研究所　1984　p. 716

王慶菽　大目乾連冥間救母變文並圖一卷並序　敦煌變文集　人民文學出版社　1984　p. 745

曲金良　"變文"名實新辨　《敦煌研究》1986 年第 2 期　p. 49

周紹良　唐代變文及其它　敦煌文學作品選　中華書局　1987　p. 4

陳觀勝　中國佛教中之孝道　西域與佛教文書論集　（臺北）學生書局　1989　p. 263 注 31

陳祚龍　看了敦煌古抄《佛說盂蘭盆經讚述》以後　敦煌學散策新集　（臺北）新文豐出版公司
　　1989　p. 269

高國藩　敦煌民俗學　上海文藝出版社　1989　p. 428

郭在貽　張涌泉　黃征　《大目乾連冥間救母變文》校議　《安徽師大學報》1989 年第 1 期　p. 18

張鴻勳　變文　敦煌文學　甘肅人民出版社　1989　p. 241

池田溫　中國古代寫本識語集錄　（東京）大藏出版株式會社　1990　p. 447

郭在貽　張涌泉　黃征　敦煌變文集校議　岳麓書社　1990　p. 370

郭在貽　張涌泉　黃征　敦煌寫本書寫特例發微　敦煌吐魯番學研究論文集　漢語大詞典出版社
　　1990　p. 315、343

加地哲定著　劉衛星譯　中國佛教文學　今日中國出版社　1990　p. 141

江藍生　近代漢語語法資料彙編(唐五代卷)　商務印書館　1990　p. 390

項楚　敦煌變文選注　巴蜀書社　1990　p. 646

岡野誠　敦煌資料と唐代法典研究——西域発見の唐律・律疏斷簡の再檢討　敦煌漢文文獻（講座
　　敦煌 5）　（東京）大東出版社　1992　p. 521

金岡照光　講唱體類　敦煌の文學文獻(講座敦煌 9)　（東京）大東出版社　1992　p. 65、92、152

林家平　寧強　羅華慶　中國敦煌學史　北京語言學院出版社　1992　p. 337

周紹良　敦煌文學芻議及其它　（臺北）新文豐出版公司　1992　p. 43、68

郭在貽　郭在貽敦煌學論集　江西人民出版社　1993　p. 211

李明偉　唐代文學的嬗變與絲綢之路的影響　《敦煌研究》1994 年第 3 期　p. 140

顏廷亮　《大目乾連冥間救母變文並圖一卷並序》的一個未見著錄的節抄卷　《社科縱橫》1994 年第
　　4 期　p. 4

黃征　唐代俗語詞輯釋　唐研究(第一卷)　北京大學出版社　1995　p. 196

劉進寶　敦煌學論述　（臺北）洪葉文化事業有限公司　1995　p. 303

曲金良　敦煌佛教文學研究　（臺北）文津出版社　1995　p. 99

王堯　從“河圖”、“洛書”、“陰陽五行”、“八卦”在西藏看古代哲學思想的交流　華學(第一輯)　中
　　山大學出版社　1995　p. 254

蕭登福　道教與佛教　（臺北）東大圖書公司　1995　p. 275

顏廷亮　敦煌文學概說　（臺北）新文豐出版公司　1995　p. 323

張涌泉　陳祚龍校錄敦煌卷子失誤例釋　學術集林(卷六)　上海遠東出版社　1995　p. 309　又
　　見：舊學新知　浙江大學出版社　1999　p. 284

張涌泉　敦煌俗字研究導論　（臺北）新文豐出版公司　1996　p. 192、261

黃征　李丹禾　敦煌變文中的願文　敦煌文學論集　四川人民出版社　1997　p. 369

黃征　張涌泉　敦煌變文校注　中華書局　1997　p. 842、1004

劉子瑜　敦煌變文和王梵志詩　大象出版社　1997　p. 38

沙知　般次零拾　周紹良先生欣開九秩慶壽文集　中華書局　1997　p. 145

海客　大目乾連冥間救母變文　敦煌學大辭典　上海辭書出版社　1998　p. 575

李正宇　古本敦煌鄉土志八種箋證　（臺北）新文豐出版公司　1998　p. 249

李重申　武術　敦煌學大辭典　上海辭書出版社　1998　p. 600

王繼如　別本《大目乾連冥間救母變文》研究　《敦煌研究》1998 年第 3 期　p. 142

楊森　張大慶　敦煌學大辭典　上海辭書出版社　1998　p. 353

周紹良　張涌泉　黃征　敦煌變文講經文因緣輯校(上)　江蘇古籍出版社　1998　p. 5

金岡照光　關於敦煌變文與唐代佛教儀式之關係　敦煌文藪(上)　(臺北)新文豐出版公司　1999　p. 136

梅維恒著　楊繼東　陳引馳譯　唐代變文(上)　(香港)中國佛教文化出版公司　1999　p. 55、244、254

張涌泉　敦煌寫本書寫特例發微　舊學新知　浙江大學出版社　1999　p. 226、252

沙知　英國收藏敦煌文獻叙錄　英國收藏敦煌漢藏文獻研究　中國社會科學出版社　2000　p. 124

徐俊　敦煌詩集殘卷輯考　中華書局　2000　p. 796

張涌泉　漢語俗字叢考　中華書局　2000　p. 434

鄭阿財　臺北"中研院"傅斯年圖書館藏敦煌卷子題記　慶祝吳其昱先生八秩華誕敦煌學特刊　(臺北)文津出版社　2000　p. 382

黃征　敦煌語言文字學研究　甘肅教育出版社　2002　p. 134

張鴻勳　敦煌俗文學研究　甘肅人民出版社　2002　p. 8

鄭阿財　《盂蘭盆經疏》與《盂蘭盆經講經文》　冉雲華先生八秩華誕壽慶論文集　(臺北)法光出版社　2003　p. 446

荒見泰史　敦煌變文研究概述以及新觀點　華林(第三卷)　中華書局　2004　p. 394

P. 3486

雷僑雲　敦煌兒童文學　(臺北)學生書局　1985　p. 45

高國藩　敦煌民俗學　上海文藝出版社　1989　p. 109

鄭阿財　敦煌蒙書析論　第二屆敦煌學國際研討會論文集　(臺北)漢學研究中心　1990　p. 217

周紹良　敦煌文學芻議及其它　(臺北)新文豐出版公司　1992　p. 24

李正宇　敦煌文學概論　甘肅人民出版社　1993　p. 148

項楚　敦煌詩歌導論　(臺北)新文豐出版公司　1993　p. 212

鄭阿財　敦煌文獻與文學　(臺北)新文豐出版公司　1993　p. 246

榮新江　歸義軍改元考　文史(第三十八輯)　中華書局　1994　p. 46

沃興華　敦煌書法藝術　上海人民出版社　1994　p. 31、249

郝春文　唐後期五代宋初沙州的方等道場與方等道場司　唐研究(第二卷)　北京大學出版社　1996　p. 66

榮新江　歸義軍史研究　上海古籍出版社　1996　p. 46

郝春文　唐後期五代宋初敦煌僧尼的社會生活　中國社會科學出版社　1998　p. 29

李正宇　學郎詩　敦煌學大辭典　上海辭書出版社　1998　p. 558

汪泛舟　《開蒙要訓》初探　《敦煌研究》1999年第2期　p. 139

楊秀清　淺談唐、宋時期敦煌地區的學生生活　《敦煌研究》1999年第4期　p. 145

汪泛舟　敦煌古代兒童課本　甘肅人民出版社　2000　p. 53

徐俊　敦煌詩集殘卷輯考　中華書局　2000　p. 802

楊秀清　華戎交會的都市：敦煌與絲綢之路　甘肅人民出版社　2000　p. 108

徐曉卉　敦煌歸義軍時期的道場司探析　《敦煌研究》2002年第2期　p. 26

鄭阿財　朱鳳玉　敦煌蒙書研究　甘肅教育出版社　2002　p. 56

P. 3487

趙平安　談談敦煌醫學寫本的釋字問題　敦煌吐魯番研究(第六卷)　北京大學出版社　2002

p. 200

P. 3488

篠原壽雄　北宗禪と南宗禪　敦煌仏典と禪（講座敦煌8）　（東京）大東出版社　1980　p. 181

田中良昭　敦煌禪宗文獻の研究　（東京）大東出版社　1983　p. 480

楊曾文　日本學者對中國禪宗文獻的研究和整理　《世界宗教研究》1987 年第 1 期　p. 121

楊曾文　中日的敦煌禪籍研究和敦博本《壇經》、《南宗定是非論》等文獻的學術價值　《世界宗教研究》1988 年第 1 期　又見：中國敦煌學百年文庫·宗教卷（二）　甘肅文化出版社　1999　p. 189

上山大峻　敦煌佛教の研究　（京都）法藏館　1990　p. 345

李學勤　禪宗早期文物的重要發現　《文物》1992 年第 3 期　p. 71

吳其昱著　伊藤美重子譯　敦煌漢文寫本概観　敦煌漢文文獻（講座敦煌5）　（東京）大東出版社　1992　p. 58

冉雲華　敦煌遺書與中國禪宗歷史研究　"中國唐代學會"會刊（第四期）　（臺北）"中國唐代學會"　1993　p. 57

榮新江　鄧文寬　有關敦博本禪籍的幾個問題　《敦煌學輯刊》1994 年第 2 期　p. 7

索仁森著　李吉和譯　敦煌漢文禪籍特徵概觀　《敦煌研究》1994 年第 1 期　p. 113

田中良昭　敦煌の禪籍　禪學研究入門　（東京）大東出版社　1994　p. 48

柳田聖山　禪籍解題（一）·敦煌禪籍　俗語言研究（第二期）　（京都）禪文化研究所　1995　p. 146

劉再聰　陳正桃　胡適與敦煌學　《敦煌學輯刊》1996 年第 1 期　p. 61

楊曾文　神會和尚禪語録　中華書局　1996　p. 15、193

姜伯勤　普寂與北宗禪風西旋敦煌　佛教與中國傳統文化　宗教文化出版社　1997　p. 487

鄧文寬　榮新江　敦博本禪籍録校　江蘇古籍出版社　1998　p. 8、3

方廣錩　菩提達磨南宗定是非論　敦煌學大辭典　上海辭書出版社　1998　p. 727

胡適　新校定的敦煌寫本神會和尚遺著兩種　中國敦煌學百年文庫·宗教卷（四）　甘肅文化出版社　1999　p. 42

榮新江　驚沙撼大漠：向達的敦煌考察及其學術意義　國際敦煌學學術史研討會論文集　研討會籌備組　2002　p. 78　又見：敦煌吐魯番研究（第七卷）　北京大學出版社　2004　p. 117

田中良昭　敦煌の禪宗燈史　中日敦煌佛教學術會議論文集　中國社會科學院研究所　2002　p. 108　又見：戒幢佛學（第二卷）　岳麓書社　2002　p. 149

蔣宗福　敦煌禪宗文獻詞語劄記　新世紀敦煌學論集　巴蜀書社　2003　p. 478

楊曾文　慧能弟子神會及其禪法理論　敦煌與絲路文化學術講座（第二輯）　北京圖書館出版社　2005　p. 359

P. 3489

那波利貞　佛教信仰に基きて組織せられたる中晩唐五代時代の社邑に就きて（上）　『史林』（24 卷 3 號）　京都大學文學部史學研究會　1939　p. 15、33　又見：唐代社會文化史研究·第六編　（東京）創文社　1974　p. 587、602

那波利貞　千佛岩莫高窟と敦煌文書　西域文化研究（第二）·敦煌吐魯番社會經濟資料（上）　（京都）法藏館　1959　p. 38

竺沙雅章　敦煌出土「社」文書の研究　『東方學報』（第 35 號）　京都大學人文科學研究所　1964　p. 242

那波利貞　唐代の社邑に就きて（1938 年）　唐代社會文化史研究·第五編　（東京）創文社　1974

p. 504、548、556

陳祚龍　敦煌古抄"社條"三種　敦煌文物隨筆　（臺北）商務印書館　1979　p. 26

陳祚龍　中古敦煌結社的真象　敦煌學海探珠（下冊）　（臺北）商務印書館　1979　p. 362

長澤和俊　敦煌の庶民生活　敦煌の社會（講座敦煌3）　（東京）大東出版社　1980　p. 470

堀敏一　敦煌社會の変質——中國社會全般の発展とも関連して　敦煌の社會（講座敦煌3）　（東京）大東出版社　1980　p. 194

項楚　王梵志詩校注　敦煌吐魯番文獻研究論集（第四輯）　北京大學出版社　1987　p. 370　又見：上海古籍出版社　1991　p. 392

謝和耐著　耿昇譯　中國5—10世紀的寺院經濟　甘肅人民出版社　1987　p. 329 注3　又見：上海古籍出版社　2004　p. 273 注3

高國藩　敦煌民俗學　上海文藝出版社　1989　p. 20

山本達郎等　敦煌・I 社條　『NUN‑HUANG AND TURFAN DOCUMENTS CONCERNING SOCIAL AND ECONOMIC HISTORY』(Ⅳ)　（東京）東洋文庫　1989　p. 8

胡同慶　從敦煌結社活動探討人的群體性以及個體與集體的關係　《敦煌研究》1990年第4期　p. 75　又見：敦煌學研究　甘肅人民美術出版社　1994　p. 178

寧可　郝春文　北朝至隋唐五代間的女人結社　《北京師範學院學報》1990年第5期　p. 78

林聰明　敦煌文書學　（臺北）新文豐出版公司　1991　p. 397

姜伯勤　敦煌社會文書導論　（臺北）新文豐出版公司　1992　p. 173、233、235

林家平　寧强　羅華慶　中國敦煌學史　北京語言學院出版社　1992　p. 109

高國藩　敦煌民俗資料導論　（臺北）新文豐出版公司　1993　p. 4

郝春文　敦煌寫本社邑文書年代彙考（一）　《首都師範大學學報》1993年第4期　p. 34

張鴻勳　敦煌說唱文學概論　（臺北）新文豐出版公司　1993　p. 7

鄭炳林　高偉　唐五代敦煌釀酒業初探　《西北史地》1994年第1期　p. 33

土肥義和　唐・北宋間の「社」の組織形態に関する一考察　中國古代の國家と民衆（堀敏一先生古稀記念）　（東京）汲古書院　1995　p. 713

寧可　郝春文　敦煌社邑文書輯校　江蘇古籍出版社　1997　p. 27

鄭炳林　唐五代敦煌的粟特人與佛教　敦煌歸義軍史專題研究　蘭州大學出版社　1997　p. 449

董志翹　敦煌文書詞語考釋　《敦煌研究》1998年第1期　p. 133

董志翹　也論中古漢語辭彙研究中的推源問題　漢語史研究集刊・第一輯（上）　巴蜀書社　1998　p. 77　又見：中古文獻語言論集　巴蜀書社　2000　p. 129

高田時雄　藏文社邑文書二三種　敦煌吐魯番研究（第三卷）　北京大學出版社　1998　p. 185

郝春文　唐後期五代宋初敦煌僧尼的社會生活　中國社會科學出版社　1998　p. 384

郝春文　唐後期五代宋初敦煌僧尼遺產的處理與喪事的操辦　《敦煌研究》1998年第3期　p. 42

李斌城　隋唐五代社會生活史　中國社會科學出版社　1998　p. 246 注2

寧可　女人社　敦煌學大辭典　上海辭書出版社　1998　p. 427

寧可　社團頭　敦煌學大辭典　上海辭書出版社　1998　p. 427

寧可　巷社　敦煌學大辭典　上海辭書出版社　1998　p. 427

宋家鈺　寧可　虞侯　敦煌學大辭典　上海辭書出版社　1998　p. 409

楊森　晚唐五代兩件《女人社》文書劄記　《敦煌研究》1998年第1期　p. 65、72

寧可　寧可史學論集　中國社會科學出版社　1999　p. 446 注15

楊森　談敦煌社邑文書中"三官"及"錄事""虞侯"的若干問題　《敦煌研究》1999年第3期　p. 83

董志翹　《入唐求法巡禮行記》辭彙研究　中國社會科學出版社　2000　p. 135、223

董志翹　《入唐求法巡禮行記》的辭彙特點及其在中古漢語辭彙史研究上的價值　中古文獻語言論
集　巴蜀書社　2000　p. 57

陳麗萍　敦煌女性寫經題記及反映的婦女問題　敦煌佛教藝術文化國際學術研討會論文集　蘭州大
學出版社　2002　p. 443

孟憲實　論唐宋時期敦煌民間結社的組織形態　《敦煌研究》2002 年第 1 期　p. 60

楊惠玲　敦煌契約文書中的保人、見人、口承人、同便人、同取人　《敦煌研究》2002 年第 6 期　p. 42

鄭炳林　魏迎春　晚唐五代敦煌佛教教團的科罰制度研究　《敦煌研究》2004 年第 2 期　p. 55

郝春文　唐後期五代宋初敦煌私社的教育與教化功能　敦煌吐魯番研究（第九卷）　中華書局
2006　p. 305

李正宇　晚唐至宋敦煌聽許僧人娶妻生子　敦煌吐魯番研究（第九卷）　中華書局　2006　p. 344

孟憲實　論唐宋時期敦煌民間結社的社條　敦煌吐魯番研究（第九卷）　中華書局　2006　p. 318、
326

P. 3490

芳村修基　土橋秀高　井ノ口泰淳　敦煌佛教史年表　西域文化研究（第一）·敦煌佛教資料　（京
都）法藏館　1958　p. 277

那波利貞　梁戶考　唐代社會文化史研究·第三編　（東京）創文社　1974　p. 310

陳祚龍　新校重訂敦煌古抄事佛崇法文獻小集　《東方雜誌》1978 年第 6 期　又見：中國敦煌學百年
文庫·宗教卷（二）　甘肅文化出版社　1999　p. 46

陳祚龍　敦煌學新記　敦煌文物隨筆　（臺北）商務印書館　1979　p. 275

陳祚龍　簡記敦煌古抄方志　敦煌文物隨筆　（臺北）商務印書館　1979　p. 61

菊池英夫　唐代敦煌社會の外貌　敦煌の社會（講座敦煌 3）　（東京）大東出版社　1980　p. 106

堀敏一　敦煌社會の變質——中國社會全般の發展とも關連して　敦煌の社會（講座敦煌 3）　（東
京）大東出版社　1980　p. 166

陳祚龍　新校重訂敦煌古抄僧讚集　中華佛教文化史散策（三集）　（臺北）新文豐出版公司　1981
p. 194

姜伯勤　論敦煌寺院的"常住百姓"　《敦煌研究》1981 年試刊第 1 期　p. 46　又見：五十年來漢唐
佛教寺院經濟研究　北京師範大學出版社　1986　p. 190

陳祚龍　敦煌古抄內典尾記彙校初、二、三編合刊　敦煌學要籥　（臺北）新文豐出版公司　1982
p. 94

陳祚龍　《簡記敦煌古抄方志》及其"後語"　敦煌學要籥　（臺北）新文豐出版公司　1982　p. 230

姜伯勤　唐五代敦煌寺戶制度　中華書局　1987　p. 144

姜亮夫　敦煌經卷題名錄　敦煌學論文集　上海古籍出版社　1987　p. 1062

謝和耐著　耿昇譯　中國 5—10 世紀的寺院經濟　甘肅人民出版社　1987　p. 135 注 1　又見：上海
古籍出版社　2004　p. 108

韓建瓴　雜記　敦煌文學　甘肅人民出版社　1989　p. 68

山本達郎等　敦煌·IV 納贈曆·納色物曆等　『NUN - HUANG AND TURFAN DOCUMENTS CON-
CERNING SOCIAL AND ECONOMIC HISTORY』(IV)　（東京）東洋文庫　1989　p. 90

高國藩　敦煌古俗與民俗流變　河海大學出版社　1990　p. 367

唐耕耦　陸宏基　敦煌社會經濟文獻真迹釋錄（三、四、五）　全國圖書館文獻縮微複製中心　1990
p. 186；7；236

姜伯勤　敦煌吐魯番與香藥之路　季羨林教授八十華誕紀念論文集（下）　江西人民出版社　1991

　　p. 840

金岡照光　高僧傳因緣　敦煌の文學文獻（講座敦煌9）　（東京）大東出版社　1992　p. 574

陶秋英輯録　姜亮夫校訂　敦煌經卷題名録　敦煌碎金　浙江古籍出版社　1992　p. 78

高國藩　敦煌民俗資料導論　（臺北）新文豐出版公司　1993　p. 170

郝春文　敦煌寫本社邑文書年代彙考（一）　《首都師範大學學報》1993年第4期　p. 36

郝春文　唐後期五代宋初敦煌寺院中的博士　《中國經濟史研究》1993年第2期　p. 121

鄭炳林　敦煌碑銘讚抄本概述　《蘭州大學學報》1993年第4期　p. 141

胡同慶　莫高窟第154、231窟經變畫研究　敦煌學研究　甘肅人民美術出版社　1994　p. 123、147

姜伯勤　變文的南方源頭與敦煌的唱導法匠　華學（第一輯）　中山大學出版社　1995　p. 160

孫修身　試論瓜沙曹氏與甘州回鶻之關係　敦煌學國際研討會文集·史地語文編　遼寧美術出版社　1995　p. 103

土肥義和　唐·北宋間の「社」の組織形態に関する一考察　中國古代の國家と民衆（堀敏一先生古稀記念）　（東京）汲古書院　1995　p. 705

王書慶　敦煌佛學·佛事篇　甘肅民族出版社　1995　p. 212

張弓　敦煌秋冬節俗初探　敦煌學國際研討會文集·史地語文編　遼寧美術出版社　1995　p. 588

李正宇　敦煌史地新論　（臺北）新文豐出版公司　1996　p. 98

馬德　敦煌莫高窟史研究　甘肅教育出版社　1996　p. 94、171、213

馬德　九、十世紀敦煌工匠史料述論　慶祝潘石禪先生九秩華誕敦煌學特刊　（臺北）文津出版社　1996　p. 307、313

馬德　莫高窟與敦煌佛教教團　敦煌吐魯番研究（第一卷）　北京大學出版社　1996　p. 170

榮新江　歸義軍史研究　上海古籍出版社　1996　p. 18

張涌泉　敦煌俗字研究導論　（臺北）新文豐出版公司　1996　p. 143

張涌泉　敦煌文獻校讀釋例　文史（第四十一輯）　中華書局　1996　p. 193　又見：舊學新知　浙江大學出版社　1999　p. 201

馮培紅　晚唐五代宋初歸義軍武職軍將研究　敦煌歸義軍史專題研究　蘭州大學出版社　1997　p. 119

李正宇　敦煌歷史地理導論　（臺北）新文豐出版公司　1997　p. 60

劉雯　吐蕃及歸義軍時期敦煌索氏家族研究　《敦煌學輯刊》1997年第2期　p. 88

馬德　敦煌工匠史料　甘肅人民出版社　1997　p. 15、51、65、84

唐耕耦　敦煌寺院會計文書研究　（臺北）新文豐出版公司　1997　p. 29

楊際平　郭鋒　張和平　五—十世紀敦煌的家庭與家族關係　岳麓書社　1997　p. 166、289

張弓　漢唐佛寺文化史　中國社會科學出版社　1997　p. 942

鄭炳林　敦煌碑銘讚及其有關問題　敦煌碑銘讚輯釋　甘肅教育出版社　1997　p. 13

鄭炳林　敦煌碑銘讚輯釋　甘肅教育出版社　1997　p. 474注14、529

鄭炳林　唐五代敦煌手工業研究　敦煌歸義軍史專題研究　蘭州大學出版社　1997　p. 242、269

鄭炳林　晚唐五代敦煌貿易市場的物價　敦煌歸義軍史專題研究　蘭州大學出版社　1997　p. 300

鄭炳林　晚唐五代敦煌園囿經濟研究　敦煌歸義軍史專題研究　蘭州大學出版社　1997　p. 312

高啓安　索黛　唐五代敦煌飲食中的餅淺探　《敦煌研究》1998年第4期　p. 80

郝春文　唐後期五代宋初敦煌僧尼的社會生活　中國社會科學出版社　1998　p. 170

金瀅坤　從敦煌文書看晚唐五代敦煌地區布紡織業　《敦煌研究》1998年第2期　p. 137

李正宇　重修寶刹公德記　敦煌學大辭典　上海辭書出版社　1998　p. 334

李正宇　村莊　敦煌學大辭典　上海辭書出版社　1998　p. 304

李正宇　氾通子繪像公德記　敦煌學大辭典　上海辭書出版社　1998　p. 334

李正宇　佛堂　敦煌學大辭典　上海辭書出版社　1998　p. 627

李正宇　歸義軍樂營　敦煌學大辭典　上海辭書出版社　1998　p. 247

李正宇　龍泉寺　敦煌學大辭典　上海辭書出版社　1998　p. 628

馬德　10 世紀敦煌寺曆所記三窟活動　《敦煌研究》1998 年第 2 期　p. 81、84

榮新江　歸義軍大事紀年初稿　出土文獻研究(第三輯)　文物出版社　1998　p. 244

譚蟬雪　敦煌歲時文化導論　(臺北)新文豐出版公司　1998　p. 43、87、259、343

土肥義和　唐・北宋の間：敦煌の杜家親情社追補社條(S.8160rv)について　唐代史研究(創刊號)
　　(東京)唐代史研究會　1998　p. 19

謝重光　行像　敦煌學大辭典　上海辭書出版社　1998　p. 644

楊森　張大爽　敦煌學大辭典　上海辭書出版社　1998　p. 346

高啓安　唐五代敦煌僧人飲食的幾個名詞解釋　《敦煌研究》1999 年第 4 期　p. 132

高啓安　王璽玉　唐五代敦煌人的飲食品種研究　《敦煌研究》1999 年第 2 期　p. 65

雷紹鋒　歸義軍賦役制度初探　(臺北)洪葉文化事業有限公司　2000　p. 261

李正宇　歸義軍樂營的結構與配置　《敦煌研究》2000 年第 3 期　p. 73

譚蟬雪　唐宋敦煌歲時佛俗：正月　《敦煌研究》2000 年第 4 期　p. 70

童丕　從寺院的帳簿看敦煌二月八日節　法國漢學(敦煌學專號)　中華書局　2000　p. 72、95

顏廷亮　敦煌文化　光明日報出版社　2000　p. 382

李正宇　沙州歸義軍樂營及其職事　敦煌吐魯番研究(第五卷)　北京大學出版社　2001　p. 219

譚蟬雪　唐宋敦煌歲時佛俗：二月至七月　《敦煌研究》2001 年第 1 期　p. 95

曾良　敦煌文獻字義通釋　廈門大學出版社　2001　p. 114

趙貞　歸義軍押衙兼知他官略考　《敦煌研究》2001 年第 2 期　p. 93

高啓安　晚唐五代敦煌僧人飲食戒律初探　敦煌佛教藝術文化國際學術研討會論文集　蘭州大學出
　　版社　2002　p. 389

姜亮夫　敦煌莫高窟年表　姜亮夫全集(十一)　雲南人民出版社　2002　p. 291

李斌城　唐代文化　中國社會科學出版社　2002　p. 1074

李正宇　唐宋時期的敦煌佛教　敦煌佛教藝術文化國際學術研討會論文集　蘭州大學出版社　2002
　　p. 379

劉永明　散見敦煌曆朔閏輯考　《敦煌研究》2002 年第 6 期　p. 12、16

馬茜　歸義軍時期敦煌地區庶民佛教的發展　甘肅民族研究論叢　甘肅人民出版社　2002　p. 454

乜小紅　唐宋敦煌毛紡織業述略　敦煌學(第 23 輯)　(臺北)樂學書局有限公司　2002　p. 122

榮新江　唐五代歸義軍武職軍將考　敦煌學新論　甘肅教育出版社　2002　p. 58

胡朝陽　胡同慶　敦煌壁畫藝術的美學特徵　《敦煌研究》2003 年第 2 期　p. 3

乜小紅　唐五代敦煌音聲人試探　《敦煌研究》2003 年第 3 期　p. 74

鄭炳林　晚唐五代敦煌村莊聚落輯考　2000 年敦煌學國際學術討論會文集・歷史文化卷(上)　甘
　　肅民族出版社　2003　p. 136、149

陳麗萍　中古時期敦煌地區財婚風氣略論　麥積山石窟藝術文化論文集(下)　蘭州大學出版社
　　2004　p. 265

高啓安　唐五代敦煌飲食文化研究　民族出版社　2004　p. 35、147、197、282、357、379

胡同慶　安忠義　佛教藝術　敦煌文藝出版社　2004　p. 151

李正宇　晚唐至宋敦煌僧人聽食"淨肉"　敦煌學(第 25 輯)　(臺北)樂學書局有限公司　2004
　　p. 178

湯涒　敦煌曲子詞地域文化研究　上海古籍出版社　2004　p. 103

趙紅　高啓安　唐五代時期敦煌僧人飲食概述　麥積山石窟藝術文化論文集(下)　蘭州大學出版社　2004　p. 284、295

陳于柱　從敦煌占卜文書看晚唐五代敦煌占卜與佛教的對話交融　《敦煌學輯刊》2005 年第 2 期　p. 25

鄭炳林　晚唐五代敦煌地區的胡姓居民與聚落　法國漢學(第 10 輯)(粟特人在中國：歷史、考古、語言的新探索)　中華書局　2005　p. 183

劉進寶　歸義軍時期的"音聲人"　《敦煌研究》2006 年第 1 期　p. 69

P. 3491

陳國燦　對未刊敦煌借契的考察　魏晉南北朝隋唐史資料(第 5 輯)　武漢大學出版社　1983　p. 21

張錫厚　漫談敦煌變文的藝術特徵　唐代文學論叢(第六輯)　陝西人民出版社　1985　p. 163

王堯　陳踐　從一張借契看宗教的社會作用：P. T. 1297 號敦煌吐蕃文書譯解　《世界宗教研究》1986 年第 4 期　p. 70

楊銘　吐蕃時期敦煌部落設置考　《西北史地》1987 年第 2 期　p. 35

山本達郎等　敦煌·Ⅴ計會文書　『NUN-HUANG AND TURFAN DOCUMENTS CONCERNING SOCIAL AND ECONOMIC HISTORY』(IV)　(東京)東洋文庫　1989　p. 113

池田溫　敦煌における土地税役制をめぐって　東アジア古文書の史的研究　(東京)刀水書房　1990　p. 55

唐耕耦　陸宏基　敦煌社會經濟文獻真迹釋録(二、三、四)　全國圖書館文獻縮微複製中心　1990　p. 106、375；247；154

姜伯勤　敦煌吐魯番與香藥之路　季羨林教授八十華誕紀念論文集(下)　江西人民出版社　1991　p. 845

榮新江　敦煌學書評二則　《敦煌研究》1992 年第 4 期　p. 110

圓空　《新菩薩經》《勸善經》《救諸衆生苦難經》校録及其流傳背景之探討　《敦煌研究》1992 年第 1 期　p. 53

李正宇　中國唐宋硬筆書法　上海文化出版社　1993　p. 35

譚蟬雪　敦煌婚姻文化　甘肅人民出版社　1993　p. 65

譚蟬雪　敦煌祈賽風俗　《敦煌研究》1993 年第 4 期　p. 63

姜伯勤　敦煌吐魯番文書與絲綢之路　文物出版社　1994　p. 133

劉惠琴　從敦煌文書中看沙州紡織業　《敦煌學輯刊》1995 年第 2 期　p. 50

吳庚舜　董乃斌　唐代文學史(下)　人民文學出版社　1995　p. 584

郝春文　唐後期五代宋初沙州僧尼的宗教收入(三)：大衆倉試探　《敦煌學輯刊》1996 年第 2 期　p. 3

楊銘　吐蕃"十將"(Tshan bcu)制補證　《中國藏學》1996 年第 2 期　又見：中國敦煌學百年文庫·民族卷(二)　甘肅文化出版社　1999　p. 61

黃征　敦煌願文考論　敦煌語文叢說　(臺北)新文豐出版公司　1997　p. 591

李并成　古代河西走廊桑蠶絲織業考　《敦煌學輯刊》1997 年第 2 期　p. 63

寧可　郝春文　敦煌社邑文書輯校　江蘇古籍出版社　1997　p. 659、762

楊際平　郭鋒　張和平　五—十世紀敦煌的家庭與家族關係　岳麓書社　1997　p. 144

楊銘　吐蕃統治敦煌研究　(臺北)新文豐出版公司　1997　p. 22、272

鄭炳林　晚唐五代敦煌園圃經濟研究　敦煌歸義軍史專題研究　蘭州大學出版社　1997　p. 328
郝春文　唐後期五代宋初敦煌僧尼的社會生活　中國社會科學出版社　1998　p. 325
金瀅坤　吐蕃統治敦煌的社會基層組織　《中國邊疆史地研究》1998 年第 4 期　p. 29
李正宇　左七將酉年應徵及破除突田曆　敦煌學大辭典　上海辭書出版社　1998　p. 414
沙知　敦煌契約文書輯校　江蘇古籍出版社　1998　p. 131
楊森　關於敦煌文獻中的"平章"一詞　敦煌學與中國史研究論集　甘肅人民出版社　2001　p. 231
蔡忠霖　敦煌漢文寫卷俗字及其現象　（臺北）文津出版社　2002　p. 39
馬繼興　當前世界各地收藏的中國出土卷子本古醫藥文獻備考　敦煌吐魯番研究（第六卷）　北京
　　大學出版社　2002　p. 152
楊惠玲　敦煌契約文書中的保人、見人、口承人、同便人、同取人　《敦煌研究》2002 年第 6 期　p. 41
李并成　敦煌文獻與西北生態環境變遷研究　漢語史學報專輯（第三輯）　上海教育出版社　2003
　　p. 392
童丕　敦煌的借貸：中國中古時代的物質生活與社會　中華書局　2003　p. 80
王三慶　敦煌寫卷中有關的"滿月禮"儀式及其源流探討　冉雲華先生八秩華誕壽慶論文集　（臺
　　北）法光出版社　2003　p. 6
高啓安　唐五代敦煌飲食文化研究　民族出版社　2004　p. 41、209
鄭炳林　魏迎春　晚唐五代敦煌佛教教團的科罰制度研究　《敦煌研究》2004 年第 2 期　p. 53

P. 3492

陳祚龍　相學國手袁天綱　敦煌資料考屑（下冊）　（臺北）商務印書館　1979　p. 270
耿昇　八十年代的法國敦煌學論著簡介　《敦煌研究》1986 年第 3 期　p. 79
王重民原編　黃永武新編　敦煌古籍叙錄新編（第九冊）　（臺北）新文豐出版公司　1986　p. 210
施萍婷　敦煌曆日研究　1983 年全國敦煌學術討論會文集·文史遺書編（上）　甘肅人民出版社
　　1987　p. 311、325、351
陳祚龍　從敦煌古抄"葉淨能詩"談到淩濛初的"唐明皇好道集奇人"與"武惠妃崇禪鬥異法"　敦煌
　　學（第 13 輯）　（臺北）新文豐出版公司　1988　p. 3　又見：敦煌文物散論　（臺北）新文豐出版
　　公司　1993　p. 8
黃正建　敦煌文書中《相書》殘卷與唐代的相面　《敦煌學輯刊》1988 年第 1、2 期　p. 116
嚴敦傑　跋敦煌唐乾符四年曆書　中國古代天文文物論集　文物出版社　1989　p. 243　又見：中國
　　敦煌學百年文庫·科技卷　甘肅文化出版社　1999　p. 215
高國藩　敦煌古俗與民俗流變　河海大學出版社　1990　p. 28、30
宮島一彥　曆書·算書　敦煌漢文文獻（講座敦煌 5）　（東京）大東出版社　1992　p. 473
菅原信海　占筮書　敦煌漢文文獻（講座敦煌 5）　（東京）大東出版社　1992　p. 448、455
高國藩　敦煌民俗資料導論　（臺北）新文豐出版公司　1993　p. 130、323
侯錦郎　敦煌寫本中的唐代相書　法國學者敦煌學論文選萃　中華書局　1993　p. 352
劉進寶　敦煌學論述　（臺北）洪葉文化事業有限公司　1995　p. 286
鄧文寬　敦煌天文曆法文獻輯校　江蘇古籍出版社　1996　p. 234
鄧文寬　光啓四年戊申歲具注曆日　敦煌學大辭典　上海辭書出版社　1998　p. 606
嚴敦傑　相書　敦煌學大辭典　上海辭書出版社　1998　p. 621
嚴敦傑　諸雜推五姓陰陽等宅圖經　敦煌學大辭典　上海辭書出版社　1998　p. 625
鄧文寬　《敦煌天文曆法文獻輯校》零拾　慶祝吳其昱先生八秩華誕敦煌學特刊　（臺北）文津出版
　　社　2000　p. 142

黃正建　敦煌占卜文書與唐五代占卜研究　學苑出版社　2001　p. 60、72

陳于柱　魏萬斗　唐宋陰陽相宅宗初探：以敦煌寫本宅經爲考索　《敦煌學輯刊》2002 年第 2 期
　　p. 45

黃一農　嫁娶宜忌：選擇術中的"亥不行嫁"與"陰陽不將"考辨　法制與禮俗　（臺北）"中央研究
　　院"歷史語言研究所　2002　p. 291

李斌城　唐代文化　中國社會科學出版社　2002　p. 1612

王晶波　敦煌相術與佛教占相內容異同論　《敦煌學輯刊》2003 年第 1 期　p. 71

余欣　禁忌、儀式與法術　唐代宗教信仰與社會　上海辭書出版社　2003　p. 303

鄭炳林　敦煌文獻中的解夢書與相面書　敦煌與絲路文化學術講座（第一輯）　北京圖書館出版社
　　2003　p. 165

鄭炳林　王晶波　敦煌寫本相書概述　《敦煌學國際聯絡委員會通訊》2003 年第 1 期　p. 46、52

馬若安　敦煌曆日"沒日"和"滅日"安排初探　敦煌吐魯番研究（第七卷）　北京大學出版社　2004
　　p. 429

王晶波　敦煌所出相痣圖 CH00209、S. 5976 校理釋錄　《敦煌學輯刊》2004 年第 1 期　p. 42

鄭炳林　王晶波　敦煌寫本相書校錄研究　民族出版社　2004　p. 5、12

王晶波　論敦煌相書中的陰陽五行觀念　《敦煌學輯刊》2005 年第 2 期　p. 44

王晶波　王璐　唐代相痣書殘卷 P. 3492v 研究　《敦煌研究》2005 年第 1 期　p. 15

P. 3493

芳村修基　土橋秀高　井ノ口泰淳　敦煌佛教史年表　西域文化研究（第一）・敦煌佛教資料　（京
　　都）法藏館　1958　p. 279

陳祚龍　敦煌古抄內典尾記彙校初、二、三編合刊　敦煌學要籥　（臺北）新文豐出版公司　1982
　　p. 189

平野顯照著　張桐生譯　唐代的文學與佛教　（臺北）業強出版社　1987　p. 256

舒學　敦煌漢文遺書中雕版印刷資料綜叙　敦煌語言文學研究　北京大學出版社　1988　p. 297

池田溫　中國古代寫本識語集錄　（東京）大藏出版株式會社　1990　p. 484

龍晦　敦煌與五代兩蜀文化　《敦煌研究》1990 年第 2 期　p. 100

林聰明　敦煌文書學　（臺北）新文豐出版公司　1991　p. 339

方廣錩　敦煌文獻中的《金剛經》及其注疏　《新疆文物》1995 年第 1 期　p. 46　又見：敦煌學佛教
　　學論叢（上）　中國佛教文化研究所　1998　p. 375

鄭阿財　敦煌寫卷《持誦金剛經靈驗功德記》研究　全國敦煌學研討會論文集　（臺北）中正大學中
　　國文學系所　1995　p. 269

鄭阿財　敦煌靈應小說的佛教史學價值　唐研究國際學術會議論文彙編　中國社會科學院歷史所等
　　1997　p. 192　又見：唐研究（第四卷）　北京大學出版社　1998　p. 41　1997

白化文　西川過家真印本　敦煌學大辭典　上海辭書出版社　1998　p. 590

方廣錩　金剛般若波羅蜜經　敦煌學大辭典　上海辭書出版社　1998　p. 682

妹尾達彥　唐代長安東市の印刷業　東アジア史における國家と地域　（東京）刀水書房　1999
　　p. 230

姜亮夫　敦煌莫高窟年表　姜亮夫全集（十一）　雲南人民出版社　2002　p. 513

釋永有　敦煌遺書中的金剛經　敦煌佛教藝術文化國際學術研討會論文集　蘭州大學出版社　2002
　　p. 37

P. 3494

加地哲定　增補中國佛教文學研究　（東京）同朋舍　1979　p. 166

李正宇　唐宋時代敦煌縣河渠泉澤簡志(二)　《敦煌研究》1989 年第 1 期　p. 54

加地哲定著　劉衛星譯　中國佛教文學　今日中國出版社　1990　p. 141

黄征　吳偉　敦煌願文集　岳麓書社　1995　p. 52、414、436、471、493

王書慶　從敦煌文獻看敦煌佛教文化與中原佛教文化的交流　敦煌佛教文獻研究　敦煌研究院文獻
　　研究所　1995　p. 25

王書慶　敦煌佛學・佛事篇　甘肅民族出版社　1995　p. 65

宋家鈺　佛教齋文源流與敦煌本“齋文”書的復原　《中國史研究》1999 年第 2 期　p. 77　又見：英
　　國收藏敦煌漢藏文獻研究　中國社會科學出版社　2000　p. 316

宋家鈺　英國收藏敦煌文獻敘錄　英國收藏敦煌漢藏文獻研究　中國社會科學出版社　2000　p. 98

P. 3495

唐耕耦　陸宏基　敦煌社會經濟文獻真迹釋錄(三)　全國圖書館文獻縮微複製中心　1990　p. 16

王震亞　趙熒　敦煌殘卷爭訟文牒集釋　甘肅人民出版社　1993　p. 110

李正宇　敦煌歷史地理導論　（臺北）新文豐出版公司　1997　p. 141

唐耕耦　敦煌寺院會計文書研究　（臺北）新文豐出版公司　1997　p. 5

鄭炳林　楊富學　晚唐五代金銀在敦煌的使用與流通　《甘肅金融》1997 年第 8 期　又見：中國敦煌
　　學百年文庫・歷史卷(二)　甘肅文化出版社　1999　p. 581

郝春文　唐後期五代宋初敦煌僧尼的社會生活　中國社會科學出版社　1998　p. 127

郝春文　唐後期五代宋初敦煌寺院常住什物的數量及與僧人的關係　《敦煌研究》1998 年第 2 期
　　p. 118

唐耕耦　常住什物交割點檢曆　敦煌學大辭典　上海辭書出版社　1998　p. 648

P. 3496

周紹良　敦煌所出變文現存目錄　敦煌變文彙錄　上海出版公司　1955　p. 4

金岡照光　敦煌漢文文學文獻の文學形態上の種類とその分類　敦煌出土文學文獻分類目錄・附解
　　說　（東京）東洋文庫　1971　p. 203

金岡照光　敦煌文學のさまざま　敦煌の文學　（東京）大藏出版株式會社　1971　p. 108

金岡照光　敦煌民衆の宗教と生活　敦煌の民衆——その生活と思想　（東京）評論社　1972
　　p. 142

金岡照光　敦煌の繪物語　（東京）東方書店　1981　p. 69、113

張鴻勳　敦煌講唱文學韻律初探　《敦煌研究》1982 年試刊第 2 期　p. 134

潘重規　敦煌變文集新書(上)　（臺北）“中國文化大學”中文研究所　1984　p. 554

王慶菽　太子成道變文　敦煌變文集　人民文學出版社　1984　p. 318

平野顯照著　張桐生譯　唐代的文學與佛教　（臺北）業强出版社　1987　p. 288

楊曾文　日本學者對中國禪宗文獻的研究和整理　《世界宗教研究》1987 年第 1 期　p. 119

高國藩　驅儺風俗和敦煌民間歌謠《兒郎偉》　文史(第二十九輯)　中華書局　1988　p. 298

柴劍虹　因緣　敦煌文學　甘肅人民出版社　1989　p. 273

高國藩　敦煌古俗與民俗流變　河海大學出版社　1990　p. 380

楊雄　《敦煌變文集》校勘拾遺　《敦煌研究》1990 年第 4 期　p. 79

楊雄　太子成道變文補校　《古籍整理研究學刊》1990 年第 4 期　p. 7

柴劍虹　敦煌文學中的"因緣"與"詩話"　西域文史論稿　（臺北）國文天地雜誌社　1991　p. 514

胥洪泉　《敦煌變文集》校記四十五則　《敦煌學輯刊》1991 年第 2 期　p. 28

金岡照光　講唱體類　敦煌の文學文獻(講座敦煌 9)　（東京）大東出版社　1992　p. 77

周紹良　敦煌文學芻議及其它　（臺北）新文豐出版公司　1992　p. 53

高國藩　敦煌民俗資料導論　（臺北）新文豐出版公司　1993　p. 42、175

汪泛舟　敦煌文學概論　甘肅人民出版社　1993　p. 180

陳海濤　敦煌變文新論　《敦煌研究》1994 年第 1 期　p. 65

王慶雲　佛太子與賈寶玉：從敦煌寫本《八相變》看佛教文學對《紅樓夢》的影響　敦煌佛教文學研究
　　（臺北）文津出版社　1995　p. 300

馮培紅　唐五代敦煌的河渠水利與水司管理機構初探　《敦煌學輯刊》1997 年第 2 期　p. 77

馮培紅　晚唐五代宋初歸義軍武職軍將研究　敦煌歸義軍史專題研究　蘭州大學出版社　1997
　　p. 152

黃征　張涌泉　敦煌變文校注　中華書局　1997　p. 484

海客　太子成道變文　敦煌學大辭典　上海辭書出版社　1998　p. 576

周紹良　張涌泉　黃征　敦煌變文講經文因緣輯校(上、下)　江蘇古籍出版社　1998　p. 19、676

高國藩　敦煌俗文化學　上海三聯書店　1999　p. 344

梅維恒著　楊繼東　陳引馳譯　唐代變文(上)　（香港）中國佛教文化出版公司　1999　p. 78

金岡照光　敦煌文獻と中國文學　（東京）五曜書房　2000　p. 134

謝生保　成佛之路：敦煌壁畫佛傳故事　甘肅人民出版社　2000　p. 181

李小榮　敦煌變文"平"、"側"、"斷"諸音聲符號探析　《敦煌學輯刊》2001 年第 2 期　p. 10

汪泛舟　敦煌俗別字新考(上)　《敦煌研究》2006 年第 1 期　p. 103

P. 3497

高國藩　敦煌古俗與民俗流變　河海大學出版社　1990　p. 369、373

高國藩　敦煌民俗資料導論　（臺北）新文豐出版公司　1993　p. 172

茅甘　敦煌寫本中的鳥鳴占吉凶書　法國學者敦煌學論文選萃　中華書局　1993　p. 373

黃征　吳偉　敦煌願文集　岳麓書社　1995　p. 37、233、588

黃征　敦煌願文的整理和結集　敦煌語文叢說　（臺北）新文豐出版公司　1997　p. 564

馬德　敦煌遺書莫高窟葳首燃燈文輯識　《敦煌研究》1997 年第 3 期　p. 59

鄭炳林　敦煌碑銘讚輯釋　甘肅教育出版社　1997　p. 386 注 12

P. 3498

李正宇　敦煌名勝古迹導論　《陽關》1991 年第 4 期　p. 51

P. 3500

蘇瑩輝　論敦煌本史傳變文與中國俗文學　（臺中）《東海大學圖書館學報》1964 年第 6 期　又見：
　　敦煌論集　（臺北）學生書局　1983　p. 128、132；中國敦煌學百年文庫·文學卷(五)　甘肅文
　　化出版社　1999　p. 20

金岡照光　敦煌文學のさまざま　敦煌の文學　（東京）大藏出版株式會社　1971　p. 133

姜亮夫　唐五代瓜沙張曹兩世家考　中華文史論叢(總 11 輯)　上海古籍出版社　1979　又見：中
　　國敦煌學百年文庫·歷史卷(一)　甘肅文化出版社　1999　p. 352

楊家駱　敦煌變文　（臺北）世界書局　1980　p. 120

羅宗濤　敦煌變文中詩歌形式之探討　漢學論文集　（臺北）文史哲出版社　1982　又見：中國敦煌學百年文庫・文學卷（四）　甘肅文化出版社　1999　p. 63

高自厚　敦煌文獻中的河西回鶻　《西北民族學院學報》1983 年第 3 期　又見：中國敦煌學百年文庫・民族卷（三）　甘肅文化出版社　1999　p. 236

姜伯勤　敦煌寺院碾磑經營的兩種形式　歷史論叢（第三輯）　齊魯書社　1983　p. 173　又見：五十年來漢唐佛教寺院經濟研究　北京師範大學出版社　1986　p. 221

潘重規　敦煌變文集新書（下）　（臺北）“中國文化大學”中文研究所　1984　p. 937

王重民　董永變文　敦煌變文集　人民文學出版社　1984　p. 120

鄧文寬　張淮深平定甘州回鶻史事鈎沈　《魏晉南北朝隋唐史》1986 年第 11 期　p. 65

姜亮夫　羅振玉《補唐書張議潮傳》訂補　向達先生紀念論文集　新疆人民出版社　1986　p. 77　又見：敦煌學論文集　上海古籍出版社　1987　p. 887；姜亮夫全集（十四）　雲南人民出版社　2002　p. 317

林天蔚　論索勳紀德碑及其史事之探討　漢學研究（敦煌學國際研討會論文專號）　（臺北）漢學研究資料及服務中心　1986　p. 488

劉美崧　論歸義軍節度與回鶻關係中的幾個問題　《中南民族學院學報》1986 年第 3 期　又見：中國敦煌學百年文庫・民族卷（三）　甘肅文化出版社　1999　p. 274

錢伯泉　試解“仆固俊”之謎　《甘肅民族研究》1986 年第 2 期　p. 37 注 16

榮新江　歸義軍及其與周邊民族的關係初探　《敦煌學輯刊》1986 年第 2 期　p. 32　又見：中國人文社會科學博士碩士文庫・歷史學卷　浙江教育出版社　1998　p. 660

姜伯勤　唐五代敦煌寺戶制度　中華書局　1987　p. 227

錢伯泉　甘州回鶻的淵源及其建國初期的史實　《甘肅民族研究》1987 年第 1－2 期　p. 6

任半塘　敦煌歌辭總編　上海古籍出版社　1987　p. 701

施萍婷　敦煌隨筆之二　《敦煌研究》1987 年第 1 期　p. 49

周紹良　張錫厚　解放以來全國敦煌語言文學研究述評　敦煌語言文學研究　北京大學出版社　1988　p. 18

黃盛璋　敦煌于闐文書與漢文書中關於甘州回鶻史實異同及回鶻進佔甘州的年代問題　《西北史地》1989 年第 1 期　p. 5

張錫厚　敦煌詩歌考論　《敦煌學輯刊》1989 年第 2 期　p. 26

張錫厚　詩歌　敦煌文學　甘肅人民出版社　1989　p. 173

鄧文寬　歸義軍張氏家族的封爵與郡望　敦煌吐魯番學研究論文集　漢語大詞典出版社　1990　p. 601

郭在貽　張涌泉　黃征　敦煌變文集校議　岳麓書社　1990　p. 92

榮新江　沙州歸義軍歷任節度使稱號研究　敦煌吐魯番學研究論文集　漢語大詞典出版社　1990　p. 792

張錫厚　敦煌語言文學研究述評　中國文化（2）　（香港）中華書局　1990　p. 4

李并成　漢唐時期河西走廊的水利建設　《西北師大學報》1991 年第 2 期　又見：中國敦煌學百年文庫・地理卷（二）　甘肅文化出版社　1999　p. 282

榮新江　曹議金征甘州回鶻史事表微　《敦煌研究》1991 年第 2 期　p. 10

金岡照光　講史譚・時事変文等——「王陵」「李陵」「張議潮」変文を中心に　敦煌の文學文獻（講座敦煌 9）　（東京）大東出版社　1992　p. 571

張涌泉　敦煌寫卷俗字類型及其考辨的方法　（香港）《九州學刊》（敦煌學專輯）1992 年第 4 卷第 4 期　p. 77

周紹良　敦煌文學芻議及其它　（臺北）新文豐出版公司　1992　p. 14

晒麟　金山國名稱來源　《敦煌學輯刊》1993 年第 1 期　p. 52

陳祚龍　唐代敦煌佛寺講經之真象　第二屆國際唐代學術會議論文集（上）　（臺北）文津出版社　1993　p. 605

李正宇　敦煌文學概論　甘肅人民出版社　1993　p. 131

汪泛舟　敦煌文學概論　甘肅人民出版社　1993　p. 558

張錫厚　敦煌文學概論　甘肅人民出版社　1993　p. 363

蔣禮鴻　敦煌文獻語言詞典　杭州大學出版社　1994　p. 13、22、403

劉銘恕　敦煌遺書劄記八篇　敦煌學國際研討會文集・史地語文編　遼寧美術出版社　1995　p. 394

孫修身　試論瓜沙曹氏與甘州回鶻之關係　敦煌學國際研討會文集・史地語文編　遼寧美術出版社　1995　p. 107

吳庚舜　董乃斌　唐代文學史（下）　人民文學出版社　1995　p. 611

張涌泉　漢語俗字研究　岳麓書社　1995　p. 88

鄭炳林　唐五代敦煌金鞍山異名考　《敦煌研究》1995 年第 2 期　p. 128

榮新江　歸義軍史研究　上海古籍出版社　1996　p. 101

張涌泉　敦煌寫卷俗字類釋　敦煌吐魯番學研究論集　書目文獻出版社　1996　p. 487

黃征　敦煌文學《兒郎偉》輯錄校注　敦煌語文叢說　（臺北）新文豐出版公司　1997　p. 695

黃征　張涌泉　敦煌變文校注　中華書局　1997　p. 187、1163

李正宇　敦煌歷史地理導論　（臺北）新文豐出版公司　1997　p. 225

張涌泉　讀《八瓊室金石補正》劄記　周紹良先生欣開九秩慶壽文集　中華書局　1997　p. 78

鄭炳林　敦煌碑銘讚輯釋　甘肅教育出版社　1997　p. 321 注 2

鄭炳林　論晚唐敦煌文士張球即張景球　文史（第四十三輯）　中華書局　1997　p. 118

鄭炳林　馮培紅　唐五代歸義軍政權對外關係中的使頭一職　敦煌歸義軍史專題研究　蘭州大學出版社　1997　p. 53

柴劍虹　童歌謠　敦煌學大辭典　上海辭書出版社　1998　p. 555

李冬梅　唐五代歸義軍與周邊民族關係綜論　《敦煌學輯刊》1998 年第 2 期　p. 46

楊森　張淮深　敦煌學大辭典　上海辭書出版社　1998　p. 353

周紹良　張涌泉　黃征　敦煌變文講經文因緣輯校（上）　江蘇古籍出版社　1998　p. 142

黃征　程惠新　劫塵遺珠：敦煌遺書　甘肅教育出版社　1999　p. 155

李小榮　變文與唱導關係之探討　《敦煌研究》1999 年第 4 期　p. 6

杜琪　敦煌詩賦作品要目分類題注　《甘肅社會科學》2000 年第 1 期　p. 63

雷紹鋒　歸義軍賦役制度初探　（臺北）洪葉文化事業有限公司　2000　p. 275

孫其芳　大漠遺歌：敦煌詩歌選評　甘肅人民出版社　2000　p. 198

徐俊　敦煌詩集殘卷輯考　中華書局　2000　p. 343

顏廷亮　西陲文學遺珍：敦煌文學通俗談　甘肅人民出版社　2000　p. 13、95

張錫厚　敦煌文學源流　作家出版社　2000　p. 75

李小榮　變文講唱與華梵宗教藝術　上海三聯書店　2002　p. 49

王啓濤　中古及近代法制文書語言研究　巴蜀書社　2003　p. 281

王豔明　瓜州曹氏與甘州回鶻的兩次和親始末　《敦煌研究》2003 年第 1 期　p. 72

王志鵬　敦煌僧人彥熙平創作考論　《敦煌研究》2004 年第 1 期　p. 69

P. 3501

周一良　跋敦煌秘笈留真　《清華學報》1948 年第 15 卷第 1 期　又見：魏晉南北朝史論集　中華書
　　局　1963　p. 366；中國敦煌學百年文庫·文獻卷（一）　甘肅文化出版社　1999　p. 280

王重民　敦煌曲子詞集叙錄　商務印書館　1950　p. 6

羅福頤　敦煌石室文物對於學術上的貢獻　《歷史教學》1951 年第 5 期　又見：中國敦煌學百年文
　　庫·考古卷（四）　甘肅文化出版社　1999　p. 12

饒宗頤　敦煌琵琶譜讀記　（香港）《新亞學報》1960 年第 2 期　又見：中國敦煌學百年文庫·藝術
　　卷（三）　甘肅文化出版社　1999　p. 167

蘇瑩輝　敦煌的舞譜　敦煌　（臺北）藝文印書館　1977　p. 30

森安孝夫　ウイグルと敦煌　敦煌の歷史（講座敦煌 2）　（東京）大東出版社　1980　p. 302

土肥義和　はじめに――歸義軍節度使の敦煌支配　敦煌の歷史（講座敦煌 2）　（東京）大東出版
　　社　1980　p. 246

岸邊成雄　古代シルクロードの音樂　（東京）講談社　1982　p. 146

陳國燦　敦煌所出諸借契年代考　魏晉南北朝隋唐史資料（第 4 輯）　武漢大學出版社　1982
　　p. 15　又見：《敦煌學輯刊》1984 年第 1 期　p. 8

陳國燦　唐代的民間借貸：吐魯番敦煌等地所出唐代借貸契券初探　敦煌吐魯番文書初探　武漢大
　　學出版社　1983　p. 271 注 50

董作賓　敦煌紀年　敦煌學文選（上）　蘭州大學歷史系敦煌學研究室等　1983　p. 35

柴劍虹　敦煌舞譜殘卷《南歌子》的整理與分析　《舞蹈藝術》1984 年第 1 期　又見：中國敦煌學百
　　年文庫·藝術卷（三）　甘肅文化出版社　1999　p. 265

牛龍菲　敦煌古樂史資料概論　《新疆藝術》1984 年第 5、6 期　又見：中國敦煌學百年文庫·文獻卷
　　（二）　甘肅文化出版社　1999　p. 333

森安孝夫著　高然譯　回鶻與敦煌　《西北史地》1984 年第 1 期　p. 108

王重民　《敦煌曲子詞集》叙錄　敦煌遺書論文集　中華書局　1984　p. 55

劉復　敦煌掇瑣　敦煌叢刊初集（十五）　（臺北）新文豐出版公司　1985　p. 275、277

牛龍菲　敦煌東漢元嘉二年五弦琴譜研究　《敦煌研究》1985 年第 2 期　p. 19

牛龍菲　敦煌樂史資料概論　絲綢之路樂舞藝術　新疆人民出版社　1985　p. 356　又見：絲綢之路
　　文獻叙錄　蘭州大學出版社　1989　p. 604

饒宗頤　敦煌琵琶譜《浣溪沙》殘譜研究　《中國音樂》1985 年第 1 期　又見：中國敦煌學百年文
　　庫·藝術卷（三）　甘肅文化出版社　1999　p. 325

李正宇　敦煌方音止遇二攝混同及其校勘學意義　《敦煌研究》1986 年第 4 期　p. 49

李正宇　敦煌遺書中發現題年《南歌子》舞譜　《敦煌研究》1986 年第 4 期　p. 75

土肥義和著　李永寧譯　歸義軍時期（晚唐、五代、宋）的敦煌（一）　《敦煌研究》1986 年第 4 期
　　p. 87

柴劍虹　敦煌舞譜的整理與分析（一）　《敦煌研究》1987 年第 4 期　p. 84

森安孝夫　敦煌と西ウイグル王國　『東方學』（第 74 輯）　（東京）東方學會　1987　p. 67

森安孝夫著　陳俊謀譯　敦煌與西回鶻王國　《西北史地》1987 年第 3 期　p. 125

王永興　隋唐五代經濟史料彙編校注·第一編（下）　中華書局　1987　p. 915、932

項楚　王梵志詩校注　敦煌吐魯番文獻研究論集（第四輯）　北京大學出版社　1987　p. 416 注 1
　　又見：上海古籍出版社　1991　p. 467

柴劍虹　敦煌舞譜的整理與分析（二）　《敦煌研究》1988 年第 1 期　p. 81

柴劍虹　徐俊　敦煌詞輯校四談　《敦煌學輯刊》1988 年第 1、2 期　p. 54　又見：西域文史論稿

（臺北）國文天地雜誌社　1991　p. 499

彭松　敦煌舞譜殘卷破解　《敦煌學輯刊》1989 年第 2 期　p. 112

董錫玖　解開《敦煌舞譜》之迷　敦煌吐魯番學研究論文集　漢語大詞典出版社　1990　p. 202

林玫儀　研究敦煌曲子詞之省思　第二屆敦煌學國際研討會論文集　（臺北）漢學研究中心　1990　p. 308

榮新江　西元十世紀沙州歸義軍與西州回鶻的文化交往　第二屆敦煌學國際研討會論文集　（臺北）漢學研究中心　1990　p. 588

唐耕耦　陸宏基　敦煌社會經濟文獻真迹釋録（二）　全國圖書館文獻縮微複製中心　1990　p. 126、302

王克芬　柴劍虹　敦煌舞譜的再探索　敦煌吐魯番學研究論文集　漢語大詞典出版社　1990　p. 221　又見：西域文史論稿　（臺北）國文天地雜誌社　1991　p. 466

柴劍虹　敦煌舞譜的整理與分析　西域文史論稿　（臺北）國文天地雜誌社　1991　p. 393

李正宇　敦煌名勝古迹導論　《陽關》1991 年第 4 期　p. 51

仁井田陞　補訂中國法制史研究：土地法・交易法　東京大學出版會　1991　p. 701、729

孫修身　伯 2155《曹元忠致甘州回鶻可汗狀》時代考　《敦煌研究》1991 年第 2 期　p. 28

董錫玖　敦煌舞蹈　新疆美術攝影出版社　1992　p. 102

姜伯勤　敦煌社會文書導論　（臺北）新文豐出版公司　1992　p. 135、173

李正宇　敦煌歌舞三劄　《敦煌研究》1992 年第 4 期　p. 50

林家平　寧强　羅華慶　中國敦煌學史　北京語言學院出版社　1992　p. 17、266

饒宗頤　敦煌舞譜校釋　《舞蹈藝術》1992 年第 2 期　p. 166　又見：中國敦煌學百年文庫・藝術卷（三）　甘肅文化出版社　1999　p. 168

饒宗頤　記大英博物院藏敦煌舞譜　《舞蹈藝術》1992 年第 2 期　p. 165

吳其昱著　伊藤美重子譯　敦煌漢文寫本概觀　敦煌漢文文獻（講座敦煌 5）　（東京）大東出版社　1992　p. 114

項楚　《敦煌歌辭總編》匡補（二）　文史（第三十六輯）　中華書局　1992　p. 177

李正宇　敦煌文學概論　甘肅人民出版社　1993　p. 110

李正宇　論敦煌曲子　第二屆國際唐代學術會議論文集（上）　（臺北）文津出版社　1993　p. 760

劉進寶　近十年來大陸地區敦煌學研究概述　"中國唐代學會"會刊（第四期）　（臺北）"中國唐代學會"　1993　p. 84

王小盾　唐代酒令藝術　（臺北）文津出版社　1993　p. 2、159

王震亞　趙熒　敦煌殘卷爭訟文牒集釋　甘肅人民出版社　1993　p. 34

張鴻勳　敦煌說唱文學概論　（臺北）新文豐出版公司　1993　p. 7

張錫厚　敦煌本《雲謠集》的整理和時代考　（香港）《九州學刊》（敦煌學專輯）1993 年第 5 卷第 4 期　p. 45

金賢珠　唐五代敦煌民歌　（臺北）文史哲出版社　1994　p. 207

饒宗頤　《敦煌邈真讚校録並研究》序　敦煌邈真讚校録並研究　（臺北）新文豐出版公司　1994　p. 3

王永興　敦煌經濟文書導論　（臺北）新文豐出版公司　1994　p. 408

董錫玖　金秋　絲綢之路　新華出版社　1995　p. 118

胡戟　傅玫　敦煌史話　中華書局　1995　p. 188

姜伯勤　敦煌"令舞"曲拍譜的再發現：兼論王朝"法度禮樂"與歌酒"樂章舞曲"的消長　學術集林

（卷五）　上海遠東出版社　1995　p. 286

劉進寶　敦煌學論述　（臺北）洪葉文化事業有限公司　1995　p. 160

土肥義和　唐・北宋間の「社」の組織形態に関する一考察　中國古代の國家と民衆（堀敏一先生古稀記念）　（東京）汲古書院　1995　p. 726

王三慶　敦煌書儀載録之節日活動與民俗　全國敦煌學研討會論文集　（臺北）中正大學中國文學系所　1995　p. 26　注 36

席臻貫　敦煌舞譜序列原型探幽　敦煌學國際研討會文集・石窟藝術編　遼寧美術出版社　1995　p. 171

項楚　敦煌歌辭總編匡補　（臺北）新文豐出版公司　1995　p. 83

張傳璽　中國歷代契約會編考釋（上）　北京大學出版社　1995　p. 397　注 1

張錫厚　敦煌本唐集研究　（臺北）新文豐出版公司　1995　p. 352

姜伯勤　敦煌藝術宗教與禮樂文明　中國社會科學出版社　1996　p. 560

饒宗頤　敦煌曲與樂舞及龜茲樂　敦煌曲續論　（臺北）新文豐出版公司　1996　p. 70

榮新江　歸義軍史研究　上海古籍出版社　1996　p. 119

王昆吾　隋唐五代燕樂雜言歌辭研究　中華書局　1996　p. 88、485

張涌泉　敦煌俗字研究導論　（臺北）新文豐出版公司　1996　p. 237

鄭炳林　唐五代敦煌粟特人與歸義軍政權　《敦煌研究》1996 年第 4 期　p. 92　又見：敦煌歸義軍史專題研究　蘭州大學出版社　1997　p. 425

周一良著　錢文忠譯　唐代密宗　上海遠東出版社　1996　p. 207

馮培紅　晚唐五代宋初歸義軍武職軍將研究　敦煌歸義軍史專題研究　蘭州大學出版社　1997　p. 105

劉進寶　歸義軍土地制度初探　《敦煌研究》1997 年第 2 期　p. 53

陸淑綺　李重申　敦煌古代戲曲文化史料綜述　《敦煌研究》1997 年第 2 期　p. 62

沙知　般次零拾　周紹良先生欣開九秩慶壽文集　中華書局　1997　p. 145

張弓　漢唐佛寺文化史　中國社會科學出版社　1997　p. 863

鄭炳林　敦煌碑銘讚輯釋　甘肅教育出版社　1997　p. 105　注 2

鄭炳林　晚唐五代敦煌貿易市場的物價　敦煌歸義軍史專題研究　蘭州大學出版社　1997　p. 281

鄭炳林　馮培紅　唐五代歸義軍政權對外關係中的使頭一職　敦煌歸義軍史專題研究　蘭州大學出版社　1997　p. 50

柴劍虹　敦煌舞譜　敦煌學大辭典　上海辭書出版社　1998　p. 263

陳國燦　平康鄉菜幸深請免地稅牒　敦煌學大辭典　上海辭書出版社　1998　p. 375

陳國燦　西州回鶻　敦煌學大辭典　上海辭書出版社　1998　p. 461

李冬梅　唐五代歸義軍與周邊民族關係綜論　《敦煌學輯刊》1998 年第 2 期　p. 45

李正宇　後梁開平三年南哥（歌）子舞譜序詞　敦煌學大辭典　上海辭書出版社　1998　p. 263

李正宇　演曲子　敦煌學大辭典　上海辭書出版社　1998　p. 448

潘重規　敦煌《雲謠集》新書　雲謠集研究彙録　上海古籍出版社　1998　p. 208

沙知　敦煌契約文書輯校　江蘇古籍出版社　1998　p. 219

沙知　身東西不在　敦煌學大辭典　上海辭書出版社　1998　p. 390

史睿　評《敦煌本夢書》　敦煌吐魯番研究（第三卷）　北京大學出版社　1998　p. 414

孫其芳　別仙子　敦煌學大辭典　上海辭書出版社　1998　p. 533

孫其芳　遐方怨　敦煌學大辭典　上海辭書出版社　1998　p. 537

陳國燦　唐代的經濟社會　（臺北）文津出版社　1999　p. 218　注 50

高國藩　敦煌俗文化學　上海三聯書店　1999　p. 546

山田俊　敦煌舞譜的對舞結構試析：兼論譜字的解釋　敦煌吐魯番研究（第四卷）　北京大學出版社　1999　p. 512

程存潔　略論唐王朝對西北邊城的經營　'98 法門寺唐文化國際學術討論會論文集　陝西人民出版社　2000　p. 417

雷紹鋒　歸義軍賦役制度初探　（臺北）洪葉文化事業有限公司　2000　p. 94、117、172、190

李重申　敦煌古代體育文化　甘肅人民出版社　2000　p. 49

劉進寶　敦煌文書與唐史研究　（臺北）新文豐出版公司　2000　p. 167

張錫厚　敦煌文學源流　作家出版社　2000　p. 311

李正宇　沙州歸義軍樂營及其職事　敦煌吐魯番研究（第五卷）　北京大學出版社　2001　p. 221

山本達郎等　補（III）契・敦煌發現契　『NUN – HUANG AND TURFAN DOCUMENTS CONCERNING SOCIAL AND ECONOMIC HISTORY』(Sup. p. lemrnts)　（東京）東洋文庫　2001　p. 49

曾良　敦煌文獻字義通釋　廈門大學出版社　2001　p. 79、172

趙貞　歸義軍押衙兼知他官略考　《敦煌研究》2001 年第 2 期　p. 92

周一良　王梵志詩的幾條補注　魏晉南北朝史論集續編　北京大學出版社　2001　p. 291

陳國燦　敦煌學史事新證　甘肅教育出版社　2002　p. 341

姜亮夫　敦煌莫高窟年表　姜亮夫全集（十一）　雲南人民出版社　2002　p. 539

李小榮　變文講唱與華梵宗教藝術　上海三聯書店　2002　p. 179

劉進寶　敦煌學通論　甘肅教育出版社　2002　p. 150

盛會蓮　唐五代百姓房舍的分配及相關問題之試析　《敦煌研究》2002 年第 6 期　p. 31

楊惠玲　敦煌契約文書中的保人、見人、口承人、同便人、同取人　《敦煌研究》2002 年第 6 期　p. 43

陳明　張議潮出行圖中的樂舞　《敦煌研究》2003 年第 5 期　p. 54

洪藝芳　敦煌社會經濟文書中的唐五代新興量詞研究　敦煌學（第 24 輯）　（臺北）樂學書局有限公司　2003　p. 109

劉敬林　敦煌文牒詞語校釋　《敦煌學輯刊》2003 年第 1 期　p. 117

童丕　敦煌的借貸：中國中古時代的物質生活與社會　中華書局　2003　p. 137

王克芬　中國舞蹈發展史　上海人民出版社　2003　p. 234

王克芬　柴劍虹　對敦煌舞譜研究若干問題的再認識　2000 年敦煌學國際學術討論會文集・石窟藝術卷　甘肅民族出版社　2003　p. 48

王啓濤　中古及近代法制文書語言研究　巴蜀書社　2003　p. 181、240、289、394

曾良　敦煌文獻字義劄記　2000 年敦煌學國際學術討論會文集・歷史文化卷（下）　甘肅民族出版社　2003　p. 464

鄭炳林　晚唐五代敦煌村莊聚落輯考　2000 年敦煌學國際學術討論會文集・歷史文化卷（上）　甘肅民族出版社　2003　p. 153

戶倉英美　葛曉音　從唐樂譜和姜譜的關係看詞的音樂背景　文史（第六十七輯）　中華書局　2004　p. 156

湯涒　敦煌曲子詞地域文化研究　上海古籍出版社　2004　p. 92

鄭炳林　晚唐五代敦煌商業貿易市場研究　《敦煌學輯刊》2004 年第 1 期　p. 110

鄭炳林　徐曉莉　晚唐五代敦煌歸義軍政權的婚姻關係研究　敦煌學（第 25 輯）　（臺北）樂學書局有限公司　2004　p. 580

朱鳳玉　王重民先生與敦煌文學研究　敦煌學國際研討會論文集　北京圖書館出版社　2005　p. 8

陸離　也談敦煌文書中的唐五代"地子"、"地稅"　《歷史研究》2006 年第 4 期　p. 172

P. 3502

芳村修基　土橋秀高　井ノ口泰淳　敦煌佛教史年表　西域文化研究(第一)·敦煌佛教資料　(京都)法藏館　1958　p. 271

那波利貞　千佛岩莫高窟と敦煌文書　西域文化研究(第二)·敦煌吐魯番社會經濟資料(上)　(京都)法藏館　1959　p. 56

那波利貞　開元末期以前と天寶初期以後との唐の時世の差異に就きて　唐代社會文化史研究·第一編　(東京)創文社　1974　p. 66

柴劍虹　敦煌舞譜殘卷《南歌子》的整理與分析　《舞蹈藝術》1984 年第 1 期　又見:中國敦煌學百年文庫·藝術卷(三)　甘肅文化出版社　1999　p. 265

饒宗頤　敦煌書法叢刊(第十三卷)·書儀　(東京)二玄社　1986　p. 65、66

姜亮夫　海外敦煌卷子經眼錄　敦煌學論文集　上海古籍出版社　1987　p. 43　又見:姜亮夫全集(十三)　雲南人民出版社　2002　p. 36

李正宇　《下女夫詞》研究　《敦煌研究》1987 年第 2 期　p. 41

項楚　王梵志詩校注　敦煌吐魯番文獻研究論集(第四輯)　北京大學出版社　1987　p. 416 注 1

周紹良　趙和平　書儀　《敦煌語言文學研究通訊》1987 年第 4 期　p. 2　又見:敦煌文學　甘肅人民出版社　1989　p. 48

周一良　敦煌寫本書儀考(之二)　敦煌吐魯番文獻研究論集(第四輯)　北京大學出版社　1987　p. 28　又見:唐五代書儀研究　中國社會科學出版社　1995　p. 82

唐耕耦　陸宏基　敦煌社會經濟文獻真迹釋錄(五)　全國圖書館文獻縮微複製中心　1990　p. 300

趙和平　敦煌寫本書儀略論　敦煌吐魯番學研究論文集　漢語大詞典出版社　1990　p. 565、596

中村裕一　唐代官文書研究　(京都)中文出版社　1991　p. 501

姜伯勤　敦煌社會文書導論　(臺北)新文豐出版公司　1992　p. 17

譚蟬雪　敦煌婚姻文化　甘肅人民出版社　1993　p. 29

趙和平　敦煌寫本書儀研究　(臺北)新文豐出版公司　1993　p. 14、62

周一良　從中秋節看中日文化交流　中日文化關係史論　江西人民出版社　1993　p. 45

胡戟　傅玫　敦煌史話　中華書局　1995　p. 188

李冬梅　唐五代敦煌學校部分教學檔案簡介　《敦煌學輯刊》1995 年第 2 期　p. 66

譚蟬雪　敦煌婚俗的特點　敦煌學國際研討會文集·史地語文編　遼寧美術出版社　1995　p. 610

趙和平　敦煌寫本書儀中所看到的部分唐代社會文化生活　敦煌學國際研討會文集·史地語文編　遼寧美術出版社　1995　p. 580　又見:唐五代書儀研究　中國社會科學出版社　1995　p. 316

鄭炳林　羊萍　敦煌本夢書　甘肅文化出版社　1995　p. 250

寧可　郝春文　敦煌社邑文書輯校　江蘇古籍出版社　1997　p. 505

譚蟬雪　敦煌歲時文化導論　(臺北)新文豐出版公司　1998　p. 342

趙和平　《敦煌寫本書儀研究》訂補　敦煌吐魯番研究(第三卷)　北京大學出版社　1998　p. 245

趙和平　吉凶書儀　敦煌學大辭典　上海辭書出版社　1998　p. 418

趙和平　新集諸家九族尊卑書儀　敦煌學大辭典　上海辭書出版社　1998　p. 421

董志翹　敦煌文書詞語瑣記　《敦煌研究》1999 年第 4 期　p. 35

董志翹　《入唐求法巡禮行記》辭彙研究　中國社會科學出版社　2000　p. 35、175、283

汪泛舟　敦煌道教與齋醮諸考　1994 年敦煌學國際研討會文集·宗教文史卷(上)　甘肅民族出版社　2000　p. 4

汪泛舟　敦煌古代兒童課本　甘肅人民出版社　2000　p. 12

吳麗娛　唐代書儀中單、複書形式簡析　英國收藏敦煌漢藏文獻研究　中國社會科學出版社　2000

p. 277

汪泛舟　敦煌俗別字補正　《敦煌研究》2001 年第 4 期　p. 161

曾良　敦煌文獻字義通釋　廈門大學出版社　2001　p. 86

周一良　魏晉南北朝史論集續編　北京大學出版社　2001　p. 235

姜亮夫　敦煌莫高窟年表　姜亮夫全集(十一)　雲南人民出版社　2002　p. 387

石曉軍　日本園城寺(三井寺)藏唐人詩文尺牘校證　唐研究(第八卷)　北京大學出版社　2002
　　　p. 128

吳麗娛　唐禮摭遺:中古書儀研究　商務印書館　2002　p. 50、65、229、314

吳麗娛　唐代婚儀的再檢討　燕京學報(新第 15 期)　北京大學出版社　2003　p. 48

高啓安　唐五代敦煌飲食文化研究　民族出版社　2004　p. 153、205

王曉平　敦煌書儀與《萬葉集》書狀的比較研究　《敦煌研究》2004 年第 6 期　p. 78

張弓　敦煌四部籍與中古後期社會的文化情境　敦煌學(第 25 輯)　(臺北)樂學書局有限公司
　　　2004　p. 318

張小豔　試論敦煌書儀的語料價值　浙江與敦煌學:常書鴻先生誕辰一百周年紀念文集　浙江古籍
　　　出版社　2004　p. 546

鄭炳林　敦煌寫本解夢書校錄研究　民族出版社　2005　p. 66

P. 3503

那波利貞　唐代の社邑に就きて(1938 年)　唐代社會文化史研究・第五編　(東京)創文社　1974
　　　p. 486、551、556

陳祚龍　敦煌古抄內典尾記彙校初、二、三編合刊　敦煌學要籥　(臺北)新文豐出版公司　1982
　　　p. 189

唐耕耦　陸宏基　敦煌社會經濟文獻真迹釋錄(一)　書目文獻出版社　1986　p. 324

周一良　敦煌寫本書儀考(之二)　敦煌吐魯番文獻研究論集(第四輯)　北京大學出版社　1987
　　　p. 29

山本達郎等　敦煌・III 轉貼　『NUN‑HUANG AND TURFAN DOCUMENTS CONCERNING SOCIAL
　　　AND ECONOMIC HISTORY』(IV)　(東京)東洋文庫　1989　p. 60

池田溫　中國古代寫本識語集錄　(東京)大藏出版株式會社　1990　p. 454

姜伯勤　敦煌社會文書導論　(臺北)新文豐出版公司　1992　p. 242

石田勇作　敦煌「社文書」研究序說　中國古代の國家と民眾(堀敏一先生古稀記念)　(東京)汲古
　　　書院　1995　p. 684

寧可　郝春文　敦煌社邑文書輯校　江蘇古籍出版社　1997　p. 248

沙知　敦煌契約文書輯校　江蘇古籍出版社　1998　p. 538

楊秀清　敦煌西漢金山國史　甘肅人民出版社　1999　p. 139、150

孟憲實　敦煌社邑的分佈　敦煌文獻論集:紀念藏經洞發現一百周年國際學術研討會論文集　遼寧
　　　人民出版社　2001　p. 432

洪藝芳　敦煌社會經濟文書中的唐五代新興量詞研究　敦煌學(第 24 輯)　(臺北)樂學書局有限公
　　　司　2003　p. 93

P. 3504

王重民　說《十二時》　敦煌遺書論文集　中華書局　1984　p. 158

汪泛舟　偈・頌　敦煌文學　甘肅人民出版社　1989　p. 92

王惠民　敦煌壁畫《十六羅漢圖》榜題研究　《敦煌研究》1993 年第 1 期　p. 26

王惠民　敦煌寶藏　上海古籍出版社　1996　p. 86

樊錦詩　玄奘譯經和敦煌壁畫　《敦煌研究》2004 年第 2 期　p. 4

沙武田　敦煌壁畫榜題寫本研究　《敦煌研究》2004 年第 3 期　p. 104

王惠民　敦煌經變畫的研究成果與研究方法　《敦煌學輯刊》2004 年第 2 期　p. 69

黨燕妮　賓頭盧信仰及其在敦煌的流傳　《敦煌學輯刊》2005 年第 1 期　p. 70

P. 3505

那波利貞　佛教信仰に基きて組織せられたる中晚唐五代時代の社邑に就きて（上）　『史林』（24
　　卷 3 號）　京都大學文學部史學研究會　1939　p. 70　又見：唐代社會文化史研究・第六編
　　（東京）創文社　1974　p. 634

土肥義和　莫高窟千佛洞と大寺と蘭若と　敦煌の社會（講座敦煌 3）　（東京）大東出版社　1980
　　p. 359

陳祚龍　看了“法門寺出土唐中宗下發入塔銘”以後　敦煌學林劄記　（臺北）商務印書館　1987
　　p. 126

李正宇　敦煌地區古代祠廟寺觀簡志　《敦煌學輯刊》1988 年第 1、2 期　p. 81

唐耕耦　陸宏基　敦煌社會經濟文獻真迹釋錄（三）　全國圖書館文獻縮微複製中心　1990　p. 179

唐耕耦　敦煌寺院會計文書研究　（臺北）新文豐出版公司　1997　p. 17

李正宇　法門寺　敦煌學大辭典　上海辭書出版社　1998　p. 632

唐耕耦　破用曆　敦煌學大辭典　上海辭書出版社　1998　p. 648

高啓安　王璽玉　唐五代敦煌人的飲食品種研究　《敦煌研究》1999 年第 2 期　p. 64

楊富學　王書慶　唐代長安與敦煌佛教文化之關係　’98 法門寺唐文化國際學術討論會論文集　陜
　　西人民出版社　2000　p. 176

高啓安　唐五代敦煌飲食文化研究　民族出版社　2004　p. 143、219

黑維强　吐魯番出土文書詞語例釋（一）　《敦煌學輯刊》2004 年第 2 期　p. 117

P. 3506

王永興　唐天寶敦煌差科簿研究：兼論唐代色役制和其他問題　敦煌吐魯番文獻研究論集　中華書
　　局　1982　p. 106

張金泉　許建平　敦煌音義彙考　杭州大學出版社　1996　p. 1181

張金泉　敦煌佛經音義寫卷述要　《敦煌研究》1997 年第 2 期　p. 117

P. 3507

王重民　敦煌本曆日之研究　《東方雜誌》1937 年第 34 卷　又見：敦煌遺書論文集　中華書局
　　1984　p. 117；中國敦煌學百年文庫・科技卷　甘肅文化出版社　1999　p. 25

羅福頤　敦煌石室文物對於學術上的貢獻　《歷史教學》1951 年第 5 期　又見：中國敦煌學百年文
　　庫・考古卷（四）　甘肅文化出版社　1999　p. 13

周丕顯　敦煌科技書卷叢談　《敦煌學輯刊》1981 年第 2 期　p. 53

施萍婷　敦煌曆日研究　1983 年全國敦煌學術討論會文集・文史遺書編（上）　甘肅人民出版社
　　1987　p. 307、311、345

譚蟬雪　敦煌歲時掇瑣：正月　《敦煌研究》1990 年第 1 期　p. 50　又見：（香港）《九州學刊》（敦煌
　　學專輯）1993 年第 5 卷第 4 期　p. 87

宮島一彥　曆書・算書　敦煌漢文文獻（講座敦煌 5）　（東京）大東出版社　1992　p. 466

菅原信海　占筮書　敦煌漢文文獻（講座敦煌 5）　（東京）大東出版社　1992　p. 448

高國藩　敦煌民俗資料導論　（臺北）新文豐出版公司　1993　p. 238

茅甘　敦煌寫本中的"九宮圖"　法國學者敦煌學論文選萃　中華書局　1993　p. 302

王進玉　敦煌石窟探秘　四川教育出版社　1994　p. 85

胡戟　傅玫　敦煌史話　中華書局　1995　p. 194

劉進寶　敦煌學論述　（臺北）洪葉文化事業有限公司　1995　p. 286

饒宗頤　跋：從"河圖"、"洛書"、"陰陽五行"、"八卦"在西藏看古代哲學思想的交流　華學（第一輯）
　　中山大學出版社　1995　p. 257

鄧文寬　敦煌天文曆法文獻輯校　江蘇古籍出版社　1996　p. 664

鄧文寬　敦煌吐魯番曆日略論　敦煌吐魯番學耕耘錄　（臺北）新文豐出版公司　1996　p. 2

施萍婷　敦煌遺書編目雜記二則　敦煌吐魯番研究（第一卷）　北京大學出版社　1996　p. 327

鄧文寬　淳化四年癸巳歲具注曆日　敦煌學大辭典　上海辭書出版社　1998　p. 610

譚蟬雪　敦煌歲時文化導論　（臺北）新文豐出版公司　1998　p. 96、134

顏廷亮　敦煌文化中的道教及文化　《敦煌研究》1999 年第 1 期　p. 141

高明士　唐代敦煌官方的祭祀禮儀　1994 年敦煌學國際研討會文集・宗教文史卷（上）　甘肅民族
　　出版社　2000　p. 45

顏廷亮　敦煌文化　光明日報出版社　2000　p. 247、407

陳于柱　魏萬斗　唐宋陰陽相宅宗初探：以敦煌寫本宅經爲考索　《敦煌學輯刊》2002 年第 2 期
　　p. 45

鄧文寬　敦煌吐魯番天文曆法研究　甘肅教育出版社　2002　p. 45

杜澤遜　文獻學概要　中華書局　2002　p. 515

姜亮夫　敦煌莫高窟年表　姜亮夫全集（十一）　雲南人民出版社　2002　p. 587

馬若安　敦煌曆日"沒日"和"滅日"安排初探　敦煌吐魯番研究（第七卷）　北京大學出版社　2004
　　p. 423、429

P. 3509

森安孝夫　ウイグル語文獻　敦煌胡語文獻（講座敦煌 6）　（東京）大東出版社　1985　p. 24

耿昇　敦煌回鶻文寫本的概況　《敦煌研究》1988 年第 1 期　p. 101

榮新江　西元十世紀沙州歸義軍與西州回鶻的文化交往　第二屆敦煌學國際研討會論文集　（臺
　　北）漢學研究中心　1990　p. 600

戴仁　敦煌和吐魯番寫本的斷代研究　法國學者敦煌學論文選萃　中華書局　1993　p. 524

李正宇　中國唐宋硬筆書法　上海文化出版社　1993　p. 29

耿世民　敦煌突厥回鶻文書導論　（臺北）新文豐出版公司　1994　p. 124

楊富學　9—12 世紀的沙州回鶻文化　《敦煌學輯刊》1994 年第 2 期　p. 94

張先堂　敦煌文學與周邊民族文學、域外文學關係述論　《敦煌研究》1994 年第 1 期　p. 55

牛汝極　楊富學　敦煌回鶻文書法藝術　《甘肅民族研究》1995 年第 1 期　p. 100

楊富學　西域、敦煌文獻所見回鶻之佛經翻譯　《敦煌研究》1995 年第 4 期　p. 14

楊富學　牛汝極　沙州回鶻及其文獻　甘肅文化出版社　1995　p. 54、61、69、133

J. 哈米爾頓　敦煌回鶻文寫本的年代　《西域研究》1995 年第 3 期　p. 95

耿世民　回鶻文善惡兩王子故事　敦煌學大辭典　上海辭書出版社　1998　p. 495

李正宇　敦煌古代硬筆書法　敦煌學大辭典　上海辭書出版社　1998　p. 288

牛汝極　回鶻佛教文學中的譬喻故事文獻　西域考察與研究續編　新疆人民出版社　1998　p. 305
榮新江　敦煌回鶻文寫本善惡二王子的佛教故事　敦煌學大辭典　上海辭書出版社　1998　p. 828
榮新江　法藏敦煌西域文獻考察記略　中華文史論叢（總57輯）　上海古籍出版社　1998　p. 48
楊富學　佛教與敦煌回鶻文書法藝術　西域敦煌宗教論稿　甘肅文化出版社　1998　p. 137
楊富學　回鶻之佛教　新疆人民出版社　1998　p. 101
牛汝極　回鶻佛教文獻　新疆大學出版社　2000　p. 280
楊秀清　華戎交會的都市：敦煌與絲綢之路　甘肅人民出版社　2000　p. 66
耿世民　敦煌出土回鶻文獻介紹　新疆文史論集　中央民族大學出版社　2001　p. 304
楊富學　敦煌回鶻文佛教文獻及其價值　中日敦煌佛教學術會議論文集　中國社會科學院研究所　2002　p. 81
楊富學　回鶻文獻與回鶻文化　民族出版社　2002　p. 272
楊富學　敦煌與吐蕃、回鶻、蒙古學研究　中國西部民族文化研究（2003年卷）　民族出版社　2003　p. 258

P. 3510

黃振華　于闐文研究概述　中國民族古文字研究　中國社會科學出版社　1984　p. 70
施萍婷　敦煌隨筆之一　《敦煌研究》1985年第3期　p. 73
熊本裕　コータン語文獻　敦煌胡語文獻（講座敦煌6）　（東京）大東出版社　1985　p. 111
張廣達　榮新江　敦煌"瑞像記"、瑞像圖及其反映的于闐　敦煌吐魯番文獻研究論集（第三輯）　北京大學出版社　1986　p. 116
張廣達　榮新江　巴黎國立圖書館所藏敦煌于闐語寫卷目錄初編　敦煌吐魯番文獻研究論集（第四輯）　北京大學出版社　1987　p. 111、119
張廣達　榮新江　敦煌文書 P. 3510（于闐文）《從德太子發願文（擬）》及其年代　1983年全國敦煌學術討論會文集·文史遺書編（上）　甘肅人民出版社　1987　p. 163　又見：于闐史叢考　上海書店　1993　p. 59
高田時雄　コータン文書中の漢語語彙　漢語史の諸問題（別冊）　京都大學人文科學研究所　1988　p. 74
張廣達　榮新江　關於敦煌出土于闐文獻的年代及其相關問題　紀念陳寅恪先生誕辰百年學術論文集　北京大學出版社　1989　p. 287
榮新江　關於唐宋時期中原文化對于闐影響的幾個問題　國學研究（第一卷）　北京大學出版社　1993　p. 419 注38
張廣達　榮新江　關於和田出土于闐文獻的年代及其相關問題　于闐史叢考　上海書店　1993　p. 71
胡戟　傅玫　敦煌史話　中華書局　1995　p. 202
張先堂　敦煌文學與周邊文學、域外文學關係述論　敦煌吐魯番學研究論集　書目文獻出版社　1996　p. 428
榮新江　般若波羅蜜多心經于闐語譯本　敦煌學大辭典　上海辭書出版社　1998　p. 500
榮新江　于闐語從德太子禮懺文　敦煌學大辭典　上海辭書出版社　1998　p. 502
楊森　德從　敦煌學大辭典　上海辭書出版社　1998　p. 364
謝桃坊　敦煌文化尋繹　四川人民出版社　1999　p. 138
顏廷亮　敦煌文化　光明日報出版社　2000　p. 411
楊秀清　華戎交會的都市：敦煌與絲綢之路　甘肅人民出版社　2000　p. 67

張總　說不盡的觀世音　上海辭書出版社　2002　p. 136

沙武田　趙曉星　歸義軍時期敦煌文獻中的太子　《敦煌研究》2003 年第 4 期　p. 45

楊森　五代宋時期于闐皇太子在敦煌的太子莊　《敦煌研究》2003 年第 4 期　p. 42

P. 3511

陳鐵凡　敦煌本尚書述略　（臺北）《大陸雜誌》1961 年第 8 期　又見：中國敦煌學百年文庫·文獻
卷（一）　甘肅文化出版社　1999　p. 448

陳祚龍　新譯補注杜女史主修的《巴黎國立圖書館藏敦煌中文卷冊目録》之“自序”及“緒說”　敦煌
學要籥　（臺北）新文豐出版公司　1982　p. 38

姜亮夫　敦煌經卷在中國文化學術上的價值　敦煌學論文集　上海古籍出版社　1987　p. 17

榮新江　粟特語戒食肉經　敦煌學大辭典　上海辭書出版社　1998　p. 506

高啓安　晚唐五代敦煌僧人飲食戒律初探　敦煌佛教藝術文化國際學術研討會論文集　蘭州大學出
版社　2002　p. 397

高啓安　唐五代敦煌飲食文化研究　民族出版社　2004　p. 371

P. 3512

池田溫　評『ペリオ將來敦煌漢文文獻目録』第一卷（P. 2001 – 2500）　『東洋學報』（54 卷 4 號）
（東京）東洋學術協會　1972　p. 60

那波利貞　梁戸考　唐代社會文化史研究·第三編　（東京）創文社　1974　p. 270

榮新江　粟特語佛說地藏菩薩陀羅尼經　敦煌學大辭典　上海辭書出版社　1998　p. 505

P. 3513

張廣達　榮新江　和田、敦煌發現的中古于闐史料概述　《新疆社會科學》1983 年第 4 期　p. 79、82
又見：于闐史叢考　上海書店　1993　p. 16、21、59

黃振華　于闐文研究概述　中國民族古文字研究　中國社會科學出版社　1984　p. 70

熊本裕　コータン語文獻　敦煌胡語文獻（講座敦煌 6）　（東京）大東出版社　1985　p. 111、140

張廣達　榮新江　敦煌“瑞像記”、瑞像圖及其反映的于闐　敦煌吐魯番文獻研究論集（第三輯）　北
京大學出版社　1986　p. 116

張廣達　榮新江　巴黎國立圖書館所藏敦煌于闐語寫卷目録初編　敦煌吐魯番文獻研究論集（第四
輯）　北京大學出版社　1987　p. 99、119

張廣達　榮新江　敦煌文書 P. 3510（于闐文）《從德太子發願文（擬）》及其年代　1983 年全國敦煌學
術討論會文集·文史遺書編（上）　甘肅人民出版社　1987　p. 163

張廣達　榮新江　關於敦煌出土于闐文獻的年代及其相關問題　紀念陳寅恪先生誕辰百年學術論文
集　北京大學出版社　1989　p. 284、290

榮新江　關於唐宋時期中原文化對于闐影響的幾個問題　國學研究（第一卷）　北京大學出版社
1993　p. 415

榮新江　于闐王國與瓜沙曹氏　《敦煌研究》1994 年第 2 期　p. 118

張先堂　敦煌文學與周邊民族文學、域外文學關係述論　《敦煌研究》1994 年第 1 期　p. 56

胡戟　傅玫　敦煌史話　中華書局　1995　p. 202

井ノ口泰淳　ウテン語普賢行願讚考　中央アジアの言語と仏教　（京都）法藏館　1995　p. 174

井ノ口泰淳　トカラ語及びウテン語の仏典　中央アジアの言語と仏教　（京都）法藏館　1995
p. 114

張先堂　敦煌文學與周邊文學、域外文學關係述論　敦煌吐魯番學研究論集　書目文獻出版社
　　1996　p. 428

榮新江　金光明經于闐語譯本　敦煌學大辭典　上海辭書出版社　1998　p. 500

榮新江　于闐語佛名經　敦煌學大辭典　上海辭書出版社　1998　p. 501

榮新江　于闐語普賢行願讚研究　敦煌學大辭典　上海辭書出版社　1998　p. 820

楊森　德從　敦煌學大辭典　上海辭書出版社　1998　p. 364

楊秀清　華戎交會的都市：敦煌與絲綢之路　甘肅人民出版社　2000　p. 67、91

古正美　于闐與敦煌的毗沙門天王信仰　2000 年敦煌學國際學術討論會文集・歷史文化卷（上）
　　甘肅民族出版社　2003　p. 37

楊森　五代宋時期于闐皇太子在敦煌的太子莊　《敦煌研究》2003 年第 4 期　p. 42

沙武田　《金光明最勝王經變》在敦煌吐蕃時期洞窟首次出現的原因　《蘭州大學學報》2006 年第 3
　　期　p. 38

P. 3514

李正宇　三窟　敦煌學大辭典　上海辭書出版社　1998　p. 627

P. 3515

王重民　記敦煌寫本的佛經　敦煌吐魯番文獻研究論集（第二輯）　北京大學出版社　1983　p. 25
　　又見：敦煌遺書論文集　中華書局　1984　p. 308

周丕顯　敦煌佛經略考　《敦煌學輯刊》1987 年第 2 期　p. 8

吳其昱著　伊藤美重子譯　敦煌漢文寫本概觀　敦煌漢文文獻（講座敦煌 5）　（東京）大東出版社
　　1992　p. 68

胡戟　傅玫　敦煌史話　中華書局　1995　p. 202

張廣達　西域史地叢稿初編　上海古籍出版社　1995　p. 295

榮新江　粟特語長爪梵志請問經　敦煌學大辭典　上海辭書出版社　1998　p. 506

P. 3516

孫啟治　唐寫本俗別字變化類型舉例　敦煌吐魯番文獻研究論集（第五輯）　北京大學出版社
　　1990　p. 124、127、132

榮新江　善惡因果經粟特語譯本　敦煌學大辭典　上海辭書出版社　1998　p. 506

P. 3518

陳祚龍　敦煌名讚小集　中華佛教文化史散策（四集）　（臺北）新文豐出版公司　1986　p. 299

李正宇　邈真讚　敦煌文學　甘肅人民出版社　1989　p. 184

榮新江　曹議金征甘州回鶻史事表微　《敦煌研究》1991 年第 2 期　p. 3

姜伯勤　敦煌社會文書導論　（臺北）新文豐出版公司　1992　p. 63

鄭炳林　讀敦煌文書 P. 3859《後唐清泰三年六月沙州儭司教授福集等狀》劄記　《西北史地》1993 年
　　第 4 期　p. 46　又見：敦煌吐魯番文獻研究　蘭州大學出版社　1995　p. 612

鄭炳林　敦煌碑銘讚抄本概述　《蘭州大學學報》1993 年第 4 期　p. 137

姜伯勤　項楚　榮新江　敦煌邈真讚校錄並研究　（臺北）新文豐出版公司　1994　p. 294

榮新江　敦煌邈真讚年代考　敦煌邈真讚校錄並研究　（臺北）新文豐出版公司　1994　p. 365

榮新江　敦煌邈真讚所見歸義軍與東西回鶻的關係　敦煌邈真讚校錄並研究　（臺北）新文豐出版

　　公司　1994　p. 91

榮新江　甘州回鶻與曹氏歸義軍　《中國古代史》(先秦至隋唐)1994 年第 3 期　p. 104

孫修身　試論瓜沙曹氏與甘州回鶻之關係　敦煌學國際研討會文集・史地語文編　遼寧美術出版社
　　1995　p. 102

榮新江　歸義軍史研究　上海古籍出版社　1996　p. 17

張涌泉　敦煌俗字研究導論　(臺北)新文豐出版公司　1996　p. 224

馮培紅　晚唐五代宋初歸義軍武職軍將研究　敦煌歸義軍史專題研究　蘭州大學出版社　1997
　　p. 103

鄭炳林　敦煌碑銘讚及其有關問題　敦煌碑銘讚輯釋　甘肅教育出版社　1997　p. 1

鄭炳林　敦煌碑銘讚輯釋　甘肅教育出版社　1997　p. 506

鄭炳林　唐末五代敦煌都河水系研究　敦煌歸義軍史專題研究　蘭州大學出版社　1997　p. 185

榮新江　不空羂索神咒心經粟特語譯本　敦煌學大辭典　上海辭書出版社　1998　p. 505

榮新江　法藏敦煌西域文獻考察記略　中華文史論叢(總 57 輯)　上海古籍出版社　1998　p. 47

榮新江　歸義軍大事紀年初稿　出土文獻研究(第三輯)　文物出版社　1998　p. 246

榮新江　歸義軍及其與周邊民族的關係初探　中國人文社會科學博士碩士文庫・歷史學卷　浙江教
　　育出版社　1998　p. 661

楊秀清　曹議金執政臆談　《敦煌研究》1998 年第 3 期　p. 122

楊秀清　試論金山國的有關政治制度　《敦煌學輯刊》1998 年第 2 期　p. 40

楊秀清　敦煌西漢金山國史　甘肅人民出版社　1999　p. 100、165

李并成　漢唐冥水(籍端水)冥澤及其變遷考　《敦煌研究》2001 年第 2 期　p. 63

趙貞　歸義軍押衙兼知他官略考　《敦煌研究》2001 年第 2 期　p. 90

榮新江　唐五代歸義軍武職軍將考　敦煌學新論　甘肅教育出版社　2002　p. 56

鄭炳林　晚唐五代敦煌歸義軍行政區劃制度研究(之二)　《敦煌研究》2002 年第 3 期　p. 73

李并成　敦煌學與沙漠歷史地理研究　2000 年敦煌學國際學術討論會文集・歷史文化卷(上)　甘
　　肅民族出版社　2003　p. 487

王豔明　瓜州曹氏與甘州回鶻的兩次和親始末　《敦煌研究》2003 年第 1 期　p. 72

馮培紅　論晚唐五代的沙州(歸義軍)與涼州(河西)節度使　浙江與敦煌學:常書鴻先生誕辰一百周
　　年紀念文集　浙江古籍出版社　2004　p. 250

吳越　敦煌歷史人物　民族出版社　2004　p. 207

高啓安　趙紅　敦煌"玉女"考屑　敦煌學國際研討會論文集　北京圖書館出版社　2005　p. 226

屈直敏　從《勵忠節抄》看歸義軍政權道德秩序的重建　《敦煌學輯刊》2005 年第 3 期　p. 87

馮培紅　歸義軍鎮制考　敦煌吐魯番研究(第九卷)　中華書局　2006　p. 275

金瀅坤　敦煌社會經濟文書定年拾遺　《首都師範大學學報》2006 年第 1 期　p. 13

P. 3519

姜伯勤　敦煌悉磨遮爲蘇摩遮樂舞考　《敦煌研究》1996 年第 3 期　p. 11

姜伯勤　敦煌藝術宗教與禮樂文明　中國社會科學出版社　1996　p. 546

馮培紅　晚唐五代宋初歸義軍武職軍將研究　敦煌歸義軍史專題研究　蘭州大學出版社　1997
　　p. 125

榮新江　藥師琉璃光如來本願功德經粟特語譯本　敦煌學大辭典　上海辭書出版社　1998　p. 506

汪泛舟　敦煌俗別字補正　《敦煌研究》2001 年第 4 期　p. 156

P. 3520

榮新江　粟特語觀自在菩薩一百八名讚　敦煌學大辭典　上海辭書出版社　1998　p. 505

高啓安　王璽玉　唐五代敦煌人的飲食品種研究　《敦煌研究》1999 年第 2 期　p. 69

P. 3521

陳祚龍　敦煌古抄中世詩歌一續　敦煌學海探珠(上冊)　(臺北)商務印書館　1979　p. 171

川崎ミチコ　通俗詩類・雜詩文類　敦煌仏典と禪(講座敦煌 8)　(東京)大東出版社　1980
p. 330

陳祚龍　敦煌古抄內典尾記彙校初、二、三編合刊　敦煌學要籥　(臺北)新文豐出版公司　1982
p. 190

池田溫　中國古代寫本識語集錄　(東京)大藏出版株式會社　1990　p. 340

項楚　敦煌詩歌導論　(臺北)新文豐出版公司　1993　p. 108

金賢珠　唐五代敦煌民歌　(臺北)文史哲出版社　1994　p. 46

寧可　郝春文　敦煌社邑文書輯校　江蘇古籍出版社　1997　p. 567

劉永明　散見敦煌曆朔閏輯考　《敦煌研究》2002 年第 6 期　p. 17

葉貴良　敦煌社邑文書詞語選釋　《敦煌研究》2004 年第 5 期　p. 82

P. 3522

姜伯勤　敦煌社會文書導論　(臺北)新文豐出版公司　1992　p. 10

張涌泉　敦煌俗字研究導論　(臺北)新文豐出版公司　1996　p. 241、261

楊森　晚唐五代兩件《女人社》文書劄記　《敦煌研究》1998 年第 1 期　p. 71

楊富學　李吉和　敦煌漢文吐蕃史料輯校(第一輯)　甘肅人民出版社　1999　p. 279

P. 3527

沙知　河西道觀察使印　敦煌學大辭典　上海辭書出版社　1998　p. 291

P. 3528

李正宇　唐宋時代的敦煌學校　《敦煌研究》1986 年第 1 期　p. 45

舒學　敦煌漢文遺書中雕版印刷資料綜敍　敦煌語言文學研究　北京大學出版社　1988　p. 292

姜伯勤　敦煌社會文書導論　(臺北)新文豐出版公司　1992　p. 92

高國藩　敦煌民俗資料導論　(臺北)新文豐出版公司　1993　p. 173

李正宇　敦煌史地新論　(臺北)新文豐出版公司　1996　p. 189

邰惠莉　敦煌版畫叙錄　《敦煌研究》2005 年第 2 期　p. 8

P. 3529

陳祚龍　古代敦煌及其他地區流行之公私印章圖記文字錄　敦煌學要籥　(臺北)新文豐出版公司
1982　p. 345

牛龍菲　敦煌樂史資料概論　絲綢之路樂舞藝術　新疆人民出版社　1985　p. 366

王重民原編　黃永武新編　敦煌古籍叙錄新編(第十三冊)　(臺北)新文豐出版公司　1986　p. 58

山本達郎等　敦煌・III 轉貼　『NUN - HUANG AND TURFAN DOCUMENTS CONCERNING SOCIAL
AND ECONOMIC HISTORY』(IV)　(東京)東洋文庫　1989　p. 86

高國藩　敦煌民俗資料導論　(臺北)新文豐出版公司　1993　p. 3

P. 3530

胡戟　傅玫　敦煌史話　中華書局　1995　p. 164

寧可　寧可史學論集　中國社會科學出版社　1999　p. 448 注 7

P. 3531

榮新江　敦煌文獻所見晚唐五代宋初的中印文化交往　季羨林教授八十華誕紀念論文集(下)　江
　　西人民出版社　1991　p. 963

金賢珠　唐五代敦煌民歌　(臺北)文史哲出版社　1994　p. 27

榮新江　十世紀梵藏對照辭彙表　敦煌學大辭典　上海辭書出版社　1998　p. 804

P. 3532

冉雲華　惠超《往五天竺國傳》中天竺國新箋考　敦煌學(第 2 輯)　(香港)新亞研究所敦煌學會
　　1975　p. 80

陳祚龍　簡記敦煌古抄方志　敦煌文物隨筆　(臺北)商務印書館　1979　p. 50

陳祚龍　中世敦煌與成都之間的交通路線　敦煌資料考屑(下冊)　(臺北)商務印書館　1979
　　p. 340　又見：唐代研究論集(第三輯)　(臺北)新文豐出版公司　1992　p. 439

王重民　敦煌古籍叙錄　中華書局　1979　p. 267

冉雲華　中國佛教文化研究論集　(臺北)東初出版社　1980　p. 65

蘇瑩輝　敦煌學概要　(臺北)編譯館"中華叢書編委會"　1981　p. 81

陳祚龍　《簡記敦煌古抄方志》及其"後語"　敦煌學要籥　(臺北)新文豐出版公司　1982　p. 220

史葦湘　絲綢之路上的敦煌與莫高窟　敦煌研究文集　甘肅人民出版社　1982　p. 121 注 159

潘重規　龍龕手鑒與寫本刻本之關係　敦煌學(第 6 輯)　(臺北)新文豐出版公司　1983　p. 88

張廣達　榮新江　和田、敦煌發現的中古于闐史料概述　《新疆社會科學》1983 年第 4 期　p. 81　又
　　見：于闐史叢考　上海書店　1993　p. 16

王重民原編　黃永武新編　敦煌古籍叙錄新編(第十四冊)　(臺北)新文豐出版公司　1986　p. 194

林平和　羅振玉敦煌學析論　(臺北)文史哲出版社　1988　p. 12、204、223

陳祚龍　李唐開天時代于闐僧侶的物質生活之一斑　敦煌學散策新集　(臺北)新文豐出版公司
　　1989　p. 91

李正宇　敦煌佚詩零珠　《敦煌語言文學研究通訊》1989 年第 1 期　p. 4

劉進寶　伯希和與敦煌遺書　《西北師大學報》(社會科學版)1989 年第 4 期　p. 53

鄭炳林　敦煌地理文書彙輯校注　甘肅教育出版社　1989　p. 201

姜伯勤　敦煌與波斯　《敦煌研究》1990 年第 3 期　p. 2

林平和　羅振玉校勘敦煌寫卷之商榷　第二屆敦煌學國際研討會論文集　(臺北)漢學研究中心
　　1990　p. 186

沙知　跋唐開元十六年庭州金滿縣牒　敦煌吐魯番學研究論文集　漢語大詞典出版社　1990
　　p. 195 注 20

林聰明　敦煌文書學　(臺北)新文豐出版公司　1991　p. 94

陸慶夫　略論敦煌民族史料的價值　《敦煌學輯刊》1991 年第 1 期　p. 31

竇俠父　敦煌學發凡　新疆大學出版社　1992　p. 41

高田時雄　慧超『往五天竺國傳』の言語と敦煌寫本の性格　慧超往五天竺國傳研究　京都大學人
　　文科學研究所　1992　p. 197

李并成　敦煌遺書中地理書卷的學術價值　《地理研究》1992 年第 3 期　p. 43

李并成 一批珍貴的古代地理文書:敦煌遺書中的地理書卷 《中國科技史料》1992 年第 13 卷第 4 期 p. 92

林家平 寧强 羅華慶 中國敦煌學史 北京語言學院出版社 1992 p. 82、683

日比野丈夫 地理書 敦煌漢文文獻(講座敦煌 5) (東京)大東出版社 1992 p. 352

桑山正進 慧超往五天竺國傳研究 京都大學人文科學研究所 1992 p. 15

吳其昱著 伊藤美重子譯 敦煌漢文寫本概觀 敦煌漢文文獻(講座敦煌 5) (東京)大東出版社 1992 p. 104

項楚 敦煌詩歌導論 (臺北)新文豐出版公司 1993 p. 149

姜伯勤 敦煌吐魯番文書與絲綢之路 文物出版社 1994 p. 23、145

王永興 唐代前期西北軍事研究 中國社會科學出版社 1994 p. 235

張先堂 敦煌文學與周邊民族文學、域外文學關係述論 《敦煌研究》1994 年第 1 期 p. 59 又見: 敦煌吐魯番學研究論集 書目文獻出版社 1996 p. 432

劉進寶 敦煌學論述 (臺北)洪葉文化事業有限公司 1995 p. 213

余太山 西域文化史 中國友誼出版公司 1995 p. 228 注 23

張涌泉 漢語俗字研究 岳麓書社 1995 p. 89

董志翹 評介兩部研究《往五天竺國傳》的新著 學術集林(卷九) 上海遠東出版社 1996 p. 280

姜伯勤 敦煌藝術宗教與禮樂文明 中國社會科學出版社 1996 p. 595

王邦維 評《慧超往五天竺國傳研究》 敦煌吐魯番研究(第一卷) 北京大學出版社 1996 p. 419

張錫厚 敦煌釋氏詩歌創作論 慶祝潘石禪先生九秩華誕敦煌學特刊 (臺北)文津出版社 1996 p. 205

張涌泉 敦煌俗字研究導論 (臺北)新文豐出版公司 1996 p. 249、262

張涌泉 敦煌文獻校讀釋例 文史(第四十一輯) 中華書局 1996 p. 199 又見:舊學新知 浙江大學出版社 1999 p. 213

陸慶夫 略論粟特人與龍家的關係 敦煌歸義軍史專題研究 蘭州大學出版社 1997 p. 505

王小甫 七八世紀之交吐蕃入西域之路 慶祝鄧廣銘教授九十華誕論文集 河北教育出版社 1997 p. 74

張涌泉 敦煌地理文書輯錄著作三種校議 古典文獻與文化論叢 中華書局 1997 p. 85

董志翹 敦煌文書詞語考釋 《敦煌研究》1998 年第 1 期 p. 131

荒川正晴 最近五年來(1993—1998)日本的唐代學術研究概況 "中國唐代學會"會刊(第九期) (臺北)"中國唐代學會" 1998 p. 186

李正宇 惠超詩 敦煌學大辭典 上海辭書出版社 1998 p. 558

榮新江 慧超日記:往五天竺國傳 敦煌學大辭典 上海辭書出版社 1998 p. 846

沙知 李正宇 惠超往五天竺國傳 敦煌學大辭典 上海辭書出版社 1998 p. 586

黃征 程惠新 劫塵遺珠:敦煌遺書 甘肅教育出版社 1999 p. 183

張涌泉 敦煌文書疑難詞語辨釋 舊學新知 浙江大學出版社 1999 p. 256

陳永勝 敦煌吐魯番法制文書研究 甘肅人民出版社 2000 p. 143

董志翹 《入唐求法巡禮行記》辭彙研究 中國社會科學出版社 2000 p. 244

劉進寶 藏經洞之謎:敦煌文物流散記 甘肅人民出版社 2000 p. 120

陸離 俄法所藏敦煌文獻中一件歸義軍時期土地糾紛案卷殘卷淺識 《敦煌學輯刊》2000 年第 2 期 p. 62

徐俊 敦煌詩集殘卷輯考 中華書局 2000 p. 805

顏廷亮 敦煌文化 光明日報出版社 2000 p. 411

張涌泉　漢語俗字叢考　中華書局　2000　p. 482
汪泛舟　敦煌俗別字補正　《敦煌研究》2001 年第 4 期　p. 157
陳國燦　敦煌學史事新證　甘肅教育出版社　2002　p. 26
姜亮夫　敦煌莫高窟年表　姜亮夫全集(十一)　雲南人民出版社　2002　p. 306
王冀青　斯坦因與日本敦煌學　甘肅教育出版社　2004　p. 277
鄭炳林　魏迎春　晚唐五代敦煌佛教教團的戒律和清規　《敦煌學輯刊》2004 年第 2 期　p. 34
廣中智之　慧超所見于闐大乘佛教的戒律　《敦煌學輯刊》2005 年第 4 期　p. 67

P. 3533

陳祚龍　古代敦煌及其他地區流行之公私印章圖記文字錄　敦煌學要籥　(臺北)新文豐出版公司
　　1982　p. 345
林平和　羅振玉敦煌學析論　(臺北)文史哲出版社　1988　p. 121
榮新江　法藏敦煌西域文獻考察記略　中華文史論叢(總 57 輯)　上海古籍出版社　1998　p. 50
戴仁　敦煌寫本中的贗品　法國漢學(敦煌學專號)　中華書局　2000　p. 4

P. 3534

王素　唐寫本《論語鄭氏注》校錄　唐寫本論語鄭氏注及其研究　文物出版社　1991　p. 88 注 114
土田健次郎　儒教典籍　敦煌漢文文獻(講座敦煌 5)　(東京)大東出版社　1992　p. 269
李正宇　敦煌文學概論　甘肅人民出版社　1993　p. 132
李方　敦煌《論語集解》校正　江蘇古籍出版社　1998　p. 831
李方　唐寫本《論語集解》校讀零拾　出土文獻研究(第三輯)　文物出版社　1998　p. 219
楊秀清　淺談唐、宋時期敦煌地區的學生生活　《敦煌研究》1999 年第 4 期　p. 141
徐俊　敦煌詩集殘卷輯考　中華書局　2000　p. 917
楊秀清　華戎交會的都市：敦煌與絲綢之路　甘肅人民出版社　2000　p. 102
許建平　《俄藏敦煌文獻》儒家經典類寫本的定名與綴合　漢語史學報專輯(第三輯)　上海教育出
　　版社　2003　p. 313

P. 3535

陳祚龍　簡介密宗大師釋一行的著述與貢獻　中華佛教文化史散策(初集)　(臺北)新文豐出版公
　　司　1978　p. 271
蘇瑩輝　敦煌學概要　(臺北)編譯館"中華叢書編委會"　1981　p. 80
梅弘理著　耿昇譯　根據 P. 2547 號寫本對《齋琬文》的復原和斷代　《敦煌研究》1990 年第 2 期
　　p. 52
黃征　吳偉　敦煌願文集　岳麓書社　1995　p. 71
王書慶　敦煌佛學·佛事篇　甘肅民族出版社　1995　p. 34
黃征　敦煌願文考論　敦煌語文叢說　(臺北)新文豐出版公司　1997　p. 583
黃征　張涌泉　敦煌變文校注　中華書局　1997　p. 170
李正宇　漢敦煌郡廣至城新考　《敦煌研究》1999 年第 3 期　p. 73
姜亮夫　敦煌莫高窟年表　姜亮夫全集(十一)　雲南人民出版社　2002　p. 307
李并成　魏晉時期寄理敦煌郡北界之伊吾縣城考　《敦煌研究》2003 年第 3 期　p. 41

P. 3536

金岡照光　敦煌漢文文學文獻の文學形態上の種類とその分類　敦煌出土文學文獻分類目録・附解
　　說　（東京）東洋文庫　1971　p. 216

金岡照光　敦煌文學のこころ　敦煌の文學　（東京）大藏出版株式會社　1971　p. 232

楊家駱　敦煌變文　（臺北）世界書局　1980　p. 910

鄭阿財　敦煌孝道文學研究　（臺北）石門圖書公司　1982　p. 423

周紹良　談唐代民間文學——讀《中國文學史》中“變文”節書後關於唐代民間文學研究的幾點意見
　　敦煌變文論文録　上海古籍出版社　1982　p. 413　又見：紹良叢稿　齊魯書社　1984　p. 55

潘重規　敦煌變文集新書（下）　（臺北）“中國文化大學”中文研究所　1984　p. 1267

王慶菽　孝子傳　敦煌變文集　人民文學出版社　1984　p. 910

雷僑雲　敦煌兒童文學　（臺北）學生書局　1985　p. 90 注 5、390

王三慶　《敦煌變文集》中的《孝子傳》新探　敦煌學（第 14 輯）　（臺北）新文豐出版公司　1989
　　p. 189、207

程毅中　敦煌本《啓顔録》的發現及其文學文獻價值　敦煌學國際學術討論會論文縮寫文（1990）
　　敦煌研究院　1990　p. 81

郭在貽　張涌泉　黃征　敦煌變文集校議　岳麓書社　1990　p. 468

上山大峻　敦煌佛教の研究　（京都）法藏館　1990　p. 19

謝明勳　敦煌本《孝子傳》“睒子”故事考索　敦煌學（第 17 輯）　（臺北）新文豐出版公司　1991
　　p. 22

程毅中　敦煌本《孝子傳》與睒子故事　中國文化（5）　（香港）中華書局　1992　p. 149

黃盛璋　關於沙州曹氏和于闐交往的諸藏文文書及相關問題　《敦煌研究》1992 年第 1 期　p. 41

金岡照光　散文體類　敦煌の文學文獻（講座敦煌 9）　（東京）大東出版社　1992　p. 246

金岡照光　孝行譚——『舜子変』と『董永傳』　敦煌の文學文獻（講座敦煌 9）　（東京）大東出版社
　　1992　p. 486

林家平　寧强　羅華慶　中國敦煌學史　北京語言學院出版社　1992　p. 337

王三慶著　池田溫譯　類書　敦煌漢文文獻（講座敦煌 5）　（東京）大東出版社　1992　p. 363

尾崎康　史籍　敦煌漢文文獻（講座敦煌 5）　（東京）大東出版社　1992　p. 329

高田時雄　評：池田溫編『敦煌漢文文獻』（講座敦煌 5）　『東洋史研究』（52 卷 1 號）　（東京）東洋
　　史研究會　1993　p. 123

郝春文　敦煌寫本社邑文書年代彙考（一）　《首都師範大學學報》1993 年第 4 期　p. 35

張錫厚　敦煌文學概論　甘肅人民出版社　1993　p. 372

郝春文　中古時期儒佛文化對民間結社的影響及其變化　唐文化研究論文集　上海人民出版社
　　1994　p. 210

土肥義和　唐・北宋間の「社」の組織形態に関する一考察　中國古代の國家と民衆（堀敏一先生古
　　稀記念）　（東京）汲古書院　1995　p. 703

劉子瑜　敦煌變文和王梵志詩　大象出版社　1997　p. 38

寧可　郝春文　敦煌社邑文書輯校　江蘇古籍出版社　1997　p. 58

張涌泉　讀《八瓊室金石補正》劄記　周紹良先生欣開九秩慶壽文集　中華書局　1997　p. 80

鄭炳林　敦煌碑銘讚輯釋　甘肅教育出版社　1997　p. 481 注 4

曲金良　敦煌寫本《孝子傳》及其相關問題　《敦煌研究》1998 年第 2 期　p. 156

沙知　敦煌契約文書輯校　江蘇古籍出版社　1998　p. 470

魏文斌　師彦靈　唐曉軍　甘肅宋金墓“二十四孝”圖與敦煌遺書《孝子傳》　《敦煌研究》1998 年第

3 期　p. 82

張鴻勳　孝子傳　敦煌學大辭典　上海辭書出版社　1998　p. 584

伏俊璉　伏麒鵬　石室齊諧:敦煌小說選析　甘肅人民出版社　2000　p. 164

金岡照光　敦煌文獻と中國文學　（東京）五曜書房　2000　p. 67、103

郝春文　《唐末五代宋初敦煌社邑的幾個問題》商榷　國際敦煌學學術史研討會論文集　研討會籌
　　備組　2002　p. 194

荒見泰史　敦煌本夢書雜識　漢語史學報專輯（第三輯）　上海教育出版社　2003　p. 339

王啓濤　中古及近代法制文書語言研究　巴蜀書社　2003　p. 118

葉貴良　敦煌社邑文書詞語選釋　《敦煌研究》2004 年第 5 期　p. 80

張鴻勳　從印度到中國:絲綢路上的睒子故事與藝術　麥積山石窟藝術文化論文集（上）　蘭州大學
　　出版社　2004　p. 341

陳逸平　唐宋時期敦煌大衆的歷史知識　文史（第七十五輯）　中華書局　2006　p. 99

郝春文　唐後期五代宋初敦煌私社的教育與教化功能　敦煌吐魯番研究（第九卷）　中華書局
　　2006　p. 305

孟憲實　論唐宋時期敦煌民間結社的社條　敦煌吐魯番研究（第九卷）　中華書局　2006　p. 318

P. 3537

中川孝　楞伽宗と東山法門　敦煌仏典と禪（講座敦煌 8）　（東京）大東出版社　1980　p. 144

椎名宏雄　北宗燈史の成立　敦煌仏典と禪（講座敦煌 8）　（東京）大東出版社　1980　p. 57

田中良昭　敦煌禪宗文獻の研究　（東京）大東出版社　1983　p. 24

楊曽文　日本學者對中國禪宗文獻的研究和整理　《世界宗教研究》1987 年第 1 期　p. 119

饒宗頤　論悉曇入華之年代與河西法朗之"肆曇"說　中印文化關係史論集・語文篇　香港中文大
　　學中國文化研究所　三聯書店　1990　p. 25

上山大峻　敦煌佛教の研究　（京都）法藏館　1990　p. 414

吳其昱著　伊藤美重子譯　敦煌漢文寫本概観　敦煌漢文文獻（講座敦煌 5）　（東京）大東出版社
　　1992　p. 59

索仁森著　李吉和譯　敦煌漢文禪籍特徵概觀　《敦煌研究》1994 年第 1 期　p. 113

田中良昭　敦煌の禪籍　禪學研究入門　（東京）大東出版社　1994　p. 47

柳田聖山　禪籍解題(一)・敦煌禪籍　俗語言研究（第二期）　（京都）禪文化研究所　1995　p. 139

榮新江著　衣川賢次譯　ロシア所藏の景德傳燈録　『禪文化』(161 號)　（京都）禪文化研究所
　　1996　p. 142

榮新江　敦煌本禪宗燈史殘卷拾遺　周紹良先生欣開九秩慶壽文集　中華書局　1997　p. 233

方廣錩　楞伽師資記　敦煌學大辭典　上海辭書出版社　1998　p. 725

劉方　初期的禪史Ⅰ　敦煌學大辭典　上海辭書出版社　1998　p. 827

榮新江　《英藏敦煌文獻》定名商補　文史（第五十二輯）　中華書局　2000　p. 121

榮新江　敦煌學十八講　北京大學出版社　2001　p. 252

袁德領　法如神秀與北宗禪的肇始　《敦煌研究》2001 年第 1 期　p. 73

田中良昭　敦煌の禪宗燈史　中日敦煌佛教學術會議論文集　中國社會科學院研究所　2002
　　p. 107　又見:戒幢佛學（第二卷）　岳麓書社　2002　p. 146

P. 3538

林家平　寧強　羅華慶　中國敦煌學史　北京語言學院出版社　1992　p. 142

饒宗頤　論釋氏之昆侖說　饒宗頤史學論著選　上海古籍出版社　1993　p. 453

張金泉　敦煌佛經音義寫卷述要　《敦煌研究》1997 年第 2 期　p. 112

P. 3539

蘇瑩輝　敦煌的琵琶譜與指法　敦煌　（臺北）藝文印書館　1977　p. 35

陳應時　敦煌曲譜研究實錄初篇　《陽關》1982 年第 3、4 期　又見：中國敦煌學百年文庫・藝術卷
　　（三）　甘肅文化出版社　1999　p. 196

陳應時　應該如何評論《敦煌曲譜研究》　《廣州音樂學院學報》1982 年第 4 期　又見：中國敦煌學
　　百年文庫・藝術卷（三）　甘肅文化出版社　1999　p. 188

席臻貫　《佛本行集經・憂波離品次》琵琶譜符號考　《音樂研究》1983 年第 3 期　又見：中國敦煌
　　學百年文庫・藝術卷（三）　甘肅文化出版社　1999　p. 231

陳應時　敦煌曲譜研究尚須繼續努力　《交響》1984 年第 2 期　又見：中國敦煌學百年文庫・藝術卷
　　（三）　甘肅文化出版社　1999　p. 319

何昌林　《敦煌琵琶譜》的來龍去脈　《陽關》1984 年第 5 期　又見：中國敦煌學百年文庫・藝術卷
　　（三）　甘肅文化出版社　1999　p. 284

席臻貫　敦煌曲譜第一群定弦之我見　《敦煌學研究》（西北師院學報）1984 年增刊　p. 3

何昌林　三件敦煌曲譜資料的綜合研究　《中國音樂》1985 年第 1 期　又見：中國敦煌學百年文庫・
　　藝術卷（三）　甘肅文化出版社　1999　p. 329

牛龍菲　敦煌樂史資料概論　絲綢之路樂舞藝術　新疆人民出版社　1985　p. 355　又見：絲綢之路
　　文獻叙録　蘭州大學出版社　1989　p. 604

饒宗頤　敦煌琵琶譜《浣溪沙》殘譜研究　《中國音樂》1985 年第 1 期　又見：中國敦煌學百年文
　　庫・藝術卷（三）　甘肅文化出版社　1999　p. 324

李正宇　敦煌遺書中發現題年《南歌子》舞譜　《敦煌研究》1986 年第 4 期　p. 75

林玫儀　敦煌曲在詞學研究上之價值　漢學研究（敦煌學國際研討會論文專號）　（臺北）漢學研究
　　資料及服務中心　1986　p. 193

羅宗濤　敦煌講經變文“古吟上下”探原　漢學研究（敦煌學國際研討會論文专号）　（臺北）漢學研
　　究資料及服務中心　1986　p. 139　又見：中國敦煌學百年文庫・文學卷（四）　甘肅文化出版
　　社　1999　p. 172

陳應時　論敦煌曲譜的琵琶定弦　1983 年全國敦煌學術討論會文集・石窟藝術編（下）　甘肅人民
　　出版社　1987　p. 445

高德祥　唐樂西傳的若干蹤迹　《敦煌研究》1987 年第 1 期　p. 43

何昌林　敦煌琵琶譜之考、解、譯（附《敦煌琵琶譯譜》）　1983 年全國敦煌學術討論會文集・石窟藝
　　術編（下）　甘肅人民出版社　1987　p. 333、352、357、360

何昌林　《敦煌琵琶譜之考、解、譯》之補充　1983 年全國敦煌學術討論會文集・石窟藝術編（下）
　　甘肅人民出版社　1987　p. 429

金建民　關於《敦煌曲譜》和古譜學的論爭　《中國敦煌吐魯番學會研究通訊》1990 年第 1 期　又
　　見：中國敦煌學百年文庫・藝術卷（四）　甘肅文化出版社　1999　p. 253

李國俊　敦煌曲譜的新探討：葉棟、陳應時兩先生譯譜之比較研究　第二屆敦煌學國際研討會論文集
　　（臺北）漢學研究中心　1990　p. 444、449 注 1

林玫儀　研究敦煌曲子詞之省思　第二屆敦煌學國際研討會論文集　（臺北）漢學研究中心　1990
　　p. 308

陳應時　讀敦煌琵琶譜：饒宗頤教授研究敦煌琵琶譜的新記録　（香港）《九州學刊》（敦煌學專輯）

1992 年第 4 卷第 4 期　　p. 121　　又見：選堂文史論苑　上海古籍出版社　1994　p. 370

林家平　寧強　羅華慶　中國敦煌學史　北京語言學院出版社　1992　p. 266、272、470、679

吳其昱著　伊藤美重子譯　敦煌漢文寫本概観　敦煌漢文文獻（講座敦煌 5）（東京）大東出版社　1992　p. 112

席臻貫　敦煌古樂　敦煌文藝出版社　1992　p. 13

李正宇　論敦煌曲子　第二屆國際唐代學術會議論文集（上）（臺北）文津出版社　1993　p. 761

金賢珠　唐五代敦煌民歌　（臺北）文史哲出版社　1994　p. 195

饒宗頤　敦煌曲與樂舞及龜茲樂　敦煌曲續論　（臺北）新文豐出版公司　1996　p. 73

王昆吾　隋唐五代燕樂雜言歌辭研究　中華書局　1996　p. 47

張弓　漢唐佛寺文化史　中國社會科學出版社　1997　p. 863

鄭汝中　敦煌譜字　敦煌學大辭典　上海辭書出版社　1998　p. 246

黃征　程惠新　劫塵遺珠：敦煌遺書　甘肅教育出版社　1999　p. 244

李正宇　沙州歸義軍樂營及其職事　敦煌吐魯番研究（第五卷）　北京大學出版社　2001　p. 221

劉進寶　敦煌學通論　甘肅教育出版社　2002　p. 142

陳應時　論敦煌樂譜的節奏解譯　新世紀敦煌學論集　巴蜀書社　2003　p. 760

湯涓　敦煌曲子詞地域文化研究　上海古籍出版社　2004　p. 93

P. 3540

陳祚龍　敦煌古抄內典尾記彙校初、二、三編合刊　敦煌學要籥　（臺北）新文豐出版公司　1982　p. 190

郭鋒　敦煌的"社"及其活動　《敦煌學輯刊》1983 年創刊號　p. 82

唐耕耦　陸宏基　敦煌社會經濟文獻真迹釋録（一）　書目文獻出版社　1986　p. 278

池田溫　中國古代寫本識語集録　（東京）大蔵出版株式會社　1990　p. 464

黃征　吳偉　敦煌願文集　岳麓書社　1995　p. 610

齊陳俊　馮培紅　晚唐五代宋初歸義軍政權中"十將"及下屬諸職考　敦煌歸義軍史專題研究　蘭州大學出版社　1997　p. 29

鄭炳林　唐五代敦煌種植林業研究　敦煌歸義軍史專題研究　蘭州大學出版社　1997　p. 194

高啓安　崇高與卑賤：敦煌的佛教信仰賤名再探　'98 法門寺唐文化國際學術討論會論文集　陝西人民出版社　2000　p. 250

姜亮夫　敦煌莫高窟年表　姜亮夫全集（十一）　雲南人民出版社　2002　p. 467

李小榮　敦煌密教文獻論稿　人民文學出版社　2003　p. 169

黨燕妮　毗沙門天王信仰在敦煌的流傳　《敦煌研究》2005 年第 3 期　p. 101

P. 3541

賀世哲　孫修身　瓜沙曹氏與敦煌莫高窟　敦煌研究文集　甘肅人民出版社　1982　p. 236

陳祚龍　新校重訂敦煌古抄名僧真讚小集　中華佛教文化史散策（四集）（臺北）新文豐出版公司　1986　p. 269

賀世哲　從供養人題記看莫高窟部分洞窟的營建年代　敦煌莫高窟供養人題記　文物出版社　1986　p. 221

李正宇　關於金山國和敦煌國建國的幾個問題　《西北史地》1987 年第 2 期　p. 71

李正宇　邈真讚　敦煌文學　甘肅人民出版社　1989　p. 184

梅弘理著　耿昇譯　根據 P. 2547 號寫本對《齋琬文》的復原和斷代　《敦煌研究》1990 年第 2 期

p. 53

唐耕耦　陸宏基　敦煌社會經濟文獻真迹釋録(三、五)　全國圖書館文獻縮微複製中心　1990
　　p. 78；292

鄭炳林　伯 2641 號背莫高窟再修功德記撰寫人探微　《敦煌學輯刊》1991 年第 2 期　p. 50

姜伯勤　敦煌社會文書導論　(臺北)新文豐出版公司　1992　p. 57

姜伯勤　論禪宗在敦煌僧俗中的流傳　(香港)《九州學刊》(敦煌學專輯)1992 年第 4 卷第 4 期
　　p. 14　又見：中國敦煌學百年文庫・宗教卷(一)　甘肅文化出版社　1999　p. 227

竺沙雅章　寺院文書　敦煌漢文文獻(講座敦煌 5)　(東京)大東出版社　1992　p. 615

王克孝　ДХ2168 號寫本初探　《敦煌學輯刊》1993 年第 2 期　p. 28　又見：1994 年敦煌學國際研討
　　會文集・宗教文史卷(下)　甘肅民族出版社　2000　p. 235

姜伯勤　敦煌邈真讚與敦煌望族　敦煌邈真讚校録並研究　(臺北)新文豐出版公司　1994　p. 7

姜伯勤　項楚　榮新江　敦煌邈真讚校録並研究　(臺北)新文豐出版公司　1994　p. 226

榮新江　敦煌邈真讚年代考　敦煌邈真讚校録並研究　(臺北)新文豐出版公司　1994　p. 362

黄征　吳偉　敦煌願文集　岳麓書社　1995　p. 71

楊秀清　八十年代以來金山國史研究綜述　《敦煌研究》1995 年第 4 期　p. 188

姜伯勤　敦煌戒壇與大乘佛教　華學(第二輯)　中山大學出版社　1996　p. 320

姜伯勤　敦煌藝術宗教與禮樂文明　中國社會科學出版社　1996　p. 342、373

李正宇　敦煌史地新論　(臺北)新文豐出版公司　1996　p. 210

榮新江　評《俄藏敦煌文獻》第 1－5 冊　敦煌吐魯番研究(第一卷)　北京大學出版社　1996
　　p. 372

湛如　戒壇流變史之研究　華學(第二輯)　中山大學出版社　1996　p. 346

郝春文　關於唐後期五代宋初沙州僧俗的施捨問題　唐研究(第三卷)　北京大學出版社　1997
　　p. 24

楊秀清　金山國立國年代補證　《敦煌研究》1997 年第 4 期　p. 132

張涌泉　敦煌文獻校讀易誤字例釋　敦煌文學論集　四川人民出版社　1997　p. 269

鄭炳林　敦煌碑銘讚輯釋　甘肅教育出版社　1997　p. 352、359 注 8

鄭炳林　唐五代敦煌的粟特人與佛教　敦煌歸義軍史專題研究　蘭州大學出版社　1997　p. 445

鄭炳林　唐五代敦煌的醫事研究　敦煌歸義軍史專題研究　蘭州大學出版社　1997　p. 518

鄭炳林　唐五代敦煌金山國征伐樓蘭史事考　敦煌歸義軍史專題研究　蘭州大學出版社　1997
　　p. 3

鄭炳林　唐五代敦煌種植林業研究　敦煌歸義軍史專題研究　蘭州大學出版社　1997　p. 195

郝春文　唐後期五代宋初敦煌僧尼的社會生活　中國社會科學出版社　1998　p. 246

唐耕耦　法主　敦煌學大辭典　上海辭書出版社　1998　p. 640

楊森　跋《子年三月五日計料海濟受戒衣鉢具色——如後帳》及卷背《釋門教授帖》文書　《敦煌研
　　究》1998 年第 4 期　p. 101

楊森　善才　敦煌學大辭典　上海辭書出版社　1998　p. 356

湛如　敦煌結夏安居考察　法源(第 16 期)　中國佛學院　1998　p. 72、81　又見：佛學研究(第七
　　期)　中國佛教文化研究所　1998　p. 328

郝春文　關於唐後期五代宋初沙州僧團的"出唱"活動　首都師範大學史學研究(1)　首都師範大學
　　出版社　1999　p. 111

楊秀清　敦煌西漢金山國史　甘肅人民出版社　1999　p. 62、139、145

湛如　論淨衆禪門與法照淨土思想的關聯　敦煌文獻論集：紀念藏經洞發現一百周年國際學術研討

會論文集　遼寧人民出版社　2001　p. 511

釋覺旻　從"三教大法師"看晚唐五代敦煌社會的三教融合　敦煌佛教藝術文化國際學術研討會論文集　蘭州大學出版社　2002　p. 405

陳明　耆婆的形象演變及其在敦煌吐魯番地區的影響　文津學志(第一輯)　北京圖書館出版社　2003　p. 152

洪藝芳　敦煌社會經濟文書中的唐五代新興量詞研究　敦煌學(第24輯)　(臺北)樂學書局有限公司　2003　p. 106

余欣　禁忌、儀式與法術　唐代宗教信仰與社會　上海辭書出版社　2003　p. 341

湛如　敦煌佛教律儀制度研究　中華書局　2003　p. 58、121、220、240、274、336

黑維強　吐魯番出土文書詞語疏證三則　西北方言與民俗研究論叢　中國社會科學出版社　2004　p. 225

屈直敏　敦煌高僧　民族出版社　2004　p. 45

鄭炳林　王晶波　敦煌寫本相書校錄研究　民族出版社　2004　p. 233

鄭炳林　晚唐五代歸義軍政權與佛教教團關係研究　《敦煌學輯刊》2005年第1期　p. 9

陳逸平　唐宋時期敦煌大眾的歷史知識　文史(第七十五輯)　中華書局　2006　p. 98

汪泛舟　敦煌俗別字新考(上)　《敦煌研究》2006年第1期　p. 104

P. 3542

王書慶　敦煌佛學·佛事篇　甘肅民族出版社　1995　p. 91

鄭炳林　羊萍　敦煌本夢書　甘肅文化出版社　1995　p. 302

方中　箋釋"使君"　《敦煌學輯刊》1997年第2期　p. 117

馬德　敦煌文書《某使君造龕設齋讚文》的有關問題　《敦煌研究》1997年第2期　p. 123

馬德　敦煌寫本《營窟稿文範》箋證　1994年敦煌學國際研討會文集·石窟考古卷　甘肅民族出版社　2000　p. 221

張國剛　佛學與隋唐社會　河北人民出版社　2002　p. 239

湛如　敦煌佛教律儀制度研究　中華書局　2003　p. 373

鄭炳林　敦煌寫本解夢書校錄研究　民族出版社　2005　p. 121

P. 3543

方廣錩　敦煌佛教經錄輯校　江蘇古籍出版社　1997　p. 957

P. 3544

陳祚龍　中古敦煌結社的真象　敦煌學海探珠(下冊)　(臺北)商務印書館　1979　p. 362

郭鋒　敦煌的"社"及其活動　《敦煌學輯刊》1983年創刊號　p. 82、86

唐耕耦　陸宏基　敦煌社會經濟文獻真迹釋錄(一)　書目文獻出版社　1986　p. 269

郝春文　敦煌遺書中的"春秋座局席"考　《北京師範學院學報》1989年第4期　p. 34

山本達郎等　敦煌·I社條　『NUN–HUANG AND TURFAN DOCUMENTS CONCERNING SOCIAL AND ECONOMIC HISTORY』(IV)　(東京)東洋文庫　1989　p. 1

王進玉　趙豐　敦煌文物中的紡織技藝　《敦煌研究》1989年第4期　p. 102

郝春文　隋唐五代宋初傳統私社與寺院的關係　《魏晉南北朝隋唐史》1991年第6期　p. 67

林聰明　敦煌文書學　(臺北)新文豐出版公司　1991　p. 397

姜伯勤　敦煌社會文書導論　(臺北)新文豐出版公司　1992　p. 233、235、248

高國藩　敦煌民俗資料導論　（臺北）新文豐出版公司　1993　p. 4

郝春文　敦煌寫本社邑文書年代彙考（一）《首都師範大學學報》1993 年第 4 期　p. 38

譚禪雪　敦煌歲時掇瑣　（香港）《九州學刊》（敦煌學專輯）1993 年第 5 卷第 4 期　p. 92

郝春文　中古時期儒佛文化對民間結社的影響及其變化　唐文化研究論文集　上海人民出版社　1994　p. 205

寧可　郝春文　敦煌寫本社邑文書述略　《首都師範大學學報》1994 年第 4 期　p. 12

馬德　敦煌庶民與莫高窟的營造　華學（第一輯）　中山大學出版社　1995　p. 182

寧可　郝春文　敦煌社邑的喪葬互助　《首都師範大學學報》1995 年第 6 期　p. 36

土肥義和　唐・北宋間の「社」の組織形態に関する一考察　中國古代の國家と民衆（堀敏一先生古稀記念）　（東京）汲古書院　1995　p. 703

馬德　敦煌莫高窟史研究　甘肅教育出版社　1996　p. 256

寧可　郝春文　敦煌社邑文書輯校　江蘇古籍出版社　1997　p. 1

楊際平　郭鋒　張和平　五—十世紀敦煌的家庭與家族關係　岳麓書社　1997　p. 315

鄭炳林　敦煌碑銘讚輯釋　甘肅教育出版社　1997　p. 166 注 2

寧可　三官　敦煌學大辭典　上海辭書出版社　1998　p. 426

譚蟬雪　敦煌歲時文化導論　（臺北）新文豐出版公司　1998　p. 106、295

土肥義和　唐・北宋の間：敦煌の杜家親情社追補社條（S. 8160rv）について　唐代史研究（創刊號）　（東京）唐代史研究會　1998　p. 9

寧可　寧可史學論集　中國社會科學出版社　1999　p. 446 注 10

楊森　談敦煌社邑文書中"三官"及"錄事""虞侯"的若干問題　《敦煌研究》1999 年第 3 期　p. 81

郝春文　部分英藏敦煌文獻的定名問題　英國收藏敦煌漢藏文獻研究　中國社會科學出版社　2000　p. 390

曾良　敦煌文獻字義通釋　廈門大學出版社　2001　p. 130

郝春文　《唐末五代宋初敦煌社邑的幾個問題》商榷　國際敦煌學學術史研討會論文集　研討會籌備組　2002　p. 199

馬茜　歸義軍時期敦煌地區庶民佛教的發展　甘肅民族研究論叢　甘肅人民出版社　2002　p. 461

孟憲實　論唐宋時期敦煌民間結社的組織形態　《敦煌研究》2002 年第 1 期　p. 60

郝春文　《敦煌寫本社邑文書輯校》補遺（四）　漢語史學報專輯（第三輯）　上海教育出版社　2003　p. 370

高啓安　唐五代敦煌飲食文化研究　民族出版社　2004　p. 201、287

郝春文　再論敦煌私社的"義聚"　敦煌學（第 25 輯）　（臺北）樂學書局有限公司　2004　p. 285

孟憲實　論敦煌渠人社　周秦漢唐文化研究（第三輯）　三秦出版社　2004　p. 127

葉貴良　敦煌社邑文書詞語選釋　《敦煌研究》2004 年第 5 期　p. 80

鄭炳林　魏迎春　晚唐五代敦煌佛教教團的科罰制度研究　《敦煌研究》2004 年第 2 期　p. 54

郝春文　唐後期五代宋初敦煌私社的教育與教化功能　敦煌吐魯番研究（第九卷）　中華書局　2006　p. 304、308

孟憲實　論唐宋時期敦煌民間結社的社條　敦煌吐魯番研究（第九卷）　中華書局　2006　p. 317

P. 3545

陳祚龍　古往世上流行之中華佛教男女信士立誓發願文章的抽樣　中華佛教文化史散策（四集）　（臺北）新文豐出版公司　1986　p. 398

陳祚龍　看了"佛光山春節平安燈會通告"以後　中華佛教文化史散策（四集）　（臺北）新文豐出版

公司　1986　p. 213

山本達郎等　敦煌・VII 尚饗文・諸齋文　『NUN – HUANG AND TURFAN DOCUMENTS CONCERN-ING SOCIAL AND ECONOMIC HISTORY』(IV)　(東京)東洋文庫　1989　p. 139

譚蟬雪　祭文　敦煌文學　甘肅人民出版社　1989　p. 127

郝春文　敦煌寫本齋文及其樣式的分類與定名　《北京師範學院學報》1990 年第 3 期　p. 94

梅弘理著　耿昇譯　根據 P. 2547 號寫本對《齋琬文》的復原和斷代　《敦煌研究》1990 年第 2 期　p. 54

杜琦　敦煌文學概論　甘肅人民出版社　1993　p. 533

郝春文　敦煌寫本社邑文書年代彙考(三)　《社科縱橫》1993 年第 5 期　p. 10

鄭炳林　讀敦煌文書 P. 3859《後唐清泰三年六月沙州儭司教授福集等狀》劄記　《西北史地》1993 年第 4 期　p. 48　又見:敦煌吐魯番文獻研究　蘭州大學出版社　1995　p. 616

郝春文　中古時期儒佛文化對民間結社的影響及其變化　唐文化研究論文集　上海人民出版社　1994　p. 208

黃征　吳偉　敦煌願文集　岳麓書社　1995　p. 247

王書慶　敦煌佛學・佛事篇　甘肅民族出版社　1995　p. 11

寧可　郝春文　敦煌社邑文書輯校　江蘇古籍出版社　1997　p. 514

鄭炳林　敦煌碑銘讚輯釋　甘肅教育出版社　1997　p. 228 注 10

譚蟬雪　亡畜齋　敦煌學大辭典　上海辭書出版社　1998　p. 444

宋家鈺　佛教齋文源流與敦煌本“齋文”書的復原　《中國史研究》1999 年第 2 期　p. 78　又見:英國收藏敦煌漢藏文獻研究　中國社會科學出版社　2000　p. 309

艾麗白　上古和中古時代中國的動物喪葬活動　法國漢學(敦煌學專號)　中華書局　2000　p. 138

宋家鈺　英國收藏敦煌文獻叙錄　英國收藏敦煌漢藏文獻研究　中國社會科學出版社　2000　p. 99

顏廷亮　敦煌文化　光明日報出版社　2000　p. 459

邵文實　敦煌佛教文學與邊塞文學　《敦煌學輯刊》2001 年第 2 期　p. 26

徐曉麗　回鶻天公主與敦煌佛教　敦煌佛教藝術文化國際學術研討會論文集　蘭州大學出版社　2002　p. 418

湛如　敦煌佛教律儀制度研究　中華書局　2003　p. 318

葉貴良　敦煌社邑文書詞語選釋　《敦煌研究》2004 年第 5 期　p. 81

郝春文　唐後期五代宋初敦煌私社的教育與教化功能　敦煌吐魯番研究(第九卷)　中華書局　2006　p. 308

P. 3547

陳祚龍　瓜沙印錄　(臺北)《大陸雜誌》1962 年第 4 期　又見:敦煌學概要　(臺北)編譯館"中華叢書編委會"　1981　p. 266；中國敦煌學百年文庫・考古卷(一)　甘肅文化出版社　1999　p. 184

土肥義和　はじめに——歸義軍節度使の敦煌支配　敦煌の歷史(講座敦煌 2)　(東京)大東出版社　1980　p. 260

陳祚龍　古代敦煌及其他地區流行之公私印章圖記文字錄　敦煌學要籥　(臺北)新文豐出版公司　1982　p. 323

王進玉　趙豐　敦煌文物中的紡織技藝　《敦煌研究》1989 年第 4 期　p. 100

榮新江　沙州張淮深與唐中央朝廷之關係　《敦煌學輯刊》1990 年第 2 期　p. 8

唐耕耦　陸宏基　敦煌社會經濟文獻真迹釋錄(四)　全國圖書館文獻縮微複製中心　1990　p. 367

吳震　P. 3547《沙州歸義軍上都進奏院上本使狀》試析　敦煌學國際學術討論會論文縮寫文(1990)
　　敦煌研究院　1990　p. 64

趙豐　敦煌所見隋唐絲綢中的花鳥圖案　敦煌吐魯番學研究論文集　漢語大詞典出版社　1990
　　p. 860

暨遠志　張議潮出行圖研究　《敦煌研究》1991年第3期　p. 32

汪泛舟　敦煌文學寫本辨正舉隅　《敦煌研究》1991年第1期　p. 92

中村裕一　唐代官文書研究　(京都)中文出版社　1991　p. 330

姜伯勤　敦煌社會文書導論　(臺北)新文豐出版公司　1992　p. 134

中村裕一　官文書　敦煌漢文文獻(講座敦煌5)　(東京)大東出版社　1992　p. 564

侯錦郎　敦煌龍興寺的器物曆　法國學者敦煌學論文選萃　中華書局　1993　p. 91 注4

王震亞　趙燮　敦煌殘卷爭訟文牒集釋　甘肅人民出版社　1993　p. 106

王進玉　敦煌石窟探秘　四川教育出版社　1994　p. 115

胡戟　傅玫　敦煌史話　中華書局　1995　p. 156

雷紹鋒　論曹氏歸義軍時期官府之"牧子"　《敦煌學輯刊》1996年第1期　p. 40

榮新江　歸義軍史研究　上海古籍出版社　1996　p. 8

鄭炳林　唐五代敦煌粟特人與歸義軍政權　《敦煌研究》1996年第4期　p. 89　又見:敦煌歸義軍史
　　專題研究　蘭州大學出版社　1997　p. 418

中村裕一　唐代公文書研究　(東京)汲古書院　1996　p. 148

馮培紅　晚唐五代宋初歸義軍武職軍將研究　敦煌歸義軍史專題研究　蘭州大學出版社　1997
　　p. 139

齊陳俊　馮培紅　晚唐五代宋初歸義軍政權中"十將"及下屬諸職考　敦煌歸義軍史專題研究　蘭
　　州大學出版社　1997　p. 26

趙和平　晚唐五代靈武節度使與沙州歸義軍關係試論　第三屆中國唐代文化學術研討會論文集
　　(臺北)政治大學中國文學系　1997　p. 543

鄭炳林　敦煌碑銘讚輯釋　甘肅教育出版社　1997　p. 31 注3

鄭炳林　論晚唐敦煌文士張球即張景球　文史(第四十三輯)　中華書局　1997　p. 118 注18

鄭炳林　楊富學　晚唐五代金銀在敦煌的使用與流通　《甘肅金融》1997年第8期　又見:中國敦煌
　　學百年文庫·歷史卷(二)　甘肅文化出版社　1999　p. 585

陳國燦　上都進奏院狀　敦煌學大辭典　上海辭書出版社　1998　p. 371

劉安志　唐五代押牙(衙)考略　魏晉南北朝隋唐史資料(第16輯)　武漢大學出版社　1998　p. 69

錢伯泉　于闐國使劉再昇的國籍及出使過程探微　《敦煌研究》1998年第1期　p. 98

榮新江　歸義軍大事紀年初稿　出土文獻研究(第三輯)　文物出版社　1998　p. 238

沙知　沙州院之朱記　敦煌學大辭典　上海辭書出版社　1998　p. 290

唐耕耦　進奏院狀　敦煌學大辭典　上海辭書出版社　1998　p. 371

馮培紅　客司與歸義軍的外交活動　《敦煌學輯刊》1999年第1期　p. 83

施謝捷　敦煌文獻語詞校釋叢劄　《敦煌研究》1999年第4期　p. 26

謝桃坊　敦煌文化尋繹　四川人民出版社　1999　p. 204

楊森　小議張淮深受旌節　《敦煌研究》1999年第1期　p. 98

雷紹鋒　歸義軍賦役制度初探　(臺北)洪葉文化事業有限公司　2000　p. 177

劉後濱　從敕牒的特性看唐代中書門下體制　唐研究(第六卷)　北京大學出版社　2000　p. 227

鄭炳林　晚唐五代敦煌貿易市場的外來商品輯考　中華文史論叢(總63輯)　上海古籍出版社
　　2000　p. 61、69

李正宇　索勛、張承奉更叠之際史事考　敦煌文獻論集：紀念藏經洞發現一百周年國際學術研討會論
　　文集　遼寧人民出版社　2001　p. 122

榮新江　唐五代歸義軍武職軍將考　敦煌學新論　甘肅教育出版社　2002　p. 57

陸慶夫　歸義軍政權與蕃兵蕃將　2000 年敦煌學國際學術討論會文集・歷史文化卷(上)　甘肅民
　　族出版社　2003　p. 116

森安孝夫著　梁曉鵬摘譯　河西歸義軍節度使官印及其編年　《敦煌學輯刊》2003 年第 1 期　p. 143

趙貞　敦煌所出靈州道文書述略　《敦煌研究》2003 年第 4 期　p. 53

鄭炳林　徐曉麗　讀《俄藏敦煌文獻》第 12 冊幾件非佛經文獻劄記　《敦煌研究》2003 年第 4 期
　　p. 83

高啓安　唐五代敦煌飲食文化研究　民族出版社　2004　p. 100

劉後濱　唐代中書門下體制研究　齊魯書社　2004　p. 351

龍晦　變文中的兩個地名考釋　敦煌學(第 25 輯)　(臺北)樂學書局有限公司　2004　p. 601

鄭炳林　晚唐五代敦煌商業貿易市場研究　《敦煌學輯刊》2004 年第 1 期　p. 104

馮培紅　晚唐五代宋初沙州上佐考論　敦煌學國際研討會論文集　北京圖書館出版社　2005　p. 66

吳麗娛　關於敦煌 S. 5566 書儀的研究　敦煌學國際研討會論文集　北京圖書館出版社　2005
　　p. 83

P. 3548

蕭登福　從敦煌寫卷中看道教星斗崇拜對佛經之影響　第二屆敦煌學國際研討會論文集　(臺北)
　　漢學研究中心　1990　p. 323

蕭登福　道教星斗符印與佛教密宗　(臺北)新文豐出版公司　1993　p. 67

鄭炳林　敦煌碑銘讚輯釋　甘肅教育出版社　1997　p. 86 注 2

沙知　修多寺　敦煌學大辭典　上海辭書出版社　1998　p. 633

鄭炳林　北京圖書館藏《吳和尚經論目録》有關問題研究　敦煌學與中國史研究論集　甘肅人民出
　　版社　2001　p. 127

P. 3549

王重民原編　黄永武新編　敦煌古籍叙録新編(第十八冊)　(臺北)新文豐出版公司　1986　p. 277

陳祚龍　唐代敦煌佛寺講經之真象　第二屆國際唐代學術會議論文集(上)　(臺北)文津出版社
　　1993　p. 604

P. 3550

趙和平　敦煌寫本書儀略論　敦煌吐魯番學研究論文集　漢語大詞典出版社　1990　p. 564

鄭炳林　讀敦煌文書 P. 3859《後唐清泰三年六月沙州儭司教授福集等狀》劄記　《西北史地》1993 年
　　第 4 期　p. 48　又見：敦煌吐魯番文獻研究　蘭州大學出版社　1995　p. 616

馬德　敦煌莫高窟史研究　甘肅教育出版社　1996　p. 129

馬德　莫高窟張都衙窟及有關問題　《敦煌研究》1996 年第 2 期　p. 30

馬德　敦煌文書《某使君造龕設齋讚文》的有關問題　《敦煌研究》1997 年第 2 期　p. 127

鄭炳林　敦煌碑銘讚輯釋　甘肅教育出版社　1997　p. 228 注 10

馬德　尚書曹仁貴史事鈎沈　《敦煌學輯刊》1998 年第 2 期　p. 14

張鴻勳　下女夫詞　敦煌學大辭典　上海辭書出版社　1998　p. 582

張涌泉　敦煌文獻校讀釋例　舊學新知　浙江大學出版社　1999　p. 206

馬德　敦煌寫本《營窟稿文範》箋證　1994 年敦煌學國際研討會文集·石窟考古卷　甘肅民族出版
　　社　2000　p. 217

汪泛舟　敦煌俗別字補正　《敦煌研究》2001 年第 4 期　p. 157

徐曉麗　敦煌石窟所見天公主考辨　《敦煌學輯刊》2002 年第 2 期　p. 78

P. 3551

晒麟　南朝小考　《敦煌學輯刊》1993 年第 1 期　p. 71

鄭炳林　敦煌漢文吐蕃史料綜述：兼論吐蕃控制河西時期的職官與統治政策　敦煌吐魯番文獻研究
　　蘭州大學出版社　1995　p. 97

鄭炳林　唐五代敦煌粟特人與歸義軍政權　《敦煌研究》1996 年第 4 期　p. 86　又見：敦煌歸義軍史
　　專題研究　蘭州大學出版社　1997　p. 412

黃征　敦煌願文考論　敦煌語文叢說　（臺北）新文豐出版公司　1997　p. 591

鄭炳林　敦煌碑銘讚輯釋　甘肅教育出版社　1997　p. 306 注 7

鄭炳林　論晚唐敦煌文士張球即張景球　文史（第四十三輯）　中華書局　1997　p. 116

鄭炳林　唐五代敦煌的粟特人與佛教　敦煌歸義軍史專題研究　蘭州大學出版社　1997　p. 463 注
　　5

鄭炳林　吐蕃統治下的敦煌粟特人　敦煌歸義軍史專題研究　蘭州大學出版社　1997　p. 386

方廣錩　敦煌遺書中的《妙法蓮華經》及有關文獻　法源（第 16 期）　中國佛學院　1998　p. 52

方廣錩　觀世音經　敦煌學大辭典　上海辭書出版社　1998　p. 692

鄭炳林　《康秀華寫經施入疏》與《炫和尚貨賣胡粉曆》研究　敦煌吐魯番研究（第三卷）　北京大學
　　出版社　1998　p. 206

金瀅坤　吐蕃沙州都督考　《敦煌研究》1999 年第 3 期　p. 89

楊富學　李吉和　敦煌漢文吐蕃史料輯校（第一輯）　甘肅人民出版社　1999　p. 228

劉進寶　敦煌歷史文化　甘肅人民出版社　2000　p. 86

劉進寶　敦煌文書與唐史研究　（臺北）新文豐出版公司　2000　p. 110

王惠民　敦煌隋至唐前期藥師圖像考察　藝術史研究(2)　中山大學出版社　2000　p. 294

劉進寶　敦煌學通論　甘肅教育出版社　2002　p. 53

王繼光　鄭炳林　敦煌漢文吐蕃史料綜述　中國西部民族文化研究（2003 年卷）　民族出版社
　　2003　p. 250

趙紅　高啓安　張孝嵩斬龍傳說歷史背景研究　《敦煌研究》2004 年第 2 期　p. 63

P. 3552

周紹良　敦煌文學《兒郎偉》並跋　出土文獻研究　文物出版社　1985　p. 178

鄧文寬　張淮深平定甘州回鶻史事鉤沈　《魏晉南北朝隋唐史》1986 年第 11 期　p. 63

鄧文寬　也談張淮深之死　《敦煌研究》1988 年第 1 期　p. 78

高國藩　驅儺風俗和敦煌民間歌謠《兒郎偉》　文史（第二十九輯）　中華書局　1988　p. 291

高國藩　敦煌民俗學　上海文藝出版社　1989　p. 494

劉進寶　俚曲小調　敦煌文學　甘肅人民出版社　1989　p. 232

鄧文寬　歸義軍張氏家族的封爵與郡望　敦煌吐魯番學研究論文集　漢語大詞典出版社　1990
　　p. 601

高國藩　敦煌古俗與民俗流變　河海大學出版社　1990　p. 330

周純一　敦煌古劇質疑　第二屆敦煌學國際研討會論文集　（臺北）漢學研究中心　1990　p. 465

黃征　吳偉　《敦煌願文集》輯校中的一些問題　《敦煌研究》1992年第1期　p.66　又見:敦煌語
　　文叢說　(臺北)新文豐出版公司　1997　p.550

周紹良　敦煌文學芻議及其它　(臺北)新文豐出版公司　1992　p.39、171

高國藩　敦煌民俗資料導論　(臺北)新文豐出版公司　1993　p.177

黃征　敦煌願文《兒郎偉》輯考　(香港)《九州學刊》(敦煌學專輯)1993年第5卷第4期　p.51

姜伯勤　論高昌胡天與敦煌祆寺　《世界宗教研究》1993年第1期　又見:中國敦煌學百年文庫·宗
　　教卷(三)　甘肅文化出版社　1999　p.518

李正宇　敦煌儺散論　《敦煌研究》1993年第2期　p.111

榮新江　甘州回鶻成立史論　《歷史研究》1993年第5期　p.38

孫其芳　顏廷亮　敦煌文學概論　甘肅人民出版社　1993　p.450

譚禪雪　敦煌歲時掇瑣　(香港)《九州學刊》(敦煌學專輯)1993年第5卷第4期　p.109

黃征　敦煌願文散校　《敦煌研究》1994年第3期　p.131　又見:敦煌語文叢說　(臺北)新文豐出
　　版公司　1997　p.573

蔣禮鴻　敦煌文獻語言詞典　杭州大學出版社　1994　p.399

榮新江　敦煌邈真讚所見歸義軍與東西回鶻的關係　敦煌邈真讚校錄並研究　(臺北)新文豐出版
　　公司　1994　p.81

鄧文寬　張淮深改建莫高窟北大像和開鑿第94窟年代考　敦煌學國際研討會文集·石窟考古編
　　遼寧美術出版社　1995　p.124

黃征　吳偉　敦煌願文集　岳麓書社　1995　p.944

李金梅　敦煌傳統文化與武術　《敦煌研究》1995年第2期　p.195

李明偉　莫高窟和克孜爾石窟壁畫中的絲路貿易　敦煌學國際研討會文集·石窟考古編　遼寧美術
　　出版社　1995　p.422

林悟殊　波斯拜火教與古代中國　(臺北)新文豐出版公司　1995　p.187

榮新江　龍家考　中亞學刊(第四輯)　北京大學出版社　1995　p.152

榮新江　張氏歸義軍與西州回鶻的關係　敦煌學國際研討會文集·史地語文編　遼寧美術出版社
　　1995　p.127

姜伯勤　敦煌藝術宗教與禮樂文明　中國社會科學出版社　1996　p.468、491

姜伯勤　沙州儺禮考　敦煌藝術宗教與禮樂文明　中國社會科學出版社　1996　p.459　又見:中國
　　敦煌學百年文庫·歷史卷(二)　甘肅文化出版社　1999　p.442

黎薔　西域敦煌儺戲考　《敦煌研究》1996年第2期　p.156

榮新江　歸義軍史研究　上海古籍出版社　1996　p.92

黃征　敦煌歌謠《兒郎偉》的價值　敦煌語文叢說　(臺北)新文豐出版公司　1997　p.599、606、626

黃征　敦煌俗語詞輯釋　敦煌語文叢說　(臺北)新文豐出版公司　1997　p.60

黃征　敦煌文學《兒郎偉》輯錄校注　敦煌語文叢說　(臺北)新文豐出版公司　1997　p.681、691、
　　718

黃征　敦煌寫本異文綜析　敦煌語文叢說　(臺北)新文豐出版公司　1997　p.22

黃征　魏晉南北朝俗語詞輯釋　敦煌語文叢說　(臺北)新文豐出版公司　1997　p.109

黃征　張涌泉　敦煌變文校注　中華書局　1997　p.135、208、384、540

黃征　曾良　洪玉雙　敦煌願文研究　敦煌文學論集　四川人民出版社　1997　p.381

陸慶夫　從焉耆龍王到河西龍家——龍部落遷徙考　敦煌歸義軍史專題研究　蘭州大學出版社
　　1997　p.489、500

陸慶夫　唐宋之際的涼州嗢末　《敦煌學輯刊》1997年第2期　p.42

陸淑綺　李重申　敦煌古代戲曲文化史料綜述　《敦煌研究》1997 年第 2 期　p. 59

鄭炳林　敦煌碑銘讚輯釋　甘肅教育出版社　1997　p. 50 注 49

葛兆光　中國宗教與文學論集　清華大學出版社　1998　p. 179 注 2

李冬梅　唐五代歸義軍與周邊民族關係綜論　《敦煌學輯刊》1998 年第 2 期　p. 47

李正宇　脫禮衣　敦煌學大辭典　上海辭書出版社　1998　p. 439

譚蟬雪　敦煌歲時文化導論　（臺北）新文豐出版公司　1998　p. 7、402

譚蟬雪　儺舞　敦煌學大辭典　上海辭書出版社　1998　p. 271

高國藩　敦煌俗文化學　上海三聯書店　1999　p. 226

黃征　程惠新　劫塵遺珠：敦煌遺書　甘肅教育出版社　1999　p. 131

饒宗頤　劉薩訶事迹與瑞像圖　饒宗頤東方學論集　汕頭大學出版社　1999　p. 276

李重申　陸淑綺　敦煌目連變文與戲曲研究　《敦煌研究》2000 年第 3 期　p. 54

顏廷亮　敦煌文化　光明日報出版社　2000　p. 283

楊秀清　華戎交會的都市：敦煌與絲綢之路　甘肅人民出版社　2000　p. 50

姜伯勤　唐敦煌城市的禮儀空間　文史（第五十五輯）　中華書局　2001　p. 237

李正宇　索勳、張承奉更叠之際史事考　敦煌文獻論集：紀念藏經洞發現一百周年國際學術研討會論
　　文集　遼寧人民出版社　2001　p. 114

榮新江　敦煌學十八講　北京大學出版社　2001　p. 221

顏廷亮　敦煌文化中的祆教、摩尼教和景教　敦煌學與中國史研究論集　甘肅人民出版社　2001
　　p. 421

黃征　敦煌語言文字學研究　甘肅教育出版社　2002　p. 42

王啓濤　中古及近代法制文書語言研究　巴蜀書社　2003　p. 163、280

楊挺　不存在兒郎偉文體和兒郎偉曲調　《敦煌研究》2003 年第 1 期　p. 46

楊秀清　敦煌：絲綢之路上的國際商貿中心　敦煌陽關玉門關論文選萃　甘肅人民出版社　2003
　　p. 87

趙紅　高啓安　張孝嵩斬龍傳說歷史背景研究　《敦煌研究》2004 年第 2 期　p. 65

鄭炳林　徐曉莉　晚唐五代敦煌歸義軍政權的婚姻關係研究　敦煌學（第 25 輯）　（臺北）樂學書局
　　有限公司　2004　p. 569

馮培紅　晚唐五代宋初沙州上佐考論　敦煌學國際研討會論文集　北京圖書館出版社　2005　p. 67

黃征　敦煌俗字典　上海教育出版社　2005　p. 27

黃征　敦煌俗字種類考辨　敦煌學・日本學：石塚晴通教授退職紀念論文集　上海辭書出版社
　　2005　p. 119

P. 3553

榮新江　關於沙州歸義軍都僧統年代的幾個問題　《敦煌研究》1989 年第 4 期　p. 76

高國藩　敦煌古俗與民俗流變　河海大學出版社　1990　p. 336

唐耕耦　陸宏基　敦煌社會經濟文獻真迹釋錄（五）　全國圖書館文獻縮微複製中心　1990　p. 28

姜伯勤　敦煌社會文書導論　（臺北）新文豐出版公司　1992　p. 219

吳其昱著　伊藤美重子譯　敦煌漢文寫本概觀　敦煌漢文文獻（講座敦煌 5）　（東京）大東出版社
　　1992　p. 140

竺沙雅章　寺院文書　敦煌漢文文獻（講座敦煌 5）　（東京）大東出版社　1992　p. 629

王書慶　敦煌佛學・佛事篇　甘肅民族出版社　1995　p. 243

劉銘恕　敦煌遺書劄記八篇　敦煌學國際研討會文集・史地語文編　遼寧美術出版社　1995

p. 389

榮新江　歸義軍史研究　上海古籍出版社　1996　p. 291

郝春文　歸義軍政權與敦煌佛教之關係新探　周紹良先生欣開九秩慶壽文集　中華書局　1997　p. 166

柴劍虹　春日相餞詩　敦煌學大辭典　上海辭書出版社　1998　p. 569

郝春文　唐後期五代宋初敦煌僧尼的社會生活　中國社會科學出版社　1998　p. 396

P. 3554

塚本善隆　敦煌佛教史概說　西域文化研究（第一）・敦煌佛教資料　（京都）法藏館　1958　p. 69

金岡照光　敦煌文學のさまざま　敦煌の文學　（東京）大蔵出版株式會社　1971　p. 155

川崎ミチコ　修道偈Ⅱ——定格聯章　敦煌仏典と禪（講座敦煌8）　（東京）大東出版社　1980　p. 272

高田時雄　チベット文字轉寫阿彌陀經の奧書　『人文研究』（第65輯）　（小樽市）小樽商科大學　1983　p. 7

蘇瑩輝　"敦煌曲"評介　敦煌論集續編　（臺北）學生書局　1983　p. 320

向達　唐代俗講考　關隴文學論叢　甘肅人民出版社　1983　p. 150 注7

周丕顯　敦煌俗曲分時聯章歌體再議　《敦煌學輯刊》1983年創刊號　p. 15、19

周丕顯　敦煌俗曲中的分時聯章體歌辭　關隴文學論叢　甘肅人民出版社　1983　p. 3

饒宗頤　敦煌書法叢刊（第十九卷）・碎金（二）　（東京）二玄社　1984　p. 106

施萍婷　敦煌隨筆之二　《敦煌研究》1987年第1期　p. 47

劉進寶　俚曲小調　敦煌文學　甘肅人民出版社　1989　p. 223

馬世長　《四獸因緣》考　《敦煌研究》1989年第2期　p. 21

榮新江　關於沙州歸義軍都僧統年代的幾個問題　《敦煌研究》1989年第4期　p. 73

池田溫　中國古代寫本識語集錄　（東京）大蔵出版株式會社　1990　p. 447

辛夷　讀敦煌俗曲雜識　《社科縱橫》1990年第6期　p. 29

林家平　寧强　羅華慶　中國敦煌學史　北京語言學院出版社　1992　p. 626

鄭炳林　敦煌碑銘讚三篇證誤與考釋　《敦煌學輯刊》1992年第1、2期　p. 100

周紹良　敦煌文學芻議及其它　（臺北）新文豐出版公司　1992　p. 37

晒麟　張謙逸在吐蕃時期的任職　《敦煌學輯刊》1993年第1期　p. 83

李正宇　敦煌文學概論　甘肅人民出版社　1993　p. 96

齊陳駿　寒沁　河西都僧統唐悟真作品和見載文獻系年　《敦煌學輯刊》1993年第2期　p. 8

鄭阿財　敦煌文獻與文學　（臺北）新文豐出版公司　1993　p. 125、135

榮新江　敦煌邈真讚所見歸義軍與東西回鶻的關係　敦煌邈真讚校錄並研究　（臺北）新文豐出版公司　1994　p. 75

榮新江　張氏歸義軍與西州回鶻的關係　敦煌學國際研討會文集・史地語文編　遼寧美術出版社　1995　p. 121

顏廷亮　敦煌文學概說　（臺北）新文豐出版公司　1995　p. 70

鄭炳林　唐五代敦煌金鞍山異名考　《敦煌研究》1995年第2期　p. 134

榮新江　歸義軍史研究　上海古籍出版社　1996　p. 4

鄭炳林　唐五代敦煌粟特人與歸義軍政權　《敦煌研究》1996年第4期　p. 86　又見：敦煌歸義軍史專題研究　蘭州大學出版社　1997　p. 412

王惠民　《思益經》及其在敦煌的流傳　《敦煌研究》1997年第1期　p. 34

楊際平　郭鋒　張和平　五—十世紀敦煌的家庭與家族關係　岳麓書社　1997　p. 304

鄭炳林　敦煌碑銘讚輯釋　甘肅教育出版社　1997　p. 259 注 1

鄭炳林　唐五代敦煌的粟特人與佛教　敦煌歸義軍史專題研究　蘭州大學出版社　1997　p. 463 注 5

鄭炳林　晚唐五代敦煌園囿經濟研究　敦煌歸義軍史專題研究　蘭州大學出版社　1997　p. 309

方廣錩　持心梵天所問經　敦煌學大辭典　上海辭書出版社　1998　p. 669

李正宇　李憨兒受戒牒　敦煌學大辭典　上海辭書出版社　1998　p. 641

李正宇　悟真　敦煌學大辭典　上海辭書出版社　1998　p. 355

榮新江　歸義軍大事紀年初稿　出土文獻研究（第三輯）　文物出版社　1998　p. 235

唐耕耦　戒牒　敦煌學大辭典　上海辭書出版社　1998　p. 641

陳國燦　唐代的經濟社會　（臺北）文津出版社　1999　p. 15

金瀅坤　吐蕃沙州都督考　《敦煌研究》1999 年第 3 期　p. 89

梅維恒著　楊繼東　陳引馳譯　唐代變文（上）　（香港）中國佛教文化出版公司　1999　p. 267 注 1

徐俊　敦煌詩集殘卷輯考　中華書局　2000　p. 326

顏廷亮　敦煌文化　光明日報出版社　2000　p. 474

張錫厚　敦煌文學源流　作家出版社　2000　p. 332

邵文實　敦煌佛教文學與邊塞文學　《敦煌學輯刊》2001 年第 2 期　p. 29

馮培紅　姚桂蘭　歸義軍時期敦煌與周邊地區之間的僧使交往　敦煌佛教藝術文化國際學術研討會論文集　蘭州大學出版社　2002　p. 453

施安昌　故宮藏有關韃靼的敦煌酒帳初探　善本碑帖論集　紫禁城出版社　2002　p. 341

王小盾　從敦煌本共住修道故事看唐代佛教詩歌文體的來源　中國俗文化研究（第一輯）　巴蜀書社　2003　p. 29

余欣　禁忌、儀式與法術　唐代宗教信仰與社會　上海辭書出版社　2003　p. 322

荒見泰史　敦煌的講唱體文獻　敦煌學（第 25 輯）　（臺北）樂學書局有限公司　2004　p. 275

P. 3555

饒宗頤　敦煌書法叢刊（第十八卷）·碎金（一）　（東京）二玄社　1983　p. 100

陳國燦　敦煌所出諸借契年代考　《敦煌學輯刊》1984 年第 1 期　p. 6

唐耕耦　陸宏基　敦煌社會經濟文獻真迹釋錄（一）　書目文獻出版社　1986　p. 330

施萍婷　敦煌曆日研究　1983 年全國敦煌學術討論會文集·文史遺書編（上）　甘肅人民出版社　1987　p. 306、306、313、332、338

鄧文寬　敦煌古曆叢識　《敦煌學輯刊》1989 年第 1 期　p. 110

劉進寶　俚曲小調　敦煌文學　甘肅人民出版社　1989　p. 233

山本達郎等　敦煌·III 轉貼　『NUN – HUANG AND TURFAN DOCUMENTS CONCERNING SOCIAL AND ECONOMIC HISTORY』（IV）　（東京）東洋文庫　1989　p. 41、81

山本達郎等　敦煌·IV 納贈曆·納色物曆等　『NUN – HUANG AND TURFAN DOCUMENTS CONCERNING SOCIAL AND ECONOMIC HISTORY』（IV）　（東京）東洋文庫　1989　p. 108

嚴敦傑　跋敦煌唐乾符四年曆書　中國古代天文文物論集　文物出版社　1989　p. 243、251　又見：中國敦煌學百年文庫·科技卷　甘肅文化出版社　1999　p. 216

郝春文　唐後期五代宋初沙州僧尼的特點　敦煌吐魯番學研究論文集　漢語大詞典出版社　1990　p. 852 注 2

唐耕耦　陸宏基　敦煌社會經濟文獻真迹釋錄（三）　全國圖書館文獻縮微複製中心　1990　p. 238

菅原信海　占筮書　敦煌漢文文獻(講座敦煌5)　(東京)大東出版社　1992　p. 453

姜伯勤　敦煌社會文書導論　(臺北)新文豐出版公司　1992　p. 242

艾麗白　敦煌寫本中的"大儺"儀禮　法國學者敦煌學論文選萃　中華書局　1993　p. 258

高國藩　敦煌民俗資料導論　(臺北)新文豐出版公司　1993　p. 3

郝春文　敦煌寫本社邑文書年代彙考(一)　《首都師範大學學報》1993年第4期　p. 36

郝春文　敦煌寫本社邑文書年代彙考(三)　《社科縱橫》1993年第5期　p. 10

黃征　敦煌願文《兒郎偉》輯考　(香港)《九州學刊》(敦煌學專輯)1993年第5卷第4期　p. 52　又見：敦煌語文叢說　(臺北)新文豐出版公司　1997　p. 637

茅甘　敦煌寫本中的"九宮圖"　法國學者敦煌學論文選萃　中華書局　1993　p. 309

姜伯勤　項楚　榮新江　敦煌邈真讚校錄並研究　(臺北)新文豐出版公司　1994　p. 209

榮新江　敦煌邈真讚年代考　敦煌邈真讚校錄並研究　(臺北)新文豐出版公司　1994　p. 360

黃征　吳偉　敦煌願文集　岳麓書社　1995　p. 956

李金梅　敦煌傳統文化與武術　《敦煌研究》1995年第2期　p. 195

石田勇作　敦煌「社文書」研究序說　中國古代の國家と民衆(堀敏一先生古稀記念)　(東京)汲古書院　1995　p. 684

鄧文寬　敦煌天文曆法文獻輯校　江蘇古籍出版社　1996　p. 345、365

姜伯勤　敦煌藝術宗教與禮樂文明　中國社會科學出版社　1996　p. 460

姜伯勤　沙州儺禮考　敦煌藝術宗教與禮樂文明　中國社會科學出版社　1996　p. 459　又見：中國敦煌學百年文庫·歷史卷(二)　甘肅文化出版社　1999　p. 439

劉進寶　P. 3236號《壬申年官布籍》時代考　《西北師大學報》(社會科學版)1996年第5期　p. 43

劉進寶　P. 3236號《壬申年官布籍》研究　慶祝潘石禪先生九秩華誕敦煌學特刊　(臺北)文津出版社　1996　p. 360

楊秀清　張議潮出走與張淮深之死　《敦煌研究》1996年第4期　p. 76

高啓安　唐宋時期敦煌人名探析　《敦煌研究》1997年第4期　p. 125

黃征　敦煌寫本異文綜析　敦煌語文叢說　(臺北)新文豐出版公司　1997　p. 23

寧可　郝春文　敦煌社邑文書輯校　江蘇古籍出版社　1997　p. 88、413

齊陳俊　馮培紅　晚唐五代宋初歸義軍對外商業貿易　敦煌歸義軍史專題研究　蘭州大學出版社　1997　p. 346

鄭炳林　敦煌碑銘讚輯釋　甘肅教育出版社　1997　p. 280注1、348注7

鄧文寬　貞明八年歲次壬午具注曆日並序　敦煌學大辭典　上海辭書出版社　1998　p. 607

郝春文　唐後期五代宋初敦煌僧尼的社會生活　中國社會科學出版社　1998　p. 119

施萍婷　評《敦煌天文曆法文獻輯校》　敦煌吐魯番研究(第三卷)　北京大學出版社　1998　p. 394

高國藩　敦煌俗文化學　上海三聯書店　1999　p. 222

鄧文寬　《敦煌天文曆法文獻輯校》零拾　慶祝吳其昱先生八秩華誕敦煌學特刊　(臺北)文津出版社　2000　p. 142

劉進寶　敦煌文書與唐史研究　(臺北)新文豐出版公司　2000　p. 231

徐俊　敦煌詩集殘卷輯考　中華書局　2000　p. 283

顏廷亮　敦煌文化　光明日報出版社　2000　p. 407

山本達郎等　補(IV)社·III轉貼　『NUN – HUANG AND TURFAN DOCUMENTS CONCERNING SOCIAL AND ECONOMIC HISTORY』(Sup. p. lemrnts)　(東京)東洋文庫　2001　p. 72

陳國燦　敦煌學史事新證　甘肅教育出版社　2002　p. 336

鄧文寬　敦煌吐魯番天文曆法研究　甘肅教育出版社　2002　p. 111、179

黄一農　嫁娶宜忌：選擇術中的"亥不行嫁"與"陰陽不將"考辨　法制與禮俗　（臺北）"中央研究院"歷史語言研究所　2002　p. 291

黄征　敦煌語言文字學研究　甘肅教育出版社　2002　p. 44

姜亮夫　敦煌莫高窟年表　姜亮夫全集（十一）　雲南人民出版社　2002　p. 471

馬繼興　當前世界各地收藏的中國出土卷子本古醫藥文獻備考　敦煌吐魯番研究（第六卷）　北京大學出版社　2002　p. 152

孟憲實　論唐宋時期敦煌民間結社的組織形態　《敦煌研究》2002 年第 1 期　p. 64

榮新江　唐五代歸義軍武職軍將考　敦煌學新論　甘肅教育出版社　2002　p. 58

余欣　禁忌、儀式與法術　唐代宗教信仰與社會　上海辭書出版社　2003　p. 303、315

高啓安　唐五代敦煌飲食文化研究　民族出版社　2004　p. 286

馬若安　敦煌曆日"沒日"和"滅日"安排初探　敦煌吐魯番研究（第七卷）　北京大學出版社　2004　p. 429

李正宇　晚唐至北宋敦煌僧尼普聽飲酒　《敦煌研究》2005 年第 3 期　p. 70

趙曉星　寇甲　西魏：歸義軍時期敦煌地區的史姓　《敦煌學輯刊》2005 年第 2 期　p. 138

金瀅坤　敦煌社會經濟文書定年拾遺　《首都師範大學學報》2006 年第 1 期　p. 12

金瀅坤　敦煌社會經濟文獻綴合拾遺　文史（第七十五輯）　中華書局　2006　p. 87

P. 3556

陳祚龍　敦煌古抄碑銘五種　敦煌文物隨筆　（臺北）商務印書館　1979　p. 68

陳祚龍　中世敦煌婦女出家、入道、受戒、弘法之一斑　《海潮音》1979 年第 60 卷第 8 期　又見：敦煌簡策訂存　（臺北）商務印書館　1983　p. 38 ；中國敦煌學百年文庫·宗教卷（四）　甘肅文化出版社　1999　p. 338

土肥義和　莫高窟千佛洞と大寺と蘭若と　敦煌の社會（講座敦煌3）　（東京）大東出版社　1980　p. 358

陳祚龍　古代敦煌及其他地區流行之公私印章圖記文字録　敦煌學要籥　（臺北）新文豐出版公司　1982　p. 330

賀世哲　孫修身　瓜沙曹氏與敦煌莫高窟　敦煌研究文集　甘肅人民出版社　1982　p. 270 注 23

賀世哲　孫修身　《瓜沙曹氏年表補正》之補正　敦煌學文選（上）　蘭州大學歷史系敦煌學研究室等　1983　p. 154 注 9

榮新江　敦煌卷子劄記四則　敦煌吐魯番文獻研究論集（第二輯）　北京大學出版社　1983　p. 634、637、638、652 - 654

蘇瑩輝　"敦煌曲"評介　敦煌論集續編　（臺北）學生書局　1983　p. 314

蘇瑩輝　瓜沙史事叢考　（臺北）商務印書館　1983　p. 99

陳祚龍　"標點新印本瓜沙曹氏年表序"讀後　中華佛教文化史散策（四集）　（臺北）新文豐出版公司　1986　p. 328

陳祚龍　新校重訂敦煌古抄名僧真讚小集　中華佛教文化史散策（四集）　（臺北）新文豐出版公司　1986　p. 273

李正宇　敦煌方音止遇二攝混同及其校勘學意義　《敦煌研究》1986 年第 4 期　p. 55

姜伯勤　唐五代敦煌寺戶制度　中華書局　1987　p. 147

李正宇　敦煌學郎題記輯注　《敦煌學輯刊》1987 年第 1 期　p. 35

李正宇　《下女夫詞》研究　《敦煌研究》1987 年第 2 期　p. 48

錢伯泉　有關歸義軍前期歷史的幾個問題　《敦煌學輯刊》1987 年第 1 期　p. 83

蘇瑩輝　曹元德、元深、元忠事迹考略　敦煌文史藝術論叢　（臺北）新文豐出版公司　1987　p. 155

唐耕耦　曹仁貴節度沙州歸義軍始末　《敦煌研究》1987 年第 2 期　p. 17

哈密頓著　耿昇譯　回鶻文尊號闍梨和都統考　《甘肅民族研究》1988 年第 3－4 期　p. 121 注 1

李正宇　敦煌地區古代祠廟寺觀簡志　《敦煌學輯刊》1988 年第 1、2 期　p. 79

錢伯泉　爲索勳篡權翻案　《敦煌研究》1988 年第 1 期　p. 70

孫修身　瓜沙曹氏卒立世次考　《鄭州大學學報》1988 年第 4 期　又見：《魏晉南北朝隋唐史》1988 年第 10 期　p. 26；中國敦煌學百年文庫·歷史卷（二）　甘肅文化出版社　1999　p. 231

杜琪　表·疏　敦煌文學　甘肅人民出版社　1989　p. 24

李正宇　邈真讚　敦煌文學　甘肅人民出版社　1989　p. 183

榮新江　關於沙州歸義軍都僧統年代的幾個問題　《敦煌研究》1989 年第 4 期　p. 72

山本達郎等　敦煌·III 轉貼　『NUN－HUANG AND TURFAN DOCUMENTS CONCERNING SOCIAL AND ECONOMIC HISTORY』(IV)　（東京）東洋文庫　1989　p. 87

山本達郎等　敦煌·V 計會文書　『NUN－HUANG AND TURFAN DOCUMENTS CONCERNING SOCIAL AND ECONOMIC HISTORY』(IV)　（東京）東洋文庫　1989　p. 116

譚蟬雪　碑·銘　敦煌文學　甘肅人民出版社　1989　p. 112

譚蟬雪　祭文　敦煌文學　甘肅人民出版社　1989　p. 122

鄧文寬　歸義軍張氏家族的封爵與郡望　敦煌吐魯番學研究論文集　漢語大詞典出版社　1990　p. 601

賀世哲　試論曹仁貴即曹議金　《魏晉南北朝隋唐史》1990 年第 8 期　p. 61

李正宇　曹仁貴名實論：曹氏歸義軍創始及歸奉後梁史探　第二屆敦煌學國際研討會論文集　（臺北）漢學研究中心　1990　p. 564

李正宇　釋"耶沒忽"：敦煌遺書王梵志詩俗詞語研究之一　王梵志詩研究彙錄（上）　上海古籍出版社　1990　p. 263

榮新江　沙州歸義軍歷任節度使稱號研究　敦煌吐魯番學研究論文集　漢語大詞典出版社　1990　p. 775、784、791、795、802

蘇哲　伯二九九二號文書三通五代狀文的研究　敦煌吐魯番文獻研究論集（第五輯）　北京大學出版社　1990　p. 468 注 24

唐耕耦　陸宏基　敦煌社會經濟文獻真迹釋錄（二、三、五）　全國圖書館文獻縮微複製中心　1990　p. 304；90；166

謝重光　白文固　中國僧官制度史　青海人民出版社　1990　p. 145 注 2

李并成　一批珍貴的歷史人物檔案：敦煌遺書中的邈真讚　《檔案》1991 年第 5 期　p. 33

李正宇　敦煌名勝古迹導論　《陽關》1991 年第 4 期　p. 51

林聰明　敦煌文書學　（臺北）新文豐出版公司　1991　p. 119

孫修身　伯 2155《曹元忠致甘州回鶻可汗狀》時代考　《敦煌研究》1991 年第 2 期　p. 28

鄭炳林　伯 2641 號背莫高窟再修功德記撰寫人探微　《敦煌學輯刊》1991 年第 2 期　p. 54

姜伯勤　敦煌社會文書導論　（臺北）新文豐出版公司　1992　p. 54、57、62、71、134、140、173、214

姜伯勤　論禪宗在敦煌僧俗中的流傳　（香港）《九州學刊》（敦煌學專輯）1992 年第 4 卷第 4 期　p. 13　又見：中國敦煌學百年文庫·宗教卷（一）　甘肅文化出版社　1999　p. 226

林家平　寧強　羅華慶　中國敦煌學史　北京語言學院出版社　1992　p. 516

梅林　吐蕃和歸義軍時期敦煌禪僧寺籍考辨　《敦煌研究》1992 年第 3 期　p. 100

唐長孺　魏晉南北朝隋唐史三論　武漢大學出版社　1992　p. 391

鄭雨　莫高窟第九十八窟的歷史背景與時代精神　（香港）《九州學刊》（敦煌學專輯）1992 年第 4 卷

第4期　p. 38 注4

竺沙雅章　寺院文書　敦煌漢文文獻(講座敦煌5)　(東京)大東出版社　1992　p. 615

晌麟　曹仁貴即曹議金　《敦煌學輯刊》1993年第2期　p. 89

晌麟　張謙逸在吐蕃時期的任職　《敦煌學輯刊》1993年第1期　p. 83

高國藩　敦煌民俗資料導論　(臺北)新文豐出版公司　1993　p. 90

郝春文　敦煌寫本社邑文書年代彙考(二)　《首都師範大學學報》1993年第5期　p. 81

李明偉　敦煌文學概論　甘肅人民出版社　1993　p. 462、480

李正宇　敦煌文學概論　甘肅人民出版社　1993　p. 100

榮新江　關於曹氏歸義軍首任節度使的幾個問題　《敦煌研究》1993年第2期　p. 46

鄭炳林　讀敦煌文書 P. 3859《後唐清泰三年六月沙州儭司教授福集等狀》劄記　《西北史地》1993年第4期　p. 48　又見:敦煌吐魯番文獻研究　蘭州大學出版社　1995　p. 617

鄭炳林　敦煌碑銘讚部分文書拼接復原　《敦煌研究》1993年第1期　p. 53

鄭炳林　敦煌碑銘讚抄本概述　《蘭州大學學報》1993年第4期　p. 140

姜伯勤　敦煌邈真讚與敦煌望族　敦煌邈真讚校錄並研究　(臺北)新文豐出版公司　1994　p. 5、25、39

姜伯勤　項楚　榮新江　敦煌邈真讚校錄並研究　(臺北)新文豐出版公司　1994　p. 213、221、282、336

榮新江　敦煌邈真讚年代考　敦煌邈真讚校錄並研究　(臺北)新文豐出版公司　1994　p. 362

榮新江　敦煌邈真讚所見歸義軍與東西回鶻的關係　敦煌邈真讚校錄並研究　(臺北)新文豐出版公司　1994　p. 95、113

榮新江　歸義軍改元考　文史(第三十八輯)　中華書局　1994　p. 51

王永興　敦煌經濟文書導論　(臺北)新文豐出版公司　1994　p. 408

鄭炳林　《索勳紀德碑》研究　《敦煌學輯刊》1994年第2期　p. 69

Л. N. チュグィェフスキ－著　荒川正晴譯注　ソ連邦科學アカデミ－東洋學研究所所藏、敦煌寫本における官印と寺印　『吐魯番出土文物研究會會報』(98、99號)　(東京)吐魯番出土文物研究會　1994　p. 4

李明偉　敦煌文學中"敦煌文"的研究和分類評價　《敦煌研究》1995年第4期　p. 122

劉進寶　敦煌學論述　(臺北)洪葉文化事業有限公司　1995　p. 109 注117

蘇瑩輝　張承奉稱帝稱王與曹仁貴節度沙州歸義軍顛末考　敦煌學國際研討會文集·史地語文編　遼寧美術出版社　1995　p. 59

土肥義和　唐·北宋間の「社」の組織形態に関する一考察　中國古代の國家と民眾(堀敏一先生古稀記念)　(東京)汲古書院　1995　p. 726

汪泛舟　從敦煌文學構成特點看中外交流關係　敦煌學國際研討會文集·史地語文編　遼寧美術出版社　1995　p. 248

王惠民　曹元德功德窟考　《敦煌研究》1995年第4期　p. 163

王書慶　敦煌佛學·佛事篇　甘肅民族出版社　1995　p. 200

楊森　金山國與各教的疏密關係　敦煌佛教文獻研究　敦煌研究院文獻研究所　1995　p. 56

張涌泉　陳祚龍校錄敦煌卷子失誤例釋　學術集林(卷六)　上海遠東出版社　1995　p. 300　又見:舊學新知　浙江大學出版社　1999　p. 276

郝春文　唐後期五代宋初沙州的方等道場與方等道場司　唐研究(第二卷)　北京大學出版社　1996　p. 79、83

郝春文　唐後期五代宋初沙州僧尼的宗教收入(一)　慶祝潘石禪先生九秩華誕敦煌學特刊　(臺

北）文津出版社　1996　p. 302

姜伯勤　敦煌戒壇與大乘佛教　華學（第二輯）　中山大學出版社　1996　p. 320

姜伯勤　敦煌藝術宗教與禮樂文明　中國社會科學出版社　1996　p. 342、371

李正宇　敦煌史地新論　（臺北）新文豐出版公司　1996　p. 91

馬德　莫高窟張都衙窟及有關問題　《敦煌研究》1996 年第 2 期　p. 34

榮新江　歸義軍史研究　上海古籍出版社　1996　p. 13、17、26、55

譚蟬雪　敦煌馬文化　《敦煌研究》1996 年第 1 期　p. 119

楊秀清　張議潮出走與張淮深之死　《敦煌研究》1996 年第 4 期　p. 75

湛如　戒壇流變史之研究　華學（第二輯）　中山大學出版社　1996　p. 346

張國剛　隋唐五代史研究概要　天津教育出版社　1996　p. 746

張涌泉　敦煌俗字研究導論　（臺北）新文豐出版公司　1996　p. 122、148、171

張涌泉　敦煌文獻校讀釋例　文史（第四十一輯）　中華書局　1996　p. 195、203　又見：舊學新
　　知　浙江大學出版社　1999　p. 205、219

張涌泉　評《敦煌邈真讚校錄並研究》　敦煌吐魯番研究（第一卷）　北京大學出版社　1996　p. 428

鄭炳林　唐五代敦煌粟特人與歸義軍政權　《敦煌研究》1996 年第 4 期　p. 86、93　又見：敦煌歸義
　　軍史專題研究　蘭州大學出版社　1997　p. 412、425

馮培紅　晚唐五代宋初歸義軍武職軍將研究　敦煌歸義軍史專題研究　蘭州大學出版社　1997
　　p. 152

郝春文　關於唐後期五代宋初沙州僧俗的施捨問題　唐研究（第三卷）　北京大學出版社　1997
　　p. 25

郝春文　歸義軍政權與敦煌佛教之關係新探　周紹良先生欣開九秩慶壽文集　中華書局　1997
　　p. 165、174

黃征　《敦煌碑銘讚輯釋》評介　敦煌語文叢說　（臺北）新文豐出版公司　1997　p. 810

李并成　古代河西走廊桑蠶絲織業考　《敦煌學輯刊》1997 年第 2 期　p. 64

劉雯　吐蕃及歸義軍時期敦煌索氏家族研究　《敦煌學輯刊》1997 年第 2 期　p. 88

陸淑綺　李重申　敦煌古代戲曲文化史料綜述　《敦煌研究》1997 年第 2 期　p. 59

馬德　敦煌工匠史料　甘肅人民出版社　1997　p. 45

寧可　郝春文　敦煌社邑文書輯校　江蘇古籍出版社　1997　p. 336

張涌泉　敦煌文獻校讀易誤字例釋　敦煌文學論集　四川人民出版社　1997　p. 269

鄭炳林　敦煌碑銘讚及其有關問題　敦煌碑銘讚輯釋　甘肅教育出版社　1997　p. 1

鄭炳林　敦煌碑銘讚輯釋　甘肅教育出版社　1997　p. 368

鄭炳林　論晚唐敦煌文士張球即張景球　文史（第四十三輯）　中華書局　1997　p. 116

鄭炳林　唐末五代敦煌都河水系研究　敦煌歸義軍史專題研究　蘭州大學出版社　1997　p. 185

鄭炳林　唐五代敦煌的粟特人與佛教　敦煌歸義軍史專題研究　蘭州大學出版社　1997　p. 445

鄭炳林　唐五代敦煌畜牧區域研究　敦煌歸義軍史專題研究　蘭州大學出版社　1997　p. 231

郝春文　清泰三年歸義軍節度留後曹元德施捨疏　敦煌學大辭典　上海辭書出版社　1998　p. 646

郝春文　唐後期五代宋初敦煌僧尼的社會生活　中國社會科學出版社　1998　p. 44、249

李麗　關於《張淮深墓誌銘》的兩個問題　《敦煌學輯刊》1998 年第 1 期　p. 144

李正宇　古本敦煌鄉土志八種箋證　（臺北）新文豐出版公司　1998　p. 386

李正宇　靈修寺　敦煌學大辭典　上海辭書出版社　1998　p. 629

李正宇　尼眾禪想考評案記　敦煌學大辭典　上海辭書出版社　1998　p. 642

李正宇　普光寺　敦煌學大辭典　上海辭書出版社　1998　p. 630

李正宇　十一寺　敦煌學大辭典　上海辭書出版社　1998　p. 627

李正宇　寺學　敦煌學大辭典　上海辭書出版社　1998　p. 596

李正宇　張氏墓誌銘　敦煌學大辭典　上海辭書出版社　1998　p. 336

榮新江　歸義軍大事紀年初稿　出土文獻研究（第三輯）　文物出版社　1998　p. 241、245

沙知　敦煌別稱　敦煌學大辭典　上海辭書出版社　1998　p. 306

沙知　歸義軍印　敦煌學大辭典　上海辭書出版社　1998　p. 292

孫修身　曹元德　敦煌學大辭典　上海辭書出版社　1998　p. 360

孫修身　曹元忠　敦煌學大辭典　上海辭書出版社　1998　p. 365

譚蟬雪　敦煌歲時文化導論　（臺北）新文豐出版公司　1998　p. 165

譚蟬雪　馬毬　敦煌學大辭典　上海辭書出版社　1998　p. 600

唐耕耦　法主　敦煌學大辭典　上海辭書出版社　1998　p. 640

楊森　索勳　敦煌學大辭典　上海辭書出版社　1998　p. 354

楊森　張承奉　敦煌學大辭典　上海辭書出版社　1998　p. 356

楊森　張淮深　敦煌學大辭典　上海辭書出版社　1998　p. 353

楊森　張謙逸　敦煌學大辭典　上海辭書出版社　1998　p. 349

楊森　張議潮　敦煌學大辭典　上海辭書出版社　1998　p. 352

楊秀清　曹議金執政臆談　《敦煌研究》1998 年第 3 期　p. 119

湛如　敦煌結夏安居考察　法源（第 16 期）　中國佛學院　1998　p. 81　又見：佛學研究（第七期）
　　中國佛教文化研究所　1998　p. 336

陳祚龍　迎頭趕上，此其時也：敦煌學散策之二　中國敦煌學百年文庫·綜述卷（三）　甘肅文化出
　　版社　1999　p. 50

郭俊葉　莫高窟第 454 窟窟主再議　《敦煌研究》1999 年第 2 期　p. 22

黃征　程惠新　劫塵遺珠：敦煌遺書　甘肅教育出版社　1999　p. 165

馬德　敦煌文書《諸寺付經歷》芻議　《敦煌學輯刊》1999 年第 1 期　p. 39

顏廷亮　敦煌文化中的道教及文化　《敦煌研究》1999 年第 1 期　p. 139

楊秀清　敦煌西漢金山國史　甘肅人民出版社　1999　p. 32、139、145、159

張涌泉　試論漢語俗字研究的意義　舊學新知　浙江大學出版社　1999　p. 12

鄭炳林　晚唐五代敦煌地區種植棉花研究　《中國史研究》1999 年第 3 期　p. 90

雷紹鋒　歸義軍賦役制度初探　（臺北）洪葉文化事業有限公司　2000　p. 113、175

榮新江　郝春文《唐後期五代宋初敦煌僧尼的社會生活》評介　《中國史研究》2000 年第 1 期　又
　　見：敦煌學新論　甘肅教育出版社　2002　p. 239

汪泛舟　敦煌道教與齋醮諸考　1994 年敦煌學國際研討會文集·宗教文史卷（上）　甘肅民族出版
　　社　2000　p. 4、8

徐俊　敦煌詩集殘卷輯考　中華書局　2000　p. 495、865

顏廷亮　敦煌文化　光明日報出版社　2000　p. 240

楊森　淺談敦煌文獻中唐代墓誌銘抄本　《敦煌研究》2000 年第 3 期　p. 139

張錫厚　敦煌文學源流　作家出版社　2000　p. 157

張涌泉　漢語俗字叢考　中華書局　2000　p. 346

黃正建　敦煌占卜文書與唐五代占卜研究　學苑出版社　2001　p. 140

施新榮　也談高昌麴氏之郡望　《西域研究》2001 年第 3 期　p. 59 注 1

汪泛舟　敦煌俗別字補正　《敦煌研究》2001 年第 4 期　p. 158

曾良　敦煌文獻字義通釋　廈門大學出版社　2001　p. 65、118、127

趙貞　歸義軍押衙兼知他官略考　《敦煌研究》2001 年第 2 期　p. 90

姜亮夫　敦煌莫高窟年表　姜亮夫全集（十一）　雲南人民出版社　2002　p. 498

李正宇　唐宋時期的敦煌佛教　敦煌佛教藝術文化國際學術研討會論文集　蘭州大學出版社　2002　p. 375

李正宇　唐宋時期敦煌佛經性質功能的變化　戒幢佛學（第二卷）　岳麓書社　2002　p. 19　又見：中日敦煌佛教學術會議論文集　中國社會科學院研究所　2002　p. 16

呂鍾　重修敦煌縣誌　甘肅人民出版社　2002　p. 576

馬茜　歸義軍時期敦煌地區庶民佛教的發展　甘肅民族研究論叢　甘肅人民出版社　2002　p. 445

乜小紅　唐宋敦煌毛紡織業述略　敦煌學（第 23 輯）　（臺北）樂學書局有限公司　2002　p. 119

榮新江　唐五代歸義軍武職軍將考　敦煌學新論　甘肅教育出版社　2002　p. 56

釋覺旻　從"三教大法師"看晚唐五代敦煌社會的三教融合　敦煌佛教藝術文化國際學術研討會論文集　蘭州大學出版社　2002　p. 400

徐曉麗　鄭炳林　晚唐五代敦煌吐谷渾與吐蕃移民婦女研究　《敦煌學輯刊》2002 年第 2 期　p. 2

張娜麗　敦煌本《注千字文》注解　《敦煌學輯刊》2002 年第 1 期　p. 47

鄭炳林　晚唐五代敦煌歸義軍行政區劃制度研究（一、二）　《敦煌研究》2002 年第 2、3 期　p. 14；69

陳菊霞　《大唐伊吾郡司馬上柱國潯陽翟府君修功德碑記》考釋　《敦煌研究》2003 年第 2 期　p. 16

洪藝芳　敦煌社會經濟文書中的唐五代新興量詞研究　敦煌學（第 24 輯）　（臺北）樂學書局有限公司　2003　p. 96

森安孝夫著　梁曉鵬摘譯　河西歸義軍節度使官印及其編年　《敦煌學輯刊》2003 年第 1 期　p. 141

宋曉梅　高昌國：西元五至七世紀絲綢之路上的一個移民小社會　中國社會科學出版社　2003　p. 98

武曉玲　《敦煌變文校注·維摩詰經講經文》商補　《敦煌研究》2003 年第 3 期　p. 106

湛如　敦煌佛教律儀制度研究　中華書局　2003　p. 121、240

張錫厚　敦煌文概說　2000 年敦煌學國際學術討論會文集·歷史文化卷（下）　甘肅民族出版社　2003　p. 215

鄭炳林　王晶波　敦煌寫本相書概述　《敦煌學國際聯絡委員會通訊》2003 年第 1 期　p. 58

馮培紅　關於歸義軍節度使官制的幾個問題　麥積山石窟藝術文化論文集（下）　蘭州大學出版社　2004　p. 206

馮培紅　論晚唐五代的沙州（歸義軍）與涼州（河西）節度使　浙江與敦煌學：常書鴻先生誕辰一百周年紀念文集　浙江古籍出版社　2004　p. 250

高啟安　唐五代敦煌飲食文化研究　民族出版社　2004　p. 371

黃建寧　《雙恩記》補校　《敦煌研究》2004 年第 6 期　p. 90

屈直敏　敦煌高僧　民族出版社　2004　p. 121、137、179

王卡　敦煌道教文獻研究　中國社會科學出版社　2004　p. 12、36、231

徐曉麗　唐五代敦煌大族出嫁女性初探　麥積山石窟藝術文化論文集（下）　蘭州大學出版社　2004　p. 271

趙紅　高啟安　張孝嵩斬龍傳說歷史背景研究　《敦煌研究》2004 年第 2 期　p. 64

鄭炳林　王晶波　敦煌寫本相書校錄研究　民族出版社　2004　p. 21

鄭炳林　徐曉莉　晚唐五代敦煌歸義軍政權的婚姻關係研究　敦煌學（第 25 輯）　（臺北）樂學書局有限公司　2004　p. 566

屈直敏　從《勵忠節抄》看歸義軍政權道德秩序的重建　《敦煌學輯刊》2005 年第 3 期　p. 82

王卡　敦煌道教綜述　敦煌與絲路文化學術講座（第二輯）　北京圖書館出版社　2005　p. 381

王志鵬　試論敦煌佛教歌辭中儒釋思想的調合　《敦煌學輯刊》2005 年第 3 期　p. 147

鄭炳林　晚唐五代歸義軍政權與佛教教團關係研究　《敦煌學輯刊》2005 年第 1 期　p. 9

馮培紅　歸義軍鎮制考　敦煌吐魯番研究(第九卷)　中華書局　2006　p. 265

劉永明　敦煌道教的世俗化之路：敦煌《發病書》研究　《敦煌學輯刊》2006 年第 1 期　p. 71

汪泛舟　敦煌俗別字新考(上)　《敦煌研究》2006 年第 1 期　p. 102、108

P. 3557

土肥義和　唐令よりみたる現存唐代戶籍の基礎的研究(上)　『東洋學報』(52 卷 1 號)　(東京)東
　　洋學術協會　1969　p. 93

池田溫　中國古代の租佃契(上)　『東洋文化研究所紀要』(第 60 冊)　東京大學東洋文化研究所
　　1973　p. 108

池田溫　中國古代籍帳研究：概觀・錄文　東京大學東洋文化研究所　1979　p. 167

王重民　敦煌古籍叙錄　中華書局　1979　p. 78

佐藤武敏　敦煌の水利　敦煌の社會(講座敦煌 3)　(東京)大東出版社　1980　p. 276

蘇瑩輝　敦煌學概要　(臺北)編譯館"中華叢書編委會"　1981　p. 38

唐耕耦　唐前期的戶等與租庸調的關係　魏晉隋唐史論集(第一輯)　中國社會科學出版社　1981
　　p. 198

楊際平　鄭學檬　從唐代敦煌戶籍資料看均田制下私田的存在　《廈門大學學報》1982 年第 4 期
　　p. 38

蘇瑩輝　中外敦煌古寫本纂要　敦煌論集　(臺北)學生書局　1983　p. 314

韓國磐　北朝隋唐的均田制　上海人民出版社　1984　p. 127

饒宗頤　敦煌書法叢刊(第十卷)・經史(八)　(東京)二玄社　1985　p. 43、59

山本達郎　敦煌發見の唐代籍帳にみえる已受田の增減　東方學(第 70 輯)　(東京)東方學會
　　1985　p. 1

譚世保　西魏大統十三年瓜州計帳戶籍(斯六一三號)文書研究(初篇)　歷史論叢(第五輯)　齊魯
　　書社　1985　p. 65 注 3

寧欣　唐代敦煌地區農業水利問題初探　敦煌吐魯番文獻研究論集(第三輯)　北京大學出版社
　　1986　p. 501 注 13、506

唐耕耦　陸宏基　敦煌社會經濟文獻真迹釋錄(一)　書目文獻出版社　1986　p. 130

王重民原編　黃永武新編　敦煌古籍叙錄新編(第五冊)　(臺北)新文豐出版公司　1986　p. 39

王永興　隋唐五代經濟史料彙編校注・第一編(下)　中華書局　1987　p. 492

宋家鈺　唐朝戶籍法與均田制研究　中州古籍出版社　1988　p. 117 注 1

陳國燦　武周時期的勘田檢籍活動　敦煌吐魯番文書初探(二編)　武漢大學出版社　1990　p. 407

鄧文寬　敦煌吐魯番文書與唐代均田制研究　中國文化(2)　(香港)中華書局　1990　p. 10

楊際平　均田制新探　廈門大學出版社　1991　p. 190

池田溫　關於敦煌發現的唐大曆四年手實殘卷　唐代均田制研究選譯　甘肅教育出版社　1992
　　p. 159

林天蔚　敦煌戶籍卷中所見唐代田制之新探　唐代研究論集(第二輯)　(臺北)新文豐出版公司
　　1992　p. 99

鈴木俊　山本達郎　唐代的均田制度與敦煌戶籍　唐代均田制研究選譯　甘肅教育出版社　1992
　　p. 15 注 9

尾崎康　史籍　敦煌漢文文獻(講座敦煌 5)　(東京)大東出版社　1992　p. 306

王永興　關於唐代均田制中給田問題的探討——讀大谷欠田、退田、給田文書劄記　陳門問學叢稿　江西人民出版社　1993　p. 205

王繼如　《維摩碎金》校釋補正　俗語言研究（創刊號）　（京都）禪文化研究所　1994　p. 49

王永興　敦煌經濟文書導論　（臺北）新文豐出版公司　1994　p. 4、175、377

王永興　敦煌吐魯番出土唐官府文書縫背縫表記事押署鈐印問題初探　文史（第四十輯）　中華書局　1994　p. 89

Л. N. チュグイェフスキ－著　荒川正晴譯注　ソ連邦科學アカデミ－東洋學研究所所藏、敦煌寫本における官印と寺印　『吐魯番出土文物研究會會報』（98、99號）　（東京）吐魯番出土文物研究會　1994　p. 8

胡戟　傅玫　敦煌史話　中華書局　1995　p. 143、160

李錦繡　唐代財政史稿・上卷（第二分冊）　北京大學出版社　1995　p. 420

譚蟬雪　敦煌婚俗的特點　敦煌學國際研討會文集・史地語文編　遼寧美術出版社　1995　p. 608

王繼如　《醜女緣起》校釋補正　俗語言研究（第二期）　（京都）禪文化研究所　1995　p. 68

鄭阿財　敦煌文獻與唐代字樣學　第六屆中國文字學全國學術研討會論文集　（臺北）"中國文字學會"　1995　p. 265

堀敏一　中國古代の家と集落　（東京）汲古書院　1996　p. 487

鄭炳林　唐五代敦煌粟特人與歸義軍政權　《敦煌研究》1996年第4期　p. 83　又見：敦煌歸義軍史專題研究　蘭州大學出版社　1997　p. 406

鄭炳林　唐五代敦煌畜牧區域研究　敦煌歸義軍史專題研究　蘭州大學出版社　1997　p. 220

鄭炳林　晚唐五代敦煌園囿經濟研究　敦煌歸義軍史專題研究　蘭州大學出版社　1997　p. 309

白化文　漢書　敦煌學大辭典　上海辭書出版社　1998　p. 775

凍國棟　关于唐代前期的丁口"虛挂"　魏晉南北朝隋唐史資料（第16輯）　武汉大学出版社　1998　p. 91 注5

李正宇　重字爲名　敦煌學大辭典　上海辭書出版社　1998　p. 451

沙知　敦煌縣之印　敦煌學大辭典　上海辭書出版社　1998　p. 292

沙知　沙州之印　敦煌學大辭典　上海辭書出版社　1998　p. 292

宋家鈺　課戶　敦煌學大辭典　上海辭書出版社　1998　p. 405

宋家鈺　唐代戶籍　敦煌學大辭典　上海辭書出版社　1998　p. 402

陳國燦　唐代的經濟社會　（臺北）文津出版社　1999　p. 40

池田溫　八世紀中葉敦煌的粟特人聚落　唐研究論文選集　中國社會科學出版社　1999　p. 61 注66

丘古耶夫斯基著　魏迎春譯　俄藏敦煌漢文寫卷中的官印及寺院印章　《敦煌學輯刊》1999年第1期　p. 143

王繼如　《漢書・刑法志》校注　敦煌問學叢稿　甘肅文化出版社　1999　p. 42

謝桃坊　敦煌文化尋繹　四川人民出版社　1999　p. 174

陳永勝　敦煌吐魯番法制文書研究　甘肅人民出版社　2000　p. 107

雷紹鋒　歸義軍賦役制度初探　（臺北）洪葉文化事業有限公司　2000　p. 108

劉進寶　敦煌文書與唐史研究　（臺北）新文豐出版公司　2000　p. 210

丘古耶夫斯基　敦煌漢文文書　上海古籍出版社　2000　p. 62、201

顏廷亮　敦煌文化　光明日報出版社　2000　p. 209

王繼如　敦煌俗字研究法　訓詁問學叢稿　江蘇古籍出版社　2001　p. 233　又見：2000年敦煌學國際學術討論會文集・歷史文化卷（下）　甘肅民族出版社　2003　p. 458

陳國燦　敦煌學史事新證　甘肅教育出版社　2002　p. 136
姜亮夫　敦煌莫高窟年表　姜亮夫全集(十一)　雲南人民出版社　2002　p. 249
王繼如　敦煌變文研究尚有可爲　漢語史學報專輯(第三輯)　上海教育出版社　2003　p. 362
楊際平　北朝隋唐均田制新探　岳麓書社　2003　p. 183
劉安志　關於唐代沙州陞爲都督府的時間問題　《敦煌學輯刊》2004 年第 2 期　p. 63
徐曉卉　唐五代宋初敦煌地區麻的種植品種試析　《敦煌研究》2004 年第 2 期　p. 87
張弓　敦煌四部籍與中古後期社會的文化情境　敦煌學(第 25 輯)　(臺北)樂學書局有限公司
　　2004　p. 315
陳麗萍　敦煌文書所見唐五代婚變現象初探(一)　《敦煌學輯刊》2005 年第 2 期　p. 170
陳麗萍　敦煌籍帳中夫妻年歲差距過大現象初探　《首都師範大學學報》2006 年第 2 期　p. 8

P. 3558

川崎ミチコ　通俗詩類・雜詩文類　敦煌仏典と禪(講座敦煌 8)　(東京)大東出版社　1980
　　p. 319
張錫厚　敦煌文學　上海古籍出版社　1980　p. 58 注 1
陳祚龍　敦煌古抄內典尾記彙校初、二、三編合刊　敦煌學要籥　(臺北)新文豐出版公司　1982
　　p. 190
張錫厚　關於敦煌寫本《王梵志詩》整理的若干問題　文史(第十五輯)　中華書局　1982　p. 185
　　又見:王梵志詩研究彙錄(上)　上海古籍出版社　1990　p. 70；中國敦煌學百年文庫・文學卷
　　(二)　甘肅文化出版社　1999　p. 499
張錫厚　王梵志詩校輯　中華書局　1983　p. 3
周鳳五　太公家教重探　漢學研究(敦煌學國際研討會論文專號)　(臺北)漢學研究資料及服務中
　　心　1986　p. 362
朱鳳玉　王梵志詩研究(上、下)　(臺北)學生書局　1986　p. 33、112、267
項楚　王梵志詩校注　敦煌吐魯番文獻研究論集(第四輯)　北京大學出版社　1987　p. 136
李正宇　敦煌文學雜考二題　敦煌語言文學研究　北京大學出版社　1988　p. 95
高國藩　敦煌民俗學　上海文藝出版社　1989　p. 28、98
池田溫　中國古代寫本識語集錄　(東京)大藏出版株式會社　1990　p. 524
菊池英夫　中國古文書・古寫本學と日本　東アジア古文書の史的研究　(東京)刀水書房　1990
　　p. 192
李正宇　釋"耶沒忽":敦煌遺書王梵志詩俗詞語研究之一　王梵志詩研究彙錄(上)　上海古籍出版
　　社　1990　p. 263
張錫厚　敦煌寫本王梵志詩原卷真迹　王梵志詩研究彙錄(上)　上海古籍出版社　1990　圖版 12
鄭阿財　敦煌蒙書析論　第二屆敦煌學國際研討會論文集　(臺北)漢學研究中心　1990　p. 228
黃征　王梵志詩校釋補議　中華文史論叢(總 50 輯)　上海古籍出版社　1992　p. 106
吳其昱著　伊藤美重子譯　敦煌漢文寫本概觀　敦煌漢文文獻(講座敦煌 5)　(東京)大東出版社
　　1992　p. 116
項楚　敦煌詩歌導論　(臺北)新文豐出版公司　1993　p. 296
鄭阿財　敦煌文獻與文學　(臺北)新文豐出版公司　1993　p. 263
蔣禮鴻　敦煌文獻語言詞典　杭州大學出版社　1994　p. 128、260
張涌泉　試論審辨敦煌寫本俗字的方法　《敦煌研究》1994 年第 2 期　p. 152　又見:舊學新知　浙
　　江大學出版社　1999　p. 85

Л. N. チュグイェフスキ‐著　荒川正晴譯注　ソ連邦科學アカデミ‐東洋學研究所所藏、敦煌寫本
　　における官印と寺印　『吐魯番出土文物研究會會報』(98、99 號)　(東京)吐魯番出土文物研
　　究會　1994　p. 3
曲金良　敦煌佛教文學研究　(臺北)文津出版社　1995　p. 249
張錫厚　敦煌本唐集研究　(臺北)新文豐出版公司　1995　p. 72
黄征　王梵志詩校釋續商補　敦煌語文叢說　(臺北)新文豐出版公司　1997　p. 230
張錫厚　敦煌文學源流　作家出版社　2000　p. 76
張涌泉　漢語俗字叢考　中華書局　2000　p. 769
黄征　敦煌語言文字學研究　甘肅教育出版社　2002　p. 313
齊文榜　《王梵志詩校注》指瑕　文史(第五十九輯)　中華書局　2002　p. 168
鄭阿財　朱鳳玉　敦煌蒙書研究　甘肅教育出版社　2002　p. 425

P. 3559

西村元佑　唐代敦煌差科簿の研究　西域文化研究(第三)・敦煌吐魯番社會經濟資料(下)　(京
　　都)法藏館　1960　p. 377、450
陳祚龍　敦煌學劄記　敦煌資料考屑(下冊)　(臺北)商務印書館　1979　p. 425
池田溫　中國古代籍帳研究:概觀・録文　東京大學東洋文化研究所　1979　p. 99、263、479
北原薫　晚唐・五代の敦煌寺院経済──収支決算報告を中心に　敦煌の社會(講座敦煌3)　(東
　　京)大東出版社　1980　p. 451
長澤和俊　敦煌の庶民生活　敦煌の社會(講座敦煌3)　(東京)大東出版社　1980　p. 465
池田溫　敦煌の流通経済　敦煌の社會(講座敦煌3)　(東京)大東出版社　1980　p. 341、342　又
　　見:敦煌文書の世界　(東京)名著刊行會　2003　p. 179
川崎ミチコ　禮讚文・塔文　敦煌仏典と禪(講座敦煌8)　(東京)大東出版社　1980　p. 308
川崎ミチコ　通俗詩類・雜詩文類　敦煌仏典と禪(講座敦煌8)　(東京)大東出版社　1980
　　p. 326
岡部和雄　經疏・要抄　敦煌仏典と禪(講座敦煌8)　(東京)大東出版社　1980　p. 345
菊池英夫　隋唐王朝支配期の河西と敦煌　敦煌の歷史(講座敦煌2)　(東京)大東出版社　1980
　　p. 157
梅村坦　住民の種族構成──敦煌をめぐる諸民族の動向　敦煌の社會(講座敦煌3)　(東京)大
　　東出版社　1980　p. 202
田中良昭　修道偈Ⅰ　敦煌仏典と禪(講座敦煌8)　(東京)大東出版社　1980　p. 256
篠原壽雄　北宗禪と南宗禪　敦煌仏典と禪(講座敦煌8)　(東京)大東出版社　1980　p. 172
中川孝　楞伽宗と東山法門　敦煌仏典と禪(講座敦煌8)　(東京)大東出版社　1980　p. 155
椎名宏雄　北宗燈史の成立　敦煌仏典と禪(講座敦煌8)　(東京)大東出版社　1980　p. 56
佐藤武敏　敦煌の水利　敦煌の社會(講座敦煌3)　(東京)大東出版社　1980　p. 278
薄小瑩　馬小紅　唐開元廿四年岐州郿縣縣尉判集(敦煌文書伯二九七九號)研究:兼論唐代勾征制
　　敦煌吐魯番文獻研究論集　中華書局　1982　p. 644
饒宗頤　穆護歌考　選堂集林・史林　(香港)中華書局　1982　p. 477　又見:饒宗頤史學論著選
　　上海古籍出版社　1993　p. 409；饒宗頤東方學論集　汕頭大學出版社　1999　p. 87
王永興　唐天寶敦煌差科簿研究:兼論唐代色役制和其他問題　敦煌吐魯番文獻研究論集　中華書
　　局　1982　p. 63、64、65、66、70、95　又見:陳門問學叢稿　江西人民出版社　1993　p. 45
陳國燦　對唐西州都督府勘檢天山縣主簿高元禎職田案的考察　敦煌吐魯番文書初探　武漢大學出

版社　1983　p. 484 注 12

冉雲華　《稠禪師意》的研究　敦煌學(第 6 輯)　(臺北)新文豐出版公司　1983　p. 69

冉雲華　敦煌文獻與僧稠的禪法　(臺北)《華岡佛學學報》1983 年第 6 期　又見:中國敦煌學百年
　　文庫·宗教卷(一)　甘肅文化出版社　1999　p. 71

田中良昭　敦煌禪宗文獻の研究　(東京)大東出版社　1983　p. 175、390、511

王永興　試論勾官:唐代官制研究之一　敦煌吐魯番文獻研究論集(第二輯)　北京大學出版社
　　1983　p. 311

池田溫　中國古代籍帳研究　中華書局　1984　p. 281

饒宗頤　敦煌書法叢刊(第十九卷)·碎金(二)　(東京)二玄社　1984　p. 94

王重民　記敦煌寫本的佛經　敦煌遺書論文集　中華書局　1984　p. 305

楊際平　鄭學檬　兩本《敦煌吐魯番文獻研究論集》評介　《中國社會經濟史研究》1984 年第 1 期
　　p. 119

戴密微著　耿昇譯　敦煌學近作　敦煌譯叢(第一輯)　甘肅人民出版社　1985　p. 100

梁尉英　張芝籍貫辨　《敦煌研究》1985 年第 2 期　p. 153

冉雲華　北宗禪籍拾遺　敦煌學(第 10 輯)　(臺北)新文豐出版公司　1985　p. 2

西村元佑著　姜鎮慶譯　通過唐代敦煌差科簿看唐代均田制時代的徭役制度　敦煌學譯文集　甘肅
　　人民出版社　1985　p. 979、981、1003、1012、1038、1057、1065、1150、1190、1223、1233 補注

陳祚龍　"杜朏"應該不是"朏法師"　中華佛教文化史散策(四集)　(臺北)新文豐出版公司　1986
　　p. 309

高明士　唐代敦煌的教育　漢學研究(敦煌學國際研討會論文專號)　(臺北)漢學研究資料及服務
　　中心　1986　p. 236

簡濤　敦煌本《燕子賦》考論　《敦煌研究》1986 年第 3 期　p. 36

李正宇　唐宋時代的敦煌學校　《敦煌研究》1986 年第 1 期　p. 40

唐耕耦　陸宏基　敦煌社會經濟文獻真迹釋録(一)　書目文獻出版社　1986　p. 208

楊際平　關於唐天寶敦煌差科簿的幾個問題　敦煌吐魯番出土經濟文書研究　廈門大學出版社
　　1986　p. 129

楊際平　鄭學檬　關於西魏大統十三年敦煌計帳戶籍文書的幾個問題　魏晉南北朝史研究　湖北人
　　民出版社　1986　p. 416

王永興　隋唐五代經濟史料彙編校注·第一編(下)　中華書局　1987　p. 567

王仲犖　《新集天下姓望氏族譜》考釋　蜡華山館叢稿　中華書局　1987　p. 368

楊際平　敦煌吐魯番出土經濟文書雜考(三題)　《中國社會經濟史研究》1987 年第 1 期　p. 34

楊曾文　日本學者對中國禪宗文獻的研究和整理　《世界宗教研究》1987 年第 1 期　p. 117

陳國燦　魏晉至隋唐河西胡人的聚居與火祆教　《西北民族研究》1988 年第 1 期　p. 206 注 5

宋家鈺　唐朝戶籍法與均田制研究　中州古籍出版社　1988　p. 232

陳國燦　唐五代敦煌縣鄉里制的演變　《敦煌研究》1989 年第 3 期　p. 44

黃盛璋　敦煌于闐文書中河西部族考證　《敦煌學輯刊》1990 年第 1 期　p. 67

上山大峻　敦煌佛教の研究　(京都)法藏館　1990　p. 403、413

王素　敦煌吐魯番文書中的"城主"　《中國文物報》1990 年 1 月 11 日 3 版

李錦繡　試論唐代的給侍制度:儒家學說的具體實現　學人(第一輯)　江蘇文藝出版社　1991
　　p. 402

林聰明　敦煌文書學　(臺北)新文豐出版公司　1991　p. 123、398

陸慶夫　略論敦煌民族史料的價值　《敦煌學輯刊》1991 年第 1 期　p. 31、36

王永興　唐勾檢制研究　上海古籍出版社　1991　p. 87

楊際平　均田制新探　廈門大學出版社　1991　p. 265 注 1

姜伯勤　敦煌社會文書導論　（臺北）新文豐出版公司　1992　p. 86、175、181

吳其昱著　伊藤美重子譯　敦煌漢文寫本概觀　敦煌漢文文獻（講座敦煌 5）　（東京）大東出版社　1992　p. 57

前田正名　河西歷史地理學研究　中國藏學出版社　1993　p. 243

冉雲華　敦煌遺書與中國禪宗歷史研究　"中國唐代學會"會刊（第四期）　（臺北）"中國唐代學會"　1993　p. 56

王永興　關於唐代門蔭制的一些史料校釋　陳門問學叢稿　江西人民出版社　1993　p. 384

姜伯勤　敦煌吐魯番文書與絲綢之路　文物出版社　1994　p. 189

李明偉　隋唐絲綢之路　甘肅人民出版社　1994　p. 217

李尚全　敦煌本《修心要論》芻議　佛教論譯集　甘肅民族出版社　1994　p. 82

索仁森著　李吉和譯　敦煌漢文禪籍特徵概觀　《敦煌研究》1994 年第 1 期　p. 113

田中良昭　敦煌の禪籍　禪學研究入門　（東京）大東出版社　1994　p. 46、57、69

汪娟　敦煌禮懺文研究　（臺北）法鼓文化公司　1994　p. 201、226

王永興　敦煌經濟文書導論　（臺北）新文豐出版公司　1994　p. 204、356、397

鄭炳林　董念清　唐五代敦煌私營釀酒業初探　《社科縱橫》1994 年第 4 期　p. 64

Л. N. チュグイェフスキ－著　荒川正晴譯注　ソ連邦科學アカデミ－東洋學研究所所藏、敦煌寫本における官印と寺印　『吐魯番出土文物研究會會報』（98、99 號）　（東京）吐魯番出土文物研究會　1994　p. 3

葛兆光　中國禪思想史：從 6 世紀到 9 世紀　北京大學出版社　1995　p. 121

胡戟　傅玫　敦煌史話　中華書局　1995　p. 131、161

李錦繡　唐代財政史稿・上卷（第一分冊）　北京大學出版社　1995　p. 202、252

柳田聖山　禪籍解題（一）・敦煌禪籍　俗語言研究（第二期）　（京都）禪文化研究所　1995　p. 139

陸慶夫　唐代絲綢路上的昭武九姓　敦煌吐魯番文獻研究　蘭州大學出版社　1995　p. 546

張廣達　西域史地叢稿初編　上海古籍出版社　1995　p. 266

張涌泉　漢語俗字研究　岳麓書社　1995　p. 108

李并成　李春元　瓜沙史地研究　甘肅文化出版社　1996　p. 185

李正宇　敦煌史地新論　（臺北）新文豐出版公司　1996　p. 177

陸慶夫　唐宋間敦煌粟特人之漢化　《歷史研究》1996 年第 6 期　p. 25、33　又見：敦煌歸義軍史專題研究　蘭州大學出版社　1997　p. 359、370

田中良昭　《禪籍解題（一）・敦煌禪籍》補遺　俗語言研究（第三期）　（京都）禪文化研究所　1996　p. 217

馮培紅　唐五代敦煌的河渠水利與水司管理機構初探　《敦煌學輯刊》1997 年第 2 期　p. 75

高啓安　唐宋時期敦煌人名探析　《敦煌研究》1997 年第 4 期　p. 124

黃征　張涌泉　敦煌變文校注　中華書局　1997　p. 404

姜伯勤　普寂與北宗禪風西旋敦煌　佛教與中國傳統文化　宗教文化出版社　1997　p. 489

姜伯勤　唐代城市史與唐禮唐令　唐研究國際學術會議論文彙編　中國社會科學院歷史所等　1997　p. 141

陸慶夫　略論粟特人與龍家的關係　敦煌歸義軍史專題研究　蘭州大學出版社　1997　p. 509

榮新江　敦煌本禪宗燈史殘卷拾遺　周紹良先生欣開九秩慶壽文集　中華書局　1997　p. 231

孫繼民　《唐大曆三年曹忠敏牒爲請免差充子弟事》書後　敦煌吐魯番研究（第二卷）　北京大學出

版社　1997　p. 232

孫曉林　敦煌遺書所見唐宋間令狐氏在敦煌的分佈　唐代的歷史與社會　武漢大學出版社　1997
　　p. 527

吳玉貴　涼州粟特胡人安氏家族研究　唐研究(第三卷)　北京大學出版社　1997　p. 306

鄭炳林　敦煌碑銘讚輯釋　甘肅教育出版社　1997　p. 17 注 3

鄭炳林　唐五代敦煌的粟特人與佛教　敦煌歸義軍史專題研究　蘭州大學出版社　1997　p. 462 注 1

鄭炳林　吐蕃統治下的敦煌粟特人　敦煌歸義軍史專題研究　蘭州大學出版社　1997　p. 388 注 1

陳國燦　從化鄉　敦煌學大辭典　上海辭書出版社　1998　p. 303

陳國燦　天寶十三載敦煌郡會計牒　敦煌學大辭典　上海辭書出版社　1998　p. 416

方廣錩　傳法寶紀　敦煌學大辭典　上海辭書出版社　1998　p. 725

方廣錩　大乘心行論　敦煌學大辭典　上海辭書出版社　1998　p. 726

方廣錩　金剛五禮　敦煌學大辭典　上海辭書出版社　1998　p. 724

方廣錩　日本對敦煌佛教文獻之研究　敦煌學佛教學論叢(下)　中國佛教文化研究所　1998
　　p. 376

方廣錩　圓明論　敦煌學大辭典　上海辭書出版社　1998　p. 719

龔方震　晏可佳　祆教史　上海社會科學院出版社　1998　p. 242

雷紹鋒　P. 3418v《唐沙州諸鄉欠枝夫人戶名目》研究　《敦煌研究》1998 年第 2 期　p. 112

李斌城　隋唐五代社會生活史　中國社會科學出版社　1998　p. 489

李錦繡　唐代制度史略論稿　中國政法大學出版社　1998　p. 361

李正宇　醜賤名　敦煌學大辭典　上海辭書出版社　1998　p. 451

李正宇　學生　敦煌學大辭典　上海辭書出版社　1998　p. 597

劉方　初期的禪史 I　敦煌學大辭典　上海辭書出版社　1998　p. 827

沙知　敦煌縣之印　敦煌學大辭典　上海辭書出版社　1998　p. 292

沙知　壽昌城主　敦煌學大辭典　上海辭書出版社　1998　p. 384

尚衍斌　西域文化　遼寧教育出版社　1998　p. 100

宋家鈺　計帳　敦煌學大辭典　上海辭書出版社　1998　p. 404

宋家鈺　前官　敦煌學大辭典　上海辭書出版社　1998　p. 408

宋家鈺　土鎮兵　敦煌學大辭典　上海辭書出版社　1998　p. 404

宋家鈺　衛士　敦煌學大辭典　上海辭書出版社　1998　p. 404

宋家鈺　虛戶　敦煌學大辭典　上海辭書出版社　1998　p. 412

唐耕耦　斗門　敦煌學大辭典　上海辭書出版社　1998　p. 325

唐耕耦　市壁師　敦煌學大辭典　上海辭書出版社　1998　p. 409

池田溫　八世紀中葉敦煌的粟特人聚落　唐研究論文選集　中國社會科學出版社　1999　p. 7、56
　　注 32

丘古耶夫斯基著　魏迎春譯　俄藏敦煌漢文寫卷中的官印及寺院印章　《敦煌學輯刊》1999 年第 1
　　期　p. 143

湛如　評《敦煌禮懺文研究》　敦煌吐魯番研究(第四卷)　北京大學出版社　1999　p. 620

陳海濤　敦煌歸義軍時期從化鄉消失原因初探　中國社會歷史評論(第二卷)　天津古籍出版社
　　2000　p. 432

陳永勝　敦煌吐魯番法制文書研究　甘肅人民出版社　2000　p. 165

達照　《金剛經》相關的懺法初探　法源(第 18 期)　中國佛學院　2000　p. 215

高啓安　崇高與卑賤:敦煌的佛教信仰賤名再探　'98 法門寺唐文化國際學術討論會論文集　陝西

人民出版社   2000   p. 250

葛承雍   唐代移民與社會變遷特徵   陝西歷史博物館館刊(第七輯)   三秦出版社   2000   p. 65

雷紹鋒   歸義軍賦役制度初探   (臺北)洪葉文化事業有限公司   2000   p. 88

劉進寶   敦煌歷史文化   甘肅人民出版社   2000   p. 73

羅豐   流寓中國的中亞史國人   國學研究(第七卷)   北京大學出版社   2000   p. 254

丘古耶夫斯基   敦煌漢文文書   上海古籍出版社   2000   p. 21、85、199、219

孫繼民   敦煌吐魯番所出唐代軍事文書初探   中國社會科學出版社   2000   p. 102

吳麗娛   唐後期五代財務勾檢制探微   唐研究(第六卷)   北京大學出版社   2000   p. 301 注 29

楊秀清   華戎交會的都市:敦煌與絲綢之路   甘肅人民出版社   2000   p. 48

馮培紅   敦煌文獻中的職官史料與唐五代藩鎮官制研究   《敦煌研究》2001 年第 3 期   p. 108

林聰明   敦煌吐魯番文書解詁指例   (臺北)新文豐出版公司   2001   p. 98

榮新江   敦煌學十八講   北京大學出版社   2001   p. 252

袁德領   法如神秀與北宗禪的肇始   《敦煌研究》2001 年第 1 期   p. 73

陳國燦   敦煌學史事新證   甘肅教育出版社   2002   p. 19、371

陳海濤   唐代入華粟特人的佛教信仰及其原因   華林(第二卷)   中華書局   2002   p. 88

鄧文寬   敦煌吐魯番天文曆法研究   甘肅教育出版社   2002   p. 308

姜亮夫   敦煌莫高窟年表   姜亮夫全集(十一)   雲南人民出版社   2002   p. 334

劉進寶   敦煌學通論   甘肅教育出版社   2002   p. 45

田中良昭   敦煌の禪宗燈史   中日敦煌佛教學術會議論文集   中國社會科學院研究所   2002
    p. 107   又見:戒幢佛學(第二卷)   岳麓書社   2002   p. 146

王素   敦煌吐魯番文獻   文物出版社   2002   p. 20、169

譚蟬雪   敦煌的粟特居民及袄神祈賽   2000 年敦煌學國際學術討論會文集・歷史文化卷(下)   甘
    肅民族出版社   2003   p. 61

王啓濤   中古及近代法制文書語言研究   巴蜀書社   2003   p. 64

楊秀清   敦煌:絲綢之路上的國際商貿中心   敦煌陽關玉門關論文選萃   甘肅人民出版社   2003
    p. 86

鄭炳林   晚唐五代敦煌村莊聚落輯考   2000 年敦煌學國際學術討論會文集・歷史文化卷(上)   甘
    肅民族出版社   2003   p. 137

羅豐   胡漢之間:"絲綢之路"與西北歷史考古   文物出版社   2004   p. 228

孟憲實   論敦煌渠人社   周秦漢唐文化研究(第三輯)   三秦出版社   2004   p. 139

張弓   敦煌四部籍與中古後期社會的文化情境   敦煌學(第 25 輯)   (臺北)樂學書局有限公司
    2004   p. 324

鄭炳林   徐曉莉   晚唐五代敦煌歸義軍政權的婚姻關係研究   敦煌學(第 25 輯)   (臺北)樂學書局
    有限公司   2004   p. 580

陳國燦   唐代的"執衣"與執衣錢   魏晉南北朝隋唐史資料(第 22 輯)   武漢大學出版社   2005
    p. 143

劉惠琴   陳海濤   商業移民與部落遷徙   《敦煌學輯刊》2005 年第 2 期   p. 119

陸離   吐蕃統治敦煌時期的官府勞役   魏晉南北朝隋唐史資料(第 22 輯)   武漢大學出版社   2005
    p. 181

趙曉星   寇甲   西魏:歸義軍時期敦煌地區的史姓   《敦煌學輯刊》2005 年第 2 期   p. 128

鄭炳林   晚唐五代敦煌地區的胡姓居民與聚落   法國漢學(第 10 輯)(粟特人在中國:歷史、考古、語
    言的新探索)   中華書局   2005   p. 181

馮培紅　歸義軍鎮制考　敦煌吐魯番研究（第九卷）　中華書局　2006　p. 274
劉再聰　從吐魯番文書看唐代西州縣以下行政建制　《西域研究》2006 年第 3 期　p. 47

P. 3560

那波利貞　千佛岩莫高窟と敦煌文書　西域文化研究（第二）‧敦煌吐魯番社會經濟資料（上）　（京都）法藏館　1959　p. 37

西村元佑　唐代敦煌差科簿の研究　西域文化研究（第三）‧敦煌吐魯番社會經濟資料（下）　（京都）法藏館　1960　p. 413

長澤和俊　敦煌　（東京）築摩書房　1965　p. 141

池田溫　八世紀初における敦煌の氏族　『東洋史研究』（24 卷 3 號）　（東京）東洋史研究會　1969　p. 52

菊池英夫　唐代敦煌社會の外貌　敦煌の社會（講座敦煌 3）　（東京）大東出版社　1980　p. 109

佐藤武敏　敦煌の水利　敦煌の社會（講座敦煌 3）　（東京）大東出版社　1980　p. 277

孫曉林　唐西州高昌縣的水渠及其使用、管理　敦煌吐魯番文書初探　武漢大學出版社　1983　p. 529

唐耕耦　唐五代時期的高利貸　《敦煌學輯刊》1985 年第 2 期　p. 13

西村元佑著　姜鎮慶譯　通過唐代敦煌差科簿看唐代均田制時代的徭役制度　敦煌學譯文集　甘肅人民出版社　1985　p. 1085、1089

盧向前　關於歸義軍時期一份布紙破用曆的研究：試釋伯四六四〇背面文書　敦煌吐魯番文獻研究論集（第三輯）　北京大學出版社　1986　p. 415 注 46　又見：敦煌吐魯番文書論稿　江西人民出版社　1992　p. 121 注 46

寧欣　唐代敦煌地區農業水利問題初探　敦煌吐魯番文獻研究論集（第三輯）　北京大學出版社　1986　p. 467、503、510、515、526

唐耕耦　陸宏基　敦煌社會經濟文獻真迹釋錄（一）　書目文獻出版社　1986　p. 394

鄭學檬　從敦煌文書看唐代河西地區的商品貨幣經濟　敦煌吐魯番出土經濟文書研究　廈門大學出版社　1986　p. 321　又見：1983 年全國敦煌學術討論會文集‧文史遺書編（上）　甘肅人民出版社　1987　p. 111

姜伯勤　唐五代敦煌寺戶制度　中華書局　1987　p. 16、192

王永興　隋唐五代經濟史料彙編校注‧第一編（下）　中華書局　1987　p. 626 注 27

李正宇　唐宋時代敦煌縣河渠泉澤簡志（一）　《敦煌研究》1988 年第 4 期　p. 89

李正宇　唐宋時代敦煌縣河渠泉澤簡志（二）　《敦煌研究》1989 年第 1 期　p. 54

鄭炳林　敦煌地理文書彙輯校注　甘肅教育出版社　1989　p. 90

陳國燦　武周時期的勘田檢籍活動　敦煌吐魯番文書初探（二編）　武漢大學出版社　1990　p. 414 注 12

李并成　三國時期河西走廊的開發　《開發研究》1990 年第 2 期　p. 65

李并成　漢唐時期河西走廊的水利建設　《西北師大學報》1991 年第 2 期　又見：中國敦煌學百年文庫‧地理卷（二）　甘肅文化出版社　1999　p. 278

竇俠父　敦煌學發凡　新疆大學出版社　1992　p. 41

李并成　敦煌遺書中地理書卷的學術價值　《地理研究》1992 年第 3 期　p. 43

李并成　一批珍貴的古代地理文書：敦煌遺書中的地理書卷　《中國科技史料》1992 年第 13 卷第 4 期　p. 94

前田正名　河西歷史地理學研究　中國藏學出版社　1993　p. 253

王永興　敦煌經濟文書導論　（臺北）新文豐出版公司　1994　p. 70

胡戟　傅玫　敦煌史話　中華書局　1995　p. 155

李錦繡　唐代財政史稿·上卷(第三分冊)　北京大學出版社　1995　p. 1046

李正宇　《沙州都督府圖經卷第三》劄記(二)　《敦煌研究》1995 年第 4 期　p. 108

鄭炳林　羊萍　敦煌本夢書　甘肅文化出版社　1995　p. 307

鄧小南　課績與考察　唐研究(第二卷)　北京大學出版社　1996　p. 305

李并成　李春元　瓜沙史地研究　甘肅文化出版社　1996　p. 191

李正宇　敦煌史地新論　（臺北）新文豐出版公司　1996　p. 102、110

鄧小南　課績·資格·考察——唐宋文官考核制度側談　大象出版社　1997　p. 39 注 19

馮培紅　唐五代敦煌的河渠水利與水司管理機構初探　《敦煌學輯刊》1997 年第 2 期　p. 70

李正宇　敦煌歷史地理導論　（臺北）新文豐出版公司　1997　p. 219、231、242、268、273

鄭炳林　敦煌碑銘讚輯釋　甘肅教育出版社　1997　p. 32 注 10

鄭炳林　唐末五代敦煌都河水系研究　敦煌歸義軍史專題研究　蘭州大學出版社　1997　p. 180

金瀅坤　從敦煌文書看晚唐五代敦煌地區布紡織業　《敦煌研究》1998 年第 2 期　p. 133

李正宇　河母　敦煌學大辭典　上海辭書出版社　1998　p. 313

李正宇　唐沙州敦煌縣水令　敦煌學大辭典　上海辭書出版社　1998　p. 319

譚蟬雪　敦煌歲時文化導論　（臺北）新文豐出版公司　1998　p. 352

黃征　程惠新　劫塵遺珠:敦煌遺書　甘肅教育出版社　1999　p. 189

謝桃坊　敦煌文化尋繹　四川人民出版社　1999　p. 177

陳守忠　唐代前期的河隴經濟　1994 年敦煌學國際研討會文集·宗教文史卷(下)　甘肅民族出版
　　社　2000　p. 194

池田溫　李盛鐸舊藏敦煌歸義軍後期社會經濟文書簡介　慶祝吳其昱先生八秩華誕敦煌學特刊
　　（臺北）文津出版社　2000　p. 37

董志翹　《入唐求法巡禮行記》辭彙研究　中國社會科學出版社　2000　p. 63

雷紹鋒　歸義軍賦役制度初探　（臺北）洪葉文化事業有限公司　2000　p. 190

李方　唐代考課制度拾遺:敦煌吐魯番考課文書考釋　'98 法門寺唐文化國際學術討論會論文集
　　陝西人民出版社　2000　p. 560

劉進寶　敦煌歷史文化　甘肅人民出版社　2000　p. 66

劉進寶　敦煌文書與唐史研究　（臺北）新文豐出版公司　2000　p. 199

丘古耶夫斯基　敦煌漢文文書　上海古籍出版社　2000　p. 22、166、219

顏廷亮　敦煌文化　光明日報出版社　2000　p. 210

楊寶玉　敦煌史話　中國大百科全書出版社　2000　p. 74

馮培紅　敦煌文獻中的職官史料與唐五代藩鎮官制研究　《敦煌研究》2001 年第 3 期　p. 108

榮新江　評《古本敦煌鄉土志八種箋證》　敦煌吐魯番研究(第五卷)　北京大學出版社　2001
　　p. 420

呂鍾　重修敦煌縣誌　甘肅人民出版社　2002　p. 167

李并成　敦煌文獻與西北生態環境變遷研究　漢語史學報專輯(第三輯)　上海教育出版社　2003
　　p. 390

李并成　盛唐時期河西走廊的區位特點與開發　唐代地域結構與運作空間　上海辭書出版社　2003
　　p. 84

鄭炳林　晚唐五代敦煌村莊聚落輯考　2000 年敦煌學國際學術討論會文集·歷史文化卷(上)　甘
　　肅民族出版社　2003　p. 123、142

黨燕妮　晚唐五代敦煌的十王信仰　麥積山石窟藝術文化論文集(下)　蘭州大學出版社　2004
　　p. 162

孟憲實　論敦煌渠人社　周秦漢唐文化研究(第三輯)　三秦出版社　2004　p. 139

鄭炳林　敦煌寫本解夢書校録研究　民族出版社　2005　p. 126

鄭炳林　晚唐五代敦煌地區的胡姓居民與聚落　法國漢學(第10輯)(粟特人在中國:歷史、考古、語
　　言的新探索)　中華書局　2005　p. 182

P. 3561

羅福頤　敦煌石室文物對於學術上的貢獻　《歷史教學》1951年第5期　又見:中國敦煌學百年文
　　庫・考古卷(四)　甘肅文化出版社　1999　p. 8

張鐵弦　敦煌古寫本叢談　《文物》1963年第3期　p. 9

蘇瑩輝　敦煌學概要　(臺北)編譯館"中華叢書編委會"　1981　p. 102

饒宗頤　敦煌書法叢刊(第十八卷)・碎金(一)　(東京)二玄社　1983　p. 4、86

劉復　敦煌掇瑣　敦煌叢刊初集(十五)　(臺北)新文豐出版公司　1985　p. 229

黃家全　敦煌寫本《千字文》試論　1983年全國敦煌學術討論會文集・文史遺書編(下)　甘肅人民
　　出版社　1987　p. 343

周祖謨　敦煌唐本字書叙録　敦煌語言文學研究　北京大學出版社　1988　p. 42

高國藩　敦煌民俗學　上海文藝出版社　1989　p. 104

鄭阿財　敦煌蒙書析論　第二屆敦煌學國際研討會論文集　(臺北)漢學研究中心　1990　p. 216

林聰明　敦煌文書學　(臺北)新文豐出版公司　1991　p. 300

鄭汝中　敦煌書法管窺　《敦煌研究》1991年第4期　p. 36

朱鳳玉　敦煌寫本字書緒論　(臺北)《華岡文科學報》1991年第18期　p. 92

東野治之　敦煌と日本の『千字文』　遣唐使と正倉院　(東京)岩波書店　1992　p. 255

東野治之　訓蒙書　敦煌漢文文獻(講座敦煌5)　(東京)大東出版社　1992　p. 424

林家平　寧强　羅華慶　中國敦煌學史　北京語言學院出版社　1992　p. 17

饒宗頤　敦煌寫卷之書法　唐代研究論集(第三輯)　(臺北)新文豐出版公司　1992　p. 24

鄭阿財　敦煌文獻與文學　(臺北)新文豐出版公司　1993　p. 246

鄭汝中　敦煌書法概述　敦煌書法庫(第一輯)　甘肅人民美術出版社　1994　p. 9

朱鳳玉　敦煌文獻中的語文教材　(臺北)《嘉義師院學報》1995年第9期　p. 457

劉濤　評《法藏敦煌書苑精華》　敦煌吐魯番研究(第一卷)　北京大學出版社　1996　p. 378

邰惠莉　敦煌本《六字千文》初探　《敦煌研究》1997年第1期　p. 153

趙聲良　敦煌寫卷書法(下)　《文史知識》1997年第5期　p. 81

白化文　臨本　敦煌學大辭典　上海辭書出版社　1998　p. 593

白化文　千字文　敦煌學大辭典　上海辭書出版社　1998　p. 782

劉濤　敦煌書法　敦煌學大辭典　上海辭書出版社　1998　p. 274

劉濤　智永真草千字文殘卷　敦煌學大辭典　上海辭書出版社　1998　p. 276

北京大學　敦煌《經卷》、《照片》及《圖書》目録　中國敦煌學百年文庫・綜述卷(一)　甘肅文化出
　　版社　1999　p. 313

顏廷亮　敦煌文化　光明日報出版社　2000　p. 487

鄭汝中　敦煌寫卷行草書法集　甘肅人民美術出版社　2000　p. 39

蔡忠霖　敦煌漢文寫卷俗字及其現象　(臺北)文津出版社　2002　p. 42

姜亮夫　敦煌莫高窟年表　姜亮夫全集(十一)　雲南人民出版社　2002　p. 214

張娜麗　《敦煌本〈六字千文〉初探》析疑（續）　《敦煌研究》2002 年第 1 期　p. 93

鄭阿財　朱鳳玉　敦煌蒙書研究　甘肅教育出版社　2002　p. 17

鶴田一雄　敦煌出土の書迹に關する一考察　『西北出土文獻研究』（創刊號）　（新潟）西北出土文獻研究會　2004　p. 91

黄征　敦煌俗字典　上海教育出版社　2005　p. 96

趙跟喜　敦煌唐宋時期的女子教育初探　文史（第七十五輯）　中華書局　2006　p. 94

P. 3562

那波利貞　佛教信仰に基きて組織せられたる中晩唐五代時代の社邑に就きて（下）　『史林』（24 卷 4 號）　京都大學文學部史學研究會　1939　p. 116　又見：唐代社會文化史研究・第六編（東京）創文社　1974　p. 667

王重民　敦煌古籍叙録　中華書局　1979　p. 182

蘇瑩輝　敦煌學概要　（臺北）編譯館"中華叢書編委會"　1981　p. 47

宮川尚志　唐以前の河西における宗教・思想的狀況　敦煌と中國道教（講座敦煌 4）　（東京）大東出版社　1983　p. 309

蘇瑩輝　中外敦煌古寫本纂要　敦煌論集　（臺北）學生書局　1983　p. 323

林其錟　陳鳳金　一種未被著録的《劉子》敦煌殘卷　《敦煌學輯刊》1984 年第 2 期　p. 53

王重民　巴黎敦煌殘卷叙録（第一輯）　敦煌叢刊初集（九）　（臺北）新文豐出版公司　1985　p. 147

姜伯勤　沙州道門親表部落釋證　《敦煌研究》1986 年第 3 期　p. 3

王重民原編　黄永武新編　敦煌古籍叙録新編（第九冊）　（臺北）新文豐出版公司　1986　p. 320

林平和　羅振玉敦煌學析論　（臺北）文史哲出版社　1988　p. 178

林其錟　陳鳳金輯校　敦煌遺書劉子殘卷集録　上海書店　1988　p. 1、35、86

許建平　敦煌本《劉子殘卷》舉善　《敦煌研究》1989 年第 3 期　p. 74

許建平　敦煌遺書《劉子》殘卷校證　《杭州師範學院學報》1989 年第 5 期　p. 119

陳祚龍　敦煌學識小　敦煌學（第 16 輯）　（臺北）新文豐出版公司　1990　p. 28　又見：敦煌學津雜誌　（臺北）文津出版社　1991　p. 100

周丕顯　巴黎藏伯字第二七二一號《雜抄・書目》初探　敦煌吐魯番學研究論文集　漢語大詞典出版社　1990　p. 415

林聰明　敦煌文書學　（臺北）新文豐出版公司　1991　p. 193

王三慶　談齋論文——敦煌寫卷齋願文研究　第四屆唐代文化學術研討會論文集　（臺南）成功大學　1991　p. 278

杜愛英　敦煌遺書中俗體字的諸種類型　《敦煌研究》1992 年第 3 期　p. 118

許建平　敦煌遺書《劉子》殘卷校證補　《杭州師範學院學報》1992 年第 1 期　p. 40

朱越利　道經總論　遼寧教育出版社　1992　p. 263

汪泛舟　敦煌文學概論　甘肅人民出版社　1993　p. 546

許建平　《殘類書》所引《劉子》殘卷考略　《浙江社會科學》1993 年第 4 期　p. 89

姜伯勤　《本際經》與敦煌道教　《敦煌研究》1994 年第 3 期　p. 14

姜伯勤　敦煌藝術宗教與禮樂文明　中國社會科學出版社　1996　p. 257、305

邵文實　敦煌道教試述　《世界宗教研究》1996 年第 2 期　又見：中國敦煌學百年文庫・宗教卷（三）　甘肅文化出版社　1999　p. 333、337、340

黄征　敦煌願文考論　敦煌語文叢說　（臺北）新文豐出版公司　1997　p. 583、592

黄征　《劉子集校》匡補　敦煌語文叢說　（臺北）新文豐出版公司　1997　p. 510

鄭炳林　敦煌碑銘讚輯釋　甘肅教育出版社　1997　p. 250 注 28

白化文　劉子新論　敦煌學大辭典　上海辭書出版社　1998　p. 778

姜伯勤　道釋相激：道教在敦煌　道家文化研究（第十三輯）　三聯書店　1998　p. 65

馬德　敦煌文書《道家雜齋文範集》及有關問題述略　道家文化研究（第十三輯）　三聯書店　1998
　　p. 226、247

顏廷亮　敦煌文化中的道教及文化　《敦煌研究》1999 年第 1 期　p. 143

楊曉靄　翰海駝鈴——絲綢之路的人物往來與文化交流　甘肅教育出版社　1999　p. 251

周維平　從敦煌遺書看敦煌道教　《西北民族研究》1999 年第 2 期　p. 132

金岡照光　敦煌文獻と中國文學　（東京）五曜書房　2000　p. 526

萬毅　敦煌本道教《昇玄內教經》的文本順序　《敦煌研究》2000 年第 4 期　p. 136　又見：敦煌文獻
　　論集：紀念藏經洞發現一百周年國際學術研討會論文集　遼寧人民出版社　2001　p. 600

汪泛舟　敦煌道教與齋醮諸考　1994 年敦煌學國際研討會文集·宗教文史卷（上）　甘肅民族出版
　　社　2000　p. 4

王三慶　北京大學圖書館藏本《諸文要集》一卷研究　慶祝吳其昱先生八秩華誕敦煌學特刊　（臺
　　北）文津出版社　2000　p. 170

顏廷亮　敦煌文化　光明日報出版社　2000　p. 202、251

姜亮夫　敦煌莫高窟年表　姜亮夫全集（十一）　雲南人民出版社　2002　p. 163

李小榮　變文講唱與華梵宗教藝術　上海三聯書店　2002　p. 287

許建平　殘卷定名正補　2000 年敦煌學國際學術討論會文集·歷史文化卷（上）　甘肅民族出版社
　　2003　p. 307

湛如　敦煌佛教律儀制度研究　中華書局　2003　p. 346

王卡　敦煌道教文獻研究　中國社會科學出版社　2004　p. 8、12、43、235

葉貴良　《敦煌社邑文書輯校》拾補　《吐魯番學研究》2004 年第 1 期　p. 105

鄭阿財　北京故宮藏敦煌本《慈善孝子報恩成道經》考　敦煌學（第 25 輯）　（臺北）樂學書局有限公
　　司　2004　p. 549

王卡　敦煌道教綜述　敦煌與絲路文化學術講座（第二輯）　北京圖書館出版社　2005　p. 377

吳羽　敦煌道經及齋文所見道教事師之禮　《敦煌研究》2005 年第 1 期　p. 30

鄭阿財　敦煌本慈善孝子報恩成道經考論　敦煌學國際研討會論文集　北京圖書館出版社　2005
　　p. 138

P. 3563

那波利貞　中晚唐五代の佛教寺院の俗講の座に於ける變文の演出方法に就きて　甲南大學論集
　　（2）　（神戶）甲南大學　1955　p. 10

金岡照光　敦煌文學のさまざま　敦煌の文學　（東京）大藏出版株式會社　1971　p. 132

賀世哲　孫修身　瓜沙曹氏與敦煌莫高窟　敦煌研究文集　甘肅人民出版社　1982　p. 233、270 注
　　21

鄭阿財　敦煌孝道文學研究　（臺北）石門圖書公司　1982　p. 530

何昌林　《敦煌琵琶譜》的來龍去脈　《陽關》1984 年第 5 期　又見：中國敦煌學百年文庫·藝術卷
　　（三）　甘肅文化出版社　1999　p. 286

何昌林　三件敦煌曲譜資料的綜合研究　《中國音樂》1985 年第 1 期　又見：中國敦煌學百年文庫·
　　藝術卷（三）　甘肅文化出版社　1999　p. 337

賀世哲　從供養人題記看莫高窟部分洞窟的營建年代　敦煌莫高窟供養人題記　文物出版社　1986

p. 220

周鳳五　敦煌寫本太公家教研究　（臺北）明文書局　1986　p. 155

何昌林　《敦煌琵琶譜之考、解、譯》之補充　1983 年全國敦煌學術討論會文集・石窟藝術編（下）
　　甘肅人民出版社　1987　p. 441

孫修身　敦煌遺書伯 3016 號卷背第二件文書有關問題考　《敦煌學輯刊》1988 年第 1、2 期　p. 32

韓建瓴　雜記　敦煌文學　甘肅人民出版社　1989　p. 68

李明偉　狀・牒・帖　敦煌文學　甘肅人民出版社　1989　p. 40

孫修身　五代時期甘州回鶻和中原王朝的交通　《敦煌研究》1990 年第 1 期　p. 67

杜斗城　敦煌五臺山文獻校錄研究　山西人民出版社　1991　p. 7

鄭炳林　伯 2641 號背莫高窟再修功德記撰寫人探微　《敦煌學輯刊》1991 年第 2 期　p. 46

李正宇　敦煌俗講僧保宣及其《講經通難致語》　程千帆先生八十壽辰紀念文集　江蘇古籍出版社
　　1992　p. 213

鄭炳林　梁志勝　《梁幸德邈真讚》與梁願請《莫高窟功德記》　《敦煌研究》1992 年第 2 期　p. 62
　　又見：敦煌吐魯番文獻研究　蘭州大學出版社　1995　p. 255

周紹良　敦煌文學芻議及其它　（臺北）新文豐出版公司　1992　p. 11

李永寧　敦煌莫高窟第 159 窟文殊、譜賢赴會圖　《敦煌研究》1993 年第 4 期　p. 26

鄭炳林　讀敦煌文書 P. 3859《後唐清泰三年六月沙州儭司教授福集等狀》劄記　《西北史地》1993 年
　　第 4 期　p. 47　又見：敦煌吐魯番文獻研究　蘭州大學出版社　1995　p. 614

鄭炳林　敦煌碑銘讚抄本概述　《蘭州大學學報》1993 年第 4 期　p. 139

姜伯勤　敦煌邈真讚與敦煌望族　敦煌邈真讚校錄並研究　（臺北）新文豐出版公司　1994　p. 43

陸慶夫　甘州回鶻可汗世次辨析　《敦煌學輯刊》1995 年第 2 期　p. 36　又見：敦煌歸義軍史專題研
　　究　蘭州大學出版社　1997　p. 476

馬德　敦煌莫高窟吐蕃、歸義軍時代營建概況　（香港）《九州學刊》1995 年第 6 卷第 4 期　p. 67

馬德　敦煌遺書莫高窟營建史料淺論　敦煌學國際研討會文集・石窟考古編　遼寧美術出版社
　　1995　p. 150

孫修身　試論瓜沙曹氏與甘州回鶻之關係　敦煌學國際研討會文集・史地語文編　遼寧美術出版社
　　1995　p. 112

馬德　敦煌莫高窟史研究　甘肅教育出版社　1996　p. 125、178

馬德　九、十世紀敦煌工匠史料述論　慶祝潘石禪先生九秩華誕敦煌學特刊　（臺北）文津出版社
　　1996　p. 313

張涌泉　敦煌俗字研究導論　（臺北）新文豐出版公司　1996　p. 165、244

張涌泉　敦煌文獻校讀釋例　文史（第四十一輯）　中華書局　1996　p. 201　又見：舊學新知　浙
　　江大學出版社　1999　p. 216

鄧文寬　大梵寺佛音：敦煌莫高窟壇經讀本　（臺北）如聞出版社　1997　p. 22

李正宇　敦煌歷史地理導論　（臺北）新文豐出版公司　1997　p. 59

梁尉英　盧舍那示現三重本末成道　《敦煌研究》1997 年第 2 期　p. 6

馬德　敦煌工匠史料　甘肅人民出版社　1997　p. 45

王惠民　《董保德功德記》與隋代敦煌崇教寺舍利塔　《敦煌研究》1997 年第 3 期　p. 70

鄭炳林　敦煌碑銘讚及其有關問題　敦煌碑銘讚輯釋　甘肅教育出版社　1997　p. 6

鄭炳林　敦煌碑銘讚輯釋　甘肅教育出版社　1997　p. 470

李正宇　村莊　敦煌學大辭典　上海辭書出版社　1998　p. 304

李正宇　莫高窟功德記　敦煌學大辭典　上海辭書出版社　1998　p. 335

陸慶夫　歸義軍與遼及甘州回鶻關係考　《蘭州大學學報》1998 年第 3 期　p. 79 注 28

張錫厚　柴劍虹　五臺山聖境讚　敦煌學大辭典　上海辭書出版社　1998　p. 544

雷紹鋒　歸義軍賦役制度初探　（臺北）洪葉文化事業有限公司　2000　p. 175

張錫厚　敦煌文學源流　作家出版社　2000　p. 144

張錫厚　新羅僧慈藏入唐禮五臺考　敦煌文獻論集：紀念藏經洞發現一百周年國際學術研討會論文集　遼寧人民出版社　2001　p. 534

釋覺旻　從"三教大法師"看晚唐五代敦煌社會的三教融合　敦煌佛教藝術文化國際學術研討會論文集　蘭州大學出版社　2002　p. 405

李小榮　敦煌密教文獻論稿　人民文學出版社　2003　p. 162

張錫厚　敦煌文概說　2000 年敦煌學國際學術討論會文集·歷史文化卷（下）　甘肅民族出版社　2003　p. 203

公維章　涅槃、淨土的殿堂：敦煌莫高窟第 148 窟研究　民族出版社　2004　p. 215

屈直敏　敦煌高僧　民族出版社　2004　p. 55

吳越　敦煌歷史人物　民族出版社　2004　p. 212

吳麗娛　楊寶玉　P. 3197v《曹氏歸義軍時期甘州使人書狀》考試　《敦煌學輯刊》2005 年第 4 期　p. 17

沙武田　敦煌寫真邈真讚畫稿研究：兼論敦煌畫之寫真肖像藝術　《敦煌學輯刊》2006 年第 1 期　p. 54

汪泛舟　敦煌俗別字新考（上）　《敦煌研究》2006 年第 1 期　p. 104

P. 3565

羅福頤　敦煌石室文物對於學術上的貢獻　《歷史教學》1951 年第 5 期　又見：中國敦煌學百年文庫·考古卷（四）　甘肅文化出版社　1999　p. 12

唐耕耦　唐五代時期的高利貸：敦煌吐魯番出土借貸文書初探　《敦煌學輯刊》1986 年第 1 期　p. 141

謝重光　關於唐後期至五代間沙州寺院經濟的幾個問題　敦煌吐魯番出土經濟文書研究　廈門大學出版社　1986　p. 479

王永興　隋唐五代經濟史料彙編校注·第一編（下）　中華書局　1987　p. 920

謝和耐著　耿昇譯　中國 5—10 世紀的寺院經濟　甘肅人民出版社　1987　p. 229 注 4　又見：上海古籍出版社　2004　p. 189 注 1

唐耕耦　陸宏基　敦煌社會經濟文獻真迹釋錄（二）　全國圖書館文獻縮微複製中心　1990　p. 128

蔣禮鴻　敦煌文獻語言詞典　杭州大學出版社　1994　p. 260

齊陳駿　有關遺産繼承的幾件敦煌遺書　《敦煌學輯刊》1994 年第 2 期　p. 52

胡戟　傅玫　敦煌史話　中華書局　1995　p. 162

張傳璽　中國歷代契約會編考釋（上）　北京大學出版社　1995　p. 644 注 1

沙知　敦煌契約文書輯校　江蘇古籍出版社　1998　p. 224

北京大學　敦煌《經卷》、《照片》及《圖書》目録　中國敦煌學百年文庫·綜述卷（一）　甘肅文化出版社　1999　p. 317

宋家鈺　英國收藏敦煌文獻叙録　英國收藏敦煌漢藏文獻研究　中國社會科學出版社　2000　p. 167

謝重光　漢唐佛教社會史論　（臺北）國際文化事業有限公司　2001　p. 219

楊森　關於敦煌文獻中的"平章"一詞　敦煌學與中國史研究論集　甘肅人民出版社　2001　p. 232

鄭炳林　北京圖書館藏《吳和尚經論目錄》有關問題研究　敦煌學與中國史研究論集　甘肅人民出
　　版社　2001　p. 131

王啓濤　中古及近代法制文書語言研究　巴蜀書社　2003　p. 238、289

P. 3566

陳祚龍　古往世上流行之中華佛教男女信士立誓發願文章的抽樣　中華佛教文化史散策（四集）
　　（臺北）新文豐出版公司　1986　p. 397

郝春文　敦煌寫本社邑文書年代彙考（三）　《社科縱橫》1993年第5期　p. 11

譚禪雪　敦煌歲時掇瑣　（香港）《九州學刊》（敦煌學專輯）1993年第5卷第4期　p. 89

黃征　吳偉　敦煌願文集　岳麓書社　1995　p. 319、446、640、665、771

王書慶　敦煌佛學·佛事篇　甘肅民族出版社　1995　p. 24、66

黃征　敦煌願文考論　敦煌語文叢說　（臺北）新文豐出版公司　1997　p. 583、592

寧可　郝春文　敦煌社邑文書輯校　江蘇古籍出版社　1997　p. 551

鄭炳林　敦煌碑銘讚輯釋　甘肅教育出版社　1997　p. 383注2

譚蟬雪　敦煌歲時文化導論　（臺北）新文豐出版公司　1998　p. 90

譚蟬雪　二月八盛節　敦煌學大辭典　上海辭書出版社　1998　p. 435

譚蟬雪　臨壙設祭　敦煌學大辭典　上海辭書出版社　1998　p. 442

段小強　敦煌文書中所見的古代喪儀　《西北民族研究》1999年第1期　p. 217

饒宗頤　談佛教的發願文　敦煌吐魯番研究（第四卷）　北京大學出版社　1999　p. 486

王微　春祭：二月八日節的佛教儀式　法國漢學（敦煌學專號）　中華書局　2000　p. 115

李正宇　安徽省博物館藏敦煌遺書《二娘子家書》　《敦煌研究》2001年第3期　p. 93

山本達郎等　補（IV）社·IV納贈曆·納色物曆　『NUN–HUANG AND TURFAN DOCUMENTS
　　CONCERNING SOCIAL AND ECONOMIC HISTORY』(Sup. p. lemrnts)　（東京）東洋文庫　2001
　　p. 86

譚蟬雪　唐宋敦煌歲時佛俗：二月至七月　《敦煌研究》2001年第1期　p. 95

曾良　敦煌文獻字義通釋　廈門大學出版社　2001　p. 197

杜斗城　"七七齋"之源流及敦煌文獻中有關資料的分析　《敦煌研究》2004年第4期　p. 34

何劍平　作爲民間寫經和禮懺儀式的維摩詰信仰　《敦煌學輯刊》2005年第4期　p. 63

P. 3567

鄭炳林　讀敦煌文書P. 3859《後唐清泰三年六月沙州僦司教授福集等狀》劄記　《西北史地》1993年
　　第4期　p. 48　又見：敦煌吐魯番文獻研究　蘭州大學出版社　1995　p. 616

沃興華　敦煌書法藝術　上海人民出版社　1994　p. 30

陳金木　唐寫本論語鄭氏注研究（上）　（臺北）文津出版社　1996　p. 29

鄭汝中　行草書法與敦煌寫卷　《敦煌研究》2000年第4期　p. 77

胡同慶　安忠義　佛教藝術　敦煌文藝出版社　2004　p. 298

P. 3568

吳其昱著　福井文雅　樋口勝譯　大蕃國大德·三藏法師·法成傳考　敦煌と中國仏教（講座敦煌
　　7）　（東京）大東出版社　1984　p. 387

井ノ口泰淳　普賢行願讚考　中央アジアの言語と仏教　（京都）法藏館　1995　p. 200

楊銘　重慶市博物館藏敦煌吐魯番寫經目錄　《敦煌研究》1996年第1期　p. 123

方廣錩　普賢菩薩行願王經　敦煌學大辭典　上海辭書出版社　1998　p. 656

P. 3569

土肥義和　はじめに——歸義軍節度使の敦煌支配　敦煌の歷史（講座敦煌 2）　（東京）大東出版社　1980　p. 243、277

高國藩　敦煌寫本《太公家教》初探　《敦煌學輯刊》1984 年第 1 期　p. 65

唐長孺　關於歸義軍節度使的幾種資料跋　敦煌吐魯番文書研究　甘肅人民出版社　1984　p. 181

王重民　跋太公家教　敦煌遺書論文集　中華書局　1984　p. 136

雷僑雲　敦煌兒童文學　（臺北）學生書局　1985　p. 82 注 5

高明士　唐代敦煌的教育　漢學研究（敦煌學國際研討會論文專號）　（臺北）漢學研究資料及服務中心　1986　p. 257

李正宇　唐宋時代的敦煌學校　《敦煌研究》1986 年第 1 期　p. 45

汪泛舟　《太公家教》考　《敦煌研究》1986 年第 1 期　p. 48

周鳳五　敦煌寫本太公家教研究　（臺北）明文書局　1986　p. 155

朱鳳玉　太公家教研究　漢學研究（敦煌學國際研討會論文專號）　（臺北）漢學研究資料及服務中心　1986　p. 393

鄧文寬　《涼州節院使押衙劉少晏狀》新探　《敦煌學輯刊》1987 年第 2 期　p. 66

姜伯勤　唐五代敦煌寺戶制度　中華書局　1987　p. 305

姜亮夫　敦煌經卷壁畫中所見寺觀錄　敦煌學論文集　上海古籍出版社　1987　p. 1082

李正宇　敦煌學郎題記輯注　《敦煌學輯刊》1987 年第 1 期　p. 29

森安孝夫　敦煌と西ウイグル王國　『東方學』（第 74 輯）　（東京）東方學會　1987　p. 68

森安孝夫著　陳俊謀譯　敦煌與西回鶻王國　《西北史地》1987 年第 3 期　p. 126

李正宇　敦煌地區古代祠廟寺觀簡志　《敦煌學輯刊》1988 年第 1、2 期　p. 78

汪泛舟　《太公家教》別考　敦煌語言文學研究　北京大學出版社　1988　p. 245

高國藩　敦煌民俗學　上海文藝出版社　1989　p. 98、112

鄭阿財　敦煌寫卷新集文詞九經抄研究　（臺北）文史哲出版社　1989　p. 128 注 1

榮新江　沙州張淮深與唐中央朝廷之關係　《敦煌學輯刊》1990 年第 2 期　p. 11

唐耕耦　陸宏基　敦煌社會經濟文獻真迹釋錄（三）　全國圖書館文獻縮微複製中心　1990　p. 622

鄭阿財　敦煌蒙書析論　第二屆敦煌學國際研討會論文集　（臺北）漢學研究中心　1990　p. 226

林聰明　敦煌文書出處略考　季羨林教授八十華誕紀念論文集（下）　江西人民出版社　1991　p. 857

林聰明　敦煌文書學　（臺北）新文豐出版公司　1991　p. 170、334、387

東野治之　敦煌と日本の『千字文』　遣唐使と正倉院　（東京）岩波書店　1992　p. 240

東野治之　訓蒙書　敦煌漢文文獻（講座敦煌 5）　（東京）大東出版社　1992　p. 404

姜伯勤　敦煌社會文書導論　（臺北）新文豐出版公司　1992　p. 89、98

邵文實　唐代後期河西地區的民族遷徙及其後果　《敦煌學輯刊》1992 年第 1、2 期　p. 27

陶秋英輯錄　姜亮夫校訂　敦煌經卷所見寺名錄　敦煌碎金　浙江古籍出版社　1992　p. 127

陶秋英輯錄　姜亮夫校訂　敦煌所見道教佚經錄　敦煌碎金　浙江古籍出版社　1992　p. 314

榮新江　初期沙州歸義軍與唐中央朝廷之關係　隋唐史論集　（香港）香港大學亞洲研究中心　1993　p. 112

榮新江　甘州回鶻成立史論　《歷史研究》1993 年第 5 期　p. 38

鄭阿財　敦煌文獻與文學　（臺北）新文豐出版公司　1993　p. 260

鄭阿財　學日益齋敦煌學劄記　周一良先生八十生日紀念論文集　中國社會科學出版社　1993
　　p. 193

姜伯勤　敦煌吐魯番文書與絲綢之路　文物出版社　1994　p. 269

陸慶夫　敦煌民族文獻與河西古代民族　《敦煌學輯刊》1994 年第 2 期　p. 87

榮新江　敦煌邈真讚所見歸義軍與東西回鶻的關係　敦煌邈真讚校錄並研究　（臺北）新文豐出版
　　公司　1994　p. 66、79

王永興　敦煌經濟文書導論　（臺北）新文豐出版公司　1994　p. 448

鄭炳林　敦煌本《張淮深變文》研究　《西北民族研究》1994 年第 1 期　p. 152

鄭炳林　唐五代敦煌新開道考　《敦煌學輯刊》1994 年第 1 期　p. 48

鄧文寬　張淮深改建莫高窟北大像和開鑿第 94 窟年代考　敦煌學國際研討會文集・石窟考古編
　　遼寧美術出版社　1995　p. 128

榮新江　張氏歸義軍與西州回鶻的關係　敦煌學國際研討會文集・史地語文編　遼寧美術出版社
　　1995　p. 125

土肥義和　唐・北宋間の「社」の組織形態に関する一考察　中國古代の國家と民衆（堀敏一先生古
　　稀記念）　（東京）汲古書院　1995　p. 731

鄭炳林　羊萍　敦煌本夢書　甘肅文化出版社　1995　p. 308

李正宇　敦煌史地新論　（臺北）新文豐出版公司　1996　p. 189

榮新江　歸義軍史研究　上海古籍出版社　1996　p. 10

鄭炳林　唐五代敦煌粟特人與歸義軍政權　《敦煌研究》1996 年第 4 期　p. 81　又見：敦煌歸義軍史
　　專題研究　蘭州大學出版社　1997　p. 401

高啓安　唐宋時期敦煌人名探析　《敦煌研究》1997 年第 4 期　p. 123

李正宇　敦煌歷史地理導論　（臺北）新文豐出版公司　1997　p. 226

陸慶夫　從焉耆龍王到河西龍家——龍部落遷徙考　敦煌歸義軍史專題研究　蘭州大學出版社
　　1997　p. 500

陸慶夫　唐宋之際的涼州嗢末　《敦煌學輯刊》1997 年第 2 期　p. 42

馬德　敦煌工匠史料　甘肅人民出版社　1997　p. 71、91

顏廷亮　關於《晏子賦》寫本的抄寫年代問題　《敦煌研究》1997 年第 2 期　p. 136

張春燕　吳越　西衙考　《敦煌學輯刊》1997 年第 2 期　p. 121

張廣達　唐代祆教圖像再考　唐研究（第三卷）　北京大學出版社　1997　p. 4

鄭炳林　唐末五代敦煌都河水系研究　敦煌歸義軍史專題研究　蘭州大學出版社　1997　p. 181

鄭炳林　唐五代敦煌金山國征伐樓蘭史事考　敦煌歸義軍史專題研究　蘭州大學出版社　1997
　　p. 17

鄭炳林　唐五代敦煌畜牧區域研究　敦煌歸義軍史專題研究　蘭州大學出版社　1997　p. 233

鄭炳林　馮培紅　唐五代歸義軍政權對外關係中的使頭一職　敦煌歸義軍史專題研究　蘭州大學出
　　版社　1997　p. 50

顧吉辰　敦煌文獻職官結銜考釋　《敦煌學輯刊》1998 年第 2 期　p. 33

李冬梅　唐五代歸義軍與周邊民族關係綜論　《敦煌學輯刊》1998 年第 2 期　p. 45

李正宇　蓮台寺　敦煌學大辭典　上海辭書出版社　1998　p. 630

李正宇　學士　敦煌學大辭典　上海辭書出版社　1998　p. 597

榮新江　歸義軍大事紀年初稿　出土文獻研究（第三輯）　文物出版社　1998　p. 239

楊森　晚唐五代兩件《女人社》文書劄記　《敦煌研究》1998 年第 1 期　p. 70

高啓安　唐五代至宋敦煌的量器及量制　《敦煌學輯刊》1999 年第 1 期　p. 68

陸慶夫　金山國與甘州回鶻關係考論　《敦煌學輯刊》1999 年第 1 期　p. 54

榮新江　徐俊　新見俄藏敦煌唐詩寫本三種考證及校錄　唐研究（第五卷）　北京大學出版社　1999　p. 66

蘇金花　唐、五代敦煌地區的商品貨幣形態　《敦煌研究》1999 年第 2 期　p. 99

楊秀清　敦煌西漢金山國史　甘肅人民出版社　1999　p. 12 注 6、110

柴劍虹　讀敦煌學士郎張宗之詩抄劄記　敦煌吐魯番學論稿　浙江教育出版社　2000　p. 250

高啓安　唐五代敦煌人的飲酒習俗述論　《敦煌研究》2000 年第 3 期　p. 88

汪泛舟　敦煌古代兒童課本　甘肅人民出版社　2000　p. 213、223

徐俊　敦煌詩集殘卷輯考　中華書局　2000　p. 214

楊秀清　華戎交會的都市：敦煌與絲綢之路　甘肅人民出版社　2000　p. 50

林聰明　敦煌吐魯番文書解詁指例　（臺北）新文豐出版公司　2001　p. 115

榮新江　徐俊　唐蔡省風編《瑤池新詠》重研　唐研究（第七卷）　北京大學出版社　2001　p. 132

鄭阿財　敦煌童蒙讀物的分類與總說　敦煌文獻論集：紀念藏經洞發現一百周年國際學術研討會論文集　遼寧人民出版社　2001　p. 202

馮培紅　姚桂蘭　歸義軍時期敦煌與周邊地區之間的僧使交往　敦煌佛教藝術文化國際學術研討會論文集　蘭州大學出版社　2002　p. 462

郭鋒　略論歸義軍時期仲雲人族屬諸問題　唐史與敦煌文獻論稿　中國社會科學出版社　2002　p. 311

姜亮夫　敦煌莫高窟年表　姜亮夫全集（十一）　雲南人民出版社　2002　p. 440

劉永明　散見敦煌曆朔閏輯考　《敦煌研究》2002 年第 6 期　p. 15

鄭阿財　朱鳳玉　敦煌蒙書研究　甘肅教育出版社　2002　p. 358

鄭炳林　晚唐五代敦煌歸義軍行政區劃制度研究（之一）　《敦煌研究》2002 年第 2 期　p. 17

馮培紅　唐五代敦煌官府宴設機構考略　2000 年敦煌學國際學術討論會文集·歷史文化卷（上）　甘肅民族出版社　2003　p. 178

郝春文　唐後期五代宋初中印文化對敦煌寺院的影響　新世紀敦煌學論集　巴蜀書社　2003　p. 333

金瀅坤　唐五代童子科與兒童教育　中國中古史論集　天津古籍出版社　2003　p. 296

榮新江　北朝隋唐胡人聚落的宗教信仰與祆祠的社會功能　唐代宗教信仰與社會　上海辭書出版社　2003　p. 407

王啓濤　中古及近代法制文書語言研究　巴蜀書社　2003　p. 134

楊秀清　敦煌：絲綢之路上的國際商貿中心　敦煌陽關玉門關論文選萃　甘肅人民出版社　2003　p. 87

馮培紅　關於歸義軍節度使官制的幾個問題　麥積山石窟藝術文化論文集（下）　蘭州大學出版社　2004　p. 229

高啓安　唐五代敦煌飲食文化研究　民族出版社　2004　p. 183、299、345

李軍　晚唐五代肅州相關史實考述　《敦煌學輯刊》2005 年第 3 期　p. 94

鄭炳林　敦煌寫本解夢書校錄研究　民族出版社　2005　p. 128

鄭炳林　晚唐五代河西地區的居民結構研究　《蘭州大學學報》2006 年第 2 期　p. 17

P. 3570

陳祚龍　劉薩訶研究　（臺北）《華岡佛學學報》1973 年第 3 期　又見：敦煌資料考屑（上冊）　（臺北）商務印書館　1979　p. 212；中國敦煌學百年文庫·宗教卷（四）　甘肅文化出版社　1999

　　　　p. 318

陳祚龍　新校重訂釋增忍的答李"難"　敦煌學海探珠(下冊)　(臺北)商務印書館　1979　p. 310

田中良昭　禪宗燈史の発展　敦煌仏典と禪(講座敦煌8)　(東京)大東出版社　1980　p. 117

陳祚龍　新校重訂敦煌古抄僧讚集　中華佛教文化史散策(三集)　(臺北)新文豐出版公司　1981
　　　　p. 195

饒宗頤　論七曜與十一曜：記敦煌開寶七年(九七四)康遵批命課　選堂集林·史林　(香港)中華書
　　　　局　1982　p. 775　又見：饒宗頤史學論著選　上海古籍出版社　1993　p. 574；饒宗頤東方學
　　　　論集　汕頭大學出版社　1999　p. 116

史葦湘　絲綢之路上的敦煌與莫高窟　敦煌研究文集　甘肅人民出版社　1982　p. 99

孫修身　莫高窟佛教史迹故事畫介紹(三)　《敦煌研究》1982年試刊第2期　p. 103

田中良昭　敦煌禪宗文獻の研究　(東京)大東出版社　1983　p. 92、642

饒宗頤　敦煌書法叢刊(第十九卷)·碎金(二)　(東京)二玄社　1984　p. 105

陳祚龍　敦煌名僧新傳小集　中華佛教文化史散策(四集)　(臺北)新文豐出版公司　1986　p. 199

周紹良　唐代變文及其它　敦煌文學作品選　中華書局　1987　p. 19

杜斗城　敦煌慧遠述評　《法音》1988年第9期　又見：中國敦煌學百年文庫·宗教卷(一)　甘肅
　　　　文化出版社　1999　p. 163

柴劍虹　因緣　敦煌文學　甘肅人民出版社　1989　p. 276

史葦湘　劉薩訶與敦煌莫高窟　絲綢之路文獻叙錄　蘭州大學出版社　1989　p. 592

榮新江　沙州張淮深與唐中央朝廷之關係　《敦煌學輯刊》1990年第2期　p. 4

柴劍虹　敦煌文學中的"因緣"與"詩話"　西域文史論稿　(臺北)國文天地雜誌社　1991　p. 520

周紹良　敦煌文學芻議及其它　(臺北)新文豐出版公司　1992　p. 54、85

魏普賢　敦煌寫本和石窟中的劉薩訶傳說　法國學者敦煌學論文選萃　中華書局　1993　p. 430

魏普賢　劉薩訶與莫高窟　法國學者敦煌學論文選萃　中華書局　1993　p. 465

張鴻勳　敦煌說唱文學概論　(臺北)新文豐出版公司　1993　p. 81

張鴻勳　敦煌文學概論　甘肅人民出版社　1993　p. 227

楊寶玉　孫欣　夜半鐘聲　禪學研究(第二輯)　江蘇古籍出版社　1994　p. 181

杜斗城　北涼譯經論　甘肅文化出版社　1995　p. 14

張涌泉　陳祚龍校錄敦煌卷子失誤例釋　學術集林(卷六)　上海遠東出版社　1995　p. 298　又
　　　　見：舊學新知　浙江大學出版社　1999　p. 275

榮新江　歸義軍史研究　上海古籍出版社　1996　p. 175

田中良昭　《禪籍解題(一)·敦煌禪籍》補遺　俗語言研究(第三期)　(京都)禪文化研究所　1996
　　　　p. 214

鄭炳林　敦煌碑銘讚輯釋　甘肅教育出版社　1997　p. 315 注12

柴劍虹　因緣記　敦煌學大辭典　上海辭書出版社　1998　p. 523

周紹良　隋淨影寺沙門慧遠和尚因緣記　敦煌學大辭典　上海辭書出版社　1998　p. 581

周紹良　張涌泉　黃征　敦煌變文講經文因緣輯校(上)　江蘇古籍出版社　1998　p. 20

史葦湘　敦煌歷史與莫高窟藝術研究　甘肅教育出版社　2002　p. 101、198、200、347

張鴻勳　敦煌俗文學研究　甘肅人民出版社　2002　p. 111

屈直敏　敦煌高僧　民族出版社　2004　p. 168

P. 3571

戴仁　敦煌寫本中的解夢書　法國學者敦煌學論文選萃　中華書局　1993　p. 313

鄭炳林　敦煌寫本解夢書概述　《敦煌學輯刊》1995 年第 2 期　　p. 20
鄭炳林　羊萍　敦煌本夢書　甘肅文化出版社　1995　p. 57
史睿　評《敦煌本夢書》　敦煌吐魯番研究(第三卷)　北京大學出版社　1998　p. 415
嚴敦傑　解夢書　敦煌學大辭典　上海辭書出版社　1998　p. 620
黄正建　敦煌占卜文書與唐五代占卜研究　學苑出版社　2001　p. 53、70
關長龍　敦煌本夢書雜識　漢語史學報專輯(第三輯)　上海教育出版社　2003　p. 316
鄭炳林　敦煌文獻中的解夢書與相面書　敦煌與絲路文化學術講座(第一輯)　北京圖書館出版社
　　2003　p. 158
鄭炳林　敦煌寫本解夢書校録研究　民族出版社　2005　p. 69、122
鄧文寬　劉樂賢　敦煌天文氣象占寫本概述　敦煌吐魯番研究(第九卷)　中華書局　2006　p. 411

P. 3572
蘇瑩輝　中外敦煌古寫本纂要　敦煌論集　(臺北)學生書局　1983　p. 313

P. 3573
王重民　敦煌古籍叙録　中華書局　1979　p. 70
蘇瑩輝　敦煌學概要　(臺北)編譯館"中華叢書編委會"　1981　p. 37
鄭阿財　孝道文學敦煌寫卷《十恩德讚》初探　(臺北)《華岡文科學報》1981 年第 13 期　p. 245
陳祚龍　古代敦煌及其他地區流行之公私印章圖記文字録　敦煌學要籥　(臺北)新文豐出版公司
　　1982　p. 337
鄭阿財　敦煌孝道文學研究　(臺北)石門圖書公司　1982　p. 657
蘇瑩輝　略論五經正義的原本格式及其標記"經"、"傳"、"注"文起訖情形　敦煌論集續編　(臺北)
　　學生書局　1983　p. 82
王重民　巴黎敦煌殘卷叙録(第一輯)　敦煌叢刊初集(九)　(臺北)新文豐出版公司　1985　p. 122
王重民原編　黃永武新編　敦煌古籍叙録新編(第四冊)　(臺北)新文豐出版公司　1986　p. 225
李方　唐寫本《論語皇疏》的性質及其相關問題　《文物》1988 年第 2 期　p. 49
池田溫　中國古代寫本識語集録　(東京)大藏出版株式會社　1990　p. 446
唐耕耦　陸宏基　敦煌社會經濟文獻真迹釋録(二)　全國圖書館文獻縮微複製中心　1990　p. 48
林聰明　敦煌文書學　(臺北)新文豐出版公司　1991　p. 122、346
榮新江　話説敦煌　山東教育出版社　1991　p. 83
土田健次郎　儒教典籍　敦煌漢文文獻(講座敦煌5)　(東京)大東出版社　1992　p. 269、289
尹偉先　從敦煌文書看唐代河西地區的貨幣流通　《社科縱横》1992 年第 6 期　又見：中國敦煌學百
　　年文庫·歷史卷(二)　甘肅文化出版社　1999　p. 344
李正宇　敦煌文學概論　甘肅人民出版社　1993　p. 98
胡戟　傅玫　敦煌史話　中華書局　1995　p. 141
張傳璽　中國歷代契約會編考釋(上)　北京大學出版社　1995　p. 236 注 1
陳金木　唐寫本論語鄭氏注研究(上)　(臺北)文津出版社　1996　p. 471
鄭阿財　潘重規教授與敦煌學研究　"中國唐代學會"會刊(第七期)　(臺北)"中國唐代學會"
　　1996　p. 30
齊陳俊　馮培紅　晚唐五代宋初歸義軍對外商業貿易　敦煌歸義軍史專題研究　蘭州大學出版社
　　1997　p. 346
鄭炳林　敦煌碑銘讚輯釋　甘肅教育出版社　1997　p. 314 注 4

白化文　論語義疏　敦煌學大辭典　上海辭書出版社　1998　p. 774

李方　敦煌《論語集解》校正　江蘇古籍出版社　1998　p. 834

李天石　敦煌所出賣身、典身契約年代考　《敦煌學輯刊》1998 年第 1 期　p. 25

李正宇　宣諭使圖書記　敦煌學大辭典　上海辭書出版社　1998　p. 293

沙知　敦煌契約文書輯校　江蘇古籍出版社　1998　p. 77

黃征　程惠新　劫塵遺珠：敦煌遺書　甘肅教育出版社　1999　p. 195

謝桃坊　敦煌文化尋繹　四川人民出版社　1999　p. 101

北京大學　敦煌《經卷》、《照片》及《圖書》目錄　中國敦煌學百年文庫・綜述卷（一）　甘肅文化出
　　版社　1999　p. 313

徐俊　敦煌詩集殘卷輯考　中華書局　2000　p. 619、805

顔廷亮　敦煌文化　光明日報出版社　2000　p. 214

鄭阿財　潘重規先生敦煌學研究成果與貢獻　《敦煌研究》2000 年第 2 期　p. 114

林聰明　敦煌吐魯番文書解詁指例　（臺北）新文豐出版公司　2001　p. 343

榮新江　敦煌學十八講　北京大學出版社　2001　p. 266

劉永明　散見敦煌曆朔閏輯考　《敦煌研究》2002 年第 6 期　p. 12、16

王啓濤　中古及近代法制文書語言研究　巴蜀書社　2003　p. 253

P. 3574

暨遠志　張議潮出行圖研究（續）　《敦煌研究》1992 年第 4 期　p. 79

P. 3575

黃征　吳偉　敦煌願文集　岳麓書社　1995　p. 13、712

鄭炳林　晚唐五代敦煌貿易市場的物價　敦煌歸義軍史專題研究　蘭州大學出版社　1997　p. 285

鄭炳林　楊富學　晚唐五代金銀在敦煌的使用與流通　《甘肅金融》1997 年第 8 期　又見：中國敦煌
　　學百年文庫・歷史卷（二）　甘肅文化出版社　1999　p. 585

艾麗白　上古和中古時代中國的動物喪葬活動　法國漢學（敦煌學專號）　中華書局　2000　p. 141

P. 3576

陳祚龍　瓜沙印錄　（臺北）《大陸雜誌》1962 年第 4 期　又見：敦煌學概要　（臺北）編譯館"中華叢
　　書編委會"　1981　p. 265、267、401；中國敦煌學百年文庫・考古卷（一）　甘肅文化出版社
　　1999　p. 186

陳祚龍　中世瓜沙僧俗通用之"疏"帖　敦煌學海探珠（下冊）　（臺北）商務印書館　1979　p. 377

陳祚龍　古代敦煌及其他地區流行之公私印章圖記文字錄　敦煌學要籥　（臺北）新文豐出版公司
　　1982　p. 329

蘇瑩輝　瓜沙史事系年　敦煌論集　（臺北）學生書局　1983　p. 272

艾麗白著　耿昇譯　敦煌漢文寫本中的鳥形押　敦煌譯叢（第一輯）　甘肅人民出版社　1985
　　p. 193、202 注 1、204 注 1

榮新江　沙州歸義軍歷任節度使稱號研究　敦煌吐魯番學研究論文集　漢語大詞典出版社　1990
　　p. 808

唐耕耦　陸宏基　敦煌社會經濟文獻真迹釋錄（三）　全國圖書館文獻縮微複製中心　1990　p. 104

林聰明　敦煌文書學　（臺北）新文豐出版公司　1991　p. 118、395

周紹良　敦煌文學芻議及其它　（臺北）新文豐出版公司　1992　p. 6

榮新江　歸義軍改元考　文史(第三十八輯)　中華書局　1994　p. 52

Л. N. チュグイェフスキ－著　荒川正晴譯注　ソ連邦科學アカデミ－東洋學研究所所藏、敦煌寫本における官印と寺印　『吐魯番出土文物研究會會報』(98、99 號)　(東京)吐魯番出土文物研究會　1994　p. 6

榮新江　歸義軍史研究　上海古籍出版社　1996　p. 127

郝春文　唐後期五代宋初敦煌僧尼的社會生活　中國社會科學出版社　1998　p. 251

沙知　瓜沙等州觀察使新印　敦煌學大辭典　上海辭書出版社　1998　p. 291

丘古耶夫斯基著　魏迎春譯　俄藏敦煌漢文寫卷中的官印及寺院印章　《敦煌學輯刊》1999 年第 1 期　p. 144

王艷明　瓜沙州大王印考　《敦煌學輯刊》2000 年第 2 期　p. 44

姜亮夫　敦煌莫高窟年表　姜亮夫全集(十一)　雲南人民出版社　2002　p. 583

李正宇　唐宋時期的敦煌佛教　敦煌佛教藝術文化國際學術研討會論文集　蘭州大學出版社　2002　p. 371

森安孝夫著　梁曉鵬摘譯　河西歸義軍節度使官印及其編年　《敦煌學輯刊》2003 年第 1 期　p. 142

馮培紅　關於歸義軍節度使官制的幾個問題　麥積山石窟藝術文化論文集(下)　蘭州大學出版社　2004　p. 224

P. 3578

三木榮　西域出土醫藥關係文獻綜合解說目録　『東洋學報』(47 卷 1 號)　(東京)東洋學術協會　1964　p. 6

那波利貞　梁戶考　唐代社會文化史研究・第三編　(東京)創文社　1974　p. 373

堀敏一　敦煌社會の変質——中國社會全般の発展とも関連して　敦煌の社會(講座敦煌 3)　(東京)大東出版社　1980　p. 168

姜伯勤　敦煌寺院文書中"梁戶"的性質　五十年來漢唐佛教寺院經濟研究　北京師範大學出版社　1986　p. 130、137

姜伯勤　唐五代敦煌寺戶制度　中華書局　1987　p. 248、264

榮新江　沙州歸義軍歷任節度使稱號研究　敦煌吐魯番學研究論文集　漢語大詞典出版社　1990　p. 804

唐耕耦　陸宏基　敦煌社會經濟文獻真迹釋録(三)　全國圖書館文獻縮微複製中心　1990　p. 182

張金泉　許建平　敦煌音義彙考　杭州大學出版社　1996　p. 1031

張涌泉　敦煌俗字研究導論　(臺北)新文豐出版公司　1996　p. 237

唐耕耦　敦煌寺院會計文書研究　(臺北)新文豐出版公司　1997　p. 21

張金泉　敦煌佛經音義寫卷述要　《敦煌研究》1997 年第 2 期　p. 116

鄭炳林　敦煌碑銘讚輯釋　甘肅教育出版社　1997　p. 552 注 4

鄭炳林　唐五代敦煌的粟特人與佛教　敦煌歸義軍史專題研究　蘭州大學出版社　1997　p. 447

郝春文　唐後期五代宋初敦煌僧尼的社會生活　中國社會科學出版社　1998　p. 80、227

沙知　梁戶　敦煌學大辭典　上海辭書出版社　1998　p. 651

唐耕耦　梁課　敦煌學大辭典　上海辭書出版社　1998　p. 645

徐俊　唐五代長沙窯瓷器題詩校證　唐研究(第四卷)　北京大學出版社　1998　p. 84

張金泉　大般涅槃經音　敦煌學大辭典　上海辭書出版社　1998　p. 518

高啓安　唐五代敦煌僧人飲食的幾個名詞解釋　《敦煌研究》1999 年第 4 期　p. 134

劉進寶　敦煌文書與唐史研究　(臺北)新文豐出版公司　2000　p. 200

羅豐　流寓中國的中亞史國人　國學研究（第七卷）　北京大學出版社　2000　p. 255

郝春文　營造寄託：中國六至十世紀造寺功德的探討　佛教與歷史文化　宗教文化出版社　2001
　　p. 419

郝春文　唐後期五代宋初敦煌僧尼的生活方式　寺院財富與世俗供養　上海書畫出版社　2003
　　p. 133

彭金章　有關敦煌莫高窟北區瘞窟的幾個問題　寺院財富與世俗供養　上海書畫出版社　2003
　　p. 366

鄭賢章　敦煌音義寫卷若干字重考　《敦煌研究》2003 年第 1 期　p. 49

高啓安　唐五代敦煌飲食文化研究　民族出版社　2004　p. 210、285、357

羅豐　胡漢之間："絲綢之路"與西北歷史考古　文物出版社　2004　p. 229

趙紅　高啓安　唐五代時期敦煌僧人飲食概述　麥積山石窟藝術文化論文集（下）　蘭州大學出版
　　社　2004　p. 287

郭永利　晚唐五代敦煌佛教寺院的納贈　《敦煌學輯刊》2005 年第 4 期　p. 77

黑維強　吐魯番出土文書詞語例釋（二）　《敦煌學輯刊》2005 年第 2 期　p. 192

趙曉星　寇甲　西魏：歸義軍時期敦煌地區的史姓　《敦煌學輯刊》2005 年第 2 期　p. 136

李正宇　晚唐至宋敦煌聽許僧人娶妻生子　敦煌吐魯番研究（第九卷）　中華書局　2006　p. 343

P. 3579

那波利貞　唐寫本雜抄考──唐代庶民教育史研究の一資料　唐代社會文化史研究・第二編　（東
　　京）創文社　1974　p. 255

森安孝夫　敦煌と西ウイグル王國　『東方學』（第 74 輯）　（東京）東方學會　1987　p. 67

森安孝夫著　陳俊謀譯　敦煌與西回鶻王國　《西北史地》1987 年第 3 期　p. 126

榮新江　沙州歸義軍歷任節度使稱號研究　敦煌吐魯番學研究論文集　漢語大詞典出版社　1990
　　p. 808

榮新江　西元十世紀沙州歸義軍與西州回鶻的文化交往　第二屆敦煌學國際研討會論文集　（臺
　　北）漢學研究中心　1990　p. 590

唐耕耦　陸宏基　敦煌社會經濟文獻真迹釋録（二、四）　全國圖書館文獻縮微複製中心　1990
　　p. 308；17

張廣達　唐末五代宋初西北地區的般次和使次　季羨林教授八十華誕紀念論文集（下）　江西人民
　　出版社　1991　p. 970

陸慶夫　河西達怛考述　《敦煌學輯刊》1992 年第 1、2 期　p. 12

王震亞　趙熒　敦煌殘卷爭訟文牒集釋　甘肅人民出版社　1993　p. 44

榮新江　歸義軍改元考　文史（第三十八輯）　中華書局　1994　p. 52

王永興　敦煌經濟文書導論　（臺北）新文豐出版公司　1994　p. 408

張廣達　西域史地叢稿初編　上海古籍出版社　1995　p. 338

劉進寶　從敦煌文書談晚唐五代的"地子"　《歷史研究》1996 年第 3 期　p. 174

劉進寶　P. 3236 號《壬申年官布籍》時代考　《西北師大學報》（社會科學版）1996 年第 5 期　p. 46

劉進寶　P. 3236 號《壬申年官布籍》研究　慶祝潘石禪先生九秩華誕敦煌學特刊　（臺北）文津出
　　社　1996　p. 366

榮新江　歸義軍史研究　上海古籍出版社　1996　p. 32

鄭炳林　唐五代敦煌粟特人與歸義軍政權　《敦煌研究》1996 年第 4 期　p. 93　又見：敦煌歸義軍史
　　專題研究　蘭州大學出版社　1997　p. 425

雷紹鋒　唐末宋初歸義軍時期之"地子"、"地稅"淺論　魏晉南北朝隋唐史資料(第15輯)　武漢大
　　學出版社　1997　p. 134

劉進寶　晚唐五代"地子"考釋　唐代的歷史與社會　武漢大學出版社　1997　p. 297

齊陳俊　馮培紅　晚唐五代宋初歸義軍對外商業貿易　敦煌歸義軍史專題研究　蘭州大學出版社
　　1997　p. 346、354

鄭炳林　唐五代敦煌畜牧區域研究　敦煌歸義軍史專題研究　蘭州大學出版社　1997　p. 228

鄭炳林　馮培紅　唐五代歸義軍政權對外關係中的使頭一職　敦煌歸義軍史專題研究　蘭州大學出
　　版社　1997　p. 56

鄭炳林　楊富學　敦煌西域出土回鶻文文獻所載 qunbu 與漢文文獻所見官布研究　《敦煌學輯刊》
　　1997 年第 2 期　p. 23

雷紹鋒　P. 3418v《唐沙州諸鄉欠枝夫人戶名目》研究　《敦煌研究》1998 年第 2 期　p. 110

李冬梅　唐五代歸義軍與周邊民族關係綜論　《敦煌學輯刊》1998 年第 2 期　p. 50

梅維恒著　楊繼東　陳引馳譯　唐代變文(上)　(香港)中國佛教文化出版公司　1999　p. 257

蘇金花　唐、五代敦煌地區的商品貨幣形態　《敦煌研究》1999 年第 2 期　p. 98

鄭炳林　晚唐五代敦煌地區種植棉花研究　《中國史研究》1999 年第 3 期　p. 84

雷紹鋒　歸義軍賦役制度初探　(臺北)洪葉文化事業有限公司　2000　p. 35、75、173

劉進寶　敦煌文書與唐史研究　(臺北)新文豐出版公司　2000　p. 185

譚蟬雪　《君者者狀》辨析：河西達怛國的一份書狀　1994 年敦煌學國際研討會文集·宗教文史卷
　　(下)　甘肅民族出版社　2000　p. 101

王豔明　瓜沙州大王印考　《敦煌學輯刊》2000 年第 2 期　p. 44

鄭炳林　晚唐五代敦煌貿易市場的外來商品輯考　中華文史論叢(總 63 輯)　上海古籍出版社
　　2000　p. 59、79

曾良　敦煌文獻字義通釋　廈門大學出版社　2001　p. 7

姜亮夫　敦煌莫高窟年表　姜亮夫全集(十一)　雲南人民出版社　2002　p. 582

鄭炳林　晚唐五代敦煌村莊聚落輯考　2000 年敦煌學國際學術討論會文集·歷史文化卷(上)　甘
　　肅民族出版社　2003　p. 134

鄭炳林　晚唐五代敦煌商業貿易市場研究　《敦煌學輯刊》2004 年第 1 期　p. 106

黑維強　吐魯番出土文書詞語例釋(二)　《敦煌學輯刊》2005 年第 2 期　p. 187

P. 3580

福井文雅　般若心經　敦煌と中國仏教(講座敦煌 7)　(東京)大東出版社　1984　p. 40

P. 3581

那波利貞　千佛岩莫高窟と敦煌文書　西域文化研究(第二)·敦煌吐魯番社會經濟資料(上)　(京
　　都)法藏館　1959　p. 56

那波利貞　開元末期以前と天寶初期以後との唐の時世の差異に就きて　唐代社會文化史研究·第
　　一編　(東京)創文社　1974　p. 66

胡戟　傅玫　敦煌史話　中華書局　1995　p. 188

周一良　趙和平　晚唐五代時的三種吉凶書儀寫卷研究　唐五代書儀研究　中國社會科學出版社
　　1995　p. 206

齊陳俊　馮培紅　晚唐五代宋初歸義軍對外商業貿易　敦煌歸義軍史專題研究　蘭州大學出版社
　　1997　p. 347

郝春文　唐後期五代宋初敦煌僧尼的社會生活　中國社會科學出版社　1998　p. 161

石內德　敦煌文獻中被廢棄的殘經抄本　法國漢學(敦煌學專號)　中華書局　2000　p. 27

余欣　敦煌的入宅與暖房禮俗　中華文史論叢(總 78 輯)　上海古籍出版社　2004　p. 106

P. 3582

陳祚龍　敦煌學零策　《歷史教學》1951 年第 5 期　又見:中國敦煌學百年文庫·考古卷(四)　甘
　　肅文化出版社　1999　p. 52

饒宗頤　孝順觀念與敦煌佛曲　敦煌學(第 1 輯)　(香港)新亞研究所敦煌學會　1974　p. 74　又
　　見:敦煌曲續論　(臺北)新文豐出版公司　1996　p. 14

蘇瑩輝　"敦煌曲"評介　《香港中文大學學報》1974 年第 1 期　又見:中國敦煌學百年文庫·藝術
　　卷(一)　甘肅文化出版社　1999　p. 377

陳祚龍　關於敦煌古抄楊滿山的《詠孝經》　敦煌學海探珠(上冊)　(臺北)商務印書館　1979
　　p. 49

孫修身　敦煌三界寺　甘肅省史學會論文集　甘肅省歷史學會編印　1982　p. 173　又見:中國敦煌
　　學百年文庫·宗教卷(一)　甘肅文化出版社　1999　p. 56

鄭阿財　敦煌孝道文學研究　(臺北)石門圖書公司　1982　p. 16、425、548

雷僑雲　敦煌兒童文學　(臺北)學生書局　1985　p. 90 注 5

高明士　唐代敦煌的教育　漢學研究(敦煌學國際研討會論文專號)　(臺北)漢學研究資料及服務
　　中心　1986　p. 257

李正宇　敦煌地區古代祠廟寺觀簡志　《敦煌學輯刊》1988 年第 1、2 期　p. 80

汪泛舟　讚·箴　敦煌文學　甘肅人民出版社　1989　p. 103

池田溫　中國古代寫本識語集錄　(東京)大藏出版株式會社　1990　p. 501

東野治之　敦煌と日本の『千字文』　遣唐使と正倉院　(東京)岩波書店　1992　p. 241

東野治之　訓蒙書　敦煌漢文文獻(講座敦煌 5)　(東京)大東出版社　1992　p. 405

榮新江　英倫所見三種敦煌俗文學作品跋　(香港)《九州學刊》(敦煌學專輯)1993 年第 5 卷第 4 期
　　p. 132

項楚　敦煌詩歌導論　(臺北)新文豐出版公司　1993　p. 185

張鴻勳　敦煌話本詞文俗賦導論　(臺北)新文豐出版公司　1993　p. 93

張錫厚　敦煌文學概論　甘肅人民出版社　1993　p. 372

吳庚舜　董乃斌　唐代文學史(下)　人民文學出版社　1995　p. 614

李正宇　敦煌史地新論　(臺北)新文豐出版公司　1996　p. 81

劉進寶　P. 3236 號《壬申年官布籍》時代考　《西北師大學報》(社會科學版)1996 年第 5 期　p. 43

劉進寶　P. 3236 號《壬申年官布籍》研究　慶祝潘石禪先生九秩華誕敦煌學特刊　(臺北)文津出版
　　社　1996　p. 359

李正宇　三界寺　敦煌學大辭典　上海辭書出版社　1998　p. 631

徐俊　詠孝經詩　敦煌學大辭典　上海辭書出版社　1998　p. 575

榮新江　英國圖書館藏敦煌漢文非佛教文獻殘卷概述　敦煌文藪(下)　(臺北)新文豐出版公司
　　1999　p. 128

杜琪　敦煌詩賦作品要目分類題注　《甘肅社會科學》2000 年第 1 期　p. 64

劉進寶　敦煌文書與唐史研究　(臺北)新文豐出版公司　2000　p. 230

徐俊　敦煌詩集殘卷輯考　中華書局　2000　p. 253、433、799

姜亮夫　敦煌莫高窟年表　姜亮夫全集(十一)　雲南人民出版社　2002　p. 510

郝春文　唐後期五代宋初中印文化對敦煌寺院的影響　新世紀敦煌學論集　巴蜀書社　2003
　　p. 333
張錫厚　敦煌本《詠孝經十八章》補校　《敦煌研究》2005 年第 2 期　p. 88

P. 3583

劉惠琴　從敦煌文書中看沙州紡織業　《敦煌學輯刊》1995 年第 2 期　p. 50
唐耕耦　常住什物交割點檢曆　敦煌學大辭典　上海辭書出版社　1998　p. 648

P. 3584

陸離　吐蕃統治河隴時期司法制度初探　《中國藏學》2006 年第 1 期　p. 28

P. 3585

韓建瓴　傳記　敦煌文學　甘肅人民出版社　1989　p. 61
李明偉　敦煌文學概論　甘肅人民出版社　1993　p. 474

P. 3586

姜亮夫　敦煌莫高窟年表　姜亮夫全集(十一)　雲南人民出版社　2002　p. 251

P. 3587

姜伯勤　敦煌寺院碾磑經營的兩種形式　歷史論叢(第三輯)　齊魯書社　1983　p. 173　又見：五
　　十年來漢唐佛教寺院經濟研究　北京師範大學出版社　1986　p. 221
姜伯勤　唐五代敦煌寺戶制度　中華書局　1987　p. 227
唐耕耦　陸宏基　敦煌社會經濟文獻真迹釋録(三)　全國圖書館文獻縮微複製中心　1990　p. 46
姜伯勤　敦煌吐魯番與香藥之路　季羨林教授八十華誕紀念論文集(下)　江西人民出版社　1991
　　p. 845
李正宇　敦煌遺書中的檔案資料及其價值意義　《魏晉南北朝隋唐史》1993 年第 5 期　p. 65
唐耕耦　敦煌寺院會計文書研究　(臺北)新文豐出版公司　1997　p. 7
鄭炳林　楊富學　晚唐五代金銀在敦煌的使用與流通　《甘肅金融》1997 年第 8 期　又見：中國敦煌
　　學百年文庫·歷史卷(二)　甘肅文化出版社　1999　p. 582
郝春文　唐後期五代宋初敦煌僧尼的社會生活　中國社會科學出版社　1998　p. 130
郝春文　唐後期五代宋初敦煌寺院常住什物的數量及與僧人的關係　《敦煌研究》1998 年第 2 期
　　p. 119
李正宇　敦煌遺書檔案資料　敦煌學大辭典　上海辭書出版社　1998　p. 391
高啓安　唐五代敦煌人的飲酒習俗述論　《敦煌研究》2000 年第 3 期　p. 84
郭俊葉　敦煌火珠圖像探微　《敦煌研究》2001 年第 4 期　p. 47
乜小紅　唐宋敦煌毛紡織業述略　敦煌學(第 23 輯)　(臺北)樂學書局有限公司　2002　p. 119

P. 3588

陳祚龍　關於研究李唐三藏法師玄奘的“作爲”及其影響之敦煌古抄參考資料　中華佛教文化史散
　　策(初集)　(臺北)新文豐出版公司　1978　p. 373
林家平　寧强　羅華慶　中國敦煌學史　北京語言學院出版社　1992　p. 595
蘇遠鳴　敦煌寫本中的地藏十齋日　法國學者敦煌學論文選萃　中華書局　1993　p. 424 注 2

汪泛舟　敦煌文學概論　甘肅人民出版社　1993　p. 563

王書慶　敦煌佛學·佛事篇　甘肅民族出版社　1995　p. 26

楊富學　王書慶　唐代長安與敦煌佛教文化之關係　'98 法門寺唐文化國際學術討論會論文集　陝西人民出版社　2000　p. 178

P. 3589

陳祚龍　相學國手袁天綱　敦煌資料考屑(下冊)　(臺北)商務印書館　1979　p. 270

王重民　敦煌古籍叙錄　中華書局　1979　p. 178

董作賓　敦煌紀年　敦煌學文選(上)　蘭州大學歷史系敦煌學研究室等　1983　p. 28

王重民　巴黎敦煌殘卷叙錄(第一輯)　敦煌叢刊初集(九)　(臺北)新文豐出版公司　1985　p. 157

耿昇　八十年代的法國敦煌學論著簡介　《敦煌研究》1986 年第 3 期　p. 79

王重民原編　黃永武新編　敦煌古籍叙錄新編(第九冊)　(臺北)新文豐出版公司　1986　p. 201、208

王永興　隋唐五代經濟史料彙編校注·第一編(上)　中華書局　1987　p. 322

陳祚龍　從敦煌古抄"葉淨能詩"談到淩濛初的"唐明皇好道集奇人"與"武惠妃崇禪門異法"　敦煌學(第 13 輯)　(臺北)新文豐出版公司　1988　p. 3　又見:敦煌文物散論　(臺北)新文豐出版公司　1993　p. 8

黃正建　敦煌文書中《相書》殘卷與唐代的相面　《敦煌學輯刊》1988 年第 1、2 期　p. 114

馬繼興　敦煌古醫籍考釋　江西科學技術出版社　1988　p. 8

鄧文寬　比《步天歌》更古老的通俗識星作品:《玄象詩》　《文物》1990 年第 3 期　p. 61

高國藩　敦煌古俗與民俗流變　河海大學出版社　1990　p. 1、28

唐耕耦　陸宏基　敦煌社會經濟文獻真迹釋錄(三)　全國圖書館文獻縮微複製中心　1990　p. 30

蕭登福　從敦煌寫卷中看道教星斗崇拜對佛經之影響　第二屆敦煌學國際研討會論文集　(臺北)漢學研究中心　1990　p. 349

菅原信海　占筮書　敦煌漢文文獻(講座敦煌 5)　(東京)大東出版社　1992　p. 455

高國藩　敦煌民俗資料導論　(臺北)新文豐出版公司　1993　p. 322

侯錦郎　敦煌寫本中的唐代相書　法國學者敦煌學論文選萃　中華書局　1993　p. 352

蕭登福　道教星斗符印與佛教密宗　(臺北)新文豐出版公司　1993　p. 45

王進玉　敦煌石窟探秘　四川教育出版社　1994　p. 79

胡戟　傅玫　敦煌史話　中華書局　1995　p. 196

劉進寶　敦煌學論述　(臺北)洪葉文化事業有限公司　1995　p. 290

鄭炳林　羊萍　敦煌本夢書　甘肅文化出版社　1995　p. 95

鄧文寬　敦煌天文曆法文獻輯校　江蘇古籍出版社　1996　p. 47

高國藩　敦煌數字與俗文化　慶祝潘石禪先生九秩華誕敦煌學特刊　(臺北)文津出版社　1996　p. 180

鄧文寬　玄象詩　敦煌學大辭典　上海辭書出版社　1998　p. 603

嚴敦傑　相書一卷　敦煌學大辭典　上海辭書出版社　1998　p. 621

高國藩　敦煌俗文化學　上海三聯書店　1999　p. 16

饒宗頤　馬王堆《陰陽五行》之天一圖:漢初天一家遺說考　燕京學報(新第 7 期)　北京大學出版社　1999　p. 70

鄧文寬　《敦煌天文曆法文獻輯校》零拾　慶祝吳其昱先生八秩華誕敦煌學特刊　(臺北)文津出版社　2000　p. 142

黃正建　敦煌占卜文書與唐五代占卜研究　學苑出版社　2001　p. 53、58

鄧文寬　敦煌吐魯番天文曆法研究　甘肅教育出版社　2002　p. 8、17

馬繼興　當前世界各地收藏的中國出土卷子本古醫藥文獻備考　敦煌吐魯番研究（第六卷）　北京
　　大學出版社　2002　p. 138、152

鄭炳林　敦煌文獻中的解夢書與相面書　敦煌與絲路文化學術講座（第一輯）　北京圖書館出版社
　　2003　p. 164

鄭炳林　王晶波　敦煌寫本相書概述　《敦煌學國際聯絡委員會通訊》2003 年第 1 期　p. 46

王晶波　論佛教占相內容對敦煌寫本相書的影響　《敦煌研究》2004 年第 2 期　p. 92

鄭炳林　王晶波　敦煌寫本相書校錄研究　民族出版社　2004　p. 2、60

鄭炳林　敦煌寫本許負相書殘卷研究　敦煌學國際研討會論文集　北京圖書館出版社　2005
　　p. 162

鄧文寬　劉樂賢　敦煌天文氣象占寫本概述　敦煌吐魯番研究（第九卷）　中華書局　2006　p. 411

P. 3590

吳其昱　敦煌本故陳子昂集殘卷研究　香港大學五十周年紀念論文集（第 2 冊）　香港大學　1966
　　p. 95　又見：中國敦煌學百年文庫・文獻卷（一）　甘肅文化出版社　1999　p. 497

金岡照光　敦煌漢文文學文獻の文學形態上の種類とその分類　敦煌出土文學文獻分類目錄・附解
　　說　（東京）東洋文庫　1971　p. 237

王重民　敦煌古籍敘錄　中華書局　1979　p. 292

蘇瑩輝　敦煌學概要　（臺北）編譯館"中華叢書編委會"　1981　p. 61

吳其昱著　福井文雅　樋口勝譯　大蕃國大德・三藏法師・法成傳考　敦煌と中國仏教（講座敦煌
　　7）　（東京）大東出版社　1984　p. 408

王重民　巴黎敦煌殘卷敘錄（第一輯）　敦煌叢刊初集（九）　（臺北）新文豐出版公司　1985　p. 191

林聰明　敦煌漢文文書解讀要點試論　漢學研究（敦煌學國際研討會論文專號）　（臺北）漢學研究
　　資料及服務中心　1986　p. 430

王重民原編　黃永武新編　敦煌古籍敘錄新編（第十五冊）　（臺北）新文豐出版公司　1986　p. 113

龍晦　大足石刻父母恩重經變像與敦煌音樂文學的關係　敦煌歌辭總編　上海古籍出版社　1987
　　p. 1835

林聰明　敦煌文書學　（臺北）新文豐出版公司　1991　p. 364、442 注 1

吳其昱　敦煌本《珠英集》中的 14 位詩人　法國學者敦煌學論文選萃　中華書局　1993　p. 518 注
　　98

張錫厚　敦煌本《故陳子昂集》補說　《敦煌學輯刊》1994 年第 2 期　p. 30

胡戟　傅玫　敦煌史話　中華書局　1995　p. 168

張錫厚　敦煌本唐集研究　（臺北）新文豐出版公司　1995　p. 143

張錫厚　陳子昂集　敦煌學大辭典　上海辭書出版社　1998　p. 561

黃征　程惠新　劫塵遺珠：敦煌遺書　甘肅教育出版社　1999　p. 211

徐俊　敦煌詩集殘卷輯考　中華書局　2000　p. 264

張錫厚　敦煌文學源流　作家出版社　2000　p. 142

林聰明　敦煌吐魯番文書解詁指例　（臺北）新文豐出版公司　2001　p. 66

陶敏　李一飛　隋唐五代文學史料學　中華書局　2001　p. 350

高國藩　敦煌學百年史述要　（臺北）商務印書館　2003　p. 188

李永寧　程亮　王重民敦煌遺書手稿整理　《敦煌研究》2004 年第 5 期　p. 70

李永寧　程亮　王重民先生贈存敦煌研究院的敦煌遺書資料的簡況介紹　敦煌學國際研討會論文集　北京圖書館出版社　2005　p. 22

朱鳳玉　王重民先生與敦煌文學研究　敦煌學國際研討會論文集　北京圖書館出版社　2005　p. 9

P. 3591

陳祚龍　新校重訂敦煌古抄釋良價的歌辭與偈子　敦煌學海探珠（上冊）　（臺北）商務印書館　1979　p. 85

田中良昭　修道偈 I　敦煌仏典と禪（講座敦煌8）　（東京）大東出版社　1980　p. 260

譚蟬雪　碑・銘　敦煌文學　甘肅人民出版社　1989　p. 113

汪泛舟　偈・頌　敦煌文學　甘肅人民出版社　1989　p. 88

張錫厚　敦煌詩歌考論　《敦煌學輯刊》1989 年第 2 期　p. 13

張錫厚　詩歌　敦煌文學　甘肅人民出版社　1989　p. 160

池田溫　中國古代寫本識語集錄　（東京）大藏出版株式會社　1990　p. 185

唐耕耦　陸宏基　敦煌社會經濟文獻真迹釋錄（四、五）　全國圖書館文獻縮微複製中心　1990　p. 511 ; 41

林家平　寧強　羅華慶　中國敦煌學史　北京語言學院出版社　1992　p. 676

周紹良　敦煌文學芻議及其它　（臺北）新文豐出版公司　1992　p. 23

項楚　敦煌詩歌導論　（臺北）新文豐出版公司　1993　p. 131

張錫厚　敦煌文學概論　甘肅人民出版社　1993　p. 357

姜伯勤　敦煌邈真讚與敦煌望族　敦煌邈真讚校錄並研究　（臺北）新文豐出版公司　1994　p. 42

索仁森著　李吉和譯　敦煌漢文禪籍特徵概觀　《敦煌研究》1994 年第 1 期　p. 110

劉進寶　敦煌學論述　（臺北）洪葉文化事業有限公司　1995　p. 321

王書慶　敦煌佛學・佛事篇　甘肅民族出版社　1995　p. 270

張涌泉　陳祚龍校錄敦煌卷子失誤例釋　學術集林（卷六）　上海遠東出版社　1995　p. 299　又見：舊學新知　浙江大學出版社　1999　p. 275

徐俊　敦煌寫本唐人詩歌存佚互見綜考　敦煌吐魯番研究（第一卷）　北京大學出版社　1996　p. 122

張錫厚　敦煌釋氏詩歌創作論　慶祝潘石禪先生九秩華誕敦煌學特刊　（臺北）文津出版社　1996　p. 206

張涌泉　敦煌俗字研究導論　（臺北）新文豐出版公司　1996　p. 140

張涌泉　敦煌文獻校讀釋例　文史（第四十一輯）　中華書局　1996　p. 190　又見：舊學新知　浙江大學出版社　1999　p. 197

馮培紅　晚唐五代宋初歸義軍武職軍將研究　敦煌歸義軍史專題研究　蘭州大學出版社　1997　p. 104

孫昌武　禪思與詩情　中華書局　1997　p. 320

汪泛舟　敦煌詩詞補正與考源　《敦煌研究》1997 年第 3 期　p. 108

張弓　漢唐佛寺文化史　中國社會科學出版社　1997　p. 999

柴劍虹　丹遐（霞）和尚翫珠吟　敦煌學大辭典　上海辭書出版社　1998　p. 554

柴劍虹　青剉和尚誡後學銘　敦煌學大辭典　上海辭書出版社　1998　p. 549

沙知　臨河鎮使之印　敦煌學大辭典　上海辭書出版社　1998　p. 292

張錫厚　洞山和尚神劍歌　敦煌學大辭典　上海辭書出版社　1998　p. 551

汪泛舟　敦煌詩述異　《敦煌研究》1999 年第 4 期　p. 19

杜琪　敦煌詩賦作品要目分類題注　《甘肅社會科學》2000 年第 1 期　p. 64

徐俊　敦煌詩集殘卷輯考　中華書局　2000　p. 270

張錫厚　敦煌文學源流　作家出版社　2000　p. 45

李斌城　唐代文化　中國社會科學出版社　2002　p. 1116

池田溫　敦煌遺文　敦煌文書の世界　（東京）名著刊行會　2003　p. 38

王小盾　從敦煌本共住修道故事看唐代佛教詩歌文體的來源　中國俗文化研究（第一輯）　巴蜀書
　　社　2003　p. 22

馮培紅　歸義軍鎮制考　敦煌吐魯番研究（第九卷）　中華書局　2006　p. 282

P. 3592

那波利貞　俗講と變文（中）　『佛教史學』（1 卷 3 號）　（京都）平樂寺書店　1950　p. 88　又見：唐
　　代社會文化史研究・第四編　（東京）創文社　1974　p. 424

周紹良　敦煌所出變文現存目錄　敦煌變文彙錄　上海出版公司　1955　p. 3

寺岡龍含　敦煌本郭象注莊子南華真經研究總論　福井漢文學會　1966　p. 279

金岡照光　敦煌漢文文學文獻の文學形態上の種類とその分類　敦煌出土文學文獻分類目錄・附解
　　說　（東京）東洋文庫　1971　p. 203

金岡照光　敦煌文學のさまざま　敦煌の文學　（東京）大藏出版株式會社　1971　p. 108

加地哲定　增補中國佛教文學研究　（東京）同朋舍　1979　p. 169

王重民　敦煌古籍叙錄　中華書局　1979　p. 246、381

楊家駱　敦煌變文　（臺北）世界書局　1980　p. 801

金岡照光　敦煌の繪物語　（東京）東方書店　1981　p. 69

蘇瑩輝　敦煌學概要　（臺北）編譯館“中華叢書編委會”　1981　p. 53、84

鄭良樹　敦煌老子寫本考異　（臺北）《大陸雜誌》1981 年第 2 期　又見：中國敦煌學百年文庫・宗
　　教卷（三）　甘肅文化出版社　1999　p. 67

陳祚龍　新譯補注杜女史主修的《巴黎國立圖書館藏敦煌中文卷冊目錄》之“自序”及“緒說”　敦煌
　　學要籥　（臺北）新文豐出版公司　1982　p. 38

今枝二郎　敦煌本玄宗皇帝注『老子』の資料的意義　敦煌と中國道教（講座敦煌 4）　（東京）大東
　　出版社　1983　p. 66

蘇瑩輝　中外敦煌古寫本纂要　敦煌論集　（臺北）學生書局　1983　p. 328

潘重規　敦煌變文集新書（下）　（臺北）“中國文化大學”中文研究所　1984　p. 785

王重民　醜女緣起　敦煌變文集　人民文學出版社　1984　p. 801

饒宗頤　敦煌書法叢刊（第二七卷）・道書（一）　（東京）二玄社　1985　p. 73

王重民　巴黎敦煌殘卷叙錄（第二輯）　敦煌叢刊初集（九）　（臺北）新文豐出版公司　1985　p. 275

姜伯勤　沙州道門親表部落釋證　《敦煌研究》1986 年第 3 期　p. 3

李斌城　敦煌寫本唐玄宗《道德經》注疏殘卷研究　《世界宗教研究》1987 年第 1 期　p. 57

周紹良　唐代變文及其它　敦煌文學作品選　中華書局　1987　p. 18

柴劍虹　因緣　敦煌文學　甘肅人民出版社　1989　p. 273

加地哲定著　劉衛星譯　中國佛教文學　今日中國出版社　1990　p. 143

江藍生　近代漢語語法資料彙編（唐五代卷）　商務印書館　1990　p. 434

藤原高男　唐玄宗御製道德真經注疏校本（壹）　《德島文理大學研究紀要》(39 號)　德島文理大學
　　1990　p. 11

項楚　敦煌變文選注　巴蜀書社　1990　p. 723

柴劍虹　敦煌文學中的“因緣”與“詩話”　西域文史論稿　（臺北）國文天地雜誌社　1991　p. 515

林聰明　敦煌文書學　（臺北）新文豐出版公司　1991　p. 151

郭在貽　郭在貽語言文學論稿　浙江古籍出版社　1992　p. 51

姜伯勤　敦煌社會文書導論　（臺北）新文豐出版公司　1992　p. 96

金岡照光　講唱體類　敦煌の文學文獻（講座敦煌9）　（東京）大東出版社　1992　p. 77

周紹良　敦煌文學芻議及其它　（臺北）新文豐出版公司　1992　p. 84

顧吉辰　唐代敦煌文獻寫本書手考述　《敦煌學輯刊》1993年第1期　p. 31

郭在貽　郭在貽敦煌學論集　江西人民出版社　1993　p. 204、250

林聰明　談敦煌文書的抄寫問題　紀念陳寅恪先生百年誕辰學術論文集　江西教育出版社　1994
　　p. 288

胡戟　傅玫　敦煌史話　中華書局　1995　p. 134

王繼如　《醜女緣起》校釋補正　俗語言研究（第二期）　（京都）禪文化研究所　1995　p. 52

姜伯勤　敦煌戒壇與大乘佛教　華學（第二輯）　中山大學出版社　1996　p. 327

張國剛　隋唐五代史研究概要　天津教育出版社　1996　p. 532

張涌泉　敦煌俗字研究導論　（臺北）新文豐出版公司　1996　p. 126

中村裕一　唐代公文書研究　（東京）汲古書院　1996　p. 133

黃征　張涌泉　敦煌變文校注　中華書局　1997　p. 845、1109

白化文　唐玄宗御制道德真經注疏　敦煌學大辭典　上海辭書出版社　1998　p. 777

海客　醜女緣起　敦煌學大辭典　上海辭書出版社　1998　p. 580

周紹良　張涌泉　黃征　敦煌變文講經文因緣輯校（下）　江蘇古籍出版社　1998　p. 965

高國藩　敦煌俗文化學　上海三聯書店　1999　p. 482

梅維恒著　楊繼東　陳引馳譯　唐代變文（上）　（香港）中國佛教文化出版公司　1999　p. 84

北京大學　敦煌《經卷》、《照片》及《圖書》目錄　中國敦煌學百年文庫·綜述卷（一）　甘肅文化出
　　版社　1999　p. 318

龍晦　敦煌文獻所見唐玄宗的宗教活動　1994年敦煌學國際研討會文集·宗教文史卷（上）　甘肅
　　民族出版社　2000　p. 24

林聰明　敦煌吐魯番文書解詁指例　（臺北）新文豐出版公司　2001　p. 32

譚蟬雪　敦煌的粟特居民及祆神祈賽　2000年敦煌學國際學術討論會文集·歷史文化卷（下）　甘
　　肅民族出版社　2003　p. 62

王卡　敦煌道教文獻研究　中國社會科學出版社　2004　p. 176

P. 3593

王重民　敦煌古籍叙錄　中華書局　1979　p. 144

蘇瑩輝　敦煌學概要　（臺北）編譯館“中華叢書編委會”　1981　p. 41

劉俊文　敦煌吐魯番發現唐寫本律及律疏殘卷研究　敦煌吐魯番文獻研究論集　中華書局　1982
　　p. 529、562

劉俊文　吐魯番新發現唐寫本律疏殘卷研究　敦煌吐魯番文獻研究論集（第二輯）　北京大學出版
　　社　1983　p. 536

蘇瑩輝　中外敦煌古寫本纂要　敦煌論集　（臺北）學生書局　1983　p. 318

王堯　陳踐　敦煌吐蕃文獻選　四川民族出版社　1983　p. 2

王重民　巴黎敦煌殘卷叙錄（第二輯）　敦煌叢刊初集（九）　（臺北）新文豐出版公司　1985　p. 238

王重民原編　黃永武新編　敦煌古籍叙錄新編（第七冊）　（臺北）新文豐出版公司　1986　p. 229

陳踐　王堯　敦煌本《吐蕃法制文書》譯釋　1983 年全國敦煌學術討論會文集·文史遺書編(上)
　　甘肅人民出版社　1987　p. 241

劉俊文　敦煌吐魯番唐代法制文書考釋　中華書局　1989　p. 105

池田溫　中國古代寫本識語集録　（東京）大藏出版株式會社　1990　p. 304

高國藩　敦煌古俗與民俗流變　河海大學出版社　1990　p. 500

高國潘　敦煌巫術形態:兼與中外巫術之比較　第二屆敦煌學國際研討會論文集　（臺北）漢學研究
　　中心　1990　p. 612

唐耕耦　陸宏基　敦煌社會經濟文獻真迹釋録(二)　全國圖書館文獻縮微複製中心　1990　p. 533

高田時雄　五姓を說く敦煌資料　『國立民族學博物館研究報告別冊』(14 號)　（吹田）國立民族學
　　博物館　1991　p. 253

林聰明　敦煌文書出處略考　季羨林教授八十華誕紀念論文集(下)　江西人民出版社　1991
　　p. 863

林聰明　敦煌文書學　（臺北）新文豐出版公司　1991　p. 400

仁井田陞　補訂中國法制史研究:法と慣習·法と道德　東京大學出版會　1991　p. 321

林家平　寧强　羅華慶　中國敦煌學史　北京語言學院出版社　1992　p. 71、166

高國藩　敦煌民俗資料導論　（臺北）新文豐出版公司　1993　p. 130、260

高國藩　敦煌巫術與巫術流變　河海大學出版社　1993　p. 84

黃霞　佛說相好經　藏外佛教文獻(第三輯)　宗教文化出版社　1997　p. 405

仁井田陞　ペリオ敦煌發見唐令の再吟味　唐令拾遺補　東京大學出版會　1997　p. 255

鄧文寬　九方色　敦煌學大辭典　上海辭書出版社　1998　p. 612

方廣錩　相好經　敦煌學大辭典　上海辭書出版社　1998　p. 730

唐耕耦　唐律疏殘卷　敦煌學大辭典　上海辭書出版社　1998　p. 378

嚴敦傑　九宮圖　敦煌學大辭典　上海辭書出版社　1998　p. 625

劉俊文　唐代法制研究　（臺北）文津出版社　1999　p. 61 注 6

陳永勝　敦煌法制文書研究回顧與展望　《敦煌研究》2000 年第 2 期　p. 101

陳永勝　敦煌吐魯番法制文書研究　甘肅人民出版社　2000　p. 7、36

黃正建　敦煌占卜文書與唐五代占卜研究　學苑出版社　2001　p. 74、95

王素　敦煌吐魯番文獻　文物出版社　2002　p. 141

王啓濤　中古及近代法制文書語言研究　巴蜀書社　2003　p. 190、253、387

余欣　禁忌、儀式與法術　唐代宗教信仰與社會　上海辭書出版社　2003　p. 301

王卡　敦煌道教文獻研究　中國社會科學出版社　2004　p. 48

高田時雄著　鍾翀等譯　五姓說之敦煌資料　敦煌·民族·語言　中華書局　2005　p. 331

劉永明　敦煌道教的世俗化之路:道教向具注曆日的滲透　《敦煌學輯刊》2005 年第 2 期　p. 203

張先堂　觀相念佛:盛唐至北宋一度流行的淨土教行儀　《敦煌研究》2005 年第 5 期　p. 33

金身佳　敦煌寫本宅經中的陰陽宅修造吉日　文史(第七十五輯)　中華書局　2006　p. 69

余欣　唐宋時代敦煌的鎮宅術　敦煌吐魯番研究(第九卷)　中華書局　2006　p. 354

P. 3595

周紹良　敦煌所出變文現存目録　敦煌變文彙録　上海出版公司　1955　p. 10

金岡照光　敦煌漢文文學文獻の文學形態上の種類とその分類　敦煌出土文學文獻分類目録·附解
　　說　（東京）東洋文庫　1971　p. 224

金岡照光　敦煌文學のさまざま　敦煌の文學　（東京）大藏出版株式會社　1971　p. 127

陳祚龍　關於劉漢蘇武的行事之某些藝文　敦煌文物隨筆　（臺北）商務印書館　1979　p. 233

楊家駱　敦煌變文　（臺北）世界書局　1980　p. 850

傅芸子　敦煌俗文學之發見及其展開　敦煌變文論文録　上海古籍出版社　1982　p. 138

鄭阿財　敦煌孝道文學研究　（臺北）石門圖書公司　1982　p. 77

潘重規　敦煌變文集新書（下）　（臺北）"中國文化大學"中文研究所　1984　p. 909

啓功　蘇武李陵執別詞　敦煌變文集　人民文學出版社　1984　p. 850

柴劍虹　詩話　敦煌文學　甘肅人民出版社　1989　p. 300　又見：敦煌學大辭典　上海辭書出版社　1998　p. 524

程毅中　敦煌俗賦的淵源及其與變文的關係　《文學遺產》1989 年第 1 期　p. 32

郭在貽　張涌泉　黃征　敦煌變文集校議　岳麓書社　1990　p. 438

柴劍虹　敦煌文學中的"因緣"與"詩話"　西域文史論稿　（臺北）國文天地雜誌社　1991　p. 523

金岡照光　講史譚・時事変文等──「王陵」「李陵」「張議潮」変文を中心に　敦煌の文學文獻（講座敦煌 9）　（東京）大東出版社　1992　p. 549

金岡照光　韻文體類──長篇叙事詩・短篇歌詠　敦煌の文學文獻（講座敦煌 9）　（東京）大東出版社　1992　p. 261

高國藩　敦煌民俗資料導論　（臺北）新文豐出版公司　1993　p. 88

郭在貽　郭在貽敦煌學論集　江西人民出版社　1993　p. 210

舒華　敦煌"變文"體裁新論　（香港）《九州學刊》（敦煌學專輯）1993 年第 5 卷第 4 期　p. 155

張錫厚　敦煌文學概論　甘肅人民出版社　1993　p. 276

曲金良　敦煌佛教文學研究　（臺北）文津出版社　1995　p. 96

張涌泉　敦煌俗字研究導論　（臺北）新文豐出版公司　1996　p. 185、225

黃征　張涌泉　敦煌變文校注　中華書局　1997　p. 714、845、1203

邵文實　敦煌李陵、蘇武故事流變發微　敦煌吐魯番研究（第二卷）　北京大學出版社　1997　p. 71

柴劍虹　蘇武李陵執別詞　敦煌學大辭典　上海辭書出版社　1998　p. 583

陳永勝　敦煌吐魯番法制文書研究　甘肅人民出版社　2000　p. 36

徐俊　敦煌詩集殘卷輯考　中華書局　2000　p. 768

顏廷亮　敦煌文化　光明日報出版社　2000　p. 515

張錫厚　敦煌文學源流　作家出版社　2000　p. 530

山本達郎等　補（Ⅳ）社・Ⅲ 轉貼　『NUN – HUANG AND TURFAN DOCUMENTS CONCERNING SOCIAL AND ECONOMIC HISTORY』(Sup. p. lemrnts)　（東京）東洋文庫　2001　p. 81

姜亮夫　敦煌莫高窟年表　姜亮夫全集（十一）　雲南人民出版社　2002　p. 459

張鴻勳　敦煌俗文學研究　甘肅人民出版社　2002　p. 7

項楚　敦煌變文新校　柱馬屋存稿　商務印書館　2003　p. 55

顏廷亮　關於敦煌文化在古代世界文化格局中的地位問題　2000 年敦煌學國際學術討論會文集・歷史文化卷（下）　甘肅民族出版社　2003　p. 104

P. 3596

三木榮　西域出土醫藥關係文獻綜合解說目録　『東洋學報』(47 卷 1 號)　（東京）東洋學術協會　1964　p. 6

陳祚龍　關於道家"本際經"及其"要略妙義"與"疏"的敦煌古抄　敦煌文物隨筆　（臺北）商務印書館　1979　p. 214

石井昌子　靈寶經類　敦煌と中國道教（講座敦煌 4）　（東京）大東出版社　1983　p. 160

姜亮夫　敦煌所見道教佚經考　敦煌學論文集　上海古籍出版社　1987　p. 311

馬繼興　敦煌古醫籍考釋　江西科學技術出版社　1988　p. 9、248

張弘强　杜文傑著　敦煌石窟氣功：一分鐘臍密功　甘肅科學技術出版社　1990　p. 8、90

趙健雄　敦煌遺書醫學卷考析　《敦煌研究》1991年第4期　p. 102

丛春雨　敦煌中醫藥全書　中醫古籍出版社　1994　p. 29、513

張儂　敦煌石窟秘方與灸經圖　甘肅文化出版社　1995　p. 10

鄭炳林　唐五代敦煌的醫事研究　敦煌歸義軍史專題研究　蘭州大學出版社　1997　p. 520

馬繼興　敦煌醫藥文獻輯校　江蘇古籍出版社　1998　p. 336

王淑民　不知名醫方第九種　敦煌學大辭典　上海辭書出版社　1998　p. 619

山田俊　唐初道教思想史研究·論述篇　（京都）平樂寺書店　1999　p. 47

山田俊　唐初道教思想史研究·資料篇　（京都）平樂寺書店　1999　p. 7、80、163

王淑民　敦煌石窟秘藏醫方　北京醫科大學中國協和醫科大學聯合出版社　1999　p. 31、56、62

丛春雨　敦煌中醫藥精萃發微　中醫古籍出版社　2000　p. 235、398

高啓安　崇高與卑賤：敦煌的佛教信仰賤名再探　'98法門寺唐文化國際學術討論會論文集　陝西
　　人民出版社　2000　p. 253

陳明　醫理精華：印度古典醫學在敦煌的實例分析　敦煌吐魯番研究（第五卷）　北京大學出版社
　　2001　p. 231、240

李重申　李金梅　李小唐　敦煌石窟氣功鈎沈　《敦煌學輯刊》2001年第2期　p. 53

張儂　敦煌遺書中的針灸文獻　《敦煌研究》2001年第2期　p. 150

陳明　印度梵文醫典醫理精華研究　中華書局　2002　p. 76

馬繼興　當前世界各地收藏的中國出土卷子本古醫藥文獻備考　敦煌吐魯番研究（第六卷）　北京
　　大學出版社　2002　p. 152

趙平安　談談敦煌醫學寫本的釋字問題　敦煌吐魯番研究（第六卷）　北京大學出版社　2002
　　p. 200

陳明　沙門黃散：唐代佛教醫事與社會生活　唐代宗教信仰與社會　上海辭書出版社　2003　p. 259

陳增岳　敦煌古醫籍校讀劄記　《敦煌研究》2004年第2期　p. 85

沈澍農　敦煌醫藥文獻P. 3596校證　《敦煌研究》2004年第2期　p. 77

王卡　敦煌道教文獻研究　中國社會科學出版社　2004　p. 202

王卡　中國國家圖書館藏敦煌道教遺書研究報告　敦煌吐魯番研究（第七卷）　北京大學出版社
　　2004　p. 369

陳明　備急單驗：敦煌醫藥文獻中的單藥方　敦煌學國際研討會論文集　北京圖書館出版社　2005
　　p. 239

陳明　殊方異藥：出土文書與西域醫學　北京大學出版社　2005　p. 81、138、151、227

P. 3597

黃永武　敦煌的唐詩　（臺北）洪範書店　1987　p. 121

李正宇　敦煌佚詩零珠　《敦煌語言文學研究通訊》1989年第1期　p. 6

張錫厚　敦煌詩歌考論　《敦煌學輯刊》1989年第2期　p. 27

張錫厚　詩歌　敦煌文學　甘肅人民出版社　1989　p. 173

池田溫　中國古代寫本識語集錄　（東京）大藏出版株式會社　1990　p. 431

項楚　敦煌詩歌導論　（臺北）新文豐出版公司　1993　p. 11、45、223

張鴻勳　敦煌說唱文學概論　（臺北）新文豐出版公司　1993　p. 17

張錫厚　敦煌文學概論　甘肅人民出版社　1993　p. 356、390

徐俊　敦煌學郎詩作者問題考略　《文獻》1994 年第 2 期　p. 18

張先堂　敦煌詩歌劄記二則　《社科縱橫》1994 年第 4 期　p. 25

劉進寶　敦煌學論述　（臺北）洪葉文化事業有限公司　1995　p. 329

史雙元　唐五代詞紀事會評　黃山書社　1995　p. 181

張錫厚　敦煌本唐集研究　（臺北）新文豐出版公司　1995　p. 235

饒宗頤　敦煌曲與樂舞及龜茲樂　敦煌曲續論　（臺北）新文豐出版公司　1996　p. 67

徐俊　敦煌寫本唐人詩歌存佚互見綜考　敦煌吐魯番研究（第一卷）　北京大學出版社　1996　p. 123

徐俊　評《敦煌本唐集研究》　唐研究（第二卷）　北京大學出版社　1996　p. 482

謝思煒　白居易集綜論　中國社會科學出版社　1997　p. 57 注 1

朱鳳玉　敦煌寫本碎金研究　（臺北）文津出版社　1997　p. 95

朱鳳玉　論敦煌本《碎金》對解讀敦煌俗文學的意義　敦煌文學論集　四川人民出版社　1997　p. 282

顧吉辰　敦煌文獻職官結銜考釋　《敦煌學輯刊》1998 年第 2 期　p. 31

李正宇　疊字詩　敦煌學大辭典　上海辭書出版社　1998　p. 557

徐俊　唐五代長沙窯瓷器題詩校證　唐研究（第四卷）　北京大學出版社　1998　p. 78、86

張錫厚　詩集殘卷　敦煌學大辭典　上海辭書出版社　1998　p. 565

胡大浚　王志鵬　敦煌邊塞詩歌校注　甘肅人民出版社　1999　p. 302

柴劍虹　讀敦煌學士郎張宗之詩抄劄記　敦煌吐魯番學論稿　浙江教育出版社　2000　p. 249

孫其芳　大漠遺歌：敦煌詩歌選評　甘肅人民出版社　2000　p. 235

徐俊　敦煌詩集殘卷輯考　中華書局　2000　p. 100、276、522、733、827、917

顏廷亮　西陲文學遺珍：敦煌文學通俗談　甘肅人民出版社　2000　p. 108

張錫厚　敦煌本《白香山詩集》考　1994 年敦煌學國際研討會文集・宗教文史卷（上）　甘肅民族出版社　2000　p. 238

張錫厚　敦煌文學源流　作家出版社　2000　p. 80、86

朱鳳玉　英藏 S. 619《白家碎金》考釋　慶祝吳其昱先生八秩華誕敦煌學特刊　（臺北）文津出版社　2000　p. 353

陳尚君　評《敦煌詩集殘卷輯考》　敦煌吐魯番研究（第五卷）　北京大學出版社　2001　p. 386

杜曉勤　隋唐五代文學研究　北京出版社　2001　p. 1265

李小榮　變文講唱與華梵宗教藝術　上海三聯書店　2002　p. 180

劉進寶　敦煌學通論　甘肅教育出版社　2002　p. 374

鄭阿財　朱鳳玉　敦煌蒙書研究　甘肅教育出版社　2002　p. 127

P. 3598

山本達郎等　敦煌・I 社條　『NUN – HUANG AND TURFAN DOCUMENTS CONCERNING SOCIAL AND ECONOMIC HISTORY』（IV）　（東京）東洋文庫　1989　p. 13

郝春文　唐後期五代宋初沙州僧尼的宗教收入（一）　慶祝潘石禪先生九秩華誕敦煌學特刊　（臺北）文津出版社　1996　p. 292

齊陳俊　馮培紅　晚唐五代宋初歸義軍對外商業貿易　敦煌歸義軍史專題研究　蘭州大學出版社　1997　p. 347

唐耕耦　敦煌寺院會計文書研究　（臺北）新文豐出版公司　1997　p. 300

鄭炳林　馮培紅　唐五代歸義軍政權對外關係中的使頭一職　敦煌歸義軍史專題研究　蘭州大學出版社　1997　p. 54

郝春文　唐後期五代宋初敦煌僧尼的社會生活　中國社會科學出版社　1998　p. 130

郝春文　唐後期五代宋初敦煌寺院常住什物的數量及與僧人的關係　《敦煌研究》1998 年第 2 期　p. 119、130

唐耕耦　常住什物交割點檢曆　敦煌學大辭典　上海辭書出版社　1998　p. 648

土肥義和　唐・北宋の間：敦煌の杜家親情社追補社條(S. 8160rv)について　唐代史研究(創刊號)（東京）唐代史研究會　1998　p. 19

郝春文　英藏敦煌文獻年代叢考　英國收藏敦煌漢藏文獻研究　中國社會科學出版社　2000　p. 375

鄭炳林　晚唐五代敦煌貿易市場的外來商品輯考　中華文史論叢（總 63 輯）　上海古籍出版社　2000　p. 77

乜小紅　唐宋敦煌毛紡織業述略　敦煌學（第 23 輯）　（臺北）樂學書局有限公司　p. 118（原文錄爲 S. 3598）　2002

榮新江　于闐花氈與粟特銀盤：九、十世紀敦煌寺院的外來供養　寺院財富與世俗供養　上海書畫出版社　2003　p. 248

鄭炳林　晚唐五代敦煌村莊聚落輯考　2000 年敦煌學國際學術討論會文集・歷史文化卷（上）　甘肅民族出版社　2003　p. 156

高啓安　唐五代敦煌飲食文化研究　民族出版社　2004　p. 68

金瀅坤　敦煌社會經濟文書定年拾遺　《首都師範大學學報》2006 年第 1 期　p. 9、14

金瀅坤　敦煌社會經濟文獻綴合拾遺　文史（第七十五輯）　中華書局　2006　p. 88

P. 3599

高國藩　敦煌寫本《太公家教》初探　《敦煌學輯刊》1984 年第 1 期　p. 65

王重民　跋太公家教　敦煌遺書論文集　中華書局　1984　p. 136

雷僑雲　敦煌兒童文學　（臺北）學生書局　1985　p. 82 注 5

周鳳五　敦煌寫本太公家教研究　（臺北）明文書局　1986　p. 155

張鴻勳　《父母恩重經講經文》補校　敦煌語言文學論文集　浙江古籍出版社　1988　p. 267

鄭阿財　敦煌寫卷新集文詞九經抄研究　（臺北）文史哲出版社　1989　p. 128 注 1

郭在貽　張涌泉　黃征　敦煌變文集校議　岳麓書社　1990　p. 361

盧向前　從敦煌吐魯番出土的幾件文書看唐前期和糴的一些特點　敦煌吐魯番文獻研究論集（第五輯）　北京大學出版社　1990　p. 335

鄭阿財　敦煌蒙書析論　第二屆敦煌學國際研討會論文集　（臺北）漢學研究中心　1990　p. 226

前田正名　河西歷史地理學研究　中國藏學出版社　1993　p. 243

鄭阿財　敦煌文獻與文學　（臺北）新文豐出版公司　1993　p. 260

鄭阿財　學日益齋敦煌學劄記　周一良先生八十生日紀念論文集　中國社會科學出版社　1993　p. 193

盧向前　唐代中後期的和糴　文史（第四十一輯）　中華書局　1996　p. 39

高啓安　唐宋時期敦煌人名探析　《敦煌研究》1997 年第 4 期　p. 123

黃征　張涌泉　敦煌變文校注　中華書局　1997　p. 986

汪泛舟　敦煌古代兒童課本　甘肅人民出版社　2000　p. 223

P. 3600

仁井田陞　唐末五代の敦煌寺院佃戶關係文書　西域文化研究(第二)・敦煌吐魯番社會經濟資料
　　(上)　(京都)法藏館　1959　p. 74

竺沙雅章　敦煌の寺戶について　『史林』(44 卷 5 號)　京都大學文學部史學研究會　1961　p. 52

藤枝晃　敦煌の僧尼籍　『東方學報』(第 35 號)　京都大學人文科學研究所　1964　p. 303、323

那波利貞　唐代の社邑に就きて(1938 年)　唐代社會文化史研究・第五編　(東京)創文社　1974
　　p. 545

北原薰　晚唐・五代の敦煌寺院経済——収支決算報告を中心に　敦煌の社會(講座敦煌 3)　(東
　　京)大東出版社　1980　p. 444

仁井田陞著　姜鎮慶譯　唐末五代的敦煌寺院佃戶關係文書　敦煌學譯文集　甘肅人民出版社
　　1985　p. 826 注 1

姜伯勤　唐五代敦煌寺戶制度　中華書局　1987　p. 51

謝和耐著　耿昇譯　中國 5—10 世紀的寺院經濟　甘肅人民出版社　1987　p. 23 注 7

唐耕耦　陸宏基　敦煌社會經濟文獻真迹釋錄(四)　全國圖書館文獻縮微複製中心　1990　p. 209

仁井田陞　補訂中國法制史研究:奴隸農奴法・家族村落法　東京大學出版會　1991　p. 51

姜伯勤　敦煌社會文書導論　(臺北)新文豐出版公司　1992　p. 200

竺沙雅章　寺院文書　敦煌漢文文獻(講座敦煌 5)　(東京)大東出版社　1992　p. 596、606

李正宇　敦煌史地新論　(臺北)新文豐出版公司　1996　p. 92

馬雅倫　邢豔紅　吐蕃統治時期敦煌兩位粟特僧官:史慈燈、石法海考　《敦煌學輯刊》1996 年第 1
　　期　p. 54

田德新　敦煌寺院中的"都頭"　《敦煌學輯刊》1996 年第 2 期　p. 100

鄭炳林　敦煌碑銘讚輯釋　甘肅教育出版社　1997　p. 119 注 2

柴劍虹　少年問老　敦煌學大辭典　上海辭書出版社　1998　p. 568

鄭炳林　《康秀華寫經施入疏》與《炫和尚貨賣胡粉曆》研究　敦煌吐魯番研究(第三卷)　北京大學
　　出版社　1998　p. 195

馬德　敦煌文書《諸寺付經歷》芻議　《敦煌學輯刊》1999 年第 1 期　p. 40

丘古耶夫斯基　敦煌漢文文書　上海古籍出版社　2000　p. 123

徐俊　敦煌詩集殘卷輯考　中華書局　2000　p. 472

汪泛舟　敦煌俗別字補正　《敦煌研究》2001 年第 4 期　p. 157

劉楚華　讀《維摩詰經十四品詩》　2000 年敦煌學國際學術討論會文集・歷史文化卷(下)　甘肅民
　　族出版社　2003　p. 497

何劍平　作爲民間寫經和禮懺儀式的維摩詰信仰　《敦煌學輯刊》2005 年第 4 期　p. 58

P. 3601

高國藩　敦煌民俗資料導論　(臺北)新文豐出版公司　1993　p. 91

汪泛舟　敦煌文學概論　甘肅人民出版社　1993　p. 565

鄭阿財　敦煌文獻與文學　(臺北)新文豐出版公司　1993　p. 126、136

P. 3602

小島保祐馬　巴黎國立圖書館藏敦煌遺書所見錄(一)　『支那學』(5 卷 4 號)　(京都)支那學社
　　1929　p. 111

羅福頤　敦煌石室文物對於學術上的貢獻　《歷史教學》1951 年第 5 期　又見:中國敦煌學百年文

庫・考古卷(四)　甘肅文化出版社　1999 年　p. 7

寺岡龍含　敦煌本郭象注莊子南華真經研究總論　福井漢文學會　1966　p. 257

陳祚龍　敦煌道經後記彙錄　敦煌文物隨筆　(臺北)商務印書館　1979　p. 24

王重民　敦煌古籍叙錄　中華書局　1979　p. 253

蘇瑩輝　敦煌學概要　(臺北)編譯館"中華叢書編委會"　1981　p. 54

陳祚龍　新校重訂《敦煌道經後記彙錄》　敦煌學要籥　(臺北)新文豐出版公司　1982　p. 213 注 3

楠山春樹　道德經類　付『莊子』『列子』『文子』　敦煌と中國道教(講座敦煌 4)　(東京)大東出版社　1983　p. 4

王重民　巴黎敦煌殘卷叙錄(第二輯)　敦煌叢刊初集(九)　(臺北)新文豐出版公司　1985　p. 282

王重民原編　黃永武新編　敦煌古籍叙錄新編(第九、十三冊)　(臺北)新文豐出版公司　1986　p. 165;259

顏廷亮　關於敦煌遺書中的甘肅文學作品　1983 年全國敦煌學術討論會文集・文史遺書編(下)　甘肅人民出版社　1987　p. 231

土田健次郎　儒教典籍　敦煌漢文文獻(講座敦煌 5)　(東京)大東出版社　1992　p. 269、301

許建平　伯三六〇二殘卷作者考　文史(第四十輯)　中華書局　1994　p. 177　又見:雪泥鴻爪:浙江大學古籍研究所建所二十周年紀念文集　中華書局　2003　p. 67

王繼如　《醜女緣起》校釋補正　俗語言研究(第二期)　(京都)禪文化研究所　1995　p. 67

顏廷亮　敦煌文學概說　(臺北)新文豐出版公司　1995　p. 75

姜伯勤　敦煌藝術宗教與禮樂文明　中國社會科學出版社　1996　p. 3

張金泉　許建平　敦煌音義彙考　杭州大學出版社　1996　p. 362

白化文　莊子音訓殘卷　敦煌學大辭典　上海辭書出版社　1998　p. 777

黃征　程惠新　劫塵遺珠:敦煌遺書　甘肅教育出版社　1999　p. 204

顏廷亮　敦煌文化中的道教及文化　《敦煌研究》1999 年第 1 期　p. 135

北京大學　敦煌《經卷》、《照片》及《圖書》目錄　中國敦煌學百年文庫・綜述卷(一)　甘肅文化出版社　1999　p. 318

黃正建　評《東亞史的國家和地域》　唐研究(第六卷)　北京大學出版社　2000　p. 462

許建平　《日藏宋本莊子音義》校證　中古近代漢語研究(第一輯)　上海教育出版社　2000　p. 51

顏廷亮　敦煌文化　光明日報出版社　2000　p. 202

黃正建　敦煌祿命類文書述略　中國社會科學院歷史研究所學刊(第一集)　學刊編委會　2001　p. 250

黃正建　敦煌占卜文書與唐五代占卜研究　學苑出版社　2001　p. 80、120、152、175

姜亮夫　敦煌莫高窟年表　姜亮夫全集(十一)　雲南人民出版社　2002　p. 164、205

許建平　殘卷定名正補　2000 年敦煌學國際學術討論會文集・歷史文化卷(上)　甘肅民族出版社　2003　p. 303

王卡　敦煌道教文獻研究　中國社會科學出版社　2004　p. 183

石塚晴通　敦煌的加點本　敦煌學・日本學:石塚晴通教授退職紀念論文集　上海辭書出版社　2005　p. 10

P. 3603

陳國燦　對未刊敦煌借契的考察　魏晉南北朝隋唐史資料(第 5 輯)　武漢大學出版社　1983　p. 26

謝和耐著　耿昇譯　中國 5—10 世紀的寺院經濟　甘肅人民出版社　1987　p. 229 注 3　又見:上海

古籍出版社　2004　p. 188 注 4

張傳璽　中國歷代契約會編考釋(上)　北京大學出版社　1995　p. 388 注 1

沙知　敦煌契約文書輯校　江蘇古籍出版社　1998　p. 201

王啓濤　中古及近代法制文書語言研究　巴蜀書社　2003　p. 107 注 2、146

P. 3604

王重民　說《十二時》　《申報・文史》1948 年第 22 期　又見:中國敦煌學百年文庫・文學卷(一)
　　甘肅文化出版社　1999 年　p. 479

金岡照光　敦煌文學のさまざま　敦煌の文學　(東京)大藏出版株式會社　1971　p. 154

那波利貞　唐代の社邑に就きて(1938 年)　唐代社會文化史研究・第五編　(東京)創文社　1974
　　p. 571

那波利貞　唐寫本雜抄考——唐代庶民教育史研究の一資料　唐代社會文化史研究・第二編　(東
　　京)創文社　1974　p. 255

川崎ミチコ　修道偈Ⅱ——定格聯章　敦煌仏典と禪(講座敦煌 8)　(東京)大東出版社　1980
　　p. 273

陳祚龍　敦煌古抄內典尾記彙校初、二、三編合刊　敦煌學要篇　(臺北)新文豐出版公司　1982
　　p. 190

鄭阿財　敦煌孝道文學研究　(臺北)石門圖書公司　1982　p. 532、589

周丕顯　敦煌俗曲分時聯章歌體再議　《敦煌學輯刊》1983 年創刊號　p. 18

周丕顯　敦煌俗曲中的分時聯章體歌辭　關隴文學論叢　甘肅人民出版社　1983　p. 7

任半塘　敦煌歌辭總編　上海古籍出版社　1987　p. 1375

劉進寶　俚曲小調　敦煌文學　甘肅人民出版社　1989　p. 222

池田溫　中國古代寫本識語集錄　(東京)大藏出版株式會社　1990　p. 502

任半塘　王昆吾　隋唐五代燕樂雜言歌辭集　巴蜀書社　1990　p. 489

林聰明　敦煌文書出處略考　季羨林教授八十華誕紀念論文集(下)　江西人民出版社　1991
　　p. 863

林聰明　敦煌文書學　(臺北)新文豐出版公司　1991　p. 400

孫其芳　顏廷亮　敦煌文學概論　甘肅人民出版社　1993　p. 446

鄭阿財　敦煌文獻與文學　(臺北)新文豐出版公司　1993　p. 136

林聰明　談敦煌文書的抄寫問題　紀念陳寅恪先生百年誕辰學術論文集　江西教育出版社　1994
　　p. 285

劉尊明　唐五代詞的文化觀照　(臺北)文津出版社　1994　p. 513

榮新江　歸義軍改元考　文史(第三十八輯)　中華書局　1994　p. 51

王書慶　敦煌佛學・佛事篇　甘肅民族出版社　1995　p. 229

榮新江　歸義軍史研究　上海古籍出版社　1996　p. 55

王昆吾　隋唐五代燕樂雜言歌辭研究　中華書局　1996　p. 403、421

孫昌武　禪思與詩情　中華書局　1997　p. 330 注 17

張弓　漢唐佛寺文化史　中國社會科學出版社　1997　p. 840

柴劍虹　禪門十二時　敦煌學大辭典　上海辭書出版社　1998　p. 538

顧吉辰　敦煌文獻職官結銜考釋　《敦煌學輯刊》1998 年第 2 期　p. 34

林聰明　敦煌吐魯番文書解詁指例　(臺北)新文豐出版公司　2001　p. 59 注 20

姜亮夫　敦煌莫高窟年表　姜亮夫全集(十一)　雲南人民出版社　2002　p. 553

林仁昱　論敦煌佛教歌曲特質與"弘法"的關係　敦煌學（第 23 輯）　（臺北）樂學書局有限公司　2002　p. 63

蔣宗福　敦煌禪宗文獻詞語劄記　新世紀敦煌學論集　巴蜀書社　2003　p. 472

林仁昱　論敦煌佛教歌曲向通俗傳播的内容　中國俗文化研究（第一輯）　巴蜀書社　2003　p. 185

王小盾　從敦煌本共住修道故事看唐代佛教詩歌文體的來源　中國俗文化研究（第一輯）　巴蜀書社　2003　p. 29

張子開　敦煌文獻中的白話禪詩　《敦煌學輯刊》2003 年第 1 期　p. 87

湯涒　敦煌曲子詞地域文化研究　上海古籍出版社　2004　p. 24

白化文　讀《伯希和劫經録》　敦煌學國際研討會論文集　北京圖書館出版社　2005　p. 17

湯涒　敦煌曲子詞寫本叙略　敦煌學國際研討會論文集　北京圖書館出版社　2005　p. 195

P. 3605

陳鐵凡　敦煌本尚書述略　（臺北）《大陸雜誌》1961 年第 8 期　又見：中國敦煌學百年文庫·文獻卷（一）　甘肅文化出版社　1999　p. 444

陳鐵凡　敦煌本尚書十四殘卷綴合記　（新加坡）《新社學報》1969 年第 3 期　又見：中國敦煌學百年文庫·文獻卷（二）　甘肅文化出版社　1999　p. 412

王重民　敦煌古籍叙録　中華書局　1979　p. 14

王堯　陳踐　敦煌吐蕃文獻選　四川民族出版社　1983　p. 67

王重民　巴黎敦煌殘卷叙録（第二輯）　敦煌叢刊初集（九）　（臺北）新文豐出版公司　1985　p. 210

王重民原編　黃永武新編　敦煌古籍叙録新編（第一冊）　（臺北）新文豐出版公司　1986　p. 221

土田健次郎　儒教典籍　敦煌漢文文獻（講座敦煌 5）　（東京）大東出版社　1992　p. 268

王三慶著　池田溫譯　類書　敦煌漢文文獻（講座敦煌 5）　（東京）大東出版社　1992　p. 366

吳福熙　敦煌殘卷古文尚書校注　甘肅人民出版社　1992　p. 3

吳其昱著　伊藤美重子譯　敦煌漢文寫本概觀　敦煌漢文文獻（講座敦煌 5）　（東京）大東出版社　1992　p. 96

胡戟　傅玫　敦煌史話　中華書局　1995　p. 140

王昆吾　隋唐五代燕樂雜言歌辭研究　中華書局　1996　p. 421

王堯　吐蕃時期藏譯漢籍名著及故事　中國古籍研究（第一卷）　上海古籍出版社　1996　p. 540

陳公柔　評介《尚書文字合編》　燕京學報（新第 4 期）　北京大學出版社　1998　p. 290

謝桃坊　敦煌文化尋繹　四川人民出版社　1999　p. 100

許建平　敦煌本《尚書》叙録　敦煌文獻論集：紀念藏經洞發現一百周年國際學術研討會論文集　遼寧人民出版社　2001　p. 382

姜亮夫　敦煌莫高窟年表　姜亮夫全集（十一）　雲南人民出版社　2002　p. 220

許建平　敦煌出土《尚書》寫卷研究的過去與未來　敦煌吐魯番研究（第七卷）　北京大學出版社　2004　p. 226

中村威也　ДХ10698『尚書費誓』とДХ10698v「史書」について　『西北出土文獻研究』（創刊號）　（新潟）西北出土文獻研究會　2004　p. 42

P. 3606

李正宇　敦煌地區古代祠廟寺觀簡志　《敦煌學輯刊》1988 年第 1、2 期　p. 79

王素　唐寫本《論語鄭氏注》校録　唐寫本論語鄭氏注及其研究　文物出版社　1991　p. 137 注 9

土田健次郎　儒教典籍　敦煌漢文文獻（講座敦煌 5）　（東京）大東出版社　1992　p. 269

中村裕一　官文書　敦煌漢文文獻（講座敦煌5）　（東京）大東出版社　1992　p. 562

李方　敦煌《論語集解》校正　江蘇古籍出版社　1998　p. 831

李方　唐寫本《論語集解》校讀零拾　出土文獻研究（第三輯）　文物出版社　1998　p. 221

許建平　評《敦煌〈論語集解〉校正》　敦煌吐魯番研究（第五卷）　北京大學出版社　2001　p. 342

P. 3607

王素　唐寫本《論語鄭氏注》校錄　唐寫本論語鄭氏注及其研究　文物出版社　1991　p. 144 注 11

土田健次郎　儒教典籍　敦煌漢文文獻（講座敦煌5）　（東京）大東出版社　1992　p. 269

鄭炳林　唐五代敦煌的粟特人與歸義軍政權　《敦煌研究》1996 年第 4 期　p. 92　又見：敦煌歸義軍
　　　史專題研究　蘭州大學出版社　1997　p. 424

李方　敦煌《論語集解》校正　江蘇古籍出版社　1998　p. 831

李方　唐寫本《論語集解》校讀零拾　出土文獻研究（第三輯）　文物出版社　1998　p. 219

許建平　《俄藏敦煌文獻》儒家經典類寫本的定名與綴合　漢語史學報專輯（第三輯）　上海教育出
　　　版社　2003　p. 312

P. 3608

内藤乾吉　敦煌發見唐職制戶婚廄庫律斷簡　中國法制史考證　（東京）有斐閣　1963　p. 182、215

陳祚龍　敦煌寫本《夜燒篇》、《汴河柳》合校　敦煌學海探珠（上冊）　（臺北）商務印書館　1979
　　　p. 28

陳祚龍　校訂釋無名的"無名歌"　敦煌學海探珠（上冊）　（臺北）商務印書館　1979　p. 83

陳祚龍　中古敦煌的書學　敦煌資料考屑（上冊）　（臺北）商務印書館　1979　p. 162

王重民　敦煌古籍叙錄　中華書局　1979　p. 141

高田時雄　チベット文字で書かれた寒食詩の斷片　『均社論叢』（第 10 號）　京都大學　1981
　　　p. 67、83

陳英英　敦煌寫本諷諫今上破鮮于叔明令狐峘等請試僧尼及不許交易書考釋　敦煌吐魯番文獻研究
　　　論集　中華書局　1982　p. 509

劉俊文　敦煌吐魯番發現唐寫本律及律疏殘卷研究　敦煌吐魯番文獻研究論集　中華書局　1982
　　　p. 528、535、549

王堯　陳踐　敦煌吐蕃文獻選　四川民族出版社　1983　p. 2

楊際平　鄭學檬　兩本《敦煌吐魯番文獻研究論集》評介　《中國社會經濟史研究》1984 年第 1 期
　　　p. 121

王重民　巴黎敦煌殘卷叙錄（第二輯）　敦煌叢刊初集（九）　（臺北）新文豐出版公司　1985　p. 237

王重民原編　黃永武新編　敦煌古籍叙錄新編（第七冊）　（臺北）新文豐出版公司　1986　p. 192

陳踐　王堯　敦煌本《吐蕃法制文書》譯釋　1983 年全國敦煌學術討論會文集·文史遺書編（上）
　　　甘肅人民出版社　1987　p. 241

高國藩　敦煌民俗學　上海文藝出版社　1989　p. 533

劉俊文　敦煌吐魯番唐代法制文書考釋　中華書局　1989　p. 41

譚蟬雪　碑·銘　敦煌文學　甘肅人民出版社　1989　p. 109

岡野誠　唐戶婚律立嫡違法條について　東アジア古文書の史的研究　（東京）刀水書房　1990
　　　p. 108

李天石　敦煌吐魯番文書中的奴婢資料及其價值　《敦煌學輯刊》1990 年第 1 期　p. 3、14

唐耕耦　陸宏基　敦煌社會經濟文獻真迹釋錄（二、五）　全國圖書館文獻縮微複製中心　1990

p. 490；208

仁井田陞　補訂中國法制史研究：法と慣習・法と道德　東京大學出版會　1991　p. 249、305

仁井田陞　補訂中國法制史研究：奴隸農奴法・家族村落法　東京大學出版會　1991　p. 22

中村裕一　唐代官文書研究　（京都）中文出版社　1991　p. 521

岡野誠　敦煌資料と唐代法典研究——西域発見の唐律・律疏斷簡の再檢討　敦煌漢文文獻（講座敦煌5）　（東京）大東出版社　1992　p. 511

姜伯勤　敦煌社會文書導論　（臺北）新文豐出版公司　1992　p. 146

李正宇　北京圖書館藏《敦煌金石文字存佚考略》　（香港）《九州學刊》（敦煌學專輯）1992年第4卷第4期　p. 132 注17

林家平　寧强　羅華慶　中國敦煌學史　北京語言學院出版社　1992　p. 71、166

馬德　敦煌李氏世系訂誤　《敦煌研究》1992年第4期　p. 90

矛甘著　金昌文譯　敦煌漢藏文寫本中鳥鳴占凶吉書　國外藏學研究譯文集（第八輯）　西藏人民出版社　1992　p. 255

榮新江　敦煌學書評二則　《敦煌研究》1992年第4期　p. 110

山根清志　唐代均田制下の百姓田売買について　中國の都市と農村　（東京）汲古書院　1992　p. 330

王三慶　敦煌寫卷中武后新字之調查研究　唐代研究論集（第三輯）　（臺北）新文豐出版公司　1992　p. 97

周紹良　敦煌文學芻議及其它　（臺北）新文豐出版公司　1992　p. 5、28

高國藩　敦煌民俗資料導論　（臺北）新文豐出版公司　1993　p. 173

葛兆光　禪思想史的大變局：中唐馬祖禪考　中國文化（7）　（香港）中華書局　1993　p. 44

李正宇　敦煌文學概論　甘肅人民出版社　1993　p. 121

茅甘　敦煌寫本中的鳥鳴占吉凶書　法國學者敦煌學論文選萃　中華書局　1993　p. 387 注8

辻正博　最近五年來（1989—1993）唐代學術研究概況：日本地區史學部分　"中國唐代學會"會刊（第四期）　（臺北）"中國唐代學會"　1993　p. 199

譚蟬雪　敦煌婚姻文化　甘肅人民出版社　1993　p. 53

鄭炳林　敦煌碑銘讚抄本概述　《蘭州大學學報》1993年第4期　p. 139

郝春文　《上海博物館藏敦煌吐魯番文獻》讀後　《敦煌學輯刊》1994年第2期　p. 122

胡同慶　莫高窟第154、231窟經變畫研究　敦煌學研究　甘肅人民美術出版社　1994　p. 123、148

張涌泉　試論審辨敦煌寫本俗字的方法　《敦煌研究》1994年第2期　p. 150　又見：舊學新知　浙江大學出版社　1999年　p. 81

葛兆光　中國禪思想史：從6世紀到9世紀　北京大學出版社　1995　p. 186

胡戟　傅玫　敦煌史話　中華書局　1995　p. 152

李冬梅　唐五代敦煌學校部分教學檔案簡介　《敦煌學輯刊》1995年第2期　p. 65

馬德　敦煌遺書莫高窟營建史料淺論　敦煌學國際研討會文集・石窟考古編　遼寧美術出版社　1995　p. 138

王書慶　敦煌佛學・佛事篇　甘肅民族出版社　1995　p. 252

藏中進　則天文字の研究　（東京）翰林書房　1995　p. 6、33、261

張涌泉　漢語俗字研究　岳麓書社　1995　p. 198

鄭炳林　唐五代敦煌金鞍山異名考　《敦煌研究》1995年第2期　p. 129

鄧文寬　敦煌吐魯番文獻重文符號釋讀舉隅　敦煌吐魯番學耕耘録　（臺北）新文豐出版公司

1996　p. 321

馬德　敦煌莫高窟史研究　甘肅教育出版社　1996　p. 177

馬德　九、十世紀敦煌工匠史料述論　慶祝潘石禪先生九秩華誕敦煌學特刊　（臺北）文津出版社　1996　p. 317

張涌泉　敦煌文獻校讀釋例　文史（第四十一輯）　中華書局　1996　p. 191　又見：舊學新知　浙江大學出版社　1999 年　p. 199

池田溫　律令法　魏晉南北朝隋唐時代史の基本問題　（東京）汲古書院　1997　p. 283

馬德　敦煌工匠史料　甘肅人民出版社　1997　p. 44

仁井田陞　ペリオ敦煌發見唐令の再吟味　唐令拾遺補　東京大學出版會　1997　p. 255

楊際平　郭鋒　張和平　五一十世紀敦煌的家庭與家族關係　岳麓書社　1997　p. 288

張鴻勳　敦煌寫本《清明日登張女郎神》詩釋證　敦煌吐魯番研究（第二卷）　北京大學出版社　1997　p. 67

鄭炳林　敦煌碑銘讚及其有關問題　敦煌碑銘讚輯釋　甘肅教育出版社　1997　p. 4

鄭炳林　敦煌碑銘讚輯釋　甘肅教育出版社　1997　p. 19

鄭炳林　唐五代敦煌種植林業研究　敦煌歸義軍史專題研究　蘭州大學出版社　1997　p. 193

柴劍虹　夜燒篇　敦煌學大辭典　上海辭書出版社　1998　p. 557

董志翹　敦煌文書詞語考釋　《敦煌研究》1998 年第 1 期　p. 135

李正宇　大唐隴西李府君修功德記　敦煌學大辭典　上海辭書出版社　1998　p. 332

李正宇　唐宗子隴西李氏再修功德記　敦煌學大辭典　上海辭書出版社　1998　p. 334

馬德　咒願　敦煌學大辭典　上海辭書出版社　1998　p. 440

沙知　大黃府　敦煌學大辭典　上海辭書出版社　1998　p. 396

沙知　敦煌吐魯番文獻所見唐軍府名掇拾　《敦煌學輯刊》1998 年第 1 期　p. 13

譚蟬雪　敦煌歲時文化導論　（臺北）新文豐出版公司　1998　p. 123

唐耕耦　國忌　敦煌學大辭典　上海辭書出版社　1998　p. 377

高國藩　敦煌俗文化學　上海三聯書店　1999　p. 43、237

黃征　程惠新　劫塵遺珠：敦煌遺書　甘肅教育出版社　1999　p. 201

劉俊文　唐代法制研究　（臺北）文津出版社　1999　p. 36

山根清志　唐代良賤制と當色婚原則　東アジア史における國家と地域　（東京）刀水書房　1999　p. 161

謝桃坊　敦煌文化尋繹　四川人民出版社　1999　p. 185

張涌泉　《補全唐詩》兩種補校　舊學新知　浙江大學出版社　1999　p. 301

陳永勝　敦煌法制文書研究回顧與展望　《敦煌研究》2000 年第 2 期　p. 101

陳永勝　敦煌吐魯番法制文書研究　甘肅人民出版社　2000　p. 7、34

董志翹　《入唐求法巡禮行記》辭彙研究　中國社會科學出版社　2000　p. 291

馬德　敦煌寫本《營窟稿文範》箋證　1994 年敦煌學國際研討會文集・石窟考古卷　甘肅民族出版社　2000　p. 217

王惠民　敦煌隋至唐前期藥師圖像考察　藝術史研究（2）　中山大學出版社　2000　p. 318

謝生保　敦煌李氏三碑研究綜述　《敦煌研究》2000 年第 2 期　p. 106

徐俊　敦煌詩集殘卷輯考　中華書局　2000　p. 208、465

顏廷亮　敦煌文化　光明日報出版社　2000　p. 210、428、449

顏廷亮　敦煌文化的靈魂論綱　《甘肅社會科學》2000 年第 4 期　p. 34

張錫厚　敦煌文學源流　作家出版社　2000　p. 86

趙雲旗　唐代土地買賣研究　中國財政經濟出版社　2000　p. 57

馮培紅　敦煌文獻中的職官史料與唐五代藩鎮官制研究　《敦煌研究》2001 年第 3 期　p. 108

胡同慶　初探敦煌壁畫中的環境保護意識　《敦煌研究》2001 年第 2 期　p. 51

劉瑞明　集遺珠以彙詩海　復原貌而觀萬象：評《敦煌詩集殘卷輯考》　《敦煌研究》2001 年第 4 期　p. 170

曾良　敦煌文獻字義通釋　廈門大學出版社　2001　p. 65

王素　敦煌吐魯番文獻　文物出版社　2002　p. 141

張鴻勳　敦煌俗文學研究　甘肅人民出版社　2002　p. 316

馬德　以史論窟　以窟證史　2000 年敦煌學國際學術討論會文集・歷史文化卷（上）　甘肅民族出版社　2003　p. 495

王啓濤　中古及近代法制文書語言研究　巴蜀書社　2003　p. 65、173、203、253

公維章　讀敦煌《大曆碑》劄記　《敦煌學輯刊》2004 年第 1 期　p. 49

公維章　涅槃、淨土的殿堂：敦煌莫高窟第 148 窟研究　民族出版社　2004　p. 7

胡同慶　宋琪　試探麥積山石窟摩崖龕的功能和意義　麥積山石窟藝術文化論文集（上）　蘭州大學出版社　2004　p. 226

李天石　中國中古良賤身份制度研究　南京師範大學出版社　2004　p. 26

屈直敏　敦煌高僧　民族出版社　2004　p. 15

王冀青　斯坦因與日本敦煌學　甘肅教育出版社　2004　p. 306

吳越　敦煌歷史人物　民族出版社　2004　p. 152

高田時雄著　鍾翀等譯　藏文音譯《寒食詩》殘片　敦煌・民族・語言　中華書局　2005　p. 48

沙武田　梁紅　敦煌千佛變畫稿刺孔研究　《敦煌學輯刊》2005 年第 2 期　p. 62

P. 3610

雷僑雲　敦煌兒童文學　（臺北）學生書局　1985　p. 45

周祖謨　敦煌唐本字書叙録　敦煌語言文學研究　北京大學出版社　1988　p. 43

高國藩　敦煌民俗學　上海文藝出版社　1989　p. 109

王進玉　趙豐　敦煌文物中的紡織技藝　《敦煌研究》1989 年第 4 期　p. 100

暨遠志　敦煌寫本《茶酒論》研究之一　敦煌學國際學術討論會論文縮寫文（1990）　敦煌研究院　1990　p. 93

鄭阿財　敦煌蒙書析論　第二屆敦煌學國際研討會論文集　（臺北）漢學研究中心　1990　p. 217

林聰明　敦煌文書學　（臺北）新文豐出版公司　1991　p. 73

鄭阿財　敦煌文獻與文學　（臺北）新文豐出版公司　1993　p. 246

沃興華　敦煌書法藝術　上海人民出版社　1994　p. 249

黃征　王梵志詩校釋續商補　敦煌語文叢說　（臺北）新文豐出版公司　1997　p. 226

汪泛舟　《開蒙要訓》初探　《敦煌研究》1999 年第 2 期　p. 139

汪泛舟　敦煌古代兒童課本　甘肅人民出版社　2000　p. 28、53

汪泛舟　敦煌俗別字補正　《敦煌研究》2001 年第 4 期　p. 160

黃征　敦煌語言文字學研究　甘肅教育出版社　2002　p. 309

鄭阿財　朱鳳玉　敦煌蒙書研究　甘肅教育出版社　2002　p. 56

P. 3611

池田溫　評『ペリオ將來敦煌漢文文獻目録』第一卷（P. 2001－2500）　『東洋學報』（54 卷 4 號）

（東京）東洋學術協會　1972　p. 67

饒宗頤解說　林宏作譯　敦煌書法叢刊（第八卷）・經史（六）解說　（東京）二玄社　1986　p. 76

姜亮夫　海外敦煌卷子經眼録　敦煌學論文集　上海古籍出版社　1987　p. 28

土田健次郎　儒教典籍　敦煌漢文文獻（講座敦煌5）　（東京）大東出版社　1992　p. 268

許建平　《俄藏敦煌文獻》儒家經典類寫本的定名與綴合　漢語史學報專輯（第三輯）　上海教育出版社　2003　p. 308

李索　敦煌寫卷《春秋經傳集解》校證　中國社會科學出版社　2005　p. 324

P. 3613

竺沙雅章　敦煌の寺戶について　『史林』（44卷5號）　京都大學文學部史學研究會　1961　p. 72

長澤和俊　敦煌　（東京）築摩書房　1965　p. 166

長澤和俊　敦煌の庶民生活　敦煌の社會（講座敦煌3）　（東京）大東出版社　1980　p. 479

寧欣　唐代敦煌地區農業水利問題初探　敦煌吐魯番文獻研究論集（第三輯）　北京大學出版社　1986　p. 502 注13、525、534 注32

楊際平　吐蕃時期沙州社會經濟研究　敦煌吐魯番出土經濟文書研究　廈門大學出版社　1986　p. 366

姜伯勤　唐五代敦煌寺戶制度　中華書局　1987　p. 98

楊銘　吐蕃時期敦煌部落設置考　《西北史地》1987年第2期　p. 35

唐耕耦　陸宏基　敦煌社會經濟文獻真迹釋録（二）　全國圖書館文獻縮微複製中心　1990　p. 281

前田正名　河西歷史地理學研究　中國藏學出版社　1993　p. 241

王震亞　趙熒　敦煌殘卷爭訟文牒集釋　甘肅人民出版社　1993　p. 3

楊銘　吐蕃在敦煌計口授田的幾個問題　《西北師大學報》（社會科學版）1993年第5期　p. 105

姜伯勤　敦煌吐魯番文書與絲綢之路　文物出版社　1994　p. 266

劉惠琴　從敦煌文書中看沙州紡織業　《敦煌學輯刊》1995年第2期　p. 53

李正宇　敦煌史地新論　（臺北）新文豐出版公司　1996　p. 123

劉進寶　吐蕃對河西的統治與經營　敦煌吐魯番學研究論集　書目文獻出版社　1996　p. 335

馮培紅　唐五代敦煌的河渠水利與水司管理機構初探　《敦煌學輯刊》1997年第2期　p. 75

李并成　古代河西走廊桑蠶絲織業考　《敦煌學輯刊》1997年第2期　p. 63

李正宇　敦煌歷史地理導論　（臺北）新文豐出版公司　1997　p. 215、252

楊銘　吐蕃統治敦煌研究　（臺北）新文豐出版公司　1997　p. 22、30

郝春文　計口授田制　敦煌學大辭典　上海辭書出版社　1998　p. 415

金瀅坤　吐蕃統治敦煌的社會基層組織　《中國邊疆史地研究》1998年第4期　p. 29

金瀅坤　吐蕃統治敦煌的財政職官體系　《敦煌研究》1999年第2期　p. 89

陳永勝　敦煌吐魯番法制文書研究　甘肅人民出版社　2000　p. 118

劉進寶　敦煌文書與唐史研究　（臺北）新文豐出版公司　2000　p. 116

陸離　俄法所藏敦煌文獻中一件歸義軍時期土地糾紛案卷殘卷淺識　《敦煌學輯刊》2000年第2期　p. 63

丘古耶夫斯基　敦煌漢文文書　上海古籍出版社　2000　p. 64

馮培紅　敦煌文獻中的職官史料與唐五代藩鎮官制研究　《敦煌研究》2001年第3期　p. 109

黑維強　吐魯番出土文書詞語例釋（一）　《敦煌學輯刊》2004年第2期　p. 118

孟憲實　論敦煌渠人社　周秦漢唐文化研究（第三輯）　三秦出版社　2004　p. 141

陸離　吐蕃統治河隴時期司法制度初探　《中國藏學》2006年第1期　p. 27

陸離　吐蕃統治河隴西域時期職官四題　《西北民族研究》2006 年第 2 期　p. 30

P. 3614

高國藩　敦煌民俗學　上海文藝出版社　1989　p. 104

鄭阿財　敦煌蒙書析論　第二屆敦煌學國際研討會論文集　（臺北）漢學研究中心　1990　p. 216

黃征　敦煌寫本整理應遵循的原則　《敦煌研究》1993 年第 2 期　p. 107　又見:敦煌語文叢說　（臺
　　北）新文豐出版公司　1997 年　p. 14

王繼如　《醜女緣起》校釋補正　俗語言研究(第二期)　（京都）禪文化研究所　1995　p. 53

黃征　張涌泉　敦煌變文校注　中華書局　1997　p. 607

鄭炳林　敦煌碑銘讚輯釋　甘肅教育出版社　1997　p. 228 注 10

黃征　敦煌語言文字學研究　甘肅教育出版社　2002　p. 114

鄭阿財　朱鳳玉　敦煌蒙書研究　甘肅教育出版社　2002　p. 17

P. 3615

陳鐵凡　敦煌本尚書述略　（臺北）《大陸雜誌》1961 年第 8 期　又見:中國敦煌學百年文庫・文獻
　　卷(一)　甘肅文化出版社　1999　p. 444

陳鐵凡　敦煌本尚書十四殘卷綴合記　（新加坡）《新社學報》1969 年第 3 期　又見:中國敦煌學百
　　年文庫・文獻卷(二)　甘肅文化出版社　1999　p. 412

陳鐵凡　敦煌本虞夏商書校證補遺　（臺北）《大陸雜誌》1969 年第 2 期　又見:中國敦煌學百年文
　　庫・文獻卷(二)　甘肅文化出版社　1999　p. 419

王重民　敦煌古籍叙錄　中華書局　1979　p. 14

王堯　陳踐　敦煌吐蕃文獻選　四川民族出版社　1983　p. 67

王重民　巴黎敦煌殘卷叙錄(第二輯)　敦煌叢刊初集(九)　（臺北）新文豐出版公司　1985　p. 210

王重民原編　黃永武新編　敦煌古籍叙錄新編(第一冊)　（臺北）新文豐出版公司　1986　p. 221

周鳳五　敦煌寫本太公家教研究　（臺北）明文書局　1986　p. 155

鄭阿財　敦煌寫卷新集文詞九經抄研究　（臺北）文史哲出版社　1989　p. 9、179　又見:唐代研究
　　論集(第四輯)　（臺北）新文豐出版公司　1992　p. 638、640

孫啓治　唐寫本俗別字變化類型舉例　敦煌吐魯番文獻研究論集(第五輯)　北京大學出版社
　　1990　p. 127、129、132

鄭阿財　敦煌蒙書析論　第二屆敦煌學國際研討會論文集　（臺北）漢學研究中心　1990　p. 225

土田健次郎　儒教典籍　敦煌漢文文獻(講座敦煌 5)　（東京）大東出版社　1992　p. 268

王三慶著　池田溫譯　類書　敦煌漢文文獻(講座敦煌 5)　（東京）大東出版社　1992　p. 366

吳福熙　敦煌殘卷古文尚書校注　甘肅人民出版社　1992　p. 4

吳其昱著　伊藤美重子譯　敦煌漢文寫本概觀　敦煌漢文文獻(講座敦煌 5)　（東京）大東出版社
　　1992　p. 96

項楚　敦煌詩歌導論　（臺北）新文豐出版公司　1993　p. 163

鄭阿財　敦煌文獻與文學　（臺北）新文豐出版公司　1993　p. 222、258

胡戟　傅玫　敦煌史話　中華書局　1995　p. 140

王堯　吐蕃時期藏譯漢籍名著及故事　中國古籍研究(第一卷)　上海古籍出版社　1996　p. 540

鄭炳林　敦煌碑銘讚輯釋　甘肅教育出版社　1997　p. 347 注 3

白化文　新集文詞九經抄　敦煌學大辭典　上海辭書出版社　1998　p. 781

陳公柔　評介《尚書文字合編》　燕京學報(新第 4 期)　北京大學出版社　1998　p. 290

許建平　敦煌本《尚書》叙錄　敦煌文獻論集：紀念藏經洞發現一百周年國際學術研討會論文集　遼
　　寧人民出版社　2001　p. 382

姜亮夫　敦煌莫高窟年表　姜亮夫全集（十一）　雲南人民出版社　2002　p. 220

鄭阿財　朱鳳玉　敦煌蒙書研究　甘肅教育出版社　2002　p. 292

許建平　敦煌出土《尚書》寫卷研究的過去與未來　敦煌吐魯番研究（第七卷）　北京大學出版社
　　2004　p. 226

鄭阿財　敦煌蒙書研究的回顧與前瞻　敦煌吐魯番研究（第七卷）　北京大學出版社　2004　p. 267

中村威也　ДХ10698『尚書費誓』とДХ10698v「史書」について　『西北出土文獻研究』（創刊號）
　　（新潟）西北出土文獻研究會　2004　p. 42

P. 3616

王重民　英倫所藏敦煌經卷訪問記　《大公報》1936年4月2日　又見：敦煌遺書論文集　中華書局
　　1984　p. 4；中國敦煌學百年文庫・綜述卷（一）　甘肅文化出版社　1999　p. 64

那波利貞　佛教信仰に基きて組織せられたる中晚唐五代時代の社邑に就きて（下）　『史林』（24
　　卷4號）　京都大學文學部史學研究會　1939　p. 86 又見：唐代社會文化史研究・第六編　（東
　　京）創文社　1974年　p. 641

那波利貞　唐代の社邑に就きて（1938年）　唐代社會文化史研究・第五編　（東京）創文社　1974
　　p. 486、556

王重民　敦煌古籍叙錄　中華書局　1979　p. 91

蘇瑩輝　敦煌學概要　（臺北）編譯館"中華叢書編委會"　1981　p. 39

蘇瑩輝　中外敦煌古寫本纂要　敦煌論集　（臺北）學生書局　1983　p. 315

王重民　巴黎敦煌殘卷叙錄（第一輯）　敦煌叢刊初集（九）　（臺北）新文豐出版公司　1985
　　p. 134、201

唐耕耦　陸宏基　敦煌社會經濟文獻真迹釋錄（一）　書目文獻出版社　1986　p. 338

王重民原編　黃永武新編　敦煌古籍叙錄新編（第五冊）　（臺北）新文豐出版公司　1986　p. 254

康世昌　孔衍《春秋後語》試探　敦煌學（第13輯）　（臺北）新文豐出版公司　1988　p. 113

林平和　羅振玉敦煌學析論　（臺北）文史哲出版社　1988　p. 129

康世昌　《春秋後語》輯校（上）　敦煌學（第14輯）　（臺北）新文豐出版公司　1989　p. 91

山本達郎等　敦煌・III 轉貼　『NUN－HUANG AND TURFAN DOCUMENTS CONCERNING SOCIAL
　　AND ECONOMIC HISTORY』（IV）　（東京）東洋文庫　1989　p. 38

山本達郎等　敦煌・IV 納贈曆・納色物曆等　『NUN－HUANG AND TURFAN DOCUMENTS CON-
　　CERNING SOCIAL AND ECONOMIC HISTORY』（IV）　（東京）東洋文庫　1989　p. 109

康世昌　《春秋後語》研究　敦煌學（第16輯）　（臺北）新文豐出版公司　1990　p. 74

姜伯勤　敦煌社會文書導論　（臺北）新文豐出版公司　1992　p. 242

石田勇作　敦煌「社文書」研究序説　中國古代の國家と民衆（堀敏一先生古稀記念）　（東京）汲古
　　書院　1995　p. 679

馮培紅　晚唐五代宋初歸義軍武職軍將研究　敦煌歸義軍史專題研究　蘭州大學出版社　1997
　　p. 130

寧可　郝春文　敦煌社邑文書輯校　江蘇古籍出版社　1997　p. 300

鄭炳林　馮培紅　晚唐五代宋初歸義軍政權中都頭一職考辨　敦煌歸義軍史專題研究　蘭州大學出
　　版社　1997　p. 89

榮新江　敦煌文獻與古籍整理　慶祝吳其昱先生八秩華誕敦煌學特刊　（臺北）文津出版社　2000

　　　p. 274

徐俊　敦煌詩集殘卷輯考　中華書局　2000　p. 805

孟憲實　敦煌社邑的分佈　敦煌文獻論集：紀念藏經洞發現一百周年國際學術研討會論文集　遼寧
　　　人民出版社　2001　p. 433

姜亮夫　敦煌莫高窟年表　姜亮夫全集（十一）　雲南人民出版社　2002　p. 34

張弓　敦煌四部籍與中古後期社會的文化情境　敦煌學（第 25 輯）　（臺北）樂學書局有限公司
　　　2004　p. 315

P. 3617

陳祚龍　敦煌學新簡　敦煌文物散論　（臺北）新文豐出版公司　1993　p. 251

P. 3618

金岡照光　敦煌文學のさまざま　敦煌の文學　（東京）大藏出版株式會社　1971　p. 109

邱鎮京　敦煌變文述論　（臺北）商務印書館　1974　p. 1858、1886

楊家駱　敦煌變文　（臺北）世界書局　1980　p. 813

傅芸子　敦煌俗文學之發見及其展開　敦煌變文論文録　上海古籍出版社　1982　p. 141

鄭阿財　敦煌孝道文學研究　（臺北）石門圖書公司　1982　p. 78

郭長城　試論 P. 4980 及“秋吟一本”之相關寫卷　敦煌學（第 6 輯）　（臺北）新文豐出版公司　1983
　　　p. 103

牛龍菲　中國散韻相間、兼說兼唱之文體的來源　《敦煌學輯刊》1983 年創刊號　p. 29、47

潘重規　敦煌變文集新書（下）　（臺北）“中國文化大學”中文研究所　1984　p. 821

啓功　醜女緣起　敦煌變文集　人民文學出版社　1984　p. 813

郭長城　敦煌變文集失收之三個與“秋吟一本”相關寫卷叙録：S. 5572，P. 2704，P. 4980　敦煌學（第
　　　11 輯）　（臺北）新文豐出版公司　1986　p. 74

程毅中　唐代俗講文體制補說　敦煌語言文學研究　北京大學出版社　1988　p. 74

郭在貽　張涌泉　黃征　蘇聯所藏押座文及說唱佛經故事五種補校　《古籍整理研究學刊》1988 年
　　　第 3 期　p. 13

張涌泉　敦煌變文校勘平議　《敦煌研究》1988 年第 4 期　p. 85

周紹良　讀變文劄記　敦煌語言文學研究　北京大學出版社　1988　p. 59

郭在貽　張涌泉　黃征　《敦煌變文集新書》讀後　《杭州師範學院學報》1989 年第 5 期　p. 115

郭在貽　張涌泉　黃征　《秋吟》和《不知名變文》三種補校　《溫州師範學院學報》1989 年第 2 期
　　　p. 3

汪泛舟　讚·箴　敦煌文學　甘肅人民出版社　1989　p. 98

張鴻勳　講經文　敦煌文學　甘肅人民出版社　1989　p. 260

李明偉　《長興四年中興殿應聖節講經文》研究　絲綢之路貿易史研究　甘肅人民出版社　1991
　　　p. 347

張涌泉　《補全唐詩》兩種補校　《敦煌學輯刊》1991 年第 2 期　p. 23　又見：舊學新知　浙江大學
　　　出版社　1999　p. 312

張涌泉　敦煌寫卷俗字類型及其考辨的方法　（香港）《九州學刊》（敦煌學專輯）1992 年第 4 卷第 4
　　　期　p. 75

周紹良　敦煌文學芻議及其它　（臺北）新文豐出版公司　1992　p. 203

高國藩　敦煌民俗資料導論　（臺北）新文豐出版公司　1993　p. 132

張鴻勳　敦煌說唱文學概論　（臺北）新文豐出版公司　1993　p. 13

張涌泉　俗字研究與大型字典的編纂　中國典籍與文化論叢（第一輯）　中華書局　1993　p. 469

李重申　敦煌馬毬史料探析　《敦煌研究》1994 年第 4 期　p. 171

姜伯勤　敦煌"令舞"曲拍譜的再發現：兼論王朝"法度禮樂"與歌酒"樂章舞曲"的消長　學術集林
　　（卷五）　上海遠東出版社　1995　p. 284、292

曲金良　敦煌佛教文學研究　（臺北）文津出版社　1995　p. 100

王繼如　《醜女緣起》校釋補正　俗語言研究（第二期）　（京都）禪文化研究所　1995　p. 67

楊雄　秋吟一本　敦煌論稿　甘肅文化出版社　1995　p. 413

張涌泉　漢語俗字研究　岳麓書社　1995　p. 68

姜伯勤　敦煌藝術宗教與禮樂文明　中國社會科學出版社　1996　p. 552

李正宇　敦煌史地新論　（臺北）新文豐出版公司　1996　p. 11

王昆吾　隋唐五代燕樂雜言歌辭研究　中華書局　1996　p. 391

張涌泉　敦煌俗字研究導論　（臺北）新文豐出版公司　1996　p. 62、149

張涌泉　敦煌文獻校讀釋例　文史（第四十一輯）　中華書局　1996　p. 196、201　又見：舊學新知
　　浙江大學出版社　1999　p. 207、215

張涌泉　敦煌寫卷俗字類釋　敦煌吐魯番學研究論集　書目文獻出版社　1996　p. 484

黃征　張涌泉　敦煌變文校注　中華書局　1997　p. 164、792

張涌泉　敦煌文獻校讀易誤字例釋　敦煌文學論集　四川人民出版社　1997　p. 272

柴劍虹　秋吟　敦煌學大辭典　上海辭書出版社　1998　p. 581

柳存仁　敦煌變文與中國文學　道家與道術　上海古籍出版社　1999　p. 197

張涌泉　敦煌變文校讀釋例　舊學新知　浙江大學出版社　1999　p. 162、207、215

李重申　敦煌古代體育文化　甘肅人民出版社　2000　p. 60

張涌泉　漢語俗字叢考　中華書局　2000　p. 799

李小榮　敦煌變文"平"、"側"、"斷"諸音聲符號探析　《敦煌學輯刊》2001 年第 2 期　p. 9

黃征　敦煌語言文字學研究　甘肅教育出版社　2002　p. 402

李小榮　變文講唱與華梵宗教藝術　上海三聯書店　2002　p. 204

張鴻勳　敦煌俗文學研究　甘肅人民出版社　2002　p. 9、43

蘭州理工大學絲綢之路文史研究所編　絲綢之路體育文化論集　中華書局　2005　p. 249

P. 3619

陳祚龍　敦煌寫本《登樓賦》校證　（臺北）《大陸雜誌》1960 年第 5 期　又見：中國敦煌學百年文
　　庫·文獻卷（一）　甘肅文化出版社　1999　p. 416

陳祚龍　敦煌寫本《九諫書》校詰（上）　（臺北）《大陸雜誌》1962 年第 8 期　又見：敦煌學海探珠（下
　　冊）　（臺北）商務印書館　1979　p. 202 ；中國敦煌學百年文庫·文獻卷（一）　甘肅文化出版
　　社　1999　p. 452

陳祚龍　敦煌寫本《登樓賦》斠證　敦煌學海探珠（上冊）　（臺北）商務印書館　1979　p. 2

蔣禮鴻　《補全唐詩》校記　敦煌學論集　甘肅人民出版社　1985　p. 75、77

張錫厚　略論敦煌賦集及其選錄標準　《敦煌學輯刊》1986 年第 1 期　p. 19

黃永武　敦煌的唐詩　（臺北）洪範書店　1987　p. 87、201

任半塘　敦煌歌辭總編　上海古籍出版社　1987　p. 432、624

張錫厚　敦煌賦集校理　《敦煌研究》1987 年第 4 期　p. 32

張錫厚　關於整理《敦煌賦集》的幾個問題　敦煌語言文學論文集　浙江古籍出版社　1988

　　p. 225、232

黃永武　施淑婷　敦煌的唐詩續編　（臺北）文史哲出版社　1989　p. 21

張錫厚　敦煌賦集校理（續）　《敦煌研究》1989 年第 4 期　p. 91

張錫厚　賦　敦煌文學　甘肅人民出版社　1989　p. 134

張錫厚　詩歌　敦煌文學　甘肅人民出版社　1989　p. 177

任半塘　王昆吾　隋唐五代燕樂雜言歌辭集　巴蜀書社　1990　p. 1413

周丕顯　敦煌詩詩考　敦煌學國際學術討論會論文縮寫文(1990)　敦煌研究院　1990　p. 83

項楚　《敦煌歌辭總編》匡補（一）　文史(第三十五輯)　中華書局　1992　p. 199

張涌泉　《敦煌歌辭總編》校議　《語言研究》1992 年第 1 期　p. 54

周丕顯　敦煌佚詩雜考　《敦煌學輯刊》1992 年第 1、2 期　p. 48

周紹良　敦煌文學芻議及其它　（臺北）新文豐出版公司　1992　p. 3、20

伏俊璉　敦煌賦校補（三）　《江西師範大學學報》1993 年第 26 卷第 4 期　p. 113

譚禪雪　敦煌歲時掇瑣　（香港)《九州學刊》(敦煌學專輯)1993 年第 5 卷第 4 期　p. 101

項楚　敦煌詩歌導論　（臺北）新文豐出版公司　1993　p. 11、26、47、220

張鴻勳　敦煌話本詞文俗賦導論　（臺北）新文豐出版公司　1993　p. 163

張錫厚　敦煌文學概論　甘肅人民出版社　1993　p. 356、393

伏俊璉　敦煌賦校注　甘肅人民出版社　1994　p. 1

蔣禮鴻　蔣禮鴻語言文字學論叢　浙江古籍出版社　1994　p. 419

徐俊　敦煌伯 3619 唐詩寫卷校錄平議　《社科縱橫》1994 年第 5 期　p. 88

伏俊璉　論敦煌賦的表現特色　詩賦論集　甘肅人民出版社　1995　p. 111

胡戟　傅玫　敦煌史話　中華書局　1995　p. 180

梁超然　1994—1995 年大陸地區唐代學術研究概況：文學　"中國唐代學會"會刊(第六期)　（臺
　　北)"中國唐代學會"　1995　p. 71

項楚　敦煌歌辭總編匡補　（臺北）新文豐出版公司　1995　p. 46

張錫厚　敦煌本唐集研究　（臺北）新文豐出版公司　1995　p. 172、411

柴劍虹　俄藏敦煌詩詞寫卷經眼錄(一)　敦煌吐魯番研究(第一卷)　北京大學出版社　1996
　　p. 108　又見：敦煌吐魯番學論稿　浙江教育出版社　2000　p. 225

饒宗頤　敦煌曲訂補　敦煌曲續論　（臺北）新文豐出版公司　1996　p. 43

王昆吾　隋唐五代燕樂雜言歌辭研究　中華書局　1996　p. 350

徐俊　敦煌寫本唐人詩歌存佚互見綜考　敦煌吐魯番研究(第一卷)　北京大學出版社　1996
　　p. 111

張錫厚　敦煌本《高適詩集》考述　《敦煌研究》1996 年第 1 期　p. 83

張錫厚　敦煌賦彙　（臺北）新文豐出版公司　1996　p. 4

張錫厚　評《敦煌賦校注》　敦煌吐魯番研究(第一卷)　北京大學出版社　1996　p. 421

張錫厚　探幽發微　佚篇薈萃：讀《敦煌賦校注》　《西北師大學報》(社會科學版)1996 年第 2 期
　　p. 73

陳尚君　唐代文學叢考　中國社會科學出版社　1997　p. 198

劉子瑜　敦煌變文和王梵志詩　大象出版社　1997　p. 80

龍晦　敦煌文學讀書記四則　敦煌文學論集　四川人民出版社　1997　p. 230

徐俊　敦煌大曲　敦煌文學論集　四川人民出版社　1997　p. 248 注 1

張鴻勳　敦煌寫本《清明日登張女郎神廟》詩釋證　敦煌吐魯番研究(第二卷)　北京大學出版社
　　1997　p. 59

張鴻勳　張女郎神考索:讀敦煌詩劄記　敦煌文學論集　四川人民出版社　1997　p. 360

柴劍虹　登靈岩寺詩　敦煌學大辭典　上海辭書出版社　1998　p. 574

柴劍虹　度大庾嶺　敦煌學大辭典　上海辭書出版社　1998　p. 570

柴劍虹　李邕詩　敦煌學大辭典　上海辭書出版社　1998　p. 560

柴劍虹　清明日登張女郎神廟　敦煌學大辭典　上海辭書出版社　1998　p. 571

柴劍虹　唐人詩選　敦煌學大辭典　上海辭書出版社　1998　p. 564

柴劍虹　吐蕃党舍人臨刑　敦煌學大辭典　上海辭書出版社　1998　p. 572

柴劍虹　揚子江夜宴　敦煌學大辭典　上海辭書出版社　1998　p. 569

胡大浚　王志鵬　敦煌邊塞詩歌綜論　《敦煌研究》1998 年第 1 期　p. 118

譚蟬雪　敦煌歲時文化導論　（臺北）新文豐出版公司　1998　p. 129

譚蟬雪　張女郎神　敦煌學大辭典　上海辭書出版社　1998　p. 448

楊富學　劉永連　丁曉瑜　1997—1998 年大陸地區唐代學術研究概況:敦煌學　"中國唐代學會"會刊(第九期)　（臺北）"中國唐代學會"　1998　p. 114

張錫厚　死馬賦　敦煌學大辭典　上海辭書出版社　1998　p. 587

胡大浚　王志鵬　敦煌邊塞詩歌校注　甘肅人民出版社　1999　p. 13、29

黃永武　敦煌本劉希夷詩研究　中國敦煌學百年文庫·文學卷（三）　甘肅文化出版社　1999　p. 381

黃征　程惠新　劫塵遺珠:敦煌遺書　甘肅教育出版社　1999　p. 212

張涌泉　《補全唐詩》兩種補校　舊學新知　浙江大學出版社　1999　p. 296、300

艾麗白　上古和中古時代中國的動物喪葬活動　法國漢學（敦煌學專號）　中華書局　2000　p. 134

杜琪　敦煌詩賦作品要目分類題注　《甘肅社會科學》2000 年第 1 期　p. 64

孫其芳　大漠遺歌:敦煌詩歌選評　甘肅人民出版社　2000　p. 123、144

徐俊　敦煌詩集殘卷輯考　中華書局　2000　p. 119、295、405、742、872

張錫厚　敦煌文學源流　作家出版社　2000　p. 78、198、243

陳尚君　評《敦煌詩集殘卷輯考》　敦煌吐魯番研究（第五卷）　北京大學出版社　2001　p. 385

杜曉勤　隋唐五代文學研究　北京出版社　2001　p. 1264

劉瑞明　集遺珠以彙詩海　復原貌而觀萬象:評《敦煌詩集殘卷輯考》　《敦煌研究》2001 年第 4 期　p. 169

陶敏　李一飛　隋唐五代文學史料學　中華書局　2001　p. 354

楊曉靄　勘正辨疑　隨文釋義:《敦煌邊塞詩歌校注》簡評　《敦煌學輯刊》2001 年第 1 期　p. 113

張鴻勳　敦煌俗文學研究　甘肅人民出版社　2002　p. 304

高國藩　敦煌學百年史述要　（臺北）商務印書館　2003　p. 190

胡大浚　敦煌寫卷中幾首佚名詩考釋　2000 年敦煌學國際學術討論會文集·歷史文化卷（下）　甘肅民族出版社　2003　p. 284

林平和　試論敦煌文獻之輯佚價值　新世紀敦煌學論集　巴蜀書社　2003　p. 738

柴劍虹　敦煌寫本中的憤世嫉俗之文　《敦煌研究》2004 年第 1 期　p. 61

高啓安　趙紅　敦煌"玉女"考屑　《敦煌研究》2005 年第 2 期　p. 73

P. 3620

陳祚龍　敦煌張議潮寫本《封常清謝死表聞》校證　（臺北）《大陸雜誌》1964 年第 2 期　敦煌學海探珠(下冊)　（臺北）商務印書館　1979　p. 269；中國敦煌學百年文庫·文獻卷（一）　甘肅文化出版社　1999　p. 474

那波利貞　開元末期以前と天寶初期以後との唐の時世の差異に就きて　唐代社會文化史研究・第
　　一編　（東京）創文社　1974　p.39

陳祚龍　校訂釋無名的《無名歌》　敦煌學海探珠（上冊）　（臺北）商務印書館　1979　p.81

陳英英　敦煌寫本諷諫今上破鮮于叔明令狐峘等請試僧尼及不許交易書考釋　敦煌吐魯番文獻研究
　　論集　中華書局　1982　p.509、526

史葦湘　絲綢之路上的敦煌與莫高窟　敦煌研究文集　甘肅人民出版社　1982　p.118 注86

饒宗頤　敦煌書法叢刊（第十四卷）・牒狀（一）　（東京）二玄社　1985　p.8、85

高明士　唐代敦煌的教育　漢學研究（敦煌學國際研討會論文專號）　（臺北）漢學研究資料及服務
　　中心　1986　p.243

李正宇　唐宋時代的敦煌學校　《敦煌研究》1986年第1期　p.41

林天蔚　論索勳紀德碑及其史事之探討　漢學研究（敦煌學國際研討會論文專號）　（臺北）漢學研
　　究資料及服務中心　1986　p.488

李正宇　敦煌學郎題記輯注　《敦煌學輯刊》1987年第1期　p.38

蘇瑩輝　瓜沙史事述要　敦煌文史藝術論叢　（臺北）新文豐出版公司　1987　p.79

杜琪　表・疏　敦煌文學　甘肅人民出版社　1989　p.17

張錫厚　敦煌詩歌考論　《敦煌學輯刊》1989年第2期　p.9

張錫厚　詩歌　敦煌文學　甘肅人民出版社　1989　p.159

池田溫　中國古代寫本識語集錄　（東京）大藏出版株式會社　1990　p.402

唐耕耦　陸宏基　敦煌社會經濟文獻真迹釋錄（四）　全國圖書館文獻縮微複製中心　1990　p.311

中村裕一　唐代官文書研究　（京都）中文出版社　1991　p.27

中村裕一　唐代制勅研究　（東京）汲古書院　1991　p.716

日比野丈夫　地理書　敦煌漢文文獻（講座敦煌5）　（東京）大東出版社　1992　p.352

吳其昱著　伊藤美重子譯　敦煌漢文寫本概觀　敦煌漢文文獻（講座敦煌5）　（東京）大東出版社
　　1992　p.24

中村裕一　官文書　敦煌漢文文獻（講座敦煌5）　（東京）大東出版社　1992　p.563

周紹良　敦煌文學芻議及其它　（臺北）新文豐出版公司　1992　p.23

葛兆光　禪思想史的大變局：中唐馬祖禪考　中國文化（7）　（香港）中華書局　1993　p.44

項楚　敦煌詩歌導論　（臺北）新文豐出版公司　1993　p.66

汪泛舟　敦煌僧詩補論　《敦煌研究》1994年第3期　p.145

汪泛舟　敦煌韻文辨正舉隅　《敦煌研究》1994年第2期　p.142

李錦繡　唐代財政史稿・下卷（第二分冊）　北京大學出版社　1995　p.619 注2

吳庚舜　董乃斌　唐代文學史（下）　人民文學出版社　1995　p.612

鄭阿財　敦煌文獻與唐代字樣學　第六屆中國文字學全國學術研討會論文集　（臺北）"中國文字學
　　會"　1995　p.265

李正宇　敦煌史地新論　（臺北）新文豐出版公司　1996　p.179

劉濤　評《法藏敦煌書苑精華》　敦煌吐魯番研究（第一卷）　北京大學出版社　1996　p.378

榮新江　歸義軍史研究　上海古籍出版社　1996　p.269

張涌泉　敦煌俗字研究導論　（臺北）新文豐出版公司　1996　p.168

張涌泉　敦煌文獻校讀釋例　文史（第四十一輯）　中華書局　1996　p.202　又見：舊學新知　浙
　　江大學出版社　1999　p.217

中村裕一　唐代公文書研究　（東京）汲古書院　1996　p.99

黃征　張涌泉　敦煌變文校注　中華書局　1997　p.240、581

劉子瑜　敦煌變文和王梵志詩　大象出版社　1997　p. 72

鄭炳林　敦煌碑銘讚輯釋　甘肅教育出版社　1997　p. 402 注 8

朱雷　吐魯番出土天寶年間馬料文卷中所見封常清之北庭行　魏晉南北朝隋唐史資料（第 15 輯）
　　武漢大學出版社　1997　p. 108 注 21

馮培紅　P. 3249 背《軍籍殘卷》與歸義軍初期的僧兵武裝　《敦煌研究》1998 年第 2 期　p. 146

胡大浚　王志鵬　敦煌邊塞詩歌綜論　《敦煌研究》1998 年第 1 期　p. 124

楊森　張議潮　敦煌學大辭典　上海辭書出版社　1998　p. 352

張錫厚　無名歌　敦煌學大辭典　上海辭書出版社　1998　p. 551

胡大浚　王志鵬　敦煌邊塞詩歌校注　甘肅人民出版社　1999　p. 9、150

梅維恒著　楊繼東　陳引馳譯　唐代變文（上）　（香港）中國佛教文化出版公司　1999　p. 264

汪泛舟　敦煌詩述異　《敦煌研究》1999 年第 4 期　p. 19

張涌泉　陳祚龍校錄敦煌卷子失誤例釋　舊學新知　浙江大學出版社　1999　p. 279

孫其芳　大漠遺歌：敦煌詩歌選評　甘肅人民出版社　2000　p. 187

徐俊　敦煌詩集殘卷輯考　中華書局　2000　p. 222、387

顏廷亮　敦煌文化　光明日報出版社　2000　p. 123

張錫厚　敦煌文學源流　作家出版社　2000　p. 34

楊曉靄　勘正辨疑　隨文釋義：《敦煌邊塞詩歌校注》簡評　《敦煌學輯刊》2001 年第 1 期　p. 113

曾良　敦煌文獻字義通釋　廈門大學出版社　2001　p. 64

蕭默　敦煌建築研究　機械工業出版社　2003　p. 16

張延清　張議潮與吐蕃文化　《敦煌研究》2005 年第 3 期　p. 89

P. 3621

周鳳五　敦煌寫本太公家教研究　（臺北）明文書局　1986　p. 155

鄭阿財　敦煌寫本《新集文詞九經抄》校錄　敦煌學（第 12 輯）　（臺北）新文豐出版公司　1987
　　p. 109

鄭阿財　敦煌寫卷新集文詞九經抄研究　（臺北）文史哲出版社　1989　p. 10、49、174　又見：唐代
　　研究論集（第四輯）　（臺北）新文豐出版公司　1992　p. 640

鄭阿財　敦煌蒙書析論　第二屆敦煌學國際研討會論文集　（臺北）漢學研究中心　1990　p. 225、
　　233

王三慶著　池田溫譯　類書　敦煌漢文文獻（講座敦煌 5）　（東京）大東出版社　1992　p. 366

鄭阿財　敦煌文獻與文學　（臺北）新文豐出版公司　1993　p. 222、258、272

寧可　郝春文　敦煌社邑文書輯校　江蘇古籍出版社　1997　p. 236

白化文　新集文詞九經抄　敦煌學大辭典　上海辭書出版社　1998　p. 781

山本達郎等　補（IV）社・III 轉貼　『NUN – HUANG AND TURFAN DOCUMENTS CONCERNING SO-
　　CIAL AND ECONOMIC HISTORY』（Sup. p. lemrnts）　（東京）東洋文庫　2001　p. 71

鄭阿財　敦煌童蒙讀物的分類與總說　敦煌文獻論集：紀念藏經洞發現一百周年國際學術研討會論
　　文集　遼寧人民出版社　2001　p. 202

鄭阿財　朱鳳玉　敦煌蒙書研究　甘肅教育出版社　2002　p. 292

徐俊　敦煌先唐詩考　2000 年敦煌學國際學術討論會文集・歷史文化卷（下）　甘肅民族出版社
　　2003　p. 292

鄭炳林　徐曉麗　讀《俄藏敦煌文獻》第 12 冊幾件非佛經文獻劄記　《敦煌研究》2003 年第 4 期
　　p. 86

P. 3622

王三慶著　池田溫譯　類書　敦煌漢文文獻(講座敦煌5)　(東京)大東出版社　1992　p. 386

鄭阿財　從敦煌文獻看唐代的三教合一　第二屆國際唐代學術會議論文集(上)　(臺北)文津出版社　1993　p. 655

鄭阿財　敦煌文獻與文學　(臺北)新文豐出版公司　1993　p. 262

P. 3623

高國藩　敦煌寫本《太公家教》初探　《敦煌學輯刊》1984年第1期　p. 65

王重民　跋太公家教　敦煌遺書論文集　中華書局　1984　p. 136

雷僑雲　敦煌兒童文學　(臺北)學生書局　1985　p. 82 注5

周鳳五　敦煌寫本太公家教研究　(臺北)明文書局　1986　p. 155

鄭阿財　敦煌寫卷新集文詞九經抄研究　(臺北)文史哲出版社　1989　p. 128 注1

鄭阿財　敦煌蒙書析論　第二屆敦煌學國際研討會論文集　(臺北)漢學研究中心　1990　p. 226

鄭阿財　敦煌文獻與文學　(臺北)新文豐出版公司　1993　p. 260

鄭阿財　學日益齋敦煌學劄記　周一良先生八十生日紀念論文集　中國社會科學出版社　1993　p. 193

寧可　郝春文　敦煌社邑文書輯校　江蘇古籍出版社　1997　p. 156

汪泛舟　敦煌古代兒童課本　甘肅人民出版社　2000　p. 223

山本達郎等　補(IV)社・III 轉貼　『NUN–HUANG AND TURFAN DOCUMENTS CONCERNING SOCIAL AND ECONOMIC HISTORY』(Sup. p. lemrnts)　(東京)東洋文庫　2001　p. 71

P. 3624

圓空　《新菩薩經》《勸善經》《救諸衆生苦難經》校錄及其流傳背景之探討　《敦煌研究》1992年第1期　p. 53

方廣錩　勸善經　敦煌學大辭典　上海辭書出版社　1998　p. 741

P. 3625

周一良　敦煌寫本書儀考(之二)　敦煌吐魯番文獻研究論集(第四輯)　北京大學出版社　1987　p. 31　又見：唐五代書儀研究　中國社會科學出版社　1995　p. 85

唐耕耦　陸宏基　敦煌社會經濟文獻真迹釋錄(五)　全國圖書館文獻縮微複製中心　1990　p. 443

周一良　趙和平　敦煌表狀箋啓書儀略論　唐五代書儀研究　中國社會科學出版社　1995　p. 50　又見：敦煌吐魯番學研究論集　書目文獻出版社　1996　p. 201

周一良　趙和平　晚唐五代時的三種吉凶書儀寫卷研究　唐五代書儀研究　中國社會科學出版社　1995　p. 216

趙和平　敦煌寫本書儀中的口頭用語問題初探　慶祝潘石禪先生九秩華誕敦煌學特刊　(臺北)文津出版社　1996　p. 241

趙和平　敦煌表狀箋啓書儀輯校　江蘇古籍出版社　1997　p. 333

李正宇　安徽省博物館藏敦煌遺書《二娘子家書》　《敦煌研究》2001年第3期　p. 93

吳麗娛　從敦煌書儀中的表狀箋啓看唐五代官場禮儀的轉移變遷　中國社會歷史評論(第三卷)　中華書局　2001　p. 363

周一良　魏晉南北朝史論集續編　北京大學出版社　2001　p. 237

吳麗娛　唐禮摭遺：中古書儀研究　商務印書館　2002　p. 544、591

P. 3626

高國藩　敦煌民俗學　上海文藝出版社　1989　p. 104

周紹良　敦煌文學芻議及其它　（臺北）新文豐出版公司　1992　p. 23

沃興華　敦煌書法藝術　上海人民出版社　1994　p. 188

王繼如　《醜女緣起》校釋補正　俗語言研究（第二期）　（京都）禪文化研究所　1995　p. 53

張娜麗　《敦煌本〈六字千文〉初探》析疑（續）　《敦煌研究》2002 年第 1 期　p. 93

鄭阿財　朱鳳玉　敦煌蒙書研究　甘肅教育出版社　2002　p. 17

P. 3627

王重民　敦煌本《王陵變文》　《國立北平圖書館館刊》1936 年第 10 卷第 6 號　又見：敦煌變文論文
　　録　上海古籍出版社　1982　p. 591；敦煌遺書論文集　中華書局　1984　p. 266、283

向達　唐代俗講考　《國學季刊》1946 年第 6 卷第 4 號　p. 42　又見：唐代長安與西域文明　三聯書
　　店　1957　p. 333；敦煌變文論輯　（臺北）石門圖書公司　1981　p. 39；敦煌變文論文録　上
　　海古籍出版社　1982　p. 67；關隴文學論叢　甘肅人民出版社　1983　p. 179

那波利貞　俗講と變文（下）　『佛教史學』（1 卷 4 號）　（京都）平樂寺書店　1950　p. 49、54　又
　　見：唐代社會文化史研究・第四編　（東京）創文社　1974　p. 438、443

那波利貞　中晚唐五代の佛教寺院の俗講の座に於ける變文の演出方法に就きて　甲南大學論集
　　（2）　（神戶）甲南大學　1955　p. 1

周紹良　敦煌所出變文現存目録　敦煌變文彙録　上海出版公司　1955　p. 8

那波利貞　千佛岩莫高窟と敦煌文書　西域文化研究（第二）・敦煌吐魯番社會經濟資料（上）　（京
　　都）法藏館　1959　p. 49

蘇瑩輝　論敦煌本史傳變文與中國俗文學　（臺中）《東海大學圖書館學報》1964 年第 6 期　又見：
　　敦煌論集　（臺北）學生書局　1983　p. 115；中國敦煌學百年文庫・文學卷（五）　甘肅文化出
　　版社　1999　p. 13

金岡照光　敦煌漢文文學文獻の文學形態上の種類とその分類　敦煌出土文學文獻分類目録・附解
　　說　（東京）東洋文庫　1971　p. 198

金岡照光　敦煌文學のこころ　敦煌の文學　（東京）大藏出版株式會社　1971　p. 278

金岡照光　敦煌文學のさまざま　敦煌の文學　（東京）大藏出版株式會社　1971　p. 109、186、194

金岡照光　敦煌民衆の宗教と生活　敦煌の民衆――その生活と思想　（東京）評論社　1972
　　p. 140、166、177

邱鎮京　敦煌變文述論　（臺北）商務印書館　1974　p. 1872

王重民　敦煌古籍叙録　中華書局　1979　p. 344

楊家駱　敦煌變文　（臺北）世界書局　1980　p. 47

金岡照光　敦煌の繪物語　（東京）東方書店　1981　p. 57、224

潘重規　敦煌變文新論　敦煌變文論輯　（臺北）石門圖書公司　1981　p. 173

蘇瑩輝　敦煌學概要　（臺北）編譯館“中華叢書編委會”　1981　p. 89

張錫厚　敦煌文學的歷史貢獻　文學評論叢刊（第九輯）　中國社會科學出版社　1981　p. 200

白化文　什麼是變文　敦煌變文論文録　上海古籍出版社　1982　p. 431

陳國燦　敦煌所出諸借契年代考　魏晉南北朝隋唐史資料（第 4 輯）　武漢大學出版社　1982
　　p. 14　又見：《敦煌學輯刊》1984 年第 1 期　p. 7

鄭阿財　敦煌孝道文學研究　（臺北）石門圖書公司　1982　p. 75

周紹良　談唐代民間文學――讀《中國文學史》中“變文”節書後關於唐代民間文學研究的幾點意見

敦煌變文論文録　上海古籍出版社　1982　p. 412　又見：紹良叢稿　齊魯書社　1984　p. 54

陳國燦　唐代的民間借貸：吐魯番敦煌等地所出唐代借貸契券初探　敦煌吐魯番文書初探　武漢大學出版社　1983　p. 271 注 47

潘重規　敦煌變文集新書（下）　（臺北）"中國文化大學"中文研究所　1984　p. 886

平野顯照　講經文の組織内容　敦煌と中國仏教（講座敦煌 7）　（東京）大東出版社　1984　p. 357

王重民　漢將王陵變　敦煌變文集　人民文學出版社　1984　p. 47

蕭登福　敦煌寫卷《唐太宗入冥記》之撰寫年代及其影響　（臺北）《中國文化復興月刊》1985 年第 5、6 期　又見：敦煌俗文學論叢　（臺北）商務印書館　1988　p. 89；中國敦煌學百年文庫·文學卷（五）　甘肅文化出版社　1999　p. 275

曲金良　"變文"名實新辨　《敦煌研究》1986 年第 2 期　p. 48

王重民原編　黄永武新編　敦煌古籍叙録新編（第十七冊）　（臺北）新文豐出版公司　1986　p. 310

曾錦漳　從小說藝術看敦煌史傳變文的成就　漢學研究（敦煌學國際研討會論文專號）　（臺北）漢學研究資料及服務中心　1986　p. 335

姜亮夫　敦煌經卷題名録　敦煌學論文集　上海古籍出版社　1987　p. 1071

王永興　隋唐五代經濟史料彙編校注·第一編（下）　中華書局　1987　p. 929

張鴻勛　敦煌講唱文學作品選注　甘肅人民出版社　1987　p. 171

周紹良　唐代變文及其它　敦煌文學作品選　中華書局　1987　p. 3

李正宇　邈真讚　敦煌文學　甘肅人民出版社　1989　p. 183

王進玉　趙豐　敦煌文物中的紡織技藝　《敦煌研究》1989 年第 4 期　p. 102

張鴻勛　變文　敦煌文學　甘肅人民出版社　1989　p. 242

池田溫　中國古代寫本識語集録　（東京）大藏出版株式會社　1990　p. 479、483

郭在貽　張涌泉　黄征　敦煌變文集校議　岳麓書社　1990　p. 36

江藍生　近代漢語語法資料彙編（唐五代卷）　商務印書館　1990　p. 229

饒宗頤　從"睒變"論變文與圖繪之關係　中印文化關係史論集·語文篇　香港中文大學中國文化研究所　三聯書店　1990　p. 129　又見：饒宗頤史學論著選　上海古籍出版社　1993　p. 392；饒宗頤東方學論集　汕頭大學出版社　1999　p. 195

榮新江　西元十世紀沙州歸義軍與西州回鶻的文化交往　第二屆敦煌學國際研討會論文集　（臺北）漢學研究中心　1990　p. 588

唐耕耦　陸宏基　敦煌社會經濟文獻真迹釋録（二、三）　全國圖書館文獻縮微複製中心　1990　p. 121；598

項楚　敦煌變文選注　巴蜀書社　1990　p. 107

林聰明　敦煌文書學　（臺北）新文豐出版公司　1991　p. 27、153、277

黄征　語辭輯釋　《古漢語研究》1992 年第 1 期　p. 61

蔣禮鴻　讀變枝談　《敦煌研究》1992 年第 3 期　p. 102

金岡照光　講唱體類　敦煌の文學文獻（講座敦煌 9）　（東京）大東出版社　1992　p. 65、93

金岡照光　講史譚·時事變文等——「王陵」「李陵」「張議潮」變文を中心に　敦煌の文學文獻（講座敦煌 9）　（東京）大東出版社　1992　p. 547

林家平　寧強　羅華慶　中國敦煌學史　北京語言學院出版社　1992　p. 629

陶秋英輯録　姜亮夫校訂　敦煌經卷題名録　敦煌碎金　浙江古籍出版社　1992　p. 97

周紹良　敦煌文學芻議及其它　（臺北）新文豐出版公司　1992　p. 68

郝春文　敦煌寫本社邑文書年代彙考（三）　《社科縱横》1993 年第 5 期　p. 9

前田正名　河西歷史地理學研究　中國藏學出版社　1993　p. 257

榮新江　英倫所見三種敦煌俗文學作品跋　（香港）《九州學刊》（敦煌學專輯）1993 年第 5 卷第 4 期
　　p. 132

張鴻勳　敦煌說唱文學概論　（臺北）新文豐出版公司　1993　p. 167

張鴻勳　敦煌文學概論　甘肅人民出版社　1993　p. 238

郝春文　《上海博物館藏敦煌吐魯番文獻》讀後　《敦煌學輯刊》1994 年第 2 期　p. 122

蔣禮鴻　敦煌文獻語言詞典　杭州大學出版社　1994　p. 46、218

蔣禮鴻　蔣禮鴻語言文字學論叢　浙江古籍出版社　1994　p. 210

林聰明　談敦煌文書的抄寫問題　紀念陳寅恪先生百年誕辰學術論文集　江西教育出版社　1994
　　p. 286

黃盛璋　敦煌漢文與于闐文書中之龍家及其相關問題　全國敦煌學研討會論文集　（臺北）中正大
　　學中國文學系所　1995　p. 66　又見:《西域研究》1996 年第 1 期　p. 30

劉進寶　敦煌學論述　（臺北）洪葉文化事業有限公司　1995　p. 307

曲金良　敦煌佛教文學研究　（臺北）文津出版社　1995　p. 98

張傳璽　中國歷代契約會編考釋(上)　北京大學出版社　1995　p. 392 注 1

黃征　敦煌俗語法研究之一:句法篇　敦煌吐魯番研究(第一卷)　北京大學出版社　1996　p. 69

榮新江　歸義軍史研究　上海古籍出版社　1996　p. 22

黃征　敦煌俗語詞小劄　敦煌語文叢說　（臺北）新文豐出版公司　1997　p. 77

黃征　敦煌文學《兒郎偉》輯錄校注　敦煌語文叢說　（臺北）新文豐出版公司　1997　p. 711

黃征　敦煌寫本異文綜析　敦煌語文叢說　（臺北）新文豐出版公司　1997　p. 28

黃征　張涌泉　敦煌變文校注　中華書局　1997　p. 72、87

顏廷亮　關於《晏子賦》寫本的抄寫年代問題　《敦煌研究》1997 年第 2 期　p. 138

趙和平　敦煌表狀箋啓書儀輯校　江蘇古籍出版社　1997　p. 360

鄭炳林　敦煌碑銘讚及其有關問題　敦煌碑銘讚輯釋　甘肅教育出版社　1997　p. 8

鄭炳林　敦煌碑銘讚輯釋　甘肅教育出版社　1997　p. 413 注 4

鄭炳林　晚唐五代敦煌貿易市場的物價　敦煌歸義軍史專題研究　蘭州大學出版社　1997　p. 281

海客　漢將王陵變　敦煌學大辭典　上海辭書出版社　1998　p. 577

榮新江　歸義軍大事紀年初稿　出土文獻研究(第三輯)　文物出版社　1998　p. 246

沙知　敦煌契約文書輯校　江蘇古籍出版社　1998　p. 207

趙和平　狀啓集　敦煌學大辭典　上海辭書出版社　1998　p. 425

周紹良　張涌泉　黃征　敦煌變文講經文因緣輯校(上)　江蘇古籍出版社　1998　p. 6、83

陳國燦　唐代的經濟社會　（臺北）文津出版社　1999　p. 218 注 47

段小强　敦煌文書中所見的古代喪儀　《西北民族研究》1999 年第 1 期　p. 212

郝春文　《敦煌社邑文書輯校》補遺(一)　《首都師範大學學報》1999 年第 4 期　p. 26

梅維恒著　楊繼東　陳引馳譯　唐代變文(上)　（香港）中國佛教文化出版公司　1999　p. 56、172、
　　253

蘇金花　唐、五代敦煌地區的商品貨幣形態　《敦煌研究》1999 年第 2 期　p. 98

顏廷亮　關於敦煌文學發展的歷史進程　《甘肅社會科學》1999 年第 4 期　p. 47

鄭炳林　晚唐五代敦煌地區種植棉花研究　《中國史研究》1999 年第 3 期　p. 86

金岡照光　敦煌文獻と中國文學　（東京）五曜書房　2000　p. 190、238、257

顏廷亮　敦煌文化　光明日報出版社　2000　p. 323

顏廷亮　西陲文學遺珍:敦煌文學通俗談　甘肅人民出版社　2000　p. 31

張錫厚　敦煌文學源流　作家出版社　2000　p. 465

張涌泉　漢語俗字叢考　中華書局　2000　p. 774

鄭炳林　晚唐五代敦煌貿易市場的外來商品輯考　中華文史論叢（總63輯）　上海古籍出版社　2000　p. 59

林聰明　敦煌吐魯番文書解詁指例　（臺北）新文豐出版公司　2001　p. 33

楊森　關於敦煌文獻中的"平章"一詞　敦煌學與中國史研究論集　甘肅人民出版社　2001　p. 231

蔡忠霖　敦煌漢文寫卷俗字及其現象　（臺北）文津出版社　2002　p. 140、167

陳國燦　敦煌學史事新證　甘肅教育出版社　2002　p. 339

黃征　敦煌語言文字學研究　甘肅教育出版社　2002　p. 47、138、233

姜亮夫　敦煌莫高窟年表　姜亮夫全集（十一）　雲南人民出版社　2002　p. 503

馬茜　歸義軍時期敦煌地區庶民佛教的發展　甘肅民族研究論叢　甘肅人民出版社　2002　p. 450

楊惠玲　敦煌契約文書中的保人、見人、口承人、同便人、同取人　《敦煌研究》2002年第6期　p. 43

張鴻勳　敦煌俗文學研究　甘肅人民出版社　2002　p. 7、125

童丕　敦煌的借貸：中國中古時代的物質生活與社會　中華書局　2003　p. 140

王啓濤　中古及近代法制文書語言研究　巴蜀書社　2003　p. 107注2、207、225、240

荒見泰史　敦煌變文研究概述以及新觀點　華林（第三卷）　中華書局　2004　p. 395

荒見泰史　敦煌的講唱體文獻　敦煌學（第25輯）　（臺北）樂學書局有限公司　2004　p. 274

王小盾　潘重規先生"變文外衣"理論疏說　敦煌學（第25輯）　（臺北）樂學書局有限公司　2004　p. 76

鄭炳林　晚唐五代敦煌商業貿易市場研究　《敦煌學輯刊》2004年第1期　p. 110

黃征　敦煌俗字典　上海教育出版社　2005　p. 前言25

黃征　敦煌俗字種類考辨　敦煌學·日本學：石塚晴通教授退職紀念論文集　上海辭書出版社　2005　p. 116

P. 3628

陳鐵凡　敦煌本尚書述略　（臺北）《大陸雜誌》1961年第8期　又見：中國敦煌學百年文庫·文獻卷（一）　甘肅文化出版社　1999　p. 442

陳鐵凡　敦煌本尚書十四殘卷綴合記　（新加坡）《新社學報》1969年第3期　又見：中國敦煌學百年文庫·文獻卷（二）　甘肅文化出版社　1999　p. 412

陳鐵凡　敦煌本虞夏商書校證補遺　（臺北）《大陸雜誌》1969年第2期　又見：中國敦煌學百年文庫·文獻卷（二）　甘肅文化出版社　1999　p. 419

那波利貞　開元末期以前と天寶初期以後との唐の時世の差異に就きて　唐代社會文化史研究·第一編　（東京）創文社　1974　p. 141

王重民　敦煌古籍叙錄　中華書局　1979　p. 14

王堯　陳踐　敦煌吐蕃文獻選　四川民族出版社　1983　p. 67

王重民　巴黎敦煌殘卷叙錄（第一輯）　敦煌叢刊初集（九）　（臺北）新文豐出版公司　1985　p. 111、210

王重民原編　黃永武新編　敦煌古籍叙錄新編（第一冊）　（臺北）新文豐出版公司　1986　p. 227

姜亮夫　敦煌本尚書校錄　敦煌學論文集　上海古籍出版社　1987　p. 153、168　又見：姜亮夫全集（十三）　雲南人民出版社　2002　p. 133

孫啓治　唐寫本俗別字變化類型舉例　敦煌吐魯番文獻研究論集（第五輯）　北京大學出版社　1990　p. 124、128

土田健次郎　儒教典籍　敦煌漢文文獻（講座敦煌5）　（東京）大東出版社　1992　p. 268

吳福熙　敦煌殘卷古文尚書校注　甘肅人民出版社　1992　p. 9

吳其昱著　伊藤美重子譯　敦煌漢文寫本概観　敦煌漢文文獻(講座敦煌5)　(東京)大東出版社　1992　p. 96

王堯　吐蕃時期藏譯漢籍名著及故事　中國古籍研究(第一卷)　上海古籍出版社　1996　p. 540

鄭炳林　敦煌碑銘讚輯釋　甘肅教育出版社　1997　p. 471 注 2

陳公柔　評介《尚書文字合編》　燕京學報(新第 4 期)　北京大學出版社　1998　p. 290

姜亮夫　敦煌:偉大的文化寶藏　雲南人民出版社　1999　p. 99

許建平　敦煌本《尚書》叙録　敦煌文獻論集:紀念藏經洞發現一百周年國際學術研討會論文集　遼寧人民出版社　2001　p. 382

許建平　敦煌出土《尚書》寫卷研究的過去與未來　敦煌吐魯番研究(第七卷)　北京大學出版社　2004　p. 226

中村威也　ДХ10698『尚書費誓』とДХ10698v「史書」について　『西北出土文獻研究』(創刊號)　(新潟)西北出土文獻研究會　2004　p. 42

P. 3629

張錫厚　敦煌詩歌考論　《敦煌學輯刊》1989 年第 2 期　p. 11

周紹良　敦煌文學芻議及其它　(臺北)新文豐出版公司　1992　p. 25

項楚　敦煌詩歌導論　(臺北)新文豐出版公司　1993　p. 281

張錫厚　敦煌文學概論　甘肅人民出版社　1993　p. 359

柴劍虹　抄閬中十詠偶成　敦煌學大辭典　上海辭書出版社　1998　p. 570

汪泛舟　敦煌詩述異　《敦煌研究》1999 年第 4 期　p. 17

徐俊　敦煌詩集殘卷輯考　中華書局　2000　p. 806

張錫厚　敦煌文學源流　作家出版社　2000　p. 39

P. 3630

那波利貞　唐寫本雜抄考——唐代庶民教育史研究の一資料　唐代社會文化史研究・第二編　(東京)創文社　1974　p. 255

柴劍虹　敦煌題畫詩漫語　《敦煌學輯刊》1986 年第 1 期　p. 154　又見:西域文史論稿　(臺北)國文天地雜誌社　1991　p. 361

李正宇　邈真讚　敦煌文學　甘肅人民出版社　1989　p. 184

熊文彬　兩唐書《吐蕃傳》吐蕃制度補證　《中國藏學》1989 年第 3 期　又見:中國敦煌學百年文庫・民族卷(一)　甘肅文化出版社　1999　p. 413

池田溫　中國古代寫本識語集録　(東京)大藏出版株式會社　1990　p. 466

唐耕耦　陸宏基　敦煌社會經濟文獻真迹釋録(五)　全國圖書館文獻縮微複製中心　1990　p. 159

金岡照光　邈真讚　敦煌の文學文獻(講座敦煌9)　(東京)大東出版社　1992　p. 618

姜伯勤　敦煌毗尼藏主考　《敦煌研究》1993 年第 3 期　p. 2

鄭炳林　敦煌碑銘讚部分文書拼接復原　《敦煌研究》1993 年第 1 期　p. 57

鄭炳林　敦煌碑銘讚抄本概述　《蘭州大學學報》1993 年第 4 期　p. 138

姜伯勤　敦煌邈真讚與敦煌望族　敦煌邈真讚校録並研究　(臺北)新文豐出版公司　1994　p. 27

姜伯勤　項楚　榮新江　敦煌邈真讚校録並研究　(臺北)新文豐出版公司　1994　p. 236

榮新江　敦煌邈真讚年代考　敦煌邈真讚校録並研究　(臺北)新文豐出版公司　1994　p. 362

姜伯勤　敦煌戒壇與大乘佛教　華學(第二輯)　中山大學出版社　1996　p. 320

姜伯勤　敦煌藝術宗教與禮樂文明　中國社會科學出版社　1996　p. 324、342
鄭炳林　敦煌碑銘讚及其有關問題　敦煌碑銘讚輯釋　甘肅教育出版社　1997　p. 3
鄭炳林　敦煌碑銘讚輯釋　甘肅教育出版社　1997　p. 167 注 4
曾良　敦煌文獻字義通釋　廈門大學出版社　2001　p. 186
劉永明　散見敦煌曆朔閏輯考　《敦煌研究》2002 年第 6 期　p. 12、16
釋覺旻　從"三教大法師"看晚唐五代敦煌社會的三教融合　敦煌佛教藝術文化國際學術研討會論
　　文集　蘭州大學出版社　2002　p. 405
湛如　敦煌佛教律儀制度研究　中華書局　2003　p. 121
屈直敏　敦煌高僧　民族出版社　2004　p. 129

P. 3631

謝和耐著　耿昇譯　中國 5—10 世紀的寺院經濟　甘肅人民出版社　1987　p. 222 注 2　又見：上海
　　古籍出版社　2004　p. 182 注 4
唐耕耦　8 至 10 世紀敦煌的物價　紀念陳寅恪教授國際學術討論會文集　中山大學出版社　1989
　　p. 532、537
唐耕耦　陸宏基　敦煌社會經濟文獻真迹釋録(二)　全國圖書館文獻縮微複製中心　1990　p. 227
郝春文　敦煌寫本社邑文書年代彙考(二)　《首都師範大學學報》1993 年第 5 期　p. 81
李明偉　隋唐絲綢之路　甘肅人民出版社　1994　p. 260
劉惠琴　從敦煌文書中看沙州紡織業　《敦煌學輯刊》1995 年第 2 期　p. 53
齊陳俊　馮培紅　晚唐五代宋初歸義軍對外商業貿易　敦煌歸義軍史專題研究　蘭州大學出版社
　　1997　p. 347
唐耕耦　敦煌寺院會計文書研究　(臺北)新文豐出版公司　1997　p. 326、420、448
鄭炳林　唐五代敦煌手工業研究　敦煌歸義軍史專題研究　蘭州大學出版社　1997　p. 259
鄭炳林　唐五代敦煌種植林業研究　敦煌歸義軍史專題研究　蘭州大學出版社　1997　p. 202
鄭炳林　晚唐五代敦煌貿易市場的物價　敦煌歸義軍史專題研究　蘭州大學出版社　1997　p. 277、
　　299
郝春文　唐後期五代宋初敦煌僧尼的社會生活　中國社會科學出版社　1998　p. 181
金瀅坤　從敦煌文書看晚唐五代敦煌地區布紡織業　《敦煌研究》1998 年第 2 期　p. 138
童丕　10 世紀敦煌的借貸人　法國漢學(第 3 輯)　中華書局　1998　p. 88
羅彤華　從便物曆論敦煌寺院的放貸　敦煌文獻論集：紀念藏經洞發現一百周年國際學術研討會論
　　文集　遼寧人民出版社　2001　p. 469
郝春文　《勘尋永安寺法律願慶與老宿紹建相諍根由狀》及相關問題考　戒幢佛學(第二卷)　岳麓
　　書社　2002　p. 81　又見：中日敦煌佛教學術會議論文集　中國社會科學院研究所　2002
　　p. 57
乜小紅　唐宋敦煌毛紡織業述略　敦煌學(第 23 輯)　(臺北)樂學書局有限公司　2002　p. 128
童丕　敦煌的借貸：中國中古時代的物質生活與社會　中華書局　2003　p. 50、104

P. 3632

鄭雨　莫高窟第九十八窟的歷史背景與時代精神　(香港)《九州學刊》(敦煌學專輯)1992 年第 4 卷
　　第 4 期　p. 36
郝春文　敦煌寫本社邑文書年代彙考(二)　《首都師範大學學報》1993 年第 5 期　p. 77
前田正名　河西歷史地理學研究　中國藏學出版社　1993　p. 221

王震亞　趙熒　敦煌殘卷爭訟文牒集釋　甘肅人民出版社　1993　p. 110

項楚　敦煌詩歌導論　（臺北）新文豐出版公司　1993　p. 281

姜伯勤　敦煌藝術宗教與禮樂文明　中國社會科學出版社　1996　p. 555

饒宗頤　《雲謠集》的性質及其與歌筵樂舞的聯繫　敦煌曲續論　（臺北）新文豐出版公司　1996
　　　p. 122

徐俊　敦煌詩集殘卷輯考　中華書局　2000　p. 806

湯涒　敦煌曲子詞地域文化研究　上海古籍出版社　2004　p. 107

P. 3633

王重民　金山國墜事零拾　《國立北平圖書館館刊》1936 年第 9 卷第 6 號　又見：敦煌學文選（上）
　　　蘭州大學歷史系敦煌學研究室等　1983　p. 84 ；敦煌遺書論文集　中華書局　1984　p. 95、97、
　　　99、110；中國敦煌學百年文庫·歷史卷（一）　甘肅文化出版社　1999　p. 33

那波利貞　佛教信仰に基きて組織せられたる中晚唐五代時代の社邑に就きて（上）　『史林』（24
　　　卷 3 號）　京都大學文學部史學研究會　1939　p. 20　又見：唐代社會文化史研究·第六編
　　　（東京）創文社　1974　p. 591

金岡照光　敦煌文學のさまざま　敦煌の文學　（東京）大藏出版株式會社　1971　p. 164

陳祚龍　莫高窟壁畫表隱　敦煌資料考屑（下冊）　（臺北）商務印書館　1979　p. 292

梅村坦　住民の種族構成——敦煌をめぐる諸民族の動向　敦煌の社會（講座敦煌 3）　（東京）大
　　　東出版社　1980　p. 210

森安孝夫　ウイグルと敦煌　敦煌の歷史（講座敦煌 2）　（東京）大東出版社　1980　p. 310

鄧小南　爲肅州刺史劉臣璧答南蕃書（伯二五五五）校釋　敦煌吐魯番文獻研究論集　中華書局
　　　1982　p. 612 注 46

王永興　唐天寶敦煌差科簿研究：兼論唐代色役制和其他問題　敦煌吐魯番文獻研究論集　中華書
　　　局　1982　p. 105

冷鵬飛　唐末沙州歸義軍時期有關百姓受田和賦稅的幾個問題　《敦煌學輯刊》1984 年第 1 期
　　　p. 36

饒宗頤解說　林宏作譯　敦煌書法叢刊（第十九卷）·碎金（二）　（東京）二玄社　1984　p. 101

森安孝夫著　高然譯　回鶻與敦煌　《西北史地》1984 年第 1 期　p. 112

饒宗頤解說　林宏作譯　敦煌書法叢刊（第十四卷）·牒狀（一）　（東京）二玄社　1985　p. 89

饒宗頤　敦煌書法叢刊（第十五卷）·牒狀（二）　（東京）二玄社　1985　p. 3、79

山口瑞鳳　吐蕃支配期以後の諸文書　敦煌胡語文獻（講座敦煌 6）　（東京）大東出版社　1985
　　　p. 517

柴劍虹　敦煌題畫詩漫語　《敦煌學輯刊》1986 年第 1 期　p. 154

陳祚龍　敦煌名讚小集　中華佛教文化史散策（四集）　（臺北）新文豐出版公司　1986　p. 293

簡濤　敦煌本《燕子賦》考論　《敦煌研究》1986 年第 3 期　p. 26

林天蔚　論索勳紀德碑及其史事之探討　漢學研究（敦煌學國際研討會論文專號）　（臺北）漢學研
　　　究資料及服務中心　1986　p. 493

錢伯泉　試解“仆固俊”之謎　《甘肅民族研究》1986 年第 2 期　p. 37 注 20

饒宗頤解說　林宏作譯　敦煌書法叢刊（第十三卷）·書儀　（東京）二玄社　1986　p. 74

蘇瑩輝　從幾種敦煌資料論張承奉、曹議金之稱“帝”稱“王”　敦煌學（第 11 輯）　（臺北）新文豐出
　　　版公司　1986　p. 67、71　又見：敦煌文史藝術論叢　（臺北）新文豐出版公司　1987　p. 150

蘇瑩輝　瓜沙史事述要　漢學研究（敦煌學國際研討會論文專號）　（臺北）漢學研究資料及服務中

　　心　1986　p. 472　　又見:敦煌文史藝術論叢　(臺北)新文豐出版公司　1987　p. 82

土肥義和著　李永寧譯　歸義軍時期(晚唐、五代、宋)的敦煌(一)　《敦煌研究》1986 年第 4 期
　　p. 83

黃盛璋　敦煌本曹氏二州六鎮與八鎮考　1983 年全國敦煌學術討論會文集·文史遺書編(上)　甘
　　肅人民出版社　1987　p. 269

李正宇　關於金山國和敦煌國建國的幾個問題　《西北史地》1987 年第 2 期　p. 66、71

李正宇　談《白雀歌》尾部雜寫與金山國建國年月　《敦煌研究》1987 年第 3 期　p. 78

王堯　陳踐　歸義軍曹氏與于闐之關係補證　《西北史地》1987 年第 2 期　p. 61

王永興　隋唐五代經濟史料彙編校注·第一編(下)　中華書局　1987　p. 622

李正宇　敦煌地區古代祠廟寺觀簡志　《敦煌學輯刊》1988 年第 1、2 期　p. 72

李正宇　敦煌文學雜考二題　敦煌語言文學研究　北京大學出版社　1988　p. 96

李正宇　討賴河本名呼鹽水,唐宋名金河　《陽關》1988 年第 4 期　p. 62

楊聖敏　敦煌卷子 P. 3633 號研究　中國民族歷史與文化　中央民族學院出版社　1988　p. 103　又
　　見:中國敦煌學百年文庫·民族卷(三)　甘肅文化出版社　1999　p. 276

杜琪　表·疏　敦煌文學　甘肅人民出版社　1989　p. 17

李正宇　邈真讚　敦煌文學　甘肅人民出版社　1989　p. 184

李正宇　唐宋時代敦煌縣河渠泉澤簡志(二)　《敦煌研究》1989 年第 1 期　p. 56

王堯　敦煌吐蕃官號"節兒"考　《民族語文》1989 年第 4 期　又見:中國敦煌學百年文庫·民族卷
　　(一)　甘肅文化出版社　1999　p. 416

王堯　陳踐　吐蕃職官考信錄　《中國藏學》1989 年第 1 期　又見:中國敦煌學百年文庫·民族卷
　　(一)　甘肅文化出版社　1999　p. 398

顏廷亮　十多年來我國的敦煌文學研究　敦煌文學　甘肅人民出版社　1989　p. 327

張廣達　榮新江　有關西州回鶻的一篇敦煌漢文文獻　《北京大學學報》1989 年第 2 期　p. 28

陳炳應　也談甘州回鶻　《敦煌學輯刊》1990 年第 2 期　p. 42

陳國燦　唐五代瓜沙歸義軍軍鎮的演變　敦煌吐魯番文書初探(二編)　武漢大學出版社　1990
　　p. 564、565

郝春文　唐後期五代宋初沙州僧尼的特點　敦煌吐魯番學研究論文集　漢語大詞典出版社　1990
　　p. 856 注 46

盧向前　金山國立國之我見　《敦煌學輯刊》1990 年第 2 期　p. 15　又見:敦煌吐魯番文書論稿　江
　　西人民出版社　1992　p. 179、188

榮新江　敦煌學研究揭開晚唐五代宋初西北史的新篇章　中國文化(2)　(香港)中華書局　1990
　　p. 8

榮新江　沙州歸義軍歷任節度使稱號研究　敦煌吐魯番學研究論文集　漢語大詞典出版社　1990
　　p. 775

榮新江　西元十世紀沙州歸義軍與西州回鶻的文化交往　第二屆敦煌學國際研討會論文集　(臺
　　北)漢學研究中心　1990　p. 585

蘇哲　伯二九九二號文書三通五代狀文的研究　敦煌吐魯番文獻研究論集(第五輯)　北京大學出
　　版社　1990　p. 441

唐耕耦　陸宏基　敦煌社會經濟文獻真迹釋錄(四)　全國圖書館文獻縮微複製中心　1990　p. 376

張伯元　試論敦煌壁畫《龍王禮佛圖》的創作思想　《敦煌學輯刊》1990 年第 2 期　p. 75

柴劍虹　列寧格勒藏敦煌《長安詞》寫卷分析　西域文史論稿　(臺北)國文天地雜誌社　1991
　　p. 326 注 4

顧吉辰　西漢金山國系年要錄　《敦煌研究》1991 年第 3 期　p. 65

郭鋒　略論慕容歸盈出任歸義軍瓜州刺史前的身世　《敦煌研究》1991 年第 4 期　p. 90

暨遠志　張議潮出行圖研究　《敦煌研究》1991 年第 3 期　p. 38

李明偉　《長興四年中興殿應聖節講經文》研究　絲綢之路貿易史研究　甘肅人民出版社　1991　　p. 354

林聰明　敦煌文書學　（臺北）新文豐出版公司　1991　p. 260

陸慶夫　略論敦煌民族史料的價值　《敦煌學輯刊》1991 年第 1 期　p. 37

姜伯勤　敦煌社會文書導論　（臺北）新文豐出版公司　1992　p. 63

榮新江　金山國史辨正　中華文史論叢（總 50 輯）　上海古籍出版社　1992　p. 76、81

邵文實　沙州節兒考及其引申出來的幾個問題　《西北師大學報》（社會科學版）1992 年第 5 期　　p. 64

烏瑞著　王湘雲譯　干支紀年法在吐蕃的應用　國外敦煌吐蕃文書研究選譯　甘肅人民出版社　　1992　p. 239

吳其昱著　伊藤美重子譯　敦煌漢文寫本概觀　敦煌漢文文獻（講座敦煌 5）　（東京）大東出版社　　1992　p. 139

周紹良　敦煌文學芻議及其它　（臺北）新文豐出版公司　1992　p. 22

昤麟　金山國名稱來源　《敦煌學輯刊》1993 年第 1 期　p. 52

昤麟　南朝小考　《敦煌學輯刊》1993 年第 1 期　p. 71

李正宇　敦煌文學概論　甘肅人民出版社　1993　p. 99、136、167、458

前田正名　河西歷史地理學研究　中國藏學出版社　1993　p. 235、307

譚蟬雪　敦煌祈賽風俗　《敦煌研究》1993 年第 4 期　p. 64

項楚　敦煌詩歌導論　（臺北）新文豐出版公司　1993　p. 267

顏廷亮　敦煌西漢金山國之文學又三題　《蘭州教育學院學報》1993 年第 2 期　p. 9

鄭炳林　《索崇恩和尚修功德記》考釋　《敦煌研究》1993 年第 2 期　p. 58

樊錦詩　趙青蘭　吐蕃佔領時期莫高窟洞窟的分期研究　《敦煌研究》1994 年第 4 期　p. 83

姜伯勤　敦煌邈真讚與敦煌望族　敦煌邈真讚校錄並研究　（臺北）新文豐出版公司　1994　p. 44

姜伯勤　項楚　榮新江　敦煌邈真讚校錄並研究　（臺北）新文豐出版公司　1994　p. 217

蔣禮鴻　敦煌文獻語言詞典　杭州大學出版社　1994　p. 95

陸慶夫　敦煌民族文獻與河西古代民族　《敦煌學輯刊》1994 年第 2 期　p. 86

牛新軍　甘州回鶻漫談　《西北師大學報》（社會科學版）1994 年第 1 期　p. 102

饒宗頤　《敦煌邈真讚校錄並研究》序　敦煌邈真讚校錄並研究　（臺北）新文豐出版公司　1994　　p. 4

榮新江　敦煌邈真讚年代考　敦煌邈真讚校錄並研究　（臺北）新文豐出版公司　1994　p. 362

榮新江　敦煌邈真讚所見歸義軍與東西回鶻的關係　敦煌邈真讚校錄並研究　（臺北）新文豐出版　　公司　1994　p. 69、82、85

榮新江　甘州回鶻與曹氏歸義軍　《中國古代史》（先秦至隋唐）1994 年第 3 期　p. 101

王永興　敦煌經濟文書導論　（臺北）新文豐出版公司　1994　p. 220

顏廷亮　《龍泉神劍歌》新校並序　《甘肅社會科學》1994 年第 4 期　p. 108

顏廷亮　《沙州百姓一萬人上回鶻天可汗狀》新校並序　《蘭州教育學院學報》1994 年第 1 期　p. 3

鄭炳林　敦煌本《張淮深變文》研究　《西北民族研究》1994 年第 1 期　p. 152

段小強　讀《瓜沙史事概述》劄記　《敦煌學輯刊》1995 年第 2 期　p. 127

胡戟　傅玫　敦煌史話　中華書局　1995　p. 146

劉進寶　敦煌學論述　（臺北）洪葉文化事業有限公司　1995　p. 270

榮新江　張氏歸義軍與西州回鶻的關係　敦煌學國際研討會文集・史地語文編　遼寧美術出版社　1995　p. 127

蘇瑩輝　張承奉稱帝稱王與曹仁貴節度沙州歸義軍顛末考　敦煌學國際研討會文集・史地語文編　遼寧美術出版社　1995　p. 54

孫修身　試論瓜沙曹氏與甘州回鶻之關係　敦煌學國際研討會文集・史地語文編　遼寧美術出版社　1995　p. 98

汪泛舟　論敦煌文明的多民族貢獻　《敦煌研究》1995 年第 2 期　p. 186

顏廷亮　敦煌文學概說　（臺北）新文豐出版公司　1995　p. 167、178、291

顏廷亮　敦煌西漢金山國文學文獻三題新校並序　《社科縱橫》1995 年第 1 期　p. 39

顏廷亮　《龍泉神劍歌》寫作時間和作者小辨　《西北民族研究》1995 年第 2 期　p. 66

楊秀清　八十年代以來金山國史研究綜述　《敦煌研究》1995 年第 4 期　p. 188

楊秀清　《金山國諸雜齋文範》(11 篇)劄記　敦煌佛教文獻研究　敦煌研究院文獻研究所　1995　p. 51

張涌泉　陳祚龍校録敦煌卷子失誤例釋　學術集林（卷六）　上海遠東出版社　1995　p. 296　又見：舊學新知　浙江大學出版社　1999　p. 273

鄭炳林　敦煌漢文吐蕃史料綜述：兼論吐蕃控制河西時期的職官與統治政策　敦煌吐魯番文獻研究　蘭州大學出版社　1995　p. 96

鄭炳林　唐五代敦煌金鞍山異名考　《敦煌研究》1995 年第 2 期　p. 129

鄭炳林　羊萍　敦煌本夢書　甘肅文化出版社　1995　p. 178

李正宇　敦煌史地新論　（臺北）新文豐出版公司　1996　p. 61、208

劉進寶　P. 3236 號《壬申年官布籍》時代考　《西北師大學報》(社會科學版)1996 年第 5 期　p. 43

劉進寶　P. 3236 號《壬申年官布籍》研究　慶祝潘石禪先生九秩華誕敦煌學特刊　（臺北）文津出版社　1996　p. 358

劉濤　評《法藏敦煌書苑精華》　敦煌吐魯番研究(第一卷)　北京大學出版社　1996　p. 378

榮新江　歸義軍史研究　上海古籍出版社　1996　p. 14

盛朝暉　"細供"考　《敦煌學輯刊》1996 年第 2 期　p. 102

顏廷亮　敦煌西漢金山國檔案文獻考略　《甘肅社會科學》1996 年第 5 期　p. 92

顏廷亮　敦煌遺書 P. 3633《張安左生前邈真讚並序》新校　《敦煌研究》1996 年第 1 期　p. 98

張涌泉　敦煌俗字研究導論　（臺北）新文豐出版公司　1996　p. 148、159

鄭阿財　洪藝芳　1995—1996 年臺灣地區唐代學術研究概況：敦煌學　"中國唐代學會"會刊(第七期)　（臺北）"中國唐代學會"　1996　p. 149

鄭炳林　唐五代敦煌粟特人與歸義軍政權　《敦煌研究》1996 年第 4 期　p. 90　又見：敦煌歸義軍史專題研究　蘭州大學出版社　1997　p. 420

陳國燦　敦煌五十九首佚名氏詩歷史背景新探　敦煌吐魯番研究(第二卷)　北京大學出版社　1997　p. 94

馮培紅　晚唐五代宋初歸義軍武職軍將研究　敦煌歸義軍史專題研究　蘭州大學出版社　1997　p. 104

黃征　張涌泉　敦煌變文校注　中華書局　1997　p. 189、383

李正宇　敦煌出土的四首特型詩及其破解　敦煌文學論集　四川人民出版社　1997　p. 19

李正宇　敦煌歷史地理導論　（臺北）新文豐出版公司　1997　p. 5、128、266

陸慶夫　甘州回鶻可汗世次辨析　敦煌歸義軍史專題研究　蘭州大學出版社　1997　p. 468

齊陳俊　馮培紅　晚唐五代宋初歸義軍政權中"十將"及下屬諸職考　敦煌歸義軍史專題研究　蘭州大學出版社　1997　p. 32

邵文實　敦煌李陵、蘇武故事流變發微　敦煌吐魯番研究(第二卷)　北京大學出版社　1997　p. 82

顏廷亮　關於《貳師泉賦》的作者及寫本年代問題　《甘肅社會科學》1997 年第 5 期　p. 55

顏廷亮　《金山國諸雜齋文範》校錄及其他　敦煌文學論集　四川人民出版社　1997　p. 346

楊富學　杜斗城　河西回鶻之佛教　《世界宗教研究》1997 年第 3 期　又見:中國敦煌學百年文庫·宗教卷(一)　甘肅文化出版社　1999　p. 456

楊秀清　金山國立國年代補證　《敦煌研究》1997 年第 4 期　p. 130、135

鄭炳林　敦煌碑銘讚及其有關問題　敦煌碑銘讚輯釋　甘肅教育出版社　1997　p. 23 注 16

鄭炳林　敦煌碑銘讚輯釋　甘肅教育出版社　1997　p. 319

鄭炳林　論晚唐敦煌文士張球即張景球　文史(第四十三輯)　中華書局　1997　p. 118

鄭炳林　唐五代敦煌的醫事研究　敦煌歸義軍史專題研究　蘭州大學出版社　1997　p. 522

鄭炳林　唐五代敦煌金山國征伐樓蘭史事考　敦煌歸義軍史專題研究　蘭州大學出版社　1997　p. 2、22

鄭炳林　唐五代敦煌種植林業研究　敦煌歸義軍史專題研究　蘭州大學出版社　1997　p. 196

鄭炳林　馮培紅　唐五代歸義軍政權對外關係中的使頭一職　敦煌歸義軍史專題研究　蘭州大學出版社　1997　p. 52

柴劍虹　沙州百姓一萬人上回鶻天可汗書　敦煌學大辭典　上海辭書出版社　1998　p. 589

陳國燦　甘州回鶻　敦煌學大辭典　上海辭書出版社　1998　p. 461

陳國燦　退渾　敦煌學大辭典　上海辭書出版社　1998　p. 460

李冬梅　唐五代歸義軍與周邊民族關係綜論　《敦煌學輯刊》1998 年第 2 期　p. 46

李正宇　敦煌遺書標點符號　敦煌學大辭典　上海辭書出版社　1998　p. 519

李正宇　古本敦煌鄉土志八種箋證　(臺北)新文豐出版公司　1998　p. 158

李正宇　金山　敦煌學大辭典　上海辭書出版社　1998　p. 312

李正宇　龍泉神劍歌　敦煌學大辭典　上海辭書出版社　1998　p. 551

李正宇　太保廟　敦煌學大辭典　上海辭書出版社　1998　p. 626

李正宇　張文徹　敦煌學大辭典　上海辭書出版社　1998　p. 357

陸慶夫　歸義軍與遼及甘州回鶻關係考　《蘭州大學學報》1998 年第 3 期　p. 79 注 25

榮新江　歸義軍大事紀年初稿　出土文獻研究(第三輯)　文物出版社　1998　p. 242

王志鵬　敦煌 P. 2672 卷殘詩集內容考釋　《敦煌研究》1998 年第 3 期　p. 138

楊富學　回鶻之佛教　新疆人民出版社　1998　p. 49

楊森　敦煌邊塞詩歌綜論　《敦煌研究》1998 年第 1 期　p. 127

楊秀清　曹議金執政臆談　《敦煌研究》1998 年第 3 期　p. 125

楊秀清　試論金山國的有關政治制度　《敦煌學輯刊》1998 年第 2 期　p. 36

胡大浚　王志鵬　敦煌邊塞詩歌校注　甘肅人民出版社　1999　p. 285

黃征　程惠新　劫塵遺珠:敦煌遺書　甘肅教育出版社　1999　p. 155

陸慶夫　金山國與甘州回鶻關係考論　《敦煌學輯刊》1999 年第 1 期　p. 51

謝桃坊　敦煌文化尋繹　四川人民出版社　1999　p. 204

顏廷亮　敦煌文化中的道教及文化　《敦煌研究》1999 年第 1 期　p. 144

顏廷亮　關於敦煌文學發展的歷史進程　《甘肅社會科學》1999 年第 4 期　p. 46

楊富學　李吉和　敦煌漢文吐蕃史料輯校(第一輯)　甘肅人民出版社　1999　p. 200

楊秀清　敦煌西漢金山國史　甘肅人民出版社　1999　p. 12 注 13、58、81、96、112、148、167

杜琪　敦煌詩賦作品要目分類題注　《甘肅社會科學》2000 年第 1 期　p. 62

華濤　高昌回鶻與契丹的交往　《西域研究》2000 年第 1 期　p. 26

華濤　西域歷史研究(8—10 世紀)　上海古籍出版社　2000　p. 96

雷紹鋒　歸義軍賦役制度初探　(臺北)洪葉文化事業有限公司　2000　p. 5 注 3、95、239、241

李重申　敦煌古代體育文化　甘肅人民出版社　2000　p. 116

劉進寶　敦煌歷史文化　甘肅人民出版社　2000　p. 89、115

劉進寶　敦煌文書與唐史研究　(臺北)新文豐出版公司　2000　p. 13、113、229

馬德　敦煌寫卷行草書法集　甘肅人民美術出版社　2000　p. 311

徐俊　敦煌詩集殘卷輯考　中華書局　2000　p. 808

顏廷亮　敦煌文化　光明日報出版社　2000　p. 252、438

顏廷亮　敦煌文化的靈魂論綱　《甘肅社會科學》2000 年第 4 期　p. 37

顏廷亮　敦煌西漢金山國之文學考論　1994 年敦煌學國際研討會文集・宗教文史卷(上)　甘肅民
　　族出版社　2000　p. 206

楊寶玉　敦煌史話　中國大百科全書出版社　2000　p. 159

張錫厚　敦煌文學源流　作家出版社　2000　p. 36、148

徐曉麗　曹議金與甘州回鶻天公主結親時間考　《敦煌研究》2001 年第 4 期　p. 114

曾良　敦煌文獻字義通釋　廈門大學出版社　2001　p. 34

趙貞　歸義軍押衙兼知他官略考　《敦煌研究》2001 年第 2 期　p. 89、94

陳國燦　敦煌學史事新證　甘肅教育出版社　2002　p. 25、393、508

劉進寶　敦煌學通論　甘肅教育出版社　2002　p. 56、361

呂鍾　重修敦煌縣誌　甘肅人民出版社　2002　p. 492

史葦湘　敦煌歷史與莫高窟藝術研究　甘肅教育出版社　2002　p. 554

徐俊　敦煌寫本詩歌續考　《敦煌研究》2002 年第 5 期　p. 69

徐曉麗　敦煌石窟所見天公主考辨　《敦煌學輯刊》2002 年第 2 期　p. 78

楊寶玉　敦煌滄桑　長江文藝出版社　2002　p. 243

鄭炳林　晚唐五代敦煌歸義軍行政區劃制度研究(之二)　《敦煌研究》2002 年第 3 期　p. 72

王繼光　鄭炳林　敦煌漢文吐蕃史料綜述　中國西部民族文化研究(2003 年卷)　民族出版社
　　2003　p. 248

王豔明　瓜州曹氏與甘州回鶻的兩次和親始末　《敦煌研究》2003 年第 1 期　p. 70

楊富學　回鶻文獻與回鶻文化　民族出版社　2003　p. 208

張錫厚　敦煌文概說　2000 年敦煌學國際學術討論會文集・歷史文化卷(下)　甘肅民族出版社
　　2003　p. 209

鄭炳林　晚唐五代敦煌村莊聚落輯考　2000 年敦煌學國際學術討論會文集・歷史文化卷(上)　甘
　　肅民族出版社　2003　p. 129

陳炳應　盧冬　古代民族　敦煌文藝出版社　2004　p. 114、225

柳洪亮　遷居吐魯番盆地的吐谷渾人　《吐魯番學研究》2004 年第 2 期　p. 129

湯涒　敦煌曲子詞地域文化研究　上海古籍出版社　2004　p. 17

吳越　敦煌歷史人物　民族出版社　2004　p. 203

張雲　唐代吐蕃史與西北民族史研究　中國藏學出版社　2004　p. 185

屈直敏　從《勵忠節抄》看歸義軍政權道德秩序的重建　《敦煌學輯刊》2005 年第 3 期　p. 86

湯涒　敦煌曲子詞寫本叙略　敦煌學國際研討會論文集　北京圖書館出版社　2005　p. 192

朱鳳玉　王重民先生與敦煌文學研究　敦煌學國際研討會論文集　北京圖書館出版社　2005　p. 11

P. 3634

姜亮夫 海外敦煌卷子經眼録 敦煌學論文集 上海古籍出版社 1987 p. 33 又見:姜亮夫全集
　　(十三) 雲南人民出版社 2002 p. 27

上山大峻 敦煌佛教の研究 (京都)法藏館 1990 p. 413

土田健次郎 儒教典籍 敦煌漢文文獻(講座敦煌5) (東京)大東出版社 1992 p. 268、297

白化文 春秋經傳集解 敦煌學大辭典 上海辭書出版社 1998 p. 774

姜亮夫 敦煌:偉大的文化寶藏 雲南人民出版社 1999 p. 103

北京大學 敦煌《經卷》、《照片》及《圖書》目録 中國敦煌學百年文庫・綜述卷(一) 甘肅文化出
　　版社 1999 p. 313

李索 敦煌寫卷《春秋經傳集解》校證 中國社會科學出版社 2005 p. 76

P. 3635

小島祐馬 巴黎國立圖書館藏敦煌遺書所見録(三) 『支那學』(6卷2號) (京都)支那學社
　　1932 p. 101

那波利貞 唐代の社邑に就きて(1938年) 唐代社會文化史研究・第五編 (東京)創文社 1974
　　p. 492

蘇瑩輝 略論五經正義的原本格式及其標記"經"、"傳"、"注"文起訖情形 敦煌論集續編 (臺北)
　　學生書局 1983 p. 73、80

姜亮夫 海外敦煌卷子經眼録 敦煌學論文集 上海古籍出版社 1987 p. 33

土田健次郎 儒教典籍 敦煌漢文文獻(講座敦煌5) (東京)大東出版社 1992 p. 268、297

鄭炳林 唐五代敦煌粟特人與歸義軍政權 《敦煌研究》1996年第4期 p. 83 又見:敦煌歸義軍史
　　專題研究 蘭州大學出版社 1997 p. 405

鄭炳林 敦煌碑銘讚輯釋 甘肅教育出版社 1997 p. 536 注2

許建平 英倫法京所藏敦煌寫本殘片八種之定名並校録 敦煌學(第24輯) (臺北)樂學書局有限
　　公司 2003 p. 124

朱大星 《文子》敦煌本與竹簡本、今本關係考論 《敦煌研究》2003年第2期 p. 60

朱大星 敦煌本《文子》校補 《敦煌研究》2004年第6期 p. 103

李索 敦煌寫卷《春秋經傳集解》校證 中國社會科學出版社 2005 p. 147

P. 3636

那波利貞 佛教信仰に基きて組織せられたる中晩唐五代時代の社邑に就きて(上) 『史林』(24
　　卷3號) 京都大學文學部史學研究會 1939 p. 33 又見: 唐代社會文化史研究・第六編
　　(東京)創文社 1974 p. 602

那波利貞 千佛岩莫高窟と敦煌文書 西域文化研究(第二)・敦煌吐魯番社會經濟資料(上) (京
　　都)法藏館 1959 p. 38

那波利貞 唐代の社邑に就きて(1938年) 唐代社會文化史研究・第五編 (東京)創文社 1974
　　p. 493、548、556

陳慶浩 古賢集校注 敦煌學(第3輯) (香港)新亞研究所敦煌學會 1976 p. 70

王重民 敦煌古籍叙録 中華書局 1979 p. 186、218

堀敏一 敦煌社會の變質——中國社會全般の發展とも關連して 敦煌の社會(講座敦煌3) (東
　　京)大東出版社 1980 p. 185

王重民 巴黎敦煌殘卷叙録(第一輯) 敦煌叢刊初集(九) (臺北)新文豐出版公司 1985

　　　p. 153、165

唐耕耦　陸宏基　敦煌社會經濟文獻真迹釋録(一)　書目文獻出版社　1986　p. 383

王重民原編　黄永武新編　敦煌古籍叙録新編(第九、十一冊)　(臺北)新文豐出版公司　1986
　　　p. 348；183

施萍婷　敦煌隨筆之二　《敦煌研究》1987 年第 1 期　p. 47

林其錟　陳鳳金輯校　敦煌遺書劉子殘卷集録　上海書店　1988　p. 1、62、87

郝春文　敦煌私社的"義聚"　《中國社會經濟史研究》1989 年第 4 期　p. 28

山本達郎等　敦煌·I 社條　『NUN－HUANG AND TURFAN DOCUMENTS CONCERNING SOCIAL
　　　AND ECONOMIC HISTORY』(IV)　(東京)東洋文庫　1989　p. 13

山本達郎等　敦煌·IV 納贈曆·納色物曆等　『NUN－HUANG AND TURFAN DOCUMENTS CON-
　　　CERNING SOCIAL AND ECONOMIC HISTORY』(IV)　(東京)東洋文庫　1989　p. 106

山本達郎等　敦煌·VI 諸種文書　『NUN－HUANG AND TURFAN DOCUMENTS CONCERNING SO-
　　　CIAL AND ECONOMIC HISTORY』(IV)　(東京)東洋文庫　1989　p. 132

許建平　敦煌遺書《劉子》殘卷校證　《杭州師範學院學報》1989 年第 5 期　p. 119

張錫厚　敦煌賦集校理(續)　《敦煌研究》1989 年第 4 期　p. 95

項楚　敦煌變文選注　巴蜀書社　1990　p. 281

周丕顯　巴黎藏伯字第二七二一號《雜抄·書目》初探　敦煌吐魯番學研究論文集　漢語大詞典出
　　　版社　1990　p. 415

李正宇　敦煌名勝古迹導論　《陽關》1991 年第 4 期　p. 51

林聰明　敦煌文書學　(臺北)新文豐出版公司　1991　p. 399

程毅中　敦煌本《孝子傳》與睒子故事　中國文化(5)　(香港)中華書局　1992　p. 149

姜伯勤　敦煌社會文書導論　(臺北)新文豐出版公司　1992　p. 173、233、247

劉進寶　敦煌遺書與歷史研究　《魏晉南北朝隋唐史》1992 年第 9 期　p. 71

王三慶著　池田溫譯　類書　敦煌漢文文獻(講座敦煌 5)　(東京)大東出版社　1992　p. 371

許建平　敦煌遺書《劉子》殘卷校證補　《杭州師範學院學報》1992 年第 1 期　p. 43

郝春文　敦煌寫本社邑文書年代彙考(三)　《社科縱橫》1993 年第 5 期　p. 10

李正宇　敦煌文學概論　甘肅人民出版社　1993　p. 135

前田正名　河西歷史地理學研究　中國藏學出版社　1993　p. 250

許建平　《殘類書》所引《劉子》殘卷考略　《浙江社會科學》1993 年第 4 期　p. 89

張鴻勳　敦煌說唱文學概論　(臺北)新文豐出版公司　1993　p. 7

陸慶夫　敦煌民族文獻與河西古代民族　《敦煌學輯刊》1994 年第 2 期　p. 84

寧可　郝春文　敦煌寫本社邑文書述略　《首都師範大學學報》1994 年第 4 期　p. 14

李并成　唐代瓜沙二州間驛站考　敦煌學國際研討會文集·史地語文編　遼寧美術出版社　1995
　　　p. 202

劉進寶　敦煌學論述　(臺北)洪葉文化事業有限公司　1995　p. 268

寧可　郝春文　敦煌社邑的喪葬互助　《首都師範大學學報》1995 年第 6 期　p. 36

譚蟬雪　敦煌婚俗的特點　敦煌學國際研討會文集·史地語文編　遼寧美術出版社　1995　p. 605

土肥義和　唐·北宋間の「社」の組織形態に関する一考察　中國古代の國家と民衆(堀敏一先生古
　　　稀記念)　(東京)汲古書院　1995　p. 712

李并成　唐代瓜、沙二州間驛站考　《歷史地理》1996 年第 13 輯　又見：中國敦煌學百年文庫·地理
　　　卷(二)　甘肅文化出版社　1999　p. 162

李并成　李春元　瓜沙史地研究　甘肅文化出版社　1996　p. 132

李正宇　敦煌史地新論　（臺北）新文豐出版公司　1996　p. 10、51

陸慶夫　唐宋間敦煌粟特人之漢化　《歷史研究》1996年第6期　p. 27

張涌泉　敦煌俗字研究導論　（臺北）新文豐出版公司　1996　p. 97

黃征　張涌泉　敦煌變文校注　中華書局　1997　p. 236

陸慶夫　唐宋間敦煌粟特人之漢化　敦煌歸義軍史專題研究　蘭州大學出版社　1997　p. 362

寧可　郝春文　敦煌社邑文書輯校　江蘇古籍出版社　1997　p. 499、746

張涌泉　評《唐五代韻書集存》　敦煌吐魯番研究（第二卷）　北京大學出版社　1997　p. 382

鄭炳林　敦煌碑銘讚輯釋　甘肅教育出版社　1997　p. 508 注6

白化文　劉子新論　敦煌學大辭典　上海辭書出版社　1998　p. 778

陳國燦　倉慈　敦煌學大辭典　上海辭書出版社　1998　p. 339

李正宇　氾輯　敦煌學大辭典　上海辭書出版社　1998　p. 338

寧可　社司罰物曆　敦煌學大辭典　上海辭書出版社　1998　p. 430

寧可　社邑牒狀　敦煌學大辭典　上海辭書出版社　1998　p. 432

寧可　巷社　敦煌學大辭典　上海辭書出版社　1998　p. 427

曲金良　敦煌寫本《孝子傳》及其相關問題　《敦煌研究》1998年第2期　p. 156

沙知　敦煌契約文書輯校　江蘇古籍出版社　1998　p. 424

沙知　身東西不在　敦煌學大辭典　上海辭書出版社　1998　p. 390

譚蟬雪　族際婚　敦煌學大辭典　上海辭書出版社　1998　p. 436

寧可　寧可史學論集　中國社會科學出版社　1999　p. 449 注2

郝春文　《敦煌社邑文書輯校》補遺（二）　《首都師範大學學報》2000年第2期　p. 8

郝春文　英藏敦煌文獻年代叢考　英國收藏敦煌漢藏文獻研究　中國社會科學出版社　2000　p. 374

劉進寶　敦煌文書與唐史研究　（臺北）新文豐出版公司　2000　p. 10

榮新江　敦煌文獻與古籍整理　慶祝吳其昱先生八秩華誕敦煌學特刊　（臺北）文津出版社　2000　p. 271

顏廷亮　西陲文學遺珍：敦煌文學通俗談　甘肅人民出版社　2000　p. 14

查屏球　唐學與唐詩：中晚唐詩風的一種文化考察　商務印書館　2000　p. 266

山本達郎等　補（III）契·敦煌發現契　『NUN－HUANG AND TURFAN DOCUMENTS CONCERNING SOCIAL AND ECONOMIC HISTORY』(Sup. p. lemrnts)　（東京）東洋文庫　2001　p. 60

山本達郎等　補（IV）社·IV 納贈曆·納色物曆　『NUN－HUANG AND TURFAN DOCUMENTS CONCERNING SOCIAL AND ECONOMIC HISTORY』(Sup. p. lemrnts)　（東京）東洋文庫　2001　p. 85

郝春文　《唐末五代宋初敦煌社邑的幾個問題》商榷　國際敦煌學學術史研討會論文集　研討會籌備組　2002　p. 197

劉進寶　敦煌學通論　甘肅教育出版社　2002　p. 293

楊惠玲　敦煌契約文書中的保人、見人、口承人、同便人、同取人　《敦煌研究》2002年第6期　p. 42

郝春文　《敦煌寫本社邑文書輯校》補遺（四）　漢語史學報專輯（第三輯）　上海教育出版社　2003　p. 376

王繼光　鄭炳林　敦煌漢文吐蕃史料綜述　中國西部民族文化研究（2003年卷）　民族出版社　2003　p. 243

王啓濤　中古及近代法制文書語言研究　巴蜀書社　2003　p. 135、191、253、394

馮培紅　歸義軍鎮制考　敦煌吐魯番研究（第九卷）　中華書局　2006　p. 276

沙武田　敦煌寫真邈真讚畫稿研究：兼論敦煌畫之寫真肖像藝術　《敦煌學輯刊》2006 年第 1 期
　　　p. 49

P. 3637

那波利貞　千佛岩莫高窟と敦煌文書　西域文化研究(第二)・敦煌吐魯番社會經濟資料(上)　（京
　　都）法藏館　1959　p. 56

那波利貞　開元末期以前と天寶初期以後との唐の時世の差異に就きて　唐代社會文化史研究・第
　　一編　（東京）創文社　1974　p. 66

周一良著　池田溫付記　敦煌寫本の書儀に見える唐代の婚禮と葬式　『東方學』(第 71 輯)　（東
　　京）東方學會　1986　p. 138

周紹良　趙和平　書儀　《敦煌語言文學研究通訊》1987 年第 4 期　p. 2　又見：敦煌文學　甘肅人
　　民出版社　1989　p. 47

周一良　“賜無畏”及其他：讀《敦煌變文集》劄記　1983 年全國敦煌學術討論會文集・文史遺書編
　　（下）　甘肅人民出版社　1987　p. 244　又見：魏晉南北朝史論集續編　北京大學出版社
　　2001　p. 282

周一良　敦煌寫本書儀考(之二)　敦煌吐魯番文獻研究論集(第四輯)　北京大學出版社　1987
　　p. 24　又見：唐五代書儀研究　中國社會科學出版社　1995　p. 77

高國藩　敦煌民俗學　上海文藝出版社　1989　p. 233

趙和平　杜友晉《吉凶書儀》及《書儀鏡》成書年代考　《敦煌學輯刊》1990 年第 2 期　p. 68　又見：
　　唐五代書儀研究　中國社會科學出版社　1995　p. 137、142

趙和平　敦煌寫本書儀略論　敦煌吐魯番學研究論文集　漢語大詞典出版社　1990　p. 564、571、
　　585　又見：唐五代書儀研究　中國社會科學出版社　1995　p. 3、10

周一良　書儀源流考　《歷史研究》1990 年第 5 期　p. 97 注 2

劉瑞明　王梵志詩歌與古代民俗　《慶陽師專學報》1992 年第 2 期　p. 17

周一良　唐代書儀の類型　敦煌漢文文獻(講座敦煌 5)　（東京）大東出版社　1992　p. 697

高國藩　敦煌民俗資料導論　（臺北）新文豐出版公司　1993　p. 59、73

譚蟬雪　敦煌婚姻文化　甘肅人民出版社　1993　p. 78

張錫厚　敦煌文學概論　甘肅人民出版社　1993　p. 358

趙和平　敦煌寫本書儀研究　（臺北）新文豐出版公司　1993　p. 14、46

周一良　唐代的書儀與中日文化關係　中日文化關係史論　江西人民出版社　1993　p. 53　又見：
　　唐五代書儀研究　中國社會科學出版社　1995　p. 325

周一良　趙和平　敦煌寫本書儀中所見的唐代婚喪禮俗　唐五代書儀研究　中國社會科學出版社
　　1995　p. 294　又見：魏晉南北朝史論集續編　北京大學出版社　2001　p. 253

姜伯勤　敦煌藝術宗教與禮樂文明　中國社會科學出版社　1996　p. 431

榮新江　敦煌本《書儀鏡》爲安西書儀考　慶祝潘石禪先生九秩華誕敦煌學特刊　（臺北）文津出版
　　社　1996　p. 268

趙和平　敦煌寫本書儀中的口頭用語問題初探　慶祝潘石禪先生九秩華誕敦煌學特刊　（臺北）文
　　津出版社　1996　p. 226

黃征　《敦煌歌辭總編》評議　敦煌語文叢說　（臺北）新文豐出版公司　1997　p. 477

仁井田陞　唐令拾遺補訂　唐令拾遺補　東京大學出版會　1997　p. 845

楊際平　郭鋒　張和平　五一十世紀敦煌的家庭與家族關係　岳麓書社　1997　p. 81 注 1

譚蟬雪　蹴踘　敦煌學大辭典　上海辭書出版社　1998　p. 599

譚蟬雪　敦煌歲時文化導論　（臺北）新文豐出版公司　1998　p. 190、306、335

譚蟬雪　冥婚　敦煌學大辭典　上海辭書出版社　1998　p. 437

趙和平　《敦煌寫本書儀研究》訂補　敦煌吐魯番研究（第三卷）　北京大學出版社　1998　p. 232、241

趙和平　新定書儀鏡　敦煌學大辭典　上海辭書出版社　1998　p. 419

陳靜　"別紙"考釋　《敦煌學輯刊》1999 年第 1 期　p. 106

姜伯勤　唐禮與敦煌發現的書儀　敦煌文藪（下）　（臺北）新文豐出版公司　1999　p. 7

吳麗娛　敦煌寫本書儀中的行第之稱：兼論行第普及的庶民影響　敦煌吐魯番研究（第四卷）　北京大學出版社　1999　p. 530

董志翹　《入唐求法巡禮行記》辭彙研究　中國社會科學出版社　2000　p. 283

李重申　敦煌古代體育文化　甘肅人民出版社　2000　p. 104

吳麗娛　唐代書儀中單、複書形式簡析　英國收藏敦煌漢藏文獻研究　中國社會科學出版社　2000　p. 264

吳麗娛　從敦煌書儀中的表狀箋啓看唐五代官場禮儀的轉移變遷　中國社會歷史評論（第三卷）　中華書局　2001　p. 358

吳麗娛　敦煌所出杜佑喪服制度圖與鄭餘慶元和書儀　敦煌吐魯番研究（第五卷）　北京大學出版社　2001　p. 199

吳麗娛　敦煌寫本書儀中的喪服圖與唐禮　中國社會科學院歷史研究所學刊（第一集）　學刊編委會　2001　p. 211

吳麗娛　關於 S.078v 和 S.1725v 兩件敦煌寫本書儀的一些看法　敦煌學與中國史研究論集　甘肅人民出版社　2001　p. 172

周一良　魏晉南北朝史論集續編　北京大學出版社　2001　p. 229

石曉軍　日本園城寺（三井寺）藏唐人詩文尺牘校證　唐研究（第八卷）　北京大學出版社　2002　p. 128

吳麗娛　唐禮摭遺：中古書儀研究　商務印書館　2002　p. 14、39、55、226、259、317、534

吳麗娛　再論複書與別紙　燕京學報（新第 13 期）　北京大學出版社　2002　p. 107

趙和平　評《英藏敦煌社會歷史文獻釋錄》　敦煌吐魯番研究（第六卷）　北京大學出版社　2002　p. 392

王啓濤　中古及近代法制文書語言研究　巴蜀書社　2003　p. 29

趙和平　唐五代書儀的主要內容及其學術價值　敦煌與絲路文化學術講座（第一輯）　北京圖書館出版社　2003　p. 214

王曉平　敦煌書儀與《萬葉集》書狀的比較研究　《敦煌研究》2004 年第 6 期　p. 78

王雲路　從"蒙免""鞭恥"說起　浙江與敦煌學：常書鴻先生誕辰一百周年紀念文集　浙江古籍出版社　2004　p. 514

張小豔　試論敦煌書儀的語料價值　浙江與敦煌學：常書鴻先生誕辰一百周年紀念文集　浙江古籍出版社　2004　p. 537

鄭顯文　唐代律令制研究　北京大學出版社　2004　p. 178 注 1

鄭學檬　貞觀之治和盛唐的人文精神　唐研究（第十卷）　北京大學出版社　2004　p. 216

吳麗娛　關於敦煌 S.5566 書儀的研究　敦煌學國際研討會論文集　北京圖書館出版社　2005　p. 85

蘭州理工大學絲綢之路文史研究所編　絲綢之路體育文化論集　中華書局　2005　p. 217

吳麗娛　正禮與時俗：論民間書儀與唐朝禮制的同期互動　敦煌吐魯番研究（第九卷）　中華書局

2006　p. 169

趙跟喜　敦煌唐宋時期的女子教育初探　文史(第七十五輯)　中華書局　2006　p. 96

P. 3638

馬世長　敦煌縣博物館藏地志殘卷:敦博第五八號卷子研究之一　敦煌吐魯番文獻研究論集　中華
書局　1982　p. 306 注14、395

姜伯勤　唐五代敦煌寺戶制度　中華書局　1987　p. 156、170、248、297

山本達郎等　敦煌·III 轉貼　『NUN－HUANG AND TURFAN DOCUMENTS CONCERNING SOCIAL
AND ECONOMIC HISTORY』(IV)　(東京)東洋文庫　1989　p. 79

山本達郎等　敦煌·IV 納贈曆·納色物曆等　『NUN－HUANG AND TURFAN DOCUMENTS CON-
CERNING SOCIAL AND ECONOMIC HISTORY』(IV)　(東京)東洋文庫　1989　p. 107

山本達郎等　敦煌·VI 諸種文書　『NUN－HUANG AND TURFAN DOCUMENTS CONCERNING SO-
CIAL AND ECONOMIC HISTORY』(IV)　(東京)東洋文庫　1989　p. 137

郝春文　唐後期五代宋初沙州僧尼的特點　敦煌吐魯番學研究論文集　漢語大詞典出版社　1990
p. 838

唐耕耦　陸宏基　敦煌社會經濟文獻真迹釋録(三)　全國圖書館文獻縮微複製中心　1990　p. 116

姜伯勤　敦煌社會文書導論　(臺北)新文豐出版公司　1992　p. 220

榮新江　金山國史辨正　中華文史論叢(總50輯)　上海古籍出版社　1992　p. 77

侯錦郎　敦煌龍興寺的器物曆　法國學者敦煌學論文選萃　中華書局　1993　p. 85

鄭炳林　《索崇恩和尚修功德記》考釋　《敦煌研究》1993年第2期　p. 58

姜伯勤　敦煌吐魯番文書與絲綢之路　文物出版社　1994　p. 67

劉惠琴　從敦煌文書中看沙州紡織業　《敦煌學輯刊》1995年第2期　p. 53

張弓　敦煌秋冬節俗初探　敦煌學國際研討會文集·史地語文編　遼寧美術出版社　1995　p. 597

顏廷亮　敦煌西漢金山國檔案文獻考略　《甘肅社會科學》1996年第5期　p. 93

鄭炳林　唐五代敦煌粟特人與歸義軍政權　《敦煌研究》1996年第4期　p. 82　又見:敦煌歸義軍史
專題研究　蘭州大學出版社　1997　p. 404

李正宇　敦煌歷史地理導論　(臺北)新文豐出版公司　1997　p. 82、214

田德新　敦煌寺院中的都師　《敦煌學輯刊》1997年第2期　p. 127

鄭炳林　唐五代敦煌的粟特人與佛教　敦煌歸義軍史專題研究　蘭州大學出版社　1997　p. 461

董志翹　敦煌文書詞語考釋　《敦煌研究》1998年第1期　p. 133

董志翹　也論中古漢語辭彙研究中的推源問題　漢語史研究集刊(第一輯)上　巴蜀書社　1998
p. 77　又見:中古文獻語言論集　巴蜀書社　2000　p. 119

郝春文　唐後期五代宋初敦煌僧尼的社會生活　中國社會科學出版社　1998　p. 124

郝春文　唐後期五代宋初敦煌寺院常住什物的數量及與僧人的關係　《敦煌研究》1998年第2期
p. 116、130

李正宇　淨土寺　敦煌學大辭典　上海辭書出版社　1998　p. 631

高啓安　唐五代至宋敦煌的量器及量制　《敦煌學輯刊》1999年第1期　p. 60

楊秀清　敦煌西漢金山國史　甘肅人民出版社　1999　p. 138(原録爲S. 3638)

張涌泉　敦煌文書疑難詞語辨釋　舊學新知　浙江大學出版社　1999　p. 261

陳永勝　敦煌吐魯番法制文書研究　甘肅人民出版社　2000　p. 144

董志翹　《入唐求法巡禮行記》辭彙研究　中國社會科學出版社　2000　p. 223

高啓安　唐五代敦煌人的飲酒習俗述論　《敦煌研究》2000年第3期　p. 84

雷紹鋒　歸義軍賦役制度初探　（臺北）洪葉文化事業有限公司　2000　p. 270

羅豐　流寓中國的中亞史國人　國學研究（第七卷）　北京大學出版社　2000　p. 256

顏廷亮　敦煌文化　光明日報出版社　2000　p. 403

鄭炳林　晚唐五代敦煌貿易市場的外來商品輯考　中華文史論叢（總 63 輯）　上海古籍出版社
　　2000　p. 73、78

高啓安　從莫高窟壁畫看唐五代敦煌人的坐具和飲食坐姿（上）　《敦煌研究》2001 年第 3 期　p. 22

榮新江　于闐花氈與粟特銀盤：九、十世紀敦煌寺院的外來供養　寺院財富與世俗供養　上海書畫出
　　版社　2003　p. 250

童丕　敦煌的借貸：中國中古時代的物質生活與社會　中華書局　2003　p. 157

高啓安　唐五代敦煌飲食文化研究　民族出版社　2004　p. 20、58

羅豐　胡漢之間："絲綢之路"與西北歷史考古　文物出版社　2004　p. 230

趙曉星　寇甲　西魏：歸義軍時期敦煌地區的史姓　《敦煌學輯刊》2005 年第 2 期　p. 136

鄭炳林　晚唐五代敦煌地區的胡姓居民與聚落　法國漢學（第 10 輯）（粟特人在中國：歷史、考古、語
　　言的新探索）　中華書局　2005　p. 180

陳大爲　敦煌淨土寺與敦煌地區胡姓居民關係探析　《敦煌學輯刊》2006 年第 1 期　p. 90

陳大爲　敦煌文獻 P. 4958 背（3）《當寺轉帖》小考　《文獻》2006 年第 1 期　p. 94

鄭炳林　晚唐五代河西地區的居民結構研究　《蘭州大學學報》2006 年第 2 期　p. 12

P. 3639

寧欣　唐代敦煌地區農業水利問題初探　敦煌吐魯番文獻研究論集（第三輯）　北京大學出版社
　　1986　p. 506

P. 3640

菅原信海　占筮書　敦煌漢文文獻（講座敦煌 5）　（東京）大東出版社　1992　p. 442

土田健次郎　儒教典籍　敦煌漢文文獻（講座敦煌 5）　（東京）大東出版社　1992　p. 268

白化文　周易王弼注　敦煌學大辭典　上海辭書出版社　1998　p. 772

P. 3641

川崎ミチコ　通俗詩類・雜詩文類　敦煌仏典と禪（講座敦煌 8）　（東京）大東出版社　1980
　　p. 325

田中良昭　敦煌禪宗文獻の研究　（東京）大東出版社　1983　p. 515

上山大峻　敦煌佛教の研究　（京都）法藏館　1990　p. 421

鄭炳林　敦煌碑銘讚輯釋　甘肅教育出版社　1997　p. 527 注 12

平井宥慶　敦煌文書における金剛經疏　金剛般若經の思想的研究　（東京）春秋社　1999　p. 263

徐俊　敦煌詩集殘卷輯考　中華書局　2000　p. 810、876

P. 3642

鄭汝中　唐代書法藝術與敦煌寫卷　敦煌書法庫（第四輯）　甘肅人民美術出版社　1994　p. 10
　　又見：《敦煌研究》1996 年第 2 期　p. 127

P. 3643

王堯　陳踐　敦煌吐蕃文獻選　四川民族出版社　1983　p. 206

孫啓治　唐寫本俗別字變化類型舉例　敦煌吐魯番文獻研究論集(第五輯)　北京大學出版社
　　1990　p. 132

譚真　敦煌隋唐時期醫事狀況　敦煌學國際學術討論會論文縮寫文(1990)　敦煌研究院　1990
　　p. 73　又見:敦煌學國際研討會文集·石窟考古編　遼寧美術出版社　1995　p. 408

唐耕耦　陸宏基　敦煌社會經濟文獻真迹釋錄(二)　全國圖書館文獻縮微複製中心　1990　p. 24、
　　522

王素　唐寫本《論語鄭氏注》校讀劄記　唐寫本論語鄭氏注及其研究　文物出版社　1991　p. 257

王素　唐寫本《論語鄭氏注》校錄　唐寫本論語鄭氏注及其研究　文物出版社　1991　p. 46 注 9、64
　　注 2

池田溫　中國古代の租佃契　『東洋文化研究所紀要』(第 117 冊)　東京大學東洋文化研究所
　　1992　p. 74

土田健次郎　儒教典籍　敦煌漢文文獻(講座敦煌5)　(東京)大東出版社　1992　p. 269

榮新江　歸義軍改元考　文史(第三十八輯)　中華書局　1994　p. 46

張傳璽　中國歷代契約會編考釋(上)　北京大學出版社　1995　p. 325 注 1

榮新江　歸義軍史研究　上海古籍出版社　1996　p. 45

馮培紅　唐五代歸義軍政權中隊職問題辨析　《敦煌學輯刊》1996 年第 2 期　p. 27　又見:敦煌歸義
　　軍史專題研究　蘭州大學出版社　1997　p. 37

馮培紅　P. 3249 背《軍籍殘卷》與歸義軍初期的僧兵武裝　《敦煌研究》1998 年第 2 期　p. 142

李方　敦煌《論語集解》校正　江蘇古籍出版社　1998　p. 831

沙知　敦煌契約文書輯校　江蘇古籍出版社　1998　p. 321

沙知　租佃契　敦煌學大辭典　上海辭書出版社　1998　p. 388

雷紹鋒　歸義軍賦役制度初探　(臺北)洪葉文化事業有限公司　2000　p. 281

許建平　評《敦煌〈論語集解〉校正》　敦煌吐魯番研究(第五卷)　北京大學出版社　2001　p. 341

楊森　關於敦煌文獻中的"平章"一詞　敦煌學與中國史研究論集　甘肅人民出版社　2001　p. 231

許建平　殘卷定名正補　2000 年敦煌學國際學術討論會文集·歷史文化卷(上)　甘肅民族出版社
　　2003　p. 303

許建平　英倫法京所藏敦煌寫本殘片八種之定名並校錄　敦煌學(第 24 輯)　(臺北)樂學書局有限
　　公司　2003　p. 126

榮新江　驚沙憾大漠:向達的敦煌考察及其學術意義　敦煌吐魯番研究(第七卷)　北京大學出版社
　　2004　p. 112

P. 3644

陳祚龍　百尺竿頭,更進一步:敦煌學散策之三　敦煌學(第 7 輯)　(臺北)新文豐出版公司　1984
　　p. 72　又見:敦煌學林劄記　(臺北)商務印書館　1987　p. 82、84

任半塘　敦煌歌辭總編　上海古籍出版社　1987　p. 885

柴劍虹　徐俊　敦煌詞輯校四談　《敦煌學輯刊》1988 年第 1、2 期　p. 55

李正宇　敦煌地區古代祠廟寺觀簡志　《敦煌學輯刊》1988 年第 1、2 期　p. 71

李正宇　敦煌古城談往　《西北史地》1988 年第 2 期　p. 26

李正宇　敦煌佚詩零珠　《敦煌語言文學研究通訊》1989 年第 1 期　p. 4

孫其芳　詞　敦煌文學　甘肅人民出版社　1989　p. 214

李并成　《沙州城土鏡》之地理調查與考釋　《敦煌學輯刊》1990 年第 2 期　p. 90

劉銘恕　敦煌遺書叢識之四　敦煌吐魯番學研究論文集　漢語大詞典出版社　1990　p. 37

任半塘　王昆吾　隋唐五代燕樂雜言歌辭集　巴蜀書社　1990　p. 1385

朱鳳玉　敦煌寫本《碎金》系字書初探　第二屆敦煌學國際研討會論文集　（臺北）漢學研究中心　1990　p. 508

柴劍虹　敦煌詞輯校四談　西域文史論稿　（臺北）國文天地雜誌社　1991　p. 502、510

柴劍虹　列寧格勒藏敦煌《長安詞》寫卷分析　西域文史論稿　（臺北）國文天地雜誌社　1991　p. 323

杜斗城　敦煌五臺山文獻校錄研究　山西人民出版社　1991　p. 215

李正宇　敦煌名勝古迹導論　《陽關》1991 年第 4 期　p. 51

周紹良　敦煌文學芻議及其它　（臺北）新文豐出版公司　1992　p. 38

李正宇　敦煌文學概論　甘肅人民出版社　1993　p. 138、147、151（原錄爲 S. 3644）

孫其芳　顏廷亮　敦煌文學概論　甘肅人民出版社　1993　p. 440

項楚　敦煌詩歌導論　（臺北）新文豐出版公司　1993　p. 60

張鴻勳　敦煌說唱文學概論　（臺北）新文豐出版公司　1993　p. 7

張錫厚　敦煌文學概論　甘肅人民出版社　1993　p. 362、382

朱鳳玉　敦煌寫卷《俗務要名林》研究　第二屆國際唐代學術會議論文集(上)　（臺北）文津出版社　1993　p. 670

李正宇　《沙州都督府圖經卷第三》劄記　《中國古代史》(先秦至隋唐)1994 年第 1 期　p. 110

李正宇　敦煌史地新論　（臺北）新文豐出版公司　1996　p. 8

饒宗頤　長安詞、山花子及其他　敦煌曲續論　（臺北）新文豐出版公司　1996　p. 31

饒宗頤　敦煌曲訂補　敦煌曲續論　（臺北）新文豐出版公司　1996　p. 51

饒宗頤　《雲謠集》一些問題的檢討　敦煌曲續論　（臺北）新文豐出版公司　1996　p. 107

榮新江　歸義軍史研究　上海古籍出版社　1996　p. 249

張涌泉　敦煌俗字研究導論　（臺北）新文豐出版公司　1996　p. 231

李正宇　敦煌歷史地理導論　（臺北）新文豐出版公司　1997　p. 223

汪泛舟　敦煌詩詞補正與考源　《敦煌研究》1997 年第 3 期　p. 106、112

徐俊　敦煌大曲　敦煌文學論集　四川人民出版社　1997　p. 248

鄭炳林　敦煌碑銘讚輯釋　甘肅教育出版社　1997　p. 147 注 3

柴劍虹　今當聖人詩　敦煌學大辭典　上海辭書出版社　1998　p. 571

李正宇　店鋪叫賣　敦煌學大辭典　上海辭書出版社　1998　p. 452

李正宇　東水池神廟　敦煌學大辭典　上海辭書出版社　1998　p. 626

李正宇　古本敦煌鄉土志八種箋證　（臺北）新文豐出版公司　1998　p. 386

李正宇　墨池　敦煌學大辭典　上海辭書出版社　1998　p. 320

李正宇　招徠叫賣詩　敦煌學大辭典　上海辭書出版社　1998　p. 566

劉銘恕　九眼倉　敦煌學大辭典　上海辭書出版社　1998　p. 417

王繼如　敦煌遺書斯 0373 號詩卷校讀二題　敦煌問學叢稿　甘肅文化出版社　1999　p. 277

徐俊　敦煌詩集殘卷輯考　中華書局　2000　p. 490、812

顏廷亮　敦煌文化　光明日報出版社　2000　p. 402

顏廷亮　西陲文學遺珍：敦煌文學通俗談　甘肅人民出版社　2000　p. 16

楊秀清　華戎交會的都市：敦煌與絲綢之路　甘肅人民出版社　2000　p. 50

楊森　關於敦煌文獻中的"平章"一詞　敦煌學與中國史研究論集　甘肅人民出版社　2001　p. 232

施安昌　故宮藏有關轄鞋的敦煌酒帳初探　善本碑帖論集　紫禁城出版社　2002　p. 341

應武燕　《敦煌遺書總目索引新編》校錄匡補　南京棲霞山石窟藝術與敦煌學　中國美術學院出版

社　2002　p. 298

鄭阿財　朱鳳玉　敦煌蒙書研究　甘肅教育出版社　2002　p. 86

李正宇　李樹輝　絲綢之路與敦煌　敦煌陽關玉門關論文選萃　甘肅人民出版社　2003　p. 73

林仁昱　論敦煌佛教歌曲向通俗傳播的内容　中國俗文化研究（第一輯）　巴蜀書社　2003　p. 189

楊秀清　敦煌：絲綢之路上的國際商貿中心　敦煌陽關玉門關論文選萃　甘肅人民出版社　2003　p. 87

黨燕妮　五臺山文殊信仰及其在敦煌的流傳　《敦煌學輯刊》2004 年第 1 期　p. 88

徐曉卉　唐五代宋初敦煌地區麻的種植品種試析　《敦煌研究》2004 年第 2 期　p. 91

鄭炳林　陳雙印　敦煌寫本《諸山聖迹志》作者探微　《敦煌研究》2005 年第 1 期　p. 3

P. 3645

那波利貞　俗講と變文（下）　『佛教史學』（1 卷 4 號）　（京都）平樂寺書店　1950　p. 60

周紹良　敦煌所出變文現存目録　敦煌變文彙録　上海出版公司　1955　p. 9

那波利貞　千佛岩莫高窟と敦煌文書　西域文化研究（第二）・敦煌吐魯番社會經濟資料（上）　（京都）法藏館　1959　p. 49

蘇瑩輝　論敦煌本史傳變文與中國俗文學　（臺中）《東海大學圖書館學報》1964 年第 6 期　又見：敦煌論集　（臺北）學生書局　1983　p. 128、132；中國敦煌學百年文庫・文學卷（五）　甘肅文化出版社　1999　p. 20

金岡照光　敦煌漢文文學文獻の文學形態上の種類とその分類　敦煌出土文學文獻分類目録・附解說　（東京）東洋文庫　1971　p. 198

金岡照光　敦煌文學のこころ　敦煌の文學　（東京）大藏出版株式會社　1971　p. 278

金岡照光　敦煌文學のさまざま　敦煌の文學　（東京）大藏出版株式會社　1971　p. 127、133、187

金岡照光　敦煌民衆の宗教と生活　敦煌の民衆——その生活と思想　（東京）評論社　1972　p. 134

邱鎮京　敦煌變文述論　（臺北）商務印書館　1974　p. 1905

姜亮夫　唐五代瓜沙張曹兩世家考　中華文史論叢（總 11 輯）　上海古籍出版社　1979　p. 40　又見：中國敦煌學百年文庫・歷史卷（一）　甘肅文化出版社　1999　p. 352

川崎ミチコ　禮讚文・塔文　敦煌仏典と禪（講座敦煌 8）　（東京）大東出版社　1980　p. 308

楊家駱　敦煌變文　（臺北）世界書局　1980　p. 120、164、846

金岡照光　敦煌の繪物語　（東京）東方書店　1981　p. 57

潘重規　敦煌變文新論　敦煌變文論輯　（臺北）石門圖書公司　1981　p. 161

潘重規　敦煌詞話　（臺北）石門圖書公司　1981　p. 56

白化文　什麼是變文　敦煌變文論文録　上海古籍出版社　1982　p. 431

傅芸子　敦煌俗文學之發見及其展開　敦煌變文論文録　上海古籍出版社　1982　p. 138

羅宗濤　敦煌變文中詩歌形式之探討　漢學論文集　（臺北）文史哲出版社　1982　又見：中國敦煌學百年文庫・文學卷（四）　甘肅文化出版社　1999　p. 83

鄭阿財　敦煌孝道文學研究　（臺北）石門圖書公司　1982　p. 75、99

周紹良　談唐代民間文學——讀《中國文學史》中"變文"節書後關於唐代民間文學研究的幾點意見　敦煌變文論文録　上海古籍出版社　1982　p. 412　又見：紹良叢稿　齊魯書社　1984　p. 54

柴劍虹　敦煌變文集中的放猿詩　《文學遺産》1983 年第 2 期　p. 115

廣川堯敏　禮讚　敦煌と中國仏教（講座敦煌 7）　（東京）大東出版社　1984　p. 469

潘重規　敦煌變文集新書（下）　（臺北）"中國文化大學"中文研究所　1984　p. 937、1039

王重民　董永變文　敦煌變文集　人民文學出版社　1984　p. 120
王重民　季布詩詠　敦煌變文集　人民文學出版社　1984　p. 846
王重民　前漢劉宋太子傳　敦煌變文集　人民文學出版社　1984　p. 164
鄧文寬　張淮深平定甘州回鶻史事鉤沈　《魏晉南北朝隋唐史》1986 年第 11 期　p. 65
曲金良　"變文"名實新辨　《敦煌研究》1986 年第 2 期　p. 48
曾錦漳　從小說藝術看敦煌史傳變文的成就　漢學研究(敦煌學國際研討會論文專號)　(臺北)漢
　　學研究資料及服務中心　1986　p. 336
高國藩　敦煌文學作品選　中華書局　1987　p. 77 注 4
曲金良　敦煌寫本變文、講經文作品創作時間彙考　《敦煌學輯刊》1987 年第 1 期　p. 68
項楚　敦煌文學雜考　1983 年全國敦煌學術討論會文集·文史遺書編(下)　甘肅人民出版社
　　1987　p. 132
張鴻勳　敦煌講唱文學作品選注　甘肅人民出版社　1987　p. 26 注 7、251
周紹良　唐代變文及其它　敦煌文學作品選　中華書局　1987　p. 4、24
李正宇　敦煌地區古代祠廟寺觀簡志　《敦煌學輯刊》1988 年第 1、2 期　p. 80
劉銘恕　敦煌遺書考(二)　文史(第二十九輯)　中華書局　1988　p. 286
王慶菽　敦煌變文研究　敦煌語言文學論文集　浙江古籍出版社　1988　p. 65
蕭登福　唐世佛家之講經與敦煌變文　敦煌俗文學論叢　(臺北)商務印書館　1988　p. 62、69
周紹良　張錫厚　解放以來全國敦煌語言文學研究述評　敦煌語言文學研究　北京大學出版社
　　1988　p. 18
柴劍虹　詩話　敦煌文學　甘肅人民出版社　1989　p. 300　又見:敦煌學大辭典　上海辭書出版社
　　1998　p. 524
高國藩　敦煌曲子詞欣賞　南京大學出版社　1989　p. 37
汪泛舟　讚·箴　敦煌文學　甘肅人民出版社　1989　p. 99
鄧文寬　歸義軍張氏家族的封爵與郡望　敦煌吐魯番學研究論文集　漢語大詞典出版社　1990
　　p. 601
郭在貽　張涌泉　黃征　敦煌變文集校議　岳麓書社　1990　p. 92、434
項楚　敦煌變文選注　巴蜀書社　1990　p. 772
張錫厚　敦煌語言文學研究述評　中國文化(2)　(香港)中華書局　1990　p. 4
柴劍虹　敦煌文學中的"因緣"與"詩話"　西域文史論稿　(臺北)國文天地雜誌社　1991　p. 523
項楚　敦煌文學叢考　上海古籍出版社　1991　p. 15
金岡照光　講唱體類　敦煌の文學文獻(講座敦煌 9)　(東京)大東出版社　1992　p. 66、93、106
金岡照光　講史譚·時事変文等——「王陵」「李陵」「張議潮」変文を中心に　敦煌の文學文獻(講
　　座敦煌 9)　(東京)大東出版社　1992　p. 549
金岡照光　散文體類　敦煌の文學文獻(講座敦煌 9)　(東京)大東出版社　1992　p. 234
金岡照光　韻文體類——長篇叙事詩·短篇歌詠　敦煌の文學文獻(講座敦煌 9)　(東京)大東出
　　版社　1992　p. 261
林家平　寧強　羅華慶　中國敦煌學史　北京語言學院出版社　1992　p. 337
張涌泉　敦煌寫卷俗字類型及其考辨的方法　(香港)《九州學刊》(敦煌學專輯)1992 年第 4 卷第 4
　　期　p. 82
周紹良　敦煌文學芻議及其它　(臺北)新文豐出版公司　1992　p. 68
高國藩　敦煌民俗資料導論　(臺北)新文豐出版公司　1993　p. 16
郭在貽　郭在貽敦煌學論集　江西人民出版社　1993　p. 207

黄征　敦煌寫本整理應遵循的原則　《敦煌研究》1993年第2期　p.104　又見:敦煌語文叢說　（臺北）新文豐出版公司　1997　p.8

項楚　敦煌詩歌導論　（臺北）新文豐出版公司　1993　p.69

張鴻勳　敦煌話本詞文俗賦導論　（臺北）新文豐出版公司　1993　p.80、228

張錫厚　敦煌文學概論　甘肅人民出版社　1993　p.276

鄭炳林　讀敦煌文書P.3859《後唐清泰三年六月沙州儭司教授福集等狀》劄記　《西北史地》1993年第4期　p.49　又見:敦煌吐魯番文獻研究　蘭州大學出版社　1995　p.618

蔣禮鴻　敦煌文獻語言詞典　杭州大學出版社　1994　p.206

汪娟　敦煌禮懺文研究　（臺北）法鼓文化公司　1994　p.33、201

劉進寶　敦煌學論述　（臺北）洪葉文化事業有限公司　1995　p.303

曲金良　敦煌佛教文學研究　（臺北）文津出版社　1995　p.95

張涌泉　漢語俗字研究　岳麓書社　1995　p.114注64、220

鄭阿財　敦煌寫卷《持誦金剛經靈驗功德記》研究　全國敦煌學研討會論文集　（臺北）中正大學中國文學系所　1995　p.274注7

李正宇　敦煌史地新論　（臺北）新文豐出版公司　1996　p.80

砂岡和子　敦煌散花樂和聲曲輯考　敦煌佛教文化研究　社科縱橫編輯部　1996　p.22

徐俊　敦煌寫本唐人詩歌存佚互見綜考　敦煌吐魯番研究（第一卷）　北京大學出版社　1996　p.124

張國剛　隋唐五代史研究概要　天津教育出版社　1996　p.743

張先堂　敦煌寫本《悟真與京僧、朝官酬贈詩》新校　《社科縱橫》1996年第1期　p.49　又見:周紹良先生欣開九秩慶壽文集　中華書局　1997　p.395

張涌泉　敦煌俗字研究導論　（臺北）新文豐出版公司　1996　p.62、107、164

張涌泉　敦煌文獻校讀釋例　文史（第四十一輯）　中華書局　1996　p.201　又見:舊學新知　浙江大學出版社　1999　p.215

黄征　敦煌文學《兒郎偉》輯錄校注　敦煌語文叢說　（臺北）新文豐出版公司　1997　p.695

黄征　張涌泉　敦煌變文校注　中華書局　1997　p.152、245、1198

劉子瑜　敦煌變文和王梵志詩　大象出版社　1997　p.38

鄭炳林　敦煌碑銘讚輯釋　甘肅教育出版社　1997　p.419注9

方廣錩　金剛五禮　敦煌學大辭典　上海辭書出版社　1998　p.724

海客　前漢劉家太子傳　敦煌學大辭典　上海辭書出版社　1998　p.577

潘重規　敦煌《雲謠集》新書　雲謠集研究彙錄　上海古籍出版社　1998　p.190

張鴻勳　季布詩詠　敦煌學大辭典　上海辭書出版社　1998　p.582

張先堂　晚唐至宋初淨土五會念佛法門在敦煌的流傳　《敦煌研究》1998年第1期　p.51

周紹良　張涌泉　黄征　敦煌變文講經文因緣輯校（上）　江蘇古籍出版社　1998　p.124、142

高國藩　敦煌俗文化學　上海三聯書店　1999　p.531、605

黄征　程惠新　劫塵遺珠:敦煌遺書　甘肅教育出版社　1999　p.155

梅維恒著　楊繼東　陳引馳譯　唐代變文（上）　（香港）中國佛教文化出版公司　1999　p.72、260

平井宥慶　敦煌文書における金剛經疏　金剛般若經の思想的研究　（東京）春秋社　1999　p.269

汪泛舟　敦煌詩述異　《敦煌研究》1999年第4期　p.15

湛如　評《敦煌禮懺文研究》　敦煌吐魯番研究（第四卷）　北京大學出版社　1999　p.620

張涌泉　俗字研究與敦煌文獻的校理　舊學新知　浙江大學出版社　1999　p.64

達照　《金剛經》相關的懺法初探　法源（第18期）　中國佛學院　2000　p.215

達照　金剛五禮　藏外佛教文獻(第七輯)　宗教文化出版社　2000　p. 55

劉長東　晉唐彌陀淨土信仰研究　巴蜀書社　2000　p. 405

施萍婷　法照與敦煌初探　1994年敦煌學國際研討會文集·宗教文史卷(上)　甘肅民族出版社
　　2000　p. 81

徐俊　敦煌詩集殘卷輯考　中華書局　2000　p. 339、814

顔廷亮　敦煌文化　光明日報出版社　2000　p. 458

張錫厚　敦煌文學源流　作家出版社　2000　p. 530

張涌泉　漢語俗字叢考　中華書局　2000　p. 191

達照　敦煌本 P. 2039v 號《金剛經讚》的考察　法源(第19期)　中國佛學院　2001　p. 91

陶敏　李一飛　隋唐五代文學史料學　中華書局　2001　p. 363

汪泛舟　敦煌俗別字補正　《敦煌研究》2001年第4期　p. 156

姜亮夫　敦煌莫高窟年表　姜亮夫全集(十一)　雲南人民出版社　2002　p. 394、504

姜亮夫　羅振玉補唐書張議潮傳訂補　姜亮夫全集(十四)　雲南人民出版社　2002　p. 317

林仁昱　論敦煌佛教歌曲特質與"弘法"的關係　敦煌學(第23輯)　(臺北)樂學書局有限公司
　　2002　p. 60、65

張鴻勳　敦煌俗文學研究　甘肅人民出版社　2002　p. 6、122

達照　金剛經讚集　藏外佛教文獻(第九輯)　宗教文化出版社　2003　p. 38

荒見泰史　敦煌本夢書雜識　漢語史學報專輯(第三輯)　上海教育出版社　2003　p. 326、339

尚永琪　佛經義疏與講經文、因緣文及變文的關係探討　2000年敦煌學國際學術討論會文集·歷史
　　文化卷(下)　甘肅民族出版社　2003　p. 234

王啓濤　中古及近代法制文書語言研究　巴蜀書社　2003　p. 220

王小盾　從敦煌本共住修道故事看唐代佛教詩歌文體的來源　中國俗文化研究(第一輯)　巴蜀書
　　社　2003　p. 21

荒見泰史　敦煌變文研究概述以及新觀點　華林(第三卷)　中華書局　2004　p. 391、396、408

黨燕妮　賓頭盧信仰及其在敦煌的流傳　《敦煌學輯刊》2005年第1期　p. 68

汪泛舟　敦煌俗別字新考(上)　《敦煌研究》2006年第1期　p. 104

P. 3646

李正宇　敦煌名勝古迹導論　《陽關》1991年第4期　p. 51

姜伯勤　敦煌社會文書導論　(臺北)新文豐出版公司　1992　p. 101

李錦繡　唐代財政史稿·上卷(第一分冊)　北京大學出版社　1995　p. 163

嚴敦傑　五兆經法要決　敦煌學大辭典　上海辭書出版社　1998　p. 622

馬克　敦煌數占小考　法國漢學(敦煌學專號)　中華書局　2000　p. 188

黃正建　敦煌占卜文書與唐五代占卜研究　學苑出版社　2001　p. 16

劉永明　敦煌占卜與道教初探　《敦煌學輯刊》2004年第2期　p. 16

P. 3647

耿昇　八十年代的法國敦煌學論著簡介　《敦煌研究》1986年第3期　p. 84

高田時雄　五姓說在敦煌藏族　敦煌吐魯番學研究論文集　漢語大詞典出版社　1990　p. 757、763

高田時雄　五姓を說く敦煌資料　『國立民族學博物館研究報告別冊』(14號)　(吹田)國立民族學
　　博物館　1991　p. 252

菅原信海　占筮書　敦煌漢文文獻(講座敦煌5)　(東京)大東出版社　1992　p. 447

茅甘　敦煌寫本中的"五姓堪輿"法　法國學者敦煌學論文選萃　中華書局　1993　p. 251

蕭登福　道教與密宗　（臺北）新文豐出版公司　1993　p. 442

劉惠琴　從敦煌文書中看沙州紡織業　《敦煌學輯刊》1995 年第 2 期　p. 53

鄧文寬　五姓　敦煌學大辭典　上海辭書出版社　1998　p. 625

黃正建　關於 17 件俄藏敦煌占卜文書的定名問題　《敦煌研究》2000 年第 4 期　p. 130

黃正建　敦煌占卜文書與唐五代占卜研究　學苑出版社　2001　p. 85

高田時雄著　鍾翀等譯　五姓說之敦煌資料　敦煌・民族・語言　中華書局　2005　p. 330

金身佳　敦煌寫本葬書中的六甲八卦塚　《敦煌學輯刊》2005 年第 2 期　p. 33

金身佳　敦煌寫本 P. 2831《卜葬書》中的麒麟、鳳凰、章光、玉堂　《敦煌學輯刊》2005 年第 4 期
　　p. 33

劉屹　上博本《曹元深祭神文》的幾個問題　敦煌學國際研討會論文集　北京圖書館出版社　2005
　　p. 161

曾波　敦煌寫卷《諸雜推五姓陰陽等宅圖經》之"五姓"校議　《敦煌學輯刊》2005 年第 3 期　p. 36

P. 3648

黃征　敦煌寫本異文綜析　敦煌語文叢說　（臺北）新文豐出版公司　1997　p. 22

馬德　敦煌工匠史料　甘肅人民出版社　1997　p. 47

黃征　敦煌語言文字學研究　甘肅教育出版社　2002　p. 42

P. 3649

那波利貞　梁戶考　唐代社會文化史研究・第三編　（東京）創文社　1974　p. 275

那波利貞　唐代の社邑に就きて（1938 年）　唐代社會文化史研究・第五編　（東京）創文社　1974
　　p. 488

那波利貞　唐寫本雜抄考——唐代庶民教育史研究の一資料　唐代社會文化史研究・第二編　（東
　　京）創文社　1974　p. 208、221

陳祚龍　敦煌古抄內典尾記彙校初、二、三編合刊　敦煌學要籥　（臺北）新文豐出版公司　1982
　　p. 190

王重民　巴黎敦煌殘卷叙錄（第一輯）　敦煌叢刊初集（九）　（臺北）新文豐出版公司　1985　p. 166

高明士　唐代敦煌的教育　漢學研究（敦煌學國際研討會論文專號）　（臺北）漢學研究資料及服務
　　中心　1986　p. 257

簡濤　敦煌本《燕子賦》考論　《敦煌研究》1986 年第 3 期　p. 32

李正宇　唐宋時代的敦煌學校　《敦煌研究》1986 年第 1 期　p. 45

王重民原編　黃永武新編　敦煌古籍叙錄新編（第十一冊）　（臺北）新文豐出版公司　1986　p. 183

李正宇　敦煌學郎題記輯注　《敦煌學輯刊》1987 年第 1 期　p. 36

王永興　隋唐五代經濟史料彙編校注・第一編（下）　中華書局　1987　p. 699

林其錟　陳鳳金輯校　敦煌遺書劉子殘卷集錄　上海書店　1988　p. 4、87

高國藩　敦煌民俗學　上海文藝出版社　1989　p. 99

李正宇　唐宋時代敦煌縣河渠泉澤簡志（二）　《敦煌研究》1989 年第 1 期　p. 54

高田時雄　雜抄と九九乘法表——敦煌におけるチベット文字使用の一面　『均社論叢』（第 14 號）
　　京都大學　1990　p. 2

唐耕耦　陸宏基　敦煌社會經濟文獻真迹釋錄（二）　全國圖書館文獻縮微複製中心　1990　p. 11、
　　65

鄭阿財　敦煌蒙書析論　第二屆敦煌學國際研討會論文集　（臺北）漢學研究中心　1990　p. 221

仁井田陞　補訂中國法制史研究：土地法・交易法　東京大學出版會　1991　p. 660、685、740、756

鄭阿財　敦煌寫本《孔子備問書》初探　敦煌學（第 17 輯）（臺北）新文豐出版公司　1991　p. 118

東野治之　敦煌と日本の『千字文』　遺唐使と正倉院　（東京）岩波書店　1992　p. 240、247

東野治之　訓蒙書　敦煌漢文文獻（講座敦煌 5）（東京）大東出版社　1992　p. 405、415

姜伯勤　敦煌社會文書導論　（臺北）新文豐出版公司　1992　p. 88

王三慶著　池田溫譯　類書　敦煌漢文文獻（講座敦煌 5）（東京）大東出版社　1992　p. 387

嚴耕望　唐人習業山林寺院之風尚　唐代研究論集（第二輯）（臺北）新文豐出版公司　1992
　　p. 9

高國藩　敦煌民俗資料導論　（臺北）新文豐出版公司　1993　p. 174

郝春文　敦煌寫本社邑文書年代彙考（二）《首都師範大學學報》1993 年第 5 期　p. 82

前田正名　河西歷史地理學研究　中國藏學出版社　1993　p. 267

謝和耐　敦煌賣契與專賣制度　法國學者敦煌學論文選萃　中華書局　1993　p. 48

張鴻勳　敦煌說唱文學概論　（臺北）新文豐出版公司　1993　p. 156

鄭阿財　敦煌文獻與文學　（臺北）新文豐出版公司　1993　p. 252、340

黃盛璋　敦煌漢文與于闐文書中之龍家及其相關問題　全國敦煌學研討會論文集　（臺北）中正大
　　學中國文學系所　1995　p. 66　又見:《西域研究》1996 年第 1 期　p. 30

榮新江　龍家考　中亞學刊（第四輯）北京大學出版社　1995　p. 146、154

張傳璽　中國歷代契約會編考釋（上）北京大學出版社　1995　p. 245 注 1、453 注 1

朱鳳玉　從傳統語文教育論敦煌本《雜抄》全國敦煌學研討會論文集　（臺北）中正大學中國文學
　　系所　1995　p. 203

朱鳳玉　敦煌文獻中的語文教材　（臺北）《嘉義師院學報》1995 年第 9 期　p. 467

李正宇　敦煌史地新論　（臺北）新文豐出版公司　1996　p. 189

施謝捷　敦煌變文語詞校釋劄記　敦煌吐魯番研究（第一卷）北京大學出版社　1996　p. 56

張涌泉　敦煌俗字研究導論　（臺北）新文豐出版公司　1996　p. 152

李正宇　敦煌歷史地理導論　（臺北）新文豐出版公司　1997　p. 252

劉進寶　歸義軍土地制度初探　《敦煌研究》1997 年第 2 期　p. 54

齊陳俊　馮培紅　晚唐五代宋初歸義軍對外商業貿易　敦煌歸義軍史專題研究　蘭州大學出版社
　　1997　p. 349

王書慶　敦煌文獻中的《齋琬文》《敦煌研究》1997 年第 1 期　p. 141

鄭炳林　晚唐五代敦煌貿易市場的物價　敦煌歸義軍史專題研究　蘭州大學出版社　1997　p. 296

郝春文　唐後期五代宋初敦煌僧尼的社會生活　中國社會科學出版社　1998　p. 185

沙知　敦煌契約文書輯校　江蘇古籍出版社　1998　p. 28、227、547

沙知　雇工契　敦煌學大辭典　上海辭書出版社　1998　p. 389

沙知　蓮畔人　敦煌學大辭典　上海辭書出版社　1998　p. 391

葛兆光　盛世的平庸：八世紀上半葉中國的知識與思想狀況　唐研究（第五卷）北京大學出版社
　　1999　p. 27 注 34

梅維恒著　楊繼東　陳引馳譯　唐代變文（上）（香港）中國佛教文化出版公司　1999　p. 264 注 5

陳永勝　敦煌買賣契約法律制度探析　《敦煌研究》2000 年第 4 期　p. 98

雷紹鋒　歸義軍賦役制度初探　（臺北）洪葉文化事業有限公司　2000　p. 21、138

劉進寶　敦煌文書與唐史研究　（臺北）新文豐出版公司　2000　p. 170

林聰明　敦煌吐魯番文書解詁指例　（臺北）新文豐出版公司　2001　p. 204

楊森　關於敦煌文獻中的"平章"一詞　敦煌學與中國史研究論集　甘肅人民出版社　2001　　p. 231

曾良　敦煌文獻字義通釋　廈門大學出版社　2001　　p. 82

郝春文　《勘尋永安寺法律願慶與老宿紹建相諍根由狀》及相關問題考　戒幢佛學（第二卷）　岳麓書社　2002　p. 82　又見：中日敦煌佛教學術會議論文集　中國社會科學院研究所　2002　p. 59

鄭阿財　朱鳳玉　敦煌蒙書研究　甘肅教育出版社　2002　　p. 167

董志翹　敦煌社會經濟文書詞語散釋　中國俗文化研究（第一輯）　巴蜀書社　2003　　p. 129

童丕　敦煌的借貸：中國中古時代的物質生活與社會　中華書局　2003　　p. 135

王啓濤　中古及近代法制文書語言研究　巴蜀書社　2003　　p. 235

曾良　敦煌文獻字義劄記　2000年敦煌學國際學術討論會文集・歷史文化卷（下）　甘肅民族出版社　2003　　p. 472

張涌泉　試論敦煌寫本類書的校勘價值：以《勵忠節抄》爲例　《敦煌研究》2003年第2期　　p. 69

鄭炳林　晚唐五代敦煌村莊聚落輯考　2000年敦煌學國際學術討論會文集・歷史文化卷（上）　甘肅民族出版社　2003　　p. 126、156

董志翹　敦煌社會經濟文獻詞語略考　浙江與敦煌學：常書鴻先生誕辰一百周年紀念文集　浙江古籍出版社　2004　　p. 490

黑維強　吐魯番出土文書詞語例釋（一）　《敦煌學輯刊》2004年第2期　　p. 121

謝和耐著　耿昇譯　中國5—10世紀的寺院經濟　上海古籍出版社　2004　　p. 324注2、374

高田時雄著　鍾翀等譯　《雜抄》與九九乘法表：敦煌藏文字使用的一個側面　敦煌・民族・語言　中華書局　2005　　p. 82

黑維強　吐魯番出土文書詞語例釋（二）　《敦煌學輯刊》2005年第2期　　p. 190

趙跟喜　敦煌唐宋時期的女子教育初探　文史（第七十五輯）　中華書局　2006　　p. 94

P. 3650

陳慶浩　古賢集校注　敦煌學（第3輯）　（香港）新亞研究所敦煌學會　1976　　p. 72

王重民　敦煌古籍叙録　中華書局　1979　　p. 211

王重民　敦煌寫本跋文（王重民遺稿）　敦煌吐魯番文獻研究論集　中華書局　1982　　p. 4

榮新江　敦煌卷子劄記四則　敦煌吐魯番文獻研究論集（第二輯）　北京大學出版社　1983　　p. 641、647、648

饒宗頤解說　林宏作譯　敦煌書法叢刊（第十九卷）・碎金（二）　（東京）二玄社　1984　　p. 99

雷僑雲　敦煌兒童文學　（臺北）學生書局　1985　　p. 105、113

王三慶　敦煌本古類書《語對》研究　（臺北）文史哲出版社　1985　　p. 18、82、184

王重民　巴黎敦煌殘卷叙録（第一輯）　敦煌叢刊初集（九）　（臺北）新文豐出版公司　1985　　p. 161

王重民原編　黃永武新編　敦煌古籍叙録新編（第十一冊）　（臺北）新文豐出版公司　1986　　p. 75

顏廷亮　關於敦煌遺書中的甘肅文學作品　1983年全國敦煌學術討論會文集・文史遺書編（下）　甘肅人民出版社　1987　　p. 224

林平和　羅振玉敦煌學析論　（臺北）文史哲出版社　1988　　p. 153

林聰明　敦煌文書學　（臺北）新文豐出版公司　1991　　p. 29

王三慶著　池田溫譯　類書　敦煌漢文文獻（講座敦煌5）　（東京）大東出版社　1992　　p. 374

石奈德　敦煌本《普化大師五臺山巡禮記》初探　法國學者敦煌學論文選萃　中華書局　1993　　p. 122

胡戟　傅玫　敦煌史話　中華書局　1995　　p. 190

李并成　李春元　瓜沙史地研究　甘肅文化出版社　1996　p. 148
鄭炳林　敦煌碑銘讚輯釋　甘肅教育出版社　1997　p. 248 注 22、474 注 14
楊寶玉　籤金　敦煌學大辭典　上海辭書出版社　1998　p. 779
查屏球　唐學與唐詩：中晚唐詩風的一種文化考察　商務印書館　2000　p. 265
白化文　讀《伯希和劫經錄》　敦煌學國際研討會論文集　北京圖書館出版社　2005　p. 17

P. 3652

周一良　敦煌寫本書儀考（之二）　敦煌吐魯番文獻研究論集（第四輯）　北京大學出版社　1987
　　p. 31
趙和平　敦煌寫本書儀略論　敦煌吐魯番學研究論文集　漢語大詞典出版社　1990　p. 584
黃征　《敦煌遺書劉子殘卷集錄》匡補　敦煌語文叢說　（臺北）新文豐出版公司　1997　p. 517
山田俊　評《道家文化研究》第 13 輯（敦煌道教文獻專號）　敦煌吐魯番研究（第四卷）　北京大學出
　　版社　1999　p. 614
山田俊　唐初道教思想史研究·論述篇　（京都）平樂寺書店　1999　p. 48
山田俊　唐初道教思想史研究·資料篇　（京都）平樂寺書店　1999　p. 76、163、176、195、220、274
劉屹　論《昇玄經》的文本差異問題　文津學志（第一輯）　北京圖書館出版社　2003　p. 202
王卡　敦煌道教文獻研究　中國社會科學出版社　2004　p. 227
王卡　中國國家圖書館藏敦煌道教遺書研究報告　敦煌吐魯番研究（第七卷）　北京大學出版社
　　2004　p. 375

P. 3653

邱鎮京　敦煌變文述論　（臺北）商務印書館　1974　p. 1911
黃征　《燕子賦》研究　《敦煌研究》2003 年第 1 期　p. 38
黃征　敦煌俗字典　上海教育出版社　2005　p. 14

P. 3654

岡部和雄　敦煌藏經目錄　敦煌と中國仏教（講座敦煌 7）　（東京）大東出版社　1984　p. 307
李正宇　敦煌地區古代祠廟寺觀簡志　《敦煌學輯刊》1988 年第 1、2 期　p. 79
張鴻勳　變文　敦煌文學　甘肅人民出版社　1989　p. 242
方廣錩　佛教大藏經史（八—十世紀）　中國社會科學出版社　1991　p. 114
周紹良　敦煌文學芻議及其它　（臺北）新文豐出版公司　1992　p. 43
李正宇　中國唐宋硬筆書法　上海文化出版社　1993　p. 52
李正宇　敦煌史地新論　（臺北）新文豐出版公司　1996　p. 81
方廣錩　敦煌佛教經錄輯校　江蘇古籍出版社　1997　p. 702
鄭炳林　敦煌碑銘讚輯釋　甘肅教育出版社　1997　p. 254 注 54
郝春文　唐後期五代宋初敦煌僧尼的社會生活　中國社會科學出版社　1998　p. 221
李正宇　三界寺　敦煌學大辭典　上海辭書出版社　1998　p. 631
楊森　跋《子年三月五日計料海濟受戒衣缽具色——如後》帳及卷背《釋門教授帖》文書　《敦煌研
　　究》1998 年第 4 期　p. 103
周紹良　張涌泉　黃征　敦煌變文講經文因緣輯校（上）　江蘇古籍出版社　1998　p. 6
馬德　敦煌文書《諸寺付經歷》芻議　《敦煌學輯刊》1999 年第 1 期　p. 44
郝春文　唐後期五代宋初敦煌的春秋官齋、十二月轉經、水則道場與佛教節日　慶祝吳其昱先生八秩

　　華誕敦煌學特刊　（臺北）文津出版社　2000　p. 252

徐曉麗　曹議金與甘州回鶻天公主結親時間考　《敦煌研究》2001 年第 4 期　p. 115

榮新江　再論敦煌藏經洞的寶藏：三界寺與藏經洞　敦煌佛教藝術文化國際學術研討會論文集　蘭州大學出版社　2002　p. 19

徐曉麗　鄭炳林　晚唐五代敦煌吐谷渾與吐蕃移民婦女研究　《敦煌學輯刊》2002 年第 2 期　p. 7

鄭炳林　晚唐五代敦煌地區《大般若經》的流傳與信仰　麥積山石窟藝術文化論文集（下）　蘭州大學出版社　2004　p. 114

柴劍虹　敦煌古小說淺談　敦煌與絲路文化學術講座（第二輯）　北京圖書館出版社　2005　p. 268

P. 3655

三木榮　西域出土醫藥關係文獻綜合解說目錄　『東洋學報』（47 卷 1 號）　（東京）東洋學術協會　1964　p. 9

馬繼興　敦煌古醫籍考釋　江西科學技術出版社　1988　p. 10、16

甘肅中醫學院圖書館　敦煌中醫藥學集錦　甘肅中醫學院圖書館　1990　p. 35

趙健雄　敦煌遺書醫學卷考析　《敦煌研究》1991 年第 4 期　p. 100

鄭阿財　敦煌寫本《孔子備問書》初探　敦煌學（第 17 輯）　（臺北）新文豐出版公司　1991　p. 119

宮下三郎　敦煌本の本草醫書　敦煌漢文文獻（講座敦煌 5）　（東京）大東出版社　1992　p. 499

鄭阿財　敦煌文獻與文學　（臺北）新文豐出版公司　1993　p. 341

叢春雨　敦煌中醫藥全書　中醫古籍出版社　1994　p. 88、316

胡戟　傅玫　敦煌史話　中華書局　1995　p. 191

張儂　敦煌《灸經圖》殘圖及古穴的研究　《敦煌研究》1995 年第 2 期　p. 146

鄭炳林　唐五代敦煌的醫事研究　敦煌歸義軍史專題研究　蘭州大學出版社　1997　p. 523

馬繼興　敦煌醫藥文獻　敦煌學大辭典　上海辭書出版社　1998　p. 615

馬繼興　敦煌醫藥文獻輯校　江蘇古籍出版社　1998　p. 128

王淑民　明堂五臟論　敦煌學大辭典　上海辭書出版社　1998　p. 616

王淑民　七表八裏三部脈　敦煌學大辭典　上海辭書出版社　1998　p. 616

王淑民　敦煌石窟秘藏醫方　北京醫科大學中國協和醫科大學聯合出版社　1999　p. 4

叢春雨　敦煌中醫藥精萃發微　中醫古籍出版社　2000　p. 1

楊秀清　華戎交會的都市：敦煌與絲綢之路　甘肅人民出版社　2000　p. 130

陳明　醫理精華：印度古典醫學在敦煌的實例分析　敦煌吐魯番研究（第五卷）　北京大學出版社　2001　p. 228

張儂　敦煌遺書中的針灸文獻　《敦煌研究》2001 年第 2 期　p. 148

陳明　印度梵文醫典醫理精華研究　中華書局　2002　p. 71

姜亮夫　敦煌莫高窟年表　姜亮夫全集（十一）　雲南人民出版社　2002　p. 238

馬繼興　當前世界各地收藏的中國出土卷子本古醫藥文獻備考　敦煌吐魯番研究（第六卷）　北京大學出版社　2002　p. 152

鄭阿財　朱鳳玉　敦煌蒙書研究　甘肅教育出版社　2002　p. 218

陳明　從出土文獻看漢唐西域中外醫學交流　敦煌與絲路文化學術講座（第二輯）　北京圖書館出版社　2005　p. 172

陳明　殊方異藥：出土文書與西域醫學　北京大學出版社　2005　p. 159

陳懷宇　道宣與孫思邈醫學交流之一證蠡測　敦煌吐魯番研究（第九卷）　中華書局　2006　p. 405

P. 3656

川崎ミチコ　通俗詩類・雜詩文類　敦煌仏典と禪（講座敦煌8）　（東京）大東出版社　1980
　　p. 319

張錫厚　敦煌文學　上海古籍出版社　1980　p. 58 注 1

張錫厚　關於敦煌寫本《王梵志詩》整理的若干問題　文史（第十五輯）　中華書局　1982　p. 185
　　又見：王梵志詩研究彙錄（上）　上海古籍出版社　1990　p. 70；中國敦煌學百年文庫・文學卷
　　（二）　甘肅文化出版社　1999　p. 499

張錫厚　王梵志詩校輯　中華書局　1983　p. 3

朱鳳玉　王梵志詩研究（上、下）　（臺北）學生書局　1986　p. 33、112、267

項楚　王梵志詩校注　敦煌吐魯番文獻研究論集（第四輯）　北京大學出版社　1987　p. 136

李正宇　敦煌文學雜考二題　敦煌語言文學研究　北京大學出版社　1988　p. 95

郭在貽　張涌泉　黃征　敦煌變文集校議　岳麓書社　1990　p. 38

菊池英夫　中國古文書・古寫本學と日本　東アジア古文書の史的研究　（東京）刀水書房　1990
　　p. 192

張錫厚　敦煌寫本王梵志詩原卷真迹　王梵志詩研究彙錄（上）　上海古籍出版社　1990　圖版 13

鄭阿財　敦煌蒙書析論　第二屆敦煌學國際研討會論文集　（臺北）漢學研究中心　1990　p. 228

林家平　寧强　羅華慶　中國敦煌學史　北京語言學院出版社　1992　p. 595

吳其昱著　伊藤美重子譯　敦煌漢文寫本概觀　敦煌漢文文獻（講座敦煌5）　（東京）大東出版社
　　1992　p. 116

項楚　敦煌詩歌導論　（臺北）新文豐出版公司　1993　p. 296

鄭阿財　敦煌文獻與文學　（臺北）新文豐出版公司　1993　p. 263

蔣禮鴻　敦煌文獻語言詞典　杭州大學出版社　1994　p. 128、260、311

張錫厚　敦煌本唐集研究　（臺北）新文豐出版公司　1995　p. 72

張涌泉　敦煌文書類化字研究　《敦煌研究》1995 年第 4 期　p. 76

黃征　敦煌文學《兒郎偉》輯錄校注　敦煌語文叢說　（臺北）新文豐出版公司　1997　p. 714

黃征　《敦煌遺書劉子殘卷集錄》匡補　敦煌語文叢說　（臺北）新文豐出版公司　1997　p. 518

黃征　張涌泉　敦煌變文校注　中華書局　1997　p. 389、849

張錫厚　柴劍虹　王梵志詩集　敦煌學大辭典　上海辭書出版社　1998　p. 562

鄧文寬　英藏敦煌本《六祖壇經》的河西特色：以方音通假爲依據的探索　1994 年敦煌學國際研討會
　　文集・宗教文史卷（上）　甘肅民族出版社　2000　p. 107

張錫厚　敦煌文學源流　作家出版社　2000　p. 76

齊文榜　《王梵志詩校注》指瑕　文史（第五十九輯）　中華書局　2002　p. 164

P. 3657

王三慶　敦煌本《勵忠節抄》研究　（香港）《九州學刊》（敦煌學專輯）1992 年第 4 卷第 4 期　p. 87

王三慶著　池田溫譯　類書　敦煌漢文文獻（講座敦煌5）　（東京）大東出版社　1992　p. 368

楊寶玉　勵忠節抄　敦煌學大辭典　上海辭書出版社　1998　p. 779

何華珍　金春梅　敦煌本《勵忠節抄》王校補正　中古近代漢語研究（第一輯）　上海教育出版社
　　2000　p. 281

徐俊　敦煌詩集殘卷輯考　中華書局　2000　p. 859

姜亮夫　敦煌莫高窟年表　姜亮夫全集（十一）　雲南人民出版社　2002　p. 476

張涌泉　試論敦煌寫本類書的校勘價值：以《勵忠節抄》爲例　《敦煌研究》2003 年第 2 期　p. 69

屈直敏　敦煌寫本類書《勵忠節抄》引《史記》異文考證　《敦煌學輯刊》2004 年第 2 期　p. 6 注 2

中村威也　ДХ10698『尚書費誓』とДХ10698v「史書」について　『西北出土文獻研究』(創刊號)
　　(新潟)西北出土文獻研究會　2004　p. 48

屈直敏　從《勵忠節抄》看歸義軍政權道德秩序的重建　《敦煌學輯刊》2005 年第 3 期　p. 78

屈直敏　敦煌本類書《勵忠節抄》寫卷研究　敦煌學國際研討會論文集　北京圖書館出版社　2005
　　p. 91

屈直敏　從敦煌寫本類書《勵忠節抄》看唐代的知識、道德與政治秩序　《蘭州大學學報》2006 年第 2
　　期　p. 23

P. 3658

饒宗頤　敦煌書法叢刊(第十八卷)・碎金(一)　(東京)二玄社　1983　p. 13、88

周祖謨　敦煌唐本字書叙録　敦煌語言文學研究　北京大學出版社　1988　p. 42

高國藩　敦煌民俗學　上海文藝出版社　1989　p. 104

鄭阿財　敦煌蒙書析論　第二屆敦煌學國際研討會論文集　(臺北)漢學研究中心　1990　p. 216

鄭汝中　敦煌書法管窺　《敦煌研究》1991 年第 4 期　p. 36

朱鳳玉　敦煌寫本字書緒論　(臺北)《華岡文科學報》1991 年第 18 期　p. 92

沃興華　敦煌書法藝術　上海人民出版社　1994　p. 33、81

鄭汝中　敦煌書法概述　敦煌書法庫(第一輯)　甘肅人民美術出版社　1994　p. 9

鄭汝中　唐代書法藝術與敦煌寫卷　敦煌書法庫(第四輯)　甘肅人民美術出版社　1994　p. 7　又
　　見:《敦煌研究》1996 年第 2 期　p. 125

陳金木　唐寫本論語鄭氏注研究(上)　(臺北)文津出版社　1996　p. 30

劉濤　評《法藏敦煌書苑精華》　敦煌吐魯番研究(第一卷)　北京大學出版社　1996　p. 378

白化文　千字文　敦煌學大辭典　上海辭書出版社　1998　p. 782

劉濤　敦煌書法　敦煌學大辭典　上海辭書出版社　1998　p. 274

劉濤　篆書千字文殘卷　敦煌學大辭典　上海辭書出版社　1998　p. 275

鄭阿財　朱鳳玉　敦煌蒙書研究　甘肅教育出版社　2002　p. 17

P. 3659

李明偉　莫高窟和克孜爾石窟壁畫中的絲路貿易　敦煌學國際研討會文集・石窟考古編　遼寧美術
　　出版社　1995　p. 422

鄭炳林　唐五代敦煌的粟特人與佛教　敦煌歸義軍史專題研究　蘭州大學出版社　1997　p. 463 注
　　2

P. 3660

賀世哲　從供養人題記看莫高窟部分洞窟的營建年代　敦煌莫高窟供養人題記　文物出版社　1986
　　p. 229

郝春文　唐後期五代宋初沙州僧尼的特點　敦煌吐魯番學研究論文集　漢語大詞典出版社　1990
　　p. 852 注 8

李正宇　曹仁貴名實論:曹氏歸義軍創始及歸奉後梁史探　第二屆敦煌學國際研討會論文集　(臺
　　北)漢學研究中心　1990　p. 554

榮新江　沙州歸義軍歷任節度使稱號研究　敦煌吐魯番學研究論文集　漢語大詞典出版社　1990
　　p. 805

唐耕耦　陸宏基　敦煌社會經濟文獻真迹釋録(四)　全國圖書館文獻縮微複製中心　1990　p. 413
謝重光　吐蕃佔領期與歸義軍時期的敦煌僧官制度　《敦煌研究》1991年第3期　p. 53
林家平　寧强　羅華慶　中國敦煌學史　北京語言學院出版社　1992　p. 337
李正宇　敦煌史地新論　(臺北)新文豐出版公司　1996　p. 312
榮新江　歸義軍史研究　上海古籍出版社　1996　p. 30
劉子瑜　敦煌變文和王梵志詩　大象出版社　1997　p. 38
榮新江　歸義軍大事紀年初稿　出土文獻研究(第三輯)　文物出版社　1998　p. 252
樊錦詩　彭金章　王旭東　從莫高窟的歷史遺迹探討莫高窟崖體的穩定性　宿白先生八秩華誕紀念
　　文集　文物出版社　2000　p. 652
譚蟬雪　《君者者狀》辨析:河西達怛國的一份書狀　1994年敦煌學國際研討會文集‧宗教文史卷
　　(下)　甘肅民族出版社　2000　p. 107
徐俊　敦煌詩集殘卷輯考　中華書局　2000　p. 8
姜亮夫　敦煌莫高窟年表　姜亮夫全集(十一)　雲南人民出版社　2002　p. 566
王啓濤　中古及近代法制文書語言研究　巴蜀書社　2003　p. 133
馮培紅　關於歸義軍節度使官制的幾個問題　麥積山石窟藝術文化論文集(下)　蘭州大學出版社
　　2004　p. 215

P. 3661

榮新江　金山國史辨正　中華文史論叢(總50輯)　上海古籍出版社　1992　p. 84 注10
王三慶著　池田溫譯　類書　敦煌漢文文獻(講座敦煌5)　(東京)大東出版社　1992　p. 380
唐耕耦　敦煌寺院會計文書研究　(臺北)新文豐出版公司　1997　p. 440

P. 3662

周丕顯　巴黎藏伯字第二七二一號《雜抄‧書目》初探　敦煌吐魯番學研究論文集　漢語大詞典出
　　版社　1990　p. 415
鄭阿財　敦煌蒙書析論　第二屆敦煌學國際研討會論文集　(臺北)漢學研究中心　1990　p. 221
鄭阿財　敦煌文獻與文學　(臺北)新文豐出版公司　1993　p. 252
朱鳳玉　從傳統語文教育論敦煌本《雜抄》　全國敦煌學研討會論文集　(臺北)中正大學中國文學
　　系所　1995　p. 203
鄭阿財　朱鳳玉　敦煌蒙書研究　甘肅教育出版社　2002　p. 168

P. 3663

石井昌子　靈寶經類　敦煌と中國道教(講座敦煌4)　(東京)大東出版社　1983　p. 150
蔣宗許　試論變文中的詞尾"即"　《敦煌研究》1992年第1·期　p. 82
朱越利　道經總論　遼寧教育出版社　1992　p. 272
伏俊璉　敦煌賦校補(一)　《社科縱橫》1993年第3期　p. 46
鄭汝中　唐代書法藝術與敦煌寫卷　敦煌書法庫(第四輯)　甘肅人民美術出版社　1994　p. 11
　　又見:《敦煌研究》1996年第2期　p. 127
姜伯勤　敦煌藝術宗教與禮樂文明　中國社會科學出版社　1996　p. 291
姜伯勤　道釋相激:道教在敦煌　道家文化研究(第十三輯)　三聯書店　1998　p. 51
沙知　敦煌契約文書輯校　江蘇古籍出版社　1998　p. 556
王卡　太上洞玄靈寶金籙簡文三元威儀自然真經　敦煌學大辭典　上海辭書出版社　1998　p. 768

楊秀清　曹議金執政臆談　《敦煌研究》1998 年第 3 期　p. 121

楊秀清　敦煌西漢金山國史　甘肅人民出版社　1999　p. 111

顏廷亮　敦煌文化　光明日報出版社　2000　p. 202

馮培紅　姚桂蘭　歸義軍時期敦煌與周邊地區之間的僧使交往　敦煌佛教藝術文化國際學術研討會
　　論文集　蘭州大學出版社　2002　p. 458

王承文　敦煌古靈寶經與晉唐道教　中華書局　2002　p. 449·

榮新江　驚沙撼大漠:向達的敦煌考察及其學術意義　國際敦煌學學術史研討會論文集　研討會籌
　　備組　2002　p. 74　又見:敦煌吐魯番研究(第七卷)　北京大學出版社　2004　p. 112

王承文　敦煌本古靈寶經兩部佚經考證　《敦煌研究》2003 年第 1 期　p. 83

王卡　敦煌道教文獻研究　中國社會科學出版社　2004　p. 40、110

王卡　中國國家圖書館藏敦煌道教遺書研究報告　敦煌吐魯番研究(第七卷)　北京大學出版社
　　2004　p. 352

P. 3664

北原薫　晚唐·五代の敦煌寺院経済——収支決算報告を中心に　敦煌の社會(講座敦煌 3)　(東
　　京)大東出版社　1980　p. 418、451

岡部和雄　經疏·要抄　敦煌仏典と禪(講座敦煌 8)　(東京)大東出版社　1980　p. 345

薄小瑩　馬小紅　唐開元廿四年岐州郿縣縣尉判集(敦煌文書伯二九七九號)研究:兼論唐代勾征制
　　敦煌吐魯番文獻研究論集　中華書局　1982　p. 644

冉雲華　《稠禪師意》的研究　敦煌學(第 6 輯)　(臺北)新文豐出版公司　1983　p. 79

冉雲華　敦煌文獻與僧稠的禪法　(臺北)《華岡佛學學報》1983 年第 6 期　又見:中國敦煌學百年
　　文庫·宗教卷(一)　甘肅文化出版社　1999　p. 71

田中良昭　敦煌禪宗文獻の研究　(東京)大東出版社　1983　p. 390

王永興　試論勾官:唐代官制研究之一　敦煌吐魯番文獻研究論集(第二輯)　北京大學出版社
　　1983　p. 311

冉雲華　北宗禪籍拾遺　敦煌學(第 10 輯)　(臺北)新文豐出版公司　1985　p. 2

唐耕耦　陸宏基　敦煌社會經濟文獻真迹釋錄(一)　書目文獻出版社　1986　p. 463

李明偉　狀·牒·帖　敦煌文學　甘肅人民出版社　1989　p. 40

唐耕耦　8 至 10 世紀敦煌的物價　紀念陳寅恪教授國際學術討論會文集　中山大學出版社　1989
　　p. 548

上山大峻　敦煌佛教の研究　(京都)法藏館　1990　p. 403、424

王永興　唐勾檢制研究　上海古籍出版社　1991　p. 87

姜伯勤　論禪宗在敦煌僧俗中的流傳　(香港)《九州學刊》(敦煌學專輯)1992 年第 4 卷第 4 期
　　p. 11　又見:中國敦煌學百年文庫·宗教卷(一)　甘肅文化出版社　1999　p. 224

李錦繡　典在唐前期財務行政中的作用　學人(第三輯)　江蘇文藝出版社　1992　p. 349

李明偉　敦煌文學概論　甘肅人民出版社　1993　p. 464

李明偉　隋唐絲綢之路　甘肅人民出版社　1994　p. 253

汪娟　敦煌禮懺文研究　(臺北)法鼓文化公司　1994　p. 30、224

王永興　敦煌經濟文書導論　(臺北)新文豐出版公司　1994　p. 356、409

李錦繡　唐代財政史稿·上卷(第一分冊)　北京大學出版社　1995　p. 196、252

姜伯勤　敦煌藝術宗教與禮樂文明　中國社會科學出版社　1996　p. 368

劉雯　吐蕃及歸義軍時期敦煌索氏家族研究　《敦煌學輯刊》1997 年第 2 期　p. 86

陳國燦　天寶四載豆盧軍和糴會計牒　敦煌學大辭典　上海辭書出版社　1998　p. 416
方廣錩　圓明論　敦煌學大辭典　上海辭書出版社　1998　p. 719
張亞萍　唐五代歸義軍政府牧馬業研究　《敦煌學輯刊》1998 年第 2 期　p. 55
高啓安　唐五代至宋敦煌的量器及量制　《敦煌學輯刊》1999 年第 1 期　p. 61、66
達照　《金剛經》相關的懺法初探　法源(第 18 期)　中國佛學院　2000　p. 215
達照　金剛五禮　藏外佛教文獻(第七輯)　宗教文化出版社　2000　p. 52
李方　唐西州行政體制考論　黑龍江教育出版社　2000　p. 261
吳麗娛　唐後期五代財務勾檢制探微　唐研究(第六卷)　北京大學出版社　2000　p. 301 注 29
李方　唐前期地方長官與判官在公文運作中的作用及相關問題　唐研究(第七卷)　北京大學出版
　　社　2001　p. 348
楊富學　敦煌本《歷代法寶記・弘忍傳》考論　華林(第一卷)　中華書局　2001　p. 182
黑維強　《吐魯番出土文書》詞語釋　《敦煌學輯刊》2004 年第 1 期　p. 63
張弓　敦煌四部籍與中古後期社會的文化情境　敦煌學(第 25 輯)　(臺北)樂學書局有限公司
　　2004　p. 324

P. 3665

王三慶著　池田溫譯　類書　敦煌漢文文獻(講座敦煌 5)　(東京)大東出版社　1992　p. 388

P. 3666

那波利貞　佛教信仰に基きて組織せられたる中晚唐五代時代の社邑に就きて(上)　『史林』(24
　　卷 3 號)　京都大學文學部史學研究會　1939　p. 71　又見:唐代社會文化史研究・第六編
　　(東京)創文社　1974　p. 635
金岡照光　敦煌漢文文學文獻の文學形態上の種類とその分類　敦煌出土文學文獻分類目録・附解
　　說　(東京)東洋文庫　1971　p. 218
金岡照光　敦煌文學のさまざま　敦煌の文學　(東京)大藏出版株式會社　1971　p. 113
那波利貞　唐代の社邑に就きて(1938 年)　唐代社會文化史研究・第五編　(東京)創文社　1974
　　p. 487、517、556
楊家駱　敦煌變文　(臺北)世界書局　1980　p. 254
鄭阿財　敦煌孝道文學研究　(臺北)石門圖書公司　1982　p. 629
陳國燦　對未刊敦煌借契的考察　魏晉南北朝隋唐史資料(第 5 輯)　武漢大學出版社　1983
　　p. 23
蔣禮鴻　敦煌寫本《燕子賦》二種校注　關隴文學論叢　甘肅人民出版社　1983　p. 80
王堯　陳踐　敦煌吐蕃文獻選　四川民族出版社　1983　p. 206
潘重規　敦煌變文集新書(下)　(臺北)"中國文化大學"中文研究所　1984　p. 1148
潘重規　敦煌寫本秦婦吟新書　敦煌學(第 8 輯)　(臺北)"中國文化大學"中國文學研究所敦煌學
　　會　1984　p. 40
王重民　燕子賦　敦煌變文集　人民文學出版社　1984　p. 254
雷僑雲　敦煌兒童文學　(臺北)學生書局　1985　p. 148
高明士　唐代敦煌的教育　漢學研究(敦煌學國際研討會論文專號)　(臺北)漢學研究資料及服務
　　中心　1986　p. 251
簡濤　敦煌本《燕子賦》考論　《敦煌研究》1986 年第 3 期　p. 31
朱鳳玉　王梵志詩研究(下)　(臺北)學生書局　1986　p. 188

鄧文寬　《涼州節院使押衙劉少晏狀》新探　《敦煌學輯刊》1987 年第 2 期　p. 63

李正宇　敦煌學郎題記輯注　《敦煌學輯刊》1987 年第 1 期　p. 28

謝和耐著　耿昇譯　中國 5—10 世紀的寺院經濟　甘肅人民出版社　1987　p. 319　又見：上海古籍
　　出版社　2004　p. 264

張鴻勛　敦煌講唱文學作品選注　甘肅人民出版社　1987　p. 60

張鴻勛　敦煌《燕子賦》（甲本）研究　敦煌語言文學研究　北京大學出版社　1988　p. 177

張錫厚　關於整理《敦煌賦集》的幾個問題　敦煌語言文學論文集　浙江古籍出版社　1988　p. 227

張涌泉　敦煌變文校劄　敦煌語言文學論文集　浙江古籍出版社　1988　p. 178

陳治文　敦煌變文釋詞商兌　《語言研究》1989 年第 1 期　又見：中國敦煌學百年文庫·語言文字卷
　　（二）　甘肅文化出版社　1999　p. 15

黃盛璋　敦煌于闐文書與漢文書中關於甘州回鶻史實異同及回鶻進佔甘州的年代問題　《西北史
　　地》1989 年第 1 期　p. 3

山本達郎等　敦煌·Ⅲ 轉貼　『NUN – HUANG AND TURFAN DOCUMENTS CONCERNING SOCIAL
　　AND ECONOMIC HISTORY』（Ⅳ）　（東京）東洋文庫　1989　p. 32

張錫厚　賦　敦煌文學　甘肅人民出版社　1989　p. 135

池田溫　中國古代寫本識語集錄　（東京）大藏出版株式會社　1990　p. 427

江藍生　近代漢語語法資料彙編（唐五代卷）　商務印書館　1990　p. 326

李正宇　釋"耶沒忽"：敦煌遺書王梵志詩俗詞語研究之一　王梵志詩研究彙錄（上）　上海古籍出版
　　社　1990　p. 266

榮新江　沙州歸義軍歷任節度使稱號研究　敦煌吐魯番學研究論文集　漢語大詞典出版社　1990
　　p. 775

唐耕耦　陸宏基　敦煌社會經濟文獻真迹釋錄（二）　全國圖書館文獻縮微複製中心　1990　p. 131

項楚　敦煌變文選注　巴蜀書社　1990　p. 375

朱雷　敦煌兩種寫本《燕子賦》中所見唐代浮逃戶處置的變化及其他：讀《敦煌變文集》劄記（六）
　　敦煌吐魯番文書初探（二編）　武漢大學出版社　1990　p. 503、504

黃盛璋　關於沙州曹氏和于闐交往的諸藏文文書及相關問題　《敦煌研究》1992 年第 1 期　p. 35

金岡照光　散文體類　敦煌の文學文獻（講座敦煌 9）　（東京）大東出版社　1992　p. 205

張涌泉　敦煌寫卷俗字類型及其考辨的方法　（香港）《九州學刊》（敦煌學專輯）1992 年第 4 卷第 4
　　期　p. 83

周紹良　敦煌文學芻議及其它　（臺北）新文豐出版公司　1992　p. 20

郝春文　敦煌寫本社邑文書年代彙考（二）　《首都師範大學學報》1993 年第 5 期　p. 81

張鴻勛　敦煌話本詞文俗賦導論　（臺北）新文豐出版公司　1993　p. 185

鄭阿財　敦煌文獻與文學　（臺北）新文豐出版公司　1993　p. 12

伏俊璉　敦煌賦校注　甘肅人民出版社　1994　p. 2

蔣禮鴻　敦煌文獻語言詞典　杭州大學出版社　1994　p. 43、205、392

沃興華　敦煌書法藝術　上海人民出版社　1994　p. 211

徐俊　敦煌學郎詩作者問題考略　《文獻》1994 年第 2 期　p. 22

胡戟　傅玫　敦煌史話　中華書局　1995　p. 178

黃盛璋　敦煌漢文與于闐文書中之龍家及其相關問題　全國敦煌學研討會論文集　（臺北）中正大
　　學中國文學系所　1995　p. 75　又見：《西域研究》1996 年第 1 期　p. 38

黃征　唐代俗語詞輯釋　唐研究（第一卷）　北京大學出版社　1995　p. 197

石田勇作　敦煌「社文書」研究序說　中國古代の國家と民衆（堀敏一先生古稀記念）　（東京）汲古

　　書院　1995　p. 684

張傳璽　中國歷代契約會編考釋(上)　北京大學出版社　1995　p. 648 注 1

張錫厚　敦煌本唐集研究　(臺北)新文豐出版公司　1995　p. 413

張涌泉　敦煌文書類化字研究　《敦煌研究》1995 年第 4 期　p. 75

張涌泉　漢語俗字研究　岳麓書社　1995　p. 77

張涌泉　試論敦煌寫卷俗文字研究之意義　敦煌學國際研討會文集·史地語文編　遼寧美術出版社
　　1995　p. 359

李正宇　敦煌史地新論　(臺北)新文豐出版公司　1996　p. 80

榮新江　歸義軍史研究　上海古籍出版社　1996　p. 73

徐俊　敦煌寫本唐人詩歌存佚互見綜考　敦煌吐魯番研究(第一卷)　北京大學出版社　1996
　　p. 124

張錫厚　敦煌賦彙　(臺北)新文豐出版公司　1996　p. 9、395

張涌泉　敦煌俗字研究導論　(臺北)新文豐出版公司　1996　p. 101、224、252

黃征　敦煌寫本異文綜析　敦煌語文叢說　(臺北)新文豐出版公司　1997　p. 27

黃征　張涌泉　敦煌變文校注　中華書局　1997　p. 25、380

寧可　郝春文　敦煌社邑文書輯校　江蘇古籍出版社　1997　p. 225、323

顏廷亮　關於《晏子賦》寫本的抄寫年代問題　《敦煌研究》1997 年第 2 期　p. 139

鄭炳林　晚唐五代敦煌貿易市場的物價　敦煌歸義軍史專題研究　蘭州大學出版社　1997　p. 284

程毅中　柴劍虹　燕子賦　敦煌學大辭典　上海辭書出版社　1998　p. 588

沙知　敦煌契約文書輯校　江蘇古籍出版社　1998　p. 165

顏廷亮　關於敦煌文學發展的歷史進程　《甘肅社會科學》1999 年第 4 期　p. 46

楊富學　李吉和　敦煌漢文吐蕃史料輯校(第一輯)　甘肅人民出版社　1999　p. 101

張涌泉　敦煌寫本書寫特例發微　舊學新知　浙江大學出版社　1999　p. 226

張涌泉　俗字研究與敦煌文獻的校理　舊學新知　浙江大學出版社　1999　p. 59

伏俊璉　俗情雅韻:敦煌賦選析　甘肅人民出版社　2000　p. 113

黃征　《變文字義待質錄》考辨　中古近代漢語研究(第一輯)　上海教育出版社　2000　p. 209　又
　　見:2000 年敦煌學國際學術討論會文集·歷史文化卷(下)　甘肅民族出版社　2003　p. 424

榮新江　《英藏敦煌文獻》定名商補　文史(第五十二輯)　中華書局　2000　p. 125

榮新江　《英國圖書館藏敦煌漢文非佛教文獻殘卷目錄》補正　英國收藏敦煌漢藏文獻研究　中國
　　社會科學出版社　2000　p. 381

徐俊　敦煌詩集殘卷輯考　中華書局　2000　p. 816、880

顏廷亮　敦煌文化　光明日報出版社　2000　p. 187、324

張鴻勳　說唱藝術奇葩:敦煌變文選評　甘肅人民出版社　2000　p. 75

張錫厚　敦煌文學源流　作家出版社　2000　p. 201、255

張涌泉　漢語俗字叢考　中華書局　2000　p. 71、472

陳尚君　評《敦煌詩集殘卷輯考》　敦煌吐魯番研究(第五卷)　北京大學出版社　2001　p. 387

孟憲實　敦煌社邑的分佈　敦煌文獻論集:紀念藏經洞發現一百周年國際學術研討會論文集　遼寧
　　人民出版社　2001　p. 431

山本達郎等　補(IV)社·III 轉貼　『NUN – HUANG AND TURFAN DOCUMENTS CONCERNING SO-
CIAL AND ECONOMIC HISTORY』(Sup. p. lemrnts)　(東京)東洋文庫　2001　p. 78

陶敏　李一飛　隋唐五代文學史料學　中華書局　2001　p. 362

黃征　敦煌語言文字學研究　甘肅教育出版社　2002　p. 46、111、135、175

張鴻勳　敦煌俗文學研究　甘肅人民出版社　2002　p. 6、171
黃征　《燕子賦》研究　《敦煌研究》2003 年第 1 期　p. 38
童丕　敦煌的借貸：中國中古時代的物質生活與社會　中華書局　2003　p. 126、153
湛如　敦煌佛教律儀制度研究　中華書局　2003　p. 357
荒見泰史　敦煌的講唱體文獻　敦煌學（第 25 輯）　（臺北）樂學書局有限公司　2004　p. 275
黃征　敦煌俗字典　上海教育出版社　2005　p. 前言 14、56、74
黃征　敦煌俗字要論　《敦煌研究》2005 年第 1 期　p. 87
黃征　敦煌俗字種類考辨　敦煌學・日本學：石塚晴通教授退職紀念論文集　上海辭書出版社
　　2005　p. 116

P. 3667
柴劍虹　敦煌詞輯校四談　西域文史論稿　（臺北）國文天地雜誌社　1991　p. 511

P. 3668
陳祚龍　敦煌古抄內典尾記彙校初、二、三編合刊　敦煌學要籥　（臺北）新文豐出版公司　1982
　　p. 190
池田溫　中國古代寫本識語集錄　（東京）大藏出版株式會社　1990　p. 455
盧向前　金山國立國之我見　《敦煌學輯刊》1990 年第 2 期　p. 16　又見：敦煌吐魯番文書論稿　江
　　西人民出版社　1992　p. 179
榮新江　金山國史辨正　中華文史論叢（總 50 輯）　上海古籍出版社　1992　p. 84 注 10
黃征　吳偉　敦煌願文集　岳麓書社　1995　p. 920
陳國燦　辛未年皇太子寫金光明最勝王經記　敦煌學大辭典　上海辭書出版社　1998　p. 458
方廣錩　金光明最勝王經　敦煌學大辭典　上海辭書出版社　1998　p. 679
金岡照光　敦煌文獻と中國文學　（東京）五曜書房　2000　p. 433
嚴耀中　敦煌文書中的“平等大王”和唐宋間的均平思潮　唐研究（第六卷）　北京大學出版社
　　2000　p. 19、22
林聰明　敦煌吐魯番文書解詁指例　（臺北）新文豐出版公司　2001　p. 162
馬德　敦煌寫經題記的社會意義　法源（第 19 期）　中國佛學院　2001　p. 84
李正宇　唐宋時期的敦煌佛教　敦煌佛教藝術文化國際學術研討會論文集　蘭州大學出版社　2002
　　p. 374
李正宇　唐宋時期敦煌佛經性質功能的變化　戒幢佛學（第二卷）　岳麓書社　2002　p. 23　又見：
　　中日敦煌佛教學術會議論文集　中國社會科學院研究所　2002　p. 19
劉永明　論敦煌佛教信仰中的佛道融合　《敦煌學輯刊》2005 年第 1 期　p. 53
敏春芳　敦煌願文詞語例釋　《敦煌學輯刊》2005 年第 1 期　p. 105
沙武田　《金光明最勝王經變》在敦煌吐蕃時期洞窟首次出現的原因　《蘭州大學學報》2006 年第 3
　　期　p. 37

P. 3669
那波利貞　千佛岩莫高窟と敦煌文書　西域文化研究（第二）・敦煌吐魯番社會經濟資料（上）　（京
　　都）法藏館　1959　p. 32
土肥義和　唐令よりみたる現存唐代戶籍の基礎的研究（上）　『東洋學報』（52 卷 1 號）　（東京）東
　　洋學術協會　1969　p. 93

池田溫　中國古代籍帳研究：概觀・録文　東京大學東洋文化研究所　1979　p. 167

王重民　敦煌古籍叙録　中華書局　1979　p. 76、78

菊池英夫　唐代敦煌社會の外貌　敦煌の社會（講座敦煌3）　（東京）大東出版社　1980　p. 104

佐藤武敏　敦煌の水利　敦煌の社會（講座敦煌3）　（東京）大東出版社　1980　p. 276

蘇瑩輝　敦煌學概要　（臺北）編譯館"中華叢書編委會"　1981　p. 38

陳祚龍　古代敦煌及其他地區流行之公私印章圖記文字録　敦煌學要籥　（臺北）新文豐出版公司
　　　1982　p. 339

楊際平　鄭學檬　從唐代敦煌戶籍資料看均田制下私田的存在　《廈門大學學報》1982 年第 4 期
　　　p. 38

陳炳應　敦煌所出宋開寶八年"鄭醜撻賣地舍契"定誤考釋　《西北史地》1983 年第 4 期　p. 85

蘇瑩輝　中外敦煌古寫本纂要　敦煌論集　（臺北）學生書局　1983　p. 314

饒宗頤　敦煌書法叢刊（第十卷）・經史（八）　（東京）二玄社　1985　p. 34、59

山本達郎　敦煌發見の唐代籍帳にみえる已受田の增減　『東方學』（第70輯）　（東京）東方學會
　　　1985　p. 1

王重民　巴黎敦煌殘卷叙録（第一輯）　敦煌叢刊初集（九）　（臺北）新文豐出版公司　1985　p. 129

西村元佑著　姜鎮慶譯　通過唐代敦煌差科簿看唐代均田制時代的徭役制度　敦煌學譯文集　甘肅
　　　人民出版社　1985　p. 1150

寧欣　唐代敦煌地區農業水利問題初探　敦煌吐魯番文獻研究論集（第三輯）　北京大學出版社
　　　1986　p. 501 注 13、535 注 41

唐耕耦　陸宏基　敦煌社會經濟文獻真迹釋録（一）　書目文獻出版社　1986　p. 130

王重民原編　黃永武新編　敦煌古籍叙録新編（第五冊）　（臺北）新文豐出版公司　1986　p. 29、39

梁尉英　漢代效穀城考　1983 年全國敦煌學術討論會文集・文史、遺書編（上）　甘肅人民出版社
　　　1987　p. 286、296 注 7

王永興　隋唐五代經濟史料彙編校注・第一編（下）　中華書局　1987　p. 492

李正宇　敦煌地區古代祠廟寺觀簡志　《敦煌學輯刊》1988 年第 1、2 期　p. 73

林平和　羅振玉敦煌學析論　（臺北）文史哲出版社　1988　p. 85

高國藩　敦煌民俗學　上海文藝出版社　1989　p. 11

鄧文寬　敦煌吐魯番文書與唐代均田制研究　中國文化（2）　（香港）中華書局　1990　p. 10

李并成　《沙州城土鏡》之地理調查與考釋　《敦煌學輯刊》1990 年第 2 期　p. 89

李并成　漢敦煌郡效穀縣城考　《敦煌學輯刊》1991 年第 1 期　p. 60

楊際平　均田制新探　廈門大學出版社　1991　p. 190

池田溫　關於敦煌發現的唐大曆四年手實殘卷　唐代均田制研究選譯　甘肅教育出版社　1992
　　　p. 159

姜伯勤　敦煌社會文書導論　（臺北）新文豐出版公司　1992　p. 225

鈴木俊　山本達郎　唐代的均田制度與敦煌戶籍　唐代均田制研究選譯　甘肅教育出版社　1992
　　　p. 15 注 10

劉進寶　敦煌遺書與歷史研究　《魏晉南北朝隋唐史》1992 年第 9 期　p. 69

尾崎康　史籍　敦煌漢文文獻（講座敦煌5）　（東京）大東出版社　1992　p. 306

前田正名　河西歷史地理學研究　中國藏學出版社　1993　p. 253

王永興　關於唐代均田制中給田問題的探討——讀大谷欠田、退田、給田文書劄記　陳門問學叢稿
　　　江西人民出版社　1993　p. 205

Л. N. チュグイェフスキ−著　荒川正晴譯注　ソ連邦科學アカデミ−東洋學研究所所藏、敦煌寫本

における官印と寺印　『吐魯番出土文物研究會會報』(98、99 號)　(東京)吐魯番出土文物研究會　1994　p. 3、8

沙知　跋天寶十三載便麥契(P. 4053v)　紀念陳寅恪先生百年誕辰學術論文集　江西教育出版社　1994　p. 280 注 15

王繼如　《維摩碎金》校釋補正　俗語言研究(創刊號)　(京都)禪文化研究所　1994　p. 49

王永興　敦煌經濟文書導論　(臺北)新文豐出版公司　1994　p. 175、377

王永興　敦煌吐魯番出土唐官府文書縫背縫表記事押署鈐印問題初探　文史(第四十輯)　中華書局　1994　p. 89

胡戟　傅玫　敦煌史話　中華書局　1995　p. 143、160

李錦繡　唐代財政史稿·上卷(第二分冊)　北京大學出版社　1995　p. 420

劉進寶　敦煌學論述　(臺北)洪葉文化事業有限公司　1995　p. 264

譚蟬雪　敦煌婚俗的特點　敦煌學國際研討會文集·史地語文編　遼寧美術出版社　1995　p. 607

王繼如　《醜女緣起》校釋補正　俗語言研究(第二期)　(京都)禪文化研究所　1995　p. 68

張傳璽　懸泉置、效穀縣、魚澤障的設與廢　國學研究(第三卷)　北京大學出版社　1995　p. 331 注 32

姜伯勤　敦煌藝術宗教與禮樂文明　中國社會科學出版社　1996　p. 298

堀敏一　中國古代の家と集落　(東京)汲古書院　1996　p. 488

李并成　北魏瓜州敦煌郡鳴沙、平康、東鄉三縣城址考　敦煌吐魯番學研究論集　書目文獻出版社　1996　p. 286

李并成　李春元　瓜沙史地研究　甘肅文化出版社　1996　p. 133

李正宇　敦煌史地新論　(臺北)新文豐出版公司　1996　p. 63

鄭炳林　唐五代敦煌粟特人與歸義軍政權　《敦煌研究》1996 年第 4 期　p. 83　又見：敦煌歸義軍史專題研究　蘭州大學出版社　1997　p. 406

李正宇　敦煌歷史地理導論　(臺北)新文豐出版公司　1997　p. 61、267

鄭炳林　唐五代敦煌畜牧區域研究　敦煌歸義軍史專題研究　蘭州大學出版社　1997　p. 220

鄭炳林　晚唐五代敦煌園圃經濟研究　敦煌歸義軍史專題研究　蘭州大學出版社　1997　p. 309

白化文　漢書　敦煌學大辭典　上海辭書出版社　1998　p. 775

姜伯勤　道釋相激：道教在敦煌　道家文化研究(第十三輯)　三聯書店　1998　p. 58

李正宇　靈圖觀　敦煌學大辭典　上海辭書出版社　1998　p. 633

沙知　敦煌縣之印　敦煌學大辭典　上海辭書出版社　1998　p. 292

沙知　沙州之印　敦煌學大辭典　上海辭書出版社　1998　p. 292

陳國燦　唐代的經濟社會　(臺北)文津出版社　1999　p. 40

池田溫　八世紀中葉敦煌的粟特人聚落　唐研究論文選集　中國社會科學出版社　1999　p. 61 注 66

丘古耶夫斯基著　魏迎春譯　俄藏敦煌漢文寫卷中的官印及寺院印章　《敦煌學輯刊》1999 年第 1 期　p. 143

王繼如　《漢書·刑法志》校注　敦煌問學叢稿　甘肅文化出版社　1999　p. 42

陳永勝　敦煌吐魯番法制文書研究　甘肅人民出版社　2000　p. 107

金岡照光　敦煌文獻と中國文學　(東京)五曜書房　2000　p. 529

雷紹鋒　歸義軍賦役制度初探　(臺北)洪葉文化事業有限公司　2000　p. 108

劉進寶　敦煌文書與唐史研究　(臺北)新文豐出版公司　2000　p. 6、210

丘古耶夫斯基　敦煌漢文文書　上海古籍出版社　2000　p. 62、188、201

顏廷亮　敦煌文化　光明日報出版社　2000　p. 209

趙雲旗　唐代土地買賣研究　中國財政經濟出版社　2000　p. 59

王繼如　敦煌俗字研究法　訓詁問學叢稿　江蘇古籍出版社　2001　p. 233　又見：2000 年敦煌學
　　國際學術討論會文集・歷史文化卷（下）　甘肅民族出版社　2003　p. 458

陳國燦　敦煌學史事新證　甘肅教育出版社　2002　p. 136、270

姜亮夫　敦煌莫高窟年表　姜亮夫全集（十一）　雲南人民出版社　2002　p. 249

劉進寶　敦煌學通論　甘肅教育出版社　2002　p. 289

王繼如　敦煌變文研究尚有可爲　漢語史學報專輯（第三輯）　上海教育出版社　2003　p. 362

楊際平　北朝隋唐均田制新探　岳麓書社　2003　p. 183

李并成　西涼敦煌戶籍殘卷（S. 0113）若干問題新探　敦煌學（第 25 輯）　（臺北）樂學書局有限公司
　　2004　p. 197

劉安志　關於唐代沙州陞爲都督府的時間問題　《敦煌學輯刊》2004 年第 2 期　p. 63

徐曉卉　唐五代宋初敦煌地區麻的種植品種試析　《敦煌研究》2004 年第 2 期　p. 87

張弓　敦煌四部籍與中古後期社會的文化情境　敦煌學（第 25 輯）　（臺北）樂學書局有限公司
　　2004　p. 315

陳麗萍　敦煌文書所見唐五代婚變現象初探（一）　《敦煌學輯刊》2005 年第 2 期　p. 170

王卡　敦煌道教綜述　敦煌與絲路文化學術講座（第二輯）　北京圖書館出版社　2005　p. 376

陳麗萍　敦煌籍帳中夫妻年歲差距過大現象初探　《首都師範大學學報》2006 年第 2 期　p. 11

P. 3670

陳鐵凡　敦煌本尚書十四殘卷綴合記　（新加坡）《新社學報》1969 年第 3 期　又見：中國敦煌學百
　　年文庫・文獻卷（二）　甘肅文化出版社　1999　p. 413

陳鐵凡　敦煌本虞夏商書校證補遺　（臺北）《大陸雜誌》1969 年第 2 期　又見：中國敦煌學百年文
　　庫・文獻卷（二）　甘肅文化出版社　1999　p. 419

王重民　敦煌本尚書六跋　《青海民族學院學報》1979 年第 4 卷　又見：中國敦煌學百年文庫・文獻
　　卷（二）　甘肅文化出版社　1999　p. 555

王重民　敦煌古籍叙録　中華書局　1979　p. 16

王堯　陳踐　敦煌吐蕃文獻選　四川民族出版社　1983　p. 68

饒宗頤解說　林宏作譯　敦煌書法叢刊（第五卷）・經史（三）　（東京）二玄社　1985　p. 48

王重民　巴黎敦煌殘卷叙録（第一輯）　敦煌叢刊初集（九）　（臺北）新文豐出版公司　1985　p. 109

王重民原編　黃永武新編　敦煌古籍叙録新編（第一冊）　（臺北）新文豐出版公司　1986　p. 249

姜亮夫　敦煌本尚書校録　敦煌學論文集　上海古籍出版社　1987　p. 156、198　又見：姜亮夫全集
　　（十三）　雲南人民出版社　2002　p. 135

姜亮夫　敦煌經卷在中國文化學術上的價值　敦煌學論文集　上海古籍出版社　1987　p. 9

孫啓治　唐寫本俗別字變化類型舉例　敦煌吐魯番文獻研究論集（第五輯）　北京大學出版社
　　1990　p. 128、130、132

土田健次郎　儒教典籍　敦煌漢文文獻（講座敦煌 5）　（東京）大東出版社　1992　p. 268、280

吳福熙　敦煌殘卷古文尚書校注　甘肅人民出版社　1992　p. 28

吳其昱著　伊藤美重子譯　敦煌漢文寫本概観　敦煌漢文文獻（講座敦煌 5）　（東京）大東出版社
　　1992　p. 96

王堯　吐蕃時期藏譯漢籍名著及故事　中國古籍研究（第一卷）　上海古籍出版社　1996　p. 540

陳公柔　評介《尚書文字合編》　燕京學報（新第 4 期）　北京大學出版社　1998　p. 291

趙和平　敦煌本商書校證　敦煌學大辭典　上海辭書出版社　1998　p. 823

黄征　程惠新　劫塵遺珠：敦煌遺書　甘肅教育出版社　1999　p. 191

姜亮夫　敦煌：偉大的文化寶藏　雲南人民出版社　1999　p. 99

許建平　敦煌本《尚書》叙録　敦煌文獻論集：紀念藏經洞發現一百周年國際學術研討會論文集　遼
　　寧人民出版社　2001　p. 384

姜亮夫　敦煌莫高窟年表　姜亮夫全集（十一）　雲南人民出版社　2002　p. 204

許建平　敦煌出土《尚書》寫卷研究的過去與未來　敦煌吐魯番研究（第七卷）　北京大學出版社
　　2004　p. 226

中村威也　ДХ10698『尚書費誓』とДХ10698v「史書」について　『西北出土文獻研究』（創刊號）
　　（新潟）西北出土文獻研究會　2004　p. 42

石塚晴通　敦煌的加點本　敦煌學・日本學：石塚晴通教授退職紀念論文集　上海辭書出版社
　　2005　p. 9

P. 3671

林其錟　陳鳳金輯校　敦煌遺書劉子殘卷集録　上海書店　1988　p. 5、27

鄭阿財　敦煌蒙書析論　第二屆敦煌學國際研討會論文集　（臺北）漢學研究中心　1990　p. 221

周丕顯　巴黎藏伯字第二七二一號《雜抄・書目》初探　敦煌吐魯番學研究論文集　漢語大詞典出
　　版社　1990　p. 415

王三慶著　池田溫譯　類書　敦煌漢文文獻（講座敦煌5）　（東京）大東出版社　1992　p. 387

高國藩　敦煌民俗資料導論　（臺北）新文豐出版公司　1993　p. 174

譚禪雪　敦煌歲時掇瑣　（香港）《九州學刊》（敦煌學專輯）1993年第5卷第4期　p. 98

鄭阿財　敦煌文獻與文學　（臺北）新文豐出版公司　1993　p. 252

朱鳳玉　從傳統語文教育論敦煌本《雜抄》　全國敦煌學研討會論文集　（臺北）中正大學中國文學
　　系所　1995　p. 203

譚蟬雪　敦煌歲時文化導論　（臺北）新文豐出版公司　1998　p. 117、219、281、306、321、369

譚蟬雪　唐宋敦煌歲時佛俗：二月至七月　《敦煌研究》2001年第1期　p. 101

譚蟬雪　唐宋敦煌歲時佛俗：八月至十二月　《敦煌研究》2001年第2期　p. 76

鄭阿財　朱鳳玉　敦煌蒙書研究　甘肅教育出版社　2002　p. 168

張涌泉　試論敦煌寫本類書的校勘價值：以《勵忠節抄》爲例　《敦煌研究》2003年第2期　p. 69

P. 3672

那波利貞　佛教信仰に基きて組織せられたる中晚唐五代時代の社邑に就きて（下）　『史林』（24
　　卷4號）　京都大學文學部史學研究會　1939　p. 112　又見：唐代社會文化史研究・第六編
　　（東京）創文社　1974　p. 664

那波利貞　梁戶考　唐代社會文化史研究・第三編　（東京）創文社　1974　p. 313

陳祚龍　敦煌學新記　敦煌文物隨筆　（臺北）商務印書館　1979　p. 277

陳祚龍撰　費海璣譯　蘇瑩輝補注　瓜沙印録　敦煌學概要　（臺北）編譯館"中華叢書編委會"
　　1981　p. 269

陳祚龍　古代敦煌及其他地區流行之公私印章圖記文字録　敦煌學要籥　（臺北）新文豐出版公司
　　1982　p. 345

森安孝夫　敦煌と西ウイグル王國　『東方學』（第74輯）　（東京）東方學會　1987　p. 58

森安孝夫著　陳俊謀譯　敦煌與西回鶻王國　《西北史地》1987年第3期　p. 117

張廣達　榮新江　有關西州回鶻的一篇敦煌漢文文獻　《北京大學學報》1989 年第 2 期　p. 26

榮新江　西元十世紀沙州歸義軍與西州回鶻的文化交往　第二屆敦煌學國際研討會論文集　（臺北）漢學研究中心　1990　p. 591、603

唐耕耦　陸宏基　敦煌社會經濟文獻真迹釋錄（五）　全國圖書館文獻縮微複製中心　1990　p. 35

黃征　吳偉　敦煌願文集　岳麓書社　1995　p. 37

張廣達　西域史地叢稿初編　上海古籍出版社　1995　p. 223

高永久　西域古代民族宗教綜論　高等教育出版社　1997　p. 260

鄭炳林　敦煌碑銘讚輯釋　甘肅教育出版社　1997　p. 199 注 2

王素　高昌史稿：交通編　文物出版社　1998　p. 56

鄭炳林　晚唐五代敦煌貿易市場的外來商品輯考　中華文史論叢（總 63 輯）　上海古籍出版社　2000　p. 84

陳國燦　略論吐魯番出土的敦煌文書　《吐魯番學研究》2002 年第 1 期　p. 8　又見：《西域研究》2002 年第 3 期　p. 9；新世紀敦煌學論集　巴蜀書社　2003　p. 61

王啓濤　中古及近代法制文書語言研究　巴蜀書社　2003　p. 305

高啓安　唐五代敦煌飲食文化研究　民族出版社　2004　p. 37

P. 3673

張錫厚　敦煌釋氏詩歌創作論　慶祝潘石禪先生九秩華誕敦煌學特刊　（臺北）文津出版社　1996　p. 205

P. 3674

陳祚龍　關於道家"本際經"及其"要略妙義"與"疏"的敦煌古抄　敦煌文物隨筆　（臺北）商務印書館　1979　p. 216

石井昌子　靈寶經類　敦煌と中國道教（講座敦煌 4）　（東京）大東出版社　1983　p. 161

姜伯勤　《本際經》與敦煌道教　《敦煌研究》1994 年第 3 期　p. 8

姜伯勤　論敦煌本《本際經》的道性論　道家文化研究（第七輯）　上海古籍出版社　1995　p. 228

姜伯勤　敦煌藝術宗教與禮樂文明　中國社會科學出版社　1996　p. 215、238

萬毅　敦煌道教文獻《本際經》錄文及解說　道家文化研究（第十三輯）　三聯書店　1998　p. 452

王卡　太玄真一本際經　敦煌學大辭典　上海辭書出版社　1998　p. 765

金瀅坤　吐蕃沙州都督考　《敦煌研究》1999 年第 3 期　p. 88

山田俊　唐初道教思想史研究・論述篇　（京都）平樂寺書店　1999　p. 44

山田俊　唐初道教思想史研究・資料篇　（京都）平樂寺書店　1999　p. 122、164

陸離　有關吐蕃太子的文書研究　《敦煌學輯刊》2003 年第 1 期　p. 31

王卡　敦煌道教文獻研究　中國社會科學出版社　2004　p. 207

王卡　中國國家圖書館藏敦煌道教遺書研究報告　敦煌吐魯番研究（第七卷）　北京大學出版社　2004　p. 371

P. 3675

黃征　敦煌願文散校　《敦煌研究》1994 年第 3 期　p. 131　又見：敦煌語文叢說　（臺北）新文豐出版公司　1997　p. 572

王卡　敦煌道教文獻研究　中國社會科學出版社　2004　p. 117

P. 3676

張錫厚　詩歌　敦煌文學　甘肅人民出版社　1989　p. 156

張錫厚　敦煌文學概論　甘肅人民出版社　1993　p. 361

柴劍虹　餞送達法師詩　敦煌學大辭典　上海辭書出版社　1998　p. 569

王卡　敦煌道經校讀三則　道家文化研究(第十三輯)　三聯書店　1998　p. 110

山田俊　評《道家文化研究》第 13 輯《敦煌道教文獻專號》　敦煌吐魯番研究(第四卷)　北京大學出
　　　版社　1999　p. 613

孫其芳　大漠遺歌:敦煌詩歌選評　甘肅人民出版社　2000　p. 202

汪泛舟　論敦煌僧詩的功利性　《敦煌研究》2000 年第 4 期　p. 153

徐俊　敦煌詩集殘卷輯考　中華書局　2000　p. 320

張錫厚　敦煌文學源流　作家出版社　2000　p. 40

劉屹　評《敦煌道藏》　敦煌吐魯番研究(第六卷)　北京大學出版社　2002　p. 389

王承文　敦煌古靈寶經與道教"三洞經書"和"三乘"考論　《敦煌學輯刊》2003 年第 1 期　p. 51

王卡　敦煌道教文獻研究　中國社會科學出版社　2004　p. 219

P. 3677

陳祚龍　敦煌古抄內典尾記彙校初、二、三編合刊　敦煌學要籥　(臺北)新文豐出版公司　1982
　　　p. 190

唐耕耦　陸宏基　敦煌社會經濟文獻真迹釋録(五)　全國圖書館文獻縮微複製中心　1990　p. 290

周紹良　敦煌文學芻議及其它　(臺北)新文豐出版公司　1992　p. 17

高國藩　敦煌民俗資料導論　(臺北)新文豐出版公司　1993　p. 90

姜伯勤　敦煌毗尼藏主考　《敦煌研究》1993 年第 3 期　p. 6

李明偉　敦煌文學概論　甘肅人民出版社　1993　p. 479

李正宇　敦煌文學概論　甘肅人民出版社　1993　p. 93

齊陳駿　有關遺產繼承的幾件敦煌遺書　《敦煌學輯刊》1994 年第 2 期　p. 52

李明偉　敦煌文學中"敦煌文"的研究和分類評價　《敦煌研究》1995 年第 4 期　p. 122

王書慶　敦煌佛學·佛事篇　甘肅民族出版社　1995　p. 193

姜伯勤　敦煌藝術宗教與禮樂文明　中國社會科學出版社　1996　p. 333

李正宇　敦煌史地新論　(臺北)新文豐出版公司　1996　p. 123

李正宇　敦煌歷史地理導論　(臺北)新文豐出版公司　1997　p. 241

鄭炳林　敦煌碑銘讚輯釋　甘肅教育出版社　1997　p. 29

柴劍虹　僧璨琳詩　敦煌學大辭典　上海辭書出版社　1998　p. 560

李正宇　璨琳　敦煌學大辭典　上海辭書出版社　1998　p. 348

沙知　敦煌別稱　敦煌學大辭典　上海辭書出版社　1998　p. 306

顏廷亮　敦煌文化中的道教及文化　《敦煌研究》1999 年第 1 期　p. 140

徐俊　敦煌詩集殘卷輯考　中華書局　2000　p. 817

顏廷亮　敦煌文化　光明日報出版社　2000　p. 242、456

顏廷亮　敦煌文化的靈魂論綱　《甘肅社會科學》2000 年第 4 期　p. 35

楊森　淺談敦煌文獻中唐代墓誌銘抄本　《敦煌研究》2000 年第 3 期　p. 135

曾良　敦煌文獻字義通釋　廈門大學出版社　2001　p. 19

屈直敏　敦煌高僧　民族出版社　2004　p. 86

趙曉星　敦煌落蕃舊事　民族出版社　2004　p. 183

P. 3678

那波利貞　佛教信仰に基きて組織せられたる中晚唐五代時代の社邑に就きて(上)　『史林』(24 卷 3 號)　京都大學文學部史學研究會　1939　p. 54　又見：唐代社會文化史研究・第六編 (東京)創文社　1974　p. 620

梅弘理著　耿昇譯　根據 P. 2547 號寫本對《齋琬文》的復原和斷代　《敦煌研究》1990 年第 2 期 p. 54

黃征　吳偉　敦煌願文集　岳麓書社　1995　p. 71

黃征　敦煌願文考論　敦煌語文叢說　(臺北)新文豐出版公司　1997　p. 582

寧可　郝春文　敦煌社邑文書輯校　江蘇古籍出版社　1997　p. 599

郝春文　齋琬文　敦煌學大辭典　上海辭書出版社　1998　p. 459

劉屹　評《唐初道教思想史研究》　唐研究(第六卷)　北京大學出版社　2000　p. 457

萬毅　敦煌本道教《昇玄內教經》的文本順序　《敦煌研究》2000 年第 4 期　p. 139　又見：敦煌文獻 論集：紀念藏經洞發現一百周年國際學術研討會論文集　遼寧人民出版社　2001　p. 606

王卡　敦煌道經殘卷綴合與考訂三則　敦煌文獻論集：紀念藏經洞發現一百周年國際學術研討會論 文集　遼寧人民出版社　2001　p. 581

劉屹　敦煌本《昇玄經》經籙傳授儀式研究　敦煌學(第 25 輯)　(臺北)樂學書局有限公司　2004 p. 476

王卡　敦煌道教文獻研究　中國社會科學出版社　2004　p. 121

王卡　中國國家圖書館藏敦煌道教遺書研究報告　敦煌吐魯番研究(第七卷)　北京大學出版社 2004　p. 354

王卡　敦煌本《昇玄內教經》殘卷校讀記　敦煌吐魯番研究(第九卷)　中華書局　2006　p. 66、79

P. 3679

陳祚龍　敦煌古抄內典尾記彙校初、二、三編合刊　敦煌學要籥　(臺北)新文豐出版公司　1982 p. 191

池田溫　中國古代寫本識語集錄　(東京)大藏出版株式會社　1990　p. 444

蕭登福　道教星斗符印與佛教密宗　(臺北)新文豐出版公司　1993　p. 237

萬毅　敦煌本《昇玄內教經》解說　道家文化研究(第十三輯)　三聯書店　1998　p. 268

饒宗頤　記唐寫本唵字讚　饒宗頤東方學論集　汕頭大學出版社　1999　p. 159

徐俊　敦煌詩集殘卷輯考　中華書局　2000　p. 353

林聰明　敦煌吐魯番文書解詁指例　(臺北)新文豐出版公司　2001　p. 225

白化文　讀《伯希和劫經錄》　敦煌學國際研討會論文集　北京圖書館出版社　2005　p. 17

P. 3680

金岡照光　敦煌漢文文學文獻の文學形態上の種類とその分類　敦煌出土文學文獻分類目錄・附解 說　(東京)東洋文庫　1971　p. 216

金岡照光　敦煌文學のこころ　敦煌の文學　(東京)大藏出版株式會社　1971　p. 232

楊家駱　敦煌變文　(臺北)世界書局　1980　p. 910

鄭阿財　敦煌孝道文學研究　(臺北)石門圖書公司　1982　p. 395、423

周紹良　談唐代民間文學──讀《中國文學史》中"變文"節書後關於唐代民間文學研究的幾點意見 敦煌變文論文錄　上海古籍出版社　1982　p. 413　又見：紹良叢稿　齊魯書社　1984　p. 55

潘重規　敦煌變文集新書(下)　(臺北)"中國文化大學"中文研究所　1984　p. 1267

王慶菽　孝子傳　敦煌變文集　人民文學出版社　1984　p. 910

雷僑雲　敦煌兒童文學　（臺北）學生書局　1985　p. 90 注 5

羅宗濤　敦煌講經變文"古吟上下"探原　漢學研究（敦煌學國際研討會論文專號）　（臺北）漢學研究資料及服務中心　1986　p. 139　又見：　中國敦煌學百年文庫·文學卷（四）　甘肅文化出版社　1999　p. 172

王三慶　《敦煌變文集》中的《孝子傳》新探　敦煌學（第 14 輯）　（臺北）新文豐出版公司　1989　p. 189

程毅中　敦煌本《啓顏録》的發現及其文學文獻價值　敦煌學國際學術討論會論文縮寫文（1990）敦煌研究院　1990　p. 81

郭在貽　張涌泉　黃征　敦煌變文集校議　岳麓書社　1990　p. 468

謝明勳　敦煌本《孝子傳》"睒子"故事考索　敦煌學（第 17 輯）　（臺北）新文豐出版公司　1991　p. 22

程毅中　敦煌本《孝子傳》與睒子故事　中國文化（5）　（香港）中華書局　1992　p. 149

金岡照光　散文體類　敦煌の文學文獻（講座敦煌 9）　（東京）大東出版社　1992　p. 246

金岡照光　孝行譚——『舜子変』と『董永傳』　敦煌の文學文獻（講座敦煌 9）　（東京）大東出版社　1992　p. 486

王三慶著　池田溫譯　類書　敦煌漢文文獻（講座敦煌 5）　（東京）大東出版社　1992　p. 363

尾崎康　史籍　敦煌漢文文獻（講座敦煌 5）　（東京）大東出版社　1992　p. 329

高田時雄　評:池田溫編『敦煌漢文文獻』（講座敦煌 5）　『東洋史研究』（52 卷 1 號）　（東京）東洋史研究會　1993　p. 123

曲金良　敦煌寫本《孝子傳》及其相關問題　《敦煌研究》1998 年第 2 期　p. 156

魏文斌　師彥靈　唐曉軍　甘肅宋金墓"二十四孝"圖與敦煌遺書《孝子傳》　《敦煌研究》1998 年第 3 期　p. 76

張鴻勳　孝子傳　敦煌學大辭典　上海辭書出版社　1998　p. 584

伏俊璉　伏麒鵬　石室齊諧:敦煌小說選析　甘肅人民出版社　2000　p. 173

金岡照光　敦煌文獻と中國文學　（東京）五曜書房　2000　p. 32、67、103

馬世長　《父母恩重經》寫本與變相　敦煌研究文集·敦煌石窟經變篇　甘肅民族出版社　2000　p. 401

荒見泰史　敦煌本夢書雜識　漢語史學報專輯（第三輯）　上海教育出版社　2003　p. 339

張鴻勳　從印度到中國:絲綢路上的睒子故事與藝術　麥積山石窟藝術文化論文集（上）　蘭州大學出版社　2004　p. 341

荒見泰史　從敦煌寫本中變文的改寫情況來探討五代講唱文學的演變　敦煌學國際研討會論文集北京圖書館出版社　2005　p. 179

P. 3681

田中良昭　敦煌禪宗文獻の研究　（東京）大東出版社　1983　p. 366

周紹良　趙和平　書儀　《敦煌語言文學研究通訊》1987 年第 4 期　p. 2　又見:敦煌文學　甘肅人民出版社　1989　p. 47

周一良　敦煌寫本書儀考（之二）　敦煌吐魯番文獻研究論集（第四輯）　北京大學出版社　1987　p. 28　又見:唐五代書儀研究　中國社會科學出版社　1995　p. 81

張錫厚　敦煌詩歌考論　《敦煌學輯刊》1989 年第 2 期　p. 13

張錫厚　詩歌　敦煌文學　甘肅人民出版社　1989　p. 159

趙和平　敦煌寫本書儀略論　敦煌吐魯番學研究論文集　漢語大詞典出版社　1990　p. 564　又見：
　　唐五代書儀研究　中國社會科學出版社　1995　p. 3

周紹良　敦煌文學芻議及其它　（臺北）新文豐出版公司　1992　p. 23

李正宇　敦煌文學概論　甘肅人民出版社　1993　p. 95

齊陳駿　寒沁　河西都僧統唐悟真作品和見載文獻系年　《敦煌學輯刊》1993 年第 2 期　p. 10

張錫厚　敦煌文學概論　甘肅人民出版社　1993　p. 360

趙和平　敦煌寫本書儀研究　（臺北）新文豐出版公司　1993　p. 14

黃征　《敦煌碑銘讚輯釋》評介　敦煌語文叢說　（臺北）新文豐出版公司　1997　p. 813

鄭炳林　敦煌碑銘讚輯釋　甘肅教育出版社　1997　p. 124 注 2

鄭炳林　馮培紅　唐五代歸義軍政權對外關係中的使頭一職　敦煌歸義軍史專題研究　蘭州大學出
　　版社　1997　p. 61

李正宇　悟真　敦煌學大辭典　上海辭書出版社　1998　p. 355

李正宇　悟真詩　敦煌學大辭典　上海辭書出版社　1998　p. 558

趙和平　書儀　敦煌學大辭典　上海辭書出版社　1998　p. 422

葛兆光　盛世的平庸：八世紀上半葉中國的知識與思想狀況　唐研究（第五卷）　北京大學出版社
　　1999　p. 5

徐俊　敦煌詩集殘卷輯考　中華書局　2000　p. 326

張錫厚　敦煌文學源流　作家出版社　2000　p. 45

邵文實　敦煌佛教文學與邊塞文學　《敦煌學輯刊》2001 年第 2 期　p. 28

周一良　魏晉南北朝史論集續編　北京大學出版社　2001　p. 234

吳麗娛　唐禮摭遺：中古書儀研究　商務印書館　2002　p. 41

P. 3682

石井昌子　靈寶經類　敦煌と中國道教（講座敦煌 4）　（東京）大東出版社　1983　p. 157

李豐楙　敦煌道經寫卷與道教寫經的供養功德觀　全國敦煌學研討會論文集　（臺北）中正大學中
　　國文學系所　1995　p. 129

王卡　三洞奉道科戒儀范　敦煌學大辭典　上海辭書出版社　1998　p. 763

池田溫　東アジア中古の莊園をめぐる一考察　東アジア史における國家と地域　（東京）刀水書
　　房　1999　p. 400

劉永明　試論曹延祿的醮祭活動　《敦煌學輯刊》2002 年第 1 期　p. 72

王卡　敦煌道教文獻研究　中國社會科學出版社　2004　p. 33、138

P. 3683

王重民　敦煌古籍敘錄　中華書局　1979　p. 6

饒宗頤解說　林宏作譯　敦煌書法叢刊（第三卷）·經史（一）　（東京）二玄社　1984　p. 50

王重民原編　黃永武新編　敦煌古籍敘錄新編（第一冊）　（臺北）新文豐出版公司　1986　p. 71

鄭阿財　敦煌蒙書析論　第二屆敦煌學國際研討會論文集　（臺北）漢學研究中心　1990　p. 221

菅原信海　占筮書　敦煌漢文文獻（講座敦煌 5）　（東京）大東出版社　1992　p. 442

土田健次郎　儒教典籍　敦煌漢文文獻（講座敦煌 5）　（東京）大東出版社　1992　p. 268、278

鄭阿財　敦煌文獻與文學　（臺北）新文豐出版公司　1993　p. 252

朱鳳玉　從傳統語文教育論敦煌本《雜抄》　全國敦煌學研討會論文集　（臺北）中正大學中國文學
　　系所　1995　p. 203

白化文　周易王弼注　敦煌學大辭典　上海辭書出版社　1998　p. 772
譚蟬雪　敦煌歲時文化導論　（臺北）新文豐出版公司　1998　p. 117
鄭阿財　朱鳳玉　敦煌蒙書研究　甘肅教育出版社　2002　p. 168
張涌泉　試論敦煌寫本類書的校勘價值：以《勵忠節抄》爲例　《敦煌研究》2003 年第 2 期　p. 69

P. 3684

趙和平　敦煌寫本書儀略論　敦煌吐魯番學研究論文集　漢語大詞典出版社　1990　p. 585
趙和平　敦煌寫本書儀研究　（臺北）新文豐出版公司　1993　p. 46
王卡　敦煌道教文獻研究　中國社會科學出版社　2004　p. 245

P. 3685

高國藩　敦煌民俗學　上海文藝出版社　1989　p. 299
劉文英　夢的迷信與夢的探索　中國社會科學出版社　1989　p. 111 注 1、122
菅原信海　占筮書　敦煌漢文文獻（講座敦煌 5）　（東京）大東出版社　1992　p. 450
戴仁　敦煌寫本中的解夢書　法國學者敦煌學論文選萃　中華書局　1993　p. 313
楊自福　顧大勇　敦煌本《周公解夢書》殘卷初探　《敦煌學輯刊》1995 年第 2 期　p. 69
鄭炳林　敦煌寫本解夢書概述　《敦煌學輯刊》1995 年第 2 期　p. 17
鄭炳林　羊萍　敦煌本夢書　甘肅文化出版社　1995　p. 34
史睿　評《敦煌本夢書》　敦煌吐魯番研究（第三卷）　北京大學出版社　1998　p. 415
嚴敦傑　解夢書　敦煌學大辭典　上海辭書出版社　1998　p. 620
黃正建　敦煌占卜文書與唐五代占卜研究　學苑出版社　2001　p. 65、94
關長龍　敦煌本夢書雜識　漢語史學報專輯（第三輯）　上海教育出版社　2003　p. 316
鄭炳林　敦煌文獻中的解夢書與相面書　敦煌與絲路文化學術講座（第一輯）　北京圖書館出版社
　　2003　p. 157
鄭炳林　敦煌寫本解夢書校錄研究　民族出版社　2005　p. 6

P. 3686

饒宗頤　敦煌資料與佛教文學小記　敦煌曲續論　（臺北）新文豐出版公司　1996　p. 57
史睿　評《敦煌本夢書》　敦煌吐魯番研究（第三卷）　北京大學出版社　1998　p. 418

P. 3688

那波利貞　千佛岩莫高窟と敦煌文書　西域文化研究（第二）・敦煌吐魯番社會經濟資料（上）　（京
　　都）法藏館　1959　p. 56
那波利貞　開元末期以前と天寶初期以後との唐の時世の差異に就きて　唐代社會文化史研究・第
　　一編　（東京）創文社　1974　p. 66
周一良　敦煌寫本書儀考（之二）　敦煌吐魯番文獻研究論集（第四輯）　北京大學出版社　1987
　　p. 24　又見：唐五代書儀研究　中國社會科學出版社　1995　p. 77
周一良　唐代的書儀與中日文化關係　中日文化關係史論　江西人民出版社　1993　p. 65　又見：
　　唐五代書儀研究　中國社會科學出版社　1995　p. 336
周一良　趙和平　杜友晉《吉凶書儀》及《書儀鏡》成書年代考　唐五代書儀研究　中國社會科學出
　　版社　1995　p. 137
榮新江　敦煌本《書儀鏡》爲安西書儀考　慶祝潘石禪先生九秩華誕敦煌學特刊　（臺北）文津出版

社　1996　p. 268

趙和平　新定書儀鏡　敦煌學大辭典　上海辭書出版社　1998　p. 419

趙和平　新集吉凶書儀、凶儀卷下　敦煌學大辭典　上海辭書出版社　1998　p. 421

吳麗娛　敦煌寫本書儀中的喪服圖與唐禮　中國社會科學院歷史研究所學刊(第一集)　學刊編委
　　會　2001　p. 212

周一良　魏晉南北朝史論集續編　北京大學出版社　2001　p. 229

吳麗娛　唐禮摭遺:中古書儀研究　商務印書館　2002　p. 494

余欣　許國霖與敦煌學　敦煌吐魯番研究(第七卷)　北京大學出版社　2004　p. 82

孫猛　《日本國見在書目錄》(經部、史部、集部)失考書考　域外漢籍研究集刊(第二輯)　中華書局
　　2006　p. 229

P. 3689

蕭登福　從敦煌寫卷中看道教星斗崇拜對佛經之影響　第二屆敦煌學國際研討會論文集　(臺北)
　　漢學研究中心　1990　p. 339

蕭登福　道教星斗符印與佛教密宗　(臺北)新文豐出版公司　1993　p. 35

徐俊　敦煌詩集殘卷輯考　中華書局　2000　p. 817

P. 3690

周一良　跋敦煌秘笈留真　《清華學報》1948年第15卷第1期　又見:魏晉南北朝史論集　中華書
　　局　1963　p. 366;中國敦煌學百年文庫·文獻卷(一)　甘肅文化出版社　1999　p. 280

王重民　敦煌古籍敘錄　中華書局　1979　p. 146

蘇瑩輝　敦煌學概要　(臺北)編譯館"中華叢書編委會"　1981　p. 42

劉俊文　敦煌吐魯番發現唐寫本律及律疏殘卷研究　敦煌吐魯番文獻研究論集　中華書局　1982
　　p. 529、584

劉俊文　吐魯番新發現唐寫本律疏殘卷研究　敦煌吐魯番文獻研究論集(第二輯)　北京大學出版
　　社　1983　p. 536

蘇瑩輝　中外敦煌古寫本纂要　敦煌論集　(臺北)學生書局　1983　p. 318

王堯　陳踐　敦煌吐蕃文獻選　四川民族出版社　1983　p. 2

王重民　巴黎敦煌殘卷敘錄(第一輯)　敦煌叢刊初集(九)　(臺北)新文豐出版公司　1985　p. 141

王重民原編　黃永武新編　敦煌古籍敘錄新編(第七冊)　(臺北)新文豐出版公司　1986　p. 188、
　　251

劉俊文　王堯　敦煌本《吐蕃法制文書》譯釋　1983年全國敦煌學術討論會文集·文史遺書編(上)
　　肅人民出版社　1987　p. 241

　　敦煌吐魯番唐代法制文書考釋　中華書局　1989　p. 161

　　堃　補訂中國法制史研究:法と慣習·法と道德　東京大學出版會　1991　p. 244

　　敦煌資料と唐代法典研究——西域発見の唐律·律疏斷簡の再檢討　敦煌漢文文獻(講座
　　(5)　(東京)大東出版社　1992　p. 526

　　寧强　羅華慶　中國敦煌學史　北京語言學院出版社　1992　p. 71、166

　　錢文忠譯　唐代密宗　上海遠東出版社　1996　p. 207

　　唐律疏殘卷　敦煌學大辭典　上海辭書出版社　1998　p. 378

　　敦煌吐魯番法制文書研究　甘肅人民出版社　2000　p. 7、38

P. 3691

那波利貞　千佛岩莫高窟と敦煌文書　西域文化研究（第二）・敦煌吐魯番社會經濟資料（上）　（京都）法藏館　1959　p. 56

那波利貞　開元末期以前と天寶初期以後との唐の時世の差異に就きて　唐代社會文化史研究・第一編　（東京）創文社　1974　p. 66

那波利貞　唐寫本雜抄考——唐代庶民教育史研究の一資料　唐代社會文化史研究・第二編　（東京）創文社　1974　p. 209

梁梁　說"奠脚"及其它　《敦煌學輯刊》1985 年第 1 期　p. 63

高明士　唐代敦煌的教育　漢學研究（敦煌學國際研討會論文專號）　（臺北）漢學研究資料及服務中心　1986　p. 251

李正宇　敦煌方音止遇二攝混同及其校勘學意義　《敦煌研究》1986 年第 4 期　p. 54

周一良著　池田溫付記　敦煌寫本の書儀に見える唐代の婚禮と葬式　『東方學』（第 71 輯）　（東京）東方學會　1986　p. 139

李正宇　敦煌學郎題記輯注　《敦煌學輯刊》1987 年第 1 期　p. 32

顏廷亮　關於敦煌遺書中的甘肅文學作品　1983 年全國敦煌學術討論會文集・文史遺書編（下）甘肅人民出版社　1987　p. 224

周紹良　趙和平　書儀　《敦煌語言文學研究通訊》1987 年第 4 期　p. 2　又見：敦煌文學　甘肅人民出版社　1989　p. 48

周一良　"賜無畏"及其他：讀《敦煌變文集》劄記　1983 年全國敦煌學術討論會文集・文史遺書編（下）　甘肅人民出版社　1987　p. 247　又見：魏晉南北朝史論集續編　北京大學出版社　2001　p. 285

周一良　敦煌寫本書儀考（之二）　敦煌吐魯番文獻研究論集（第四輯）　北京大學出版社　1987　p. 29　又見：唐五代書儀研究　中國社會科學出版社　1995　p. 83

李正宇　敦煌文學雜考二題　敦煌語言文學研究　北京大學出版社　1988　p. 95

高國藩　敦煌民俗學　上海文藝出版社　1989　p. 452

郝春文　敦煌遺書中的"春秋座局席"考　《北京師範學院學報》1989 年第 4 期　p. 32

山本達郎等　敦煌・III 轉貼　『NUN – HUANG AND TURFAN DOCUMENTS CONCERNING SOCIAL AND ECONOMIC HISTORY』（IV）　（東京）東洋文庫　1989　p. 43、60

張錫厚　詩歌　敦煌文學　甘肅人民出版社　1989　p. 157

趙和平　敦煌寫本書儀略論　敦煌吐魯番學研究論文集　漢語大詞典出版社　1990　p. 565、599　又見：唐五代書儀研究　中國社會科學出版社　1995　p. 3、36

中村裕一　唐代官文書研究　（京都）中文出版社　1991　p. 502

姜伯勤　敦煌社會文書導論　（臺北）新文豐出版公司　1992　p. 23、88、96

嚴耕望　唐人習業山林寺院之風尚　唐代研究論集（第二輯）　（臺北）新文豐出版公司　1992　p. 9

周一良　唐代書儀の類型　敦煌漢文文獻（講座敦煌 5）　（東京）大東出版社　1992　p. 700

郝春文　敦煌寫本社邑文書年代彙考（一、二）　《首都師範大學學報》1993 年第 4、5 期　p. 34；78

李正宇　敦煌文學概論　甘肅人民出版社　1993　p. 123 注 9

趙和平　敦煌寫本書儀研究　（臺北）新文豐出版公司　1993　p. 15、66

周一良　唐代的書儀與中日文化關係　中日文化關係史論　江西人民出版社　1993　p. 68 注 12

胡戟　中國古代禮儀　陝西人民出版社　1994　p. 188

白化文　李鼎霞　《諸文要集》殘卷校録　敦煌學國際研討會文集・史地語文編　遼寧美術出版社　1995　p. 417

胡戟　傅玫　敦煌史話　中華書局　1995　p. 188

石田勇作　敦煌「社文書」研究序說　中國古代の國家と民衆(堀敏一先生古稀記念)　(東京)汲古書院　1995　p. 684

土肥義和　唐・北宋間の「社」の組織形態に関する一考察　中國古代の國家と民衆(堀敏一先生古稀記念)　(東京)汲古書院　1995　p. 703

謝海平　從應用文教學觀點看伯三四四二杜友晉《吉凶書儀》　全國敦煌學研討會論文集　(臺北)中正大學中國文學系所　1995　p. 290 注 27

顏廷亮　敦煌文學概說　(臺北)新文豐出版公司　1995　p. 66

張涌泉　敦煌文書類化字研究　《敦煌研究》1995 年第 4 期　p. 73

趙和平　敦煌寫本書儀中所看到的部分唐代社會文化生活　敦煌學國際研討會文集・史地語文編　遼寧美術出版社　1995　p. 578　又見:唐五代書儀研究　中國社會科學出版社　1995　p. 314

鄭炳林　羊萍　敦煌本夢書　甘肅文化出版社　1995　p. 250

周一良　趙和平　敦煌寫本書儀中所見的唐代婚喪禮俗　唐五代書儀研究　中國社會科學出版社　1995　p. 295　又見:魏晉南北朝史論集續編　北京大學出版社　2001　p. 254

周一良　趙和平　晚唐時河北地區的一種吉凶書儀殘卷研究　唐五代書儀研究　中國社會科學出版社　1995　p. 192

周一良　趙和平　晚唐五代時的三種吉凶書儀寫卷研究　唐五代書儀研究　中國社會科學出版社　1995　p. 206

董志翹　《入唐求法巡禮行記》　唐研究(第三卷)　北京大學出版社　1997　p. 125

劉子瑜　敦煌變文和王梵志詩　大象出版社　1997　p. 76

寧可　郝春文　敦煌社邑文書輯校　江蘇古籍出版社　1997　p. 33、179、505

董志翹　《高僧傳》詞語通釋(二)　漢語史研究集刊(第三輯)　巴蜀書社　1998　p. 200

譚蟬雪　敦煌歲時文化導論　(臺北)新文豐出版公司　1998　p. 339

趙和平　《敦煌寫本書儀研究》訂補　敦煌吐魯番研究(第三卷)　北京大學出版社　1998　p. 250

趙和平　新集書儀　敦煌學大辭典　上海辭書出版社　1998　p. 421

陳靜　"別紙"考釋　《敦煌學輯刊》1999 年第 1 期　p. 108

董志翹　敦煌文書詞語瑣記　《敦煌研究》1999 年第 4 期　p. 36

段小強　敦煌文書中所見的古代喪儀　《西北民族研究》1999 年第 1 期　p. 210

梅維恒著　楊繼東　陳引馳譯　唐代變文(上)　(香港)中國佛教文化出版公司　1999　p. 264 注 5

董志翹　敦煌文書詞語瑣記　中古文獻語言論集　巴蜀書社　2000　p. 104

董志翹　《入唐求法巡禮行記》辭彙研究　中國社會科學出版社　2000　p. 175、281、290

楊秀清　華戎交會的都市:敦煌與絲綢之路　甘肅人民出版社　2000　p. 106

趙和平　晚唐時河北地區的一種吉凶書儀的再研究　中華文史論叢(總 62 輯)　上海古籍出版社　2000　p. 194

姜伯勤　唐敦煌城市的禮儀空間　文史(第五十五輯)　中華書局　2001　p. 239

孟憲實　敦煌社邑的分佈　敦煌文獻論集:紀念藏經洞發現一百周年國際學術研討會論文集　遼寧人民出版社　2001　p. 431

山本達郎等　補(IV)社・社條　『NUN‐HUANG AND TURFAN DOCUMENTS CONCERNING SO-CIAL AND ECONOMIC HISTORY』(Sup. p. lemrnts)　(東京)東洋文庫　2001　p. 67

史睿　敦煌吉凶書儀與東晉南朝禮俗　敦煌文獻論集:紀念藏經洞發現一百周年國際學術研討會論文集　遼寧人民出版社　2001　p. 411

汪泛舟　敦煌俗別字補正　《敦煌研究》2001 年第 4 期　p. 161

吳麗娛　從敦煌書儀中的表狀箋啓看唐五代官場禮儀的轉移變遷　中國社會歷史評論(第三卷)
　　中華書局　2001　p. 359

吳麗娛　關於 S. 078v 和 S. 1725v 兩件敦煌寫本書儀的一些看法　敦煌學與中國史研究論集　甘肅
　　人民出版社　2001　p. 173

周一良　王梵志詩的幾條補注　魏晉南北朝史論集續編　北京大學出版社　2001　p. 293

周一良　魏晉南北朝史論集續編　北京大學出版社　2001　p. 235

姜亮夫　敦煌莫高窟年表　姜亮夫全集(十一)　雲南人民出版社　2002　p. 505

石曉軍　日本園城寺(三井寺)藏唐人詩文尺牘校證　唐研究(第八卷)　北京大學出版社　2002
　　p. 128

吳麗娛　唐禮摭遺:中古書儀研究　商務印書館　2002　p. 50、65

王啓濤　中古及近代法制文書語言研究　巴蜀書社　2003　p. 182

趙和平　唐五代書儀的主要內容及其學術價值　敦煌與絲路文化學術講座(第一輯)　北京圖書館
　　出版社　2003　p. 223

王曉平　敦煌書儀與《萬葉集》書狀的比較研究　《敦煌研究》2004 年第 6 期　p. 79

余欣　敦煌的入宅與暖房禮俗　中華文史論叢(總 78 輯)　上海古籍出版社　2004　p. 106

高啓安　趙紅　敦煌"玉女"考屑　敦煌學國際研討會論文集　北京圖書館出版社　2005　p. 231

鄭炳林　敦煌寫本解夢書校錄研究　民族出版社　2005　p. 66

孟憲實　論唐宋時期敦煌民間結社的社條　敦煌吐魯番研究(第九卷)　中華書局　2006　p. 318

P. 3692

那波利貞　唐代の社邑に就きて(1938 年)　唐代社會文化史研究・第五編　(東京)創文社　1974
　　p. 517

陳祚龍　關於劉漢蘇武的行事之某些藝文　敦煌文物隨筆　(臺北)商務印書館　1979　p. 240

王重民　敦煌古籍叙錄　中華書局　1979　p. 308

蘇瑩輝　敦煌學概要　(臺北)編譯館"中華叢書編委會"　1981　p. 62

蘇瑩輝　中外敦煌古寫本纂要　敦煌論集　(臺北)學生書局　1983　p. 336

王重民　巴黎敦煌殘卷叙錄(第二輯)　敦煌叢刊初集(九)　(臺北)新文豐出版公司　1985　p. 316

簡濤　敦煌本《燕子賦》考論　《敦煌研究》1986 年第 3 期　p. 32

李正宇　唐宋時代的敦煌學校　《敦煌研究》1986 年第 1 期　p. 45

唐耕耦　陸宏基　敦煌社會經濟文獻真迹釋錄(一)　書目文獻出版社　1986　p. 326

王重民原編　黃永武新編　敦煌古籍叙錄新編(第十六冊)　(臺北)新文豐出版公司　1986　p. 1

姜亮夫　敦煌經卷題名錄　敦煌學論文集　上海古籍出版社　1987　p. 1060

李正宇　敦煌學郎題記輯注　《敦煌學輯刊》1987 年第 1 期　p. 35、39

李丹禾　校訂敦煌本《李陵蘇武往還書》　敦煌語言文學論文集　浙江古籍出版社　1988　p. 292

李正宇　敦煌地區古代祠廟寺觀簡志　《敦煌學輯刊》1988 年第 1、2 期　p. 78

杜琪　書・啓　敦煌文學　甘肅人民出版社　1989　p. 27

高國藩　敦煌民俗學　上海文藝出版社　1989　p. 99

山本達郎等　敦煌・III 轉貼　『NUN–HUANG AND TURFAN DOCUMENTS CONCERNING SOCIAL
　　AND ECONOMIC HISTORY』(IV)　(東京)東洋文庫　1989　p. 36

林聰明　敦煌文書學　(臺北)新文豐出版公司　1991　p. 335

東野治之　敦煌と日本の『千字文』　遣唐使と正倉院　(東京)岩波書店　1992　p. 241

東野治之　訓蒙書　敦煌漢文文獻(講座敦煌 5)　(東京)大東出版社　1992　p. 405

姜伯勤　敦煌社會文書導論　（臺北）新文豐出版公司　1992　p. 90、242

金岡照光　講史譚・時事変文等——「王陵」「李陵」「張議潮」変文を中心に　敦煌の文學文獻（講座敦煌9）　（東京）大東出版社　1992　p. 552

周紹良　敦煌文學芻議及其它　（臺北）新文豐出版公司　1992　p. 6

郝春文　敦煌寫本社邑文書年代彙考（二）　《首都師範大學學報》1993 年第 5 期　p. 80

李明偉　敦煌文學概論　甘肅人民出版社　1993　p. 466

石田勇作　敦煌「社文書」研究序説　中國古代の國家と民衆（堀敏一先生古稀記念）　（東京）汲古書院　1995　p. 684

遊志誠　敦煌古抄本文選五臣注研究　全國敦煌學研討會論文集　（臺北）中正大學中國文學系所　1995　p. 148

李正宇　敦煌史地新論　（臺北）新文豐出版公司　1996　p. 77、189

遊志誠　昭明文選學術論考　（臺北）學生書局　1996　p. 35

李正宇　敦煌歷史地理導論　（臺北）新文豐出版公司　1997　p. 60

寧可　郝春文　敦煌社邑文書輯校　江蘇古籍出版社　1997　p. 291

邵文實　敦煌李陵、蘇武故事流變發微　敦煌吐魯番研究（第二卷）　北京大學出版社　1997　p. 80

鄭炳林　敦煌碑銘讚輯釋　甘肅教育出版社　1997　p. 409 注 26

李正宇　金光明寺　敦煌學大辭典　上海辭書出版社　1998　p. 630

張錫厚　李正宇　李陵蘇武書　敦煌學大辭典　上海辭書出版社　1998　p. 583

柴劍虹　讀敦煌學士郎張宗之詩抄劄記　敦煌吐魯番學論稿　浙江教育出版社　2000　p. 251 注 3

徐俊　敦煌詩集殘卷輯考　中華書局　2000　p. 768

張錫厚　敦煌文學源流　作家出版社　2000　p. 153

郝春文　英藏敦煌社會歷史文獻釋錄（第一卷）　科學出版社　2001　p. 257

孟憲實　敦煌社邑的分佈　敦煌文獻論集：紀念藏經洞發現一百周年國際學術研討會論文集　遼寧人民出版社　2001　p. 433

郝春文　唐後期五代宋初中印文化對敦煌寺院的影響　新世紀敦煌學論集　巴蜀書社　2002　p. 333

姜亮夫　敦煌莫高窟年表　姜亮夫全集（十一）　雲南人民出版社　2002　p. 469

張錫厚　敦煌文概說　2000 年敦煌學國際學術討論會文集・歷史文化卷（下）　甘肅民族出版社　2003　p. 211

P. 3693

潘重規　瀛涯敦煌韻輯新編　（臺北）文史哲出版社　1974　p. 573

上田正　ソ連にある切韻殘卷について　『東方學』（第 62 輯）　（東京）東方學會　1981　p. 11

周祖謨　唐五代韻書集存　中華書局　1983　p. 168、842　又見：周祖謨語言文史論集　浙江古籍出版社　1988　p. 226

林炯陽　敦煌韻書殘卷在聲韻學研究上的價值　漢學研究（敦煌學國際研討會論文專號）　（臺北）漢學研究資料及服務中心　1986　p. 418

王素　高昌火祆教論稿　《歷史研究》1986 年第 3 期　p. 170　又見：《魏晉南北朝隋唐史》1986 年第 10 期　p. 13

遠藤光曉　P. 3696の第 10、12、13 片について　『開篇』（第 6 號）　（東京）好文出版　1988　p. 25

林聰明　敦煌文書學　（臺北）新文豐出版公司　1991　p. 30

張錫厚　敦煌文學概論　甘肅人民出版社　1993　p. 284

胡戟　傅玫　敦煌史話　中華書局　1995　p. 181

張涌泉　敦煌俗字彙考　敦煌俗字研究　上海教育出版社　1996　p. 4

張涌泉　敦煌俗字研究導論　（臺北）新文豐出版公司　1996　p. 44

張金泉　敦煌韻書　敦煌學大辭典　上海辭書出版社　1998　p. 512

張金泉　陸法言　敦煌學大辭典　上海辭書出版社　1998　p. 344

張涌泉　敦煌文書疑難詞語辨釋　舊學新知　浙江大學出版社　1999　p. 267 注 2

北京大學　敦煌《經卷》、《照片》及《圖書》目録　中國敦煌學百年文庫·綜述卷（一）　甘肅文化出版社　1999　p. 314

張涌泉　漢語俗字叢考　中華書局　2000　p. 778

施安昌　敦煌寫經的遞變字群及其命名　善本碑帖論集　紫禁城出版社　2002　p. 334

楊森　跋甘肅武山拉梢寺北周造大佛像發願文石刻碑　《敦煌學輯刊》2005 年第 2 期　p. 233

P. 3694

羅福頤　敦煌石室文物對於學術上的貢獻　《歷史教學》1951 年第 5 期　又見：中國敦煌學百年文庫·考古卷（四）　甘肅文化出版社　1999　p. 12

潘重規　瀛涯敦煌韻輯新編　（臺北）文史哲出版社　1974　p. 582

周祖謨　唐五代韻書集存　中華書局　1983　p. 168、842

周祖謨　論裴務齊正字本刊謬補缺切韻　周祖謨語言文史論集　浙江古籍出版社　1988　p. 239

周祖謨　唐五代韻書集存序言　周祖謨語言文史論集　浙江古籍出版社　1988　p. 226

林聰明　敦煌文書學　（臺北）新文豐出版公司　1991　p. 30

謝和耐　敦煌賣契與專賣制度　法國學者敦煌學論文選萃　中華書局　1993　p. 12

張涌泉　敦煌俗字彙考　敦煌俗字研究　上海教育出版社　1996　p. 4

張涌泉　敦煌俗字研究導論　（臺北）新文豐出版公司　1996　p. 44

張金泉　敦煌韻書　敦煌學大辭典　上海辭書出版社　1998　p. 512

張金泉　陸法言　敦煌學大辭典　上海辭書出版社　1998　p. 344

北京大學　敦煌《經卷》、《照片》及《圖書》目録　中國敦煌學百年文庫·綜述卷（一）　甘肅文化出版社　1999　p. 314

張涌泉　漢語俗字叢考　中華書局　2000　p. 757、913

施安昌　敦煌寫經的遞變字群及其命名　善本碑帖論集　紫禁城出版社　2002　p. 334

張涌泉　敦煌卷子辨僞研究：基於字形分析角度的考察　文史（第六十五輯）　中華書局　2003　p. 225

楊森　跋甘肅武山拉梢寺北周造大佛像發願文石刻碑　《敦煌學輯刊》2005 年第 2 期　p. 233

P. 3695

潘重規　瀛涯敦煌韻輯新編　（臺北）文史哲出版社　1974　p. 588

周祖謨　唐五代韻書集存　中華書局　1983　p. 40、809

張涌泉　敦煌變文校讀釋例　《敦煌學輯刊》1987 年第 2 期　p. 21　又見：舊學新知　浙江大學出版社　1999　p. 162

遠藤光曉　P. 3696の第 10、12、13 片について　『開篇』（第 6 號）　（東京）好文出版　1988　p. 25

林聰明　敦煌文書學　（臺北）新文豐出版公司　1991　p. 30

胡戟　傅玫　敦煌史話　中華書局　1995　p. 181

張涌泉　敦煌俗字彙考　敦煌俗字研究　上海教育出版社　1996　p. 3

張金泉　敦煌韻書　敦煌學大辭典　上海辭書出版社　1998　p. 512

張金泉　陸法言　敦煌學大辭典　上海辭書出版社　1998　p. 344

施安昌　敦煌寫經的遞變字群及其命名　善本碑帖論集　紫禁城出版社　2002　p. 334

施安昌　論漢字演變的分期：兼談敦煌古韻書的書寫時間　善本碑帖論集　紫禁城出版社　2002　p. 323

徐朝東　與蔣藏本《唐韻》相關的敦煌韻書殘卷考釋　《敦煌研究》2003 年第 2 期　p. 81

楊森　跋甘肅武山拉梢寺北周造大佛像發願文石刻碑　《敦煌學輯刊》2005 年第 2 期　p. 234

P. 3696

潘重規　瀛涯敦煌韻輯新編　（臺北）文史哲出版社　1974　p. 591

上田正　ソ連にある切韻殘卷について　『東方學』（第 62 輯）　（東京）東方學會　1981　p. 11

周祖謨　唐五代韻書集存　中華書局　1983　p. 40、168、809、842

林炯陽　敦煌韻書殘卷在聲韻學研究上的價值　漢學研究（敦煌學國際研討會論文專號）　（臺北）漢學研究資料及服務中心　1986　p. 411

遠藤光曉　P. 3696の第 10、12、13 片について　『開篇』（第 6 號）　（東京）好文出版　1988　p. 25

李純良　敦煌故事賦《茶酒論》與爭奇型小說　《敦煌研究》1989 年第 1 期　p. 68

高田時雄　可洪隨函錄と行瑫隨函音疏　中國語の資料と方法　京都大學人文科學研究所　1994　p. 144

張涌泉　漢語俗字研究　岳麓書社　1995　p. 287

鄧文寬　敦煌吐魯番文獻重文符號釋讀舉隅　敦煌吐魯番學耕耘錄　（臺北）新文豐出版公司　1996　p. 318

張涌泉　敦煌俗字彙考　敦煌俗字研究　上海教育出版社　1996　p. 3

張金泉　敦煌韻書　敦煌學大辭典　上海辭書出版社　1998　p. 512

趙永東　五代時期雕版印刷事業的發展　文史（第四十四輯）　中華書局　1998　p. 165

黃征　程惠新　劫塵遺珠：敦煌遺書　甘肅教育出版社　1999　p. 59

張涌泉　試論漢語俗字研究的意義　舊學新知　浙江大學出版社　1999　p. 10

北京大學　敦煌《經卷》、《照片》及《圖書》目錄　中國敦煌學百年文庫·綜述卷（一）　甘肅文化出版社　1999　p. 314

張涌泉　漢語俗字叢考　中華書局　2000　p. 203

施安昌　論漢字演變的分期：兼談敦煌古韻書的書寫時間　善本碑帖論集　紫禁城出版社　2002　p. 323

楊森　跋甘肅武山拉梢寺北周造大佛像發願文石刻碑　《敦煌學輯刊》2005 年第 2 期　p. 233

P. 3697

王重民　敦煌本《捉季布傳文》　《國立北平圖書館館刊》1936 年第 10 卷第 1 號　又見：敦煌變文論文錄　上海古籍出版社　1982　p. 560；敦煌遺書論文集　中華書局　1984　p. 228、231

周紹良　敦煌所出變文現存目錄　敦煌變文彙錄　上海出版公司　1955　p. 9

左補闕　《敦煌遺書總目索引》簡評　文史（第一輯）　中華書局　1962　p. 86

蘇瑩輝　論敦煌本史傳變文與中國俗文學　（臺中）《東海大學圖書館學報》1964 年第 6 期　又見：敦煌論集　（臺北）學生書局　1983　p. 122；中國敦煌學百年文庫·文學卷（五）　甘肅文化出版社　1999　p. 17

金岡照光　敦煌漢文文學文獻の文學形態上の種類とその分類　敦煌出土文學文獻分類目錄·附解說　（東京）東洋文庫　1971　p. 221

金岡照光　敦煌文學のさまざま　敦煌の文學　（東京）大藏出版株式會社　1971　p. 123

王重民　敦煌古籍叙録　中華書局　1979　p. 344

楊家駱　敦煌變文　（臺北）世界書局　1980　p. 71

張錫厚　敦煌文學　上海古籍出版社　1980　p. 114 注 1

波多野太郎　敦煌曲子詞孟姜女に對すゐ潘重規教授の見解　敦煌詞話　（臺北）石門圖書公司　1981　p. 13

潘重規　敦煌詞話　（臺北）石門圖書公司　1981　p. 6

蘇瑩輝　敦煌學概要　（臺北）編譯館"中華叢書編委會"　1981　p. 89

張錫厚　敦煌文學的歷史貢獻　文學評論叢刊(第九輯)　中國社會科學出版社　1981　p. 203

傅芸子　敦煌俗文學之發見及其展開　敦煌變文論文録　上海古籍出版社　1982　p. 137

鄭阿財　敦煌孝道文學研究　（臺北）石門圖書公司　1982　p. 76

潘重規　敦煌變文集新書(上)　（臺北）"中國文化大學"中文研究所　1984　p. 665、1009、1195

潘重規　敦煌寫本秦婦吟新書　敦煌學(第 8 輯)　（臺北）"中國文化大學"中國文學研究所敦煌學會　1984　p. 21

王重民　捉季布傳文　敦煌變文集　人民文學出版社　1984　p. 71

李明偉　《捉季布傳文》藝術簡論　《敦煌學輯刊》1985 年第 1 期　p. 69　又見：絲綢之路貿易史研究　甘肅人民出版社　1991　p. 357

潘重規　王梵志詩校輯讀後記　敦煌學(第 9 輯)　（臺北）新文豐出版公司　1985　p. 24

李正宇　敦煌方音止遇二攝混同及其校勘學意義　《敦煌研究》1986 年第 4 期　p. 53

王重民原編　黃永武新編　敦煌古籍叙録新編(第十七冊)　（臺北）新文豐出版公司　1986　p. 101

張鴻勳　敦煌講唱文學作品選注　甘肅人民出版社　1987　p. 22

張金泉　唐民間詩韻：論變文詩韻　1983 年全國敦煌學術討論會文集·文史遺書編(下)　甘肅人民出版社　1987　p. 253

高國藩　古敦煌民間遊戲　學林漫録(十二集)　中華書局　1988　p. 75

林平和　羅振玉敦煌學析論　（臺北）文史哲出版社　1988　p. 75

蕭登福　唐世佛家之講經與敦煌變文　敦煌俗文學論叢　（臺北）商務印書館　1988　p. 70

張鴻勳　《父母恩重經講經文》補校　敦煌語言文學論文集　浙江古籍出版社　1988　p. 261

張涌泉　敦煌變文校劄　敦煌語言文學論文集　浙江古籍出版社　1988　p. 167、196

高國藩　敦煌曲子詞欣賞　南京大學出版社　1989　p. 49

李正宇　邈真讚　敦煌文學　甘肅人民出版社　1989　p. 183

劉瑞明　詞文　敦煌文學　甘肅人民出版社　1989　p. 306

高國藩　敦煌古俗與民俗流變　河海大學出版社　1990　p. 227

郭在貽　張涌泉　俗字研究與古籍整理　古籍整理與研究(第 5 期)　中華書局　1990　p. 241

郭在貽　張涌泉　黃征　敦煌變文集校議　岳麓書社　1990　p. 234、351

郭在貽　張涌泉　黃征　敦煌寫本書寫特例發微　敦煌吐魯番學研究論文集　漢語大詞典出版社　1990　p. 334

李正宇　釋"耶沒忽"：敦煌遺書王梵志詩俗詞語研究之一　王梵志詩研究彙録(上)　上海古籍出版社　1990　p. 267

項楚　敦煌變文選注　巴蜀書社　1990　p. 142

張涌泉　《補全唐詩》兩種補校　《敦煌學輯刊》1991 年第 2 期　p. 20　又見：舊學新知　浙江大學出版社　1999　p. 305

郭在貽　郭在貽語言文學論稿　浙江古籍出版社　1992　p. 35、275

黃征　語辭輯釋　《古漢語研究》1992 年第 1 期　p. 60

金岡照光　講唱體類　敦煌の文學文獻（講座敦煌 9）　（東京）大東出版社　1992　p. 107

金岡照光　講史譚・時事変文等——「王陵」「李陵」「張議潮」変文を中心に　敦煌の文學文獻（講座敦煌 9）　（東京）大東出版社　1992　p. 549

金岡照光　韻文體類——長篇叙事詩・短篇歌詠　敦煌の文學文獻（講座敦煌 9）　（東京）大東出版社　1992　p. 254

張涌泉　《敦煌歌辭總編》校議　《語言研究》1992 年第 1 期　p. 54

趙逵夫　《敦煌變文集》第一卷六篇補校　《蘭州大學學報》1992 年第 2 期　p. 128

高國藩　敦煌民俗資料導論　（臺北）新文豐出版公司　1993　p. 16、88、352

高田時雄　チベット文字書寫「長卷」の研究（本文編）　『東方學報』（第 65 號）　京都大學人文科學研究所　1993　p. 374

郭在貽　郭在貽敦煌學論集　江西人民出版社　1993　p. 199

黃征　敦煌寫本整理應遵循的原則　《敦煌研究》1993 年第 2 期　p. 105　又見：敦煌語文叢說　（臺北）新文豐出版公司　1997　p. 1、9

榮新江　英倫所見三種敦煌俗文學作品跋　（香港）《九州學刊》（敦煌學專輯）1993 年第 5 卷第 4 期　p. 131

舒華　敦煌"變文"體裁新論　（香港）《九州學刊》（敦煌學專輯）1993 年第 5 卷第 4 期　p. 155

張鴻勳　敦煌話本詞文俗賦導論　（臺北）新文豐出版公司　1993　p. 80

張涌泉　俗字研究與大型字典的編纂　中國典籍與文化論叢（第一輯）　中華書局　1993　p. 460

趙逵夫　《伍子胥變文》補校拾遺　唐代文學研究（第四輯）　廣西師範大學出版社　1993　p. 435

鄭阿財　敦煌文獻與文學　（臺北）新文豐出版公司　1993　p. 13

蔣禮鴻　敦煌文獻語言詞典　杭州大學出版社　1994　p. 115、237、311、394、415

李重申　敦煌馬毬史料探析　《敦煌研究》1994 年第 4 期　p. 171

胡戟　傅玫　敦煌史話　中華書局　1995　p. 180

黃征　唐代俗語詞輯釋　唐研究（第一卷）　北京大學出版社　1995　p. 198

張涌泉　陳祚龍校錄敦煌卷子失誤例釋　學術集林（卷六）　上海遠東出版社　1995　p. 303　又見：舊學新知　浙江大學出版社　1999　p. 279

張涌泉　漢語俗字研究　岳麓書社　1995　p. 97、162、224

張涌泉　試論敦煌寫卷俗文字研究之意義　敦煌學國際研討會文集・史地語文編　遼寧美術出版社　1995　p. 359

饒宗頤　敦煌曲訂補　敦煌曲續論　（臺北）新文豐出版公司　1996　p. 40

張先堂　敦煌本唐代淨土五會讚文與佛教文學　《敦煌研究》1996 年第 4 期　p. 72

張涌泉　敦煌俗字研究導論　（臺北）新文豐出版公司　1996　p. 62、102、165、185、263

黃征　敦煌俗語詞小劄　敦煌語文叢說　（臺北）新文豐出版公司　1997　p. 75

黃征　敦煌文學《兒郎偉》輯錄校注　敦煌語文叢說　（臺北）新文豐出版公司　1997　p. 717

黃征　敦煌寫本異文綜析　敦煌語文叢說　（臺北）新文豐出版公司　1997　p. 20、33、38

黃征　《壇經校釋》釋詞商補　敦煌語文叢說　（臺北）新文豐出版公司　1997　p. 85

黃征　《中國古代寫本識語輯錄》匡補　敦煌語文叢說　（臺北）新文豐出版公司　1997　p. 540

黃征　張涌泉　敦煌變文校注　中華書局　1997　p. 78、154、606、793、1203

顏廷亮　關於《晏子賦》寫本的抄寫年代問題　《敦煌研究》1997 年第 2 期　p. 138

張涌泉　敦煌地理文書輯錄著作三種校議　古典文獻與文化論叢　中華書局　1997　p. 89

鄭炳林　敦煌碑銘讚及其有關問題　敦煌碑銘讚輯釋　甘肅教育出版社　1997　p. 8

李重申　射箭　敦煌學大辭典　上海辭書出版社　1998　p. 598

潘重規　敦煌《雲謠集》新書　雲謠集研究彙録　上海古籍出版社　1998　p. 190、215

沙知　口馬行　敦煌學大辭典　上海辭書出版社　1998　p. 411

張鴻勳　大漢三年季布罵陣詞文　敦煌學大辭典　上海辭書出版社　1998　p. 582

張先堂　晚唐至宋初淨土五會念佛法門在敦煌的流傳　《敦煌研究》1998 年第 1 期　p. 53、61

段小强　敦煌文書中所見的古代喪儀　《西北民族研究》1999 年第 1 期　p. 213

高國藩　敦煌俗文化學　上海三聯書店　1999　p. 238、536

胡大浚　王志鵬　敦煌邊塞詩歌校注　甘肅人民出版社　1999　p. 175

梅維恒著　楊繼東　陳引馳譯　唐代變文(上)　(香港)中國佛教文化出版公司　1999　p. 52 注 1、78

潘重規　敦煌寫本曲子孟姜女的震盪(下)　中國敦煌學百年文庫·文學卷(二)甘肅文化出版社　1999　p. 358

顏廷亮　關於敦煌文學發展的歷史進程　《甘肅社會科學》1999 年第 4 期　p. 48

張涌泉　敦煌變文校讀釋例　舊學新知　浙江大學出版社　1999　p. 162

張涌泉　敦煌寫本書寫特例發微　舊學新知　浙江大學出版社　1999　p. 244

張涌泉　俗字研究與敦煌文獻的校理　舊學新知　浙江大學出版社　1999　p. 59、72

何華珍　金春梅　敦煌本《勵忠節抄》王校補正　中古近代漢語研究(第一輯)　上海教育出版社　2000　p. 288

金岡照光　敦煌文獻と中國文學　(東京)五曜書房　2000　p. 236

李重申　敦煌古代體育文化　甘肅人民出版社　2000　p. 24、60

顏廷亮　敦煌文化　光明日報出版社　2000　p. 323

張鴻勳　說唱藝術奇葩:敦煌變文選評　甘肅人民出版社　2000　p. 41

張錫厚　敦煌文學源流　作家出版社　2000　p. 542

張涌泉　漢語俗字叢考　中華書局　2000　p. 191、810

李正宇　沙州歸義軍樂營及其職事　敦煌吐魯番研究(第五卷)　北京大學出版社　2001　p. 223

黃征　敦煌語言文字學研究　甘肅教育出版社　2002　p. 40、52、137

葉貴良　《敦煌文獻字義通釋》釋義商榷舉例　《敦煌研究》2002 年第 3 期　p. 49

張鴻勳　敦煌俗文學研究　甘肅人民出版社　2002　p. 5、132

高國藩　敦煌學百年史述要　(臺北)商務印書館　2003　p. 166

李金梅　路志俊　敦煌古代的弓箭文化與現代射箭運動　2000 年敦煌學國際學術討論會文集·歷史文化卷(下)　甘肅民族出版社　2003　p. 182

黃征　敦煌俗字典　上海教育出版社　2005　p. 22

黃征　敦煌俗字種類考辨　敦煌學·日本學:石塚晴通教授退職紀念論文集　上海辭書出版社　2005　p. 113

徐時儀　玄應《眾經音義》研究　中華書局　2005　p. 601

蘭州理工大學絲綢之路文史研究所編　絲綢之路體育文化論集　中華書局　2005　p. 203、249

P. 3698

那波利貞　唐寫本雜抄考——唐代庶民教育史研究の一資料　唐代社會文化史研究·第二編　(東京)創文社　1974　p. 209

陳鐵凡　敦煌本孝經考略　(臺中)《東海學報》1978 年第 19 卷　又見:中國敦煌學百年文庫·文獻卷(二)　甘肅文化出版社　1999　p. 497

李正宇　唐宋時代的敦煌學校　《敦煌研究》1986 年第 1 期　p. 45

李正宇　敦煌學郎題記輯注　《敦煌學輯刊》1987 年第 1 期　p. 39

山本達郎等　敦煌・III 轉貼　『NUN‑HUANG AND TURFAN DOCUMENTS CONCERNING SOCIAL AND ECONOMIC HISTORY』（IV）　（東京）東洋文庫　1989　p. 59

李德超　敦煌本孝經校讎　第二屆敦煌學國際研討會論文集　（臺北）漢學研究中心　1990　p. 101

姜伯勤　敦煌社會文書導論　（臺北）新文豐出版公司　1992　p. 93、96

土田健次郎　儒教典籍　敦煌漢文文獻（講座敦煌 5）　（東京）大東出版社　1992　p. 269

嚴耕望　唐人習業山林寺院之風尚　唐代研究論集（第二輯）　（臺北）新文豐出版公司　1992　p. 9

郝春文　敦煌寫本社邑文書年代彙考（二）　《首都師範大學學報》1993 年第 5 期　p. 80

石田勇作　敦煌「社文書」研究序說　中國古代の國家と民衆（堀敏一先生古稀記念）　（東京）汲古書院　1995　p. 684

李正宇　敦煌史地新論　（臺北）新文豐出版公司　1996　p. 189

寧可　郝春文　敦煌社邑文書輯校　江蘇古籍出版社　1997　p. 296、362

沙知　敦煌契約文書輯校　江蘇古籍出版社　1998　p. 542

梅維恒著　楊繼東　陳引馳譯　唐代變文（上）　（香港）中國佛教文化出版公司　1999　p. 264 注 5

北京大學　敦煌《經卷》、《照片》及《圖書》目錄　中國敦煌學百年文庫・綜述卷（一）　甘肅文化出版社　1999　p. 313

孟憲實　敦煌社邑的分佈　敦煌文獻論集：紀念藏經洞發現一百周年國際學術研討會論文集　遼寧人民出版社　2001　p. 433

許建平　英倫法京所藏敦煌寫本殘片八種之定名並校錄　敦煌學（第 24 輯）　（臺北）樂學書局有限公司　2003　p. 126

P. 3699

唐耕耦　關於吐魯番文件中的唐代永業田退田問題　《山東大學學報》1964 年第 2 期　p. 46

竺沙雅章　敦煌吐蕃期的僧官制度　第二屆敦煌學國際研討會論文集　（臺北）漢學研究中心　1990　p. 146

盧向前　唐代六品以下職散官受永業田質疑　文史（第三十三輯）　中華書局　1992　p. 121　又見：敦煌吐魯番文書論稿　江西人民出版社　1992　p. 4

邵文實　沙州節兒考及其引申出來的幾個問題　《西北師大學報》（社會科學版）1992 年第 5 期　p. 63

竺沙雅章　寺院文書　敦煌漢文文獻（講座敦煌 5）　（東京）大東出版社　1992　p. 617

陳祚龍　唐代敦煌佛寺講經之真象　第二屆國際唐代學術會議論文集（上）　（臺北）文津出版社　1993　p. 602

鄭炳林　敦煌漢文吐蕃史料綜述：兼論吐蕃控制河西時期的職官與統治政策　敦煌吐魯番文獻研究　蘭州大學出版社　1995　p. 99

金瀅坤　吐蕃沙州都督考　《敦煌研究》1999 年第 3 期　p. 87

楊富學　李吉和　敦煌漢文吐蕃史料輯校（第一輯）　甘肅人民出版社　1999　p. 199、231

王繼光　鄭炳林　敦煌漢文吐蕃史料綜述　中國西部民族文化研究（2003 年卷）　民族出版社　2003　p. 239、248

陸離　吐蕃統治時期敦煌僧官的幾個問題　《敦煌研究》2005 年第 3 期　p. 93

P. 3702

王重民　敦煌變文研究　敦煌變文論輯　（臺北）石門圖書公司　1981　p. 215　　又見：敦煌變文論
　　文錄　上海古籍出版社　1982　p. 300

周紹良　敦煌文學《兒郎偉》並跋　出土文獻研究　文物出版社　1985　p. 179

鄧文寬　張淮深平定甘州回鶻史事鈎沈　《魏晉南北朝隋唐史》1986 年第 11 期　p. 63

任半塘　敦煌歌辭總編　上海古籍出版社　1987　p. 699

顏廷亮　關於敦煌遺書中的甘肅文學作品　1983 年全國敦煌學術討論會文集・文史遺書編（下）
　　甘肅人民出版社　1987　p. 227

高國藩　驅儺風俗和敦煌民間歌謠《兒郎偉》　文史（第二十九輯）　中華書局　1988　p. 293

高國藩　敦煌民俗學　上海文藝出版社　1989　p. 499

劉進寶　俚曲小調　敦煌文學　甘肅人民出版社　1989　p. 233

錢伯泉　張淮深對甘州回鶻國的顛覆行動　《甘肅民族研究》1989 年第 1 期　p. 26 注 10

汪泛舟　偈・頌　敦煌文學　甘肅人民出版社　1989　p. 88

任半塘　王昆吾　隋唐五代燕樂雜言歌辭集　巴蜀書社　1990　p. 1636

黃征　王梵志詩校釋補議　中華文史論叢（總 50 輯）　上海古籍出版社　1992　p. 101　　又見：敦煌
　　語文叢說　（臺北）新文豐出版公司　1997　p. 261

李并成　唐代河西戍所城址考　《敦煌學輯刊》1992 年第 1、2 期　p. 8

李正宇　敦煌歌舞三劄　《敦煌研究》1992 年第 4 期　p. 51

周紹良　敦煌文學芻議及其它　（臺北）新文豐出版公司　1992　p. 39、174

高國藩　敦煌民俗資料導論　（臺北）新文豐出版公司　1993　p. 178

黃征　敦煌願文《兒郎偉》輯考　（香港）《九州學刊》（敦煌學專輯）1993 年第 5 卷第 4 期　p. 52

李重申　敦煌馬毬史料探析　《敦煌研究》1994 年第 4 期　p. 172

黃征　吳偉　敦煌願文集　岳麓書社　1995　p. 957

李金梅　敦煌傳統文化與武術　《敦煌研究》1995 年第 2 期　p. 195

顏廷亮　敦煌文學概說　（臺北）新文豐出版公司　1995　p. 70

姜伯勤　敦煌藝術宗教與禮樂文明　中國社會科學出版社　1996　p. 468

姜伯勤　沙州儺禮考　敦煌藝術宗教與禮樂文明　中國社會科學出版社　1996　p. 459　　又見：中國
　　敦煌學百年文庫・歷史卷（二）　甘肅文化出版社　1999　p. 444

黃征　《敦煌歌辭總編》評議　敦煌語文叢說　（臺北）新文豐出版公司　1997　p. 473

黃征　敦煌歌謠《兒郎偉》的價值　敦煌語文叢說　（臺北）新文豐出版公司　1997　p. 601、638

黃征　王梵志詩校釋續商補　敦煌語文叢說　（臺北）新文豐出版公司　1997　p. 236

黃征　張涌泉　敦煌變文校注　中華書局　1997　p. 195

陸慶夫　從焉耆龍王到河西龍家——龍部落遷徙考　敦煌歸義軍史專題研究　蘭州大學出版社
　　1997　p. 488

鄭炳林　唐五代敦煌的醫事研究　敦煌歸義軍史專題研究　蘭州大學出版社　1997　p. 517

柴劍虹　恩賜西庭辭　敦煌學大辭典　上海辭書出版社　1998　p. 539

黃征　程惠新　劫塵遺珠：敦煌遺書　甘肅教育出版社　1999　p. 163

李重申　敦煌古代體育文化　甘肅人民出版社　2000　p. 61

鄭炳林　張紅麗　《張淮深變文》的年代問題　1994 年敦煌學國際研討會文集・宗教文史卷（上）
　　甘肅民族出版社　2000　p. 322

李正宇　沙州歸義軍樂營及其職事　敦煌吐魯番研究（第五卷）　北京大學出版社　2001　p. 221

黃征　敦煌語言文字學研究　甘肅教育出版社　2002　p. 317

李并成　敦煌文獻與西北生態環境變遷研究　漢語史學報專輯（第三輯）　上海教育出版社　2003　p. 393

李并成　敦煌學與沙漠歷史地理研究　2000 年敦煌學國際學術討論會文集·歷史文化卷（上）　甘肅民族出版社　2003　p. 490

徐時儀　玄應《衆經音義》研究　中華書局　2005　p. 600

蘭州理工大學絲綢之路文史研究所編　絲綢之路體育文化論集　中華書局　2005　p. 250

P. 3703

中川孝　楞伽宗と東山法門　敦煌仏典と禪（講座敦煌 8）　（東京）大東出版社　1980　p. 144

椎名宏雄　北宗燈史の成立　敦煌仏典と禪（講座敦煌 8）　（東京）大東出版社　1980　p. 57

田中良昭　敦煌禪宗文獻の研究　（東京）大東出版社　1983　p. 24

王重民　記敦煌寫本的佛經　敦煌吐魯番文獻研究論集（第二輯）　北京大學出版社　1983　p. 22
　　　又見：敦煌遺書論文集　中華書局　1984　p. 306

楊曾文　日本學者對中國禪宗文獻的研究和整理　《世界宗教研究》1987 年第 1 期　p. 119

孫修身　敦煌遺書吐蕃文書 P. T. 1284 號第三件書信有關問題考　《敦煌研究》1989 年第 2 期　p. 68

上山大峻　敦煌佛教の研究　（京都）法藏館　1990　p. 414

黃盛璋　關於沙州曹氏和于闐交往的諸藏文文書及相關問題　《敦煌研究》1992 年第 1 期　p. 43

吳其昱著　伊藤美重子譯　敦煌漢文寫本概觀　敦煌漢文文獻（講座敦煌 5）　（東京）大東出版社　1992　p. 59

李正宇　敦煌文學概論　甘肅人民出版社　1993　p. 94

王震亞　趙熒　敦煌殘卷爭訟文牒集釋　甘肅人民出版社　1993　p. 87

索仁森著　李吉和譯　敦煌漢文禪籍特徵概觀　《敦煌研究》1994 年第 1 期　p. 113

田中良昭　敦煌の禪籍　禪學研究入門　（東京）大東出版社　1994　p. 47

柳田聖山　禪籍解題（一）·敦煌禪籍　俗語言研究（第二期）　（京都）禪文化研究所　1995　p. 139

榮新江著　衣川賢次譯　ロシア所藏の景德傳燈録　『禪文化』（161 號）　（京都）禪文化研究所　1996　p. 142

李正宇　吐蕃論董勃藏修伽藍功德記兩殘卷的發現、綴合及考證　敦煌吐魯番研究（第二卷）　北京大學出版社　1997　p. 257 注

劉雯　吐蕃及歸義軍時期敦煌索氏家族研究　《敦煌學輯刊》1997 年第 2 期　p. 89

榮新江　敦煌本禪宗燈史殘卷拾遺　周紹良先生欣開九秩慶壽文集　中華書局　1997　p. 233

鄭炳林　敦煌碑銘讚輯釋　甘肅教育出版社　1997　p. 168 注 2

鄭炳林　唐五代敦煌種植林業研究　敦煌歸義軍史專題研究　蘭州大學出版社　1997　p. 201

方廣錩　楞伽師資記　敦煌學大辭典　上海辭書出版社　1998　p. 725

劉方　初期的禪史 I　敦煌學大辭典　上海辭書出版社　1998　p. 827

徐俊　敦煌詩集殘卷輯考　中華書局　2000　p. 834

榮新江　敦煌學十八講　北京大學出版社　2001　p. 252

高啓安　唐五代敦煌飲食文化研究　民族出版社　2004　p. 205

P. 3704

王重民　敦煌古籍叙録　中華書局　1979　p. 186

蘇瑩輝　敦煌學概要　（臺北）編譯館"中華叢書編委會"　1981　p. 47

蘇瑩輝　中外敦煌古寫本纂要　敦煌論集　（臺北）學生書局　1983　p. 323

林其錟　陳鳳金　一種未被著録的《劉子》敦煌殘卷　《敦煌學輯刊》1984 年第 2 期　p. 53
王重民　巴黎敦煌殘卷叙録(第二輯)　敦煌叢刊初集(九)　(臺北)新文豐出版公司　1985　p. 250
王重民原編　黃永武新編　敦煌古籍叙録新編(第九冊)　(臺北)新文豐出版公司　1986　p. 355
林其錟　陳鳳金輯校　敦煌遺書劉子殘卷集録　上海書店　1988　p. 1、56、86
李正宇　唐宋時代敦煌縣河渠泉澤簡志(二)　《敦煌研究》1989 年第 1 期　p. 58
許建平　敦煌本《劉子殘卷》舉善　《敦煌研究》1989 年第 3 期　p. 74
許建平　敦煌遺書《劉子》殘卷校證　《杭州師範學院學報》1989 年第 5 期　p. 119
周丕顯　巴黎藏伯字第二七二一號《雜抄·書目》初探　敦煌吐魯番學研究論文集　漢語大詞典出
　　版社　1990　p. 415
許建平　敦煌遺書《劉子》殘卷校證補　《杭州師範學院學報》1992 年第 1 期　p. 43
許建平　《殘類書》所引《劉子》殘卷考略　《浙江社會科學》1993 年第 4 期　p. 89
白化文　劉子新論　敦煌學大辭典　上海辭書出版社　1998　p. 778
榮新江　敦煌文獻與古籍整理　慶祝吳其昱先生八秩華誕敦煌學特刊　(臺北)文津出版社　2000
　　p. 271
姜亮夫　敦煌莫高窟年表　姜亮夫全集(十一)　雲南人民出版社　2002　p. 164
王冀青　斯坦因與日本敦煌學　甘肅教育出版社　2004　p. 306

P. 3705

王堯　陳踐　敦煌吐蕃文獻選　四川民族出版社　1983　p. 206
王素　唐寫本《論語鄭氏注》校録　唐寫本論語鄭氏注及其研究　文物出版社　1991　p. 81 注 10、
　　86 注 83
盧向前　關於歸義軍時期一份布紙破用曆的研究:試釋伯四六四〇背面文書　敦煌吐魯番文書論稿
　　江西人民出版社　1992　p. 121 注 44
土田健次郎　儒教典籍　敦煌漢文文獻(講座敦煌 5)　(東京)大東出版社　1992　p. 269
姜伯勤　敦煌邈真讚與敦煌望族　敦煌邈真讚校録並研究　(臺北)新文豐出版公司　1994　p. 35
陳金木　唐寫本論語鄭氏注研究(上)　(臺北)文津出版社　1996　p. 70
李方　敦煌《論語集解》校正　江蘇古籍出版社　1998　p. 831
李方　唐寫本《論語集解》校讀零拾　出土文獻研究(第三輯)　文物出版社　1998　p. 219
譚蟬雪　敦煌歲時文化導論　(臺北)新文豐出版公司　1998　p. 289
許建平　評《敦煌〈論語集解〉校正》　敦煌吐魯番研究(第五卷)　北京大學出版社　2001　p. 341
許建平　殘卷定名正補　2000 年敦煌學國際學術討論會文集·歷史文化卷(上)　甘肅民族出版社
　　2003　p. 303
許建平　《俄藏敦煌文獻》儒家經典類寫本的定名與綴合　漢語史學報專輯(第三輯)　上海教育出
　　版社　2003　p. 313
許建平　中國國家圖書館藏未刊敦煌寫本殘片四種的定名與綴合　浙江與敦煌學:常書鴻先生誕辰
　　一百周年紀念文集　浙江古籍出版社　2004　p. 320

P. 3706

陳祚龍　敦煌古抄內典尾記彙校初、二、三編合刊　敦煌學要籥　(臺北)新文豐出版公司　1982
　　p. 191
孫修身　敦煌三界寺　甘肅省史學會論文集　甘肅省歷史學會編印　1982　p. 173　又見:中國敦煌
　　學百年文庫·宗教卷(一)　甘肅文化出版社　1999　p. 57

任半塘　敦煌歌辭總編　上海古籍出版社　1987　p. 531

李正宇　唐宋時代敦煌縣河渠泉澤簡志(一)　《敦煌研究》1988 年第 4 期　p. 92

李正宇　唐宋時代敦煌縣河渠泉澤簡志(二)　《敦煌研究》1989 年第 1 期　p. 54

任半塘　王昆吾　隋唐五代燕樂雜言歌辭集　巴蜀書社　1990　p. 1310

唐耕耦　陸宏基　敦煌社會經濟文獻真迹釋錄(三)　全國圖書館文獻縮微複製中心　1990　p. 7

李正宇　敦煌文學概論　甘肅人民出版社　1993　p. 152

劉惠琴　從敦煌文書中看沙州紡織業　《敦煌學輯刊》1995 年第 2 期　p. 53

李正宇　敦煌史地新論　(臺北)新文豐出版公司　1996　p. 97

寧可　郝春文　敦煌社邑文書輯校　江蘇古籍出版社　1997　p. 360

汪娟　敦煌本《大佛略懺》在佛教懺悔文中的地位　敦煌文學論集　四川人民出版社　1997　p. 388

鄭炳林　敦煌碑銘讚輯釋　甘肅教育出版社　1997　p. 548 注 2

湛如　敦煌結夏安居考察　法源(第 16 期)　中國佛學院　1998　p. 84　又見:佛學研究(第七期)
　　中國佛教文化研究所　1998　p. 339

李正宇　河母　敦煌學大辭典　上海辭書出版社　1998　p. 313

李正宇　蘭若　敦煌學大辭典　上海辭書出版社　1998　p. 627

沙知　敦煌契約文書輯校　江蘇古籍出版社　1998　p. 270、544

譚蟬雪　敦煌歲時文化導論　(臺北)新文豐出版公司　1998　p. 162

郝春文　英藏敦煌社會歷史文獻釋錄(第一卷)　科學出版社　2001　p. 246

湛如　敦煌佛教律儀制度研究　中華書局　2003　p. 247

P. 3707

那波利貞　佛教信仰に基きて組織せられたる中晚唐五代時代の社邑に就きて(上)　『史林』(24
　　卷 3 號)　京都大學文學部史學研究會　1939　p. 33　又見:唐代社會文化史研究・第六編
　　(東京)創文社　1974　p. 603

那波利貞　千佛岩莫高窟と敦煌文書　西域文化研究(第二)・敦煌吐魯番社會經濟資料(上)　(京
　　都)法藏館　1959　p. 55

藤枝晃　敦煌の僧尼籍　『東方學報』(第 35 號)　京都大學人文科學研究所　1964　p. 292

竺沙雅章　敦煌出土「社」文書の研究　『東方學報』(第 35 號)　京都大學人文科學研究所　1964
　　p. 273

那波利貞　唐代の社邑に就きて(1938 年)　唐代社會文化史研究・第五編　(東京)創文社　1974
　　p. 517、536、556

陳祚龍　簡記敦煌古抄方志　敦煌文物隨筆　(臺北)商務印書館　1979　p. 61

菊池英夫　唐代敦煌社會の外貌　敦煌の社會(講座敦煌 3)　(東京)大東出版社　1980　p. 106

土肥義和　莫高窟千佛洞と大寺と蘭若と　敦煌の社會(講座敦煌 3)　(東京)大東出版社　1980
　　p. 365

陳祚龍　《簡記敦煌古抄方志》及其"後語"　敦煌學要籥　(臺北)新文豐出版公司　1982　p. 230

孫修身　敦煌三界寺　甘肅省史學會論文集　甘肅省歷史學會編印　1982　p. 173　又見:中國敦煌
　　學百年文庫・宗教卷(一)　甘肅文化出版社　1999　p. 57

唐耕耦　陸宏基　敦煌社會經濟文獻真迹釋錄(一)　書目文獻出版社　1986　p. 352

謝和耐著　耿昇譯　中國 5—10 世紀的寺院經濟　甘肅人民出版社　1987　p. 321 注 3、330 注 3
　　又見:上海古籍出版社　2004　p. 274 注 2

山本達郎等　敦煌・III 轉貼　『NUN－HUANG AND TURFAN DOCUMENTS CONCERNING SOCIAL

AND ECONOMIC HISTORY』(Ⅳ)　(東京)東洋文庫　1989　p. 62

郝春文　隋唐五代宋初傳統私社與寺院的關係　《魏晉南北朝隋唐史》1991年第6期　p. 65

姜伯勤　敦煌社會文書導論　(臺北)新文豐出版公司　1992　p. 233、243

高國藩　敦煌民俗資料導論　(臺北)新文豐出版公司　1993　p. 3

郝春文　敦煌寫本社邑文書年代彙考(一)　《首都師範大學學報》1993年第4期　p. 37

石田勇作　敦煌「社文書」研究序說　中國古代の國家と民眾(堀敏一先生古稀記念)　(東京)汲古
　書院　1995　p. 685

土肥義和　唐・北宋間の「社」の組織形態に関する一考察　中國古代の國家と民眾(堀敏一先生古
　稀記念)　(東京)汲古書院　1995　p. 711

李正宇　敦煌史地新論　(臺北)新文豐出版公司　1996　p. 97

寧可　郝春文　敦煌社邑文書輯校　江蘇古籍出版社　1997　p. 92

齊陳俊　馮培紅　晚唐五代宋初歸義軍政權中"十將"及下屬諸職考　敦煌歸義軍史專題研究　蘭
　州大學出版社　1997　p. 29

鄭炳林　敦煌碑銘讚輯釋　甘肅教育出版社　1997　p. 545 注2

郝春文　唐後期五代宋初敦煌僧尼的社會生活　中國社會科學出版社　1998　p. 384

郝春文　唐後期五代宋初敦煌僧尼遺產的處理與喪事的操辦　《敦煌研究》1998年第3期　p. 42

李正宇　蘭若　敦煌學大辭典　上海辭書出版社　1998　p. 627

寧可　親情社　敦煌學大辭典　上海辭書出版社　1998　p. 428

宋家鈺　寧可　虞侯　敦煌學大辭典　上海辭書出版社　1998　p. 409

土肥義和　唐・北宋の間:敦煌の杜家親情社追補社條(S. 8160rv)について　唐代史研究(創刊號)
　(東京)唐代史研究會　1998　p. 11

寧可　寧可史學論集　中國社會科學出版社　1999　p. 451 注1

楊森　談敦煌社邑文書中"三官"及"録事""虞侯"的若干問題　《敦煌研究》1999年第3期　p. 81

孟憲實　敦煌社邑的分佈　敦煌文獻論集:紀念藏經洞發現一百周年國際學術研討會論文集　遼寧
　人民出版社　2001　p. 431

馬茜　歸義軍時期敦煌地區庶民佛教的發展　甘肅民族研究論叢　甘肅人民出版社　2002　p. 454

湛如　敦煌佛教律儀制度研究　中華書局　2003　p. 65

P. 3708

平井宥慶　敦煌文書における金剛經疏　金剛般若經の思想的研究　(東京)春秋社　1999　p. 268

杜正乾　唐代的《金剛經》信仰　《敦煌研究》2004年第5期　p. 53

P. 3709

陳祚龍　關於研究李唐三藏法師玄奘的"作爲"及其影響之敦煌古抄參考資料　中華佛教文化史散
　策(初集)　(臺北)新文豐出版公司　1978　p. 366

陳祚龍　敦煌古抄內典尾記彙校初、二、三編合刊　敦煌學要籥　(臺北)新文豐出版公司　1982
　p. 191

饒宗頤　敦煌書法叢刊(第二三卷)・寫經(四)　(東京)二玄社　1983　p. 3、47

池田溫　中國古代寫本識語集錄　(東京)大藏出版株式會社　1990　p. 191

林聰明　從敦煌文書看佛教徒的造經祈福　第二屆敦煌學國際研討會論文集　(臺北)漢學研究中
　心　1990　p. 522

林聰明　敦煌文書出處略考　季羨林教授八十華誕紀念論文集(下)　江西人民出版社　1991

p. 850

林聰明　敦煌文書學　（臺北）新文豐出版公司　1991　p. 113、142、373

戴仁　敦煌和吐魯番寫本的斷代研究　法國學者敦煌學論文選萃　中華書局　1993　p. 529

顧吉辰　唐代敦煌文獻寫本書手考述　《敦煌學輯刊》1993 年第 1 期　p. 31

施萍婷　斯 2926《佛說校量數珠功德經》寫卷研究　《敦煌研究》1993 年第 4 期　p. 35

林聰明　談敦煌文書的抄寫問題　紀念陳寅恪先生百年誕辰學術論文集　江西教育出版社　1994　p. 285

黃征　吳偉　敦煌願文集　岳麓書社　1995　p. 888

鄭阿財　敦煌文獻與唐代字樣學　第六屆中國文字學全國學術研討會論文集　（臺北）"中國文字學會"　1995　p. 266

劉濤　評《法藏敦煌書苑精華》　敦煌吐魯番研究（第一卷）　北京大學出版社　1996　p. 379

張弓　漢唐佛寺文化史　中國社會科學出版社　1997　p. 407

顧吉辰　敦煌文獻職官結銜考釋　《敦煌學輯刊》1998 年第 2 期　p. 22

孫繼民　貞觀二十二年敕寫佛地經記　敦煌學大辭典　上海辭書出版社　1998　p. 455

伏俊璉　論講經文與變文的關係　中國典籍與文化論叢（第五輯）　中華書局　2000　p. 111

蘇遠鳴　中國避諱略述　法國漢學（敦煌學專號）　中華書局　2000　p. 54

楊富學　王書慶　唐代長安與敦煌佛教文化之關係　'98 法門寺唐文化國際學術討論會論文集　陝西人民出版社　2000　p. 178

林聰明　敦煌吐魯番文書解詁指例　（臺北）新文豐出版公司　2001　p. 58 注 4、134

姜亮夫　敦煌莫高窟年表　姜亮夫全集（十一）　雲南人民出版社　2002　p. 218

P. 3710

金建民　關於《敦煌曲譜》和古譜學的論爭　《中國敦煌吐魯番學會研究通訊》1990 年第 1 期　又見：中國敦煌學百年文庫·藝術卷（四）　甘肅文化出版社　1999　p. 253

P. 3711

姜伯勤　論敦煌寺院的"常住百姓"　《敦煌研究》1981 年試刊第 1 期　p. 45　又見：五十年來漢唐佛教寺院經濟研究　北京師範大學出版社　1986　p. 187

冷鵬飛　唐末沙州歸義軍時期有關百姓受田和賦稅的幾個問題　《敦煌學輯刊》1984 年第 1 期　p. 35

姜伯勤　唐五代敦煌寺戶制度　中華書局　1987　p. 140

楊銘　通頰考　《敦煌學輯刊》1987 年第 1 期　p. 115

榮新江　沙州歸義軍歷任節度使稱號研究　敦煌吐魯番學研究論文集　漢語大詞典出版社　1990　p. 786

榮新江　通頰考　文史（第三十三輯）　中華書局　1990　p. 134　又見：二十世紀中國文史考據文錄　雲南人民出版社　2001　p. 2115、2119

唐耕耦　陸宏基　敦煌社會經濟文獻真迹釋錄（二、五）　全國圖書館文獻縮微複製中心　1990　p. 290；129

饒宗頤　從石刻論武后之宗教信仰　饒宗頤史學論著選　上海古籍出版社　1993　p. 522

王震亞　趙熒　敦煌殘卷爭訟文牒集釋　甘肅人民出版社　1993　p. 17

齊陳駿　有關遺產繼承的幾件敦煌遺書　《敦煌學輯刊》1994 年第 2 期　p. 51

榮新江　歸義軍改元考　文史（第三十八輯）　中華書局　1994　p. 48

榮新江　歸義軍史研究　上海古籍出版社　1996　p. 49

楊銘　吐蕃統治敦煌研究　（臺北）新文豐出版公司　1997　p. 235

鄭炳林　敦煌碑銘讚輯釋　甘肅教育出版社　1997　p. 49 注 48

李麗　關於《張淮深墓誌銘》的兩個問題　《敦煌學輯刊》1998 年第 1 期　p. 143

陳國燦　唐代的經濟社會　（臺北）文津出版社　1999　p. 81

張涌泉　《補全唐詩》兩種補校　舊學新知　浙江大學出版社　1999　p. 307

董志翹　《入唐求法巡禮行記》辭彙研究　中國社會科學出版社　2000　p. 129

雷紹鋒　歸義軍賦役制度初探　（臺北）洪葉文化事業有限公司　2000　p. 19

陸離　俄法所藏敦煌文獻中一件歸義軍時期土地糾紛案卷殘卷淺識　《敦煌學輯刊》2000 年第 2 期
　　p. 63

陳國燦　敦煌學史事新證　甘肅教育出版社　2002　p. 309

陳國燦　略論吐魯番出土的敦煌文書　《西域研究》2002 年第 3 期　p. 7　又見：新世紀敦煌學論集
　　巴蜀書社　2003　p. 59

姜亮夫　敦煌莫高窟年表　姜亮夫全集（十一）　雲南人民出版社　2002　p. 441

劉敬林　敦煌文牒詞語校釋　《敦煌學輯刊》2003 年第 1 期　p. 118

黑維強　吐魯番出土文書詞語例釋（二）　《敦煌學輯刊》2005 年第 2 期　p. 184

P. 3712

高啓安　崇高與卑賤：敦煌的佛教信仰賤名再探　’98 法門寺唐文化國際學術討論會論文集　陝西
　　人民出版社　2000　p. 253

P. 3713

唐耕耦　陸宏基　敦煌社會經濟文獻真迹釋錄（三）　全國圖書館文獻縮微複製中心　1990　p. 236

馬德　敦煌莫高窟史研究　甘肅教育出版社　1996　p. 174、215

馬德　九、十世紀敦煌工匠史料述論　慶祝潘石禪先生九秩華誕敦煌學特刊　（臺北）文津出版社
　　1996　p. 310

馮培紅　唐五代敦煌的河渠水利與水司管理機構初探　《敦煌學輯刊》1997 年第 2 期　p. 79

馬德　敦煌工匠史料　甘肅人民出版社　1997　p. 79

鄭炳林　唐五代敦煌手工業研究　敦煌歸義軍史專題研究　蘭州大學出版社　1997　p. 241

馬德　10 世紀敦煌寺曆所記三窟活動　《敦煌研究》1998 年第 2 期　p. 88

沙武田　趙曉星　歸義軍時期敦煌文獻中的太子　《敦煌研究》2003 年第 4 期　p. 46

童丕　敦煌的借貸：中國中古時代的物質生活與社會　中華書局　2003　p. 47

沙武田　敦煌寫真邈真讚畫稿研究：兼論敦煌畫之寫真肖像藝術　《敦煌學輯刊》2006 年第 1 期
　　p. 54

P. 3714

王重民　巴黎倫敦所藏敦煌殘卷叙錄：新修本草（P. 3714）　《圖書季刊》1939 年新 1 卷 1 期　p. 8 –
　　10

三木榮　西域出土醫藥關係文獻綜合解說目錄　『東洋學報』（47 卷 1 號）　（東京）東洋學術協會
　　1964　p. 12

王重民　敦煌古籍叙錄　中華書局　1979　p. 152

盧向前　伯希和三七一四號背面傳馬坊文書研究　敦煌吐魯番文獻研究論集　中華書局　1982

p. 660、686 注 1、3

盧向前　馬社研究：伯三八九九號背面馬社文書介紹　敦煌吐魯番文獻研究論集（第二輯）　北京大
　　學出版社　1983　p. 374 注 6、380 注 29　又見：敦煌吐魯番文書論稿　江西人民出版社　1992
　　p. 58

王冀青　唐交通通訊用馬的管理　《敦煌學輯刊》1985 年第 2 期　p. 35

王重民　巴黎敦煌殘卷敘錄（第二輯）　敦煌叢刊初集（九）　（臺北）新文豐出版公司　1985
　　p. 246、248

趙健雄　敦煌石窟醫學史料輯要　《敦煌學輯刊》1985 年第 2 期　p. 119

盧向前　牒式及其處理程式的探討：唐公式文研究　敦煌吐魯番文獻研究論集（第三輯）　北京大學
　　出版社　1986　p. 337、346、356、384、390 注 4

王冀青　唐前期西北地區用於交通的驛馬、傳馬和長行馬　《敦煌學輯刊》1986 年第 2 期　p. 57

王重民原編　黄永武新編　敦煌古籍敘錄新編（第八冊）　（臺北）新文豐出版公司　1986　p. 103

馬繼興　敦煌古醫籍考釋　江西科學技術出版社　1988　p. 392

白須淨真著　陳俊謀譯　唐代西州武城城之前城主與沙州壽昌城主　《西北史地》1989 年第 3 期
　　p. 34

荒川正晴　唐河西以西の傳馬坊と長行坊　『東洋學報』（70 卷 3・4 號）　（東京）東洋文庫　1989
　　p. 39

李明偉　狀・牒・帖　敦煌文學　甘肅人民出版社　1989　p. 40

孫曉林　試探唐代前期西州長行坊制度　敦煌吐魯番文書初探（二編）　武漢大學出版社　1990
　　p. 234 注 10

唐耕耦　陸宏基　敦煌社會經濟文獻真迹釋錄（四）　全國圖書館文獻縮微複製中心　1990
　　p. 258、417

甘肅中醫學院圖書館　敦煌中醫藥學集錦　甘肅中醫學院圖書館　1990　p. 105

趙健雄　敦煌遺書醫學卷考析　《敦煌研究》1991 年第 4 期　p. 101

中村裕一　唐代官文書研究　（京都）中文出版社　1991　p. 520

宮下三郎　敦煌本の本草醫書　敦煌漢文文獻（講座敦煌 5）　（東京）大東出版社　1992　p. 494

荒川正晴　唐の對西域布帛輸送と客商の活動について　『東洋學報』（73 卷 3・4 號）　（東京）東
　　洋文庫　1992　p. 59

丛春雨　敦煌中醫藥全書　中醫古籍出版社　1994　p. 26

李明偉　隋唐絲綢之路　甘肅人民出版社　1994　p. 47

胡戟　傅玫　敦煌史話　中華書局　1995　p. 192

李錦繡　唐代財政史稿・上卷（第三分冊）　北京大學出版社　1995　p. 1007

劉惠琴　從敦煌文書中看沙州紡織業　《敦煌學輯刊》1995 年第 2 期　p. 50

劉進寶　敦煌學論述　（臺北）洪葉文化事業有限公司　1995　p. 298

楊銘　吐蕃時期河隴軍政機構設置考　中亞學刊（第四輯）　北京大學出版社　1995　p. 121 注 36

張涌泉　陳祚龍校錄敦煌卷子失誤例釋　學術集林（卷六）　上海遠東出版社　1995　p. 296　又
　　見：舊學新知　浙江大學出版社　1999　p. 273

譚蟬雪　敦煌馬文化　《敦煌研究》1996 年第 1 期　p. 116

張國剛　隋唐五代史研究概要　天津教育出版社　1996　p. 180

中村裕一　唐代公文書研究　（東京）汲古書院　1996　p. 116

李并成　古代河西走廊桑蠶絲織業考　《敦煌學輯刊》1997 年第 2 期　p. 62

仁井田陞　唐令拾遺補訂　唐令拾遺補　東京大學出版會　1997　p. 370、714

張弓　漢唐佛寺文化史　中國社會科學出版社　1997　p. 928

郝春文　唐後期五代宋初敦煌僧尼的社會生活　中國社會科學出版社　1998　p. 76

荒川正晴　關於唐向西域輸送布帛與客商的關係　魏晉南北朝隋唐史資料（第16輯）　武漢大學出版社　1998　p. 351 注8

李錦繡　唐代制度史略論稿　中國政法大學出版社　1998　p. 343

馬繼興　敦煌醫藥文獻輯校　江蘇古籍出版社　1998　p. 622

孫曉林　傳馬坊　敦煌學大辭典　上海辭書出版社　1998　p. 382

譚蟬雪　敦煌歲時文化導論　（臺北）新文豐出版公司　1998　p. 108

王淑民　新修本草　敦煌學大辭典　上海辭書出版社　1998　p. 618

高國藩　敦煌俗文化學　上海三聯書店　1999　p. 647

黃征　程惠新　劫塵遺珠：敦煌遺書　甘肅教育出版社　1999　p. 208

姜亮夫　敦煌：偉大的文化寶藏　雲南人民出版社　1999　p. 144

陳永勝　敦煌吐魯番法制文書研究　甘肅人民出版社　2000　p. 141

丛春雨　敦煌中醫藥精萃發微　中醫古籍出版社　2000　p. 105

荒川正晴　唐朝の交通システム　大阪大學院文學研究科紀要（第40卷）　大阪大學院文學研究科　2000　p. 225

李方　唐西州行政體制考論　黑龍江教育出版社　2000　p. 53

陸離　俄法所藏敦煌文獻中一件歸義軍時期土地糾紛案卷殘卷淺識　《敦煌學輯刊》2000年第2期　p. 63

顏廷亮　敦煌文化　光明日報出版社　2000　p. 209

楊秀清　華戎交會的都市：敦煌與絲綢之路　甘肅人民出版社　2000　p. 131

鄭炳林　晚唐五代敦煌貿易市場的外來商品輯考　中華文史論叢（總63輯）　上海古籍出版社　2000　p. 85

李方　西州諸縣及敦煌縣縣屬機構"司"（曹）探討　敦煌文獻論集：紀念藏經洞發現一百周年國際學術研討會論文集　遼寧人民出版社　2001　p. 154

林聰明　敦煌吐魯番文書解詁指例　（臺北）新文豐出版公司　2001　p. 224

榮新江　敦煌學十八講　北京大學出版社　2001　p. 194

姜亮夫　敦煌莫高窟年表　姜亮夫全集（十一）　雲南人民出版社　2002　p. 235

劉進寶　敦煌學通論　甘肅教育出版社　2002　p. 415

馬繼興　當前世界各地收藏的中國出土卷子本古醫藥文獻備考　敦煌吐魯番研究（第六卷）　北京大學出版社　2002　p. 152

王素　敦煌吐魯番文獻　文物出版社　2002　p. 155

池田溫　敦煌の流通經濟　敦煌文書の世界　（東京）名著刊行會　2003　p. 171

丛春雨　論敦煌中醫藥學的內涵及其學術價值　2000年敦煌學國際學術討論會文集·歷史文化卷（下）　甘肅民族出版社　2003　p. 146

林平和　試論敦煌文獻之輯佚價值　新世紀敦煌學論集　巴蜀書社　2003　p. 735

王冀青　斯坦因與日本敦煌學　甘肅教育出版社　2004　p. 306

黃正建　敦煌資料與唐五代人的衣食住行　敦煌與絲路文化學術講座（第二輯）　北京圖書館出版社　2005　p. 123

P. 3715

金岡照光　敦煌文學のさまざま　敦煌の文學　（東京）大蔵出版株式會社　1971　p. 164

那波利貞　唐代の社邑に就きて(1938 年)　唐代社會文化史研究・第五編　(東京)創文社　1974　p. 488

那波利貞　唐寫本雜抄考——唐代庶民教育史研究の一資料　唐代社會文化史研究・第二編　(東京)創文社　1974　p. 221

陳慶浩　古賢集校注　敦煌學(第 3 輯)　(香港)新亞研究所敦煌學會　1976　p. 75

王三慶　敦煌本古類書《語對》研究　(臺北)文史哲出版社　1985　p. 310

文初　讀敦煌卷子劄記二則　《敦煌語言文學研究通訊》1990 年第 2－3 期　p. 9

文初　關於敦煌卷子中的"八十二老人"　《社科縱橫》1990 年第 6 期　p. 41

王三慶著　池田溫譯　類書　敦煌漢文文獻(講座敦煌5)　(東京)大東出版社　1992　p. 382

李正宇　敦煌文學概論　甘肅人民出版社　1993　p. 96

鄭炳林　《索勳紀德碑》研究　《敦煌學輯刊》1994 年第 2 期　p. 75

馮培紅　有關敦煌文書的兩則讀書劄記　《敦煌學輯刊》1995 年第 2 期　p. 130

李冬梅　唐五代敦煌學校部分教學檔案簡介　《敦煌學輯刊》1995 年第 2 期　p. 67

顏廷亮　敦煌文學概說　(臺北)新文豐出版公司　1995　p. 229

顏廷亮　張球著作系年與生平管窺　敦煌學國際研討會文集・史地語文編　遼寧美術出版社　1995　p. 258

鄭炳林　羊萍　敦煌本夢書　甘肅文化出版社　1995　p. 57

周一良　趙和平　敦煌表狀箋啓書儀略論　唐五代書儀研究　中國社會科學出版社　1995　p. 46　又見:敦煌吐魯番學研究論集　書目文獻出版社　1996　p. 197

趙和平　敦煌寫本書儀中的口頭用語問題初探　慶祝潘石禪先生九秩華誕敦煌學特刊　(臺北)文津出版社　1996　p. 231

趙和平　敦煌表狀箋啓書儀輯校　江蘇古籍出版社　1997　p. 287

趙和平　晚唐五代靈武節度使與沙州歸義軍關係試論　第三屆中國唐代文化學術研討會論文集　(臺北)政治大學中國文學系　1997　p. 542

李正宇　古本敦煌鄉土志八種箋證　(臺北)新文豐出版公司　1998　p. 322

李正宇　張球　敦煌學大辭典　上海辭書出版社　1998　p. 356

趙和平　歸義軍僧官書儀　敦煌學大辭典　上海辭書出版社　1998　p. 424

高國藩　敦煌俗文化學　上海三聯書店　1999　p. 323

趙和平　敦煌本《甘棠集》研究　(臺北)新文豐出版公司　2000　p. 9

吳麗娛　從敦煌書儀中的表狀箋啓看唐五代官場禮儀的轉移變遷　中國社會歷史評論(第三卷)　中華書局　2001　p. 360

吳麗娛　關於 S. 078v 和 S. 1725v 兩件敦煌寫本書儀的一些看法　敦煌學與中國史研究論集　甘肅人民出版社　2001　p. 176

石曉軍　日本園城寺(三井寺)藏唐人詩文尺牘校證　唐研究(第八卷)　北京大學出版社　2002　p. 130

吳麗娛　唐禮摭遺:中古書儀研究　商務印書館　2002　p. 537、590

顏廷亮　有關張球生平及其著作的一件新見文獻　《敦煌研究》2002 年第 5 期　p. 101

徐俊　敦煌先唐詩考　2000 年敦煌學國際學術討論會文集・歷史文化卷(下)　甘肅民族出版社　2003　p. 301

P. 3716

金岡照光　敦煌漢文文學文獻の文學形態上の種類とその分類　敦煌出土文學文獻分類目録・附解

說　（東京）東洋文庫　1971　p. 218

金岡照光　敦煌文學のさまざま　敦煌の文學　（東京）大藏出版株式會社　1971　p. 113

遊佐昇　『王梵志詩』のもつ兩側面　大正大學大學院研究論集（第 2 號）　（東京）大正大學大學院　1978　p. 10

川崎ミチコ　通俗詩類・雜詩文類　敦煌仏典と禪（講座敦煌 8）　（東京）大東出版社　1980　p. 319

楊家駱　敦煌變文　（臺北）世界書局　1980　p. 246

張錫厚　敦煌文學　上海古籍出版社　1980　p. 58 注 1

陳祚龍　敦煌古抄內典尾記彙校初、二、三編合刊　敦煌學要籥　（臺北）新文豐出版公司　1982　p. 192

鄭阿財　敦煌孝道文學研究　（臺北）石門圖書公司　1982　p. 77

張錫厚　關於敦煌寫本王梵志詩整理的若干問題　文史（第十五輯）　中華書局　1982　p. 185　又見：王梵志詩研究彙錄（上）　上海古籍出版社　1990　p. 70 ；中國敦煌學百年文庫・文學卷（二）　甘肅文化出版社　1999　p. 499

張錫厚　王梵志詩校輯　中華書局　1983　p. 3

潘重規　敦煌變文集新書（下）　（臺北）“中國文化大學”中文研究所　1984　p. 1137、1210

王重民　晏子賦　敦煌變文集　人民文學出版社　1984　p. 246

吳其昱著　福井文雅　樋口勝譯　大蕃國大德・三藏法師・法成傳考　敦煌と中國仏教（講座敦煌 7）　（東京）大東出版社　1984　p. 392

周紹良　談唐代民間文學——讀《中國文學史》中“變文”節書後關於唐代民間文學研究的幾點意見　紹良叢稿　齊魯書社　1984　p. 64

饒宗頤解說　林宏作譯　敦煌書法叢刊（第十四卷）・牒狀（一）　（東京）二玄社　1985　p. 91

高明士　唐代敦煌的教育　漢學研究（敦煌學國際研討會論文專號）　（臺北）漢學研究資料及服務中心　1986　p. 252

李正宇　敦煌方音止遇二攝混同及其校勘學意義　《敦煌研究》1986 年第 4 期　p. 55

李正宇　唐宋時代的敦煌學校　《敦煌研究》1986 年第 1 期　p. 43

朱鳳玉　王梵志詩研究（上、下）　（臺北）學生書局　1986　p. 34、52、112、267

陳慶浩　法忍抄本殘卷王梵志詩初校　敦煌學（第 12 輯）　（臺北）新文豐出版公司　1987　p. 92

姜伯勤　敦煌的“畫行”與“畫院”　1983 年全國敦煌學術討論會文集・石窟藝術編（下）　甘肅人民出版社　1987　p. 183

姜伯勤　唐五代敦煌寺戶制度　中華書局　1987　p. 292 注 3

李正宇　敦煌學郎題記輯注　《敦煌學輯刊》1987 年第 1 期　p. 31

項楚　王梵志詩校注　敦煌吐魯番文獻研究論集（第四輯）　北京大學出版社　1987　p. 136、250

張鴻勳　敦煌講唱文學作品選注　甘肅人民出版社　1987　p. 74

張錫厚　關於《敦煌賦集》整理的幾個問題　《敦煌學輯刊》1987 年第 1 期　p. 45、48

張錫厚　整理《王梵志詩集》的新收穫　《敦煌學輯刊》1987 年第 2 期　p. 34

李正宇　敦煌文學雜考二題　敦煌語言文學研究　北京大學出版社　1988　p. 95

張錫厚　關於整理《敦煌賦集》的幾個問題　敦煌語言文學論文集　浙江古籍出版社　1988　p. 226、237

程毅中　敦煌俗賦的淵源及其與變文的關係　《文學遺產》1989 年第 1 期　p. 30

張鴻勳　敦煌故事賦《茶酒論》與爭奇型小說　《敦煌研究》1989 年第 1 期　p. 68

張錫厚　敦煌賦集校理（續）　《敦煌研究》1989 年第 4 期　p. 93

張錫厚　賦　敦煌文學　甘肅人民出版社　1989　p. 133

池田溫　中國古代寫本識語集録　（東京）大藏出版株式會社　1990　p. 418、473

郭在貽　張涌泉　俗字研究與古籍整理　古籍整理與研究(第5期)　中華書局　1990　p. 238

郭在貽　張涌泉　黄征　敦煌寫本書寫特例發微　敦煌吐魯番學研究論文集　漢語大詞典出版社　1990　p. 311

菊池英夫　中國古文書・古寫本學と日本　東アジア古文書の史的研究　（東京）刀水書房　1990　p. 192

李正宇　釋"耶沒忽":敦煌遺書王梵志詩俗詞語研究之一　王梵志詩研究彙録(上)　上海古籍出版社　1990　p. 263

上山大峻　敦煌佛教の研究　（京都）法藏館　1990　p. 92、232

項楚　敦煌變文選注　巴蜀書社　1990　p. 778

張錫厚　敦煌寫本王梵志詩原卷真迹　王梵志詩研究彙録(上)　上海古籍出版社　1990　圖版14

趙和平　敦煌寫本書儀略論　敦煌吐魯番學研究論文集　漢語大詞典出版社　1990　p. 599　又見:唐五代書儀研究　中國社會科學出版社　1995　p. 36

鄭阿財　敦煌蒙書析論　第二屆敦煌學國際研討會論文集　（臺北）漢學研究中心　1990　p. 228

林聰明　敦煌文書學　（臺北）新文豐出版公司　1991　p. 155、332

項楚　《王梵志詩校輯》匡補　敦煌文學叢考　上海古籍出版社　1991　p. 560

項楚　王梵志詩校注　上海古籍出版社　1991　p. 464

黄征　王梵志詩校釋補議　中華文史論叢(總50輯)　上海古籍出版社　1992　p. 106　又見:敦煌語文叢說　（臺北）新文豐出版公司　1997　p. 266

姜伯勤　敦煌社會文書導論　（臺北）新文豐出版公司　1992　p. 104

金岡照光　講唱體類　敦煌の文學文獻(講座敦煌9)　（東京）大東出版社　1992　p. 107

金岡照光　散文體類　敦煌の文學文獻(講座敦煌9)　（東京）大東出版社　1992　p. 176、192

林家平　寧强　羅華慶　中國敦煌學史　北京語言學院出版社　1992　p. 595

吳其昱著　伊藤美重子譯　敦煌漢文寫本概觀　敦煌漢文文獻(講座敦煌5)　（東京）大東出版社　1992　p. 116

項楚　《敦煌歌辭總編》匡補(一)　文史(第三十五輯)　中華書局　1992　p. 195

張鴻勳　敦煌唱本《百鳥名》的文化意蘊及其流變影響　《敦煌研究》1992年第1期　p. 70

周紹良　敦煌文學芻議及其它　（臺北）新文豐出版公司　1992　p. 19、94

侯錦郎　敦煌寫本中的唐代相書　法國學者敦煌學論文選萃　中華書局　1993　p. 365 注18

舒華　敦煌"變文"體裁新論　（香港）《九州學刊》(敦煌學專輯)1993年第5卷第4期　p. 157

張鴻勳　敦煌話本詞文俗賦導論　（臺北）新文豐出版公司　1993　p. 93、178、193、265

張錫厚　敦煌文學概論　甘肅人民出版社　1993　p. 298

趙和平　敦煌寫本書儀研究　（臺北）新文豐出版公司　1993　p. 67

鄭阿財　敦煌文獻與文學　（臺北）新文豐出版公司　1993　p. 263

伏俊璉　敦煌本《醜婦賦》的審美價值和文化意蘊　《社科縱橫》1994年第1期　p. 26

伏俊璉　敦煌賦校注　甘肅人民出版社　1994　p. 2

蔣禮鴻　敦煌文獻語言詞典　杭州大學出版社　1994　p. 128、297、311、414

榮新江　歸義軍改元考　文史(第三十八輯)　中華書局　1994　p. 50

胡戟　傅玫　敦煌史話　中華書局　1995　p. 178

曲金良　敦煌佛教文學研究　（臺北）文津出版社　1995　p. 249

項楚　敦煌歌辭總編匡補　（臺北）新文豐出版公司　1995　p. 27

張錫厚　敦煌本唐集研究　（臺北）新文豐出版公司　1995　p. 72、106、413

張涌泉　漢語俗字研究　岳麓書社　1995　p. 146

鄭炳林　羊萍　敦煌本夢書　甘肅文化出版社　1995　p. 250

周一良　趙和平　晚唐五代時的三種吉凶書儀寫卷研究　唐五代書儀研究　中國社會科學出版社
　　1995　p. 206

姜伯勤　敦煌藝術宗教與禮樂文明　中國社會科學出版社　1996　p. 24

李正宇　敦煌史地新論　（臺北）新文豐出版公司　1996　p. 185

陸慶夫　鄭炳林　俄藏敦煌寫本中九件轉帖初探　《敦煌學輯刊》1996 年第 1 期　p. 10

榮新江　歸義軍史研究　上海古籍出版社　1996　p. 52

王小盾　潘建國　敦煌論議考　中國古籍研究（第一卷）　上海古籍出版社　1996　p. 189

張錫厚　敦煌賦彙　（臺北）新文豐出版公司　1996　p. 6、295、340

張錫厚　探幽發微　佚篇薈萃：讀《敦煌賦校注》　《西北師大學報》(社會科學版)1996 年第 2 期
　　p. 73

張涌泉　敦煌俗字研究導論　（臺北）新文豐出版公司　1996　p. 162、231

黃征　敦煌文學《兒郎偉》輯錄校注　敦煌語文叢說　（臺北）新文豐出版公司　1997　p. 714

黃征　敦煌寫本異文綜析　敦煌語文叢說　（臺北）新文豐出版公司　1997　p. 26

黃征　敦煌寫本整理應遵循的原則　敦煌語文叢說　（臺北）新文豐出版公司　1997　p. 11

黃征　《龍龕手鏡》名義考　敦煌語文叢說　（臺北）新文豐出版公司　1997　p. 786

黃征　王梵志詩校釋續商補　敦煌語文叢說　（臺北）新文豐出版公司　1997　p. 229

黃征　魏晉南北朝俗語詞輯釋　敦煌語文叢說　（臺北）新文豐出版公司　1997　p. 105

黃征　張涌泉　敦煌變文校注　中華書局　1997　p. 25、169、371、849、1159

陸慶夫　鄭炳林　唐末五代敦煌的社與粟特人聚落　敦煌歸義軍史專題研究　蘭州大學出版社
　　1997　p. 393

顏廷亮　關於《晏子賦》寫本的抄寫年代問題　《敦煌研究》1997 年第 2 期　p. 134

鄭炳林　敦煌碑銘讚輯釋　甘肅教育出版社　1997　p. 31 注 5

程毅中　柴劍虹　晏子賦　敦煌學大辭典　上海辭書出版社　1998　p. 589

張錫厚　醜婦賦　敦煌學大辭典　上海辭書出版社　1998　p. 587

張錫厚　柴劍虹　王梵志詩集　敦煌學大辭典　上海辭書出版社　1998　p. 562

趙和平　新集書儀　敦煌學大辭典　上海辭書出版社　1998　p. 421

高國藩　敦煌俗文化學　上海三聯書店　1999　p. 449

施謝捷　敦煌文獻語詞校釋叢劄　《敦煌研究》1999 年第 4 期　p. 28

顏廷亮　關於敦煌文學發展的歷史進程　《甘肅社會科學》1999 年第 4 期　p. 48

張涌泉　敦煌寫本書寫特例發微　舊學新知　浙江大學出版社　1999　p. 221

陳海濤　敦煌歸義軍時期從化鄉消失原因初探　中國社會歷史評論(第二卷)　天津古籍出版社
　　2000　p. 436

鄧文寬　英藏敦煌本《六祖壇經》的河西特色：以方音通假爲依據的探索　1994 年敦煌學國際研討會
　　文集·宗教文史卷(上)　甘肅民族出版社　2000　p. 107

伏俊璉　俗情雅韻：敦煌賦選析　甘肅人民出版社　2000　p. 46、104

徐俊　敦煌詩集殘卷輯考　中華書局　2000　p. 284

顏廷亮　敦煌文化　光明日報出版社　2000　p. 185、324

張鴻勳　說唱藝術奇葩：敦煌變文選評　甘肅人民出版社　2000　p. 63

張錫厚　敦煌文學源流　作家出版社　2000　p. 76、199、251

陳秀蘭　敦煌俗文學語彙溯源　岳麓書社　2001　p. 121

伏俊璉　敦煌本《醜婦賦》與醜婦文學　《敦煌研究》2001 年第 2 期　p. 123

林聰明　敦煌吐魯番文書解詁指例　（臺北）新文豐出版公司　2001　p. 202

黃征　敦煌語言文字學研究　甘肅教育出版社　2002　p. 46、312

姜亮夫　敦煌莫高窟年表　姜亮夫全集（十一）　雲南人民出版社　2002　p. 484

齊文榜　《王梵志詩校注》指瑕　文史（第五十九輯）　中華書局　2002　p. 164

吳麗娛　唐禮摭遺：中古書儀研究　商務印書館　2002　p. 52

張鴻勳　敦煌俗文學研究　甘肅人民出版社　2002　p. 6、152、197

胡素馨　佛教藝術的經濟制度：雜物曆、儲藏室和畫行　寺院財富與世俗供養　上海書畫出版社
　　　2003　p. 278、287 注 10

王昆吾　從敦煌學到域外漢文學　商務印書館　2003　p. 28

趙和平　唐五代書儀的主要內容及其學術價值　敦煌與絲路文化學術講座（第一輯）　北京圖書館
　　　出版社　2003　p. 223

柴劍虹　敦煌寫本中的憤世嫉俗之文　《敦煌研究》2004 年第 1 期　p. 61

陳于柱　敦煌寫本宅經的八宅："八宅經一卷"研究　麥積山石窟藝術文化論文集（下）　蘭州大學出
　　　版社　2004　p. 251

湯涒　敦煌曲子詞地域文化研究　上海古籍出版社　2004　p. 24

余欣　敦煌的入宅與暖房禮俗　中華文史論叢（總 78 輯）　上海古籍出版社　2004　p. 106

湯涒　敦煌曲子詞寫本叙略　敦煌學國際研討會論文集　北京圖書館出版社　2005　p. 195

鄭炳林　敦煌寫本解夢書校錄研究　民族出版社　2005　p. 66

李文潔　敦煌寫本《晏子賦》的同卷書寫情況　《文獻》2006 年第 1 期　p. 55

P. 3717

平井俊榮　牛頭宗と保唐宗　敦煌仏典と禪（講座敦煌 8）　（東京）大東出版社　1980　p. 213

冉雲華　中國佛教文化研究論集　（臺北）東初出版社　1980　p. 59

田中良昭　禪宗燈史の発展　敦煌仏典と禪（講座敦煌 8）　（東京）大東出版社　1980　p. 102

張廣達　唐代禪宗的傳入吐蕃及有關的敦煌文書　學林漫錄（三集）　中華書局　1981　p. 57 注 21

田中良昭　敦煌禪宗文獻の研究　（東京）大東出版社　1983　p. 625

王重民　記敦煌寫本的佛經　敦煌吐魯番文獻研究論集（第二輯）　北京大學出版社　1983　p. 22
　　　又見：敦煌遺書論文集　中華書局　1984　p. 306

楊曾文　日本學者對中國禪宗文獻的研究和整理　《世界宗教研究》1987 年第 1 期　p. 120

上山大峻　敦煌佛教の研究　（京都）法藏館　1990　p. 409

姜伯勤　論禪宗在敦煌僧俗中的流傳　（香港）《九州學刊》（敦煌學專輯）1992 年第 4 卷第 4 期
　　　p. 7　又見：中國敦煌學百年文庫·宗教卷（一）　甘肅文化出版社　1999　p. 220

吳其昱　敦煌本《珠英集》兩殘卷考　法國學者敦煌學論文選萃　中華書局　1993　p. 492 注 47

索仁森著　李吉和譯　敦煌漢文禪籍特徵概觀　《敦煌研究》1994 年第 1 期　p. 113

田中良昭　敦煌の禪籍　禪學研究入門　（東京）大東出版社　1994　p. 50

葛兆光　中國禪思想史：從 6 世紀到 9 世紀　北京大學出版社　1995　p. 197

胡戟　傅玫　敦煌史話　中華書局　1995　p. 131

柳田聖山　禪籍解題（一）·敦煌禪籍　俗語言研究（第二期）　（京都）禪文化研究所　1995　p. 147

姜伯勤　敦煌藝術宗教與禮樂文明　中國社會科學出版社　1996　p. 363

李正宇　敦煌史地新論　（臺北）新文豐出版公司　1996　p. 72

榮新江　敦煌本禪宗燈史殘卷拾遺　周紹良先生欣開九秩慶壽文集　中華書局　1997　p. 235

方廣錩　歷代法寶記　敦煌學大辭典　上海辭書出版社　1998　p. 728

榮新江　敦煌學十八講　北京大學出版社　2001　p. 253

楊富學　敦煌本《歷代法寶記·弘忍傳》考論　華林(第一卷)　中華書局　2001　p. 178

湛如　敦煌淨土教讚文考辨　華林(第一卷)　中華書局　2001　p. 195

湛如　論淨衆禪門與法照淨土思想的關聯　敦煌文獻論集:紀念藏經洞發現一百周年國際學術研討
　　會論文集　遼寧人民出版社　2001　p. 511

榮新江　有關敦煌本《歷代法寶記》的幾個問題　中日敦煌佛教學術會議論文集　中國社會科學院
　　研究所　2002　p. 70

榮新江　有關敦煌本《歷代法寶記》的新資料　戒幢佛學(第二卷)　岳麓書社　2002　p. 95

田中良昭　敦煌の禪宗燈史　中日敦煌佛教學術會議論文集　中國社會科學院研究所　2002
　　p. 109

蔣宗福　敦煌禪宗文獻校讀劄記　中國俗文化研究(第一輯)　巴蜀書社　2003　p. 155

湛如　敦煌佛教律儀制度研究　中華書局　2003　p. 275

P. 3718

陳祚龍　敦煌寫本《瓜沙古事系年並序》箋正　(臺北)《大陸雜誌》1960年第12期　又見:敦煌資料
　　考屑(上冊)　(臺北)商務印書館　1979　p. 23;中國敦煌學百年文庫·歷史卷(一)　甘肅文
　　化出版社　1999　p. 178

陳祚龍　中世敦煌與成都之間的交通路線:敦煌學散策之一　敦煌學(第1輯)　(香港)新亞研究所
　　敦煌學會　1974　p. 83　又見:敦煌資料考屑(下冊)　(臺北)商務印書館　1979　p. 340;唐
　　代研究論集(第三輯)　(臺北)新文豐出版公司　1992　p. 440

林玫儀　論敦煌曲的社會性　《文學評論》1975年第2期　又見:中國敦煌學百年文庫·文學卷
　　(二)　甘肅文化出版社　1999　p. 290

陳祚龍　莫高窟壁畫表隱　敦煌資料考屑(下冊)　(臺北)商務印書館　1979　p. 292

波多野太郎　敦煌曲子詞孟姜女に對すゐ潘重規教授の見解　敦煌詞話　(臺北)石門圖書公司
　　1981　p. 8

潘重規　敦煌詞話　(臺北)石門圖書公司　1981　p. 3、54

鄭阿財　孝道文學敦煌寫卷《十恩德讚》初探　(臺北)《華岡文科學報》1981年第13期　p. 243

賀世哲　孫修身　瓜沙曹氏與敦煌莫高窟　敦煌研究文集　甘肅人民出版社　1982　p. 228、234

蘇瑩輝　"敦煌曲"評介　敦煌論集續編　(臺北)學生書局　1983　p. 304

蘇瑩輝　敦煌文化傳自中原略論　敦煌論集續編　(臺北)學生書局　1983　p. 297

何昌林　《敦煌琵琶譜》的來龍去脈　《陽關》1984年第5期　又見:中國敦煌學百年文庫·藝術卷
　　(三)　甘肅文化出版社　1999　p. 286

何昌林　三件敦煌曲譜資料的綜合研究　《中國音樂》1985年第1期　又見:中國敦煌學百年文庫·
　　藝術卷(三)　甘肅文化出版社　1999　p. 337

姜亮夫　敦煌學概論　中華書局　1985　p. 66

柴劍虹　敦煌題畫詩漫語　《敦煌學輯刊》1986年第1期　p. 154　又見:西域文史論稿　(臺北)國
　　文天地雜誌社　1991　p. 362

陳祚龍　敦煌名讚小集　中華佛教文化史散策(四集)　(臺北)新文豐出版公司　1986　p. 303

賀世哲　從供養人題記看莫高窟部分洞窟的營建年代　敦煌莫高窟供養人題記　文物出版社　1986
　　p. 220

李正宇　敦煌方音止遇二攝混同及其校勘學意義　《敦煌研究》1986 年第 4 期　p. 52

盧向前　關於歸義軍時期一份布紙破用曆的研究：試釋伯四六四〇背面文書　敦煌吐魯番文獻研究論集（第三輯）　北京大學出版社　1986　p. 424 注 112、433、452、460　又見：敦煌吐魯番文書論稿　江西人民出版社　1992　p. 131 注 112、139

榮新江　歸義軍及其與周邊民族的關係初探　《敦煌學輯刊》1986 年第 2 期　p. 32

蘇瑩輝　瓜沙史事述要　漢學研究（敦煌學國際研討會論文專號）　（臺北）漢學研究資料及服務中心　1986　p. 471　又見：敦煌文史藝術論叢　（臺北）新文豐出版公司　1987　p. 81

何昌林　《敦煌琵琶譜之考、解、譯》之補充　1983 年全國敦煌學術討論會文集·石窟藝術編（下）　甘肅人民出版社　1987　p. 441

李正宇　關於金山國和敦煌國建國的幾個問題　《西北史地》1987 年第 2 期　p. 71

任半塘　敦煌歌辭總編　上海古籍出版社　1987　p. 563

柴劍虹　徐俊　敦煌詞輯校四談　《敦煌學輯刊》1988 年第 1、2 期　p. 58　又見：西域文史論稿　（臺北）國文天地雜誌社　1991　p. 510

李正宇　敦煌文學雜考二題　敦煌語言文學研究　北京大學出版社　1988　p. 97

孫修身　跋敦煌遺書伯 2992 號卷背幾件文書　《新疆文物》1988 年第 4 期　又見：中國敦煌學百年文庫·民族卷（四）　甘肅文化出版社　1999　p. 39

孫修身　敦煌遺書伯 3016 號卷背第二件文書有關問題考　《敦煌學輯刊》1988 年第 1、2 期　p. 32

孫修身　瓜沙曹氏卒立世次考　《鄭州大學學報》1988 年第 4 期　又見：《魏晉南北朝隋唐史》1988 年第 10 期　p. 26；中國敦煌學百年文庫·歷史卷（二）　甘肅文化出版社　1999　p. 231

高國藩　敦煌曲子詞欣賞　南京大學出版社　1989　p. 56

李正宇　邈真讚　敦煌文學　甘肅人民出版社　1989　p. 184

陳國燦　唐五代瓜沙歸義軍軍鎮的演變　敦煌吐魯番文書初探（二編）　武漢大學出版社　1990　p. 577

池田溫　中國古代寫本識語集錄　（東京）大藏出版株式會社　1990　p. 458、467、471、472、474、477、481、482

賀世哲　試論曹仁貴即曹議金　《魏晉南北朝隋唐史》1990 年第 8 期　p. 60

李正宇　曹仁貴名實論：曹氏歸義軍創始及歸奉後梁史探　第二屆敦煌學國際研討會論文集　（臺北）漢學研究中心　1990　p. 562

龍晦　敦煌歌辭《搗練子·孟姜女四首》研究　敦煌學國際學術討論會論文縮寫文（1990）　敦煌研究院　1990　p. 85

榮新江　沙州歸義軍歷任節度使稱號研究　敦煌吐魯番學研究論文集　漢語大詞典出版社　1990　p. 775、790、792、795

上山大峻　敦煌佛教の研究　（京都）法藏館　1990　p. 428

蘇哲　伯二九九二號文書三通五代狀文的研究　敦煌吐魯番文獻研究論集（第五輯）　北京大學出版社　1990　p. 447

孫修身　五代時期甘州回鶻和中原王朝的交通　《敦煌研究》1990 年第 1 期　p. 67

唐耕耦　陸宏基　敦煌社會經濟文獻真迹釋錄（五）　全國圖書館文獻縮微複製中心　1990　p. 252

杜斗城　敦煌五臺山文獻校錄研究　山西人民出版社　1991　p. 219

李并成　一批珍貴的歷史人物檔案：敦煌遺書中的邈真讚　《檔案》1991 年第 5 期　p. 33

榮新江　曹議金征甘州回鶻史事表微　《敦煌研究》1991 年第 2 期　p. 2

孫修身　伯 3718《李府君邈真讚》有關問題考　《敦煌研究》1991 年第 1 期　p. 69

鄭炳林　伯 2641 號背莫高窟再修功德記撰寫人探微　《敦煌學輯刊》1991 年第 2 期　p. 46

姜伯勤　敦煌社會文書導論　（臺北）新文豐出版公司　1992　p. 62、68、134、141

姜伯勤　論禪宗在敦煌僧俗中的流傳　（香港）《九州學刊》（敦煌學專輯）1992 年第 4 卷第 4 期　
　　　p. 14　又見：中國敦煌學百年文庫·宗教卷（一）　甘肅文化出版社　1999　p. 228

金岡照光　邈真讚　敦煌の文學文獻（講座敦煌 9）　（東京）大東出版社　1992　p. 617

金岡照光　曲子詞類　敦煌の文學文獻（講座敦煌 9）　（東京）大東出版社　1992　p. 399

李并成　五代宋初的玉門關及其相關問題考　《敦煌研究》1992 年第 2 期　p. 93

李正宇　敦煌歌舞三劄　《敦煌研究》1992 年第 4 期　p. 49

李正宇　敦煌俗講僧保宣及其《講經通難致語》　程千帆先生八十壽辰紀念文集　江蘇古籍出版社　
　　　1992　p. 214

梅林　吐蕃和歸義軍時期敦煌禪僧寺籍考辨　《敦煌研究》1992 年第 3 期　p. 101

榮新江　金山國史辨正　中華文史論叢（總 50 輯）　上海古籍出版社　1992　p. 78

邵文實　唐代後期河西地區的民族遷徙及其後果　《敦煌學輯刊》1992 年第 1、2 期　p. 28

楊聯陞　書評：饒宗頤、戴密微合著《敦煌曲》　楊聯陞論文集　中國社會科學出版社　1992　p. 243

鄭炳林　梁志勝　《梁幸德邈真讚》與梁願請《莫高窟功德記》　《敦煌研究》1992 年第 2 期　p. 62　
　　　又見：敦煌吐魯番文獻研究　蘭州大學出版社　1995　p. 255

晒麟　曹仁貴即曹議金　《敦煌學輯刊》1993 年第 2 期　p. 89

姜伯勤　敦煌毗尼藏主考　《敦煌研究》1993 年第 3 期　p. 2

李正宇　敦煌文學概論　甘肅人民出版社　1993　p. 99

李正宇　論敦煌曲子　第二屆國際唐代學術會議論文集（上）　（臺北）文津出版社　1993　p. 758

榮新江　關於曹氏歸義軍首任節度使的幾個問題　《敦煌研究》1993 年第 2 期　p. 46

蘇遠鳴　敦煌佛教肖像劄記　法國學者敦煌學論文選萃　中華書局　1993　p. 197 注 1

王素　吐魯番出土《某氏族譜》新探　《敦煌研究》1993 年第 1 期　p. 64

鄭炳林　讀敦煌文書 P. 3859《後唐清泰三年六月沙州僦司教授福集等狀》劄記　《西北史地》1993 年
　　　第 4 期　p. 46　又見：敦煌吐魯番文獻研究　蘭州大學出版社　1995　p. 612

鄭炳林　敦煌碑銘讚部分文書拼接復原　《敦煌研究》1993 年第 1 期　p. 53、57

鄭炳林　敦煌碑銘讚抄本概述　《蘭州大學學報》1993 年第 9 期　p. 142

鄭阿財　敦煌文獻與文學　（臺北）新文豐出版公司　1993　p. 42

鄭炳林　《索崇恩和尚修功德記》考釋　《敦煌研究》1993 年第 2 期　p. 61

姜伯勤　敦煌邈真讚與敦煌望族　敦煌邈真讚校錄並研究　（臺北）新文豐出版公司　1994　p. 3、
　　　7、15、37

姜伯勤　項楚　榮新江　敦煌邈真讚校錄並研究　（臺北）新文豐出版公司　1994　p. 233

金賢珠　唐五代敦煌民歌　（臺北）文史哲出版社　1994　p. 40

榮新江　敦煌邈真讚年代考　敦煌邈真讚校錄並研究　（臺北）新文豐出版公司　1994　p. 362

榮新江　敦煌邈真讚所見歸義軍與東西回鶻的關係　敦煌邈真讚校錄並研究　（臺北）新文豐出版
　　　公司　1994　p. 90、105

榮新江　甘州回鶻與曹氏歸義軍　《中國古代史》（先秦至隋唐）1994 年第 3 期　p. 104

榮新江　歸義軍改元考　文史（第三十八輯）　中華書局　1994　p. 50

榮新江　于闐王國與瓜沙曹氏　《敦煌研究》1994 年第 2 期　p. 112

鄭炳林　《索勳紀德碑》研究　《敦煌學輯刊》1994 年第 2 期　p. 68

陳國燦　唐五代敦煌四出道路考　敦煌學國際研討會文集·史地語文編　遼寧美術出版社　1995
　　　p. 222

姜伯勤　變文的南方源頭與敦煌的唱導法匠　華學（第一輯）　中山大學出版社　1995　p. 159

榮新江　張氏歸義軍與西州回鶻的關係　敦煌學國際研討會文集‧史地語文編　遼寧美術出版社
　　1995　p. 128

邵文實　敦煌邊塞文學之《征婦怨》作品述論　《敦煌學輯刊》1995 年第 2 期　p. 61

孫修身　試論瓜沙曹氏與甘州回鶻之關係　敦煌學國際研討會文集‧史地語文編　遼寧美術出版社
　　1995　p. 104

王書慶　敦煌佛學‧佛事篇　甘肅民族出版社　1995　p. 198

楊森　金山國與各教的疏密關係　敦煌佛教文獻研究　敦煌研究院文獻研究所　1995　p. 56

張涌泉　漢語俗字研究　岳麓書社　1995　p. 152

段小强　敦煌文書所反映的古代喪禮　《敦煌學輯刊》1996 年第 2 期　p. 45

姜伯勤　敦煌戒壇與大乘佛教　華學(第二輯)　中山大學出版社　1996　p. 320

姜伯勤　敦煌悉磨遮爲蘇摩遮樂舞考　《敦煌研究》1996 年第 3 期　p. 11

姜伯勤　敦煌藝術宗教與禮樂文明　中國社會科學出版社　1996　p. 325、342、374、546

李并成　李春元　瓜沙史地研究　甘肅文化出版社　1996　p. 161

李正宇　敦煌史地新論　（臺北）新文豐出版公司　1996　p. 209

馬德　敦煌莫高窟史研究　甘肅教育出版社　1996　p. 126

馬德　莫高窟張都衙窟及有關問題　《敦煌研究》1996 年第 2 期　p. 33

寧可　敦煌遺書散録二則　敦煌吐魯番研究(第一卷)　北京大學出版社　1996　p. 316

饒宗頤　敦煌曲訂補　敦煌曲續論　（臺北）新文豐出版公司　1996　p. 39

榮新江　歸義軍史研究　上海古籍出版社　1996　p. 16

王昆吾　隋唐五代燕樂雜言歌辭研究　中華書局　1996　p. 414

顏廷亮　關於《白雀歌》見在寫卷兼及敦煌佛道關係　敦煌佛教文化研究　社科縱橫編輯部　1996
　　p. 18

楊偉　從敦煌文書中看古代西部移民　《敦煌研究》1996 年第 4 期　p. 98

湛如　戒壇流變史之研究　華學(第二輯)　中山大學出版社　1996　p. 346

張涌泉　敦煌俗字研究導論　（臺北）新文豐出版公司　1996　p. 67、167、224

張涌泉　敦煌文獻校讀釋例　文史(第四十一輯)　中華書局　1996　p. 202　又見:舊學新知　浙
　　江大學出版社　1999　p. 217

張涌泉　評《敦煌邈真讚校録並研究》　敦煌吐魯番研究(第一卷)　北京大學出版社　1996　p. 426

馮培紅　晚唐五代宋初歸義軍武職軍將研究　敦煌歸義軍史專題研究　蘭州大學出版社　1997
　　p. 102、150

龍晦　敦煌文學讀書記四則　敦煌文學論集　四川人民出版社　1997　p. 228

楊際平　郭鋒　張和平　五—十世紀敦煌的家庭與家族關係　岳麓書社　1997　p. 3、289

楊秀清　金山國立國年代補證　《敦煌研究》1997 年第 4 期　p. 133

張涌泉　敦煌文獻校讀易誤字例釋　敦煌文學論集　四川人民出版社　1997　p. 269

鄭炳林　都教授張金炫和尚生平事迹考　敦煌歸義軍史專題研究　蘭州大學出版社　1997　p. 545

鄭炳林　敦煌碑銘讚及其有關問題　敦煌碑銘讚輯釋　甘肅教育出版社　1997　p. 3

鄭炳林　敦煌碑銘讚輯釋　甘肅教育出版社　1997　p. 410

鄭炳林　唐末五代敦煌都河水系研究　敦煌歸義軍史專題研究　蘭州大學出版社　1997　p. 185

鄭炳林　唐五代敦煌的醫事研究　敦煌歸義軍史專題研究　蘭州大學出版社　1997　p. 522

鄭炳林　唐五代敦煌金山國征伐樓蘭史事考　敦煌歸義軍史專題研究　蘭州大學出版社　1997
　　p. 5、15

鄭炳林　唐五代敦煌手工業研究　敦煌歸義軍史專題研究　蘭州大學出版社　1997　p. 243

鄭炳林　唐五代敦煌畜牧區域研究　敦煌歸義軍史專題研究　蘭州大學出版社　1997　p. 229

鄭炳林　馮培紅　唐五代歸義軍政權對外關係中的使頭一職　敦煌歸義軍史專題研究　蘭州大學出版社　1997　p. 53

鄭炳林　馮培紅　晚唐五代宋初歸義軍政權中都頭一職考辨　敦煌歸義軍史專題研究　蘭州大學出版社　1997　p. 74、87

鄭炳林　楊富學　晚唐五代金銀在敦煌的使用與流通　《甘肅金融》1997 年第 8 期　又見：中國敦煌學百年文庫・歷史卷(二)　甘肅文化出版社　1999　p. 584

柴劍虹　敦煌名人名僧邈真讚彙集　敦煌學大辭典　上海辭書出版社　1998　p. 550

柴劍虹　孟姜女詞　敦煌學大辭典　上海辭書出版社　1998　p. 540

陳國燦　瓜沙兩郡大事記　敦煌學大辭典　上海辭書出版社　1998　p. 375

陳國燦　樓蘭州　敦煌學大辭典　上海辭書出版社　1998　p. 298

陳國燦　石城鎮　敦煌學大辭典　上海辭書出版社　1998　p. 398

李冬梅　唐五代歸義軍與周邊民族關係綜論　《敦煌學輯刊》1998 年第 2 期　p. 44

李正宇　古本敦煌鄉土志八種箋證　(臺北)新文豐出版公司　1998　p. 383

李正宇　司　敦煌學大辭典　上海辭書出版社　1998　p. 382

李正宇　張文徹　敦煌學大辭典　上海辭書出版社　1998　p. 357

劉銘恕　頭廳　敦煌學大辭典　上海辭書出版社　1998　p. 382

陸慶夫　歸義軍與遼及甘州回鶻關係考　《蘭州大學學報》1998 年第 3 期　p. 79 注 27

榮新江　歸義軍大事紀年初稿　出土文獻研究(第三輯)　文物出版社　1998　p. 243

榮新江　歸義軍及其與周邊民族的關係初探　中國人文社會科學博士碩士文庫・歷史學卷　浙江教育出版社　1998　p. 661

榮新江　南山　敦煌學大辭典　上海辭書出版社　1998　p. 462

王素　高昌史稿・統治編　文物出版社　1998　p. 103

楊秀清　曹議金執政臆談　《敦煌研究》1998 年第 3 期　p. 119

楊秀清　試論金山國的有關政治制度　《敦煌學輯刊》1998 年第 2 期　p. 36

張鴻勳　柴劍虹　頌　敦煌學大辭典　上海辭書出版社　1998　p. 527

段小強　敦煌文書中所見的古代喪儀　《西北民族研究》1999 年第 1 期　p. 211

高國藩　敦煌俗文化學　上海三聯書店　1999　p. 545

陸慶夫　金山國與甘州回鶻關係考論　《敦煌學輯刊》1999 年第 1 期　p. 53

潘重規　敦煌寫本曲子孟姜女的震蕩　中國敦煌學百年文庫・文學卷(二)　甘肅文化出版社　1999　p. 355

潘重規　敦煌愛國詞　中國敦煌學百年文庫・文學卷(二)　甘肅文化出版社　1999　p. 366

楊秀清　敦煌西漢金山國史　甘肅人民出版社　1999　p. 5、12 注 14、83、159

馮培紅　歸義軍時期敦煌縣諸鄉置廢申論　《敦煌研究》2000 年第 3 期　p. 100

王艷明　瓜沙州大王印考　《敦煌學輯刊》2000 年第 2 期　p. 43

徐俊　敦煌詩集殘卷輯考　中華書局　2000　p. 494、809

顏廷亮　敦煌文化　光明日報出版社　2000　p. 446

楊森　淺談敦煌文獻中唐代墓誌銘抄本　《敦煌研究》2000 年第 3 期　p. 137

張錫厚　敦煌文學源流　作家出版社　2000　p. 38

李正宇　沙州歸義軍樂營及其職事　敦煌吐魯番研究(第五卷)　北京大學出版社　2001　p. 220

榮新江　敦煌學十八講　北京大學出版社　2001　p. 212

榮新江　中古中國與外來文明　三聯書店　2001　p. 261

楊森　《辛巳年六月十六日社人于燈司倉貸粟曆》文書之定年　《敦煌學輯刊》2001 年第 2 期　p. 18

曾良　敦煌文獻字義通釋　廈門大學出版社　2001　p. 11、19、26、52、120、156、170

趙貞　歸義軍押衙兼知他官略考　《敦煌研究》2001 年第 2 期　p. 90

蔡忠霖　敦煌漢文寫卷俗字及其現象　（臺北）文津出版社　2002　p. 34

陳國燦　敦煌學史事新證　甘肅教育出版社　2002　p. 429

馮培紅　姚桂蘭　歸義軍時期敦煌與周邊地區之間的僧使交往　敦煌佛教藝術文化國際學術研討會
　　論文集　蘭州大學出版社　2002　p. 454

劉永明　散見敦煌曆朔閏輯考　《敦煌研究》2002 年第 6 期　p. 12

榮新江　唐五代歸義軍武職軍將考　敦煌學新論　甘肅教育出版社　2002　p. 58、61

釋覺旻　從"三教大法師"看晚唐五代敦煌社會的三教融合　敦煌佛教藝術文化國際學術研討會論
　　文集　蘭州大學出版社　2002　p. 405

張鴻勳　敦煌俗文學研究　甘肅人民出版社　2002　p. 245

鄭炳林　晚唐五代敦煌歸義軍行政區劃制度研究（一、二）　《敦煌研究》2002 年第 2、3 期　p. 14;68

鄭炳林　徐曉麗　敦煌寫本 P. 3973《往五臺山行記》殘卷研究　《敦煌學輯刊》2002 年第 1 期　p. 7

陳明　耆婆的形象演變及其在敦煌吐魯番地區的影響　文津學志（第一輯）　北京圖書館出版社
　　2003　p. 153

高國藩　敦煌學百年史述要　（臺北）商務印書館　2003　p. 165

榮新江　略談于闐對敦煌石窟的貢獻　2000 年敦煌學國際學術討論會文集・歷史文化卷（上）　甘
　　肅民族出版社　2003　p. 73

宋曉梅　高昌國:西元五至七世紀絲綢之路上的一個移民小社會　中國社會科學出版社　2003
　　p. 100

湛如　敦煌佛教律儀制度研究　中華書局　2003　p. 65、121

鄭炳林　晚唐五代敦煌村莊聚落輯考　2000 年敦煌學國際學術討論會文集・歷史文化卷（上）　甘
　　肅民族出版社　2003　p. 125

鄭炳林　王晶波　敦煌寫本相書概述　《敦煌學國際聯絡委員會通訊》2003 年第 1 期　p. 58

黨燕妮　五臺山文殊信仰及其在敦煌的流傳　《敦煌學輯刊》2004 年第 1 期　p. 88

馮培紅　關於歸義軍節度使官制的幾個問題　麥積山石窟藝術文化論文集（下）　蘭州大學出版社
　　2004　p. 220

馮培紅　論晚唐五代的沙州（歸義軍）與涼州（河西）節度使　浙江與敦煌學:常書鴻先生誕辰一百周
　　年紀念文集　浙江古籍出版社　2004　p. 250

公維章　涅槃、淨土的殿堂:敦煌莫高窟第 148 窟研究　民族出版社　2004　p. 39

羅豐　胡漢之間:"絲綢之路"與西北歷史考古　文物出版社　2004　p. 335

屈直敏　敦煌高僧　民族出版社　2004　p. 48、131

湯涒　敦煌曲子詞地域文化研究　上海古籍出版社　2004　p. 24、148

湯涒　敦煌曲子詞與河西本土文化　中國俗文化研究（第二輯）　巴蜀書社　2004　p. 193

吳越　敦煌歷史人物　民族出版社　2004　p. 211

徐曉麗　唐五代敦煌大族出嫁女性初探　麥積山石窟藝術文化論文集（下）　蘭州大學出版社
　　2004　p. 271

鄭炳林　晚唐五代敦煌商業貿易市場研究　《敦煌學輯刊》2004 年第 1 期　p. 111

鄭炳林　王晶波　敦煌寫本相書校錄研究　民族出版社　2004　p. 21

李軍　晚唐五代肅州相關史實考述　《敦煌學輯刊》2005 年第 3 期　p. 96

屈直敏　從《勵忠節抄》看歸義軍政權道德秩序的重建　《敦煌學輯刊》2005 年第 3 期　p. 82

湯涊　敦煌曲子詞寫本敘略　敦煌學國際研討會論文集　北京圖書館出版社　2005　p. 196、206

吳麗娛　楊寶玉　P. 3197v《曹氏歸義軍時期甘州使人書狀》考試　《敦煌學輯刊》2005 年第 4 期　p. 17

鄭炳林　晚唐五代歸義軍政權與佛教教團關係研究　《敦煌學輯刊》2005 年第 1 期　p. 3、9

鄭炳林　陳雙印　敦煌寫本《諸山聖迹志》作者探微　《敦煌研究》2005 年第 1 期　p. 6

馮培紅　歸義軍鎮制考　敦煌吐魯番研究（第九卷）　中華書局　2006　p. 264

沙武田　敦煌寫真邈真讚畫稿研究：兼論敦煌畫之寫真肖像藝術　《敦煌學輯刊》2006 年第 1 期　p. 47

汪泛舟　敦煌俗別字新考（上）　《敦煌研究》2006 年第 1 期　p. 102

P. 3719

王重民　敦煌古籍敘錄　中華書局　1979　p. 74

何昌林　《敦煌琵琶譜》的來龍去脈　《陽關》1984 年第 5 期　又見：中國敦煌學百年文庫·藝術卷（三）　甘肅文化出版社　1999　p. 284

何昌林　三件敦煌曲譜資料的綜合研究　《中國音樂》1985 年第 1 期　又見：中國敦煌學百年文庫·藝術卷（三）　甘肅文化出版社　1999　p. 329

牛龍菲　敦煌東漢元嘉二年五弦琴譜研究　《敦煌研究》1985 年第 2 期　p. 18

牛龍菲　敦煌樂史資料概論　絲綢之路樂舞藝術　新疆人民出版社　1985　p. 356　又見：絲綢之路文獻敘錄　蘭州大學出版社　1989　p. 604

饒宗頤　敦煌琵琶譜《浣溪沙》殘譜研究　《中國音樂》1985 年第 1 期　又見：中國敦煌學百年文庫·藝術卷（三）　甘肅文化出版社　1999　p. 324

王重民　巴黎敦煌殘卷敘錄（第二輯）　敦煌叢刊初集（九）　（臺北）新文豐出版公司　1985　p. 215

李正宇　敦煌遺書中發現題年《南歌子》舞譜　《敦煌研究》1986 年第 4 期　p. 75

王重民原編　黃永武新編　敦煌古籍敘錄新編（第四冊）　（臺北）新文豐出版公司　1986　p. 295

柴劍虹　敦煌舞譜的整理與分析（一）　《敦煌研究》1987 年第 4 期　p. 86

高德祥　唐樂西傳的若干蹤迹　《敦煌研究》1987 年第 1 期　p. 43

何昌林　敦煌琵琶譜之考、解、譯（附《敦煌琵琶譯譜》）　1983 年全國敦煌學術討論會文集·石窟藝術編（下）　甘肅人民出版社　1987　p. 344、352

何昌林　《敦煌琵琶譜之考、解、譯》之補充　1983 年全國敦煌學術討論會文集·石窟藝術編（下）　甘肅人民出版社　1987　p. 429

柴劍虹　敦煌舞譜的整理與分析（二）　《敦煌研究》1988 年第 1 期　p. 93

張錫厚　關於整理《敦煌賦集》的幾個問題　敦煌語言文學論文集　浙江古籍出版社　1988　p. 231

董錫玖　解開《敦煌舞譜》之迷　敦煌吐魯番學研究論文集　漢語大詞典出版社　1990　p. 202

李國俊　敦煌曲譜的新探討：葉棟、陳應時兩先生譯譜之比較研究　第二屆敦煌學國際研討會論文集（臺北）漢學研究中心　1990　p. 449 注 1

林玫儀　研究敦煌曲子詞之省思　第二屆敦煌學國際研討會論文集　（臺北）漢學研究中心　1990　p. 308

王克芬　柴劍虹　敦煌舞譜的再探索　敦煌吐魯番學研究論文集　漢語大詞典出版社　1990　p. 220

柴劍虹　敦煌詞輯校四談　西域文史論稿　（臺北）國文天地雜誌社　1991　p. 499

柴劍虹　敦煌舞譜的再探索　西域文史論稿　（臺北）國文天地雜誌社　1991　p. 464

柴劍虹　敦煌舞譜的整理與分析　西域文史論稿　（臺北）國文天地雜誌社　1991　p. 401

陳應時　讀敦煌琵琶譜：饒宗頤教授研究敦煌琵琶譜的新記錄　（香港）《九州學刊》（敦煌學專輯）
　　1992 年第 4 卷第 4 期　p. 121

李正宇　敦煌歌舞三劄　《敦煌研究》1992 年第 4 期　p. 49

饒宗頤　敦煌舞譜論文集序　《舞蹈藝術》1992 年第 2 期　p. 110

土田健次郎　儒教典籍　敦煌漢文文獻（講座敦煌 5）　（東京）大東出版社　1992　p. 269

吳其昱著　伊藤美重子譯　敦煌漢文寫本概觀　敦煌漢文文獻（講座敦煌 5）　（東京）大東出版社
　　1992　p. 112

席臻貫　敦煌古樂　敦煌文藝出版社　1992　p. 20

李正宇　論敦煌曲子　第二屆國際唐代學術會議論文集（上）　（臺北）文津出版社　1993　p. 761

陳應時　饒宗頤教授研究敦煌琵琶譜的新記錄　選堂文史論苑　上海古籍出版社　1994　p. 370

蔣禮鴻　蔣禮鴻語言文字學論叢　浙江古籍出版社　1994　p. 423

金賢珠　唐五代敦煌民歌　（臺北）文史哲出版社　1994　p. 27、195

胡戟　傅玫　敦煌史話　中華書局　1995　p. 185

陸淑綺　李重申　敦煌古代戲曲文化史料綜述　《敦煌研究》1997 年第 2 期　p. 62

李正宇　演曲子　敦煌學大辭典　上海辭書出版社　1998　p. 448

孫其芳　別仙子　敦煌學大辭典　上海辭書出版社　1998　p. 533

張金泉　爾雅　敦煌學大辭典　上海辭書出版社　1998　p. 517

鄭汝中　浣溪沙殘譜　敦煌學大辭典　上海辭書出版社　1998　p. 246

段小强　敦煌文書中所見的古代喪儀　《西北民族研究》1999 年第 1 期　p. 211

高國藩　敦煌俗文化學　上海三聯書店　1999　p. 546

李正宇　沙州歸義軍樂營及其職事　敦煌吐魯番研究（第五卷）　北京大學出版社　2001　p. 221

林聰明　敦煌吐魯番文書解詁指例　（臺北）新文豐出版公司　2001　p. 346

王克芬　柴劍虹　對敦煌舞譜研究若干問題的再認識　2000 年敦煌學國際學術討論會文集・石窟
　　藝術卷　甘肅民族出版社　2003　p. 49

湯涒　敦煌曲子詞地域文化研究　上海古籍出版社　2004　p. 93

張弓　敦煌四部籍與中古後期社會的文化情境　敦煌學（第 25 輯）　（臺北）樂學書局有限公司
　　2004　p. 314

P. 3720

陳祚龍　敦煌學零策　《歷史教學》1951 年第 5 期　又見：中國敦煌學百年文庫・考古卷（四）　甘
　　肅文化出版社　1999　p. 49

潘絜茲　敦煌的故事　中國青年出版社　1956　p. 7 注 1

岡崎敬　大谷探險隊と敦煌千佛洞　西域文化研究（第一）・敦煌佛教資料　（京都）法藏館　1958
　　p. 33

塚本善隆　敦煌佛教史概說　西域文化研究（第一）・敦煌佛教資料　（京都）法藏館　1958　p. 55

陳祚龍　敦煌寫本《洪𩅹、悟真等告身》校注　（臺北）《大陸雜誌》1962 年第 1 期　又見：敦煌資料考
　　屑（上冊）　（臺北）商務印書館　1979　p. 40；中國敦煌學百年文庫・民族卷（二）　甘肅文化
　　出版社　1999　p. 80

蘇瑩輝　陳著《敦煌寫本洪𩅹、悟真等告身注》校讀記　（臺北）《大陸雜誌》1962 年特刊第 2 期　又
　　見：敦煌論集　（臺北）學生書局　1983　p. 408；中國敦煌學百年文庫・民族卷（二）　甘肅文
　　化出版社　1999　p. 85

蘇瑩輝　補唐書張淮深傳　（臺北）《大陸雜誌》1963 年第 5 期　又見：敦煌論集　（臺北）學生書局

　　1983　　p. 252 ；中國敦煌學百年文庫・歷史卷（一）　甘肅文化出版社　1999　p. 269

蘇瑩輝　再論唐時敦煌陷蕃的年代　（臺北）《大陸雜誌》1963 年第 5 期　又見：敦煌論集　（臺北）
　　學生書局　1983　p. 229 ；中國敦煌學百年文庫・歷史卷（一）　甘肅文化出版社　1999
　　p. 274

長澤和俊　敦煌　（東京）築摩書房　1965　p. 155、186

池田溫　八世紀初における敦煌の氏族　『東洋史研究』（24 卷 3 號）　（東京）東洋史研究會　1969
　　p. 51

金岡照光　敦煌文學のさまざま　敦煌の文學　（東京）大藏出版株式會社　1971　p. 161

蘇瑩輝　論索勳、張承奉節度沙州歸義軍之起訖年　敦煌學（第 1 輯）　（香港）新亞研究所敦煌學會
　　1974　p. 93 注 13

中村元　笠原一男　金岡秀友　アジア仏教史・中國編Ⅴ──シルクロードの宗教　（東京）佼成
　　出版社　1975　p. 185

蘇瑩輝　張淮深於光啓三年求授旌節辯　敦煌學（第 3 輯）　（香港）新亞研究所敦煌學會　1976
　　p. 59 注 2

陳祚龍　關於莫高窟的開鑿年代　中華佛教文化史散策（初集）　（臺北）新文豐出版公司　1978
　　p. 262

陳祚龍　敦煌古抄碑銘五種　敦煌文物隨筆　（臺北）商務印書館　1979　p. 68

陳祚龍　敦煌古抄中世詩歌　敦煌學海探珠（上冊）　（臺北）商務印書館　1979　p. 140

陳祚龍　敦煌寫本《瓜沙古事系年並序》箋證　敦煌資料考屑（上冊）　（臺北）商務印書館　1979
　　p. 34

陳祚龍　中古敦煌的書學　敦煌資料考屑（上冊）　（臺北）商務印書館　1979　p. 158

蘇瑩輝　論莫高窟七佛藥師之堂非由洪𪧕所開鑿　敦煌學（第 4 輯）　（香港）新亞研究所敦煌學會
　　1979　p. 66 注 14

賀世哲　敦煌莫高窟供養人題記校勘　《中國史研究》1980 年第 3 期　p. 39

菊池英夫　唐代敦煌社會の外貌　敦煌の社會（講座敦煌 3）　（東京）大東出版社　1980　p. 107

土肥義和　莫高窟千佛洞と大寺と蘭若と　敦煌の社會（講座敦煌 3）　（東京）大東出版社　1980
　　p. 349

土肥義和　はじめに──歸義軍節度使の敦煌支配　敦煌の歷史（講座敦煌 2）　（東京）大東出版
　　社　1980　p. 280

閻文儒　莫高窟的創建與藏經洞的開鑿及其封閉　《文物》1980 年第 6 期　又見：中國敦煌學百年文
　　庫・綜述卷（二）　甘肅文化出版社　1999　p. 331

張錫厚　敦煌文學　上海古籍出版社　1980　p. 4 注 1

蘇瑩輝　敦煌學概要　（臺北）編譯館“中華叢書編委會”　1981　p. 239、376

閻文儒　莫高窟研究　《科技史文集》1981 年第 6 期　又見：中國敦煌學百年文庫・綜述卷（二）
　　甘肅文化出版社　1999　p. 337

賀世哲　孫修身　瓜沙曹氏與敦煌莫高窟　敦煌研究文集　甘肅人民出版社　1982　p. 228

李永寧　報恩經和莫高窟壁畫中的報恩經變相　敦煌研究文集　甘肅人民出版社　1982　p. 219 注
　　12

李永寧　敦煌莫高窟碑文錄及有關問題（一）　《敦煌研究》1981 年試刊第 1 期　p. 62

李永寧　敦煌莫高窟碑文錄及有關問題（二）　《敦煌研究》1982 年試刊第 2 期　p. 124

潘玉閃　蔡偉堂　敦煌莫高窟第 130 窟窟前遺址發掘報告　《敦煌研究》1981 年試刊第 1 期　p. 126
　　又見：敦煌研究文集：敦煌石窟考古篇　甘肅民族出版社　2000　p. 482

史葦湘　絲綢之路上的敦煌與莫高窟　敦煌研究文集　甘肅人民出版社　1982　p. 119 注 111、121 注 140

高田時雄　チベット文字轉寫阿彌陀經の奧書　『人文研究』（第 65 輯）　（小樽市）小樽商科大學　1983　p. 7

蘇瑩輝　敦煌藝文略　敦煌論集　（臺北）學生書局　1983　p. 368

蘇瑩輝　瓜沙史事叢考　（臺北）商務印書館　1983　p. 40

蘇瑩輝　瓜沙史事系年　敦煌論集　（臺北）學生書局　1983　p. 267

蘇瑩輝　論敦煌本史傳變文與中國俗文學　敦煌論集　（臺北）學生書局　1983　p. 134

蘇瑩輝　試論張議潮收復河隴後遣使獻表長安之年代　敦煌論集續編　（臺北）學生書局　1983　p. 144

饒宗頤解說　林宏作譯　敦煌書法叢刊（第十九卷）·碎金（二）　（東京）二玄社　1984　p. 98

王重民　莫高窟記（敦煌史料之一）　敦煌遺書論文集　中華書局　1984　p. 312

周紹良　讀變文劄記　紹良叢稿　齊魯書社　1984　p. 110

戴密微著　耿昇譯　敦煌學近作　敦煌譯叢（第一輯）　甘肅人民出版社　1985　p. 72

史葦湘　敦煌莫高窟的《寶雨經變》　1983 年全國敦煌學術討論會文集·石窟藝術編（上）　甘肅人民出版社　1985　p. 83 注 10

王瀧　甘肅早期石窟的兩個問題　1983 年全國敦煌學術討論會文集·石窟藝術編（上）　甘肅人民出版社　1985　p. 318

張鴻勳　樂傳史事纂詁　《敦煌研究》1985 年第 2 期　p. 140

鄧文寬　張淮深平定甘州回鶻史事鉤沈　《魏晉南北朝隋唐史》1986 年第 11 期　p. 64

賀世哲　從供養人題記看莫高窟部分洞窟的營建年代　敦煌莫高窟供養人題記　文物出版社　1986　p. 209、218

姜亮夫　羅振玉《補唐書張議潮傳》訂補　向達先生紀念論文集　新疆人民出版社　1986　p. 78　又見：敦煌學論文集　上海古籍出版社　1987　p. 889；姜亮夫全集（十四）　雲南人民出版社　2002　p. 318

榮新江　歸義軍及其與周邊民族的關係初探　《敦煌學輯刊》1986 年第 2 期　p. 25　又見：中國人文社會科學博士碩士文庫·歷史學卷　浙江教育出版社　1998　p. 649

陳祚龍　百尺竿頭，更進一步：敦煌學散策之三　敦煌學林劄記　（臺北）商務印書館　1987　p. 55

姜伯勤　唐五代敦煌寺戶制度　中華書局　1987　p. 151

姜亮夫　敦煌小識六論　敦煌學論文集　上海古籍出版社　1987　p. 748　又見：姜亮夫全集（十四）　雲南人民出版社　2002　p. 191

馬德　《莫高窟記》淺議　《敦煌學輯刊》1987 年第 2 期　p. 129

任半塘　敦煌歌辭總編　上海古籍出版社　1987　p. 1341

施萍婷　敦煌隨筆之二　《敦煌研究》1987 年第 1 期　p. 48

蘇瑩輝　評介張大千先生遺書：莫高窟記　敦煌文史藝術論叢　（臺北）新文豐出版公司　1987　p. 138

蘇瑩輝　晚唐時歸義軍節度使暨涼州、瓜沙兩節度領州數述異　敦煌文史藝術論叢　（臺北）新文豐出版公司　1987　p. 61

鄧文寬　也談張淮深之死　《敦煌研究》1988 年第 1 期　p. 77

李正宇　敦煌地區古代祠廟寺觀簡志　《敦煌學輯刊》1988 年第 1、2 期　p. 76

楊聖敏　敦煌卷子 P. 3633 號研究　中國民族歷史與文化　中央民族學院出版社　1988　p. 103　又見：中國敦煌學百年文庫·民族卷（三）　甘肅文化出版社　1999　p. 284

高國藩　敦煌民俗學　上海文藝出版社　1989　p. 493

韓建瓴　雜記　敦煌文學　甘肅人民出版社　1989　p. 70

黃盛璋　敦煌于闐文書與漢文書中關於甘州回鶻史實異同及回鶻進佔甘州的年代問題　《西北史
　　地》1989 年第 1 期　p. 5

李正宇　邈真讚　敦煌文學　甘肅人民出版社　1989　p. 184

馬德　都僧統之"家窟"及其營建《臘八燃燈分配窟龕名數》叢識之三　《敦煌研究》1989 年第 4 期
　　p. 56

馬世長　《四獸因緣》考　《敦煌研究》1989 年第 2 期　p. 21

榮新江　關於沙州歸義軍都僧統年代的幾個問題　《敦煌研究》1989 年第 4 期　p. 70

譚蟬雪　碑·銘　敦煌文學　甘肅人民出版社　1989　p. 109

張錫厚　詩歌　敦煌文學　甘肅人民出版社　1989　p. 156

鄭炳林　敦煌地理文書彙輯校注　甘肅教育出版社　1989　p. 136

池田溫　中國古代寫本識語集錄　（東京）大藏出版株式會社　1990　p. 476

鄧文寬　張淮深改建北大像和開鑿第 94 窟年代考　敦煌學國際學術討論會論文縮寫文（1990）　敦
　　煌研究院　1990　p. 44　又見:敦煌學國際研討會文集·石窟考古編　遼寧美術出版社　1995
　　p. 121

劉銘恕　敦煌遺書叢識之四　敦煌吐魯番學研究論文集　漢語大詞典出版社　1990　p. 28

榮新江　沙州歸義軍歷任節度使稱號研究　敦煌吐魯番學研究論文集　漢語大詞典出版社　1990
　　p. 774、779、794

榮新江　沙州張淮深與唐中央朝廷之關係　《敦煌學輯刊》1990 年第 2 期　p. 8

榮新江　《唐刺史考》補遺　《文獻》1990 年第 2 期　p. 88　又見:敦煌學新論　甘肅教育出版社
　　2002　p. 267

唐耕耦　陸宏基　敦煌社會經濟文獻真迹釋錄（四、五）　全國圖書館文獻縮微複製中心　1990
　　p. 29;185、197 注

謝重光　白文固　中國僧官制度史　青海人民出版社　1990　p. 127 注 2、145 注 3

暨遠志　張議潮出行圖研究　《敦煌研究》1991 年第 3 期　p. 30

榮新江　唐代河西地區鐵勒部落的入居及其消亡　中華民族研究新探索　中國社會科學出版社
　　1991　p. 281　又見:中國敦煌學百年文庫·民族卷（一）　甘肅文化出版社　1999　p. 80

鄭炳林　伯 2641 號背莫高窟再修功德記撰寫人探微　《敦煌學輯刊》1991 年第 2 期　p. 50

中村裕一　唐代官文書研究　（京都）中文出版社　1991　p. 27

中村裕一　唐代制勅研究　（東京）汲古書院　1991　p. 29、517

暨遠志　張議潮出行圖研究（續）　《敦煌研究》1992 年第 4 期　p. 83

姜伯勤　敦煌本乘恩帖考證　中山大學史學集刊（第一輯）　廣東人民出版社　1992　又見:中國敦
　　煌學百年文庫·宗教卷（二）　甘肅文化出版社　1999　p. 314

姜伯勤　敦煌社會文書導論　（臺北）新文豐出版公司　1992　p. 51、134、214

姜伯勤　論禪宗在敦煌僧俗中的流傳　（香港）《九州學刊》（敦煌學專輯）1992 年第 4 卷第 4 期
　　p. 14　又見:中國敦煌學百年文庫·宗教卷（一）　甘肅文化出版社　1999　p. 229

李并成　敦煌遺書中地理書卷的學術價值　《地理研究》1992 年第 3 期　p. 44

李并成　一批珍貴的古代地理文書:敦煌遺書中的地理書卷　《中國科技史料》1992 年第 13 卷第 4
　　期　p. 94

林家平　寧强　羅華慶　中國敦煌學史　北京語言學院出版社　1992　p. 353

尾崎康　史籍　敦煌漢文文獻（講座敦煌 5）　（東京）大東出版社　1992　p. 328

鄭炳林　敦煌碑銘讚三篇證誤與考釋　《敦煌學輯刊》1992 年第 1、2 期　p.99

中村裕一　官文書　敦煌漢文文獻(講座敦煌 5)　(東京)大東出版社　1992　p.554、570

竺沙雅章　寺院文書　敦煌漢文文獻(講座敦煌 5)　(東京)大東出版社　1992　p.614

晌麟　南朝小考　《敦煌學輯刊》1993 年第 1 期　p.71

鄧文寬　敦煌文獻《河西都僧統悟真處分常住榜》管窺　周一良先生八十生日紀念論文集　中國社科學出版社　1993　p.232 注 6

高國藩　敦煌民俗資料導論　(臺北)新文豐出版公司　1993　p.90

姜伯勤　敦煌毗尼藏主考　《敦煌研究》1993 年第 3 期　p.1

李明偉　敦煌文學概論　甘肅人民出版社　1993　p.480

李正宇　敦煌文學概論　甘肅人民出版社　1993　p.95

齊陳駿　寒沁　河西都僧統唐悟真作品和見載文獻繫年　《敦煌學輯刊》1993 年第 2 期　p.5

榮新江　初期沙州歸義軍與唐中央朝廷之關係　隋唐史論集　香港大學亞洲研究中心　1993　p.112

榮新江　甘州回鶻成立史論　《歷史研究》1993 年第 5 期　p.34

張錫厚　敦煌文學概論　甘肅人民出版社　1993　p.360

鄭炳林　讀敦煌文書 P.3859《後唐清泰三年六月沙州儭司教授福集等狀》劄記　《西北史地》1993 年第 4 期　p.45　又見:敦煌吐魯番文獻研究　蘭州大學出版社　1995　p.610

鄭炳林　敦煌碑銘讚抄本概述　《蘭州大學學報》1993 年第 4 期　p.139

鄭炳林　《索崇恩和尚修功德記》考釋　《敦煌研究》1993 年第 2 期　p.56

國家文物局教育處　佛教石窟考古概要　文物出版社　1993　p.46

郝春文　《上海博物館藏敦煌吐魯番文獻》讀後　《敦煌學輯刊》1994 年第 2 期　p.122

胡同慶　莫高窟第 154、231 窟經變畫研究　敦煌學研究　甘肅人民美術出版社　1994　p.147

姜伯勤　敦煌邈真讚與敦煌望族　敦煌邈真讚校錄並研究　(臺北)新文豐出版公司　1994　p.22、41

姜伯勤　敦煌吐魯番文書與絲綢之路　文物出版社　1994　p.144

姜伯勤　項楚　榮新江　敦煌邈真讚校錄並研究　(臺北)新文豐出版公司　1994　p.135

李明偉　隋唐絲綢之路　甘肅人民出版社　1994　p.308

陸慶夫　敦煌民族文獻與河西古代民族　《敦煌學輯刊》1994 年第 2 期　p.86

錢伯泉　"敦煌"和"莫高窟"音義考析　《敦煌研究》1994 年第 1 期　p.49

榮新江　敦煌邈真讚年代考　敦煌邈真讚校錄並研究　(臺北)新文豐出版公司　1994　p.354

榮新江　敦煌邈真讚所見歸義軍與東西回鶻的關係　敦煌邈真讚校錄並研究　(臺北)新文豐出版公司　1994　p.60

榮新江　歸義軍改元考　文史(第三十八輯)　中華書局　1994　p.50

邵文實　敦煌俗文學作品中的駢儷文風　《敦煌學輯刊》1994 年第 2 期　p.45

汪泛舟　敦煌韻文辨正舉隅　《敦煌研究》1994 年第 2 期　p.142

王進玉　敦煌石窟探秘　四川教育出版社　1994　p.129、140

鄭炳林　敦煌本《張淮深變文》研究　《西北民族研究》1994 年第 1 期　p.147

鄭炳林　《索勳紀德碑》研究　《敦煌學輯刊》1994 年第 2 期　p.65

鄭炳林　張淮深改建北大像和開鑿 94 窟年代再探　《敦煌研究》1994 年第 3 期　p.38

黃盛璋　敦煌漢文與于闐文書中之龍家及其相關問題　全國敦煌學研討會論文集　(臺北)中正大學中國文學系所　1995　p.57　又見:《西域研究》1996 年第 1 期　p.26

姜伯勤　變文的南方源頭與敦煌的唱導法匠　華學(第一輯)　中山大學出版社　1995　p.157

劉惠琴　從敦煌文書中看沙州紡織業　《敦煌學輯刊》1995 年第 2 期　p. 50

劉進寶　敦煌學論述　（臺北）洪葉文化事業有限公司　1995　p. 61、116、160

馬德　敦煌莫高窟吐蕃、歸義軍時代營建概況　（香港）《九州學刊》1995 年第 6 卷第 4 期　p. 59

馬德　敦煌庶民與莫高窟的營造　華學（第一輯）　中山大學出版社　1995　p. 186 注

榮新江　龍家考　中亞學刊（第四輯）　北京大學出版社　1995　p. 146

王惠民　獨煞神與獨煞神堂考　《敦煌研究》1995 年第 1 期　p. 131

王三慶　敦煌書儀載錄之節日活動與民俗　全國敦煌學研討會論文集　（臺北）中正大學中國文學
　　系所　1995　p. 25 注 20

王書慶　敦煌佛學·佛事篇　甘肅民族出版社　1995　p. 194、256

楊森　金山國與各教的疏密關係　敦煌佛教文獻研究　敦煌研究院文獻研究所　1995　p. 57

鄭炳林　唐五代敦煌金鞍山異名考　《敦煌研究》1995 年第 2 期　p. 133

鄧文寬　敦煌文獻《唐貞觀八年高士廉等條舉氏族奏抄》辨證　敦煌吐魯番學耕耘錄　（臺北）新文
　　豐出版公司　1996　p. 254

姜伯勤　敦煌戒壇與大乘佛教　華學（第二輯）　中山大學出版社　1996　p. 319

姜伯勤　敦煌藝術宗教與禮樂文明　中國社會科學出版社　1996　p. 304、324、341、373、382、413

李正宇　敦煌史地新論　（臺北）新文豐出版公司　1996　p. 67、183

馬德　敦煌莫高窟史研究　甘肅教育出版社　1996　p. 41、101

馬德　莫高窟與敦煌佛教教團　敦煌吐魯番研究（第一卷）　北京大學出版社　1996　p. 176 注

榮新江　歸義軍史研究　上海古籍出版社　1996　p. 3、4、9、53

宿白　敦煌莫高窟早期洞窟雜考　中國石窟寺考古　文物出版社　1996　p. 214 注 1

宿白　《莫高窟記》跋　中國石窟寺考古　文物出版社　1996　p. 200 注 4

楊偉　從敦煌文書中看古代西部移民　《敦煌研究》1996 年第 4 期　p. 98

楊秀清　晚唐歸義軍與中央關係述論　《甘肅社會科學》1996 年第 2 期　p. 70

楊秀清　張議潮出走與張淮深之死　《敦煌研究》1996 年第 4 期　p. 78

湛如　戒壇流變史之研究　華學（第二輯）　中山大學出版社　1996　p. 345

張錫厚　敦煌釋氏詩歌創作論　慶祝潘石禪先生九秩華誕敦煌學特刊　（臺北）文津出版社　1996
　　p. 205

張先堂　敦煌寫本《悟真與京僧、朝官酬贈詩》新校　《社科縱橫》1996 年第 1 期　p. 43　又見：周紹
　　良先生欣開九秩慶壽文集　中華書局　1997　p. 388

張涌泉　敦煌俗字研究導論　（臺北）新文豐出版公司　1996　p. 83、138、246

張涌泉　敦煌文獻校讀釋例　文史（第四十一輯）　中華書局　1996　p. 195　又見：舊學新知　浙
　　江大學出版社　1999　p. 205

中村裕一　唐代公文書研究　（東京）汲古書院　1996　p. 76、125

馮培紅　晚唐五代宋初歸義軍武職軍將研究　敦煌歸義軍史專題研究　蘭州大學出版社　1997
　　p. 158

黃征　《敦煌碑銘讚輯釋》評介　敦煌語文叢說　（臺北）新文豐出版公司　1997　p. 812

李并成　古代河西走廊桑蠶絲織業考　《敦煌學輯刊》1997 年第 2 期　p. 63

李正宇　敦煌歷史地理導論　（臺北）新文豐出版公司　1997　p. 16

陸慶夫　從焉耆龍王到河西龍家——龍部落遷徙考　敦煌歸義軍史專題研究　蘭州大學出版社
　　1997　p. 499

陸慶夫　唐宋之際的涼州嗢末　《敦煌學輯刊》1997 年第 2 期　p. 40

馬德　敦煌工匠史料　甘肅人民出版社　1997　p. 45

王素　敦煌出土前涼文獻所見"建元"年號的歸屬：兼談敦煌莫高窟的創建時間　敦煌吐魯番研究
　　（第二卷）　北京大學出版社　1997　p. 15

楊際平　郭鋒　張和平　五一十世紀敦煌的家庭與家族關係　岳麓書社　1997　p. 239

楊秀清　金山國立國年代補證　《敦煌研究》1997 年第 4 期　p. 131

張弓　漢唐佛寺文化史　中國社會科學出版社　1997　p. 362

張先堂　S. 4654 晚唐《莫高窟紀遊詩》新探　《敦煌研究》1997 年第 3 期　p. 130

張涌泉　敦煌文獻校讀易誤字例釋　敦煌文學論集　四川人民出版社　1997　p. 260、271

鄭炳林　敦煌碑銘讚及其有關問題　敦煌碑銘讚輯釋　甘肅教育出版社　1997　p. 6

鄭炳林　敦煌碑銘讚輯釋　甘肅教育出版社　1997　p. 261

鄭炳林　論晚唐敦煌文士張球即張景球　文史（第四十三輯）　中華書局　1997　p. 115

鄭炳林　唐末五代敦煌都河水系研究　敦煌歸義軍史專題研究　蘭州大學出版社　1997　p. 182

鄭炳林　唐五代敦煌種植林業研究　敦煌歸義軍史專題研究　蘭州大學出版社　1997　p. 194

柴劍虹　長安名僧贈悟真詩　敦煌學大辭典　上海辭書出版社　1998　p. 559

柴劍虹　和尚讚詩　敦煌學大辭典　上海辭書出版社　1998　p. 575

馮培紅　P. 3249 背《軍籍殘卷》與歸義軍初期的僧兵武裝　《敦煌研究》1998 年第 2 期　p. 144

郝春文　唐後期五代宋初敦煌僧尼的社會生活　中國社會科學出版社　1998　p. 396

姜伯勤　道釋相激：道教在敦煌　道家文化研究（第十三輯）　三聯書店　1998　p. 65

金瀅坤　從敦煌文書看晚唐五代敦煌地區布紡織業　《敦煌研究》1998 年第 2 期　p. 133

李冬梅　唐五代歸義軍與周邊民族關係綜論　《敦煌學輯刊》1998 年第 2 期　p. 45

李正宇　莫高窟記　敦煌學大辭典　上海辭書出版社　1998　p. 333

李正宇　悟真　敦煌學大辭典　上海辭書出版社　1998　p. 355

李正宇　悟真詩　敦煌學大辭典　上海辭書出版社　1998　p. 558

李正宇　仙岩寺　敦煌學大辭典　上海辭書出版社　1998　p. 627

李正宇　陰海晏墓誌銘　敦煌學大辭典　上海辭書出版社　1998　p. 335

李正宇　陰善雄墓誌　敦煌學大辭典　上海辭書出版社　1998　p. 335

陸慶夫　黨項的崛起與對河西的爭奪　《敦煌研究》1998 年第 3 期　p. 110

榮新江　歸義軍大事紀年初稿　出土文獻研究（第三輯）　文物出版社　1998　p. 235、237

蘇金花　從"方外之賓"到"釋吏"　《敦煌學輯刊》1998 年第 2 期　p. 111

唐耕耦　教主　敦煌學大辭典　上海辭書出版社　1998　p. 640

謝重光　都僧統司　敦煌學大辭典　上海辭書出版社　1998　p. 634

謝重光　副僧統　敦煌學大辭典　上海辭書出版社　1998　p. 638

楊森　處諺　敦煌學大辭典　上海辭書出版社　1998　p. 346

楊森　敦煌邊塞詩歌綜論　《敦煌研究》1998 年第 1 期　p. 129

楊森　洪晉　敦煌學大辭典　上海辭書出版社　1998　p. 350

楊森　張淮深　敦煌學大辭典　上海辭書出版社　1998　p. 353

胡大浚　王志鵬　敦煌邊塞詩歌校注　甘肅人民出版社　1999　p. 13

黃征　程惠新　劫塵遺珠：敦煌遺書　甘肅教育出版社　1999　p. 180、216

蘇瑩輝　七十年來之敦煌學研究概述　中國敦煌學百年文庫·綜述卷（二）　甘肅文化出版社
　　1999　p. 354

謝桃坊　敦煌文化尋繹　四川人民出版社　1999　p. 68

楊森　小議張淮深受旌節　《敦煌研究》1999 年第 1 期　p. 98

楊秀清　敦煌西漢金山國史　甘肅人民出版社　1999　p. 20、39、61

樊錦詩　劉玉權　敦煌莫高窟唐前期洞窟分期　敦煌研究文集・敦煌石窟考古篇　甘肅民族出版社
　　2000　p. 158

賀世哲　敦煌莫高窟釋迦彌勒阿彌陀的三佛造像　1994 年敦煌學國際研討會文集・石窟考古卷
　　甘肅民族出版社　2000　p. 21

雷紹鋒　歸義軍賦役制度初探　（臺北）洪葉文化事業有限公司　2000　p. 255

李永寧　蔡偉堂　《降魔變文》與敦煌壁畫中的勞度叉鬥聖變　敦煌研究文集・敦煌石窟經變篇
　　甘肅民族出版社　2000　p. 335

劉後濱　從敕牒的特性看唐代中書門下體制　唐研究（第六卷）　北京大學出版社　2000　p. 226

劉進寶　敦煌歷史文化　甘肅人民出版社　2000　p. 77

陸離　俄法所藏敦煌文獻中一件歸義軍時期土地糾紛案卷殘卷淺識　《敦煌學輯刊》2000 年第 2 期
　　p. 61

馬德　敦煌寫本《營窟稿文範》箋證　1994 年敦煌學國際研討會文集・石窟考古卷　甘肅民族出版
　　社　2000　p. 218

榮新江　法門寺與敦煌　’98 法門寺唐文化國際學術討論會論文集　陝西人民出版社　2000
　　p. 67、74　又見：敦煌學新論　甘肅教育出版社　2002　p. 30

沙武田　關於莫高窟第 130 窟窟前殿堂建築遺址的時代問題　《敦煌學輯刊》2000 年第 1 期　p. 73

孫其芳　大漠遺歌：敦煌詩歌選評　甘肅人民出版社　2000　p. 180

徐俊　敦煌詩集殘卷輯考　中華書局　2000　p. 144、224、323、620、818、935

顔廷亮　敦煌文化　光明日報出版社　2000　p. 65、391

楊寶玉　敦煌史話　中國大百科全書出版社　2000　p. 40

楊森　淺談敦煌文獻中唐代墓誌銘抄本　《敦煌研究》2000 年第 3 期　p. 138

楊秀清　華戎交會的都市：敦煌與絲綢之路　甘肅人民出版社　2000　p. 71

張錫厚　敦煌文學源流　作家出版社　2000　p. 41、87

鄭炳林　張紅麗　《張淮深變文》的年代問題　1994 年敦煌學國際研討會文集・宗教文史卷（上）
　　甘肅民族出版社　2000　p. 321

林聰明　敦煌吐魯番文書解詁指例　（臺北）新文豐出版公司　2001　p. 19 注 18

邵文實　敦煌佛教文學與邊塞文學　《敦煌學輯刊》2001 年第 2 期　p. 28

王素　敦煌莫高窟創建時間補說　敦煌文獻論集：紀念藏經洞發現一百周年國際學術研討會論文集
　　遼寧人民出版社　2001　p. 348

曾良　敦煌文獻字義通釋　廈門大學出版社　2001　p. 56、187

湛如　敦煌淨土教讚文考辨　華林（第一卷）　中華書局　2001　p. 195

湛如　論淨衆禪門與法照淨土思想的關聯　敦煌文獻論集：紀念藏經洞發現一百周年國際學術研討
　　會論文集　遼寧人民出版社　2001　p. 511

趙貞　歸義軍押衙兼知他官略考　《敦煌研究》2001 年第 2 期　p. 94

鄭炳林　北京圖書館藏《吳和尚經論目録》有關問題研究　敦煌學與中國史研究論集　甘肅人民出
　　版社　2001　p. 130

陳明　沙武田　莫高窟第 98 窟及其對曹氏歸義軍時期大窟營建之影響　敦煌佛教藝術文化國際學
　　術研討會論文集　蘭州大學出版社　2002　p. 169

馮培紅　姚桂蘭　歸義軍時期敦煌與周邊地區之間的僧使交往　敦煌佛教藝術文化國際學術研討會
　　論文集　蘭州大學出版社　2002　p. 453

姜亮夫　敦煌莫高窟年表　姜亮夫全集（十一）　雲南人民出版社　2002　p. 27、261、388、398

李斌城　唐代文化　中國社會科學出版社　2002　p. 1014

李正宇　唐宋時期的敦煌佛教　敦煌佛教藝術文化國際學術研討會論文集　蘭州大學出版社　2002
　　p. 381

劉進寶　敦煌學通論　甘肅教育出版社　2002　p. 49、113

釋覺旻　從"三教大法師"看晚唐五代敦煌社會的三教融合　敦煌佛教藝術文化國際學術研討會論
　　文集　蘭州大學出版社　2002　p. 402

王素　敦煌吐魯番文獻　文物出版社　2002　p. 23

鄭炳林　晚唐五代敦煌歸義軍行政區劃制度研究(之一)　《敦煌研究》2002年第2期　p. 12

百橋明穗　敦煌莫高窟早期窟試論　2000年敦煌學國際學術討論會文集・石窟考古卷　甘肅民族
　　出版社　2003　p. 279

池田溫　敦煌の歷史的背景　敦煌文書の世界　(東京)名著刊行會　2003　p. 104

馬德　以史論窟　以窟證史　2000年敦煌學國際學術討論會文集・歷史文化卷(上)　甘肅民族出
　　版社　2003　p. 493

王國良　《劉薩訶和尚因緣記》探究　新世紀敦煌學論集　巴蜀書社　2003　p. 595

王惠民　敦煌隋至初唐的彌勒圖像考察　2000年敦煌學國際學術討論會文集・石窟考古卷　甘肅
　　民族出版社　2003　p. 49

蕭默　敦煌建築研究　機械工業出版社　2003　p. 283

湛如　敦煌佛教律儀制度研究　中華書局　2003　p. 120、274

杜斗城　東晉時期敦煌高僧的南巡及遊歷於敦煌的僧人　敦煌學(第25輯)　(臺北)樂學書局有限
　　公司　2004　p. 209

樊錦詩　玄奘譯經和敦煌壁畫　《敦煌研究》2004年第2期　p. 10

馮培紅　關於歸義軍節度使官制的幾個問題　麥積山石窟藝術文化論文集(下)　蘭州大學出版社
　　2004　p. 222

馮培紅　論晚唐五代的沙州(歸義軍)與涼州(河西)節度使　浙江與敦煌學:常書鴻先生誕辰一百周
　　年紀念文集　浙江古籍出版社　2004　p. 250

公維章　涅槃、淨土的殿堂:敦煌莫高窟第148窟研究　民族出版社　2004　p. 215

胡同慶　宋琪　試探麥積山石窟摩崖龕的功能和意義　麥積山石窟藝術文化論文集(上)　蘭州大
　　學出版社　2004　p. 226

劉後濱　唐代中書門下體制研究　齊魯書社　2004　p. 349

馬德　論敦煌石窟崖面上的"王公窟"　麥積山石窟藝術文化論文集(下)　蘭州大學出版社　2004
　　p. 17

屈直敏　敦煌高僧　民族出版社　2004　p. 5、51、108

王志鵬　敦煌寫卷P. 2555《白雲歌》再探　《敦煌研究》2004年第6期　p. 83

葉貴良　《敦煌社邑文書輯校》拾補　《吐魯番學研究》2004年第1期　p. 108

鄭炳林　晚唐五代敦煌地區《大般若經》的流傳與信仰　麥積山石窟藝術文化論文集(下)　蘭州大
　　學出版社　2004　p. 135

鄭炳林　徐曉莉　晚唐五代敦煌歸義軍政權的婚姻關係研究　敦煌學(第25輯)　(臺北)樂學書局
　　有限公司　2004　p. 566

梅林　"曇摩毗"與"曇摩蜱"名實辨　《敦煌研究》2005年第3期　p. 85

彭建兵　歸義軍首任河西都僧統吳洪㫷生平事迹述評　《敦煌學輯刊》2005年第2期　p. 160

屈直敏　從《勵忠節抄》看歸義軍政權道德秩序的重建　《敦煌學輯刊》2005年第3期　p. 82

鄭炳林　晚唐五代敦煌地區的胡姓居民與聚落　法國漢學(第10輯)(粟特人在中國:歷史、考古、語
　　言的新探索)　中華書局　2005　p. 188

鄭炳林　晚唐五代歸義軍政權與佛教教團關係研究　《敦煌學輯刊》2005 年第 1 期　p. 2

P. 3721

陳祚龍　敦煌寫本《瓜沙古事系年並序》箋證　（臺北）《大陸雜誌》1960 年第 12 期　又見：敦煌資料
　　考屑（上冊）　（臺北）商務印書館　1979　p. 17

陳祚龍　瓜沙印録　（臺北）《大陸雜誌》1962 年第 4 期　又見：敦煌學概要　（臺北）編譯館"中華叢
　　書編委會"　1981　p. 269；中國敦煌學百年文庫・考古卷（一）　甘肅文化出版社　1999
　　p. 192

陳祚龍　簡記敦煌古抄方志　敦煌文物隨筆　（臺北）商務印書館　1979　p. 53

陳祚龍　新考重訂《朝英集》　敦煌資料考屑（上冊）　（臺北）商務印書館　1979　p. 183

陳祚龍　中古敦煌的書學　敦煌資料考屑（上冊）　（臺北）商務印書館　1979　p. 158

陳祚龍　中世敦煌與成都之間的交通路線　敦煌資料考屑（下冊）　（臺北）商務印書館　1979
　　p. 340　又見：唐代研究論集（第三輯）　（臺北）新文豐出版公司　1992　p. 439

土肥義和　はじめに——歸義軍節度使の敦煌支配　敦煌の歴史（講座敦煌 2）　（東京）大東出版
　　社　1980　p. 250

潘玉閃　蔡偉堂　敦煌莫高窟第 130 窟窟前遺址发掘报告　《敦煌研究》1981 年試刊第 1 期　p. 126
　　又見：敦煌研究文集・敦煌石窟考古篇　甘肅民族出版社　2000　p. 482

陳祚龍　古代敦煌及其他地區流行之公私印章圖記文字録　敦煌學要籥　（臺北）新文豐出版公司
　　1982　p. 345

陳祚龍　《簡記敦煌古抄方志》及其"後語"　敦煌學要籥　（臺北）新文豐出版公司　1982　p. 223

鄭阿財　敦煌孝道文學研究　（臺北）石門圖書公司　1982　p. 544

榮新江　敦煌卷子劄記四則　敦煌吐魯番文獻研究論集（第二輯）　北京大學出版社　1983
　　p. 660、672 注 34

蘇瑩輝　敦煌藝文略　敦煌論集　（臺北）學生書局　1983　p. 369

梁尉英　張芝籍貫辨　《敦煌研究》1985 年第 2 期　p. 151

唐耕耦　陸宏基　敦煌社會經濟文獻真迹釋録（一）　書目文獻出版社　1986　p. 80

土肥義和著　李永寧譯　歸義軍時期（晚唐、五代、宋）的敦煌（一）　《敦煌研究》1986 年第 4 期
　　p. 88 注 7

黄盛璋　敦煌本曹氏二州六鎮與八鎮考　1983 年全國敦煌學術討論會文集・文史遺書編（上）　甘
　　肅人民出版社　1987　p. 276

馬德　《莫高窟記》淺議　《敦煌學輯刊》1987 年第 2 期　p. 131

張鴻勳　敦煌講唱文學作品選注　甘肅人民出版社　1987　p. 243

李正宇　敦煌地區古代祠廟寺觀簡志　《敦煌學輯刊》1988 年第 1、2 期　p. 71

高國藩　敦煌民俗學　上海文藝出版社　1989　p. 58

山本達郎等　敦煌・III 轉貼　『NUN – HUANG AND TURFAN DOCUMENTS CONCERNING SOCIAL
　　AND ECONOMIC HISTORY』（IV）　（東京）東洋文庫　1989　p. 56

山本達郎等　敦煌・IV 納贈曆・納色物曆等　『NUN – HUANG AND TURFAN DOCUMENTS CON-
　　CERNING SOCIAL AND ECONOMIC HISTORY』（IV）　（東京）東洋文庫　1989　p. 95

山本達郎等　敦煌・V 計會文書　『NUN – HUANG AND TURFAN DOCUMENTS CONCERNING SO-
　　CIAL AND ECONOMIC HISTORY』（IV）　（東京）東洋文庫　1989　p. 118、128

鄭炳林　敦煌地理文書彙輯校注　甘肅教育出版社　1989　p. 82

陳國燦　唐五代瓜沙歸義軍軍鎮的演變　敦煌吐魯番文書初探（二編）　武漢大學出版社　1990

p. 572

李并成　《沙州城土鏡》之地理調查與考釋　《敦煌學輯刊》1990 年第 2 期　p. 85

榮新江　《唐刺史考》補遺　《文獻》1990 年第 2 期　p. 87　又見：敦煌學新論　甘肅教育出版社　2002　p. 265

唐耕耦　陸宏基　敦煌社會經濟文獻真迹釋錄（四）　全國圖書館文獻縮微複製中心　1990　p. 163、519

李正宇　敦煌名勝古迹導論　《陽關》1991 年第 4 期　p. 46

竇俠父　敦煌學發凡　新疆大學出版社　1992　p. 41

林家平　寧强　羅華慶　中國敦煌學史　北京語言學院出版社　1992　p. 82、682

尾崎康　史籍　敦煌漢文文獻（講座敦煌 5）　（東京）大東出版社　1992　p. 327

高國藩　敦煌民俗資料導論　（臺北）新文豐出版公司　1993　p. 16

李正宇　敦煌文學概論　甘肅人民出版社　1993　p. 103、123 注 9

王仲犖　沙州志殘片三種考釋　敦煌石室地志殘卷考釋　上海古籍出版社　1993　p. 147

姜伯勤　敦煌吐魯番文書與絲綢之路　文物出版社　1994　p. 197

王進玉　敦煌石窟探秘　四川教育出版社　1994　p. 141

鄭炳林　《索勳紀德碑》研究　《敦煌學輯刊》1994 年第 2 期　p. 71

馬德　敦煌遺書莫高窟營建史料淺論　敦煌學國際研討會文集·石窟考古編　遼寧美術出版社　1995　p. 141

張涌泉　漢語俗字研究　岳麓書社　1995　p. 52

凍國棟　旅順博物館藏《唐建中五年孔目司帖》管見　魏晉南北朝隋唐史資料（第 14 輯）　武漢大學出版社　1996　p. 131

李正宇　敦煌史地新論　（臺北）新文豐出版公司　1996　p. 119

馬德　敦煌莫高窟史研究　甘肅教育出版社　1996　p. 80

宿白　《莫高窟記》跋　中國石窟寺考古　文物出版社　1996　p. 203

鄭炳林　唐五代敦煌粟特人與歸義軍政權　《敦煌研究》1996 年第 4 期　p. 91　又見：敦煌歸義軍史專題研究　蘭州大學出版社　1997　p. 421

馮培紅　唐五代敦煌的河渠水利與水司管理機構初探　《敦煌學輯刊》1997 年第 2 期　p. 82

李正宇　敦煌歷史地理導論　（臺北）新文豐出版公司　1997　p. 83

張涌泉　敦煌地理文書輯錄著作三種校議　古典文獻與文化論叢　中華書局　1997　p. 87

張涌泉　敦煌文獻校讀易誤字例釋　敦煌文學論集　四川人民出版社　1997　p. 272

趙和平　敦煌表狀箋啓書儀輯校　江蘇古籍出版社　1997　p. 398

鄭炳林　敦煌碑銘讚輯釋　甘肅教育出版社　1997　p. 60 注 9、147 注 3

鄭炳林　馮培紅　晚唐五代宋初歸義軍政權中都頭一職考辨　敦煌歸義軍史專題研究　蘭州大學出版社　1997　p. 81

陳國燦　豆盧軍　敦煌學大辭典　上海辭書出版社　1998　p. 392

陳國燦　敦煌郡　敦煌學大辭典　上海辭書出版社　1998　p. 295

李永寧　張孝嵩屠龍記　敦煌學大辭典　上海辭書出版社　1998　p. 586

李正宇　曹字私印　敦煌學大辭典　上海辭書出版社　1998　p. 294

李正宇　古本敦煌鄉土志八種箋證　（臺北）新文豐出版公司　1998　p. 218

李正宇　墨池　敦煌學大辭典　上海辭書出版社　1998　p. 320

李正宇　張芝廟　敦煌學大辭典　上海辭書出版社　1998　p. 626

唐耕耦　瓜沙兩郡大事記　敦煌學大辭典　上海辭書出版社　1998　p. 375

楊森　處諺　敦煌學大辭典　上海辭書出版社　1998　p. 346

楊森　張孝嵩　敦煌學大辭典　上海辭書出版社　1998　p. 346

趙和平　《敦煌寫本書儀研究》訂補　敦煌吐魯番研究(第三卷)　北京大學出版社　1998　p. 251

趙和平　書儀　敦煌學大辭典　上海辭書出版社　1998　p. 422

陳祚龍　敦煌寫本《瓜沙古事係年並序》箋正　中國敦煌學百年文庫・歷史卷(一)　甘肅文化出版
　　社　1999　p. 175

董玉祥　梵宮藝苑:甘肅石窟寺　甘肅教育出版社　1999　p. 101

謝桃坊　敦煌文化尋繹　四川人民出版社　1999　p. 204

北京大學　敦煌《經卷》、《照片》及《圖書》目錄　中國敦煌學百年文庫・綜述卷(一)　甘肅文化出
　　版社　1999　p. 318

樊錦詩　趙青蘭　敦煌莫高窟北朝晚期洞窟的分期與研究　敦煌研究文集・敦煌石窟考古篇　甘肅
　　民族出版社　2000　p. 60

高啓安　崇高與卑賤:敦煌的佛教信仰賤名再探　'98 法門寺唐文化國際學術討論會論文集　陝西
　　人民出版社　2000　p. 253

雷紹鋒　歸義軍賦役制度初探　(臺北)洪葉文化事業有限公司　2000　p. 82、191

羅豐　流寓中國的中亞史國人　國學研究(第七卷)　北京大學出版社　2000　p. 256

徐俊　敦煌詩集殘卷輯考　中華書局　2000　p. 623、855

曾良　敦煌文獻字義通釋　廈門大學出版社　2001　p. 76

陳國燦　敦煌學史事新證　甘肅教育出版社　2002　p. 399

王蘭平　敦煌寫本 ДХ6062《歸義軍時期大般若經抄寫紙曆》及其相關問題考釋　敦煌佛教藝術文化
　　國際學術研討會論文集　蘭州大學出版社　2002　p. 64

池田溫　敦煌の歷史的背景　敦煌文書の世界　(東京)名著刊行會　2003　p. 105

王惠民　敦煌隋至初唐的彌勒圖像考察　2000 年敦煌學國際學術討論會文集・石窟考古卷　甘肅
　　民族出版社　2003　p. 50

朱悅梅　李并成　《沙州督都府圖經》纂修年代及其相關問題考　《敦煌研究》2003 年第 5 期　p. 64

羅豐　胡漢之間:"絲綢之路"與西北歷史考古　文物出版社　2004　p. 230

屈直敏　敦煌高僧　民族出版社　2004　p. 12

湯涒　敦煌曲子詞地域文化研究　上海古籍出版社　2004　p. 175

趙紅　高啓安　張孝嵩斬龍傳說歷史背景研究　《敦煌研究》2004 年第 2 期　p. 63

鄭炳林　徐曉莉　晚唐五代敦煌歸義軍政權的婚姻關係研究　敦煌學(第 25 輯)　(臺北)樂學書局
　　有限公司　2004　p. 581

高啓安　趙紅　敦煌"玉女"考屑　《敦煌研究》2005 年第 2 期　p. 68　又見:敦煌學國際研討會論
　　文集　北京圖書館出版社　2005　p. 224

趙曉星　寇甲　西魏:歸義軍時期敦煌地區的史姓　《敦煌學輯刊》2005 年第 2 期　p. 137

金瀅坤　敦煌社會經濟文書定年拾遺　《首都師範大學學報》2006 年第 1 期　p. 12

金瀅坤　敦煌社會經濟文獻綴合拾遺　文史(第七十五輯)　中華書局　2006　p. 87

鄭炳林　晚唐五代河西地區的居民結構研究　《蘭州大學學報》2006 年第 2 期　p. 13

P. 3722

王重民　敦煌古籍叙錄　中華書局　1979　p. 187

蘇瑩輝　瓜沙史事系年　敦煌論集　(臺北)學生書局　1983　p. 264

王重民原編　黃永武新編　敦煌古籍叙錄新編(第十冊)　(臺北)新文豐出版公司　1986　p. 1

林聰明　敦煌文書學　（臺北）新文豐出版公司　1991　p. 396

土田健次郎　儒教典籍　敦煌漢文文獻(講座敦煌5)　（東京）大東出版社　1992　p. 275

張鴻勳　敦煌說唱文學概論　（臺北）新文豐出版公司　1993　p. 81

張鴻勳　敦煌文學概論　甘肅人民出版社　1993　p. 227

李錦繡　唐代財政史稿・下卷(第一分冊)　北京大學出版社　1995　p. 372 注 2

周一良　趙和平　敦煌寫本書儀略論　唐五代書儀研究　中國社會科學出版社　1995　p. 33

寧可　郝春文　敦煌社邑文書輯校　江蘇古籍出版社　1997　p. 593

白化文　治道集　敦煌學大辭典　上海辭書出版社　1998　p. 779

顧吉辰　敦煌文獻職官結銜考釋　《敦煌學輯刊》1998 年第 2 期　p. 31

寧可　寧可史學論集　中國社會科學出版社　1999　p. 446 注 11

郝春文　《敦煌寫本社邑文書輯校》補遺(四)　漢語史學報專輯(第三輯)　上海教育出版社　2003
　　p. 384

湯洔　敦煌曲子詞地域文化研究　上海古籍出版社　2004　p. 186

湯洔　敦煌曲子詞與河西本土文化　中國俗文化研究(第二輯)　巴蜀書社　2004　p. 192

王冀青　斯坦因與日本敦煌學　甘肅教育出版社　2004　p. 306

葉貴良　敦煌社邑文書詞語選釋　《敦煌研究》2004 年第 5 期　p. 80

郝春文　唐後期五代宋初敦煌私社的教育與教化功能　敦煌吐魯番研究(第九卷)　中華書局
　　2006　p. 312

P. 3723

王重民　敦煌古籍敘錄　中華書局　1979　p. 224

王重民　巴黎敦煌殘卷敘錄(第二輯)　敦煌叢刊初集(九)　（臺北）新文豐出版公司　1985　p. 257

王重民原編　黃永武新編　敦煌古籍敘錄新編(第十一冊)　（臺北）新文豐出版公司　1986　p. 257

姜亮夫　敦煌經卷題名錄　敦煌學論文集　上海古籍出版社　1987　p. 1058

周紹良　唐代變文及其它　敦煌文學作品選　中華書局　1987　p. 19

周紹良　趙和平　書儀　《敦煌語言文學研究通訊》1987 年第 4 期　p. 4　又見:敦煌文學　甘肅人
　　民出版社　1989　p. 48

周一良　敦煌寫本書儀考(之二)　敦煌吐魯番文獻研究論集(第四輯)　北京大學出版社　1987
　　p. 30　又見:唐五代書儀研究　中國社會科學出版社　1995　p. 84

趙和平　敦煌寫本書儀略論　敦煌吐魯番學研究論文集　漢語大詞典出版社　1990　p. 566、595
　　又見:唐五代書儀研究　中國社會科學出版社　1995　p. 6

中村裕一　唐代官文書研究　（京都）中文出版社　1991　p. 533

姜伯勤　敦煌社會文書導論　（臺北）新文豐出版公司　1992　p. 121

陶秋英輯錄　姜亮夫校訂　敦煌經卷題名錄　敦煌碎金　浙江古籍出版社　1992　p. 70

周紹良　敦煌文學芻議及其它　（臺北）新文豐出版公司　1992　p. 85

杜琦　敦煌文學概論　甘肅人民出版社　1993　p. 509

趙和平　敦煌寫本書儀研究　（臺北）新文豐出版公司　1993　p. 17、61

胡戟　傅玫　敦煌史話　中華書局　1995　p. 189

李明偉　敦煌文學中"敦煌文"的研究和分類評價　《敦煌研究》1995 年第 4 期　p. 123

趙和平　敦煌寫本書儀中所看到的部分唐代社會文化生活　敦煌學國際研討會文集・史地語文編
　　遼寧美術出版社　1995　p. 566　又見:唐五代書儀研究　中國社會科學出版社　1995　p. 303、
　　316

周一良　趙和平　敦煌表狀箋啓書儀略論　唐五代書儀研究　中國社會科學出版社　1995　p. 41
　　又見：敦煌吐魯番學研究論集　書目文獻出版社　1996　p. 192
周一良　趙和平　後唐時代刺史專用書儀　唐五代書儀研究　中國社會科學出版社　1995　p. 222
周一良　趙和平　書儀源流考　唐五代書儀研究　中國社會科學出版社　1995　p. 101　又見：魏晉
　　南北朝史論集續編　北京大學出版社　2001　p. 270
趙和平　敦煌表狀箋啓書儀輯校　江蘇古籍出版社　1997　p. 76
趙和平　晚唐五代靈武節度使與沙州歸義軍關係試論　第三屆中國唐代文化學術研討會論文集
　　（臺北）政治大學中國文學系　1997　p. 549
趙和平　《敦煌寫本書儀研究》訂補　敦煌吐魯番研究（第三卷）　北京大學出版社　1998　p. 231
趙和平　記室備要　敦煌學大辭典　上海辭書出版社　1998　p. 422
吳麗娛　唐後期五代財務勾檢制探微　唐研究（第六卷）　北京大學出版社　2000　p. 298
趙和平　敦煌本《甘棠集》研究　（臺北）新文豐出版公司　2000　p. 17.98
榮新江　敦煌學十八講　北京大學出版社　2001　p. 198
吳麗娛　從敦煌書儀中的表狀箋啓看唐五代官場禮儀的轉移變遷　中國社會歷史評論（第三卷）
　　中華書局　2001　p. 360
吳麗娛　敦煌表狀箋啓書儀探源　文史（第五十六輯）　中華書局　2001　p. 141
吳麗娛　關於S.078v和S.1725v兩件敦煌寫本書儀的一些看法　敦煌學與中國史研究論集　甘肅
　　人民出版社　2001　p. 174
周一良　魏晉南北朝史論集續編　北京大學出版社　2001　p. 237
方廣錩　敦煌本《壇經》首章校釋疏義　中國禪學（第一卷）　中華書局　2002　p. 105
姜亮夫　敦煌莫高窟年表　姜亮夫全集（十一）　雲南人民出版社　2002　p. 406
吳麗娛　唐禮摭遺：中古書儀研究　商務印書館　2002　p. 14、145、307、536
石雲濤　唐代幕府制度研究　中國社會科學出版社　2003　p. 346
劉後濱　唐代中書門下體制研究　齊魯書社　2004　p. 320
張小豔　試論敦煌書儀的語料價值　浙江與敦煌學：常書鴻先生誕辰一百周年紀念文集　浙江古籍
　　出版社　2004　p. 544
吳麗娛　關於敦煌S.5566書儀的研究　敦煌學國際研討會論文集　北京圖書館出版社　2005
　　p. 73、84

P. 3724

項楚　《敦煌寫本王梵志詩校注》補正　中華文史論叢（總20輯）　上海古籍出版社　1981　p. 91
高國藩　談敦煌五言白話詩　關隴文學論叢　甘肅人民出版社　1983　p. 62
張錫厚　王梵志詩校輯　中華書局　1983　p. 4
朱鳳玉　王梵志詩研究（上、下）　（臺北）學生書局　1986　p. 35、61、193、201
朱鳳玉　王梵志研究的兩本專著評介　敦煌學（第11輯）　（臺北）新文豐出版公司　1986　p. 88
項楚　敦煌文學雜考　1983年全國敦煌學術討論會文集·文史遺書編（下）　甘肅人民出版社
　　1987　p. 121
項楚　王梵志詩校注　敦煌吐魯番文獻研究論集（第四輯）　北京大學出版社　1987　p. 137　又
　　見：上海古籍出版社　1991　p. 889
張涌泉　敦煌變文校劄　敦煌語言文學論文集　浙江古籍出版社　1988　p. 181
郭在貽　張涌泉　黃征　敦煌變文集校議　岳麓書社　1990　p. 299
菊池英夫　中國古文書·古寫本學と日本　東アジア古文書の史的研究　（東京）刀水書房　1990

p. 181

李正宇　釋"耶沒忽"：敦煌遺書王梵志詩俗詞語研究之一　王梵志詩研究彙録（上）　上海古籍出版社　1990　p. 263

任半塘　《王梵志詩校輯》序　王梵志詩研究彙録（上）　上海古籍出版社　1990　p. 51

張錫厚　敦煌寫本王梵志詩原卷真迹　王梵志詩研究彙録（上）　上海古籍出版社　1990　圖版 24

張錫厚　關於敦煌寫本王梵志詩整理的若干問題　王梵志詩研究彙録（上）　上海古籍出版社　1990　p. 59

張錫厚　蘇藏敦煌寫本王梵志詩補正　王梵志詩研究彙録（上）　上海古籍出版社　1990　p. 249

趙和平　鄧文寬　敦煌寫本王梵志詩校注　王梵志詩研究彙録（上）　上海古籍出版社　1990　p. 153

朱鳳玉　敦煌寫本《碎金》系字書初探　第二屆敦煌學國際研討會論文集　（臺北）漢學研究中心　1990　p. 507

陳祚龍　敦煌學識小　敦煌學津雜誌　（臺北）文津出版社　1991　p. 172

項楚　敦煌文學叢考　上海古籍出版社　1991　p. 1

東野治之　上代文學と敦煌文獻　遣唐使と正倉院　（東京）岩波書店　1992　p. 233

郭在貽　郭在貽語言文學論稿　浙江古籍出版社　1992　p. 79、147

黃征　王梵志詩校釋補議　中華文史論叢（總 50 輯）　上海古籍出版社　1992　p. 101　又見：敦煌語文叢說　（臺北）新文豐出版公司　1997　p. 260

林家平　寧强　羅華慶　中國敦煌學史　北京語言學院出版社　1992　p. 600、603、657

吳其昱著　伊藤美重子譯　敦煌漢文寫本概観　敦煌漢文文獻（講座敦煌 5）　（東京）大東出版社　1992　p. 116

池田温　敦煌文學と日本上代文學　國語と國文學（70 卷 11 號）　（東京）至文堂　1993　p. 21　又見：敦煌文書の世界　（東京）名著刊行會　2003　p. 276

項楚　敦煌詩歌導論　（臺北）新文豐出版公司　1993　p. 296

蔣禮鴻　敦煌文獻語言詞典　杭州大學出版社　1994　p. 149、299、342、431

張涌泉　試論審辨敦煌寫本俗字的方法　《敦煌研究》1994 年第 2 期　p. 150　又見：舊學新知　浙江大學出版社　1999　p. 82

曲金良　敦煌佛教文學研究　（臺北）文津出版社　1995　p. 250

張錫厚　敦煌本唐集研究　（臺北）新文豐出版公司　1995　p. 58

張涌泉　漢語俗字研究　岳麓書社　1995　p. 55、157

張涌泉　試論敦煌寫卷俗文字研究之意義　敦煌學國際研討會文集·史地語文編　遼寧美術出版社　1995　p. 366

項楚　王梵志詩中的他人作品　敦煌吐魯番研究（第一卷）　北京大學出版社　1996　p. 91　又見：柱馬屋存稿　商務印書館　2003　p. 31

張涌泉　敦煌俗字研究導論　（臺北）新文豐出版公司　1996　p. 65、115、187

黃征　敦煌俗音考辨　敦煌語文叢說　（臺北）新文豐出版公司　1997　p. 144

黃征　敦煌俗語詞輯釋　敦煌語文叢說　（臺北）新文豐出版公司　1997　p. 67

黃征　王梵志詩校釋續商補　敦煌語文叢說　（臺北）新文豐出版公司　1997　p. 226、235

黃征　魏晉南北朝俗語詞輯釋　敦煌語文叢說　（臺北）新文豐出版公司　1997　p. 108

黃征　《伍子胥變文》校補　敦煌語文叢說　（臺北）新文豐出版公司　1997　p. 328

黃征　張涌泉　敦煌變文校注　中華書局　1997　p. 39、150、384、430

金瀅坤　從敦煌文書看晚唐五代敦煌地區布紡織業　《敦煌研究》1998 年第 2 期　p. 134

張錫厚　柴劍虹　王梵志詩集　敦煌學大辭典　上海辭書出版社　1998　p. 562

高國藩　敦煌俗文化學　上海三聯書店　1999　p. 601、612

胡大浚　王志鵬　敦煌邊塞詩歌校注　甘肅人民出版社　1999　p. 9

張涌泉　俗字研究與敦煌文獻的校理　舊學新知　浙江大學出版社　1999　p. 71

郭在貽　唐代白話詩釋詞　中古近代漢語研究（第一輯）　上海教育出版社　2000　p. 129

張錫厚　敦煌文學源流　作家出版社　2000　p. 76

曾良　敦煌文獻字義通釋　廈門大學出版社　2001　p. 54

黃征　敦煌語言文字學研究　甘肅教育出版社　2002　p. 252、287、309、316

齊文榜　《王梵志詩校注》指瑕　文史（第五十九輯）　中華書局　2002　p. 166

池田溫　敦煌の歷史的背景　敦煌文書の世界　（東京）名著刊行會　2003　p. 115

王啓濤　中古及近代法制文書語言研究　巴蜀書社　2003　p. 139

P. 3725

小島祐馬　巴黎國立圖書館藏敦煌遺書所見錄（三）　『支那學』（6 卷 2 號）　（京都）支那學社
　　1932　p. 109

小島祐馬　巴黎國立圖書館藏敦煌遺書所見錄（七）　『支那學』（7 卷 2 號）　（京都）支那學社
　　1934　p. 121

嚴靈峰　老子《想爾注》寫本殘卷質疑　（臺北）《大陸雜誌》1965 年第 6 期　又見：中國敦煌學百年
　　文庫・文獻卷（一）　甘肅文化出版社　1999　p. 496

寺岡龍含　敦煌本郭象注莊子南華真經研究總論　福井漢文學會　1966　p. 177、280

陳祚龍　敦煌道經後記彙錄　敦煌文物隨筆　（臺北）商務印書館　1979　p. 17

鄭良樹　敦煌老子寫本考異　（臺北）《大陸雜誌》1981 年第 2 期　又見：中國敦煌學百年文庫・宗
　　教卷（三）　甘肅文化出版社　1999　p. 67

陳祚龍　新校重訂《敦煌道經後記彙錄》　敦煌學要籥　（臺北）新文豐出版公司　1982　p. 209

今枝二郎　敦煌本玄宗皇帝注『老子』の資料的意義　敦煌と中國道教（講座敦煌 4）　（東京）大東
　　出版社　1983　p. 70

龍晦　論敦煌道教文學　《世界宗教研究》1985 年第 3 期　又見：中國敦煌學百年文庫・宗教卷
　　（三）　甘肅文化出版社　1999　p. 366

饒宗頤　敦煌書法叢刊（第二七卷）・道書（一）　（東京）二玄社　1985　p. 3、73

王重民原編　黃永武新編　敦煌古籍叙錄新編（第十三冊）　（臺北）新文豐出版公司　1986　p. 99

李斌城　敦煌寫本唐玄宗《道德經》注疏殘卷研究　《世界宗教研究》1987 年第 1 期　p. 51

李斌城　看了兩種類比僞造的敦煌唐抄道經以後　《世界宗教研究》1989 年第 4 期　又見：中國敦煌
　　學百年文庫・宗教卷（三）　甘肅文化出版社　1999　p. 193

池田溫　中國古代寫本識語集錄　（東京）大藏出版株式會社　1990　p. 295

麥谷邦夫　唐玄宗御注『道德真經』および疏撰述をめぐる二、三の問題　『東方學報』（第 62 號）
　　京都大學人文科學研究所　1990　p. 211

藤原高男　唐玄宗御製道德真經注疏校本（壹）　《德島文理大學研究紀要》（39 號）　德島文理大學
　　1990　p. 10

林聰明　敦煌文書出處略考　季羨林教授八十華誕紀念論文集（下）　江西人民出版社　1991
　　p. 853

林聰明　敦煌文書學　（臺北）新文豐出版公司　1991　p. 215、379

朱越利　道經總論　遼寧教育出版社　1992　p. 258、283

顧吉辰　唐代敦煌文獻寫本書手考述　《敦煌學輯刊》1993 年第 1 期　p. 27

張澤洪　敦煌文書中的唐代道經　《敦煌學輯刊》1993 年第 2 期　p. 61

林聰明　談敦煌文書的抄寫問題　紀念陳寅恪先生百年誕辰學術論文集　江西教育出版社　1994　p. 294

李豐楙　敦煌道經寫卷與道教寫經的供養功德觀　全國敦煌學研討會論文集　（臺北）中正大學中國文學系所　1995　p. 122

劉濤　評《法藏敦煌書苑精華》　敦煌吐魯番研究（第一卷）　北京大學出版社　1996　p. 379

張國剛　隋唐五代史研究概要　天津教育出版社　1996　p. 532

白化文　唐玄宗御製道德真經注疏　敦煌學大辭典　上海辭書出版社　1998　p. 777

顧吉辰　敦煌文獻職官結銜考釋　《敦煌學輯刊》1998 年第 2 期　p. 28

廖名春　楚簡《老子》校釋之一　華學（第三輯）　中山大學出版社　1998　p. 189

譚蟬雪　敦煌道經題記綜述　道家文化研究（第十三輯）　三聯書店　1998　p. 13

王卡　敦煌道經　敦煌學大辭典　上海辭書出版社　1998　p. 758

金岡照光　敦煌文獻と中國文學　（東京）五曜書房　2000　p. 518

龍晦　敦煌文獻所見唐玄宗的宗教活動　1994 年敦煌學國際研討會文集·宗教文史卷（上）　甘肅民族出版社　2000　p. 24

張澤洪　論唐代道教的寫經　《敦煌研究》2000 年第 3 期　p. 131

林聰明　敦煌吐魯番文書解詁指例　（臺北）新文豐出版公司　2001　p. 45

姜亮夫　敦煌莫高窟年表　姜亮夫全集（十一）　雲南人民出版社　2002　p. 312

楊森　武則天至玄宗時代敦煌的三洞法師中嶽先生述略　《敦煌研究》2003 年第 3 期　p. 46

王冀青　斯坦因與日本敦煌學　甘肅教育出版社　2004　p. 306

王卡　敦煌道教文獻研究　中國社會科學出版社　2004　p. 9、23、176

王卡　敦煌道教綜述　敦煌與絲路文化學術講座（第二輯）　北京圖書館出版社　2005　p. 378

朱大星　從出土文獻看《老子》的分章：以《道經》三十六章、《德經》四十五章的分章形式爲中心　文史（第七十五輯）　中華書局　2006　p. 116

P. 3726

陳祚龍　敦煌古抄中世詩歌　敦煌學海探珠（上冊）　（臺北）商務印書館　1979　p. 140

陳祚龍　敦煌學新記　敦煌文物隨筆　（臺北）商務印書館　1979　p. 274

高明士　唐代敦煌的教育　漢學研究（敦煌學國際研討會論文專號）　（臺北）漢學研究資料及服務中心　1986　p. 242

李正宇　邈真讚　敦煌文學　甘肅人民出版社　1989　p. 184

池田溫　中國古代寫本識語集録　（東京）大藏出版株式會社　1990　p. 402

林聰明　敦煌文書學　（臺北）新文豐出版公司　1991　p. 12

馬德　KHROM 詞義考　《中國藏學》1992 年第 2 期　p. 99

周紹良　敦煌文學芻議及其它　（臺北）新文豐出版公司　1992　p. 31

項楚　敦煌詩歌導論　（臺北）新文豐出版公司　1993　p. 296

鄭炳林　敦煌碑銘讚部分文書拼接復原　《敦煌研究》1993 年第 1 期　p. 53

姜伯勤　敦煌邈真讚與敦煌望族　敦煌邈真讚校録並研究　（臺北）新文豐出版公司　1994　p. 36

姜伯勤　項楚　榮新江　敦煌邈真讚校録並研究　（臺北）新文豐出版公司　1994　p. 133

劉進寶　關於吐蕃統治經營河西地區的若干問題　《中國邊疆史地研究》1994 年第 1 期　p. 20

饒宗頤　《敦煌邈真讚校録並研究》序　敦煌邈真讚校録並研究　（臺北）新文豐出版公司　1994

p. 3

榮新江　敦煌邈真讚年代考　敦煌邈真讚校録並研究　（臺北）新文豐出版公司　1994　p. 354

鄭炳林　馮培紅　讀《中國古代寫本識語集録》劄記　《西北史地》1994 年第 4 期　p. 48

馬德　敦煌遺書莫高窟營建史料淺論　敦煌學國際研討會文集·石窟考古編　遼寧美術出版社
　　1995　p. 148

鄭炳林　敦煌漢文吐蕃史料綜述：兼論吐蕃控制河西時期的職官與統治政策　敦煌吐魯番文獻研究
　　蘭州大學出版社　1995　p. 95

劉進寶　吐蕃對河西的統治與經營　敦煌吐魯番學研究論集　書目文獻出版社　1996　p. 333

馬德　敦煌莫高窟史研究　甘肅教育出版社　1996　p. 94

張涌泉　敦煌俗字研究導論　（臺北）新文豐出版公司　1996　p. 67、141、159

張涌泉　敦煌文獻校讀釋例　文史（第四十一輯）　中華書局　1996　p. 191

張涌泉　評《敦煌邈真讚校録並研究》　敦煌吐魯番研究（第一卷）　北京大學出版社　1996　p. 430

黃征　《敦煌碑銘讚輯釋》評介　敦煌語文叢說　（臺北）新文豐出版公司　1997　p. 811

鄭炳林　敦煌碑銘讚及其有關問題　敦煌碑銘讚輯釋　甘肅教育出版社　1997　p. 2

鄭炳林　敦煌碑銘讚輯釋　甘肅教育出版社　1997　p. 221

張涌泉　敦煌文獻校讀易誤字例釋　敦煌文學論集　四川人民出版社　1997　p. 265

柴劍虹　和尚讚詩　敦煌學大辭典　上海辭書出版社　1998　p. 575

鄧文寬　三篇敦煌邈真讚研究　出土文獻研究（第四輯）　文物出版社　1998　p. 85

馮培紅　P. 3249 背《軍籍殘卷》與歸義軍初期的僧兵武裝　《敦煌研究》1998 年第 2 期　p. 144

李正宇　社衆擴建佛窟記　敦煌學大辭典　上海辭書出版社　1998　p. 335

汪泛舟　杜和尚　敦煌學大辭典　上海辭書出版社　1998　p. 349

張涌泉　陳祚龍校録敦煌卷子失誤例釋　舊學新知　浙江大學出版社　1999　p. 282

劉進寶　敦煌歷史文化　甘肅人民出版社　2000　p. 86

劉進寶　敦煌文書與唐史研究　（臺北）新文豐出版公司　2000　p. 109

徐俊　敦煌詩集殘卷輯考　中華書局　2000　p. 835

馮培紅　敦煌文獻中的職官史料與唐五代藩鎮官制研究　《敦煌研究》2001 年第 3 期　p. 108

林聰明　敦煌吐魯番文書解詁指例　（臺北）新文豐出版公司　2001　p. 19 注 20、62 注 66

金瀅坤　吐蕃瓜州節度使初探　《敦煌研究》2002 年第 2 期　p. 22

李正宇　唐宋時期的敦煌佛教　敦煌佛教藝術文化國際學術研討會論文集　蘭州大學出版社　2002
　　p. 381

劉進寶　敦煌學通論　甘肅教育出版社　2002　p. 53

王繼光　鄭炳林　敦煌漢文吐蕃史料綜述　中國西部民族文化研究（2003 年卷）　民族出版社
　　2003　p. 247

屈直敏　敦煌高僧　民族出版社　2004　p. 89、112

趙曉星　敦煌落蕃舊事　民族出版社　2004　p. 184

P. 3727

陳祚龍　劉薩訶研究　（臺北）《華岡佛學學報》1973 年第 3 期　又見：敦煌資料考屑（上冊）　（臺
　　北）商務印書館　1979　p. 212；中國敦煌學百年文庫·宗教卷（四）　甘肅文化出版社　1999
　　p. 318

陳祚龍　新校重訂釋增忍的答李"難"　敦煌學海探珠（下冊）　（臺北）商務印書館　1979　p. 310

平井俊榮　牛頭宗と保唐宗　敦煌仏典と禪（講座敦煌 8）　（東京）大東出版社　1980　p. 213

冉雲華 中國佛教文化研究論集 （臺北）東初出版社 1980 p. 59

田中良昭 禪宗燈史の発展 敦煌仏典と禪（講座敦煌 8 ）（東京）大東出版社 1980 p. 102、117

土肥義和 はじめに——歸義軍節度使の敦煌支配 敦煌の歷史（講座敦煌 2 ）（東京）大東出版社 1980 p. 244

陳祚龍 新校重訂敦煌古抄僧讚集 中華佛教文化史散策（三集）（臺北）新文豐出版公司 1981 p. 196

張廣達 唐代禪宗的傳入吐蕃及有關的敦煌文書 學林漫録（三集） 中華書局 1981 p. 57 注 21

陳祚龍 古代敦煌及其他地區流行之公私印章圖記文字録 敦煌學要籥 （臺北）新文豐出版公司 1982 p. 337

田中良昭 敦煌禪宗文獻の研究 （東京）大東出版社 1983 p. 92、642

饒宗頤解說 林宏作譯 敦煌書法叢刊（第十九卷）·碎金（二）（東京）二玄社 1984 p. 105

孫修身 劉薩訶和尚事迹考 1983 年全國敦煌學術討論會文集·石窟藝術編（上） 甘肅人民出版社 1985 p. 308 注 6

盧向前 關於歸義軍時期一份布紙破用曆的研究：試釋伯四六四〇背面文書 敦煌吐魯番文獻研究論集（第三輯） 北京大學出版社 1986 p. 410 注 18、20、452 又見：敦煌吐魯番文書論稿 江西人民出版社 1992 p. 116 注 18、158

土肥義和著 李永寧譯 歸義軍時期（晚唐、五代、宋）的敦煌（一）《敦煌研究》1986 年第 4 期 p. 86

楊曾文 日本學者對中國禪宗文獻的研究和整理 《世界宗教研究》1987 年第 1 期 p. 120

周紹良 唐代變文及其它 敦煌文學作品選 中華書局 1987 p. 19

陳祚龍 敦煌學剳記 敦煌學散策新集 （臺北）新文豐出版公司 1989 p. 37、45

史葦湘 劉薩訶與敦煌莫高窟 絲綢之路文獻叙録 蘭州大學出版社 1989 p. 592

陳國燦 唐五代瓜沙歸義軍軍鎮的演變 敦煌吐魯番文書初探（二編） 武漢大學出版社 1990 p. 568、569、577、580 注 25

榮新江 沙州歸義軍歷任節度使稱號研究 敦煌吐魯番學研究論文集 漢語大詞典出版社 1990 p. 802

榮新江 沙州張淮深與唐中央朝廷之關係 《敦煌學輯刊》1990 年第 2 期 p. 4

上山大峻 敦煌佛教の研究 （京都）法藏館 1990 p. 420

金岡照光 高僧傳因緣 敦煌の文學文獻（講座敦煌 9 ）（東京）大東出版社 1992 p. 575

周紹良 敦煌文學芻議及其它 （臺北）新文豐出版公司 1992 p. 85

魏普賢 敦煌寫本和石窟中的劉薩訶傳說 法國學者敦煌學論文選萃 中華書局 1993 p. 430

張鴻勳 敦煌說唱文學概論 （臺北）新文豐出版公司 1993 p. 81

張鴻勳 敦煌文學概論 甘肅人民出版社 1993 p. 227

榮新江 歸義軍改元考 文史（第三十八輯） 中華書局 1994 p. 51

田中良昭 敦煌の禪籍 禪學研究入門 （東京）大東出版社 1994 p. 50

鄭炳林 《索勳紀德碑》研究 《敦煌學輯刊》1994 年第 2 期 p. 71

柳田聖山 禪籍解題（一）·敦煌禪籍 俗語言研究（第二期）（京都）禪文化研究所 1995 p. 147

張涌泉 陳祚龍校録敦煌卷子失誤例釋 學術集林（卷六） 上海遠東出版社 1995 p. 298 又見：舊學新知 浙江大學出版社 1999 p. 275

李并成 李春元 瓜沙史地研究 甘肅文化出版社 1996 p. 147

榮新江 歸義軍史研究 上海古籍出版社 1996 p. 25、55、175

田中良昭 《禪籍解題（一）·敦煌禪籍》補遺 俗語言研究（第三期）（京都）禪文化研究所 1996

　　　p. 214

馮培紅　晚唐五代宋初歸義軍武職軍將研究　敦煌歸義軍史專題研究　蘭州大學出版社　1997
　　　p. 151

榮新江　敦煌本禪宗燈史殘卷拾遺　周紹良先生欣開九秩慶壽文集　中華書局　1997　p. 235

鄭炳林　敦煌碑銘讚輯釋　甘肅教育出版社　1997　p. 315 注 12、418 注 4

陳國燦　會稽鎮　敦煌學大辭典　上海辭書出版社　1998　p. 398

方廣錩　歷代法寶記　敦煌學大辭典　上海辭書出版社　1998　p. 728

李并成　歸義軍會稽鎮考　敦煌吐魯番研究(第三卷)　北京大學出版社　1998　p. 223

榮新江　歸義軍大事紀年初稿　出土文獻研究(第三輯)　文物出版社　1998　p. 249

沙知　常樂縣印　敦煌學大辭典　上海辭書出版社　1998　p. 293

周紹良　靈州龍興寺白草院史和尚因緣記　敦煌學大辭典　上海辭書出版社　1998　p. 581

周紹良　隋淨影寺沙門慧遠和尚因緣記　敦煌學大辭典　上海辭書出版社　1998　p. 581

徐俊　敦煌詩集殘卷輯考　中華書局　2000　p. 187

榮新江　敦煌學十八講　北京大學出版社　2001　p. 253

榮新江　中古中國與外來文明　三聯書店　2001　p. 353

陳國燦　敦煌學史事新證　甘肅教育出版社　2002　p. 395

榮新江　唐五代歸義軍武職軍將考　敦煌學新論　甘肅教育出版社　2002　p. 59

榮新江　有關敦煌本《歷代法寶記》的幾個問題　中日敦煌佛教學術會議論文集　中國社會科學院
　　　研究所　2002　p. 70

榮新江　有關敦煌本《歷代法寶記》的新資料　戒幢佛學(第二卷)　岳麓書社　2002　p. 95

史葦湘　敦煌歷史與莫高窟藝術研究　甘肅教育出版社　2002　p. 198、347

孫修身　敦煌與中西交通研究　甘肅教育出版社　2002　p. 167

田中良昭　敦煌の禪宗燈史　中日敦煌佛教學術會議論文集　中國社會科學院研究所　2002
　　　p. 109　又見:戒幢佛學(第二卷)　岳麓書社　2002　p. 151

袁德領　莫高窟第 196 窟前室北壁上部內容考辨　《敦煌學輯刊》2002 年第 2 期　p. 88

張鴻勳　敦煌俗文學研究　甘肅人民出版社　2002　p. 111

王國良　《劉薩訶和尚因緣記》探究　新世紀敦煌學論集　巴蜀書社　2003　p. 587

屈直敏　敦煌高僧　民族出版社　2004　p. 168

王雲路　從"蒙免""鞭恥"說起　浙江與敦煌學:常書鴻先生誕辰一百周年紀念文集　浙江古籍出版
　　　社　2004　p. 514

馮培紅　歸義軍鎮制考　敦煌吐魯番研究(第九卷)　中華書局　2006　p. 256、273

P. 3728

陳祚龍　新校重訂唐代吐蕃統治瓜沙期間當地釋眾事佛的幾種藝文　敦煌學海探珠(下冊)　(臺
　　　北)商務印書館　1979　p. 354

遊佐昇　文學文獻より見た敦煌の道教　敦煌と中國道教(講座敦煌 4)　(東京)大東出版社
　　　1983　p. 290

吳其昱著　福井文雅　樋口勝譯　大蕃國大德・三藏法師・法成傳考　敦煌と中國仏教(講座敦煌
　　　7)　(東京)大東出版社　1984　p. 387

盧善煥　《敦煌曲校錄》略校　《敦煌學輯刊》1986 年第 2 期　p. 90

姜伯勤　敦煌音聲人略論　《敦煌研究》1988 年第 4 期　p. 3

張先堂　伯三八九八殘卷篇名、作者新探　《社科縱橫》1990 年第 6 期　p. 50

竺沙雅章　敦煌吐蕃期的僧官制度　第二屆敦煌學國際研討會論文集　（臺北）漢學研究中心
　　1990　p. 146
姜伯勤　敦煌吐魯番與香藥之路　季羨林教授八十華誕紀念論文集（下）　江西人民出版社　1991
　　p. 844
堀敏一著　林世田譯　唐代後期敦煌社會經濟之變化　《敦煌學輯刊》1991 年第 1 期　p. 101
邵文實　沙州節兒考及其引申出來的幾個問題　《西北師大學報》（社會科學版）1992 年第 5 期
　　p. 64
竺沙雅章　寺院文書　敦煌漢文文獻（講座敦煌 5）　（東京）大東出版社　1992　p. 617
譚禪雪　敦煌歲時掇瑣　（香港）《九州學刊》（敦煌學專輯）1993 年第 5 卷第 4 期　p. 89
姜伯勤　敦煌吐魯番文書與絲綢之路　文物出版社　1994　p. 133
張涌泉　陳祚龍校錄敦煌卷子失誤例釋　學術集林（卷六）　上海遠東出版社　1995　p. 309　又
　　見：舊學新知　浙江大學出版社　1999　p. 284
鄭炳林　敦煌漢文吐蕃史料綜述：兼論吐蕃控制河西時期的職官與統治政策　敦煌吐魯番文獻研究
　　蘭州大學出版社　1995　p. 96
姜伯勤　敦煌藝術宗教與禮樂文明　中國社會科學出版社　1996　p. 514
鄭炳林　唐五代敦煌金山國征伐樓蘭史事考　敦煌歸義軍史專題研究　蘭州大學出版社　1997
　　p. 13
鄭炳林　唐五代敦煌手工業研究　敦煌歸義軍史專題研究　蘭州大學出版社　1997　p. 266
譚蟬雪　敦煌歲時文化導論　（臺北）新文豐出版公司　1998　p. 77
譚蟬雪　二月八盛節　敦煌學大辭典　上海辭書出版社　1998　p. 434
楊富學　李吉和　敦煌漢文吐蕃史料輯校（第一輯）　甘肅人民出版社　1999　p. 247
王微　春祭：二月八日節的佛教儀式　法國漢學（敦煌學專號）　中華書局　2000　p. 111
譚蟬雪　唐宋敦煌歲時佛俗　《敦煌研究》2001 年第 1 期　p. 93
沙武田　趙曉星　歸義軍時期敦煌文獻中的太子　《敦煌研究》2003 年第 4 期　p. 47
王繼光　鄭炳林　敦煌漢文吐蕃史料綜述　中國西部民族文化研究（2003 年卷）　民族出版社
　　2003　p. 239、248
陸離　吐蕃僧官制度試探　華林（第三卷）　中華書局　2004　p. 87
高啓安　趙紅　敦煌"玉女"考屑　敦煌學國際研討會論文集　北京圖書館出版社　2005　p. 227

P. 3729
陳鐵凡　敦煌本尚書十四殘卷綴合記　（新加坡）《新社學報》1969 年第 3 期　又見：中國敦煌學百
　　年文庫・文獻卷（二）　甘肅文化出版社　1999　p. 418
王重民　敦煌古籍叙錄　中華書局　1979　p. 56
饒宗頤解說　林宏作譯　敦煌書法叢刊　（第八卷）・經史（六）　（東京）二玄社　1986　p. 76
王重民原編　黃永武新編　敦煌古籍叙錄新編（第三冊）　（臺北）新文豐出版公司　1986　p. 234
土田健次郎　儒教典籍　敦煌漢文文獻（講座敦煌 5）　（東京）大東出版社　1992　p. 268
胡戟　傅玫　敦煌史話　中華書局　1995　p. 143
姜伯勤　變文的南方源頭與敦煌的唱導法匠　華學（第一輯）　中山大學出版社　1995　p. 159
鄭炳林　敦煌碑銘讚輯釋　甘肅教育出版社　1997　p. 211 注 2
顏廷亮　敦煌文化　光明日報出版社　2000　p. 201
姜亮夫　敦煌莫高窟年表　姜亮夫全集（十一）　雲南人民出版社　2002　p. 162
李索　敦煌寫卷《春秋經傳集解》校證　中國社會科學出版社　2005　p. 270

石塚晴通　敦煌的加點本　敦煌學・日本學:石塚晴通教授退職紀念論文集　上海辭書出版社　2005　p. 9

P. 3730

那波利貞　佛教信仰に基きて組織せられたる中晚唐五代時代の社邑に就きて(上)　『史林』(24卷3號)　京都大學文學部史學研究會　1939　p. 13、34、118　又見:唐代社會文化史研究・第六編　(東京)創文社　1974　p. 585、603、669

那波利貞　敦煌發見文書に拠る中晚唐時代の佛教寺院の錢穀布帛類貸付營利事業運營の實況　『支那學』(10卷3號)　(京都)支那學社　1941　p. 114

那波利貞　千佛岩莫高窟と敦煌文書　西域文化研究(第二)・敦煌吐魯番社會經濟資料(上)　(京都)法藏館　1959　p. 64

陳祚龍　敦煌寫本《洪䛒、悟真等告身》校注　(臺北)《大陸雜誌》1962年第1期　又見:敦煌資料考屑(上冊)　(臺北)商務印書館　1979　p. 42；中國敦煌學百年文庫・民族卷(二)　甘肅文化出版社　1999　p. 81

周一良　跋敦煌寫本《海中有神龜》　魏晉南北朝史論集　中華書局　1963　p. 361　又見:中國敦煌學百年文庫・文獻卷(一)　甘肅文化出版社　1999　p. 257

竺沙雅章　敦煌出土「社」文書の研究　『東方學報』(第35號)　京都大學人文科學研究所　1964　p. 232

蘇瑩輝　論敦煌資料中的三位河西都僧統　(臺北)《幼獅學志》1966年第1期　又見:敦煌論集(臺北)學生書局　1983　p. 423、425注2、3；中國敦煌學百年文庫・宗教卷(一)　甘肅文化出版社　1999　p. 6

那波利貞　唐代の社邑に就きて(1938年)　唐代社會文化史研究・第五編　(東京)創文社　1974　p. 514、521、548、557

陳祚龍　敦煌古抄"社條"三種　敦煌文物隨筆　(臺北)商務印書館　1979　p. 26

陳祚龍　中古敦煌結社的真象　敦煌學海探珠(下冊)　(臺北)商務印書館　1979　p. 362

池田溫　中國古代籍帳研究:概観・録文　東京大學東洋文化研究所　1979　p. 550

蘇瑩輝　論莫高窟七佛藥師之堂非由洪䛒所開鑿　敦煌學(第4輯)　(香港)新亞研究所敦煌學會　1979　p. 66注17

北原薰　晚唐・五代の敦煌寺院経済——収支決算報告を中心に　敦煌の社會(講座敦煌3)　(東京)大東出版社　1980　p. 440

長澤和俊　敦煌の庶民生活　敦煌の社會(講座敦煌3)　(東京)大東出版社　1980　p. 468

堀敏一　敦煌社會の変質——中國社會全般の発展とも関連して　敦煌の社會(講座敦煌3)　(東京)大東出版社　1980　p. 180

馬世長　敦煌縣博物館藏地志殘卷:敦博第五八號卷子研究之一　敦煌吐魯番文獻研究論集　中華書局　1982　p. 423

陳國燦　對未刊敦煌借契的考察　魏晉南北朝隋唐史資料(第5輯)　武漢大學出版社　1983　p. 22

蘇瑩輝　從敦煌吳僧統碑和三卷敦煌寫本論吳法成並非緒芝之子亦非洪䛒和尚　敦煌論集續編　(臺北)學生書局　1983　p. 133

楊際平　吐蕃時期敦煌計口授田考　《社會科學》1983年第2期　又見:中國敦煌學百年文庫・歷史卷(一)　甘肅文化出版社　1999　p. 521

饒宗頤解說　林宏作譯　敦煌書法叢刊(第十四卷)・牒狀(一)　(東京)二玄社　1985　p. 92

唐耕耦　陸宏基　敦煌社會經濟文獻真迹釋録(一)　書目文獻出版社　1986　p. 280

王堯　陳踐　從一張借契看宗教的社會作用:P. T. 1297 號敦煌吐蕃文書譯解　《世界宗教研究》1986 年第 4 期　p. 69

謝重光　關於唐後期至五代間沙州寺院經濟的幾個問題　敦煌吐魯番出土經濟文書研究　廈門大學出版社　1986　p. 447、458

楊際平　吐蕃時期沙州社會經濟研究　敦煌吐魯番出土經濟文書研究　廈門大學出版社　1986　p. 392

姜伯勤　唐五代敦煌寺戶制度　中華書局　1987　p. 39、69、81、117

謝和耐著　耿昇譯　中國 5—10 世紀的寺院經濟　甘肅人民出版社　1987　p. 321 注 4

楊銘　吐蕃時期敦煌部落設置考　《西北史地》1987 年第 2 期　p. 35

姜伯勤　敦煌音聲人略論　《敦煌研究》1988 年第 4 期　p. 4

李正宇　敦煌地區古代祠廟寺觀簡志　《敦煌學輯刊》1988 年第 1、2 期　p. 80

山本達郎等　敦煌·I 社條　『NUN–HUANG AND TURFAN DOCUMENTS CONCERNING SOCIAL AND ECONOMIC HISTORY』(IV)　(東京)東洋文庫　1989　p. 6

王三慶　日本所見敦煌寫卷目録提要(一)　敦煌學(第 15 輯)　(臺北)新文豐出版公司　1989　p. 93

郝春文　唐後期五代宋初沙州僧尼的特點　敦煌吐魯番學研究論文集　漢語大詞典出版社　1990　p. 825、839

唐耕耦　陸宏基　敦煌社會經濟文獻真迹釋録(二、四)　全國圖書館文獻縮微複製中心　1990　p. 105、197;38、109、483

謝重光　白文固　中國僧官制度史　青海人民出版社　1990　p. 136

竺沙雅章　敦煌吐蕃期的僧官制度　第二屆敦煌學國際研討會論文集　(臺北)漢學研究中心　1990　p. 150

仁井田陞　補訂中國法制史研究:奴隸農奴法·家族村落法　東京大學出版會　1991　p. 565、587

項楚　王梵志詩校注　上海古籍出版社　1991　p. 12

項楚　王梵志詩論　敦煌文學叢考　上海古籍出版社　1991　p. 664

謝重光　吐蕃佔領期與歸義軍時期的敦煌僧官制度　《敦煌研究》1991 年第 3 期　p. 56

中村裕一　唐代制勅研究　(東京)汲古書院　1991　p. 590

郝春文　東晉南北朝時期的佛教結社　《歷史研究》1992 年第 1 期　p. 102

姜伯勤　敦煌本乘恩帖考證　中山大學史學集刊(第一輯)　廣東人民出版社　1992　又見:中國敦煌學百年文庫·宗教卷(二)　甘肅文化出版社　1999　p. 315

姜伯勤　敦煌社會文書導論　(臺北)新文豐出版公司　1992　p. 161、208、219、233、236、251

馬德　《乘恩帖》述略　《敦煌研究》1992 年第 1 期　p. 22

尹偉先　從敦煌文書看唐代河西地區的貨幣流通　《社科縱橫》1992 年第 6 期　又見:中國敦煌學百年文庫·歷史卷(二)　甘肅文化出版社　1999　p. 341

竺沙雅章　寺院文書　敦煌漢文文獻(講座敦煌 5)　(東京)大東出版社　1992　p. 611、644

李正宇　敦煌文學概論　甘肅人民出版社　1993　p. 108

前田正名　河西歷史地理學研究　中國藏學出版社　1993　p. 241

王震亞　趙熒　敦煌殘卷爭訟文牒集釋　甘肅人民出版社　1993　p. 89、91、95、96、103、105

張鴻勳　敦煌說唱文學概論　(臺北)新文豐出版公司　1993　p. 12

蔣禮鴻　敦煌文獻語言詞典　杭州大學出版社　1994　p. 318

齊陳駿　有關遺產繼承的幾件敦煌遺書　《敦煌學輯刊》1994 年第 2 期　p. 51

王堯　從兩件敦煌吐蕃文書來談洪訔的事迹　選堂文史論苑　上海古籍出版社　1994　p. 256

黃盛璋　敦煌漢文與于闐文書中之龍家及其相關問題　全國敦煌學研討會論文集　（臺北）中正大學中國文學系所　1995　p. 66　又見:《西域研究》1996 年第 1 期　p. 30

劉銘恕　敦煌遺書劄記八篇　敦煌學國際研討會文集·史地語文編　遼寧美術出版社　1995　p. 395

寧可　郝春文　敦煌社邑的喪葬互助　《首都師範大學學報》1995 年第 6 期　p. 36

榮新江　龍家考　中亞學刊（第四輯）　北京大學出版社　1995　p. 146

土肥義和　唐·北宋間の「社」の組織形態に関する一考察　中國古代の國家と民衆（堀敏一先生古稀記念）　（東京）汲古書院　1995　p. 703

王書慶　敦煌佛學·佛事篇　甘肅民族出版社　1995　p. 244

張傳璽　中國歷代契約會編考釋(上)　北京大學出版社　1995　p. 375 注 1、484 注 1

郝春文　唐後期五代宋初沙州僧尼的宗教收入(一)　慶祝潘石禪先生九秩華誕敦煌學特刊　（臺北）文津出版社　1996　p. 295

郝春文　唐後期五代宋初沙州僧尼的宗教收入(三):大眾倉試探　《敦煌學輯刊》1996 年第 2 期　p. 6

姜伯勤　敦煌藝術宗教與禮樂文明　中國社會科學出版社　1996　p. 388、515

李正宇　敦煌史地新論　（臺北）新文豐出版公司　1996　p. 80

劉進寶　吐蕃對河西的統治與經營　敦煌吐魯番學研究論集　書目文獻出版社　1996　p. 330

馬德　敦煌莫高窟史研究　甘肅教育出版社　1996　p. 97

馬子海　吐蕃統治下的河西走廊　《西北師大學報》(社會科學版)1996 年第 2 期　p. 104

張涌泉　敦煌俗字研究導論　（臺北）新文豐出版公司　1996　p. 151、244

周一良著　錢文忠譯　唐代密宗　上海遠東出版社　1996　p. 254

黃征　張涌泉　敦煌變文校注　中華書局　1997　p. 28、430

寧可　郝春文　敦煌社邑文書輯校　江蘇古籍出版社　1997　p. 42

田德新　敦煌寺院中的都師　《敦煌學輯刊》1997 年第 2 期　p. 124

楊銘　吐蕃統治敦煌研究　（臺北）新文豐出版公司　1997　p. 23

張弓　漢唐佛寺文化史　中國社會科學出版社　1997　p. 366、764、860

鄭炳林　敦煌碑銘讚及其有關問題　敦煌碑銘讚輯釋　甘肅教育出版社　1997　p. 20

鄭炳林　敦煌碑銘讚輯釋　甘肅教育出版社　1997　p. 70 注 24

郝春文　唐後期五代宋初敦煌僧尼的社會生活　中國社會科學出版社　1998　p. 76

郝春文　唐後期五代宋初敦煌僧尼遺產的處理與喪事的操辦　《敦煌研究》1998 年第 3 期　p. 34

郝春文　唐後期五代宋初敦煌僧人的稅役負擔　《敦煌學輯刊》1998 年第 2 期　p. 1

金瀅坤　吐蕃統治敦煌的社會基層組織　《中國邊疆史地研究》1998 年第 4 期　p. 30

李正宇　司　敦煌學大辭典　上海辭書出版社　1998　p. 382

李正宇　樂人奉仙等牒　敦煌學大辭典　上海辭書出版社　1998　p. 246

沙知　敦煌契約文書輯校　江蘇古籍出版社　1998　p. 148、477

譚蟬雪　敦煌歲時文化導論　（臺北）新文豐出版公司　1998　p. 10、26、106、295

譚蟬雪　榮親　敦煌學大辭典　上海辭書出版社　1998　p. 440

譚蟬雪　印沙佛會　敦煌學大辭典　上海辭書出版社　1998　p. 434

唐耕耦　上座　敦煌學大辭典　上海辭書出版社　1998　p. 638

楊森　洪訔　敦煌學大辭典　上海辭書出版社　1998　p. 350

鄭炳林 《康秀華寫經施入疏》與《炫和尚貨賣胡粉曆》研究 敦煌吐魯番研究(第三卷) 北京大學
　　出版社 1998 p. 204

金瀅坤 吐蕃統治敦煌的財政職官體系 《敦煌研究》1999 年第 2 期 p. 86

馬德 敦煌文書《諸寺付經曆》芻議 《敦煌學輯刊》1999 年第 1 期 p. 39

寧可 寧可史學論集 中國社會科學出版社 1999 p. 446 注 11

楊森 談敦煌社邑文書中"三官"及"錄事""虞侯"的若干問題 《敦煌研究》1999 年第 3 期 p. 79

郝春文 部分英藏敦煌文獻的定名問題 英國收藏敦煌漢藏文獻研究 中國社會科學出版社 2000
　　p. 389

劉進寶 敦煌文書與唐史研究 (臺北)新文豐出版公司 2000 p. 102

譚蟬雪 唐宋敦煌歲時佛俗 《敦煌研究》2000 年第 4 期 p. 65

徐俊 敦煌詩集殘卷輯考 中華書局 2000 p. 818

袁德領 歸義軍時期莫高窟與敦煌寺院的關係 《敦煌研究》2000 年第 3 期 p. 171

郝春文 營造寄託:中國六至十世紀造寺功德的探討 佛教與歷史文化 宗教文化出版社 2001
　　p. 419

孟憲實 敦煌社邑的分佈 敦煌文獻論集:紀念藏經洞發現一百周年國際學術研討會論文集 遼寧
　　人民出版社 2001 p. 423

謝重光 漢唐佛教社會史論 (臺北)國際文化事業有限公司 2001 p. 207

楊森 關於敦煌文獻中的"平章"一詞 敦煌學與中國史研究論集 甘肅人民出版社 2001 p. 231

曾良 敦煌文獻字義通釋 廈門大學出版社 2001 p. 130

李斌城 唐代文化 中國社會科學出版社 2002 p. 1017

李正宇 唐宋時期的敦煌佛教 敦煌佛教藝術文化國際學術研討會論文集 蘭州大學出版社 2002
　　p. 382

陸離 唐五代敦煌寺戶制度源流辨析 敦煌吐魯番研究(第六卷) 北京大學出版社 2002 p. 289

孟憲實 論唐宋時期敦煌民間結社的組織形態 《敦煌研究》2002 年第 1 期 p. 60

楊惠玲 敦煌契約文書中的保人、見人、口承人、同便人、同取人 《敦煌研究》2002 年第 6 期 p. 41

郝春文 唐後期五代宋初敦煌僧尼的生活方式 寺院財富與世俗供養 上海書畫出版社 2003
　　p. 133

郝春文 唐後期五代宋初中印文化對敦煌寺院的影響 新世紀敦煌學論集 巴蜀書社 2003
　　p. 334

洪藝芳 敦煌社會經濟文書中的唐五代新興量詞研究 敦煌學(第 24 輯) (臺北)樂學書局有限公
　　司 2003 p. 101

乜小紅 唐五代敦煌音聲人試探 《敦煌研究》2003 年第 3 期 p. 78

彭金章 有關敦煌莫高窟北區瘞窟的幾個問題 寺院財富與世俗供養 上海書畫出版社 2003
　　p. 366

童丕 敦煌的借貸:中國中古時代的物質生活與社會 中華書局 2003 p. 48、54、143

王啓濤 中古及近代法制文書語言研究 巴蜀書社 2003 p. 138、208、239、346、387

項楚 敦煌變文新校 柱馬屋存稿 商務印書館 2003 p. 62

楊銘 四件英藏敦煌藏文文書考釋 2000 年敦煌學國際學術討論會文集·歷史文化卷(上) 甘肅
　　民族出版社 2003 p. 297

湛如 敦煌佛教律儀制度研究 中華書局 2003 p. 43

孟憲實 論敦煌渠人社 周秦漢唐文化研究(第三輯) 三秦出版社 2004 p. 144

湯涒 敦煌曲子詞地域文化研究 上海古籍出版社 2004 p. 102

趙曉星　敦煌落蕃舊事　民族出版社　2004　p. 184

鄭顯文　唐代律令制研究　北京大學出版社　2004　p. 187

陸離　吐蕃統治時期敦煌僧官的幾個問題　《敦煌研究》2005 年第 3 期　p. 96

屈直敏　從《勵忠節抄》看歸義軍政權道德秩序的重建　《敦煌學輯刊》2005 年第 3 期　p. 83

李正宇　晚唐至宋敦煌聽許僧人娶妻生子　敦煌吐魯番研究（第九卷）　中華書局　2006　p. 342、346

劉進寶　歸義軍時期的"音聲人"　《敦煌研究》2006 年第 1 期　p. 69

孟憲實　論唐宋時期敦煌民間結社的社條　敦煌吐魯番研究（第九卷）　中華書局　2006　p. 319

趙跟喜　敦煌唐宋時期的女子教育初探　文史（第七十五輯）　中華書局　2006　p. 95

P. 3731

三木榮　西域出土醫藥關係文獻綜合解說目錄　『東洋學報』（47 卷 1 號）　（東京）東洋學術協會　1964　p. 6

馬繼興　敦煌古醫籍考釋　江西科學技術出版社　1988　p. 13

趙健雄　敦煌遺書醫學卷考析　《敦煌研究》1991 年第 4 期　p. 101

王三慶　敦煌寫卷中武后新字之調查研究　唐代研究論集（第三輯）　（臺北）新文豐出版公司　1992　p. 97

丛春雨　敦煌中醫藥全書　中醫古籍出版社　1994　p. 30、560

馬繼興　敦煌醫藥文獻　敦煌學大辭典　上海辭書出版社　1998　p. 615

馬繼興　敦煌醫藥文獻輯校　江蘇古籍出版社　1998　p. 215

王淑民　唐人選方　敦煌學大辭典　上海辭書出版社　1998　p. 618

王淑民　敦煌石窟秘藏醫方　北京醫科大學中國協和醫科大學聯合出版社　1999　p. 4、47、61、78、121

丛春雨　敦煌中醫藥精萃發微　中醫古籍出版社　2000　p. 201、263、285

陳明　醫理精華：印度古典醫學在敦煌的實例分析　敦煌吐魯番研究（第五卷）　北京大學出版社　2001　p. 255

丛春雨　論醋在敦煌遺書、馬王堆竹簡古醫方的臨床應用　《敦煌研究》2001 年第 2 期　p. 143

謝重光　漢唐佛教社會史論　（臺北）國際文化事業有限公司　2001　p. 207

陳明　印度梵文醫典醫理精華研究　中華書局　2002　p. 115

馬繼興　當前世界各地收藏的中國出土卷子本古醫藥文獻備考　敦煌吐魯番研究（第六卷）　北京大學出版社　2002　p. 152

趙平安　談談敦煌醫學寫本的釋字問題　敦煌吐魯番研究（第六卷）　北京大學出版社　2002　p. 198

陳明　備急單驗：敦煌醫藥文獻中的單藥方　敦煌學國際研討會論文集　北京圖書館出版社　2005　p. 239

陳明　殊方異藥：出土文書與西域醫學　北京大學出版社　2005　p. 151

P. 3732

周祖謨　校讀玄應一切經音義後記　問學集　中華書局　1966　又見：中國敦煌學百年文庫·語言文字卷（一）　甘肅文化出版社　1999　p. 296

蕭登福　從敦煌寫卷中看道教星斗崇拜對佛經之影響　第二屆敦煌學國際研討會論文集　（臺北）漢學研究中心　1990　p. 334

林家平　寧强　羅華慶　中國敦煌學史　北京語言學院出版社　1992　p. 142

石塚晴通　玄應《一切經音義》的西域寫本　《敦煌研究》1992 年第 2 期　p. 54

王三慶著　池田溫譯　類書　敦煌漢文文獻(講座敦煌 5)　(東京)大東出版社　1992　p. 381

吳其昱著　伊藤美重子譯　敦煌漢文寫本概觀　敦煌漢文文獻(講座敦煌 5)　(東京)大東出版社　1992　p. 68

蕭登福　道教星斗符印與佛教密宗　(臺北)新文豐出版公司　1993　p. 36、195

蕭登福　道教術儀與密教典籍　(臺北)新文豐出版公司　1994　p. 480

蕭登福　道教與佛教　(臺北)東大圖書公司　1995　p. 152

蕭登福　道佛十王地獄說　(臺北)新文豐出版公司　1996　p. 139

殷光明　從北涼石塔發願文看傳統文化對佛教的影響　敦煌佛教文化研究　社科縱橫編輯部　1996　p. 66

張金泉　許建平　敦煌音義彙考　杭州大學出版社　1996　p. 857

張涌泉　敦煌俗字研究導論　(臺北)新文豐出版公司　1996　p. 48

張金泉　敦煌佛經音義寫卷述要　《敦煌研究》1997 年第 2 期　p. 112

葛兆光　征服與轉化:5 至 7 世紀中國思想史中的佛教　華學(第三輯)　中山大學出版社　1998　p. 82 注

張金泉　玄應　敦煌學大辭典　上海辭書出版社　1998　p. 345

張金泉　一切經音義　敦煌學大辭典　上海辭書出版社　1998　p. 517

張金泉　P. 2901 佛經音義寫卷考　《杭州大學學報》1998 年第 1 期　p. 100

謝重光　漢唐佛教社會史論　(臺北)國際文化事業有限公司　2001　p. 207

徐時儀　玄應《衆經音義》版本考　中國學術(第二輯)　商務印書館　2004　p. 195

徐時儀　敦煌寫本《玄應音義》考補　《敦煌研究》2005 年第 1 期　p. 101

徐時儀　玄應《衆經音義》研究　中華書局　2005　p. 44、90

P. 3735

周祖謨　爾雅郭璞注古本跋　問學集　中華書局　1966　又見:中國敦煌學百年文庫·語言文字卷(一)　甘肅文化出版社　1999　p. 305

王重民　敦煌古籍叙錄　中華書局　1979　p. 74

饒宗頤　居延簡術數耳鳴目瞤解　選堂集林·史林　(香港)中華書局　1982　p. 298

姜亮夫　敦煌學概論　中華書局　1985　p. 60

王重民　巴黎敦煌殘卷叙錄(第一輯)　敦煌叢刊初集(九)　(臺北)新文豐出版公司　1985　p. 127

王重民原編　黃永武新編　敦煌古籍叙錄新編(第四冊)　(臺北)新文豐出版公司　1986　p. 304

池田溫　中國古代寫本識語集錄　(東京)大藏出版株式會社　1990　p. 300、305、310

孫啓治　唐寫本俗別字變化類型舉例　敦煌吐魯番文獻研究論集(第五輯)　北京大學出版社　1990　p. 127、130

林聰明　敦煌文書學　(臺北)新文豐出版公司　1991　p. 364

土田健次郎　儒教典籍　敦煌漢文文獻(講座敦煌 5)　(東京)大東出版社　1992　p. 269

王元軍　唐人書法與文化　(臺北)東大圖書公司　1995　p. 200

張金泉　許建平　敦煌音義彙考　杭州大學出版社　1996　p. 310

許建平　讀卷校經劄記　古典文獻與文化論叢　中華書局　1997　p. 81

張金泉　爾雅注　敦煌學大辭典　上海辭書出版社　1998　p. 517

黃征　程惠新　劫塵遺珠:敦煌遺書　甘肅教育出版社　1999　p. 54

顏廷亮　敦煌文化　光明日報出版社　2000　p. 378
謝重光　漢唐佛教社會史論　（臺北）國際文化事業有限公司　2001　p. 208
姜亮夫　敦煌莫高窟年表　姜亮夫全集（十一）　雲南人民出版社　2002　p. 350
張弓　敦煌四部籍與中古後期社會的文化情境　敦煌學（第 25 輯）　（臺北）樂學書局有限公司
　　2004　p. 314

P. 3736

山本達郎等　敦煌・Ⅳ 納贈曆・納色物曆等　『NUN – HUANG AND TURFAN DOCUMENTS CON-
　　CERNING SOCIAL AND ECONOMIC HISTORY』（Ⅳ）　（東京）東洋文庫　1989　p. 112
上山大峻　敦煌佛教の研究　（京都）法藏館　1990　p. 345
王震亞　趙熒　敦煌殘卷爭訟文牒集釋　甘肅人民出版社　1993　p. 88
鄭炳林　唐五代敦煌粟特人與歸義軍政權　《敦煌研究》1996 年第 4 期　p. 83　又見：敦煌歸義軍史
　　專題研究　蘭州大學出版社　1997　p. 405
鄭炳林　敦煌碑銘讚輯釋　甘肅教育出版社　1997　p. 536 注 2
金岡照光　敦煌文獻と中國文學　（東京）五曜書房　2000　p. 32

P. 3737

潘重規　巴黎倫敦所藏敦煌詩經卷子題記　（香港）《新亞書院學術年刊》1969 年第 11 期　又見：中
　　國敦煌學百年文庫・文獻卷（二）　甘肅文化出版社　1999　p. 388
潘重規　敦煌詩經卷子研究　（臺北）《華岡學報》1970 年第 6 期　又見：中國敦煌學百年文庫・文
　　獻卷（二）　甘肅文化出版社　1999　p. 436
戴密微著　耿昇譯　敦煌學近作　敦煌譯叢（第一輯）　甘肅人民出版社　1985　p. 104
土田健次郎　儒教典籍　敦煌漢文文獻（講座敦煌 5）　（東京）大東出版社　1992　p. 268
白化文　詩經　敦煌學大辭典　上海辭書出版社　1998　p. 773
張弓　敦煌四部籍與中古後期社會的文化情境　敦煌學（第 25 輯）　（臺北）樂學書局有限公司
　　2004　p. 313

P. 3738

金岡照光　敦煌漢文文學文獻の文學形態上の種類とその分類　敦煌出土文學文獻分類目録・附解
　　說　（東京）東洋文庫　1971　p. 237
王重民　敦煌古籍叙録　中華書局　1979　p. 289
萬曼　唐集叙録　中華書局　1980　p. 30
饒宗頤　敦煌書法叢刊（第十六卷）・詩詞　（東京）二玄社　1985　p. 19、70
王重民　巴黎敦煌殘卷叙録（第二輯）　敦煌叢刊初集（九）　（臺北）新文豐出版公司　1985　p. 289
林聰明　敦煌漢文文書解讀要點試論　漢學研究（敦煌學國際研討會論文專號）　（臺北）漢學研究
　　資料及服務中心　1986　p. 430
王重民原編　黃永武新編　敦煌古籍叙録新編（第十五冊）　（臺北）新文豐出版公司　1986　p. 89
黃永武　施淑婷　敦煌的唐詩續編　（臺北）文史哲出版社　1989　p. 1
張錫厚　敦煌詩歌考論　《敦煌學輯刊》1989 年第 2 期　p. 26
張錫厚　詩歌　敦煌文學　甘肅人民出版社　1989　p. 175
王三慶著　池田溫譯　類書　敦煌漢文文獻（講座敦煌 5）　（東京）大東出版社　1992　p. 384
周紹良　敦煌文學芻議及其它　（臺北）新文豐出版公司　1992　p. 27

項楚　敦煌詩歌導論　（臺北）新文豐出版公司　1993　p. 4

張錫厚　敦煌文學概論　甘肅人民出版社　1993　p. 356

胡戟　傅玫　敦煌史話　中華書局　1995　p. 168

劉進寶　敦煌學論述　（臺北）洪葉文化事業有限公司　1995　p. 329

徐俊　敦煌寫本唐人詩歌存佚互見綜考　敦煌吐魯番研究（第一卷）　北京大學出版社　1996
　　p. 114

寧可　郝春文　敦煌社邑文書輯校　江蘇古籍出版社　1997　p. 469

柴劍虹　李嶠雜詠注　敦煌學大辭典　上海辭書出版社　1998　p. 555

荒川正晴　最近五年來（1993—1998）日本的唐代學術研究概況　"中國唐代學會"會刊（第九期）
　　（臺北）"中國唐代學會"　1998　p. 192

徐俊　敦煌寫本《李嶠雜詠注》校疏　敦煌吐魯番研究（第三卷）　北京大學出版社　1998　p. 63

高啓安　唐五代至宋敦煌的量器及量制　《敦煌學輯刊》1999 年第 1 期　p. 66

北京大學　敦煌《經卷》、《照片》及《圖書》目錄　中國敦煌學百年文庫・綜述卷（一）　甘肅文化出
　　版社　1999　p. 319

徐俊　敦煌詩集殘卷輯考　中華書局　2000　p. 345、356、629

張錫厚　敦煌文學源流　作家出版社　2000　p. 77

杜曉勤　隋唐五代文學研究　北京出版社　2001　p. 1263

劉瑞明　集遺珠以彙詩海　復原貌而觀萬象：評《敦煌詩集殘卷輯考》　《敦煌研究》2001 年第 4 期
　　p. 170

陶敏　李一飛　隋唐五代文學史料學　中華書局　2001　p. 350

姜亮夫　敦煌莫高窟年表　姜亮夫全集（十一）　雲南人民出版社　2002　p. 293

高國藩　敦煌學百年史述要　（臺北）商務印書館　2003　p. 188

徐俊　敦煌先唐詩考　2000 年敦煌學國際學術討論會文集・歷史文化卷（下）　甘肅民族出版社
　　2003　p. 308

段莉萍　從敦煌殘本考李嶠《雜詠詩》的版本源流　《敦煌研究》2004 年第 5 期　p. 74

高啓安　唐五代敦煌飲食文化研究　民族出版社　2004　p. 419

P. 3739

王重民　敦煌古籍叙録　中華書局　1979　p. 265

蘇瑩輝　敦煌學概要　（臺北）編譯館"中華叢書編委會"　1981　p. 76

岡部和雄　敦煌藏經目錄　敦煌と中國仏教（講座敦煌 7）　（東京）大東出版社　1984　p. 298、304

王重民　巴黎敦煌殘卷叙録（第一輯）　敦煌叢刊初集（九）　（臺北）新文豐出版公司　1985
　　p. 121、168

方廣錩　讀敦煌佛典經録劄記　《敦煌學輯刊》1986 年第 1 期　p. 105

王重民原編　黃永武新編　敦煌古籍叙録新編（第十四冊）　（臺北）新文豐出版公司　1986　p. 129

方廣錩　佛教大藏經史（八—十世紀）　中國社會科學出版社　1991　p. 142

方廣錩　敦煌佛教經録輯校　江蘇古籍出版社　1997　p. 43

方廣錩　大唐内典録　敦煌學大辭典　上海辭書出版社　1998　p. 744

方廣錩　敦煌遺書中所存的全國性佛教經録　敦煌學佛教學論叢（上）　中國佛教文化研究所
　　1998　p. 283

姜亮夫　敦煌莫高窟年表　姜亮夫全集（十一）　雲南人民出版社　2002　p. 183

王素　敦煌吐魯番文獻　文物出版社　2002　p. 154

P. 3740

鄭炳林　伯2641號背莫高窟再修功德記撰寫人探微　《敦煌學輯刊》1991年第2期　p. 48

田中良昭　《禪籍解題(一)·敦煌禪籍》補遺　俗語言研究(第三期)　(京都)禪文化研究所　1996　p. 213

王卡　敦煌道教文獻研究　中國社會科學出版社　2004　p. 59

P. 3741

金岡照光　敦煌漢文文學文獻の文學形態上の種類とその分類　敦煌出土文學文獻分類目録·附解說　(東京)東洋文庫　1971　p. 215

陳祚龍　輯録敦煌古抄《周秦行記》　敦煌學海探珠(下冊)　(臺北)商務印書館　1979　p. 290

王重民　敦煌古籍叙録　中華書局　1979　p. 228

張鴻勳　試論敦煌文學的範圍、性質及特點　《社會科學》1983年第2期　又見:中國敦煌學百年文庫·文學卷(五)　甘肅文化出版社　1999　p. 253

王重民　巴黎敦煌殘卷叙録(第二輯)　敦煌叢刊初集(九)　(臺北)新文豐出版公司　1985　p. 257

王重民原編　黃永武新編　敦煌古籍叙録新編(第十二冊)　(臺北)新文豐出版公司　1986　p. 70

林聰明　敦煌文書學　(臺北)新文豐出版公司　1991　p. 251

金岡照光　散文體類　敦煌の文學文獻(講座敦煌9)　(東京)大東出版社　1992　p. 244

張鴻勳　敦煌說唱文學概論　(臺北)新文豐出版公司　1993　p. 17

林聰明　談敦煌文書的抄寫問題　紀念陳寅恪先生百年誕辰學術論文集　江西教育出版社　1994　p. 301

張涌泉　陳祚龍校録敦煌卷子失誤例釋　學術集林(卷六)　上海遠東出版社　1995　p. 316　又見:舊學新知　浙江大學出版社　1999　p. 291

張鴻勳　周秦行記　敦煌學大辭典　上海辭書出版社　1998　p. 584

北京大學　敦煌《經卷》、《照片》及《圖書》目録　中國敦煌學百年文庫·綜述卷(一)　甘肅文化出版社　1999　p. 318

林聰明　敦煌吐魯番文書解詁指例　(臺北)新文豐出版公司　2001　p. 89

姜亮夫　敦煌莫高窟年表　姜亮夫全集(十一)　雲南人民出版社　2002　p. 496

張鴻勳　敦煌俗文學研究　甘肅人民出版社　2002　p. 42

P. 3742

那波利貞　唐寫本雜抄考——唐代庶民教育史研究の一資料　唐代社會文化史研究·第二編　(東京)創文社　1974　p. 258

高國藩　敦煌民俗學　上海文藝出版社　1989　p. 105

鄭阿財　敦煌蒙書析論　第二屆敦煌學國際研討會論文集　(臺北)漢學研究中心　1990　p. 216

段文傑　開元天寶年間給士兵衣物單　敦煌學大辭典　上海辭書出版社　1998　p. 392

雷紹鋒　歸義軍賦役制度初探　(臺北)洪葉文化事業有限公司　2000　p. 172

張娜麗　《敦煌本〈六字千文〉初探》析疑(續)　《敦煌研究》2002年第1期　p. 93

鄭阿財　朱鳳玉　敦煌蒙書研究　甘肅教育出版社　2002　p. 18

黃征　敦煌俗字典　上海教育出版社　2005　p. 前言13、91

黃征　敦煌俗字要論　《敦煌研究》2005年第1期　p. 86

黃征　敦煌俗字種類考辨　敦煌學·日本學:石塚晴通教授退職紀念論文集　上海辭書出版社　2005　p. 119、123

P. 3744

韓國磐　根據敦煌和吐魯番發現的文件略談有關唐代田制的幾個問題　《歷史研究》1962 年第 4、6
　　期　又見:新疆考古三十年　新疆人民出版社　1983　p. 306；中國敦煌學百年文庫・歷史卷
　　（一）　甘肅文化出版社　1999　p. 228

池田溫　中國古代籍帳研究:概観・録文　東京大學東洋文化研究所　1979　p. 555

韓國磐　根據敦煌和吐魯番發現的文件略談有關唐代均田制的幾個問題　敦煌吐魯番文書研究　甘
　　肅人民出版社　1984　p. 198

寧欣　唐代敦煌地區農業水利問題初探　敦煌吐魯番文獻研究論集（第三輯）　北京大學出版社
　　1986　p. 511、525

池田溫　吐魯番・敦煌文書にみえる地方城市の住居　中國都市の歷史的研究（唐代史研究會報告
　　第 VI 集）　（東京）刀水書房　1988　p. 188

李正宇　敦煌古城談往　《西北史地》1988 年第 2 期　p. 26

郝春文　唐後期五代宋初沙州僧尼的特點　敦煌吐魯番學研究論文集　漢語大詞典出版社　1990
　　p. 825

唐耕耦　陸宏基　敦煌社會經濟文獻真迹釋録（二）　全國圖書館文獻縮微複製中心　1990　p. 145

高田時雄　評:池田溫編『敦煌漢文文獻』（講座敦煌 5）　『東洋史研究』（52 卷 1 號）　（東京）東洋
　　史研究會　1993　p. 119

張鴻勳　敦煌說唱文學概論　（臺北）新文豐出版公司　1993　p. 7

齊陳駿　有關遺產繼承的幾件敦煌遺書　《敦煌學輯刊》1994 年第 2 期　p. 51、55

李正宇　俄藏《端拱二年八月十九日往西天取菩薩戒僧智堅手記》決疑　敦煌佛教文獻研究　敦煌
　　研究院文獻研究所　1995　p. 5

李志生　唐代婦女財產問題初探　中國典籍與文化論叢（第二輯）　中華書局　1995　p. 323

張傳璽　中國歷代契約會編考釋（上）　北京大學出版社　1995　p. 460 注 1

李正宇　敦煌史地新論　（臺北）新文豐出版公司　1996　p. 111

李正宇　敦煌出土的四首特型詩及其破解　敦煌文學論集　四川人民出版社　1997　p. 13

李正宇　敦煌歷史地理導論　（臺北）新文豐出版公司　1997　p. 60、222、325

鄭炳林　敦煌碑銘讚輯釋　甘肅教育出版社　1997　p. 474 注 14

鄭炳林　唐五代敦煌種植林業研究　敦煌歸義軍史專題研究　蘭州大學出版社　1997　p. 202

鄭炳林　晚唐五代敦煌園囿經濟研究　敦煌歸義軍史專題研究　蘭州大學出版社　1997　p. 314

李正宇　村莊　敦煌學大辭典　上海辭書出版社　1998　p. 304

李正宇　塞庭渠　敦煌學大辭典　上海辭書出版社　1998　p. 313

沙知　敦煌契約文書輯校　江蘇古籍出版社　1998　p. 436

宋家鈺　口分田　敦煌學大辭典　上海辭書出版社　1998　p. 413

陳永勝　敦煌吐魯番法制文書研究　甘肅人民出版社　2000　p. 176

郝春文　營造寄託:中國六至十世紀造寺功德的探討　佛教與歷史文化　宗教文化出版社　2001
　　p. 419

李德龍　沙州三界寺《授戒牒》初探　甘肅民族研究論叢　甘肅人民出版社　2002　p. 414

郝春文　唐後期五代宋初敦煌僧尼的生活方式　寺院財富與世俗供養　上海書畫出版社　2003
　　p. 133

李正宇　敦煌遺書一宗後晉時期敦煌民事訴訟檔案　《敦煌研究》2003 年第 2 期　p. 44

彭金章　有關敦煌莫高窟北區瘞窟的幾個問題　寺院財富與世俗供養　上海書畫出版社　2003
　　p. 366

王啓濤　中古及近代法制文書語言研究　巴蜀書社　2003　p. 177、233、253、290、388

鄭炳林　晚唐五代敦煌村莊聚落輯考　2000 年敦煌學國際學術討論會文集・歷史文化卷(上)　甘
　　肅民族出版社　2003　p. 133

劉進寶　歸義軍政權初期的人口調查和土地調整　《敦煌研究》2004 年第 2 期　p. 60

鄭顯文　唐代律令制研究　北京大學出版社　2004　p. 136、276

白化文　讀《伯希和劫經録》　敦煌學國際研討會論文集　北京圖書館出版社　2005　p. 16

黑維强　吐魯番出土文書詞語例釋(二)　《敦煌學輯刊》2005 年第 2 期　p. 189

P. 3745

那波利貞　梁戶考　唐代社會文化史研究・第三編　(東京)創文社　1974　p. 328

那波利貞　唐代の社邑に就きて(1938 年)　唐代社會文化史研究・第五編　(東京)創文社　1974
　　p. 505

那波利貞　唐寫本雜抄考——唐代庶民教育史研究の一資料　唐代社會文化史研究・第二編　(東
　　京)創文社　1974　p. 209

高明士　唐代敦煌的教育　漢學研究(敦煌學國際研討會論文專號)　(臺北)漢學研究資料及服務
　　中心　1986　p. 251

姜亮夫　敦煌經卷在中國文化學術上的價值　敦煌學論文集　上海古籍出版社　1987　p. 5

李正宇　敦煌學郎題記輯注　《敦煌學輯刊》1987 年第 1 期　p. 28

山本達郎等　敦煌・Ⅴ計會文書　『NUN–HUANG AND TURFAN DOCUMENTS CONCERNING SO-
　　CIAL AND ECONOMIC HISTORY』(Ⅳ)　(東京)東洋文庫　1989　p. 114

唐耕耦　陸宏基　敦煌社會經濟文獻真迹釋録(四)　全國圖書館文獻縮微複製中心　1990　p. 19

項楚　敦煌變文選注　巴蜀書社　1990　p. 364

林聰明　敦煌文書學　(臺北)新文豐出版公司　1991　p. 169、224、299

東野治之　敦煌と日本の『千字文』　遣唐使と正倉院　(東京)岩波書店　1992　p. 240

東野治之　訓蒙書　敦煌漢文文獻(講座敦煌 5)　(東京)大東出版社　1992　p. 404

姜伯勤　敦煌社會文書導論　(臺北)新文豐出版公司　1992　p. 96

土田健次郎　儒教典籍　敦煌漢文文獻(講座敦煌 5)　(東京)大東出版社　1992　p. 269

林聰明　談敦煌文書的抄寫問題　紀念陳寅恪先生百年誕辰學術論文集　江西教育出版社　1994
　　p. 295

鄭炳林　楊富學　敦煌西域出土回鶻文文獻所載 qunbu 與漢文文獻所見官布研究　《敦煌學輯刊》
　　1997 年第 2 期　p. 25

高啓安　索黛　敦煌古代僧人官齋飲食檢閱　《敦煌研究》1998 年第 3 期　p. 72

李方　敦煌《論語集解》校正　江蘇古籍出版社　1998　p. 831

李方　唐寫本《論語集解》校讀零拾　出土文獻研究(第三輯)　文物出版社　1998　p. 219

高啓安　王璽玉　唐五代敦煌人的飲食品種研究　《敦煌研究》1999 年第 2 期　p. 68

姜亮夫　敦煌莫高窟年表　姜亮夫全集(十一)　雲南人民出版社　2002　p. 401

李并成　敦煌文獻與西北生態環境變遷研究　漢語史學報專輯(第三輯)　上海教育出版社　2003
　　p. 393

許建平　《俄藏敦煌文獻》儒家經典類寫本的定名與綴合　漢語史學報專輯(第三輯)　上海教育出
　　版社　2003　p. 311

高啓安　唐五代敦煌飲食文化研究　民族出版社　2004　p. 24、40、91、128、195、210

鄭炳林　晚唐五代敦煌地區的胡姓居民與聚落　法國漢學(第 10 輯)(粟特人在中國:歷史、考古、語

言的新探索）　中華書局　2005　p. 179

P. 3746

王堯　陳踐　敦煌吐蕃文獻選　四川民族出版社　1983　p. 206

上山大峻　敦煌佛教の研究　（京都）法藏館　1990　p. 40

施萍婷　敦煌遺書編目雜記二則　敦煌吐魯番研究（第一卷）　北京大學出版社　1996　p. 327

方廣錩　大乘入道次第　敦煌學大辭典　上海辭書出版社　1998　p. 723

P. 3747

潘重規　敦煌寫本衆經別録之發現　敦煌學（第 4 輯）　（香港）新亞研究所敦煌學會　1979　p. 79

岡部和雄　敦煌蔵經目録　敦煌と中國仏教（講座敦煌 7）　（東京）大東出版社　1984　p. 300、314

白化文　敦煌寫本《衆經別録》殘卷校釋　《敦煌學輯刊》1987 年第 1 期　p. 17

劉進寶　伯希和與敦煌遺書　《西北師大學報》（社會科學版）1989 年第 4 期　p. 53

方廣錩　佛教大藏經史（八—十世紀）　中國社會科學出版社　1991　p. 19、141

胡戟　傅玫　敦煌史話　中華書局　1995　p. 132

劉進寶　敦煌學論述　（臺北）洪葉文化事業有限公司　1995　p. 214

鄭阿財　潘重規教授與敦煌學研究　“中國唐代學會”會刊（第七期）　（臺北）“中國唐代學會”
　　1996　p. 33

方廣錩　敦煌佛教經録輯校　江蘇古籍出版社　1997　p. 14

方廣錩　敦煌遺書中所存的全國性佛教經録　敦煌學佛教學論叢（上）　中國佛教文化研究所
　　1998　p. 271

方廣錩　衆經別録　敦煌學大辭典　上海辭書出版社　1998　p. 743

方廣錩　諸寺藏經録　敦煌學大辭典　上海辭書出版社　1998　p. 751

北京大學　敦煌《經卷》、《照片》及《圖書》目録　中國敦煌學百年文庫·綜述卷（一）　甘肅文化出
　　版社　1999　p. 319

劉進寶　藏經洞之謎：敦煌文物流散記　甘肅人民出版社　2000　p. 121

鄭阿財　潘重規先生敦煌學研究成果與貢獻　《敦煌研究》2000 年第 2 期　p. 116

周一良　讀《敦煌與中國佛教》：介紹日本集體巨著《講座敦煌》　魏晉南北朝史論集續編　北京大學
　　出版社　2001　p. 312

方廣錩　敦煌寺院所藏大藏經　中日敦煌佛教學術會議論文集　中國社會科學院研究所　2002
　　p. 40

方廣錩　敦煌寺院所藏大藏經概貌　藏外佛教文獻（第八輯）　宗教文化出版社　2003　p. 378

汪娟　梁麗玲　潘重規先生與佛教研究　敦煌學（第 25 輯）　（臺北）樂學書局有限公司　2004
　　p. 212

P. 3748

道端良秀　敦煌文獻に見える死後の世界　敦煌と中國仏教（講座敦煌 7）　（東京）大東出版社
　　1984　p. 514

福井文雅　般若心經　敦煌と中國仏教（講座敦煌 7）　（東京）大東出版社　1984　p. 40

金岡照光　敦煌における地獄文獻——敦煌庶民信仰の一樣相　敦煌と中國仏教（講座敦煌 7）
　　（東京）大東出版社　1984　p. 579

乜小紅　唐宋敦煌毛紡織業述略　敦煌學（第 23 輯）　（臺北）樂學書局有限公司　2002　p. 127

P. 3749

三木榮　西域出土醫藥關係文獻綜合解說目録　『東洋學報』(47卷1號)　(東京)東洋學術協會　1964　p. 15

馬繼興　敦煌古醫籍考釋　江西科學技術出版社　1988　p. 9

唐耕耦　陸宏基　敦煌社會經濟文獻真迹釋録(四)　全國圖書館文獻縮微複製中心　1990　p. 271

中村裕一　唐代官文書研究　(京都)中文出版社　1991　p. 169

姜伯勤　敦煌社會文書導論　(臺北)新文豐出版公司　1992　p. 124

中村裕一　官文書　敦煌漢文文獻(講座敦煌5)　(東京)大東出版社　1992　p. 567

高國藩　敦煌民俗資料導論　(臺北)新文豐出版公司　1993　p. 171

中村裕一　唐代公文書研究　(東京)汲古書院　1996　p. 116

鄭炳林　唐五代敦煌的醫事研究　敦煌歸義軍史專題研究　蘭州大學出版社　1997　p. 520

顧吉辰　敦煌文獻職官結銜考釋　《敦煌學輯刊》1998年第2期　p. 27

馬繼興　敦煌醫藥文獻　敦煌學大辭典　上海辭書出版社　1998　p. 615

沙知　肅清府　敦煌學大辭典　上海辭書出版社　1998　p. 393

黄正建　敦煌占卜文書與唐五代占卜研究　學苑出版社　2001　p. 168

榮新江　敦煌學十八講　北京大學出版社　2001　p. 194

姜亮夫　敦煌莫高窟年表　姜亮夫全集(十一)　雲南人民出版社　2002　p. 273

劉樂賢　敦煌寫本中的媚道文獻及相關問題　敦煌吐魯番研究(第六卷)　北京大學出版社　2002　p. 101

馬繼興　當前世界各地收藏的中國出土卷子本古醫藥文獻備考　敦煌吐魯番研究(第六卷)　北京大學出版社　2002　p. 153

陳明　情性至道:西域"足身力"方與敦煌房中方藥　中國俗文化研究(第二輯)　巴蜀書社　2004　p. 172

王卡　敦煌道教文獻研究　中國社會科學出版社　2004　p. 154

P. 3750

陳炳應　也談甘州回鶻　《敦煌學輯刊》1990年第2期　p. 41

唐耕耦　陸宏基　敦煌社會經濟文獻真迹釋録(五)　全國圖書館文獻縮微複製中心　1990　p. 32

張廣達　唐末五代宋初西北地區的般次和使次　季羨林教授八十華誕紀念論文集(下)　江西人民出版社　1991　p. 969

張廣達　西域史地叢稿初編　上海古籍出版社　1995　p. 335

鄭炳林　楊富學　晚唐五代金銀在敦煌的使用與流通　《甘肅金融》1997年第8期　又見:中國敦煌學百年文庫·歷史卷(二)　甘肅文化出版社　1999　p. 585

周紹良　靈州龍興寺白草院史和尚因緣記　敦煌學大辭典　上海辭書出版社　1998　p. 581

董志翹　《入唐求法巡禮行記》辭彙研究　中國社會科學出版社　2000　p. 97

董志翹　《太平廣記》詞語輯釋　中古近代漢語研究(第一輯)　上海教育出版社　2000　p. 230

鄭炳林　晚唐五代敦煌貿易市場的外來商品輯考　中華文史論叢(總63輯)　上海古籍出版社　2000　p. 87

曾良　敦煌文獻字義通釋　廈門大學出版社　2001　p. 6

董志翹　敦煌社會經濟文書詞語散釋　中國俗文化研究(第一輯)　巴蜀書社　2003　p. 131

董志翹　敦煌社會經濟文獻詞語略考　浙江與敦煌學:常書鴻先生誕辰一百周年紀念文集　浙江古籍出版社　2004　p. 494

許建平　敦煌出土《尚書》寫卷研究的過去與未來　敦煌吐魯番研究(第七卷)　北京大學出版社　2004　p. 226

P. 3752

陳鐵凡　敦煌本尚書述略　(臺北)《大陸雜誌》1961年第8期　又見:中國敦煌學百年文庫·文獻卷(一)　甘肅文化出版社　1999　p. 444

陳鐵凡　敦煌本尚書十四殘卷綴合記　(新加坡)《新社學報》1969年第3期　又見:中國敦煌學百年文庫·文獻卷(二)　甘肅文化出版社　1999　p. 413

陳鐵凡　敦煌本虞夏商書校證補遺　(臺北)《大陸雜誌》1969年第2期　又見:中國敦煌學百年文庫·文獻卷(二)　甘肅文化出版社　1999　p. 419

王重民　敦煌古籍叙録　中華書局　1979　p. 15

王堯　陳踐　敦煌吐蕃文獻選　四川民族出版社　1983　p. 68

饒宗頤解說　林宏作譯　敦煌書法叢刊(第五卷)·經史(三)　(東京)二玄社　1985　p. 48

王重民　巴黎敦煌殘卷叙録(第二輯)　敦煌叢刊初集(九)　(臺北)新文豐出版公司　1985　p. 212

王重民原編　黃永武新編　敦煌古籍叙録新編(第一冊)　(臺北)新文豐出版公司　1986　p. 242

土田健次郎　儒教典籍　敦煌漢文文獻(講座敦煌5)　(東京)大東出版社　1992　p. 268

吳福熙　敦煌殘卷古文尚書校注　甘肅人民出版社　1992　p. 16

吳其昱著　伊藤美重子譯　敦煌漢文寫本概觀　敦煌漢文文獻(講座敦煌5)　(東京)大東出版社　1992　p. 96

胡戟　傅玫　敦煌史話　中華書局　1995　p. 140

王堯　吐蕃時期藏譯漢籍名著及故事　中國古籍研究(第一卷)　上海古籍出版社　1996　p. 540

陳公柔　評介《尚書文字合編》　燕京學報(新第4期)　北京大學出版社　1998　p. 291

許建平　敦煌本《尚書》叙録　敦煌文獻論集:紀念藏經洞發現一百周年國際學術研討會論文集　遼寧人民出版社　2001　p. 384

陸慶夫　歸義軍政權與蕃兵蕃將　2000年敦煌學國際學術討論會文集·歷史文化卷(上)　甘肅民族出版社　2003　p. 118

許建平　敦煌出土《尚書》寫卷研究的過去與未來　敦煌吐魯番研究(第七卷)　北京大學出版社　2004　p. 226

中村威也　ДХ10698『尚書費誓』とДХ10698v「史書」について　『西北出土文獻研究』(創刊號)　(新潟)西北出土文獻研究會　2004　p. 42

P. 3753

饒宗頤解說　林宏作譯　敦煌書法叢刊(第十九卷)·碎金(二)　(東京)二玄社　1984　p. 104

郝春文　唐後期五代宋初沙州僧尼的特點　敦煌吐魯番學研究論文集　漢語大詞典出版社　1990　p. 834

唐耕耦　陸宏基　敦煌社會經濟文獻真迹釋録(四)　全國圖書館文獻縮微複製中心　1990　p. 48

竺沙雅章　寺院文書　敦煌漢文文獻(講座敦煌5)　(東京)大東出版社　1992　p. 621

艾麗白　敦煌寫本中的《兒郎偉》　法國學者敦煌學論文選萃　中華書局　1993　p. 239

王書慶　敦煌佛學·佛事篇　甘肅民族出版社　1995　p. 245

鄭炳林　敦煌碑銘讚輯釋　甘肅教育出版社　1997　p. 163 注4

郝春文　唐後期五代宋初敦煌僧尼的社會生活　中國社會科學出版社　1998　p. 87

唐耕耦　典座　敦煌學大辭典　上海辭書出版社　1998　p. 639

雷紹鋒　歸義軍賦役制度初探　（臺北）洪葉文化事業有限公司　2000　p. 133
徐曉麗　鄭炳林　晚唐五代敦煌吐谷渾與吐蕃移民婦女研究　《敦煌學輯刊》2002 年第 2 期　p. 4
湛如　敦煌佛教律儀制度研究　中華書局　2003　p. 44
陳麗萍　敦煌文書所見唐五代婚變現象初探(一)　《敦煌學輯刊》2005 年第 2 期　p. 167
鄭炳林　晚唐五代歸義軍政權與佛教教團關係研究　《敦煌學輯刊》2005 年第 1 期　p. 7

P. 3754

金岡照光　敦煌漢文學文獻の文學形態上の種類とその分類　敦煌出土文學文獻分類目録・附解
　　説　（東京）東洋文庫　1971　p. 218
金岡照光　敦煌文學のさまざま　敦煌の文學　（東京）大藏出版株式會社　1971　p. 115
馮燕　敦煌藏文本《孔丘項托相問書》考　《青海民族學院學報》1979 年第 4 卷　又見：中國敦煌學
　　百年文庫・文獻卷(二)　甘肅文化出版社　1999　p. 529
楊家駱　敦煌變文　（臺北）世界書局　1980　p. 236
潘重規　敦煌變文集新書(下)　（臺北）"中國文化大學"中文研究所　1984　p. 1123
王重民　孔子項托相問書　敦煌變文集　人民文學出版社　1984　p. 236
張鴻勳　《唐寫本孔子與子羽對語雜抄》考略　《敦煌學輯刊》1984 年第 1 期　p. 57
雷僑雲　敦煌兒童文學　（臺北）學生書局　1985　p. 165
張鴻勳　敦煌本《孔子項托相問書》研究　《敦煌研究》1985 年第 2 期　p. 101
張鴻勳　《孔子項托相問書》傳承研究　《民間文學論壇》1986 年第 6 期　p. 38
張鴻勳　敦煌講唱文學作品選注　甘肅人民出版社　1987　p. 89
張鴻勳　從《孔子項托相問書》談敦煌文學的研究　敦煌語言文學論文集　浙江古籍出版社　1988
　　p. 247
張先堂　話本　敦煌文學　甘肅人民出版社　1989　p. 291
鄭阿財　敦煌寫本《孔子項托相問書》初探　《法學商報》1990 年第 24 期　又見：中國敦煌學百年文
　　庫・文學卷(五)　甘肅文化出版社　1999　p. 49
金岡照光　散文體類　敦煌の文學文獻(講座敦煌 9)　（東京）大東出版社　1992　p. 175
張鴻勳　敦煌話本詞文俗賦導論　（臺北）新文豐出版公司　1993　p. 197
鄭阿財　敦煌文獻與文學　（臺北）新文豐出版公司　1993　p. 400
黃征　張涌泉　敦煌變文校注　中華書局　1997　p. 53、359
柴劍虹　孔子項托相問書　敦煌學大辭典　上海辭書出版社　1998　p. 585
盧善煥　敦煌本《孔子項托相問書》研究　古史文存　社會科學文獻出版社　2002　p. 193
張鴻勳　敦煌俗文學研究　甘肅人民出版社　2002　p. 229
王昆吾　從敦煌學到域外漢文學　商務印書館　2003　p. 30

P. 3755

石井昌子　靈寶經類　敦煌と中國道教(講座敦煌 4)　（東京）大東出版社　1983　p. 153
姜亮夫　敦煌學概論　中華書局　1985　p. 60
金岡照光　散文體類　敦煌の文學文獻(講座敦煌 9)　（東京）大東出版社　1992　p. 205
朱越利　道經總論　遼寧教育出版社　1992　p. 273
王惠民　《太上洞玄靈寶天尊名》初探　道家文化研究(第十三輯)　三聯書店　1998　p. 250
王卡　太上洞玄靈寶天尊名　敦煌學大辭典　上海辭書出版社　1998　p. 764
王卡　中國國家圖書館藏敦煌道教遺書研究報告　國際敦煌學學術史研討會論文集　研討會籌備組

2002　p. 252　又見：敦煌吐魯番研究（第七卷）　北京大學出版社　2004　p. 356

王卡　敦煌道教文獻研究　中國社會科學出版社　2004　p. 128

P. 3756

鄭阿財　敦煌蒙書析論　第二屆敦煌學國際研討會論文集　（臺北）漢學研究中心　1990　p. 222

鄭阿財　敦煌寫本《孔子備問書》　敦煌學國際學術討論會論文縮寫文（1990）　敦煌研究院　1990
　　p. 82

鄭阿財　敦煌寫本《孔子備問書》初探　敦煌學（第17輯）　（臺北）新文豐出版公司　1991　p. 99

鄭阿財　從敦煌文獻看唐代的三教合一　第二屆國際唐代學術會議論文集（上）　（臺北）文津出版
　　社　1993　p. 652

鄭阿財　敦煌文獻與文學　（臺北）新文豐出版公司　1993　p. 254、306

朱鳳玉　從傳統語文教育論敦煌本《雜抄》　全國敦煌學研討會論文集　（臺北）中正大學中國文學
　　系所　1995　p. 208

張錫厚　評《敦煌文獻與文學》　敦煌吐魯番研究（第二卷）　北京大學出版社　1997　p. 390

王微　春祭：二月八日節的佛教儀式　法國漢學（敦煌學專號）　中華書局　2000　p. 115

鄭阿財　朱鳳玉　敦煌蒙書研究　甘肅教育出版社　2002　p. 195

鄭阿財　敦煌蒙書研究的回顧與前瞻　敦煌吐魯番研究（第七卷）　北京大學出版社　2004　p. 267

P. 3757

金岡照光　敦煌漢文文學文獻の文學形態上の種類とその分類　敦煌出土文學文獻分類目録・附解
　　說　（東京）東洋文庫　1971　p. 218

金岡照光　敦煌文學のさまざま　敦煌の文學　（東京）大藏出版株式會社　1971　p. 113

楊家駱　敦煌變文　（臺北）世界書局　1980　p. 254

鄭阿財　敦煌孝道文學研究　（臺北）石門圖書公司　1982　p. 78

蔣禮鴻　敦煌寫本《燕子賦》二種校注　關隴文學論叢　甘肅人民出版社　1983　p. 80

潘重規　敦煌變文集新書（下）　（臺北）“中國文化大學”中文研究所　1984　p. 1149

王重民　燕子賦　敦煌變文集　人民文學出版社　1984　p. 254

雷僑雲　敦煌兒童文學　（臺北）學生書局　1985　p. 148

高明士　唐代敦煌的教育　漢學研究（敦煌學國際研討會論文專號）　（臺北）漢學研究資料及服務
　　中心　1986　p. 258

簡濤　敦煌本《燕子賦》考論　《敦煌研究》1986年第3期　p. 31

唐耕耦　陸宏基　敦煌社會經濟文獻真迹釋録（一）　書目文獻出版社　1986　p. 316

李正宇　敦煌學郎題記輯注　《敦煌學輯刊》1987年第1期　p. 39

張鴻勛　敦煌講唱文學作品選注　甘肅人民出版社　1987　p. 60

張錫厚　關於《敦煌賦集》整理的幾個問題　《敦煌學輯刊》1987年第1期　p. 49　又見：敦煌語言
　　文學論文集　浙江古籍出版社　1988　p. 227、239

張鴻勛　敦煌《燕子賦》（甲本）研究　敦煌語言文學研究　北京大學出版社　1988　p. 178

山本達郎等　敦煌・III 轉貼　『NUN－HUANG AND TURFAN DOCUMENTS CONCERNING SOCIAL
　　AND ECONOMIC HISTORY』（IV）　（東京）東洋文庫　1989　p. 52

張錫厚　賦　敦煌文學　甘肅人民出版社　1989　p. 135

江藍生　近代漢語語法資料彙編（唐五代卷）　商務印書館　1990　p. 326

項楚　敦煌變文選注　巴蜀書社　1990　p. 375

朱雷　敦煌兩種寫本《燕子賦》中所見唐代浮逃戶處置的變化及其他:讀《敦煌變文集》劄記)(六)
　　敦煌吐魯番文書初探(二編)　武漢大學出版社　1990　p. 503、504

姜伯勤　敦煌社會文書導論　(臺北)新文豐出版公司　1992　p. 242

金岡照光　散文體類　敦煌の文學文獻(講座敦煌9)　(東京)大東出版社　1992　p. 176、220

周紹良　敦煌文學芻議及其它　(臺北)新文豐出版公司　1992　p. 20

張鴻勳　敦煌話本詞文俗賦導論　(臺北)新文豐出版公司　1993　p. 185

伏俊璉　敦煌賦校注　甘肅人民出版社　1994　p. 2

蔣禮鴻　敦煌文獻語言詞典　杭州大學出版社　1994　p. 43、205、355

胡戟　傅玫　敦煌史話　中華書局　1995　p. 178

張錫厚　敦煌本唐集研究　(臺北)新文豐出版公司　1995　p. 413

張錫厚　敦煌賦彙　(臺北)新文豐出版公司　1996　p. 9、395

黃征　敦煌俗語詞輯釋　敦煌語文叢說　(臺北)新文豐出版公司　1997　p. 60

黃征　敦煌寫本異文綜析　敦煌語文叢說　(臺北)新文豐出版公司　1997　p. 29

黃征　張涌泉　敦煌變文校注　中華書局　1997　p. 380

寧可　郝春文　敦煌社邑文書輯校　江蘇古籍出版社　1997　p. 167

顏廷亮　關於《晏子賦》寫本的抄寫年代問題　《敦煌研究》1997年第2期　p. 139

鄭炳林　敦煌碑銘讚輯釋　甘肅教育出版社　1997　p. 159注4

程毅中　柴劍虹　燕子賦　敦煌學大辭典　上海辭書出版社　1998　p. 588

寧可　座社　敦煌學大辭典　上海辭書出版社　1998　p. 431

梅維恒著　楊繼東　陳引馳譯　唐代變文(上)　(香港)中國佛教文化出版公司　1999　p. 257注2

顏廷亮　關於敦煌文學發展的歷史進程　《甘肅社會科學》1999年第4期　p. 48

伏俊璉　俗情雅韻:敦煌賦選析　甘肅人民出版社　2000　p. 113

顏廷亮　敦煌文化　光明日報出版社　2000　p. 324

張鴻勳　說唱藝術奇葩:敦煌變文選評　甘肅人民出版社　2000　p. 75

張錫厚　敦煌文學源流　作家出版社　2000　p. 201、217、255

郝春文　英藏敦煌社會歷史文獻釋錄(第一卷)　科學出版社　2001　p. 320

黃征　敦煌語言文字學研究　甘肅教育出版社　2002　p. 175

張鴻勳　敦煌俗文學研究　甘肅人民出版社　2002　p. 6、171

黃征　《燕子賦》研究　《敦煌研究》2003年第1期　p. 38

楊挺　不存在兒郎偉文體和兒郎偉曲調　《敦煌研究》2003年第1期　p. 45

湛如　敦煌佛教律儀制度研究　中華書局　2003　p. 51

黃征　敦煌俗字典　上海教育出版社　2005　p. 前言14、45

黃征　敦煌俗字要論　《敦煌研究》2005年第1期　p. 87

P. 3758

鄭炳林　讀敦煌文書P. 3859《後唐清泰三年六月沙州儭司教授福集等狀》劄記　敦煌吐魯番文獻研
　　究　蘭州大學出版社　1995　p. 616

鄭炳林　敦煌碑銘讚輯釋　甘肅教育出版社　1997　p. 227注2

徐曉麗　敦煌石窟所見天公主考辨　《敦煌學輯刊》2002年第2期　p. 78

P. 3759

池田溫　中國古代寫本識語集錄　(東京)大藏出版株式會社　1990　p. 471

京戶慈光　敦煌遺書中佛教文獻的研究：分類和方法　敦煌學國際學術討論會論文縮寫文（1990）
　　敦煌研究院　1990　p. 55

石泰安著　耿昇譯　敦煌寫本中的印—藏和漢—藏兩種辭彙　國外藏學研究譯文集（第八輯）　西
　　藏人民出版社　1992　p. 185

沃興華　敦煌書法藝術　上海人民出版社　1994　p. 177

張總　《閻羅王授記經》綴補研考　敦煌吐魯番研究（第五卷）　北京大學出版社　2001　p. 95

劉永明　散見敦煌曆朔閏輯考　《敦煌研究》2002 年第 6 期　p. 18

P. 3760

道端良秀　敦煌文獻に見える死後の世界　敦煌と中國仏教（講座敦煌 7）　（東京）大東出版社
　　1984　p. 514

金岡照光　敦煌における地獄文獻——敦煌庶民信仰の一樣相　敦煌と中國仏教（講座敦煌 7）
　　（東京）大東出版社　1984　p. 579

戴仁　敦煌的經折裝寫本　法國學者敦煌學論文選萃　中華書局　1993　p. 586

金岡照光　敦煌文獻と中國文學　（東京）五曜書房　2000　p. 406

張總　《閻羅王授記經》綴補研考　敦煌吐魯番研究（第五卷）　北京大學出版社　2001　p. 95

張總　地藏信仰研究　宗教文化出版社　2003　p. 110

P. 3761

金岡照光　敦煌における地獄文獻——敦煌庶民信仰の一樣相　敦煌と中國仏教（講座敦煌 7）
　　（東京）大東出版社　1984　p. 576

杜斗城　關於敦煌本《佛說十王經》的幾個問題　《世界宗教研究》1987 年第 2 期　p. 45

蕭登福　敦煌所見十九種《閻羅受記經（佛說十王經）》之校勘　敦煌俗文學論叢　（臺北）商務印書
　　館　1988　p. 252

蕭登福　敦煌寫卷《佛說十王經》之探討　敦煌俗文學論叢　（臺北）商務印書館　1988　p. 175

杜斗城　敦煌本《佛說十王經》校錄研究　甘肅教育出版社　1989　p. 114

蕭登福　道教術儀與密教典籍　（臺北）新文豐出版公司　1994　p. 428

杜斗城　北涼譯經論　甘肅文化出版社　1995　p. 42

蕭登福　道佛十王地獄說　（臺北）新文豐出版公司　1996　p. 242

方廣錩　閻羅王授記勸修七齋功德經　敦煌學大辭典　上海辭書出版社　1998　p. 739

羅世平　地藏十王圖像的遺存及其信仰　唐研究（第四卷）　北京大學出版社　1998　p. 409 注 2

張總　《閻羅王授記經》綴補研考　敦煌吐魯番研究（第五卷）　北京大學出版社　2001　p. 92

張總　地藏信仰研究　宗教文化出版社　2003　p. 110、281

黨燕妮　晚唐五代敦煌的十王信仰　麥積山石窟藝術文化論文集（下）　蘭州大學出版社　2004
　　p. 153

P. 3763

土肥義和　はじめに——歸義軍節度使の敦煌支配　敦煌の歷史（講座敦煌 2）　（東京）大東出版
　　社　1980　p. 285

郝春文　敦煌遺書中的"春秋座局席"考　《北京師範學院學報》1989 年第 4 期　p. 32

山本達郎等　敦煌・II牒・狀　『NUN‒HUANG AND TURFAN DOCUMENTS CONCERNING SOCIAL
　　AND ECONOMIC HISTORY』（IV）　（東京）東洋文庫　1989　p. 19

山本達郎等　敦煌・III 轉貼 『NUN – HUANG AND TURFAN DOCUMENTS CONCERNING SOCIAL AND ECONOMIC HISTORY』(IV)　(東京)東洋文庫　1989　p. 87

郝春文　敦煌五代宋初佛社與寺院的關係　《敦煌學輯刊》1990 年第 1 期　p. 17

唐耕耦　陸宏基　敦煌社會經濟文獻真迹釋録(三)　全國圖書館文獻縮微複製中心　1990　p. 513

譚禪雪　敦煌歲時掇瑣　(香港)《九州學刊》(敦煌學專輯)1993 年第 5 卷第 4 期　p. 93

郝春文　中古時期儒佛文化對民間結社的影響及其變化　唐文化研究論文集　上海人民出版社　1994　p. 212 注 11

鄭炳林　高偉　唐五代敦煌釀酒業初探　《西北史地》1994 年第 1 期　p. 33

李正宇　俄藏《端拱二年八月十九日往西天取菩薩戒僧智堅手記》決疑　敦煌佛教文獻研究　敦煌研究院文獻研究所　1995　p. 3

劉惠琴　從敦煌文書中看沙州紡織業　《敦煌學輯刊》1995 年第 2 期　p. 52

土肥義和　唐・北宋間の「社」の組織形態に関する一考察　中國古代の國家と民衆(堀敏一先生古稀記念)　(東京)汲古書院　1995　p. 716

李正宇　敦煌史地新論　(臺北)新文豐出版公司　1996　p. 84

馬德　敦煌莫高窟史研究　甘肅教育出版社　1996　p. 171、177

馬德　九、十世紀敦煌工匠史料述論　慶祝潘石禪先生九秩華誕敦煌學特刊　(臺北)文津出版社　1996　p. 306、311、315

馬德　莫高窟與敦煌佛教教團　敦煌吐魯番研究(第一卷)　北京大學出版社　1996　p. 170

馮培紅　唐五代敦煌的河渠水利與水司管理機構初探　《敦煌學輯刊》1997 年第 2 期　p. 77

郝春文　關於唐後期五代宋初沙州僧俗的施捨問題　唐研究(第三卷)　北京大學出版社　1997　p. 31

李正宇　敦煌歷史地理導論　(臺北)新文豐出版公司　1997　p. 59、62

馬德　敦煌工匠史料　甘肅人民出版社　1997　p. 15、50、86

寧可　郝春文　敦煌社邑文書輯校　江蘇古籍出版社　1997　p. 780

唐耕耦　敦煌淨土寺六件諸色入破曆算會稿綴合　敦煌吐魯番研究(第二卷)　北京大學出版社　1997　p. 259

唐耕耦　敦煌寺院會計文書研究　(臺北)新文豐出版公司　1997　p. 47、478

鄭炳林　敦煌碑銘讚輯釋　甘肅教育出版社　1997　p. 105 注 2

鄭炳林　唐五代敦煌的粟特人與歸義軍政權　敦煌歸義軍史專題研究　蘭州大學出版社　1997　p. 424

鄭炳林　唐五代敦煌手工業研究　敦煌歸義軍史專題研究　蘭州大學出版社　1997　p. 242、271

鄭炳林　唐五代敦煌種植林業研究　敦煌歸義軍史專題研究　蘭州大學出版社　1997　p. 198

鄭炳林　晚唐五代敦煌貿易市場的物價　敦煌歸義軍史專題研究　蘭州大學出版社　1997　p. 287

鄭炳林　晚唐五代敦煌園囿經濟研究　敦煌歸義軍史專題研究　蘭州大學出版社　1997　p. 313、326

鄭炳林　楊富學　敦煌西域出土回鶻文文獻所載 qunbu 與漢文文獻所見官布研究　《敦煌學輯刊》1997 年第 2 期　p. 24

高啓安　索黛　敦煌古代僧人官齋飲食檢閱　《敦煌研究》1998 年第 3 期　p. 70

高啓安　索黛　唐五代敦煌飲食中的餅淺探　《敦煌研究》1998 年第 4 期　p. 79

郝春文　唐後期五代宋初敦煌僧尼的社會生活　中國社會科學出版社　1998　p. 214

李正宇　村莊　敦煌學大辭典　上海辭書出版社　1998　p. 304

馬德　尚書曹仁貴史事鈎沈　《敦煌學輯刊》1998 年第 2 期　p. 13

馬德　10 世紀敦煌寺曆所記三窟活動　《敦煌研究》1998 年第 2 期　p. 81
寧可　行像社　敦煌學大辭典　上海辭書出版社　1998　p. 428
蘇金花　從"方外之賓"到"釋吏"　《敦煌學輯刊》1998 年第 2 期　p. 113
譚蟬雪　敦煌歲時文化導論　（臺北）新文豐出版公司　1998　p. 131
譚蟬雪　寒食設座　敦煌學大辭典　上海辭書出版社　1998　p. 435
唐耕耦　敦煌會計文書　敦煌學大辭典　上海辭書出版社　1998　p. 647
唐耕耦　入破曆算會牒　敦煌學大辭典　上海辭書出版社　1998　p. 647
施謝捷　敦煌文獻語詞校釋叢劄　《敦煌研究》1999 年第 4 期　p. 23
蘇金花　唐、五代敦煌地區的商品貨幣形態　《敦煌研究》1999 年第 2 期　p. 95
鄭炳林　晚唐五代敦煌地區種植棉花研究　《中國史研究》1999 年第 3 期　p. 85、93
郝春文　唐後期五代宋初敦煌的春秋官齋、十二月轉經、水則道場與佛教節日　慶祝吳其昱先生八秩
　　華誕敦煌學特刊　（臺北）文津出版社　2000　p. 244
雷紹鋒　歸義軍賦役制度初探　（臺北）洪葉文化事業有限公司　2000　p. 195、272
童丕　從寺院的帳簿看敦煌二月八日節　法國漢學（敦煌學專號）　中華書局　2000　p. 71、90
鄭炳林　晚唐五代敦煌貿易市場的外來商品輯考　中華文史論叢（總 63 輯）　上海古籍出版社
　　2000　p. 66、86
沙武田　趙曉星　歸義軍時期敦煌文獻中的太子　《敦煌研究》2003 年第 4 期　p. 48
鄭炳林　晚唐五代敦煌村莊聚落輯考　2000 年敦煌學國際學術討論會文集·歷史文化卷（上）　甘
　　肅民族出版社　2003　p. 125、139、156
陳大爲　歸義軍時期敦煌淨土寺與都司及諸寺的經濟交往　《敦煌學輯刊》2004 年第 1 期　p. 121
高啓安　唐五代敦煌飲食文化研究　民族出版社　2004　p. 126
謝和耐著　耿昇譯　中國 5—10 世紀的寺院經濟　上海古籍出版社　2004　p. 193 注 3
趙紅　高啓安　唐五代時期敦煌僧人飲食概述　麥積山石窟藝術文化論文集（下）　蘭州大學出版
　　社　2004　p. 287、298
鄭炳林　晚唐五代敦煌商業貿易市場研究　《敦煌學輯刊》2004 年第 1 期　p. 115
李正宇　晚唐至北宋敦煌僧尼普聽飲酒　《敦煌研究》2005 年第 3 期　p. 70
陳大爲　敦煌淨土寺與敦煌地區胡姓居民關係探析　《敦煌學輯刊》2006 年第 1 期　p. 90

P. 3764

池田溫　中國古代の租佃契（上）　『東洋文化研究所紀要』（第 60 冊）　東京大學東洋文化研究所
　　1973　p. 93
郭鋒　敦煌的"社"及其活動　《敦煌學輯刊》1983 年創刊號　p. 83
高國藩　敦煌寫本《太公家教》初探　《敦煌學輯刊》1984 年第 1 期　p. 65
王重民　跋太公家教　敦煌遺書論文集　中華書局　1984　p. 136
戴密微著　耿昇譯　列寧格勒所藏敦煌漢文寫本簡介　敦煌譯叢（第一輯）　甘肅人民出版社
　　1985　p. 116 注 3
雷僑雲　敦煌兒童文學　（臺北）學生書局　1985　p. 82 注 5
高明士　唐代敦煌的教育　漢學研究（敦煌學國際研討會論文專號）　（臺北）漢學研究資料及服務
　　中心　1986　p. 251
簡濤　敦煌本《燕子賦》考論　《敦煌研究》1986 年第 3 期　p. 32
唐耕耦　陸宏基　敦煌社會經濟文獻真迹釋録（一）　書目文獻出版社　1986　p. 318
汪泛舟　《太公家教》考　《敦煌研究》1986 年第 1 期　p. 48

周鳳五　敦煌寫本太公家教研究　（臺北）明文書局　1986　p. 155

朱鳳玉　太公家教研究　漢學研究（敦煌學國際研討會論文專號）　（臺北）漢學研究資料及服務中
　　心　1986　p. 393

李正宇　敦煌學郎題記輯注　《敦煌學輯刊》1987 年第 1 期　p. 30

李正宇　關於金山國和敦煌國建國的幾個問題　《西北史地》1987 年第 2 期　p. 72

郭在貽　張涌泉　黃征　敦煌變文整理校勘中的幾個問題　《古漢語研究》1988 年第 1 期　p. 72

汪泛舟　《太公家教》別考　敦煌語言文學研究　北京大學出版社　1988　p. 245

張鴻勳　《父母恩重經講經文》補校　敦煌語言文學論文集　浙江古籍出版社　1988　p. 267

高國藩　敦煌民俗學　上海文藝出版社　1989　p. 112

郝春文　敦煌遺書中的"春秋座局席"考　《北京師範學院學報》1989 年第 4 期　p. 32

山本達郎等　敦煌・III 轉貼　『NUN－HUANG AND TURFAN DOCUMENTS CONCERNING SOCIAL
　　AND ECONOMIC HISTORY』(IV)　（東京）東洋文庫　1989　p. 49

鄭阿財　敦煌寫卷新集文詞九經抄研究　（臺北）文史哲出版社　1989　p. 128 注 1

池田溫　中國古代寫本識語集錄　（東京）大藏出版株式會社　1990　p. 454

郭在貽　張涌泉　黃征　敦煌變文集校議　岳麓書社　1990　p. 361

胡同慶　從敦煌結社活動探討人的群體性以及個體與集體的關係　《敦煌研究》1990 年第 4 期
　　p. 72　又見：敦煌學研究　甘肅人民美術出版社　1994　p. 173

盧向前　金山國立國之我見　《敦煌學輯刊》1990 年第 2 期　p. 19　又見：敦煌吐魯番文書論稿　江
　　西人民出版社　1992　p. 178

鄭阿財　敦煌蒙書析論　第二屆敦煌學國際研討會論文集　（臺北）漢學研究中心　1990　p. 226

林聰明　敦煌文書學　（臺北）新文豐出版公司　1991　p. 177

東野治之　敦煌と日本の『千字文』　遣唐使と正倉院　（東京）岩波書店　1992　p. 240

東野治之　訓蒙書　敦煌漢文文獻（講座敦煌 5）　（東京）大東出版社　1992　p. 404

姜伯勤　敦煌社會文書導論　（臺北）新文豐出版公司　1992　p. 99、242

榮新江　金山國史辨正　中華文史論叢（總 50 輯）　上海古籍出版社　1992　p. 75

高國藩　敦煌民俗資料導論　（臺北）新文豐出版公司　1993　p. 3

郭在貽　郭在貽敦煌學論集　江西人民出版社　1993　p. 141

郝春文　敦煌寫本社邑文書年代彙考（一、二）　《首都師範大學學報》1993 年第 4、5 期　p. 38；79

鄭阿財　敦煌文獻與文學　（臺北）新文豐出版公司　1993　p. 260

鄭阿財　學日益齋敦煌學劄記　周一良先生八十生日紀念論文集　中國社會科學出版社　1993
　　p. 193

石田勇作　敦煌「社文書」研究序說　中國古代の國家と民衆（堀敏一先生古稀記念）　（東京）汲古
　　書院　1995　p. 684

土肥義和　唐・北宋間の「社」の組織形態に関する一考察　中國古代の國家と民衆（堀敏一先生古
　　稀記念）　（東京）汲古書院　1995　p. 709

張涌泉　漢語俗字研究　岳麓書社　1995　p. 145

李正宇　敦煌史地新論　（臺北）新文豐出版公司　1996　p. 212

榮新江　歸義軍史研究　上海古籍出版社　1996　p. 218

鄭炳林　唐五代敦煌粟特人與歸義軍政權　《敦煌研究》1996 年第 4 期　p. 92　又見：敦煌歸義軍史
　　專題研究　蘭州大學出版社　1997　p. 425

馮培紅　唐五代敦煌的河渠水利與水司管理機構初探　《敦煌學輯刊》1997 年第 2 期　p. 78

黃征　張涌泉　敦煌變文校注　中華書局　1997　p. 146、986

寧可　郝春文　敦煌社邑文書輯校　江蘇古籍出版社　1997　p. 132、198

顏廷亮　關於《晏子賦》寫本的抄寫年代問題　《敦煌研究》1997 年第 2 期　p. 136

鄭炳林　敦煌碑銘讚輯釋　甘肅教育出版社　1997　p. 105 注 2

鄭炳林　唐五代敦煌手工業研究　敦煌歸義軍史專題研究　蘭州大學出版社　1997　p. 251

李正宇　醜賤名　敦煌學大辭典　上海辭書出版社　1998　p. 451

李正宇　學士郎　敦煌學大辭典　上海辭書出版社　1998　p. 597

馮培紅　客司與歸義軍的外交活動　《敦煌學輯刊》1999 年第 1 期　p. 75

汪泛舟　敦煌詩述異　《敦煌研究》1999 年第 4 期　p. 21

楊森　談敦煌社邑文書中"三官"及"錄事""虞侯"的若干問題　《敦煌研究》1999 年第 3 期　p. 80

雷紹鋒　歸義軍賦役制度初探　（臺北）洪葉文化事業有限公司　2000　p. 195

汪泛舟　敦煌古代兒童課本　甘肅人民出版社　2000　p. 213、223

張涌泉　漢語俗字叢考　中華書局　2000　p. 248

孟憲實　敦煌社邑的分佈　敦煌文獻論集：紀念藏經洞發現一百周年國際學術研討會論文集　遼寧
　　人民出版社　2001　p. 431

姜亮夫　敦煌莫高窟年表　姜亮夫全集（十一）　雲南人民出版社　2002　p. 459

鄭阿財　朱鳳玉　敦煌蒙書研究　甘肅教育出版社　2002　p. 358、378

童丕　敦煌的借貸：中國中古時代的物質生活與社會　中華書局　2003　p. 10

鄭炳林　魏迎春　晚唐五代敦煌佛教教團的科罰制度研究　《敦煌研究》2004 年第 2 期　p. 56

趙跟喜　敦煌唐宋時期的女子教育初探　文史（第七十五輯）　中華書局　2006　p. 93

P. 3765

王重民　金山國墜事零拾　《國立北平圖書館館刊》1936 年第 9 卷第 6 號　又見：敦煌學文選（上）
　　蘭州大學歷史系敦煌學研究室等　1983　p. 87；敦煌遺書論文集　中華書局　1984　p. 114；
　　中國敦煌學百年文庫·歷史卷（一）　甘肅文化出版社　1999　p. 42

那波利貞　佛教信仰に基きて組織せられたる中晚唐五代時代の社邑に就きて（上）　『史林』（24
　　卷 3 號）　京都大學文學部史學研究會　1939　p. 20、54、112　又見：唐代社會文化史研究·第
　　六編　（東京）創文社　1974　p. 591、620、624、664

那波利貞　梁戶考　唐代社會文化史研究·第三編　（東京）創文社　1974　p. 313

郭鋒　敦煌的"社"及其活動　《敦煌學輯刊》1983 年創刊號　p. 82

山本達郎等　敦煌·VII 尚饗文·諸齋文　『NUN‑HUANG AND TURFAN DOCUMENTS CONCERN‑
　　ING SOCIAL AND ECONOMIC HISTORY』（IV）　（東京）東洋文庫　1989　p. 139

郝春文　敦煌寫本齋文及其樣式的分類與定名　《北京師範學院學報》1990 年第 3 期　p. 94

譚蟬雪　敦煌歲時掇瑣：正月　《敦煌研究》1990 年第 1 期　p. 46　又見：（香港）《九州學刊》（敦煌
　　學專輯）1993 年第 5 卷第 4 期　p. 84

譚蟬雪　三教融合的敦煌喪俗　《敦煌研究》1991 年第 3 期　p. 76

王三慶　談齋論文——敦煌寫卷齋願文研究　第四屆唐代文化學術研討會論文集　（臺南）成功大
　　學　1991　p. 299

高國藩　敦煌民俗資料導論　（臺北）新文豐出版公司　1993　p. 171

郝春文　敦煌寫本社邑文書年代彙考（三）　《社科縱橫》1993 年第 5 期　p. 11

譚蟬雪　敦煌婚姻文化　甘肅人民出版社　1993　p. 62

譚蟬雪　敦煌祈賽風俗　《敦煌研究》1993 年第 4 期　p. 61

郝春文　中古時期儒佛文化對民間結社的影響及其變化　唐文化研究論文集　上海人民出版社

1994   p.208

黃征   敦煌願文散校   《敦煌研究》1994 年第 3 期   p.130   又見：敦煌語文叢說   （臺北）新文豐出
    版公司   1997   p.570、590

黃征   吳偉   敦煌願文集   岳麓書社   1995   p.449、483、532、627、699、732、801

顔廷亮   敦煌西漢金山國檔案文獻考略   《甘肅社會科學》1996 年第 5 期   p.93

張金泉   許建平   敦煌音義彙考   杭州大學出版社   1996   p.857

寧可   郝春文   敦煌社邑文書輯校   江蘇古籍出版社   1997   p.528、637

張弓   漢唐佛寺文化史   中國社會科學出版社   1997   p.952

張金泉   敦煌佛經音義寫卷述要   《敦煌研究》1997 年第 2 期   p.114

鄭炳林   敦煌碑銘讚輯釋   甘肅教育出版社   1997   p.360 注 9

郝春文   唐後期五代宋初敦煌僧尼的社會生活   中國社會科學出版社   1998   p.231

郝春文   齋文   敦煌學大辭典   上海辭書出版社   1998   p.458

馬德   齋月   敦煌學大辭典   上海辭書出版社   1998   p.441

譚蟬雪   敦煌歲時文化導論   （臺北）新文豐出版公司   1998   p.12、22

譚蟬雪   臨壙設祭   敦煌學大辭典   上海辭書出版社   1998   p.442

譚蟬雪   逆修   敦煌學大辭典   上海辭書出版社   1998   p.444

譚蟬雪   四門結壇   敦煌學大辭典   上海辭書出版社   1998   p.433

譚蟬雪   脫服   敦煌學大辭典   上海辭書出版社   1998   p.443

楊秀清   試論金山國的有關政治制度   《敦煌學輯刊》1998 年第 2 期   p.37

張金泉   P.2901 佛經音義寫卷考   《杭州大學學報》1998 年第 1 期   p.100

段小强   敦煌文書中所見的古代喪儀   《西北民族研究》1999 年第 1 期   p.217

楊秀清   敦煌西漢金山國史   甘肅人民出版社   1999   p.95、138、148

郝春文   唐後期五代宋初敦煌的春秋官齋、十二月轉經、水則道場與佛教節日   慶祝吳其昱先生八秩
    華誕敦煌學特刊   （臺北）文津出版社   2000   p.261

劉進寶   敦煌文書與唐史研究   （臺北）新文豐出版公司   2000   p.269

譚蟬雪   唐宋敦煌歲時佛俗   《敦煌研究》2000 年第 4 期   p.66

王微   春祭：二月八日節的佛教儀式   法國漢學（敦煌學專號）   中華書局   2000   p.115

孟憲實   敦煌社邑的分佈   敦煌文獻論集：紀念藏經洞發現一百周年國際學術研討會論文集   遼寧
    人民出版社   2001   p.422

譚蟬雪   喪祭與齋忌   敦煌學與中國史研究論集   甘肅人民出版社   2001   p.228

徐曉麗   曹議金與甘州回鶻天公主結親時間考   《敦煌研究》2001 年第 4 期   p.114

曾良   敦煌文獻字義通釋   廈門大學出版社   2001   p.110、197

李斌城   唐代文化   中國社會科學出版社   2002   p.1083

劉進寶   敦煌學通論   甘肅教育出版社   2002   p.324

郝春文   《敦煌寫本社邑文書輯校》補遺（四）   漢語史學報專輯（第三輯）   上海教育出版社   2003
    p.384

楊秀清   唐宋敦煌地區的世俗佛教信仰   新世紀敦煌學論集   巴蜀書社   2003   p.708

湛如   敦煌佛教律儀制度研究   中華書局   2003   p.330

徐時儀   玄應《衆經音義》版本考   中國學術（第二輯）   商務印書館   2004   p.195

余欣   敦煌的入宅與暖房禮俗   中華文史論叢（總 78 輯）   上海古籍出版社   2004   p.103

趙紅   高啓安   唐五代時期敦煌僧人飲食概述   麥積山石窟藝術文化論文集（下）   蘭州大學出版
    社   2004   p.285

徐時儀　玄應《衆經音義》研究　中華書局　2005　p. 40
郝春文　唐後期五代宋初敦煌私社的教育與教化功能　敦煌吐魯番研究(第九卷)　中華書局
　　2006　p. 308、312
汪泛舟　敦煌俗別字新考(上)　《敦煌研究》2006 年第 1 期　p. 105
武學軍　敏春芳　敦煌願文婉詞試解(一)　《敦煌學輯刊》2006 年第 1 期　p. 128

P. 3766
陳祚龍　敦煌學新簡　敦煌文物散論　(臺北)新文豐出版公司　1993　p. 251

P. 3767
王重民　敦煌古籍叙録　中華書局　1979　p. 15
王堯　陳踐　敦煌吐蕃文獻選　四川民族出版社　1983　p. 68
王重民　巴黎敦煌殘卷叙録(第二輯)　敦煌叢刊初集(九)　(臺北)新文豐出版公司　1985　p. 212
王重民原編　黄永武新編　敦煌古籍叙録新編(第一冊)　(臺北)新文豐出版公司　1986　p. 242
孫啓治　唐寫本俗別字變化類型舉例　敦煌吐魯番文獻研究論集(第五輯)　北京大學出版社
　　1990　p. 126、128
土田健次郎　儒教典籍　敦煌漢文文獻(講座敦煌 5)　(東京)大東出版社　1992　p. 268
吳其昱著　伊藤美重子譯　敦煌漢文寫本概観　敦煌漢文文獻(講座敦煌 5)　(東京)大東出版社
　　1992　p. 96
胡戟　傅玫　敦煌史話　中華書局　1995　p. 140
王堯　吐蕃時期藏譯漢籍名著及故事　中國古籍研究(第一卷)　上海古籍出版社　1996　p. 540
陳公柔　評介《尚書文字合編》　燕京學報(新第 4 期)　北京大學出版社　1998　p. 293
譚蟬雪　唐宋敦煌歲時佛俗　《敦煌研究》2001 年第 1 期　p. 97
許建平　敦煌本《尚書》叙録　敦煌文獻論集：紀念藏經洞發現一百周年國際學術研討會論文集　遼
　　寧人民出版社　2001　p. 386
姜亮夫　敦煌莫高窟年表　姜亮夫全集(十一)　雲南人民出版社　2002　p. 198
許建平　敦煌出土《尚書》寫卷研究的過去與未來　敦煌吐魯番研究(第七卷)　北京大學出版社
　　2004　p. 226
中村威也　ДX10698『尚書費誓』とДX10698v「史書」について　『西北出土文獻研究』(創刊號)
　　(新潟)西北出土文獻研究會　2004　p. 42
白化文　讀《伯希和劫經録》　敦煌學國際研討會論文集　北京圖書館出版社　2005　p. 16

P. 3768
陳祚龍　敦煌道經後記彙録　敦煌文物隨筆　(臺北)商務印書館　1979　p. 22
王重民　敦煌古籍叙録　中華書局　1979　p. 254
陳祚龍　新校重訂《敦煌道經後記彙録》　敦煌學要籥　(臺北)新文豐出版公司　1982　p. 213 注 3
楠山春樹　道德經類　付『莊子』『列子』『文子』　敦煌と中國道教(講座敦煌 4)　(東京)大東出版
　　社　1983　p. 54
饒宗頤解說　林宏作譯　敦煌書法叢刊(第二七卷)・道書(一)　(東京)二玄社　1985　p. 79
王重民　巴黎敦煌殘卷叙録(第二輯)　敦煌叢刊初集(九)　(臺北)新文豐出版公司　1985　p. 283
高明士　唐代敦煌的教育　漢學研究(敦煌學國際研討會論文專號)　(臺北)漢學研究資料及服務
　　中心　1986　p. 240

姜伯勤　沙州道門親表部落釋證　《敦煌研究》1986 年第 3 期　p. 3

李正宇　唐宋時代的敦煌學校　《敦煌研究》1986 年第 1 期　p. 40

王重民原編　黃永武新編　敦煌古籍叙録新編(第十三冊)　(臺北)新文豐出版公司　1986　p. 269

任半塘　敦煌歌辭總編　上海古籍出版社　1987　p. 783

池田溫　中國古代寫本識語集録　(東京)大藏出版株式會社　1990　p. 301

郝春文　敦煌寫本齋文及其樣式的分類與定名　《北京師範學院學報》1990 年第 3 期　p. 96

林聰明　敦煌文書學　(臺北)新文豐出版公司　1991　p. 152、306、331

姜伯勤　敦煌社會文書導論　(臺北)新文豐出版公司　1992　p. 86

李正宇　敦煌文學概論　甘肅人民出版社　1993　p. 126

林聰明　談敦煌文書的抄寫問題　紀念陳寅恪先生百年誕辰學術論文集　江西教育出版社　1994　p. 286

閻國權等　敦煌宗教文化　新華出版社　1994　p. 43

姜伯勤　敦煌藝術宗教與禮樂文明　中國社會科學出版社　1996　p. 257、300

李正宇　敦煌史地新論　(臺北)新文豐出版公司　1996　p. 175

姜伯勤　道釋相激:道教在敦煌　道家文化研究(第十三輯)　三聯書店　1998　p. 61

李正宇　敦煌學校　敦煌學大辭典　上海辭書出版社　1998　p. 596

王卡　文子　敦煌學大辭典　上海辭書出版社　1998　p. 766

汪泛舟　敦煌道教與齋醮諸考　1994 年敦煌學國際研討會文集·宗教文史卷(上)　甘肅民族出版社　2000　p. 2

顏廷亮　敦煌文化　光明日報出版社　2000　p. 181、209

張錫厚　敦煌文學源流　作家出版社　2000　p. 142

林聰明　敦煌吐魯番文書解詁指例　(臺北)新文豐出版公司　2001　p. 32. 201

朱大星　敦煌寫本《文子》殘卷校證　文史(第五十七輯)　中華書局　2001　p. 140

姜亮夫　敦煌莫高窟年表　姜亮夫全集(十一)　雲南人民出版社　2002　p. 332

李小榮　變文講唱與華梵宗教藝術　上海三聯書店　2002　p. 287

許建平　英倫法京所藏敦煌寫本殘片八種之定名並校録　敦煌學(第 24 輯)　(臺北)樂學書局有限公司　2003　p. 124

許建平　BD14681《尚書》殘卷考辨　新世紀敦煌學論集　巴蜀書社　2003　p. 75

朱大星　《文子》敦煌本與竹簡本、今本關係考論　《敦煌研究》2003 年第 2 期　p. 60

王卡　敦煌道教文獻研究　中國社會科學出版社　2004　p. 9、185

朱大星　敦煌本《文子》校補　《敦煌研究》2004 年第 6 期　p. 103

P. 3769

鄭阿財　敦煌蒙書析論　第二屆敦煌學國際研討會論文集　(臺北)漢學研究中心　1990　p. 221

周丕顯　巴黎藏伯字第二七二一號《雜抄·書目》初探　敦煌吐魯番學研究論文集　漢語大詞典出版社　1990　p. 415

王三慶著　池田溫譯　類書　敦煌漢文文獻(講座敦煌 5)　(東京)大東出版社　1992　p. 387

鄭阿財　敦煌文獻與文學　(臺北)新文豐出版公司　1993　p. 252

朱鳳玉　從傳統語文教育論敦煌本《雜抄》　全國敦煌學研討會論文集　(臺北)中正大學中國文學系所　1995　p. 203

鄭阿財　朱鳳玉　敦煌蒙書研究　甘肅教育出版社　2002　p. 168

張涌泉　試論敦煌寫本類書的校勘價值:以《勵忠節抄》爲例　《敦煌研究》2003 年第 2 期　p. 69

P. 3770

那波利貞　俗講と變文　『佛教史學』(1 卷 3 號)　(京都)平樂寺書店　1950　p. 68　又見：唐代社會文化史研究・第四編　(東京)創文社　1974　p. 402

陳祚龍　低談淺論"仁王講"之源流　中華佛教文化史散策(初集)　(臺北)新文豐出版公司　1978　p. 162

土肥義和　莫高窟千佛洞と大寺と蘭若と　敦煌の社會(講座敦煌 3)　(東京)大東出版社　1980　p. 355

土肥義和　はじめに——歸義軍節度使の敦煌支配　敦煌の歷史(講座敦煌 2)　(東京)大東出版社　1980　p. 280

鄭阿財　敦煌孝道文學研究　(臺北)石門圖書公司　1982　p. 182

高田時雄　チベット文字轉寫阿彌陀經の奧書　『人文研究』(第 65 輯)　(小樽市)小樽商科大學　1983　p. 8

宮川尚志　唐以前の河西における宗教・思想的狀況　敦煌と中國道教(講座敦煌 4)　(東京)大東出版社　1983　p. 309

楠山春樹　道德經類　付『莊子』『列子』『文子』　敦煌と中國道教(講座敦煌 4)　(東京)大東出版社　1983　p. 9

石井昌子　靈寶經類　敦煌と中國道教(講座敦煌 4)　(東京)大東出版社　1983　p. 156

クリストファー・シッペール著　福井文雅訳　敦煌文書に見える道士の法位階梯について　敦煌と中國道教(講座敦煌 4)　(東京)大東出版社　1983　p. 334

福井文雅　講經儀式の組織內容　敦煌と中國仏教(講座敦煌 7)　(東京)大東出版社　1984　p. 369

戴密微著　耿昇譯　列寧格勒所藏敦煌漢文寫本簡介　敦煌譯叢(第一輯)　甘肅人民出版社　1985　p. 125 注 4

秦明智　關於甘肅省博物館藏敦煌遺書之淺考和目錄　1983 年全國敦煌學術討論會文集・文史遺書編(上)　甘肅人民出版社　1987　p. 458、470

陳國燦　唐五代敦煌縣鄉里制的演變　《敦煌研究》1989 年第 3 期　p. 48

熊文彬　兩唐書《吐蕃傳》吐蕃制度補證　《中國藏學》1989 年第 3 期　又見：中國敦煌學百年文庫・民族卷(一)　甘肅文化出版社　1999　p. 412

杜愛英　敦煌遺書中俗體字的諸種類型　《敦煌研究》1992 年第 3 期　p. 121

姜伯勤　敦煌社會文書導論　(臺北)新文豐出版公司　1992　p. 227

金岡照光　押座文　敦煌の文學文獻(講座敦煌 9)　(東京)大東出版社　1992　p. 388

盧向前　金山國立國之我見　敦煌吐魯番文書論稿　江西人民出版社　1992　p. 186

馬德　KHROM 詞義考　《中國藏學》1992 年第 2 期　p. 99

邵文實　沙州節兒考及其引申出來的幾個問題　《西北師大學報》(社會科學版)1992 年第 5 期　p. 63

朱越利　道經總論　遼寧教育出版社　1992　p. 264、282

郝春文　敦煌寫本社邑文書年代彙考(三)　《社科縱橫》1993 年第 5 期　p. 11

李正宇　敦煌文學概論　甘肅人民出版社　1993　p. 95

齊陳駿　寒沁　河西都僧統唐悟真作品和見載文獻系年　《敦煌學輯刊》1993 年第 2 期　p. 5

蘇遠鳴　敦煌漢文寫本的斷代　法國學者敦煌學論文選萃　中華書局　1993　p. 551

鄭炳林　馮培紅　讀《中國古代寫本識語集錄》劄記　《西北史地》1994 年第 4 期　p. 45

劉銘恕　敦煌遺書劄記八篇　敦煌學國際研討會文集・史地語文編　遼寧美術出版社　1995

p. 394

王惠民　獨煞神與獨煞神堂考　《敦煌研究》1995 年第 1 期　p. 131

楊銘　吐蕃時期河隴軍政機構設置考　中亞學刊(第四輯)　北京大學出版社　1995　p. 115

鄭炳林　敦煌漢文吐蕃史料綜述:兼論吐蕃控制河西時期的職官與統治政策　敦煌吐魯番文獻研究
　　蘭州大學出版社　1995　p. 95

鄭炳林　唐五代敦煌金鞍山異名考　《敦煌研究》1995 年第 2 期　p. 133

鄭炳林　羊萍　敦煌本夢書　甘肅文化出版社　1995　p. 332 注

姜伯勤　敦煌藝術宗教與禮樂文明　中國社會科學出版社　1996　p. 300、411

邵文實　敦煌道教試述　《世界宗教研究》1996 年第 2 期　又見:中國敦煌學百年文庫·宗教卷
　　(三)　甘肅文化出版社　1999　p. 338

鄭阿財　潘重規教授與敦煌學研究　"中國唐代學會"會刊(第七期)　(臺北)"中國唐代學會"
　　1996　p. 32

郝春文　歸義軍政權與敦煌佛教之關係新探　周紹良先生欣開九秩慶壽文集　中華書局　1997
　　p. 165

黃征　《敦煌碑銘讚輯釋》評介　敦煌語文叢說　(臺北)新文豐出版公司　1997　p. 813

黃征　敦煌願文考論　敦煌語文叢說　(臺北)新文豐出版公司　1997　p. 589

李正宇　敦煌歷史地理導論　(臺北)新文豐出版公司　1997　p. 57

寧可　郝春文　敦煌社邑文書輯校　江蘇古籍出版社　1997　p. 521

楊銘　吐蕃統治敦煌研究　(臺北)新文豐出版公司　1997　p. 5

鄭炳林　敦煌碑銘讚及其有關問題　敦煌碑銘讚輯釋　甘肅教育出版社　1997　p. 1

鄭炳林　敦煌碑銘讚輯釋　甘肅教育出版社　1997　p. 258

鄭炳林　唐五代敦煌的粟特人與佛教　敦煌歸義軍史專題研究　蘭州大學出版社　1997　p. 444

鄭炳林　唐五代敦煌種植林業研究　敦煌歸義軍史專題研究　蘭州大學出版社　1997　p. 195

陳國燦　平康鄉　敦煌學大辭典　上海辭書出版社　1998　p. 302

馮培紅　P. 3249 背《軍籍殘卷》與歸義軍初期的僧兵武裝　《敦煌研究》1998 年第 2 期　p. 145

郝春文　唐後期五代宋初敦煌僧尼的社會生活　中國社會科學出版社　1998　p. 394

姜伯勤　道釋相激:道教在敦煌　道家文化研究(第十三輯)　三聯書店　1998　p. 60

李正宇　悟真　敦煌學大辭典　上海辭書出版社　1998　p. 355

譚蟬雪　敦煌道經題記綜述　道家文化研究(第十三輯)　三聯書店　1998　p. 11

王卡　十戒經　敦煌學大辭典　上海辭書出版社　1998　p. 765

徐志斌　《河西都僧統唐悟真作品和見載文獻系年》補四則　《敦煌學輯刊》1998 年第 2 期　p. 66

張亞萍　唐五代敦煌地區的駱駝牧養業　《敦煌學輯刊》1998 年第 1 期　p. 58

金瀅坤　吐蕃沙州都督考　《敦煌研究》1999 年第 3 期　p. 87

梅維恒著　楊繼東　陳引馳譯　唐代變文(下)　(香港)中國佛教文化出版公司　1999　p. 22

楊富學　李吉和　敦煌漢文吐蕃史料輯校(第一輯)　甘肅人民出版社　1999　p. 192、231

周維平　從敦煌遺書看敦煌道教　《西北民族研究》1999 年第 2 期　p. 130

陳海濤　敦煌歸義軍時期從化鄉消失原因初探　中國社會歷史評論(第二卷)　天津古籍出版社
　　2000　p. 435

王微　春祭:二月八日節的佛教儀式　法國漢學(敦煌學專號)　中華書局　2000　p. 114

徐俊　敦煌詩集殘卷輯考　中華書局　2000　p. 326

顏廷亮　敦煌文化　光明日報出版社　2000　p. 238、474

鄭阿財　潘重規先生敦煌學研究成果與貢獻　《敦煌研究》2000 年第 2 期　p. 116

馮培紅　敦煌文獻中的職官史料與唐五代藩鎮官制研究　《敦煌研究》2001 年第 3 期　p. 108

邵文實　敦煌佛教文學與邊塞文學　《敦煌學輯刊》2001 年第 2 期　p. 27

孫昌武　道教與唐代文學　人民文學出版社　2001　p. 483 注 2

鄭炳林　北京圖書館藏《吳和尚經論目錄》有關問題研究　敦煌學與中國史研究論集　甘肅人民出版社　2001　p. 132

馮培紅　姚桂蘭　歸義軍時期敦煌與周邊地區之間的僧使交往　敦煌佛教藝術文化國際學術研討會論文集　蘭州大學出版社　2002　p. 452

李小榮　變文講唱與華梵宗教藝術　上海三聯書店　2002　p. 68

釋覺旻　從"三教大法師"看晚唐五代敦煌社會的三教融合　敦煌佛教藝術文化國際學術研討會論文集　蘭州大學出版社　2002　p. 409

荒見泰史　敦煌本夢書雜識　漢語史學報專輯(第三輯)　上海教育出版社　2003　p. 336、342

王繼光　鄭炳林　敦煌漢文吐蕃史料綜述　中國西部民族文化研究(2003 年卷)　民族出版社　2003　p. 247

楊森　武則天至玄宗時代敦煌的三洞法師中嶽先生述略　《敦煌研究》2003 年第 3 期　p. 45

荒見泰史　敦煌變文研究概述以及新觀點　華林(第三卷)　中華書局　2004　p. 391

荒見泰史　敦煌的講唱體文獻　敦煌學(第 25 輯)　(臺北)樂學書局有限公司　2004　p. 268

荒見泰史　漢文譬喻經典及其綱要本的作用　佛經文學研究論集　復旦大學出版社　2004　p. 284、288

王卡　敦煌道教文獻研究　中國社會科學出版社　2004　p. 135

王卡　中國國家圖書館藏敦煌道教遺書研究報告　敦煌吐魯番研究(第七卷)　北京大學出版社　2004　p. 357

趙紅　高啓安　張孝嵩斬龍傳說歷史背景研究　《敦煌研究》2004 年第 2 期　p. 63

P. 3771

蘇瑩輝　石室出土的寫本古籍　敦煌　(臺北)藝文印書館　1977　p. 20

王重民　敦煌古籍敘錄　中華書局　1979　p. 325

饒宗頤　從石刻論武后之宗教信仰　選堂集林・史林　(香港)中華書局　1982　p. 605

蔣禮鴻　《補全唐詩》校記　敦煌學論集　甘肅人民出版社　1985　p. 76

王重民　巴黎敦煌殘卷敘錄(第二輯)　敦煌叢刊初集(九)　(臺北)新文豐出版公司　1985　p. 315

耿昇　八十年代的法國敦煌學論著簡介　《敦煌研究》1986 年第 3 期　p. 82

王重民原編　黃永武新編　敦煌古籍敘錄新編(第十六冊)　(臺北)新文豐出版公司　1986　p. 195

張錫厚　敦煌詩歌考論　《敦煌學輯刊》1989 年第 2 期　p. 28

張錫厚　詩歌　敦煌文學　甘肅人民出版社　1989　p. 176

林聰明　敦煌文書學　(臺北)新文豐出版公司　1991　p. 358

張涌泉　《補全唐詩》兩種補校　《敦煌學輯刊》1991 年第 2 期　p. 20　又見:舊學新知　浙江大學出版社　1999　p. 296、307

徐俊　敦煌本《珠英集》考補　《文獻》1992 年第 4 期　p. 17

周紹良　敦煌文學芻議及其它　(臺北)新文豐出版公司　1992　p. 26

吳其昱　敦煌本《珠英集》兩殘卷考　法國學者敦煌學論文選萃　中華書局　1993　p. 476

吳其昱　敦煌本《珠英集》中的 14 位詩人　法國學者敦煌學論文選萃　中華書局　1993　p. 499

項楚　敦煌詩歌導論　(臺北)新文豐出版公司　1993　p. 6

張錫厚　敦煌文學概論　甘肅人民出版社　1993　p. 356

蔣禮鴻　蔣禮鴻語言文字學論叢　浙江古籍出版社　1994　p. 421

劉進寶　敦煌學論述　（臺北）洪葉文化事業有限公司　1995　p. 330

徐俊　敦煌寫本唐人詩歌存佚互見綜考　敦煌吐魯番研究（第一卷）　北京大學出版社　1996
　　　p. 112

陳尚君　評《唐詩研究集成》　唐研究（第三卷）　北京大學出版社　1997　p. 487

陳尚君　唐代文學叢考　中國社會科學出版社　1997　p. 188

劉子瑜　敦煌變文和王梵志詩　大象出版社　1997　p. 79

柴劍虹　胡皓詩　敦煌學大辭典　上海辭書出版社　1998　p. 560

李正宇　珠英學士集　敦煌學大辭典　上海辭書出版社　1998　p. 563

高國藩　敦煌俗文化學　上海三聯書店　1999　p. 32

胡大浚　王志鵬　敦煌邊塞詩歌校注　甘肅人民出版社　1999　p. 7

余欣　敦煌本《珠英集》殘卷所見劉知幾佚詩三首箋證　《敦煌學輯刊》1999 年第 1 期　p. 94

北京大學　敦煌《經卷》、《照片》及《圖書》目録　中國敦煌學百年文庫·綜述卷（一）　甘肅文化出
　　　版社　1999　p. 318

杜琪　敦煌詩賦作品要目分類題注　《甘肅社會科學》2000 年第 1 期　p. 64

孫其芳　大漠遺歌：敦煌詩歌選評　甘肅人民出版社　2000　p. 131

徐俊　敦煌詩集殘卷輯考　中華書局　2000　p. 548

張錫厚　敦煌文學源流　作家出版社　2000　p. 82

劉瑞明　集遺珠以彙詩海　復原貌而觀萬象：評《敦煌詩集殘卷輯考》　《敦煌研究》2001 年第 4 期
　　　p. 170

陶敏　李一飛　隋唐五代文學史料學　中華書局　2001　p. 350

楊曉靄　勘正辨疑　隨文釋義：《敦煌邊塞詩歌校注》簡評　《敦煌學輯刊》2001 年第 1 期　p. 114

劉敬林　敦煌文牒詞語校釋　《敦煌學輯刊》2003 年第 1 期　p. 118

P. 3772

蘇瑩輝　敦煌學概要　（臺北）編譯館"中華叢書編委會"　1981　p. 66

梅弘理著　耿昇譯　根據 P. 2547 號寫本對《齋琬文》的復原和斷代　《敦煌研究》1990 年第 2 期
　　　p. 52

杜琦　敦煌文學概論　甘肅人民出版社　1993　p. 515

黄征　吳偉　敦煌願文集　岳麓書社　1995　p. 71

榮新江　評《俄藏敦煌文獻》第 1 - 5 冊　敦煌吐魯番研究（第一卷）　北京大學出版社　1996
　　　p. 372

張廣達　"歎佛"與"歎齋"　慶祝鄧廣銘教授九十華誕論文集　河北教育出版社　1997　p. 61

鄭炳林　唐五代敦煌畜牧區域研究　敦煌歸義軍史專題研究　蘭州大學出版社　1997　p. 210

乜小紅　唐五代敦煌牧羊業述論　《敦煌研究》2001 年第 1 期　p. 138

余欣　禁忌、儀式與法術　唐代宗教信仰與社會　上海辭書出版社　2003　p. 343

P. 3773

陳祚龍　敦煌古抄《凡節度使新受旌節儀》殘卷校釋　（臺北）《大陸雜誌》1960 年第 10 期　又見：敦
　　　煌學海探珠　（臺北）商務印書館　1979　p. 246；中國敦煌學百年文庫·文獻卷（一）　甘肅文
　　　化出版社　1999　p. 431

陳祚龍　瓜沙印録　（臺北）《大陸雜誌》1962 年第 4 期　又見：敦煌學概要　（臺北）編譯館"中華叢

書編委會" 1981　p. 269；中國敦煌學百年文庫·考古卷(一)　甘肅文化出版社　1999　p. 192

陳祚龍　古代敦煌及其他地區流行之公私印章圖記文字録　敦煌學要籥　(臺北)新文豐出版公司　1982　p. 345

暨遠志　張議潮出行圖研究　《敦煌研究》1991 年第 3 期　p. 30

中村裕一　唐代官文書研究　(京都)中文出版社　1991　p. 344

暨遠志　論唐代打馬球　《敦煌研究》1993 年第 2 期　p. 27

李重申　敦煌馬毬史料探析　《敦煌研究》1994 年第 4 期　p. 172

高德祥　敦煌壁畫中的軍樂圖　敦煌文史資料選輯(第三輯)　甘肅省敦煌市委員會　1995　p. 127

高德祥　西域音樂與古代軍樂的發展　敦煌學國際研討會文集·石窟藝術編　遼寧美術出版社　1995　p. 229

李重申　敦煌體育史料考析　敦煌學國際研討會文集·石窟考古編　遼寧美術出版社　1995　p. 387

鄭炳林　羊萍　敦煌本夢書　甘肅文化出版社　1995　p. 302

姜伯勤　敦煌悉磨遮爲蘇摩遮樂舞考　《敦煌研究》1996 年第 3 期　p. 11

姜伯勤　敦煌藝術宗教與禮樂文明　中國社會科學出版社　1996　p. 545

譚蟬雪　敦煌馬文化　《敦煌研究》1996 年第 1 期　p. 119

張涌泉　敦煌俗字研究導論　(臺北)新文豐出版公司　1996　p. 156

張涌泉　敦煌文獻校讀釋例　文史(第四十一輯)　中華書局　1996　p. 199　又見:舊學新知　浙江大學出版社　1999　p. 211

齊陳俊　馮培紅　晚唐五代宋初歸義軍政權中"十將"及下屬諸職考　敦煌歸義軍史專題研究　蘭州大學出版社　1997　p. 26

李正宇　隊舞　敦煌學大辭典　上海辭書出版社　1998　p. 271

李重申　毬場　敦煌學大辭典　上海辭書出版社　1998　p. 600

譚蟬雪　敦煌歲時文化導論　(臺北)新文豐出版公司　1998　p. 170

張涌泉　陳祚龍校録敦煌卷子失誤例釋　學術集林(卷六)　上海遠東出版社　1999　p. 308　又見:舊學新知　浙江大學出版社　1999　p. 283

馮培紅　唐五代歸義軍節院與節院使略考　《敦煌學輯刊》2000 年第 1 期　p. 49

李正宇　歸義軍樂營的結構與配置　《敦煌研究》2000 年第 3 期　p. 73

李重申　敦煌古代體育文化　甘肅人民出版社　2000　p. 62

李金梅　李重申　敦煌文獻與體育史研究之關係　《敦煌研究》2002 年第 2 期　p. 45

馬德　以史論窟　以窟證史　2000 年敦煌學國際學術討論會文集·歷史文化卷(上)　甘肅民族出版社　2003　p. 496

湯君　敦煌曲子詞地域文化研究　上海古籍出版社　2004　p. 106

王卡　敦煌道教文獻研究　中國社會科學出版社　2004　p. 224

王卡　中國國家圖書館藏敦煌道教遺書研究報告　敦煌吐魯番研究(第七卷)　北京大學出版社　2004　p. 374

鄭炳林　敦煌寫本解夢書校録研究　民族出版社　2005　p. 121

蘭州理工大學絲綢之路文史研究所編　絲綢之路體育文化論集　中華書局　2005　p. 99、251

P. 3774

羅福頤　敦煌石室文物對於學術上的貢獻　《歷史教學》1951 年第 5 期　又見:中國敦煌學百年文

　　庫・考古卷（四）　甘肅文化出版社　1999　p. 11

韓國磐　根據敦煌和吐魯番發現的文件略談有關唐代田制的幾個問題　《歷史研究》1962 年第 4、6
　　期　又見：新疆考古三十年　新疆人民出版社　1983　p. 307；中國敦煌學百年文庫・歷史卷
　　（一）　甘肅文化出版社　1999　p. 229

池田溫　中國古代籍帳研究：概觀・録文　東京大學東洋文化研究所　1979　p. 539

北原薫　晚唐・五代の敦煌寺院経済——収支決算報告を中心に　敦煌の社會（講座敦煌 3）　（東
　　京）大東出版社　1980　p. 416

池田溫　敦煌の流通経済　敦煌の社會（講座敦煌 3）　（東京）大東出版社　1980　p. 339　又見：敦
　　煌文書の世界　（東京）名著刊行會　2003　p. 176

山口瑞鳳　吐蕃の敦煌支配期間　敦煌の歷史（講座敦煌 2）　（東京）大東出版社　1980　p. 198、
　　220

陳國燦　敦煌所出諸借契年代考　魏晉南北朝隋唐史資料（第 4 輯）　武漢大學出版社　1982　p. 8
　　又見：《敦煌學輯刊》1984 年第 1 期　p. 1

姜伯勤　敦煌寺院碾磑經營的兩種形式　歷史論叢（第三輯）　齊魯書社　1983　p. 186　又見：五
　　十年來漢唐佛教寺院經濟研究　北京師範大學出版社　1986　p. 232

姜伯勤　上海藏本敦煌所出河西支度營田使文書研究　敦煌吐魯番文獻研究論集（第二輯）　北京
　　大學出版社　1983　p. 339、344

史葦湘　吐蕃王朝管轄沙州前後　《敦煌研究》1983 年創刊號　p. 132

楊際平　吐蕃時期敦煌計口授田考　《社會科學》1983 年第 2 期　又見：中國敦煌學百年文庫・歷史
　　卷（一）　甘肅文化出版社　1999　p. 521

韓國磐　根據敦煌和吐魯番發現的文件略談有關唐代均田制的幾個問題　敦煌吐魯番文書研究　甘
　　肅人民出版社　1984　p. 198

姜伯勤　突地考　《敦煌學輯刊》1984 年第 1 期　p. 11、17

陳國燦　唐朝吐蕃陷落沙州的時間問題　《敦煌學輯刊》1985 年第 1 期　p. 4

姜伯勤　敦煌寺院文書中"梁戶"的性質　五十年來漢唐佛教寺院經濟研究　北京師範大學出版社
　　1986　p. 137

姜伯勤　沙州道門親表部落釋證　《敦煌研究》1986 年第 3 期　p. 5

寧欣　唐代敦煌地區農業水利問題初探　敦煌吐魯番文獻研究論集（第三輯）　北京大學出版社
　　1986　p. 510

山口瑞鳳著　高然譯　吐蕃統治的敦煌　國外藏學研究譯文集（第一輯）　西藏人民出版社　1986
　　p. 33

謝重光　關於唐後期至五代間沙州寺院經濟的幾個問題　敦煌吐魯番出土經濟文書研究　廈門大學
　　出版社　1986　p. 505 注 3、512 注 150

楊際平　現存我國四柱結算法的最早實例——吐蕃時期沙州倉曹狀上勾覆所牒研究　敦煌吐魯番出
　　土經濟文書研究　廈門大學出版社　1986　p. 177

姜伯勤　唐五代敦煌寺戶制度　中華書局　1987　p. 19、44、83、96、243、264

李正宇　《吐蕃子年（西元 808 年）沙州百姓氾履倩等戶籍手實殘卷》研究　1983 年全國敦煌學術討
　　論會文集・文史遺書編（上）　甘肅人民出版社　1987　p. 184 注 12、199

馬德　吐蕃統治敦煌初期的幾個問題　《敦煌研究》1987 年第 1 期　p. 60

王永興　隋唐五代經濟史料彙編校注・第一編（上）　中華書局　1987　p. 320

謝和耐著　耿昇譯　中國 5—10 世紀的寺院經濟　甘肅人民出版社　1987　p. 81 注 1、109 注 2

楊銘　吐蕃時期敦煌部落設置考　《西北史地》1987 年第 2 期　p. 34

王進玉　趙豐　敦煌文物中的紡織技藝　《敦煌研究》1989 年第 4 期　p. 100

池田溫　敦煌における土地稅役制をめぐって　東アジア古文書の史的研究　（東京）刀水書房　1990　p. 50

郝春文　唐後期五代宋初沙州僧尼的特點　敦煌吐魯番學研究論文集　漢語大詞典出版社　1990　p. 834

上山大峻　敦煌佛教の研究　（京都）法藏館　1990　p. 29

唐耕耦　陸宏基　敦煌社會經濟文獻真迹釋錄（二）　全國圖書館文獻縮微複製中心　1990　p. 283

謝重光　白文固　中國僧官制度史　青海人民出版社　1990　p. 125 注 3

周偉洲　吐蕃對河隴的統治及歸義軍前期的河西諸族　《甘肅民族研究》1990 年第 2 期　p. 9 注 16

李正宇　敦煌名勝古迹導論　《陽關》1991 年第 4 期　p. 51

謝重光　吐蕃佔領期與歸義軍時期的敦煌僧官制度　《敦煌研究》1991 年第 3 期　p. 53

安忠義　吐蕃攻陷沙州城之我見　《敦煌學輯刊》1992 年第 1、2 期　p. 23

邵文實　沙州節兒考及其引申出來的幾個問題　《西北師大學報》（社會科學版）1992 年第 5 期　p. 66

土肥義和　九・十世紀の敦煌莫高窟を支えた人々　中國の都市と農村　（東京）汲古書院　1992　p. 438

王堯　《唐五代敦煌寺戶制度》評介　藏學零墨　西藏人民出版社　1992　p. 258

吳其昱著　伊藤美重子譯　敦煌漢文寫本概觀　敦煌漢文文獻（講座敦煌 5）　（東京）大東出版社　1992　p. 106

邵文實　尚乞心兒事迹考　《敦煌學輯刊》1993 年第 2 期　p. 21

王震亞　趙熒　敦煌殘卷爭訟文牒集釋　甘肅人民出版社　1993　p. 5

姜伯勤　敦煌吐魯番文書與絲綢之路　文物出版社　1994　p. 266

劉進寶　關於吐蕃統治經營河西地區的若干問題　《中國邊疆史地研究》1994 年第 1 期　p. 14

齊陳駿　有關遺産繼承的幾件敦煌遺書　《敦煌學輯刊》1994 年第 2 期　p. 51

楊銘　一件有關敦煌陷蕃時間的藏文文書　《敦煌研究》1994 年第 3 期　p. 86

鄭炳林　董念清　唐五代敦煌私營釀酒業初探　《社科縱橫》1994 年第 4 期　p. 64

張涌泉　陳祚龍校錄敦煌卷子失誤例釋　學術集林（卷六）　上海遠東出版社　1995　p. 297　又見：舊學新知　浙江大學出版社　1999　p. 273

鄭炳林　敦煌漢文吐蕃史料綜述：兼論吐蕃控制河西時期的職官與統治政策　敦煌吐魯番文獻研究　蘭州大學出版社　1995　p. 91

姜伯勤　敦煌藝術宗教與禮樂文明　中國社會科學出版社　1996　p. 261

李正宇　敦煌史地新論　（臺北）新文豐出版公司　1996　p. 98

劉進寶　吐蕃對河西的統治與經營　敦煌吐魯番學研究論集　書目文獻出版社　1996　p. 324

楊銘　吐蕃“十將”(Tshan bcu)制補證　《中國藏學》1996 年第 2 期　又見：中國敦煌學百年文庫・民族卷（二）　甘肅文化出版社　1999　p. 61

鄭炳林　唐五代敦煌粟特人與歸義軍政權　《敦煌研究》1996 年第 4 期　p. 85　又見：敦煌歸義軍史專題研究　蘭州大學出版社　1997　p. 411

馮培紅　晚唐五代宋初歸義軍武職軍將研究　敦煌歸義軍史專題研究　蘭州大學出版社　1997　p. 140

劉雯　吐蕃及歸義軍時期敦煌索氏家族研究　《敦煌學輯刊》1997 年第 2 期　p. 86

陸慶夫　鄭炳林　唐末五代敦煌的社與粟特人聚落　敦煌歸義軍史專題研究　蘭州大學出版社　1997　p. 398

齊陳俊　馮培紅　晚唐五代宋初歸義軍對外商業貿易　敦煌歸義軍史專題研究　蘭州大學出版社
　　1997　p. 347

王堯　敦煌吐蕃文書 P. T. 1297 號再釋　佛教與中國傳統文化　宗教文化出版社　1997　p. 754

楊銘　吐蕃統治敦煌研究　（臺北）新文豐出版公司　1997　p. 21、272

鄭炳林　敦煌碑銘讚輯釋　甘肅教育出版社　1997　p. 249 注 25

鄭炳林　唐五代敦煌手工業研究　敦煌歸義軍史專題研究　蘭州大學出版社　1997　p. 252、261

鄭炳林　唐五代敦煌畜牧區域研究　敦煌歸義軍史專題研究　蘭州大學出版社　1997　p. 212

鄭炳林　吐蕃統治下的敦煌粟特人　敦煌歸義軍史專題研究　蘭州大學出版社　1997　p. 376、384

鄭炳林　晚唐五代敦煌貿易市場的物價　敦煌歸義軍史專題研究　蘭州大學出版社　1997　p. 286

鄭炳林　馮培紅　唐五代歸義軍政權對外關係中的使頭一職　敦煌歸義軍史專題研究　蘭州大學出
　　版社　1997　p. 65

陳國燦　丑年十二月僧龍藏牒　敦煌學大辭典　上海辭書出版社　1998　p. 643

陳國燦　番和　敦煌學大辭典　上海辭書出版社　1998　p. 376

陳國燦　將頭　敦煌學大辭典　上海辭書出版社　1998　p. 384

陳國燦　閶朝　敦煌學大辭典　上海辭書出版社　1998　p. 346

郝春文　唐後期五代宋初敦煌僧尼的社會生活　中國社會科學出版社　1998　p. 9、115

姜伯勤　突地　敦煌學大辭典　上海辭書出版社　1998　p. 414

金瀅坤　吐蕃統治敦煌的社會基層組織　《中國邊疆史地研究》1998 年第 4 期　p. 29

李正宇　佛堂　敦煌學大辭典　上海辭書出版社　1998　p. 627

寧可　謝重光　手力　敦煌學大辭典　上海辭書出版社　1998　p. 411

唐耕耦　度印　敦煌學大辭典　上海辭書出版社　1998　p. 641

唐耕耦　突課　敦煌學大辭典　上海辭書出版社　1998　p. 408

唐耕耦　磑戶　敦煌學大辭典　上海辭書出版社　1998　p. 650

唐耕耦　郝春文　牧羊人　敦煌學大辭典　上海辭書出版社　1998　p. 410

楊森　龍藏　敦煌學大辭典　上海辭書出版社　1998　p. 349

鄭炳林　《康秀華寫經施入疏》與《炫和尚貨賣胡粉曆》研究　敦煌吐魯番研究（第三卷）　北京大學
　　出版社　1998　p. 201

黃征　程惠新　劫塵遺珠：敦煌遺書　甘肅教育出版社　1999　p. 240

金瀅坤　吐蕃沙州都督考　《敦煌研究》1999 年第 3 期　p. 88

金瀅坤　吐蕃統治敦煌的財政職官體系　《敦煌研究》1999 年第 2 期　p. 88

蘇金花　唐、五代敦煌地區的商品貨幣形態　《敦煌研究》1999 年第 2 期　p. 95

陳海濤　敦煌歸義軍時期從化鄉消失原因初探　中國社會歷史評論（第二卷）　天津古籍出版社
　　2000　p. 435

陳永勝　敦煌吐魯番法制文書研究　甘肅人民出版社　2000　p. 117

金岡照光　敦煌文獻と中國文學　（東京）五曜書房　2000　p. 253、332

雷紹鋒　歸義軍賦役制度初探　（臺北）洪葉文化事業有限公司　2000　p. 30、64、130

劉進寶　敦煌歷史文化　甘肅人民出版社　2000　p. 86

劉進寶　敦煌文書與唐史研究　（臺北）新文豐出版公司　2000　p. 93

徐俊　敦煌詩集殘卷輯考　中華書局　2000　p. 189

楊寶玉　敦煌史話　中國大百科全書出版社　2000　p. 158

馮培紅　敦煌文獻中的職官史料與唐五代藩鎮官制研究　《敦煌研究》2001 年第 3 期　p. 109

乜小紅　唐五代敦煌牧羊業述論　《敦煌研究》2001 年第 1 期　p. 138

謝重光　漢唐佛教社會史論　（臺北）國際文化事業有限公司　2001　p. 247 注 3

張國剛　唐代家庭與家族關係的一個考察———一份敦煌分家析産文書的學習劄記　中國社會歷史評論(第三卷)　中華書局　2001　p. 107

陳國燦　敦煌學史事新證　甘肅教育出版社　2002　p. 23、328、479

李德龍　沙州三界寺《授戒牒》初探　甘肅民族研究論叢　甘肅人民出版社　2002　p. 415

劉進寶　敦煌學通論　甘肅教育出版社　2002　p. 53

史葦湘　敦煌歷史與莫高窟藝術研究　甘肅教育出版社　2002　p. 155

劉敬林　敦煌文牒詞語校釋　《敦煌學輯刊》2003 年第 1 期　p. 116

王繼光　鄭炳林　敦煌漢文吐蕃史料綜述　中國西部民族文化研究(2003 年卷)　民族出版社　2003　p. 243

楊銘　四件英藏敦煌藏文文書考釋　2000 年敦煌學國際學術討論會文集·歷史文化卷(上)　甘肅民族出版社　2003　p. 290

鄭炳林　晚唐五代敦煌村莊聚落輯考　2000 年敦煌學國際學術討論會文集·歷史文化卷(上)　甘肅民族出版社　2003　p. 134

陳國燦　俄藏敦煌 ДХ12012 號《書儀》疏證　敦煌學(第 25 輯)　（臺北）樂學書局有限公司　2004　p. 407

陳麗萍　中古時期敦煌地區財婚風氣略論　麥積山石窟藝術文化論文集(下)　蘭州大學出版社　2004　p. 263

高啓安　唐五代敦煌飲食文化研究　民族出版社　2004　p. 17

趙曉星　敦煌落蕃舊事　民族出版社　2004　p. 184

鄭炳林　晚唐五代敦煌商業貿易市場研究　《敦煌學輯刊》2004 年第 1 期　p. 105

鄭炳林　魏迎春　晚唐五代敦煌佛教教團的戒律和清規　《敦煌學輯刊》2004 年第 2 期　p. 34

陳于柱　從敦煌占卜文書看晚唐五代敦煌占卜與佛教的對話交融　《敦煌學輯刊》2005 年第 2 期　p. 25

陸離　吐蕃統治敦煌時期的官府勞役　魏晉南北朝隋唐史資料(第 22 輯)　武漢大學出版社　2005　p. 178、185

齊陳駿　隋唐西北的屯田　枳室史稿　甘肅文化出版社　2005　p. 204

陸離　也談敦煌文書中的唐五代"地子"、"地稅"　《歷史研究》2006 年第 4 期　p. 167

鄭炳林　晚唐五代河西地區的居民結構研究　《蘭州大學學報》2006 年第 2 期　p. 13

P. 3775

石井昌子　靈寶經類　敦煌と中國道教(講座敦煌 4)　（東京）大東出版社　1983　p. 154

王堯　陳踐　敦煌吐蕃文獻選　四川民族出版社　1983　p. 206

胡戟　傅玫　敦煌史話　中華書局　1995　p. 185

王卡　太上業報因緣經　敦煌學大辭典　上海辭書出版社　1998　p. 764

董志翹　《入唐求法巡禮行記》辭彙研究　中國社會科學出版社　2000　p. 175

顏廷亮　敦煌文化　光明日報出版社　2000　p. 202

王卡　敦煌道教文獻研究　中國社會科學出版社　2004　p. 125

王卡　中國國家圖書館藏敦煌道教遺書研究報告　敦煌吐魯番研究(第七卷)　北京大學出版社　2004　p. 354

P. 3776

李正宇　唐宋時代敦煌縣河渠泉澤簡志(一)　《敦煌研究》1988 年第 4 期　p. 96

朱鳳玉　敦煌寫本《碎金》系字書初探　第二屆敦煌學國際研討會論文集　（臺北）漢學研究中心　1990　p. 514

王三慶著　池田溫譯　類書　敦煌漢文文獻(講座敦煌 5)　（東京）大東出版社　1992　p. 380

朱鳳玉　敦煌寫卷《俗務要名林》研究　第二屆國際唐代學術會議論文集(上)　（臺北）文津出版社　1993　p. 670

李正宇　敦煌史地新論　（臺北）新文豐出版公司　1996　p. 119

張金泉　許建平　敦煌音義彙考　杭州大學出版社　1996　p. 745

李正宇　敦煌歷史地理導論　（臺北）新文豐出版公司　1997　p. 256

鄭炳林　唐末五代敦煌都河水系研究　敦煌歸義軍史專題研究　蘭州大學出版社　1997　p. 180

鄭炳林　唐五代敦煌的粟特人與佛教　敦煌歸義軍史專題研究　蘭州大學出版社　1997　p. 448

朱鳳玉　敦煌寫本碎金研究　（臺北）文津出版社　1997　p. 17

黃征　程惠新　劫塵遺珠：敦煌遺書　甘肅教育出版社　1999　p. 67

朱鳳玉　俄藏敦煌寫本《雜字》研究　新國學(第二卷)　巴蜀書社　2000　p. 313

鄭阿財　朱鳳玉　敦煌蒙書研究　甘肅教育出版社　2002　p. 86

張小豔　試論敦煌書儀的語料價值　浙江與敦煌學：常書鴻先生誕辰一百周年紀念文集　浙江古籍出版社　2004　p. 537

P. 3777

柳田聖山　敦煌の禪籍と矢吹慶輝　敦煌仏典と禪(講座敦煌 8)　（東京）大東出版社　1980　p. 12

田中良昭　念仏禪と後期北宗禪　敦煌仏典と禪(講座敦煌 8)　（東京）大東出版社　1980　p. 226

田中良昭　修道偈Ⅰ　敦煌仏典と禪(講座敦煌 8)　（東京）大東出版社　1980　p. 259

中川孝　楞伽宗と東山法門　敦煌仏典と禪(講座敦煌 8)　（東京）大東出版社　1980　p. 141

田中良昭　敦煌禪宗文獻の研究　（東京）大東出版社　1983　p. 54、212、507

王重民　記敦煌寫本的佛經　敦煌吐魯番文獻研究論集(第二輯)　北京大學出版社　1983　p. 21、22　又見：敦煌遺書論文集　中華書局　1984　p. 305

陳祚龍　關於敦煌古抄《服防修行人迷犯當"斷"外中內"五辛"之法藥義禮文》　中華佛教文化史散策(四集)　（臺北）新文豐出版公司　1986　p. 467

陳祚龍　新校重訂敦煌古抄《澄心論》　中華佛教文化史散策(四集)　（臺北）新文豐出版公司　1986　p. 235

楊曾文　日本學者對中國禪宗文獻的研究和整理　《世界宗教研究》1987 年第 1 期　p. 117

上山大峻　敦煌佛教の研究　（京都）法藏館　1990　p. 412

姜伯勤　敦煌吐魯番與香藥之路　季羨林教授八十華誕紀念論文集(下)　江西人民出版社　1991　p. 845

吳其昱著　伊藤美重子譯　敦煌漢文寫本概観　敦煌漢文文獻(講座敦煌 5)　（東京）大東出版社　1992　p. 57

冉雲華　敦煌遺書與中國禪宗歷史研究　"中國唐代學會"會刊(第四期)　（臺北）"中國唐代學會"　1993　p. 56

叢春雨　敦煌中醫藥全書　中醫古籍出版社　1994　p. 40、698

姜伯勤　敦煌吐魯番文書與絲綢之路　文物出版社　1994　p. 133

李尚全　敦煌本《修心要論》芻議　佛教論譯集　甘肅民族出版社　1994　p. 82

索仁森著　李吉和譯　敦煌漢文禪籍特徵概觀　《敦煌研究》1994 年第 1 期　p. 110

田中良昭　敦煌の禪籍　禪學研究入門　（東京）大東出版社　1994　p. 57

葛兆光　中國禪思想史：從 6 世紀到 9 世紀　北京大學出版社　1995　p. 227 注 29

柳田聖山　禪籍解題（一）·敦煌禪籍　俗語言研究（第二期）　（京都）禪文化研究所　1995
　　　p. 135、151

王書慶　敦煌佛學·佛事篇　甘肅民族出版社　1995　p. 206

丛春雨　試述敦煌遺書中"道醫"、"佛醫"的理論與實踐　敦煌佛教文化研究　社科縱橫編輯部
　　　1996　p. 171

上山大峻　袁德領　菩薩總持法　藏外佛教文獻（第三輯）　宗教文化出版社　1997　p. 31

方廣錩　澄心論　敦煌學大辭典　上海辭書出版社　1998　p. 727

方廣錩　了性句　敦煌學大辭典　上海辭書出版社　1998　p. 729

黃霞　五辛文書　敦煌學大辭典　上海辭書出版社　1998　p. 729

盖建民　從敦煌遺書看佛教醫學思想及其影響　佛學研究（第八期）　中國佛教文化研究所　1999
　　　p. 266

林聰明　敦煌吐魯番文書解詁指例　（臺北）新文豐出版公司　2001　p. 122

楊富學　王書慶　從敦煌文獻看道信禪法　敦煌學與中國史研究論集　甘肅人民出版社　2001
　　　p. 414

馬繼興　當前世界各地收藏的中國出土卷子本古醫藥文獻備考　敦煌吐魯番研究（第六卷）　北京
　　　大學出版社　2002　p. 150、153

陳明　沙門黃散：唐代佛教醫事與社會生活　唐代宗教信仰與社會　上海辭書出版社　2003　p. 259

P. 3778

饒宗頤　敦煌本文選斠證　（香港）《新亞學報》1957 年第 1 期　p. 335　又見：中國敦煌學百年文庫
　　　·文學卷（二）　甘肅文化出版社　1999　p. 2

金岡照光　敦煌漢文文學文獻の文學形態上の種類とその分類　敦煌出土文學文獻分類目録·附解
　　　説　（東京）東洋文庫　1971　p. 236

陳祚龍　敦煌寫本《登樓賦》斠證　敦煌學海探珠（上冊）　（臺北）商務印書館　1979　p. 21 注 9

王重民　敦煌古籍叙録　中華書局　1979　p. 319

蘇瑩輝　敦煌學概要　（臺北）編譯館"中華叢書編委會"　1981　p. 63

蘇瑩輝　中外敦煌古寫本纂要　敦煌論集　（臺北）學生書局　1983　p. 337

饒宗頤解說　林宏作譯　敦煌書法叢刊（第十七卷）·雜詩文　（東京）二玄社　1985　p. 51

王重民　巴黎敦煌殘卷叙録（第二輯）　敦煌叢刊初集（九）　（臺北）新文豐出版公司　1985　p. 311

王重民原編　黃永武新編　敦煌古籍叙録新編（第十六冊）　（臺北）新文豐出版公司　1986　p. 148

林聰明　敦煌文書學　（臺北）新文豐出版公司　1991　p. 358

金岡照光　講唱體類　敦煌の文學文獻（講座敦煌 9）　（東京）大東出版社　1992　p. 150

金岡照光　韻文體類——長篇叙事詩·短篇歌詠　敦煌の文學文獻（講座敦煌 9）　（東京）大東出
　　　版社　1992　p. 264

鄭阿財　從敦煌文獻看唐代的三教合一　第二屆國際唐代學術會議論文集（上）　（臺北）文津出版
　　　社　1993　p. 654

遊志誠　敦煌古抄本文選五臣注研究　全國敦煌學研討會論文集　（臺北）中正大學中國文學系所
　　　1995　p. 148

遊志誠　昭明文選學術論考　（臺北）學生書局　1996　p. 36

白化文　敦煌遺書中《文選》殘卷綜述　中外學者文選學論集(上)　中華書局　1998　p. 382

白化文　文選　敦煌學大辭典　上海辭書出版社　1998　p. 783

傅剛　《文選》版本叙錄　國學研究(第五卷)　北京大學出版社　1998　p. 173

羅國威　敦煌本《昭明文選》研究　黑龍江教育出版社　1999　p. 258

傅剛　文選版本研究　北京大學出版社　2000　p. 130、313

饒宗頤　敦煌吐魯番本文選　中華書局　2000　p. 95(圖版)

顏廷亮　敦煌文化　光明日報出版社　2000　p. 202

徐俊　評《敦煌吐魯番本文選》、《敦煌本〈昭明文選〉研究》、《敦煌本〈文選注〉箋證》、《文選版本研究》　敦煌吐魯番研究(第五卷)　北京大學出版社　2001　p. 379

P. 3779

王重民　敦煌本曆日之研究　《東方雜誌》1937年第34卷　又見：中國敦煌學百年文庫·科技卷　甘肅文化出版社　1999　p. 32

羅福頤　敦煌石室文物對於學術上的貢獻　《歷史教學》1951年第5期　又見：中國敦煌學百年文庫·考古卷(四)　甘肅文化出版社　1999　p. 7

堀敏一　敦煌社會の変質——中國社會全般の発展とも関連して　敦煌の社會(講座敦煌3)　（東京）大東出版社　1980　p. 194

姜伯勤　敦煌寺院碾磑經營的兩種形式　歷史論叢(第三輯)　齊魯書社　1983　p. 175　又見：五十年來漢唐佛教寺院經濟研究　北京師範大學出版社　1986　p. 223

唐耕耦　陸宏基　敦煌社會經濟文獻真迹釋錄(一)　書目文獻出版社　1986　p. 357

王重民原編　黃永武新編　敦煌古籍叙錄新編(第九冊)　（臺北）新文豐出版公司　1986　p. 195

山本達郎等　敦煌·III 轉貼　『NUN–HUANG AND TURFAN DOCUMENTS CONCERNING SOCIAL AND ECONOMIC HISTORY』(IV)　（東京）東洋文庫　1989　p. 82

郝春文　唐後期五代宋初沙州僧尼的特點　敦煌吐魯番學研究論文集　漢語大詞典出版社　1990　p. 837、852 注2

高國藩　敦煌民俗資料導論　（臺北）新文豐出版公司　1993　p. 3

高國藩　論敦煌唐人九曜算命術　第二屆國際唐代學術會議論文集(上)　（臺北）文津出版社　1993　p. 778

石田勇作　敦煌「社文書」研究序說　中國古代の國家と民衆(堀敏一先生古稀記念)　（東京）汲古書院　1995　p. 671

土肥義和　唐·北宋間の「社」の組織形態に関する一考察　中國古代の國家と民衆(堀敏一先生古稀記念)　（東京）汲古書院　1995　p. 718

高國藩　敦煌數字與俗文化　慶祝潘石禪先生九秩華誕敦煌學特刊　（臺北）文津出版社　1996　p. 188

郝春文　唐後期五代宋初敦煌僧尼的社會生活　中國社會科學出版社　1998　p. 119

寧可　僧人轉帖　敦煌學大辭典　上海辭書出版社　1998　p. 430

董志翹　敦煌文書詞語瑣記　《敦煌研究》1999年第4期　p. 34

高國藩　敦煌俗文化學　上海三聯書店　1999　p. 25、49、61

黃正建　敦煌祿命類文書述略　中國社會科學院歷史研究所學刊(第一集)　學刊編委會　2001　p. 244

黃正建　敦煌占卜文書與唐五代占卜研究　學苑出版社　2001　p. 112

洪藝芳　敦煌社會經濟文書中的唐五代新興量詞研究　敦煌學(第 24 輯)　(臺北)樂學書局有限公司　2003　p. 97

鄭炳林　魏迎春　晚唐五代敦煌佛教教團的科罰制度研究　《敦煌研究》2004 年第 2 期　p. 52

趙貞　"九曜行年"略說　《敦煌學輯刊》2005 年第 3 期　p. 22

P. 3780

金岡照光　敦煌漢文文學文獻の文學形態上の種類とその分類　敦煌出土文學文獻分類目錄‧附解說　(東京)東洋文庫　1971　p. 236

金岡照光　敦煌文學のさまざま　敦煌の文學　(東京)大藏出版株式會社　1971　p. 160

那波利貞　唐寫本雜抄考——唐代庶民教育史研究の一資料　唐代社會文化史研究‧第二編　(東京)創文社　1974　p. 210

王重民　敦煌古籍叙錄　中華書局　1979　p. 303、308

土肥義和　莫高窟千佛洞と大寺と蘭若と　敦煌の社會(講座敦煌 3)　(東京)大東出版社　1980　p. 364

蘇瑩輝　敦煌學概要　(臺北)編譯館"中華叢書編委會"　1981　p. 61

傅芸子　敦煌俗文學之發見及其展開　敦煌變文論文錄　上海古籍出版社　1982　p. 140

蘇瑩輝　中外敦煌古寫本纂要　敦煌論集　(臺北)學生書局　1983　p. 335

劉修業　王重民　《秦婦吟》校勘續記　敦煌遺書論文集　中華書局　1984　p. 142、153 注 4　又見：秦婦吟研究彙錄　上海古籍出版社　1990　p. 126

潘重規　敦煌寫本秦婦吟新書　敦煌學(第 8 輯)　(臺北)"中國文化大學"中國文學研究所敦煌學會　1984　p. 15

蔣禮鴻　《補全唐詩》校記　敦煌學論集　甘肅人民出版社　1985　p. 79

高明士　唐代敦煌的教育　漢學研究(敦煌學國際研討會論文專號)　(臺北)漢學研究資料及服務中心　1986　p. 258

李正宇　唐宋時代的敦煌學校　《敦煌研究》1986 年第 1 期　p. 44

王重民原編　黃永武新編　敦煌古籍叙錄新編(第十五冊)　(臺北)新文豐出版公司　1986　p. 261

李正宇　敦煌學郎題記輯注　《敦煌學輯刊》1987 年第 1 期　p. 32、37

龍晦　大足石刻父母恩重經變像與敦煌音樂文學的關係　敦煌歌辭總編　上海古籍出版社　1987　p. 1835

李正宇　敦煌地區古代祠廟寺觀簡志　《敦煌學輯刊》1988 年第 1、2 期　p. 82

李正宇　敦煌文學雜考二題　敦煌語言文學研究　北京大學出版社　1988　p. 93

陸慶夫　齊陳駿　陳寅恪先生與敦煌學　紀念陳寅恪教授國際學術討論會文集　中山大學出版社　1989　p. 474

張錫厚　賦　敦煌文學　甘肅人民出版社　1989　p. 139

張錫厚　詩歌　敦煌文學　甘肅人民出版社　1989　p. 178

柴劍虹　《秦婦吟》敦煌寫卷的新發現　秦婦吟研究彙錄　上海古籍出版社　1990　p. 171　又見：西域文史論稿　(臺北)國文天地雜誌社　1991　p. 307

陳寅恪　韋莊《秦婦吟》校箋　秦婦吟研究彙錄　上海古籍出版社　1990　p. 85

龍晦　敦煌與五代兩蜀文化　《敦煌研究》1990 年第 2 期　p. 96

顏廷亮　趙以武　秦婦吟研究彙錄　上海古籍出版社　1990　p. 1(圖版)

楊富學　巴黎藏敦煌本回鶻文摩尼教徒懺悔文譯釋　敦煌學(第 16 輯)　(臺北)新文豐出版公司　1990　p. 41　又見：西域敦煌宗教論稿　甘肅文化出版社　1998　p. 209

林聰明　敦煌文書學　（臺北）新文豐出版公司　1991　p. 176、180

張高評　韋莊《秦婦吟》與唐宋詩風之嬗變——以叙事、詩史、破體爲例　第四屆唐代文化學術研討
　　會論文集　（臺南）成功大學　1991　p. 385 注 2

東野治之　敦煌と日本の『千字文』　遣唐使と正倉院　（東京）岩波書店　1992　p. 240

東野治之　訓蒙書　敦煌漢文文獻（講座敦煌5）　（東京）大東出版社　1992　p. 405

周紹良　敦煌文學芻議及其它　（臺北）新文豐出版公司　1992　p. 27

項楚　敦煌詩歌導論　（臺北）新文豐出版公司　1993　p. 33、213

張錫厚　敦煌文學概論　甘肅人民出版社　1993　p. 357

蔣禮鴻　蔣禮鴻語言文字學論叢　浙江古籍出版社　1994　p. 424

林聰明　談敦煌文書的抄寫問題　紀念陳寅恪先生百年誕辰學術論文集　江西教育出版社　1994
　　p. 289

胡戟　傅玫　敦煌史話　中華書局　1995　p. 168

劉進寶　敦煌學論述　（臺北）洪葉文化事業有限公司　1995　p. 331

顔廷亮　敦煌文學概說　（臺北）新文豐出版公司　1995　p. 98

楊富學　牛汝極　沙州回鶻及其文獻　甘肅文化出版社　1995　p. 214

李正宇　敦煌史地新論　（臺北）新文豐出版公司　1996　p. 88、97、188

黄征　敦煌俗語詞輯釋　敦煌語文叢說　（臺北）新文豐出版公司　1997　p. 61

黄征　王梵志詩校釋續商補　敦煌語文叢說　（臺北）新文豐出版公司　1997　p. 214

黄征　張涌泉　敦煌變文校注　中華書局　1997　p. 589

張涌泉　敦煌寫本《秦婦吟》彙校　中國典籍與文化論叢（第四輯）　中華書局　1997　p. 313

李正宇　蘭若　敦煌學大辭典　上海辭書出版社　1998　p. 627

李正宇　乾明寺　敦煌學大辭典　上海辭書出版社　1998　p. 632

李正宇　學士郎　敦煌學大辭典　上海辭書出版社　1998　p. 597

高國藩　敦煌俗文化學　上海三聯書店　1999　p. 512

妹尾達彦　唐代長安東市の印刷業　東アジア史における國家と地域　（東京）刀水書房　1999
　　p. 220

楊秀清　淺談唐、宋時期敦煌地區的學生生活　《敦煌研究》1999 年第 4 期　p. 144

徐俊　敦煌詩集殘卷輯考　中華書局　2000　p. 231、838

顔廷亮　敦煌文化　光明日報出版社　2000　p. 187

楊秀清　華戎交會的都市：敦煌與絲綢之路　甘肅人民出版社　2000　p. 107

張錫厚　敦煌文學源流　作家出版社　2000　p. 110

林聰明　敦煌吐魯番文書解詁指例　（臺北）新文豐出版公司　2001　p. 39

姜亮夫　敦煌莫高窟年表　姜亮夫全集（十一）　雲南人民出版社　2002　p. 538

戴仁　十世紀敦煌的基礎教育教材與學校文化　法國漢學（第 8 輯）　中華書局　2003　p. 95

P. 3781

陳鐵凡　敦煌本尚書十四殘卷綴合記　（新加坡）《新社學報》1969 年第 3 期　又見：中國敦煌學百
　　年文庫・文獻卷（二）　甘肅文化出版社　1999　p. 412

陳祚龍　簡記敦煌古抄方志　敦煌文物隨筆　（臺北）商務印書館　1979　p. 61

菊池英夫　唐代敦煌社會の外貌　敦煌の社會（講座敦煌3）　（東京）大東出版社　1980　p. 106

陳祚龍　《簡記敦煌古抄方志》及其"後語"　敦煌學要籥　（臺北）新文豐出版公司　1982　p. 230

蘇瑩輝　瓜沙史事叢考　（臺北）商務印書館　1983　p. 25

姜伯勤　唐五代敦煌寺戶制度　中華書局　1987　p. 144

賀世哲　試論曹仁貴即曹議金　《魏晉南北朝隋唐史》1990 年第 8 期　p. 61

李正宇　曹仁貴名實論：曹氏歸義軍創始及歸奉後梁史探　第二屆敦煌學國際研討會論文集　（臺北）漢學研究中心　1990　p. 564

林聰明　敦煌文書學　（臺北）新文豐出版公司　1991　p. 280

馬德　曹氏三大窟營建的社會背景　《敦煌研究》1991 年第 1 期　p. 20

黃征　吳偉　《敦煌願文集》輯校中的一些問題　《敦煌研究》1992 年第 1 期　p. 65　又見：敦煌語文叢說　（臺北）新文豐出版公司　1997　p. 549

鄭雨　莫高窟第九十八窟的歷史背景與時代精神　（香港）《九州學刊》（敦煌學專輯）1992 年第 4 卷第 4 期　p. 36

竺沙雅章　寺院文書　敦煌漢文文獻（講座敦煌 5）　（東京）大東出版社　1992　p. 637

晌麟　曹仁貴即曹議金　《敦煌學輯刊》1993 年第 2 期　p. 89

榮新江　關於曹氏歸義軍首任節度使的幾個問題　《敦煌研究》1993 年第 2 期　p. 46

鄭炳林　讀敦煌文書 P. 3859《後唐清泰三年六月沙州儭司教授福集等狀》劄記　《西北史地》1993 年第 4 期　p. 47　又見：敦煌吐魯番文獻研究　蘭州大學出版社　1995　p. 615

榮新江　敦煌邈真讚所見歸義軍與東西回鶻的關係　敦煌邈真讚校錄並研究　（臺北）新文豐出版公司　1994　p. 86

榮新江　甘州回鶻與曹氏歸義軍　《中國古代史》（先秦至隋唐）1994 年第 3 期　p. 101

馬德　敦煌莫高窟吐蕃、歸義軍時代營建概況　（香港）《九州學刊》1995 年第 6 卷第 4 期　p. 61

馬德　敦煌遺書莫高窟營建史料淺論　敦煌學國際研討會文集・石窟考古編　遼寧美術出版社　1995　p. 142

王書慶　敦煌佛學・佛事篇　甘肅民族出版社　1995　p. 15、69

李正宇　敦煌史地新論　（臺北）新文豐出版公司　1996　p. 328

馬德　敦煌莫高窟史研究　甘肅教育出版社　1996　p. 117

馬德　莫高窟張都衙窟及有關問題　《敦煌研究》1996 年第 2 期　p. 31

榮新江　歸義軍史研究　上海古籍出版社　1996　p. 15

黃征　敦煌願文的整理和結集　敦煌語文叢說　（臺北）新文豐出版公司　1997　p. 562

馬德　敦煌工匠史料　甘肅人民出版社　1997　p. 46

馬德　敦煌文書《某使君造龕設齋讚文》的有關問題　《敦煌研究》1997 年第 2 期　p. 127

鄭炳林　敦煌碑銘讚輯釋　甘肅教育出版社　1997　p. 167 注 4

郝春文　唐後期五代宋初敦煌僧尼的社會生活　中國社會科學出版社　1998　p. 12、213

榮新江　歸義軍大事紀年初稿　出土文獻研究（第三輯）　文物出版社　1998　p. 242

楊秀清　曹議金執政臆談　《敦煌研究》1998 年第 3 期　p. 119、124

陸慶夫　金山國與甘州回鶻關係考論　《敦煌學輯刊》1999 年第 1 期　p. 57

顏廷亮　敦煌文化中的道教及文化　《敦煌研究》1999 年第 1 期　p. 142

楊秀清　敦煌西漢金山國史　甘肅人民出版社　1999　p. 166

郝春文　唐後期五代宋初敦煌的春秋官齋、十二月轉經、水則道場與佛教節日　慶祝吳其昱先生八秩華誕敦煌學特刊　（臺北）文津出版社　2000　p. 243

雷紹鋒　歸義軍賦役制度初探　（臺北）洪葉文化事業有限公司　2000　p. 205

梁尉英　敦煌石窟賢劫千佛變相　1994 年敦煌學國際研討會文集・石窟考古卷　甘肅民族出版社　2000　p. 51

馬德　敦煌寫本《營窟稿文範》箋證　1994 年敦煌學國際研討會文集・石窟考古卷　甘肅民族出版

　　　社　2000　p. 217

顏廷亮　敦煌文化　光明日報出版社　2000　p. 138、201、247

徐曉麗　曹議金與甘州回鶻天公主結親時間考　《敦煌研究》2001 年第 4 期　p. 116

曾良　敦煌文獻字義通釋　廈門大學出版社　2001　p. 156

陳明　沙武田　莫高窟第 98 窟及其對曹氏歸義軍時期大窟營建之影響　敦煌佛教藝術文化國際學
　　術研討會論文集　蘭州大學出版社　2002　p. 171

葉貴良　《英藏敦煌社會歷史文獻釋錄・斯 63 號太上洞玄靈寶無量度人上品妙經》校正　《敦煌學
　　輯刊》2002 年第 2 期　p. 148

馬德　以史論窟　以窟證史　2000 年敦煌學國際學術討論會文集・歷史文化卷(上)　甘肅民族出
　　版社　2003　p. 496

王三慶　敦煌文獻《諸雜齋文》一本研究　敦煌學(第 24 輯)　(臺北)樂學書局有限公司　2003
　　p. 6　又見:2000 年敦煌學國際學術討論會文集・歷史文化卷(下)　甘肅民族出版社　2003
　　p. 541

王豔明　瓜州曹氏與甘州回鶻的兩次和親始末　《敦煌研究》2003 年第 1 期　p. 71

馮培紅　關於歸義軍節度使官制的幾個問題　麥積山石窟藝術文化論文集(下)　蘭州大學出版社
　　2004　p. 210

馮培紅　論晚唐五代的沙州(歸義軍)與涼州(河西)節度使　浙江與敦煌學:常書鴻先生誕辰一百周
　　年紀念文集　浙江古籍出版社　2004　p. 249

P. 3782

池田溫　中國古代寫本識語集錄　(東京)大藏出版株式會社　1990　p. 456

林聰明　敦煌文書學　(臺北)新文豐出版公司　1991　p. 29

菅原信海　占筮書　敦煌漢文文獻(講座敦煌 5)　(東京)大東出版社　1992　p. 445

榮新江　歸義軍史研究　上海古籍出版社　1996　p. 274

王卡　靈棋卜法　敦煌學大辭典　上海辭書出版社　1998　p. 765

楊秀清　敦煌西漢金山國史　甘肅人民出版社　1999　p. 141

馬克　敦煌數占小考　法國漢學(敦煌學專號)　中華書局　2000　p. 194

黃正建　敦煌占卜文書與唐五代占卜研究　學苑出版社　2001　p. 19、198

王卡　敦煌道教文獻研究　中國社會科學出版社　2004　p. 11、149

王卡　敦煌道教綜述　敦煌與絲路文化學術講座(第二輯)　北京圖書館出版社　2005　p. 380

鄭炳林　敦煌寫本解夢書校錄研究　民族出版社　2005　p. 22

P. 3783

高明士　唐代敦煌的教育　漢學研究(敦煌學國際研討會論文專號)　(臺北)漢學研究資料及服務
　　中心　1986　p. 250

姜亮夫　敦煌經卷在中國文化學術上的價值　敦煌學論文集　上海古籍出版社　1987　p. 5

李正宇　敦煌學郎題記輯注　《敦煌學輯刊》1987 年第 1 期　p. 29

林聰明　敦煌文書學　(臺北)新文豐出版公司　1991　p. 170、248

王素　唐寫本《論語鄭氏注》校錄　唐寫本論語鄭氏注及其研究　文物出版社　1991　p. 88 注 115

東野治之　敦煌と日本の『千字文』　遣唐使と正倉院　(東京)岩波書店　1992　p. 240

東野治之　訓蒙書　敦煌漢文文獻(講座敦煌 5)　(東京)大東出版社　1992　p. 404

土田健次郎　儒教典籍　敦煌漢文文獻(講座敦煌 5)　(東京)大東出版社　1992　p. 269

林聰明　談敦煌文書的抄寫問題　紀念陳寅恪先生百年誕辰學術論文集　江西教育出版社　1994
　　p. 289

榮新江　歸義軍改元考　文史(第三十八輯)　中華書局　1994　p. 47

榮新江　歸義軍史研究　上海古籍出版社　1996　p. 47

李方　敦煌《論語集解》校正　江蘇古籍出版社　1998　p. 832

李方　唐寫本《論語集解》校讀零拾　出土文獻研究(第三輯)　文物出版社　1998　p. 218

林聰明　敦煌吐魯番文書解詁指例　(臺北)新文豐出版公司　2001　p. 37

蔡忠霖　敦煌漢文寫卷俗字及其現象　(臺北)文津出版社　2002　p. 30、66、139、166

姜亮夫　敦煌莫高窟年表　姜亮夫全集(十一)　雲南人民出版社　2002　p. 429

蔡忠霖　從書法角度看俗字的生成　敦煌學(第 24 輯)　(臺北)樂學書局有限公司　2003　p. 164

許建平　《俄藏敦煌文獻》儒家經典類寫本的定名與綴合　漢語史學報專輯(第三輯)　上海教育出
　　版社　2003　p. 311

韓鋒　讀俄藏敦煌文書ДХ02174 號劄記　《敦煌學輯刊》2005 年第 1 期　p. 42

韓鋒　幾件敦煌寫本《論語》白文殘卷綴合研究　《敦煌學輯刊》2006 年第 1 期　p. 6

P. 3784

金維諾　祇園記圖與變文　《文物參考資料》1958 年第 11 期　p. 32　又見：敦煌變文論文錄　上海
　　古籍出版社　1982　p. 353；絲綢之路文獻叙錄　蘭州大學出版社　1989　p. 599

金岡照光　敦煌文學のさまざま　敦煌の文學　(東京)大藏出版株式會社　1971　p. 108

邱鎮京　敦煌變文述論　(臺北)商務印書館　1974　p. 1883

潘重規　敦煌寫本祇園圖記新書　敦煌學(第 3 輯)　(香港)新亞研究所敦煌學會　1976　p. 103

加地哲定　增補中國佛教文學研究　(東京)同朋舍　1979　p. 170

金岡照光　敦煌の繪物語　(東京)東方書店　1981　p. 115

潘重規　敦煌詞話　(臺北)石門圖書公司　1981　p. 112

潘重規　敦煌卷子俗寫文字與俗文學之研究　敦煌變文論輯　(臺北)石門圖書公司　1981　p. 310

潘重規　敦煌變文集新書引言　敦煌學(第 5 輯)　(臺北)新文豐出版公司　1982　p. 63

鄭阿財　敦煌孝道文學研究　(臺北)石門圖書公司　1982　p. 77

潘重規　敦煌變文集新書(上)　(臺北)"中國文化大學"中文研究所　1984　p. 663

王慶菽　祇園因由記　敦煌變文集　人民文學出版社　1984　p. 409

王慶菽　敦煌變文研究　敦煌語言文學論文集　浙江古籍出版社　1988　p. 67

蕭登福　唐世佛家之講經與敦煌變文　敦煌俗文學論叢　(臺北)商務印書館　1988　p. 65、70

柴劍虹　因緣　敦煌文學　甘肅人民出版社　1989　p. 276

郭在貽　張涌泉　黃征　《敦煌變文集新書》讀後　《杭州師範學院學報》1989 年第 5 期　p. 114

王慶菽　關於《敦煌變文集》內《降魔變文》"校記"的一些問題　《敦煌語言文學研究通訊》1989 年第
　　2 期　p. 2

郭在貽　張涌泉　黃征　敦煌變文集校議　岳麓書社　1990　p. 228

加地哲定著　劉衛星譯　中國佛教文學　今日中國出版社　1990　p. 143

柴劍虹　敦煌文學中的"因緣"與"詩話"　西域文史論稿　(臺北)國文天地雜誌社　1991　p. 519

林聰明　敦煌文書學　(臺北)新文豐出版公司　1991　p. 16

岩本裕　敦煌における佛傳・本生譚　敦煌の文學文獻(講座敦煌 9)　(東京)大東出版社　1992
　　p. 430

曲金良　敦煌佛教文學研究　(臺北)文津出版社　1995　p. 95

黃征　張涌泉　敦煌變文校注　中華書局　1997　p. 604

柴劍虹　因緣記　敦煌學大辭典　上海辭書出版社　1998　p. 523

張鴻勳　祇園因由記　敦煌學大辭典　上海辭書出版社　1998　p. 581

金岡照光　敦煌文獻と中國文學　（東京）五曜書房　2000　p. 135

李永寧　蔡偉堂　《降魔變文》與敦煌壁畫中的勞度叉鬥聖變　敦煌研究文集・敦煌石窟經變篇
　　甘肅民族出版社　2000　p. 330

謝生保　成佛之路：敦煌壁畫佛傳故事　甘肅人民出版社　2000　p. 181

黃征　敦煌語言文字學研究　甘肅教育出版社　2002　p. 47、114

張鴻勳　敦煌俗文學研究　甘肅人民出版社　2002　p. 8

金維諾　中國美術史論集（中）　黑龍江美術出版社　2004　p. 180

王卡　敦煌道教文獻研究　中國社會科學出版社　2004　p. 49、191

汪泛舟　敦煌俗別字新考（上）　《敦煌研究》2006 年第 1 期　p. 105

P. 3786

陳祚龍　關於道家"本際經"及其"要略妙義"與"疏"的敦煌古抄　敦煌文物隨筆　（臺北）商務印書
　　館　1979　p. 212

蘇瑩輝　敦煌學概要　（臺北）編譯館"中華叢書編委會"　1981　p. 53

石井昌子　靈寶經類　敦煌と中國道教（講座敦煌 4）　（東京）大東出版社　1983　p. 160

山田俊　唐初道教思想史研究・資料篇　（京都）平樂寺書店　1999　p. 47、162

王卡　敦煌道教文獻研究　中國社會科學出版社　2004　p. 198

王卡　中國國家圖書館藏敦煌道教遺書研究報告　敦煌吐魯番研究（第七卷）　北京大學出版社
　　2004　p. 368

P. 3787

謝和耐著　耿昇譯　敦煌的墰戶與梁戶　敦煌譯叢（第一輯）　甘肅人民出版社　1985　p. 171 注
　　46

姜伯勤　敦煌寺院碾磑經營的兩種形式　五十年來漢唐佛教寺院經濟研究　北京師範大學出版社
　　1986　p. 235

姜伯勤　唐五代敦煌寺戶制度　中華書局　1987　p. 245

謝和耐著　耿昇譯　中國 5—10 世紀的寺院經濟　甘肅人民出版社　1987　p. 184 注 3　又見：上海
　　古籍出版社　2004　p. 150 注 4

唐耕耦　陸宏基　敦煌社會經濟文獻真迹釋錄（三）　全國圖書館文獻縮微複製中心　1990　p. 133

郝春文　唐後期五代宋初敦煌僧尼的社會生活　中國社會科學出版社　1998　p. 214

郝春文　唐後期五代宋初敦煌的春秋官齋、十二月轉經、水則道場與佛教節日　慶祝吳其昱先生八秩
　　華誕敦煌學特刊　（臺北）文津出版社　2000　p. 245

P. 3788

池田溫　中國古代寫本識語集錄　（東京）大藏出版株式會社　1990　p. 281

黃征　吳偉　敦煌願文集　岳麓書社　1995　p. 900

方廣錩　敦煌遺書中的《妙法蓮華經》及有關文獻　法源（第 16 期）　中國佛學院　1998　p. 43　又
　　見：敦煌學佛教學論叢（下）　中國佛教文化研究所　1998　p. 78

方廣錩　妙法蓮華經　敦煌學大辭典　上海辭書出版社　1998　p. 689

馬德　敦煌寫經題記的社會意義　法源(第 19 期)　中國佛學院　2001　p. 80

P. 3789

小島祐馬　巴黎國立圖書館藏敦煌遺書所見錄(九)　『支那學』(8 卷 1 號)　(京都)支那學社　1935　p. 93

寺岡龍含　敦煌本郭象注莊子南華真經研究總論　福井漢文學會　1966　p. 65、120、191

王重民　敦煌古籍叙錄　中華書局　1979　p. 249

楠山春樹　道德經類 付『莊子』『列子』『文子』　敦煌と中國道教(講座敦煌 4)　(東京)大東出版社　1983　p. 52

蘇瑩輝　中外敦煌古寫本纂要　敦煌論集　(臺北)學生書局　1983　p. 329

王重民原編 黃永武新編　敦煌古籍叙錄新編(第十三冊)　(臺北)新文豐出版公司　1986　p. 188

林平和　羅振玉敦煌學析論　(臺北)文史哲出版社　1988　p. 180

姜伯勤　敦煌藝術宗教與禮樂文明　中國社會科學出版社　1996　p. 4

白化文　莊子郭象注　敦煌學大辭典　上海辭書出版社　1998　p. 777

譚世寶　敦煌文書《南華真經》諸寫本之年代及篇卷結構探討　道家文化研究(第十三輯)　三聯書店　1998　p. 79

聖凱　二十世紀法照研究綜述　《敦煌研究》1999 年第 2 期　p. 162

許建平　《日藏宋本莊子音義》校證　中古近代漢語研究(第一輯)　上海教育出版社　2000　p. 54

張錫厚　敦煌文學源流　作家出版社　2000　p. 142

姜亮夫　敦煌莫高窟年表　姜亮夫全集(十一)　雲南人民出版社　2002　p. 367

王冀青　斯坦因與日本敦煌學　甘肅教育出版社　2004　p. 306

王卡　敦煌道教文獻研究　中國社會科學出版社　2004　p. 182

王卡　中國國家圖書館藏敦煌道教遺書研究報告　敦煌吐魯番研究(第七卷)　北京大學出版社　2004　p. 366

P. 3790

陳祚龍　關於道家"本際經"及其"要略妙義"與"疏"的敦煌古抄　敦煌文物隨筆　(臺北)商務印書館　1979　p. 212

石井昌子　靈寶經類　敦煌と中國道教(講座敦煌 4)　(東京)大東出版社　1983　p. 159

陶秋英輯錄 姜亮夫校訂　敦煌所見道教佚經錄　敦煌碎金　浙江古籍出版社　1992　p. 314

萬毅　敦煌道教文獻《本際經》錄文及解說　道家文化研究(第十三輯)　三聯書店　1998　p. 369

山田俊　唐初道教思想史研究・論述篇　(京都)平樂寺書店　1999　p. 47

山田俊　唐初道教思想史研究・資料篇　(京都)平樂寺書店　1999　p. 23、161

王卡　敦煌道教文獻研究　中國社會科學出版社　2004　p. 194

王卡　中國國家圖書館藏敦煌道教遺書研究報告　敦煌吐魯番研究(第七卷)　北京大學出版社　2004　p. 367

P. 3791

楊森　敦煌遺書《佛說大藥善巧方便經・卷上》劄記　《敦煌研究》1989 年第 4 期　p. 108

楊森　唐寫本《佛說大藥善巧方便經卷上》　敦煌書法庫(第三輯)　甘肅人民美術出版社　1994　p. 159

趙聲良　敦煌寫卷書法(下)　《文史知識》1997 年第 5 期　p. 83

劉勝角　古代楷書發展史　中國戲劇出版社　2002　p. 308

P. 3792

廣川堯敏　禮讚　敦煌と中國仏教(講座敦煌7)　(東京)大東出版社　1984　p. 463

池田溫　中國古代寫本識語集録　(東京)大藏出版株式會社　1990　p. 485

李正宇　曹仁貴名實論:曹氏歸義軍創始及歸奉後梁史探　第二屆敦煌學國際研討會論文集　(臺北)漢學研究中心　1990　p. 561

榮新江　沙州歸義軍歷任節度使稱號研究　敦煌吐魯番學研究論文集　漢語大詞典出版社　1990　p. 795

唐耕耦　陸宏基　敦煌社會經濟文獻真迹釋録(五)　全國圖書館文獻縮微複製中心　1990　p. 295

姜伯勤　敦煌社會文書導論　(臺北)新文豐出版公司　1992　p. 63

姜伯勤　論禪宗在敦煌僧俗中的流傳　(香港)《九州學刊》(敦煌學專輯)1992年第4卷第4期　p. 14　又見:中國敦煌學百年文庫·宗教卷(一)　甘肅文化出版社　1999　p. 228

金岡照光　邈真讚　敦煌の文學文獻(講座敦煌9)　(東京)大東出版社　1992　p. 618

姜伯勤　敦煌邈真讚與敦煌望族　敦煌邈真讚校録並研究　(臺北)新文豐出版公司　1994　p. 3

姜伯勤　項楚　榮新江　敦煌邈真讚校録並研究　(臺北)新文豐出版公司　1994　p. 319

榮新江　敦煌邈真讚年代考　敦煌邈真讚校録並研究　(臺北)新文豐出版公司　1994　p. 366

施萍婷　法照與敦煌文學　《社科縱橫》1994年第4期　p. 12

汪娟　敦煌禮懺文研究　(臺北)法鼓文化公司　1994　p. 18、358

王書慶　敦煌佛學·佛事篇　甘肅民族出版社　1995　p. 201

楊森　金山國與各教的疏密關係　敦煌佛教文獻研究　敦煌研究院文獻研究所　1995　p. 56

段小强　敦煌文書所反映的古代喪禮　《敦煌學輯刊》1996年第2期　p. 45

姜伯勤　敦煌戒壇與大乘佛教　華學(第二輯)　中山大學出版社　1996　p. 320

姜伯勤　敦煌藝術宗教與禮樂文明　中國社會科學出版社　1996　p. 343、374

李正宇　敦煌史地新論　(臺北)新文豐出版公司　1996　p. 324

劉進寶　P. 3236號《壬申年官布籍》時代考　《西北師大學報》(社會科學版)1996年第5期　p. 43

劉進寶　P. 3236號《壬申年官布籍》研究　慶祝潘石禪先生九秩華誕敦煌學特刊　(臺北)文津出版社　1996　p. 358

榮新江　歸義軍史研究　上海古籍出版社　1996　p. 24

湛如　戒壇流變史之研究　華學(第二輯)　中山大學出版社　1996　p. 346

劉長東　法照生卒、籍貫新考　敦煌文學論集　四川人民出版社　1997　p. 428

馬德　敦煌工匠史料　甘肅人民出版社　1997　p. 46

張涌泉　敦煌文獻校讀易誤字例釋　敦煌文學論集　四川人民出版社　1997　p. 272

鄭炳林　敦煌碑銘讚輯釋　甘肅教育出版社　1997　p. 540

劉長東　法照事迹新考　佛學研究(第七期)　中國佛教文化研究所　1998　p. 38

榮新江　歸義軍大事紀年初稿　出土文獻研究(第三輯)　文物出版社　1998　p. 247

聖凱　二十世紀法照研究綜述　法源(第16期)　中國佛學院　1998　p. 180

孫修身　曹議金　敦煌學大辭典　上海辭書出版社　1998　p. 359

楊秀清　敦煌西漢金山國史　甘肅人民出版社　1999　p. 139、145

湛如　評《敦煌禮懺文研究》　敦煌吐魯番研究(第四卷)　北京大學出版社　1999　p. 620

達照　《金剛經》相關的懺法初探　法源(第18期)　中國佛學院　2000　p. 215

達照　金剛五禮　藏外佛教文獻(第七輯)　宗教文化出版社　2000　p. 55

劉長東　晉唐彌陀淨土信仰研究　巴蜀書社　2000　p. 377

劉進寶　敦煌文書與唐史研究　（臺北）新文豐出版公司　2000　p. 229

施萍婷　法照與敦煌初探　1994 年敦煌學國際研討會文集·宗教文史卷（上）　甘肅民族出版社
　　　2000　p. 77

王藝明　瓜沙州大王印考　《敦煌學輯刊》2000 年第 2 期　p. 43

曾良　敦煌文獻字義通釋　廈門大學出版社　2001　p. 169

釋覺旻　從“三教大法師”看晚唐五代敦煌社會的三教融合　敦煌佛教藝術文化國際學術研討會論
　　　文集　蘭州大學出版社　2002　p. 405

湛如　敦煌佛教律儀制度研究　中華書局　2003　p. 122

馮培紅　論晚唐五代的沙州（歸義軍）與涼州（河西）節度使　浙江與敦煌學:常書鴻先生誕辰一百周
　　　年紀念文集　浙江古籍出版社　2004　p. 250

鄭炳林　晚唐五代歸義軍政權與佛教教團關係研究　《敦煌學輯刊》2005 年第 1 期　p. 9

P. 3793

石井昌子　靈寶經類　敦煌と中國道教（講座敦煌 4）　（東京）大東出版社　1983　p. 149

姜亮夫　敦煌所見道教佚經考　敦煌學論文集　上海古籍出版社　1987　p. 310

郝春文　隋唐五代宋初傳統私社與寺院的關係　《魏晉南北朝隋唐史》1991 年第 6 期　p. 69

鄭阿財　敦煌文獻與文學　（臺北）新文豐出版公司　1993　p. 262

李豐楙　敦煌道經寫卷與道教寫經的供養功德觀　全國敦煌學研討會論文集　（臺北）中正大學中
　　　國文學系所　1995　p. 138

朱鳳玉　敦煌文獻中的語文教材　（臺灣）《嘉義師院學報》1995 年第 9 期　p. 472

王承文　敦煌古靈寶經與晉唐道教　中華書局　2002　p. 382

王卡　敦煌道教文獻研究　中國社會科學出版社　2004　p. 95

王卡　中國國家圖書館藏敦煌道教遺書研究報告　敦煌吐魯番研究（第七卷）　北京大學出版社
　　　2004　p. 350

P. 3794

張鴻勳　敦煌講唱文學作品選注　甘肅人民出版社　1987　p. 148

菅原信海　占筮書　敦煌漢文文獻（講座敦煌 5）　（東京）大東出版社　1992　p. 453

黃正建　敦煌占卜文書與唐五代占卜研究　學苑出版社　2001　p. 34、50

鄧文寬　劉樂賢　敦煌天文氣象占寫本概述　敦煌吐魯番研究（第九卷）　中華書局　2006　p. 411

P. 3795

廣川堯敏　禮讚　敦煌と中國仏教（講座敦煌 7）　（東京）大東出版社　1984　p. 448

王三慶　談齋論文——敦煌寫卷齋願文研究　第四屆唐代文化學術研討會論文集　（臺南）成功大
　　　學　1991　p. 281

高田時雄　チベット文字書寫「長卷」の研究（本文編）　『東方學報』（第 65 號）　京都大學人文科
　　　學研究所　1993　p. 372

蘇遠鳴　敦煌寫本中的地藏十齋日　法國學者敦煌學論文選萃　中華書局　1993　p. 396

張總　地藏菩薩十齋日　藏外佛教文獻（第七輯）　宗教文化出版社　2000　p. 349

張總　地藏信仰研究　宗教文化出版社　2003　p. 316、382

湛如　敦煌佛教律儀制度研究　中華書局　2003　p. 373

P. 3796

鄧文寬　跋敦煌寫本《百行章》　1983 年全國敦煌學術討論會文集・文史遺書編（下）　甘肅人民出
　　版社　1987　p. 105

胡平生　《敦煌〈百行章〉校釋》補正　敦煌吐魯番文獻研究論集（第五輯）　北京大學出版社　1990
　　p. 279

鄭阿財　敦煌蒙書析論　第二屆敦煌學國際研討會論文集　（臺北）漢學研究中心　1990　p. 226

鄭阿財　敦煌文獻與文學　（臺北）新文豐出版公司　1993　p. 260

白化文　百行章　敦煌學大辭典　上海辭書出版社　1998　p. 782

汪泛舟　敦煌古代兒童課本　甘肅人民出版社　2000　p. 156

林聰明　敦煌吐魯番文書解詁指例　（臺北）新文豐出版公司　2001　p. 74

鄭阿財　朱鳳玉　敦煌蒙書研究　甘肅教育出版社　2002　p. 324

白化文　讀《伯希和劫經録》　敦煌學國際研討會論文集　北京圖書館出版社　2005　p. 16

P. 3797

高國藩　敦煌寫本《太公家教》初探　《敦煌學輯刊》1984 年第 1 期　p. 65

王重民　跋太公家教　敦煌遺書論文集　中華書局　1984　p. 137

雷僑雲　敦煌兒童文學　（臺北）學生書局　1985　p. 82 注 5

汪泛舟　《太公家教》考　《敦煌研究》1986 年第 1 期　p. 48

周鳳五　敦煌寫本太公家教研究　（臺北）明文書局　1986　p. 155

朱鳳玉　太公家教研究　漢學研究（敦煌學國際研討會論文專號）　（臺北）漢學研究資料及服務中
　　心　1986　p. 393

鄭阿財　敦煌蒙書析論　第二屆敦煌學國際研討會論文集　（臺北）漢學研究中心　1990　p. 220

李正宇　敦煌遺書宋人詩輯校　《敦煌研究》1992 年第 2 期　p. 42

鄭阿財　敦煌文獻與文學　（臺北）新文豐出版公司　1993　p. 251、267

顏廷亮　關於《晏子賦》寫本的抄寫年代問題　《敦煌研究》1997 年第 2 期　p. 136

李鼎霞　"上大夫"習字本　敦煌學大辭典　上海辭書出版社　1998　p. 782

李鼎霞　太公家教　敦煌學大辭典　上海辭書出版社　1998　p. 781

李鼎霞　新集嚴父教一本　敦煌學大辭典　上海辭書出版社　1998　p. 781

汪泛舟　敦煌古代兒童課本　甘肅人民出版社　2000　p. 213、223

徐俊　敦煌詩集殘卷輯考　中華書局　2000　p. 819

鄭阿財　朱鳳玉　敦煌蒙書研究　甘肅教育出版社　2002　p. 140、358

趙跟喜　敦煌唐宋時期的女子教育初探　文史（第七十五輯）　中華書局　2006　p. 93

P. 3798

寺岡龍含　敦煌本郭象注莊子南華真經輯影　福井漢文學會　1960　p. 106

潘重規　瀛涯敦煌韻輯新編　（臺北）文史哲出版社　1974　p. 601

周祖謨　唐五代韻書集存　中華書局　1983　p. 36、807

遠藤光曉　P. 3696の第 10、12、13 片について　『開篇』（第 6 號）　（東京）好文出版　1988　p. 26

周祖謨　唐五代韻書集存序言　周祖謨語言文史論集　浙江古籍出版社　1988　p. 230

蔣冀騁　敦煌文書校讀研究　（臺北）文津出版社　1993　p. 257

鄧文寬　敦煌吐魯番文獻重文符號釋讀舉隅　敦煌吐魯番學耕耘録　（臺北）新文豐出版公司
　　1996　p. 318

張涌泉　敦煌俗字彙考　敦煌俗字研究　上海教育出版社　1996　p. 3
張金泉　敦煌韻書　敦煌學大辭典　上海辭書出版社　1998　p. 512
張金泉　陸法言　敦煌學大辭典　上海辭書出版社　1998　p. 344
黃征　程惠新　劫塵遺珠：敦煌遺書　甘肅教育出版社　1999　p. 58
張涌泉　試論漢語俗字研究的意義　舊學新知　浙江大學出版社　1999　p. 9
施安昌　敦煌寫經的遞變字群及其命名　善本碑帖論集　紫禁城出版社　2002　p. 334
施安昌　論漢字演變的分期：兼談敦煌古韻書的書寫時間　善本碑帖論集　紫禁城出版社　2002
　　　p. 323
徐朝東　與蔣藏本《唐韻》相關的敦煌韻書殘卷考釋　《敦煌研究》2003 年第 2 期　p. 79
楊森　跋甘肅武山拉梢寺北周造大佛像發願文石刻碑　《敦煌學輯刊》2005 年第 2 期　p. 234

P. 3799
潘重規　瀛涯敦煌韻輯新編　（臺北）文史哲出版社　1974　p. 604
周祖謨　唐五代韻書集存　中華書局　1983　p. 220、854
林炯陽　敦煌韻書殘卷在聲韻學研究上的價值　漢學研究（敦煌學國際研討會論文專號）　（臺北）
　　　漢學研究資料及服務中心　1986　p. 417
鄭阿財　敦煌寫卷新集文詞九經抄研究　（臺北）文史哲出版社　1989　p. 128 注 1
鄭阿財　敦煌蒙書析論　第二屆敦煌學國際研討會論文集　（臺北）漢學研究中心　1990　p. 226
鄭阿財　敦煌文獻與文學　（臺北）新文豐出版公司　1993　p. 260
鄭阿財　學日益齋敦煌學劄記　周一良先生八十生日紀念論文集　中國社會科學出版社　1993
　　　p. 193
張涌泉　敦煌俗字彙考　敦煌俗字研究　上海教育出版社　1996　p. 4
張金泉　敦煌韻書　敦煌學大辭典　上海辭書出版社　1998　p. 512
張金泉　陸法言　敦煌學大辭典　上海辭書出版社　1998　p. 344
黃征　程惠新　劫塵遺珠：敦煌遺書　甘肅教育出版社　1999　p. 59
北京大學　敦煌《經卷》、《照片》及《圖書》目錄　中國敦煌學百年文庫·綜述卷（一）　甘肅文化出
　　　版社　1999　p. 315
張涌泉　漢語俗字叢考　中華書局　2000　p. 204
施安昌　敦煌寫經的遞變字群及其命名　善本碑帖論集　紫禁城出版社　2002　p. 334

P. 3800
山本達郎等　敦煌·Ⅲ 轉貼　『NUN－HUANG AND TURFAN DOCUMENTS CONCERNING SOCIAL
　　　AND ECONOMIC HISTORY』(Ⅳ)　（東京）東洋文庫　1989　p. 61
王三慶　談齋論文——敦煌寫卷齋願文研究　第四屆唐代文化學術研討會論文集　（臺南）成功大
　　　學　1991　p. 283
趙和平　武則天時的一種敦煌寫本書儀　《敦煌研究》1992 年第 1 期　p. 46
高國藩　敦煌民俗資料導論　（臺北）新文豐出版公司　1993　p. 43
鄭炳林　讀敦煌文書 P. 3859《後唐清泰三年六月沙州儭司教授福集等狀》劄記　《西北史地》1993 年
　　　第 4 期　p. 48　又見：敦煌吐魯番文獻研究　蘭州大學出版社　1995　p. 616
石田勇作　敦煌「社文書」研究序說　中國古代の國家と民衆（堀敏一先生古稀記念）　（東京）汲古
　　　書院　1995　p. 687
王書慶　從敦煌文獻看敦煌佛教文化與中原佛教文化的交流　敦煌佛教文獻研究　敦煌研究院文獻

研究所　1995　p. 26

王書慶　敦煌佛學·佛事篇　甘肅民族出版社　1995　p. 57

周一良　趙和平　敦煌表狀箋啓書儀略論　唐五代書儀研究　中國社會科學出版社　1995　p. 50
　　又見：敦煌吐魯番學研究論集　書目文獻出版社　1996　p. 201

李正宇　敦煌史地新論　（臺北）新文豐出版公司　1996　p. 98

趙和平　敦煌寫本書儀中的口頭用語問題初探　慶祝潘石禪先生九秩華誕敦煌學特刊　（臺北）文
　　津出版社　1996　p. 239

黃征　敦煌願文考論　敦煌語文叢說　（臺北）新文豐出版公司　1997　p. 591

趙和平　敦煌表狀箋啓書儀輯校　江蘇古籍出版社　1997　p. 323

鄭炳林　敦煌碑銘讚輯釋　甘肅教育出版社　1997　p. 227 注 2

李正宇　佛堂　敦煌學大辭典　上海辭書出版社　1998　p. 627

趙和平　雜相謝賀　敦煌學大辭典　上海辭書出版社　1998　p. 425

宋家鈺　佛教齋文源流與敦煌本“齋文”書的復原　《中國史研究》1999 年第 2 期　p. 77　又見：英
　　國收藏敦煌漢藏文獻研究　中國社會科學出版社　2000　p. 306

王三慶　北京大學圖書館藏本《諸文要集》一卷研究　慶祝吳其昱先生八秩華誕敦煌學特刊　（臺
　　北）文津出版社　2000　p. 174

徐曉麗　敦煌石窟所見天公主考辨　《敦煌學輯刊》2002 年第 2 期　p. 78

徐曉麗　回鶻天公主與敦煌佛教　敦煌佛教藝術文化國際學術研討會論文集　蘭州大學出版社
　　2002　p. 418

王三慶　敦煌寫卷中有關的“滿月禮”儀式及其源流探討　冉雲華先生八秩華誕壽慶論文集　（臺
　　北）法光出版社　2003　p. 5

陳于柱　從敦煌占卜文書看晚唐五代敦煌占卜與佛教的對話交融　《敦煌學輯刊》2005 年第 2 期
　　p. 25

P. 3802

董作賓　敦煌紀年　敦煌學文選（上）　蘭州大學歷史系敦煌學研究室等　1983　p. 31

馬德　敦煌工匠史料　甘肅人民出版社　1997　p. 75

P. 3803

高國藩　敦煌古俗與民俗流變　河海大學出版社　1990　p. 1

郭在貽　張涌泉　黃征　《長興四年中興殿應聖節講經文》校議　《敦煌學輯刊》1990 年第 1 期
　　p. 88

郭在貽　張涌泉　黃征　敦煌變文集校議　岳麓書社　1990　p. 167

李德超　敦煌本孝經校讎　第二屆敦煌學國際研討會論文集　（臺北）漢學研究中心　1990　p. 109

菅原信海　占筮書　敦煌漢文文獻（講座敦煌 5）　（東京）大東出版社　1992　p. 457

李明偉　隋唐絲綢之路　甘肅人民出版社　1994　p. 308

黃征　《伍子胥變文》校補　敦煌語文叢說　（臺北）新文豐出版公司　1997　p. 319

黃征　張涌泉　敦煌變文校注　中華書局　1997　p. 381

嚴敦傑　雜卦書　敦煌學大辭典　上海辭書出版社　1998　p. 624

黃正建　關於 17 件俄藏敦煌占卜文書的定名問題　《敦煌研究》2000 年第 4 期　p. 131

馬克　敦煌數占小考　法國漢學（敦煌學專號）　中華書局　2000　p. 198

黃正建　敦煌占卜文書與唐五代占卜研究　學苑出版社　2001　p. 28、102

王啓濤　中古及近代法制文書語言研究　巴蜀書社　2003　p. 73

P. 3804

齊陳駿　寒沁　河西都僧統唐悟真作品和見載文獻系年　《敦煌學輯刊》1993年第2期　p. 8

蘇遠鳴　敦煌漢文寫本的斷代　法國學者敦煌學論文選萃　中華書局　1993　p. 550

鄭炳林　讀敦煌文書P. 3859《後唐清泰三年六月沙州儭司教授福集等狀》劄記　《西北史地》1993年第4期　p. 48　又見：敦煌吐魯番文獻研究　蘭州大學出版社　1995　p. 616

王惠民　獨煞神與獨煞神堂考　《敦煌研究》1995年第1期　p. 131

楊秀清　張議潮出走與張淮深之死　《敦煌研究》1996年第4期　p. 76

鄭炳林　敦煌碑銘讚輯釋　甘肅教育出版社　1997　p. 22注6、386注12

鄭炳林　唐五代敦煌的粟特人與佛教　敦煌歸義軍史專題研究　蘭州大學出版社　1997　p. 442

鄭炳林　唐五代敦煌種植林業研究　敦煌歸義軍史專題研究　蘭州大學出版社　1997　p. 195

楊秀清　試論金山國的有關政治制度　《敦煌學輯刊》1998年第2期　p. 37

楊秀清　敦煌西漢金山國史　甘肅人民出版社　1999　p. 35、95、138、149

王微　春祭：二月八日節的佛教儀式　法國漢學（敦煌學專號）　中華書局　2000　p. 115

徐曉麗　曹議金與甘州回鶻天公主結親時間考　《敦煌研究》2001年第4期　p. 114

鄭炳林　北京圖書館藏《吳和尚經論目錄》有關問題研究　敦煌學與中國史研究論集　甘肅人民出版社　2001　p. 131

徐曉麗　敦煌石窟所見天公主考辨　《敦煌學輯刊》2002年第2期　p. 78

徐曉麗　回鶻天公主與敦煌佛教　敦煌佛教藝術文化國際學術研討會論文集　蘭州大學出版社　2002　p. 418

屈直敏　從《勵忠節抄》看歸義軍政權道德秩序的重建　《敦煌學輯刊》2005年第3期　p. 86

P. 3805

土肥義和　はじめに——歸義軍節度使の敦煌支配　敦煌の歷史（講座敦煌2）　（東京）大東出版社　1980　p. 243

陳祚龍　古代敦煌及其他地區流行之公私印章圖記文字錄　敦煌學要籥　（臺北）新文豐出版公司　1982　p. 322

賀世哲　孫修身　瓜沙曹氏與敦煌莫高窟　敦煌研究文集　甘肅人民出版社　1982　p. 231

艾麗白著　耿昇譯　敦煌漢文寫本中的鳥形押　敦煌譯叢（第一輯）　甘肅人民出版社　1985　p. 199注5

饒宗頤　敦煌書法叢刊（第十五卷）・牒狀（二）　（東京）二玄社　1985　p. 17、84

賀世哲　從供養人題記看莫高窟部分洞窟的營建年代　敦煌莫高窟供養人題記　文物出版社　1986　p. 219

蘇瑩輝　從幾種敦煌資料論張承奉、曹議金之稱"帝"稱"王"　敦煌學（第11輯）　（臺北）新文豐出版公司　1986　p. 67　又見：敦煌文史藝術論叢　（臺北）新文豐出版公司　1987　p. 151

何昌林　敦煌琵琶譜之考、解、譯（附《敦煌琵琶譯譜》）　1983年全國敦煌學術討論會文集・石窟藝術編（下）　甘肅人民出版社　1987　p. 358

蘇瑩輝　巴黎藏敦煌寫本歸義軍節度使曹議金道場四疏箋正　敦煌文史藝術論叢　（臺北）新文豐出版公司　1987　p. 122　又見：《敦煌研究》1989年第4期　p. 60

李明偉　狀・牒・帖　敦煌文學　甘肅人民出版社　1989　p. 40

榮新江　沙州歸義軍歷任節度使稱號研究　敦煌吐魯番學研究論文集　漢語大詞典出版社　1990

p. 792

唐耕耦　陸宏基　敦煌社會經濟文獻真迹釋録(四)　全國圖書館文獻縮微複製中心　1990　p. 294

王克芬　柴劍虹　敦煌舞譜的再探索　敦煌吐魯番學研究論文集　漢語大詞典出版社　1990
　　　p. 221　又見:西域文史論稿　(臺北)國文天地雜誌社　1991　p. 465

柴劍虹　敦煌舞譜的整理與分析　西域文史論稿　(臺北)國文天地雜誌社　1991　p. 401

中村裕一　唐代官文書研究　(京都)中文出版社　1991　p. 287

黃盛璋　關於沙州曹氏和于闐交往的諸藏文文書及相關問題　《敦煌研究》1992年第1期　p. 37

姜伯勤　敦煌社會文書導論　(臺北)新文豐出版公司　1992　p. 127、140

吳其昱著　伊藤美重子譯　敦煌漢文寫本概觀　敦煌漢文文獻(講座敦煌5)　(東京)大東出版社
　　　1992　p. 17

中村裕一　官文書　敦煌漢文文獻(講座敦煌5)　(東京)大東出版社　1992　p. 576

李明偉　敦煌文學概論　甘肅人民出版社　1993　p. 464

榮新江　關於曹氏歸義軍首任節度使的幾個問題　《敦煌研究》1993年第2期　p. 50

中村裕一　唐代公文書研究　(東京)汲古書院　1996　p. 136、163

孫繼民　《唐大曆三年曹忠敏牒爲請免差充子弟事》書後　敦煌吐魯番研究(第二卷)　北京大學出
　　　版社　1997　p. 236

鄭炳林　敦煌碑銘讚輯釋　甘肅教育出版社　1997　p. 384注12

沙知　沙州觀察處置使之印　敦煌學大辭典　上海辭書出版社　1998　p. 291

孫修身　曹議金　敦煌學大辭典　上海辭書出版社　1998　p. 359

郭俊葉　莫高窟第454窟窟主再議　《敦煌研究》1999年第2期　p. 22

孫繼民　敦煌吐魯番所出唐代軍事文書初探　中國社會科學出版社　2000　p. 106

王艷明　瓜沙州大王印考　《敦煌學輯刊》2000年第2期　p. 43

姜亮夫　敦煌莫高窟年表　姜亮夫全集(十一)　雲南人民出版社　2002　p. 477

森安孝夫著　梁曉鵬摘譯　河西歸義軍節度使官印及其編年　《敦煌學輯刊》2003年第1期　p. 141

屈直敏　從《勵忠節抄》看歸義軍政權道德秩序的重建　《敦煌學輯刊》2005年第3期　p. 85

P. 3806

饒宗頤解說　林宏作譯　敦煌書法叢刊(第八卷)·經史(六)　(東京)二玄社　1986　p. 76

郝春文　敦煌寫本齋文及其樣式的分類與定名　《北京師範學院學報》1990年第3期　p. 97

鄭阿財　敦煌蒙書析論　第二屆敦煌學國際研討會論文集　(臺北)漢學研究中心　1990　p. 220

土田健次郎　儒教典籍　敦煌漢文文獻(講座敦煌5)　(東京)大東出版社　1992　p. 268

郝春文　敦煌寫本社邑文書年代彙考(三)　《社科縱橫》1993年第5期　p. 11

汪泛舟　敦煌文學概論　甘肅人民出版社　1993　p. 565

鄭阿財　敦煌文獻與文學　(臺北)新文豐出版公司　1993　p. 251

寧可　郝春文　敦煌社邑文書輯校　江蘇古籍出版社　1997　p. 589

李鼎霞　"上大夫"習字本　敦煌學大辭典　上海辭書出版社　1998　p. 782

唐耕耦　把倉僧　敦煌學大辭典　上海辭書出版社　1998　p. 639

楊秀清　淺談唐、宋時期敦煌地區的學生生活　《敦煌研究》1999年第4期　p. 143

楊秀清　華戎交會的都市:敦煌與絲綢之路　甘肅人民出版社　2000　p. 105

鄭阿財　朱鳳玉　敦煌蒙書研究　甘肅教育出版社　2002　p. 140

許建平　《俄藏敦煌文獻》儒家經典類寫本的定名與綴合　漢語史學報專輯(第三輯)　上海教育出
　　　版社　2003　p. 308

李索　敦煌寫卷《春秋經傳集解》校證　中國社會科學出版社　2005　p. 299

P. 3807
戴密微著　耿昇譯　唐代的入冥故事：黄仕强傳　敦煌譯叢（第一輯）　甘肅人民出版社　1985　p. 147 注 1
方廣錩　吐蕃統治時期敦煌流行的偈頌帙號法　《敦煌學輯刊》1990 年第 1 期　p. 85
方廣錩　佛教大藏經史（八—十世紀）　中國社會科學出版社　1991　p. 120、356
榮新江　《寫本時代（十世紀以前）的中國藏書》評介　（香港）《九州學刊》1995 年第 6 卷第 4 期　p. 172
方廣錩　敦煌佛教經錄輯校　江蘇古籍出版社　1997　p. 444
王惠民　《思益經》及其在敦煌的流傳　《敦煌研究》1997 年第 1 期　p. 34
方廣錩　龍興寺藏經目録　敦煌學大辭典　上海辭書出版社　1998　p. 750
侯旭東　如來在金棺囑累清淨莊嚴敬福經　藏外佛教文獻（第四輯）　宗教文化出版社　1998　p. 390
李正宇　敦煌遺書標點符號　敦煌學大辭典　上海辭書出版社　1998　p. 519
顏廷亮　敦煌文化中的祆教、摩尼教和景教　敦煌學與中國史研究論集　甘肅人民出版社　2001　p. 423
方廣錩　敦煌寺院所藏大藏經　中日敦煌佛教學術會議論文集　中國社會科學院研究所　2002　p. 40
文正義　敦煌藏經洞封閉原因新探　戒幢佛學（第二卷）　岳麓書社　2002　p. 243
方廣錩　敦煌寺院所藏大藏經概貌　藏外佛教文獻（第八輯）　宗教文化出版社　2003　p. 373
鄭炳林　晚唐五代敦煌諸寺藏經與管理　新世紀敦煌學論集　巴蜀書社　2003　p. 342
郭俊葉　敦煌研究院藏絲質經帙標簽及其相關問題　《敦煌研究》2005 年第 6 期　p. 89

P. 3808
向達　唐代俗講考　《國學季刊》1946 年第 6 卷第 4 號　p. 42　又見：唐代長安與西域文明　三聯書店　1957　p. 310（圖版 3）、335；敦煌變文論輯　（臺北）石門圖書公司　1981　p. 16；敦煌變文論文錄　上海古籍出版社　1982　p. 69；關隴文學論叢　甘肅人民出版社　1983　p. 157、181
羅福頤　敦煌石室文物對於學術上的貢獻　《歷史教學》1951 年第 5 期　又見：中國敦煌學百年文庫·考古卷（四）　甘肅文化出版社　1999　p. 12
周紹良　敦煌所出變文現存目録　敦煌變文彙録　上海出版公司　1955　p. 7
饒宗頤　敦煌琵琶譜讀記　（香港）《新亞學報》1960 年第 2 期　又見：中國敦煌學百年文庫·藝術卷（三）　甘肅文化出版社　1999　p. 152
金岡照光　敦煌漢文文學文獻の文學形態上の種類とその分類　敦煌出土文學文獻分類目録·附解說　（東京）東洋文庫　1971　p. 191
金岡照光　敦煌文學のさまざま　敦煌の文學　（東京）大藏出版株式會社　1971　p. 102
金岡照光　敦煌民衆の宗教と生活　敦煌の民衆——その生活と思想　（東京）評論社　1972　p. 105
邱鎮京　敦煌變文述論　（臺北）商務印書館　1974　p. 1859
蘇瑩輝　敦煌的琵琶譜與指法　敦煌　（臺北）藝文印書館　1977　p. 34
陳祚龍　低談淺論"仁王講"之源流　中華佛教文化史散策（初集）　（臺北）新文豐出版公司　1978

　　p. 164

加地哲定　增補中國佛教文學研究　（東京）同朋舍　1979　p. 120、144、160、183

楊家駱　敦煌變文　（臺北）世界書局　1980　p. 425

潘重規　敦煌卷子俗寫文字與俗文學之研究　敦煌變文論輯　（臺北）石門圖書公司　1981　p. 292

陳祚龍　敦煌古抄文獻會最　（臺北）新文豐出版公司　1982　p. 364（圖版）

鄭阿財　敦煌孝道文學研究　（臺北）石門圖書公司　1982　p. 75

羅宗濤　敦煌變文:石窟裏的老傳說　（臺北）時報文化出版公司　1983　p. 26

福井文雅　講經儀式の組織内容　敦煌と中國仏教（講座敦煌7）　（東京）大東出版社　1984　p. 368

何昌林　《敦煌琵琶譜》的來龍去脈　《陽關》1984 年第 5 期　又見:中國敦煌學百年文庫·藝術卷（三）　甘肅文化出版社　1999　p. 284

潘重規　敦煌變文集新書(上)　（臺北）"中國文化大學"中文研究所　1984　p. 50

平野顯照　講經文の組織内容　敦煌と中國仏教（講座敦煌7）　（東京）大東出版社　1984　p. 321

席臻貫　敦煌曲譜第一群定弦之我見　《敦煌學研究》(西北師院學報)1984 年增刊　p. 3

向達　長興四年中興殿應聖節講經文　敦煌變文集　人民文學出版社　1984　p. 425

向達　敦煌變文集引言　敦煌遺書論文集　中華書局　1984　p. 336

周紹良　《長興四年中興殿應聖節講經文》校正　紹良叢稿　齊魯書社　1984　p. 66

白化文　程毅中　對《雙恩記》講經文的一些推斷　敦煌學論集　甘肅人民出版社　1985　p. 123

戴密微著　耿昇譯　列寧格勒所藏敦煌漢文寫本簡介　敦煌譯叢（第一輯）　甘肅人民出版社　1985　p. 126

何昌林　三件敦煌曲譜資料的綜合研究　《中國音樂》1985 年第 1 期　又見:中國敦煌學百年文庫·藝術卷(三)　甘肅文化出版社　1999　p. 329

牛龍菲　敦煌東漢元嘉二年五弦琴譜研究　《敦煌研究》1985 年第 2 期　p. 9、20

牛龍菲　敦煌樂史資料概論　絲綢之路樂舞藝術　新疆人民出版社　1985　p. 355、365　又見:絲綢之路文獻叙録　蘭州大學出版社　1989　p. 604

饒宗頤　敦煌琵琶譜《浣溪沙》殘譜研究　《中國音樂》1985 年第 1 期　又見:中國敦煌學百年文庫·藝術卷(三)　甘肅文化出版社　1999　p. 324

金岡照光　關於敦煌變文演出的二三個問題　漢學研究(敦煌學國際研討會論文專號)　（臺北）漢學研究資料及服務中心　1986　p. 305

李正宇　敦煌遺書中發現題年《南歌子》舞譜　《敦煌研究》1986 年第 4 期　p. 75

林玫儀　敦煌曲在詞學研究上之價值　漢學研究(敦煌學國際研討會論文專號)　（臺北）漢學研究資料及服務中心　1986　p. 196

高德祥　唐樂西傳的若干蹤迹　《敦煌研究》1987 年第 1 期　p. 43

何昌林　敦煌琵琶譜之考、解、譯(附《敦煌琵琶譯譜》)　1983 年全國敦煌學術討論會文集·石窟藝術編(下)　甘肅人民出版社　1987　p. 331、335、341、344、360

何昌林　《敦煌琵琶譜之考、解、譯》之補充　1983 年全國敦煌學術討論會文集·石窟藝術編(下)　甘肅人民出版社　1987　p. 429、437

任半塘　敦煌歌辭總編　上海古籍出版社　1987　p. 705

項楚　敦煌文學雜考　1983 年全國敦煌學術討論會文集·文史遺書編(下)　甘肅人民出版社　1987　p. 134

周紹良　唐代變文及其它　敦煌文學作品選　中華書局　1987　p. 15

蕭登福　唐世佛家之講經與敦煌變文　敦煌俗文學論叢　（臺北）商務印書館　1988　p. 51、58

高國藩　敦煌民俗學　上海文藝出版社　1989　p. 527

高國藩　敦煌曲子詞欣賞　南京大學出版社　1989　p. 145

郭在貽　張涌泉　黃征　《敦煌變文集新書》讀後　《杭州師範學院學報》1989 年第 5 期　p. 114

潘重規　長興四年中興殿應聖節講經文讀後記　敦煌學(第 14 輯)　(臺北)新文豐出版公司　1989　p. 1

楊雄　《長興四年中興殿應聖節講經文》補校　《社科縱橫》1989 年第 1 期　p. 35

張鴻勳　講經文　敦煌文學　甘肅人民出版社　1989　p. 260

郭在貽　張涌泉　黃征　敦煌變文集校議　岳麓書社　1990　p. 232、255

郭在貽　張涌泉　黃征　敦煌寫本書寫特例發微　敦煌吐魯番學研究論文集　漢語大詞典出版社　1990　p. 328、341

加地哲定著　劉衛星譯　中國佛教文學　今日中國出版社　1990　p. 104、123、155

金建民　關於《敦煌曲譜》和古譜學的論爭　《中國敦煌吐魯番學會研究通訊》1990 年第 1 期　又見：中國敦煌學百年文庫・藝術卷(四)　甘肅文化出版社　1999　p. 253

李國俊　敦煌曲譜的新探討：葉棟、陳應時兩先生譯譜之比較研究　第二屆敦煌學國際研討會論文集　(臺北)漢學研究中心　1990　p. 438、444

林玫儀　研究敦煌曲子詞之省思　第二屆敦煌學國際研討會論文集　(臺北)漢學研究中心　1990　p. 308

饒宗頤　從敦煌所出"望江南""定風波"申論曲子詞之實用性　第二屆敦煌學國際研討會論文集　(臺北)漢學研究中心　1990　p. 396　又見：敦煌曲續論　(臺北)新文豐出版公司　1996　p. 152

饒宗頤　敦煌琵琶譜寫卷原本之考察　《音樂藝術》1990 年第 4 期　又見：中國敦煌學百年文庫・藝術卷(四)　甘肅文化出版社　1999　p. 205

楊雄　《長興四年中興殿應聖節講經文》研究　《敦煌研究》1990 年第 1 期　p. 93

張涌泉　《王梵志詩校注》獻疑　《敦煌研究》1990 年第 2 期　p. 81

周菁葆　《三台》探究：吐魯番出土文物中的一則音樂資料　吐魯番學研究專輯　敦煌吐魯番學新疆研究資料中心　1990　p. 217 注 21

李明偉　《長興四年中興殿應聖節講經文》研究　絲綢之路貿易史研究　甘肅人民出版社　1991　p. 344

饒宗頤　敦煌文書學序　(臺北)新文豐出版公司　1991　p. 3

項楚　敦煌文學叢考　上海古籍出版社　1991　p. 17

陳應時　讀敦煌琵琶譜：饒宗頤教授研究敦煌琵琶譜的新記錄　(香港)《九州學刊》(敦煌學專輯)1992 年第 4 卷第 4 期　p. 121　又見：選堂文史論苑　上海古籍出版社　1994　p. 370

郭在貽　郭在貽語言文學論稿　浙江古籍出版社　1992　p. 36

金岡照光　講唱體類　敦煌の文學文獻(講座敦煌 9)　(東京)大東出版社　1992　p. 35、156

金岡照光　押座文　敦煌の文學文獻(講座敦煌 9)　(東京)大東出版社　1992　p. 359

李正宇　敦煌歌舞三劄　《敦煌研究》1992 年第 4 期　p. 49

林家平　寧強　羅華慶　中國敦煌學史　北京語言學院出版社　1992　p. 272

汪泛舟　敦煌講唱文學語言審美追求　《敦煌研究》1992 年第 2 期　p. 49

吳其昱著　伊藤美重子譯　敦煌漢文寫本概觀　敦煌漢文文獻(講座敦煌 5)　(東京)大東出版社　1992　p. 112

席臻貫　敦煌古樂　敦煌文藝出版社　1992　p. 1

張涌泉　敦煌寫卷俗字類型及其考辨的方法　(香港)《九州學刊》(敦煌學專輯)1992 年第 4 卷第 4

　　　期　　p. 72

周紹良　敦煌文學芻議及其它　（臺北）新文豐出版公司　1992　p. 52、80

蔣冀騁　敦煌文書校讀研究　（臺北）文津出版社　1993　p. 256

李正宇　論敦煌曲子　第二屆國際唐代學術會議論文集（上）　（臺北）文津出版社　1993　p. 761

楊雄　講經文名實說　（香港）《九州學刊》（敦煌學專輯）1993 年第 5 卷第 4 期　p. 139

張鴻勛　敦煌說唱文學概論　（臺北）新文豐出版公司　1993　p. 65

張鴻勛　敦煌文學概論　甘肅人民出版社　1993　p. 208

張錫厚　敦煌本《雲謠集》的整理和時代考　（香港）《九州學刊》（敦煌學專輯）1993 年第 5 卷第 4 期
　　　p. 47

金賢珠　唐五代敦煌民歌　（臺北）文史哲出版社　1994　p. 27、195

張涌泉　試論審辨敦煌寫本俗字的方法　《敦煌研究》1994 年第 2 期　p. 154　又見：舊學新知　浙
　　　江大學出版社　1999　p. 90

潘重規　敦煌卷子俗寫文字之研究　全國敦煌學研討會論文集　（臺北）中正大學中國文學系所
　　　1995　p. 9

曲金良　敦煌佛教文學研究　（臺北）文津出版社　1995　p. 40、60、98

楊雄　長興四年中興殿應聖節講經文　敦煌論稿　甘肅文化出版社　1995　p. 310

楊雄　講經文名實說　敦煌論稿　甘肅文化出版社　1995　p. 251

張錫厚　敦煌本唐集研究　（臺北）新文豐出版公司　1995　p. 356

張涌泉　陳祚龍校錄敦煌卷子失誤例釋　學術集林（卷六）　上海遠東出版社　1995　p. 297　又
　　　見：舊學新知　浙江大學出版社　1999　p. 274

張涌泉　漢語俗字研究　岳麓書社　1995　p. 60、105、153、203

張涌泉　試論敦煌寫卷俗文字研究之意義　敦煌學國際研討會文集・史地語文編　遼寧美術出版社
　　　1995　p. 365

饒宗頤　敦煌曲與樂舞及龜茲樂　敦煌曲續論　（臺北）新文豐出版公司　1996　p. 74

王惠民　論《孔雀明王經》及其在敦煌、大足的流傳　《敦煌研究》1996 年第 4 期　p. 42

王昆吾　隋唐五代燕樂雜言歌辭研究　中華書局　1996　p. 47

張涌泉　敦煌俗字研究導論　（臺北）新文豐出版公司　1996　p. 61、135、182、271

張涌泉　敦煌寫卷俗字類釋　敦煌吐魯番學研究論集　書目文獻出版社　1996　p. 481

伏俊璉　關於變文體裁的一點探索　敦煌文學論集　四川人民出版社　1997　p. 129

黃征　敦煌文獻中有浙江文化史的資料　敦煌語文叢說　（臺北）新文豐出版公司　1997　p. 773

黃征　李丹禾　敦煌變文中的願文　敦煌文學論集　四川人民出版社　1997　p. 365

黃征　張涌泉　敦煌變文校注　中華書局　1997　p. 624、996

李并成　古代河西走廊桑蠶絲織業考　《敦煌學輯刊》1997 年第 2 期　p. 63

顏廷亮　關於《晏子賦》寫本的抄寫年代問題　《敦煌研究》1997 年第 2 期　p. 138

張涌泉　敦煌文獻校讀易誤字例釋　敦煌文學論集　四川人民出版社　1997　p. 264

鄭炳林　敦煌碑銘讚及其有關問題　敦煌碑銘讚輯釋　甘肅教育出版社　1997　p. 13

鄭炳林　敦煌碑銘讚輯釋　甘肅教育出版社　1997　p. 451 注 1

柴劍虹　詠宋王等絕句　敦煌學大辭典　上海辭書出版社　1998　p. 570

海客　長興四年應聖節中興殿講經文　敦煌學大辭典　上海辭書出版社　1998　p. 578

黃征　唐代俗語詞輯釋　唐研究（第四卷）　北京大學出版社　1998　p. 147

李正宇　演曲子　敦煌學大辭典　上海辭書出版社　1998　p. 448

孫其芳　伊州　敦煌學大辭典　上海辭書出版社　1998　p. 536

譚蟬雪　敦煌歲時文化導論　（臺北）新文豐出版公司　1998　p. 368

周紹良　張涌泉　黃征　敦煌變文講經文因緣輯校（上、下）　江蘇古籍出版社　1998　p. 17、575

伏俊璉　論變文與講經文的關係　《敦煌研究》1999 年第 3 期　p. 101

高國藩　敦煌俗文化學　上海三聯書店　1999　p. 544、577

黃征　程惠新　劫塵遺珠：敦煌遺書　甘肅教育出版社　1999　p. 244

柳存仁　敦煌變文與中國文學　道家與道術　上海古籍出版社　1999　p. 209 注 14

謝桃坊　敦煌文化尋繹　四川人民出版社　1999　p. 113

顏廷亮　關於敦煌文學發展的歷史進程　《甘肅社會科學》1999 年第 4 期　p. 47

張涌泉　敦煌寫本書寫特例發微　舊學新知　浙江大學出版社　1999　p. 228、239、250

張涌泉　論梅膺祚的字彙　舊學新知　浙江大學出版社　1999　p. 1

北京大學　敦煌《經卷》、《照片》及《圖書》目錄　中國敦煌學百年文庫·綜述卷（一）　甘肅文化出
　　版社　1999　p. 318

伏俊璉　論講經文與變文的關係　中國典籍與文化論叢（第五輯）　中華書局　2000　p. 111

孫其芳　鳴沙遺音：敦煌詞選評　甘肅人民出版社　2000　p. 189

汪泛舟　論敦煌僧詩的功利性　《敦煌研究》2000 年第 4 期　p. 153

徐俊　敦煌詩集殘卷輯考　中華書局　2000　p. 494、822

顏廷亮　敦煌文化　光明日報出版社　2000　p. 322

顏廷亮　西陲文學遺珍：敦煌文學通俗談　甘肅人民出版社　2000　p. 20

張鴻勳　敦煌話本《葉淨能詩》再探　第二屆國際唐代學術會議論文集（上）　（臺北）文津出版社
　　2000　p. 733　又見：1994 年敦煌學國際研討會文集·宗教文史卷（上）　甘肅民族出版社
　　2000　p. 276

張鴻勳　說唱藝術奇葩：敦煌變文選評　甘肅人民出版社　2000　p. 15

張錫厚　敦煌文學源流　作家出版社　2000　p. 311、366

張涌泉　漢語俗字叢考　中華書局　2000　p. 692

李正宇　沙州歸義軍樂營及其職事　敦煌吐魯番研究（第五卷）　北京大學出版社　2001　p. 221

林聰明　敦煌吐魯番文書解詁指例　（臺北）新文豐出版公司　2001　p. 396

榮新江　敦煌學十八講　北京大學出版社　2001　p. 221

陶敏　李一飛　隋唐五代文學史料學　中華書局　2001　p. 352

黃征　敦煌語言文字學研究　甘肅教育出版社　2002　p. 159

姜亮夫　敦煌莫高窟年表　姜亮夫全集（十一）　雲南人民出版社　2002　p. 488

李小榮　變文講唱與華梵宗教藝術　上海三聯書店　2002　p. 32、67、173

李正宇　唐宋時期敦煌佛經性質功能的變化　戒幢佛學（第二卷）　岳麓書社　2002　p. 25　又見：
　　中日敦煌佛教學術會議論文集　中國社會科學院研究所　2002　p. 21

劉進寶　敦煌學通論　甘肅教育出版社　2002　p. 140

馬茜　歸義軍時期敦煌地區庶民佛教的發展　甘肅民族研究論叢　甘肅人民出版社　2002　p. 449

張鴻勳　敦煌俗文學研究　甘肅人民出版社　2002　p. 8

陳應時　論敦煌樂譜的節奏解譯　新世紀敦煌學論集　巴蜀書社　2003　p. 760

荒見泰史　敦煌本夢書雜識　漢語史學報專輯（第三輯）　上海教育出版社　2003　p. 342

王昆吾　從敦煌學到域外漢文學　商務印書館　2003　p. 226

荒見泰史　敦煌的講唱體文獻　敦煌學（第 25 輯）　（臺北）樂學書局有限公司　2004　p. 263、276

王小盾　潘重規先生“變文外衣”理論疏說　敦煌學（第 25 輯）　（臺北）樂學書局有限公司　2004
　　p. 82

吳蘊慧　《敦煌變文校注》校釋補正　《敦煌研究》2004 年第 5 期　p. 106

汪泛舟　敦煌俗別字新考(上)　《敦煌研究》2006 年第 1 期　p. 104

P. 3809

陳祚龍　關於研究李唐三藏法師玄奘的"作爲"及其影響之敦煌古抄參考資料　中華佛教文化史散策(初集)　(臺北)新文豐出版公司　1978　p. 373

王三慶　談齋論文——敦煌寫卷齋願文研究　第四屆唐代文化學術研討會論文集　(臺南)成功大學　1991　p. 282

高田時雄　チベット文字書寫「長卷」の研究(本文編)　『東方學報』(第 65 號)　京都大學人文科學研究所　1993　p. 372

蘇遠鳴　敦煌寫本中的地藏十齋日　法國學者敦煌學論文選萃　中華書局　1993　p. 393

張總　地藏菩薩十齋日　藏外佛教文獻(第七輯)　宗教文化出版社　2000　p. 349

張總　地藏信仰研究　宗教文化出版社　2003　p. 382

P. 3810

譚真　從一份資料談藏經洞的封閉　《敦煌研究》1988 年第 4 期　p. 36

高國藩　敦煌古俗與民俗流變　河海大學出版社　1990　p. 85

譚真　敦煌隋唐時期醫事狀況　敦煌學國際學術討論會論文縮寫文(1990)　敦煌研究院　1990　p. 73　又見：敦煌學國際研討會文集·石窟考古編　遼寧美術出版社　1995　p. 408

譚真　敦煌古藥方《神仙粥》剖析　《敦煌研究》1991 年第 2 期　p. 95

李重申　韓佐生　敦煌佛教文化與體育　《敦煌研究》1992 年第 2 期　p. 10

高國藩　敦煌民俗資料導論　(臺北)新文豐出版公司　1993　p. 304

高國藩　敦煌巫術與巫術流變　河海大學出版社　1993　p. 138

蕭登福　道教星斗符印與佛教密宗　(臺北)新文豐出版公司　1993　p. 239

鄭阿財　敦煌寫本《呼吸靜功妙訣》試論　(香港)《九州學刊》(敦煌學專輯)1993 年第 5 卷第 4 期　p. 112　又見：中國敦煌學百年文庫·科技卷　甘肅文化出版社　1999　p. 383

鄭阿財　臺灣地區研究概況(1992—1993)：敦煌學部分　"中國唐代學會"會刊(第四期)　(臺北)"中國唐代學會"　1993　p. 249

馬德福　李重申　敦煌氣功史料初探　《社科縱橫》1994 年第 4 期　p. 38

王進玉　敦煌石窟探秘　四川教育出版社　1994　p. 72

閻國權等　敦煌宗教文化　新華出版社　1994　p. 57

李重申　敦煌體育史料考析　敦煌學國際研討會文集·石窟考古編　遼寧美術出版社　1995　p. 389

楊雄　敦煌遺書《呼吸靜功妙訣》初探　敦煌論稿　甘肅文化出版社　1995　p. 225

榮新江　敦煌藏經洞的性質及其封閉原因　敦煌吐魯番研究(第二卷)　北京大學出版社　1997　p. 38

方廣錩　敦煌藏經洞封閉原因之我見：兼論敦煌遺書與藏經洞遺書之界定　敦煌學佛教學論叢(上)　中國佛教文化研究所　1998　p. 58、82

馬繼興　敦煌醫藥文獻　敦煌學大辭典　上海辭書出版社　1998　p. 615

馬繼興　敦煌醫藥文獻輯校　江蘇古籍出版社　1998　p. 689

王淑民　呼吸靜功妙訣　敦煌學大辭典　上海辭書出版社　1998　p. 620

方廣錩　敦煌藏經洞封閉年代之我見　敦煌文藪(下)　(臺北)新文豐出版公司　1999　p. 200

高國藩　敦煌俗文化學　上海三聯書店　1999　p. 241、272

李重申　陳煒　李金梅　論敦煌遺書《呼吸靜功妙訣》　《敦煌研究》1999 年第 1 期　p. 74

王進玉　從敦煌文物看中西文化交流　《西域研究》1999 年第 1 期　p. 61

戴仁　敦煌寫本中的贋品　法國漢學(敦煌學專號)　中華書局　2000　p. 10

李重申　敦煌古代體育文化　甘肅人民出版社　2000　p. 130

劉進寶　敦煌文書與唐史研究　(臺北)新文豐出版公司　2000　p. 331

王育成　道教法印權杖探奧　宗教文化出版社　2000　p. 39

徐俊　敦煌詩集殘卷輯考　中華書局　2000　p. 631

陳尚君　評《敦煌詩集殘卷輯考》　敦煌吐魯番研究(第五卷)　北京大學出版社　2001　p. 387

李重申　李金梅　李小唐　敦煌石窟氣功鉤沈　《敦煌學輯刊》2001 年第 2 期　p. 52

榮新江　敦煌學十八講　北京大學出版社　2001　p. 94

王育成　道教法印考實　中國社會科學院歷史研究所學刊(第一集)　社會科學文獻出版社　2001
　　p. 458

李金梅　李重申　敦煌文獻與體育史研究之關係　《敦煌研究》2002 年第 2 期　p. 45

馬繼興　當前世界各地收藏的中國出土卷子本古醫藥文獻備考　敦煌吐魯番研究(第六卷)　北京
　　大學出版社　2002　p. 153

楊君　淺論敦煌符錄中的"善鬼護身"觀念　《敦煌學輯刊》2003 年第 1 期　p. 77

高啓安　唐五代敦煌飲食文化研究　民族出版社　2004　p. 299

王卡　敦煌道教文獻研究　中國社會科學出版社　2004　p. 13、50、61、152

王卡　敦煌道教綜述　敦煌與絲路文化學術講座(第二輯)　北京圖書館出版社　2005　p. 382

蘭州理工大學絲綢之路文史研究所編　絲綢之路體育文化論集　中華書局　2005　p. 101

陳懷宇　道宣與孫思邈醫學交流之一證蠡測　敦煌吐魯番研究(第九卷)　中華書局　2006　p. 405

P. 3811

高國藩　敦煌古俗與民俗流變　河海大學出版社　1990　p. 75

蕭登福　道教星斗符印與佛教密宗　(臺北)新文豐出版公司　1993　p. 237

王育成　道教法印權杖探奧　宗教文化出版社　2000　p. 38

王育成　道教法印考實　中國社會科學院歷史研究所學刊(第一集)　社會科學文獻出版社　2001
　　p. 455

王卡　敦煌道教文獻研究　中國社會科學出版社　2004　p. 13、56、153

王卡　敦煌道教綜述　敦煌與絲路文化學術講座(第二輯)　北京圖書館出版社　2005　p. 382

P. 3812

金岡照光　敦煌漢文文學文獻の文學形態上の種類とその分類　敦煌出土文學文獻分類目録・附解
　　說　(東京)東洋文庫　1971　p. 236

陳祚龍　校訂釋無名的《無名歌》　敦煌學海探珠(上冊)　(臺北)商務印書館　1979　p. 81

鄭阿財　敦煌孝道文學研究　(臺北)石門圖書公司　1982　p. 255 注 83

龍晦　卜天壽《論語》抄本後的詩詞雜録研究和校釋　新疆考古三十年　新疆人民出版社　1983
　　p. 373

蘇瑩輝　"敦煌曲"評介　敦煌論集續編　(臺北)學生書局　1983　p. 311

饒宗頤解說　林宏作譯　敦煌書法叢刊(第十四卷)・牒狀(一)　(東京)二玄社　1985　p. 86

耿昇　八十年代的法國敦煌學論著簡介　《敦煌研究》1986 年第 3 期　p. 78

柴劍虹　研究唐代文學的珍貴資料：敦煌 P. 2555 號唐人寫卷分析　1983 年全國敦煌學術討論會文集・文史遺書編（下）　甘肅人民出版社　1987　p. 81、98 注 3

黃永武　敦煌本唐詩校勘舉例　唐代文學研討會論文集　（臺北）文史哲出版社　1987　p. 96

黃永武　敦煌的唐詩　（臺北）洪範書店　1987　p. 182

任半塘　敦煌歌辭總編　上海古籍出版社　1987　p. 341、1259、1784、1790

顏廷亮　敦煌文學作品選　中華書局　1987　p. 52

柴劍虹　徐俊　敦煌詞輯校四談　《敦煌學輯刊》1988 年第 1、2 期　p. 56　又見：西域文史論稿　（臺北）國文天地雜誌社　1991　p. 504

張錫厚　伯 2488、伯 5037 敦煌賦卷初考　敦煌語言文學研究　北京大學出版社　1988　p. 200

張錫厚　關於整理《敦煌賦集》的幾個問題　敦煌語言文學論文集　浙江古籍出版社　1988　p. 236

黃永武　施淑婷　敦煌的唐詩續編　（臺北）文史哲出版社　1989　p. 21

張錫厚　賦　敦煌文學　甘肅人民出版社　1989　p. 134

任半塘　王昆吾　隋唐五代燕樂雜言歌辭集　巴蜀書社　1990　p. 359

榮新江　《唐刺史考》補遺　《文獻》1990 年第 2 期　p. 93　又見：敦煌學新論　甘肅教育出版社　2002　p. 271

柴劍虹　敦煌唐人詩文選集殘卷（伯 2555）補錄　西域文史論稿　（臺北）國文天地雜誌社　1991　p. 291

楊聯陞　書評：饒宗頤、戴密微合著《敦煌曲》　楊聯陞論文集　中國社會科學出版社　1992　p. 243

周紹良　敦煌文學芻議及其它　（臺北）新文豐出版公司　1992　p. 20

伏俊璉　敦煌賦校補（三）　《江西師範大學學報》1993 年第 26 卷第 4 期　p. 115

李正宇　敦煌文學概論　甘肅人民出版社　1993　p. 101

孫其芳　顏廷亮　敦煌文學概論　甘肅人民出版社　1993　p. 444

項楚　敦煌詩歌導論　（臺北）新文豐出版公司　1993　p. 12、47

張鴻勳　敦煌話本詞文俗賦導論　（臺北）新文豐出版公司　1993　p. 169

張錫厚　敦煌文學概論　甘肅人民出版社　1993　p. 356

伏俊璉　敦煌賦校注　甘肅人民出版社　1994　p. 2

劉進寶　敦煌學論述　（臺北）洪葉文化事業有限公司　1995　p. 345

邵文實　敦煌邊塞文學之《征婦怨》作品述論　《敦煌學輯刊》1995 年第 2 期　p. 55

張錫厚　敦煌本唐集研究　（臺北）新文豐出版公司　1995　p. 172、411

張涌泉　陳祚龍校錄敦煌卷子失誤例釋　學術集林（卷六）　上海遠東出版社　1995　p. 303　又見：舊學新知　浙江大學出版社　1999　p. 279

張涌泉　敦煌文書類化字研究　《敦煌研究》1995 年第 4 期　p. 74

張涌泉　試論敦煌寫卷俗文字研究之意義　敦煌學國際研討會文集・史地語文編　遼寧美術出版社　1995　p. 359

饒宗頤　敦煌曲訂補　敦煌曲續論　（臺北）新文豐出版公司　1996　p. 50

王昆吾　隋唐五代燕樂雜言歌辭研究　中華書局　1996　p. 287

徐俊　敦煌寫本唐人詩歌存佚互見綜考　敦煌吐魯番研究（第一卷）　北京大學出版社　1996　p. 122

張錫厚　敦煌本《高適詩集》考述　《敦煌研究》1996 年第 1 期　p. 83

張錫厚　敦煌賦彙　（臺北）新文豐出版公司　1996　p. 5、201

張涌泉　敦煌俗字研究導論　（臺北）新文豐出版公司　1996　p. 169、221

張涌泉　敦煌文獻校讀釋例　文史（第四十一輯）　中華書局　1996　p. 202　又見：舊學新知　浙

江大學出版社　1999　p. 217

陳尚君　唐代文學叢考　中國社會科學出版社　1997　p. 198

劉永連　1996—1997 年大陸地區唐代學術研究概況：敦煌學　"中國唐代學會"會刊（第八期）　（臺北）"中國唐代學會"　1997　p. 117

邵文實　敦煌遺書 P. 3812 號中所見高適詩考辨　《文獻》1997 年第 1 期　p. 148

王利器　讀《敦煌變文集》四首俗賦書後　曉傳書齋集　華東師範大學出版社　1997　p. 486

薛宗正　唐代粟特人的東遷及其社會生活　《新疆大學學報》1997 年第 4 期　p. 64

薛宗正　中國新疆古代社會生活史　新疆人民出版社　1997　p. 267

柴劍虹　高興歌　敦煌學大辭典　上海辭書出版社　1998　p. 552

胡大浚　王志鵬　敦煌邊塞詩歌綜論　《敦煌研究》1998 年第 1 期　p. 122

李德範　秦箏怨　敦煌學大辭典　上海辭書出版社　1998　p. 572

李德範　殷濟詩　敦煌學大辭典　上海辭書出版社　1998　p. 562

孫其芳　柴劍虹　悉曇章　敦煌學大辭典　上海辭書出版社　1998　p. 536

徐俊　唐五代長沙窰瓷器題詩校證　唐研究（第四卷）　北京大學出版社　1998　p. 84

張錫厚　無名歌　敦煌學大辭典　上海辭書出版社　1998　p. 551

高國藩　敦煌俗文化學　上海三聯書店　1999　p. 32、585

胡大浚　王志鵬　敦煌邊塞詩歌校注　甘肅人民出版社　1999　p. 9、159

聶鴻音　西夏文學史料說略（下）　文史（第四十九輯）　中華書局　1999　p. 289

汪泛舟　敦煌詩述異　《敦煌研究》1999 年第 4 期　p. 19

王繼如　《敦煌的唐詩》讀後剳存　敦煌問學叢稿　甘肅文化出版社　1999　p. 287

張涌泉　《補全唐詩》兩種補校　舊學新知　浙江大學出版社　1999　p. 302

伏俊璉　俗情雅韻：敦煌賦選析　甘肅人民出版社　2000　p. 11

孫其芳　大漠遺歌：敦煌詩歌選評　甘肅人民出版社　2000　p. 152

徐俊　敦煌詩集殘卷輯考　中華書局　2000　p. 222、378、720、823

顏廷亮　敦煌文化　光明日報出版社　2000　p. 455

顏廷亮　敦煌文化的靈魂論綱　《甘肅社會科學》2000 年第 4 期　p. 33

張錫厚　敦煌文學源流　作家出版社　2000　p. 34、86、199

陳尚君　評《敦煌詩集殘卷輯考》　敦煌吐魯番研究（第五卷）　北京大學出版社　2001　p. 385

楊曉靄　勘正辨疑　隨文釋義：《敦煌邊塞詩歌校注》簡評　《敦煌學輯刊》2001 年第 1 期　p. 113

劉進寶　敦煌學通論　甘肅教育出版社　2002　p. 393

高國藩　敦煌學百年史述要　（臺北）商務印書館　2003　p. 186

胡大浚　敦煌寫卷中幾首佚名詩考釋　2000 年敦煌學國際學術討論會文集·歷史文化卷（下）　甘肅民族出版社　2003　p. 285

林平和　試論敦煌文獻之輯佚價值　新世紀敦煌學論集　巴蜀書社　2003　p. 742

王勛成　從敦煌唐卷看劉商《胡笳十八拍》的寫作年代　《敦煌研究》2003 年第 4 期　p. 61

張涌泉　燦爛的敦煌文化　浙江與敦煌學：常書鴻先生誕辰一百周年紀念文集　浙江古籍出版社　2004　p. 642

P. 3813

池田溫　現存開元年間籍帳の一考察　『東洋史研究』（35 卷 1 號）　（東京）東洋史研究會　1976　p. 82

池田溫　敦煌本判集三種　古代東アジア史論集（下卷）　（東京）吉川弘文館　1978　p. 424

池田溫　中國古代籍帳研究：概観・録文　東京大學東洋文化研究所　1979　p. 86

王重民　敦煌古籍叙録　中華書局　1979　p. 83

池田溫　敦煌の流通経済　敦煌の社會（講座敦煌3）　（東京）大東出版社　1980　p. 342　又見：敦
　　煌文書の世界　（東京）名著刊行會　2003　p. 181

池田溫　中國古代籍帳研究　中華書局　1984　p. 244、注 8

饒宗頤解說　林宏作譯　敦煌書法叢刊（第十九卷）・碎金（二）　（東京）二玄社　1984　p. 103

王重民原編　黄永武新編　敦煌古籍叙録新編（第五冊）　（臺北）新文豐出版公司　1986　p. 112

宋家鈺　唐朝戶籍法與均田制研究　中州古籍出版社　1988　p. 180

劉俊文　敦煌吐魯番唐代法制文書考釋　中華書局　1989　p. 436

姜伯勤　從判文看唐代市籍制的終結　《歷史研究》1990 年第 3 期　p. 24

盧向前　唐代前期市估法研究　敦煌吐魯番學研究論文集　漢語大詞典出版社　1990　p. 705

上山大峻　敦煌佛教の研究　（京都）法藏館　1990　p. 366

唐耕耦　陸宏基　敦煌社會經濟文獻真迹釋録（二）　全國圖書館文獻縮微複製中心　1990　p. 599

楊際平　均田制新探　廈門大學出版社　1991　p. 280 注 2

凍國棟　唐代有關徙民的限令與官府所組織的移民　《魏晉南北朝隋唐史》1992 年第 3 期　p. 50

姜伯勤　敦煌社會文書導論　（臺北）新文豐出版公司　1992　p. 122

尾崎康　史籍　敦煌漢文文獻（講座敦煌5）　（東京）大東出版社　1992　p. 307

王震亞　趙熒　敦煌殘卷爭訟文牒集釋　甘肅人民出版社　1993　p. 129

張涌泉　語詞辨析七則　《古漢語研究》1993 年第 1 期　p. 45

蔣禮鴻　敦煌文獻語言詞典　杭州大學出版社　1994　p. 263

李明偉　隋唐絲綢之路　甘肅人民出版社　1994　p. 134

齊陳駿　有關遺產繼承的幾件敦煌遺書　《敦煌學輯刊》1994 年第 2 期　p. 51

胡戟　傅玫　敦煌史話　中華書局　1995　p. 143

李錦繡　唐代財政史稿・上卷（第一分冊）　北京大學出版社　1995　p. 106

鄧文寬　敦煌吐魯番文獻重文符號釋讀舉隅　敦煌吐魯番學耕耘録　（臺北）新文豐出版公司
　　1996　p. 322

董念清　從唐代的判集看唐代對法律的適用　《社科縱橫》1996 年第 1 期　p. 50

胡如雷　隋唐五代社會經濟史論稿　中國社會科學出版社　1996　p. 1

陸慶夫　從敦煌寫本判文看唐代長安的粟特聚落　《敦煌學輯刊》1996 年第 1 期　p. 47

齊陳駿　讀伯 3813 號《唐判集》劄記　《敦煌學輯刊》1996 年第 1 期　p. 14

張涌泉　敦煌俗字研究導論　（臺北）新文豐出版公司　1996　p. 167、247

張澤咸　唐代階級結構研究　中州古籍出版社　1996　p. 245 注 5

董志翹　《入唐求法巡禮行記校注》商兌　俗語言研究（第四期）　（京都）禪文化研究所　1997
　　p. 50

黄征　張涌泉　敦煌變文校注　中華書局　1997　p. 79、241、409

姜伯勤　唐代城市史與唐禮唐令　唐研究國際學術會議論文彙編　中國社會科學院歷史所等　1997
　　p. 139

劉永連　1996—1997 年大陸地區唐代學術研究概況：敦煌學　"中國唐代學會"會刊（第八期）　（臺
　　北）"中國唐代學會"　1997　p. 115、119

張涌泉　敦煌文獻校讀易誤字例釋　敦煌文學論集　四川人民出版社　1997　p. 267

白化文　晉書　敦煌學大辭典　上海辭書出版社　1998　p. 776

凍國棟　隋唐時期的人口政策與家族法　唐研究（第四卷）　北京大學出版社　1998　p. 333 注 35

沙知　敦煌吐魯番文獻所見唐軍府名掇拾　《敦煌學輯刊》1998 年第 1 期　p. 16
宋家鈺　寧可　百姓　敦煌學大辭典　上海辭書出版社　1998　p. 410
池田溫　八世紀中葉敦煌的粟特人聚落　唐研究論文選集　中國社會科學出版社　1999　p. 61 注 65
榮新江　北朝隋唐粟特人之遷徙及其聚落　國學研究(第六卷)　北京大學出版社　1999　p. 53
陳永勝　敦煌法制文書研究回顧與展望　《敦煌研究》2000 年第 2 期　p. 103
陳永勝　敦煌吐魯番法制文書研究　甘肅人民出版社　2000　p. 2、11、183
董志翹　《入唐求法巡禮行記》辭彙研究　中國社會科學出版社　2000　p. 305
姜伯勤　俄國粟特研究對漢學的意義　文化的饋贈:漢學研究國際會議論文集(史學卷)　北京大學出版社　2000　p. 205
榮新江　中古中國與外來文明　三聯書店　2001　p. 81
尚衍斌　唐代入華"興生胡"的社會權益評析　《西域研究》2001 年第 1 期　p. 24
陳海濤　唐代入華粟特人商業活動的歷史意義　《敦煌學輯刊》2002 年第 1 期　p. 123
杜澤遜　文獻學概要　中華書局、2002　p. 504
王斐弘　敦煌寫本《文明判集殘卷》研究　《敦煌研究》2002 年第 3 期　p. 32
徐俊　俄藏 Dx. 11414 + Dx. 02947 前秦擬古詩殘本研究:兼論背面契券文書的地域和時代　敦煌吐魯番研究(第六卷)　北京大學出版社　2002　p. 217 注
王啓濤　中古及近代法制文書語言研究　巴蜀書社　2003　p. 24、60、123、147
鄭顯文　唐代律令制研究　北京大學出版社　2004　p. 174
趙曉星　寇甲　西魏:歸義軍時期敦煌地區的史姓　《敦煌學輯刊》2005 年第 2 期　p. 127

P. 3814
陳祚龍　關於研究李唐三藏法師玄奘的"作爲"及其影響之敦煌古抄參考資料　中華佛教文化史散策(初集)　(臺北)新文豐出版公司　1978　p. 374
陳祚龍　簡記敦煌古抄方志　敦煌文物隨筆　(臺北)商務印書館　1979　p. 51
陳祚龍　中世敦煌與成都之間的交通路線　敦煌資料考屑　(臺北)商務印書館　1979　p. 340　又見:唐代研究論集(第三輯)　(臺北)新文豐出版公司　1992　p. 439
王重民　敦煌古籍叙錄　中華書局　1979　p. 130
蘇瑩輝　敦煌學概要　(臺北)編譯館"中華叢書編委會"　1981　p. 41
陳祚龍　《簡記敦煌古抄方志》及其"後語"　敦煌學要籥　(臺北)新文豐出版公司　1982　p. 221
方南生　《雙恩記》創作年代初探　《社會科學》1983 年第 5 期　又見:中國敦煌學百年文庫·文學卷(四)　甘肅文化出版社　1999　p. 89
蘇瑩輝　中外敦煌古寫本纂要　敦煌論集　(臺北)學生書局　1983　p. 318
張錫厚　關於王梵志思想評價的幾個問題　關隴文學論叢　甘肅人民出版社　1983　p. 49
饒宗頤　敦煌書法叢刊(第十一卷)·經史(九)　(東京)二玄社　1984　p. 37、66
唐剛卯　唐代請田制度初探　《敦煌學輯刊》1985 年第 2 期　p. 55
王重民　巴黎敦煌殘卷叙錄(第二輯)　敦煌叢刊初集(九)　(臺北)新文豐出版公司　1985　p. 220
王重民原編　黃永武新編　敦煌古籍叙錄新編(第七冊)　(臺北)新文豐出版公司　1986　p. 107
蘇瑩輝　論敦煌唐代資料在文史藝術及科技諸方面的貢獻　敦煌文史藝術論叢　(臺北)新文豐出版公司　1987　p. 46
項楚　敦煌文學雜考　1983 年全國敦煌學術討論會文集·文史遺書編(下)　甘肅人民出版社　1987　p. 121

謝和耐著　耿昇譯　中國5—10世紀的寺院經濟　甘肅人民出版社　1987　p.139 注2

鄭炳林　敦煌地理文書彙輯校注　甘肅教育出版社　1989　p.254

劉銘恕　敦煌遺書叢識之四　敦煌吐魯番學研究論文集　漢語大詞典出版社　1990　p.34

項楚　敦煌文學叢考　上海古籍出版社　1991　p.1

項楚　王梵志詩校注　上海古籍出版社　1991　p.889

李并成　敦煌遺書中地理書卷的學術價值　《地理研究》1992年第3期　p.43

李并成　一批珍貴的古代地理文書：敦煌遺書中的地理書卷　《中國科技史料》1992年第13卷第4
　　期　p.92

林家平　寧强　羅華慶　中國敦煌學史　北京語言學院出版社　1992　p.82

日比野丈夫　地理書　敦煌漢文文獻(講座敦煌5)　(東京)大東出版社　1992　p.353

胡戟　傅玫　敦煌史話　中華書局　1995　p.150

項楚　敦煌歌辭總編匡補　(臺北)新文豐出版公司　1995　p.47

劉濤　評《法藏敦煌書苑精華》　敦煌吐魯番研究(第一卷)　北京大學出版社　1996　p.378

劉方　大唐西域記古本三種　敦煌學大辭典　上海辭書出版社　1998　p.838

黃征　程惠新　劫塵遺珠：敦煌遺書　甘肅教育出版社　1999　p.184

北京大學　敦煌《經卷》、《照片》及《圖書》目錄　中國敦煌學百年文庫·綜述卷(一)　甘肅文化出
　　版社　1999　p.316

顏廷亮　敦煌文化　光明日報出版社　2000　p.210

姜亮夫　敦煌莫高窟年表　姜亮夫全集(十一)　雲南人民出版社　2002　p.216

榮新江　敦煌地理文獻的價值與研究　敦煌學新論　甘肅教育出版社　2002　p.253

樊錦詩　玄奘譯經和敦煌壁畫　《敦煌研究》2004年第2期　p.10

P. 3816

鄭阿財　敦煌孝道文學研究　(臺北)石門圖書公司　1982　p.16、535

陳祚龍　敦煌古抄"讚"文兩種　敦煌簡策訂存　(臺北)商務印書館　1983　p.19

汪泛舟　讚·箴　敦煌文學　甘肅人民出版社　1989　p.103

土田健次郎　儒教典籍　敦煌漢文文獻(講座敦煌5)　(東京)大東出版社　1992　p.270、296

鄭阿財　臺灣地區研究概況(1992—1993)：敦煌學部分　"中國唐代學會"會刊(第四期)　(臺北)
　　"中國唐代學會"　1993　p.248

徐俊　敦煌詩集殘卷輯考　中華書局　2000　p.255、434

王冀青　斯坦因與日本敦煌學　甘肅教育出版社　2004　p.306

P. 3817

周丕顯　敦煌俗曲分時聯章歌體再議　《敦煌學輯刊》1983年創刊號　p.14

周丕顯　敦煌俗曲中的分時聯章體歌辭　關隴文學論叢　甘肅人民出版社　1983　p.3

劉進寶　俚曲小調　敦煌文學　甘肅人民出版社　1989　p.218

汪泛舟　偈·頌　敦煌文學　甘肅人民出版社　1989　p.88

汪泛舟　讚·箴　敦煌文學　甘肅人民出版社　1989　p.99

林家平　寧强　羅華慶　中國敦煌學史　北京語言學院出版社　1992　p.625

李正宇　敦煌儺散論　《敦煌研究》1993年第2期　p.118

汪泛舟　敦煌文學概論　甘肅人民出版社　1993　p.549

曲金良　敦煌佛教文學研究　(臺北)文津出版社　1995　p.236

柴劍虹　太子入山修道五更轉　敦煌學大辭典　上海辭書出版社　1998　p. 549

張錫厚　敦煌文學源流　作家出版社　2000　p. 330

鄭炳林　晚唐五代敦煌地區《大般若經》的流傳與信仰　麥積山石窟藝術文化論文集（下）　蘭州大學出版社　2004　p. 121

白化文　讀《伯希和劫經録》　敦煌學國際研討會論文集　北京圖書館出版社　2005　p. 16

荒見泰史　從敦煌寫本中變文的改寫情況來探討五代講唱文學的演變　敦煌學國際研討會論文集　北京圖書館出版社　2005　p. 176

P. 3818

陳祚龍　敦煌古抄內典尾記彙校初、二、三編合刊　敦煌學要籥　（臺北）新文豐出版公司　1982　p. 192

陳祚龍　關於中世敦煌流行的某些"偈"或"偈子"　中華佛教文化史散策（四集）　（臺北）新文豐出版公司　1986　p. 155

池田溫　中國古代寫本識語集録　（東京）大藏出版株式會社　1990　p. 513

高國藩　敦煌古俗與民俗流變　河海大學出版社　1990　p. 417

金岡照光　敦煌文獻と中國文學　（東京）五曜書房　2000　p. 407

汪娟　敦煌寫本《觀音禮》初探　慶祝吳其昱先生八秩華誕敦煌學特刊　（臺北）文津出版社　2000　p. 307、334

林仁昱　論敦煌佛教歌曲特質與"弘法"的關係　敦煌學（第23輯）　（臺北）樂學書局有限公司　2002　p. 64

湛如　敦煌佛教律儀制度研究　中華書局　2003　p. 75

P. 3819

杜琦　敦煌文學概論　甘肅人民出版社　1993　p. 509

黃征　吳偉　敦煌願文集　岳麓書社　1995　p. 46

張廣達　"歎佛"與"歎齋"　慶祝鄧廣銘教授九十華誕論文集　河北教育出版社　1997　p. 62

李正宇　敦煌遺書標點符號　敦煌學大辭典　上海辭書出版社　1998　p. 519

宋家鈺　佛教齋文源流與敦煌本"齋文"書的復原　《中國史研究》1999年第2期　p. 77　又見：英國收藏敦煌漢藏文獻研究　中國社會科學出版社　2000　p. 307

宋家鈺　英國收藏敦煌文獻叙録　英國收藏敦煌漢藏文獻研究　中國社會科學出版社　2000　p. 98

王三慶　北京大學圖書館藏本《諸文要集》一卷研究　慶祝吳其昱先生八秩華誕敦煌學特刊　（臺北）文津出版社　2000　p. 170

張承東　試論敦煌寫本齋文的駢文特色　《敦煌學輯刊》2003年第1期　p. 93

P. 3820

福井文雅　般若心經　敦煌と中國仏教（講座敦煌7）　（東京）大東出版社　1984　p. 40

P. 3821

王重民　說《十二時》　《申報・文史》1948年第22期　又見：敦煌遺書論文集　中華書局　1984　p. 158、163；中國敦煌學百年文庫・文學卷（一）　甘肅文化出版社　1999　p. 479

王重民　敦煌曲子詞集　商務印書館　1950　p. 9、24

金岡照光　敦煌漢文文學文獻の文學形態上の種類とその分類　敦煌出土文學文獻分類目録・附解

說　（東京）東洋文庫　1971　p. 218

金岡照光　敦煌文學のさまざま　敦煌の文學　（東京）大藏出版株式會社　1971　p. 113、144

陳慶浩　古賢集校注　敦煌學（第3輯）　（香港）新亞研究所敦煌學會　1976　p. 76

陳祚龍　敦煌古抄中世釋衆倡導行孝報恩的歌曲詞文集　敦煌文物隨筆　（臺北）商務印書館
　　1979　p. 292

川崎ミチコ　修道偈Ⅱ──定格聯章　敦煌仏典と禪（講座敦煌8）　（東京）大東出版社　1980
　　p. 271

楊家駱　敦煌變文　（臺北）世界書局　1980　p. 246

潘重規　敦煌詞話　（臺北）石門圖書公司　1981　p. 62、78、103

鄭阿財　敦煌孝道文學研究　（臺北）石門圖書公司　1982　p. 16、69、532、589

龍晦　唐五代西北方音與卜天壽《論語》寫本　新疆考古三十年　新疆人民出版社　1983　p. 378注
　　3

蘇瑩輝　"敦煌曲"評介　敦煌論集續編　（臺北）學生書局　1983　p. 305

潘重規　敦煌變文集新書（下）　（臺北）"中國文化大學"中文研究所　1984　p. 1137

王重民　晏子賦　敦煌變文集　人民文學出版社　1984　p. 246

雷僑雲　敦煌兒童文學　（臺北）學生書局　1985　p. 90注5、111

龍晦　論敦煌道教文學　《世界宗教研究》1985年第3期　又見：中國敦煌學百年文庫·宗教卷
　　（三）　甘肅文化出版社　1999　p. 359

饒宗頤解說　林宏作譯　敦煌書法叢刊（第十六卷）·詩詞　（東京）二玄社　1985　p. 77

汪泛舟　敦煌曲子詞的地位特點和影響　《蘭州學刊》1985年第1期　p. 70

高國藩　敦煌民間詩詞中的府兵制與詞的起源問題　《魏晉南北朝隋唐史》1986年第4期　p. 72

李正宇　敦煌方音止遇二攝混同及其校勘學意義　《敦煌研究》1986年第4期　p. 52

林玫儀　敦煌曲在詞學研究上之價值　漢學研究（敦煌學國際研討會論文專號）　（臺北）漢學研究
　　資料及服務中心　1986　p. 176

邱燮友　唐代敦煌曲的時代使命　漢學研究（敦煌學國際研討會論文專號）　（臺北）漢學研究資料
　　及服務中心　1986　p. 153

周鳳五　太公家教重探　漢學研究（敦煌學國際研討會論文專號）　（臺北）漢學研究資料及服務中
　　心　1986　p. 359

高國藩　敦煌文學作品選　中華書局　1987　p. 74注1

高國藩　論敦煌寫本中孟姜女故事的形成和價值　1983年全國敦煌學術討論會文集·文史遺書編
　　（下）　甘肅人民出版社　1987　p. 199

李正宇　敦煌學郎題記輯注　《敦煌學輯刊》1987年第1期　p. 33

龍晦　大足石刻父母恩重經變像與敦煌音樂文學的關係　敦煌歌辭總編　上海古籍出版社　1987
　　p. 1839、1847

龍晦　唐五代西北方音與敦煌文獻研究　敦煌歌辭總編　上海古籍出版社　1987　p. 1822

任半塘　敦煌歌辭總編　上海古籍出版社　1987　p. 391、489、517、644、1276、1365

汪泛舟　敦煌曲子詞方音習語及其他　《敦煌研究》1987年第4期　p. 60

張鴻勳　敦煌講唱文學作品選注　甘肅人民出版社　1987　p. 74

張涌泉　敦煌變文校讀釋例　《敦煌學輯刊》1987年第2期　p. 28　又見：舊學新知　浙江大學出版
　　社　1999　p. 177

高國藩　敦煌曲子詞中的詠花詞　《鹽城師專學報》1988年第3期　p. 35

韓建瓴　敦煌寫本《古賢集》研究　敦煌語言文學研究　北京大學出版社　1988　p. 175

李正宇　敦煌文學雜考二題　敦煌語言文學研究　北京大學出版社　1988　p. 94

張錫厚　關於整理《敦煌賦集》的幾個問題　敦煌語言文學論文集　浙江古籍出版社　1988　p. 226

高國藩　敦煌民俗學　上海文藝出版社　1989　p. 96

高國藩　敦煌曲子詞欣賞　南京大學出版社　1989　p. 49、108、136

劉進寶　俚曲小調　敦煌文學　甘肅人民出版社　1989　p. 222

孫其芳　詞　敦煌文學　甘肅人民出版社　1989　p. 202、214

張錫厚　賦　敦煌文學　甘肅人民出版社　1989　p. 135

張錫厚　詩歌　敦煌文學　甘肅人民出版社　1989　p. 158

張涌泉　《敦煌歌辭總編》誤校二十例　《古籍整理出版情況簡報》1989 年第 218 期　p. 18

郭在貽　張涌泉　黃征　敦煌寫本書寫特例發微　敦煌吐魯番學研究論文集　漢語大詞典出版社
　　1990　p. 311

郝春文　唐後期五代宋初沙州僧尼的特點　敦煌吐魯番學研究論文集　漢語大詞典出版社　1990
　　p. 853 注 19

姜伯勤　敦煌與波斯　《敦煌研究》1990 年第 3 期　p. 13

饒宗頤　從敦煌所出"望江南""定風波"申論曲子詞之實用性　第二屆敦煌學國際研討會論文集
　　（臺北）漢學研究中心　1990　p. 395　又見：敦煌曲續論　（臺北）新文豐出版公司　1996
　　p. 150

任半塘　王昆吾　隋唐五代燕樂雜言歌辭集　巴蜀書社　1990　p. 247

張涌泉　《王梵志詩校注》獻疑　《敦煌研究》1990 年第 2 期　p. 81

柴劍虹　列寧格勒藏敦煌《長安詞》寫卷分析　西域文史論稿　（臺北）國文天地雜誌社　1991
　　p. 326 注 6

暨遠志　張議潮出行圖研究（續）　《敦煌研究》1992 年第 4 期　p. 85

金岡照光　曲子詞類　敦煌の文學文獻（講座敦煌 9）　（東京）大東出版社　1992　p. 401

金岡照光　散文體類　敦煌の文學文獻（講座敦煌 9）　（東京）大東出版社　1992　p. 192

吳其昱著　伊藤美重子譯　敦煌漢文寫本概觀　敦煌漢文文獻（講座敦煌 5）　（東京）大東出版社
　　1992　p. 23

張涌泉　《敦煌歌辭總編》校議　《語言研究》1992 年第 1 期　p. 54、59

周紹良　敦煌文學芻議及其它　（臺北）新文豐出版公司　1992　p. 20

高國藩　敦煌民俗資料導論　（臺北）新文豐出版公司　1993　p. 132

李正宇　敦煌文學概論　甘肅人民出版社　1993　p. 95、126、137

李正宇　論敦煌曲子　第二屆國際唐代學術會議論文集（上）　（臺北）文津出版社　1993　p. 759

孫其芳　顏廷亮　敦煌文學概論　甘肅人民出版社　1993　p. 414、449

項楚　敦煌詩歌導論　（臺北）新文豐出版公司　1993　p. 158

張鴻勳　敦煌話本詞文俗賦導論　（臺北）新文豐出版公司　1993　p. 193

張錫厚　敦煌文學概論　甘肅人民出版社　1993　p. 360

鄭阿財　從敦煌文獻看唐代的三教合一　第二屆國際唐代學術會議論文集（上）　（臺北）文津出版
　　社　1993　p. 650

鄭阿財　敦煌文獻與文學　（臺北）新文豐出版公司　1993　p. 126、136、167

伏俊璉　敦煌賦校注　甘肅人民出版社　1994　p. 2

金賢珠　唐五代敦煌民歌　（臺北）文史哲出版社　1994　p. 54

劉尊明　唐五代詞的文化觀照　（臺北）文津出版社　1994　p. 516

胡戟　傅玫　敦煌史話　中華書局　1995　p. 178

劉進寶　敦煌學論述　（臺北）洪葉文化事業有限公司　1995　p. 347

邱燮友　李白詩與敦煌曲　全國敦煌學研討會論文集　（臺北）中正大學中國文學系所　1995
　　p. 229

史雙元　唐五代詞紀事會評　黃山書社　1995　p. 481

項楚　敦煌歌辭總編匡補　（臺北）新文豐出版公司　1995　p. 61

張錫厚　敦煌本唐集研究　（臺北）新文豐出版公司　1995　p. 413

張涌泉　漢語俗字研究　岳麓書社　1995　p. 149

高國藩　敦煌數字與俗文化　慶祝潘石禪先生九秩華誕敦煌學特刊　（臺北）文津出版社　1996
　　p. 186

姜伯勤　敦煌悉磨遮爲蘇摩遮樂舞考　《敦煌研究》1996年第3期　p. 3

姜伯勤　敦煌藝術宗教與禮樂文明　中國社會科學出版社　1996　p. 539、556

饒宗頤　法藏敦煌曲子詞四種解說　敦煌曲續論　（臺北）新文豐出版公司　1996　p. 226

王昆吾　隋唐五代燕樂雜言歌辭研究　中華書局　1996　p. 189、421

王小盾　潘建國　敦煌論議考　中國古籍研究（第一卷）　上海古籍出版社　1996　p. 189

徐俊　敦煌寫本唐人詩歌存佚互見綜考　敦煌吐魯番研究（第一卷）　北京大學出版社　1996
　　p. 129

張錫厚　敦煌賦彙　（臺北）新文豐出版公司　1996　p. 8、340

張涌泉　敦煌俗字研究導論　（臺北）新文豐出版公司　1996　p. 103、186、227、242

黃征　張涌泉　敦煌變文校注　中華書局　1997　p. 154、371、1121、1220

龍晦　敦煌文學讀書記四則　敦煌文學論集　四川人民出版社　1997　p. 232

孫昌武　禪思與詩情　中華書局　1997　p. 330注17

顏廷亮　關於《晏子賦》寫本的抄寫年代問題　《敦煌研究》1997年第2期　p. 134

張弓　漢唐佛寺文化史　中國社會科學出版社　1997　p. 839

鄭炳林　敦煌碑銘讚輯釋　甘肅教育出版社　1997　p. 135注2

朱鳳玉　敦煌寫本碎金研究　（臺北）文津出版社　1997　p. 95

程毅中　柴劍虹　晏子賦　敦煌學大辭典　上海辭書出版社　1998　p. 589

李正宇　悟真　敦煌學大辭典　上海辭書出版社　1998　p. 355

李正宇　悟真詩　敦煌學大辭典　上海辭書出版社　1998　p. 558

李重申　劍術　敦煌學大辭典　上海辭書出版社　1998　p. 600

潘重規　敦煌《雲謠集》新書　雲謠集研究彙錄　上海古籍出版社　1998　p. 190

盛冬鈴　勸學十二時　敦煌學大辭典　上海辭書出版社　1998　p. 538

孫其芳　浣溪沙　敦煌學大辭典　上海辭書出版社　1998　p. 529

孫其芳　謁金門　敦煌學大辭典　上海辭書出版社　1998　p. 532

高國藩　敦煌俗文化學　上海三聯書店　1999　p. 23、32、449、545、564

黃征　程惠新　劫塵遺珠:敦煌遺書　甘肅教育出版社　1999　p. 78、213

張涌泉　敦煌寫本書寫特例發微　舊學新知　浙江大學出版社　1999　p. 221

張涌泉　俗字研究與敦煌文獻的校理　舊學新知　浙江大學出版社　1999　p. 60

柴劍虹　俄藏黑城出土釋道詩詞寫本簡析　敦煌吐魯番學論稿　浙江教育出版社　2000　p. 320

杜琪　敦煌詩賦作品要目分類題注　《甘肅社會科學》2000年第1期　p. 62

李重申　敦煌古代體育文化　甘肅人民出版社　2000　p. 119

孫其芳　大漠遺歌:敦煌詩歌選評　甘肅人民出版社　2000　p. 181

孫其芳　鳴沙遺音:敦煌詞選評　甘肅人民出版社　2000　p. 101

徐俊　敦煌詩集殘卷輯考　中華書局　2000　p. 155、292、629

顏廷亮　西陲文學遺珍：敦煌文學通俗談　甘肅人民出版社　2000　p. 128

張錫厚　敦煌本《白香山詩集》考　1994 年敦煌學國際研討會文集・宗教文史卷（上）　甘肅民族出
版社　2000　p. 244

張錫厚　敦煌文學源流　作家出版社　2000　p. 43、200、251、345

朱鳳玉　英藏 S. 619《白家碎金》考釋　慶祝吳其昱先生八秩華誕敦煌學特刊　（臺北）文津出版社
2000　p. 351

劉進寶　敦煌學通論　甘肅教育出版社　2002　p. 394

鄭阿財　朱鳳玉　敦煌蒙書研究　甘肅教育出版社　2002　p. 127

王昆吾　從敦煌學到域外漢文學　商務印書館　2003　p. 28、266

王小盾　從敦煌本共住修道故事看唐代佛教詩歌文體的來源　中國俗文化研究（第一輯）　巴蜀書
社　2003　p. 29

張子開　敦煌文獻中的白話禪詩　《敦煌學輯刊》2003 年第 1 期　p. 87

湯涒　敦煌曲子詞地域文化研究　上海古籍出版社　2004　p. 23、184

湯涒　敦煌曲子詞寫本叙略　敦煌學國際研討會論文集　北京圖書館出版社　2005　p. 195

余欣　敦煌竈神信仰稽考　《敦煌學輯刊》2005 年第 3 期　p. 157

李文潔　敦煌寫本《晏子賦》的同卷書寫情況　《文獻》2006 年第 1 期　p. 55

P. 3822

三木榮　西域出土醫藥關係文獻綜合解說目錄　『東洋學報』（47 卷 1 號）　（東京）東洋學術協會
1964　p. 12

譚宗達　敦煌本“無名本草”殘卷考　《敦煌研究》1987 年第 4 期　p. 96

甘肅中醫學院圖書館　敦煌中醫藥學集錦　甘肅中醫學院圖書館　1990　p. 107

林聰明　敦煌文書學　（臺北）新文豐出版公司　1991　p. 261

趙健雄　敦煌遺書醫學卷考析　《敦煌研究》1991 年第 4 期　p. 101

叢春雨　敦煌中醫藥全書　中醫古籍出版社　1994　p. 360

林聰明　談敦煌文書的抄寫問題　紀念陳寅恪先生百年誕辰學術論文集　江西教育出版社　1994
p. 304

胡戟　傅玫　敦煌史話　中華書局　1995　p. 192

方廣錩　敦煌佛教經録輯校　江蘇古籍出版社　1997　p. 643、958

方廣錩　敦煌遺書中的《妙法蓮華經》及有關文獻　敦煌學佛教學論叢（下）　中國佛教文化研究所
1998　p. 84

李正宇　敦煌遺書標點符號　敦煌學大辭典　上海辭書出版社　1998　p. 519

馬繼興　敦煌醫藥文獻輯校　江蘇古籍出版社　1998　p. 653

王淑民　新修本草　敦煌學大辭典　上海辭書出版社　1998　p. 618

叢春雨　敦煌中醫藥精萃發微　中醫古籍出版社　2000　p. 105

林聰明　敦煌吐魯番文書解詁指例　（臺北）新文豐出版公司　2001　p. 90

劉進寶　敦煌學通論　甘肅教育出版社　2002　p. 415

馬繼興　當前世界各地收藏的中國出土卷子本古醫藥文獻備考　敦煌吐魯番研究（第六卷）　北京
大學出版社　2002　p. 153

林平和　試論敦煌文獻之輯佚價值　新世紀敦煌學論集　巴蜀書社　2003　p. 735

P. 3823

鄭阿財　敦煌蒙書析論　第二屆敦煌學國際研討會論文集　（臺北）漢學研究中心　1990　p. 215 注 14

張金泉　許建平　敦煌音義彙考　杭州大學出版社　1996　p. 1210

張涌泉　敦煌俗字彙考　敦煌俗字研究　上海教育出版社　1996　p. 3

方廣錩　大寶積經　敦煌學大辭典　上海辭書出版社　1998　p. 657

張金泉　敦煌字書　敦煌學大辭典　上海辭書出版社　1998　p. 515

張涌泉　漢語俗字叢考　中華書局　2000　p. 152、501

P. 3824

鄭阿財　敦煌孝道文學研究　（臺北）石門圖書公司　1982　p. 531

福井文雅　般若心經　敦煌と中國仏教（講座敦煌7）　（東京）大東出版社　1984　p. 40

賴富本宏　中國密教史における敦煌文獻　敦煌と中國仏教（講座敦煌7）　（東京）大東出版社　1984　p. 162

李正宇　敦煌方音止遇二攝混同及其校勘學意義　《敦煌研究》1986 年第 4 期　p. 49

任半塘　敦煌歌辭總編　上海古籍出版社　1987　p. 1132

劉惠琴　從敦煌文書中看沙州紡織業　《敦煌學輯刊》1995 年第 2 期　p. 50

鄧文寬　大梵寺佛音：敦煌莫高窟壇經讀本　（臺北）如聞出版社　1997　p. 40

林仁昱　論敦煌佛教歌曲特質與"弘法"的關係　敦煌學（第 23 輯）　（臺北）樂學書局有限公司　2002　p. 61

馬繼興　當前世界各地收藏的中國出土卷子本古醫藥文獻備考　敦煌吐魯番研究（第六卷）　北京大學出版社　2002　p. 153

P. 3825

汪泛舟　敦煌文學概論　甘肅人民出版社　1993　p. 565

王書慶　敦煌寺廟"號頭文"略說　《社科縱橫》1994 年第 4 期　p. 46

黃征　吳偉　敦煌願文集　岳麓書社　1995　p. 54

王書慶　敦煌佛學·佛事篇　甘肅民族出版社　1995　p. 1、42

黃征　敦煌願文考論　敦煌語文叢說　（臺北）新文豐出版公司　1997　p. 592

王書慶　敦煌文獻中的《齋琬文》　《敦煌研究》1997 年第 1 期　p. 145

張廣達　"歎佛"與"歎齋"　慶祝鄧廣銘教授九十華誕論文集　河北教育出版社　1997　p. 61

郝春文　齋文　敦煌學大辭典　上海辭書出版社　1998　p. 458

宋家鈺　佛教齋文源流與敦煌本"齋文"書的復原　《中國史研究》1999 年第 2 期　p. 78　又見：英國收藏敦煌漢藏文獻研究　中國社會科學出版社　2000　p. 308、316

宋家鈺　英國收藏敦煌文獻叙錄　英國收藏敦煌漢藏文獻研究　中國社會科學出版社　2000　p. 98

王微　春祭：二月八日節的佛教儀式　法國漢學（敦煌學專號）　中華書局　2000　p. 114

曾良　敦煌文獻字義通釋　廈門大學出版社　2001　p. 110

黨燕妮　晚唐五代敦煌的十王信仰　麥積山石窟藝術文化論文集（下）　蘭州大學出版社　2004　p. 162

杜斗城　"七七齋"之源流及敦煌文獻中有關資料的分析　《敦煌研究》2004 年第 4 期　p. 34

葉貴良　《敦煌社邑文書輯校》拾補　《吐魯番學研究》2004 年第 1 期　p. 105

P. 3826

金岡照光　敦煌文學のさまざま　敦煌の文學　（東京）大藏出版株式會社　1971　p. 115

馮燕　敦煌藏文本《孔丘項托相問書》考　《青海民族學院學報》1979 年第 4 卷　又見：中國敦煌學百年文庫・文獻卷（二）　甘肅文化出版社　1999　p. 529

張鴻勳　《唐寫本孔子與子羽對語雜抄》考略　《敦煌學輯刊》1984 年第 1 期　p. 57

雷僑雲　敦煌兒童文學　（臺北）學生書局　1985　p. 165

張鴻勳　敦煌本《孔子項托相問書》研究　《敦煌研究》1985 年第 2 期　p. 101

張鴻勳　《孔子項托相問書》傳承研究　《民間文學論壇》1986 年第 6 期　p. 38

張鴻勳　敦煌講唱文學作品選注　甘肅人民出版社　1987　p. 89

張鴻勳　從《孔子項托相問書》談敦煌文學的研究　敦煌語言文學論文集　浙江古籍出版社　1988　p. 247

高國藩　敦煌曲子詞欣賞　南京大學出版社　1989　p. 46

池田溫　中國古代寫本識語集錄　（東京）大藏出版株式會社　1990　p. 471

郭在貽　張涌泉　黃征　敦煌變文集校議　岳麓書社　1990　p. 161

唐耕耦　陸宏基　敦煌社會經濟文獻真迹釋錄（二）　全國圖書館文獻縮微複製中心　1990　p. 68

張錫厚　敦煌寫本王梵志詩原卷真迹　王梵志詩研究彙錄（上）　上海古籍出版社　1990　圖版 6

鄭阿財　敦煌寫本《孔子項托相問書》初探　《法學商報》1990 年第 24 期　又見：中國敦煌學百年文庫・文學卷（五）　甘肅文化出版社　1999　p. 50

張鴻勳　敦煌話本詞文俗賦導論　（臺北）新文豐出版公司　1993　p. 197

鄭阿財　敦煌文獻與文學　（臺北）新文豐出版公司　1993　p. 400

沃興華　敦煌書法藝術　上海人民出版社　1994　p. 195

曲金良　敦煌佛教文學研究　（臺北）文津出版社　1995　p. 249

張錫厚　敦煌本唐集研究　（臺北）新文豐出版公司　1995　p. 188

黃征　王梵志詩校釋續商補　敦煌語文叢說　（臺北）新文豐出版公司　1997　p. 213

黃征　張涌泉　敦煌變文校注　中華書局　1997　p. 360

鄭炳林　晚唐五代敦煌貿易市場的物價　敦煌歸義軍史專題研究　蘭州大學出版社　1997　p. 303

柴劍虹　孔子項托相問書　敦煌學大辭典　上海辭書出版社　1998　p. 585

沙知　敦煌契約文書輯校　江蘇古籍出版社　1998　p. 284

張錫厚　敦煌文學源流　作家出版社　2000　p. 76

郝春文　英藏敦煌社會歷史文獻釋錄（第一卷）　科學出版社　2001　p. 352

楊森　從敦煌文獻看中國古代從左向右的書寫格式　《敦煌研究》2001 年第 2 期　p. 108

張鴻勳　敦煌俗文學研究　甘肅人民出版社　2002　p. 229

王昆吾　從敦煌學到域外漢文學　商務印書館　2003　p. 30、313

P. 3827

賀世哲　孫修身　《瓜沙曹氏年表補正》之補正　《甘肅師大學報》1980 年第 3 期　又見：敦煌學文選（上）　蘭州大學歷史系敦煌學研究室等　1983　p. 164；中國敦煌學百年文庫・歷史卷（一）　甘肅文化出版社　1999　p. 500

蘇瑩輝　榆林窟壁畫供養者題名考略　《書目季刊》1980 年第 4 期　又見：中國敦煌學百年文庫・考古卷（一）　甘肅文化出版社　1999　p. 311

土肥義和　はじめに──歸義軍節度使の敦煌支配　敦煌の歷史（講座敦煌 2）　（東京）大東出版社　1980　p. 238

蘇瑩輝　敦煌學概要　（臺北）編譯館"中華叢書編委會"　1981　p. 170

賀世哲　孫修身　瓜沙曹氏與敦煌莫高窟　敦煌研究文集　甘肅人民出版社　1982　p. 257

蘇瑩輝　敦煌石室真迹録題記訂補　敦煌論集續編　（臺北）學生書局　1983　p. 189

蘇瑩輝　瓜沙史事叢考　（臺北）商務印書館　1983　p. 11

孫修身　敦煌石窟《臘八燃燈分配窟龕名數》寫作年代考　絲路訪古　甘肅人民出版社　1983
　　　p. 215 注 7

艾麗白著　耿昇譯　敦煌漢文寫本中的鳥形押　敦煌譯叢（第一輯）　甘肅人民出版社　1985
　　　p. 201 注 4

饒宗頤　敦煌書法叢刊（第十五卷）‧牒狀（二）　（東京）二玄社　1985　p. 63、89

賀世哲　從供養人題記看莫高窟部分洞窟的營建年代　敦煌莫高窟供養人題記　文物出版社　1986
　　　p. 229

周一良　敦煌寫本書儀考（之二）　敦煌吐魯番文獻研究論集（第四輯）　北京大學出版社　1987
　　　p. 34　又見：唐五代書儀研究　中國社會科學出版社　1995　p. 89

顧吉辰　《宋史‧沙州傳》補正　《敦煌研究》1988 年第 3 期　p. 94

孫修身　瓜沙曹氏卒立世次考　《鄭州大學學報》1988 年第 4 期　又見：《魏晉南北朝隋唐史》1988
　　　年第 10 期　p. 29；中國敦煌學百年文庫‧歷史卷（二）　甘肅文化出版社　1999　p. 231

郝春文　唐後期五代宋初沙州僧尼的特點　敦煌吐魯番學研究論文集　漢語大詞典出版社　1990
　　　p. 852 注 8

李正宇　曹仁貴名實論：曹氏歸義軍創始及歸奉後梁史探　第二屆敦煌學國際研討會論文集　（臺
　　　北）漢學研究中心　1990　p. 554

榮新江　沙州歸義軍歷任節度使稱號研究　敦煌吐魯番學研究論文集　漢語大詞典出版社　1990
　　　p. 805

唐耕耦　陸宏基　敦煌社會經濟文獻真迹釋録（四）　全國圖書館文獻縮微複製中心　1990
　　　p. 304、412

林家平　寧强　羅華慶　中國敦煌學史　北京語言學院出版社　1992　p. 510

蘇瑩輝　曹元忠仕履與卒年新考　（香港）《九州學刊》（敦煌學專輯）1992 年第 4 卷第 4 期　p. 164

中村裕一　官文書　敦煌漢文文獻（講座敦煌 5）　（東京）大東出版社　1992　p. 563

胡戟　傅玫　敦煌史話　中華書局　1995　p. 156

李正宇　敦煌史地新論　（臺北）新文豐出版公司　1996　p. 312

榮新江　歸義軍史研究　上海古籍出版社　1996　p. 30

中村裕一　唐代公文書研究　（東京）汲古書院　1996　p. 102

馮培紅　晚唐五代宋初歸義軍武職軍將研究　敦煌歸義軍史專題研究　蘭州大學出版社　1997
　　　p. 157

鄭炳林　敦煌碑銘讚輯釋　甘肅教育出版社　1997　p. 435 注 5

榮新江　歸義軍大事紀年初稿　出土文獻研究（第三輯）　文物出版社　1998　p. 251

楊富學　李吉和　敦煌漢文吐蕃史料輯校（第一輯）　甘肅人民出版社　1999　p. 199

譚蟬雪　《君者者狀》辨析：河西達怛國的一份書狀　1994 年敦煌學國際研討會文集‧宗教文史卷
　　　（下）　甘肅民族出版社　2000　p. 107

榮新江　敦煌學十八講　北京大學出版社　2001　p. 195

周一良　魏晉南北朝史論集續編　北京大學出版社　2001　p. 241

王啓濤　中古及近代法制文書語言研究　巴蜀書社　2003　p. 133

馮培紅　關於歸義軍節度使官制的幾個問題　麥積山石窟藝術文化論文集（下）　蘭州大學出版社

2004　p. 215

P. 3828

陳祚龍　關於中世敦煌流行的某些"偈"或"偈子"　中華佛教文化史散策(四集)　(臺北)新文豐出
　　版公司　1986　p. 153

高國藩　敦煌古俗與民俗流變　河海大學出版社　1990　p. 417

張錫厚　敦煌文學概論　甘肅人民出版社　1993　p. 361

馬德　　敦煌工匠史料　甘肅人民出版社　1997　p. 80

唐耕耦　敦煌寺院會計文書研究　(臺北)新文豐出版公司　1997　p. 48

汪娟　　敦煌寫本《觀音禮》初探　慶祝吳其昱先生八秩華誕敦煌學特刊　(臺北)文津出版社　2000
　　p. 307、334

張錫厚　敦煌文學源流　作家出版社　2000　p. 54

P. 3829

陳鐵凡　敦煌本孝經考略　(臺中)《東海學報》1978 年第 19 卷　又見:中國敦煌學百年文庫‧文獻
　　卷(二)　甘肅文化出版社　1999　p. 493

陳祚龍　敦煌學新記　敦煌文物隨筆　(臺北)商務印書館　1979　p. 264

山口瑞鳳　吐蕃の敦煌支配期間　敦煌の歷史(講座敦煌 2)　(東京)大東出版社　1980　p. 204

寧欣　唐代敦煌地區農業水利問題初探　敦煌吐魯番文獻研究論集(第三輯)　北京大學出版社
　　1986　p. 530 注 3

山口瑞鳳著　高然譯　吐蕃統治的敦煌　國外藏學研究譯文集(第一輯)　西藏人民出版社　1986
　　p. 38

姜伯勤　唐五代敦煌寺戶制度　中華書局　1987　p. 12 注 3

李正宇　敦煌地區古代祠廟寺觀簡志　《敦煌學輯刊》1988 年第 1、2 期　p. 81

韓建瓴　雜記　敦煌文學　甘肅人民出版社　1989　p. 68

李德超　敦煌本孝經校讎　第二屆敦煌學國際研討會論文集　(臺北)漢學研究中心　1990　p. 102

李正宇　敦煌名勝古迹導論　《陽關》1991 年第 4 期　p. 49

土田健次郎　儒教典籍　敦煌漢文文獻(講座敦煌 5)　(東京)大東出版社　1992　p. 269

李正宇　《沙州都督府圖經卷第三》劄記(二)　《敦煌研究》1995 年第 4 期　p. 108

李正宇　敦煌史地新論　(臺北)新文豐出版公司　1996　p. 82

李正宇　敦煌歷史地理導論　(臺北)新文豐出版公司　1997　p. 222、242

李正宇　吐蕃論董勃藏修伽藍功德記兩殘卷的發現、綴合及考證　敦煌吐魯番研究(第二卷)　北京
　　大學出版社　1997　p. 249

金瀅坤　吐蕃統治敦煌的社會基層組織　《中國邊疆史地研究》1998 年第 4 期　p. 29

李正宇　古本敦煌鄉土志八種箋證　(臺北)新文豐出版公司　1998　p. 308

李正宇　論董勃藏建造佛宇功德記　敦煌學大辭典　上海辭書出版社　1998　p. 332

宋家鈺　佛教齋文源流與敦煌本"齋文"書的復原　《中國史研究》1999 年第 2 期　p. 70　又見:英
　　國收藏敦煌漢藏文獻研究　中國社會科學出版社　2000　p. 299

榮新江　于闐花氈與粟特銀盤:九、十世紀敦煌寺院的外來供養　寺院財富與世俗供養　上海書畫出
　　版社　2003　p. 252

許建平　英倫法京所藏敦煌寫本殘片八種之定名並校錄　敦煌學(第 24 輯)　(臺北)樂學書局有限
　　公司　2003　p. 126

P. 3831

饒宗頤　敦煌書法叢刊(第十八卷)・碎金(一)　（東京）二玄社　1983　p. 17、89

陶秋英輯錄　姜亮夫校訂　敦煌所見道教佚經錄　敦煌碎金　浙江古籍出版社　1992　p. 314

鄭汝中　唐代書法藝術與敦煌寫卷　敦煌書法庫(第四輯)　甘肅人民美術出版社　1994　p. 11

　　又見:《敦煌研究》1996 年第 2 期　p. 127

趙聲良　萬經珍寶:古代書法藝術的寶庫"敦煌書法"　（臺北)《雄獅美術》1994 年第 12 期

王三慶　敦煌書儀載錄之節日活動與民俗　全國敦煌學研討會論文集　（臺北)中正大學中國文學

　　系所　1995　p. 26 注 44

劉濤　評《法藏敦煌書苑精華》　敦煌吐魯番研究(第一卷)　北京大學出版社　1996　p. 378

趙聲良　敦煌寫卷書法(下)　《文史知識》1997 年第 5 期　p. 83

姜亮夫　敦煌莫高窟年表　姜亮夫全集(十一)　雲南人民出版社　2002　p. 274

黎薔　五臺山佛教樂舞戲曲文化鉤沈　《敦煌研究》2002 年第 2 期　p. 88

劉勝角　古代楷書發展史　中國戲劇出版社　2002　p. 303

鶴田一雄　敦煌出土の書迹に關する一考察　『西北出土文獻研究』(創刊號)　（新潟)西北出土文

　　獻研究會　2004　p. 93

P. 3832

張鴻勳　《唐寫本孔子與子羽對語雜抄》考略　《敦煌學輯刊》1984 年第 1 期　p. 57

張鴻勳　《孔子項托相問書》傳承研究　《民間文學論壇》1986 年第 6 期　p. 38

上山大峻　敦煌佛教の研究　（京都)法藏館　1990　p. 368

方廣錩　佛教大藏經史(八―十世紀)　中國社會科學出版社　1991　p. 137

姜伯勤　敦煌社會文書導論　（臺北)新文豐出版公司　1992　p. 86

胡戟　傅玫　敦煌史話　中華書局　1995　p. 130

方廣錩　敦煌遺書中的《法華經》注疏　《世界宗教研究》1998 年第 2 期　p. 75

方廣錩　敦煌遺書中的《妙法蓮華經》及有關文獻　法源(第 16 期)　中國佛學院　1998　p. 46

張鴻勳　敦煌俗文學研究　甘肅人民出版社　2002　p. 229

P. 3833

金岡照光　敦煌漢文文學文獻の文學形態上の種類とその分類　敦煌出土文學文獻分類目錄・附解

　　說　（東京)東洋文庫　1971　p. 218

馮燕　敦煌藏文本《孔丘項托相問書》考　《青海民族學院學報》1979 年第 4 卷　又見:中國敦煌學

　　百年文庫・文獻卷(二)　甘肅文化出版社　1999　p. 529

川崎ミチコ　通俗詩類・雜詩文類　敦煌仏典と禪(講座敦煌 8)　（東京)大東出版社　1980

　　p. 320

楊家駱　敦煌變文　（臺北)世界書局　1980　p. 235

張錫厚　敦煌文學　上海古籍出版社　1980　p. 52

陳祚龍　敦煌古抄內典尾記彙校初、二、三編合刊　敦煌學要籥　（臺北)新文豐出版公司　1982

　　p. 192

鄭阿財　敦煌孝道文學研究　（臺北)石門圖書公司　1982　p. 78

張錫厚　關於敦煌寫本《王梵志詩》整理的若干問題　文史(第十五輯)　中華書局　1982　p. 185

　　又見:王梵志詩研究彙錄(上)　上海古籍出版社　1990　p. 78；中國敦煌學百年文庫・文學卷

　　(二)　甘肅文化出版社　1999　p. 495

張錫厚　關於王梵志思想評價的幾個問題　關隴文學論叢　甘肅人民出版社　1983　p. 33

張錫厚　王梵志詩校輯　中華書局　1983　p. 3

潘重規　敦煌變文集新書（下）　（臺北）"中國文化大學"中文研究所　1984　p. 1123

王重民　孔子項托相問書　敦煌變文集　人民文學出版社　1984　p. 235

雷僑雲　敦煌兒童文學　（臺北）學生書局　1985　p. 165

張鴻勳　敦煌本《孔子項托相問書》研究　《敦煌研究》1985 年第 2 期　p. 101

張鴻勳　敦煌講唱作品年代考三種　《蘭州學刊》1985 年第 4 期　p. 77

高明士　唐代敦煌的教育　漢學研究（敦煌學國際研討會論文專號）　（臺北）漢學研究資料及服務中心　1986　p. 257

李正宇　敦煌方音止遇二攝混同及其校勘學意義　《敦煌研究》1986 年第 4 期　p. 54

李正宇　唐宋時代的敦煌學校　《敦煌研究》1986 年第 1 期　p. 45

劉瑞明　王梵志詩校注補正　《敦煌學研究》（西北師院學報）1986 年增刊　p. 20

張鴻勳　《孔子項托相問書》故事傳承研究　《敦煌學輯刊》1986 年第 1 期　p. 32

朱鳳玉　王梵志詩研究（上、下）　（臺北）學生書局　1986　p. 35、112、113

李正宇　敦煌學郎題記輯注　《敦煌學輯刊》1987 年第 1 期　p. 36

項楚　王梵志詩校注　敦煌吐魯番文獻研究論集（第四輯）　北京大學出版社　1987　p. 136

張鴻勳　敦煌講唱文學作品選注　甘肅人民出版社　1987　p. 87 注 2、89

李正宇　敦煌地區古代祠廟寺觀簡志　《敦煌學輯刊》1988 年第 1、2 期　p. 78

李正宇　敦煌文學雜考二題　敦煌語言文學研究　北京大學出版社　1988　p. 95

項楚　《敦煌變文集》校記散錄　敦煌語言文學論文集　浙江古籍出版社　1988　p. 103

項楚　王梵志的一組佛教哲理詩（校釋與評論）　《敦煌研究》1988 年第 1 期　p. 22

張鴻勳　從《孔子項托相問書》談敦煌文學的研究　敦煌語言文學論文集　浙江古籍出版社　1988　p. 247

高國藩　敦煌民俗學　上海文藝出版社　1989　p. 23、98

袁賓　《王梵志詩校輯》校釋補正　古籍點校疑誤彙錄（三）　中華書局　1989　p. 104

張先堂　話本　敦煌文學　甘肅人民出版社　1989　p. 291

池田溫　中國古代寫本識語集錄　（東京）大藏出版株式會社　1990　p. 477

郭在貽　張涌泉　黃征　敦煌變文集校議　岳麓書社　1990　p. 78、182、363

菊池英夫　中國古文書・古寫本學と日本　東アジア古文書の史的研究　（東京）刀水書房　1990　p. 180

項楚　敦煌本《燕子賦》劄記　敦煌吐魯番文獻研究論集（第五輯）　北京大學出版社　1990　p. 115
　　又見：敦煌文學叢考　上海古籍出版社　1991　p. 84

項楚　敦煌變文選注　巴蜀書社　1990　p. 363

張錫厚　敦煌寫本王梵志詩原卷真迹　王梵志詩研究彙錄（上）　上海古籍出版社　1990　圖版 9

張錫厚　論王梵志詩的口語化傾向　王梵志詩研究彙錄（上）　上海古籍出版社　1990　p. 135

張錫厚　蘇藏敦煌寫本王梵志詩補正　王梵志詩研究彙錄（上）　上海古籍出版社　1990　p. 247

鄭阿財　敦煌寫本《孔子項托相問書》初探　《法學商報》1990 年第 24 期　又見：中國敦煌學百年文庫・文學卷（五）　甘肅文化出版社　1999　p. 50

周純一　敦煌古劇質疑　第二屆敦煌學國際研討會論文集　（臺北）漢學研究中心　1990　p. 463

項楚　敦煌本句道興《搜神記》補校　敦煌文學叢考　上海古籍出版社　1991　p. 362.

項楚　《王梵志詩校輯》匡補　敦煌文學叢考　上海古籍出版社　1991　p. 545

項楚　王梵志詩論　敦煌文學叢考　上海古籍出版社　1991　p. 638

東野治之　敦煌と日本の『千字文』　遣唐使と正倉院　（東京）岩波書店　1992　p. 241

黃征　王梵志詩校釋補議　中華文史論叢（總 50 輯）　上海古籍出版社　1992　p. 95　又見：敦煌
　　語文叢說　（臺北）新文豐出版公司　1997　p. 253

黃征　語辭輯釋　《古漢語研究》1992 年第 1 期　p. 60

姜伯勤　敦煌社會文書導論　（臺北）新文豐出版公司　1992　p. 89

林家平　寧强　羅華慶　中國敦煌學史　北京語言學院出版社　1992　p. 595、603

吳其昱著　伊藤美重子譯　敦煌漢文寫本概観　敦煌漢文文獻（講座敦煌 5）　（東京）大東出版社
　　1992　p. 116

項楚　S. 5588 號寫本之再探索　（香港）《九州學刊》（敦煌學專輯）1992 年第 4 卷第 4 期　p. 138

張涌泉　敦煌寫卷俗字類型及其考辨的方法　（香港）《九州學刊》（敦煌學專輯）1992 年第 4 卷第 4
　　期　p. 81

周丕顯　敦煌佚詩雜考　《敦煌學輯刊》1992 年第 1、2 期　p. 52

項楚　敦煌詩歌導論　（臺北）新文豐出版公司　1993　p. 202、295

張鴻勳　敦煌話本詞文俗賦導論　（臺北）新文豐出版公司　1993　p. 197

張涌泉　語詞辨析七則　《古漢語研究》1993 年第 1 期　p. 47

鄭阿財　敦煌文獻與文學　（臺北）新文豐出版公司　1993　p. 400

蔣禮鴻　敦煌文獻語言詞典　杭州大學出版社　1994　p. 45、129、210、429

項楚　《敦煌歌辭總編》匡補（四）　文史（第三十八輯）　中華書局　1994　p. 161

張涌泉　試論審辨敦煌寫本俗字的方法　《敦煌研究》1994 年第 2 期　p. 149　又見：舊學新知　浙
　　江大學出版社　1999　p. 81、88

黃征　輯注本《啓顏錄》匡補　俗語言研究（第二期）　（京都）禪文化研究所　1995　p. 85　又見：敦
　　煌語文叢說　（臺北）新文豐出版公司　1997　p. 495

曲金良　敦煌佛教文學研究　（臺北）文津出版社　1995　p. 96、249

項楚　敦煌歌辭總編匡補　（臺北）新文豐出版公司　1995　p. 62、182

張錫厚　敦煌本唐集研究　（臺北）新文豐出版公司　1995　p. 71

張涌泉　漢語俗字研究　岳麓書社　1995　p. 75、157

黃征　敦煌俗語法研究之一：句法篇　敦煌吐魯番研究（第一卷）　北京大學出版社　1996　p. 72

李正宇　敦煌史地新論　（臺北）新文豐出版公司　1996　p. 189

王小盾　潘建國　敦煌論議考　中國古籍研究（第一卷）　上海古籍出版社　1996　p. 191

張涌泉　敦煌俗字研究導論　（臺北）新文豐出版公司　1996　p. 114、152、204

中原健二　評項楚著《王梵志詩校注》　俗語言研究（第三期）　（京都）禪文化研究所　1996　p. 119

鄧文寬　大梵寺佛音：敦煌莫高窟壇經讀本　（臺北）如聞出版社　1997　p. 36

黃征　敦煌俗音考辨　敦煌語文叢說　（臺北）新文豐出版公司　1997　p. 143

黃征　敦煌俗語詞小劄　敦煌語文叢說　（臺北）新文豐出版公司　1997　p. 76

黃征　敦煌文學《兒郎偉》輯錄校注　敦煌語文叢說　（臺北）新文豐出版公司　1997　p. 710

黃征　敦煌寫本異文綜析　敦煌語文叢說　（臺北）新文豐出版公司　1997　p. 28、34、37

黃征　《李陵變文》補校　敦煌語文叢說　（臺北）新文豐出版公司　1997　p. 339

黃征　王梵志詩校釋續商補　敦煌語文叢說　（臺北）新文豐出版公司　1997　p. 220、239

黃征　張涌泉　敦煌變文校注　中華書局　1997　p. 27 注 97、80、149、359、529

陸淑綺　李重申　敦煌古代戲曲文化史料綜述　《敦煌研究》1997 年第 2 期　p. 59

柴劍虹　孔子項托相問書　敦煌學大辭典　上海辭書出版社　1998　p. 585

黃征　敦煌願文雜考　文史（第四十六輯）　中華書局　1998　p. 248

李正宇　蓮台寺　敦煌學大辭典　上海辭書出版社　1998　p. 630

張錫厚　柴劍虹　王梵志詩集　敦煌學大辭典　上海辭書出版社　1998　p. 562

張涌泉　漢語俗字叢考　漢語史研究集刊（第一輯）　巴蜀書社　1998　p. 613

高國藩　敦煌俗文化學　上海三聯書店　1999　p. 32、582、609

張涌泉　大型字典編纂中與俗字相關的若干問題　舊學新知　浙江大學出版社　1999　p. 43

張涌泉　俗字研究與敦煌文獻的校理　舊學新知　浙江大學出版社　1999　p. 70、72

伏俊璉　俗情雅韻：敦煌賦選析　甘肅人民出版社　2000　p. 148

張錫厚　敦煌文學源流　作家出版社　2000　p. 76

黃征　敦煌變文疑難字詞考辨　文史（第五十七輯）　中華書局　2001　p. 154

林聰明　敦煌吐魯番文書解詁指例　（臺北）新文豐出版公司　2001　p. 204

黃征　敦煌語言文字學研究　甘肅教育出版社　2002　p. 48、185、237、250

盧善煥　敦煌本《孔子項托相問書》研究　古史文存　社會科學文獻出版社　2002　p. 193

齊文榜　《王梵志詩校注》指瑕　文史（第五十九輯）　中華書局　2002　p. 164

張鴻勳　敦煌俗文學研究　甘肅人民出版社　2002　p. 6

鄭阿財　朱鳳玉　敦煌蒙書研究　甘肅教育出版社　2002　p. 439

王昆吾　從敦煌學到域外漢文學　商務印書館　2003　p. 30、291

王小盾　何仟年　越南本《孔子項橐問答書》譾論　新世紀敦煌學論集　巴蜀書社　2003　p. 240

汪娟　梁麗玲　潘重規先生與佛教研究　敦煌學（第 25 輯）　（臺北）樂學書局有限公司　2004
　　p. 222

黃征　敦煌俗字典　上海教育出版社　2005　p. 36、62

P. 3834

黨燕妮　毗沙門天王信仰在敦煌的流傳　《敦煌研究》2005 年第 3 期　p. 101

P. 3835

陳祚龍　關於研究李唐三藏法師玄奘的"作爲"及其影響之敦煌古抄參考資料　中華佛教文化史散
　　策（初集）　（臺北）新文豐出版公司　1978　p. 367

艾麗白著　耿昇譯　敦煌漢文寫本中的鳥形押　敦煌譯叢（第一輯）　甘肅人民出版社　1985
　　p. 191、194

耿昇　八十年代的法國敦煌學論著簡介　《敦煌研究》1986 年第 3 期　p. 83

王三慶　敦煌寫卷中武后新字之調查研究　漢學研究（敦煌學國際研討會論文專號）　（臺北）漢學
　　研究資料及服務中心　1986　p. 441　又見：唐代研究論集（第三輯）　（臺北）新文豐出版公司
　　1992　p. 63、97

李正宇　敦煌學郎題記輯注　《敦煌學輯刊》1987 年第 1 期　p. 33

池田溫　中國古代寫本識語集錄　（東京）大藏出版株式會社　1990　p. 509

高國藩　敦煌古俗與民俗流變　河海大學出版社　1990　p. 76

高國潘　敦煌巫術形態：兼與中外巫術之比較　第二屆敦煌學國際研討會論文集　（臺北）漢學研究
　　中心　1990　p. 638

林聰明　敦煌文書學　（臺北）新文豐出版公司　1991　p. 439

東野治之　敦煌と日本の『千字文』　遣唐使と正倉院　（東京）岩波書店　1992　p. 244

戴仁　敦煌的經折裝寫本　法國學者敦煌學論文選萃　中華書局　1993　p. 580、589 注 12

高國藩　敦煌民俗資料導論　（臺北）新文豐出版公司　1993　p. 304

蕭登福　道教星斗符印與佛教密宗　（臺北）新文豐出版公司　1993　p. 195、220

蕭登福　道教與密宗　（臺北）新文豐出版公司　1993　p. 187、212

張鴻勳　敦煌話本《葉淨能詩》再探　第二屆國際唐代學術會議論文集（上）　（臺北）文津出版社　1993　p. 731　又見：1994 年敦煌學國際研討會文集・宗教文史卷　甘肅民族出版社　2000　p. 274

鄭炳林　敦煌碑銘讚抄本概述　《蘭州大學學報》1993 年第 4 期　p. 142

林聰明　談敦煌文書的抄寫問題　紀念陳寅恪先生百年誕辰學術論文集　江西教育出版社　1994　p. 289

蕭登福　道教術儀與密教典籍　（臺北）新文豐出版公司　1994　p. 167、463、468

張先堂　敦煌詩歌劄記二則　《社科縱橫》1994 年第 4 期　p. 25

林聰明　敦煌文書年代考探略述　敦煌學國際研討會文集・史地語文編　遼寧美術出版社　1995　p. 561

蕭登福　道教與佛教　（臺北）東大圖書公司　1995　p. 52、61

高國藩　敦煌數字與俗文化　慶祝潘石禪先生九秩華誕敦煌學特刊　（臺北）文津出版社　1996　p. 185

郝春文　評榮新江《英國圖書館藏敦煌漢文非佛教文獻殘卷目錄（S. 6981－13624）》　敦煌吐魯番研究（第一卷）　北京大學出版社　1996　p. 364

榮新江　歸義軍史研究　上海古籍出版社　1996　p. 31

馮培紅　晚唐五代宋初歸義軍武職軍將研究　敦煌歸義軍史專題研究　蘭州大學出版社　1997　p. 152

鄭炳林　敦煌碑銘讚及其有關問題　敦煌碑銘讚輯釋　甘肅教育出版社　1997　p. 17

鄭炳林　敦煌碑銘讚輯釋　甘肅教育出版社　1997　p. 349 注 8、488 注 10

鄭炳林　唐五代敦煌金山國征伐樓蘭史事考　敦煌歸義軍史專題研究　蘭州大學出版社　1997　p. 22

鄭炳林　唐五代敦煌畜牧區域研究　敦煌歸義軍史專題研究　蘭州大學出版社　1997　p. 211

李正宇　曹延祿鳥形押　敦煌學大辭典　上海辭書出版社　1998　p. 294

李正宇　離合字詩圖　敦煌學大辭典　上海辭書出版社　1998　p. 556

李正宇　治小兒夜啼　敦煌學大辭典　上海辭書出版社　1998　p. 441

榮新江　歸義軍大事紀年初稿　出土文獻研究（第三輯）　文物出版社　1998　p. 252

沙知　歸義軍節度觀察留後印　敦煌學大辭典　上海辭書出版社　1998　p. 291

譚蟬雪　敦煌歲時文化導論　（臺北）新文豐出版公司　1998　p. 196

高國藩　敦煌俗文化學　上海三聯書店　1999　p. 22

張錫厚　敦煌文學源流　作家出版社　2000　p. 88

林聰明　敦煌吐魯番文書解詁指例　（臺北）新文豐出版公司　2001　p. 39.269

譚蟬雪　唐宋敦煌歲時佛俗　《敦煌研究》2001 年第 1 期　p. 101

乜小紅　試論唐五代宋初敦煌畜牧區域的分佈　《敦煌研究》2002 年第 2 期　p. 38

張鴻勳　敦煌俗文學研究　甘肅人民出版社　2002　p. 264

張總　說不盡的觀世音　上海辭書出版社　2002　p. 180

李小榮　敦煌密教文獻論稿　人民文學出版社　2003　p. 37、267

森安孝夫著　梁曉鵬摘譯　河西歸義軍節度使官印及其編年　《敦煌學輯刊》2003 年第 1 期　p. 141

馮培紅　關於歸義軍節度使官制的幾個問題　麥積山石窟藝術文化論文集（下）　蘭州大學出版社　2004　p. 215

樊錦詩　玄奘譯經和敦煌壁畫　《敦煌研究》2004 年第 2 期　p. 3

劉永明　敦煌道教的世俗化之路：道教向具注曆日的滲透　《敦煌學輯刊》2005 年第 2 期　p. 203

馮培紅　歸義軍鎮制考　敦煌吐魯番研究（第九卷）　中華書局　2006　p. 264

P. 3836

王重民　敦煌曲子詞集　商務印書館　1950　p. 34

金岡照光　敦煌文學のさまざま　敦煌の文學　（東京）大藏出版株式會社　1971　p. 145

饒宗頤　大英博物館藏 S. 5540 敦煌大冊之曲子詞　（香港）《新亞學報》1974 年第 11 期　又見：中國
　　敦煌學百年文庫・文學卷（二）　甘肅文化出版社　1999　p. 273

蘇瑩輝　"敦煌曲"評介　《香港中文大學學報》1974 年第 1 期　又見：敦煌論集續編　（臺北）學生
　　書局　1983　p. 305、313、317；中國敦煌學百年文庫・藝術卷（一）　甘肅文化出版社　1999
　　p. 376

潘重規　敦煌詞話　（臺北）石門圖書公司　1981　p. 84

陳祚龍　敦煌古抄文獻會最　（臺北）新文豐出版公司　1982　p. 570（圖版）

蘇瑩輝　簡評巴宙輯敦煌韻文集　敦煌論集　（臺北）學生書局　1983　p. 453

任半塘　敦煌歌辭總編　上海古籍出版社　1987　p. 352、427、638

高國藩　敦煌文學作品選　中華書局　1987　p. 94 注 1

柴劍虹　徐俊　敦煌詞輯校四談　《敦煌學輯刊》1988 年第 1、2 期　p. 55　又見：西域文史論稿
　　（臺北）國文天地雜誌社　1991　p. 500

高國藩　敦煌民俗學　上海文藝出版社　1989　p. 373

高國藩　敦煌曲子詞欣賞　南京大學出版社　1989　p. 123

孫其芳　詞　敦煌文學　甘肅人民出版社　1989　p. 204

林玫儀　研究敦煌曲子詞之省思　第二屆敦煌學國際研討會論文集　（臺北）漢學研究中心　1990
　　p. 313

鄭炳林　伯 2641 號背莫高窟再修功德記撰寫人探微　《敦煌學輯刊》1991 年第 2 期　p. 50

金岡照光　曲子詞類　敦煌の文學文獻（講座敦煌 9）　（東京）大東出版社　1992　p. 399

饒宗頤　"唐詞"辨正　（香港）《九州學刊》（敦煌學專輯）1992 年第 4 卷第 4 期　p. 112　又見：敦煌
　　曲續論　（臺北）新文豐出版公司　1996　p. 207

張涌泉　《敦煌歌辭總編》校議　《語言研究》1992 年第 1 期　p. 60

周紹良　敦煌文學芻議及其它　（臺北）新文豐出版公司　1992　p. 35

李正宇　敦煌文學概論　甘肅人民出版社　1993　p. 110、138

李正宇　論敦煌曲子　第二屆國際唐代學術會議論文集（上）　（臺北）文津出版社　1993　p. 759

孫其芳　顏廷亮　敦煌文學概論　甘肅人民出版社　1993　p. 418

金賢珠　唐五代敦煌民歌　（臺北）文史哲出版社　1994　p. 45、69、136

柴劍虹　俄藏敦煌詩詞寫卷經眼錄（一）　敦煌吐魯番研究（第一卷）　北京大學出版社　1996
　　p. 107　又見：敦煌吐魯番學論稿　浙江教育出版社　2000　p. 224

饒宗頤　長安詞、山花子及其他　敦煌曲續論　（臺北）新文豐出版公司　1996　p. 28

張涌泉　敦煌俗字研究導論　（臺北）新文豐出版公司　1996　p. 105、163

張涌泉　敦煌文獻校讀釋例　文史（第四十一輯）　中華書局　1996　p. 200　又見：舊學新知　浙
　　江大學出版社　1999　p. 214

柴劍虹　自從君去後詞　敦煌學大辭典　上海辭書出版社　1998　p. 541

孫其芳　更漏子　敦煌學大辭典　上海辭書出版社　1998　p. 533

高國藩　敦煌俗文化學　上海三聯書店　1999　p. 545、570
施謝捷　敦煌文獻語詞校釋叢劄　《敦煌研究》1999 年第 4 期　p. 28
謝桃坊　敦煌文化尋繹　四川人民出版社　1999　p. 165
張涌泉　俗字研究與敦煌文獻的校理　舊學新知　浙江大學出版社　1999　p. 62
孫其芳　鳴沙遺音：敦煌詞選評　甘肅人民出版社　2000　p. 164
林聰明　敦煌吐魯番文書解詁指例　（臺北）新文豐出版公司　2001　p. 27 注 7、63、83 注 2
湯涒　敦煌曲子詞地域文化研究　上海古籍出版社　2004　p. 29、46、130、207
湯涒　敦煌曲子詞寫本叙略　敦煌學國際研討會論文集　北京圖書館出版社　2005　p. 198

P. 3837
艾麗白著　耿昇譯　敦煌漢文寫本中的鳥形押　敦煌譯叢（第一輯）　甘肅人民出版社　1985
　　p. 194
方廣錩　漢文大藏經帙號探源　《世界宗教研究》1990 年第 1 期　p. 137 注 3
雷紹鋒　歸義軍賦役制度初探　（臺北）洪葉文化事業有限公司　2000　p. 141

P. 3838
高國藩　敦煌古俗與民俗流變　河海大學出版社　1990　p. 207
黃征　王梵志詩校釋補議　中華文史論叢（總 50 輯）　上海古籍出版社　1992　p. 97　又見：敦煌
　　語文叢說　（臺北）新文豐出版公司　1997　p. 256
周紹良　敦煌文學芻議及其它　（臺北）新文豐出版公司　1992　p. 35
高國藩　論敦煌唐人九曜算命術　第二屆國際唐代學術會議論文集（上）　（臺北）文津出版社
　　1993　p. 778
黃征　敦煌願文散校　《敦煌研究》1994 年第 3 期　p. 131　又見：敦煌語文叢說　（臺北）新文豐出
　　版公司　1997　p. 572
李正宇　敦煌史地新論　（臺北）新文豐出版公司　1996　p. 117
鄧文寬　推九宮行年法　敦煌學大辭典　上海辭書出版社　1998　p. 623
高國藩　敦煌俗文化學　上海三聯書店　1999　p. 52
黃正建　敦煌祿命類文書述略　中國社會科學院歷史研究所學刊（第一集）　學刊編委會　2001
　　p. 246、262
黃正建　敦煌占卜文書與唐五代占卜研究　學苑出版社　2001　p. 114
余欣　敦煌竈神信仰稽考　《敦煌學輯刊》2005 年第 3 期　p. 157
趙貞　"九曜行年"略說　《敦煌學輯刊》2005 年第 3 期　p. 29

P. 3839
上山大峻　敦煌佛教の研究　（京都）法藏館　1990　p. 419
高田時雄　チベット文字書寫「長卷」の研究（本文編）　『東方學報』（第 65 號）　京都大學人文科
　　學研究所　1993　p. 374
柴劍虹　西方淨土讚　敦煌學大辭典　上海辭書出版社　1998　p. 545
張先堂　晚唐至宋初淨土五會念佛法門在敦煌的流傳　《敦煌研究》1998 年第 1 期　p. 53
劉長東　晉唐彌陀淨土信仰研究　巴蜀書社　2000　p. 405
湛如　論淨衆禪門與法照淨土思想的關聯　敦煌文獻論集：紀念藏經洞發現一百周年國際學術研討
　　會論文集　遼寧人民出版社　2001　p. 509

李正宇　唐宋時期敦煌佛經性質功能的變化　中日敦煌佛教學術會議論文集　中國社會科學院研究所　2002　p. 20

馬茜　歸義軍時期敦煌地區庶民佛教的發展　甘肅民族研究論叢　甘肅人民出版社　2002　p. 467

湛如　敦煌佛教律儀制度研究　中華書局　2003　p. 271

P. 3840

汪娟　敦煌禮懺文研究　（臺北）法鼓文化公司　1994　p. 235

汪娟　敦煌寫本《上生禮》研究　全國敦煌學研討會論文集　（臺北）中正大學中國文學系所　1995　p. 89

聖凱　彌勒禮懺儀的演變與發展　佛學研究（第十期）　中華佛教文化研究所　2001　p. 184

汪娟　跋《上生禮》相關寫卷二篇　敦煌學（第23輯）　（臺北）樂學書局有限公司　2002　p. 49

汪娟　敦煌寫本《降生禮文》初探　新世紀敦煌學論集　巴蜀書社　2003　p. 406

張先堂　唐宋敦煌世俗佛教信仰的類型、特徵　寺院財富與世俗供養　上海書畫出版社　2003　p. 303

聖凱　中國佛教懺法研究　宗教文化出版社　2004　p. 340

林世田　《大乘方等陀羅尼經並諸經內四眾懺悔發願文》整理研究　敦煌學國際研討會論文集　北京圖書館出版社　2005　p. 119

P. 3841

池田溫　中國古代籍帳研究：概観・録文　東京大學東洋文化研究所　1979　p. 269

池田溫　敦煌の流通経済　敦煌の社會（講座敦煌3）　（東京）大東出版社　1980　p. 336　又見：敦煌文書の世界　（東京）名著刊行會　2003　p. 171

薄小瑩　馬小紅　唐開元廿四年岐州郿縣縣尉判集（敦煌文書伯二九七九號）研究：兼論唐代勾征制　敦煌吐魯番文獻研究論集　中華書局　1982　p. 642

王永興　試論勾官：唐代官制研究之一　敦煌吐魯番文獻研究論集（第二輯）　北京大學出版社　1983　p. 315、323

川口久雄　敦煌出土阿彌陀經講經文と我が國淨土文學　于闐國和尚阿彌陀經講經文（敦煌資料と日本文學　4）　（東京）大東文化大學東洋研究所　1984　p. 18

廣川堯敏　禮讚　敦煌と中國仏教（講座敦煌7）　（東京）大東出版社　1984　p. 434

楊際平　從敦煌文書看唐代前期的和糴制度　《中國社會經濟史研究》1985年第1期　p. 19

唐耕耦　陸宏基　敦煌社會經濟文獻真迹釋録（一）　書目文獻出版社　1986　p. 415

張弓　唐朝倉廩制度初探　中華書局　1986　p. 24 注35

王永興　隋唐五代經濟史料彙編校注・第一編（下）　中華書局　1987　p. 522

楊際平　上海藏本敦煌所出河西支度營田使文書研究　《魏晉南北朝隋唐史》1988年第9期　p. 62

汪泛舟　讚・箴　敦煌文學　甘肅人民出版社　1989　p. 99

劉銘恕　敦煌遺書叢識之四　敦煌吐魯番學研究論文集　漢語大詞典出版社　1990　p. 35

盧向前　從敦煌吐魯番出土的幾件文書看唐前期和糴的一些特點　敦煌吐魯番文獻研究論集（第五輯）　北京大學出版社　1990　p. 320

李并成　漢敦煌郡廣至縣城及其有關問題考　《敦煌研究》1991年第4期　p. 84

李錦繡　典在唐前期財務行政中的作用　學人（第三輯）　江蘇文藝出版社　1992　p. 348

楊際平　鄭學檬　天寶四載河西豆盧軍和糴會計文書研究　《中國社會經濟史研究》1992年第3期　p. 13

尹偉先　從敦煌文書看唐代河西地區的貨幣流通　《社科縱橫》1992 年第 6 期　又見：中國敦煌學百年文庫·歷史卷（二）　甘肅文化出版社　1999　p. 338

張涌泉　語詞辨析七則　《古漢語研究》1993 年第 1 期　p. 45

趙豐　唐代西域的練價與貨幣兌換比率　《歷史研究》1993 年第 6 期　p. 179

王進玉　敦煌石窟探秘　四川教育出版社　1994　p. 19、100、112

王永興　敦煌經濟文書導論　（臺北）新文豐出版公司　1994　p. 337、385、439

胡戟　傅玫　敦煌史話　中華書局　1995　p. 162

李錦繡　唐代財政史稿·上卷（第一分冊）　北京大學出版社　1995　p. 184 注 1、358

林聰明　談敦煌學研究上的一些障礙問題　全國敦煌學研討會論文集　（臺北）中正大學中國文學系所　1995　p. 250 注 20

黃征　王梵志詩校釋續商補　敦煌語文叢說　（臺北）新文豐出版公司　1997　p. 232

李并成　古代河西走廊桑蠶絲織業考　《敦煌學輯刊》1997 年第 2 期　p. 62

鄭炳林　馮培紅　唐五代歸義軍政權對外關係中的使頭一職　敦煌歸義軍史專題研究　蘭州大學出版社　1997　p. 61

李錦繡　唐代制度史略論稿　中國政法大學出版社　1998　p. 301

高啓安　唐五代至宋敦煌的量器及量制　《敦煌學輯刊》1999 年第 1 期　p. 66

高啓安　王璽玉　唐五代敦煌人的飲食品種研究　《敦煌研究》1999 年第 2 期　p. 62

聖凱　善導禮讚儀新探　法源（第 18 期）　中國佛學院　2000　p. 174

林聰明　敦煌吐魯番文書解詁指例　（臺北）新文豐出版公司　2001　p. 103 注 3

湛如　敦煌淨土教讚文考辨　華林（第一卷）　中華書局　2001　p. 186

高啓安　莫高窟第 61 窟"五臺山靈口之店推磨圖"之我見　《敦煌學輯刊》2002 年第 1 期　p. 112

黃征　敦煌語言文字學研究　甘肅教育出版社　2002　p. 314

李錦繡　陌刀與大唐帝國的軍事　古史文存　社會科學文獻出版社　2002　p. 120

洪藝芳　敦煌社會經濟文書中的唐五代新興量詞研究　敦煌學（第 24 輯）　（臺北）樂學書局有限公司　2003　p. 96、105

湛如　敦煌佛教律儀制度研究　中華書局　2003　p. 258

高啓安　唐五代敦煌飲食文化研究　民族出版社　2004　p. 140

黑維強　吐魯番出土文書詞語例釋（二）　《敦煌學輯刊》2005 年第 2 期　p. 186

賈志剛　唐肅代之際河西軍費問題試析　《敦煌研究》2005 年第 2 期　p. 59

盛會蓮　《禮阿彌陀佛文》校勘記　《敦煌研究》2005 年第 2 期　p. 105

P. 3842

汪娟　敦煌禮懺文研究　（臺北）法鼓文化公司　1994　p. 14、152

王書慶　敦煌佛學·佛事篇　甘肅民族出版社　1995　p. 100

汪娟　敦煌寫本《觀音禮》初探　慶祝吳其昱先生八秩華誕敦煌學特刊　（臺北）文津出版社　2000　p. 335

郝春文　英藏敦煌社會歷史文獻釋錄（第一卷）　科學出版社　2001　p. 352

P. 3843

鄭阿財　敦煌孝道文學研究　（臺北）石門圖書公司　1982　p. 533

廣川堯敏　禮讚　敦煌と中國仏教（講座敦煌 7）　（東京）大東出版社　1984　p. 469

P. 3844

饒宗頤解說　林宏作譯　敦煌書法叢刊(第二三卷)·寫經(四)　(東京)二玄社　1983　p. 48

陳祚龍　關於中世敦煌流行的某些"偈"或"偈子"　中華佛教文化史散策(四集)　(臺北)新文豐出版公司　1986　p. 155

高國藩　敦煌古俗與民俗流變　河海大學出版社　1990　p. 417

金岡照光　敦煌文獻と中國文學　(東京)五曜書房　2000　p. 407

汪娟　敦煌寫本《觀音禮》初探　慶祝吳其昱先生八秩華誕敦煌學特刊　(臺北)文津出版社　2000　p. 307

P. 3846

岡部和雄　敦煌藏經目錄　敦煌と中國仏教(講座敦煌7)　(東京)大東出版社　1984　p. 306

方廣錩　佛教大藏經史(八—十世紀)　中國社會科學出版社　1991　p. 142、350

方廣錩　敦煌佛教經錄輯校　江蘇古籍出版社　1997　p. 234

方廣錩　大唐大藏經數　敦煌學大辭典　上海辭書出版社　1998　p. 746

方廣錩　敦煌遺書中所存的全國性佛教經錄　敦煌學佛教學論叢(上)　中國佛教文化研究所　1998　p. 299

方廣錩　敦煌寺院所藏大藏經概貌　藏外佛教文獻(第八輯)　宗教文化出版社　2003　p. 389

郭俊葉　敦煌研究院藏絲質經帙標簽及其相關問題　《敦煌研究》2005年第6期　p. 89

P. 3847

王重民　敦煌古籍叙錄　中華書局　1979　p. 274

蘇瑩輝　敦煌學概要　(臺北)編譯館"中華叢書編委會"　1981　p. 57

饒宗頤　論七曜與十一曜：記敦煌開寶七年(九七四)康遵批命課　選堂集林·史林　(香港)中華書局　1982　p. 779　又見：饒宗頤史學論著選　上海古籍出版社　1993　p. 579；饒宗頤東方學論集　汕頭大學出版社　1999　p. 120

蘇瑩輝　敦煌石室真迹錄題記訂補之續　敦煌論集續編　(臺北)學生書局　1983　p. 214

蘇瑩輝　中外敦煌古寫本纂要　敦煌論集　(臺北)學生書局　1983　p. 332

川口久雄　敦煌出土阿彌陀經講經文と我が國淨土文學　于闐國和尚阿彌陀經講經文(敦煌資料と日本文學　4)　(東京)大東文化大學東洋研究所　1984　p. 20

王重民原編　黃永武新編　敦煌古籍叙錄新編(第十四冊)　(臺北)新文豐出版公司　1986　p. 370

林悟殊　摩尼教及其東漸　中華書局　1987　p. 159

高國藩　敦煌民俗學　上海文藝出版社　1989　p. 273

汪泛舟　讚·箴　敦煌文學　甘肅人民出版社　1989　p. 104

王堯　敦煌P. T. 351吐蕃文書及景教文獻叙錄　第二屆敦煌學國際研討會論文集　(臺北)漢學研究中心　1990　p. 545

李正宇　敦煌遺書宋人詩輯校　《敦煌研究》1992年第2期　p. 38

吳其昱著　伊藤美重子譯　敦煌漢文寫本概觀　敦煌漢文文獻(講座敦煌5)　(東京)大東出版社　1992　p. 80

項楚　敦煌詩歌導論　(臺北)新文豐出版公司　1993　p. 177

王堯　西藏文史考信集　中國藏學出版社　1994　p. 217

閻國權等　敦煌宗教文化　新華出版社　1994　p. 91

張先堂　敦煌文學與周邊民族文學、域外文學關係述論　《敦煌研究》1994年第1期　p. 59　又見：

敦煌吐魯番學研究論集　書目文獻出版社　1996　p. 432

鄭汝中　唐代書法藝術與敦煌寫卷　敦煌書法庫(第四輯)　甘肅人民美術出版社　1994　p. 11
又見:《敦煌研究》1996 年第 2 期　p. 127

胡戟　傅玫　敦煌史話　中華書局　1995　p. 138

劉進寶　敦煌學論述　(臺北)洪葉文化事業有限公司　1995　p. 278

汪泛舟　從敦煌文學構成特點看中外交流關係　敦煌學國際研討會文集·史地語文編　遼寧美術出版社　1995　p. 237

張國剛　隋唐五代史研究概要　天津教育出版社　1996　p. 473

陳國燦　唐寫景教尊經記　敦煌學大辭典　上海辭書出版社　1998　p. 457

林悟殊　尊經　敦煌學大辭典　上海辭書出版社　1998　p. 770

陳懷宇　高昌回鶻景教研究　敦煌吐魯番研究(第四卷)　北京大學出版社　1999　p. 194

黃征　程惠新　劫塵遺珠:敦煌遺書　甘肅教育出版社　1999　p. 232

謝桃坊　敦煌文化尋繹　四川人民出版社　1999　p. 130

林悟殊　富岡謙藏氏藏景教《一神論》真偽存疑　唐研究(第六卷)　北京大學出版社　2000　p. 67、77

譚世寶　漢文獻的胡本與梵本考辨　1994 年敦煌學國際研討會文集·宗教文史卷(下)　甘肅民族出版社　2000　p. 259

顏廷亮　敦煌文化　光明日報出版社　2000　p. 295

楊秀清　華戎交會的都市:敦煌與絲綢之路　甘肅人民出版社　2000　p. 58

林悟殊　敦煌景教寫本 P. 3847 之再研究　敦煌吐魯番研究(第五卷)　北京大學出版社　2001　p. 59

林悟殊　高楠氏藏景教《序聽迷詩所經》　文史(第五十五輯)　中華書局　2001　p. 141

吳其昱　唐代景教之法王與尊經考　敦煌吐魯番研究(第五卷)　北京大學出版社　2001　p. 13

顏廷亮　敦煌文化中的祆教、摩尼教和景教　敦煌學與中國史研究論集　甘肅人民出版社　2001　p. 425

林悟殊　敦煌漢文景教寫本研究述評　歐亞學刊(第 3 輯)　中華書局　2002　p. 251

劉進寶　敦煌學通論　甘肅教育出版社　2002　p. 304

劉勝角　古代楷書發展史　中國戲劇出版社　2002　p. 304

王素　敦煌吐魯番文獻　文物出版社　2002　p. 155

高國藩　敦煌學百年史述要　(臺北)商務印書館　2003　p. 96

林悟殊　唐代景教再研究　中國社會科學出版社　2003　p. 122

王冀青　斯坦因與日本敦煌學　甘肅教育出版社　2004　p. 135

林悟殊　中古三夷教辨證　中華書局　2005　p. 49、163

P. 3848

潘重規　敦煌寫本衆經別録之發現　敦煌學(第 4 輯)　(香港)新亞研究所敦煌學會　1979　p. 73

王重民　敦煌古籍叙録　中華書局　1979　p. 264

蘇瑩輝　敦煌學概要　(臺北)編譯館"中華叢書編委會"　1981　p. 77

饒宗頤　敦煌書法叢刊(第二三卷)·寫經(四)　(東京)二玄社　1983　p. 8、47

蘇瑩輝　中外敦煌古寫本纂要　敦煌論集　(臺北)學生書局　1983　p. 333

岡部和雄　敦煌藏經目録　敦煌と中國仏教(講座敦煌 7)　(東京)大東出版社　1984　p. 300

王重民原編　黃永武新編　敦煌古籍叙録新編(第十四冊)　(臺北)新文豐出版公司　1986　p. 114

白化文　敦煌寫本《衆經別録》殘卷校釋　《敦煌學輯刊》1987 年第 1 期　p. 22

鄭汝中　敦煌書法管窺　《敦煌研究》1991 年第 4 期　p. 39

鄭汝中　敦煌書法概述　敦煌書法庫(第一輯)　甘肅人民美術出版社　1994　p. 12

姜伯勤　變文的南方源頭與敦煌的唱導法匠　華學(第一輯)　中山大學出版社　1995　p. 156

曲金良　敦煌佛教文學研究　(臺北)文津出版社　1995　p. 111

姜伯勤　敦煌藝術宗教與禮樂文明　中國社會科學出版社　1996　p. 410

鄭阿財　潘重規教授與敦煌學研究　"中國唐代學會"會刊(第七期)　(臺北)"中國唐代學會"
　　1996　p. 33

白化文　朱墨寫經　敦煌學大辭典　上海辭書出版社　1998　p. 591

方廣錩　關於《禪藏》與敦煌禪籍的若干問題　敦煌學佛教學論叢(上)　中國佛教文化研究所
　　1998　p. 362

劉濤　敦煌書法　敦煌學大辭典　上海辭書出版社　1998　p. 274

鄭阿財　潘重規先生敦煌學研究成果與貢獻　《敦煌研究》2000 年第 2 期　p. 116

鄭汝中　敦煌寫卷行草書法集　甘肅人民美術出版社　2000　p. 307

林聰明　敦煌吐魯番文書解詁指例　(臺北)新文豐出版公司　2001　p. 224

姜亮夫　敦煌莫高窟年表　姜亮夫全集(十一)　雲南人民出版社　2002　p. 183

王素　敦煌吐魯番文獻　文物出版社　2002　p. 154

汪娟　梁麗玲　潘重規先生與佛教研究　敦煌學(第 25 輯)　(臺北)樂學書局有限公司　2004
　　p. 212

P. 3849

金岡照光　敦煌民衆の宗教と生活　敦煌の民衆——その生活と思想　(東京)評論社　1972
　　p. 92

潘重規　敦煌變文新論　敦煌變文論輯　(臺北)石門圖書公司　1981　p. 167

向達　唐代俗講考　敦煌變文論輯　(臺北)石門圖書公司　1981　p. 11　又見：關隴文學論叢　甘
　　肅人民出版社　1983　p. 154

張鴻勳　敦煌講唱伎藝搬演考略　《敦煌學輯刊》1982 年第 3 期　p. 67

鄭阿財　敦煌孝道文學研究　(臺北)石門圖書公司　1982　p. 92、106

福井文雅　講經儀式の組織内容　敦煌と中國仏教(講座敦煌 7)　(東京)大東出版社　1984
　　p. 366

平野顯照　講經文の組織内容　敦煌と中國仏教(講座敦煌 7)　(東京)大東出版社　1984　p. 338

向達　敦煌變文集引言　敦煌遺書論文集　中華書局　1984　p. 335

戴密微著　耿昇譯　列寧格勒所藏敦煌漢文寫本簡介　敦煌譯叢(第一輯)　甘肅人民出版社
　　1985　p. 125 注 4

高國藩　論敦煌民間變文　敦煌學論集　甘肅人民出版社　1985　p. 189

王文才　俗講儀式考　敦煌學論集　甘肅人民出版社　1985　p. 101

陳祚龍　看了敦煌古抄《報恩寺開溫室浴僧記》以後　漢學研究(敦煌學國際研討會論文專號)　(臺
　　北)漢學研究資料及服務中心　1986　p. 206　又見：敦煌學散策新集　(臺北)新文豐出版公司
　　1989　p. 192

金岡照光　關於敦煌變文演出的二三個問題　漢學研究(敦煌學國際研討會論文專號)　(臺北)漢
　　學研究資料及服務中心　1986　p. 307

白化文　"解講"和"解講辭"　俗文學論　黑龍江人民出版社　1987　p. 140

平野顯照著　張桐生譯　唐代的文學與佛教　（臺北）業强出版社　1987　p. 201

曲金良　敦煌寫本變文、講經文作品創作時間彙考（續）　《敦煌學輯刊》1987 年第 2 期　p. 49

周紹良　唐代變文及其它　敦煌文學作品選　中華書局　1987　p. 20

孫昌武　佛教與中國文學　上海人民出版社　1988　p. 301

蕭登福　唐世佛家之講經與敦煌變文　敦煌俗文學論叢　（臺北）商務印書館　1988　p. 50

陳祚龍　關於敦煌古抄《神仙傳》中之"壺公傳"　敦煌學散策新集　（臺北）新文豐出版公司　1989　p. 174

曲金良　變文的講唱藝術：轉變考略　《敦煌學輯刊》1989 年第 2 期　p. 92

張鴻勳　講經文　敦煌文學　甘肅人民出版社　1989　p. 259

楊振良　由現存評彈"開篇"論押座文　第二屆敦煌學國際研討會論文集　（臺北）漢學研究中心　1990　p. 468

李明偉　《長興四年中興殿應聖節講經文》研究　絲綢之路貿易史研究　甘肅人民出版社　1991　p. 344

劉瑞明　所謂唐代兩件戲劇資料辨析　中華戲曲（第 11 輯）　山西人民出版社　1991　p. 177

王三慶　談齋論文——敦煌寫卷齋願文研究　第四屆唐代文化學術研討會論文集　（臺南）成功大學　1991　p. 291

項楚　《維摩碎金》探索　敦煌文學叢考　上海古籍出版社　1991　p. 34

西北師範大學古籍整理研究所　酒泉寶卷　甘肅人民出版社　1991　p. 4

方步和　河西寶卷真本校注研究　蘭州大學出版社　1992　p. 378

金岡照光　押座文　敦煌の文學文獻（講座敦煌 9）　（東京）大東出版社　1992　p. 381

吳其昱著　伊藤美重子譯　敦煌漢文寫本概觀　敦煌漢文文獻（講座敦煌 5）　（東京）大東出版社　1992　p. 119

周紹良　敦煌文學芻議及其它　（臺北）新文豐出版公司　1992　p. 9、55、86

杜琦　敦煌文學概論　甘肅人民出版社　1993　p. 507

舒華　敦煌"變文"體裁新論　（香港）《九州學刊》（敦煌學專輯）1993 年第 5 卷第 4 期　p. 160

楊雄　講經文名實說　（香港）《九州學刊》（敦煌學專輯）1993 年第 5 卷第 4 期　p. 136

張鴻勳　敦煌文學概論　甘肅人民出版社　1993　p. 205

劉尊明　唐五代詞的文化觀照　（臺北）文津出版社　1994　p. 229

姜伯勤　變文的南方源頭與敦煌的唱導法匠　華學（第一輯）　中山大學出版社　1995　p. 157

曲金良　敦煌佛教文學研究　（臺北）文津出版社　1995　p. 26、59、182

周一良　趙和平　杜友晉《吉凶書儀》及《書儀鏡》成書年代考　唐五代書儀研究　中國社會科學出版社　1995　p. 137、143

姜伯勤　敦煌藝術宗教與禮樂文明　中國社會科學出版社　1996　p. 411、428

榮新江　敦煌本《書儀鏡》爲安西書儀考　慶祝潘石禪先生九秩華誕敦煌學特刊　（臺北）文津出版社　1996　p. 268

王昆吾　隋唐五代燕樂雜言歌辭研究　中華書局　1996　p. 364

鄭阿財　潘重規教授與敦煌學研究　"中國唐代學會"會刊（第七期）　（臺北）"中國唐代學會"　1996　p. 32

伏俊璉　關於變文體裁的一點探索　敦煌文學論集　四川人民出版社　1997　p. 131

伏俊璉　河西寶卷　《文史知識》1997 年第 6 期　p. 86

黃征　張涌泉　敦煌變文校注　中華書局　1997　p. 1163

劉子瑜　敦煌變文和王梵志詩　大象出版社　1997　p. 40

仁井田陞　唐令拾遺補訂　唐令拾遺補　東京大學出版會　1997　p. 845

柴劍虹　俗講儀式　敦煌學大辭典　上海辭書出版社　1998　p. 528

譚蟬雪　冥婚　敦煌學大辭典　上海辭書出版社　1998　p. 437

張鴻勳　唱經座　敦煌學大辭典　上海辭書出版社　1998　p. 526

張鴻勳　作梵　敦煌學大辭典　上海辭書出版社　1998　p. 529

趙和平　新定書儀鏡　敦煌學大辭典　上海辭書出版社　1998　p. 419

周紹良　張涌泉　黃征　敦煌變文講經文因緣輯校(上)　江蘇古籍出版社　1998　p. 21

伏俊璉　論變文與講經文的關係　《敦煌研究》1999 年第 3 期　p. 102

姜伯勤　唐禮與敦煌發現的書儀　敦煌文藪(下)　(臺北)新文豐出版公司　1999　p. 4

梅維恒著　楊繼東　陳引馳譯　唐代變文(下)　(香港)中國佛教文化出版公司　1999　p. 22

宋家鈺　佛教齋文源流與敦煌本"齋文"書的復原　《中國史研究》1999 年第 2 期　p. 71

張涌泉　敦煌文書疑難詞語辨釋　舊學新知　浙江大學出版社　1999　p. 265

伏俊璉　論講經文與變文的關係　中國典籍與文化論叢(第五輯)　中華書局　2000　p. 113

吳麗娛　唐代書儀中單、複書形式簡析　英國收藏敦煌漢藏文獻研究　中國社會科學出版社　2000
　　p. 264、273

張錫厚　敦煌文學源流　作家出版社　2000　p. 424

鄭阿財　潘重規先生敦煌學研究成果與貢獻　《敦煌研究》2000 年第 2 期　p. 116

車錫倫　寶卷的形成及其演唱形態　燕京學報(新第 11 期)　北京大學出版社　2001　p. 187

車錫倫　中國寶卷的淵源　《敦煌研究》2001 年第 2 期　p. 134

聖凱　論唐代的講經儀軌　《敦煌學輯刊》2001 年第 2 期　p. 33

吳麗娛　敦煌寫本書儀中的喪服圖與唐禮　中國社會科學院歷史研究所學刊(第一集)　學刊編委
　　會　2001　p. 212

李小榮　變文講唱與華梵宗教藝術　上海三聯書店　2002　p. 64

榮新江　才高四海,學貫八書:周一良先生與敦煌學　敦煌吐魯番研究(第六卷)　北京大學出版社
　　2002　p. 27

吳麗娛　唐禮摭遺:中古書儀研究　商務印書館　2002　p. 1、46、259、284、494

張國剛　佛學與隋唐社會　河北人民出版社　2002　p. 176

荒見泰史　敦煌本夢書雜識　漢語史學報專輯(第三輯)　上海教育出版社　2003　p. 326、343

荒見泰史　敦煌文學與日本說話文學　敦煌與絲路文化學術講座(第一輯)　北京圖書館出版社
　　2003　p. 231

全寅初　敦煌變文話本小說初探　2000 年敦煌學國際學術討論會文集·歷史文化卷(下)　甘肅民
　　族出版社　2003　p. 268

荒見泰史　敦煌變文研究概述以及新觀點　華林(第三卷)　中華書局　2004　p. 391

荒見泰史　敦煌的講唱體文獻　敦煌學(第 25 輯)　(臺北)樂學書局有限公司　2004　p. 267、270、
　　278

荒見泰史　漢文譬喻經典及其綱要本的作用　佛經文學研究論集　復旦大學出版社　2004　p. 283

王小盾　潘重規先生"變文外衣"理論疏說　敦煌學(第 25 輯)　(臺北)樂學書局有限公司　2004
　　p. 85

楊寶玉　英藏敦煌文獻原卷查閱劄記(一)　敦煌學國際研討會論文集　北京圖書館出版社　2005
　　p. 127

趙跟喜　敦煌唐宋時期的女子教育初探　文史(第七十五輯)　中華書局　2006　p. 96

P. 3850

戴密微著　耿昇譯　敦煌學近作　敦煌譯叢(第一輯)　甘肅人民出版社　1985　p. 60

高國藩　敦煌民俗學　上海文藝出版社　1989　p. 36

唐耕耦　陸宏基　敦煌社會經濟文獻真迹釋録(三)　全國圖書館文獻縮微複製中心　1990　p. 304

林聰明　談敦煌學研究上的一些障礙問題　全國敦煌學研討會論文集　(臺北)中正大學中國文學
　　系所　1995　p. 244

柴劍虹　俄藏敦煌詩詞寫卷經眼録(一)　敦煌吐魯番研究(第一卷)　北京大學出版社　1996
　　p. 110 注

姜伯勤　敦煌戒壇與大乘佛教　華學(第二輯)　中山大學出版社　1996　p. 327

姜伯勤　敦煌藝術宗教與禮樂文明　中國社會科學出版社　1996　p. 357

湛如　戒壇流變史之研究　華學(第二輯)　中山大學出版社　1996　p. 336、344

唐耕耦　敦煌寺院會計文書研究　(臺北)新文豐出版公司　1997　p. 61

鄭炳林　敦煌碑銘讚輯釋　甘肅教育出版社　1997　p. 187 注6

鄭炳林　唐五代敦煌的醫事研究　敦煌歸義軍史專題研究　蘭州大學出版社　1997　p. 526

郝春文　唐後期五代宋初敦煌僧尼的社會生活　中國社會科學出版社　1998　p. 32、65

鄭炳林　《康秀華寫經施入疏》與《炫和尚貨賣胡粉曆》研究　敦煌吐魯番研究(第三卷)　北京大
　　學出版社　1998　p. 202

劉進寶　敦煌文書與唐史研究　(臺北)新文豐出版公司　2000　p. 251

陳明　醫理精華:印度古典醫學在敦煌的實例分析　敦煌吐魯番研究(第五卷)　北京大學出版社
　　2001　p. 237

林聰明　敦煌吐魯番文書解詁指例　(臺北)新文豐出版公司　2001　p. 313

徐曉卉　敦煌歸義軍時期的道場司探析　《敦煌研究》2002 年第 2 期　p. 26

湛如　敦煌佛教律儀制度研究　中華書局　2003　p. 98

趙紅　高啓安　唐五代時期敦煌僧人飲食概述　麥積山石窟藝術文化論文集(下)　蘭州大學出版
　　社　2004　p. 298

P. 3851

方廣錩　朱明忠　敦煌遺書《沙州乞經狀》　隋唐佛教研究論文集　三秦出版社　1990　p. 262

京戶慈光　敦煌遺書中佛教文獻的研究:分類和方法　敦煌學國際學術討論會論文縮寫文(1990)
　　敦煌研究院　1990　p. 54

方廣錩　佛教大藏經史(八—十世紀)　中國社會科學出版社　1991　p. 253

施萍婷　俄藏敦煌文獻 ДХ1376、1438、2170 之研究　《敦煌研究》1996 年第 3 期　p. 25

方廣錩　敦煌佛教經録輯校　江蘇古籍出版社　1997　p. 902

方廣錩　敦煌遺書《沙州乞經狀》研究　敦煌學佛教學論叢(下)　中國佛教文化研究所　1998
　　p. 195

方廣錩　沙州乞經狀　敦煌學大辭典　上海辭書出版社　1998　p. 756

石內德　敦煌文獻中被廢棄的殘經抄本　法國漢學(敦煌學專號)　中華書局　2000　p. 25

楊富學　王書慶　唐代長安與敦煌佛教文化之關係　'98 法門寺唐文化國際學術討論會論文集　陝
　　西人民出版社　2000　p. 174

方廣錩　敦煌寺院所藏大藏經概貌　藏外佛教文獻(第八輯)　宗教文化出版社　2003　p. 387

土肥義和著　王平先譯　論莫高窟藏經洞的性質　2004 年石窟研究國際學術會議論文提要集　敦
　　煌研究院　2004　p. 51

P. 3852

岡部和雄　敦煌藏經目録　敦煌と中國仏教（講座敦煌7）　（東京）大東出版社　1984　p. 308

方廣錩　讀敦煌佛典經録劄記　《敦煌學輯刊》1986 年第 1 期　p. 110、117

方廣錩　朱明忠　敦煌遺書《沙州乞經狀》　隋唐佛教研究論文集　三秦出版社　1990　p. 275

方廣錩　佛教大藏經史（八一十世紀）　中國社會科學出版社　1991　p. 120

方廣錩　敦煌佛教經録輯校　江蘇古籍出版社　1997　p. 559、562

榮新江　敦煌藏經洞的性質及其封閉原因　敦煌吐魯番研究（第二卷）　北京大學出版社　1997
　　p. 31

方廣錩　龍興寺藏經目録　敦煌學大辭典　上海辭書出版社　1998　p. 750

方廣錩　戊辰年九月七日點勘龍興寺藏經歷　敦煌學大辭典　上海辭書出版社　1998　p. 752

方廣錩　敦煌寺院所藏大藏經　中日敦煌佛教學術會議論文集　中國社會科學院研究所　2002
　　p. 41

方廣錩　敦煌寺院所藏大藏經概貌　藏外佛教文獻（第八輯）　宗教文化出版社　2003　p. 380

鄭炳林　晚唐五代敦煌諸寺藏經與管理　新世紀敦煌學論集　巴蜀書社　2003　p. 343

土肥義和著　王平先譯　論莫高窟藏經洞的性質　2004 年石窟研究國際學術會議論文提要集　敦
　　煌研究院　2004　p. 51

P. 3853

岡部和雄　敦煌藏經目録　敦煌と中國仏教（講座敦煌7）　（東京）大東出版社　1984　p. 308

方廣錩　敦煌佛教經録輯校　江蘇古籍出版社　1997　p. 769

方廣錩　亥年四月二十九日勘南寺經録　敦煌學大辭典　上海辭書出版社　1998　p. 752

王育成　道教法印權杖探奥　宗教文化出版社　2000　p. 42

王育成　道教法印考實　中國社會科學院歷史研究所學刊（第一集）　社會科學文獻出版社　2001
　　p. 459

郭俊葉　敦煌研究院藏絲質經帙標簽及其相關問題　《敦煌研究》2005 年第 6 期　p. 89

P. 3854

唐耕耦　陸宏基　敦煌社會經濟文獻真迹釋録（二）　全國圖書館文獻縮微複製中心　1990　p. 280

林聰明　敦煌文書學　（臺北）新文豐出版公司　1991　p. 265

方廣錩　關於《大般涅槃經》的卷數　《南亞研究》1993 年第 3 期　p. 83

王震亞　趙熒　敦煌殘卷爭訟文牒集釋　甘肅人民出版社　1993　p. 3

張涌泉　陳祚龍校録敦煌卷子失誤例釋　學術集林（卷六）　上海遠東出版社　1995　p. 296　又
　　見：舊學新知　浙江大學出版社　1999　p. 273

方廣錩　敦煌佛教經録輯校　江蘇古籍出版社　1997　p. 775、845

方廣錩　轉經雜録　敦煌學大辭典　上海辭書出版社　1998　p. 755

陸離　俄法所藏敦煌文獻中一件歸義軍時期土地糾紛案卷殘卷淺識　《敦煌學輯刊》2000 年第 2 期
　　p. 63

李正宇　唐宋時期敦煌佛經性質功能的變化　戒幢佛學（第二卷）　岳麓書社　2002　p. 16

劉敬林　敦煌文牒詞語校釋　《敦煌學輯刊》2003 年第 1 期　p. 117

P. 3855

山本達郎等　敦煌・V 計會文書　『NUN-HUANG AND TURFAN DOCUMENTS CONCERNING SO-

CIAL AND ECONOMIC HISTORY』(Ⅳ)　(東京)東洋文庫　1989　p. 113

李正宇　敦煌文學概論　甘肅人民出版社　1993　p. 93

梅弘理　敦煌的宗教活動和斷代寫本　法國學者敦煌學論文選萃　中華書局　1993　p. 569

李金梅　敦煌傳統文化與武術　《敦煌研究》1995 年第 2 期　p. 195

方廣錩　敦煌佛教經録輯校　江蘇古籍出版社　1997　p. 740

楊森　金髻　敦煌學大辭典　上海辭書出版社　1998　p. 348

郭俊葉　敦煌研究院藏絲質經帙標簽及其相關問題　《敦煌研究》2005 年第 6 期　p. 89

P. 3856

周紹良　敦煌文學《兒郎偉》並跋　出土文獻研究　文物出版社　1985　p. 179

高國藩　驅儺風俗和敦煌民間歌謠《兒郎偉》　文史(第二十九輯)　中華書局　1988　p. 297

劉進寶　俚曲小調　敦煌文學　甘肅人民出版社　1989　p. 233

姜伯勤　敦煌社會文書導論　(臺北)新文豐出版公司　1992　p. 11

周紹良　敦煌文學芻議及其它　(臺北)新文豐出版公司　1992　p. 174

黃征　敦煌願文《兒郎偉》輯考　(香港)《九州學刊》(敦煌學專輯)1993 年第 5 卷第 4 期　p. 52　又
　　見:敦煌語文叢說　(臺北)新文豐出版公司　1997　p. 639

黃征　吳偉　敦煌願文集　岳麓書社　1995　p. 958

姜伯勤　敦煌藝術宗教與禮樂文明　中國社會科學出版社　1996　p. 462、468

姜伯勤　沙州儺禮考　敦煌藝術宗教與禮樂文明　中國社會科學出版社　1996　p. 459　又見:中國
　　敦煌學百年文庫·歷史卷(二)　甘肅文化出版社　1999　p. 440

黃征　說校勘中補改之難　敦煌語文叢說　(臺北)新文豐出版公司　1997　p. 284

黃征　張涌泉　敦煌變文校注　中華書局　1997　p. 103、184

王繼如　《目連緣起》校釋補正　敦煌問學叢稿　甘肅文化出版社　1999　p. 209

P. 3857

圓空　《新菩薩經》、《勸善經》、《救諸衆生苦難經》校録及其流傳背景之探討　《敦煌研究》1992 年第
　　1 期　p. 52

黃征　敦煌文獻中有浙江文化史的資料　敦煌語文叢說　(臺北)新文豐出版公司　1997　p. 769

鄭炳林　唐五代敦煌手工業研究　敦煌歸義軍史專題研究　蘭州大學出版社　1997　p. 242、251

金岡照光　敦煌文獻と中國文學　(東京)五曜書房　2000　p. 259

P. 3858

椎名宏雄　北宗燈史の成立　敦煌仏典と禪(講座敦煌 8)　(東京)大東出版社　1980　p. 56

饒宗頤解說　林宏作譯　敦煌書法叢刊(第十九卷)·碎金(二)　(東京)二玄社　1984　p. 94

陳祚龍　"杜朏"應該不是"朏法師"　中華佛教文化史散策(四集)　(臺北)新文豐出版公司　1986
　　p. 309

楊曾文　日本學者對中國禪宗文獻的研究和整理　《世界宗教研究》1987 年第 1 期　p. 118

韓建瓴　傳記　敦煌文學　甘肅人民出版社　1989　p. 61

上山大峻　敦煌佛教の研究　(京都)法藏館　1990　p. 405

李明偉　敦煌文學概論　甘肅人民出版社　1993　p. 474

索仁森著　李吉和譯　敦煌漢文禪籍特徵概觀　《敦煌研究》1994 年第 1 期　p. 113

田中良昭　敦煌の禪籍　禪學研究入門　(東京)大東出版社　1994　p. 46

胡戟　傅玫　敦煌史話　中華書局　1995　p. 131
柳田聖山　禪籍解題(一)・敦煌禪籍　俗語言研究(第二期)　(京都)禪文化研究所　1995　p. 139
張涌泉　敦煌俗字研究導論　(臺北)新文豐出版公司　1996　p. 25
榮新江　敦煌本禪宗燈史殘卷拾遺　周紹良先生欣開九秩慶壽文集　中華書局　1997　p. 232
方廣錩　傳法寶紀　敦煌學大辭典　上海辭書出版社　1998　p. 725
劉方　初期的禪史Ⅰ　敦煌學大辭典　上海辭書出版社　1998　p. 827
榮新江　敦煌學十八講　北京大學出版社　2001　p. 252
袁德領　法如神秀與北宗禪的肇始　《敦煌研究》2001年第1期　p. 73

P. 3859

竺沙雅章　敦煌の寺戶について　『史林』(44卷5號)　京都大學文學部史學研究會　1961　p. 68
北原薰　晚唐・五代の敦煌寺院経済——収支決算報告を中心に　敦煌の社會(講座敦煌3)　(東京)大東出版社　1980　p. 380
堀敏一　敦煌社會の変質——中國社會全般の発展とも関連して　敦煌の社會(講座敦煌3)　(東京)大東出版社　1980　p. 192
土肥義和　はじめに——歸義軍節度使の敦煌支配　敦煌の歷史(講座敦煌2)　(東京)大東出版社　1980　p. 274
吳其昱　有關唐代和十世紀奴婢的敦煌卷子　《敦煌學輯刊》1984年第2期　p. 144
謝重光　關於唐後期至五代間沙州寺院經濟的幾個問題　敦煌吐魯番出土經濟文書研究　廈門大學出版社　1986　p. 506 注19
張弓　南北朝隋唐寺觀戶階層述略　五十年來漢唐佛教寺院經濟研究　北京師範大學出版社　1986　p. 322
姜伯勤　唐五代敦煌寺戶制度　中華書局　1987　p. 5 圖版、153
謝和耐著　耿昇譯　中國5—10世紀的寺院經濟　甘肅人民出版社　1987　p. 135 注2　又見：上海古籍出版社　2004　p. 108
唐耕耦　陸宏基　敦煌社會經濟文獻真迹釋錄(四)　全國圖書館文獻縮微複製中心　1990　p. 159
周紹良　敦煌文學芻議及其它　(臺北)新文豐出版公司　1992　p. 39
王震亞　趙熒　敦煌殘卷爭訟文牒集釋　甘肅人民出版社　1993　p. 117
鄭炳林　讀敦煌文書P. 3859《後唐清泰三年六月沙州儭司教授福集等狀》劄記　《西北史地》1993年第4期　p. 44　又見：敦煌吐魯番文獻研究　蘭州大學出版社　1995　p. 609
姜伯勤　常住百姓　敦煌學大辭典　上海辭書出版社　1998　p. 651
高啟安　崇高與卑賤：敦煌的佛教信仰賤名再探　'98法門寺唐文化國際學術討論會論文集　陝西人民出版社　2000　p. 250
雷紹鋒　歸義軍賦役制度初探　(臺北)洪葉文化事業有限公司　2000　p. 96、262
施萍婷　《敦煌遺書總目索引新編》前言　敦煌遺書總目索引新編　中華書局　2000　p. 3
謝重光　漢唐佛教社會史論　(臺北)國際文化事業有限公司　2001　p. 249 注19
金瀅坤　敦煌社會經濟文書定年拾遺　《首都師範大學學報》2006年第1期　p. 13
金瀅坤　敦煌社會經濟文獻綴合拾遺　文史(第七十五輯)　中華書局　2006　p. 89

P. 3860

羅福頤　敦煌石室文物對於學術上的貢獻　《歷史教學》1951年第5期　又見：中國敦煌學百年文庫・考古卷(四)　甘肅文化出版社　1999　p. 12

陳國燦　敦煌所出諸借契年代考　魏晉南北朝隋唐史資料（第4輯）　武漢大學出版社　1982
　　p. 12

傅芸子　敦煌俗文學之發見及其展開　敦煌變文論文録　上海古籍出版社　1982　p. 141

唐耕耦　唐五代時期的高利貸：敦煌吐魯番出土借貸文書初探　《敦煌學輯刊》1986年第1期
　　p. 145

王永興　隋唐五代經濟史料彙編校注・第一編（下）　中華書局　1987　p. 939

山本達郎等　敦煌・I社條　『NUN－HUANG AND TURFAN DOCUMENTS CONCERNING SOCIAL
　　AND ECONOMIC HISTORY』（IV）　（東京）東洋文庫　1989　p. 13

王公望　契約　敦煌文學　甘肅人民出版社　1989　p. 57

唐耕耦　陸宏基　敦煌社會經濟文獻真迹釋録（二）　全國圖書館文獻縮微複製中心　1990　p. 111

蔣禮鴻　敦煌文獻語言詞典　杭州大學出版社　1994　p. 20

張傳璽　中國歷代契約會編考釋（上）　北京大學出版社　1995　p. 377注1

黃永年　唐代史事考釋　（臺北）聯經出版公司　1998　p. 458

沙知　敦煌契約文書輯校　江蘇古籍出版社　1998　p. 392

楊森　關於敦煌文獻中的"平章"一詞　敦煌學與中國史研究論集　甘肅人民出版社　2001　p. 231

陳國燦　敦煌學史事新證　甘肅教育出版社　2002　p. 335

童丕　敦煌的借貸：中國中古時代的物質生活與社會　中華書局　2003　p. 126

王啓濤　中古及近代法制文書語言研究　巴蜀書社　2003　p. 133、211、240

P. 3861

陳祚龍　古代敦煌及其他地區流行之公私印章圖記文字録　敦煌學要籥　（臺北）新文豐出版公司
　　1982　p. 345

田中良昭　敦煌禪宗文獻の研究　（東京）大東出版社　1983　p. 365

王堯　陳踐　敦煌吐蕃文獻選　四川民族出版社　1983　p. 206

張廣達　榮新江　巴黎國立圖書館所藏敦煌于闐語寫卷目録初編　敦煌吐魯番文獻研究論集（第四
　　輯）　北京大學出版社　1987　p. 121

姜伯勤　論禪宗在敦煌僧俗中的流傳　（香港）《九州學刊》（敦煌學專輯）1992年第4卷第4期
　　p. 8　又見：中國敦煌學百年文庫・宗教卷（一）　甘肅文化出版社　1999　p. 221

高田時雄　チベット文字書寫「長卷」の研究（本文編）　『東方學報』（第65號）　京都大學人文科
　　學研究所　1993　p. 375

梅弘理　敦煌本佛教教理問答書　法國學者敦煌學論文選萃　中華書局　1993　p. 139

姜伯勤　敦煌藝術宗教與禮樂文明　中國社會科學出版社　1996　p. 364

李正宇　敦煌遺書標點符號　敦煌學大辭典　上海辭書出版社　1998　p. 519

森安孝夫著　梁曉鵬摘譯　河西歸義軍節度使官印及其編年　《敦煌學輯刊》2003年第1期　p. 142

P. 3862

金岡照光　敦煌漢文文學文獻の文學形態上の種類とその分類　敦煌出土文學文獻分類目録・附解
　　說　（東京）東洋文庫　1971　p. 237

金岡照光　敦煌文學のさまざま　敦煌の文學　（東京）大藏出版株式會社　1971　p. 165

王重民　敦煌古籍叙録　中華書局　1979　p. 290

萬曼　唐集叙録　中華書局　1980　p. 102

蘇瑩輝　敦煌學概要　（臺北）編譯館"中華叢書編委會"　1981　p. 59

蘇瑩輝　中外敦煌古寫本纂要　敦煌論集　（臺北）學生書局　1983　p. 334

蔣禮鴻　《補全唐詩》校記　敦煌學論集　甘肅人民出版社　1985　p. 78

饒宗頤　敦煌書法叢刊（第十六卷）·詩詞　（東京）二玄社　1985　p. 20、72

王重民　巴黎敦煌殘卷叙錄（第二輯）　敦煌叢刊初集（九）　（臺北）新文豐出版公司　1985　p. 290

吳肅森　敦煌殘卷高適佚詩初探　《敦煌研究》1985年第3期　p. 85

王重民原編　黃永武新編　敦煌古籍叙錄新編（第十五冊）　（臺北）新文豐出版公司　1986　p. 93

黃永武　施淑婷　敦煌的唐詩續編　（臺北）文史哲出版社　1989　p. 21

張錫厚　敦煌詩歌考論　《敦煌學輯刊》1989年第2期　p. 27

張錫厚　詩歌　敦煌文學　甘肅人民出版社　1989　p. 175

王仲犖　唐西陲物價考　敦煌吐魯番文獻研究論集（第五輯）　北京大學出版社　1990　p. 2

周丕顯　敦煌詩詩考　敦煌學國際學術討論會論文縮寫文（1990）　敦煌研究院　1990　p. 83

鄭汝中　敦煌書法管窺　《敦煌研究》1991年第4期　p. 39

杜愛英　敦煌遺書中俗體字的諸種類型　《敦煌研究》1992年第3期　p. 119

金岡照光　韻文體類——長篇叙事詩·短篇歌詠　敦煌の文學文獻（講座敦煌9）　（東京）大東出版社　1992　p. 264

周丕顯　敦煌佚詩雜考　《敦煌學輯刊》1992年第1、2期　p. 47

周紹良　敦煌文學芻議及其它　（臺北）新文豐出版公司　1992　p. 27

顧吉辰　唐代敦煌文獻寫本書手考述　《敦煌學輯刊》1993年第1期　p. 30

項楚　敦煌詩歌導論　（臺北）新文豐出版公司　1993　p. 26

張錫厚　敦煌文學概論　甘肅人民出版社　1993　p. 356

伏俊璉　敦煌賦校注　甘肅人民出版社　1994　p. 1、6

蔣禮鴻　蔣禮鴻語言文字學論叢　浙江古籍出版社　1994　p. 422

沃興華　敦煌書法藝術　上海人民出版社　1994　p. 73、244

趙聲良　萬經珍寶：古代書法藝術的寶庫“敦煌書法”　（臺北）《雄獅美術》1994年第12期

鄭汝中　敦煌書法概述　敦煌書法庫（第一輯）　甘肅人民美術出版社　1994　p. 12

鄭汝中　唐代書法藝術與敦煌寫卷　敦煌書法庫（第四輯）　甘肅人民美術出版社　1994　p. 11
又見：《敦煌研究》1996年第2期　p. 127

劉進寶　敦煌學論述　（臺北）洪葉文化事業有限公司　1995　p. 330

王繼如　《醜女緣起》校釋補正　俗語言研究（第二期）　（京都）禪文化研究所　1995　p. 69

張錫厚　敦煌本唐集研究　（臺北）新文豐出版公司　1995　p. 172、411

王仲犖　金泥玉屑叢考　中華書局　1996　p. 192

徐俊　敦煌寫本唐人詩歌存佚互見綜考　敦煌吐魯番研究（第一卷）　北京大學出版社　1996　p. 121

張錫厚　敦煌本《高適詩集》考述　《敦煌研究》1996年第1期　p. 83

張錫厚　敦煌賦彙　（臺北）新文豐出版公司　1996　p. 4、192

張錫厚　評《敦煌賦校注》　敦煌吐魯番研究（第一卷）　北京大學出版社　1996　p. 421

張錫厚　探幽發微　佚篇薈萃：讀《敦煌賦校注》　《西北師大學報》（社會科學版）1996年第2期　p. 73

趙聲良　敦煌寫卷書法（下）　《文史知識》1997年第5期　p. 85

胡大浚　王志鵬　敦煌邊塞詩歌綜論　《敦煌研究》1998年第1期　p. 118

張錫厚　高適詩集　敦煌學大辭典　上海辭書出版社　1998　p. 561

胡大浚　王志鵬　敦煌邊塞詩歌校注　甘肅人民出版社　1999　p. 92

黄征　程惠新　劫塵遺珠：敦煌遺書　甘肅教育出版社　1999　p. 212

張涌泉　《補全唐詩》兩種補校　舊學新知　浙江大學出版社　1999　p. 303

北京大學　敦煌《經卷》、《照片》及《圖書》目錄　中國敦煌學百年文庫·綜述卷(一)　甘肅文化出版社　1999　p. 319

杜琪　敦煌詩賦作品要目分類題注　《甘肅社會科學》2000 年第 1 期　p. 64

李重申　敦煌古代體育文化　甘肅人民出版社　2000　p. 115

徐俊　敦煌詩集殘卷輯考　中華書局　2000　p. 146、207、309、393、469、536

張錫厚　敦煌文學源流　作家出版社　2000　p. 77、199

杜曉勤　隋唐五代文學研究　北京出版社　2001　p. 1263

陶敏　李一飛　隋唐五代文學史料學　中華書局　2001　p. 354

姜亮夫　敦煌莫高窟年表　姜亮夫全集(十一)　雲南人民出版社　2002　p. 344

劉勝角　古代楷書發展史　中國戲劇出版社　2002　p. 301

高國藩　敦煌學百年史述要　(臺北)商務印書館　2003　p. 188

林平和　試論敦煌文獻之輯佚價值　新世紀敦煌學論集　巴蜀書社　2003　p. 738

P. 3863

陳祚龍　瓜沙印錄　(臺北)《大陸雜誌》1962 年第 4 期　又見：敦煌學概要　(臺北)編譯館"中華叢書編委會"　1981　p. 269；中國敦煌學百年文庫·考古卷(一)　甘肅文化出版社　1999　p. 192

蔣禮鴻　敦煌變文字義通釋　上海古籍出版社　1981　p. 433　又見：敦煌叢刊初集(十四)　(臺北)新文豐出版公司　1985　p. 432

陳祚龍　古代敦煌及其他地區流行之公私印章圖記文字錄　敦煌學要籥　(臺北)新文豐出版公司　1982　p. 345

李豐楙　敦煌道經寫卷與道教寫經的供養功德觀　全國敦煌學研討會論文集　(臺北)中正大學中國文學系所　1995　p. 129

顏廷亮　張球著作系年與生平管窺　敦煌學國際研討會文集·史地語文編　遼寧美術出版社　1995　p. 258

李正宇　古本敦煌鄉土志八種箋證　(臺北)新文豐出版公司　1998　p. 322

李正宇　張球　敦煌學大辭典　上海辭書出版社　1998　p. 356

顏廷亮　有關張球生平及其著作的一件新見文獻　《敦煌研究》2002 年第 5 期　p. 103

森安孝夫著　梁曉鵬摘譯　河西歸義軍節度使官印及其編年　《敦煌學輯刊》2003 年第 1 期　p. 140

鄭炳林　晚唐五代河西地區的居民結構研究　《蘭州大學學報》2006 年第 2 期　p. 20

P. 3864

鄭良樹　敦煌老子寫本考異　(臺北)《大陸雜誌》1981 年第 2 期　又見：中國敦煌學百年文庫·宗教卷(三)　甘肅文化出版社　1999　p. 68

陳祚龍　看了周作《敦煌寫本書儀考》(之一)以後　敦煌學(第 6 輯)　(臺北)新文豐出版公司　1983　p. 43

王重民原編　黄永武新編　敦煌古籍叙錄新編(第十一冊)　(臺北)新文豐出版公司　1986　p. 400

唐耕耦　陸宏基　敦煌社會經濟文獻真迹釋錄(五)　全國圖書館文獻縮微複製中心　1990　p. 355

李正宇　敦煌文學概論　甘肅人民出版社　1993　p. 97

趙和平　後唐時代甘州回鶻表本及相關漢文文獻的初步研究　(香港)《九州學刊》1995 年第 6 卷 4

期　p. 97　又見:唐五代書儀研究　中國社會科學出版社　1995　p. 242

周一良　趙和平　敦煌表狀箋啓書儀略論　唐五代書儀研究　中國社會科學出版社　1995　p. 42

又見:敦煌吐魯番學研究論集　書目文獻出版社　1996　p. 193

周一良　趙和平　後唐時代刺史專用書儀　唐五代書儀研究　中國社會科學出版社　1995　p. 222

周一良　趙和平　《新集雜別紙》的初步研究　唐五代書儀研究　中國社會科學出版社　1995
p. 262

張涌泉　敦煌俗字研究導論　(臺北)新文豐出版公司　1996　p. 158

趙和平　敦煌寫本書儀中的口頭用語問題初探　慶祝潘石禪先生九秩華誕敦煌學特刊　(臺北)文
津出版社　1996　p. 229

張涌泉　敦煌文獻校讀易誤字例釋　敦煌文學論集　四川人民出版社　1997　p. 263、273

趙和平　敦煌表狀箋啓書儀輯校　江蘇古籍出版社　1997　p. 166

趙和平　《敦煌寫本書儀研究》訂補　敦煌吐魯番研究(第三卷)　北京大學出版社　1997　p. 231

趙和平　晚唐五代靈武節度使與沙州歸義軍關係試論　第三屆中國唐代文化學術研討會論文集
(臺北)政治大學中國文學系　1997　p. 550

趙和平　刺史書儀　敦煌學大辭典　上海辭書出版社　1998　p. 423

陳靜　"別紙"考釋　《敦煌學輯刊》1999 年第 1 期　p. 108

孫繼民　敦煌吐魯番所出唐代軍事文書初探　中國社會科學出版社　2000　p. 310

趙和平　敦煌本《甘棠集》研究　(臺北)新文豐出版公司　2000　p. 17

吳麗娛　從敦煌書儀中的表狀箋啓看唐五代官場禮儀的轉移變遷　中國社會歷史評論(第三卷)
中華書局　2001　p. 364

曾良　敦煌文獻字義通釋　廈門大學出版社　2001　p. 5

石曉軍　日本園城寺(三井寺)藏唐人詩文尺牘校證　唐研究(第八卷)　北京大學出版社　2002
p. 130

吳麗娛　唐禮摭遺:中古書儀研究　商務印書館　2002　p. 145、631

張小豔　試論敦煌書儀的語料價值　浙江與敦煌學:常書鴻先生誕辰一百周年紀念文集　浙江古籍
出版社　2004　p. 543

黑維強　吐魯番出土文書詞語例釋(二)　《敦煌學輯刊》2005 年第 2 期　p. 189

吳麗娛　關於敦煌 S. 5566 書儀的研究　敦煌學國際研討會論文集　北京圖書館出版社　2005
p. 73

P. 3865

羅福頤　敦煌石室文物對於學術上的貢獻　《歷史教學》1951 年第 5 期　又見:中國敦煌學百年文
庫·考古卷(四)　甘肅文化出版社　1999　p. 7

高國藩　驅儺風俗和敦煌民間歌謠《兒郎偉》　文史(第二十九輯)　中華書局　1988　p. 293

高國藩　敦煌民俗學　上海文藝出版社　1989　p. 412

高國藩　敦煌古俗與民俗流變　河海大學出版社　1990　p. 496

菅原信海　占筮書　敦煌漢文文獻(講座敦煌5)　(東京)大東出版社　1992　p. 449

高國藩　敦煌民俗資料導論　(臺北)新文豐出版公司　1993　p. 130

蕭登福　道教與密宗　(臺北)新文豐出版公司　1993　p. 442

金賢珠　唐五代敦煌民歌　(臺北)文史哲出版社　1994　p. 54

劉進寶　敦煌學論述　(臺北)洪葉文化事業有限公司　1995　p. 171 注 18

嚴敦傑　宅經　敦煌學大辭典　上海辭書出版社　1998　p. 624

黃正建　敦煌占卜文書與唐五代占卜研究　學苑出版社　2001　p. 77

李正宇　沙州歸義軍樂營及其職事　敦煌吐魯番研究(第五卷)　北京大學出版社　2001　p. 221

陳于柱　魏萬斗　唐宋陰陽相宅宗初探：以敦煌寫本宅經爲考索　《敦煌學輯刊》2002 年第 2 期　p. 45

陳于柱　敦煌寫本宅經的八宅："八宅經一卷"研究　麥積山石窟藝術文化論文集(下)　蘭州大學出版社　2004　p. 237、251

王卡　敦煌道教文獻研究　中國社會科學出版社　2004　p. 13、148

王卡　敦煌道教綜述　敦煌與絲路文化學術講座(第二輯)　北京圖書館出版社　2005　p. 382

金身佳　敦煌寫本宅經中的陰陽宅修造吉日　文史(第七十五輯)　中華書局　2006　p. 65

余欣　唐宋敦煌醮祭鎮宅法考察　文史(第七十五輯)　中華書局　2006　p. 63

余欣　唐宋時代敦煌的鎮宅術　敦煌吐魯番研究(第九卷)　中華書局　2006　p. 353

P. 3866

陳祚龍　敦煌古抄中世詩歌　敦煌學海探珠(上冊)　(臺北)商務印書館　1979　p. 155

陳祚龍　敦煌古抄文獻會最　(臺北)新文豐出版公司　1982　p. 94(圖版)

王重民　劉修業　《補全唐詩》拾遺　敦煌遺書論文集　中華書局　1984　p. 26

林聰明　敦煌漢文文書解讀要點試論　漢學研究(敦煌學國際研討會論文專號)　(臺北)漢學研究資料及服務中心　1986　p. 428

高國藩　敦煌民俗學　上海文藝出版社　1989　p. 538

張錫厚　敦煌詩歌考論　《敦煌學輯刊》1989 年第 2 期　p. 20

張錫厚　詩歌　敦煌文學　甘肅人民出版社　1989　p. 166

高國藩　敦煌古俗與民俗流變　河海大學出版社　1990　p. 452

周丕顯　敦煌詩詩考　敦煌學國際學術討論會論文縮寫文(1990)　敦煌研究院　1990　p. 83

林聰明　敦煌文書學　(臺北)新文豐出版公司　1991　p. 419

朱越利　道經總論　遼寧教育出版社　1992　p. 281

周丕顯　敦煌佚詩雜考　《敦煌學輯刊》1992 年第 1、2 期　p. 50

周紹良　敦煌文學芻議及其它　(臺北)新文豐出版公司　1992　p. 29

李正宇　敦煌文學概論　甘肅人民出版社　1993　p. 126

汪泛舟　敦煌文學概論　甘肅人民出版社　1993　p. 546

張錫厚　敦煌文學概論　甘肅人民出版社　1993　p. 357、377

鄭炳林　《索勳紀德碑》研究　《敦煌學輯刊》1994 年第 2 期　p. 73

顏廷亮　關於《白雀歌》見在寫卷兼及敦煌佛道關係　敦煌佛教文化研究　社科縱橫編輯部　1996　p. 18

張涌泉　敦煌文獻校讀釋例　文史(第四十一輯)　中華書局　1996　p. 190　又見：舊學新知　浙江大學出版社　1999　p. 198

鄭炳林　敦煌碑銘讚輯釋　甘肅教育出版社　1997　p. 313 注 2

柴劍虹　涉道詩　敦煌學大辭典　上海辭書出版社　1998　p. 563

李重申　投壺　敦煌學大辭典　上海辭書出版社　1998　p. 599

馬德　敦煌文書《道家雜齋文範集》及有關問題述略　道家文化研究(第十三輯)　三聯書店　1998　p. 244

饒宗頤　由懸泉置漢代紙帛法書名迹談早期敦煌書家　出土文獻研究(第四輯)　文物出版社　1998　p. 2

高國藩　敦煌俗文化學　上海三聯書店　1999　p. 239

顏廷亮　敦煌文化中的道教及文化　《敦煌研究》1999 年第 1 期　p. 143

顏廷亮　關於敦煌文學發展的歷史進程　《甘肅社會科學》1999 年第 4 期　p. 45

張涌泉　《補全唐詩》兩種補校　舊學新知　浙江大學出版社　1999　p. 308

杜琪　敦煌詩賦作品要目分類題注　《甘肅社會科學》2000 年第 1 期　p. 63

李重申　敦煌古代體育文化　甘肅人民出版社　2000　p. 151

孫其芳　大漠遺歌:敦煌詩歌選評　甘肅人民出版社　2000　p. 183

汪泛舟　敦煌道教與齋醮諸考　1994 年敦煌學國際研討會文集·宗教文史卷(上)　甘肅民族出版
　　　社　2000　p. 16

徐俊　敦煌詩集殘卷輯考　中華書局　2000　p. 413

顏廷亮　敦煌文化　光明日報出版社　2000　p. 251、316

顏廷亮　西陲文學遺珍:敦煌文學通俗談　甘肅人民出版社　2000　p. 93

張錫厚　敦煌文學源流　作家出版社　2000　p. 58

杜曉勤　隋唐五代文學研究　北京出版社　2001　p. 1262

林聰明　敦煌吐魯番文書解詁指例　(臺北)新文豐出版公司　2001　p. 27 注 6、256

陶敏　李一飛　隋唐五代文學史料學　中華書局　2001　p. 350

劉進寶　敦煌學通論　甘肅教育出版社　2002　p. 370

劉屹　評《敦煌道藏》　敦煌吐魯番研究(第六卷)　北京大學出版社　2002　p. 389

王卡　敦煌道教文獻研究　中國社會科學出版社　2004　p. 13、242

王卡　敦煌道教綜述　敦煌與絲路文化學術講座(第二輯)　北京圖書館出版社　2005　p. 382

P. 3867

王重民　敦煌本《王陵變文》　《國立北平圖書館館刊》1936 年第 10 卷第 6 號　又見:敦煌變文論文
　　　録　上海古籍出版社　1982　p. 591；敦煌遺書論文集　中華書局　1984　p. 266、283

向達　唐代俗講考　《國學季刊》1946 年第 6 卷第 4 號　p. 42　又見:唐代長安與西域文明　三聯書
　　　店　1957　p. 333；敦煌變文論輯　(臺北)石門圖書公司　1981　p. 39；敦煌變文論文録　上
　　　海古籍出版社　1982　p. 67；關隴文學論叢　甘肅人民出版社　1983　p. 180

那波利貞　俗講と變文　『佛教史學』(1 卷 4 號)　(東京)平樂寺書店　1950　p. 49、54　又見:唐
　　　代社會文化史研究·第四編　(東京)創文社　1974　p. 438、443

那波利貞　中晚唐五代の佛教寺院の俗講の座に於ける變文の演出方法に就きて　甲南大學論集
　　　(2)　(神戶)甲南大學　1955　p. 1

周紹良　敦煌所出變文現存目録　敦煌變文彙録　上海出版公司　1955　p. 8

那波利貞　千佛岩莫高窟と敦煌文書　西域文化研究(第二)·敦煌吐魯番社會經濟資料(上)　(京
　　　都)法藏館　1959　p. 49

蘇瑩輝　論敦煌本史傳變文與中國俗文學　(臺中)《東海大學圖書館學報》1964 年第 6 期　又見:
　　　敦煌論集　(臺北)學生書局　1983　p. 115；中國敦煌學百年文庫·文學卷(五)　甘肅文化出
　　　版社　1999　p. 13

金岡照光　敦煌文學のこころ　敦煌の文學　(東京)大藏出版株式會社　1971　p. 278

金岡照光　敦煌文學のさまざま　敦煌の文學　(東京)大藏出版株式會社　1971　p. 109

王重民　敦煌古籍敘録　中華書局　1979　p. 344

楊家駱　敦煌變文　(臺北)世界書局　1980　p. 47

金岡照光　敦煌の繪物語　(東京)東方書店　1981　p. 224

潘重規　敦煌變文新論　敦煌變文論輯　（臺北）石門圖書公司　1981　p. 173

周紹良　談唐代民間文學——讀《中國文學史》中“變文”節書後關於唐代民間文學研究的幾點意見　　敦煌變文論文録　上海古籍出版社　1982　p. 412　又見：紹良叢稿　齊魯書社　1984　p. 54

潘重規　敦煌變文集新書（下）　（臺北）“中國文化大學”中文研究所　1984　p. 886

王重民　漢將王陵變　敦煌變文集　人民文學出版社　1984　p. 47

王重民原編　黃永武新編　敦煌古籍敘録新編（第十七冊）　（臺北）新文豐出版公司　1986　p. 310

張鴻勳　敦煌講唱文學作品選注　甘肅人民出版社　1987　p. 171

周紹良　唐代變文及其它　敦煌文學作品選　中華書局　1987　p. 3

蕭登福　唐世佛家之講經與敦煌變文　敦煌俗文學論叢　（臺北）商務印書館　1988　p. 68

郭在貽　張涌泉　黃征　敦煌變文集校議　岳麓書社　1990　p. 36

江藍生　近代漢語語法資料彙編（唐五代卷）　商務印書館　1990　p. 229

項楚　敦煌變文選注　巴蜀書社　1990　p. 107

金岡照光　講史譚・時事变文等——「王陵」「李陵」「張議潮」变文を中心に　敦煌の文學文獻（講座敦煌 9）　（東京）大東出版社　1992　p. 547

林家平　寧强　羅華慶　中國敦煌學史　北京語言學院出版社　1992　p. 337

張涌泉　敦煌寫卷俗字類型及其考辨的方法　（香港）《九州學刊》（敦煌學專輯）1992 年第 4 卷第 4 期　p. 74

周紹良　敦煌文學芻議及其它　（臺北）新文豐出版公司　1992　p. 68

榮新江　英倫所見三種敦煌俗文學作品跋　（香港）《九州學刊》（敦煌學專輯）1993 年第 5 卷第 4 期　p. 132

張鴻勳　敦煌說唱文學概論　（臺北）新文豐出版公司　1993　p. 167

張涌泉　漢語俗字研究　岳麓書社　1995　p. 60、124

黃征　張涌泉　敦煌變文校注　中華書局　1997　p. 72

劉子瑜　敦煌變文和王梵志詩　大象出版社　1997　p. 38

海客　漢將王陵變　敦煌學大辭典　上海辭書出版社　1998　p. 577

黃時鑒　慧超《往五天竺國傳》識讀餘論　東西交流論譚　上海文藝出版社　1998　p. 38

沙知　敦煌契約文書輯校　江蘇古籍出版社　1998　p. 207

金岡照光　敦煌文獻と中國文學　（東京）五曜書房　2000　p. 190、238

張涌泉　漢語俗字叢考　中華書局　2000　p. 1047

楊惠玲　敦煌契約文書中的保人、見人、口承人、同便人、同取人　《敦煌研究》2002 年第 6 期　p. 43

王啓濤　中古及近代法制文書語言研究　巴蜀書社　2003　p. 107 注 2、207、225、240

黃征　敦煌俗字典　上海教育出版社　2005　p. 前言 32

P. 3868

池田溫　中國古代寫本識語集録　（東京）大藏出版株式會社　1990　p. 523

高國藩　敦煌古俗與民俗流變　河海大學出版社　1990　p. 1

姜伯勤　敦煌吐魯番文書與絲綢之路　文物出版社　1994　p. 144

鄭炳林　羊萍　敦煌本夢書　甘肅文化出版社　1995　p. 327

鄭炳林　敦煌碑銘讚輯釋　甘肅教育出版社　1997　p. 60 注 9

嚴敦傑　管公明卜要決一卷　敦煌學大辭典　上海辭書出版社　1998　p. 622

高國藩　敦煌俗文化學　上海三聯書店　1999　p. 59

黃正建　關於 17 件俄藏敦煌占卜文書的定名問題　《敦煌研究》2000 年第 4 期　p. 133

馬克　敦煌數占小考　法國漢學(敦煌學專號)　中華書局　2000　p. 196

黃正建　敦煌占卜文書與唐五代占卜研究　學苑出版社　2001　p. 28

鄭炳林　敦煌寫本解夢書校錄研究　民族出版社　2005　p. 20

P. 3869

陳國燦　敦煌所出諸借契年代考　《敦煌學輯刊》1984 年第 1 期　p. 5

岡部和雄　敦煌蔵經目録　敦煌と中國仏教(講座敦煌7)　(東京)大東出版社　1984　p. 308

方廣錩　佛教大藏經史(八—十世紀)　中國社會科學出版社　1991　p. 115、141

方廣錩　敦煌佛教經錄輯校　江蘇古籍出版社　1997　p. 762

方廣錩　大周刊定眾經目録　敦煌學大辭典　上海辭書出版社　1998　p. 745

郝春文　唐後期五代宋初敦煌僧尼的社會生活　中國社會科學出版社　1998　p. 402

鄭炳林　晚唐五代敦煌地區《大般若經》的流傳與信仰　麥積山石窟藝術文化論文集(下)　蘭州大學出版社　2004　p. 119

P. 3870

饒宗頤　穆護歌考　選堂集林‧史林　(香港)中華書局　1982　p. 509 注 24　又見：饒宗頤史學論著選　上海古籍出版社　1993　p. 441 注 22

李鼎文　讀佚名《敦煌二十詠》　《西北師院學報》1983 年第 4 期　又見：甘肅文史叢稿　甘肅人民出版社　1986　p. 93

馬德　《敦煌二十詠》寫作年代初探　《敦煌研究》1983 年創刊號　p. 179

王重民　劉修業　《補全唐詩》拾遺　敦煌遺書論文集　中華書局　1984　p. 26、51

高明士　唐代敦煌的教育　漢學研究(敦煌學國際研討會論文專號)　(臺北)漢學研究資料及服務中心　1986　p. 251

李正宇　敦煌學郎題記輯注　《敦煌學輯刊》1987 年第 1 期　p. 28

李正宇　敦煌古城談往　《西北史地》1988 年第 2 期　p. 24

李正宇　唐宋時代敦煌縣河渠泉澤簡志(一)　《敦煌研究》1988 年第 4 期　p. 96

李正宇　唐宋時代敦煌縣河渠泉澤簡志(二)　《敦煌研究》1989 年第 1 期　p. 59

李正宇　《敦煌廿詠》探微　古文獻研究　浙江古籍出版社　1989　p. 235

李正宇　唐宋時代沙州壽昌縣河渠泉澤簡志　《敦煌研究》1989 年第 3 期　p. 34

張錫厚　敦煌詩歌考論　《敦煌學輯刊》1989 年第 2 期　p. 11

張錫厚　詩歌　敦煌文學　甘肅人民出版社　1989　p. 157

池田溫　中國古代寫本識語集録　(東京)大藏出版株式會社　1990　p. 429

高國藩　敦煌古俗與民俗流變　河海大學出版社　1990　p. 479

龍晦　敦煌與五代兩蜀文化　《敦煌研究》1990 年第 2 期　p. 96

林聰明　敦煌文書學　(臺北)新文豐出版公司　1991　p. 254、290

東野治之　敦煌と日本の『千字文』　遣唐使と正倉院　(東京)岩波書店　1992　p. 241

東野治之　訓蒙書　敦煌漢文文獻(講座敦煌5)　(東京)大東出版社　1992　p. 405

杜愛英　敦煌遺書中俗體字的諸種類型　《敦煌研究》1992 年第 3 期　p. 119

周丕顯　敦煌佚詩雜考　《敦煌學輯刊》1992 年第 1、2 期　p. 49

周紹良　敦煌文學芻議及其它　(臺北)新文豐出版公司　1992　p. 22

項楚　敦煌詩歌導論　(臺北)新文豐出版公司　1993　p. 268

張錫厚　敦煌文學概論　甘肅人民出版社　1993　p. 359

沃興華　敦煌書法藝術　上海人民出版社　1994　p. 188

吳庚舜　董乃斌　唐代文學史（下）　人民文學出版社　1995　p. 615

李正宇　敦煌史地新論　（臺北）新文豐出版公司　1996　p. 119

李正宇　敦煌出土的四首特型詩及其破解　敦煌文學論集　四川人民出版社　1997　p. 17

劉子瑜　敦煌變文和王梵志詩　大象出版社　1997　p. 76

鄭炳林　敦煌碑銘讚輯釋　甘肅教育出版社　1997　p. 95 注 10

李正宇　敦煌廿詠　敦煌學大辭典　上海辭書出版社　1998　p. 553

李正宇　墨池　敦煌學大辭典　上海辭書出版社　1998　p. 320

楊森　敦煌邊塞詩歌綜論　《敦煌研究》1998 年第 1 期　p. 128

池田溫　八世紀中葉敦煌的粟特人聚落　唐研究論文選集　中國社會科學出版社　1999　p. 54 注
　　12

胡大浚　王志鵬　敦煌邊塞詩歌校注　甘肅人民出版社　1999　p. 261

柴劍虹　讀敦煌學士郎張宗之詩抄劄記　敦煌吐魯番學論稿　浙江教育出版社　2000　p. 250

杜琪　敦煌詩賦作品要目分類題注　《甘肅社會科學》2000 年第 1 期　p. 62

徐俊　敦煌詩集殘卷輯考　中華書局　2000　p. 144、159

張錫厚　敦煌文學源流　作家出版社　2000　p. 41

榮新江　徐俊　唐蔡省風編《瑤池新詠》重研　唐研究（第七卷）　北京大學出版社　2001　p. 128

姜亮夫　敦煌莫高窟年表　姜亮夫全集（十一）　雲南人民出版社　2002　p. 412

王素　敦煌吐魯番文獻　文物出版社　2002　p. 20

姜伯勤　天水隋石屏風墓胡人"酒如繩"祆祭畫像石圖像研究　《敦煌研究》2003 年第 1 期　p. 14

姜伯勤　中國祆教藝術史研究　三聯書店　2004　p. 176

高啓安　趙紅　敦煌"玉女"考屑　《敦煌研究》2005 年第 2 期　p. 68　又見：敦煌學國際研討會論
　　文集　北京圖書館出版社　2005　p. 224

P. 3871

陳鐵凡　敦煌本尚書述略　（臺北）《大陸雜誌》1961 年第 8 期　又見：中國敦煌學百年文庫・文獻
　　卷（一）　甘肅文化出版社　1999　p. 446

陳鐵凡　敦煌本尚書十四殘卷綴合記　（新加坡）《新社學報》1969 年第 3 期　又見：中國敦煌學百
　　年文庫・文獻卷（二）　甘肅文化出版社　1999　p. 417

王重民　敦煌古籍敘錄　中華書局　1979　p. 21

王堯　陳踐　敦煌吐蕃文獻選　四川民族出版社　1983　p. 68

王重民　巴黎敦煌殘卷敘錄（第二輯）　敦煌叢刊初集（九）　（臺北）新文豐出版公司　1985　p. 209

王重民原編　黃永武新編　敦煌古籍敘錄新編（第十冊）　（臺北）新文豐出版公司　1986　p. 359

姜亮夫　敦煌本尚書校錄　敦煌學論文集　上海古籍出版社　1987　p. 160、234　又見：姜亮夫全集
　　（十三）　雲南人民出版社　2002　p. 139

姜亮夫　敦煌經卷在中國文化學術上的價值　敦煌學論文集　上海古籍出版社　1987　p. 9

土田健次郎　儒教典籍　敦煌漢文文獻（講座敦煌 5）　（東京）大東出版社　1992　p. 268

王三慶　敦煌本《勵忠節抄》研究　（香港）《九州學刊》（敦煌學專輯）1992 年第 4 卷第 4 期　p. 87

王三慶著　池田溫譯　類書　敦煌漢文文獻（講座敦煌 5）　（東京）大東出版社　1992　p. 368

吳福熙　敦煌殘卷古文尚書校注　甘肅人民出版社　1992　p. 56

吳其昱著　伊藤美重子譯　敦煌漢文寫本概觀　敦煌漢文文獻（講座敦煌 5）　（東京）大東出版社
　　1992　p. 96

王堯　吐蕃時期藏譯漢籍名著及故事　中國古籍研究(第一卷)　上海古籍出版社　1996　p. 540

陳公柔　評介《尚書文字合編》　燕京學報(新第4期)　北京大學出版社　1998　p. 294

姜亮夫　敦煌:偉大的文化寶藏　雲南人民出版社　1999　p. 100

何華珍　金春梅　敦煌本《勵忠節抄》王校補正　中古近代漢語研究(第一輯)　上海教育出版社　2000　p. 281

許建平　敦煌本《尚書》叙錄　敦煌文獻論集:紀念藏經洞發現一百周年國際學術研討會論文集　遼寧人民出版社　2001　p. 388

姜亮夫　敦煌莫高窟年表　姜亮夫全集(十一)　雲南人民出版社　2002　p. 161

鄭炳林　敦煌寫本《張議潮處置涼州進表》拼接綴合與歸義軍對涼州的管理　國際敦煌學學術史研討會論文集　研討會籌備組　2002　p. 189

鄭炳林　晚唐五代敦煌歸義軍行政區劃制度研究(之二)　《敦煌研究》2002年第3期　p. 71

徐俊　敦煌先唐詩考　2000年敦煌學國際學術討論會文集·歷史文化卷(下)　甘肅民族出版社　2003　p. 303

許建平　《俄藏敦煌文獻》儒家經典類寫本的定名與綴合　漢語史學報專輯(第三輯)　上海教育出版社　2003　p. 304

張涌泉　試論敦煌寫本類書的校勘價值:以《勵忠節抄》爲例　《敦煌研究》2003年第2期　p. 69

屈直敏　《敦煌類書·勵忠節抄》校注商補(續)　《敦煌學輯刊》2004年第1期　p. 26

屈直敏　敦煌寫本類書《勵忠節抄》引《史記》異文考證　《敦煌學輯刊》2004年第2期　p. 6注2

許建平　敦煌出土《尚書》寫卷研究的過去與未來　敦煌吐魯番研究(第七卷)　北京大學出版社　2004　p. 226

中村威也　ДХ10698『尚書費誓』とДХ10698v「史書」について　『西北出土文獻研究』(創刊號)(新潟)西北出土文獻研究會　2004　p. 41

屈直敏　從《勵忠節抄》看歸義軍政權道德秩序的重建　《敦煌學輯刊》2005年第3期　p. 78

屈直敏　敦煌本類書《勵忠節抄》寫卷研究　敦煌學國際研討會論文集　北京圖書館出版社　2005　p. 92

屈直敏　從敦煌寫本類書《勵忠節抄》看唐代的知識、道德與政治秩序　《蘭州大學學報》2006年第2期　p. 23

P. 3872

金岡照光　敦煌民衆の宗教と生活　敦煌の民衆——その生活と思想　(東京)評論社　1972　p. 106

王重民原編　黃永武新編　敦煌古籍叙錄新編(第十一冊)　(臺北)新文豐出版公司　1986　p. 373

金岡照光　押座文　敦煌の文學文獻(講座敦煌9)　(東京)大東出版社　1992　p. 386

土田健次郎　儒教典籍　敦煌漢文文獻(講座敦煌5)　(東京)大東出版社　1992　p. 268

鄭阿財　臺灣地區研究概況(1992—1993):敦煌學部分　"中國唐代學會"會刊(第四期)(臺北)"中國唐代學會"　1993　p. 248

胡戟　傅玫　敦煌史話　中華書局　1995　p. 143

榮新江　敦煌本《書儀鏡》爲安西書儀考　慶祝潘石禪先生九秩華誕敦煌學特刊　(臺北)文津出版社　1996　p. 268

馬德　敦煌工匠史料　甘肅人民出版社　1997　p. 102

白化文　周易王弼注　敦煌學大辭典　上海辭書出版社　1998　p. 772

趙和平　《敦煌寫本書儀研究》訂補　敦煌吐魯番研究(第三卷)　北京大學出版社　1998　p. 241

謝桃坊　敦煌文化尋繹　四川人民出版社　1999　p. 194

P. 3873

王利器　敦煌文學中的《韓朋賦》　文學遺產增刊（第一輯）　作家出版社　1955　p. 434　又見：敦
　　煌變文論文錄　上海古籍出版社　1982　p. 683

王重民　敦煌古籍叙錄　中華書局　1979　p. 332

蘇瑩輝　敦煌學概要　（臺北）編譯館"中華叢書編委會"　1981　p. 70

傅芸子　敦煌俗文學之發見及其展開　敦煌變文論文錄　上海古籍出版社　1982　p. 142

蘇瑩輝　中外敦煌古寫本纂要　敦煌論集　（臺北）學生書局　1983　p. 341

潘重規　敦煌變文集新書（下）　（臺北）"中國文化大學"中文研究所　1984　p. 966

王重民原編　黄永武新編　敦煌古籍叙錄新編（第十六冊）　（臺北）新文豐出版公司　1986　p. 335

蘇瑩輝　從敦煌遺書的發現論中國古典文學和俗講作品對後世的影響　敦煌文史藝術論叢　（臺
　　北）新文豐出版公司　1987　p. 11

張鴻勳　敦煌講唱文學作品選注　甘肅人民出版社　1987　p. 70

張錫厚　關於整理《敦煌賦集》的幾個問題　敦煌語言文學論文集　浙江古籍出版社　1988　p. 226

張錫厚　賦　敦煌文學　甘肅人民出版社　1989　p. 135

周紹良　敦煌文學芻議及其它　（臺北）新文豐出版公司　1992　p. 20

張鴻勳　敦煌話本詞文俗賦導論　（臺北）新文豐出版公司　1993　p. 190

伏俊璉　敦煌賦校注　甘肅人民出版社　1994　p. 2

張錫厚　敦煌賦彙　（臺北）新文豐出版公司　1996　p. 8

黄征　《敦煌變文集新書》校議　敦煌語文叢說　（臺北）新文豐出版公司　1997　p. 429

黄征　敦煌寫本異文綜析　敦煌語文叢說　（臺北）新文豐出版公司　1997　p. 21、31

黄征　《韓朋賦》補校　敦煌語文叢說　（臺北）新文豐出版公司　1997　p. 357

黄征　張涌泉　敦煌變文校注　中華書局　1997　p. 89、215

劉雯　吐蕃及歸義軍時期敦煌索氏家族研究　《敦煌學輯刊》1997 年第 2 期　p. 89

程毅中　韓朋賦　敦煌學大辭典　上海辭書出版社　1998　p. 587

潘重規　敦煌《雲謠集》新書　雲謠集研究彙錄　上海古籍出版社　1998　p. 190

高國藩　敦煌俗文化學　上海三聯書店　1999　p. 459

伏俊璉　俗情雅韻：敦煌賦選析　甘肅人民出版社　2000　p. 90

張鴻勳　說唱藝術奇葩：敦煌變文選評　甘肅人民出版社　2000　p. 91

張錫厚　敦煌文學源流　作家出版社　2000　p. 200、252

黄征　敦煌語言文字學研究　甘肅教育出版社　2002　p. 41、50

李小榮　敦煌變文作品校錄二種　《敦煌學輯刊》2002 年第 2 期　p. 31

張鴻勳　敦煌俗文學研究　甘肅人民出版社　2002　p. 6

黄征　敦煌俗字典　上海教育出版社　2005　p. 前言 13、63

黄征　敦煌俗字要論　《敦煌研究》2005 年第 1 期　p. 86

P. 3874

林平和　羅振玉敦煌學析論　（臺北）文史哲出版社　1988　p. 19、199

高國藩　敦煌古俗與民俗流變　河海大學出版社　1990　p. 140

高國藩　敦煌巫術形態：兼與中外巫術之比較　第二屆敦煌學國際研討會論文集　（臺北）漢學研究
　　中心　1990　p. 620、641、652

高國藩　敦煌民俗資料導論　（臺北）新文豐出版公司　1993　p. 260、304

高國藩　敦煌巫術與巫術流變　河海大學出版社　1993　p. 254

蕭登福　道教星斗符印與佛教密宗　（臺北）新文豐出版公司　1993　p. 46、238

蕭登福　道教與密宗　（臺北）新文豐出版公司　1993　p. 187

蕭登福　道教術儀與密教典籍　（臺北）新文豐出版公司　1994　p. 435、463

蕭登福　道教與佛教　（臺北）東大圖書公司　1995　p. 52

王育成　道教法印權杖探奧　宗教文化出版社　2000　p. 46

王育成　道教法印考實　中國社會科學院歷史研究所學刊（第一集）　社會科學文獻出版社　2001　p. 464

張總　說不盡的觀世音　上海辭書出版社　2002　p. 180

王卡　敦煌道教文獻研究　中國社會科學出版社　2004　p. 61

劉永明　敦煌道教的世俗化之路：道教向具注曆日的滲透　《敦煌學輯刊》2005 年第 2 期　p. 203

P. 3875

那波利貞　唐寫本雜抄考——唐代庶民教育史研究の一資料　唐代社會文化史研究・第二編　（東京）創文社　1974　p. 254

雷僑雲　敦煌兒童文學　（臺北）學生書局　1985　p. 45

高國藩　敦煌民俗學　上海文藝出版社　1989　p. 109

山本達郎等　敦煌・Ⅲ 轉貼　『NUN – HUANG AND TURFAN DOCUMENTS CONCERNING SOCIAL AND ECONOMIC HISTORY』（Ⅳ）　（東京）東洋文庫　1989　p. 24

唐耕耦　陸宏基　敦煌社會經濟文獻真迹釋録（二、三）　全國圖書館文獻縮微複製中心　1990　p. 75；216

鄭阿財　敦煌蒙書析論　第二屆敦煌學國際研討會論文集　（臺北）漢學研究中心　1990　p. 217

鄭阿財　敦煌文獻與文學　（臺北）新文豐出版公司　1993　p. 246

沃興華　敦煌書法藝術　上海人民出版社　1994　p. 249

殷光明　從敦煌漢晉長城、古城及屯戍遺址之變遷簡析保護生態平衡的重要性　《敦煌學輯刊》1994 年第 1 期　p. 57

李正宇　俄藏《端拱二年八月十九日往西天取菩薩戒僧智堅手記》決疑　敦煌佛教文獻研究　敦煌研究院文獻研究所　1995　p. 3

石田勇作　敦煌「社文書」研究序說　中國古代の國家と民眾（堀敏一先生古稀記念）　（東京）汲古書院　1995　p. 684

馬德　敦煌莫高窟史研究　甘肅教育出版社　1996　p. 173

馬德　九、十世紀敦煌工匠史料述論　慶祝潘石禪先生九秩華誕敦煌學特刊　（臺北）文津出版社　1996　p. 309

鄭炳林　唐五代敦煌粟特人與歸義軍政權　《敦煌研究》1996 年第 4 期　p. 83　又見：敦煌歸義軍史專題研究　蘭州大學出版社　1997　p. 405

李正宇　敦煌歷史地理導論　（臺北）新文豐出版公司　1997　p. 60

馬德　敦煌工匠史料　甘肅人民出版社　1997　p. 72、78

寧可　郝春文　敦煌社邑文書輯校　江蘇古籍出版社　1997　p. 187、305

唐耕耦　敦煌寺院會計文書研究　（臺北）新文豐出版公司　1997　p. 29

田德新　敦煌寺院中的都師　《敦煌學輯刊》1997 年第 2 期　p. 123

張弓　漢唐佛寺文化史　中國社會科學出版社　1997　p. 1036

鄭炳林　敦煌碑銘讚輯釋　甘肅教育出版社　1997　p. 61 注 9

鄭炳林　唐五代敦煌手工業研究　敦煌歸義軍史專題研究　蘭州大學出版社　1997　p. 245

鄭炳林　唐五代敦煌種植林業研究　敦煌歸義軍史專題研究　蘭州大學出版社　1997　p. 196

鄭炳林　馮培紅　晚唐五代宋初歸義軍政權中都頭一職考辨　敦煌歸義軍史專題研究　蘭州大學出
　　版社　1997　p. 83

李正宇　村莊　敦煌學大辭典　上海辭書出版社　1998　p. 304

沙知　敦煌契約文書輯校　江蘇古籍出版社　1998　p. 287

汪泛舟　敦煌古代兒童課本　甘肅人民出版社　2000　p. 28、53

孟憲實　敦煌社邑的分佈　敦煌文獻論集:紀念藏經洞發現一百周年國際學術研討會論文集　遼寧
　　人民出版社　2001　p. 430

山本達郎等　補(Ⅳ)社・Ⅲ 轉貼　『NUN－HUANG AND TURFAN DOCUMENTS CONCERNING SO-
　　CIAL AND ECONOMIC　HISTORY』(Sup. p. lemrnts)　(東京)東洋文庫　2001　p. 77

李斌城　唐代文化　中國社會科學出版社　2002　p. 1135

鄭阿財　朱鳳玉　敦煌蒙書研究　甘肅教育出版社　2002　p. 56

楊森　五代宋時期于闐皇太子在敦煌的太子莊　《敦煌研究》2003 年第 4 期　p. 43

鄭炳林　晚唐五代敦煌村莊聚落輯考　2000 年敦煌學國際學術討論會文集・歷史文化卷(上)　甘
　　肅民族出版社　2003　p. 136、146

高啓安　唐五代敦煌飲食文化研究　民族出版社　2004　p. 34、200、312

李正宇　晚唐至北宋敦煌僧尼普聽飲酒　《敦煌研究》2005 年第 3 期　p. 69

P. 3876

朱鳳玉　王梵志詩研究(下)　(臺北)學生書局　1986　p. 339

陳慶浩　法忍抄本殘卷王梵志詩初校　敦煌學(第 12 輯)　(臺北)新文豐出版公司　1987　p. 95

項楚　王梵志詩校注　敦煌吐魯番文獻研究論集(第四輯)　北京大學出版社　1987　p. 137、574
　　又見:上海古籍出版社　1991　p. 102、321、728

項楚　王梵志詩校注續拾　敦煌吐魯番文獻研究論集(第四輯)　北京大學出版社　1987　p. 606

張錫厚　整理《王梵志詩集》的新收穫　《敦煌學輯刊》1987 年第 2 期　p. 35

項楚　敦煌遺書中有關王梵志三條材料的校訂與解說　敦煌吐魯番文獻研究論集(第五輯)　北京
　　大學出版社　1990　p. 60、62　又見:敦煌文學叢考　上海古籍出版社　1991　p. 450

張錫厚　敦煌寫本王梵志詩原卷真迹　王梵志詩研究彙錄(上)　上海古籍出版社　1990　圖版 28

項楚　王梵志詩論　敦煌文學叢考　上海古籍出版社　1991　p. 657

項楚　王梵志詩釋詞　敦煌文學叢考　上海古籍出版社　1991　p. 617

項楚　敦煌詩歌導論　(臺北)新文豐出版公司　1993　p. 296

曲金良　敦煌佛教文學研究　(臺北)文津出版社　1995　p. 250

中原健二　評項楚著《王梵志詩校注》　俗語言研究(第三期)　(京都)禪文化研究所　1996　p. 119

郝春文　歸義軍政權與敦煌佛教之關係新探　周紹良先生欣開九秩慶壽文集　中華書局　1997
　　p. 172

郝春文　唐後期五代宋初敦煌僧尼的社會生活　中國社會科學出版社　1998　p. 401

張錫厚　柴劍虹　王梵志詩集　敦煌學大辭典　上海辭書出版社　1998　p. 562

張錫厚　敦煌文學源流　作家出版社　2000　p. 77

王卡　敦煌道教文獻研究　中國社會科學出版社　2004　p. 233

P. 3877

韓國磐　根據敦煌和吐魯番發現的文件略談有關唐代田制的幾個問題　《歷史研究》1962 年第 4、6
期　又見:新疆考古三十年　新疆人民出版社　1983　p. 301；中國敦煌學百年文庫·歷史卷
（一）　甘肅文化出版社　1999　p. 221

唐耕耦　關於吐魯番文件中的唐代永業田退田問題　《山東大學學報》1964 年第 2 期　p. 46

土肥義和　唐令よりみたる現存唐代戶籍の基礎的研究（下）　『東洋學報』（52 卷 2 號）　（東京）東
洋學術協會　1969　p. 48

池田溫　現存開元年間籍帳の一考察　『東洋史研究』（35 卷 1 號）　（東京）東洋史研究會　1976
p. 82

池田溫　中國古代籍帳研究:概観·録文　東京大學東洋文化研究所　1979　p. 86、173

佐藤武敏　敦煌の水利　敦煌の社會（講座敦煌 3）　（東京）大東出版社　1980　p. 277

唐耕耦　唐前期的戶等與租庸調的關係　魏晉隋唐史論集（第一輯）　中國社會科學出版社　1981
p. 186、198

山本達郎著　孫曉林譯　對均田制末期敦煌地區土地四至記載的考察（一）　魏晉南北朝隋唐史資
料（第 4 輯）　武漢大學出版社　1982　p. 78　又見:唐代均田制研究選譯　甘肅教育出版社
1992　p. 187

楊際平　鄭學檬　從唐代敦煌戶籍資料看均田制下私田的存在　《廈門大學學報》1982 年第 4 期
p. 39

陳炳應　敦煌所出宋開寶八年"鄭醜撻賣地舍契"定誤考釋　《西北史地》1983 年第 4 期　p. 84

唐長孺　唐西州諸鄉戶口帳試釋　敦煌吐魯番文書初探　武漢大學出版社　1983　p. 200 注 18

池田溫　中國古代籍帳研究　中華書局　1984　p. 244 注 2

岡部和雄　敦煌藏經目録　敦煌と中國仏教（講座敦煌 7）　（東京）大東出版社　1984　p. 305

韓國磐　北朝隋唐的均田制　上海人民出版社　1984　p. 127、212

韓國磐　根據敦煌和吐魯番發現的文件略談有關唐代均田制的幾個問題　敦煌吐魯番文書研究　甘
肅人民出版社　1984　p. 188

土肥義和著　凍國棟譯　唐代均田制的給田基準考　魏晉南北朝隋唐史資料（第 6 輯）　武漢大學
出版社　1984　p. 92

戴密微著　耿昇譯　唐代的入冥故事:黃仕强傳　敦煌譯叢（第一輯）　甘肅人民出版社　1985
p. 147 注 1

梁尉英　張芝籍貫辨　《敦煌研究》1985 年第 2 期　p. 152

山本達郎　敦煌發見の唐代籍帳にみえる已受田の增減　『東方學』（第 70 輯）　（東京）東方學會
1985　p. 2

譚世保　西魏大統十三年瓜州計帳戶籍（斯六一三號）文書研究（初篇）　歷史論叢（第五輯）　齊魯
書社　1985　p. 65 注 3

方廣錩　讀敦煌佛典經録劄記　《敦煌學輯刊》1986 年第 1 期　p. 106

寧欣　唐代敦煌地區農業水利問題初探　敦煌吐魯番文獻研究論集（第三輯）　北京大學出版社
1986　p. 501 注 13、507、510

唐耕耦　陸宏基　敦煌社會經濟文獻真迹釋録（一）　書目文獻出版社　1986　p. 138、145

陳國燦　武周瓜沙地區的吐谷渾歸朝事迹:對吐魯番墓葬新出敦煌軍事文書的探討　1983 年全國敦
煌學術討論會文集·文史遺書編（上）　甘肅人民出版社　1987　p. 26 注 25

李正宇　關於金山國和敦煌國建國的幾個問題　《西北史地》1987 年第 2 期　p. 72

梁尉英　漢代效穀城考　1983 年全國敦煌學術討論會文集·文史遺書編（上）　甘肅人民出版社

1987　p. 286、296 注 7

王永興　隋唐五代經濟史料彙編校注·第一編(上)　中華書局　1987　p. 50、492

陳國燦　唐五代敦煌縣鄉里制的演變　《敦煌研究》1989 年第 3 期　p. 48

高國藩　敦煌民俗學　上海文藝出版社　1989　p. 11

李正宇　唐宋時代敦煌縣河渠泉澤簡志(二)　《敦煌研究》1989 年第 1 期　p. 56

陳國燦　武周時期的勘田檢籍活動　敦煌吐魯番文書初探(二編)　武漢大學出版社　1990　p. 388

鄧文寬　敦煌吐魯番文書與唐代均田制研究　中國文化(2)　(香港)中華書局　1990　p. 10

郝春文　唐後期五代宋初沙州僧尼的特點　敦煌吐魯番學研究論文集　漢語大詞典出版社　1990
p. 857 注 51

方廣錩　佛教大藏經史(八—十世紀)　中國社會科學出版社　1991　p. 142

李并成　漢敦煌郡廣至縣城及其有關問題考　《敦煌研究》1991 年第 4 期　p. 87

李并成　漢敦煌郡效穀縣城考　《敦煌學輯刊》1991 年第 1 期　p. 60

林聰明　敦煌文書學　(臺北)新文豐出版公司　1991　p. 398

楊際平　均田制新探　廈門大學出版社　1991　p. 190

林天蔚　敦煌戶籍卷中所見唐代田制之新探　唐代研究論集(第二輯)　(臺北)新文豐出版公司
1992　p. 109

盧向前　唐代六品以下職散官受永業田質疑　文史(第三十三輯)　中華書局　1992　p. 121　又
見:敦煌吐魯番文書論稿　江西人民出版社　1992　p. 4

王永興　關於唐代均田制中給田問題的探討——讀大谷欠田、退田、給田文書劄記　陳門問學叢稿
江西人民出版社　1993　p. 238

張鴻勳　敦煌說唱文學概論　(臺北)新文豐出版公司　1993　p. 6

蔣禮鴻　敦煌文獻語言詞典　杭州大學出版社　1994　p. 109

王永興　敦煌經濟文書導論　(臺北)新文豐出版公司　1994　p. 4、61、378

王永興　敦煌吐魯番出土唐官府文書縫背縫表記事押署鈐印問題初探　文史(第四十輯)　中華書
局　1994　p. 90

胡戟　傅玫　敦煌史話　中華書局　1995　p. 160

劉進寶　敦煌學論述　(臺北)洪葉文化事業有限公司　1995　p. 263

李正宇　敦煌史地新論　(臺北)新文豐出版公司　1996　p. 117

鄭炳林　唐五代敦煌粟特人與歸義軍政權　《敦煌研究》1996 年第 4 期　p. 83　又見:敦煌歸義軍史
專題研究　蘭州大學出版社　1997　p. 406

方廣錩　敦煌佛教經錄輯校　江蘇古籍出版社　1997　p. 127、129、164

馮培紅　唐五代敦煌的河渠水利與水司管理機構初探　《敦煌學輯刊》1997 年第 2 期　p. 73

高啓安　唐宋時期敦煌人名探析　《敦煌研究》1997 年第 4 期　p. 124

黃征　王梵志詩校釋續商補　敦煌語文叢說　(臺北)新文豐出版公司　1997　p. 226

李正宇　敦煌歷史地理導論　(臺北)新文豐出版公司　1997　p. 57、257、265

孫曉林　敦煌遺書所見唐宋間令狐氏在敦煌的分佈　唐代的歷史與社會　武漢大學出版社　1997
p. 528

鄭炳林　敦煌碑銘讚輯釋　甘肅教育出版社　1997　p. 548 注 2

鄭炳林　唐五代敦煌畜牧區域研究　敦煌歸義軍史專題研究　蘭州大學出版社　1997　p. 218

鄭炳林　晚唐五代敦煌園囿經濟研究　敦煌歸義軍史專題研究　蘭州大學出版社　1997　p. 309

凍國棟　關於唐代前期的丁口"虛挂"　魏晉南北朝隋唐史資料(第 16 輯)　武漢大學出版社　1998
p. 91 注 7

方廣錩　大唐内典録抄　敦煌學大辭典　上海辭書出版社　1998　p. 744

方廣錩　敦煌遺書中所存的全國性佛教經録　敦煌學佛教學論叢(上)　中國佛教文化研究所　1998　p. 285

李正宇　重字爲名　敦煌學大辭典　上海辭書出版社　1998　p. 451

宋家鈺　不課戶　敦煌學大辭典　上海辭書出版社　1998　p. 405

宋家鈺　職資　敦煌學大辭典　上海辭書出版社　1998　p. 407

楊秀清　試論金山國的有關政治制度　《敦煌學輯刊》1998 年第 2 期　p. 40

陳國燦　唐代的經濟社會　(臺北)文津出版社　1999　p. 15

池田溫　八世紀中葉敦煌的粟特人聚落　唐研究論文選集　中國社會科學出版社　1999　p. 56 注 29

氣賀澤保規　府兵制の研究——府兵兵士とその社會　(東京)同朋舍　1999　p. 110

謝桃坊　敦煌文化尋繹　四川人民出版社　1999　p. 174

楊秀清　敦煌西漢金山國史　甘肅人民出版社　1999　p. 100

陳永勝　敦煌吐魯番法制文書研究　甘肅人民出版社　2000　p. 163

黃正建　S. 964v 號文書與唐代兵士的春冬衣　英國收藏敦煌漢藏文獻研究　中國社會科學出版社　2000　p. 238

雷紹鋒　歸義軍賦役制度初探　(臺北)洪葉文化事業有限公司　2000　p. 108

劉進寶　敦煌文書與唐史研究　(臺北)新文豐出版公司　2000　p. 5

丘古耶夫斯基　敦煌漢文文書　上海古籍出版社　2000　p. 62、199

張錫厚　敦煌文學源流　作家出版社　2000　p. 551

陳國燦　敦煌學史事新證　甘肅教育出版社　2002　p. 112

黃征　敦煌語言文字學研究　甘肅教育出版社　2002　p. 309

姜亮夫　敦煌莫高窟年表　姜亮夫全集(十一)　雲南人民出版社　2002　p. 291

楊際平　北朝隋唐均田制新探　岳麓書社　2003　p. 183

李并成　西涼敦煌戶籍殘卷(S. 0113)若干問題新探　敦煌學(第 25 輯)　(臺北)樂學書局有限公司　2004　p. 197

孟憲實　論敦煌渠人社　周秦漢唐文化研究(第三輯)　三秦出版社　2004　p. 131

陳麗萍　敦煌文書所見唐五代婚變現象初探(一)　《敦煌學輯刊》2005 年第 2 期　p. 170

王青　句道興《搜神記》與天鵝處女型故事　《敦煌研究》2005 年第 2 期　p. 96

陳麗萍　敦煌籍帳中夫妻年歲差距過大現象初探　《首都師範大學學報》2006 年第 2 期　p. 8

P. 3878

那波利貞　俗講と變文　唐代社會文化史研究·第四編　(東京)創文社　1974　p. 425

陳祚龍　敦煌古抄内典尾記彙校初、二、三編合刊　敦煌學要籥　(臺北)新文豐出版公司　1982　p. 192

艾麗白著　耿昇譯　敦煌漢文寫本中的鳥形押　敦煌譯叢(第一輯)　甘肅人民出版社　1985　p. 191

盧向前　關於歸義軍時期一份布紙破用曆的研究:試釋伯四六四〇背面文書　敦煌吐魯番文獻研究論集(第三輯)　北京大學出版社　1986　p. 420 注 82、436　又見:敦煌吐魯番文書論稿　江西人民出版社　1992　p. 127 注 82、142

李正宇　敦煌地區古代祠廟寺觀簡志　《敦煌學輯刊》1988 年第 1、2 期　p. 78

池田溫　中國古代寫本識語集録　(東京)大藏出版株式會社　1990　p. 517

唐耕耦　陸宏基　敦煌社會經濟文獻真迹釋録(三)　全國圖書館文獻縮微複製中心　1990　p. 605

方廣錩　佛教大藏經史(八—十世紀)　中國社會科學出版社　1991　p. 298

吳其昱著　伊藤美重子譯　敦煌漢文寫本概観　敦煌漢文文獻(講座敦煌5)　(東京)大東出版社　1992　p. 24

王震亞　趙熒　敦煌殘卷爭訟文牒集釋　甘肅人民出版社　1993　p. 229

榮新江　于闐王國與瓜沙曹氏　《敦煌研究》1994年第2期　p. 113

王進玉　敦煌石窟探秘　四川教育出版社　1994　p. 98

王永興　敦煌經濟文書導論　(臺北)新文豐出版公司　1994　p. 447

張廣達　西域史地叢稿初編　上海古籍出版社　1995　p. 338

郝春文　評榮新江《英國圖書館藏敦煌漢文非佛教文獻殘卷目録(S. 6981–13624)》　敦煌吐魯番研究(第一卷)　北京大學出版社　1996　p. 364

李正宇　敦煌史地新論　(臺北)新文豐出版公司　1996　p. 76

榮新江　歸義軍史研究　上海古籍出版社　1996　p. 31

方廣錩　敦煌佛教經録輯校　江蘇古籍出版社　1997　p. 1032

馮培紅　晚唐五代宋初歸義軍武職軍將研究　敦煌歸義軍史專題研究　蘭州大學出版社　1997　p. 126

馬德　敦煌工匠史料　甘肅人民出版社　1997　p. 36、61

鄭炳林　敦煌碑銘讚輯釋　甘肅教育出版社　1997　p. 498 注9

鄭炳林　唐五代敦煌金山國征伐樓蘭史事考　敦煌歸義軍史專題研究　蘭州大學出版社　1997　p. 13

鄭炳林　唐五代敦煌手工業研究　敦煌歸義軍史專題研究　蘭州大學出版社　1997　p. 262

鄭炳林　馮培紅　晚唐五代宋初歸義軍政權中都頭一職考辨　敦煌歸義軍史專題研究　蘭州大學出版社　1997　p. 77

陳國燦　乙卯年押衙知柴場司安祐成狀　敦煌學大辭典　上海辭書出版社　1998　p. 417

馮培紅　唐五代歸義軍軍資庫司初探　《敦煌學輯刊》1998年第1期　p. 32

李正宇　報恩寺　敦煌學大辭典　上海辭書出版社　1998　p. 629

李正宇　敦煌遺書檔案資料　敦煌學大辭典　上海辭書出版社　1998　p. 391

李正宇　憑　敦煌學大辭典　上海辭書出版社　1998　p. 387

沙知　歸義軍節度使新鑄印　敦煌學大辭典　上海辭書出版社　1998　p. 291

譚蟬雪　敦煌歲時文化導論　(臺北)新文豐出版公司　1998　p. 391

唐耕耦　軍資庫司　敦煌學大辭典　上海辭書出版社　1998　p. 382

池田溫　李盛鐸舊藏敦煌歸義軍後期社會經濟文書簡介　慶祝吳其昱先生八秩華誕敦煌學特刊　(臺北)文津出版社　2000　p. 55

雷紹鋒　歸義軍賦役制度初探　(臺北)洪葉文化事業有限公司　2000　p. 151

劉進寶　敦煌文書與唐史研究　(臺北)新文豐出版公司　2000　p. 204

王豔明　瓜沙州大王印考　《敦煌學輯刊》2000年第2期　p. 44

張先堂　唐宋時期敦煌天王堂寺、天王堂考　'98法門寺唐文化國際學術討論會論文集　陝西人民出版社　2000　p. 194

林聰明　敦煌吐魯番文書解詁指例　(臺北)新文豐出版公司　2001　p. 108

李正宇　唐宋時期敦煌佛經性質功能的變化　戒幢佛學(第二卷)　岳麓書社　2002　p. 20　又見：中日敦煌佛教學術會議論文集　中國社會科學院研究所　2002　p. 17

榮新江　略談于闐對敦煌石窟的貢獻　2000年敦煌學國際學術討論會文集·歷史文化卷(上)　甘

蕭民族出版社　2003　p. 75

森安孝夫著　梁曉鵬摘譯　河西歸義軍節度使官印及其編年　《敦煌學輯刊》2003 年第 1 期　p. 141

楊森　五代宋時期于闐皇太子在敦煌的太子莊　《敦煌研究》2003 年第 4 期　p. 42

鄭炳林　晚唐五代敦煌諸寺藏經與管理　新世紀敦煌學論集　巴蜀書社　2003　p. 349

高啓安　唐五代敦煌飲食文化研究　民族出版社　2004　p. 31

沙武田　莫高窟"天王堂"質疑　《敦煌研究》2004 年第 2 期　p. 26

黨燕妮　毗沙門天王信仰在敦煌的流傳　《敦煌研究》2005 年第 3 期　p. 101

郭俊葉　敦煌研究院藏絲質經帙標簽及其相關問題　《敦煌研究》2005 年第 6 期　p. 91

金瀅坤　敦煌社會經濟文書定年拾遺　《首都師範大學學報》2006 年第 1 期　p. 12

P. 3879

那波利貞　佛教信仰に基きて組織せられたる中晚唐五代時代の社邑に就きて(上)　『史林』(24 卷 3 號)　京都大學文學部史學研究會　1939　p. 23　又見:唐代社會文化史研究・第六編 (東京)創文社　1974　p. 594

那波利貞　千佛岩莫高窟と敦煌文書　西域文化研究(第二)・敦煌吐魯番社會經濟資料(上)　(京都)法藏館　1959　p. 63

那波利貞　唐寫本雜抄考——唐代庶民教育史研究の一資料　唐代社會文化史研究・第二編　(東京)創文社　1974　p. 255

舒學　敦煌漢文遺書中雕版印刷資料綜叙　敦煌語言文學研究　北京大學出版社　1988　p. 283

王進玉　敦煌石窟探秘　四川教育出版社　1994　p. 99

王三慶　敦煌書儀載錄之節日活動與民俗　全國敦煌學研討會論文集　(臺北)中正大學中國文學系所　1995　p. 27 注 57

孫修身　曹元忠　敦煌學大辭典　上海辭書出版社　1998　p. 365

譚蟬雪　敦煌歲時文化導論　(臺北)新文豐出版公司　1998　p. 266

謝桃坊　敦煌文化尋繹　四川人民出版社　1999　p. 204

顏廷亮　敦煌文化　光明日報出版社　2000　p. 274

譚蟬雪　唐宋敦煌歲時佛俗　《敦煌研究》2001 年第 1 期　p. 103

劉進寶　敦煌學通論　甘肅教育出版社　2002　p. 409

鄒西禮　夏廣興　毗沙門天王信仰與唐五代文學創作　佛經文學研究論集　復旦大學出版社　2004　p. 528

邰惠莉　敦煌版畫叙錄　《敦煌研究》2005 年第 2 期　p. 8

P. 3880

舒學　敦煌漢文遺書中雕版印刷資料綜叙　敦煌語言文學研究　北京大學出版社　1988　p. 292

張錫厚　敦煌文學概論　甘肅人民出版社　1993　p. 403 注 11

白化文　禮記鄭玄注　敦煌學大辭典　上海辭書出版社　1998　p. 773

沙武田　梁紅　敦煌千佛變畫稿刺孔研究　《敦煌學輯刊》2005 年第 2 期　p. 69

邰惠莉　敦煌版畫叙錄　《敦煌研究》2005 年第 2 期　p. 8

P. 3881

土肥義和　はじめに——歸義軍節度使の敦煌支配　敦煌の歷史(講座敦煌 2)　(東京)大東出版社　1980　p. 274

姜伯勤　唐五代敦煌寺戶制度　中華書局　1987　p. 146

山本達郎等　敦煌・Ⅲ 轉貼　『NUN－HUANG AND TURFAN DOCUMENTS CONCERNING SOCIAL
　　AND ECONOMIC HISTORY』(Ⅳ)　（東京）東洋文庫　1989　p. 63

唐耕耦　陸宏基　敦煌社會經濟文獻真迹釋録(三)　全國圖書館文獻縮微複製中心　1990　p. 537

謝重光　白文固　中國僧官制度史　青海人民出版社　1990　p. 135

汪娟　敦煌禮懺文研究　（臺北）法鼓文化公司　1994　p. 202

王三慶　敦煌書儀載録之節日活動與民俗　全國敦煌學研討會論文集　（臺北）中正大學中國文學
　　系所　1995　p. 25 注 12

田德新　敦煌寺院中的都師　《敦煌學輯刊》1997 年第 2 期　p. 124

鄭炳林　敦煌碑銘讚輯釋　甘肅教育出版社　1997　p. 374 注 3

郝春文　唐後期五代宋初敦煌僧尼的社會生活　中國社會科學出版社　1998　p. 182

郝春文　招提司　敦煌學大辭典　上海辭書出版社　1998　p. 635

唐耕耦　入破曆算會牒　敦煌學大辭典　上海辭書出版社　1998　p. 647

湛如　評《敦煌禮懺文研究》　敦煌吐魯番研究(第四卷)　北京大學出版社　1999　p. 620

達照　《金剛經》相關的懺法初探　法源(第 18 期)　中國佛學院　2000　p. 215

達照　金剛五禮　藏外佛教文獻(第七輯)　宗教文化出版社　2000　p. 55

楊森　《辛巳年六月十六日社人于燈司倉貸粟曆》文書之定年　《敦煌學輯刊》2001 年第 2 期　p. 18

郝春文　《勘尋永安寺法律願慶與老宿紹建相諍根由狀》及相關問題考　戒幢佛學(第二卷)　岳麓
　　書社　2002　p. 81　又見：中日敦煌佛教學術會議論文集　中國社會科學院研究所　2002
　　p. 57

湛如　敦煌佛教律儀制度研究　中華書局　2003　p. 41

P. 3882

金岡照光　敦煌漢文文學文獻の文學形態上の種類とその分類　敦煌出土文學文獻分類目録・附解
　　說　（東京）東洋文庫　1971　p. 218

金岡照光　敦煌文學のさまざま　敦煌の文學　（東京）大藏出版株式會社　1971　p. 115

馮燕　敦煌藏文本《孔丘項托相問書》考　《青海民族學院學報》1979 年第 4 卷　又見：中國敦煌學
　　百年文庫・文獻卷(二)　甘肅文化出版社　1999　p. 529

楊家駱　敦煌變文　（臺北）世界書局　1980　p. 236

福井文雅　般若心經　敦煌と中國仏教(講座敦煌 7)　（東京）大東出版社　1984　p. 40

潘重規　敦煌變文集新書(下)　（臺北）"中國文化大學"中文研究所　1984　p. 1123

王重民　孔子項托相問書　敦煌變文集　人民文學出版社　1984　p. 236

張鴻勳　《唐寫本孔子與子羽對語雜抄》考略　《敦煌學輯刊》1984 年第 1 期　p. 57

雷僑雲　敦煌兒童文學　（臺北）學生書局　1985　p. 165

張鴻勳　敦煌本《孔子項托相問書》研究　《敦煌研究》1985 年第 2 期　p. 101

張鴻勳　《孔子項托相問書》傳承研究　《民間文學論壇》1986 年第 6 期　p. 38

張鴻勳　敦煌講唱文學作品選注　甘肅人民出版社　1987　p. 89

張鴻勳　從《孔子項托相問書》談敦煌文學的研究　敦煌語言文學論文集　浙江古籍出版社　1988
　　p. 247

韓建瓴　傳記　敦煌文學　甘肅人民出版社　1989　p. 62

山本達郎等　敦煌・Ⅲ 轉貼　『NUN－HUANG AND TURFAN DOCUMENTS CONCERNING SOCIAL
　　AND ECONOMIC HISTORY』(Ⅳ)　（東京）東洋文庫　1989　p. 63

張先堂　話本　敦煌文學　甘肅人民出版社　1989　p. 291

郭在貽　張涌泉　黃征　敦煌寫本書寫特例發微　敦煌吐魯番學研究論文集　漢語大詞典出版社　1990　p. 323

唐耕耦　陸宏基　敦煌社會經濟文獻真迹釋錄(三、五)　全國圖書館文獻縮微複製中心　1990　p. 531；294

項楚　敦煌變文選注　巴蜀書社　1990　p. 364

鄭阿財　敦煌寫本《孔子項托相問書》初探　《法學商報》1990年第24期　又見：中國敦煌學百年文庫·文學卷(五)　甘肅文化出版社　1999　p. 50

金岡照光　散文體類　敦煌の文學文獻(講座敦煌9)　(東京)大東出版社　1992　p. 175

李明偉　敦煌文學概論　甘肅人民出版社　1993　p. 474

張鴻勳　敦煌話本詞文俗賦導論　(臺北)新文豐出版公司　1993　p. 197

鄭阿財　敦煌文獻與文學　(臺北)新文豐出版公司　1993　p. 401

鄭炳林　敦煌碑銘讚抄本概述　《蘭州大學學報》1993年第4期　p. 141

姜伯勤　項楚　榮新江　敦煌邈真讚校錄並研究　(臺北)新文豐出版公司　1994　p. 304

榮新江　敦煌邈真讚年代考　敦煌邈真讚校錄並研究　(臺北)新文豐出版公司　1994　p. 366

張涌泉　漢語俗字研究　岳麓書社　1995　p. 79

張涌泉　敦煌俗字研究導論　(臺北)新文豐出版公司　1996　p. 152、265

黃征　敦煌寫本異文綜析　敦煌語文叢說　(臺北)新文豐出版公司　1997　p. 37

黃征　張涌泉　敦煌變文校注　中華書局　1997　p. 360

馬德　敦煌工匠史料　甘肅人民出版社　1997　p. 74

田德新　敦煌寺院中的都師　《敦煌學輯刊》1997年第2期　p. 124

鄭炳林　敦煌碑銘讚及其有關問題　敦煌碑銘讚輯釋　甘肅教育出版社　1997　p. 13

鄭炳林　敦煌碑銘讚輯釋　甘肅教育出版社　1997　p. 532

鄭炳林　唐五代敦煌的醫事研究　敦煌歸義軍史專題研究　蘭州大學出版社　1997　p. 522

柴劍虹　孔子項托相問書　敦煌學大辭典　上海辭書出版社　1998　p. 585

唐耕耦　入破歷算會牒　敦煌學大辭典　上海辭書出版社　1998　p. 647

張涌泉　敦煌寫本書寫特例發微　舊學新知　浙江大學出版社　1999　p. 233

李正宇　歸義軍樂營的結構與配置　《敦煌研究》2000年第3期　p. 74

李正宇　沙州歸義軍樂營及其職事　敦煌吐魯番研究(第五卷)　北京大學出版社　2001　p. 219

黃征　敦煌語言文字學研究　甘肅教育出版社　2002　p. 56

盧善煥　敦煌本《孔子項托相問書》研究　古史文存　社會科學文獻出版社　2002　p. 189

張鴻勳　敦煌俗文學研究　甘肅人民出版社　2002　p. 229

王昆吾　從敦煌學到域外漢文學　商務印書館　2003　p. 30

鄭炳林　晚唐五代敦煌村莊聚落輯考　2000年敦煌學國際學術討論會文集·歷史文化卷(上)　甘肅民族出版社　2003　p. 149

馮培紅　關於歸義軍節度使官制的幾個問題　麥積山石窟藝術文化論文集(下)　蘭州大學出版社　2004　p. 209、222

湯涒　敦煌曲子詞與河西本土文化　中國俗文化研究(第二輯)　巴蜀書社　2004　p. 194

屈直敏　從《勵忠節抄》看歸義軍政權道德秩序的重建　《敦煌學輯刊》2005年第3期　p. 87

劉進寶　歸義軍時期的"音聲人"　《敦煌研究》2006年第1期　p. 69

P. 3883

羅福頤　敦煌石室文物對於學術上的貢獻　《歷史教學》1951 年第 5 期　又見:中國敦煌學百年文
　　庫‧考古卷(四)　甘肅文化出版社　1999　p. 8

金岡照光　敦煌漢文文學文獻の文學形態上の種類とその分類　敦煌出土文學文獻分類目録‧附解
　　説　(東京)東洋文庫　1971　p. 218

金岡照光　敦煌文學のさまざま　敦煌の文學　(東京)大蔵出版株式會社　1971　p. 115

馮燕　敦煌藏文本《孔丘項托相問書》考　《青海民族學院學報》1979 年第 4 卷　又見:中國敦煌學
　　百年文庫‧文獻卷(二)　甘肅文化出版社　1999　p. 529

楊家駱　敦煌變文　(臺北)世界書局　1980　p. 235

潘重規　敦煌變文集新書(下)　(臺北)"中國文化大學"中文研究所　1984　p. 1123

王重民　孔子項托相問書　敦煌變文集　人民文學出版社　1984　p. 235

張鴻勳　《唐寫本孔子與子羽對語雜抄》考略　《敦煌學輯刊》1984 年第 1 期　p. 57

張鴻勳　敦煌本《孔子項託相問書》研究　《敦煌研究》1985 年第 2 期　p. 101

張鴻勳　《孔子項托相問書》傳承研究　《民間文學論壇》1986 年第 6 期　p. 38

張鴻勳　敦煌講唱文學作品選注　甘肅人民出版社　1987　p. 89

高國藩　古敦煌民間遊戲　學林漫録(十二集)　中華書局　1988　p. 73

張鴻勳　從《孔子項托相問書》談敦煌文學的研究　敦煌語言文學論文集　浙江古籍出版社　1988
　　p. 247

張涌泉　敦煌變文校勘平議　《敦煌研究》1988 年第 4 期　p. 88

郭在貽　張涌泉　俗字研究與古籍整理　古籍整理與研究(第 5 期)　中華書局　1990　p. 241

郭在貽　張涌泉　黃征　敦煌變文集校議　岳麓書社　1990　p. 161

項楚　敦煌變文選注　巴蜀書社　1990　p. 363

鄭阿財　敦煌寫本《孔子項托相問書》初探　《法學商報》1990 年第 24 期　又見:中國敦煌學百年文
　　庫‧文學卷(五)　甘肅文化出版社　1999　p. 50

郭在貽　郭在貽語言文學論稿　浙江古籍出版社　1992　p. 276

金岡照光　散文體類　敦煌の文學文獻(講座敦煌 9)　(東京)大東出版社　1992　p. 175

張涌泉　敦煌寫卷俗字類型及其考辨的方法　(香港)《九州學刊》(敦煌學專輯)1992 年第 4 卷第 4
　　期　p. 81

周紹良　敦煌文學芻議及其它　(臺北)新文豐出版公司　1992　p. 60

高國藩　敦煌民俗資料導論　(臺北)新文豐出版公司　1993　p. 88、132

舒華　敦煌"變文"體裁新論　(香港)《九州學刊》(敦煌學專輯)1993 年第 5 卷第 4 期　p. 156

鄭阿財　敦煌文獻與文學　(臺北)新文豐出版公司　1993　p. 401

曲金良　敦煌佛教文學研究　(臺北)文津出版社　1995　p. 96

張涌泉　漢語俗字研究　岳麓書社　1995　p. 79、200

李重申　敦煌古代的博弈文化　敦煌佛教文化研究　社科縱橫編輯部　1996　p. 188

張涌泉　敦煌俗字研究導論　(臺北)新文豐出版公司　1996　p. 106、152

鄧文寬　大梵寺佛音:敦煌莫高窟壇經讀本　(臺北)如聞出版社　1997　p. 36

黃征　敦煌俗音考辨　敦煌語文叢説　(臺北)新文豐出版公司　1997　p. 141

黃征　敦煌寫本異文綜析　敦煌語文叢説　(臺北)新文豐出版公司　1997　p. 26

黃征　王梵志詩校釋續商補　敦煌語文叢説　(臺北)新文豐出版公司　1997　p. 213

黃征　張涌泉　敦煌變文校注　中華書局　1997　p. 160、359、1187

張涌泉　敦煌寫本《秦婦吟》彙校　中國典籍與文化論叢(第四輯)　中華書局　1997　p. 334

柴劍虹　孔子項托相問書　敦煌學大辭典　上海辭書出版社　1998　p. 585

潘重規　敦煌《雲謠集》新書　雲謠集研究彙錄　上海古籍出版社　1998　p. 190

張涌泉　《補全唐詩》兩種補校　舊學新知　浙江大學出版社　1999　p. 306

張涌泉　大型字典編纂中與俗字相關的若干問題　舊學新知　浙江大學出版社　1999　p. 40

張涌泉　敦煌文書疑難詞語辨釋　舊學新知　浙江大學出版社　1999　p. 262

張涌泉　俗字研究與敦煌文獻的校理　舊學新知　浙江大學出版社　1999　p. 63

李重申　敦煌古代體育文化　甘肅人民出版社　2000　p. 87

張錫厚　敦煌文學源流　作家出版社　2000　p. 479

張涌泉　漢語俗字叢考　中華書局　2000　p. 377、1155

張涌泉　前言　漢語俗字叢考　中華書局　2000　p. 18

黃征　敦煌語言文字學研究　甘肅教育出版社　2002　p. 45、249、299

盧善煥　敦煌本《孔子項托相問書》研究　古史文存　社會科學文獻出版社　2002　p. 187、193

張鴻勳　敦煌俗文學研究　甘肅人民出版社　2002　p. 6、229

王昆吾　從敦煌學到域外漢文學　商務印書館　2003　p. 30

張涌泉　燦爛的敦煌文化　浙江與敦煌學：常書鴻先生誕辰一百周年紀念文集　浙江古籍出版社　2004　p. 643

黃征　敦煌俗字典　上海教育出版社　2005　p. 89

蘭州理工大學絲綢之路文史研究所編　絲綢之路體育文化論集　中華書局　2005　p. 214

P. 3884

王重民　敦煌古籍叙錄　中華書局　1979　p. 270

矢吹慶輝　鳴沙餘韻·解說篇(第一部)　(京都)臨川書店　1980　p. 314

蘇瑩輝　敦煌學概要　(臺北)編譯館"中華叢書編委會"　1981　p. 56

蘇瑩輝　中外敦煌古寫本纂要　敦煌論集　(臺北)學生書局　1983　p. 331

川口久雄　敦煌出土阿彌陀經講經文と我が國淨土文學　于闐國和尚阿彌陀經講經文(敦煌資料と日本文學　4)　(東京)大東文化大學東洋研究所　1984　p. 20

寧欣　唐代敦煌地區農業水利問題初探　敦煌吐魯番文獻研究論集(第三輯)　北京大學出版社　1986　p. 517

王重民原編　黃永武新編　敦煌古籍叙錄新編(第十四冊)　(臺北)新文豐出版公司　1986　p. 329

林悟殊　摩尼教及其東漸　中華書局　1987　p. 168

林平和　羅振玉敦煌學析論　(臺北)文史哲出版社　1988　p. 18

林悟殊　《摩尼光佛教法儀略》殘卷的綴合　敦煌吐魯番文獻研究論集(第五輯)　北京大學出版社　1990　p. 197、202

榮新江　話說敦煌　山東教育出版社　1991　p. 79

林家平　寧強　羅華慶　中國敦煌學史　北京語言學院出版社　1992　p. 78、580

吳其昱著　伊藤美重子譯　敦煌漢文寫本概觀　敦煌漢文文獻(講座敦煌5)　(東京)大東出版社　1992　p. 88

胡戟　傅玫　敦煌史話　中華書局　1995　p. 136

劉進寶　敦煌學論述　(臺北)洪葉文化事業有限公司　1995　p. 284

楊森　金山國與各教的疏密關係　敦煌佛教文獻研究　敦煌研究院文獻研究所　1995　p. 54

李正宇　敦煌史地新論　(臺北)新文豐出版公司　1996　p. 115

劉屹　敦煌十卷本《老子化胡經》殘卷新探　唐研究(第二卷)　北京大學出版社　1996　p. 106

方廣錩　敦煌佛教經録輯校　江蘇古籍出版社　1997　p. 940
方廣錩　見一切入藏目録　敦煌學大辭典　上海辭書出版社　1998　p. 757
林悟殊　敦煌摩尼教《下部讚》經名考釋:兼論該經三首音譯詩　敦煌吐魯番研究(第三卷)　北京大學出版社　1998　p. 45
林悟殊　摩尼光佛教法儀略　敦煌學大辭典　上海辭書出版社　1998　p. 771
黄征　程惠新　劫塵遺珠:敦煌遺書　甘肅教育出版社　1999　p. 230
謝桃坊　敦煌文化尋繹　四川人民出版社　1999　p. 132
顏廷亮　敦煌文化　光明日報出版社　2000　p. 290
林悟殊　20世紀敦煌漢文摩尼教寫本研究述評　敦煌學與中國史研究論集　甘肅人民出版社　2001　p. 430
顏廷亮　敦煌文化中的祆教、摩尼教和景教　敦煌學與中國史研究論集　甘肅人民出版社　2001　p. 423
劉進寶　敦煌學通論　甘肅教育出版社　2002　p. 309
高國藩　敦煌學百年史述要　(臺北)商務印書館　2003　p. 97
沙知　英藏敦煌文獻雜談　敦煌與絲路文化學術講座　北京圖書館出版社　2003　p. 122
王冀青　斯坦因與日本敦煌學　甘肅教育出版社　2004　p. 135
鄭炳林　晚唐五代敦煌地區《大般若經》的流傳與信仰　麥積山石窟藝術文化論文集(下)　蘭州大學出版社　2004　p. 109
林悟殊　中古三夷教辨證　中華書局　2005　p. 108、121
劉屹　唐開元年間摩尼教命運的轉折　敦煌吐魯番研究(第九卷)　中華書局　2006　p. 86

P. 3885

關口慈光　絕觀論(燉煌出土)撰者考　『大正學報』(30、31合併號)　(東京)大正大學院　1940　p. 184
陳祚龍　敦煌寫本《九諫書》校詁(上)　(臺北)《大陸雜誌》1962年第8期　又見:敦煌學海探珠　(臺北)商務印書館　1979　p. 202；中國敦煌學百年文庫·文獻卷(一)　甘肅文化出版社　1999　p. 452
陳祚龍　敦煌學新記　敦煌文物隨筆　(臺北)商務印書館　1979　p. 260
盧向前　關於歸義軍時期一份布紙破用曆的研究:試釋伯四六四〇背面文書　敦煌吐魯番文獻研究論集(第三輯)　北京大學出版社　1986　p. 425注113　又見:敦煌吐魯番文書論稿　江西人民出版社　1992　p. 132注113
黄永武　敦煌本唐詩校勘舉例　唐代文學研討會論文集　(臺北)文史哲出版社　1987　p. 107
黄永武　敦煌的唐詩　(臺北)洪範書店　1987　p. 87、201、219
李正宇　敦煌學郎題記輯注　《敦煌學輯刊》1987年第1期　p. 28
顏廷亮　敦煌文學作品選　中華書局　1987　p. 52
張錫厚　敦煌賦集校理　《敦煌研究》1987年第4期　p. 32、41
張錫厚　關於《敦煌賦集》整理的幾個問題　《敦煌學輯刊》1987年第1期　p. 45　又見:敦煌語言文學論文集　浙江古籍出版社　1988　p. 226、231
黄永武　施淑婷　敦煌的唐詩續編　(臺北)文史哲出版社　1989　p. 23
張錫厚　賦　敦煌文學　甘肅人民出版社　1989　p. 134
張錫厚　詩歌　敦煌文學　甘肅人民出版社　1989　p. 177
高國潘　敦煌巫術形態:兼與中外巫術之比較　第二屆敦煌學國際研討會論文集　(臺北)漢學研究

　　中心　1990　p. 610

柴劍虹　敦煌唐人詩文選集殘卷(伯2555)補録　西域文史論稿　(臺北)國文天地雜誌社　1991
　　p. 296

周紹良　敦煌文學芻議及其它　(臺北)新文豐出版公司　1992　p. 20

高國藩　敦煌民俗資料導論　(臺北)新文豐出版公司　1993　p. 260

高國藩　敦煌巫術與巫術流變　河海大學出版社　1993　p. 82

項楚　敦煌詩歌導論　(臺北)新文豐出版公司　1993　p. 13

張鴻勳　敦煌話本詞文俗賦導論　(臺北)新文豐出版公司　1993　p. 177

張錫厚　敦煌文學概論　甘肅人民出版社　1993　p. 356

叢春雨　敦煌中醫藥全書　中醫古籍出版社　1994　p. 565

伏俊璉　敦煌賦校注　甘肅人民出版社　1994　p. 2

姜伯勤　敦煌吐魯番文書與絲綢之路　文物出版社　1994　p. 125

徐俊　敦煌伯3619唐詩寫卷校録平議　《社科縱橫》1994年第5期　p. 88

張錫厚　敦煌本唐集研究　(臺北)新文豐出版公司　1995　p. 181、418

張涌泉　陳祚龍校録敦煌卷子失誤例釋　學術集林(卷六)　上海遠東出版社　1995　p. 297　又
　　見：舊學新知　浙江大学出版社　1999　p. 273

邵文實　開元後期吐蕃關係探謎　《西北史地》1996年第3期　p. 80

徐俊　敦煌寫本唐人詩歌存佚互見綜考　敦煌吐魯番研究(第一卷)　北京大學出版社　1996
　　p. 112

張錫厚　敦煌賦彙　(臺北)新文豐出版公司　1996　p. 6、278

陳尚君　唐代文學叢考　中國社會科學出版社　1997　p. 198

張鴻勳　敦煌寫本《清明日登張女郎神》詩釋證　敦煌吐魯番研究(第二卷)　北京大學出版社
　　1997　p. 67

柴劍虹　李邕詩　敦煌學大辭典　上海辭書出版社　1998　p. 560

柴劍虹　唐人詩選　敦煌學大辭典　上海辭書出版社　1998　p. 564

李德範　秦箏怨　敦煌學大辭典　上海辭書出版社　1998　p. 571

馬繼興　敦煌醫藥文獻輯校　江蘇古籍出版社　1998　p. 461

譚蟬雪　敦煌歲時文化導論　(臺北)新文豐出版公司　1998　p. 129

張錫厚　龍門賦　敦煌學大辭典　上海辭書出版社　1998　p. 587

高國藩　敦煌俗文化學　上海三聯書店　1999　p. 585

胡大浚　王志鵬　敦煌邊塞詩歌校注　甘肅人民出版社　1999　p. 29、139

熊飛　P. 2555殘卷抄録時間等相關問題再探　《敦煌研究》1999年第1期　p. 64

杜琪　敦煌詩賦作品要目分類題注　《甘肅社會科學》2000年第1期　p. 64

伏俊璉　俗情雅韻：敦煌賦選析　甘肅人民出版社　2000　p. 39

石內德　敦煌文獻中被廢棄的殘經抄本　法國漢學(敦煌學專號)　中華書局　2000　p. 29

孫其芳　大漠遺歌：敦煌詩歌選評　甘肅人民出版社　2000　p. 136

徐俊　敦煌詩集殘卷輯考　中華書局　2000　p. 120、296、425、698、823

張錫厚　敦煌文學源流　作家出版社　2000　p. 78、84、199、244

陶敏　李一飛　隋唐五代文學史料學　中華書局　2001　p. 354

馬繼興　當前世界各地收藏的中國出土卷子本古醫藥文獻備考　敦煌吐魯番研究(第六卷)　北京
　　大學出版社　2002　p. 153

張鴻勳　敦煌俗文學研究　甘肅人民出版社　2002　p. 304、317

高國藩　敦煌學百年史述要　（臺北）商務印書館　2003　p. 186
林平和　試論敦煌文獻之輯佚價值　新世紀敦煌學論集　巴蜀書社　2003　p. 738
陳明　備急單驗：敦煌醫藥文獻中的單藥方　敦煌學國際研討會論文集　北京圖書館出版社　2005　p. 239
陳明　殊方異藥：出土文書與西域醫學　北京大學出版社　2005　p. 80、151

P. 3886

王重民　故圓鑒大師二十四孝押座文　敦煌變文集　人民文學出版社　1984　p. 839
周紹良　讀變文劄記　紹良叢稿　齊魯書社　1984　p. 105
李正宇　唐宋時代的敦煌學校　《敦煌研究》1986 年第 1 期　p. 45
李正宇　敦煌學郎題記輯注　《敦煌學輯刊》1987 年第 1 期　p. 33
任半塘　敦煌歌辭總編　上海古籍出版社　1987　p. 985
周一良　敦煌寫本書儀考（之二）　敦煌吐魯番文獻研究論集（第四輯）　北京大學出版社　1987　p. 27　又見：唐五代書儀研究　中國社會科學出版社　1995　p. 81、91
舒學　敦煌漢文遺書中雕版印刷資料綜叙　敦煌語言文學研究　北京大學出版社　1988　p. 288
池田溫　中國古代寫本識語集録　（東京）大藏出版株式會社　1990　p. 497
項楚　敦煌變文選注　巴蜀書社　1990　p. 762
譚蟬雪　三教融合的敦煌喪俗　《敦煌研究》1991 年第 3 期　p. 74
姜伯勤　敦煌社會文書導論　（臺北）新文豐出版公司　1992　p. 94
李正宇　敦煌文學概論　甘肅人民出版社　1993　p. 95
榮新江　敦煌寫本《敕河西節度兵部尚書張公德政之碑》校考　周一良先生八十生日紀念論文集　中國社會科學出版社　1993　p. 216 注 8
趙和平　敦煌寫本書儀研究　（臺北）新文豐出版公司　1993　p. 66
榮新江　歸義軍改元考　文史（第三十八輯）　中華書局　1994　p. 51
汪泛舟　敦煌韻文辨正舉隅　《敦煌研究》1994 年第 2 期　p. 142
白化文　李鼎霞　《諸文要集》殘卷校録　敦煌學國際研討會文集·史地語文編　遼寧美術出版社　1995　p. 417
謝海平　從應用文教學觀點看伯三四四二杜友晉《吉凶書儀》　全國敦煌學研討會論文集　（臺北）中正大學中國文學系所　1995　p. 290 注 27
周一良　趙和平　敦煌寫本書儀略論　唐五代書儀研究　中國社會科學出版社　1995　p. 36
周一良　趙和平　晚唐五代時的三種吉凶書儀寫卷研究　唐五代書儀研究　中國社會科學出版社　1995　p. 201、221
李正宇　敦煌史地新論　（臺北）新文豐出版公司　1996　p. 189
張先堂　敦煌寫本《悟真與京僧、朝官酬贈詩》新校　《社科縱橫》1996 年第 1 期　p. 43　又見：周紹良先生欣開九秩慶壽文集　中華書局　1997　p. 388
黃征　張涌泉　敦煌變文校注　中華書局　1997　p. 1155
鄭炳林　敦煌碑銘讚輯釋　甘肅教育出版社　1997　p. 124 注 2
柴劍虹　長安名僧贈悟真詩　敦煌學大辭典　上海辭書出版社　1998　p. 559
李正宇　悟真　敦煌學大辭典　上海辭書出版社　1998　p. 355
趙和平　新集吉凶書儀、凶儀卷下　敦煌學大辭典　上海辭書出版社　1998　p. 421
段小強　敦煌文書中所見的古代喪儀　《西北民族研究》1999 年第 1 期　p. 217
楊秀清　淺談唐、宋時期敦煌地區的學生生活　《敦煌研究》1999 年第 4 期　p. 143

榮新江 法門寺與敦煌 '98 法門寺唐文化國際學術討論會論文集 陝西人民出版社 2000 p. 67
又見：敦煌學新論 甘肅教育出版社 2002 p. 30
徐俊 敦煌詩集殘卷輯考 中華書局 2000 p. 323、334
楊秀清 華戎交會的都市：敦煌與絲綢之路 甘肅人民出版社 2000 p. 106
張錫厚 敦煌文學源流 作家出版社 2000 p. 87、428
林聰明 敦煌吐魯番文書解詁指例 （臺北）新文豐出版公司 2001 p. 205
邵文實 敦煌佛教文學與邊塞文學 《敦煌學輯刊》2001 年第 2 期 p. 30
張錫厚 讀敦煌緣起類作品及其他 敦煌學與中國史研究論集 甘肅人民出版社 2001 p. 153
周一良 魏晉南北朝史論集續編 北京大學出版社 2001 p. 233
姜亮夫 敦煌莫高窟年表 姜亮夫全集（十一） 雲南人民出版社 2002 p. 542
釋覺旻 從"三教大法師"看晚唐五代敦煌社會的三教融合 敦煌佛教藝術文化國際學術研討會論
文集 蘭州大學出版社 2002 p. 409
郝春文 唐後期五代宋初中印文化對敦煌寺院的影響 新世紀敦煌學論集 巴蜀書社 2003
p. 333
趙和平 唐五代書儀的主要內容及其學術價值 敦煌與絲路文化學術講座（第一輯） 北京圖書館
出版社 2003 p. 223
高啓安 唐五代敦煌飲食文化研究 民族出版社 2004 p. 282
屈直敏 敦煌高僧 民族出版社 2004 p. 108
屈直敏 從《勵忠節抄》看歸義軍政權道德秩序的重建 《敦煌學輯刊》2005 年第 3 期 p. 82
孫猛 《日本國見在書目錄》（經部、史部、集部）失考書考 域外漢籍研究集刊（第二輯） 中華書局
2006 p. 229

P. 3887

杜琦 敦煌文學概論 甘肅人民出版社 1993 p. 532
張錫厚 敦煌文學源流 作家出版社 2000 p. 168
張錫厚 敦煌文概說 2000 年敦煌學國際學術討論會文集·歷史文化卷（下） 甘肅民族出版社
2003 p. 225

P. 3888

任半塘 王昆吾 隋唐五代燕樂雜言歌辭集 巴蜀書社 1990 p. 83
茅甘 敦煌寫本中的烏鳴占吉凶書 法國學者敦煌學論文選萃 中華書局 1993 p. 380
鄧文寬 烏鳴占 敦煌學大辭典 上海辭書出版社 1998 p. 623
張涌泉 龍龕手鏡讀法四題 舊學新知 浙江大學出版社 1999 p. 105 注 3
黃正建 敦煌占卜文書與唐五代占卜研究 學苑出版社 2001 p. 164

P. 3889

那波利貞 佛教信仰に基きて組織せられたる中晚唐五代時代の社邑に就きて（上）『史林』（24
卷 3 號） 京都大學文學部史學研究會 1939 p. 33 又見：唐代社會文化史研究·第六編
（東京）創文社 1974 p. 602
竺沙雅章 敦煌出土「社」文書の研究 『東方學報』（第 35 號） 京都大學人文科學研究所 1964
p. 258、273
那波利貞 唐代の社邑に就きて（1938 年） 唐代社會文化史研究·第五編 （東京）創文社 1974

　　　　p. 530、556

陳祚龍　簡記敦煌古抄方志　敦煌文物隨筆　（臺北）商務印書館　1979　p. 61

菊池英夫　唐代敦煌社會の外貌　敦煌の社會（講座敦煌 3）　（東京）大東出版社　1980　p. 106

陳祚龍　《簡記敦煌古抄方志》及其"後語"　敦煌學要籥　（臺北）新文豐出版公司　1982　p. 230

唐耕耦　陸宏基　敦煌社會經濟文獻真迹釋録（一）　書目文獻出版社　1986　p. 342

姜伯勤　唐五代敦煌寺戶制度　中華書局　1987　p. 145

謝和耐著　耿昇譯　中國 5—10 世紀的寺院經濟　甘肅人民出版社　1987　p. 330 注 3　又見：上海
　　　古籍出版社　2004　p. 274 注 2

山本達郎等　敦煌・III 轉貼　『NUN – HUANG AND TURFAN DOCUMENTS CONCERNING SOCIAL
　　　AND ECONOMIC HISTORY』（IV）　（東京）東洋文庫　1989　p. 56

姜伯勤　敦煌社會文書導論　（臺北）新文豐出版公司　1992　p. 242

高國藩　敦煌民俗資料導論　（臺北）新文豐出版公司　1993　p. 3

郝春文　敦煌寫本社邑文書年代彙考（一）　《首都師範大學學報》1993 年第 4 期　p. 37

石田勇作　敦煌「社文書」研究序說　中國古代の國家と民衆（堀敏一先生古稀記念）　（東京）汲古
　　　書院　1995　p. 684

李正宇　敦煌史地新論　（臺北）新文豐出版公司　1996　p. 97

劉進寶　P. 3236 號《壬申年官布籍》時代考　《西北師大學報》（社會科學版）1996 年第 5 期　p. 45

劉進寶　P. 3236 號《壬申年官布籍》研究　慶祝潘石禪先生九秩華誕敦煌學特刊　（臺北）文津出版
　　　社　1996　p. 364

陸慶夫　唐宋間敦煌粟特人之漢化　《歷史研究》1996 年第 6 期　p. 30　又見：敦煌歸義軍史專題研
　　　究　蘭州大學出版社　1997　p. 365

高啓安　唐宋時期敦煌人名探析　《敦煌研究》1997 年第 4 期　p. 126

寧可　郝春文　敦煌社邑文書輯校　江蘇古籍出版社　1997　p. 97

楊際平　郭鋒　張和平　五—十世紀敦煌的家庭與家族關係　岳麓書社　1997　p. 149

鄭炳林　敦煌碑銘讚輯釋　甘肅教育出版社　1997　p. 386 注 12

李正宇　蘭若　敦煌學大辭典　上海辭書出版社　1998　p. 627

宋家鈺　寧可　虞侯　敦煌學大辭典　上海辭書出版社　1998　p. 409

楊森　談敦煌社邑文書中"三官"及"録事""虞侯"的若干問題　《敦煌研究》1999 年第 3 期　p. 84

郝春文　英藏敦煌文獻年代叢考　英國收藏敦煌漢藏文獻研究　中國社會科學出版社　2000
　　　p. 378

劉進寶　敦煌文書與唐史研究　（臺北）新文豐出版公司　2000　p. 237

丘古耶夫斯基　敦煌漢文文書　上海古籍出版社　2000　p. 139

顔廷亮　敦煌文化　光明日報出版社　2000　p. 395

孟憲實　敦煌社邑的分佈　敦煌文獻論集：紀念藏經洞發現一百周年國際學術研討會論文集　遼寧
　　　人民出版社　2001　p. 431

馬茜　歸義軍時期敦煌地區庶民佛教的發展　甘肅民族研究論叢　甘肅人民出版社　2002　p. 454

趙曉星　寇甲　西魏：歸義軍時期敦煌地區的史姓　《敦煌學輯刊》2005 年第 2 期　p. 137

P. 3890

陳慶浩　古賢集校注　敦煌學（第 3 輯）　（香港）新亞研究所敦煌學會　1976　p. 70

王三慶　敦煌本古類書《語對》研究　（臺北）文史哲出版社　1985　p. 118

李正宇　唐宋時代敦煌縣河渠泉澤簡志（一）　《敦煌研究》1988 年第 4 期　p. 91

王三慶著　池田溫譯　類書　敦煌漢文文獻(講座敦煌5)　(東京)大東出版社　1992　p. 379
李正宇　敦煌史地新論　(臺北)新文豐出版公司　1996　p. 108
余欣　新刊俄藏敦煌文獻研讀劄記　《敦煌學輯刊》2004 年第 1 期　p. 16

P. 3891

張金泉　雜字　敦煌學大辭典　上海辭書出版社　1998　p. 516
張涌泉　漢語俗字叢考　中華書局　2000　p. 1131

P. 3892

田中良昭　念仏禪と後期北宗禪　敦煌仏典と禪(講座敦煌8)　(東京)大東出版社　1980　p. 241
陳祚龍　九想觀詩　敦煌簡策訂存　(臺北)商務印書館　1983　p. 72
田中良昭　敦煌禪宗文獻の研究　(東京)大東出版社　1983　p. 236
張錫厚　詩歌　敦煌文學　甘肅人民出版社　1989　p. 162
張錫厚　敦煌詩歌研究二題　敦煌學國際學術討論會論文縮寫文(1990)　敦煌研究院　1990
　　p. 86
周紹良　敦煌文學芻議及其它　(臺北)新文豐出版公司　1992　p. 23
張錫厚　敦煌文學概論　甘肅人民出版社　1993　p. 360
汪泛舟　敦煌《九想觀詩》地域時代及其他　《社科縱橫》1994 年第 4 期　p. 15
汪泛舟　敦煌韻文辨正舉隅　《敦煌研究》1994 年第 2 期　p. 143
汪娟　敦煌禮懺文研究　(臺北)法鼓文化公司　1994　p. 33
張錫厚　敦煌釋氏詩歌創作論　慶祝潘石禪先生九秩華誕敦煌學特刊　(臺北)文津出版社　1996
　　p. 200
鄭阿財　敦煌寫本《九想觀》詩歌初探　敦煌文學論集　四川人民出版社　1997　p. 25
柴劍虹　出家讚　敦煌學大辭典　上海辭書出版社　1998　p. 544
李正宇　九想觀詩　敦煌學大辭典　上海辭書出版社　1998　p. 566
張錫厚　佛母讚　敦煌學大辭典　上海辭書出版社　1998　p. 545
張先堂　晚唐至宋初淨土五會念佛法門在敦煌的流傳　《敦煌研究》1998 年第 1 期　p. 51
張涌泉　敦煌文書疑難詞語辨釋　舊學新知　浙江大學出版社　1999　p. 257
杜琪　敦煌詩賦作品要目分類題注　《甘肅社會科學》2000 年第 1 期　p. 63
劉長東　晉唐彌陀淨土信仰研究　巴蜀書社　2000　p. 443
孫其芳　大漠遺歌:敦煌詩歌選評　甘肅人民出版社　2000　p. 205
汪泛舟　敦煌古代兒童課本　甘肅人民出版社　2000　p. 20
徐俊　敦煌詩集殘卷輯考　中華書局　2000　p. 824
張錫厚　敦煌文學源流　作家出版社　2000　p. 52
陳自力　從陸機《百年歌》到敦煌《九想觀》詩　《敦煌研究》2001 年第 3 期　p. 130
汪泛舟　敦煌俗別字補正　《敦煌研究》2001 年第 4 期　p. 157
李正宇　唐宋時期敦煌佛經性質功能的變化　戒幢佛學(第二卷)　岳麓書社　2002　p. 25　又見:
　　中日敦煌佛教學術會議論文集　中國社會科學院研究所　2002　p. 20
馬茜　歸義軍時期敦煌地區庶民佛教的發展　甘肅民族研究論叢　甘肅人民出版社　2002　p. 467
鄭阿財　敦煌寫本《九想觀》詩歌新探　敦煌佛教藝術文化國際學術研討會論文集　蘭州大學出版
　　社　2002　p. 515
張子開　敦煌文獻中的白話禪詩　《敦煌學輯刊》2003 年第 1 期　p. 89

張涌泉　燦爛的敦煌文化　浙江與敦煌學:常書鴻先生誕辰一百周年紀念文集　浙江古籍出版社
　　2004　p. 635
汪泛舟　敦煌俗別字新考(上)　《敦煌研究》2006 年第 1 期　p. 107

P. 3893

金岡照光　敦煌漢文文學文獻の文學形態上の種類とその分類　敦煌出土文學文獻分類目録・附解
　　說　(東京)東洋文庫　1971　p. 218
金岡照光　敦煌文學のさまざま　敦煌の文學　(東京)大藏出版株式會社　1971　p. 127
楊家駱　敦煌變文　(臺北)世界書局　1980　p. 278
潘重規　敦煌變文集新書(下)　(臺北)"中國文化大學"中文研究所　1984　p. 1184
王重民　下女"夫"詞　敦煌變文集　人民文學出版社　1984　p. 278
李正宇　《下女夫詞》研究　《敦煌研究》1987 年第 2 期　p. 45
張鴻勳　敦煌寫本《下女夫詞》新探　1983 年全國敦煌學術討論會文集・文史遺書編(下)　甘肅人
　　民出版社　1987　p. 163
楊寶玉　《敦煌變文集》未入校的兩個《下女夫詞》殘卷校録　敦煌語言文學研究　北京大學出版社
　　1988　p. 270
劉瑞明　詞文　敦煌文學　甘肅人民出版社　1989　p. 307
張錫厚　詩歌　敦煌文學　甘肅人民出版社　1989　p. 182 注 11
姜伯勤　敦煌社會文書導論　(臺北)新文豐出版公司　1992　p. 18
榮新江　英倫所見三種敦煌俗文學作品跋　(香港)《九州學刊》(敦煌學專輯)1993 年第 5 卷第 4 期
　　p. 133 注 4
譚蟬雪　敦煌婚姻文化　甘肅人民出版社　1993　p. 57
胡戟　傅玫　敦煌史話　中華書局　1995　p. 173
黃征　吳偉　敦煌願文集　岳麓書社　1995　p. 404
劉子瑜　敦煌變文和王梵志詩　大象出版社　1997　p. 77
黃征　唐代俗語詞輯釋　唐研究(第四卷)　北京大學出版社　1998　p. 137
譚蟬雪　系指頭　敦煌學大辭典　上海辭書出版社　1998　p. 440
楊森　晚唐五代兩件《女人社》文書劄記　《敦煌研究》1998 年第 1 期　p. 70
張鴻勳　下女夫詞　敦煌學大辭典　上海辭書出版社　1998　p. 582
杜琪　敦煌詩賦作品要目分類題注　《甘肅社會科學》2000 年第 1 期　p. 63
黃征　《變文字義待質録》考辨　中古近代漢語研究(第一輯)　上海教育出版社　2000　p. 212　又
　　見:2000 年敦煌學國際學術討論會文集・歷史文化卷(下)　甘肅民族出版社　2003　p. 427
徐俊　敦煌詩集殘卷輯考　中華書局　2000　p. 216
張錫厚　敦煌文學源流　作家出版社　2000　p. 67、551
黃征　敦煌語言文字學研究　甘肅教育出版社　2002　p. 68、147
張鴻勳　敦煌俗文學研究　甘肅人民出版社　2002　p. 408

P. 3894

高國藩　敦煌寫本《太公家教》初探　《敦煌學輯刊》1984 年第 1 期　p. 65
王重民　跋太公家教　敦煌遺書論文集　中華書局　1984　p. 137
雷僑雲　敦煌兒童文學　(臺北)學生書局　1985　p. 82 注 5
周鳳五　敦煌寫本太公家教研究　(臺北)明文書局　1986　p. 155

李正宇　敦煌學郎題記輯注　《敦煌學輯刊》1987 年第 1 期　p. 27
鄭阿財　敦煌寫卷新集文詞九經抄研究　（臺北）文史哲出版社　1989　p. 128 注 1
鄭阿財　敦煌蒙書析論　第二屆敦煌學國際研討會論文集　（臺北）漢學研究中心　1990　p. 226
鄭阿財　敦煌文獻與文學　（臺北）新文豐出版公司　1993　p. 260
鄭阿財　學日益齋敦煌學劄記　周一良先生八十生日紀念論文集　中國社會科學出版社　1993　p. 193
沃興華　敦煌書法藝術　上海人民出版社　1994　p. 195
郝春文　唐後期五代宋初敦煌僧尼的社會生活　中國社會科學出版社　1998　p. 225
郝春文　唐後期五代宋初敦煌的春秋官齋、十二月轉經、水則道場與佛教節日　慶祝吳其昱先生八秩華誕敦煌學特刊　（臺北）文津出版社　2000　p. 256

P. 3895

楠山春樹　道德經類　付『莊子』『列子』『文子』　敦煌と中國道教（講座敦煌 4）　（東京）大東出版社　1983　p. 30
王卡　敦煌道教文獻研究　中國社會科學出版社　2004　p. 168

P. 3896

蘇瑩輝　敦煌學概要　（臺北）編譯館"中華叢書編委會"　1981　p. 89
譚蟬雪　祭文　敦煌文學　甘肅人民出版社　1989　p. 125
姜伯勤　敦煌社會文書導論　（臺北）新文豐出版公司　1992　p. 101
茅甘著　金昌文譯　敦煌漢藏文寫本中烏鳴占凶吉書　國外藏學研究譯文集（第八輯）　西藏人民出版社　1992　p. 253
茅甘　敦煌寫本中的烏鳴占吉凶書　法國學者敦煌學論文選萃　中華書局　1993　p. 367
譚禪雪　敦煌歲時掇瑣　（香港）《九州學刊》（敦煌學專輯）1993 年第 5 卷第 4 期　p. 91
寧可　郝春文　敦煌寫本社邑文書述略　《首都師範大學學報》1994 年第 4 期　p. 14
土肥義和　唐・北宋間の「社」の組織形態に関する一考察　中國古代の國家と民衆（堀敏一先生古稀記念）　（東京）汲古書院　1995　p. 720
鄧文寬　烏鳴占　敦煌學大辭典　上海辭書出版社　1998　p. 623
譚蟬雪　敦煌歲時文化導論　（臺北）新文豐出版公司　1998　p. 97
譚蟬雪　餺食　敦煌學大辭典　上海辭書出版社　1998　p. 445
嚴敦傑　五兆經法要決　敦煌學大辭典　上海辭書出版社　1998　p. 622
顏廷亮　敦煌文化中的道教及文化　《敦煌研究》1999 年第 1 期　p. 142
高明士　唐代敦煌官方的祭祀禮儀　1994 年敦煌學國際研討會文集・宗教文史卷（上）　甘肅民族出版社　2000　p. 48
馬克　敦煌數占小考　法國漢學（敦煌學專號）　中華書局　2000　p. 189
顏廷亮　敦煌文化　光明日報出版社　2000　p. 249
黃正建　敦煌祿命類文書述略　中國社會科學院歷史研究所學刊（第一集）　學刊編委會　2001　p. 254
黃正建　敦煌占卜文書與唐五代占卜研究　學苑出版社　2001　p. 17、125
郝春文　《唐末五代宋初敦煌社邑的幾個問題》商榷　國際敦煌學學術史研討會論文集　研討會籌備組　2002　p. 199
鄭炳林　晚唐五代敦煌村莊聚落輯考　2000 年敦煌學國際學術討論會文集・歷史文化卷（上）　甘

　　肅民族出版社　2003　p. 155
劉永明　敦煌道教的世俗化之路：敦煌《發病書》研究　《敦煌學輯刊》2006 年第 1 期　p. 71
余欣　神祇的"碎化"：唐宋敦煌社祭變遷研究　《歷史研究》2006 年第 3 期　p. 70

P. 3897

山本達郎等　敦煌・III 轉貼　『NUN－HUANG AND TURFAN DOCUMENTS CONCERNING SOCIAL
　　AND ECONOMIC HISTORY』(IV)　(東京)東洋文庫　1989　p. 88
王永興　關於唐代均田制中給田問題的探討──讀大谷欠田、退田、給田文書劄記　陳門問學叢稿
　　江西人民出版社　1993　p. 238
劉進寶　敦煌學論述　(臺北)洪葉文化事業有限公司　1995　p. 263
寧可　郝春文　敦煌社邑文書輯校　江蘇古籍出版社　1997　p. 127
李正宇　曹元忠鳥形押　敦煌學大辭典　上海辭書出版社　1998　p. 294
劉進寶　敦煌文書與唐史研究　(臺北)新文豐出版公司　2000　p. 6
鄭炳林　晚唐五代敦煌村莊聚落輯考　2000 年敦煌學國際學術討論會文集・歷史文化卷(上)　甘
　　肅民族出版社　2003　p. 131、156

P. 3898

土肥義和　唐令よりみたる現存唐代戶籍の基礎的研究(上、下)　『東洋學報』(52 卷 1 號)　(東
　　京)東洋學術協會　1969　p. 94、91
池田溫　現存開元年間籍帳の一考察　『東洋史研究』(35 卷 1 號)　(東京)東洋史研究會　1976
　　p. 82
佐藤武敏　敦煌の水利　敦煌の社會(講座敦煌 3)　(東京)大東出版社　1980　p. 277
唐耕耦　唐前期的戶等與租庸調的關係　魏晉隋唐史論集(第一輯)　中國社會科學出版社　1981
　　p. 200
山本達郎著　孫曉林譯　對均田制末期敦煌地區土地四至記載的考察(一)　魏晉南北朝隋唐史資
　　料(第 4 輯)　武漢大學出版社　1982　p. 78　又見：唐代均田制研究選譯　甘肅教育出版社
　　1992　p. 187
楊際平　鄭學檬　從唐代敦煌戶籍資料看均田制下私田的存在　《廈門大學學報》1982 年第 4 期
　　p. 39
山本達郎　敦煌發見の唐代籍帳にみえる已受田の增減　『東方學』(第 70 輯)　(東京)東方學會
　　1985　p. 2
寧欣　唐代敦煌地區農業水利問題初探　敦煌吐魯番文獻研究論集(第三輯)　北京大學出版社
　　1986　p. 501 注 13、507
唐耕耦　陸宏基　敦煌社會經濟文獻真迹釋錄(一)　書目文獻出版社　1986　p. 145
陳國燦　唐五代敦煌縣鄉里制的演變　《敦煌研究》1989 年第 3 期　p. 41
李正宇　唐宋時代敦煌縣河渠泉澤簡志(二)　《敦煌研究》1989 年第 1 期　p. 56
鄧文寬　敦煌吐魯番文書與唐代均田制研究　中國文化(2)　(香港)中華書局　1990　p. 10
土肥義和　唐代敦煌均田制の田土給授文書について　東アジア古文書の史的研究　(東京)刀水
　　書房　1990　p. 300
張先堂　伯三八九八殘卷篇名、作者新探　《社科縱橫》1990 年第 6 期　p. 48
方廣錩　佛教大藏經史(八─十世紀)　中國社會科學出版社　1991　p. 142
李并成　漢敦煌郡廣至縣城及其有關問題考　《敦煌研究》1991 年第 4 期　p. 87

林聰明　敦煌文書學　（臺北）新文豐出版公司　1991　p. 398

楊際平　均田制新探　廈門大學出版社　1991　p. 191

姜伯勤　敦煌社會文書導論　（臺北）新文豐出版公司　1992　p. 5

張先堂　敦煌文學概論　甘肅人民出版社　1993　p. 341

王永興　敦煌經濟文書導論　（臺北）新文豐出版公司　1994　p. 5

胡戟　傅玫　敦煌史話　中華書局　1995　p. 160

李并成　北魏瓜州敦煌郡鳴沙、平康、東鄉三縣城址考　敦煌吐魯番學研究論集　書目文獻出版社
　　1996　p. 285

李并成　李春元　瓜沙史地研究　甘肅文化出版社　1996　p. 68

李正宇　敦煌史地新論　（臺北）新文豐出版公司　1996　p. 129

鄭炳林　唐五代敦煌粟特人與歸義軍政權　《敦煌研究》1996 年第 4 期　p. 83　又見：敦煌歸義軍史
　　專題研究　蘭州大學出版社　1997　p. 406

方廣錩　敦煌佛教經録輯校　江蘇古籍出版社　1997　p. 184

馮培紅　唐五代敦煌的河渠水利與水司管理機構初探　《敦煌學輯刊》1997 年第 2 期　p. 73

鄭炳林　晚唐五代敦煌圍囿經濟研究　敦煌歸義軍史專題研究　蘭州大學出版社　1997　p. 309

陳國燦　懸泉鄉　敦煌學大辭典　上海辭書出版社　1998　p. 303

凍國棟　隋唐時期的人口政策與家族法　唐研究（第四卷）　北京大學出版社　1998　p. 333 注 36

方廣錩　大唐內典録抄　敦煌學大辭典　上海辭書出版社　1998　p. 744

方廣錩　敦煌遺書中所存的全國性佛教經録　敦煌學佛教學論叢（上）　中國佛教文化研究所
　　1998　p. 285

李正宇　重字爲名　敦煌學大辭典　上海辭書出版社　1998　p. 451

宋家鈺　不課戶　敦煌學大辭典　上海辭書出版社　1998　p. 405

宋家鈺　唐代戶籍　敦煌學大辭典　上海辭書出版社　1998　p. 402

宋家鈺　職資　敦煌學大辭典　上海辭書出版社　1998　p. 407

陳永勝　敦煌吐魯番法制文書研究　甘肅人民出版社　2000　p. 163

雷紹鋒　歸義軍賦役制度初探　（臺北）洪葉文化事業有限公司　2000　p. 108

丘古耶夫斯基　敦煌漢文文書　上海古籍出版社　2000　p. 63

顏廷亮　西陲文學遺珍：敦煌文學通俗談　甘肅人民出版社　2000　p. 77

楊際平　北朝隋唐均田制新探　岳麓書社　2003　p. 184

李并成　西涼敦煌戶籍殘卷(S. 0113)若干問題新探　敦煌學（第 25 輯）　（臺北）樂學書局有限公司
　　2004　p. 199

陳麗萍　敦煌文書所見唐五代婚變現象初探(一)　《敦煌學輯刊》2005 年第 2 期　p. 170

陳麗萍　敦煌籍帳中夫妻年歲差距過大現象初探　《首都師範大學學報》2006 年第 2 期　p. 8

馮培紅　歸義軍鎮制考　敦煌吐魯番研究（第九卷）　中華書局　2006　p. 269

P. 3899

盧向前　馬社研究：伯三八九九號背面馬社文書介紹　敦煌吐魯番文獻研究論集（第二輯）　北京大
　　學出版社　1983　p. 361、384　又見：敦煌吐魯番文書論稿　江西人民出版社　1992　p. 47

簡濤　敦煌本《燕子賦》考論　《敦煌研究》1986 年第 3 期　p. 27

盧向前　牒式及其處理程式的探討：唐公式文研究　敦煌吐魯番文獻研究論集（第三輯）　北京大學
　　出版社　1986　p. 346

白須淨真著　陳俊謀譯　唐代西州武城城之前城主與沙州壽昌城主　《西北史地》1989 年第 3 期

p. 34

唐耕耦　陸宏基　敦煌社會經濟文獻真迹釋録（四）　全國圖書館文獻縮微複製中心　1990　p. 432

李并成　漢敦煌郡廣至縣城及其有關問題考　《敦煌研究》1991 年第 4 期　p. 84

姜伯勤　敦煌社會文書導論　（臺北）新文豐出版公司　1992　p. 12、234

尹偉先　從敦煌文書看唐代河西地區的貨幣流通　《社科縱橫》1992 年第 6 期　又見：中國敦煌學百
　　年文庫・歷史卷（二）　甘肅文化出版社　1999　p. 338

寧可　郝春文　敦煌寫本社邑文書述略　《首都師範大學學報》1994 年第 4 期　p. 14

王永興　敦煌經濟文書導論　（臺北）新文豐出版公司　1994　p. 320

胡戟　傅玫　敦煌史話　中華書局　1995　p. 164

土肥義和　唐・北宋間の「社」の組織形態に関する一考察　中國古代の國家と民衆（堀敏一先生古
　　稀記念）　（東京）汲古書院　1995　p. 714

譚蟬雪　敦煌馬文化　《敦煌研究》1996 年第 1 期　p. 117

李正宇　敦煌歷史地理導論　（臺北）新文豐出版公司　1997　p. 268

寧可　郝春文　敦煌社邑文書輯校　江蘇古籍出版社　1997　p. 725

李正宇　敦煌遺書檔案資料　敦煌學大辭典　上海辭書出版社　1998　p. 391

寧可　馬社　敦煌學大辭典　上海辭書出版社　1998　p. 428

沙知　敦煌吐魯番文獻所見唐軍府名掇拾　《敦煌學輯刊》1998 年第 1 期　p. 13

沙知　敦煌縣之印　敦煌學大辭典　上海辭書出版社　1998　p. 292

沙知　沙州之印　敦煌學大辭典　上海辭書出版社　1998　p. 292

沙知　懸泉府　敦煌學大辭典　上海辭書出版社　1998　p. 396

譚蟬雪　敦煌歲時文化導論　（臺北）新文豐出版公司　1998　p. 108

蘇金花　唐、五代敦煌地區的商品貨幣形態　《敦煌研究》1999 年第 2 期　p. 93

荒川正晴　唐朝の交通システム　大阪大學院文學研究科紀要（第 40 卷）　大阪大學院文學研究科
　　2000　p. 253

李方　唐西州行政體制考論　黑龍江教育出版社　2000　p. 51

姜伯勤　唐安菩墓所出三彩駱駝所見“盛於皮袋”的祆神　唐研究（第七卷）　北京大學出版社
　　2001　p. 69 注 49

姜伯勤　唐敦煌城市的禮儀空間　文史（第五十五輯）　中華書局　2001　p. 238

李方　西州諸縣及敦煌縣縣屬機構“司”（曹）探討　敦煌文獻論集：紀念藏經洞發現一百周年國際學
　　術研討會論文集　遼寧人民出版社　2001　p. 153

山本達郎等　補（IV）社・VI 諸種文書　『NUN－HUANG AND TURFAN DOCUMENTS CONCERNING
　　SOCIAL AND ECONOMIC HISTORY』(Sup. p. lemrnts)　（東京）東洋文庫　2001　p. 97

姜亮夫　敦煌莫高窟年表　姜亮夫全集（十一）　雲南人民出版社　2002　p. 305

黑維强　吐魯番出土文書詞語例釋（一）　《敦煌學輯刊》2004 年第 2 期　p. 125

劉安志　關於唐代沙州陞爲都督府的時間問題　《敦煌學輯刊》2004 年第 2 期　p. 61

P. 3900

陳祚龍　古代敦煌及其他地區流行之公私印章圖記文字録　敦煌學要籥　（臺北）新文豐出版公司
　　1982　p. 331

福井文雅　般若心經　敦煌と中國仏教（講座敦煌 7）　（東京）大東出版社　1984　p. 40

施萍婷　敦煌曆日研究　1983 年全國敦煌學術討論會文集・文史遺書編（上）　甘肅人民出版社
　　1987　p. 311、322、346

周紹良　趙和平　書儀　《敦煌語言文學研究通訊》1987 年第 4 期　p. 2　又見：敦煌文學　甘肅人民出版社　1989　p. 47

李明偉　狀・牒・帖　敦煌文學　甘肅人民出版社　1989　p. 40

劉文英　夢的迷信與夢的探索　中國社會科學出版社　1989　p. 128 注 1

嚴敦傑　跋敦煌唐乾符四年曆書　中國古代天文文物論集　文物出版社　1989　p. 251

方廣錩　敦煌遺書中的《般若心經》譯注　《法音》1990 年第 7 期　p. 27

趙和平　敦煌寫本書儀略論　敦煌吐魯番學研究論文集　漢語大詞典出版社　1990　p. 564　又見：唐五代書儀研究　中國社會科學出版社　1995　p. 3

中村裕一　唐代官文書研究　（京都）中文出版社　1991　p. 298

宮島一彥　曆書・算書　敦煌漢文文獻（講座敦煌 5）　（東京）大東出版社　1992　p. 473

姜伯勤　敦煌社會文書導論　（臺北）新文豐出版公司　1992　p. 128

趙和平　武則天時的一種敦煌寫本書儀　《敦煌研究》1992 年第 1 期　p. 46　又見：唐五代書儀研究　中國社會科學出版社　1995　p. 130

中村裕一　官文書　敦煌漢文文獻（講座敦煌 5）　（東京）大東出版社　1992　p. 576

趙和平　敦煌寫本書儀研究　（臺北）新文豐出版公司　1993　p. 14、61、161

蔣禮鴻　敦煌文獻語言詞典　杭州大學出版社　1994　p. 65

邵文實　敦煌俗文學作品中的駢儷文風　《敦煌學輯刊》1994 年第 2 期　p. 45

Л. N. チュグイェフスキ－著　荒川正晴譯注　ソ連邦科學アカデミ－東洋學研究所所藏、敦煌寫本における官印と寺印　『吐魯番出土文物研究會會報』（98、99 號）　（東京）吐魯番出土文物研究會　1994　p. 4

李明偉　敦煌文學中"敦煌文"的研究和分類評價　《敦煌研究》1995 年第 4 期　p. 123

劉進寶　敦煌學論述　（臺北）洪葉文化事業有限公司　1995　p. 286

周一良　趙和平　敦煌寫本書儀中所看到的部分唐代社會文化生活　唐五代書儀研究　中國社會科學出版社　1995　p. 316

鄧文寬　敦煌天文曆法文獻輯校　江蘇古籍出版社　1996　p. 114

饒宗頤　敦煌資料與佛教文學小記　敦煌曲續論　（臺北）新文豐出版公司　1996　p. 57

中村裕一　唐代公文書研究　（東京）汲古書院　1996　p. 136

黃征　敦煌寫本異文綜析　敦煌語文叢說　（臺北）新文豐出版公司　1997　p. 39

鄧文寬　元和四年戊子歲具注曆日　敦煌學大辭典　上海辭書出版社　1998　p. 605

方廣錩　般若波羅蜜多心經注　敦煌學大辭典　上海辭書出版社　1998　p. 688

方廣錩　《般若心經譯注集成》前言　敦煌學佛教學論叢（下）　中國佛教文化研究所　1998　p. 53

沙知　歸義軍印　敦煌學大辭典　上海辭書出版社　1998　p. 292

趙和平　《敦煌寫本書儀研究》訂補　敦煌吐魯番研究（第三卷）　北京大學出版社　1998　p. 232

趙和平　吉凶書儀　敦煌學大辭典　上海辭書出版社　1998　p. 418

趙和平　評《唐令拾遺補：附唐日兩令對照一覽》　唐研究（第四卷）　北京大學出版社　1998　p. 551

趙和平　書儀　敦煌學大辭典　上海辭書出版社　1998　p. 420

葛兆光　盛世的平庸：八世紀上半葉中國的知識與思想狀況　唐研究（第五卷）　北京大學出版社　1999　p. 5

饒宗頤　馬王堆《陰陽五行》之天一圖：漢初天一家遺說考　燕京學報（新第 7 期）　北京大學出版社　1999　p. 71

北京大學　敦煌《經卷》、《照片》及《圖書》目錄　中國敦煌學百年文庫・綜述卷（一）　甘肅文化出

版社　1999　p. 320

榮新江　敦煌文獻與古籍整理　慶祝吳其昱先生八秩華誕敦煌學特刊　（臺北）文津出版社　2000　p. 277

趙和平　敦煌本《甘棠集》研究　（臺北）新文豐出版公司　2000　p. 73

趙和平　晚唐時河北地區的一種吉凶書儀的再研究　中華文史論叢（總62輯）　上海古籍出版社　2000　p. 196

吳麗娛　從敦煌書儀中的表狀箋啓看唐五代官場禮儀的轉移變遷　中國社會歷史評論（第三卷）　中華書局　2001　p. 355

吳麗娛　關於S. 078v和S. 1725v兩件敦煌寫本書儀的一些看法　敦煌學與中國史研究論集　甘肅人民出版社　2001　p. 172

黃征　敦煌語言文字學研究　甘肅教育出版社　2002　p. 111

劉永明　散見敦煌曆朔閏輯考　《敦煌研究》2002年第6期　p. 11

馬繼興　當前世界各地收藏的中國出土卷子本古醫藥文獻備考　敦煌吐魯番研究（第六卷）　北京大學出版社　2002　p. 153

吳麗娛　唐禮摭遺:中古書儀研究　商務印書館　2002　p. 10、41、140、229、245

森安孝夫著　梁曉鵬摘譯　河西歸義軍節度使官印及其編年　《敦煌學輯刊》2003年第1期　p. 141

吳麗娛　敦煌的禮書　敦煌與絲路文化學術講座（第一輯）　北京圖書館出版社　2003　p. 202

余欣　禁忌、儀式與法術　唐代宗教信仰與社會　上海辭書出版社　2003　p. 303

趙和平　唐五代書儀的主要內容及其學術價值　敦煌與絲路文化學術講座（第一輯）　北京圖書館出版社　2003　p. 209

吳麗娛　關於別紙和重疊別紙　浙江與敦煌學:常書鴻先生誕辰一百周年紀念文集　浙江古籍出版社　2004　p. 412

吳麗娛　關於敦煌S. 5566書儀的研究　敦煌學國際研討會論文集　北京圖書館出版社　2005　p. 81

金身佳　敦煌寫本宅經中的陰陽宅修造吉日　文史（第七十五輯）　中華書局　2006　p. 68

吳麗娛　正禮與時俗:論民間書儀與唐朝禮制的同期互動　敦煌吐魯番研究（第九卷）　中華書局　2006　p. 174

P. 3904

蘇瑩輝　"敦煌曲"評介　《香港中文大學學報》1974年第1期　又見:中國敦煌學百年文庫·藝術卷（一）　甘肅文化出版社　1999　p. 371

福井文雅　般若心經　敦煌と中國仏教（講座敦煌7）　（東京）大東出版社　1984　p. 40

方廣錩　敦煌遺書中的《般若心經》譯注　《法音》1990年第7期　p. 26

鄭阿財　敦煌蒙書析論　第二屆敦煌學國際研討會論文集　（臺北）漢學研究中心　1990　p. 219

鄭阿財　敦煌文獻與文學　（臺北）新文豐出版公司　1993　p. 250

張金泉　敦煌佛經音義寫卷述要　《敦煌研究》1997年第2期　p. 121

朱鳳玉　敦煌寫本碎金研究　（臺北）文津出版社　1997　p. 21

方廣錩　般若波羅蜜多心經疏　敦煌學大辭典　上海辭書出版社　1998　p. 688

方廣錩　《般若心經譯注集成》前言　敦煌學佛教學論叢（下）　中國佛教文化研究所　1998　p. 52

方廣錩　敦煌遺書中的《法華經》注疏　《世界宗教研究》1998年第2期　p. 78

方廣錩　敦煌遺書中的《妙法蓮華經》及有關文獻　法源（第16期）　中國佛學院　1998　p. 52

徐俊　敦煌詩集殘卷輯考　中華書局　2000　p. 284

伊吹敦　關於禪宗系的《法句經疏》　中日敦煌佛教學術會議論文集　中國社會科學院研究所
　　2002　p. 151
張總　說不盡的觀世音　上海辭書出版社　2002　p. 181
李小榮　論密教中的千手觀音　文史(第五十六輯)　中華書局　2003　p. 146
劉楚華　讀敦煌觀音經注:P. 3904　新世紀敦煌學論集　巴蜀書社　2003　p. 388

P. 3905
高國藩　敦煌民俗資料導論　(臺北)新文豐出版公司　1993　p. 177
黃征　敦煌俗字典　上海教育出版社　2005　p. 92

P. 3906
高明士　唐代敦煌的教育　漢學研究(敦煌學國際研討會論文專號)　(臺北)漢學研究資料及服務
　　中心　1986　p. 252
李正宇　唐宋時代的敦煌學校　《敦煌研究》1986 年第 1 期　p. 46 注 14
李正宇　敦煌學郎題記輯注　《敦煌學輯刊》1987 年第 1 期　p. 32
周祖謨　敦煌唐本字書叙錄　敦煌語言文學研究　北京大學出版社　1988　p. 52
張鴻勳　敦煌故事賦《茶酒論》與爭奇型小說　《敦煌研究》1989 年第 1 期　p. 68
鄭阿財　敦煌蒙書析論　第二屆敦煌學國際研討會論文集　(臺北)漢學研究中心　1990　p. 221
朱鳳玉　敦煌寫本《碎金》系字書初探　第二屆敦煌學國際研討會論文集　(臺北)漢學研究中心
　　1990　p. 502
林聰明　敦煌文書學　(臺北)新文豐出版公司　1991　p. 331
姜伯勤　敦煌社會文書導論　(臺北)新文豐出版公司　1992　p. 105
高田時雄　評:池田溫編『敦煌漢文文獻』(講座敦煌 5)　『東洋史研究』(52 卷 1 號)　(東京)東洋
　　史研究會　1993　p. 125
張金泉　論敦煌本《字寶》　《敦煌研究》1993 年第 2 期　p. 92
鄭阿財　敦煌文獻與文學　(臺北)新文豐出版公司　1993　p. 252、300 注 33
高田時雄　可洪隨函録と行瑫隨函音疏　中國語の資料と方法　京都大學人文科學研究所　1994
　　p. 147
張涌泉　試論審辨敦煌寫本俗字的方法　《敦煌研究》1994 年第 2 期　p. 153　又見:舊學新知　浙
　　江大學出版社　1999　p. 87
胡戟　傅玫　敦煌史話　中華書局　1995　p. 182
王元軍　從敦煌唐佛經寫本談有關唐代寫經生及其書法藝術的幾個問題　《敦煌研究》1995 年第 1
　　期　p. 160
王元軍　唐人書法與文化　(臺北)東大圖書公司　1995　p. 138
張涌泉　漢語俗字研究　岳麓書社　1995　p. 269
朱鳳玉　從傳統語文教育論敦煌本《雜抄》　全國敦煌學研討會論文集　(臺北)中正大學中國文學
　　系所　1995　p. 203
李正宇　敦煌史地新論　(臺北)新文豐出版公司　1996　p. 192 注 14
饒宗頤　敦煌曲訂補　敦煌曲續論　(臺北)新文豐出版公司　1996　p. 48
徐俊　敦煌寫本唐人詩歌存佚互見綜考　敦煌吐魯番研究(第一卷)　北京大學出版社　1996
　　p. 129
張金泉　許建平　敦煌音義彙考　杭州大學出版社　1996　p. 545

張涌泉　敦煌俗字彙考　敦煌俗字研究　上海教育出版社　1996　p. 3

張涌泉　敦煌俗字研究導論　（臺北）新文豐出版公司　1996　p. 36

趙和平　敦煌寫本書儀中的口頭用語問題初探　慶祝潘石禪先生九秩華誕敦煌學特刊　（臺北）文津出版社　1996　p. 243

朱鳳玉　論敦煌本《碎金》與唐五代辭彙　慶祝潘石禪先生九秩華誕敦煌學特刊　（臺北）文津出版社　1996　p. 565

黃征　張涌泉　敦煌變文校注　中華書局　1997　p. 171

趙和平　敦煌表狀箋啓書儀輯校　江蘇古籍出版社　1997　p. 382

朱鳳玉　敦煌寫本碎金研究　（臺北）文津出版社　1997　p. 33

白化文　雜抄　敦煌學大辭典　上海辭書出版社　1998　p. 782

柴劍虹　貧士述情詩　敦煌學大辭典　上海辭書出版社　1998　p. 575

黃征　評《敦煌寫本碎金研究》　唐研究（第四卷）　北京大學出版社　1998　p. 545

黃征　唐代俗語詞輯釋　唐研究（第四卷）　北京大學出版社　1998　p. 138

李正宇　禮生　敦煌學大辭典　上海辭書出版社　1998　p. 597

張金泉　敦煌字書　敦煌學大辭典　上海辭書出版社　1998　p. 515

張金泉　字寶　敦煌學大辭典　上海辭書出版社　1998　p. 516

趙和平　《敦煌寫本書儀研究》訂補　敦煌吐魯番研究（第三卷）　北京大學出版社　1998　p. 251

趙和平　書儀　敦煌學大辭典　上海辭書出版社　1998　p. 422

徐俊　敦煌詩集殘卷輯考　中華書局　2000　p. 276、826

朱鳳玉　英藏 S. 619《白家碎金》考釋　慶祝吳其昱先生八秩華誕敦煌學特刊　（臺北）文津出版社　2000　p. 345

黃征　敦煌變文疑難字詞考辨　文史（第五十七輯）　中華書局　2001　p. 151

林聰明　敦煌吐魯番文書解詁指例　（臺北）新文豐出版公司　2001　p. 202

蔡忠霖　敦煌漢文寫卷俗字及其現象　（臺北）文津出版社　2002　p. 103

達照　金剛經讚研究　宗教文化出版社　2002　p. 6

黃征　敦煌語言文字學研究　甘肅教育出版社　2002　p. 33、89、148、359、368

黃征　敦煌語言文字學研究要論　漢語史學報（第二輯）　上海教育出版社　2002　p. 10

吳麗娛　唐禮摭遺:中古書儀研究　商務印書館　2002　p. 296

吳麗娛　再論複書與別紙　燕京學報（新第 13 期）　北京大學出版社　2002　p. 113

徐俊　敦煌寫本詩歌續考　《敦煌研究》2002 年第 5 期　p. 66

張鴻勳　敦煌俗文學研究　甘肅人民出版社　2002　p. 197

鄭阿財　朱鳳玉　敦煌蒙書研究　甘肅教育出版社　2002　p. 106、168

張涌泉　試論敦煌寫本類書的校勘價值:以《勵忠節抄》爲例　《敦煌研究》2003 年第 2 期　p. 69

朱鳳玉　敦煌本《碎金》與宋、明俗用雜字之比較　漢語史學報專輯（第三輯）　上海教育出版社　2003　p. 411

吳麗娛　關於別紙和重疊別紙　浙江與敦煌學:常書鴻先生誕辰一百周年紀念文集　浙江古籍出版社　2004　p. 410

張金泉　《字寶》考　浙江與敦煌學:常書鴻先生誕辰一百周年紀念文集　浙江古籍出版社　2004　p. 557

黃征　敦煌俗字典　上海教育出版社　2005　p. 前言11

黃征　敦煌俗字要論　《敦煌研究》2005 年第 1 期　p. 81、85

黃征　敦煌俗字種類考辨　敦煌學·日本學:石塚晴通教授退職紀念論文集　上海辭書出版社

2005　p. 123

吳麗娛　楊寶玉　P. 3197v《曹氏歸義軍時期甘州使人書狀》考試　《敦煌學輯刊》2005 年第 4 期
　　　　p. 16

P. 3907

王重民　敦煌寫本跋文(王重民遺稿)　敦煌吐魯番文獻研究論集　中華書局　1982　p. 4

饒宗頤解說　林宏作譯　敦煌書法叢刊(第十九卷)·碎金(二)　(東京)二玄社　1984　p. 99

王三慶著　池田溫譯　類書　敦煌漢文文獻(講座敦煌 5)　(東京)大東出版社　1992　p. 374

王仲犖　敦煌石室出《沙州都督府圖經》殘卷考釋　《中國歷史地理論叢》1992 年第 1 輯　又見：
　　　中國敦煌學百年文庫·地理卷(二)　甘肅文化出版社　1999　p. 354

馬雅倫　邢豔紅　吐蕃統治時期敦煌兩位粟特僧官：史慈燈、石法海考　《敦煌學輯刊》1996 年第 1
　　　期　p. 55

楊寶玉　纂金　敦煌學大辭典　上海辭書出版社　1998　p. 779

陳麗萍　敦煌文書所見唐五代婚變現象初探(一)　《敦煌學輯刊》2005 年第 2 期　p. 170

陳麗萍　敦煌籍帳中夫妻年歲差距過大現象初探　《首都師範大學學報》2006 年第 2 期　p. 8

P. 3908

福井文雅　般若心經　敦煌と中國仏教(講座敦煌 7)　(東京)大東出版社　1984　p. 40

高國藩　敦煌民俗學　上海文藝出版社　1989　p. 299

劉文英　夢的迷信與夢的探索　中國社會科學出版社　1989　p. 97 注 1、122

高國藩　敦煌古俗與民俗流變　河海大學出版社　1990　p. 240

黃征　王梵志詩校釋補議　中華文史論叢(總 50 輯)　上海古籍出版社　1992　p. 90　又見：敦煌
　　　語文叢說　(臺北)新文豐出版公司　1997　p. 246

菅原信海　占筮書　敦煌漢文文獻(講座敦煌 5)　(東京)大東出版社　1992　p. 450

戴仁　敦煌寫本中的解夢書　法國學者敦煌學論文選萃　中華書局　1993　p. 313

高國藩　敦煌民俗資料導論　(臺北)新文豐出版公司　1993　p. 305

沃興華　敦煌書法藝術　上海人民出版社　1994　p. 72

劉迎勝　絲路文化·草原卷　浙江人民出版社　1995　p. 157

鄭炳林　敦煌寫本解夢書概述　《敦煌學輯刊》1995 年第 2 期　p. 9

鄭炳林　羊萍　敦煌本夢書　甘肅文化出版社　1995　p. 2、6

高國藩　敦煌數字與俗文化　慶祝潘石禪先生九秩華誕敦煌學特刊　(臺北)文津出版社　1996
　　　p. 190

葛兆光　評《隋書經籍志詳考》　唐研究(第二卷)　北京大學出版社　1996　p. 541

黃征　張涌泉　敦煌變文校注　中華書局　1997　p. 221、389、585

方廣錩　般若波羅蜜多心經　敦煌學大辭典　上海辭書出版社　1998　p. 686

沙知　敦煌契約文書輯校　江蘇古籍出版社　1998　《p. 279

史睿　評《敦煌本夢書》　敦煌吐魯番研究(第三卷)　北京大學出版社　1998　p. 414

王政　敦煌遺書中生殖婚配喻象探討　《敦煌研究》1998 年第 3 期　p. 93

嚴敦傑　解夢書　敦煌學大辭典　上海辭書出版社　1998　p. 620

高國藩　敦煌俗文化學　上海三聯書店　1999　p. 26、41

陳秀蘭　敦煌俗文學語彙溯源　岳麓書社　2001　p. 43

黃正建　敦煌占卜文書與唐五代占卜研究　學苑出版社　2001　p. 62

黃正建　關於《俄藏敦煌文獻》第 11 至第 17 冊中占卜文書的綴合與定名等問題　《敦煌研究》2002
　　年第 2 期　p. 50

李斌城　唐代文化　中國社會科學出版社　2002　p. 1617

關長龍　敦煌本夢書雜識　漢語史學報專輯(第三輯)　上海教育出版社　2003　p. 317

歐天發　隱語與說唱文學之關係研究　2000 年敦煌學國際學術討論會文集·歷史文化卷(下)　甘
　　肅民族出版社　2003　p. 391

楊君　淺論敦煌符籙中的"善鬼護身"觀念　《敦煌學輯刊》2003 年第 1 期　p. 77

鄭炳林　敦煌文獻中的解夢書與相面書　敦煌與絲路文化學術講座(第一輯)　北京圖書館出版社
　　2003　p. 155

鄭炳林　晚唐五代敦煌占卜中的行爲決定論　《敦煌學輯刊》2003 年第 1 期　p. 8

鄭炳林　王晶波　敦煌寫本相書概述　《敦煌學國際聯絡委員會通訊》2003 年第 1 期　p. 49

陳于柱　從敦煌占卜文書看晚唐五代敦煌占卜與佛教的對話交融　《敦煌學輯刊》2005 年第 2 期
　　p. 27

劉少霞　敦煌出土醫書中有關女性問題初探　《敦煌學輯刊》2005 年第 2 期　p. 174

鄭炳林　敦煌寫本解夢書校録研究　民族出版社　2005　p. 5、25、61

P. 3909

金岡照光　敦煌漢文文學文獻の文學形態上の種類とその分類　敦煌出土文學文獻分類目録·附解
　　說　(東京)東洋文庫　1971　p. 218

金岡照光　敦煌文學のさまざま　敦煌の文學　(東京)大藏出版株式會社　1971　p. 127

楊家駱　敦煌變文　(臺北)世界書局　1980　p. 278

潘重規　敦煌變文集新書(下)　(臺北)"中國文化大學"中文研究所　1984　p. 1184

王重民　下女"夫"詞　敦煌變文集　人民文學出版社　1984　p. 278

李正宇　《下女夫詞》研究　《敦煌研究》1987 年第 2 期　p. 45

張鴻勳　敦煌寫本《下女夫詞》新探　1983 年全國敦煌學術討論會文集·文史遺書編(下)　甘肅人
　　民出版社　1987　p. 163、176

楊寶玉　《敦煌變文集》未入校的兩個《下女夫詞》殘卷校録　敦煌語言文學研究　北京大學出版社
　　1988　p. 270

劉瑞明　詞文　敦煌文學　甘肅人民出版社　1989　p. 307

張錫厚　詩歌　敦煌文學　甘肅人民出版社　1989　p. 182 注 11

姜伯勤　敦煌社會文書導論　(臺北)新文豐出版公司　1992　p. 13、18

金岡照光　散文體類　敦煌の文學文獻(講座敦煌 9)　(東京)大東出版社　1992　p. 177

黃征　敦煌願文《兒郎偉》輯考　(香港)《九州學刊》(敦煌學專輯)1993 年第 5 卷第 4 期　p. 52　又
　　見:敦煌語文叢說　(臺北)新文豐出版公司　1997　p. 651

李正宇　敦煌文學概論　甘肅人民出版社　1993　p. 114

榮新江　英倫所見三種敦煌俗文學作品跋　(香港)《九州學刊》(敦煌學專輯)1993 年第 5 卷第 4 期
　　p. 133 注 4

譚蟬雪　敦煌婚姻文化　甘肅人民出版社　1993　p. 30、41、49、60

譚蟬雪　敦煌婚嫁詩詞　《社科縱橫》1994 年第 4 期　又見:中國敦煌學百年文庫·文學卷(三)
　　甘肅文化出版社　1999　p. 440

胡戟　傅玫　敦煌史話　中華書局　1995　p. 173

黃征　吳偉　敦煌願文集　岳麓書社　1995　p. 405、973

劉銘恕　敦煌遺書劄記八篇　敦煌學國際研討會文集・史地語文編　遼寧美術出版社　1995
　　p. 397

黃征　敦煌俗音考辨　敦煌語文叢說　（臺北）新文豐出版公司　1997　p. 143

劉子瑜　敦煌變文和王梵志詩　大象出版社　1997　p. 77

趙和平　敦煌表狀箋啓書儀輯校　江蘇古籍出版社　1997　p. 374

鄭炳林　楊富學　晚唐五代金銀在敦煌的使用與流通　《甘肅金融》1997 年第 8 期　又見：中國敦煌
　　學百年文庫・歷史卷（二）　甘肅文化出版社　1999　p. 584

李正宇　障車　敦煌學大辭典　上海辭書出版社　1998　p. 440

楊森　晚唐五代兩件《女人社》文書劄記　《敦煌研究》1998 年第 1 期　p. 70

張鴻勳　下女夫詞　敦煌學大辭典　上海辭書出版社　1998　p. 582

趙和平　《敦煌寫本書儀研究》訂補　敦煌吐魯番研究（第三卷）　北京大學出版社　1998　p. 251

趙和平　今時禮書本・通婚書　敦煌學大辭典　上海辭書出版社　1998　p. 421

陳靜　"別紙"考釋　《敦煌學輯刊》1999 年第 1 期　p. 107

黃征　程惠新　劫塵遺珠：敦煌遺書　甘肅教育出版社　1999　p. 134

吳麗娛　唐代書儀中單、複書形式簡析　英國收藏敦煌漢藏文獻研究　中國社會科學出版社　2000
　　p. 277

徐俊　敦煌詩集殘卷輯考　中華書局　2000　p. 184

張錫厚　敦煌文學源流　作家出版社　2000　p. 551

吳玉貴　中國風俗通史（隋唐五代卷）　上海文藝出版社　2001　p. 401

黃征　敦煌語言文字學研究　甘肅教育出版社　2002　p. 251

吳麗娛　唐禮摭遺：中古書儀研究　商務印書館　2002　p. 287

吳麗娛　再論複書與別紙　燕京學報（新第 13 期）　北京大學出版社　2002　p. 113

張鴻勳　敦煌俗文學研究　甘肅人民出版社　2002　p. 408、425

楊挺　不存在兒郎偉文體和兒郎偉曲調　《敦煌研究》2003 年第 1 期　p. 46

高啓安　唐五代敦煌飲食文化研究　民族出版社　2004　p. 51、277

張國剛　貞觀之治和盛唐的人文精神　唐研究（第十卷）　北京大學出版社　2004　p. 216

汪泛舟　敦煌俗別字新考（上）　《敦煌研究》2006 年第 1 期　p. 105

P. 3910

陳祚龍　敦煌學零策　《歷史教學》1951 年第 5 期　又見：中國敦煌學百年文庫・考古卷（四）　甘
　　肅文化出版社　1999　p. 52

金岡照光　敦煌漢文文學文獻の文學形態上の種類とその分類　敦煌出土文學文獻分類目録・附解
　　說　（東京）東洋文庫　1971　p. 218

金岡照光　敦煌文學のさまざま　敦煌の文學　（東京）大藏出版株式會社　1971　p. 113、160

饒宗頤　孝順觀念與敦煌佛曲　敦煌學（第 1 輯）　（香港）新亞研究所敦煌學會　1974　p. 74　又
　　見：敦煌曲續論　（臺北）新文豐出版公司　1996　p. 13

陳慶浩　古賢集校注　敦煌學（第 3 輯）　（香港）新亞研究所敦煌學會　1976　p. 86

陳祚龍　敦煌古抄中世釋衆倡導行孝報恩的歌曲詞文集　敦煌文物隨筆　（臺北）商務印書館
　　1979　p. 289

陳祚龍　敦煌古抄中世詩歌一續　敦煌學海探珠（上冊）　（臺北）商務印書館　1979　p. 177、185

陳祚龍　關於敦煌古抄楊滿山的《詠孝經》　敦煌學海探珠（上冊）　（臺北）商務印書館　1979
　　p. 50 注 4

王重民　敦煌古籍叙録　中華書局　1979　p. 303

楊家駱　敦煌變文　（臺北）世界書局　1980　p. 269

蘇瑩輝　敦煌學概要　（臺北）編譯館"中華叢書編委會"　1981　p. 61

王重民　敦煌變文研究　敦煌變文論輯　（臺北）石門圖書公司　1981　p. 212　又見：敦煌變文論
　　文録　上海古籍出版社　1982　p. 297；敦煌遺書論文集　中華書局　1984　p. 199

鄭阿財　敦煌孝道文學研究　（臺北）石門圖書公司　1982　p. 16、22、548

蘇瑩輝　中外敦煌古寫本纂要　敦煌論集　（臺北）學生書局　1983　p. 335

潘重規　敦煌變文集新書（下）　（臺北）"中國文化大學"中文研究所　1984　p. 1171

潘重規　敦煌寫本秦婦吟新書　敦煌學（第 8 輯）　（臺北）"中國文化大學"中國文學研究所敦煌學
　　會　1984　p. 16

王重民　茶酒論　敦煌變文集　人民文學出版社　1984　p. 269

蔣禮鴻　《補全唐詩》校記　敦煌學論集　甘肅人民出版社　1985　p. 79

雷僑雲　敦煌兒童文學　（臺北）學生書局　1985　p. 90 注 5、126、159

朗吉　敦煌漢文卷子《茶酒論》與藏文《茶酒仙女》　《敦煌學輯刊》1986 年第 1 期　p. 68 注 3

王重民原編　黄永武新編　敦煌古籍叙録新編（第十五冊）　（臺北）新文豐出版公司　1986　p. 261

李正宇　敦煌學郎題記輯注　《敦煌學輯刊》1987 年第 1 期　p. 33、37

龍晦　大足石刻父母恩重經變像與敦煌音樂文學的關係　敦煌歌辭總編　上海古籍出版社　1987
　　p. 1835

龍晦　唐五代西北方音與敦煌文獻研究　敦煌歌辭總編　上海古籍出版社　1987　p. 1823

任半塘　敦煌歌辭總編　上海古籍出版社　1987　p. 627、734

顔廷亮　敦煌文學作品選　中華書局　1987　p. 36 注 7

張鴻勳　敦煌講唱文學作品選注　甘肅人民出版社　1987　p. 101

張鴻勳　敦煌故事賦《茶酒論》與爭奇型小說　《敦煌研究》1989 年第 1 期　p. 67

張錫厚　詩歌　敦煌文學　甘肅人民出版社　1989　p. 178

周丕顯　題跋　敦煌文學　甘肅人民出版社　1989　p. 81

柴劍虹　《秦婦吟》敦煌寫卷的新發現　秦婦吟研究彙録　上海古籍出版社　1990　p. 171　又見：
　　西域文史論稿　（臺北）國文天地雜誌社　1991　p. 307

池田溫　中國古代寫本識語集録　（東京）大蔵出版株式會社　1990　p. 458

江藍生　近代漢語語法資料彙編（唐五代卷）　商務印書館　1990　p. 334

劉修業　《秦婦吟》校勘續記　秦婦吟研究彙録　上海古籍出版社　1990　p. 128

龍晦　敦煌與五代兩蜀文化　《敦煌研究》1990 年第 2 期　p. 96

任半塘　王昆吾　隋唐五代燕樂雜言歌辭集　巴蜀書社　1990　p. 1450

項楚　敦煌變文選注　巴蜀書社　1990　p. 432

顔廷亮　趙以武　秦婦吟研究彙録　上海古籍出版社　1990　p. 1（圖版）

張高評　韋莊《秦婦吟》與唐宋詩風之嬗變——以叙事、詩史、破體爲例　第四屆唐代文化學術研討
　　會論文集　（臺南）成功大學　1991　p. 385 注 2

鄭阿財　試論敦煌寫本 P. 3910 對考察"張騫乘槎"故事之價值　唐代文化研討會論文集　（臺北）文
　　史哲出版社　1991　p. 801

金岡照光　散文體類　敦煌の文學文獻（講座敦煌 9）　（東京）大東出版社　1992　p. 177

周紹良　敦煌文學芻議及其它　（臺北）新文豐出版公司　1992　p. 27

鄧文寬　敦煌文獻中的"去"字　中國文化（9）　（香港）中華書局　1993　p. 168

譚禪雪　敦煌歲時掇瑣　（香港）《九州學刊》（敦煌學專輯）1993 年第 5 卷第 4 期　p. 99

項楚　敦煌詩歌導論　（臺北）新文豐出版公司　1993　p. 33、185

顏廷亮　茶酒論　中國古代小說百科全書　中國大百科全書出版社　1993　p. 25

張鴻勳　敦煌話本詞文俗賦導論　（臺北）新文豐出版公司　1993　p. 73、204

張鴻勳　敦煌說唱文學概論　（臺北）新文豐出版公司　1993　p. 22

鄭阿財　敦煌文獻與文學　（臺北）新文豐出版公司　1993　p. 297 注 8、378

蔣禮鴻　敦煌文獻語言詞典　杭州大學出版社　1994　p. 41、224

蔣禮鴻　蔣禮鴻語言文字學論叢　浙江古籍出版社　1994　p. 424

劉尊明　唐五代詞的文化觀照　（臺北）文津出版社　1994　p. 234

索仁森著　李吉和譯　敦煌漢文禪籍特徵概觀　《敦煌研究》1994 年第 1 期　p. 111

劉進寶　敦煌學論述　（臺北）洪葉文化事業有限公司　1995　p. 331

顏廷亮　敦煌文學概說　（臺北）新文豐出版公司　1995　p. 99、248

張涌泉　陳祚龍校錄敦煌卷子失誤例釋　學術集林（卷六）　上海遠東出版社　1995　p. 312　又見：舊學新知　浙江大學出版社　1999　p. 287

張涌泉　漢語俗字研究　岳麓書社　1995　p. 135

王昆吾　隋唐五代燕樂雜言歌辭研究　中華書局　1996　p. 373

王小盾　潘建國　敦煌論議考　中國古籍研究（第一卷）　上海古籍出版社　1996　p. 187

徐俊　敦煌寫本唐人詩歌存佚互見綜考　敦煌吐魯番研究（第一卷）　北京大學出版社　1996　p. 114

張涌泉　敦煌俗字研究導論　（臺北）新文豐出版公司　1996　p. 191

張涌泉　敦煌文獻校讀釋例　文史（第四十一輯）　中華書局　1996　p. 190、202　又見：舊學新知　浙江大學出版社　1999　p. 198、218

鄧文寬　大梵寺佛音：敦煌莫高窟壇經讀本　（臺北）如聞出版社　1997　p. 123

黃征　張涌泉　敦煌變文校注　中華書局　1997　p. 425

張涌泉　敦煌寫本《秦婦吟》彙校　中國典籍與文化論叢（第四輯）　中華書局　1997　p. 313

柴劍虹　戀情雜詠　敦煌學大辭典　上海辭書出版社　1998　p. 553

柴劍虹　聽唱張騫一曲歌　敦煌學大辭典　上海辭書出版社　1998　p. 551

李正宇　孫其芳　皇帝感　敦煌學大辭典　上海辭書出版社　1998　p. 542

譚蟬雪　敦煌歲時文化導論　（臺北）新文豐出版公司　1998　p. 244

汪泛舟　敦煌道教詩歌補論　《敦煌研究》1998 年第 4 期　p. 94

張鴻勳　茶酒論　敦煌學大辭典　上海辭書出版社　1998　p. 586

高國藩　敦煌俗文化學　上海三聯書店　1999　p. 291、326、512

伏俊璉　俗情雅韻：敦煌賦選析　甘肅人民出版社　2000　p. 158

蔣禮鴻　中國俗文字學研究導言　中古近代漢語研究（第一輯）　上海教育出版社　2000　p. 73

徐俊　敦煌詩集殘卷輯考　中華書局　2000　p. 231、435

張鴻勳　說唱藝術奇葩：敦煌變文選評　甘肅人民出版社　2000　p. 114

張錫厚　敦煌文學源流　作家出版社　2000　p. 110、149

馬繼興　當前世界各地收藏的中國出土卷子本古醫藥文獻備考　敦煌吐魯番研究（第六卷）　北京大學出版社　2002　p. 134、153

張鴻勳　敦煌俗文學研究　甘肅人民出版社　2002　p. 6、193

鄭阿財　朱鳳玉　敦煌蒙書研究　甘肅教育出版社　2002　p. 40

郝春文　唐後期五代宋初中印文化對敦煌寺院的影響　新世紀敦煌學論集　巴蜀書社　2003　p. 332

王昆吾　從敦煌學到域外漢文學　商務印書館　2003　p. 26
韓鋒　讀俄藏敦煌文書ДХ02174 號劄記　《敦煌學輯刊》2005 年第 1 期　p. 39
王志鵬　試論敦煌佛教歌辭中儒釋思想的調合　《敦煌學輯刊》2005 年第 3 期　p. 150
張錫厚　敦煌本《詠孝經十八章》補校　《敦煌研究》2005 年第 2 期　p. 88

P. 3911

王重民　敦煌曲子詞集　商務印書館　1950　p. 12
邵榮芬　敦煌俗文學中的別字異文和唐五代西北方音　《中國語文》1963 年第 3 期　又見：中國敦煌
　　學百年文庫‧語言文字卷(一)　甘肅文化出版社　1999　p. 148
金岡照光　敦煌文學のさまざま　敦煌の文學　（東京）大藏出版株式會社　1971　p. 144
蘇瑩輝　論敦煌本《望江南》雜曲四首之寫作時代　（新加坡）《新社學報》1973 年第 5 期　又見：
　　敦煌論集續編　（臺北）學生書局　1983　p. 115、125；中國敦煌學百年文庫‧文學卷(三)　甘
　　肅文化出版社　1999　p. 87
蘇瑩輝　"敦煌曲"評介　《香港中文大學學報》1974 年第 1 期　又見：敦煌論集續編　（臺北）學
　　生書局　1983　p. 305；中國敦煌學百年文庫‧藝術卷(一)　甘肅文化出版社　1999　p. 370
林玫儀　論敦煌曲的社會性　《文學評論》1975 年第 2 期　又見：中國敦煌學百年文庫‧文學卷
　　(二)　甘肅文化出版社　1999　p. 287
波多野太郎　敦煌曲子詞孟姜女に對する潘重規教授の見解　敦煌詞話　（臺北）石門圖書公司
　　1981　p. 13
潘重規　敦煌詞話　（臺北）石門圖書公司　1981　p. 6、58、80
姜亮夫　瓜沙曹氏年表補正　敦煌學文選(上)　蘭州大學歷史系敦煌學研究室等　1983　p. 111
　　又見：敦煌學論文集　上海古籍出版社　1987　p. 916；姜亮夫全集(十四)　雲南人民出版社
　　2002　p. 341
汪泛舟　敦煌曲子詞的地位特點和影響　《蘭州學刊》1985 年第 1 期　p. 72
高國藩　敦煌民間詩詞中的府兵制與詞的起源問題　《魏晉南北朝隋唐史》1986 年第 4 期　p. 72
林玫儀　敦煌曲在詞學研究上之價值　漢學研究（敦煌學國際研討會論文專號）　（臺北）漢學研究
　　資料及服務中心　1986　p. 177
邱燮友　唐代敦煌曲的時代使命　漢學研究（敦煌學國際研討會論文專號）　（臺北）漢學研究資料
　　及服務中心　1986　p. 144
高國藩　敦煌文學作品選　中華書局　1987　p. 80 注 1
高國藩　論敦煌寫本中孟姜女故事的形成和價值　1983 年全國敦煌學術討論會文集‧文史遺書編
　　(下)　甘肅人民出版社　1987　p. 181、193
任半塘　敦煌歌辭總編　上海古籍出版社　1987　p. 320、418、493、549
蘇瑩輝　繼張氏任歸義軍節度使者爲曹仁貴論　敦煌文史藝術論叢　（臺北）新文豐出版公司
　　1987　p. 25
高國藩　敦煌曲子詞欣賞　南京大學出版社　1989　p. 53、103、177
郭在貽　張涌泉　黃征　《敦煌變文集新書》讀後　《杭州師範學院學報》1989 年第 5 期　p. 116
孫其芳　詞　敦煌文學　甘肅人民出版社　1989　p. 201
郭在貽　張涌泉　黃征　敦煌變文集校議　岳麓書社　1990　p. 31
林玫儀　研究敦煌曲子詞之省思　第二屆敦煌學國際研討會論文集　（臺北）漢學研究中心　1990
　　p. 313
任半塘　王昆吾　隋唐五代燕樂雜言歌辭集　巴蜀書社　1990　p. 354、467、828

金岡照光　曲子詞類　敦煌の文學文獻(講座敦煌9)　(東京)大東出版社　1992　p. 402

李正宇　敦煌歌舞三劄　《敦煌研究》1992年第4期　p. 49

李正宇　敦煌遺書宋人詩輯校　《敦煌研究》1992年第2期　p. 44

鄭雨　莫高窟第九十八窟的歷史背景與時代精神　(香港)《九州學刊》(敦煌學專輯)1992年第4卷第4期　p. 40

周紹良　敦煌文學芻議及其它　(臺北)新文豐出版公司　1992　p. 34

郭在貽　郭在貽敦煌學論集　江西人民出版社　1993　p. 171

李正宇　論敦煌曲子　第二屆國際唐代學術會議論文集(上)　(臺北)文津出版社　1993　p. 759

孫其芳　顏廷亮　敦煌文學概論　甘肅人民出版社　1993　p. 413

王小盾　唐代酒令藝術　(臺北)文津出版社　1993　p. 99

李明偉　隋唐絲綢之路　甘肅人民出版社　1994　p. 323

李明偉　唐代文學的嬗變與絲綢之路的影響　《敦煌研究》1994年第3期　p. 139

劉尊明　唐五代詞的文化觀照　(臺北)文津出版社　1994　p. 234

張涌泉　試論審辨敦煌寫本俗字的方法　《敦煌研究》1994年第2期　p. 153　又見:舊學新知　浙江大學出版社　1999　p. 88

伏俊璉　論敦煌賦的表現特色　詩賦論集　甘肅人民出版社　1995　p. 111

劉進寶　敦煌學論述　(臺北)洪葉文化事業有限公司　1995　p. 339

姜伯勤　敦煌藝術宗教與禮樂文明　中國社會科學出版社　1996　p. 556

寧可　敦煌遺書散錄二則　敦煌吐魯番研究(第一卷)　北京大學出版社　1996　p. 316

饒宗頤　敦煌曲訂補　敦煌曲續論　(臺北)新文豐出版公司　1996　p. 40

王昆吾　隋唐五代燕樂雜言歌辭研究　中華書局　1996　p. 60、247、373、414

張涌泉　敦煌俗字研究導論　(臺北)新文豐出版公司　1996　p. 116、148

張涌泉　敦煌文獻校讀釋例　文史(第四十一輯)　中華書局　1996　p. 195　又見:舊學新知　浙江大學出版社　1999　p. 206

陸淑綺　李重申　敦煌古代戲曲文化史料綜述　《敦煌研究》1997年第2期　p. 64

柴劍虹　藥名詞　敦煌學大辭典　上海辭書出版社　1998　p. 540

孫其芳　搗練子　敦煌學大辭典　上海辭書出版社　1998　p. 533

孫其芳　酒泉子　敦煌學大辭典　上海辭書出版社　1998　p. 532

孫其芳　望江南　敦煌學大辭典　上海辭書出版社　1998　p. 531

高國藩　敦煌俗文化學　上海三聯書店　1999　p. 545、560

張涌泉　俗字研究與敦煌文獻的校理　舊學新知　浙江大學出版社　1999　p. 72

蔣禮鴻　中國俗文字學研究導言　中古近代漢語研究(第一輯)　上海教育出版社　2000　p. 72

孫其芳　鳴沙遺音:敦煌詞選評　甘肅人民出版社　2000　p. 116

徐俊　敦煌詩集殘卷輯考　中華書局　2000　p. 839

顏廷亮　西陲文學遺珍:敦煌文學通俗談　甘肅人民出版社　2000　p. 120

李正宇　沙州歸義軍樂營及其職事　敦煌吐魯番研究(第五卷)　北京大學出版社　2001　p. 221

劉進寶　敦煌學通論　甘肅教育出版社　2002　p. 387

高啓安　唐五代敦煌飲食文化研究　民族出版社　2004　p. 343

湯涒　敦煌曲子詞地域文化研究　上海古籍出版社　2004　p. 21、34

湯涒　敦煌曲子詞寫本敘略　敦煌學國際研討會論文集　北京圖書館出版社　2005　p. 200

P. 3912

陳祚龍　敦煌古抄內典尾記彙校初、二、三編合刊　敦煌學要籥　（臺北）新文豐出版公司　1982
　　　p. 192

池田溫　中國古代寫本識語集錄　（東京）大藏出版株式會社　1990　　p. 527

林聰明　敦煌文書出處略考　季羨林教授八十華誕紀念論文集（下）　江西人民出版社　1991
　　　p. 865

林聰明　敦煌文書學　（臺北）新文豐出版公司　1991　p. 406

方廣錩　關於敦煌遺書北新 876 號　敦煌學佛教學論叢（下）　中國佛教文化研究所　1998　p. 188

姜亮夫　敦煌莫高窟年表　姜亮夫全集（十一）　雲南人民出版社　2002　p. 575

李小榮　敦煌密教文獻論稿　人民文學出版社　2003　p. 29

童丕　敦煌的借貸：中國中古時代的物質生活與社會　中華書局　2003　p. 153

P. 3913

石井修道　伝法偈　敦煌仏典と禪（講座敦煌 8）　（東京）大東出版社　1980　p. 292

田中良昭　禪宗燈史の発展　敦煌仏典と禪（講座敦煌 8）　（東京）大東出版社　1980　p. 110、118

田中良昭　敦煌禪宗文獻の研究　（東京）大東出版社　1983　p. 101、594

福井文雅　般若心經　敦煌と中國仏教（講座敦煌 7）　（東京）大東出版社　1984　p. 65

饒宗頤解說　林宏作譯　敦煌書法叢刊（第十九卷）‧碎金（二）　（東京）二玄社　1984　p. 98

耿昇　八十年代的法國敦煌學論著簡介　《敦煌研究》1986 年第 3 期　p. 78

上山大峻　敦煌佛教の研究　（京都）法藏館　1990　p. 426

田中良昭著　朱悅梅譯　從 P. 3913 談唐代佛教諸派之關係　《敦煌學輯刊》1992 年第 1、2 期
　　　p. 115

吳其昱著　伊藤美重子譯　敦煌漢文寫本概観　敦煌漢文文獻（講座敦煌 5）　（東京）大東出版社
　　　1992　p. 59

柳田聖山　禪籍解題（一）‧敦煌禪籍　俗語言研究（第二期）　（京都）禪文化研究所　1995　p. 152

呂建福　中國密教史　中國社會科學出版社　1995　p. 255

田中良昭　《禪籍解題（一）‧敦煌禪籍》補遺　俗語言研究（第三期）　（京都）禪文化研究所　1996
　　　p. 214

楊秀清　曹議金執政臆談　《敦煌研究》1998 年第 3 期　p. 122

楊秀清　敦煌西漢金山國史　甘肅人民出版社　1999　p. 119

徐俊　敦煌詩集殘卷輯考　中華書局　2000　p. 472

田中良昭　敦煌の禪宗燈史　中日敦煌佛教學術會議論文集　中國社會科學院研究所　2002
　　　p. 110　又見：戒幢佛學（第二卷）　岳麓書社　2002　p. 153

韓惠言　甘藏敦煌漢文文獻概況　2000 年敦煌學國際學術討論會文集‧歷史文化卷（上）　甘肅民
　　　族出版社　2003　p. 519

蔣宗福　敦煌禪宗文獻校讀劄記　中國俗文化研究（第一輯）　巴蜀書社　2003　p. 155

李小榮　敦煌密教文獻論稿　人民文學出版社　2003　p. 21、278

郭麗英　敦煌漢傳密教經典研究：以《金剛峻經》爲例　敦煌吐魯番研究（第七卷）　北京大學出版社
　　　2004　p. 329

P. 3914

高國藩　敦煌巫術形態：兼與中外巫術之比較　第二屆敦煌學國際研討會論文集　（臺北）漢學研究

　　中心　1990　p. 623

林家平　寧强　羅華慶　中國敦煌學史　北京語言學院出版社　1992　p. 657

高國藩　敦煌民俗資料導論　（臺北）新文豐出版公司　1993　p. 260

鄭炳林　論晚唐敦煌文士張球即張景球　文史（第四十三輯）　中華書局　1997　p. 118

趙宏勃　從民間信仰考察唐代僧侶的社會角色　華林（第二卷）　中華書局　2002　p. 318

李小榮　敦煌密教文獻論稿　人民文學出版社　2003　p. 302

P. 3915

陳祚龍　關於研究李唐三藏法師玄奘的“作爲”及其影響之敦煌古抄參考資料　中華佛教文化史散
　　策（初集）　（臺北）新文豐出版公司　1978　p. 367

高國潘　敦煌巫術形態：兼與中外巫術之比較　第二屆敦煌學國際研討會論文集　（臺北）漢學研究
　　中心　1990　p. 644

蕭登福　從敦煌寫卷中看道教星斗崇拜對佛經之影響　第二屆敦煌學國際研討會論文集　（臺北）
　　漢學研究中心　1990　p. 339

高國藩　敦煌民俗資料導論　（臺北）新文豐出版公司　1993　p. 262

蘇遠鳴　敦煌佛教肖像剳記　法國學者敦煌學論文選萃　中華書局　1993　p. 191

蕭登福　道教星斗符印與佛教密宗　（臺北）新文豐出版公司　1993　p. 13

蕭登福　道教與密宗　（臺北）新文豐出版公司　1993　p. 432、520

蕭登福　道教術儀與密教典籍　（臺北）新文豐出版公司　1994　p. 398、490

蕭登福　道教與佛教　（臺北）東大圖書公司　1995　p. 56

趙宏勃　從民間信仰考察唐代僧侶的社會角色　華林（第二卷）　中華書局　2002　p. 318

郭麗英　敦煌漢傳密教經典研究：以《金剛峻經》爲例　敦煌吐魯番研究（第七卷）　北京大學出版社
　　2004　p. 329

劉永明　敦煌道教的世俗化之路：道教向具注曆日的滲透　《敦煌學輯刊》2005年第2期　p. 203

余欣　唐宋時代敦煌的鎮宅術　敦煌吐魯番研究（第九卷）　中華書局　2006　p. 365

P. 3916

陳祚龍　關於研究李唐三藏法師玄奘的“作爲”及其影響之敦煌古抄參考資料　中華佛教文化史散
　　策（初集）　（臺北）新文豐出版公司　1978　p. 367

高國潘　敦煌巫術形態：兼與中外巫術之比較　第二屆敦煌學國際研討會論文集　（臺北）漢學研究
　　中心　1990　p. 644

蕭登福　從敦煌寫卷中看道教星斗崇拜對佛經之影響　第二屆敦煌學國際研討會論文集　（臺北）
　　漢學研究中心　1990　p. 323

林聰明　敦煌文書學　（臺北）新文豐出版公司　1991　p. 429

王三慶　敦煌寫卷中武后新字之調查研究　唐代研究論集（第三輯）　（臺北）新文豐出版公司
　　1992　p. 98

高國藩　敦煌民俗資料導論　（臺北）新文豐出版公司　1993　p. 262

侯錦郎　敦煌寫本中的“印沙佛”儀軌　法國學者敦煌學論文選萃　中華書局　1993　p. 290

項楚　敦煌詩歌導論　（臺北）新文豐出版公司　1993　p. 40

蕭登福　道教星斗符印與佛教密宗　（臺北）新文豐出版公司　1993　p. 49

丛春雨　敦煌中醫藥全書　中醫古籍出版社　1994　p. 701

呂建福　中國密教史　中國社會科學出版社　1995　p. 371

汪泛舟　論敦煌文明的多民族貢獻　《敦煌研究》1995 年第 2 期　p. 187

王三慶　敦煌書儀載録之節日活動與民俗　全國敦煌學研討會論文集　（臺北）中正大學中國文學系所　1995　p. 27 注 68

張金泉　敦煌佛經音義寫卷述要　《敦煌研究》1997 年第 2 期　p. 119

方廣錩　大佛頂如來頂髻白蓋陀羅尼神咒　敦煌學大辭典　上海辭書出版社　1998　p. 704

方廣錩　大陀羅尼末法中一字心咒經　敦煌學大辭典　上海辭書出版社　1998　p. 697

方廣錩　無垢淨光大陀羅尼經　敦煌學大辭典　上海辭書出版社　1998　p. 699

盖建民　從敦煌遺書看佛教醫學思想及其影響　佛學研究（第八期）　中國佛教文化研究所　1999　p. 266

鄭阿財　敦煌寫本《佛頂心觀世音菩薩救難神驗經》研究　新國學（第一卷）　巴蜀書社　1999　p. 315

董志翹　《入唐求法巡禮行記》辭彙研究　中國社會科學出版社　2000　p. 274

柳富鉉　《無垢淨光大陀羅尼經》現存本原文演變考　法源（第 19 期）　中國佛學院　2001　p. 49

李小榮　變文講唱與華梵宗教藝術　上海三聯書店　2002　p. 103

馬繼興　當前世界各地收藏的中國出土卷子本古醫藥文獻備考　敦煌吐魯番研究（第六卷）　北京大學出版社　2002　p. 153

荒見泰史　敦煌本夢書雜識　漢語史學報專輯（第三輯）　上海教育出版社　2003　p. 336

李小榮　敦煌密教文獻論稿　人民文學出版社　2003　p. 22、236

鄭阿財　敦煌寫本《佛頂心觀世音菩薩大陀羅尼經》研究　敦煌學（第 23 輯）　（臺北）樂學書局有限公司　2003　p. 22　又見：2000 年敦煌學國際學術討論會文集・歷史文化卷（下）　甘肅民族出版社　2003　p. 2

鄭阿財　敦煌疑偽經與靈驗記關係之考察　漢語史學報專輯（第三輯）　上海教育出版社　2003　p. 288

樊錦詩　玄奘譯經和敦煌壁畫　《敦煌研究》2004 年第 2 期　p. 3

郭麗英　敦煌漢傳密教經典研究：以《金剛峻經》爲例　敦煌吐魯番研究（第七卷）　北京大學出版社　2004　p. 329

荒見泰史　漢文譬喻經典及其綱要本的作用　佛經文學研究論集　復旦大學出版社　2004　p. 284

P. 3917

魏普賢　敦煌寫本和石窟中的劉薩訶傳說　法國學者敦煌學論文選萃　中華書局　1993　p. 453 注 86

方廣錩　敦煌佛教經録輯校　江蘇古籍出版社　1997　p. 943

方廣錩　中論　敦煌學大辭典　上海辭書出版社　1998　p. 720

P. 3918

森安孝夫　ウイグル吐蕃の北庭爭奪戰及びその後の西域情勢について　『東洋學報』（55 卷 4 號）　（東京）東洋學術協會　1973　p. 77

陳祚龍　敦煌古抄内典尾記彙校初、二、三編合刊　敦煌學要籥　（臺北）新文豐出版公司　1982　p. 192

張廣達　榮新江　和田、敦煌發現的中古于闐史料概述　《新疆社會科學》1983 年第 4 期　p. 81　又見：于闐史叢考　上海書店　1993　p. 16

平井宥慶　千手千眼陀羅尼經　敦煌と中國仏教（講座敦煌7）　（東京）大東出版社　1984　p. 144

吳其昱著　福井文雅　樋口勝譯　大蕃國大德·三藏法師·法成傳考　敦煌と中國仏教（講座敦煌 7）　（東京）大東出版社　1984　p. 391

森安孝夫著　耿昇譯　回鶻吐蕃 789—792 年的北庭之爭　敦煌譯叢（第一輯）　甘肅人民出版社 1985　p. 256

陳國燦　八、九世紀間唐朝西州統治政權的轉移　魏晉南北朝隋唐史資料（第 8 輯）　武漢大學出版 社　1986　p. 15

姜伯勤　唐西州寺院家人奴婢的放良　五十年來漢唐佛教寺院經濟研究　北京師範大學出版社 1986　p. 216

張弓　南北朝隋唐寺觀戶階層述略　五十年來漢唐佛教寺院經濟研究　北京師範大學出版社　1986 p. 317

姜伯勤　唐五代敦煌寺戶制度　中華書局　1987　p. 9

池田溫　中國古代寫本識語集錄　（東京）大藏出版株式會社　1990　p. 316

上山大峻　敦煌佛教の研究　（京都）法藏館　1990　p. 460、630

王小甫　安史之亂後西域形勢及唐軍的堅守　《敦煌研究》1990 年第 4 期　p. 62

方廣錩　佛教大藏經史（八—十世紀）　中國社會科學出版社　1991　p. 134

林聰明　敦煌文書學　（臺北）新文豐出版公司　1991　p. 147、305

王小甫　唐吐蕃大食政治關係史　北京大學出版社　1992　p. 208

吳其昱著　伊藤美重子譯　敦煌漢文寫本概觀　敦煌漢文文獻（講座敦煌 5）　（東京）大東出版社 1992　p. 108

荒川正晴　紹介柳洪亮『高昌碑刻述略』　『吐魯番出土文物研究會會報』（90 號）　（東京）吐魯番出 土文物研究會　1993　p. 6

林聰明　談敦煌文書的抄寫問題　紀念陳寅恪先生百年誕辰學術論文集　江西教育出版社　1994 p. 285

陳國燦　安史亂後的唐二庭四鎮　唐研究（第二卷）　北京大學出版社　1996　p. 426

榮新江　歸義軍史研究　上海古籍出版社　1996　p. 257

黃征　敦煌俗語詞輯釋　敦煌語文叢說　（臺北）新文豐出版公司　1997　p. 62

李方　唐西州長官編年考證（二）　敦煌吐魯番研究（第二卷）　北京大學出版社　1997　p. 207

陳國燦　敦煌寫經題記　敦煌學大辭典　上海辭書出版社　1998　p. 453

陳國燦　西州　敦煌學大辭典　上海辭書出版社　1998　p. 298

陳國燦　貞元九年趙彥賓寫清淨陀羅尼經記　敦煌學大辭典　上海辭書出版社　1998　p. 457

方廣錩　佛金剛壇陀羅尼經　敦煌學大辭典　上海辭書出版社　1998　p. 703

方廣錩　佛說回向輪經　敦煌學大辭典　上海辭書出版社　1998　p. 697

顧吉辰　敦煌文獻職官結銜考釋　《敦煌學輯刊》1998 年第 2 期　p. 30

楊富學　李吉和　敦煌漢文吐蕃史料輯校（第一輯）　甘肅人民出版社　1999　p. 275

華濤　北庭之戰後的回鶻、吐蕃和葛邏祿　中亞學刊（第五輯）　新疆人民出版社　2000　p. 151 注 26

李方　唐西州上佐職掌考論　《吐魯番學研究》2000 年第 2 期　p. 62

李方　唐西州行政體制考論　黑龍江教育出版社　2000　p. 13、85

榮新江　摩尼教在高昌的初傳　吐魯番新出摩尼教文獻研究　文物出版社　2000　p. 225　又見：中 國學術（第一輯）　商務印書館　2000　p. 167

林聰明　敦煌吐魯番文書解詁指例　（臺北）新文豐出版公司　2001　p. 32

馬德　敦煌寫經題記的社會意義　法源（第 19 期）　中國佛學院　2001　p. 84

榮新江　敦煌學十八講　北京大學出版社　2001　p.48

田衛疆　高昌回鶻歷史分期芻議　《吐魯番學研究》2001 年第 2 期　p.85

王素　評《吐魯番唐代交通路線的考察與研究》　敦煌吐魯番研究（第五卷）　北京大學出版社　2001　p.403

謝重光　漢唐佛教社會史論　（臺北）國際文化事業有限公司　2001　p.136 注 40

薛宗正　吐蕃、回鶻、葛邏祿的多邊關係考述　《西域研究》2001 年第 3 期　p.14

蔡忠霖　敦煌漢文寫卷俗字及其現象　（臺北）文津出版社　2002　p.144

陳國燦　敦煌學史事新證　甘肅教育出版社　2002　p.461

姜亮夫　敦煌莫高窟年表　姜亮夫全集（十一）　雲南人民出版社　2002　p.362

陸離　唐五代敦煌寺戶制度源流辨析　敦煌吐魯番研究（第六卷）　北京大學出版社　2002　p.288

王素　敦煌吐魯番文獻　文物出版社　2002　p.218

梅林　莫高窟 365 窟漢文題記重錄並跋　寺院財富與世俗供養　上海書畫出版社　2003　p.350

郭麗英　敦煌漢傳密教經典研究：以《金剛峻經》爲例　敦煌吐魯番研究（第七卷）　北京大學出版社　2004　p.329

陸離　敦煌、新疆等地吐蕃時期石窟中着虎皮衣飾神祇、武士圖像及雕塑研究　《敦煌學輯刊》2005 年第 3 期　p.116

P. 3919

陳祚龍　關於研究李唐三藏法師玄奘的"作爲"及其影響之敦煌古抄參考資料　中華佛教文化史散策（初集）　（臺北）新文豐出版公司　1978　p.367

饒宗頤　蒲甘國史事零拾　選堂集林·史林　（香港）中華書局　1982　p.850 注 11　又見：饒宗頤史學論著選　上海古籍出版社　1993　p.621 注 11

福井文雅　般若心經　敦煌と中國仏教（講座敦煌 7）　（東京）大東出版社　1984　p.40

陳祚龍　看了敦煌古抄《報恩寺開溫室浴僧記》以後　漢學研究（敦煌學國際研討會論文專號）　（臺北）漢學研究資料及服務中心　1986　p.199　又見：敦煌學散策新集　（臺北）新文豐出版公司　1989　p.191

李正宇　中國佛教中的孝　《敦煌學輯刊》1988 年第 1、2 期　p.136

池田溫　中國古代寫本識語集錄　（東京）大藏出版株式會社　1990　p.496

郭在貽　張涌泉　黃征　敦煌變文集校議　岳麓書社　1990　p.355

方廣錩　佛教大藏經史（八—十世紀）　中國社會科學出版社　1991　p.321

鄭炳林　伯 2641 號背莫高窟再修功德記撰寫人探微　《敦煌學輯刊》1991 年第 2 期　p.47

張涌泉　《敦煌歌辭總編》校議　《語言研究》1992 年第 1 期　p.55

陳祚龍　敦煌學新簡　敦煌文物散論　（臺北）新文豐出版公司　1993　p.161

楊雄　講經文名實說　（香港）《九州學刊》（敦煌學專輯）1993 年第 5 卷第 4 期　p.142

張涌泉　語詞辨析七則　《古漢語研究》1993 年第 1 期　p.44

鄭阿財　從敦煌文獻看唐代的三教合一　第二屆國際唐代學術會議論文集（上）　（臺北）文津出版社　1993　p.668 注 16

蔣禮鴻　敦煌文獻語言詞典　杭州大學出版社　1994　p.138、223

李際寧　佛母經　藏外佛教文獻（第一輯）　宗教文化出版社　1995　p.375

張涌泉　敦煌文書類化字研究　《敦煌研究》1995 年第 4 期　p.72

張涌泉　《敦煌文獻語言辭典》補正　原學（第四輯）　中國廣播電視出版社　1995　p.392

張涌泉　漢語俗字研究　岳麓書社　1995　p.142、210

李際寧　敦煌疑僞經典《佛母經》考察　《北京圖書館館刊》1996 年第 4 期　p. 83　又見：中國敦煌
　　學百年文庫・宗教卷（二）　甘肅文化出版社　1999　p. 446
劉進寶　P. 3236 號《壬申年官布籍》時代考　《西北師大學報》（社會科學版）1996 年第 5 期　p. 43
劉進寶　P. 3236 號《壬申年官布籍》研究　慶祝潘石禪先生九秩華誕敦煌學特刊　（臺北）文津出版
　　社　1996　p. 359
榮新江　歸義軍史研究　上海古籍出版社　1996　p. 278
張涌泉　敦煌俗字研究導論　（臺北）新文豐出版公司　1996　p. 247
黃征　張涌泉　敦煌變文校注　中華書局　1997　p. 979、1004
鄭炳林　敦煌碑銘讚輯釋　甘肅教育出版社　1997　p. 516 注 8
程存潔　敦煌本《太上靈寶洗浴身心經》研究　道家文化研究（第十三輯）　三聯書店　1998　p. 297
方廣錩　佛頂尊勝陀羅尼　敦煌學大辭典　上海辭書出版社　1998　p. 698
周紹良　張涌泉　黃征　敦煌變文講經文因緣輯校（下）　江蘇古籍出版社　1998　p. 628
張涌泉　敦煌本《佛說父母恩重經》研究　文史（第四十九輯）　中華書局　1999　p. 65、71、80
張涌泉　敦煌文書疑難詞語辨釋　舊學新知　浙江大學出版社　1999　p. 269
張涌泉　以父母十恩德爲主題的佛教文學藝術作品探源　舊學新知　浙江大學出版社　1999
　　p. 322、327
劉進寶　敦煌文書與唐史研究　（臺北）新文豐出版公司　2000　p. 230
馬世長　《父母恩重經》寫本與變相　敦煌研究文集・敦煌石窟經變篇　甘肅民族出版社　2000
　　p. 398
顏廷亮　敦煌文化　光明日報出版社　2000　p. 271
張錫厚　敦煌文學源流　作家出版社　2000　p. 375
張涌泉　敦煌變文校讀劄記　中華文史論叢（總 63 輯）　上海古籍出版社　2000　p. 108
李際寧　佛經版本　江蘇古籍出版社　2002　p. 15
李小榮　變文講唱與華梵宗教藝術　上海三聯書店　2002　p. 275
樓宇烈　佛經通俗宣講稿本　中日敦煌佛教學術會議論文集　中國社會科學院研究所　2002　p. 2
馬世長　《報父母恩重經》與相關變相圖　宿白先生八秩華誕紀念文集　文物出版社　2002　p. 521
鄭阿財　《父母恩重經》傳佈的歷史考察　新世紀敦煌學論集　巴蜀書社　2003　p. 43
胡文和　對大足寶頂《父母恩重變相》重新研究　2004 年石窟研究國際學術會議論文提要集　敦煌
　　研究院　2004　p. 188
劉敬林　《英藏敦煌社會歷史文獻釋錄》（第一卷）補校　《敦煌研究》2004 年第 2 期　p. 102
町田隆吉　『唐咸亨四年（673）左憧熹生前及隨身錢物疏』をめぐって　『西北出土文獻研究』（創刊
　　號）　（新潟）西北出土文獻研究會　2004　p. 69
張涌泉　燦爛的敦煌文化　浙江與敦煌學：常書鴻先生誕辰一百周年紀念文集　浙江古籍出版社
　　2004　p. 636

P. 3920

賴富本宏　中國密教史における敦煌文獻　敦煌と中國仏教（講座敦煌 7）　（東京）大東出版社
　　1984　p. 162
高國潘　敦煌巫術形態：兼與中外巫術之比較　第二屆敦煌學國際研討會論文集　（臺北）漢學研究
　　中心　1990　p. 623、644、650
蕭登福　從敦煌寫卷中看道教星斗崇拜對佛經之影響　第二屆敦煌學國際研討會論文集　（臺北）
　　漢學研究中心　1990　p. 341

吳其昱著　伊藤美重子譯　敦煌漢文寫本概觀　敦煌漢文文獻(講座敦煌5)　(東京)大東出版社
　　1992　p. 69
高國藩　敦煌民俗資料導論　(臺北)新文豐出版公司　1993　p. 260
高國藩　敦煌巫術與巫術流變　河海大學出版社　1993　p. 256
蕭登福　道教星斗符印與佛教密宗　(臺北)新文豐出版公司　1993　p. 56、101、137
蕭登福　道教術儀與密教典籍　(臺北)新文豐出版公司　1994　p. 105
呂建福　中國密教史　中國社會科學出版社　1995　p. 255、372
京戶　慈光　傳入日本的中國佛教疑偽經典(上)　《敦煌學輯刊》1996年第1期　p. 68
陸慶夫　唐宋間敦煌粟特人之漢化　《歷史研究》1996年第6期　p. 31　又見:敦煌歸義軍史專題研
　　究　蘭州大學出版社　1997　p. 367
蕭登福　敦煌寫卷及藏經中所見受道教影響的星壇及幡燈續命思想　慶祝潘石禪先生九秩華誕敦煌
　　學特刊　(臺北)文津出版社　1996　p. 468
張金泉　敦煌佛經音義寫卷述要　《敦煌研究》1997年第2期　p. 119
鄭炳林　敦煌碑銘讚輯釋　甘肅教育出版社　1997　p. 152注4
方廣錩　高王觀世音經　敦煌學大辭典　上海辭書出版社　1998　p. 738
方廣錩　金剛頂經一切如來深密金剛界大三昧耶修習瑜伽迎請儀　敦煌學大辭典　上海辭書出版社
　　1998　p. 704
方廣錩　金剛頂經一切如來真實攝大乘現證大教王經深妙秘密金剛界大三昧耶修習瑜伽迎請儀　敦
　　煌學大辭典　上海辭書出版社　1998　p. 704
方廣錩　救拔焰口餓鬼陀羅尼經　敦煌學大辭典　上海辭書出版社　1998　p. 699
趙宏勃　從民間信仰考察唐代僧侶的社會角色　華林(第二卷)　中華書局　2002　p. 318
李小榮　敦煌密教文獻論稿　人民文學出版社　2003　p. 25、32、124
李小榮　《高王觀世音經》考析　《敦煌研究》2003年第1期　p. 104
李小榮　論密教中的千手觀音　文史(第五十六輯)　中華書局　2003　p. 148
汪娟　敦煌寫本《瑜伽佛禮》初探　2000年敦煌學國際學術討論會文集·歷史文化卷(上)　甘肅民
　　族出版社　2003　p. 352

P. 3921
林聰明　敦煌文書學　(臺北)新文豐出版公司　1991　p. 425、429
王三慶　敦煌寫卷中武后新字之調查研究　唐代研究論集(第三輯)　(臺北)新文豐出版公司
　　1992　p. 98
石奈德　敦煌本《普化大師五臺山巡禮記》初探　法國學者敦煌學論文選萃　中華書局　1993
　　p. 130注8
林聰明　敦煌文書年代考探略述　敦煌學國際研討會文集·史地語文編　遼寧美術出版社　1995
　　p. 554
林聰明　敦煌吐魯番文書解詁指例　(臺北)新文豐出版公司　2001　p. 258

P. 3922
沖本克己　敦煌出土のチベット文禪宗文獻の内容　敦煌仏典と禪(講座敦煌8)　(東京)大東出版
　　社　1980　p. 417
岡部和雄　疑偽經典　敦煌仏典と禪(講座敦煌8)　(東京)大東出版社　1980　p. 357
田中良昭　念仏禪と後期北宗禪　敦煌仏典と禪(講座敦煌8)　(東京)大東出版社　1980　p. 239

田中良昭　敦煌禪宗文獻の研究　（東京）大東出版社　1983　p. 252、403、411、506
陳祚龍　關於敦煌古抄《頓悟大乘秘密心契禪門法》偈子　《海潮音》1984 年第 65 卷第 4 期　又見：
　　中國敦煌學百年文庫·宗教卷（二）　甘肅文化出版社　1999　p. 143
金岡照光　敦煌における地獄文獻——敦煌庶民信仰の一樣相　敦煌と中國仏教（講座敦煌 7）
　　（東京）大東出版社　1984　p. 571
陳祚龍　繼行新發現,續作新發明：敦煌學散策之五　敦煌學（第 10 輯）　（臺北）新文豐出版公司
　　1985　p. 22　又見：敦煌學林劄記　（臺北）商務印書館　1987　p. 380
原田覺　吐蕃譯經史　敦煌胡語文獻（講座敦煌 6）　（東京）大東出版社　1985　p. 442
上山大峻　敦煌佛教の研究　（京都）法藏館　1990　p. 410
沖本克己著　李德龍譯　敦煌出土的藏文禪宗文獻的內容　國外藏學研究譯文集（第八輯）　西藏
　　人民出版社　1992　p. 206
田中良昭　敦煌の禪籍　禪學研究入門　（東京）大東出版社　1994　p. 66
柳田聖山　禪籍解題（一）·敦煌禪籍　俗語言研究（第二期）　（京都）禪文化研究所　1995　p. 140
方廣錩　法句經　敦煌學大辭典　上海辭書出版社　1998　p. 742
李德龍　頓悟真宗要決古藏文譯本　敦煌學大辭典　上海辭書出版社　1998　p. 485
張總　《閻羅王授記經》綴補研考　敦煌吐魯番研究（第五卷）　北京大學出版社　2001　p. 110 注

P. 3924

岡部和雄　疑偽經典　敦煌仏典と禪（講座敦煌 8）　（東京）大東出版社　1980　p. 357
田中良昭　敦煌禪宗文獻の研究　（東京）大東出版社　1983　p. 403
柳田聖山　禪籍解題（一）·敦煌禪籍　俗語言研究（第二期）　（京都）禪文化研究所　1995　p. 148
方廣錩　法句經　敦煌學大辭典　上海辭書出版社　1998　p. 742
方廣錩　無常經　敦煌學大辭典　上海辭書出版社　1998　p. 708

P. 3926

堀敏一　敦煌社會の変質——中國社會全般の発展とも関連して　敦煌の社會（講座敦煌 3）　（東
　　京）大東出版社　1980　p. 169
姜伯勤　敦煌寺院碾磑經營的兩種形式　歷史論叢（第三輯）　齊魯書社　1983　p. 176 注 1
謝和耐著　耿昇譯　敦煌的塯戶與梁戶　敦煌譯叢（第一輯）　甘肅人民出版社　1985　p. 170 注
　　43
王重民　巴黎敦煌殘卷叙錄（第二輯）　敦煌叢刊初集（九）　（臺北）新文豐出版公司　1985　p. 272
姜伯勤　唐五代敦煌寺戶制度　中華書局　1987　p. 229
謝和耐著　耿昇譯　中國 5—10 世紀的寺院經濟　甘肅人民出版社　1987　p. 183 注 4　又見：上海
　　古籍出版社　2004　p. 150 注 1
鄭炳林　敦煌地理文書彙輯校注　甘肅教育出版社　1989　p. 230
唐耕耦　陸宏基　敦煌社會經濟文獻真迹釋錄（三）　全國圖書館文獻縮微複製中心　1990　p. 603
堀敏一著　林世田譯　唐代後期敦煌社會經濟之變化　《敦煌學輯刊》1991 年第 1 期　p. 96
李并成　敦煌遺書中地理書卷的學術價值　《地理研究》1992 年第 3 期　p. 43
李并成　一批珍貴的古代地理文書：敦煌遺書中的地理書卷　《中國科技史料》1992 年第 13 卷第 4
　　期　p. 93
前田正名　河西歷史地理學研究　中國藏學出版社　1993　p. 256
石奈德　敦煌本《普化大師五臺山巡禮記》初探　法國學者敦煌學論文選萃　中華書局　1993

　　　p. 126、130 注 8

鄭炳林　敦煌碑銘讚輯釋　甘肅教育出版社　1997　p. 419 注 9

郝春文　唐後期五代宋初敦煌僧尼的社會生活　中國社會科學出版社　1998　p. 400

鄭炳林　徐曉麗　敦煌寫本 P. 3973《往五臺山行記》殘卷研究　《敦煌學輯刊》2002 年第 1 期　p. 7

屈直敏　敦煌高僧　民族出版社　2004　p. 144

鄭炳林　陳雙印　敦煌寫本《諸山聖迹志》作者探微　《敦煌研究》2005 年第 1 期　p. 6

P. 3929

陳慶浩　古賢集校注　敦煌學（第 3 輯）　（香港）新亞研究所敦煌學會　1976　p. 65

陳祚龍　敦煌學雜記　敦煌資料考屑（下冊）　（臺北）商務印書館　1979　p. 376

饒宗頤　穆護歌考　選堂集林·史林　（香港）中華書局　1982　p. 509 注 24　又見:饒宗頤史學論
　　　著選　上海古籍出版社　1993　p. 441 注 22

鄭阿財　敦煌孝道文學研究　（臺北）石門圖書公司　1982　p. 260 注 139、425

李鼎文　讀佚名《敦煌二十詠》　《西北師院學報》1983 年第 4 期　又見:甘肅文史叢稿　甘肅人民
　　　出版社　1986　p. 93

馬德　《敦煌二十詠》寫作年代初探　《敦煌研究》1983 年創刊號　p. 179

王重民　劉修業　《補全唐詩》拾遺　敦煌遺書論文集　中華書局　1984　p. 51

雷僑雲　敦煌兒童文學　（臺北）學生書局　1985　p. 93

饒宗頤解說　林宏作譯　敦煌書法叢刊（第十七卷）·雜詩文　（東京）二玄社　1985　p. 52

高國藩　敦煌與俗文學　俗文學論　黑龍江人民出版社　1987　p. 121

任半塘　敦煌歌辭總編　上海古籍出版社　1987　p. 1277

蘇瑩輝　從敦煌遺書的發現論中國古典文學和俗講作品對後世的影響　敦煌文史藝術論叢　（臺
　　　北）新文豐出版公司　1987　p. 13

韓建瓴　敦煌寫本《古賢集》研究　敦煌語言文學研究　北京大學出版社　1988　p. 163

張錫厚　敦煌詩歌考論　《敦煌學輯刊》1989 年第 2 期　p. 11

張錫厚　詩歌　敦煌文學　甘肅人民出版社　1989　p. 157

鄭炳林　敦煌地理文書彙輯校注　甘肅教育出版社　1989　p. 138

高國藩　敦煌古俗與民俗流變　河海大學出版社　1990　p. 479

李并成　《沙州城土鏡》之地理調查與考釋　《敦煌學輯刊》1990 年第 2 期　p. 86

鄭阿財　敦煌蒙書析論　第二屆敦煌學國際研討會論文集　（臺北）漢學研究中心　1990　p. 222

柴劍虹　列寧格勒藏敦煌《長安詞》寫卷分析　西域文史論稿　（臺北）國文天地雜誌社　1991
　　　p. 325

姜伯勤　敦煌社會文書導論　（臺北）新文豐出版公司　1992　p. 159、179

王三慶著　池田溫譯　類書　敦煌漢文文獻（講座敦煌 5）　（東京）大東出版社　1992　p. 385

周紹良　敦煌文學芻議及其它　（臺北）新文豐出版公司　1992　p. 22

伏俊璉　將軍神功甘泉湧:《貳師泉賦》賞析　《絲綢之路》1993 年第 4 期　p. 41

項楚　敦煌詩歌導論　（臺北）新文豐出版公司　1993　p. 191、268

鄭阿財　敦煌文獻與文學　（臺北）新文豐出版公司　1993　p. 255

李明偉　隋唐絲綢之路　甘肅人民出版社　1994　p. 217

鄭炳林　《索勳紀德碑》研究　《敦煌學輯刊》1994 年第 2 期　p. 71

胡戟　傅玫　敦煌史話　中華書局　1995　p. 173

劉進寶　敦煌學論述　（臺北）洪葉文化事業有限公司　1995　p. 332

陸慶夫　唐代絲綢路上的昭武九姓　敦煌吐魯番文獻研究　蘭州大學出版社　1995　p. 546

李并成　李春元　瓜沙史地研究　甘肅文化出版社　1996　p. 139

劉子瑜　敦煌變文和王梵志詩　大象出版社　1997　p. 76

鄭炳林　敦煌碑銘讚輯釋　甘肅教育出版社　1997　p. 23 注7

白化文　古賢集　敦煌學大辭典　上海辭書出版社　1998　p. 780

馬德　尚書曹仁貴史事鈎沈　《敦煌學輯刊》1998 年第 2 期　p. 10

胡大浚　王志鵬　敦煌邊塞詩歌校注　甘肅人民出版社　1999　p. 261

杜琪　敦煌詩賦作品要目分類題注　《甘肅社會科學》2000 年第 1 期　p. 62

伏俊璉　俗情雅韻：敦煌賦選析　甘肅人民出版社　2000　p. 27

徐俊　敦煌詩集殘卷輯考　中華書局　2000　p. 148

張錫厚　敦煌文學源流　作家出版社　2000　p. 41

榮新江　徐俊　唐蔡省風編《瑤池新詠》重研　唐研究（第七卷）　北京大學出版社　2001　p. 128

王素　敦煌吐魯番文獻　文物出版社　2002　p. 20

鄭阿財　朱鳳玉　敦煌蒙書研究　甘肅教育出版社　2002　p. 255

解梅　唐五代敦煌地區賽祅儀式考　《敦煌學輯刊》2005 年第 2 期　p. 145

P. 3930

三木榮　西域出土醫藥關係文獻綜合解說目錄　『東洋學報』(47 卷 1 號)　（東京）東洋學術協會
　　1964　p. 6

趙健雄　敦煌石窟醫學史料輯要　《敦煌學輯刊》1985 年第 2 期　p. 120

馬繼興　敦煌古醫籍考釋　江西科學技術出版社　1988　p. 10、279

張弘強　杜文傑著　敦煌石窟氣功：一分鐘臍密功　甘肅科學技術出版社　1990　p. 90

甘肅中醫學院圖書館　敦煌中醫藥學集錦　甘肅中醫學院圖書館　1990　p. 171

趙健雄　敦煌遺書醫學卷考析　《敦煌研究》1991 年第 4 期　p. 102

叢春雨　敦煌中醫藥全書　中醫古籍出版社　1994　p. 29、602

馬繼興　敦煌醫藥文獻輯校　江蘇古籍出版社　1998　p. 381

王淑民　不知名醫方第十種　敦煌學大辭典　上海辭書出版社　1998　p. 619

王淑民　敦煌石窟秘藏醫方　北京醫科大學中國協和醫科大學聯合出版社　1999　p. 74、99、142

叢春雨　敦煌中醫藥精萃發微　中醫古籍出版社　2000　p. 248、268

陳明　醫理精華：印度古典醫學在敦煌的實例分析　敦煌吐魯番研究（第五卷）　北京大學出版社
　　2001　p. 231、239、255

張儂　敦煌遺書中的針灸文獻　《敦煌研究》2001 年第 2 期　p. 150

陳明　印度梵文醫典醫理精華研究　中華書局　2002　p. 76、116

馬繼興　當前世界各地收藏的中國出土卷子本古醫藥文獻備考　敦煌吐魯番研究（第六卷）　北京
　　大學出版社　2002　p. 154

陳明　沙門黃散：唐代佛教醫事與社會生活　唐代宗教信仰與社會　上海辭書出版社　2003　p. 259

陳增岳　敦煌古醫籍校讀劄記　《敦煌研究》2004 年第 2 期　p. 85

陳明　備急單驗：敦煌醫藥文獻中的單藥方　敦煌學國際研討會論文集　北京圖書館出版社　2005
　　p. 238

陳明　殊方異藥：出土文書與西域醫學　北京大學出版社　2005　p. 80、151、194

P. 3931

森安孝夫　ウイグルと敦煌　敦煌の歷史(講座敦煌2)　(東京)大東出版社　1980　p. 312

陳祚龍　看了周作《敦煌寫本書儀考》(之一)以後　敦煌學(第6輯)　(臺北)新文豐出版公司　1983　p. 44

森安孝夫著　高然譯　回鶻與敦煌　《西北史地》1984年第1期　p. 113

榮新江　歸義軍及其與周邊民族的關係初探　《敦煌學輯刊》1986年第2期　p. 31　又見:中國人文社會科學博士碩士文庫·歷史學卷　浙江教育出版社　1998　p. 660

陳祚龍　百尺竿頭,更進一步:敦煌學散策之三　敦煌學林劄記　(臺北)商務印書館　1987　p. 95

黃盛璋　敦煌于闐文書與漢文書中關於甘州回鶻史實異同及回鶻進佔甘州的年代問題　《西北史地》1989年第1期　p. 7

鄭炳林　敦煌地理文書彙輯校注　甘肅教育出版社　1989　p. 315

池田溫　中國古代寫本識語集録　(東京)大藏出版株式會社　1990　p. 478

李正宇　印度普化大師五臺山巡禮記　《五臺山研究》1990年第1期　p. 32

唐耕耦　陸宏基　敦煌社會經濟文獻真迹釋録(五)　全國圖書館文獻縮微複製中心　1990　p. 332

周偉洲　吐蕃對河隴的統治及歸義軍前期的河西諸族　《甘肅民族研究》1990年第2期　p. 8

李正宇　曹仁貴歸奉後的一組新資料　魏晉南北朝隋唐史資料(第11輯)　武漢大學出版社　1991　p. 281 注6

榮新江　敦煌文獻所見晚唐五代宋初的中印文化交往　季羨林教授八十華誕紀念論文集(下)　江西人民出版社　1991　p. 962

孫修身　跋伯3931號卷甘州回鶻致中原王朝兩《表本》　《西北民族研究》1991年第2期　p. 20

鄭炳林　敦煌文書S. 373號李存勗唐玄奘詩證誤　《敦煌學輯刊》1991年第1期　p. 23　又見:敦煌吐魯番文獻研究　蘭州大學出版社　1995　p. 301

李并成　敦煌遺書中地理書卷的學術價值　《地理研究》1992年第3期　p. 43

李并成　一批珍貴的古代地理文書:敦煌遺書中的地理書卷　《中國科技史料》1992年第13卷第4期　p. 93

榮新江　金山國史辨正　中華文史論叢(總50輯)　上海古籍出版社　1992　p. 80

日比野丈夫　地理書　敦煌漢文文獻(講座敦煌5)　(東京)大東出版社　1992　p. 352

杜琦　敦煌文學概論　甘肅人民出版社　1993　p. 510、522

榮新江　甘州回鶻成立史論　《歷史研究》1993年第5期　p. 38

石奈德　敦煌本《普化大師五臺山巡禮記》初探　法國學者敦煌學論文選萃　中華書局　1993　p. 123、130 注8

趙聲良　莫高窟第61窟五臺山圖研究　《敦煌研究》1993年第4期　p. 96

姜伯勤　敦煌吐魯番文書與絲綢之路　文物出版社　1994　p. 144

榮新江　敦煌邈真讚所見歸義軍與東西回鶻的關係　敦煌邈真讚校録並研究　(臺北)新文豐出版公司　1994　p. 67

榮新江　歸義軍改元考　文史(第三十八輯)　中華書局　1994　p. 50

邵文實　敦煌俗文學作品中的駢儷文風　《敦煌學輯刊》1994年第2期　p. 43

張先堂　敦煌文學與周邊民族文學、域外文學關係述論　《敦煌研究》1994年第1期　p. 55　又見:敦煌吐魯番學研究論集　書目文獻出版社　1996　p. 426

張涌泉　試論審辨敦煌寫本俗字的方法　《敦煌研究》1994年第2期　p. 147　又見:舊學新知　浙江大學出版社　1999　p. 77

黃盛璋　敦煌漢文與于闐文書中之龍家及其相關問題　全國敦煌學研討會論文集　(臺北)中正大

　　學中國文學系所　1995　p. 74　又見:《西域研究》1996 年第 1 期　p. 34

陸慶夫　甘州回鶻可汗世次辨析　《敦煌學輯刊》1995 年第 2 期　p. 32　又見:敦煌歸義軍史專題研究　蘭州大學出版社　1997　p. 468

張涌泉　漢語俗字研究　岳麓書社　1995　p. 194

趙和平　後唐時代甘州回鶻表本及相關漢文文獻的初步研究　（香港）《九州學刊》1995 年第 6 卷第 4 期　p. 89、98　又見:唐五代書儀研究　中國社會科學出版社　1995　p. 231

周一良　趙和平　敦煌表狀箋啓書儀略論　唐五代書儀研究　中國社會科學出版社　1995　p. 46、229　又見:敦煌吐魯番學研究論集　書目文獻出版社　1996　p. 197

周一良　趙和平　《新集雜別紙》的初步研究　唐五代書儀研究　中國社會科學出版社　1995　p. 262

饒宗頤　敦煌曲訂補　敦煌曲續論　（臺北）新文豐出版公司　1996　p. 52

榮新江　歸義軍史研究　上海古籍出版社　1996　p. 12、53

楊秀清　晚唐歸義軍與中央關係述論　《甘肅社會科學》1996 年第 2 期　p. 71

張涌泉　敦煌俗字研究導論　（臺北）新文豐出版公司　1996　p. 112

楊秀清　金山國立國年代補證　《敦煌研究》1997 年第 4 期　p. 133

張先堂　S. 4654 晚唐《莫高窟紀遊詩》新探　《敦煌研究》1997 年第 3 期　p. 127

張涌泉　敦煌文獻校讀易誤字例釋　敦煌文學論集　四川人民出版社　1997　p. 267、273

趙和平　敦煌表狀箋啓書儀輯校　江蘇古籍出版社　1997　p. 228

趙和平　晚唐五代靈武節度使與沙州歸義軍關係試論　第三屆中國唐代文化學術研討會論文集　（臺北）政治大學中國文學系　1997　p. 539

鄭炳林　敦煌碑銘讚輯釋　甘肅教育出版社　1997　p. 419 注 9

鄭炳林　馮培紅　唐五代歸義軍政權對外關係中的使頭一職　敦煌歸義軍史專題研究　蘭州大學出版社　1997　p. 52

榮新江　歸義軍大事紀年初稿　出土文獻研究（第三輯）　文物出版社　1998　p. 241

唐耕耦　回鶻上表　敦煌學大辭典　上海辭書出版社　1998　p. 461

楊秀清　曹議金執政臆談　《敦煌研究》1998 年第 3 期　p. 122

趙和平　靈武節度使表狀集　敦煌學大辭典　上海辭書出版社　1998　p. 424

陳靜　"別紙"考釋　《敦煌學輯刊》1999 年第 1 期　p. 108

黃征　程惠新　劫塵遺珠:敦煌遺書　甘肅教育出版社　1999　p. 185

陸慶夫　金山國與甘州回鶻關係考論　《敦煌學輯刊》1999 年第 1 期　p. 50

楊秀清　敦煌西漢金山國史　甘肅人民出版社　1999　p. 4、25、119

徐俊　敦煌詩集殘卷輯考　中華書局　2000　p. 485、867

楊秀清　華戎交會的都市:敦煌與絲綢之路　甘肅人民出版社　2000　p. 64

趙和平　敦煌本《甘棠集》研究　（臺北）新文豐出版公司　2000　p. 18

榮新江　敦煌學十八講　北京大學出版社　2001　p. 273

吳麗娛　從敦煌書儀中的表狀箋啓看唐五代官場禮儀的轉移變遷　中國社會歷史評論（第三卷）　中華書局　2001　p. 360

吳麗娛　敦煌表狀箋啓書儀探源　文史（第五十六輯）　中華書局　2001　p. 143

吳麗娛　關於 S. 78v 和 S. 1725v 兩件敦煌寫本書儀的一些看法　敦煌學與中國史研究論集　甘肅人民出版社　2001　p. 169

徐曉麗　曹議金與甘州回鶻天公主結親時間考　《敦煌研究》2001 年第 4 期　p. 118

曾良　敦煌文獻字義通釋　廈門大學出版社　2001　p. 24、118、196

張錫厚　新羅僧慈藏入唐禮五臺考　敦煌文獻論集：紀念藏經洞發現一百周年國際學術研討會論文
　　集　遼寧人民出版社　2001　p. 537

蔡忠霖　敦煌漢文寫卷俗字及其現象　（臺北）文津出版社　2002　p. 67、140

勞心　從敦煌文獻看9世紀的西州　《敦煌研究》2002年第1期　p. 83

榮新江　敦煌地理文獻的價值與研究　敦煌學新論　甘肅教育出版社　2002　p. 257

吳麗娛　唐禮撢遺：中古書儀研究　商務印書館　2002　p. 14、147、175、537

吳麗娛　再析P. 2945書儀的年代與曹氏歸義軍通使中原　《敦煌研究》2002年第3期　p. 79

鄭炳林　徐曉麗　敦煌寫本P. 3973《往五臺山行記》殘卷研究　《敦煌學輯刊》2002年第1期　p. 10

蔡忠霖　從書法角度看俗字的生成　敦煌學（第24輯）　（臺北）樂學書局有限公司　2003　p. 167

蔡忠霖　官定正字之外的通行文字　新世紀敦煌學論集　巴蜀書社　2003　p. 109

董志翹　敦煌文獻中之《往五臺山巡禮記》　新世紀敦煌學論集　巴蜀書社　2003　p. 673

王豔明　瓜州曹氏與甘州回鶻的兩次和親始末　《敦煌研究》2003年第1期　p. 70

吳麗娛　敦煌的禮書　敦煌與絲路文化學術講座（第一輯）　北京圖書館出版社　2003　p. 202

高啓安　唐五代敦煌飲食文化研究　民族出版社　2004　p. 205

魏迎春　敦煌菩薩漫談　民族出版社　2004　p. 120

吳麗娛　關於別紙和重疊別紙　浙江與敦煌學：常書鴻先生誕辰一百周年紀念文集　浙江古籍出版
　　社　2004　p. 411

鄭炳林　晚唐五代歸義軍政權與佛教教團關係研究　《敦煌學輯刊》2005年第1期　p. 3

P. 3932

道端良秀　敦煌文獻に見える死後の世界　敦煌と中國仏教（講座敦煌7）　（東京）大東出版社
　　1984　p. 514

福井文雅　般若心經　敦煌と中國仏教（講座敦煌7）　（東京）大東出版社　1984　p. 40

金岡照光　敦煌における地獄文獻——敦煌庶民信仰の一樣相　敦煌と中國仏教（講座敦煌7）
　　（東京）大東出版社　1984　p. 579

高國潘　敦煌巫術形態：兼與中外巫術之比較　第二屆敦煌學國際研討會論文集　（臺北）漢學研究
　　中心　1990　p. 614

金岡照光　敦煌文獻と中國文學　（東京）五曜書房　2000　p. 407

張總　地藏信仰研究　宗教文化出版社　2003　p. 110

P. 3934

陳祚龍　新校重訂敦煌古抄中世釋眾唱導行孝報恩的藝文四種　中華佛教文化史散策（三集）　（臺
　　北）新文豐出版公司　1981　p. 223

鄭阿財　敦煌孝道文學研究　（臺北）石門圖書公司　1982　p. 16、531、682

雷僑雲　敦煌兒童文學　（臺北）學生書局　1985　p. 90注5

鄭阿財　從敦煌文獻看唐代的三教合一　第二屆國際唐代學術會議論文集（上）　（臺北）文津出版
　　社　1993　p. 651

張錫厚　孝順樂讚　敦煌學大辭典　上海辭書出版社　1998　p. 545

P. 3935

那波利貞　敦煌發見文書に拠る中晚唐時代の佛教寺院の錢穀布帛類貸付營利事業運營の實況
　　『支那學』（8卷1號）　（京都）支那學社　1941　p. 115

那波利貞　千佛岩莫高窟と敦煌文書　西域文化研究（第二）・敦煌吐魯番社會經濟資料（上）（京都）法藏館　1959　p. 48

北原薰　晚唐・五代の敦煌寺院経済──収支決算報告を中心に　敦煌の社會（講座敦煌3）（東京）大東出版社　1980　p. 378

菊池英夫　唐代敦煌社會の外貌　敦煌の社會（講座敦煌3）（東京）大東出版社　1980　p. 145、147

唐剛卯　唐代請田制度初探　《敦煌學輯刊》1985年第2期　p. 61

姜伯勤　唐五代敦煌寺戶制度　中華書局　1987　p. 182

李正宇　唐宋時代敦煌縣河渠泉澤簡志（一）《敦煌研究》1988年第4期　p. 94

唐耕耦　陸宏基　敦煌社會經濟文獻真迹釋録（二）　全國圖書館文獻縮微複製中心　1990　p. 311、486

王震亞　趙熒　敦煌殘卷爭訟文牒集釋　甘肅人民出版社　1993　p. 50

李并成　李春元　瓜沙史地研究　甘肅文化出版社　1996　p. 148

李正宇　敦煌史地新論　（臺北）新文豐出版公司　1996　p. 120

馮培紅　唐五代敦煌的河渠水利與水司管理機構初探　《敦煌學輯刊》1997年第2期　p. 73

李并成　古代河西走廊桑蠶絲織業考　《敦煌學輯刊》1997年第2期　p. 63

李正宇　敦煌歷史地理導論　（臺北）新文豐出版公司　1997　p. 222、273

唐耕耦　敦煌寺院會計文書研究　（臺北）新文豐出版公司　1997　p. 452

鄭炳林　敦煌碑銘讚輯釋　甘肅教育出版社　1997　p. 252 注35

鄭炳林　唐五代敦煌種植林業研究　敦煌歸義軍史專題研究　蘭州大學出版社　1997　p. 203

鄭炳林　晚唐五代敦煌貿易市場的物價　敦煌歸義軍史專題研究　蘭州大學出版社　1997　p. 278、298

鄭炳林　晚唐五代敦煌園囿經濟研究　敦煌歸義軍史專題研究　蘭州大學出版社　1997　p. 315

陳國燦　唐代的經濟社會　（臺北）文津出版社　1999　p. 92

池田溫　李盛鐸舊藏敦煌歸義軍後期社會經濟文書簡介　慶祝吳其昱先生八秩華誕敦煌學特刊（臺北）文津出版社　2000　p. 39

王克孝　ДХ2168 寫本初探　1994年敦煌學國際研討會文集・宗教文史卷（下）　甘肅民族出版社　2000　p. 230

羅彤華　從便物曆論敦煌寺院的放貸　敦煌文獻論集：紀念藏經洞發現一百周年國際學術研討會論文集　遼寧人民出版社　2001　p. 453

陳國燦　敦煌學史事新證　甘肅教育出版社　2002　p. 320

馮培紅　歸義軍鎮制考　敦煌吐魯番研究（第九卷）　中華書局　2006　p. 276

陸離　吐蕃統治河隴時期司法制度初探　《中國藏學》2006年第1期　p. 33

P. 3936

許建平　《殘類書》所引《劉子》殘卷考略　《浙江社會科學》1993年第4期　p. 90

P. 3937

邰惠莉　敦煌遺書中的白描畫簡介　《社科縱橫》1994年第4期　p. 51

呂建福　中國密教史　中國社會科學出版社　1995　p. 255

鄭炳林　敦煌碑銘讚輯釋　甘肅教育出版社　1997　p. 187 注2

趙貞　敦煌所出靈州道文書述略　《敦煌研究》2003年第4期　p. 54

P. 3938
福井文雅　般若心經　敦煌と中國仏教（講座敦煌7）　（東京）大東出版社　1984　p. 42
沙武田　梁紅　敦煌千佛變畫稿刺孔研究　《敦煌學輯刊》2005 年第 2 期　p. 69

P. 3939
姜伯勤　敦煌藝術宗教與禮樂文明　中國社會科學出版社　1996　p. 39
胡素馨　敦煌的粉本和壁畫之間的關係　唐研究（第三卷）　北京大學出版社　1997　p. 439
楊雄　白描釋迦說法圖　敦煌學大辭典　上海辭書出版社　1998　p. 240

P. 3942
盧向前　關於歸義軍時期一份布紙破用曆的研究：試釋伯四六四〇背面文書　敦煌吐魯番文獻研究
　　論集（第三輯）　北京大學出版社　1986　p. 419 注 77　又見：敦煌吐魯番文書論稿　江西人民
　　出版社　1992　p. 126 注 77
山本達郎等　敦煌・IV 納贈曆・納色物曆等　『NUN – HUANG AND TURFAN DOCUMENTS CON-
　　CERNING SOCIAL AND ECONOMIC HISTORY』（IV）　（東京）東洋文庫　1989　p. 99
嚴敦傑　跋敦煌唐乾符四年曆書　中國古代天文文物論集　文物出版社　1989　p. 251
唐耕耦　陸宏基　敦煌社會經濟文獻真迹釋錄（四）　全國圖書館文獻縮微複製中心　1990　p. 11
馮培紅　唐五代敦煌的河渠水利與水司管理機構初探　《敦煌學輯刊》1997 年第 2 期　p. 78
馮培紅　晚唐五代宋初歸義軍武職軍將研究　敦煌歸義軍史專題研究　蘭州大學出版社　1997
　　p. 115
王惠民　《董保德功德記》與隋代敦煌崇教寺舍利塔　《敦煌研究》1997 年第 3 期　p. 78
鄭炳林　敦煌碑銘讚輯釋　甘肅教育出版社　1997　p. 374 注 3
鄭炳林　唐五代敦煌手工業研究　敦煌歸義軍史專題研究　蘭州大學出版社　1997　p. 268
唐耕耦　僧錄　敦煌學大辭典　上海辭書出版社　1998　p. 638
譚蟬雪　《君者者狀》辨析：河西達怛國的一份書狀　1994 年敦煌學國際研討會文集・宗教文史卷
　　（下）　甘肅民族出版社　2000　p. 107
徐曉麗　鄭炳林　晚唐五代敦煌吐谷渾與吐蕃移民婦女研究　《敦煌學輯刊》2002 年第 2 期　p. 9
沙武田　趙曉星　歸義軍時期敦煌文獻中的太子　《敦煌研究》2003 年第 4 期　p. 48
鄭炳林　魏迎春　晚唐五代敦煌佛教教團的戒律和清規　《敦煌學輯刊》2004 年第 2 期　p. 38
馮培紅　歸義軍鎮制考　敦煌吐魯番研究（第九卷）　中華書局　2006　p. 279
金瀅坤　敦煌社會經濟文書定年拾遺　《首都師範大學學報》2006 年第 1 期　p. 10

P. 3943
高國藩　敦煌民俗學　上海文藝出版社　1989　p. 105
沙武田　梁紅　敦煌千佛變畫稿刺孔研究　《敦煌學輯刊》2005 年第 2 期　p. 69
邰惠莉　敦煌版畫叙錄　《敦煌研究》2005 年第 2 期　p. 8

P. 3944
蘇瑩輝　"敦煌曲"評介　《香港中文大學學報》1974 年第 1 期　又見：中國敦煌學百年文庫・藝
　　術卷（一）　甘肅文化出版社　1999　p. 371
汪泛舟　敦煌文學概論　甘肅人民出版社　1993　p. 563

P. 3945

饒宗頤　敦煌書法叢刊(第十四卷)・牒狀　(東京)二玄社　1985　p. 6、84

唐耕耦　陸宏基　敦煌社會經濟文獻真迹釋錄(三、四)　全國圖書館文獻縮微複製中心　1990
　　　　p. 587；481

姜伯勤　敦煌社會文書導論　(臺北)新文豐出版公司　1992　p. 159

暨遠志　論唐代打馬球　《敦煌研究》1993 年第 2 期　p. 34

姜伯勤　敦煌吐魯番文書與絲綢之路　文物出版社　1994　p. 70

李重申　敦煌馬毬史料探析　《敦煌研究》1994 年第 4 期　p. 172

劉惠琴　從敦煌文書中看沙州紡織業　《敦煌學輯刊》1995 年第 2 期　p. 53

姜伯勤　敦煌悉磨遮爲蘇摩遮樂舞考　《敦煌研究》1996 年第 3 期　p. 11

姜伯勤　敦煌藝術宗教與禮樂文明　中國社會科學出版社　1996　p. 545

李并成　李春元　瓜沙史地研究　甘肅文化出版社　1996　p. 143

馮培紅　晚唐五代宋初歸義軍武職軍將研究　敦煌歸義軍史專題研究　蘭州大學出版社　1997
　　　　p. 162

張亞萍　晚唐五代歸義軍牧羊業管理機構：羊司　《敦煌學輯刊》1997 年第 2 期　p. 130

鄭炳林　唐五代敦煌畜牧區域研究　敦煌歸義軍史專題研究　蘭州大學出版社　1997　p. 213

雷紹鋒　歸義軍賦役制度初探　(臺北)洪葉文化事業有限公司　2000　p. 175

李重申　敦煌古代體育文化　甘肅人民出版社　2000　p. 62

顏廷亮　敦煌文化　光明日報出版社　2000　p. 408

李并成　漢唐冥水(籍端水)冥澤及其變遷考　《敦煌研究》2001 年第 2 期　p. 65

乜小紅　唐五代敦煌牧羊業述論　《敦煌研究》2001 年第 1 期　p. 136

李金梅　李重申　敦煌文獻與體育史研究之關係　《敦煌研究》2002 年第 2 期　p. 45

馮培紅　唐五代敦煌官府宴設機構考略　2000 年敦煌學國際學術討論會文集・歷史文化卷(上)
　　　　甘肅民族出版社　2003　p. 183

湯涒　敦煌曲子詞地域文化研究　上海古籍出版社　2004　p. 107

趙曉星　寇甲　西魏：歸義軍時期敦煌地區的史姓　《敦煌學輯刊》2005 年第 2 期　p. 136

蘭州理工大學絲綢之路文史研究所編　絲綢之路體育文化論集　中華書局　2005　p. 250

P. 3946

張錫厚　敦煌詩歌考論　《敦煌學輯刊》1989 年第 2 期　p. 32

唐耕耦　陸宏基　敦煌社會經濟文獻真迹釋錄(二)　全國圖書館文獻縮微複製中心　1990　p. 61

林聰明　敦煌文書學　(臺北)新文豐出版公司　1991　p. 30

周紹良　敦煌文學芻議及其它　(臺北)新文豐出版公司　1992　p. 28

項楚　敦煌詩歌導論　(臺北)新文豐出版公司　1993　p. 14

柴劍虹　蒙州司馬詩　敦煌學大辭典　上海辭書出版社　1998　p. 573

徐俊　敦煌詩集殘卷輯考　中華書局　2000　p. 441

張錫厚　敦煌文學源流　作家出版社　2000　p. 88

P. 3947

北原薰　晚唐・五代の敦煌寺院経済——収支決算報告を中心に　敦煌の社會(講座敦煌 3)　(東
　　　　京)大東出版社　1980　p. 377

謝和耐著　耿昇譯　中國 5—10 世紀的寺院經濟　甘肅人民出版社　1987　p. 23 注 3、164 注 1　又

見：上海古籍出版社　2004　p. 133 注 3

李正宇　唐宋時代敦煌縣河渠泉澤簡志(二)　《敦煌研究》1989 年第 1 期　p. 54

王三慶　日本所見敦煌寫卷目録提要(一)　敦煌學(第 15 輯)　(臺北)新文豐出版公司　1989
　　　p. 93

唐耕耦　陸宏基　敦煌社會經濟文獻真迹釋録(二、四)　全國圖書館文獻縮微複製中心　1990
　　　p. 458；108

方廣錩　佛教大藏經史(八—十世紀)　中國社會科學出版社　1991　p. 114

梅林　吐蕃和歸義軍時期敦煌禪僧寺籍考辨　《敦煌研究》1992 年第 3 期　p. 100

竺沙雅章　寺院文書　敦煌漢文文獻(講座敦煌 5)　(東京)大東出版社　1992　p. 605、611、638

柴劍虹　俄藏敦煌詩詞寫卷經眼録(一)　敦煌吐魯番研究(第一卷)　北京大學出版社　1996
　　　p. 110 注

李正宇　敦煌史地新論　(臺北)新文豐出版公司　1996　p. 118

李正宇　敦煌歷史地理導論　(臺北)新文豐出版公司　1997　p. 252、257

鄭炳林　敦煌碑銘讚輯釋　甘肅教育出版社　1997　p. 179 注 10

鄭炳林　唐五代敦煌的醫事研究　敦煌歸義軍史專題研究　蘭州大學出版社　1997　p. 515

郝春文　沙州龍興寺應轉經人分番名單　敦煌學大辭典　上海辭書出版社　1998　p. 642

鄭炳林　《康秀華寫經施入疏》與《炫和尚貨賣胡粉曆》研究　敦煌吐魯番研究(第三卷)　北京大學
　　　出版社　1998　p. 196

馬德　敦煌文書《諸寺付經曆》芻議　《敦煌學輯刊》1999 年第 1 期　p. 42

楊森　《辛巳年六月十六日社人于燈司倉貸粟曆》文書之定年　《敦煌學輯刊》2001 年第 2 期　p. 18

P. 3948

方廣錩　佛教大藏經史(八—十世紀)　中國社會科學出版社　1991　p. 350

方廣錩　敦煌佛教經録輯校　江蘇古籍出版社　1997　p. 1032

方廣錩　敦煌寺院所藏大藏經概貌　藏外佛教文獻(第八輯)　宗教文化出版社　2003　p. 389

P. 3949

柴劍虹　俄藏敦煌詩詞寫卷經眼録　敦煌吐魯番研究(第一卷)　北京大學出版社　1996　p. 103
　　　又見：敦煌吐魯番學論稿　浙江教育出版社　2000　p. 218

P. 3950

王堯　藏族翻譯家管·法成對民族文化交流的貢獻　《文物》1980 年第 7 期　又見：中國敦煌學百年
　　　文庫·民族卷(三)　甘肅文化出版社　1999　p. 36

土橋秀高　敦煌の律藏　敦煌と中國仏教(講座敦煌 7)　(東京)大東出版社　1984　p. 262

吳其昱著　福井文雅　樋口勝譯　大蕃國大德·三藏法師·法成傳考　敦煌と中國仏教(講座敦煌
　　　7)　(東京)大東出版社　1984　p. 403

戴密微著　耿昇譯　敦煌學近作　敦煌譯叢(第一輯)　甘肅人民出版社　1985　p. 50

李正宇　唐宋時代敦煌縣河渠泉澤簡志(一)　《敦煌研究》1988 年第 4 期　p. 90

汪泛舟　偈·頌　敦煌文學　甘肅人民出版社　1989　p. 92

上山大峻　敦煌佛教の研究　(京都)法藏館　1990　p. 89、177

王堯　西藏文史考信集　中國藏學出版社　1994　p. 31

汪泛舟　從敦煌文學構成特點看中外交流關係　敦煌學國際研討會文集·史地語文編　遼寧美術出

版社　1995　p. 237

汪泛舟　論敦煌文明的多民族貢獻　《敦煌研究》1995 年第 2 期　p. 188

鄭炳林　敦煌碑銘讚輯釋　甘肅教育出版社　1997　p. 86 注 2

方廣錩　八囀聲頌　敦煌學大辭典　上海辭書出版社　1998　p. 705

方廣錩　菩薩律儀二十頌　敦煌學大辭典　上海辭書出版社　1998　p. 714

李德龍　古藏文菩薩律儀二十頌注　敦煌學大辭典　上海辭書出版社　1998　p. 484

藤田光寬著　劉永增譯　關於敦煌出土的吐蕃瑜伽寫本　1994 年敦煌學國際研討會文集・宗教文
　　史卷(上)　甘肅民族出版社　2000　p. 124

鄭炳林　北京圖書館藏《吳和尚經論目錄》有關問題研究　敦煌學與中國史研究論集　甘肅人民出
　　版社　2001　p. 128

湛如　敦煌佛教律儀制度研究　中華書局　2003　p. 157

P. 3951

陳祚龍　古代敦煌及其他地區流行之公私印章圖記文字錄　敦煌學要籥　(臺北)新文豐出版公司
　　1982　p. 331

白化文　讀《伯希和劫經錄》　敦煌學國際研討會論文集　北京圖書館出版社　2005　p. 16

P. 3952

陳祚龍　敦煌學雜記　敦煌資料考屑(下冊)　(臺北)商務印書館　1979　p. 392

池田溫　敦煌の流通経済　敦煌の社會(講座敦煌 3)　(東京)大東出版社　1980　p. 337、341　又
　　見：敦煌文書の世界　(東京)名著刊行會　2003　p. 172、179

菊池英夫　隋唐王朝支配期の河西と敦煌　敦煌の歷史(講座敦煌 2)　(東京)大東出版社　1980
　　p. 172

陳祚龍　古代敦煌及其他地區流行之公私印章圖記文字錄　敦煌學要籥　(臺北)新文豐出版公司
　　1982　p. 346

史葦湘　莫高窟佛教史迹故事畫介紹(四)　《敦煌研究》1983 年創刊號　p. 125

馬德　關於 P. 2942 寫卷的幾個問題　《敦煌學研究》(西北師院學報)1984 年增刊　p. 63

饒宗頤　敦煌書法叢刊(第十四卷)・牒狀(一)　(東京)二玄社　1985　p. 3、84

蘇瑩輝　瓜沙史事述要　漢學研究(敦煌學國際研討會論文專號)　(臺北)漢學研究資料及服務中
　　心　1986　p. 466　又見：敦煌文史藝術論叢　(臺北)新文豐出版公司　1987　p. 73

謝和耐著　耿昇譯　中國 5—10 世紀的寺院經濟　甘肅人民出版社　1987　p. 76 注 2

陳國燦　唐五代敦煌縣鄉里制的演變　《敦煌研究》1989 年第 3 期　p. 47

李明偉　狀・牒・帖　敦煌文學　甘肅人民出版社　1989　p. 41

唐耕耦　陸宏基　敦煌社會經濟文獻真迹釋錄(四)　全國圖書館文獻縮微複製中心　1990　p. 61

諸戶立雄　中國佛教制度史の研究　(東京)平河出版社　1990　p. 259

中村裕一　唐代官文書研究　(京都)中文出版社　1991　p. 27、420

尹偉先　從敦煌文書看唐代河西地區的貨幣流通　《社科縱橫》1992 年第 6 期　又見：中國敦煌學百
　　年文庫・歷史卷(二)　甘肅文化出版社　1999　p. 338

中村裕一　官文書　敦煌漢文文獻(講座敦煌 5)　(東京)大東出版社　1992　p. 566

周丕顯　敦煌佚詩雜考　《敦煌學輯刊》1992 年第 1、2 期　p. 49

竺沙雅章　寺院文書　敦煌漢文文獻(講座敦煌 5)　(東京)大東出版社　1992　p. 589

薛宗正　安史亂後的安西與北庭　西域考察與研究　新疆人民出版　1994　p. 317

葛兆光　中國禪思想史：從 6 世紀到 9 世紀　北京大學出版社　1995　p. 289 注 22

李錦繡　唐代財政史稿·下卷（第二分冊）　北京大學出版社　1995　p. 982

薛宗正　安西與北庭　黑龍江教育出版社　1995　p. 271

姜伯勤　敦煌藝術宗教與禮樂文明　中國社會科學出版社　1996　p. 357

李并成　李春元　瓜沙史地研究　甘肅文化出版社　1996　p. 185

中村裕一　唐代公文書研究　（東京）汲古書院　1996　p. 107、109

李正宇　敦煌歷史地理導論　（臺北）新文豐出版公司　1997　p. 57

陳國燦　從化鄉　敦煌學大辭典　上海辭書出版社　1998　p. 303

陳國燦　新度道僧納錢告牒　敦煌學大辭典　上海辭書出版社　1998　p. 641

郝春文　唐後期五代宋初敦煌僧尼的社會生活　中國社會科學出版社　1998　p. 122

沙知　尚書祠部告身之印　敦煌學大辭典　上海辭書出版社　1998　p. 290

池田溫　八世紀中葉敦煌的粟特人聚落　唐研究論文選集　中國社會科學出版社　1999　p. 62 注 74

陳海濤　敦煌歸義軍時期從化鄉消失原因初探　中國社會歷史評論（第二卷）　天津古籍出版社　2000　p. 433

榮新江　敦煌學十八講　北京大學出版社　2001　p. 195

陳國燦　敦煌學史事新證　甘肅教育出版社　2002　p. 376

姜亮夫　敦煌莫高窟年表　姜亮夫全集（十一）　雲南人民出版社　2002　p. 339

史葦湘　敦煌歷史與莫高窟藝術研究　甘肅教育出版社　2002　p. 150

湛如　敦煌佛教律儀制度研究　中華書局　2003　p. 177

馮培紅　晚唐五代宋初沙州上佐考論　敦煌學國際研討會論文集　北京圖書館出版社　2005　p. 65

P. 3953

金岡照光　敦煌漢文文學文獻の文學形態上の種類とその分類　敦煌出土文學文獻分類目録·附解說　（東京）東洋文庫　1971　p. 236

金岡照光　敦煌文學のさまざま　敦煌の文學　（東京）大藏出版株式會社　1971　p. 160

王重民　敦煌古籍叙録　中華書局　1979　p. 303、308

蘇瑩輝　敦煌學概要　（臺北）編譯館“中華叢書編委會”　1981　p. 61

傅芸子　敦煌俗文學之發見及其展開　敦煌變文論文録　上海古籍出版社　1982　p. 140

蘇瑩輝　中外敦煌古寫本纂要　敦煌論集　（臺北）學生書局　1983　p. 335

劉修業　王重民　《秦婦吟》校勘續記　敦煌遺書論文集　中華書局　1984　p. 142、153 注 4　又見：秦婦吟研究彙録　上海古籍出版社　1990　p. 126

潘重規　敦煌寫本秦婦吟新書　敦煌學（第 8 輯）　（臺北）“中國文化大學”中國文學研究所敦煌學會　1984　p. 16

蔣禮鴻　《補全唐詩》校記　敦煌學論集　甘肅人民出版社　1985　p. 79

王重民原編　黃永武新編　敦煌古籍叙録新編（第十五冊）　（臺北）新文豐出版公司　1986　p. 261

龍晦　大足石刻父母恩重經變像與敦煌音樂文學的關係　敦煌歌辭總編　上海古籍出版社　1987　p. 1835

陸慶夫　齊陳駿　陳寅恪先生與敦煌學　紀念陳寅恪教授國際學術討論會文集　中山大學出版社　1989　p. 474

張錫厚　詩歌　敦煌文學　甘肅人民出版社　1989　p. 178

柴劍虹　《秦婦吟》敦煌寫卷的新發現　秦婦吟研究彙録　上海古籍出版社　1990　p. 171　又見：

　　　西域文史論稿　（臺北）國文天地雜誌社　1991　p. 307
陳寅恪　韋莊《秦婦吟》校箋　秦婦吟研究彙録　上海古籍出版社　1990　p. 85
龍晦　敦煌與五代兩蜀文化　《敦煌研究》1990年第2期　p. 96
顏廷亮　趙以武　秦婦吟研究彙録　上海古籍出版社　1990　p. 1（圖版）
張高評　韋莊《秦婦吟》與唐宋詩風之嬗變——以叙事、詩史、破體爲例　第四屆唐代文化學術研討
　　會論文集　（臺南）成功大學　1991　p. 385 注2
周紹良　敦煌文學芻議及其它　（臺北）新文豐出版公司　1992　p. 27
齊陳駿　寒沁　河西都僧統唐悟真作品和見載文獻系年　《敦煌學輯刊》1993年第2期　p. 13
張錫厚　敦煌文學概論　甘肅人民出版社　1993　p. 357
蔣禮鴻　蔣禮鴻語言文字學論叢　浙江古籍出版社　1994　p. 424
顏廷亮　敦煌文學概說　（臺北）新文豐出版公司　1995　p. 99
張涌泉　敦煌寫本《秦婦吟》彙校　中國典籍與文化論叢（第四輯）　中華書局　1997　p. 313
鄭炳林　敦煌碑銘讚輯釋　甘肅教育出版社　1997　p. 134 注2
李麗　關於《張淮深墓誌銘》的兩個問題　《敦煌學輯刊》1998年第1期　p. 144
高國藩　敦煌俗文化學　上海三聯書店　1999　p. 512
徐俊　敦煌詩集殘卷輯考　中華書局　2000　p. 231

P. 3954

林聰明　敦煌文書學　（臺北）新文豐出版公司　1991　p. 48
沙武田　梁紅　敦煌千佛變畫稿刺孔研究　《敦煌學輯刊》2005年第2期　p. 69
邰惠莉　敦煌版畫叙録　《敦煌研究》2005年第2期　p. 8

P. 3955

王堯　陳踐　敦煌吐蕃文獻選　四川民族出版社　1983　p. 206

P. 3956

王三慶　敦煌本古類書《語對》研究　（臺北）文史哲出版社　1985　p. 18、83
山本達郎等　敦煌・Ｖ計會文書　『NUN－HUANG AND TURFAN DOCUMENTS CONCERNING SO-
　　CIAL AND ECONOMIC HISTORY』（IV）　（東京）東洋文庫　1989　p. 125
王三慶　敦煌寫卷中武后新字之調查研究　唐代研究論集（第三輯）　（臺北）新文豐出版公司
　　1992　p. 98
王三慶著　池田溫譯　類書　敦煌漢文文獻（講座敦煌5）　（東京）大東出版社　1992　p. 379、385
胡戟　傅玫　敦煌史話　中華書局　1995　p. 190
土肥義和　唐・北宋間の「社」の組織形態に関する一考察　中國古代の國家と民衆（堀敏一先生古
　　稀記念）　（東京）汲古書院　1995　p. 705
寧可　郝春文　敦煌社邑文書輯校　江蘇古籍出版社　1997　p. 769
白化文　古賢集　敦煌學大辭典　上海辭書出版社　1998　p. 780

P. 3957

林聰明　敦煌文書學　（臺北）新文豐出版公司　1991　p. 48
黃征　敦煌願文考論　敦煌語文叢說　（臺北）新文豐出版公司　1997　p. 592
鄭阿財　臺北"中研院"傅斯年圖書館藏敦煌卷子題記　慶祝吳其昱先生八秩華誕敦煌學特刊　（臺

北) 文津出版社　2000　p. 358

沙武田　梁紅　敦煌千佛變畫稿刺孔研究　《敦煌學輯刊》2005 年第 2 期　p. 69

邰惠莉　敦煌版畫叙録　《敦煌研究》2005 年第 2 期　p. 8

P. 3958

那波利貞　敦煌發見文書に拠る中晩唐時代の佛教寺院の錢穀布帛類貸付營利事業運營の實況
　　『支那學』(10 卷 3 號)　(京都)支那學社　1941　p. 155

池田溫　敦煌の便穀曆　日野開三郎博士頌壽記念論集・中國社會・制度・文化史の諸問題　(福
　　岡)中國書店　1987　p. 357、375

王永興　隋唐五代經濟史料彙編校注・第一編(下)　中華書局　1987　p. 889

陳祚龍　關於造作觀世音形象的流變之參考資料　敦煌學散策新集　(臺北)新文豐出版公司
　　1989　p. 360

郝春文　敦煌私社的"義聚"　《中國社會經濟史研究》1989 年第 4 期　p. 29

山本達郎等　敦煌・III 轉貼　『NUN – HUANG AND TURFAN DOCUMENTS CONCERNING SOCIAL
　　AND ECONOMIC HISTORY』(IV)　(東京)東洋文庫　1989　p. 40

山本達郎等　敦煌・V 計會文書　『NUN – HUANG AND TURFAN DOCUMENTS CONCERNING SO-
　　CIAL AND ECONOMIC HISTORY』(IV)　(東京)東洋文庫　1989　p. 125

唐耕耦　敦煌寫本便物曆初探　敦煌吐魯番文獻研究論集(第五輯)　北京大學出版社　1990
　　p. 159

唐耕耦　陸宏基　敦煌社會經濟文獻真迹釋録(二)　全國圖書館文獻縮微複製中心　1990　p. 229

郝春文　敦煌寫本社邑文書年代彙考(二)　《首都師範大學學報》1993 年第 5 期　p. 79

呂建福　中國密教史　中國社會科學出版社　1995　p. 354

寧可　郝春文　敦煌社邑文書輯校　江蘇古籍出版社　1997　p. 489

唐耕耦　敦煌寺院會計文書研究　(臺北)新文豐出版公司　1997　p. 369

鄧文寬　白描十一面觀音菩薩像　敦煌學大辭典　上海辭書出版社　1998　p. 240

寧可　社人便物曆　敦煌學大辭典　上海辭書出版社　1998　p. 430

童丕　10 世紀敦煌的借貸人　法國漢學(第 3 輯)　中華書局　1998　p. 78

羅彤華　從便物曆論敦煌寺院的放貸　敦煌文獻論集:紀念藏經洞發現一百周年國際學術研討會論
　　文集　遼寧人民出版社　2001　p. 468

楊惠玲　敦煌契約文書中的保人、見人、口承人、同便人、同取人　《敦煌研究》2002 年第 6 期　p. 45

郝春文　再論敦煌私社的"義聚"　敦煌學(第 25 輯)　(臺北)樂學書局有限公司　2004　p. 289

魏迎春　敦煌菩薩漫談　民族出版社　2004　p. 81

金瀅坤　敦煌社會經濟文獻綴合拾遺　文史(第七十五輯)　中華書局　2006　p. 87

P. 3960

三木榮　西域出土醫藥關係文獻綜合解說目録　『東洋學報』(47 卷 1 號)　(東京)東洋學術協會
　　1964　p. 7

陳慶浩　古賢集校注　敦煌學(第 3 輯)　(香港)新亞研究所敦煌學會　1976　p. 65

陳祚龍　敦煌學雜記　敦煌資料考屑(下冊)　(臺北)商務印書館　1979　p. 376

鄭阿財　敦煌孝道文學研究　(臺北)石門圖書公司　1982　p. 425

雷僑雲　敦煌兒童文學　(臺北)學生書局　1985　p. 93

饒宗頤解說　林宏作譯　敦煌書法叢刊(第十七卷)・雜詩文　(東京)二玄社　1985　p. 52

蘇瑩輝　從敦煌遺書的發現論中國古典文學和俗講作品對後世的影響　敦煌文史藝術論叢　（臺北）新文豐出版公司　1987　p. 13

韓建瓴　敦煌寫本《古賢集》研究　敦煌語言文學研究　北京大學出版社　1988　p. 156

馬繼興　敦煌古醫籍考釋　江西科學技術出版社　1988　p. 179

鄭阿財　敦煌蒙書析論　第二屆敦煌學國際研討會論文集　（臺北）漢學研究中心　1990　p. 222

王三慶著　池田溫譯　類書　敦煌漢文文獻（講座敦煌5）　（東京）大東出版社　1992　p. 385

周紹良　敦煌文學芻議及其它　（臺北）新文豐出版公司　1992　p. 28

項楚　敦煌詩歌導論　（臺北）新文豐出版公司　1993　p. 191

鄭阿財　敦煌文獻與文學　（臺北）新文豐出版公司　1993　p. 255

叢春雨　敦煌中醫藥全書　中醫古籍出版社　1994　p. 619

劉進寶　敦煌學論述　（臺北）洪葉文化事業有限公司　1995　p. 332

白化文　古賢集　敦煌學大辭典　上海辭書出版社　1998　p. 780

馬繼興　敦煌醫藥文獻輯校　江蘇古籍出版社　1998　p. 242

王淑民　黑帝要略方　敦煌學大辭典　上海辭書出版社　1998　p. 620

叢春雨　敦煌中醫藥精萃發微　中醫古籍出版社　2000　p. 204

徐俊　敦煌詩集殘卷輯考　中華書局　2000　p. 148

張儂　敦煌遺書中的針灸文獻　《敦煌研究》2001 年第 2 期　p. 151

馬繼興　當前世界各地收藏的中國出土卷子本古醫藥文獻備考　敦煌吐魯番研究（第六卷）　北京大學出版社　2002　p. 154

鄭阿財　朱鳳玉　敦煌蒙書研究　甘肅教育出版社　2002　p. 255

陳明　情性至道：西域"足身力"方與敦煌房中方藥　中國俗文化研究（第二輯）　巴蜀書社　2004　p. 172

陳明　備急單驗：敦煌醫藥文獻中的單藥方　敦煌學國際研討會論文集　北京圖書館出版社　2005　p. 238

陳明　殊方異藥：出土文書與西域醫學　北京大學出版社　2005　p. 137、151

P. 3961

舒學　敦煌漢文遺書中雕版印刷資料綜叙　敦煌語言文學研究　北京大學出版社　1988　p. 292

林聰明　敦煌文書學　（臺北）新文豐出版公司　1991　p. 48

周一良　趙和平　晚唐五代時的三種吉凶書儀寫卷研究　唐五代書儀研究　中國社會科學出版社　1995　p. 213

孟憲實　敦煌社邑的分佈　敦煌文獻論集：紀念藏經洞發現一百周年國際學術研討會論文集　遼寧人民出版社　2001　p. 423

孟憲實　論敦煌渠人社　周秦漢唐文化研究（第三輯）　三秦出版社　2004　p. 144

沙武田　梁紅　敦煌千佛變畫稿刺孔研究　《敦煌學輯刊》2005 年第 2 期　p. 69

邰惠莉　敦煌版畫叙錄　《敦煌研究》2005 年第 2 期　p. 9

P. 3962

土田健次郎　儒教典籍　敦煌漢文文獻（講座敦煌5）　（東京）大東出版社　1992　p. 269

李方　敦煌《論語集解》校正　江蘇古籍出版社　1998　p. 831

徐俊　敦煌詩集殘卷輯考　中華書局　2000　p. 827

許建平　評《敦煌〈論語集解〉校正》　敦煌吐魯番研究（第五卷）　北京大學出版社　2001　p. 342

P. 3963

關德棟　談"變文"　《覺群周報》1946 年第 12 期　又見:上海古籍出版社　1982　p. 229 ；中國敦
　　煌學百年文庫・文學卷(一)　甘肅文化出版社　1999　p. 392

齊陳駿　寒沁　河西都僧統唐悟真作品和見載文獻系年　《敦煌學輯刊》1993 年第 2 期　p. 14

鄭炳林　法鏡　敦煌學大辭典　上海辭書出版社　1998　p. 353

邵文實　敦煌佛教文學與邊塞文學　《敦煌學輯刊》2001 年第 2 期　p. 30

P. 3964

仁井田陞　唐末五代の敦煌寺院佃戶關係文書　西域文化研究(第二)・敦煌吐魯番社會經濟資料
　　(上)　(京都)法藏館　1959　p. 87

那波利貞　梁戶考　唐代社會文化史研究・第三編　(東京)創文社　1974　p. 363、368

陳國燦　唐代的民間借貸:吐魯番敦煌等地所出唐代借貸契券初探　敦煌吐魯番文書初探　武漢大
　　學出版社　1983　p. 248

陳祚龍　晚唐至宋初敦煌通行典賣"奴婢"之一斑　敦煌簡策訂存　(臺北)商務印書館　1983
　　p. 94

吳其昱　有關唐代和十世紀奴婢的敦煌卷子　《敦煌學輯刊》1984 年第 2 期　p. 140

仁井田陞著　姜鎮慶譯　唐末五代的敦煌寺院佃戶關係文書　敦煌學譯文集　甘肅人民出版社
　　1985　p. 862 注 11

池田溫　吐魯番、敦煌契券概觀　漢學研究(敦煌學國際研討會論文專號)　(臺北)漢學研究資料及
　　服務中心　1986　p. 35

李正宇　敦煌方音止遇二攝混同及其校勘學意義　《敦煌研究》1986 年第 4 期　p. 48

史葦湘　《福田經變》簡論　向達先生紀念論文集　新疆人民出版社　1986　p. 310

池田溫　敦煌の便穀曆　日野開三郎博士頌壽記念論集・中國社會・制度・文化史の諸問題　(福
　　岡)中國書店　1987　p. 377

姜伯勤　敦煌的"畫行"與"畫院"　1983 年全國敦煌學術討論會文集・石窟藝術編(下)　甘肅人民
　　出版社　1987　p. 188

謝和耐著　耿昇譯　中國 5—10 世紀的寺院經濟　甘肅人民出版社　1987　p. 164 注 4　又見:上海
　　古籍出版社　2004　p. 134 注 1、321 注 1

高國藩　敦煌民俗學　上海文藝出版社　1989　p. 55

王公望　契約　敦煌文學　甘肅人民出版社　1989　p. 56

凍國棟　吐魯番出土文書所見唐代前期西州的工匠　敦煌吐魯番文書初探(二編)　武漢大學出版
　　社　1990　p. 315

李天石　敦煌吐魯番文書中的奴婢資料及其價值　《敦煌學輯刊》1990 年第 1 期　p. 2

唐耕耦　敦煌寫本便物曆初探　敦煌吐魯番文獻研究論集(第五輯)　北京大學出版社　1990
　　p. 196

唐耕耦　陸宏基　敦煌社會經濟文獻真迹釋錄(二)　全國圖書館文獻縮微複製中心　1990　p. 50、
　　248

張涌泉　《王梵志詩校注》獻疑　《敦煌研究》1990 年第 2 期　p. 79

仁井田陞　補訂中國法制史研究:奴隸農奴法・家族村落法　東京大學出版會　1991　p. 85

仁井田陞　補訂中國法制史研究:土地法・交易法　東京大學出版會　1991　p. 714、728

項楚　王梵志詩校注　上海古籍出版社　1991　p. 574

高國藩　敦煌民俗資料導論　(臺北)新文豐出版公司　1993　p. 16

前田正名　河西歷史地理學研究　中國藏學出版社　1993　p. 255

謝和耐　敦煌賣契與專賣制度　法國學者敦煌學論文選萃　中華書局　1993　p. 66 注 61

蔣禮鴻　敦煌文獻語言詞典　杭州大學出版社　1994　p. 108

胡戟　傅玫　敦煌史話　中華書局　1995　p. 163

李正宇　俄藏《端拱二年八月十九日往西天取菩薩戒僧智堅手記》決疑　敦煌佛教文獻研究　敦煌
　　研究院文獻研究所　1995　p. 3

張傳璽　中國歷代契約會編考釋(上)　北京大學出版社　1995　p. 270 注 1

姜伯勤　敦煌藝術宗教與禮樂文明　中國社會科學出版社　1996　p. 29

馬德　敦煌莫高窟史研究　甘肅教育出版社　1996　p. 173、181

馬德　九、十世紀敦煌工匠史料述論　慶祝潘石禪先生九秩華誕敦煌學特刊　(臺北)文津出版社
　　1996　p. 309、316、322

鄭炳林　唐五代敦煌手工業研究　敦煌歸義軍史專題研究　蘭州大學出版社　1997　p. 251

黃永年　唐代史事考釋　(臺北)聯經出版公司　1998　p. 455

李天石　敦煌所出賣身、典身契約年代考　《敦煌學輯刊》1998 年第 1 期　p. 25

沙知　典身契　敦煌學大辭典　上海辭書出版社　1998　p. 389

沙知　都料　敦煌學大辭典　上海辭書出版社　1998　p. 410

沙知　敦煌契約文書輯校　江蘇古籍出版社　1998　p. 349、387

沙知　蓮畔人　敦煌學大辭典　上海辭書出版社　1998　p. 391

土肥義和　唐・北宋の間：敦煌の杜家親情社追補社條(S. 8160rv)について　唐代史研究(創刊號)
　　(東京)唐代史研究會　1998　p. 21

陳國燦　唐代的經濟社會　(臺北)文津出版社　1999　p. 197

高啓安　唐五代至宋敦煌的量器及量制　《敦煌學輯刊》1999 年第 1 期　p. 67

北京大學　敦煌《經卷》、《照片》及《圖書》目錄　中國敦煌學百年文庫・綜述卷(一)　甘肅文化出
　　版社　1999　p. 317

高啓安　崇高與卑賤：敦煌的佛教信仰賤名再探　'98 法門寺唐文化國際學術討論會論文集　陝西
　　人民出版社　2000　p. 250

羅彤華　從便物曆論敦煌寺院的放貸　敦煌文獻論集：紀念藏經洞發現一百周年國際學術研討會論
　　文集　遼寧人民出版社　2001　p. 470

楊森　關於敦煌文獻中的"平章"一詞　敦煌學與中國史研究論集　甘肅人民出版社　2001　p. 231

史葦湘　敦煌歷史與莫高窟藝術研究　甘肅教育出版社　2002　p. 365

童丕　敦煌的借貸：中國中古時代的物質生活與社會　中華書局　2003　p. 167

王啓濤　中古及近代法制文書語言研究　巴蜀書社　2003　p. 107 注 2、240、291

李天石　中國中古良賤身份制度研究　南京師範大學出版社　2004　p. 23

余欣　唐宋時代敦煌的鎮宅術　敦煌吐魯番研究(第九卷)　中華書局　2006　p. 371

P. 3965

平野顯照著　張桐生譯　唐代的文學與佛教　(臺北)業强出版社　1987　p. 254

陳祚龍　關於造作觀世音形象的流變之參考資料　敦煌學散策新集　(臺北)新文豐出版公司
　　1989　p. 360

林聰明　敦煌文書學　(臺北)新文豐出版公司　1991　p. 42、380

趙永東　五代時期雕版印刷事業的發展　文史(第四十四輯)　中華書局　1998　p. 164

楊秀清　敦煌西漢金山國史　甘肅人民出版社　1999　p. 149

金岡照光　敦煌文獻と中國文學　（東京）五曜書房　2000　p. 407
邰惠莉　敦煌版畫叙録　《敦煌研究》2005 年第 2 期　p. 9

P. 3967

陳祚龍　敦煌古抄中世詩歌　敦煌學海探珠(上冊)　（臺北）商務印書館　1979　p. 142
榮新江　敦煌卷子劄記四則　敦煌吐魯番文獻研究論集(第二輯)　北京大學出版社　1983　p. 632
饒宗頤解說　林宏作譯　敦煌書法叢刊(第十二卷)・經史(十)　（東京）二玄社　1984　p. 70
饒宗頤　敦煌書法叢刊(第十六卷)・詩詞　（東京）二玄社　1985　p. 42、73
張錫厚　敦煌詩歌考論　《敦煌學輯刊》1989 年第 2 期　p. 32
林聰明　敦煌文書學　（臺北）新文豐出版公司　1991　p. 259
周紹良　敦煌文學芻議及其它　（臺北）新文豐出版公司　1992　p. 28
項楚　敦煌詩歌導論　（臺北）新文豐出版公司　1993　p. 239
林聰明　談敦煌文書的抄寫問題　紀念陳寅恪先生百年誕辰學術論文集　江西教育出版社　1994
　　p. 303
張涌泉　敦煌文獻校讀釋例　文史(第四十一輯)　中華書局　1996　p. 190　又見：舊學新知　浙
　　江大學出版社　1999　p. 198
方廣錩　敦煌佛教經録輯校　江蘇古籍出版社　1997　p. 1027
柴劍虹　騏驎閣詩　敦煌學大辭典　上海辭書出版社　1998　p. 574
柴劍虹　上人青海變霓裳詩　敦煌學大辭典　上海辭書出版社　1998　p. 572
柴劍虹　送令狐師回駕青海　敦煌學大辭典　上海辭書出版社　1998　p. 571
胡大浚　王志鵬　敦煌邊塞詩歌校注　甘肅人民出版社　1999　p. 13、296
徐俊　敦煌詩集殘卷輯考　中華書局　2000　p. 443
張錫厚　敦煌文學源流　作家出版社　2000　p. 88
林聰明　敦煌吐魯番文書解詁指例　（臺北）新文豐出版公司　2001　p. 56、62 注 65
王志鵬　敦煌寫卷 P. 2555《白雲歌》再探　《敦煌研究》2004 年第 6 期　p. 83
郭俊葉　敦煌研究院藏絲質經帙標簽及其相關問題　《敦煌研究》2005 年第 6 期　p. 91

P. 3968

龍晦　唐五代西北方音與敦煌文獻研究　敦煌歌辭總編　上海古籍出版社　1987　p. 1828
陳祚龍　關於造作觀世音形象的流變之參考資料　敦煌學散策新集　（臺北）新文豐出版公司
　　1989　p. 360
勞心　從敦煌文獻看 9 世紀的西州　《敦煌研究》2002 年第 1 期　p. 81

P. 3969

饒宗頤解說　林宏作譯　敦煌書法叢刊(第十五卷)・牒狀(二)　（東京）二玄社　1985　p. 91
白化文　讀《伯希和劫經録》　敦煌學國際研討會論文集　北京圖書館出版社　2005　p. 16

P. 3970

舒學　敦煌漢文遺書中雕版印刷資料綜叙　敦煌語言文學研究　北京大學出版社　1988　p. 292
林聰明　敦煌文書學　（臺北）新文豐出版公司　1991　p. 49
邰惠莉　敦煌版畫叙録　《敦煌研究》2005 年第 2 期　p. 8

P. 3971

許端容　可洪《新集藏經音義隨函錄》敦煌寫卷考　第二屆敦煌學國際研討會論文集　（臺北）漢學研究中心　1990　p. 237

杜斗城　敦煌五臺山文獻校錄研究　山西人民出版社　1991　p. 220

戴仁　敦煌的經折裝寫本　法國學者敦煌學論文選萃　中華書局　1993　p. 581

高田時雄　可洪隨函錄と行瑫隨函音疏　中國語の資料と方法　京都大學人文科學研究所　1994　p. 120

張金泉　許建平　敦煌音義彙考　杭州大學出版社　1996　p. 1006

張金泉　敦煌佛經音義寫卷述要　《敦煌研究》1997 年第 2 期　p. 114

張金泉　新集藏經印義隨函錄　敦煌學大辭典　上海辭書出版社　1998　p. 518

沙武田　梁紅　敦煌千佛變畫稿刺孔研究　《敦煌學輯刊》2005 年第 2 期　p. 69

P. 3972

那波利貞　唐寫本雜抄考——唐代庶民教育史研究の一資料　唐代社會文化史研究・第二編　（東京）創文社　1974　p. 210

高明士　唐代敦煌的教育　漢學研究（敦煌學國際研討會論文專號）　（臺北）漢學研究資料及服務中心　1986　p. 251

李正宇　敦煌學郎題記輯注　《敦煌學輯刊》1987 年第 1 期　p. 34

池田溫　中國古代寫本識語集錄　（東京）大藏出版株式會社　1990　p. 434

唐耕耦　陸宏基　敦煌社會經濟文獻真迹釋錄(三)　全國圖書館文獻縮微複製中心　1990　p. 52

王素　唐寫本《論語鄭氏注》校錄　唐寫本論語鄭氏注及其研究　文物出版社　1991　p. 28 注 84、36 注 3

東野治之　敦煌と日本の『千字文』　遣唐使と正倉院　（東京）岩波書店　1992　p. 240

東野治之　訓蒙書　敦煌漢文文獻(講座敦煌5)　（東京）大東出版社　1992　p. 404

土田健次郎　儒教典籍　敦煌漢文文獻(講座敦煌5)　（東京）大東出版社　1992　p. 274

陳金木　唐寫本論語鄭氏注研究(上)　（臺北）文津出版社　1996　p. 451

姜伯勤　敦煌藝術宗教與禮樂文明　中國社會科學出版社　1996　p. 371

李方　敦煌《論語集解》校正　江蘇古籍出版社　1998　p. 831

李正宇　學士　敦煌學大辭典　上海辭書出版社　1998　p. 597

高啓安　唐五代敦煌人的飲酒習俗述論　《敦煌研究》2000 年第 3 期　p. 85

山本達郎等　補(IV)社・V 計會文書　『NUN – HUANG AND TURFAN DOCUMENTS CONCERNING SOCIAL AND ECONOMIC HISTORY』(Sup. p. lemrnts)　（東京）東洋文庫　2001　p. 87

高啓安　唐五代敦煌飲食文化研究　民族出版社　2004　p. 79

許建平　中國國家圖書館藏未刊敦煌寫本殘片四種的定名與綴合　浙江與敦煌學：常書鴻先生誕辰一百周年紀念文集　浙江古籍出版社　2004　p. 325 注 16

王志鵬　從敦煌歌辭看唐代敦煌地區禪宗的流傳與發展　《敦煌研究》2005 年第 6 期　p. 98

P. 3973

鄭炳林　敦煌地理文書彙輯校注　甘肅教育出版社　1989　p. 307

鄭阿財　敦煌蒙書析論　第二屆敦煌學國際研討會論文集　（臺北）漢學研究中心　1990　p. 216

杜斗城　敦煌五臺山文獻校錄研究　山西人民出版社　1991　p. 220

朱鳳玉　敦煌寫本字書緒論　（臺北）《華岡文科學報》1991 年第 18 期　p. 92

東野治之　敦煌と日本の『千字文』　遣唐使と正倉院　（東京）岩波書店　1992　p. 247

東野治之　訓蒙書　敦煌漢文文獻（講座敦煌 5）　（東京）大東出版社　1992　p. 414

竇俠父　敦煌學發凡　新疆大學出版社　1992　p. 41

李并成　敦煌遺書中地理書卷的學術價值　《地理研究》1992 年第 3 期　p. 43

李并成　一批珍貴的古代地理文書：敦煌遺書中的地理書卷　《中國科技史料》1992 年第 13 卷第 4 期　p. 93

榮新江　評《敦煌漢文文獻》（講座敦煌 5）　（香港）《東方文化》1993 年第 31 卷第 1 期　p. 176

石奈德　敦煌本《普化大師五臺山巡禮記》初探　法國學者敦煌學論文選萃　中華書局　1993　p. 123、130 注 8

鄭炳林　敦煌碑銘讚輯釋　甘肅教育出版社　1997　p. 419 注 9

黄征　程惠新　劫塵遺珠：敦煌遺書　甘肅教育出版社　1999　p. 186

榮新江　敦煌學十八講　北京大學出版社　2001　p. 273

張娜麗　《敦煌本〈六字千文〉初探》析疑　《敦煌研究》2001 年第 3 期　p. 101

榮新江　敦煌地理文獻的價值與研究　敦煌學新論　甘肅教育出版社　2002　p. 257

張娜麗　敦煌本《注千字文》注解　《敦煌學輯刊》2002 年第 1 期　p. 45

鄭阿財　朱鳳玉　敦煌蒙書研究　甘肅教育出版社　2002　p. 18

鄭炳林　徐曉麗　敦煌寫本 P. 3973《往五臺山行記》殘卷研究　《敦煌學輯刊》2002 年第 1 期　p. 1、11

鄭阿財　敦煌蒙書　敦煌與絲路文化學術講座（第一輯）　北京圖書館出版社　2003　p. 134

黨燕妮　五臺山文殊信仰及其在敦煌的流傳　《敦煌學輯刊》2004 年第 1 期　p. 88

鄭炳林　陳雙印　敦煌寫本《諸山聖迹志》作者探微　《敦煌研究》2005 年第 1 期　p. 4

趙跟喜　敦煌唐宋時期的女子教育初探　文史（第七十五輯）　中華書局　2006　p. 94

P. 3974

盧向前　關於歸義軍時期一份布紙破用曆的研究：試釋伯四六四〇背面文書　敦煌吐魯番文獻研究論集（第三輯）　北京大學出版社　1986　p. 421 注 85　又見：敦煌吐魯番文書論稿　江西人民出版社　1992　p. 128 注 85

馬德　敦煌文書《諸寺付經歷》芻議　《敦煌學輯刊》1999 年第 1 期　p. 44

P. 3975

陳祚龍　瓜沙印錄　（臺北）《大陸雜誌》1962 年第 4 期　又見：敦煌學概要　（臺北）編譯館“中華叢書編委會”　1981　p. 267；中國敦煌學百年文庫·考古卷（一）　甘肅文化出版社　1999　p. 186

土肥義和　はじめに——歸義軍節度使の敦煌支配　敦煌の歷史（講座敦煌 2）　（東京）大東出版社　1980　p. 266

陳祚龍　古代敦煌及其他地區流行之公私印章圖記文字錄　敦煌學要籥　（臺北）新文豐出版公司　1982　p. 329

蘇瑩輝　瓜沙史事系年　敦煌論集　（臺北）學生書局　1983　p. 272

艾麗白著　耿昇譯　敦煌漢文寫本中的鳥形押　敦煌譯叢（第一輯）　甘肅人民出版社　1985　p. 191、208

土肥義和著　李永寧譯　歸義軍時期（晚唐、五代、宋）的敦煌（續）　《敦煌研究》1987 年第 1 期　p. 92

黄征　《王梵志詩校輯》商補　《敦煌研究》1988 年第 4 期　　p. 82　　又見：敦煌語文叢說　（臺北）新
　　文豐出版公司　1997　p. 188

高國藩　敦煌民俗學　上海文藝出版社　1989　p. 339

陳國燦　唐五代瓜沙歸義軍軍鎮的演變　敦煌吐魯番文書初探（二編）　武漢大學出版社　1990
　　p. 576

林聰明　敦煌文書學　（臺北）新文豐出版公司　1991　p. 118、395

吳其昱著　伊藤美重子譯　敦煌漢文寫本概観　敦煌漢文文献（講座敦煌 5）　（東京）大東出版社
　　1992　p. 24

陳國燦　《敦煌社會經濟文獻真迹釋録》評介　（香港）《九州學刊》（敦煌學專輯）1993 年第 5 卷第 4
　　期　p. 121

Ⅱ. N. チュグイェフスキ－著　荒川正晴譯注　ソ連邦科學アカデミ－東洋學研究所所藏、敦煌寫本
　　における官印と寺印　『吐魯番出土文物研究會會報』（98、99 號）　（東京）吐魯番出土文物研
　　究會　1994　p. 5

李正宇　憑　敦煌學大辭典　上海辭書出版社　1998　p. 387

沙知　瓜沙等州觀察使新印　敦煌學大辭典　上海辭書出版社　1998　p. 291

丘古耶夫斯基著　魏迎春譯　俄藏敦煌漢文寫卷中的官印及寺院印章　《敦煌學輯刊》1999 年第 1
　　期　p. 144

王豔明　瓜沙州大王印考　《敦煌學輯刊》2000 年第 2 期　p. 44

陳國燦　敦煌學史事新證　甘肅教育出版社　2002　p. 403

森安孝夫著　梁曉鵬摘譯　河西歸義軍節度使官印及其編年　《敦煌學輯刊》2003 年第 1 期　p. 142

P. 3977

鄭炳林　敦煌碑銘讚輯釋　甘肅教育出版社　1997　p. 419 注 9

P. 3978

寧可　寧可史學論集　中國社會科學出版社　1999　p. 451 注 1

P. 3979

馬德　敦煌遺書莫高窟營建史料淺論　敦煌學國際學術討論會論文縮寫文（1990）　敦煌研究院
　　1990　p. 46　又見：敦煌學國際研討會文集・石窟考古編　遼寧美術出版社　1995　p. 145

馬德　敦煌莫高窟吐蕃、歸義軍時代營建概況　（香港）《九州學刊》1995 年第 6 卷第 4 期　p. 67

馬德　敦煌莫高窟史研究　甘肅教育出版社　1996　p. 113

鄭阿財　朱鳳玉　敦煌蒙書研究　甘肅教育出版社　2002　p. 403

公維章　涅槃、淨土的殿堂：敦煌莫高窟第 148 窟研究　民族出版社　2004　p. 215

沙武田　梁紅　敦煌千佛變畫稿刺孔研究　《敦煌學輯刊》2005 年第 2 期　p. 62

P. 3980

高國藩　敦煌民俗資料導論　（臺北）新文豐出版公司　1993　p. 91

寧可　郝春文　敦煌社邑文書輯校　江蘇古籍出版社　1997　p. 582

P. 3981

高國藩　敦煌民俗資料導論　（臺北）新文豐出版公司　1993　p. 91

P. 3982

呂建福　中國密教史　中國社會科學出版社　1995　p. 370

P. 3983

舒學　敦煌漢文遺書中雕版印刷資料綜叙　敦煌語言文學研究　北京大學出版社　1988　p. 292

邰惠莉　敦煌版畫叙録　《敦煌研究》2005 年第 2 期　p. 9

P. 3984

陳祚龍　敦煌古抄内典尾記彙校初、二、三編合刊　敦煌學要籥　（臺北）新文豐出版公司　1982　p. 193

鄧文寬　吐魯番出土《唐開元八年具注曆》釋文補正　《文物》1988 年第 2 期　p. 93

鄧文寬　敦煌古曆叢識　《敦煌學輯刊》1989 年第 1 期　p. 111

嚴敦傑　跋敦煌唐乾符四年曆書　中國古代天文文物論集　文物出版社　1989　p. 247

池田溫　中國古代寫本識語集録　（東京）大藏出版株式會社　1990　p. 338

鄧文寬　六甲納音歌訣　敦煌學大辭典　上海辭書出版社　1998　p. 614

劉屹　評《北京大學藏敦煌文獻》　敦煌吐魯番研究（第三卷）　北京大學出版社　1998　p. 376

汪泛舟　敦煌古代兒童課本　甘肅人民出版社　2000　p. 223

鄧文寬　敦煌吐魯番天文曆法研究　甘肅教育出版社　2002　p. 71、111、202、253

余欣　浙敦 065 文書僞卷考　《敦煌研究》2002 年第 3 期　p. 43

P. 3985

唐耕耦　陸宏基　敦煌社會經濟文獻真迹釋録（四）　全國圖書館文獻縮微複製中心　1990　p. 9

劉惠琴　從敦煌文書中看沙州紡織業　《敦煌學輯刊》1995 年第 2 期　p. 53

鄭炳林　敦煌碑銘讚輯釋　甘肅教育出版社　1997　p. 536 注 2

鄭炳林　唐五代敦煌手工業研究　敦煌歸義軍史專題研究　蘭州大學出版社　1997　p. 260

鄭炳林　楊富學　敦煌西域出土回鶻文文獻所載 qunbu 與漢文文獻所見官布研究　《敦煌學輯刊》1997 年第 2 期　p. 25

土肥義和　唐・北宋の間:敦煌の杜家親情社追補社條(S. 8160rv)について　唐代史研究(創刊號)　（東京）唐代史研究會　1998　p. 19

鄭炳林　晚唐五代敦煌地區種植棉花研究　《中國史研究》1999 年第 3 期　p. 87

董志翹　《太平廣記》詞語輯釋　中古近代漢語研究（第一輯）　上海教育出版社　2000　p. 234

雷紹鋒　歸義軍賦役制度初探　（臺北）洪葉文化事業有限公司　2000　p. 75

鄭炳林　晚唐五代敦煌貿易市場的外來商品輯考　中華文史論叢（總 63 輯）　上海古籍出版社　2000　p. 58、70、78

鄭炳林　晚唐五代敦煌村莊聚落輯考　2000 年敦煌學國際學術討論會文集・歷史文化卷（上）　甘肅民族出版社　2003　p. 134

鄭炳林　晚唐五代敦煌商業貿易市場研究　《敦煌學輯刊》2004 年第 1 期　p. 105

王豔明　晉唐時期吐魯番的植棉和棉紡織業　《敦煌研究》2005 年第 1 期　p. 39

金瀅坤　敦煌社會經濟文書定年拾遺　《首都師範大學學報》2006 年第 1 期　p. 11

P. 3986

陳祚龍　李唐至德以前西京上元燈節景象之一斑　敦煌資料考屑（下冊）　（臺北）商務印書館

　　　　　1979　p. 356

方廣錩　佛教大藏經史（八一十世紀）　中國社會科學出版社　1991　p. 349

方廣錩　敦煌佛教經録輯校　江蘇古籍出版社　1997　p. 661、1021

柴劍虹　題梵書詩　敦煌學大辭典　上海辭書出版社　1998　p. 568

方廣錩　大周刊定衆經目録　敦煌學大辭典　上海辭書出版社　1998　p. 745

饒宗頤　記唐寫本唵字讚　饒宗頤東方學論集　汕頭大學出版社　1999　p. 159

徐俊　敦煌詩集殘卷輯考　中華書局　2000　p. 827

方廣錩　敦煌寺院所藏大藏經概貌　藏外佛教文獻（第八輯）　宗教文化出版社　2003　p. 389

P. 3987

王重民　說《十二時》　敦煌遺書論文集　中華書局　1984　p. 159

西本照真　三階教文獻綜述　藏外佛教文獻（第九輯）　宗教文化出版社　2003　p. 381

P. 3988

矛甘著　金昌文譯　敦煌漢藏文寫本中烏鳴占凶吉書　國外藏學研究譯文集（第八輯）　西藏人民
　　出版社　1992　p. 253

高國藩　敦煌民俗資料導論　（臺北）新文豐出版公司　1993　p. 352

茅甘　敦煌寫本中的烏鳴占吉凶書　法國學者敦煌學論文選萃　中華書局　1993　p. 367

鄧文寬　烏鳴占　敦煌學大辭典　上海辭書出版社　1998　p. 623

饒宗頤　《吐蕃時期占卜研究》序　饒宗頤東方學論集　汕頭大學出版社　1999　p. 142

黄正建　敦煌占卜文書與唐五代占卜研究　學苑出版社　2001　p. 163

P. 3989

那波利貞　佛教信仰に基きて組織せられたる中晚唐五代時代の社邑に就きて（上）　『史林』（24
　　卷 3 號）　京都大學文學部史學研究會　1939　p. 33　又見：唐代社會文化史研究・第六編
　　（東京）創文社　1974　p. 602

羅福頤　敦煌石室文物對於學術上的貢獻　《歷史教學》1951 年第 5 期　又見：中國敦煌學百年文
　　庫・考古卷（四）　甘肅文化出版社　1999　p. 12

那波利貞　千佛岩莫高窟と敦煌文書　西域文化研究（第二）・敦煌吐魯番社會經濟資料（上）　（京
　　都）法藏館　1959　p. 38

竺沙雅章　敦煌出土「社」文書の研究　『東方學報』（第 35 號）　京都大學人文科學研究所　1964
　　p. 242

那波利貞　唐代の社邑に就きて（1938 年）　唐代社會文化史研究・第五編　（東京）創文社　1974
　　p. 499、517、522、556

那波利貞　唐寫本雜抄考——唐代庶民教育史研究の一資料　唐代社會文化史研究・第二編　（東
　　京）創文社　1974　p. 255

陳祚龍　敦煌古抄"社條"三種　敦煌文物隨筆　（臺北）商務印書館　1979　p. 26

陳祚龍　中古敦煌結社的真象　敦煌學海探珠（下冊）　（臺北）商務印書館　1979　p. 362

長澤和俊　敦煌の庶民生活　敦煌の社會（講座敦煌 3）　（東京）大東出版社　1980　p. 470

郭鋒　敦煌的"社"及其活動　《敦煌學輯刊》1983 年創刊號　p. 87

唐耕耦　陸宏基　敦煌社會經濟文獻真迹釋録（一）　書目文獻出版社　1986　p. 273

謝和耐著　耿昇譯　中國 5—10 世紀的寺院經濟　甘肅人民出版社　1987　p. 319、330 注 1　又見：

上海古籍出版社　2004　p. 264、273 注5

山本達郎等　敦煌・I 社條　『NUN – HUANG AND TURFAN DOCUMENTS CONCERNING SOCIAL AND ECONOMIC HISTORY』(IV)　(東京)東洋文庫　1989　p. 3

郭鋒　吐魯番文書《唐衆阿婆作齋社約》與唐代西州的民間結社活動　《西域研究》1991 年第 3 期 p. 77

林聰明　敦煌文書學　(臺北)新文豐出版公司　1991　p. 397

姜伯勤　敦煌社會文書導論　(臺北)新文豐出版公司　1992　p. 235

高國藩　敦煌民俗資料導論　(臺北)新文豐出版公司　1993　p. 4

前田正名　河西歷史地理學研究　中國藏學出版社　1993　p. 250

寧可 郝春文　敦煌寫本社邑文書述略　《首都師範大學學報》1994 年第 4 期　p. 12

榮新江　歸義軍改元考　文史(第三十八輯)　中華書局　1994　p. 48

土肥義和　唐・北宋間の「社」の組織形態に関する一考察　中國古代の國家と民衆(堀敏一先生古稀記念)　(東京)汲古書院　1995　p. 744

榮新江　歸義軍史研究　上海古籍出版社　1996　p. 49

徐俊　敦煌寫本唐人詩歌存佚互見綜考　敦煌吐魯番研究(第一卷)　北京大學出版社　1996 p. 114

鄧文寬　大梵寺佛音:敦煌莫高窟壇經讀本　(臺北)如聞出版社　1997　p. 39

寧可 郝春文　敦煌社邑文書輯校　江蘇古籍出版社　1997　p. 9

鄭炳林　敦煌碑銘讚輯釋　甘肅教育出版社　1997　p. 61 注9

高田時雄　藏文社邑文書二三種　敦煌吐魯番研究(第三卷)　北京大學出版社　1998　p. 185

寧可　三官　敦煌學大辭典　上海辭書出版社　1998　p. 426

寧可　寧可史學論集　中國社會科學出版社　1999　p. 444 注1

郝春文　部分英藏敦煌文獻的定名問題　英國收藏敦煌漢藏文獻研究　中國社會科學出版社　2000 p. 390

曾良　敦煌文獻字義通釋　廈門大學出版社　2001　p. 130

郭鋒　吐魯番出土衆阿婆社約與唐代西州的民間結社活動　唐史與敦煌文獻論稿　中國社會科學出版社　2002　p. 235

郝春文　《唐末五代宋初敦煌社邑的幾個問題》商榷　國際敦煌學學術史研討會論文集　研討會籌備組　2002　p. 205

姜亮夫　敦煌莫高窟年表　姜亮夫全集(十一)　雲南人民出版社　2002　p. 445

孟憲實　論唐宋時期敦煌民間結社的組織形態　《敦煌研究》2002 年第 1 期　p. 61

郝春文　《敦煌寫本社邑文書輯校》補遺(四)　漢語史學報專輯(第三輯)　上海教育出版社　2003 p. 370

葉貴良　敦煌社邑文書詞語選釋　《敦煌研究》2004 年第 5 期　p. 80

郝春文　唐後期五代宋初敦煌私社的教育與教化功能　敦煌吐魯番研究(第九卷)　中華書局 2006　p. 305

孟憲實　論唐宋時期敦煌民間結社的社條　敦煌吐魯番研究(第九卷)　中華書局　2006　p. 317、325

P. 3990

周鳳五　敦煌寫本太公家教研究　(臺北)明文書局　1986　p. 155

周鳳五　太公家教重探　漢學研究(敦煌學國際研討會論文專號)　(臺北)漢學研究資料及服務中

心　1986　p. 366

朱鳳玉　太公家教研究　漢學研究(敦煌學國際研討會論文專號)　(臺北)漢學研究資料及服務中
心　1986　p. 402

鄭阿財　敦煌寫本《新集文詞九經抄》校錄　敦煌學(第 12 輯)　(臺北)新文豐出版公司　1987
p. 116

高國藩　敦煌民俗學　上海文藝出版社　1989　p. 299

鄭阿財　敦煌寫卷新集文詞九經抄研究　(臺北)文史哲出版社　1989　p. 10、179　又見:唐代研究
論集　(第四輯)　(臺北)新文豐出版公司　1992　p. 641

鄭阿財　敦煌蒙書析論　第二屆敦煌學國際研討會論文集　(臺北)漢學研究中心　1990　p. 225

王三慶著　池田溫譯　類書　敦煌漢文文獻(講座敦煌 5)　(東京)大東出版社　1992　p. 366

戴仁　敦煌寫本中的解夢書　法國學者敦煌學論文選萃　中華書局　1993　p. 313

鄭阿財　敦煌文獻與文學　(臺北)新文豐出版公司　1993　p. 222、258

鄭炳林　敦煌寫本解夢書概述　《敦煌學輯刊》1995 年第 2 期　p. 25

鄭炳林　羊萍　敦煌本夢書　甘肅文化出版社　1995　p. 182

白化文　新集文詞九經抄　敦煌學大辭典　上海辭書出版社　1998　p. 781

史睿　評《敦煌本夢書》　敦煌吐魯番研究(第三卷)　北京大學出版社　1998　p. 415

嚴敦傑　解夢書　敦煌學大辭典　上海辭書出版社　1998　p. 620

黃正建　敦煌占卜文書與唐五代占卜研究　學苑出版社　2001　p. 69

鄭阿財　朱鳳玉　敦煌蒙書研究　甘肅教育出版社　2002　p. 292

關長龍　敦煌本夢書雜識　漢語史學報專輯(第三輯)　上海教育出版社　2003　p. 316

鄭炳林　敦煌文獻中的解夢書與相面書　敦煌與絲路文化學術講座(第一輯)　北京圖書館出版社
2003　p. 157

鄭炳林　敦煌寫本解夢書校錄研究　民族出版社　2005　p. 73

屈直敏　從敦煌寫本類書《勵忠節抄》看唐代的知識、道德與政治秩序　《蘭州大學學報》2006 年第 2
期　p. 29

P. 3991

劉進寶　P. 3236 號《壬申年官布籍》時代考　《西北師大學報》(社會科學版)1996 年第 5 期　p. 46

劉進寶　P. 3236 號《壬申年官布籍》研究　慶祝潘石禪先生九秩華誕敦煌學特刊　(臺北)文津出版
社　1996　p. 366

P. 3992

王堯　陳踐　敦煌吐蕃文獻選　四川民族出版社　1983　p. 206

王素　唐寫本《論語鄭氏注》校錄　唐寫本論語鄭氏注及其研究　文物出版社　1991　p. 113 注 67

菅原信海　占筮書　敦煌漢文文獻(講座敦煌 5)　(東京)大東出版社　1992　p. 453

吳其昱著　伊藤美重子譯　敦煌漢文寫本概觀　敦煌漢文文獻(講座敦煌 5)　(東京)大東出版社
1992　p. 24

P. 3993

陳祚龍　關於造作觀世音形象的流變之參考資料　敦煌學散策新集　(臺北)新文豐出版公司
1989　p. 360

金岡照光　敦煌文獻と中國文學　(東京)五曜書房　2000　p. 408

P. 3994

王重民　敦煌曲子詞集　商務印書館　1950　p. 1、67

金岡照光　敦煌文學のさまざま　敦煌の文學　（東京）大藏出版株式會社　1971　p. 140

潘重規　敦煌詞話　（臺北）石門圖書公司　1981　p. 74、88

蘇瑩輝　"敦煌曲"評介　敦煌論集續編　（臺北）學生書局　1983　p. 305

王重民　記敦煌新出的菩薩蠻　敦煌遺書論文集　中華書局　1984　p. 168

饒宗頤　敦煌書法叢刊（第十六卷）·詩詞　（東京）二玄社　1985　p. 61、76

邱燮友　唐代敦煌曲的時代使命　漢學研究（敦煌學國際研討會論文專號）　（臺北）漢學研究資料
　　及服務中心　1986　p. 155

高國藩　敦煌文學作品選　中華書局　1987　p. 71 注 1、80 注 3

任半塘　敦煌歌辭總編　上海古籍出版社　1987　p. 323、432、502、610

高國藩　敦煌曲子詞中的詠花詞　《鹽城師專學報》1988 年第 3 期　p. 35

高國藩　敦煌民俗學　上海文藝出版社　1989　p. 523

高國藩　敦煌曲子詞欣賞　南京大學出版社　1989　p. 107、120

孫其芳　詞　敦煌文學　甘肅人民出版社　1989　p. 205

龍晦　敦煌與五代兩蜀文化　《敦煌研究》1990 年第 2 期　p. 97

任半塘　王昆吾　隋唐五代燕樂雜言歌辭集　巴蜀書社　1990　p. 828

上山大峻　敦煌佛教の研究　（京都）法藏館　1990　p. 80、368

張仲儀　試論敦煌曲子詞的審美特徵　《敦煌研究》1991 年第 2 期　p. 82

金岡照光　曲子詞類　敦煌の文學文獻（講座敦煌 9）　（東京）大東出版社　1992　p. 400

林家平　寧強　羅華慶　中國敦煌學史　北京語言學院出版社　1992　p. 300

周紹良　敦煌文學芻議及其它　（臺北）新文豐出版公司　1992　p. 33

榮新江　饒宗頤教授與敦煌學研究　"中國唐代學會"會刊（第四期）　（臺北）"中國唐代學會"
　　1993　p. 47　又見：選堂文史論苑　上海古籍出版社　1994　p. 272；中國敦煌學百年文庫·綜
　　述卷（三）　甘肅文化出版社　1999　p. 372

孫其芳　顏廷亮　敦煌文學概論　甘肅人民出版社　1993　p. 418

張鴻勳　敦煌話本詞文俗賦導論　（臺北）新文豐出版公司　1993　p. 214

金賢珠　唐五代敦煌民歌　（臺北）文史哲出版社　1994　p. 47、94、128

王繼如　《維摩碎金》校釋補正　俗語言研究（創刊號）　（京都）禪文化研究所　1994　p. 57

沃興華　敦煌書法藝術　上海人民出版社　1994　p. 185

伏俊璉　論敦煌賦的表現特色　詩賦論集　甘肅人民出版社　1995　p. 113

劉進寶　敦煌學論述　（臺北）洪葉文化事業有限公司　1995　p. 337

趙聲良　榮新江　饒宗頤編《法藏敦煌書苑精華》評介　《敦煌研究》1995 年第 1 期　p. 173

饒宗頤　法藏敦煌曲子詞四種解說　敦煌曲續論　（臺北）新文豐出版公司　1996　p. 224

張涌泉　敦煌俗字研究導論　（臺北）新文豐出版公司　1996　p. 85、113

孫其芳　更漏長　敦煌學大辭典　上海辭書出版社　1998　p. 533

孫其芳　虞美人　敦煌學大辭典　上海辭書出版社　1998　p. 530

高國藩　敦煌俗文化學　上海三聯書店　1999　p. 546、575

黃征　程惠新　劫塵遺珠：敦煌遺書　甘肅教育出版社　1999　p. 75

張涌泉　俗字研究與敦煌文獻的校理　舊學新知　浙江大學出版社　1999　p. 70

孫其芳　鳴沙遺音：敦煌詞選評　甘肅人民出版社　2000　p. 67

聶鋒　祁淑虹　敦煌歷史文化藝術　甘肅人民美術出版社　2001　p. 110

李春遠　關於敦煌遺書的書法化趨向　《敦煌學輯刊》2002 年第 1 期　p. 63

湯涒　敦煌曲子詞地域文化研究　上海古籍出版社　2004　p. 29、130、207、218

湯涒　敦煌曲子詞寫本叙略　敦煌學國際研討會論文集　北京圖書館出版社　2005　p. 198

馬國俊　敦煌遺書民間書法特徵研究　文史（第七十五輯）　中華書局　2006　p. 32

P. 3995

趙聲良　莫高窟第 61 窟熾盛光佛圖　《西域研究》1993 年第 4 期　p. 62

邰惠莉　敦煌遺書中的白描畫簡介　《社科縱橫》1994 年第 4 期　p. 48

孟嗣徽　熾盛光佛變相圖圖像研究　敦煌吐魯番研究（第二卷）　北京大學出版社　1997　p. 101

譚蟬雪　鄭汝中　熾盛光佛及五星圖　敦煌學大辭典　上海辭書出版社　1998　p. 241

孟嗣徽　敦煌隋至唐前期藥師圖像考察　藝術史研究（3）　中山大學出版社　2001　p. 397

孟嗣徽　五星圖像考源　2000 年敦煌學國際學術討論會文集・歷史文化卷（下）　甘肅民族出版社　2003　p. 148

孟憲實　論敦煌渠人社　周秦漢唐文化研究（第三輯）　三秦出版社　2004　p. 140

P. 3997

山本達郎等　敦煌・III 轉貼　『NUN – HUANG AND TURFAN DOCUMENTS CONCERNING SOCIAL AND ECONOMIC HISTORY』(IV)　（東京）東洋文庫　1989　p. 84

唐耕耦　陸宏基　敦煌社會經濟文獻真迹釋錄（三）　全國圖書館文獻縮微複製中心　1990　p. 120

郝春文　敦煌寫本社邑文書年代彙考（三）　《社科縱橫》1993 年第 5 期　p. 9

土肥義和　唐・北宋間の「社」の組織形態に関する一考察　中國古代の國家と民衆（堀敏一先生古稀記念）　（東京）汲古書院　1995　p. 705

寧可　郝春文　敦煌社邑文書輯校　江蘇古籍出版社　1997　p. 761

唐耕耦　敦煌寺院會計文書研究　（臺北）新文豐出版公司　1997　p. 9、311

鄭炳林　晚唐五代敦煌貿易市場的物價　敦煌歸義軍史專題研究　蘭州大學出版社　1997　p. 282

譚蟬雪　敦煌歲時文化導論　（臺北）新文豐出版公司　1998　p. 311

雷紹鋒　歸義軍賦役制度初探　（臺北）洪葉文化事業有限公司　2000　p. 205

金瀅坤　敦煌社會經濟文書定年拾遺　《首都師範大學學報》2006 年第 1 期　p. 10、14

P. 3998

沙武田　S. P. 83、P. 3998《金光明最勝王經變稿》初探　《敦煌研究》1998 年第 4 期　p. 19

沙武田　S. P. 76《維摩詰經變稿》試析　《敦煌研究》2000 年第 4 期　p. 14

王惠民　敦煌經變畫的研究成果與研究方法　《敦煌學輯刊》2004 年第 2 期　p. 70

沙武田　《金光明最勝王經變》在敦煌吐蕃時期洞窟首次出現的原因　《蘭州大學學報》2006 年第 3 期　p. 33

P. 3999

王堯　陳踐　敦煌吐蕃文獻選　四川民族出版社　1983　p. 206

邰惠莉　敦煌遺書中的白描畫簡介　《社科縱橫》1994 年第 4 期　p. 49

顏廷亮　《大目乾連冥間救母變文並圖一卷並序》的一個未見著錄的節抄卷　《社科縱橫》1994 年第 4 期　p. 4

顏廷亮　敦煌文學概說　（臺北）新文豐出版公司　1995　p. 169

顏廷亮　敦煌西漢金山國檔案文獻考略　《甘肅社會科學》1996 年第 5 期　p. 93

譚蟬雪　摩利支天像　敦煌學大辭典　上海辭書出版社　1998　p. 239

顏廷亮　敦煌西漢金山國之文學考論　1994 年敦煌學國際研討會文集·宗教文史卷(上)　甘肅民族出版社　2000　p. 206

吳麗娛　唐禮摭遺:中古書儀研究　商務印書館　2002　p. 52

王荔　摩利支天爲何方神氏　浙江與敦煌學:常書鴻先生誕辰一百周年紀念文集　浙江古籍出版社　2004　p. 161

張小剛　敦煌摩利支天經像　2004 年石窟研究國際學術會議論文提要集　敦煌研究院　2004　p. 91

P. 4000

土肥義和　はじめに——歸義軍節度使の敦煌支配　敦煌の歷史(講座敦煌 2)　(東京)大東出版社　1980　p. 295

李正宇　敦煌地區古代祠廟寺觀簡志　《敦煌學輯刊》1988 年第 1、2 期　p. 78

李正宇　敦煌史地新論　(臺北)新文豐出版公司　1996　p. 76

方廣錩　敦煌佛教經錄輯校　江蘇古籍出版社　1997　p. 555

唐耕耦　敦煌寺院會計文書研究　(臺北)新文豐出版公司　1997　p. 6

方廣錩　壬寅年六月十日勘校報恩寺藏舊經帙數　敦煌學大辭典　上海辭書出版社　1998　p. 752

李正宇　報恩寺　敦煌學大辭典　上海辭書出版社　1998　p. 629

方廣錩　敦煌寺院所藏大藏經　中日敦煌佛教學術會議論文集　中國社會科學院研究所　2002　p. 43

鄭炳林　晚唐五代敦煌歸義軍行政區劃制度研究(之二)　《敦煌研究》2002 年第 3 期　p. 68

方廣錩　敦煌寺院所藏大藏經概貌　藏外佛教文獻(第八輯)　宗教文化出版社　2003　p. 392

鄭炳林　晚唐五代敦煌諸寺藏經與管理　新世紀敦煌學論集　巴蜀書社　2003　p. 348

郭俊葉　敦煌研究院藏絲質經帙標簽及其相關問題　《敦煌研究》2005 年第 6 期　p. 89

P. 4001

陳炳應　也談甘州回鶻　《敦煌學輯刊》1990 年第 2 期　p. 41

王震亞　趙熒　敦煌殘卷爭訟文牒集釋　甘肅人民出版社　1993　p. 232

張傳璽　中國歷代契約會編考釋(上)　北京大學出版社　1995　p. 487 注 1、505 注 1

沙知　敦煌契約文書輯校　江蘇古籍出版社　1998　p. 491、526

段小强　敦煌文書中所見的古代喪儀　《西北民族研究》1999 年第 1 期　p. 210

童丕　敦煌的借貸:中國中古時代的物質生活與社會　中華書局　2003　p. 81

王啓濤　中古及近代法制文書語言研究　巴蜀書社　2003　p. 84、138、263、346、394

P. 4002

周一良　趙和平　杜友晉《吉凶書儀》及《書儀鏡》成書年代考　唐五代書儀研究　中國社會科學出版社　1995　p. 138

P. 4003

陳祚龍　簡記敦煌古抄方志　敦煌文物隨筆　(臺北)商務印書館　1979　p. 61

菊池英夫　唐代敦煌社會の外貌　敦煌の社會(講座敦煌 3)　(東京)大東出版社　1980　p. 106

堀敏一　敦煌社會の変質——中國社會全般の発展とも関連して　敦煌の社會（講座敦煌3）　（東京）大東出版社　1980　p. 188

陳祚龍　《簡記敦煌古抄方志》及其"後語"　敦煌學要籥　（臺北）新文豐出版公司　1982　p. 230

郭鋒　敦煌的"社"及其活動　《敦煌學輯刊》1983 年創刊號　p. 83

唐耕耦　陸宏基　敦煌社會經濟文獻真迹釋録（一）　書目文獻出版社　1986　p. 409

姜伯勤　唐五代敦煌寺戶制度　中華書局　1987　p. 145

李明偉　狀·牒·帖　敦煌文學　甘肅人民出版社　1989　p. 44

山本達郎等　敦煌·III 轉貼　『NUN‐HUANG AND TURFAN DOCUMENTS CONCERNING SOCIAL AND ECONOMIC HISTORY』(IV)　（東京）東洋文庫　1989　p. 70

郝春文　敦煌的渠人與渠社　《北京師範學院學報》1990 年第 1 期　p. 95

姜伯勤　敦煌社會文書導論　（臺北）新文豐出版公司　1992　p. 191、234

林家平　寧强　羅華慶　中國敦煌學史　北京語言學院出版社　1992　p. 682

高國藩　敦煌民俗資料導論　（臺北）新文豐出版公司　1993　p. 3

郝春文　敦煌寫本社邑文書年代彙考（三）　《社科縱横》1993 年第 5 期　p. 8

胡戟　傅玫　敦煌史話　中華書局　1995　p. 164

石田勇作　敦煌「社文書」研究序說　中國古代の國家と民衆（堀敏一先生古稀記念）　（東京）汲古書院　1995　p. 674

土肥義和　唐·北宋間の「社」の組織形態に関する一考察　中國古代の國家と民衆（堀敏一先生古稀記念）　（東京）汲古書院　1995　p. 714

李正宇　敦煌史地新論　（臺北）新文豐出版公司　1996　p. 97

劉進寶　P. 3236 號《壬申年官布籍》時代考　《西北師大學報》1996 年第 5 期　p. 45

劉進寶　P. 3236 號《壬申年官布籍》研究　慶祝潘石禪先生九秩華誕敦煌學特刊　（臺北）文津出版社　1996　p. 364

張涌泉　敦煌俗字研究導論　（臺北）新文豐出版公司　1996　p. 101

鄭炳林　唐五代敦煌粟特人與歸義軍政權　《敦煌研究》1996 年第 4 期　p. 92　又見：敦煌歸義軍史專題研究　蘭州大學出版社　1997　p. 424

馮培紅　唐五代敦煌的河渠水利與水司管理機構初探　《敦煌學輯刊》1997 年第 2 期　p. 78

寧可　郝春文　敦煌社邑文書輯校　江蘇古籍出版社　1997　p. 366

鄭炳林　敦煌碑銘讚輯釋　甘肅教育出版社　1997　p. 61 注 9

鄭炳林　馮培紅　晚唐五代宋初歸義軍政權中都頭一職考辨　敦煌歸義軍史專題研究　蘭州大學出版社　1997　p. 83

李正宇　蘭若　敦煌學大辭典　上海辭書出版社　1998　p. 627

李正宇　數字取名　敦煌學大辭典　上海辭書出版社　1998　p. 451

寧可　渠人轉帖　敦煌學大辭典　上海辭書出版社　1998　p. 429

董志翹　敦煌文書詞語瑣記　《敦煌研究》1999 年第 4 期　p. 34

寧可　寧可史學論集　中國社會科學出版社　1999　p. 448 注 7

謝桃坊　敦煌文化尋繹　四川人民出版社　1999　p. 179

張涌泉　俗字研究與敦煌文獻的校理　舊學新知　浙江大學出版社　1999　p. 58

高啓安　崇高與卑賤：敦煌的佛教信仰賤名再探　'98 法門寺唐文化國際學術討論會論文集　陝西人民出版社　2000　p. 253

劉進寶　敦煌文書與唐史研究　（臺北）新文豐出版公司　2000　p. 237

孟憲實　敦煌社邑的分佈　敦煌文獻論集：紀念藏經洞發現一百周年國際學術研討會論文集　遼寧

　　人民出版社　2001　p. 434

馬茜　歸義軍時期敦煌地區庶民佛教的發展　甘肅民族研究論叢　甘肅人民出版社　2002　p. 454

孟憲實　論敦煌渠人社　周秦漢唐文化研究(第三輯)　三秦出版社　2004　p. 128、135

趙曉星　寇甲　西魏:歸義軍時期敦煌地區的史姓　《敦煌學輯刊》2005年第2期　p. 138

P. 4004

唐耕耦　陸宏基　敦煌社會經濟文獻真迹釋録(三)　全國圖書館文獻縮微複製中心　1990　p. 32

姜伯勤　敦煌吐魯番文書與絲綢之路　文物出版社　1994　p. 68

郝春文　唐後期五代宋初沙州的方等道場與方等道場司　唐研究(第二卷)　北京大學出版社　1996　p. 70

鄭炳林　唐五代敦煌粟特人與歸義軍政權　《敦煌研究》1996年第4期　p. 92　又見:敦煌歸義軍史專題研究　蘭州大學出版社　1997　p. 424

馮培紅　晚唐五代宋初歸義軍武職軍將研究　敦煌歸義軍史專題研究　蘭州大學出版社　1997　p. 142

唐耕耦　敦煌寺院會計文書研究　(臺北)新文豐出版公司　1997　p. 293

鄭炳林　敦煌碑銘讚輯釋　甘肅教育出版社　1997　p. 108注2

鄭炳林　唐五代敦煌的粟特人與佛教　敦煌歸義軍史專題研究　蘭州大學出版社　1997　p. 452

鄭炳林　楊富學　晚唐五代金銀在敦煌的使用與流通　《甘肅金融》1997年第8期　又見:中國敦煌學百年文庫·歷史卷(二)　甘肅文化出版社　1999　p. 581

郝春文　唐後期五代宋初敦煌僧尼的社會生活　中國社會科學出版社　1998　p. 34、129

郝春文　唐後期五代宋初敦煌寺院常住什物的數量及與僧人的關係　《敦煌研究》1998年第2期　p. 118、126

唐耕耦　常住什物交割點檢曆　敦煌學大辭典　上海辭書出版社　1998　p. 648

土肥義和　唐·北宋の間:敦煌の杜家親情社追補社條(S. 8160rv)について　『唐代史研究』(創刊號)　(東京)唐代史研究會　1998　p. 19

林梅村　古道西風:考古新發現所見中西文化交流　三聯書店　2000　p. 221

郝春文　英藏敦煌社會歷史文獻釋録(第一卷)　科學出版社　2001　p. 429

王明珠　定西地區博物館藏長柄銅香爐　《敦煌研究》2001年第1期　p. 30

榮新江　于闐花氈與粟特銀盤:九、十世紀敦煌寺院的外來供養　寺院財富與世俗供養　上海書畫出版社　2003　p. 250

鄭炳林　晚唐五代敦煌諸寺藏經與管理　新世紀敦煌學論集　巴蜀書社　2003　p. 339

馮培紅　歸義軍鎮制考　敦煌吐魯番研究(第九卷)　中華書局　2006　p. 265

金瀅坤　敦煌社會經濟文書定年拾遺　《首都師範大學學報》2006年第1期　p. 10、14

金瀅坤　敦煌社會經濟文獻綴合拾遺　文史(第七十五輯)　中華書局　2006　p. 89

P. 4005

唐耕耦　陸宏基　敦煌社會經濟文獻真迹釋録(五)　全國圖書館文獻縮微複製中心　1990　p. 15

曾良　敦煌文獻字義通釋　廈門大學出版社　2001　p. 83

姜亮夫　敦煌莫高窟年表　姜亮夫全集(十一)　雲南人民出版社　2002　p. 487

P. 4009

童丕　從寺院的帳簿看敦煌二月八日節　法國漢學(敦煌學專號)　中華書局　2000　p. 94

郭麗英　敦煌漢傳密教經典研究：以《金剛峻經》爲例　敦煌吐魯番研究（第七卷）　北京大學出版社　2004　p. 333

P. 4010

譚蟬雪　碑·銘　敦煌文學　甘肅人民出版社　1989　p. 111
鄭炳林　敦煌地理文書彙輯校注　甘肅教育出版社　1989　p. 118
林聰明　敦煌文書學　（臺北）新文豐出版公司　1991　p. 248
姜伯勤　敦煌社會文書導論　（臺北）新文豐出版公司　1992　p. 46
高國藩　敦煌民俗資料導論　（臺北）新文豐出版公司　1993　p. 90、101
李明偉　敦煌文學概論　甘肅人民出版社　1993　p. 480
鄭炳林　敦煌碑銘讚部分文書拼接復原　《敦煌研究》1993 年第 1 期　p. 54
鄭炳林　敦煌碑銘讚抄本概述　《蘭州大學學報》1993 年第 4 期　p. 138
鄭炳林　《索崇恩和尚修功德記》考釋　《敦煌研究》1993 年第 2 期　p. 54
勁草　《敦煌文學概論》證誤糾謬　《敦煌學輯刊》1994 年第 1 期　p. 86
鄭炳林　《索勳紀德碑》研究　《敦煌學輯刊》1994 年第 2 期　p. 69
李明偉　敦煌文學中"敦煌文"的研究和分類評價　《敦煌研究》1995 年第 4 期　p. 122
顏廷亮　敦煌文學概說　（臺北）新文豐出版公司　1995　p. 121
楊偉　從敦煌文書中看古代西部移民　《敦煌研究》1996 年第 4 期　p. 98
張涌泉　敦煌俗字研究導論　（臺北）新文豐出版公司　1996　p. 226
馮培紅　晚唐五代宋初歸義軍武職軍將研究　敦煌歸義軍史專題研究　蘭州大學出版社　1997　p. 130
劉雯　吐蕃及歸義軍時期敦煌索氏家族研究　《敦煌學輯刊》1997 年第 2 期　p. 84
張涌泉　敦煌文獻校讀易誤字例釋　敦煌文學論集　四川人民出版社　1997　p. 260
鄭炳林　敦煌碑銘讚及其有關問題　敦煌碑銘讚輯釋　甘肅教育出版社　1997　p. 2
鄭炳林　敦煌碑銘讚輯釋　甘肅教育出版社　1997　p. 285
鄭炳林　論晚唐敦煌文士張球即張景球　文史（第四十三輯）　中華書局　1997　p. 113
鄭炳林　唐五代敦煌的醫事研究　敦煌歸義軍史專題研究　蘭州大學出版社　1997　p. 516
馮培紅　P. 3249 背《軍籍殘卷》與歸義軍初期的僧兵武裝　《敦煌研究》1998 年第 2 期　p. 146
郝春文　崇恩　敦煌學大辭典　上海辭書出版社　1998　p. 351
李麗　關於《張淮深墓誌銘》的兩個問題　《敦煌學輯刊》1998 年第 1 期　p. 144
李正宇　敦煌遺書標點符號　敦煌學大辭典　上海辭書出版社　1998　p. 519
李正宇　古本敦煌鄉土志八種箋證　（臺北）新文豐出版公司　1998　p. 322
李正宇　李端公墓志　敦煌學大辭典　上海辭書出版社　1998　p. 333
沙知　敦煌吐魯番文獻所見唐軍府名掇拾　《敦煌學輯刊》1998 年第 1 期　p. 12
沙知　龍勒府　敦煌學大辭典　上海辭書出版社　1998　p. 396
楊森　索靖　敦煌學大辭典　上海辭書出版社　1998　p. 339
鄭炳林　索恪　敦煌學大辭典　上海辭書出版社　1998　p. 347
黃征　程惠新　劫塵遺珠：敦煌遺書　甘肅教育出版社　1999　p. 179
楊森　淺談敦煌文獻中唐代墓誌銘抄本　《敦煌研究》2000 年第 3 期　p. 135
王素　敦煌吐魯番文獻　文物出版社　2002　p. 141
顏廷亮　有關張球生平及其著作的一件新見文獻　《敦煌研究》2002 年第 5 期　p. 103
鄭炳林　敦煌寫本《張議潮處置涼州進表》拼接綴合與歸義軍對涼州的管理　國際敦煌學學術史研

　　討會論文集　研討會籌備組　2002　p. 189
鄭炳林　晚唐五代敦煌歸義軍行政區劃制度研究(之一)　《敦煌研究》2002 年第 2 期　p. 16
馮培紅　論晚唐五代的沙州(歸義軍)與涼州(河西)節度使　浙江與敦煌學:常書鴻先生誕辰一百周
　　年紀念文集　浙江古籍出版社　2004　p. 244
屈直敏　敦煌高僧　民族出版社　2004　p. 89、172
吳越　敦煌歷史人物　民族出版社　2004　p. 177
鄭炳林　晚唐五代河西地區的居民結構研究　《蘭州大學學報》2006 年第 2 期　p. 12

P. 4011

周紹良　敦煌文學《兒郎偉》並跋　出土文獻研究　文物出版社　1985　p. 179
鄧文寬　張淮深平定甘州回鶻史事鈎沈　《魏晉南北朝隋唐史》1986 年第 11 期　p. 63
鄧文寬　《涼州節院使押衙劉少晏狀》新探　《敦煌學輯刊》1987 年第 2 期　p. 63
高國藩　驅儺風俗和敦煌民間歌謠《兒郎偉》　文史(第二十九輯)　中華書局　1988　p. 291
高國藩　敦煌民俗學　上海文藝出版社　1989　p. 494
黃盛璋　敦煌于闐文書與漢文書中關於甘州回鶻史實異同及回鶻進佔甘州的年代問題　《西北史
　　地》1989 年第 1 期　p. 4
劉進寶　俚曲小調　敦煌文學　甘肅人民出版社　1989　p. 233
黃征　《敦煌歌辭總編》校釋商榷　《敦煌研究》1990 年第 2 期　p. 71
榮新江　沙州歸義軍歷任節度使稱號研究　敦煌吐魯番學研究論文集　漢語大詞典出版社　1990
　　p. 792
周純一　敦煌古劇質疑　第二屆敦煌學國際研討會論文集　(臺北)漢學研究中心　1990　p. 465
陸慶夫　略論敦煌民族史料的價值　《敦煌學輯刊》1991 年第 1 期　p. 31、37
榮新江　曹議金征甘州回鶻史事表微　《敦煌研究》1991 年第 2 期　p. 7
姜伯勤　敦煌社會文書導論　(臺北)新文豐出版公司　1992　p. 10
周紹良　敦煌文學芻議及其它　(臺北)新文豐出版公司　1992　p. 39、173
艾麗白　敦煌寫本中的"大儺"儀禮　法國學者敦煌學論文選萃　中華書局　1993　p. 258
黃征　敦煌願文《兒郎偉》輯考　(香港)《九州學刊》(敦煌學專輯)1993 年第 5 卷第 4 期　p. 52
孫其芳　顏廷亮　敦煌文學概論　甘肅人民出版社　1993　p. 453
汪泛舟　敦煌文學概論　甘肅人民出版社　1993　p. 181
鄭炳林　敦煌碑銘讚抄本概述　《蘭州大學學報》1993 年第 4 期　p. 38
黃征　敦煌願文散校　《敦煌研究》1994 年第 3 期　p. 132　又見:敦煌語文叢說　(臺北)新文豐出
　　版公司　1997　p. 575
蔣禮鴻　敦煌文獻語言詞典　杭州大學出版社　1994　p. 46、111、256
勁草　《敦煌文學概論》證誤糾謬　《敦煌學輯刊》1994 年第 1 期　p. 84
榮新江　敦煌邈真讚所見歸義軍與東西回鶻的關係　敦煌邈真讚校錄並研究　(臺北)新文豐出版
　　公司　1994　p. 96
黃盛璋　敦煌漢文與于闐文書中之龍家及其相關問題　全國敦煌學研討會論文集　(臺北)中正大
　　學中國文學系所　1995　p. 75　又見:《西域研究》1996 年第 1 期　p. 28
黃征　吳偉　敦煌願文集　岳麓書社　1995　p. 959
李金梅　敦煌傳統文化與武術　《敦煌研究》1995 年第 2 期　p. 195
榮新江　龍家考　中亞學刊(第四輯)　北京大學出版社　1995　p. 152
姜伯勤　敦煌藝術宗教與禮樂文明　中國社會科學出版社　1996　p. 468

姜伯勤　沙州儺禮考　敦煌藝術宗教與禮樂文明　中國社會科學出版社　1996　p. 459　又見:中國
　　敦煌學百年文庫·歷史卷(二)　甘肅文化出版社　1999　p. 444

榮新江　歸義軍史研究　上海古籍出版社　1996　p. 102

張國剛　隋唐五代史研究概要　天津教育出版社　1996　p. 743

黃征　敦煌歌謠《兒郎偉》的價值　敦煌語文叢說　(臺北)新文豐出版公司　1997　p. 601、639

黃征　敦煌文學《兒郎偉》輯錄校注　敦煌語文叢說　(臺北)新文豐出版公司　1997　p. 680

黃征　張涌泉　敦煌變文校注　中華書局　1997　p. 396

陸慶夫　從焉耆龍王到河西龍家——龍部落遷徙考　敦煌歸義軍史專題研究　蘭州大學出版社
　　1997　p. 490、501

楊際平　郭鋒　張和平　五—十世紀敦煌的家庭與家族關係　岳麓書社　1997　p. 103

鄭炳林　敦煌碑銘讚及其有關問題　敦煌碑銘讚輯釋　甘肅教育出版社　1997　p. 20

鄭炳林　敦煌碑銘讚輯釋　甘肅教育出版社　1997　p. 351 注 11

鄭炳林　楊富學　晚唐五代金銀在敦煌的使用與流通　《甘肅金融》1997 年第 8 期　又見:中國敦煌
　　學百年文庫·歷史卷(二)　甘肅文化出版社　1999　p. 584

陳國燦　甘州回鶻　敦煌學大辭典　上海辭書出版社　1998　p. 461

陸慶夫　歸義軍與遼及甘州回鶻關係考　《蘭州大學學報》1998 年第 3 期　p. 75

譚蟬雪　敦煌歲時文化導論　(臺北)新文豐出版有限公司　1998　p. 402

高國藩　敦煌俗文化學　上海三聯書店　1999　p. 228

雷紹鋒　歸義軍賦役制度初探　(臺北)洪葉文化事業有限公司　2000　p. 241

顏廷亮　敦煌文化　光明日報出版社　2000　p. 440

顏廷亮　敦煌文化的靈魂論綱　《甘肅社會科學》2000 年第 4 期　p. 33

顏廷亮　西陲文學遺珍:敦煌文學通俗談　甘肅人民出版社　2000　p. 144

李正宇　沙州歸義軍樂營及其職事　敦煌吐魯番研究(第五卷)　北京大學出版社　2001　p. 221

湯涒　敦煌曲子詞地域文化研究　上海古籍出版社　2004　p. 176

李軍　晚唐五代肅州相關史實考述　《敦煌學輯刊》2005 年第 3 期　p. 96

湯涒　敦煌曲子詞寫本叙略　敦煌學國際研討會論文集　北京圖書館出版社　2005　p. 208

吳麗娛　楊寶玉　P. 3197v《曹氏歸義軍時期甘州使人書狀》考試　《敦煌學輯刊》2005 年第 4 期
　　p. 19

陳逸平　唐宋時期敦煌大衆的歷史知識　文史(第七十五輯)　中華書局　2006　p. 98

汪泛舟　敦煌俗別字新考(上)　《敦煌研究》2006 年第 1 期　p. 104

P. 4012

郝春文　敦煌寫本齋文及其樣式的分類與定名　《北京師範學院學報》1990 年第 3 期　p. 97

郝春文　敦煌寫本社邑文書年代彙考(三)　《社科縱橫》1993 年第 5 期　p. 11

寧可　郝春文　敦煌社邑文書輯校　江蘇古籍出版社　1997　p. 633

郝春文　唐後期五代宋初敦煌私社的教育與教化功能　敦煌吐魯番研究(第九卷)　中華書局
　　2006　p. 312

P. 4013

沙武田　梁紅　敦煌千佛變畫稿刺孔研究　《敦煌學輯刊》2005 年第 2 期　p. 69

邰惠莉　敦煌版畫叙錄　《敦煌研究》2005 年第 2 期　p. 8

P. 4014

鄭炳林　讀敦煌文書 P. 3859《後唐清泰三年六月沙州傶司教授福集等狀》劄記　《西北史地》1993 年
　　第 4 期　p. 45　又見：敦煌吐魯番文獻研究　蘭州大學出版社　1995　p. 610

張涌泉　敦煌文獻校讀易誤字例釋　敦煌文學論集　四川人民出版社　1997　p. 260

沙武田　敦煌寫真邈真讚畫稿研究：兼論敦煌畫之寫真肖像藝術　《敦煌學輯刊》2006 年第 1 期
　　p. 57

P. 4015

陳祚龍　關於造作觀世音形象的流變之參考資料　敦煌學散策新集　（臺北）新文豐出版公司
　　1989　p. 360

P. 4016

郭鋒　敦煌寫本《天地開闢以來帝王紀》成書年代諸問題　《敦煌學輯刊》1988 年第 1、2 期　p. 102

池田溫　中國古代寫本識語集錄　（東京）大藏出版株式會社　1990　p. 490

鄭阿財　敦煌蒙書析論　第二屆敦煌學國際研討會論文集　（臺北）漢學研究中心　1990　p. 222

林聰明　敦煌文書學　（臺北）新文豐出版公司　1991　p. 295

尾崎康　史籍　敦煌漢文文獻（講座敦煌5）　（東京）大東出版社　1992　p. 327

高國藩　敦煌民俗資料導論　（臺北）新文豐出版公司　1993　p. 236

張鴻勳　敦煌話本詞文俗賦導論　（臺北）新文豐出版公司　1993　p. 185

鄭阿財　敦煌文獻與文學　（臺北）新文豐出版公司　1993　p. 254

胡戟　傅玫　敦煌史話　中華書局　1995　p. 144

朱鳳玉　從傳統語文教育論敦煌本《雜抄》　全國敦煌學研討會論文集　（臺北）中正大學中國文學
　　系所　1995　p. 208

楊秀清　金山國立國年代補證　《敦煌研究》1997 年第 4 期　p. 131

白化文　天地開闢以來帝王紀　敦煌學大辭典　上海辭書出版社　1998　p. 775

楊秀清　敦煌西漢金山國史　甘肅人民出版社　1999　p. 62

張鴻勳　說唱藝術奇葩：敦煌變文選評　甘肅人民出版社　2000　p. 75

姜亮夫　敦煌莫高窟年表　姜亮夫全集（十一）　雲南人民出版社　2002　p. 530

陳逸平　唐宋時期敦煌大眾的歷史知識　文史（第七十五輯）　中華書局　2006　p. 98

P. 4017

王重民　敦煌曲子詞集　商務印書館　1950　p. 27

金岡照光　敦煌文學のさまざま　敦煌の文學　（東京）大藏出版株式會社　1971　p. 145

陳祚龍　敦煌古抄中世詩歌　敦煌學海探珠（上冊）　（臺北）商務印書館　1979　p. 144

潘重規　敦煌詞話　（臺北）石門圖書公司　1981　p. 83

蘇瑩輝　"敦煌曲"評介　敦煌論集續編　（臺北）學生書局　1983　p. 305

李正宇　敦煌方音止遇二攝混同及其校勘學意義　《敦煌研究》1986 年第 4 期　p. 50

唐耕耦　陸宏基　敦煌社會經濟文獻真迹釋錄（一）　書目文獻出版社　1986　p. 409

任半塘　敦煌歌辭總編　上海古籍出版社　1987　p. 482、590、823

高國藩　敦煌民俗學　上海文藝出版社　1989　p. 471

高國藩　敦煌曲子詞欣賞　南京大學出版社　1989　p. 8、158

山本達郎等　敦煌・III 轉貼　『NUN－HUANG AND TURFAN DOCUMENTS CONCERNING SOCIAL

AND ECONOMIC HISTORY』（Ⅳ）　（東京）東洋文庫　1989　p. 47、53、74

高國藩　敦煌古俗與民俗流變　河海大學出版社　1990　p. 400

郝春文　敦煌的渠人與渠社　《北京師範學院學報》1990 年第 1 期　p. 92

任半塘　王昆吾　隋唐五代燕樂雜言歌辭集　巴蜀書社　1990　p. 65、358

唐耕耦　陸宏基　敦煌社會經濟文獻真迹釋録（二）　全國圖書館文獻縮微複製中心　1990　p. 17

暨遠志　張議潮出行圖研究（續）　《敦煌研究》1992 年第 4 期　p. 79

姜伯勤　敦煌社會文書導論　（臺北）新文豐出版公司　1992　p. 172、191

金岡照光　曲子詞類　敦煌の文學文獻（講座敦煌 9）　（東京）大東出版社　1992　p. 402

楊聯陞　書評：饒宗頤、戴密微合著《敦煌曲》　楊聯陞論文集　中國社會科學出版社　1992　p. 243

周紹良　敦煌文學芻議及其它　（臺北）新文豐出版公司　1992　p. 34

高國藩　敦煌民俗資料導論　（臺北）新文豐出版公司　1993　p. 4、177

黃征　敦煌寫本整理應遵循的原則　《敦煌研究》1993 年第 2 期　p. 104

李正宇　敦煌文學概論　甘肅人民出版社　1993　p. 120

李正宇　論敦煌曲子　第二屆國際唐代學術會議論文集（上）　（臺北）文津出版社　1993　p. 759

譚禪雪　敦煌歲時掇瑣　（香港）《九州學刊》（敦煌學專輯）1993 年第 5 卷第 4 期　p. 105

王小盾　唐代酒令藝術　（臺北）文津出版社　1993　p. 145

項楚　敦煌詩歌導論　（臺北）新文豐出版公司　1993　p. 194

張錫厚　敦煌文學概論　甘肅人民出版社　1993　p. 361

金賢珠　唐五代敦煌民歌　（臺北）文史哲出版社　1994　p. 58、138

張涌泉　試論審辨敦煌寫本俗字的方法　《敦煌研究》1994 年第 2 期　p. 148　又見：舊學新知　浙
　　江大學出版社　1999　p. 79

石田勇作　敦煌「社文書」研究序說　中國古代の國家と民衆（堀敏一先生古稀記念）　（東京）汲古
　　書院　1995　p. 675

吳庚舜　董乃斌　唐代文學史（下）　人民文學出版社　1995　p. 616

張涌泉　敦煌俗字研究導論　（臺北）新文豐出版公司　1996　p. 100、236

劉進寶　歸義軍土地制度初探　《敦煌研究》1997 年第 2 期　p. 54

寧可　郝春文　敦煌社邑文書輯校　江蘇古籍出版社　1997　p. 220、235、399

寧可　渠人轉帖　敦煌學大辭典　上海辭書出版社　1998　p. 429

寧可　行人轉帖　敦煌學大辭典　上海辭書出版社　1998　p. 430

沙知　敦煌契約文書輯校　江蘇古籍出版社　1998　p. 51

孫其芳　鵲踏枝　敦煌學大辭典　上海辭書出版社　1998　p. 534

譚蟬雪　敦煌歲時文化導論　（臺北）新文豐出版公司　1998　p. 350

徐俊　詠九九詩　敦煌學大辭典　上海辭書出版社　1998　p. 572

張錫厚　太子讚　敦煌學大辭典　上海辭書出版社　1998　p. 544

高國藩　敦煌俗文化學　上海三聯書店　1999　p. 545、577

黃征　程惠新　劫塵遺珠：敦煌遺書　甘肅教育出版社　1999　p. 79

陸永峰　試論變文中的叙事套語　新國學（第一卷）　巴蜀書社　1999　p. 340

張涌泉　俗字研究與敦煌文獻的校理　舊學新知　浙江大學出版社　1999　p. 58

陳永勝　敦煌買賣契約法律制度探析　《敦煌研究》2000 年第 4 期　p. 95

陳永勝　敦煌吐魯番法制文書研究　甘肅人民出版社　2000　p. 120

程存潔　略論唐王朝對西北邊城的經營　'98 法門寺唐文化國際學術討論會論文集　陝西人民出版
　　社　2000　p. 417

杜琪　敦煌詩賦作品要目分類題注　《甘肅社會科學》2000 年第 1 期　p. 63

雷紹鋒　歸義軍賦役制度初探　（臺北）洪葉文化事業有限公司　2000　p. 194

劉進寶　敦煌歷史文化　甘肅人民出版社　2000　p. 131

劉進寶　敦煌文書與唐史研究　（臺北）新文豐出版公司　2000　p. 168

孫其芳　鳴沙遺音：敦煌詞選評　甘肅人民出版社　2000　p. 147

徐俊　敦煌詩集殘卷輯考　中華書局　2000　p. 828

張錫厚　敦煌文學源流　作家出版社　2000　p. 66

趙雲旗　唐代敦煌吐魯番地區土地買賣研究　《敦煌研究》2000 年第 4 期　p. 113

趙雲旗　唐代土地買賣研究　中國財政經濟出版社　2000　p. 283

孟憲實　敦煌社邑的分佈　敦煌文獻論集：紀念藏經洞發現一百周年國際學術研討會論文集　遼寧
　　人民出版社　2001　p. 434

楊森　關於敦煌文獻中的"平章"一詞　敦煌學與中國史研究論集　甘肅人民出版社　2001　p. 232

曾良　敦煌文獻字義通釋　廈門大學出版社　2001　p. 79

劉進寶　敦煌學通論　甘肅教育出版社　2002　p. 87

洪藝芳　敦煌社會經濟文書中的唐五代新興量詞研究　敦煌學（第 24 輯）　（臺北）樂學書局有限公
　　司　2003　p. 93

林仁昱　論敦煌佛教歌曲向通俗傳播的内容　中國俗文化研究（第一輯）　巴蜀書社　2003　p. 188

王繼如　敦煌俗字研究法　2000 年敦煌學國際學術討論會文集·歷史文化卷（下）　甘肅民族出版
　　社　2003　p. 460

孟憲實　論敦煌渠人社　周秦漢唐文化研究（第三輯）　三秦出版社　2004　p. 129

湯涒　敦煌曲子詞地域文化研究　上海古籍出版社　2004　p. 38、183

包菁萍　敦煌《詠九九詩一首》新校與簡論　《敦煌研究》2005 年第 5 期　p. 51

荒見泰史　從敦煌寫本中變文的改寫情況來探討五代講唱文學的演變　敦煌學國際研討會論文集
　　北京圖書館出版社　2005　p. 177

敏春芳　敦煌社邑文書量詞"事"、"笙"辨考　《敦煌學輯刊》2005 年第 2 期　p. 181

湯涒　敦煌曲子詞寫本叙略　敦煌學國際研討會論文集　北京圖書館出版社　2005　p. 202

汪泛舟　敦煌俗別字新考（上）　《敦煌研究》2006 年第 1 期　p. 108

P. 4019

張鴻勳　敦煌《燕子賦》（甲本）研究　敦煌語言文學研究　北京大學出版社　1988　p. 178

周紹良　張錫厚　解放以來全國敦煌語言文學研究述評　敦煌語言文學研究　北京大學出版社
　　1988　p. 17

山本達郎等　敦煌·III 轉貼　『NUN – HUANG AND TURFAN DOCUMENTS CONCERNING SOCIAL
　　AND ECONOMIC HISTORY』(IV)　（東京）東洋文庫　1989　p. 25、80

張錫厚　賦　敦煌文學　甘肅人民出版社　1989　p. 135

郝春文　唐後期五代宋初沙州僧尼的特點　敦煌吐魯番學研究論文集　漢語大詞典出版社　1990
　　p. 852 注 2

項楚　敦煌變文選注　巴蜀書社　1990　p. 375

中村裕一　唐代官文書研究　（京都）中文出版社　1991　p. 501

周紹良　敦煌文學芻議及其它　（臺北）新文豐出版公司　1992　p. 20

周一良　唐代書儀の類型　敦煌漢文文獻（講座敦煌 5）　（東京）大東出版社　1992　p. 704

周一良　唐代的書儀與中日文化關係　中日文化關係史論　江西人民出版社　1993　p. 65　又見：

　　　唐五代書儀研究　中國社會科學出版社　1995　p. 336

伏俊璉　敦煌賦校注　甘肅人民出版社　1994　p. 2

黃征　唐代俗語詞輯釋　唐研究（第一卷）　北京大學出版社　1995　p. 197

石田勇作　敦煌「社文書」研究序說　中國古代の國家と民眾（堀敏一先生古稀記念）　（東京）汲古
　　　書院　1995　p. 677

張錫厚　敦煌本唐集研究　（臺北）新文豐出版公司　1995　p. 413

周一良　趙和平　敦煌寫本書儀考（之二）　唐五代書儀研究　中國社會科學出版社　1995　p. 82、
　　　91

周一良　趙和平　晚唐五代時的三種吉凶書儀寫卷研究　唐五代書儀研究　中國社會科學出版社
　　　1995　p. 201

張錫厚　敦煌賦彙　（臺北）新文豐出版公司　1996　p. 9、395

黃征　敦煌寫本異文綜析　敦煌語文叢說　（臺北）新文豐出版公司　1997　p. 34

黃征　張涌泉　敦煌變文校注　中華書局　1997　p. 380

寧可　郝春文　敦煌社邑文書輯校　江蘇古籍出版社　1997　p. 162

程毅中　柴劍虹　燕子賦　敦煌學大辭典　上海辭書出版社　1998　p. 588

郝春文　唐後期五代宋初敦煌僧尼的社會生活　中國社會科學出版社　1998　p. 119

趙和平　新集吉凶書儀、吉儀卷上　敦煌學大辭典　上海辭書出版社　1998　p. 420

伏俊璉　俗情雅韻：敦煌賦選析　甘肅人民出版社　2000　p. 113

黃征　《變文字義待質錄》考辨　中古近代漢語研究（第一輯）　上海教育出版社　2000　p. 210　又
　　　見：2000年敦煌學國際學術討論會文集·歷史文化卷（下）　甘肅民族出版社　2003　p. 426

張錫厚　敦煌文學源流　作家出版社　2000　p. 201

郝春文　英藏敦煌社會歷史文獻釋錄（第一卷）　科學出版社　2001　p. 320

周一良　說宛　魏晉南北朝史論集續編　北京大學出版社　2001　p. 296

周一良　魏晉南北朝史論集續編　北京大學出版社　2001　p. 234

黃征　敦煌語言文字學研究　甘肅教育出版社　2002　p. 53、67、135

潘重規　敦煌變文集新書訂補"三續"　敦煌學（第23輯）　（臺北）樂學書局有限公司　2002　p. 5

張鴻勳　敦煌俗文學研究　甘肅人民出版社　2002　p. 171

黃征　《燕子賦》研究　《敦煌研究》2003年第1期　p. 38

王雲路　從"蒙免""鞭恥"說起　浙江與敦煌學：常書鴻先生誕辰一百周年紀念文集　浙江古籍出版
　　　社　2004　p. 512

孫猛　《日本國見在書目錄》（經部、史部、集部）失考書考　域外漢籍研究集刊（第二輯）　中華書局
　　　2006　p. 229

P. 4020

鄭炳林　敦煌碑銘讚輯釋　甘肅教育出版社　1997　p. 129　注2

王繼光　鄭炳林　敦煌漢文吐蕃史料綜述　中國西部民族文化研究（2003年卷）　民族出版社
　　　2003　p. 239

P. 4021

張弓　唐朝倉廩制度初探　中華書局　1986　p. 15

姜伯勤　唐五代敦煌寺戶制度　中華書局　1987　p. 183、199

謝和耐著　耿昇譯　中國5—10世紀的寺院經濟　甘肅人民出版社　1987　p. 171　注2

李正宇　唐宋時代敦煌縣河渠泉澤簡志(二)　《敦煌研究》1989 年第 1 期　p. 54

唐耕耦　陸宏基　敦煌社會經濟文獻真迹釋録(三)　全國圖書館文獻縮微複製中心　1990　p. 130

李正宇　敦煌名勝古迹導論　《陽關》1991 年第 4 期　p. 51

李正宇　敦煌史地新論　(臺北)新文豐出版公司　1996　p. 127

張亞萍　娜閣　唐五代敦煌的計量單位與價格換算　《敦煌學輯刊》1996 年第 2 期　p. 39

鄭炳林　唐五代敦煌的粟特人與佛教　敦煌歸義軍史專題研究　蘭州大學出版社　1997　p. 459

鄭炳林　晚唐五代敦煌貿易市場的物價　敦煌歸義軍史專題研究　蘭州大學出版社　1997　p. 278

鄭炳林　晚唐五代敦煌園圃經濟研究　敦煌歸義軍史專題研究　蘭州大學出版社　1997　p. 323

謝重光　地課　敦煌學大辭典　上海辭書出版社　1998　p. 645

鄭炳林　晚唐五代敦煌村莊聚落輯考　2000 年敦煌學國際學術討論會文集·歷史文化卷(上)　甘
　　肅民族出版社　2003　p. 131、154

P. 4022

王三慶著　池田溫譯　類書　敦煌漢文文獻(講座敦煌 5)　(東京)大東出版社　1992　p. 366、371

P. 4024

陳鐵凡　敦煌本尚書十四殘卷綴合記　(新加坡)《新社學報》1969 年第 3 期　又見:中國敦煌學百
　　年文庫·文獻卷(二)　甘肅文化出版社　1999　p. 418

王重民　敦煌古籍叙録　中華書局　1979　p. 50

王重民　巴黎敦煌殘卷叙録(第二輯)　敦煌叢刊初集(九)　(臺北)新文豐出版公司　1985　p. 214

王重民原編　黃永武新編　敦煌古籍叙録新編(第三冊)　(臺北)新文豐出版公司　1986　p. 75

周紹良　趙和平　書儀　《敦煌語言文學研究通訊》1987 年第 4 期　p. 2　又見:敦煌文學　甘肅人
　　民出版社　1989　p. 47

趙和平　敦煌寫本書儀略論　敦煌吐魯番學研究論文集　漢語大詞典出版社　1990　p. 564　又見:
　　唐五代書儀研究　中國社會科學出版社　1995　p. 3

姜伯勤　敦煌社會文書導論　(臺北)新文豐出版公司　1992　p. 21

土田健次郎　儒教典籍　敦煌漢文文獻(講座敦煌 5)　(東京)大東出版社　1992　p. 270

趙和平　敦煌寫本書儀研究　(臺北)新文豐出版公司　1993　p. 14

白化文　唐玄宗御刪定禮記月令　敦煌學大辭典　上海辭書出版社　1998　p. 773

趙和平　書儀　敦煌學大辭典　上海辭書出版社　1998　p. 419

吳麗娛　敦煌 S. 1725 與 P. 4024 寫本書儀的撰成年代與貞觀喪服禮　英國收藏敦煌漢藏文獻研究
　　中國社會科學出版社　2000　p. 282

吳麗娛　英國收藏敦煌文獻叙録　英國收藏敦煌漢藏文獻研究　中國社會科學出版社　2000
　　p. 113

吳麗娛　敦煌所出杜佑喪服制度圖與鄭餘慶元和書儀　敦煌吐魯番研究(第五卷)　北京大學出版
　　社　2001　p. 200

吳麗娛　敦煌寫本書儀中的喪服圖與唐禮　中國社會科學院歷史研究所學刊(第一集)　學刊編委
　　會　2001　p. 214

吳麗娛　唐禮撢遺:中古書儀研究　商務印書館　2002　p. 41、54、373

吳麗娛　敦煌的禮書　敦煌與絲路文化學術講座(第一輯)　北京圖書館出版社　2003　p. 194

張弓　敦煌四部籍與中古後期社會的文化情境　敦煌學(第 25 輯)　(臺北)樂學書局有限公司
　　2004　p. 318

沙武田　梁紅　敦煌千佛變畫稿刺孔研究　《敦煌學輯刊》2005 年第 2 期　p. 69

邰惠莉　敦煌版畫敘錄　《敦煌研究》2005 年第 2 期　p. 9

吳麗娛　關於敦煌 S. 5566 書儀的研究　敦煌學國際研討會論文集　北京圖書館出版社　2005
　　p. 73

P. 4025

鄭阿財　敦煌寫卷《持誦金剛經靈驗功德記》研究　全國敦煌學研討會論文集　（臺北）中正大學中
　　國文學系所　1995　p. 271

楊寶玉　P. 2094《持誦金剛經靈驗功德記》校考　周紹良先生欣開九秩慶壽文集　中華書局　1997
　　p. 266

鄭阿財　敦煌靈應小說的佛教史學價值　唐研究國際學術會議論文彙編　中國社會科學院歷史所等
　　1997　p. 194　又見：唐研究（第四卷）　北京大學出版社　1998　p. 43

柴劍虹　敦煌古小說淺談　敦煌吐魯番學論稿　浙江教育出版社　2000　p. 112　又見：敦煌與絲路
　　文化學術講座（第二輯）　北京圖書館出版社　2005　p. 273

P. 4026

王三慶　敦煌本《勵忠節抄》研究　（香港）《九州學刊》（敦煌學專輯）1992 年第 4 卷第 4 期　p. 87

王三慶著　池田溫譯　類書　敦煌漢文文獻（講座敦煌 5）　（東京）大東出版社　1992　p. 368

周紹良　敦煌文學芻議及其它　（臺北）新文豐出版公司　1992　p. 28

李正宇　敦煌文學概論　甘肅人民出版社　1993　p. 95

齊陳駿　寒沁　河西都僧統唐悟真作品和見載文獻系年　《敦煌學輯刊》1993 年第 2 期　p. 11

張錫厚　敦煌文學概論　甘肅人民出版社　1993　p. 360

鄭炳林　敦煌碑銘讚輯釋　甘肅教育出版社　1997　p. 128 注 2

李正宇　悟真　敦煌學大辭典　上海辭書出版社　1998　p. 355

李正宇　悟真詩　敦煌學大辭典　上海辭書出版社　1998　p. 558

何華珍　金春梅　敦煌本《勵忠節抄》王校補正　中古近代漢語研究（第一輯）　上海教育出版社
　　2000　p. 281

徐俊　敦煌詩集殘卷輯考　中華書局　2000　p. 155、840

邵文實　敦煌佛教文學與邊塞文學　《敦煌學輯刊》2001 年第 2 期　p. 29

張涌泉　試論敦煌寫本類書的校勘價值：以《勵忠節抄》爲例　《敦煌研究》2003 年第 2 期　p. 69

屈直敏　《敦煌類書‧勵忠節抄》校注商補（續）　《敦煌學輯刊》2004 年第 1 期　p. 26

屈直敏　敦煌寫本類書《勵忠節抄》引《史記》異文考證　《敦煌學輯刊》2004 年第 2 期　p. 6 注 2

中村威也　ДХ10698『尚書費誓』とДХ10698v「史書」について　『西北出土文獻研究』（創刊號）
　　（新潟）西北出土文獻研究會　2004　p. 48

屈直敏　從《勵忠節抄》看歸義軍政權道德秩序的重建　《敦煌學輯刊》2005 年第 3 期　p. 78

屈直敏　敦煌本類書《勵忠節抄》寫卷研究　敦煌學國際研討會論文集　北京圖書館出版社　2005
　　p. 92

屈直敏　從敦煌寫本類書《勵忠節抄》看唐代的知識、道德與政治秩序　《蘭州大學學報》2006 年第 2
　　期　p. 23

P. 4028

王重民　讀《十二辰歌》　《申報‧文史周刊》1947 年第 30 期　又見：敦煌遺書論文集　中華書局

　　1984　p. 156；中國敦煌學百年文庫・文學卷（一）　甘肅文化出版社　1999　p. 456

王重民　說《十二時》《申報・文史》1948 年第 22 期　又見：敦煌遺書論文集　中華書局　p. 158；
　　中國敦煌學百年文庫・文學卷（一）　甘肅文化出版社　1999　p. 479

川崎ミチコ　修道偈Ⅱ——定格聯章　敦煌仏典と禪（講座敦煌8）　（東京）大東出版社　1980
　　p. 271

陳祚龍　新校重訂中世敦煌流行的“讚”文十種　中華佛教文化史散策（三集）　（臺北）新文豐出版
　　公司　1981　p. 170

鄭阿財　敦煌孝道文學研究　（臺北）石門圖書公司　1982　p. 532

周丕顯　敦煌俗曲中的分時聯章體歌辭　關隴文學論叢　甘肅人民出版社　1983　p. 7

任半塘　敦煌歌辭總編　上海古籍出版社　1987　p. 314、1387

劉進寶　俚曲小調　敦煌文學　甘肅人民出版社　1989　p. 222

任半塘　王昆吾　隋唐五代燕樂雜言歌辭集　巴蜀書社　1990　p. 491

杜愛英　敦煌遺書中俗體字的諸種類型　《敦煌研究》1992 年第 3 期　p. 118

周紹良　敦煌文學芻議及其它　（臺北）新文豐出版公司　1992　p. 37

高田時雄　チベット文字書寫「長卷」の研究（本文編）　『東方學報』（第 65 號）　京都大學人文科
　　學研究所　1993　p. 371

鄭阿財　敦煌文獻與文學　（臺北）新文豐出版公司　1993　p. 129、139

張涌泉　敦煌俗字研究導論　（臺北）新文豐出版公司　1996　p. 72

柴劍虹　法體十二時　敦煌學大辭典　上海辭書出版社　1998　p. 538

張先堂　晚唐至宋初淨土五會念佛法門在敦煌的流傳　《敦煌研究》1998 年第 1 期　p. 53

張涌泉　論“音隨形變”　舊學新知　浙江大學出版社　1999　p. 94 注 1

汪泛舟　敦煌俗別字補正　《敦煌研究》2001 年第 4 期　p. 158

張涌泉　燦爛的敦煌文化　浙江與敦煌學：常書鴻先生誕辰一百周年紀念文集　浙江古籍出版社
　　2004　p. 638

邰惠莉　敦煌版畫叙錄　《敦煌研究》2005 年第 2 期　p. 8

汪泛舟　敦煌俗別字新考（上）　《敦煌研究》2006 年第 1 期　p. 104

P. 4029

戴密微著　耿昇譯　達摩多羅考　國外藏學研究譯文集（第七輯）　西藏人民出版社　1990　p. 123

韋陀　敦煌繪畫中的取經僧形象　2000 年敦煌學國際學術討論會文集・石窟藝術卷　甘肅民族出
　　版社　2003　p. 29

P. 4030

陳祚龍　關於造作觀世音形象的流變之參考資料　敦煌學散策新集　（臺北）新文豐出版公司
　　1989　p. 360

王惠民　敦煌千手千眼觀音像　《敦煌學輯刊》1994 年第 1 期　p. 66

呂建福　中國密教史　中國社會科學出版社　1995　p. 353

金岡照光　敦煌文獻と中國文學　（東京）五曜書房　2000　p. 408

李小榮　敦煌密教文獻論稿　人民文學出版社　2003　p. 83

P. 4032

田中良昭　《禪籍解題（一）・敦煌禪籍》補遺　俗語言研究（第三期）　（京都）禪文化研究所　1996

p. 213

P. 4033

陳鐵凡　敦煌本尚書述略　（臺北）《大陸雜誌》1961 年第 8 期　又見：中國敦煌學百年文庫·文獻
　　卷（一）　甘肅文化出版社　1999　p. 444

陳鐵凡　敦煌本尚書十四殘卷綴合記　（新加坡）《新社學報》1969 年第 3 期　又見：中國敦煌學百
　　年文庫·文獻卷（二）　甘肅文化出版社　1999　p. 412

王重民　敦煌古籍叙録　中華書局　1979　p. 14

王堯　陳踐　敦煌吐蕃文獻選　四川民族出版社　1983　p. 68

王重民　巴黎敦煌殘卷叙録（第二輯）　敦煌叢刊初集（九）　（臺北）新文豐出版公司　1985　p. 210

王重民原編　黃永武新編　敦煌古籍叙録新編（第一冊）　（臺北）新文豐出版公司　1986　p. 227

胡同慶　從敦煌結社活動探討人的群體性以及個體與集體的關係　《敦煌研究》1990 年第 4 期
　　p. 72　又見：敦煌學研究　甘肅人民美術出版社　1994　p. 173

孫啓治　唐寫本俗別字變化類型舉例　敦煌吐魯番文獻研究論集（第五輯）　北京大學出版社
　　1990　p. 130

土田健次郎　儒教典籍　敦煌漢文文獻（講座敦煌 5）　（東京）大東出版社　1992　p. 268

吳福熙　敦煌殘卷古文尚書校注　甘肅人民出版社　1992　p. 8

吳其昱著　伊藤美重子譯　敦煌漢文寫本概観　敦煌漢文文獻（講座敦煌 5）　（東京）大東出版社
　　1992　p. 96

王堯　吐蕃時期藏譯漢籍名著及故事　中國古籍研究（第一卷）　上海古籍出版社　1996　p. 540

陳公柔　評介《尚書文字合編》　燕京學報（新第 4 期）　北京大學出版社　1998　p. 290

許建平　敦煌本《尚書》叙録　敦煌文獻論集：紀念藏經洞發現一百周年國際學術研討會論文集　遼
　　寧人民出版社　2001　p. 382

許建平　敦煌出土《尚書》寫卷研究的過去與未來　敦煌吐魯番研究（第七卷）　北京大學出版社
　　2004　p. 226

中村威也　ДХ10698『尚書費誓』とДХ10698v「史書」について　『西北出土文獻研究』（創刊號）
　　（新潟）西北出土文獻研究會　2004　p. 42

P. 4034

王三慶著　池田溫譯　類書　敦煌漢文文獻（講座敦煌 5）　（東京）大東出版社　1992　p. 386

鄭阿財　從敦煌文獻看唐代的三教合一　第二屆國際唐代學術會議論文集（上）　（臺北）文津出版
　　社　1993　p. 655

鄭阿財　敦煌文獻與文學　（臺北）新文豐出版公司　1993　p. 262

P. 4036

周一良著　池田溫付記　敦煌寫本の書儀に見える唐代の婚禮と葬式　『東方學』（第 71 輯）　（東
　　京）東方學會　1986　p. 139

周一良　敦煌寫本書儀考（之二）　敦煌吐魯番文獻研究論集（第四輯）　北京大學出版社　1987
　　p. 23、24　又見：唐五代書儀研究　中國社會科學出版社　1995　p. 75

高國藩　敦煌民俗學　上海文藝出版社　1989　p. 230

趙和平　敦煌寫本書儀略論　敦煌吐魯番學研究論文集　漢語大詞典出版社　1990　p. 585

趙和平　敦煌寫本鄭餘慶《大唐新定吉凶書儀》殘卷研究　敦煌吐魯番文獻研究論集（第五輯）　北

京大學出版社　1990　p. 207　又見：唐五代書儀研究　中國社會科學出版社　1995　p. 152

周一良　書儀源流考　《歷史研究》1990 年第 5 期　p. 97 注 2

劉瑞明　王梵志詩歌與古代民俗　《慶陽師專學報》1992 年第 2 期　p. 17

周一良　唐代書儀の類型　敦煌漢文文獻（講座敦煌 5）　（東京）大東出版社　1992　p. 697

高國藩　敦煌民俗資料導論　（臺北）新文豐出版公司　1993　p. 59、73

趙和平　敦煌寫本書儀研究　（臺北）新文豐出版公司　1993　p. 46

周一良　趙和平　杜友晉《吉凶書儀》及《書儀鏡》成書年代考　唐五代書儀研究　中國社會科學出版社　1995　p. 138

姜伯勤　敦煌藝術宗教與禮樂文明　中國社會科學出版社　1996　p. 428

榮新江　敦煌本《書儀鏡》爲安西書儀考　慶祝潘石禪先生九秩華誕敦煌學特刊　（臺北）文津出版社　1996　p. 268

楊際平　郭鋒　張和平　五一十世紀敦煌的家庭與家族關係　岳麓書社　1997　p. 81 注 1

姜伯勤　唐禮與敦煌發現的書儀　敦煌文藪（下）　（臺北）新文豐出版公司　1999　p. 4

李并成　"鏡"類文獻識略　《敦煌研究》1999 年第 1 期　p. 59

周一良　敦煌寫本書儀中所見的唐代婚喪禮俗　魏晉南北朝史論集續編　北京大學出版社　2001　p. 253

周一良　魏晉南北朝史論集續編　北京大學出版社　2001　p. 228

P. 4037

黃正建　敦煌文書所見唐宋之際敦煌民衆住房面積考略　敦煌吐魯番研究（第三卷）　北京大學出版社　1998　p. 209

P. 4038

三木榮　西域出土醫藥關係文獻綜合解說目録　『東洋學報』（47 卷 1 號）　（東京）東洋學術協會　1964　p. 15

馬繼興　敦煌古醫籍考釋　江西科學技術出版社　1988　p. 25、497

張弘强　杜文傑　敦煌石窟氣功：一分鐘臍密功　甘肅科學技術出版社　1990　p. 89

甘肅中醫學院圖書館　敦煌中醫藥學集錦　甘肅中醫學院圖書館　1990　p. 176

叢春雨　敦煌中醫藥全書　中醫古籍出版社　1994　p. 673

張弘强　張帆　敦煌臍密夢談　甘肅科學技術出版社　1994　p. 235

馬繼興　敦煌醫藥文獻輯校　江蘇古籍出版社　1998　p. 760

王淑民　敦煌石窟秘藏醫方　北京醫科大學中國協和醫科大學聯合出版社　1999　p. 77、172

叢春雨　敦煌中醫藥精萃發微　中醫古籍出版社　2000　p. 317

陳明　醫理精華：印度古典醫學在敦煌的實例分析　敦煌吐魯番研究（第五卷）　北京大學出版社　2001　p. 255

陳明　印度梵文醫典醫理精華研究　中華書局　2002　p. 116

馬繼興　當前世界各地收藏的中國出土卷子本古醫藥文獻備考　敦煌吐魯番研究（第六卷）　北京大學出版社　2002　p. 154

王卡　敦煌道教文獻研究　中國社會科學出版社　2004　p. 217

陳明　備急單驗：敦煌醫藥文獻中的單藥方　敦煌學國際研討會論文集　北京圖書館出版社　2005　p. 239

陳明　殊方異藥：出土文書與西域醫學　北京大學出版社　2005　p. 151、194

劉少霞　敦煌出土醫書中有關女性問題初探　《敦煌學輯刊》2005 年第 2 期　p. 173

P. 4039

方廣錩　佛教大藏經史(八一十世紀)　中國社會科學出版社　1991　p. 141

方廣錩　敦煌佛教經錄輯校　江蘇古籍出版社　1997　p. 488

方廣錩　敦煌遺書中所存的全國性佛教經錄　敦煌學佛教學論叢(上)　中國佛教文化研究所　1998　p. 282

方廣錩　敦煌寺院所藏大藏經　中日敦煌佛教學術會議論文集　中國社會科學院研究所　2002　p. 40

方廣錩　敦煌寺院所藏大藏經概貌　藏外佛教文獻(第八輯)　宗教文化出版社　2003　p. 378

鄭炳林　晚唐五代敦煌諸寺藏經與管理　新世紀敦煌學論集　巴蜀書社　2003　p. 343

P. 4040

唐耕耦　陸宏基　敦煌社會經濟文獻真迹釋錄(一)　書目文獻出版社　1986　p. 384

李正宇　敦煌學郎題記輯注　《敦煌學輯刊》1987 年第 1 期　p. 39

李正宇　關於金山國和敦煌國建國的幾個問題　《西北史地》1987 年第 2 期　p. 70

張鴻勛　敦煌故事賦《茶酒論》與爭奇型小說　《敦煌研究》1989 年第 1 期　p. 68

唐耕耦　陸宏基　敦煌社會經濟文獻真迹釋錄(二)　全國圖書館文獻縮微複製中心　1990　p. 294

姜伯勤　敦煌社會文書導論　(臺北)新文豐出版公司　1992　p. 105、162、233、249

王震亞　趙熒　敦煌殘卷爭訟文牒集釋　甘肅人民出版社　1993　p. 24

張涌泉　試論審辨敦煌寫本俗字的方法　《敦煌研究》1994 年第 2 期　p. 148　又見:舊學新知　浙江大學出版社　1999　p. 78

土肥義和　唐・北宋間の「社」の組織形態に関する一考察　中國古代の國家と民衆(堀敏一先生古稀記念)　(東京)汲古書院　1995　p. 705

張涌泉　漢語俗字研究　岳麓書社　1995　p. 64

鄭炳林　讀敦煌文書 P. 3859《後唐清泰三年六月沙州儭司教授福集等狀》剳記　敦煌吐魯番文獻研究　蘭州大學出版社　1995　p. 617

李正宇　敦煌史地新論　(臺北)新文豐出版公司　1996　p. 97、207

榮新江　歸義軍史研究　上海古籍出版社　1996　p. 106

張涌泉　敦煌俗字研究導論　(臺北)新文豐出版公司　1996　p. 245

鄭炳林　唐五代敦煌手工業研究　敦煌歸義軍史專題研究　蘭州大學出版社　1997　p. 270

李正宇　都勾當伎術院學郎　敦煌學大辭典　上海辭書出版社　1998　p. 597

李正宇　敦煌學校教師　敦煌學大辭典　上海辭書出版社　1998　p. 596

李正宇　蘭若　敦煌學大辭典　上海辭書出版社　1998　p. 627

寧可　巷社　敦煌學大辭典　上海辭書出版社　1998　p. 427

劉瑞明　吐魯番出土文書釋詞　《西域研究》1999 年第 4 期　p. 59

顏廷亮　敦煌文化　光明日報出版社　2000　p. 395

林聰明　敦煌吐魯番文書解詁指例　(臺北)新文豐出版公司　2001　p. 202

曾良　敦煌文獻字義通釋　廈門大學出版社　2001　p. 44、199

姜亮夫　敦煌莫高窟年表　姜亮夫全集(十一)　雲南人民出版社　2002　p. 498

張鴻勛　敦煌俗文學研究　甘肅人民出版社　2002　p. 197

劉敬林　敦煌文牒詞語校釋　《敦煌學輯刊》2003 年第 1 期　p. 117

曾良　敦煌文獻字義劄記　2000 年敦煌學國際學術討論會文集・歷史文化卷（下）　甘肅民族出版社　2003　p. 469

湛如　敦煌佛教律儀制度研究　中華書局　2003　p. 67

P. 4042

陳鐵凡　敦煌本尚書十四殘卷綴合記　（新加坡）《新社學報》1969 年第 3 期　又見：中國敦煌學百年文庫・文獻卷（二）　甘肅文化出版社　1999　p. 418

菊池英夫　隋唐王朝支配期の河西と敦煌　敦煌の歷史（講座敦煌 2）　（東京）大東出版社　1980　p. 182

陳祚龍　古代敦煌及其他地區流行之公私印章圖記文字錄　敦煌學要籥　（臺北）新文豐出版公司　1982　p. 346

王重民原編　黃永武新編　敦煌古籍叙錄新編（第四冊）　（臺北）新文豐出版公司　1986　p. 338

白化文　唐玄宗御刪定禮記月令　敦煌學大辭典　上海辭書出版社　1998　p. 773

柴劍虹　陳情詩　敦煌學大辭典　上海辭書出版社　1998　p. 573

高國藩　敦煌俗文化學　上海三聯書店　1999　p. 324

徐俊　敦煌詩集殘卷輯考　中華書局　2000　p. 827

P. 4043

徐俊　敦煌詩集殘卷輯考　中華書局　2000　p. 830

吳麗娛　唐禮摭遺：中古書儀研究　商務印書館　2002　p. 53

郝春文　唐後期五代宋初中印文化對敦煌寺院的影響　新世紀敦煌學論集　巴蜀書社　2003　p. 335

P. 4044

陳祚龍　新校重訂敦煌古抄事佛崇法文獻小集　《東方雜誌》1978 年第 6 期　又見：　中國敦煌學百年文庫・宗教卷（二）　甘肅文化出版社　1999　p. 46

陳祚龍　關於研究無著、世親的生平及其"著述"之新資料　中華佛教文化史散策（三集）　（臺北）新文豐出版公司　1981　p. 190

饒宗頤　敦煌書法叢刊（第十四卷）・牒狀（一）　（東京）二玄社　1985　p. 53、91

榮新江　歸義軍及其與周邊民族的關係初探　《敦煌學輯刊》1986 年第 2 期　p. 31　又見：中國人文社會科學博士碩士文庫・歷史學卷　浙江教育出版社　1998　p. 659

蘇瑩輝　從幾種敦煌資料論張承奉、曹議金之稱"帝"稱"王"　敦煌學（第 11 輯）　（臺北）新文豐出版公司　1986　p. 67　又見：敦煌文史藝術論叢　（臺北）新文豐出版公司　1987　p. 146

蘇瑩輝　瓜沙史事述要　漢學研究（敦煌學國際研討會論文專號）　（臺北）漢學研究資料及服務中心　1986　p. 472　又見：敦煌文史藝術論叢　（臺北）新文豐出版公司　1987　p. 82

唐耕耦　曹仁貴節度沙州歸義軍始末　《敦煌研究》1987 年第 2 期　p. 14

黃盛璋　敦煌于闐文書與漢文書中關於甘州回鶻史實異同及回鶻進佔甘州的年代問題　《西北史地》1989 年第 1 期　p. 7

山本達郎等　敦煌・VI 諸種文書　『NUN–HUANG AND TURFAN DOCUMENTS CONCERNING SOCIAL AND ECONOMIC HISTORY』(IV)　（東京）東洋文庫　1989　p. 129

陳炳應　也談甘州回鶻　《敦煌學輯刊》1990 年第 2 期　p. 42

榮新江　沙州歸義軍歷任節度使稱號研究　敦煌吐魯番學研究論文集　漢語大詞典出版社　1990

p. 784、790

榮新江　西元十世紀沙州歸義軍與西州回鶻的文化交往　第二屆敦煌學國際研討會論文集　（臺北）漢學研究中心　1990　p. 588

唐耕耦　陸宏基　敦煌社會經濟文獻真迹釋録(四)　全國圖書館文獻縮微複製中心　1990　p. 289

李正宇　敦煌名勝古迹導論　《陽關》1991 年第 4 期　p. 51

張廣達　唐末五代宋初西北地區的般次和使次　季羡林教授八十華誕紀念論文集(下)　江西人民出版社　1991　p. 971

黃盛璋　關於沙州曹氏和于闐交往的諸藏文文書及相關問題　《敦煌研究》1992 年第 1 期　p. 41

中村裕一　官文書　敦煌漢文文獻(講座敦煌5)　（東京)大東出版社　1992　p. 579

郝春文　敦煌寫本社邑文書年代彙考(三)　《社科縱横》1993 年第 5 期　p. 12

榮新江　甘州回鶻成立史論　《歷史研究》1993 年第 5 期　p. 39

牛新軍　甘州回鶻漫談　《西北師大學報》1994 年第 1 期　p. 102

榮新江　敦煌邈真讚所見歸義軍與東西回鶻的關係　敦煌邈真讚校録並研究　（臺北)新文豐出版公司　1994　p. 68

榮新江　歸義軍改元考　文史(第三十八輯)　中華書局　1994　p. 49

顔廷亮　《大目乾連冥間救母變文並圖一卷並序》的一個未見著録的節抄卷　《社科縱横》1994 年第 4 期　p. 4

蘇瑩輝　張承奉稱帝稱王與曹仁貴節度沙州歸義軍顛末考　敦煌學國際研討會文集·史地語文編　遼寧美術出版社　1995　p. 54

顔廷亮　敦煌文學概説　（臺北)新文豐出版公司　1995　p. 169、325

楊秀清　《金山國諸雜齋文範》(11 篇)劄記　敦煌佛教文獻研究　敦煌研究院文獻研究所　1995　p. 52

張廣達　西域史地叢稿初編　上海古籍出版社　1995　p. 339

馮培紅　唐五代歸義軍政權中隊職問題辨析　《敦煌學輯刊》1996 年第 2 期　p. 26　又見：敦煌歸義軍史專題研究　蘭州大學出版社　1997　p. 37

李正宇　敦煌史地新論　（臺北)新文豐出版公司　1996　p. 309

劉濤　評《法藏敦煌書苑精華》　敦煌吐魯番研究(第一卷)　北京大學出版社　1996　p. 378

榮新江　歸義軍史研究　上海古籍出版社　1996　p. 10、50

顔廷亮　敦煌西漢金山國檔案文獻考略　《甘肅社會科學》1996 年第 5 期　p. 93

中村裕一　唐代公文書研究　（東京)汲古書院　1996　p. 143

馮培紅　晚唐五代宋初歸義軍武職軍將研究　敦煌歸義軍史專題研究　蘭州大學出版社　1997　p. 129

寧可　郝春文　敦煌社邑文書輯校　江蘇古籍出版社　1997　p. 661

齊陳俊　馮培紅　晚唐五代宋初歸義軍政權中"十將"及下屬諸職考　敦煌歸義軍史專題研究　蘭州大學出版社　1997　p. 31

楊秀清　金山國立國年代補證　《敦煌研究》1997 年第 4 期　p. 132

鄭炳林　敦煌碑銘讚輯釋　甘肅教育出版社　1997　p. 375 注 15

鄭炳林　馮培紅　唐五代歸義軍政權對外關係中的使頭一職　敦煌歸義軍史專題研究　蘭州大學出版社　1997　p. 59

鄭炳林　馮培紅　晚唐五代宋初歸義軍政權中都頭一職考辨　敦煌歸義軍史專題研究　蘭州大學出版社　1997　p. 88

李正宇　拓西金山王　敦煌學大辭典　上海辭書出版社　1998　p. 385

李正宇　修文坊巷社創修佛塔記　敦煌學大辭典　上海辭書出版社　1998　p. 333

寧可　社司功德記　敦煌學大辭典　上海辭書出版社　1998　p. 431

榮新江　歸義軍大事紀年初稿　出土文獻研究(第三輯)　文物出版社　1998　p. 239

楊秀清　曹議金執政臆談　《敦煌研究》1998 年第 3 期　p. 120

楊秀清　試論金山國的有關政治制度　《敦煌學輯刊》1998 年第 2 期　p. 37

馮培紅　客司與歸義軍的外交活動　《敦煌學輯刊》1999 年第 1 期　p. 82

陸慶夫　金山國與甘州回鶻關係考論　《敦煌學輯刊》1999 年第 1 期　p. 50

楊秀清　敦煌西漢金山國史　甘肅人民出版社　1999　p. 63、94、139、161

雷紹鋒　歸義軍賦役制度初探　(臺北)洪葉文化事業有限公司　2000　p. 172

徐俊　敦煌詩集殘卷輯考　中華書局　2000　p. 283

顏廷亮　敦煌西漢金山國之文學考論　1994 年敦煌學國際研討會文集·宗教文史卷(上)　甘肅民
　　族出版社　2000　p. 206

張涌泉　敦煌變文校讀劄記　中華文史論叢(總 63 輯)　上海古籍出版社　2000　p. 106

徐曉麗　曹議金與甘州回鶻天公主結親時間考　《敦煌研究》2001 年第 4 期　p. 114

郝春文　《唐末五代宋初敦煌社邑的幾個問題》商榷　國際敦煌學學術史研討會論文集　研討會籌
　　備組　2002　p. 197

榮新江　唐五代歸義軍武職軍將考　敦煌學新論　甘肅教育出版社　2002　p. 62

葉貴良　《英藏敦煌社會歷史文獻釋錄·斯 63 號太上洞玄靈寶無量度人上品妙經》校正　《敦煌學
　　輯刊》2002 年第 2 期　p. 148

董志翹　敦煌社會經濟文書詞語散釋　中國俗文化研究(第一輯)　巴蜀書社　2003　p. 133

何培斌　營造寄託:中國六至十世紀造寺功德的探討　寺院財富與世俗供養　上海書畫出版社
　　2003　p. 101

董志翹　敦煌社會經濟文獻詞語略考　浙江與敦煌學:常書鴻先生誕辰一百周年紀念文集　浙江古
　　籍出版社　2004　p. 497

馮培紅　關於歸義軍節度使官制的幾個問題　麥積山石窟藝術文化論文集(下)　蘭州大學出版社
　　2004　p. 220

湯涒　敦煌曲子詞地域文化研究　上海古籍出版社　2004　p. 165

葉貴良　《敦煌社邑文書輯校》拾補　《吐魯番學研究》2004 年第 1 期　p. 105

湯涒　敦煌曲子詞寫本叙略　敦煌學國際研討會論文集　北京圖書館出版社　2005　p. 207

P. 4046

羽田亨　敦煌遺書活字本第一集解題　羽田博士史學論文集·上卷(歷史篇)　(東京)東洋史研究
　　會　1957　p. 581

陳祚龍　瓜沙印錄　(臺北)《大陸雜誌》1962 年第 4 期　又見:中國敦煌學百年文庫·考古卷(一)
　　甘肅文化出版社　1999　p. 192

陳祚龍　中世瓜沙僧俗通用之"疏"帖　敦煌學海探珠(下冊)　(臺北)商務印書館　1979　p. 375

福井文雅撰　郭自得譯　般若心經觀在中國的變遷　敦煌學(第 6 輯)　(臺北)新文豐出版公司
　　1983　p. 19

福井文雅　般若心經　敦煌と中國仏教(講座敦煌 7)　(東京)大東出版社　1984　p. 42

蘇瑩輝著　川崎ミチコ譯　莫高、榆林二窟の供養人題記について　敦煌と中國仏教(講座敦煌 7)
　　(東京)大東出版社　1984　p. 424

饒宗頤　敦煌書法叢刊(第十五卷)·牒狀(二)　(東京)二玄社　1985　p. 53、87

孫修身　敦煌遺書 P. 2992 號卷《沙州上甘州回鶻可汗狀》有關問題考　《西北史地》1985 年第 4 期　　p. 84

賀世哲　從供養人題記看莫高窟部分洞窟的營建年代　敦煌莫高窟供養人題記　文物出版社　1986　p. 225、235 注 60

簡濤　敦煌本《燕子賦》考論　《敦煌研究》1986 年第 3 期　p. 29

萬庚育　珍貴的歷史資料：莫高窟供養人畫像題記　敦煌莫高窟供養人題記　文物出版社　1986　p. 192 注 32

蘇瑩輝　曹元德、元深、元忠事迹考略　敦煌文史藝術論叢　（臺北）新文豐出版公司　1987　p. 158

孫修身　敦煌遺書伯 3016 號卷背第二件文書有關問題考　《敦煌學輯刊》1988 年第 1、2 期　p. 32

孫修身　瓜沙曹氏卒立世次考　《鄭州大學學報》1988 年第 4 期　又見：《魏晉南北朝隋唐史》1988 年第 10 期　p. 27；中國敦煌學百年文庫・歷史卷(二)　甘肅文化出版社　1999　p. 231

榮新江　關於沙州歸義軍都僧統年代的幾個問題　《敦煌研究》1989 年第 4 期　p. 75

唐耕耦　8 至 10 世紀敦煌的物價　紀念陳寅恪教授國際學術討論會文集　中山大學出版社　1989　p. 538

榮新江　沙州歸義軍歷任節度使稱號研究　敦煌吐魯番學研究論文集　漢語大詞典出版社　1990　p. 798

蘇哲　伯二九九二號文書三通五代狀文的研究　敦煌吐魯番文獻研究論集(第五輯)　北京大學出版社　1990　p. 443、468 注 23

唐耕耦　陸宏基　敦煌社會經濟文獻真迹釋錄(三)　全國圖書館文獻縮微複製中心　1990　p. 92

黃盛璋　關於沙州曹氏和于闐交往的諸藏文文書及相關問題　《敦煌研究》1992 年第 1 期　p. 41

周紹良　敦煌文學芻議及其它　（臺北）新文豐出版公司　1992　p. 6

竺沙雅章　寺院文書　敦煌漢文文獻(講座敦煌 5)　（東京）大東出版社　1992　p. 644

李明偉　敦煌文學概論　甘肅人民出版社　1993　p. 462

賀世哲　再談曹元深功德窟　《敦煌研究》1994 年第 3 期　p. 33

榮新江　甘州回鶻與曹氏歸義軍　《中國古代史》(先秦至隋唐)1994 年第 3 期　p. 106

榮新江　于闐王國與瓜沙曹氏　《敦煌研究》1994 年第 2 期　p. 112

黃征　吳偉　敦煌願文集　岳麓書社　1995　p. 376

劉進寶　敦煌學論述　（臺北)洪葉文化事業有限公司　1995　p. 111 注 156

王書慶　敦煌佛學・佛事篇　甘肅民族出版社　1995　p. 240

馬德　敦煌莫高窟史研究　甘肅教育出版社　1996　p. 131

榮新江　歸義軍史研究　上海古籍出版社　1996　p. 23

郝春文　關於唐後期五代宋初沙州僧俗的施捨問題　唐研究(第三卷)　北京大學出版社　1997　p. 26

李并成　古代河西走廊桑蠶絲織業考　《敦煌學輯刊》1997 年第 2 期　p. 64

唐耕耦　敦煌寺院會計文書研究　（臺北)新文豐出版公司　1997　p. 431

鄭炳林　敦煌碑銘讚輯釋　甘肅教育出版社　1997　p. 504 注 6

郝春文　唐後期五代宋初敦煌僧尼的社會生活　中國社會科學出版社　1998　p. 249

金瀅坤　從敦煌文書看晚唐五代敦煌地區布紡織業　《敦煌研究》1998 年第 2 期　p. 139

馬德　尚書曹仁貴史事鈎沈　《敦煌學輯刊》1998 年第 2 期　p. 12

孫修身　曹元深　敦煌學大辭典　上海辭書出版社　1998　p. 361

鄭炳林　晚唐五代敦煌地區種植棉花研究　《中國史研究》1999 年第 3 期　p. 90

姜亮夫　敦煌莫高窟年表　姜亮夫全集(十一)　雲南人民出版社　2002　p. 511

榮新江　略談于闐對敦煌石窟的貢獻　2000年敦煌學國際學術討論會文集・歷史文化卷（上）　甘肅民族出版社　2003　p. 73

森安孝夫著　梁曉鵬摘譯　河西歸義軍節度使官印及其編年　《敦煌學輯刊》2003年第1期　p. 141

馬德　敦煌冊子本《壇經》之性質及抄寫年代試探　敦煌吐魯番研究（第九卷）　中華書局　2006　p. 59

P. 4047

方廣錩　敦煌佛教經録輯校　江蘇古籍出版社　1997　p. 1006

鄭炳林　晚唐五代敦煌地區《大般若經》的流傳與信仰　麥積山石窟藝術文化論文集（下）　蘭州大學出版社　2004　p. 123

P. 4048

菅原信海　占筮書　敦煌漢文文獻（講座敦煌5）　（東京）大東出版社　1992　p. 445

蕭登福　道教與密宗　（臺北）新文豐出版公司　1993　p. 400

鄭炳林　唐五代敦煌的粟特人與歸義軍政權　敦煌歸義軍史專題研究　蘭州大學出版社　1997　p. 407

王卡　靈棋卜法　敦煌學大辭典　上海辭書出版社　1998　p. 765

陳海濤　敦煌歸義軍時期從化鄉消失原因初探　中國社會歷史評論（第二卷）　天津古籍出版社　2000　p. 436

馬克　敦煌數占小考　法國漢學（敦煌學專號）　中華書局　2000　p. 194、203

黃正建　敦煌占卜文書與唐五代占卜研究　學苑出版社　2001　p. 20

姜亮夫　敦煌莫高窟年表　姜亮夫全集（十一）　雲南人民出版社　2002　p. 23

王卡　敦煌道教文獻研究　中國社會科學出版社　2004　p. 13、150

王卡　敦煌道教綜述　敦煌與絲路文化學術講座（第二輯）　北京圖書館出版社　2005　p. 382

P. 4049

趙聲良　莫高窟第61窟五臺山圖研究　《敦煌研究》1993年第4期　p. 97

邰惠莉　敦煌遺書中的白描畫簡介　《社科縱橫》1994年第4期　p. 49

馬德　莫高窟與敦煌佛教教團　敦煌吐魯番研究（第一卷）　北京大學出版社　1996　p. 171

榮新江　歸義軍史研究　上海古籍出版社　1996　p. 254

張涌泉　敦煌俗字研究導論　（臺北）新文豐出版公司　1996　p. 73

鄧文寬　白描釋迦說法圖　敦煌學大辭典　上海辭書出版社　1998　p. 240

屈直敏　敦煌莫高窟文殊變相初探　麥積山石窟藝術文化論文集（下）　蘭州大學出版社　2004　p. 78

沙武田　敦煌P. 4049"新樣文殊"畫稿及相關問題研究　《敦煌研究》2005年第3期　p. 26

P. 4050

周紹良　趙和平　書儀　《敦煌語言文學研究通訊》1987年第4期　p. 2　又見：敦煌文學　甘肅人民出版社　1989　p. 48

周一良　敦煌寫本書儀考（之二）　敦煌吐魯番文獻研究論集（第四輯）　北京大學出版社　1987　p. 32　又見：唐五代書儀研究　中國社會科學出版社　1995　p. 87

唐耕耦　陸宏基　敦煌社會經濟文獻真迹釋録（五）　全國圖書館文獻縮微複製中心　1990　p. 350

劉進寶　近十年來大陸地區敦煌學研究概述　"中國唐代學會"會刊(第四期)　(臺北)"中國唐代學會"　1993　p. 76

趙和平　敦煌寫本書儀研究　(臺北)新文豐出版公司　1993　p. 14

趙和平　晚唐時河北地區的一種吉凶書儀　周一良先生八十生日紀念論文集　中國社會科學出版社　1993　p. 197

周一良　趙和平　敦煌寫本書儀略論　唐五代書儀研究　中國社會科學出版社　1995　p. 3

周一良　趙和平　晚唐時河北地區的一種吉凶書儀殘卷研究　唐五代書儀研究　中國社會科學出版社　1995　p. 191

趙和平　《敦煌寫本書儀研究》訂補　敦煌吐魯番研究(第三卷)　北京大學出版社　1998　p. 246

趙和平　吉凶書儀　敦煌學大辭典　上海辭書出版社　1998　p. 421

董志翹　《入唐求法巡禮行記》辭彙研究　中國社會科學出版社　2000　p. 174

榮新江　《英藏敦煌文獻》定名商補　文史(第五十二輯)　中華書局　2000　p. 123

趙和平　晚唐時河北地區的一種吉凶書儀的再研究　中華文史論叢(總62輯)　上海古籍出版社　2000　p. 193

曾良　敦煌文獻字義通釋　廈門大學出版社　2001　p. 195

石曉軍　日本園城寺(三井寺)藏唐人詩文尺牘校證　唐研究(第八卷)　北京大學出版社　2002　p. 128

吳麗娛　唐禮摭遺:中古書儀研究　商務印書館　2002　p. 39、50、107、543

趙和平　評《英藏敦煌社會歷史文獻釋錄》　敦煌吐魯番研究(第六卷)　北京大學出版社　2002　p. 392

王啓濤　中古及近代法制文書語言研究　巴蜀書社　2003　p. 385

王曉平　敦煌書儀與《萬葉集》書狀的比較研究　《敦煌研究》2004年第6期　p. 77

張小豔　試論敦煌書儀的語料價值　浙江與敦煌學:常書鴻先生誕辰一百周年紀念文集　浙江古籍出版社　2004　p. 545

吳麗娛　關於敦煌S. 5566書儀的研究　敦煌學國際研討會論文集　北京圖書館出版社　2005　p. 73

P. 4051

周紹良　敦煌所出變文現存目録　敦煌變文彙録　上海出版公司　1955　p. 10

金岡照光　敦煌文學のさまざま　敦煌の文學　(東京)大蔵出版株式會社　1971　p. 112

楊家駱　敦煌變文　(臺北)世界書局　1980　p. 164

周紹良　談唐代民間文學——讀《中國文學史》中"變文"節書後關於唐代民間文學研究的幾點意見　敦煌變文論文録　上海古籍出版社　1982　p. 412　又見:紹良叢稿　齊魯書社　1984　p. 55

潘重規　敦煌變文集新書(下)　(臺北)"中國文化大學"中文研究所　1984　p. 1039

王重民　前漢劉家太子傳　敦煌變文集　人民文學出版社　1984　p. 164

張鴻勳　敦煌講唱文學作品選注　甘肅人民出版社　1987　p. 252

周紹良　唐代變文及其它　敦煌文學作品選　中華書局　1987　p. 4

劉銘恕　敦煌遺書考(二)　文史(第二十九輯)　中華書局　1988　p. 286

郭在貽　張涌泉　黃征　敦煌變文集校議　岳麓書社　1990　p. 4、122

項楚　敦煌變文選注　巴蜀書社　1990　p. 443

金岡照光　講唱體類　敦煌の文學文獻(講座敦煌9)　(東京)大東出版社　1992　p. 110

林家平　寧强　羅華慶　中國敦煌學史　北京語言學院出版社　1992　p. 337

周紹良　敦煌文學芻議及其它　（臺北）新文豐出版公司　1992　p. 68

蔣禮鴻　敦煌文獻語言詞典　杭州大學出版社　1994　p. 287

黃征　輯注本《啓顏錄》匡補　俗語言研究（第二期）　（京都）禪文化研究所　1995　p. 86　又見：敦
　　煌語文叢說　（臺北）新文豐出版公司　1997　p. 497

黃征　張涌泉　敦煌變文校注　中華書局　1997　p. 246

劉子瑜　敦煌變文和王梵志詩　大象出版社　1997　p. 38

海客　前漢劉家太子傳　敦煌學大辭典　上海辭書出版社　1998　p. 577

周紹良　張涌泉　黃征　敦煌變文講經文因緣輯校（上）　江蘇古籍出版社　1998　p. 125

北京大學　敦煌《經卷》、《照片》及《圖書》目錄　中國敦煌學百年文庫·綜述卷（一）　甘肅文化出
　　版社　1999　p. 319

張鴻勳　敦煌俗文學研究　甘肅人民出版社　2002　p. 193

荒見泰史　敦煌本夢書雜識　漢語史學報專輯（第三輯）　上海教育出版社　2003　p. 339

柴劍虹　敦煌古小說淺談　敦煌與絲路文化學術講座（第二輯）　北京圖書館出版社　2005　p. 268

P. 4052

陳慶浩　古賢集校注　敦煌學（第3輯）　（香港）新亞研究所敦煌學會　1976　p. 71

雷僑雲　敦煌兒童文學　（臺北）學生書局　1985　p. 105

王三慶　敦煌本古類書《語對》研究　（臺北）文史哲出版社　1985　p. 184、310

王三慶　敦煌古類書研究之一："事林一卷"（伯4052號）研究　敦煌學（第12輯）　（臺北）新文豐
　　出版公司　1987　p. 95

姜伯勤　敦煌社會文書導論　（臺北）新文豐出版公司　1992　p. 97

王三慶著　池田溫譯　類書　敦煌漢文文獻（講座敦煌5）　（東京）大東出版社　1992　p. 362

鄭炳林　敦煌碑銘讚輯釋　甘肅教育出版社　1997　p. 471注2

楊寶玉　事林　敦煌學大辭典　上海辭書出版社　1998　p. 780

徐俊　敦煌詩集殘卷輯考　中華書局　2000　p. 880

張涌泉　試論敦煌寫本類書的校勘價值：以《勵忠節抄》爲例　《敦煌研究》2003年第2期　p. 69

P. 4053

李正宇　敦煌地區古代祠廟寺觀簡志　《敦煌學輯刊》1988年第1、2期　p. 73

唐耕耦　陸宏基　敦煌社會經濟文獻真迹釋錄（二）　全國圖書館文獻縮微複製中心　1990　p. 76

姜伯勤　敦煌社會文書導論　（臺北）新文豐出版公司　1992　p. 225

沙知　跋天寶十三載便麥契（P. 4053v）　紀念陳寅恪先生百年誕辰學術論文集　江西教育出版社
　　1994　p. 276

姜伯勤　敦煌藝術宗教與禮樂文明　中國社會科學出版社　1996　p. 298

李正宇　敦煌史地新論　（臺北）新文豐出版公司　1996　p. 64

邵文實　敦煌道教試述　《世界宗教研究》1996年第2期　又見：中國敦煌學百年文庫·宗教卷
　　（三）　甘肅文化出版社　1999　p. 337、342

馮培紅　晚唐五代宋初歸義軍武職軍將研究　敦煌歸義軍史專題研究　蘭州大學出版社　1997
　　p. 101

姜伯勤　道釋相激：道教在敦煌　道家文化研究（第十三輯）　三聯書店　1998　p. 59

李正宇　龍興觀　敦煌學大辭典　上海辭書出版社　1998　p. 633

馬德　敦煌文書《道家雜齋文範集》及有關問題述略　道家文化研究（第十三輯）　三聯書店　1998

p. 246

沙知　便貨契　敦煌學大辭典　上海辭書出版社　1998　p. 387

沙知　便人　敦煌學大辭典　上海辭書出版社　1998　p. 390

沙知　敦煌契約文書輯校　江蘇古籍出版社　1998　p. 82

沙知　唐天寶十三載便麥契　敦煌學大辭典　上海辭書出版社　1998　p. 387

譚蟬雪　敦煌道經題記綜述　道家文化研究(第十三輯)　三聯書店　1998　p. 11

王卡　願文　敦煌學大辭典　上海辭書出版社　1998　p. 759

周維平　從敦煌遺書看敦煌道教　《西北民族研究》1999 年第 2 期　p. 129、134

陳永勝　敦煌吐魯番法制文書研究　甘肅人民出版社　2000　p. 4、11

汪泛舟　敦煌道教與齋醮諸考　1994 年敦煌學國際研討會文集·宗教文史卷(上)　甘肅民族出版社　2000　p. 4

山本達郎等　補(III)契·敦煌發現契　『NUN – HUANG AND TURFAN DOCUMENTS CONCERNING SOCIAL AND ECONOMIC HISTORY』(Sup. p. lemrnts)　(東京)東洋文庫　2001　p. 51

楊森　關於敦煌文獻中的"平章"一詞　敦煌學與中國史研究論集　甘肅人民出版社　2001　p. 230

楊惠玲　敦煌契約文書中的保人、見人、口承人、同便人、同取人　《敦煌研究》2002 年第 6 期　p. 40

余欣　評《敦煌的借貸:中國中古時代的物質生活與社會》　敦煌吐魯番研究(第六卷)　北京大學出版社　2002　p. 415

池田溫　契　敦煌文書の世界　(東京)名著刊行會　2003　p. 196

李正宇　敦煌遺書一宗後晉時期敦煌民事訴訟檔案　《敦煌研究》2003 年第 2 期　p. 45

童丕　敦煌的借貸:中國中古時代的物質生活與社會　中華書局　2003　p. 8

王啓濤　中古及近代法制文書語言研究　巴蜀書社　2003　p. 253、282、394

黑維強　吐魯番出土文書詞語例釋(一)　《敦煌學輯刊》2004 年第 2 期　p. 119

王卡　敦煌道教文獻研究　中國社會科學出版社　2004　p. 8、12、44、236、241

鄭顯文　唐代律令制研究　北京大學出版社　2004　p. 219

王卡　敦煌道教綜述　敦煌與絲路文化學術講座(第二輯)　北京圖書館出版社　2005　p. 377

P. 4055

饒宗頤解說　林宏作譯　敦煌書法叢刊(第十九卷)·碎金(二)　(東京)二玄社　1984　p. 104

周紹良　敦煌文學《兒郎偉》並跋　出土文獻研究　文物出版社　1985　p. 179

鄧文寬　張淮深平定甘州回鶻史事鈎沈　《魏晉南北朝隋唐史》1986 年第 11 期　p. 63

耿昇　八十年代的法國敦煌學論著簡介　《敦煌研究》1986 年第 3 期　p. 82

高國藩　驅儺風俗和敦煌民間歌謠《兒郎偉》　文史(第二十九輯)　中華書局　1988　p. 294

高國藩　敦煌民俗學　上海文藝出版社　1989　p. 494

劉進寶　俚曲小調　敦煌文學　甘肅人民出版社　1989　p. 233

周紹良　敦煌文學芻議及其它　(臺北)新文豐出版公司　1992　p. 39、174

艾麗白　敦煌寫本中的《兒郎偉》　法國學者敦煌學論文選萃　中華書局　1993　p. 239

高國藩　敦煌民俗資料導論　(臺北)新文豐出版公司　1993　p. 178

黃征　敦煌願文《兒郎偉》輯考　(香港)《九州學刊》(敦煌學專輯)1993 年第 5 卷第 4 期　p. 52

李正宇　敦煌儺散論　《敦煌研究》1993 年第 2 期　p. 111、120

黃征　吳偉　敦煌願文集　岳麓書社　1995　p. 960

李金梅　敦煌傳統文化與武術　《敦煌研究》1995 年第 2 期　p. 195

姜伯勤　敦煌藝術宗教與禮樂文明　中國社會科學出版社　1996　p. 462

姜伯勤　沙州儺禮考　敦煌藝術宗教與禮樂文明　中國社會科學出版社　1996　p. 459　又見：中國
　　敦煌學百年文庫·歷史卷(二)　甘肅文化出版社　1999　p. 440

黄征　敦煌俗語詞輯釋　敦煌語文叢說　(臺北)新文豐出版公司　1997　p. 71

黄征　敦煌文學《兒郎偉》輯録校注　敦煌語文叢說　(臺北)新文豐出版公司　1997　p. 723

黄征　敦煌願文《兒郎偉》考論　敦煌語文叢說　(臺北)新文豐出版公司　1997　p. 607、640

陸淑綺　李重申　敦煌古代戲曲文化史料綜述　《敦煌研究》1997 年第 2 期　p. 59

譚蟬雪　敦煌歲時文化導論　(臺北)新文豐出版公司　1998　p. 399

高國藩　敦煌俗文化學　上海三聯書店　1999　p. 227

黄征　程惠新　劫塵遺珠：敦煌遺書　甘肅教育出版社　1999　p. 135

楊秀清　淺談唐、宋時期敦煌地區的學生生活　《敦煌研究》1999 年第 4 期　p. 145

李正宇　歸義軍樂營的結構與配置　《敦煌研究》2000 年第 3 期　p. 76

劉進寶　歸義軍時期的“音聲人”　《敦煌研究》2006 年第 1 期　p. 69

P. 4056

鄭炳林　敦煌碑銘讚輯釋　甘肅教育出版社　1997　p. 187 注 2

P. 4057

高明士　唐代敦煌的教育　漢學研究(敦煌學國際研討會論文專號)　(臺北)漢學研究資料及服務
　　中心　1986　p. 251

山本達郎等　敦煌·Ⅳ 納贈曆·納色物曆等　『NUN – HUANG AND TURFAN DOCUMENTS CON-
　　CERNING SOCIAL AND ECONOMIC HISTORY』(Ⅳ)　(東京)東洋文庫　1989　p. 105

許端容　可洪《新集藏經音義隨函録》敦煌寫卷考　第二屆敦煌學國際研討會論文集　(臺北)漢學
　　研究中心　1990　p. 236

郝春文　敦煌寫本社邑文書年代彙考(三)　《社科縱橫》1993 年第 5 期　p. 10

高田時雄　可洪隨函録と行瑫隨函音疏　中國語の資料と方法　京都大學人文科學研究所　1994
　　p. 115

寧可　郝春文　敦煌社邑文書輯校　江蘇古籍出版社　1997　p. 446

郝春文　唐後期五代宋初敦煌僧尼的社會生活　中國社會科學出版社　1998　p. 384

郝春文　唐後期五代宋初敦煌僧尼遺産的處理與喪事的操辦　《敦煌研究》1998 年第 3 期　p. 42

P. 4058

池田溫　評『ペリオ將來敦煌漢文文獻目録』第一卷(P. 2001 – 2500)　『東洋學報』(54 卷 4 號)
　　(東京)東洋學術協會　1972　p. 67

唐耕耦　陸宏基　敦煌社會經濟文獻真迹釋録(二、三)　全國圖書館文獻縮微複製中心　1990
　　p. 254；542

菅原信海　占筮書　敦煌漢文文獻(講座敦煌 5)　(東京)大東出版社　1992　p. 453

土田健次郎　儒教典籍　敦煌漢文文獻(講座敦煌 5)　(東京)大東出版社　1992　p. 268

鄭阿財　臺灣地區研究概況(1992—1993)：敦煌學部分　“中國唐代學會”會刊(第四期)　(臺北)
　　“中國唐代學會”　1993　p. 249

嚴敦傑　推十二時人命相屬法　敦煌學大辭典　上海辭書出版社　1998　p. 623

黄正建　敦煌禄命類文書述略　中國社會科學院歷史研究所學刊(第一集)　學刊編委會　2001
　　p. 247

黄正建　敦煌占卜文書與唐五代占卜研究　學苑出版社　2001　p. 116、202

羅彤華　從便物曆論敦煌寺院的放貸　敦煌文獻論集：紀念藏經洞發現一百周年國際學術研討會論
　　文集　遼寧人民出版社　2001　p. 471

許建平　殘卷定名正補　2000 年敦煌學國際學術討論會文集・歷史文化卷(上)　甘肅民族出版社
　　2003　p. 303

王卡　敦煌道教文獻研究　中國社會科學出版社　2004　p. 183

鄧文寬　劉樂賢　敦煌天文氣象占寫本概述　敦煌吐魯番研究(第九卷)　中華書局　2006　p. 411

P. 4059

王三慶　敦煌本《勵忠節抄》研究　(香港)《九州學刊》(敦煌學專輯)1992 年第 4 卷第 4 期　p. 87

王三慶著　池田溫譯　類書　敦煌漢文文獻(講座敦煌 5)　(東京)大東出版社　1992　p. 368

何華珍　金春梅　敦煌本《勵忠節抄》王校補正　中古近代漢語研究(第一輯)　上海教育出版社
　　2000　p. 281

張涌泉　試論敦煌寫本類書的校勘價值：以《勵忠節抄》爲例　《敦煌研究》2003 年第 2 期　p. 69

屈直敏　敦煌寫本類書《勵忠節抄》引《史記》異文考證　《敦煌學輯刊》2004 年第 2 期　p. 6 注 2

中村威也　ДХ10698『尚書費誓』とДХ10698v「史書」について　『西北出土文獻研究』(創刊號)
　　(新潟)西北出土文獻研究會　2004　p. 48

屈直敏　從《勵忠節抄》看歸義軍政權道德秩序的重建　《敦煌學輯刊》2005 年第 3 期　p. 78

屈直敏　敦煌本類書《勵忠節抄》寫卷研究　敦煌學國際研討會論文集　北京圖書館出版社　2005
　　p. 91

屈直敏　從敦煌寫本類書《勵忠節抄》看唐代的知識、道德與政治秩序　《蘭州大學學報》2006 年第 2
　　期　p. 23

P. 4060

土肥義和　はじめに——歸義軍節度使の敦煌支配　敦煌の歷史(講座敦煌 2)　(東京)大東出版
　　社　1980　p. 250

饒宗頤解說　林宏作譯　敦煌書法叢刊(第十五卷)・牒狀(二)　(東京)二玄社　1985　p. 89

饒宗頤解說　林宏作譯　敦煌書法叢刊(第十六卷)・詩詞　(東京)二玄社　1985　p. 74

土肥義和著　李永寧譯　歸義軍時期(晚唐、五代、宋)的敦煌(一)　《敦煌研究》1986 年第 4 期
　　p. 88 注 7

山本達郎等　敦煌・III 轉貼　『NUN – HUANG AND TURFAN DOCUMENTS CONCERNING SOCIAL
　　AND ECONOMIC HISTORY』(IV)　(東京)東洋文庫　1989　p. 54

池田溫　中國古代寫本識語集録　(東京)大藏出版株式會社　1990　p. 525

陳國燦　會稽鎮　敦煌學大辭典　上海辭書出版社　1998　p. 398

鄧文寬　白描羅佑通供養觀音像　敦煌學大辭典　上海辭書出版社　1998　p. 240

金岡照光　敦煌文獻と中國文學　(東京)五曜書房　2000　p. 408

陳國燦　敦煌學史事新證　甘肅教育出版社　2002　p. 399

李正宇　唐宋時期的敦煌佛教　敦煌佛教藝術文化國際學術研討會論文集　蘭州大學出版社　2002
　　p. 377

李正宇　唐宋時期敦煌佛經性質功能的變化　戒幢佛學(第二卷)　岳麓書社　2002　p. 17　又見：
　　中日敦煌佛教學術會議論文集　中國社會科學院研究所　2002　p. 15

馮培紅　歸義軍鎮制考　敦煌吐魯番研究(第九卷)　中華書局　2006　p. 279

P. 4061

陳祚龍　古代敦煌及其他地區流行之公私印章圖記文字錄　敦煌學要籥　（臺北）新文豐出版公司
　　1982　p. 346

唐耕耦　陸宏基　敦煌社會經濟文獻真迹釋錄(三)　全國圖書館文獻縮微複製中心　1990　p. 617

陸慶夫　河西達怛考述　《敦煌學輯刊》1992年第1、2期　p. 19

汪泛舟　敦煌文學概論　甘肅人民出版社　1993　p. 562

王永興　敦煌經濟文書導論　（臺北）新文豐出版公司　1994　p. 448

馮培紅　晚唐五代宋初歸義軍武職軍將研究　敦煌歸義軍史專題研究　蘭州大學出版社　1997
　　p. 126

鄭炳林　馮培紅　晚唐五代宋初歸義軍政權中都頭一職考辨　敦煌歸義軍史專題研究　蘭州大學出
　　版社　1997　p. 77

馮培紅　唐五代歸義軍軍資庫司初探　《敦煌學輯刊》1998年第1期　p. 36

李冬梅　唐五代歸義軍與周邊民族關係綜論　《敦煌學輯刊》1998年第2期　p. 50

李正宇　憑　敦煌學大辭典　上海辭書出版社　1998　p. 387

譚蟬雪　《君者者狀》辨析:河西達怛國的一份書狀　1994年敦煌學國際研討會文集·宗教文史卷
　　（下）　甘肅民族出版社　2000　p. 102

劉永明　散見敦煌曆朔閏輯考　《敦煌研究》2002年第6期　p. 18

森安孝夫著　梁曉鵬摘譯　河西歸義軍節度使官印及其編年　《敦煌學輯刊》2003年第1期　p. 141

楊森　敦煌壁畫中的胡床家具(一)　《敦煌研究》2005年第5期　p. 30

P. 4062

郝春文　敦煌寫本齋文及其樣式的分類與定名　《北京師範學院學報》1990年第3期　p. 95

王書慶　敦煌寺廟"號頭文"略說　《社科縱橫》1994年第4期　p. 45

寧可　郝春文　敦煌社邑文書輯校　江蘇古籍出版社　1997　p. 604

葉貴良　《敦煌社邑文書輯校》拾補　《吐魯番學研究》2004年第1期　p. 103

P. 4063

唐耕耦　陸宏基　敦煌社會經濟文獻真迹釋錄(一)　書目文獻出版社　1986　p. 331

郝春文　敦煌遺書中的"春秋座局席"考　《北京師範學院學報》1989年第4期　p. 32

山本達郎等　敦煌·III 轉貼　『NUN – HUANG AND TURFAN DOCUMENTS CONCERNING SOCIAL
　　AND ECONOMIC HISTORY』(IV)　（東京）東洋文庫　1989　p. 78

暨遠志　張議潮出行圖研究(續)　《敦煌研究》1992年第4期　p. 79

高國藩　敦煌民俗資料導論　（臺北）新文豐出版公司　1993　p. 4

郝春文　敦煌寫本社邑文書年代彙考(二)　《首都師範大學學報》1993年第5期　p. 78

郝春文　敦煌寫本社邑文書年代彙考(三)　《社科縱橫》1993年第5期　p. 9

石田勇作　敦煌「社文書」研究序說　中國古代の國家と民衆(堀敏一先生古稀記念)　（東京）汲古
　　書院　1995　p. 676

土肥義和　唐·北宋間の「社」の組織形態に関する一考察　中國古代の國家と民衆(堀敏一先生古
　　稀記念)　（東京）汲古書院　1995　p. 714

劉進寶　P. 3236號《壬申年官布籍》時代考　《西北師大學報》1996年第5期　p. 43

劉進寶　P. 3236號《壬申年官布籍》研究　慶祝潘石禪先生九秩華誕敦煌學特刊　（臺北）文津出版
　　社　1996　p. 360

陸慶夫　鄭炳林　俄藏敦煌寫本中九件轉帖初探　《敦煌學輯刊》1996 年第 1 期　p. 10

高啓安　唐宋時期敦煌人名探析　《敦煌研究》1997 年第 4 期　p. 126

陸慶夫　鄭炳林　唐末五代敦煌的社與粟特人聚落　敦煌歸義軍史專題研究　蘭州大學出版社
　　1997　p. 393

寧可　郝春文　敦煌社邑文書輯校　江蘇古籍出版社　1997　p. 182

寧可　軍人轉帖　敦煌學大辭典　上海辭書出版社　1998　p. 430

陳海濤　敦煌歸義軍時期從化鄉消失原因初探　中國社會歷史評論(第二卷)　天津古籍出版社
　　2000　p. 436

高啓安　崇高與卑賤:敦煌的佛教信仰賤名再探　'98 法門寺唐文化國際學術討論會論文集　陝西
　　人民出版社　2000　p. 253

郝春文　英藏敦煌文獻年代叢考　英國收藏敦煌漢藏文獻研究　中國社會科學出版社　2000
　　p. 369

劉進寶　敦煌文書與唐史研究　(臺北)新文豐出版公司　2000　p. 231

郝春文　英藏敦煌社會歷史文獻釋錄(第一卷)　科學出版社　2001　p. 396

孟憲實　敦煌社邑的分佈　敦煌文獻論集:紀念藏經洞發現一百周年國際學術研討會論文集　遼寧
　　人民出版社　2001　p. 423

榮新江　敦煌學十八講　北京大學出版社　2001　p. 215

郝春文　再論敦煌私社的"義聚"　敦煌學(第 25 輯)　(臺北)樂學書局有限公司　2004　p. 281

金瀅坤　敦煌社會經濟文書定年拾遺　《首都師範大學學報》2006 年第 1 期　p. 13

P. 4064

中川孝　楞伽宗と東山法門　敦煌仏典と禪(講座敦煌 8)　(東京)大東出版社　1980　p. 155

陳祚龍　古代敦煌及其他地區流行之公私印章圖記文字錄　敦煌學要籥　(臺北)新文豐出版公司
　　1982　p. 346

鄭炳林　敦煌碑銘讚輯釋　甘肅教育出版社　1997　p. 96 注 13

P. 4065

李正宇　唐宋時代的敦煌學校　《敦煌研究》1986 年第 1 期　p. 45

李正宇　敦煌學郎題記輯注　《敦煌學輯刊》1987 年第 1 期　p. 31、37

李正宇　敦煌地區古代祠廟寺觀簡志　《敦煌學輯刊》1988 年第 1、2 期　p. 82

李正宇　歸義軍曹氏"表文三件"考釋　《文獻》1988 年第 3 期　p. 3

張廣達　榮新江　關於敦煌出土于闐文獻的年代及其相關問題　紀念陳寅恪先生誕辰百年學術論文
　　集　北京大學出版社　1989　p. 287

賀世哲　試論曹仁貴即曹議金　《魏晉南北朝隋唐史》1990 年第 8 期　p. 60

李正宇　曹仁貴名實論:曹氏歸義軍創始及歸奉後梁史探　第二屆敦煌學國際研討會論文集　(臺
　　北)漢學研究中心　1990　p. 563

榮新江　沙州歸義軍歷任節度使稱號研究　敦煌吐魯番學研究論文集　漢語大詞典出版社　1990
　　p. 797

唐耕耦　陸宏基　敦煌社會經濟文獻真迹釋錄(五)　全國圖書館文獻縮微複製中心　1990　p. 330

楊富學　巴黎藏敦煌本回鶻文摩尼教徒懺悔文譯釋　敦煌學(第 16 輯)　(臺北)新文豐出版公司
　　1990　p. 41　又見:西域敦煌宗教論稿　甘肅文化出版社　1998　p. 209

李正宇　曹仁貴歸奉後的一組新資料　魏晉南北朝隋唐史資料(第 11 輯)　武漢大學出版社　1991

　　　p. 280

姜伯勤　敦煌社會文書導論　（臺北）新文豐出版公司　1992　p. 124

晌麟　曹仁貴即曹議金　《敦煌學輯刊》1993 年第 2 期　p. 89

榮新江　關於曹氏歸義軍首任節度使的幾個問題　《敦煌研究》1993 年第 2 期　p. 46

鄭炳林　讀敦煌文書 P. 3859《後唐清泰三年六月沙州儭司教授福集等狀》劄記　《西北史地》1993 年
　　　第 4 期　p. 49　又見：敦煌吐魯番文獻研究　蘭州大學出版社　1995　p. 617

榮新江　敦煌邈真讚所見歸義軍與東西回鶻的關係　敦煌邈真讚校錄並研究　（臺北）新文豐出版
　　　公司　1994　p. 110

榮新江　甘州回鶻與曹氏歸義軍　《中國古代史》（先秦至隋唐）1994 年第 3 期　p. 107

孫修身　試論瓜沙曹氏與甘州回鶻之關係　敦煌學國際研討會文集·史地語文編　遼寧美術出版社
　　　1995　p. 110

楊富學　牛汝極　沙州回鶻及其文獻　甘肅文化出版社　1995　p. 214

李正宇　敦煌史地新論　（臺北）新文豐出版公司　1996　p. 88、189

榮新江　歸義軍史研究　上海古籍出版社　1996　p. 23

張國剛　隋唐五代史研究概要　天津教育出版社　1996　p. 743

楊際平　郭鋒　張和平　五—十世紀敦煌的家庭與家族關係　岳麓書社　1997　p. 290

趙和平　敦煌表狀箋啓書儀輯校　江蘇古籍出版社　1997　p. 353

鄭炳林　敦煌碑銘讚輯釋　甘肅教育出版社　1997　p. 376 注 15

李正宇　乾明寺　敦煌學大辭典　上海辭書出版社　1998　p. 632

李正宇　學士郎　敦煌學大辭典　上海辭書出版社　1998　p. 597

榮新江　歸義軍大事紀年初稿　出土文獻研究（第三輯）　文物出版社　1998　p. 247

沙知　處分遺物憑　敦煌學大辭典　上海辭書出版社　1998　p. 390

土肥義和　唐·北宋の間：敦煌の杜家親情社追補社條（S. 8160rv）について　『唐代史研究』（創刊
　　　號）（東京）唐代史研究會　1998　p. 20

楊秀清　曹議金執政臆談　《敦煌研究》1998 年第 3 期　p. 119

趙和平　表狀集　敦煌學大辭典　上海辭書出版社　1998　p. 425

楊秀清　敦煌西漢金山國史　甘肅人民出版社　1999　p. 159

徐俊　敦煌詩集殘卷輯考　中華書局　2000　p. 838

林聰明　敦煌吐魯番文書解詁指例　（臺北）新文豐出版公司　2001　p. 206

吳麗娛　關於 S. 078v 和 S. 1725v 兩件敦煌寫本書儀的一些看法　敦煌學與中國史研究論集　甘肅
　　　人民出版社　2001　p. 175

吳麗娛　唐禮摭遺：中古書儀研究　商務印書館　2002　p. 141、167、185、570

吳麗娛　再析 P. 2945 書儀的年代與曹氏歸義軍通使中原　《敦煌研究》2002 年第 3 期　p. 75

錢伯泉　《西天路竟》東段釋地及研究　《西域研究》2003 年第 1 期　p. 25

沙武田　趙曉星　歸義軍時期敦煌文獻中的太子　《敦煌研究》2003 年第 4 期　p. 51

楊森　五代宋時期于闐皇太子在敦煌的太子莊　《敦煌研究》2003 年第 4 期　p. 42

P. 4066

鄭阿財　敦煌蒙書析論　第二屆敦煌學國際研討會論文集　（臺北）漢學研究中心　1990　p. 216

鄭阿財　朱鳳玉　敦煌蒙書研究　甘肅教育出版社　2002　p. 18

王卡　敦煌道教文獻研究　中國社會科學出版社　2004　p. 211

王卡　中國國家圖書館藏敦煌道教遺書研究報告　敦煌吐魯番研究（第七卷）　北京大學出版社

2004   p. 372

P. 4067

陳祚龍   關於造作觀世音形象的流變之參考資料   敦煌學散策新集   （臺北）新文豐出版公司
　　　1989   p. 360

王惠民   敦煌千手千眼觀音像   《敦煌學輯刊》1994 年第 1 期   p. 66

呂建福   中國密教史   中國社會科學出版社   1995   p. 353

李小榮   敦煌密教文獻論稿   人民文學出版社   2003   p. 83

魏迎春   敦煌菩薩漫談   民族出版社   2004   p. 80

P. 4068

熊本裕   コータン語文獻   敦煌胡語文獻（講座敦煌 6）   （東京）大東出版社   1985   p. 134

李正宇   敦煌方音止遇二攝混同及其校勘學意義   《敦煌研究》1986 年第 4 期   p. 53

張廣達   榮新江   巴黎國立圖書館所藏敦煌于闐語寫卷目錄初編   敦煌吐魯番文獻研究論集（第四
　　　輯）   北京大學出版社   1987   p. 121

P. 4070

金岡照光   敦煌における地獄文獻——敦煌庶民信仰の一樣相   敦煌と中國仏教（講座敦煌 7）
　　　（東京）大東出版社   1984   p. 580

邰惠莉   敦煌遺書中的白描畫簡介   《社科縱橫》1994 年第 4 期   p. 49

張總   地藏信仰研究   宗教文化出版社   2003   p. 233

P. 4071

饒宗頤   論七曜與十一曜：記敦煌開寶七年（九七四）康遵批命課   選堂集林·史林   （香港）中華書
　　　局   1982   p. 771、972   又見：饒宗頤史學論著選   上海古籍出版社   1993   p. 592 ；饒宗頤東
　　　方學論集   汕頭大學出版社   1999   p. 113、131

王堯   陳踐   敦煌吐蕃文献选   四川民族出版社   1983   p. 206

池田溫   中國古代寫本識語集錄   （東京）大藏出版株式會社   1990   p. 506

姜伯勤   敦煌與波斯   《敦煌研究》1990 年第 3 期   p. 2

榮新江   沙州張淮深與唐中央朝廷之關係   《敦煌學輯刊》1990 年第 2 期   p. 4

蕭登福   從敦煌寫卷中看道教星斗崇拜對佛經之影響   第二屆敦煌學國際研討會論文集   （臺北）
　　　漢學研究中心   1990   p. 344

陳祚龍   敦煌學識小   敦煌學津雜誌   （臺北）文津出版社   1991   p. 169

菅原信海   占筮書   敦煌漢文文獻（講座敦煌 5）   （東京）大東出版社   1992   p. 453

榮新江   饒宗頤教授與敦煌學研究   "中國唐代學會"會刊（第四期）   （臺北）"中國唐代學會"
　　　1993   p. 44   又見：選堂文史論苑   上海古籍出版社   1994   p. 270 ；中國敦煌學百年文庫·
　　　綜述卷（三）   甘肅文化出版社   1999   p. 369

蕭登福   道教星斗符印與佛教密宗   （臺北）新文豐出版公司   1993   p. 13

姜伯勤   敦煌吐魯番文書與絲綢之路   文物出版社   1994   p. 59

鄭炳林   羊萍   敦煌本夢書   甘肅文化出版社   1995   p. 329

榮新江   歸義軍史研究   上海古籍出版社   1996   p. 175

王素   評《敦煌吐魯番文書與絲綢之路》   敦煌吐魯番研究（第二卷）   北京大學出版社   1997

p. 410

鄧文寬　黃道十二宮　敦煌學大辭典　上海辭書出版社　1998　p. 614

方廣錩　大佛頂如來頂髻白蓋陀羅尼神咒　敦煌學大辭典　上海辭書出版社　1998　p. 704

顧吉辰　敦煌文獻職官結銜考釋　《敦煌學輯刊》1998 年第 2 期　p. 35

嚴敦傑　推符天十一曜星命法　敦煌學大辭典　上海辭書出版社　1998　p. 624

楊森　喪葬用雞探析　《敦煌研究》1998 年第 1 期　p. 78

王進玉　從敦煌文物看中西文化交流　《西域研究》1999 年第 1 期　p. 59

姜伯勤　敦煌白畫中粟特神祇圖像的再考察　藝術史研究(2)　中山大學出版社　2000　p. 281

顏廷亮　敦煌文化　光明日報出版社　2000　p. 407

楊秀清　華戎交會的都市:敦煌與絲綢之路　甘肅人民出版社　2000　p. 125

黃正建　敦煌祿命類文書述略　中國社會科學院歷史研究所學刊(第一集)　學刊編委會　2001　p. 247

黃正建　敦煌占卜文書與唐五代占卜研究　學苑出版社　2001　p. 117、202

吳其昱　唐代景教之法王與尊經考　敦煌吐魯番研究(第五卷)　北京大學出版社　2001　p. 41

陳萬成　杜牧與星命　唐研究(第八卷)　北京大學出版社　2002　p. 66

華瀾　簡論中國古代曆日中的二十八宿注曆:以敦煌具注曆日爲中心　國際敦煌學學術史研討會論文集　研討會籌備組　2002　p. 322　又見:敦煌吐魯番研究(第七卷)　北京大學出版社　2004　p. 413

姜亮夫　敦煌莫高窟年表　姜亮夫全集(十一)　雲南人民出版社　2002　p. 559

孟嗣徽　五星圖像考源　2000 年敦煌學國際學術討論會文集·歷史文化卷(下)　甘肅民族出版社　2003　p. 160

趙貞　敦煌所出靈州道文書述略　《敦煌研究》2003 年第 4 期　p. 55

姜伯勤　中國祅教藝術史研究　三聯書店　2004　p. 264

羅豐　胡漢之間:"絲綢之路"與西北歷史考古　文物出版社　2004　p. 343

張弓　敦煌四部籍與中古後期社會的文化情境　敦煌學(第 25 輯)　(臺北)樂學書局有限公司　2004　p. 326

陳于柱　從敦煌占卜文書看晚唐五代敦煌占卜與佛教的對話交融　《敦煌學輯刊》2005 年第 2 期　p. 31

鄭炳林　敦煌寫本解夢書校錄研究　民族出版社　2005　p. 22

P. 4072

池田溫　敦煌の流通経済　敦煌の社會(講座敦煌3)　(東京)大東出版社　1980　p. 337　又見:敦煌文書の世界　(東京)名著刊行會　2003　p. 172

饒宗頤解說　林宏作譯　敦煌書法叢刊(第十四卷)·牒狀(一)　(東京)二玄社　1985　p. 84

謝和耐著　耿昇譯　中國 5—10 世紀的寺院經濟　甘肅人民出版社　1987　p. 75 注 5

陳國燦　唐五代敦煌縣鄉里制的演變　《敦煌研究》1989 年第 3 期　p. 48

郝春文　唐後期五代宋初沙州僧尼的特點　敦煌吐魯番學研究論文集　漢語大詞典出版社　1990　p. 848

唐耕耦　陸宏基　敦煌社會經濟文獻真迹釋錄(四)　全國圖書館文獻縮微複製中心　1990　p. 60

謝重光　白文固　中國僧官制度史　青海人民出版社　1990　p. 125 注 2

諸戶立雄　中國佛教制度史の研究　(東京)平河出版社　1990　p. 259

中村裕一　唐代官文書研究　(京都)中文出版社　1991　p. 421

中村裕一　官文書　敦煌漢文文獻(講座敦煌5)　(東京)大東出版社　1992　p. 566
竺沙雅章　寺院文書　敦煌漢文文獻(講座敦煌5)　(東京)大東出版社　1992　p. 589
葛兆光　中國禪思想史：從6世紀到9世紀　北京大學出版社　1995　p. 289 注22
姜伯勤　敦煌戒壇與大乘佛教　華學(第二輯)　中山大學出版社　1996　p. 327
姜伯勤　敦煌藝術宗教與禮樂文明　中國社會科學出版社　1996　p. 357
李并成　李春元　瓜沙史地研究　甘肅文化出版社　1996　p. 65
邵文實　敦煌道教試述　《世界宗教研究》1996年第2期　又見：中國敦煌學百年文庫・宗教卷
　　(三)　甘肅文化出版社　1999　p. 338
鄭阿財　潘重規教授與敦煌學研究　"中國唐代學會"會刊(第七期)　(臺北)"中國唐代學會"
　　1996　p. 29
中村裕一　唐代公文書研究　(東京)汲古書院　1996　p. 108
李正宇　敦煌歷史地理導論　(臺北)新文豐出版公司　1997　p. 57
陳國燦　新度道僧納錢告牒　敦煌學大辭典　上海辭書出版社　1998　p. 641
郝春文　唐後期五代宋初敦煌僧尼的社會生活　中國社會科學出版社　1998　p. 114
沙知　尚書祠部告身之印　敦煌學大辭典　上海辭書出版社　1998　p. 290
周維平　從敦煌遺書看敦煌道教　《西北民族研究》1999年第2期　p. 130
徐俊　敦煌詩集殘卷輯考　中華書局　2000　p. 829
謝重光　漢唐佛教社會史論　(臺北)國際文化事業有限公司　2001　p. 248 注5
許建平　殘卷定名正補　2000年敦煌學國際學術討論會文集・歷史文化卷(上)　甘肅民族出版社
　　2003　p. 304
湛如　敦煌佛教律儀制度研究　中華書局　2003　p. 176
王卡　敦煌道教文獻研究　中國社會科學出版社　2004　p. 8
許建平　潘重規先生對《詩經》研究的貢獻　敦煌學(第25輯)　(臺北)樂學書局有限公司　2004
　　p. 398
王卡　敦煌道教綜述　敦煌與絲路文化學術講座(第二輯)　北京圖書館出版社　2005　p. 377

P. 4073

王重民　敦煌古籍叙錄　中華書局　1979　p. 86
池田溫　敦煌の流通経済　敦煌の社会(講座敦煌3)　(東京)大東出版社　1980　p. 337　又見：敦
　　煌文書の世界　(東京)名著刊行會　2003　p. 172
楠山春樹　道德經類　付『莊子』『列子』『文子』　敦煌と中國道教(講座敦煌4)　(東京)大東出版
　　社　1983　p. 54
饒宗頤解說　林宏作譯　敦煌書法叢刊(第二七卷)・道書(一)　(東京)二玄社　1985　p. 79
姜伯勤　沙州道門親表部落釋證　《敦煌研究》1986年第3期　p. 3
王重民原編　黃永武新編　敦煌古籍叙錄新編(第五冊)　(臺北)新文豐出版公司　1986　p. 197
郭鋒　簡談敦煌寫本斯2506號等唐修史書殘卷的性質和價值　《敦煌學輯刊》1992年第1、2期
　　p. 88　又見：《魏晉南北朝隋唐史》1993年第2期　p. 10
姜伯勤　敦煌社會文書導論　(臺北)新文豐出版公司　1992　p. 204、225
尾崎康　史籍　敦煌漢文文獻(講座敦煌5)　(東京)大東出版社　1992　p. 327
胡戟　傅玫　敦煌史話　中華書局　1995　p. 143
姜伯勤　敦煌藝術宗教與禮樂文明　中國社會科學出版社　1996　p. 258
鄭炳林　敦煌碑銘讚輯釋　甘肅教育出版社　1997　p. 250 注28

王卡　文子　敦煌學大辭典　上海辭書出版社　1998　p. 766
顏廷亮　敦煌文化　光明日報出版社　2000　p. 209
盛朝暉　敦煌寫本 P. 2506、2810a、2810b、4073、2380 之研究　《敦煌研究》2001 年第 4 期　p. 124
謝重光　漢唐佛教社會史論　（臺北）國際文化事業有限公司　2001　p. 248 注 5
朱大星　敦煌寫本《文子》殘卷校證　文史（第五十七輯）　中華書局　2001　p. 140
姜亮夫　敦煌莫高窟年表　姜亮夫全集（十一）　雲南人民出版社　2002　p. 349
許建平　北敦 14681 號《尚書》殘卷的抄寫時代及其版本來源：與王熙華先生商榷　《敦煌學輯刊》
　　2002 年第 2 期　p. 36
許建平　英倫法京所藏敦煌寫本殘片八種之定名並校録　敦煌學（第 24 輯）　（臺北）樂學書局有限
　　公司　2003　p. 124
許建平　BD14681《尚書》殘卷考辨　新世紀敦煌學論集　巴蜀書社　2003　p. 75
朱大星　《文子》敦煌本與竹簡本、今本關係考論　《敦煌研究》2003 年第 2 期　p. 60
李永寧　程亮　王重民敦煌遺書手稿整理　《敦煌研究》2004 年第 5 期　p. 69
李永寧　程亮　整理王重民敦煌遺書手稿所得（一）　《敦煌研究》2004 年第 6 期　p. 71
王卡　敦煌道教文獻研究　中國社會科學出版社　2004　p. 24、185
朱大星　敦煌本《文子》校補　《敦煌研究》2004 年第 6 期　p. 103
李樹輝　"陰陽・五行・十二獸相配紀年法"非吐蕃所創　《敦煌研究》2006 年第 1 期　p. 74

P. 4074
戴密微著　耿昇譯　達摩多羅考　國外藏學研究譯文集（第七輯）　西藏人民出版社　1990　p. 123

P. 4075
李正宇　敦煌地區古代祠廟寺觀簡志　《敦煌學輯刊》1988 年第 1、2 期　p. 74、82
唐耕耦　陸宏基　敦煌社會經濟文獻真迹釋録（二）　全國圖書館文獻縮微複製中心　1990　p. 158
池田溫　契　敦煌漢文文獻（講座敦煌 5）　（東京）大東出版社　1992　p. 666　又見：敦煌文書の世
　　界　（東京）名著刊行會　2003　p. 196
姜伯勤　敦煌社會文書導論　（臺北）新文豐出版公司　1992　p. 225
李正宇　敦煌俗講僧保宣及其《講經通難致語》　程千帆先生八十壽辰紀念文集　江蘇古籍出版社
　　1992　p. 211
王三慶　敦煌書儀載録之節日活動與民俗　全國敦煌學研討會論文集　（臺北）中正大學中國文學
　　系所　1995　p. 26 注 39
姜伯勤　敦煌藝術宗教與禮樂文明　中國社會科學出版社　1996　p. 298
李正宇　敦煌史地新論　（臺北）新文豐出版公司　1996　p. 65、84
李正宇　敦煌歷史地理導論　（臺北）新文豐出版公司　1997　p. 239
鄭炳林　唐末五代敦煌都河水系研究　敦煌歸義軍史專題研究　蘭州大學出版社　1997　p. 179
李正宇　聖壽寺　敦煌學大辭典　上海辭書出版社　1998　p. 632
李正宇　玉女娘子觀　敦煌學大辭典　上海辭書出版社　1998　p. 634
沙知　敦煌契約文書輯校　江蘇古籍出版社　1998　p. 370
陳永勝　敦煌吐魯番法制文書研究　甘肅人民出版社　2000　p. 50
李正宇　歸義軍樂營的結構與配置　《敦煌研究》2000 年第 3 期　p. 74
山本達郎等　補（III）契・敦煌發現契　『NUN - HUANG AND TURFAN DOCUMENTS CONCERNING
　　SOCIAL AND ECONOMIC HISTORY』(Sup. p. lemrnts)　（東京）東洋文庫　2001　p. 57

曾良　敦煌文獻字義通釋　廈門大學出版社　2001　p. 48

董志翹　敦煌社會經濟文書詞語散釋　中國俗文化研究(第一輯)　巴蜀書社　2003　p. 130

王克孝　顔廷亮　敦煌吐魯番契約中的契約形式與契約制度　2000年敦煌學國際學術討論會文集·歷史文化卷(上)　甘肅民族出版社　2003　p. 225

董志翹　敦煌社會經濟文獻詞語略考　浙江與敦煌學:常書鴻先生誕辰一百周年紀念文集　浙江古籍出版社　2004　p. 492

余欣　神祇的"碎化":唐宋敦煌社祭變遷研究　《歷史研究》2006年第3期　p. 68

P. 4076

舒學　敦煌漢文遺書中雕版印刷資料綜叙　敦煌語言文學研究　北京大學出版社　1988　p. 292

林聰明　敦煌文書學　(臺北)新文豐出版公司　1991　p. 49

邰惠莉　敦煌版畫叙録　《敦煌研究》2005年第2期　p. 9

P. 4077

屈直敏　敦煌莫高窟文殊變相初探　麥積山石窟藝術文化論文集(下)　蘭州大學出版社　2004　p. 78

邰惠莉　敦煌版畫叙録　《敦煌研究》2005年第2期　p. 9

P. 4078

舒學　敦煌漢文遺書中雕版印刷資料綜叙　敦煌語言文學研究　北京大學出版社　1988　p. 292

林聰明　敦煌文書學　(臺北)新文豐出版公司　1991　p. 50

沙武田　梁紅　敦煌千佛變畫稿刺孔研究　《敦煌學輯刊》2005年第2期　p. 69

邰惠莉　敦煌版畫叙録　《敦煌研究》2005年第2期　p. 9

P. 4079

汪泛舟　偈·頌　敦煌文學　甘肅人民出版社　1989　p. 92

P. 4080

劉瑞明　吐魯番出土文書釋詞　《西域研究》1999年第4期　p. 59

高啓安　崇高與卑賤:敦煌的佛教信仰賤名再探　'98法門寺唐文化國際學術討論會論文集　陝西人民出版社　2000　p. 253

P. 4081

黃振華　于闐文研究概述　中國民族古文字研究　中國社會科學出版社　1984　p. 71

謝和耐著　耿昇譯　中國5—10世紀的寺院經濟　甘肅人民出版社　1987　p. 121注1、246注2　又見:上海古籍出版社　2004　p. 203注2

王三慶　敦煌書儀載録之節日活動與民俗　全國敦煌學研討會論文集　(臺北)中正大學中國文學系所　1995　p. 25注12

P. 4082

陳祚龍　關於造作觀世音形象的流變之參考資料　敦煌學散策新集　(臺北)新文豐出版公司　1989　p. 360

林家平　　寧強　羅華慶　中國敦煌學史　北京語言學院出版社　1992　p. 676

P. 4083

羅福頤　敦煌石室文物對於學術上的貢獻　《歷史教學》1951 年第 5 期　又見：中國敦煌學百年文庫·考古卷（四）　甘肅文化出版社　1999　p. 12

山口瑞鳳　蘇毗の領界　『東洋學報』（50 卷 4 號）　（東京）東洋學術協會　1968　p. 51

山口瑞鳳　吐蕃王國成立史研究　（東京）岩波書店　1983　p. 619

王永興　隋唐五代經濟史料彙編校注·第一編（下）　中華書局　1987　p. 971

謝和耐著　耿昇譯　中國 5—10 世紀的寺院經濟　甘肅人民出版社　1987　p. 229 注 3　又見：上海古籍出版社　2004　p. 345

唐耕耦　8 至 10 世紀敦煌的物價　紀念陳寅恪教授國際學術討論會文集　中山大學出版社　1989　p. 549

榮新江　通頰考　文史（第三十三輯）　中華書局　1990　p. 136　又見：二十世紀中國文史考據文録　雲南人民出版社　2001　p. 2117

唐耕耦　陸宏基　敦煌社會經濟文獻真迹釋録（二）　全國圖書館文獻縮微複製中心　1990　p. 37

仁井田陞　補訂中國法制史研究：法と慣習·法と道德　東京大學出版會　1991　p. 642

仁井田陞　補訂中國法制史研究：土地法·交易法　東京大學出版會　1991　p. 695

尹偉先　從敦煌文書看唐代河西地區的貨幣流通　《社科縱橫》1992 年第 6 期　又見：中國敦煌學百年文庫·歷史卷（二）　甘肅文化出版社　1999　p. 344

趙豐　唐代絲綢與絲綢之路　三秦出版社　1992　p. 201

謝和耐　敦煌賣契與專賣制度　法國學者敦煌學論文選萃　中華書局　1993　p. 36

謝和耐　敦煌寫本中的租駱駝旅行契　法國學者敦煌學論文選萃　中華書局　1993　p. 100 注 2

李明偉　隋唐絲綢之路　甘肅人民出版社　1994　p. 255

劉進寶　試談歸義軍時期敦煌縣鄉的建置　《敦煌研究》1994 年第 3 期　p. 79

張傳璽　中國歷代契約會編考釋（上）　北京大學出版社　1995　p. 243 注 1

齊陳俊　馮培紅　晚唐五代宋初歸義軍對外商業貿易　敦煌歸義軍史專題研究　蘭州大學出版社　1997　p. 349

唐耕耦　敦煌寺院會計文書研究　（臺北）新文豐出版公司　1997　p. 453

鄭炳林　晚唐五代敦煌貿易市場的物價　敦煌歸義軍史專題研究　蘭州大學出版社　1997　p. 298

沙知　敦煌契約文書輯校　江蘇古籍出版社　1998　p. 70

蘇金花　唐、五代敦煌地區的商品貨幣形態　《敦煌研究》1999 年第 2 期　p. 97

池田溫　李盛鐸舊藏敦煌歸義軍後期社會經濟文書簡介　慶祝吳其昱先生八秩華誕敦煌學特刊　（臺北）文津出版社　2000　p. 41

劉進寶　敦煌文書與唐史研究　（臺北）新文豐出版公司　2000　p. 134

宋家鈺　英國收藏敦煌文獻叙録　英國收藏敦煌漢藏文獻研究　中國社會科學出版社　2000　p. 167

楊森　關於敦煌文獻中的"平章"一詞　敦煌學與中國史研究論集　甘肅人民出版社　2001　p. 231

王啓濤　中古及近代法制文書語言研究　巴蜀書社　2003　p. 281、373

P. 4084

唐耕耦　陸宏基　敦煌社會經濟文獻真迹釋録（二）　全國圖書館文獻縮微複製中心　1990　p. 301

王震亞　趙熒　敦煌殘卷爭訟文牒集釋　甘肅人民出版社　1993　p. 33

鄭炳林　唐五代敦煌粟特人與歸義軍政權　《敦煌研究》1996 年第 4 期　p. 84　又見：敦煌歸義軍史
　　專題研究　蘭州大學出版社　1997　p. 425
鄭炳林　晚唐五代敦煌貿易市場的物價　敦煌歸義軍史專題研究　蘭州大學出版社　1997　p. 296
雷紹鋒　歸義軍賦役制度初探　（臺北）洪葉文化事業有限公司　2000　p. 135
盛會蓮　唐五代百姓房舍的分配及相關問題之試析　《敦煌研究》2002 年第 6 期　p. 31
鄭炳林　晚唐五代敦煌地區的胡姓居民與聚落　法國漢學（第 10 輯）（粟特人在中國：歷史、考古、語
　　言的新探索）　中華書局　2005　p. 185
金瀅坤　敦煌社會經濟文獻綴合拾遺　文史（第七十五輯）　中華書局　2006　p. 87

P. 4085

高國藩　敦煌寫本《太公家教》初探　《敦煌學輯刊》1984 年第 1 期　p. 65
王重民　跋太公家教　敦煌遺書論文集　中華書局　1984　p. 137
雷僑雲　敦煌兒童文學　（臺北）學生書局　1985　p. 82 注 5
周鳳五　敦煌寫本太公家教研究　（臺北）明文書局　1986　p. 155
鄭阿財　敦煌寫卷新集文詞九經抄研究　（臺北）文史哲出版社　1989　p. 128 注 1
鄭阿財　敦煌蒙書析論　第二屆敦煌學國際研討會論文集　（臺北）漢學研究中心　1990　p. 226
鄭阿財　敦煌文獻與文學　（臺北）新文豐出版公司　1993　p. 260
鄭阿財　學日益齋敦煌學劄記　周一良先生八十生日紀念論文集　中國社會科學出版社　1993
　　p. 193
汪泛舟　敦煌古代兒童課本　甘肅人民出版社　2000　p. 223

P. 4086

舒學　敦煌漢文遺書中雕版印刷資料綜叙　敦煌語言文學研究　北京大學出版社　1988　p. 292
林聰明　敦煌文書學　（臺北）新文豐出版公司　1991　p. 50
沙武田　梁紅　敦煌千佛變畫稿刺孔研究　《敦煌學輯刊》2005 年第 2 期　p. 69
邰惠莉　敦煌版畫叙錄　《敦煌研究》2005 年第 2 期　p. 8

P. 4087

舒學　敦煌漢文遺書中雕版印刷資料綜叙　敦煌語言文學研究　北京大學出版社　1988　p. 292
邰惠莉　敦煌版畫叙錄　《敦煌研究》2005 年第 2 期　p. 9

P. 4089

熊本裕　コータン語文獻　敦煌胡語文獻（講座敦煌 6）　（東京）大東出版社　1985　p. 118、134
岩松淺夫　敦煌のコータン語仏教文獻　敦煌胡語文獻（講座敦煌 6）　（東京）大東出版社　1985
　　p. 180
張廣達　榮新江　巴黎國立圖書館所藏敦煌于闐語寫卷目錄初編　敦煌吐魯番文獻研究論集（第四
　　輯）　北京大學出版社　1987　p. 97、121
張廣達　榮新江　關於敦煌出土于闐文獻的年代及其相關問題　紀念陳寅恪先生誕辰百年學術論文
　　集　北京大學出版社　1989　p. 290
榮新江　通頰考　文史（第三十三輯）　中華書局　1990　p. 138
榮新江　于闐語善財譬喻經　敦煌學大辭典　上海辭書出版社　1998　p. 502
楊森　五代宋時期于闐皇太子在敦煌的太子莊　《敦煌研究》2003 年第 4 期　p. 42

P. 4090

陳祚龍　關於造作觀世音形象的流變之參考資料　敦煌學散策新集　（臺北）新文豐出版公司　1989　p. 360

金岡照光　敦煌文獻と中國文學　（東京）五曜書房　2000　p. 408

P. 4091

張廣達　榮新江　巴黎國立圖書館所藏敦煌于闐語寫卷目錄初編　敦煌吐魯番文獻研究論集（第四輯）　北京大學出版社　1987　p. 122

P. 4092

陳祚龍　看了周作《敦煌寫本書儀考》（之一）以後　敦煌學（第6輯）　（臺北）新文豐出版公司　1983　p. 44

周紹良　趙和平　書儀　《敦煌語言文學研究通訊》1987年第4期　p. 4　又見：敦煌文學　甘肅人民出版社　1989　p. 51

高國潘　敦煌巫術形態：兼與中外巫術之比較　第二屆敦煌學國際研討會論文集　（臺北）漢學研究中心　1990　p. 611

唐耕耦　陸宏基　敦煌社會經濟文獻真迹釋錄（五）　全國圖書館文獻縮微複製中心　1990　p. 397

趙和平　敦煌寫本書儀略論　敦煌吐魯番學研究論文集　漢語大詞典出版社　1990　p. 566、593　又見：唐五代書儀研究　中國社會科學出版社　1995　p. 6、31

杜琦　敦煌文學概論　甘肅人民出版社　1993　p. 510

高國藩　敦煌民俗資料導論　（臺北）新文豐出版公司　1993　p. 174

高國藩　敦煌巫術與巫術流變　河海大學出版社　1993　p. 84

趙和平　敦煌寫本書儀研究　（臺北）新文豐出版公司　1993　p. 17、59

胡戟　傅玫　敦煌史話　中華書局　1995　p. 189

趙和平　敦煌寫本書儀中所看到的部分唐代社會文化生活　敦煌學國際研討會文集·史地語文編　遼寧美術出版社　1995　p. 566　又見：唐五代書儀研究　中國社會科學出版社　1995　p. 303

趙和平　後唐時代甘州回鶻表本及相關漢文文獻的初步研究　（香港）《九州學刊》1995年第6卷第4期　p. 98　又見：唐五代書儀研究　中國社會科學出版社　1995　p. 244

鄭炳林　羊萍　敦煌本夢書　甘肅文化出版社　1995　p. 250

周一良　趙和平　敦煌表狀箋啓書儀略論　唐五代書儀研究　中國社會科學出版社　1995　p. 42　又見：敦煌吐魯番學研究論集　書目文獻出版社　1996　p. 193

周一良　趙和平　後唐時代刺史專用書儀　唐五代書儀研究　中國社會科學出版社　1995　p. 224

周一良　趙和平　《新集雜別紙》的初步研究　唐五代書儀研究　中國社會科學出版社　1995　p. 253

張涌泉　敦煌俗字研究導論　（臺北）新文豐出版公司　1996　p. 98、112

張涌泉　敦煌地理文書輯錄著作三種校議　古典文獻與文化論叢　中華書局　1997　p. 87

張涌泉　敦煌文獻校讀易誤字例釋　敦煌文學論集　四川人民出版社　1997　p. 260、273

趙和平　敦煌表狀箋啓書儀輯校　江蘇古籍出版社　1997　p. 127

趙和平　晚唐五代靈武節度使與沙州歸義軍關係試論　第三屆中國唐代文化學術研討會論文集　（臺北）政治大學中國文學系　1997　p. 550

趙和平　《敦煌寫本書儀研究》訂補　敦煌吐魯番研究（第三卷）　北京大學出版社　1998　p. 231

趙和平　甘棠集　敦煌學大辭典　上海辭書出版社　1998　p. 423

陳靜 "別紙"考釋 《敦煌學輯刊》1999 年第 1 期 p. 107

石內德 敦煌文獻中被廢棄的殘經抄本 法國漢學(敦煌學專號) 中華書局 2000 p. 26

吳麗娛 唐代書儀中單、複書形式簡析 英國收藏敦煌漢藏文獻研究 中國社會科學出版社 2000 p. 277

趙和平 敦煌本《甘棠集》研究 (臺北)新文豐出版公司 2000 p. 48 注 5

姜伯勤 唐敦煌城市的禮儀空間 文史(第五十五輯) 中華書局 2001 p. 242

吳麗娛 從敦煌書儀中的表狀箋啓看唐五代官場禮儀的轉移變遷 中國社會歷史評論(第三卷) 中華書局 2001 p. 361

吳麗娛 敦煌表狀箋啓書儀探源 文史(第五十六輯) 中華書局 2001 p. 142

吳麗娛 關於 S. 078v 和 S. 1725v 兩件敦煌寫本書儀的一些看法 敦煌學與中國史研究論集 甘肅人民出版社 2001 p. 174

曾良 敦煌文獻字義通釋 廈門大學出版社 2001 p. 194

吳麗娛 唐禮撝遺:中古書儀研究 商務印書館 2002 p. 14、141、161、296、538、610

吳麗娛 再論複書與別紙 燕京學報(新第 13 期) 北京大學出版社 2002 p. 110

趙和平 唐五代書儀的主要內容及其學術價值 敦煌與絲路文化學術講座(第一輯) 北京圖書館出版社 2003 p. 209

吳麗娛 關於別紙和重疊別紙 浙江與敦煌學:常書鴻先生誕辰一百周年紀念文集 浙江古籍出版社 2004 p. 407

張小豔 試論敦煌書儀的語料價值 浙江與敦煌學:常書鴻先生誕辰一百周年紀念文集 浙江古籍出版社 2004 p. 533、543

吳麗娛 關於敦煌 S. 5566 書儀的研究 敦煌學國際研討會論文集 北京圖書館出版社 2005 p. 73

鄭炳林 敦煌寫本解夢書校錄研究 民族出版社 2005 p. 66

P. 4093

吳其昱 甘棠集與劉鄴傳研究 敦煌學(第 3 輯) (香港)新亞研究所敦煌學會 1976 p. 2

陳祚龍 我國的藥書與醫學 敦煌文物隨筆 (臺北)商務印書館 1979 p. 36

王重民 敦煌古籍敘錄 中華書局 1979 p. 302

蘇瑩輝 敦煌學概要 (臺北)編譯館"中華叢書編委會" 1981 p. 60

蘇瑩輝 七十年來之敦煌學研究概述 《珠海學報》1981 年第 12 期 又見:中國敦煌學百年文庫·綜述卷(二) 甘肅文化出版社 1999 p. 362

陳祚龍 敦煌古抄文獻會最 (臺北)新文豐出版公司 1982 p. 464(圖版)

蘇瑩輝 近三十年國際研究"敦煌學"之回顧與前瞻 《書目季刊》1982 年第 60 卷第 2 期 又見:中國敦煌學百年文庫·綜述卷(三) 甘肅文化出版社 1999 p. 15

蘇瑩輝 中外敦煌古寫本纂要 敦煌論集 (臺北)學生書局 1983 p. 335

王重民 巴黎敦煌殘卷敘錄(第二輯) 敦煌叢刊初集(九) (臺北)新文豐出版公司 1985 p. 305

林聰明 敦煌漢文文書解讀要點試論 漢學研究(敦煌學國際研討會論文專號) (臺北)漢學研究資料及服務中心 1986 p. 428

王重民原編 黃永武新編 敦煌古籍敘錄新編(第十五冊) (臺北)新文豐出版公司 1986 p. 214

蘇瑩輝 論敦煌唐代資料在文史藝術及科技諸方面的貢獻 敦煌文史藝術論叢 (臺北)新文豐出版公司 1987 p. 47

唐耕耦 陸宏基 敦煌社會經濟文獻真迹釋錄(二) 全國圖書館文獻縮微複製中心 1990 p. 134

林聰明　敦煌文書學　（臺北）新文豐出版公司　1991　p. 29、419

池田溫　契　敦煌漢文文獻（講座敦煌5）　（東京）大東出版社　1992　p. 666　又見：敦煌文書の世界　（東京）名著刊行會　2003　p. 196

林家平　寧强　羅華慶　中國敦煌學史　北京語言學院出版社　1992　p. 690

杜琦　敦煌文學概論　甘肅人民出版社　1993　p. 511

張錫厚　敦煌本《甘棠集》與劉鄴生年新證　中國文化（10）　（香港）中華書局　1994　p. 96

胡戟　傅玫　敦煌史話　中華書局　1995　p. 168

林聰明　敦煌文書年代考探略述　敦煌學國際研討會文集・史地語文編　遼寧美術出版社　1995　p. 553

張錫厚　敦煌本唐集研究　（臺北）新文豐出版公司　1995　p. 275

周一良　趙和平　敦煌表狀箋啓書儀略論　唐五代書儀研究　中國社會科學出版社　1995　p. 41　又見：敦煌吐魯番學研究論集　書目文獻出版社　1996　p. 191

趙和平　敦煌表狀箋啓書儀輯校　江蘇古籍出版社　1997　p. 1

趙和平　晚唐五代靈武節度使與沙州歸義軍關係試論　第三屆中國唐代文化學術研討會論文集　（臺北）政治大學中國文學系　1997　p. 549

沙知　敦煌契約文書輯校　江蘇古籍出版社　1998　p. 190

饒宗頤　《敦煌本〈甘棠集〉研究》序　敦煌吐魯番研究（第四卷）　北京大學出版社　1999　p. 561

張錫厚　敦煌文學源流　作家出版社　2000　p. 142、171

趙和平　敦煌本《甘棠集》研究　（臺北）新文豐出版公司　2000　p. 1

林聰明　敦煌吐魯番文書解詁指例　（臺北）新文豐出版公司　2001　p. 255

榮新江　敦煌學十八講　北京大學出版社　2001　p. 275

山本達郎等　補（III）契・敦煌發現契　『NUN - HUANG AND TURFAN DOCUMENTS CONCERNING SOCIAL AND ECONOMIC HISTORY』（Sup. p. lemrnts）　（東京）東洋文庫　2001　p. 55

陶敏　李一飛　隋唐五代文學史料學　中華書局　2001　p. 350

吳麗娛　從敦煌書儀中的表狀箋啓看唐五代官場禮儀的轉移變遷　中國社會歷史評論（第三卷）中華書局　2001　p. 358

吳麗娛　敦煌表狀箋啓書儀探源　文史（第五十六輯）　中華書局　2001　p. 142

吳麗娛　關於 S. 078v 和 S. 1725v 兩件敦煌寫本書儀的一些看法　敦煌學與中國史研究論集　甘肅人民出版社　2001　p. 174

楊森　關於敦煌文獻中的"平章"一詞　敦煌學與中國史研究論集　甘肅人民出版社　2001　p. 232

馬繼興　當前世界各地收藏的中國出土卷子本古醫藥文獻備考　敦煌吐魯番研究（第六卷）　北京大學出版社　2002　p. 154

王素　敦煌吐魯番文獻　文物出版社　2002　p. 145

吳麗娛　唐禮摭遺：中古書儀研究　商務印書館　2002　p. 141、307、529

余欣　評《敦煌的借貸：中國中古時代的物質生活與社會》　敦煌吐魯番研究（第六卷）　北京大學出版社　2002　p. 415

童丕　敦煌的借貸：中國中古時代的物質生活與社會　中華書局　2003　p. 101

王啓濤　中古及近代法制文書語言研究　巴蜀書社　2003　p. 107 注2

張小豔　試論敦煌書儀的語料價值　浙江與敦煌學：常書鴻先生誕辰一百周年紀念文集　浙江古籍出版社　2004　p. 533、543

黑維强　吐魯番出土文書詞語例釋（二）　《敦煌學輯刊》2005 年第 2 期　p. 192

吳麗娛　關於敦煌 S. 5566 書儀的研究　敦煌學國際研討會論文集　北京圖書館出版社　2005

p. 73、84

朱鳳玉　王重民先生與敦煌文學研究　敦煌學國際研討會論文集　北京圖書館出版社　2005　p. 10

P. 4094

胡適　唐初的白話詩　白話文學史　新月書店　1928　p. 134　又見：中國敦煌學百年文庫・文學卷
　　　（一）　甘肅文化出版社　1999　p. 28

金岡照光　敦煌文學のさまざま　敦煌の文學　（東京）大藏出版株式會社　1971　p. 159

遊佐昇　『王梵志詩』のもつ兩側面　大正大學大學院研究論集（第 2 號）　（東京）大正大學大學院
　　　1978　p. 10

加地哲定　增補中國佛教文學研究　（東京）同朋舍　1979　p. 79

川崎ミチコ　通俗詩類・雜詩文類　敦煌仏典と禪（講座敦煌 8）　（東京）大東出版社　1980
　　　p. 320

菊池英夫　唐代敦煌社會の外貌　敦煌の社會（講座敦煌 3）　（東京）大東出版社　1980　p. 140

萬曼　唐集叙錄　中華書局　1980　p. 12

張錫厚　敦煌文學　上海古籍出版社　1980　p. 58 注 1

陳祚龍　敦煌古抄內典尾記彙校初、二、三編合刊　敦煌學要籥　（臺北）新文豐出版公司　1982
　　　p. 193

張錫厚　關於敦煌寫本《王梵志詩》整理的若干問題　文史（第十五輯）　中華書局　1982　p. 185
　　　又見：　王梵志詩研究彙錄（上）　上海古籍出版社　1990　p. 58；中國敦煌學百年文庫・文學
　　　卷（二）　甘肅文化出版社　1999　p. 483

張錫厚　王梵志詩校輯　中華書局　1983　p. 4

龍晦　論敦煌詞曲所見之禪宗與淨土宗　《世界宗教研究》1986 年第 3 期　p. 65

潘重規　敦煌王梵志詩新探　漢學研究（敦煌學國際研討會論文專號）　（臺北）漢學研究資料及服
　　　務中心　1986　p. 126　又見：中國敦煌學百年文庫・文學卷（二）　甘肅文化出版社　1999
　　　p. 550

朱鳳玉　王梵志詩研究（上、下）　（臺北）學生書局　1986　p. 2、35、112、267

陳慶浩　法忍抄本殘卷王梵志詩初校　敦煌學（第 12 輯）　（臺北）新文豐出版公司　1987　p. 92

劉銘恕　敦煌遺書叢識　1983 年全國敦煌學術討論會文集・文史遺書編（上）　甘肅人民出版社
　　　1987　p. 428

項楚　王梵志詩校注　敦煌吐魯番文獻研究論集（第四輯）　北京大學出版社　1987　p. 136

張錫厚　整理《王梵志詩集》的新收穫　《敦煌學輯刊》1987 年第 2 期　p. 34

菊池英夫著　朱鳳玉譯　王梵志詩集和山上憶良"貧窮問答歌"之研究　敦煌學（第 13 輯）　（臺北）
　　　新文豐出版公司　1988　p. 134

李正宇　敦煌文學雜考二題　敦煌語言文學研究　北京大學出版社　1988　p. 95

池田溫　中國古代寫本識語集錄　（東京）大藏出版株式會社　1990　p. 490

菊池英夫　中國古文書・古寫本學と日本　東アジア古文書の史的研究　（東京）刀水書房　1990
　　　p. 181

張錫厚　敦煌寫本王梵志詩原卷真迹　王梵志詩研究彙錄（上）　上海古籍出版社　1990　圖版 15

鄭阿財　敦煌蒙書析論　第二屆敦煌學國際研討會論文集　（臺北）漢學研究中心　1990　p. 228

黃征　王梵志詩校釋補議　中華文史論叢（總 50 輯）　上海古籍出版社　1992　p. 106　又見　：敦
　　　煌語文叢說　（臺北）新文豐出版公司　1997　p. 267

林家平　寧强　羅華慶　中國敦煌學史　北京語言學院出版社　1992　p. 595

吳其昱著　伊藤美重子譯　敦煌漢文寫本概觀　敦煌漢文文獻(講座敦煌5)　(東京)大東出版社
　　1992　p. 116

項楚　敦煌詩歌導論　(臺北)新文豐出版公司　1993　p. 202、296

鄭阿財　敦煌文獻與文學　(臺北)新文豐出版公司　1993　p. 263

鄭阿財　學日益齋敦煌學劄記　周一良先生八十生日紀念論文集　中國社會科學出版社　1993
　　p. 193

曲金良　敦煌佛教文學研究　(臺北)文津出版社　1995　p. 249

張錫厚　敦煌本唐集研究　(臺北)新文豐出版公司　1995　p. 58、72

朱鳳玉　敦煌文獻中的語文教材　(臺灣)《嘉義師院學報》1995年第9期　p. 473

黃征　《敦煌遺書劉子殘卷集錄》匡補　敦煌語文叢說　(臺北)新文豐出版公司　1997　p. 518

黃征　王梵志詩校釋續商補　敦煌語文叢說　(臺北)新文豐出版公司　1997　p. 230

柴劍虹　夫子勸世詞　敦煌學大辭典　上海辭書出版社　1998　p. 541

李正宇　禪師衛士遇逢因緣　敦煌學大辭典　上海辭書出版社　1998　p. 582

張錫厚　柴劍虹　王梵志詩集　敦煌學大辭典　上海辭書出版社　1998　p. 562

徐俊　敦煌詩集殘卷輯考　中華書局　2000　p. 830

張錫厚　敦煌文學源流　作家出版社　2000　p. 76

黃征　敦煌語言文字學研究　甘肅教育出版社　2002　p. 313

齊文榜　《王梵志詩校注》指瑕　文史(第五十九輯)　中華書局　2002　p. 164

鄭阿財　朱鳳玉　敦煌蒙書研究　甘肅教育出版社　2002　p. 425

張子開　敦煌文獻中的白話禪詩　《敦煌學輯刊》2003年第1期　p. 87

鄭阿財　敦煌蒙書　敦煌與絲路文化學術講座(第一輯)　北京圖書館出版社　2003　p. 142

P. 4096

蘇遠鳴　敦煌佛教肖像劄記　法國學者敦煌學論文選萃　中華書局　1993　p. 190、199注12

馬德　敦煌工匠史料　甘肅人民出版社　1997　p. 85

楊雄　白描釋迦說法圖　敦煌學大辭典　上海辭書出版社　1998　p. 240

P. 4098

蘇遠鳴　敦煌佛教肖像劄記　法國學者敦煌學論文選萃　中華書局　1993　p. 190

P. 4099

陳祚龍　新譯補注杜史女史主修的《巴黎國立圖書館藏敦煌中文卷冊目錄》之"自序"及"緒說"　敦煌
　　學要籥　(臺北)新文豐出版公司　1982　p. 41

哈密頓　851—1001年于闐王世系　《敦煌學輯刊》1982年第3期　p. 164

張廣達　榮新江　和田、敦煌發現的中古于闐史料概述　《新疆社會科學》1983年第4期　p. 80

黃振華　于闐文研究概述　中國民族古文字研究　中國社會科學出版社　1984　p. 71

熊本裕　コータン語文獻　敦煌胡語文獻(講座敦煌6)　(東京)大東出版社　1985　p. 111

張廣達　榮新江　巴黎國立圖書館所藏敦煌于闐語寫卷目錄初編　敦煌吐魯番文獻研究論集(第四
　　輯)　北京大學出版社　1987　p. 122

張廣達　榮新江　敦煌文書P. 3510(于闐文)《從德太子發願文(擬)》及其年代　1983年全國敦煌學
　　術討論會文集・文史遺書編(上)　甘肅人民出版社　1987　p. 168　又見:于闐史叢考　上海
　　書店　1993　p. 59

高田時雄　コータン文書中の漢語語彙　漢語史の諸問題（別冊）　京都大學人文科學研究所
　　1988　p. 74
張廣達　榮新江　關於敦煌出土于闐文獻的年代及其相關問題　紀念陳寅恪先生誕辰百年學術論文
　　集　北京大學出版社　1989　p. 298
張廣達　榮新江　于闐佛寺志　于闐史叢考　上海書店　1993　p. 283
榮新江　于闐王國與瓜沙曹氏　《敦煌研究》1994 年第 2 期　p. 118
胡戟　傅玫　敦煌史話　中華書局　1995　p. 202
井ノ口泰淳　トカラ語及びウテン語の仏典　中央アジアの言語と仏教　（京都）法藏館　1995
　　p. 115
李明偉　敦煌文學中"敦煌文"的研究和分類評價　《敦煌研究》1995 年第 4 期　p. 123
榮新江　歸義軍史研究　上海古籍出版社　1996　p. 256
陳國燦　天尊　敦煌學大辭典　上海辭書出版社　1998　p. 463
榮新江　于闐語文殊師利無我化身經　敦煌學大辭典　上海辭書出版社　1998　p. 501
楊秀清　華戎交會的都市：敦煌與絲綢之路　甘肅人民出版社　2000　p. 90
陳明　耆婆的形象演變及其在敦煌吐魯番地區的影響　文津學志（第一輯）　北京圖書館出版社
　　2003　p. 153
賈應逸　藏經洞遺書與和闐佛教遺址　2000 年敦煌學國際學術討論會文集・歷史文化卷（上）　甘
　　肅民族出版社　2003　p. 84
陳明　殊方異藥：出土文書與西域醫學　北京大學出版社　2005　p. 42
高田時雄著　鍾翀等譯　于闐文書中的漢語語彙　敦煌・民族・語言　中華書局　2005　p. 221

P. 4100
陳祚龍　新譯補注杜女史主修的《巴黎國立圖書館藏敦煌中文卷冊目録》之"自序"及"緒說"　敦煌
　　學要籥　（臺北）新文豐出版公司　1982　p. 39
羅華慶　敦煌藝術中的《觀音普門品變》和《觀音經變》　《敦煌研究》1987 年第 3 期　p. 56

P. 4102 ＊
竺家寧　敦煌卷子 P. 4663 辭彙研究　敦煌佛教藝術文化國際學術研討會論文集　蘭州大學出版社
　　2002　p. 540

P. 4129 ＊
劉進寶　敦煌學論述　（臺北）洪葉文化事業有限公司　1995　p. 325
劉子瑜　敦煌變文和王梵志詩　大象出版社　1997　p. 77
劉進寶　敦煌學通論　甘肅教育出版社　2002　p. 372

P. 4158 ＊
饒宗頤　穆護歌考　選堂集林・史林　（香港）中華書局　1982　p. 491

P. 4172 ＊
楊際平　北朝隋唐均田制新探　岳麓書社　2003　p. 422

P. 4199 *

張亞萍　唐五代歸義軍政府牧馬業研究　《敦煌學輯刊》1998 年第 2 期　p. 56

P. 4215 *

鄭炳林　敦煌碑銘讚輯釋　甘肅教育出版社　1997　p. 556 注 13

乜小紅　唐宋敦煌毛紡織業述略　敦煌學(第 23 輯)　(臺北)樂學書局有限公司　2002　p. 119

P. 4245 *

王惠民　曹元德功德窟考　《敦煌研究》1995 年第 4 期　p. 164

P. 4250 *

張鴻勳　敦煌俗文學研究　甘肅人民出版社　2002　p. 125

P. 4254 *

張涌泉　敦煌俗字研究導論　(臺北)新文豐出版公司　1996　p. 111

黃征　敦煌寫本異文綜析　敦煌語文叢說　(臺北)新文豐出版公司　1997　p. 21

梅維恒著　楊繼東　陳引馳譯　唐代變文(上)　(香港)中國佛教文化出版公司　1999　p. 246

張涌泉　俗字研究與敦煌文獻的校理　舊學新知　浙江大學出版社　1999　p. 68

黃征　敦煌語言文字學研究　甘肅教育出版社　2002　p. 41

P. 4263 *

上山大峻著　耿昇譯　吐蕃僧諍問題的新透視　國外藏學研究譯文集(第十一輯)　西藏人民出版社　1994　p. 263

P. 4276 *

郭鋒　略論慕容歸盈出任歸義軍瓜州刺史前的身世　《敦煌研究》1991 年第 4 期　p. 89

馮培紅　晚唐五代宋初歸義軍武職軍將研究　敦煌歸義軍史專題研究　蘭州大學出版社　1997　p. 152

馮培紅　歸義軍時期敦煌縣諸鄉置廢申論　《敦煌研究》2000 年第 3 期　p. 98

趙貞　歸義軍押衙兼知他官略考　《敦煌研究》2001 年第 2 期　p. 90

馮培紅　歸義軍鎮制考　敦煌吐魯番研究(第九卷)　中華書局　2006　p. 254、261

P. 4291 *

陳祚龍　《標點新印本瓜沙曹氏年表序》讀後　中華佛教文化史散策(四集)　(臺北)新文豐出版公司　1986　p. 328

孫修身　曹議金　敦煌學大辭典　上海辭書出版社　1998　p. 359

孫修身　曹元德　敦煌學大辭典　上海辭書出版社　1998　p. 360

蔡忠霖　敦煌漢文寫卷俗字及其現象　(臺北)文津出版社　2002　p. 34

湯涒　敦煌曲子詞地域文化研究　上海古籍出版社　2004　p. 170

P. 4309 *

胡戟　傅玫　敦煌史話　中華書局　1995　p. 140

P. 4318 *

汪泛舟　敦煌文學概論　甘肅人民出版社　1993　p. 558

P. 4332 *

金岡照光　敦煌文學のさまざま　敦煌の文學　（東京）大藏出版株式會社　1971　p. 140

高國藩　敦煌文學作品選　中華書局　1987　p. 99 注 1

P. 4359 *

顏廷亮　敦煌文化　光明日報出版社　2000　p. 137、267、439

顏廷亮　敦煌文化的靈魂論綱　《甘肅社會科學》2000 年第 4 期　p. 36

P. 4363 *

中村裕一　唐代官文書研究　（京都）中文出版社　1991　p. 294

林家平　寧强　羅華慶　中國敦煌學史　北京語言學院出版社　1992　p. 517

森安孝夫著　梁曉鵬摘譯　河西歸義軍節度使官印及其編年　《敦煌學輯刊》2003 年第 1 期　p. 141

P. 4368 *

胡同慶　莫高窟第 154、231 窟經變畫研究　敦煌學研究　甘肅人民美術出版社　1994　p. 123

P. 4400 *

姜伯勤　敦煌社會文書導論　（臺北）新文豐出版公司　1992　p. 106

姜伯勤　沙州儺禮考　敦煌藝術宗教與禮樂文明　中國社會科學出版社　1996　p. 470　又見：中國
　　敦煌學百年文庫·歷史卷(二)　甘肅文化出版社　1999　p. 446

高啓安　唐五代敦煌飲食文化研究　民族出版社　2004　p. 47

P. 4417 *

鄭阿財　潘重規先生敦煌學研究成果與貢獻　《敦煌研究》2000 年第 2 期　p. 116

P. 4445 *

王承文　古靈寶經對"黃赤道士"的批判與道教出家理論的發端　華林(第一卷)　中華書局　2001
　　p. 307

王承文　敦煌古靈寶經與晉唐道教　中華書局　2002　p. 444

P. 4459 *

李明偉　敦煌文學概論　甘肅人民出版社　1993　p. 464

P. 4474 *

張鴻勳　敦煌說唱文學概論　（臺北）新文豐出版公司　1993　p. 104

P. 4476 *

中村裕一　唐代制勅研究　（東京）汲古書院　1991　p. 562

P. 4480 *

梁尉英　敦煌佛傳概觀及其中國化之特點　敦煌學國際研討會文集·石窟藝術編　遼寧美術出版社　1995　p. 347

P. 4487 *

鄭炳林　馮培紅　唐五代歸義軍政權對外關係中的使頭一職　敦煌歸義軍史專題研究　蘭州大學出版社　1997　p. 56

P. 4491 *

唐耕耦　陸宏基　敦煌社會經濟文獻真迹釋録(二)　全國圖書館文獻縮微複製中心　1990　p. 410

雷紹鋒　歸義軍賦役制度初探　(臺北)洪葉文化事業有限公司　2000　p. 13

P. 4500

芳村修基　土橋秀高　井ノ口泰淳　敦煌佛教史年表　西域文化研究(第一)·敦煌佛教資料　(京都)法藏館　1958　p. 273

那波利貞　千佛岩莫高窟と敦煌文書　西域文化研究(第二)·敦煌吐魯番社會經濟資料(上)　(京都)法藏館　1959　p. 63

那波利貞　梁戶考　唐代社會文化史研究·第三編　(東京)創文社　1974　p. 270

陳祚龍　新譯補注杜女史主修的《巴黎國立圖書館藏敦煌中文卷冊目録》之"自序"及"緒說"　敦煌學要籥　(臺北)新文豐出版公司　1982　p. 39

陳祚龍　關於日本龍谷大學所藏的敦煌本《佛說齋法清淨經》《海潮音》1984年第65卷第4期　又見:中國敦煌學百年文庫·宗教卷(二)　甘肅文化出版社　1999　p. 145

廣川堯敏　禮讚　敦煌と中國仏教(講座敦煌7)　(東京)大東出版社　1984　p. 448

白化文　絹子寫經　敦煌學大辭典　上海辭書出版社　1998　p. 591

方廣錩　齋法清淨經　敦煌學大辭典　上海辭書出版社　1998　p. 738

沙知　敦煌契約文書輯校　江蘇古籍出版社　1998　p. 564

池田温　敦煌漢文寫本の價值　敦煌文書の世界　(東京)名著刊行會　2003　p. 238

白化文　讀《伯希和劫經録》　敦煌學國際研討會論文集　北京圖書館出版社　2005　p. 17

P. 4501

芳村修基　土橋秀高　井ノ口泰淳　敦煌佛教史年表　西域文化研究(第一)·敦煌佛教資料　(京都)法藏館　1958　p. 274

林平和　羅振玉敦煌學析論　(臺北)文史哲出版社　1988　p. 202

舒學　敦煌漢文遺書中雕版印刷資料綜叙　敦煌語言文學研究　北京大學出版社　1988　p. 286

林聰明　敦煌文書學　(臺北)新文豐出版公司　1991　p. 36、80

P. 4502

李豐楙　敦煌道經寫卷與道教寫經的供養功德觀　全國敦煌學研討會論文集　(臺北)中正大學中國文學系所　1995　p. 124

P. 4503

饒宗頤　敦煌書法叢刊(第一卷)·拓本　(東京)二玄社　1983　p. 18、90

平野顯照　講經文の組織内容　敦煌と中國仏教(講座敦煌7)　(東京)大東出版社　1984　p. 348

平野顯照著　張桐生譯　唐代的文學與佛教　(臺北)業強出版社　1987　p. 245

林平和　羅振玉敦煌學析論　(臺北)文史哲出版社　1988　p. 22

池田溫　中國古代寫本識語集録　(東京)大藏出版株式會社　1990　p. 339

林聰明　敦煌文書學　(臺北)新文豐出版公司　1991　p. 53

鄭汝中　敦煌書法管窺　《敦煌研究》1991 年第 4 期　p. 35

吳其昱著　伊藤美重子譯　敦煌漢文寫本概観　敦煌漢文文獻(講座敦煌5)　(東京)大東出版社　1992　p. 20

饒宗頤　論敦煌石窟所出三唐拓　饒宗頤史學論著選　上海古籍出版社　1993　p. 500

沃興華　敦煌書法藝術　上海人民出版社　1994　p. 27

趙聲良　唐拓本柳公權書《金剛經》　敦煌書法庫(第四輯)　甘肅人民美術出版社　1994　p. 44

鄭汝中　敦煌書法概述　敦煌書法庫(第一輯)　甘肅人民美術出版社　1994　p. 7

鄭汝中　唐代書法藝術與敦煌寫卷　敦煌書法庫(第四輯)　甘肅人民美術出版社　1994　p. 8　又見:《敦煌研究》1996 年第 2 期　p. 125

方廣錩　敦煌文獻中的《金剛經》及其注疏　《新疆文物》1995 年第 1 期　p. 46　又見:敦煌學佛教學論叢(上)　中國佛教文化研究所　1998　p. 374

胡戟　傅玫　敦煌史話　中華書局　1995　p. 191

王元軍　唐人書法與文化　(臺北)東大圖書公司　1995　p. 196

劉濤　評《法藏敦煌書苑精華》　敦煌吐魯番研究(第一卷)　北京大學出版社　1996　p. 378

趙聲良　敦煌寫卷書法(下)　《文史知識》1997 年第 5 期　p. 82

白化文　拓本　敦煌學大辭典　上海辭書出版社　1998　p. 593

方廣錩　金剛般若波羅蜜經　敦煌學大辭典　上海辭書出版社　1998　p. 682

顧吉辰　敦煌文獻職官結銜考釋　《敦煌學輯刊》1998 年第 2 期　p. 30

孫繼民　長慶四年柳公權書金剛般若波羅蜜經記　敦煌學大辭典　上海辭書出版社　1998　p. 457

周紹良　敦煌唐拓碑刻　敦煌學大辭典　上海辭書出版社　1998　p. 286

朱關田　中國書法史(隋唐五代卷)　江蘇教育出版社　1999　p. 177

北京大學　敦煌《經卷》、《照片》及《圖書》目録　中國敦煌學百年文庫·綜述卷(一)　甘肅文化出版社　1999　p. 313

姜亮夫　敦煌莫高窟年表　姜亮夫全集(十一)　雲南人民出版社　2002　p. 368

李春遠　關於敦煌遺書的書法化趨向　《敦煌學輯刊》2002 年第 1 期　p. 63

施安昌　敦煌石室發現的四種碑刻古拓　善本碑帖論集　紫禁城出版社　2002　p. 141

釋永有　敦煌遺書中的金剛經　敦煌佛教藝術文化國際學術研討會論文集　蘭州大學出版社　2002　p. 38

杜正乾　唐代的《金剛經》信仰　《敦煌研究》2004 年第 5 期　p. 53

黃征　敦煌俗字典　上海教育出版社　2005　p. 前言 11

黃征　敦煌俗字要論　《敦煌研究》2005 年第 1 期　p. 84

馬國俊　敦煌遺書民間書法特徵研究　文史(第七十五輯)　中華書局　2006　p. 34

P. 4504

李正宇　敦煌方音止遇二攝混同及其校勘學意義　《敦煌研究》1986 年第 4 期　p. 49

森安孝夫　敦煌と西ウイグル王國　『東方學』(第 74 輯)　(東京)東方學會　1987　p. 67

藤枝晃著　徐慶全　李樹清譯　敦煌寫本概述　《敦煌研究》1996 年第 2 期　p. 104

鄭炳林　馮培紅　唐五代歸義軍政權對外關係中的使頭一職　敦煌歸義軍史專題研究　蘭州大學出
　　版社　1997　p. 66

池田溫　敦煌漢文寫本の價值　敦煌文書の世界　（東京）名著刊行會　2003　p. 238

P. 4505

陳祚龍　敦煌古抄内典尾記彙校初、二、三編合刊　敦煌學要籥　（臺北）新文豐出版公司　1982
　　p. 193

池田溫　中國古代寫本識語集録　（東京）大藏出版株式會社　1990　p. 97

吳其昱著　伊藤美重子譯　敦煌漢文寫本概観　敦煌漢文文献（講座敦煌5）　（東京）大東出版社
　　1992　p. 18

伊藤伸　中國書法史上から見た敦煌漢文寫本　敦煌漢文文献（講座敦煌5）　（東京）大東出版社
　　1992　p. 203

李正宇　敦煌文學概論　甘肅人民出版社　1993　p. 121

伊藤伸著　趙聲良譯　從中國書法史看敦煌漢文文書（二）　《敦煌研究》1996 年第 2 期　p. 140

柴劍虹　五月詩　敦煌學大辭典　上海辭書出版社　1998　p. 568

方廣錩　四分律比丘戒本　敦煌學大辭典　上海辭書出版社　1998　p. 712

池田溫　敦煌漢文寫本の價值　敦煌文書の世界　（東京）名著刊行會　2003　p. 238

P. 4506

那波利貞　千佛岩莫高窟と敦煌文書　西域文化研究（第二）・敦煌吐魯番社會經濟資料（上）　（京
　　都）法藏館　1959　p. 63

陳祚龍　敦煌古抄内典尾記彙校初、二、三編合刊　敦煌學要籥　（臺北）新文豐出版公司　1982
　　p. 193

饒宗頤　巴黎藏最早之敦煌寫卷金光明經（P. 4506）　選堂集林・史林　（香港）中華書局　1982
　　p. 405

金榮華　新德里印度博物館藏"壬寅閏四月"敦煌卷子跋　敦煌學（第 6 輯）　（臺北）新文豐出版公
　　司　1983　p. 100

饒宗頤　敦煌書法叢刊（第二十卷）・寫經（一）　（東京）二玄社　1983　p. 3、61

廣川堯敏　淨土三部經　敦煌と中國仏教（講座敦煌7）　（東京）大東出版社　1984　p. 106

高國藩　論敦煌寫本中孟姜女故事的形成和價值　1983 年全國敦煌學術討論會文集・文史遺書編
　　（下）　甘肅人民出版社　1987　p. 196

周丕顯　敦煌佛經略考　《敦煌學輯刊》1987 年第 2 期　p. 3

池田溫　中國古代寫本識語集録　（東京）大藏出版株式會社　1990　p. 91

陸揚　《維摩詰經》與南北朝社會文化之關係　中國文化與中國哲學（1988）　三聯書店　1990
　　p. 577、587 注 122

池田溫　敦煌漢文寫本の価值——寫本の真偽問題によせて　敦煌漢文文献（講座敦煌5）　（東
　　京）大東出版社　1992　p. 718

吳其昱著　伊藤美重子譯　敦煌漢文寫本概観　敦煌漢文文献（講座敦煌5）　（東京）大東出版社
　　1992　p. 18

榮新江　饒宗頤教授與敦煌學研究　"中國唐代學會"會刊（第四期）　（臺北）"中國唐代學會"
　　1993　p. 47　又見：選堂文史論苑　上海古籍出版社　1994　p. 272；中國敦煌學百年文庫・
　　綜述卷（三）　甘肅文化出版社　1999　p. 372

鄭炳林　前涼行政地理區劃初探（涼州）　《敦煌學輯刊》1993 年第 1 期　p. 33

趙聲良　北魏寫本《金光明經卷第二》　敦煌書法庫（第二輯）　甘肅人民美術出版社　1994　p. 134

趙聲良　南北朝寫經書法藝術　敦煌書法庫（第一輯）　甘肅人民美術出版社　1994　p. 16

趙聲良　萬經珍寶：古代書法藝術的寶庫“敦煌書法”　（臺北）《雄獅美術》1994 年第 12 期

趙聲良　早期敦煌寫本書法的時代分期和類型　敦煌書法庫（第二輯）　甘肅人民美術出版社
　　1994　p. 4

黃征　吳偉　敦煌願文集　岳麓書社　1995　p. 807

趙聲良　榮新江　饒宗頤編《法藏敦煌書苑精華》評介　《敦煌研究》1995 年第 1 期　p. 173

施萍婷　敦煌遺書編目雜記二則　敦煌吐魯番研究（第一卷）　北京大學出版社　1996　p. 326

黃征　《中國古代寫本識語輯錄》匡補　敦煌語文叢說　（臺北）新文豐出版公司　1997　p. 524

劉濤　評《敦煌書法庫》　敦煌吐魯番研究（第二卷）　北京大學出版社　1997　p. 404

趙聲良　敦煌寫卷書法（上）　《文史知識》1997 年第 3 期　p. 73

白化文　絹子寫經　敦煌學大辭典　上海辭書出版社　1998　p. 591

方廣錩　金光明經　敦煌學大辭典　上海辭書出版社　1998　p. 678

侯旭東　五、六世紀北方民眾佛教信仰　中國社會科學出版社　1998　p. 141、273

劉濤　晉春（陽）秋殘卷　敦煌學大辭典　上海辭書出版社　1998　p. 280

孫繼民　皇興五年張巢主寫金光明經記　敦煌學大辭典　上海辭書出版社　1998　p. 454

顏廷亮　敦煌文化　光明日報出版社　2000　p. 105

趙聲良　早期敦煌寫本書法的分期研究　1994 年敦煌學國際研討會文集·石窟藝術卷　甘肅民族
　　出版社　2000　p. 268

馬德　敦煌寫經題記的社會意義　法源（第 19 期）　中國佛學院　2001　p. 78

王惠民　敦煌西方淨土信仰資料與淨土圖像研究史　《敦煌研究》2001 年第 3 期　p. 12

姜亮夫　敦煌莫高窟年表　姜亮夫全集（十一）　雲南人民出版社　2002　p. 94

池田溫　敦煌漢文寫本の價值　敦煌文書の世界　（東京）名著刊行會　2003　p. 238

池田溫　敦煌遺文　敦煌文書の世界　（東京）名著刊行會　2003　p. 26

礪波護著　韓昇　劉建英譯　隋唐佛教文化　上海古籍出版社　2004　p. 52

白化文　讀《伯希和劫經錄》　敦煌學國際研討會論文集　北京圖書館出版社　2005　p. 17

何劍平　作為民間寫經和禮懺儀式的維摩詰信仰　《敦煌學輯刊》2005 年第 4 期　p. 55

P. 4507

饒宗頤解說　林宏作譯　敦煌書法叢刊（第二十卷）·寫經（一）　（東京）二玄社　1983　p. 61

吳其昱著　伊藤美重子譯　敦煌漢文寫本概觀　敦煌漢文文獻（講座敦煌5）　（東京）大東出版社
　　1992　p. 18

伊藤伸　中國書法史上から見た敦煌漢文寫本　敦煌漢文文獻（講座敦煌5）　（東京）大東出版社
　　1992　p. 204

趙聲良　道行般若經卷第二　敦煌書法庫（第二輯）　甘肅人民美術出版社　1994　p. 45

趙聲良　早期敦煌寫本書法的時代分期和類型　敦煌書法庫（第二輯）　甘肅人民美術出版社
　　1994　p. 1

藤枝晃著　徐慶全　李樹清譯　敦煌寫本概述　《敦煌研究》1996 年第 2 期　p. 104

伊藤伸著　趙聲良譯　從中國書法史看敦煌漢文文書（二）　《敦煌研究》1996 年第 2 期　p. 141

趙聲良　早期敦煌寫本書法的分期研究　1994 年敦煌學國際研討會文集·石窟藝術卷　甘肅民族
　　出版社　2000　p. 258

王志銘　論敦煌書法的藝術價值　敦煌佛教藝術文化國際學術研討會論文集　蘭州大學出版社
　　2002　p. 610
池田溫　敦煌漢文寫本の價值　敦煌文書の世界　（東京）名著刊行會　2003　p. 238

P. 4508
金岡照光　敦煌漢文文學文獻の文學形態上の種類とその分類　敦煌出土文學文獻分類目録・附解
　　說　（東京）東洋文庫　1971　p. 236
金岡照光　敦煌文學のさまざま　敦煌の文學　（東京）大藏出版株式會社　1971　p. 164
陳祚龍　唐拓溫湯銘述要　敦煌學（第 1 輯）　（香港）新亞研究所敦煌學會　1974　p. 111　又見:
　　敦煌資料考屑（下册）　（臺北）商務印書館　1979　p. 347
陳祚龍　中古敦煌的書學　敦煌資料考屑（上册）　（臺北）商務印書館　1979　p. 160
饒宗頤　敦煌書法叢刊（第一卷）・拓本　（東京）二玄社　1983　p. 5、87
平野顯照著　張桐生譯　唐代的文學與佛教　（臺北）業强出版社　1987　p. 245
饒宗頤　論敦煌石窟所出三唐拓　1983 年全國敦煌學術討論會文集・文史遺書編（上）　甘肅人民
　　出版社　1987　p. 298　又見:饒宗頤史學論著選　上海古籍出版社　1993　p. 495
林平和　羅振玉敦煌學析論　（臺北）文史哲出版社　1988　p. 13、21、205
譚蟬雪　碑・銘　敦煌文學　甘肅人民出版社　1989　p. 110
池田溫　中國古代寫本識語集録　（東京）大藏出版株式會社　1990　p. 198
林聰明　敦煌文書學　（臺北）新文豐出版公司　1991　p. 50
鄭汝中　敦煌書法管窺　《敦煌研究》1991 年第 4 期　p. 35
林家平　寧强　羅華慶　中國敦煌學史　北京語言學院出版社　1992　p. 685
施安昌　唐太宗《溫泉銘》校碑紀事　《文物》1992 年第 3 期　p. 80
吳其昱著　伊藤美重子譯　敦煌漢文寫本概観　敦煌漢文文獻（講座敦煌 5）　（東京）大東出版社
　　1992　p. 20
顧吉辰　唐代敦煌文獻寫本書手考述　《敦煌學輯刊》1993 年第 1 期　p. 29
李明偉　敦煌文學概論　甘肅人民出版社　1993　p. 479
沃興華　敦煌書法藝術　上海人民出版社　1994　p. 24
趙聲良　唐拓本《唐太宗溫泉銘》　敦煌書法庫（第四輯）　甘肅人民美術出版社　1994　p. 19
鄭汝中　敦煌書法概述　敦煌書法庫（第一輯）　甘肅人民美術出版社　1994　p. 7
鄭汝中　唐代書法藝術與敦煌寫卷　敦煌書法庫（第四輯）　甘肅人民美術出版社　1994　p. 8
胡戟　傅玫　敦煌史話　中華書局　1995　p. 191
李明偉　敦煌文學中"敦煌文"的研究和分類評價　《敦煌研究》1995 年第 4 期　p. 121
王元軍　唐人書法與文化　（臺北）東大圖書公司　1995　p. 196
劉濤　評《法藏敦煌書苑精華》　敦煌吐魯番研究（第一卷）　北京大學出版社　1996　p. 378
張弓　漢唐佛寺文化史　中國社會科學出版社　1997　p. 998
趙聲良　敦煌寫卷書法（下）　《文史知識》1997 年第 5 期　p. 82
白化文　剪裝　敦煌學大辭典　上海辭書出版社　1998　p. 595
白化文　拓本　敦煌學大辭典　上海辭書出版社　1998　p. 593
沙知　敦煌吐魯番文獻所見唐軍府名掇拾　《敦煌學輯刊》1998 年第 1 期　p. 8
沙知　圉谷府　敦煌學大辭典　上海辭書出版社　1998　p. 394
趙聲良　唐太宗溫泉銘　敦煌學大辭典　上海辭書出版社　1998　p. 286
周紹良　敦煌唐拓碑刻　敦煌學大辭典　上海辭書出版社　1998　p. 286

北京大學　敦煌《經卷》、《照片》及《圖書》目録　中國敦煌學百年文庫・綜述卷(一)　甘肅文化出版社　1999　p. 313

顔廷亮　敦煌文化　光明日報出版社　2000　p. 210

鄭汝中　敦煌寫卷行草書法集　甘肅人民美術出版社　2000　p. 28

鄭汝中　行草書法與敦煌寫卷　《敦煌研究》2000 年第 4 期　p. 77

姜亮夫　敦煌莫高窟年表　姜亮夫全集(十一)　雲南人民出版社　2002　p. 225

李斌城　唐代文化　中國社會科學出版社　2002　p. 1116

李春遠　關於敦煌遺書的書法化趨向　《敦煌學輯刊》2002 年第 1 期　p. 63

施安昌　敦煌石室發現的四種碑刻古拓　善本碑帖論集　紫禁城出版社　2002　p. 141

池田溫　敦煌遺文　敦煌文書の世界　(東京)名著刊行會　2003　p. 42

王冀青　斯坦因與日本敦煌學　甘肅教育出版社　2004　p. 135

黄征　敦煌俗字典　上海教育出版社　2005　p. 前言 11

黄征　敦煌俗字要論　《敦煌研究》2005 年第 1 期　p. 84

李索　敦煌寫卷《春秋經傳集解》校證　中國社會科學出版社　2005　p. 103

馬國俊　敦煌遺書民間書法特徵研究　文史(第七十五輯)　中華書局　2006　p. 34

P. 4509

陳鐵凡　敦煌本尚書述略　(臺北)《大陸雜誌》1961 年第 8 期　又見:中國敦煌學百年文庫・文獻卷(一)　甘肅文化出版社　1999　p. 446

王重民　敦煌古籍叙録　中華書局　1979　p. 18

蘇瑩輝　七十年來之敦煌學研究概述　《珠海學報》1981 年第 12 期　又見:中國敦煌學百年文庫・綜述卷(二)　甘肅文化出版社　1999　p. 359

蘇瑩輝　近三十年國際研究"敦煌學"之回顧與前瞻　《書目季刊》1982 年第 60 卷第 2 期　又見:中國敦煌學百年文庫・綜述卷(三)　甘肅文化出版社　1999　p. 13

王堯　陳踐　敦煌吐蕃文獻選　四川民族出版社　1983　p. 68

王重民原編　黄永武新編　敦煌古籍叙録新編(第一冊)　(臺北)新文豐出版公司　1986　p. 325

林平和　羅振玉敦煌學析論　(臺北)文史哲出版社　1988　p. 9、30、122

孫啓治　唐寫本俗別字變化類型舉例　敦煌吐魯番文獻研究論集(第五輯)　北京大學出版社　1990　p. 124、128

土田健次郎　儒教典籍　敦煌漢文文獻(講座敦煌 5)　(東京)大東出版社　1992　p. 268

吳福熙　敦煌殘卷古文尚書校注　甘肅人民出版社　1992　p. 55

吳其昱著　伊藤美重子譯　敦煌漢文寫本概観　敦煌漢文文獻(講座敦煌 5)　(東京)大東出版社　1992　p. 96

王堯　吐蕃時期藏譯漢籍名著及故事　中國古籍研究(第一卷)　上海古籍出版社　1996　p. 540

陳公柔　評介《尚書文字合編》　燕京學報(新第 4 期)　北京大學出版社　1998　p. 294

許建平　敦煌本《尚書》叙録　敦煌文獻論集:紀念藏經洞發現一百周年國際學術研討會論文集　遼寧人民出版社　2001　p. 387

姜亮夫　敦煌莫高窟年表　姜亮夫全集(十一)　雲南人民出版社　2002　p. 324

許建平　敦煌出土《尚書》寫卷研究的過去與未來　敦煌吐魯番研究(第七卷)　北京大學出版社　2004　p. 225

中村威也　ДХ10698『尚書費誓』とДХ10698v「史書」について　『西北出土文獻研究』(創刊號)　(新潟)西北出土文獻研究會　2004　p. 42

P. 4510

陳祚龍　中古敦煌的書學　敦煌資料考屑(上冊)　(臺北)商務印書館　1979　p. 159

周丕顯　敦煌科技書卷叢談　《敦煌學輯刊》1981 年第 2 期　p. 56

饒宗頤　敦煌書法叢刊(第一卷)·拓本　(東京)二玄社　1983　p. 16、89

蘇瑩輝　敦煌石室真迹錄題記訂補　敦煌論集續編　(臺北)學生書局　1983　p. 183

平野顯照著　張桐生譯　唐代的文學與佛教　(臺北)業強出版社　1987　p. 245

饒宗頤　論敦煌石窟所出三唐拓　1983 年全國敦煌學術討論會文集·文史遺書編(上)　甘肅人民
　　出版社　1987　p. 300　又見:饒宗頤史學論著選　上海古籍出版社　1993　p. 498

譚蟬雪　碑·銘　敦煌文學　甘肅人民出版社　1989　p. 111

林聰明　敦煌文書學　(臺北)新文豐出版公司　1991　p. 52

鄭汝中　敦煌書法管窺　《敦煌研究》1991 年第 4 期　p. 35

吳其昱著　伊藤美重子譯　敦煌漢文寫本概觀　敦煌漢文文獻(講座敦煌 5)　(東京)大東出版社
　　1992　p. 20

高國藩　敦煌民俗資料導論　(臺北)新文豐出版公司　1993　p. 90

李明偉　敦煌文學概論　甘肅人民出版社　1993　p. 479

李正宇　敦煌文學概論　甘肅人民出版社　1993　p. 121

王進玉　敦煌石窟探秘　四川教育出版社　1994　p. 92

沃興華　敦煌書法藝術　上海人民出版社　1994　p. 26

趙聲良　唐拓本歐陽詢書《化度寺塔銘》　敦煌書法庫(第四輯)　甘肅人民美術出版社　1994
　　p. 31

趙聲良　萬經珍寶:古代書法藝術的寶庫"敦煌書法"　(臺北)《雄獅美術》1994 年第 12 期

鄭汝中　敦煌書法概述　敦煌書法庫(第一輯)　甘肅人民美術出版社　1994　p. 6

胡戟　傅玫　敦煌史話　中華書局　1995　p. 191

李明偉　敦煌文學中"敦煌文"的研究和分類評價　《敦煌研究》1995 年第 4 期　p. 121

劉進寶　敦煌學論述　(臺北)洪葉文化事業有限公司　1995　p. 291

王元軍　唐人書法與文化　(臺北)東大圖書公司　1995　p. 196

劉濤　評《法藏敦煌書苑精華》　敦煌吐魯番研究(第一卷)　北京大學出版社　1996　p. 378

趙聲良　敦煌寫卷書法(下)　《文史知識》1997 年第 5 期　p. 82

白化文　剪裝　敦煌學大辭典　上海辭書出版社　1998　p. 595

白化文　拓本　敦煌學大辭典　上海辭書出版社　1998　p. 593

趙聲良　歐陽詢化度寺塔銘　敦煌學大辭典　上海辭書出版社　1998　p. 286

周紹良　敦煌唐拓碑刻　敦煌學大辭典　上海辭書出版社　1998　p. 286

施安昌　敦煌石室發現的四種碑刻古拓　善本碑帖論集　紫禁城出版社　2002　p. 141

施安昌　《化度寺邕禪師舍利塔銘》敦煌本、王孟揚本校碑紀事　善本碑帖論集　紫禁城出版社
　　2002　p. 137

王冀青　斯坦因與日本敦煌學　甘肅教育出版社　2004　p. 135

黃征　敦煌俗字典　上海教育出版社　2005　p. 前言 11

黃征　敦煌俗字要論　《敦煌研究》2005 年第 1 期　p. 84

馬國俊　敦煌遺書民間書法特徵研究　文史(第七十五輯)　中華書局　2006　p. 34

P. 4511

那波利貞　千佛岩莫高窟と敦煌文書　西域文化研究(第二)·敦煌吐魯番社會經濟資料(上)　(京

都)法藏館　1959　p. 63

吳其昱著　伊藤美重子譯　敦煌漢文寫本概觀　敦煌漢文文獻(講座敦煌5)　(東京)大東出版社　1992　p. 18

白化文　金墨寫經　敦煌學大辭典　上海辭書出版社　1998　p. 591

邰惠莉　甘肅藏非敦煌文獻的真偽、來源及相關問題　《敦煌學輯刊》2000 年第 2 期　p. 74

P. 4512

吳其昱著　伊藤美重子譯　敦煌漢文寫本概觀　敦煌漢文文獻(講座敦煌5)　(東京)大東出版社　1992　p. 18

白化文　金字寫經　敦煌學大辭典　上海辭書出版社　1998　p. 591

方廣錩　敦煌藏經洞封閉原因之我見　敦煌學佛教學論叢(上)　中國佛教文化研究所　1998　p. 32

邰惠莉　甘肅藏非敦煌文獻的真偽、來源及相關問題　《敦煌學輯刊》2000 年第 2 期　p. 74

P. 4513

那波利貞　千佛岩莫高窟と敦煌文書　西域文化研究(第二)·敦煌吐魯番社會經濟資料(上)　(京都)法藏館　1959　p. 63

羅華慶　敦煌藝術中的《觀音普門品變》和《觀音經變》　《敦煌研究》1987 年第 3 期　p. 56

陳祚龍　關於造作觀世音形象的流變之參考資料　敦煌學散策新集　(臺北)新文豐出版公司　1989　p. 360

林聰明　敦煌文書學　(臺北)新文豐出版公司　1991　p. 364

杜愛英　敦煌遺書中俗體字的諸種類型　《敦煌研究》1992 年第 3 期　p. 119

趙青蘭　莫高窟吐蕃時期洞窟龕內屏風畫研究　《敦煌研究》1994 年第 3 期　p. 52

汪娟　敦煌寫本《觀音禮》初探　慶祝吳其昱先生八秩華誕敦煌學特刊　(臺北)文津出版社　2000　p. 337

P. 4514

那波利貞　佛教信仰に基きて組織せられたる中晚唐五代時代の社邑に就きて(上)　『史林』(24 卷 3 號)　京都大學文學部史學研究會　1939　p. 23　又見:唐代社會文化史研究·第六編　(東京)創文社　1974　p. 594

池田溫　評『ペリオ將來敦煌漢文文獻目錄』第一卷(P. 2001－2500)　『東洋學報』(54 卷 4 號)　(東京)東洋學術協會　1972　p. 61

那波利貞　唐寫本雜抄考——唐代庶民教育史研究の一資料　唐代社會文化史研究·第二編　(東京)創文社　1974　p. 255

森安孝夫　ウイグルと敦煌　敦煌の歷史(講座敦煌2)　(東京)大東出版社　1980　p. 327

土肥義和　莫高窟千佛洞と大寺と蘭若と　敦煌の社會(講座敦煌3)　(東京)大東出版社　1980　p. 360

陳祚龍　新譯補注杜女史主修的《巴黎國立圖書館藏敦煌中文卷冊目錄》之"自序"及"緒說"　敦煌學要籥　(臺北)新文豐出版公司　1982　p. 42

榮新江　敦煌卷子劄記四則　敦煌吐魯番文獻研究論集(第二輯)　北京大學出版社　1983　p. 673　注 36

舒學　敦煌漢文遺書中雕版印刷資料綜叙　敦煌語言文學研究　北京大學出版社　1988　p. 282

池田溫　中國古代寫本識語集録　（東京）大藏出版株式會社　1990　p. 489

榮新江　沙州歸義軍歷任節度使稱號研究　敦煌吐魯番學研究論文集　漢語大詞典出版社　1990　p. 801

唐耕耦　陸宏基　敦煌社會經濟文獻真迹釋録(四)　全國圖書館文獻縮微複製中心　1990　p. 397

林聰明　敦煌文書學　（臺北）新文豐出版公司　1991　p. 42、380

孫修身　伯2155《曹元忠致甘州回鶻可汗狀》時代考　《敦煌研究》1991 年第 2 期　p. 28

吳其昱著　伊藤美重子譯　敦煌漢文寫本概觀　敦煌漢文文獻（講座敦煌 5 ）　（東京）大東出版社　1992　p. 19

楊寶玉　《龍興寺毗沙門天王靈驗記》簡注　《閩南佛學院學報》1992 年第 2 期　p. 111

戴仁　敦煌的經折裝寫本　法國學者敦煌學論文選萃　中華書局　1993　p. 589 注 16

石奈德　敦煌本《普化大師五臺山巡禮記》初探　法國學者敦煌學論文選萃　中華書局　1993　p. 121

譚蟬雪　敦煌祈賽風俗　《敦煌研究》1993 年第 4 期　p. 66

邰惠莉　敦煌遺書中的白描畫簡介　《社科縱橫》1994 年第 4 期　p. 49

王進玉　敦煌石窟探秘　四川教育出版社　1994　p. 99

方廣錩　敦煌文獻中的《金剛經》及其注疏　《新疆文物》1995 年第 1 期　p. 46

劉進寶　敦煌學論述　（臺北）洪葉文化事業有限公司　1995　p. 292

王三慶　敦煌書儀載録之節日活動與民俗　全國敦煌學研討會論文集　（臺北）中正大學中國文學系所　1995　p. 27 注 57

榮新江　歸義軍史研究　上海古籍出版社　1996　p. 24

方廣錩　敦煌佛教經録輯校　江蘇古籍出版社　1997　p. 1025

李正宇　敦煌歷史地理導論　（臺北）新文豐出版公司　1997　p. 227

馬德　敦煌工匠史料　甘肅人民出版社　1997　p. 53

鄭阿財　《龍興寺毗沙門天王靈驗記》與敦煌地區的毗沙門信仰　周紹良先生欣開九秩慶壽文集　中華書局　1997　p. 261

鄭阿財　論敦煌寫本《龍興寺毗沙門天王靈驗記》與唐代的毗沙門信仰　第三屆中國唐代文化學術研討會論文集　（臺北）政治大學中國文學系　1997　p. 438

鄭炳林　敦煌碑銘讚輯釋　甘肅教育出版社　1997　p. 550 注 3

榮新江　歸義軍大事紀年初稿　出土文獻研究（第三輯）　文物出版社　1998　p. 248

孫繼民　天福十五年雕印金剛般若波羅蜜經記　敦煌學大辭典　上海辭書出版社　1998　p. 458

譚蟬雪　雕版天王像　敦煌學大辭典　上海辭書出版社　1998　p. 243

譚蟬雪　敦煌歲時文化導論　（臺北）新文豐出版公司　1998　p. 267

譚蟬雪　能生不能生鏡　敦煌學大辭典　上海辭書出版社　1998　p. 242

趙永東　五代時期雕版印刷事業的發展　文史（第四十四輯）　中華書局　1998　p. 164

金岡照光　敦煌文獻と中國文學　（東京）五曜書房　2000　p. 408

顏廷亮　敦煌文化　光明日報出版社　2000　p. 271

山本達郎等　補(III)契‧敦煌發現契　『NUN – HUANG AND TURFAN DOCUMENTS CONCERNING SOCIAL AND ECONOMIC HISTORY』(Sup. p. lemrnts)　（東京）東洋文庫　2001　p. 53

王明珍　敦煌 P. 4518 佛畫的年代及相關問題芻議　《敦煌研究》2001 年第 1 期　p. 51

趙貞　歸義軍押衙兼知他官略考　《敦煌研究》2001 年第 2 期　p. 94

蔡忠霖　敦煌漢文寫卷俗字及其現象　（臺北）文津出版社　2002　p. 365

姜亮夫　敦煌莫高窟年表　姜亮夫全集(十一)　雲南人民出版社　2002　p. 523

劉進寶　敦煌學通論　甘肅教育出版社　2002　p. 409

王蘭平　敦煌寫本 ДХ6062《歸義軍時期大般若經抄寫紙曆》及其相關問題考釋　敦煌佛教藝術文化
　　國際學術研討會論文集　蘭州大學出版社　2002　p. 72

余欣　評《敦煌的借貸：中國中古時代的物質生活與社會》　敦煌吐魯番研究（第六卷）　北京大學出
　　版社　2002　p. 416

森安孝夫著　梁曉鵬摘譯　河西歸義軍節度使官印及其編年　《敦煌學輯刊》2003 年第 1 期　p. 141

童丕　敦煌的借貸：中國中古時代的物質生活與社會　中華書局　2003　p. 51、61、81、166

張先堂　唐宋敦煌世俗佛教信仰的類型、特徵　寺院財富與世俗供養　上海書畫出版社　2003
　　p. 311

張總　地藏信仰研究　宗教文化出版社　2003　p. 233

湯涒　敦煌曲子詞地域文化研究　上海古籍出版社　2004　p. 171

鄭西禮　夏廣興　毗沙門天王信仰與唐五代文學創作　佛經文學研究論集　復旦大學出版社　2004
　　p. 528

黨燕妮　毗沙門天王信仰在敦煌的流傳　《敦煌研究》2005 年第 3 期　p. 101

郭俊葉　敦煌研究院藏絲質經帙標籤及其相關問題　《敦煌研究》2005 年第 6 期　p. 91

馬德　敦煌版畫的背景意義　《敦煌研究》2005 年第 2 期　p. 2

沙武田　敦煌 P. 4049"新樣文殊"畫稿及相關問題研究　《敦煌研究》2005 年第 3 期　p. 27

沙武田　梁紅　敦煌千佛變畫稿刺孔研究　《敦煌學輯刊》2005 年第 2 期　p. 68

邰惠莉　敦煌版畫敘錄　《敦煌研究》2005 年第 2 期　p. 9

吳榮鑒　關於敦煌版畫製作的幾個問題　《敦煌研究》2005 年第 2 期　p. 27

謝生保　謝靜　敦煌版畫對雕版印刷業的影響　《敦煌研究》2005 年第 2 期　p. 49

P. 4515

陳世驤　敦煌發現有年代的印本　（臺北）《大陸雜誌》1960 年第 11 期　又見：中國敦煌學百年文
　　庫·文獻卷（一）　甘肅文化出版社　1999　p. 405

那波利貞　唐代の社邑に就きて（1938 年）　唐代社會文化史研究·第五編　（東京）創文社　1974
　　p. 571

那波利貞　唐寫本雜抄考——唐代庶民教育史研究の一資料　唐代社會文化史研究·第二編　（東
　　京）創文社　1974　p. 256

蘇瑩輝　敦煌學概要　（臺北）編譯館"中華叢書編委會"　1981　p. 95

蘇瑩輝　敦煌石室真迹錄題記訂補　敦煌論集續編　（臺北）學生書局　1983　p. 188

蘇瑩輝　敦煌文化傳自中原略論　敦煌論集續編　（臺北）學生書局　1983　p. 295

蘇瑩輝　敦煌學與圖書館學　敦煌論集　（臺北）學生書局　1983　p. 44

平野顯照著　張桐生譯　唐代的文學與佛教　（臺北）業強出版社　1987　p. 254

陳祚龍　關於造作觀世音形象的流變之參考資料　敦煌學散策新集　（臺北）新文豐出版公司
　　1989　p. 360

龍晦　敦煌與五代兩蜀文化　《敦煌研究》1990 年第 2 期　p. 100

林聰明　敦煌文書學　（臺北）新文豐出版公司　1991　p. 34、43、380

吳其昱著　伊藤美重子譯　敦煌漢文寫本概觀　敦煌漢文文獻（講座敦煌 5）　（東京）大東出版社
　　1992　p. 19

楊寶玉　《龍興寺毗沙門天王靈驗記》簡注　《閩南佛學院學報》1992 年第 2 期　p. 111

戴仁　敦煌的經折裝寫本　法國學者敦煌學論文選萃　中華書局　1993　p. 578、580

譚蟬雪　敦煌祈賽風俗　《敦煌研究》1993 年第 4 期　p. 64

榮新江　歸義軍改元考　文史(第三十八輯)　中華書局　1994　p. 51

馬德　九、十世紀敦煌工匠史料述論　慶祝潘石禪先生九秩華誕敦煌學特刊　（臺北）文津出版社　1996　p. 316

榮新江　歸義軍史研究　上海古籍出版社　1996　p. 54

李正宇　敦煌歷史地理導論　（臺北）新文豐出版公司　1997　p. 227

馬德　敦煌工匠史料　甘肅人民出版社　1997　p. 53

白化文　雕版　敦煌學大辭典　上海辭書出版社　1998　p. 593

方廣錩　敦煌遺書中的《金剛經》及其注疏　敦煌學佛教學論叢(上)　中國佛教文化研究所　1998　p. 375

孫繼民　天福十五年雕印金剛般若波羅蜜經記　敦煌學大辭典　上海辭書出版社　1998　p. 458

孫修身　曹元忠　敦煌學大辭典　上海辭書出版社　1998　p. 364

謝桃坊　敦煌文化尋繹　四川人民出版社　1999　p. 207

北京大學　敦煌《經卷》、《照片》及《圖書》目錄　中國敦煌學百年文庫·綜述卷(一)　甘肅文化出版社　1999　p. 319

譚蟬雪　唐宋敦煌歲時佛俗　《敦煌研究》2001 年第 1 期　p. 104

王明珍　敦煌 P. 4518 佛畫的年代及相關問題芻議　《敦煌研究》2001 年第 1 期　p. 51

蔡忠霖　敦煌漢文寫卷俗字及其現象　（臺北）文津出版社　2002　p. 365

釋永有　敦煌遺書中的金剛經　敦煌佛教藝術文化國際學術研討會論文集　蘭州大學出版社　2002　p. 36

王蘭平　敦煌寫本 ДХ6062《歸義軍時期大般若經抄寫紙曆》及其相關問題考釋　敦煌佛教藝術文化國際學術研討會論文集　蘭州大學出版社　2002　p. 72

府憲展　《俄藏敦煌文獻》科羅特闊夫收集品的《弘法藏》和高昌刻經活動　2000 年敦煌學國際學術討論會文集·歷史文化卷(上)　甘肅民族出版社　2003　p. 331

童丕　敦煌的借貸：中國中古時代的物質生活與社會　中華書局　2003　p. 58

湯涒　敦煌曲子詞地域文化研究　上海古籍出版社　2004　p. 171

馬德　敦煌版畫的背景意義　《敦煌研究》2005 年第 2 期　p. 6

吳榮鑒　關於敦煌版畫製作的幾個問題　《敦煌研究》2005 年第 2 期　p. 27

P. 4516

陳世驤　敦煌發現有年代的印本　（臺北）《大陸雜誌》1960 年第 11 期　又見：中國敦煌學百年文庫·文獻卷(一)　甘肅文化出版社　1999　p. 405

陳祚龍　瓜沙印錄　（臺北）《大陸雜誌》1962 年第 4 期　又見：敦煌學概要　（臺北）編譯館"中華叢書編委會"　1981　p. 269；中國敦煌學百年文庫·考古卷(一)　甘肅文化出版社　1999　p. 192

蘇瑩輝　敦煌學概要　（臺北）編譯館"中華叢書編委會"　1981　p. 95

陳祚龍　新譯補注杜女史主修的《巴黎國立圖書館藏敦煌中文卷冊目錄》之"自序"及"緒說"　敦煌學要籥　（臺北）新文豐出版公司　1982　p. 39

蘇瑩輝　敦煌石室真迹錄題記訂補　敦煌論集續編　（臺北）學生書局　1983　p. 188

蘇瑩輝　敦煌學與圖書館學　敦煌論集　（臺北）學生書局　1983　p. 44

平野顯照著　張桐生譯　唐代的文學與佛教　（臺北）業强出版社　1987　p. 254

舒學　敦煌漢文遺書中雕版印刷資料綜叙　敦煌語言文學研究　北京大學出版社　1988　p. 284

榮新江　沙州歸義軍歷任節度使稱號研究　敦煌吐魯番學研究論文集　漢語大詞典出版社　1990
　　p. 801

林聰明　敦煌文書學　（臺北）新文豐出版公司　1991　p. 33、380

孫修身　伯2155《曹元忠致甘州回鶻可汗狀》時代考　《敦煌研究》1991 年第 2 期　p. 28

吳其昱著　伊藤美重子譯　敦煌漢文寫本概觀　敦煌漢文文獻（講座敦煌5）　（東京）大東出版社
　　1992　p. 19

戴仁　敦煌的經折裝寫本　法國學者敦煌學論文選萃　中華書局　1993　p. 580、589 注14

劉進寶　敦煌學論述　（臺北）洪葉文化事業有限公司　1995　p. 292

榮新江　歸義軍史研究　上海古籍出版社　1996　p. 24

鄭炳林　敦煌碑銘讚輯釋　甘肅教育出版社　1997　p. 550 注3

趙永東　五代時期雕版印刷事業的發展　文史（第四十四輯）　中華書局　1998　p. 164

北京大學　敦煌《經卷》、《照片》及《圖書》目錄　中國敦煌學百年文庫·綜述卷（一）　甘肅文化出
　　版社　1999　p. 319

趙貞　歸義軍押衙兼知他官略考　《敦煌研究》2001 年第 2 期　p. 94

劉進寶　敦煌學通論　甘肅教育出版社　2002　p. 410

釋永有　敦煌遺書中的金剛經　敦煌佛教藝術文化國際學術研討會論文集　蘭州大學出版社　2002
　　p. 36

森安孝夫著　梁曉鵬摘譯　河西歸義軍節度使官印及其編年　《敦煌學輯刊》2003 年第 1 期　p. 142

P. 4517

池田溫　評『ペリオ將來敦煌漢文文獻目錄』第一卷（P. 2001－2500）　『東洋學報』（54 卷 4 號）
　　（東京）東洋學術協會　1972　p. 61

陳祚龍　新譯補注杜女史主修的《巴黎國立圖書館藏敦煌中文卷冊目錄》之“自序”及“緒說”　敦煌
　　學要籥　（臺北）新文豐出版公司　1982　p. 42

王明珍　敦煌 P. 4518 佛畫的年代及相關問題芻議　《敦煌研究》2001 年第 1 期　p. 51

沙武田　梁紅　敦煌千佛變畫稿刺孔研究　《敦煌學輯刊》2005 年第 2 期　p. 58

沙武田　敦煌引路菩薩像畫稿　《敦煌研究》2006 年第 1 期　p. 38

P. 4518

池田溫　評『ペリオ將來敦煌漢文文獻目錄』第一卷（P. 2001－2500）　『東洋學報』（54 卷 4 號）
　　（東京）東洋學術協會　1972　p. 61

陳祚龍　新譯補注杜女史主修的《巴黎國立圖書館藏敦煌中文卷冊目錄》之“自序”及“緒說”　敦煌
　　學要籥　（臺北）新文豐出版公司　1982　p. 42

孫修身　敦煌三界寺　甘肅省史學會論文集　甘肅省歷史學會編印　1982　p. 173　又見：中國敦煌
　　學百年文庫·宗教卷（一）　甘肅文化出版社　1999　p. 58

張廣達　榮新江　關於唐末宋初于闐國的國號、年號及其王家世系問題　敦煌吐魯番文獻研究論集
　　中華書局　1982　p. 191、199　又見：于闐史叢考　上海書店　1993　p. 33

王堯　陳踐　敦煌吐蕃文獻選　四川民族出版社　1983　p. 206

張廣達　榮新江　和田、敦煌發現的中古于闐史料概述　《新疆社會科學》1983 年第 4 期　p. 82　又
　　見：于闐史叢考　上海書店　1993　p. 16

饒宗頤　敦煌書法叢刊（第十五卷）·牒狀（二）　（東京）二玄社　1985　p. 77、94

張廣達　榮新江　巴黎國立圖書館所藏敦煌于闐語寫卷目錄初編　敦煌吐魯番文獻研究論集（第四

　　輯）　北京大學出版社　1987　p. 95、123

陳祚龍　關於造作觀世音形象的流變之參考資料　敦煌學散策新集　（臺北）新文豐出版公司
　　1989　p. 360

池田溫　中國古代寫本識語集録　（東京）大藏出版株式會社　1990　p. 525

戴密微著　耿昇譯　達摩多羅考　國外藏學研究譯文集（第七輯）　西藏人民出版社　1990　p. 123

姜伯勤　敦煌白畫中的粟特神祇　敦煌吐魯番學研究論文集　漢語大詞典出版社　1990　p. 296

唐耕耦　陸宏基　敦煌社會經濟文獻真迹釋録（四）　全國圖書館文獻縮微複製中心　1990　p. 8

柴劍虹　《敦煌遺書總目索引》重印記　西域文史論稿　（臺北）國文天地雜誌社　1991　p. 491

張廣達　唐末五代宋初西北地區的般次和使次　季羨林教授八十華誕紀念論文集（下）　江西人民
　　出版社　1991　p. 970

中村裕一　唐代制勅研究　（東京）汲古書院　1991　p. 514

孟凡人　五代宋初于闐王統考　《中國邊疆史地研究》1992 年第 3 期　p. 105

竺沙雅章　寺院文書　敦煌漢文文獻（講座敦煌 5）　（東京）大東出版社　1992　p. 615

姜伯勤　論高昌胡天與敦煌祆寺　《世界宗教研究》1993 年第 1 期　又見：中國敦煌學百年文庫・宗
　　教卷（三）　甘肅文化出版社　1999　p. 520

姜伯勤　敦煌吐魯番文書與絲綢之路　文物出版社　1994　p. 248

榮新江　于闐王國與瓜沙曹氏　《敦煌研究》1994 年第 2 期　p. 114

邰惠莉　敦煌遺書中的白描畫簡介　《社科縱橫》1994 年第 4 期　p. 48

王惠民　敦煌千手千眼觀音像　《敦煌學輯刊》1994 年第 1 期　p. 66

呂建福　中國密教史　中國社會科學出版社　1995　p. 353

張廣達　西域史地叢稿初編　上海古籍出版社　1995　p. 337

姜伯勤　敦煌藝術宗教與禮樂文明　中國社會科學出版社　1996　p. 179、499

張廣達　祆教對唐代中國之影響三例　法國漢學（第 1 輯）　中華書局　1996　p. 153 注 32

中村裕一　唐代公文書研究　（東京）汲古書院　1996　p. 93

胡素馨　敦煌的粉本和壁畫之間的關係　唐研究（第三卷）　北京大學出版社　1997　p. 439

李并成　古代河西走廊桑蠶絲織業考　《敦煌學輯刊》1997 年第 2 期　p. 65

馬德　敦煌工匠史料　甘肅人民出版社　1997　p. 56

張廣達　唐代祆教圖像再考　唐研究（第三卷）　北京大學出版社　1997　p. 1

鄭阿財　《龍興寺毗沙門天王靈驗記》與敦煌地區的毗沙門信仰　周紹良先生欣開九秩慶壽文集
　　中華書局　1997　p. 261

鄭炳林　敦煌碑銘讚及其有關問題　敦煌碑銘讚輯釋　甘肅教育出版社　1997　p. 9

鄭炳林　唐五代敦煌手工業研究　敦煌歸義軍史專題研究　蘭州大學出版社　1997　p. 260

鄭炳林　馮培紅　唐五代歸義軍政權對外關係中的使頭一職　敦煌歸義軍史專題研究　蘭州大學出
　　版社　1997　p. 68

尚衍斌　西域文化　遼寧教育出版社　1998　p. 351

譚蟬雪　白描粟特女神像　敦煌學大辭典　上海辭書出版社　1998　p. 242

譚蟬雪　剪紙佛塔　敦煌學大辭典　上海辭書出版社　1998　p. 244

姜伯勤　敦煌白畫中粟特神祇圖像的再考察　藝術史研究（2）　中山大學出版社　2000　p. 53

金岡照光　敦煌文獻と中國文學　（東京）五曜書房　2000　p. 408

顏廷亮　敦煌文化　光明日報出版社　2000　p. 274、284、304

榮新江　中古中國與外來文明　三聯書店　2001　p. 308

王明珍　敦煌 P. 4518 佛畫的年代及相關問題芻議　《敦煌研究》2001 年第 1 期　p. 50

顏廷亮　敦煌文化中的祆教、摩尼教和景教　敦煌學與中國史研究論集　甘肅人民出版社　2001　p. 421

曾良　敦煌文獻字義通釋　廈門大學出版社　2001　p. 43

乜小紅　唐宋敦煌毛紡織業述略　敦煌學（第 23 輯）　（臺北）樂學書局有限公司　2002　p. 115

謝生寶　敦煌莫高窟發現的剪紙藝術品　敦煌佛教藝術文化國際學術研討會論文集　蘭州大學出版社　2002　p. 589

徐曉麗　敦煌石窟所見天公主考辨　《敦煌學輯刊》2002 年第 2 期　p. 81

李小榮　敦煌密教文獻論稿　人民文學出版社　2003　p. 83

榮新江　略談于闐對敦煌石窟的貢獻　2000 年敦煌學國際學術討論會文集·歷史文化卷（上）　甘肅民族出版社　2003　p. 75

譚蟬雪　敦煌的粟特居民及祆神祈賽　2000 年敦煌學國際學術討論會文集·歷史文化卷（下）　甘肅民族出版社　2003　p. 68

張總　地藏信仰研究　宗教文化出版社　2003　p. 232

姜伯勤　中國祆教藝術史研究　三聯書店　2004　p. 95、237

魏迎春　敦煌菩薩漫談　民族出版社　2004　p. 80

鄭炳林　晚唐五代敦煌商業貿易市場研究　《敦煌學輯刊》2004 年第 1 期　p. 105

林悟殊　中古三夷教辨證　中華書局　2005　p. 237

沙武田　敦煌寫真邈真讚畫稿研究：兼論敦煌畫之寫真肖像藝術　《敦煌學輯刊》2006 年第 1 期　p. 57

沙武田　敦煌引路菩薩像畫稿　《敦煌研究》2006 年第 1 期　p. 39

P. 4519

三崎良周　仏頂尊勝陀羅尼經と諸星母陀羅尼經　敦煌と中國仏教（講座敦煌 7）　（東京）大東出版社　1984　p. 128

王明珍　敦煌 P. 4518 佛畫的年代及相關問題芻議　《敦煌研究》2001 年第 1 期　p. 52

邰惠莉　敦煌版畫敘錄　《敦煌研究》2005 年第 2 期　p. 11

吳榮鑒　關於敦煌版畫製作的幾個問題　《敦煌研究》2005 年第 2 期　p. 30

P. 4520

福井文雅　般若心經　敦煌と中國仏教（講座敦煌 7）　（東京）大東出版社　1984　p. 40

張鴻勳　變文　敦煌文學　甘肅人民出版社　1989　p. 244

西北師範大學古籍整理研究所　酒泉寶卷　甘肅人民出版社　1991　p. 5

張鴻勳　敦煌文學概論　甘肅人民出版社　1993　p. 243

劉進寶　敦煌學論述　（臺北）洪葉文化事業有限公司　1995　p. 307

顏廷亮　西陲文學遺珍：敦煌文學通俗談　甘肅人民出版社　2000　p. 31

P. 4521

森安孝夫　ウイグル語文獻　敦煌胡語文獻（講座敦煌 6）　（東京）大東出版社　1985　p. 6、72

森安孝夫著　楊富學譯　敦煌出土元代回鶻文佛教徒書簡　《敦煌研究》1991 年第 2 期　p. 37　又見：沙州回鶻及其文獻　甘肅文化出版社　1995　p. 267

耿世民　敦煌突厥回鶻文書導論　（臺北）新文豐出版公司　1994　p. 133

牛汝極　楊富學　敦煌回鶻文書法藝術　《甘肅民族研究》1995 年第 1 期　p. 101

楊富學　牛汝極　沙州回鶻及其文獻　甘肅文化出版社　1995　p. 252

耿世民　回鶻文叙事詩常啼和法上的故事　敦煌學大辭典　上海辭書出版社　1998　p. 496

楊富學　佛教與敦煌回鶻文書法藝術　西域敦煌宗教論稿　甘肅文化出版社　1998　p. 139

楊富學　回鶻之佛教　新疆人民出版社　1998　p. 118

戴仁　敦煌寫本中的贋品　法國漢學(敦煌學專號)　中華書局　2000　p. 4

耿世民　敦煌出土回鶻文獻介紹　新疆文史論集　中央民族大學出版社　2001　p. 301

鄧浩　楊富學　西域敦煌回鶻文獻語言研究　甘肅文化出版社　2002　p. 59

楊富學　回鶻文獻與回鶻文化　民族出版社　2003　p. 77

邰惠莉　敦煌版畫叙錄　《敦煌研究》2005年第2期　p. 11

張鐵山　突厥語族文獻學　中央民族大學出版社　2005　p. 256

P. 4522

高國藩　敦煌古俗與民俗流變　河海大學出版社　1990　p. 500

高國潘　敦煌巫術形態：兼與中外巫術之比較　第二屆敦煌學國際研討會論文集　(臺北)漢學研究
　　中心　1990　p. 612、653

高國藩　敦煌民俗資料導論　(臺北)新文豐出版公司　1993　p. 130、260

高國藩　敦煌巫術與巫術流變　河海大學出版社　1993　p. 86

蕭登福　道教與密宗　(臺北)新文豐出版公司　1993　p. 442

楊雄　白描戴襆頭人頭像　敦煌學大辭典　上海辭書出版社　1998　p. 241

黃正建　敦煌占卜文書與唐五代占卜研究　學苑出版社　2001　p. 73

王明珍　敦煌P. 4518佛畫的年代及相關問題芻議　《敦煌研究》2001年第1期　p. 52

陳于柱　魏萬斗　唐宋陰陽相宅宗初探：以敦煌寫本宅經爲考索　《敦煌學輯刊》2002年第2期
　　p. 45

陳于柱　敦煌寫本宅經的八宅："八宅經一卷"研究　麥積山石窟藝術文化論文集(下)　蘭州大學出
　　版社　2004　p. 237

陳于柱　從敦煌占卜文書看晚唐五代敦煌占卜與佛教的對話交融　《敦煌學輯刊》2005年第2期
　　p. 28

劉永明　敦煌道教的世俗化之路：道教向具注曆日的滲透　《敦煌學輯刊》2005年第2期　p. 202

沙武田　敦煌寫真邈真讚畫稿研究：兼論敦煌畫之寫真肖像藝術　《敦煌學輯刊》2006年第1期
　　p. 43、46

余欣　唐宋時代敦煌的鎮宅術　敦煌吐魯番研究(第九卷)　中華書局　2006　p. 357、371

P. 4523

蘇遠鳴　敦煌寫本中的壁畫題識集　法國學者敦煌學論文選萃　中華書局　1993　p. 202

王明珍　敦煌P. 4518佛畫的年代及相關問題芻議　《敦煌研究》2001年第1期　p. 52

張總　《閻羅王授記經》綴補研考　敦煌吐魯番研究(第五卷)　北京大學出版社　2001　p. 83

張總　地藏信仰研究　宗教文化出版社　2003　p. 273

張總　疑偽經典與佛教藝術探例　2000年敦煌學國際學術討論會文集·石窟藝術卷　甘肅民族出
　　版社　2003　p. 246

黨燕妮　晚唐五代敦煌的十王信仰　麥積山石窟藝術文化論文集(下)　蘭州大學出版社　2004
　　p. 150

P. 4524

關德棟　談變文　《覺群周報》1946 年 1 卷 1－12 期　又見:敦煌變文論文録　上海古籍出版社
　　1982　p. 202

向達　唐代俗講考　《國學季刊》1946 年第 6 卷第 4 號　p. 42　又見:唐代長安與西域文明　三聯書
　　店　1957　p. 310(圖版 1、2);敦煌變文論輯　(臺北)石門圖書公司　1981　p. 22 注 24

王慶菽　試談變文的産生和影響　《新建設》1957 年第 3、8 期　又見:敦煌變文論文録　上海古籍出
　　版社　1982　p. 266　又見:中國敦煌學百年文庫·文學卷(一)　甘肅文化出版社　1999
　　p. 551

金維諾　祇園記圖與變文　《文物參考資料》1958 年第 11 期　p. 32　又見:絲綢之路文獻叙録　蘭
　　州大學出版社　1989　p. 599

程毅中　關於變文的幾點探索　文學遺産增刊(第 10 輯)　作家出版社　1963　又見:敦煌變文論
　　文録　上海古籍出版社　1982　p. 387

金岡照光　敦煌漢文文學文獻の文學形態上の種類とその分類　敦煌出土文學文獻分類目録·附解
　　説　(東京)東洋文庫　1971　p. 223

金岡照光　敦煌文學のさまざま　敦煌の文學　(東京)大蔵出版株式會社　1971　p. 107、189

金岡照光　敦煌民衆の宗教と生活　敦煌の民衆——その生活と思想　(東京)評論社　1972
　　p. 144

邱鎮京　敦煌變文述論　(臺北)商務印書館　1974　p. 1860

曾錦漳　唐代俗講及其底本　《香港浸會學院學報》1978 年第 5 期　又見:中國敦煌學百年文庫·文
　　學卷(二)　甘肅文化出版社　1999　p. 316

加地哲定　增補中國佛教文學研究　(東京)同朋舍　1979　p. 108、170

王重民　敦煌古籍叙録　中華書局　1979　p. 358、372

閻文儒　經變的起源種類和所反映佛教上宗派的關係　《社會科學戰線》1979 年第 4 期　又見:中國
　　敦煌學百年文庫·宗教卷(四)　甘肅文化出版社　1999　p. 92

羅宗濤　賢愚經與祇園因由記、降魔變文之比較研究　中國古典小説研究專集(第 2 期)　(臺北)聯
　　經出版公司　1980　p. 108　又見:中國敦煌學百年文庫·文學卷(二)　甘肅文化出版社
　　1999　p. 443

楊家駱　敦煌變文　(臺北)世界書局　1980　p. 390

金岡照光　敦煌の繪物語　(東京)東方書店　1981　p. 70、134

潘重規　敦煌變文新論　敦煌變文論輯　(臺北)石門圖書公司　1981　p. 175

蘇瑩輝　敦煌學概要　(臺北)編譯館"中華叢書編委會"　1981　p. 85、90

白化文　什麽是變文　敦煌變文論文録　上海古籍出版社　1982　p. 435

陳祚龍　新譯補注杜女史主修的《巴黎國立圖書館藏敦煌中文卷冊目録》之"自序"及"緒説"　敦煌
　　學要籥　(臺北)新文豐出版公司　1982　p. 42

金維諾　《祇園記圖》與變文　敦煌變文論文録　上海古籍出版社　1982　p. 353

王重民　敦煌本《董永變文》跋　敦煌變文論文録　上海古籍出版社　1982　p. 691

鄭阿財　敦煌孝道文學研究　(臺北)石門圖書公司　1982　p. 110

周紹良　談唐代民間文學——讀《中國文學史》中"變文"節書後關於唐代民間文學研究的幾點意見
　　敦煌變文論文録　上海古籍出版社　1982　p. 412　又見:紹良叢稿　齊魯書社　1984　p. 54

方南生　《雙恩記》創作年代初探　《社會科學》1983 年第 5 期　又見:中國敦煌學百年文庫·文學
　　卷(四)　甘肅文化出版社　1999　p. 94

平野顯照　講經文の組織内容　敦煌と中國仏教(講座敦煌 7)　(東京)大東出版社　1984　p. 355

王重民　降魔變文　敦煌變文集　人民文學出版社　1984　p. 390

向達　敦煌變文集引言　敦煌遺書論文集　中華書局　1984　p. 337

柴劍虹　敦煌文學研究　唐代文學研究年鑑(1984)　陝西人民出版社　1985　p. 115

李永寧　蔡偉堂　《降魔變文》與敦煌壁畫中的"勞度叉鬥聖變"　1983 年全國敦煌學術討論會文集
　　石窟·藝術編(上)　甘肅人民出版社　1985　p. 165　又見:敦煌研究文集·敦煌石窟經變篇
　　　甘肅民族出版社　2000　p. 329

張錫厚　敦煌變文藝術散論　敦煌學論集　甘肅人民出版社　1985　p. 150

張錫厚　漫談敦煌變文的藝術特徵　唐代文學論叢(第六輯)　陝西人民出版社　1985　p. 163

柴劍虹　敦煌題畫詩漫語　《敦煌學輯刊》1986 年第 1 期　p. 154　又見:西域文史論稿　(臺北)國
　　文天地雜誌社　1991　p. 362

韓建瓴　敦煌寫本《韓擒虎畫本》初探(一)　《敦煌學輯刊》1986 年第 1 期　p. 53

王重民原編　黃永武新編　敦煌古籍敘錄新編(第十八冊)　(臺北)新文豐出版公司　1986　p. 1、
　　155

陳祚龍　竭誠做好知己知彼,悉力做到精益求精:敦煌學散策之四　敦煌學林劄記　(臺北)商務印
　　書館　1987　p. 272

蘇瑩輝　從敦煌遺書的發現論中國古典文學和俗講作品對後世的影響　敦煌文史藝術論叢　(臺
　　北)新文豐出版公司　1987　p. 17

謝生保　河西寶卷與敦煌變文的比較　《敦煌研究》1987 年第 4 期　p. 79

張鴻勳　敦煌講唱文學作品選注　甘肅人民出版社　1987　p. 292

白化文　變文和榜題　敦煌語言文學研究　北京大學出版社　1988　p. 148

王慶菽　敦煌變文研究　敦煌語言文學論文集　浙江古籍出版社　1988　p. 58、68

蕭登福　唐世佛家之講經與敦煌變文　敦煌俗文學論叢　(臺北)商務印書館　1988　p. 64、69

周紹良　張錫厚　解放以來全國敦煌語言文學研究述評　敦煌語言文學研究　北京大學出版社
　　1988　p. 18

王慶菽　關於《敦煌變文集》內《降魔變文》"校記"的一些問題　《敦煌語言文學研究通訊》1989 年第
　　2 期　p. 1

加地哲定著　劉衛星譯　中國佛教文學　今日中國出版社　1990　p. 143

項楚　敦煌變文選注　巴蜀書社　1990　p. 488

金岡照光　講唱體類　敦煌の文學文獻(講座敦煌 9)　(東京)大東出版社　1992　p. 78、105

金岡照光　散文體類　敦煌の文學文獻(講座敦煌 9)　(東京)大東出版社　1992　p. 233、257

林家平　寧強　羅華慶　中國敦煌學史　北京語言學院出版社　1992　p. 3、201、265、337、342、628

岩本裕　敦煌における仏傳·本生譚　敦煌の文學文獻(講座敦煌 9)　(東京)大東出版社　1992
　　p. 445

蘇遠鳴　敦煌寫本中的壁畫題識集　法國學者敦煌學論文選萃　中華書局　1993　p. 221

楊雄　講經文名實說　(香港)《九州學刊》(敦煌學專輯)1993 年第 5 卷第 4 期　p. 145

蔣禮鴻　敦煌文獻語言詞典　杭州大學出版社　1994　p. 13、397、423

胡戟　傅玫　敦煌史話　中華書局　1995　p. 175

劉迎勝　絲路文化·草原卷　浙江人民出版社　1995　p. 157

梅維恒　釋"變文"的底蘊　學術集林(卷三)　上海遠東出版社　1995　p. 183

吳庚舜　董乃斌　唐代文學史(下)　人民文學出版社　1995　p. 584

王昆吾　隋唐五代燕樂雜言歌辭研究　中華書局　1996　p. 367

張涌泉　敦煌俗字研究導論　(臺北)新文豐出版公司　1996　p. 38

黄征　敦煌文學《兒郎偉》輯録校注　敦煌語文叢説　（臺北）新文豐出版公司　1997　p. 714

黄征　張涌泉　敦煌變文校注　中華書局　1997　p. 168、568

劉子瑜　敦煌變文和王梵志詩　大象出版社　1997　p. 37、42

馬德　敦煌工匠史料　甘肅人民出版社　1997　p. 72

張弓　漢唐佛寺文化史　中國社會科學出版社　1997　p. 771

海客　降魔變文　敦煌學大辭典　上海辭書出版社　1998　p. 577

李重申　武術　敦煌學大辭典　上海辭書出版社　1998　p. 600

林梅村　作爲傳送印度文學到中國管道的中亞佛教　西域考察與研究續編　新疆人民出版社　1998　p. 266

榮新江　舍利弗與六師外道圖卷考　敦煌學大辭典　上海辭書出版社　1998　p. 815

周紹良　張涌泉　黄征　敦煌變文講經文因緣輯校（下）　江蘇古籍出版社　1998　p. 799

梅維恒著　楊繼東　陳引馳譯　唐代變文（上）　（香港）中國佛教文化出版公司　1999　p. 90

北京大學　敦煌《經卷》、《照片》及《圖書》目録　中國敦煌學百年文庫·綜述卷（一）　甘肅文化出版社　1999　p. 319

金岡照光　敦煌文獻と中國文學　（東京）五曜書房　2000　p. 37、60、135

李小榮　變文變相關係論　《敦煌研究》2000 年第 3 期　p. 61

梅維恒著　張國剛　陳海濤譯　變文之後的中國圖畫講唱藝術及其外來影響　國際漢學（第六輯）　大象出版社　2000　p. 202

謝生保　成佛之路：敦煌壁畫佛傳故事　甘肅人民出版社　2000　p. 181

張鴻勳　說唱藝術奇葩：敦煌變文選評　甘肅人民出版社　2000　p. 183

張錫厚　敦煌文學源流　作家出版社　2000　p. 11

陳寅恪撰　榮新江整理　《敦煌零拾》劄記　敦煌吐魯番研究（第五卷）　北京大學出版社　2001　p. 9

榮新江　敦煌學十八講　北京大學出版社　2001　p. 285

王明珍　敦煌 P. 4518 佛畫的年代及相關問題芻議　《敦煌研究》2001 年第 1 期　p. 52

李小榮　變文講唱與華梵宗教藝術　上海三聯書店　2002　p. 118

史葦湘　敦煌歷史與莫高窟藝術研究　甘肅教育出版社　2002　p. 194

張鴻勳　敦煌俗文學研究　甘肅人民出版社　2002　p. 19

黄征　胡適舊藏《降魔變文》真迹考證　敦煌學（第 24 輯）　（臺北）樂學書局有限公司　2003　p. 128

陳允吉　李賀《許公子鄭姬歌》與變文講唱　佛經文學研究論集　復旦大學出版社　2004　p. 414

荒見泰史　敦煌變文研究概述以及新觀點　華林（第三卷）　中華書局　2004　p. 389、404

金維諾　中國美術史論集（中）　黑龍江美術出版社　2004　p. 180

李小榮　"狸貓換太子"與佛典　佛經文學研究論集　復旦大學出版社　2004　p. 583

王惠民　敦煌經變畫的研究成果與研究方法　《敦煌學輯刊》2004 年第 2 期　p. 70

王小盾　潘重規先生"變文外衣"理論疏説　敦煌學（第 25 輯）　（臺北）樂學書局有限公司　2004　p. 76

于向東　榆林窟第 19 窟目連變相與《目連變文》　《敦煌學輯刊》2005 年第 1 期　p. 90

王青　西域文化影響下的中古小説　中國社會科學出版社　2006　p. 483

P. 4525

金岡照光　敦煌文學のさまざま　敦煌の文學　（東京）大藏出版株式會社　1971　p. 156、185

池田溫　評『ペリオ將來敦煌漢文文獻目録』第一卷（P. 2001－2500）　『東洋學報』（54 卷 4 號）
　　（東京）東洋學術協會　1972　p. 61

土肥義和　莫高窟千佛洞と大寺と蘭若と　敦煌の社會（講座敦煌 3）　（東京）大東出版社　1980
　　p. 367

鄭阿財　敦煌孝道文學研究　（臺北）石門圖書公司　1982　p. 533

潘重規　敦煌變文集新書（上）（臺北）"中國文化大學"中文研究所　1984　p. 638

唐耕耦　陸宏基　敦煌社會經濟文獻真迹釋録（一）　書目文獻出版社　1986　p. 279

王三慶　敦煌寫卷中武后新字之調查研究　漢學研究（敦煌學國際研討會論文專號）（臺北）漢學
　　研究資料及服務中心　1986　p. 442　又見：唐代研究論集（第三輯）（臺北）新文豐出版公司
　　1992　p. 64

姜伯勤　唐五代敦煌寺戶制度　中華書局　1987　p. 83

任半塘　敦煌歌辭總編　上海古籍出版社　1987　p. 1365

鄭阿財　敦煌寫本定格聯章《百歲篇》研究　（臺北）《木鐸》1987 年第 11 期　又見：中國敦煌學百年
　　文庫·文學卷（四）　甘肅文化出版社　1999　p. 315

中野美代子　敦煌物語　（東京）集英社　1987　p. 225

姜伯勤　敦煌音聲人略論　《敦煌研究》1988 年第 4 期　p. 7

劉進寶　俚曲小調　敦煌文學　甘肅人民出版社　1989　p. 229

山本達郎等　敦煌·I 社條　『NUN－HUANG AND TURFAN DOCUMENTS CONCERNING SOCIAL
　　AND ECONOMIC HISTORY』（IV）　（東京）東洋文庫　1989　p. 10

山本達郎等　敦煌·V 計會文書　『NUN－HUANG AND TURFAN DOCUMENTS CONCERNING SO-
　　CIAL AND ECONOMIC HISTORY』（IV）　（東京）東洋文庫　1989　p. 124

孫其芳　詞　敦煌文學　甘肅人民出版社　1989　p. 214

鄭阿財　敦煌寫卷新集文詞九經抄研究　（臺北）文史哲出版社　1989　p. 11　又見：唐代研究論集
　　（第四輯）（臺北）新文豐出版公司　1992　p. 641

堀敏一　中唐以後敦煌稅法的變化　《魏晉南北朝隋唐史》1990 年第 6 期　p. 61

任半塘　王昆吾　隋唐五代燕樂雜言歌辭集　巴蜀書社　1990　p. 1576

榮新江　沙州歸義軍歷任節度使稱號研究　敦煌吐魯番學研究論文集　漢語大詞典出版社　1990
　　p. 807

譚蟬雪　敦煌歲時掇瑣：正月　《敦煌研究》1990 年第 1 期　p. 47　又見：（香港）《九州學刊》（敦煌
　　學專輯）1993 年第 5 卷第 4 期　p. 85

唐耕耦　陸宏基　敦煌社會經濟文獻真迹釋録（二、三、四、五）　全國圖書館文獻縮微複製中心
　　1990　p. 157、196、454；276、621；305；27

鄭阿財　敦煌蒙書析論　第二屆敦煌學國際研討會論文集　（臺北）漢學研究中心　1990　p. 225

郝春文　隋唐五代宋初傳統私社與寺院的關係　《魏晉南北朝隋唐史》1991 年第 6 期　p. 69

堀敏一著　林世田譯　唐代後期敦煌社會經濟之變化　《敦煌學輯刊》1991 年第 1 期　p. 100

陸慶夫　略論敦煌民族史料的價值　《敦煌學輯刊》1991 年第 1 期　p. 35

張廣達　唐末五代宋初西北地區的般次和使次　季羨林教授八十華誕紀念論文集（下）　江西人民
　　出版社　1991　p. 970

姜伯勤　敦煌社會文書導論　（臺北）新文豐出版公司　1992　p. 157、161、233

陸慶夫　河西達怛考述　《敦煌學輯刊》1992 年第 1、2 期　p. 19

王三慶著　池田溫譯　類書　敦煌漢文文獻（講座敦煌 5）（東京）大東出版社　1992　p. 366

岩本裕　敦煌における仏傳·本生譚　敦煌の文學文獻（講座敦煌 9）（東京）大東出版社　1992

　　　　　　p. 430

周紹良　敦煌文學芻議及其它　（臺北）新文豐出版公司　1992　p. 38

黃征　敦煌願文《兒郎偉》輯考　（香港）《九州學刊》（敦煌學專輯）1993 年第 5 卷第 4 期　p. 78

譚蟬雪　敦煌婚姻文化　甘肅人民出版社　1993　p. 67

鄭阿財　敦煌文獻與文學　（臺北）新文豐出版公司　1993　p. 166、258

郝春文　中古時期儒佛文化對民間結社的影響及其變化　唐文化研究論文集　上海人民出版社
　　　1994　p. 205

蔣禮鴻　敦煌文獻語言詞典　杭州大學出版社　1994　p. 169

郱惠莉　敦煌遺書中的白描畫簡介　《社科縱橫》1994 年第 4 期　p. 50

王永興　敦煌經濟文書導論　（臺北）新文豐出版公司　1994　p. 361、408

鄭炳林　《索勳紀德碑》研究　《敦煌學輯刊》1994 年第 2 期　p. 72

李正宇　俄藏《端拱二年八月十九日往西天取菩薩戒僧智堅手記》決疑　敦煌佛教文獻研究　敦煌
　　　研究院文獻研究所　1995　p. 3

劉惠琴　從敦煌文書中看沙州紡織業　《敦煌學輯刊》1995 年第 2 期　p. 53

馬雅倫　關於南山問題的討論　《敦煌學輯刊》1995 年第 2 期　p. 48

寧可　郝春文　敦煌社邑的喪葬互助　《首都師範大學學報》1995 年第 6 期　p. 34

土肥義和　唐・北宋間の「社」の組織形態に関する一考察　中國古代の國家と民衆（堀敏一先生古
　　　稀記念）　（東京）汲古書院　1995　p. 744

汪泛舟　論敦煌文明的多民族貢獻　《敦煌研究》1995 年第 2 期　p. 188

張傳璽　中國歷代契約會編考釋（上）　北京大學出版社　1995　p. 691 注 1

張廣達　西域史地叢稿初編　上海古籍出版社　1995　p. 338

張涌泉　敦煌文書類化字研究　《敦煌研究》1995 年第 4 期　p. 79

姜伯勤　敦煌藝術宗教與禮樂文明　中國社會科學出版社　1996　p. 464、521

姜伯勤　沙州儺禮考　敦煌藝術宗教與禮樂文明　中國社會科學出版社　1996　p. 459　又見：中國
　　　敦煌學百年文庫・歷史卷（二）　甘肅文化出版社　1999　p. 442

雷紹鋒　論曹氏歸義軍時期官府之“牧子”　《敦煌學輯刊》1996 年第 1 期　p. 39

劉進寶　P. 3236 號《壬申年官布籍》時代考　《西北師大學報》1996 年第 5 期　p. 44

劉進寶　P. 3236 號《壬申年官布籍》研究　慶祝潘石禪先生九秩華誕敦煌學特刊　（臺北）文津出版
　　　社　1996　p. 362

榮新江　歸義軍史研究　上海古籍出版社　1996　p. 126

徐俊　敦煌寫本唐人詩歌存佚互見綜考　敦煌吐魯番研究（第一卷）　北京大學出版社　1996
　　　p. 130

張涌泉　敦煌俗字研究導論　（臺北）新文豐出版公司　1996　p. 244

鄭炳林　唐五代敦煌粟特人與歸義軍政權　《敦煌研究》1996 年第 4 期　p. 92　又見：敦煌歸義軍史
　　　專題研究　蘭州大學出版社　1997　p. 424

方廣錩　敦煌佛教經錄輯校　江蘇古籍出版社　1997　p. 1049

馮培紅　晚唐五代宋初歸義軍武職軍將研究　敦煌歸義軍史專題研究　蘭州大學出版社　1997
　　　p. 123

黃征　張涌泉　敦煌變文校注　中華書局　1997　p. 176

李并成　西北民族歷史地理研究芻議　《甘肅民族研究》1997 年第 1 期　p. 23

李正宇　敦煌歷史地理導論　（臺北）新文豐出版公司　1997　p. 226

陸淑綺　李重申　敦煌古代戲曲文化史料綜述　《敦煌研究》1997 年第 2 期　p. 62

陸淑綺　李重申　絲綢之路上的舞蹈與音樂　周紹良先生欣開九秩慶壽文集　中華書局　1997
　　p. 436

馬德　敦煌工匠史料　甘肅人民出版社　1997　p. 57、79

寧可　郝春文　敦煌社邑文書輯校　江蘇古籍出版社　1997　p. 34

楊際平　郭鋒　張和平　五—十世紀敦煌的家庭與家族關係　岳麓書社　1997　p. 148

鄭炳林　敦煌碑銘讚輯釋　甘肅教育出版社　1997　p. 374 注 3

鄭炳林　唐末五代敦煌都河水系研究　敦煌歸義軍史專題研究　蘭州大學出版社　1997　p. 185

鄭炳林　唐五代敦煌手工業研究　敦煌歸義軍史專題研究　蘭州大學出版社　1997　p. 241、264

鄭炳林　馮培紅　晚唐五代宋初歸義軍政權中都頭一職考辨　敦煌歸義軍史專題研究　蘭州大學出
　　版社　1997　p. 74、86

鄭炳林　楊富學　敦煌西域出土回鶻文文獻所載 qunbu 與漢文文獻所見官布研究　《敦煌學輯刊》
　　1997 年第 2 期　p. 23

白化文　新集文詞九經抄　敦煌學大辭典　上海辭書出版社　1998　p. 781

方廣錩　中阿含經　敦煌學大辭典　上海辭書出版社　1998　p. 705

雷紹鋒　P. 3418v《唐沙州諸鄉欠枝夫人戶名目》研究　《敦煌研究》1998 年第 2 期　p. 113

李冬梅　唐五代歸義軍與周邊民族關係綜論　《敦煌學輯刊》1998 年第 2 期　p. 50

寧可　燃燈社　敦煌學大辭典　上海辭書出版社　1998　p. 428

沙知　敦煌契約文書輯校　江蘇古籍出版社　1998　p. 360、473、565

沙知　納布　敦煌學大辭典　上海辭書出版社　1998　p. 408

盛冬鈴　緇門百歲篇　敦煌學大辭典　上海辭書出版社　1998　p. 543

譚蟬雪　床上舞　敦煌學大辭典　上海辭書出版社　1998　p. 271

譚蟬雪　敦煌歲時文化導論　（臺北）新文豐出版公司　1998　p. 21

譚蟬雪　僧人養女蓄婢　敦煌學大辭典　上海辭書出版社　1998　p. 452

譚蟬雪　正月燃燈　敦煌學大辭典　上海辭書出版社　1998　p. 434

張亞萍　唐五代歸義軍政府牧馬業研究　《敦煌學輯刊》1998 年第 2 期　p. 56

陳國燦　唐代的經濟社會　（臺北）文津出版社　1999　p. 164

董志翹　敦煌文書詞語瑣記　《敦煌研究》1999 年第 4 期　p. 34

馮培紅　客司與歸義軍的外交活動　《敦煌學輯刊》1999 年第 1 期　p. 75

堀敏一　中唐以後敦煌地域における稅制度　東アジア史における國家と地域　（東京）刀水書房
　　1999　p. 321

史成禮　史葆光　敦煌性文化　廣州出版社　1999　p. 104

鄭炳林　晚唐五代敦煌地區種植棉花研究　《中國史研究》1999 年第 3 期　p. 84

北京大學　敦煌《經卷》、《照片》及《圖書》目錄　中國敦煌學百年文庫‧綜述卷（一）　甘肅文化出
　　版社　1999　p. 317

陳永勝　敦煌吐魯番法制文書研究　甘肅人民出版社　2000　p. 180

堀敏一著　張宇譯　中唐以後敦煌地區的稅制　《敦煌研究》2000 年第 3 期　p. 147

雷紹鋒　歸義軍賦役制度初探　（臺北）洪葉文化事業有限公司　2000　p. 26

李正宇　歸義軍樂營的結構與配置　《敦煌研究》2000 年第 3 期　p. 74

劉進寶　敦煌文書與唐史研究　（臺北）新文豐出版公司　2000　p. 214

石內德　敦煌文獻中被廢棄的殘經抄本　法國漢學（敦煌學專號）　中華書局　2000　p. 19、29

譚蟬雪　《君者者狀》辨析:河西達怛國的一份書狀　1994 年敦煌學國際研討會文集‧宗教文史卷
　　（下）　甘肅民族出版社　2000　p. 105

譚蟬雪　唐宋敦煌歲時佛俗　《敦煌研究》2000 年第 4 期　p. 68

徐俊　敦煌詩集殘卷輯考　中華書局　2000　p. 280、831

張錫厚　敦煌文學源流　作家出版社　2000　p. 345

陳國燦　敦煌學史事新證　甘肅教育出版社　2002　p. 295

林仁昱　論敦煌佛教歌曲特質與"弘法"的關係　敦煌學(第 23 輯)　(臺北)樂學書局有限公司　2002　p. 63

馬茜　歸義軍時期敦煌地區庶民佛教的發展　甘肅民族研究論叢　甘肅人民出版社　2002　p. 461、469

王蘭平　敦煌寫本 ДХ6062《歸義軍時期大般若經抄寫紙曆》及其相關問題考釋　敦煌佛教藝術文化國際學術研討會論文集　蘭州大學出版社　2002　p. 64

楊惠玲　敦煌契約文書中的保人、見人、口承人、同便人、同取人　《敦煌研究》2002 年第 6 期　p. 42

鄭阿財　朱鳳玉　敦煌蒙書研究　甘肅教育出版社　2002　p. 293

洪藝芳　敦煌社會經濟文書中的唐五代新興量詞研究　敦煌學(第 24 輯)　(臺北)樂學書局有限公司　2003　p. 93

劉進寶　P. 4525(8)《官布籍》所見歸義軍政權的賦稅免征　新世紀敦煌學論集　巴蜀書社　2003　p. 295

乜小紅　唐五代敦煌音聲人試探　《敦煌研究》2003 年第 3 期　p. 79

王啓濤　中古及近代法制文書語言研究　巴蜀書社　2003　p. 111、170、253、324

湛如　敦煌佛教律儀制度研究　中華書局　2003　p. 69

鄭炳林　晚唐五代敦煌村莊聚落輯考　2000 年敦煌學國際學術討論會文集・歷史文化卷(上)　甘肅民族出版社　2003　p. 130、140

劉進寶　評《敦煌的借貸：中國中古時代的物質生活與社會》　敦煌吐魯番研究(第七卷)　北京大學出版社　2004　p. 495

湯涒　敦煌曲子詞地域文化研究　上海古籍出版社　2004　p. 24

葉貴良　敦煌社邑文書詞語選釋　《敦煌研究》2004 年第 5 期　p. 81

鄭炳林　魏迎春　晚唐五代敦煌佛教教團的戒律和清規　《敦煌學輯刊》2004 年第 2 期　p. 37

鄭炳林　魏迎春　晚唐五代敦煌佛教教團的科罰制度研究　《敦煌研究》2004 年第 2 期　p. 56

鄭顯文　唐代律令制研究　北京大學出版社　2004　p. 187

陸離　吐蕃統治敦煌時期的官府勞役　魏晉南北朝隋唐史資料(第 22 輯)　武漢大學出版社　2005　p. 186

湯涒　敦煌曲子詞寫本叙略　敦煌學國際研討會論文集　北京圖書館出版社　2005　p. 195

郝春文　唐後期五代宋初敦煌私社的教育與教化功能　敦煌吐魯番研究(第九卷)　中華書局　2006　p. 305

李正宇　晚唐至宋敦煌聽許僧人娶妻生子　敦煌吐魯番研究(第九卷)　中華書局　2006　p. 345

劉進寶　歸義軍時期的"音聲人"　《敦煌研究》2006 年第 1 期　p. 67

孟憲實　論唐宋時期敦煌民間結社的社條　敦煌吐魯番研究(第九卷)　中華書局　2006　p. 318

趙跟喜　敦煌唐宋時期的女子教育初探　文史(第七十五輯)　中華書局　2006　p. 95

P. 4526

陳祚龍　新譯補注杜女史主修的《巴黎國立圖書館藏敦煌中文卷冊目錄》之"自序"及"緒說"　敦煌學要篇　(臺北)新文豐出版公司　1982　p. 41

P. 4527

金岡照光　敦煌民衆の宗教と生活　敦煌の民衆——その生活と思想　（東京）評論社　1972
　　p. 88

陳祚龍　敦煌古抄內典尾記彙校初、二、三編合刊　敦煌學要籥　（臺北）新文豐出版公司　1982
　　p. 193

池田溫　中國古代寫本識語集録　（東京）大藏出版株式會社　1990　p. 393

鄭汝中　敦煌書法管窺　《敦煌研究》1991 年第 4 期　p. 39

鄭汝中　敦煌書法概述　敦煌書法庫（第一輯）　甘肅人民美術出版社　1994　p. 11

史成禮　史葆光　敦煌性文化　廣州出版社　1999　p. 104

P. 4528

陳祚龍　敦煌古抄內典尾記彙校初、二、三編合刊　敦煌學要籥　（臺北）新文豐出版公司　1982
　　p. 193

雷紹鋒　歸義軍賦役制度初探　（臺北）洪葉文化事業有限公司　2000　p. 66

P. 4530

陳祚龍　敦煌古抄內典尾記彙校初、二、三編合刊　敦煌學要籥　（臺北）新文豐出版公司　1982
　　p. 193

池田溫　中國古代寫本識語集録　（東京）大藏出版株式會社　1990　p. 389

P. 4531

陳祚龍　敦煌古抄內典尾記彙校初、二、三編合刊　敦煌學要籥　（臺北）新文豐出版公司　1982
　　p. 194

池田溫　中國古代寫本識語集録　（東京）大藏出版株式會社　1990　p. 392

P. 4532

陳祚龍　敦煌古抄內典尾記彙校初、二、三編合刊　敦煌學要籥　（臺北）新文豐出版公司　1982
　　p. 194

池田溫　中國古代寫本識語集録　（東京）大藏出版株式會社　1990　p. 389

P. 4534

陳祚龍　關於研究李唐三藏法師玄奘的“作爲”及其影響之敦煌古抄參考資料　中華佛教文化史散
　　策（初集）　（臺北）新文豐出版公司　1978　p. 367

周紹良　唐代變文及其它　敦煌文學作品選　中華書局　1987　p. 3

高田時雄　五姓說在敦煌藏族　敦煌吐魯番學研究論文集　漢語大詞典出版社　1990　p. 757

林聰明　敦煌文書學　（臺北）新文豐出版公司　1991　p. 428

王三慶　敦煌寫卷中武后新字之調查研究　唐代研究論集（第三輯）　（臺北）新文豐出版公司
　　1992　p. 98

周紹良　敦煌文學芻議及其它　（臺北）新文豐出版公司　1992　p. 68

P. 4536

那波利貞　佛教信仰に基きて組織せられたる中晚唐五代時代の社邑に就きて（上）　『史林』(24

卷3號）　京都大學文學部史學研究會　1939　p. 54　又見：　唐代社會文化史研究・第六編
　　（東京）創文社　1974　p. 620、626

那波利貞　唐代の社邑に就きて（1938 年）　唐代社會文化史研究・第五編　（東京）創文社　1974
　　p. 551

堀敏一　敦煌社會の変質——中國社會全般の発展とも関連して　敦煌の社會（講座敦煌 3）　（東
　　京）大東出版社　1980　p. 184

唐耕耦　陸宏基　敦煌社會經濟文獻真迹釋錄（一）　書目文獻出版社　1986　p. 388

謝和耐著　耿昇譯　中國 5—10 世紀的寺院經濟　甘肅人民出版社　1987　p. 320 注 2

姜伯勤　敦煌社會文書導論　（臺北）新文豐出版公司　1992　p. 248

譚禪雪　敦煌歲時掇瑣　（香港）《九州學刊》（敦煌學專輯）1993 年第 5 卷第 4 期　p. 101

郝春文　中古時期儒佛文化對民間結社的影響及其變化　唐文化研究論文集　上海人民出版社
　　1994　p. 208

堀敏一　中國古代の家と集落　（東京）汲古書院　1996　p. 471

黄征　敦煌願文考論　敦煌語文叢說　（臺北）新文豐出版公司　1997　p. 590

寧可　郝春文　敦煌社邑文書輯校　江蘇古籍出版社　1997　p. 597

楊際平　郭鋒　張和平　五一十世紀敦煌的家庭與家族關係　岳麓書社　1997　p. 315

鄭炳林　敦煌碑銘讚輯釋　甘肅教育出版社　1997　p. 545 注 3

譚蟬雪　敦煌歲時文化導論　（臺北）新文豐出版公司　1998　p. 255

譚蟬雪　造花樹　敦煌學大辭典　上海辭書出版社　1998　p. 435

寧可　寧可史學論集　中國社會科學出版社　1999　p. 449 注 1

譚蟬雪　唐宋敦煌歲時佛俗　《敦煌研究》2001 年第 1 期　p. 102

李小榮　敦煌密教文獻論稿　人民文學出版社　2003　p. 261

湛如　敦煌佛教律儀制度研究　中華書局　2003　p. 350

葉貴良　敦煌社邑文書詞語選釋　《敦煌研究》2004 年第 5 期　p. 84

郝春文　唐後期五代宋初敦煌私社的教育與教化功能　敦煌吐魯番研究（第九卷）　中華書局
　　2006　p. 308

P. 4538

胡素馨　敦煌的粉本和壁畫之間的關係　唐研究（第三卷）　北京大學出版社　1997　p. 440

P. 4539

蕭登福　從敦煌寫卷中看道教星斗崇拜對佛經之影響　第二屆敦煌學國際研討會論文集　（臺北）
　　漢學研究中心　1990　p. 336

P. 4540

池田溫　八世紀中葉敦煌的粟特人聚落　唐研究論文選集　中國社會科學出版社　1999　p. 66 注
　　118

P. 4541

陳祚龍　敦煌古抄內典尾記彙校初、二、三編合刊　敦煌學要籥　（臺北）新文豐出版公司　1982
　　p. 194

池田溫　中國古代寫本識語集錄　（東京）大藏出版株式會社　1990　p. 389

P. 4542

向達　唐代俗講考　《國學季刊》1946 年第 6 卷第 4 號　p. 42　又見：唐代長安與西域文明　三聯書
　　店　1957　p. 333；敦煌變文論輯　（臺北）石門圖書公司　1981　p. 38；敦煌變文論文錄　上
　　海古籍出版社　1982　p. 67；關隴文學論叢　甘肅人民出版社　1983　p. 179

姜伯勤　敦煌寺院碾磑經營的兩種形式　歷史論叢（第三輯）　齊魯書社　1983　p. 186　又見：五
　　十年來漢唐佛教寺院經濟研究　北京師範大學出版社　1986　p. 233

謝和耐著　耿昇譯　敦煌的塴戶與梁戶　敦煌譯叢（第一輯）　甘肅人民出版社　1985　p. 171 注
　　45

張弓　唐代寺院奴婢階層略說　《魏晉南北朝隋唐史》1986 年第 10 期　p. 39

姜伯勤　唐五代敦煌寺戶制度　中華書局　1987　p. 183、251

謝和耐著　耿昇譯　中國 5—10 世紀的寺院經濟　甘肅人民出版社　1987　p. 171 注 4、184 注 2、
　　188 注 6　又見：上海古籍出版社　2004　p. 140 注 3、150 注 3、153 注 12、183 注 4

姜伯勤　敦煌音聲人略論　《敦煌研究》1988 年第 4 期　p. 2

譚蟬雪　敦煌歲時掇瑣：正月　《敦煌研究》1990 年第 1 期　p. 45　又見：（香港）《九州學刊》（敦煌
　　學專輯）1993 年第 5 卷第 4 期　p. 84

唐耕耦　敦煌寫本便物曆初探　敦煌吐魯番文獻研究論集（第五輯）　北京大學出版社　1990
　　p. 139

唐耕耦　陸宏基　敦煌社會經濟文獻真迹釋錄（二、三）　全國圖書館文獻縮微複製中心　1990
　　p. 247；231

姜伯勤　敦煌藝術宗教與禮樂文明　中國社會科學出版社　1996　p. 511

李正宇　敦煌歷史地理導論　（臺北）新文豐出版公司　1997　p. 214

張弓　漢唐佛寺文化史　中國社會科學出版社　1997　p. 861

鄭炳林　唐五代敦煌的粟特人與佛教　敦煌歸義軍史專題研究　蘭州大學出版社　1997　p. 448

鄭炳林　晚唐五代敦煌貿易市場的物價　敦煌歸義軍史專題研究　蘭州大學出版社　1997　p. 290

譚蟬雪　敦煌歲時文化導論　（臺北）新文豐出版公司　1998　p. 9

唐耕耦　梁課　敦煌學大辭典　上海辭書出版社　1998　p. 645

譚蟬雪　唐宋敦煌歲時佛俗　《敦煌研究》2000 年第 4 期　p. 65

羅彤華　從便物曆論敦煌寺院的放貸　敦煌文獻論集：紀念藏經洞發現一百周年國際學術研討會論
　　文集　遼寧人民出版社　2001　p. 470

李小榮　變文講唱與華梵宗教藝術　上海三聯書店　2002　p. 136

乜小紅　唐五代敦煌音聲人試探　《敦煌研究》2003 年第 3 期　p. 76

鄭炳林　晚唐五代敦煌村莊聚落輯考　2000 年敦煌學國際學術討論會文集·歷史文化卷（上）　甘
　　肅民族出版社　2003　p. 127

李正宇　晚唐至北宋敦煌僧尼普聽飲酒　《敦煌研究》2005 年第 3 期　p. 69

劉進寶　歸義軍時期的"音聲人"　《敦煌研究》2006 年第 1 期　p. 70

P. 4547

金岡照光　總說『敦煌文學の諸形態』　敦煌の文學文獻（講座敦煌9）　（東京）大東出版社　1992
　　p. 14

P. 4550

陳祚龍　敦煌古抄內典尾記彙校初、二、三編合刊　敦煌學要籲　（臺北）新文豐出版公司　1982

p. 194

福井文雅　般若心經　敦煌と中國仏教（講座敦煌 7）　（東京）大東出版社　1984　p. 40

池田溫　中國古代寫本識語集録　（東京）大藏出版株式會社　1990　p. 469

方廣錩　般若波羅蜜多心經　敦煌學大辭典　上海辭書出版社　1998　p. 686

P. 4552

陳祚龍　敦煌古抄内典尾記彙校初、二、三編合刊　敦煌學要籥　（臺北）新文豐出版公司　1982
　　p. 194

池田溫　中國古代寫本識語集録　（東京）大藏出版株式會社　1990　p. 391

P. 4556

陳祚龍　敦煌古抄内典尾記彙校初、二、三編合刊　敦煌學要籥　（臺北）新文豐出版公司　1982
　　p. 194

饒宗頤解說　林宏作譯　敦煌書法叢刊（第十八卷）・碎金（一）　（東京）二玄社　1983　p. 91

池田溫　中國古代寫本識語集録　（東京）大藏出版株式會社　1990　p. 214

高國藩　敦煌古俗與民俗流變　河海大學出版社　1990　p. 428

林聰明　從敦煌文書看佛教徒的造經祈福　第二屆敦煌學國際研討會論文集　（臺北）漢學研究中
　　心　1990　p. 523

柴劍虹　《敦煌遺書總目索引》重印記　西域文史論稿　（臺北）國文天地雜誌社　1991　p. 491

方廣錩　佛教大藏經史（八—十世紀）　中國社會科學出版社　1991　p. 61

林聰明　敦煌文書出處略考　季羨林教授八十華誕紀念論文集（下）　江西人民出版社　1991
　　p. 851

林聰明　敦煌文書學　（臺北）新文豐出版公司　1991　p. 112、161、373

楊森　唐虞世南子虞昶傳略補　《陝西師範大學學報》1992 年第 21 卷第 2 期　p. 72

戴仁　敦煌和吐魯番寫本的斷代研究　法國學者敦煌學論文選萃　中華書局　1993　p. 528

顧吉辰　唐代敦煌文獻寫本書手考述　《敦煌學輯刊》1993 年第 1 期　p. 27

陳澤奎　試論唐人寫經題記的原始著作權意義　《敦煌研究》1994 年第 3 期　p. 122

林聰明　談敦煌文書的抄寫問題　紀念陳寅恪先生百年誕辰學術論文集　江西教育出版社　1994
　　p. 287

藤枝晃著　徐慶全　李樹清譯　敦煌寫本概述　《敦煌研究》1996 年第 2 期　p. 118

張弓　漢唐佛寺文化史　中國社會科學出版社　1997　p. 881

白化文　寫經生　敦煌學大辭典　上海辭書出版社　1998　p. 594

陳國燦　咸亨二年唐宮廷寫妙法蓮華經記　敦煌學大辭典　上海辭書出版社　1998　p. 455

方廣錩　敦煌遺書中的《妙法蓮華經》及有關文獻　敦煌學佛教學論叢（下）　中國佛教文化研究所
　　1998　p. 79　又見：法源（第 16 期）　中國佛學院　1998　p. 44

方廣錩　妙法蓮華經　敦煌學大辭典　上海辭書出版社　1998　p. 689

石内德　敦煌文獻中被廢棄的殘經抄本　法國漢學（敦煌學專號）　中華書局　2000　p. 24

楊富學　王書慶　唐代長安與敦煌佛教文化之關係　’98 法門寺唐文化國際學術討論會論文集　陝
　　西人民出版社　2000　p. 178

姜亮夫　敦煌莫高窟年表　姜亮夫全集（十一）　雲南人民出版社　2002　p. 239

P. 4558

方廣錩　諸法無行經　敦煌學大辭典　上海辭書出版社　1998　p. 669

P. 4559

石井昌子　靈寶經類　敦煌と中國道教(講座敦煌4)　(東京)大東出版社　1983　p. 157

劉屹　評《北京大學藏敦煌文獻》　敦煌吐魯番研究(第三卷)　北京大學出版社　1998　p. 373

王卡　靈真戒拔除生死濟苦經　敦煌學大辭典　上海辭書出版社　1998　p. 763

王卡　敦煌道教文獻研究　中國社會科學出版社　2004　p. 131

P. 4560

金岡照光　敦煌文學のさまざま　敦煌の文學　(東京)大藏出版株式會社　1971　p. 133

陳祚龍　中古敦煌仕女心目中的五臺山　中華佛教文化史散策(初集)　(臺北)新文豐出版公司　1978　p. 36

陳祚龍　新校重訂敦煌古抄中世釋衆唱導行孝報恩的藝文四種　中華佛教文化史散策(三集)　(臺北)新文豐出版公司　1981　p. 217

鄭阿財　敦煌孝道文學研究　(臺北)石門圖書公司　1982　p. 16、531、682

山田利明　老子化胡經類　敦煌と中國道教(講座敦煌4)　(東京)大東出版社　1983　p. 99

廣川堯敏　禮讚　敦煌と中國仏教(講座敦煌7)　(東京)大東出版社　1984　p. 469

雷僑雲　敦煌兒童文學　(臺北)學生書局　1985　p. 90 注5

任半塘　敦煌歌辭總編　上海古籍出版社　1987　p. 775、1578

杜斗城　敦煌五臺山文獻校錄研究　山西人民出版社　1991　p. 10

胡文和　大足寶頂《父母恩重經變》研究　《敦煌研究》1992 年第 2 期　p. 14

鄭阿財　從敦煌文獻看唐代的三教合一　第二屆國際唐代學術會議論文集(上)　(臺北)文津出版社　1993　p. 651

饒宗頤　孝順觀念與敦煌佛曲　敦煌曲續論　(臺北)新文豐出版公司　1996　p. 17

鄭炳林　敦煌碑銘讚輯釋　甘肅教育出版社　1997　p. 419 注9

張錫厚　孝順樂讚　敦煌學大辭典　上海辭書出版社　1998　p. 545

張錫厚　新羅僧慈藏入唐禮五臺考　敦煌文獻論集：紀念藏經洞發現一百周年國際學術研討會論文集　遼寧人民出版社　2001　p. 534

林仁昱　論敦煌佛教歌曲特質與"弘法"的關係　敦煌學(第 23 輯)　(臺北)樂學書局有限公司　2002　p. 61

P. 4561

陳祚龍　中古敦煌結社的真象　敦煌學海探珠(下冊)　(臺北)商務印書館　1979　p. 363

林聰明　敦煌文書學　(臺北)新文豐出版公司　1991　p. 35

P. 4562

山田利明　老子化胡經類　敦煌と中國道教(講座敦煌4)　(東京)大東出版社　1983　p. 102

陳祚龍　看了敦煌古抄《報恩寺開溫室浴僧記》以後　敦煌學散策新集　(臺北)新文豐出版公司　1989　p. 206

李豐楙　敦煌道經寫卷與道教寫經的供養功德觀　全國敦煌學研討會論文集　(臺北)中正大學中國文學系所　1995　p. 120

劉屹　敦煌十卷本《老子化胡經》殘卷新探　唐研究（第二卷）　北京大學出版社　1996　p. 114 注 17

王卡　老君說一百八十戒　敦煌學大辭典　上海辭書出版社　1998　p. 760

王卡　敦煌道教文獻研究　中國社會科學出版社　2004　p. 189

白化文　讀《伯希和劫經錄》　敦煌學國際研討會論文集　北京圖書館出版社　2005　p. 16

P. 4563

三木榮　西域出土醫藥關係文獻綜合解說目錄　『東洋學報』(47 卷 1 號)　(東京)東洋學術協會 1964　p. 12

陳祚龍　敦煌古抄內典尾記彙校初、二、三編合刊　敦煌學要籥　(臺北)新文豐出版公司　1982 p. 195

池田溫　中國古代寫本識語集錄　(東京)大藏出版株式會社　1990　p. 147

高國藩　敦煌古俗與民俗流變　河海大學出版社　1990　p. 415

林聰明　從敦煌文書看佛教徒的造經祈福　第二屆敦煌學國際研討會論文集　(臺北)漢學研究中 心　1990　p. 534

林聰明　敦煌文書學　(臺北)新文豐出版公司　1991　p. 317

姜伯勤　敦煌社會文書導論　(臺北)新文豐出版公司　1992　p. 233

京戶　慈光　傳入日本的中國佛教疑偽經典(上)　《敦煌學輯刊》1996 年第 1 期　p. 78

方廣錩　救疾經　敦煌學大辭典　上海辭書出版社　1998　p. 735

姜亮夫　敦煌莫高窟年表　姜亮夫全集(十一)　雲南人民出版社　2002　p. 178

馬繼興　當前世界各地收藏的中國出土卷子本古醫藥文獻備考　敦煌吐魯番研究(第六卷)　北京 大學出版社　2002　p. 154

張國剛　佛學與隋唐社會　河北人民出版社　2002　p. 196

白化文　讀《伯希和劫經錄》　敦煌學國際研討會論文集　北京圖書館出版社　2005　p. 17

李永寧　程亮　整理王重民敦煌遺書手稿所得(三)　《敦煌研究》2005 年第 2 期　p. 65

P. 4564

中川孝　楞伽宗と東山法門　敦煌仏典と禪(講座敦煌 8)　(東京)大東出版社　1980　p. 144

椎名宏雄　北宗燈史の成立　敦煌仏典と禪(講座敦煌 8)　(東京)大東出版社　1980　p. 57

田中良昭　敦煌禪宗文獻の研究　(東京)大東出版社　1983　p. 25

王重民　記敦煌寫本的佛經　敦煌吐魯番文獻研究論集(第二輯)　北京大學出版社　1983　p. 22 又見:敦煌遺書論文集　中華書局　1984　p. 306

楊曾文　日本學者對中國禪宗文獻的研究和整理　《世界宗教研究》1987 年第 1 期　p. 119

上山大峻　敦煌佛教の研究　(京都)法藏館　1990　p. 414

吳其昱著　伊藤美重子譯　敦煌漢文寫本概観　敦煌漢文文獻(講座敦煌 5)　(東京)大東出版社 1992　p. 59

田中良昭　敦煌の禪籍　禪學研究入門　(東京)大東出版社　1994　p. 47

柳田聖山　禪籍解題(一)・敦煌禪籍　俗語言研究(第二期)　(京都)禪文化研究所　1995　p. 139

榮新江著　衣川賢次譯　ロシア所藏の景德傳燈錄　『禪文化』(161 號)　(京都)禪文化研究所 1996　p. 142

榮新江　敦煌本禪宗燈史殘卷拾遺　周紹良先生欣開九秩慶壽文集　中華書局　1997　p. 233

方廣錩　楞伽師資記　敦煌學大辭典　上海辭書出版社　1998　p. 725

劉方　初期的禪史Ⅰ　敦煌學大辭典　上海辭書出版社　1998　p. 827
榮新江　敦煌學十八講　北京大學出版社　2001　p. 252
袁德領　法如神秀與北宗禪的肇始　《敦煌研究》2001 年第 1 期　p. 73
田中良昭　敦煌的禪宗燈史　戒幢佛學(第二卷)　岳麓書社　2002　p. 146

P. 4566
楊森　淺談北朝經生體楷筆的演化　《社科縱橫》1994 年第 4 期　p. 61

P. 4567
方廣錩　敦煌遺書中的《法華經》注疏　《世界宗教研究》1998 年第 2 期　p. 76
方廣錩　敦煌遺書中的《妙法蓮華經》及有關文獻　法源(第 16 期)　中國佛學院　1998　p. 45

P. 4569
土田健次郎　儒教典籍　敦煌漢文文獻(講座敦煌 5)　(東京)大東出版社　1992　p. 268
譚蟬雪　敦煌道經題記綜述　道家文化研究(第十三輯)　三聯書店　1998　p. 19

P. 4571
金岡照光　押座文　敦煌の文學文獻(講座敦煌 9)　(東京)大東出版社　1992　p. 386

P. 4572
陳祚龍　新校重訂中世敦煌流行的"讚"文十種　中華佛教文化史散策(三集)　(臺北)新文豐出版
　　公司　1981　p. 165
張先堂　晚唐至宋初淨土五會念佛法門在敦煌的流傳　《敦煌研究》1998 年第 1 期　p. 53

P. 4573
江素雲　維摩詰所說經敦煌寫本綜合目錄　(臺北)東初出版社　1991　p. 85

P. 4576
李際寧　佛母經　藏外佛教文獻(第一輯)　宗教文化出版社　1995　p. 375
李際寧　敦煌疑偽經典《佛母經》考察　《北京圖書館館刊》1996 年第 4 期　p. 83　又見：中國敦煌
　　學百年文庫·宗教卷(二)　甘肅文化出版社　1999　p. 447
黃征　敦煌歌謠《兒郎偉》的價值　敦煌語文叢說　(臺北)新文豐出版公司　1997　p. 600

P. 4577
福井文雅撰　郭自得譯　般若心經觀在中國的變遷　敦煌學(第 6 輯)　(臺北)新文豐出版公司
　　1983　p. 25
福井文雅　般若心經　敦煌と中國仏教(講座敦煌 7)　(東京)大東出版社　1984　p. 42
耿昇　中法學者友好合作的成果　《敦煌研究》1987 年第 1 期　p. 111
林聰明　敦煌文書學　(臺北)新文豐出版公司　1991　p. 31

P. 4578
汪泛舟　敦煌曲子詞的地位特點和影響　《蘭州學刊》1985 年第 1 期　p. 71

戴仁　敦煌的經折裝寫本　法國學者敦煌學論文選萃　中華書局　1993　p. 589 注 16
李正宇　論敦煌曲子　第二屆國際唐代學術會議論文集（上）　（臺北）文津出版社　1993　p. 760
邰惠莉　敦煌版畫叙録　《敦煌研究》2005 年第 2 期　p. 11

P. 4579

李正宇　敦煌學郎題記輯注　《敦煌學輯刊》1987 年第 1 期　p. 28
汪泛舟　讚・箴　敦煌文學　甘肅人民出版社　1989　p. 102

P. 4580

林聰明　敦煌文書學　（臺北）新文豐出版公司　1991　p. 429
王三慶　敦煌寫卷中武后新字之調查研究　唐代研究論集（第三輯）　（臺北）新文豐出版公司
　　　1992　p. 98
林聰明　敦煌文書年代考探略述　敦煌學國際研討會文集・史地語文編　遼寧美術出版社　1995
　　　p. 556
林聰明　敦煌吐魯番文書解詁指例　（臺北）新文豐出版公司　2001　p. 261

P. 4584

伊藤美重子　敦煌本『大智度論』の整理　中國佛教石經の研究　京都大學學術出版會　1996
　　　p. 384

P. 4585

陳祚龍　中古敦煌的書學　敦煌資料考屑（上冊）　（臺北）商務印書館　1979　p. 165
周祖謨　敦煌唐本字書叙録　敦煌語言文學研究　北京大學出版社　1988　p. 45
高國藩　敦煌民俗學　上海文藝出版社　1989　p. 108
鄭阿財　敦煌蒙書析論　第二屆敦煌學國際研討會論文集　（臺北）漢學研究中心　1990　p. 217
鄭阿財　敦煌文獻與文學　（臺北）新文豐出版公司　1993　p. 247
楊寶玉　百家姓　敦煌學大辭典　上海辭書出版社　1998　p. 782
汪泛舟　敦煌古代兒童課本　甘肅人民出版社　2000　p. 5
鄭阿財　朱鳳玉　敦煌蒙書研究　甘肅教育出版社　2002　p. 69
鄭阿財　敦煌蒙書　敦煌與絲路文化學術講座（第一輯）　北京圖書館出版社　2003　p. 135

P. 4587

王堯　藏族翻譯家管・法成對民族文化交流的貢獻　《文物》1980 年第 7 期　又見：中國敦煌學百年
　　　文庫・民族卷（三）　甘肅文化出版社　1999　p. 29
陳祚龍　敦煌古抄內典尾記彙校初、二、三編合刊　敦煌學要籥　（臺北）新文豐出版公司　1982
　　　p. 195
池田溫　中國古代寫本識語集録　（東京）大藏出版株式會社　1990　p. 416
上山大峻　敦煌佛教の研究　（京都）法藏館　1990　p. 90、174
蕭登福　從敦煌寫卷中看道教星斗崇拜對佛經之影響　第二屆敦煌學國際研討會論文集　（臺北）
　　　漢學研究中心　1990　p. 323
林聰明　敦煌文書出處略考　季羨林教授八十華誕紀念論文集（下）　江西人民出版社　1991
　　　p. 865

林聰明　敦煌文書學　（臺北）新文豐出版公司　1991　p. 404
戴仁　敦煌寫本紙張的顏色　法國學者敦煌學論文選萃　中華書局　1993　p. 593
蕭登福　道教星斗符印與佛教密宗　（臺北）新文豐出版公司　1993　p. 68
王堯　西藏文史考信集　中國藏學出版社　1994　p. 21
汪泛舟　論敦煌文明的多民族貢獻　《敦煌研究》1995 年第 2 期　p. 187
張金泉　敦煌佛經音義寫卷述要　《敦煌研究》1997 年第 2 期　p. 120
鄭炳林　敦煌碑銘讚輯釋　甘肅教育出版社　1997　p. 86 注 2
沙知　修多寺　敦煌學大辭典　上海辭書出版社　1998　p. 633
鄭炳林　北京圖書館藏《吳和尚經論目錄》有關問題研究　敦煌學與中國史研究論集　甘肅人民出
　　版社　2001　p. 127
姜亮夫　敦煌莫高窟年表　姜亮夫全集(十一)　雲南人民出版社　2002　p. 394

P. 4588
那波利貞　唐寫本雜抄考——唐代庶民教育史研究の一資料　唐代社會文化史研究・第二編　（東
　　京）創文社　1974　p. 211
高國藩　敦煌寫本《太公家教》初探　《敦煌學輯刊》1984 年第 1 期　p. 65
王重民　跋太公家教　敦煌遺書論文集　中華書局　1984　p. 137
雷僑雲　敦煌兒童文學　（臺北）學生書局　1985　p. 82 注 5
高明士　唐代敦煌的教育　漢學研究(敦煌學國際研討會論文專號)　（臺北）漢學研究資料及服務
　　中心　1986　p. 251
汪泛舟　《太公家教》考　《敦煌研究》1986 年第 1 期　p. 48
周鳳五　敦煌寫本太公家教研究　（臺北）明文書局　1986　p. 155
朱鳳玉　太公家教研究　漢學研究(敦煌學國際研討會論文專號)　（臺北）漢學研究資料及服務中
　　心　1986　p. 393
李正宇　敦煌學郎題記輯注　《敦煌學輯刊》1987 年第 1 期　p. 35
高國藩　敦煌民俗學　上海文藝出版社　1989　p. 112
鄭阿財　敦煌寫卷新集文詞九經抄研究　（臺北）文史哲出版社　1989　p. 128 注 1
池田溫　中國古代寫本識語集錄　（東京）大藏出版株式會社　1990　p. 503
鄭阿財　敦煌蒙書析論　第二屆敦煌學國際研討會論文集　（臺北）漢學研究中心　1990　p. 226
東野治之　敦煌と日本の『千字文』　遣唐使と正倉院　（東京）岩波書店　1992　p. 240
東野治之　訓蒙書　敦煌漢文文獻(講座敦煌5)　（東京）大東出版社　1992　p. 404
姜伯勤　敦煌社會文書導論　（臺北）新文豐出版公司　1992　p. 99
李正宇　敦煌文學概論　甘肅人民出版社　1993　p. 150
張錫厚　敦煌文學概論　甘肅人民出版社　1993　p. 382
鄭阿財　敦煌文獻與文學　（臺北）新文豐出版公司　1993　p. 260
鄭阿財　學日益齋敦煌學劄記　周一良先生八十生日紀念論文集　中國社會科學出版社　1993
　　p. 193
黃征　張涌泉　敦煌變文校注　中華書局　1997　p. 237、344、390
顏廷亮　關於《晏子賦》寫本的抄寫年代問題　《敦煌研究》1997 年第 2 期　p. 136
汪泛舟　敦煌古代兒童課本　甘肅人民出版社　2000　p. 213、223
徐俊　敦煌詩集殘卷輯考　中華書局　2000　p. 833
山本達郎等　補(IV)社・III 轉貼　『NUN-HUANG AND TURFAN DOCUMENTS CONCERNING SO-

CIAL AND ECONOMIC HISTORY』（Sup. p. lemrnts）　（東京）東洋文庫　2001　p. 81

鄭阿財　朱鳳玉　敦煌蒙書研究　甘肅教育出版社　2002　p. 358

P. 4594

陳祚龍　敦煌古抄内典尾記彙校初、二、三編合刊　敦煌學要篇　（臺北）新文豐出版公司　1982　p. 195

P. 4597

那波利貞　俗講と變文（下）『佛教史學』（1 卷 4 號）　（京都）平樂寺書店　1950　p. 49　又見：唐代社會文化史研究・第四編　（東京）創文社　1974　p. 438

那波利貞　中晚唐五代の佛教寺院の俗講の座に於ける變文の演出方法に就きて　甲南大學論集（2）　（神戸）甲南大學　1955　p. 14

金岡照光　敦煌文學のさまざま　敦煌の文學　（東京）大藏出版株式會社　1971　p. 131

金岡照光　敦煌文學のこころ　敦煌の文學　（東京）大藏出版株式會社　1971　p. 250

金岡照光　敦煌民衆の宗教と生活　敦煌の民衆――その生活と思想　（東京）評論社　1972　p. 191

吳其昱　臥輪禪師逸語敦煌吐蕃文（伯希和 116 號）譯本考釋　敦煌學（第 4 輯）　（香港）新亞研究所敦煌學會　1979　p. 36

田中良昭　修道偈 I　敦煌仏典と禪（講座敦煌 8）　（東京）大東出版社　1980　p. 257

金岡照光　敦煌の繪物語　（東京）東方書店　1981　p. 173

鄭阿財　敦煌孝道文學研究　（臺北）石門圖書公司　1982　p. 532

廣川堯敏　禮讚　敦煌と中國仏教（講座敦煌 7）　（東京）大東出版社　1984　p. 455

任半塘　敦煌歌辭總編　上海古籍出版社　1987　p. 922、1018、1071

任半塘　王昆吾　隋唐五代燕樂雜言歌辭集　巴蜀書社　1990　p. 365、1642

張錫厚　敦煌詩歌研究二題　敦煌學國際學術討論會論文縮寫文（1990）　敦煌研究院　1990　p. 86

吳其昱著　伊藤美重子譯　敦煌漢文寫本概観　敦煌漢文文獻（講座敦煌 5）　（東京）大東出版社　1992　p. 57

高田時雄　チベット文字書寫「長卷」の研究（本文編）『東方學報』（第 65 號）　京都大學人文科學研究所　1993　p. 371、376

梅弘理　敦煌本佛教教理問答書　法國學者敦煌學論文選萃　中華書局　1993　p. 143

榮新江　歸義軍改元考　文史（第三十八輯）　中華書局　1994　p. 49

田中良昭　敦煌の禪籍　禪學研究入門　（東京）大東出版社　1994　p. 69

汪娟　敦煌禮懺文研究　（臺北）法鼓文化公司　1994　p. 18、33、57、67、201、358

柳田聖山　禪籍解題（一）・敦煌禪籍　俗語言研究（第二期）　（京都）禪文化研究所　1995　p. 150

土肥義和　唐・北宋間の「社」の組織形態に關する一考察　中國古代の國家と民衆（堀敏一先生古稀記念）　（東京）汲古書院　1995　p. 731

王書慶　敦煌佛學・佛事篇　甘肅民族出版社　1995　p. 83

張涌泉　漢語俗字研究　岳麓書社　1995　p. 144

榮新江　歸義軍史研究　上海古籍出版社　1996　p. 51

汪娟　敦煌寫本《十二光禮》研究　慶祝潘石禪先生九秩華誕敦煌學特刊　（臺北）文津出版社　1996　p. 481、505

張涌泉　敦煌俗字研究導論　（臺北）新文豐出版公司　1996　p. 69

李正宇　敦煌歷史地理導論　（臺北）新文豐出版公司　1997　p. 214

張弓　漢唐佛寺文化史　中國社會科學出版社　1997　p. 832

鄭阿財　敦煌寫本《九想觀》詩歌初探　敦煌文學論集　四川人民出版社　1997　p. 25

鄭炳林　敦煌碑銘讚輯釋　甘肅教育出版社　1997　p. 262 注 2

柴劍虹　和菩薩戒文　敦煌學大辭典　上海辭書出版社　1998　p. 546

柴劍虹　吉祥童子授草偈　敦煌學大辭典　上海辭書出版社　1998　p. 548

柴劍虹　臥輪禪師偈　敦煌學大辭典　上海辭書出版社　1998　p. 548

郝春文　唐後期五代宋初敦煌僧尼的社會生活　中國社會科學出版社　1998　p. 216

李正宇　九想觀詩　敦煌學大辭典　上海辭書出版社　1998　p. 566

張先堂　晚唐至宋初淨土五會念佛法門在敦煌的流傳　《敦煌研究》1998 年第 1 期　p. 53

汪泛舟　敦煌詩述異　《敦煌研究》1999 年第 4 期　p. 17

湛如　評《敦煌禮懺文研究》　敦煌吐魯番研究（第四卷）　北京大學出版社　1999　p. 620

張涌泉　論"音隨形變"　舊學新知　浙江大學出版社　1999　p. 94 注 1

達照　《金剛經》相關的懺法初探　法源（第 18 期）　中國佛學院　2000　p. 215

達照　金剛五禮　藏外佛教文獻（第七輯）　宗教文化出版社　2000　p. 55

劉長東　晉唐彌陀淨土信仰研究　巴蜀書社　2000　p. 443

徐俊　敦煌詩集殘卷輯考　中華書局　2000　p. 187、495、825、905

張錫厚　敦煌文學源流　作家出版社　2000　p. 52

陳自力　從陸機《百年歌》到敦煌《九想觀》詩　《敦煌研究》2001 年第 3 期　p. 130

林仁昱　論敦煌佛教歌曲特質與"弘法"的關係　敦煌學（第 23 輯）　（臺北）樂學書局有限公司　2002　p. 60

張國剛　佛學與隋唐社會　河北人民出版社　2002　p. 180

鄭阿財　敦煌寫本《九想觀》詩歌新探　敦煌佛教藝術文化國際學術研討會論文集　蘭州大學出版社　2002　p. 515

張子開　敦煌文獻中的白話禪詩　《敦煌學輯刊》2003 年第 1 期　p. 84、90

汪泛舟　敦煌俗別字新考（上）　《敦煌研究》2006 年第 1 期　p. 102

P. 4600

姜伯勤　敦煌社會文書導論　（臺北）新文豐出版公司　1992　p. 53

姜伯勤　論禪宗在敦煌僧俗中的流傳　（香港）《九州學刊》（敦煌學專輯）1992 年第 4 卷第 4 期　p. 6　又見：中國敦煌學百年文庫·宗教卷（一）　甘肅文化出版社　1999　p. 219

姜伯勤　敦煌藝術宗教與禮樂文明　中國社會科學出版社　1996　p. 361、370

饒宗頤　敦煌曲與樂舞及龜茲樂　敦煌曲續論　（臺北）新文豐出版公司　1996　p. 75 注 7

杜琪　敦煌詩賦作品要目分類題注　《甘肅社會科學》2000 年第 1 期　p. 63

王志鵬　從敦煌歌辭看唐代敦煌地區禪宗的流傳與發展　《敦煌研究》2005 年第 6 期　p. 100

P. 4601

陳祚龍　敦煌古抄內典尾記彙校初、二、三編合刊　敦煌學要籥　（臺北）新文豐出版公司　1982　p. 195

池田溫　中國古代寫本識語集錄　（東京）大藏出版株式會社　1990　p. 392

鄭炳林　敦煌碑銘讚輯釋　甘肅教育出版社　1997　p. 152 注 4

P. 4603

江素雲　維摩詰所說經敦煌寫本綜合目錄　（臺北）東初出版社　1991　p. 85

李正宇　醜賤名　敦煌學大辭典　上海辭書出版社　1998　p. 451

高啓安　崇高與卑賤:敦煌的佛教信仰賤名再探　'98 法門寺唐文化國際學術討論會論文集　陝西人民出版社　2000　p. 250

P. 4606

王三慶　敦煌書儀載錄之節日活動與民俗　全國敦煌學研討會論文集　（臺北）中正大學中國文學系所　1995　p. 25 注 26

王微　春祭:二月八日節的佛教儀式　法國漢學（敦煌學專號）　中華書局　2000　p. 113

郭鋒　略論歸義軍時期仲雲人族屬諸問題　唐史與敦煌文獻論稿　中國社會科學出版社　2002　p. 315

P. 4607

土肥義和　はじめに——歸義軍節度使の敦煌支配　敦煌の歷史（講座敦煌 2）　（東京）大東出版社　1980　p. 268

方廣錩　朱明忠　敦煌遺書《沙州乞經狀》　隋唐佛教研究論文集　三秦出版社　1990　p. 262

方廣錩　佛教大藏經史（八—十世紀）　中國社會科學出版社　1991　p. 256

施萍婷　俄藏敦煌文獻 ДХ1376、1438、2170 之研究　《敦煌研究》1996 年第 3 期　p. 25

方廣錩　敦煌佛教經錄輯校　江蘇古籍出版社　1997　p. 904

方廣錩　敦煌遺書《沙州乞經狀》研究　敦煌學佛教學論叢（下）　中國佛教文化研究所　1998　p. 195

方廣錩　沙州乞經狀　敦煌學大辭典　上海辭書出版社　1998　p. 756

楊富學　王書慶　唐代長安與敦煌佛教文化之關係　'98 法門寺唐文化國際學術討論會論文集　陝西人民出版社　2000　p. 174

土肥義和著　王平先譯　論莫高窟藏經洞的性質　2004 年石窟研究國際學術會議論文提要集　敦煌研究院　2004　p. 51

P. 4608

那波利貞　中晚唐五代の佛教寺院の俗講の座に於ける變文の演出方法に就きて　甲南大學論集（2）　（神戶）甲南大學　1955　p. 9

金岡照光　敦煌文學のさまざま　敦煌の文學　（東京）大藏出版株式會社　1971　p. 132

陳祚龍　中古敦煌仕女心目中的五臺山　中華佛教文化史散策（初集）　（臺北）新文豐出版公司　1978　p. 36

陳祚龍　新校重訂敦煌寫本《十空讚》表隱　敦煌資料考屑（上冊）　（臺北）商務印書館　1979　p. 107

川崎ミチコ　修道偈Ⅱ——定格聯章　敦煌仏典と禪（講座敦煌 8）　（東京）大東出版社　1980　p. 269

陳祚龍　敦煌古抄內典尾記彙校初、二、三編合刊　敦煌學要籥　（臺北）新文豐出版公司　1982　p. 196

鄭阿財　敦煌孝道文學研究　（臺北）石門圖書公司　1982　p. 530

廣川堯敏　禮讚　敦煌と中國仏教（講座敦煌 7）　（東京）大東出版社　1984　p. 469

李正宇　敦煌方音止遇二攝混同及其校勘學意義　《敦煌研究》1986年第4期　p. 49

任半塘　敦煌歌辭總編　上海古籍出版社　1987　p. 1132

杜斗城　敦煌五臺山文獻校錄研究　山西人民出版社　1991　p. 11

高田時雄　チベット文字書寫「長卷」の研究（本文編）　『東方學報』（第65號）　京都大學人文科　學研究所　1993　p. 371

郝春文　敦煌寫本社邑文書年代彙考（三）　《社科縱橫》1993年第5期　p. 11

石奈德　敦煌本《普化大師五臺山巡禮記》初探　法國學者敦煌學論文選萃　中華書局　1993　p. 134 注39

譚禪雪　敦煌歲時掇瑣　（香港）《九州學刊》（敦煌學專輯）1993年第5卷第4期　p. 107

鄧文寬　大梵寺佛音：敦煌莫高窟壇經讀本　（臺北）如聞出版社　1997　p. 40

黃征　敦煌願文考論　敦煌語文叢說　（臺北）新文豐出版公司　1997　p. 590

寧可　郝春文　敦煌社邑文書輯校　江蘇古籍出版社　1997　p. 534

鄭炳林　敦煌碑銘讚輯釋　甘肅教育出版社　1997　p. 419 注9

沙知　敦煌契約文書輯校　江蘇古籍出版社　1998　p. 551

譚蟬雪　敦煌歲時文化導論　（臺北）新文豐出版公司　1998　p. 381

譚蟬雪　年終難巷　敦煌學大辭典　上海辭書出版社　1998　p. 436

施謝捷　敦煌文獻語詞校釋叢劄　《敦煌研究》1999年第4期　p. 25

黃正建　關於《俄藏敦煌文獻》第11至第17冊中占卜文書的綴合與定名等問題　《敦煌研究》2002年第2期　p. 49

姜亮夫　敦煌莫高窟年表　姜亮夫全集（十一）　雲南人民出版社　2002　p. 573

P. 4610

方廣錩　敦煌佛教經錄輯校　江蘇古籍出版社　1997　p. 747

劉雯　吐蕃及歸義軍時期敦煌索氏家族研究　《敦煌學輯刊》1997年第2期　p. 85

鄭炳林　敦煌碑銘讚輯釋　甘肅教育出版社　1997　p. 251 注29

鄭炳林　晚唐五代敦煌地區《大般若經》的流傳與信仰　麥積山石窟藝術文化論文集（下）　蘭州大學出版社　2004　p. 116

P. 4615

關德棟　談變文　《覺群周報》1946年1卷1-12期　又見：敦煌變文論文錄　上海古籍出版社　1982　p. 202

金岡照光　敦煌文學のさまざま　敦煌の文學　（東京）大藏出版株式會社　1971　p. 107

陳祚龍　敦煌古抄碑銘五種　敦煌文物隨筆　（臺北）商務印書館　1979　p. 68

加地哲定　增補中國佛教文學研究　（東京）同朋舍　1979　p. 170

王重民　敦煌古籍叙錄　中華書局　1979　p. 372

賀世哲　敦煌莫高窟供養人題記校勘　《中國史研究》1980年第3期　p. 40

楊家駱　敦煌變文　（臺北）世界書局　1980　p. 390

金岡照光　敦煌の繪物語　（東京）東方書店　1981　p. 74

李永寧　敦煌莫高窟碑文錄及有關問題（一）　《敦煌研究》1981年試刊第1期　p. 70

蘇瑩輝　敦煌學概要　（臺北）編譯館"中華叢書編委會"　1981　p. 85

周紹良　談唐代民間文學——讀《中國文學史》中"變文"節書後關於唐代民間文學研究的幾點意見　敦煌變文論文錄　上海古籍出版社　1982　p. 412　又見：紹良叢稿　齊魯書社　1984　p. 54

陳守忠　西元八世紀後期至十一世紀前期河西歷史述論　《西北師院學報》1983 年第 4 期　p. 57

孫修身　敦煌李姓世系考　《西北史地》1983 年第 3 期　p. 37

潘重規　敦煌變文集新書(上)　(臺北)"中國文化大學"中文研究所　1984　p. 638

王重民　降魔變文　敦煌變文集　人民文學出版社　1984　p. 390

李永寧　蔡偉堂　《降魔變文》與敦煌壁畫中的"勞度叉鬥聖變"　1983 年全國敦煌學術討論會文集・石窟藝術編(上)　甘肅人民出版社　1985　p. 165　又見:敦煌研究文集・敦煌石窟經變篇　甘肅民族出版社　2000　p. 329

韓建瓴　敦煌寫本《韓擒虎畫本》初探(一)　《敦煌學輯刊》1986 年第 1 期　p. 53

賀世哲　從供養人題記看莫高窟部分洞窟的營建年代　敦煌莫高窟供養人題記　文物出版社　1986　p. 215

王重民原編　黃永武新編　敦煌古籍叙錄新編(第十八冊)　(臺北)新文豐出版公司　1986　p. 155

張書城　敦煌莫高窟的李白近宗　《敦煌學輯刊》1986 年第 2 期　p. 117

張鴻勳　敦煌講唱文學作品選注　甘肅人民出版社　1987　p. 292

周紹良　唐代變文及其它　敦煌文學作品選　中華書局　1987　p. 3

譚蟬雪　碑・銘　敦煌文學　甘肅人民出版社　1989　p. 112

王慶菽　關於《敦煌變文集》內《降魔變文》"校記"的一些問題　《敦煌語言文學研究通訊》1989 年第 2 期　p. 1

加地哲定著　劉衛星譯　中國佛教文學　今日中國出版社　1990　p. 143

羅宗濤　讀《敦煌所出現的佛教講唱文》　中國敦煌學百年文庫・文學卷(二)　甘肅文化出版社　1999　p. 375

榮新江　沙州歸義軍歷任節度使稱號研究　敦煌吐魯番學研究論文集　漢語大詞典出版社　1990　p. 775

文初　讀敦煌卷子劄記二則　《敦煌語言文學研究通訊》1990 年第 2 - 3 期　p. 9

文初　關於敦煌卷子中的"八十二老人"　《社科縱橫》1990 年第 6 期　p. 40

項楚　敦煌變文選注　巴蜀書社　1990　p. 488

姜伯勤　敦煌社會文書導論　(臺北)新文豐出版公司　1992　p. 68、131

林家平　寧強　羅華慶　中國敦煌學史　北京語言學院出版社　1992　p. 337

馬德　敦煌李氏世系訂誤　《敦煌研究》1992 年第 4 期　p. 87

岩本裕　敦煌における仏傳・本生譚　敦煌の文學文獻(講座敦煌 9)　(東京)大東出版社　1992　p. 430

周紹良　敦煌文學芻議及其它　(臺北)新文豐出版公司　1992　p. 68

陳守忠　河隴史地考述　蘭州大學出版社　1993　p. 73

高國藩　敦煌民俗資料導論　(臺北)新文豐出版公司　1993　p. 90

李明偉　敦煌文學概論　甘肅人民出版社　1993　p. 480

李正宇　敦煌文學概論　甘肅人民出版社　1993　p. 97

榮新江　初期沙州歸義軍與唐中央朝廷之關係　隋唐史論集　(香港)香港大學亞洲研究中心　1993　p. 108

榮新江　敦煌寫本《敕河西節度兵部尚書張公德政之碑》校考　周一良先生八十生日紀念論文集　中國社會科學出版社　1993　p. 213

楊雄　講經文名實說　(香港)《九州學刊》(敦煌學專輯)1993 年第 5 卷第 4 期　p. 145

鄭炳林　敦煌碑銘讚部分文書拼接復原　《敦煌研究》1993 年第 1 期　p. 54

鄭炳林　敦煌碑銘讚抄本概述　《蘭州大學學報》1993 年第 4 期　p. 138

鄭炳林　《索崇恩和尚修功德記》考釋　《敦煌研究》1993 年第 2 期　p. 54

蔣禮鴻　敦煌文獻語言詞典　杭州大學出版社　1994　p. 426

榮新江　歸義軍改元考　文史(第三十八輯)　中華書局　1994　p. 47

鄭炳林　《索勳紀德碑》研究　《敦煌學輯刊》1994 年第 2 期　p. 69、74

胡戟　傅玫　敦煌史話　中華書局　1995　p. 175

李明偉　敦煌文學中"敦煌文"的研究和分類評價　《敦煌研究》1995 年第 4 期　p. 122

顏廷亮　敦煌文學概說　(臺北)新文豐出版公司　1995　p. 121、228

顏廷亮　張球著作系年與生平管窺　敦煌學國際研討會文集·史地語文編　遼寧美術出版社　1995
　　p. 253

榮新江　歸義軍史研究　上海古籍出版社　1996　p. 48

楊偉　從敦煌文書中看古代西部移民　《敦煌研究》1996 年第 4 期　p. 98

張涌泉　敦煌俗字研究導論　(臺北)新文豐出版公司　1996　p. 75、166、231

張涌泉　敦煌文獻校讀釋例　文史(第四十一輯)　中華書局　1996　p. 202　又見:舊學新知　浙
　　江大學出版社　1999　p. 217

馮培紅　晚唐五代宋初歸義軍武職軍將研究　敦煌歸義軍史專題研究　蘭州大學出版社　1997
　　p. 132

黃征　張涌泉　敦煌變文校注　中華書局　1997　p. 568

劉子瑜　敦煌變文和王梵志詩　大象出版社　1997　p. 37

張涌泉　敦煌文獻校讀易誤字例釋　敦煌文學論集　四川人民出版社　1997　p. 266

鄭炳林　敦煌碑銘讚及其有關問題　敦煌碑銘讚輯釋　甘肅教育出版社　1997　p. 2

鄭炳林　敦煌碑銘讚輯釋　甘肅教育出版社　1997　p. 285

鄭炳林　論晚唐敦煌文士張球即張景球　文史(第四十三輯)　中華書局　1997　p. 113

鄭炳林　唐五代敦煌的醫事研究　敦煌歸義軍史專題研究　蘭州大學出版社　1997　p. 516

馮培紅　P. 3249 背《軍籍殘卷》與歸義軍初期的僧兵武裝　《敦煌研究》1998 年第 2 期　p. 146

海客　降魔變文　敦煌學大辭典　上海辭書出版社　1998　p. 577

郝春文　崇恩　敦煌學大辭典　上海辭書出版社　1998　p. 351

李麗　關於《張淮深墓誌銘》的兩個問題　《敦煌學輯刊》1998 年第 1 期　p. 144

李正宇　古本敦煌鄉土志八種箋證　(臺北)新文豐出版公司　1998　p. 322

李正宇　李端公墓志　敦煌學大辭典　上海辭書出版社　1998　p. 333

李重申　武術　敦煌學大辭典　上海辭書出版社　1998　p. 600

沙知　敦煌吐魯番文獻所見唐軍府名掇拾　《敦煌學輯刊》1998 年第 1 期　p. 12

沙知　龍勒府　敦煌學大辭典　上海辭書出版社　1998　p. 396

鄭炳林　索恪　敦煌學大辭典　上海辭書出版社　1998　p. 347

周紹良　張涌泉　黃征　敦煌變文講經文因緣輯校(下)　江蘇古籍出版社　1998　p. 799

梅維恒著　楊繼東　陳引馳譯　唐代變文(上)　(香港)中國佛教文化出版公司　1999　p. 212

金岡照光　敦煌文獻と中國文學　(東京)五曜書房　2000　p. 135

楊森　淺談敦煌文獻中唐代墓誌銘抄本　《敦煌研究》2000 年第 3 期　p. 135

張鴻勳　說唱藝術奇葩:敦煌變文選評　甘肅人民出版社　2000　p. 183

陳寅恪撰　榮新江整理　《敦煌零拾》劄記　敦煌吐魯番研究(第五卷)　北京大學出版社　2001
　　p. 9

黃征　敦煌語言文字學研究　甘肅教育出版社　2002　p. 258

史葦湘　敦煌歷史與莫高窟藝術研究　甘肅教育出版社　2002　p. 194

顏廷亮　有關張球生平及其著作的一件新見文獻　《敦煌研究》2002 年第 5 期　p. 103

鄭炳林　敦煌寫本《張議潮處置涼州進表》拼接綴合與歸義軍對涼州的管理　國際敦煌學學術史研
　　討會論文集　研討會籌備組　2002　p. 189

鄭炳林　晚唐五代敦煌歸義軍行政區劃制度研究(一、二)　《敦煌研究》2002 年第 2、3 期　p. 16;68

黃征　胡適舊藏《降魔變文》真迹考證　敦煌學(第 24 輯)　(臺北)樂學書局有限公司　2003
　　p. 128

馮培紅　論晚唐五代的沙州(歸義軍)與涼州(河西)節度使　浙江與敦煌學:常書鴻先生誕辰一百周
　　年紀念文集　浙江古籍出版社　2004　p. 244

公維章　涅槃、淨土的殿堂:敦煌莫高窟第 148 窟研究　民族出版社　2004　p. 44

李永寧　程亮　王重民敦煌遺書手稿整理　《敦煌研究》2004 年第 5 期　p. 70

屈直敏　敦煌高僧　民族出版社　2004　p. 89、172

吳越　敦煌歷史人物　民族出版社　2004　p. 177

李永寧　程亮　王重民先生贈存敦煌研究院的敦煌遺書資料的簡況介紹　敦煌學國際研討會論文集
　　北京圖書館出版社　2005　p. 22

鄭炳林　晚唐五代河西地區的居民結構研究　《蘭州大學學報》2006 年第 2 期　p. 12

P. 4617

陳祚龍　中古敦煌仕女心目中的五臺山　中華佛教文化史散策(初集)　(臺北)新文豐出版公司
　　1978　p. 36

川崎ミチコ　修道偈Ⅱ——定格聯章　敦煌仏典と禪(講座敦煌 8)　(東京)大東出版社　1980
　　p. 266

廣川堯敏　禮讚　敦煌と中國仏教(講座敦煌 7)　(東京)大東出版社　1984　p. 463

杜斗城　關於敦煌本《五臺山讚》與《五臺山曲子》的創作年代問題　《敦煌學輯刊》1987 年第 1 期
　　p. 51

杜斗城　敦煌五臺山文獻校錄研究　山西人民出版社　1991　p. 41

石奈德　敦煌本《普化大師五臺山巡禮記》初探　法國學者敦煌學論文選萃　中華書局　1993
　　p. 132 注 28

杜斗城　北涼譯經論　甘肅文化出版社　1995　p. 23

鄭炳林　敦煌碑銘讚輯釋　甘肅教育出版社　1997　p. 419 注 9

張錫厚　柴劍虹　五臺山聖境讚　敦煌學大辭典　上海辭書出版社　1998　p. 544

徐俊　敦煌詩集殘卷輯考　中華書局　2000　p. 448

P. 4618

石井昌子　靈寶經類　敦煌と中國道教(講座敦煌 4)　(東京)大東出版社　1983　p. 151

王卡　太上洞玄靈寶真一勸戒法輪妙經　敦煌學大辭典　上海辭書出版社　1998　p. 767

王卡　敦煌道教文獻研究　中國社會科學出版社　2004　p. 99

P. 4620

楊際平　鄭學檬　兩本《敦煌吐魯番文獻研究論集》評介　《中國社會經濟史研究》1984 年第 1 期
　　p. 119

施安昌　敦煌石室發現的四種碑刻古拓　善本碑帖論集　紫禁城出版社　2002　p. 141

P. 4621

陳祚龍　古往世上流行之中華佛教男女信士立誓發願文章的抽樣　中華佛教文化史散策（四集）
　　（臺北）新文豐出版公司　1986　p. 402

譚蟬雪　碑・銘　敦煌文學　甘肅人民出版社　1989　p. 111

鄭炳林　敦煌碑銘讚三篇證誤與考釋　《敦煌學輯刊》1992 年第 1、2 期　p. 96

高國藩　敦煌民俗資料導論　（臺北）新文豐出版公司　1993　p. 90

李明偉　敦煌文學概論　甘肅人民出版社　1993　p. 479

勁草　《敦煌文學概論》證誤糾謬　《敦煌學輯刊》1994 年第 1 期　p. 86

黃征　吳偉　敦煌願文集　岳麓書社　1995　p. 191

黃征　《敦煌碑銘讚輯釋》評介　敦煌語文叢說　（臺北）新文豐出版公司　1997　p. 808

鄭炳林　敦煌碑銘讚及其有關問題　敦煌碑銘讚輯釋　甘肅教育出版社　1997　p. 7

鄭炳林　徐曉麗　讀《俄藏敦煌文獻》第 12 冊幾件非佛經文獻劄記　《敦煌研究》2003 年第 4 期
　　p. 81

P. 4622

陳祚龍　瓜沙印録　（臺北）《大陸雜誌》1962 年第 4 期　又見：敦煌學概要　（臺北）編譯館"中華叢
　　書編委會"　1981　p. 401；中國敦煌學百年文庫・考古卷（一）　甘肅文化出版社　1999
　　p. 187

陳祚龍　中世瓜沙僧俗通用之"疏"帖　敦煌學海探珠（下冊）　（臺北）商務印書館　1979　p. 376

陳祚龍　古代敦煌及其他地區流行之公私印章圖記文字録　敦煌學要籥　（臺北）新文豐出版公司
　　1982　p. 330

蘇瑩輝　瓜沙史事系年　敦煌論集　（臺北）學生書局　1983　p. 273

饒宗頤　敦煌書法叢刊（第十五卷）・牒狀（二）　（東京）二玄社　1985　p. 66、89

李正宇　敦煌地區古代祠廟寺觀簡志　《敦煌學輯刊》1988 年第 1、2 期　p. 77

榮新江　沙州歸義軍歷任節度使稱號研究　敦煌吐魯番學研究論文集　漢語大詞典出版社　1990
　　p. 809

唐耕耦　陸宏基　敦煌社會經濟文獻真迹釋録（四）　全國圖書館文獻縮微複製中心　1990　p. 182

林聰明　敦煌文書學　（臺北）新文豐出版公司　1991　p. 118、395

吳其昱著　伊藤美重子譯　敦煌漢文寫本概觀　敦煌漢文文獻（講座敦煌 5）　（東京）大東出版社
　　1992　p. 24

李正宇　敦煌文學概論　甘肅人民出版社　1993　p. 110

楊富學　牛汝極　沙州回鶻及其文獻　甘肅文化出版社　1995　p. 246

李正宇　敦煌史地新論　（臺北）新文豐出版公司　1996　p. 73

榮新江　歸義軍史研究　上海古籍出版社　1996　p. 33

馮培紅　晚唐五代宋初歸義軍武職軍將研究　敦煌歸義軍史專題研究　蘭州大學出版社　1997
　　p. 160

郝春文　關於唐後期五代宋初沙州僧俗的施捨問題　唐研究（第三卷）　北京大學出版社　1997
　　p. 30

郝春文　唐後期五代宋初敦煌僧尼的社會生活　中國社會科學出版社　1998　p. 255

李正宇　大雲寺　敦煌學大辭典　上海辭書出版社　1998　p. 629

李正宇　瓜沙團練使印　敦煌學大辭典　上海辭書出版社　1998　p. 291

榮新江　歸義軍大事紀年初稿　出土文獻研究（第三輯）　文物出版社　1998　p. 253

馬德　敦煌文書《諸寺付經歷》芻議　《敦煌學輯刊》1999 年第 1 期　p. 39

土肥義和　敦煌莫高窟供養人圖像題記について　東アジア史における國家と地域　（東京）刀水書房　1999　p. 371

林聰明　敦煌吐魯番文書解詁指例　（臺北）新文豐出版公司　2001　p. 97

森安孝夫著　梁曉鵬摘譯　河西歸義軍節度使官印及其編年　《敦煌學輯刊》2003 年第 1 期　p. 143

徐曉卉　S. 5640 願文中"司徒"人物定名考釋　敦煌學國際研討會論文集　北京圖書館出版社　2005　p. 88

P. 4623

上山大峻　敦煌佛教の研究　（京都）法藏館　1990　p. 249、415、540

李正宇　試論敦煌所藏《禪師衛士遇逢因緣》　西域戲劇與戲劇的發生　新疆人民出版社　1992　p. 55

柳田聖山　禪籍解題(一)・敦煌禪籍　俗語言研究(第二期)　（京都）禪文化研究所　1995　p. 141

郝春文　摩訶衍　敦煌學大辭典　上海辭書出版社　1998　p. 347

李正宇　禪師衛士遇逢因緣　敦煌學大辭典　上海辭書出版社　1998　p. 582

楊富學　李吉和　敦煌漢文吐蕃史料輯校（第一輯）　甘肅人民出版社　1999　p. 75

張子開　敦煌文獻中的白話禪詩　《敦煌學輯刊》2003 年第 1 期　p. 87

P. 4624

唐耕耦　陸宏基　敦煌社會經濟文獻真迹釋錄(三)　全國圖書館文獻縮微複製中心　1990　p. 82

郝春文　唐後期五代宋初沙州僧尼的宗教收入(一)　慶祝潘石禪先生九秩華誕敦煌學特刊　（臺北）文津出版社　1996　p. 291

郝春文　關於唐後期五代宋初沙州僧俗的施捨問題　唐研究(第三卷)　北京大學出版社　1997　p. 23

郝春文　唐後期五代宋初敦煌僧尼的社會生活　中國社會科學出版社　1998　p. 246

郝春文　唐後期五代宋初敦煌僧尼遺產的處理與喪事的操辦　《敦煌研究》1998 年第 3 期　p. 35

金瀅坤　從敦煌文書看晚唐五代敦煌地區布紡織業　《敦煌研究》1998 年第 2 期　p. 138

乜小紅　唐宋敦煌毛紡織業述略　敦煌學(第 23 輯)　（臺北）樂學書局有限公司　2002　p. 127

高啓安　唐五代敦煌飲食文化研究　民族出版社　2004　p. 86

黑維強　吐魯番出土文書詞語疏證三則　西北方言與民俗研究論叢　中國社會科學出版社　2004　p. 231

黑維強　吐魯番出土文書詞語例釋(二)　《敦煌學輯刊》2005 年第 2 期　p. 191

安毅　五代敦煌與中原間的畫稿交往:讀敦煌地理文書劄記　《敦煌學輯刊》2006 年第 1 期　p. 32

P. 4625

金岡照光　敦煌文學のさまざま　敦煌の文學　（東京）大藏出版株式會社　1971　p. 132

蘇瑩輝　"敦煌曲"評介　《香港中文大學學報》1974 年第 1 期　又見:敦煌論集續編　（臺北）學生書局　1983　p. 314；中國敦煌學百年文庫・藝術卷(一)　甘肅文化出版社　1999　p. 374

鄭阿財　敦煌孝道文學研究　（臺北）石門圖書公司　1982　p. 530

廣川堯敏　禮讚　敦煌と中國佛教(講座敦煌 7)　（東京）大東出版社　1984　p. 469

任半塘　敦煌歌辭總編　上海古籍出版社　1987　p. 829、1746

任半塘　王昆吾　隋唐五代燕樂雜言歌辭集　巴蜀書社　1990　p. 1386

蔣冀騁　敦煌文書校讀研究　（臺北）文津出版社　1993　p. 10

張鴻勳　敦煌說唱文學概論　（臺北）新文豐出版公司　1993　p. 23

張涌泉　試論審辨敦煌寫本俗字的方法　《敦煌研究》1994 年第 2 期　p. 147　又見：舊學新知　浙江大學出版社　1999　p. 77

鄭炳林　高偉　唐五代敦煌釀酒業初探　《西北史地》1994 年第 1 期　p. 30

榮新江　歸義軍史研究　上海古籍出版社　1996　p. 251

王昆吾　隋唐五代燕樂雜言歌辭研究　中華書局　1996　p. 412

張涌泉　敦煌俗字研究導論　（臺北）新文豐出版公司　1996　p. 183

張弓　漢唐佛寺文化史　中國社會科學出版社　1997　p. 831

鄭炳林　敦煌碑銘讚輯釋　甘肅教育出版社　1997　p. 288 注 2

鄭炳林　唐五代敦煌手工業研究　敦煌歸義軍史專題研究　蘭州大學出版社　1997　p. 272

張錫厚　柴劍虹　五臺山聖境讚　敦煌學大辭典　上海辭書出版社　1998　p. 544

陳永勝　敦煌吐魯番法制文書研究　甘肅人民出版社　2000　p. 129

李小榮　《阿鼻地獄變文》校注　《敦煌研究》2004 年第 5 期　p. 102

P. 4626

王三慶　北京大學圖書館藏本《諸文要集》一卷研究　慶祝吳其昱先生八秩華誕敦煌學特刊　（臺北）文津出版社　2000　p. 159

邵文實　敦煌佛教文學與邊塞文學　《敦煌學輯刊》2001 年第 2 期　p. 25

P. 4627

金岡照光　敦煌文學のさまざま　敦煌の文學　（東京）大藏出版株式會社　1971　p. 132

田中良昭　敦煌禪宗文獻の研究　（東京）大東出版社　1983　p. 234、346

李正宇　敦煌學郎題記輯注　《敦煌學輯刊》1987 年第 1 期　p. 28

任半塘　敦煌歌辭總編　上海古籍出版社　1987　p. 830

嚴敦傑　跋敦煌唐乾符四年曆書　中國古代天文文物論集　文物出版社　1989　p. 243、251　又見：中國敦煌學百年文庫・科技卷　甘肅文化出版社　1999　p. 215

梅弘理　敦煌本佛教教理問答書　法國學者敦煌學論文選萃　中華書局　1993　p. 139

鄧文寬　敦煌天文曆法文獻輯校　江蘇古籍出版社　1996　p. 284

鄧文寬　乾寧二年乙卯歲具注曆日　敦煌學大辭典　上海辭書出版社　1998　p. 607

馬繼興　當前世界各地收藏的中國出土卷子本古醫藥文獻備考　敦煌吐魯番研究（第六卷）　北京大學出版社　2002　p. 154

P. 4628

土田健次郎　儒教典籍　敦煌漢文文獻（講座敦煌 5）　（東京）大東出版社　1992　p. 269

榮新江　敦煌邈真讚年代考　敦煌邈真讚校錄並研究　（臺北）新文豐出版公司　1994　p. 365

陳鐵凡　敦煌本孝經考略　中國敦煌學百年文庫・文獻卷（二）　甘肅文化出版社　1999　p. 496

P. 4630

陳祚龍　中古敦煌的書學　敦煌資料考屑（上冊）　（臺北）商務印書館　1979　p. 165

周祖謨　敦煌唐本字書敘錄　敦煌語言文學研究　北京大學出版社　1988　p. 44

高國藩　敦煌民俗學　上海文藝出版社　1989　p. 108

鄭阿財　敦煌蒙書析論　第二屆敦煌學國際研討會論文集　（臺北）漢學研究中心　1990　p. 217
鄭阿財　敦煌文獻與文學　（臺北）新文豐出版公司　1993　p. 247
劉惠琴　從敦煌文書中看沙州紡織業　《敦煌學輯刊》1995 年第 2 期　p. 52
楊寶玉　百家姓　敦煌學大辭典　上海辭書出版社　1998　p. 782
汪泛舟　敦煌古代兒童課本　甘肅人民出版社　2000　p. 5
鄭阿財　朱鳳玉　敦煌蒙書研究　甘肅教育出版社　2002　p. 69

P. 4631
李正宇　關於金山國和敦煌國建國的幾個問題　《西北史地》1987 年第 2 期　p. 70
唐耕耦　曹仁貴節度沙州歸義軍始末　《敦煌研究》1987 年第 2 期　p. 17
李明偉　狀·牒·帖　敦煌文學　甘肅人民出版社　1989　p. 37
唐耕耦　陸宏基　敦煌社會經濟文獻真迹釋錄(四)　全國圖書館文獻縮微複製中心　1990　p. 290
榮新江　金山國史辨正　中華文史論叢（總 50 輯）　上海古籍出版社　1992　p. 78
邵文實　敦煌俗文學作品中的駢儷文風　《敦煌學輯刊》1994 年第 2 期　p. 43
李正宇　敦煌史地新論　（臺北）新文豐出版公司　1996　p. 207
李正宇　俄藏中國西北文物經眼記　《敦煌研究》1996 年第 3 期　p. 39
榮新江　歸義軍史研究　上海古籍出版社　1996　p. 221
顏廷亮　敦煌西漢金山國檔案文獻考略　《甘肅社會科學》1996 年第 5 期　p. 91
鄭炳林　唐五代敦煌的醫事研究　敦煌歸義軍史專題研究　蘭州大學出版社　1997　p. 522
陳國燦　金山白帝賜宋惠信改官敕　敦煌學大辭典　上海辭書出版社　1998　p. 372
馮培紅　客司與歸義軍的外交活動　《敦煌學輯刊》1999 年第 1 期　p. 75
楊秀清　敦煌西漢金山國史　甘肅人民出版社　1999　p. 83
曾良　敦煌文獻字義通釋　廈門大學出版社　2001　p. 118
森安孝夫著　梁曉鵬摘譯　河西歸義軍節度使官印及其編年　《敦煌學輯刊》2003 年第 1 期　p. 142
馮培紅　關於歸義軍節度使官制的幾個問題　麥積山石窟藝術文化論文集(下)　蘭州大學出版社
　　2004　p. 221
屈直敏　從《勵忠節抄》看歸義軍政權道德秩序的重建　《敦煌學輯刊》2005 年第 3 期　p. 85

P. 4632
王重民　金山國墜事零拾　《國立北平圖書館館刊》1936 年第 9 卷第 6 號　又見:敦煌學文選(上)
　　蘭州大學歷史系敦煌學研究室等　1983　p. 84；敦煌遺書論文集　中華書局　1984　p. 107、
　　110；中國敦煌學百年文庫·歷史卷(一)　甘肅文化出版社　1999　p. 40
那波利貞　佛教信仰に基きて組織せられたる中晩唐五代時代の社邑に就きて(上)　『史林』(24
　　卷 3 號)　京都大學文學部史學研究會　1939　p. 20 又見:唐代社會文化史研究·第六編　（東
　　京)創文社　1974　p. 591
陳祚龍　敦煌寫本《洪晉、悟真等告身》校注　（臺北）《大陸雜誌》1962 年第 1 期　又見:敦煌資料考
　　屑(上冊)　（臺北)商務印書館　1979　p. 40
陳祚龍　瓜沙印錄　（臺北)《大陸雜誌》1962 年第 4 期　又見:敦煌學概要　（臺北)編譯館"中華叢
　　書編委會"　1981　p. 402；中國敦煌學百年文庫·考古卷(一)　甘肅文化出版社　1999
　　p. 186
陳祚龍　古代敦煌及其他地區流行之公私印章圖記文字錄　敦煌學要籥　（臺北)新文豐出版公司
　　1982　p. 328

饒宗頤解說　林宏作譯　敦煌書法叢刊(第十五卷)・牒狀(二)　（東京）二玄社　1985　p. 79

蘇瑩輝　從幾種敦煌資料論張承奉、曹議金之稱"帝"稱"王"　敦煌學（第 11 輯）　（臺北）新文豐出
　　版公司　1986　p. 67　又見:敦煌文史藝術論叢　（臺北）新文豐出版公司　1987　p. 150

李正宇　關於金山國和敦煌國建國的幾個問題　《西北史地》1987 年第 2 期　p. 69

唐耕耦　曹仁貴節度沙州歸義軍始末　《敦煌研究》1987 年第 2 期　p. 17

李明偉　狀・牒・帖　敦煌文學　甘肅人民出版社　1989　p. 37

孫修身　敦煌遺書吐蕃文書 P. T. 1284 號第三件書信有關問題考　《敦煌研究》1989 年第 2 期　p. 68

蘇哲　伯二九九二號文書三通五代狀文的研究　敦煌吐魯番文獻研究論集（第五輯）　北京大學出
　　版社　1990　p. 441

唐耕耦　陸宏基　敦煌社會經濟文獻真迹釋録(四)　全國圖書館文獻縮微複製中心　1990　p. 290

顧吉辰　西漢金山國系年要録　《敦煌研究》1991 年第 3 期　p. 65

林聰明　敦煌文書學　（臺北）新文豐出版公司　1991　p. 122、393

中村裕一　唐代官文書研究　（京都）中文出版社　1991　p. 439

姜伯勤　敦煌社會文書導論　（臺北）新文豐出版公司　1992　p. 125

榮新江　金山國史辨正　中華文史論叢（總 50 輯）　上海古籍出版社　1992　p. 78

中村裕一　官文書　敦煌漢文文獻（講座敦煌 5）　（東京）大東出版社　1992　p. 554、572

段小强　讀《瓜沙史事概述》劄記　《敦煌學輯刊》1995 年第 2 期　p. 127

李正宇　敦煌史地新論　（臺北）新文豐出版公司　1996　p. 205

李正宇　俄藏中國西北文物經眼記　《敦煌研究》1996 年第 3 期　p. 39

榮新江　歸義軍史研究　上海古籍出版社　1996　p. 221

顏廷亮　敦煌西漢金山國檔案文獻考略　《甘肅社會科學》1996 年第 5 期　p. 91

中村裕一　唐代公文書研究　（東京）汲古書院　1996　p. 77、132

馮培紅　晚唐五代宋初歸義軍武職軍將研究　敦煌歸義軍史專題研究　蘭州大學出版社　1997
　　p. 112

鄭炳林　敦煌碑銘讚輯釋　甘肅教育出版社　1997　p. 360 注 9

鄭炳林　唐五代敦煌的醫事研究　敦煌歸義軍史專題研究　蘭州大學出版社　1997　p. 522

陳國燦　金山白帝賜宋惠信改官敕　敦煌學大辭典　上海辭書出版社　1998　p. 372

陳國燦　西漢金山國　敦煌學大辭典　上海辭書出版社　1998　p. 372

沙知　金山白衣王印　敦煌學大辭典　上海辭書出版社　1998　p. 289

楊秀清　試論金山國的有關政治制度　《敦煌學輯刊》1998 年第 2 期　p. 37

陳祚龍　敦煌寫本《洪晉、悟真等告身》校注　中國敦煌學百年文庫・民族卷（二）　甘肅文化出版社
　　1999　p. 79

馮培紅　客司與歸義軍的外交活動　《敦煌學輯刊》1999 年第 1 期　p. 75

楊秀清　敦煌西漢金山國史　甘肅人民出版社　1999　p. 72、83、94

林聰明　敦煌吐魯番文書解詁指例　（臺北）新文豐出版公司　2001　p. 98

榮新江　敦煌學十八講　北京大學出版社　2001　p. 194

趙貞　歸義軍押衙兼知他官略考　《敦煌研究》2001 年第 2 期　p. 90

榮新江　唐五代歸義軍武職軍將考　敦煌學新論　甘肅教育出版社　2002　p. 58

森安孝夫著　梁曉鵬摘譯　河西歸義軍節度使官印及其編年　《敦煌學輯刊》2003 年第 1 期　p. 142

馮培紅　關於歸義軍節度使官制的幾個問題　麥積山石窟藝術文化論文集（下）　蘭州大學出版社
　　2004　p. 221

屈直敏　從《勵忠節抄》看歸義軍政權道德秩序的重建　《敦煌學輯刊》2005 年第 3 期　p. 85

P. 4634

那波利貞　千佛岩莫高窟と敦煌文書　西域文化研究(第二)・敦煌吐魯番社會經濟資料(上)　(京都)法藏館　1959　p. 33

內藤乾吉　西域發見唐代官文書の研究　西域文化研究(第三)・敦煌吐魯番社會經濟資料(下)　(京都)法藏館　1960　p. 91　又見：中國法制史考證　(東京)有斐閣　1963　p. 320

中川孝　楞伽宗と東山法門　敦煌仏典と禪(講座敦煌8)　(東京)大東出版社　1980　p. 131

陳祚龍　古代敦煌及其他地區流行之公私印章圖記文字録　敦煌學要籥　(臺北)新文豐出版公司　1982　p. 331

田中良昭　敦煌禪宗文獻の研究　(東京)大東出版社　1983　p. 170、183、450

饒宗頤解說　林宏作譯　敦煌書法叢刊(第六卷)・經史(四)　(東京)二玄社　1985　p. 69

黃瑞雲　敦煌古寫本《詩經》校釋劄記(二)　《敦煌研究》1986年第3期　p. 39、40

劉俊文　敦煌寫本永徽東宮諸府職員令殘卷校箋：唐令格式寫本殘卷研究之二　敦煌吐魯番文獻研究論集(第三輯)　北京大學出版社　1986　p. 221

楊曾文　日本學者對中國禪宗文獻的研究和整理　《世界宗教研究》1987年第1期　p. 116

劉俊文　敦煌吐魯番唐代法制文書考釋　中華書局　1989　p. 180

池田溫　中國古代寫本識語集録　(東京)大藏出版株式會社　1990　p. 196

唐耕耦　陸宏基　敦煌社會經濟文獻真迹釋録(二)　全國圖書館文獻縮微複製中心　1990　p. 542

中村裕一　唐代官文書研究　(京都)中文出版社　1991　p. 75、100

吳其昱著　伊藤美重子譯　敦煌漢文寫本概観　敦煌漢文文獻(講座敦煌5)　(東京)大東出版社　1992　p. 57

吳震　吐魯番出土法制文書概述　《西域研究》1992年第3期　p. 70

冉雲華　敦煌遺書與中國禪宗歷史研究　"中國唐代學會"會刊(第四期)　(臺北)"中國唐代學會"　1993　p. 53

索仁森著　李吉和譯　敦煌漢文禪籍特徵概観　《敦煌研究》1994年第1期　p. 117

田中良昭　敦煌の禪籍　禪學研究入門　(東京)大東出版社　1994　p. 56

胡戟　傅玫　敦煌史話　中華書局　1995　p. 131、154

劉進寶　敦煌學論述　(臺北)洪葉文化事業有限公司　1995　p. 260

柳田聖山　禪籍解題(一)・敦煌禪籍　俗語言研究(第二期)　(京都)禪文化研究所　1995　p. 134

鄭阿財　潘重規教授與敦煌學研究　"中國唐代學會"會刊(第七期)　(臺北)"中國唐代學會"　1996　p. 29

中村裕一　唐代公文書研究　(東京)汲古書院　1996　p. 355

仁井田陞　唐令拾遺補訂　唐令拾遺補　東京大學出版會　1997　p. 341、354

鄭炳林　敦煌碑銘讚輯釋　甘肅教育出版社　1997　p. 108 注2

李錦繡　唐代視品官制初探　《中國史研究》1998年第3期　p. 70

李錦繡　唐代制度史略論稿　中國政法大學出版社　1998　p. 57

沙知　涼州都督府之印　敦煌學大辭典　上海辭書出版社　1998　p. 290

唐耕耦　陳國燦　永徽令殘卷　敦煌學大辭典　上海辭書出版社　1998　p. 378

趙和平　評《唐令拾遺補：附唐日兩令對照一覽》　唐研究(第四卷)　北京大學出版社　1998　p. 550

池田溫　東アジア中古の莊園をめぐる一考察　東アジア史における國家と地域　(東京)刀水書房　1999　p. 398

高明士　試釋唐永徽職員令殘卷的試經規定　敦煌文藪(下)　(臺北)新文豐出版公司　1999

p. 19

劉俊文　唐代法制研究　（臺北）文津出版社　1999　p. 30

榮新江　唐代西州的道教　敦煌吐魯番研究（第四卷）　北京大學出版社　1999　p. 139

陳永勝　敦煌法制文書研究回顧與展望　《敦煌研究》2000 年第 2 期　p. 101

陳永勝　敦煌吐魯番法制文書研究　甘肅人民出版社　2000　p. 6

劉進寶　敦煌文書與唐史研究　（臺北）新文豐出版公司　2000　p. 2

榮新江　敦煌學十八講　北京大學出版社　2001　p. 199、262

山本達郎等　補（I）法制　『NUN－HUANG AND TURFAN DOCUMENTS CONCERNING SOCIAL AND ECONOMIC HISTORY』（Sup. p. lemrnts）　（東京）東洋文庫　2001　p. 3

王素　敦煌吐魯番文獻　文物出版社　2002　p. 141

王啓濤　中古及近代法制文書語言研究　巴蜀書社　2003　p. 281

許建平　殘卷定名正補　2000 年敦煌學國際學術討論會文集・歷史文化卷（上）　甘肅民族出版社　2003　p. 304

許建平　《俄藏敦煌文獻》儒家經典類寫本的定名與綴合　漢語史學報專輯（第三輯）　上海教育出版社　2003　p. 305

許建平　潘重規先生對《詩經》研究的貢獻　敦煌學（第 25 輯）　（臺北）樂學書局有限公司　2004　p. 399

黑維強　吐魯番出土文書詞語例釋（二）　《敦煌學輯刊》2005 年第 2 期　p. 187

張錫厚　《詠臥輪禪師看心法四首》補正與敦煌本《菩提達摩論》定名　《敦煌研究》2006 年第 1 期　p. 100

P. 4635

池田温　敦煌の便穀曆　日野開三郎博士頌壽記念論集・中國社會・制度・文化史の諸問題　（福岡）中國書店　1987　p. 360

郝春文　敦煌私社的“義聚”　《中國社會經濟史研究》1989 年第 4 期　p. 28

李正宇　唐宋時代敦煌縣河渠泉澤簡志（二）　《敦煌研究》1989 年第 1 期　p. 54

山本達郎等　敦煌・III 轉貼　『NUN－HUANG AND TURFAN DOCUMENTS CONCERNING SOCIAL AND ECONOMIC HISTORY』（IV）　（東京）東洋文庫　1989　p. 52

山本達郎等　敦煌・V 計會文書　『NUN－HUANG AND TURFAN DOCUMENTS CONCERNING SOCIAL AND ECONOMIC HISTORY』（IV）　（東京）東洋文庫　1989　p. 126

唐耕耦　敦煌寫本便物曆初探　敦煌吐魯番文獻研究論集（第五輯）　北京大學出版社　1990　p. 141

唐耕耦　陸宏基　敦煌社會經濟文獻真迹釋録（二）　全國圖書館文獻縮微複製中心　1990　p. 210

郝春文　敦煌寫本社邑文書年代彙考（三）　《社科縱橫》1993 年第 5 期　p. 10、123

鄭炳林　高偉　唐五代敦煌釀酒業初探　《西北史地》1994 年第 1 期　p. 30

馮培紅　唐五代歸義軍政權中隊職問題辨析　《敦煌學輯刊》1996 年第 2 期　p. 27　又見：敦煌歸義軍史專題研究　蘭州大學出版社　1997　p. 38

鄭炳林　唐五代敦煌粟特人與歸義軍政權　《敦煌研究》1996 年第 4 期　p. 82　又見：敦煌歸義軍史專題研究　蘭州大學出版社　1997　p. 404

馮培紅　晚唐五代宋初歸義軍武職軍將研究　敦煌歸義軍史專題研究　蘭州大學出版社　1997　p. 150

李正宇　敦煌歷史地理導論　（臺北）新文豐出版公司　1997　p. 59

馬德　敦煌工匠史料　甘肅人民出版社　1997　p. 90

寧可　郝春文　敦煌社邑文書輯校　江蘇古籍出版社　1997　p. 484

唐耕耦　敦煌寺院會計文書研究　（臺北）新文豐出版公司　1997　p. 345

鄭炳林　敦煌碑銘讚輯釋　甘肅教育出版社　1997　p. 556 注 13

鄭炳林　唐五代敦煌手工業研究　敦煌歸義軍史專題研究　蘭州大學出版社　1997　p. 265、272

鄭炳林　晚唐五代敦煌貿易市場的物價　敦煌歸義軍史專題研究　蘭州大學出版社　1997　p. 297

郝春文　唐後期五代宋初敦煌僧尼的社會生活　中國社會科學出版社　1998　p. 91

李正宇　村莊　敦煌學大辭典　上海辭書出版社　1998　p. 304

寧可　社人便物曆　敦煌學大辭典　上海辭書出版社　1998　p. 430

童丕　10 世紀敦煌的借貸人　法國漢學（第 3 輯）　中華書局　1998　p. 73、83

楊森　晚唐五代兩件《女人社》文書劄記　《敦煌研究》1998 年第 1 期　p. 70

高啓安　唐五代至宋敦煌的量器及量制　《敦煌學輯刊》1999 年第 1 期　p. 66

陳永勝　敦煌吐魯番法制文書研究　甘肅人民出版社　2000　p. 129

高啓安　崇高與卑賤：敦煌的佛教信仰賤名再探　'98 法門寺唐文化國際學術討論會論文集　陝西
　　人民出版社　2000　p. 253

楊際平　也談唐宋間敦煌量制"石"、"斗"、"馱"、"秤"　《敦煌學輯刊》2000 年第 2 期　p. 20

羅彤華　從便物曆論敦煌寺院的放貸　敦煌文獻論集：紀念藏經洞發現一百周年國際學術研討會論
　　文集　遼寧人民出版社　2001　p. 467

乜小紅　唐五代敦煌牧羊業述論　《敦煌研究》2001 年第 1 期　p. 139

楊惠玲　敦煌契約文書中的保人、見人、口承人、同便人、同取人　《敦煌研究》2002 年第 6 期　p. 44

洪藝芳　敦煌社會經濟文書中的唐五代新興量詞研究　敦煌學（第 24 輯）　（臺北）樂學書局有限公
　　司　2003　p. 104、109

鄭炳林　晚唐五代敦煌村莊聚落輯考　2000 年敦煌學國際學術討論會文集·歷史文化卷（上）　甘
　　肅民族出版社　2003　p. 130、146

高啓安　唐五代敦煌飲食文化研究　民族出版社　2004　p. 45

郝春文　再論敦煌私社的"義聚"　敦煌學（第 25 輯）　（臺北）樂學書局有限公司　2004　p. 288

趙曉星　寇甲　西魏：歸義軍時期敦煌地區的史姓　《敦煌學輯刊》2005 年第 2 期　p. 136

P. 4636

陳慶浩　古賢集校注　敦煌學（第 3 輯）　（香港）新亞研究所敦煌學會　1976　p. 95

王三慶　敦煌本古類書《語對》伯 4870 號試論　敦煌學（第 10 輯）　（臺北）新文豐出版公司　1985
　　p. 51

王三慶　敦煌本古類書《語對》研究　（臺北）文史哲出版社　1985　p. 5、91、94、258、275、295

王三慶　《古類書》伯 2524 號及其複抄寫卷之研究　敦煌學（第 9 輯）　（臺北）新文豐出版公司
　　1985　p. 65

土田健次郎　儒教典籍　敦煌漢文文獻（講座敦煌 5）　（東京）大東出版社　1992　p. 268

王三慶著　池田溫譯　類書　敦煌漢文文獻（講座敦煌 5）　（東京）大東出版社　1992　p. 372、383

胡戟　傅玫　敦煌史話　中華書局　1995　p. 143

鄭炳林　敦煌碑銘讚輯釋　甘肅教育出版社　1997　p. 208 注 8

白化文　語對　敦煌學大辭典　上海辭書出版社　1998　p. 780

郝春文　英藏敦煌社會歷史文獻釋録（第一卷）　科學出版社　2001　p. 107

許建平　殘卷定名正補　2000 年敦煌學國際學術討論會文集·歷史文化卷（上）　甘肅民族出版社

2003　p. 304

張涌泉　試論敦煌寫本類書的校勘價值：以《勵忠節抄》爲例　《敦煌研究》2003 年第 2 期　p. 69

鄭炳林　晚唐五代敦煌村莊聚落輯考　2000 年敦煌學國際學術討論會文集·歷史文化卷（上）　甘
　　肅民族出版社　2003　p. 139

屈直敏　《敦煌類書·勵忠節抄》校注商補（續）　《敦煌學輯刊》2004 年第 1 期　p. 37

王卡　敦煌道教文獻研究　中國社會科學出版社　2004　p. 197

王卡　中國國家圖書館藏敦煌道教遺書研究報告　敦煌吐魯番研究（第七卷）　北京大學出版社
　　2004　p. 368

P. 4637

森安孝夫　ウイグル語文獻　敦煌胡語文獻（講座敦煌 6）　（東京）大東出版社　1985　p. 20

姜伯勤　敦煌吐魯番文書與絲綢之路　文物出版社　1994　p. 267

金瀅坤　吐蕃統治敦煌的財政職官體系　《敦煌研究》1999 年第 2 期　p. 89

P. 4638

陳祚龍　敦煌寫本《右軍衛十將使孔公浮圖功德銘並序》之我見　（臺北）《大陸雜誌》1960 年第 5 期
　　又見：敦煌資料考屑（上冊）　（臺北）商務印書館　1979　p. 2、12 注 3；中國敦煌學百年文庫·
　　文獻卷（一）　甘肅文化出版社　1999　p. 409

陳祚龍　瓜沙印録　（臺北）《大陸雜誌》1962 年第 4 期　又見：敦煌學概要　（臺北）編譯館"中華叢
　　書編委會"　1981　p. 266、267、269；中國敦煌學百年文庫·考古卷（一）　甘肅文化出版社
　　1999　p. 184、192

陳祚龍　新校重訂敦煌古抄事佛崇法文獻小集　《東方雜誌》1978 年第 6 期　又見：中國敦煌學百年
　　文庫·宗教卷（二）　甘肅文化出版社　1999　p. 45

陳祚龍　敦煌寫本《洪䛒、悟真等告身》校注　敦煌資料考屑（上冊）　（臺北）商務印書館　1979
　　p. 43

池田溫　敦煌の流通経済　敦煌の社會（講座敦煌 3）　（東京）大東出版社　1980　p. 339　又見：敦
　　煌文書の世界　（東京）名著刊行會　2003　p. 175

田中良昭　修道偈Ⅰ　敦煌仏典と禪（講座敦煌 8）　（東京）大東出版社　1980　p. 251

陳祚龍　古代敦煌及其他地區流行之公私印章圖記文字録　敦煌學要籥　（臺北）新文豐出版公司
　　1982　p. 323、329、346

蘇瑩輝　敦煌藝文略　敦煌論集　（臺北）學生書局　1983　p. 389

蘇瑩輝　瓜沙史事系年　敦煌論集　（臺北）學生書局　1983　p. 272

田中良昭　敦煌禪宗文獻の研究　（東京）大東出版社　1983　p. 298、335

饒宗頤解說　林宏作譯　敦煌書法叢刊（第十五卷）·牒狀（二）　（東京）二玄社　1985　p. 82

陳祚龍　敦煌名讚小集　中華佛教文化史散策（四集）　（臺北）新文豐出版公司　1986　p. 295

蘇瑩輝　從幾種敦煌資料論張承奉、曹議金之稱"帝"稱"王"　敦煌學（第 11 輯）　（臺北）新文豐出
　　版公司　1986　p. 67

森安孝夫　敦煌と西ウイグル王國　『東方學』（第 74 輯）　（東京）東方學會　1987　p. 68

森安孝夫著　陳俊謀譯　敦煌與西回鶻王國　《西北史地》1987 年第 3 期　p. 126

唐耕耦　曹仁貴節度沙州歸義軍始末　《敦煌研究》1987 年第 2 期　p. 18

王永興　隋唐五代經濟史料彙編校注·第一編（下）　中華書局　1987　p. 967

王慶菽　敦煌變文研究　敦煌語言文學論文集　浙江古籍出版社　1988　p. 65

高國藩　敦煌民俗學　上海文藝出版社　1989　p. 42

李正宇　邈真讚　敦煌文學　甘肅人民出版社　1989　p. 184

馬德　靈圖寺、靈圖寺窟及其它　《敦煌研究》1989 年第 2 期　p. 1

榮新江　關於沙州歸義軍都僧統年代的幾個問題　《敦煌研究》1989 年第 4 期　p. 74

史葦湘　再論產生敦煌佛教藝術審美的社會因素　《敦煌研究》1989 年第 1 期　p. 1

譚蟬雪　碑·銘　敦煌文學　甘肅人民出版社　1989　p. 110

王公望　契約　敦煌文學　甘肅人民出版社　1989　p. 55

張廣達　榮新江　關於敦煌出土于闐文獻的年代及其相關問題　紀念陳寅恪先生誕辰百年學術論文
　　集　北京大學出版社　1989　p. 289

賀世哲　試論曹仁貴即曹議金　《魏晉南北朝隋唐史》1990 年第 8 期　p. 63

李正宇　曹仁貴名實論：曹氏歸義軍創始及歸奉後梁史探　第二屆敦煌學國際研討會論文集　（臺
　　北）漢學研究中心　1990　p. 551、556、560、565

饒宗頤　從"睒變"論變文與圖繪之關係　中印文化關係史論集·語文篇　香港中文大學中國文化
　　研究所　三聯書店　1990　p. 129　又見：梵學集　上海古籍出版社　1993　p. 325；饒宗頤史
　　學論著選　上海古籍出版社　1993　p. 392；饒宗頤東方學論集　汕頭大學出版社　1999
　　p. 195

榮新江　沙州歸義軍歷任節度使稱號研究　敦煌吐魯番學研究論文集　漢語大詞典出版社　1990
　　p. 775、794、796

榮新江　《唐刺史考》補遺　《文獻》1990 年第 2 期　p. 86　又見：敦煌學新論　甘肅教育出版社
　　2002　p. 265

榮新江　西元十世紀沙州歸義軍與西州回鶻的文化交往　第二屆敦煌學國際研討會論文集　（臺
　　北）漢學研究中心　1990　p. 585

上山大峻　敦煌佛教の研究　（京都）法藏館　1990　p. 421

唐耕耦　陸宏基　敦煌社會經濟文獻真迹釋錄（二、四、五）　全國圖書館文獻縮微複製中心　1990
　　p. 45；374、387、507；16、77 注、214

謝重光　白文固　中國僧官制度史　青海人民出版社　1990　p. 133 注 5

程喜霖　漢唐烽堠制度研究　（臺北）聯經出版公司　1991　p. 273 注 35

暨遠志　張議潮出行圖研究　《敦煌研究》1991 年第 3 期　p. 32

姜伯勤　敦煌吐魯番與香藥之路　季羨林教授八十華誕紀念論文集（下）　江西人民出版社　1991
　　p. 845

李正宇　曹仁貴歸奉後的一組新資料　魏晉南北朝隋唐史資料（第 11 輯）　武漢大學出版社　1991
　　p. 279

李正宇　"以千騎降夏"的"瓜州王"是誰？　《敦煌研究》1991 年第 2 期　p. 21

榮新江　曹議金征甘州回鶻史事表微　《敦煌研究》1991 年第 2 期　p. 9

姜伯勤　敦煌社會文書導論　（臺北）新文豐出版公司　1992　p. 52、113、215

林家平　寧強　羅華慶　中國敦煌學史　北京語言學院出版社　1992　p. 685

馬德　KHROM 詞義考　《中國藏學》1992 年第 2 期　p. 99

鄭雨　莫高窟第九十八窟的歷史背景與時代精神　（香港）《九州學刊》（敦煌學專輯）1992 年第 4 卷
　　第 4 期　p. 37

中村裕一　官文書　敦煌漢文文獻（講座敦煌 5）　（東京）大東出版社　1992　p. 563

竺沙雅章　寺院文書　敦煌漢文文獻（講座敦煌 5）　（東京）大東出版社　1992　p. 629

晒麟　曹仁貴即曹議金　《敦煌學輯刊》1993 年第 2 期　p. 89

荒川正晴著　王忻譯　唐政府對西域布帛的運送及客商的活動　《敦煌學輯刊》1993 年第 2 期　p. 113

李明偉　敦煌文學概論　甘肅人民出版社　1993　p. 479

李正宇　敦煌文學概論　甘肅人民出版社　1993　p. 101

榮新江　關於曹氏歸義軍首任節度使的幾個問題　《敦煌研究》1993 年第 2 期　p. 46

譚蟬雪　敦煌婚姻文化　甘肅人民出版社　1993　p. 60

王克孝　ДX2168 號寫本初探　《敦煌學輯刊》1993 年第 2 期　p. 25

鄭炳林　讀敦煌文書 P. 3859《後唐清泰三年六月沙州儭司教授福集等狀》劄記　《西北史地》1993 年第 4 期　p. 45　又見：敦煌吐魯番文獻研究　蘭州大學出版社　1995　p. 611

胡同慶　莫高窟第 154、231 窟經變畫研究　敦煌學研究　甘肅人民美術出版社　1994　p. 123、144、148

姜伯勤　敦煌邈真讚與敦煌望族　敦煌邈真讚校錄並研究　（臺北）新文豐出版公司　1994　p. 12

姜伯勤　項楚　榮新江　敦煌邈真讚校錄並研究　（臺北）新文豐出版公司　1994　p. 288、292

李明偉　隋唐絲綢之路　甘肅人民出版社　1994　p. 277

陸慶夫　敦煌民族文獻與河西古代民族　《敦煌學輯刊》1994 年第 2 期　p. 84

榮新江　敦煌邈真讚年代考　敦煌邈真讚校錄並研究　（臺北）新文豐出版公司　1994　p. 353

榮新江　敦煌邈真讚所見歸義軍與東西回鶻的關係　敦煌邈真讚校錄並研究　（臺北）新文豐出版公司　1994　p. 107

榮新江　甘州回鶻與曹氏歸義軍　《中國古代史》（先秦至隋唐）1994 年第 3 期　p. 105

榮新江　于闐王國與瓜沙曹氏　《敦煌研究》1994 年第 2 期　p. 114

邵文實　敦煌俗文學作品中的騈儷文風　《敦煌學輯刊》1994 年第 2 期　p. 43

田中良昭　敦煌の禪籍　禪學研究入門　（東京）大東出版社　1994　p. 68

王惠民　關於《天請問經》和天請問經變的幾個問題　《敦煌研究》1994 年第 4 期　p. 179

鄭炳林　《索勳紀德碑》研究　《敦煌學輯刊》1994 年第 2 期　p. 69

鄭炳林　唐五代敦煌新開道考　《敦煌學輯刊》1994 年第 1 期　p. 48

鄭炳林　馮培紅　讀《中國古代寫本識語集錄》劄記　《西北史地》1994 年第 4 期　p. 48

鄭炳林　高偉　唐五代敦煌釀酒業初探　《西北史地》1994 年第 1 期　p. 33

Л. N. チュグイェフスキー著　荒川正晴譯注　ソ連邦科學アカデミー東洋學研究所所藏、敦煌寫本における官印と寺印　『吐魯番出土文物研究會會報』（98、99 號）　（東京）吐魯番出土文物研究會　1994　p. 4

李冬梅　唐五代敦煌學校部分教學檔案簡介　《敦煌學輯刊》1995 年第 2 期　p. 65

李明偉　敦煌文學中“敦煌文”的研究和分類評價　《敦煌研究》1995 年第 4 期　p. 121

劉惠琴　從敦煌文書中看沙州紡織業　《敦煌學輯刊》1995 年第 2 期　p. 50

柳田聖山　禪籍解題（一）・敦煌禪籍　俗語言研究（第二期）　（京都）禪文化研究所　1995　p. 152

馬德　敦煌莫高窟吐蕃、歸義軍時代營建概況　（香港）《九州學刊》1995 年第 6 卷第 4 期　p. 59

馬德　敦煌遺書莫高窟營建史料淺論　敦煌學國際研討會文集・石窟考古編　遼寧美術出版社　1995　p. 150

蘇瑩輝　張承奉稱帝稱王與曹仁貴節度沙州歸義軍顛末考　敦煌學國際研討會文集・史地語文編　遼寧美術出版社　1995　p. 62

王惠民　曹元德功德窟考　《敦煌研究》1995 年第 4 期　p. 163

王書慶　敦煌佛學・佛事篇　甘肅民族出版社　1995　p. 208

楊銘　何寧生　曹(Tshar)：吐蕃統治敦煌及西域的一級基層兵制　《西域研究》1995 年第 4 期

p. 53

張傳璽　中國歷代契約會編考釋(上)　北京大學出版社　1995　p. 238 注 1

李正宇　敦煌史地新論　(臺北)新文豐出版公司　1996　p. 133、318

柳田聖山　禪籍解題(二)　俗語言研究(第三期)　(京都)禪文化研究所　1996　p. 190

馬德　敦煌莫高窟史研究　甘肅教育出版社　1996　p. 99、177、228

馬德　九、十世紀敦煌工匠史料述論　慶祝潘石禪先生九秩華誕敦煌學特刊　(臺北)文津出版社
　　1996　p. 313

馬雅倫　邢豔紅　吐蕃統治時期敦煌兩位粟特僧官:史慈燈、石法海考　《敦煌學輯刊》1996 年第 1
　　期　p. 56

榮新江　歸義軍史研究　上海古籍出版社　1996　p. 15、19

楊偉　從敦煌文書中看古代西部移民　《敦煌研究》1996 年第 4 期　p. 98

張涌泉　敦煌俗字研究導論　(臺北)新文豐出版公司　1996　p. 86、143、184、225、258

張涌泉　敦煌文獻校讀釋例　文史(第四十一輯)　中華書局　1996　p. 192　又見:舊學新知　浙
　　江大學出版社　1999　p. 201

張涌泉　評《敦煌邈真讚校錄並研究》　敦煌吐魯番研究(第一卷)　北京大學出版社　1996　p. 428

馮培紅　晚唐五代宋初歸義軍武職軍將研究　敦煌歸義軍史專題研究　蘭州大學出版社　1997
　　p. 103、139

郝春文　歸義軍政權與敦煌佛教之關係新探　周紹良先生欣開九秩慶壽文集　中華書局　1997
　　p. 166

李正宇　敦煌歷史地理導論　(臺北)新文豐出版公司　1997　p. 58、222

劉雯　吐蕃及歸義軍時期敦煌索氏家族研究　《敦煌學輯刊》1997 年第 2 期　p. 85

劉永明　S. 2729 背《懸象占》與蕃占時期的敦煌道教　敦煌歸義軍史專題研究　蘭州大學出版社
　　1997　p. 529

馬德　敦煌工匠史料　甘肅人民出版社　1997　p. 44

齊陳俊　馮培紅　晚唐五代宋初歸義軍對外商業貿易　敦煌歸義軍史專題研究　蘭州大學出版社
　　1997　p. 346

齊陳俊　馮培紅　晚唐五代宋初歸義軍政權中"十將"及下屬諸職考　敦煌歸義軍史專題研究　蘭
　　州大學出版社　1997　p. 26、34

沙知　殷次零拾　周紹良先生欣開九秩慶壽文集　中華書局　1997　p. 146

孫昌武　禪思與詩情　中華書局　1997　p. 331 注 39

楊際平　郭鋒　張和平　五一十世紀敦煌的家庭與家族關係　岳麓書社　1997　p. 166

楊銘　吐蕃統治敦煌研究　(臺北)新文豐出版公司　1997　p. 299

張亞萍　晚唐五代歸義軍牧羊業管理機構:羊司　《敦煌學輯刊》1997 年第 2 期　p. 128

張涌泉　敦煌文獻校讀易誤字例釋　敦煌文學論集　四川人民出版社　1997　p. 269

鄭炳林　敦煌碑銘讚及其有關問題　敦煌碑銘讚輯釋　甘肅教育出版社　1997　p. 5

鄭炳林　敦煌碑銘讚輯釋　甘肅教育出版社　1997　p. 225、p. 412 注 3

鄭炳林　唐五代敦煌的醫事研究　敦煌歸義軍史專題研究　蘭州大學出版社　1997　p. 522

鄭炳林　唐五代敦煌金山國征伐樓蘭史事考　敦煌歸義軍史專題研究　蘭州大學出版社　1997
　　p. 14

鄭炳林　唐五代敦煌種植林業研究　敦煌歸義軍史專題研究　蘭州大學出版社　1997　p. 201

鄭炳林　晚唐五代敦煌貿易市場的物價　敦煌歸義軍史專題研究　蘭州大學出版社　1997　p. 304

鄭炳林　馮培紅　唐五代歸義軍政權對外關係中的使頭一職　敦煌歸義軍史專題研究　蘭州大學出

版社　1997　p. 54

柴劍虹　曹夫人宋氏邈真讚　敦煌學大辭典　上海辭書出版社　1998　p. 550

柴劍虹　陰處士碑　敦煌學大辭典　上海辭書出版社　1998　p. 589

陳國燦　吐蕃敦煌諸戶口數地畝計簿　敦煌學大辭典　上海辭書出版社　1998　p. 415

郝春文　大唐隴西李府君修功德記　敦煌學大辭典　上海辭書出版社　1998　p. 332

郝春文　唐後期五代宋初敦煌僧尼的社會生活　中國社會科學出版社　1998　p. 396

荒川正晴　關於唐向西域輸送布帛與客商的關係　魏晉南北朝隋唐史資料（第 16 輯）　武漢大學出
　　版社　1998　p. 349

金瀅坤　從敦煌文書看晚唐五代敦煌地區布紡織業　《敦煌研究》1998 年第 2 期　p. 133

金瀅坤　吐蕃統治敦煌的社會基層組織　《中國邊疆史地研究》1998 年第 4 期　p. 29

李冬梅　唐五代歸義軍與周邊民族關係綜論　《敦煌學輯刊》1998 年第 2 期　p. 49

李正宇　歸義軍公文集　敦煌學大辭典　上海辭書出版社　1998　p. 374

李正宇　孔公浮圖功德銘　敦煌學大辭典　上海辭書出版社　1998　p. 332

李正宇　厶乙　敦煌學大辭典　上海辭書出版社　1998　p. 520

劉方　敦煌石室真迹錄　敦煌學大辭典　上海辭書出版社　1998　p. 799

馬德　尚書曹仁貴史事鈎沈　《敦煌學輯刊》1998 年第 2 期　p. 10

榮新江　歸義軍大事紀年初稿　出土文獻研究（第三輯）　文物出版社　1998　p. 242

沙知　長從府　敦煌學大辭典　上海辭書出版社　1998　p. 394

沙知　敦煌別稱　敦煌學大辭典　上海辭書出版社　1998　p. 306

沙知　敦煌契約文書輯校　江蘇古籍出版社　1998　p. 422

沙知　敦煌吐魯番文獻所見唐軍府名掇拾　《敦煌學輯刊》1998 年第 1 期　p. 3

沙知　高平府　敦煌學大辭典　上海辭書出版社　1998　p. 395

沙知　瓜沙等州觀察使新印　敦煌學大辭典　上海辭書出版社　1998　p. 291

沙知　恒王府　敦煌學大辭典　上海辭書出版社　1998　p. 393

沙知　良社府　敦煌學大辭典　上海辭書出版社　1998　p. 393

沙知　沙州都僧統印　敦煌學大辭典　上海辭書出版社　1998　p. 294

沙知　沙州節度使印　敦煌學大辭典　上海辭書出版社　1998　p. 291

蘇金花　從"方外之賓"到"釋吏"　《敦煌學輯刊》1998 年第 2 期　p. 114

孫修身　曹議金　敦煌學大辭典　上海辭書出版社　1998　p. 358

譚蟬雪　敦煌歲時文化導論　（臺北）新文豐出版公司　1998　p. 187

唐耕耦　河西都僧統　敦煌學大辭典　上海辭書出版社　1998　p. 636

楊秀清　曹議金執政臆談　《敦煌研究》1998 年第 3 期　p. 119

張亞萍　唐五代敦煌地區的駱駝牧養業　《敦煌學輯刊》1998 年第 1 期　p. 58

鄭炳林　孔含光　敦煌學大辭典　上海辭書出版社　1998　p. 346

鄭炳林　陰嗣瓌　敦煌學大辭典　上海辭書出版社　1998　p. 345

池田溫　唐朝氏族志研究——關於《敦煌名族志》殘卷　唐研究論文選集　中國社會科學出版社
　　1999　p. 106 注 17

段小强　敦煌文書中所見的古代喪儀　《西北民族研究》1999 年第 1 期　p. 211

馮培紅　客司與歸義軍的外交活動　《敦煌學輯刊》1999 年第 1 期　p. 82

楊秀清　敦煌西漢金山國史　甘肅人民出版社　1999　p. 160

趙益　敦煌卷子中三种禅宗文献考辨　中國敦煌學百年文庫·宗教卷（二）　甘肅文化出版社
　　1999　p. 323

鄭炳林　晚唐五代敦煌地區種植棉花研究　《中國史研究》1999 年第 3 期　p. 87

雷紹鋒　歸義軍賦役制度初探　（臺北）洪葉文化事業有限公司　2000　p. 95、171、175、243

劉進寶　敦煌歷史文化　甘肅人民出版社　2000　p. 88

劉進寶　敦煌文書與唐史研究　（臺北）新文豐出版公司　2000　p. 111

馬德　敦煌寫本《營窟稿文範》箋證　1994 年敦煌學國際研討會文集・石窟考古卷　甘肅民族出版社　2000　p. 217

王齦明　瓜沙州大王印考　《敦煌學輯刊》2000 年第 2 期　p. 43

徐俊　敦煌詩集殘卷輯考　中華書局　2000　p. 7

徐俊　關於"禪門秘要訣"：敦煌釋氏歌偈寫本三種合校　慶祝吳其昱先生八秩華誕敦煌學特刊（臺北）文津出版社　2000　p. 228

顏廷亮　敦煌文化的靈魂論綱　《甘肅社會科學》2000 年第 4 期　p. 33

張錫厚　敦煌文學源流　作家出版社　2000　p. 156

鄭炳林　晚唐五代敦煌貿易市場的外來商品輯考　中華文史論叢（總 63 輯）　上海古籍出版社　2000　p. 59、64、69

鄭炳林　張紅麗　《張淮深變文》的年代問題　1994 年敦煌學國際研討會文集・宗教文史卷（上）甘肅民族出版社　2000　p. 329

曾良　敦煌文獻字義通釋　廈門大學出版社　2001　p. 23、106、182

鄭炳林　北京圖書館藏《吳和尚經論目錄》有關問題研究　敦煌學與中國史研究論集　甘肅人民出版社　2001　p. 131

杜建錄　西夏酒的生産與征榷　《寧夏社會科學》2002 年第 2 期　p. 83

黃征　敦煌語言文字學研究　甘肅教育出版社　2002　p. 170

金瀅坤　吐蕃瓜州節度使初探　《敦煌研究》2002 年第 2 期　p. 23

李正宇　唐宋時期的敦煌佛教　敦煌佛教藝術文化國際學術研討會論文集　蘭州大學出版社　2002　p. 381

劉進寶　敦煌學通論　甘肅教育出版社　2002　p. 55

劉永明　散見敦煌曆朔閏輯考　《敦煌研究》2002 年第 6 期　p. 13

劉永明　試論曹延祿的醮祭活動　《敦煌學輯刊》2002 年第 1 期　p. 69

呂鍾　重修敦煌縣誌　甘肅人民出版社　2002　p. 523

榮新江　唐五代歸義軍武職軍將考　敦煌學新論　甘肅教育出版社　2002　p. 56

史葦湘　敦煌歷史與莫高窟藝術研究　甘肅教育出版社　2002　p. 496

吳麗娛　唐禮撮遺：中古書儀研究　商務印書館　2002　p. 166

吳麗娛　再析 P. 2945 書儀的年代與曹氏歸義軍通使中原　《敦煌研究》2002 年第 3 期　p. 75

馬德　以史論窟　以窟證史　2000 年敦煌學國際學術討論會文集・歷史文化卷（上）　甘肅民族出版社　2003　p. 495

榮新江　略談于闐對敦煌石窟的貢獻　2000 年敦煌學國際學術討論會文集・歷史文化卷（上）　甘肅民族出版社　2003　p. 73

森安孝夫著　梁曉鵬摘譯　河西歸義軍節度使官印及其編年　《敦煌學輯刊》2003 年第 1 期　p. 140

童丕　敦煌的借貸：中國中古時代的物質生活與社會　中華書局　2003　p. 154

王啓濤　中古及近代法制文書語言研究　巴蜀書社　2003　p. 133

張錫厚　敦煌文概說　2000 年敦煌學國際學術討論會文集・歷史文化卷（下）　甘肅民族出版社　2003　p. 213

陳炳應　從敦煌資料看儒學對吐蕃的深刻影響　《敦煌研究》2004 年第 4 期　p. 89

樊錦詩　玄奘譯經和敦煌壁畫　《敦煌研究》2004 年第 2 期　p. 7

馮培紅　關於歸義軍節度使官制的幾個問題　麥積山石窟藝術文化論文集(下)　蘭州大學出版社
　　2004　p. 209

高啓安　唐五代敦煌飲食文化研究　民族出版社　2004　p. 38、204、409

胡同慶　宋琪　試探麥積山石窟摩崖龕的功能和意義　麥積山石窟藝術文化論文集(上)　蘭州大
　　學出版社　2004　p. 226

屈直敏　敦煌高僧　民族出版社　2004　p. 18

湯涒　敦煌曲子詞地域文化研究　上海古籍出版社　2004　p. 153

徐曉麗　唐五代敦煌大族出嫁女性初探　麥積山石窟藝術文化論文集(下)　蘭州大學出版社
　　2004　p. 271

葉貴良　敦煌社邑文書詞語選釋　《敦煌研究》2004 年第 5 期　p. 80

葉貴良　《敦煌社邑文書輯校》拾補　《吐魯番學研究》2004 年第 1 期　p. 107

張清濤　武則天時代的敦煌陰氏及有關洞窟　2004 年石窟研究國際學術會議論文提要集　敦煌研
　　究院　2004　p. 95

鄭炳林　晚唐五代敦煌商業貿易市場研究　《敦煌學輯刊》2004 年第 1 期　p. 104

鄭炳林　王晶波　敦煌寫本相書校錄研究　民族出版社　2004　p. 21、234

鄭炳林　徐曉莉　晚唐五代敦煌歸義軍政權的婚姻關係研究　敦煌學(第 25 輯)　(臺北)樂學書局
　　有限公司　2004　p. 561、572

馮培紅　晚唐五代宋初沙州上佐考論　敦煌學國際研討會論文集　北京圖書館出版社　2005　p. 70

屈直敏　從《勵忠節抄》看歸義軍政權道德秩序的重建　《敦煌學輯刊》2005 年第 3 期　p. 84

吳麗娛　楊寶玉　P. 3197v《曹氏歸義軍時期甘州使人書狀》考試　《敦煌學輯刊》2005 年第 4 期
　　p. 17

鄭炳林　晚唐五代歸義軍政權與佛教教團關係研究　《敦煌學輯刊》2005 年第 1 期　p. 13

白天佑　沙武田　莫高窟第 231 窟陰伯倫夫婦供養像解析　文史(第七十五輯)　中華書局　2006
　　p. 6

馮培紅　歸義軍鎮制考　敦煌吐魯番研究(第九卷)　中華書局　2006　p. 254

汪泛舟　敦煌俗別字新考(上)　《敦煌研究》2006 年第 1 期　p. 104

趙跟喜　敦煌唐宋時期的女子教育初探　文史(第七十五輯)　中華書局　2006　p. 95

鄭炳林　晚唐五代河西地區的居民結構研究　《蘭州大學學報》2006 年第 2 期　p. 19

P. 4639

邰惠莉　敦煌版畫叙錄　《敦煌研究》2005 年第 2 期　p. 11

P. 4640

那波利貞　千佛岩莫高窟と敦煌文書　西域文化研究(第二)・敦煌吐魯番社會經濟資料(上)　(京
　　都)法藏館　1959　p. 44

陳祚龍　敦煌寫本《洪晉、悟真等告身》校注　(臺北)《大陸雜誌》1962 年第 1 期　又見:敦煌資料考
　　屑(上冊)　(臺北)商務印書館　1979　p. 38、49 注 6;中國敦煌學百年文庫・民族卷(二)　甘
　　肅文化出版社　1999　p. 79

蘇瑩輝　論敦煌資料中的三位河西都僧統　(臺北)《幼獅學志》1966 年第 1 期　又見:敦煌論集
　　(臺北)學生書局　1983　p. 419;中國敦煌學百年文庫・宗教卷(一)　甘肅文化出版社　1999
　　p. 4

蘇瑩輝　從敦煌吳僧統碑和三卷敦煌寫本論吳法成並非緒芝之子亦非洪晉和尚　（臺北）《大陸雜誌》1974 年第 3 期　又見：中國敦煌學百年文庫・民族卷（二）　甘肅文化出版社　1999 p. 95；敦煌論集續編　（臺北）學生書局　1983　p. 129

陳祚龍　敦煌古抄碑銘五種　敦煌文物隨筆　（臺北）商務印書館　1979　p. 72

陳祚龍　敦煌寫本《右軍衛十將使孔公浮圖功德銘並序》之我見　敦煌資料考屑（上冊）　（臺北）商務印書館　1979　p. 2、12 注 4

陳祚龍　中古敦煌的書學　敦煌資料考屑（上冊）　（臺北）商務印書館　1979　p. 162

池田溫　中國古代籍帳研究：概観・録文　東京大學東洋文化研究所　1979　p. 605

蘇瑩輝　論莫高窟七佛藥師之堂非由洪晉所開鑿　敦煌學（第 4 輯）　（香港）新亞研究所敦煌學會　1979　p. 63

王重民　敦煌古籍叙録　中華書局　1979　p. 73

梅村坦　住民の種族構成——敦煌をめぐる諸民族の動向　敦煌の社會（講座敦煌 3）　（東京）大東出版社　1980　p. 203

土肥義和　莫高窟千佛洞と大寺と蘭若と　敦煌の社會（講座敦煌 3）　（東京）大東出版社　1980　p. 354

土肥義和　はじめに——歸義軍節度使の敦煌支配　敦煌の歷史（講座敦煌 2）　（東京）大東出版社　1980　p. 244

陳祚龍　新校重訂敦煌古抄僧讚集　中華佛教文化史散策（三集）　（臺北）新文豐出版公司　1981　p. 199

李永寧　敦煌莫高窟碑文録及有關問題（一）　《敦煌研究》1981 年試刊第 1 期　p. 76

蘇瑩輝　敦煌學概要　（臺北）編譯館“中華叢書編委會”　1981　p. 180、237

李永寧　報恩經和莫高窟壁畫中的報恩經變相　敦煌研究文集　甘肅人民出版社　1982　p. 219 注 8

馬世長　敦煌縣博物館藏地志殘卷：敦博第五八號卷子研究之一　敦煌吐魯番文獻研究論集　中華書局　1982　p. 423、428 注 5

蘇瑩輝　敦煌藝文略　敦煌論集　（臺北）學生書局　1983　p. 389

席臻貫　《佛本行集經・憂波離品次》琵琶譜符號考　《音樂研究》1983 年第 3 期　又見：中國敦煌學百年文庫・藝術卷（三）　甘肅文化出版社　1999　p. 239

饒宗頤解說　林宏作譯　敦煌書法叢刊（第十九卷）・碎金（二）　（東京）二玄社　1984　p. 102

吳其昱著　福井文雅　樋口勝譯　大蕃國大德・三藏法師・法成傳考　敦煌と中國仏教（講座敦煌 7）　（東京）大東出版社　1984　p. 384

戴密微著　耿昇譯　敦煌學近作　敦煌譯叢（第一輯）　甘肅人民出版社　1985　p. 17

饒宗頤解說　林宏作譯　敦煌書法叢刊（第十五卷）・牒狀（二）　（東京）二玄社　1985　p. 88

賀世哲　從供養人題記看莫高窟部分洞窟的營建年代　敦煌莫高窟供養人題記　文物出版社　1986　p. 211

黃盛璋　于闐文《使河西記》的歷史地理研究　《敦煌學輯刊》1986 年第 2 期　p. 13

李正宇　敦煌方音止遇二攝混同及其校勘學意義　《敦煌研究》1986 年第 4 期　p. 53

盧向前　關於歸義軍時期一份布紙破用曆的研究：試釋伯四六四〇背面文書　敦煌吐魯番文獻研究論集（第三輯）　北京大學出版社　1986　p. 385、431　又見：敦煌吐魯番文書論稿　江西人民出版社　1992　p. 97

土肥義和著　李永寧譯　歸義軍時期（晚唐、五代、宋）的敦煌（一）　《敦煌研究》1986 年第 4 期　p. 86

王重民原編　黃永武新編　敦煌古籍叙録新編(第四冊)　(臺北)新文豐出版公司　1986　p. 227

黃盛璋　敦煌本曹氏二州六鎮與八鎮考　1983 年全國敦煌學術討論會文集·文史遺書編(上)　甘
　　肅人民出版社　1987　p. 270、277

姜伯勤　敦煌的"畫行"與"畫院"　1983 年全國敦煌學術討論會文集·石窟藝術編(下)　甘肅人民
　　出版社　1987　p. 185

姜伯勤　唐五代敦煌寺戶制度　中華書局　1987　p. 40、115、291、329

李正宇　唐宋時代敦煌的用筆與製筆　《絲路論壇》1987 年第 2 期　p. 51

馬德　吳和尚·吳和尚窟·吳家窟　《敦煌研究》1987 年第 3 期　p. 62

王克芬　從敦煌壁畫、龍門唐窟石雕及其它墓室俑畫等文物探索唐代舞蹈的特點　1983 年全國敦煌
　　學術討論會文集·石窟藝術編(下)　甘肅人民出版社　1987　p. 242

王克芬　中國舞蹈史　文化藝術出版社　1987　p. 198

姜伯勤　敦煌音聲人略論　《敦煌研究》1988 年第 4 期　p. 5

李正宇　敦煌地區古代祠廟寺觀簡志　《敦煌學輯刊》1988 年第 1、2 期　p. 71、81

李正宇　敦煌文學雜考二題　敦煌語言文學研究　北京大學出版社　1988　p. 93

李正宇　唐宋時代敦煌縣河渠泉澤簡志(一)　《敦煌研究》1988 年第 4 期　p. 92

譚蟬雪　曹元德曹元深卒年考　《敦煌研究》1988 年第 1 期　p. 53

高國藩　敦煌民俗學　上海文藝出版社　1989　p. 537

郭鋒　慕容歸盈與瓜沙曹氏　《敦煌學輯刊》1989 年第 1 期　p. 100

李正宇　《敦煌廿詠》探微　古文獻研究　浙江古籍出版社　1989　p. 240

李正宇　邈真讚　敦煌文學　甘肅人民出版社　1989　p. 184

李正宇　唐宋時代敦煌縣河渠泉澤簡志(二)　《敦煌研究》1989 年第 1 期　p. 59

馬德　都僧統之"家窟"及其營建《臘八燃燈分配窟龕名數》叢識之三　《敦煌研究》1989 年第 4 期
　　p. 54

馬德　靈圖寺、靈圖寺窟及其它　《敦煌研究》1989 年第 2 期　p. 4

榮新江　關於沙州歸義軍都僧統年代的幾個問題　《敦煌研究》1989 年第 4 期　p. 71

山本達郎等　敦煌·I 社條　『NUN‑HUANG AND TURFAN DOCUMENTS CONCERNING SOCIAL
　　AND ECONOMIC HISTORY』(IV)　(東京)東洋文庫　1989　p. 1

山本達郎等　敦煌·III 轉貼　『NUN‑HUANG AND TURFAN DOCUMENTS CONCERNING SOCIAL
　　AND ECONOMIC HISTORY』(IV)　(東京)東洋文庫　1989　p. 24、79

山本達郎等　敦煌·IV 納贈曆·納色物曆等　『NUN‑HUANG AND TURFAN DOCUMENTS CON-
　　CERNING SOCIAL AND ECONOMIC HISTORY』(IV)　(東京)東洋文庫　1989　p. 91

譚蟬雪　碑·銘　敦煌文學　甘肅人民出版社　1989　p. 109

張廣達　榮新江　關於敦煌出土于闐文獻的年代及其相關問題　紀念陳寅恪先生誕辰百年學術論文
　　集　北京大學出版社　1989　p. 291

陳國燦　唐五代瓜沙歸義軍軍鎮的演變　敦煌吐魯番文書初探(二編)　武漢大學出版社　1990
　　p. 562、565、572、574

高國藩　敦煌古俗與民俗流變　河海大學出版社　1990　p. 423

高國潘　敦煌巫術形態:兼與中外巫術之比較　第二屆敦煌學國際研討會論文集　(臺北)漢學研究
　　中心　1990　p. 630

姜伯勤　敦煌白畫中的粟特神衹　敦煌吐魯番學研究論文集　漢語大詞典出版社　1990　p. 305

榮新江　沙州歸義軍歷任節度使稱號研究　敦煌吐魯番學研究論文集　漢語大詞典出版社　1990
　　p. 775、790

榮新江　《唐刺史考》補遺　《文獻》1990 年第 2 期　p. 84　又見:敦煌學新論　甘肅教育出版社　2002　p. 263

上山大峻　敦煌佛教の研究　(京都)法藏館　1990　p. 102

譚蟬雪　敦煌歲時掇瑣:正月　《敦煌研究》1990 年第 1 期　p. 44、50　又見:(香港)《九州學刊》(敦煌學專輯)1993 年第 5 卷第 4 期　p. 87、98

唐耕耦　陸宏基　敦煌社會經濟文獻真迹釋錄(三、五)　全國圖書館文獻縮微複製中心　1990　p. 253;69、211 注、227 注

李正宇　敦煌名勝古迹導論　《陽關》1991 年第 4 期　p. 52

林聰明　敦煌文書學　(臺北)新文豐出版公司　1991　p. 352 注 18

榮新江　曹議金征甘州回鶻史事表微　《敦煌研究》1991 年第 2 期　p. 3

孫修身　跋伯 3931 號卷甘州回鶻致中原王朝兩《表本》　《西北民族研究》1991 年第 2 期　p. 26

黃征　王梵志詩校釋補議　中華文史論叢(總 50 輯)　上海古籍出版社　1992　p. 90

姜伯勤　敦煌社會文書導論　(臺北)新文豐出版公司　1992　p. 11、48、134、161

姜伯勤　論禪宗在敦煌僧俗中的流傳　(香港)《九州學刊》(敦煌學專輯)1992 年第 4 卷第 4 期　p. 6　又見:中國敦煌學百年文庫·宗教卷(一)　甘肅文化出版社　1999　p. 219

李并成　五代宋初的玉門關及其相關問題考　《敦煌研究》1992 年第 2 期　p. 92

林家平　寧强　羅華慶　中國敦煌學史　北京語言學院出版社　1992　p. 514

盧向前　馬社研究　敦煌吐魯番文書論稿　江西人民出版社　1992　p. 91

馬德　KHROM 詞義考　《中國藏學》1992 年第 2 期　p. 99

梅林　吐蕃和歸義軍時期敦煌禪僧寺籍考辨　《敦煌研究》1992 年第 3 期　p. 99

榮新江　金山國史辨正　中華文史論叢(總 50 輯)　上海古籍出版社　1992　p. 80

土肥義和　九·十世紀の敦煌莫高窟を支えた人々　中國の都市と農村　(東京)汲古書院　1992　p. 442

鄭炳林　敦煌碑銘讚三篇證誤與考釋　《敦煌學輯刊》1992 年第 1、2 期　p. 102

晡麟　金山國建國時間討論　《敦煌學輯刊》1993 年第 2 期　p. 107

晡麟　金山國名稱來源　《敦煌學輯刊》1993 年第 1 期　p. 52

高國藩　敦煌民俗資料導論　(臺北)新文豐出版公司　1993　p. 171、261

侯錦郎　敦煌龍興寺的器物曆　法國學者敦煌學論文選萃　中華書局　1993　p. 91 注 4

黃征　敦煌願文《兒郎偉》輯考　(香港)《九州學刊》(敦煌學專輯)1993 年第 5 卷第 4 期　p. 78

姜伯勤　敦煌毗尼藏主考　《敦煌研究》1993 年第 3 期　p. 3

姜伯勤　論高昌胡天與敦煌祆寺　《世界宗教研究》1993 年第 1 期　又見:中國敦煌學百年文庫·宗教卷(三)　甘肅文化出版社　1999　p. 522

李明偉　敦煌文學概論　甘肅人民出版社　1993　p. 479

李正宇　敦煌儺散論　《敦煌研究》1993 年第 2 期　p. 115

李正宇　敦煌文學概論　甘肅人民出版社　1993　p. 94、121

李正宇　敦煌遺書中的檔案資料及其價值意義　《魏晉南北朝隋唐史》1993 年第 5 期　p. 66

齊陳駿　寒沁　河西都僧統唐悟真作品和見載文獻系年　《敦煌學輯刊》1993 年第 2 期　p. 9

饒宗頤　穆護歌考　饒宗頤史學論著選　上海古籍出版社　1993　p. 414　又見:饒宗頤東方學論集　汕頭大學出版社　1999　p. 92

榮新江　敦煌寫本《敕河西節度兵部尚書張公德政之碑》校考　周一良先生八十生日紀念論文集　中國社會科學出版社　1993　p. 213

蘇遠鳴　敦煌石窟中的瑞像圖　法國學者敦煌學論文選萃　中華書局　1993　p. 151

譚蟬雪　　敦煌祈賽風俗　《敦煌研究》1993 年第 4 期　p. 62

張鴻勳　　敦煌話本詞文俗賦導論　（臺北）新文豐出版公司　1993　p. 202

張鴻勳　　敦煌說唱文學概論　（臺北）新文豐出版公司　1993　p. 11

鄭炳林　　讀敦煌文書 P. 3859《後唐清泰三年六月沙州儭司教授福集等狀》劄記　《西北史地》1993 年
　　第 4 期　p. 46　又見：敦煌吐魯番文獻研究　蘭州大學出版社　1995　p. 612

鄭炳林　　敦煌碑銘讚部分文書拼接復原　《敦煌研究》1993 年第 1 期　p. 53

鄭炳林　　敦煌碑銘讚抄本概述　《蘭州大學學報》1993 年第 4 期　p. 142

鄭炳林　　《索崇恩和尚修功德記》考釋　《敦煌研究》1993 年第 2 期　p. 61

胡同慶　　莫高窟第 154、231 窟經變畫研究　敦煌學研究　甘肅人民美術出版社　1994　p. 122、147

姜伯勤　　敦煌邈真讚與敦煌望族　敦煌邈真讚校錄並研究　（臺北）新文豐出版公司　1994　p. 8、
　　15、19、38

姜伯勤　　敦煌吐魯番文書與絲綢之路　文物出版社　1994　p. 254

姜伯勤　項楚　榮新江　敦煌邈真讚校錄並研究　（臺北）新文豐出版公司　1994　p. 211

勁草　　《敦煌文學概論》證誤糾謬　《敦煌學輯刊》1994 年第 1 期　p. 86

榮新江　　敦煌邈真讚年代考　敦煌邈真讚校錄並研究　（臺北）新文豐出版公司　1994　p. 360

榮新江　　敦煌邈真讚所見歸義軍與東西回鶻的關係　敦煌邈真讚校錄並研究　（臺北）新文豐出版
　　公司　1994　p. 77、92

榮新江　　歸義軍改元考　文史（第三十八輯）　中華書局　1994　p. 48

榮新江　　于闐王國與瓜沙曹氏　《敦煌研究》1994 年第 2 期　p. 112

沙知　　跋天寶十三載便麥契（P. 4053v）　紀念陳寅恪先生百年誕辰學術論文集　江西教育出版社
　　1994　p. 280 注 15

邵文實　　敦煌俗文學作品中的駢儷文風　《敦煌學輯刊》1994 年第 2 期　p. 43

王惠民　　關於《天請問經》和天請問經變的幾個問題　《敦煌研究》1994 年第 4 期　p. 179

王進玉　　敦煌石窟探秘　四川教育出版社　1994　p. 97、135

王永興　　敦煌經濟文書導論　（臺北）新文豐出版公司　1994　p. 447

鄭炳林　　《索勳紀德碑》研究　《敦煌學輯刊》1994 年第 2 期　p. 68

鄭炳林　董念清　唐五代敦煌私營釀酒業初探　《社科縱橫》1994 年第 4 期　p. 64　又見：《西北史
　　地》1994 年第 1 期　p. 30

鄭炳林　馮培紅　讀《中國古代寫本識語集錄》劄記　《西北史地》1994 年第 4 期　p. 46

鄭汝中　　敦煌書法概述　敦煌書法庫（第一輯）　甘肅人民美術出版社　1994　p. 4

鄭汝中　　唐代書法藝術與敦煌寫卷　敦煌書法庫（第四輯）　甘肅人民美術出版社　1994　p. 13
　　又見：《敦煌研究》1996 年第 2 期　p. 128

段小強　　讀《瓜沙史事概述》劄記　《敦煌學輯刊》1995 年第 2 期　p. 126

黃征　吳偉　敦煌願文集　岳麓書社　1995　p. 22

李冬梅　　唐五代敦煌學校部分教學檔案簡介　《敦煌學輯刊》1995 年第 2 期　p. 65

李金梅　　敦煌傳統文化與武術　《敦煌研究》1995 年第 2 期　p. 195

李明偉　　敦煌文學中"敦煌文"的研究和分類評價　《敦煌研究》1995 年第 4 期　p. 121

李重申　　敦煌體育史料考析　敦煌學國際研討會文集·石窟考古編　遼寧美術出版社　1995
　　p. 388

林悟殊　　波斯拜火教與古代中國　（臺北）新文豐出版公司　1995　p. 94

劉惠琴　　從敦煌文書中看沙州紡織業　《敦煌學輯刊》1995 年第 2 期　p. 52

劉進寶　　敦煌學論述　（臺北）洪葉文化事業有限公司　1995　p. 249 注 10

劉銘恕　敦煌遺書劄記八篇　敦煌學國際研討會文集・史地語文編　遼寧美術出版社　1995　p. 392

陸慶夫　甘州回鶻可汗世次辨析　《敦煌學輯刊》1995 年第 2 期　p. 32　又見：敦煌歸義軍史專題研究　蘭州大學出版社　1997　p. 468

馬德　敦煌莫高窟吐蕃、歸義軍時代營建概況　（香港）《九州學刊》1995 年第 6 卷第 4 期　p. 59

馬德　敦煌遺書莫高窟營建史料淺論　敦煌學國際研討會文集・石窟考古編　遼寧美術出版社　1995　p. 150

榮新江　張氏歸義軍與西州回鶻的關係　敦煌學國際研討會文集・史地語文編　遼寧美術出版社　1995　p. 123、127

土肥義和　唐・北宋間の「社」の組織形態に関する一考察　中國古代の國家と民衆（堀敏一先生古稀記念）　（東京）汲古書院　1995　p. 731

王惠民　獨煞神與獨煞神堂考　《敦煌研究》1995 年第 1 期　p. 131

王書慶　敦煌佛學・佛事篇　甘肅民族出版社　1995　p. 189、197

項楚　敦煌歌辭總編匡補　（臺北）新文豐出版公司　1995　p. 257

顏廷亮　敦煌文學概說　（臺北）新文豐出版公司　1995　p. 121

楊森　金山國與各教的疏密關係　敦煌佛教文獻研究　敦煌研究院文獻研究所　1995　p. 54

張涌泉　陳祚龍校録敦煌卷子失誤例釋　學術集林（卷六）　上海遠東出版社　1995　p. 300　又見：舊學新知　浙江大學出版社　1999　p. 276

鄭炳林　唐五代敦煌金鞍山異名考　《敦煌研究》1995 年第 2 期　p. 127

鄭炳林　羊萍　敦煌本夢書　甘肅文化出版社　1995　p. 263

凍國棟　旅順博物館藏《唐建中五年孔目司帖》管見　魏晉南北朝隋唐史資料（第 14 輯）　武漢大學出版社　1996　p. 131

馮培紅　唐五代歸義軍政權中隊職問題辨析　《敦煌學輯刊》1996 年第 2 期　p. 27　又見：敦煌歸義軍史專題研究　蘭州大學出版社　1997　p. 40

黃盛璋　敦煌漢文與于闐文書中之龍家及其相關問題　《西域研究》1996 年第 1 期　p. 34

姜伯勤　敦煌戒壇與大乘佛教　華學（第二輯）　中山大學出版社　1996　p. 319

姜伯勤　敦煌悉磨遮爲蘇摩遮樂舞考　《敦煌研究》1996 年第 3 期　p. 2

姜伯勤　敦煌藝術宗教與禮樂文明　中國社會科學出版社　1996　p. 25、304、326、341、361、517

雷紹鋒　論曹氏歸義軍時期官府之"牧子"　《敦煌學輯刊》1996 年第 1 期　p. 40

黎薔　西域敦煌儺戲考　《敦煌研究》1996 年第 2 期　p. 162

李并成　李春元　瓜沙史地研究　甘肅文化出版社　1996　p. 149

李正宇　敦煌史地新論　（臺北）新文豐出版公司　1996　p. 59、82、120

馬德　敦煌莫高窟史研究　甘肅教育出版社　1996　p. 98、228

馬德　九、十世紀敦煌工匠史料述論　慶祝潘石禪先生九秩華誕敦煌學特刊　（臺北）文津出版社　1996　p. 317

馬德　莫高窟與敦煌佛教教團　敦煌吐魯番研究（第一卷）　北京大學出版社　1996　p. 167

馬雅倫　邢豔紅　吐蕃統治時期敦煌兩位粟特僧官：史慈燈、石法海考　《敦煌學輯刊》1996 年第 1 期　p. 56

饒宗頤　敦煌曲與樂舞及龜茲樂　敦煌曲續論　（臺北）新文豐出版公司　1996　p. 68

榮新江　歸義軍史研究　上海古籍出版社　1996　p. 5、12、50

宿白　敦煌莫高窟早期洞窟雜考　中國石窟寺考古　文物出版社　1996　p. 214 注 2

孫修身　中國新樣文殊與日本文殊三尊五尊像之比較研究　《敦煌研究》1996 年第 1 期　p. 45

譚蟬雪　敦煌馬文化　《敦煌研究》1996 年第 1 期　p. 114、117

小田義久　大谷文書の研究　（京都）法藏館　1996　p. 76

楊偉　從敦煌文書中看古代西部移民　《敦煌研究》1996 年第 4 期　p. 98

楊秀清　晚唐歸義軍與中央關係述論　《甘肅社會科學》1996 年第 2 期　p. 70

楊秀清　張議潮出走與張淮深之死　《敦煌研究》1996 年第 4 期　p. 76

湛如　戒壇流變史之研究　華學（第二輯）　中山大學出版社　1996　p. 346

張廣達　祆教對唐代中國之影響三例　法國漢學（第 1 輯）　中華書局　1996　p. 153 注 32

張涌泉　敦煌俗字研究導論　（臺北）新文豐出版公司　1996　p. 142

張涌泉　敦煌文獻校讀釋例　文史（第四十一輯）　中華書局　1996　p. 192　又見：舊學新知　浙
　　江大學出版社　1999　p. 201

張涌泉　評《敦煌邈真讚校錄並研究》　敦煌吐魯番研究（第一卷）　北京大學出版社　1996　p. 431

趙和平　敦煌寫本書儀中的口頭用語問題初探　慶祝潘石禪先生九秩華誕敦煌學特刊　（臺北）文
　　津出版社　1996　p. 232

鄭炳林　唐五代敦煌粟特人與歸義軍政權　《敦煌研究》1996 年第 4 期　p. 81　又見：敦煌歸義軍史
　　專題研究　蘭州大學出版社　1997　p. 401、419

方中　箋釋“使君”　《敦煌學輯刊》1997 年第 2 期　p. 117

馮培紅　唐五代敦煌的河渠水利與水司管理機構初探　《敦煌學輯刊》1997 年第 2 期　p. 76

馮培紅　晚唐五代宋初歸義軍武職軍將研究　敦煌歸義軍史專題研究　蘭州大學出版社　1997
　　p. 102、151

郭鋒　補唐末沙州節度判官掌書記張球事一則　敦煌吐魯番研究（第二卷）　北京大學出版社
　　1997　p. 353 注

黃征　《敦煌碑銘讚輯釋》評介　敦煌語文叢說　（臺北）新文豐出版公司　1997　p. 811

黃征　敦煌俗語詞輯釋　敦煌語文叢說　（臺北）新文豐出版公司　1997　p. 72

黃征　敦煌願文《兒郎偉》考論　敦煌語文叢說　（臺北）新文豐出版公司　1997　p. 613

黃征　王梵志詩校釋補議　敦煌語文叢說　（臺北）新文豐出版公司　1997　p. 246

黃征　張涌泉　敦煌變文校注　中華書局　1997　p. 81、237

姜伯勤　普寂與北宗禪風西旋敦煌　佛教與中國傳統文化　宗教文化出版社　1997　p. 469

李正宇　吐蕃論董勃藏修伽藍功德記兩殘卷的發現、綴合及考證　敦煌吐魯番研究（第二卷）　北京
　　大學出版社　1997　p. 254

劉雯　吐蕃及歸義軍時期敦煌索氏家族研究　《敦煌學輯刊》1997 年第 2 期　p. 86

陸淑綺　李重申　敦煌古代戲曲文化史料綜述　《敦煌研究》1997 年第 2 期　p. 61

陸淑綺　李重申　絲綢之路上的舞蹈與音樂　周紹良先生欣開九秩慶壽文集　中華書局　1997
　　p. 435

馬德　敦煌工匠史料　甘肅人民出版社　1997　p. 37、44、67

孫曉林　敦煌遺書所見唐宋間令狐氏在敦煌的分佈　唐代的歷史與社會　武漢大學出版社　1997
　　p. 530

王惠民　《董保德功德記》與隋代敦煌崇教寺舍利塔　《敦煌研究》1997 年第 3 期　p. 71

楊際平　郭鋒　張和平　五—十世紀敦煌的家庭與家族關係　岳麓書社　1997　p. 166

楊秀清　金山國立國年代補證　《敦煌研究》1997 年第 4 期　p. 133

張春燕　吳越　西衙考　《敦煌學輯刊》1997 年第 2 期　p. 122

張廣達　唐代祆教圖像再考　唐研究（第三卷）　北京大學出版社　1997　p. 5

張亞萍　晚唐五代歸義軍牧羊業管理機構：羊司　《敦煌學輯刊》1997 年第 2 期　p. 128

張涌泉　敦煌文獻校讀易誤字例釋　敦煌文學論集　四川人民出版社　1997　p. 265

鄭炳林　都教授張金炫和尚生平事迹考　敦煌歸義軍史專題研究　蘭州大學出版社　1997　p. 542

鄭炳林　敦煌碑銘讚及其有關問題　敦煌碑銘讚輯釋　甘肅教育出版社　1997　p. 4

鄭炳林　敦煌碑銘讚輯釋　甘肅教育出版社　1997　p. 33、338 注 1

鄭炳林　唐末五代敦煌都河水系研究　敦煌歸義軍史專題研究　蘭州大學出版社　1997　p. 179

鄭炳林　唐五代敦煌的醫事研究　敦煌歸義軍史專題研究　蘭州大學出版社　1997　p. 516

鄭炳林　唐五代敦煌金山國征伐樓蘭史事考　敦煌歸義軍史專題研究　蘭州大學出版社　1997
　　p. 3、17

鄭炳林　唐五代敦煌手工業研究　敦煌歸義軍史專題研究　蘭州大學出版社　1997　p. 243、267

鄭炳林　唐五代敦煌畜牧區域研究　敦煌歸義軍史專題研究　蘭州大學出版社　1997　p. 226

鄭炳林　唐五代敦煌種植林業研究　敦煌歸義軍史專題研究　蘭州大學出版社　1997　p. 193

鄭炳林　晚唐五代敦煌貿易市場的物價　敦煌歸義軍史專題研究　蘭州大學出版社　1997　p. 289

鄭炳林　晚唐五代敦煌園囿經濟研究　敦煌歸義軍史專題研究　蘭州大學出版社　1997　p. 314

鄭炳林　馮培紅　晚唐五代宋初歸義軍政權中都頭一職考辨　敦煌歸義軍史專題研究　蘭州大學出
　　版社　1997　p. 87

鄭炳林　楊富學　晚唐五代金銀在敦煌的使用與流通　《甘肅金融》1997 年第 8 期　又見:中國敦煌
　　學百年文庫·歷史卷(二)　甘肅文化出版社　1999　p. 582

柴劍虹　陰處士碑　敦煌學大辭典　上海辭書出版社　1998　p. 589

陳國燦　沙州三部落　敦煌學大辭典　上海辭書出版社　1998　p. 301

陳國燦　壽昌鎮　敦煌學大辭典　上海辭書出版社　1998　p. 398

陳國燦　退渾　敦煌學大辭典　上海辭書出版社　1998　p. 460

陳國燦　懸泉鎮　敦煌學大辭典　上海辭書出版社　1998　p. 397

鄧文寬　三篇敦煌邈真讚研究　出土文獻研究(第四輯)　文物出版社　1998　p. 86

馮培紅　唐五代歸義軍軍資庫司初探　《敦煌學輯刊》1998 年第 1 期　p. 32

馮培紅　P. 3249 背《軍籍殘卷》與歸義軍初期的僧兵武裝　《敦煌研究》1998 年第 2 期　p. 145

郝春文　倉司　敦煌學大辭典　上海辭書出版社　1998　p. 636

郝春文　客司　敦煌學大辭典　上海辭書出版社　1998　p. 383

郝春文　陰處士碑　敦煌學大辭典　上海辭書出版社　1998　p. 332

荒川正晴　關於唐向西域輸送布帛與客商的關係　魏晉南北朝隋唐史資料(第 16 輯)　武漢大學出
　　版社　1998　p. 353 注 41

姜伯勤　道門親表部落　敦煌學大辭典　上海辭書出版社　1998　p. 301

姜伯勤　道釋相激:道教在敦煌　道家文化研究(第十三輯)　三聯書店　1998　p. 65

金瀅坤　從敦煌文書看晚唐五代敦煌地區布紡織業　《敦煌研究》1998 年第 2 期　p. 134

雷紹鋒　P. 3418v《唐沙州諸鄉欠枝夫人戶名目》研究　《敦煌研究》1998 年第 2 期　p. 108

李冬梅　唐五代歸義軍與周邊民族關係綜論　《敦煌學輯刊》1998 年第 2 期　p. 49

李麗　關於《張淮深墓誌銘》的兩個問題　《敦煌學輯刊》1998 年第 1 期　p. 145

李正宇　城東寺　敦煌學大辭典　上海辭書出版社　1998　p. 631

李正宇　大唐隴西李府君修功德記　敦煌學大辭典　上海辭書出版社　1998　p. 332

李正宇　宕泉　敦煌學大辭典　上海辭書出版社　1998　p. 321

李正宇　東水池神廟　敦煌學大辭典　上海辭書出版社　1998　p. 626

李正宇　古本敦煌鄉土志八種箋證　(臺北)新文豐出版公司　1998　p. 315

李正宇　歸義軍樂營　敦煌學大辭典　上海辭書出版社　1998　p. 247

李正宇　金鞍山神祠　敦煌學大辭典　上海辭書出版社　1998　p. 626

李正宇　馬圈口堰　敦煌學大辭典　上海辭書出版社　1998　p. 312

李正宇　三窟　敦煌學大辭典　上海辭書出版社　1998　p. 627

李正宇　司　敦煌學大辭典　上海辭書出版社　1998　p. 382

李正宇　唐宗子隴西李氏再修功德記　敦煌學大辭典　上海辭書出版社　1998　p. 334

李正宇　悟真　敦煌學大辭典　上海辭書出版社　1998　p. 355

李正宇　宣諭使圖書記　敦煌學大辭典　上海辭書出版社　1998　p. 293

李正宇　玉女娘子觀　敦煌學大辭典　上海辭書出版社　1998　p. 634

劉安志　唐五代押牙（衙）考略　魏晉南北朝隋唐史資料（第 16 輯）　武漢大學出版社　1998　p. 70

劉方　敦煌石室真迹錄　敦煌學大辭典　上海辭書出版社　1998　p. 799

榮新江　歸義軍大事紀年初稿　出土文獻研究（第三輯）　文物出版社　1998　p. 236、241

沙知　敦煌吐魯番文獻所見唐軍府名掇拾　《敦煌學輯刊》1998 年第 1 期　p. 8

沙知　防城使　敦煌學大辭典　上海辭書出版社　1998　p. 384

沙知　黃石府　敦煌學大辭典　上海辭書出版社　1998　p. 394

沙知　祭川原　敦煌學大辭典　上海辭書出版社　1998　p. 435

沙知　納布　敦煌學大辭典　上海辭書出版社　1998　p. 408

沙知　天使　敦煌學大辭典　上海辭書出版社　1998　p. 385

譚蟬雪　都河女神　敦煌學大辭典　上海辭書出版社　1998　p. 448

譚蟬雪　敦煌歲時文化導論　（臺北）新文豐出版公司　1998　p. 7、38、59、91、109

譚蟬雪　悉磨遮　敦煌學大辭典　上海辭書出版社　1998　p. 447

譚蟬雪　沿路賽神　敦煌學大辭典　上海辭書出版社　1998　p. 446

譚蟬雪　沙知　賽祆　敦煌學大辭典　上海辭書出版社　1998　p. 449

唐耕耦　法主　敦煌學大辭典　上海辭書出版社　1998　p. 640

汪泛舟　竇良驥　敦煌學大辭典　上海辭書出版社　1998　p. 349

汪泛舟　吳緒芝　敦煌學大辭典　上海辭書出版社　1998　p. 347

王志鵬　敦煌 P. 2672 卷殘詩集內容考釋　《敦煌研究》1998 年第 3 期　p. 138

徐志斌　《河西都僧統唐悟真作品和見載文獻系年》補四則　《敦煌學輯刊》1998 年第 2 期　p. 65

楊森　跋《子年三月五日計料海濟受戒衣鉢具色——如後》帳及卷背《釋門教授帖》文書　《敦煌研究》1998 年第 4 期　p. 102

楊森　敦煌邊塞詩歌綜論　《敦煌研究》1998 年第 1 期　p. 126

楊森　洪䚱　敦煌學大辭典　上海辭書出版社　1998　p. 350

楊森　晚唐五代兩件《女人社》文書劄記　《敦煌研究》1998 年第 1 期　p. 70

楊秀清　試論金山國的有關政治制度　《敦煌學輯刊》1998 年第 2 期　p. 38

袁德領　法心與敦煌莫高窟第 119 窟　《敦煌研究》1998 年第 4 期　p. 29

張亞萍　唐五代歸義軍政府牧馬業研究　《敦煌學輯刊》1998 年第 2 期　p. 55

鄭炳林　法心　敦煌學大辭典　上海辭書出版社　1998　p. 350

鄭炳林　陰嗣瑗　敦煌學大辭典　上海辭書出版社　1998　p. 345

周菁葆　邱陵　絲綢之路宗教文化　新疆人民出版社　1998　p. 373

池田溫　八世紀中葉敦煌的粟特人聚落　唐研究論文選集　中國社會科學出版社　1999　p. 54 注 15

池田溫　唐朝氏族志研究——關於《敦煌名族志》殘卷　唐研究論文選集　中國社會科學出版社　1999　p. 106 注 17

董玉祥　梵宮藝苑:甘肅石窟寺　甘肅教育出版社　1999　p. 114

馮培紅　客司與歸義軍的外交活動　《敦煌學輯刊》1999 年第 1 期　p. 74、83

高國藩　敦煌俗文化學　上海三聯書店　1999　p. 88

胡大浚　王志鵬　敦煌邊塞詩歌校注　甘肅人民出版社　1999　p. 14

林悟殊　波斯瑣羅亞斯德教與中國古代的祆神崇拜　歐亞學刊(第 1 輯)　中華書局　1999　又見:
　　二十世紀中國文史考據文錄　雲南人民出版社　2001　p. 1904

陸離　敦煌文書中的博士與教授　《敦煌學輯刊》1999 年第 1 期　p. 92

陸慶夫　金山國與甘州回鶻關係考論　《敦煌學輯刊》1999 年第 1 期　p. 54

任愛君　對敦煌遺書"樓上"一詞的釋義　《敦煌研究》1999 年第 1 期　p. 91

顏廷亮　敦煌文化中的道教及文化　《敦煌研究》1999 年第 1 期　p. 140

楊秀清　敦煌西漢金山國史　甘肅人民出版社　1999　p. 12 注 9、75、97

鄭炳林　晚唐五代敦煌地區種植棉花研究　《中國史研究》1999 年第 3 期　p. 90

陳永勝　敦煌吐魯番法制文書研究　甘肅人民出版社　2000　p. 119

董志翹　《入唐求法巡禮行記》辭彙研究　中國社會科學出版社　2000　p. 94

馮培紅　歸義軍時期敦煌縣諸鄉置廢申論　《敦煌研究》2000 年第 3 期　p. 98

高明士　唐代敦煌官方的祭祀禮儀　1994 年敦煌學國際研討會文集·宗教文史卷(上)　甘肅民族
　　出版社　2000　p. 45

雷紹鋒　歸義軍賦役制度初探　(臺北)洪葉文化事業有限公司　2000　p. 73

李正宇　歸義軍樂營的結構與配置　《敦煌研究》2000 年第 3 期　p. 74

李重申　敦煌古代體育文化　甘肅人民出版社　2000　p. 123

劉進寶　敦煌文書與唐史研究　(臺北)新文豐出版公司　2000　p. 325

羅豐　流寓中國的中亞史國人　國學研究(第七卷)　北京大學出版社　2000　p. 256

馬德　敦煌寫本《營窟稿文範》箋證　1994 年敦煌學國際研討會文集·石窟考古卷　甘肅民族出版
　　社　2000　p. 216

馬德　敦煌寫卷行草書法集　甘肅人民美術出版社　2000　p. 300

榮新江　《英藏敦煌文獻》定名商補　文史(第五十二輯)　中華書局　2000　p. 117　又見:敦煌學
　　新論　甘肅教育出版社　2002　p. 190

蘇金花　試論晚唐五代敦煌僧侶免賦特權的進一步喪失　《敦煌研究》2000 年第 3 期　p. 158

譚蟬雪　《君者者狀》辨析:河西達怛國的一份書狀　1994 年敦煌學國際研討會文集·宗教文史卷
　　(下)　甘肅民族出版社　2000　p. 102

王惠民　敦煌隋至唐前期藥師圖像考察　藝術史研究(2)　中山大學出版社　2000　p. 318

王克孝　ДX2168 寫本初探　1994 年敦煌學國際研討會文集·宗教文史卷(下)　甘肅民族出版社
　　2000　p. 230

王微　春祭:二月八日節的佛教儀式　法國漢學(敦煌學專號)　中華書局　2000　p. 116

謝生保　敦煌李氏三碑研究綜述　《敦煌研究》2000 年第 2 期　p. 106

徐俊　敦煌詩集殘卷輯考　中華書局　2000　p. 220、521、620、818

顏廷亮　敦煌文化　光明日報出版社　2000　p. 65、243、282、435

顏廷亮　敦煌文化的靈魂論綱　《甘肅社會科學》2000 年第 4 期　p. 35

顏廷亮　西陲文學遺珍:敦煌文學通俗談　甘肅人民出版社　2000　p. 14

張鴻勳　說唱藝術奇葩:敦煌變文選評　甘肅人民出版社　2000　p. 107

鄭炳林　張紅麗　《張淮深變文》的年代問題　1994 年敦煌學國際研討會文集·宗教文史卷(上)
　　甘肅民族出版社　2000　p. 329

鄭汝中　行草書法與敦煌寫卷　《敦煌研究》2000 年第 4 期　p. 77

馮培紅　敦煌文獻中的職官史料與唐五代藩鎮官制研究　《敦煌研究》2001 年第 3 期　p. 109

姜伯勤　唐安菩墓所出三彩駱駝所見"盛於皮袋"的祆神　唐研究（第七卷）　北京大學出版社　2001　p. 67

姜伯勤　唐敦煌城市的禮儀空間　文史（第五十五輯）　中華書局　2001　p. 237

李并成　漢唐冥水（籍端水）冥澤及其變遷考　《敦煌研究》2001 年第 2 期　p. 63

李小榮　《兄常勸弟奉修三寶，弟不敬信，兄得天生緣》校注　《敦煌研究》2001 年第 2 期　p. 118

李正宇　安徽省博物館藏敦煌遺書《二娘子家書》　《敦煌研究》2001 年第 3 期　p. 92

李正宇　索勳、張承奉更叠之際史事考　敦煌文獻論集：紀念藏經洞發現一百周年國際學術研討會論文集　遼寧人民出版社　2001　p. 122

榮新江　敦煌學十八講　北京大學出版社　2001　p. 212、220

榮新江　評《古本敦煌鄉土志八種箋證》　敦煌吐魯番研究（第五卷）　北京大學出版社　2001　p. 421

山本達郎等　補（IV）社・V 計會文書　『NUN–HUANG AND TURFAN DOCUMENTS CONCERNING SOCIAL AND ECONOMIC HISTORY』（Sup. p. lemrnts）　（東京）東洋文庫　2001　p. 87

邵文實　敦煌佛教文學與邊塞文學　《敦煌學輯刊》2001 年第 2 期　p. 29

譚蟬雪　唐宋敦煌歲時佛俗　《敦煌研究》2001 年第 1 期　p. 96、103

徐曉麗　曹議金與甘州回鶻天公主結親時間考　《敦煌研究》2001 年第 4 期　p. 114

顏廷亮　敦煌文化中的祆教、摩尼教和景教　敦煌學與中國史研究論集　甘肅人民出版社　2001　p. 420

楊森　《辛巳年六月十六日社人于燈司倉貸粟曆》文書之定年　《敦煌學輯刊》2001 年第 2 期　p. 18

曾良　敦煌文獻字義通釋　廈門大學出版社　2001　p. 23、106、123、145、183

趙貞　歸義軍押衙兼知他官略考　《敦煌研究》2001 年第 2 期　p. 90

鄭炳林　北京圖書館藏《吳和尚經論目録》有關問題研究　敦煌學與中國史研究論集　甘肅人民出版社　2001　p. 127

陳國燦　敦煌學史事新證　甘肅教育出版社　2002　p. 391

馮培紅　姚桂蘭　歸義軍時期敦煌與周邊地區之間的僧使交往　敦煌佛教藝術文化國際學術研討會論文集　蘭州大學出版社　2002　p. 456

郭鋒　略論歸義軍時期仲雲人族屬諸問題　唐史與敦煌文獻論稿　中國社會科學出版社　2002　p. 311

姜亮夫　敦煌莫高窟年表　姜亮夫全集（十一）　雲南人民出版社　2002　p. 143

金瀅坤　吐蕃瓜州節度使初探　《敦煌研究》2002 年第 2 期　p. 23

李小榮　變文講唱與華梵宗教藝術　上海三聯書店　2002　p. 180

榮新江　唐五代歸義軍武職軍將考　敦煌學新論　甘肅教育出版社　2002　p. 59

施安昌　故宮藏有關轄戛斯的敦煌酒帳初探　善本碑帖論集　紫禁城出版社　2002　p. 341

釋覺旻　從"三教大法師"看晚唐五代敦煌社會的三教融合　敦煌佛教藝術文化國際學術研討會論文集　蘭州大學出版社　2002　p. 402

徐曉麗　鄭炳林　晚唐五代敦煌吐谷渾與吐蕃移民婦女研究　《敦煌學輯刊》2002 年第 2 期　p. 7

顏廷亮　有關張球生平及其著作的一件新見文獻　《敦煌研究》2002 年第 5 期　p. 103

張鴻勳　敦煌俗文學研究　甘肅人民出版社　2002　p. 235

鄭炳林　敦煌寫本《張議潮處置涼州進表》拼接綴合與歸義軍對涼州的管理　國際敦煌學學術史研討會論文集　研討會籌備組　2002　p. 187

鄭炳林　晚唐五代敦煌歸義軍行政區劃制度研究(一、二)　《敦煌研究》2002 年第 2、3 期　p. 14；68

陳菊霞　《大唐伊吾郡司馬上柱國潯陽翟府君修功德碑記》考釋　《敦煌研究》2003 年第 2 期　p. 14

陳明　張議潮出行圖中的樂舞　《敦煌研究》2003 年第 5 期　p. 54

馮培紅　唐五代敦煌官府宴設機構考略　2000 年敦煌學國際學術討論會文集・歷史文化卷(上)　甘肅民族出版社　2003　p. 183

洪藝芳　敦煌社會經濟文書中的唐五代新興量詞研究　敦煌學(第 24 輯)　(臺北)樂學書局有限公司　2003　p. 93

胡朝陽　胡同慶　敦煌壁畫藝術的美學特徵　《敦煌研究》2003 年第 2 期　p. 3

胡素馨　佛教藝術的經濟制度：雜物曆、儲藏室和畫行　寺院財富與世俗供養　上海書畫出版社　2003　p. 289 注 32

華瀾　略論敦煌曆書的社會與宗教背景　敦煌與絲路文化學術講座　2003　p. 178

李并成　敦煌學與沙漠歷史地理研究　2000 年敦煌學國際學術討論會文集・歷史文化卷(上)　甘肅民族出版社　2003　p. 487

李小榮　敦煌密教文獻論稿　人民文學出版社　2003　p. 162

劉進寶　關於歸義軍時期稅草的兩個問題　2000 年敦煌學國際學術討論會文集・歷史文化卷(上)　甘肅民族出版社　2003　p. 171

陸離　有關吐蕃太子的文書研究　《敦煌學輯刊》2003 年第 1 期　p. 39

馬德　以史論窟　以窟證史　2000 年敦煌學國際學術討論會文集・歷史文化卷(上)　甘肅民族出版社　2003　p. 495

榮新江　北朝隋唐胡人聚落的宗教信仰與祆祠的社會功能　唐代宗教信仰與社會　上海辭書出版社　2003　p. 407

榮新江　略談于闐對敦煌石窟的貢獻　2000 年敦煌學國際學術討論會文集・歷史文化卷(上)　甘肅民族出版社　2003　p. 73

上山大峻著　劉永增譯　關於北圖劾 76 號吳和尚藏書目錄　《敦煌研究》2003 年第 1 期　p. 102

宋曉梅　高昌國：西元五至七世紀絲綢之路上的一個移民小社會　中國社會科學出版社　2003　p. 102、312

孫儒僩　石窟造型的民族形式　2000 年敦煌學國際學術討論會文集・石窟藝術卷　甘肅民族出版社　2003　p. 129

譚蟬雪　敦煌的粟特居民及祆神祈賽　2000 年敦煌學國際學術討論會文集・歷史文化卷(下)　甘肅民族出版社　2003　p. 64

楊森　談與敦煌和尚師子吼相關的幾個問題　2000 年敦煌學國際學術討論會文集・歷史文化卷(下)　甘肅民族出版社　2003　p. 139

余欣　禁忌、儀式與法術　唐代宗教信仰與社會　上海辭書出版社　2003　p. 336

湛如　敦煌佛教律儀制度研究　中華書局　2003　p. 59、121

趙貞　敦煌所出靈州道文書述略　《敦煌研究》2003 年第 4 期　p. 53

鄭炳林　晚唐五代敦煌村莊聚落輯考　2000 年敦煌學國際學術討論會文集・歷史文化卷(上)　甘肅民族出版社　2003　p. 129、158

陳炳應　從敦煌資料看儒學對吐蕃的深刻影響　《敦煌研究》2004 年第 4 期　p. 89

陳炳應　盧冬　古代民族　敦煌文藝出版社　2004　p. 114

陳菊霞　敦煌翟氏郡望和族源新探　《敦煌研究》2004 年第 2 期　p. 66

公維章　讀敦煌《大曆碑》劄記　《敦煌學輯刊》2004 年第 1 期　p. 49

公維章　涅槃、淨土的殿堂：敦煌莫高窟第 148 窟研究　民族出版社　2004　p. 48、200

胡同慶　安忠義　佛教藝術　敦煌文藝出版社　2004　p. 150

胡同慶　宋琪　試探麥積山石窟摩崖龕的功能和意義　麥積山石窟藝術文化論文集(上)　蘭州大學出版社　2004　p. 226

姜伯勤　唐會昌毀祆後的祆神祆祠與祆僧　華學(第 7 輯)　中山大學出版社　2004　p. 220

姜伯勤　中國祆教藝術史研究　三聯書店　2004　p. 52、236

羅豐　胡漢之間："絲綢之路"與西北歷史考古　文物出版社　2004　p. 230

屈直敏　敦煌高僧　民族出版社　2004　p. 18

沙武田　莫高窟"天王堂"質疑　《敦煌研究》2004 年第 2 期　p. 24

湯涒　敦煌曲子詞地域文化研究　上海古籍出版社　2004　p. 103

王卡　敦煌道教文獻研究　中國社會科學出版社　2004　p. 10

王志鵬　敦煌寫卷 P. 2555《白雲歌》再探　《敦煌研究》2004 年第 6 期　p. 83

魏迎春　敦煌菩薩漫談　民族出版社　2004　p. 130

吳越　敦煌歷史人物　民族出版社　2004　p. 152

葉貴良　敦煌社邑文書詞語選釋　《敦煌研究》2004 年第 5 期　p. 83

葉貴良　《敦煌社邑文書輯校》拾補　《吐魯番學研究》2004 年第 1 期　p. 102、108

趙曉星　敦煌落蕃舊事　民族出版社　2004　p. 185

鄭炳林　敦煌寫本《張議潮處置涼州進表》拼接綴合與歸義軍對涼州的管理　敦煌吐魯番研究(第七卷)　北京大學出版社　2004　p. 386

鄭炳林　徐曉莉　晚唐五代敦煌歸義軍政權的婚姻關係研究　敦煌學(第 25 輯)　(臺北)樂學書局有限公司　2004　p. 562

陳于柱　從敦煌占卜文書看晚唐五代敦煌占卜與佛教的對話交融　《敦煌學輯刊》2005 年第 2 期　p. 31

馮培紅　漢晉敦煌大族略論　《敦煌學輯刊》2005 年第 2 期　p. 103

馮培紅　晚唐五代宋初沙州上佐考論　敦煌學國際研討會論文集　北京圖書館出版社　2005　p. 67

高啓安　趙紅　敦煌"玉女"考屑　《敦煌研究》2005 年第 2 期　p. 70　又見:敦煌學國際研討會論文集　北京圖書館出版社　2005　p. 227

高田時雄著　鍾翀等譯　于闐文書中的漢語語彙　敦煌·民族·語言　中華書局　2005　p. 228

李軍　晚唐五代肅州相關史實考述　《敦煌學輯刊》2005 年第 3 期　p. 95

林悟殊　中古三夷教辨證　中華書局　2005　p. 335

陸離　吐蕃統治時期敦煌僧官的幾個問題　《敦煌研究》2005 年第 3 期　p. 95

屈直敏　從《勵忠節抄》看歸義軍政權道德秩序的重建　《敦煌學輯刊》2005 年第 3 期　p. 84

沙武田　梁紅　敦煌千佛變畫稿刺孔研究　《敦煌學輯刊》2005 年第 2 期　p. 62

湯涒　敦煌曲子詞寫本敘略　敦煌學國際研討會論文集　北京圖書館出版社　2005　p. 206

王卡　敦煌道教綜述　敦煌與絲路文化學術講座(第二輯)　北京圖書館出版社　2005　p. 379

解梅　唐五代敦煌地區賽祆儀式考　《敦煌學輯刊》2005 年第 2 期　p. 145

楊秀清　光化三年(900)張承奉領節事鈎沈　《敦煌研究》2005 年第 1 期　p. 11

趙曉星　寇甲　西魏:歸義軍時期敦煌地區的史姓　《敦煌學輯刊》2005 年第 2 期　p. 135

鄭炳林　敦煌寫本解夢書校錄研究　民族出版社　2005　p. 21

鄭炳林　晚唐五代敦煌地區的胡姓居民與聚落　法國漢學(第 10 輯)(粟特人在中國:歷史、考古、語言的新探索)　中華書局　2005　p. 180

鄭炳林　晚唐五代歸義軍政權與佛教教團關係研究　《敦煌學輯刊》2005 年第 1 期　p. 6

白天佑　沙武田　莫高窟第 231 窟陰伯倫夫婦供養像解析　文史(第七十五輯)　中華書局　2006

p. 6

馮培紅　歸義軍鎮制考　敦煌吐魯番研究(第九卷)　中華書局　2006　p. 256

劉進寶　歸義軍時期的"音聲人"　《敦煌研究》2006 年第 1 期　p. 69

陸離　也談敦煌文書中的唐五代"地子"、"地稅"　《歷史研究》2006 年第 4 期　p. 166

汪泛舟　敦煌俗別字新考(上)　《敦煌研究》2006 年第 1 期　p. 104

余欣　神祇的"碎化"：唐宋敦煌社祭變遷研究　《歷史研究》2006 年第 3 期　p. 60

鄭炳林　晚唐五代河西地區的居民結構研究　《蘭州大學學報》2006 年第 2 期　p. 12

P. 4641

金岡照光　敦煌文學のさまざま　敦煌の文學　(東京)大藏出版株式會社　1971　p. 132

陳祚龍　中古敦煌仕女心目中的五臺山　中古佛教文化史散策(初集)　(臺北)新文豐出版公司
　　　1978　p. 36

鄭阿財　敦煌孝道文學研究　(臺北)石門圖書公司　1982　p. 530

廣川堯敏　禮讚　敦煌と中國仏教(講座敦煌 7)　(東京)大東出版社　1984　p. 463

杜斗城　敦煌五臺山文獻校錄研究　山西人民出版社　1991　p. 41

劉長東　法照生卒、籍貫新考　敦煌文學論集　四川人民出版社　1997　p. 435

鄭炳林　敦煌碑銘讚輯釋　甘肅教育出版社　1997　p. 419 注 9

聖凱　二十世紀法照研究綜述　法源(第 16 期)　中國佛學院　1998　p. 177　又見：《敦煌研究》
　　　1999 年第 2 期　p. 159

張錫厚　柴劍虹　五臺山聖境讚　敦煌學大辭典　上海辭書出版社　1998　p. 544

劉長東　晉唐彌陀淨土信仰研究　巴蜀書社　2000　p. 383

施萍婷　法照與敦煌初探　1994 年敦煌學國際研討會文集·宗教文史卷(上)　甘肅民族出版社
　　　2000　p. 81

徐俊　敦煌詩集殘卷輯考　中華書局　2000　p. 448

P. 4642

饒宗頤　敦煌書法叢刊(第十八卷)·碎金(一)　(東京)二玄社　1983　p. 3、85

譚蟬雪　祭文　敦煌文學　甘肅人民出版社　1989　p. 122

高國藩　敦煌古俗與民俗流變　河海大學出版社　1990　p. 368

高國藩　敦煌民俗資料導論　(臺北)新文豐出版公司　1993　p. 171

沃興華　敦煌書法藝術　上海人民出版社　1994　p. 49

鄭汝中　唐代書法藝術與敦煌寫卷　敦煌書法庫(第四輯)　甘肅人民美術出版社　1994　p. 6　又
　　　見：《敦煌研究》1996 年第 2 期　p. 124

劉濤　評《法藏敦煌書苑精華》　敦煌吐魯番研究(第一卷)　北京大學出版社　1996　p. 378

馬德　敦煌工匠史料　甘肅人民出版社　1997　p. 83

趙聲良　敦煌寫卷書法(下)　《文史知識》1997 年第 5 期　p. 81

鄭炳林　晚唐五代敦煌貿易市場的物價　敦煌歸義軍史專題研究　蘭州大學出版社　1997　p. 290

劉濤　敦煌書法　敦煌學大辭典　上海辭書出版社　1998　p. 274

劉濤　王羲之胡桃帖　敦煌學大辭典　上海辭書出版社　1998　p. 275

鄭汝中　敦煌寫卷行草書法集　甘肅人民美術出版社　2000　p. 45

鄭汝中　行草書法與敦煌寫卷　《敦煌研究》2000 年第 4 期　p. 77

李春遠　關於敦煌遺書的書法化趨向　《敦煌學輯刊》2002 年第 1 期　p. 63

乜小紅　唐五代敦煌音聲人試探　《敦煌研究》2003 年第 3 期　p. 76
鶴田一雄　敦煌出土の書迹に關する一考察　『西北出土文獻研究』（創刊號）　（新潟）西北出土文獻研究會　2004　p. 92
胡同慶　安忠義　佛教藝術　敦煌文藝出版社　2004　p. 298

P. 4643

李方　敦煌《論語集解》校正　江蘇古籍出版社　1998　p. 831
姜伯勤　論池田溫先生的唐研究　唐研究論文選集　中國社會科學出版社　1999　p. 6
許建平　評《敦煌〈論語集解〉校正》　敦煌吐魯番研究（第五卷）　北京大學出版社　2001　p. 342

P. 4645

王重民　敦煌本曆日之研究　《東方雜誌》1937 年第 34 卷　又見：敦煌遺書論文集　中華書局　1984　p. 119；中國敦煌學百年文庫・科技卷　甘肅文化出版社　1999　p. 26
那波利貞　唐代の社邑に就きて（1938 年）　唐代社會文化史研究・第五編　（東京）創文社　1974　p. 488
那波利貞　唐寫本雜抄考——唐代庶民教育史研究の一資料　唐代社會文化史研究・第二編　（東京）創文社　1974　p. 221
田中良昭　敦煌禪宗文獻の研究　（東京）大東出版社　1983　p. 234
任半塘　敦煌歌辭總編　上海古籍出版社　1987　p. 830
嚴敦傑　跋敦煌唐乾符四年曆書　中國古代天文文物論集　文物出版社　1989　p. 243、251　又見：中國敦煌學百年文庫・科技卷　甘肅文化出版社　1999　p. 215
鄧文寬　敦煌天文曆法文獻輯校　江蘇古籍出版社　1996　p. 284
華方田　因緣心論頌　藏外佛教文獻（第三輯）　宗教文化出版社　1997　p. 215
鄧文寬　乾寧二年乙卯歲具注曆日　敦煌學大辭典　上海辭書出版社　1998　p. 607
馬繼興　當前世界各地收藏的中國出土卷子本古醫藥文獻備考　敦煌吐魯番研究（第六卷）　北京大學出版社　2002　p. 154
馬若安　敦煌曆日“沒日”和“滅日”安排初探　敦煌吐魯番研究（第七卷）　北京大學出版社　2004　p. 429

P. 4646

饒宗頤　神會門下摩訶衍之入藏兼論禪門南北宗之調和問題　香港大學五十周年紀念論文集　香港大學　1968　又見：唐代研究論集（第四輯）　（臺北）新文豐出版公司　1992　p. 341；中國敦煌學百年文庫・民族卷（二）　甘肅文化出版社　1999　p. 87
饒宗頤　論敦煌陷於吐蕃之年代　（香港）《東方文化》1971 年第 9 卷第 1 期　又見：選堂集林・史林（香港）中華書局　1982　p. 672、689；中國敦煌學百年文庫・民族卷（一）　甘肅文化出版社　1999　p. 224、232
戴密微著　吳其昱選譯　吐蕃佛教會議（選譯）　敦煌學（第 1 輯）　（香港）新亞研究所敦煌學會　1974　p. 5
沖本克己　敦煌出土のチベット文禪宗文獻の内容　敦煌仏典と禪（講座敦煌 8）　（東京）大東出版社　1980　p. 422
岡部和雄　疑偽經典　敦煌仏典と禪（講座敦煌 8）　（東京）大東出版社　1980　p. 366
菊池英夫　隋唐王朝支配期の河西と敦煌　敦煌の歷史（講座敦煌 2）　（東京）大東出版社　1980

p. 190

田中良昭　念仏禪と後期北宗禪　敦煌仏典と禪（講座敦煌 8）　（東京）大東出版社　1980　p. 237

張廣達　唐代禪宗的傳入吐蕃及有關的敦煌文書　學林漫録（三集）　中華書局　1981　p. 44、50、57 注 14

饒宗頤　王錫《頓悟大乘政理決》序說並校記　選堂集林・史林　（香港）中華書局　1982　p. 716
　　又見：漢藏佛教研究彙編　（臺北）文殊出版社　1987　p. 312

吳其昱　臥輪禪師出家安心十功德蕃本試釋　敦煌學（第 5 輯）　（臺北）新文豐出版公司　1982
　　p. 45

石井昌子　靈寶經類　敦煌と中國道教（講座敦煌 4）　（東京）大東出版社　1983　p. 161

史葦湘　吐蕃王朝管轄沙州前後　《敦煌研究》1983 年創刊號　p. 132

田中良昭　敦煌禪宗文獻の研究　（東京）大東出版社　1983　p. 242、506

平井俊榮　敦煌仏典と中國仏教　敦煌と中國仏教（講座敦煌 7）　（東京）大東出版社　1984
　　p. 11

上山大峻著　關學新譯　敦煌資料與初期西藏佛教研究　《西北史地》1984 年第 4 期　p. 116

陳國燦　唐朝吐蕃陷落沙州的時間問題　《敦煌學輯刊》1985 年第 1 期　p. 1

沖本克己　律文獻　敦煌胡語文獻（講座敦煌 6）　（東京）大東出版社　1985　p. 417

木村隆德著　耿昇譯　摩訶衍之後的吐蕃禪宗　敦煌譯叢（第一輯）　甘肅人民出版社　1985
　　p. 229 注 1

陳國燦　八、九世紀間唐朝西州統治政權的轉移　魏晉南北朝隋唐史資料（第 8 輯）　武漢大學出版
　　社　1986　p. 16

戴密微著　施肖更譯　新發現的吐蕃僧諍會漢文檔案寫本　國外藏學研究譯文集（第三輯）　西藏
　　人民出版社　1987　p. 65

姜伯勤　唐五代敦煌寺戶制度　中華書局　1987　p. 331

楊曾文　日本學者對中國禪宗文獻的研究和整理　《世界宗教研究》1987 年第 1 期　p. 117

周一良　敦煌寫本書儀考（之二）　敦煌吐魯番文獻研究論集（第四輯）　北京大學出版社　1987
　　p. 37 注 9

杜琪　表・疏　敦煌文學　甘肅人民出版社　1989　p. 19

黃盛璋　敦煌于闐文書與漢文書中關於甘州回鶻史實異同及回鶻進佔甘州的年代問題　《西北史
　　地》1989 年第 1 期　p. 7

池田溫　中國古代寫本識語集録　（東京）大藏出版株式會社　1990　p. 318

郭在貽　張涌泉　黃征　敦煌變文集校議　岳麓書社　1990　p. 29

上山大峻　敦煌佛教の研究　（京都）法藏館　1990　p. 247、415、540

江素雲　維摩詰所說經敦煌寫本綜合目録　（臺北）東初出版社　1991　p. 85

竇俠父　敦煌學發凡　新疆大學出版社　1992　p. 71

姜伯勤　敦煌社會文書導論　（臺北）新文豐出版公司　1992　p. 71

姜伯勤　論禪宗在敦煌僧俗中的流傳　（香港）《九州學刊》（敦煌學專輯）1992 年第 4 卷第 4 期
　　p. 7　又見：中國敦煌學百年文庫・宗教卷（一）　甘肅文化出版社　1999　p. 220

王堯　河圖・洛書在西藏　中國文化（5）　（香港）中華書局　1992　p. 137 注 12

吳其昱著　伊藤美重子譯　敦煌漢文寫本概観　敦煌漢文文獻（講座敦煌 5）　（東京）大東出版社
　　1992　p. 58、63、106

冉雲華　敦煌遺書與中國禪宗歷史研究　"中國唐代學會"會刊（第四期）　（臺北）"中國唐代學會"
　　1993　p. 56

上山大峻著　耿昇譯　吐蕃僧諍問題的新透視　國外藏學研究譯文集(第十一輯)　西藏人民出版
　　社　1994　p. 263

索仁森著　李吉和譯　敦煌漢文禪籍特徵概觀　《敦煌研究》1994年第1期　p. 110

田中良昭　敦煌の禪籍　禪學研究入門　(東京)大東出版社　1994　p. 59

王堯　西藏文史考信集　中國藏學出版社　1994　p. 308

葛兆光　中國禪思想史:從6世紀到9世紀　北京大學出版社　1995　p. 229注65

胡戟　傅玫　敦煌史話　中華書局　1995　p. 131

柳田聖山　禪籍解題(一)·敦煌禪籍　俗語言研究(第二期)　(京都)禪文化研究所　1995
　　p. 137、147

馬德　敦煌庶民與莫高窟的營造　華學(第一輯)　中山大學出版社　1995　p. 186注

張廣達　西域史地叢稿初編　上海古籍出版社　1995　p. 198

鄭炳林　敦煌漢文吐蕃史料綜述:兼論吐蕃控制河西時期的職官與統治政策　敦煌吐魯番文獻研究
　　蘭州大學出版社　1995　p. 84

姜伯勤　敦煌藝術宗教與禮樂文明　中國社會科學出版社　1996　p. 362

柳田聖山撰　劉方譯　敦煌禪籍總說　《敦煌學輯刊》1996年第2期　p. 111

張國剛　隋唐五代史研究概要　天津教育出版社　1996　p. 727

黃征　《伍子胥變文》校補　敦煌語文叢說　(臺北)新文豐出版公司　1997　p. 329

黃征　張涌泉　敦煌變文校注　中華書局　1997　p. 57、404

孫昌武　禪思與詩情　中華書局　1997　p. 128注2、520

楊曾文　禪宗北宗及禪法　佛教與中國傳統文化　宗教文化出版社　1997　p. 449

方廣錩　禪門經　敦煌學大辭典　上海辭書出版社　1998　p. 734

方廣錩　頓悟大乘正理決　敦煌學大辭典　上海辭書出版社　1998　p. 724

方廣錩　觀心論　敦煌學大辭典　上海辭書出版社　1998　p. 724

郝春文　摩訶衍　敦煌學大辭典　上海辭書出版社　1998　p. 347

李德龍　頓悟大乘正理決古藏文譯本　敦煌學大辭典　上海辭書出版社　1998　p. 486

榮新江　拉薩宗教會議　敦煌學大辭典　上海辭書出版社　1998　p. 814

汪泛舟　王錫　敦煌學大辭典　上海辭書出版社　1998　p. 347

黃征　程惠新　劫塵遺珠:敦煌遺書　甘肅教育出版社　1999　p. 222

木村隆德　『金剛經』を媒介とした禪と印度佛教の比較　金剛般若經の思想的研究　(東京)春秋
　　社　1999　p. 202

楊富學　李吉和　敦煌漢文吐蕃史料輯校(第一輯)　甘肅人民出版社　1999　p. 2、58

榮新江　《英藏敦煌文獻》定名商補　文史(第五十二輯)　中華書局　2000　p. 118

顏廷亮　敦煌文化　光明日報出版社　2000　p. 453

顏廷亮　敦煌文化的靈魂論綱　《甘肅社會科學》2000年第4期　p. 36

周一良　魏晉南北朝史論集續編　北京大學出版社　2001　p. 240注1

蔡忠霖　敦煌漢文寫卷俗字及其現象　(臺北)文津出版社　2002　p. 139、163

陳國燦　敦煌學史事新證　甘肅教育出版社　2002　p. 23、472

史葦湘　敦煌歷史與莫高窟藝術研究　甘肅教育出版社　2002　p. 155

王繼光　鄭炳林　敦煌漢文吐蕃史料綜述　中國西部民族文化研究(2003年卷)　民族出版社
　　2003　p. 236

楊富學　敦煌與吐蕃、回鶻、蒙古學研究　中國西部民族文化研究(2003年卷)　民族出版社　2003
　　p. 255

楊森　談與敦煌和尚師子吼相關的幾個問題　2000 年敦煌學國際學術討論會文集・歷史文化卷（下）　甘肅民族出版社　2003　p. 136

湛如　敦煌佛教律儀制度研究　中華書局　2003　p. 20

李永寧　程亮　王重民敦煌遺書手稿整理　《敦煌研究》2004 年第 5 期　p. 69

聖凱　中國佛教懺法研究　宗教文化出版社　2004　p. 313

湛如　敦煌佛教律儀文書研究的回顧　敦煌吐魯番研究（第七卷）　北京大學出版社　2004　p. 193

李永寧　程亮　王重民先生贈存敦煌研究院的敦煌遺書資料的簡況介紹　敦煌學國際研討會論文集　北京圖書館出版社　2005　p. 22

李永寧　程亮　整理王重民敦煌遺書手稿所得（三）　《敦煌研究》2005 年第 2 期　p. 64

邵文實　王錫與 S. 1438 文書中的沙州長官　《敦煌學輯刊》2005 年第 2 期　p. 151

P. 4647

陳祚龍　中古敦煌仕女心目中的五臺山　中華佛教文化史散策（初集）　（臺北）新文豐出版公司　1978　p. 36

鄭阿財　敦煌孝道文學研究　（臺北）石門圖書公司　1982　p. 530

汪泛舟　讚・箴　敦煌文學　甘肅人民出版社　1989　p. 100

杜斗城　敦煌五臺山文獻校錄研究　山西人民出版社　1991　p. 7

趙聲良　莫高窟第 61 窟五臺山圖研究　《敦煌研究》1993 年第 4 期　p. 97

砂岡和子　敦煌散花樂和聲曲輯考　敦煌佛教文化研究　社科縱橫編輯部　1996　p. 24

鄭炳林　敦煌碑銘讚輯釋　甘肅教育出版社　1997　p. 419 注 9

馬德　10 世紀敦煌寺曆所記三窟活動　《敦煌研究》1998 年第 2 期　p. 85

林仁昱　論敦煌佛教歌曲特質與"弘法"的關係　敦煌學（第 23 輯）　（臺北）樂學書局有限公司　2002　p. 61

汪泛舟　敦煌俗別字新考（上）　《敦煌研究》2006 年第 1 期　p. 106

P. 4648

唐耕耦　陸宏基　敦煌社會經濟文獻真迹釋錄（一）　書目文獻出版社　1986　p. 83

鄭炳林　敦煌地理文書彙輯校注　甘肅教育出版社　1989　p. 309

鄭炳林　論《諸山聖迹志》的成書年代　《中國歷史地理論叢》1989 年第 1 輯　又見：中國敦煌學百年文庫・地理卷（二）　甘肅文化出版社　1999　p. 284

杜斗城　敦煌五臺山文獻校錄研究　山西人民出版社　1991　p. 140

竇俠父　敦煌學發凡　新疆大學出版社　1992　p. 41

李并成　敦煌遺書中地理書卷的學術價值　《地理研究》1992 年第 3 期　p. 43

李并成　一批珍貴的古代地理文書：敦煌遺書中的地理書卷　《中國科技史料》1992 年第 13 卷第 4 期　p. 93

日比野丈夫　地理書　敦煌漢文文獻（講座敦煌 5）　（東京）大東出版社　1992　p. 351

石奈德　敦煌本《普化大師五臺山巡禮記》初探　法國學者敦煌學論文選萃　中華書局　1993　p. 123、130 注 8

杜斗城　敦煌所見《五臺山圖》與《五臺山讚》　敦煌吐魯番文獻研究　蘭州大學出版社　1995　p. 394

鄭炳林　關於《諸山聖迹志》的撰寫年代　敦煌吐魯番文獻研究　蘭州大學出版社　1995　p. 290

張弓　漢唐佛寺文化史　中國社會科學出版社　1997　p. 361

鄭炳林　敦煌碑銘讚輯釋　甘肅教育出版社　1997　p. 419 注 9

董志翹　《入唐求法巡禮行記》辭彙研究　中國社會科學出版社　2000　p. 24

李麗　敦煌本《往五臺山行記》中的"王侍中"及其有關問題考　《敦煌學輯刊》2000 年第 1 期　p. 35

孫繼民　敦煌所出伯希和文書 4648 號的寫作年代　'98 法門寺唐文化國際學術討論會論文集　陜西人民出版社　2000　p. 156

孫繼民　敦煌吐魯番所出唐代軍事文書初探　中國社會科學出版社　2000　p. 214

張惠明　敦煌《五臺山化現圖》早期底本的圖像及其來源　《敦煌研究》2000 年第 4 期　p. 3

榮新江　敦煌學十八講　北京大學出版社　2001　p. 273

李斌城　唐代文化　中國社會科學出版社　2002　p. 1013

孟憲實　評《敦煌吐魯番所出唐代軍事文書初探》　敦煌吐魯番研究(第六卷)　北京大學出版社　2002　p. 410

榮新江　敦煌地理文獻的價值與研究　敦煌學新論　甘肅教育出版社　2002　p. 257

董志翹　敦煌文獻中之《往五臺山巡禮記》　新世紀敦煌學論集　巴蜀書社　2003　p. 676

張惠明　有關佛教繪畫圖像的畫樣與底本問題　敦煌與絲路文化學術講座　北京圖書館出版社　2003　p. 340

黨燕妮　五臺山文殊信仰及其在敦煌的流傳　《敦煌學輯刊》2004 年第 1 期　p. 86

安毅　五代敦煌與中原間的畫稿交往：讀敦煌地理文書劄記　《敦煌學輯刊》2006 年第 1 期　p. 33

P. 4649

土肥義和　はじめに——歸義軍節度使の敦煌支配　敦煌の歷史(講座敦煌 2)　(東京)大東出版社　1980　p. 274

陳祚龍　新譯補注杜女史主修的《巴黎國立圖書館藏敦煌中文卷冊目錄》之"自序"及"緒說"　敦煌學要籥　(臺北)新文豐出版公司　1982　p. 41

張廣達　榮新江　關於唐末宋初于闐國的國號、年號及其王家世系問題　敦煌吐魯番文獻研究論集　中華書局　1982　p. 204 注 4

熊本裕　コ－タン語文獻　敦煌胡語文獻(講座敦煌 6)　(東京)大東出版社　1985　p. 134

黃盛璋　于闐文《使河西記》的歷史地理研究　《敦煌學輯刊》1986 年第 2 期　p. 11

姜伯勤　唐五代敦煌寺戶制度　中華書局　1987　p. 146

張廣達　榮新江　巴黎國立圖書館所藏敦煌于闐語寫卷目錄初編　敦煌吐魯番文獻研究論集(第四輯)　北京大學出版社　1987　p. 123

唐耕耦　陸宏基　敦煌社會經濟文獻真迹釋録(三)　全國圖書館文獻縮微複製中心　1990　p. 397

謝重光　白文固　中國僧官制度史　青海人民出版社　1990　p. 135

黃茂琳　哈密頓《鋼和泰藏卷考釋》辨正　亞洲文明(第一集)　安徽教育出版社　1992　p. 199

郝春文　唐後期五代宋初沙州僧尼的宗教收入(三)：大衆倉試探　《敦煌學輯刊》1996 年第 2 期　p. 3

公維章　文讕　敦煌寺院中的會計：直歲　《敦煌學輯刊》1997 年第 2 期　p. 119

唐耕耦　敦煌寺院會計文書研究　(臺北)新文豐出版公司　1997　p. 328

鄧文寬　白描六手觀自在菩薩　敦煌學大辭典　上海辭書出版社　1998　p. 240

郝春文　公廨司　敦煌學大辭典　上海辭書出版社　1998　p. 635

郝春文　唐後期五代宋初敦煌僧尼的社會生活　中國社會科學出版社　1998　p. 326

楊森　《辛巳年六月十六日社人于燈司倉貸粟曆》文書之定年　《敦煌學輯刊》2001 年第 2 期　p. 18

張總　說不盡的觀世音　上海辭書出版社　2002　p. 136

湛如　敦煌佛教律儀制度研究　中華書局　2003　p. 41

P. 4651

那波利貞　佛教信仰に基きて組織せられたる中晚唐五代時代の社邑に就きて（上）　『史林』（24 卷 3 號）　京都大學文學部史學研究會　1939　p. 33　又見：唐代社會文化史研究・第六編 （東京）創文社　1974　p. 602

那波利貞　千佛岩莫高窟と敦煌文書　西域文化研究（第二）・敦煌吐魯番社會經濟資料（上）　（京 都）法藏館　1959　p. 38

那波利貞　唐代の社邑に就きて（1938 年）　唐代社會文化史研究・第五編　（東京）創文社　1974 p. 498

堀敏一　敦煌社會の變質——中國社會全般の發展とも關連して　敦煌の社會（講座敦煌 3）　（東 京）大東出版社　1980　p. 184

金岡照光　敦煌の繪物語　（東京）東方書店　1981　p. 134

郭鋒　敦煌的“社”及其活動　《敦煌學輯刊》1983 年創刊號　p. 85

唐耕耦　陸宏基　敦煌社會經濟文獻真迹釋録（一）　書目文獻出版社　1986　p. 293

高國藩　敦煌民俗學　上海文藝出版社　1989　p. 18

山本達郎等　敦煌・II 牒・狀　『NUN–HUANG AND TURFAN DOCUMENTS CONCERNING SOCIAL AND ECONOMIC HISTORY』（IV）　（東京）東洋文庫　1989　p. 16

姜伯勤　敦煌社會文書導論　（臺北）新文豐出版公司　1992　p. 240

高國藩　敦煌民俗資料導論　（臺北）新文豐出版公司　1993　p. 5

前田正名　河西歷史地理學研究　中國藏學出版社　1993　p. 250

張涌泉　陳祚龍校録敦煌卷子失誤例釋　學術集林（卷六）　上海遠東出版社　1995　p. 311　又 見：舊學新知　浙江大學出版社　1999　p. 286

寧可　郝春文　敦煌社邑文書輯校　江蘇古籍出版社　1997　p. 703

寧可　三官　敦煌學大辭典　上海辭書出版社　1998　p. 426

楊森　談敦煌社邑文書中“三官”及“録事”“虞侯”的若干問題　《敦煌研究》1999 年第 3 期　p. 80

陳國燦　俄藏敦煌ДХ12012 號《書儀》疏證　敦煌學（第 25 輯）　（臺北）樂學書局有限公司　2004 p. 412

郝春文　唐後期五代宋初敦煌私社的教育與教化功能　敦煌吐魯番研究（第九卷）　中華書局 2006　p. 314

P. 4652

羅福頤　敦煌石室文物對於學術上的貢獻　《歷史教學》1951 年第 5 期　又見：中國敦煌學百年文 庫・考古卷（四）　甘肅文化出版社　1999　p. 12

那波利貞　唐代の社邑に就きて（1938 年）　唐代社會文化史研究・第五編　（東京）創文社　1974 p. 523

王書慶　敦煌佛學・佛事篇　甘肅民族出版社　1995　p. 224

P. 4653

唐耕耦　敦煌寫本便物曆初探　敦煌吐魯番文獻研究論集（第五輯）　北京大學出版社　1990 p. 173

P. 4654

蘇瑩輝　瓜沙史事述要　漢學研究（敦煌學國際研討會論文專號）　（臺北）漢學研究資料及服務中

心　1986　p. 470

李際寧　佛母經　藏外佛教文獻(第一輯)　宗教文化出版社　1995　p. 375

鄭炳林　敦煌漢文吐蕃史料綜述:兼論吐蕃控制河西時期的職官與統治政策　敦煌吐魯番文獻研究　蘭州大學出版社　1995　p. 93

李際寧　敦煌疑偽經典《佛母經》考察　《北京圖書館館刊》1996 年第 4 期　p. 83　又見:中國敦煌學百年文庫‧宗教卷(二)　甘肅文化出版社　1999　p. 447

楊秀清　敦煌西漢金山國史　甘肅人民出版社　1999　p. 126

趙貞　歸義軍押衙兼知他官略考　《敦煌研究》2001 年第 2 期　p. 90

王繼光　鄭炳林　敦煌漢文吐蕃史料綜述　中國西部民族文化研究(2003 年卷)　民族出版社　2003　p. 245

馮培紅　關於歸義軍節度使官制的幾個問題　麥積山石窟藝術文化論文集(下)　蘭州大學出版社　2004　p. 220

馮培紅　歸義軍鎮制考　敦煌吐魯番研究(第九卷)　中華書局　2006　p. 267

P. 4658

石井昌子　靈寶經類　敦煌と中國道教(講座敦煌4)　(東京)大東出版社　1983　p. 150

陳祚龍　看了敦煌古抄《佛說盂蘭盆經讚述》以後　敦煌學散策新集　(臺北)新文豐出版公司　1989　p. 348

王卡　太上靈寶長夜九幽府玉匱明真科　敦煌學大辭典　上海辭書出版社　1998　p. 768

王卡　敦煌道教文獻研究　中國社會科學出版社　2004　p. 96

P. 4659

石井昌子　靈寶經類　敦煌と中國道教(講座敦煌4)　(東京)大東出版社　1983　p. 149

龍晦　論敦煌道教文學　《世界宗教研究》1985 年第 3 期　又見:中國敦煌學百年文庫‧宗教卷(三)　甘肅文化出版社　1999　p. 367　1985

池田溫　中國古代寫本識語集録　(東京)大藏出版株式會社　1990　p. 266

林聰明　敦煌文書學　(臺北)新文豐出版公司　1991　p. 198、300

李豐楙　敦煌道經寫卷與道教寫經的供養功德觀　全國敦煌學研討會論文集　(臺北)中正大學中國文學系所　1995　p. 125

邵文實　敦煌道教試述　《世界宗教研究》1996 年第 2 期　又見:中國敦煌學百年文庫‧宗教卷(三)　甘肅文化出版社　1999　p. 339

姜伯勤　道釋相激:道教在敦煌　道家文化研究(第十三輯)　三聯書店　1998　p. 61

王卡　敦煌道經　敦煌學大辭典　上海辭書出版社　1998　p. 758

王卡　太上洞玄靈寶自然九天生神章　敦煌學大辭典　上海辭書出版社　1998　p. 769

周維平　從敦煌遺書看敦煌道教　《西北民族研究》1999 年第 2 期　p. 131

林聰明　敦煌吐魯番文書解詁指例　(臺北)新文豐出版公司　2001　p. 128

王卡　敦煌本洞玄靈寶九天生神章經疏考釋　《敦煌學輯刊》2002 年第 2 期　p. 74

王卡　中國國家圖書館藏敦煌道教遺書研究報告　國際敦煌學學術史研討會論文集　研討會籌備組　2002　p. 242　又見:敦煌吐魯番研究(第七卷)　北京大學出版社　2004　p. 349

王卡　敦煌道教文獻研究　中國社會科學出版社　2004　p. 11、93

王卡　敦煌道教綜述　敦煌與絲路文化學術講座(第二輯)　北京圖書館出版社　2005　p. 380

P. 4660

那波利貞　俗講と變文(下)　『佛教史學』(1 卷 4 號)　(東京)平樂寺書店　1950　p. 46　又見：唐代社會文化史研究・第四編　(東京)創文社　1974　p. 435

那波利貞　千佛岩莫高窟と敦煌文書　西域文化研究(第二)・敦煌吐魯番社會經濟資料(上)　(京都)法藏館　1959　p. 18

陳祚龍　敦煌寫本《洪晉、悟真等告身》校注　(臺北)《大陸雜誌》1962 年第 1 期　又見：敦煌資料考屑(上冊)　(臺北)商務印書館　1979　p. 39；中國敦煌學百年文庫・民族卷(二)　甘肅文化出版社　1999　p. 79

蘇瑩輝　陳著《敦煌寫本洪晉、悟真等告身注》校讀記　(臺北)《大陸雜誌》1962 年特刊第 2 期　又見：敦煌論集　(臺北)學生書局　1983　p. 410；中國敦煌學百年文庫・民族卷(二)　甘肅文化出版社　1999　p. 86

蘇瑩輝　論敦煌資料中的三位河西都僧統　(臺北)《幼獅學志》1966 年第 1 期　又見：敦煌論集　(臺北)學生書局　1983　p. 416、420；中國敦煌學百年文庫・宗教卷(一)　甘肅文化出版社　1999　p. 2

蘇瑩輝　從敦煌吳僧統碑和三卷敦煌寫本論吳法成並非緒芝之子亦非洪晉和尚　(臺北)《大陸雜誌》1974 年第 3 期　又見：敦煌論集續編　(臺北)學生書局　1983　p. 129；中國敦煌學百年文庫・民族卷(二)　甘肅文化出版社　1999　p. 95

陳祚龍　敦煌古抄中世詩歌　敦煌學海探珠(上冊)　(臺北)商務印書館　1979　p. 140

陳祚龍　敦煌學新記　敦煌文物隨筆　(臺北)商務印書館　1979　p. 274

陳祚龍　中古敦煌的書學　敦煌資料考屑(上冊)　(臺北)商務印書館　1979　p. 163

蘇瑩輝　論莫高窟七佛藥師之堂非由洪晉所開鑿　敦煌學(第 4 輯)　(香港)新亞研究所敦煌學會　1979　p. 66 注 17

森安孝夫　ウイグルと敦煌　敦煌の歷史(講座敦煌 2)　(東京)大東出版社　1980　p. 308

土肥義和　莫高窟千佛洞と大寺と蘭若と　敦煌の社會(講座敦煌 3)　(東京)大東出版社　1980　p. 354

王堯　藏族翻譯家管・法成對民族文化交流的貢獻　《文物》1980 年第 7 期　又見：中國敦煌學百年文庫・民族卷(三)　甘肅文化出版社　1999　p. 30

戴密微　《拉薩宗教會議僧諍記》導言　《敦煌學輯刊》1981 年第 2 期　p. 149

蘇瑩輝　敦煌學概要　(臺北)編譯館"中華叢書編委會"　1981　p. 149

榮新江　敦煌卷子劄記四則　敦煌吐魯番文獻研究論集(第二輯)　北京大學出版社　1983　p. 633、641、644、648

饒宗頤解說　林宏作譯　敦煌書法叢刊(第十九卷)・碎金(二)　(東京)二玄社　1984　p. 100

吳其昱著　福井文雅　樋口勝譯　大蕃國大德・三藏法師・法成傳考　敦煌と中國仏教(講座敦煌 7)　(東京)大東出版社　1984　p. 384

戴密微著　耿昇譯　敦煌學近作　敦煌譯叢(第一輯)　甘肅人民出版社　1985　p. 56、72

姜亮夫　敦煌學概論　中華書局　1985　p. 66

陳祚龍　敦煌名讚小集　中華佛教文化史散策(四集)　(臺北)新文豐出版公司　1986　p. 291

陳祚龍　新校重訂敦煌古抄名僧真讚小集　中華佛教文化史散策(四集)　(臺北)新文豐出版公司　1986　p. 267

高明士　唐代敦煌的教育　漢學研究(敦煌學國際研討會論文專號)　(臺北)漢學研究資料及服務中心　1986　p. 242

李正宇　敦煌方音止遇二攝混同及其校勘學意義　《敦煌研究》1986 年第 4 期　p. 49

榮新江　歸義軍及其與周邊民族的關係初探　《敦煌學輯刊》1986年第2期　p. 28　又見：中國人文
　　社會科學博士碩士文庫・歷史學卷　浙江教育出版社　1998　p. 654

王重民原編　黃永武新編　敦煌古籍叙錄新編（第十一冊）　（臺北）新文豐出版公司　1986　p. 75

李正宇　晚唐敦煌本《釋迦因緣劇本》試探　《敦煌研究》1987年第1期　p. 65

哈密頓著　耿昇譯　回鶻文尊號闍梨和都統考　《甘肅民族研究》1988年第3－4期　p. 121 注1

黃顥　敦煌吐蕃佛教的特點　藏族史論文集　四川民族出版社　1988　p. 201　又見：中國敦煌學百
　　年文庫・民族卷（三）　甘肅文化出版社　1999　p. 61

黃盛璋　敦煌于闐文書與漢文書中關於甘州回鶻史實異同及回鶻進佔甘州的年代問題　《西北史
　　地》1989年第1期　p. 5

李正宇　邈真讚　敦煌文學　甘肅人民出版社　1989　p. 184

榮新江　關於沙州歸義軍都僧統年代的幾個問題　《敦煌研究》1989年第4期　p. 70

池田溫　中國古代寫本識語集錄　（東京）大藏出版株式會社　1990　p. 417、425、427、430、433、436、
　　518

高國藩　敦煌古俗與民俗流變　河海大學出版社　1990　p. 183

榮新江　沙州歸義軍歷任節度使稱號研究　敦煌吐魯番學研究論文集　漢語大詞典出版社　1990
　　p. 774

榮新江　沙州張淮深與唐中央朝廷之關係　《敦煌學輯刊》1990年第2期　p. 9

榮新江　《唐刺史考》補遺　《文獻》1990年第2期　p. 88　又見：敦煌學新論　甘肅教育出版社
　　2002　p. 264

上山大峻　敦煌佛教の研究　（京都）法藏館　1990　p. 96、349、427

唐耕耦　敦煌寫本便物曆初探　敦煌吐魯番文獻研究論集（第五輯）　北京大學出版社　1990
　　p. 191 注1

唐耕耦　陸宏基　敦煌社會經濟文獻真迹釋錄（五）　全國圖書館文獻縮微複製中心　1990
　　p. 108、187 注

謝重光　白文固　中國僧官制度史　青海人民出版社　1990　p. 126

竺沙雅章　敦煌吐蕃期的僧官制度　第二屆敦煌學國際研討會論文集　（臺北）漢學研究中心
　　1990　p. 147

暨遠志　張議潮出行圖研究　《敦煌研究》1991年第3期　p. 29

李并成　一批珍貴的歷史人物檔案：敦煌遺書中的邈真讚　《檔案》1991年第5期　p. 33

謝重光　吐蕃佔領期與歸義軍時期的敦煌僧官制度　《敦煌研究》1991年第3期　p. 52

鄭炳林　敦煌文書S. 373號李存勗唐玄奘詩證誤　《敦煌學輯刊》1991年第1期　p. 23　又見：敦煌
　　吐魯番文獻研究　蘭州大學出版社　1995　p. 301

暨遠志　張議潮出行圖研究（續）　《敦煌研究》1992年第4期　p. 85

姜伯勤　敦煌本乘恩帖考證　中山大學史學集刊（第一輯）　廣東人民出版社　1992　又見：中國敦
　　煌學百年文庫・宗教卷（二）　甘肅文化出版社　1999　p. 317

姜伯勤　敦煌社會文書導論　（臺北）新文豐出版公司　1992　p. 48、54、68、131、207

姜伯勤　論禪宗在敦煌僧俗中的流傳　（香港）《九州學刊》（敦煌學專輯）1992年第4卷第4期
　　p. 10　又見：中國敦煌學百年文庫・宗教卷（一）　甘肅文化出版社　1999　p. 223

金岡照光　邈真讚　敦煌の文學文獻（講座敦煌9）　（東京）大東出版社　1992　p. 616

梅林　吐蕃和歸義軍時期敦煌禪僧寺籍考辨　《敦煌研究》1992年第3期　p. 99

王三慶著　池田溫譯　類書　敦煌漢文文獻（講座敦煌5）　（東京）大東出版社　1992　p. 377

吳其昱著　伊藤美重子譯　敦煌漢文寫本概觀　敦煌漢文文獻（講座敦煌5）　（東京）大東出版社

1992　p. 66

鄭炳林　敦煌碑銘讚三篇證誤與考釋　《敦煌學輯刊》1992 年第 1、2 期　p. 99

晒麟　南朝小考　《敦煌學輯刊》1993 年第 1 期　p. 71

姜伯勤　敦煌毗尼藏主考　《敦煌研究》1993 年第 3 期　p. 1

李明偉　敦煌文學概論　甘肅人民出版社　1993　p. 491

李正宇　敦煌文學概論　甘肅人民出版社　1993　p. 93、96、122

齊陳駿　寒沁　河西都僧統唐悟真作品和見載文獻系年　《敦煌學輯刊》1993 年第 2 期　p. 9

榮新江　初期沙州歸義軍與唐中央朝廷之關係　隋唐史論集　香港大學亞洲研究中心　1993　p. 108

榮新江　甘州回鶻成立史論　《歷史研究》1993 年第 5 期　p. 35

蘇遠鳴　敦煌佛教肖像剳記　法國學者敦煌學論文選萃　中華書局　1993　p. 197 注 2

譚蟬雪　敦煌祈賽風俗　《敦煌研究》1993 年第 4 期　p. 62

鄭炳林　讀敦煌文書 P. 3859《後唐清泰三年六月沙州儭司教授福集等狀》剳記　《西北史地》1993 年第 4 期　p. 49　又見：敦煌吐魯番文獻研究　蘭州大學出版社　1995　p. 618

鄭炳林　敦煌碑銘讚部分文書拼接復原　《敦煌研究》1993 年第 1 期　p. 53

鄭炳林　敦煌碑銘讚抄本概述　《蘭州大學學報》1993 年第 4 期　p. 142

鄭炳林　《索崇恩和尚修功德記》考釋　《敦煌研究》1993 年第 2 期　p. 59

姜伯勤　敦煌邈真讚與敦煌望族　敦煌邈真讚校錄並研究　（臺北）新文豐出版公司　1994　p. 6、20、31

姜伯勤　敦煌吐魯番文書與絲綢之路　文物出版社　1994　p. 197

姜伯勤　項楚　榮新江　敦煌邈真讚校錄並研究　（臺北）新文豐出版公司　1994　p. 135

饒宗頤　《敦煌邈真讚校錄並研究》序　敦煌邈真讚校錄並研究　（臺北）新文豐出版公司　1994　p. 3

榮新江　敦煌邈真讚年代考　敦煌邈真讚校錄並研究　（臺北）新文豐出版公司　1994　p. 354

榮新江　敦煌邈真讚所見歸義軍與東西回鶻的關係　敦煌邈真讚校錄並研究　（臺北）新文豐出版公司　1994　p. 61、76

榮新江　歸義軍改元考　文史（第三十八輯）　中華書局　1994　p. 46

王堯　從兩件敦煌吐蕃文書來談洪脣的事迹　選堂文史論苑　上海古籍出版社　1994　p. 255

王堯　西藏文史考信集　中國藏學出版社　1994　p. 21

沃興華　敦煌書法藝術　上海人民出版社　1994　p. 158

鄭炳林　敦煌本《張淮深變文》研究　《西北民族研究》1994 年第 1 期　p. 149

鄭炳林　《索勳紀德碑》研究　《敦煌學輯刊》1994 年第 2 期　p. 68

鄭炳林　張淮深改建北大像和開鑿 94 窟年代再探　《敦煌研究》1994 年第 3 期　p. 37

鄭炳林　馮培紅　讀《中國古代寫本識語集錄》剳記　《西北史地》1994 年第 4 期　p. 45

方廣錩　關於敦煌遺書北新八七六號　（香港）《九州學刊》1995 年第 6 卷第 4 期　p. 85　又見：敦煌學佛教學論叢（下）　中國佛教文化研究所　1998　p. 187

馮培紅　有關敦煌文書的兩則讀書剳記　《敦煌學輯刊》1995 年第 2 期　p. 130

黃盛璋　敦煌漢文與于闐文書中之龍家及其相關問題　全國敦煌學研討會論文集　（臺北）中正大學中國文學系所　1995　p. 74　又見：《西域研究》1996 年第 1 期　p. 34

姜伯勤　變文的南方源頭與敦煌的唱導法匠　華學（第一輯）　中山大學出版社　1995　p. 154

李冬梅　唐五代敦煌學校部分教學檔案簡介　《敦煌學輯刊》1995 年第 2 期　p. 66

劉詩平　評《唐方鎮文職僚佐考》　唐研究（第一卷）　北京大學出版社　1995　p. 551

馬德　敦煌莫高窟吐蕃、歸義軍時代營建概況　（香港）《九州學刊》1995 年第 6 卷第 4 期　p. 59

榮新江　龍家考　中亞學刊（第四輯）　北京大學出版社　1995　p. 147

榮新江　《寫本時代（十世紀以前）的中國藏書》評介　（香港）《九州學刊》1995 年第 6 卷第 4 期　p. 172

榮新江　張氏歸義軍與西州回鶻的關係　敦煌學國際研討會文集・史地語文編　遼寧美術出版社
　　1995　p. 122

土肥義和　唐・北宋間の「社」の組織形態に関する一考察　中國古代の國家と民衆（堀敏一先生古
　　稀記念）（東京）汲古書院　1995　p. 726

王書慶　敦煌佛學・佛事篇　甘肅民族出版社　1995　p. 195

顏廷亮　敦煌文學概說　（臺北）新文豐出版公司　1995　p. 120

顏廷亮　張球著作系年與生平管窺　敦煌學國際研討會文集・史地語文編　遼寧美術出版社　1995
　　p. 252

楊自福　顧大勇　敦煌本《周公解夢書》殘卷初探　《敦煌學輯刊》1995 年第 2 期　p. 71

張涌泉　陳祚龍校錄敦煌卷子失誤例釋　學術集林（卷六）　上海遠東出版社　1995　p. 300　又
　　見:舊學新知　浙江大學出版社　1999　p. 276

鄭炳林　羊萍　敦煌本夢書　甘肅文化出版社　1995　p. 240

柴劍虹　俄藏敦煌詩詞寫卷經眼錄（一）　敦煌吐魯番研究（第一卷）　北京大學出版社　1996
　　p. 103、110 注　又見:敦煌吐魯番學論稿　浙江教育出版社　2000　p. 217

鄧文寬　敦煌文獻《唐貞觀八年高士廉等條舉氏族奏抄》辨證　敦煌吐魯番學耕耘錄　（臺北）新文
　　豐出版公司　1996　p. 257

段小强　敦煌文書所反映的古代喪禮　《敦煌學輯刊》1996 年第 2 期　p. 43

姜伯勤　敦煌悉磨遮爲蘇摩遮樂舞考　《敦煌研究》1996 年第 3 期　p. 11

姜伯勤　敦煌藝術宗教與禮樂文明　中國社會科學出版社　1996　p. 304、324、334

李正宇　敦煌史地新論　（臺北）新文豐出版公司　1996　p. 97、183

馬德　敦煌莫高窟史研究　甘肅教育出版社　1996　p. 99、258

馬德　莫高窟與敦煌佛教教團　敦煌吐魯番研究（第一卷）　北京大學出版社　1996　p. 167

榮新江　歸義軍史研究　上海古籍出版社　1996　p. 4、5

楊偉　從敦煌文書中看古代西部移民　《敦煌研究》1996 年第 4 期　p. 98

楊秀清　晚唐歸義軍與中央關係述論　《甘肅社會科學》1996 年第 2 期　p. 70

張涌泉　評《敦煌邈真讚校錄並研究》　敦煌吐魯番研究（第一卷）　北京大學出版社　1996　p. 428

鄭炳林　唐五代敦煌粟特人與歸義軍政權　《敦煌研究》1996 年第 4 期　p. 85　又見:敦煌歸義軍史
　　專題研究　蘭州大學出版社　1997　p. 410

陳國燦　敦煌五十九首佚名氏詩歷史背景新探　敦煌吐魯番研究（第二卷）　北京大學出版社
　　1997　p. 91

鄧文寬　大梵寺佛音:敦煌莫高窟壇經讀本　（臺北）如聞出版社　1997　p. 126

方中　箋釋"使君"　《敦煌學輯刊》1997 年第 2 期　p. 117

馮培紅　晚唐五代宋初歸義軍武職軍將研究　敦煌歸義軍史專題研究　蘭州大學出版社　1997
　　p. 103、151

郭鋒　補唐末沙州節度判官掌書記張球事一則　敦煌吐魯番研究（第二卷）　北京大學出版社
　　1997　p. 352

黃征　《敦煌碑銘讚輯釋》評介　敦煌語文叢說　（臺北）新文豐出版公司　1997　p. 810

黃征　張涌泉　敦煌變文校注　中華書局　1997　p. 211

姜伯勤　普寂與北宗禪風西旋敦煌　佛教與中國傳統文化　宗教文化出版社　1997　p. 471

李并成　古代河西走廊桑蠶絲織業考　《敦煌學輯刊》1997 年第 2 期　p. 63

劉雯　吐蕃及歸義軍時期敦煌索氏家族研究　《敦煌學輯刊》1997 年第 2 期　p. 85

劉永明　S. 2729 背《懸象占》與蕃占時期的敦煌道教　敦煌歸義軍史專題研究　蘭州大學出版社　1997　p. 541 注 18

齊陳俊　馮培紅　晚唐五代宋初歸義軍政權中"十將"及下屬諸職考　敦煌歸義軍史專題研究　蘭州大學出版社　1997　p. 34

張弓　漢唐佛寺文化史　中國社會科學出版社　1997　p. 361

張涌泉　敦煌文獻校讀易誤字例釋　敦煌文學論集　四川人民出版社　1997　p. 260、269

鄭炳林　都教授張金炫和尚生平事迹考　敦煌歸義軍史專題研究　蘭州大學出版社　1997　p. 542

鄭炳林　敦煌碑銘讚及其有關問題　敦煌碑銘讚輯釋　甘肅教育出版社　1997　p. 1

鄭炳林　敦煌碑銘讚輯釋　甘肅教育出版社　1997　p. 104

鄭炳林　論晚唐敦煌文士張球即張景球　文史(第四十三輯)　中華書局　1997　p. 112

鄭炳林　唐五代敦煌的粟特人與佛教　敦煌歸義軍史專題研究　蘭州大學出版社　1997　p. 440、463 注 7

鄭炳林　唐五代敦煌的醫事研究　敦煌歸義軍史專題研究　蘭州大學出版社　1997　p. 515

鄭炳林　唐五代敦煌種植林業研究　敦煌歸義軍史專題研究　蘭州大學出版社　1997　p. 201

鄭炳林　吐蕃統治下的敦煌粟特人　敦煌歸義軍史專題研究　蘭州大學出版社　1997　p. 390 注 34

鄭炳林　馮培紅　唐五代歸義軍政權對外關係中的使頭一職　敦煌歸義軍史專題研究　蘭州大學出版社　1997　p. 49

柴劍虹　悲咽老來怨恨多詩　敦煌學大辭典　上海辭書出版社　1998　p. 567

柴劍虹　敦煌名人名僧逸真讚彙集　敦煌學大辭典　上海辭書出版社　1998　p. 550

柴劍虹　和尚讚詩　敦煌學大辭典　上海辭書出版社　1998　p. 575

柴劍虹　良牧詩　敦煌學大辭典　上海辭書出版社　1998　p. 574

鄧文寬　三篇敦煌逸真讚研究　出土文獻研究(第四輯)　文物出版社　1998　p. 81

馮培紅　P. 3249 背《軍籍殘卷》與歸義軍初期的僧兵武裝　《敦煌研究》1998 年第 2 期　p. 144

顧吉辰　敦煌文獻職官結銜考釋　《敦煌學輯刊》1998 年第 2 期　p. 31

郝春文　金炫　敦煌學大辭典　上海辭書出版社　1998　p. 348

姜伯勤　道釋相激:道教在敦煌　道家文化研究(第十三輯)　三聯書店　1998　p. 65

李麗　關於《張淮深墓誌銘》的兩個問題　《敦煌學輯刊》1998 年第 1 期　p. 143

李正宇　古本敦煌鄉土志八種箋證　(臺北)新文豐出版公司　1998　p. 321

李正宇　李顒　敦煌學大辭典　上海辭書出版社　1998　p. 349

李正宇　三窟　敦煌學大辭典　上海辭書出版社　1998　p. 627

李正宇　悟真　敦煌學大辭典　上海辭書出版社　1998　p. 355

李正宇　義學生　敦煌學大辭典　上海辭書出版社　1998　p. 597

李正宇　張球　敦煌學大辭典　上海辭書出版社　1998　p. 356

馬德　10 世紀敦煌寺曆所記三窟活動　《敦煌研究》1998 年第 2 期　p. 88 注 2

榮新江　歸義軍大事紀年初稿　出土文獻研究(第三輯)　文物出版社　1998　p. 236

邰惠莉　娜閣　甘肅省圖書館收藏敦煌文獻簡介　《敦煌學輯刊》1998 年第 2 期　p. 75

唐耕耦　法主　敦煌學大辭典　上海辭書出版社　1998　p. 640

汪泛舟　竇良驥　敦煌學大辭典　上海辭書出版社　1998　p. 349

王志鵬　敦煌 P. 2672 卷殘詩集內容考釋　《敦煌研究》1998 年第 3 期　p. 136

徐志斌　《河西都僧統唐悟真作品和見載文獻系年》補四則　《敦煌學輯刊》1998 年第 2 期　p. 65

楊富學　劉永連　丁曉瑜　1997—1998 年大陸地區唐代學術研究概况：敦煌學　"中國唐代學會"會
　　刊（第九期）　（臺北）"中國唐代學會"　1998　p. 110

楊森　跋《子年三月五日計料海濟受戒衣缽具色——如後》帳及卷背《釋門教授帖》文書　《敦煌研
　　究》1998 年第 4 期　p. 103

楊森　恒安　敦煌學大辭典　上海辭書出版社　1998　p. 353

楊森　洪𬜯　敦煌學大辭典　上海辭書出版社　1998　p. 350

袁德領　法心與敦煌莫高窟第 119 窟　《敦煌研究》1998 年第 4 期　p. 30

鄭炳林　康通信　敦煌學大辭典　上海辭書出版社　1998　p. 353

鄭炳林　《康秀華寫經施入疏》與《炫和尚貨賣胡粉曆》研究　敦煌吐魯番研究（第三卷）　北京大學
　　出版社　1998　p. 208 注

鄭炳林　梁僧政　敦煌學大辭典　上海辭書出版社　1998　p. 350

陸離　敦煌文書中的博士與教授　《敦煌學輯刊》1999 年第 1 期　p. 92

馬德　敦煌文書《諸寺付經歷》芻議　《敦煌學輯刊》1999 年第 1 期　p. 38

楊富學　李吉和　敦煌漢文吐蕃史料輯校（第一輯）　甘肅人民出版社　1999　p. 191

楊秀清　敦煌西漢金山國史　甘肅人民出版社　1999　p. 19

鄭阿財　敦煌寫本《佛頂心觀世音菩薩救難神驗經》研究　新國學（第一卷）　巴蜀書社　1999
　　p. 324

陳明　印度梵文醫典《藥理精華》及其敦煌于闐文寫本　《敦煌研究》2000 年第 3 期　p. 123

雷紹鋒　歸義軍賦役制度初探　（臺北）洪葉文化事業有限公司　2000　p. 164、250

李正宇　《敦煌録》整理後記　慶祝吳其昱先生八秩華誕敦煌學特刊　（臺北）文津出版社　2000
　　p. 58

李正宇　歸義軍樂營的結構與配置　《敦煌研究》2000 年第 3 期　p. 73

徐俊　敦煌詩集殘卷輯考　中華書局　2000　p. 144、326、834

顏廷亮　敦煌文化　光明日報出版社　2000　p. 183

顏廷亮　敦煌文化的靈魂論綱　《甘肅社會科學》2000 年第 4 期　p. 33

鄭炳林　張紅麗　《張淮深變文》的年代問題　1994 年敦煌學國際研討會文集·宗教文史卷（上）
　　甘肅民族出版社　2000　p. 326

姜伯勤　唐敦煌城市的禮儀空間　文史（第五十五輯）　中華書局　2001　p. 240

李正宇　沙州歸義軍樂營及其職事　敦煌吐魯番研究（第五卷）　北京大學出版社　2001　p. 219

榮新江　敦煌學十八講　北京大學出版社　2001　p. 212

榮新江　中古中國與外來文明　三聯書店　2001　p. 262

邵文實　敦煌佛教文學與邊塞文學　《敦煌學輯刊》2001 年第 2 期　p. 28

楊森　《辛巳年六月十六日社人于燈司倉貸粟曆》文書之定年　《敦煌學輯刊》2001 年第 2 期　p. 19

曾良　敦煌文獻字義通釋　廈門大學出版社　2001　p. 46、65、114、145、186

趙貞　歸義軍押衙兼知他官略考　《敦煌研究》2001 年第 2 期　p. 90

鄭炳林　北京圖書館藏《吳和尚經論目録》有關問題研究　敦煌學與中國史研究論集　甘肅人民出
　　版社　2001　p. 127

陳國燦　敦煌學史事新證　甘肅教育出版社　2002　p. 502

馮培紅　姚桂蘭　歸義軍時期敦煌與周邊地區之間的僧使交往　敦煌佛教藝術文化國際學術研討會
　　論文集　蘭州大學出版社　2002　p. 451

黃征　敦煌語言文字學研究　甘肅教育出版社　2002　p. 167

姜亮夫　敦煌莫高窟年表　姜亮夫全集（十一）　雲南人民出版社　2002　p. 410

李斌城　唐代文化　中國社會科學出版社　2002　p. 1013

李小榮　變文講唱與華梵宗教藝術　上海三聯書店　2002　p. 48

劉進寶　敦煌學通論　甘肅教育出版社　2002　p. 349

劉永明　散見敦煌曆朔閏輯考　《敦煌研究》2002 年第 6 期　p. 12

榮新江　法門寺與敦煌　敦煌學新論　甘肅教育出版社　2002　p. 37

榮新江　唐五代歸義軍武職軍將考　敦煌學新論　甘肅教育出版社　2002　p. 55

榮新江　再論敦煌藏經洞的寶藏：三界寺與藏經洞　敦煌佛教藝術文化國際學術研討會論文集　蘭州大學出版社　2002　p. 21

釋覺旻　從“三教大法師”看晚唐五代敦煌社會的三教融合　敦煌佛教藝術文化國際學術研討會論文集　蘭州大學出版社　2002　p. 400

顏廷亮　有關張球生平及其著作的一件新見文獻　《敦煌研究》2002 年第 5 期　p. 103

鄭炳林　晚唐五代敦煌歸義軍行政區劃制度研究（一、二）　《敦煌研究》2002 年第 2、3 期　p. 13；68

陳菊霞　《大唐伊吾郡司馬上柱國潯陽翟府君修功德碑記》考釋　《敦煌研究》2003 年第 2 期　p. 14

陳明　耆婆的形象演變及其在敦煌吐魯番地區的影響　文津學志（第一輯）　北京圖書館出版社　2003　p. 155

林平和　試論敦煌文獻之輯佚價值　新世紀敦煌學論集　巴蜀書社　2003　p. 740

陸慶夫　歸義軍政權與蕃兵蕃將　2000 年敦煌學國際學術討論會文集・歷史文化卷（上）　甘肅民族出版社　2003　p. 105

上山大峻著　劉永增譯　關於北圖勁 76 號吳和尚藏書目錄　《敦煌研究》2003 年第 1 期　p. 102

宋曉梅　高昌國：西元五至七世紀絲綢之路上的一個移民小社會　中國社會科學出版社　2003　p. 101

童丕　敦煌的借貸：中國中古時代的物質生活與社會　中華書局　2003　p. 52

武曉玲　《敦煌變文校注・維摩詰經講經文》商補　《敦煌研究》2003 年第 3 期　p. 106

湛如　敦煌佛教律儀制度研究　中華書局　2003　p. 65、75

趙貞　敦煌所出靈州道文書述略　《敦煌研究》2003 年第 4 期　p. 53

鄭阿財　敦煌寫本《佛頂心觀世音菩薩大陀羅尼經》研究　2000 年敦煌學國際學術討論會文集・歷史文化卷（下）　甘肅民族出版社　2003　p. 7　又見：敦煌學（第 23 輯）　（臺北）樂學書局有限公司　2003　p. 22

陳菊霞　敦煌翟氏郡望和族源新探　《敦煌研究》2004 年第 2 期　p. 66

樊錦詩　玄奘譯經和敦煌壁畫　《敦煌研究》2004 年第 2 期　p. 7

馮培紅　論晚唐五代的沙州（歸義軍）與涼州（河西）節度使　浙江與敦煌學：常書鴻先生誕辰一百周年紀念文集　浙江古籍出版社　2004　p. 244

高啓安　唐五代敦煌飲食文化研究　民族出版社　2004　p. 209

公維章　涅槃、淨土的殿堂：敦煌莫高窟第 148 窟研究　民族出版社　2004　p. 219

胡同慶　宋琪　試探麥積山石窟摩崖龕的功能和意義　麥積山石窟藝術文化論文集（上）　蘭州大學出版社　2004　p. 227

陸離　吐蕃僧官制度試探　華林（第三卷）　中華書局　2004　p. 80

屈直敏　敦煌高僧　民族出版社　2004　p. 21

吳越　敦煌歷史人物　民族出版社　2004　p. 164

徐曉麗　唐五代敦煌大族出嫁女性初探　麥積山石窟藝術文化論文集（下）　蘭州大學出版社　2004　p. 271

葉貴良　《敦煌社邑文書輯校》拾補　《吐魯番學研究》2004 年第 1 期　p. 104

趙曉星　敦煌落蕃舊事　民族出版社　2004　p. 183
鄭炳林　王晶波　敦煌寫本相書校錄研究　民族出版社　2004　p. 235
鄭炳林　魏迎春　晚唐五代敦煌佛教教團的戒律和清規　《敦煌學輯刊》2004 年第 2 期　p. 27
鄭炳林　徐曉莉　晚唐五代敦煌歸義軍政權的婚姻關係研究　敦煌學（第 25 輯）（臺北）樂學書局
　　有限公司　2004　p. 561
陳明　殊方異藥：出土文書與西域醫學　北京大學出版社　2005　p. 180
李軍　晚唐五代肅州相關史實考述　《敦煌學輯刊》2005 年第 3 期　p. 91
彭建兵　歸義軍首任河西都僧統吳洪䛒生平事迹述評　《敦煌學輯刊》2005 年第 2 期　p. 157
屈直敏　從《勵忠節抄》看歸義軍政權道德秩序的重建　《敦煌學輯刊》2005 年第 3 期　p. 82
王志鵬　試論敦煌佛教歌辭中儒釋思想的調合　《敦煌學輯刊》2005 年第 3 期　p. 147
張延清　張議潮與吐蕃文化　《敦煌研究》2005 年第 3 期　p. 89
鄭炳林　敦煌寫本解夢書校錄研究　民族出版社　2005　p. 54
鄭炳林　晚唐五代歸義軍政權與佛教教團關係研究　《敦煌學輯刊》2005 年第 1 期　p. 2
馮培紅　歸義軍鎮制考　敦煌吐魯番研究（第九卷）　中華書局　2006　p. 282
沙武田　敦煌寫真邈真讚畫稿研究：兼論敦煌畫之寫真肖像藝術　《敦煌學輯刊》2006 年第 1 期
　　p. 45
鄭炳林　晚唐五代河西地區的居民結構研究　《蘭州大學學報》2006 年第 2 期　p. 14

P. 4661
杜斗城　敦煌五臺山文獻校錄研究　山西人民出版社　1991　p. 64
索仁森著　李吉和譯　敦煌漢文禪籍特徵概觀　《敦煌研究》1994 年第 1 期　p. 110

P. 4662
趙聲良　唐人臨十七帖殘卷　敦煌書法庫（第四輯）　甘肅人民美術出版社　1994　p. 84

P. 4663
高國藩　敦煌民俗資料導論　（臺北）新文豐出版公司　1993　p. 174
竺家寧　敦煌卷子 P. 4663 辭彙研究　敦煌佛教藝術文化國際學術研討會論文集　蘭州大學出版社
　　2002　p. 539

P. 4664
方廣錩　佛教大藏經史（八—十世紀）　中國社會科學出版社　1991　p. 115、142
朱鳳玉　從傳統語文教育論敦煌本雜抄　全國敦煌學研討會論文集　（臺北）中正大學中國文學系
　　所　1995　p. 203
方廣錩　敦煌佛教經錄輯校　江蘇古籍出版社　1997　p. 511、517
方廣錩　諸寺藏經錄　敦煌學大辭典　上海辭書出版社　1998　p. 751
方廣錩　敦煌寺院所藏大藏經　中日敦煌佛教學術會議論文集　中國社會科學院研究所　2002
　　p. 40
方廣錩　敦煌寺院所藏大藏經概貌　藏外佛教文獻（第八輯）　宗教文化出版社　2003　p. 378

P. 4667
羅福頤　敦煌石室文物對於學術上的貢獻　《歷史教學》1951 年第 5 期　又見：中國敦煌學百年文

　　庫・考古卷（四）　甘肅文化出版社　1999　p. 7

池田溫　中國古代寫本識語集録　（東京）大藏出版株式會社　1990　p. 426

鄭炳林　羊萍　敦煌本夢書　甘肅文化出版社　1995　p. 326

黄正建　敦煌占卜文書與唐五代占卜研究　學苑出版社　2001　p. 73

陳于柱　魏萬斗　唐宋陰陽相宅宗初探：以敦煌寫本宅經爲考索　《敦煌學輯刊》2002 年第 2 期
　　p. 45

陳于柱　從敦煌占卜文書看晚唐五代敦煌占卜與佛教的對話交融　《敦煌學輯刊》2005 年第 2 期
　　p. 27

劉屹　上博本《曹元深祭神文》的幾個問題　敦煌學國際研討會論文集　北京圖書館出版社　2005
　　p. 161

鄭炳林　敦煌寫本解夢書校録研究　民族出版社　2005　p. 19

余欣　唐宋時代敦煌的鎮宅術　敦煌吐魯番研究（第九卷）　中華書局　2006　p. 354

P. 4668

方廣錩　敦煌佛教經録輯校　江蘇古籍出版社　1997　p. 631

方廣錩　大般若經點勘録　敦煌學大辭典　上海辭書出版社　1998　p. 753

P. 4671

周紹良　敦煌文學芻議及其它　（臺北）新文豐出版公司　1992　p. 23

項楚　敦煌詩歌導論　（臺北）新文豐出版公司　1993　p. 107

張錫厚　敦煌文學概論　甘肅人民出版社　1993　p. 361

柴劍虹　述凡情　敦煌學大辭典　上海辭書出版社　1998　p. 569

徐俊　敦煌詩集殘卷輯考　中華書局　2000　p. 837

張錫厚　敦煌文學源流　作家出版社　2000　p. 48

P. 4673

岡部和雄　敦煌藏經目録　敦煌と中國仏教（講座敦煌 7）　（東京）大東出版社　1984　p. 304

戴密微著　耿昇譯　唐代的入冥故事：黄仕强傳　敦煌譯叢（第一輯）　甘肅人民出版社　1985
　　p. 147 注 1

方廣錩　讀敦煌佛典經録劄記　《敦煌學輯刊》1986 年第 1 期　p. 105

方廣錩　佛教大藏經史（八—十世紀）　中國社會科學出版社　1991　p. 142

林聰明　敦煌文書學　（臺北）新文豐出版公司　1991　p. 67

杜愛英　敦煌遺書中俗體字的諸種類型　《敦煌研究》1992 年第 3 期　p. 118

方廣錩　敦煌佛教經録輯校　江蘇古籍出版社　1997　p. 31

方廣錩　大唐内典録　敦煌學大辭典　上海辭書出版社　1998　p. 744

方廣錩　敦煌遺書中所存的全國性佛教經録　敦煌學佛教學論叢（上）　中國佛教文化研究所
　　1998　p. 283

P. 4674

那波利貞　佛教信仰に基きて組織せられたる中晚唐五代時代の社邑に就きて（下）　『史林』（24
　　卷 4 號）　京都大學文學部史學研究會　1939　p. 119　又見：唐代社會文化史研究・第六編
　　（東京）創文社　1974　p. 666、669

那波利貞　梁戶考　唐代社會文化史研究・第三編　（東京）創文社　1974　p. 313
唐耕耦　陸宏基　敦煌社會經濟文獻真迹釋錄(三)　全國圖書館文獻縮微複製中心　1990　p. 192
馬德　論莫高窟佛教的社會性　敦煌佛教文獻研究　敦煌研究院文獻研究所　1995　p. 15
郝春文　唐後期五代宋初沙州僧尼的宗教收入(三)：大眾倉試探　《敦煌學輯刊》1996 年第 2 期　p. 3
馬德　敦煌莫高窟史研究　甘肅教育出版社　1996　p. 196
鄭炳林　敦煌碑銘讚輯釋　甘肅教育出版社　1997　p. 156 注 2
郝春文　唐後期五代宋初敦煌僧尼的社會生活　中國社會科學出版社　1998　p. 324
馬德　10 世紀敦煌寺曆所記三窟活動　《敦煌研究》1998 年第 2 期　p. 87
譚蟬雪　敦煌歲時文化導論　（臺北）新文豐出版公司　1998　p. 22、327
譚蟬雪　唐宋敦煌歲時佛俗　《敦煌研究》2000 年第 4 期　p. 68
袁德領　歸義軍時期莫高窟與敦煌寺院的關係　《敦煌研究》2000 年第 3 期　p. 174
李正宇　晚唐至北宋敦煌僧尼普聽飲酒　《敦煌研究》2005 年第 3 期　p. 69、74
金瀅坤　敦煌社會經濟文書定年拾遺　《首都師範大學學報》2006 年第 1 期　p. 10

P. 4676
侯錦郎　敦煌寫本中的"印沙佛"儀軌　法國學者敦煌學論文選萃　中華書局　1993　p. 281
馬承玉　從敦煌寫本看《洞淵神咒經》在北方的傳播　道家文化研究(第十三輯)　三聯書店　1998　p. 200
王卡　太上洞淵神咒經　敦煌學大辭典　上海辭書出版社　1998　p. 762
王卡　敦煌道教文獻研究　中國社會科學出版社　2004　p. 142
王卡　中國國家圖書館藏敦煌道教遺書研究報告　敦煌吐魯番研究(第七卷)　北京大學出版社　2004　p. 359

P. 4678
劉俊文　唐代法制研究　文津出版公司　1999　p. 144

P. 4679
呂建福　中國密教史　中國社會科學出版社　1995　p. 371

P. 4680
杜愛英　敦煌遺書中俗體字的諸種類型　《敦煌研究》1992 年第 3 期　p. 118
高國藩　敦煌民俗資料導論　（臺北）新文豐出版公司　1993　p. 158
黃正建　敦煌占卜文書與唐五代占卜研究　學苑出版社　2001　p. 94、148
黃正建　關於《俄藏敦煌文獻》第 11 至第 17 冊中占卜文書的綴合與定名等問題　《敦煌研究》2002 年第 2 期　p. 49
黃正建　敦煌占婚嫁文書與唐五代的占婚嫁　新世紀敦煌學論集　巴蜀書社　2003　p. 284

P. 4681
陳祚龍　古代敦煌及其他地區流行之公私印章圖記文字錄　敦煌學要籥　（臺北）新文豐出版公司　1982　p. 328
林聰明　敦煌文書學　（臺北）新文豐出版公司　1991　p. 117、394

張錫厚　敦煌文學概論　甘肅人民出版社　1993　p. 376

Л. N. チュグイェフスキ－著　荒川正晴譯注　ソ連邦科學アカデミ－東洋學研究所所藏、敦煌寫本
　における官印と寺印　『吐魯番出土文物研究會會報』(98、99號)　(東京)吐魯番出土文物研
　究會　1994　p. 5

沙知　瓜沙州大王印　敦煌學大辭典　上海辭書出版社　1998　p. 289

丘古耶夫斯基著　魏迎春譯　俄藏敦煌漢文寫卷中的官印及寺院印章　《敦煌學輯刊》1999年第1
　期　p. 144

P. 4683

張涌泉　敦煌俗字研究導論　(臺北)新文豐出版公司　1996　p. 58

雷紹鋒　歸義軍賦役制度初探　(臺北)洪葉文化事業有限公司　2000　p. 279

王克孝　ДХ2168寫本初探　1994年敦煌學國際研討會文集・宗教文史卷(下)　甘肅民族出版社
　2000　p. 229

譚蟬雪　唐宋敦煌歲時佛俗　《敦煌研究》2001年第1期　p. 100

白化文　讀《伯希和劫經錄》　敦煌學國際研討會論文集　北京圖書館出版社　2005　p. 16

P. 4686

那波利貞　敦煌發見文書に拠る中晚唐時代の佛教寺院の錢穀布帛類貸付營利事業運營の實況
　『支那學』(10卷3號)　(京都)支那學社　1941　p. 118

陳國燦　對未刊敦煌借契的考察　魏晉南北朝隋唐史資料(第5輯)　武漢大學出版社　1983
　p. 23

王堯　陳踐　從一張借契看宗教的社會作用：P. T. 1297號敦煌吐蕃文書譯解　《世界宗教研究》1986
　年第4期　p. 68

王永興　隋唐五代經濟史料彙編校注・第一編(下)　中華書局　1987　p. 936

楊銘　吐蕃時期敦煌部落設置考　《西北史地》1987年第2期　p. 35

仁井田陞　補訂中國法制史研究：土地法・交易法　東京大學出版會　1991　p. 717

楊銘　吐蕃統治敦煌研究　(臺北)新文豐出版公司　1997　p. 23

沙知　敦煌契約文書輯校　江蘇古籍出版社　1998　p. 130

許建平　評《敦煌〈論語集解〉校正》　敦煌吐魯番研究(第五卷)　北京大學出版社　2001　p. 341

王啟濤　中古及近代法制文書語言研究　巴蜀書社　2003　p. 145、209、374

許建平　殘卷定名正補　2000年敦煌學國際學術討論會文集・歷史文化卷(上)　甘肅民族出版社
　2003　p. 305

P. 4689

王小甫　安史之亂後西域形勢及唐軍的堅守　《敦煌研究》1990年第4期　p. 59

王小甫　唐吐蕃大食政治關係史　北京大學出版社　1992　p. 200

方廣錩　大辨邪正經　敦煌學大辭典　上海辭書出版社　1998　p. 741

P. 4690

那波利貞　佛教信仰に基きて組織せられたる中晚唐五代時代の社邑に就きて(上)　『史林』(24
　卷3號)　京都大學文學部史學研究會　1939　p. 33　又見：唐代社會文化史研究・第六編
　(東京)創文社　1974　p. 603

那波利貞　俗講と變文(下)　『佛教史學』(1卷4號)　(東京)平樂寺書店　1950　p. 45　又見:唐代社會文化史研究・第四編　(東京)創文社　1974　p. 433

那波利貞　中晚唐五代の佛教寺院の俗講の座に於ける變文の演出方法に就きて　甲南大學論集(2)　(神户)甲南大學　1955　p. 1

金岡照光　敦煌漢文文學文獻の文學形態上の種類とその分類　敦煌出土文學文獻分類目録・附解說　(東京)東洋文庫　1971　p. 199

那波利貞　唐代の社邑に就きて(1938年)　唐代社會文化史研究・第五編　(東京)創文社　1974　p. 517、531、556

陳祚龍　新譯補注杜女史主修的《巴黎國立圖書館藏敦煌中文卷冊目録》之"自序"及"緒說"　敦煌學要籥　(臺北)新文豐出版公司　1982　p. 42

金岡照光　講唱體類　敦煌の文學文獻(講座敦煌9)　(東京)大東出版社　1992　p. 69

李錦繡　唐代財政史稿・上卷(第一分冊)　北京大學出版社　1995　p. 203

黄盛璋　敦煌漢文與于闐文書中之龍家及其相關問題　《西域研究》1996年第1期　p. 30

鄭炳林　敦煌碑銘讚輯釋　甘肅教育出版社　1997　p. 328注7

榮新江　南山　敦煌學大辭典　上海辭書出版社　1998　p. 462

梅維恒著　王邦維　榮新江　錢文忠譯　繪畫與表演　北京燕山出版社　2000　p. 62

李小榮　敦煌變文"平"、"側"、"斷"諸音聲符號探析　《敦煌學輯刊》2001年第2期　p. 6

李小榮　變文講唱與華梵宗教藝術　上海三聯書店　2002　p. 196

P. 4691

張鴻勳　敦煌講唱文學作品選注　甘肅人民出版社　1987　p. 252

柴劍虹　敦煌古小說淺談　敦煌與絲路文化學術講座(第二輯)　北京圖書館出版社　2005　p. 268

P. 4692

王重民　敦煌曲子詞集　商務印書館　1950　p. 8、20

周紹良　敦煌所出變文現存目録　敦煌變文彙録　上海出版公司　1955　p. 10

金岡照光　敦煌文學のさまざま　敦煌の文學　(東京)大藏出版株式會社　1971　p. 112、144

楊家駱　敦煌變文　(臺北)世界書局　1980　p. 164

潘重規　敦煌詞話　(臺北)石門圖書公司　1981　p. 82

周紹良　談唐代民間文學——讀《中國文學史》中"變文"節書後關於唐代民間文學研究的幾點意見　敦煌變文論文録　上海古籍出版社　1982　p. 412　又見:紹良叢稿　齊魯書社　1984　p. 55

蘇瑩輝　"敦煌曲"評介　敦煌論集續編　(臺北)學生書局　1983　p. 305

潘重規　敦煌變文集新書(下)　(臺北)"中國文化大學"中文研究所　1984　p. 1039

邱燮友　唐代敦煌曲的時代使命　漢學研究(敦煌學國際研討會論文專號)　(臺北)漢學研究資料及服務中心　1984　p. 144

王重民　前漢劉宋太子傳　敦煌變文集　人民文學出版社　1984　p. 164

高國藩　敦煌文學作品選　中華書局　1987　p. 83注1

任半塘　敦煌歌辭總編　上海古籍出版社　1987　p. 474

周紹良　唐代變文及其它　敦煌文學作品選　中華書局　1987　p. 4

劉銘恕　敦煌遺書考(二)　文史(第二十九輯)　中華書局　1988　p. 286

孫其芳　詞　敦煌文學　甘肅人民出版社　1989　p. 200

郭在貽　張涌泉　黄征　敦煌變文集校議　岳麓書社　1990　p. 122

任半塘　王昆吾　隋唐五代燕樂雜言歌辭集　巴蜀書社　1990　p. 486

張仲儀　試論敦煌曲子詞的審美特徵　《敦煌研究》1991 年第 2 期　p. 81

暨遠志　張議潮出行圖研究(續)　《敦煌研究》1992 年第 4 期　p. 85

金岡照光　講唱體類　敦煌の文學文獻(講座敦煌 9)　(東京)大東出版社　1992　p. 110

金岡照光　曲子詞類　敦煌の文學文獻(講座敦煌 9)　(東京)大東出版社　1992　p. 402

林家平　寧强　羅華慶　中國敦煌學史　北京語言學院出版社　1992　p. 337

周紹良　敦煌文學芻議及其它　(臺北)新文豐出版公司　1992　p. 34、68

李正宇　論敦煌曲子　第二屆國際唐代學術會議論文集(上)　(臺北)文津出版社　1993　p. 759

孫其芳　顏廷亮　敦煌文學概論　甘肅人民出版社　1993　p. 413

金賢珠　唐五代敦煌民歌　(臺北)文史哲出版社　1994　p. 93、131

李金梅　敦煌傳統文化與武術　《敦煌研究》1995 年第 2 期　p. 195

李重申　敦煌體育史料考析　敦煌學國際研討會文集・石窟考古編　遼寧美術出版社　1995
　　　p. 380

劉進寶　敦煌學論述　(臺北)洪葉文化事業有限公司　1995　p. 342

黃征　張涌泉　敦煌變文校注　中華書局　1997　p. 246

劉子瑜　敦煌變文和王梵志詩　大象出版社　1997　p. 38

海客　前漢劉家太子傳　敦煌學大辭典　上海辭書出版社　1998　p. 577

李重申　劍術　敦煌學大辭典　上海辭書出版社　1998　p. 600

李重申　射箭　敦煌學大辭典　上海辭書出版社　1998　p. 598

孫其芳　浣溪沙　敦煌學大辭典　上海辭書出版社　1998　p. 529

孫其芳　望遠行　敦煌學大辭典　上海辭書出版社　1998　p. 531

周紹良　張涌泉　黃征　敦煌變文講經文因緣輯校(上)　江蘇古籍出版社　1998　p. 125

高國藩　敦煌俗文化學　上海三聯書店　1999　p. 545

顏廷亮　西陲文學遺珍:敦煌文學通俗談　甘肅人民出版社　2000　p. 119

陶敏　李一飛　隋唐五代文學史料學　中華書局　2001　p. 363

劉進寶　敦煌學通論　甘肅教育出版社　2002　p. 387

荒見泰史　敦煌本夢書雜識　漢語史學報專輯(第三輯)　上海教育出版社　2003　p. 339

湯涒　敦煌曲子詞地域文化研究　上海古籍出版社　2004　p. 21、35、155、186、215

湯涒　敦煌曲子詞與河西本土文化　中國俗文化研究(第二輯)　巴蜀書社　2004　p. 193

湯涒　敦煌曲子詞寫本叙略　敦煌學國際研討會論文集　北京圖書館出版社　2005　p. 194、201

蘭州理工大學絲綢之路文史研究所編　絲綢之路體育文化論集　中華書局　2005　p. 94

P. 4693

唐耕耦　陸宏基　敦煌社會經濟文獻真迹釋録(三)　全國圖書館文獻縮微複製中心　1990　p. 246

黃正建　敦煌文書與唐五代北方地區的飲食生活　魏晉南北朝隋唐史資料(第 11 輯)　武漢大學出
　　　版社　1991　p. 263

朱鳳玉　敦煌寫卷《俗務要名林》研究　第二屆國際唐代學術會議論文集(上)　(臺北)文津出版社
　　　1993　p. 686

王永興　敦煌經濟文書導論　(臺北)新文豐出版公司　1994　p. 362

李錦繡　唐代財政史稿・上卷(第三分冊)　北京大學出版社　1995　p. 1134

高啓安　索黛　敦煌古代僧人官齋飲食檢閱　《敦煌研究》1998 年第 3 期　p. 71

黃正建　唐代衣食住行研究　首都師範大學出版社　1998　p. 7

譚蟬雪　餺飥　敦煌學大辭典　上海辭書出版社　1998　p. 444
高啓安　王墾玉　唐五代敦煌人的飲食品種研究　《敦煌研究》1999 年第 2 期　p. 66
郝春文　《敦煌社邑文書輯校》補遺(二)　《首都師範大學學報》2000 年第 2 期　p. 10
高啓安　唐五代敦煌飲食文化研究　民族出版社　2004　p. 148
黃正建　敦煌資料與唐五代人的衣食住行　敦煌與絲路文化學術講座(第二輯)　北京圖書館出版
　社　2005　p. 114
金瀅坤　敦煌社會經濟文書定年拾遺　《首都師範大學學報》2006 年第 1 期　p. 13

P. 4694
北原薰　晚唐・五代の敦煌寺院経済——収支決算報告を中心に　敦煌の社會(講座敦煌 3)　(東
　京)大東出版社　1980　p. 376、442
姜伯勤　唐五代敦煌寺戶制度　中華書局　1987　p. 183、195
李正宇　唐宋時代敦煌縣河渠泉澤簡志(一)　《敦煌研究》1988 年第 4 期　p. 92
唐耕耦　關於敦煌寺院水磑研究中的幾個問題　《文獻》1988 年第 1 期　p. 178
山本達郎等　敦煌・III 轉貼　『NUN－HUANG AND TURFAN DOCUMENTS CONCERNING SOCIAL
　AND ECONOMIC HISTORY』(IV)　(東京)東洋文庫　1989　p. 63
唐耕耦　陸宏基　敦煌社會經濟文獻真迹釋録(三)　全國圖書館文獻縮微複製中心　1990　p. 565
李正宇　敦煌史地新論　(臺北)新文豐出版公司　1996　p. 110
鄭炳林　唐五代敦煌粟特人與歸義軍政權　《敦煌研究》1996 年第 4 期　p. 82　又見:敦煌歸義軍史
　專題研究　蘭州大學出版社　1997　p. 404
唐耕耦　敦煌寺院會計文書研究　(臺北)新文豐出版公司　1997　p. 50、462
鄭炳林　敦煌碑銘讚輯釋　甘肅教育出版社　1997　p. 142 注 2
鄭炳林　晚唐五代敦煌貿易市場的物價　敦煌歸義軍史專題研究　蘭州大學出版社　1997　p. 282
陳菊霞　《大唐伊吾郡司馬上柱國潯陽翟府君修功德碑記》考釋　《敦煌研究》2003 年第 2 期　p. 15
鄭炳林　晚唐五代敦煌村莊聚落輯考　2000 年敦煌學國際學術討論會文集・歷史文化卷(上)　甘
　肅民族出版社　2003　p. 124、140
鄭炳林　晚唐五代敦煌地區的胡姓居民與聚落　法國漢學(第 10 輯)(粟特人在中國:歷史、考古、語
　言的新探索)　中華書局　2005　p. 183

P. 4697
李正宇　敦煌古城談往　《西北史地》1988 年第 2 期　p. 26
唐耕耦　陸宏基　敦煌社會經濟文獻真迹釋録(三)　全國圖書館文獻縮微複製中心　1990　p. 208
李正宇　敦煌名勝古迹導論　《陽關》1991 年第 4 期　p. 51
張鴻勳　敦煌說唱文學概論　(臺北)新文豐出版公司　1993　p. 7
鄭炳林　董念清　唐五代敦煌私營釀酒業初探　《社科縱橫》1994 年第 4 期　p. 65
鄭炳林　高偉　唐五代敦煌釀酒業初探　《西北史地》1994 年第 1 期　p. 31
陸慶夫　唐宋間敦煌粟特人之漢化　《歷史研究》1996 年第 6 期　p. 26　又見:敦煌歸義軍史專題研
　究　蘭州大學出版社　1997　p. 360
馬德　敦煌莫高窟史研究　甘肅教育出版社　1996　p. 170
馬德　九、十世紀敦煌工匠史料述論　慶祝潘石禪先生九秩華誕敦煌學特刊　(臺北)文津出版社
　1996　p. 305
李正宇　敦煌歷史地理導論　(臺北)新文豐出版公司　1997　p. 227

馬德　敦煌工匠史料　甘肅人民出版社　1997　p. 48、65

唐耕耦　敦煌寺院會計文書研究　（臺北）新文豐出版公司　1997　p. 314

鄭炳林　敦煌碑銘讚輯釋　甘肅教育出版社　1997　p. 152 注 4

鄭炳林　唐五代敦煌手工業研究　敦煌歸義軍史專題研究　蘭州大學出版社　1997　p. 249、266

高啓安　唐五代敦煌飲食文化研究　民族出版社　2004　p. 55

李正宇　晚唐至北宋敦煌僧尼普聽飲酒　《敦煌研究》2005 年第 3 期　p. 69

金瀅坤　敦煌社會經濟文書定年拾遺　《首都師範大學學報》2006 年第 1 期　p. 14

P. 4698

榮新江　《唐刺史考》補遺　《文獻》1990 年第 2 期　p. 82　又見：敦煌學新論　甘肅教育出版社
　　2002　p. 261

王小甫　安史之亂後西域形勢及唐軍的堅守　《敦煌研究》1990 年第 4 期　p. 58

王小甫　唐吐蕃大食政治關係史　北京大學出版社　1992　p. 199

吳其昱著　伊藤美重子譯　敦煌漢文寫本概觀　敦煌漢文文獻（講座敦煌 5）　（東京）大東出版社
　　1992　p. 135

薛宗正　安史亂後的安西與北庭　西域考察與研究　新疆人民出版　1994　p. 311

薛宗正　安西與北庭　黑龍江教育出版社　1995　p. 265

P. 4699

池田溫　中國古代寫本識語集錄　（東京）大藏出版株式會社　1990　p. 464

周一良　唐代書儀の類型　敦煌漢文文獻（講座敦煌 5）　（東京）大東出版社　1992　p. 702

鄭炳林　羊萍　敦煌本夢書　甘肅文化出版社　1995　p. 250

周一良　趙和平　敦煌寫本書儀考（之二）　唐五代書儀研究　中國社會科學出版社　1995　p. 87

周一良　趙和平　晚唐五代時的三種吉凶書儀寫卷研究　唐五代書儀研究　中國社會科學出版社
　　1995　p. 206

趙和平　新集書儀　敦煌學大辭典　上海辭書出版社　1998　p. 421

周一良　魏晉南北朝史論集續編　北京大學出版社　2001　p. 239

吳麗娛　唐禮摭遺：中古書儀研究　商務印書館　2002　p. 52

鄭炳林　敦煌寫本解夢書校錄研究　民族出版社　2005　p. 66

P. 4700

饒宗頤　孝順觀念與敦煌佛曲　敦煌學（第 1 輯）　（香港）新亞研究所敦煌學會　1974　p. 76　又
　　見：敦煌曲續論　（臺北）新文豐出版公司　1996　p. 17

鄭阿財　孝道文學敦煌寫卷《十恩德讚》初探　（臺北）《華岡文科學報》1981 年第 13 期　p. 232

鄭阿財　敦煌孝道文學研究　（臺北）石門圖書公司　1982　p. 16、533、640

劉進寶　俚曲小調　敦煌文學　甘肅人民出版社　1989　p. 231

胡文和　大足寶頂《父母恩重經變》研究　《敦煌研究》1992 年第 2 期　p. 14

姜伯勤　敦煌社會文書導論　（臺北）新文豐出版公司　1992　p. 186

周紹良　敦煌文學芻議及其它　（臺北）新文豐出版公司　1992　p. 37

鄭阿財　從敦煌文獻看唐代的三教合一　第二屆國際唐代學術會議論文集（上）　（臺北）文津出版
　　社　1993　p. 651

鄭阿財　敦煌文獻與文學　（臺北）新文豐出版公司　1993　p. 21

張錫厚　評《敦煌文獻與文學》　敦煌吐魯番研究(第二卷)　北京大學出版社　1997　p. 390
馮培紅　歸義軍鎮制考　敦煌吐魯番研究(第九卷)　中華書局　2006　p. 279

P. 4701

周紹良　敦煌文學芻議及其它　(臺北)新文豐出版公司　1992　p. 24
李正宇　敦煌文學概論　甘肅人民出版社　1993　p. 168
項楚　敦煌詩歌導論　(臺北)新文豐出版公司　1993　p. 230
朱鳳玉　論敦煌本《碎金》與唐五代辭彙　慶祝潘石禪先生九秩華誕敦煌學特刊　(臺北)文津出版
　　社　1996　p. 577
朱鳳玉　敦煌寫本碎金研究　(臺北)文津出版社　1997　p. 144
朱鳳玉　論敦煌本《碎金》對解讀敦煌俗文學的意義　敦煌文學論集　四川人民出版社　1997
　　p. 291
柴劍虹　嘲法師詩　敦煌學大辭典　上海辭書出版社　1998　p. 575
徐俊　敦煌詩集殘卷輯考　中華書局　2000　p. 836
張錫厚　敦煌文學源流　作家出版社　2000　p. 72

P. 4702

饒宗頤　敦煌書法叢刊(第十八卷)・碎金(一)　(東京)二玄社　1983　p. 11、88
周祖謨　敦煌唐本字書敘錄　敦煌語言文學研究　北京大學出版社　1988　p. 42
高國藩　敦煌民俗學　上海文藝出版社　1989　p. 105
鄭阿財　敦煌蒙書析論　第二屆敦煌學國際研討會論文集　(臺北)漢學研究中心　1990　p. 216
鄭汝中　敦煌書法管窺　《敦煌研究》1991年第4期　p. 36
朱鳳玉　敦煌寫本字書緒論　(臺北)《華岡文科學報》1991年第18期　p. 92
沃興華　敦煌書法藝術　上海人民出版社　1994　p. 33、81、160
鄭汝中　敦煌書法概述　敦煌書法庫(第一輯)　甘肅人民美術出版社　1994　p. 9
鄭汝中　唐代書法藝術與敦煌寫卷　敦煌書法庫(第四輯)　甘肅人民美術出版社　1994　p. 7　又
　　見:《敦煌研究》1996年第2期　p. 125
陳金木　唐寫本論語鄭氏注研究(上)　(臺北)文津出版社　1996　p. 30
劉濤　評《法藏敦煌書苑精華》　敦煌吐魯番研究(第一卷)　北京大學出版社　1996　p. 378
白化文　千字文　敦煌學大辭典　上海辭書出版社　1998　p. 782
劉濤　敦煌書法　敦煌學大辭典　上海辭書出版社　1998　p. 274
劉濤　篆書千字文殘卷　敦煌學大辭典　上海辭書出版社　1998　p. 275
鄭阿財　朱鳳玉　敦煌蒙書研究　甘肅教育出版社　2002　p. 17

P. 4703

王克孝　ДХ2168號寫本初探　《敦煌學輯刊》1993年第2期　p. 26　又見：1994年敦煌學國際研
　　討會文集・宗教文史卷(下)　甘肅民族出版社　2000　p. 231

P. 4705

高國藩　敦煌民俗學　上海文藝出版社　1989　p. 533
張廣達　榮新江　關於敦煌出土于闐文獻的年代及其相關問題　紀念陳寅恪先生誕辰百年學術論文
　　集　北京大學出版社　1989　p. 294

鄭炳林 《索勳紀德碑》研究 《敦煌學輯刊》1994 年第 2 期 p. 71
李正宇 敦煌史地新論 （臺北）新文豐出版公司 1996 p. 65
馮培紅 姚桂蘭 歸義軍時期敦煌與周邊地區之間的僧使交往 敦煌佛教藝術文化國際學術研討會論文集 蘭州大學出版社 2002 p. 461

P. 4706
唐耕耦 陸宏基 敦煌社會經濟文獻真迹釋錄（二） 全國圖書館文獻縮微複製中心 1990 p. 317
王震亞 趙燉 敦煌殘卷爭訟文牒集釋 甘肅人民出版社 1993 p. 59
齊陳俊 馮培紅 晚唐五代宋初歸義軍對外商業貿易 敦煌歸義軍史專題研究 蘭州大學出版社 1997 p. 346
鄭炳林 馮培紅 唐五代歸義軍政權對外關係中的使頭一職 敦煌歸義軍史專題研究 蘭州大學出版社 1997 p. 53
馮培紅 客司與歸義軍的外交活動 《敦煌學輯刊》1999 年第 1 期 p. 82
鄭炳林 晚唐五代敦煌地區種植棉花研究 《中國史研究》1999 年第 3 期 p. 91
曾良 敦煌文獻字義通釋 廈門大學出版社 2001 p. 44、59

P. 4707
方廣錩 佛教大藏經史（八—十世紀） 中國社會科學出版社 1991 p. 115
汪泛舟 敦煌文學概論 甘肅人民出版社 1993 p. 561
方廣錩 敦煌佛教經錄輯校 江蘇古籍出版社 1997 p. 706
方廣錩 歸真借經函 敦煌學大辭典 上海辭書出版社 1998 p. 754

P. 4710
王三慶著 池田溫譯 類書 敦煌漢文文獻（講座敦煌 5） （東京）大東出版社 1992 p. 380

P. 4711
鄧文寬 吐魯番出土《唐開元八年具注曆》釋文補正 《文物》1988 年第 2 期 p. 93
鄧文寬 敦煌古曆叢識 《敦煌學輯刊》1989 年第 1 期 p. 111
鄧文寬 六甲納音歌訣 敦煌學大辭典 上海辭書出版社 1998 p. 614
黃正建 敦煌占卜文書與唐五代占卜研究 學苑出版社 2001 p. 172
鄧文寬 敦煌吐魯番天文曆法研究 甘肅教育出版社 2002 p. 71、111、253

P. 4712
鄭炳林 伯 2641 號背莫高窟再修功德記撰寫人探微 《敦煌學輯刊》1991 年第 2 期 p. 53
李正宇 敦煌遺書宋人詩輯校 《敦煌研究》1992 年第 2 期 p. 40
李正宇 敦煌文學概論 甘肅人民出版社 1993 p. 104
鄭炳林 敦煌碑銘讚輯釋 甘肅教育出版社 1997 p. 519 注 8
李正宇 道真 敦煌學大辭典 上海辭書出版社 1998 p. 365
徐俊 敦煌詩集殘卷輯考 中華書局 2000 p. 113
張總 《閻羅王授記經》綴補研考 敦煌吐魯番研究（第五卷） 北京大學出版社 2001 p. 111 注

P. 4714

舒學　敦煌漢文遺書中雕版印刷資料綜叙　敦煌語言文學研究　北京大學出版社　1988　p. 292

邰惠莉　敦煌版畫叙録　《敦煌研究》2005 年第 2 期　p. 11

P. 4716

孫修身　敦煌石窟《臘八燃燈分配窟龕名數》寫作年代考　絲路訪古　甘肅人民出版社　1983
　　p. 214

唐耕耦　陸宏基　敦煌社會經濟文獻真迹釋録(一)　書目文獻出版社　1986　p. 343

山本達郎等　敦煌‧III 轉貼　『NUN – HUANG AND TURFAN DOCUMENTS CONCERNING SOCIAL
　　AND ECONOMIC HISTORY』(IV)　(東京)東洋文庫　1989　p. 86

姜伯勤　敦煌社會文書導論　(臺北)新文豐出版公司　1992　p. 233

郝春文　敦煌寫本社邑文書年代彙考(三)　《社科縱橫》1993 年第 5 期　p. 8

馮培紅　唐五代敦煌的河渠水利與水司管理機構初探　《敦煌學輯刊》1997 年第 2 期　p. 79

寧可　郝春文　敦煌社邑文書輯校　江蘇古籍出版社　1997　p. 341

楊際平　郭鋒　張和平　五—十世紀敦煌的家庭與家族關係　岳麓書社　1997　p. 175

寧可　兄弟社　敦煌學大辭典　上海辭書出版社　1998　p. 428

吳麗娛　敦煌寫本書儀中的行第之稱:兼論行第普及的庶民影響　敦煌吐魯番研究(第四卷)　北京
　　大學出版社　1999　p. 545

P. 4719

楊雄　白描臥牛圖　敦煌學大辭典　上海辭書出版社　1998　p. 242

胡同慶　安忠義　佛教藝術　敦煌文藝出版社　2004　p. 289

P. 4720

唐耕耦　陸宏基　敦煌社會經濟文獻真迹釋録(一)　書目文獻出版社　1986　p. 321

山本達郎等　敦煌‧III 轉貼　『NUN – HUANG AND TURFAN DOCUMENTS CONCERNING SOCIAL
　　AND ECONOMIC HISTORY』(IV)　(東京)東洋文庫　1989　p. 36

姜伯勤　敦煌社會文書導論　(臺北)新文豐出版公司　1992　p. 242

高國藩　敦煌民俗資料導論　(臺北)新文豐出版公司　1993　p. 4

陸慶夫　鄭炳林　俄藏敦煌寫本中九件轉帖初探　《敦煌學輯刊》1996 年第 1 期　p. 12

陸慶夫　鄭炳林　唐末五代敦煌的社與粟特人聚落　敦煌歸義軍史專題研究　蘭州大學出版社
　　1997　p. 397

寧可　郝春文　敦煌社邑文書輯校　江蘇古籍出版社　1997　p. 327

鄭炳林　晚唐五代敦煌地區的胡姓居民與聚落　法國漢學(第 10 輯)(粟特人在中國:歷史、考古、語
　　言的新探索)　中華書局　2005　p. 186

P. 4722

李正宇　敦煌史地新論　(臺北)新文豐出版公司　1996　p. 80

P. 4723

唐耕耦　陸宏基　敦煌社會經濟文獻真迹釋録(四)　全國圖書館文獻縮微複製中心　1990　p. 188

郝春文　關於唐後期五代宋初沙州僧俗的施捨問題　唐研究(第三卷)　北京大學出版社　1997

p. 30

郝春文　唐後期五代宋初敦煌僧尼的社會生活　中國社會科學出版社　1998　p. 255

高啓安　唐五代敦煌飲食文化研究　民族出版社　2004　p. 194

P. 4724

王重民　跋太公家教　敦煌遺書論文集　中華書局　1984　p. 137

雷僑雲　敦煌兒童文學　（臺北）學生書局　1985　p. 82 注 5

周鳳五　敦煌寫本太公家教研究　（臺北）明文書局　1986　p. 155

鄭阿財　敦煌蒙書析論　第二屆敦煌學國際研討會論文集　（臺北）漢學研究中心　1990　p. 227

鄭阿財　敦煌文獻與文學　（臺北）新文豐出版公司　1993　p. 261

鄭炳林　敦煌碑銘讚輯釋　甘肅教育出版社　1997　p. 145 注 2

鄭阿財　朱鳳玉　敦煌蒙書研究　甘肅教育出版社　2002　p. 378

P. 4725

陳祚龍　古代敦煌及其他地區流行之公私印章圖記文字錄　敦煌學要籥　（臺北）新文豐出版公司
　　1982　p. 346

P. 4728

舒學　敦煌漢文遺書中雕版印刷資料綜敘　敦煌語言文學研究　北京大學出版社　1988　p. 292

徐俊　敦煌大曲　敦煌文學論集　四川人民出版社　1997　p. 248 注 1

邰惠莉　敦煌版畫敘錄　《敦煌研究》2005 年第 2 期　p. 8

P. 4730

石井昌子　靈寶經類　敦煌と中國道教（講座敦煌 4）　（東京）大東出版社　1983　p. 153

姜亮夫　敦煌所見道教佚經考　敦煌學論文集　上海古籍出版社　1987　p. 318

陳祚龍　看了兩種類比僞造的敦煌唐抄道經以後　（臺北）《大陸雜誌》1988 年第 5、6 期　又見：敦
　　煌學散策新集　（臺北）新文豐出版公司　1989　p. 448；中國敦煌學百年文庫・宗教卷（三）
　　甘肅文化出版社　1999　p. 142

陶秋英輯錄　姜亮夫校訂　敦煌所見道教佚經錄　敦煌碎金　浙江古籍出版社　1992　p. 326

朱越利　道經總論　遼寧教育出版社　1992　p. 273

鄭阿財　從敦煌文獻看唐代的三教合一　第二屆國際唐代學術會議論文集（上）　（臺北）文津出版
　　社　1993　p. 640

王卡　太上洞玄靈寶淨土生神經　敦煌學大辭典　上海辭書出版社　1998　p. 767

王卡　敦煌道教文獻研究　中國社會科學出版社　2004　p. 107

王卡　中國國家圖書館藏敦煌道教遺書研究報告　敦煌吐魯番研究（第七卷）　北京大學出版社
　　2004　p. 352

P. 4731

山田利明　老子化胡經類　敦煌と中國道教（講座敦煌 4）　（東京）大東出版社　1983　p. 99

陳祚龍　看了敦煌古抄《報恩寺開溫室浴僧記》以後　敦煌學散策新集　（臺北）新文豐出版公司
　　1989　p. 206

劉屹　敦煌十卷本《老子化胡經》殘卷新探　唐研究（第二卷）　北京大學出版社　1996　p. 114 注

17

王卡　老君說一百八十戒　敦煌學大辭典　上海辭書出版社　1998　p. 760
王卡　敦煌道教文獻研究　中國社會科學出版社　2004　p. 189
白化文　讀《伯希和劫經録》　敦煌學國際研討會論文集　北京圖書館出版社　2005　p. 16

P. 4732

土田健次郎　儒教典籍　敦煌漢文文獻（講座敦煌5）　（東京）大東出版社　1992　p. 269
李方　敦煌《論語集解》校正　江蘇古籍出版社　1998　p. 831

P. 4739

上山大峻　龍口明生　龍谷大學所藏敦煌本『比丘含注戒本』解說　敦煌寫本『本草集注』序録・『比丘含注戒本』　（京都）法藏館　1998　p. 298
陳明　評《敦煌寫本〈本草集注序録〉〈比丘含注戒本〉》　敦煌吐魯番研究（第四卷）　北京大學出版社　1999　p. 627

P. 4740

林聰明　敦煌文書學　（臺北）新文豐出版公司　1991　p. 31
高國藩　論敦煌唐人九曜算命術　第二屆國際唐代學術會議論文集（上）　（臺北）文津出版社　1993　p. 796
高國藩　敦煌俗文化學　上海三聯書店　1999　p. 69
黄正建　敦煌禄命類文書述略　中國社會科學院歷史研究所學刊（第一集）　學刊編委會　2001　p. 243
黄正建　敦煌占卜文書與唐五代占卜研究　學苑出版社　2001　p. 111

P. 4741

方廣錩　佛教大藏經史（八—十世紀）　中國社會科學出版社　1991　p. 115
石奈德　敦煌本《普化大師五臺山巡禮記》初探　法國學者敦煌學論文選萃　中華書局　1993　p. 132 注 28
方廣錩　敦煌佛教經録輯校　江蘇古籍出版社　1997　p. 511
方廣錩　諸寺藏經録　敦煌學大辭典　上海辭書出版社　1998　p. 751
方廣錩　敦煌寺院所藏大藏經　中日敦煌佛教學術會議論文集　中國社會科學院研究所　2002　p. 40
方廣錩　敦煌寺院所藏大藏經概貌　藏外佛教文獻（第八輯）　宗教文化出版社　2003　p. 380

P. 4745

陳祚龍　古代敦煌及其他地區流行之公私印章圖記文字録　敦煌學要籥　（臺北）新文豐出版公司　1982　p. 346
陳祚龍　關於敦煌古抄漢文卷、冊之"新記"　敦煌簡策訂存　（臺北）商務印書館　1983　p. 11
劉俊文　敦煌吐魯番唐代法制文書考釋　中華書局　1989　p. 307
唐耕耦　陸宏基　敦煌社會經濟文獻真迹釋録（二）　全國圖書館文獻縮微複製中心　1990　p. 575
劉進寶　敦煌學論述　（臺北）洪葉文化事業有限公司　1995　p. 260
沙知　涼州都督府之印　敦煌學大辭典　上海辭書出版社　1998　p. 290

榮新江　唐代西州的道教　敦煌吐魯番研究(第四卷)　北京大學出版社　1999　p. 139

劉進寶　敦煌文書與唐史研究　(臺北)新文豐出版公司　2000　p. 2

榮新江　敦煌學十八講　北京大學出版社　2001　p. 199、262

P. 4746

潘重規　瀛涯敦煌韻輯新編　(臺北)文史哲出版社　1974　p. 234

周祖謨　唐五代韻書集存　中華書局　1983　p. 232、862

張涌泉　敦煌俗字彙考　敦煌俗字研究　上海教育出版社　1996　p. 4

張金泉　敦煌韻書　敦煌學大辭典　上海辭書出版社　1998　p. 512

張金泉　陸法言　敦煌學大辭典　上海辭書出版社　1998　p. 344

北京大學　敦煌《經卷》、《照片》及《圖書》目録　中國敦煌學百年文庫・綜述卷(一)　甘肅文化出
　　版社　1999　p. 315

施安昌　敦煌寫經的遞變字群及其命名　善本碑帖論集　紫禁城出版社　2002　p. 334

P. 4747

周祖謨　唐五代韻書集存　中華書局　1983　p. 739、919

廣川堯敏　禮讚　敦煌と中國仏教(講座敦煌7)　(東京)大東出版社　1984　p. 469

林炯陽　敦煌韻書殘卷在聲韻學研究上的價值　漢學研究(敦煌學國際研討會論文專號)　(臺北)
　　漢學研究資料及服務中心　1986　p. 413

舒學　敦煌漢文遺書中雕版印刷資料綜叙　敦煌語言文學研究　北京大學出版社　1988　p. 290

周祖謨　五代刻本切韻及其聲母的讀音　周祖謨語言文史論集　浙江古籍出版社　1988　p. 258

周祖謨　五代刻本切韻之韻目　周祖謨語言文史論集　浙江古籍出版社　1988　p. 249

高田時雄　五姓說在敦煌藏族　敦煌吐魯番學研究論文集　漢語大詞典出版社　1990　p. 758

高田時雄　五姓を說く敦煌資料　『國立民族學博物館研究報告別冊』(14 號)　(吹田)國立民族學
　　博物館　1991　p. 258

林聰明　敦煌文書學　(臺北)新文豐出版公司　1991　p. 41

劉進寶　敦煌學論述　(臺北)洪葉文化事業有限公司　1995　p. 294

張涌泉　敦煌俗字彙考　敦煌俗字研究　上海教育出版社　1996　p. 5

張金泉　敦煌韻書　敦煌學大辭典　上海辭書出版社　1998　p. 512

妹尾達彦　唐代長安東市の印刷業　東アジア史における國家と地域　(東京)刀水書房　1999
　　p. 230

北京大學　敦煌《經卷》、《照片》及《圖書》目録　中國敦煌學百年文庫・綜述卷(一)　甘肅文化出
　　版社　1999　p. 315

施安昌　敦煌寫經的遞變字群及其命名　善本碑帖論集　紫禁城出版社　2002　p. 334

徐朝東　與蔣藏本《唐韻》相關的敦煌韻書殘卷考釋　《敦煌研究》2003 年第 2 期　p. 82

高田時雄著　鍾翀等譯　五姓說之敦煌資料　敦煌・民族・語言　中華書局　2005　p. 334

P. 4748

方廣錩　敦煌文獻中的《金剛經》及其注疏　《新疆文物》1995 年第 1 期　p. 48　又見:敦煌學佛教
　　學論叢(上)　中國佛教文化研究所　1998　p. 382

方廣錩　金剛映　敦煌學大辭典　上海辭書出版社　1998　p. 684

平井宥慶　敦煌文書における金剛經疏　金剛般若經の思想的研究　(東京)春秋社　1999　p. 266

P. 4751
方廣錩　觀佛三昧海經　敦煌學大辭典　上海辭書出版社　1998　p. 663

P. 4752
羅宗濤　敦煌講經變文"古吟上下"探原　漢學研究(敦煌學國際研討會論文專號)　(臺北)漢學研
　　究資料及服務中心　1986　p. 139　又見:中國敦煌學百年文庫·文學卷(四)　甘肅文化出版
　　社　1999　p. 172

P. 4754
方廣錩　佛教大藏經史(八—十世紀)　中國社會科學出版社　1991　p. 109、115
伊藤美重子　敦煌本『大智度論』の整理　中國佛教石經の研究　京都大學學術出版會　1996
　　p. 368
方廣錩　敦煌佛教經録輯校　江蘇古籍出版社　1997　p. 701
鄭炳林　敦煌碑銘讚輯釋　甘肅教育出版社　1997　p. 108 注 2
方廣錩　大智度論　敦煌學大辭典　上海辭書出版社　1998　p. 720
鄭炳林　晚唐五代敦煌諸寺藏經與管理　新世紀敦煌學論集　巴蜀書社　2003　p. 343

P. 4755
江素雲　維摩詰所說經敦煌寫本綜合目録　(臺北)東初出版社　1991　p. 85

P. 4761
黄正建　敦煌占卜文書與唐五代占卜研究　學苑出版社　2001　p. 154

P. 4762
汪泛舟　敦煌文學概論　甘肅人民出版社　1993　p. 565

P. 4763
唐耕耦　8 至 10 世紀敦煌的物價　紀念陳寅恪教授國際學術討論會文集　中山大學出版社　1989
　　p. 537、544、546
唐耕耦　陸宏基　敦煌社會經濟文獻真迹釋録(三)　全國圖書館文獻縮微複製中心　1990　p. 211
李明偉　隋唐絲綢之路　甘肅人民出版社　1994　p. 267
唐耕耦　敦煌寺院會計文書研究　(臺北)新文豐出版公司　1997　p. 429、444
鄭炳林　晚唐五代敦煌貿易市場的物價　敦煌歸義軍史專題研究　蘭州大學出版社　1997　p. 280、
　　293
金瀅坤　從敦煌文書看晚唐五代敦煌地區布紡織業　《敦煌研究》1998 年第 2 期　p. 138
楊際平　論唐末五代宋初敦煌地權的集中與分散　敦煌學與中國史研究論集　甘肅人民出版社
　　2001　p. 193
童丕　敦煌的借貸:中國中古時代的物質生活與社會　中華書局　2003　p. 110

P. 4764
沃興華　敦煌書法藝術　上海人民出版社　1994　p. 39、73、137
陳金木　唐寫本論語鄭氏注研究(上)　(臺北)文津出版社　1996　p. 29

胡同慶　安忠義　佛教藝術　敦煌文藝出版社　2004　p. 298

P. 4765

山本達郎等　敦煌·III 轉貼　『NUN – HUANG AND TURFAN DOCUMENTS CONCERNING SOCIAL AND ECONOMIC HISTORY』(IV)　(東京)東洋文庫　1989　p. 28

唐耕耦　陸宏基　敦煌社會經濟文獻真迹釋録(四)　全國圖書館文獻縮微複製中心　1990　p. 148

竺沙雅章　寺院文書　敦煌漢文文獻(講座敦煌5)　(東京)大東出版社　1992　p. 611、631

郝春文　唐後期五代宋初敦煌僧尼的社會生活　中國社會科學出版社　1998　p. 223

寧可　僧人轉帖　敦煌學大辭典　上海辭書出版社　1998　p. 430

郝春文　唐後期五代宋初敦煌的春秋官齋、十二月轉經、水則道場與佛教節日　慶祝吳其昱先生八秩華誕敦煌學特刊　(臺北)文津出版社　2000　p. 254

譚蟬雪　唐宋敦煌歲時佛俗：八月至十二月　《敦煌研究》2001 年第 2 期　p. 74

曾良　敦煌文獻字義通釋　廈門大學出版社　2001　p. 115

袁德領　歸義軍時期敦煌佛教的轉經活動　2000 年敦煌學國際學術討論會文集·歷史文化卷(下)　甘肅民族出版社　2003　p. 190

P. 4767

陳祚龍　唐代敦煌佛寺講經之真象　第二屆國際唐代學術會議論文集(上)　(臺北)文津出版社　1993　p. 615 注 7

郝春文　歸義軍政權與敦煌佛教之關係新探　周紹良先生欣開九秩慶壽文集　中華書局　1997　p. 172

郝春文　唐後期五代宋初敦煌僧尼的社會生活　中國社會科學出版社　1998　p. 401

P. 4770

鄭炳林　敦煌碑銘讚輯釋　甘肅教育出版社　1997　p. 31 注 3

P. 4775

陳鐵凡　敦煌本尚書十四殘卷綴合記　(新加坡)《新社學報》1969 年第 3 期　又見：中國敦煌學百年文庫·文獻卷(二)　甘肅文化出版社　1999　p. 418

陳鐵凡　敦煌本孝經考略　(臺中)《東海學報》1978 年第 19 卷　又見：中國敦煌學百年文庫·文獻卷(二)　甘肅文化出版社　1999　p. 492

土田健次郎　儒教典籍　敦煌漢文文獻(講座敦煌5)　(東京)大東出版社　1992　p. 269

P. 4776

陳祚龍　敦煌古抄内典尾記彙校初、二、三編合刊　敦煌學要籥　(臺北)新文豐出版公司　1982　p. 196

池田溫　中國古代寫本識語集録　(東京)大藏出版株式會社　1990　p. 439

林聰明　敦煌吐魯番文書解詁指例　(臺北)新文豐出版公司　2001　p. 156

釋永有　敦煌遺書中的金剛經　敦煌佛教藝術文化國際學術研討會論文集　蘭州大學出版社　2002　p. 44

P. 4777

唐耕耦　陸宏基　敦煌社會經濟文獻真迹釋録(二)　全國圖書館文獻縮微複製中心　1990　p. 134

沙知　敦煌契約文書輯校　江蘇古籍出版社　1998　p. 559

楊森　關於敦煌文獻中的"平章"一詞　敦煌學與中國史研究論集　甘肅人民出版社　2001　p. 232

P. 4778

高國藩　敦煌古俗與民俗流變　河海大學出版社　1990　p. 1

嚴敦傑　管公明卜要决一卷　敦煌學大辭典　上海辭書出版社　1998　p. 622

馬克　敦煌數占小考　法國漢學(敦煌學專號)　中華書局　2000　p. 196、211 注 71

黄正建　敦煌占卜文書與唐五代占卜研究　學苑出版社　2001　p. 28

劉永明　敦煌占卜與道教初探　《敦煌學輯刊》2004 年第 2 期　p. 24

陳于柱　從敦煌占卜文書看晚唐五代敦煌占卜與佛教的對話交融　《敦煌學輯刊》2005 年第 2 期
　　p. 27

P. 4779

鄭炳林　敦煌碑銘讚輯釋　甘肅教育出版社　1997　p. 108 注 2

石内德　敦煌文獻中被廢棄的殘經抄本　法國漢學(敦煌學專號)　中華書局　2000　p. 24

王蘭平　P. 3240、P. 4779、S. 4117 等三件敦煌文書的年代　麥積山石窟藝術文化論文集(下)　蘭州
　　大學出版社　2004　p. 197

P. 4781

白化文　道德經白文本　敦煌學大辭典　上海辭書出版社　1998　p. 776

王卡　中國國家圖書館藏敦煌道教遺書研究報告　國際敦煌學學術史研討會論文集　研討會籌備組
　　2002　p. 261　又見:敦煌吐魯番研究(第七卷)　北京大學出版社　2004　p. 361

王卡　敦煌道教文獻研究　中國社會科學出版社　2004　p. 161

P. 4782

唐耕耦　陸宏基　敦煌社會經濟文獻真迹釋録(二)　全國圖書館文獻縮微複製中心　1990　p. 255

P. 4783

土肥義和　はじめに――歸義軍節度使の敦煌支配　敦煌の歷史(講座敦煌 2)　(東京)大東出版
　　社　1980　p. 242

土肥義和著　李永寧譯　歸義軍時期(晚唐、五代、宋)的敦煌(一)　《敦煌研究》1986 年第 4 期
　　p. 84

郭鋒　慕容歸盈與瓜沙曹氏　《敦煌學輯刊》1989 年第 1 期　p. 92

唐耕耦　陸宏基　敦煌社會經濟文獻真迹釋録(三)　全國圖書館文獻縮微複製中心　1990　p. 93

郝春文　關於唐後期五代宋初沙州僧俗的施捨問題　唐研究(第三卷)　北京大學出版社　1997
　　p. 26

鄭炳林　敦煌碑銘讚輯釋　甘肅教育出版社　1997　p. 347 注 3

陳國燦　退渾　敦煌學大辭典　上海辭書出版社　1998　p. 460

郝春文　唐後期五代宋初敦煌僧尼的社會生活　中國社會科學出版社　1998　p. 249

徐俊　敦煌詩集殘卷輯考　中華書局　2000　p. 888

高啓安　晚唐五代敦煌僧人飲食戒律初探　敦煌佛教藝術文化國際學術研討會論文集　蘭州大學出版社　2002　p. 392

李小榮　變文講唱與華梵宗教藝術　上海三聯書店　2002　p. 63

陳炳應　盧冬　古代民族　敦煌文藝出版社　2004　p. 114

高啓安　唐五代敦煌飲食文化研究　民族出版社　2004　p. 366

李正宇　晚唐至宋敦煌僧人聽食"淨肉"　敦煌學（第25輯）（臺北）樂學書局有限公司　2004　p. 187

P. 4784

趙和平　《敦煌寫本書儀研究》訂補　敦煌吐魯番研究（第三卷）　北京大學出版社　1998　p. 241

趙和平　書儀鏡　敦煌學大辭典　上海辭書出版社　1998　p. 418

鄭炳林　徐曉麗　敦煌寫本P. 3973《往五臺山行記》殘卷研究　《敦煌學輯刊》2002年第1期　p. 5

鄭炳林　陳雙印　敦煌寫本《諸山聖迹志》作者探微　《敦煌研究》2005年第1期　p. 7

P. 4786

方廣錩　佛教大藏經史（八—十世紀）　中國社會科學出版社　1991　p. 350

方廣錩　敦煌佛教經録輯校　江蘇古籍出版社　1997　p. 1030

方廣錩　敦煌寺院所藏大藏經概貌　藏外佛教文獻（第八輯）　宗教文化出版社　2003　p. 389

P. 4787

李正宇　學郎詩　敦煌學大辭典　上海辭書出版社　1998　p. 558

柴劍虹　讀敦煌學士郎張宗之詩抄劄記　敦煌吐魯番學論稿　浙江教育出版社　2000　p. 248

徐俊　敦煌詩集殘卷輯考　中華書局　2000　p. 837

P. 4788

方廣錩　敦煌佛教經録輯校　江蘇古籍出版社　1997　p. 640

P. 4792

李正宇　唐宋時代敦煌縣河渠泉澤簡志（二）　《敦煌研究》1989年第1期　p. 61

李并成　唐代瓜、沙二州間驛站考　《歷史地理》1996年第13輯　又見：中國敦煌學百年文庫·地理卷（二）　甘肅文化出版社　1999　p. 167

李并成　李春元　瓜沙史地研究　甘肅文化出版社　1996　p. 139

饒宗頤　由懸泉置漢代紙帛法書名迹談早期敦煌書家　出土文獻研究（第四輯）　文物出版社　1998　p. 1

楊森　德從　敦煌學大辭典　上海辭書出版社　1998　p. 364

楊森　五代宋時期于闐皇太子在敦煌的太子莊　《敦煌研究》2003年第4期　p. 41

P. 4793

高國潘　敦煌巫術形態：兼與中外巫術之比較　第二屆敦煌學國際研討會論文集　（臺北）漢學研究中心　1990　p. 610

高國藩　敦煌民俗資料導論　（臺北）新文豐出版公司　1993　p. 260、305

高國藩　敦煌巫術與巫術流變　河海大學出版社　1993　p. 82

蕭登福   道教星斗符印與佛教密宗   （臺北）新文豐出版公司   1993   p. 239

汪泛舟   敦煌道教與齋醮諸考   1994 年敦煌學國際研討會文集・宗教文史卷（上）   甘肅民族出版
社   2000   p. 13

黃正建   敦煌占卜文書與唐五代占卜研究   學苑出版社   2001   p. 167

黃正建   關於《俄藏敦煌文獻》第 11 至第 17 冊中占卜文書的綴合與定名等問題   《敦煌研究》2002
年第 2 期   p. 47

王卡   敦煌道教文獻研究   中國社會科學出版社   2004   p. 56、154

余欣   敦煌竈神信仰稽考   《敦煌學輯刊》2005 年第 3 期   p. 157

余欣   唐宋時代敦煌的鎮宅術   敦煌吐魯番研究（第九卷）   中華書局   2006   p. 356、371

P. 4795

中川孝   楞伽宗と東山法門   敦煌仏典と禪（講座敦煌 8）   （東京）大東出版社   1980   p. 131

田中良昭   敦煌禪宗文獻の研究   （東京）大東出版社   1983   p. 181

上山大峻   敦煌佛教の研究   （京都）法藏館   1990   p. 405

吳其昱著   伊藤美重子譯   敦煌漢文寫本概觀   敦煌漢文文獻（講座敦煌 5）   （東京）大東出版社
1992   p. 57

田中良昭   敦煌の禪籍   禪學研究入門   （東京）大東出版社   1994   p. 56

柳田聖山   禪籍解題（一）・敦煌禪籍   俗語言研究（第二期）   （京都）禪文化研究所   1995   p. 133

方廣錩   二入四行論   敦煌學大辭典   上海辭書出版社   1998   p. 725

張錫厚   《詠臥輪禪師看心法四首》補正與敦煌本《菩提達摩論》定名   《敦煌研究》2006 年第 1 期
p. 101

P. 4799

李際寧   佛母經   藏外佛教文獻（第一輯）   宗教文化出版社   1995   p. 375

李際寧   敦煌疑偽經典《佛母經》考察   《北京圖書館館刊》1996 年第 4 期   p. 83   又見：中國敦煌
學百年文庫・宗教卷（二）   甘肅文化出版社   1999   p. 447

P. 4802

羅常培   唐寫本經典釋文殘卷五種跋   《國學季刊》1951 年第 2 期   又見：中國敦煌學百年文庫・語
言文字卷（一）   甘肅文化出版社   1999   p. 82

P. 4803

唐耕耦   陸宏基   敦煌社會經濟文獻真迹釋錄（二）   全國圖書館文獻縮微複製中心   1990   p. 44

鄭炳林   晚唐五代敦煌貿易市場的物價   敦煌歸義軍史專題研究   蘭州大學出版社   1997   p. 277

沙知   敦煌契約文書輯校   江蘇古籍出版社   1998   p. 397

蘇金花   唐、五代敦煌地區的商品貨幣形態   《敦煌研究》1999 年第 2 期   p. 96

羅彤華   從便物曆論敦煌寺院的放貸   敦煌文獻論集：紀念藏經洞發現一百周年國際學術研討會論
文集   遼寧人民出版社   2001   p. 453

乜小紅   唐宋敦煌毛紡織業述略   敦煌學（第 23 輯）   （臺北）樂學書局有限公司   2002   p. 128

P. 4805

田中良昭   敦煌禪宗文獻の研究   （東京）大東出版社   1983   p. 360

姜伯勤　論禪宗在敦煌僧俗中的流傳　（香港）《九州學刊》（敦煌學專輯）1992 年第 4 卷第 4 期
　　p.8　又見：中國敦煌學百年文庫·宗教卷（一）　甘肅文化出版社　1999　p.221
高田時雄　チベット文字書寫「長卷」の研究（本文編）　『東方學報』（第 65 號）　京都大學人文科
　　學研究所　1993　p.376
姜伯勤　敦煌藝術宗教與禮樂文明　中國社會科學出版社　1996　p.364
鄭炳林　敦煌碑銘讚輯釋　甘肅教育出版社　1997　p.419 注 9

P.4808

饒宗頤　王錫《頓悟大乘政理決》序說並校記　選堂集林·史林　（香港）中華書局　1982　p.768

P.4809

高國藩　敦煌民俗學　上海文藝出版社　1989　p.105
鄭阿財　敦煌蒙書析論　第二屆敦煌學國際研討會論文集　（臺北）漢學研究中心　1990　p.216
張娜麗　《敦煌本〈六字千文〉初探》析疑（續）　《敦煌研究》2002 年第 1 期　p.93
鄭阿財　朱鳳玉　敦煌蒙書研究　甘肅教育出版社　2002　p.19

P.4810

唐耕耦　陸宏基　敦煌社會經濟文獻真迹釋録（四）　全國圖書館文獻縮微複製中心　1990
　　p.117、189
郝春文　唐後期五代宋初沙州僧尼的宗教收入（一）　慶祝潘石禪先生九秩華誕敦煌學特刊　（臺
　　北）文津出版社　1996　p.296
郝春文　關於唐後期五代宋初沙州僧俗的施捨問題　唐研究（第三卷）　北京大學出版社　1997
　　p.30
郝春文　歸義軍政權與敦煌佛教之關係新探　周紹良先生欣開九秩慶壽文集　中華書局　1997
　　p.174
鄭炳林　敦煌碑銘讚輯釋　甘肅教育出版社　1997　p.314 注 5
郝春文　唐後期五代宋初敦煌僧尼的社會生活　中國社會科學出版社　1998　p.255、292
湛如　敦煌佛教律儀制度研究　中華書局　2003　p.367

P.4812

汪泛舟　偈·頌　敦煌文學　甘肅人民出版社　1989　p.88

P.4813

唐耕耦　陸宏基　敦煌社會經濟文獻真迹釋録（四）　全國圖書館文獻縮微複製中心　1990　p.155

P.4814

唐耕耦　陸宏基　敦煌社會經濟文獻真迹釋録（二）　全國圖書館文獻縮微複製中心　1990　p.257
羅彤華　從便物曆論敦煌寺院的放貸　敦煌文獻論集：紀念藏經洞發現一百周年國際學術研討會論
　　文集　遼寧人民出版社　2001　p.471

P.4817

唐耕耦　陸宏基　敦煌社會經濟文獻真迹釋録（三）　全國圖書館文獻縮微複製中心　1990　p.127

P. 4818

邰惠莉　敦煌遺書中的白描畫簡介　《社科縱橫》1994 年第 4 期　p. 51

P. 4820

山本達郎等　敦煌·IV 納贈曆·納色物曆等　『NUN－HUANG AND TURFAN DOCUMENTS CON-
CERNING SOCIAL AND ECONOMIC HISTORY』(IV)　（東京）東洋文庫　1989　p. 111

郝春文　敦煌寫本社邑文書年代彙考（三）　《社科縱橫》1993 年第 5 期　p. 10

寧可　郝春文　敦煌社邑文書輯校　江蘇古籍出版社　1997　p. 497

寧可　社人便物曆　敦煌學大辭典　上海辭書出版社　1998　p. 430

P. 4821

山本達郎等　敦煌·IV 納贈曆·納色物曆等　『NUN－HUANG AND TURFAN DOCUMENTS CON-
CERNING SOCIAL AND ECONOMIC HISTORY』(IV)　（東京）東洋文庫　1989　p. 89

李正宇　中國唐宋硬筆書法　上海文化出版社　1993　p. 65

寧可　郝春文　敦煌社邑文書輯校　江蘇古籍出版社　1997　p. 320

孟憲實　敦煌社邑的分佈　敦煌文獻論集：紀念藏經洞發現一百周年國際學術研討會論文集　遼寧
人民出版社　2001　p. 434

P. 4823

川崎ミチコ　通俗詩類·雜詩文類　敦煌仏典と禪（講座敦煌 8）　（東京）大東出版社　1980
p. 330

陳祚龍　敦煌古抄《梁朝傅大士頌金剛經》之考證和校訂　敦煌簡策訂存　（臺北）商務印書館
1983　p. 204

趙聲良　敦煌南北朝寫本的書法藝術　《敦煌研究》1991 年第 4 期　p. 44

趙聲良　南北朝寫經書法藝術　敦煌書法庫（第一輯）　甘肅人民美術出版社　1994　p. 18

井ノ口泰淳　『金剛般若經』傳承の一形式　中央アジアの言語と仏教　（京都）法藏館　1995
p. 377

柳田聖山　禪籍解題（一）·敦煌禪籍　俗語言研究（第二期）　（京都）禪文化研究所　1995　p. 147

張勇　《梁朝傅大士頌金剛經》版本源流考述　敦煌文學論集　四川人民出版社　1997　p. 404

平井宥慶　敦煌文書における金剛經疏　金剛般若經の思想的研究　（東京）春秋社　1999　p. 263

張勇　傅大士研究　巴蜀書社　2000　p. 260

達照　金剛經讚研究　宗教文化出版社　2002　p. 4、75

達照　金剛經讚集　藏外佛教文獻（第九輯）　宗教文化出版社　2003　p. 41

P. 4824

金岡照光　敦煌の寫本　敦煌の文學　（東京）大藏出版株式會社　1971　p. 85

高國藩　敦煌民俗資料導論　（臺北）新文豐出版公司　1993　p. 305

蕭登福　道教星斗符印與佛教密宗　（臺北）新文豐出版公司　1993　p. 239

汪泛舟　敦煌道教與齋醮諸考　1994 年敦煌學國際研討會文集·宗教文史卷（上）　甘肅民族出版
社　2000　p. 13

王卡　敦煌道教文獻研究　中國社會科學出版社　2004　p. 56、154

P. 4836

陳國燦　玉關鄉　敦煌學大辭典　上海辭書出版社　1998　p. 302

P. 4837

鄭炳林　敦煌碑銘讚輯釋　甘肅教育出版社　1997　p. 98 注 38

P. 4842

王三慶　敦煌寫卷中武后新字之調查研究　唐代研究論集（第三輯）（臺北）新文豐出版公司　1992　p. 98

施安昌　唐武周時期的刻經與敦煌寫經　善本碑帖論集　紫禁城出版社　2002　p. 120

P. 4844

王三慶　敦煌寫卷中武后新字之調查研究　唐代研究論集（第三輯）（臺北）新文豐出版公司　1992　p. 98

P. 4849

江素雲　維摩詰所說經敦煌寫本綜合目錄　（臺北）東初出版社　1991　p. 85

P. 4856

白化文　讀《伯希和劫經錄》　敦煌學國際研討會論文集　北京圖書館出版社　2005　p. 16

P. 4859

江素雲　維摩詰所說經敦煌寫本綜合目錄　（臺北）東初出版社　1991　p. 85

P. 4860

姜伯勤　敦煌社會文書導論　（臺北）新文豐出版公司　1992　p. 233

鄭炳林　敦煌碑銘讚輯釋　甘肅教育出版社　1997　p. 166 注 4

李正宇　佛堂　敦煌學大辭典　上海辭書出版社　1998　p. 627

P. 4866

江素雲　維摩詰所說經敦煌寫本綜合目錄　（臺北）東初出版社　1991　p. 85

P. 4867

饒宗頤　敦煌資料與佛教文學小記　敦煌曲續論　（臺北）新文豐出版公司　1996　p. 57

P. 4870

王三慶　敦煌本古類書《語對》伯 4870 號試論　敦煌學（第 10 輯）（臺北）新文豐出版公司　1985　p. 51

王三慶著　池田溫譯　類書　敦煌漢文文獻（講座敦煌 5）（東京）大東出版社　1992　p. 372

白化文　語對　敦煌學大辭典　上海辭書出版社　1998　p. 780

郝春文　英藏敦煌社會歷史文獻釋錄（第一卷）　科學出版社　2001　p. 107

張涌泉　試論敦煌寫本類書的校勘價值：以《勵忠節抄》為例　《敦煌研究》2003 年第 2 期　p. 69

P. 4873

王三慶　敦煌本古類書《語對》研究　（臺北）文史哲出版社　1985　p. 18、82

羅宗濤　敦煌講經變文"古吟上下"探原　漢學研究（敦煌學國際研討會論文專號）　（臺北）漢學研究資料及服務中心　1986　p. 139　又見：中國敦煌學百年文庫·文學卷（四）　甘肅文化出版社　1999　p. 172

杜愛英　敦煌遺書中俗體字的諸種類型　《敦煌研究》1992 年第 3 期　p. 123

王三慶著　池田溫譯　類書　敦煌漢文文獻（講座敦煌 5）　（東京）大東出版社　1992　p. 374

楊寶玉　籯金　敦煌學大辭典　上海辭書出版社　1998　p. 779

P. 4874

陳鐵凡　敦煌本虞夏商書校證補遺　（臺北）《大陸雜誌》1969 年第 2 期　又見：中國敦煌學百年文庫·文獻卷（二）　甘肅文化出版社　1999　p. 419

王堯　陳踐　敦煌吐蕃文獻選　四川民族出版社　1983　p. 68

土田健次郎　儒教典籍　敦煌漢文文獻（講座敦煌 5）　（東京）大東出版社　1992　p. 268

吳福熙　敦煌殘卷古文尚書校注　甘肅人民出版社　1992　p. 10

吳其昱著　伊藤美重子譯　敦煌漢文寫本概觀　敦煌漢文文獻（講座敦煌 5）　（東京）大東出版社　1992　p. 96

王堯　吐蕃時期藏譯漢籍名著及故事　中國古籍研究（第一卷）　上海古籍出版社　1996　p. 540

陳公柔　評介《尚書文字合編》　燕京學報（新第 4 期）　北京大學出版社　1998　p. 290

許建平　敦煌本《尚書》叙錄　敦煌文獻論集：紀念藏經洞發現一百周年國際學術研討會論文集　遼寧人民出版社　2001　p. 383

許建平　敦煌出土《尚書》寫卷研究的過去與未來　敦煌吐魯番研究（第七卷）　北京大學出版社　2004　p. 230

中村威也　ДХ10698『尚書費誓』とДХ10698v「史書」について　『西北出土文獻研究』（創刊號）　（新潟）西北出土文獻研究會　2004　p. 42

P. 4875

李方　敦煌《論語集解》校正　江蘇古籍出版社　1998　p. 831

P. 4876

徐俊　敦煌詩集殘卷輯考　中華書局　2000　p. 837

P. 4877

鄭阿財　敦煌蒙書析論　第二屆敦煌學國際研討會論文集　（臺北）漢學研究中心　1990　p. 223

王三慶著　池田溫譯　類書　敦煌漢文文獻（講座敦煌 5）　（東京）大東出版社　1992　p. 383

柴劍虹　敦煌文學概論　甘肅人民出版社　1993　p. 541

鄭阿財　敦煌文獻與文學　（臺北）新文豐出版公司　1993　p. 256

朱鳳玉　敦煌文獻中的語文教材　（臺灣）《嘉義師院學報》1995 年第 9 期　p. 468

楊寶玉　蒙求　敦煌學大辭典　上海辭書出版社　1998　p. 781

柴劍虹　敦煌的童蒙文學作品　敦煌吐魯番學論稿　浙江教育出版社　2000　p. 211

邰惠莉　敦煌本《李翰自注蒙求》初探　敦煌研究文集：敦煌研究院藏敦煌文獻研究篇　甘肅民族出版社　2000　p. 438

汪泛舟　敦煌古代兒童課本　甘肅人民出版社　2000　p. 4

汪泛舟　《蒙求》（補足本）　敦煌研究文集：敦煌研究院藏敦煌文獻研究篇　甘肅民族出版社　2000　p. 366

徐俊　敦煌詩集殘卷輯考　中華書局　2000　p. 145、355

張娜麗　敦煌研究院藏李翰《蒙求》試解　《敦煌研究》2002 年第 5 期　p. 81

鄭阿財　朱鳳玉　敦煌蒙書研究　甘肅教育出版社　2002　p. 231

鄭阿財　敦煌本《蒙求》及注文之考訂與研究　敦煌學（第 24 輯）　（臺北）樂學書局有限公司　2003　p. 180

P. 4878

張錫厚　敦煌詩歌考論　《敦煌學輯刊》1989 年第 2 期　p. 32

周紹良　敦煌文學芻議及其它　（臺北）新文豐出版公司　1992　p. 28

項楚　敦煌詩歌導論　（臺北）新文豐出版公司　1993　p. 14

徐俊　敦煌寫本張祜詩集二種　《文獻》1993 年第 2 期　p. 254

徐俊　敦煌寫本唐人詩歌存佚互見綜考　敦煌吐魯番研究（第一卷）　北京大學出版社　1996　p. 123

柴劍虹　"模糊"的"敦煌文學"　敦煌文學論集　四川人民出版社　1997　p. 6

柴劍虹　答柳宗言秀才　敦煌學大辭典　上海辭書出版社　1998　p. 570

徐俊　敦煌詩集殘卷輯考　中華書局　2000　p. 456

P. 4879

潘重規　瀛涯敦煌韻輯新編　（臺北）文史哲出版社　1974　p. 48

周祖謨　唐五代韻書集存　中華書局　1983　p. 732、916

張金泉　敦煌韻書　敦煌學大辭典　上海辭書出版社　1998　p. 512

北京大學　敦煌《經卷》、《照片》及《圖書》目錄　中國敦煌學百年文庫・綜述卷（一）　甘肅文化出版社　1999　p. 315

施安昌　論漢字演變的分期：兼談敦煌古韻書的書寫時間　善本碑帖論集　紫禁城出版社　2002　p. 323

P. 4880

高國藩　敦煌寫本《太公家教》初探　《敦煌學輯刊》1984 年第 1 期　p. 65

王重民　跋太公家教　敦煌遺書論文集　中華書局　1984　p. 137

雷僑雲　敦煌兒童文學　（臺北）學生書局　1985　p. 82 注 5

鄭阿財　敦煌寫卷新集文詞九經抄研究　（臺北）文史哲出版社　1989　p. 128 注 1

鄭阿財　敦煌蒙書析論　第二屆敦煌學國際研討會論文集　（臺北）漢學研究中心　1990　p. 226

鄭阿財　敦煌文獻與文學　（臺北）新文豐出版公司　1993　p. 260

鄭阿財　學日益齋敦煌學劄記　周一良先生八十生日紀念論文集　中國社會科學出版社　1993　p. 193

P. 4881

高國藩　敦煌民俗資料導論　（臺北）新文豐出版公司　1993　p. 237

白化文　瑞應圖　敦煌學大辭典　上海辭書出版社　1998　p. 778

P. 4882

王堯　藏族翻譯家管・法成對民族文化交流的貢獻　《文物》1980 年第 7 期　又見:中國敦煌學百年
　　文庫・民族卷(三)　甘肅文化出版社　1999　p. 35

王重民　記敦煌寫本的佛經　敦煌吐魯番文獻研究論集(第二輯)　北京大學出版社　1983　p. 16
　　又見:敦煌遺書論文集　中華書局　1984　p. 301

福井文雅　般若心經　敦煌と中國仏教(講座敦煌 7)　(東京)大東出版社　1984　p. 40

吳其昱著　福井文雅　樋口勝譯　大蕃國大德・三藏法師・法成傳考　敦煌と中國仏教(講座敦煌
　　7)　(東京)大東出版社　1984　p. 387

戴密微著　耿昇譯　敦煌學近作　敦煌譯叢(第一輯)　甘肅人民出版社　1985　p. 59

袁德領　敦煌遺書中佛教文書簡介　《敦煌研究》1988 年第 1 期　p. 111

方廣錩　敦煌遺書中的《般若心經》譯注　《法音》1990 年第 7 期　p. 22

上山大峻　敦煌佛教の研究　(京都)法藏館　1990　p. 89、170、607

王堯　西藏文史考信集　中國藏學出版社　1994　p. 30

楊銘　重慶市博物館藏敦煌吐魯番寫經目錄　《敦煌研究》1996 年第 1 期　p. 124

鄭炳林　敦煌碑銘讚輯釋　甘肅教育出版社　1997　p. 86 注 2

方廣錩　般若波羅蜜多心經　敦煌學大辭典　上海辭書出版社　1998　p. 686

方廣錩　《般若心經譯注集成》前言　敦煌學佛教學論叢(下)　中國佛教文化研究所　1998　p. 20

楊富學　李吉和　敦煌漢文吐蕃史料輯校(第一輯)　甘肅人民出版社　1999　p. 83

鄭炳林　北京圖書館藏《吳和尚經論目錄》有關問題研究　敦煌學與中國史研究論集　甘肅人民出
　　版社　2001　p. 128

P. 4884

王公望　契約　敦煌文學　甘肅人民出版社　1989　p. 58

遊志誠　敦煌古抄本文選五臣注研究　全國敦煌學研討會論文集　(臺北)中正大學中國文學系所
　　1995　p. 150

遊志誠　昭明文選學術論考　(臺北)學生書局　1996　p. 38

白化文　敦煌遺書中《文選》殘卷綜述　中外學者文選學論集(上)　中華書局　1998　p. 380

白化文　文選　敦煌學大辭典　上海辭書出版社　1998　p. 783

羅國威　敦煌本《昭明文選》研究　黑龍江教育出版社　1999　p. 209、267

高啓安　崇高與卑賤:敦煌的佛教信仰賤名再探　'98 法門寺唐文化國際學術討論會論文集　陝西
　　人民出版社　2000　p. 250

饒宗頤　敦煌吐魯番本文選　中華書局　2000　p. 62(圖版)

徐俊　評《敦煌吐魯番本文選》、《敦煌本〈昭明文選〉研究》、《敦煌本〈文選注〉箋證》、《文選版本研
　　究》　敦煌吐魯番研究(第五卷)　北京大學出版社　2001　p. 369

白化文　讀《伯希和劫經録》　敦煌學國際研討會論文集　北京圖書館出版社　2005　p. 17

P. 4885

張傳璽　中國歷代契約會編考釋(上)　北京大學出版社　1995　p. 387 注 1

沙知　敦煌契約文書輯校　江蘇古籍出版社　1998　p. 394

楊惠玲　敦煌契約文書中的保人、見人、口承人、同便人、同取人　《敦煌研究》2002 年第 6 期　p. 42

童丕　敦煌的借貸:中國中古時代的物質生活與社會　中華書局　2003　p. 101

王啓濤　中古及近代法制文書語言研究　巴蜀書社　2003　p. 107 注 2、242

P. 4887

唐耕耦　陸宏基　敦煌社會經濟文獻真迹釋錄(一)　書目文獻出版社　1986　p. 364

山本達郎等　敦煌・IV 納贈曆・納色物曆等　『NUN – HUANG AND TURFAN DOCUMENTS CON-CERNING SOCIAL AND ECONOMIC HISTORY』(IV)　(東京)東洋文庫　1989　p. 99

林聰明　敦煌文書學　(臺北)新文豐出版公司　1991　p. 399

姜伯勤　敦煌社會文書導論　(臺北)新文豐出版公司　1992　p. 246

劉惠琴　從敦煌文書中看沙州紡織業　《敦煌學輯刊》1995 年第 2 期　p. 53

土肥義和　唐・北宋間の「社」の組織形態に関する一考察　中國古代の國家と民衆(堀敏一先生古稀記念)　(東京)汲古書院　1995　p. 716

陸慶夫　鄭炳林　俄藏敦煌寫本中九件轉帖初探　《敦煌學輯刊》1996 年第 1 期　p. 12

陸慶夫　鄭炳林　唐末五代敦煌的社與粟特人聚落　敦煌歸義軍史專題研究　蘭州大學出版社　1997　p. 397

寧可　郝春文　敦煌社邑文書輯校　江蘇古籍出版社　1997　p. 440

鄭炳林　楊富學　敦煌西域出土回鶻文文獻所載 qunbu 與漢文文獻所見官布研究　《敦煌學輯刊》1997 年第 2 期　p. 25

郝春文　唐後期五代宋初敦煌僧尼的社會生活　中國社會科學出版社　1998　p. 380

郝春文　唐後期五代宋初敦煌僧尼遺產的處理與喪事的操辦　《敦煌研究》1998 年第 3 期　p. 39

金瀅坤　從敦煌文書看晚唐五代敦煌地區布紡織業　《敦煌研究》1998 年第 2 期　p. 140

楊森　談敦煌社邑文書中"三官"及"錄事""虞侯"的若干問題　《敦煌研究》1999 年第 3 期　p. 80

趙曉星　寇甲　西魏:歸義軍時期敦煌地區的史姓　《敦煌學輯刊》2005 年第 2 期　p. 137

P. 4888

蘇遠鳴　敦煌漢文寫本的斷代　法國學者敦煌學論文選萃　中華書局　1993　p. 551

P. 4889

徐俊　敦煌詩集殘卷輯考　中華書局　2000　p. 838

陳尚君　評《敦煌詩集殘卷輯考》　敦煌吐魯番研究(第五卷)　北京大學出版社　2001　p. 385

P. 4894

王卡　敦煌道教文獻研究　中國社會科學出版社　2004　p. 110

P. 4895

李正宇　敦煌文學概論　甘肅人民出版社　1993　p. 105

陳祚龍　敦煌古抄禪淨詩歌小集　中華佛教文化史散策(六集)　(臺北)新文豐出版公司　1996　p. 191

李正宇　唐宋時期敦煌佛經性質功能的變化　戒幢佛學(第二卷)　岳麓書社　2002　p. 25

P. 4897

陳鐵凡　敦煌本孝經考略　(臺中)《東海學報》1978 年第 19 卷　又見:中國敦煌學百年文庫・文獻卷(二)　甘肅文化出版社　1999　p. 496

土田健次郎　儒教典籍　敦煌漢文文獻(講座敦煌 5)　(東京)大東出版社　1992　p. 269

P. 4899

周鳳五　太公家教重探　漢學研究(敦煌學國際研討會論文專號)　(臺北)漢學研究資料及服務中心　1986　p. 374

鄭阿財　敦煌蒙書析論　第二屆敦煌學國際研討會論文集　(臺北)漢學研究中心　1990　p. 227

鄭阿財　敦煌文獻與文學　(臺北)新文豐出版公司　1993　p. 261

魏迎春　讀俄藏敦煌文獻 ДХ00098、ДХ00513 號劄記　《敦煌學輯刊》2001 年第 1 期　p. 15

鄭阿財　朱鳳玉　敦煌蒙書研究　甘肅教育出版社　2002　p. 379

P. 4900

土田健次郎　儒教典籍　敦煌漢文文獻(講座敦煌 5)　(東京)大東出版社　1992　p. 268

吳福熙　敦煌殘卷古文尚書校注　甘肅人民出版社　1992　p. 1

吳其昱著　伊藤美重子譯　敦煌漢文寫本概觀　敦煌漢文文獻(講座敦煌 5)　(東京)大東出版社　1992　p. 96

陳公柔　評介《尚書文字合編》　燕京學報(新第 4 期)　北京大學出版社　1998　p. 294

饒宗頤　敦煌吐魯番本文選　中華書局　2000　p. 61(圖版)

許建平　敦煌本《尚書》叙錄　敦煌文獻論集:紀念藏經洞發現一百周年國際學術研討會論文集　遼寧人民出版社　2001　p. 380

許建平　敦煌出土《尚書》寫卷研究的過去與未來　敦煌吐魯番研究(第七卷)　北京大學出版社　2004　p. 228

中村威也　ДХ10698『尚書費誓』とДХ10698v「史書」について　『西北出土文獻研究』(創刊號)　(新潟)西北出土文獻研究會　2004　p. 42

P. 4901

黨燕妮　毗沙門天王信仰在敦煌的流傳　《敦煌研究》2005 年第 3 期　p. 103

P. 4904

陳鐵凡　敦煌本尚書十四殘卷綴合記　(新加坡)《新社學報》1969 年第 3 期　又見:中國敦煌學百年文庫・文獻卷(二)　甘肅文化出版社　1999　p. 418

饒宗頤解說　林宏作譯　敦煌書法叢刊(第八卷)・經史(六)　(東京)二玄社　1986　p. 76

土田健次郎　儒教典籍　敦煌漢文文獻(講座敦煌 5)　(東京)大東出版社　1992　p. 268

P. 4905

陳鐵凡　敦煌本尚書十四殘卷綴合記　(新加坡)《新社學報》1969 年第 3 期　又見:中國敦煌學百年文庫・文獻卷(二)　甘肅文化出版社　1999　p. 418

土田健次郎　儒教典籍　敦煌漢文文獻(講座敦煌 5)　(東京)大東出版社　1992　p. 268

鄭阿財　論敦煌寫本《龍興寺毗沙門天王靈驗記》與唐代的毗沙門信仰　第三屆中國唐代文化學術研討會論文集　(臺北)政治大學中國文學系　1997　p. 440

白化文　春秋穀梁傳范寧集解　敦煌學大辭典　上海辭書出版社　1998　p. 774

許建平　跋國家圖書館藏《春秋穀梁傳集解》殘卷　《敦煌研究》2006 年第 1 期　p. 88

P. 4906

唐耕耦　陸宏基　敦煌社會經濟文獻真迹釋錄(三)　全國圖書館文獻縮微複製中心　1990　p. 233

黃正建　敦煌文書與唐五代北方地區的飲食生活　魏晉南北朝隋唐史資料(第 11 輯)　武漢大學出版社　1991　p. 263

李正宇　敦煌名勝古迹導論　《陽關》1991 年第 4 期　p. 51

高國藩　敦煌民俗資料導論　(臺北)新文豐出版公司　1993　p. 174

郝春文　唐後期五代宋初敦煌寺院中的博士　《中國經濟史研究》1993 年第 2 期　p. 121

朱鳳玉　敦煌寫卷《俗務要名林》研究　第二屆國際唐代學術會議論文集(上)　(臺北)文津出版社　1993　p. 686

鄭炳林　高偉　唐五代敦煌釀酒業初探　《西北史地》1994 年第 1 期　p. 33

馬德　敦煌莫高窟史研究　甘肅教育出版社　1996　p. 174

馬德　九、十世紀敦煌工匠史料述論　慶祝潘石禪先生九秩華誕敦煌學特刊　(臺北)文津出版社　1996　p. 310

馮培紅　唐五代敦煌的河渠水利與水司管理機構初探　《敦煌學輯刊》1997 年第 2 期　p. 77

李正宇　敦煌歷史地理導論　(臺北)新文豐出版公司　1997　p. 225

馬德　敦煌工匠史料　甘肅人民出版社　1997　p. 79

唐耕耦　敦煌寺院會計文書研究　(臺北)新文豐出版公司　1997　p. 27

張弓　漢唐佛寺文化史　中國社會科學出版社　1997　p. 309

鄭炳林　敦煌碑銘讚輯釋　甘肅教育出版社　1997　p. 347 注 3

鄭炳林　唐五代敦煌的粟特人與佛教　敦煌歸義軍史專題研究　蘭州大學出版社　1997　p. 461

鄭炳林　唐五代敦煌手工業研究　敦煌歸義軍史專題研究　蘭州大學出版社　1997　p. 241、264

鄭炳林　唐五代敦煌畜牧區域研究　敦煌歸義軍史專題研究　蘭州大學出版社　1997　p. 210

鄭炳林　晚唐五代敦煌園圃經濟研究　敦煌歸義軍史專題研究　蘭州大學出版社　1997　p. 312、323

高啓安　索黛　唐五代敦煌飲食中的餅淺探　《敦煌研究》1998 年第 4 期　p. 78

郝春文　唐後期五代宋初敦煌僧尼的社會生活　中國社會科學出版社　1998　p. 166

馬德　10 世紀敦煌寺曆所記三窟活動　《敦煌研究》1998 年第 2 期　p. 83、87

譚蟬雪　敦煌歲時文化導論　(臺北)新文豐出版公司　1998　p. 165、229、259

高啓安　唐五代敦煌僧人飲食的幾個名詞解釋　《敦煌研究》1999 年第 4 期　p. 134

高啓安　王璽玉　唐五代敦煌人的飲食品種研究　《敦煌研究》1999 年第 2 期　p. 60、65

陸離　敦煌文書中的博士與教授　《敦煌學輯刊》1999 年第 1 期　p. 92

童丕　從寺院的帳簿看敦煌二月八日節　法國漢學(敦煌學專號)　中華書局　2000　p. 95

高啓安　晚唐五代敦煌僧人飲食戒律初探　敦煌佛教藝術文化國際學術研討會論文集　蘭州大學出版社　2002　p. 389

乜小紅　唐宋敦煌毛紡織業述略　敦煌學(第 23 輯)　(臺北)樂學書局有限公司　2002　p. 114

徐曉麗　鄭炳林　晚唐五代敦煌吐谷渾與吐蕃移民婦女研究　《敦煌學輯刊》2002 年第 2 期　p. 3、8

鄭炳林　晚唐五代敦煌村莊聚落輯考　2000 年敦煌學國際學術討論會文集·歷史文化卷(上)　甘肅民族出版社　2003　p. 131

高啓安　唐五代敦煌飲食文化研究　民族出版社　2004　p. 10、35、56、419

李正宇　晚唐至宋敦煌僧人聽食"淨肉"　敦煌學(第 25 輯)　(臺北)樂學書局有限公司　2004　p. 178

張涌泉　敦煌文獻字詞例釋　敦煌學(第 25 輯)　(臺北)樂學書局有限公司　2004　p. 353

趙紅　高啓安　唐五代時期敦煌僧人飲食概述　麥積山石窟藝術文化論文集(下)　蘭州大學出版社　2004　p. 289

鄭顯文　唐代律令制研究　北京大學出版社　2004　p. 279
李正宇　晚唐至北宋敦煌僧尼普聽飲酒　《敦煌研究》2005年第3期　p. 70
鄭炳林　晚唐五代敦煌地區的胡姓居民與聚落　法國漢學（第10輯）（粟特人在中國：歷史、考古、語言的新探索）　中華書局　2005　p. 180
鄭炳林　晚唐五代河西地區的居民結構研究　《蘭州大學學報》2006年第2期　p. 13

P. 4907

姜伯勤　唐五代敦煌寺戶制度　中華書局　1987　p. 196
唐耕耦　陸宏基　敦煌社會經濟文獻真迹釋録（三）　全國圖書館文獻縮微複製中心　1990　p. 205
張弓　唐代的寺莊　《魏晉南北朝隋唐史》1990年第2期　p. 55
張弓　中國中古時期寺院地主的非自主發展　《魏晉南北朝隋唐史》1990年第9期　p. 12
郝春文　隋唐五代宋初傳統私社與寺院的關係　《魏晉南北朝隋唐史》1991年第6期　p. 69
土肥義和　九・十世紀の敦煌莫高窟を支えた人々　中國の都市と農村　（東京）汲古書院　1992　p. 438
侯錦郎　敦煌寫本中的"印沙佛"儀軌　法國學者敦煌學論文選萃　中華書局　1993　p. 281
鄭炳林　董念清　唐五代敦煌私營釀酒業初探　《社科縱橫》1994年第4期　p. 66
李正宇　《沙州都督府圖經卷第三》劄記（二）　《敦煌研究》1995年第4期　p. 112
土肥義和　唐・北宋間の「社」の組織形態に関する一考察　中國古代の國家と民衆（堀敏一先生古稀記念）　（東京）汲古書院　1995　p. 709
鄭炳林　唐五代敦煌粟特人與歸義軍政權　《敦煌研究》1996年第4期　p. 83　又見：敦煌歸義軍史專題研究　蘭州大學出版社　1997　p. 406
李正宇　敦煌歷史地理導論　（臺北）新文豐出版公司　1997　p. 61
寧可　郝春文　敦煌社邑文書輯校　江蘇古籍出版社　1997　p. 777
唐耕耦　敦煌寺院會計文書研究　（臺北）新文豐出版公司　1997　p. 26
張弓　漢唐佛寺文化史　中國社會科學出版社　1997　p. 309
鄭炳林　敦煌碑銘讚輯釋　甘肅教育出版社　1997　p. 426 注2
鄭炳林　唐五代敦煌種植林業研究　敦煌歸義軍史專題研究　蘭州大學出版社　1997　p. 197
鄭炳林　晚唐五代敦煌貿易市場的物價　敦煌歸義軍史專題研究　蘭州大學出版社　1997　p. 292
鄭炳林　晚唐五代敦煌園圃經濟研究　敦煌歸義軍史專題研究　蘭州大學出版社　1997　p. 318
鄭炳林　馮培紅　晚唐五代宋初歸義軍政權中都頭一職考辨　敦煌歸義軍史專題研究　蘭州大學出版社　1997　p. 83
馮培紅　唐五代歸義軍軍資庫司初探　《敦煌學輯刊》1998年第1期　p. 36
李正宇　村莊　敦煌學大辭典　上海辭書出版社　1998　p. 304
譚蟬雪　敦煌歲時文化導論　（臺北）新文豐出版公司　1998　p. 29
高啓安　唐五代至宋敦煌的量器及量制　《敦煌學輯刊》1999年第1期　p. 66
雷紹鋒　歸義軍賦役制度初探　（臺北）洪葉文化事業有限公司　2000　p. 54
郝春文　《唐末五代宋初敦煌社邑的幾個問題》商榷　國際敦煌學學術史研討會論文集　研討會籌備組　2002　p. 203
馬茜　歸義軍時期敦煌地區庶民佛教的發展　甘肅民族研究論叢　甘肅人民出版社　2002　p. 459
鄭炳林　晚唐五代敦煌村莊聚落輯考　2000年敦煌學國際學術討論會文集・歷史文化卷（上）　甘肅民族出版社　2003　p. 130
高啓安　唐五代敦煌飲食文化研究　民族出版社　2004　p. 288、419

鄭顯文　唐代律令制研究　北京大學出版社　2004　p. 279

李正宇　晚唐至北宋敦煌僧尼普聽飲酒　《敦煌研究》2005 年第 3 期　p. 69

鄭炳林　晚唐五代敦煌地區的胡姓居民與聚落　法國漢學（第 10 輯）（粟特人在中國：歷史、考古、語言的新探索）　中華書局　2005　p. 182

金瀅坤　敦煌社會經濟文書定年拾遺　《首都師範大學學報》2006 年第 1 期　p. 11

鄭炳林　晚唐五代河西地區的居民結構研究　《蘭州大學學報》2006 年第 2 期　p. 10

P. 4908

唐耕耦　陸宏基　敦煌社會經濟文獻真迹釋録（三）　全國圖書館文獻縮微複製中心　1990　p. 32

李明偉　隋唐絲綢之路　甘肅人民出版社　1994　p. 61

姜伯勤　敦煌文書所見胡錦番錦考　敦煌學國際研討會文集・石窟考古編　遼寧美術出版社　1995　p. 279

郝春文　唐後期五代宋初沙州的方等道場與方等道場司　唐研究（第二卷）　北京大學出版社　1996　p. 70

鄭炳林　唐五代敦煌粟特人與歸義軍政權　《敦煌研究》1996 年第 4 期　p. 92　又見：敦煌歸義軍史專題研究　蘭州大學出版社　1997　p. 424

齊陳俊　馮培紅　晚唐五代宋初歸義軍對外商業貿易　敦煌歸義軍史專題研究　蘭州大學出版社　1997　p. 347

唐耕耦　敦煌寺院會計文書研究　（臺北）新文豐出版公司　1997　p. 297

鄭炳林　楊富學　晚唐五代金銀在敦煌的使用與流通　《甘肅金融》1997 年第 8 期　又見：中國敦煌學百年文庫・歷史卷（二）　甘肅文化出版社　1999　p. 581

郝春文　唐後期五代宋初敦煌僧尼的社會生活　中國社會科學出版社　1998　p. 34、129

郝春文　唐後期五代宋初敦煌寺院常住什物的數量及與僧人的關係　《敦煌研究》1998 年第 2 期　p. 118、126、131

唐耕耦　常住什物交割點檢曆　敦煌學大辭典　上海辭書出版社　1998　p. 648

土肥義和　唐・北宋の間：敦煌の杜家親情社追補社條（S. 8160rv）について　唐代史研究（創刊號）（東京）唐代史研究會　1998　p. 19

鄭炳林　晚唐五代敦煌貿易市場的外來商品輯考　中華文史論叢（總 63 輯）　上海古籍出版社　2000　p. 64、77

郝春文　英藏敦煌社會歷史文獻釋録（第一卷）　科學出版社　2001　p. 429

鄭炳林　晚唐五代敦煌歸義軍行政區劃制度研究（之二）　《敦煌研究》2002 年第 3 期　p. 69

榮新江　于闐花氈與粟特銀盤：九、十世紀敦煌寺院的外來供養　寺院財富與世俗供養　上海書畫出版社　2003　p. 248

鄭炳林　晚唐五代敦煌諸寺藏經與管理　新世紀敦煌學論集　巴蜀書社　2003　p. 339

高啓安　唐五代敦煌飲食文化研究　民族出版社　2004　p. 79

馮培紅　歸義軍鎮制考　敦煌吐魯番研究（第九卷）　中華書局　2006　p. 265

金瀅坤　敦煌社會經濟文書定年拾遺　《首都師範大學學報》2006 年第 1 期　p. 10、14

金瀅坤　敦煌社會經濟文獻綴合拾遺　文史（第七十五輯）　中華書局　2006　p. 89

P. 4909

譚蟬雪　敦煌歲時掇瑣：正月　《敦煌研究》1990 年第 1 期　p. 51　又見：（香港）《九州學刊》（敦煌學專輯）1993 年第 5 卷第 4 期　p. 89

唐耕耦　陸宏基　敦煌社會經濟文獻真迹釋録(三)　全國圖書館文獻縮微複製中心　1990　p. 185

楊寶玉　《龍興寺毗沙門天王靈驗記》簡注　《閩南佛學院學報》1992 年第 2 期　p. 112

高國藩　敦煌民俗資料導論　（臺北）新文豐出版公司　1993　p. 172

譚蟬雪　敦煌祈賽風俗　《敦煌研究》1993 年第 4 期　p. 62

郝春文　唐後期五代宋初沙州僧尼的宗教收入(三)：大衆倉試探　《敦煌學輯刊》1996 年第 2 期
　　p. 1

李正宇　敦煌史地新論　（臺北）新文豐出版公司　1996　p. 131

馬德　敦煌莫高窟史研究　甘肅教育出版社　1996　p. 175、215

馬德　九、十世紀敦煌工匠史料述論　慶祝潘石禪先生九秩華誕敦煌學特刊　（臺北）文津出版社
　　1996　p. 312

鄭炳林　唐五代敦煌粟特人與歸義軍政權　《敦煌研究》1996 年第 4 期　p. 93　又見：敦煌歸義軍史
　　專題研究　蘭州大學出版社　1997　p. 425

馬德　敦煌工匠史料　甘肅人民出版社　1997　p. 83

唐耕耦　敦煌寺院會計文書研究　（臺北）新文豐出版公司　1997　p. 24

鄭炳林　敦煌碑銘讚輯釋　甘肅教育出版社　1997　p. 383 注 3

鄭炳林　唐五代敦煌手工業研究　敦煌歸義軍史專題研究　蘭州大學出版社　1997　p. 243

鄭炳林　晚唐五代敦煌貿易市場的物價　敦煌歸義軍史專題研究　蘭州大學出版社　1997　p. 304

鄭炳林　晚唐五代敦煌園囿經濟研究　敦煌歸義軍史專題研究　蘭州大學出版社　1997　p. 312

高啓安　釋敦煌文獻中的梧桐餅　《敦煌學輯刊》1998 年第 1 期　p. 55

高啓安　索黛　敦煌古代僧人官齋飲食檢閱　《敦煌研究》1998 年第 3 期　p. 66、72

高啓安　索黛　唐五代敦煌飲食中的餅淺探　《敦煌研究》1998 年第 4 期　p. 80

郝春文　唐後期五代宋初敦煌僧尼的社會生活　中國社會科學出版社　1998　p. 172

馬德　10 世紀敦煌寺曆所記三窟活動　《敦煌研究》1998 年第 2 期　p. 85

譚蟬雪　餺飥　敦煌學大辭典　上海辭書出版社　1998　p. 444

譚蟬雪　敦煌歲時文化導論　（臺北）新文豐出版公司　1998　p. 56、81、119、387

譚蟬雪　二月八盛節　敦煌學大辭典　上海辭書出版社　1998　p. 434

譚蟬雪　賽天王　敦煌學大辭典　上海辭書出版社　1998　p. 449

譚蟬雪　蒸餅　敦煌學大辭典　上海辭書出版社　1998　p. 445

高啓安　唐五代敦煌僧人飲食的幾個名詞解釋　《敦煌研究》1999 年第 4 期　p. 133

高啓安　王璽玉　唐五代敦煌人的飲食品種研究　《敦煌研究》1999 年第 2 期　p. 60、64

譚蟬雪　唐宋敦煌歲時佛俗　《敦煌研究》2000 年第 4 期　p. 71　又見：《敦煌研究》2001 年第 1 期
　　p. 94

童丕　從寺院的帳簿看敦煌二月八日節　法國漢學（敦煌學專號）　中華書局　2000　p. 74

高啓安　晚唐五代敦煌僧人飲食戒律初探　敦煌佛教藝術文化國際學術研討會論文集　蘭州大學出
　　版社　2002　p. 389

李正宇　唐宋時期的敦煌佛教　敦煌佛教藝術文化國際學術研討會論文集　蘭州大學出版社　2002
　　p. 379

王蘭平　敦煌寫本 ДХ6062《歸義軍時期大般若經抄寫紙曆》及其相關問題考釋　敦煌佛教藝術文化
　　國際學術研討會論文集　蘭州大學出版社　2002　p. 75

鄭炳林　晚唐五代敦煌歸義軍行政區劃制度研究(一)　《敦煌研究》2002 年第 2 期　p. 13

李小榮　敦煌密教文獻論稿　人民文學出版社　2003　p. 167

沙武田　趙曉星　歸義軍時期敦煌文獻中的太子　《敦煌研究》2003 年第 4 期　p. 47

楊森　五代宋時期于闐皇太子在敦煌的太子莊　《敦煌研究》2003 年第 4 期　p. 40

高啓安　唐五代敦煌飲食文化研究　民族出版社　2004　p. 108、147

趙紅　高啓安　唐五代時期敦煌僧人飲食概述　麥積山石窟藝術文化論文集(下)　蘭州大學出版
　　社　2004　p. 285

郭永利　晚唐五代敦煌佛教寺院的納贈　《敦煌學輯刊》2005 年第 4 期　p. 78

李正宇　晚唐至北宋敦煌僧尼普聽飲酒　《敦煌研究》2005 年第 3 期　p. 69

趙曉星　寇甲　西魏:歸義軍時期敦煌地區的史姓　《敦煌學輯刊》2005 年第 2 期　p. 138

P. 4910

上山大峻　敦煌佛教の研究　(京都)法藏館　1990　p. 18

郝春文　曇曠　敦煌學大辭典　上海辭書出版社　1998　p. 347

平井宥慶　敦煌文書における金剛經疏　金剛般若經の思想的研究　(東京)春秋社　1999　p. 266

樊錦詩　玄奘譯經和敦煌壁畫　《敦煌研究》2004 年第 2 期　p. 6

P. 4911

胡同慶　從敦煌結社活動探討人的群體性以及個體與集體的關係　《敦煌研究》1990 年第 4 期
　　p. 72　又見:敦煌學研究　甘肅人民美術出版社　1994　p. 173

P. 4912

周紹良　敦煌文學芻議及其它　(臺北)新文豐出版公司　1992　p. 28

P. 4913

唐耕耦　陸宏基　敦煌社會經濟文獻真迹釋錄(二)　全國圖書館文獻縮微複製中心　1990　p. 256

鄭炳林　唐五代敦煌粟特人與歸義軍政權　《敦煌研究》1996 年第 4 期　p. 85　又見:敦煌歸義軍史
　　專題研究　蘭州大學出版社　1997　p. 408

唐耕耦　敦煌寺院會計文書研究　(臺北)新文豐出版公司　1997　p. 328

羅彤華　從便物曆論敦煌寺院的放貸　敦煌文獻論集:紀念藏經洞發現一百周年國際學術研討會論
　　文集　遼寧人民出版社　2001　p. 471

高啓安　唐五代敦煌飲食文化研究　民族出版社　2004　p. 31

鄭炳林　晚唐五代敦煌地區的胡姓居民與聚落　法國漢學(第 10 輯)(粟特人在中國:歷史、考古、語
　　言的新探索)　中華書局　2005　p. 185

鄭炳林　晚唐五代河西地區的居民結構研究　《蘭州大學學報》2006 年第 2 期　p. 13

P. 4914

蕭登福　從敦煌寫卷中看道教星斗崇拜對佛經之影響　第二屆敦煌學國際研討會論文集　(臺北)
　　漢學研究中心　1990　p. 336

戴仁　敦煌寫本中的贗品　法國漢學(敦煌學專號)　中華書局　2000　p. 10

P. 4917

潘重規　瀛涯敦煌韻輯新編　(臺北)文史哲出版社　1974　p. 61

周祖謨　唐五代韻書集存　中華書局　1983　p. 64、819　又見:周祖謨語言文史論集　浙江古籍出
　　版社　1988　p. 226

姜亮夫　切韻系統敦煌學論文集　上海古籍出版社　1987　p. 415
林家平　寧强　羅華慶　中國敦煌學史　北京語言學院出版社　1992　p. 300
張涌泉　敦煌俗字彙考　敦煌俗字研究　上海教育出版社　1996　p. 3
張金泉　敦煌韻書　敦煌學大辭典　上海辭書出版社　1998　p. 512
張金泉　陸法言　敦煌學大辭典　上海辭書出版社　1998　p. 344
北京大學　敦煌《經卷》、《照片》及《圖書》目録　中國敦煌學百年文庫·綜述卷(一)　甘肅文化出
　　版社　1999　p. 314
施安昌　敦煌寫經的遞變字群及其命名　善本碑帖論集　紫禁城出版社　2002　p. 334
施安昌　論漢字演變的分期:兼談敦煌古韻書的書寫時間　善本碑帖論集　紫禁城出版社　2002
　　p. 323
楊森　跋甘肅武山拉梢寺北周造大佛像發願文石刻碑　《敦煌學輯刊》2005年第2期　p. 234

P. 4918
周紹良　敦煌文學芻議及其它　(臺北)新文豐出版公司　1992　p. 18

P. 4920
杜愛英　敦煌遺書中俗體字的諸種類型　《敦煌研究》1992年第3期　p. 119

P. 4921
蕭登福　從敦煌寫卷中看道教星斗崇拜對佛經之影響　第二屆敦煌學國際研討會論文集　(臺北)
　　漢學研究中心　1990　p. 336

P. 4923
陳祚龍　從敦煌古抄"葉淨能詩"談到凌濛初的"唐明皇好道集奇人"與"武惠妃崇禪鬥異法"　敦煌
　　學(第13輯)　(臺北)新文豐出版公司　1988　p. 4　又見:敦煌文物散論　(臺北)新文豐出版
　　公司　1993　p. 8

P. 4924
鄧文寬　易三備　敦煌學大辭典　上海辭書出版社　1998　p. 623
馬克　敦煌數占小考　法國漢學(敦煌學專號)　中華書局　2000　p. 193
黃正建　敦煌占卜文書與唐五代占卜研究　學苑出版社　2001　p. 13
張志清　林世田　S. 6015《易三備》綴合與校録　敦煌吐魯番研究(第九卷)　北京大學出版社
　　2006　p. 389
張志清　林世田　S. 6349與P. 4924《易三備》寫卷綴合整理研究　《文獻》2006年第1期　p. 47

P. 4925
蕭登福　從敦煌寫卷中看道教星斗崇拜對佛經之影響　第二屆敦煌學國際研討會論文集　(臺北)
　　漢學研究中心　1990　p. 336
譚蟬雪　三教融合的敦煌喪俗　《敦煌研究》1991年第3期　p. 72
黃正建　敦煌占卜文書與唐五代占卜研究　學苑出版社　2001　p. 84
金身佳　敦煌寫本P. 2831《卜葬書》中的麒麟、鳳凰、章光、玉堂　《敦煌學輯刊》2005年第4期
　　p. 36

P. 4932

江素雲　維摩詰所說經敦煌寫本綜合目録　（臺北）東初出版社　1991　p. 85

P. 4933

伊藤美重子　敦煌本『大智度論』の整理　中國佛教石經の研究　京都大學學術出版會　1996　p. 384

周裕鍇　敦煌賦與初唐歌行　敦煌文學論集　四川人民出版社　1997　p. 75

P. 4936

陳祚龍　關於坊間流傳的"筆勢論"　敦煌資料考屑（上冊）　（臺北）商務印書館　1979　p. 151

鄭汝中　敦煌書法管窺　《敦煌研究》1991 年第 4 期　p. 36

沃興華　敦煌書法藝術　上海人民出版社　1994　p. 60

鄭汝中　敦煌書法概述　敦煌書法庫（第一輯）　甘肅人民美術出版社　1994　p. 8

鄭汝中　唐代書法藝術與敦煌寫卷　敦煌書法庫（第四輯）　甘肅人民美術出版社　1994　p. 9　又見:《敦煌研究》1996 年第 2 期　p. 126

李麗　關於《張淮深墓誌銘》的兩個問題　《敦煌學輯刊》1998 年第 1 期　p. 144

李春遠　關於敦煌遺書的書法化趨向　《敦煌學輯刊》2002 年第 1 期　p. 63

P. 4937

鄧文寬　跋敦煌寫本《百行章》　1983 年全國敦煌學術討論會文集·文史遺書編（下）　甘肅人民出版社　1987　p. 105

高國藩　敦煌民俗學　上海文藝出版社　1989　p. 105

胡平生　《敦煌〈百行章〉校釋》補正　敦煌吐魯番文獻研究論集（第五輯）　北京大學出版社　1990　p. 279

鄭阿財　敦煌蒙書析論　第二屆敦煌學國際研討會論文集　（臺北）漢學研究中心　1990　p. 216

白化文　百行章　敦煌學大辭典　上海辭書出版社　1998　p. 782

汪泛舟　敦煌古代兒童課本　甘肅人民出版社　2000　p. 156

林聰明　敦煌吐魯番文書解詁指例　（臺北）新文豐出版公司　2001　p. 75

汪泛舟　敦煌俗別字補正　《敦煌研究》2001 年第 4 期　p. 160

張娜麗　《敦煌本〈六字千文〉初探》析疑（續）　《敦煌研究》2002 年第 1 期　p. 93

鄭阿財　朱鳳玉　敦煌蒙書研究　甘肅教育出版社　2002　p. 19、324

P. 4939

伊藤美重子　敦煌本『大智度論』の整理　中國佛教石經の研究　京都大學學術出版會　1996　p. 384

P. 4940

岡部和雄　經疏·要抄　敦煌仏典と禪（講座敦煌 8）　（東京）大東出版社　1980　p. 337

王堯　陳踐　敦煌吐蕃文獻選　四川民族出版社　1983　p. 68

柳田聖山　禪籍解題（一）·敦煌禪籍　俗語言研究（第二期）　（京都）禪文化研究所　1995　p. 149

王堯　吐蕃時期藏譯漢籍名著及故事　中國古籍研究（第一卷）　上海古籍出版社　1996　p. 540

方廣錩　般若波羅蜜多心經疏　敦煌學大辭典　上海辭書出版社　1998　p. 687

榮新江　唐五代歸義軍武職軍將考　敦煌學新論　甘肅教育出版社　2002　p. 56

P. 4944

柴劍虹　研究唐代文學的珍貴資料：敦煌 P. 2555 號唐人寫卷分析　1983 年全國敦煌學術討論會文
　　集・文史遺書編(下)　甘肅人民出版社　1987　p. 81

柴劍虹　王昭君詩　敦煌學大辭典　上海辭書出版社　1998　p. 567

熊飛　P. 2555 殘卷抄録時間等相關問題再探　《敦煌研究》1999 年第 1 期　p. 63

孫其芳　大漠遺歌：敦煌詩歌選評　甘肅人民出版社　2000　p. 187

張錫厚　敦煌文學源流　作家出版社　2000　p. 82

P. 4947

鄭炳林　敦煌碑銘讚輯釋　甘肅教育出版社　1997　p. 61 注 9

P. 4951

石井昌子　靈寶經類　敦煌と中國道教(講座敦煌 4)　(東京)大東出版社　1983　p. 160

山田俊　唐初道教思想史研究・資料篇　(京都)平樂寺書店　1999　p. 39、162

王卡　敦煌道教文獻研究　中國社會科學出版社　2004　p. 197

王卡　中國國家圖書館藏敦煌道教遺書研究報告　敦煌吐魯番研究(第七卷)　北京大學出版社
　　2004　p. 368

P. 4955

景盛軒　敦煌寫本《大般涅槃經》著録商補　浙江與敦煌學：常書鴻先生誕辰一百周年紀念文集　浙
　　江古籍出版社　2004　p. 350

P. 4957

唐耕耦　陸宏基　敦煌社會經濟文獻真迹釋録(一)　書目文獻出版社　1986　p. 357

唐耕耦　陸宏基　敦煌社會經濟文獻真迹釋録(三、四)　全國圖書館文獻縮微複製中心　1990
　　p. 316；26

李正宇　敦煌歷史地理導論　(臺北)新文豐出版公司　1997　p. 214

唐耕耦　敦煌寺院會計文書研究　(臺北)新文豐出版公司　1997　p. 46

鄭炳林　唐五代敦煌的粟特人與佛教　敦煌歸義軍史專題研究　蘭州大學出版社　1997　p. 448

鄭炳林　晚唐五代敦煌園圃經濟研究　敦煌歸義軍史專題研究　蘭州大學出版社　1997　p. 322

高啓安　索黛　敦煌古代僧人官齋飲食檢閱　《敦煌研究》1998 年第 3 期　p. 71

郝春文　唐後期五代宋初敦煌僧尼的社會生活　中國社會科學出版社　1998　p. 170

郝春文　唐後期五代宋初敦煌僧尼遺產的處理與喪事的操辦　《敦煌研究》1998 年第 3 期　p. 41

譚蟬雪　敦煌歲時文化導論　(臺北)新文豐出版公司　1998　p. 259

唐耕耦　敦煌會計文書　敦煌學大辭典　上海辭書出版社　1998　p. 646

唐耕耦　入破曆算會牒　敦煌學大辭典　上海辭書出版社　1998　p. 647

唐耕耦　磑戶　敦煌學大辭典　上海辭書出版社　1998　p. 650

高啓安　王璽玉　唐五代敦煌人的飲食品種研究　《敦煌研究》1999 年第 2 期　p. 65

雷紹鋒　歸義軍賦役制度初探　(臺北)洪葉文化事業有限公司　2000　p. 264

童丕　敦煌的借貸：中國中古時代的物質生活與社會　中華書局　2003　p. 50

高啓安　唐五代敦煌飲食文化研究　民族出版社　2004　p. 19、50、147、283

黑維强　吐魯番出土文書詞語疏證三則　西北方言與民俗研究論叢　中國社會科學出版社　2004
　　p. 234

趙紅　高啓安　唐五代時期敦煌僧人飲食概述　麥積山石窟藝術文化論文集（下）　蘭州大學出版
　　社　2004　p. 297

鄭炳林　晚唐五代敦煌商業貿易市場研究　《敦煌學輯刊》2004 年第 1 期　p. 106

李正宇　晚唐至北宋敦煌僧尼普聽飲酒　《敦煌研究》2005 年第 3 期　p. 70

趙曉星　寇甲　西魏：歸義軍時期敦煌地區的史姓　《敦煌學輯刊》2005 年第 2 期　p. 130

P. 4958

山本達郎等　敦煌・III 轉貼　『NUN–HUANG AND TURFAN DOCUMENTS CONCERNING SOCIAL
　　AND ECONOMIC HISTORY』（IV）　（東京）東洋文庫　1989　p. 79

山本達郎等　敦煌・IV 納贈曆・納色物曆等　『NUN–HUANG AND TURFAN DOCUMENTS CON-
　　CERNING SOCIAL AND ECONOMIC HISTORY』（IV）　（東京）東洋文庫　1989　p. 107

郝春文　唐後期五代宋初沙州僧尼的特點　敦煌吐魯番學研究論文集　漢語大詞典出版社　1990
　　p. 840、852 注 2

周紹良　敦煌文學芻議及其它　（臺北）新文豐出版公司　1992　p. 28

郝春文　唐後期五代宋初敦煌僧尼的社會生活　中國社會科學出版社　1998　p. 94

陳大爲　敦煌文獻 P. 4958 背（3）《當寺轉帖》小考　《文獻》2006 年第 1 期　p. 94

P. 4959

孫修身　敦煌三界寺　甘肅省史學會論文集　甘肅省歷史學會編印　1982　p. 173　又見：中國敦煌
　　學百年文庫・宗教卷（一）　甘肅文化出版社　1999　p. 57

唐耕耦　陸宏基　敦煌社會經濟文獻真迹釋録（四）　全國圖書館文獻縮微複製中心　1990　p. 96

竺沙雅章　寺院文書　敦煌漢文文獻（講座敦煌 5）　（東京）大東出版社　1992　p. 600

李正宇　敦煌文學概論　甘肅人民出版社　1993　p. 104

王書慶　敦煌文獻中五代宋初戒牒研究　《敦煌研究》1997 年第 3 期　p. 35

李正宇　古本敦煌鄉土志八種箋證　（臺北）新文豐出版公司　1998　p. 306

唐耕耦　戒牒　敦煌學大辭典　上海辭書出版社　1998　p. 641

李德龍　沙州三界寺《授戒牒》初探　甘肅民族研究論叢　甘肅人民出版社　2002　p. 403

施安昌　故宮藏有關轄犅的敦煌酒帳初探　善本碑帖論集　紫禁城出版社　2002　p. 341

湛如　敦煌佛教律儀制度研究　中華書局　2003　p. 146

P. 4960

唐耕耦　陸宏基　敦煌社會經濟文獻真迹釋録（一）　書目文獻出版社　1986　p. 277

山本達郎等　敦煌・I 社條　『NUN–HUANG AND TURFAN DOCUMENTS CONCERNING SOCIAL
　　AND ECONOMIC HISTORY』（IV）　（東京）東洋文庫　1989　p. 8

林聰明　敦煌文書學　（臺北）新文豐出版公司　1991　p. 397

姜伯勤　敦煌社會文書導論　（臺北）新文豐出版公司　1992　p. 234

郝春文　敦煌寫本社邑文書年代彙考（一）《首都師範大學學報》1993 年第 4 期　p. 33

胡戟　傅玫　敦煌史話　中華書局　1995　p. 164

黃盛璋　敦煌漢文與于闐文書中之龍家及其相關問題　全國敦煌學研討會論文集　（臺北）中正大

學中國文學系所　1995　p. 66

土肥義和　唐‧北宋間の「社」の組織形態に関する一考察　中國古代の國家と民衆(堀敏一先生古稀記念)　(東京)汲古書院　1995　p. 705

張涌泉　陳祚龍校錄敦煌卷子失誤例釋　學術集林(卷六)　上海遠東出版社　1995　p. 311　又見：舊學新知　浙江大學出版社　1999　p. 286

劉進寶　P. 3236 號《壬申年官布籍》時代考　《西北師大學報》1996 年第 5 期　p. 43

劉進寶　P. 3236 號《壬申年官布籍》研究　慶祝潘石禪先生九秩華誕敦煌學特刊　(臺北)文津出版社　1996　p. 359

榮新江　歸義軍史研究　上海古籍出版社　1996　p. 112

黃征　張涌泉　敦煌變文校注　中華書局　1997　p. 402

寧可　郝春文　敦煌社邑文書輯校　江蘇古籍出版社　1997　p. 16

楊際平　郭鋒　張和平　五一十世紀敦煌的家庭與家族關係　岳麓書社　1997　p. 315

郝春文　唐後期五代宋初敦煌僧尼的社會生活　中國社會科學出版社　1998　p. 175

寧可　三官　敦煌學大辭典　上海辭書出版社　1998　p. 426

寧可　社條　敦煌學大辭典　上海辭書出版社　1998　p. 428

寧可　修佛堂社　敦煌學大辭典　上海辭書出版社　1998　p. 428

楊森　談敦煌社邑文書中"三官"及"錄事""虞侯"的若干問題　《敦煌研究》1999 年第 3 期　p. 80

劉進寶　敦煌文書與唐史研究　(臺北)新文豐出版公司　2000　p. 231

馬德　浙藏敦煌文獻《子年金光明寺破曆》考略　《敦煌研究》2001 年第 3 期　p. 98

曾良　敦煌文獻字義通釋　廈門大學出版社　2001　p. 130

郝春文　《唐末五代宋初敦煌社邑的幾個問題》商榷　國際敦煌學學術史研討會論文集　研討會籌備組　2002　p. 205

孟憲實　論唐宋時期敦煌民間結社的組織形態　《敦煌研究》2002 年第 1 期　p. 61

郝春文　再論敦煌私社的"義聚"　敦煌學(第 25 輯)　(臺北)樂學書局有限公司　2004　p. 285

黑維強　吐魯番出土文書詞語例釋(一)　《敦煌學輯刊》2004 年第 2 期　p. 121

鄭炳林　魏迎春　晚唐五代敦煌佛教教團的科罰制度研究　《敦煌研究》2004 年第 2 期　p. 55

郝春文　唐後期五代宋初敦煌私社的教育與教化功能　敦煌吐魯番研究(第九卷)　中華書局　2006　p. 306

孟憲實　論唐宋時期敦煌民間結社的社條　敦煌吐魯番研究(第九卷)　中華書局　2006　p. 317

P. 4961

陳祚龍　新譯補注杜女史主修的《巴黎國立圖書館藏敦煌中文卷冊目錄》之"自序"及"緒說"　敦煌學要籥　(臺北)新文豐出版公司　1982　p. 41

李小榮　敦煌密教文獻論稿　人民文學出版社　2003　p. 303

P. 4962

方廣錩　讀敦煌佛典經錄劄記　《敦煌學輯刊》1986 年第 1 期　p. 109

方廣錩　朱明忠　敦煌遺書《沙州乞經狀》　隋唐佛教研究論文集　三秦出版社　1990　p. 275

方廣錩　佛教大藏經史(八一十世紀)　中國社會科學出版社　1991　p. 130、139、143

方廣錩　敦煌佛教經錄輯校　江蘇古籍出版社　1997　p. 568、570

郝春文　歸義軍政權與敦煌佛教之關係新探　周紹良先生欣開九秩慶壽文集　中華書局　1997　p. 174

方廣錩　龍録内無名經律論録　敦煌學大辭典　上海辭書出版社　1998　p. 752

郝春文　唐後期五代宋初敦煌僧尼的社會生活　中國社會科學出版社　1998　p. 402

李重申　敦煌古代體育文化　甘肅人民出版社　2000　p. 23

楊秀清　華戎交會的都市：敦煌與絲綢之路　甘肅人民出版社　2000　p. 88

李金梅　敦煌角抵考　敦煌學與中國史研究論集　甘肅人民出版社　2001　p. 66

方廣錩　敦煌寺院所藏大藏經　中日敦煌佛教學術會議論文集　中國社會科學院研究所　2002　p. 42

李金梅　路志俊　敦煌古代的弓箭文化與現代射箭運動　2000 年敦煌學國際學術討論會文集·歷史文化卷(下)　甘肅民族出版社　2003　p. 182

鄭炳林　晚唐五代敦煌諸寺藏經與管理　新世紀敦煌學論集　巴蜀書社　2003　p. 343

土肥義和著　王平先譯　論莫高窟藏經洞的性質　2004 年石窟研究國際學術會議論文提要集　敦煌研究院　2004　p. 51

蘭州理工大學絲綢之路文史研究所編　絲綢之路體育文化論集　中華書局　2005　p. 203

P. 4963

山本達郎等　敦煌·Ⅴ計會文書　『NUN – HUANG AND TURFAN DOCUMENTS CONCERNING SOCIAL AND ECONOMIC HISTORY』(Ⅳ)　（東京）東洋文庫　1989　p. 128

黃征　吳偉　敦煌願文集　岳麓書社　1995　p. 54

P. 4964

上山大峻　敦煌佛教の研究　（京都）法藏館　1990　p. 420

田中良昭　《禪籍解題(一)·敦煌禪籍》補遺　俗語言研究(第三期)　（京都）禪文化研究所　1996　p. 213

P. 4965

石井昌子　靈寶經類　敦煌と中國道教(講座敦煌 4)　（東京）大東出版社　1983　p. 153

朱越利　道經總論　遼寧教育出版社　1992　p. 273

王卡　靈寶自然齋儀　敦煌學大辭典　上海辭書出版社　1998　p. 764

王卡　敦煌道教文獻研究　中國社會科學出版社　2004　p. 40、109

P. 4966

陳祚龍　古往世上流行之中華佛教男女信士立誓發願文章的抽樣　中華佛教文化史散策(四集)　（臺北）新文豐出版公司　1986　p. 395

施萍婷　敦煌隨筆之二　《敦煌研究》1987 年第 1 期　p. 45

山本達郎等　敦煌·Ⅶ尚饗文·諸齋文　『NUN – HUANG AND TURFAN DOCUMENTS CONCERNING SOCIAL AND ECONOMIC HISTORY』(Ⅳ)　（東京）東洋文庫　1989　p. 143

王進玉　漫步敦煌藝術科技畫廊　文物出版社　1989　p. 51

王書慶　敦煌佛學·佛事篇　甘肅民族出版社　1995　p. 17

寧可　郝春文　敦煌社邑文書輯校　江蘇古籍出版社　1997　p. 572

沙武田　敦煌壁畫榜題寫本研究　《敦煌研究》2004 年第 3 期　p. 104

王惠民　敦煌經變畫的研究成果與研究方法　《敦煌學輯刊》2004 年第 2 期　p. 70

P. 4967

姜伯勤　敦煌音聲人略論　《敦煌研究》1988 年第 4 期　p. 3

黄征　敦煌願文《兒郎偉》輯考　（香港）《九州學刊》（敦煌學專輯）1993 年第 5 卷第 4 期　p. 78

姜伯勤　敦煌藝術宗教與禮樂文明　中國社會科學出版社　1996　p. 514

黄征　《敦煌願文集》輯校中的一些問題　敦煌語文叢說　（臺北）新文豐出版公司　1997　p. 549

P. 4968

田中良昭　禪宗燈史の発展　敦煌仏典と禪（講座敦煌 8）　（東京）大東出版社　1980　p. 117

田中良昭　敦煌禪宗文獻の研究　（東京）大東出版社　1983　p. 96、642

田中良昭　《禪籍解題（一）・敦煌禪籍》補遺　俗語言研究（第三期）　（京都）禪文化研究所　1996　p. 214

沙武田　敦煌壁畫榜題寫本研究　《敦煌研究》2004 年第 3 期　p. 105

王惠民　敦煌經變畫的研究成果與研究方法　《敦煌學輯刊》2004 年第 2 期　p. 69

P. 4969

汪泛舟　偈・頌　敦煌文學　甘肅人民出版社　1989　p. 92

P. 4970

張錫厚　詩歌　敦煌文學　甘肅人民出版社　1989　p. 173

鄭阿財　敦煌寫卷新集文詞九經抄研究　（臺北）文史哲出版社　1989　p. 114　又見：唐代研究論集（第四輯）　（臺北）新文豐出版公司　1992　p. 666

鄭阿財　敦煌蒙書析論　第二屆敦煌學國際研討會論文集　（臺北）漢學研究中心　1990　p. 233

鄭阿財　從敦煌文獻看唐代的三教合一　第二屆國際唐代學術會議論文集（上）　（臺北）文津出版社　1993　p. 660

鄭阿財　敦煌文獻與文學　（臺北）新文豐出版公司　1993　p. 204、272

鄭阿財　學日益齋敦煌學劄記　周一良先生八十生日紀念論文集　中國社會科學出版社　1993　p. 190

吳庚舜　董乃斌　唐代文學史（下）　人民文學出版社　1995　p. 611

鄭阿財　敦煌童蒙讀物的分類與總說　敦煌文獻論集：紀念藏經洞發現一百周年國際學術研討會論文集　遼寧人民出版社　2001　p. 202

劉永明　散見敦煌曆朔閏輯考　《敦煌研究》2002 年第 6 期　p. 18

楊森　五代宋時期于闐皇太子在敦煌的太子莊　《敦煌研究》2003 年第 4 期　p. 43

P. 4971

鄭阿財　敦煌寫本《新集文詞九經抄》校錄　敦煌學（第 12 輯）　（臺北）新文豐出版公司　1987　p. 109

鄭阿財　敦煌寫卷新集文詞九經抄研究　（臺北）文史哲出版社　1989　p. 12、179　又見：唐代研究論集（第四輯）　（臺北）新文豐出版公司　1992　p. 642

鄭阿財　敦煌蒙書析論　第二屆敦煌學國際研討會論文集　（臺北）漢學研究中心　1990　p. 225

王三慶著　池田溫譯　類書　敦煌漢文文獻（講座敦煌 5）　（東京）大東出版社　1992　p. 366

鄭阿財　敦煌文獻與文學　（臺北）新文豐出版公司　1993　p. 222、258

白化文　新集文詞九經抄　敦煌學大辭典　上海辭書出版社　1998　p. 781

鄭阿財　朱鳳玉　敦煌蒙書研究　甘肅教育出版社　2002　p. 293
鄭炳林　徐曉麗　讀《俄藏敦煌文獻》第 12 冊幾件非佛經文獻劄記　《敦煌研究》2003 年第 4 期
　　p. 86

P. 4972

陳慶浩　古賢集校注　敦煌學(第 3 輯)　(香港)新亞研究所敦煌學會　1976　p. 65
陳祚龍　敦煌學雜記　敦煌資料考屑(下冊)　(臺北)商務印書館　1979　p. 376
鄭阿財　敦煌孝道文學研究　(臺北)石門圖書公司　1982　p. 425
雷僑雲　敦煌兒童文學　(臺北)學生書局　1985　p. 93
饒宗頤解說　林宏作譯　敦煌書法叢刊(第十七卷)·雜詩文　(東京)二玄社　1985　p. 52
蘇瑩輝　從敦煌遺書的發現論中國古典文學和俗講作品對後世的影響　敦煌文史藝術論叢　(臺
　　北)新文豐出版公司　1987　p. 13
韓建瓴　敦煌寫本《古賢集》研究　敦煌語言文學研究　北京大學出版社　1988　p. 156
鄭阿財　敦煌蒙書析論　第二屆敦煌學國際研討會論文集　(臺北)漢學研究中心　1990　p. 222
王三慶著　池田溫譯　類書　敦煌漢文文獻(講座敦煌 5)　(東京)大東出版社　1992　p. 385
項楚　敦煌詩歌導論　(臺北)新文豐出版公司　1993　p. 191
鄭阿財　敦煌文獻與文學　(臺北)新文豐出版公司　1993　p. 255
劉進寶　敦煌學論述　(臺北)洪葉文化事業有限公司　1995　p. 332
白化文　古賢集　敦煌學大辭典　上海辭書出版社　1998　p. 780
徐俊　敦煌詩集殘卷輯考　中華書局　2000　p. 148
鄭阿財　朱鳳玉　敦煌蒙書研究　甘肅教育出版社　2002　p. 57、255

P. 4973

鄭阿財　敦煌蒙書析論　第二屆敦煌學國際研討會論文集　(臺北)漢學研究中心　1990　p. 226
鄭阿財　敦煌文獻與文學　(臺北)新文豐出版公司　1993　p. 260
黃征　敦煌文學《兒郎偉》輯錄校注　敦煌語文叢說　(臺北)新文豐出版公司　1997　p. 678

P. 4974

冷鵬飛　唐末沙州歸義軍時期有關百姓受田和賦稅的幾個問題　《敦煌學輯刊》1984 年第 1 期
　　p. 30
李明偉　狀·牒·帖　敦煌文學　甘肅人民出版社　1989　p. 38
榮新江　沙州歸義軍歷任節度使稱號研究　敦煌吐魯番學研究論文集　漢語大詞典出版社　1990
　　p. 790
唐耕耦　陸宏基　敦煌社會經濟文獻真迹釋錄(二)　全國圖書館文獻縮微複製中心　1990　p. 292
譚蟬雪　三教融合的敦煌喪俗　《敦煌研究》1991 年第 3 期　p. 72
李明偉　敦煌文學概論　甘肅人民出版社　1993　p. 464
王震亞　趙熒　敦煌殘卷爭訟文牒集釋　甘肅人民出版社　1993　p. 21
鄭阿財　從敦煌文獻看唐代的三教合一　第二屆國際唐代學術會議論文集(上)　(臺北)文津出版
　　社　1993　p. 664
張涌泉　陳祚龍校錄敦煌卷子失誤例釋　學術集林(卷六)　上海遠東出版社　1995　p. 296　又
　　見:舊學新知　浙江大學出版社　1999　p. 273
榮新江　歸義軍史研究　上海古籍出版社　1996　p. 94

譚蟬雪　血腥之喪　敦煌學大辭典　上海辭書出版社　1998　p. 442

董志翹　《入唐求法巡禮行記》辭彙研究　中國社會科學出版社　2000　p. 123

陸離　俄法所藏敦煌文獻中一件歸義軍時期土地糾紛案卷殘卷淺識　《敦煌學輯刊》2000 年第 2 期　p. 54

曾良　敦煌文獻字義通釋　廈門大學出版社　2001　p. 44

榮新江　唐五代歸義軍武職軍將考　敦煌學新論　甘肅教育出版社　2002　p. 61

劉敬林　敦煌文牒詞語校釋　《敦煌學輯刊》2003 年第 1 期　p. 117

楊秀清　光化三年(900)張承奉領節事鈎沈　《敦煌研究》2005 年第 1 期　p. 11

陸離　吐蕃統治河隴時期司法制度初探　《中國藏學》2006 年第 1 期　p. 32

陸離　吐蕃統治河隴西域時期職官四題　《西北民族研究》2006 年第 2 期　p. 30

P. 4975

唐耕耦　陸宏基　敦煌社會經濟文獻真迹釋録(一)　書目文獻出版社　1986　p. 363

山本達郎等　敦煌・Ⅳ 納贈曆・納色物曆等　『NUN－HUANG AND TURFAN DOCUMENTS CON-CERNING SOCIAL AND ECONOMIC HISTORY』(Ⅳ)　(東京)東洋文庫　1989　p. 98

王進玉　趙豐　敦煌文物中的紡織技藝　《敦煌研究》1989 年第 4 期　p. 103

趙豐　敦煌所見隋唐絲綢中的花鳥圖案　敦煌吐魯番學研究論文集　漢語大詞典出版社　1990　p. 861

林聰明　敦煌文書學　(臺北)新文豐出版公司　1991　p. 398

姜伯勤　敦煌社會文書導論　(臺北)新文豐出版公司　1992　p. 246

趙豐　唐代絲綢與絲綢之路　三秦出版社　1992　p. 146、232

郝春文　敦煌寫本社邑文書年代彙考(三)　《社科縱橫》1993 年第 5 期　p. 9

姜伯勤　敦煌吐魯番文書與絲綢之路　文物出版社　1994　p. 25、206

李明偉　隋唐絲綢之路　甘肅人民出版社　1994　p. 61

姜伯勤　敦煌文書所見胡錦番錦考　敦煌學國際研討會文集・石窟考古編　遼寧美術出版社　1995　p. 279

土肥義和　唐・北宋間の「社」の組織形態に関する一考察　中國古代の國家と民衆(堀敏一先生古稀記念)　(東京)汲古書院　1995　p. 716

鄭炳林　唐五代敦煌粟特人與歸義軍政權　《敦煌研究》1996 年第 4 期　p. 92　又見：敦煌歸義軍史專題研究　蘭州大學出版社　1997　p. 424

寧可　郝春文　敦煌社邑文書輯校　江蘇古籍出版社　1997　p. 425

齊陳俊　馮培紅　晚唐五代宋初歸義軍對外商業貿易　敦煌歸義軍史專題研究　蘭州大學出版社　1997　p. 346

鄭炳林　馮培紅　晚唐五代宋初歸義軍政權中都頭一職考辨　敦煌歸義軍史專題研究　蘭州大學出版社　1997　p. 82

郝春文　唐後期五代宋初敦煌僧尼的社會生活　中國社會科學出版社　1998　p. 380

郝春文　唐後期五代宋初敦煌僧尼遺產的處理與喪事的操辦　《敦煌研究》1998 年第 3 期　p. 39

雷紹鋒　歸義軍賦役制度初探　(臺北)洪葉文化事業有限公司　2000　p. 76

孟憲實　敦煌社邑的分佈　敦煌文獻論集：紀念藏經洞發現一百周年國際學術研討會論文集　遼寧人民出版社　2001　p. 425

郝春文　《唐末五代宋初敦煌社邑的幾個問題》商榷　國際敦煌學學術史研討會論文集　研討會籌備組　2002　p. 203

趙豐　中國絲綢藝術史　文物出版社　2005　p. 91

金瀅坤　敦煌社會經濟文獻綴合拾遺　文史(第七十五輯)　中華書局　2006　p. 89

P. 4976

王重民　敦煌變文研究　敦煌變文論輯　(臺北)石門圖書公司　1981　p. 214　又見：敦煌變文論
　　文錄　上海古籍出版社　1982　p. 300；敦煌遺書論文集　中華書局　1984　p. 202

饒宗頤解說　林宏作譯　敦煌書法叢刊(第十九卷)·碎金(二)　(東京)二玄社　1984　p. 104

周紹良　敦煌文學《兒郎偉》並跋　出土文獻研究　文物出版社　1985　p. 175

顏廷亮　關於敦煌遺書中的甘肅文學作品　1983年全國敦煌學術討論會文集·文史遺書編(下)
　　甘肅人民出版社　1987　p. 227、231

高國藩　驅儺風俗和敦煌民間歌謠《兒郎偉》　文史(第二十九輯)　中華書局　1988　p. 293

高國藩　敦煌民俗學　上海文藝出版社　1989　p. 496

劉進寶　俚曲小調　敦煌文學　甘肅人民出版社　1989　p. 233

高國藩　敦煌古俗與民俗流變　河海大學出版社　1990　p. 330

榮新江　沙州歸義軍歷任節度使稱號研究　敦煌吐魯番學研究論文集　漢語大詞典出版社　1990
　　p. 794、796

周純一　敦煌古劇質疑　第二屆敦煌學國際研討會論文集　(臺北)漢學研究中心　1990　p. 465

姜伯勤　敦煌社會文書導論　(臺北)新文豐出版公司　1992　p. 10

周紹良　敦煌文學芻議及其它　(臺北)新文豐出版公司　1992　p. 39、166

艾麗白　敦煌寫本中的"大儺"儀禮　法國學者敦煌學論文選萃　中華書局　1993　p. 258

艾麗白　敦煌寫本中的"兒郎偉"　法國學者敦煌學論文選萃　中華書局　1993　p. 238

高國藩　敦煌民俗資料導論　(臺北)新文豐出版公司　1993　p. 177

黃征　敦煌願文《兒郎偉》輯考　(香港)《九州學刊》(敦煌學專輯)1993年第5卷第4期　p. 52

李正宇　敦煌儺散論　《敦煌研究》1993年第2期　p. 119

譚禪雪　敦煌歲時掇瑣　(香港)《九州學刊》(敦煌學專輯)1993年第5卷第4期　p. 109

張錫厚　敦煌文學概論　甘肅人民出版社　1993　p. 381

鄭炳林　讀敦煌文書P. 3859《後唐清泰三年六月沙州儭司教授福集等狀》劄記　《西北史地》1993年
　　第4期　p. 48　又見：敦煌吐魯番文獻研究　蘭州大學出版社　1995　p. 617

黃征　吳偉　敦煌願文集　岳麓書社　1995　p. 579、961

李金梅　敦煌傳統文化與武術　《敦煌研究》1995年第2期　p. 195

顏廷亮　敦煌文學概說　(臺北)新文豐出版公司　1995　p. 70

姜伯勤　敦煌藝術宗教與禮樂文明　中國社會科學出版社　1996　p. 462、468

姜伯勤　沙州儺禮考　敦煌藝術宗教與禮樂文明　中國社會科學出版社　1996　p. 459　又見：中國
　　敦煌學百年文庫·歷史卷(二)　甘肅文化出版社　1999　p. 440

馬德　敦煌莫高窟史研究　甘肅教育出版社　1996　p. 128

張國剛　隋唐五代史研究概要　天津教育出版社　1996　p. 743

黃征　敦煌歌謠《兒郎偉》的價值　敦煌語文叢說　(臺北)新文豐出版公司　1997　p. 601、641

黃征　敦煌俗語詞輯釋　敦煌語文叢說　(臺北)新文豐出版公司　1997　p. 71

黃征　敦煌文學《兒郎偉》輯錄校注　敦煌語文叢說　(臺北)新文豐出版公司　1997　p. 680、705

黃征　張涌泉　敦煌變文校注　中華書局　1997　p. 18、74、188

龔方震　晏可佳　祆教史　上海社會科學院出版社　1998　p. 244

譚蟬雪　敦煌歲時文化導論　(臺北)新文豐出版公司　1998　p. 7

高國藩　敦煌俗文化學　上海三聯書店　1999　p. 226

李正宇　沙州歸義軍樂營及其職事　敦煌吐魯番研究（第五卷）　北京大學出版社　2001　p. 221

徐曉麗　回鶻天公主與敦煌佛教　敦煌佛教藝術文化國際學術研討會論文集　蘭州大學出版社
　　2002　p. 423

王豔明　瓜州曹氏與甘州回鶻的兩次和親始末　《敦煌研究》2003 年第 1 期　p. 71

張總　地藏信仰研究　宗教文化出版社　2003　p. 378

P. 4977

趙和平　敦煌寫本王梵志詩校注（續）　《北京大學學報》1980 年第 6 期　p. 37

菊池英夫　中國古文書·古寫本學と日本　東アジア古文書の史的研究　（東京）刀水書房　1990
　　p. 197

P. 4978

陳祚龍　瓜沙印錄　（臺北）《大陸雜誌》1962 年第 4 期　又見:敦煌學概要　（臺北）編譯館"中華叢
　　書編委會"　1981　p. 269 ; 中國敦煌學百年文庫·考古卷（一）　甘肅文化出版社　1999
　　p. 192

陳祚龍　敦煌古抄文獻會最　（臺北）新文豐出版公司　1982　p. 462（圖版）

陳祚龍　古代敦煌及其他地區流行之公私印章圖記文字錄　敦煌學要籥　（臺北）新文豐出版公司
　　1982　p. 346

王永興　唐天寶敦煌差科簿研究:兼論唐代色役制和其他問題　敦煌吐魯番文獻研究論集　中華書
　　局　1982　p. 120

陳祚龍　關於敦煌古抄漢文卷、冊之"新記"　敦煌簡策訂存　（臺北）商務印書館　1983　p. 12

吳宗國　唐貞觀二十二年敕旨中有關三衛的幾個問題:兼論唐代門蔭制度　敦煌吐魯番文獻研究論
　　集（第三輯）　北京大學出版社　1986　p. 172

朱鳳玉　王梵志詩研究（上）　（臺北）學生書局　1986　p. 49

劉俊文　敦煌吐魯番唐代法制文書考釋　中華書局　1989　p. 301

劉瑞明　王梵志年代新擬　《敦煌研究》1989 年第 1 期　p. 82

譚蟬雪　祭文　敦煌文學　甘肅人民出版社　1989　p. 122

劉俊文　論唐格:敦煌寫本唐格殘卷研究　敦煌吐魯番學研究論文集　漢語大詞典出版社　1990
　　p. 525

任半塘　《王梵志詩校輯》序　王梵志詩研究彙錄（上）　上海古籍出版社　1990　p. 53

唐耕耦　陸宏基　敦煌社會經濟文獻真迹釋錄（二）　全國圖書館文獻縮微複製中心　1990　p. 576

項楚　敦煌遺書中有關王梵志三條材料的校訂與解說　敦煌吐魯番文獻研究論集（第五輯）　北京
　　大學出版社　1990　p. 63、64、66　又見:敦煌文學叢考　上海古籍出版社　1991　p. 456

張錫厚　論王梵志詩的口語化傾向　王梵志詩研究彙錄（上）　上海古籍出版社　1990　p. 124

趙和平　鄧文寬　敦煌寫本王梵志詩校注　王梵志詩研究彙錄（上）　上海古籍出版社　1990
　　p. 208

項楚　王梵志詩校注　上海古籍出版社　1991　p. 921

項楚　王梵志詩論　敦煌文學叢考　上海古籍出版社　1991　p. 634

周丕顯　敦煌佚詩雜考　《敦煌學輯刊》1992 年第 1、2 期　p. 52

郝春文　敦煌寫本社邑文書年代彙考（一）　《首都師範大學學報》1993 年第 4 期　p. 34

項楚　敦煌詩歌導論　（臺北）新文豐出版公司　1993　p. 291

王永興　敦煌經濟文書導論　（臺北）新文豐出版公司　1994　p. 397

胡戟　傅玫　敦煌史話　中華書局　1995　p. 156

劉進寶　敦煌學論述　（臺北）洪葉文化事業有限公司　1995　p. 260

王惠民　曹元德功德窟考　《敦煌研究》1995 年第 4 期　p. 165

張涌泉　《敦煌文獻語言辭典》補正　原學（第四輯）　中國廣播電視出版社　1995　p. 389

周一良　趙和平　敦煌寫本 P. 2481 號性質初探　唐五代書儀研究　中國社會科學出版社　1995
　　p. 279

陸淑綺　李重申　敦煌古代戲曲文化史料綜述　《敦煌研究》1997 年第 2 期　p. 59

張錫厚　柴劍虹　王梵志　敦煌學大辭典　上海辭書出版社　1998　p. 345

高國藩　敦煌俗文化學　上海三聯書店　1999　p. 618

劉俊文　唐代法制研究　（臺北）文津出版社　1999　p. 161 注 101

顏廷亮　敦煌文化中的道教及文化　《敦煌研究》1999 年第 1 期　p. 143

張涌泉　敦煌文書疑難詞語辨釋　舊學新知　浙江大學出版社　1999　p. 259

劉進寶　敦煌文書與唐史研究　（臺北）新文豐出版公司　2000　p. 2

顏廷亮　敦煌文化　光明日報出版社　2000　p. 251

王啓濤　中古及近代法制文書語言研究　巴蜀書社　2003　p. 204、223

張涌泉　敦煌文獻字詞例釋　敦煌學（第 25 輯）　（臺北）樂學書局有限公司　2004　p. 348

鄭顯文　關於唐神龍年間《散頒刑部格》殘卷的文獻價值　中國古代法律文獻研究（第二輯）　政法
　　大學出版社　2004　p. 131

P. 4979

池田溫　敦煌の流通経済　敦煌の社会（講座敦煌 3）　（東京）大東出版社　1980　p. 337　又見：敦
　　煌文書の世界　（東京）名著刊行會　2003　p. 172

姜伯勤　敦煌的"畫行"與"畫院"　1983 年全國敦煌學術討論會文集・石窟藝術編（下）　甘肅人民
　　出版社　1987　p. 172

姜伯勤　唐五代敦煌寺戶制度　中華書局　1987　p. 306

唐耕耦　8 至 10 世紀敦煌的物價　紀念陳寅恪教授國際學術討論會文集　中山大學出版社　1989
　　p. 533

盧向前　唐代前期市估法研究　敦煌吐魯番學研究論文集　漢語大詞典出版社　1990　p. 703

唐耕耦　陸宏基　敦煌社會經濟文獻真迹釋録（三）　全國圖書館文獻縮微複製中心　1990　p. 626

王仲犖　唐西陲物價考　敦煌吐魯番文獻研究論集（第五輯）　北京大學出版社　1990　p. 4

姜伯勤　敦煌社會文書導論　（臺北）新文豐出版公司　1992　p. 176

尹偉先　從敦煌文書看唐代河西地區的貨幣流通　《社科縱橫》1992 年第 6 期　又見：中國敦煌學百
　　年文庫・歷史卷（二）　甘肅文化出版社　1999　p. 339

榮新江　饒宗頤教授與敦煌學研究　"中國唐代學會"會刊（第四期）　（臺北）"中國唐代學會"
　　1993　p. 46　又見：選堂文史論苑　上海古籍出版社　1994　p. 271

鄭炳林　高偉　唐五代敦煌釀酒業初探　《西北史地》1994 年第 1 期　p. 29

姜伯勤　敦煌藝術宗教與禮樂文明　中國社會科學出版社　1996　p. 14

王仲犖　金泥玉屑叢考　中華書局　1996　p. 194

馬德　敦煌工匠史料　甘肅人民出版社　1997　p. 92

唐耕耦　敦煌寺院會計文書研究　（臺北）新文豐出版公司　1997　p. 422

鄭炳林　吐蕃統治下的敦煌粟特人　敦煌歸義軍史專題研究　蘭州大學出版社　1997　p. 388 注 1

楊森　晚唐五代兩件《女人社》文書劄記　《敦煌研究》1998 年第 1 期　p. 70

陳永勝　敦煌吐魯番法制文書研究　甘肅人民出版社　2000　p. 128

童丕　敦煌的借貸：中國中古時代的物質生活與社會　中華書局　2003　p. 102

高啓安　唐五代敦煌飲食文化研究　民族出版社　2004　p. 351

王卡　敦煌道教文獻研究　中國社會科學出版社　2004　p. 12、37、236

王卡　敦煌道教綜述　敦煌與絲路文化學術講座（第二輯）　北京圖書館出版社　2005　p. 381

P. 4980

陳祚龍　敦煌古抄"偈"文兩種　敦煌簡策訂存　（臺北）商務印書館　1983　p. 28

陳祚龍　中世敦煌釋門的布薩法事之一斑　敦煌簡策訂存　（臺北）商務印書館　1983　p. 146

郭長城　試論 P. 4980 及"秋吟一本"之相關寫卷　敦煌學（第 6 輯）（臺北）新文豐出版公司　1983　p. 103

潘重規　敦煌變文集新書（下）（臺北）"中國文化大學"中文研究所　1984　p. 829

陳祚龍　關於中世敦煌流行的某些"偈"或"偈子"　中華佛教文化史散策（四集）（臺北）新文豐出版公司　1986　p. 148

郭長城　敦煌變文集失收之三個與"秋吟一本"相關寫卷叙錄：S. 5572，P. 2704，P. 4980　敦煌學（第 11 輯）（臺北）新文豐出版公司　1986　p. 73

郭在貽　張涌泉　黃征　敦煌變文集校議　岳麓書社　1990　p. 413

李正宇　敦煌文學概論　甘肅人民出版社　1993　p. 118

汪泛舟　敦煌文學概論　甘肅人民出版社　1993　p. 565

李正宇　敦煌史地新論　（臺北）新文豐出版公司　1996　p. 11

鄭炳林　敦煌碑銘讚輯釋　甘肅教育出版社　1997　p. 556 注 13

郝春文　唐後期五代宋初敦煌僧尼的社會生活　中國社會科學出版社　1998　p. 192

張鴻勳　敦煌俗文學研究　甘肅人民出版社　2002　p. 43

P. 4981

山本達郎等　敦煌・I 社條　『NUN – HUANG AND TURFAN DOCUMENTS CONCERNING SOCIAL AND ECONOMIC HISTORY』(IV)　（東京）東洋文庫　1989　p. 8

山本達郎等　敦煌・III 轉貼　『NUN – HUANG AND TURFAN DOCUMENTS CONCERNING SOCIAL AND ECONOMIC HISTORY』(IV)　（東京）東洋文庫　1989　p. 80

郝春文　唐後期五代宋初沙州僧尼的特點　敦煌吐魯番學研究論文集　漢語大詞典出版社　1990　p. 818、837、852 注 2

石田勇作　敦煌「社文書」研究序說　中國古代の國家と民眾（堀敏一先生古稀記念）（東京）汲古書院　1995　p. 687

土肥義和　唐・北宋間の「社」の組織形態に関する一考察　中國古代の國家と民眾（堀敏一先生古稀記念）（東京）汲古書院　1995　p. 718

郝春文　唐後期五代宋初敦煌僧尼的社會生活　中國社會科學出版社　1998　p. 75

榮新江　郝春文《唐後期五代宋初敦煌僧尼的社會生活》評介　《中國史研究》2000 年第 1 期　又見：敦煌學新論　甘肅教育出版社　2002　p. 239

郝春文　唐後期五代宋初敦煌僧尼的生活方式　寺院財富與世俗供養　上海書畫出版社　2003　p. 133

李正宇　晚唐至北宋敦煌僧尼普聽飲酒　《敦煌研究》2005 年第 3 期　p. 75

P. 4983

施萍婷　敦煌曆日研究　1983 年全國敦煌學術討論會文集·文史遺書編(上)　甘肅人民出版社
　　1987　p. 306、311、325、353

山本達郎等　敦煌·Ⅳ 納贈曆·納色物曆等　『NUN – HUANG AND TURFAN DOCUMENTS CON-
CERNING SOCIAL AND ECONOMIC HISTORY』(Ⅳ)　(東京)東洋文庫　1989　p. 90

嚴敦傑　跋敦煌唐乾符四年曆書　中國古代天文文物論集　文物出版社　1989　p. 243、251　又見:
　　中國敦煌學百年文庫·科技卷　甘肅文化出版社　1999　p. 216

宮島一彥　曆書·算書　敦煌漢文文獻(講座敦煌 5)　(東京)大東出版社　1992　p. 473

郝春文　敦煌寫本社邑文書年代彙考(三)　《社科縱橫》1993 年第 5 期　p. 10

劉進寶　敦煌學論述　(臺北)洪葉文化事業有限公司　1995　p. 286

鄧文寬　敦煌天文曆法文獻輯校　江蘇古籍出版社　1996　p. 251

寧可　郝春文　敦煌社邑文書輯校　江蘇古籍出版社　1997　p. 476

鄧文寬　大順三年壬子歲具注曆日　敦煌學大辭典　上海辭書出版社　1998　p. 607

郝春文　P. 3223《勘尋永安寺法律願慶與老宿紹建相諍根由狀》及其相關問題考　中日敦煌佛教學
　　術會議論文集　中國社會科學院研究所　2002　p. 57　又見:戒幢佛學(第二卷)　岳麓書社
　　2002　p. 81

馬繼興　當前世界各地收藏的中國出土卷子本古醫藥文獻備考　敦煌吐魯番研究(第六卷)　北京
　　大學出版社　2002　p. 154

馬若安　敦煌曆日"沒日"和"滅日"安排初探　敦煌吐魯番研究(第七卷)　北京大學出版社　2004
　　p. 429

P. 4984

黃永武　施淑婷　敦煌的唐詩續編　(臺北)文史哲出版社　1989　p. 23

張錫厚　敦煌本唐集研究　(臺北)新文豐出版公司　1995　p. 188

趙和平　敦煌表狀箋啓書儀輯校　江蘇古籍出版社　1997　p. 400

趙和平　《敦煌寫本書儀研究》訂補　敦煌吐魯番研究(第三卷)　北京大學出版社　1998　p. 251

趙和平　書儀　敦煌學大辭典　上海辭書出版社　1998　p. 422

胡大浚　王志鵬　敦煌邊塞詩歌校注　甘肅人民出版社　1999　p. 96

馬克　敦煌數占小考　法國漢學(敦煌學專號)　中華書局　2000　p. 194

徐俊　敦煌詩集殘卷輯考　中華書局　2000　p. 399

張錫厚　敦煌文學源流　作家出版社　2000　p. 78

黃正建　敦煌占卜文書與唐五代占卜研究　學苑出版社　2001　p. 20

陶敏　李一飛　隋唐五代文學史料學　中華書局　2001　p. 354

王卡　敦煌道教文獻研究　中國社會科學出版社　2004　p. 150

P. 4985

徐俊　敦煌寫本唐人詩歌存佚互見綜考　敦煌吐魯番研究(第一卷)　北京大學出版社　1996
　　p. 111

柴劍虹　"模糊"的"敦煌文學"　敦煌文學論集　四川人民出版社　1997　p. 6

徐俊　敦煌大曲　敦煌文學論集　四川人民出版社　1997　p. 248 注 1

柴劍虹　荀鶴詩　敦煌學大辭典　上海辭書出版社　1998　p. 559

徐俊　敦煌詩集殘卷輯考　中華書局　2000　p. 461、494

P. 4986

李正宇　邈真讚　敦煌文學　甘肅人民出版社　1989　p. 184

李明偉　敦煌文學概論　甘肅人民出版社　1993　p. 491

李正宇　敦煌文學概論　甘肅人民出版社　1993　p. 96

齊陳駿　寒沁　河西都僧統唐悟真作品和見載文獻系年　《敦煌學輯刊》1993 年第 2 期　p. 13

鄭炳林　敦煌碑銘讚部分文書拼接復原　《敦煌研究》1993 年第 1 期　p. 53

鄭炳林　敦煌碑銘讚抄本概述　《蘭州大學學報》1993 年第 4 期　p. 137

姜伯勤　敦煌邈真讚與敦煌望族　敦煌邈真讚校錄並研究　（臺北）新文豐出版公司　1994　p. 20、
　　36

榮新江　歸義軍改元考　文史（第三十八輯）　中華書局　1994　p. 47

榮新江　歸義軍史研究　上海古籍出版社　1996　p. 48

黃征　《敦煌碑銘讚輯釋》評介　敦煌語文叢說　（臺北）新文豐出版公司　1997　p. 814

鄭炳林　敦煌碑銘讚及其有關問題　敦煌碑銘讚輯釋　甘肅教育出版社　1997　p. 2

鄭炳林　敦煌碑銘讚輯釋　甘肅教育出版社　1997　p. 104

鄭炳林　唐五代敦煌種植林業研究　敦煌歸義軍史專題研究　蘭州大學出版社　1997　p. 203

柴劍虹　京兆杜氏邈真讚　敦煌學大辭典　上海辭書出版社　1998　p. 550

李麗　關於《張淮深墓誌銘》的兩個問題　《敦煌學輯刊》1998 年第 1 期　p. 143

李正宇　悟真　敦煌學大辭典　上海辭書出版社　1998　p. 355

土肥義和　唐・北宋の間：敦煌の杜家親情社追補社條（S. 8160rv）について　唐代史研究（創刊號）
　　（東京）唐代史研究會　1998　p. 21

楊富學　李吉和　敦煌漢文吐蕃史料輯校（第一輯）　甘肅人民出版社　1999　p. 199

雷紹鋒　歸義軍賦役制度初探　（臺北）洪葉文化事業有限公司　2000　p. 195

徐俊　敦煌詩集殘卷輯考　中華書局　2000　p. 326

P. 4987

唐耕耦　陸宏基　敦煌社會經濟文獻真迹釋錄（一）　書目文獻出版社　1986　p. 355

李明偉　狀・牒・帖　敦煌文學　甘肅人民出版社　1989　p. 44

山本達郎等　敦煌・III 轉貼　『NUN‐HUANG AND TURFAN DOCUMENTS CONCERNING SOCIAL
　　AND ECONOMIC HISTORY』(IV)　（東京）東洋文庫　1989　p. 67

姜伯勤　敦煌社會文書導論　（臺北）新文豐出版公司　1992　p. 233、243

郝春文　敦煌寫本社邑文書年代彙考（一）　《首都師範大學學報》1993 年第 4 期　p. 38

郝春文　敦煌寫本社邑文書年代彙考（三）　《社科縱橫》1993 年第 5 期　p. 9

石田勇作　敦煌「社文書」研究序說　中國古代の國家と民衆（堀敏一先生古稀記念）　（東京）汲古
　　書院　1995　p. 672

張錫厚　敦煌本唐集研究　（臺北）新文豐出版公司　1995　p. 124

陸慶夫　鄭炳林　俄藏敦煌寫本中九件轉帖初探　《敦煌學輯刊》1996 年第 1 期　p. 11

鄭阿財　潘重規教授與敦煌學研究　"中國唐代學會"會刊（第七期）　（臺北）"中國唐代學會"
　　1996　p. 32

陸慶夫　鄭炳林　唐末五代敦煌的社與粟特人聚落　敦煌歸義軍史專題研究　蘭州大學出版社
　　1997　p. 395

寧可　郝春文　敦煌社邑文書輯校　江蘇古籍出版社　1997　p. 119

寧可　兄弟社　敦煌學大辭典　上海辭書出版社　1998　p. 428

郝春文　英藏敦煌文獻年代叢考　英國收藏敦煌漢藏文獻研究　中國社會科學出版社　2000
　　　p. 370

山本達郎等　補(IV)社・III 轉貼 『NUN－HUANG AND TURFAN DOCUMENTS CONCERNING SO-
CIAL AND ECONOMIC HISTORY』(Sup. p. lemrnts)　（東京）東洋文庫　2001　p. 74

高啓安　唐五代敦煌飲食文化研究　民族出版社　2004　p. 286

汪娟　梁麗玲　潘重規先生與佛教研究　敦煌學（第 25 輯）　（臺北）樂學書局有限公司　2004
　　　p. 223

葉貴良　敦煌社邑文書詞語選釋　《敦煌研究》2004 年第 5 期　p. 82

朱鳳玉　臺灣地區敦煌文學研究之考察與展望　敦煌吐魯番研究（第七卷）　北京大學出版社
　　　2004　p. 283

金瀅坤　敦煌社會經濟文書定年拾遺　《首都師範大學學報》2006 年第 1 期　p. 13

P. 4988

周紹良　敦煌所出變文現存目録　敦煌變文彙録　上海出版公司　1955　p. 7

寺岡龍含　敦煌本郭象注莊子南華真經研究總論　福井漢文學會　1966　p. 71、140

金岡照光　敦煌文學のさまざま　敦煌の文學　（東京）大藏出版株式會社　1971　p. 107

金岡照光　敦煌文學のこころ　敦煌の文學　（東京）大藏出版株式會社　1971　p. 250

金岡照光　敦煌民衆の宗教と生活　敦煌の民衆——その生活と思想　（東京）評論社　1972
　　　p. 191

加地哲定　增補中國佛教文學研究　（東京）同朋舍　1979　p. 167

楊家駱　敦煌變文　（臺北）世界書局　1980　p. 745

金岡照光　敦煌の繪物語　（東京）東方書店　1981　p. 173

鄭阿財　敦煌孝道文學研究　（臺北）石門圖書公司　1982　p. 16、220

周紹良　談唐代民間文學——讀《中國文學史》中"變文"節書後關於唐代民間文學研究的幾點意
　　　見　敦煌變文論文録　上海古籍出版社　1982　p. 412　又見:紹良叢稿　齊魯書社　1984
　　　p. 54

楠山春樹　道德經類 付『莊子』『列子』『文子』　敦煌と中國道教（講座敦煌 4）　（東京）大東出版
　　　社　1983　p. 52

王堯　陳踐　敦煌吐蕃文獻選　四川民族出版社　1983　p. 206

遊佐昇　文學文獻より見た敦煌の道教　敦煌と中國道教（講座敦煌 4）　（東京）大東出版社
　　　1983　p. 290

川口久雄　目連救母變文考　大目乾連冥間救母變文（敦煌資料と日本文學　3）　（東京）大東文化
　　　大學東洋研究所　1984　p. 45

金岡照光　敦煌における地獄文獻——敦煌庶民信仰の一樣相　敦煌と中國仏教（講座敦煌 7）
　　　（東京）大東出版社　1984　p. 582

潘重規　敦煌變文集新書（下）　（臺北）"中國文化大學"中文研究所　1984　p. 717

王慶菽　大目乾連冥間救母變文並圖一卷並序　敦煌變文集　人民文學出版社　1984　p. 745

王重民原編　黃永武新編　敦煌古籍叙録新編（第十三冊）　（臺北）新文豐出版公司　1986　p. 217

周紹良　唐代變文及其它　敦煌文學作品選　中華書局　1987　p. 4

陳觀勝　中國佛教中之孝道　西域與佛教文書論集　（臺北）學生書局　1989　p. 263 注 31

陳祚龍　看了敦煌古抄《佛說盂蘭盆經讚述》以後　敦煌學散策新集　（臺北）新文豐出版公司
　　　1989　p. 269

高國藩　敦煌民俗學　上海文藝出版社　1989　p. 428

郭在貽　張涌泉　黃征　《大目乾連冥間救母變文》校議　《安徽師大學報》1989 年第 1 期　p. 18

李正宇　唐宋時代敦煌縣河渠泉澤簡志(二)　《敦煌研究》1989 年第 1 期　p. 56

郭在貽　張涌泉　黃征　敦煌變文集校議　岳麓書社　1990　p. 371

加地哲定著　劉衛星譯　中國佛教文學　今日中國出版社　1990　p. 141

江藍生　近代漢語語法資料彙編(唐五代卷)　商務印書館　1990　p. 390

項楚　敦煌變文選注　巴蜀書社　1990　p. 646

金岡照光　講唱體類　敦煌の文學文獻(講座敦煌 9)　(東京)大東出版社　1992　p. 152

林家平　寧强　羅華慶　中國敦煌學史　北京語言學院出版社　1992　p. 337

周紹良　敦煌文學芻議及其它　(臺北)新文豐出版公司　1992　p. 68

張鴻勳　敦煌文學概論　甘肅人民出版社　1993　p. 238

鄭阿財　從敦煌文獻看唐代的三教合一　第二屆國際唐代學術會議論文集(上)　(臺北)文津出版社　1993　p. 648

顏廷亮　《大目乾連冥間救母變文並圖一卷並序》的一個未見著錄的節抄卷　《社科縱橫》1994 年第 4 期　p. 4

蕭登福　道教與佛教　(臺北)東大圖書公司　1995　p. 275

顏廷亮　敦煌文學概說　(臺北)新文豐出版公司　1995　p. 324

黃征　李丹禾　敦煌變文中的願文　敦煌文學論集　四川人民出版社　1997　p. 369

黃征　張涌泉　敦煌變文校注　中華書局　1997　p. 1039

劉子瑜　敦煌變文和王梵志詩　大象出版社　1997　p. 38

海客　大目乾連冥間救母變文　敦煌學大辭典　上海辭書出版社　1998　p. 575

李重申　武術　敦煌學大辭典　上海辭書出版社　1998　p. 600

潘重規　敦煌《雲謠集》新書　雲謠集研究彙錄　上海古籍出版社　1998　p. 217

王繼如　別本《大目乾連冥間救母變文》研究　《敦煌研究》1998 年第 3 期　p. 142

周紹良　張涌泉　黃征　敦煌變文講經文因緣輯校(下)　江蘇古籍出版社　1998　p. 873

梅維恒著　楊繼東　陳引馳譯　唐代變文(上)　(香港)中國佛教文化出版公司　1999　p. 59

馬茜　歸義軍時期敦煌地區庶民佛教的發展　甘肅民族研究論叢　甘肅人民出版社　2002　p. 450

鄭阿財　《盂蘭盆經疏》與《盂蘭盆經講經文》　冉雲華先生八秩華誕壽慶論文集　(臺北)法光出版社　2003　p. 446

王卡　敦煌道教文獻研究　中國社會科學出版社　2004　p. 180

P. 4989

藤枝晃　敦煌の僧尼籍　『東方學報』(第 35 號)　京都大學人文科學研究所　1964　p. 333

池田溫　中國古代の租佃契(上)　『東洋文化研究所紀要』(第 60 冊)　東京大學東洋文化研究所　1973　p. 97

宋家鈺　唐代手實初探　魏晉隋唐史論集(第一輯)　中國社會科學出版社　1981　p. 223

冷鵬飛　唐末沙州歸義軍時期有關百姓受田和賦稅的幾個問題　《敦煌學輯刊》1984 年第 1 期　p. 28、34

郭長城　敦煌寫本朋友書儀試論　漢學研究(敦煌學國際研討會論文專號)　(臺北)漢學研究資料及服務中心　1986　p. 297

寧欣　唐代敦煌地區農業水利問題初探　敦煌吐魯番文獻研究論集(第三輯)　北京大學出版社　1986　p. 502 注 13、510、536 注 42

趙和平　敦煌寫本《朋友書儀》殘卷整理及研究　《敦煌研究》1987 年第 4 期　p. 44　又見：唐五代
　　書儀研究　中國社會科學出版社　1995　p. 109
周紹良　趙和平　書儀　《敦煌語言文學研究通訊》1987 年第 4 期　p. 1　又見：敦煌文學　甘肅人
　　民出版社　1989　p. 46
宋家鈺　唐朝戶籍法與均田制研究　中州古籍出版社　1988　p. 85 注 2、118
楊際平　唐末宋初敦煌土地制度初探　《敦煌學輯刊》1988 年第 1、2 期　p. 18
李正宇　唐宋時代敦煌縣河渠泉澤簡志（二）　《敦煌研究》1989 年第 1 期　p. 56
劉進寶　俚曲小調　敦煌文學　甘肅人民出版社　1989　p. 226
唐耕耦　陸宏基　敦煌社會經濟文獻真迹釋錄（二）　全國圖書館文獻縮微複製中心　1990　p. 471
趙和平　敦煌寫本書儀略論　敦煌吐魯番學研究論文集　漢語大詞典出版社　1990　p. 562　又見：
　　唐五代書儀研究　中國社會科學出版社　1995　p. 2
佐竹靖彥　唐宋變革の地域的研究　（東京）同朋舍　1990　p. 150
王仲犖　敦煌石室出《沙州都督府圖經》殘卷考釋　《中國歷史地理論叢》1992 年第 1 輯　又見：中
　　國敦煌學百年文庫·地理卷（二）　甘肅文化出版社　1999　p. 354
佐竹靖彥　唐末宋初敦煌地區戶籍制度的演變唐代均田制研究選譯　甘肅教育出版社　1992
　　p. 167
趙和平　敦煌寫本書儀研究　（臺北）新文豐出版公司　1993　p. 11、110
李正宇　敦煌史地新論　（臺北）新文豐出版公司　1996　p. 131
張澤咸　唐代階級結構研究　中州古籍出版社　1996　p. 249 注 1
馮培紅　唐五代敦煌的河渠水利與水司管理機構初探　《敦煌學輯刊》1997 年第 2 期　p. 73
李正宇　敦煌歷史地理導論　（臺北）新文豐出版公司　1997　p. 269
劉進寶　歸義軍土地制度初探　《敦煌研究》1997 年第 2 期　p. 46
鄭炳林　晚唐五代敦煌園囿經濟研究　敦煌歸義軍史專題研究　蘭州大學出版社　1997　p. 315
高啓安　崇高與卑賤：敦煌的佛教信仰賤名再探　'98 法門寺唐文化國際學術討論會論文集　陝西
　　人民出版社　2000　p. 250
雷紹鋒　歸義軍賦役制度初探　（臺北）洪葉文化事業有限公司　2000　p. 8、27、119 注 4
劉進寶　敦煌歷史文化　甘肅人民出版社　2000　p. 128
劉進寶　敦煌文書與唐史研究　（臺北）新文豐出版公司　2000　p. 147
丘古耶夫斯基　敦煌漢文文書　上海古籍出版社　2000　p. 66、214
陳國燦　敦煌學史事新證　甘肅教育出版社　2002　p. 25
劉進寶　敦煌學通論　甘肅教育出版社　2002　p. 85
劉進寶　歸義軍政權初期的人口調查和土地調整　《敦煌研究》2004 年第 2 期　p. 61
王三慶　黃亮文　《朋友書儀》一卷研究　敦煌學（第 25 輯）　（臺北）新文豐出版公司　2004　p. 23
王曉平　敦煌書儀與《萬葉集》書狀的比較研究　《敦煌研究》2004 年第 6 期　p. 78
陳麗萍　敦煌文書所見唐五代婚變現象初探（一）　《敦煌學輯刊》2005 年第 2 期　p. 171
趙曉星　寇甲　西魏：歸義軍時期敦煌地區的史姓　《敦煌學輯刊》2005 年第 2 期　p. 135
陳麗萍　敦煌籍帳中夫妻年歲差距過大現象初探　《首都師範大學學報》2006 年第 2 期　p. 9

P. 4990

李明偉　狀·牒·帖　敦煌文學　甘肅人民出版社　1989　p. 38
鄭阿財　敦煌蒙書析論　第二屆敦煌學國際研討會論文集　（臺北）漢學研究中心　1990　p. 220
鄭阿財　敦煌文獻與文學　（臺北）新文豐出版公司　1993　p. 251

李鼎霞　"上大夫"習字本　敦煌學大辭典　上海辭書出版社　1998　p. 782
鄭阿財　朱鳳玉　敦煌蒙書研究　甘肅教育出版社　2002　p. 140

P. 4991

郭鋒　敦煌的"社"及其活動　《敦煌學輯刊》1983 年創刊號　p. 83
唐耕耦　陸宏基　敦煌社會經濟文獻真迹釋録(一)　書目文獻出版社　1986　p. 335
郝春文　敦煌遺書中的"春秋座局席"考　《北京師範學院學報》1989 年第 4 期　p. 35
山本達郎等　敦煌・III 轉貼　『NUN－HUANG AND TURFAN DOCUMENTS CONCERNING SOCIAL
　　AND ECONOMIC HISTORY』(IV)　(東京)東洋文庫　1989　p. 43
姜伯勤　敦煌社會文書導論　(臺北)新文豐出版公司　1992　p. 242
高國藩　敦煌民俗資料導論　(臺北)新文豐出版公司　1993　p. 4
郝春文　敦煌寫本社邑文書年代彙考(一)　《首都師範大學學報》1993 年第 4 期　p. 37
石田勇作　敦煌「社文書」研究序說　中國古代の國家と民衆(堀敏一先生古稀記念)　(東京)汲古
　　書院　1995　p. 681
土肥義和　唐・北宋間の「社」の組織形態に関する一考察　中國古代の國家と民衆(堀敏一先生古
　　稀記念)　(東京)汲古書院　1995　p. 716
劉進寶　P. 3236 號《壬申年官布籍》時代考　《西北師大學報》1996 年第 5 期　p. 44
劉進寶　P. 3236 號《壬申年官布籍》研究　慶祝潘石禪先生九秩華誕敦煌學特刊　(臺北)文津出版
　　社　1996　p. 360、365
寧可　郝春文　敦煌社邑文書輯校　江蘇古籍出版社　1997　p. 106
楊際平　郭鋒　張和平　五─十世紀敦煌的家庭與家族關係　岳麓書社　1997　p. 145
鄭炳林　唐五代敦煌的粟特人與佛教　敦煌歸義軍史專題研究　蘭州大學出版社　1997　p. 448
郝春文　唐後期五代宋初敦煌僧尼的社會生活　中國社會科學出版社　1998　p. 379
郝春文　唐後期五代宋初敦煌僧尼遺產的處理與喪事的操辦　《敦煌研究》1998 年第 3 期　p. 39
金瀅坤　從敦煌文書看晚唐五代敦煌地區布紡織業　《敦煌研究》1998 年第 2 期　p. 140
楊森　談敦煌社邑文書中"三官"及"録事""虞侯"的若干問題　《敦煌研究》1999 年第 3 期　p. 84
高啓安　崇高與卑賤:敦煌的佛教信仰賤名再探　'98 法門寺唐文化國際學術討論會論文集　陝西
　　人民出版社　2000　p. 253
劉進寶　敦煌文書與唐史研究　(臺北)新文豐出版公司　2000　p. 232
孟憲實　敦煌社邑的分佈　敦煌文獻論集:紀念藏經洞發現一百周年國際學術研討會論文集　遼寧
　　人民出版社　2001　p. 431

P. 4992

唐耕耦　陸宏基　敦煌社會經濟文獻真迹釋録(二、四)　全國圖書館文獻縮微複製中心　1990
　　p. 314;520
王震亞　趙熒　敦煌殘卷爭訟文牒集釋　甘肅人民出版社　1993　p. 56
齊陳駿　有關遺產繼承的幾件敦煌遺書　《敦煌學輯刊》1994 年第 2 期　p. 51
高啓安　唐宋時期敦煌人名探析　《敦煌研究》1997 年第 4 期　p. 125
高啓安　崇高與卑賤:敦煌的佛教信仰賤名再探　'98 法門寺唐文化國際學術討論會論文集　陝西
　　人民出版社　2000　p. 253
曾良　敦煌文獻字義通釋　廈門大學出版社　2001　p. 48
董志翹　敦煌社會經濟文書詞語散釋　中國俗文化研究(第一輯)　巴蜀書社　2003　p. 130

董志翹　敦煌社會經濟文獻詞語略考　浙江與敦煌學：常書鴻先生誕辰一百周年紀念文集　浙江古籍出版社　2004　p. 492

陳麗萍　敦煌文書所見唐五代婚變現象初探（一）　《敦煌學輯刊》2005 年第 2 期　p. 168

金瀅坤　敦煌社會經濟文書定年拾遺　《首都師範大學學報》2006 年第 1 期　p. 13

P. 4993

張錫厚　略論敦煌賦集及其選録標準　《敦煌學輯刊》1986 年第 1 期　p. 17

張錫厚　敦煌賦集校理　《敦煌研究》1987 年第 4 期　p. 32

張錫厚　關於《敦煌賦集》整理的幾個問題　《敦煌學輯刊》1987 年第 1 期　p. 44　又見：敦煌語言文學論文集　浙江古籍出版社　1988　p. 225、230

張錫厚　伯 2488、伯 5037 敦煌賦卷初考　敦煌語言文學研究　北京大學出版社　1988　p. 200

張錫厚　賦　敦煌文學　甘肅人民出版社　1989　p. 134

任半塘　王昆吾　隋唐五代燕樂雜言歌辭集　巴蜀書社　1990　p. 359

柴劍虹　敦煌唐人詩文選集殘卷（伯 2555）補録　西域文史論稿　（臺北）國文天地雜誌社　1991　p. 291

周紹良　敦煌文學芻議及其它　（臺北）新文豐出版公司　1992　p. 20

項楚　敦煌詩歌導論　（臺北）新文豐出版公司　1993　p. 47

張鴻勳　敦煌話本詞文俗賦導論　（臺北）新文豐出版公司　1993　p. 169

伏俊璉　敦煌賦校注　甘肅人民出版社　1994　p. 2

張錫厚　敦煌本唐集研究　（臺北）新文豐出版公司　1995　p. 411

張錫厚　敦煌賦彙　（臺北）新文豐出版公司　1996　p. 5、201

王利器　讀《敦煌變文集》四首俗賦書後　曉傳書齋集　華東師範大學出版社　1997　p. 486

伏俊璉　俗情雅韻：敦煌賦選析　甘肅人民出版社　2000　p. 11

徐俊　敦煌詩集殘卷輯考　中華書局　2000　p. 732

張錫厚　敦煌文學源流　作家出版社　2000　p. 199、205

林平和　試論敦煌文獻之輯佚價值　新世紀敦煌學論集　巴蜀書社　2003　p. 742

P. 4994

潘重規　巴黎倫敦所藏敦煌詩經卷子題記　（香港）《新亞書院學術年刊》1969 年第 11 期　又見：中國敦煌學百年文庫・文獻卷（二）　甘肅文化出版社　1999　p. 388

潘重規　敦煌詩經卷子研究　（臺北）《華岡學報》1970 年第 6 期　又見：中國敦煌學百年文庫・文獻卷（二）　甘肅文化出版社　1999　p. 435

蘇瑩輝　略論五經正義的原本格式及其標記"經"、"傳"、"注"文起訖情形　敦煌論集續編　（臺北）學生書局　1983　p. 73

饒宗頤解說　林宏作譯　敦煌書法叢刊（第十七卷）・雜詩文　（東京）二玄社　1985　p. 58

柴劍虹　研究唐代文學的珍貴資料：敦煌 P. 2555 號唐人寫卷分析　1983 年全國敦煌學術討論會文集・文史遺書編（下）　甘肅人民出版社　1987　p. 90　又見：西域文史論稿　（臺北）國文天地雜誌社　1991　p. 256

張錫厚　敦煌詩歌考論　《敦煌學輯刊》1989 年第 2 期　p. 28

土田健次郎　儒教典籍　敦煌漢文文獻（講座敦煌 5）　（東京）大東出版社　1992　p. 268

白化文　詩經　敦煌學大辭典　上海辭書出版社　1998　p. 773

施萍婷　《敦煌遺書總目索引新編》前言　敦煌遺書總目索引新編　中華書局　2000　p. 3

徐俊　敦煌詩集殘卷輯考　中華書局　2000　p. 55、120、300、464、535、694、732

劉瑞明　集遺珠以彙詩海　復原貌而觀萬象：評《敦煌詩集殘卷輯考》　《敦煌研究》2001 年第 4 期　p. 170

徐俊　敦煌寫本詩歌續考　《敦煌研究》2002 年第 5 期　p. 67

P. 4995

高國藩　敦煌寫本《太公家教》初探　《敦煌學輯刊》1984 年第 1 期　p. 65

王重民　跋太公家教　敦煌遺書論文集　中華書局　1984　p. 137

雷僑雲　敦煌兒童文學　（臺北）學生書局　1985　p. 82 注 5

朱鳳玉　太公家教研究　漢學研究（敦煌學國際研討會論文專號）　（臺北）漢學研究資料及服務中心　1986　p. 406

姜伯勤　敦煌音聲人略論　《敦煌研究》1988 年第 4 期　p. 5

鄭阿財　敦煌寫卷新集文詞九經抄研究　（臺北）文史哲出版社　1989　p. 128 注 1、174

鄭阿財　敦煌蒙書析論　第二屆敦煌學國際研討會論文集　（臺北）漢學研究中心　1990　p. 226

黃征　語辭輯釋　《古漢語研究》1992 年第 1 期　p. 60

黃征　吳偉　《敦煌願文集》輯校中的一些問題　《敦煌研究》1992 年第 1 期　p. 64　又見：敦煌語文叢說　（臺北）新文豐出版公司　1997　p. 547

姜伯勤　敦煌社會文書導論　（臺北）新文豐出版公司　1992　p. 161、180

郝春文　敦煌寫本社邑文書年代彙考（三）　《社科縱橫》1993 年第 5 期　p. 12

黃征　敦煌願文《兒郎偉》輯考　（香港）《九州學刊》（敦煌學專輯）1993 年第 5 卷第 4 期　p. 52　又見：敦煌語文叢說　（臺北）新文豐出版公司　1997　p. 646

張鴻勳　敦煌說唱文學概論　（臺北）新文豐出版公司　1993　p. 11

鄭阿財　敦煌文獻與文學　（臺北）新文豐出版公司　1993　p. 260

鄭阿財　學日益齋敦煌學劄記　周一良先生八十生日紀念論文集　中國社會科學出版社　1993　p. 193

黃征　敦煌願文散校　《敦煌研究》1994 年第 3 期　p. 130　又見：敦煌語文叢說　（臺北）新文豐出版公司　1997　p. 571

蔣禮鴻　敦煌文獻語言詞典　杭州大學出版社　1994　p. 48、288、311

土肥義和　唐‧北宋間の「社」の組織形態に関する一考察　中國古代の國家と民衆（堀敏一先生古稀記念）　（東京）汲古書院　1995　p. 714

姜伯勤　敦煌藝術宗教與禮樂文明　中國社會科學出版社　1996　p. 517

黃征　敦煌俗語語詞小劄　敦煌語文叢說　（臺北）新文豐出版公司　1997　p. 75

黃征　敦煌寫本異文綜析　敦煌語文叢說　（臺北）新文豐出版公司　1997　p. 38

黃征　敦煌願文《兒郎偉》考論　敦煌語文叢說　（臺北）新文豐出版公司　1997　p. 613

黃征　張涌泉　敦煌變文校注　中華書局　1997　p. 410

寧可　郝春文　敦煌社邑文書輯校　江蘇古籍出版社　1997　p. 674

李正宇　歸義軍樂營　敦煌學大辭典　上海辭書出版社　1998　p. 247

寧可　燃燈社　敦煌學大辭典　上海辭書出版社　1998　p. 428

譚蟬雪　上梁　敦煌學大辭典　上海辭書出版社　1998　p. 446

黃征　程惠新　劫塵遺珠：敦煌遺書　甘肅教育出版社　1999　p. 147

高啓安　唐五代敦煌人的飲酒習俗述論　《敦煌研究》2000 年第 3 期　p. 83

李正宇　沙州歸義軍樂營及其職事　敦煌吐魯番研究（第五卷）　北京大學出版社　2001　p. 219

山本達郎等　補（IV）社・VI 諸種文書　『NUN‐HUANG AND TURFAN DOCUMENTS CONCERNING SOCIAL AND ECONOMIC HISTORY』(Sup. p. lemrnts)　（東京）東洋文庫　2001　p. 93

杜建錄　西夏酒的生産與征榷　《寧夏社會科學》2002 年第 2 期　p. 83

黄征　敦煌語言文字學研究　甘肅教育出版社　2002　p. 163

高啓安　唐五代敦煌飲食文化研究　民族出版社　2004　p. 349

湯涒　敦煌曲子詞地域文化研究　上海古籍出版社　2004　p. 103

P. 4996

陳祚龍　竭誠做好知己知彼,悉力做到精益求精:敦煌學散策之四（下）　敦煌學（第 9 輯）　（臺北）新文豐出版公司　1985　p. 47　又見:敦煌學林劄記　（臺北）商務印書館　1987　p. 246

施萍婷　敦煌曆日研究　1983 年全國敦煌學術討論會文集・文史遺書編（上）　甘肅人民出版社　1987　p. 306、316、326、354

孫修身　從一份資料談藏經洞的封閉　《敦煌研究》1988 年第 4 期　p. 38

林聰明　敦煌文書學　（臺北）新文豐出版公司　1991　p. 77

宮島一彦　曆書・算書　敦煌漢文文獻（講座敦煌 5）　（東京）大東出版社　1992　p. 472

茅甘　敦煌寫本中的"九宮圖"　法國學者敦煌學論文選萃　中華書局　1993　p. 309

茅甘　敦煌寫本中的"五姓堪輿"法　法國學者敦煌學論文選萃　中華書局　1993　p. 256

段小强　讀《瓜沙史事概述》劄記　《敦煌學輯刊》1995 年第 2 期　p. 126

殷光明　從敦煌漢簡曆譜看太初曆的科學性和進步性　《敦煌學輯刊》1995 年第 2 期　p. 102

鄧文寬　敦煌天文曆法文獻輯校　江蘇古籍出版社　1996　p. 255

榮新江　歸義軍史研究　上海古籍出版社　1996　p. 208

施萍婷　敦煌遺書編目雜記二則　敦煌吐魯番研究（第一卷）　北京大學出版社　1996　p. 327

鄭炳林　敦煌碑銘讚輯釋　甘肅教育出版社　1997　p. 360 注 9

鄧文寬　景福二年癸丑歲具注曆日　敦煌學大辭典　上海辭書出版社　1998　p. 607

譚蟬雪　敦煌歲時文化導論　（臺北）新文豐出版公司　1998　p. 122

楊秀清　敦煌西漢金山國史　甘肅人民出版社　1999　p. 141

黄正建　敦煌占卜文書與唐五代占卜研究　學苑出版社　2001　p. 153

黄一農　嫁娶宜忌:選擇術中的"亥不行嫁"與"陰陽不將"考辨　法制與禮俗　（臺北）"中央研究院"歷史語言研究所　2002　p. 291

馬繼興　當前世界各地收藏的中國出土卷子本古醫藥文獻備考　敦煌吐魯番研究（第六卷）　北京大學出版社　2002　p. 154

余欣　禁忌、儀式與法術　唐代宗教信仰與社會　上海辭書出版社　2003　p. 313

馬若安　敦煌曆日"沒日"和"滅日"安排初探　敦煌吐魯番研究（第七卷）　北京大學出版社　2004　p. 429

金身佳　敦煌寫本宅經中的陰陽宅修造吉日　文史（第七十五輯）　中華書局　2006　p. 67

P. 4997

鄭炳林　敦煌碑銘讚輯釋　甘肅教育出版社　1997　p. 556 注 13

吳麗娛　唐禮摭遺:中古書儀研究　商務印書館　2002　p. 156

P. 4998

李正宇　雙色字寫經　敦煌學大辭典　上海辭書出版社　1998　p. 591

P. 4999

黃征　吳偉　敦煌願文集　岳麓書社　1995　p. 471

方廣錩　敦煌佛教經錄輯校　江蘇古籍出版社　1997　p. 854

方廣錩　轉經雜錄　敦煌學大辭典　上海辭書出版社　1998　p. 755

P. 5000

唐耕耦　陸宏基　敦煌社會經濟文獻真迹釋錄(四)　全國圖書館文獻縮微複製中心　1990　p. 253

竺沙雅章　敦煌吐蕃期的僧官制度　第二屆敦煌學國際研討會論文集　(臺北)漢學研究中心
　　1990　p. 148

姜伯勤　敦煌毗尼藏主考　《敦煌研究》1993 年第 3 期　p. 7

姜伯勤　敦煌藝術宗教與禮樂文明　中國社會科學出版社　1996　p. 334

鄭炳林　敦煌碑銘讚輯釋　甘肅教育出版社　1997　p. 374 注 3

鄭炳林　唐五代敦煌的粟特人與佛教　敦煌歸義軍史專題研究　蘭州大學出版社　1997　p. 435

鄭炳林　吐蕃統治下的敦煌粟特人　敦煌歸義軍史專題研究　蘭州大學出版社　1997　p. 382

郝春文　出唱　敦煌學大辭典　上海辭書出版社　1998　p. 646

郝春文　唐後期五代宋初敦煌僧尼的社會生活　中國社會科學出版社　1998　p. 348

鄭炳林　《康秀華寫經施入疏》與《炫和尚貨賣胡粉曆》研究　敦煌吐魯番研究(第三卷)　北京大學
　　出版社　1998　p. 204

馬德　敦煌文書《諸寺付經歷》芻議　《敦煌學輯刊》1999 年第 1 期　p. 43

陳海濤　敦煌歸義軍時期從化鄉消失原因初探　中國社會歷史評論(第二卷)　天津古籍出版社
　　2000　p. 434

楊森　《辛巳年六月十六日社人于燈司倉貸粟曆》文書之定年　《敦煌學輯刊》2001 年第 2 期　p. 19

劉永明　散見敦煌曆朔閏輯考　《敦煌研究》2002 年第 6 期　p. 13

趙曉星　寇甲　西魏：歸義軍時期敦煌地區的史姓　《敦煌學輯刊》2005 年第 2 期　p. 130

P. 5001

鄭阿財　敦煌蒙書析論　第二屆敦煌學國際研討會論文集　(臺北)漢學研究中心　1990　p. 218

朱鳳玉　敦煌寫本《碎金》系字書初探　第二屆敦煌學國際研討會論文集　(臺北)漢學研究中心
　　1990　p. 508

朱鳳玉　敦煌寫本字書緒論　(臺北)《華岡文科學報》1991 年第 18 期　p. 96

鄭阿財　敦煌文獻與文學　(臺北)新文豐出版公司　1993　p. 248

朱鳳玉　敦煌寫卷《俗務要名林》研究　第二屆國際唐代學術會議論文集(上)　(臺北)文津出版社
　　1993　p. 670

朱鳳玉　從敦煌寫本字書看唐代民間的飲食生活　中國學術研討會論文集　(臺北)大安出版會
　　1994　p. 160

洪藝芳　論《俗務要名林》所反映的唐代西北方音　慶祝潘石禪先生九秩華誕敦煌學特刊　(臺北)
　　文津出版社　1996　p. 510

張金泉　許建平　敦煌音義彙考　杭州大學出版社　1996　p. 645

張涌泉　敦煌俗字彙考　敦煌俗字研究　上海教育出版社　1996　p. 3

朱鳳玉　敦煌寫本碎金研究　(臺北)文津出版社　1997　p. 17、103

黃征　評《敦煌寫本碎金研究》　唐研究(第四卷)　北京大學出版社　1998　p. 543

張金泉　俗務要名林　敦煌學大辭典　上海辭書出版社　1998　p. 517

朱鳳玉　俄藏敦煌寫本《雜字》研究　新國學(第二卷)　巴蜀書社　2000　p. 313

黃征　敦煌語言文字學研究　甘肅教育出版社　2002　p. 366

鄭阿財　朱鳳玉　敦煌蒙書研究　甘肅教育出版社　2002　p. 78

P. 5002

王三慶著　池田溫譯　類書　敦煌漢文文獻(講座敦煌5)　(東京)大東出版社　1992　p. 382

P. 5003

土肥義和　莫高窟千佛洞と大寺と蘭若と　敦煌の社會(講座敦煌3)　(東京)大東出版社　1980
　　p. 364

郭鋒　敦煌的"社"及其活動　《敦煌學輯刊》1983 年創刊號　p. 83、86

唐耕耦　陸宏基　敦煌社會經濟文獻真迹釋録(一)　書目文獻出版社　1986　p. 344、382

山本達郎等　敦煌・III 轉貼　『NUN – HUANG AND TURFAN DOCUMENTS CONCERNING SOCIAL
　　AND ECONOMIC HISTORY』(IV)　(東京)東洋文庫　1989　p. 22

山本達郎等　敦煌・IV 納贈曆・納色物曆等　『NUN – HUANG AND TURFAN DOCUMENTS CON-
　　CERNING SOCIAL AND ECONOMIC HISTORY』(IV)　(東京)東洋文庫　1989　p. 89

王進玉　趙豐　敦煌文物中的紡織技藝　《敦煌研究》1989 年第 4 期　p. 102

胡同慶　從敦煌結社活動探討人的群體性以及個體與集體的關係　《敦煌研究》1990 年第 4 期
　　p. 72　又見：　敦煌學研究　甘肅人民美術出版社　1994　p. 173

林聰明　敦煌文書學　(臺北)新文豐出版公司　1991　p. 399

譚蟬雪　三教融合的敦煌喪俗　《敦煌研究》1991 年第 3 期　p. 74

姜伯勤　敦煌社會文書導論　(臺北)新文豐出版公司　1992　p. 242、247

高國藩　敦煌民俗資料導論　(臺北)新文豐出版公司　1993　p. 5

郝春文　敦煌寫本社邑文書年代彙考(一、二)　《首都師範大學學報》1993 年第 4、5 期　p. 35；81

郝春文　敦煌寫本社邑文書年代彙考(三)　《社科縱橫》1993 年第 5 期　p. 9

郝春文　中古時期儒佛文化對民間結社的影響及其變化　唐文化研究論文集　上海人民出版社
　　1994　p. 207

劉惠琴　從敦煌文書中看沙州紡織業　《敦煌學輯刊》1995 年第 2 期　p. 52

石田勇作　敦煌「社文書」研究序說　中國古代の國家と民衆(堀敏一先生古稀記念)　(東京)汲古
　　書院　1995　p. 684

李正宇　敦煌史地新論　(臺北)新文豐出版公司　1996　p. 97

高啓安　唐宋時期敦煌人名探析　《敦煌研究》1997 年第 4 期　p. 125

寧可　郝春文　敦煌社邑文書輯校　江蘇古籍出版社　1997　p. 67、404

金瀅坤　從敦煌文書看晚唐五代敦煌地區布紡織業　《敦煌研究》1998 年第 2 期　p. 134

李正宇　蘭若　敦煌學大辭典　上海辭書出版社　1998　p. 627

寧可　社人身故納贈曆　敦煌學大辭典　上海辭書出版社　1998　p. 430

土肥義和　唐・北宋の間：敦煌の杜家親情社追補社條(S. 8160rv)について　唐代史研究(創刊號)
　　(東京)唐代史研究會　1998　p. 10

段小強　敦煌文書中所見的古代喪儀　《西北民族研究》1999 年第 1 期　p. 212

高啓安　崇高與卑賤：敦煌的佛教信仰賤名再探　'98 法門寺唐文化國際學術討論會論文集　陝西
　　人民出版社　2000　p. 251

孟憲實　敦煌社邑的分佈　敦煌文獻論集：紀念藏經洞發現一百周年國際學術研討會論文集　遼寧

　　人民出版社　2001　p. 430

湛如　敦煌佛教律儀制度研究　中華書局　2003　p. 68

高啓安　唐五代敦煌飲食文化研究　民族出版社　2004　p. 286

郝春文　再論敦煌私社的"義聚"　敦煌學(第 25 輯)　(臺北)樂學書局有限公司　2004　p. 281

P. 5004

饒宗頤　敦煌書法叢刊(第十五卷)·牒狀(二)　(東京)二玄社　1985　p. 23、84

唐耕耦　陸宏基　敦煌社會經濟文獻真迹釋録(四)　全國圖書館文獻縮微複製中心　1990　p. 296

中村裕一　唐代官文書研究　(京都)中文出版社　1991　p. 289

姜伯勤　敦煌社會文書導論　(臺北)新文豐出版公司　1992　p. 129、134

中村裕一　官文書　敦煌漢文文獻(講座敦煌 5)　(東京)大東出版社　1992　p. 576

榮新江　歸義軍史研究　上海古籍出版社　1996　p. 52

中村裕一　唐代公文書研究　(東京)汲古書院　1996　p. 136、163

馮培紅　晚唐五代宋初歸義軍武職軍將研究　敦煌歸義軍史專題研究　蘭州大學出版社　1997　p. 141

齊陳俊　馮培紅　晚唐五代宋初歸義軍政權中"十將"及下屬諸職考　敦煌歸義軍史專題研究　蘭州大學出版社　1997　p. 33

P. 5005

周紹良　敦煌文學芻議及其它　(臺北)新文豐出版公司　1992　p. 28

項楚　敦煌詩歌導論　(臺北)新文豐出版公司　1993　p. 15

徐俊　敦煌寫本唐人詩歌存佚互見綜考　敦煌吐魯番研究(第一卷)　北京大學出版社　1996　p. 121

徐俊　敦煌詩集殘卷輯考　中華書局　2000　p. 477

P. 5006

潘重規　瀛涯敦煌韻輯新編　(臺北)文史哲出版社　1974　p. 495

周祖謨　唐五代韻書集存　中華書局　1983　p. 794、955

張金泉　韻關辨清濁明鏡　敦煌學大辭典　上海辭書出版社　1998　p. 514

北京大學　敦煌《經卷》、《照片》及《圖書》目録　中國敦煌學百年文庫·綜述卷(一)　甘肅文化出版社　1999　p. 316

P. 5007

王重民　劉修業　《補全唐詩》拾遺　敦煌遺書論文集　中華書局　1984　p. 26、53

饒宗頤　敦煌書法叢刊(第十六卷)·詩詞　(東京)二玄社　1985　p. 50、73

榮新江　歸義軍及其與周邊民族的關係初探　《敦煌學輯刊》1986 年第 2 期　p. 33　又見：中國人文社會科學博士碩士文庫·歷史學卷　浙江教育出版社　1998　p. 663

高國藩　敦煌與俗文學　俗文學論　黑龍江人民出版社　1987　p. 121

李正宇　關於金山國和敦煌國建國的幾個問題　《西北史地》1987 年第 2 期　p. 75

顏廷亮　敦煌文學作品選　中華書局　1987　p. 55

顏廷亮　關於敦煌遺書中的甘肅文學作品　1983 年全國敦煌學術討論會文集·文史遺書編(下)　甘肅人民出版社　1987　p. 227

高國藩　敦煌民俗學　上海文藝出版社　1989　p. 375、528

高國藩　敦煌曲子詞欣賞　南京大學出版社　1989　p. 146

張廣達　榮新江　有關西州回鶻的一篇敦煌漢文文獻　《北京大學學報》1989 年第 2 期　p. 26

榮新江　沙州張淮深與唐中央朝廷之關係　《敦煌學輯刊》1990 年第 2 期　p. 8

榮新江　《唐刺史考》補遺　《文獻》1990 年第 2 期　p. 88　又見：敦煌學新論　甘肅教育出版社
　　2002　p. 268

暨遠志　張議潮出行圖研究　《敦煌研究》1991 年第 3 期　p. 36

李并成　漢唐時期河西走廊的水利建設　《西北師大學報》1991 年第 2 期　又見：中國敦煌學百年文
　　庫・地理卷（二）　甘肅文化出版社　1999　p. 282

李正宇　敦煌名勝古迹導論　《陽關》1991 年第 4 期　p. 52

鄭炳林　伯 2641 號背莫高窟再修功德記撰寫人探微　《敦煌學輯刊》1991 年第 2 期　p. 50

李正宇　敦煌文學概論　甘肅人民出版社　1993　p. 134

項楚　敦煌詩歌導論　（臺北）新文豐出版公司　1993　p. 274

張鴻勳　敦煌說唱文學概論　（臺北）新文豐出版公司　1993　p. 5、21

張錫厚　敦煌文學概論　甘肅人民出版社　1993　p. 366

鄭炳林　敦煌碑銘讚抄本概述　《蘭州大學學報》1993 年第 4 期　p. 139

陸慶夫　敦煌民族文獻與河西古代民族　《敦煌學輯刊》1994 年第 2 期　p. 86

榮新江　敦煌邈真讚所見歸義軍與東西回鶻的關係　敦煌邈真讚校錄並研究　（臺北）新文豐出版
　　公司　1994　p. 79

鄭炳林　敦煌本《張淮深變文》研究　《西北民族研究》1994 年第 1 期　p. 155

劉進寶　敦煌學論述　（臺北）洪葉文化事業有限公司　1995　p. 320

榮新江　張氏歸義軍與西州回鶻的關係　敦煌學國際研討會文集・史地語文編　遼寧美術出版社
　　1995　p. 125

顏廷亮　敦煌文學概說　（臺北）新文豐出版公司　1995　p. 70

張廣達　西域史地叢稿初編　上海古籍出版社　1995　p. 225

李正宇　敦煌史地新論　（臺北）新文豐出版公司　1996　p. 218

劉濤　評《法藏敦煌書苑精華》　敦煌吐魯番研究（第一卷）　北京大學出版社　1996　p. 378

榮新江　歸義軍史研究　上海古籍出版社　1996　p. 8、184

楊秀清　晚唐歸義軍與中央關係述論　《甘肅社會科學》1996 年第 2 期　p. 71

李并成　古代河西走廊桑蠶絲織業考　《敦煌學輯刊》1997 年第 2 期　p. 63

鄭炳林　敦煌碑銘讚及其有關問題　敦煌碑銘讚輯釋　甘肅教育出版社　1997　p. 18

鄭炳林　敦煌碑銘讚輯釋　甘肅教育出版社　1997　p. 95 注 9

鄭炳林　唐五代敦煌種植林業研究　敦煌歸義軍史專題研究　蘭州大學出版社　1997　p. 203

鄭炳林　馮培紅　唐五代歸義軍政權對外關係中的使頭一職　敦煌歸義軍史專題研究　蘭州大學出
　　版社　1997　p. 69 注 2

陳國燦　會稽鎮　敦煌學大辭典　上海辭書出版社　1998　p. 398

李冬梅　唐五代歸義軍與周邊民族關係綜論　《敦煌學輯刊》1998 年第 2 期　p. 44

李正宇　詠敦煌、壽昌詩　敦煌學大辭典　上海辭書出版社　1998　p. 566

榮新江　歸義軍大事紀年初稿　出土文獻研究（第三輯）　文物出版社　1998　p. 238

楊森　敦煌邊塞詩歌綜論　《敦煌研究》1998 年第 1 期　p. 127

胡大浚　王志鵬　敦煌邊塞詩歌校注　甘肅人民出版社　1999　p. 245

楊秀清　敦煌西漢金山國史　甘肅人民出版社　1999　p. 5、22

杜琪　敦煌詩賦作品要目分類題注　《甘肅社會科學》2000 年第 1 期　p. 62

華濤　西域歷史研究（8—10 世紀）　上海古籍出版社　2000　p. 90

雷紹鋒　歸義軍賦役制度初探　（臺北）洪葉文化事業有限公司　2000　p. 197

徐俊　敦煌詩集殘卷輯考　中華書局　2000　p. 650

顏廷亮　敦煌文化　光明日報出版社　2000　p. 439

顏廷亮　西陲文學遺珍：敦煌文學通俗談　甘肅人民出版社　2000　p. 14

張錫厚　敦煌文學源流　作家出版社　2000　p. 43

鄭炳林　張紅麗　《張淮深變文》的年代問題　1994 年敦煌學國際研討會文集・宗教文史卷（上）
　　甘肅民族出版社　2000　p. 330

劉瑞明　集遺珠以彙詩海　復原貌而觀萬象：評《敦煌詩集殘卷輯考》　《敦煌研究》2001 年第 4 期
　　p. 170

田衛疆　高昌回鶻歷史分期芻議　《吐魯番學研究》2001 年第 2 期　p. 91（原書録爲 P. 5077）

勞心　從敦煌文獻看 9 世紀的西州　《敦煌研究》2002 年第 1 期　p. 83

劉進寶　敦煌學通論　甘肅教育出版社　2002　p. 364

鄭炳林　晚唐五代敦煌歸義軍行政區劃制度研究（之一）　《敦煌研究》2002 年第 2 期　p. 17

馮培紅　關於歸義軍節度使官制的幾個問題　麥積山石窟藝術文化論文集（下）　蘭州大學出版社
　　2004　p. 229

馮培紅　論晚唐五代的沙州（歸義軍）與涼州（河西）節度使　浙江與敦煌學：常書鴻先生誕辰一百周
　　年紀念文集　浙江古籍出版社　2004　p. 255 注 30

鄭炳林　晚唐五代河西地區的居民結構研究　《蘭州大學學報》2006 年第 2 期　p. 10

P. 5008

堀敏一　敦煌社會の変質——中國社會全般の発展とも関連して　敦煌の社會（講座敦煌 3）（東
　　京）大東出版社　1980　p. 167

姜伯勤　敦煌寺院碾磑經營的兩種形式　歷史論叢（第三輯）　齊魯書社　1983　p. 189　又見：五
　　十年來漢唐佛教寺院經濟研究　北京師範大學出版社　1986　p. 235

池田溫　吐魯番、敦煌契券概觀　漢學研究（敦煌學國際研討會論文專號）　（臺北）漢學研究資料及
　　服務中心　1986　p. 24

姜伯勤　敦煌寺院文書中"梁戶"的性質　五十年來漢唐佛教寺院經濟研究　北京師範大學出版社
　　1986　p. 136

姜伯勤　唐五代敦煌寺戶制度　中華書局　1987　p. 245、263

王永興　隋唐五代經濟史料彙編校注・第一編（上）　中華書局　1987　p. 301 注 15、691

謝和耐著　耿昇譯　中國 5—10 世紀的寺院經濟　甘肅人民出版社　1987　p. 164 注 4　又見：上海
　　古籍出版社　2004　p. 134 注 1

高國藩　敦煌民俗學　上海文藝出版社　1989　p. 62

池田溫　敦煌における土地税役制をめぐって　東アジア古文書の史的研究　（東京）刀水書房
　　1990　p. 54

唐耕耦　陸宏基　敦煌社會經濟文獻真迹釋録（二）　全國圖書館文獻縮微複製中心　1990　p. 60

張涌泉　《補全唐詩》兩種補校　《敦煌學輯刊》1991 年第 2 期　p. 24　又見：舊學新知　浙江大學
　　出版社　1999　p. 313

高國藩　敦煌民俗資料導論　（臺北）新文豐出版公司　1993　p. 17

蔣禮鴻　敦煌文獻語言詞典　杭州大學出版社　1994　p. 240

張傳璽　中國歷代契約會編考釋(上)　北京大學出版社　1995　p. 657 注 1

張涌泉　敦煌俗字研究導論　(臺北)新文豐出版公司　1996　p. 104

沙知　敦煌契約文書輯校　江蘇古籍出版社　1998　p. 285

沙知　雇工契　敦煌學大辭典　上海辭書出版社　1998　p. 389

沙知　抛工　敦煌學大辭典　上海辭書出版社　1998　p. 390

高啓安　唐五代至宋敦煌的量器及量制　《敦煌學輯刊》1999 年第 1 期　p. 67

張涌泉　俗字研究與敦煌文獻的校理　舊學新知　浙江大學出版社　1999　p. 61

張涌泉　漢語俗字叢考　中華書局　2000　p. 278

王啓濤　中古及近代法制文書語言研究　巴蜀書社　2003　p. 202、289

趙曉星　寇甲　西魏：歸義軍時期敦煌地區的史姓　《敦煌學輯刊》2005 年第 2 期　p. 136

P. 5009

尾崎康　史籍　敦煌漢文文獻(講座敦煌 5)　(東京)大東出版社　1992　p. 306

白化文　漢書　敦煌學大辭典　上海辭書出版社　1998　p. 775

P. 5010

康世昌　《春秋後語》輯校(上)　敦煌學(第 14 輯)　(臺北)新文豐出版公司　1989　p. 91

康世昌　《春秋後語》研究　敦煌學(第 16 輯)　(臺北)新文豐出版公司　1990　p. 84

榮新江　敦煌文獻與古籍整理　慶祝吳其昱先生八秩華誕敦煌學特刊　(臺北)文津出版社　2000
　　p. 274

P. 5011

李正宇　唐宋時代的敦煌學校　《敦煌研究》1986 年第 1 期　p. 45

李正宇　敦煌學郎題記輯注　《敦煌學輯刊》1987 年第 1 期　p. 35

池田溫　中國古代寫本識語集録　(東京)大藏出版株式會社　1990　p. 469

姜伯勤　敦煌社會文書導論　(臺北)新文豐出版公司　1992　p. 93

李正宇　敦煌文學概論　甘肅人民出版社　1993　p. 102

李正宇　敦煌史地新論　(臺北)新文豐出版公司　1996　p. 189

鄭炳林　敦煌碑銘讚輯釋　甘肅教育出版社　1997　p. 536 注 3

徐俊　敦煌詩集殘卷輯考　中華書局　2000　p. 936

李正宇　敦煌遺書一宗後晉時期敦煌民事訴訟檔案　《敦煌研究》2003 年第 2 期　p. 44

P. 5013

白化文　標簽　敦煌學大辭典　上海辭書出版社　1998　p. 594

高啓安　索黛　敦煌古代僧人官齋飲食檢閱　《敦煌研究》1998 年第 3 期　p. 73

郭俊葉　敦煌研究院藏絲質經帙標簽及其相關問題　《敦煌研究》2005 年第 6 期　p. 91

P. 5014

艾麗白著　耿昇譯　敦煌漢文寫本中的鳥形押　敦煌譯叢(第一輯)　甘肅人民出版社　1985
　　p. 191、195

李正宇　敦煌俗講僧保宣及其《講經通難致語》　程千帆先生八十壽辰紀念文集　江蘇古籍出版社
　　1992　p. 214

吳其昱著　伊藤美重子譯　敦煌漢文寫本概觀　敦煌漢文文獻(講座敦煌5)　(東京)大東出版社
　　1992　p. 24
鄭炳林　梁志勝　《梁幸德邈真讚》與梁願請《莫高窟功德記》　《敦煌研究》1992 年第 2 期　p. 69
　　又見:敦煌吐魯番文獻研究　蘭州大學出版社　1995　p. 267
鄭炳林　敦煌碑銘讚輯釋　甘肅教育出版社　1997　p. 355 注 2

P. 5016
郭鋒　敦煌的"社"及其活動　《敦煌學輯刊》1983 年創刊號　p. 83
唐耕耦　陸宏基　敦煌社會經濟文獻真迹釋録(一)　書目文獻出版社　1986　p. 343
山本達郎等　敦煌・III 轉貼　『NUN–HUANG AND TURFAN DOCUMENTS CONCERNING SOCIAL
　　AND ECONOMIC HISTORY』(IV)　(東京)東洋文庫　1989　p. 21
胡同慶　從敦煌結社活動探討人的群體性以及個體與集體的關係　《敦煌研究》1990 年第 4 期
　　p. 72　又見:敦煌學研究　甘肅人民美術出版社　1994　p. 173
姜伯勤　敦煌社會文書導論　(臺北)新文豐出版公司　1992　p. 242
高國藩　敦煌民俗資料導論　(臺北)新文豐出版公司　1993　p. 4
郝春文　敦煌寫本社邑文書年代彙考(二)　《首都師範大學學報》1993 年第 5 期　p. 81
石田勇作　敦煌「社文書」研究序説　中國古代の國家と民衆(堀敏一先生古稀記念)　(東京)汲古
　　書院　1995　p. 688
寧可　郝春文　敦煌社邑文書輯校　江蘇古籍出版社　1997　p. 318
鄭炳林　敦煌碑銘讚輯釋　甘肅教育出版社　1997　p. 105 注 2
楊森　談敦煌社邑文書中"三官"及"録事""虞侯"的若干問題　《敦煌研究》1999 年第 3 期　p. 80
高啓安　崇高與卑賤:敦煌的佛教信仰賤名再探　'98 法門寺唐文化國際學術討論會論文集　陝西
　　人民出版社　2000　p. 251
張鴻勳　敦煌話本《葉淨能詩》再探　1994 年敦煌學國際研討會文集・宗教文史卷(上)　甘肅民族
　　出版社　2000　p. 279
張鴻勳　敦煌俗文學研究　甘肅人民出版社　2002　p. 273

P. 5017
李明偉　敦煌文學概論　甘肅人民出版社　1993　p. 486

P. 5019
高國藩　論敦煌寫本中孟姜女故事的形成和價值　1983 年全國敦煌學術討論會文集・文史遺書編
　　(下)　甘肅人民出版社　1987　p. 199、210
張鴻勳　敦煌講唱文學作品選注　甘肅人民出版社　1987　p. 153
柴劍虹　詩話　敦煌文學　甘肅人民出版社　1989　p. 301　又見:敦煌學大辭典　上海辭書出版社
　　1998　p. 524
郭在貽　張涌泉　黃征　敦煌變文集校議　岳麓書社　1990　p. 31
柴劍虹　敦煌文學中的"因緣"與"詩話"　西域文史論稿　(臺北)國文天地雜誌社　1991　p. 524
張錫厚　敦煌文學概論　甘肅人民出版社　1993　p. 276
黃征　張涌泉　敦煌變文校注　中華書局　1997　p. 62
周紹良　張涌泉　黃征　敦煌變文講經文因緣輯校(上)　江蘇古籍出版社　1998　p. 67
羅宗濤　讀《敦煌所出現的佛教講唱文》　中國敦煌學百年文庫・文學卷(二)　甘肅文化出版社

1999　p. 375

梅維恒著　楊繼東　陳引馳譯　唐代變文(下)　(香港)中國佛教文化出版公司　1999　p. 28

李小榮　變文變相關係論　《敦煌研究》2000 年第 3 期　p. 61

張鴻勳　說唱藝術奇葩:敦煌變文選評　甘肅人民出版社　2000　p. 123

張錫厚　敦煌文學源流　作家出版社　2000　p. 530

李小榮　變文講唱與華梵宗教藝術　上海三聯書店　2002　p. 118

陳允吉　李賀《許公子鄭姬歌》與變文講唱　佛經文學研究論集　復旦大學出版社　2004　p. 414

陳逸平　唐宋時期敦煌大衆的歷史知識　文史(第七十五輯)　中華書局　2006　p. 99

P. 5020

周一良　敦煌寫本書儀考(之二)　敦煌吐魯番文獻研究論集(第四輯)　北京大學出版社　1987　p. 24　又見:唐五代書儀研究　中國社會科學出版社　1995　p. 77

周一良　趙和平　杜友晉《吉凶書儀》及《書儀鏡》成書年代考　唐五代書儀研究　中國社會科學出版社　1995　p. 137

榮新江　敦煌本《書儀鏡》爲安西書儀考　慶祝潘石禪先生九秩華誕敦煌學特刊　(臺北)文津出版社　1996　p. 268

趙和平　新定書儀鏡　敦煌學大辭典　上海辭書出版社　1998　p. 419

周一良　魏晉南北朝史論集續編　北京大學出版社　2001　p. 229

P. 5021

陳祚龍　敦煌古抄內典尾記彙校初、二、三編合刊　敦煌學要籥　(臺北)新文豐出版公司　1982　p. 196

唐耕耦　陸宏基　敦煌社會經濟文獻真迹釋録(二)　全國圖書館文獻縮微複製中心　1990　p. 253

羅彤華　從便物曆論敦煌寺院的放貸　敦煌文獻論集:紀念藏經洞發現一百周年國際學術研討會論文集　遼寧人民出版社　2001　p. 471

P. 5023

陳祚龍　新譯補注杜女史主修的《巴黎國立圖書館藏敦煌中文卷冊目録》之"自序"及"緒說"　敦煌學要籥　(臺北)新文豐出版公司　1982　p. 42

謝桃坊　敦煌文化尋繹　四川人民出版社　1999　p. 179

P. 5024

施萍婷　敦煌曆日研究　1983 年全國敦煌學術討論會文集·文史遺書編(上)　甘肅人民出版社　1987　p. 331

嚴敦傑　跋敦煌唐乾符四年曆書　中國古代天文文物論集　文物出版社　1989　p. 243、251　又見:中國敦煌學百年文庫·科技卷　甘肅文化出版社　1999　p. 216

P. 5025

陳祚龍　新譯補注杜女史主修的《巴黎國立圖書館藏敦煌中文卷冊目録》之"自序"及"緒說"　敦煌學要籥　(臺北)新文豐出版公司　1982　p. 42

P. 5026

山本達郎等　敦煌·III 轉貼　『NUN - HUANG AND TURFAN DOCUMENTS CONCERNING SOCIAL
　　AND ECONOMIC HISTORY』(IV)　（東京）東洋文庫　1989　p. 86

鄭炳林　伯 2641 號背莫高窟再修功德記撰寫人探微　《敦煌學輯刊》1991 年第 2 期　p. 46

鄭炳林　梁志勝　《梁幸德邈真讚》與梁願請《莫高窟功德記》　《敦煌研究》1992 年第 2 期　p. 69
　　又見:敦煌吐魯番文獻研究　蘭州大學出版社　1995　p. 267

鄭炳林　敦煌碑銘讚輯釋　甘肅教育出版社　1997　p. 519 注 8

柴劍虹　小長安詩　敦煌學大辭典　上海辭書出版社　1998　p. 571

徐俊　敦煌詩集殘卷輯考　中華書局　2000　p. 754、839

顏廷亮　敦煌文化　光明日報出版社　2000　p. 439

顏廷亮　敦煌文化的靈魂論綱　《甘肅社會科學》2000 年第 4 期　p. 36

張總　《閻羅王授記經》綴補研考　敦煌吐魯番研究(第五卷)　北京大學出版社　2001　p. 111 注

P. 5028

陳祚龍　新譯補注杜女史主修的《巴黎國立圖書館藏敦煌中文卷冊目錄》之"自序"及"緒說"　敦煌
　　學要籥　（臺北）新文豐出版公司　1982　p. 42

P. 5029

陳祚龍　新譯補注杜女史主修的《巴黎國立圖書館藏敦煌中文卷冊目錄》之"自序"及"緒說"　敦煌
　　學要籥　（臺北）新文豐出版公司　1982　p. 42

段小强　敦煌文書所反映的古代喪禮　《敦煌學輯刊》1996 年第 2 期　p. 45

劉屹　評《北京大學藏敦煌文獻》　敦煌吐魯番研究(第三卷)　北京大學出版社　1998　p. 373

王卡　敦煌道教文獻研究　中國社會科學出版社　2004　p. 130

P. 5030

郭鋒　慕容歸盈與瓜沙曹氏　《敦煌學輯刊》1989 年第 1 期　p. 97

王卡　敦煌道教文獻研究　中國社會科學出版社　2004　p. 130

白化文　讀《伯希和劫經錄》　敦煌學國際研討會論文集　北京圖書館出版社　2005　p. 16

P. 5031

陳祚龍　新譯補注杜女史主修的《巴黎國立圖書館藏敦煌中文卷冊目錄》之"自序"及"緒說"　敦煌
　　學要籥　（臺北）新文豐出版公司　1982　p. 42

郭在貽　張涌泉　黃征　敦煌變文集校議　岳麓書社　1990　p. 19

唐耕耦　陸宏基　敦煌社會經濟文獻真迹釋錄(三)　全國圖書館文獻縮微複製中心　1990　p. 14

李正宇　中國唐宋硬筆書法　上海文化出版社　1993　p. 66

蔣禮鴻　敦煌文獻語言詞典　杭州大學出版社　1994　p. 95

黃征　敦煌俗音考辨　敦煌語文叢說　（臺北）新文豐出版公司　1997　p. 137

黃征　張涌泉　敦煌變文校注　中華書局　1997　p. 43

郝春文　唐後期五代宋初敦煌僧尼的社會生活　中國社會科學出版社　1998　p. 130

郝春文　唐後期五代宋初敦煌寺院常住什物的數量及與僧人的關係　《敦煌研究》1998 年第 2 期
　　p. 119

金瀅坤　從敦煌文書看晚唐五代敦煌地區布紡織業　《敦煌研究》1998 年第 2 期　p. 138

李正宇　古本敦煌鄉土志八種箋證　（臺北）新文豐出版公司　1998　p. 136

高啓安　從莫高窟壁畫看唐五代敦煌人的坐具和飲食坐姿（上）　《敦煌研究》2001 年第 3 期　p. 23

黃正建　敦煌占卜文書與唐五代占卜研究　學苑出版社　2001　p. 13

黃征　敦煌語言文字學研究　甘肅教育出版社　2002　p. 246

高啓安　唐五代敦煌飲食文化研究　民族出版社　2004　p. 234

白化文　讀《伯希和劫經録》　敦煌學國際研討會論文集　北京圖書館出版社　2005　p. 16

張志清　林世田　S. 6015《易三備》綴合與校録　敦煌吐魯番研究（第九卷）　北京大學出版社
　　2006　p. 389

P. 5032

堀敏一　敦煌社會の変質――中國社會全般の発展とも関連して　敦煌の社會（講座敦煌 3）　（東
　　京）大東出版社　1980　p. 187

土肥義和　莫高窟千佛洞と大寺と蘭若と　敦煌の社會（講座敦煌 3）　（東京）大東出版社　1980
　　p. 365

郭鋒　敦煌的"社"及其活動　《敦煌學輯刊》1983 年創刊號　p. 83、87

唐耕耦　陸宏基　敦煌社會經濟文獻真迹釋録（一）　書目文獻出版社　1986　p. 400、408

郝春文　敦煌遺書中的"春秋座局席"考　《北京師範學院學報》1989 年第 4 期　p. 34

李正宇　唐宋時代敦煌縣河渠泉澤簡志（二）　《敦煌研究》1989 年第 1 期　p. 56

山本達郎等　敦煌・Ⅲ 轉貼　『NUN‐HUANG AND TURFAN DOCUMENTS CONCERNING SOCIAL
　　AND ECONOMIC HISTORY』（Ⅳ）　（東京）東洋文庫　1989　p. 42、53、68

郝春文　敦煌的渠人與渠社　《北京師範學院學報》1990 年第 1 期　p. 92

胡同慶　從敦煌結社活動探討人的群體性以及個體與集體的關係　《敦煌研究》1990 年第 4 期
　　p. 72　又見：敦煌學研究　甘肅人民美術出版社　1994　p. 173

唐耕耦　陸宏基　敦煌社會經濟文獻真迹釋録（三）　全國圖書館文獻縮微複製中心　1990　p. 211

姜伯勤　敦煌社會文書導論　（臺北）新文豐出版公司　1992　p. 191、234

高國藩　敦煌民俗資料導論　（臺北）新文豐出版公司　1993　p. 4

郝春文　敦煌寫本社邑文書年代彙考（一、二）　《首都師範大學學報》1993 年第 4、5 期　p. 36；78

郝春文　敦煌寫本社邑文書年代彙考（三）　《社科縱橫》1993 年第 5 期　p. 8

張涌泉　試論審辨敦煌寫本俗字的方法　《敦煌研究》1994 年第 2 期　p. 148　又見：舊學新知　浙
　　江大學出版社　1999　p. 79

鄭炳林　董念清　唐五代敦煌私營釀酒業初探　《社科縱橫》1994 年第 4 期　p. 64

鄭炳林　高偉　唐五代敦煌釀酒業初探　《西北史地》1994 年第 1 期　p. 32

石田勇作　敦煌「社文書」研究序説　中國古代の國家と民衆（堀敏一先生古稀記念）　（東京）汲古
　　書院　1995　p. 673

土肥義和　唐・北宋間の「社」の組織形態に関する一考察　中國古代の國家と民衆（堀敏一先生古
　　稀記念）　（東京）汲古書院　1995　p. 710

郝春文　評榮新江《英國圖書館藏敦煌漢文非佛教文獻殘卷目録（S. 6981‐13624）》　敦煌吐魯番研
　　究（第一卷）　北京大學出版社　1996　p. 363

劉進寶　P. 3236 號《壬申年官布籍》時代考　《西北師大學報》1996 年第 5 期　p. 46

劉進寶　P. 3236 號《壬申年官布籍》研究　慶祝潘石禪先生九秩華誕敦煌學特刊　（臺北）文津出版
　　社　1996　p. 363

張涌泉　敦煌俗字研究導論　（臺北）新文豐出版公司　1996　p. 236

馮培紅　唐五代敦煌的河渠水利與水司管理機構初探　《敦煌學輯刊》1997 年第 2 期　p. 76

高啓安　唐宋時期敦煌人名探析　《敦煌研究》1997 年第 4 期　p. 125

李并成　古代河西走廊桑蠶絲織業考　《敦煌學輯刊》1997 年第 2 期　p. 64

李正宇　敦煌歷史地理導論　（臺北）新文豐出版公司　1997　p. 226

馬德　敦煌工匠史料　甘肅人民出版社　1997　p. 56、75

寧可　郝春文　敦煌社邑文書輯校　江蘇古籍出版社　1997　p. 85、334、369

鄭炳林　唐五代敦煌手工業研究　敦煌歸義軍史專題研究　蘭州大學出版社　1997　p. 255

鄭炳林　唐五代敦煌種植林業研究　敦煌歸義軍史專題研究　蘭州大學出版社　1997　p. 203

郝春文　唐後期五代宋初敦煌僧尼的社會生活　中國社會科學出版社　1998　p. 384

郝春文　唐後期五代宋初敦煌僧尼遺產的處理與喪事的操辦　《敦煌研究》1998 年第 3 期　p. 42

李正宇　蘭若　敦煌學大辭典　上海辭書出版社　1998　p. 627

寧可　渠人轉帖　敦煌學大辭典　上海辭書出版社　1998　p. 429

寧可　社團頭　敦煌學大辭典　上海辭書出版社　1998　p. 427

土肥義和　唐・北宋の間：敦煌の杜家親情社追補社條(S. 8160rv)について　唐代史研究（創刊號）
　　（東京）唐代史研究會　1998　p. 11

寧可　寧可史學論集　中國社會科學出版社　1999　p. 451 注 1

楊森　談敦煌社邑文書中"三官"及"錄事""虞侯"的若干問題　《敦煌研究》1999 年第 3 期　p. 84

陳永勝　敦煌吐魯番法制文書研究　甘肅人民出版社　2000　p. 119

池田溫　李盛鐸舊藏敦煌歸義軍後期社會經濟文書簡介　慶祝吳其昱先生八秩華誕敦煌學特刊
　　（臺北）文津出版社　2000　p. 40

高啓安　崇高與卑賤：敦煌的佛教信仰賤名再探　'98 法門寺唐文化國際學術討論會論文集　陝西
　　人民出版社　2000　p. 250

高啓安　唐五代敦煌人的飲酒習俗述論　《敦煌研究》2000 年第 3 期　p. 88

郝春文　英藏敦煌文獻年代叢考　英國收藏敦煌漢藏文獻研究　中國社會科學出版社　2000
　　p. 372

雷紹鋒　歸義軍賦役制度初探　（臺北）洪葉文化事業有限公司　2000　p. 44、192

蘇金花　試論晚唐五代敦煌僧侶免賦特權的進一步喪失　《敦煌研究》2000 年第 3 期　p. 156

孟憲實　敦煌社邑的分佈　敦煌文獻論集：紀念藏經洞發現一百周年國際學術研討會論文集　遼寧
　　人民出版社　2001　p. 431

曾良　敦煌文獻字義通釋　廈門大學出版社　2001　p. 78

趙貞　歸義軍押衙兼知他官略考　《敦煌研究》2001 年第 2 期　p. 94

榮新江　唐五代歸義軍武職軍將考　敦煌學新論　甘肅教育出版社　2002　p. 59

洪藝芳　敦煌社會經濟文書中的唐五代新興量詞研究　敦煌學（第 24 輯）　（臺北）樂學書局有限公
　　司　2003　p. 92、96

曾良　敦煌文獻字義劄記　2000 年敦煌學國際學術討論會文集・歷史文化卷（下）　甘肅民族出版
　　社　2003　p. 465

湛如　敦煌佛教律儀制度研究　中華書局　2003　p. 68

高啓安　唐五代敦煌飲食文化研究　民族出版社　2004　p. 286

孟憲實　論敦煌渠人社　周秦漢唐文化研究（第三輯）　三秦出版社　2004　p. 121

葉貴良　敦煌社邑文書詞語選釋　《敦煌研究》2004 年第 5 期　p. 82

黃征　敦煌俗字典　上海教育出版社　2005　p. 前言 22、104

黃征　敦煌俗字種類考辨　敦煌學・日本學：石塚晴通教授退職紀念論文集　上海辭書出版社

2005　p. 114

李正宇　晚唐至北宋敦煌僧尼普聽飲酒　《敦煌研究》2005 年第 3 期　p. 69

敏春芳　敦煌社邑文書量詞"事"、"笙"辨考　《敦煌學輯刊》2005 年第 2 期　p. 180

汪受寬　河西古酒考論　《敦煌學輯刊》2005 年第 2 期　p. 272

金瀅坤　敦煌社會經濟文書定年拾遺　《首都師範大學學報》2006 年第 1 期　p. 12

金瀅坤　敦煌社會經濟文獻綴合拾遺　文史(第七十五輯)　中華書局　2006　p. 89

余欣　神祇的"碎化"：唐宋敦煌社祭變遷研究　《歷史研究》2006 年第 3 期　p. 68

P. 5033

王三慶　敦煌本《勵忠節抄》研究　(香港)《九州學刊》(敦煌學專輯)1992 年第 4 卷第 4 期　p. 87

王三慶著　池田溫譯　類書　敦煌漢文文獻(講座敦煌 5)　(東京)大東出版社　1992　p. 368

何華珍　金春梅　敦煌本《勵忠節抄》王校補正　中古近代漢語研究(第一輯)　上海教育出版社　2000　p. 281

徐俊　敦煌詩集殘卷輯考　中華書局　2000　p. 839

孟憲實　敦煌社邑的分佈　敦煌文獻論集：紀念藏經洞發現一百周年國際學術研討會論文集　遼寧人民出版社　2001　p. 434

徐俊　敦煌先唐詩考　2000 年敦煌學國際學術討論會文集・歷史文化卷(下)　甘肅民族出版社　2003　p. 309

張涌泉　試論敦煌寫本類書的校勘價值：以《勵忠節抄》爲例　《敦煌研究》2003 年第 2 期　p. 69

屈直敏　《敦煌類書・勵忠節抄》校注商補(續)　《敦煌學輯刊》2004 年第 1 期　p. 26

屈直敏　敦煌寫本類書《勵忠節抄》引《史記》異文考證　《敦煌學輯刊》2004 年第 2 期　p. 6 注 2

中村威也　ДХ10698『尚書費誓』とДХ10698v「史書」について　『西北出土文獻研究』(創刊號)　(新潟)西北出土文獻研究會　2004　p. 48

屈直敏　從《勵忠節抄》看歸義軍政權道德秩序的重建　《敦煌學輯刊》2005 年第 3 期　p. 78

屈直敏　敦煌本類書《勵忠節抄》寫卷研究　敦煌學國際研討會論文集　北京圖書館出版社　2005　p. 92

屈直敏　從敦煌寫本類書《勵忠節抄》看唐代的知識、道德與政治秩序　《蘭州大學學報》2006 第 2 期　p. 23

P. 5034

白須淨真　在地豪族・名族社會── 一至四世紀の河西　敦煌の社會(講座敦煌 3)　(東京)大東出版社　1980　p. 42

菊池英夫　唐代敦煌社會の外貌　敦煌の社會(講座敦煌 3)　(東京)大東出版社　1980　p. 92

土肥義和　はじめに──歸義軍節度使の敦煌支配　敦煌の歷史(講座敦煌 2)　(東京)大東出版社　1980　p. 250

陳祚龍　《簡記敦煌古抄方志》及其"後語"　敦煌學要籥　(臺北)新文豐出版公司　1982　p. 219

陳祚龍　竭誠做好知己知彼，悉力做到精益求精：敦煌學散策之四(上)　敦煌學(第 8 輯)　(臺北)"中國文化大學"中國文學研究所敦煌學會　1984　p. 15　又見：敦煌學林劄記　(臺北)商務印書館　1987　p. 205

饒宗頤解說　林宏作譯　敦煌書法叢刊(第十二卷)・經史(十)　(東京)二玄社　1984　p. 70

高明士　唐代敦煌的教育　漢學研究(敦煌學國際研討會論文專號)　(臺北)漢學研究資料及服務中心　1986　p. 233

李并成　唐代圖經蠡測　《敦煌學研究》(西北師院學報)1986 年增刊　p. 34

盧向前　關於歸義軍時期一份布紙破用曆的研究：試釋伯四六四〇背面文書　敦煌吐魯番文獻研究論集(第三輯)　北京大學出版社　1986　p. 410 注 15　又見：敦煌吐魯番文書論稿　江西人民出版社　1992　p. 116 注 15

唐耕耦　陸宏基　敦煌社會經濟文獻真迹釋錄(一)　書目文獻出版社　1986　p. 27

土肥義和著　李永寧譯　歸義軍時期(晚唐、五代、宋)的敦煌(一)　《敦煌研究》1986 年第 4 期　p. 88 注 10

康世昌　孔衍《春秋後語》試探　敦煌學(第 13 輯)　(臺北)新文豐出版公司　1988　p. 114

李正宇　敦煌地區古代祠廟寺觀簡志　《敦煌學輯刊》1988 年第 1、2 期　p. 73、83

楊際平　上海藏本敦煌所出河西支度營田使文書研究　《魏晉南北朝隋唐史》1988 年第 9 期　p. 62

康世昌　《春秋後語》輯校(上)　敦煌學(第 14 輯)　(臺北)新文豐出版公司　1989　p. 91

李正宇　唐宋時代沙州壽昌縣河渠泉澤簡志　《敦煌研究》1989 年第 3 期　p. 32

鄭炳林　敦煌地理文書彙輯校注　甘肅教育出版社　1989　p. 43

陳國燦　唐五代瓜沙歸義軍軍鎮的演變　敦煌吐魯番文書初探(二編)　武漢大學出版社　1990　p. 559

康世昌　《春秋後語》研究　敦煌學(第 16 輯)　(臺北)新文豐出版公司　1990　p. 75

李并成　敦煌石窟所出《沙州都督府圖經》　《陽關》1990 年第 2 期　p. 63

李并成　《沙州城土鏡》之地理調查與考釋　《敦煌學輯刊》1990 年第 2 期　p. 91

李正宇　渥洼水天馬史事綜理　《敦煌研究》1990 年第 3 期　p. 18

程喜霖　漢唐烽堠制度研究　(臺北)聯經出版公司　1991　p. 380

林聰明　敦煌文書學　(臺北)新文豐出版公司　1991　p. 396

李并成　敦煌遺書中地理書卷的學術價值　《地理研究》1992 年第 3 期　p. 42

李并成　一批珍貴的古代地理文書：敦煌遺書中的地理書卷　《中國科技史料》1992 年第 13 卷第 4 期　p. 90

李正宇　《沙州圖經》綴合校注　《甘肅文史》1992 年第 8 期　p. 44

日比野丈夫　地理書　敦煌漢文文獻(講座敦煌 5)　(東京)大東出版社　1992　p. 343

張國藩　陳琦　敦煌交通地理文書考釋　《西北史地》1992 年第 4 期　p. 24

李并成　漢敦煌郡的鄉、里、南境塞牆和烽隧系統考　《敦煌研究》1993 年第 2 期　p. 72

李正宇　論敦煌古塞城　《敦煌研究》1994 年第 1 期　p. 33

李正宇　《沙州都督府圖經卷第三》劄記　《中國古代史》(先秦至隋唐)1994 年第 1 期　p. 114

李正宇　陽關區域古迹新探　《敦煌研究》1994 年第 4 期　p. 125

榮新江　西域粟特移民考　西域考察與研究　新疆人民出版　1994　p. 162

鄭炳林　敦煌本《張淮深變文》研究　《西北民族研究》1994 年第 1 期　p. 153

陳國燦　唐五代敦煌四出道路考　敦煌學國際研討會文集·史地語文編　遼寧美術出版社　1995　p. 219

程喜霖　漢唐敦煌軍防　敦煌學國際研討會文集·史地語文編　遼寧美術出版社　1995　p. 40

鄭炳林　《梁幸德邈真讚》與梁願請《莫高窟功德記》　敦煌吐魯番文獻研究　蘭州大學出版社　1995　p. 261

鄭炳林　唐五代敦煌金鞍山異名考　《敦煌研究》1995 年第 2 期　p. 128

鄭炳林　羊萍　敦煌本夢書　甘肅文化出版社　1995　p. 307

李并成　李春元　瓜沙史地研究　甘肅文化出版社　1996　p. 150

李正宇　敦煌史地新論　(臺北)新文豐出版公司　1996　p. 30、69、95

譚蟬雪　敦煌馬文化　《敦煌研究》1996 年第 1 期　p. 111

張涌泉　敦煌俗字研究導論　（臺北）新文豐出版公司　1996　p. 147

張涌泉　敦煌文獻校讀釋例　文史（第四十一輯）　中華書局　1996　p. 194　又見：舊學新知　浙江大學出版社　1999　p. 204

陳國燦　敦煌五十九首佚名氏詩歷史背景新探　敦煌吐魯番研究（第二卷）　北京大學出版社　1997　p. 91

馮培紅　唐五代敦煌的河渠水利與水司管理機構初探　《敦煌學輯刊》1997 年第 2 期　p. 70

華林甫　略論敦煌文書的地名學意義　《中國歷史地理論叢》1997 年第 2 輯　又見：中國敦煌學百年文庫·地理卷（二）　甘肅文化出版社　1999　p. 239

黃征　《伍子胥變文》校補　敦煌語文叢說　（臺北）新文豐出版公司　1997　p. 296

黃征　張涌泉　敦煌變文校注　中華書局　1997　p. 24

李并成　河西走廊南境漢代塞垣的調查與考證　周紹良先生欣開九秩慶壽文集　中華書局　1997　p. 111

李正宇　敦煌歷史地理導論　（臺北）新文豐出版公司　1997　p. 17、126、282、325

李正宇　西同考　《敦煌研究》1997 年第 4 期　p. 112

鄭炳林　敦煌碑銘讚輯釋　甘肅教育出版社　1997　p. 37 注 10

鄭炳林　唐五代敦煌金山國征伐樓蘭史事考　敦煌歸義軍史專題研究　蘭州大學出版社　1997　p. 11

鄭炳林　唐五代敦煌畜牧區域研究　敦煌歸義軍史專題研究　蘭州大學出版社　1997　p. 222

陳國燦　敦煌鎮　敦煌學大辭典　上海辭書出版社　1998　p. 295

陳國燦　沙石道　敦煌學大辭典　上海辭書出版社　1998　p. 307

陳國燦　榮新江　蒲桃城　敦煌學大辭典　上海辭書出版社　1998　p. 306

李正宇　古本敦煌鄉土志八種箋證　（臺北）新文豐出版公司　1998　p. 133、238

李正宇　沙州圖經卷第一　敦煌學大辭典　上海辭書出版社　1998　p. 325

李正宇　社稷壇　敦煌學大辭典　上海辭書出版社　1998　p. 626

李正宇　石門山　敦煌學大辭典　上海辭書出版社　1998　p. 311

李正宇　壽昌縣學　敦煌學大辭典　上海辭書出版社　1998　p. 596

李正宇　渥窪池　敦煌學大辭典　上海辭書出版社　1998　p. 323

李正宇　陽關　敦煌學大辭典　上海辭書出版社　1998　p. 399

譚蟬雪　龍馬　敦煌學大辭典　上海辭書出版社　1998　p. 449

汪泛舟　康豔典　敦煌學大辭典　上海辭書出版社　1998　p. 345

王素　高昌史稿·交通編　文物出版社　1998　p. 145

徐志斌　略論若羌在漢唐時期的地位　《敦煌學輯刊》1998 年第 1 期　p. 139

張亞萍　唐五代歸義軍政府牧馬業研究　《敦煌學輯刊》1998 年第 2 期　p. 55

黃征　程惠新　劫塵遺珠：敦煌遺書　甘肅教育出版社　1999　p. 188

榮新江　北朝隋唐粟特人之遷徙及其聚落　國學研究（第六卷）　北京大學出版社　1999　p. 30

程存潔　略論唐王朝對西北邊城的經營　'98 法門寺唐文化國際學術討論會論文集　陝西人民出版社　2000　p. 415

高明士　唐代敦煌官方的祭祀禮儀　1994 年敦煌學國際研討會文集·宗教文史卷（上）　甘肅民族出版社　2000　p. 46

榮新江　敦煌文獻與古籍整理　慶祝吳其昱先生八秩華誕敦煌學特刊　（臺北）文津出版社　2000　p. 273

顏廷亮　敦煌文化　光明日報出版社　2000　p. 180

鄭炳林　張紅麗　《張淮深變文》的年代問題　1994 年敦煌學國際研討會文集・宗教文史卷（上）　甘肅民族出版社　2000　p. 329

倉修良　陳仰光　從敦煌圖經殘卷看隋唐五代圖經發展　文史（第五十五輯）　中華書局　2001　p. 131

榮新江　評《古本敦煌鄉土志八種箋證》　敦煌吐魯番研究（第五卷）　北京大學出版社　2001　p. 418

榮新江　中古中國與外來文明　三聯書店　2001　p. 42

陳國燦　敦煌學史事新證　甘肅教育出版社　2002　p. 388

華林甫　中國地名學源流　湖南人民出版社　2002　p. 191

李斌城　唐代文化　中國社會科學出版社　2002　p. 1651

乜小紅　試論唐五代宋初敦煌畜牧區域的分佈　《敦煌研究》2002 年第 2 期　p. 38

榮新江　敦煌地理文獻的價值與研究　敦煌學新論　甘肅教育出版社　2002　p. 246

王素　敦煌吐魯番文獻　文物出版社　2002　p. 20、142

李并成　敦煌文獻與西北生態環境變遷研究　漢語史學報專輯（第三輯）　上海教育出版社　2003　p. 390

李并成　敦煌學與沙漠歷史地理研究　2000 年敦煌學國際學術討論會文集・歷史文化卷（上）　甘肅民族出版社　2003　p. 486

李并成　盛唐時期河西走廊的區位特點與開發　唐代地域結構與運作空間　上海辭書出版社　2003　p. 80

譚蟬雪　敦煌的粟特居民及祆神祈賽　2000 年敦煌學國際學術討論會文集・歷史文化卷（下）　甘肅民族出版社　2003　p. 59

辛德勇　唐代的地理學　唐代地域結構與運作空間　上海辭書出版社　2003　p. 441

朱悅梅　李并成　《沙州督都府圖經》纂修年代及其相關問題考　《敦煌研究》2003 年第 5 期　p. 61

姜伯勤　中國祆教藝術史研究　三聯書店　2004　p. 179

柳洪亮　遷居吐魯番盆地的吐谷渾人　《吐魯番學研究》2004 年第 2 期　p. 125

鄭炳林　讀《大周故沙州刺史李君墓誌銘》劄記　《敦煌學國際聯絡委員會通訊》2004 年第 1 期　p. 44

李錦繡　敦煌吐魯番地理文書與唐五代地理學　《吐魯番學研究》2005 年第 1 期　p. 58

解梅　唐五代敦煌地區賽祆儀式考　《敦煌學輯刊》2005 年第 2 期　p. 145

鄭炳林　敦煌寫本解夢書校錄研究　民族出版社　2005　p. 127

馮培紅　歸義軍鎮制考　敦煌吐魯番研究（第九卷）　中華書局　2006　p. 257

P. 5035

周一良　敦煌寫本書儀考（之二）　敦煌吐魯番文獻研究論集（第四輯）　北京大學出版社　1987　p. 24　又見：唐五代書儀研究　中國社會科學出版社　1995　p. 77

李正宇　渥洼水天馬史事綜理　《敦煌研究》1990 年第 3 期　p. 22

鄭炳林　梁志勝　《梁幸德邈真讚》與梁願請《莫高窟功德記》　《敦煌研究》1992 年第 2 期　p. 65

周一良　趙和平　杜友晉《吉凶書儀》及《書儀鏡》成書年代考　唐五代書儀研究　中國社會科學出版社　1995　p. 137

榮新江　敦煌本《書儀鏡》爲安西書儀考　慶祝潘石禪先生九秩華誕敦煌學特刊　（臺北）文津出版社　1996　p. 268

鄭炳林　敦煌碑銘讚輯釋　甘肅教育出版社　1997　p. 341 注 16
趙和平　新定書儀鏡　敦煌學大辭典　上海辭書出版社　1998　p. 419
周一良　魏晉南北朝史論集續編　北京大學出版社　2001　p. 229

P. 5036
遊志誠　敦煌古抄本文選五臣注研究　全國敦煌學研討會論文集　（臺北）中正大學中國文學系所
　　　1995　p. 150
遊志誠　昭明文選學術論考　（臺北）學生書局　1996　p. 39
白化文　敦煌遺書中《文選》殘卷綜述　中外學者文選學論集（上）　中華書局　1998　p. 382
白化文　文選　敦煌學大辭典　上海辭書出版社　1998　p. 783
傅剛　《文選》版本叙錄　國學研究（第五卷）　北京大學出版社　1998　p. 173
羅國威　敦煌本《昭明文選》研究　黑龍江教育出版社　1999　p. 253
傅剛　文選版本研究　北京大學出版社　2000　p. 131
饒宗頤　敦煌吐魯番本文選　中華書局　2000　p. 92（圖版）

P. 5037
左補闕　《敦煌遺書總目索引》簡評　文史（第一輯）　中華書局　1962　p. 86
鄧小南　爲肅州刺史劉臣璧答南蕃書（伯二五五五）校釋　敦煌吐魯番文獻研究論集　中華書局
　　　1982　p. 598 注 1、600 注 2、601 注 6
張錫厚　略論敦煌賦集及其選錄標準　《敦煌學輯刊》1986 年第 1 期　p. 18
柴劍虹　研究唐代文學的珍貴資料：敦煌 P. 2555 號唐人寫卷分析　1983 年全國敦煌學術討論會文
　　　集·文史遺書編（下）　甘肅人民出版社　1987　p. 81
李正宇　晚唐敦煌本《釋迦因緣劇本》試探　《敦煌研究》1987 年第 1 期　p. 66
張錫厚　敦煌賦集校理　《敦煌研究》1987 年第 4 期　p. 42
張錫厚　關於《敦煌賦集》整理的幾個問題　《敦煌學輯刊》1987 年第 1 期　p. 43　又見：敦煌語
　　　言文學論文集　浙江古籍出版社　1988　p. 225、228
張錫厚　伯 2488、伯 5037 敦煌賦卷初考　敦煌語言文學研究　北京大學出版社　1988　p. 199
張錫厚　賦　敦煌文學　甘肅人民出版社　1989　p. 134
周紹良　白化文　李鼎霞　敦煌變文集補編　北京大學出版社　1989　p. 118
郭在貽　張涌泉　黄征　敦煌變文集校議　岳麓書社　1990　p. 445
項楚　敦煌變文選注　巴蜀書社　1990　p. 379
柴劍虹　敦煌唐人詩文選集殘卷（伯 2555）補錄　西域文史論稿　（臺北）國文天地雜誌社　1991
　　　p. 301
劉瑞明　所謂唐代兩件戲劇資料辨析　中華戲曲（第 11 輯）　山西人民出版社　1991　p. 169
饒宗頤　敦煌舞譜論文集序　《舞蹈藝術》1992 年第 2 期　p. 111
周紹良　敦煌文學芻議及其它　（臺北）新文豐出版公司　1992　p. 7、21
伏俊璉　敦煌賦校補（三）　《江西師範大學學報》1993 年第 4 期　p. 113
張鴻勳　敦煌話本詞文俗賦導論　（臺北）新文豐出版公司　1993　p. 165、182
張錫厚　敦煌文學概論　甘肅人民出版社　1993　p. 394
伏俊璉　敦煌賦校補（四）　《西北民族學院學報》1994 年第 2 期　p. 102
伏俊璉　敦煌賦校注　甘肅人民出版社　1994　p. 1、7
伏俊璉　敦煌遺文《秦將賦》及其産生流傳的原因　《社科縱橫》1994 年第 4 期　p. 24

蔣禮鴻　敦煌文獻語言詞典　杭州大學出版社　1994　p. 391

張錫厚　敦煌本唐集研究　（臺北）新文豐出版公司　1995　p. 411

徐俊　評《敦煌本唐集研究》　唐研究(第二卷)　北京大學出版社　1996　p. 484

張錫厚　敦煌賦彙　（臺北）新文豐出版公司　1996　p. 5、225、308

張錫厚　評《敦煌賦校注》　敦煌吐魯番研究(第一卷)　北京大學出版社　1996　p. 421

張錫厚　探幽發微　佚篇薈萃:讀《敦煌賦校注》　《西北師大學報》1996 年第 2 期　p. 73

黃征　敦煌俗語詞輯釋　敦煌語文叢說　（臺北）新文豐出版公司　1997　p. 63

黃征　張涌泉　敦煌變文校注　中華書局　1997　p. 139、385

鄭炳林　敦煌碑銘讚輯釋　甘肅教育出版社　1997　p. 30 注 2

陳國燦　柴劍虹　爲肅州刺史劉臣壁答南蕃書　敦煌學大辭典　上海辭書出版社　1998　p. 369

伏俊璉　《駕幸溫泉賦》補正　敦煌吐魯番研究(第三卷)　北京大學出版社　1998　p. 57

張錫厚　駕行溫湯賦　敦煌學大辭典　上海辭書出版社　1998　p. 587

杜琪　敦煌詩賦作品要目分類題注　《甘肅社會科學》2000 年第 1 期　p. 64

伏俊璉　俗情雅韻:敦煌賦選析　甘肅人民出版社　2000　p. 22、60

徐俊　敦煌詩集殘卷輯考　中華書局　2000　p. 186、746、840

張錫厚　敦煌文學源流　作家出版社　2000　p. 146、199、235

張錫厚　敦煌文概說　2000 年敦煌學國際學術討論會文集·歷史文化卷(下)　甘肅民族出版社
　　2003　p. 205

趙紅　《駕幸溫泉賦校注》補校　《敦煌研究》2003 年第 4 期　p. 92

鄭炳林　徐曉麗　讀《俄藏敦煌文獻》第 12 冊幾件非佛經文獻劄記　《敦煌研究》2003 年第 4 期
　　p. 85

劉安志　吐魯番出土《駕幸溫泉賦》殘卷考釋　《吐魯番學研究》2004 年第 1 期　p. 67

P. 5038

唐耕耦　陸宏基　敦煌社會經濟文獻真迹釋錄(二)　全國圖書館文獻縮微複製中心　1990　p. 444

姜伯勤　敦煌吐魯番文書與絲綢之路　文物出版社　1994　p. 196

王永興　敦煌經濟文書導論　（臺北）新文豐出版公司　1994　p. 407

鄭炳林　唐五代敦煌粟特人與歸義軍政權　《敦煌研究》1996 年第 4 期　p. 95　又見:敦煌歸義軍史
　　專題研究　蘭州大學出版社　1997　p. 429

李正宇　敦煌歷史地理導論　（臺北）新文豐出版公司　1997　p. 56

陳國燦　晉昌縣　敦煌學大辭典　上海辭書出版社　1998　p. 300

李并成　敦煌文獻與西北生態環境變遷研究　漢語史學報專輯(第三輯)　上海教育出版社　2003
　　p. 393(原注錄爲 P. 5308)

李并成　敦煌學與沙漠歷史地理研究　2000 年敦煌學國際學術討論會文集·歷史文化卷(上)　甘
　　肅民族出版社　2003　p. 490

趙曉星　寇甲　西魏:歸義軍時期敦煌地區的史姓　《敦煌學輯刊》2005 年第 2 期　p. 137

鄭炳林　晚唐五代敦煌地區的胡姓居民與聚落　法國漢學(第 10 輯)(粟特人在中國:歷史、考古、語
　　言的新探索)　中華書局　2005　p. 180

P. 5039

金岡照光　敦煌文學のさまざま　敦煌の文學　（東京）大藏出版株式會社　1971　p. 109

楊家駱　敦煌變文　（臺北）世界書局　1980　p. 35

波多野太郎　敦煌曲子詞孟姜女に對すゐ潘重規教授の見解　敦煌詞話　（臺北）石門圖書公司
　　1981　p. 12

潘重規　敦煌詞話　（臺北）石門圖書公司　1981　p. 7

鄭阿財　敦煌孝道文學研究　（臺北）石門圖書公司　1982　p. 417

潘重規　敦煌變文集新書(下)　（臺北）"中國文化大學"中文研究所　1984　p. 872

王重民　孟姜女變文　敦煌變文集　人民文學出版社　1984　p. 35

曾錦漳　從小說藝術看敦煌史傳變文的成就　漢學研究（敦煌學國際研討會論文專號）　（臺北）漢
　　學研究資料及服務中心　1986　p. 341

高國藩　論敦煌寫本中孟姜女故事的形成和價值　1983 年全國敦煌學術討論會文集・文史遺書編
　　（下）　甘肅人民出版社　1987　p. 181、203

周紹良　唐代變文及其它　敦煌文學作品選　中華書局　1987　p. 25

高國藩　驅儺風俗和敦煌民間歌謠《兒郎偉》　文史（第二十九輯）　中華書局　1988　p. 298

程毅中　敦煌俗賦的淵源及其與變文的關係　《文學遺產》1989 年第 1 期　p. 32

高國藩　敦煌曲子詞欣賞　南京大學出版社　1989　p. 53

程毅中　唐代小說史話　文化藝術出版社　1990　p. 86

高國藩　敦煌古俗與民俗流變　河海大學出版社　1990　p. 452

郭在貽　張涌泉　黃征　敦煌變文集校議　岳麓書社　1990　p. 31

項楚　敦煌變文選注　巴蜀書社　1990　p. 95

金岡照光　講史譚・時事変文等——「王陵」「李陵」「張議潮」変文を中心に　敦煌の文學文獻（講
　　座敦煌 9）　（東京）大東出版社　1992　p. 548

榮新江　金山國史辨正　中華文史論叢（總 50 輯）　上海古籍出版社　1992　p. 83

周紹良　敦煌文學芻議及其它　（臺北）新文豐出版公司　1992　p. 7、61、91

高國藩　敦煌民俗資料導論　（臺北）新文豐出版公司　1993　p. 88

榮新江　敦煌邈真讚所見歸義軍與東西回鶻的關係　敦煌邈真讚校錄並研究　（臺北）新文豐出版
　　公司　1994　p. 72

胡戟　傅玫　敦煌史話　中華書局　1995　p. 176

石田勇作　敦煌「社文書」研究序說　中國古代の國家と民衆（堀敏一先生古稀記念）　（東京）汲古
　　書院　1995　p. 687

顏廷亮　敦煌西漢金山國文學文獻三題新校並序　《社科縱橫》1995 年第 1 期　p. 41

寧可　敦煌遺書散錄二則　敦煌吐魯番研究（第一卷）　北京大學出版社　1996　p. 316

饒宗頤　敦煌曲訂補　敦煌曲續論　（臺北）新文豐出版公司　1996　p. 40

顏廷亮　敦煌西漢金山國檔案文獻考略　《甘肅社會科學》1996 年第 5 期　p. 91

黃征　張涌泉　敦煌變文校注　中華書局　1997　p. 62

陸淑綺　李重申　敦煌古代戲曲文化史料綜述　《敦煌研究》1997 年第 2 期　p. 67

顏廷亮　《金山國諸雜齋文範》校錄及其他　敦煌文學論集　四川人民出版社　1997　p. 346

鄭炳林　晚唐五代敦煌貿易市場的物價　敦煌歸義軍史專題研究　蘭州大學出版社　1997　p. 278

周紹良　張涌泉　黃征　敦煌變文講經文因緣輯校(上)　江蘇古籍出版社　1998　p. 67

梅維恒著　楊繼東　陳引馳譯　唐代變文(上)　（香港）中國佛教文化出版公司　1999　p. 77

潘重規　敦煌寫本曲子孟姜女的震蕩(下)　中國敦煌學百年文庫・文學卷（二）　甘肅文化出版社
　　1999　p. 359

李小榮　變文變相關係論　《敦煌研究》2000 年第 3 期　p. 61

徐俊　敦煌詩集殘卷輯考　中華書局　2000　p. 663

張鴻勳　說唱藝術奇葩：敦煌變文選評　甘肅人民出版社　2000　p. 123
周紹良　敦煌文學叢考　英國收藏敦煌漢藏文獻研究　中國社會科學出版社　2000　p. 259
李小榮　變文講唱與華梵宗教藝術　上海三聯書店　2002　p. 118
張鴻勳　敦煌俗文學研究　甘肅人民出版社　2002　p. 245
高國藩　敦煌學百年史述要　（臺北）商務印書館　2003　p. 166

P. 5043
陳祚龍　新譯補注杜女史主修的《巴黎國立圖書館藏敦煌中文卷冊目録》之"自序"及"緒說"　敦煌
　　學要籥　（臺北）新文豐出版公司　1982　p. 41
沃興華　敦煌書法藝術　上海人民出版社　1994　p. 185
吳其昱　薛廷珪朔方節度使韓遜生祠堂碑敦煌殘卷考　慶祝潘石禪先生九秩華誕敦煌學特刊　（臺
　　北）文津出版社　1996　p. 63
鄭阿財　洪藝芳　1995—1996 年臺灣地區唐代學術研究概況：敦煌學　"中國唐代學會"會刊（第七
　　期）　（臺北）"中國唐代學會"　1996　p. 103
李春遠　關於敦煌遺書的書法化趨向　《敦煌學輯刊》2002 年第 1 期　p. 63

P. 5047 ＊
方廣錩　大般涅槃經帙卷品及首尾經文録　敦煌學大辭典　上海辭書出版社　1998　p. 749

P. 5049 ＊
高啓安　唐五代敦煌僧人飲食的幾個名詞解釋　《敦煌研究》1999 年第 4 期　p. 135
高啓安　唐五代敦煌飲食文化研究　民族出版社　2004　p. 358

P. 5222 ＊
陳鐵凡　敦煌本尚書述略　（臺北）《大陸雜誌》1961 年第 8 期　又見：中國敦煌學百年文庫·文獻
　　卷（一）　甘肅文化出版社　1999　p. 444

P. 5320 ＊
任半塘　敦煌歌辭總編　上海古籍出版社　1987　p. 1674

P. 5338 ＊
黃盛璋　敦煌于闐文幾篇使臣奏稿及其相關問題綜論　《敦煌研究》1989 年第 2 期　p. 58

P. 5381 ＊
張錫厚　敦煌文學概論　甘肅人民出版社　1993　p. 362

P. 5394 ＊
鄭炳林　敦煌碑銘讚輯釋　甘肅教育出版社　1997　p. 439 注 3
楊秀清　試論金山國的有關政治制度　《敦煌學輯刊》1998 年第 2 期　p. 36
楊秀清　敦煌西漢金山國史　甘肅人民出版社　1999　p. 92

P. 5405 *

鄭炳林　晚唐五代歸義軍政權與佛教教團關係研究　《敦煌學輯刊》2005 年第 1 期　p. 9

P. 5443 *

陳永勝　敦煌吐魯番法制文書研究　甘肅人民出版社　2000　p. 78

P. 5448 *

李并成　一批珍貴的歷史人物檔案:敦煌遺書中的邈真讚　《檔案》1991 年第 5 期　p. 33

鄭炳林　敦煌碑銘讚輯釋　甘肅教育出版社　1997　p. 290 注 11

P. 5504 *

汪泛舟　偈·頌　敦煌文學　甘肅人民出版社　1989　p. 92

P. 5522

周祖謨　爾雅郭璞注古本跋　問學集　中華書局　1966　又見:中國敦煌學百年文庫·語言文字卷
　　（一）　甘肅文化出版社　1999　p. 305

陳鐵凡　敦煌本尚書十四殘卷綴合記　（新加坡)《新社學報》1969 年第 3 期　又見:中國敦煌學百
　　年文庫·文獻卷（二）　甘肅文化出版社　1999　p. 412

那波利貞　梁戶考　唐代社會文化史研究·第三編　（東京）創文社　1974　p. 272、277、373

王重民　敦煌古籍叙録　中華書局　1979　p. 14、206

堀敏一　敦煌社會の変質——中國社會全般の発展とも関連して　敦煌の社會（講座敦煌 3）　（東
　　京）大東出版社　1980　p. 192

陳祚龍　新譯補注杜女史主修的《巴黎國立圖書館藏敦煌中文卷冊目録》之"自序"及"緒說"　敦煌
　　學要籥　（臺北）新文豐出版公司　1982　p. 39

王重民　巴黎敦煌殘卷叙録（第二輯）　敦煌叢刊初集（九）　（臺北）新文豐出版公司　1985
　　p. 210、253

王重民原編　黃永武新編　敦煌古籍叙録新編（第一、十一冊）　（臺北）新文豐出版公司　1986
　　p. 227；37

謝和耐著　耿昇譯　中國 5—10 世紀的寺院經濟　甘肅人民出版社　1987　p. 164 注 4　又見:上海
　　古籍出版社　2004　p. 134 注 1

孫啓治　敦煌吐魯番文獻研究論集（第五輯）　北京大學出版社　1990　p. 130

仁井田陞　補訂中國法制史研究:土地法·交易法　東京大學出版會　1991　p. 659、738

王三慶著　池田溫譯　類書　敦煌漢文文獻（講座敦煌 5）　（東京）大東出版社　1992　p. 384

吳福熙　敦煌殘卷古文尚書校注　甘肅人民出版社　1992　p. 6

吳其昱著　伊藤美重子譯　敦煌漢文寫本概觀　敦煌漢文文獻（講座敦煌 5）　（東京）大東出版社
　　1992　p. 96

前田正名　河西歷史地理學研究　中國藏學出版社　1993　p. 264

周丕顯　敦煌"童蒙"、"家訓"寫本之考察　《敦煌學輯刊》1993 年第 1 期　p. 16

胡戟　傅玫　敦煌史話　中華書局　1995　p. 140、183

張金泉　許建平　敦煌音義彙考　杭州大學出版社　1996　p. 310

許建平　讀卷校經劄記　古典文獻與文化論叢　中華書局　1997　p. 80

陳公柔　評介《尚書文字合編》　燕京學報（新第 4 期）　北京大學出版社　1998　p. 290

楊寶玉　蒙求　敦煌學大辭典　上海辭書出版社　1998　p. 781

張金泉　爾雅注　敦煌學大辭典　上海辭書出版社　1998　p. 517

高啓安　唐五代至宋敦煌的量器及量制　《敦煌學輯刊》1999 年第 1 期　p. 67

查屏球　唐學與唐詩：中晚唐詩風的一種文化考察　商務印書館　2000　p. 264

許建平　敦煌本《尚書》叙錄　敦煌文獻論集：紀念藏經洞發現一百周年國際學術研討會論文集　遼寧人民出版社　2001　p. 382

姜亮夫　敦煌莫高窟年表　姜亮夫全集（十一）　雲南人民出版社　2002　p. 322

許建平　敦煌出土《尚書》寫卷研究的過去與未來　敦煌吐魯番研究（第七卷）　北京大學出版社　2004　p. 226

中村威也　ДХ10698『尚書費誓』とДХ10698v「史書」について　『西北出土文獻研究』（創刊號）（新潟）西北出土文獻研究會　2004　p. 42

P. 5523

王重民　敦煌古籍叙錄　中華書局　1979　p. 89、188

蘇瑩輝　敦煌學概要　（臺北）編譯館"中華叢書編委會"　1981　p. 39

饒宗頤　從石刻論武后之宗教信仰　選堂集林·史林　（香港）中華書局　1982　p. 604　又見：饒宗頤史學論著選　上海古籍出版社　1993　p. 522

蘇瑩輝　中外敦煌古寫本纂要　敦煌論集　（臺北）學生書局　1983　p. 315

王重民　巴黎敦煌殘卷叙錄（第二輯）　敦煌叢刊初集（九）　（臺北）新文豐出版公司　1985　p. 218、242

王重民原編　黃永武新編　敦煌古籍叙錄新編（第五、十冊）　（臺北）新文豐出版公司　1986　p. 220；34

林平和　羅振玉敦煌學析論　（臺北）文史哲出版社　1988　p. 34

康世昌　《春秋後語》輯校（上）　敦煌學（第 14 輯）　（臺北）新文豐出版公司　1989　p. 91

康世昌　《春秋後語》研究　敦煌學（第 16 輯）　（臺北）新文豐出版公司　1990　p. 84

東野治之　正倉院の鳥毛書屏風と「唐太宗屏風書」　遣唐使と正倉院　（東京）岩波書店　1992　p. 276

白化文　高宗天訓　敦煌學大辭典　上海辭書出版社　1998　p. 778

白化文　瑞應圖　敦煌學大辭典　上海辭書出版社　1998　p. 778

北京大學　敦煌《經卷》、《照片》及《圖書》目錄　中國敦煌學百年文庫·綜述卷（一）　甘肅文化出版社　1999　p. 318

榮新江　敦煌文獻與古籍整理　慶祝吳其昱先生八秩華誕敦煌學特刊　（臺北）文津出版社　2000　p. 274

姜亮夫　敦煌莫高窟年表　姜亮夫全集（十一）　雲南人民出版社　2002　p. 34

張弓　敦煌四部籍與中古後期社會的文化情境　敦煌學（第 25 輯）　（臺北）樂學書局有限公司　2004　p. 332

P. 5526

沙武田　梁紅　敦煌千佛變畫稿刺孔研究　《敦煌學輯刊》2005 年第 2 期　p. 69

邰惠莉　敦煌版畫叙錄　《敦煌研究》2005 年第 2 期　p. 11

P. 5527

方廣錩　賢劫經　敦煌學大辭典　上海辭書出版社　1998　p. 674

P. 5529

那波利貞　佛教信仰に基きて組織せられたる中晚唐五代時代の社邑に就きて(上)　『史林』(24卷3號)　京都大學文學部史學研究會　1939　p. 11、33、53、65　又見:唐代社會文化史研究・第六編　(東京)創文社　1974　p. 583、603、620、624

那波利貞　敦煌發見文書に拠る中晚唐時代の佛教寺院の錢穀布帛類貸付營利事業運營の實況　『支那學』(10卷3號)　(京都)支那學社　1941　p. 175

仁井田陞　唐末五代の敦煌寺院佃戶關係文書　西域文化研究(第二)・敦煌吐魯番社會經濟資料(上)　(京都)法藏館　1959　p. 84、88　又見:敦煌學譯文集　甘肅人民出版社　1985　p. 851、863 注13

竺沙雅章　敦煌出土「社」文書の研究　『東方學報』(第35號)　京都大學人文科學研究所　1964　p. 272、287

那波利貞　唐代の社邑に就きて(1938年)　唐代社會文化史研究・第五編　(東京)創文社　1974　p. 517、522、527、533、535、556

北原薰　晚唐・五代の敦煌寺院経済——収支決算報告を中心に　敦煌の社會(講座敦煌3)　(東京)大東出版社　1980　p. 442

菊池英夫　隋唐王朝支配期の河西と敦煌　敦煌の歷史(講座敦煌2)　(東京)大東出版社　1980　p. 182

周丕顯　敦煌俗曲分時聯章歌體再議　《敦煌學輯刊》1983年創刊號　p. 15

周丕顯　敦煌俗曲中的分時聯章體歌辭　關隴文學論叢　甘肅人民出版社　1983　p. 3

謝和耐著　耿昇譯　敦煌的墭戶與梁戶　敦煌譯叢(第一輯)　甘肅人民出版社　1985　p. 171 注47

謝和耐著　耿昇譯　中國5—10世紀的寺院經濟　甘肅人民出版社　1987　p. 184 注4、321 注3、330 注3

仁井田陞　補訂中國法制史研究:奴隸農奴法・家族村落法　東京大學出版會　1991　p. 75、85

姜伯勤　敦煌社會文書導論　(臺北)新文豐出版公司　1992　p. 234

金岡照光　講唱體類　敦煌の文學文獻(講座敦煌9)　(東京)大東出版社　1992　p. 107

林家平　寧强　羅華慶　中國敦煌學史　北京語言學院出版社　1992　p. 626

前田正名　河西歷史地理學研究　中國藏學出版社　1993　p. 127、250

王克孝　ДХ2168號寫本初探　《敦煌學輯刊》1993年第2期　p. 26　又見:1994年敦煌學國際研討會文集・宗教文史卷(下)　甘肅民族出版社　2000　p. 231

黃征　張涌泉　敦煌變文校注　中華書局　1997　p. 1187

寧可　夫人社　敦煌學大辭典　上海辭書出版社　1998　p. 427

謝重光　酒戶　敦煌學大辭典　上海辭書出版社　1998　p. 652

寧可　寧可史學論集　中國社會科學出版社　1999　p. 446 注15、451 注3

陸離　俄法所藏敦煌文獻中一件歸義軍時期土地糾紛案卷殘卷淺識　《敦煌學輯刊》2000年第2期　p. 59

丘古耶夫斯基　敦煌漢文文書　上海古籍出版社　2000　p. 136

P. 5530

那波利貞　佛教信仰に基きて組織せられたる中晚唐五代時代の社邑に就きて（上）　『史林』（24卷3號）　京都大學文學部史學研究會　1939　p. 33　又見：唐代社會文化史研究・第六編（東京）創文社　1974　p. 603

那波利貞　千佛岩莫高窟と敦煌文書　西域文化研究（第二）・敦煌吐魯番社會經濟資料（上）　（京都）法藏館　1959　p. 40

竺沙雅章　敦煌出土「社」文書の研究　『東方學報』（第35號）　京都大學人文科學研究所　1964　p. 258、287

那波利貞　唐代の社邑に就きて（1938年）　唐代社會文化史研究・第五編　（東京）創文社　1974　p. 532、556

長澤和俊　敦煌の庶民生活　敦煌の社會（講座敦煌3）　（東京）大東出版社　1980　p. 474

堀敏一　敦煌社會の変質——中國社會全般の発展とも関連して　敦煌の社會（講座敦煌3）　（東京）大東出版社　1980　p. 187

佐藤武敏　敦煌の水利　敦煌の社會（講座敦煌3）　（東京）大東出版社　1980　p. 285

謝和耐著　耿昇譯　中國5—10世紀的寺院經濟　甘肅人民出版社　1987　p. 330注3　又見：上海古籍出版社　2004　p. 274注2

前田正名　河西歷史地理學研究　中國藏學出版社　1993　p. 252

王克孝　ДХ2168號寫本初探　《敦煌學輯刊》1993年第2期　p. 26　又見：1994年敦煌學國際研討會文集・宗教文史卷（下）　甘肅民族出版社　2000　p. 231

丘古耶夫斯基　敦煌漢文文書　上海古籍出版社　2000　p. 23

榮新江　唐五代歸義軍武職軍將考　敦煌學新論　甘肅教育出版社　2002　p. 59

P. 5531

姜亮夫　瀛涯敦煌韻輯總目叙錄　《國立中央圖書館館刊》1947年第1期　又見：中國敦煌學百年文庫・文獻卷（一）　甘肅文化出版社　1999　p. 264

潘重規　瀛涯敦煌韻輯新編　（臺北）文史哲出版社　1974　p. 459

姜亮夫　瀛涯敦煌韻輯補逸　《敦煌學輯刊》1983年創刊號　p. 3

周祖謨　唐五代韻書集存　中華書局　1983　p. 739、919

姜亮夫　敦煌學概論　中華書局　1985　p. 64

林炯陽　敦煌韻書殘卷在聲韻學研究上的價值　漢學研究（敦煌學國際研討會論文專號）　（臺北）漢學研究資料及服務中心　1986　p. 413

姜亮夫　敦煌經卷在中國文化學術上的價值　敦煌學論文集　上海古籍出版社　1987　p. 13

姜亮夫　切韻系統　敦煌學論文集　上海古籍出版社　1987　p. 452

姜亮夫　隋唐宋韻書體式變遷考　敦煌學論文集　上海古籍出版社　1987　p. 479、554

姜亮夫　瀛外將去敦煌所藏韻書字書各卷叙錄　敦煌學論文集　上海古籍出版社　1987　p. 344　又見：姜亮夫全集（十三）　雲南人民出版社　2002　p. 299

姜亮夫　瀛涯敦煌韻輯補逸　敦煌學論文集　上海古籍出版社　1987　p. 383

姜亮夫　諸隋唐宋人韻書小韻韻次異同考　敦煌學論文集　上海古籍出版社　1987　p. 705

舒學　敦煌漢文遺書中雕版印刷資料綜叙　敦煌語言文學研究　北京大學出版社　1988　p. 290

周祖謨　五代刻本切韻及其聲母的讀音　周祖謨語言文史論集　浙江古籍出版社　1988　p. 258

周祖謨　五代刻本切韻之韻目　周祖謨語言文史論集　浙江古籍出版社　1988　p. 249

高田時雄　五姓說在敦煌藏族　敦煌吐魯番學研究論文集　漢語大詞典出版社　1990　p. 758

姜亮夫　瀛涯敦煌韻書卷子考釋　浙江古籍出版社　1990　p. 117、230

高田時雄　五姓を說く敦煌資料　『國立民族學博物館研究報告別冊』（14 號）　（吹田）國立民族學博物館　1991　p. 258

林聰明　敦煌文書學　（臺北）新文豐出版公司　1991　p. 40

林家平　寧強　羅華慶　中國敦煌學史　北京語言學院出版社　1992　p. 145、301、308

高田時雄　可洪隨函錄と行瑤隨函音疏　中國語の資料と方法　京都大學人文科學研究所　1994　p. 144

劉進寶　敦煌學論述　（臺北）洪葉文化事業有限公司　1995　p. 294

張涌泉　敦煌俗字彙考　敦煌俗字研究　上海教育出版社　1996　p. 5

張涌泉　敦煌俗字研究導論　（臺北）新文豐出版公司　1996　p. 44

張金泉　敦煌韻書　敦煌學大辭典　上海辭書出版社　1998　p. 512

姜亮夫　敦煌:偉大的文化寶藏　雲南人民出版社　1999　p. 137

妹尾達彥　唐代長安東市の印刷業　東アジア史における國家と地域　（東京）刀水書房　1999　p. 230

北京大學　敦煌《經卷》、《照片》及《圖書》目錄　中國敦煌學百年文庫·綜述卷（一）　甘肅文化出版社　1999　p. 315

姜亮夫　隋唐宋韻書體式變遷考　中古近代漢語研究（第一輯）　上海教育出版社　2000　p. 12

姜亮夫　瀛涯敦煌韻輯　姜亮夫全集（九）　雲南人民出版社　2002　p. 235

施安昌　敦煌寫經的遞變字群及其命名　善本碑帖論集　紫禁城出版社　2002　p. 334

徐朝東　與蔣藏本《唐韻》相關的敦煌韻書殘卷考釋　《敦煌研究》2003 年第 2 期　p. 82

洪藝芳　潘重規先生在敦煌音韻整理研究上的貢獻　敦煌學（第 25 輯）　（臺北）樂學書局有限公司　2004　p. 235

高田時雄著　鍾翀等譯　五姓說之敦煌資料　敦煌·民族·語言　中華書局　2005　p. 334

P. 5532

張廣達　榮新江　巴黎國立圖書館所藏敦煌于闐語寫卷目錄初編　敦煌吐魯番文獻研究論集（第四輯）　北京大學出版社　1987　p. 123

張總　說不盡的觀世音　上海辭書出版社　2002　p. 136

張弓　敦煌四部籍與中古後期社會的文化情境　敦煌學（第 25 輯）　（臺北）樂學書局有限公司　2004　p. 315

P. 5535

張廣達　榮新江　關於唐末宋初于闐國的國號、年號及其王家世系問題　敦煌吐魯番文獻研究論集　中華書局　1982　p. 185　又見:于闐史叢考　上海書店　1993　p. 33

張廣達　榮新江　巴黎國立圖書館所藏敦煌于闐語寫卷目錄初編　敦煌吐魯番文獻研究論集（第四輯）　北京大學出版社　1987　p. 103、124

張廣達　榮新江　關於敦煌出土于闐文獻的年代及其相關問題　紀念陳寅恪先生誕辰百年學術論文集　北京大學出版社　1989　p. 293

李正宇　中國唐宋硬筆書法　上海文化出版社　1993　p. 27

榮新江　于闐王國與瓜沙曹氏　《敦煌研究》1994 年第 2 期　p. 112

榮新江　歸義軍史研究　上海古籍出版社　1996　p. 23

鄭炳林　馮培紅　唐五代歸義軍政權對外關係中的使頭一職　敦煌歸義軍史專題研究　蘭州大學出

版社　1997　p. 54

榮新江　歸義軍大事紀年初稿　出土文獻研究（第三輯）　文物出版社　1998　p. 247

楊富學　從出土文獻看《法華經》在西域、敦煌的傳譯　西域敦煌宗教論稿　甘肅文化出版社　1998　p. 186

楊富學　《法華經》胡漢諸本的傳譯　敦煌吐魯番研究（第三卷）　北京大學出版社　1998　p. 30

榮新江　略談于闐對敦煌石窟的貢獻　2000 年敦煌學國際學術討論會文集・歷史文化卷（上）　甘肅民族出版社　2003　p. 73

P. 5536

熊本裕　コータン語文獻　敦煌胡語文獻（講座敦煌 6）　（東京）大東出版社　1985　p. 118

岩松淺夫　敦煌のコータン語仏教文獻　敦煌胡語文獻（講座敦煌 6）　（東京）大東出版社　1985　p. 180

張廣達　榮新江　巴黎國立圖書館所藏敦煌于闐語寫卷目錄初編　敦煌吐魯番文獻研究論集（第四輯）　北京大學出版社　1987　p. 97、124

張廣達　榮新江　關於敦煌出土于闐文獻的年代及其相關問題　紀念陳寅恪先生誕辰百年學術論文集　北京大學出版社　1989　p. 290

榮新江　關於唐宋時期中原文化對于闐影響的幾個問題　國學研究（第一卷）　北京大學出版社　1993　p. 420 注 46

榮新江　于闐語佛名經　敦煌學大辭典　上海辭書出版社　1998　p. 501

榮新江　于闐語善財譬喻經　敦煌學大辭典　上海辭書出版社　1998　p. 502

榮新江　于闐語韻文書簡　敦煌學大辭典　上海辭書出版社　1998　p. 504

楊森　五代宋時期于闐皇太子在敦煌的太子莊　《敦煌研究》2003 年第 4 期　p. 42

P. 5537

陳祚龍　關於研究李唐三藏法師玄奘的“作爲”及其影響之敦煌古抄參考資料　中華佛教文化史散策（初集）　（臺北）新文豐出版公司　1978　p. 371

黃振華　于闐文研究概述　中國民族古文字研究　中國社會科學出版社　1984　p. 71

張廣達　榮新江　巴黎國立圖書館所藏敦煌于闐語寫卷目錄初編　敦煌吐魯番文獻研究論集（第四輯）　北京大學出版社　1987　p. 125

張廣達　榮新江　于闐佛寺志　于闐史叢考　上海書店　1993　p. 283

方廣錩　辯中邊論頌　敦煌學大辭典　上海辭書出版社　1998　p. 715

榮新江　梵文佛說帝釋般若波羅蜜多心經　敦煌學大辭典　上海辭書出版社　1998　p. 511

賈應逸　藏經洞遺書與和闐佛教遺址　2000 年敦煌學國際學術討論會文集・歷史文化卷（上）　甘肅民族出版社　2003　p. 84

P. 5538

金岡照光　敦煌の寫本　敦煌の文學　（東京）大藏出版株式會社　1971　p. 69

哈密頓　851—1001 年于闐王世系　《敦煌學輯刊》1982 年第 3 期　p. 164

黃盛璋　和闐文《于闐王尉遲徐拉與沙州大王曹元忠書》與西北史地問題　歷史地理（第三輯）　上海人民出版社　1983　p. 203

張廣達　榮新江　和田、敦煌發現的中古于闐史料概述　《新疆社會科學》1983 年第 4 期　p. 80　又見：于闐史叢考　上海書店　1993　p. 16

黃振華　于闐文研究概述　中國民族古文字研究　中國社會科學出版社　1984　p. 70

熊本裕　コータン語文獻　敦煌胡語文獻(講座敦煌 6)　(東京)大東出版社　1985　p. 130、135

榮新江　歸義軍及其與周邊民族的關係初探　《敦煌學輯刊》1986 年第 2 期　p. 36　又見:中國人文
　　社會科學博士碩士文庫・歷史學卷　浙江教育出版社　1998　p. 668

張廣達　榮新江　巴黎國立圖書館所藏敦煌于闐語寫卷目錄初編　敦煌吐魯番文獻研究論集(第四
　　輯)　北京大學出版社　1987　p. 125

張廣達　榮新江　敦煌文書 P. 3510(于闐文)《從德太子發願文(擬)》及其年代　1983 年全國敦煌學
　　術討論會文集・文史遺書編(上)　甘肅人民出版社　1987　p. 171

高田時雄　コータン文書中の漢語語彙　漢語史の諸問題(別冊)　京都大學人文科學研究所
　　1988　p. 73

李正宇　歸義軍曹氏"表文三件"考釋　《文獻》1988 年第 3 期　p. 12

張廣達　榮新江　關於和田出土于闐文獻的年代及其相關問題　『東洋學報』(69 卷 1・2 號)　(東
　　京)東洋文庫　1988　p. 67

張廣達　榮新江　關於敦煌出土于闐文獻的年代及其相關問題　紀念陳寅恪先生誕辰百年學術論文
　　集　北京大學出版社　1989　p. 287

榮新江　沙州歸義軍歷任節度使稱號研究　敦煌吐魯番學研究論文集　漢語大詞典出版社　1990
　　p. 804

榮新江　敦煌文獻所見晚唐五代宋初的中印文化交往　季羨林教授八十華誕紀念論文集(下)　江
　　西人民出版社　1991　p. 963

孟凡人　五代宋初于闐王統考　《中國邊疆史地研究》1992 年第 3 期　p. 105

榮新江　關於唐宋時期中原文化對于闐影響的幾個問題　國學研究(第一卷)　北京大學出版社
　　1993　p. 409

石奈德　敦煌本《普化大師五臺山巡禮記》初探　法國學者敦煌學論文選萃　中華書局　1993
　　p. 124

黃盛璋　敦煌寫卷于闐文《克什米爾行程》歷史地理研究　《新疆文物》1994 年第 4 期　又見:中國
　　敦煌學百年文庫・地理卷(二)　甘肅文化出版社　1999　p. 14

榮新江　于闐王國與瓜沙曹氏　《敦煌研究》1994 年第 2 期　p. 113

胡戟　傅玫　敦煌史話　中華書局　1995　p. 203

榮新江　歸義軍史研究　上海古籍出版社　1996　p. 29

薛宗正　中國新疆古代社會生活史　新疆人民出版社　1997　p. 289

鄭炳林　敦煌碑銘讚輯釋　甘肅教育出版社　1997　p. 552 注 4

鄭炳林　馮培紅　唐五代歸義軍政權對外關係中的使頭一職　敦煌歸義軍史專題研究　蘭州大學出
　　版社　1997　p. 68

陳國燦　天尊　敦煌學大辭典　上海辭書出版社　1998　p. 463

高永久　論 11 世紀初伊斯蘭教在于闐的傳播問題　《蘭州大學學報》1998 年第 2 期　p. 94

李正宇　敦煌古代美術字　敦煌學大辭典　上海辭書出版社　1998　p. 288

榮新江　梵文－于闐文雙語對照會話練習簿　敦煌學大辭典　上海辭書出版社　1998　p. 512

榮新江　歸義軍大事紀年初稿　出土文獻研究(第三輯)　文物出版社　1998　p. 251

榮新江　塞語文書　敦煌學大辭典　上海辭書出版社　1998　p. 820

榮新江　于闐王尉遲輸羅致沙州大王曹元忠書　敦煌學大辭典　上海辭書出版社　1998　p. 504

勞心　從敦煌文獻看 9 世紀的西州　《敦煌研究》2002 年第 1 期　p. 85

徐曉麗　敦煌石窟所見天公主考辨　《敦煌學輯刊》2002 年第 2 期　p. 82

榮新江　略談于闐對敦煌石窟的貢獻　2000 年敦煌學國際學術討論會文集・歷史文化卷(上)　甘肅民族出版社　2003　p. 75

森安孝夫著　梁曉鵬摘譯　河西歸義軍節度使官印及其編年　《敦煌學輯刊》2003 年第 1 期　p. 142

沙武田　趙曉星　歸義軍時期敦煌文獻中的太子　《敦煌研究》2003 年第 4 期　p. 51

楊森　五代宋時期于闐皇太子在敦煌的太子莊　《敦煌研究》2003 年第 4 期　p. 42

高田時雄著　鍾翀等譯　于闐文書中的漢語語彙　敦煌・民族・語言　中華書局　2005　p. 220

P. 5539

山本達郎等　敦煌・Ⅲ 轉貼　『NUN – HUANG AND TURFAN DOCUMENTS CONCERNING SOCIAL AND ECONOMIC HISTORY』(Ⅳ)　(東京)東洋文庫　1989　p. 25

P. 5541

王堯　陳踐　敦煌吐蕃文獻選　四川民族出版社　1983　p. 207

P. 5542

金岡照光　敦煌漢文文學文獻の文學形態上の種類とその分類　敦煌出土文學文獻分類目録・附解說　(東京)東洋文庫　1971　p. 237

王重民　敦煌古籍叙録　中華書局　1979　p. 295

蘇瑩輝　敦煌學概要　(臺北)編譯館"中華叢書編委會"　1981　p. 60

段文傑　敦煌壁畫中的衣冠服飾　敦煌研究文集　甘肅人民出版社　1982　p. 188 注 74

蘇瑩輝　中外敦煌古寫本纂要　敦煌論集　(臺北)學生書局　1983　p. 335

王堯　陳踐　敦煌吐蕃文獻選　四川民族出版社　1983　p. 207

韓百詩著　耿昇譯　克失的迷考　敦煌譯叢(第一輯)　甘肅人民出版社　1985　p. 149

森安孝夫　ウイグル語文獻　敦煌胡語文獻(講座敦煌6)　(東京)大東出版社　1985　p. 21

王重民　巴黎敦煌殘卷叙録(第二輯)　敦煌叢刊初集(九)　(臺北)新文豐出版公司　1985　p. 292

林聰明　敦煌漢文文書解讀要點試論　漢學研究(敦煌學國際研討會論文專號)　(臺北)漢學研究資料及服務中心　1986　p. 428

王重民原編　黃永武新編　敦煌古籍叙録新編(第十五冊)　(臺北)新文豐出版公司　1986　p. 166

任半塘　敦煌歌辭總編　上海古籍出版社　1987　p. 651

蘇瑩輝　論敦煌唐代資料在文史藝術及科技諸方面的貢獻　敦煌文史藝術論叢　(臺北)新文豐出版公司　1987　p. 47

林聰明　敦煌文書學　(臺北)新文豐出版公司　1991　p. 24、419

金岡照光　韻文體類——長篇叙事詩・短篇歌詠　敦煌の文學文獻(講座敦煌9)　(東京)大東出版社　1992　p. 265

張鴻勳　敦煌說唱文學概論　(臺北)新文豐出版公司　1993　p. 17

胡戟　傅玫　敦煌史話　中華書局　1995　p. 168

林聰明　敦煌文書年代考探略述　敦煌學國際研討會文集・史地語文編　遼寧美術出版社　1995　p. 553

張錫厚　敦煌本唐集研究　(臺北)新文豐出版公司　1995　p. 234

謝思煒　白居易集綜論　中國社會科學出版社　1997　p. 57

謝思煒　敦煌本白居易詩再考證　《文獻》1997 年第 1 期　p. 135

徐俊　敦煌詩集殘卷輯考　中華書局　2000　p. 27

張錫厚　敦煌本《白香山詩集》考　1994 年敦煌學國際研討會文集·宗教文史卷(上)　甘肅民族出
　　版社　2000　p. 237
杜曉勤　隋唐五代文學研究　北京出版社　2001　p. 1263
林聰明　敦煌吐魯番文書解詁指例　(臺北)新文豐出版公司　2001　p. 255
姜亮夫　敦煌莫高窟年表　姜亮夫全集(十一)　雲南人民出版社　2002　p. 378

P. 5543

饒宗頤解說　林宏作譯　敦煌書法叢刊(第五卷)·經史(三)　(東京)二玄社　1985　p. 48
土田健次郎　儒教典籍　敦煌漢文文獻(講座敦煌 5)　(東京)大東出版社　1992　p. 268
吳福熙　敦煌殘卷古文尚書校注　甘肅人民出版社　1992　p. 11
吳其昱著　伊藤美重子譯　敦煌漢文寫本概観　敦煌漢文文獻(講座敦煌 5)　(東京)大東出版社
　　1992　p. 96
陳公柔　評介《尚書文字合編》　燕京學報(新第 4 期)　北京大學出版社　1998　p. 290
徐俊　敦煌詩集殘卷輯考　中華書局　2000　p. 840
許建平　敦煌本《尚書》叙錄　敦煌文獻論集:紀念藏經洞發現一百周年國際學術研討會論文集　遼
　　寧人民出版社　2001　p. 383
許建平　敦煌出土《尚書》寫卷研究的過去與未來　敦煌吐魯番研究(第七卷)　北京大學出版社
　　2004　p. 228
中村威也　ДХ10698『尚書費誓』とДХ10698v「史書」について　『西北出土文獻研究』(創刊號)
　　(新潟)西北出土文獻研究會　2004　p. 42

P. 5544

康世昌　孔衍《春秋後語》試探　敦煌學(第 13 輯)　(臺北)新文豐出版公司　1988　p. 115
康世昌　《春秋後語》研究　敦煌學(第 16 輯)　(臺北)新文豐出版公司　1990　p. 77
杜愛英　敦煌遺書中俗體字的諸種類型　《敦煌研究》1992 年第 3 期　p. 121
王三慶著　池田溫譯　類書　敦煌漢文文獻(講座敦煌 5)　(東京)大東出版社　1992　p. 371

P. 5545

金岡照光　敦煌漢文文學文獻の文學形態上の種類とその分類　敦煌出土文學文獻分類目録·附解
　　說　(東京)東洋文庫　1971　p. 215
潘重規　敦煌卷子俗寫文字與俗文學之研究　敦煌變文論輯　(臺北)石門圖書公司　1981　p. 281
陳祚龍　新譯補注杜女史主修的《巴黎國立圖書館藏敦煌中文卷冊目録》之"自序"及"緒說"　敦煌
　　學要籥　(臺北)新文豐出版公司　1982　p. 41
鄭阿財　敦煌孝道文學研究　(臺北)石門圖書公司　1982　p. 424
周紹良　談唐代民間文學——讀《中國文學史》中"變文"節書後關於唐代民間文學研究的幾點意見
　　敦煌變文論文録　上海古籍出版社　1982　p. 413　又見:紹良叢稿　齊魯書社　1984　p. 55
潘重規　龍龕手鑒與寫本刻本之關係　敦煌學(第 6 輯)　(臺北)新文豐出版公司　1983　p. 87
潘重規　敦煌變文集新書(下)　(臺北)"中國文化大學"中文研究所　1984　p. 1251
潘重規　龍龕手鑒及其引用古文之研究　敦煌學(第 7 輯)　(臺北)新文豐出版公司　1984　p. 86
王慶菽　搜神記一卷　敦煌變文集　人民文學出版社　1984　p. 890
王國良　敦煌本搜神記考辨　漢學研究(敦煌學國際研討會論文專號)　(臺北)漢學研究資料及服
　　務中心　1986　p. 380

周紹良　小說　敦煌文學　甘肅人民出版社　1989　p. 285

郭在貽　張涌泉　黃征　敦煌變文集校議　岳麓書社　1990　p. 449

金岡照光　散文體類　敦煌の文學文獻(講座敦煌9)　(東京)大東出版社　1992　p. 244

金岡照光　孝行譚——『舜子変』と『董永傳』　敦煌の文學文獻(講座敦煌9)　(東京)大東出版社
　　1992　p. 525

林家平　寧强　羅華慶　中國敦煌學史　北京語言學院出版社　1992　p. 337

周紹良　敦煌文學芻議及其它　(臺北)新文豐出版公司　1992　p. 58

蔣冀騁　敦煌文書校讀研究　(臺北)文津出版社　1993　p. 144

張先堂　敦煌文學概論　甘肅人民出版社　1993　p. 332

蔣禮鴻　敦煌文獻語言詞典　杭州大學出版社　1994　p. 72

黃征　張涌泉　敦煌變文校注　中華書局　1997　p. 401

劉子瑜　敦煌變文和王梵志詩　大象出版社　1997　p. 38

張鴻勳　句道興搜神記　敦煌學大辭典　上海辭書出版社　1998　p. 583

伏俊璉　伏麒鵬　石室齊諧：敦煌小說選析　甘肅人民出版社　2000　p. 137

金岡照光　敦煌文獻と中國文學　(東京)五曜書房　2000　p. 33

張錫厚　敦煌文學源流　作家出版社　2000　p. 502、528

荒見泰史　敦煌變文研究概述以及新觀點　華林(第三卷)　中華書局　2004　p. 407

王青　句道興《搜神記》與天鵝處女型故事　《敦煌研究》2005年第2期　p. 96

王青　西域文化影響下的中古小說　中國社會科學出版社　2006　p. 342

P. 5546

陳祚龍　新譯補注杜女史主修的《巴黎國立圖書館藏敦煌中文卷冊目録》之"自序"及"緒說"　敦煌
　　學要籥　(臺北)新文豐出版公司　1982　p. 42

周鳳五　敦煌寫本太公家教研究　(臺北)明文書局　1986　p. 155

周鳳五　太公家教重探　漢學研究(敦煌學國際研討會論文專號)　(臺北)漢學研究資料及服務中
　　心　1986　p. 374

鄭阿財　敦煌蒙書析論　第二屆敦煌學國際研討會論文集　(臺北)漢學研究中心　1990　p. 216

東野治之　敦煌と日本の『千字文』　遣唐使と正倉院　(東京)岩波書店　1992　p. 245

東野治之　訓蒙書　敦煌漢文文獻(講座敦煌5)　(東京)大東出版社　1992　p. 413

鄭阿財　敦煌文獻與文學　(臺北)新文豐出版公司　1993　p. 261

沃興華　敦煌書法藝術　上海人民出版社　1994　p. 72

石田勇作　敦煌「社文書」研究序說　中國古代の國家と民衆(堀敏一先生古稀記念)　(東京)汲古
　　書院　1995　p. 684

黃征　張涌泉　敦煌變文校注　中華書局　1997　p. 162

寧可　郝春文　敦煌社邑文書輯校　江蘇古籍出版社　1997　p. 142

朱鳳玉　敦煌寫本碎金研究　(臺北)文津出版社　1997　p. 17

李正宇　古本敦煌鄉土志八種箋證　(臺北)新文豐出版公司　1998　p. 249

孟憲實　敦煌社邑的分佈　敦煌文獻論集：紀念藏經洞發現一百周年國際學術研討會論文集　遼寧
　　人民出版社　2001　p. 432

魏迎春　讀俄藏敦煌文獻ДХ00098、ДХ00513號劄記　《敦煌學輯刊》2001年第1期　p. 15

鄭阿財　朱鳳玉　敦煌蒙書研究　甘肅教育出版社　2002　p. 19、379

P. 5548

施萍婷　敦煌曆日研究　1983 年全國敦煌學術討論會文集·文史遺書編（上）　甘肅人民出版社
　　1987　p. 311、326、355

嚴敦傑　跋敦煌唐乾符四年曆書　中國古代天文文物論集　文物出版社　1989　p. 243、251　又見：
　　中國敦煌學百年文庫·科技卷　甘肅文化出版社　1999　p. 216

宮島一彥　曆書·算書　敦煌漢文文獻（講座敦煌 5）　（東京）大東出版社　1992　p. 473

鄧文寬　敦煌天文曆法文獻輯校　江蘇古籍出版社　1996　p. 284

鄧文寬　乾寧二年乙卯歲具注曆日　敦煌學大辭典　上海辭書出版社　1998　p. 607

公維章　明清時期河西的民間觀音信仰　敦煌佛教藝術文化國際學術研討會論文集　蘭州大學出版
　　社　2002　p. 494

黃一農　嫁娶宜忌：選擇術中的"亥不行嫁"與"陰陽不將"考辨　法制與禮俗　（臺北）"中央研究
　　院"歷史語言研究所　2002　p. 291

馬繼興　當前世界各地收藏的中國出土卷子本古醫藥文獻備考　敦煌吐魯番研究（第六卷）　北京
　　大學出版社　2002　p. 154

馬若安　敦煌曆日"沒日"和"滅日"安排初探　敦煌吐魯番研究（第七卷）　北京大學出版社　2004
　　p. 429

P. 5549

三木榮　西域出土醫藥關係文獻綜合解說目錄　『東洋學報』（47 卷 1 號）　（東京）東洋學術協會
　　1964　p. 7

馬繼興　敦煌古醫籍考釋　江西科學技術出版社　1988　p. 318

叢春雨　敦煌中醫藥全書　中醫古籍出版社　1994　p. 622

馬繼興　敦煌醫藥文獻輯校　江蘇古籍出版社　1998　p. 426

王淑民　不知名醫方第十四種　敦煌學大辭典　上海辭書出版社　1998　p. 619

馬繼興　當前世界各地收藏的中國出土卷子本古醫藥文獻備考　敦煌吐魯番研究（第六卷）　北京
　　大學出版社　2002　p. 154

陳明　備急單驗：敦煌醫藥文獻中的單藥方　敦煌學國際研討會論文集　北京圖書館出版社　2005
　　p. 239

陳明　殊方異藥：出土文書與西域醫學　北京大學出版社　2005　p. 151

P. 5550

周紹良　趙和平　書儀　《敦煌語言文學研究通訊》1987 年第 4 期　p. 2　又見：敦煌文學　甘肅人
　　民出版社　1989　p. 47

趙和平　敦煌寫本書儀略論　敦煌吐魯番學研究論文集　漢語大詞典出版社　1990　p. 595　又見：
　　唐五代書儀研究　中國社會科學出版社　1995　p. 3

趙和平　敦煌寫本鄭餘慶《大唐新定吉凶書儀》殘卷研究　敦煌吐魯番文獻研究論集（第五輯）　北
　　京大學出版社　1990　p. 208　又見：唐五代書儀研究　中國社會科學出版社　1995　p. 153

趙和平　敦煌寫本書儀研究　（臺北）新文豐出版公司　1993　p. 14、61

邵文實　敦煌俗文學作品中的駢儷文風　《敦煌學輯刊》1994 年第 2 期　p. 45

周一良　趙和平　敦煌寫本書儀中所看到的部分唐代社會文化生活　唐五代書儀研究　中國社會科
　　學出版社　1995　p. 316

周一良　趙和平　晚唐五代時的三種吉凶書儀寫卷研究　唐五代書儀研究　中國社會科學出版社

　　　1995　p. 217

趙和平　文儀集　敦煌學大辭典　上海辭書出版社　1998　p. 419

吳麗娛　唐禮摭遺：中古書儀研究　商務印書館　2002　p. 39、49

孫猛　《日本國見在書目録》（經部、史部、集部）失考書考　域外漢籍研究集刊（第二輯）　中華書局
　　　2006　p. 226

P. 5552

孫啓治　唐寫本俗別字變化類型舉例　敦煌吐魯番文獻研究論集（第五輯）　北京大學出版社
　　　1990　p. 126

P. 5557

陳鐵凡　敦煌本尚書十四殘卷綴合記　（新加坡）《新社學報》1969年第3期　又見：中國敦煌學百
　　　年文庫·文獻卷（二）　甘肅文化出版社　1999　p. 413

陳祚龍　新譯補注杜女史主修的《巴黎國立圖書館藏敦煌中文卷冊目録》之“自序”及“緒說”　敦煌
　　　學要籥　（臺北）新文豐出版公司　1982　p. 42

王堯　陳踐　敦煌吐蕃文獻選　四川民族出版社　1983　p. 68

饒宗頤解說　林宏作譯　敦煌書法叢刊（第五卷）·經史（三）　（東京）二玄社　1985　p. 48

池田溫　中國古代寫本識語集録　（東京）大藏出版株式會社　1990　p. 298

孫啓治　唐寫本俗別字變化類型舉例　敦煌吐魯番文獻研究論集（第五輯）　北京大學出版社
　　　1990　p. 124、126、128、130

土田健次郎　儒教典籍　敦煌漢文文獻（講座敦煌5）　（東京）大東出版社　1992　p. 268

吳福熙　敦煌殘卷古文尚書校注　甘肅人民出版社　1992　p. 17

吳其昱著　伊藤美重子譯　敦煌漢文寫本概觀　敦煌漢文文獻（講座敦煌5）　（東京）大東出版社
　　　1992　p. 96

王堯　吐蕃時期藏譯漢籍名著及故事　中國古籍研究（第一卷）　上海古籍出版社　1996　p. 540

白化文　隸古定尚書　敦煌學大辭典　上海辭書出版社　1998　p. 772

徐俊　敦煌詩集殘卷輯考　中華書局　2000　p. 840

許建平　敦煌本《尚書》敘録　敦煌文獻論集：紀念藏經洞發現一百周年國際學術研討會論文集　遼
　　　寧人民出版社　2001　p. 384

許建平　BD14681《尚書》殘卷考辨　新世紀敦煌學論集　巴蜀書社　2003　p. 92

許建平　敦煌出土《尚書》寫卷研究的過去與未來　敦煌吐魯番研究（第七卷）　北京大學出版社
　　　2004　p. 228

中村威也　ДХ10698『尚書費誓』とДХ10698v「史書」について　『西北出土文獻研究』（創刊號）
　　　（新潟）西北出土文獻研究會　2004　p. 42

石塚晴通　敦煌的加點本　敦煌學·日本學：石塚晴通教授退職紀念論文集　上海辭書出版社
　　　2005　p. 13

P. 5561

陳祚龍　新譯補注杜女史主修的《巴黎國立圖書館藏敦煌中文卷冊目録》之“自序”及“緒說”　敦煌
　　　學要籥　（臺北）新文豐出版公司　1982　p. 42

伊藤美重子　敦煌本『大智度論』の整理　中國佛教石經の研究　京都大學學術出版會　1996
　　　p. 385

P. 5563

石井昌子　靈寶經類　敦煌と中國道教（講座敦煌 4）　（東京）大東出版社　1983　p. 150

王三慶　敦煌寫卷中武后新字之調查研究　唐代研究論集（第三輯）　（臺北）新文豐出版公司　1992　p. 98

王卡　太上洞玄靈寶智慧定志通微經　敦煌學大辭典　上海辭書出版社　1998　p. 767

王承文　敦煌古靈寶經與晉唐道教　中華書局　2002　p. 49

王卡　敦煌道教文獻研究　中國社會科學出版社　2004　p. 96

P. 5566

中村裕一　官文書　敦煌漢文文獻（講座敦煌 5）　（東京）大東出版社　1992　p. 563

中村裕一　唐代公文書研究　（東京）汲古書院　1996　p. 102

榮新江　敦煌學十八講　北京大學出版社　2001　p. 195

景盛軒　敦煌寫本《大般涅槃經》著録商補　浙江與敦煌學：常書鴻先生誕辰一百周年紀念文集　浙江古籍出版社　2004　p. 353

P. 5568

方廣錩　敦煌佛教經録輯校　江蘇古籍出版社　1997　p. 768

鄭炳林　晚唐五代敦煌地區《大般若經》的流傳與信仰　麥積山石窟藝術文化論文集（下）　蘭州大學出版社　2004　p. 116

P. 5573

王堯　陳踐　敦煌吐蕃文獻選　四川民族出版社　1983　p. 206

顏廷亮　敦煌西漢金山國檔案文獻考略　《甘肅社會科學》1996 年第 5 期　p. 93

楊秀清　敦煌西漢金山國史　甘肅人民出版社　1999　p. 139

P. 5575

汪泛舟　偈・頌　敦煌文學　甘肅人民出版社　1989　p. 88

汪泛舟　敦煌文學概論　甘肅人民出版社　1993　p. 549

張弓　漢唐佛寺文化史　中國社會科學出版社　1997　p. 818

林仁昱　論敦煌佛教歌曲向通俗傳播的内容　中國俗文化研究（第一輯）　巴蜀書社　2003　p. 196

P. 5577

陳鐵凡　敦煌本尚書十四殘卷綴合記　（新加坡）《新社學報》1969 年第 3 期　又見：中國敦煌學百年文庫・文獻卷（二）　甘肅文化出版社　1999　p. 417

張金泉　許建平　敦煌音義彙考　杭州大學出版社　1996　p. 645

陳公柔　評介《尚書文字合編》　燕京學報（新第 4 期）　北京大學出版社　1998　p. 291

P. 5578

陳祚龍　新譯補注杜女史主修的《巴黎國立圖書館藏敦煌中文卷冊目録》之"自序"及"緒說"　敦煌學要籥　（臺北）新文豐出版公司　1982　p. 42

方廣錩　敦煌佛教經録輯校　江蘇古籍出版社　1997　p. 644

P. 5579

陳祚龍　新譯補注杜女史主修的"巴黎國立圖書館藏敦煌中文卷冊目録"之"自序"及"緒說"　敦煌
　　學要籥　（臺北）新文豐出版公司　1982　p. 42

謝和耐著　耿昇譯　中國5—10世紀的寺院經濟　甘肅人民出版社　1987　p. 23注5

李正宇　敦煌地區古代祠廟寺觀簡志　《敦煌學輯刊》1988年第1、2期　p. 81

山本達郎等　敦煌·III 轉貼　『NUN–HUANG AND TURFAN DOCUMENTS CONCERNING SOCIAL
　　AND ECONOMIC HISTORY』(IV)　（東京）東洋文庫　1989　p. 85

唐耕耦　陸宏基　敦煌社會經濟文獻真迹釋録（四）　全國圖書館文獻縮微複製中心　1990
　　p. 107、206

竺沙雅章　敦煌吐蕃期的僧官制度　第二屆敦煌學國際研討會論文集　（臺北）漢學研究中心
　　1990　p. 146

姜伯勤　敦煌本乘恩帖考證　中山大學史學集刊(第一輯)　廣東人民出版社　1992　又見：中國敦
　　煌學百年文庫·宗教卷(二)　甘肅文化出版社　1999　p. 320

姜伯勤　敦煌社會文書導論　（臺北）新文豐出版公司　1992　p. 206

竺沙雅章　寺院文書　敦煌漢文文獻(講座敦煌5)　（東京）大東出版社　1992　p. 607、610、617、
　　632

邵文實　尚乞心兒事迹考　《敦煌學輯刊》1993年第2期　p. 17

齊陳駿　有關遺産繼承的幾件敦煌遺書　《敦煌學輯刊》1994年第2期　p. 53

石田勇作　敦煌「社文書」研究序說　中國古代の國家と民衆(堀敏一先生古稀記念)　（東京）汲古
　　書院　1995　p. 688

郝春文　唐後期五代宋初沙州的方等道場與方等道場司　唐研究(第二卷)　北京大學出版社
　　1996　p. 87

姜伯勤　敦煌藝術宗教與禮樂文明　中國社會科學出版社　1996　p. 390

李正宇　敦煌史地新論　（臺北）新文豐出版公司　1996　p. 84、91

伊藤美重子　敦煌本『大智度論』の整理　中國佛教石經の研究　京都大學學術出版會　1996
　　p. 361

張國剛　隋唐五代史研究概要　天津教育出版社　1996　p. 749

方廣錩　敦煌佛教經録輯校　江蘇古籍出版社　1997　p. 1048

高啓安　唐宋時期敦煌人名探析　《敦煌研究》1997年第4期　p. 123

李正宇　敦煌歷史地理導論　（臺北）新文豐出版公司　1997　p. 183

鄭炳林　敦煌碑銘讚輯釋　甘肅教育出版社　1997　p. 292注19

郝春文　崇恩　敦煌學大辭典　上海辭書出版社　1998　p. 351

郝春文　唐後期五代宋初敦煌僧尼的社會生活　中國社會科學出版社　1998　p. 57

李正宇　大乘寺　敦煌學大辭典　上海辭書出版社　1998　p. 628

李正宇　天王堂寺　敦煌學大辭典　上海辭書出版社　1998　p. 631

楊森　跋《子年三月五日計料海濟受戒衣缽具色——如後》帳及卷背《釋門教授帖》文書　《敦煌研
　　究》1998年第4期　p. 103

陸離　敦煌文書中的博士與教授　《敦煌學輯刊》1999年第1期　p. 92

馬德　敦煌文書《諸寺付經歷》芻議　《敦煌學輯刊》1999年第1期　p. 42

汪泛舟　敦煌道教與齋醮諸考　1994年敦煌學國際研討會文集·宗教文史卷(上)　甘肅民族出版
　　社　2000　p. 13

張先堂　唐宋時期敦煌天王堂寺、天王堂考　'98法門寺唐文化國際學術討論會論文集　陝西人民

出版社　2000　p. 191

馬德　浙藏敦煌文獻《子年金光明寺破曆》考略　《敦煌研究》2001 年第 3 期　p. 99

馬德　莫高窟新發現的窟龕與墓塔遺迹　敦煌佛教藝術文化國際學術研討會論文集　蘭州大學出版社　2002　p. 152

徐曉卉　敦煌歸義軍時期的道場司探析　《敦煌研究》2002 年第 2 期　p. 26

高田時雄　吐蕃期敦煌有關受戒的藏文資料　新世紀敦煌學論集　巴蜀書社　2003　p. 266

洪藝芳　敦煌社會經濟文書中的唐五代新興量詞研究　敦煌學（第 24 輯）（臺北）樂學書局有限公司　2003　p. 91

陸離　吐蕃僧官制度試探　華林（第三卷）　中華書局　2004　p. 87

沙武田　莫高窟"天王堂"質疑　《敦煌研究》2004 年第 2 期　p. 25

王卡　敦煌道教文獻研究　中國社會科學出版社　2004　p. 156

鄭炳林　魏迎春　晚唐五代敦煌佛教教團的科罰制度研究　《敦煌研究》2004 年第 2 期　p. 53

黨燕妮　毗沙門天王信仰在敦煌的流傳　《敦煌研究》2005 年第 3 期　p. 101

汪泛舟　敦煌俗別字新考（上）　《敦煌研究》2006 年第 1 期　p. 108

P. 5580

張總　《閻羅王授記經》綴補研考　敦煌吐魯番研究（第五卷）　北京大學出版社　2001　p. 92

黨燕妮　晚唐五代敦煌的十王信仰　麥積山石窟藝術文化論文集（下）　蘭州大學出版社　2004　p. 153

P. 5581

陳祚龍　新譯補注杜女史主修的《巴黎國立圖書館藏敦煌中文卷冊目録》之"自序"及"緒說"　敦煌學要籥　（臺北）新文豐出版公司　1982　p. 42

P. 5582

陳祚龍　新譯補注杜女史主修的《巴黎國立圖書館藏敦煌中文卷冊目録》之"自序"及"緒說"　敦煌學要籥　（臺北）新文豐出版公司　1982　p. 42

P. 5584

陳祚龍　新譯補注杜女史主修的《巴黎國立圖書館藏敦煌中文卷冊目録》之"自序"及"緒說"　敦煌學要籥　（臺北）新文豐出版公司　1982　p. 42

P. 5585

王堯　陳踐　敦煌吐蕃文獻選　四川民族出版社　1983　p. 206

P. 5586

陳祚龍　新譯補注杜女史主修的《巴黎國立圖書館藏敦煌中文卷冊目録》之"自序"及"緒說"　敦煌學要籥　（臺北）新文豐出版公司　1982　p. 42

P. 5587

李正宇　敦煌文學概論　甘肅人民出版社　1993　p. 93

P. 5588

唐耕耦　陸宏基　敦煌社會經濟文獻真迹釋録（三）　全國圖書館文獻縮微複製中心　1990　p. 247

江素雲　維摩詰所說經敦煌寫本綜合目録　（臺北）東初出版社　1991　p. 85

鄭炳林　晚唐五代敦煌貿易市場的物價　敦煌歸義軍史專題研究　蘭州大學出版社　1997　p. 282

鄭炳林　晚唐五代敦煌地區種植棉花研究　《中國史研究》1999 年第 3 期　p. 92

P. 5589

王卡　敦煌道教文獻研究　中國社會科學出版社　2004　p. 33、138

P. 5590

山本達郎等　敦煌・III 轉貼　『NUN – HUANG AND TURFAN DOCUMENTS CONCERNING SOCIAL AND ECONOMIC HISTORY』(IV)　（東京）東洋文庫　1989　p. 54

石田勇作　敦煌「社文書」研究序說　中國古代の國家と民衆（堀敏一先生古稀記念）　（東京）汲古書院　1995　p. 687

P. 5591

陳祚龍　瓜沙印録　（臺北）《大陸雜誌》1962 年第 4 期　又見：敦煌學概要　（臺北）編譯館“中華叢書編委會”　1981　p. 268、269；中國敦煌學百年文庫・考古卷（一）　甘肅文化出版社　1999　p. 189、192

陳祚龍　古代敦煌及其他地區流行之公私印章圖記文字録　敦煌學要籥　（臺北）新文豐出版公司　1982　p. 322、339、346

蘇瑩輝　瓜沙史事系年　敦煌論集　（臺北）學生書局　1983　p. 273

Л. N. チュグィェフスキ－著　荒川正晴譯注　ソ連邦科學アカデミ－東洋學研究所所藏、敦煌寫本における官印と寺印　『吐魯番出土文物研究會會報』(98、99 號)　（東京）吐魯番出土文物研究會　1994　p. 3

丘古耶夫斯基著　魏迎春譯　俄藏敦煌漢文寫卷中的官印及寺院印章　《敦煌學輯刊》1999 年第 1 期　p. 143

王卡　敦煌道教文獻研究　中國社會科學出版社　2004　p. 201

P. 5592

姜伯勤　敦煌寺院磑磑經營的兩種形式　歷史論叢（第三輯）　齊魯書社　1983　p. 186　又見：五十年來漢唐佛教寺院經濟研究　北京師範大學出版社　1986　p. 233

森安孝夫　ウイグル語文獻　敦煌胡語文獻（講座敦煌 6）　（東京）大東出版社　1985　p. 4、71

P. 5593

森安孝夫　ウイグル語文獻　敦煌胡語文獻（講座敦煌 6）　（東京）大東出版社　1985　p. 4

唐耕耦　陸宏基　敦煌社會經濟文獻真迹釋録（一）　書目文獻出版社　1986　p. 327

姜伯勤　敦煌社會文書導論　（臺北）新文豐出版公司　1992　p. 242

郝春文　敦煌寫本社邑文書年代彙考（三）　《社科縱橫》1993 年第 5 期　p. 8

寧可　郝春文　敦煌社邑文書輯校　江蘇古籍出版社　1997　p. 343

趙曉星　寇甲　西魏：歸義軍時期敦煌地區的史姓　《敦煌學輯刊》2005 年第 2 期　p. 137

P. 5594

森安孝夫　ウイグル語文獻　敦煌胡語文獻（講座敦煌6）　（東京）大東出版社　1985　p. 4

P. 5595

森安孝夫　ウイグル語文獻　敦煌胡語文獻（講座敦煌6）　（東京）大東出版社　1985　p. 5

P. 5596

陳祚龍　新譯補注杜女史主修的《巴黎國立圖書館藏敦煌中文卷冊目録》之"自序"及"緒說"　敦煌
　　學要籲　（臺北）新文豐出版公司　1982　p. 42

森安孝夫　ウイグル語文獻　敦煌胡語文獻（講座敦煌6）　（東京）大東出版社　1985　p. 5

P. 5597

熊本裕　コータン語文獻　敦煌胡語文獻（講座敦煌6）　（東京）大東出版社　1985　p. 140

張廣達　榮新江　巴黎國立圖書館所藏敦煌于闐語寫卷目録初編　敦煌吐魯番文獻研究論集（第四
　　輯）　北京大學出版社　1987　p. 126

高田時雄　コータン文書中の漢語語彙　漢語史の諸問題（別冊）　京都大學人文科學研究所
　　1988　p. 85

榮新江　關於唐宋時期中原文化對于闐影響的幾個問題　國學研究（第一卷）　北京大學出版社
　　1993　p. 415

榮新江　梁朝傅大士頌金剛經于闐文譯本　敦煌學大辭典　上海辭書出版社　1998　p. 502

高田時雄著　鍾翀等譯　于闐文書中的漢語語彙　敦煌・民族・語言　中華書局　2005　p. 233

P. 5598

李正宇　敦煌名勝古迹導論　《陽關》1991年第4期　p. 51

邰惠莉　敦煌遺書中的白描畫簡介　《社科縱橫》1994年第4期　p. 48

土肥義和　唐・北宋間の「社」の組織形態に関する一考察　中國古代の國家と民衆（堀敏一先生古
　　稀記念）　（東京）汲古書院　1995　p. 726

鄭炳林　敦煌碑銘讚輯釋　甘肅教育出版社　1997　p. 468　注3

鄭炳林　徐曉麗　讀《俄藏敦煌文獻》第12冊幾件非佛經文獻劄記　《敦煌研究》2003年第4期
　　p. 86

公維章　涅槃、淨土的殿堂：敦煌莫高窟第148窟研究　民族出版社　2004　p. 39

P. 5600 *

饒宗頤　劉薩訶事迹與瑞像圖　饒宗頤東方學論集　汕頭大學出版社　1999　p. 273

P. 5608 *

平井俊榮　敦煌仏典と中國仏教　敦煌と中國仏教（講座敦煌7）　（東京）大東出版社　1984　p. 8

P. 5613 *

高國藩　敦煌俗文化學　上海三聯書店　1999　p. 546

李正宇　沙州歸義軍樂營及其職事　敦煌吐魯番研究（第五卷）　北京大學出版社　2001　p. 221

P. 5615 *

屈直敏　從《勵忠節抄》看歸義軍政權道德秩序的重建　《敦煌學輯刊》2005 年第 3 期　p. 78

屈直敏　從敦煌寫本類書《勵忠節抄》看唐代的知識、道德與政治秩序　《蘭州大學學報》2006 年第 2 期　p. 23

P. 5619 *

盧向前　關於歸義軍時期一份布紙破用曆的研究：試釋伯四六四〇背面文書　敦煌吐魯番文獻研究論集（第三輯）　北京大學出版社　1986　p. 424 注 112　又見：敦煌吐魯番文書論稿　江西人民出版社　1992　p. 131 注 112

黄盛璋　敦煌本曹氏二州六鎮與八鎮考　1983 年全國敦煌學術討論會文集·文史遺書編（上）　甘肅人民出版社　1987　p. 277

P. 5630 *

竺沙雅章　寺院文書　敦煌漢文文獻（講座敦煌 5）　（東京）大東出版社　1992　p. 644

P. 5637 *

周一良　敦煌寫本書儀考（之二）　敦煌吐魯番文獻研究論集（第四輯）　北京大學出版社　1987　p. 24

李明偉　敦煌文學概論　甘肅人民出版社　1993　p. 488

P. 5641 *

李正宇　釋"耶沒忽"：敦煌遺書王梵志詩俗詞語研究之一　王梵志詩研究彙録（上）　上海古籍出版社　1990　p. 264

P. 5643 *

金賢珠　唐五代敦煌民歌　（臺北）文史哲出版社　1994　p. 28

P. 5648 *

李正宇　敦煌方音止遇二攝混同及其校勘學意義　《敦煌研究》1986 年第 4 期　p. 49

P. 5659 *

賈應逸　藏經洞遺書與和闐佛教遺址　2000 年敦煌學國際學術討論會文集·歷史文化卷（上）　甘肅民族出版社　2003　p. 89

P. 5698 *

姜伯勤　敦煌社會文書導論　（臺北）新文豐出版公司　1992　p. 241

P. 5718 *

竺沙雅章　寺院文書　敦煌漢文文獻（講座敦煌 5）　（東京）大東出版社　1992　p. 647

P. 5745 *

陳鐵凡　敦煌本虞夏商書校證補遺　（臺北）《大陸雜誌》1969 年第 2 期　又見：中國敦煌學百年文

庫・文獻卷(二)　甘肅文化出版社　1999　p. 419

P. 5747 ＊

山本達郎等　敦煌・I 社條　『NUN‐HUANG AND TURFAN DOCUMENTS CONCERNING SOCIAL AND ECONOMIC HISTORY』(IV)　（東京）東洋文庫　1989　p. 1

P. 5752 ＊

伏俊璉　敦煌賦校注　甘肅人民出版社　1994　p. 2

P. 5774 ＊

江藍生　近代漢語語法資料彙編（唐五代卷）　商務印書館　1990　p. 334

P. 5818 ＊

高啓安　唐五代敦煌人的飲酒習俗述論　《敦煌研究》2000 年第 3 期　p. 89
高啓安　唐五代敦煌飲食文化研究　民族出版社　2004　p. 348

P. 5821 ＊

周紹良　敦煌文學芻議及其它　（臺北）新文豐出版公司　1992　p. 34

P. 5847 ＊

李德龍　古藏文見解之別　敦煌學大辭典　上海辭書出版社　1998　p. 480

P. 5880 ＊

姜伯勤　敦煌寺院文書中"梁戶"的性質　五十年來漢唐佛教寺院經濟研究　北京師範大學出版社
　　1986　p. 131

P. 5887 ＊

孫昌武　道教與唐代文學　人民文學出版社　2001　p. 453

P. 5900 ＊

鄭炳林　敦煌寫本解夢書校錄研究　民族出版社　2005　p. 6

P. 5916 ＊

金岡照光　敦煌文學のさまざま　敦煌の文學　（東京）大藏出版株式會社　1971　p. 159
加地哲定　增補中國佛教文學研究　（東京）同朋舍　1979　p. 79
菊池英夫　唐代敦煌社會の外貌　敦煌の社會（講座敦煌 3）　（東京）大東出版社　1980　p. 140
傅芸子　敦煌俗文學之發見及其展開　敦煌變文論文錄　上海古籍出版社　1982　p. 140
朱鳳玉　王梵志詩研究(上)　（臺北）學生書局　1986　p. 37、117
張錫厚　關於敦煌寫本王梵志詩整理的若干問題　王梵志詩研究彙錄(上)　上海古籍出版社
　　1990　p. 62
林家平　寧强　羅華慶　中國敦煌學史　北京語言學院出版社　1992　p. 600
張錫厚　敦煌本唐集研究　（臺北）新文豐出版公司　1995　p. 62

P. 5941 *

李天石　敦煌吐魯番文書中的奴婢資料及其價值　《敦煌學輯刊》1990 年第 1 期　p. 14

P. 5942 *

高國藩　敦煌民俗資料導論　（臺北）新文豐出版公司　1993　p. 171

P. 5957 *

張涌泉　敦煌俗字研究導論　（臺北）新文豐出版公司　1996　p. 238

P. 5977 *

姜伯勤　敦煌社會文書導論　（臺北）新文豐出版公司　1992　p. 93

P. 5981 *

石奈德　敦煌本《普化大師五臺山巡禮記》初探　法國學者敦煌學論文選萃　中華書局　1993　p. 125

P. 5985 *

方廣錩　敦煌佛教經録輯校　江蘇古籍出版社　1997　p. 629

方廣錩　大般若經點勘録　敦煌學大辭典　上海辭書出版社　1998　p. 753

P. 6001

邰惠莉　敦煌版畫叙録　《敦煌研究》2005 年第 2 期　p. 11

P. 6002

唐耕耦　8 至 10 世紀敦煌的物價　紀念陳寅恪教授國際學術討論會文集　中山大學出版社　1989　p. 531、537

唐耕耦　陸宏基　敦煌社會經濟文獻真迹釋録（三）　全國圖書館文獻縮微複製中心　1990　p. 313

姜伯勤　敦煌吐魯番與香藥之路　季羨林教授八十華誕紀念論文集（下）　江西人民出版社　1991　p. 840

尹偉先　從敦煌文書看唐代河西地區的貨幣流通　《社科縱橫》1992 年第 6 期　又見：中國敦煌學百年文庫·歷史卷（二）　甘肅文化出版社　1999　p. 344

王克孝　ДХ2168 號寫本初探　《敦煌學輯刊》1993 年第 2 期　p. 28　又見：　1994 年敦煌學國際研討會文集·宗教文史卷（下）　甘肅民族出版社　2000　p. 235

張亞萍　娜閣　唐五代敦煌的計量單位與價格換算　《敦煌學輯刊》1996 年第 2 期　p. 40

李正宇　敦煌歷史地理導論　（臺北）新文豐出版公司　1997　p. 61

唐耕耦　敦煌寺院會計文書研究　（臺北）新文豐出版公司　1997　p. 40、419

鄭炳林　敦煌碑銘讚輯釋　甘肅教育出版社　1997　p. 536 注 2

鄭炳林　晚唐五代敦煌貿易市場的物價　敦煌歸義軍史專題研究　蘭州大學出版社　1997　p. 282、292

郝春文　唐後期五代宋初敦煌僧尼的社會生活　中國社會科學出版社　1998　p. 200

金瀅坤　從敦煌文書看晚唐五代敦煌地區布紡織業　《敦煌研究》1998 年第 2 期　p. 138

李正宇　村莊　敦煌學大辭典　上海辭書出版社　1998　p. 305

馬德　10 世紀敦煌寺曆所記三窟活動　《敦煌研究》1998 年第 2 期　p. 82

唐耕耦　敦煌會計文書　敦煌學大辭典　上海辭書出版社　1998　p. 646

唐耕耦　入破曆算會牒　敦煌學大辭典　上海辭書出版社　1998　p. 647

童丕　敦煌的借貸：中國中古時代的物質生活與社會　中華書局　2003　p. 104

鄭炳林　晚唐五代敦煌村莊聚落輯考　2000 年敦煌學國際學術討論會文集·歷史文化卷（上）　甘肅民族出版社　2003　p. 139

高啓安　唐五代敦煌飲食文化研究　民族出版社　2004　p. 25、384

趙紅　高啓安　唐五代時期敦煌僧人飲食概述　麥積山石窟藝術文化論文集（下）　蘭州大學出版社　2004　p. 292

李正宇　晚唐至北宋敦煌僧尼普聽飲酒　《敦煌研究》2005 年第 3 期　p. 70

鄭炳林　晚唐五代敦煌地區的胡姓居民與聚落　法國漢學（第 10 輯）（粟特人在中國：歷史、考古、語言的新探索）　中華書局　2005　p. 182

P. 6004

山本達郎等　敦煌·III 轉貼　『NUN－HUANG AND TURFAN DOCUMENTS CONCERNING SOCIAL AND ECONOMIC HISTORY』(IV)　（東京）東洋文庫　1989　p. 61

竺沙雅章　寺院文書　敦煌漢文文獻（講座敦煌 5）　（東京）大東出版社　1992　p. 637

P. 6005

郝春文　唐後期五代宋初沙州僧尼的特點　敦煌吐魯番學研究論文集　漢語大詞典出版社　1990　p. 818

榮新江　沙州歸義軍歷任節度使稱號研究　敦煌吐魯番學研究論文集　漢語大詞典出版社　1990　p. 790

唐耕耦　陸宏基　敦煌社會經濟文獻真迹釋録（四）　全國圖書館文獻縮微複製中心　1990　p. 120、187

梅林　吐蕃和歸義軍時期敦煌禪僧寺籍考辨　《敦煌研究》1992 年第 3 期　p. 100

譚禪雪　敦煌歲時掇瑣　（香港）《九州學刊》（敦煌學專輯）1993 年第 5 卷第 4 期　p. 96

汪娟　敦煌禮懺文研究　（臺北）法鼓文化公司　1994　p. 26

林聰明　談敦煌學研究上的一些障礙問題　全國敦煌學研討會論文集　（臺北）中正大學中國文學系所　1995　p. 245

王書慶　敦煌佛學·佛事篇　甘肅民族出版社　1995　p. 258

榮新江　歸義軍史研究　上海古籍出版社　1996　p. 94

馮培紅　晚唐五代宋初歸義軍武職軍將研究　敦煌歸義軍史專題研究　蘭州大學出版社　1997　p. 102

郝春文　關於唐後期五代宋初沙州僧俗的施捨問題　唐研究（第三卷）　北京大學出版社　1997　p. 30

郝春文　歸義軍政權與敦煌佛教之關係新探　周紹良先生欣開九秩慶壽文集　中華書局　1997　p. 172

鄭炳林　敦煌碑銘讚輯釋　甘肅教育出版社　1997　p. 357 注 3

郝春文　唐後期五代宋初敦煌僧尼的社會生活　中國社會科學出版社　1998　p. 88、255

李正宇　五尼寺　敦煌學大辭典　上海辭書出版社　1998　p. 627

譚蟬雪　敦煌歲時文化導論　（臺北）新文豐出版公司　1998　p. 160

唐耕耦　釋門帖諸寺綱管　敦煌學大辭典　上海辭書出版社　1998　p. 642

湛如　敦煌結夏安居考察　法源(第16期)　中國佛學院　1998　p. 72　又見:佛學研究(第七期)
　　中國佛教文化研究所　1998　p. 328

郝春文　《敦煌社邑文書輯校》補遺(二)　《首都師範大學學報》2000年第2期　p. 8

雷紹鋒　歸義軍賦役制度初探　(臺北)洪葉文化事業有限公司　2000　p. 282

汪娟　敦煌文獻中的佛教禮懺儀　新國學(第二卷)　巴蜀書社　2000　p. 331

林聰明　敦煌吐魯番文書解詁指例　(臺北)新文豐出版公司　2001　p. 315

榮新江　唐五代歸義軍武職軍將考　敦煌學新論　甘肅教育出版社　2002　p. 56

王蘭平　敦煌寫本ДХ6062《歸義軍時期大般若經抄寫紙曆》及其相關問題考釋　敦煌佛教藝術文化
　　國際學術研討會論文集　蘭州大學出版社　2002　p. 74

湛如　敦煌佛教律儀制度研究　中華書局　2003　p. 44、75、220

鄭炳林　魏迎春　晚唐五代敦煌佛教教團的科罰制度研究　《敦煌研究》2004年第2期　p. 53

P. 6006

譚禪雪　敦煌歲時掇瑣　(香港)《九州學刊》(敦煌學專輯)1993年第5卷第4期　p. 89

李明偉　隋唐絲綢之路　甘肅人民出版社　1994　p. 260

譚蟬雪　敦煌歲時文化導論　(臺北)新文豐出版公司　1998　p. 85

譚蟬雪　二月八盛節　敦煌學大辭典　上海辭書出版社　1998　p. 434

王微　春祭:二月八日節的佛教儀式　法國漢學(敦煌學專號)　中華書局　2000　p. 116

P. 6008

邰惠莉　敦煌版畫叙録　《敦煌研究》2005年第2期　p. 11

P. 6015

鄭炳林　馮培紅　讀《中國古代寫本識語集録》劄記　《西北史地》1994年第4期　p. 48

鄭炳林　敦煌碑銘讚輯釋　甘肅教育出版社　1997　p. 501注7

徐俊　敦煌詩集殘卷輯考　中華書局　2000　p. 895

P. 6017

伊藤美重子　敦煌本『大智度論』の整理　中國佛教石經の研究　京都大學學術出版會　1996
　　p. 382

P. 6022

山本達郎等　敦煌・Ⅳ 納贈曆・納色物曆等　『NUN – HUANG AND TURFAN DOCUMENTS CON-
CERNING SOCIAL AND ECONOMIC HISTORY』(Ⅳ)　(東京)東洋文庫　1989　p. 111

P. 6024

唐耕耦　陸宏基　敦煌社會經濟文獻真迹釋録(一)　書目文獻出版社　1986　p. 345

山本達郎等　敦煌・Ⅲ 轉貼　『NUN – HUANG AND TURFAN DOCUMENTS CONCERNING SOCIAL
AND ECONOMIC HISTORY』(Ⅳ)　(東京)東洋文庫　1989　p. 34

石田勇作　敦煌「社文書」研究序說　中國古代の國家と民眾(堀敏一先生古稀記念)　(東京)汲古
　　書院　1995　p. 684

土肥義和　唐・北宋間の「社」の組織形態に関する一考察　中國古代の國家と民衆（堀敏一先生古
　　稀記念）（東京）汲古書院　1995　p. 700
寧可　郝春文　敦煌社邑文書輯校　江蘇古籍出版社　1997　p. 304
孟憲實　敦煌社邑的分佈　敦煌文獻論集：紀念藏經洞發現一百周年國際學術研討會論文集　遼寧
　　人民出版社　2001　p. 433

P. 6028

白化文　勘經生名籤　敦煌學大辭典　上海辭書出版社　1998　p. 594

P. 6032

陳祚龍　敦煌學識小　敦煌學津雜誌　（臺北）文津出版社　1991　p. 172
張錫厚　柴劍虹　王梵志詩集　敦煌學大辭典　上海辭書出版社　1998　p. 562

P. 6036

江素雲　維摩詰所說經敦煌寫本綜合目錄　（臺北）東初出版社　1991　p. 85

P. 6039

戴仁　敦煌寫本中的贗品　法國漢學（敦煌學專號）　中華書局　2000　p. 10
邰惠莉　敦煌版畫叙錄　《敦煌研究》2005 年第 2 期　p. 11

法藏敦煌藏文遺書研究按號索引

P. T. 1

高田時雄　チベット文字で書かれた寒食詩の斷片　『均社論叢』(第 10 號)　京都大學　1981
　　p. 83

周季文　奉請十方佛發願文古藏文音譯本　敦煌學大辭典　上海辭書出版社　1998　p. 476

羅秉芬　劉英華　象雄醫學文獻 I. 0. 755 試析　藏醫藥研究文集　中國藏學出版社　2003　p. 234

黃維忠　從敦煌藏文文獻看發願文的界定　《敦煌學輯刊》2005 年第 2 期　p. 20

邰惠莉　敦煌版畫叙錄　《敦煌研究》2005 年第 2 期　p. 7

P. T. 2

黃維忠　從敦煌藏文文獻看發願文的界定　《敦煌學輯刊》2005 年第 2 期　p. 20

邰惠莉　敦煌版畫叙錄　《敦煌研究》2005 年第 2 期　p. 7

P. T. 3

戴仁　敦煌和吐魯番寫本的斷代研究　法國學者敦煌學論文選萃　中華書局　1993　p. 539

邰惠莉　敦煌版畫叙錄　《敦煌研究》2005 年第 2 期　p. 8

P. T. 4

戴仁　敦煌的經折裝寫本　法國學者敦煌學論文選萃　中華書局　1993　p. 586

邰惠莉　敦煌版畫叙錄　《敦煌研究》2005 年第 2 期　p. 8

P. T. 7

邰惠莉　敦煌版畫叙錄　《敦煌研究》2005 年第 2 期　p. 8

P. T. 9

邰惠莉　敦煌版畫叙錄　《敦煌研究》2005 年第 2 期　p. 8

P. T. 10

原田覺　吐蕃譯經史　敦煌胡語文獻(講座敦煌 6)　(東京)大東出版社　1985　p. 423

邰惠莉　敦煌版畫叙錄　《敦煌研究》2005 年第 2 期　p. 8

P. T. 12

麥克唐納著　耿昇譯　王堯校訂　敦煌吐蕃歷史文書考釋　青海人民出版社　1991　p. 326 注 604

邰惠莉　敦煌版畫叙錄　《敦煌研究》2005 年第 2 期　p. 8

P. T. 13

邰惠莉　敦煌版畫叙錄　《敦煌研究》2005 年第 2 期　p. 8

P. T. 16

王堯　陳踐　吐蕃兵制考略　（香港）《東方文化》1971 年第 9 卷第 1 期　又見：中國敦煌學百年文庫·民族卷（一）　甘肅文化出版社　1999　p. 309

山口瑞鳳　（フランス）國立圖書館（ペリオ蒐集敦煌）チベット語文獻抄　『東洋學報』（61 卷 1·2 號）　（東京）東洋學術協會　1979　p. 185

山口瑞鳳　吐蕃の敦煌支配期間　敦煌の歷史（講座敦煌 2）　（東京）大東出版社　1980　p. 206

山口瑞鳳　私文書　敦煌胡語文獻（講座敦煌 6）　（東京）大東出版社　1985　p. 510

山口瑞鳳　醫療文獻　敦煌胡語文獻（講座敦煌 6）　（東京）大東出版社　1985　p. 548

榮新江　通頰考　文史（第三十三輯）　中華書局　1990　p. 123

麥克唐納著　耿昇譯　王堯校訂　敦煌吐蕃歷史文書考釋　青海人民出版社　1991　p. 22、265

馬德　KHROM 詞義考　《中國藏學》1992 年第 2 期　p. 99

楊銘　吐蕃時期河隴軍政機構設置考　中亞學刊（第四輯）　北京大學出版社　1995　p. 121 注 50

羅秉芬　從三件《贊普願文》看吐蕃王朝的崩潰　敦煌吐魯番學研究論集　書目文獻出版社　1996　p. 339

謝桃坊　敦煌文化尋繹　四川人民出版社　1999　p. 136

勞心　從敦煌文獻看 9 世紀的西州　《敦煌研究》2002 年第 1 期　p. 82

黃維忠　從敦煌藏文文獻看發願文的界定　《敦煌學輯刊》2005 年第 2 期　p. 20

P. T. 17

黃維忠　從敦煌藏文文獻看發願文的界定　《敦煌學輯刊》2005 年第 2 期　p. 20

P. T. 18

馬繼興　當前世界各地收藏的中國出土卷子本古醫藥文獻備考　敦煌吐魯番研究（第六卷）　北京大學出版社　2002　p. 156

陳炳應　盧冬　古代民族　敦煌文藝出版社　2004　p. 148

黃維忠　從敦煌藏文文獻看發願文的界定　《敦煌學輯刊》2005 年第 2 期　p. 20

P. T. 21

御牧克己　シルクロード出土の仏典　シルクロードと仏教文化　（東京）東洋哲學研究所　1979　p. 298

沖本克己　敦煌出土のチベット文禪宗文獻の內容　敦煌仏典と禪（講座敦煌 8）　（東京）大東出版社　1980　p. 423

木村隆德　敦煌出土のチベット文禪宗文獻の性格　敦煌仏典と禪（講座敦煌 8）　（東京）大東出版社　1980　p. 448

山口瑞鳳　摩訶衍の禪　敦煌仏典と禪（講座敦煌 8）　（東京）大東出版社　1980　p. 405

木村隆德著　耿昇譯　摩訶衍之後的吐蕃禪宗　敦煌譯叢（第一輯）　甘肅人民出版社　1985　p. 229

平松敏雄　タントラ經典　敦煌胡語文獻（講座敦煌 6）　（東京）大東出版社　1985　p. 373

原田覺　吐蕃譯經史　敦煌胡語文獻（講座敦煌 6）　（東京）大東出版社　1985　p. 442

吳其昱著　伊藤美重子譯　敦煌漢文寫本概觀　敦煌漢文文獻（講座敦煌 5）　（東京）大東出版社　1992　p. 58

李德龍　不觀論古藏文譯本　敦煌學大辭典　上海辭書出版社　1998　p. 487

李德龍　頓悟大乘正理決古藏文譯本　敦煌學大辭典　上海辭書出版社　1998　p. 486
李德龍　古藏文無所得一法論　敦煌學大辭典　上海辭書出版社　1998　p. 484
陳炳應　盧冬　古代民族　敦煌文藝出版社　2004　p. 153

P. T. 22
山口瑞鳳　（フランス）國立圖書館（ペリオ蒐集敦煌）チベット語文獻抄　『東洋學報』(61 卷 1・2
　　號）　（東京）東洋學術協會　1979　p. 184

P. T. 23
戴仁　敦煌的經折裝寫本　法國學者敦煌學論文選萃　中華書局　1993　p. 586

P. T. 24
原田覺　吐蕃譯經史　敦煌胡語文獻(講座敦煌 6)　（東京）大東出版社　1985　p. 428

P. T. 26
斎藤明　中観系資料　敦煌胡語文獻(講座敦煌 6)　（東京）大東出版社　1985　p. 313

P. T. 27
原田覺　吐蕃譯經史　敦煌胡語文獻(講座敦煌 6)　（東京）大東出版社　1985　p. 426
戴仁　敦煌和吐魯番寫本的斷代研究　法國學者敦煌學論文選萃　中華書局　1993　p. 538
張錫厚　敦煌文學概論　甘肅人民出版社　1993　p. 363
柴劍虹　寫經雜詠　敦煌學大辭典　上海辭書出版社　1998　p. 554
黃征　程惠新　劫塵遺珠:敦煌遺書　甘肅教育出版社　1999　p. 101
楊秀清　淺談唐、宋時期敦煌地區的學生生活　《敦煌研究》1999 年第 4 期　p. 138、145
徐俊　敦煌詩集殘卷輯考　中華書局　2000　p. 842
楊秀清　華戎交會的都市:敦煌與絲綢之路　甘肅人民出版社　2000　p. 95、108
張錫厚　敦煌文學源流　作家出版社　2000　p. 70

P. T. 32
原田覺　吐蕃譯經史　敦煌胡語文獻(講座敦煌 6)　（東京）大東出版社　1985　p. 423

P. T. 36
沖本克己　律文獻　敦煌胡語文獻(講座敦煌 6)　（東京）大東出版社　1985　p. 408
李德龍　古藏文戒律文獻　敦煌學大辭典　上海辭書出版社　1998　p. 483

P. T. 37
麥克唐納著　耿昇譯　王堯校訂　敦煌吐蕃歷史文書考釋　青海人民出版社　1991　p. 240、328 注
　　613
王堯　近十年敦煌吐蕃文書研究簡況述評　藏學零墨　西藏人民出版社　1992　p. 27
饒宗頤　卟字說　梵學集　上海古籍出版社　1993　p. 278

P. T. 38

山口瑞鳳　（フランス）國立圖書館(ペリオ蒐集敦煌)チベット語文獻抄　『東洋學報』(第 61 卷第
　1・2 號)　(東京)東洋學術協會　1979　p. 184

御牧克己　シルクロード出土の仏典　シルクロードと仏教文化　(東京)東洋哲學研究所　1979
　p. 299

山口瑞鳳　占い手引書　敦煌胡語文獻(講座敦煌 6)　(東京)大東出版社　1985　p. 538

麥克唐納著　耿昇譯　王堯校訂　敦煌吐蕃歷史文書考釋　青海人民出版社　1991　p. 159

P. T. 41

戴仁　敦煌的經折裝寫本　法國學者敦煌學論文選萃　中華書局　1993　p. 586

P. T. 42

戴仁　敦煌的經折裝寫本　法國學者敦煌學論文選萃　中華書局　1993　p. 586、589 注 15

P. T. 43

石泰安著　耿昇譯　敦煌寫本中的印—藏和漢—藏兩種辭彙　國外藏學研究譯文集(第八輯)　西
　藏人民出版社　1992　p. 105

石泰安著　耿昇譯　西藏的印度教神話　國外藏學研究譯文集(第十一輯)　西藏人民出版社
　1994　p. 162 注 18

P. T. 44

王堯　陳踐　敦煌吐魯番文獻選　四川民族出版社　1983　p. 43

烏瑞著　耿昇譯　吐蕃統治結束後甘州和于闐官府中使用藏語的情況　敦煌譯叢(第一輯)　甘肅
　人民出版社　1985　p. 215

石泰安著　耿昇譯　古代吐蕃和于闐的一種特殊密教論述法　國外藏學研究譯文集(第七輯)　西
　藏人民出版社　1990　p. 147

王堯　近十年敦煌吐蕃文書研究簡況述評　藏學零墨　西藏人民出版社　1992　p. 21

羅秉芬　古藏文迎密宗本尊金剛橛入藏記　敦煌學大辭典　上海辭書出版社　1998　p. 490

P. T. 45

黄維忠　從敦煌藏文文獻看發願文的界定　《敦煌學輯刊》2005 年第 2 期　p. 21

P. T. 55

御牧克己　シルクロード出土の仏典　シルクロードと仏教文化　(東京)東洋哲學研究所　1979
　p. 299

山口瑞鳳　占い手引書　敦煌胡語文獻(講座敦煌 6)　(東京)大東出版社　1985　p. 538

王堯　陳踐　吐蕃時期的占卜研究　香港中文大學　1987　p. 7

王堯　敦煌 P. T. 351 吐蕃文書及景教文獻叙錄　第二屆敦煌學國際研討會論文集　(臺北)漢學研
　究中心　1990　p. 540

麥克唐納著　耿昇譯　王堯校訂　敦煌吐蕃歷史文書考釋　青海人民出版社　1991　p. 124

王堯　西藏文史考信集　中國藏學出版社　1994　p. 210

鄭炳林　敦煌寫本解夢書概述　《敦煌學輯刊》1995 年第 2 期　p. 25

鄭炳林　羊萍　敦煌本夢書　甘肅文化出版社　1995　p. 209
劉永連　1996—1997年大陸地區唐代學術研究概況：敦煌學　"中國唐代學會"會刊(第八期)　(臺北)"中國唐代學會"　1997　p. 117
史睿　評《敦煌本夢書》　敦煌吐魯番研究(第三卷)　北京大學出版社　1998　p. 414
謝後芳　羅秉芬　古藏文占卜書　敦煌學大辭典　上海辭書出版社　1998　p. 472
尕藏加　敦煌吐蕃藏文文獻在藏學研究中的資料價值　中日敦煌佛教學術會議論文集　中國社會科學院研究所　2002　p. 66
鄭炳林　敦煌文獻中的解夢書與相面書　敦煌與絲路文化學術講座　北京圖書館出版社　2003　p. 158
鄭炳林　敦煌寫本解夢書校錄研究　民族出版社　2005　p. 23

P. T. 59
沖本克己　律文獻　敦煌胡語文獻(講座敦煌6)　(東京)大東出版社　1985　p. 408

P. T. 60
戴仁　敦煌和吐魯番寫本的斷代研究　法國學者敦煌學論文選萃　中華書局　1993　p. 541

P. T. 66
斎藤明　中観系資料　敦煌胡語文獻(講座敦煌6)　(東京)大東出版社　1985　p. 314
石泰安著　耿昇譯　有關吐蕃佛教起源的傳說　國外藏學研究譯文集(第七輯)　西藏人民出版社　1990　p. 268

P. T. 76
山口瑞鳳　(フランス)國立圖書館(ペリオ蒐集敦煌)チベット語文獻抄　『東洋學報』(61卷1・2號)　(東京)東洋學術協會　1979　p. 184
御牧克己　シルクロード出土の仏典　シルクロードと仏教文化　(東京)東洋哲學研究所　1979　p. 299
山口瑞鳳　占い手引書　敦煌胡語文獻(講座敦煌6)　(東京)大東出版社　1985　p. 538

P. T. 77
原田覺　吐蕃譯經史　敦煌胡語文獻(講座敦煌6)　(東京)大東出版社　1985　p. 421

P. T. 79
原田覺　吐蕃譯經史　敦煌胡語文獻(講座敦煌6)　(東京)大東出版社　1985　p. 428

P. T. 81
戴仁　敦煌和吐魯番寫本的斷代研究　法國學者敦煌學論文選萃　中華書局　1993　p. 540

P. T. 85
山口瑞鳳　(フランス)國立圖書館(ペリオ蒐集敦煌)チベット語文獻抄　『東洋學報』(61卷1・2號)　(東京)東洋學術協會　1979　p. 184
戴仁　敦煌和吐魯番寫本的斷代研究　法國學者敦煌學論文選萃　中華書局　1993　p. 538

P. T. 89

戴仁　敦煌的經折裝寫本　法國學者敦煌學論文選萃　中華書局　1993　p. 586

P. T. 92

戴仁　敦煌和吐魯番寫本的斷代研究　法國學者敦煌學論文選萃　中華書局　1993　p. 538

P. T. 94

袴谷憲昭　チベット語文獻──仏教文獻　敦煌胡語文獻（講座敦煌6）（東京）大東出版社　1985　p. 240

原田覺　吐蕃譯經史　敦煌胡語文獻（講座敦煌6）（東京）大東出版社　1985　p. 432

石泰安著　耿昇譯　西藏的印度教神話　國外藏學研究譯文集（第十一輯）　西藏人民出版社　1994　p. 156

P. T. 96

木村隆德著　耿昇譯　摩訶衍之後的吐蕃禪宗　敦煌譯叢（第一輯）　甘肅人民出版社　1985　p. 225

王堯　漢藏佛典對勘釋讀舉要《大乘無量壽宗要經》　藏學零墨　西藏人民出版社　1992　p. 206

P. T. 98

御牧克己　大乘無量壽宗要經　敦煌と中國仏教（講座敦煌7）（東京）大東出版社　1984　p. 170

原田覺　吐蕃譯經史　敦煌胡語文獻（講座敦煌6）（東京）大東出版社　1985　p. 421

戴仁　敦煌的經折裝寫本　法國學者敦煌學論文選萃　中華書局　1993　p. 586

P. T. 99

原田覺　吐蕃譯經史　敦煌胡語文獻（講座敦煌6）（東京）大東出版社　1985　p. 428

P. T. 100

原田覺　吐蕃譯經史　敦煌胡語文獻（講座敦煌6）（東京）大東出版社　1985　p. 423

麥克唐納著　耿昇譯　王堯校訂　敦煌吐蕃歷史文書考釋　青海人民出版社　1991　p. 22

P. T. 102

沖本克己　敦煌出土のチベット文禪宗文獻の内容　敦煌仏典と禪（講座敦煌8）（東京）大東出版社　1980　p. 426

岡部和雄　疑僞經典　敦煌仏典と禪（講座敦煌8）（東京）大東出版社　1980　p. 355

木村隆德　敦煌出土のチベット文禪宗文獻の性格　敦煌仏典と禪（講座敦煌8）（東京）大東出版社　1980　p. 443

原田覺　吐蕃譯經史　敦煌胡語文獻（講座敦煌6）（東京）大東出版社　1985　p. 444

戴仁　敦煌和吐魯番寫本的斷代研究　法國學者敦煌學論文選萃　中華書局　1993　p. 538

李德龍　最妙勝定經古藏文譯本　敦煌學大辭典　上海辭書出版社　1998　p. 487

P. T. 103

原田覺　吐蕃譯經史　敦煌胡語文獻（講座敦煌6）（東京）大東出版社　1985　p. 428

P. T. 105

御牧克己　大乘無量壽宗要經　敦煌と中國仏教(講座敦煌7)　(東京)大東出版社　1984　p. 170

王堯　漢藏佛典對勘釋讀舉要《大乘無量壽宗要經》　藏學零墨　西藏人民出版社　1992　p. 206

P. T. 108

霍巍　早期密教圖像在敦煌的傳播及其來源的新探索　《敦煌研究》2006年第2期　p. 112

P. T. 110

沖本克己　律文獻　敦煌胡語文獻(講座敦煌6)　(東京)大東出版社　1985　p. 408

P. T. 113

山口瑞鳳　(フランス)國立圖書館(ペリオ蒐集敦煌)チベット語文獻抄　『東洋學報』(61卷1・2號)　(東京)東洋學術協會　1979　p. 184

山口瑞鳳　吐蕃の敦煌支配期間　敦煌の歷史(講座敦煌2)　(東京)大東出版社　1980　p. 219

麥克唐納著　耿昇譯　王堯校訂　敦煌吐蕃歷史文書考釋　青海人民出版社　1991　p. 175

艾麗白　敦煌寫本中的"大儺"儀禮　法國學者敦煌學論文選萃　中華書局　1993　p. 258

P. T. 114

袴谷憲昭　チベット語文獻——仏教文獻　敦煌胡語文獻(講座敦煌6)　(東京)大東出版社　1985　p. t221

斎藤明　中観系資料　敦煌胡語文獻(講座敦煌6)　(東京)大東出版社　1985　p. 313

李德龍　古藏文瑜伽師地論　敦煌學大辭典　上海辭書出版社　1998　p. 481

李德龍　古藏文中觀文獻　敦煌學大辭典　上海辭書出版社　1998　p. 481

P. T. 115

原田覺　吐蕃譯經史　敦煌胡語文獻(講座敦煌6)　(東京)大東出版社　1985　p. 424

P. T. 116

山口瑞鳳　(フランス)國立圖書館(ペリオ蒐集敦煌)チベット語文獻抄　『東洋學報』(61卷1・2號)　(東京)東洋學術協會　1979　p. 184

吳其昱　臥輪禪師逸語敦煌吐蕃文(伯希和116號)譯本考釋　敦煌學(第4輯)　(香港)新亞研究所敦煌學會　1979　p. 33

御牧克己　シルクロード出土の仏典　シルクロードと仏教文化　(東京)東洋哲學研究所　1979　p. 298

沖本克己　敦煌出土のチベット文禪宗文獻の內容　敦煌仏典と禪(講座敦煌8)　(東京)大東出版社　1980　p. 417

岡部和雄　疑僞經典　敦煌仏典と禪(講座敦煌8)　(東京)大東出版社　1980　p. 360

木村隆德　敦煌出土のチベット文禪宗文獻の性格　敦煌仏典と禪(講座敦煌8)　(東京)大東出版社　1980　p. 442

山口瑞鳳　摩訶衍の禪　敦煌仏典と禪(講座敦煌8)　(東京)大東出版社　1980　p. 403

田中良昭　念仏禪と後期北宗禪　敦煌仏典と禪(講座敦煌8)　(東京)大東出版社　1980　p. 240

田中良昭　修道偈I　敦煌仏典と禪(講座敦煌8)　(東京)大東出版社　1980　p. 258

張廣達　唐代禪宗的傳入吐蕃及有關的敦煌文書　學林漫錄（第三集）　中華書局　1981　p. 49、53、58 注 23　又見：西域史地叢稿初編　上海古籍出版社　1995　p. 206

饒宗頤　王錫《頓悟大乘政理決》序說並校記　選堂集林・史林　（香港）中華書局　1982　p. 767

山口瑞鳳　吐蕃王國成立史研究　（東京）岩波書店　1983　p. 70、83、489

田中良昭　敦煌禪宗文獻の研究　（東京）大東出版社　1983　p. 185、506

王堯　吐蕃文獻叙錄　中國民族古文字研究　中國社會科學出版社　1984　p. 123

王重民　記敦煌寫本的佛經　敦煌遺書論文集　中華書局　1984　p. 308

木村隆德著　耿昇譯　摩訶衍之後的吐蕃禪宗　敦煌譯叢（第一輯）　甘肅人民出版社　1985　p. 221

平松敏雄　タントラ經典　敦煌胡語文獻（講座敦煌 6）　（東京）大東出版社　1985　p. 373

松本史朗　仏教綱要書　敦煌胡語文獻（講座敦煌 6）　（東京）大東出版社　1985　p. 266

原田覺　吐蕃譯經史　敦煌胡語文獻（講座敦煌 6）　（東京）大東出版社　1985　p. 421

戴密微著　耿昇譯　達摩多羅考　國外藏學研究譯文集（第七輯）　西藏人民出版社　1990　p. 133

上山大峻　敦煌佛教の研究　（京都）法藏館　1990　p. 250、423

林家平　寧強　羅華慶　中國敦煌學史　北京語言學院出版社　1992　p. 686

石泰安著　耿昇譯　敦煌寫本中的印—藏和漢—藏兩種辭彙　國外藏學研究譯文集（第八輯）　西藏人民出版社　1992　p. 102

王堯　國外敦煌吐蕃文書研究選譯　甘肅人民出版社　1992　p. 5

王堯　近十年敦煌吐蕃文書研究簡況述評　藏學零墨　西藏人民出版社　1992　p. 26

吳其昱著　伊藤美重子譯　敦煌漢文寫本概観　敦煌漢文文獻（講座敦煌 5）　（東京）大東出版社　1992　p. 57

戴仁　敦煌的經折裝寫本　法國學者敦煌學論文選萃　中華書局　1993　p. 586

田中良昭　敦煌の禪籍　禪學研究入門　（東京）大東出版社　1994　p. 69

胡戟　傅玫　敦煌史話　中華書局　1995　p. 200

井ノ口泰淳　普賢行願讚考　中央アジアの言語と仏教　（京都）法藏館　1995　p. 205

李德龍　頓悟真宗要決古藏文譯本　敦煌學大辭典　上海辭書出版社　1998　p. 485

李德龍　二入四行論古藏文譯本　敦煌學大辭典　上海辭書出版社　1998　p. 485

李德龍　古藏文禪宗文獻　敦煌學大辭典　上海辭書出版社　1998　p. 485

李德龍　古藏文佛教綱要書　敦煌學大辭典　上海辭書出版社　1998　p. 480

李德龍　古藏文無所得一法論　敦煌學大辭典　上海辭書出版社　1998　p. 484

李德龍　歷代法寶記古藏文譯本　敦煌學大辭典　上海辭書出版社　1998　p. 486

木村隆德　『金剛經』を媒介とした禪と印度佛教の比較　金剛般若經の思想的研究　（東京）春秋社　1999　p. 203

榮新江　敦煌本《貞元十道録》及其價值　中華文史論叢（總 63 輯）　上海古籍出版社　2000　p. 92

徐俊　敦煌詩集殘卷輯考　中華書局　2000　p. 862

榮新江　中古中國與外來文明　三聯書店　2001　p. 350

P. T. 117

御牧克己　シルクロード出土の仏典　シルクロードと仏教文化　（東京）東洋哲學研究所　1979　p. 298

沖本克己　敦煌出土のチベット文禪宗文獻の内容　敦煌仏典と禪（講座敦煌 8）　（東京）大東出版社　1980　p. 424

木村隆德　敦煌出土のチベット文禪宗文獻の性格　敦煌仏典と禪(講座敦煌8)　(東京)大東出版
　　社　1980　p. 444
山口瑞鳳　摩訶衍の禪　敦煌仏典と禪(講座敦煌8)　(東京)大東出版社　1980　p. 403
張廣達　唐代禪宗的傳入吐蕃及有關的敦煌文書　學林漫録(第三集)　中華書局　1981　p. 49
　　又見：西域史地叢稿初編　上海古籍出版社　1995　p. 206
饒宗頤　王錫《頓悟大乘政理決》序說並校記　選堂集林・史林　(香港)中華書局　1982　p. 767
王重民　記敦煌寫本的佛經　敦煌遺書論文集　中華書局　1984　p. 308
原田覺　吐蕃譯經史　敦煌胡語文獻(講座敦煌6)　(東京)大東出版社　1985　p. 442
上山大峻　敦煌佛教の研究　(京都)法藏館　1990　p. 299
王堯　國外敦煌吐蕃文書研究選譯　甘肅人民出版社　1992　p. 5
吳其昱著　伊藤美重子譯　敦煌漢文寫本概観　敦煌漢文文獻(講座敦煌5)　(東京)大東出版社
　　1992　p. 58
胡戟　傅玫　敦煌史話　中華書局　1995　p. 200
李德龍　古藏文禪定頓悟門　敦煌學大辭典　上海辭書出版社　1998　p. 487
李德龍　古藏文禪論　敦煌學大辭典　上海辭書出版社　1998　p. 488
木村隆德　『金剛經』を媒介とした禪と印度佛教の比較　金剛般若經の思想的研究　(東京)春秋
　　社　1999　p. 203

P. T. 118
平松敏雄　タントラ經典　敦煌胡語文獻(講座敦煌6)　(東京)大東出版社　1985　p. 373
原田覺　吐蕃譯經史　敦煌胡語文獻(講座敦煌6)　(東京)大東出版社　1985　p. 424
張廣達　唐代禪宗的傳入吐蕃及有關的敦煌文書　西域史地叢稿初編　上海古籍出版社　1995
　　p. 206

P. T. 119
陳祚龍　繼行新發現，續作新發明：敦煌學散策之五　敦煌學林劄記　(臺北)商務印書館　1987
　　p. 380

P. T. 120
沖本克己　敦煌出土のチベット文禪宗文獻の內容　敦煌仏典と禪(講座敦煌8)　(東京)大東出
　　社　1980　p. 440

P. T. 121
御牧克己　シルクロード出土の仏典　シルクロードと仏教文化　(東京)東洋哲學研究所　1979
　　p. 299
沖本克己　敦煌出土のチベット文禪宗文獻の內容　敦煌仏典と禪(講座敦煌8)　(東京)大東出版
　　社　1980　p. 419
木村隆德　敦煌出土のチベット文禪宗文獻の性格　敦煌仏典と禪(講座敦煌8)　(東京)大東出版
　　社　1980　p. 444
張廣達　唐代禪宗的傳入吐蕃及有關的敦煌文書　學林漫録(第三集)　中華書局　1981　p. 50
　　又見：西域史地叢稿初編　上海古籍出版社　1995　p. 206
木村隆德著　耿昇譯　摩訶衍之後的吐蕃禪宗　敦煌譯叢(第一輯)　甘肅人民出版社　1985

p. 229

平松敏雄　タントラ經典　敦煌胡語文獻(講座敦煌6)　(東京)大東出版社　1985　p. 373
松本史朗　仏教綱要書　敦煌胡語文獻(講座敦煌6)　(東京)大東出版社　1985　p. 266
原田覺　吐蕃譯經史　敦煌胡語文獻(講座敦煌6)　(東京)大東出版社　1985　p. 435
李德龍　古藏文禪宗文獻　敦煌學大辭典　上海辭書出版社　1998　p. 485
李德龍　古藏文大乘中觀義　敦煌學大辭典　上海辭書出版社　1998　p. 480
李德龍　古藏文頓入論要集　敦煌學大辭典　上海辭書出版社　1998　p. 488
李德龍　古藏文佛教綱要書　敦煌學大辭典　上海辭書出版社　1998　p. 480
李德龍　古藏文無所得一法論　敦煌學大辭典　上海辭書出版社　1998　p. 484
李德龍　歷代法寶記古藏文譯本　敦煌學大辭典　上海辭書出版社　1998　p. 486
榮新江　中古中國與外來文明　三聯書店　2001　p. 350

P. T. 122

木村隆德著　耿昇譯　摩訶衍之後的吐蕃禪宗　敦煌譯叢(第一輯)　甘肅人民出版社　1985
　p. 228 注1

P. T. 123

斎藤明　中観系資料　敦煌胡語文獻(講座敦煌6)　(東京)大東出版社　1985　p. 313
李德龍　古藏文根本中論注無畏論　敦煌學大辭典　上海辭書出版社　1998　p. 482

P. T. 124

斎藤明　中観系資料　敦煌胡語文獻(講座敦煌6)　(東京)大東出版社　1985　p. 313

P. T. 125

袴谷憲昭　チベット語文獻——仏教文獻　敦煌胡語文獻(講座敦煌6)　(東京)大東出版社　1985
　p. 232
李德龍　古藏文唯識二十頌　敦煌學大辭典　上海辭書出版社　1998　p. 479

P. T. 126

山口瑞鳳　吐蕃王國成立史研究　(東京)岩波書店　1983　p. 41、171、211
山口瑞鳳　醫療文獻　敦煌胡語文獻(講座敦煌6)　(東京)大東出版社　1985　p. 548
褚俊傑　吐蕃苯教喪葬儀軌研究　《中國藏學》1989年第3-4期　又見:中國敦煌學百年文庫·民
　族卷(三)　甘肅文化出版社　1999　p. 75
羅秉芬　唐代藏漢文化交流的歷史見證　《中國藏學》1989年第2期　又見:中國敦煌學百年文庫·
　民族卷(二)　甘肅文化出版社　1999　p. 316
褚俊傑　吐蕃遠古氏族"恰""穆"研究　藏學研究論叢(第二輯)　西藏人民出版社　1990　p. 1
麥克唐納著　耿昇譯　王堯校訂　敦煌吐蕃歷史文書考釋　青海人民出版社　1991　p. 40、176、236
戴仁　敦煌和吐魯番寫本的斷代研究　法國學者敦煌學論文選萃　中華書局　1993　p. 539、541
羅秉芬　古藏文孟秋施物緣起要說　敦煌學大辭典　上海辭書出版社　1998　p. 489
羅秉芬　古藏文請王記　敦煌學大辭典　上海辭書出版社　1998　p. 491

P. T. 127

山口瑞鳳　（フランス）國立圖書館（ペリオ蒐集敦煌）チベット語文獻抄　『東洋學報』（61 卷 1・2
　　號）　（東京）東洋學術協會　1979　p. 184

御牧克己　シルクロード出土の仏典　シルクロードと仏教文化　（東京）東洋哲學研究所　1979
　　p. 299

陳踐　敦煌、新疆古藏文寫本述略　《甘肅民族研究》1983 年第 1－2 期　p. 25

羅秉芬　黄布凡　敦煌本吐蕃醫學文獻選編　民族出版社　1983　p. 53

山口瑞鳳　チベット（上）　（東京）東京大學出版會　1983　p. 200

王堯　陳踐　敦煌吐魯番文獻選　四川民族出版社　1983　p. 173、184

山口瑞鳳　醫療文獻　敦煌胡語文獻（講座敦煌 6）　（東京）大東出版社　1985　p. 541

山口瑞鳳　占い手引書　敦煌胡語文獻（講座敦煌 6）　（東京）大東出版社　1985　p. 538

羅秉芬　敦煌本吐蕃醫學文獻《火灸療法》的研究　1983 年全國敦煌學術討論會文集・文史遺書編
　　（上）　甘肅人民出版社　1987　p. 374

馬繼興　敦煌古醫籍考釋　江西科學技術出版社　1988　p. 9

烏瑞著　熊文彬譯　藏人使用漢族六十甲子紀年法的早期例證　國外藏學研究譯文集（第五輯）
　　西藏人民出版社　1989　p. 97

高田時雄　五姓說在敦煌藏族　敦煌吐魯番學研究論文集　漢語大詞典出版社　1990　p. 759

洪武娌　敦煌本吐蕃醫學卷子中的療法初探　藏學研究論叢（第二輯）　西藏人民出版社　1990
　　p. 686　又見：敦煌本吐蕃醫學文獻精要　民族出版社　2002　p. 112

高田時雄　五姓を說く敦煌資料　『國立民族學博物館研究報告別冊』（14 號）　（吹田）國立民族學
　　博物館　1991　p. 259

麥克唐納著　耿昇譯　王堯校訂　敦煌吐蕃歷史文書考釋　青海人民出版社　1991　p. 123

林家平　寧强　羅華慶　中國敦煌學史　北京語言學院出版社　1992　p. 565

王堯　近十年敦煌吐蕃文書研究簡況述評　藏學零墨　西藏人民出版社　1992　p. 29

丛春雨　敦煌中醫藥全書　中醫古籍出版社　1994　p. 15、126

王進玉　敦煌石窟探秘　四川教育出版社　1994　p. 75

汪泛舟　論敦煌文明的多民族貢獻　《敦煌研究》1995 年第 2 期　p. 190

王堯　從"河圖"、"洛書"、"陰陽五行"、"八卦"在西藏看古代哲學思想的交流　華學（第一輯）　中
　　山大學出版社　1995　p. 252

張儂　敦煌石窟秘方與灸經圖　甘肅文化出版社　1995　p. 261

巫新華　論"四獸圖"和"四獸因緣"故事的來源及流傳　原學（第五輯）　中國廣播電視出版社
　　1996　p. 180

尹偉先　藏文史料中的"維吾爾"　《敦煌研究》1996 年第 4 期　p. 124

索黛　吐蕃時期文獻淺議　《敦煌研究》1997 年第 3 期　p. 158

鄧文寬　五姓　敦煌學大辭典　上海辭書出版社　1998　p. 625

羅秉芬　古藏醫灸法　敦煌學大辭典　上海辭書出版社　1998　p. 473

馬繼興　敦煌醫藥文獻　敦煌學大辭典　上海辭書出版社　1998　p. 615

顔廷亮　敦煌文化　光明日報出版社　2000　p. 408

楊秀清　華戎交會的都市：敦煌與絲綢之路　甘肅人民出版社　2000　p. 133

尕藏加　敦煌吐蕃藏文文獻在藏學研究中的資料價值　中日敦煌佛教學術會議論文集　中國社會科
　　學院研究所　2002　p. 66

洪武娌　蔡景峰　現存最早的灸法專著：《敦煌古藏醫灸法殘卷》　敦煌本吐蕃醫學文獻精要　民族

出版社　2002　p. 53

羅秉芬　敦煌本吐蕃醫學文獻精要　民族出版社　2002　p. 25

王堯　西望陽關有故人：敦煌藏文寫卷述要　中國學術（第四輯）　商務印書館　2002　p. 29

陳慶英　劉英華　象雄醫學史淺議　藏醫藥研究文集　中國藏學出版社　2003　p. 226

黃福開　劉英華　吐蕃時期漢藏醫學交流史研究　藏醫藥研究文集　中國藏學出版社　2003
　　　p. 180

羅秉芬　劉英華　象雄醫學文獻 I. 0. 755 試析　藏醫藥研究文集　中國藏學出版社　2003　p. 234

陳炳應　盧冬　古代民族　敦煌文藝出版社　2004　p. 147

陳明　漢唐西域胡語醫學文獻中的宗教因素　中國學術（第一輯）　商務印書館　2004　p. 144

陳明　殊方異藥：出土文書與西域醫學　北京大學出版社　2005　p. 40

高田時雄著　鍾翀等譯　五姓說之敦煌資料　敦煌‧民族‧語言　中華書局　2005　p. 338

P. T. 128

黃盛璋　敦煌于闐文書中河西部族考證　《敦煌學輯刊》1990 年第 1 期　p. 66

P. T. 129

王堯　敦煌 P. T. 351 吐蕃文書及景教文獻叙録　第二屆敦煌學國際研討會論文集　（臺北）漢學研
　　　究中心　1990　p. 540

麥克唐納著　耿昇譯　王堯校訂　敦煌吐蕃歷史文書考釋　青海人民出版社　1991　p. 325 注 584

王堯　西藏文史考信集　中國藏學出版社　1994　p. 210

尕藏加　敦煌吐蕃藏文文獻在藏學研究中的資料價值　中日敦煌佛教學術會議論文集　中國社會科
　　　學院研究所　2002　p. 66

P. T. 130

山口瑞鳳　（フランス）國立圖書館（ペリオ蒐集敦煌）チベット語文獻抄　『東洋學報』（61 卷 1‧2
　　　號）　（東京）東洋學術協會　1979　p. 185

P. T. 131

山口瑞鳳　（フランス）國立圖書館（ペリオ蒐集敦煌）チベット語文獻抄　『東洋學報』（61 卷 1‧2
　　　號）　（東京）東洋學術協會　1979　p. 185

山口瑞鳳　吐蕃の敦煌支配期間　敦煌の歴史（講座敦煌 2）　（東京）大東出版社　1980　p. 199

黃維忠　從敦煌藏文文獻看發願文的界定　《敦煌學輯刊》2005 年第 2 期　p. 21

P. T. 132

山口瑞鳳　（フランス）國立圖書館（ペリオ蒐集敦煌）チベット語文獻抄　『東洋學報』（61 卷 1‧2
　　　號）　（東京）東洋學術協會　1979　p. 185

P. T. 133

戴仁　敦煌和吐魯番寫本的斷代研究　法國學者敦煌學論文選萃　中華書局　1993　p. 539

P. T. 134

山口瑞鳳　（フランス）國立圖書館（ペリオ蒐集敦煌）チベット語文獻抄　『東洋學報』（61 卷 1‧2

號）（東京）東洋學術協會　1979　p. 185

山口瑞鳳　吐蕃の敦煌支配期間　敦煌の歴史（講座敦煌 2）（東京）大東出版社　1980　p. 199

石泰安著　耿昇譯　古代吐蕃和于闐的一種特殊密教論述法　國外藏學研究譯文集（第七輯）　西藏人民出版社　1990　p. 151

羅秉芬　從三件《贊普願文》看吐蕃王朝的崩潰　敦煌吐魯番學研究論集　書目文獻出版社　1996　p. 339

羅秉芬　古藏文贊普烏冬丹增長功德誓願文　敦煌學大辭典　上海辭書出版社　1998　p. 490

黄維忠　從敦煌藏文文獻看發願文的界定　《敦煌學輯刊》2005 年第 2 期　p. 21

P. T. 151

戴仁　敦煌和吐魯番寫本的斷代研究　法國學者敦煌學論文選萃　中華書局　1993　p. 538

井ノ口泰淳　普賢行願讚考　中央アジアの言語と仏教　（京都）法藏館　1995　p. 186

P. T. 154

戴仁　敦煌和吐魯番寫本的斷代研究　法國學者敦煌學論文選萃　中華書局　1993　p. 538

P. T. 155

山口瑞鳳　占い手引書　敦煌胡語文獻（講座敦煌 6）（東京）大東出版社　1985　p. 533

P. T. 156

山口瑞鳳　占い手引書　敦煌胡語文獻（講座敦煌 6）（東京）大東出版社　1985　p. 533

P. T. 160

羅秉芬　古藏文爲贊普赤祖德贊及大論祈福懺悔文　敦煌學大辭典　上海辭書出版社　1998　p. 490

P. T. 163

山本達郎　敦煌發見の唐代籍帳にみえる已受田の增減　『東方學』（第 70 輯）（東京）東方學會　1985　p. 2

李正宇　唐宋時代敦煌縣河渠泉澤簡志（一）《敦煌研究》1988 年第 4 期　p. 97

陳國燦　唐五代敦煌縣鄉里制的演變　《敦煌研究》1989 年第 3 期　p. 48

戴仁　敦煌和吐魯番寫本的斷代研究　法國學者敦煌學論文選萃　中華書局　1993　p. 540

鄭炳林　晚唐五代敦煌園圃經濟研究　敦煌歸義軍史專題研究　蘭州大學出版社　1997　p. 309

沙知　敦煌縣之印　敦煌學大辭典　上海辭書出版社　1998　p. 292

劉安志　關於唐代沙州陞爲都督府的時間問題　《敦煌學輯刊》2004 年第 2 期　p. 63

P. T. 165

吳其昱著　伊藤美重子譯　敦煌漢文寫本概観　敦煌漢文文獻（講座敦煌 5）（東京）大東出版社　1992　p. 58

P. T. 166

斎藤明　中観系資料　敦煌胡語文獻（講座敦煌 6）（東京）大東出版社　1985　p. 332

P. T. 167

袴谷憲昭　チベット語文獻——仏教文獻　敦煌胡語文獻（講座敦煌6）　（東京）大東出版社　1985
　　p. 213

吳其昱著　伊藤美重子譯　敦煌漢文寫本概觀　敦煌漢文文獻（講座敦煌5）　（東京）大東出版社
　　1992　p. 57

P. T. 170

黃維忠　從敦煌藏文文獻看發願文的界定　《敦煌學輯刊》2005年第2期　p. 21

P. T. 171

吳其昱著　伊藤美重子譯　敦煌漢文寫本概觀　敦煌漢文文獻（講座敦煌5）　（東京）大東出版社
　　1992　p. 58

黃維忠　從敦煌藏文文獻看發願文的界定　《敦煌學輯刊》2005年第2期　p. 21

P. T. 173

吳其昱著　伊藤美重子譯　敦煌漢文寫本概觀　敦煌漢文文獻（講座敦煌5）　（東京）大東出版社
　　1992　p. 58

P. T. 175

山口瑞鳳　（フランス）國立圖書館(ペリオ蒐集敦煌)チベット語文獻抄　『東洋學報』(61卷1・2
　　號)　（東京）東洋學術協會　1979　p. 185

羅秉芬　古藏文懺悔誓願文　敦煌學大辭典　上海辭書出版社　1998　p. 490

黃維忠　從敦煌藏文文獻看發願文的界定　《敦煌學輯刊》2005年第2期　p. 21

P. T. 176

黃維忠　從敦煌藏文文獻看發願文的界定　《敦煌學輯刊》2005年第2期　p. 21

P. T. 177

黃維忠　從敦煌藏文文獻看發願文的界定　《敦煌學輯刊》2005年第2期　p. 21

P. T. 180

黃布凡　古藏文針灸圖　敦煌學大辭典　上海辭書出版社　1998　p. 474

P. T. 183

吳其昱著　伊藤美重子譯　敦煌漢文寫本概觀　敦煌漢文文獻（講座敦煌5）　（東京）大東出版社
　　1992　p. 58

P. T. 184

原田覺　吐蕃譯經史　敦煌胡語文獻（講座敦煌6）　（東京）大東出版社　1985　p. 421

吳其昱著　伊藤美重子譯　敦煌漢文寫本概觀　敦煌漢文文獻（講座敦煌5）　（東京）大東出版社
　　1992　p. 58

P. T. 185

吳其昱著　伊藤美重子譯　敦煌漢文寫本概観　敦煌漢文文獻（講座敦煌5）（東京）大東出版社
1992　p. 58

P. T. 186

吳其昱著　伊藤美重子譯　敦煌漢文寫本概観　敦煌漢文文獻（講座敦煌5）（東京）大東出版社
1992　p. 58

P. T. 187

吳其昱著　伊藤美重子譯　敦煌漢文寫本概観　敦煌漢文文獻（講座敦煌5）（東京）大東出版社
1992　p. 58

P. T. 202

戴仁　敦煌和吐魯番寫本的斷代研究　法國學者敦煌學論文選萃　中華書局　1993　p. 538

P. T. 209

石泰安著　岳岩譯　西藏的印度教神話　國外藏學研究譯文集（第十一輯）　西藏人民出版社
1994　p. 149

P. T. 210

上山大峻　敦煌佛教の研究　（京都）法藏館　1990　p. 125

P. T. 211

戴仁　敦煌和吐魯番寫本的斷代研究　法國學者敦煌學論文選萃　中華書局　1993　p. 541

P. T. 213

原田覺　吐蕃譯經史　敦煌胡語文獻（講座敦煌6）（東京）大東出版社　1985　p. 426

P. T. 214

原田覺　吐蕃譯經史　敦煌胡語文獻（講座敦煌6）（東京）大東出版社　1985　p. 426

P. T. 215

原田覺　吐蕃譯經史　敦煌胡語文獻（講座敦煌6）（東京）大東出版社　1985　p. 426

P. T. 216

饒宗頤　上代塞種史若干問題：于闐史叢考序　中國文化（8）（香港）中華書局　1993　p. 167

P. T. 218

耿昇　八十年代的法國敦煌學論著簡介　《敦煌研究》1986年第3期　p. 86
榮新江　敦煌藏文寫本“生死輪回史”研究　敦煌學大辭典　上海辭書出版社　1998　p. 839

P. T. 219

吳其昱著　福井文雅　樋口勝譯　大蕃國大德・三藏法師・法成傳考　敦煌と中國仏教（講座敦煌
　7）（東京）大東出版社　1984　p. 386

耿昇　八十年代的法國敦煌學論著簡介　《敦煌研究》1986 年第 3 期　p. 86

榮新江　敦煌藏文寫本"生死輪回史"研究　敦煌學大辭典　上海辭書出版社　1998　p. 839

P. T. 220

耿昇　八十年代的法國敦煌學論著簡介　《敦煌研究》1986 年第 3 期　p. 86

榮新江　敦煌藏文寫本"生死輪回史"研究　敦煌學大辭典　上海辭書出版社　1998　p. 839

P. T. 230

山口瑞鳳　（フランス）國立圖書館（ペリオ蒐集敦煌）チベット語文獻抄　『東洋學報』（61 卷 1・2
　號）（東京）東洋學術協會　1979　p. 185

山口瑞鳳　吐蕃の敦煌支配期間　敦煌の歷史（講座敦煌 2）（東京）大東出版社　1980　p. 199

羅秉芬　從三件《贊普願文》看吐蕃王朝的崩潰　敦煌吐魯番學研究論集　書目文獻出版社　1996
　p. 339

羅秉芬　古藏文爲贊普赤俄松贊母子祈福願文　敦煌學大辭典　上海辭書出版社　1998　p. 491

P. T. 239

山口瑞鳳　醫療文獻　敦煌胡語文獻（講座敦煌 6）（東京）大東出版社　1985　p. 549

耿昇　法國的中國學家石泰安　國外中國學研究譯叢（1）　青海人民出版社　1986　p. 638

王堯　陳踐　三探吐蕃卜辭　《青海社會科學》1987 年第 3 期　又見:中國敦煌學百年文庫・民族卷
　（三）　甘肅文化出版社　1999　p. 142

麥克唐納著　耿昇譯　王堯校訂　敦煌吐蕃歷史文書考釋　青海人民出版社　1991　p. 240、312 注
　418

張國剛　隋唐五代史研究概要　天津教育出版社　1996　p. 551

羅秉芬　古藏文超度亡靈願文　敦煌學大辭典　上海辭書出版社　1998　p. 490

王堯　從敦煌文獻看吐蕃文化　南京棲霞山石窟藝術與敦煌學　中國美術學院出版社　2002
　p. 232

王堯　西望陽關有故人:敦煌藏文寫卷述要　中國學術（第四輯）　商務印書館　2002　p. 28

陳炳應　盧冬　古代民族　敦煌文藝出版社　2004　p. 150

張弓　敦煌四部籍與中古後期社會的文化情境　敦煌學（第 25 輯）（臺北）樂學書局有限公司
　2004　p. 325

P. T. 246

楊富學　敦煌吐魯番文獻所見吐蕃回鶻文化關係　甘肅民族研究論叢　甘肅人民出版社　2002
　p. 429

楊富學　回鶻文獻與回鶻文化　民族出版社　2002　p. 416

P. T. 250

耿昇　八十年代的法國敦煌學論著簡介　《敦煌研究》1986 年第 3 期　p. 83

戴仁　敦煌的經折裝寫本　法國學者敦煌學論文選萃　中華書局　1993　p. 581

戴仁　敦煌和吐魯番寫本的斷代研究　法國學者敦煌學論文選萃　中華書局　1993　p. 540

P. T. 252

齊東方　吐魯番 A 二二五號墓出土的部分文書的研究：兼論吐谷渾餘部　敦煌吐魯番文獻研究論集
　　（第二輯）　北京大學出版社　1983　p. 601

高國藩　古敦煌民間葬俗　學林漫録（十集）　中華書局　1985　p. 77

巴桑旺堆　藏文文獻中的若干古于闐史料　《敦煌學輯刊》1986 年第 1 期　p. 70

林梅村　中亞寫本中的樣磨與巴爾楚克　文史（第三十六輯）　中華書局　1992　p. 230 注 20

王堯　敦煌藏文古詩一臠　西藏文史考信集　中國藏學出版社　1994　p. 17、227

胡戟　傅玫　敦煌史話　中華書局　1995　p. 200

楊秀清　華戎交會的都市：敦煌與絲綢之路　甘肅人民出版社　2000　p. 61

楊森　從敦煌文獻看中國古代從左向右的書寫格式　《敦煌研究》2001 年第 2 期　p. 109

P. T. 255

王堯　《國外敦煌吐蕃文書研究選譯》前言　法藏敦煌藏文文獻解題目録　民族出版社　1999
　　p. 299

郭麗英　敦煌漢傳密教經典研究：以《金剛峻》爲例　敦煌吐魯番研究（第七卷）　北京大學出版社
　　2004　p. 333

P. T. 259

原田覺　吐蕃譯經史　敦煌胡語文獻（講座敦煌 6）　（東京）大東出版社　1985　p. 422

P. T. 286

孫修身　敦煌與中西交通研究　甘肅教育出版社　2002　p. 66

P. T. 290

戴仁　敦煌和吐魯番寫本的斷代研究　法國學者敦煌學論文選萃　中華書局　1993　p. 541

P. T. 291

麥克唐納著　耿昇譯　王堯校訂　敦煌吐蕃歷史文書考釋　青海人民出版社　1991　p. 331 注 645

王堯　西望陽關有故人：敦煌藏文寫卷述要　中國學術（第四輯）　商務印書館　2002　p. 35

P. T. 292

戴仁　敦煌的經折裝寫本　法國學者敦煌學論文選萃　中華書局　1993　p. 586

P. T. 307

戴仁　敦煌和吐魯番寫本的斷代研究　法國學者敦煌學論文選萃　中華書局　1993　p. 541

P. T. 308

御牧克己　大乘無量壽宗要經　敦煌と中國仏教（講座敦煌 7）　（東京）大東出版社　1984　p. 170

王堯　漢藏佛典對勘釋讀舉要《大乘無量壽宗要經》　藏學零墨　西藏人民出版社　1992　p. 206

P. T. 320

戴仁　敦煌的經折裝寫本　法國學者敦煌學論文選萃　中華書局　1993　p. 585

戴仁　敦煌和吐魯番寫本的斷代研究　法國學者敦煌學論文選萃　中華書局　1993　p. 540

P. T. 321

石泰安著　耿昇譯　西藏的印度教神話　國外藏學研究譯文集（第十一輯）　西藏人民出版社
　　1994　p. 163 注 23

P. T. 324

戴仁　敦煌的經折裝寫本　法國學者敦煌學論文選萃　中華書局　1993　p. 589 注 15

P. T. 334

王堯　敦煌 P. T. 351 吐蕃文書及景教文獻叙錄　第二屆敦煌學國際研討會論文集　（臺北）漢學研
　　究中心　1990　p. 544

P. T. 336

鄭炳林　晚唐五代敦煌園囿經濟研究　敦煌歸義軍史專題研究　蘭州大學出版社　1997　p. 326

唐耕耦　磑課　敦煌學大辭典　上海辭書出版社　1998　p. 645

高田時雄　敦煌發現的多種語言文獻　敦煌學與中國史研究論集　甘肅人民出版社　2001　p. 350
　　又見：敦煌·民族·語言　中華書局　2005　p. 10

P. T. 342

戴仁　敦煌和吐魯番寫本的斷代研究　法國學者敦煌學論文選萃　中華書局　1993　p. 538

P. T. 351

御牧克己　シルクロード出土の仏典　シルクロードと仏教文化　（東京）東洋哲學研究所　1979
　　p. 299

王堯　陳踐　吐蕃時期的占卜研究　香港中文大學　1987　p. 7

王堯　敦煌 P. T. 351 吐蕃文書及景教文獻叙錄　第二屆敦煌學國際研討會論文集　（臺北）漢學研
　　究中心　1990　p. 539

麥克唐納著　耿昇譯　王堯校訂　敦煌吐蕃歷史文書考釋　青海人民出版社　1991　p. 124

王堯　近十年敦煌吐蕃文書研究簡況述評　藏學零墨　西藏人民出版社　1992　p. 2

烏瑞著　王湘雲譯　景教和摩尼教在吐蕃　國外敦煌吐蕃文書研究選譯　甘肅人民出版社　1992
　　p. 66

茅甘　敦煌寫本中的烏鳴占吉凶書　法國學者敦煌學論文選萃　中華書局　1993　p. 388 注 12

王堯　西藏文史考信集　中國藏學出版社　1994　p. 208

榮新江　古藏文佛教占卜書　敦煌學大辭典　上海辭書出版社　1998　p. 492

謝後芳　羅秉芬　古藏文占卜書　敦煌學大辭典　上海辭書出版社　1998　p. 472

陳尚勝　五千年中外文化交流史　世界知識出版社　2001　p. 245

榮新江　中古中國與外來文明　三聯書店　2001　p. 344

顏廷亮　敦煌文化中的祆教、摩尼教和景教　敦煌學與中國史研究論集　甘肅人民出版社　2001
　　p. 423

尕藏加　敦煌吐蕃藏文文獻在藏學研究中的資料價值　中日敦煌佛教學術會議論文集　中國社會科
　　學院研究所　2002　p. 66
羅秉芬　劉英華　象雄醫學文獻 I. O. 755 試析　藏醫藥研究文集　中國藏學出版社　2003　p. 234
陳炳應　盧冬　古代民族　敦煌文藝出版社　2004　p. 171
格桑央京　敦煌藏文 P. T. 351 占卜文書解讀　《敦煌學輯刊》2006 年第 1 期　p. 22

P. T. 363
原田覺　吐蕃譯經史　敦煌胡語文獻（講座敦煌6）（東京）大東出版社　1985　p. 428
耿昇　八十年代的法國敦煌學論著簡介　《敦煌研究》1986 年第 3 期　p. 82、86

P. T. 366
榮新江　敦煌藏文寫本"生死輪回史"研究　敦煌學大辭典　上海辭書出版社　1998　p. 839

P. T. 367
耿昇　八十年代的法國敦煌學論著簡介　《敦煌研究》1986 年第 3 期　p. 86
榮新江　敦煌藏文寫本"生死輪回史"研究　敦煌學大辭典　上海辭書出版社　1998　p. 839

P. T. 368
原田覺　吐蕃譯經史　敦煌胡語文獻（講座敦煌6）（東京）大東出版社　1985　p. 422
戴仁　敦煌和吐魯番寫本的斷代研究　法國學者敦煌學論文選萃　中華書局　1993　p. 539

P. T. 382
戴仁　敦煌的經折裝寫本　法國學者敦煌學論文選萃　中華書局　1993　p. 581
戴仁　敦煌和吐魯番寫本的斷代研究　法國學者敦煌學論文選萃　中華書局　1993　p. 540

P. T. 395
戴仁　敦煌和吐魯番寫本的斷代研究　法國學者敦煌學論文選萃　中華書局　1993　p. 539

P. T. 410
吳其昱著　福井文雅　樋口勝譯　大蕃國大德・三藏法師・法成傳考　敦煌と中國仏教（講座敦煌
　　7）（東京）大東出版社　1984　p. 405
戴密微著　耿昇譯　敦煌學近作　敦煌譯叢（第一輯）　甘肅人民出版社　1985　p. 60
上山大峻　敦煌佛教の研究　（京都）法藏館　1990　p. 90、174
李德龍　諸星母陀羅尼經古藏文譯本　敦煌學大辭典　上海辭書出版社　1998　p. 478

P. T. 411
吳其昱著　福井文雅　樋口勝譯　大蕃國大德・三藏法師・法成傳考　敦煌と中國仏教（講座敦煌
　　7）（東京）大東出版社　1984　p. 407
戴密微著　耿昇譯　敦煌學近作　敦煌譯叢（第一輯）　甘肅人民出版社　1985　p. 60
上山大峻　敦煌佛教の研究　（京都）法藏館　1990　p. 90、174
李德龍　諸星母陀羅尼經古藏文譯本　敦煌學大辭典　上海辭書出版社　1998　p. 478

P. T. 417

吳其昱著　福井文雅　樋口勝譯　大蕃國大德・三藏法師・法成傳考　敦煌と中國仏教（講座敦煌
　　7）（東京）大東出版社　1984　p. 405

原田覺　吐蕃譯經史　敦煌胡語文獻（講座敦煌6）（東京）大東出版社　1985　p. 428

上山大峻　敦煌佛教の研究　（京都）法藏館　1990　p. 196

P. T. 429

高田時雄　チベット文字書寫「長卷」の研究（本文編）『東方學報』（第65號）京都大學人文科
　　學研究所　1993　p. 377

榮新江　說五戒文古藏文音譯本　敦煌學大辭典　上海辭書出版社　1998　p. 476

P. T. 432

戴仁　敦煌的經折裝寫本　法國學者敦煌學論文選萃　中華書局　1993　p. 582

P. T. 439

戴仁　敦煌和吐魯番寫本的斷代研究　法國學者敦煌學論文選萃　中華書局　1993　p. 540

P. T. 443

石泰安著　耿昇譯　西藏的印度教神話　國外藏學研究譯文集（第十一輯）西藏人民出版社
　　1994　p. 163 注 23

P. T. 448

高田時雄　チベット文字で書かれた寒食詩の斷片　『均社論叢』（第10號）京都大學　1981
　　p. 83

高田時雄　チベット文字轉寫阿彌陀經の奧書　『人文研究』（第65輯）（小樽市）小樽商科大學
　　1983　p. 10

高田時雄　雜抄と九九乘法表──敦煌におけるチベット文字使用の一面　『均社論叢』（第14號）
　　京都大學　1983　p. 3

王堯　近十年敦煌吐蕃文書研究簡況述評　藏學零墨　西藏人民出版社　1992　p. 10

榮新江　鄧文寬　有關敦博本禪籍的幾個問題　《敦煌學輯刊》1994 年第 2 期　p. 12

鄧文寬　榮新江　敦博本禪籍録校　江蘇古籍出版社　1998　p. 24

周季文　般若波羅蜜多心經古藏文譯本　敦煌學大辭典　上海辭書出版社　1998　p. 475

王堯　從敦煌文獻看吐蕃文化　南京棲霞山石窟藝術與敦煌學　中國美術學院出版社　2002
　　p. 233

王堯　西望陽關有故人：敦煌藏文寫卷述要　中國學術（第四輯）商務印書館　2002　p. 53

高田時雄著　鍾翀等譯　《雜抄》與九九乘法表：敦煌藏文字使用的一個側面　敦煌・民族・語言
　　中華書局　2005　p. 83

P. T. 449

上山大峻　敦煌佛教の研究　（京都）法藏館　1990　p. 173

褚俊傑　敦煌古藏文本《般若心經》研究　《中國民族古文字研究》1991 年第 3 期　又見：中國敦煌
　　學百年文庫・民族卷（二）甘肅文化出版社　1999　p. 369

P. T. 450

褚俊傑　敦煌古藏文本《般若心經》研究　《中國民族古文字研究》1991 年第 3 期　又見:中國敦煌
　　學百年文庫・民族卷(二)　甘肅文化出版社　1999　p. 358

P. T. 454

御牧克己　シルクロード出土の仏典　シルクロードと仏教文化　(東京)東洋哲學研究所　1979
　　p. 299

P. T. 464

褚俊傑　敦煌古藏文本《般若心經》研究　《中國民族古文字研究》1991 年第 3 期　又見:中國敦煌
　　學百年文庫・民族卷(二)　甘肅文化出版社　1999　p. 358

P. T. 465

褚俊傑　敦煌古藏文本《般若心經》研究　《中國民族古文字研究》1991 年第 3 期　又見:中國敦煌
　　學百年文庫・民族卷(二)　甘肅文化出版社　1999　p. 358

P. T. 472

上山大峻　敦煌佛教の研究　(京都)法藏館　1990　p. 89、173

P. T. 473

上山大峻　敦煌佛教の研究　(京都)法藏館　1990　p. 173

P. T. 474

上山大峻　敦煌佛教の研究　(京都)法藏館　1990　p. 173

P. T. 475

上山大峻　敦煌佛教の研究　(京都)法藏館　1990　p. 173

P. T. 484

褚俊傑　敦煌古藏文本《般若心經》研究　《中國民族古文字研究》1991 年第 3 期　又見:中國敦煌
　　學百年文庫・民族卷(二)　甘肅文化出版社　1999　p. 358

P. T. 493

上山大峻　敦煌佛教の研究　(京都)法藏館　1990　p. 125

P. T. 499

原田覺　吐蕃譯經史　敦煌胡語文獻(講座敦煌 6)　(東京)大東出版社　1985　p. 422
上山大峻　敦煌佛教の研究　(京都)法藏館　1990　p. 86、122
李德龍　金光明最勝王經古藏文譯本　敦煌學大辭典　上海辭書出版社　1998　p. 478

P. T. 500

原田覺　吐蕃譯經史　敦煌胡語文獻(講座敦煌 6)　(東京)大東出版社　1985　p. 422

上山大峻　敦煌佛教の研究　（京都）法藏館　1990　p. 86、122
李德龍　金光明最勝王經古藏文譯本　敦煌學大辭典　上海辭書出版社　1998　p. 478

P. T. 501

原田覺　吐蕃譯經史　敦煌胡語文獻（講座敦煌6）　（東京）大東出版社　1985　p. 422
上山大峻　敦煌佛教の研究　（京都）法藏館　1990　p. 122
李德龍　金光明最勝王經古藏文譯本　敦煌學大辭典　上海辭書出版社　1998　p. 478

P. T. 502

原田覺　吐蕃譯經史　敦煌胡語文獻（講座敦煌6）　（東京）大東出版社　1985　p. 422
上山大峻　敦煌佛教の研究　（京都）法藏館　1990　p. 86、122
李德龍　金光明最勝王經古藏文譯本　敦煌學大辭典　上海辭書出版社　1998　p. 478

P. T. 503

原田覺　吐蕃譯經史　敦煌胡語文獻（講座敦煌6）　（東京）大東出版社　1985　p. 422
上山大峻　敦煌佛教の研究　（京都）法藏館　1990　p. 123

P. T. 504

原田覺　吐蕃譯經史　敦煌胡語文獻（講座敦煌6）　（東京）大東出版社　1985　p. 422
麥克唐納著　耿昇譯　王堯校訂　敦煌吐蕃歷史文書考釋　青海人民出版社　1991　p. 328 注 613

P. T. 505

原田覺　吐蕃譯經史　敦煌胡語文獻（講座敦煌6）　（東京）大東出版社　1985　p. 422

P. T. 506

原田覺　吐蕃譯經史　敦煌胡語文獻（講座敦煌6）　（東京）大東出版社　1985　p. 422

P. T. 507

原田覺　吐蕃譯經史　敦煌胡語文獻（講座敦煌6）　（東京）大東出版社　1985　p. 422

P. T. 508

原田覺　吐蕃譯經史　敦煌胡語文獻（講座敦煌6）　（東京）大東出版社　1985　p. 422

P. T. 509

原田覺　吐蕃譯經史　敦煌胡語文獻（講座敦煌6）　（東京）大東出版社　1985　p. 422

P. T. 510

原田覺　吐蕃譯經史　敦煌胡語文獻（講座敦煌6）　（東京）大東出版社　1985　p. 422

P. T. 513

原田覺　吐蕃譯經史　敦煌胡語文獻（講座敦煌6）　（東京）大東出版社　1985　p. 422

P. T. 514
原田覺　吐蕃譯經史　敦煌胡語文獻(講座敦煌6)　(東京)大東出版社　1985　p. 422

P. T. 515
原田覺　吐蕃譯經史　敦煌胡語文獻(講座敦煌6)　(東京)大東出版社　1985　p. 422

P. T. 516
原田覺　吐蕃譯經史　敦煌胡語文獻(講座敦煌6)　(東京)大東出版社　1985　p. 422

P. T. 517
原田覺　吐蕃譯經史　敦煌胡語文獻(講座敦煌6)　(東京)大東出版社　1985　p. 422

P. T. 518
原田覺　吐蕃譯經史　敦煌胡語文獻(講座敦煌6)　(東京)大東出版社　1985　p. 422

P. T. 523
戴仁　敦煌和吐魯番寫本的斷代研究　法國學者敦煌學論文選萃　中華書局　1993　p. 540

P. T. 527
石泰安著　耿昇譯　古代吐蕃和于闐的一種特殊密教論述法　國外藏學研究譯文集(第七輯)　西藏人民出版社　1990　p. 146

P. T. 533
原田覺　吐蕃譯經史　敦煌胡語文獻(講座敦煌6)　(東京)大東出版社　1985　p. 422

P. T. 549
原田覺　吐蕃譯經史　敦煌胡語文獻(講座敦煌6)　(東京)大東出版社　1985　p. 424

P. T. 550
原田覺　吐蕃譯經史　敦煌胡語文獻(講座敦煌6)　(東京)大東出版社　1985　p. 424
戴仁　敦煌和吐魯番寫本的斷代研究　法國學者敦煌學論文選萃　中華書局　1993　p. 541

P. T. 551
原田覺　吐蕃譯經史　敦煌胡語文獻(講座敦煌6)　(東京)大東出版社　1985　p. 424、428

P. T. 552
原田覺　吐蕃譯經史　敦煌胡語文獻(講座敦煌6)　(東京)大東出版社　1985　p. 424

P. T. 552
王卡　敦煌殘抄本《太上濟衆經》考釋　唐研究(第六卷)　北京大學出版社　2000　p. 60
王卡　中國國家圖書館藏敦煌道教遺書研究報告　國際敦煌學學術史研討會論文集　研討會籌備組　2002　p. 279　又見:敦煌吐魯番研究(第七卷)　北京大學出版社　2004　p. 373

王卡　敦煌道教文獻研究　中國社會科學出版社　2004　p. 214

P. T. 553
斎藤明　中観系資料　敦煌胡語文獻（講座敦煌6）　（東京）大東出版社　1985　p. 314
上山大峻　敦煌佛教の研究　（京都）法藏館　1990　p. 91

P. T. 554
上山大峻　敦煌佛教の研究　（京都）法藏館　1990　p. 91

P. T. 559
御牧克己　大乘無量壽宗要經　敦煌と中國仏教（講座敦煌7）　（東京）大東出版社　1984
　　p. 170
王堯　漢藏佛典對勘釋讀舉要《大乘無量壽宗要經》　藏學零墨　西藏人民出版社　1992　p. 206

P. T. 560
御牧克己　大乘無量壽宗要經　敦煌と中國仏教（講座敦煌7）　（東京）大東出版社　1984
　　p. 170
王堯　漢藏佛典對勘釋讀舉要《大乘無量壽宗要經》　藏學零墨　西藏人民出版社　1992　p. 206
王卡　敦煌道教文獻研究　中國社會科學出版社　2004　p. 97

P. T. 577
原田覺　吐蕃譯經史　敦煌胡語文獻（講座敦煌6）　（東京）大東出版社　1985　p. 423

P. T. 578
原田覺　吐蕃譯經史　敦煌胡語文獻（講座敦煌6）　（東京）大東出版社　1985　p. 424

P. T. 579
原田覺　吐蕃譯經史　敦煌胡語文獻（講座敦煌6）　（東京）大東出版社　1985　p. 424

P. T. 580
原田覺　吐蕃譯經史　敦煌胡語文獻（講座敦煌6）　（東京）大東出版社　1985　p. 424

P. T. 581
原田覺　吐蕃譯經史　敦煌胡語文獻（講座敦煌6）　（東京）大東出版社　1985　p. 424

P. T. 582
原田覺　吐蕃譯經史　敦煌胡語文獻（講座敦煌6）　（東京）大東出版社　1985　p. 424

P. T. 583
原田覺　吐蕃譯經史　敦煌胡語文獻（講座敦煌6）　（東京）大東出版社　1985　p. 424

P. T. 584
原田覺　吐蕃譯經史　敦煌胡語文獻（講座敦煌6）　（東京）大東出版社　1985　p. 424

P. T. 585
原田覺　吐蕃譯經史　敦煌胡語文獻（講座敦煌6）　（東京）大東出版社　1985　p. 424

P. T. 586
原田覺　吐蕃譯經史　敦煌胡語文獻（講座敦煌6）　（東京）大東出版社　1985　p. 424

P. T. 587
原田覺　吐蕃譯經史　敦煌胡語文獻（講座敦煌6）　（東京）大東出版社　1985　p. 424

P. T. 588
原田覺　吐蕃譯經史　敦煌胡語文獻（講座敦煌6）　（東京）大東出版社　1985　p. 424
上山大峻　敦煌佛教の研究　（京都）法藏館　1990　p. 148
李德龍　百字論頌古藏文譯本　敦煌學大辭典　上海辭書出版社　1998　p. 488

P. T. 602
原田覺　吐蕃譯經史　敦煌胡語文獻（講座敦煌6）　（東京）大東出版社　1985　p. 435

P. T. 606
斎藤明　中観系資料　敦煌胡語文獻（講座敦煌6）　（東京）大東出版社　1985　p. 313
木村隆德　『金剛經』を媒介とした禪と印度佛教の比較　金剛般若經の思想的研究　（東京）春秋
　　社　1999　p. 205

P. T. 608
袴谷憲昭　チベット語文獻――仏教文獻　敦煌胡語文獻（講座敦煌6）　（東京）大東出版社　1985
　　p. 213
原田覺　吐蕃譯經史　敦煌胡語文獻（講座敦煌6）　（東京）大東出版社　1985　p. 432
李德龍　古藏文楞伽經　敦煌學大辭典　上海辭書出版社　1998　p. 479

P. T. 609
吳其昱著　福井文雅　樋口勝譯　大蕃國大德・三藏法師・法成傳考　敦煌と中國仏教（講座敦煌
　　7）　（東京）大東出版社　1984　p. 402
袴谷憲昭　チベット語文獻――仏教文獻　敦煌胡語文獻（講座敦煌6）　（東京）大東出版社　1985
　　p. 215
原田覺　吐蕃譯經史　敦煌胡語文獻（講座敦煌6）　（東京）大東出版社　1985　p. 432
上山大峻　敦煌佛教の研究　（京都）法藏館　1990　p. 86、389
戴仁　敦煌和吐魯番寫本的斷代研究　法國學者敦煌學論文選萃　中華書局　1993　p. 538
李德龍　入楞伽經疏古藏文譯本　敦煌學大辭典　上海辭書出版社　1998　p. 479

P. T. 610

王堯　近十年敦煌吐蕃文書研究簡況述評　藏學零墨　西藏人民出版社　1992　p. 28

尕藏加　敦煌吐蕃藏文文獻在藏學研究中的資料價值　中日敦煌佛教學術會議論文集　中國社會科
　　學院研究所　2002　p. 64

P. T. 615

袴谷憲昭　チベット語文獻——仏教文獻　敦煌胡語文獻（講座敦煌6）　（東京）大東出版社　1985
　　p. 208

李德龍　古藏文解深密經　敦煌學大辭典　上海辭書出版社　1998　p. 480

P. T. 618

沖本克己　律文獻　敦煌胡語文獻（講座敦煌6）　（東京）大東出版社　1985　p. 413

李德龍　古藏文大乘四法經　敦煌學大辭典　上海辭書出版社　1998　p. 484

P. T. 619

沖本克己　律文獻　敦煌胡語文獻（講座敦煌6）　（東京）大東出版社　1985　p. 413

P. T. 623

沖本克己　敦煌出土のチベット文禪宗文獻の内容　敦煌仏典と禪（講座敦煌8）　（東京）大東出版
　　社　1980　p. 426

岡部和雄　疑僞經典　敦煌仏典と禪（講座敦煌8）　（東京）大東出版社　1980　p. 360

木村隆德　敦煌出土のチベット文禪宗文獻の性格　敦煌仏典と禪（講座敦煌8）　（東京）大東出版
　　社　1980　p. 443

李德龍　金剛三昧經古藏文譯本　敦煌學大辭典　上海辭書出版社　1998　p. 487

P. T. 624

沖本克己　敦煌出土のチベット文禪宗文獻の内容　敦煌仏典と禪（講座敦煌8）　（東京）大東出版
　　社　1980　p. 426

木村隆德　敦煌出土のチベット文禪宗文獻の性格　敦煌仏典と禪（講座敦煌8）　（東京）大東出版
　　社　1980　p. 443

原田覺　吐蕃譯經史　敦煌胡語文獻（講座敦煌6）　（東京）大東出版社　1985　p. 443

石泰安著　耿昇譯　敦煌寫本中的印—藏和漢—藏兩種辭彙　國外藏學研究譯文集（第八輯）　西
　　藏人民出版社　1992　p. 102

李德龍　法王經古藏文譯本　敦煌學大辭典　上海辭書出版社　1998　p. 487

P. T. 628

沖本克己　律文獻　敦煌胡語文獻（講座敦煌6）　（東京）大東出版社　1985　p. 414

P. T. 629

沖本克己　律文獻　敦煌胡語文獻（講座敦煌6）　（東京）大東出版社　1985　p. 414

P. T. 630

沖本克己　律文獻　敦煌胡語文獻（講座敦煌6）　（東京）大東出版社　1985　p. 414

P. T. 635

沖本克己　敦煌出土のチベット文禪宗文獻の內容　敦煌仏典と禪（講座敦煌8）　（東京）大東出版
　　社　1980　p. 420

木村隆德　敦煌出土のチベット文禪宗文獻の性格　敦煌仏典と禪（講座敦煌8）　（東京）大東出版
　　社　1980　p. 443

吳其昱著　伊藤美重子譯　敦煌漢文寫本概観　敦煌漢文文獻（講座敦煌5）　（東京）大東出版社
　　1992　p. 58

李德龍　降魔藏禪師安心法古藏文譯本　敦煌學大辭典　上海辭書出版社　1998　p. 486

沖本克己　敦煌發現的藏文禪宗文獻及所遺課題　戒幢佛學（第二卷）　岳麓書社　2002　p. 161

P. T. 640

羅秉芬　唐代藏漢文化交流的歷史見證　《中國藏學》1989年第2期　又見：中國敦煌學百年文庫·
　　民族卷（二）　甘肅文化出版社　1999　p. 316

李德龍　古藏文神變比丘教誨經變文　敦煌學大辭典　上海辭書出版社　1998　p. 489

P. T. 661

戴仁　敦煌和吐魯番寫本的斷代研究　法國學者敦煌學論文選萃　中華書局　1993　p. 541

P. T. 682

斎藤明　中観系資料　敦煌胡語文獻（講座敦煌6）　（東京）大東出版社　1985　p. 313

上山大峻　敦煌佛教の研究　（京都）法藏館　1990　p. 310

李德龍　古藏文修習次第初編　敦煌學大辭典　上海辭書出版社　1998　p. 482

P. T. 687

李德龍　古藏文孟秋施物緣起要說　敦煌學大辭典　上海辭書出版社　1998　p. 489

P. T. 699

沖本克己　敦煌出土のチベット文禪宗文獻の內容　敦煌仏典と禪（講座敦煌8）　（東京）大東出版
　　社　1980　p. 435

木村隆德　敦煌出土のチベット文禪宗文獻の性格　敦煌仏典と禪（講座敦煌8）　（東京）大東出版
　　社　1980　p. 448

張廣達　唐代禪宗的傳入吐蕃及有關的敦煌文書　學林漫錄（第三集）　中華書局　1981　p. 50
　　又見：西域史地叢稿初編　上海古籍出版社　1995　p. 206

木村隆德著　耿昇譯　摩訶衍之後的吐蕃禪宗　敦煌譯叢（第一輯）　甘肅人民出版社　1985
　　p. 229

李德龍　古藏文無所得一法論　敦煌學大辭典　上海辭書出版社　1998　p. 484

榮新江　中古中國與外來文明　三聯書店　2001　p. 355

P. T. 707

李德龍　佛教法事文樣古藏文譯本　敦煌學大辭典　上海辭書出版社　1998　p. 484

P. T. 724

張弓　敦煌四部籍與中古後期社會的文化情境　敦煌學（第 25 輯）　（臺北）樂學書局有限公司　2004　p. 323

P. T. 727

原田覺　吐蕃譯經史　敦煌胡語文獻（講座敦煌 6）　（東京）大東出版社　1985　p. 435

P. T. 735

戴仁　敦煌和吐魯番寫本的斷代研究　法國學者敦煌學論文選萃　中華書局　1993　p. 539

P. T. 751

勞心　從敦煌文獻看 9 世紀的西州　《敦煌研究》2002 年第 1 期　p. 82

P. T. 762

戴仁　敦煌和吐魯番寫本的斷代研究　法國學者敦煌學論文選萃　中華書局　1993　p. 541

P. T. 769

吳其昱著　福井文雅　樋口勝譯　大蕃國大德・三藏法師・法成傳考　敦煌と中國仏教（講座敦煌 7）　（東京）大東出版社　1984　p. 403

斎藤明　中観系資料　敦煌胡語文獻（講座敦煌 6）　（東京）大東出版社　1985　p. 313

上山大峻　敦煌佛教の研究　（京都）法藏館　1990　p. 209

P. T. 770

吳其昱著　福井文雅　樋口勝譯　大蕃国大德・三藏法師・法成傳考　敦煌と中國仏教（講座敦煌 7）　（東京）大東出版社　1984　p. 403

斎藤明　中観系資料　敦煌胡語文獻（講座敦煌 6）　（東京）大東出版社　1985　p. 314

上山大峻　敦煌佛教の研究　（京都）法藏館　1990　p. 89

P. T. 771

上山大峻　敦煌佛教の研究　（京都）法藏館　1990　p. 89

P. T. 781

戴仁　敦煌和吐魯番寫本的斷代研究　法國學者敦煌學論文選萃　中華書局　1993　p. 540

P. T. 783

吳其昱著　福井文雅　樋口勝譯　大蕃國大德・三藏法師・法成傳考　敦煌と中國仏教（講座敦煌 7）　（東京）大東出版社　1984　p. 392

戴密微著　耿昇譯　敦煌學近作　敦煌譯叢（第一輯）　甘肅人民出版社　1985　p. 60

袴谷憲昭　チベット語文獻──仏教文獻　敦煌胡語文獻（講座敦煌 6）　（東京）大東出版社　1985

　　p. 221

上山大峻　敦煌佛教の研究　（京都）法藏館　1990　p. 89、152

戴仁　敦煌和吐魯番寫本的斷代研究　法國學者敦煌學論文選萃　中華書局　1993　p. 538

P. T. 784

戴仁　敦煌和吐魯番寫本的斷代研究　法國學者敦煌學論文選萃　中華書局　1993　p. 538

P. T. 787

原田覺　吐蕃譯經史　敦煌胡語文獻（講座敦煌6）　（東京）大東出版社　1985　p. 428

斎藤明　中観系資料　敦煌胡語文獻（講座敦煌6）　（東京）大東出版社　1985　p. 314

P. T. 788

斎藤明　中観系資料　敦煌胡語文獻（講座敦煌6）　（東京）大東出版社　1985　p. 314

P. T. 789

斎藤明　中観系資料　敦煌胡語文獻（講座敦煌6）　（東京）大東出版社　1985　p. 314

P. T. 790

袴谷憲昭　チベット語文獻——仏教文獻　敦煌胡語文獻（講座敦煌6）　（東京）大東出版社　1985　p. 219

李德龍　古藏文莊嚴經論　敦煌學大辭典　上海辭書出版社　1998　p. 481

P. T. 791

袴谷憲昭　チベット語文獻——仏教文獻　敦煌胡語文獻（講座敦煌6）　（東京）大東出版社　1985　p. 240

P. T. 794

沖本克己　律文獻　敦煌胡語文獻（講座敦煌6）　（東京）大東出版社　1985　p. 414

斎藤明　中観系資料　敦煌胡語文獻（講座敦煌6）　（東京）大東出版社　1985　p. 313

李德龍　古藏文菩薩行論　敦煌學大辭典　上海辭書出版社　1998　p. 482

P. T. 797

袴谷憲昭　チベット語文獻——仏教文獻　敦煌胡語文獻（講座敦煌6）　（東京）大東出版社　1985　p. 232

原田覺　吐蕃譯經史　敦煌胡語文獻（講座敦煌6）　（東京）大東出版社　1985　p. 428

李德龍　古藏文唯識二十頌　敦煌學大辭典　上海辭書出版社　1998　p. 479

P. T. 799

斎藤明　中観系資料　敦煌胡語文獻（講座敦煌6）　（東京）大東出版社　1985　p. 313

P. T. 808

沖本克己　律文獻　敦煌胡語文獻（講座敦煌6）　（東京）大東出版社　1985　p. 411

P. T. 811

木村隆德　敦煌出土のチベット文禪宗文獻の性格　敦煌仏典と禪(講座敦煌 8)　(東京)大東出版
　　社　1980　p. 443

張廣達　唐代禪宗的傳入吐蕃及有關的敦煌文書　學林漫録(第三集)　中華書局　1981　p. 50
　　又見：西域史地叢稿初編　上海古籍出版社　1995　p. 206

吳其昱　臥輪禪師出家安心十功德蕃本試釋　敦煌學(第 5 輯)　(臺北)新文豐出版公司　1982
　　p. 41

木村隆德著　耿昇譯　摩訶衍之後的吐蕃禪宗　敦煌譯叢(第一輯)　甘肅人民出版社　1985
　　p. 224

原田覺　吐蕃譯經史　敦煌胡語文獻(講座敦煌 6)　(東京)大東出版社　1985　p. 425

吳其昱著　伊藤美重子譯　敦煌漢文寫本概観　敦煌漢文文獻(講座敦煌 5)　(東京)大東出版社
　　1992　p. 57

李德龍　臥輪禪師安心法古藏文譯本　敦煌學大辭典　上海辭書出版社　1998　p. 486

P. T. 812

御牧克己　シルクロ－ド出土の仏典　シルクロ－ドと仏教文化　(東京)東洋哲學研究所　1979
　　p. 298

沖本克己　敦煌出土のチベット文禪宗文獻の内容　敦煌仏典と禪(講座敦煌 8)　(東京)大東出版
　　社　1980　p. 424

木村隆德　敦煌出土のチベット文禪宗文獻の性格　敦煌仏典と禪(講座敦煌 8)　(東京)大東出版
　　社　1980　p. 444

山口瑞鳳　摩訶衍の禪　敦煌仏典と禪(講座敦煌 8)　(東京)大東出版社　1980　p. 403

張廣達　唐代禪宗的傳入吐蕃及有關的敦煌文書　學林漫録(第三集)　中華書局　1981　p. 49
　　又見：西域史地叢稿初編　上海古籍出版社　1995　p. 206

饒宗頤　王錫《頓悟大乘政理決》序說並校記　選堂集林・史林　(香港)中華書局　1982　p. 767

原田覺　吐蕃譯經史　敦煌胡語文獻(講座敦煌 6)　(東京)大東出版社　1985　p. 442

上山大峻　敦煌佛教の研究　(京都)法藏館　1990　p. 302

王堯　國外敦煌吐蕃文書研究選譯　甘肅人民出版社　1992　p. 5

吳其昱著　伊藤美重子譯　敦煌漢文寫本概観　敦煌漢文文獻(講座敦煌 5)　(東京)大東出版社
　　1992　p. 58

胡戟　傅玫　敦煌史話　中華書局　1995　p. 200

李德龍　古藏文禪定頓悟門　敦煌學大辭典　上海辭書出版社　1998　p. 487

李德龍　古藏文摩訶衍禪師說禪要書　敦煌學大辭典　上海辭書出版社　1998　p. 487

木村隆德　『金剛經』を媒介とした禪と印度佛教の比較　金剛般若經の思想的研究　(東京)春秋
　　社　1999　p. 203

P. T. 813

御牧克己　シルクロ－ド出土の仏典　シルクロ－ドと仏教文化　(東京)東洋哲學研究所　1979
　　p. 298

沖本克己　敦煌出土のチベット文禪宗文獻の内容　敦煌仏典と禪(講座敦煌 8)　(東京)大東出版
　　社　1980　p. 419

岡部和雄　疑僞經典　敦煌仏典と禪(講座敦煌 8)　(東京)大東出版社　1980　p. 364

木村隆德　敦煌出土のチベット文禪宗文獻の性格　敦煌仏典と禪（講座敦煌8）（東京）大東出版
　　　社　1980　p. 444

山口瑞鳳　摩訶衍の禪　敦煌仏典と禪（講座敦煌8）（東京）大東出版社　1980　p. 403

張廣達　唐代禪宗的傳入吐蕃及有關的敦煌文書　學林漫録（第三集）　中華書局　1981　p. 49
　　　又見:西域史地叢稿初編　上海古籍出版社　1995　p. 206

原田覺　吐蕃譯經史　敦煌胡語文獻（講座敦煌6）（東京）大東出版社　1985　p. 442

戴密微著　耿昇譯　達摩多羅考　國外藏學研究譯文集（第七輯）　西藏人民出版社　1990　p. 133

王堯　國外敦煌吐蕃文書研究選譯　甘肅人民出版社　1992　p. 5

吳其昱著　伊藤美重子譯　敦煌漢文寫本概観　敦煌漢文文獻（講座敦煌5）（東京）大東出版社
　　　1992　p. 58

胡戟　傅玫　敦煌史話　中華書局　1995　p. 200

李德龍　古藏文禪定頓悟門　敦煌學大辭典　上海辭書出版社　1998　p. 487

李德龍　古藏文禪宗文獻　敦煌學大辭典　上海辭書出版社　1998　p. 485

李德龍　歷代法寶記古藏文譯本　敦煌學大辭典　上海辭書出版社　1998　p. 486

木村隆德　『金剛經』を媒介とした禪と印度佛教の比較　金剛般若經の思想的研究　（東京）春秋
　　　社　1999　p. 203

榮新江　中古中國與外來文明　三聯書店　2001　p. 350

P. T. 814

御牧克己　シルクロード出土の仏典　シルクロードと仏教文化　（東京）東洋哲學研究所　1979
　　　p. 299

沖本克己　敦煌出土のチベット文禪宗文獻の內容　敦煌仏典と禪（講座敦煌8）（東京）大東出版
　　　社　1980　p. 440

袴谷憲昭　チベット語文獻──仏教文獻　敦煌胡語文獻（講座敦煌6）（東京）大東出版社
　　　1985　p. 219

松本史朗　仏教綱要書　敦煌胡語文獻（講座敦煌6）（東京）大東出版社　1985　p. 267

原田覺　吐蕃譯經史　敦煌胡語文獻（講座敦煌6）（東京）大東出版社　1985　p. 433

李德龍　古藏文佛教綱要書　敦煌學大辭典　上海辭書出版社　1998　p. 480

李德龍　古藏文見解之別　敦煌學大辭典　上海辭書出版社　1998　p. 480

P. T. 815

御牧克己　シルクロード出土の仏典　シルクロードと仏教文化　（東京）東洋哲學研究所　1979
　　　p. 299

沖本克己　敦煌出土のチベット文禪宗文獻の內容　敦煌仏典と禪（講座敦煌8）（東京）大東出版
　　　社　1980　p. 440

松本史朗　仏教綱要書　敦煌胡語文獻（講座敦煌6）（東京）大東出版社　1985　p. 267

原田覺　吐蕃譯經史　敦煌胡語文獻（講座敦煌6）（東京）大東出版社　1985　p. 433

P. T. 817

御牧克己　シルクロード出土の仏典　シルクロードと仏教文化　（東京）東洋哲學研究所　1979
　　　p. 299

沖本克己　敦煌出土のチベット文禪宗文獻の內容　敦煌仏典と禪（講座敦煌8）（東京）大東出版

社　1980　p. 440

木村隆德　敦煌出土のチベット文禪宗文獻の性格　敦煌仏典と禪(講座敦煌8)　(東京)大東出版社　1980　p. 449

平松敏雄　タントラ經典　敦煌胡語文獻(講座敦煌6)　(東京)大東出版社　1985　p. 373

松本史朗　仏教綱要書　敦煌胡語文獻(講座敦煌6)　(東京)大東出版社　1985　p. 266

張廣達　唐代禪宗的傳入吐蕃及有關的敦煌文書　西域史地叢稿初編　上海古籍出版社　1995　p. 206

李德龍　古藏文大乘中觀義　敦煌學大辭典　上海辭書出版社　1998　p. 480

P. T. 818

沖本克己　敦煌出土のチベット文禪宗文獻の内容　敦煌仏典と禪(講座敦煌8)　(東京)大東出版社　1980　p. 420

木村隆德　敦煌出土のチベット文禪宗文獻の性格　敦煌仏典と禪(講座敦煌8)　(東京)大東出版社　1980　p. 449

木村隆德著　耿昇譯　摩訶衍之後的吐蕃禪宗　敦煌譯叢(第一輯)　甘肅人民出版社　1985　p. 222

平松敏雄　タントラ經典　敦煌胡語文獻(講座敦煌6)　(東京)大東出版社　1985　p. 372

李德龍　古藏文大瑜伽修習義　敦煌學大辭典　上海辭書出版社　1998　p. 487

沖本克己　敦煌發現的藏文禪宗文獻及所遺課題　戒幢佛學(第二卷)　岳麓書社　2002　p. 162

P. T. 819

木村隆德　敦煌出土のチベット文禪宗文獻の性格　敦煌仏典と禪(講座敦煌8)　(東京)大東出版社　1980　p. 448

木村隆德著　耿昇譯　摩訶衍之後的吐蕃禪宗　敦煌譯叢(第一輯)　甘肅人民出版社　1985　p. 229　注3

平松敏雄　タントラ經典　敦煌胡語文獻(講座敦煌6)　(東京)大東出版社　1985　p. 361

P. T. 820

袴谷憲昭　チベット語文獻──仏教文獻　敦煌胡語文獻(講座敦煌6)　(東京)大東出版社　1985　p. 219

松本史朗　仏教綱要書　敦煌胡語文獻(講座敦煌6)　(東京)大東出版社　1985　p. 267

原田覺　吐蕃譯經史　敦煌胡語文獻(講座敦煌6)　(東京)大東出版社　1985　p. 433

P. T. 821

沖本克己　敦煌出土のチベット文禪宗文獻の内容　敦煌仏典と禪(講座敦煌8)　(東京)大東出版社　1980　p. 418

木村隆德　敦煌出土のチベット文禪宗文獻の性格　敦煌仏典と禪(講座敦煌8)　(東京)大東出版社　1980　p. 449

張廣達　唐代禪宗的傳入吐蕃及有關的敦煌文書　學林漫録(第三集)　中華書局　1981　p. 50
　又見：西域史地叢稿初編　上海古籍出版社　1995　p. 206

平松敏雄　タントラ經典　敦煌胡語文獻(講座敦煌6)　(東京)大東出版社　1985　p. 373

耿昇　八十年代的法國敦煌學論著簡介　《敦煌研究》1986年第3期　p. 83

張廣達　榮新江　巴黎國立圖書館所藏敦煌于闐語寫卷目録初編　敦煌吐魯番文獻研究論集(第四
　　輯)　北京大學出版社　1987　p. 94

戴仁　敦煌的經折裝寫本　法國學者敦煌學論文選萃　中華書局　1993　p. 581

鄭阿財　《龍興寺毗沙門天王靈驗記》與敦煌地區的毗沙門信仰　周紹良先生欣開九秩慶壽文集
　　中華書局　1997　p. 261

李德龍　頓悟真宗要決古藏文譯本　敦煌學大辭典　上海辭書出版社　1998　p. 485

P. T. 822

木村隆德　敦煌出土のチベット文禪宗文獻の性格　敦煌仏典と禪(講座敦煌8)　(東京)大東出版
　　社　1980　p. 449

張廣達　唐代禪宗的傳入吐蕃及有關的敦煌文書　學林漫録(第三集)　中華書局　1981　p. 50
　　又見:西域史地叢稿初編　上海古籍出版社　1995　p. 206

平松敏雄　タントラ經典　敦煌胡語文獻(講座敦煌6)　(東京)大東出版社　1985　p. 373

P. T. 823

御牧克己　シルクロード出土の仏典　シルクロードと仏教文化　(東京)東洋哲學研究所　1979
　　p. 299

沖本克己　敦煌出土のチベット文禪宗文獻の内容　敦煌仏典と禪(講座敦煌8)　(東京)大東出版
　　社　1980　p. 423、437

木村隆德　敦煌出土のチベット文禪宗文獻の性格　敦煌仏典と禪(講座敦煌8)　(東京)大東出版
　　社　1980　p. 442

山口瑞鳳　摩訶衍の禪　敦煌仏典と禪(講座敦煌8)　(東京)大東出版社　1980　p. 386

張廣達　唐代禪宗的傳入吐蕃及有關的敦煌文書　學林漫録(第三集)　中華書局　1981　p. 50
　　又見:西域史地叢稿初編　上海古籍出版社　1995　p. 206

木村隆德著　耿昇譯　摩訶衍之後的吐蕃禪宗　敦煌譯叢(第一輯)　甘肅人民出版社　1985
　　p. 228

平松敏雄　タントラ經典　敦煌胡語文獻(講座敦煌6)　(東京)大東出版社　1985　p. 373

原田覺　吐蕃譯經史　敦煌胡語文獻(講座敦煌6)　(東京)大東出版社　1985　p. 442

上山大峻　敦煌佛教の研究　(京都)法藏館　1990　p. 249、598

吳其昱著　伊藤美重子譯　敦煌漢文寫本概観　敦煌漢文文獻(講座敦煌5)　(東京)大東出版社
　　1992　p. 58

上山大峻著　耿昇譯　吐蕃僧諍問題的新透視　國外藏學研究譯文集(第十一輯)　西藏人民出版
　　社　1994　p. 263

田中良昭　敦煌の禪籍　禪學研究入門　(東京)大東出版社　1994　p. 64

王堯　西藏文史考信集　中國藏學出版社　1994　p. 308

郝春文　摩訶衍　敦煌學大辭典　上海辭書出版社　1998　p. 347

李德龍　不觀論古藏文譯本　敦煌學大辭典　上海辭書出版社　1998　p. 487

李德龍　頓悟大乘正理決古藏文譯本　敦煌學大辭典　上海辭書出版社　1998　p. 486

木村隆德　『金剛經』を媒介とした禪と印度佛教の比較　金剛般若經の思想的研究　(東京)春秋
　　社　1999　p. 202、209

P. T. 824

原田覺　吐蕃譯經史　敦煌胡語文獻（講座敦煌6）　（東京）大東出版社　1985　p. 421

P. T. 825

御牧克己　シルクロード出土の仏典　シルクロードと仏教文化　（東京）東洋哲學研究所　1979　p. 299

原田覺　吐蕃譯經史　敦煌胡語文獻（講座敦煌6）　（東京）大東出版社　1985　p. 425

斎藤明　中観系資料　敦煌胡語文獻（講座敦煌6）　（東京）大東出版社　1985　p. 313

上山大峻　敦煌佛教の研究　（京都）法藏館・1990　p. 310

李德龍　古藏文修習次第初編　敦煌學大辭典　上海辭書出版社　1998　p. 482

P. T. 827

御牧克己　シルクロード出土の仏典　シルクロードと仏教文化　（東京）東洋哲學研究所　1979　p. 299

沖本克己　敦煌出土のチベット文禪宗文獻の内容　敦煌仏典と禪（講座敦煌8）　（東京）大東出版社　1980　p. 423

木村隆德　敦煌出土のチベット文禪宗文獻の性格　敦煌仏典と禪（講座敦煌8）　（東京）大東出版社　1980　p. 442

張廣達　唐代禪宗的傳入吐蕃及有關的敦煌文書　學林漫録（第三集）　中華書局　1981　p. 50　又見：西域史地叢稿初編　上海古籍出版社　1995　p. 206

原田覺　吐蕃譯經史　敦煌胡語文獻（講座敦煌6）　（東京）大東出版社　1985　p. 442

吳其昱著　伊藤美重子譯　敦煌漢文寫本概観　敦煌漢文文獻（講座敦煌5）　（東京）大東出版社　1992　p. 58

李德龍　頓悟大乘正理決古藏文譯本　敦煌學大辭典　上海辭書出版社　1998　p. 486

李德龍　古藏文禪定頓悟門　敦煌學大辭典　上海辭書出版社　1998　p. 487

P. T. 829

御牧克己　シルクロード出土の仏典　シルクロードと仏教文化　（東京）東洋哲學研究所　1979　p. 299

沖本克己　敦煌出土のチベット文禪宗文獻の内容　敦煌仏典と禪（講座敦煌8）　（東京）大東出版社　1980　p. 437

木村隆德　敦煌出土のチベット文禪宗文獻の性格　敦煌仏典と禪（講座敦煌8）　（東京）大東出版社　1980　p. 442

張廣達　唐代禪宗的傳入吐蕃及有關的敦煌文書　學林漫録（第三集）　中華書局　1981　p. 50　又見：西域史地叢稿初編　上海古籍出版社　1995　p. 206

原田覺　吐蕃譯經史　敦煌胡語文獻（講座敦煌6）　（東京）大東出版社　1985　p. 442

吳其昱著　伊藤美重子譯　敦煌漢文寫本概観　敦煌漢文文獻（講座敦煌5）　（東京）大東出版社　1992　p. 58

P. T. 831

木村隆德　敦煌出土のチベット文禪宗文獻の性格　敦煌仏典と禪（講座敦煌8）　（東京）大東出版社　1980　p. 459

P. T. 835

張廣達　唐代禪宗的傳入吐蕃及有關的敦煌文書　學林漫録(第三集)　中華書局　1981　　p. 50
　　又見：西域史地叢稿初編　上海古籍出版社　1995　p. 206
李德龍　諸經要抄古藏文譯本　敦煌學大辭典　上海辭書出版社　1998　p. 488

P. T. 836

袴谷憲昭　チベット語文獻——仏教文獻　敦煌胡語文獻(講座敦煌6)　(東京)大東出版社　1985
　　p. 221
李德龍　古藏文瑜伽師地論　敦煌學大辭典　上海辭書出版社　1998　p. 481

P. T. 837

沖本克己　敦煌出土のチベット文禪宗文獻の内容　敦煌仏典と禪(講座敦煌8)　(東京)大東出版
　　社　1980　p. 428
木村隆德　敦煌出土のチベット文禪宗文獻の性格　敦煌仏典と禪(講座敦煌8)　(東京)大東出版
　　社　1980　p. 448
木村隆德著　耿昇譯　摩訶衍之後的吐蕃禪宗　敦煌譯叢(第一輯)　甘肅人民出版社　1985
　　p. 228 注1
平松敏雄　タントラ經典　敦煌胡語文獻(講座敦煌6)　(東京)大東出版社　1985　p. 361
上山大峻　敦煌佛教の研究　(京都)法藏館　1990　p. 338
石泰安著　耿昇譯　古代吐蕃和于闐的一種特殊密教論述法　國外藏學研究譯文集(第七輯)　西
　　藏人民出版社　1990　p. 149

P. T. 839

平松敏雄　タントラ經典　敦煌胡語文獻(講座敦煌6)　(東京)大東出版社　1985　p. 378
戴仁　敦煌和吐魯番寫本的斷代研究　法國學者敦煌學論文選萃　中華書局　1993　p. 539

P. T. 840

耿昇　中法學者友好合作的成果　《敦煌研究》1987年第1期　p. 107
石泰安著　耿昇譯　有關吐蕃佛教起源的傳說　國外藏學研究譯文集(第七輯)　西藏人民出版社
　　1990　p. 264
戴仁　敦煌和吐魯番寫本的斷代研究　法國學者敦煌學論文選萃　中華書局　1993　p. 539
石泰安著　耿昇譯　西藏的印度教神話　國外藏學研究譯文集(第十一輯)　西藏人民出版社
　　1994　p. 163 注23

P. T. 841

平松敏雄　タントラ經典　敦煌胡語文獻(講座敦煌6)　(東京)大東出版社　1985　p. 372
石泰安著　耿昇譯　西藏的印度教神話　國外藏學研究譯文集(第十一輯)　西藏人民出版社
　　1994　p. 163 注23
李德龍　古藏文怛特羅文獻　敦煌學大辭典　上海辭書出版社　1998　p. 484

P. T. 842

沖本克己　敦煌出土のチベット文禪宗文獻の内容　敦煌仏典と禪(講座敦煌8)　(東京)大東出版

　　社　1980　p. 440

松本史朗　仏教綱要書　敦煌胡語文獻(講座敦煌 6)　(東京)大東出版社　1985　p. 266

李德龍　古藏文佛徒大小乘三種和外道見解要約之別　敦煌學大辭典　上海辭書出版社　1998
　　p. 480

P. T. 843

御牧克己　シルクロ－ド出土の仏典　シルクロ－ドと仏教文化　(東京)東洋哲學研究所　1979
　　p. 286

張廣達　九世紀初吐蕃的《勅頒翻譯名義集三種》　周一良先生八十生日紀念論文集　中國社會科
　　學出版社　1993　p. 150、161 注 19、164

P. T. 845

御牧克己　シルクロ－ド出土の仏典　シルクロ－ドと仏教文化　(東京)東洋哲學研究所　1979
　　p. 286

張廣達　九世紀初吐蕃的《勅頒翻譯名義集三種》　周一良先生八十生日紀念論文集　中國社會科
　　學出版社　1993　p. 150、161 注 19、164

P. T. 849

山口瑞鳳　(フランス)國立圖書館(ペリオ蒐集敦煌)チベット語文獻抄　『東洋學報』(第 61 卷第
　　1・2 號)　(東京)東洋學術協會　1979　p. 185

御牧克己　シルクロ－ド出土の仏典　シルクロ－ドと仏教文化　(東京)東洋哲學研究所　1979
　　p. 299

平松敏雄　タントラ經典　敦煌胡語文獻(講座敦煌 6)　(東京)大東出版社　1985　p. 372

王堯　陳踐　吐蕃時期的占卜研究　香港中文大學　1987　p. 7

高田時雄　レニングラ－ドにあるチベット文字轉寫法華經普門品(續)　内陸アジア言語の研究
　　(VII)　神戸市外國語大學外國學研究所　1991　p. 40

石泰安著　耿昇譯　西藏的印度教神話　國外藏學研究譯文集(第十一輯)　西藏人民出版社
　　1994　p. 166 注 37

黃顥　吐蕃崇佛贊普名録　敦煌學大辭典　上海辭書出版社　1998　p. 465

李德龍　古藏文怛特羅文獻　敦煌學大辭典　上海辭書出版社　1998　p. 484

P. T. 861

平松敏雄　タントラ經典　敦煌胡語文獻(講座敦煌 6)　(東京)大東出版社　1985　p. 372

李德龍　古藏文怛特羅文獻　敦煌學大辭典　上海辭書出版社　1998　p. 484

P. T. 869

戴仁　敦煌和吐魯番寫本的斷代研究　法國學者敦煌學論文選萃　中華書局　1993　p. 541

P. T. 875

沖本克己　律文獻　敦煌胡語文獻(講座敦煌 6)　(東京)大東出版社　1985　p. 408

P. T. 876
沖本克己　律文獻　敦煌胡語文獻(講座敦煌6)　(東京)大東出版社　1985　p. 408

P. T. 877
沖本克己　律文獻　敦煌胡語文獻(講座敦煌6)　(東京)大東出版社　1985　p. 408

P. T. 878
沖本克己　律文獻　敦煌胡語文獻(講座敦煌6)　(東京)大東出版社　1985　p. 408

P. T. 879
沖本克己　律文獻　敦煌胡語文獻(講座敦煌6)　(東京)大東出版社　1985　p. 408

P. T. 880
沖本克己　律文獻　敦煌胡語文獻(講座敦煌6)　(東京)大東出版社　1985　p. 408
李德龍　古藏文別解脫戒經　敦煌學大辭典　上海辭書出版社　1998　p. 483
李德龍　古藏文戒律文獻　敦煌學大辭典　上海辭書出版社　1998　p. 483

P. T. 881
沖本克己　律文獻　敦煌胡語文獻(講座敦煌6)　(東京)大東出版社　1985　p. 408

P. T. 882
沖本克己　律文獻　敦煌胡語文獻(講座敦煌6)　(東京)大東出版社　1985　p. 408

P. T. 883
沖本克己　律文獻　敦煌胡語文獻(講座敦煌6)　(東京)大東出版社　1985　p. 408

P. T. 884
沖本克己　律文獻　敦煌胡語文獻(講座敦煌6)　(東京)大東出版社　1985　p. 408

P. T. 885
沖本克己　律文獻　敦煌胡語文獻(講座敦煌6)　(東京)大東出版社　1985　p. 408

P. T. 886
沖本克己　律文獻　敦煌胡語文獻(講座敦煌6)　(東京)大東出版社　1985　p. 408

P. T. 887
沖本克己　律文獻　敦煌胡語文獻(講座敦煌6)　(東京)大東出版社　1985　p. 408

P. T. 891
沖本克己　律文獻　敦煌胡語文獻(講座敦煌6)　(東京)大東出版社　1985　p. 408
木村隆德著　耿昇譯　摩訶衍之後的吐蕃禪宗　敦煌譯叢(第一輯)　甘肅人民出版社　1985
　　p. 228 注1

P. T. 892

沖本克己　律文獻　敦煌胡語文獻（講座敦煌6）　（東京）大東出版社　1985　p. 408

P. T. 894

沖本克己　律文獻　敦煌胡語文獻（講座敦煌6）　（東京）大東出版社　1985　p. 408

P. T. 903

沖本克己　律文獻　敦煌胡語文獻（講座敦煌6）　（東京）大東出版社　1985　p. 410

P. T. 904

沖本克己　律文獻　敦煌胡語文獻（講座敦煌6）　（東京）大東出版社　1985　p. 410

P. T. 909

沖本克己　律文獻　敦煌胡語文獻（講座敦煌6）　（東京）大東出版社　1985　p. 410

P. T. 910

沖本克己　律文獻　敦煌胡語文獻（講座敦煌6）　（東京）大東出版社　1985　p. 410

P. T. 913

沖本克己　律文獻　敦煌胡語文獻（講座敦煌6）　（東京）大東出版社　1985　p. 410
李德龍　古藏文戒律文獻　敦煌學大辭典　上海辭書出版社　1998　p. 483

P. T. 914

沖本克己　律文獻　敦煌胡語文獻（講座敦煌6）　（東京）大東出版社　1985　p. 410

P. T. 923

王堯　敦煌 P. T. 351 吐蕃文書及景教文獻叙錄　第二屆敦煌學國際研討會論文集　（臺北）漢學研
　　究中心　1990　p. 544

P. T. 938

張先堂　敦煌文學與周邊民族文學、域外文學關係述論　《敦煌研究》1994 年第 1 期　p. 57

P. T. 941

張總　地藏菩薩十齋日　藏外佛教文獻（第七輯）　宗教文化出版社　2000　p. 350
張總　地藏信仰研究　宗教文化出版社　2003　p. 381

P. T. 943

戴密微著　耿昇譯　敦煌學近作　敦煌譯叢（第一輯）　甘肅人民出版社　1985　p. 55
上山大峻　敦煌佛教の研究　（京都）法藏館　1990　p. 86
王堯　敦煌本藏文《賢愚經》及譯者考述　（香港）九州學刊（敦煌學專輯）1992 年第 4 卷第 4 期
　　p. 98
王堯　西藏文史考信集　中國藏學出版社　1994　p. 184

李德龍　賢愚經古藏文譯本　敦煌學大辭典　上海辭書出版社　1998　p. 478

王堯　從敦煌文獻看吐蕃文化　南京棲霞山石窟藝術與敦煌學　中國美術學院出版社　2002　p. 234

王堯　西望陽關有故人：敦煌藏文寫卷述要　中國學術(第四輯)　商務印書館　2002　p. 52

P. T. 945

原田覺　吐蕃譯經史　敦煌胡語文獻(講座敦煌6)　(東京)大東出版社　1985　p. 421

P. T. 954

戴仁　敦煌和吐魯番寫本的斷代研究　法國學者敦煌學論文選萃　中華書局　1993　p. 541

P. T. 957

戴仁　敦煌和吐魯番寫本的斷代研究　法國學者敦煌學論文選萃　中華書局　1993　p. 541

P. T. 958

麥克唐納著　耿昇譯　王堯校訂　敦煌吐蕃歷史文書考釋　青海人民出版社　1991　p. 22

尹偉先　藏文史料中的"維吾爾"　《敦煌研究》1996年第4期　p. 124

P. T. 960

陳踐　敦煌、新疆古藏文寫本述略　《甘肅民族研究》1983年第1－2期　p. 26

王堯　陳踐　敦煌吐魯番文獻選　四川民族出版社　1983　p. 61、40

戴密微著　耿昇譯　敦煌學近作　敦煌譯叢(第一輯)　甘肅人民出版社　1985　p. 62

原田覺　吐蕃譯經史　敦煌胡語文獻(講座敦煌6)　(東京)大東出版社　1985　p. 445

巴桑旺堆　藏文文獻中的若干古于闐史料　《敦煌學輯刊》1986年第1期　p. 70

張廣達　榮新江　敦煌"瑞像記"、瑞像圖及其反映的于闐　敦煌吐魯番文獻研究論集(第三輯)　北京大學出版社　1986　p. 108、116

上山大峻　敦煌佛教の研究　(京都)法藏館　1990　p. 90、184

張雲　唐代吐蕃與西域的文化交流　《甘肅民族研究》1991年第4期　p. 48

林家平　寧强　羅華慶　中國敦煌學史　北京語言學院出版社　1992　p. 558

王堯　國外敦煌吐蕃文書研究選譯　甘肅人民出版社　1992　p. 5

王堯　近十年敦煌吐蕃文書研究簡況述評　藏學零墨　西藏人民出版社　1992　p. 19

尕藏加　藏文文獻中所見西域佛教之比較研究　《敦煌學輯刊》1993年第2期　p. 50

蘇遠鳴　敦煌石窟中的瑞像圖　法國學者敦煌學論文選萃　中華書局　1993　p. 161

胡戟　傅玫　敦煌史話　中華書局　1995　p. 201

薛宗正　中國新疆古代社會生活史　新疆人民出版社　1997　p. 317

楊銘　吐蕃統治敦煌研究　(臺北)新文豐出版公司　1997　p. 241

鄭阿財　論敦煌寫本《龍興寺毗沙門天王靈驗記》與唐代的毗沙門信仰　第三屆中國唐代文化學術研討會論文集　(臺北)政治大學中國文學系　1997　p. 433

劇宗林　于闐教法史　敦煌學大辭典　上海辭書出版社　1998　p. 491

孫修身　敦煌與中西交通研究　甘肅教育出版社　2002　p. 116

賈應逸　藏經洞遺書與和闐佛教遺址　2000年敦煌學國際學術討論會文集·歷史文化卷(上)　甘肅民族出版社　2003　p. 84

張雲　唐代吐蕃史與西北民族史研究　中國藏學出版社　2004　p. 384
張小剛　敦煌瑞像圖中的于闐護國神王　《敦煌研究》2005 年第 1 期　p. 50

P. T. 968

原田覺　吐蕃譯經史　敦煌胡語文獻(講座敦煌 6)　(東京)大東出版社　1985　p. 423

P. T. 969

原田覺　吐蕃譯經史　敦煌胡語文獻(講座敦煌 6)　(東京)大東出版社　1985　p. 423

P. T. 970

沖本克己　律文獻　敦煌胡語文獻(講座敦煌 6)　(東京)大東出版社　1985　p. 413
原田覺　吐蕃譯經史　敦煌胡語文獻(講座敦煌 6)　(東京)大東出版社　1985　p. 423

P. T. 971

原田覺　吐蕃譯經史　敦煌胡語文獻(講座敦煌 6)　(東京)大東出版社　1985　p. 423

P. T. 972

石泰安著　耿昇譯　西藏的印度教神話　國外藏學研究譯文集(第十一輯)　西藏人民出版社
　　1994　p. 156

P. T. 976

王堯　陳踐　序言　敦煌吐魯番文獻選　四川民族出版社　1983　p. 6

P. T. 977

山口瑞鳳　(フランス)國立圖書館(ペリオ蒐集敦煌)チベット語文獻抄　『東洋學報』(61 卷 1・2
　　號)　(東京)東洋學術協會　1979　p. 185

P. T. 981

御牧克己　シルクロード出土の仏典　シルクロードと仏教文化　(東京)東洋哲學研究所　1979
　　p. 299
佟錦華　羅摩衍那古藏文譯本　敦煌學大辭典　上海辭書出版社　1998　p. 477
陳炳應　盧冬　古代民族　敦煌文藝出版社　2004　p. 145

P. T. 983

御牧克己　シルクロード出土の仏典　シルクロードと仏教文化　(東京)東洋哲學研究所　1979
　　p. 299
陳踐　敦煌、新疆古藏文寫本述略　《甘肅民族研究》1983 年第 1－2 期　p. 25
王堯　陳踐　序言　敦煌吐魯番文獻選　四川民族出版社　1983　p. 6
任遠　《羅摩衍那》敦煌古藏文本與梵文精校本　1983 年全國敦煌學術討論會文集・文史遺書編
　　(下)　甘肅人民出版社　1987　p. 110
佟錦華　羅摩衍那古藏文譯本　敦煌學大辭典　上海辭書出版社　1998　p. 477
楊秀清　華戎交會的都市:敦煌與絲綢之路　甘肅人民出版社　2000　p. 60

陳炳應　盧冬　古代民族　敦煌文藝出版社　2004　p. 145

P. T. 984

王堯　陳踐　敦煌吐魯番文獻選　四川民族出版社　1983　p. 2、41

烏瑞著　耿昇譯　吐蕃統治結束後甘州和于闐官府中使用藏語的情況　敦煌譯叢（第一輯）　甘肅
　人民出版社　1985　p. 213

榮新江　歸義軍及其與周邊民族的關係初探　《敦煌學輯刊》1986 年第 2 期　p. 36　又見：中國人文
　社會科學博士碩士文庫·歷史學卷　浙江教育出版社　1998　p. 667

張廣達　榮新江　關於敦煌出土于闐文獻的年代及其相關問題　紀念陳寅恪先生誕辰百年學術論文
　集　北京大學出版社　1989　p. 297

黃盛璋　關於沙州曹氏和于闐交往的諸藏文文書及相關問題　《敦煌研究》1992 年第 1 期　p. 40

王堯　近十年敦煌吐蕃文書研究簡況述評　藏學零墨　西藏人民出版社　1992　p. 21

戴仁　敦煌和吐魯番寫本的斷代研究　法國學者敦煌學論文選萃　中華書局　1993　p. 541

楊銘　古藏文河西節度使曹令公致于闐王書　敦煌學大辭典　上海辭書出版社　1998　p. 471

P. T. 985

戴仁　敦煌和吐魯番寫本的斷代研究　法國學者敦煌學論文選萃　中華書局　1993　p. 541

P. T. 986

王堯　陳踐　敦煌吐魯番文獻選　四川民族出版社　1983　p. 62、69

王堯　吐蕃文獻叙錄　中國民族古文字研究　中國社會科學出版社　1984　p. 124

今枝由郎　增補中國·インド古典——『書經』·『戰國策』·『ラーマーヤナ』　敦煌胡語文獻（講
　座敦煌6）　（東京）大東出版社　1985　p. 558

耿昇　中法學者友好合作的成果　《敦煌研究》1987 年第 1 期　p. 107

石泰安著　耿昇譯　敦煌藏文寫本綜述　國外藏學研究譯文集（第三輯）　西藏人民出版社　1987
　p. 9

王堯　新疆藏文簡牘考述及釋例　1983 年全國敦煌學術討論會文集·文史遺書編（上）　甘肅人民
　出版社　1987　p. 234 注 3

康世昌　《春秋後語》研究　敦煌學（第 16 輯）　（臺北）新文豐出版公司　1990　p. 78

林家平　寧强　羅華慶　中國敦煌學史　北京語言學院出版社　1992　p. 561

王堯　河圖·洛書在西藏　中國文化(5)　（香港）中華書局　1992　p. 137 注 14

王堯　近十年敦煌吐蕃文書研究簡況述評　藏學零墨　西藏人民出版社　1992　p. 9、14

王堯　評李方桂、柯蔚南新著《古代西藏碑文研究》　藏學零墨　西藏人民出版社　1992　p. 250

石泰安著　耿昇譯　兩卷敦煌藏文寫本中的儒教格言　國外藏學研究譯文集（第十一輯）　西藏人
　民出版社 1994　p. 269

楊銘　關於敦煌藏文卷子中 Lho bal 研究　《西北民族研究》1994 年第 2 期　p. 112

張先堂　敦煌文學與周邊民族文學、域外文學關係述論　《敦煌研究》1994 年第 1 期　p. 57

王堯　從"河圖"、"洛書"、"陰陽五行"、"八卦"在西藏看古代哲學思想的交流　華學（第一輯）　中
　山大學出版社　1995　p. 249、255 注

王堯　吐蕃時期藏譯漢籍名著及故事　中國古籍研究（第一卷）　上海古籍出版社　1996　p. 537

楊銘　敦煌卷子中的 Lho bal 與南波　敦煌吐魯番學研究論集　書目文獻出版社　1996　p. 350

索黛　吐蕃時期文獻淺議　《敦煌研究》1997 年第 3 期　p. 158

陸離　吐蕃僧官制度試探　華林(第三卷)　中華書局　2004　p. 79

陸離　吐蕃統治河隴時期司法制度初探　《中國藏學》2006 年第 1 期　p. 26

P. T. 999

山口瑞鳳　吐蕃の敦煌支配期間　敦煌の歷史(講座敦煌 2)　(東京)大東出版社　1980　p. 199、231

山口瑞鳳　官文書と公文書　敦煌胡語文獻(講座敦煌 6)　(東京)大東出版社　1985　p. 499

西岡祖秀　沙州における寫經事業——チベット文『無量壽宗要經』の寫經を中心として　敦煌胡語文獻(講座敦煌 6)　(東京)大東出版社　1985　p. 382

陳慶英　敦煌藏文寫卷 P. T. 999 號譯注　《敦煌研究》1987 年第 2 期　p. 71

黃顥　敦煌吐蕃佛教的特點　藏族史論文集　四川民族出版社　1988　又見:中國敦煌學百年文庫・民族卷(三)　甘肅文化出版社　1999　p. 56

麥克唐納著　耿昇譯　王堯校訂　敦煌吐蕃歷史文書考釋　青海人民出版社　1991　p. 314 注 453

王堯　從兩件敦煌吐蕃文書來談洪䛒的事迹　選堂文史論苑　上海古籍出版社　1994　p. 245

張國剛　隋唐五代史研究概要　天津教育出版社　1996　p. 527

李正宇　洪䛒印　敦煌學大辭典　上海辭書出版社　1998　p. 294

羅秉芬　古藏文呈報寫無量壽宗要經冊數狀　敦煌學大辭典　上海辭書出版社　1998　p. 468

楊森　洪䛒　敦煌學大辭典　上海辭書出版社　1998　p. 350

謝桃坊　敦煌文化尋繹　四川人民出版社　1999　p. 137

高田時雄　有關吐蕃期敦煌寫經事業的藏文資料　敦煌文獻論集:紀念藏經洞發現一百周年國際學術研討會論文集　遼寧人民出版社　2001　p. 625

尕藏加　敦煌吐蕃藏文文獻在藏學研究中的資料價值　中日敦煌佛教學術會議論文集　中國社會科學院研究所　2002　p. 63

金瀅坤　吐蕃瓜州節度使初探　《敦煌研究》2002 年第 2 期　p. 24

勞心　從敦煌文獻看 9 世紀的西州　《敦煌研究》2002 年第 1 期　p. 83

王堯　從敦煌文獻看吐蕃文化　南京棲霞山石窟藝術與敦煌學　中國美術學院出版社　2002　p. 234

陳炳應　盧冬　古代民族　敦煌文藝出版社　2004　p. 155

陸離　吐蕃統治敦煌時期的官府勞役　魏晉南北朝隋唐史資料(第 22 輯)　武漢大學出版社　2005　p. 182

P. T. 1000

山口瑞鳳　吐蕃の敦煌支配期間　敦煌の歷史(講座敦煌 2)　(東京)大東出版社　1980　p. 224

沖本克己　律文獻　敦煌胡語文獻(講座敦煌 6)　(東京)大東出版社　1985　p. 409

原田覺　吐蕃譯經史　敦煌胡語文獻(講座敦煌 6)　(東京)大東出版社　1985　p. 424

陳國燦　寧宗部落　敦煌學大辭典　上海辭書出版社　1998　p. 301

李德龍　古藏文別解脫戒經　敦煌學大辭典　上海辭書出版社　1998　p. 483

高田時雄　有關吐蕃期敦煌寫經事業的藏文資料　敦煌文獻論集:紀念藏經洞發現一百周年國際學術研討會論文集　遼寧人民出版社　2001　p. 627

高田時雄　吐蕃期敦煌有關受戒的藏文資料　新世紀敦煌學論集　巴蜀書社　2003　p. 267

P. T. 1001

山口瑞鳳　吐蕃の敦煌支配期間　敦煌の歷史（講座敦煌 2）　（東京）大東出版社　1980　p. 224

沖本克己　律文獻　敦煌胡語文獻（講座敦煌 6）　（東京）大東出版社　1985　p. 409

原田覺　吐蕃譯經史　敦煌胡語文獻（講座敦煌 6）　（東京）大東出版社　1985　p. 424

張國剛　隋唐五代史研究概要　天津教育出版社　1996　p. 527

陳國燦　寧宗部落　敦煌學大辭典　上海辭書出版社　1998　p. 301

高田時雄　有關吐蕃期敦煌寫經事業的藏文資料　敦煌文獻論集：紀念藏經洞發現一百周年國際學
　　術研討會論文集　遼寧人民出版社　2001　p. 627

尕藏加　敦煌吐蕃藏文文獻在藏學研究中的資料價值　中日敦煌佛教學術會議論文集　中國社會科
　　學院研究所　2002　p. 64

王堯　從敦煌文獻看吐蕃文化　南京棲霞山石窟藝術與敦煌學　中國美術學院出版社　2002
　　p. 234

高田時雄　吐蕃期敦煌有關受戒的藏文資料　新世紀敦煌學論集　巴蜀書社　2003　p. 267

P. T. 1002

沖本克己　律文獻　敦煌胡語文獻（講座敦煌 6）　（東京）大東出版社　1985　p. 409

高田時雄　吐蕃期敦煌有關受戒的藏文資料　新世紀敦煌學論集　巴蜀書社　2003　p. 269

P. T. 1003

羅秉芬　古藏文伊州李僧政貝登致沙州李僧政書　敦煌學大辭典　上海辭書出版社　1998　p. 471

P. T. 1004

張天鎖　吐蕃社會科技述評　藏學研究論叢（第三輯）　西藏人民出版社　1992　p. 281

戴仁　敦煌和吐魯番寫本的斷代研究　法國學者敦煌學論文選萃　中華書局　1993　p. 541

P. T. 1007

山口瑞鳳　吐蕃の敦煌支配期間　敦煌の歷史（講座敦煌 2）　（東京）大東出版社　1980　p. 224

P. T. 1016

戴仁　敦煌和吐魯番寫本的斷代研究　法國學者敦煌學論文選萃　中華書局　1993　p. 539

P. T. 1026

戴仁　敦煌和吐魯番寫本的斷代研究　法國學者敦煌學論文選萃　中華書局　1993　p. 539

P. T. 1028v

王卡　中國國家圖書館藏敦煌道教遺書研究報告　敦煌吐魯番研究（第七卷）　北京大學出版社
　　2004　p. 371

P. T. 1030

劉進寶　吐蕃對河西的統治與經營　敦煌吐魯番學研究論集　書目文獻出版社　1996　p. 336

謝桃坊　敦煌文化尋繹　四川人民出版社　1999　p. 35

劉進寶　敦煌文書與唐史研究　（臺北）新文豐出版公司　2000　p. 118

P. T. 1034

戴仁　敦煌和吐魯番寫本的斷代研究　法國學者敦煌學論文選萃　中華書局　1993　p. 541

P. T. 1038

山口瑞鳳　評『ペリオ・チベット文書の讀解』『東洋學報』(54卷4號)　(東京)東洋學術協會　1972　p. 79

山口瑞鳳　吐蕃王國成立史研究　(東京)岩波書店　1983　p. 54、154、168、191、201、226、292、339、355

山口瑞鳳　醫療文獻　敦煌胡語文獻(講座敦煌6)　(東京)大東出版社　1985　p. 545

山口瑞鳳　チベット語文獻——仏教關係以外の諸文獻　敦煌胡語文獻(講座敦煌6)　(東京)大東出版社　1985　p. 477

石泰安著　耿昇譯　敦煌藏文寫本綜述　國外藏學研究譯文集(第三輯)　西藏人民出版社　1987　p. 5

王堯　新疆藏文簡牘考述及釋例　1983年全國敦煌學術討論會文集・文史遺書編(上)　甘肅人民出版社　1987　p. 234注3

褚俊傑　吐蕃遠古氏族"恰""穆"研究　藏學研究論叢(第二輯)　西藏人民出版社　1990　p. 17

P. 克瓦而內　釋藏文術語"苯"　敦煌吐魯番學研究論文集　漢語大詞典出版社　1990　p. 197

麥克唐納著　耿昇譯　王堯校訂　敦煌吐蕃歷史文書考釋　青海人民出版社　1991　p. 34、288注205

王堯　國外敦煌吐蕃文書研究選譯　甘肅人民出版社　1992　p. 4

戴仁　敦煌和吐魯番寫本的斷代研究　法國學者敦煌學論文選萃　中華書局　1993　p. 539

石泰安著　耿昇譯　敦煌寫本中的吐蕃巫教和苯教　國外藏學研究譯文集(第十一輯)　西藏人民出版社　1994　p. 33

謝桃坊　敦煌文化尋繹　四川人民出版社　1999　p. 34

P. T. 1039

山口瑞鳳　蘇毗の領界　『東洋學報』(50卷4號)　(東京)東洋學術協會　1968　p. 21

山口瑞鳳　吐蕃王國成立史研究　(東京)岩波書店　1983　p. 218、835

山口瑞鳳　醫療文獻　敦煌胡語文獻(講座敦煌6)　(東京)大東出版社　1985　p. 549

麥克唐納著　耿昇譯　王堯校訂　敦煌吐蕃歷史文書考釋　青海人民出版社　1991　p. 270注21

P. T. 1040

褚俊傑　吐蕃苯教喪葬儀軌研究　《中國藏學》1989年第3-4期　又見：中國敦煌學百年文庫・民族卷(三)　甘肅文化出版社　1999　p. 109

麥克唐納著　耿昇譯　王堯校訂　敦煌吐蕃歷史文書考釋　青海人民出版社　1991　p. 303注346

石泰安著　耿昇譯　敦煌寫本中的吐蕃巫教和苯教　國外藏學研究譯文集(第十一輯)　西藏人民出版社　1994　p. 36

P. T. 1042

王堯　陳踐　三探吐蕃卜辭　《青海社會科學》1987年第3期　又見：中國敦煌學百年文庫・民族卷(三)　甘肅文化出版社　1999　p. 142

褚俊傑　吐蕃苯教喪葬儀軌研究　《中國藏學》1989年第3-4期　又見：中國敦煌學百年文庫・民

族卷(三)　甘肅文化出版社　1999　p. 75

尕藏加　敦煌吐蕃藏文文獻在藏學研究中的資料價值　中日敦煌佛教學術會議論文集　中國社會科
　學院研究所　2002　p. 63

王堯　西望陽關有故人:敦煌藏文寫卷述要　中國學術(第四輯)　商務印書館　2002　p. 29

陳慶英　劉英華　象雄醫學史淺議　藏醫藥研究文集　中國藏學出版社　2003　p. 221

林冠群　《敦煌本吐蕃歷史文書》與唐代吐蕃史研究　新世紀敦煌學論集　巴蜀書社　2003　p. 373

羅秉芬　劉英華　象雄醫學文獻I. 0. 755試析　藏醫藥研究文集　中國藏學出版社　2003　p. 236

陳炳應　盧冬　古代民族　敦煌文藝出版社　2004　p. 150

P. T. 1043

御牧克己　シルクロード出土の仏典　シルクロードと仏教文化　(東京)東洋哲學研究所　1979
　p. 299

山口瑞鳳　占い手引書　敦煌胡語文獻(講座敦煌6)　(東京)大東出版社　1985　p. 535

王堯　陳踐　吐蕃時期的占卜研究　香港中文大學　1987　p. 7

王堯　敦煌P. T. 351吐蕃文書及景教文獻叙錄　第二屆敦煌學國際研討會論文集　(臺北)漢學研
　究中心　1990　p. 540

麥克唐納著　耿昇譯　王堯校訂　敦煌吐蕃歷史文書考釋　青海人民出版社　1991　p. 40

石泰安著　耿昇譯　西藏的印度教神話　國外藏學研究譯文集(第十一輯)　西藏人民出版社
　1994　p. 164 注31

王堯　西藏文史考信集　中國藏學出版社　1994　p. 210

羅秉芬　吐蕃骰卜　敦煌學大辭典　上海辭書出版社　1998　p. 472

謝後芳　羅秉芬　古藏文占卜書　敦煌學大辭典　上海辭書出版社　1998　p. 472

尕藏加　敦煌吐蕃藏文文獻在藏學研究中的資料價值　中日敦煌佛教學術會議論文集　中國社會科
　學院研究所　2002　p. 66

陳炳應　盧冬　古代民族　敦煌文藝出版社　2004　p. 151

P. T. 1044

陳踐　敦煌、新疆古藏文寫本述略　《甘肅民族研究》1983年第1－2期　p. 25

羅秉芬　黃布凡　敦煌本吐蕃醫學文獻選編　民族出版社　1983　p. 15

王堯　陳踐　敦煌吐魯番文獻選　四川民族出版社　1983　p. 173、191

山口瑞鳳　醫療文獻　敦煌胡語文獻(講座敦煌6)　(東京)大東出版社　1985　p. 541

羅秉芬　敦煌本吐蕃醫學文獻《火灸療法》的研究　1983年全國敦煌學術討論會文集・文史遺書編
　(上)　甘肅人民出版社　1987　p. 374

馬繼興　敦煌古醫籍考釋　江西科學技術出版社　1988　p. 9

洪武娌　敦煌本吐蕃醫學卷子中的療法初探　藏學研究論叢(第二輯)　西藏人民出版社　1990
　p. 686　又見:敦煌本吐蕃醫學文獻精要　民族出版社　2002　p. 112

林家平　寧強　羅華慶　中國敦煌學史　北京語言學院出版社　1992　p. 565

王堯　近十年敦煌吐蕃文書研究簡況述評　藏學零墨　西藏人民出版社　1992　p. 29

叢春雨　敦煌中醫藥全書　中醫古籍出版社　1994　p. 15、145

胡戟　傅玫　敦煌史話　中華書局　1995　p. 202

張儂　敦煌石窟秘方與灸經圖　甘肅文化出版社　1995　p. 261

索黛　吐蕃時期文獻淺議　《敦煌研究》1997年第3期　p. 158

羅秉芬　古藏醫灸法　敦煌學大辭典　上海辭書出版社　1998　p. 473

馬繼興　敦煌醫藥文獻　敦煌學大辭典　上海辭書出版社　1998　p. 615

顏廷亮　敦煌文化　光明日報出版社　2000　p. 408

楊秀清　華戎交會的都市：敦煌與絲綢之路　甘肅人民出版社　2000　p. 133

尕藏加　敦煌吐蕃藏文文獻在藏學研究中的資料價值　中日敦煌佛教學術會議論文集　中國社會科
　　學院研究所　2002　p. 66

洪武娌　蔡景峰　現存最早的灸法專著：《敦煌古藏醫灸法殘卷》　敦煌本吐蕃醫學文獻精要　民族
　　出版社　2002　p. 53

羅秉芬　敦煌本吐蕃醫學文獻精要　民族出版社　2002　p. 31

馬繼興　當前世界各地收藏的中國出土卷子本古醫藥文獻備考　敦煌吐魯番研究（第六卷）　北京
　　大學出版社　2002　p. 155

王堯　從敦煌文獻看吐蕃文化　南京棲霞山石窟藝術與敦煌學　中國美術學院出版社　2002
　　p. 240

王堯　西望陽關有故人：敦煌藏文寫卷述要　中國學術（第四輯）　商務印書館　2002　p. 29

陳慶英　劉英華　象雄醫學史淺議　藏醫藥研究文集　中國藏學出版社　2003　p. 227

羅秉芬　劉英華　象雄醫學文獻I. O. 755 試析　藏醫藥研究文集　中國藏學出版社　2003　p. 234

陳炳應　盧冬　古代民族　敦煌文藝出版社　2004　p. 147

陳明　漢唐西域胡語醫學文獻中的宗教因素　中國學術（第一輯）　商務印書館　2004　p. 144

陳明　殊方異藥：出土文書與西域醫學　北京大學出版社　2005　p. 40

P. T. 1045

御牧克己　シルクロード出土の仏典　シルクロードと仏教文化　（東京）東洋哲學研究所　1979
　　p. 299

山口瑞鳳　吐蕃王國成立史研究　（東京）岩波書店　1983　p. 403

山口瑞鳳　占い手引書　敦煌胡語文獻（講座敦煌6）　（東京）大東出版社　1985　p. 534

王堯　陳踐　吐蕃時期的占卜研究　香港中文大學　1987　p. 7

楊士宏　敦煌古藏文殘卷《鴉鳴占卜法》譯釋並探源　《西北民族研究》1988年第2期　又見：中國
　　敦煌學百年文庫・民族卷（三）　甘肅文化出版社　1999　p. 152

麥克唐納著　耿昇譯　王堯校訂　敦煌吐蕃歷史文書考釋　青海人民出版社　1991　p. 311 注 415

矛甘著　金昌文譯　敦煌漢藏文寫本中烏鳴占凶吉書　國外藏學研究譯文集（第八輯）　西藏人民
　　出版社　1992　p. 253

王堯　河圖・洛書在西藏　中國文化（5）　（香港）中華書局　1992　p. 137 注 2

茅甘　敦煌寫本中的烏鳴占吉凶書　法國學者敦煌學論文選萃　中華書局　1993　p. 367

王堯　從"河圖"、"洛書"、"陰陽五行"、"八卦"在西藏看古代哲學思想的交流　華學（第一輯）　中
　　山大學出版社　1995　p. 255 注

鄧文寬　烏鳴占　敦煌學大辭典　上海辭書出版社　1998　p. 623

謝後芳　古藏文鳥卜　敦煌學大辭典　上海辭書出版社　1998　p. 473

謝後芳　羅秉芬　古藏文占卜書　敦煌學大辭典　上海辭書出版社　1998　p. 472

王堯　陳踐　吐蕃的鳥卜研究　藏學研究文集　民族出版社　1999　p. 249

陳炳應　盧冬　古代民族　敦煌文藝出版社　2004　p. 151

P. T. 1046

御牧克己　シルクロード出土の仏典　シルクロードと仏教文化　（東京）東洋哲學研究所　1979
　　p. 299

梅村坦　住民の種族構成——敦煌をめぐる諸民族の動向　敦煌の社會（講座敦煌 3）　（東京）大
　　東出版社　1980　p. 208

高田時雄　チベット文字で書かれた寒食詩の斷片　『均社論叢』（第 10 號）　京都大學　1981
　　p. 82

高田時雄　チベット文字轉寫阿彌陀經の奥書　『人文研究』（第 65 輯）　（小樽市）小樽商科大學
　　1983　p. 12

高田時雄　雜抄と九九乘法表——敦煌におけるチベット文字使用の一面　『均社論叢』（第 14 號）
　　京都大學　1983　p. 3

山口瑞鳳　占い手引書　敦煌胡語文獻（講座敦煌 6）　（東京）大東出版社　1985　p. 535

王堯　陳踐　吐蕃時期的占卜研究　香港中文大學　1987　p. 7

王堯　敦煌 P. T. 351 吐蕃文書及景教文獻叙録　第二屆敦煌學國際研討會論文集　（臺北）漢學研
　　究中心　1990　p. 540

王堯　近十年敦煌吐蕃文書研究簡況述評　藏學零墨　西藏人民出版社　1992　p. 10

戴仁　敦煌和吐魯番寫本的斷代研究　法國學者敦煌學論文選萃　中華書局　1993　p. 538

姜伯勤　敦煌吐魯番文書與絲綢之路　文物出版社　1994　p. 240

王堯　西藏文史考信集　中國藏學出版社　1994　p. 210

姜伯勤　敦煌藝術宗教與禮樂文明　中國社會科學出版社　1996　p. 486

黃布凡　千字文漢藏對音本　敦煌學大辭典　上海辭書出版社　1998　p. 477

謝後芳　羅秉芬　古藏文占卜書　敦煌學大辭典　上海辭書出版社　1998　p. 472

張金泉　漢藏對音　敦煌學大辭典　上海辭書出版社　1998　p. 518

尕藏加　敦煌吐蕃藏文文獻在藏學研究中的資料價值　中日敦煌佛教學術會議論文集　中國社會科
　　學院研究所　2002　p. 66

陳炳應　從敦煌資料看儒學對吐蕃的深刻影響　《敦煌研究》2004 年第 4 期　p. 89

陳炳應　盧冬　古代民族　敦煌文藝出版社　2004　p. 142、151

高田時雄著　鍾翀等譯　《雜抄》與九九乘法表：敦煌藏文字使用的一個側面　敦煌·民族·語言
　　中華書局　2005　p. 82

P. T. 1047

山口瑞鳳　評『ペリオ·チベット文書の讀解』　『東洋學報』（54 卷 4 號）　（東京）東洋學術協會
　　1972　p. 79

御牧克己　シルクロード出土の仏典　シルクロードと仏教文化　（東京）東洋哲學研究所　1979
　　p. 299

山口瑞鳳　吐蕃王國成立史研究　（東京）岩波書店　1983　p. 306、355、625

山口瑞鳳　占い手引書　敦煌胡語文獻（講座敦煌 6）　（東京）大東出版社　1985　p. 535

王堯　陳踐　吐蕃時期的占卜研究　《世界宗教研究》1985 年第 3 期　p. 91

王堯　新疆藏文簡牘考述及釋例　1983 年全國敦煌學術討論會文集·文史遺書編（上）　甘肅人民
　　出版社　1987　p. 234 注 3

王堯　陳踐　吐蕃時期的占卜研究：敦煌藏文寫卷譯釋　香港中文大學　1987　p. 7

高國藩　敦煌民俗學　上海文藝出版社　1989　p. 340

王堯　敦煌 P. T. 351 吐蕃文書及景教文獻叙録　第二屆敦煌學國際研討會論文集　（臺北）漢學研究中心　1990　p. 540

P·克瓦而内　釋藏文術語"苯"　敦煌吐魯番學研究論文集　漢語大詞典出版社　1990　p. 197

麥克唐納著　耿昇譯　王堯校訂　敦煌吐蕃歷史文書考釋　青海人民出版社　1991　p. 110、187、300 注 330

王堯　國外敦煌吐蕃文書研究選譯　甘肅人民出版社　1992　p. 4

王堯　河圖·洛書在西藏　中國文化(5)　（香港）中華書局　1992　p. 137 注 2

王堯　近十年敦煌吐蕃文書研究簡況述評　藏學零墨　西藏人民出版社　1992　p. 18

尹偉先　從敦煌文書看唐代河西地區的貨幣流通　《社科縱橫》1992 年第 6 期　又見：中國敦煌學百年文庫·歷史卷（二）　甘肅文化出版社　1999　p. 343

王堯　西藏文史考信集　中國藏學出版社　1994　p. 210

王堯　從"河圖"、"洛書"、"陰陽五行"、"八卦"在西藏看古代哲學思想的交流　華學（第一輯）　中山大學出版社　1995　p. 255 注

高國藩　敦煌數字與俗文化　慶祝潘石禪先生九秩華誕敦煌學特刊　（臺北）文津出版社　1996　p. 177

張國剛　隋唐五代史研究概要　天津教育出版社　1996　p. 551

羅秉芬　吐蕃骨卜　敦煌學大辭典　上海辭書出版社　1998　p. 472

謝後芳　羅秉芬　古藏文占卜書　敦煌學大辭典　上海辭書出版社　1998　p. 472

尕藏加　敦煌吐蕃藏文文獻在藏學研究中的資料價值　中日敦煌佛教學術會議論文集　中國社會科學院研究所　2002　p. 66

王堯　從敦煌文獻看吐蕃文化　南京棲霞山石窟藝術與敦煌學　中國美術學院出版社　2002　p. 228

王堯　西望陽關有故人：敦煌藏文寫卷述要　中國學術（第四輯）　商務印書館　2002　p. 25

陳炳應　盧冬　古代民族　敦煌文藝出版社　2004　p. 151

P. T. 1049

麥克唐納著　耿昇譯　王堯校訂　敦煌吐蕃歷史文書考釋　青海人民出版社　1991　p. 303 注 348

矛甘著　金昌文譯　敦煌漢藏文寫本中烏鳴占凶吉書　國外藏學研究譯文集（第八輯）　西藏人民出版社　1992　p. 253

茅甘　敦煌寫本中的烏鳴占吉凶書　法國學者敦煌學論文選萃　中華書局　1993　p. 367

鄧文寬　烏鳴占　敦煌學大辭典　上海辭書出版社　1998　p. 623

P. T. 1050

麥克唐納著　耿昇譯　王堯校訂　敦煌吐蕃歷史文書考釋　青海人民出版社　1991　p. 303 注 348

P. T. 1051

御牧克己　シルクロード出土の仏典　シルクロードと仏教文化　（東京）東洋哲學研究所　1979　p. 299

山口瑞鳳　吐蕃王國成立史研究　（東京）岩波書店　1983　p. 622

山口瑞鳳　占い手引書　敦煌胡語文獻（講座敦煌6）　（東京）大東出版社　1985　p. 535

王堯　陳踐　吐蕃時期的占卜研究　香港中文大學　1987　p. 7

麥克唐納著　耿昇譯　王堯校訂　敦煌吐蕃歷史文書考釋　青海人民出版社　1991　p. 125、309 注

392

王堯　西藏文史考信集　中國藏學出版社　1994　p. 210

謝後芳　羅秉芬　古藏文占卜書　敦煌學大辭典　上海辭書出版社　1998　p. 472

尕藏加　敦煌吐蕃藏文文獻在藏學研究中的資料價值　中日敦煌佛教學術會議論文集　中國社會科
學院研究所　2002　p. 66

陳炳應　盧冬　古代民族　敦煌文藝出版社　2004　p. 151

P. T. 1053

汪泛舟　論敦煌文明的多民族貢獻　《敦煌研究》1995 年第 2 期　p. 190

P. T. 1054

王堯　從敦煌文獻看吐蕃文化　南京棲霞山石窟藝術與敦煌學　中國美術學院出版社　2002
p. 230

王堯　西望陽關有故人：敦煌藏文寫卷述要　中國學術（第四輯）　商務印書館　2002　p. 26

P. T. 1055

御牧克己　シルクロード出土の仏典　シルクロードと仏教文化　（東京）東洋哲學研究所　1979
p. 299

王堯　陳踐　吐蕃時期的占卜研究　《世界宗教研究》1985 年第 3 期　p. 91

石泰安著　耿昇譯　敦煌藏文寫本綜述　國外藏學研究譯文集（第三輯）　西藏人民出版社　1987
p. 25

王堯　陳踐　吐蕃時期的占卜研究　香港中文大學　1987　p. 7

烏瑞著　熊文彬譯　藏人使用漢族六十甲子紀年法的早期例證　國外藏學研究譯文集（第五輯）
西藏人民出版社　1989　p. 97

王堯　敦煌 P. T. 351 吐蕃文書及景教文獻敘錄　第二屆敦煌學國際研討會論文集　（臺北）漢學研
究中心　1990　p. 540

麥克唐納著　耿昇譯　王堯校訂　敦煌吐蕃歷史文書考釋　青海人民出版社　1991　p. 121

王堯　河圖·洛書在西藏　中國文化(5)　（香港）中華書局　1992　p. 137 注 2

石泰安著　耿昇譯　兩卷敦煌藏文寫本中的儒教格言　國外藏學研究譯文集（第十一輯）　西藏人
民出版社　1994　p. 272

王堯　西藏文史考信集　中國藏學出版社　1994　p. 210

王堯　從"河圖"、"洛書"、"陰陽五行"、"八卦"在西藏看古代哲學思想的交流　華學（第一輯）　中
山大學出版社　1995　p. 255 注

張國剛　隋唐五代史研究概要　天津教育出版社　1996　p. 551

羅秉芬　吐蕃金錢卜　敦煌學大辭典　上海辭書出版社　1998　p. 472

謝後芳　羅秉芬　古藏文占卜書　敦煌學大辭典　上海辭書出版社　1998　p. 472

尕藏加　敦煌吐蕃藏文文獻在藏學研究中的資料價值　中日敦煌佛教學術會議論文集　中國社會科
學院研究所　2002　p. 66

王堯　從敦煌文獻看吐蕃文化　南京棲霞山石窟藝術與敦煌學　中國美術學院出版社　2002
p. 229

王堯　西望陽關有故人：敦煌藏文寫卷述要　中國學術（第四輯）　商務印書館　2002　p. 26

陳炳應　盧冬　古代民族　敦煌文藝出版社　2004　p. 151

P. T. 1056

山口瑞鳳　吐蕃王國成立史研究　（東京）岩波書店　1983　p. 403

麥克唐納著　耿昇譯　王堯校訂　敦煌吐蕃歷史文書考釋　青海人民出版社　1991　p. 121

P. T. 1057

陳踐　敦煌、新疆古藏文寫本述略　《甘肅民族研究》1983 年第 1 − 2 期　p. 25

羅秉芬　黃布凡　敦煌本吐蕃醫學文獻選編　民族出版社　1983　p. 15

王堯　陳踐　敦煌吐魯番文獻選　四川民族出版社　1983　p. 173

山口瑞鳳　醫療文獻　敦煌胡語文獻（講座敦煌 6）　（東京）大東出版社　1985　p. 542

馬繼興　敦煌古醫籍考釋　江西科學技術出版社　1988　p. 9

洪武娌　敦煌本吐蕃醫學卷子中的療法初探　藏學研究論叢（第二輯）　西藏人民出版社　1990
　　p. 686　又見：敦煌本吐蕃醫學文獻精要　民族出版社　2002　p. 112

林家平　寧強　羅華慶　中國敦煌學史　北京語言學院出版社　1992　p. 565

王堯　近十年敦煌吐蕃文書研究簡況述評　藏學零墨　西藏人民出版社　1992　p. 29

張天鎖　吐蕃社會科技述評　藏學研究論叢（第三輯）　西藏人民出版社　1992　p. 281

戴仁　敦煌和吐魯番寫本的斷代研究　法國學者敦煌學論文選萃　中華書局　1993　p. 541

叢春雨　敦煌中醫藥全書　中醫古籍出版社　1994　p. 15、160

王進玉　敦煌石窟探秘　四川教育出版社　1994　p. 72

胡戟　傅玫　敦煌史話　中華書局　1995　p. 202

張儂　敦煌石窟秘方與灸經圖　甘肅文化出版社　1995　p. 125、265

索黛　吐蕃時期文獻淺議　《敦煌研究》1997 年第 3 期　p. 158

黃布凡　古藏文醫療雜方　敦煌學大辭典　上海辭書出版社　1998　p. 473

馬繼興　敦煌醫藥文獻　敦煌學大辭典　上海辭書出版社　1998　p. 615

陳明　《醫理精華》：印度古典醫學在敦煌的實例分析　敦煌吐魯番研究（第五卷）　北京大學出版社
　　2001　p. 239

蔡景峰　藏醫學通史　青海人民出版社　2002　p. 74

陳明　印度梵文醫典《醫理精華》研究　中華書局　2002　p. 76

尕藏加　敦煌吐蕃藏文文獻在藏學研究中的資料價值　中日敦煌佛教學術會議論文集　中國社會科
　　學院研究所　2002　p. 66

羅秉芬　敦煌本吐蕃醫學文獻精要　民族出版社　2002　p. 15

馬繼興　當前世界各地收藏的中國出土卷子本古醫藥文獻備考　敦煌吐魯番研究（第六卷）　北京
　　大學出版社　2002　p. 155

王堯　從敦煌文獻看吐蕃文化　南京棲霞山石窟藝術與敦煌學　中國美術學院出版社　2002
　　p. 240

王堯　西望陽關有故人：敦煌藏文寫卷述要　中國學術（第四輯）　商務印書館　2002　p. 29

陳慶英　劉英華　象雄醫學史淺議　藏醫藥研究文集　中國藏學出版社　2003　p. 227

羅秉芬　劉英華　象雄醫學文獻 I. 0. 755 試析　藏醫藥研究文集　中國藏學出版社　2003
　　p. 234

陳炳應　盧冬　古代民族　敦煌文藝出版社　2004　p. 147

陳明　殊方異藥：出土文書與西域醫學　北京大學出版社　2005　p. 79、136

P. T. 1058

山口瑞鳳　チベット（上）　東京大學出版會　1987　p. 198

羅秉芬　敦煌本吐蕃醫學文獻精要　民族出版社　2002　p. 34

P. T. 1059

山口瑞鳳　官文書と公文書　敦煌胡語文獻（講座敦煌6）　（東京）大東出版社　1985　p. 497

P. T. 1060

山口瑞鳳　蘇毗の領界　『東洋學報』（50卷4號）　（東京）東洋學術協會　1968　p. 21

山口瑞鳳　吐蕃王國成立史研究　（東京）岩波書店　1983　p. 109、173、209、835

褚俊傑　吐蕃苯教喪葬儀軌研究　《中國藏學》1989年第3－4期　又見：中國敦煌學百年文庫・民
　　族卷（三）　甘肅文化出版社　1999　p. 76

褚俊傑　吐蕃遠古氏族"恰""穆"研究　藏學研究論叢（第二輯）　西藏人民出版社　1990　p. 19

麥克唐納著　耿昇譯　王堯校訂　敦煌吐蕃歷史文書考釋　青海人民出版社　1991　p. 157、320注
　　525

尹偉先　藏文史料中的"維吾爾"　《敦煌研究》1996年第4期　p. 124

P. T. 1061

御牧克己　シルクロード出土の仏典　シルクロードと仏教文化　（東京）東洋哲學研究所　1979
　　p. 299

山口瑞鳳　醫療文獻　敦煌胡語文獻（講座敦煌6）　（東京）大東出版社　1985　p. 542

P. T. 1062

御牧克己　シルクロード出土の仏典　シルクロードと仏教文化　（東京）東洋哲學研究所　1979
　　p. 299

山口瑞鳳　醫療文獻　敦煌胡語文獻（講座敦煌6）　（東京）大東出版社　1985　p. 543

黃布凡　古藏文醫馬經、訓馬經　敦煌學大辭典　上海辭書出版社　1998　p. 474

李重申　敦煌古代體育文化　甘肅人民出版社　2000　p. 54

譚蟬雪　敦煌古代百戲考述　《敦煌研究》2001年第1期　p. 110

馬繼興　當前世界各地收藏的中國出土卷子本古醫藥文獻備考　敦煌吐魯番研究（第六卷）　北京
　　大學出版社　2002　p. 155

陳炳應　盧冬　古代民族　敦煌文藝出版社　2004　p. 148

蘭州理工大學絲綢之路文史研究所編著　絲綢之路體育文化論集　中華書局　2005　p. 143

P. T. 1063

御牧克己　シルクロード出土の仏典　シルクロードと仏教文化　（東京）東洋哲學研究所　1979
　　p. 299

山口瑞鳳　チベット（上）　（東京）東京大學出版會　1983　p. 201

P. T. 1064

御牧克己　シルクロード出土の仏典　シルクロードと仏教文化　（東京）東洋哲學研究所　1979
　　p. 299

山口瑞鳳　官文書と公文書　敦煌胡語文獻（講座敦煌6）　（東京）大東出版社　1985　p. 497

山口瑞鳳　醫療文獻　敦煌胡語文獻（講座敦煌6）　（東京）大東出版社　1985　p. 543

P. T. 1065

御牧克己　シルクロード出土の仏典　シルクロードと仏教文化　（東京）東洋哲學研究所　1979　p. 299

黃布凡　古藏文醫馬經、訓馬經　敦煌學大辭典　上海辭書出版社　1998　p. 474

譚蟬雪　敦煌古代百戲考述　《敦煌研究》2001 年第 1 期　p. 110

馬繼興　當前世界各地收藏的中國出土卷子本古醫藥文獻備考　敦煌吐魯番研究（第六卷）　北京大學出版社　2002　p. 155

陳炳應　盧冬　古代民族　敦煌文藝出版社　2004　p. 148

蘭州理工大學絲綢之路文史研究所編著　絲綢之路體育文化論集　中華書局　2005　p. 143

P. T. 1066

御牧克己　シルクロード出土の仏典　シルクロードと仏教文化　（東京）東洋哲學研究所　1979　p. 299

尹偉先　藏文史料中的"維吾爾"　《敦煌研究》1996 年第 4 期　p. 124

P. T. 1067

麥克唐納著　耿昇譯　王堯校訂　敦煌吐蕃歷史文書考釋　青海人民出版社　1991　p. 172

P. T. 1068

山口瑞鳳　醫療文獻　敦煌胡語文獻（講座敦煌6）　（東京）大東出版社　1985　p. 549、551

褚俊傑　吐蕃苯教喪葬儀軌研究　《中國藏學》1989 年第 3－4 期　又見：中國敦煌學百年文庫‧民族卷（三）　甘肅文化出版社　1999　p. 76

戴仁　敦煌和吐魯番寫本的斷代研究　法國學者敦煌學論文選萃　中華書局　1993　p. 541

石泰安著　耿昇譯　敦煌寫本中的吐蕃巫教和苯教　國外藏學研究譯文集（第十一輯）　西藏人民出版社　1994　p. 29

P. T. 1070

張廣達　唐代禪宗的傳入吐蕃及有關的敦煌文書　學林漫錄（第三集）　中華書局　1981　p. 44

熊文彬　兩唐書《吐蕃傳》吐蕃制度補證　《中國藏學》1989 年第 3 期　又見：中國敦煌學百年文庫‧民族卷（一）　甘肅文化出版社　1999　p. 407

邵文實　唐代後期河西地區的民族遷徙及其後果　《敦煌學輯刊》1992 年第 1、2 期　p. 26

戴仁　敦煌和吐魯番寫本的斷代研究　法國學者敦煌學論文選萃　中華書局　1993　p. 540

李正宇　吐蕃論董勃藏修伽藍功德記兩殘卷的發現、綴合及考證　敦煌吐魯番研究（第二卷）　北京大學出版社　1997　p. 253

金瀅坤　吐蕃瓜州節度使初探　《敦煌研究》2002 年第 2 期　p. 23

陳炳應　盧冬　古代民族　敦煌文藝出版社　2004　p. 154

P. T. 1071

山口瑞鳳　吐蕃の敦煌支配期間　敦煌の歷史（講座敦煌2）　（東京）大東出版社　1980　p. 204

陳踐　敦煌、新疆古藏文寫本述略　《甘肅民族研究》1983 年第 1 – 2 期　p. 26

山口瑞鳳　吐蕃王國成立史研究　（東京）岩波書店　1983　p. 470、806

王堯　陳踐　敦煌古藏文《禮儀問答寫卷》譯解　《西北史地》1983 年第 2 期　p. 13

王堯　陳踐　序言　敦煌吐魯番文獻選　四川民族出版社　1983　p. 4、7

山口瑞鳳　法律文書　敦煌胡語文獻（講座敦煌 6）　（東京）大東出版社　1985　p. 524

陳踐　王堯　敦煌本《吐蕃法制文書》譯釋　1983 年全國敦煌學術討論會文集・文史遺書編（上）
　　甘肅人民出版社　1987　p. 236、146

王堯　陳踐　三探吐蕃卜辭　《青海社會科學》1987 年第 3 期　又見:中國敦煌學百年文庫・民族卷
　　（三）　甘肅文化出版社　1999　p. 140

汶江　吐蕃官制考　《西藏研究》1987 年第 3 期　又見:中國敦煌學百年文庫・民族卷（一）　甘肅
　　文化出版社　1999　p. 360

熊文彬　兩唐書《吐蕃傳》吐蕃制度補證　《中國藏學》1989 年第 3 期　又見:中國敦煌學百年文
　　庫・民族卷（一）　甘肅文化出版社　1999　p. 404

山口瑞鳳　吐蕃王朝外戚支配機構「尚論」制の成立と意義　東アジア古文書の史的研究　（東京）
　　刀水書房　1990　p. 453

張雲　唐代吐蕃與西域的文化交流　《甘肅民族研究》1991 年第 4 期　p. 49

林家平　寧強　羅華慶　中國敦煌學史　北京語言學院出版社　1992　p. 564

榮新江　敦煌學書評二則　《敦煌研究》1992 年第 4 期　p. 112

王堯　國外敦煌吐蕃文書研究選譯　甘肅人民出版社　1992　p. 5

尹偉先　從敦煌文書看唐代河西地區的貨幣流通　《社科縱橫》1992 年第 6 期　又見:中國敦煌學百
　　年文庫・歷史卷（二）　甘肅文化出版社　1999　p. 341

戴仁　敦煌和吐魯番寫本的斷代研究　法國學者敦煌學論文選萃　中華書局　1993　p. 539

楊銘　關於敦煌藏文文書《吐蕃官吏呈請狀》的研究　馬長壽紀念文集　西北大學出版社　1993
　　p. 363　又見:中國敦煌學百年文庫・民族卷（三）　甘肅文化出版社　1999　p. 12

陳踐踐　bal – po 考　《敦煌研究》1994 年第 4 期　p. 97

楊銘　關於敦煌藏文卷子中 Lho bal 研究　《西北民族研究》1994 年第 2 期　p. 112

胡戟　傅玫　敦煌史話　中華書局　1995　p. 200

楊銘　敦煌卷子中的 Lho bal 與南波　敦煌吐魯番學研究論集　書目文獻出版社　1996　p. 350

楊銘　吐蕃統治敦煌研究　（臺北）新文豐出版公司　1997　p. 131、179

陳國燦　大蟲皮　敦煌學大辭典　上海辭書出版社　1998　p. 384

劇宗林　古藏文狩獵傷人賠償律　敦煌學大辭典　上海辭書出版社　1998　p. 465

劇宗林　吐蕃告身　敦煌學大辭典　上海辭書出版社　1998　p. 386

王堯　從敦煌文獻看吐蕃文化　南京棲霞山石窟藝術與敦煌學　中國美術學院出版社　2002
　　p. 220

王堯　西望陽關有故人:敦煌藏文寫卷述要　中國學術（第四輯）　商務印書館　2002　p. 18

陳炳應　盧冬　古代民族　敦煌文藝出版社　2004　p. 127

大原良通　吐蕃的法律文書　中國古代法律文獻研究（第二輯）　中國政法大學出版社　2004
　　p. 161

張雲　唐代吐蕃史與西北民族史研究　中國藏學出版社　2004　p. 388

格桑央京　敦煌文獻所見吐蕃時期的告身　《敦煌研究》2006 年第 1 期　p. 79

陸離　吐蕃統治河隴時期司法制度初探　《中國藏學》2006 年第 1 期　p. 30

P. T. 1072

山口瑞鳳　吐蕃の敦煌支配期間　敦煌の歷史（講座敦煌2）　（東京）大東出版社　1980　p. 204

山口瑞鳳　吐蕃王國成立史研究　（東京）岩波書店　1983　p. 470

山口瑞鳳　法律文書　敦煌胡語文獻（講座敦煌6）　（東京）大東出版社　1985　p. 524

陳踐　王堯　敦煌本《吐蕃法制文書》譯釋　1983 年全國敦煌學術討論會文集・文史遺書編（上）
　　甘肅人民出版社　1987　p. 241

楊銘　吐蕃統治敦煌研究　（臺北）新文豐出版公司　1997　p. 185

大原良通　吐蕃的法律文書　中國古代法律文獻研究（第二輯）　中國政法大學出版社　2004
　　p. 160

P. T. 1073

山口瑞鳳　吐蕃の敦煌支配期間　敦煌の歷史（講座敦煌2）　（東京）大東出版社　1980　p. 204

陳踐　敦煌、新疆古藏文寫本述略　《甘肅民族研究》1983 年第 1 - 2 期　p. 26

山口瑞鳳　吐蕃王國成立史研究　（東京）岩波書店　1983　p. 470

王堯　陳踐　序言　敦煌吐魯番文獻選　四川民族出版社　1983　p. 4、35

山口瑞鳳　法律文書　敦煌胡語文獻（講座敦煌6）　（東京）大東出版社　1985　p. 528

陳踐　王堯　敦煌本《吐蕃法制文書》譯釋　1983 年全國敦煌學術討論會文集・文史遺書編（上）
　　甘肅人民出版社　1987　p. 236、264

王堯　陳踐　三探吐蕃卜辭　《青海社會科學》1987 年第 3 期　又見：中國敦煌學百年文庫・民族卷
　　（三）　甘肅文化出版社　1999　p. 140

熊文彬　兩唐書《吐蕃傳》吐蕃制度補證　《中國藏學》1989 年第 3 期　又見：中國敦煌學百年文
　　庫・民族卷（一）　甘肅文化出版社　1999　p. 407

林家平　寧強　羅華慶　中國敦煌學史　北京語言學院出版社　1992　p. 564

胡戟　傅玫　敦煌史話　中華書局　1995　p. 200

劇宗林　古藏文縱犬傷人賠償律　敦煌學大辭典　上海辭書出版社　1998　p. 465

王堯　從敦煌文獻看吐蕃文化　南京棲霞山石窟藝術與敦煌學　中國美術學院出版社　2002
　　p. 220

陳炳應　盧冬　古代民族　敦煌文藝出版社　2004　p. 127

大原良通　吐蕃的法律文書　中國古代法律文獻研究（第二輯）　中國政法大學出版社　2004
　　p. 161

陸離　吐蕃統治河隴時期司法制度初探　《中國藏學》2006 年第 1 期　p. 30

P. T. 1074

山口瑞鳳　吐蕃の敦煌支配期間　敦煌の歷史（講座敦煌2）　（東京）大東出版社　1980　p. 207

戴仁　敦煌和吐魯番寫本的斷代研究　法國學者敦煌學論文選萃　中華書局　1993　p. 539

P. T. 1075

山口瑞鳳　（フランス）國立圖書館（ペリオ蒐集敦煌）チベット語文獻抄　『東洋學報』（61 卷 1・2
　　號）　（東京）東洋學術協會　1979　p. 185

山口瑞鳳　吐蕃の敦煌支配期間　敦煌の歷史（講座敦煌2）　（東京）大東出版社　1980　p. 207

山口瑞鳳　吐蕃王國成立史研究　（東京）岩波書店　1983　p. 806

王堯　陳踐　序言　敦煌吐魯番文獻選　四川民族出版社　1983　p. 4、36

山口瑞鳳　法律文書　敦煌胡語文獻(講座敦煌6)　(東京)大東出版社　1985　p. 528

陳踐　王堯　敦煌本《吐蕃法制文書》譯釋　1983 年全國敦煌學術討論會文集・文史遺書編(上)
　　甘肅人民出版社　1987　p. 236、266

王堯　陳踐　三探吐蕃卜辭　《青海社會科學》1987 年第 3 期　又見:中國敦煌學百年文庫・民族卷
　　(三)　甘肅文化出版社　1999　p. 140

熊文彬　兩唐書《吐蕃傳》吐蕃制度補證　《中國藏學》1989 年第 3 期　又見:中國敦煌學百年文
　　庫・民族卷(一)　甘肅文化出版社　1999　p. 407

林家平　寧强　羅華慶　中國敦煌學史　北京語言學院出版社　1992　p. 564

尹偉先　從敦煌文書看唐代河西地區的貨幣流通　《社科縱橫》1992 年第 6 期　又見:中國敦煌學百
　　年文庫・歷史卷(二)　甘肅文化出版社　1999　p. 342

胡戟　傅玫　敦煌史話　中華書局　1995　p. 200

王堯　從敦煌文獻看吐蕃文化　南京棲霞山石窟藝術與敦煌學　中國美術學院出版社　2002
　　p. 220

陳炳應　盧冬　古代民族　敦煌文藝出版社　2004　p. 127

大原良通　吐蕃的法律文書　中國古代法律文獻研究(第二輯)　中國政法大學出版社　2004
　　p. 161

張雲　唐代吐蕃史與西北民族史研究　中國藏學出版社　2004　p. 158

陸離　吐蕃統治河隴時期司法制度初探　《中國藏學》2006 年第 1 期　p. 30

P. T. 1076

山口瑞鳳　吐蕃の敦煌支配期間　敦煌の歷史(講座敦煌2)　(東京)大東出版社　1980　p. 207

王堯　國外敦煌吐蕃文書研究選譯　甘肅人民出版社　1992　p. 4

P. T. 1077

山口瑞鳳　官文書と公文書　敦煌胡語文獻(講座敦煌6)　(東京)大東出版社　1985　p. 501

拉露著　馮蒸譯　地名 A – ŽA 考略　國外中國學研究譯叢(1)　青海人民出版社　1986　p. 599

陳踐踐　藏語 ring – lugs 一詞演變考　《中國藏學》1991 年第 3 期　又見:中國敦煌學百年文庫・語
　　言文字卷(二)　甘肅文化出版社　1999　p. 230

楊銘　關於敦煌藏文卷子中 Lho bal 研究　《西北民族研究》1994 年第 2 期　p. 116

王堯　從敦煌文獻看吐蕃文化　南京棲霞山石窟藝術與敦煌學　中國美術學院出版社　2002
　　p. 221

王堯　西望陽關有故人:敦煌藏文寫卷述要　中國學術(第四輯)　商務印書館　2002　p. 19

P. T. 1078

王堯　陳踐　序言　敦煌吐魯番文獻選　四川民族出版社　1983　p. 5、40、44

山口瑞鳳　官文書と公文書　敦煌胡語文獻(講座敦煌6)　(東京)大東出版社　1985　p. 497

楊銘　吐蕃時期敦煌部落設置考　《西北史地》1987 年第 2 期　p. 36

王獻軍　唐代吐蕃統治河隴地區漢族瑣談　《西藏研究》1989 年第 2 期　p. 42 注 44

周偉洲　吐蕃對河隴的統治及歸義軍前期的河西諸族　《甘肅民族研究》1990 年第 2 期　p. 2

馬德　KHROM 詞義考　《中國藏學》1992 年第 2 期　p. 99

戴仁　敦煌和吐魯番寫本的斷代研究　法國學者敦煌學論文選萃　中華書局　1993　p. 538

楊銘　吐蕃在敦煌計口授田的幾個問題　《西北師大學報》1993 年第 5 期　p. 105

鄭炳林　敦煌漢文吐蕃史料綜述:兼論吐蕃控制河西時期的職官與統治政策　敦煌吐魯番文獻研究
　　蘭州大學出版社　1995　p. 95

劉進寶　吐蕃對河西的統治與經營　敦煌吐魯番學研究論集　書目文獻出版社　1996　p. 335

索黛　吐蕃時期文獻淺議　《敦煌研究》1997 年第 3 期　p. 158

楊銘　吐蕃統治敦煌研究　（臺北）新文豐出版公司　1997　p. 25

郝春文　計口授田制　敦煌學大辭典　上海辭書出版社　1998　p. 415

金瀅坤　吐蕃統治敦煌的社會基層組織　《中國邊疆史地研究》1998 年第 4 期　p. 30

羅秉芬　古藏文土地糾紛訴狀　敦煌學大辭典　上海辭書出版社　1998　p. 468

金瀅坤　吐蕃沙州都督考　《敦煌研究》1999 年第 3 期　p. 87

金瀅坤　吐蕃統治敦煌的財政職官體系　《敦煌研究》1999 年第 2 期　p. 87

劉進寶　敦煌文書與唐史研究　（臺北）新文豐出版公司　2000　p. 116

金瀅坤　吐蕃瓜州節度使初探　《敦煌研究》2002 年第 2 期　p. 22

王繼光　鄭炳林　敦煌漢文吐蕃史料綜述　中國西部民族文化研究（2003 年卷）　民族出版社
　　2003　p. 247

楊際平　北朝隋唐均田制新探　岳麓書社　2003　p. 411

陸離　吐蕃統治河隴時期司法制度初探　《中國藏學》2006 年第 1 期　p. 26、31

陸離　吐蕃統治河隴西域時期職官四題　《西北民族研究》2006 年第 2 期　p. 23

P. T. 1079

陳踐　敦煌、新疆古藏文寫本述略　《甘肅民族研究》1983 年第 1 – 2 期　p. 24

王堯　陳踐　序言　敦煌吐魯番文獻選　四川民族出版社　1983　p. 5、40、46

山口瑞鳳　官文書と公文書　敦煌胡語文獻（講座敦煌 6）　（東京）大東出版社　1985　p. 494

王堯　敦煌吐蕃官號"節兒"考　《民族語文》1989 年第 4 期　又見:中國敦煌學百年文庫・民族卷
　　（一）　甘肅文化出版社　1999　p. 419

榮新江　通頰考　文史（第三十三輯）　中華書局　1990　p. 128　又見:二十世紀中國文史考據文
　　錄　雲南人民出版社　2001　p. 2110

麥克唐納著　耿昇譯　王堯校訂　敦煌吐蕃歷史文書考釋　青海人民出版社　1991　p. 314 注 453

姜伯勤　敦煌本乘恩帖考證　《中山大學史學集刊》1992 年第 1 期　又見:中國敦煌學百年文庫・宗
　　教卷（二）　甘肅文化出版社　1999　p. 322

姜伯勤　敦煌社會文書導論　（臺北）新文豐出版公司　1992　p. 211

馬德　KHROM 詞義考　《中國藏學》1992 年第 2 期　p. 99

邵文實　沙州節兒考及其引申出來的幾個問題　《西北師大學報》1992 年第 5 期　p. 65

楊銘　吐蕃時期河隴軍政機構設置考　中亞學刊（第四輯）　北京大學出版社　1995　p. 116

鄭炳林　敦煌漢文吐蕃史料綜述:兼論吐蕃控制河西時期的職官與統治政策　敦煌吐魯番文獻研究
　　蘭州大學出版社　1995　p. 95

楊銘　吐蕃統治敦煌研究　（臺北）新文豐出版公司　1997　p. 7

黃顯　節兒　敦煌學大辭典　上海辭書出版社　1998　p. 384

雷紹鋒　歸義軍賦役制度初探　（臺北）洪葉文化事業有限公司　2000　p. 46

金瀅坤　吐蕃瓜州節度使初探　《敦煌研究》2002 年第 2 期　p. 22

陸離　唐五代敦煌寺戶制度源流辨析　敦煌吐魯番研究（第六卷）　北京大學出版社　2002　p. 284

王繼光　鄭炳林　敦煌漢文吐蕃史料綜述　中國西部民族文化研究（2003 年卷）　民族出版社
　　2003　p. 247

陸離　吐蕃僧官制度試探　華林(第三卷)　中華書局　2004　p. 87

陸離　吐蕃統治河隴時期司法制度初探　《中國藏學》2006 年第 1 期　p. 27、31

P. T. 1080

王堯　陳踐　序言　敦煌吐魯番文獻選　四川民族出版社　1983　p. 5、40、48

山口瑞鳳　吐蕃支配期以後の諸文書　敦煌胡語文獻(講座敦煌 6)　(東京)大東出版社　1985
　　p. 511

拉露著　馮蒸譯　地名ʾA – ŽA 考略　國外中國學研究譯叢(1)　青海人民出版社　1986　p. 599

榮新江　通頰考　文史(第三十三輯)　中華書局　1990　p. 135　又見:二十世紀中國文史考據文
　　錄　雲南人民出版社　2001　p. 2116

邵文實　唐代後期河西地區的民族遷徙及其後果　《敦煌學輯刊》1992 年第 1、2 期　p. 30

鄭炳林　敦煌漢文吐蕃史料綜述:兼論吐蕃控制河西時期的職官與統治政策　敦煌吐魯番文獻研究
　　蘭州大學出版社　1995　p. 99　又見:中國西部民族文化研究(2003 年卷)　民族出版社　2003
　　p. 251

羅秉芬　古藏文比丘尼養女訴狀　敦煌學大辭典　上海辭書出版社　1998　p. 470

謝重光　漢唐佛教社會史論　國際文化事業有限公司　2001　p. 136 注 45

陸離　唐五代敦煌寺戶制度源流辨析　敦煌吐魯番研究(第六卷)　北京大學出版社　2002　p. 284

P. T. 1081

王堯　陳踐　序言　敦煌吐魯番文獻選　四川民族出版社　1983　p. 5、40、48

山口瑞鳳　吐蕃支配期以後の諸文書　敦煌胡語文獻(講座敦煌 6)　(東京)大東出版社　1985
　　p. 513

烏瑞著　耿昇譯　吐蕃統治結束後甘州和于闐官府中使用藏語的情況　敦煌譯叢(第一輯)　甘肅
　　人民出版社　1985　p. 213

拉露著　馮蒸譯　地名ʾA – ŽA 考略　國外中國學研究譯叢(1)　青海人民出版社　1986　p. 598

榮新江　歸義軍及其與周邊民族的關係初探　《敦煌學輯刊》1986 年第 2 期　p. 27

榮新江　通頰考　文史(第三十三輯)　中華書局　1990　p. 131　又見:二十世紀中國文史考據文
　　錄　雲南人民出版社　2001　p. 2112

周偉洲　吐蕃對河隴的統治及歸義軍前期的河西諸族　《甘肅民族研究》1990 年第 2 期　p. 4

陳踐踐　藏語 ring – lugs 一詞演變考　《中國藏學》1991 年第 3 期　又見:中國敦煌學百年文庫·語
　　言文字卷(二)　甘肅文化出版社　1999　p. 232

麥克唐納著　耿昇譯　王堯校訂　敦煌吐蕃歷史文書考釋　青海人民出版社　1991　p. 175

馬德　KHROM 詞義考　《中國藏學》1992 年第 2 期　p. 99

暨遠志　張議潮出行圖研究(續)　《敦煌研究》1992 年第 4 期　p. 83

王堯　近十年敦煌吐蕃文書研究簡況述評　藏學零墨　西藏人民出版社　1992　p. 21

尹偉先　從敦煌文書看唐代河西地區的貨幣流通　《社科縱橫》1992 年第 6 期　又見:中國敦煌學百
　　年文庫·歷史卷(二)　甘肅文化出版社　1999　p. 340

戴仁　敦煌和吐魯番寫本的斷代研究　法國學者敦煌學論文選萃　中華書局　1993　p. 538

榮新江　關於唐宋時期中原文化對于闐影響的幾個問題　國學研究(第一卷)　北京大學出版社
　　1993　p. 419 注 45

鄭炳林　敦煌漢文吐蕃史料綜述:兼論吐蕃控制河西時期的職官與統治政策　敦煌吐魯番文獻研究
　　蘭州大學出版社　1995　p. 99

榮新江　歸義軍及其與周邊民族的關係初探　中國人文社會科學博士碩士文庫·歷史學卷　浙江教
　　育出版社　1998　p. 652

森安孝夫著　梁曉鵬摘譯　河西歸義軍節度使官印及其編年　《敦煌學輯刊》2003 年第 1 期　p. 140

王繼光　鄭炳林　敦煌漢文吐蕃史料綜述　中國西部民族文化研究（2003 年卷）　民族出版社
　　2003　p. 251

陸離　吐蕃統治河隴時期司法制度初探　《中國藏學》2006 年第 1 期　p. 26

陸離　吐蕃統治河隴西域時期的市券研究　敦煌吐魯番研究（第九卷）　中華書局　2006　p. 232

P. T. 1082

王堯　陳踐　序言　敦煌吐魯番文獻選　四川民族出版社　1983　p. 5、40、50

山口瑞鳳　吐蕃支配期以後の諸文書　敦煌胡語文獻（講座敦煌 6）　（東京）大東出版社　1985
　　p. 515

森安孝夫著　耿昇譯　伯希和敦煌藏文寫本第 1283 號新釋　敦煌譯叢（第一輯）　甘肅人民出版社
　　1985　p. 245 注 1

烏瑞著　耿昇譯　吐蕃統治結束後甘州和于闐官府中使用藏語的情況　敦煌譯叢（第一輯）　甘肅
　　人民出版社　1985　p. 213

榮新江　歸義軍及其與周邊民族的關係初探　《敦煌學輯刊》1986 年第 2 期　p. 36　又見：中國人文
　　社會科學博士碩士文庫·歷史學卷　浙江教育出版社　1998　p. 667

山本達郎等　敦煌·III 轉貼 NUN – HUANG AND TURFAN DOCUMENTS CONCERNING SOCIAL
　　AND ECONOMIC HISTORY（IV）　（東京）東洋學術協會　1989　p. 86

麥克唐納著　耿昇譯　王堯校訂　敦煌吐蕃歷史文書考釋　青海人民出版社　1991　p. 175

王堯　近十年敦煌吐蕃文書研究簡況述評　藏學零墨　西藏人民出版社　1992　p. 21

戴仁　敦煌和吐魯番寫本的斷代研究　法國學者敦煌學論文選萃　中華書局　1993　p. 538

榮新江　初期沙州歸義軍與唐中央朝廷之關係　隋唐史論集　香港大學亞洲研究中心　1993
　　p. 111

榮新江　關於唐宋時期中原文化對于闐影響的幾個問題　國學研究（第一卷）　北京大學出版社
　　1993　p. 419 注 45

楊銘　一件有關敦煌陷蕃時間的藏文文書　《敦煌研究》1994 年第 3 期　p. 85

羅秉芬　古藏文登里回鶻可汗詔書　敦煌學大辭典　上海辭書出版社　1998　p. 471

楊富學　敦煌吐魯番文獻所見吐蕃回鶻文化關係　甘肅民族研究論叢　甘肅人民出版社　2002
　　p. 427

楊富學　回鶻文獻與回鶻文化　民族出版社　2002　p. 414

森安孝夫著　梁曉鵬摘譯　河西歸義軍節度使官印及其編年　《敦煌學輯刊》2003 年第 1 期　p. 142

P. T. 1083

王堯　陳踐　吐蕃兵制考略　（香港）《東方文化》1971 年第 9 卷第 1 期　又見：中國敦煌學百年文
　　庫·民族卷（一）　甘肅文化出版社　1999　p. 308

山口瑞鳳　吐蕃の敦煌支配期間　敦煌の歷史（講座敦煌 2）　（東京）大東出版社　1980　p. 224

王堯　陳踐　序言　敦煌吐魯番文獻選　四川民族出版社　1983　p. 5、40、51

山口瑞鳳　官文書と公文書　敦煌胡語文獻（講座敦煌 6）　（東京）大東出版社　1985　p. 494

馬林　敦煌文書 P. T. 1083 號藏文寫卷考釋　《甘肅民族研究》1986 年第 4 期　p. 103

楊際平　吐蕃子年左二將戶狀與所謂“擘三部落”　《敦煌學輯刊》1986 年第 2 期　p. 22

楊銘　通頰考　《敦煌學輯刊》1987 年第 1 期　p. 116

王堯　敦煌吐蕃官號"節兒"考　《民族語文》1989 年第 4 期　又見：中國敦煌學百年文庫・民族卷（一）　甘肅文化出版社　1999　p. 416

王堯　陳踐　敦煌藏文寫卷 P. T. 1083、1085 號的研究　絲綢之路文獻叙録　蘭州大學出版社　1989　p. 348

王獻軍　唐代吐蕃統治河隴地區漢族瑣談　《西藏研究》1989 年第 2 期　p. 34

池田溫　敦煌における土地税役制をめぐって　東アジア古文書の史的研究　（東京）刀水書房　1990　p. 68

榮新江　通頰考　文史（第三十三輯）　中華書局　1990　p. 131、138　又見：二十世紀中國文史考據文録　雲南人民出版社　2001　p. 2113

周偉洲　吐蕃對河隴的統治及歸義軍前期的河西諸族　《甘肅民族研究》1990 年第 2 期　p. 2

麥克唐納著　耿昇譯　王堯校訂　敦煌吐蕃歷史文書考釋　青海人民出版社　1991　p. 175、314 注 453

馬德　KHROM 詞義考　《中國藏學》1992 年第 2 期　p. 98

張雲　唐代吐蕃統治西域的各項制度　《新疆大學學報》1992 年第 4 期　p. 83

張雲　吐蕃在西域的部落及其組織制度　《甘肅民族研究》1992 年第 2 - 3 期　p. 76

邵文實　尚乞心兒事迹考　《敦煌學輯刊》1993 年第 2 期　p. 21

劉進寶　關於吐蕃統治經營河西地區的若干問題　《中國邊疆史地研究》1994 年第 1 期　p. 20

陸慶夫　敦煌民族文獻與河西古代民族　《敦煌學輯刊》1994 年第 2 期　p. 86

楊銘　一件有關敦煌陷蕃時間的藏文文書　《敦煌研究》1994 年第 3 期　p. 84

楊銘　吐蕃時期河隴軍政機構設置考　中亞學刊（第四輯）　北京大學出版社　1995　p. 118

劉安志　唐朝吐蕃佔領沙州時期的敦煌大族　《中國史研究》1996 年第 3 期　p. 90

劉進寶　吐蕃對河西的統治與經營　敦煌吐魯番學研究論集　書目文獻出版社　1996　p. 333

王堯　敦煌吐蕃文書 P. T. 1297 號再釋　佛教與中國傳統文化　宗教文化出版社　1997　p. 753

楊銘　吐蕃統治敦煌研究　（臺北）新文豐出版公司　1997　p. 13、236

羅秉芬　古藏文亥年隴州大軍鎮發出之令文　敦煌學大辭典　上海辭書出版社　1998　p. 465

劉進寶　敦煌歷史文化　甘肅人民出版社　2000　p. 89

劉進寶　敦煌文書與唐史研究　（臺北）新文豐出版公司　2000　p. 113

王堯　從敦煌文獻看吐蕃文化　南京棲霞山石窟藝術與敦煌學　中國美術學院出版社　2002　p. 225

王繼光　鄭炳林　敦煌漢文吐蕃史料綜述　中國西部民族文化研究（2003 年卷）　民族出版社　2003　p. 251

趙曉星　敦煌落蕃舊事　民族出版社　2004　p. 195

張雲　唐代吐蕃史與西北民族史研究　中國藏學出版社　2004　p. 349

P. T. 1084

陳踐踐　藏語 ring - lugs 一詞演變考　《中國藏學》1991 年第 3 期　又見：中國敦煌學百年文庫・語言文字卷（二）　甘肅文化出版社　1999　p. 230

王堯　從敦煌文獻看吐蕃文化　南京棲霞山石窟藝術與敦煌學　中國美術學院出版社　2002　p. 221

王堯　西望陽關有故人：敦煌藏文寫卷述要　中國學術（第四輯）　商務印書館　2002　p. 19

陸離　吐蕃統治河隴時期司法制度初探　《中國藏學》2006 年第 1 期　p. 26、31

P. T. 1085

山口瑞鳳　官文書と公文書　敦煌胡語文獻(講座敦煌6)　(東京)大東出版社　1985　p. 492

楊際平　吐蕃子年左二將戶狀與所謂"擘三部落"　《敦煌學輯刊》1986 年第 2 期　p. 22

楊銘　吐蕃時期敦煌部落設置考　《西北史地》1987 年第 2 期　p. 37

王堯　敦煌吐蕃官號"節兒"考　《民族語文》1989 年第 4 期　又見:中國敦煌學百年文庫·民族卷
　　(一)　甘肅文化出版社　1999　p. 416

王堯　陳踐　敦煌藏文寫卷 P. T. 1083、1085 號的研究　絲綢之路文獻叙錄　蘭州大學出版社　1989
　　p. 348

池田溫　敦煌における土地稅役制をめぐって　東アジア古文書の史的研究　(東京)刀水書房
　　1990　p. 57

榮新江　通類考　文史(第三十三輯)　中華書局　1990　p. 129　又見:二十世紀中國文史考據文
　　錄　雲南人民出版社　2001　p. 2110

麥克唐納著　耿昇譯　王堯校訂　敦煌吐蕃歷史文書考釋　青海人民出版社　1991　p. 175、314 注
　　453

邵文實　沙州節兒考及其引申出來的幾個問題　《西北師大學報》1992 年第 5 期　p. 65

張雲　唐代吐蕃統治西域的各項制度　《新疆大學學報》1992 年第 4 期　p. 83

楊銘　敦煌遺書中的 Lho bal 與南波　《敦煌研究》1993 年第 3 期　p. 10　又見:敦煌吐魯番學研究
　　論集　書目文獻出版社　1996　p. 350

楊銘　關於敦煌藏文文書《吐蕃官吏呈請狀》的研究　馬長壽紀念文集　西北大學出版社　1993
　　p. 363　又見:中國敦煌學百年文庫·民族卷(三)　甘肅文化出版社　1999　p. 12

陸慶夫　敦煌民族文獻與河西古代民族　《敦煌學輯刊》1994 年第 2 期　p. 86

楊銘　關於敦煌藏文卷子中 Lho bal 研究　《西北民族研究》1994 年第 2 期　p. 112

楊銘　一件有關敦煌陷蕃時間的藏文文書　《敦煌研究》1994 年第 3 期　p. 84

鄭炳林　馮培紅　讀《中國古代寫本識語集錄》劄記　《西北史地》1994 年第 4 期　p. 49

張廣達　吐蕃飛鳥使與吐蕃驛傳制度　西域史地叢稿初編　上海古籍出版社　1995　p. 179

鄭炳林　敦煌漢文吐蕃史料綜述:兼論吐蕃控制河西時期的職官與統治政策　敦煌吐魯番文獻研究
　　蘭州大學出版社　1995　p. 95

劉進寶　吐蕃對河西的統治與經營　敦煌吐魯番學研究論集　書目文獻出版社　1996　p. 334

王堯　敦煌吐蕃文書 P. T. 1297 號再釋　佛教與中國傳統文化　宗教文化出版社　1997　p. 753

楊銘　吐蕃統治敦煌研究　(臺北)新文豐出版公司　1997　p. 26、179

鄭炳林　敦煌碑銘讚輯釋　甘肅教育出版社　1997　p. 222 注 4

羅秉芬　古藏文辰年吐蕃亨迦宮蓋印詔書　敦煌學大辭典　上海辭書出版社　1998　p. 465

金瀅坤　吐蕃統治敦煌的財政職官體系　《敦煌研究》1999 年第 2 期　p. 86

劉進寶　敦煌歷史文化　甘肅人民出版社　2000　p. 90

劉進寶　敦煌文書與唐史研究　(臺北)新文豐出版公司　2000　p. 114

王堯　西望陽關有故人:敦煌藏文寫卷述要　中國學術(第四輯)　商務印書館　2002　p. 23

王繼光　鄭炳林　敦煌漢文吐蕃史料綜述　中國西部民族文化研究(2003 年卷)　民族出版社
　　2003　p. 247

張雲　唐代吐蕃史與西北民族史研究　中國藏學出版社　2004　p. 380

P. T. 1086

羅秉芬　古藏文豬年王光英買房基契　敦煌學大辭典　上海辭書出版社　1998　p. 468

王堯　從敦煌文獻看吐蕃文化　南京棲霞山石窟藝術與敦煌學　中國美術學院出版社　2002
　　p. 220

陸離　吐蕃統治河隴西域時期的市券研究　敦煌吐魯番研究(第九卷)　中華書局　2006　p. 229

P. T. 1087

楊銘　吐蕃時期敦煌部落設置考　《西北史地》1987 年第 2 期　p. 39

邵文實　沙州節兒考及其引申出來的幾個問題　《西北師大學報》1992 年第 5 期　p. 65

金瀅坤　吐蕃統治敦煌的社會基層組織　《中國邊疆史地研究》1998 年第 4 期　p. 34

羅秉芬　古藏文張公聰等擔保尼善善文書　敦煌學大辭典　上海辭書出版社　1998　p. 469

P. T. 1088

王堯　陳踐　吐蕃兵制考略　(香港)《東方文化》1971 年第 9 卷第 1 期　又見:中國敦煌學百年文
　　庫·民族卷(一)　甘肅文化出版社　1999　p. 309

山口瑞鳳　吐蕃の敦煌支配期間　敦煌の歷史(講座敦煌 2)　(東京)大東出版社　1980　p. 203

山口瑞鳳　官文書と公文書　敦煌胡語文獻(講座敦煌 6)　(東京)大東出版社　1985　p. 497

唐耕耦　關於敦煌寺院水磑研究中的幾個問題　《文獻》1988 年第 1 期　p. 190

唐耕耦　陸宏基　敦煌社會經濟文獻真迹釋録(二)　全國圖書館文獻縮微複製中心　1990　p. 412

馬德　KHROM 詞義考　《中國藏學》1992 年第 2 期　p. 99

楊銘　一件有關敦煌陷蕃時間的藏文文書　《敦煌研究》1994 年第 3 期　p. 85

楊銘　吐蕃時期河隴軍政機構設置考　中亞學刊(第四輯)　北京大學出版社　1995　p. 114

楊際平　敦煌吐魯番出土雇工契研究　敦煌吐魯番研究(第二卷)　北京大學出版社　1997　p. 221

楊銘　吐蕃統治敦煌研究　(臺北)新文豐出版公司　1997　p. 3

唐耕耦　磑課　敦煌學大辭典　上海辭書出版社　1998　p. 645

金瀅坤　吐蕃瓜州節度使初探　《敦煌研究》2002 年第 2 期　p. 22

王堯　從敦煌文獻看吐蕃文化　南京棲霞山石窟藝術與敦煌學　中國美術學院出版社　2002
　　p. 225

陸離　吐蕃統治河隴西域時期的市券研究　敦煌吐魯番研究(第九卷)　中華書局　2006　p. 223

P. T. 1089

王堯　陳踐　吐蕃兵制考略　(香港)《東方文化》1971 年第 9 卷第 1 期　又見:中國敦煌學百年文
　　庫·民族卷(一)　甘肅文化出版社　1999　p. 309

山口瑞鳳　吐蕃の敦煌支配期間　敦煌の歷史(講座敦煌 2)　(東京)大東出版社　1980　p. 204

山口瑞鳳　吐蕃王國成立史研究　(東京)岩波書店　1983　p. 238、470、496、818

山口瑞鳳　官文書と公文書　敦煌胡語文獻(講座敦煌 6)　(東京)大東出版社　1985　p. 491

拉露著　馮蒸譯　地名 A‒ŽA 考略　國外中國學研究譯叢(1)　青海人民出版社　1986　p. 599

楊銘　唐代吐蕃統治于闐的若干問題　《敦煌學研究》(西北師院學報)1986 年增刊　p. 42

汶江　吐蕃官制考　《西藏研究》1987 年第 3 期　又見:中國敦煌學百年文庫·民族卷(一)　甘肅
　　文化出版社　1999　p. 359

楊銘　通頰考　《敦煌學輯刊》1987 年第 1 期　p. 114

楊銘　吐蕃時期敦煌部落設置考　《西北史地》1987 年第 2 期　p. 36

楊聖敏　敦煌卷子 P. 3633 號研究　中國民族歷史與文化　中央民族學院出版社　1988　又見:中國
　　敦煌學百年文庫·民族卷(三)　甘肅文化出版社　1999　p. 280

山口瑞鳳著　樸寬哲摘譯　吐蕃在敦煌統治形態的變遷　絲綢之路文獻叙録　蘭州大學出版社
　　1989　p. 52

王堯　陳踐　吐蕃職官考信録　《中國藏學》1989 年第 1 期　又見：中國敦煌學百年文庫·民族卷
　　（一）　甘肅文化出版社　1999　p. 384

熊文彬　兩唐書《吐蕃傳》吐蕃制度補證　《中國藏學》1989 年第 3 期　又見：中國敦煌學百年文
　　庫·民族卷（一）　甘肅文化出版社　1999　p. 411

榮新江　通頰考　文史（第三十三輯）　中華書局　1990　p. 119、127　又見：二十世紀中國文史考
　　據文録　雲南人民出版社　2001　p. 2100

周偉洲　吐蕃對河隴的統治及歸義軍前期的河西諸族　《甘肅民族研究》1990 年第 2 期　p. 3

麥克唐納著　耿昇譯　王堯校訂　敦煌吐蕃歷史文書考釋　青海人民出版社　1991　p. 176

榮新江　唐代河西地區鐵勒部落的入居及其消亡　中華民族研究新探索　中國社會科學出版社
　　1991　p. 281　又見：中國敦煌學百年文庫·民族卷（一）　甘肅文化出版社　1999　p. 80

拉露著　岳岩譯　《8 世紀吐蕃官員呈文》解析　國外敦煌吐蕃文書研究選譯　甘肅人民出版社
　　1992　p. 75

林家平　寧强　羅華慶　中國敦煌學史　北京語言學院出版社　1992　p. 560

馬德　KHROM 詞義考　《中國藏學》1992 年第 2 期　p. 99

邵文實　沙州節兒考及其引申出來的幾個問題　《西北師大學報》1992 年第 5 期　p. 66

張雲　吐蕃在西域的部落及其組織制度　《甘肅民族研究》1992 年第 2 – 3 期　p. 80

楊銘　敦煌遺書中的 Lho bal 與南波　《敦煌研究》1993 年第 3 期　p. 10　又見：敦煌吐魯番學研究
　　論集　書目文獻出版社　1996　p. 350

楊銘　關於敦煌藏文文書《吐蕃官吏呈請狀》的研究　馬長壽紀念文集　西北大學出版社　1993
　　p. 363　又見：中國敦煌學百年文庫·民族卷（三）　甘肅文化出版社　1999　p. 1

楊銘　和田出土有關于闐王的藏文寫卷研究　《西域研究》1993 年第 4 期　p. 71

李錦繡　1993—1994 大陸地區唐代學術研究概況：史學　"中國唐代學會"會刊（第五期）　（臺北）
　　"中國唐代學會"　1994　p. 94

楊銘　關於敦煌藏文卷子中 Lho bal 研究　《西北民族研究》1994 年第 2 期　p. 112

楊銘　一件有關敦煌陷蕃時間的藏文文書　《敦煌研究》1994 年第 3 期　p. 85

胡戟　傅玫　敦煌史話　中華書局　1995　p. 200

馬雅倫　關於南山問題的討論　《敦煌學輯刊》1995 年第 2 期　p. 48

楊銘　吐蕃時期河隴軍政機構設置考　中亞學刊（第四輯）　北京大學出版社　1995　p. 115

張廣達　吐蕃飛鳥使與吐蕃驛傳制度　西域史地叢稿初編　上海古籍出版社　1995　p. 184

楊銘　吐蕃統治敦煌研究　（臺北）新文豐出版公司　1997　p. 3、179

陳國燦　大蟲皮　敦煌學大辭典　上海辭書出版社　1998　p. 384

陳國燦　吐蕃沙州部落　敦煌學大辭典　上海辭書出版社　1998　p. 300

金瀅坤　吐蕃統治敦煌的社會基層組織　《中國邊疆史地研究》1998 年第 4 期　p. 30

榮新江　通頰　敦煌學大辭典　上海辭書出版社　1998　p. 301

楊銘　古藏文戌年吐蕃官吏呈請狀　敦煌學大辭典　上海辭書出版社　1998　p. 466

金瀅坤　吐蕃沙州都督考　《敦煌研究》1999 年第 3 期　p. 86

金瀅坤　吐蕃統治敦煌的財政職官體系　《敦煌研究》1999 年第 2 期　p. 87

陳海濤　敦煌歸義軍時期從化鄉消失原因初探　中國社會歷史評論（第二卷）　天津古籍出版社
　　2000　p. 435

榮新江　敦煌學十八講　北京大學出版社　2001　p. 230

尕藏加　敦煌吐蕃藏文文獻在藏學研究中的資料價值　中日敦煌佛教學術會議論文集　中國社會科
　　學院研究所　2002　p. 63

金瀅坤　吐蕃瓜州節度使初探　《敦煌研究》2002 年第 2 期　p. 22

陸離　有關吐蕃太子的文書研究　《敦煌學輯刊》2003 年第 1 期　p. 31

陸離　吐蕃僧官制度試探　華林（第三卷）　中華書局　2004　p. 86

張雲　唐代吐蕃史與西北民族史研究　中國藏學出版社　2004　p. 185

趙曉星　敦煌落蕃舊事　民族出版社　2004　p. 186

陸離　敦煌、新疆等地吐蕃時期石窟中着虎皮衣飾神祇、武士圖像及雕塑研究　《敦煌學輯刊》2005
　　年第 3 期　p. 113

格桑央京　敦煌文獻所見吐蕃時期的告身　《敦煌研究》2006 年第 1 期　p. 80

陸離　吐蕃統治河隴時期司法制度初探　《中國藏學》2006 年第 1 期　p. 26

陸離　吐蕃統治河隴西域時期職官四題　《西北民族研究》2006 年第 2 期　p. 20

P. T. 1091

山口瑞鳳　私文書　敦煌胡語文獻（講座敦煌 6）　（東京）大東出版社　1985　p. 507

P. T. 1093

山口瑞鳳　吐蕃の敦煌支配期間　敦煌の歷史（講座敦煌 2）　（東京）大東出版社　1980　p. 203

拉露著　馮蒸譯　地名ʼA – ŽA 考略　國外中國學研究譯叢（1）　青海人民出版社　1986　p. 597

榮新江　通類考　文史（第三十三輯）　中華書局　1990　p. 131

P. T. 1094

山口瑞鳳　蘇毗の領界　『東洋學報』（50 卷 4 號）　（東京）東洋學術協會　1968　p. 51

山口瑞鳳　吐蕃の敦煌支配期間　敦煌の歷史（講座敦煌 2）　（東京）大東出版社　1980　p. 203

楊銘　通類考　《敦煌學輯刊》1987 年第 1 期　p. 115

榮新江　通類考　文史（第三十三輯）　中華書局　1990　p. 129、131、138　又見：二十世紀中國文
　　史考據文錄　雲南人民出版社　2001　p. 2110、2119

尹偉先　從敦煌文書看唐代河西地區的貨幣流通　《社科縱橫》1992 年第 6 期　又見：中國敦煌學百
　　年文庫‧歷史卷（二）　甘肅文化出版社　1999　p. 340

楊銘　吐蕃時期河隴軍政機構設置考　中亞學刊（第四輯）　北京大學出版社　1995　p. 116

楊銘　吐蕃統治敦煌研究　（臺北）新文豐出版公司　1997　p. 7、235

陳國燦　悉董薩部落　敦煌學大辭典　上海辭書出版社　1998　p. 301

榮新江　通類　敦煌學大辭典　上海辭書出版社　1998　p. 301

楊銘　古藏文酉年博牛契　敦煌學大辭典　上海辭書出版社　1998　p. 468

王堯　從敦煌文獻看吐蕃文化　南京棲霞山石窟藝術與敦煌學　中國美術學院出版社　2002
　　p. 220

陸離　吐蕃統治河隴西域時期的市券研究　敦煌吐魯番研究（第九卷）　中華書局　2006　p. 220

P. T. 1095

山口瑞鳳　私文書　敦煌胡語文獻（講座敦煌 6）　（東京）大東出版社　1985　p. 506

拉露著　馮蒸譯　地名ʼA – ŽA 考略　國外中國學研究譯叢（1）　青海人民出版社　1986　p. 598

榮新江　通類考　文史（第三十三輯）　中華書局　1990　p. 131

P. T. 1096

山口瑞鳳　官文書と公文書　敦煌胡語文獻(講座敦煌6)　(東京)大東出版社　1985　p. 501

麥克唐納著　耿昇譯　王堯校訂　敦煌吐蕃歷史文書考釋　青海人民出版社　1991　p. 177

陳踐踐　籠館與籠官初探　藏學研究　中央民族學院出版社　1993　p. 171　又見:中國敦煌學百年
　文庫·民族卷(二)　甘肅文化出版社　1999　p. 29

郝春文　唐後期五代宋初敦煌僧尼的社會生活　中國社會科學出版社　1998　p. 29

王堯　從敦煌文獻看吐蕃文化　南京棲霞山石窟藝術與敦煌學　中國美術學院出版社　2002
　p. 220

王堯　西望陽關有故人:敦煌藏文寫卷述要　中國學術(第四輯)　商務印書館　2002　p. 19

徐曉卉　敦煌歸義軍時期的道場司探析　《敦煌研究》2002年第2期　p. 26

陸離　吐蕃統治敦煌時期的官府勞役　魏晉南北朝隋唐史資料(第22輯)　武漢大學出版社　2005
　p. 178

陸離　吐蕃統治河隴時期司法制度初探　《中國藏學》2006年第1期　p. 30

P. T. 1097

王堯　陳踐　序言　敦煌吐魯番文獻選　四川民族出版社　1983　p. 5、41、52

楊銘　古藏文吐蕃某官府糧油入破曆　敦煌學大辭典　上海辭書出版社　1998　p. 467

高啓安　王璽玉　唐五代敦煌人的飲食品種研究　《敦煌研究》1999年第2期　p. 70

金瀅坤　吐蕃統治敦煌的財政職官體系　《敦煌研究》1999年第2期　p. 85

高啓安　唐五代敦煌飲食文化研究　民族出版社　2004　p. 17

P. T. 1098

王堯　陳踐　序言　敦煌吐魯番文獻選　四川民族出版社　1983　p. 5、41、54

山口瑞鳳　私文書　敦煌胡語文獻(講座敦煌6)　(東京)大東出版社　1985　p. 505

尹偉先　從敦煌文書看唐代河西地區的貨幣流通　《社科縱橫》1992年第6期　又見:中國敦煌學百
　年文庫·歷史卷(二)　甘肅文化出版社　1999　p. 341

劉進寶　吐蕃對河西的統治與經營　敦煌吐魯番學研究論集　書目文獻出版社　1996　p. 331

薛宗正　中國新疆古代社會生活史　新疆人民出版社　1997　p. 361

劉進寶　敦煌文書與唐史研究　(臺北)新文豐出版公司　2000　p. 103

高啓安　唐五代敦煌飲食文化研究　民族出版社　2004　p. 17

陸離　吐蕃統治敦煌時期的官府勞役　魏晉南北朝隋唐史資料(第22輯)　武漢大學出版社　2005
　p. 185

P. T. 1099

楊銘　一件有關敦煌陷蕃時間的藏文文書　《敦煌研究》1994年第3期　p. 85

王堯　從敦煌文獻看吐蕃文化　南京棲霞山石窟藝術與敦煌學　中國美術學院出版社　2002
　p. 225

P. T. 1101

陳踐　敦煌、新疆古藏文寫本述略　《甘肅民族研究》1983年第1－2期　p. 24

王堯　陳踐　序言　敦煌吐魯番文獻選　四川民族出版社　1983　p. 5、41、54

山口瑞鳳　私文書　敦煌胡語文獻(講座敦煌6)　(東京)大東出版社　1985　p. 507

葛承雍　唐代國庫制度　三秦出版社　1990　p. 103

楊銘　吐蕃"十將"(Tshan bcu)制補證　《中國藏學》1996 年第 2 期　又見:中國敦煌學百年文庫·
　民族卷(二)　甘肅文化出版社　1999　p. 63

楊銘　吐蕃統治敦煌研究　(臺北)新文豐出版公司　1997　p. 275

羅秉芬　古藏文通欠官府賦稅名簿　敦煌學大辭典　上海辭書出版社　1998　p. 467

P. T. 1102

山本達郎等　敦煌·III 轉貼 NUN – HUANG AND TURFAN DOCUMENTS CONCERNING SOCIAL
　AND ECONOMIC HISTORY(IV)　(東京)東洋學術協會　1989　p. 19

石田勇作　敦煌「社文書」研究序說　增補中國古代の國家と民衆(堀敏一先生古稀記念)　(東京)
　汲古書院　1995　p. 684

高田時雄　藏文社邑文書二三種　敦煌吐魯番研究(第三卷)　北京大學出版社　1998　p. 187

郝春文　《敦煌社邑文書輯校》補遺(一)　《首都師範大學學報》1999 年第 4 期　p. 25

高田時雄　敦煌發現的多種語言文獻　敦煌學與中國史研究論集　甘肅人民出版社　2001　p. 350
　又見:敦煌·民族·語言　中華書局　2005　p. 10

P. T. 1103

高田時雄　藏文社邑文書二三種　敦煌吐魯番研究(第三卷)　北京大學出版社　1998　p. 184

高田時雄　敦煌發現的多種語言文獻　敦煌學與中國史研究論集　甘肅人民出版社　2001　p. 350
　又見:敦煌·民族·語言　中華書局　2005　p. 10

P. T. 1104

黃征　吳偉　敦煌願文集　岳麓書社　1995　p. 753

曾良　敦煌文獻字義通釋　廈門大學出版社　2001　p. 9

王堯　從敦煌文獻看吐蕃文化　南京棲霞山石窟藝術與敦煌學　中國美術學院出版社　2002
　p. 220

杜斗城　"七七齋"之源流及敦煌文獻中有關資料的分析　《敦煌研究》2004 年第 4 期　p. 36

P. T. 1106

王堯　陳踐　敦煌吐魯番文獻選　四川民族出版社　1983　p. 42

烏瑞著　耿昇譯　吐蕃統治結束後甘州和于闐官府中使用藏語的情況　敦煌譯叢(第一輯)　甘肅
　人民出版社　1985　p. 213

張廣達　榮新江　關於敦煌出土于闐文獻的年代及其相關問題　紀念陳寅恪先生誕辰百年學術論文
　集　北京大學出版社　1989　p. 297

黃盛璋　關於沙州曹氏和于闐交往的諸藏文文書及相關問題　《敦煌研究》1992 年第 1 期　p. 37

王堯　近十年敦煌吐蕃文書研究簡況述評　藏學零墨　西藏人民出版社　1992　p. 21

楊銘　古藏文于闐王致沙州令公書　敦煌學大辭典　上海辭書出版社　1998　p. 471

P. T. 1111

山口瑞鳳　官文書と公文書　敦煌胡語文獻(講座敦煌6)　(東京)大東出版社　1985　p. 491

楊銘　吐蕃時期敦煌部落設置考　《西北史地》1987 年第 2 期　p. 37

楊銘　吐蕃時期河隴軍政機構設置考　中亞學刊(第四輯)　北京大學出版社　1995　p. 121 注 41

楊銘　吐蕃統治敦煌研究　（臺北）新文豐出版公司　1997　p. 26
金瀅坤　吐蕃統治敦煌的社會基層組織　《中國邊疆史地研究》1998 年第 4 期　p. 28
楊銘　古藏文沙州寺廟糧食入破曆　敦煌學大辭典　上海辭書出版社　1998　p. 470
陸離　唐五代敦煌寺戶制度源流辨析　敦煌吐魯番研究(第六卷)　北京大學出版社　2002　p. 290
王堯　從敦煌文獻看吐蕃文化　南京棲霞山石窟藝術與敦煌學　中國美術學院出版社　2002
　　p. 220
陳炳應　盧冬　古代民族　敦煌文藝出版社　2004　p. 155
陸離　也談敦煌文書中的唐五代"地子"、"地稅"　《歷史研究》2006 年第 4 期　p. 168

P. T. 1113

山口瑞鳳　官文書と公文書　敦煌胡語文獻(講座敦煌 6)　（東京）大東出版社　1985　p. 494
楊銘　通頰考　《敦煌學輯刊》1987 年第 1 期　p. 114
楊銘　吐蕃時期敦煌部落設置考　《西北史地》1987 年第 2 期　p. 37
榮新江　通頰考　文史(第三十三輯)　中華書局　1990　p. 129　又見：二十世紀中國文史考據文
　　錄　雲南人民出版社　2001　p. 2110
楊銘　吐蕃時期河隴軍政機構設置考　中亞學刊(第四輯)　北京大學出版社　1995　p. 118
楊銘　吐蕃統治敦煌研究　（臺北）新文豐出版公司　1997　p. 13、26、104、231
金瀅坤　吐蕃統治敦煌的社會基層組織　《中國邊疆史地研究》1998 年第 4 期　p. 31
楊銘　古藏文辰年隴州盟會告牒　敦煌學大辭典　上海辭書出版社　1998　p. 466
金瀅坤　吐蕃統治敦煌的財政職官體系　《敦煌研究》1999 年第 2 期　p. 87
陸離　吐蕃統治河隴西域時期的市券研究　敦煌吐魯番研究(第九卷)　中華書局　2006　p. 232

P. T. 1115

山口瑞鳳　吐蕃の敦煌支配期間　敦煌の歷史(講座敦煌 2)　（東京）大東出版社　1980　p. 224
王堯　陳踐　序言　敦煌吐魯番文獻選　四川民族出版社　1983　p. 5、41、55
劉進寶　吐蕃對河西的統治與經營　敦煌吐魯番學研究論集　書目文獻出版社　1996　p. 336
陳國燦　寧宗部落　敦煌學大辭典　上海辭書出版社　1998　p. 301
謝桃坊　敦煌文化尋繹　四川人民出版社　1999　p. 35
劉進寶　敦煌文書與唐史研究　（臺北）新文豐出版公司　2000　p. 117

P. T. 1118

王堯　陳踐　序言　敦煌吐魯番文獻選　四川民族出版社　1983　p. 5、41、56
尹偉先　從敦煌文書看唐代河西地區的貨幣流通　《社科縱橫》1992 年第 6 期　又見：中國敦煌學百
　　年文庫·歷史卷(二)　甘肅文化出版社　1999　p. 342

P. T. 1119

楊銘　吐蕃"十將"(Tshan bcu)制補證　《中國藏學》1996 年第 2 期　又見：中國敦煌學百年文庫·
　　民族卷(二)　甘肅文化出版社　1999　p. 63
楊銘　吐蕃統治敦煌研究　（臺北）新文豐出版公司　1997　p. 275

P. T. 1120

王堯　陳踐　敦煌吐魯番文獻選　四川民族出版社　1983　p. 42

烏瑞著　耿昇譯　吐蕃統治結束後甘州和于闐官府中使用藏語的情況　敦煌譯叢（第一輯）　甘肅
　　人民出版社　1985　p. 213
孫修身　敦煌遺書吐蕃文書 P. T. 1284 號第三件書信有關問題考　《敦煌研究》1989 年第 2 期　p. 65
張廣達　榮新江　關於敦煌出土于闐文獻的年代及其相關問題　紀念陳寅恪先生誕辰百年學術論文
　　集　北京大學出版社　1989　p. 297
黃盛璋　關於沙州曹氏和于闐交往的諸藏文文書及相關問題　《敦煌研究》1992 年第 1 期　p. 41
王堯　近十年敦煌吐蕃文書研究簡況述評　藏學零墨　西藏人民出版社　1992　p. 21
楊銘　古藏文沙州曹尚書致于闐王書　敦煌學大辭典　上海辭書出版社　1998　p. 471

P. T. 1121

山口瑞鳳　吐蕃の敦煌支配期間　敦煌の歷史（講座敦煌 2）　（東京）大東出版社　1980　p. 223

P. T. 1123

楊銘　古藏文爲贊普赤祖德贊誦功德願文　敦煌學大辭典　上海辭書出版社　1998　p. 490
王堯　從敦煌文獻看吐蕃文化　南京棲霞山石窟藝術與敦煌學　中國美術學院出版社　2002
　　p. 234

P. T. 1124

王堯　陳踐　序言　敦煌吐魯番文獻選　四川民族出版社　1983　p. 5、41、56
山口瑞鳳　吐蕃支配期以後の諸文書　敦煌胡語文獻（講座敦煌 6）　（東京）大東出版社　1985
　　p. 515
烏瑞著　耿昇譯　吐蕃統治結束後甘州和于闐官府中使用藏語的情況　敦煌譯叢（第一輯）　甘肅
　　人民出版社　1985　p. 213
王堯　近十年敦煌吐蕃文書研究簡況述評　藏學零墨　西藏人民出版社　1992　p. 21
戴仁　敦煌和吐魯番寫本的斷代研究　法國學者敦煌學論文選萃　中華書局　1993　p. 538
楊銘　一件有關敦煌陷蕃時間的藏文文書　《敦煌研究》1994 年第 3 期　p. 85
楊銘　古藏文放牧範圍牒　敦煌學大辭典　上海辭書出版社　1998　p. 467
森安孝夫著　梁曉鵬摘譯　河西歸義軍節度使官印及其編年　《敦煌學輯刊》2003 年第 1 期　p. 141

P. T. 1127

楊銘　吐蕃統治敦煌研究　（臺北）新文豐出版公司　1997　p. 104

P. T. 1128

山口瑞鳳　官文書と公文書　敦煌胡語文獻（講座敦煌 6）　（東京）大東出版社　1985　p. 491
楊銘　一件有關敦煌陷蕃時間的藏文文書　《敦煌研究》1994 年第 3 期　p. 85
楊銘　吐蕃統治敦煌研究　（臺北）新文豐出版公司　1997　p. 104

P. T. 1129

王堯　陳踐　敦煌吐魯番文獻選　四川民族出版社　1983　p. 207
楊銘　吐蕃統治敦煌研究　（臺北）新文豐出版公司　1997　p. 104
楊銘　古藏文庫公珠呈僧錄帖　敦煌學大辭典　上海辭書出版社　1998　p. 470
金瀅坤　吐蕃瓜州節度使初探　《敦煌研究》2002 年第 2 期　p. 22

陳炳應　盧冬　古代民族　敦煌文藝出版社　2004　p. 154
陸離　吐蕃僧官制度試探　華林（第三卷）　中華書局　2004　p. 86

P. T. 1130

楊銘　吐蕃統治敦煌研究　（臺北）新文豐出版公司　1997　p. 104

P. T. 1132

王堯　陳踐　序言　敦煌吐魯番文獻選　四川民族出版社　1983　p. 5、41、57
劉進寶　關於吐蕃統治經營河西地區的若干問題　《中國邊疆史地研究》1994 年第 1 期　p. 21
劉進寶　吐蕃對河西的統治與經營　敦煌吐魯番學研究論集　書目文獻出版社　1996　p. 334
劉進寶　敦煌歷史文化　甘肅人民出版社　2000　p. 91
劉進寶　敦煌文書與唐史研究　（臺北）新文豐出版公司　2000　p. 115

P. T. 1134

山口瑞鳳　醫療文獻　敦煌胡語文獻（講座敦煌6）　（東京）大東出版社　1985　p. 551
王堯　陳踐　三探吐蕃卜辭　《青海社會科學》1987 年第 3 期　又見：中國敦煌學百年文庫·民族卷（三）　甘肅文化出版社　1999　p. 142
褚俊傑　吐蕃苯教喪葬儀軌研究　《中國藏學》1989 年第 3－4 期　又見：中國敦煌學百年文庫·民族卷（三）　甘肅文化出版社　1999　p. 76
麥克唐納著　耿昇譯　王堯校訂　敦煌吐蕃歷史文書考釋　青海人民出版社　1991　p. 232、271 注 36
戴仁　敦煌和吐魯番寫本的斷代研究　法國學者敦煌學論文選萃　中華書局　1993　p. 539
石泰安著　耿昇譯　敦煌寫本中的吐蕃巫教和苯教　國外藏學研究譯文集（第十一輯）　西藏人民出版社　1994　p. 29

P. T. 1136

山口瑞鳳　評『ペリオ・チベット文書の讀解』『東洋學報』（54 卷 4 號）　（東京）東洋學術協會　1972　p. 85
山口瑞鳳　醫療文獻　敦煌胡語文獻（講座敦煌6）　（東京）大東出版社　1985　p. 552
褚俊傑　吐蕃苯教喪葬儀軌研究　《中國藏學》1989 年第 3－4 期　又見：中國敦煌學百年文庫·民族卷（三）　甘肅文化出版社　1999　p. 76
麥克唐納著　耿昇譯　王堯校訂　敦煌吐蕃歷史文書考釋　青海人民出版社　1991　p. 101、295 注 289
戴仁　敦煌和吐魯番寫本的斷代研究　法國學者敦煌學論文選萃　中華書局　1993　p. 541
陳踐踐　籠館與籠官初探　藏學研究　中央民族學院出版社　1993　p. 171　又見：中國敦煌學百年文庫·民族卷（二）　甘肅文化出版社　1999　p. 26
石泰安著　耿昇譯　敦煌寫本中的吐蕃巫教和苯教　國外藏學研究譯文集（第十一輯）　西藏人民出版社　1994　p. 30

P. T. 1138

陳祚龍　關於道家"本際經"及其"要略妙義"與"疏"的敦煌古抄　敦煌文物隨筆　（臺北）商務印書館　1979　p. 214

石井昌子　靈寶經類　敦煌と中國道教(講座敦煌4)　(東京)大東出版社　1983　p. 160
山田俊　唐初道教思想史研究・資料篇　(東京)平樂寺書店　1999　p. 77、163
王卡　中國國家圖書館藏敦煌道教遺書研究報告　敦煌吐魯番研究(第七卷)　北京大學出版社
　　2004　p. 369

P. T. 1142

王堯　陳踐　序言　敦煌吐魯番文獻選　四川民族出版社　1983　p. 5、41、57
劉進寶　關於吐蕃統治經營河西地區的若干問題　《中國邊疆史地研究》1994年第1期　p. 21
劉進寶　吐蕃對河西的統治與經營　敦煌吐魯番學研究論集　書目文獻出版社　1996　p. 334
劉進寶　敦煌歷史文化　甘肅人民出版社　2000　p. 91
劉進寶　敦煌文書與唐史研究　(臺北)新文豐出版公司　2000　p. 115

P. T. 1154

山口瑞鳳　吐蕃の敦煌支配期間　敦煌の歷史(講座敦煌2)　(東京)大東出版社　1980　p. 218

P. T. 1155

高田時雄著　鍾翀等譯　敦煌發現的多種語言文獻　敦煌・民族・語言　中華書局　2005　p. 9

P. T. 1163

山口瑞鳳　吐蕃の敦煌支配期間　敦煌の歷史(講座敦煌2)　(東京)大東出版社　1980　p. 218

P. T. 1166

山口瑞鳳　蘇毗の領界　『東洋學報』(50卷4號)　(東京)東洋學術協會　1968　p. 52
山口瑞鳳　吐蕃の敦煌支配期間　敦煌の歷史(講座敦煌2)　(東京)大東出版社　1980　p. 223
戴仁　敦煌和吐魯番寫本的斷代研究　法國學者敦煌學論文選萃　中華書局　1993　p. 538

P. T. 1172

山口瑞鳳　吐蕃の敦煌支配期間　敦煌の歷史(講座敦煌2)　(東京)大東出版社　1980　p. 218

P. T. 1173

山口瑞鳳　吐蕃の敦煌支配期間　敦煌の歷史(講座敦煌2)　(東京)大東出版社　1980　p. 203
戴仁　敦煌和吐魯番寫本的斷代研究　法國學者敦煌學論文選萃　中華書局　1993　p. 542

P. T. 1174

山口瑞鳳　蘇毗の領界　『東洋學報』(50卷4號)　(東京)東洋學術協會　1968　p. 51
山口瑞鳳　吐蕃の敦煌支配期間　敦煌の歷史(講座敦煌2)　(東京)大東出版社　1980　p. 218
榮新江　通類考　文史(第三十三輯)　中華書局　1990　p. 129　又見:二十世紀中國文史考據文
　　錄　雲南人民出版社　2001　p. 2111

P. T. 1180

森安孝夫著　耿昇譯　伯希和敦煌藏文寫本第1283號新釋　敦煌譯叢(第一輯)　甘肅人民出版社
　　1985　p. 245 注1

P. T. 1182

王堯　敦煌 P. T. 351 吐蕃文書及景教文獻叙録　第二屆敦煌學國際研討會論文集　（臺北）漢學研究中心　1990　p. 541

王堯　近十年敦煌吐蕃文書研究簡況述評　藏學零墨　西藏人民出版社　1992　p. 2

烏瑞著　王湘雲譯　景教和摩尼教在吐蕃　國外敦煌吐蕃文書研究選譯　甘肅人民出版社　1992　p. 57

王堯　西藏文史考信集　中國藏學出版社　1994　p. 211

榮新江　古藏文佛教占卜書　敦煌學大辭典　上海辭書出版社　1998　p. 492

陳尚勝　五千年中外文化交流史　世界知識出版社　2001　p. 245

榮新江　中古中國與外來文明　三聯書店　2001　p. 344

P. T. 1184

王堯　新疆藏文簡牘考述及釋例　1983 年全國敦煌學術討論會文集・文史遺書編（上）　甘肅人民出版社　1987　p. 234 注 3

黃盛璋　關於沙州曹氏和于闐交往的諸藏文文書及相關問題　《敦煌研究》1992 年第 1 期　p. 39

P. T. 1185

羅秉芬　古藏文軍事文書　敦煌學大辭典　上海辭書出版社　1998　p. 467

P. T. 1187

原田覺　吐蕃譯經史　敦煌胡語文獻（講座敦煌 6）　（東京）大東出版社　1985　p. 424

P. T. 1188

高田時雄　チベット文字轉寫阿彌陀經の奥書　『人文研究』（第 65 輯）　（小樽市）小樽商科大學　1983　p. 7

王堯　陳踐　敦煌吐魯番文獻選　四川民族出版社　1983　p. 42

山口瑞鳳　吐蕃支配期以後の諸文書　敦煌胡語文獻（講座敦煌 6）　（東京）大東出版社　1985　p. 515

烏瑞著　耿昇譯　吐蕃統治結束後甘州和于闐官府中使用藏語的情況　敦煌譯叢（第一輯）　甘肅人民出版社　1985　p. 213

程溯洛　高昌回鶻王國史中一些基本問題論證　《新疆大學學報》1989 年第 2 期　p. 17

烏瑞著　熊文彬譯　藏人使用漢族六十甲子紀年法的早期例證　國外藏學研究譯文集（第五輯）　西藏人民出版社　1989　p. 83

王堯　近十年敦煌吐蕃文書研究簡況述評　藏學零墨　西藏人民出版社　1992　p. 21

羅秉芬　古藏文天福七年登里回鶻可汗詔書　敦煌學大辭典　上海辭書出版社　1998　p. 471

王堯　從敦煌文獻看吐蕃文化　南京棲霞山石窟藝術與敦煌學　中國美術學院出版社　2002　p. 223

王堯　西望陽關有故人：敦煌藏文寫卷述要　中國學術（第四輯）　商務印書館　2002　p. 22

楊富學　敦煌吐魯番文獻所見吐蕃回鶻文化關係　甘肅民族研究論叢　甘肅人民出版社　2002　p. 426

楊富學　回鶻文獻與回鶻文化　民族出版社　2002　p. 414

P. T. 1189

高田時雄　チベット文字轉寫阿彌陀經の奧書　『人文研究』(第 65 輯)　(小樽市)小樽商科大學
　　1983　p. 7

王堯　陳踐　敦煌吐魯番文獻選　四川民族出版社　1983　p. 42

烏瑞著　耿昇譯　吐蕃統治結束後甘州和于闐官府中使用藏語的情況　敦煌譯叢(第一輯)　甘肅
　　人民出版社　1985　p. 214

榮新江　歸義軍及其與周邊民族的關係初探　《敦煌學輯刊》1986 年第 2 期　p. 36　又見:中國人文
　　社會科學博士碩士文庫·歷史學卷　浙江教育出版社　1998　p. 667

黃盛璋　敦煌于闐文書中河西部族考證　《敦煌學輯刊》1990 年第 1 期　p. 66

張廣達　唐末五代宋初西北地區的般次和使次　季羨林教授八十華誕紀念論文集(下)　江西人民
　　出版社　1991　p. 972

陸慶夫　河西達怛考述　《敦煌學輯刊》1992 年第 1、2 期　p. 12

王堯　近十年敦煌吐蕃文書研究簡況述評　藏學零墨　西藏人民出版社　1992　p. 21

趙聲良　榮新江　饒宗頤編《法藏敦煌書苑精華》評介　《敦煌研究》1995 年第 1 期　p. 174

羅秉芬　古藏文肅州司徒致天大王書　敦煌學大辭典　上海辭書出版社　1998　p. 471

陸慶夫　歸義軍晚期的回鶻化與沙州回鶻政權　《敦煌學輯刊》1998 年第 1 期　p. 20

陸慶夫　歸義軍與遼及甘州回鶻關係考　《蘭州大學學報》1998 年第 3 期　p. 77

郭鋒　略論歸義軍時期仲雲人族屬諸問題　唐史與敦煌文獻論稿　中國社會科學出版社　2002
　　p. 317

楊富學　敦煌吐魯番文獻所見吐蕃回鶻文化關係　甘肅民族研究論叢　甘肅人民出版社　2002
　　p. 428

楊富學　回鶻文獻與回鶻文化　民族出版社　2002　p. 415

森安孝夫著　梁曉鵬摘譯　河西歸義軍節度使官印及其編年　《敦煌學輯刊》2003 年第 1 期　p. 143

P. T. 1190

森安孝夫著　梁曉鵬摘譯　河西歸義軍節度使官印及其編年　《敦煌學輯刊》2003 年第 1 期　p. 143

P. T. 1194

山口瑞鳳　醫療文獻　敦煌胡語文獻(講座敦煌 6)　(東京)大東出版社　1985　p. 552

王堯　陳踐　三探吐蕃卜辭　《青海社會科學》1987 年第 3 期　又見:中國敦煌學百年文庫·民族卷
　　(三)　甘肅文化出版社　1999　p. 142

褚俊傑　吐蕃苯教喪葬儀軌研究　《中國藏學》1989 年第 3 - 4 期　又見:中國敦煌學百年文庫·民
　　族卷(三)　甘肅文化出版社　1999　p. 76

戴仁　敦煌和吐魯番寫本的斷代研究　法國學者敦煌學論文選萃　中華書局　1993　p. 541

石泰安著　耿昇譯　敦煌寫本中的吐蕃巫教和苯教　國外藏學研究譯文集(第十一輯)　西藏人民
　　出版社　1994　p. 28

楊銘　古藏文苯教儀軌和使者故事　敦煌學大辭典　上海辭書出版社　1998　p. 492

陳炳應　盧冬　古代民族　敦煌文藝出版社　2004　p. 150

P. T. 1196

尹偉先　藏文史料中的"維吾爾"　《敦煌研究》1996 年第 4 期　p. 124

P. T. 1199

山口瑞鳳　官文書と公文書　敦煌胡語文獻（講座敦煌6）　（東京）大東出版社　1985　p. 500

P. T. 1200

山口瑞鳳　官文書と公文書　敦煌胡語文獻（講座敦煌6）　（東京）大東出版社　1985　p. 500

P. T. 1201

拉露著　馮蒸譯　地名 ʾA－ŽA 考略　國外中國學研究譯叢（1）　青海人民出版社　1986　p. 599

王堯　從兩件敦煌吐蕃文書來談洪䛒的事迹　選堂文史論苑　上海古籍出版社　1994　p. 245

羅秉芬　古藏文金剛致僧統洪䛒書　敦煌學大辭典　上海辭書出版社　1998　p. 470

陳炳應　盧冬　古代民族　敦煌文藝出版社　2004　p. 154

P. T. 1202

山口瑞鳳　官文書と公文書　敦煌胡語文獻（講座敦煌6）　（東京）大東出版社　1985　p. 500

楊銘　吐蕃統治敦煌研究　（臺北）新文豐出版公司　1997　p. 128

P. T. 1203

陳踐踐　藏語 ring－lugs 一詞演變考　《中國藏學》1991 年第 3 期　又見：中國敦煌學百年文庫語
　　言·文字卷（二）　甘肅文化出版社　1999　p. 232

王堯　從敦煌文獻看吐蕃文化　南京棲霞山石窟藝術與敦煌學　中國美術學院出版社　2002
　　p. 220

P. T. 1205

山口瑞鳳　吐蕃の敦煌支配期間　敦煌の歷史（講座敦煌2）　（東京）大東出版社　1980　p. 218

王堯　陳踐　序言　敦煌吐魯番文獻選　四川民族出版社　1983　p. 5、41、58、99 注 29

王堯　敦煌吐蕃官號"節兒"考　《民族語文》1989 年第 4 期　又見：中國敦煌學百年文庫·民族卷
　　（一）　甘肅文化出版社　1999　p. 418

戴仁　敦煌和吐魯番寫本的斷代研究　法國學者敦煌學論文選萃　中華書局　1993　p. 538

楊銘　一件有關敦煌陷蕃時間的藏文文書　《敦煌研究》1994 年第 3 期　p. 86

楊銘　吐蕃統治敦煌研究　（臺北）新文豐出版公司　1997　p. 106

楊銘　古藏文玉莽讚稟朗兒波牒　敦煌學大辭典　上海辭書出版社　1998　p. 466

P. T. 1208

楊銘　吐蕃"十將"（Tshan bcu）制補證　《中國藏學》1996 年第 2 期　又見：中國敦煌學百年文庫·
　　民族卷（二）　甘肅文化出版社　1999　p. 63

楊銘　吐蕃統治敦煌研究　（臺北）新文豐出版公司　1997　p. 274、299

柴劍虹　敦煌藏文 P. T. 1208、1221 號寫卷卷背的唐人詩抄　敦煌吐魯番研究（第三卷）　北京大學
　　出版社　1998　p. 53　又見：敦煌吐魯番學論稿　浙江教育出版社　2000　p. 252

柴劍虹　盧綸詩抄　敦煌學大辭典　上海辭書出版社　1998　p. 559

柴劍虹　唐人詩抄　敦煌學大辭典　上海辭書出版社　1998　p. 565

金瀅坤　吐蕃統治敦煌的社會基層組織　《中國邊疆史地研究》1998 年第 4 期　p. 33

徐俊　敦煌詩集殘卷輯考　中華書局　2000　p. 483

劉瑞明　集遺珠以彙詩海　復原貌而觀萬象：評《敦煌詩集殘卷輯考》　《敦煌研究》2001 年第 4 期
　　p. 170

P. T. 1216

陸慶夫　鄭炳林　俄藏敦煌寫本中九件轉帖初探　《敦煌學輯刊》1996 年第 1 期　p. 12
馬德　敦煌莫高窟史研究　甘肅教育出版社　1996　p. 92
蘇金花　從"方外之賓"到"釋吏"　《敦煌學輯刊》1998 年第 2 期　p. 112

P. T. 1217

王堯　陳踐　序言　敦煌吐魯番文獻選　四川民族出版社　1983　p. 5、41、58
山口瑞鳳　官文書と公文書　敦煌胡語文獻(講座敦煌6)　(東京)大東出版社　1985　p. 495
楊銘　吐蕃時期河隴軍政機構設置考　中亞學刊(第四輯)　北京大學出版社　1995　p. 118
楊銘　吐蕃統治敦煌研究　(臺北)新文豐出版公司　1997　p. 13
楊銘　古藏文大尚論節度使盟會告牒　敦煌學大辭典　上海辭書出版社　1998　p. 466
格桑央京　敦煌文獻所見吐蕃時期的告身　《敦煌研究》2006 年第 1 期　p. 79

P. T. 1221

柴劍虹　敦煌藏文 P. T. 1208、1221 號寫卷卷背的唐人詩抄　敦煌吐魯番研究(第三卷)　北京大學
　　出版社　1998　p. 53　又見：敦煌吐魯番學論稿　浙江教育出版社　2000　p. 252
柴劍虹　盧綸詩抄　敦煌學大辭典　上海辭書出版社　1998　p. 559
徐俊　敦煌詩集殘卷輯考　中華書局　2000　p. 483
劉瑞明　集遺珠以彙詩海　復原貌而觀萬象：評《敦煌詩集殘卷輯考》　《敦煌研究》2001 年第 4 期
　　p. 170

P. T. 1222

拉露著　馮蒸譯　地名 ’A－ŽA 考略　國外中國學研究譯叢(1)　青海人民出版社　1986　p. 599
周偉洲　吐蕃對河隴的統治及歸義軍前期的河西諸族　《甘肅民族研究》1990 年第 2 期　p. 4

P. T. 1228

長澤和俊　敦煌の庶民生活　敦煌の社會(講座敦煌3)　(東京)大東出版社　1980　p. 480
梅村坦　住民の種族構成——敦煌をめぐる諸民族の動向　敦煌の社會(講座敦煌3)　(東京)大
　　東出版社　1980　p. 208
高田時雄　チベット文字で書かれた寒食詩の斷片　『均社論叢』(第 10 號)　京都大學　1981
　　p. 83
高田時雄　雜抄と九九乘法表——敦煌におけるチベット文字使用の一面　『均社論叢』(第 14 號)
　　京都大學　1983　p. 3
高田時雄　チベット文字轉寫阿彌陀經の奧書　『人文研究』(第 65 輯)　(小樽市)小樽商科大學
　　1983　p. 10
田中良昭　敦煌禪宗文獻の研究　(東京)大東出版社　1983　p. 205、508
上山大峻　敦煌佛教の研究　(京都)法藏館　1990　p. 425
王堯　近十年敦煌吐蕃文書研究簡況述評　藏學零墨　西藏人民出版社　1992　p. 10
高田時雄　チベット文字書寫「長卷」の研究(本文編)　『東方學報』(第 65 號)　京都大學人文科

學研究所　1993　p. 373

榮新江　鄧文寬　有關敦博本禪籍的幾個問題　《敦煌學輯刊》1994 年第 2 期　p. 12

鄧文寬　榮新江　敦博本禪籍録校　江蘇古籍出版社　1998　p. 23

周季文　南天竺國菩提達摩禪師觀門古藏文音譯本　敦煌學大辭典　上海辭書出版社　1998
　　p. 476

楊曉靄　翰海駝鈴——絲綢之路的人物往來與文化交流　甘肅教育出版社　1999　p. 133

羅秉芬　藏文字母轉寫的象雄語醫學文獻及其研究簡況　敦煌本吐蕃醫學文獻精要　民族出版社
　　2002　p. 126

高田時雄著　鍾翀等譯　《雜抄》與九九乘法表:敦煌藏文字使用的一個側面　敦煌・民族・語言
　　中華書局　2005　p. 83

P. T. 1230

高田時雄　チベット文字で書かれた寒食詩の斷片　『均社論叢』(第 10 號)　京都大學　1981
　　p. 67

榮新江　鄧文寬　有關敦博本禪籍的幾個問題　《敦煌學輯刊》1994 年第 2 期　p. 12

鄧文寬　榮新江　敦博本禪籍録校　江蘇古籍出版社　1998　p. 24

黃布凡　寒食篇古藏文音譯本　敦煌學大辭典　上海辭書出版社　1998　p. 477

徐俊　敦煌詩集殘卷輯考　中華書局　2000　p. 216

高田時雄著　鍾翀等譯　藏文音譯《寒食詩》殘片　敦煌・民族・語言　中華書局　2005　p. 47

P. T. 1231

梅村坦　住民の種族構成——敦煌をめぐる諸民族の動向　敦煌の社會(講座敦煌 3)　(東京)大
　　東出版社　1980　p. 208

楊曉靄　翰海駝鈴——綢之路的人物往來與文化交流　甘肅教育出版社　1999　p. 133

P. T. 1235

王堯　陳踐　敦煌吐魯番文獻選　四川民族出版社　1983　p. 99 注 29

王堯　敦煌吐蕃官號"節兒"考　《民族語文》1989 年第 4 期　又見:中國敦煌學百年文庫・民族卷
　　(一)　甘肅文化出版社　1999　p. 418

高田時雄著　鍾翀等譯　敦煌發現的多種語言文獻　敦煌・民族・語言　中華書局　2005　p. 20
　　圖版

P. T. 1237

長澤和俊　敦煌　(東京)築摩書房　1965　p. 168

長澤和俊　敦煌の庶民生活　敦煌の社會(講座敦煌 3)　(東京)大東出版社　1980　p. 480

梅村坦　住民の種族構成——敦煌をめぐる諸民族の動向　敦煌の社會(講座敦煌 3)　(東京)大
　　東出版社　1980　p. 208

P. T. 1238

長澤和俊　敦煌　(東京)築摩書房　1965　p. 168

長澤和俊　敦煌の庶民生活　敦煌の社會(講座敦煌 3)　(東京)大東出版社　1980　p. 480

梅村坦　住民の種族構成——敦煌をめぐる諸民族の動向　敦煌の社會(講座敦煌 3)　(東京)大

東出版社　1980　p. 208

高田時雄　チベット文字で書かれた寒食詩の斷片　『均社論叢』（第 10 號）　京都大學　1981
　　p. 83

高田時雄　雜抄と九九乘法表——敦煌におけるチベット文字使用の一面　『均社論叢』（第 14 號）
　　京都大學　1983　p. 1

高田時雄　評：池田溫編『敦煌漢文文獻』（講座敦煌 5）　『東洋史研究』（52 卷 1 號）　（東京）東洋
　　史研究會　1993　p. 126

榮新江　鄧文寬　有關敦博本禪籍的幾個問題　《敦煌學輯刊》1994 年第 2 期　p. 12

周季文　雜抄古藏文音譯本　敦煌學大辭典　上海辭書出版社　1998　p. 477

陳炳應　從敦煌資料看儒學對吐蕃的深刻影響　《敦煌研究》2004 年第 4 期　p. 89

高田時雄著　鍾翀等譯　《雜抄》與九九乘法表：敦煌藏文字使用的一個側面　敦煌・民族・語言
　　中華書局　2005　p. 80

P. T. 1239

長澤和俊　敦煌　（東京）築摩書房　1965　p. 168

長澤和俊　敦煌の庶民生活　敦煌の社會（講座敦煌 3）　（東京）大東出版社　1980　p. 480

梅村坦　住民の種族構成——敦煌をめぐる諸民族の動向　敦煌の社會（講座敦煌 3）　（東京）大
　　東出版社　1980　p. 208

高田時雄　チベット文字で書かれた寒食詩の斷片　『均社論叢』（第 10 號）　京都大學　1981
　　p. 83

高田時雄　チベット文字轉寫阿彌陀經の奧書　『人文研究』（第 65 輯）　（小樽市）小樽商科大學
　　1983　p. 10

高田時雄　レニングラードにあるチベット文字轉寫法華經普門品　内陸アジア言語の研究（Ⅵ）
　　神戶市外國語大學外國學研究所　1990　p. 2

王堯　漢藏佛典對勘釋讀舉要《金剛經》　藏學零墨　西藏人民出版社　1992　p. 198

王堯　近十年敦煌吐蕃文書研究簡況述評　藏學零墨　西藏人民出版社　1992　p. 10

榮新江　鄧文寬　有關敦博本禪籍的幾個問題　《敦煌學輯刊》1994 年第 2 期　p. 12

鄧文寬　榮新江　敦博本禪籍録校　江蘇古籍出版社　1998　p. 23

周季文　妙法蓮華經普門品古藏文音譯本　敦煌學大辭典　上海辭書出版社　1998　p. 475

羅秉芬　藏文字母轉寫的象雄語醫學文獻及其研究簡況　敦煌本吐蕃醫學文獻精要　民族出版社
　　2002　p. 126

P. T. 1240

長澤和俊　敦煌　（東京）築摩書房　1965　p. 168

長澤和俊　敦煌の庶民生活　敦煌の社會（講座敦煌 3）　（東京）大東出版社　1980　p. 480

梅村坦　住民の種族構成—敦煌をめぐる諸民族の動向　敦煌の社會（講座敦煌 3）　（東京）大東
　　出版社　1980　p. 208

山口瑞鳳　吐蕃の敦煌支配期間　敦煌の歷史（講座敦煌 2）　（東京）大東出版社　1980　p. 200

山口瑞鳳　吐蕃王國成立史研究　（東京）岩波書店　1983　p. 628

戴仁　敦煌和吐魯番寫本的斷代研究　法國學者敦煌學論文選萃　中華書局　1993　p. 541

P. T. 1241

羅秉芬　藏文字母轉寫的象雄語醫學文獻及其研究簡況　敦煌本吐蕃醫學文獻精要　民族出版社　2002　p. 126

P. T. 1244

山口瑞鳳　吐蕃の敦煌支配期間　敦煌の歷史（講座敦煌 2）　（東京）大東出版社　1980　p. 218

P. T. 1247

王堯　新疆藏文簡牘考述及釋例　1983 年全國敦煌學術討論會文集·文史遺書編（上）　甘肅人民出版社　1987　p. 234 注 3

戴仁　敦煌和吐魯番寫本的斷代研究　法國學者敦煌學論文選萃　中華書局　1993　p. 541

陳慶英　劉英華　象雄醫學史淺議　藏醫藥研究文集　中國藏學出版社　2003　p. 221

P. T. 1249

梅村坦　住民の種族構成——敦煌をめぐる諸民族の動向　敦煌の社會（講座敦煌 3）　（東京）大東出版社　1980　p. 208

P. T. 1251

羅秉芬　象雄語　敦煌學大辭典　上海辭書出版社　1998　p. 474

羅秉芬　藏文字母轉寫的象雄語醫學文獻及其研究簡況　敦煌本吐蕃醫學文獻精要　民族出版社　2002　p. 125

陳慶英　劉英華　象雄醫學史淺議　藏醫藥研究文集　中國藏學出版社　2003　p. 221

陳明　漢唐西域胡語醫學文獻中的宗教因素　中國學術（第一輯）　商務印書館　2004　p. 143

陳明　殊方異藥：出土文書與西域醫學　北京大學出版社　2005　p. 16

P. T. 1253

梅村坦　住民の種族構成——敦煌をめぐる諸民族の動向　敦煌の社會（講座敦煌 3）　（東京）大東出版社　1980　p. 208

高田時雄　チベット文字で書かれた寒食詩の斷片　『均社論叢』（第 10 號）　京都大學　1981　p. 83

高田時雄　雜抄と九九乘法表——敦煌におけるチベット文字使用の一面　『均社論叢』（第 14 號）　京都大學　1983　p. 3

高田時雄　チベット文字轉寫阿彌陀經の奧書　『人文研究』（第 65 輯）　（小樽市）小樽商科大學　1983　p. 10

王堯　漢藏佛典對勘釋讀舉要《金剛經》　藏學零墨　西藏人民出版社　1992　p. 198

王堯　近十年敦煌吐蕃文書研究簡況述評　藏學零墨　西藏人民出版社　1992　p. 10

榮新江　鄧文寬　有關敦博本禪籍的幾個問題　《敦煌學輯刊》1994 年第 2 期　p. 12

鄧文寬　榮新江　敦博本禪籍錄校　江蘇古籍出版社　1998　p. 23

周季文　道安法師念佛讚古藏文音譯本　敦煌學大辭典　上海辭書出版社　1998　p. 476

陳慶英　劉英華　象雄醫學史淺議　藏醫藥研究文集　中國藏學出版社　2003　p. 221

高田時雄著　鍾翀等譯　《雜抄》與九九乘法表：敦煌藏文字使用的一個側面　敦煌·民族·語言　中華書局　2005　p. 83

P. T. 1254

梅村坦　住民の種族構成——敦煌をめぐる諸民族の動向　敦煌の社會（講座敦煌3）　（東京）大
　　東出版社　1980　p. 208

P. T. 1255

梅村坦　住民の種族構成——敦煌をめぐる諸民族の動向　敦煌の社會（講座敦煌3）　（東京）大
　　東出版社　1980　p. 208

P. T. 1256

梅村坦　住民の種族構成——敦煌をめぐる諸民族の動向　敦煌の社會（講座敦煌3）　（東京）大
　　東出版社　1980　p. 208

高田時雄　チベット文字で書かれた寒食詩の斷片　『均社論叢』（第10號）　京都大學　1981
　　p. 83

高田時雄　雜抄と九九乘法表——敦煌におけるチベット文字使用の一面　『均社論叢』（第14號）
　　京都大學　1983　p. 1

王堯　陳踐　敦煌吐魯番文獻選　四川民族出版社　1983　p. 42

烏瑞著　耿昇譯　吐蕃統治結束後甘州和于闐官府中使用藏語的情況　敦煌譯叢（第一輯）　甘肅
　　人民出版社　1985　p. 214

張廣達　榮新江　巴黎國立圖書館所藏敦煌于闐語寫卷目錄初編　敦煌吐魯番文獻研究論集（第四
　　輯）　北京大學出版社　1987　p. 103

張廣達　榮新江　關於敦煌出土于闐文獻的年代及其相關問題　紀念陳寅恪先生誕辰百年學術論文
　　集　北京大學出版社　1989　p. 297

王堯　近十年敦煌吐蕃文書研究簡況述評　藏學零墨　西藏人民出版社　1992　p. 21

榮新江　鄧文寬　有關敦博本禪籍的幾個問題　《敦煌學輯刊》1994年第2期　p. 12

王進玉　敦煌石窟探秘　四川教育出版社　1994　p. 110

鄧文寬　榮新江　敦博本禪籍錄校　江蘇古籍出版社　1998　p. 24

楊富學　《法華經》胡漢諸本的傳譯　敦煌吐魯番研究（第三卷）　北京大學出版社　1998　p. 30

楊銘　古藏文亥年于闐使劉司空等名簿　敦煌學大辭典　上海辭書出版社　1998　p. 471

周季文　九九歌古藏文音譯本　敦煌學大辭典　上海辭書出版社　1998　p. 477

高田時雄著　鍾翀等譯　《雜抄》與九九乘法表：敦煌藏文字使用的一個側面　敦煌·民族·語言
　　中華書局　2005　p. 80

P. T. 1257

袴谷憲昭　チベット語文獻——仏教文獻　敦煌胡語文獻（講座敦煌6）　（東京）大東出版社　1985
　　p. 212

原田覺　吐蕃譯經史　敦煌胡語文獻（講座敦煌6）　（東京）大東出版社　1985　p. 426

耿昇　八十年代的法國敦煌學論著簡介　《敦煌研究》1986年第3期　p. 83

石泰安著　耿昇譯　敦煌寫本中的印—藏和漢—藏兩種辭彙　國外藏學研究譯文集（第八輯）　西
　　藏人民出版社　1992　p. 191

王堯　近十年敦煌吐蕃文書研究簡況述評　藏學零墨　西藏人民出版社　1992　p. 8

戴仁　敦煌的經折裝寫本　法國學者敦煌學論文選萃　中華書局　1993　p. 579、587

戴仁　敦煌和吐魯番寫本的斷代研究　法國學者敦煌學論文選萃　中華書局　1993　p. 538

榮新江　漢藏對譯佛教辭彙集　敦煌學大辭典　上海辭書出版社　1998　p. 477

蘇晉仁　佛教文化與歷史　中央民族大學出版社　1998　p. 281

王堯　從敦煌文獻看吐蕃文化　南京棲霞山石窟藝術與敦煌學　中國美術學院出版社　2002　p. 233

王堯　西望陽關有故人：敦煌藏文寫卷述要　中國學術（第四輯）　商務印書館　2002　p. 53

P. T. 1258

梅村坦　住民の種族構成——敦煌をめぐる諸民族の動向　敦煌の社會（講座敦煌 3）　（東京）大東出版社　1980　p. 208

高田時雄　チベット文字で書かれた寒食詩の斷片　『均社論叢』（第 10 號）　京都大學　1981　p. 72

高田時雄　チベット文字轉寫阿彌陀經の奧書　『人文研究』（第 65 輯）　（小樽市）小樽商科大學　1983　p. 10

高田時雄　ウイグル字音考　『東方學』（第 70 輯）　（東京）東方學會　1985　p. 134

褚俊傑　吐蕃苯教喪葬儀軌研究　《中國藏學》1989 年第 3 – 4 期　又見：中國敦煌學百年文庫・民族卷（三）　甘肅文化出版社　1999　p. 80

王堯　漢藏佛典對勘釋讀舉要《金剛經》　藏學零墨　西藏人民出版社　1992　p. 198

王堯　近十年敦煌吐蕃文書研究簡況述評　藏學零墨　西藏人民出版社　1992　p. 10

榮新江　鄧文寬　有關敦博本禪籍的幾個問題　《敦煌學輯刊》1994 年第 2 期　p. 12

鄧文寬　榮新江　敦博本禪籍錄校　江蘇古籍出版社　1998　p. 23

周季文　天地八陽神咒經古藏文音譯本　敦煌學大辭典　上海辭書出版社　1998　p. 475

高田時雄著　鍾翀等譯　藏文音譯《寒食詩》殘片　敦煌・民族・語言　中華書局　2005　p. 52

P. T. 1259

梅村坦　住民の種族構成——敦煌をめぐる諸民族の動向　敦煌の社會（講座敦煌 3）　（東京）大東出版社　1980　p. 208

高田時雄著　鍾翀等譯　敦煌發現的多種語言文獻　敦煌・民族・語言　中華書局　2005　p. 20 圖版

P. T. 1260

山口瑞鳳　蘇毗の領界　『東洋學報』（50 卷 4 號）　（東京）東洋學術協會　1968　p. 60

麥克唐納著　耿昇譯　王堯校訂　敦煌吐蕃歷史文書考釋　青海人民出版社　1991　p. 238

高田時雄著　鍾翀等譯　敦煌發現的多種語言文獻　敦煌・民族・語言　中華書局　2005　p. 19 圖版

P. T. 1261

梅村坦　住民の種族構成——敦煌をめぐる諸民族の動向　敦煌の社會（講座敦煌 3）　（東京）大東出版社　1980　p. 208

吳其昱著　福井文雅　樋口勝譯　大蕃國大德・三藏法師・法成傳考　敦煌と中國仏教（講座敦煌 7）　（東京）大東出版社　1984　p. 392

戴密微著　耿昇譯　敦煌學近作　敦煌譯叢（第一輯）　甘肅人民出版社　1985　p. 67

袴谷憲昭　チベット語文獻——仏教文獻　敦煌胡語文獻（講座敦煌 6）　（東京）大東出版社　1985

　　　p. 219

原田覺　吐蕃譯經史　敦煌胡語文獻(講座敦煌6)　(東京)大東出版社　1985　p. 444

唐耕耦　8 至 10 世紀敦煌的物價　紀念陳寅恪教授國際學術討論會文集　中山大學出版社　1989
　　　p. 538

上山大峻　敦煌佛教の研究　(京都)法藏館　1990　p. 238

唐耕耦　陸宏基編　敦煌社會經濟文獻真迹釋録(三)　全國圖書館文獻縮微複製中心　1990
　　　p. 158

竺沙雅章　敦煌吐蕃期的僧官制度　第二屆敦煌學國際研討會論文集　(臺北)漢學研究中心
　　　1990　p. 150

土肥義和　九・十世紀の敦煌莫高窟を支えた人々　中國の都市と農村　(東京)汲古書院　1992
　　　p. 438

王堯　近十年敦煌吐蕃文書研究簡況述評　藏學零墨　西藏人民出版社　1992　p. 8

戴仁　敦煌和吐魯番寫本的斷代研究　法國學者敦煌學論文選萃　中華書局　1993　p. 538

姜伯勤　敦煌邈真讚與敦煌望族　敦煌邈真讚校録並研究　(臺北)新文豐出版公司　1994　p. 14

李明偉　隋唐絲綢之路　甘肅人民出版社　1994　p. 262

榮新江　敦煌邈真讚年代考　敦煌邈真讚校録並研究　(臺北)新文豐出版公司　1994　p. 354

郝春文　唐後期五代宋初沙州僧尼的宗教收入(三)：大衆倉試探　《敦煌學輯刊》1996 年第 2 期
　　　p. 2

李正宇　敦煌史地新論　(臺北)新文豐出版公司　1996　p. 97

馬雅倫　邢豔紅　吐蕃統治時期敦煌兩位粟特僧官：史慈燈、石法海考　《敦煌學輯刊》1996 年第 1
　　　期　p. 52

田德新　敦煌寺院中的"都頭"　《敦煌學輯刊》1996 年第 2 期　p. 99

張亞萍　鄺閣　唐五代敦煌的計量單位與價格換算　《敦煌學輯刊》1996 年第 2 期　p. 39

唐耕耦　敦煌寺院會計文書研究　(臺北)新文豐出版公司　1997　p. 431

楊際平　敦煌吐魯番出土雇工契研究　敦煌吐魯番研究(第二卷)　北京大學出版社　1997　p. 221

鄭炳林　都教授張金炫和尚生平事迹考　敦煌歸義軍史專題研究　蘭州大學出版社　1997　p. 549

鄭炳林　吐蕃統治下的敦煌粟特人　敦煌歸義軍史專題研究　蘭州大學出版社　1997　p. 380

鄭炳林　晚唐五代敦煌貿易市場的物價　敦煌歸義軍史專題研究　蘭州大學出版社　1997　p. 281、
　　　299

郝春文　出唱　敦煌學大辭典　上海辭書出版社　1998　p. 646

郝春文　唐後期五代宋初敦煌僧尼的社會生活　中國社會科學出版社　1998　p. 274、322、363

黄布凡　瑜伽師地論漢藏對照詞語寫卷　敦煌學大辭典　上海辭書出版社　1998　p. 475

金瀅坤　從敦煌文書看晚唐五代敦煌地區布紡織業　《敦煌研究》1998 年第 2 期　p. 138

李正宇　蘭若　敦煌學大辭典　上海辭書出版社　1998　p. 627

楊森　跋《子年三月五日計料海濟受戒衣鉢具色——如後》帳及卷背《釋門教授帖》文書　《敦煌研
　　　究》1998 年第 4 期　p. 103

鄭炳林　《康秀華寫經施入疏》與《炫和尚貨賣胡粉曆》研究　敦煌吐魯番研究(第三卷)　北京大
　　　學出版社　1998　p. 196

高啓安　唐五代至宋敦煌的量器及量制　《敦煌學輯刊》1999 年第 1 期　p. 67

郝春文　關於唐後期五代宋初沙州僧團的"出唱"活動　首都師範大學史學研究(1)　首都師範大
　　　學出版社　1999　p. 112

馬德　敦煌莫高窟"報恩吉祥窟"考　《敦煌研究》1999 年第 4 期　p. 58

馬德　敦煌文書《諸寺付經歷》芻議　《敦煌學輯刊》1999 年第 1 期　p. 42

陳海濤　敦煌歸義軍時期從化鄉消失原因初探　中國社會歷史評論（第二卷）　天津古籍出版社　2000　p. 434

楊森　《辛巳年六月十六日社人于燈司倉貸粟曆》文書之定年　《敦煌學輯刊》2001 年第 2 期　p. 18

鄭炳林　北京圖書館藏《吳和尚經論目錄》有關問題研究　敦煌學與中國史研究論集　甘肅人民出版社　2001　p. 128

王堯　西望陽關有故人：敦煌藏文寫卷述要　中國學術（第四輯）　商務印書館　2002　p. 53

楊森　談與敦煌和尚師子吼相關的幾個問題　2000 年敦煌學國際學術討論會文集·歷史文化卷（下）　甘肅民族出版社　2003　p. 139

高田時雄著　鍾翀等譯　敦煌發現的多種語言文獻　敦煌·民族·語言　中華書局　2005　p. 19 圖版

陸離　吐蕃統治時期敦煌僧官的幾個問題　《敦煌研究》2005 年第 3 期　p. 95

趙曉星　寇甲　西魏：歸義軍時期敦煌地區的史姓　《敦煌學輯刊》2005 年第 2 期　p. 130

P. T. 1262

御牧克己　シルクロード出土の仏典　シルクロードと仏教文化　（東京）東洋哲學研究所　1979　p. 299

高田時雄　チベット文字で書かれた寒食詩の斷片　『均社論叢』（第 10 號）　京都大學　1981　p. 80

高田時雄　チベット文字轉寫阿彌陀經の奥書　『人文研究』（第 65 輯）　（小樽市）小樽商科大學　1983　p. 11

麥克唐納著　耿昇譯　王堯校訂　敦煌吐蕃歷史文書考釋　青海人民出版社　1991　p. 148

王堯　漢藏佛典對勘釋讀舉要《金剛經》　藏學零墨　西藏人民出版社　1992　p. 198

榮新江　鄧文寬　有關敦博本禪籍的幾個問題　《敦煌學輯刊》1994 年第 2 期　p. 12

尹偉先　藏文史料中的"維吾爾"　《敦煌研究》1996 年第 4 期　p. 126

鄧文寬　榮新江　敦博本禪籍錄校　江蘇古籍出版社　1998　p. 24

周季文　妙法蓮華經普門品漢藏對音本　敦煌學大辭典　上海辭書出版社　1998　p. 475

王堯　從敦煌文獻看吐蕃文化　南京棲霞山石窟藝術與敦煌學　中國美術學院出版社　2002　p. 233

王堯　西望陽關有故人：敦煌藏文寫卷述要　中國學術（第四輯）　商務印書館　2002　p. 53

P. T. 1263

王堯　陳踐　歸義軍曹氏與于闐之關係補證　《西北史地》1987 年第 2 期　p. 60

熊文彬　兩唐書《吐蕃傳》吐蕃制度補證　《中國藏學》1989 年第 3 期　又見：中國敦煌學百年文庫·民族卷（一）　甘肅文化出版社　1999　p. 399

桑山正進　慧超往五天竺國傳研究　京都大學人文科學研究所　1992　p. 60

饒宗頤　上代塞種史若干問題：于闐史叢考序　中國文化（8）　（香港）中華書局　1993　p. 167

榮新江　藏漢對譯辭彙集　敦煌學大辭典　上海辭書出版社　1998　p. 477

徐俊　敦煌詩集殘卷輯考　中華書局　2000　p. 171、326、496、922

榮新江　中古中國與外來文明　三聯書店　2001　p. 226

陳炳應　盧冬　古代民族　敦煌文藝出版社　2004　p. 142、150

高田時雄著　鍾翀等譯　敦煌發現的多種語言文獻　敦煌·民族·語言　中華書局　2005　p. 8

P. T. 1279

唐耕耦　陸宏基　敦煌社會經濟文獻真迹釋録(二)　全國圖書館文獻縮微複製中心　1990
　　p. 78

馬繼興　當前世界各地收藏的中國出土卷子本古醫藥文獻備考　敦煌吐魯番研究(第六卷)　北京
　　大學出版社　2002　p. 155

P. T. 1283

陳踐　敦煌、新疆古藏文寫本述略　《甘肅民族研究》1983 年第 1－2 期　p. 26

森安孝夫著　陳俊謀譯　敦煌藏語史料中出現的北方民族　《西北史地》1983 年第 2 期　p. 103

山口瑞鳳　吐蕃王國成立史研究　(東京)岩波書店　1983　p. 700

王堯　陳踐　敦煌古藏文《禮儀問答寫卷》譯解　《西北史地》1983 年第 2 期　p. 12

王堯　陳踐　敦煌吐魯番文獻選　四川民族出版社　1983　p. 6、159

王堯　吐蕃文獻叙録　中國民族古文字研究　中國社會科學出版社　1984　p. 124

森安孝夫著　耿昇譯　伯希和敦煌藏文寫本第 1283 號新釋　敦煌譯叢(第一輯)　甘肅人民出版社
　　1985　p. 231

王堯　新疆藏文簡牘考述及釋例　1983 年全國敦煌學術討論會文集・文史遺書編(上)　甘肅人民
　　出版社　1987　p. 234 注 4

麥克唐納著　耿昇譯　王堯校訂　敦煌吐蕃歷史文書考釋　青海人民出版社　1991　p. 14

張雲　唐代吐蕃與西域的文化交流　《甘肅民族研究》1991 年第 4 期　p. 52

林家平　寧强　羅華慶　中國敦煌學史　北京語言學院出版社　1992　p. 559、563

王堯　國外敦煌吐蕃文書研究選譯　甘肅人民出版社　1992　p. 4

王堯　近十年敦煌吐蕃文書研究簡況述評　藏學零墨　西藏人民出版社　1992　p. 21

王堯　吐蕃文獻學導言　藏學零墨　西藏人民出版社　1992　p. 40

熊坤新　吐蕃王朝時期一部重要的倫理學文獻　藏學研究論叢(第三輯)　西藏人民出版社　1992
　　p. 298

胡戟　傅玫　敦煌史話　中華書局　1995　p. 201、212

尹偉先　藏文史料中的"維吾爾"　《敦煌研究》1996 年第 4 期　p. 121

劇宗林　古藏文禮義答問　敦煌學大辭典　上海辭書出版社　1998　p. 472

謝後芳　古藏文北方若干國君之王統叙記　敦煌學大辭典　上海辭書出版社　1998　p. 477

王堯　從敦煌文獻看吐蕃文化　南京棲霞山石窟藝術與敦煌學　中國美術學院出版社　2002
　　p. 222、230

王堯　西望陽關有故人:敦煌藏文寫卷述要　中國學術(第四輯)　商務印書館　2002　p. 22、27

楊富學　敦煌吐魯番文獻所見吐蕃回鶻文化關係　甘肅民族研究論叢　甘肅人民出版社　2002
　　p. 428

楊富學　回鶻文獻與回鶻文化　民族出版社　2002　p. 416

陳炳應　從敦煌資料看儒學對吐蕃的深刻影響　《敦煌研究》2004 年第 4 期　p. 90

陳炳應　盧冬　古代民族　敦煌文藝出版社　2004　p. 138、145、202、225

張雲　唐代吐蕃史與西北民族史研究　中國藏學出版社　2004　p. 393

P. T. 1284

馮燕　敦煌藏文本《孔丘項托相問書》考　《青海民族學院學報》1979 年第 4 卷　又見:中國敦煌學
　　百年文庫・文獻卷(二)　甘肅文化出版社　1999　p. 521

高田時雄　チベット文字轉寫阿彌陀經の奧書　『人文研究』（第 65 輯）（小樽市）小樽商科大學　1983　p. 7

王堯　陳踐　敦煌吐魯番文獻選　四川民族出版社　1983　p. 42

山口瑞鳳　吐蕃支配期以後の諸文書　敦煌胡語文獻（講座敦煌 6）（東京）大東出版社　1985　p. 519

烏瑞著　耿昇譯　吐蕃統治結束後甘州和于闐官府中使用藏語的情況　敦煌譯叢（第一輯）甘肅人民出版社　1985　p. 214

王堯　陳踐　歸義軍曹氏與于闐之關係補證　《西北史地》1987 年第 2 期　p. 60

孫修身　敦煌遺書伯 3016 號卷背第二件文書有關問題考　《敦煌學輯刊》1988 年第 1、2 期　p. 30

張鴻勳　從《孔子項托相問書》談敦煌文學的研究　敦煌語言文學論文集　浙江古籍出版社　1988　p. 247

孫修身　敦煌遺書吐蕃文書 P. T. 1284 號第三件書信有關問題考　《敦煌研究》1989 年第 2 期　p. 65

張廣達　榮新江　關於敦煌出土于闐文獻的年代及其相關問題　紀念陳寅恪先生誕辰百年學術論文集　北京大學出版社　1989　p. 297

鄭阿財　敦煌寫本《孔子項托相問書》初探　《法學商報》1990 年第 24 期　又見：中國敦煌學百年文庫·文學卷（五）甘肅文化出版社　1999　p. 52

黃盛璋　關於沙州曹氏和于闐交往的諸藏文文書及相關問題　《敦煌研究》1992 年第 1 期　p. 35

石泰安著　耿昇譯　敦煌寫本中的印—藏和漢—藏兩種辭彙　國外藏學研究譯文集（第八輯）西藏人民出版社　1992　p. 183

王堯　近十年敦煌吐蕃文書研究簡況述評　藏學零墨　西藏人民出版社　1992　p. 13、21

王堯　吐蕃文獻學導言　藏學零墨　西藏人民出版社　1992　p. 40

榮新江　于闐王國與瓜沙曹氏　《敦煌研究》1994 年第 2 期　p. 116

張先堂　敦煌文學與周邊民族文學、域外文學關係述論　《敦煌研究》1994 年第 1 期　p. 57

榮新江　龍家考　中亞學刊（第四輯）北京大學出版社　1995　p. 148

王堯　吐蕃時期藏譯漢籍名著及故事　中國古籍研究（第一卷）上海古籍出版社　1996　p. 558

黃征　張湧泉　敦煌變文校注　中華書局　1997　p. 360

佟錦華　孔丘項橐相問書古藏文譯本　敦煌學大辭典　上海辭書出版社　1998　p. 475

楊銘　古藏文河西節度使曹太保上于闐王書　敦煌學大辭典　上海辭書出版社　1998　p. 471

錢伯泉　南山部族與阿薩蘭回鶻研究　1994 年敦煌學國際研討會文集·宗教文史卷（下）甘肅民族出版社　2000　p. 52

楊秀清　華戎交會的都市：敦煌與絲綢之路　甘肅人民出版社　2000　p. 61

尕藏加　敦煌吐蕃藏文文獻在藏學研究中的資料價值　中日敦煌佛教學術會議論文集　中國社會科學院研究所　2002　p. 65

王堯　從敦煌文獻看吐蕃文化　南京棲霞山石窟藝術與敦煌學　中國美術學院出版社　2002　p. 238

王堯　西望陽關有故人：敦煌藏文寫卷述要　中國學術（第四輯）商務印書館　2002　p. 46

王小盾　何仟年　越南本《孔子項橐問答書》讞論　新世紀敦煌學論集　巴蜀書社　2003　p. 240

陳炳應　從敦煌資料看儒學對吐蕃的深刻影響　《敦煌研究》2004 年第 4 期　p. 89

陳炳應　盧冬　古代民族　敦煌文藝出版社　2004　p. 145

張弓　敦煌四部籍與中古後期社會的文化情境　敦煌學（第 25 輯）（臺北）樂學書局有限公司　2004　p. 323

P. T. 1285

山口瑞鳳　蘇毗の領界　『東洋學報』(50 卷 4 號)　(東京)東洋學術協會　1968　p. 20

山口瑞鳳　吐蕃王國成立史研究　(東京)岩波書店　1983　p. 54、101、148、168、218、269、292、422、702、779、835

山口瑞鳳　醫療文獻　敦煌胡語文獻(講座敦煌 6)　(東京)大東出版社　1985　p. 549

褚俊傑　吐蕃遠古氏族"恰""穆"研究　藏學研究論叢(第二輯)　西藏人民出版社　1990　p. 10

陳踐踐　藏語 ring–lugs 一詞演變考　《中國藏學》1991 年第 3 期　又見:中國敦煌學百年文庫·語言文字卷(二)　甘肅文化出版社　1999　p. 228

麥克唐納著　耿昇譯　王堯校訂　敦煌吐蕃歷史文書考釋　青海人民出版社　1991　p. 16、270 注 21

石泰安著　耿昇譯　敦煌寫本中的吐蕃巫教和苯教　國外藏學研究譯文集(第十一輯)　西藏人民出版社　1994　p. 32

楊銘　古藏文苯教祛病消災法　敦煌學大辭典　上海辭書出版社　1998　p. 492

馬繼興　當前世界各地收藏的中國出土卷子本古醫藥文獻備考　敦煌吐魯番研究(第六卷)　北京大學出版社　2002　p. 156

陳炳應　盧冬　古代民族　敦煌文藝出版社　2004　p. 150

P. T. 1286

山口瑞鳳　蘇毗の領界　『東洋學報』(50 卷 4 號)　(東京)東洋學術協會　1968　p. 20

山口瑞鳳　評『ペリオ·チベット文書の讀解』『東洋學報』(54 卷 4 號)　(東京)東洋學術協會　1972　p. 79

御牧克己　シルクロード出土の仏典　シルクロードと仏教文化　(東京)東洋哲學研究所　1979　p. 298

山口瑞鳳　吐蕃の敦煌支配期間　敦煌の歷史(講座敦煌 2)　(東京)大東出版社　1980　p. 199

陳踐　敦煌、新疆古藏文寫本述略　《甘肅民族研究》1983 年第 1–2 期　p. 26

山口瑞鳳　吐蕃王國成立史研究　(東京)岩波書店　1983　p. 82、151、209、273、339、355、652、702、835

王堯　吐蕃文獻叙錄　中國民族古文字研究　中國社會科學出版社　1984　p. 124

山口瑞鳳　醫療文獻　敦煌胡語文獻(講座敦煌 6)　(東京)大東出版社　1985　p. 551

山口瑞鳳　チベット語文獻──仏教關係以外の諸文獻　敦煌胡語文獻(講座敦煌 6)　(東京)大東出版社　1985　p. 453

原田覺　吐蕃譯經史　敦煌胡語文獻(講座敦煌 6)　(東京)大東出版社　1985　p. 422

拉露著　馮蒸譯　地名ʼA–ŽA 考略　國外中國學研究譯叢(1)　青海人民出版社　1986　p. 600、601 注 10

陳踐　王堯　敦煌本《吐蕃法制文書》譯釋　1983 年全國敦煌學術討論會文集·文史遺書編(上)　甘肅人民出版社　1987　p. 238

王堯　新疆藏文簡牘考述及釋例　1983 年全國敦煌學術討論會文集·文史遺書編(上)　甘肅人民出版社　1987　p. 234 注 3、注 10

P. 克瓦而内　釋藏文術語"苯"　敦煌吐魯番學研究論文集　漢語大詞典出版社　1990　p. 197

麥克唐納著　耿昇譯　王堯校訂　敦煌吐蕃歷史文書考釋　青海人民出版社　1991　p. 1、271 注 40

王堯　國外敦煌吐蕃文書研究選譯　甘肅人民出版社　1992　p. 4

佟錦華　古藏文小邦邦伯與家臣名表　敦煌學大辭典　上海辭書出版社　1998　p. 464

榮新江　敦煌學十八講　北京大學出版社　2001　p. 228

陳國燦　敦煌學史事新證　甘肅教育出版社　2002　p. 199

林冠群　唐代吐蕃對外聯姻之研究　唐研究（第八卷）　北京大學出版社　2002　p. 196 注 10

王堯　從敦煌文獻看吐蕃文化　南京棲霞山石窟藝術與敦煌學　中國美術學院出版社　2002
　　　p. 215

林冠群　《敦煌本吐蕃歷史文書》與唐代吐蕃史研究　新世紀敦煌學論集　巴蜀書社　2003　p. 361

陸離　有關吐蕃太子的文書研究　《敦煌學輯刊》2003 年第 1 期　p. 31

陳炳應　盧冬　古代民族　敦煌文藝出版社　2004　p. 127

劉勇　"藏族傳統史學"學科概念分析　《中國藏學》2006 年第 2 期　p. 174

P. T. 1287

山口瑞鳳　評『ペリオ・チベット文書の讀解』『東洋學報』（54 卷 4 號）（東京）東洋學術協會
　　　1972　p. 79

御牧克己　シルクロード出土の仏典　シルクロードと仏教文化　（東京）東洋哲學研究所　1979
　　　p. 298

陳踐　敦煌、新疆古藏文寫本述略　《甘肅民族研究》1983 年第 1 - 2 期　p. 26

山口瑞鳳　吐蕃王國成立史研究　（東京）岩波書店　1983　p. 93、316、355

張廣達　榮新江　和田、敦煌發現的中古于闐史料概述　《新疆社會科學》1983 年第 4 期　p. 83

戴密微著　耿昇譯　敦煌學近作　敦煌譯叢（第一輯）　甘肅人民出版社　1985　p. 75

山口瑞鳳　醫療文獻　敦煌胡語文獻（講座敦煌 6）（東京）大東出版社　1985　p. 551

山口瑞鳳　チベット語文獻——仏教關係以外の諸文獻　敦煌胡語文獻（講座敦煌 6）（東京）大東
　　　出版社　1985　p. 454

陳踐　王堯　敦煌本《吐蕃法制文書》譯釋　1983 年全國敦煌學術討論會文集・文史遺書編（上）
　　　甘肅人民出版社　1987　p. 238

王堯　新疆藏文簡牘考述及釋例　1983 年全國敦煌學術討論會文集・文史遺書編（上）　甘肅人民
　　　出版社　1987　p. 234 注 3、注 10

P. 克瓦而內　釋藏文術語"苯"　敦煌吐魯番學研究論文集　漢語大詞典出版社　1990　p. 197

麥克唐納著　耿昇譯　王堯校訂　敦煌吐蕃歷史文書考釋　青海人民出版社　1991　p. 35、261、317
　　　注 495

王堯　國外敦煌吐蕃文書研究選譯　甘肅人民出版社　1992　p. 4

陳踐踐　籠館與籠官初探　藏學研究　中央民族學院出版社　1993　p. 171　又見：中國敦煌學百年
　　　文庫・民族卷（二）　甘肅文化出版社　1999　p. 26

戴仁　敦煌和吐魯番寫本的斷代研究　法國學者敦煌學論文選萃　中華書局　1993　p. 539、542

沖本克己　チベットの禪　禪學研究入門　（東京）大東出版社　1994　p. 153

尹偉先　藏文史料中的"維吾爾"　《敦煌研究》1996 年第 4 期　p. 124

張雲　吐蕃的起源及其與中原的文化聯繫　《甘肅民族研究》1996 第 3 - 4 期　p. 46

周偉洲　唐"都管七個國"六瓣銀盒考　唐研究（第三卷）　北京大學出版社　1997　p. 413

榮新江　敦煌學十八講　北京大學出版社　2001　p. 228

林冠群　唐代吐蕃對外聯姻之研究　唐研究（第八卷）　北京大學出版社　2002　p. 201 注 106

孫修身　敦煌與中西交通研究　甘肅教育出版社　2002　p. 63

王堯　從敦煌文獻看吐蕃文化　南京棲霞山石窟藝術與敦煌學　中國美術學院出版社　2002
　　　p. 215

王堯　西望陽關有故人：敦煌藏文寫卷述要　中國學術（第四輯）　商務印書館　2002　p. 24、44

林冠群　《敦煌本吐蕃歷史文書》與唐代吐蕃史研究　新世紀敦煌學論集　巴蜀書社　2003　p. 368

陳炳應　盧冬　古代民族　敦煌文藝出版社　2004　p. 127

大原良通　吐蕃的法律文書　中國古代法律文獻研究（第二輯）　中國政法大學出版社　2004　p. 161

張弓　敦煌四部籍與中古後期社會的文化情境　敦煌學（第 25 輯）　（臺北）樂學書局有限公司　2004　p. 323

張雲　唐代吐蕃史與西北民族史研究　中國藏學出版社　2004　p. 132

格桑央京　敦煌文獻所見吐蕃時期的告身　《敦煌研究》2006 年第 1 期　p. 78

劉勇　"藏族傳統史學"學科概念分析　《中國藏學》2006 年第 2 期　p. 174

P. T. 1288

山口瑞鳳　古代チベット史考異（上）　『東洋學報』（49 卷 3 號）　（東京）東洋學術協會　1966　p. 26

山口瑞鳳　（フランス）國立圖書館（ペリオ蒐集敦煌）チベット語文獻抄　『東洋學報』（61 卷 1・2 號）　（東京）東洋學術協會　1979　p. 184

御牧克己　シルクロード出土の仏典　シルクロードと仏教文化　（東京）東洋哲學研究所　1979　p. 298

陳踐　敦煌、新疆古藏文寫本述略　《甘肅民族研究》1983 年第 1 - 2 期　p. 26

山口瑞鳳　吐蕃王國成立史研究　（東京）岩波書店　1983　p. 343

張廣達　榮新江　和田、敦煌發現的中古于闐史料概述　《新疆社會科學》1983 年第 4 期　p. 82

王堯　吐蕃文獻叙錄　中國民族古文字研究　中國社會科學出版社　1984　p. 124

戴密微著　耿昇譯　敦煌學近作　敦煌譯叢（第一輯）　甘肅人民出版社　1985　p. 74

山口瑞鳳　チベット語文獻——仏教關係以外の諸文獻　敦煌胡語文獻（講座敦煌6）　（東京）大東出版社　1985　p. 453

陳踐　王堯　敦煌本《吐蕃法制文書》譯釋　1983 年全國敦煌學術討論會文集・文史遺書編（上）　甘肅人民出版社　1987　p. 238

王堯　新疆藏文簡牘考述及釋例　1983 年全國敦煌學術討論會文集・文史遺書編（上）　甘肅人民出版社　1987　p. 235 注 10

麥克唐納著　耿昇譯　王堯校訂　敦煌吐蕃歷史文書考釋　青海人民出版社　1991　p. 1、259

陳踐踐　bal - po 考　《敦煌研究》1994 年第 4 期　p. 95

沖本克己　チベットの禪　禪學研究入門　（東京）大東出版社　1994　p. 153

陳國燦　安史亂後的唐二庭四鎮　唐研究（第二卷）　北京大學出版社　1996　p. 419

尹偉先　藏文史料中的"維吾爾"　《敦煌研究》1996 年第 4 期　p. 124

榮新江　吐蕃王朝編年史　敦煌學大辭典　上海辭書出版社　1998　p. 464

榮新江　敦煌學十八講　北京大學出版社　2001　p. 228

陳國燦　敦煌學史事新證　甘肅教育出版社　2002　p. 199、451

林冠群　唐代吐蕃對外聯姻之研究　唐研究（第八卷）　北京大學出版社　2002　p. 195 注 6

王堯　從敦煌文獻看吐蕃文化　南京棲霞山石窟藝術與敦煌學　中國美術學院出版社　2002　p. 215

王堯　西望陽關有故人：敦煌藏文寫卷述要　中國學術（第四輯）　商務印書館　2002　p. 24

王欣　吐火羅史研究　中國社會科學出版社　2002　p. 91

林冠群　《敦煌本吐蕃歷史文書》與唐代吐蕃史研究　新世紀敦煌學論集　巴蜀書社　2003　p. 361

陸離　有關吐蕃太子的文書研究　《敦煌學輯刊》2003 年第 1 期　p. 35

陳炳應　盧冬　古代民族　敦煌文藝出版社　2004　p. 127、202

大原良通　吐蕃的法律文書　中國古代法律文獻研究（第二輯）　中國政法大學出版社　2004　p. 161

P. T. 1289

王堯　陳踐　三探吐蕃卜辭　《青海社會科學》1987 年第 3 期　又見：中國敦煌學百年文庫・民族卷（三）　甘肅文化出版社　1999　p. 142

石泰安著　耿昇譯　敦煌寫本中的吐蕃巫教和苯教　國外藏學研究譯文集（第十一輯）　西藏人民出版社　1994　p. 29

楊銘　古藏文苯教雜交奶牛傳說　敦煌學大辭典　上海辭書出版社　1998　p. 491

陳炳應　盧冬　古代民族　敦煌文藝出版社　2004　p. 150

P. T. 1290

山口瑞鳳　蘇毗の領界　『東洋學報』（50 卷 4 號）　（東京）東洋學術協會　1968　p. 20

山口瑞鳳　評『ペリオ・チベット文書の讀解』　『東洋學報』（54 卷 4 號）　（東京）東洋學術協會　1972　p. 79

山口瑞鳳　吐蕃王國成立史研究　（東京）岩波書店　1983　p. 58、107、209、355、835

王堯　新疆藏文簡牘考述及釋例　1983 年全國敦煌學術討論會文集・文史遺書編（上）　甘肅人民出版社　1987　p. 234 注 3

P. 克瓦而內　釋藏文術語“苯”　敦煌吐魯番學研究論文集　漢語大詞典出版社　1990　p. 197

麥克唐納著　耿昇譯　王堯校訂　敦煌吐蕃歷史文書考釋　青海人民出版社　1991　p. 157

王堯　國外敦煌吐蕃文書研究選譯　甘肅人民出版社　1992　p. 4

陳踐踐　籠館與籠官初探　藏學研究　中央民族學院出版社　1993　p. 171　又見：中國敦煌學百年文庫・民族卷（二）　甘肅文化出版社　1999　p. 28

P. T. 1291

陳踐　敦煌、新疆古藏文寫本述略　《甘肅民族研究》1983 年第 1 - 2 期　p. 25

王堯　陳踐　敦煌吐魯番文獻選　四川民族出版社　1983　p. 6、62、82

馬明達　P. T. 1291 號敦煌藏文文書譯解訂誤　《敦煌學輯刊》1984 年第 2 期　p. 14

王堯　吐蕃文獻叙錄　中國民族古文字研究　中國社會科學出版社　1984　p. 124

今枝由郎　增補中國・インド古典──『書經』・『戰國策』・『ラーマーヤナ』　敦煌胡語文獻（講座敦煌 6）　（東京）大東出版社　1985　p. 558

耿昇　八十年代的法國敦煌學論著簡介　《敦煌研究》1986 年第 3 期　p. 88

石泰安著　耿昇譯　敦煌藏文寫本綜述　國外藏學研究譯文集（第三輯）　西藏人民出版社　1987　p. 9

王堯　新疆藏文簡牘考述及釋例　1983 年全國敦煌學術討論會文集・文史遺書編（上）　甘肅人民出版社　1987　p. 234 注 3

康世昌　孔衍《春秋後語》試探　敦煌學（第 13 輯）　（臺北）新文豐出版公司　1988　p. 120

王堯　敦煌吐蕃官號“節兒”考　《民族語文》1989 年第 4 期　又見：中國敦煌學百年文庫・民族卷（一）　甘肅文化出版社　1999　p. 419

康世昌　《春秋後語》研究　敦煌學(第16輯)　(臺北)新文豐出版公司　1990　p. 78

林家平　寧强　羅華慶　中國敦煌學史　北京語言學院出版社　1992　p. 561

王堯　河圖·洛書在西藏　中國文化(5)　(香港)中華書局　1992　p. 137 注14

王堯　近十年敦煌吐蕃文書研究簡況述評　藏學零墨　西藏人民出版社　1992　p. 15

張先堂　敦煌文學與周邊民族文學、域外文學關係述論　《敦煌研究》1994年第1期　p. 57

饒宗頤　跋：從"河圖"、"洛書"、"陰陽五行"、"八卦"在西藏看古代哲學思想的交流　華學(第一輯)
　　中山大學出版社　1995　p. 257

王堯　從"河圖"、"洛書"、"陰陽五行"、"八卦"在西藏看古代哲學思想的交流　華學(第一輯)　中
　　山大學出版社　1995　p. 249

王堯　吐蕃時期藏譯漢籍名著及故事　中國古籍研究(第一卷)　上海古籍出版社　1996　p. 537

索黛　吐蕃時期文獻淺議　《敦煌研究》1997年第3期　p. 158

王堯　敦煌吐蕃文書P. T. 1297號再釋　佛教與中國傳統文化　宗教文化出版社　1997　p. 761

謝後芳　春秋後語·魏語古藏文節譯本　敦煌學大辭典　上海辭書出版社　1998　p. 475

張金泉　白化文　春秋後語　敦煌學大辭典　上海辭書出版社　1998　p. 780

榮新江　敦煌文獻與古籍整理　慶祝吳其昱先生八秩華誕敦煌學特刊　(臺北)文津出版社　2000
　　p. 274

楊秀清　華戎交會的都市：敦煌與絲綢之路　甘肅人民出版社　2000　p. 61

榮新江　敦煌學十八講　北京大學出版社　2001　p. 268

尕藏加　敦煌吐蕃藏文文獻在藏學研究中的資料價值　中日敦煌佛教學術會議論文集　中國社會科
　　學院研究所　2002　p. 65

王堯　從敦煌文獻看吐蕃文化　南京棲霞山石窟藝術與敦煌學　中國美術學院出版社　2002
　　p. 235

陳炳應　從敦煌資料看儒學對吐蕃的深刻影響　《敦煌研究》2004年第4期　p. 88

陳炳應　盧冬　古代民族　敦煌文藝出版社　2004　p. 145

張弓　敦煌四部籍與中古後期社會的文化情境　敦煌學(第25輯)　(臺北)樂學書局有限公司
　　2004　p. 323

張雲　唐代吐蕃史與西北民族史研究　中國藏學出版社　2004　p. 187

P. T. 1292

森安孝夫　ウイグル語文獻　敦煌胡語文獻(講座敦煌6)　(東京)大東出版社　1985　p. 21

森安孝夫　敦煌と西ウイグル王國　『東方學』(第74輯)　(東京)東方學會　1987　p. 67

森安孝夫著　陳俊謀譯　敦煌與西回鶻王國　《西北史地》1987年第3期　p. 125

高田時雄　ウイグル字音史大概　『東方學報』(第62號)　京都大學人文科學研究所　1990
　　p. 343

張廣達　論隋唐時期中原與西域文化交流的幾個特點　西域史地叢稿初編　上海古籍出版社　1995
　　p. 295

耿世民　古藏文拼寫古突厥語佛教教理問答　敦煌學大辭典　上海辭書出版社　1998　p. 496

楊富學　回鶻之佛教　新疆人民出版社　1998　p. 104

徐俊　敦煌詩集殘卷輯考　中華書局　2000　p. 27

P. T. 1293

金岡照光　敦煌の繪物語　(東京)東方書店　1981　p. 165

胡素馨　敦煌的粉本和壁畫之間的關係　唐研究（第三卷）　北京大學出版社　1997　p. 437
王惠民　敦煌經變畫的研究成果與研究方法　《敦煌學輯刊》2004 年第 2 期　p. 70

P. T. 1294

山口瑞鳳　蘇毗の領界　『東洋學報』（50 卷 4 號）　（東京）東洋學術協會　1968　p. 61
山口瑞鳳　吐蕃の敦煌支配期間　敦煌の歷史（講座敦煌 2）　（東京）大東出版社　1980　p. 224
楊銘　一件有關敦煌陷蕃時間的藏文文書　《敦煌研究》1994 年第 3 期　p. 86
楊銘　吐蕃統治敦煌研究　（臺北）新文豐出版公司　1997　p. 106
陳國燦　悉董薩部落　敦煌學大辭典　上海辭書出版社　1998　p. 301

P. T. 1296

原田覺　吐蕃譯經史　敦煌胡語文獻（講座敦煌 6）　（東京）大東出版社　1985　p. 426

P. T. 1297

山口瑞鳳　蘇毗の領界　『東洋學報』（50 卷 4 號）　（東京）東洋學術協會　1968　p. 51
山口瑞鳳　吐蕃の敦煌支配期間　敦煌の歷史（講座敦煌 2）　（東京）大東出版社　1980　p. 224
王堯　陳踐　序言　敦煌吐魯番文獻選　四川民族出版社　1983　p. 5、41、59
王堯　陳踐　從一張借契看宗教的社會作用：P. T. 1297 號敦煌吐蕃文書譯解　《世界宗教研究》1986
　　年第 4 期　p. 65
劉戈　回鶻文契約文書初探　（臺北）五南圖書出版公司　1990　p. 52
榮新江　通頰考　文史（第三十三輯）　中華書局　1990　p. 129　又見：二十世紀中國文史考據文
　　錄　雲南人民出版社　2001　p. 2111
陳踐踐　藏語 ring－lugs 一詞演變考　《中國藏學》1991 年第 3 期　又見：中國敦煌學百年文庫・語
　　言文字卷（二）　甘肅文化出版社　1999　p. 230
高田時雄　五姓を說く敦煌資料　『國立民族學博物館研究報告別冊』（14 號）　（吹田）國立民族學
　　博物館　1991　p. 267
尹偉先　從敦煌文書看唐代河西地區的貨幣流通　《社科縱橫》1992 年第 6 期　又見：中國敦煌學百
　　年文庫・歷史卷（二）　甘肅文化出版社　1999　p. 341
張廣達　九世紀初吐蕃的《勅頒翻譯名義集三種》　周一良先生八十生日紀念論文集　中國社會科
　　學出版社　1993　p. 154
劉進寶　關於吐蕃統治經營河西地區的若干問題　《中國邊疆史地研究》1994 年第 1 期　p. 18
張傳璽　中國歷代契約會編考釋（上）　北京大學出版社　1995　p. 605 注 1
李正宇　敦煌史地新論　（臺北）新文豐出版公司　1996　p. 80
劉進寶　吐蕃對河西的統治與經營　敦煌吐魯番學研究論集　書目文獻出版社　1996　p. 331
王堯　敦煌吐蕃文書 P. T. 1297 號再釋　佛教與中國傳統文化　宗教文化出版社　1997　p. 753
羅秉芬　古藏文虎年張海增雇工契　敦煌學大辭典　上海辭書出版社　1998　p. 469
羅秉芬　古藏文羊年張本嘉買馬契　敦煌學大辭典　上海辭書出版社　1998　p. 469
楊富學　劉永連　丁曉瑜　1997—1998 年大陸地區唐代學術研究概況：敦煌學　"中國唐代學會"會
　　刊（第九期）　（臺北）"中國唐代學會"　1998　p. 110
劉進寶　敦煌歷史文化　甘肅人民出版社　2000　p. 99
劉進寶　敦煌文書與唐史研究　（臺北）新文豐出版公司　2000　p. 103
楊森　關於敦煌文獻中的"平章"一詞　敦煌學與中國史研究論集　甘肅人民出版社　2001　p. 231

王堯　從敦煌文獻看吐蕃文化　南京棲霞山石窟藝術與敦煌學　中國美術學院出版社　2002
　　　p. 219

王堯　西望陽關有故人：敦煌藏文寫卷述要　中國學術（第四輯）　商務印書館　2002　p. 19

童丕　敦煌的借貸：中國中古時代的物質生活與社會　中華書局　2003　p. 48、57、76

陸離　吐蕃統治敦煌時期的官府勞役　魏晉南北朝隋唐史資料（第22輯）　武漢大學出版社　2005
　　　p. 185

陸離　吐蕃統治河隴西域時期的市券研究　敦煌吐魯番研究（第九卷）　中華書局　2006　p. 222

P. T. 1299

王堯　陳踐　吐蕃時期的占卜研究　香港中文大學　1987　p. 7

P. T. 1300

原田覺　吐蕃譯經史　敦煌胡語文獻（講座敦煌6）　（東京）大東出版社　1985　p. 428

羅秉芬　古藏文懺悔誓願文　敦煌學大辭典　上海辭書出版社　1998　p. 490

P. T. 1311

張廣達　榮新江　巴黎國立圖書館所藏敦煌于闐語寫卷目録初編　敦煌吐魯番文獻研究論集（第四
　　　輯）　北京大學出版社　1987　p. 95

胡戟　傅玫　敦煌史話　中華書局　1995　p. 202

P. T. 1312

原田覺　吐蕃譯經史　敦煌胡語文獻（講座敦煌6）　（東京）大東出版社　1985　p. 428

P. T. 1333

高田時雄　有關吐蕃期敦煌寫經事業的藏文資料　敦煌文獻論集：紀念藏經洞發現一百周年國際學
　　　術研討會論文集　遼寧人民出版社　2001　p. 627

P. T. 1348

山口瑞鳳　官文書と公文書　敦煌胡語文獻（講座敦煌6）　（東京）大東出版社　1985　p. 497

P. T. 1376

麥克唐納著　耿昇譯　王堯校訂　敦煌吐蕃歷史文書考釋　青海人民出版社　1991　p. 145、161

P. T. 1385

高田時雄　有關吐蕃期敦煌寫經事業的藏文資料　敦煌文獻論集：紀念藏經洞發現一百周年國際學
　　　術研討會論文集　遼寧人民出版社　2001　p. 627

P. T. 1399

石泰安著　耿昇譯　西藏的印度教神話　國外藏學研究譯文集（第十一輯）　西藏人民出版社
　　　1994　p. 162 注18

P. T. 1437

原田覺　吐蕃譯經史　敦煌胡語文獻（講座敦煌6）　（東京）大東出版社　1985　p. 428

P. T. 1474

榮新江　通頻考　文史（第三十三輯）　中華書局　1990　p. 130　又見：二十世紀中國文史考據文
　　録　雲南人民出版社　2001　p. 2112

P. T. 1542

山口瑞鳳　吐蕃の敦煌支配期間　敦煌の歷史（講座敦煌2）　（東京）大東出版社　1980　p. 203
拉露著　馮蒸譯　地名ʾA – ŽA考略　國外中國學研究譯叢（1）　青海人民出版社　1986　p. 597

P. T. 1552

山口瑞鳳　吐蕃の敦煌支配期間　敦煌の歷史（講座敦煌2）　（東京）大東出版社　1980　p. 218
黃顥　古藏文大尚論節度使盟會告牒　敦煌學大辭典　上海辭書出版社　1998　p. 466

P. T. 1582

原田覺　吐蕃譯經史　敦煌胡語文獻（講座敦煌6）　（東京）大東出版社　1985　p. 428

P. T. 1593

原田覺　吐蕃譯經史　敦煌胡語文獻（講座敦煌6）　（東京）大東出版社　1985　p. 428

P. T. 1598

山口瑞鳳　蘇毗の領界　『東洋學報』（50卷4號）　（東京）東洋學術協會　1968　p. 61
山口瑞鳳　吐蕃の敦煌支配期間　敦煌の歷史（講座敦煌2）　（東京）大東出版社　1980　p. 224
陳國燦　悉董薩部落　敦煌學大辭典　上海辭書出版社　1998　p. 301

P. T. 1629

西岡祖秀　沙州における寫經事業——チベット文『無量壽宗要經』の寫經を中心として　敦煌胡
　　語文獻（講座敦煌6）　（東京）大東出版社　1985　p. 391
高田時雄　有關吐蕃期敦煌寫經事業的藏文資料　敦煌文獻論集：紀念藏經洞發現一百周年國際學
　　術研討會論文集　遼寧人民出版社　2001　p. 627

P. T. 1640

褚俊傑　吐蕃遠古氏族"恰""穆"研究　藏學研究論叢（第二輯）　西藏人民出版社　1990　p. 8
麥克唐納著　耿昇譯　王堯校訂　敦煌吐蕃歷史文書考釋　青海人民出版社　1991　p. 212

P. T. 1655

楊富學　敦煌吐魯番文獻所見吐蕃回鶻文化關係　甘肅民族研究論叢　甘肅人民出版社　2002
　　p. 430

P. T. 1659

麥克唐納著　耿昇譯　王堯校訂　敦煌吐蕃歷史文書考釋　青海人民出版社　1991　p. 148

P. T. 1675

烏瑞著　王湘雲譯　景教和摩尼教在吐蕃　國外敦煌吐蕃文書研究選譯　甘肅人民出版社　1992
　　p. 57

P. T. 1676

王堯　敦煌 P. T. 351 吐蕃文書及景教文獻敘錄　第二屆敦煌學國際研討會論文集　（臺北）漢學研
　　究中心　1990　p. 541

王堯　近十年敦煌吐蕃文書研究簡況述評　藏學零墨　西藏人民出版社　1992　p. 2

王堯　西藏文史考信集　中國藏學出版社　1994　p. 211

榮新江　古藏文佛教占卜書　敦煌學大辭典　上海辭書出版社　1998　p. 492

陳尚勝　五千年中外文化交流史　世界知識出版社　2001　p. 245

榮新江　中古中國與外來文明　三聯書店　2001　p. 344

陳炳應　盧冬　古代民族　敦煌文藝出版社　2004　p. 171

P. T. 1689

王堯　陳踐　敦煌吐魯番文獻選　四川民族出版社　1983　p. 207

森安孝夫　ウイグル語文獻　敦煌胡語文獻（講座敦煌6）　（東京）大東出版社　1985　p. 21

耿昇　八十年代的法國敦煌學論著簡介　《敦煌研究》1986 年第 3 期　p. 82

山本達郎等　敦煌・III 轉貼 NUN – HUANG AND TURFAN DOCUMENTS CONCERNING SOCIAL
　　AND ECONOMIC HISTORY(IV)　（東京）東洋學術協會　1989　p. 23

榮新江　粟特文音譯漢文寫本　敦煌學大辭典　上海辭書出版社　1998　p. 508

P. T. 1859

王堯　陳踐　敦煌吐魯番文獻選　四川民族出版社　1983　p. 207

森安孝夫　ウイグル語文獻（講座敦煌6）　（東京）大東出版社　1985　p. 21

耿昇　八十年代的法國敦煌學論著簡介　《敦煌研究》1986 年第 3 期　p. 82

榮新江　粟特文音譯漢文寫本　敦煌學大辭典　上海辭書出版社　1998　p. 508

王進玉　從敦煌文物看中西文化交流　《西域研究》1999 年第 1 期　p. 57

P. T. 1864

山口瑞鳳　吐蕃の敦煌支配期間　敦煌の歷史（講座敦煌2）　（東京）大東出版社　1980　p. 213

P. T. 1869

王進玉　從敦煌文物看中西文化交流　《西域研究》1999 年第 1 期　p. 57

P. T. 1901

山口瑞鳳　吐蕃の敦煌支配期間　敦煌の歷史（講座敦煌2）　（東京）大東出版社　1980　p. 218

P. T. 1912

唐耕耦　8 至 10 世紀敦煌的物價　紀念陳寅恪教授國際學術討論會文集　中山大學出版社　1989
　　p. 547

李明偉　隋唐絲綢之路　甘肅人民出版社　1994　p. 270

P. T. 1944

高田時雄　有關吐蕃期敦煌寫經事業的藏文資料　敦煌文獻論集：紀念藏經洞發現一百周年國際學
術研討會論文集　2001　p. 627

P. T. 2079

御牧克己　大乘無量壽宗要經　敦煌と中國仏教（講座敦煌7）　（東京）大東出版社　1984　p. 170

王堯　漢藏佛典對勘釋讀舉要《大乘無量壽宗要經》　藏學零墨　西藏人民出版社　1992　p. 206

P. T. 2086

戴仁　敦煌和吐魯番寫本的斷代研究　法國學者敦煌學論文選萃　中華書局　1993　p. 539

P. T. 2101

原田覺　吐蕃譯經史　敦煌胡語文獻（講座敦煌6）　（東京）大東出版社　1985　p. 432

P. T. 2102

原田覺　吐蕃譯經史　敦煌胡語文獻（講座敦煌6）　（東京）大東出版社　1985　p. 421、428

P. T. 2105

上山大峻　敦煌佛教の研究　（京都）法藏館　1990　p. 86

李德龍　法王經古藏文譯本　敦煌學大辭典　上海辭書出版社　1998　p. 487

李德龍　賢愚經古藏文譯本　敦煌學大辭典　上海辭書出版社　1998　p. 478

P. T. 2111

王堯　陳踐　敦煌古藏文《禮儀問答寫卷》譯解　《西北史地》1983 年第 2 期　p. 12

王堯　陳踐　敦煌吐魯番文獻選　四川民族出版社　1983　p. 42

烏瑞著　耿昇譯　吐蕃統治結束後甘州和于闐官府中使用藏語的情況　敦煌譯叢（第一輯）　甘肅
人民出版社　1985　p. 215

榮新江　歸義軍及其與周邊民族的關係初探　《敦煌學輯刊》1986 年第 2 期　p. 36　又見：中國人文
社會科學博士碩士文庫·歷史學卷　浙江教育出版社　1998　p. 667

張廣達　榮新江　關於敦煌出土于闐文獻的年代及其相關問題　紀念陳寅恪先生誕辰百年學術論文
集　北京大學出版社　1989　p. 297

林家平　寧强　羅華慶　中國敦煌學史　北京語言學院出版社　1992　p. 563

王堯　近十年敦煌吐蕃文書研究簡況述評　藏學零墨　西藏人民出版社　1992　p. 21

熊坤新　吐蕃王朝時期一部重要的倫理學文獻　藏學研究論叢（第三輯）　西藏人民出版社　1992
p. 298

戴仁　敦煌和吐魯番寫本的斷代研究　法國學者敦煌學論文選萃　中華書局　1993　p. 542

楊銘　古藏文于闐王致甘州長史書　敦煌學大辭典　上海辭書出版社　1998　p. 472

楊富學　敦煌吐魯番文獻所見吐蕃回鶻文化關係　甘肅民族研究論叢　甘肅人民出版社　2002
p. 428

楊富學　回鶻文獻與回鶻文化　民族出版社　2002　p. 415

陳炳應　從敦煌資料看儒學對吐蕃的深刻影響　《敦煌研究》2004 年第 4 期　p. 90

陳炳應　盧冬　古代民族　敦煌文藝出版社　2004　p. 138

P. T. 2118

山口瑞鳳　吐蕃王國成立史研究　（東京）岩波書店　1983　p. 208

池田溫　增補中國古代寫本識語集錄　大藏出版株式會社　1990　p. 552

褚俊傑　吐蕃遠古氏族"恰""穆"研究　藏學研究論叢（第二輯）　西藏人民出版社　1990　p. 8

戴仁　敦煌和吐魯番寫本的斷代研究　法國學者敦煌學論文選萃　中華書局　1993　p. 540

王進玉　敦煌石窟探秘　四川教育出版社　1994　p. 89

楊森　"婆姨"與"優婆姨"稱謂芻議　《敦煌研究》1994年第3期　p. 126

P. T. 2123

拉露著　馮蒸譯　地名'A–ŽA考略　國外中國學研究譯叢（1）　青海人民出版社　1986　p. 597

P. T. 2124

拉露著　馮蒸譯　地名'A–ŽA考略　國外中國學研究譯叢（1）　青海人民出版社　1986　p. 597

P. T. 2125

原田覺　吐蕃譯經史　敦煌胡語文獻（講座敦煌6）　（東京）大東出版社　1985　p. 426

拉露著　馮蒸譯　地名'A–ŽA考略　國外中國學研究譯叢（1）　青海人民出版社　1986　p. 597

P. T. 2127

王堯　從敦煌文獻看吐蕃文化　南京棲霞山石窟藝術與敦煌學　中國美術學院出版社　2002　p. 220

P. T. 2132

森安孝夫　ウイグル語文獻　敦煌胡語文獻（講座敦煌6）　（東京）大東出版社　1985　p. 21

P. T. 2139

楊銘　吐蕃統治敦煌研究　（臺北）新文豐出版公司　1997　p. 185

P. T. 2204

陳踐踐　藏語 ring–lugs 一詞演變考　《中國藏學》1991年第3期　又見：中國敦煌學百年文庫·語言文字卷（二）　甘肅文化出版社　1999　p. 232

P. T. 2205

上山大峻　敦煌佛教の研究　（京都）法藏館　1990　p. 93、154、218

李德龍　古藏文孟秋施物緣起要說　敦煌學大辭典　上海辭書出版社　1998　p. 489

P. T. 2218

山口瑞鳳　チベット語文獻——仏教關係以外の諸文獻　敦煌胡語文獻（講座敦煌6）　（東京）大東出版社　1985　p. 451

西岡祖秀　沙州における寫經事業——チベット文『無量壽宗要經』の寫經を中心として　敦煌胡語文獻（講座敦煌6）　（東京）大東出版社　1985　p. 392

P. T. 2262

戴仁　敦煌和吐魯番寫本的斷代研究　法國學者敦煌學論文選萃　中華書局　1993　p. 538

P. T. 2449

王堯　從敦煌文獻看吐蕃文化　南京棲霞山石窟藝術與敦煌學　中國美術學院出版社　2002
　　p. 225

王堯　西望陽關有故人:敦煌藏文寫卷述要　中國學術(第四輯)　商務印書館　2002　p. 24

P. T. 2565

張儂　敦煌石窟秘方與灸經圖　甘肅文化出版社　1995　p. 8、95

P. T. 2637

張儂　敦煌石窟秘方與灸經圖　甘肅文化出版社　1995　p. 34

P. T. 2662

張儂　敦煌石窟秘方與灸經圖　甘肅文化出版社　1995　p. 59、262

P. T. 2666

張儂　敦煌石窟秘方與灸經圖　甘肅文化出版社　1995　p. 208

P. T. 2675

張儂　敦煌石窟秘方與灸經圖　甘肅文化出版社　1995　p. 217

陳炳應　盧冬　古代民族　敦煌文藝出版社　2004　p. 148

P. T. 2762

尹偉先　藏文史料中的"維吾爾"　《敦煌研究》1996 年第 4 期　p. 124

P. T. 2882

張儂　敦煌石窟秘方與灸經圖　甘肅文化出版社　1995　p. 12、66

P. T. 2913

王堯　從敦煌文獻看吐蕃文化　南京棲霞山石窟藝術與敦煌學　中國美術學院出版社　2002
　　p. 219

P. T. 2991

王堯　從敦煌文獻看吐蕃文化　南京棲霞山石窟藝術與敦煌學　中國美術學院出版社　2002
　　p. 225

王堯　西望陽關有故人:敦煌藏文寫卷述要　中國學術(第四輯)　商務印書館　2002　p. 24

P. T. 3043

張儂　敦煌石窟秘方與灸經圖　甘肅文化出版社　1995　p. 42

P. T. 3077

李明偉　狀・牒・帖　敦煌文學　甘肅人民出版社　1989　p. 38

P. T. 3201

張儂　敦煌石窟秘方與灸經圖　甘肅文化出版社　1995　p. 13、89

P. T. 3230

張儂　敦煌石窟秘方與灸經圖　甘肅文化出版社　1995　p. 36

P. T. 3247

張儂　敦煌石窟秘方與灸經圖　甘肅文化出版社　1995　p. 265

P. T. 3301

王堯　從敦煌文獻看吐蕃文化　南京棲霞山石窟藝術與敦煌學　中國美術學院出版社　2002
　　p. 233

王堯　西望陽關有故人：敦煌藏文寫卷述要　中國學術（第四輯）　商務印書館　2002　p. 54

P. T. 3378

張儂　敦煌石窟秘方與灸經圖　甘肅文化出版社　1995　p. 16、37、60

P. T. 3387

張儂　敦煌石窟秘方與灸經圖　甘肅文化出版社　1995　p. 116

P. T. 3500

西岡祖秀　沙州における寫經事業——チベット文『無量壽宗要經』の寫經を中心として　敦煌胡
　　語文獻（講座敦煌6）　（東京）大東出版社　1985　p. 388

王堯　漢藏佛典對勘釋讀舉要《大乘無量壽宗要經》　藏學零墨　西藏人民出版社　1992　p. 206

P. T. 3501

榮新江　通頰考　文史（第三十三輯）　中華書局　1990　p. 130　又見：二十世紀中國文史考據文
　　錄　雲南人民出版社　2001　p. 2111

P. T. 3504

西岡祖秀　沙州における寫經事業——チベット文『無量壽宗要經』の寫經を中心として　敦煌胡
　　語文獻（講座敦煌6）　（東京）大東出版社　1985　p. 391

P. T. 3506

西岡祖秀　沙州における寫經事業——チベット文『無量壽宗要經』の寫經を中心として　敦煌胡
　　語文獻（講座敦煌6）　（東京）大東出版社　1985　p. 388

P. T. 3509

西岡祖秀　沙州における寫經事業——チベット文『無量壽宗要經』の寫經を中心として　敦煌胡

語文獻（講座敦煌6）（東京）大東出版社　1985　p. 391

上山大峻　敦煌佛教の研究　（京都）法藏館　1990　p. 126

P. T. 3516

西岡祖秀　沙州における寫經事業──チベット文『無量壽宗要經』の寫經を中心として　敦煌胡
語文獻（講座敦煌6）（東京）大東出版社　1985　p. 388

P. T. 3550

西岡祖秀　沙州における寫經事業──チベット文『無量壽宗要經』の寫經を中心として　敦煌胡
語文獻（講座敦煌6）（東京）大東出版社　1985　p. 388

P. T. 3553

西岡祖秀　沙州における寫經事業──チベット文『無量壽宗要經』の寫經を中心として　敦煌胡
語文獻（講座敦煌6）（東京）大東出版社　1985　p. 391

P. T. 3592

西岡祖秀　沙州における寫經事業──チベット文『無量壽宗要經』の寫經を中心として　敦煌胡
語文獻（講座敦煌6）（東京）大東出版社　1985　p. 388

P. T. 3593

西岡祖秀　沙州における寫經事業──チベット文『無量壽宗要經』の寫經を中心として　敦煌胡
語文獻（講座敦煌6）（東京）大東出版社　1985　p. 388

P. T. 3596

張儂　敦煌石窟秘方與灸經圖　甘肅文化出版社　1995　p. 10、60、122、263

P. T. 3597

西岡祖秀　沙州における寫經事業──チベット文『無量壽宗要經』の寫經を中心として　敦煌胡
語文獻（講座敦煌6）（東京）大東出版社　1985　p. 388

P. T. 3601

西岡祖秀　沙州における寫經事業──チベット文『無量壽宗要經』の寫經を中心として　敦煌胡
語文獻（講座敦煌6）（東京）大東出版社　1985　p. 390

P. T. 3603

西岡祖秀　沙州における寫經事業──チベット文『無量壽宗要經』の寫經を中心として　敦煌胡
語文獻（講座敦煌6）（東京）大東出版社　1985　p. 388

P. T. 3608

西岡祖秀　沙州における寫經事業──チベット文『無量壽宗要經』の寫經を中心として　敦煌胡
語文獻（講座敦煌6）（東京）大東出版社　1985　p. 390

P. T. 3612
西岡祖秀　沙州における寫經事業——チベット文『無量壽宗要經』の寫經を中心として　敦煌胡
　　語文獻（講座敦煌 6）　（東京）大東出版社　1985　p. 391

P. T. 3615
西岡祖秀　沙州における寫經事業——チベット文『無量壽宗要經』の寫經を中心として　敦煌胡
　　語文獻（講座敦煌 6）　（東京）大東出版社　1985　p. 388

P. T. 3641
西岡祖秀　沙州における寫經事業——チベット文『無量壽宗要經』の寫經を中心として　敦煌胡
　　語文獻（講座敦煌 6）　（東京）大東出版社　1985　p. 391

P. T. 3651
西岡祖秀　沙州における寫經事業——チベット文『無量壽宗要經』の寫經を中心として　敦煌胡
　　語文獻（講座敦煌 6）　（東京）大東出版社　1985　p. 388

P. T. 3652
西岡祖秀　沙州における寫經事業——チベット文『無量壽宗要經』の寫經を中心として　敦煌胡
　　語文獻（講座敦煌 6）　（東京）大東出版社　1985　p. 388

P. T. 3653
西岡祖秀　沙州における寫經事業——チベット文『無量壽宗要經』の寫經を中心として　敦煌胡
　　語文獻（講座敦煌 6）　（東京）大東出版社　1985　p. 388

P. T. 3654
西岡祖秀　沙州における寫經事業——チベット文『無量壽宗要經』の寫經を中心として　敦煌胡
　　語文獻（講座敦煌 6）　（東京）大東出版社　1985　p. 388

P. T. 3655
張儂　敦煌石窟秘方與灸經圖　甘肅文化出版社　1995　p. 216、276

P. T. 3662
西岡祖秀　沙州における寫經事業——チベット文『無量壽宗要經』の寫經を中心として　敦煌胡
　　語文獻（講座敦煌 6）　（東京）大東出版社　1985　p. 391

P. T. 3666
西岡祖秀　沙州における寫經事業——チベット文『無量壽宗要經』の寫經を中心として　敦煌胡
　　語文獻（講座敦煌 6）　（東京）大東出版社　1985　p. 390

P. T. 3685
西岡祖秀　沙州における寫經事業——チベット文『無量壽宗要經』の寫經を中心として　敦煌胡
　　語文獻（講座敦煌 6）　（東京）大東出版社　1985　p. 391

P. T. 3692

西岡祖秀　沙州における寫經事業——チベット文『無量壽宗要經』の寫經を中心として　敦煌胡
　語文獻(講座敦煌6)　(東京)大東出版社　1985　p. 388

P. T. 3721

西岡祖秀　沙州における寫經事業——チベット文『無量壽宗要經』の寫經を中心として　敦煌胡
　語文獻(講座敦煌6)　(東京)大東出版社　1985　p. 390

P. T. 3731

張儂　敦煌石窟秘方與灸經圖　甘肅文化出版社　1995　p. 29、119

P. T. 3736

西岡祖秀　沙州における寫經事業——チベット文『無量壽宗要經』の寫經を中心として　敦煌胡
　語文獻(講座敦煌6)　(東京)大東出版社　1985　p. 388

P. T. 3739

西岡祖秀　沙州における寫經事業——チベット文『無量壽宗要經』の寫經を中心として　敦煌胡
　語文獻(講座敦煌6)　(東京)大東出版社　1985　p. 390

P. T. 3745

西岡祖秀　沙州における寫經事業——チベット文『無量壽宗要經』の寫經を中心として　敦煌胡
　語文獻(講座敦煌6)　(東京)大東出版社　1985　p. 388

P. T. 3754

榮新江　通類考　文史(第三十三輯)　中華書局　1990　p. 130　又見:二十世紀中國文史考據文
　錄　雲南人民出版社　2001　p. 2111

P. T. 3755

西岡祖秀　沙州における寫經事業——チベット文『無量壽宗要經』の寫經を中心として　敦煌胡
　語文獻(講座敦煌6)　(東京)大東出版社　1985　p. 388

P. T. 3758

西岡祖秀　沙州における寫經事業——チベット文『無量壽宗要經』の寫經を中心として　敦煌胡
　語文獻(講座敦煌6)　(東京)大東出版社　1985　p. 388

P. T. 3765

西岡祖秀　沙州における寫經事業——チベット文『無量壽宗要經』の寫經を中心として　敦煌胡
　語文獻(講座敦煌6)　(東京)大東出版社　1985　p. 388

P. T. 3771

西岡祖秀　沙州における寫經事業——チベット文『無量壽宗要經』の寫經を中心として　敦煌胡
　語文獻(講座敦煌6)　(東京)大東出版社　1985　p. 388

P. T. 3772

西岡祖秀　沙州における寫經事業——チベット文『無量壽宗要經』の寫經を中心として　敦煌胡
　語文獻(講座敦煌6)　(東京)大東出版社　1985　p. 388

P. T. 3773

西岡祖秀　沙州における寫經事業——チベット文『無量壽宗要經』の寫經を中心として　敦煌胡
　語文獻(講座敦煌6)　(東京)大東出版社　1985　p. 388

P. T. 3774

西岡祖秀　沙州における寫經事業——チベット文『無量壽宗要經』の寫經を中心として　敦煌胡
　語文獻(講座敦煌6)　(東京)大東出版社　1985　p. 388

P. T. 3775

西岡祖秀　沙州における寫經事業——チベット文『無量壽宗要經』の寫經を中心として　敦煌胡
　語文獻(講座敦煌6)　(東京)大東出版社　1985　p. 388

P. T. 3787

西岡祖秀　沙州における寫經事業——チベット文『無量壽宗要經』の寫經を中心として　敦煌胡
　語文獻(講座敦煌6)　(東京)大東出版社　1985　p. 388

P. T. 3792

西岡祖秀　沙州における寫經事業——チベット文『無量壽宗要經』の寫經を中心として　敦煌胡
　語文獻(講座敦煌6)　(東京)大東出版社　1985　p. 390

P. T. 3804

西岡祖秀　沙州における寫經事業——チベット文『無量壽宗要經』の寫經を中心として　敦煌胡
　語文獻(講座敦煌6)　(東京)大東出版社　1985　p. 391

P. T. 3824

西岡祖秀　沙州における寫經事業——チベット文『無量壽宗要經』の寫經を中心として　敦煌胡
　語文獻(講座敦煌6)　(東京)大東出版社　1985　p. 388

P. T. 3842

西岡祖秀　沙州における寫經事業——チベット文『無量壽宗要經』の寫經を中心として　敦煌胡
　語文獻(講座敦煌6)　(東京)大東出版社　1985　p. 390

P. T. 3863

西岡祖秀　沙州における寫經事業——チベット文『無量壽宗要經』の寫經を中心として　敦煌胡
　語文獻(講座敦煌6)　(東京)大東出版社　1985　p. 388

P. T. 3864

西岡祖秀　沙州における寫經事業——チベット文『無量壽宗要經』の寫經を中心として　敦煌胡

語文獻（講座敦煌6）　（東京）大東出版社　1985　p. 388

P. T. 3865

西岡祖秀　沙州における寫經事業——チベット文『無量壽宗要經』の寫經を中心として　敦煌胡
　　語文獻（講座敦煌6）　（東京）大東出版社　1985　p. 390

P. T. 3875

西岡祖秀　沙州における寫經事業——チベット文『無量壽宗要經』の寫經を中心として　敦煌胡
　　語文獻（講座敦煌6）　（東京）大東出版社　1985　p. 390

P. T. 3878

西岡祖秀　沙州における寫經事業——チベット文『無量壽宗要經』の寫經を中心として　敦煌胡
　　語文獻（講座敦煌6）　（東京）大東出版社　1985　p. 391

P. T. 3879

西岡祖秀　沙州における寫經事業——チベット文『無量壽宗要經』の寫經を中心として　敦煌胡
　　語文獻（講座敦煌6）　（東京）大東出版社　1985　p. 391

P. T. 3903

西岡祖秀　沙州における寫經事業——チベット文『無量壽宗要經』の寫經を中心として　敦煌胡
　　語文獻（講座敦煌6）　（東京）大東出版社　1985　p. 388

P. T. 3904

西岡祖秀　沙州における寫經事業——チベット文『無量壽宗要經』の寫經を中心として　敦煌胡
　　語文獻（講座敦煌6）　（東京）大東出版社　1985　p. 388

P. T. 3918

李樹輝　S. 6551 講經文寫作年代及相關史事考辨　《敦煌研究》2003 年第 5 期　p. 59

P. T. 3921

西岡祖秀　沙州における寫經事業——チベット文『無量壽宗要經』の寫經を中心として　敦煌胡
　　語文獻（講座敦煌6）　（東京）大東出版社　1985　p. 390

P. T. 3923

西岡祖秀　沙州における寫經事業——チベット文『無量壽宗要經』の寫經を中心として　敦煌胡
　　語文獻（講座敦煌6）　（東京）大東出版社　1985　p. 390

P. T. 3930

張儂　敦煌石窟秘方與灸經圖　甘肅文化出版社　1995　p. 16、79、264

P. T. 3931

西岡祖秀　沙州における寫經事業——チベット文『無量壽宗要經』の寫經を中心として　敦煌胡

語文獻(講座敦煌6)　(東京)大東出版社　1985　p. 391

P. T. 3932
西岡祖秀　沙州における寫經事業――チベット文『無量壽宗要經』の寫經を中心として　敦煌胡
　　語文獻(講座敦煌6)　(東京)大東出版社　1985　p. 388

P. T. 3934
西岡祖秀　沙州における寫經事業――チベット文『無量壽宗要經』の寫經を中心として　敦煌胡
　　語文獻(講座敦煌6)　(東京)大東出版社　1985　p. 388

P. T. 3943
西岡祖秀　沙州における寫經事業――チベット文『無量壽宗要經』の寫經を中心として　敦煌胡
　　語文獻(講座敦煌6)　(東京)大東出版社　1985　p. 391

P. T. 3954
西岡祖秀　沙州における寫經事業――チベット文『無量壽宗要經』の寫經を中心として　敦煌胡
　　語文獻(講座敦煌6)　(東京)大東出版社　1985　p. 388

P. T. 3960
張儂　敦煌石窟秘方與灸經圖　甘肅文化出版社　1995　p. 265

P. T. 3964
山本達郎等　敦煌・III 轉貼 NUN – HUANG AND TURFAN DOCUMENTS CONCERNING SOCIAL
AND ECONOMIC HISTORY(IV)　(東京)東洋學術協會　1989　p. 41

P. T. 3982
西岡祖秀　沙州における寫經事業――チベット文『無量壽宗要經』の寫經を中心として　敦煌胡
　　語文獻(講座敦煌6)　(東京)大東出版社　1985　p. 388

P. T. 3991
西岡祖秀　沙州における寫經事業――チベット文『無量壽宗要經』の寫經を中心として　敦煌胡
　　語文獻(講座敦煌6)　(東京)大東出版社　1985　p. 388

P. T. 4001
西岡祖秀　沙州における寫經事業――チベット文『無量壽宗要經』の寫經を中心として　敦煌胡
　　語文獻(講座敦煌6)　(東京)大東出版社　1985　p. 390

P. T. 4002
榮新江　通類考　文史(第三十三輯)　中華書局　1990　p. 130　又見:二十世紀中國文史考據文
　　錄　雲南人民出版社　2001　p. 2111
戴仁　敦煌和吐魯番寫本的斷代研究　法國學者敦煌學論文選萃　中華書局　1993　p. 538

P. T. 4010

戴仁　敦煌和吐魯番寫本的斷代研究　法國學者敦煌學論文選萃　中華書局　1993　p. 538

P. T. 4016

戴仁　敦煌和吐魯番寫本的斷代研究　法國學者敦煌學論文選萃　中華書局　1993　p. 538

P. T. 4023

西岡祖秀　沙州における寫經事業──チベット文『無量壽宗要經』の寫經を中心として　敦煌胡語文獻（講座敦煌6）（東京）大東出版社　1985　p. 391

P. T. 4029

戴仁　敦煌和吐魯番寫本的斷代研究　法國學者敦煌學論文選萃　中華書局　1993　p. 538

P. T. 4030

戴仁　敦煌和吐魯番寫本的斷代研究　法國學者敦煌學論文選萃　中華書局　1993　p. 538

P. T. 4032

戴仁　敦煌和吐魯番寫本的斷代研究　法國學者敦煌學論文選萃　中華書局　1993　p. 538

P. T. 4033

戴仁　敦煌和吐魯番寫本的斷代研究　法國學者敦煌學論文選萃　中華書局　1993　p. 538

P. T. 4034

戴仁　敦煌和吐魯番寫本的斷代研究　法國學者敦煌學論文選萃　中華書局　1993　p. 538

P. T. 4036

戴仁　敦煌和吐魯番寫本的斷代研究　法國學者敦煌學論文選萃　中華書局　1993　p. 538

P. T. 4038

張儂　敦煌石窟秘方與灸經圖　甘肅文化出版社　1995　p. 24、40

P. T. 4039

榮新江　通類考　文史（第三十三輯）　中華書局　1990　p. 130　又見：二十世紀中國文史考據文錄　雲南人民出版社　2001　p. 2111

P. T. 4041

戴仁　敦煌和吐魯番寫本的斷代研究　法國學者敦煌學論文選萃　中華書局　1993　p. 538

P. T. 4042

戴仁　敦煌和吐魯番寫本的斷代研究　法國學者敦煌學論文選萃　中華書局　1993　p. 538

P. T. 4048

戴仁　敦煌和吐魯番寫本的斷代研究　法國學者敦煌學論文選萃　中華書局　1993　p. 538

P. T. 4056

西岡祖秀　沙州における寫經事業——チベット文『無量壽宗要經』の寫經を中心として　敦煌胡
　　語文獻（講座敦煌 6）（東京）大東出版社　1985　p. 388

P. T. 4063

西岡祖秀　沙州における寫經事業——チベット文『無量壽宗要經』の寫經を中心として　敦煌胡
　　語文獻（講座敦煌 6）（東京）大東出版社　1985　p. 388

P. T. 4065

西岡祖秀　沙州における寫經事業——チベット文『無量壽宗要經』の寫經を中心として　敦煌胡
　　語文獻（講座敦煌 6）（東京）大東出版社　1985　p. 388

P. T. 4066

西岡祖秀　沙州における寫經事業——チベット文『無量壽宗要經』の寫經を中心として　敦煌胡
　　語文獻（講座敦煌 6）（東京）大東出版社　1985　p. 388

P. T. 4071

西岡祖秀　沙州における寫經事業——チベット文『無量壽宗要經』の寫經を中心として　敦煌胡
　　語文獻（講座敦煌 6）（東京）大東出版社　1985　p. 388

P. T. 4072

西岡祖秀　沙州における寫經事業——チベット文『無量壽宗要經』の寫經を中心として　敦煌胡
　　語文獻（講座敦煌 6）（東京）大東出版社　1985　p. 388

P. T. 4073

西岡祖秀　沙州における寫經事業——チベット文『無量壽宗要經』の寫經を中心として　敦煌胡
　　語文獻（講座敦煌 6）（東京）大東出版社　1985　p. 388

P. T. 4083

王獻軍　唐代吐蕃統治河隴地區漢族瑣談　《西藏研究》1989 年第 2 期　p. 34

P. T. 4097

戴仁　敦煌和吐魯番寫本的斷代研究　法國學者敦煌學論文選萃　中華書局　1993　p. 538

P. T. 4099

戴仁　敦煌和吐魯番寫本的斷代研究　法國學者敦煌學論文選萃　中華書局　1993　p. 538

P. T. 4102

戴仁　敦煌和吐魯番寫本的斷代研究　法國學者敦煌學論文選萃　中華書局　1993　p. 538

P. T. 4103

戴仁　敦煌和吐魯番寫本的斷代研究　法國學者敦煌學論文選萃　中華書局　1993　p. 538

P. T. 4108

戴仁　敦煌和吐魯番寫本的斷代研究　法國學者敦煌學論文選萃　中華書局　1993　p. 538

P. T. 4123

戴仁　敦煌和吐魯番寫本的斷代研究　法國學者敦煌學論文選萃　中華書局　1993　p. 538

P. T. 4156

西岡祖秀　沙州における寫經事業──チベット文『無量壽宗要經』の寫經を中心として　敦煌胡語文獻(講座敦煌6)　(東京)大東出版社　1985　p. 388

P. T. 4157

西岡祖秀　沙州における寫經事業──チベット文『無量壽宗要經』の寫經を中心として　敦煌胡語文獻(講座敦煌6)　(東京)大東出版社　1985　p. 388

P. T. 4159

西岡祖秀　沙州における寫經事業──チベット文『無量壽宗要經』の寫經を中心として　敦煌胡語文獻(講座敦煌6)　(東京)大東出版社　1985　p. 388

P. T. 4160

西岡祖秀　沙州における寫經事業──チベット文『無量壽宗要經』の寫經を中心として　敦煌胡語文獻(講座敦煌6)　(東京)大東出版社　1985　p. 388

P. T. 4163

西岡祖秀　沙州における寫經事業──チベット文『無量壽宗要經』の寫經を中心として　敦煌胡語文獻(講座敦煌6)　(東京)大東出版社　1985　p. 388

P. T. 4269

西岡祖秀　沙州における寫經事業──チベット文『無量壽宗要經』の寫經を中心として　敦煌胡語文獻(講座敦煌6)　(東京)大東出版社　1985　p. 388

P. T. 4646

陳炳應　盧冬　古代民族　敦煌文藝出版社　2004　p. 153

P. T. 4660

王堯　從敦煌文獻看吐蕃文化　南京棲霞山石窟藝術與敦煌學　中國美術學院出版社　2002　p. 219

P. T. 6222

張儂　敦煌石窟秘方與灸經圖　甘肅文化出版社　1995　p. 265